AEC

BÍBLIA SAGRADA

ALMEIDA EDIÇÃO CONTEMPORÂNEA

Vida

Vida

EDITORA VIDA
Rua Conde de Sarzedas, 246 – Liberdade
CEP 01512-070 – São Paulo, SP
Tel.: 0 xx 11 2618 7000
atendimento@editoravida.com.br
www.editoravida.com.br

Diretor executivo:
Omar Daldi

Editor responsável:
Gisele Romão da Cruz

Revisão de provas:
Equipe Vida

Diagramação:
Mauricio Diaz
Claudia Fatel Lino

Capas:
Arte Vida

1. edição: ago. 2021

Dados Internacionais de Catalogação na Publicação (CIP)
(Câmara Brasileira do Livro, SP, Brasil)

Bíblia AEC : letra gigante / [tradução João Ferreira de Almeida].
-- 1. ed. -- São Paulo : Editora Vida, 2021.

ISBN 978-65-5584-209-8

1. Bíblia. A.T. Português - Traduções - Ferreira de Almeida
I. Almeida, João Ferreira de.

21-60483 CDD--220.569

Índices para catálogo sistemático:

1. Bíblia Sagrada : Português : Tradução Almeida 220.569
Maria Alice Ferreira - Bibliotecária - CRB-8/7964

Impresso na Bielorrússia | Printed in Belarus

SUMÁRIO

ANTIGO TESTAMENTO

NOVO TESTAMENTO

ANTIGO TESTAMENTO

GÊNESIS

O princípio

1 No princípio criou Deus os
céus e a terra.
2 A terra era sem forma e vazia;
havia trevas sobre a face do abis-
mo, e o Espírito de Deus pairava
sobre a face das águas.
3 E disse Deus: Haja luz. E hou-
ve luz.
4 Viu Deus que a luz era boa, e fez
separação entre a luz e as trevas.
5 E chamou Deus à luz dia, e às
trevas, noite. E houve tarde e ma-
nhã; esse foi o primeiro dia.
6 E disse Deus: Haja um firma-
mento no meio das águas, e haja
separação entre águas e águas.
7 Deus fez o firmamento e fez se-
paração entre as águas que esta-
vam debaixo do firmamento e as
águas que estavam por cima do
firmamento. E assim foi.
8 Chamou Deus ao firmamento
céu. E houve tarde e manhã; esse
foi o segundo dia.
9 E disse Deus: Ajuntem-se as
águas que estão debaixo dos céus
num só lugar, e apareça a parte
seca. E assim foi.
10 Chamou Deus à parte seca ter-
ra, e ao ajuntamento das águas,
mares. E viu Deus que isso era
bom.
11 E disse Deus: Produza a terra
relva, ervas que deem semente e
árvores frutíferas que deem fruto
conforme a sua espécie, cuja se-
mente esteja nele, sobre a terra.
E assim foi.
12 A terra produziu relva, ervas
que davam semente conforme a
sua espécie e árvores que davam
fruto, cuja semente estava nele,
conforme a sua espécie. E viu
Deus que isso era bom.
13 E houve tarde e manhã; esse
foi o terceiro dia.
14 E disse Deus: Haja luminares
no firmamento do céu, para faze-
rem separação entre o dia e a noite;
e sejam eles sinais para marcar
estações, dias e anos.
15 Sirvam de luminares no fir-
mamento do céu, para iluminar
a terra. E assim foi.
16 Fez Deus os dois grandes lumi-
nares: o luminar maior para gover-
nar o dia e o luminar menor para
governar a noite. Fez também as
estrelas.
17 Deus os pôs no firmamento do
céu para iluminar a terra,
18 para governar o dia e a noi-
te e para fazer separação entre
a luz e as trevas. E viu Deus que
isso era bom.
19 E houve tarde e manhã; esse
foi o quarto dia.
20 E disse Deus: Produzam as
águas enxames de seres viven-
tes; e voem as aves acima da terra,
no firmamento do céu.
21 Assim Deus criou as grandes
criaturas do mar, todos os se-
res viventes que se arrastam, os
quais povoavam as águas, con-
forme as suas espécies, e todas
as aves que voam, conforme a
sua espécie. E viu Deus que isso
era bom.
22 Deus os abençoou, dizendo:
Frutificai e multiplicai-vos; en-
chei as águas dos mares; e mul-
tipliquem-se as aves na terra.
23 E houve tarde e manhã; esse
foi o quinto dia.

24 E disse Deus: Produza a terra
seres viventes conforme a sua es-
pécie: animais domésticos, répteis
e animais selvagens conforme a
sua espécie. E assim foi.
25 Deus fez os animais selvagens,
conforme a sua espécie, e os ani-
mais domésticos, conforme a sua
espécie, e todos os répteis, confor-
me a sua espécie. E viu Deus que
isso era bom.
26 Então disse Deus: Façamos
o homem à nossa imagem, con-
forme a nossa semelhança; do-
mine ele sobre os peixes do mar,
sobre as aves dos céus, sobre os
animais domésticos, sobre toda
a terra e sobre todos os répteis
que se arrastam sobre a terra.
27 Assim Deus criou o homem
à sua imagem,
à imagem de Deus o criou;
macho e fêmea os criou.
28 Deus os abençoou e lhes disse:
Frutificai, multiplicai-vos; en-
chei a terra e sujeitai-a. Dominai
sobre os peixes do mar, sobre to-
das as aves dos céus e sobre todos
os animais que se arrastam so-
bre a terra.
29 E disse Deus ainda: Tenho-vos
dado todas as ervas que produ-
zem semente e se acham sobre
a face de toda a terra, bem como
todas as árvores em que há fruto
que dá semente. Elas vos servi-
rão de mantimento.
30 E a todos os animais da terra,
a todas as aves do céu e a todos
os seres viventes que se arrastam
sobre a terra, tenho dado todas as
ervas verdes como mantimento.
E assim foi.
31 Viu Deus tudo o que tinha fei-
to, e que era muito bom. E houve
tarde e manhã; esse foi o sexto dia.

2 Assim os céus, a terra e todo o
seu exército foram acabados.
2 Havendo Deus acabado no séti-
mo dia a obra que fizera, descan-
sou nesse dia de toda a sua obra.
3 E abençoou Deus o sétimo dia
e o santificou, porque nele des-
cansou de toda a obra de criação
que fizera.

Adão e Eva

4 Estas são as origens dos céus e
da terra quando foram criados.
No dia em que o Senhor Deus fez
a terra e os céus,
5 não havia ainda nenhuma plan-
ta do campo na terra; nenhuma
erva do campo tinha brotado,
pois o Senhor Deus ainda não ti-
nha feito chover sobre a terra, e
também não havia homem para
lavrar o solo.
6 Um vapor, porém, subia da
terra e regava toda a superfície
do solo.
7 Formou o Senhor Deus o ho-
mem do pó da terra e soprou-lhe
nas narinas o fôlego da vida, e o
homem tornou-se alma vivente.
8 Ora, plantou o Senhor Deus um
jardim no Éden, ao oriente, e pôs
ali o homem que tinha formado.
9 E o Senhor Deus fez brotar da
terra toda espécie de árvores
agradáveis à vista e boas para
comida, bem como a árvore da
vida no meio do jardim, e a ár-
vore do conhecimento do bem
e do mal.
10 Saía um rio do Éden para re-
gar o jardim; dali se dividia e se
tornava em quatro braços.
11 O nome do primeiro é Pisom:
este é o que rodeia toda a terra
de Havilá, onde há ouro.
12 O ouro dessa terra é bom: ali
há o bdélio e a pedra de ônix.

13 O nome do segundo rio é Giom:
este é o que rodeia toda a terra
de Cuxe.
14 O nome do terceiro rio é Tigre:
este é o que corre pelo oriente da
Assíria. E o quarto rio é o Eufrates.
15 **O** Senhor Deus tomou o ho-
mem e o pôs no jardim do Éden
para o lavrar e o guardar.
16 Ordenou o Senhor Deus ao ho-
mem, dizendo: De toda a árvore
do jardim comerás livremente,
17 mas da árvore do conhecimen-
to do bem e do mal, dela não co-
merás, pois no dia em que dela
comeres, certamente morrerás.

Como Deus criou a mulher

18 **D**isse o Senhor Deus: Não é
bom que o homem esteja só. Farei
para ele uma ajudadora que lhe
corresponda.
19 Havendo, pois, o Senhor Deus
formado da terra todos os animais
do campo e todas as aves do céu,
trouxe-os ao homem, para ver
como lhes chamaria; e o nome
que o homem deu a todo ser vi-
vente, esse foi o seu nome.
20 Assim o homem deu nome
a todos os animais domésticos,
às aves do céu e a todos os ani-
mais do campo. Mas para o ho-
mem não se achava ajudadora
que lhe correspondesse.
21 **E**ntão o Senhor Deus fez cair
um sono pesado sobre o homem,
e este adormeceu; então, tomou o
Senhor Deus uma das suas coste-
las e fechou a carne em seu lugar.
22 Então da costela que o Senhor
Deus tomou do homem, formou
a mulher e a trouxe ao homem.
23 Disse o homem:
Esta é agora osso dos meus
ossos,
e carne da minha carne;
ela será chamada mulher,
pois do homem foi tomada.
24 Portanto, deixará o homem
a seu pai e a sua mãe e se uni-
rá à sua mulher, e serão os dois
uma só carne.
25 E ambos estavam nus, o ho-
mem e a sua mulher, e não se
envergonhavam.

A queda do homem

3 **O**ra, a serpente era o mais as-
tuto de todos os animais do
campo, que o Senhor Deus tinha
feito. Esta disse à mulher: É as-
sim que Deus disse: Não comereis
de toda árvore do jardim?
2 Respondeu a mulher à serpen-
te: Do fruto das árvores do jardim
podemos comer,
3 mas do fruto da árvore que está
no meio do jardim, disse Deus:
Não comereis dele nem nele toca-
reis, para que não morrais.
4 Então a serpente disse à mu-
lher: Certamente não morrereis.
5 Porque Deus sabe que no dia em
que comerdes desse fruto, os vossos
olhos se abrirão, e sereis como Deus,
conhecendo o bem e o mal.
6 Vendo a mulher que aquela ár-
vore era boa para se comer, agra-
dável aos olhos e desejável para
dar entendimento, tomou do seu
fruto e comeu, e deu também a
seu marido, que estava com ela,
e ele comeu.
7 Então os olhos de ambos foram
abertos, e perceberam que esta-
vam nus; juntaram, pois, folhas
de figueira e cobriram-se.
8 **E**ntão ouvindo a voz do Senhor
Deus, que passeava no jardim
pela viração do dia, o homem
e sua mulher esconderam-se
da presença do Senhor Deus,
entre as árvores do jardim.

9 Chamou, porém, o Senhor Deus
o homem e lhe perguntou: Onde
estás?
10 Ele respondeu: Ouvi a tua voz
no jardim e tive medo, porque
estava nu, e escondi-me.
11 Perguntou-lhe Deus: Quem te
mostrou que estavas nu? Comeste
da árvore de que te ordenei que
não comesses?
12 Disse o homem: A mulher que
me deste por companheira deu-
-me da árvore, e eu comi.
13 Então disse o Senhor Deus à
mulher: Que é isso que fizeste?
Respondeu a mulher: A serpente
me enganou, e eu comi.
14 Disse, pois, o Senhor Deus à
serpente:
Porque fizeste isso,
maldita és entre todos os
animais domésticos,
e entre todos os animais do
campo;
sobre o teu ventre andarás,
e pó comerás todos os dias da
tua vida.
15 E porei inimizade entre ti e
a mulher,
entre a tua descendência
e o seu descendente.
Este te ferirá a cabeça,
e tu lhe ferirás o calcanhar.
16 À mulher disse:
Multiplicarei grandemente a
dor da tua gravidez;
em dor darás à luz filhos.
O teu desejo será para o teu
marido,
e ele te dominará.
17 Ao homem disse: Porque des-
te ouvidos à voz de tua mulher e
comeste da árvore de que te or-
denei não comesse,
maldita é a terra por tua causa;
em fadiga comerás
dela todos os dias da tua vida.
18 Ela produzirá também espinhos
e ervas daninhas,
e tu comerás das plantas do
campo.
19 Do suor do teu rosto
comerás o teu pão,
até que tornes à terra,
porque dela foste tomado;
pois és pó,
e ao pó tornarás.
20 Chamou o homem a sua mu-
lher Eva, porque era a mãe de to-
dos os viventes.
21 Fez o Senhor Deus vestimenta
de peles para Adão e sua mulher
e os vestiu.
22 Então disse o Senhor Deus: O ho-
mem agora se tornou como um de
nós, conhecendo o bem e o mal. Não
aconteça que ele estenda a mão e
tome também da árvore da vida
e coma e viva eternamente.
23 O Senhor Deus, pois, o lançou
fora do jardim do Éden, para la-
vrar a terra de que fora tirado.
24 Havendo lançado fora o ho-
mem, pôs querubins ao oriente
do jardim do Éden e uma espada
flamejante que se movia por todos
os lados, para guardar o caminho
da árvore da vida.

Caim e Abel

4 Conheceu Adão a Eva, sua
mulher, e ela concebeu e teve
a Caim; então disse: Adquiri um
varão com o auxílio do Senhor.
2 Tornou a dar à luz e teve a Abel,
seu irmão. Abel foi pastor de ove-
lhas, e Caim foi lavrador da terra.
3 Ao cabo de dias trouxe Caim
do fruto da terra uma oferta ao
Senhor.
4 Abel também trouxe dos pri-
mogênitos das suas ovelhas e da
gordura delas. Atentou o Senhor
para Abel e para a sua oferta,

5 mas para Caim e para a sua ofer-
ta não atentou. E irou-se Caim
fortemente, e descaiu-lhe o sem-
blante.
6 Então lhe disse o Senhor: Por
que te iraste? E por que descaiu
o teu semblante?
7 Se procederes bem, não serás
aceito? E, se não procederes bem,
o pecado jaz à porta, querendo
conquistar-te, mas sobre ele de-
ves dominar.
8 Disse Caim a seu irmão Abel:
Vamos ao campo. Estando eles
no campo, Caim se levantou con-
tra o seu irmão Abel e o matou.
9 Disse o Senhor a Caim: Onde
está Abel, teu irmão? E ele res-
pondeu: Não sei. Acaso sou eu
guarda do meu irmão?
10 Disse Deus: Que fizeste? A voz
do sangue do teu irmão clama a
mim desde a terra.
11 Agora maldito és desde a terra,
que abriu a sua boca para re-
ceber das tuas mãos o sangue
do teu irmão.
12 Quando lavrares o solo, não te
dará mais a sua força; fugitivo e
errante serás pela terra.
13 Então disse Caim ao Senhor:
É maior o meu castigo do que o
que eu possa suportar.
14 Hoje me lanças da face da
terra, e da tua presença me es-
conderei; serei fugitivo e errante
pela terra, e qualquer que co-
migo se encontrar me matará.
15 O Senhor, porém, lhe disse:
Portanto qualquer que matar a
Caim será vingado sete vezes.
E pôs o Senhor um sinal em Caim,
para que não o ferisse quem quer
que o encontrasse.
16 Então saiu Caim da presença
do Senhor e habitou na terra de
Node, ao oriente do Éden.
17 Conheceu Caim a sua mulher,
e ela concebeu e teve a Enoque.
Caim edificou uma cidade e lhe
deu o nome do filho, Enoque.
18 A Enoque nasceu Irade, e Irade
gerou a Meujael, e Meujael ge-
rou a Metusael, e Metusael gerou
a Lameque.
19 Lameque tomou para si duas
mulheres: o nome de uma era
Ada; o da outra, Zilá.
20 E Ada deu à luz a Jabal; este
foi o pai dos que habitam em ten-
das e possuem gado.
21 O nome do seu irmão era Jubal;
este foi o pai de todos os que to-
cam harpa e flauta.
22 Zilá também deu à luz Tubal-
-Caim, mestre de toda a obra de
cobre e de ferro. A irmã de Tubal-
-Caim foi Naamá.
23 Disse Lameque às suas mu-
lheres:
Ada e Zilá, ouvi a minha voz;
vós, mulheres de Lameque,
escutai as minhas palavras.
Matei um homem por me
ferir,
e um rapaz por me pisar.
24 Se Caim há de ser vingado
sete vezes,
com certeza Lameque
o será setenta e sete vezes.
25 Tornou Adão a conhecer a
sua mulher, e ela teve um filho,
a quem pôs o nome de Sete; por-
que, disse ela, Deus me deu ou-
tro descendente em lugar de Abel,
que Caim matou.
26 A Sete também nasceu um filho,
a quem pôs o nome de Enos. Foi nes-
se tempo que os homens começa-
ram a invocar o nome do Senhor.

De Adão a Noé

5 Este é o livro das gerações
de Adão. No dia em que Deus

criou o homem, à semelhança de Deus o fez.

2 Macho e fêmea os criou; e os abençoou, e os chamou pelo nome de Homem, no dia em que foram criados.

3 Adão viveu cento e trinta anos e gerou um filho à sua semelhança, conforme a sua imagem, e pôs-lhe o nome de Sete.

4 Foram os dias de Adão, depois que gerou Sete, oitocentos anos, e gerou filhos e filhas.

5 Foram todos os dias que Adão viveu novecentos e trinta anos, e morreu.

6 Viveu Sete cento e cinco anos e gerou Enos.

7 Viveu Sete, depois que gerou Enos, oitocentos e sete anos e gerou filhos e filhas.

8 Foram todos os dias de Sete novecentos e doze anos, e morreu.

9 Viveu Enos noventa anos e gerou Cainã.

10 Viveu Enos, depois que gerou Cainã, oitocentos e quinze anos e gerou filhos e filhas.

11 Foram todos os dias de Enos novecentos e cinco anos, e morreu.

12 Viveu Cainã setenta anos e gerou Maalaleel.

13 Viveu Cainã, depois que gerou Maalaleel, oitocentos e quarenta anos e gerou filhos e filhas.

14 Foram todos os dias de Cainã novecentos e dez anos, e morreu.

15 Viveu Maalaleel sessenta e cinco anos e gerou Jarede.

16 Viveu Maalaleel, depois que gerou Jarede, oitocentos e trinta anos e gerou filhos e filhas.

17 Foram todos os dias de Maalaleel *oitocentos* e *noventa* e cinco anos, e morreu.

18 Viveu Jarede cento e sessenta e dois anos e gerou Enoque.

19 Viveu Jarede, depois que gerou Enoque, oitocentos anos e gerou filhos e filhas.

20 Foram todos os dias de Jarede novecentos e sessenta e dois anos, e morreu.

21 Viveu Enoque sessenta e cinco anos e gerou Matusalém.

22 Andou Enoque com Deus, depois que gerou Matusalém, trezentos anos e gerou filhos e filhas.

23 Foram todos os dias de Enoque trezentos e sessenta e cinco anos.

24 Andou Enoque com Deus; e já não era, porque Deus para si o tomou.

25 Viveu Matusalém cento e oitenta e sete anos e gerou Lameque.

26 Viveu Matusalém, depois que gerou Lameque, setecentos e oitenta e dois anos e gerou filhos e filhas.

27 Foram todos os dias de Matusalém novecentos e sessenta e nove anos, e morreu.

28 Viveu Lameque cento e oitenta e dois anos e gerou um filho,

29 a quem chamou Noé, dizendo: Este nos consolará acerca de nossas obras e do trabalho de nossas mãos, por causa da terra que o Senhor amaldiçoou.

30 Viveu Lameque, depois que gerou Noé, quinhentos e noventa e cinco anos e gerou filhos e filhas.

31 Foram todos os dias de Lameque setecentos e setenta e sete anos, e morreu.

32 Aos quinhentos anos, Noé tinha gerado Sem, Cão e Jafé.

O Dilúvio

6 Quando os homens começaram a multiplicar-se sobre a terra e lhes nasceram filhas,

2 viram os filhos de Deus que as filhas dos homens eram formosas

e tomaram para si mulheres de
todas as que escolheram.
3 Então disse o Senhor: Não per-
manecerá o meu Espírito para
sempre com o homem, pois este
é mortal; os seus dias serão cen-
to e vinte anos.
4 Havia naqueles dias gigantes na
terra, e também depois, quando
os filhos de Deus conheceram as
filhas dos homens, as quais lhes
deram filhos. Estes foram valen-
tes, os homens de renome que
houve na antiguidade.
5 **V**iu o Senhor que a maldade
do homem se multiplicara sobre
a terra e que toda a imaginação
dos pensamentos de seu cora-
ção era má continuamente.
6 Então arrependeu-se o Senhor
de haver feito o homem sobre a
terra, e isso lhe pesou no coração.
7 Disse o Senhor: Destruirei de
sobre a face da terra o homem
que criei, tanto o homem como
o animal, os répteis e as aves do
céu, pois me arrependo de os ha-
ver feito.
8 Noé, porém, achou graça aos
olhos do Senhor.
9 **S**ão estas as gerações de Noé. Era
ele homem justo e íntegro em sua
geração; Noé andava com Deus.
10 Gerou Noé três filhos: Sem,
Cão e Jafé.
11 **A** terra, porém, estava cor-
rompida diante de Deus e cheia
de violência.
12 Viu Deus que a terra estava
corrompida, pois todas as pes-
soas haviam corrompido a sua
conduta sobre a terra.
13 Então disse Deus a Noé: O fim
de todos os seres humanos é che-
gado perante mim, pois a terra
está cheia da violência dos ho-
mens. Eu os destruirei com a terra.
14 Faze para ti uma arca de ma-
deira de cipreste. Farás compar-
timentos na arca e a revestirás
de betume por dentro e por fora.
15 Desta maneira a farás: o com-
primento da arca será de trezentos
côvados, a sua largura de cinquen-
ta e a sua altura de trinta.
16 Farás na arca uma janela e lhe
darás um côvado de altura. A por-
ta da arca porás no seu lado; fa-
rás um primeiro, um segundo e
um terceiro andares.
17 Eu trago o Dilúvio sobre a ter-
ra, para destruir tudo o que tem
vida debaixo dos céus; tudo o que
há na terra expirará.
18 Contigo, porém, estabelece-
rei a minha aliança. Entrarás na
arca tu e contigo os teus filhos,
a tua mulher e as mulheres de
teus filhos.
19 De tudo o que vive, de tudo o
que é carne, dois de cada espécie,
farás entrar na arca, para os con-
servares vivos contigo; macho e
fêmea serão.
20 Das aves conforme as suas es-
pécies, de todos os animais con-
forme as suas espécies, de todo
réptil da terra conforme as suas
espécies, dois de cada espécie
virão a ti, para os conservares
em vida.
21 Leva contigo de tudo o que se
come e ajunta-o para ti; e te será
para mantimento, a ti e a eles.
22 Assim fez Noé, conforme tudo
o que Deus lhe mandou.

Noé e sua família entram na arca

7 **D**epois disse o Senhor a Noé:
Entra na arca, tu e toda a tua
casa, porque és justo diante de
mim nesta geração.
2 De todos os animais limpos leva-
rás contigo sete e sete, o macho e

sua fêmea; mas dos animais que
não são limpos, dois, o macho e
sua fêmea.
3 Também das aves dos céus sete e
sete, macho e fêmea, para se con-
servar em vida a semente sobre
a face de toda a terra.
4 Porque, passados ainda sete
dias, farei chover sobre a terra
quarenta dias e quarenta noites;
exterminarei da face da terra to-
dos os seres que fiz.
5 E Noé fez conforme tudo o que
o Senhor lhe ordenara.
6 Tinha Noé seiscentos anos de
idade quando as águas do Dilúvio
vieram sobre a terra.
7 Entrou Noé, seus filhos, sua mu-
lher e as mulheres de seus filhos
na arca, por causa das águas do
Dilúvio.
8 Dos animais limpos e dos ani-
mais que não são limpos, das aves
e de todo o réptil sobre a terra
9 entraram de dois em dois para
Noé na arca, macho e fêmea, como
Deus ordenara a Noé.
10 E, passados sete dias, vieram
sobre a terra as águas do Dilúvio.
11 No ano seiscentos da vida de
Noé, no segundo mês, aos dezes-
sete dias do mês, romperam-se to-
das as fontes do grande abismo,
e as janelas dos céus se abriram.
12 Houve copiosa chuva sobre
a terra durante quarenta dias e
quarenta noites.
13 Nesse mesmo dia, entrou Noé
na arca, e com ele seus filhos
Sem, Cão e Jafé, como também
sua mulher e as três mulheres
de seus filhos,
14 e com eles todo animal confor-
me a sua espécie, e todo o gado
conforme a sua espécie, e todo o
réptil que se arrasta sobre a terra
conforme a sua espécie, e toda a
ave conforme a sua espécie, pás-
saros de toda qualidade.
15 E de todas as criaturas, em que
havia fôlego de vida, entraram de
dois em dois para Noé na arca.
16 E os que entraram eram macho
e fêmea de todos os seres viven-
tes, como Deus lhe tinha orde-
nado. Então o Senhor fechou a
porta por fora.
17 Esteve o Dilúvio quarenta dias
sobre a terra; e aumentaram as
águas e levantaram a arca, e ela
se elevou por cima da terra.
18 Prevaleceram as águas e au-
mentaram grandemente sobre
a terra; e a arca vagava sobre as
águas.
19 As águas prevaleceram exces-
sivamente sobre a terra. Todos os
altos montes, que havia debaixo
de todo o céu, foram cobertos.
20 Quinze côvados acima deles
prevaleceram as águas; e os mon-
tes foram cobertos.
21 Pereceram todos os seres vi-
ventes que se moviam sobre a ter-
ra: aves, gado, animais selvagens,
todo réptil que se arrasta sobre a
terra e todo homem.
22 Tudo o que tinha fôlego de vida
em suas narinas, tudo o que ha-
via em terra seca, morreu.
23 Assim foram exterminados
todos os seres que havia sobre a
face da terra: o homem e o ani-
mal, os répteis e as aves dos céus
foram extintos da terra; ficaram
somente Noé e os que com ele es-
tavam na arca.
24 E prevaleceram as águas so-
bre a terra cento e cinquenta dias.

As águas do Dilúvio diminuem

8 Lembrou-se Deus de Noé, de
todos os animais selvagens e
de todos os animais domésticos

que com ele estavam na arca e fez
passar um vento sobre a terra, e
as águas começaram a baixar.
2 Cerraram-se as fontes do abis-
mo e as janelas dos céus, e a chu-
va dos céus se deteve.
3 As águas se foram retirando de
sobre a terra. No fim de cento e
cinquenta dias as águas haviam
diminuído,
4 e a arca repousou, no sétimo
mês, no dia dezessete do mês, so-
bre os montes de Ararate.
5 E as águas foram minguando até
o décimo mês. No décimo mês, no
primeiro dia do mês, apareceram
os cumes dos montes.

Noé solta um corvo e depois uma pomba

6 Ao cabo de quarenta dias, Noé
abriu a janela que havia feito
na arca
7 e soltou um corvo que, saindo,
ia e voltava até que as águas se
secaram de sobre a terra.
8 Depois soltou uma pomba, para
ver se as águas tinham minguado
de sobre a face da terra.
9 A pomba, porém, não achando
onde pousar a planta do pé, vol-
tou a ele para a arca, porque as
águas ainda estavam sobre a face
de toda a terra. Noé, estendendo
a mão, tomou-a e a recolheu con-
sigo na arca.
10 Esperou ainda outros sete dias
e tornou a enviar a pomba fora
da arca.
11 Quando a pomba voltou a ele
à tarde, no seu bico havia uma fo-
lha verde de oliveira. Assim sou-
be Noé que as águas tinham min-
guado de sobre a terra.
12 Então esperou ainda outros
sete dias e enviou fora a pomba,
mas esta não tornou mais a ele.
13 No ano seiscentos e um, no
primeiro mês, no primeiro dia do
mês, as águas se secaram de so-
bre a terra. Então Noé tirou a co-
bertura da arca, e olhou, e a face
da terra estava enxuta.
14 No segundo mês, aos vinte e sete
dias do mês, a terra estava seca.

Noé e sua família saem da arca

15 Então disse Deus a Noé:
16 Sai da arca, tu e tua mulher, teus
filhos e as mulheres de teus filhos.
17 Todos os animais que estão
contigo, de todos os seres viven-
tes, tanto aves como animais do-
mésticos e todo réptil que se ar-
rasta sobre a terra, traze-os fora
contigo, para que se reproduzam
abundantemente na terra, fruti-
fiquem e se multipliquem.
18 Então saiu Noé, e com ele seus
filhos, sua mulher e as mulheres
de seus filhos.
19 Todos os animais, todos os rép-
teis, todas as aves, tudo o que se
move sobre a terra, conforme as
suas famílias, saíram da arca.
20 Então edificou Noé um altar
ao Senhor e, tomando de todos
os animais limpos e de todas as
aves limpas, ofereceu holocaus-
tos sobre o altar.
21 O Senhor sentiu o suave cheiro
e disse em seu coração: Não tor-
narei mais a amaldiçoar a ter-
ra por causa do homem; porque
a imaginação do coração do ho-
mem é má desde a sua meninice.
E jamais tornarei a ferir a todos
os seres viventes, como fiz.
22 Enquanto a terra durar,
não deixará de haver plantio
e colheita,
frio e calor,
verão e inverno,
dia e noite.

A aliança de Deus com Noé

9 Abençoou Deus a Noé e a seus
filhos, e lhes disse: Frutificai,
multiplicai-vos e enchei a terra.
2 O pavor e o medo de vós virão
sobre todos os animais da terra
e sobre todas as aves dos céus;
tudo o que se move sobre a terra
e todos os peixes do mar são en-
tregues nas vossas mãos.
3 Tudo o que se move e vive será
para vosso mantimento. Assim
como vos dei as ervas verdes,
tudo vos dou agora.
4 A carne, porém, com sua vida, isto
é, com seu sangue, não comereis.
5 Certamente requererei o vos-
so sangue, o sangue das vossas
vidas; de todo animal o requere-
rei, como também das mãos do
homem, sim, das mãos do irmão
de cada um requererei a vida do
homem.
6 Quem derramar sangue de
homem,
pelo homem o seu sangue
será derramado;
pois Deus fez o homem
à sua imagem.
7 Mas vós, frutificai e multipli-
cai-vos; povoai abundantemen-
te a terra e multiplicai-vos nela.
8 Então disse Deus a Noé e a seus
filhos:
9 Agora estabeleço a minha alian-
ça convosco e com a vossa descen-
dência depois de vós,
10 e com todos os seres viventes
que convosco estão: as aves, os
animais domésticos e os animais
selvagens que saíram da arca,
como todos os animais da terra.
11 Estabeleço convosco a minha
aliança: Não mais será destruído
tudo o que tem vida pelas águas
do Dilúvio; não haverá mais Dilúvio
para destruir a terra.
12 E disse Deus: Este é o sinal da
aliança que ponho entre mim e
vós e entre todos os seres viven-
tes que estão convosco, por gera-
ções perpétuas:
13 O meu arco tenho posto nas nu-
vens e ele será por sinal de haver
uma aliança entre mim e a terra.
14 Sempre que eu trouxer nu-
vens sobre a terra e aparecer o
arco nas nuvens,
15 eu me lembrarei da minha
aliança,
que está entre mim e vós e todos
os seres viventes de toda a carne.
As águas não se tornarão mais
em Dilúvio, para destruir tudo
o que tem vida.
16 O arco estará nas nuvens, e
eu o verei, para me lembrar da
aliança eterna entre Deus e to-
dos os seres viventes de todas as
espécies, que estão sobre a terra.
17 Disse Deus a Noé: Este é o si-
nal da aliança que tenho esta-
belecido entre mim e tudo o que
tem vida que está sobre a terra.
18 Os filhos de Noé, que saíram
da arca, foram Sem, Cão e Jafé.
Cão é o pai de Canaã.
19 Esses três foram os filhos de
Noé, e deles se povoou toda a terra.

Noé planta uma vinha

20 Começou Noé a cultivar a ter-
ra e plantou uma vinha.
21 Bebeu do vinho, embriagou-se
e ficou nu dentro de sua tenda.
22 E Cão, pai de Canaã, vendo a
nudez de seu pai, fê-lo saber, fora,
a seus dois irmãos.
23 Então Sem e Jafé tomaram uma
capa e puseram-na sobre os seus
ombros, e indo virados para trás,
cobriram a nudez do seu pai, ten-
do os rostos virados, de maneira
que não viram a nudez do seu pai.

24 Despertando Noé do seu vi-
nho, soube o que seu filho mais
moço lhe fizera
25 e disse:
Maldito seja Canaã!
Escravo de escravos seja
para seus irmãos.
26 Disse mais:
Bendito seja o Senhor Deus
de Sem!
Seja-lhe Canaã por servo.
27 Alargue Deus a Jafé;
habite ele nas tendas de Sem,
e seja-lhe Canaã por servo.
28 Viveu Noé, depois do Dilúvio,
trezentos e cinquenta anos.
29 Foram todos os dias de Noé
novecentos e cinquenta anos, e
morreu.

Os descendentes de Noé

10 São estas as gerações dos
filhos de Noé: Sem, Cão e
Jafé, aos quais nasceram filhos
depois do Dilúvio.
2 Os filhos de Jafé são: Gômer,
Magogue, Madai, Javã, Tubal,
Meseque e Tiras.
3 Os filhos de Gômer são: Asquenaz,
Rifá e Togarma.
4 Os filhos de Javã são: Elisá,
Társis, Quitim e Dodanim.
5 Por estes foram repartidas as
ilhas das nações nas suas terras,
cada qual segundo a sua língua,
segundo as suas famílias, entre
as suas nações.
6 Os filhos de Cão: Cuxe, Mizraim,
Pute e Canaã.
7 Os filhos de Cuxe são: Sebá,
Havilá, Sabtá, Raamá e Sabtecá.
Os filhos de Raamá: Sabá e Dedã.
8 Cuxe também gerou Ninrode,
que começou a ser poderoso na
terra.
9 Ele foi poderoso caçador dian-
te da face do Senhor; pelo que se
diz: Como Ninrode, poderoso ca-
çador diante do Senhor.
10 O princípio do seu reino foi
Babel, Ereque, Acade e Calné, na
terra de Sinear.
11 Dessa mesma terra saiu ele
para a Assíria e edificou Nínive,
Reobote-Ir e Calá.
12 E, entre Nínive e Calá, a gran-
de cidade de Resém.
13 Mizraim gerou Ludim, Anamim,
Leabim, Naftuim,
14 Patrusim, Casluim (donde saí-
ram os filisteus) e Caftorim.
15 Canaã gerou Sidom, seu pri-
mogênito, e Hete,
16 e o jebuseu, o amorreu, o gir-
gaseu,
17 o heveu, o arqueu, o sineu,
18 o arvadeu, o zemareu e o ha-
mateu. Depois se espalharam as
famílias dos cananeus.
19 Foi o termo dos cananeus des-
de Sidom, em direção a Gerar,
até Gaza; em direção a Sodoma,
Gomorra, Admá e Zeboim, até Lasa.
20 Estes são os filhos de Cão se-
gundo as suas famílias, segundo
as suas línguas, em suas terras,
em suas nações.
21 A Sem, irmão mais velho de
Jafé, nasceram filhos; ele foi o pai
de todos os filhos de Éber.
22 Os filhos de Sem foram: Elão,
Assur, Arfaxade, Lude e Arã.
23 Os filhos de Arã: Uz, Hul, Géter
e Más.
24 Arfaxade gerou Selá, e Selá
gerou Éber.
25 A Éber nasceram dois filhos: o
nome de um foi Pelegue, porque
em seus dias se repartiu a terra;
o nome do seu irmão foi Joctã.
26 Joctã gerou Almodá, Salefe,
Hazarmavé, Jerá,
27 Hadorão, Uzal, Dicla,
28 Obal, Abimael, Sabá,

29 Ofir, Havilá e Jobabe. Todos
esses foram filhos de Joctã.
30 E habitaram desde Messa até
Sefar, montanha do oriente.
31 São esses os filhos de Sem se-
gundo as suas famílias, segundo
as suas línguas, nas suas terras,
segundo as suas nações.
32 São essas as famílias dos filhos
de Noé segundo as suas gerações,
nas suas nações. Deles foram
disseminadas as nações na terra
depois do Dilúvio.

A torre de Babel

11 Ora, a terra toda tinha uma
só língua e uma só manei-
ra de falar.
2 Partindo eles do oriente, acha-
ram uma planície na terra de
Sinear e habitaram ali.
3 Disseram uns aos outros: Vinde,
façamos tijolos e queimemo-los
bem. Os tijolos lhes serviram de
pedra e o betume de cal.
4 Então disseram: Vinde, edifique-
mos para nós uma cidade e uma
torre cujo cume toque no céu.
Tornemos famoso o nosso nome,
para que não sejamos espalha-
dos sobre a face de toda a terra.
5 O Senhor, porém, desceu para
ver a cidade e a torre que os filhos
dos homens edificavam.
6 Disse o Senhor: O povo é um e to-
dos têm uma só língua. Começam
a construir a torre; agora não ha-
verá restrição para tudo o que
eles intentarem fazer.
7 Vinde, desçamos e confunda-
mos ali a sua língua, para que
não entendam mais um ao outro.
8 Assim o Senhor os espalhou
dali sobre a face de toda a terra,
e cessaram de edificar a cidade.
9 Por isso se chamou o seu nome
Babel, porque ali confundiu o
Senhor a língua de toda a terra e
dali os espalhou o Senhor sobre
a face de toda a terra.

Os descendentes de Sem

10 São estas as gerações de Sem.
Sem era da idade de cem anos
quando gerou Arfaxade, dois
anos depois do Dilúvio.
11 E viveu Sem, depois que ge-
rou Arfaxade, quinhentos anos
e gerou filhos e filhas.
12 Viveu Arfaxade trinta e cinco
anos e gerou Selá.
13 Viveu Arfaxade, depois que
gerou Selá, quatrocentos e três
anos e gerou filhos e filhas.
14 Viveu Selá trinta anos e ge-
rou Héber.
15 Viveu Selá, depois que gerou
Héber, quatrocentos e três anos
e gerou filhos e filhas.
16 Viveu Héber trinta e quatro
anos e gerou Pelegue.
17 Viveu Héber, depois que gerou
Pelegue, quatrocentos e trinta
anos e gerou filhos e filhas.
18 Viveu Pelegue trinta anos e
gerou Reú.
19 Viveu Pelegue, depois que ge-
rou Reú, duzentos e nove anos e
gerou filhos e filhas.
20 Viveu Reú trinta e dois anos
e gerou Serugue.
21 Viveu Reú, depois que gerou
Serugue, duzentos e sete anos
e gerou filhos e filhas.
22 Viveu Serugue trinta anos e
gerou Naor.
23 Viveu Serugue, depois que ge-
rou Naor, duzentos anos e gerou
filhos e filhas.
24 Viveu Naor vinte e nove anos
e gerou Terá.
25 Viveu Naor, depois que gerou
Terá, cento e dezenove anos e ge-
rou filhos e filhas.

26 Viveu Terá setenta anos e ge-
rou Abrão, Naor e Harã.
27 São estas as gerações de Terá:
Terá gerou Abrão, Naor e Harã.
E Harã gerou Ló.
28 Morreu Harã estando seu pai,
Terá, ainda vivo, na terra do seu
nascimento, em Ur dos caldeus.
29 Abrão e Naor tomaram mu-
lheres para si. O nome da mulher
de Abrão era Sarai, e o nome da
mulher de Naor era Milca, filha
de Harã, pai de Milca e de Iscá.
30 Sarai era estéril; não tinha
filhos.
31 Tomou Terá a Abrão, seu fi-
lho, e a Ló, filho de Harã, filho
de seu filho, e a Sarai, sua nora,
mulher de seu filho Abrão, e saiu
com eles de Ur dos caldeus, para
ir à terra de Canaã. Mas, quando
chegaram a Harã, habitaram ali.
32 Foram os dias de Terá duzen-
tos e cinco anos, e morreu Terá
em Harã.

O chamado de Abrão

12 Ora, o Senhor disse a Abrão:
Sai da tua terra, da tua pa-
rentela e da casa de teu pai, para
a terra que eu te mostrarei.
2 Farei de ti uma grande nação,
te abençoarei e engrandecerei
o teu nome,
e tu serás uma bênção.
3 Abençoarei os que te
abençoarem,
e amaldiçoarei os que te
amaldiçoarem;
em ti serão benditas
todas as famílias da terra.
4 Partiu, pois, Abrão, como o
Senhor lhe tinha dito, e Ló foi
com ele. Tinha Abrão setenta e
cinco anos quando saiu de Harã.
5 Abrão levou consigo Sarai, sua
mulher, e Ló, filho de seu irmão,
e todos os bens que haviam ad-
quirido e os servos comprados
em Harã; e foram para a terra de
Canaã, e lá chegaram.
6 Passou Abrão pela terra até o
lugar de Siquém, até o carvalho
de Moré. Nesse tempo, estavam
os cananeus na terra.
7 Apareceu o Senhor a Abrão e
disse: À tua semente darei esta
terra. Abrão edificou ali um al-
tar ao Senhor, que lhe aparecera.
8 Dali passou para o monte ao
oriente de Betel e armou a sua
tenda, ficando Betel ao ocidente
e Ai ao oriente; também ali edi-
ficou um altar ao Senhor e invo-
cou o nome do Senhor.
9 Depois continuou Abrão o seu
caminho, seguindo sempre para
o sul.

Abrão desce ao Egito

10 Havia fome naquela terra.
Desceu Abrão ao Egito, para pe-
regrinar ali, porque a fome era
grande na terra.
11 Estando ele prestes a entrar
no Egito, disse a Sarai, sua mu-
lher: Ora, bem sei que és mulher
formosa à vista.
12 Quando os egípcios te virem,
dirão: Esta é a mulher dele. E me
matarão, e te guardarão com vida.
13 Dize, peço-te, que és minha
irmã, para que me vá bem por
causa de ti, e que viva a minha
alma por tua causa.
14 Entrando Abrão no Egito, vi-
ram os egípcios que a mulher era
muito formosa.
15 Viram-na os príncipes de fa-
raó e gabaram-na diante dele; e
foi levada a mulher para a casa
de faraó.
16 Ele tratou bem a Abrão por cau-
sa dela, e este veio a ter ovelhas,

vacas, jumentos, servos e servas,
jumentas e camelos.
17 Feriu, porém, o Senhor a fa-
raó e a sua casa com grandes
pragas, por causa de Sarai, mu-
lher de Abrão.
18 Então chamou faraó a Abrão
e disse: Que é isso que me fizes-
te? Por que não me disseste que
ela era tua mulher?
19 Por que disseste: É minha irmã?
Por isso que a tomei para ser mi-
nha mulher. Agora, pois, eis aqui
tua mulher; toma-a e vai-te.
20 Então faraó deu ordens aos
seus guardas a respeito de Abrão,
os quais o fizeram partir com sua
mulher e tudo o que tinha.

Abrão e Ló separam-se

13 Subiu, pois, Abrão do Egito
para o Neguebe, com sua
mulher e tudo o que tinha, e Ló
estava com ele.
2 Era Abrão muito rico em gado,
em prata e em ouro.
3 Fez as suas jornadas do Neguebe
até Betel, até o lugar onde pri-
meiro estivera a sua tenda, en-
tre Betel e Ai,
4 até o lugar do altar que dantes
ali fizera. Ali invocou Abrão o
nome do Senhor.
5 Também Ló, que ia com Abrão,
tinha rebanhos, gado e tendas.
6 A terra, porém, não podia sus-
tentá-los, para que habitassem
juntos, pois os seus bens eram
muitos; de maneira que não po-
diam habitar juntos.
7 Houve contenda entre os pas-
tores do gado de Abrão e os pasto-
res do gado de Ló. Nesse tempo,
os cananeus e os *ferezeus* habi-
tavam na terra.
8 Disse Abrão a Ló: Ora, não haja
contenda entre mim e ti, e entre
os meus pastores e os teus pasto-
res, pois somos irmãos.
9 Não está toda a terra diante de
ti? Rogo-te que te apartes de mim.
Se escolheres a esquerda, irei para
a direita; se a direita escolheres,
irei para a esquerda.
10 Levantou Ló os olhos e viu que
a campina do Jordão era toda bem
regada (antes de o Senhor ter
destruído Sodoma e Gomorra).
Ela era como o jardim do Senhor,
como a terra do Egito, na dire-
ção de Zoar.
11 Então, Ló escolheu para si
toda a campina do Jordão e par-
tiu para o oriente. Assim se apar-
taram um do outro.
12 Habitou Abrão na terra de
Canaã, e Ló habitou nas cidades
da campina e armou as suas ten-
das até Sodoma.
13 Ora, eram maus os homens
de Sodoma e grandes pecadores
contra o Senhor.
14 Disse o Senhor a Abrão, depois
que Ló se apartou dele: Levanta
agora os teus olhos e olha desde
o lugar onde estás, para o norte,
para o sul, para o oriente e para
o ocidente.
15 Toda esta terra que vês, hei
de dar a ti e à tua descendência,
para sempre.
16 Farei a tua descendência como
o pó da terra, de modo que, se al-
guém puder contar o pó da ter-
ra, também a tua descendência
será contada.
17 Levanta-te, percorre a terra no
seu comprimento e na sua largu-
ra, pois eu a darei a ti.
18 Então mudou Abrão as suas
tendas e foi habitar nos carva-
lhais de Manre, que estão junto
a Hebrom, onde edificou um al-
tar ao Senhor.

Guerra de quatro reis contra cinco

14 Naquele tempo, Anrafel,
rei de Sinear, Arioque, rei
de Elasar, Quedorlaomer, rei de
Elão, e Tidal, rei de Goim,
2 fizeram guerra a Bera, rei de
Sodoma, a Birsa, rei de Gomorra,
a Sinabe, rei de Admá, a Semeber,
rei de Zeboim, e ao rei de Belá
(esta é Zoar).
3 Todos esses últimos se junta-
ram no vale de Sidim (que é o
mar Salgado).
4 Doze anos haviam servido a
Quedorlaomer, mas no décimo
terceiro ano rebelaram-se.
5 No décimo quarto ano,
Quedorlaomer e os reis que es-
tavam com ele feriram os refains
em Asterote-Carnaim, os zuzins em
Hã, os emins em Savé-Quiriataim,
6 e os horeus no seu monte Seir,
até El-Parã, que está junto ao
deserto.
7 Depois voltaram e vieram a En-
-Mispate (que é Cades), e feriram
toda a terra dos amalequitas e
dos amorreus, que habitavam em
Hazazom-Tamar.
8 Então saíram os reis de Sodoma,
de Gomorra, de Admá, de Zeboim,
de Belá (esta é Zoar) e ordena-
ram batalha contra eles no vale
de Sidim,
9 contra Quedorlaomer, rei de
Elão, Tidal, rei de Goim, Anrafel,
rei de Sinear e Arioque, rei de
Elasar; quatro reis contra cinco.
10 Ora, o vale de Sidim estava
cheio de poços de betume. Quando
os reis de Sodoma e de Gomorra
fugiram, caíram ali; então os res-
tantes fugiram para os montes.
11 Os quatro reis tomaram todos
os bens de Sodoma e de Gomorra,
todo o seu mantimento e se foram.
12 Tomaram também Ló, filho
do irmão de Abrão, que habita-
va em Sodoma, e os bens dele, e
partiram.
13 Então veio um que escapara e
contou tudo a Abrão, o hebreu.
Ora, habitava Abrão junto aos
carvalhais de Manre, o amorreu,
irmão de Escol e de Aner, aliados
de Abrão.
14 Quando Abrão ouviu que o
seu parente estava preso, cha-
mou trezentos e dezoito homens
treinados, nascidos em sua casa,
e perseguiu os reis até Dã.
15 Dividiu-se contra eles de noi-
te, ele e os seus servos, e os feriu,
perseguindo-os até Hobá, que fica
à esquerda de Damasco.
16 Assim trouxe de novo todos
os seus bens. Trouxe também
Ló, seu sobrinho, e os bens dele,
e também as mulheres e o povo.
17 Depois que Abrão voltou do
ataque a Quedorlaomer e aos
reis que estavam com ele, o rei
de Sodoma saiu-lhes ao encon-
tro no vale de Savé (isto é, o vale
do Rei).

Melquisedeque abençoa a Abrão

18 Então Melquisedeque, rei
de Salém e sacerdote do Deus
Altíssimo, trouxe pão e vinho;
19 e abençoou a Abrão, dizendo:
Bendito seja Abrão pelo Deus
Altíssimo,
o Criador dos céus e da terra.
20 E bendito seja o Deus
Altíssimo,
que entregou os teus inimigos
nas tuas mãos!
Então Abrão deu-lhe o dízimo
de tudo.
21 O rei de Sodoma disse a Abrão:
Dá-me as pessoas e toma os bens
para ti.

22 Abrão, porém, respondeu ao
rei de Sodoma: Levantei a minha
mão ao Senhor, o Deus Altíssimo,
o Criador dos céus e da terra,
23 jurando que não tomarei coisa
alguma de tudo o que é teu, nem
um fio, nem uma correia de sa-
pato, para que não digas: Eu en-
riqueci a Abrão;
24 salvo tão somente o que os ra-
pazes comeram e a parte que toca
aos homens que foram comigo —
Aner, Escol e Manre. Esses que
tomem a sua parte.

Aliança de Deus com Abrão

15 Depois dessas coisas veio a
palavra do Senhor a Abrão
numa visão, dizendo:
Não temas, Abrão,
eu sou o teu escudo;
o teu galardão será muito
grande.
2 Então disse Abrão: Ó Senhor
Deus, o que me darás, se conti-
nuo sem filhos, e o herdeiro da mi-
nha casa é o damasceno Eliézer?
3 Disse mais Abrão: A mim não
me tens dado filhos; de modo que
um servo nascido na minha casa
será o meu herdeiro.
4 Ao que lhe veio a palavra do
Senhor: Este homem não será o
teu herdeiro, mas aquele que de
tuas entranhas sair será o teu
herdeiro.
5 Então o levou para fora e dis-
se: Olha agora para o céu e con-
ta as estrelas, se as podes contar.
Então lhe disse: Assim será a tua
descendência.
6 Creu Abrão no Senhor, e isso lhe
foi imputado para justiça.
7 *Disse-lhe mais:* Eu sou o Senhor,
que te tirei de Ur dos caldeus, para
dar-te por herança esta terra.
8 Perguntou-lhe Abrão: Ó Senhor
Deus, como saberei que hei de
herdá-la?
9 Respondeu-lhe: Toma-me uma
novilha de três anos, uma cabra
de três anos, um carneiro de três
anos, uma rola e um pombinho.
10 Abrão trouxe-lhe todos esses
animais, partiu-os pelo meio, e
pôs cada parte deles em frente da
outra; as aves, porém, não partiu.
11 Então as aves de rapina des-
ciam sobre os cadáveres, porém
Abrão as enxotava.
12 Ao pôr do sol, caiu um profundo
sono sobre Abrão, e lhe sobrevie-
ram grande pavor e densas trevas.
13 Então disse o Senhor a Abrão:
Sabe, com certeza, que peregrina
será a tua descendência em terra
alheia, e será reduzida à escravi-
dão, e será afligida por quatro-
centos anos.
14 Eu, porém, julgarei a nação à
qual ela tem de servir, e depois
sairá com muitos bens.
15 Tu, porém, irás para os teus
pais em paz, e em boa velhice se-
rás sepultado.
16 Na quarta geração, voltarão
para cá, pois a medida da ini-
quidade dos amorreus ainda não
está cheia.
17 Posto o sol, houve densas tre-
vas; um fogo fumegante e uma
tocha acesa apareceram e passa-
ram por aquelas metades.
18 Naquele mesmo dia, fez o Senhor
uma aliança com Abrão, dizen-
do: À tua descendência dei esta
terra, desde o rio do Egito até o
grande rio Eufrates;
19 o queneu, o quenezeu, o cadmoneu,
20 o heteu, o ferezeu, os refains,
21 o amorreu, o cananeu, o gir-
gaseu e o jebuseu.

Hagar e Ismael

16 Ora, Sarai, mulher de Abrão,
não lhe dava filhos. Mas ti-
nha uma serva egípcia, cujo nome
era Hagar.
2 Disse, pois, Sarai a Abrão: O Senhor
me tem impedido de ter filhos.
Toma a minha serva; que eu te-
nha filhos por meio dela. E ouviu
Abrão a voz de Sarai.
3 Assim, Sarai, mulher de Abrão,
tomou a Hagar, a egípcia, sua ser-
va, e a deu por mulher a Abrão, seu
marido, depois de ter Abrão habi-
tado dez anos na terra de Canaã.
4 Ele conheceu a Hagar, e ela con-
cebeu. Vendo ela que concebera,
desprezou a sua senhora.
5 Então disse Sarai a Abrão: Sobre
ti seja a afronta que me é dirigi-
da. Pus a minha serva em teu re-
gaço, e vendo ela agora que con-
cebeu, desprezou-me. O Senhor
julgue entre mim e ti.
6 Disse Abrão a Sarai: A tua ser-
va está nas tuas mãos, faze-lhe
como bem te parecer. Então Sarai
a maltratou, e ela fugiu de sua
presença.
7 O anjo do Senhor encontrou-a
junto a uma fonte de água no de-
serto, a fonte que está no cami-
nho de Sur.
8 E disse: Hagar, serva de Sarai,
donde vens e para onde vais? Ela
respondeu: Estou fugindo da pre-
sença de Sarai, minha senhora.
9 Então lhe disse o anjo do Senhor:
Volta para a tua senhora e humi-
lha-te debaixo de suas mãos.
10 Disse-lhe mais o anjo do Senhor:
Multiplicarei sobremaneira a
tua descendência, de modo que,
por numerosa, não será contada.
11 Disse-lhe também o anjo do
Senhor:

Concebeste e terás um filho,
a quem chamarás Ismael,
pois o Senhor ouviu a tua
aflição.
12 Ele será como um jumento
selvagem
entre os homens;
a sua mão será contra todos,
e a mão de todos, contra ele;
e habitará diante de todos os
seus irmãos.

13 Ela chamou o nome do Senhor,
que com ela falava: Tu és Deus que
vê, pois disse ela: Agora olhei para
aquele que me vê.
14 Por isso, aquele poço se chama
Beer-Laai-Roi; está entre Cades
e Berede.
15 Assim, Hagar deu um filho a
Abrão, e Abrão pôs no menino o
nome de Ismael.
16 Tinha Abrão oitenta e seis anos
quando Hagar lhe deu Ismael.

Deus muda o nome de Abrão

17 Quando Abrão tinha no-
venta e nove anos de idade,
apareceu-lhe o Senhor e lhe disse:
Eu sou o Deus Todo-poderoso; anda
na minha presença e sê perfeito.
2 Firmarei a minha aliança entre
mim e ti e te multiplicarei extre-
mamente.
3 Então prostrou-se Abrão com o
rosto em terra, e falou Deus com
ele, dizendo:
4 Quanto a mim, é esta a minha
aliança contigo: Serás pai de mui-
tas nações.
5 Não mais te chamarás Abrão,
mas Abraão será o teu nome,
pois por pai de muitas nações te
tenho posto.
6 Eu te farei frutificar sobrema-
neira; de ti farei nações, e reis
sairão de ti.

7 Estabelecerei a minha aliança
entre mim e ti e a tua descendên-
cia depois de ti em suas gerações,
como aliança perpétua, para ser
o teu Deus e da tua descendência
depois de ti.
8 Darei a ti e à tua descendência
depois de ti a terra das tuas pere-
grinações, toda a terra de Canaã,
em perpétua possessão; e serei o
seu Deus.
9 Disse mais Deus a Abraão: Quanto
a ti, guardarás a minha aliança,
tu e a tua descendência depois de
ti, nas suas gerações.
10 Esta é a minha aliança, que
guardareis entre mim e vós e a
tua descendência depois de ti:
Todo macho entre vós será cir-
cuncidado.
11 Circuncidareis a carne do vos-
so prepúcio; será isso por sinal da
aliança entre mim e vós.
12 Quando completarem oito dias,
todos os machos serão circunci-
dados, nas vossas gerações, tanto
o nascido em casa, como o com-
prado por dinheiro de qualquer
estrangeiro, que não for da tua
linhagem.
13 Com efeito será circuncidado
o nascido em tua casa e o com-
prado por teu dinheiro. Assim es-
tará a minha aliança na vossa
carne como aliança perpétua.
14 O incircunciso, cuja carne do
prepúcio não for circuncidada,
será extirpado do seu povo; vio-
lou a minha aliança.

Deus muda o nome de Sarai

15 Disse também Deus a Abraão:
Quanto a Sarai, tua mulher, não
mais a chamarás de Sarai, mas
Sara será o seu nome.
16 Eu a abençoarei e dela te da-
rei um filho. Eu a abençoarei, e
ela será mãe de nações; reis de
povos sairão dela.
17 Então prostrou-se Abraão com
o rosto em terra, e riu-se, e dis-
se no seu coração: A um homem
de cem anos há de nascer um fi-
lho? Conceberá Sara com a idade
de noventa anos?
18 Disse Abraão a Deus: Oxalá
viva Ismael diante de ti!
19 Deus lhe respondeu: Na verdade,
Sara, tua mulher te dará um filho,
e lhe porás o nome de Isaque; com
ele estabelecerei a minha aliança,
aliança perpétua para a sua des-
cendência depois dele.
20 E quanto a Ismael, também te
tenho ouvido: Certamente o aben-
çoarei; o farei fecundo e o multi-
plicarei grandissimamente. Doze
príncipes gerará, e dele farei uma
grande nação.
21 A minha aliança, porém, esta-
belecerei com Isaque, que Sara
te dará neste mesmo tempo, da-
qui a um ano.
22 Tendo acabado de falar com
Abraão, subiu Deus de diante dele.
23 Então tomou Abraão seu filho
Ismael, e todos os nascidos na sua
casa, e todos os comprados por seu
dinheiro, todos os machos entre
os homens da casa de Abraão e
circuncidou a carne do seu pre-
púcio, naquele mesmo dia, como
Deus lhe ordenara.
24 Tinha Abraão a idade de no-
venta e nove anos quando lhe foi
circuncidada a carne do prepúcio.
25 E Ismael, seu filho, tinha tre-
ze anos quando lhe foi circunci-
dada a carne do prepúcio.
26 No mesmo dia, foram circunci-
dados Abraão e Ismael, seu filho.
27 E todos os homens da sua casa,
tanto os nascidos em casa como
os comprados por dinheiro, do

estrangeiro, foram circuncida-
dos com ele.

Aparecem três anjos a Abraão

18 Depois apareceu o Senhor
a Abraão nos carvalhais
de Manre, estando ele assenta-
do à porta da tenda, no maior ca-
lor do dia.
2 Levantou Abraão os olhos, olhou
e viu três homens em pé na sua
frente. Vendo-os, correu da porta
da tenda ao seu encontro e pros-
trou-se em terra.
3 Disse ele: Senhor meu, se achei
graça aos teus olhos, rogo-te que
não passes de teu servo.
4 Traga-se agora um pouco d'água;
lavai os pés e repousai debaixo
desta árvore.
5 Trarei um bocado de pão, para
que possais refazer as vossas for-
ças, e depois passareis adiante,
visto que chegastes até o vosso
servo. Responderam: Faze como
disseste.
6 Abraão apressou-se em ir ter
com Sara na tenda e lhe disse:
Amassa depressa três medidas
de flor de farinha e faze bolos.
7 Então, ele correu ao rebanho,
tomou um bezerro tenro e bom
e deu-o ao criado, que se apres-
sou a prepará-lo.
8 Tomou também coalhada, leite e
o bezerro que tinha preparado,
e pôs tudo diante deles, ficando
ele em pé ao lado deles debaixo
da árvore; e eles comeram.
9 Então lhe perguntaram: Onde
está Sara, tua mulher? Ele res-
pondeu: Está aí na tenda.
10 Disse um deles: Certamente tor-
narei a ti, daqui a um ano, e Sara,
tua mulher, terá um filho. Sara es-
tava escutando à porta da tenda,
que estava atrás dele.
11 Abraão e Sara eram já velhos
e avançados em idade; e a Sara
havia cessado o costume das mu-
lheres.
12 Assim riu-se Sara consigo, di-
zendo: Terei ainda prazer depois
de haver envelhecido, sendo tam-
bém o meu senhor já velho?
13 Disse o Senhor a Abraão: Por
que se riu Sara, dizendo: É ver-
dade que darei ainda à luz, sen-
do velha?
14 Há, acaso, alguma coisa dema-
siadamente difícil para o Senhor?
Ao tempo determinado, daqui a
um ano tornarei a ti, e Sara terá
um filho.
15 Então Sara, receosa, mentiu, di-
zendo: Eu não ri. Ele, porém, dis-
se: Não é assim, é certo que riste.
16 Levantando-se aqueles ho-
mens dali, olharam para a dire-
ção de Sodoma, e Abraão ia com
eles, para os encaminhar.

Anúncio da destruição de Sodoma e Gomorra

17 Disse o Senhor: Ocultarei eu
a Abraão o que faço,
18 visto que Abraão certamente
virá a ser uma grande e podero-
sa nação, e nele serão benditas
todas as nações da terra?
19 Pois eu o escolhi para que or-
dene a seus filhos e a sua casa
depois dele, para que guardem
o caminho do Senhor, para que
pratiquem a justiça e o juízo, a
fim de que o Senhor faça vir so-
bre Abraão o que acerca dele
tem falado.
20 Disse mais o Senhor: O clamor
de Sodoma e Gomorra se tem mul-
tiplicado tanto, e o seu pecado se
tem agravado de tal maneira que
21 descerei e verei se de fato o
que têm praticado corresponde a

esse clamor que é vindo até mim.
Se não, saberei.
22 Então viraram aqueles ho-
mens o rosto dali e foram para
Sodoma, mas Abraão permane-
ceu ainda na presença do Senhor.
23 Então Abraão aproximou-se
dele e disse: Destruirás também
o justo com o ímpio?
24 Se houver cinquenta justos na
cidade, destruirás e não pouparás
o lugar por causa dos cinquenta
justos que ali estão?
25 Longe de ti que faças tal coi-
sa, que mates o justo com o ím-
pio; que o justo seja como o ímpio,
longe de ti esteja. Não fará justi-
ça o Juiz de toda a terra?
26 Então, disse o Senhor: Se eu
em Sodoma achar cinquenta jus-
tos dentro da cidade, pouparei o
lugar por causa deles.
27 Respondeu Abraão: Agora que
me atrevi a falar ao Senhor, ain-
da que sou pó e cinza,
28 se de cinquenta justos faltarem
cinco, destruirás toda a cidade
por causa dos cinco? Respondeu
ele: Não a destruirei, se eu achar
ali quarenta e cinco.
29 Continuou Abraão ainda a fa-
lar-lhe, e disse: Se porventura se
acharem ali quarenta? Respondeu:
Não o farei por causa dos quarenta.
30 Disse mais: Ora, não se ire o
Senhor, se eu ainda falar: Se por-
ventura se acharem ali trinta?
Respondeu o Senhor: Não o fa-
rei se achar ali trinta.
31 Continuou Abraão: Agora que
me atrevi a falar ao Senhor, se
porventura se acharem ali vin-
te? Respondeu o Senhor: Não a
destruirei por causa dos vinte.
32 Disse ainda Abraão: Ora, não se
ire o Senhor, pois só mais esta vez
falarei. Se porventura se acharem
ali dez? Respondeu o Senhor: Não
a destruirei por causa dos dez.
33 E foi-se o Senhor, logo que
acabou de falar com Abraão, e
Abraão voltou para o seu lugar.

Ló recebe os dois anjos em sua casa

19 À tarde chegaram os dois
anjos a Sodoma. Ló esta-
va sentado à porta de Sodoma
e, vendo-os, levantou-se para os
receber e prostrou-se com o ros-
to em terra.
2 Disse ele: Meus senhores, en-
trai, peço-vos, na casa do vosso
servo, e passai nela a noite e lavai
os pés; de madrugada vos levan-
tareis e seguireis vosso caminho.
Responderam eles: Não, antes na
rua passaremos a noite.
3 Ló, porém, insistiu muito com
eles, pelo que foram com ele e en-
traram na sua casa. Ele lhes deu
um banquete, assando-lhes pães
sem fermento, e eles comeram.
4 Entretanto, antes que se dei-
tassem, os homens daquela cida-
de cercaram a casa, os homens de
Sodoma, desde o moço até o velho;
todo o povo de todos os lados.
5 Chamaram a Ló e lhe pergunta-
ram: Onde estão os homens que
entraram esta noite na tua casa?
Traze-os para fora, para que os
conheçamos intimamente.
6 Então Ló saiu-lhes à porta, fe-
chando-a atrás de si,
7 e disse: Meus irmãos, rogo-vos
que não façais mal.
8 Tenho duas filhas virgens. Eu as
trarei para fora e lhes fareis como
bem vos parecer. Somente nada
façais a estes homens, pois se
acham sob a proteção do meu teto.
9 Eles, porém, disseram: Sai daí.
Disseram mais: Este indivíduo,
como estrangeiro veio aqui habitar,

e pretende ser juiz em tudo? Agora
te faremos mais mal a ti do que
a eles. E arremessaram-se con-
tra o homem, isto é, contra Ló,
e aproximavam-se para arrom-
bar a porta.
10 Aqueles homens, porém, es-
tendendo a mão, fizeram Ló en-
trar para dentro da casa e fecha-
ram a porta.
11 Então feriram de cegueira os
homens que estavam do lado de
fora, desde o menor até o maior,
de modo que se cansaram de pro-
curar a porta.
12 Disseram aqueles homens a
Ló: Tens alguém mais aqui? Teu
genro, teus filhos, tuas filhas e
todos quantos tens nesta cidade,
tira-os fora deste lugar,
13 porque nós vamos destruir este
lugar, pois o seu clamor se tem
avolumado diante do Senhor, e
o Senhor nos enviou a destruí-lo.
14 Então saiu Ló e disse a seus
genros, que haviam de casar com
suas filhas: Levantai-vos, saí des-
te lugar, porque o Senhor há de
destruir a cidade. Porém ele pa-
receu aos seus genros como quem
estava gracejando.
15 Ao amanhecer os anjos aper-
taram com Ló, dizendo: Levanta-
-te, toma tua mulher e tuas duas
filhas que aqui estão, para que não
pereças na injustiça desta cidade.
16 Ele, porém, demorava-se, e
aqueles homens lhe pegaram
pela mão, pela mão de sua mu-
lher, e pela mão de suas duas fi-
lhas, sendo-lhe misericordioso o
Senhor, e o tiraram e o puseram
fora da cidade.
17 Havendo-os tirado fora, disse
um deles: Escapa-te, salva tua
vida; não olhes para trás, nem te
detenhas em toda esta planície.
Escapa-te para os montes, para
que não pereças.
18 Respondeu-lhes Ló: Assim não,
meu Senhor!
19 O teu servo achou graça aos teus
olhos, e engrandeceste a tua mi-
sericórdia que a mim fizeste, sal-
vando-me a vida. Mas não posso
escapar-me para os montes, pois
receio que o mal me apanhe, e eu
morra.
20 Eis ali perto uma cidade, para
a qual eu posso fugir, e é pequena.
Permite que eu escape para lá (não
é pequena?), e viverá a minha alma.
21 Disse-lhe: Quanto a isso estou
de acordo, para não subverter a
cidade de que falaste.
22 Apressa-te, escapa-te para lá,
porque nada poderei fazer en-
quanto não tiveres ali chegado.
Por isso se chamou o nome da
cidade Zoar.
23 Saía o sol sobre a terra, quan-
do Ló entrou em Zoar.
24 Então o Senhor fez chover
enxofre e fogo sobre Sodoma e
Gomorra, desde o céu.
25 Subverteu, pois, aquelas cida-
des, e toda aquela planície, e todos
os moradores daquelas cidades, e
o que nascia da terra.
26 E a mulher de Ló olhou para
trás e foi transformada numa es-
tátua de sal.
27 Abraão levantou-se de madru-
gada e foi ao lugar onde estive-
ra em pé na presença do Senhor.
28 Olhando para Sodoma e Gomorra,
e para toda a terra da planície, viu
que subia da terra fumaça como
a de uma fornalha.
29 Quando destruía as cidades
da planície, Deus lembrou-se de
Abraão e tirou Ló do meio da des-
truição, ao subverter aquelas ci-
dades em que Ló habitara.

30 Subiu Ló de Zoar e habitou nos montes com suas duas filhas, pois temia habitar em Zoar. Habitou numa caverna, ele e as suas duas filhas.

31 Então a primogênita disse à menor: Nosso pai já está velho, e não há homem na terra que venha deitar-se conosco, segundo o costume de toda a terra.

32 Vem, demos a nosso pai vinho a beber e deitemo-nos com ele, para que conservemos a descendência de nosso pai.

33 Deram, pois, a seu pai vinho a beber naquela noite, e veio a primogênita e deitou-se com seu pai. Não sentiu ele quando ela se deitou nem quando se levantou.

34 No dia seguinte, disse a primogênita à menor: Eu ontem à noite me deitei com meu pai. Demos-lhe vinho a beber também esta noite, e então entra tu, deita-te com ele, para que conservemos a descendência de nosso pai.

35 Deram, pois, a seu pai vinho a beber também naquela noite, e a menor foi-se e deitou-se com ele. De novo, não sentiu ele quando ela se deitou nem quando se levantou.

36 Assim as duas filhas de Ló conceberam do próprio pai.

37 A primogênita deu à luz um filho, a quem chamou de Moabe; este é o pai dos moabitas de hoje.

38 A menor também deu à luz um filho, a quem chamou de Ben-Ami; este é o pai dos amonitas de hoje.

Abraão nega que Sara é sua mulher

20 *Partiu Abraão dali para* a terra do Neguebe, habitou entre Cades e Sur, e morou em Gerar.

2 Havendo Abraão dito de Sara, sua mulher: É minha irmã, Abimeleque, rei de Gerar, mandou buscá-la.

3 Deus, porém, veio a Abimeleque em sonhos, de noite, e lhe disse: Estás para morrer por causa da mulher que tomaste; ela tem marido.

4 Ora, Abimeleque ainda não se havia chegado a ela, por isso perguntou: Senhor, matarás também uma nação inocente?

5 Não me disse ele mesmo: É minha irmã? E ela também disse: É meu irmão. Na sinceridade do meu coração e na pureza das minhas mãos procedi.

6 Então lhe disse Deus no sonho: Bem sei eu que na sinceridade do teu coração procedeste, e também eu te impedi de pecar contra mim. É por isso que não te permiti tocá-la.

7 Agora, pois, restitui a mulher ao seu marido, pois ele é profeta, e rogará por ti, para que vivas. Mas, se não a restituíres, certamente morrerás, tu e tudo o que é teu.

8 Levantou-se Abimeleque de madrugada e, chamando todos os seus servos, falou-lhe todas essas palavras; os homens temeram muito.

9 Então chamou Abimeleque a Abraão e lhe perguntou: Que nos fizeste? E em que pequei contra ti, para trazeres sobre mim e meu reino tamanho pecado? Tu me fizeste o que não se deve fazer.

10 Disse mais Abimeleque a Abraão: Com que intenção fizeste isto?

11 Respondeu Abraão: Eu disse comigo mesmo: Certamente não há temor de Deus neste lugar, e eles me matarão por causa da minha mulher.

12 E, na verdade, é ela também
minha irmã, filha do meu pai,
mas não filha da minha mãe; e
veio a ser minha mulher.
13 E, quando Deus me fez sair er-
rante da casa de meu pai, eu dis-
se a ela: Seja esta a graça que me
farás: em todo lugar aonde for-
mos, dize de mim: É meu irmão.
14 Então tomou Abimeleque ove-
lhas e bois, e servos e servas, e
os deu a Abraão, e lhe restituiu
Sara, sua mulher.
15 E disse Abimeleque: A minha
terra está diante da tua face, ha-
bita onde bem te parecer.
16 E a Sara disse: Tenho dado
ao teu irmão mil moedas de pra-
ta. Isso te seja por reparação da
ofensa que sofreste diante de to-
dos os que estão contigo; peran-
te todos estás justificada.
17 Orou Abraão a Deus, e Deus
curou Abimeleque, e sua mulher,
e suas servas, de maneira que ti-
veram filhos,
18 pois o Senhor havia fechado
totalmente todas as madres da
casa de Abimeleque, por causa
de Sara, mulher de Abraão.

O nascimento de Isaque

21 O Senhor visitou Sara,
como tinha dito, e lhe fez
como havia prometido.
2 Sara concebeu e deu a Abraão um
filho na sua velhice, ao tempo de-
terminado, de que Deus lhe falara.
3 Abraão pôs no filho que lhe nas-
cera, que Sara lhe dera, o nome
de Isaque.
4 Abraão circuncidou o seu filho
Isaque quando tinha oito dias, con-
forme Deus lhe havia ordenado.
5 Era Abraão da idade de cem
anos quando lhe nasceu Isaque,
seu filho.
6 Disse Sara: Deus me trouxe
riso, e todo aquele que o ouvir,
rirá comigo.
7 Disse mais: Quem diria a Abraão
que Sara amamentaria um filho?
Contudo, lhe dei um filho na sua
velhice.
8 Cresceu o menino e foi desma-
mado. Abraão fez um grande ban-
quete no dia em que Isaque foi
desmamado.

Hagar no deserto

9 Sara, porém, viu que o filho de
Hagar, a egípcia, o qual ela dera à
luz a Abraão, zombava de Isaque,
10 e disse a Abraão: Deita fora
esta escrava e o seu filho, pois o
filho desta escrava não herdará
com meu filho Isaque.
11 Pareceu isso muito penoso
aos olhos de Abraão, por causa
de seu filho.
12 Deus, porém, disse a Abraão:
Não te pareça isso mal por cau-
sa do moço e por causa da tua
serva. Em tudo o que Sara te
diz, ouve a sua voz, porque em
Isaque será chamada a tua des-
cendência.
13 Também, do filho desta serva,
porém, farei uma nação, porque
ele é da tua descendência.
14 Então se levantou Abraão de
madrugada, tomou pão e um odre
de água e os deu a Hagar, pondo-
-os sobre o ombro dela; também
lhe deu o menino e a despediu.
Ela partiu e foi andando errante
pelo deserto de Berseba.
15 Consumida a água do odre,
colocou o menino debaixo de um
dos arbustos
16 e foi assentar-se em frente dele,
a boa distância, como a de um tiro
de arco, pois dizia: Que eu não
veja morrer o menino. E sentada

em frente dele, levantou a voz e
chorou.
17 Ouviu Deus a voz do menino,
e bradou o anjo de Deus a Hagar,
desde o céu, dizendo-lhe: Que
tens, Hagar? Não temas. Deus
ouviu a voz do rapaz desde o lu-
gar onde está.
18 Ergue-te, levanta o rapaz e
toma-o pela mão, pois dele farei
uma grande nação.
19 Então Deus abriu-lhe os olhos,
e ela viu um poço; e foi encher de
água o odre e deu de beber ao rapaz.
20 Deus estava com o rapaz, que
cresceu e, habitando no deserto,
foi flecheiro.
21 Ele habitou no deserto de Parã,
e sua mãe tomou-lhe uma mulher
da terra do Egito.

Abimeleque faz um pacto com Abraão

22 Naquele mesmo tempo,
Abimeleque, acompanhado de
Ficol, o chefe do seu exército, dis-
se a Abraão: Deus é contigo em
tudo o que fazes.
23 Agora jura-me aqui por Deus
que não mentirás a mim, nem a
meu filho nem a meu neto. Segundo
a bondade que te fiz, me farás a
mim, e à terra onde peregrinaste.
24 Respondeu Abraão: Eu jurarei.
25 Abraão, porém, repreendeu
Abimeleque por causa de um poço
de água que os servos de Abimeleque
haviam tomado à força.
26 Então disse Abimeleque: Eu não
sei quem fez isso. Também nada
me fizeste saber, tampouco ouvi
falar nisso, senão hoje.
27 Tomou Abraão ovelhas e bois,
e os deu a Abimeleque, e fizeram
ambos aliança.
28 Abraão pôs à parte sete cor-
deiras do rebanho,
29 e perguntou Abimeleque a Abraão:
Para que estão aqui estas sete cor-
deiras, que puseste à parte?
30 Respondeu Abraão: Tomarás
estas sete cordeiras das minhas
mãos, para que sirvam de teste-
munho de que eu cavei este poço.
31 Por isso se chamou aquele lu-
gar Berseba, porque ambos ju-
raram ali.
32 Assim fizeram aliança em
Berseba. Depois se levantaram
Abimeleque e Ficol, chefe do seu
exército, e voltaram para as ter-
ras dos filisteus.
33 Plantou Abraão um bosque em
Berseba e invocou ali o nome do
Senhor, o Deus eterno.
34 E morou Abraão na terra dos
filisteus muitos dias.

Abraão é provado

22 Depois dessas coisas, pro-
vou Deus a Abraão dizendo-
-lhe: Abraão! E este respondeu:
Eis-me aqui.
2 Então disse Deus: Toma o teu
filho, o teu único filho, Isaque,
a quem amas, e vai à terra de
Moriá, e oferece-o ali em holo-
causto sobre um dos montes que
te mostrarei.
3 Levantou-se, pois, Abraão de
madrugada, albardou o seu ju-
mento, tomou consigo dois de
seus servos e a Isaque, seu filho.
Tendo cortado lenha para o ho-
locausto, partiu para o lugar que
Deus lhe dissera.
4 Ao terceiro dia, levantou Abraão
os olhos e viu o lugar de longe.
5 Disse Abraão a seus servos:
Ficai-vos aqui com o jumento;
eu e o rapaz iremos até lá e, ha-
vendo adorado, voltaremos a vós.
6 Tomou Abraão a lenha do holo-
causto e a pôs sobre Isaque, seu

filho; e ele tomou o fogo e o cutelo
na sua mão, e foram ambos juntos.
7 Então disse Isaque a Abraão,
seu pai: Meu pai! Respondeu
Abraão: Eis-me aqui, meu filho!
Perguntou-lhe Isaque: Eis o fogo
e a lenha, mas onde está o cordeiro
para o holocausto?
8 Respondeu Abraão: Deus proverá
para si o cordeiro para o
holocausto, meu filho. E os dois
seguiam juntos.
9 Chegaram ao lugar que Deus
lhe dissera; e edificou Abraão
ali o altar, e sobre ele pôs em ordem
a lenha. Amarrou Isaque,
seu filho, deitou-o sobre o altar,
em cima da lenha
10 e, estendendo a mão, pegou no
cutelo para imolá-lo.
11 O anjo do Senhor, porém, lhe
bradou desde o céu e disse: Abraão!
Abraão! Respondeu ele: Eis-me aqui.
12 Então disse o anjo: Não estendas
a tua mão sobre o rapaz e não
lhe faças nada. Agora sei que temes
a Deus, pois não me negaste
o teu filho, o teu único filho.
13 Então levantou Abraão os
olhos e olhou, e viu atrás de si
um carneiro preso pelos chifres
entre os arbustos. Foi Abraão, tomou
o carneiro e o ofereceu em
holocausto em lugar de seu filho.
14 Assim chamou Abraão àquele
lugar "o Senhor proverá". Daí
dizer-se até o dia de hoje: No
monte do Senhor se proverá.
15 Então o anjo do Senhor bradou
a Abraão pela segunda vez
desde o céu
16 e disse: Por mim mesmo jurei,
diz o Senhor, porque fizeste isso e
não me negaste o teu filho, o teu
único filho,
17 que deveras te abençoarei e
grandemente multiplicarei a tua
descendência, como as estrelas
do céu e como a areia que está na
praia do mar. A tua descendência
tomará posse das cidades dos
seus inimigos,
18 e em tua descendência serão
benditas todas as nações da terra,
porque obedeceste à minha voz.
19 Então Abraão voltou aos seus
servos e, levantando-se, foram
juntos a Berseba. E Abraão habitou
em Berseba.
20 Depois dessas coisas, anunciaram
a Abraão dizendo: Milca
também deu à luz filhos a Naor,
teu irmão:
21 Uz, o primogênito; Buz, seu irmão;
Quemuel, pai de Arã;
22 Quésede, Hazo, Pildas, Jidlafe
e Betuel.
23 Betuel gerou Rebeca. Estes oito
deu à luz Milca a Naor, irmão de
Abraão.
24 A sua concubina, cujo nome
era Reumá, lhe deu também à luz
Tebá, Gaã, Taás e Maaca.

A morte de Sara

23 Os anos da vida de Sara
foram cento e vinte e sete.
2 Morreu Sara em Quiriate-Arba,
que é Hebrom, na terra de Canaã,
e veio Abraão lamentar Sara e
chorar por ela.
3 Depois se levantou Abraão de
diante da sua esposa morta e disse
aos filhos de Hete:
4 Estrangeiro e peregrino sou entre
vós. Dai-me o direito de um lugar
de sepultura entre vós, para
que eu sepulte a minha morta.
5 Responderam os filhos de Hete
a Abraão:
6 Ouve-nos, meu senhor. Príncipe
de Deus és no meio de nós. Enterra
a tua morta na mais escolhida
de nossas sepulturas; nenhum

de nós te vedará a sua sepultu-
ra, para enterrares a tua morta.
7 Então se levantou Abraão e pros-
trou-se em terra diante do povo
da terra, diante dos filhos de Hete,
8 dizendo: Se é de vossa vontade
que eu sepulte a minha morta, ou-
vi-me e intercedei por mim junto
a Efrom, filho de Zoar,
9 para que ele me dê a caverna
de Macpela, que possui no fim do
seu campo; que dê a mim pelo de-
vido preço em posse de sepulcro
no meio de vós.
10 Ora, Efrom, o heteu, estava sen-
tado no meio dos filhos de Hete
e respondeu a Abraão, aos ouvi-
dos dos filhos de Hete, de todos os
que entravam pela porta da sua
cidade, dizendo:
11 Não, meu senhor. Ouve-me, o
campo te dou, também te dou a
caverna que nele está, na presen-
ça dos filhos do meu povo te dou.
Sepulta a tua morta.
12 Então Abraão se inclinou dian-
te do povo da terra
13 e disse a Efrom, aos ouvidos do
povo da terra: Se te agrada, ouve-
-me, peço-te. Darei o preço do cam-
po. Toma-o de mim, e sepultarei
ali a minha morta.
14 Respondeu Efrom a Abraão:
15 Meu senhor, ouve-me. Um ter-
reno de quatrocentos siclos de
prata! Que é isso entre mim e ti?
Sepulta ali a tua morta.
16 Abraão concordou com os ter-
mos de Efrom e pesou-lhe a pra-
ta de que este tinha falado aos
ouvidos dos filhos de Hete, qua-
trocentos siclos de prata, moeda
corrente entre os mercadores.
17 Assim o campo de Efrom, que
estava em Macpela, em frente
de Manre, o campo e a caverna
que nele estava, e todo o arvoredo
que nele havia, e todo o limite
em redor
18 se confirmaram a Abraão por
posse na presença dos filhos de
Hete, de todos os que entravam
pela porta da sua cidade.
19 Depois sepultou Abraão a
sua mulher, Sara, na caverna do
campo de Macpela, em frente de
Manre, que é Hebrom, na terra
de Canaã.
20 Assim o campo e a caverna
que nele estava foram confirma-
dos a Abraão pelos filhos de Hete
em posse de sepultura.

Isaque e Rebeca

24 Era Abraão já idoso e avan-
çado em anos; e o Senhor
em tudo o havia abençoado.
2 Disse Abraão ao seu servo, o
mais antigo da casa, que gover-
nava tudo o que possuía: Põe a
tua mão debaixo da minha coxa,
3 para que eu te faça jurar pelo
Senhor Deus do céu e da terra,
que não tomarás para meu filho
mulher dentre as filhas dos ca-
naneus, no meio dos quais habito;
4 mas que irás à minha terra e à
minha parentela, e dali tomarás
mulher para meu filho Isaque.
5 Perguntou-lhe o servo: Se a mu-
lher não quiser seguir-me a esta
terra, farei então tornar teu filho
à terra donde saíste?
6 Respondeu-lhe Abraão: Guarda-
-te de não fazeres tornar para lá
meu filho.
7 O Senhor, Deus do céu, que me
tirou da casa de meu pai e da ter-
ra da minha parentela, e que me
falou, e que me jurou, dizendo:
Darei esta terra à tua descendên-
cia; ele enviará o seu anjo adian-
te de ti, para que tomes mulher
de lá para meu filho.

8 Se a mulher, porém, não quiser
seguir-te, serás livre deste jura-
mento. Somente não faças para
lá tornar a meu filho.
9 Então pôs o servo a sua mão
debaixo da coxa de Abraão, seu
senhor, e jurou-lhe sobre esse
negócio.
10 Tomou o servo dez dos came-
los do seu senhor e, levando consi-
go de todos os bens do seu senhor,
partiu rumo à Mesopotâmia, para
a cidade de Naor.
11 Fez ajoelhar os camelos fora da
cidade, junto a um poço de água,
pela tarde, à hora em que as mu-
lheres saíam a tirar água.
12 Então disse: Ó Senhor, Deus
de meu senhor Abraão, dá-me
hoje, peço-te, bom êxito e usa de
bondade para com o meu senhor
Abraão.
13 Eis que estou em pé junto à
fonte, e as filhas dos homens des-
ta cidade saem para tirar água.
14 Faze, pois, que a moça a quem
eu disser: Abaixa o teu cântaro,
peço-te, para que eu beba, e ela
responder: Bebe, e também da-
rei de beber aos teus camelos,
seja aquela que designaste para
o teu servo Isaque. Nisso verei
que usaste de bondade para com
o meu senhor.
15 Antes que acabasse de orar,
saía Rebeca, filha de Betuel, filho
de Milca, mulher de Naor, irmão
de Abraão, com o seu cântaro so-
bre o ombro.
16 A moça era muito formosa à
vista, virgem, a quem nenhum
homem havia conhecido. Ela des-
ceu à fonte, encheu o seu cânta-
ro e subiu.
17 Então o servo correu-lhe ao
encontro e disse: Deixa-me beber
um pouco da água do teu cântaro.
18 Respondeu ela: Bebe, meu se-
nhor. Então, prontamente, abai-
xou o seu cântaro para a mão e lhe
deu de beber.
19 Acabando ela de lhe dar de be-
ber, disse: Tirarei também água
para os teus camelos, até que to-
dos bebam.
20 E, apressando-se, despejou o
seu cântaro no bebedouro e cor-
reu outra vez ao poço para tirar
mais água para todos os camelos.
21 O homem a contemplava aten-
tamente, em silêncio, para saber
se o Senhor havia tornado prós-
pera a sua jornada ou não.
22 Quando os camelos acabaram
de beber, o homem tomou um
pendente de ouro, de meio siclo de
peso, e duas pulseiras para as suas
mãos, do peso de dez siclos de ouro,
23 e perguntou: De quem és filha?
Peço-te que me digas. Haverá em
casa de teu pai lugar para nós
pousarmos?
24 Ela respondeu: Sou filha de
Betuel, filho de Milca, o qual ela
deu a Naor.
25 Disse-lhe mais: Temos palha e
forragem bastante, e lugar para
pousar.
26 Então se inclinou o homem e
adorou ao Senhor,
27 dizendo: Bendito seja o Senhor,
Deus de meu senhor Abraão, que
não retirou a sua benevolência
e a sua verdade de meu senhor.
Quanto a mim, o Senhor me guiou
no caminho à casa dos irmãos de
meu senhor.
28 A moça correu e contou essas
coisas aos da casa de sua mãe.
29 Ora, Rebeca tinha um irmão,
chamado Labão; este correu ao
encontro do homem junto à fonte.
30 Pois, quando viu o pendente e
as pulseiras nas mãos de sua irmã

e tendo ouvido as palavras de sua
irmã Rebeca, que dizia: Assim me
falou o homem, foi Labão ter com
ele, o qual estava em pé junto aos
camelos, junto à fonte.
31 E lhe disse: Entra, bendito do
Senhor, por que estás aí fora?
Pois já preparei a casa e o lugar
para os camelos.
32 Então veio o homem à casa,
e descarregaram os camelos.
Trouxeram palha e forragem
para os camelos, água para lavar
os pés dele e os pés dos homens
que com ele estavam.
33 Diante dele puseram comida.
Porém ele disse: Não comerei até
que tenha exposto a minha in-
cumbência. Disse-lhe Labão: Fala.
34 Então ele disse: Sou servo de
Abraão.
35 O Senhor tem abençoado mui-
to ao meu senhor, e ele se tem
engrandecido. Deu-lhe ovelhas
e bois, e prata e ouro, e servos
e servas, e camelos e jumentos.
36 Sara, mulher do meu senhor,
mesmo depois de velha, gerou um
filho a meu senhor, e a este deu
ele tudo o que tem.
37 E meu senhor me fez jurar, di-
zendo: Não tomarás mulher para
meu filho dentre as filhas dos ca-
naneus, em cuja terra habito,
38 mas irás à casa de meu pai e
à minha família, e tomarás mu-
lher para meu filho.
39 Então respondi ao meu senhor:
Porventura, e se não me seguir
a mulher?
40 Ele me disse: O Senhor, em
cuja presença tenho andado,
enviará o seu anjo contigo e
prosperará o teu caminho, para
que, da minha família e da casa
de meu pai, tomes esposa para
meu filho.
41 Então serás livre do meu ju-
ramento, quando chegares à mi-
nha família; e, se não a derem a
ti, livre serás do meu juramento.
42 E hoje cheguei à fonte e disse:
Ó Senhor, Deus de meu senhor
Abraão, se prosperas o meu ca-
minho, o qual venho seguindo,
43 eis que estou junto à fonte; faze,
pois, que a moça que sair para ti-
rar água, a quem eu disser: Dá-me,
peço-te, de beber um pouco de
água do teu cântaro,
44 e ela me disser: Bebe tu, e tam-
bém tirarei água para os teus ca-
melos; seja esta a mulher que o
Senhor designou para o filho de
meu senhor.
45 Antes que eu acabasse de falar
no meu coração, saía Rebeca com
o seu cântaro sobre o seu ombro,
desceu à fonte e tirou água, e eu
lhe disse: Dá-me de beber, peço-te.
46 E ela, prontamente, abaixou o
seu cântaro do ombro e disse: Bebe,
e também darei de beber aos teus
camelos. Assim bebi, e ela deu tam-
bém de beber aos camelos.
47 Então lhe perguntei: De quem és
filha? E ela disse: Filha de Betuel,
filho de Naor, que Milca lhe deu.
Então eu lhe pus o pendente no
nariz e as pulseiras nas mãos,
48 e, inclinando-me, adorei e ben-
disse ao Senhor, Deus do meu se-
nhor Abraão, que me havia con-
duzido pelo caminho direito, a fim
de tomar para seu filho a filha do
irmão de meu senhor.
49 Agora, pois, se vós haveis de
usar de bondade e verdade para
com o meu senhor, fazei-me sa-
ber; e, se não, declarai-me, para
que eu vá ou para a direita ou
para a esquerda.
50 Então responderam Labão e
Betuel: Do Senhor procede esse

negócio; não podemos falar-te
mal ou bem.
51 Eis Rebeca diante de ti; toma-
-a e vai-te; seja ela a mulher do fi-
lho de teu senhor, como tem dito
o Senhor.
52 Quando o servo de Abraão ou-
viu as palavras deles, prostrou-se
em terra diante do Senhor.
53 Então tirou o servo joias de prata,
e joias de ouro, e vestidos, e deu-os a
Rebeca; também deu coisas precio-
sas a seu irmão e a sua mãe.
54 Então comeram e beberam,
ele e os homens que com ele es-
tavam, e ali passaram a noite.
Quando se levantaram de manhã,
disse o servo: Deixai-me voltar a
meu senhor.
55 O irmão e a mãe da moça, po-
rém, disseram: Fique ela ainda
conosco alguns dias, pelo menos
dez; e depois irá.
56 Ele, porém, lhes disse: Não me
detenhais, pois o Senhor tem pros-
perado o meu caminho. Deixai-
me partir, para que eu volte a
meu senhor.
57 Disseram: Chamemos a moça
e perguntemos a ela mesma.
58 Chamaram, pois, Rebeca e lhe
perguntaram: Irás tu com este ho-
mem? Ela respondeu: Irei.
59 Então despediram-se de Rebeca,
sua irmã, e de sua ama, e do ser-
vo de Abraão, e de seus homens.
60 Abençoaram Rebeca e lhe dis-
seram:

Irmã nossa, sê tu a mãe de
  milhares de milhares,
  e que a tua descendência
  possua
  a porta dos seus inimigos!

61 Então se levantou Rebeca com
as suas moças e, montando nos ca-
melos, seguiram o homem. Assim
o servo tomou a Rebeca e partiu.
62 Ora, Isaque tinha vindo de
Beer-Laai-Roi, pois habitava na
terra do Neguebe.
63 Saiu Isaque a meditar no cam-
po, à tarde, e, levantando os olhos,
viu que vinham camelos.
64 Rebeca também levantou os
olhos e, vendo a Isaque, saltou
do camelo
65 e perguntou ao servo: Quem é
aquele homem que vem pelo cam-
po ao nosso encontro? Respondeu
o servo: É meu senhor. Então ela
tomou o véu e se cobriu.
66 O servo contou a Isaque todas
as coisas que havia feito.
67 Isaque levou Rebeca para a ten-
da de Sara, sua mãe, e a tomou.
Assim ela lhe foi por mulher, e
ele a amou; e Isaque foi consola-
do depois da morte de sua mãe.

A morte de Abraão

25 Tomou Abraão outra mu-
lher, cujo nome era Quetura.
2 Ela lhe deu à luz Zinrá, Jocsã,
Medã, Midiã, Jisbaque e Sua.
3 Jocsã gerou Sabá e Dedã; os fi-
lhos de Dedã foram os assurins,
os letusins e os leumins.
4 Os filhos de Midiã foram Efá,
Efer, Enoque, Abida e Elda. Todos
estes foram filhos de Quetura.
5 Abraão deu tudo o que possuía
a Isaque.
6 Aos filhos das suas concubinas,
porém, deu Abraão presentes e, ain-
da em vida, separou-os do seu fi-
lho Isaque, enviando-os ao Oriente.
7 Estes, pois, foram os dias de vida
que viveu Abraão: cento e seten-
ta e cinco anos.
8 Expirou Abraão e morreu em
boa velhice, velho e cheio de dias;
e foi reunido ao seu povo.
9 Sepultaram-no Isaque e Ismael,
seus filhos, na caverna de Macpela,

no campo de Efrom, filho de Zoar,
o heteu, que estava em frente de
Manre,
10 o campo que Abraão comprara
dos filhos de Hete. Ali estão sepul-
tados Abraão e Sara, sua mulher.
11 Depois da morte de Abraão, Deus
abençoou Isaque, seu filho; habi-
tava Isaque junto a Beer-Laai-Roi.

Os descendentes de Ismael

12 São estas as gerações de Ismael,
filho de Abraão, que Hagar, a
egípcia, serva de Sara, lhe deu.
13 São estes os nomes dos filhos
de Ismael pela sua ordem, segun-
do as suas gerações: o primogêni-
to de Ismael foi Nebaiote, depois
Quedar, Abdeel, Mibsão,
14 Misma, Dumá, Massá,
15 Hadade, Tema, Jetur, Nafis e
Quedemá.
16 Foram estes os filhos de Ismael,
e foram estes os seus nomes pe-
las suas vilas e pelos seus acam-
pamentos: doze líderes segundo
as suas tribos.
17 E os anos da vida de Ismael fo-
ram cento e trinta e sete. Ele mor-
reu e foi reunido ao seu povo.
18 Os seus filhos habitaram des-
de Havilá até Sur, que está em
frente do Egito, como quem vai
na direção da Assíria. Ele se es-
tabeleceu diante da face de todos
os seus irmãos.

Jacó e Esaú

19 São estas as gerações de Isaque,
filho de Abraão: Abraão gerou
Isaque,
20 e Isaque tinha quarenta anos
quando tomou por mulher Rebeca,
filha de Betuel, arameu de Padã-
-Arã, e irmã de Labão, arameu.
21 Isaque orou insistentemente ao
Senhor por sua mulher, porque
ela era estéril. O Senhor ouviu as
suas orações, e Rebeca, sua mu-
lher, concebeu.
22 Os filhos lutavam no ventre
dela, e ela disse: Por que isso está
acontecendo comigo? E foi per-
guntar ao Senhor.
23 O Senhor lhe disse:

Duas nações há no teu ventre,
e dois povos se dividirão
das tuas entranhas;
um povo será mais forte do
que o outro povo,
e o mais velho servirá ao
mais moço.

24 Cumpridos os dias para que
desse à luz, havia gêmeos no seu
ventre.
25 Saiu o primeiro, ruivo, todo re-
vestido de pelo; por isso lhe cha-
maram Esaú.
26 Depois saiu o seu irmão, agar-
rada sua mão ao calcanhar de
Esaú; por isso lhe chamaram Jacó.
Tinha Isaque sessenta anos quan-
do Rebeca os deu à luz.
27 Cresceram os meninos. Esaú
tornou-se perito caçador, homem
do campo, ao passo que Jacó,
homem sossegado, habitava em
tendas.
28 Isaque, que tinha gosto pela
caça, amava a Esaú, mas Rebeca
amava a Jacó.
29 Jacó tinha feito um guisado,
quando Esaú chegou do campo
muito cansado.
30 Disse Esaú a Jacó: Deixa-me,
peço-te, comer desse guisado ver-
melho, porque estou muito can-
sado. Por isso se chamou Edom.
31 Disse Jacó: Vende-me primei-
ro o teu direito de primogenitura.
32 Respondeu Esaú: Estou a
ponto de morrer; logo, para que
me servirá o direito de primo-
genitura?

33 Então disse Jacó: Jura-me pri-
meiro. Ele jurou e vendeu o seu
direito de primogenitura a Jacó.
34 Jacó deu a Esaú pão e o guisa-
do de lentilhas. Ele comeu e be-
beu, e então se levantou e saiu.
Assim desprezou Esaú o seu di-
reito de primogenitura.

Isaque e Abimeleque

26 Houve uma fome na terra,
além da primeira ocorrida
nos dias de Abraão. Por isso foi
Isaque a Abimeleque, rei dos fi-
listeus, em Gerar.
2 Apareceu-lhe o Senhor e dis-
se: Não desças ao Egito; habita
na terra que eu te disser.
3 Mora nesta terra, e eu serei con-
tigo e te abençoarei. Pois a ti e à
tua descendência darei todas es-
tas terras e confirmarei o jura-
mento que fiz a Abraão, teu pai.
4 Multiplicarei a tua descendên-
cia como as estrelas do céu e lhe
darei todas estas terras. Por meio
dela serão benditas todas as na-
ções da terra,
5 porque Abraão obedeceu à mi-
nha voz e guardou o meu man-
dado, os meus preceitos, os meus
estatutos e as minhas leis.
6 Assim habitou Isaque em Gerar.
7 Perguntando-lhe os homens
do lugar acerca de sua mulher,
disse: É minha irmã, porque te-
mia dizer: É minha mulher; para
que, dizia ele, não me matem os
homens do lugar por causa de
Rebeca, porque é muito formosa.
8 Ora, tendo Isaque permanecido
ali muito tempo, Abimeleque, rei
dos filisteus, olhou por uma ja-
nela e viu que Isaque estava aca-
riciando a Rebeca, sua mulher.
9 Então chamou Abimeleque a Isaque
e disse: Na verdade é tua mulher!
Como, pois, disseste: É minha irmã?
Respondeu-lhe Isaque: Porque eu
dizia: Para que eu não morra por
causa dela.
10 Disse Abimeleque: Que é isso
que nos fizeste? Facilmente se
teria deitado alguém deste povo
com tua mulher, e tu terias tra-
zido culpa sobre nós.
11 Assim Abimeleque ordenou a
todo o povo, dizendo: Qualquer
que tocar neste homem ou em
sua mulher, certamente morrerá.
12 Semeou Isaque naquela ter-
ra e, no mesmo ano, colheu cem
vezes mais, porque o Senhor o
abençoava.
13 Engrandeceu-se o homem e
foi-se enriquecendo até que se
tornou muito poderoso.
14 Possuía ovelhas e bois, e mui-
ta gente de serviço; de modo que
os filisteus o invejavam.
15 Por isso, entulharam todos os
poços que os servos de seu pai ti-
nham cavado, nos dias de Abraão,
enchendo-os de terra.
16 Disse Abimeleque a Isaque:
Aparta-te de nós, pois já és muito
mais poderoso do que nós.
17 Então Isaque partiu dali e se
acampou no vale de Gerar, e aí
se estabeleceu.
18 Tornou Isaque a abrir os po-
ços de água que se escavaram nos
dias de Abraão, seu pai, e que os
filisteus haviam entulhado de-
pois da morte de Abraão, e lhes
deu os mesmos nomes que seu
pai lhes havia posto.
19 Cavaram, pois, os servos de
Isaque naquele vale e acharam
ali uma fonte de águas correntes.
20 Os pastores de Gerar, porém,
contenderam com os pastores
de Isaque, dizendo: Esta água é
nossa. Por isso, chamou o poço

de Eseque, porque contenderam
com ele.
21 Então cavaram outro poço e
também contenderam por causa
dele; por isso chamou-lhe Sitna.
22 Partiu dali e cavou ainda ou-
tro poço, pelo qual não contende-
ram. Por isso lhe deu o nome de
Reobote e disse: Agora o Senhor
nos deu lugar, e cresceremos nes-
ta terra.
23 Depois subiu dali a Berseba.
24 Apareceu-lhe o Senhor naque-
la mesma noite e disse: Eu sou o
Deus de Abraão, teu pai. Não te-
mas, pois eu sou contigo; eu te
abençoarei e multiplicarei a tua
descendência por amor de Abraão,
meu servo.
25 Então edificou ali um altar e in-
vocou o nome do Senhor. Armou
ali a sua tenda, e os seus servos
cavaram um poço.
26 Então Abimeleque veio a ele
de Gerar, com Ausate, seu ami-
go, e Ficol, chefe do seu exército.
27 Disse-lhes Isaque: Por que vies-
tes a mim, visto que me odiais e
me expulsastes do vosso meio?
28 Responderam eles: Temos visto
claramente que o Senhor é conti-
go, pelo que dissemos: Haja agora
juramento entre nós e ti. Façamos
aliança contigo,
29 que nos não farás mal, como
nós não te temos tocado, mas te
fizemos somente o bem e te dei-
xamos ir em paz. Agora tu és o
bendito do Senhor.
30 Então Isaque lhes deu um ban-
quete, e comeram e beberam.
31 Levantaram-se de madrugada
e juraram de parte a parte. Então
Isaque os despediu, e eles se fo-
ram em paz.
32 Nesse mesmo dia, vieram os ser-
vos de Isaque e deram-lhe notícia
acerca do poço que tinham cava-
do, dizendo-lhe: Achamos água.
33 Ele chamou o poço de Seba;
por isso até o dia de hoje o nome
daquela cidade é Berseba.
34 Quando Esaú tinha quarenta
anos, tomou por mulher Judite,
filha de Beeri, heteu, e Basemate,
filha de Elom, heteu.
35 Elas foram para Isaque e Rebeca
uma amargura de espírito.

Jacó toma a bênção de Esaú

27 Quando Isaque estava
velho e os seus olhos se
enfraqueciam, de maneira que
não podia ver, chamou a Esaú,
seu filho mais velho, e lhe dis-
se: Meu filho. Respondeu ele:
Eis-me aqui!
2 Disse-lhe o pai: Agora estou ve-
lho e não sei o dia da minha morte.
3 Toma, pois, as tuas armas, a
tua aljava e o teu arco, e sai ao
campo, e apanha para mim al-
guma caça.
4 Faze-me um guisado saboroso,
como eu gosto, e traze-me, para
que eu coma, para que a minha
alma te abençoe, antes que morra.
5 Ora, Rebeca esteve escutando
quando Isaque falava ao seu fi-
lho Esaú. E foi-se Esaú ao cam-
po para apanhar a caça e trazê-la.
6 Então disse Rebeca a Jacó, seu
filho: Ouvi o teu pai falar com
Esaú, teu irmão, dizendo:
7 Traze-me caça e faze-me um gui-
sado saboroso, para que eu coma
e te abençoe diante do Senhor, an-
tes da minha morte.
8 Agora, pois, filho meu, ouve a mi-
nha voz naquilo que eu te ordeno:
9 Vai ao rebanho e traze-me de
lá dois bons cabritos, e eu farei
deles um guisado saboroso para
teu pai, como ele gosta.

10 Depois leva-o a teu pai, para que ele o coma, para que te abençoe antes da sua morte.

11 Disse Jacó a Rebeca, sua mãe: Mas Esaú, meu irmão, é peludo, e eu sou liso.

12 Pode ser que meu pai me apalpe, e serei a seus olhos enganador; assim trarei sobre mim maldição, não bênção.

13 Disse-lhe sua mãe: Meu filho, sobre mim seja a tua maldição. Somente obedece à minha voz; vai e traze-os a mim.

14 Então ele foi, tomou-os e os trouxe a sua mãe, que fez um guisado saboroso, como seu pai gostava.

15 Depois Rebeca tomou as melhores vestes de Esaú, seu filho mais velho, que tinha consigo em casa, e vestiu a Jacó, seu filho mais moço.

16 Com a pele dos cabritos cobriu-lhe as mãos e a lisura de seu pescoço.

17 Então pôs o guisado saboroso e o pão que tinha preparado na mão de Jacó, seu filho.

18 Ele veio a seu pai e disse: Meu pai! Ele respondeu: Eis-me aqui. Quem és tu, meu filho?

19 Respondeu Jacó a seu pai: Eu sou Esaú, teu primogênito. Fiz o que me ordenaste. Levanta-te agora, assenta-te e come da minha caça, para que me abençoe.

20 Então disse Isaque a seu filho: Como é que tão depressa a achaste, filho meu? Respondeu ele: O Senhor teu Deus a mandou ao meu encontro.

21 Então disse Isaque a Jacó: Chega-te, pois, para que te apalpe e veja se és mesmo meu filho Esaú ou não.

22 Então se chegou Jacó a Isaque seu pai, que o apalpou e disse: A voz é de Jacó, porém as mãos são de Esaú.

23 Ele não o reconheceu, pois as suas mãos estavam peludas, como as de Esaú, seu irmão. E o abençoou.

24 E lhe disse: Tu és mesmo o meu filho Esaú? Respondeu ele: Sou.

25 Então disse: Faze chegar isso para perto de mim, para que eu coma da caça de meu filho, e te abençoe. E assim fez, e ele comeu; e trouxe-lhe também vinho, e ele bebeu.

26 Então lhe disse Isaque, seu pai: Aproxima-te agora e beija-me, filho meu.

27 Ele se aproximou e o beijou. Quando sentiu o cheiro das vestes dele, Isaque o abençoou, dizendo:

Eis que o cheiro do meu filho
é como o cheiro do campo,
que o Senhor abençoou.

28 Assim, pois, Deus te dê do
orvalho do céu,
da gordura da terra,
e da abundância de trigo e
de mosto.

29 Sirvam-te povos,
e nações se encurvem a ti.
Sê senhor de teus irmãos,
e os filhos da tua mãe se
encurvem a ti.
Malditos sejam os que te
amaldiçoarem,
e benditos sejam os que te
abençoarem.

30 Depois que Isaque acabou de abençoar a Jacó, tendo este saído da presença de Isaque, seu pai, chegou Esaú, seu irmão, da sua caçada.

31 Fez também ele um guisado saboroso, o trouxe a seu pai e lhe disse: Levanta-te, meu pai, e come da caça de teu filho, para que me abençoe.

32 Perguntou-lhe Isaque, seu pai:
Quem és tu? Respondeu ele: Eu sou
teu filho, o teu primogênito, Esaú.
33 Então estremeceu Isaque de
um estremecimento muito gran-
de e disse: Quem, pois, é aquele
que apanhou a caça e a trouxe a
mim? Eu comi de tudo, antes que
tu viesses, e o abençoei, e ele será
bendito.
34 Esaú, ouvindo as palavras de seu
pai, bradou com grande e amargo
brado e disse a seu pai: Abençoa-
-me também a mim, meu pai.
35 Respondeu Isaque: Veio teu
irmão e, com sutileza, tomou a
tua bênção.
36 Disse Esaú: Não se chama ele
com razão Jacó, visto que já duas
vezes me enganou? Tomou-me o
direito de primogenitura e ago-
ra me tirou a bênção. Disse ain-
da: Não reservaste bênção algu-
ma para mim?
37 Então respondeu Isaque a Esaú:
Eu o tenho posto por senhor sobre
ti, e todos os seus irmãos lhe tenho
dado por servos, e de trigo e de mos-
to o tenho fortalecido. O que, pois,
poderei fazer por ti, meu filho?
38 Disse Esaú a seu pai: Tens uma
única bênção, meu pai? Abençoa-me
também a mim, meu pai. Levantou
Esaú a voz e chorou.
39 Então lhe respondeu Isaque,
seu pai:
A tua habitação será
longe dos lugares férteis da
terra,
longe do orvalho que cai do
alto.
40 Pela tua espada viverás,
e ao teu irmão servirás.
Mas quando te tornares
impaciente,
sacudirás o jugo do teu
pescoço.
41 Esaú passou a odiar a Jacó por
causa da bênção com que seu pai
o tinha abençoado e disse consi-
go: Os dias de luto por meu pai
estão próximos; então matarei a
Jacó, meu irmão.
42 Quando essas palavras de Esaú,
seu filho mais velho, chegaram
aos ouvidos de Rebeca, ela man-
dou chamar a Jacó, seu filho mais
moço, e lhe disse: Esaú, teu ir-
mão, se consola a teu respeito,
propondo-se matar-te.
43 Agora, pois, meu filho, ouve
a minha voz: Levanta-te, refu-
gia-te na casa de Labão, meu ir-
mão, em Harã.
44 Fica com ele alguns dias, até
que passe o furor de teu irmão.
45 Quando a ira de teu irmão se
desviar de ti, e ele se esquecer do
que lhe fizeste, mandarei trazer-te
de lá. Por que eu perderia meus
dois filhos num só dia?
46 Então disse Rebeca a Isaque:
Enfadada estou da minha vida, por
causa das filhas de Hete. Se Jacó
tomar mulher dentre as filhas de
Hete, tais como estas, dentre as
filhas desta terra, de que me ser-
virá a vida?

Isaque manda Jacó a Padã-Arã

28 Isaque chamou Jacó, o
abençoou e ordenou-lhe,
dizendo: Não tomes mulher de
entre as filhas de Canaã.
2 Levanta-te, vai a Padã-Arã, à
casa de Betuel, pai de tua mãe, e
toma de lá uma mulher dentre as
filhas de Labão, irmão de tua mãe.
3 Que o Deus Todo-poderoso te
abençoe, e te faça frutificar, e
te multiplique, para que venhas
a ser uma multidão de povos;
4 e te dê a bênção de Abraão, a
ti e à tua descendência contigo,

para que herdes a terra de tuas
peregrinações, que Deus deu a
Abraão.
5 Assim despediu Isaque a Jacó,
o qual foi a Padã-Arã, a Labão, fi-
lho de Betuel, o arameu, irmão de
Rebeca, mãe de Jacó e de Esaú.
6 Vendo, pois, Esaú que Isaque
abençoara a Jacó e o enviara a
Padã-Arã, para tomar de lá mulher
para si, e que, abençoando-o,
lhe ordenara, dizendo: Não to-
mes mulher dentre as filhas
de Canaã,
7 e que Jacó, obedecendo a seu
pai e a sua mãe, fora a Padã-Arã;
8 vendo também Esaú que as fi-
lhas de Canaã eram más aos olhos
de Isaque, seu pai,
9 foi-se Esaú a Ismael e tomou para
si por mulher, além das suas mu-
lheres, a Maalate, filha de Ismael,
filho de Abraão, irmã de Nebaiote.

A visão da escada de Jacó

10 **P**artiu Jacó de Berseba e se
foi a Harã.
11 Chegou a um lugar onde passou
a noite, porque o sol já se havia
posto. Tomando uma das pedras
daquele lugar e fazendo-a de
travesseiro, deitou-se ali para
dormir.
12 E sonhou: Eis que uma escada
estava posta na terra, cujo topo
chegava ao céu; e os anjos de Deus
subiam e desciam por ela.
13 Por cima dela estava o Senhor,
que lhe disse: Eu sou o Senhor, o
Deus de Abraão, teu pai, e o Deus
de Isaque. Esta terra em que es-
tás deitado, eu a darei a ti e à tua
descendência.
14 A tua descendência será como
o pó da terra. Tu te estenderás ao
ocidente, ao oriente, ao norte e
ao sul, e em ti e na tua descendência
serão benditas todas as famílias
da terra.
15 Estou contigo, e te guardarei
por onde quer que fores, e te fa-
rei tornar a esta terra. Não te
deixarei até que tenha cumprido
aquilo que te tenho dito.
16 Despertando Jacó do seu sono,
disse: Na verdade, o Senhor está
neste lugar, e eu não o sabia.
17 Temeu e disse: Quão terrível
é este lugar! Este não é outro lu-
gar senão a casa de Deus; esta é
a porta dos céus.
18 **E**ntão se levantou Jacó de
madrugada, tomou a pedra que
tinha posto por travesseiro, eri-
giu-a em coluna e derramou
azeite em cima dela.
19 E chamou àquele lugar Betel;
porém o nome daquela cidade an-
tes era Luz.
20 Fez também Jacó um voto, di-
zendo: Se Deus for comigo e me
guardar nesta viagem que ora
faço, e me der pão para comer e
vestes para vestir,
21 e eu em paz voltar à casa de meu
pai, o Senhor será o meu Deus;
22 e esta pedra que tenho posto
como coluna será casa de Deus,
e de tudo o que me deres, certa-
mente te darei o dízimo.

Jacó chega ao poço de Harã

29 Então seguiu viagem Jacó
e chegou à terra dos filhos
do Oriente.
2 Viu ali um poço no campo e três
rebanhos de ovelhas que estavam
deitados junto dele porque desse
poço se dava de beber aos reba-
nhos. E havia uma grande pedra
sobre a boca do poço.
3 Ajuntavam-se ali todos os re-
banhos, e os pastores removiam
a pedra de sobre a boca do poço,

davam de beber às ovelhas e tor-
navam a pôr a pedra no seu lugar
sobre a boca do poço.
4 Perguntou-lhes Jacó: Meus ir-
mãos, donde sois? Responderam
eles: Somos de Harã.
5 Perguntou-lhes mais: Conheceis a
Labão, filho de Naor? Responderam:
Conhecemos.
6 Perguntou-lhes ainda: Vai ele
bem? Responderam: Vai bem.
Aí vem Raquel, sua filha, che-
gando com as ovelhas.
7 Disse ele: Olha, ainda vai alto
o dia; não é hora de se ajuntar o
gado. Dai de beber às ovelhas
e ide apascentá-las.
8 Responderam: Não podemos, até
que todos os rebanhos se ajuntem
e seja removida a pedra da boca
do poço, para que demos de be-
ber às ovelhas.
9 **E**nquanto Jacó ainda lhes fala-
va, chegou Raquel com as ovelhas
de seu pai, pois ela era pastora.
10 Quando Jacó viu a Raquel, fi-
lha de Labão, irmão de sua mãe,
e as ovelhas de Labão, irmão de
sua mãe, chegou-se, revolveu a
pedra da boca do poço e deu de
beber às ovelhas de Labão, irmão
de sua mãe.
11 Então Jacó beijou a Raquel e,
levantando a voz, chorou.
12 E Jacó anunciou a Raquel que
ele era parente de seu pai e que era
filho de Rebeca. Então ela correu
e o anunciou a seu pai.
13 **A**ssim que Labão ouviu as novas
de Jacó, filho de sua irmã, correu-
-lhe ao encontro, abraçou-o, bei-
jou-o e o levou à sua casa. E Jacó
contou a Labão todas essas coisas.
14 *Então, Labão lhe disse:*
Verdadeiramente tu és meu osso
e minha carne. E Jacó ficou com
ele um mês inteiro.

15 **D**epois perguntou Labão a
Jacó: Por seres meu irmão hás
de servir-me de graça? Declara-
-me, qual será o teu salário?
16 Ora, Labão tinha duas filhas;
o nome da mais velha era Lia; o
da mais moça, Raquel.
17 Lia tinha olhos fracos, ao pas-
so que Raquel era formosa de por-
te e de semblante.
18 Jacó amava a Raquel e disse:
Sete anos te servirei por Raquel,
tua filha mais moça.
19 Respondeu Labão: Melhor é
que eu a dê a ti do que a outro.
Fica comigo.
20 Assim, serviu Jacó sete anos
por amor a Raquel, mas estes lhe
pareceram como poucos dias, pelo
muito que a amava.
21 **E**ntão, Jacó disse a Labão: Dá-
-me minha mulher. O meu tem-
po já está cumprido, e eu quero
tomá-la por mulher.
22 Reuniu, pois, Labão a todos os
homens daquele lugar e fez um
banquete.
23 Chegada, porém, a tarde, ele
tomou a Lia, sua filha, e a trouxe
a Jacó. E Jacó se deitou com ela.
24 E Labão deu sua serva Zilpa
por serva a Lia, sua filha.
25 Quando amanheceu, eis que
era Lia; pelo que perguntou Jacó a
Labão: Que é isso que me fizeste?
Não te servi em troca de Raquel?
Por que me enganaste?
26 Respondeu Labão: Não se faz
assim em nossa terra; não se dá a
mais nova antes da primogênita.
27 Cumpre a semana desta; en-
tão te daremos também a outra,
pelo trabalho de outros sete anos
que ainda me servirás.
28 E Jacó fez assim. Cumpriu a
semana de Lia, e então Labão lhe
deu por mulher a Raquel, sua filha.

29 Labão deu sua serva Bila por serva a Raquel, sua filha.

30 Jacó deitou-se também com Raquel e a amou muito mais do que a Lia. E serviu a Labão ainda outros sete anos.

31 Quando o Senhor viu que Lia era desprezada, abriu a sua madre, mas Raquel era estéril.

Os filhos de Jacó

32 Concebeu Lia e deu à luz um filho, a quem chamou Rúben, pois disse: O Senhor atendeu à minha aflição; certamente agora me amará meu marido.

33 Concebeu outra vez e deu à luz um filho, e disse: Porque o Senhor ouviu que eu era desprezada, deu-me também este. E lhe pôs o nome de Simeão.

34 Concebeu ainda outra vez e deu à luz um filho, e disse: Agora esta vez se unirá meu marido comigo, porque três filhos lhe tenho dado. Por isso lhe chamou Levi.

35 De novo concebeu e deu à luz um filho, e disse: Esta vez louvarei ao Senhor. Por isso lhe chamou Judá. E cessou de dar à luz.

30 Vendo Raquel que não dava filhos a Jacó, teve inveja de sua irmã e disse a Jacó: Dá-me filhos, senão eu morro.

2 Então se acendeu a ira de Jacó contra Raquel e disse: Acaso estou eu no lugar de Deus que te impediu o fruto de teu ventre?

3 Respondeu ela: Eis aqui minha serva Bila; recebe-a por mulher, para que ela tenha filhos em meu lugar, e eu receba filhos por meio dela.

4 Assim, ela lhe deu Bila, sua serva, por mulher. Jacó deitou-se com Bila,

5 e ela concebeu e deu a Jacó um filho.

6 Então disse Raquel: Julgou-me Deus; ouviu a minha voz e me deu um filho. Por isso lhe chamou Dã.

7 Bila, serva de Raquel, concebeu outra vez e deu a Jacó o segundo filho.

8 Então disse Raquel: Com grandes lutas tenho lutado com minha irmã e venci. E lhe chamou Naftali.

9 Vendo Lia que ela mesma cessara de conceber, tomou a Zilpa, sua serva, e a deu a Jacó por mulher.

10 Zilpa, serva de Lia, deu um filho a Jacó.

11 Então disse Lia: Afortunada! E chamou-lhe Gade.

12 Depois deu Zilpa, serva de Lia, um segundo filho a Jacó.

13 Então disse Lia: Feliz sou eu! As filhas me chamarão feliz. E chamou-lhe Aser.

14 Saiu Rúben nos dias da ceifa do trigo e achou mandrágoras no campo, e as trouxe a Lia, sua mãe. Então disse Raquel a Lia: Dá-me, peço-te, das mandrágoras do teu filho.

15 Respondeu ela: É já pouco que hajas tomado o meu marido? Tomarás também as mandrágoras do meu filho? Disse Raquel: Por isso ele se deitará contigo esta noite, pelas mandrágoras de teu filho.

16 Quando Jacó veio à tarde do campo, saiu-lhe Lia ao encontro e disse: Hoje te deitarás comigo, porque certamente te aluguei com as mandrágoras do meu filho. E deitou-se com ela aquela noite.

17 E ouviu Deus a Lia, e ela concebeu e deu à luz um quinto filho.

18 Então disse Lia: Deus me tem dado o meu galardão, porque dei

minha serva ao meu marido. E o
chamou de Issacar.
19 Lia concebeu outra vez e deu
a Jacó um sexto filho.
20 Disse Lia: Deus me deu um
excelente dote; desta vez o meu
marido me tratará com honras,
porque lhe dei seis filhos. E cha-
mou-lhe Zebulom.
21 Algum tempo mais tarde deu à
luz uma filha e chamou-lhe Diná.
22 Então Deus se lembrou de Raquel,
ouviu-a e abriu a sua madre.
23 Ela concebeu, deu à luz um fi-
lho e disse: Tirou-me Deus a mi-
nha humilhação.
24 E chamou-lhe José, dizendo:
Acrescente-me o Senhor outro
filho.

Aumentam os rebanhos de Jacó

25 Depois que Raquel deu à luz
José, disse Jacó a Labão: Despede-
-me a fim de que eu vá para o meu
lugar e para a minha terra.
26 Dá-me as minhas mulheres e
os meus filhos, pelas quais te ser-
vi, e partirei. Tu sabes o serviço
que te prestei.
27 Labão lhe respondeu: Se tenho
achado graça aos teus olhos, fica
comigo. Tenho experimentado
que o Senhor me abençoou por
amor de ti.
28 E disse mais: Determina-me o
teu salário, que o darei a ti.
29 Disse-lhe Jacó: Tu sabes como
te tenho servido e como cuidei do
teu gado.
30 O pouco que tinhas antes da
minha vinda foi aumentado gran-
demente, e o Senhor te tem aben-
çoado por meu trabalho. Agora,
pois, quando hei de trabalhar
também por minha casa?
31 Perguntou-lhe Labão: Que te
darei? Respondeu Jacó: Não me
darás nada. Tornarei a apascen-
tar e a guardar o teu rebanho se
me fizeres isto:
32 Passarei hoje por todo o teu reba-
nho, separando dele todos os salpi-
cados e malhados, e todos os negros
entre os cordeiros, e os malhados
e salpicados entre as cabras. Esse
será o meu salário.
33 Assim responderá por mim a
minha justiça no dia de amanhã,
quando vieres ver o meu salário
assim exposto diante de ti: tudo
o que não for salpicado e malha-
do entre as cabras, e negro en-
tre as ovelhas, esse, se for acha-
do comigo, será tido por furtado.
34 Disse Labão: Concordo! Seja
conforme a tua palavra.
35 E separou naquele mesmo dia
os bodes listrados e malhados,
todas as cabras salpicadas e ma-
lhadas, tudo em que havia bran-
cura, e todos os negros entre os
cordeiros, e os deu nas mãos dos
seus filhos.
36 Então pôs três dias de cami-
nho entre si e Jacó; e Jacó apas-
centava o restante dos rebanhos
de Labão.
37 Tomou então Jacó varas ver-
des de álamo, de amendoeira e de
plátano e, descascando nelas ris-
cas brancas, descobriu o branco
que nelas havia.
38 Então pôs as varas, que tinha
descascado, em frente dos reba-
nhos, nos canais de água e nos
bebedouros, onde os rebanhos
bebiam; e conceberam quando
vinham beber.
39 E concebiam os rebanhos dian-
te das varas, e as ovelhas davam
crias listradas, salpicadas e ma-
lhadas.
40 Então separou Jacó os cordei-
ros e fez os rebanhos olharem

para os listrados e para os pre-
tos no rebanho de Labão; e pôs o
seu rebanho à parte, e não o pôs
com o rebanho de Labão.
41 Todas as vezes que as ovelhas
fortes concebiam, punha Jacó as
varas diante do rebanho, nos be-
bedouros, para que concebessem
diante das varas.
42 Quando, porém, o rebanho
era fraco, não as punha. Assim
as fracas eram de Labão, e as for-
tes de Jacó.
43 E o homem se enriqueceu so-
bremaneira; e teve grandes reba-
nhos, servas e servos, camelos e
jumentos.

Jacó foge de Labão

31 Então Jacó ouviu que os
filhos de Labão estavam
dizendo: Jacó tomou tudo o que
nosso pai possuía, e do que per-
tencia a nosso pai fez ele todas
estas riquezas.
2 Viu também Jacó que o rosto
de Labão não lhe era favorável,
como antes.
3 Disse o Senhor a Jacó: Volta
para a terra dos teus pais e para
a tua parentela, e eu serei contigo.
4 Então Jacó mandou chamar a
Raquel e a Lia ao campo, onde es-
tava o seu rebanho,
5 e lhes disse: Vejo que o rosto
de vosso pai para comigo não é
como antes, mas o Deus de meu
pai tem estado comigo.
6 Vós mesmas sabeis que com to-
das as minhas forças tenho ser-
vido a vosso pai;
7 mas vosso pai me tem engana-
do, e dez vezes mudou o meu sa-
lário. Porém Deus não permitiu
que ele me fizesse mal.
8 Quando ele dizia: Os salpicados
serão o teu salário, então todo o
rebanho dava salpicados. E, quan-
do ele dizia: Os listrados serão o
teu salário, então todo o rebanho
dava listrados.
9 Assim Deus tomou o gado de
vosso pai, e deu-o a mim.
10 Chegado o tempo em que o re-
banho concebia, levantei os olhos
e num sonho vi que os bodes que
cobriam o rebanho eram listra-
dos, salpicados e malhados.
11 Disse-me o anjo de Deus no so-
nho: Jacó. Eu respondi: Eis-me aqui.
12 Prosseguiu o anjo: Levanta os
teus olhos e vê que todos os bo-
des que cobrem o rebanho são
listrados, salpicados e malha-
dos, pois vi tudo o que Labão te
vem fazendo.
13 Eu sou o Deus de Betel, onde
ungiste uma coluna, onde me fi-
zeste um voto. Agora levanta-te,
sai desta terra e volta para a ter-
ra da tua parentela.
14 Então lhe responderam Raquel
e Lia: Temos nós ainda parte ou
herança na casa de nosso pai?
15 Não nos considera ele estran-
geiras? Pois nos vendeu e consu-
miu tudo o que foi pago por nós.
16 Toda a riqueza que Deus tirou
de nosso pai é nossa e de nossos
filhos. Portanto, faze tudo o que
Deus te ordenou.
17 Então se levantou Jacó, pôs os
seus filhos e as suas mulheres so-
bre os camelos,
18 e levou todo o seu gado e todos
os seus bens, que havia adquirido
em Padã-Arã, a fim de ir ter com
Isaque, seu pai, à terra de Canaã.
19 Tendo Labão ido tosquiar as suas
ovelhas, Raquel furtou os ídolos
do lar que pertenciam a seu pai.
20 E enganou Jacó a Labão, o
arameu, não lhe fazendo saber
que fugia.

21 Assim fugiu com tudo o que ti-
nha, e, passando o rio, foi em di-
reção da montanha de Gileade.

Labão persegue a Jacó

22 No terceiro dia, foi anunciado
a Labão que Jacó tinha fugido.
23 Tomando consigo os seus irmãos,
seguiu a Jacó por sete dias e o al-
cançou na montanha de Gileade.
24 Veio, porém, Deus a Labão, o
arameu, num sonho de noite, e
disse-lhe: Guarda-te, não fales
a Jacó nem bem nem mal.
25 Alcançou, pois, Labão a Jacó.
Ora, Jacó tinha armado a sua ten-
da naquela montanha; também
Labão armou com os seus irmãos
a sua na montanha de Gileade.
26 Então disse Labão a Jacó: Que fi-
zeste, que me enganaste e levas-
te minhas filhas como cativas
pela espada?
27 Por que fugiste ocultamente,
e me enganaste, e não me fizeste
saber, para que eu te despedisse
com alegria e com cânticos, ao
som de tambores e de harpas?
28 Nem mesmo me permitiste
beijar meus filhos e minhas fi-
lhas. Fazendo assim, procedeste
nesciamente.
29 Eu tenho o poder para vos fa-
zer mal, mas o Deus de vosso pai
me falou ontem à noite, dizendo:
Guarda-te, não fales a Jacó nem
bem nem mal.
30 Ora, partiste de vez porque ti-
nhas saudades de voltar à casa de
teu pai. Mas por que furtaste os
meus deuses?
31 Respondeu Jacó a Labão: Tive
medo, porque pensava que tu me
arrebatarias as tuas filhas.
32 Com quem achares os teus
deuses, esse não viva. Diante de
nossos irmãos, descobre o que é
teu do que está comigo e leva-o
contigo. Pois Jacó não sabia que
Raquel os tinha furtado.
33 De modo que Labão entrou na
tenda de Jacó, na tenda de Lia, na
tenda de ambas as servas, e não
os achou. Saindo da tenda de Lia,
entrou na tenda de Raquel.
34 Ora, Raquel havia tomado os
ídolos do lar e os tinha metido na
sela do camelo, e se assentara so-
bre eles. Labão vasculhou toda a
tenda, mas não os achou.
35 Disse Raquel a seu pai: Não se
acenda a ira de meu senhor, por
não poder eu levantar-me na tua
presença, pois estou com o incômo-
do das mulheres. Assim ele procu-
rou, mas não achou os ídolos do lar.
36 Então irou-se Jacó e conten-
deu com Labão, dizendo: Qual é
a minha transgressão? Qual é o
meu pecado, que tão furiosamen-
te me tens perseguido?
37 Havendo vasculhado todos os
meus utensílios, o que achaste de
todos os utensílios de tua casa?
Põe-nos aqui diante de meus ir-
mãos e de teus irmãos, para que
julguem entre mim e ti.
38 Estes vinte anos eu estive con-
tigo, as tuas ovelhas e as tuas ca-
bras nunca abortaram, e nunca
comi os carneiros do teu rebanho.
39 Não te trouxe eu o despeda-
çado; eu o pagava. Das minhas
mãos requerias o furtado de dia
e o furtado de noite.
40 De maneira que eu andava, de
dia consumido pelo calor, de noi-
te, pela geada, e o meu sono me
fugia dos olhos.
41 Vinte anos permaneci na tua
casa. Catorze anos te servi por
tuas duas filhas, e seis por teu
rebanho, e dez vezes mudaste o
meu salário.

42 Se o Deus de meu pai, o Deus
de Abraão, e o Temor de Isaque
não fora por mim, certamente
hoje me enviarias vazio. Deus viu
a minha aflição e o trabalho das
minhas mãos e te repreendeu ontem à noite.
43 Então respondeu Labão a Jacó:
Estas filhas são minhas filhas, e estes
filhos são meus filhos, e este rebanho é meu rebanho. Tudo o que vês é
meu. O que farei hoje a estas minhas
filhas, ou aos filhos que tiveram?
44 Agora, pois, vem, e façamos
uma aliança eu e tu, e seja por
testemunho entre mim e ti.
45 Então Jacó tomou uma pedra
e erigiu-a por coluna.
46 Disse Jacó a seus irmãos: Ajuntai
pedras. Tomaram pedras e fizeram um montão, e comeram ali
sobre aquele montão.
47 Chamou-lhe Labão Jegar-Saaduta, e Jacó chamou-lhe Galeede.
48 Disse Labão: Este montão seja
hoje por testemunha entre mim e
ti. Por isso foi chamado Galeede.
49 Foi também chamado Mispa,
porque disse: Atente o Senhor
entre mim e ti, quando nós estivermos apartados um do outro.
50 Se afligires as minhas filhas
e se tomares mulheres além das
minhas filhas, embora ninguém
esteja conosco, lembra-te de que
Deus é testemunha entre mim e ti.
51 Disse mais Labão a Jacó: Eis este
mesmo montão, e eis esta coluna
que levantei entre mim e ti.
52 Este montão seja testemunha,
e esta coluna seja testemunha de
que eu não passarei este montão
para lá, e que tu não passarás
este montão e esta coluna para
cá, para mal.
53 O Deus de Abraão e o Deus de
Naor, o Deus do pai deles julgue
entre nós. E jurou Jacó pelo Temor
de seu pai Isaque.
54 E ofereceu Jacó um sacrifício
na montanha e convidou seus
irmãos para comer pão; comeram pão e passaram a noite na
montanha.
55 Levantou-se Labão de madrugada, beijou seus filhos e suas filhas e os abençoou. Então partiu
e voltou para o seu lugar.

32 Jacó também seguiu o seu
caminho, e os anjos de Deus
o encontraram.
2 Quando Jacó os viu, disse: Este
é o acampamento de Deus. E chamou àquele lugar Maanaim.

Jacó envia mensageiros a Esaú

3 Jacó enviou mensageiros adiante de si a Esaú, seu irmão, à terra de Seir, território de Edom.
4 Ordenou-lhes, dizendo: Assim direis a meu senhor Esaú: Assim
diz Jacó, teu servo: Como peregrino morei com Labão e estive
lá até agora.
5 Tenho bois e jumentos, ovelhas
e bodes, servos e servas; envio
esta mensagem a meu senhor,
para achar graça aos teus olhos.
6 Os mensageiros voltaram a Jacó,
dizendo: Fomos a teu irmão Esaú,
e também ele vem a encontrar-te, e
quatrocentos homens com ele.
7 Então Jacó temeu muito e se angustiou, e repartiu em dois bandos o povo que com ele estava, e
as ovelhas, os bois e os camelos.
8 Porque dizia: Se Esaú vier a
um bando e o ferir, o outro bando escapará.
9 Disse mais Jacó: Ó Deus de meu
pai Abraão, e Deus de meu pai
Isaque, ó Senhor, que me disseste: Volta para a tua terra e para a
tua parentela, e eu te farei bem;

10 sou indigno de todas as benefi-
cências e de toda a fidelidade que
tens usado para com teu servo. Com
o meu cajado passei este Jordão e
agora me tornei em dois bandos.
11 Livra-me, peço-te, das mãos de
meu irmão, das mãos de Esaú, pois
eu o temo, para que não venha ele
matar-me, e a mãe com os filhos.
12 Pois tu disseste: Certamente
te farei bem e farei a tua descen-
dência como a areia do mar, que,
pela multidão, não se pode contar.
13 Ele passou ali aquela noite e
separou do que tinha um presen-
te para seu irmão Esaú:
14 duzentas cabras e vinte bodes,
duzentas ovelhas e vinte carneiros,
15 trinta camelas de leite com
suas crias, quarenta vacas e dez
touros, vinte jumentas e dez ju-
mentinhos.
16 Ele os entregou ao cuidado
dos seus servos, cada manada à
parte, e disse aos servos: Passai
adiante de mim e ponde espaço
entre manada e manada.
17 Ordenou ao primeiro, dizendo:
Quando Esaú, meu irmão, te en-
contrar e te perguntar: De quem
és, para onde vais, de quem são
estes diante de ti?
18 Responderás: São de teu servo
Jacó, presente que envia a meu
senhor, a Esaú, e ele mesmo vem
vindo atrás de nós.
19 Ordenou também ao segundo,
ao terceiro e a todos os que vi-
nham atrás das manadas: Desta
maneira falareis a Esaú, quando
vos encontrardes com ele.
20 E direis também: O teu servo
Jacó vem atrás de nós. Porque di-
zia: Eu o aplacarei com o presen-
te, que vai diante de mim, e de-
pois verei a sua face; porventura
ele me aceitará.
21 Assim passou o presente adian-
te dele; ele, porém, ficou aquela
noite no acampamento.

Jacó luta com Deus

22 Naquela mesma noite Jacó
se levantou e tomou suas duas
mulheres, suas duas servas e
seus onze filhos e passou o vau
de Jaboque.
23 Tomou-os e fê-los passar o ribei-
ro, e fez passar tudo o que tinha.
24 Jacó, porém, ficou só. E lutou
com ele um homem até o rom-
per do dia.
25 Quando o homem viu que não
prevalecia contra ele, tocou-lhe a
articulação da coxa, e se deslocou
a articulação da coxa de Jacó, en-
quanto lutava com ele.
26 Então o homem disse: Deixa-
-me ir, pois já rompeu o dia. Porém
Jacó respondeu: Não te deixarei
ir, se não me abençoares.
27 Perguntou-lhe o homem: Qual
é o teu nome? E Jacó respondeu:
Jacó.
28 Então o homem disse: Não te
chamarás mais Jacó, mas Israel,
porque lutaste com Deus e com
os homens e prevaleceste.
29 Perguntou-lhe Jacó: Dize-me,
peço-te, o teu nome. Mas o ho-
mem respondeu: Por que per-
guntas pelo meu nome? E ali o
abençoou.
30 Jacó chamou àquele lugar
Peniel, pois disse: Vi a Deus face
a face, e a minha vida foi poupada.
31 Saía o sol quando ele transpôs
Peniel; e manquejava de uma coxa.
32 Por isso, os filhos de Israel até
hoje não comem o nervo do qua-
dril, que está sobre a articulação
da coxa, porque o homem tocou
a articulação da coxa de Jacó no
nervo do quadril.

Jacó encontra-se com Esaú

33 Levantou Jacó os olhos
e olhou, e viu que vinha
Esaú, e com ele quatrocentos ho-
mens. Então repartiu os filhos en-
tre Lia, Raquel e as duas servas.
2 Pôs as servas e seus filhos na
frente, Lia e seus filhos atrás des-
tes, e Raquel e José por último.
3 Ele mesmo passou adiante de-
les e inclinou-se à terra sete ve-
zes, até que chegou a seu irmão.
4 Então Esaú correu-lhe ao encon-
tro, abraçou-o, lançou-se ao pesco-
ço dele e o beijou. E eles choraram.
5 Depois Esaú levantou os olhos
e viu as mulheres e os meninos, e
perguntou: Quem são estes conti-
go? E ele respondeu: Os filhos que
Deus bondosamente deu a teu servo.
6 Então chegaram-se as servas,
elas e seus filhos, e se inclinaram.
7 Chegaram-se também Lia e
seus filhos e se inclinaram; de-
pois chegaram José e Raquel e
se inclinaram.
8 Perguntou Esaú: Que queres di-
zer com todo este bando que encon-
trei? Respondeu Jacó: Para achar
graça aos olhos de meu senhor.
9 Então, disse Esaú: Eu tenho
bastante, meu irmão; seja teu o
que tens.
10 Então disse Jacó: Não, se ago-
ra achei graça aos teus olhos,
peço-te que aceites o meu presen-
te, porque vi o teu rosto, como se
tivesse visto o rosto de Deus, e te
agradaste de mim.
11 Aceita, peço-te, o presente que
eu te trouxe, pois Deus tem sido
bondoso para comigo, e tenho
de tudo. E insistiu com ele, e ele
o aceitou.
12 Então disse Esaú: Ponhamo-
-nos a caminho, e vamos; eu irei
adiante de ti.
13 Respondeu-lhe Jacó: Meu se-
nhor sabe que estes filhos são ten-
ros, e que tenho comigo ovelhas
e vacas de leite; se forçadas a ca-
minhar demais um só dia, todos
os rebanhos morrerão.
14 Passe o meu senhor adiante de
seu servo, e eu seguirei, condu-
zindo-os pouco a pouco, conforme
o passo do gado que está diante
de mim, e conforme o passo dos
meninos, até que chegue a meu
senhor em Seir.
15 Respondeu Esaú: Então permi-
te-me deixar contigo alguns dos
meus homens. Perguntou Jacó:
Para quê? Basta que eu ache gra-
ça aos olhos de meu senhor.
16 Assim tornou Esaú aquele dia
pelo seu caminho a Seir.
17 Jacó, porém, partiu para Sucote,
edificou para si uma casa e fez
abrigos para o seu gado. Por isso
chamou àquele lugar Sucote.
18 Depois que voltou de Padã-
-Arã, Jacó chegou são e salvo à ci-
dade de Siquém, que está na terra
de Canaã, e se acampou diante da
cidade.
19 Por cem peças de prata ele com-
prou dos filhos de Hamor, pai de
Siquém, a parte do campo em que
estendera a sua tenda.
20 Então levantou ali um altar e lhe
chamou "Deus, o Deus de Israel".

Diná é violentada

34 Ora, Diná, filha de Lia, que
esta dera a Jacó, saiu para
ver as filhas da terra.
2 Quando Siquém, filho do he-
veu Hamor, príncipe da terra, a
viu, tomou-a, deitou-se com ela
e a humilhou.
3 Seu coração se apegou a Diná,
filha de Jacó, e amou a moça, e
falou-lhe afetuosamente.

4 Então disse Siquém a Hamor,
seu pai: Consegue-me esta moça
por esposa.
5 Quando Jacó ouviu que sua fi-
lha Diná fora violada por Siquém,
estavam os seus filhos no cam-
po com o gado; calou-se Jacó até
que viessem.
6 E saiu Hamor, pai de Siquém, a
fim de falar com Jacó.
7 Ora, os filhos de Jacó tinham
vindo do campo assim que sou-
beram do caso. Entristeceram-se
e iraram-se muito, pois Siquém
havia cometido uma insensatez
em Israel, deitando-se com a filha
de Jacó, o que não se devia fazer.
8 Então falou Hamor com eles, di-
zendo: A alma de Siquém, meu fi-
lho, está enamorada da vossa filha;
dai-a a ele, peço-vos, por esposa.
9 Aparentai-vos conosco, dai-nos
as vossas filhas e tomai as nossas.
10 Habitareis conosco; a terra es-
tará diante de vós. Habitai e ne-
gociai nela, e nela adquiri pro-
priedades.
11 Então Siquém disse ao pai e
aos irmãos dela: Ache eu graça
aos vossos olhos e darei o que me
disserdes.
12 Aumentai quanto quiserem o
valor do dote e os presentes, e da-
rei o que me pedirdes. Somente
dai-me a moça por esposa.
13 Então responderam os filhos
de Jacó a Siquém e a Hamor, seu
pai, enganosamente, porque havia
contaminado a Diná, sua irmã,
14 e lhes disseram: Não podemos
fazer isso, dar a nossa irmã a um
homem incircunciso. Isso seria
uma vergonha para nós.
15 Sob uma única condição con-
sentiremos: se vos tornardes como
nós, circuncidando-se todo ma-
cho entre vós.
16 Então vos daremos as nossas
filhas e tomaremos as vossas; ha-
bitaremos convosco e seremos
um só povo.
17 Se, porém, não nos ouvirdes e
não vos circuncidardes, tomare-
mos a nossa filha e iremos embora.
18 E suas palavras agradaram
a Hamor e a Siquém, seu filho.
19 Não tardou o moço em fazer
isso, porque se agradava da filha
de Jacó e era o mais honrado de
toda a casa de seu pai.
20 Vieram, pois, Hamor e Siquém,
seu filho, à porta da sua cidade
e falaram aos homens da cida-
de, dizendo:
21 Estes homens são pacíficos para
conosco. Portanto habitem na ter-
ra e negociem nela, pois é bastan-
te espaçosa para eles. Recebamos
as suas filhas por mulheres e lhes
demos as nossas.
22 Somente, porém, consentirão
aqueles homens em habitar co-
nosco, para que sejamos um só
povo, se todo macho entre nós
se circuncidar, como eles são cir-
cuncidados.
23 O seu gado, as suas proprieda-
des e todos os seus animais não
serão nossos? Concordemos, pois,
com eles, e habitarão conosco.
24 Deram ouvidos a Hamor e a
Siquém, seu filho, todos os que
saíam da porta da cidade, e todo
homem foi circuncidado, dos que
saíam pela porta da sua cidade.
25 Três dias mais tarde, quan-
do os homens estavam dolori-
dos, dois filhos de Jacó, Simeão
e Levi, irmãos de Diná, tomaram
cada um a sua espada, entraram
inesperadamente na cidade e ma-
taram todos os homens.
26 Mataram também a fio de espa-
da a Hamor e a seu filho, Siquém,

e tomaram a Diná da casa de
Siquém e saíram.
27 Vieram os filhos de Jacó aos
mortos e saquearam a cidade,
porque haviam violentado a sua
irmã.
28 Tomaram deles os seus rebanhos,
os bois, os jumentos e o que havia
tanto na cidade como no campo.
29 Todos os seus bens, e todos os
seus meninos, e as suas mulheres
levaram cativos e pilharam tudo
o que havia nas casas.
30 Então disse Jacó a Simeão e
a Levi: Tendes-me perturbado,
fazendo-me odioso aos habitan-
tes da terra, aos cananeus e fe-
rezeus. Nós somos pouca gente,
e, se eles se ajuntarem e vierem
contra mim, serei destruído, eu
e minha casa.
31 Ao que responderam: Devia
ele tratar a nossa irmã como uma
prostituta?

Jacó volta a Betel

35 Então disse Deus a Jacó:
Levanta-te, sobe a Betel e
habita ali; e faze ali um altar ao
Deus que te apareceu quando fugias
da presença de Esaú, teu irmão.
2 Então disse Jacó à sua família
e a todos os que com ele estavam:
Lançai fora os deuses estranhos
que há no meio de vós, purificai-
-vos e trocai as vossas vestes.
3 Levantemo-nos e subamos a
Betel, onde farei um altar ao Deus
que me respondeu no dia da mi-
nha angústia e que foi comigo no
caminho por onde andei.
4 Então deram a Jacó todos os
deuses estranhos que tinham nas
mãos e as argolas que lhes pen-
diam das orelhas; e Jacó os es-
condeu debaixo do carvalho que
está junto a Siquém.
5 Então partiram, e o terror de
Deus caiu sobre as cidades que
estavam ao redor deles, e não se-
guiram aos filhos de Jacó.
6 Assim chegou Jacó a Luz, que
está na terra de Canaã (isto é,
Betel), ele e todo o povo que com
ele havia.
7 Edificou ali um altar e chamou
àquele lugar El-Betel, porque ali
Deus se lhe tinha manifestado
quando fugia de seu irmão.
8 Morreu Débora, a ama de Rebeca,
e foi sepultada ao pé de Betel, de-
baixo do carvalho que se chamou
Alom-Bacute.
9 Depois que Jacó voltou de Padã-
-Arã, Deus lhe apareceu de novo
e o abençoou.
10 Disse-lhe Deus: O teu nome é
Jacó, mas não te chamarás mais
Jacó; Israel será o teu nome. E lhe
chamou Israel.
11 Disse-lhe mais Deus: Eu sou o
Deus Todo-poderoso; frutifica e
multiplica-te. Uma nação, sim, uma
multidão de nações sairá de ti, e
reis procederão dos teus lombos.
12 E te darei a terra que dei a Abraão
e a Isaque, a ti a darei; também à tua
descendência, depois de ti, a darei.
13 Então Deus se retirou dele, do
lugar onde lhe falara.
14 Jacó erigiu uma coluna de pe-
dra no lugar onde Deus lhe fala-
ra e derramou sobre ela uma li-
bação; deitou-lhe também azeite.
15 Jacó chamou Betel ao lugar
onde Deus lhe falara.
16 Partiram de Betel e, havendo
ainda pequena distância para
chegar a Efrata, Raquel deu à
luz um filho, cujo nascimento lhe
foi penoso.
17 Tendo ela trabalho em seu par-
to, disse-lhe a parteira: Não te-
mas, pois também este filho terás.

18 Ao sair-lhe a alma (porque mor-
reu), chamou-lhe Benoni. Mas seu
pai lhe chamou Benjamim.
19 Assim morreu Raquel e foi
sepultada no caminho de Efrata
(isto é, Belém).
20 Sobre a sepultura de Raquel
erigiu Jacó uma coluna, e até o
dia hoje essa coluna marca a se-
pultura de Raquel.
21 Então partiu Israel e armou a
sua tenda além de Migdal-Eder.
22 Enquanto Israel habitava nes-
sa região, Rúben foi e se deitou
com Bila, concubina de seu pai,
e Israel o soube. Eram doze os fi-
lhos de Jacó:
23 **O**s filhos de Lia: Rúben, o pri-
mogênito de Jacó, depois Simeão,
Levi, Judá, Issacar e Zebulom.
24 Os filhos de Raquel: José e
Benjamim.
25 Os filhos de Bila, serva de Raquel:
Dã e Naftali.
26 Os filhos de Zilpa, serva de
Lia: Gade e Aser. Foram estes os
filhos de Jacó, que lhe nasceram
em Padã-Arã.
27 **J**acó veio a seu pai Isaque a
Manre, a Quiriate-Arba (esta é
Hebrom), onde peregrinaram
Abraão e Isaque.
28 Foram os dias de Isaque cen-
to e oitenta anos.
29 Então expirou Isaque e mor-
reu, e foi reunido ao seu povo, ve-
lho e cheio de dias. E Esaú e Jacó,
seus filhos, o sepultaram.

Os descendentes de Esaú

36 São estas as gerações de
Esaú (que é Edom).
2 Esaú tomou suas mulheres den-
tre as filhas de Canaã: Ada, filha
de Elom, heteu, Oolíbama, filha de
Aná, filho de Zibeão, heveu,
3 e Basemate, filha de Ismael,
irmã de Nebaiote.
4 Ada teve de Esaú a Elifaz,
Basemate teve a Reuel,
5 e Oolíbama teve a Jeús, a Jalão
e a Coré. Foram estes os filhos de
Esaú, que lhe nasceram na terra
de Canaã.
6 **T**omou Esaú suas mulheres,
seus filhos, suas filhas e todas
as pessoas de sua casa, seu gado,
todos os seus animais e todos os
seus bens, que havia adquirido
na terra de Canaã, e foi-se para
outra terra, apartando-se de seu
irmão Jacó.
7 Os bens deles eram muitos para
habitarem juntos; a terra de suas
peregrinações não os podia sus-
tentar por causa do seu gado.
8 Portanto Esaú (isto é, Edom)
habitou no monte de Seir.
9 **S**ão estas as gerações de Esaú,
pai dos idumeus, no monte de
Seir:
10 São estes os nomes dos filhos
de Esaú: Elifaz, filho de Ada, mu-
lher de Esaú, e Reuel, filho de
Basemate, mulher de Esaú.
11 Os filhos de Elifaz: Temã, Omar,
Zefô, Gaetã e Quenaz.
12 Timna era concubina de Elifaz,
filho de Esaú, e teve de Elifaz a
Amaleque. Foram estes os filhos
de Ada, mulher de Esaú.
13 Os filhos de Reuel: Naate, Zerá,
Samá e Mizá. Foram estes os fi-
lhos de Basemate, mulher de Esaú.
14 Os filhos de Oolíbama, fi-
lha de Aná, filha de Zibeão, mu-
lher de Esaú, que ela deu a Esaú:
Jeús, Jalão e Coré.
15 **S**ão estes os chefes dos filhos
de Esaú: dos filhos de Elifaz, o
primogênito de Esaú, os chefes
Temã, Omar, Zefô, Quenaz,

16 Coré, Gaetã e Amaleque. Foram
estes os chefes de Elifaz na terra de
Edom; foram filhos de Ada.
17 São estes os filhos de Reuel,
filho de Esaú: os chefes Naate,
Zerá, Samá e Mizá. Foram estes
os chefes de Reuel, na terra de
Edom; foram filhos de Basemate,
mulher de Esaú.
18 São estes os filhos de Oolíbama,
mulher de Esaú: os chefes Jeús,
Jalão e Coré. Foram estes os che-
fes que nasceram a Oolíbama, fi-
lha de Aná, mulher de Esaú.
19 Foram estes os filhos de Esaú
(isto é, Edom), e foram estes os
seus chefes.
20 São estes os filhos de Seir, o
horeu, moradores da terra: Lotã,
Sobal, Zibeão, Aná,
21 Disom, Eser e Disã. São estes
os chefes dos horeus, filhos de
Seir, na terra de Edom.
22 Os filhos de Lotã: Hori e Hemã.
A irmã de Lotã era Timna.
23 São estes os filhos de Sobal:
Alvã, Manaate, Ebal, Sefô e Onã.
24 São estes os filhos de Zibeão: Aiá
e Aná. Este é o Aná que achou as
fontes termais no deserto, quan-
do apascentava os jumentos de
Zibeão, seu pai.
25 São estes os filhos de Aná: Disom
e Oolíbama, filha de Aná.
26 São estes os filhos de Disã:
Hendã, Esbã, Itrã e Querã.
27 São estes os filhos de Eser:
Bilã, Zaavã e Acã.
28 São estes os filhos de Disã:
Uz e Arã.
29 São estes os chefes dos horeus:
os chefes Lotã, Sobal, Zibeão, Aná,
30 Disom, Eser e Disã. Foram es-
tes os chefes dos horeus segundo
as suas divisões na terra de Seir.
31 Foram estes os reis que rei-
naram na terra de Edom, antes
que reinasse rei algum sobre os
filhos de Israel.
32 Belá, filho de Beor, reinou em
Edom, e o nome da sua cidade
era Dinabá.
33 Morreu Belá, e Jobabe, filho
de Zerá de Bozra, reinou em seu
lugar.
34 Morreu Jobabe, e Husão, da
terra dos temanitas, reinou em
seu lugar.
35 Morreu Husão, e em seu lugar
reinou Hadade, filho de Bedade, o
que feriu Midiã no campo de Moabe.
O nome da sua cidade era Avite.
36 Morreu Hadade, e Samlá de
Masreca reinou em seu lugar.
37 Morreu Samlá, e Saul de Reobote
do rio reinou em seu lugar.
38 Morreu Saul, e Baal-Hanã, fi-
lho de Acbor, reinou em seu lugar.
39 Morreu Baal-Hanã, filho de
Acbor, e Hadar reinou em seu
lugar. O nome da sua cidade era
Pau, e o nome da sua mulher
era Meetabel, filha de Matrede,
filha de Me-Zaabe.
40 São estes os nomes dos chefes
de Esaú, segundo as suas famílias,
segundo as suas regiões, pelos
seus nomes: os chefes Timna,
Alva, Jetete,
41 Oolíbama, Elá, Pinom,
42 Quenaz, Temã, Mibzar,
43 Magdiel e Irã. Foram estes os
chefes de Edom, segundo as suas
habitações na terra da sua posses-
são. Este é Esaú, pai dos idumeus.

Os sonhos de José

37 Jacó habitou na terra das
peregrinações de seu pai,
na terra de Canaã.
2 Esta é a história de Jacó. Sendo
José de dezessete anos, apascenta-
va os rebanhos com seus irmãos;
sendo ainda jovem, andava com

os filhos de Bila e com os filhos de
Zilpa, mulheres de seu pai; e tra-
zia más notícias deles a seu pai.
3 Israel amava a José mais do que
a todos os seus outros filhos, por-
que era filho da sua velhice; e fez-
-lhe uma túnica de várias cores.
4 Vendo seus irmãos que seu pai
o amava mais do que a todos os
outros filhos, odiaram-no e já
não podiam falar com ele paci-
ficamente.
5 José teve um sonho e o contou
a seus irmãos; por isso o odiaram
ainda mais.
6 Pois lhes disse: Ouvi, peço-vos,
este sonho que tive:
7 Estávamos atando feixes no
campo, e eis que o meu feixe, le-
vantando-se, ficou de pé; e os vos-
sos feixes o rodeavam e se incli-
navam ao meu feixe.
8 Então lhe disseram seus irmãos:
Tu deveras reinarás sobre nós?
Tu deveras terás domínio sobre
nós? Por isso, tanto mais o odia-
vam por causa dos seus sonhos
e das suas palavras.
9 Teve ainda outro sonho e o con-
tou a seus irmãos, dizendo: Tive
outro sonho; e eis que o sol, a lua
e onze estrelas se inclinavam pe-
rante mim.
10 Quando o contou a seu pai e
a seus irmãos, repreendeu-o seu
pai, dizendo: Que sonho é esse que
tiveste? Viremos, eu e tua mãe e
teus irmãos, a inclinar-nos em
terra perante ti?
11 Seus irmãos, pois, o inveja-
vam; seu pai, porém, guardava
este caso no coração.

José é vendido pelos irmãos

12 Ora, seus irmãos foram apas-
centar o rebanho de seu pai em
Siquém.
13 Disse Israel a José: Não apas-
centam os teus irmãos em Siquém?
Vem, e te enviarei a eles. Respondeu-
-lhe José: Eis-me aqui.
14 Disse-lhe Israel: Vai, vê se vão
bem os teus irmãos e o rebanho;
e traze-me notícias. Assim o en-
viou do vale de Hebrom; e José
foi a Siquém.
15 Um homem encontrou a José,
que andava errante pelo campo,
e lhe perguntou: Que procuras?
16 Respondeu ele: Procuro meus
irmãos; dize-me, peço-te, onde
apascentam eles o rebanho.
17 Disse o homem: Foram-se da-
qui, pois ouvi-os dizer: Vamos a
Dotã. Então, José seguiu atrás de
seus irmãos e os achou em Dotã.
18 Eles o viram de longe e, antes
que chegasse onde estavam, conspi-
raram contra ele, para o matarem.
19 Disseram uns aos outros: Lá vem
o sonhador!
20 Vinde agora, matemo-lo e lan-
cemo-lo numa destas cisternas,
e diremos: Um animal selvagem
o devorou. Veremos, então, que
será dos seus sonhos.
21 Rúben, porém, ouvindo isso,
livrou-o das mãos deles, dizen-
do: Não lhe tiremos a vida.
22 Também lhes disse: Não der-
rameis sangue. Lançai-o nesta
cisterna aqui no deserto, e não
lanceis mão nele. Disse isso para
livrá-lo das mãos deles, a fim de
restituí-lo a seu pai.
23 Chegando José a seus irmãos,
estes o despiram da sua túnica,
a túnica de várias cores, que ele
estava usando;
24 e, tomando-o, lançaram-no na
cisterna. Ora, a cisterna estava
vazia, não havia água nela.
25 Quando se assentaram para
comer, levantaram os olhos e

viram que uma caravana de is-
maelitas vinha de Gileade; nos
seus camelos traziam especia-
rias, bálsamo e mirra, que leva-
vam para o Egito.
26 Então Judá disse a seus ir-
mãos: Que proveito teremos em
matar a nosso irmão e encobrir
o seu sangue?
27 Vinde, vendamo-lo a esses is-
maelitas; não seja nossa mão so-
bre ele, pois é nosso irmão, nossa
carne. E seus irmãos concordaram.
28 Passando, pois, os mercadores
midianitas, os irmãos de José, ti-
rando-o da cisterna, venderam-
-no por vinte siclos de prata aos
ismaelitas, os quais o levaram
para o Egito.
29 **Q**uando Rúben voltou à cister-
na e viu que José não estava nela,
rasgou as suas vestes,
30 voltou a seus irmãos e disse:
O menino não está lá! E eu, para
onde irei?
31 Então tomaram a túnica de
José, mataram um cabrito e a
molharam no sangue.
32 Enviaram a túnica de várias co-
res a seu pai e disseram: Achamos
esta túnica. Vê se é a túnica de
teu filho ou não.
33 Ele a reconheceu e disse: É a
túnica de meu filho! Um animal
selvagem o devorou. Certamente
José foi despedaçado.
34 Então Jacó rasgou as suas
vestes, vestiu-se de pano de saco
e lamentou o seu filho por mui-
tos dias.
35 Levantaram-se todos os seus
filhos e todas as suas filhas, para
o consolarem, mas ele recusou
ser consolado e disse: Na ver-
dade, com choro hei de descer a
meu filho até a sepultura. Assim
o chorou seu pai.
36 Os midianitas venderam José
no Egito a Potifar, oficial de faraó,
capitão da guarda.

Judá e Tamar

38 Nesse tempo Judá des-
ceu de entre seus irmãos
e entrou na casa de um homem
de Adulão, que se chamava Hira.
2 Ali Judá viu a filha de um ho-
mem cananeu, chamado Sua.
Ele a tomou por mulher e se dei-
tou com ela.
3 Ela concebeu e teve um filho, e
o pai lhe chamou Er.
4 Tornou ela a conceber e teve
um filho, a quem chamou Onã.
5 Concebeu outra vez e deu à luz ou-
tro filho, cujo nome foi Selá. Foi em
Quezibe que ela lhe deu à luz.
6 Judá tomou uma mulher para
Er, o seu primogênito; o nome
dela era Tamar.
7 Er, porém, o primogênito de Judá,
era mau aos olhos do Senhor, pelo
que o Senhor o matou.
8 Então disse Judá a Onã: Deita
com a mulher do teu irmão, cum-
prindo-lhe o dever de cunhado, e
suscita descendência a teu irmão.
9 Onã, porém, sabia que a descen-
dência não seria dele; de modo
que sempre que deitava com a
mulher de seu irmão, derrama-
va o sêmen na terra para não dar
descendência a seu irmão.
10 O que ele fazia era mau aos
olhos do Senhor, pelo que tam-
bém o matou.
11 Então disse Judá a Tamar, sua
nora: Permanece viúva em casa
de teu pai, até que Selá, meu filho,
venha a ser homem. Pois pensa-
va: Para que não morra também
este, como seus irmãos. Assim
se foi Tamar e morou em casa
de seu pai.

12 Depois de muito tempo, morreu
a filha de Sua, mulher de Judá.
Depois de consolado, Judá subiu
aos tosquiadores de suas ovelhas,
em Timna, ele e Hira seu amigo,
o adulamita.
13 E avisaram a Tamar, dizendo:
O teu sogro sobe a Timna para
tosquiar as suas ovelhas.
14 Então ela se despiu dos vesti-
dos da sua viuvez, se cobriu com
o véu para se disfarçar e assen-
tou-se à entrada de Enaim, no
caminho de Timna. Pois via que
Selá já era homem, e ela não lhe
fora dada por mulher.
15 Vendo-a Judá, teve-a por prosti-
tuta, pois ela havia coberto o rosto.
16 Não percebendo que era a sua
nora, ele se dirigiu a ela no cami-
nho e lhe disse: Vem, deixa-me dor-
mir contigo. E ela lhe perguntou:
Que darás para dormires comigo?
17 Disse ele: Eu te enviarei um
cabrito do rebanho. Perguntou
ela: O que me dás como garan-
tia até que o envie?
18 Respondeu ele: Que garantia
devo eu dar-te? Disse ela: O teu
selo com o seu cordão e o cajado
que está em tua mão. Ele, pois, os
deu e dormiu com ela, e ela con-
cebeu dele.
19 Levantou-se ela e se foi; tirou
de si o véu e vestiu os vestidos da
sua viuvez.
20 Enviou Judá o cabrito por mão
do adulamita, seu amigo, para re-
ceber o penhor da mão da mulher,
porém ele não a achou.
21 Então perguntou aos homens
daquele lugar: Onde está a pros-
tituta cultual que estava junto ao
caminho de Enaim? Responderam:
Aqui não esteve prostituta alguma.
22 Assim ele voltou a Judá e disse:
Não a achei. E também disseram
os homens daquele lugar: Aqui não
esteve prostituta cultual alguma.
23 Então disse Judá: Deixa-a fi-
car com o penhor, para que não
venhamos a cair em desprezo.
Enviei-lhe este cabrito, mas tu
não a achaste.
24 Passados cerca de três meses,
foram dizer a Judá: Tamar, tua
nora, adulterou, pois está grávi-
da. Então disse Judá: Tirai-a para
fora, e seja queimada.
25 Enquanto ela era tirada para
fora, mandou dizer a seu sogro:
Do homem de quem são estas
coisas eu concebi. E disse mais:
Reconhece de quem é este selo
com o cordão e este cajado.
26 Reconheceu-os Judá e disse:
Mais justa é ela do que eu, por-
que não a dei a meu filho Selá.
E nunca mais a conheceu.
27 Estando ela para dar à luz, ha-
via gêmeos em seu ventre.
28 Dando ela à luz, um pôs fora
a mão, e a parteira tomou um fio
escarlate e o atou em sua mão, di-
zendo: Este saiu primeiro.
29 Ele, porém, recolheu a mão, e
saindo o outro, ela disse: Como
tens tu rompido! E lhe chama-
ram Perez.
30 Depois saiu o seu irmão, em
cuja mão estava o fio escarlate,
e foi chamado Zerá.

José na casa de Potifar

39 José foi levado ao Egito.
Potifar, oficial de faraó,
capitão da guarda, egípcio, com-
prou-o dos ismaelitas que o ti-
nham levado para lá.
2 O Senhor estava com José; ele
se tornou próspero e estava na
casa de seu senhor egípcio.
3 Vendo o seu senhor que Deus
era com ele e que tudo o que ele

fazia o Senhor prosperava em
suas mãos,
4 achou José graça aos olhos dele
e o servia. Ele o pôs por mordomo
de sua casa e entregou nas suas
mãos tudo o que tinha.
5 Desde que o pôs por mordomo
de sua casa e de tudo o que ti-
nha, o Senhor abençoou a casa do
egípcio por amor de José. A bên-
ção do Senhor estava sobre tudo
o que tinha, tanto na casa como
no campo.
6 Assim Potifar deixou tudo o que
tinha nas mãos de José, de modo
que de nada sabia do que estava
com ele, a não ser do pão que co-
mia. Ora, José era atraente e de
boa aparência.
7 **D**epois dessas coisas, a mulher
de seu senhor começou a cobiçar
José e lhe disse: Deita-te comigo.
8 Ele, porém, recusou e disse à mu-
lher do seu senhor: Estando eu aqui,
meu senhor não se preocupa com
o que se passa na casa e entregou
nas minhas mãos tudo o que tem.
9 Ninguém há maior do que eu
nesta casa, e nenhuma coisa me
vedou, senão a ti, porque és sua
mulher. Como, pois, posso come-
ter este tão grande mal e pecar
contra Deus?
10 Embora ela instasse com José
dia após dia, ele, porém, não lhe
dava ouvidos, para se deitar com
ela ou estar com ela.
11 Certo dia, ele entrou na casa
para atender aos seus deveres, e
ninguém da casa estava presente.
12 Ela o pegou pela capa, dizen-
do: Deita-te comigo! Mas ele dei-
xou a sua capa nas mãos dela e
fugiu, escapando para fora.
13 Quando ela viu que ele deixa-
ra a capa em suas mãos e fugira
para fora,
14 chamou pelos homens de sua
casa e lhes disse: Vede, trouxe-
-nos meu marido este hebreu para
nos insultar! Veio a mim para se
deitar comigo, mas eu gritei em
alta voz.
15 Quando ele ouviu que eu le-
vantava a voz e gritava, deixou a
capa ao meu lado e fugiu, esca-
pando para fora.
16 Ela guardou a capa consigo, até
que o senhor dele voltou para casa.
17 Então falou-lhe conforme as
mesmas palavras, dizendo: O ser-
vo hebreu, que nos trouxeste, veio
a mim para me insultar,
18 mas, levantando eu a voz e gri-
tando, ele deixou a capa comigo
e fugiu para fora.
19 Quando o seu senhor ouviu as
palavras de sua mulher, que lhe
dizia: Desta maneira me fez teu
servo, a sua ira se acendeu.
20 Então o senhor de José o tomou
e o lançou na prisão, no lugar em
que os presos do rei estavam pre-
sos. Mas, enquanto José ficou preso,
21 o Senhor era com ele; esten-
deu sobre ele a sua benignidade
e lhe concedeu graça aos olhos
do carcereiro.
22 De sorte que o carcereiro en-
tregou nas mãos de José todos os
presos que estavam no cárcere, e
era José quem ordenava tudo o
que se fazia ali.
23 O carcereiro não tinha cuida-
do de coisa alguma que estava nas
mãos de José, porque o Senhor
era com ele, fazendo prosperar
tudo o que ele empreendia.

José interpreta dois sonhos

40 **D**epois dessas coisas, o co-
peiro do rei do Egito e o seu
padeiro ofenderam o seu senhor,
o rei do Egito.

2 Indignou-se faraó contra os seus dois oficiais, contra o copeiro-chefe e o padeiro-chefe.

3 E mandou detê-los na casa do capitão da guarda, na prisão onde José estava preso.

4 O capitão da guarda pô-los a cargo de José, para que os servisse. Depois que estiveram muitos dias na prisão,

5 ambos sonharam, cada um o seu sonho, na mesma noite, cada um conforme a interpretação do seu sonho, o copeiro e o padeiro do rei do Egito, que estavam presos.

6 Quando José veio a eles pela manhã, viu que estavam perturbados.

7 Então perguntou aos oficiais de faraó, que com ele estavam na prisão da casa de seu senhor: Por que estão hoje tristes os vossos semblantes?

8 Responderam-lhe: Tivemos um sonho e ninguém há que o interprete. Disse-lhes José: Não pertencem a Deus as interpretações? Contai-o a mim, peço-vos.

9 **E**ntão o copeiro-chefe contou o seu sonho a José. Disse-lhe: Em meu sonho havia uma videira diante de mim,

10 e na videira três ramos. Ao brotar a videira, havia flores, e seus cachos produziam uvas maduras.

11 O copo de faraó estava na minha mão, e eu tomava as uvas, e as espremia no copo de faraó, e entregava o copo na mão de faraó.

12 Então lhe disse José: Esta é a sua interpretação: os três ramos são três dias.

13 Dentro de três dias faraó levantará a tua cabeça e te *restaurará ao teu cargo*, e *darás* o copo de faraó na sua mão, conforme o costume antigo, quando eras seu copeiro.

14 Lembra-te, porém, de mim, quando te for bem; usa, peço-te, de compaixão para comigo e faze menção de mim a faraó, e tira-me desta prisão.

15 Pois fui roubado da terra dos hebreus e, aqui, nada fiz para que me pusessem nesta masmorra.

16 **Q**uando o padeiro-chefe viu que tinha interpretado bem, disse a José: Eu também sonhei, e três cestos de pão branco estavam sobre a minha cabeça.

17 No cesto mais alto, havia de todos os manjares de faraó, arte de padeiro, mas as aves os comiam do cesto na minha cabeça.

18 Então respondeu José: Esta é a interpretação do sonho: os três cestos são três dias.

19 Dentro de três dias, faraó tirará fora a tua cabeça e te pendurará num madeiro, e as aves comerão a tua carne.

20 **O**ra, no terceiro dia, o dia do aniversário de faraó, deu este um banquete a todos os seus servos. Levantou a cabeça do copeiro-chefe e do padeiro-chefe, na presença dos seus oficiais.

21 Restaurou o copeiro-chefe ao seu cargo de copeiro, e este deu o copo na mão de faraó,

22 mas ao padeiro-chefe enforcou, como José havia interpretado.

23 O copeiro-chefe, porém, não se lembrou de José, antes se esqueceu dele.

José interpreta os sonhos de faraó

41 Passados dois anos inteiros, faraó sonhou que estava em pé junto ao rio Nilo.

2 Do rio subiam sete vacas, formosas e gordas, e pastavam entre os juncos.

3 Após elas subiam do Nilo ou-
tras sete vacas, feias e magras, e
paravam junto às outras vacas à
beira do rio.
4 E as vacas feias e magras devo-
ravam as sete formosas e gordas.
Então faraó acordou.
5 Depois dormiu e tornou a so-
nhar. Brotavam de um mesmo pé
sete espigas cheias e boas.
6 E após elas brotavam sete espi-
gas miúdas e queimadas do ven-
to oriental.
7 As espigas miúdas devoravam
as sete espigas grandes e cheias.
Então acordou faraó; tinha sido
um sonho.
8 Pela manhã, o seu espírito esta-
va perturbado, pelo que mandou
chamar todos os adivinhadores do
Egito e todos os seus sábios. Faraó
contou-lhes os seus sonhos, mas
não havia quem os interpretasse.
9 Então disse o copeiro-chefe a
faraó: Das minhas faltas me lem-
bro hoje:
10 faraó estava muito indigna-
do contra os seus servos e en-
tregou-me à prisão na casa do
capitão da guarda, a mim e ao
padeiro-chefe.
11 Então tivemos um sonho na
mesma noite, eu e ele, e cada sonho
com a sua própria interpretação.
12 Estava ali conosco um moço
hebreu, servo do capitão da guar-
da; e contamos-lhe os sonhos, e
ele interpretou os nossos sonhos,
a cada um interpretou conforme
o seu sonho.
13 E conforme a sua interpre-
tação, assim mesmo aconteceu:
Eu fui restituído ao meu cargo,
e ele foi enforcado.
14 Então faraó mandou chamar
José, e o fizeram sair apressa-
damente da masmorra. Ele se
barbeou, trocou de roupa e apre-
sentou-se a faraó.
15 Disse faraó a José: Eu tive um
sonho, e não há quem o interpre-
te. Mas de ti ouvi dizer que, ou-
vindo contar um sonho, podes
interpretá-lo.
16 Respondeu José a faraó: Isso
não está em mim, mas Deus é que
dará uma resposta de paz a faraó.
17 Então disse faraó a José: Em
meu sonho eu estava em pé à bei-
ra do rio Nilo,
18 e subiam do rio sete vacas gor-
das e formosas, e pastavam entre
os juncos.
19 Após elas subiam outras sete
vacas, fracas, muito feias e ma-
gras, tão feias quais nunca vi em
toda a terra do Egito.
20 As vacas magras e feias de-
voravam as primeiras sete va-
cas gordas.
21 Depois de as terem consumi-
do, não se podia reconhecer que
as houvessem consumido; a sua
aparência era tão feia como no
princípio. Então acordei.
22 Depois vi, em meu sonho, que
de um mesmo pé subiam sete es-
pigas cheias e boas.
23 Após elas brotavam sete espi-
gas secas, miúdas e queimadas
do vento oriental.
24 As sete espigas miúdas devora-
vam as sete espigas boas. Contei-o
aos magos, mas não houve quem
o interpretasse.
25 Então disse José a faraó: O so-
nho de faraó é um só. O que Deus
há de fazer, mostrou-o a faraó.
26 As sete vacas boas são sete anos,
e as sete espigas boas também são
sete anos; o sonho é um só.
27 As sete vacas magras e feias,
que subiam após as primeiras, são
sete anos, como as sete espigas

miúdas e queimadas do vento
oriental: são sete anos de fome.
28 Esta é a palavra que eu disse
a faraó: o que Deus há de fazer,
mostrou-o a faraó.
29 Vêm sete anos de grande far-
tura em toda a terra do Egito.
30 Depois deles surgirão sete anos
de fome, e toda aquela fartura será
esquecida na terra do Egito, e a
fome consumirá a terra.
31 Não será conhecida a abundân-
cia na terra, por causa daquela fome
que seguirá, porque será intensa.
32 Ora, o sonho de faraó foi du-
plicado porque esta coisa é deter-
minada por Deus, e ele se apressa
a fazê-la.
33 Portanto, procure faraó agora
um homem entendido e sábio e
o ponha sobre a terra do Egito.
34 Faça isso faraó, e nomeie admi-
nistradores sobre a terra, que to-
mem a quinta parte dos produtos
da terra do Egito nos sete anos de
fartura.
35 Ajuntem todo o mantimento
dos bons anos que vêm e amon-
toem trigo debaixo da autorida-
de de faraó, para mantimento nas
cidades, e o guardem.
36 Será o mantimento para provi-
mento da terra, para os sete anos
de fome, que haverá na terra do
Egito, para que a terra não pere-
ça de fome.
37 Este plano pareceu bom aos
olhos de faraó, e aos olhos de to-
dos os seus oficiais.
38 Perguntou, pois, faraó a seus
oficiais: Acaso acharíamos um
homem como este, em quem haja
o espírito de Deus?
39 Depois disse faraó a José: Visto
que Deus te fez saber tudo isso,
ninguém há tão entendido e sá-
bio como tu.
40 Tu estarás sobre a minha casa,
e por tua boca se governará todo
o meu povo. Somente no trono eu
serei maior do que tu.
41 Disse mais faraó a José: Vê,
eu te hei posto sobre toda a terra
do Egito.
42 Então tirou faraó o anel da
sua mão e o pôs na mão de José,
e o fez vestir roupas de linho
fino e pôs um colar de ouro no
seu pescoço.
43 E fê-lo subir no segundo car-
ro que tinha, e clamavam diante
dele: Ajoelhai-vos. Assim faraó o
pôs sobre toda a terra do Egito.
44 Disse ainda faraó a José: Eu sou
faraó, porém sem ti ninguém le-
vantará a mão ou o pé em toda a
terra do Egito.
45 Chamou faraó a José de Zafenate-
-Paneia e deu-lhe por mulher a
Asenate, filha de Potífera, sacer-
dote de Om. E saiu José por toda
a terra do Egito.
46 Era José da idade de trinta
anos quando esteve diante de fa-
raó, rei do Egito. E saiu José da
presença de faraó e viajou por
toda a terra do Egito.
47 Nos sete anos de fartura, a
terra produziu com abundância.
48 Ajuntou José todo o manti-
mento dos sete anos produzi-
dos na terra do Egito, e o guardou
nas cidades. O mantimento do
campo que estava ao redor de
cada cidade, guardou-o na mes-
ma cidade.
49 Assim ajuntou José muitíssi-
mo trigo, como a areia do mar,
até que cessou de contar, porque
ia além das medidas.
50 Antes de chegar o ano da fome,
nasceram a José dois filhos, que
lhe deu Asenate, filha de Potífera,
sacerdote de Om.

51 Chamou José ao primogênito
Manassés e disse: Deus me fez es-
quecer de todo o meu trabalho e
de toda a casa de meu pai.
52 Ao segundo chamou Efraim
e disse: Deus me fez crescer na
terra da minha aflição.
53 Acabaram-se, então, os sete
anos de fartura que houve na
terra do Egito,
54 e começaram os sete anos de
fome, como José tinha dito. Havia
fome em todas as terras, mas em
toda a terra do Egito havia pão.
55 Quando toda a terra do Egito co-
meçou a ter fome, clamou o povo a
faraó por pão. Então disse faraó
a todos os egípcios: Ide a José, e
o que ele vos disser, fazei.
56 Havendo fome em toda a terra,
abriu José todos os celeiros e ven-
dia aos egípcios, pois a fome pre-
valeceu na terra do Egito.
57 E todas as terras vinham ao
Egito, para comprar de José, por-
que a fome prevaleceu em todo o
mundo.

Os irmãos de José descem ao Egito

42 Quando Jacó soube que ha-
via mantimento no Egito,
disse a seus filhos: Por que es-
tais olhando uns para os outros?
2 Disse mais: Tenho ouvido que
há cereais no Egito. Descei até lá
e comprai-nos deles, para que vi-
vamos e não morramos.
3 Então desceram os dez irmãos
de José, para comprar cereal do
Egito.
4 A Benjamim, porém, irmão de
José, não enviou Jacó com os seus
irmãos, porque dizia: Para que
não lhe suceda algum desastre.
5 Assim foram os filhos de Israel,
entre os que iam comprar cereal,
pois havia fome na terra de Canaã.
6 Ora, José era o governador da
terra; era ele quem vendia cereal
a todo o povo da terra. Assim os
irmãos de José vieram e se in-
clinaram diante dele com o ros-
to em terra.
7 Vendo José os seus irmãos, re-
conheceu-os, mas comportou-se
como estranho para com eles;
falou-lhes asperamente e per-
guntou-lhes: De onde vindes?
Responderam: Da terra de Canaã,
para comprar mantimento.
8 José conheceu os seus irmãos,
mas eles não o conheceram.
9 Então se lembrou José dos so-
nhos que tivera a respeito deles e
lhes disse: Vós sois espias e vies-
tes para ver a nudez da terra.
10 Responderam: Não, senhor
meu. Os teus servos vieram com-
prar mantimento.
11 Nós somos todos filhos de um
mesmo homem. Os teus servos
são homens de retidão, não são
espias.
12 Disse-lhes ele: Não! Viestes
para ver a nudez da terra.
13 Eles, porém, responderam:
Nós, teus servos, somos doze ir-
mãos, filhos de um homem da ter-
ra de Canaã. O mais novo está hoje
com nosso pai, e um já não existe.
14 Disse-lhes José: É como já vos
disse: sois espias!
15 E nisto sereis provados: Pela vida
de faraó, não saireis daqui sem
que primeiro venha o vosso ir-
mão mais novo.
16 Enviai um dentre vós que tra-
ga vosso irmão; o restante de vós
ficará preso, e vossas palavras se-
rão provadas, se há verdade no
que dizeis. Se não, pela vida de
faraó, vós sois espias!
17 E colocou a todos eles na pri-
são por três dias.

18 Ao terceiro dia, disse-lhes José: Fazei isso, e vivereis, pois eu temo a Deus.

19 Se sois homens de retidão, que fique um de vossos irmãos aqui na prisão; vós outros ide, levai cereal para a fome de vossas casas.

20 Trazei-me, porém, o vosso irmão mais novo, para que sejam verificadas as vossas palavras, e não morrereis. Eles assim fizeram.

21 Então disseram uns aos outros: Na verdade, somos culpados com respeito a nosso irmão, pois vimos a angústia de sua alma, quando nos rogava, mas nós não o atendemos; é por isso que vem sobre nós esta angústia.

22 Respondeu-lhes Rúben: Não vos dizia eu: Não pequeis contra o menino? Mas não me quisestes ouvir! Por isso, agora, é requerido de nós o seu sangue.

23 Eles não sabiam que José os entendia, porque lhes falava por intérprete.

24 Retirando-se deles, chorou. Depois voltou a eles, falou-lhes, tomou Simeão entre eles e o amarrou perante os seus olhos.

25 Ordenou José que lhes enchessem os sacos de cereal, restituíssem o dinheiro a cada um na sua bagagem e dessem comida para o caminho. E assim fizeram-lhes.

26 E carregaram o cereal sobre os seus jumentos e partiram dali.

27 Abrindo um deles a sua bagagem, para dar de comer ao seu jumento na estalagem, viu o seu dinheiro, pois estava na boca da bagagem.

28 Então disse a seus irmãos: Devolveram o meu dinheiro. *Está aqui na bagagem.* Então lhes desfaleceu o coração e, tremendo, entreolhavam-se, dizendo: Que é isso que Deus nos fez?

29 E vieram para Jacó, seu pai, na terra de Canaã, e contaram-lhe tudo o que lhes acontecera, dizendo:

30 O homem, o senhor da terra, falou conosco asperamente e tratou-nos como espias da terra.

31 Dissemos-lhe, porém: Somos homens de retidão; não somos espias.

32 Somos doze irmãos, filhos de um mesmo pai. Um já não existe, e o mais novo está hoje com nosso pai na terra de Canaã.

33 Respondeu-nos o homem, o senhor da terra: Nisto conhecerei que vós sois homens de retidão: Deixai comigo um de vossos irmãos, tomai o cereal para a fome de vossas casas e parti.

34 Trazei-me o vosso irmão mais novo para que eu saiba que não sois espias, mas homens de retidão. Então vos entregarei o vosso irmão e negociareis na terra.

35 Esvaziando eles a sua bagagem, eis que a trouxinha de dinheiro de cada um estava na bagagem! Quando eles e seu pai viram as trouxinhas de dinheiro, temeram.

36 Então Jacó, seu pai, lhes disse: Tendes-me desfilhado. José já não existe e Simeão não está aqui; agora haveis de levar a Benjamim. Todas essas coisas vieram sobre mim.

37 Rúben, porém, disse a seu pai: Mata os meus dois filhos se eu não tornar a trazê-lo para ti. Entrega-o nas minhas mãos, e tornarei a trazê-lo.

38 Ele, porém, disse: Não descerá meu filho convosco; o seu irmão é morto, e só ele ficou. Se lhe suceder algum desastre na viagem que ireis fazer, fareis descer os meus cabelos brancos com tristeza à sepultura.

A segunda viagem ao Egito

43 Ora, a fome era intensa
na terra.
2 Tendo eles acabado de comer o ce-
real que trouxeram do Egito, disse-
-lhes seu pai: Voltai, comprai-nos
um pouco mais de alimento.
3 Judá, porém, lhe respondeu:
Fortemente nos protestou o ho-
mem, dizendo: Não vereis a mi-
nha face, se o vosso irmão não
vier convosco.
4 Se enviares conosco o nosso
irmão, desceremos e te compra-
remos alimento.
5 Se, contudo, não o enviares, não
desceremos, porque o homem nos
disse: Não vereis a minha face, se
o vosso irmão não vier convosco.
6 Perguntou Israel: Por que me
causastes este mal, fazendo sa-
ber ao homem que tínheis ainda
outro irmão?
7 Responderam eles: O homem
perguntou particularmente por
nós e por nossa família, dizen-
do: Vive ainda vosso pai? Tendes
mais um irmão? Simplesmente
respondemos às suas perguntas.
Podíamos acaso saber que ele
diria: Trazei vosso irmão?
8 Então disse Judá a Israel, seu
pai: Envia o jovem comigo, e nos
levantaremos, e iremos, para que
tu, nós e nossos filhos vivamos e
não morramos.
9 Eu serei responsável por ele;
das minhas mãos o requererás.
Se eu não o trouxer e não o puser
perante a tua face, serei réu de
crime para contigo para sempre.
10 E se não nos tivéssemos demo-
rado, certamente já segunda vez
estaríamos de volta.
11 Então lhes disse Israel, seu
pai: Se é assim, fazei isto: tomai
dos melhores produtos da terra
em vossos sacos e levai ao ho-
mem um presente; um pouco de
bálsamo, um pouco de mel, espe-
ciarias, mirra, nozes de pistácia
e amêndoas.
12 Levai também dinheiro em do-
bro; e o dinheiro que foi devolvi-
do na boca das vossas bagagens,
tornai a levá-lo nas vossas mãos.
Bem pode ser que fosse erro.
13 Levai também a vosso irmão,
levantai-vos e voltai ao homem.
14 E o Deus todo-poderoso vos dê
misericórdia diante do homem,
para que deixe vir convosco vosso
outro irmão e Benjamim. E eu, se
ficar sem filhos, sem filhos ficarei.
15 Tomaram, pois, os homens
aquele presente, o dinheiro em
dobro e Benjamim. Levantaram-
-se, desceram ao Egito e se apre-
sentaram perante José.
16 Quando José viu a Benjamim
com eles, disse ao despenseiro
de sua casa: Leva os homens à
casa, mata reses e prepara tudo;
eles comerão comigo ao meio-dia.
17 O homem fez como José dis-
sera, e levou-os à casa de José.
18 Então os homens tiveram medo,
porque foram levados à casa de
José, e diziam: Por causa do di-
nheiro que da outra vez voltou
nos nossos sacos, fomos trazidos
aqui, para nos incriminar e arre-
meter contra nós, para nos tomar
por servos, tanto a nós como a
nossos jumentos.
19 Por isso, eles se chegaram ao
despenseiro de José e falaram
com ele à porta da casa,
20 dizendo: Ai! meu senhor, já
uma vez descemos a comprar
mantimento.
21 Quando, porém, chegamos
à estalagem, abrimos nossa ba-
gagem, e o dinheiro de cada um

estava na boca da sua bagagem,
nosso dinheiro no peso exato.
Assim tornamos a trazê-lo nas
nossas mãos.
22 Também trouxemos outro di-
nheiro nas nossas mãos, para com-
prar mantimento. Não sabemos
quem colocou o nosso dinheiro
nas nossas bagagens.
23 Respondeu ele: Paz seja con-
vosco, não temais. O vosso Deus, o
Deus de vosso pai, vos deu tesouro
nas vossas bagagens; o vosso di-
nheiro me chegou a mim. Então
lhes trouxe fora a Simeão.
24 Depois levou os homens à casa
de José, deu-lhes água para lava-
rem os pés e providenciou forra-
gem para os seus jumentos.
25 Então prepararam o presente,
para quando José viesse ao meio-
-dia, porque tinham ouvido que
ali haviam de comer.
26 Quando José chegou, trouxe-
ram-lhe ali o presente que guar-
davam junto de si e se inclinaram
a ele até a terra.
27 Então ele lhes perguntou como
estavam e prosseguiu: Vosso pai,
o velho de quem falastes, está
bem? Ainda vive?
28 Responderam eles: Bem está
o teu servo, nosso pai vive ain-
da. E abaixaram a cabeça e se
inclinaram.
29 Levantando os olhos, José viu
a Benjamim, seu irmão, filho de
sua mãe, e perguntou: É este o
vosso irmão mais novo de quem
me falastes? E disse: Deus te con-
ceda graça, meu filho.
30 Profundamente comovido por
causa de seu irmão, José se apres-
sou e procurou onde chorar. E, en-
trando no seu quarto, chorou ali.
31 Depois que lavou o rosto, saiu e,
contendo-se, disse: Servi a comida.
32 Eles o serviram à parte, e a eles
também à parte, e aos egípcios, que
comiam com ele, à parte, porque
os egípcios não podiam comer
com os hebreus, pois é isso abo-
minação para os egípcios.
33 Assentaram-se diante dele, o
primogênito segundo a sua pri-
mogenitura, e o menor segundo
a sua menoridade; e disso os ho-
mens se maravilhavam entre si.
34 Então lhes apresentou as por-
ções que estavam diante dele; po-
rém a porção de Benjamim era
cinco vezes maior do que a de
qualquer deles. Eles beberam e
se regalaram com ele.

A taça de José na bagagem de Benjamim

44 Deu José esta ordem ao
despenseiro de sua casa:
Enche de mantimento a baga-
gem desses homens, quanto pu-
derem levar, e põe o dinheiro de
cada um na boca da sua bagagem.
2 E a minha taça, a taça de pra-
ta, porás na boca da bagagem do
mais novo, com o dinheiro do seu
cereal. Assim fez ele conforme a
palavra que José tinha dito.
3 Chegada a luz da manhã, des-
pediram-se os homens, eles com
os seus jumentos.
4 Tendo eles saído da cidade, mas
não se tendo distanciado muito,
disse José ao despenseiro de sua
casa: Levanta-te e segue os ho-
mens; e, quando os alcançares,
dirás: Por que pagastes o bem
com o mal?
5 Não é esta a taça em que bebe
meu senhor e por meio da qual faz
suas adivinhações? Procedestes
mal no que fizestes.
6 E alcançou-os e lhes falou essas
mesmas palavras.

7 Então eles lhe responderam:
Por que diz meu senhor tais pa-
lavras? Longe estejam teus servos
de fazer semelhante coisa.
8 Até o dinheiro que achamos nas
bocas das nossas bagagens torna-
mos a trazer-te desde a terra de
Canaã. Como, pois, furtaríamos da
casa do teu senhor prata ou ouro?
9 Aquele dos teus servos com quem
for achada, morra; e ainda nós se-
remos escravos do meu senhor.
10 Ao que ele disse: Seja confor-
me as vossas palavras. Aquele
com quem se achar será meu es-
cravo; vós outros sereis inocentes.
11 Depressa, cada um pôs em
terra sua bagagem e a abriu.
12 O despenseiro buscou, come-
çando pelo maior e acabando pelo
mais novo. E achou-se a taça na
bagagem de Benjamim.
13 Então rasgaram as suas ves-
tes e, tendo cada um carregado o
seu jumento, tornaram à cidade.
14 E veio Judá com seus irmãos
à casa de José, porque ele ainda
estava ali, e prostraram-se dian-
te dele em terra.
15 Disse-lhes José: Que é isto que
fizestes? Não sabeis vós que um
homem como eu é capaz de adi-
vinhar?
16 Respondeu-lhe Judá: Que di-
remos a meu senhor? Que falare-
mos? Como nos justificaremos?
Achou Deus a iniquidade de teus
servos; somos escravos de meu se-
nhor, tanto nós como aquele em
cuja mão foi achada a taça.
17 Ele, porém, disse: Longe de
mim que eu tal faça! O homem
em cuja mão foi achada a taça,
esse será meu servo. Porém vós
subi em paz para vosso pai.
18 Então Judá se chegou a ele e dis-
se: Ai! senhor meu, deixa, peço-te,
o teu servo dizer uma palavra aos
ouvidos de meu senhor, e não se
acenda a tua ira contra o teu ser-
vo, porque tu és como faraó.
19 O meu senhor perguntou a teus
servos: Tendes vós pai ou irmão?
20 E respondemos a meu senhor:
Temos pai já velho e um filho da
sua velhice, o mais novo. O seu
irmão é morto, e ele é o único de
sua mãe, e seu pai o ama.
21 Então disseste a teus servos:
Trazei-o a mim, para que o veja.
22 Respondemos a meu senhor:
O moço não poderá deixar a seu
pai; se deixar a seu pai, este
morrerá.
23 Então disseste a teus servos:
Se vosso irmão mais novo não
descer convosco, nunca mais ve-
reis a minha face.
24 Então subimos a teu servo,
meu pai, e lhe contamos as pala-
vras de meu senhor.
25 Disse nosso pai: Tornai; com-
prai-nos um pouco de mantimento.
26 Nós respondemos: Não pode-
remos descer. Somente se nosso
irmão menor for conosco, desce-
remos. Não poderemos ver a face
do homem, se nosso irmão menor
não estiver conosco.
27 Então nos disse teu servo, meu
pai: Vós sabeis que minha mulher
me deu dois filhos.
28 Um se ausentou de mim, e eu
disse: Certamente foi despedaça-
do, e não o vi mais.
29 Se agora também me tirardes a
este e lhe acontecer algum desas-
tre, fareis descer os meus cabelos
brancos com tristeza à sepultura.
30 Agora, pois, indo eu a teu servo,
meu pai, e não indo o moço, visto a
sua alma estar ligada com a dele,
31 acontecerá que, vendo ele que
o moço ali não está, morrerá.

E teus servos farão descer os ca-
belos brancos de teu servo, nos-
so pai, com tristeza à sepultura.
32 O teu servo ficou responsável
pelo moço diante de meu pai, di-
zendo: Se eu não tornar a trazê-
-lo, serei culpado para com meu
pai todos os dias.
33 Agora, pois, fique teu servo
em lugar do moço por escravo de
meu senhor, e que suba o moço
com os seus irmãos.
34 Como subirei eu a meu pai, se
o moço não for comigo? Não me
permitas ver o mal que se abaterá
sobre meu pai.

José dá-se a conhecer

45 Então José, não se podendo
conter diante de todos os que
estavam com ele, clamou: Fazei sair
a todos da minha presença! E nin-
guém ficou com ele, quando José
se deu a conhecer a seus irmãos.
2 E levantou a voz em choro, de
maneira que os egípcios o ouvi-
ram, bem como a casa de faraó.
3 Disse José a seus irmãos: Eu sou
José! Vive ainda meu pai? E seus
irmãos não lhe puderam respon-
der, porque estavam perplexos
diante dele.
4 Disse mais José a seus irmãos:
Peço-vos, chegai-vos a mim. E eles
se chegaram. Então disse: Eu sou
José, vosso irmão, a quem ven-
destes para o Egito.
5 Agora, porém, não vos entriste-
çais nem vos irriteis contra vós
mesmos por me haverdes vendi-
do para cá, porque, para conser-
vação da vida, Deus me enviou
adiante de vós.
6 *Pois já houve dois anos de* fome
na terra, e ainda restam cinco
anos em que não haverá lavoura
nem colheita.
7 Pelo que Deus me enviou adian-
te de vós a fim de conservar
vossa sucessão na terra e para
guardar-vos em vida por um gran-
de livramento.
8 Assim, não fostes vós que me en-
viastes para cá, senão Deus, que
me tem posto por pai de faraó,
por senhor de toda a sua casa e
como governador em toda a ter-
ra do Egito.
9 Apressai-vos, subi a meu pai e
dizei-lhe: Assim diz teu filho José:
Deus me pôs por senhor em toda
a terra do Egito. Desce a mim; não
te demores.
10 Habitarás na terra de Gósen e
estarás perto de mim, tu, teus fi-
lhos, os filhos dos teus filhos, os
teus rebanhos, o teu gado e tudo
o que tens.
11 Ali te sustentarei, porque ainda
haverá cinco anos de fome, para
que não sejas reduzido à pobreza,
tu e tua casa, e tudo o que tens.
12 Os vossos olhos e os olhos de
meu irmão Benjamim veem que
é minha a boca que vos fala.
13 Fazei, pois, saber a meu pai toda
a minha glória no Egito e tudo o
que tendes visto. Apressai-vos
a fazer descer meu pai para cá.
14 Então se lançou ao pescoço de
Benjamim, seu irmão, e chorou;
e Benjamim chorou também ao
pescoço dele.
15 E José beijou a todos os seus ir-
mãos e chorou sobre eles. Depois
seus irmãos falaram com ele.
16 Quando se ouviu no palácio de
faraó que os irmãos de José haviam
chegado, isso pareceu bem aos
olhos de faraó e dos seus oficiais.
17 Disse faraó a José: Dize a teus
irmãos: Fazei isto: carregai os
vossos animais e parti, tornai à
terra de Canaã,

18 tomai a vosso pai e as vossas
famílias e vinde a mim. Eu vos
darei o melhor da terra do Egito,
e comereis da fartura da terra.
19 A ti, pois, é ordenado dizer-
-lhes: Fazei isto: levai da terra do
Egito carros para vossos meni-
nos e para vossas mulheres; tra-
zei vosso pai e vinde.
20 Não vos preocupeis com vossos
bens, porque o melhor de toda a
terra do Egito será vosso.
21 Assim fizeram os filhos de Israel.
José lhes deu carros, conforme
o mandado de faraó, e também
lhes deu comida para a viagem.
22 A cada um deles deu mudas
de roupa, mas a Benjamim deu
trezentas peças de prata e cinco
mudas de roupa.
23 E a seu pai enviou o seguin-
te: dez jumentos carregados do
melhor do Egito, dez jumentas
carregadas de trigo, pão e ou-
tras provisões para a sua viagem.
24 Então despediu-se dos seus
irmãos. Ao partirem, disse-lhes:
Não contendais pelo caminho.
25 Assim, subiram do Egito e vieram
à terra de Canaã, a Jacó, seu pai,
26 e lhe anunciaram: José ainda
vive. Ele é governador de toda
a terra do Egito. E o coração de
Jacó fraquejou, porque não acre-
ditava neles.
27 Porém, havendo-lhe eles con-
tado todas as palavras que José
lhes falara e vendo ele os carros
que José enviara para levá-lo, rea-
nimou-se o seu espírito
28 e disse: Basta! Ainda vive meu
filho José. Eu irei e o verei antes
que morra.

Jacó desce ao Egito

46 Partiu Israel com tudo o que
tinha e chegou a Berseba,
onde ofereceu sacrifícios ao Deus
de seu pai Isaque.
2 Falou Deus a Israel em visões
de noite: Jacó, Jacó! Ele respon-
deu: Eis-me aqui.
3 Disse Deus: Eu sou Deus, o Deus
de teu pai. Não temas descer ao
Egito, pois eu te farei ali uma
grande nação.
4 Eu descerei contigo ao Egito e
certamente te farei tornar a su-
bir. E José fechará os teus olhos.
5 Então se levantou Jacó de Berseba;
e os filhos de Israel levaram seu
pai, Jacó, seus meninos, suas mu-
lheres nos carros que faraó en-
viara para o levar.
6 Tomaram o seu gado e os seus
bens que tinham adquirido na
terra de Canaã e vieram para o
Egito, Jacó e toda a sua descen-
dência com ele.
7 Os seus filhos e os filhos de seus
filhos com ele, as suas filhas e as
filhas de seus filhos e toda a sua
descendência, levou-os consigo
para o Egito.
8 São estes os nomes dos filhos
de Israel, Jacó e seus filhos, que
vieram para o Egito: Rúben, o
primogênito de Jacó.
9 Os filhos de Rúben: Enoque,
Palu, Hezrom e Carmi.
10 Os filhos de Simeão: Jemuel,
Jamim, Oade, Jaquim, Zoar e Saul,
filho de uma mulher cananeia.
11 Os filhos de Levi: Gérson, Coate
e Merari.
12 Os filhos de Judá: Er, Onã,
Selá, Perez e Zera. Er e Onã, po-
rém, morreram na terra de Canaã.
Os filhos de Perez foram: Hezrom
e Hamul.
13 Os filhos de Issacar: Tola, Puva,
Jó e Sinrom.
14 Os filhos de Zebulom: Serede,
Elom e Jaleel.

15 Foram estes os filhos de Lia,
que ela deu a Jacó em Padã-Arã,
além de Diná, sua filha. Ao todo
trinta e três pessoas.
16 Os filhos de Gade: Zifiom, Hagi,
Suni, Esbom, Eri, Arodi e Areli.
17 Os filhos de Aser: Imna, Isvá,
Isvi, Berias e Será, irmã deles. Os fi-
lhos de Berias: Héber e Malquiel.
18 Foram estes os filhos de Zilpa,
a qual Labão deu à sua filha Lia;
estes ela deu a Jacó, ao todo de-
zesseis pessoas.
19 Os filhos de Raquel, mulher de
Jacó: José e Benjamim.
20 Nasceram a José na terra do
Egito Manassés e Efraim, que lhe
deu Asenate, filha de Potífera, sa-
cerdote de Om.
21 Os filhos de Benjamim: Bela,
Bequer, Asbel, Gera, Naamã, Eí,
Rôs, Mupim, Hupim e Arde.
22 Foram estes os filhos de Raquel,
que nasceram a Jacó, ao todo ca-
torze pessoas.
23 O filho de Dã: Husim.
24 Os filhos de Naftali: Jazeel,
Guni, Jezer e Silém.
25 Foram estes os filhos que Bila,
serva que Labão deu à sua filha
Raquel, deu a Jacó; ao todo sete
pessoas.
26 Todos os que vieram com Jacó
para o Egito, e que eram da sua
descendência, fora as mulheres
dos filhos de Jacó, foram sessen-
ta e seis pessoas.
27 Com os dois filhos de José, que
lhe nasceram no Egito, todas as
pessoas da casa de Jacó, que vie-
ram para o Egito, foram setenta.
28 Jacó enviou Judá à sua fren-
te a José, para o encaminhar a
Gósen. Quando chegaram à ter-
ra de Gósen,
29 José aprontou o seu carro e
subiu ao encontro de Israel, seu
pai, a Gósen. Quando o viu, cor-
reu, lançou-se ao seu pescoço, e
chorou por longo tempo.
30 Disse Israel a José: Já posso
morrer, pois vi o teu rosto, e ain-
da vives.
31 Depois disse José a seus ir-
mãos e à casa de seu pai: Eu su-
birei e informarei a faraó, e lhe
direi: Meus irmãos e a casa de
meu pai, que estavam na terra
de Canaã, vieram a mim.
32 Os homens são pastores, ho-
mens de gado, e trouxeram con-
sigo os seus rebanhos, o seu gado
e tudo o que têm.
33 Quando faraó vos chamar e per-
guntar: Qual é a vossa ocupação?
34 Respondereis: Teus servos
foram homens de gado desde a
nossa juventude até agora, tan-
to nós como os nossos pais; para
que habiteis na terra de Gósen,
pois todos os pastores são abo-
minação para os egípcios.

A chegada do pai de José

47 Então veio José e disse a
faraó: Meu pai e meus ir-
mãos, com seus rebanhos e seu
gado, e tudo o que têm, chegaram
da terra de Canaã, e estão na ter-
ra de Gósen.
2 E tomou cinco dos seus irmãos
e os apresentou a faraó.
3 Então perguntou faraó aos
irmãos de José: Qual é a vossa
ocupação? Eles responderam:
Teus servos são pastores, tan-
to nós como nossos pais.
4 Disseram mais a faraó: Viemos
para habitar nesta terra, porque
não há pasto para os rebanhos de
teus servos, pois a fome é grave
na terra de Canaã. Agora, roga-
mos-te, permite que teus servos
habitem na terra de Gósen.

5 Então disse faraó a José: Teu pai
e teus irmãos vieram a ti,
6 e a terra do Egito está diante de
ti; no melhor da terra faze habitar
teu pai e teus irmãos. Habitem na
terra de Gósen. E, se sabes que
entre eles há homens capazes,
põe-nos por chefes dos pastores
do meu gado.
7 Trouxe José a Jacó, seu pai, e o
apresentou a faraó. E Jacó aben-
çoou a faraó.
8 Então perguntou faraó a Jacó:
Quantos são os dias dos anos da
tua vida?
9 Respondeu-lhe Jacó: Os anos das
minhas peregrinações são cento
e trinta. Poucos e maus foram os
anos da minha vida e não chega-
ram aos anos da vida de meus pais
nos dias das suas peregrinações.
10 Então Jacó abençoou a faraó
e saiu da sua presença.
11 Assim, José instalou seu pai e
seus irmãos, dando-lhes posses-
são na terra do Egito, no melhor
da terra, na terra de Ramessés,
como faraó ordenara.
12 E José sustentou de pão a seu
pai, a seus irmãos e a toda a casa
de seu pai, segundo o número de
seus filhos.

José e a fome

13 Não havia pão em toda a terra,
porque a fome era muito intensa;
de modo que a terra do Egito e a
terra de Canaã desfaleciam por
causa da fome.
14 Então José recolheu todo o di-
nheiro que se achou na terra do
Egito e na terra de Canaã, pelo
trigo que compravam, e trouxe-o
à casa de faraó.
15 Acabando-se o dinheiro na ter-
ra do Egito e na terra de Canaã,
vieram todos os egípcios a José,
dizendo: Dá-nos pão. Por que
morreremos na tua presença?
Pois não há mais dinheiro.
16 Respondeu José: Se vos falta di-
nheiro, trazei o vosso gado; em tro-
ca do vosso gado eu vos suprirei.
17 Então trouxeram o seu gado
a José, e ele lhes deu pão em tro-
ca de cavalos, de ovelhas, de bois
e de jumentos. E os sustentou de
pão aquele ano em troca de todo
o seu gado.
18 Findo aquele ano, vieram a ele
no segundo ano e disseram-lhe:
Não ocultaremos ao meu senhor
que o dinheiro é acabado, e meu
senhor possui os animais; nenhu-
ma outra coisa nos resta diante de
meu senhor, senão o nosso corpo
e a nossa terra.
19 Por que morreremos diante dos
teus olhos, tanto nós como a nos-
sa terra? Compra-nos, e também
a nossa terra em troca de pão, e
nós e a nossa terra seremos ser-
vos de faraó. Dá-nos semente para
que vivamos e não morramos, e
a terra não fique deserta.
20 Assim José comprou toda a ter-
ra do Egito para faraó. Os egípcios
venderam cada um o seu campo,
porque a fome lhes era grave em
extremo. A terra passou a ser de
faraó,
21 e José escravizou o povo de
uma a outra extremidade da ter-
ra do Egito.
22 Somente a terra dos sacerdo-
tes não a comprou, porque eles
recebiam sustento de faraó, e vi-
viam do que faraó lhes dava. Por
isso não venderam a sua terra.
23 Então disse José ao povo: Eis que
hoje vos comprei a vós e a vos-
sa terra para faraó; aí tendes
semente para vós, para que se-
meeis a terra.

24 Há de ser, porém, que das co-
lheitas dareis o quinto a faraó,
e as quatro partes serão vossas,
para semente do campo, para o
vosso mantimento e dos vossos
filhos e de todos os que estão nas
vossas casas.
25 Responderam eles: A vida
nos tens dado! Achemos graça
aos olhos de meu senhor e sere-
mos servos de faraó.
26 José, pois, estabeleceu isto por
lei até o dia de hoje, na terra do
Egito, que um quinto da produ-
ção pertence a faraó. Só a terra
dos sacerdotes não passou a ser
de faraó.
27 Assim habitou Israel na terra
do Egito, na terra de Gósen. Nela
adquiriram propriedades, e frutifi-
caram, e se multiplicaram muito.
28 Jacó viveu na terra do Egito
dezessete anos, e os anos da sua
vida foram cento e quarenta e sete.
29 Aproximando-se o tempo da
morte de Israel, ele chamou José,
seu filho, e lhe disse: Se achei gra-
ça a teus olhos, rogo-te que po-
nhas a tua mão debaixo da minha
coxa e usa para comigo de bene-
volência e verdade. Rogo-te que
não me enterres no Egito,
30 mas, quando eu tiver dormi-
do com meus pais, me levarás do
Egito e me sepultarás onde eles fo-
ram sepultados. Respondeu José:
Farei conforme a tua palavra.
31 Então lhe disse Jacó: Jura-me.
E ele lhe jurou, e Israel se incli-
nou sobre a cabeceira da cama.

Jacó adoece

48 Depois dessas coisas, dis-
seram a José: Teu pai está
enfermo. Então José tomou con-
sigo os seus dois filhos, Manassés
e Efraim.
2 Disse alguém a Jacó: José, teu fi-
lho, vem a ti. E esforçou-se Israel,
e se assentou na cama.
3 Disse Jacó a José: O Deus todo-
-poderoso me apareceu em Luz, na
terra de Canaã, e me abençoou,
4 e me disse: Eu te farei frutificar
e te multiplicarei. Eu te farei uma
multidão de povos e darei esta ter-
ra à tua descendência depois de
ti, em possessão perpétua.
5 Agora, pois, os teus dois filhos,
que te nasceram na terra do Egito,
antes que eu viesse a ti no Egito, são
meus; Efraim e Manassés se-
rão meus, como Rúben e Simeão.
6 A tua descendência, porém,
que gerarás depois deles, será
tua; no território que herdarem
serão contados segundo o nome
de seus irmãos.
7 Vindo eu de Padã, morreu-me
Raquel no caminho, na terra de
Canaã, quando ainda faltava al-
guma distância para chegar a
Efrata. Sepultei-a ali, no cami-
nho de Efrata, que é Belém.
8 Vendo Israel os filhos de José,
perguntou: Quem são estes?
9 José disse a seu pai: Eles são
meus filhos, que Deus me deu
aqui. Continuou Israel: Traze-os
aqui, peço-te, para que os abençoe.
10 Ora, os olhos de Israel já se
tinham escurecido por causa da
velhice, de modo que não podia
ver José, pois, fê-los chegar a ele,
e seu pai os beijou e os abraçou.
11 Então disse Israel a José: Eu não
esperava ver o teu rosto de novo,
e agora Deus me fez ver também
a tua descendência.
12 Então José os tirou dos joelhos
de seu pai, e se inclinou à terra
diante dele.
13 Tomou José ambos, a Efraim
com a mão direita, à esquerda de

Israel, e a Manassés com a mão
esquerda, à direita de Israel, e os
fez chegar a ele.
14 Israel, porém, estendeu a mão
direita e a pôs sobre a cabeça de
Efraim, ainda que era o menor,
e a sua esquerda sobre a cabeça
de Manassés, cruzando assim as
mãos, não obstante ser Manassés
o primogênito.
15 E abençoou a José, dizendo:

O Deus em cuja presença
andaram meus pais Abraão
e Isaque,
o Deus que me sustentou,
desde que nasci até
este dia,
16 o Anjo que me livrou de todo
o mal,
abençoe estes rapazes.
Seja chamado neles o
meu nome,
e o nome de meus pais
Abraão e Isaque,
e multipliquem-se
abundantemente
no meio da terra.

17 Vendo José que seu pai punha
a mão direita sobre a cabeça de
Efraim, foi-lhe isso desagradável,
e tomou a mão de seu pai, para
mudar da cabeça de Efraim para a
cabeça de Manassés.
18 Disse José a seu pai: Não as-
sim, meu pai, este é o primogêni-
to; põe a tua mão direita sobre a
cabeça dele.
19 Seu pai, porém, o recusou e
disse: Eu sei, filho meu, eu sei.
Também ele será um povo, e tam-
bém ele será grande. Contudo o
seu irmão menor será maior do
que ele, e a sua descendência será
uma multidão de nações.
20 Assim os abençoou naquele dia,
dizendo: Por vós Israel abençoará
e dirá: Deus te faça como a Efraim
e como a Manassés. E pôs a Efraim
diante de Manassés.
21 Depois disse Israel a José: Eis que
eu morro, mas Deus será convos-
co e vos fará tornar à terra de
vossos pais.
22 E eu te dou um pedaço de terra
a mais que a teus irmãos, o qual
tomei com a minha espada e com o
meu arco das mãos dos amorreus.

Jacó abençoa seus filhos

49 Depois chamou Jacó a seus
filhos e disse: Ajuntai-vos
para que vos anuncie o que vos há
de acontecer nos dias vindouros.

2 Ajuntai-vos e ouvi, filhos de Jacó;
ouvi a Israel, vosso pai.
3 **R**úben, tu és meu primogênito,
minha força, e as primícias
do meu vigor,
o mais excelente em alteza,
e o mais excelente em poder.
4 Turbulento como as águas,
não serás o mais excelente,
pois subiste ao leito de teu pai,
subiste à minha cama e a
desonraste.
5 **S**imeão e Levi são irmãos;
as suas espadas são
instrumentos de violência.
6 No seu conselho não entre
minha alma,
com a sua congregação
minha glória não se ajunte,
pois no seu furor mataram
homens,
e na sua teima aleijaram touros.
7 Maldito seja o seu furor, pois
era forte,
e a sua ira, pois era dura;
eu os dividirei em Jacó,
e os espalharei em Israel.
8 **J**udá, a ti te louvarão
os teus irmãos;
a tua mão será sobre o
pescoço de teus inimigos;

diante de ti se inclinarão os
filhos de teu pai.
9 Judá é um leãozinho.
Subiste da presa, filho meu.
Encurva-se e deita-se
como leão
e como leoa; quem o
despertará?
10 O cetro não se arredará de Judá,
nem o bastão de autoridade
de entre seus pés,
até que venha Siló,
e a ele obedecerão os povos.
11 Ele amarrará o seu
jumentinho à vide,
e o filho da sua jumenta à
videira mais excelente;
lavará as suas vestes
no vinho,
e a sua capa em sangue
de uvas.
12 Os seus olhos serão mais escuros do que o vinho,
e seus dentes mais brancos do
que o leite.
13 Zebulom habitará no litoral,
e servirá de porto para
navios;
o seu termo se estenderá até
Sidom.
14 Issacar é jumento forte,
deitado entre dois fardos.
15 Viu ele que o descanso era bom,
e que a terra era deliciosa
e baixou o ombro à carga;
sujeitou-se ao trabalho servil.
16 Dã julgará o seu povo,
como uma das tribos de
Israel.
17 Dã será serpente junto ao
caminho,
uma víbora junto à vereda,
que morde os calcanhares
do cavalo,
e faz cair o seu cavaleiro
para trás.
18 A tua salvação espero, ó Senhor!
19 Quanto a Gade, uma
guerrilha o acometerá,
mas ele a acometerá
por fim.
20 De Aser, o seu pão será
abundante,
e ele providenciará
delícias reais.
21 Naftali é uma gazela solta
que profere palavras
formosas.
22 José é um ramo frutífero,
ramo frutífero junto à
fonte,
cujos galhos se estendem
sobre o muro.
23 Os flecheiros lhe deram
amargura,
o flecharam e perseguiram.
24 O seu arco, porém,
permanece firme,
e os seus braços foram
fortalecidos
pelas mãos do Poderoso
de Jacó,
o Pastor, o Rochedo
de Israel,
25 pelo Deus de teu pai,
o qual te ajudará,
e pelo Todo-poderoso, o qual
te abençoará
com bênçãos dos céus
em cima,
com bênçãos do abismo que
jaz embaixo,
com bênçãos da fartura e da
fertilidade.
26 As bênçãos de teu pai
excederão as bênçãos de
meus pais
até o cume dos montes
eternos;
elas estarão sobre a cabeça
de José,
e sobre o alto da cabeça do
que foi separado
de seus irmãos.

27 Benjamim é lobo que
despedaça;
pela manhã devorará
a presa,
e à tarde repartirá
o despojo.
28 Todas estas são as doze tribos
de Israel, e isto é o que lhes falou
seu pai quando os abençoou; a
cada um deles abençoou segun-
do a sua bênção.
29 Depois lhes ordenou, dizendo:
Eu estou para ser reunido ao meu
povo. Sepultai-me com meus pais,
na caverna que está no campo de
Efrom, o heteu,
30 na caverna que está no campo
de Macpela, fronteiro a Manre,
na terra de Canaã, a qual Abraão
comprou de Efrom, o heteu, com
aquele campo, como propriedade
de sepultura.
31 Ali sepultaram a Abraão e a
Sara, sua mulher; ali sepultaram
a Isaque e a Rebeca, sua mulher;
e ali eu sepultei a Lia.
32 O campo e a caverna que está
nele foram comprados aos filhos
de Hete.
33 Acabando Jacó de dar estas
instruções a seus filhos, recolheu
os pés na cama, expirou e foi reu-
nido ao seu povo.

A lamentação por Jacó

50 Então José se lançou sobre
o rosto de seu pai, chorou
sobre ele e o beijou.
2 Ordenou José aos seus servos,
os médicos, que embalsamassem
a seu pai. Assim os médicos em-
balsamaram a Israel.
3 Eles levaram quarenta dias,
pois assim se cumprem os dias
daqueles que se embalsamam.
E os egípcios o choraram seten-
ta dias.
4 Passados os dias de seu choro,
disse José à casa de faraó: Se achei
graça aos vossos olhos, rogo-vos
que faleis aos ouvidos de faraó,
dizendo:
5 Meu pai me fez jurar, dizendo:
Eis que eu morro; em meu sepul-
cro, que cavei para mim na terra de
Canaã, ali me sepultarás. Agora,
peço-te, que eu suba, para que se-
pulte meu pai; então voltarei.
6 Respondeu faraó: Sobe e sepul-
ta teu pai, como ele te fez jurar.
7 José subiu para sepultar seu
pai. Subiram com ele todos os
oficiais de faraó, as autoridades
da sua corte e todas as autorida-
des da terra do Egito,
8 como também toda a família
de José, e seus irmãos, e a famí-
lia de seu pai. Somente deixaram
na terra de Gósen os seus peque-
ninos, e os rebanhos, e o gado.
9 Subiram também com ele tan-
to carros como cavaleiros. O cor-
tejo foi enorme.
10 Chegando eles à eira de Atade,
que está perto do Jordão, levanta-
ram ali um grande e forte pranto;
assim José levantou por seu pai
um grande pranto por sete dias.
11 Vendo os moradores da ter-
ra, os cananeus, o luto na eira de
Atade, disseram: Grande pranto é
este dos egípcios. Por isso se cha-
mou àquele lugar de Abelmizraim,
que está perto do Jordão.
12 Fizeram-lhe os seus filhos as-
sim como ele lhes havia ordenado:
13 Levaram-no à terra de Canaã e
o sepultaram na caverna do cam-
po de Macpela, perto de Manre,
que Abraão comprara com o cam-
po, de Efrom, o heteu, como pro-
priedade de sepultura.
14 Depois de haver sepultado seu
pai, voltou José para o Egito, ele

e seus irmãos, e todos os que com ele haviam subido para sepultar seu pai.

José anima a seus irmãos

15 Vendo os irmãos de José que seu pai já estava morto, disseram: Porventura nos odiará José e nos retribuirá todo o mal que lhe fizemos.

16 Portanto mandaram dizer a José: Teu pai ordenou, antes da sua morte:

17 Assim direis a José: Perdoa, rogo-te, a transgressão de teus irmãos e o seu pecado, porque te fizeram mal. Agora, pois, rogamos-te que perdoes a transgressão dos servos do Deus de teu pai. E José chorou quando eles lhe falavam.

18 Depois vieram também seus irmãos, prostraram-se diante dele e disseram: Somos teus servos.

19 Respondeu-lhes José: Não temais. Acaso estou eu em lugar de Deus?

20 Vós, na verdade, intentastes o mal contra mim, porém Deus o tornou em bem, para fazer como se vê neste dia, para conservar muita gente com vida.

21 Agora, pois, não temais. Eu vos sustentarei, a vós e a vossos filhos. Assim os consolou e lhes falou ao coração.

A morte de José

22 José habitou no Egito, ele e a família de seu pai. Ele viveu cento e dez anos.

23 E viu os filhos de Efraim, da terceira geração. Também os filhos de Maquir, filho de Manassés, nasceram sobre os joelhos de José.

24 Disse José a seus irmãos: Eu morro. Mas Deus certamente vos visitará e vos fará subir desta terra para a terra que jurou a Abraão, a Isaque e a Jacó.

25 E José fez jurar os filhos de Israel, dizendo: Certamente Deus vos visitará, e então fareis transportar daqui os meus ossos.

26 Assim morreu José com a idade de cento e dez anos. E depois que o embalsamaram, puseram-no num caixão no Egito.

ÊXODO

Os descendentes de Jacó no Egito

1 São estes os nomes dos filhos
de Israel que entraram no
Egito com Jacó, cada um com a
sua família:
2 Rúben, Simeão, Levi e Judá;
3 Issacar, Zebulom e Benjamim;
4 Dã e Naftali, Gade e Aser.
5 Todas as pessoas, pois, que des-
cenderam de Jacó foram setenta;
José já estava no Egito.
6 Faleceu José, e todos os seus
irmãos, e toda aquela geração.
7 Os filhos de Israel, porém, fru-
tificaram e aumentaram muito,
multiplicaram-se e se tornaram
sobremaneira fortes, de modo que
a terra se encheu deles.
8 Então se levantou um novo rei
sobre o Egito, que não conhece-
ra José.
9 Disse ele ao seu povo: O povo
de Israel é mais numeroso e mais
forte do que nós.
10 Eia, usemos de astúcia para
com ele, para que não se multi-
plique, e, vindo a guerra, ele se
ajunte com os nossos inimigos,
peleje contra nós e saia da terra.
11 Então puseram sobre eles fei-
tores, para os afligirem com as
suas cargas. Assim os israelitas
edificaram para faraó cidades-
-celeiros, Pitom e Ramessés.
12 Todavia, quanto mais os
egípcios afligiam o povo de Israel,
mais este se multiplicava e se
espalhava; de maneira que os
egípcios se inquietavam por
causa dos filhos de Israel
13 e os faziam servir com dureza.
14 Assim lhes amarguravam a vida
com dura servidão, em barro e em
tijolos, e com toda a sorte de tra-
balho no campo; com todo o ser-
viço que eram obrigados a fazer.
15 O rei do Egito disse às partei-
ras das hebreias, das quais uma
se chamava Sifrá, e a outra Puá:
16 Quando ajudardes no parto às
hebreias e as virdes sobre os as-
sentos, se for filho, matai-o; mas,
se for filha, então viva.
17 As parteiras, porém, temeram
a Deus e não fizeram como o rei
do Egito lhes dissera, antes con-
servavam os meninos com vida.
18 Então o rei do Egito chamou as
parteiras e lhes disse: Por que fi-
zestes isso? Por que deixastes vi-
ver os meninos?
19 Responderam as parteiras a fa-
raó: É que as mulheres hebreias
não são como as egípcias; são vi-
gorosas, e já têm dado à luz os
seus filhos antes que a parteira
chegue a elas.
20 Portanto Deus fez bem às par-
teiras. O povo aumentou e se for-
taleceu muito.
21 E, porque as parteiras teme-
ram a Deus, ele lhes constituiu
família.
22 Então ordenou faraó a todo o
seu povo: A todos os filhos que
nascerem aos hebreus lançareis
no Nilo, mas a todas as filhas dei-
xareis viver.

O nascimento de Moisés

2 Um homem da tribo de Levi
casou-se com uma descenden-
te da mesma tribo.
2 A mulher concebeu e deu à luz
um filho. Vendo que ele era for-
moso, escondeu-o três meses.

3 Não podendo, porém, escondê-lo por mais tempo, tomou um cesto de juncos e o revestiu de betume e piche. Então pôs nele o menino e o largou entre os juncos à beira do rio.

4 Sua irmã postou-se de longe, para saber o que lhe havia de acontecer.

5 A filha de faraó desceu para se lavar no rio, e as suas donzelas passeavam pela beira do rio. Ela viu o cesto no meio dos juncos e enviou a sua criada para tomá-lo.

6 Abrindo-o, viu o menino. Ele chorava, e ela teve compaixão dele, e disse: Este é menino dos hebreus.

7 Então disse sua irmã à filha de faraó: Queres que eu vá chamar uma ama dentre as hebreias, que crie este menino para ti?

8 Respondeu-lhe a filha de faraó: Vai. Foi, pois, a moça e chamou a mãe do menino.

9 Então lhe disse a filha de faraó: Leva este menino e o cria, que eu te darei o teu salário. A mulher tomou o menino e o criou.

10 Sendo o menino já grande, ela o trouxe à filha de faraó, que o adotou. Ela lhe pôs o nome de Moisés, e disse: Das águas o tirei.

Moisés foge para Midiã

11 Naqueles dias, sendo Moisés já grande, saiu ao encontro de seus irmãos e atentou para as suas cargas. Ele viu que um egípcio feria a um hebreu dos seus irmãos.

12 Olhou de uma e de outra banda, e, vendo que ninguém ali havia, matou o egípcio e o escondeu na areia.

13 Tornou a sair no dia seguinte e viu dois hebreus que contendiam. Perguntou ao culpado: Por que feres a teu próximo?

14 O homem respondeu: Quem te pôs por líder e juiz sobre nós? Pensas matar-me, como mataste o egípcio? Então temeu Moisés e disse: Certamente tudo foi descoberto.

15 Ouvindo, pois, faraó este caso, procurou matar Moisés, mas Moisés fugiu da presença de faraó e foi habitar na terra de Midiã, onde se assentou junto a um poço.

16 O sacerdote de Midiã tinha sete filhas, as quais vieram tirar água e encher os bebedouros para dar de beber ao rebanho de seu pai.

17 Então vieram os pastores e as expulsaram dali; Moisés, porém, levantou-se, as defendeu e deu de beber ao rebanho delas.

18 Tendo elas voltado a Reuel, seu pai, este lhes perguntou: Por que voltastes hoje tão depressa?

19 Responderam elas: Um egípcio nos livrou das mãos dos pastores. Ele ainda tirou água para nós e deu de beber ao rebanho.

20 Ele perguntou a suas filhas: E onde está ele? Por que deixastes lá o homem? Chamai-o para que coma pão.

21 Moisés concordou em morar com aquele homem, e ele deu a Moisés sua filha Zípora.

22 Zípora deu à luz um filho, a quem Moisés chamou Gérson, dizendo: Peregrino sou em terra estranha.

23 Depois de muitos dias, morreu o rei do Egito. Os filhos de Israel gemiam sob a servidão e por causa dela clamaram, e o seu clamor subiu a Deus.

24 Ouviu Deus o seu gemido e se lembrou da sua aliança com Abraão, com Isaque e com Jacó.

25 E viu Deus os filhos de Israel
e atentou para a sua condição.

Moisés e a sarça ardente

3 Apascentava Moisés o rebanho de Jetro, seu sogro, sacerdote de Midiã, e levou o rebanho
para trás do deserto e chegou a
Horebe, o monte de Deus.
2 Apareceu-lhe o anjo do Senhor
numa chama de fogo do meio
duma sarça. Moisés olhou e viu
que a sarça ardia no fogo, mas a
sarça não se consumia.
3 Então disse consigo mesmo:
Agora me virarei para lá e verei
esta estranha visão, e por que a
sarça não se queima.
4 Vendo o Senhor que se virava
para ver, bradou Deus a ele do
meio da sarça: Moisés! Moisés!
Respondeu ele: Eis-me aqui.
5 Continuou Deus: Não te chegues para cá. Tira as sandálias
dos pés, pois o lugar em que estás é terra santa.
6 Disse mais: Eu sou o Deus de teu
pai, o Deus de Abraão, o Deus de
Isaque e o Deus de Jacó. Moisés
escondeu o rosto, porque temeu
olhar para Deus.
7 Então disse o Senhor: De fato tenho visto a aflição do meu povo,
que está no Egito, e tenho ouvido
o seu clamor por causa dos seus
opressores, conheço os seus sofrimentos.
8 Por isso, desci para livrá-lo das
mãos dos egípcios e para fazê-lo
subir daquela terra para uma terra boa e espaçosa, para uma terra
em que manam leite e mel: a
terra do cananeu, do heteu, do
amorreu, do ferezeu, do heveu e
do jebuseu.
9 E agora o clamor dos filhos de
Israel chegou a mim e também
tenho visto a opressão com que
os egípcios os oprimem.
10 Vem, agora, e eu te enviarei
a faraó, para que tires do Egito
o meu povo, os filhos de Israel.
11 Então Moisés disse a Deus:
Quem sou eu, para que vá a faraó
e tire do Egito os filhos de Israel?
12 Respondeu-lhe Deus: Certamente
eu serei contigo. E isto te será por
sinal de que eu te enviei: Quando
houveres tirado do Egito o meu
povo, servireis a Deus neste monte.
13 Então disse Moisés a Deus:
Quando eu for aos filhos de Israel
e lhes disser: O Deus de vossos
pais me enviou a vós, e me perguntarem: Qual é o seu nome?,
que lhes direi?
14 Disse Deus a Moisés: Eu SOU
O QUE SOU. Disse mais: Assim
dirás aos filhos de Israel: Eu SOU
me enviou a vós.
15 Disse mais Deus a Moisés:
Assim dirás aos filhos de Israel:
O Senhor, Deus de vossos pais, o
Deus de Abraão, o Deus de Isaque
e o Deus de Jacó me enviou a vós.
Este é o meu nome eternamente,
e este é o meu memorial de geração em geração.
16 Vai, ajunta os anciãos de Israel
e dize-lhes: O Senhor, o Deus de
vossos pais, o Deus de Abraão, o
Deus de Isaque e o Deus de Jacó,
me apareceu, dizendo: Certamente
vos tenho visitado e visto o que
vos tem sido feito no Egito.
17 Portanto disse: Eu vos farei
subir da aflição do Egito para a
terra do cananeu, do heteu, do
amorreu, do ferezeu, do heveu e
do jebuseu, para uma terra em
que manam leite e mel.
18 E ouvirão a tua voz. Então ireis,
tu e os anciãos de Israel, ao rei
do Egito e lhe direis: O Senhor, o

Deus dos hebreus, nos encontrou.
Agora, pois, deixa-nos ir caminho
de três dias para o deserto, a fim de
que sacrifiquemos ao Senhor nos-
so Deus.
19 Eu sei, porém, que o rei do Egito
não vos deixará ir, a não ser por
uma forte mão.
20 Portanto estenderei a minha
mão e ferirei ao Egito com todas
as minhas maravilhas que farei
no meio dele. Depois disso ele vos
deixará ir.
21 E eu darei graça a este povo
aos olhos dos egípcios, e, quando
sairdes, não saireis vazios.
22 Cada mulher pedirá à sua vi-
zinha e à sua hóspeda joias de
prata e joias de ouro, bem como
vestimentas, as quais poreis so-
bre vossos filhos e sobre vossas
filhas. E assim despojareis os
egípcios.

Os prodígios de Moisés

4 Então respondeu Moisés: Mas,
eis que não crerão em mim,
nem ouvirão a minha voz e di-
rão: O Senhor não te apareceu.
2 Perguntou-lhe o Senhor: Que é
isso na tua mão? E ele respondeu:
Uma vara.
3 Então lhe disse: Lança-a na ter-
ra. Ele a lançou na terra, e ela se
tornou em cobra. E Moisés fu-
gia dela.
4 Então disse o Senhor a Moisés:
Estende a mão e pega-lhe pela
cauda. Ele estendeu a mão, pe-
gou-lhe pela cauda, e ela se tor-
nou em vara na sua mão.
5 É para que creiam que te apareceu
o Senhor, Deus de seus pais, o Deus
de Abraão, o Deus de Isaque e o
Deus de Jacó.
6 Disse-lhe mais o Senhor: Mete
a mão no peito. Ele meteu a mão
no peito e, tirando-a, a mão esta-
va leprosa, branca como a neve.
7 Disse-lhe ainda: Torna a meter
a mão no peito. Ele tornou a me-
ter a mão no peito e, tirando-a do
peito, ela se tornara como o res-
tante da sua pele.
8 Se eles não crerem em ti nem
atentarem para o primeiro sinal,
talvez crerão no segundo.
9 Se ainda assim não crerem nes-
tes dois sinais nem ouvirem a tua
voz, tomarás das águas do rio
e as derramarás na terra seca.
As águas, que tomarás do rio, se
tornarão em sangue sobre a ter-
ra seca.
10 Então disse Moisés ao Senhor:
Ah! Senhor! Eu nunca fui eloquen-
te, nem antes nem depois que fa-
laste ao teu servo. Sou pesado de
boca e pesado de língua.
11 Disse-lhe o Senhor: Quem fez
a boca do homem? Ou quem fez o
mudo, ou o surdo, ou o que vê,
ou o cego? Não sou eu, o Senhor?
12 Vai, pois, agora; eu serei com
a tua boca e te ensinarei o que
hás de falar.
13 Ele, porém, disse: Ah! Senhor!
Envia aquele que hás de enviar.
14 Então se acendeu a ira do
Senhor contra Moisés e disse:
Não é Arão, o levita, teu irmão?
Eu sei que ele fala muito bem.
Ele também te sai ao encontro
e, vendo-te, se alegrará em seu
coração.
15 Tu lhe falarás e porás as pala-
vras na sua boca; eu serei com a
tua boca e com a dele, ensinando-
-vos o que haveis de fazer.
16 Ele falará por ti ao povo e te
será por boca e tu lhe serás por
Deus.
17 Toma, pois, esta vara na mão,
com a qual hás de fazer os sinais.

Moisés volta ao Egito

18 Então voltou Moisés para Jetro,
seu sogro, e lhe disse: Deixa-me ir,
voltar a meus irmãos, que estão
no Egito, para ver se ainda vivem.
Disse Jetro a Moisés: Vai em paz.
19 Disse também o Senhor a Moisés
em Midiã: Vai, volta para o Egito,
pois morreram todos os que procuravam tirar-te a vida.
20 Assim tomou Moisés sua mulher e seus filhos, e os fez montar num jumento e voltou para
a terra do Egito. E Moisés levou a
vara de Deus na sua mão.
21 Disse ainda o Senhor a Moisés:
Quando voltares ao Egito, vê que
faças diante de faraó todas as maravilhas que tenho posto na tua
mão. Mas endurecerei o seu coração, para que não deixe ir o povo.
22 Dirás a faraó: Assim diz o
Senhor: Israel é meu filho, meu
primogênito,
23 e eu te disse: Deixa ir o meu filho,
para que me sirva. Mas tu recusaste deixá-lo ir; por isso matarei a teu
filho, o teu primogênito.
24 Durante a viagem, estando
Moisés numa estalagem, encontrou-o o Senhor e o quis matar.
25 Então Zípora tomou uma pedra aguda, circuncidou o prepúcio de seu filho e, lançando-o aos
pés de Moisés, disse: Certamente
me és um esposo sanguinário.
26 O Senhor, pois, o deixou. Ela disse: "Esposo sanguinário", por causa da circuncisão.
27 Disse o Senhor a Arão: Vai ao
deserto para te encontrares com
Moisés. Ele foi e, encontrando
Moisés no monte de Deus, o beijou.
28 Então relatou Moisés a Arão
todas as palavras do Senhor, com
as quais o enviara, e todos os sinais que lhe mandara.
29 Foram Moisés e Arão e ajuntaram todos os anciãos dos filhos
de Israel.
30 Arão falou todas as palavras
que o Senhor havia dito a Moisés.
Então Moisés fez os sinais perante os olhos do povo,
31 e o povo creu. E, quando ouviram que o Senhor havia visitado
os filhos de Israel e que tinha visto a sua aflição, inclinaram-se e
o adoraram.

Moisés e Arão falam a faraó

5 Depois foram Moisés e Arão e
disseram a faraó: Assim diz o
Senhor, o Deus de Israel: Deixa
ir o meu povo, para que me celebre uma festa no deserto.
2 Faraó, porém, respondeu: Quem
é o Senhor para que eu ouça a sua
voz e deixe ir Israel? Não conheço o Senhor, tampouco deixarei
Israel partir.
3 Então eles disseram: O Deus dos
hebreus nos encontrou. Portanto
deixa-nos agora ir caminho de
três dias ao deserto, para que ofereçamos sacrifícios ao Senhor, e
ele não venha sobre nós com pestilência e com espada.
4 Então lhes disse o rei do Egito:
Moisés e Arão, por que fazeis o
povo cessar das suas obras? Voltai
ao vosso trabalho.
5 Disse mais faraó: O povo da terra já é muito, e vós os fazeis abandonar o trabalho.
6 Naquele mesmo dia faraó deu
ordem aos feitores do povo e aos
seus capatazes:
7 Daqui em diante não torneis a
dar palha ao povo, para fazer tijolos, como fizestes ontem e anteontem; vão eles mesmos e colham
palha para si.
8 Deles, porém, exigireis a mesma

quantidade de tijolos que dantes
faziam; nada diminuireis dela.
Eles estão ociosos; é por isso que
clamam, dizendo: Vamos, sacri-
fiquemos ao nosso Deus.
9 Aumente-se o serviço sobre es-
tes homens, para que se ocupem
nele e não confiem em palavras
de mentira.
10 Então saíram os feitores do
povo e seus capatazes e falaram
ao povo: Assim diz faraó: Eu não
vos darei palha.
11 Ide vós mesmos e tomai palha
onde a achardes, mas nada se di-
minuirá de vosso serviço.
12 Então o povo se espalhou por
toda a terra do Egito a colher res-
tolho em lugar de palha.
13 Os inspetores os apertavam,
dizendo: Acabai a vossa obra, a
tarefa do dia no seu dia, como
quando havia palha.
14 Foram açoitados os capatazes
dos filhos de Israel, que os feito-
res de faraó tinham posto sobre
eles. E lhes perguntavam: Por que
não acabastes a vossa tarefa nem
ontem nem hoje, fazendo tijolos
como antes?
15 Pelo que os capatazes dos fi-
lhos de Israel foram e clamaram
a faraó, dizendo: Por que tratas
assim teus servos?
16 Palha não se dá a teus servos
e nos dizem: Fazei tijolos. Os teus
servos são açoitados, mas o teu
povo é que tem a culpa.
17 Disse faraó: Sois preguiçosos,
sois preguiçosos; por isso dizeis:
Vamos, sacrifiquemos ao Senhor.
18 Ide, pois, agora, trabalhai.
Palha, porém, não se vos dará,
contudo fareis a conta integral
dos tijolos.
19 Então os capatazes dos filhos
de Israel viram-se em aflição,
porque lhes era dito que não po-
deriam diminuir a quantidade de
tijolos exigida por dia.
20 Ao saírem da presença de fa-
raó, encontraram-se com Moisés
e Arão, que vinham ao encon-
tro deles,
21 e lhes disseram: Olhe o Senhor
para vós e julgue isso, pois nos
fizestes repelentes diante de fa-
raó e diante de seus servos, dando-
-lhes a espada nas mãos para
nos matar.
22 Então, tornando-se Moisés ao
Senhor, disse: Senhor! Por que
trataste mal a este povo? Por
que me enviaste?
23 Pois desde que me apresentei
a faraó para falar em teu nome,
ele tem maltratado este povo, e
de nenhum modo livraste o teu
povo.

Deus promete livramento

6 Então disse o Senhor a Moisés:
Agora verás o que hei de fa-
zer a faraó. Por causa da minha
poderosa mão os deixará ir, por
causa da minha poderosa mão os
lançará fora da sua terra.
2 Disse mais Deus a Moisés: Eu sou
o Senhor.
3 Apareci a Abraão, a Isaque e a
Jacó, como o Deus todo-poderoso,
mas pelo meu nome, o Senhor,
não lhes fui conhecido.
4 Também estabeleci a minha
aliança com eles, para lhes dar
a terra de Canaã, a terra de suas
peregrinações, na qual foram pe-
regrinos.
5 E agora ouvi o gemido dos filhos
de Israel, aos quais os egípcios es-
cravizam, e me lembrei da minha
aliança.
6 Portanto dize aos filhos de Israel:
Eu sou o Senhor. Eu vos tirarei

de debaixo das cargas dos egípcios,
vos livrarei da sua servidão e vos
resgatarei com braço estendido e
com grandes juízos.
7 Eu vos tomarei por meu povo e
serei o vosso Deus. Então sabe-
reis que eu sou o Senhor, o vos-
so Deus, que vos tiro de debaixo
das cargas dos egípcios.
8 E vos levarei à terra, a qual ju-
rei dar a Abraão, a Isaque e a
Jacó; e a darei a vós por heran-
ça. Eu sou o Senhor.
9 Deste modo falou Moisés aos fi-
lhos de Israel, mas eles não lhe
deram ouvidos, por causa da an-
gústia de espírito e da dura ser-
vidão.
10 **D**isse mais o Senhor a Moisés:
11 Entra e fala a faraó, rei do
Egito, que deixe sair os filhos de
Israel da sua terra.
12 Moisés, porém, disse ao Senhor:
Se nem os filhos de Israel me que-
rem ouvir, como, pois, me ouvirá
faraó? Ainda mais que não falo
com desenvoltura.
13 Todavia o Senhor falou a Moisés
e a Arão e lhes deu mandamen-
to para os filhos de Israel e para
faraó, rei do Egito, a fim de tira-
rem os filhos de Israel da terra
do Egito.

Genealogias de Moisés e Arão

14 **S**ão estes os chefes das famílias
de seus pais: Os filhos de Rúben,
o primogênito de Israel: Enoque,
Palu, Hezrom e Carmi. São estas
as famílias de Rúben.
15 Os filhos de Simeão: Jemuel,
Jamim, Oade, Jaquim, Zoar e Saul,
filho de uma cananeia. São estas
as famílias de Simeão.
16 São estes os nomes dos filhos
de Levi, segundo as suas gera-
ções: Gérson, Coate e Merari.
Os anos da vida de Levi foram
cento e trinta e sete.
17 Os filhos de Gérson: Libni e
Simei, segundo as suas famílias.
18 Os filhos de Coate: Anrão, Jizar,
Hebrom e Uziel. Os anos da vida de
Coate foram cento e trinta e três.
19 Os filhos de Merari: Maali e
Musi. São estas as famílias de
Levi, segundo as suas gerações.
20 Anrão tomou por mulher a
Joquebede, sua tia, que lhe deu
a Arão e a Moisés. Os anos da
vida de Anrão foram cento e trin-
ta e sete.
21 Os filhos de Jizar: Corá, Nefegue
e Zicri.
22 Os filhos de Uziel: Misael, Elzafã
e Sitri.
23 Arão tomou por mulher a
Eliseba, filha de Aminadabe,
irmã de Naassom, e ela lhe deu
a Nadabe, Abiú, Eleazar e Itamar.
24 Os filhos de Corá: Assir, Elcana
e Abiasafe. São estas as famílias
dos coraítas.
25 Eleazar, filho de Arão, tomou
para si por mulher uma das filhas
de Putiel, e ela lhe deu a Fineias.
São estes os chefes de suas famí-
lias, segundo seus clãs.
26 **S**ão estes Arão e Moisés, aos
quais o Senhor disse: Tirai os
filhos de Israel da terra do Egito,
segundo os seus exércitos.
27 São estes os que falaram a fa-
raó, rei do Egito, a fim de tirarem
do Egito os filhos de Israel. São
estes Moisés e Arão.
28 **N**o dia em que o Senhor falou
a Moisés na terra do Egito,
29 disse o Senhor a Moisés: Eu sou
o Senhor. Dize a faraó, rei do Egito,
tudo o que eu te digo.
30 Respondeu Moisés ao Senhor:
Eu não falo com desenvoltura,
como, pois, me ouvirá faraó?

Moisés fala outra vez a faraó

7 Então disse o Senhor a Moisés:
Vê que te tenho posto como
Deus sobre faraó, e Arão, teu ir-
mão, será o teu profeta.
2 Tu falarás tudo o que eu te man-
dar, e Arão, teu irmão, falará a
faraó que deixe ir os filhos de
Israel da sua terra.
3 Eu, porém, endurecerei o cora-
ção de faraó e, embora eu multi-
plique na terra do Egito os meus
sinais e as minhas maravilhas,
4 ele não vos ouvirá. Então po-
rei a minha mão sobre o Egito e
tirarei os meus exércitos, o meu
povo, os filhos de Israel, da ter-
ra do Egito, com grandes juízos.
5 E os egípcios saberão que eu
sou o Senhor, quando estender a
minha mão sobre o Egito e tirar
os filhos de Israel do meio deles.
6 Assim fizeram Moisés e Arão;
como o Senhor lhes ordenara, as-
sim fizeram.
7 Era Moisés da idade de oiten-
ta anos, e Arão de oitenta e três,
quando falaram com faraó.
8 Disse o Senhor a Moisés e a Arão:
9 Quando faraó vos disser:
Apresentai da vossa parte al-
gum milagre, dirás a Arão: Toma
a tua vara e lança-a diante de fa-
raó, e ela se tornará em serpente.
10 Então Moisés e Arão foram ter
com faraó e fizeram assim como
o Senhor ordenara. Lançou Arão
a sua vara diante de faraó e dian-
te dos seus conselheiros, e ela se
tornou em serpente.
11 Faraó então mandou vir os
sábios e encantadores, e os ma-
gos do Egito também fizeram o
mesmo com os seus encanta-
mentos.
12 Cada um deles lançou a sua vara,
e elas se tornaram em serpentes.
Mas a vara de Arão tragou as
varas deles.
13 O coração de faraó, porém, se
endureceu, e ele não os ouviu,
como o Senhor tinha dito.

A praga do sangue

14 Então, disse o Senhor a Moisés:
O coração de faraó está obstina-
do; ele recusa deixar ir o povo.
15 Vai pela manhã a faraó, quan-
do ele sair às águas. Esperarás
por ele à beira do rio, tomarás
em tua mão a vara que se tor-
nou em cobra
16 e lhe dirás: O Senhor, o Deus
dos hebreus, me enviou a ti, di-
zendo: Deixa ir o meu povo, para
que me sirva no deserto; porém
até agora não tens ouvido.
17 Assim diz o Senhor: Nisto sa-
berás que eu sou o Senhor: Com
esta vara que tenho em minha
mão, ferirei as águas que estão
no rio, e elas se transformarão
em sangue.
18 Os peixes que estão no rio
morrerão, e o rio cheirará mal;
os egípcios terão nojo de beber
da água do rio.
19 Disse mais o Senhor a Moisés:
Dize a Arão: Toma a tua vara e
estende a tua mão sobre as águas
do Egito, sobre as suas corren-
tes, sobre os seus rios, sobre os
seus canais, sobre as suas lagoas
e sobre todas as suas águas, para
que se tornem em sangue; haja
sangue em toda a terra do Egito,
assim nos vasos de madeira como
nos de pedra.
20 Fizeram Moisés e Arão como
o Senhor lhes havia mandado.
Arão, levantando a sua vara, fe-
riu as águas que estavam no rio,
diante dos olhos de faraó e dian-
te dos olhos de seus conselheiros,

e todas as águas do rio se transformaram em sangue.
21 Os peixes que estavam no rio
morreram, e o rio cheirou mal, e os egípcios não podiam beber da água do rio. Houve sangue por toda a terra do Egito.
22 Os magos do Egito, porém, fizeram o mesmo com os seus encantamentos, de maneira que o coração de faraó se endureceu, e não os ouviu, como o Senhor tinha dito.
23 Virou-se faraó e foi para seu
palácio; nem ainda nisso pôs o seu coração.
24 Todos os egípcios cavaram po-
ços junto ao rio para encontrar água que beber, porque não podiam beber das águas do rio.
25 Assim se passaram sete dias,
depois que o Senhor feriu o rio.

A praga das rãs

8 Então disse o Senhor a Moisés:
Vai ter com faraó e dize-lhe: Assim diz o Senhor: Deixa ir o meu povo, para que me sirva.
2 Se recusares deixá-lo ir, feri-
rei com rãs todo o teu território.
3 O rio produzirá rãs em abundân-
cia, que subirão e virão à tua casa, e ao teu quarto, e sobre a tua cama, e às casas dos teus oficiais, e sobre o teu povo, e aos teus fornos, e às tuas amassadeiras.
4 As rãs subirão sobre ti, e so-
bre o teu povo, e sobre todos os teus oficiais.
5 Disse mais o Senhor a Moisés:
Dize a Arão: Estende a tua mão com a tua vara sobre as correntes, e sobre os rios, e sobre as lagoas, e faze subir rãs sobre a terra do Egito.
6 Estendeu Arão a sua mão so-
bre as águas do Egito, e subiram rãs, e cobriram a terra do Egito.
7 Então os magos fizeram o mes-
mo com os seus encantamentos, e fizeram subir rãs sobre a terra do Egito.
8 Chamou faraó a Moisés e a Arão
e disse: Rogai ao Senhor que tire as rãs de mim e do meu povo, depois deixarei ir o povo, para que sacrifiquem ao Senhor.
9 Respondeu Moisés a faraó: Digna-
-te de dizer-me quando é que hei de rogar por ti, pelos teus subordinados, e pelo teu povo, para tirar as rãs de ti e das suas casas, de sorte que somente fiquem no rio.
10 Disse faraó: Amanhã. E Moisés
disse: Seja conforme a tua palavra, para que saibas que ninguém há como o Senhor nosso Deus.
11 As rãs se apartarão de ti, e das
tuas casas, dos teus oficiais e do teu povo; ficarão somente no rio.
12 Então saíram Moisés e Arão
da presença de faraó, e Moisés clamou ao Senhor por causa das rãs que tinha posto sobre faraó.
13 E o Senhor fez conforme a pa-
lavra de Moisés. As rãs morreram nas casas, nos pátios e nos campos.
14 Ajuntaram-nas em montões,
e a terra cheirou mal.
15 Vendo, pois, faraó que havia
descanso, endureceu o seu coração e não os ouviu, como o Senhor tinha dito.

A praga dos piolhos

16 Disse mais o Senhor a Moisés:
Dize a Arão: Estende a tua vara e fere o pó da terra, para que se torne em piolhos por toda a terra do Egito.
17 Assim fizeram. Arão esten-
deu a sua mão com a sua vara e feriu o pó da terra, e houve muitos piolhos nos homens e no gado.

Todo o pó da terra se tornou em piolhos em toda a terra do Egito.

18 Fizeram os magos o mesmo com os seus encantamentos para produzir piolhos, mas não puderam. E havia piolhos nos homens e no gado.

19 Então disseram os magos a faraó: Isso é o dedo de Deus. Mas o coração de faraó se endureceu e não os ouviu, como o Senhor tinha dito.

A praga das moscas

20 **D**isse mais o Senhor a Moisés: Levanta-te pela manhã cedo e põe-te diante de faraó, quando ele sair às águas, e dize-lhe: Assim diz o Senhor: Deixa ir o meu povo, para que me sirva.

21 Se não deixares ir o meu povo, enviarei enxames de moscas sobre ti, e sobre os teus oficiais, e sobre o teu povo, e nas tuas casas. As casas dos egípcios se encherão desses enxames, e também a terra em que eles estiverem.

22 Naquele dia, separarei a terra de Gósen, em que meu povo habita, a fim de que nela não haja enxames de moscas, para que saibas que eu sou o Senhor no meio desta terra.

23 Farei distinção entre o meu povo e o teu povo. Amanhã será este sinal.

24 Assim fez o Senhor. Vieram grandes enxames de moscas à casa de faraó, e às casas dos seus oficiais, e por todo o Egito a terra foi assolada por estes enxames.

25 Então faraó chamou Moisés e Arão e disse: Ide e oferecei sacrifícios ao vosso *Deus* nesta terra.

26 Respondeu Moisés: Não convém que façamos assim, porque sacrificaríamos ao Senhor nosso Deus a abominação dos egípcios. E, se sacrificássemos a abominação dos egípcios perante os seus olhos, não nos apedrejariam eles?

27 Devemos ir caminho de três dias ao deserto, para que ofereçamos sacrifícios ao Senhor nosso Deus, como ele nos ordenar.

28 Então disse faraó: Eu vos deixarei ir, para que ofereçais sacrifícios ao Senhor, o vosso Deus, no deserto, apenas se, saindo, não fordes longe. Agora orai por mim.

29 Respondeu Moisés: Assim que eu tiver saído da tua presença, orarei ao Senhor, que estes enxames de moscas se retirem amanhã de faraó, dos seus oficiais e do seu povo. Mas que o faraó não mais me engane, não deixando ir o povo para oferecer sacrifícios ao Senhor.

30 Então saiu Moisés da presença de faraó e orou ao Senhor.

31 Fez o Senhor conforme a palavra de Moisés, e os enxames de moscas se retiraram de faraó, dos seus oficiais e do seu povo; não ficou uma sequer.

32 Faraó, porém, endureceu novamente o seu coração e não deixou ir o povo.

A praga da peste nos animais

9 Então disse o Senhor a Moisés: Vai ter com faraó e dize-lhe: Assim diz o Senhor, o Deus dos hebreus: Deixa ir o meu povo, para que me sirva.

2 Se recusares deixá-los ir, e ainda por força os detiveres,

3 a mão do Senhor será sobre o teu gado, que está no campo, sobre os cavalos, sobre os jumentos, sobre os camelos, sobre os bois e sobre as ovelhas, com pestilência gravíssima.

4 O Senhor, porém, fará distinção
entre o gado de Israel e o gado do
Egito, para que nada morra de
tudo o que for dos filhos de Israel.
5 O Senhor assinalou certo tempo,
dizendo: Amanhã fará o Senhor
isso na terra.
6 E o Senhor o fez no dia seguinte,
e todo o gado dos egípcios morreu,
mas do gado dos filhos de Israel
não morreu nenhum.
7 Faraó mandou ver e descobriu
que do gado de Israel não mor-
rera nenhum. Porém o coração
de faraó se endureceu, e não dei-
xou ir o povo.

A praga das úlceras

8 Então disse o Senhor a Moisés
e a Arão: Tomai mãos cheias da
cinza do forno, e Moisés a espa-
lhe para o céu diante dos olhos
de faraó.
9 Ela se tornará em pó miúdo so-
bre toda a terra do Egito e se tor-
nará em tumores que arrebentem
em úlceras nos homens e nos ani-
mais, por toda a terra do Egito.
10 Eles tomaram a cinza do for-
no e se apresentaram a faraó.
Moisés a espalhou para o céu, e
ela se tornou em tumores que ar-
rebentavam em úlceras nos ho-
mens e nos animais.
11 Os magos não podiam perma-
necer na presença de Moisés, por
causa dos tumores que havia ne-
les e em todos os egípcios.
12 O Senhor, porém, endureceu
o coração de faraó, e ele não os
ouviu, como o Senhor tinha dito
a Moisés.

A praga da saraiva

13 Então disse o Senhor a Moisés:
Levanta-te pela manhã cedo,
apresenta-te a faraó e dize-lhe:
Assim diz o Senhor, o Deus dos
hebreus: Deixa ir o meu povo
para que me sirva,
14 ou desta vez enviarei todas as
minhas pragas sobre o teu cora-
ção, e sobre os teus oficiais, e so-
bre o teu povo, para que saibas
que não há outro como eu em
toda a terra.
15 Pois eu já poderia ter esten-
dido a minha mão para te ferir a
ti e ao teu povo com pestilência,
e terias sido destruído da terra.
16 Para isto, porém, te mantive,
para te mostrar o meu poder e
para que o meu nome seja anun-
ciado em toda a terra.
17 Ainda te levantas contra o meu
povo, para não os deixar ir?
18 Portanto, amanhã por este tem-
po farei chover saraiva tão gra-
ve qual nunca houve no Egito,
desde o dia em que foi fundado
até agora.
19 Agora, pois, manda recolher
o teu gado e tudo o que tens no
campo; todo homem e animal que
forem achados no campo e não
forem recolhidos à casa, a sarai-
va cairá sobre eles, e morrerão.
20 Alguns dos oficiais de faraó
que temiam a palavra do Senhor
fizeram fugir os seus servos e o
seu gado para as casas.
21 Aqueles, porém, que não tinham
aplicado a palavra do Senhor ao
seu coração deixaram os seus ser-
vos e o seu gado no campo.
22 Então disse o Senhor a Moisés:
Estende a tua mão para o céu, e
haverá saraiva em toda a terra do
Egito, sobre os homens e sobre os
animais, e sobre toda a erva do
campo na terra do Egito.
23 Estendeu Moisés a sua vara
para o céu, e o Senhor deu trovões
e saraiva, e fogo desceu à terra.

Assim fez o Senhor chover sarai-
va sobre a terra do Egito;
24 havia saraiva misturada com
fogo, saraiva tão grave qual nun-
ca houve em toda a terra do Egito,
desde que veio a ser nação.
25 A saraiva feriu, em toda a ter-
ra do Egito, tudo o que havia no
campo, desde os homens até os
animais; feriu toda a erva do cam-
po e quebrou todas as árvores do
campo.
26 Somente na terra de Gósen,
onde se achavam os filhos de Israel,
não havia saraiva.
27 Então faraó mandou chamar
Moisés e Arão e disse-lhes: Desta
vez pequei. O Senhor é justo, mas
eu e o meu povo somos ímpios.
28 Orai ao Senhor, pois já bastam
estes trovões da parte de Deus e
esta saraiva. Eu vos deixarei ir,
e não ficareis mais aqui.
29 Então lhe disse Moisés: Em
saindo eu da cidade, estenderei
as mãos ao Senhor. Os trovões
cessarão, e não haverá mais sa-
raiva, para que saibas que a ter-
ra é do Senhor.
30 Todavia, quanto a ti e aos teus
oficiais, eu sei que ainda não te-
mereis ao Senhor Deus.
31 (O linho e a cevada foram feri-
dos, porque a cevada já estava na
espiga, e o linho, em flor.
32 Não foram, porém, danificados
o trigo e o centeio, porque ama-
durecem mais tarde.)
33 Então saiu Moisés da cidade,
da presença de faraó, e estendeu
as mãos ao Senhor. Cessaram os
trovões e a saraiva, e a chuva não
mais caiu sobre a terra.
34 Vendo faraó que a chuva, a sa-
raiva e os trovões tinham cessa-
do, continuou a pecar e endureceu
o coração, ele e os seus oficiais.
35 Assim o coração de faraó se
endureceu, e ele não deixou ir
os filhos de Israel, como o Senhor
tinha dito por Moisés.

A praga dos gafanhotos

10 Depois disse o Senhor a
Moisés: Vai ao faraó, pois
endureci o seu coração e o cora-
ção de seus oficiais, para fazer
estes meus sinais no meio deles,
2 e para que contes aos teus filhos,
e aos filhos de teus filhos, as coi-
sas que fiz no Egito, e os meus si-
nais, que operei entre eles, e para
que saibais que eu sou o Senhor.
3 Foram Moisés e Arão a faraó e
lhe disseram: Assim diz o Senhor,
o Deus dos hebreus: Até quando
recusarás humilhar-te diante de
mim? Deixa ir o meu povo, para
que me sirva.
4 Do contrário, se recusares dei-
xar ir o meu povo, trarei ama-
nhã gafanhotos ao teu território.
5 Eles cobrirão a face da terra,
de modo que não se poderá ver o
solo. Comerão o resto do que es-
capou, o que vos ficou da sarai-
va; comerão todas as árvores que
vos crescem no campo.
6 Encherão os teus palácios, as ca-
sas de todos os teus oficiais e as
casas de todos os egípcios, como
nunca viram teus pais nem os pais
de teus pais, desde o dia em que
eles apareceram sobre a terra até
o dia de hoje. Com isso Moisés vi-
rou-se e saiu da presença de faraó.
7 Então os oficiais de faraó lhe dis-
seram: Até quando este homem
nos há de ser uma ameaça? Deixa
ir os homens, para que sirvam ao
Senhor, o seu Deus. Ainda não sa-
bes que o Egito está destruído?
8 Então Moisés e Arão foram le-
vados outra vez a faraó, e ele lhes

disse: Ide, servi ao Senhor, o vos-
so Deus. Quem deverá ir?
9 Respondeu-lhe Moisés: Temos
de ir com os nossos jovens e com
os nossos velhos, com os nossos
filhos e com as nossas filhas, com
os nossos rebanhos e com o nosso
gado, porque temos de celebrar
festa ao Senhor.
10 Disse-lhe faraó: Seja o Senhor
convosco, se eu vos deixar ir com
as crianças! Vede como tendes
más intenções.
11 Não será assim. Agora, ide vós,
os homens, e servi ao Senhor, pois
isso é o que pedistes. E os expul-
saram da presença de faraó.
12 Então disse o Senhor a Moisés:
Estende a mão sobre a terra do
Egito, para que os gafanhotos ve-
nham sobre a terra do Egito e co-
mam toda a erva da terra, tudo o
que deixou a saraiva.
13 Estendeu Moisés a sua vara sobre
a terra do Egito, e o Senhor trou-
xe sobre a terra um vento orien-
tal todo aquele dia e toda aquela
noite. Quando amanheceu, o ven-
to oriental trouxe os gafanhotos.
14 Vieram os gafanhotos sobre
toda a terra do Egito e pousa-
ram sobre todo o seu território.
Tão numerosos foram, que antes
destes nunca houve tantos nem
depois deles virão outros assim.
15 Cobriram a face de toda a ter-
ra, de modo que a terra se escu-
receu. Comeram toda a erva da
terra e todo o fruto das árvores,
que deixara a saraiva. Não ficou
verdura alguma nas árvores nem
na erva do campo, em toda a ter-
ra do Egito.
16 Então faraó se apressou a cha-
mar Moisés e Arão e disse: Pequei
contra o Senhor, o vosso Deus,
e contra vós.
17 Agora peço-vos que esta vez
ainda perdoeis o meu pecado e
que oreis ao Senhor, o vosso Deus,
que tire de mim esta morte.
18 Saiu Moisés da presença de fa-
raó e orou ao Senhor.
19 Então o Senhor trouxe um ven-
to ocidental fortíssimo, o qual le-
vantou os gafanhotos e os lançou
no mar Vermelho. Nem um só ga-
fanhoto ficou em todo o territó-
rio do Egito.
20 O Senhor, porém, endureceu o
coração de faraó, e este não dei-
xou ir os filhos de Israel.

A praga das trevas

21 Então disse o Senhor a Moisés:
Estende a mão para o céu, e virão
trevas sobre a terra do Egito, tre-
vas que se possam apalpar.
22 Estendeu Moisés a mão para o
céu, e houve trevas espessas em
toda a terra do Egito por três dias.
23 Não viram uns aos outros, e
ninguém se levantou do seu lu-
gar por três dias. Mas todos os
filhos de Israel tinham luz nas
suas habitações.
24 Então faraó mandou chamar
Moisés e disse: Ide, servi ao Senhor.
Somente fiquem os vossos reba-
nhos e o vosso gado; vão também
convosco as vossas crianças.
25 Moisés, porém, disse: Tu tam-
bém tens de dar em nossas mãos
sacrifícios e holocaustos, que ofe-
reçamos ao Senhor nosso Deus.
26 Também o nosso gado há de ir
conosco; nem uma unha ficará.
Dele havemos de tomar para servir
ao Senhor, e até que cheguemos lá
não saberemos o que devemos
usar para servir ao Senhor.
27 O Senhor, porém, endureceu
o coração de faraó, e este não os
quis deixar ir.

28 Disse faraó a Moisés: Vai-te da
minha presença! Guarda-te que
não mais vejas o meu rosto! No
dia em que vires o meu rosto,
morrerás.
29 Respondeu Moisés: Bem disses-
te. Eu nunca mais verei o teu rosto.

A praga sobre os primogênitos

11 Disse o Senhor a Moisés:
Ainda uma praga trarei so-
bre faraó e sobre o Egito. Então
vos deixará ir daqui, e, quando
vos deixar ir, é certo que vos ex-
pulsará completamente.
2 Fala agora aos ouvidos do povo,
que cada homem peça ao seu vi-
zinho, e cada mulher à sua vizi-
nha, joias de prata e joias de ouro.
3 O Senhor deu graça ao povo
aos olhos dos egípcios; e o pró-
prio Moisés era muito famoso na
terra do Egito, aos olhos dos ofi-
ciais de faraó e aos olhos do povo.
4 Disse Moisés a faraó: Assim diz
o Senhor: À meia-noite eu sairei
pelo meio do Egito.
5 Todos os primogênitos na terra
do Egito morrerão, desde o pri-
mogênito de faraó, que se assen-
ta com ele sobre o seu trono, até
o primogênito da serva que está
detrás do moinho, e todos os pri-
mogênitos dos animais.
6 Haverá grande clamor em toda
a terra do Egito, como nunca hou-
ve nem jamais haverá.
7 Contra todos os filhos de Israel,
porém, nem ainda um cão move-
rá a sua língua, desde os homens
até os animais, para que saibais
que o Senhor faz distinção entre
os egípcios e os israelitas.
8 Então todos estes teus oficiais des-
cerão a mim e se inclinarão diante
de mim, dizendo: Sai tu e todo o povo
que te segue as pisadas. Depois disso
eu sairei. Saiu Moisés da presença
do faraó ardendo em ira.
9 O Senhor dissera a Moisés: Faraó
não vos ouvirá, para que as mi-
nhas maravilhas se multipliquem
na terra do Egito.
10 Moisés e Arão fizeram todas
estas maravilhas diante de faraó,
mas o Senhor endureceu o cora-
ção de faraó, e ele não deixou ir
da sua terra os filhos de Israel.

A Páscoa

12 Disse o Senhor a Moisés e
a Arão na terra do Egito:
2 Este mês será para vós o primei-
ro mês, o primeiro mês do ano.
3 Dizei a toda a congregação de
Israel: Aos dez deste mês tome
cada homem um cordeiro para a
sua família, um cordeiro para
cada casa.
4 Se a família, porém, for peque-
na para um cordeiro, então con-
vidará ele o seu vizinho mais pró-
ximo, conforme o número das
pessoas. Conforme o que cada
um puder comer, fareis a conta
para o cordeiro.
5 O cordeiro, ou cabrito, será sem
defeito, um macho de um ano,
o qual tomareis das ovelhas ou
das cabras.
6 Vós os guardareis até o décimo
quarto dia deste mês, quando toda
a assembleia da congregação de
Israel o matará ao crepúsculo.
7 Tomarão do sangue e o porão em
ambos os batentes e na viga da por-
ta, nas casas em que o comerem.
8 Naquela noite, comerão a car-
ne assada ao fogo, com pães sem
fermento e ervas amargas.
9 Não comereis dele nada cru
nem cozido em água, mas sim
assado ao fogo: a cabeça, as per-
nas e vísceras.

10 Nada deixareis dele até pela
manhã; se algo ficar dele até
pela manhã, queimareis ao fogo.
11 Assim o comereis: Os vossos
lombos cingidos, os vossos sapatos
nos pés e o vosso cajado na mão.
E o comeis apressadamente; esta
é a Páscoa do Senhor.
12 Naquela noite, passarei pela
terra do Egito e ferirei todos os
primogênitos na terra do Egito,
desde os homens até os animais;
e sobre todos os deuses do Egito
executarei juízo. Eu sou o Senhor.
13 O sangue vos será por sinal
nas casas em que estiverdes; ven-
do o sangue, passarei por cima de
vós, e não haverá entre vós pra-
ga destruidora, quando eu ferir
a terra do Egito.
14 Este dia vos será por memo-
rial, e o celebrareis por festa ao
Senhor; nas vossas gerações o ce-
lebrareis por estatuto perpétuo.
15 Sete dias comereis pães sem
fermento. No primeiro dia tira-
reis o fermento das vossas casas,
pois qualquer que comer pão le-
vedado, desde o primeiro dia até o
sétimo, será eliminado de Israel.
16 No primeiro dia e no sétimo dia
haverá santa assembleia. Nenhuma
obra se fará neles, senão o que
cada pessoa houver de comer; so-
mente isso podereis fazer.
17 Guardai, pois, a festa dos pães
sem fermento, porque nesse mes-
mo dia tirei vossos exércitos da
terra do Egito. Pelo que guarda-
reis este dia nas vossas gerações
por estatuto perpétuo.
18 No primeiro mês, aos cator-
ze dias do mês, à tarde, comereis
pães sem fermento até vinte e um
do mês à tarde.
19 Por sete dias não se ache ne-
nhum fermento nas vossas casas.
E qualquer que comer pão leve-
dado será eliminado da congre-
gação de Israel, tanto o peregri-
no como o natural da terra.
20 Nenhuma coisa levedada come-
reis. Em todas as vossas habita-
ções comereis pães sem fermento.
21 Chamou, pois, Moisés todos
os anciãos de Israel e lhes dis-
se: Escolhei e tomai vós cordei-
ros para vossas famílias, e imo-
lai a Páscoa.
22 Então tomai um molho de his-
sopo, molhai-o no sangue que es-
tiver na bacia e marcai a viga da
porta e os seus batentes. Nenhum
de vós saia da porta da sua casa
até pela manhã.
23 Quando o Senhor passar para
ferir os egípcios, verá o sangue
na viga da porta e em ambos os
batentes e passará sobre aquela
porta, e não deixará o destrui-
dor entrar em vossas casas, para
vos ferir.
24 Portanto, guardai isto por es-
tatuto para vós e para vossos fi-
lhos, para sempre.
25 Quando tiverdes entrado na terra
que o Senhor vos dará, como tem
dito, guardareis esta cerimônia.
26 Quando vossos filhos vos per-
guntarem: Que cerimônia é esta?
27 Respondereis: Este é o sacri-
fício da Páscoa ao Senhor, que
passou por cima das casas dos
filhos de Israel no Egito, quando
feriu os egípcios e livrou as nos-
sas casas. Então o povo se incli-
nou e adorou.
28 Foram os filhos de Israel e fi-
zeram tudo como o Senhor orde-
nara a Moisés e a Arão.
29 À meia-noite o Senhor feriu
todos os primogênitos na terra
do Egito, desde o primogênito
de faraó, que se sentava em seu

trono, até o primogênito do cativo
que estava no cárcere, e todos os
primogênitos dos animais.
30 Levantou-se faraó de noite,
ele, todos os seus oficiais e to-
dos os egípcios, e havia grande
clamor no Egito, pois não ha-
via casa em que não houvesse
um morto.
31 Então chamou Moisés e a Arão
de noite e disse: Levantai-vos, saí
do meio do meu povo, tanto vós
como os filhos de Israel! Ide, servi
ao Senhor, como pedistes.
32 Levai também convosco os
vossos rebanhos e o vosso gado,
como dissestes. E abençoai tam-
bém a mim.
33 Os egípcios apertavam com o
povo, apressando-se em lançá-
-los fora da terra, pois diziam:
Morreremos todos.
34 **O** povo tomou a sua massa,
antes que levedasse, e as suas
amassadeiras atadas em trouxas
com as suas vestimentas, sobre
os seus ombros.
35 Fizeram, pois, os filhos de Israel
conforme a palavra de Moisés: pe-
diram aos egípcios joias de pra-
ta, joias de ouro e roupas.
36 O Senhor deu ao povo graça aos
olhos dos egípcios, de modo que
estes lhes davam o que pediam;
assim despojaram os egípcios.

O Êxodo

37 **P**artiram os filhos de Israel de
Ramessés para Sucote, cerca
de seiscentos mil a pé, somente de
homens, sem contar mulheres
e crianças.
38 Subiu também com eles uma
grande mistura de gente, ove-
lhas, gado, muitíssimos animais.
39 Fizeram bolos sem fermento
da massa que levaram do Egito.
A massa não se tinha levedado,
porque foram lançados fora do
Egito e não tiveram tempo de pre-
parar provisões para o caminho.
40 Ora, o tempo que os filhos de
Israel habitaram no Egito foi
de quatrocentos e trinta anos.
41 Passados os quatrocentos e
trinta anos, nesse mesmo dia,
todos os exércitos do Senhor saí-
ram da terra do Egito.
42 Esta noite se observará ao Senhor,
porque nela os tirou da terra do
Egito. Esta é a noite do Senhor,
que devem guardar todos os fi-
lhos de Israel nas suas gerações.
43 Disse mais o Senhor a Moisés
e a Arão: Esta é a ordenança da
Páscoa: Nenhum estrangeiro co-
merá dela.
44 Todo escravo comprado por di-
nheiro, porém, depois que o hou-
veres circuncidado, comerá dela.
45 O estrangeiro e o assalariado
não comerão dela.
46 Numa só casa se comerá o cor-
deiro; não levareis daquela car-
ne fora da casa. Não lhe quebra-
reis osso algum.
47 Toda a congregação de Israel
o fará.
48 Se, porém, algum estrangeiro
se hospedar contigo e quiser cele-
brar a Páscoa do Senhor, seja-lhe
circuncidado todo macho; então
se chegará e a celebrará, e será
como o natural da terra. Nenhum
incircunciso comerá dela.
49 A mesma lei haja para o natu-
ral e para o estrangeiro que pe-
regrinar entre vós.
50 Fizeram todos os filhos de Israel
como o Senhor ordenara a Moisés
e a Arão.
51 Naquele mesmo dia, o Senhor
tirou os filhos de Israel da terra do
Egito, segundo os seus exércitos.

Consagração dos primogênitos

13 Disse o Senhor a Moisés:
2 Consagra-me todos os
primogênitos, todo o que abrir a
madre de sua mãe entre os filhos
de Israel, assim de homens como
de animais, será meu.
3 Disse Moisés ao povo: Lembrai-
-vos deste dia, em que saístes do
Egito, da casa da servidão, por-
que com mão forte o Senhor vos
tirou daqui. Portanto não come-
reis pão levedado.
4 Hoje, no mês de abibe, estais
saindo.
5 Quando o Senhor te houver in-
troduzido na terra dos cananeus,
dos heteus, dos amorreus, dos he-
veus, dos jebuseus, a qual jurou
a teus pais que te daria, terra em
que manam leite e mel, guardarás
esta cerimônia neste mês:
6 Sete dias comerás pães sem fer-
mento, e no sétimo dia haverá fes-
ta ao Senhor.
7 Sete dias se comerão pães sem
fermento; o levedado não se verá
contigo nem ainda fermento será
visto em todo o teu território.
8 Naquele mesmo dia, farás saber a
teu filho: Isto é por causa do que o
Senhor me fez, quando saí do Egito.
9 Esta lembrança te será por sinal
sobre a tua mão e entre os teus
olhos, para que a lei do Senhor es-
teja em tua boca. Pois com mão
forte o Senhor te tirou do Egito.
10 Portanto guardarás este esta-
tuto a seu tempo, de ano em ano.
11 Também quando o Senhor te
houver feito entrar na terra dos
cananeus, como jurou a ti e a teus
pais, quando a houver dado a ti,
12 apartarás para o Senhor tudo
o que abrir a madre e todo o pri-
mogênito dos animais que tive-
res. Os machos serão do Senhor.
13 Todos os primogênitos da ju-
menta, porém, resgatarás com um
cordeiro, mas, se não o resgata-
res, lhe cortarás a cabeça. Todos
os primogênitos do homem entre
teus filhos resgatarás.
14 Quando teu filho no futuro te
perguntar: Que é isso? Tu lhe di-
rás: O Senhor, com mão forte, nos
tirou do Egito, da casa da servidão.
15 Endurecendo-se faraó, para
não nos deixar ir, o Senhor ma-
tou todos os primogênitos na ter-
ra do Egito, desde o primogênito
do homem até o primogênito dos
animais. É por isso que eu sacri-
fico ao Senhor todos os primo-
gênitos machos e resgato todos
os primogênitos de meus filhos.
16 E isto será por sinal sobre tua
mão e por frontais entre os teus
olhos, de que o Senhor nos tirou
do Egito com mão forte.

A travessia do mar

17 Quando faraó deixou ir o povo,
Deus não os levou pelo caminho
da terra dos filisteus, ainda que
este fosse o caminho mais curto.
Pois Deus disse: Para que o povo
não se arrependa, vendo a guer-
ra, e volte ao Egito.
18 Assim Deus fez o povo rodear
pelo caminho do deserto perto do
mar Vermelho. Os filhos de Israel
subiram da terra do Egito armados
para a batalha.
19 Levou Moisés os ossos de José
consigo, porque havia este sole-
nemente ajuramentado os filhos
de Israel, dizendo: Certamente
Deus vos visitará, e então fa-
zei subir daqui os meus ossos
convosco.
20 Assim partiram de Sucote e
acamparam em Etã, à entrada
do deserto.

21 O Senhor ia adiante deles, de
dia numa coluna de nuvem, para
os guiar pelo caminho, e de noi-
te numa coluna de fogo, para os
iluminar, a fim de que caminhas-
sem de dia e de noite.
22 Nunca se apartou do povo a co-
luna de nuvem de dia nem a colu-
na de fogo de noite.

Deus anuncia a ruína dos egípcios

14 Então disse o Senhor a
Moisés:
2 Dize aos filhos de Israel que
voltem e se acampem junto a Pi-
-Hairote, entre Migdol e o mar.
Assentareis o acampamento jun-
to ao mar, diante de Baal-Zefom.
3 Então faraó dirá dos filhos de
Israel: Estão desorientados na ter-
ra, o deserto os encerrou.
4 Endurecerei o coração de fa-
raó, para que os persiga. Mas
serei glorificado em faraó e em
todo o seu exército, e saberão os
egípcios que eu sou o Senhor.
Eles assim o fizeram.
5 **S**endo, pois, anunciado ao rei do
Egito que o povo fugia, mudou-
-se o seu coração e dos seus ofi-
ciais contra o povo, e disseram:
Que foi que fizemos, deixando ir
Israel, para que não nos sirva?
6 Assim aprontou faraó o seu car-
ro e tomou consigo o seu povo.
7 Tomou também seiscentos car-
ros escolhidos e todos os carros
do Egito, e capitães sobre todos
eles.
8 O Senhor endureceu o coração de
faraó, rei do Egito, para que per-
seguisse os filhos de Israel, que
estavam marchando afoitamente.
9 *Perseguiram-nos os egípcios*, to-
dos os cavalos e carros de faraó,
e os seus cavaleiros, e o seu exér-
cito, e os alcançaram acampados
junto ao mar, perto de Pi-Hairote,
diante de Baal-Zefom.
10 **A**proximando-se faraó, os fi-
lhos de Israel levantaram os olhos
e viram os egípcios que vinham
atrás deles. Temeram muito e cla-
maram ao Senhor.
11 Disseram a Moisés: Foi por não
haver sepulcros no Egito que nos
tiraste de lá para que morramos
neste deserto? Por que nos fizeste
isto, tirando-nos do Egito?
12 Não é isto que te dissemos no
Egito: Deixa-nos, que sirvamos
aos egípcios? Pois melhor nos
fora servir aos egípcios do que
morrermos no deserto.
13 Moisés, porém, disse ao povo:
Não temais. Estai quietos e vede o
livramento do Senhor, que hoje vos
fará. Aos egípcios, que hoje vistes,
nunca mais vereis para sempre.
14 O Senhor pelejará por vós, e
vós vos calareis.

A passagem pelo meio do mar

15 **E**ntão disse o Senhor a Moisés:
Por que clamas a mim? Dize aos
filhos de Israel que marchem.
16 E tu, levanta a tua vara, estende
a tua mão sobre o mar e divide-o,
para que os filhos de Israel pas-
sem pelo meio do mar em seco.
17 Endurecerei o coração dos
egípcios, para que entrem atrás
deles. Serei glorificado em faraó
e em todo o seu exército, nos seus
carros e nos seus cavaleiros.
18 Os egípcios saberão que eu sou
o Senhor, quando for glorificado
em faraó, nos seus carros e nos
seus cavaleiros.
19 **E**ntão o anjo de Deus, que ia
adiante do exército de Israel, se re-
tirou e se pôs atrás deles. Também
a coluna de nuvem se retirou de
diante deles e se pôs atrás,

20 e ia entre o acampamento dos
egípcios e o acampamento de
Israel. A nuvem era escuridade
para aqueles, e para este escla-
recia a noite; de maneira que em
toda a noite este e aqueles não pu-
deram aproximar-se.
21 Então Moisés estendeu a mão
sobre o mar, e o Senhor fez reti-
rar-se o mar por um forte vento
oriental toda aquela noite e fez
do mar terra seca. As águas fo-
ram divididas,
22 e os filhos de Israel entraram
pelo meio do mar em seco, e as
águas lhes foram qual muro à sua
direita e à sua esquerda.
23 Os egípcios os perseguiram e
entraram atrás deles até o meio do
mar, com todos os cavalos de faraó,
os seus carros e os seus cavaleiros.
24 Na vigília da manhã, o Senhor,
na coluna de fogo e na nuvem, viu
o acampamento dos egípcios e o
alvoroçou.
25 Emperrou-lhes as rodas dos car-
ros e fê-los andar dificultosamen-
te. Então, disseram os egípcios:
Fujamos da presença de Israel!
O Senhor peleja por eles con-
tra o Egito.
26 Disse o Senhor a Moisés: Estende
a mão sobre o mar, para que as
águas se tornem sobre os egíp-
cios, sobre os seus carros e so-
bre os seus cavaleiros.
27 Então Moisés estendeu a
mão sobre o mar, e o mar reto-
mou a sua força ao amanhecer.
Os egípcios foram de encontro
a ele, e o Senhor derrubou os
egípcios no meio do mar.
28 As águas, tornando, cobriram
os carros e os cavaleiros de todo o
exército de faraó, que os haviam
seguido no mar. Nem ainda um
deles ficou.
29 Os filhos de Israel, porém, ca-
minharam a pé enxuto pelo meio
do mar, e as águas lhes foram qual
muro à sua direita e à sua esquerda.
30 Assim o Senhor salvou a Israel
naquele dia das mãos dos egípcios,
e Israel viu os egípcios mortos na
praia do mar.
31 Quando Israel viu o grande
poder que o Senhor mostrara aos
egípcios, o povo temeu ao Senhor
e confiou no Senhor e em Moisés,
seu servo.

O cântico de Moisés e Miriã

15 Então cantaram Moisés e
os filhos de Israel este cân-
tico ao Senhor:
Cantarei ao Senhor,
pois sumamente se exaltou.
Lançou no mar o cavalo e o
seu cavaleiro.
2 O Senhor é a minha força
e o meu cântico;
ele me foi por salvação.
Este é o meu Deus, portanto
eu o louvarei;
ele é o Deus de meu pai, por
isso o exaltarei.
3 O Senhor é um guerreiro;
o Senhor é o seu nome.
4 Lançou no mar os carros de
faraó e o seu exército.
Os seus príncipes afogaram-
-se no mar Vermelho.
5 Os abismos os cobriram;
desceram às profundezas
como pedra.
6 A tua destra, ó Senhor,
é gloriosa em poder;
a tua mão direita, ó Senhor,
despedaça o inimigo.
7 Na grandeza da tua excelência
derrubaste os que se
levantaram contra ti.
Enviaste o teu furor, que os
consumiu como palha.

8 Com o sopro das tuas narinas
amontoaram-se as águas.
As correntes pararam em
montão;
os abismos coalharam-se
no coração do mar.
9 O inimigo dizia: Perseguirei,
alcançarei,
repartirei os despojos;
a minha alma se
fartará deles,
arrancarei a minha espada,
a minha mão os destruirá.
10 Sopraste com o teu vento,
e o mar os cobriu.
Afundaram-se como chumbo
em impetuosas águas.
11 Ó Senhor, quem é como tu
entre os deuses?
Quem é como tu glorificado
em santidade,
terrível em louvores, que
opera maravilhas?
12 Estendeste a mão direita,
e a terra os tragou.
13 Tu, com a tua beneficência,
guiarás o povo que remiste.
Com a tua força
o levarás à tua santa
habitação.
14 Os povos o ouvirão e tremerão;
a angústia tomará conta dos
habitantes da Filístia.
15 Os príncipes de Edom se
perturbarão,
dos poderosos dos moabitas
se apoderará tremor,
todos os habitantes de Canaã
serão destruídos.
16 Espanto e pavor cairão
sobre eles.
Pela grandeza do teu braço
emudecerão como pedra;
até que o teu povo haja
passado, ó Senhor,
até que passe o povo que
adquiriste.
17 Tu os introduzirás e
os plantarás
no monte da tua herança,
no lugar que tu, ó Senhor,
preparaste para a tua
habitação,
no santuário, ó Senhor,
que as tuas mãos
estabeleceram.
18 O Senhor reinará eterna e per-
petuamente.
19 **Q**uando os cavalos de faraó, com
os seus carros e com os seus cava-
leiros, entraram no mar, o Senhor
fez tornar as águas do mar sobre
eles, mas os filhos de Israel pas-
saram em seco pelo meio do mar.
20 **E**ntão Miriã, a profetisa, irmã
de Arão, tomou um tamborim, e
todas as mulheres saíram atrás
dela com tamborins e com danças.
21 E Miriã lhes respondia:
Cantai ao Senhor,
pois sumamente se exaltou,
e lançou no mar o cavalo com
o seu cavaleiro.
22 **D**epois fez Moisés partir os is-
raelitas do mar Vermelho, e saíram
para o deserto de Sur. Caminharam
três dias no deserto e não acha-
ram água.

As águas amargas tornam-se doces

23 Então chegaram a Mara, mas
não puderam beber as águas de
Mara, porque eram amargas.
É por isso que o lugar é chama-
do Mara.
24 E o povo murmurou contra
Moisés, dizendo: Que havemos
de beber?
25 Então Moisés clamou ao Senhor,
e o Senhor lhe mostrou uma ár-
vore. Lançou-a Moisés nas águas,
e as águas se tornaram doces.
Ali Deus lhes deu estatutos e uma
ordenança, e ali os provou.

26 Disse ele: Se ouvires atenta-
mente a voz do Senhor, o teu Deus,
e fizeres o que é reto diante dos
seus olhos, e inclinares os teus
ouvidos aos seus mandamentos,
e guardares todos os seus estatu-
tos, nenhuma enfermidade virá
sobre ti, das que enviei sobre os
egípcios, pois eu sou o Senhor
que te sara.
27 Então chegaram a Elim, onde
havia doze fontes de água e se-
tenta palmeiras, e se acamparam
junto das águas.

Deus manda o maná

16 Partiram de Elim, e toda
a congregação dos filhos
de Israel veio ao deserto de Sim,
que está entre Elim e Sinai, aos
quinze dias do segundo mês, de-
pois que saíram da terra do Egito.
2 Toda a congregação dos filhos de
Israel murmurou contra Moisés
e contra Arão no deserto.
3 Disseram-lhes os filhos de Israel:
Quem nos dera tivéssemos mor-
rido pela mão do Senhor na ter-
ra do Egito, quando estávamos
sentados junto às panelas de car-
ne, quando comíamos pão a far-
tar! Tu nos trouxeste a este de-
serto, para matardes de fome a
toda esta multidão.
4 Então disse o Senhor a Moisés:
Eu vos farei chover pão dos céus.
O povo sairá e colherá diariamen-
te a porção para cada dia, para
que eu o prove se anda em mi-
nha lei ou não.
5 Ao sexto dia prepararão o que co-
lherem, e será o dobro do que
colhem cada dia.
6 Então disseram Moisés e Arão
a todos os filhos de Israel: À tar-
de, sabereis que o Senhor vos ti-
rou da terra do Egito,
7 e amanhã vereis a glória do
Senhor, porque ele ouviu as vos-
sas murmurações contra o Senhor.
Quem somos nós, para que mur-
mureis contra nós?
8 Disse mais Moisés: Será isso
quando o Senhor, à tarde, vos der
carne para comer e, pela manhã,
pão a fartar, porque o Senhor ou-
viu as vossas murmurações, com
que murmurais contra ele. Quem
somos nós? As vossas murmu-
rações não são contra nós, e sim
contra o Senhor.
9 Então disse Moisés a Arão: Dize
a toda a congregação dos filhos
de Israel: Chegai-vos à presença
do Senhor, pois ele ouviu as vos-
sas murmurações.
10 Enquanto Arão falava a toda a
congregação dos filhos de Israel,
eles se viraram para o deserto, e
lá estava a glória do Senhor na
nuvem.
11 Então disse o Senhor a Moisés:
12 Tenho ouvido as murmura-
ções dos filhos de Israel; dize-
-lhes: Ao crepúsculo comereis
carne e, pela manhã, vos farta-
reis de pão. Então sabereis que
eu sou o Senhor, o vosso Deus.
13 À tarde, subiram codornizes e
cobriram o arraial e, pela manhã,
havia uma camada de orvalho ao
redor do arraial.
14 Quando se evaporou o orvalho
caído, sobre a face do deserto es-
tava uma coisa fina e semelhan-
te a escamas, fina como a geada
sobre a terra.
15 Vendo-a os filhos de Israel,
disseram uns aos outros: Que é
isso? Pois não sabiam o que era.
Disse-lhes Moisés: Este é o pão
que o Senhor vos deu para comer.
16 Esta é a ordem do Senhor:
Colhei dele cada um conforme o

que pode comer, um ômer por ca-
beça, segundo o número de vos-
sas pessoas. Cada um tomará para
os que se acharem na sua tenda.
17 Assim o fizeram os filhos de
Israel; e colheram, uns mais, ou-
tros menos.
18 Medindo-o com o ômer, porém,
não sobrava ao que colhera muito
nem faltava ao que colhera pou-
co. Cada um colheu tanto quan-
to podia comer.
19 Disse-lhes Moisés: Ninguém
deixe dele para amanhã.
20 Eles, porém, não deram ouvi-
dos a Moisés; antes alguns deixa-
ram um pouco para o dia seguin-
te; entretanto, ele criou bichos e
cheirava mal. E Moisés se indig-
nou contra eles.
21 Colhiam-no, pois, pela manhã,
cada um conforme o que podia co-
mer, e, vindo o calor, se derretia.
22 **A**o sexto dia, colheram pão em
dobro, dois ômeres para cada um;
e os principais da congregação
vieram e contaram-no a Moisés.
23 Ele lhes disse: Isto é o que o
Senhor disse: Amanhã é repouso,
o santo sábado do Senhor. O que
quiserdes assar no forno, assai-o,
e o que quiserdes cozer em água,
cozei-o em água. Tudo o que so-
brar, ponde de lado, para amanhã.
24 Guardaram-no até pela ma-
nhã, como Moisés ordenara, e
não cheirou mal nem houve nele
bicho algum.
25 Então disse Moisés: Comei-o
hoje, porque hoje é o sábado do
Senhor. Hoje não o achareis no
campo.
26 Seis dias o colhereis, mas no sé-
timo dia, o sábado, nada acharão.
27 Ao sétimo dia, saíram alguns
do povo para colher, mas não o
acharam.
28 Então disse o Senhor a Moisés:
Até quando recusareis guardar
os meus mandamentos e as mi-
nhas leis?
29 Lembrai-vos de que o Senhor vos
deu o sábado, por isso ele no sexto
dia vos dá pão para dois dias. Cada
um fique no seu lugar, que ninguém
saia do seu lugar no sétimo dia.
30 Assim repousou o povo no sé-
timo dia.
31 **A** casa de Israel deu-lhe o nome
de maná. Era como semente de
coentro e tinha o sabor de bo-
los de mel.
32 Disse Moisés: Esta é a palavra
que o Senhor ordenou: Encherás
um ômer dele e o guardarás para
as vossas gerações, para que ve-
jam o pão que vos tenho dado a
comer neste deserto, quando vos
tirei da terra do Egito.
33 Disse também Moisés a Arão:
Toma um vaso, mete nele um ômer
cheio de maná e põe-no diante do
Senhor, a fim de que seja guarda-
do para as vossas gerações.
34 Como o Senhor tinha orde-
nado a Moisés, assim Arão o pôs
diante do Testemunho para ser
guardado.
35 Comeram os filhos de Israel
maná quarenta anos, até que en-
traram em terra habitada; come-
ram maná até que chegaram aos
termos da terra de Canaã.
36 Um ômer é a décima parte
do efa.

A água da rocha

17 Toda a congregação dos
filhos de Israel partiu do
deserto de Sim, indo de lugar a
lugar, segundo o mandamento
do Senhor. Acamparam-se em
Refidim, mas não havia ali água
para o povo beber.

2 Então contendeu o povo com
Moisés e disse: Dá-nos água para
beber. Respondeu-lhes Moisés:
Por que contendeis comigo? Por
que tentais ao Senhor?
3 Tendo aí o povo sede de água,
murmurou contra Moisés e disse:
Por que nos fizeste subir do Egito,
para nos matares de sede, a nós,
a nossos filhos e a nosso gado?
4 Clamou Moisés ao Senhor: Que
farei com este povo? Daqui a pouco me apedrejarão.
5 Então disse o Senhor a Moisés:
Passa adiante do povo. Toma contigo alguns dos anciãos de Israel,
leva contigo a tua vara, com que
feriste o rio, e vai.
6 Eu estarei ali diante de ti sobre
a rocha, em Horebe. Ferirás a rocha, e dela sairá água, e o povo
beberá. Moisés assim o fez, na
presença dos anciãos de Israel.
7 E chamou o nome daquele lugar Massá e Meribá, por causa
da contenda dos filhos de Israel
e porque tentaram ao Senhor, dizendo: Está o Senhor no meio de
nós ou não?

Amaleque peleja contra os israelitas

8 Então veio Amaleque e pelejou
contra Israel em Refidim.
9 Pelo que disse Moisés a Josué:
Escolhe-nos homens e sai, peleja
contra Amaleque. Amanhã eu estarei no cume do outeiro, e a vara
de Deus estará na minha mão.
10 Fez Josué como Moisés lhe dissera e pelejou contra Amaleque;
mas Moisés, Arão e Hur subiram
ao cume do outeiro.
11 Quando Moisés levantava as
mãos, Israel prevalecia, mas, quando ele baixava as mãos, Amaleque
prevalecia.
12 Quando as mãos de Moisés
ficaram cansadas, tomaram
uma pedra e a puseram debaixo
dele, e ele se sentou nela. Arão
e Hur sustentavam-lhe as mãos,
um de cada lado; assim ficaram
as suas mãos firmes até que o
sol se pôs.
13 Assim Josué venceu o exército amalequita a fio de espada.
14 Então disse o Senhor a Moisés:
Escreve isto para memória num
livro e repete-o a Josué, porque riscarei totalmente a memória de Amaleque de debaixo dos céus.
15 Edificou Moisés um altar e
lhe chamou "O Senhor é a minha bandeira".
16 Disse ele: Pois mãos foram levantadas ao trono do Senhor. O Senhor
fará guerra contra Amaleque de
geração em geração.

Jetro visita Moisés

18 Ora Jetro, sacerdote de
Midiã, sogro de Moisés, ouviu todas as coisas que Deus tinha feito a Moisés e a Israel, seu
povo, e como o Senhor tinha tirado a Israel do Egito.
2 E Jetro, sogro de Moisés, tomou
Zípora, mulher de Moisés, depois
que este a enviara,
3 e os seus dois filhos, dos quais um
se chamava Gérson, pois Moisés
disse: Fui peregrino em terra estrangeira;
4 e o outro se chamava Eliezer,
pois disse: o Deus de meu pai foi
minha ajuda e me livrou da espada de faraó.
5 Vindo, pois, Jetro, sogro de Moisés,
com os filhos e com a mulher deste, ao encontro de Moisés no deserto, ao monte de Deus, onde se
tinha acampado,

6 disse a Moisés: Eu, teu sogro
Jetro, venho a ti, com a tua mu-
lher e seus dois filhos.
7 Então saiu Moisés ao encontro do
seu sogro e se inclinou e o beijou,
e perguntaram um ao outro como
estavam, e entraram na tenda.
8 Contou Moisés a seu sogro todas
as coisas que o Senhor tinha feito
a faraó e aos egípcios por amor
de Israel, e todo o trabalho que
passaram no caminho, e como o
Senhor os livrara.
9 **A**legrou-se Jetro de todo o
bem que o Senhor tinha feito a
Israel, livrando-o das mãos dos
egípcios,
10 e disse: Bendito seja o Senhor,
que vos livrou das mãos dos
egípcios e das mãos de faraó.
11 Agora sei que o Senhor é maior
que todos os deuses, pois fez isto
aos que trataram a Israel com ar-
rogância.
12 Então tomou Jetro, sogro de
Moisés, holocausto e sacrifícios
para Deus; e veio Arão e todos os
anciãos de Israel para comerem
pão com o sogro de Moisés dian-
te de Deus.
13 **N**o dia seguinte, assentou-se
Moisés para julgar o povo, e o povo
estava em pé diante de Moisés des-
de a manhã até a tarde.
14 Vendo o sogro de Moisés tudo
o que ele fazia ao povo, disse:
Que é isso que fazes ao povo? Por
que te assentas só, e todo o povo
está em pé diante de ti, desde a
manhã até o cair da tarde?
15 Respondeu Moisés a seu so-
gro: É porque o povo vem a mim
para consultar a Deus.
16 *Quando tem alguma questão*
vem a mim, para que eu julgue
entre um e outro e lhes declare os
estatutos de Deus e as suas leis.
17 O sogro de Moisés, porém, lhe
disse: Não é bom o que fazes.
18 Certamente desfalecerás, as-
sim tu, como este povo que está
contigo. O trabalho te é pesado
demais; tu só não o podes fazer.
19 Ouve agora a minha voz, e te
aconselharei, e Deus seja con-
tigo. Representa o povo dian-
te de Deus e leva as suas cau-
sas a Deus.
20 Ensina-lhes os estatutos e as
leis, e faze-lhes saber o caminho
em que devem andar, e a obra que
devem fazer.
21 Procura, porém, no meio de
todo o povo homens capazes, te-
mentes a Deus, homens de ver-
dade, que aborreçam a avareza;
põe-nos sobre eles por chefes de
mil, chefes de cem, chefes de cin-
quenta e chefes de dez.
22 Julguem este povo em todo o
tempo. Que a ti tragam toda cau-
sa grave, mas toda causa pequena
eles mesmos a julguem. Assim a
ti mesmo te aliviarás da carga, e
eles a levarão contigo.
23 Se isso fizeres, e Deus assim
ordenar, poderás então supor-
tar a tensão; e também todo este
povo irá em paz para o seu lugar.
24 Moisés deu ouvidos à palavra
de seu sogro, e fez tudo o que este
lhe dissera.
25 Escolheu Moisés homens ca-
pazes, de todo o Israel, e os pôs
por cabeças sobre o povo, chefes
de mil, chefes de cem, chefes de
cinquenta e chefes de dez.
26 Eles julgaram o povo em todo
o tempo. A causa grave trouxe-
ram a Moisés, e toda causa pe-
quena julgaram eles.
27 Então despediu Moisés a seu
sogro, o qual se foi para a sua
terra.

No monte Sinai

19 No terceiro mês da saída
dos filhos de Israel da terra
do Egito, nesse mesmo dia, che-
garam ao deserto do Sinai.
2 Tendo partido de Refidim, che-
garam ao deserto do Sinai, e Israel
se acampou ali no deserto em
frente do monte.
3 Subiu Moisés a Deus, e o Senhor
o chamou do monte, dizendo:
Assim falarás à casa de Jacó e
anunciarás aos filhos de Israel:
4 Vistes o que fiz aos egípcios, como
vos levei sobre asas de águias e
vos trouxe a mim.
5 Agora, se diligentemente ou-
virdes a minha voz e guardardes
a minha aliança, sereis a minha
propriedade peculiar entre to-
dos os povos. Embora toda a ter-
ra seja minha,
6 vós me sereis reino sacerdotal e
nação santa. São estas as palavras
que falarás aos filhos de Israel.
7 Veio Moisés, chamou os anciãos
do povo e lhes expôs todas estas
palavras que o Senhor lhe tinha
ordenado.
8 Então todo o povo respondeu
a uma voz: Tudo o que o Senhor
falou, faremos. E relatou Moisés
ao Senhor as palavras do povo.
9 Disse o Senhor a Moisés: Eu vi-
rei a ti em uma nuvem espessa,
para que o povo ouça quando
eu falar contigo e para que tam-
bém sempre creiam em ti. Então
Moisés anunciou as palavras do
seu povo ao Senhor.
10 Disse mais o Senhor a Moisés:
Vai ao povo e santifica-os hoje e
amanhã. Lavem eles as suas vestes
11 e estejam prontos para o ter-
ceiro dia, porque no terceiro dia
o Senhor descerá à vista de todo o
povo sobre o monte Sinai.
12 Marcarás limites ao povo em
redor, dizendo: Guardai-vos de su-
bir ao monte, e não toqueis o seu
termo. Todo aquele que tocar no
monte, certamente será morto.
13 Certamente será apedrejado
ou flechado; nenhuma mão toca-
rá nele. Quer seja animal, quer
seja homem, não viverá. Quando
soar longamente a buzina, então
subirão ao monte.
14 Então Moisés desceu do mon-
te ao povo, e santificou o povo, e
lavaram as suas vestes.
15 E Moisés disse ao povo: Estai
prontos para o terceiro dia. Não
toqueis mulher nenhuma.
16 Ao amanhecer do terceiro dia,
houve trovões, e relâmpagos, e
uma espessa nuvem sobre o mon-
te, e um sonido de buzina muito
forte. Todo o povo que estava no
arraial se estremeceu.
17 Então levou Moisés o povo
para fora do arraial ao encon-
tro de Deus, e puseram-se ao pé
do monte.
18 Todo o monte Sinai fumegava,
porque o Senhor descera sobre
ele em fogo. A sua fumaça subia
como a fumaça de uma fornalha;
todo o monte tremia grandemente,
19 e o clangor da buzina ia au-
mentando cada vez mais. Então
Moisés falava, e Deus lhe respon-
dia por uma voz.
20 Descendo o Senhor para o
cume do monte Sinai, chamou
Moisés para o cume do mon-
te. Moisés subiu,
21 e o Senhor lhe disse: Desce,
adverte ao povo que não ultra-
passe o termo até o Senhor para
vê-lo, a fim de muitos deles não
perecerem.
22 Também os sacerdotes, que
se chegam ao Senhor, se hão de

consagrar, para que o Senhor não
se lance sobre eles.
23 Então disse Moisés ao Senhor:
O povo não poderá subir ao mon-
te Sinai, porque tu nos advertiste,
dizendo: Marca limites ao redor
do monte e consagra-o.
24 Respondeu-lhe o Senhor: Vai,
desce; depois subirás tu, e Arão
contigo. Os sacerdotes, porém, e
o povo não ultrapassem o termo
para subir ao Senhor, para que
não se lance sobre eles.
25 Desceu, pois, Moisés ao povo
e lhes disse isso.

Os dez mandamentos

20 Então falou Deus todas es-
tas palavras:
2 Eu sou o Senhor, o teu Deus,
que te tirei da terra do Egito, da
casa da servidão.
3 Não terás outros deuses diante
de mim.
4 Não farás para ti imagem de
escultura nem semelhança alguma
do que há nos céus, na terra, ou
nas águas debaixo da terra.
5 Não te encurvarás a elas nem as
servirás; pois eu, o Senhor, o teu
Deus, sou Deus zeloso, que visi-
to a maldade dos pais nos filhos
até a terceira e quarta geração
daqueles que me odeiam,
6 mas faço misericórdia até mil
gerações daqueles que me amam e
guardam os meus mandamentos.
7 Não tomarás o nome do Senhor,
o teu Deus, em vão, pois o Senhor
não terá por inocente o que tomar
o seu nome em vão.
8 Lembra-te do dia do sábado,
para o santificar.
9 *Seis dias trabalharás* e neles fa-
rás toda a tua obra,
10 mas o sétimo dia é o sábado
do Senhor, o teu Deus. Não farás
nenhum trabalho, nem tu, nem o
teu filho, nem a tua filha, nem
o teu escravo, nem a tua escra-
va, nem o teu animal, nem o es-
trangeiro que está dentro das
tuas portas.
11 Pois em seis dias fez o Senhor
o céu e a terra, o mar e tudo o
que neles há, mas ao sétimo dia
descansou. Por isso, abençoou o
Senhor o dia de sábado e o san-
tificou.
12 Honra a teu pai e a tua mãe,
para que se prolonguem os teus
dias na terra que o Senhor, o teu
Deus, te dá.
13 Não matarás.
14 Não adulterarás.
15 Não furtarás.
16 Não dirás falso testemunho
contra o teu próximo.
17 Não cobiçarás a casa do teu
próximo, não cobiçarás a mulher
do teu próximo, nem o seu escravo,
nem a sua escrava, nem o seu
boi, nem o seu jumento, nem coisa
alguma do teu próximo.
18 Quando o povo viu os trovões,
os relâmpagos, o som da buzina
e o monte fumegante, tremeu de
medo, retirou-se, pôs-se de longe
19 e disse a Moisés: Fala tu conos-
co, e ouviremos. Mas não fale Deus
conosco, para que não morramos.
20 Respondeu Moisés ao povo: Não
temais. Deus veio para vos provar
e para que o seu temor esteja dian-
te de vós, para que não pequeis.
21 O povo permaneceu em pé de
longe, enquanto Moisés se che-
gou às densas trevas, onde Deus
estava.

Ídolos e altares

22 Então disse o Senhor a Moisés:
Assim dirás aos filhos de Israel:
Vistes que do céu eu vos falei.

23 Não fareis outros deuses ao lado
de mim; deuses de prata ou deu-
ses de ouro não fareis para vós.
24 Um altar de terra me farás e
sobre ele sacrificarás os teus ho-
locaustos, as tuas ofertas pacífi-
cas, as tuas ovelhas e os teus bois.
Em todo o lugar onde eu fizer ce-
lebrar a memória do meu nome,
virei a ti e te abençoarei.
25 Se me levantares um altar de
pedras, não o farás de pedras la-
vradas, pois, se sobre ele usares a
tua ferramenta, tu o profanarás.
26 Não subirás por degraus ao
meu altar, para que não seja ali
exposta a tua nudez.

Leis acerca dos escravos

21 São estes os estatutos que
lhes proporás:
2 Se comprares um escravo he-
breu, seis anos servirá. Mas ao
sétimo sairá forro, de graça.
3 Se entrou sozinho, sozinho sai-
rá; mas, se era homem casado,
com ele sairá a sua mulher.
4 Se o seu senhor lhe houver dado
uma mulher, e ela lhe houver
dado filhos ou filhas, a mulher e
os filhos dela serão do seu senhor,
e ele sairá sozinho.
5 Se, porém, esse escravo expres-
samente disser: Eu amo a meu se-
nhor, e a minha mulher, e a meus
filhos, e não quero sair forro,
6 então, o seu senhor o levará pe-
rante os juízes e o fará chegar à
porta, ou ao batente, e o seu se-
nhor lhe furará a orelha com
uma sovela. Então ele o servirá
para sempre.
7 Se um homem vender a sua fi-
lha como escrava, ela não será li-
berta como os escravos.
8 Se ela não agradar ao seu se-
nhor, que a escolheu para si, ele
deve permitir que ela seja resga-
tada. Não poderá vendê-la a um
povo estranho, pois isso será des-
lealdade para com ela.
9 Se, porém, a casar com seu fi-
lho, deve conceder-lhe os direi-
tos de filha.
10 Se ele der ao filho outra mu-
lher, não diminuirá o mantimen-
to, as vestes, ou os direitos con-
jugais da primeira.
11 Se não lhe fizer essas três coi-
sas, ela poderá ir embora sem pa-
gar quantia alguma.
12 Quem ferir um homem, de
modo que este morra, certamen-
te será morto.
13 Se, porém, não fez isso pre-
meditadamente, mas Deus per-
mitiu que isso acontecesse, de-
verá ele fugir para um lugar que
te designarei.
14 Se, contudo, alguém se levan-
tar intencionalmente contra o
seu próximo, matando-o à trai-
ção, será tirado até mesmo do
meu altar, para que morra.
15 Quem ferir a seu pai ou a sua
mãe, certamente será morto.
16 O que raptar alguém e o ven-
der, ou for achado com ele em seu
poder, certamente será morto.
17 Quem amaldiçoar seu pai ou a
sua mãe, certamente será morto.
18 Se dois homens brigarem, e
um ferir o outro com pedra ou
com o punho, e este não morrer,
mas cair de cama,
19 se ele tornar a levantar-se e an-
dar com o auxílio de uma benga-
la, então, aquele que o feriu será
absolvido; somente lhe pagará o
tempo perdido e o fará curar-se
totalmente.
20 Se alguém ferir seu escravo ou
a sua escrava com pau, e o ferido
morrer, certamente será punido,

21 mas, se ficar vivo por um ou dois dias, não será punido, porque é dinheiro seu.

22 Se homens brigarem, e ferirem uma mulher grávida, e forem causa de que ela dê à luz prematuramente, sem que haja morte, certamente o ofensor será multado conforme o que lhe impuser o marido da mulher e pagará segundo decisão dos juízes.

23 Se, contudo, houver dano grave, então, darás vida por vida,

24 olho por olho, dente por dente, mão por mão, pé por pé,

25 queimadura por queimadura, ferida por ferida, golpe por golpe.

26 Se alguém ferir o olho do seu escravo ou o olho da sua escrava e o danificar, o deixará livre por causa do seu olho.

27 E, se tirar o dente do seu escravo ou o dente da sua escrava, o deixará livre por causa do seu dente.

28 Se um boi chifrar um homem ou uma mulher, e isso lhe causar a morte, o boi será apedrejado, e a sua carne não se comerá. Mas o dono do boi será absolvido.

29 Se, porém, o boi costumava chifrar, e o seu dono, tendo sido alertado disso, não o prendeu, e o boi matar homem ou mulher, será apedrejado, e também o seu dono será morto.

30 Se lhe for imposto resgate, então dará como resgate da sua vida tudo o que lhe for exigido.

31 Quer tenha chifrado um menino, quer tenha chifrado uma menina, conforme este estatuto lhe será feito.

32 Se o boi chifrar um escravo ou uma escrava, trinta siclos de prata o dono dele receberá, e o boi será apedrejado.

33 Se alguém abrir ou deixar aberta uma cova e não a cobrir, e nela cair boi ou jumento,

34 o dono da cova terá de pagar o prejuízo, mas ficará com o animal morto.

35 Se o boi de alguém ferir de morte o boi do seu próximo, será vendido o boi vivo e o dinheiro dele se repartirá igualmente, e também o morto se repartirá igualmente.

36 Se, porém, for notório que o boi costumava chifrar, e o seu dono não o guardou, certamente pagará boi por boi, e ficará com o animal morto.

Leis acerca da propriedade

22 Se alguém furtar boi ou ovelha e o abater ou vender, por um boi pagará cinco bois e pela ovelha quatro ovelhas.

2 Se um ladrão for pego arrombando uma casa e for ferido mortalmente, o que o feriu não será culpado do sangue.

3 Se, porém, já havia sol quando tal se deu, quem o feriu será culpado do sangue. O ladrão fará restituição total, mas, se não tiver com que pagar, será vendido por seu furto.

4 Se o furto for achado vivo na sua mão, seja boi, ou jumento, ou ovelha, pagará o dobro.

5 Se alguém fizer pastar o seu animal num campo ou numa vinha e o largar para comer no campo de outro, indenizará com o melhor do seu próprio campo e o melhor da sua própria vinha.

Se, ao alastrar-se o fogo, pegar os espinheiros e destruir o tri- ou a lavoura, aquele que acen- u o fogo pagará totalmente o eimado.

7 Se alguém der dinheiro ou ob-
jetos ao seu próximo para serem
guardados, e isso for roubado da
casa daquele homem, se o ladrão
for achado, pagará o dobro.
8 Se o ladrão não for achado, o
dono da casa será levado à pre-
sença dos juízes para se verificar
se não se apoderou dos bens do
seu próximo.
9 Em todo caso de litígio, seja a
respeito de boi, ou de jumento,
ou de ovelhas, ou de vestes, ou de
qualquer coisa perdida de alguém
que disser que é sua, a causa de
ambas as partes será levada pe-
rante os juízes. Aquele a quem os
juízes condenarem pagará o do-
bro ao seu próximo.
10 Se alguém der ao seu próximo
para guardar o seu jumento, boi, ou
ovelha, ou outro animal qualquer,
e este morrer, ou for dilacerado, ou
levado, sem que ninguém o veja,
11 então haverá o juramento do
Senhor entre ambos, de que não
se apropriou dos bens do seu pró-
ximo. O dono aceitará o juramen-
to, e o outro não fará restituição.
12 Se, porém, o animal lhe tiver sido
furtado, ele indenizará o seu dono.
13 Se tiver sido dilacerado, o tra-
rá em testemunho disso e não pa-
gará o dilacerado.
14 Se alguém pedir emprestado a
seu próximo algum animal, e este
for danificado ou morrer, não es-
tando presente o seu dono, certa-
mente dará indenização.
15 Se, contudo, o dono estiver pre-
sente, não fará restituição. Se foi
alugado, o preço do aluguel será
o pagamento.

Leis sociais

16 Se alguém seduzir uma virgem
que ainda não tenha compromisso
de casamento e se deitar com ela,
certamente pagará o seu dote, e
a tomará por mulher.
17 Se o pai dela definitivamente re-
cusar dá-la, pagará ele em dinhei-
ro conforme o dote das virgens.
18 A feiticeira não deixarás viver.
19 Todo aquele que se deitar com
animal, certamente será morto.
20 Quem sacrificar aos deuses, e
não somente ao Senhor, será morto.
21 O estrangeiro não afligirás
nem o oprimirás, pois estrangei-
ros fostes na terra do Egito.
22 A nenhuma viúva nem órfão
afligireis.
23 Se de alguma maneira os afli-
girdes, e eles clamarem a mim, eu
certamente ouvirei o seu clamor.
24 A minha ira se acenderá, e vos
matarei à espada; as vossas mu-
lheres ficarão viúvas, e os vossos
filhos, órfãos.
25 Se emprestares dinheiro ao
meu povo, ao pobre que está con-
tigo, não te comportarás com
ele como credor; não lhe impo-
rás juros.
26 Se tomares como garantia a
veste do teu próximo, tu a resti-
tuirás antes do pôr do sol,
27 porque é a sua única cobertu-
ra; é a vestimenta da sua pele. Em
que se deitaria? Quando clamar
a mim, eu o ouvirei, pois sou mi-
sericordioso.
28 Contra Deus não blasfemarás,
nem amaldiçoarás a autoridade
do teu povo.
29 Não tardarás em trazer ofer-
tas do melhor das tuas colheitas
e das tuas vinhas. O primogêni-
to de teus filhos me darás.
30 Assim farás com os teus bois
e com as tuas ovelhas. Sete dias
ficará a cria com a mãe, mas ao
oitavo dia ela me será dada.

31 Sede homens santos. Portanto,
não comereis carne despedaçada
no campo; aos cães a lançareis.

Leis de justiça e misericórdia

23 Não espalharás notícias
falsas nem serás cúmpli-
ce do ímpio, para seres testemu-
nha injusta.
2 Não seguirás a multidão para
fazeres o mal; num processo não
deporás, acompanhando a maio-
ria, para perverter a justiça.
3 Nem ao pobre favorecerás na
sua causa.
4 Se encontrares o boi do teu ini-
migo ou o seu jumento desgarra-
do, sem falta o reconduzirás a ele.
5 Se vires o jumento daquele que
te odeia deitado debaixo da sua
carga, não o deixarás aí, certa-
mente o ajudarás a levantá-lo.
6 Não perverterás o direito dos
pobres na sua causa.
7 Da falsa acusação te guardarás;
não matarás o inocente e o jus-
to, pois não justificarei o ímpio.
8 Também suborno não aceita-
rás, pois o suborno cega os que
têm vista e perverte as palavras
dos justos.
9 Também não oprimirás o es-
trangeiro; vós conheceis o cora-
ção do estrangeiro, porque fostes
estrangeiros na terra do Egito.

O ano de descanso e o sábado

10 Seis anos semearás a tua ter-
ra e recolherás os seus frutos,
11 mas no sétimo ano a deixarás
descansar, para que possam co-
mer os pobres do teu povo, e da
sobra comam os animais do cam-
po. Assim farás com a tua vinha
e com o teu olival.
12 Seis dias farás os teus trabalhos,
mas ao sétimo dia descansarás,
para que descanse o teu boi e
o teu jumento e para que tome
alento o filho da tua escrava e o
estrangeiro.
13 Prestai atenção a tudo o que
vos tenho dito. Do nome de outros
deuses não vos lembreis, nem se
ouça da vossa boca.

As três festas anuais

14 Três vezes no ano me celebra-
reis festa.
15 A festa dos pães sem fermen-
to guardarás; sete dias comerás
pães sem fermento, como te orde-
nei, ao tempo apontado, no mês
de abibe, pois nele saíste do Egito.
Ninguém apareça de mãos vazias
perante mim.
16 Guardarás a festa da colheita
dos primeiros frutos do teu tra-
balho, que houveres semeado no
campo. Guardarás a festa da co-
lheita no final do ano, quando ti-
veres recolhido do campo os fru-
tos do teu trabalho.
17 Três vezes no ano todos os
teus homens aparecerão diante
do Senhor Deus.
18 Não oferecerás o sangue do
meu sacrifício com pão fermenta-
do; não guardará da noite para a
manhã a gordura da minha festa.
19 O melhor dos primeiros fru-
tos da tua terra trarás à casa
do Senhor, o teu Deus. Não co-
zinharás o cabrito no leite da
sua mãe.

Deus promete enviar um anjo

20 Eu envio um anjo adiante de
ti, para te guardar pelo caminho e
te levar ao lugar que te preparei.
21 Guarda-te diante dele e ouve
a sua voz. Não te rebeles contra
ele; ele não perdoará a vossa re-
beldia, pois nele está o meu nome.

22 Se, porém, diligentemente ou-
vires a sua voz e fizeres tudo o
que eu disser, então, serei inimi-
go dos teus inimigos e adversário
dos teus adversários.
23 O meu anjo irá adiante de ti e
te levará aos amorreus, aos he-
teus, aos ferezeus, aos cananeus,
aos heveus e aos jebuseus, e eu os
destruirei.
24 Não te inclinarás diante dos seus
deuses, não os servirás nem farás
conforme as suas obras. Antes os
destruirás totalmente e quebra-
rás de todo as suas colunas.
25 Servireis ao Senhor, o vosso
Deus, e ele abençoará o vosso pão
e a vossa água. Tirarei do meio
de vós as enfermidades,
26 e na tua terra não haverá
mulher que aborte nem estéril.
O número dos teus dias com-
pletarei.
27 Enviarei o meu terror à tua
frente pondo em confusão todo
o povo em cujas terras entrares.
Farei que todos os teus inimigos
te voltem as costas e fujam.
28 Enviarei vespas à tua frente,
que lancem fora os heveus, os
cananeus e os heteus de dian-
te de ti.
29 Não os expulsarei num só ano,
para que a terra não se trans-
forme em deserto, e as feras do
campo não se multipliquem e te
ameacem.
30 Pouco a pouco os expulsarei,
até que te multipliques e possuas
a terra por herança.
31 Porei os teus termos desde o mar
Vermelho até o mar dos filisteus
e desde o deserto até o Eufrates.
Darei nas tuas mãos os morado-
res da terra, para que os expulse.
32 Não farás aliança alguma com
eles nem com os seus deuses.
33 Na tua terra não habitarão,
para que não te façam pecar con-
tra mim, porque, se servires aos
seus deuses, isso te será uma ar-
madilha.

A confirmação da aliança

24 Depois disse a Moisés: Subi
ao Senhor, tu, Arão, Nadabe,
Abiú e setenta dos anciãos de
Israel. Adorai de longe,
2 e só Moisés se chegará ao Senhor;
os outros não se chegarão. E o
povo não subirá com ele.
3 Veio, pois, Moisés e relatou ao
povo todas as palavras do Senhor
e todos os estatutos, e o povo res-
pondeu a uma voz: Tudo o que o
Senhor falou, faremos.
4 Moisés escreveu todas as pa-
lavras do Senhor e, tendo-se le-
vantado pela manhã de madru-
gada, edificou um altar ao pé
do monte e doze colunas, se-
gundo as doze tribos de Israel.
5 Então enviou alguns jovens dos
filhos de Israel, os quais oferece-
ram holocaustos e sacrificaram
ao Senhor sacrifícios pacíficos de
novilhos.
6 Tomou Moisés a metade do sangue
e a pôs em bacias; a outra metade
do sangue espargiu sobre o altar.
7 Então tomou o livro da aliança
e o leu ao povo, e eles disseram:
Tudo o que o Senhor falou fare-
mos fielmente.
8 Tomou, pois, Moisés aquele san-
gue e o aspergiu sobre o povo, di-
zendo: Este é o sangue da alian-
ça que o Senhor fez convosco no
tocante a todas essas palavras.
9 Subiram Moisés, Arão, Nadabe,
Abiú e setenta dos anciãos de
Israel
10 e viram o Deus de Israel. Debaixo
dos seus pés havia como que

uma calçada de pedra de safira
que se parecia com o céu na sua
claridade.
11 Deus, contudo, não estendeu
a sua mão contra os escolhidos
dos filhos de Israel; eles viram
a Deus, e comeram, e beberam.
12 Então disse o Senhor a Moisés:
Sobe a mim ao monte e espera
ali; eu te darei tábuas de pedra,
e a lei, e os mandamentos que escrevi, para os ensinares.
13 Levantou-se Moisés com Josué,
seu servidor, e subiu ao monte
de Deus.
14 Disse Moisés aos anciãos:
Esperai-nos aqui até que tornemos a vós. Arão e Hur ficam convosco, e quem tiver alguma questão, se chegará a eles.
15 Tendo Moisés subido, a nuvem
cobriu o monte,
16 e a glória do Senhor repousou
sobre o monte Sinai. A nuvem
o cobriu por seis dias. No sétimo dia, chamou Deus Moisés
do meio da nuvem.
17 Aos olhos dos filhos de Israel a
glória do Senhor era como um fogo
consumidor no cume do monte.
18 Então, Moisés entrou na nuvem, depois que subiu ao monte,
e lá permaneceu quarenta dias e
quarenta noites.

Ofertas para o tabernáculo

25 Então disse o Senhor a
Moisés:
2 Fala aos filhos de Israel que me
tragam uma oferta. De todo homem cujo coração se mover voluntariamente, dele tomareis a
minha oferta.
3 *Esta é a oferta que recebereis*
deles: ouro, prata, bronze,
4 estofo azul, púrpura, carmesim, linho fino, pelos de cabras,
5 peles de carneiros tingidas de
vermelho, peles de animais marinhos, madeira de acácia,
6 azeite para a luz, especiarias
para o óleo da unção e para o incenso aromático,
7 pedras ônix e pedras de engaste, para a estola e para o peitoral.
8 E me farão um santuário, para
que eu habite no meio deles.
9 Conforme tudo o que eu te mostrar para modelo do tabernáculo e para modelo de todos os seus
móveis, assim mesmo o fareis.

A arca

10 Também farão uma arca de
madeira de acácia; o seu comprimento será de dois côvados e
meio, a sua largura de um côvado e meio, e a sua altura de um
côvado e meio.
11 Tu a cobrirás de ouro puro, por
dentro e por fora, e farás sobre ela
uma moldura de ouro ao redor.
12 Fundirás para ela quatro argolas de ouro e as porás nos seus
quatro cantos, duas argolas de
um lado e duas do outro.
13 Farás varas de madeira de acácia e as cobrirás com ouro.
14 Meterás as varas nas argolas,
aos lados da arca, para se levar
por meio delas a arca.
15 As varas permanecerão nas argolas da arca, não se tirarão dela.
16 Então porás na arca o testemunho, que eu te darei.

O propiciatório

17 Também farás um propiciatório
de ouro puro; o seu comprimento será de dois côvados e meio, e a
sua largura de um côvado e meio.
18 Farás dois querubins de ouro
batido nas duas extremidades do
propiciatório.

19 Farás um querubim numa
extremidade e o outro na outra ex-
tremidade; de uma só peça com
o propiciatório fareis os queru-
bins nas duas extremidades dele.
20 Os querubins estenderão as
suas asas por cima, cobrindo com
elas o propiciatório. Estarão eles
com o rosto voltado um para o
outro, o rosto dos querubins es-
tará voltado para o propiciatório.
21 Porás o propiciatório em cima
da arca, e dentro dela porás o tes-
temunho que eu te darei.
22 Ali virei a ti e, de cima do pro-
piciatório, do meio dos dois que-
rubins que estão sobre a arca do
testemunho, falarei contigo acer-
ca de tudo o que eu te ordenar
para os filhos de Israel.

A mesa

23 Também farás uma mesa de
madeira de acácia; o seu com-
primento será de dois côvados,
a sua largura de um côvado e a
sua altura de um côvado e meio.
24 De ouro puro a cobrirás e lhe
farás uma moldura de ouro ao
redor.
25 Também lhe farás ao redor
uma guarnição de quatro dedos
de largura, e ao redor da guarni-
ção farás uma moldura de ouro.
26 Também lhe farás quatro ar-
golas de ouro, e as porás nos qua-
tro cantos, que estarão sobre os
quatro pés.
27 Junto da guarnição estarão as
argolas, como lugares para as va-
ras, para se levar a mesa.
28 Farás estas varas de madeira
de acácia e as cobrirás de ouro;
com elas se levará a mesa.
29 Também farás os seus pra-
tos, os seus recipientes para in-
censo e as suas tigelas em que se
hão de oferecer libações; de ouro
puro as farás.
30 Sobre a mesa porás os pães
da proposição perante mim per-
petuamente.

O candelabro

31 Também farás um candela-
bro de ouro puro, de ouro batido
se fará o candelabro; o seu pedes-
tal, a sua haste, os seus cálices, os
seus botões e as suas flores forma-
rão com ele uma só peça.
32 Dos seus lados sairão seis
hastes: três de um lado e três
do outro.
33 Numa haste haverá três cá-
lices com formato de amêndoas,
um botão e uma flor; três cáli-
ces com formato de amêndoas
na outra haste, um botão e uma
flor; assim serão as seis hastes
que saem do candelabro.
34 No candelabro mesmo, porém,
haverá quatro cálices com o for-
mato de amêndoas, com seus bo-
tões e suas flores.
35 Haverá um botão debaixo do
primeiro par de hastes que sai
dele, um segundo botão debaixo
do segundo par, um terceiro bo-
tão debaixo do terceiro par, seis
hastes ao todo.
36 Os botões e as suas hastes for-
marão uma só peça com o cande-
labro, obra batida de ouro puro.
37 Também lhe farás sete lâmpa-
das, as quais se acenderão para
iluminar a frente dele.
38 Os seus aparadores e os seus
apagadores serão de ouro puro.
39 De um talento de ouro puro se
fará o candelabro, com todos es-
tes utensílios.
40 Vê que os faças conforme o
modelo que te foi mostrado no
monte.

O tabernáculo

26 O tabernáculo farás de dez
cortinas de linho fino tran-
çado, e de estofo azul, púrpura e
carmesim; com querubins as fa-
rás de obra de artífice.
2 O comprimento de cada cortina
será de vinte e oito côvados; e
a largura, de quatro côvados;
todas as cortinas terão a mesma
medida.
3 Cinco cortinas serão ligadas
umas às outras, e as outras cin-
co também serão ligadas umas
às outras.
4 Farás laçadas de estofo azul na
borda da última cortina do pri-
meiro grupo; assim também fa-
rás na borda da primeira corti-
na do segundo grupo.
5 Cinquenta laçadas farás numa
cortina, e cinquenta na outra cor-
tina no extremo do segundo gru-
po; as laçadas serão contrapostas
umas às outras.
6 Farás cinquenta ganchos de
ouro, e prenderás com eles as cor-
tinas, umas às outras, e o taber-
náculo virá a ser um todo.
7 Farás também cortinas de pe-
los de cabras para servirem de
tenda sobre o tabernáculo; onze
cortinas farás.
8 O comprimento de cada corti-
na será de trinta côvados, e a lar-
gura, de quatro côvados; as onze
cortinas serão da mesma medida.
9 Ajuntarás cinco cortinas em
um grupo, e as outras seis corti-
nas em outro grupo, e dobrarás a
sexta cortina na frente da tenda.
10 Farás cinquenta laçadas na
borda da última cortina do pri-
meiro grupo, e outras cinquen-
ta laçadas na borda da primeira
cortina do segundo grupo.
11 Farás também cinquenta ganchos
de bronze e os colocarás nas la-
çadas, e assim ajuntarás a tenda,
para que venha a ser um todo.
12 O resto que sobrar das corti-
nas da tenda, a saber, a meia cor-
tina que sobrar, penderá aos fun-
dos do tabernáculo.
13 O côvado que sobrar de um
lado e de outro no comprimento
das cortinas da tenda penderá de
um e de outro lado do tabernácu-
lo para o cobrir.
14 Farás também para a tenda
uma coberta de peles de carnei-
ro, tingidas de vermelho, e por
cima desta uma coberta de peles
de animais marinhos.

As tábuas do tabernáculo

15 Farás também as tábuas para
o tabernáculo de madeira de acá-
cia, que serão colocadas verti-
calmente.
16 O comprimento de cada tábua
será de dez côvados, e a sua lar-
gura, de um côvado e meio.
17 Cada tábua terá dois encai-
xes, unidos um ao outro; assim
farás com todas as tábuas do ta-
bernáculo.
18 Ao fazeres as tábuas para o ta-
bernáculo, farás vinte delas para
o lado do sul.
19 Farás também quarenta bases
de prata debaixo das vinte tábuas;
duas bases debaixo de uma tá-
bua, para os seus dois encaixes,
e duas bases debaixo de outra,
para os seus dois encaixes.
20 Também haverá vinte tábuas
ao outro lado do tabernáculo, para
o lado do norte,
21 com as suas quarenta bases de
prata; duas bases debaixo de uma
tábua e duas bases debaixo de outra.
22 Ao lado do tabernáculo para o
ocidente farás seis tábuas.

23 Farás também duas tábuas para os cantos do tabernáculo, na parte posterior,
24 as quais por baixo serão duplas, mas em cima se ajustarão à primeira argola; assim se fará com as duas tábuas; elas serão para os dois cantos.
25 Assim serão as oito tábuas com as suas bases de prata, dezesseis bases: duas bases debaixo de uma tábua e duas bases debaixo de outra.
26 Farás também travessões de madeira de acácia: cinco para as tábuas de um lado do tabernáculo
27 e cinco para as tábuas do outro lado do tabernáculo, bem como cinco para as tábuas do lado posterior do tabernáculo, o que dá para o ocidente.
28 O travessão central passará entre as tábuas, de uma extremidade à outra.
29 Cobrirás de ouro as tábuas e farás de ouro as suas argolas, como lugares para os travessões. Cobrirás também de ouro os travessões.
30 Então levantarás o tabernáculo conforme o modelo que te foi mostrado no monte.

O véu do tabernáculo

31 Farás também um véu de estofo azul, púrpura e carmesim, e de linho fino trançado; com querubins, obra de artífice se fará.
32 Tu o suspenderás sobre quatro colunas de madeira de acácia, cobertas de ouro; os seus ganchos serão de ouro, sobre quatro bases de prata.
33 Pendurarás o véu debaixo dos ganchos e levarás a arca do testemunho para dentro do véu. Esse véu vos fará separação entre o Lugar Santo e o Santo dos Santos.
34 Porás a coberta do propiciatório sobre a arca do testemunho no Santo dos Santos.
35 A mesa porás fora do véu e o candelabro em frente dela, ao lado do tabernáculo, para o sul, e a mesa porás para o lado do norte.
36 Farás também para a porta da tenda uma cortina de estofo azul, púrpura e carmesim, e de linho fino trançado, obra de bordador.
37 Farás para esta cortina cinco colunas de madeira de acácia e as cobrirás de ouro; os seus ganchos serão de ouro, e para elas fundirás cinco bases de bronze.

O altar dos holocaustos

27 Farás também o altar de madeira de acácia; de cinco côvados será o comprimento, de cinco côvados a largura (será quadrado o altar) e de três côvados a altura.
2 Farás as suas pontas nos seus quatro cantos; as suas pontas formarão uma só peça, e o cobrirás de bronze.
3 Farás também recipientes para recolher a sua cinza, e as pás, e as suas bacias, e os garfos, e os braseiros; todos os seus utensílios farás de bronze.
4 Farás também uma grelha de bronze em forma de rede e, para essa rede, quatro argolas de metal nos seus quatro cantos,
5 e a porás debaixo da borda do altar, de maneira que chegue até o meio do altar.
6 Farás também varas para o altar, varas de madeira de acácia, e as cobrirás de bronze.
7 As varas serão colocadas nas argolas, de maneira que estejam de ambos os lados do altar, quando for levado.

8 Oco e de tábuas o farás. Como
te foi mostrado no monte, assim
o farão.

O átrio do tabernáculo

9 Farás também o átrio do ta-
bernáculo. Ao lado que dá para
o sul, o átrio terá cortinas de li-
nho fino retorcido, de cem côva-
dos de comprimento.
10 Também as suas vinte colu-
nas e as suas vinte bases serão de
bronze; os ganchos das colunas
e as suas faixas serão de prata.
11 Assim também, do lado do
norte, o comprimento das corti-
nas será de cem côvados, e serão
vinte as suas colunas e vinte as
suas bases de bronze; os ganchos
das colunas e as suas faixas se-
rão de prata.
12 Na largura do átrio do lado do
ocidente haverá cortinas de cin-
quenta côvados; serão dez as suas
colunas, e dez as bases.
13 Semelhantemente a largura do
átrio do lado que dá para o leste
será de cinquenta côvados.
14 As cortinas para um lado da
porta serão de quinze côvados
com três colunas e três bases.
15 De quinze côvados serão as
cortinas do outro lado, com três
colunas e três bases.
16 À porta do átrio haverá uma
cortina de vinte côvados, de
estofo azul, púrpura, carmesim
e de linho fino trançado, obra de
bordador, com quatro colunas e
quatro bases. 17 Todas as colu-
nas do átrio ao redor serão cin-
gidas de faixas de prata; os seus
ganchos serão de prata, mas as
suas bases de bronze.
18 O comprimento do átrio será
de cem côvados, a largura de
cinquenta e a altura de cinco.
As cortinas serão de linho fino
trançado, e as bases das colunas,
de bronze.
19 Todos os utensílios do taber-
náculo em todo o seu serviço, e
todas as estacas do átrio, serão
de bronze.

O azeite puro

20 Ordenarás aos filhos de Israel
que te tragam azeite puro de oli-
veira batido para o candeeiro,
para manter a lâmpada acesa
continuamente.
21 Na tenda da congregação fora
do véu, que está diante do teste-
munho, Arão e seus filhos as man-
terão em ordem, desde a tarde até
pela manhã, perante o Senhor.
Este será um estatuto perpétuo
a favor dos filhos de Israel pelas
suas gerações.

As vestes sacerdotais

28 Depois farás chegar a ti
teu irmão Arão, e seus fi-
lhos com ele, do meio dos filhos
de Israel, para me administra-
rem o ofício sacerdotal; a saber,
Arão, Nadabe e Abiú, Eleazar e
Itamar, os filhos de Arão.
2 Farás vestes sagradas para Arão,
teu irmão, para glória e ornamento.
3 Falarás também a todos os ho-
mens hábeis, a quem eu tenha
enchido do espírito de sabedoria,
que façam as vestes de Arão, para
santificá-lo, a fim de que adminis-
tre o ofício sacerdotal.
4 Estas são as vestes que farão:
um peitoral, uma estola sacer-
dotal, um manto, uma túnica
bordada, um turbante e um cin-
to. Farão essas vestes sagradas
para Arão, teu irmão, e para seus
filhos, a fim de que me adminis-
trem o ofício sacerdotal.

5 Tomarão ouro, estofo azul, púr-
pura, carmesim e linho fino
6 e farão a estola sacerdotal de
ouro, estofo azul, púrpura, car-
mesim e linho fino trançado, tra-
balho artesanal.
7 Terá duas ombreiras, que se
unam às suas duas pontas, e as-
sim se unirá.
8 O cinto de trabalho artesanal,
que estará sobre a estola sacer-
dotal, será de obra igual, forman-
do com ela uma só peça, de ouro,
estofo azul, púrpura, carmesim
e linho fino trançado.
9 Tomarás duas pedras de ônix e
gravarás nelas os nomes dos fi-
lhos de Israel,
10 segundo a ordem do seu nasci-
mento: seis dos seus nomes numa
pedra e os outros seis nomes na
outra pedra.
11 Conforme obra de lapidador,
como gravura de selos gravarás
estas duas pedras, com os nomes
dos filhos de Israel; engastadas ao
redor em ouro as farás.
12 E porás as duas pedras nas
ombreiras da estola sacerdo-
tal, por pedras de memória para
os filhos de Israel. Arão levará os
seus nomes sobre ambos os seus
ombros, para memória diante
do Senhor.
13 Farás também engastes de ouro
14 e duas correntes de ouro puro,
entrelaçadas como corda, e as cor-
rentes prenderás nos engastes.
15 **F**arás também o peitoral do
juízo de trabalho artesanal, con-
forme a obra da estola sacerdo-
tal o farás; de ouro, estofo azul,
púrpura, carmesim e linho fino
trançado o farás.
16 Quadrado e duplo, será de um
palmo o seu comprimento, e de
um palmo a sua largura.
17 E o encherás de pedras de
engaste, com quatro ordens
de pedras; a ordem de sárdio,
topázio e carbúnculo será a
primeira ordem;
18 a segunda ordem será de es-
meralda, safira e diamante;
19 a terceira ordem será de jacin-
to, ágata e ametista;
20 a quarta ordem será de beri-
lo, ônix e jaspe. Elas serão guar-
necidas de ouro com engastes.
21 As pedras serão conforme os
nomes dos filhos de Israel, doze se-
gundo os seus nomes, serão como
a gravura de selo, cada uma com
o seu nome, para as doze tribos.
22 Farás para o peitoral corren-
tes como cordas, de obra trança-
da de ouro puro.
23 Também farás para o peito-
ral duas argolas de ouro e porás
as duas argolas nas extremidades
do peitoral.
24 Então colocarás as duas cor-
rentes de ouro nas duas argolas,
nas extremidades do peitoral.
25 As duas pontas das correntes
prenderás nos dois engastes e as
porás nas ombreiras da estola sa-
cerdotal, na parte da frente.
26 Farás duas argolas de ouro e
as porás nas duas extremidades
do peitoral, na sua borda que es-
tiver junto ao lado interior da
estola sacerdotal.
27 Farás também duas argolas de
ouro e as porás na parte de baixo
das duas ombreiras da estola sa-
cerdotal, próximas da costura, e
acima do cinto de trabalho arte-
sanal da estola sacerdotal.
28 E ligarão o peitoral com as
suas argolas às argolas da estola
sacerdotal por cima com uma fita
azul, para que esteja sobre o cin-
to da estola sacerdotal, e nunca

o peitoral se separará da estola
sacerdotal.
29 Assim Arão levará os nomes
dos filhos de Israel no peitoral do
juízo sobre o seu coração, quan-
do entrar no santuário, para me-
mória diante do Senhor conti-
nuamente.

Urim e Tumim

30 Também porás no peitoral do
juízo o Urim e o Tumim, para que
estejam sobre o coração de Arão,
quando entrar diante do Senhor.
Assim Arão levará o juízo dos fi-
lhos de Israel sobre o seu coração
diante do Senhor continuamente.
31 Farás também o manto da esto-
la sacerdotal todo de estofo azul.
32 No meio dele haverá uma aber-
tura para a cabeça. A abertura
terá uma dobra tecida ao redor,
como a abertura de uma gola,
para que não se rompa.
33 Nas suas abas, em todo o seu
redor, farás romãs de estofo azul,
púrpura e carmesim, e campai-
nhas de ouro no meio delas.
34 Uma campainha de ouro e uma
romã, outra campainha de ouro
e outra romã, haverá nas abas do
manto ao redor.
35 E estará sobre Arão quando
ministrar, para que se ouça o seu
sonido, quando entrar no santuá-
rio diante do Senhor e quando
sair, para que não morra.
36 Também farás uma lâmina de
ouro puro e nela gravarás como
se grava um selo: Santidade ao
Senhor.
37 Prenda-a com um cordão de
estofo azul, de maneira que es-
teja na frente do turbante.
38 Estará sobre a testa de Arão,
para que Arão leve a iniquidade
das coisas santas, que os filhos
de Israel santificarem em todas
as ofertas de suas coisas santas.
Estará continuamente na sua tes-
ta, para que sejam aceitos dian-
te do Senhor.
39 Tecerás a túnica quadriculada
de linho fino, farás um turbante
de linho fino e um cinto feito por
um bordador.
40 Também farás túnicas, cintos
e tiaras para os filhos de Arão,
para glória e ornamento.
41 Vestirás com eles Arão, teu ir-
mão, e também seus filhos, e os
ungirás e consagrarás, e os san-
tificarás, para que me adminis-
trem o sacerdócio.
42 Faze-lhes também calções de
linho, para cobrirem a pele nua;
calções que se estendam da cin-
tura às coxas.
43 Estarão sobre Arão e sobre
seus filhos, quando entrarem na
tenda da congregação, ou quan-
do chegarem ao altar para minis-
trar no santuário, para que não
levem iniquidade e morram. Isto
será estatuto perpétuo para ele
e para a sua descendência de-
pois dele.

A consagração dos sacerdotes

29 Isto é o que lhes farás para
os consagrar, para que me
administrem o sacerdócio: Toma
um novilho e dois carneiros sem
defeito,
2 e pães e bolos sem fermento,
amassados com azeite, e pães fi-
nos, untados com azeite; de flor
de farinha de trigo os farás,
3 e os porás num cesto, e os tra-
rás no cesto, com o novilho e os
dois carneiros.
4 Então farás chegar Arão e seus
filhos à entrada da tenda da con-
gregação e os lavarás com água.

5 Depois tomarás as vestes e ves-
tirás a Arão da túnica e do man-
to da estola sacerdotal, e da es-
tola sacerdotal, e do peitoral, e
lhe cingirás a estola sacerdotal
com o seu cinto de trabalho ar-
tesanal;
6 e o turbante porás sobre a sua
cabeça, e a coroa de santidade po-
rás sobre o turbante.
7 Então tomarás o óleo da unção
e o derramarás sobre a sua cabe-
ça; assim o ungirás.
8 Depois farás chegar seus filhos
e os vestirás de túnicas,
9 porás o cinto em Arão e em seus
filhos, e lhes atarás as tiaras, para
que tenham o sacerdócio por es-
tatuto perpétuo, e consagrarás
Arão e seus filhos.
10 Farás chegar o novilho diante
da tenda da congregação, e Arão
e seus filhos porão as mãos sobre
a cabeça do novilho.
11 Degolarás o novilho perante
o Senhor, à entrada da tenda da
congregação.
12 Depois tomarás do sangue do
novilho e o porás com o dedo so-
bre as pontas do altar, e todo o
sangue restante derramarás à
base do altar.
13 Também tomarás toda a gor-
dura que cobre as vísceras, o re-
denho do fígado, os dois rins e a
gordura que houver neles, e os
queimarás sobre o altar.
14 A carne do novilho, o seu couro
e o seu excremento, porém, quei-
marás com fogo fora do arraial.
É sacrifício pelo pecado.
15 Depois tomarás um carneiro
sobre o qual Arão e seus filhos
porão as mãos.
16 Degolarás o carneiro e pega-
rás o seu sangue, e o espargirás
sobre o altar ao redor.
17 Partirás o carneiro em suas
partes e lavarás as suas vísceras
e as suas pernas, e as porás so-
bre as suas partes e sobre a sua
cabeça.
18 Assim queimarás todo o car-
neiro sobre o altar. É holocausto
para o Senhor, cheiro suave, ofer-
ta queimada ao Senhor.
19 Depois tomarás o outro car-
neiro. Arão e seus filhos porão as
mãos sobre a cabeça dele.
20 Degolarás o carneiro e pegarás
do seu sangue, e o porás sobre a
ponta da orelha direita de Arão
e sobre a ponta das orelhas direi-
tas de seus filhos, como também
sobre o polegar das mãos direi-
tas e sobre o polegar dos pés di-
reitos. O resto do sangue espar-
girás sobre o altar ao redor.
21 Então tomarás do sangue, que
estará sobre o altar, e do óleo da
unção, e os espargirás sobre Arão
e sobre as suas vestes, sobre os
seus filhos e sobre as vestes de-
les. Assim ele será santificado, e
as suas vestes, também os seus
filhos e as vestes deles.
22 Depois tomarás do carneiro a
gordura, a cauda gorda, a gordu-
ra que cobre as vísceras, o rede-
nho do fígado, os dois rins com
a gordura que houver neles e a
coxa direita. Este é o carneiro da
consagração.
23 Do cesto dos pães sem fermento
que estiverem diante do Senhor,
tomarás um pão, um bolo de pão
azeitado e um pão fino.
24 Tudo porás nas mãos de Arão
e nas mãos de seus filhos e, mo-
vendo-as de um lado para outro,
as oferecerás como ofertas movi-
das perante o Senhor.
25 Depois o tomarás das suas mãos
e o queimarás no altar sobre o

holocausto por cheiro suave perante o Senhor, oferta queimada ao Senhor.
26 Tomarás o peito do carneiro da consagração, que é de Arão, e, movendo-o de um lado para outro, o oferecerás como oferta movida perante o Senhor, e isso será a tua parte.
27 Consagrarás o peito da oferta de movimento e a coxa da oferta alçada, depois de movida e alçada, isto é, aquilo do carneiro da consagração que for de Arão e de seus filhos.
28 Isto será para Arão e para seus filhos por estatuto perpétuo da parte dos filhos de Israel. É a oferta alçada que, dos seus sacrifícios pacíficos, os filhos de Israel farão ao Senhor.
29 As vestes santas de Arão passarão a seus filhos depois dele, para nelas serem ungidos e consagrados.
30 Sete dias as vestirá aquele que de seus filhos for sacerdote em seu lugar, quando entrar na tenda da congregação para ministrar no santuário.
31 Tomarás o carneiro da consagração e cozinharás a sua carne em lugar santo.
32 Arão e seus filhos comerão a carne deste carneiro e o pão que está no cesto à porta de entrada da tenda da congregação.
33 Comerão das coisas com que for feita expiação, para consagrá-los e para santificá-los. Mas delas o estranho não comerá, porque são santas.
34 Se sobrar alguma coisa da carne da consagração ou do pão até pela *manhã, será queimada* no fogo. Não se comerá, porque é santo.
35 Assim farás a Arão e a seus filhos, conforme tudo o que eu te tenho ordenado; por sete dias os consagrarás.
36 Também cada dia prepararás um novilho como oferta pelo pecado para as expiações. Purificarás o altar fazendo expiação por ele mediante oferta pelo pecado, e o ungirás para consagrá-lo.
37 Sete dias farás expiação pelo altar, e o consagrarás. Então o altar será santíssimo, e tudo o que tocar no altar será santo.
38 Isto é o que oferecerás sobre o altar: dois cordeiros de um ano cada dia continuamente.
39 Um cordeiro oferecerás pela manhã, e o outro, à tardinha.
40 Com um cordeiro a décima parte de um efa de flor de farinha, misturada com a quarta parte de um him de azeite batido, e para libação a quarta parte de um him de vinho.
41 O outro cordeiro oferecerás à tardinha, e com ele farás oferta de cereais como com a oferta da manhã, e conforme a sua oferta de libação, por cheiro suave, oferta queimada ao Senhor.
42 Este será o holocausto contínuo por vossas gerações, à porta de entrada da tenda da congregação, perante o Senhor. Ali vos encontrarei e falarei contigo;
43 ali também virei aos filhos de Israel, e a tenda será consagrada pela minha glória.
44 Consagrarei a tenda da congregação e o altar; também consagrarei Arão e seus filhos, para que me administrem o sacerdócio.
45 Habitarei no meio dos filhos de Israel e serei o seu Deus.
46 Eles saberão que eu sou o Senhor, o seu Deus, que os tirei da terra do Egito, para habitar no meio deles. Eu sou o Senhor, o seu Deus.

O altar do incenso

30 Farás um altar para quei-
mar o incenso, de madei-
ra de acácia o farás.
2 Será quadrado e terá um côvado
de comprimento, um de largura
e dois de altura; as suas pontas
formarão uma só peça com ele.
3 De ouro puro o cobrirás, tan-
to a parte superior como as suas
paredes ao redor e as suas pon-
tas, e lhe farás uma moldura de
ouro ao redor.
4 Também lhe farás duas argolas
de ouro debaixo da sua moldura;
de ambos os lados as farás, e elas
servirão de lugares para as va-
ras com que o altar será levado.
5 Farás as varas de madeira de
acácia e as cobrirás de ouro.
6 Porás o altar diante do véu que
está junto à arca do testemunho,
diante do propiciatório, que se
acha sobre o testemunho, onde
eu virei a ti.
7 Arão queimará sobre ele o in-
censo das especiarias, cada ma-
nhã, quando puser em ordem as
lâmpadas.
8 Também quando acender as
lâmpadas ao pôr do sol, o quei-
mará; este será incenso perpé-
tuo perante o Senhor pelas vos-
sas gerações.
9 Não oferecereis sobre ele incen-
so estranho, nem holocausto, nem
oferta de cereais, tampouco derra-
mareis sobre ele ofertas de libação.
10 Uma vez no ano Arão fará
expiação sobre as pontas do al-
tar. Com o sangue da oferta pelo
pecado fará expiação sobre ele
pelas vossas gerações. Santíssimo
é ao Senhor.
11 Disse mais o Senhor a Moisés:
12 Quando fizeres recenseamen-
to dos filhos de Israel, cada um
deles pagará ao Senhor o resga-
te pela sua vida, quando os conta-
res; para que não haja entre eles
praga alguma quando os contares.
13 Cada recenseado dará meta-
de de um siclo, segundo o siclo
do santuário (este siclo é de vin-
te geras); a metade de um siclo é
a oferta ao Senhor.
14 Todo recenseado, de vinte anos
para cima, dará a oferta ao Senhor.
15 O rico não dará mais nem o po-
bre dará menos de meio siclo, quan-
do derem a oferta ao Senhor, para
fazerdes expiação por vossa vida.
16 Tomarás o dinheiro da expia-
ção dos filhos de Israel e o darás
ao serviço da tenda da congrega-
ção. Será para memória aos filhos
de Israel diante do Senhor, para fa-
zerdes expiação pelas vossas almas.

A pia de bronze

17 Disse mais o Senhor a Moisés:
18 Farás também uma pia de bron-
ze com a sua base de bronze, para
lavar. E a porás entre a tenda da
congregação e o altar, e deitarás
água nela.
19 Nela Arão e seus filhos lava-
rão as mãos e os pés.
20 Sempre que entrarem na tenda
da congregação, deverão lavar-se
com água, para que não morram.
Também, quando se chegarem ao
altar para ministrar, para acen-
der a oferta queimada ao Senhor,
21 lavarão as mãos e os pés, para
que não morram. Isso lhes será
por estatuto perpétuo, a ele e
à sua descendência, por todas as
suas gerações.

O óleo da santa unção

22 Disse mais o Senhor a Moisés:
23 Toma das principais especiarias:
da mais pura mirra quinhentos

siclos, de canela aromática a me-
tade, a saber, duzentos e cinquen-
ta siclos, de cálamo aromático du-
zentos e cinquenta siclos,
24 de cássia quinhentos siclos,
segundo o siclo do santuário, de
azeite de oliveira um him.
25 Disso farás o óleo sagrado para
a unção, um perfume composto
segundo a arte do perfumista.
Este será o óleo sagrado da unção.
26 Com ele ungirás a tenda da con-
gregação, a arca do testemunho,
27 a mesa com todos os seus uten-
sílios, o candelabro com os seus
utensílios, o altar do incenso,
28 o altar do holocausto, com to-
dos os seus utensílios, e a pia com
a sua base.
29 Assim consagrarás essas coi-
sas, para que sejam santíssimas,
e tudo o que tocar nelas será san-
to. 30 Também ungirás a Arão e a
seus filhos e os santificarás para
me administrarem o sacerdócio.
31 Dirás aos filhos de Israel: Este
me será o óleo sagrado da unção
nas vossas gerações.
32 Não se ungirá com ele o corpo
do homem, nem fareis outro seme-
lhante conforme a sua composição.
Sagrado é, e para vós será sagrado.
33 O homem que compuser um
perfume como este, ou que com
ele ungir um estranho, será ex-
tirpado do seu povo.

O incenso sagrado

34 Disse mais o Senhor a Moisés:
Toma especiarias aromáticas,
estoraque, onicha e gálbano;
essas especiarias aromáticas
com incenso puro, cada um de
igual peso,
35 e disso farás incenso, perfu-
me segundo a arte do perfumista,
temperado com sal, puro e santo.
36 Uma parte dele reduzirás a
pó e o porás diante do testemu-
nho, na tenda da congregação,
onde eu virei a ti. Coisa santís-
sima vos será.
37 O incenso que fareis, segundo
a composição deste, porém, não
o fareis para vós mesmos; santo
será para o Senhor.
38 O homem que fizer tal como
este para o cheirar, será extirpa-
do do seu povo.

Bezalel e Aoliabe

31 Disse mais o Senhor a Moisés:
2 Vê, eu chamei por nome
a Bezalel, filho de Uri, filho de
Hur, da tribo de Judá,
3 e o enchi do Espírito de Deus,
de habilidade, de inteligência e de
conhecimento em todo o artifício,
4 para inventar obras artísticas
e trabalhar em ouro, em prata e
em bronze,
5 e em lavramento de pedras para
engastar, e em entalhadura de
madeira; enfim para trabalhar
em todo o tipo de obra artesanal.
6 Além disso, eu lhe designei por
companheiro a Aoliabe, filho de
Aisamaque, da tribo de Dã. Também
dei habilidade a todos os artífi-
ces, para que façam tudo o que
tenho ordenado,
7 a saber, a tenda da congregação,
a arca do testemunho, o propicia-
tório que estará sobre ela, e todos
os utensílios da tenda;
8 a mesa com os seus utensílios,
o candelabro de ouro puro com
todos os seus utensílios, o altar
do incenso,
9 o altar do holocausto com to-
dos os seus utensílios, a pia com
a sua base;
10 as vestes finamente tecidas, e
as vestes sagradas do sacerdote

Arão, e as de seus filhos, para ad-
ministrarem o sacerdócio,
11 e o óleo da unção, e o incen-
so aromático para o santuário.
Eles farão tudo conforme tenho
ordenado.

O sábado

12 Disse mais o Senhor a Moisés:
13 Dize aos filhos de Israel:
Certamente guardareis os meus
sábados. Isso é um sinal entre mim
e vós nas vossas gerações, para
que saibais que eu sou o Senhor,
que vos santifica.
14 Portanto guardareis o sábado,
porque santo é para vós. Aquele
que o profanar certamente será
morto; qualquer que nele fizer
algum trabalho será extermina-
do do meio do seu povo.
15 Seis dias se trabalhará, mas o
sétimo dia será o sábado do des-
canso solene, santo ao Senhor.
Qualquer que no dia do sábado
fizer algum trabalho, certamen-
te será morto.
16 Os filhos de Israel guardarão
o sábado, celebrando-o nas suas
gerações por aliança perpétua.
17 Entre mim e os filhos de Israel
será ele um sinal para sempre,
pois em seis dias fez o Senhor o
céu e a terra, e ao sétimo dia des-
cansou e tomou alento.
18 Quando o Senhor acabou de fa-
lar com Moisés no monte Sinai,
deu-lhe as duas tábuas do teste-
munho, tábuas de pedra, escri-
tas pelo dedo de Deus.

O bezerro de ouro

32 Vendo o povo que Moisés
tardava em descer do mon-
te, juntou-se em volta de Arão e
lhe disse: Levanta-te, faze-nos deu-
ses que nos conduzam. Quanto a
este Moisés, esse homem que nos
tirou da terra do Egito, não sabe-
mos o que lhe sucedeu.
2 Disse-lhes Arão: Tirai os penden-
tes de ouro que estão nas orelhas
de vossas mulheres, de vossos fi-
lhos e de vossas filhas, e trazei-os.
3 Então todo o povo tirou os pen-
dentes de ouro que estavam nas
suas orelhas e os trouxe a Arão.
4 Ele os tomou das suas mãos e
com um buril deu forma ao ouro,
e dele fez um bezerro de fundição.
Então eles disseram: São estes, ó
Israel, os teus deuses, que te tira-
ram da terra do Egito.
5 Arão, vendo isso, edificou um
altar diante do bezerro e, apre-
goando, disse: Amanhã será fes-
ta ao Senhor.
6 No dia seguinte, madrugaram,
ofereceram holocaustos e trou-
xeram ofertas pacíficas. Depois
o povo assentou-se para comer e
beber, e levantou-se para farrear.
7 Então disse o Senhor a Moisés:
Vai, desce, porque o teu povo,
que fizeste subir do Egito, se cor-
rompeu.
8 Depressa se desviou do cami-
nho que eu lhes ordenei e fize-
ram para si um bezerro de fun-
dição. Perante ele se inclinaram
e lhe ofereceram sacrifícios, e
disseram: São estes, ó Israel, os
teus deuses, que te tiraram da
terra do Egito.
9 Disse mais o Senhor a Moisés:
Tenho visto este povo, e é povo
obstinado.
10 Agora, pois, deixa-me, para
que o meu furor se acenda contra
eles e os consuma. Então eu farei
de ti uma grande nação.
11 Moisés, porém, suplicou ao
Senhor, o seu Deus, e disse:
Ó Senhor, por que se acende o

teu furor contra o teu povo, que
tiraste da terra do Egito com gran-
de força e com forte mão?
12 Por que hão de dizer os egípcios:
Para mal os tirou, para matá-los
nos montes e para destruí-los da
face da terra? Torna-te da ira do
teu furor e arrepende-te deste
mal contra o teu povo.
13 Lembra-te de Abraão, de
Isaque, e de Israel, teus servos,
aos quais por ti mesmo juraste
e lhes disseste: Multiplicarei os
vossos descendentes como as es-
trelas dos céus e lhes darei toda
esta terra, de que tenho dito,
para que a possuam por heran-
ça eternamente.
14 Então o Senhor se arrependeu
do mal que dissera havia de fazer
ao seu povo.
15 Voltou-se Moisés e desceu do
monte com as duas tábuas do tes-
temunho na mão; tábuas escritas
de ambos os lados, de um e de ou-
tro lado estavam escritas.
16 Aquelas tábuas eram obra de
Deus; também a escritura era a
mesma escritura de Deus, escul-
pida nas tábuas.
17 Ora, ouvindo Josué a voz do
povo que jubilava, disse a Moisés:
Barulho de guerra há no arraial.
18 Respondeu-lhe Moisés:

Não é canto dos vitoriosos,
nem canto dos vencidos,
mas é a voz dos que cantam
que eu ouço.

19 Chegando ele ao arraial e ven-
do o bezerro e as danças, irou-se,
arremessou das mãos as tábuas e
as quebrou ao pé do monte.
20 Então tomou o bezerro que ti-
nham feito e o queimou no fogo,
moendo-o até que se tornou em
pó, e o espargiu sobre a água e
deu-o a beber aos filhos de Israel.
21 Perguntou Moisés a Arão: Que
te fez este povo, que sobre ele trou-
xeste tamanho pecado?
22 Respondeu Arão: Não se acen-
da a ira do meu senhor. Tu sabes
que o povo é inclinado para o mal.
23 Disseram-me: Faze-nos deuses
que vão adiante de nós. Não sabe-
mos o que sucedeu a este Moisés,
a esse homem que nos tirou da
terra do Egito.
24 Então eu lhes disse: Quem
tem ouro, arranque-o. Deram-
-no a mim, e eu o lancei no fogo,
e saiu este bezerro.
25 Vendo Moisés que o povo esta-
va desenfreado e que Arão o ha-
via deixado à solta, para vergonha
entre os seus inimigos,
26 pôs-se em pé à entrada do ar-
raial e disse: Quem é do Senhor,
venha a mim. E se ajuntaram a
ele todos os filhos de Levi.
27 Então ele lhes disse: Assim
diz o Senhor, o Deus de Israel:
Cada um ponha a sua espada so-
bre a sua coxa. Passai e tornai
pelo arraial de porta em porta
e mate cada um a seu irmão, e
cada um a seu amigo, e cada um
a seu vizinho.
28 Os filhos de Levi fizeram con-
forme a palavra de Moisés; e mor-
reram do povo, naquele dia, cer-
ca de três mil homens.
29 Então disse Moisés: Hoje fos-
tes separados para o Senhor, pois
cada um foi contra o seu filho, e
contra o seu irmão, e hoje ele vos
abençoou.
30 No dia seguinte, Moisés disse
ao povo: Vós cometestes grande
pecado. Agora, porém, subirei
ao Senhor; talvez eu possa fazer
propiciação pelo vosso pecado.
31 Assim tornou Moisés ao Senhor
e disse: Oh! este povo cometeu

grande pecado, fazendo para si
deuses de ouro.
32 Agora, peço-te, perdoa o seu
pecado; ou, se não, risca-me do
livro que escreveste.
33 Então, disse o Senhor a Moisés:
Aquele que pecar contra mim, a
este riscarei do meu livro.
34 Agora vai, conduze este povo
para o lugar que te tenho dito; e
o meu Anjo irá adiante de ti. Mas,
no dia da minha visitação, punirei o pecado deles.
35 E o Senhor feriu o povo por
causa do que fizeram com o bezerro que Arão fabricara.

Deus não irá no meio do povo

33 Disse mais o Senhor a Moisés:
Vai, sobe daqui, tu e o povo
que fizeste subir da terra do Egito,
para a terra da qual jurei a Abraão,
a Isaque e a Jacó, dizendo: À tua
descendência a darei.
2 Enviarei um anjo à tua frente
e lançarei fora os cananeus, os
amorreus, os heteus, os ferezeus,
os heveus e os jebuseus.
3 Sobe para uma terra em que
manam leite e mel. Mas eu não
subirei no meio de ti, porque és
povo obstinado, para que eu não
te destrua no caminho.
4 Ouvindo o povo essas más notícias, pôs-se a prantear, e nenhum
deles vestiu os seus enfeites.
5 Pois o Senhor tinha dito a Moisés:
Dize aos filhos de Israel: És um povo
obstinado. Se por um momento eu
subir no meio de ti, eu te consumirei. Tira, pois, de ti os atavios, para
que eu saiba o que te hei de fazer.
6 Então os filhos de Israel se despojaram dos seus atavios, ao pé
do monte Horebe.
7 Ora, Moisés costumava tomar
a tenda e armá-la para si, fora,
bem longe do arraial, e lhe chamava a tenda da congregação. Todo
aquele que buscava o Senhor saía
à tenda da congregação, que estava fora do arraial.
8 Quando Moisés saía à tenda,
todo o povo se levantava e ficava
em pé cada um à porta da sua tenda, e olhava Moisés pelas costas,
até entrar ele na tenda.
9 Quando Moisés entrava na tenda, descia a coluna de nuvem e
ficava à porta de entrada da tenda, e o Senhor falava com Moisés.
10 Assim todo o povo via a coluna de nuvem que estava à entrada da tenda, e todo o povo, levantando-se, se inclinava cada um à
entrada da sua tenda.
11 Falava o Senhor a Moisés face
a face, como quem fala com o seu
amigo. Depois tornava Moisés ao
arraial, mas o jovem Josué, seu
servidor, filho de Num, não se
distanciava da tenda.

Moisés e a glória do Senhor

12 Disse Moisés ao Senhor: Tu me
dizes: Faze subir este povo, mas
não me fizeste saber a quem hás
de enviar comigo. Disseste também: Conheço-te pelo teu nome,
e achaste graça aos meus olhos.
13 Se eu achei graça aos teus
olhos, rogo-te que agora me mostres os teus caminhos, para que
eu te conheça, a fim de que ache
graça aos teus olhos. Considera
que esta nação é teu povo.
14 Respondeu-lhe o Senhor: A minha presença irá contigo, e eu te
darei descanso.
15 Então Moisés lhe disse: Se a
tua presença não for conosco,
não nos faças subir deste lugar.
16 Como se saberá que achamos
graça aos teus olhos, eu e o teu povo?

Acaso não é por andares conosco,
de modo que somos separados, eu
e o teu povo, de todos os povos que
há sobre a face da terra?
17 Então disse o Senhor a Moisés:
Farei também isto que disseste,
porque achaste graça aos meus
olhos, e te conheço pelo teu nome.
18 Então disse Moisés: Rogo-te
que me mostres a tua glória.
19 Respondeu-lhe o Senhor: Eu fa-
rei passar toda a minha bonda-
de diante de ti, e te proclamarei
o nome do Senhor. Terei miseri-
córdia de quem eu tiver misericór-
dia e me compadecerei de quem
me compadecer.
20 E acrescentou: Não poderás
ver a minha face, pois homem
nenhum pode ver a minha face
e viver.
21 Disse mais o Senhor: Eis aqui
um lugar perto de mim; aqui, so-
bre a penha, te porás.
22 Quando a minha glória passar,
eu te porei numa fenda da penha,
e te cobrirei com a minha mão,
até que eu tenha passado.
23 Depois, quando eu tirar a mão,
me verás pelas costas; mas a mi-
nha face não se verá.

As novas tábuas da lei

34 Então disse o Senhor a
Moisés: Lavra duas tábuas
de pedra, como as primeiras, e eu
escreverei nelas as mesmas pala-
vras que estavam nas primeiras
tábuas, que tu quebraste.
2 Prepara-te para amanhã, para
que subas pela manhã ao monte
Sinai, e ali te apresentes a mim
no cume do monte.
3 *Ninguém suba contigo*, nin-
guém apareça em todo o monte;
nem ovelhas nem gado pastem
perto dele.
4 Então Moisés lavrou duas tábuas
de pedra, como as primeiras, le-
vantou-se de madrugada e subiu
ao monte Sinai, como o Senhor lhe
tinha ordenado, levando na mão
as duas tábuas de pedra.
5 O Senhor desceu numa nuvem
e, pondo-se ali junto a ele, procla-
mou o nome do Senhor.
6 Passando o Senhor perante Moisés,
proclamou: Senhor, Senhor Deus
misericordioso e compassivo, tar-
dio em irar-se e grande em bene-
ficência e verdade,
7 que usa de beneficência com mi-
lhares, que perdoa a iniquidade,
a rebeldia e o pecado. Contudo,
ao culpado não tem por inocen-
te; castiga a iniquidade dos pais
sobre os filhos e sobre os filhos
dos filhos até a terceira e quar-
ta geração.
8 Então Moisés imediatamente
se prostrou e adorou,
9 dizendo: Senhor, se agora achei
graça aos teus olhos, vá o Senhor
no meio de nós. Embora este seja
povo obstinado, perdoa a nossa ini-
quidade e o nosso pecado, e toma-
-nos por tua herança.
10 Então disse o Senhor: Eu faço
uma aliança contigo. Farei dian-
te de todo o teu povo maravilhas
que nunca foram feitas em toda
a terra nem entre gente alguma.
Todo este povo, em cujo meio es-
tás, verá a obra do Senhor, porque
coisa temível é o que farei contigo.
11 Guarda o que eu te ordeno
hoje. Lançarei fora de diante de
ti os amorreus, os cananeus, os
heteus, os ferezeus, os heveus e
os jebuseus.
12 Guarda-te de fazeres aliança
com os moradores da terra em
que hás de entrar, para que não se
tornem armadilha no meio de ti.

13 Os seus altares, porém, der-
rubareis, as suas colunas que-
brareis e os seus postes sagra-
dos cortareis.
14 Não te inclinarás diante de ou-
tro deus, pois o nome do Senhor
é Zeloso, sim, Deus zeloso é ele.
15 Guarda-te de fazeres aliança
com os moradores da terra; pois,
quando se prostituírem após os
seus deuses e sacrificarem a eles,
eles te convidarão para comeres
do seu sacrifício.
16 Não tomarás mulheres das
suas filhas para os teus filhos,
pois, quando as suas filhas se
prostituírem após os seus deu-
ses, farão que também os teus
filhos se prostituam após os
seus deuses.
17 Não farás para ti deuses de
fundição.
18 A festa dos pães sem fermen-
to guardarás. Sete dias comerás
pães sem fermento, como te orde-
nei, no tempo apontado no mês de
abibe, porque foi no mês de abi-
be que saíste do Egito.
19 Todo o primeiro a sair do ven-
tre é meu, todo o primeiro macho
que nascer das tuas vacas e das
tuas ovelhas.
20 O jumento, porém, que nascer
primeiro resgatarás com um cor-
deiro, mas, se não o resgatares,
lhe cortarás a cabeça. Todos os
primogênitos de teus filhos res-
gatarás. Ninguém aparecerá dian-
te de mim com as mãos vazias.
21 Seis dias trabalharás, mas ao
sétimo dia descansarás, quer no
tempo de arar quer no tempo de
colher.
22 Também guardarás a festa das
semanas, que é a festa dos primei-
ros frutos da colheita do trigo, e
a festa da colheita no fim do ano.
23 Três vezes no ano todo ho-
mem entre ti aparecerá peran-
te o Senhor Deus, Deus de Israel.
24 Lançarei fora as nações de
diante de ti, alargarei as tuas
fronteiras e ninguém cobiçará
a tua terra quando subires para
aparecer três vezes no ano dian-
te do Senhor, o teu Deus.
25 Não oferecerás o sangue do meu
sacrifício com pão fermentado
nem o sacrifício da festa da Páscoa
ficará da noite para a manhã.
26 O melhor dos primeiros fru-
tos da tua terra trarás à casa do
Senhor, o teu Deus. Não cozinha-
rás o cabrito no leite da sua mãe.
27 Disse mais o Senhor a Moisés:
Escreve estas palavras, pois con-
forme o teor delas fiz aliança
contigo e com Israel.
28 Moisés esteve ali com o Senhor
quarenta dias e quarenta noites,
sem comer pão nem beber água.
E escreveu nas tábuas as palavras
da aliança, os dez mandamentos.

O rosto de Moisés resplandece

29 Quando Moisés desceu do mon-
te Sinai, trazendo nas mãos as
duas tábuas do testemunho, sim,
quando desceu do monte, Moisés
não sabia que a pele do seu rosto
resplandecia, por haver Deus fa-
lado com ele.
30 Olhando Arão e todos os filhos
de Israel para Moisés, a pele do seu
rosto resplandecia, pelo que tive-
ram medo de aproximar-se dele.
31 Moisés, porém, os chamou;
Arão e todos os príncipes da con-
gregação tornaram a ele, e Moisés
lhes falou.
32 Depois chegaram também to-
dos os filhos de Israel, e ele lhes
ordenou tudo o que o Senhor fa-
lara com ele no monte Sinai.

33 Tendo Moisés acabado de fa-
lar com eles, pôs um véu sobre o
seu rosto.
34 Entrando, porém, Moisés pe-
rante o Senhor, para falar com
ele, tirava o véu até sair. Quando
saía e dizia aos filhos de Israel
o que lhe era ordenado,
35 viam os filhos de Israel que
o rosto de Moisés resplandecia.
Então Moisés cobria de novo o
rosto com o véu até entrar para
falar com Deus.

O sábado

35 Moisés convocou toda a
congregação dos filhos de
Israel e lhes disse: São estas as
palavras que o Senhor ordenou
que se cumprissem:
2 Seis dias trabalhareis, mas o
sétimo dia vos será santo, sába-
do de repouso solene ao Senhor.
Todo aquele que nele fizer qual-
quer trabalho será morto.
3 Não acendereis fogo em nenhu-
ma das vossas moradas no dia
de sábado.

Materiais para o tabernáculo

4 Disse mais Moisés a toda a con-
gregação dos filhos de Israel: Esta
é a palavra que o Senhor ordenou:
5 Tomai, do que tendes, uma ofer-
ta para o Senhor. Cada um, cujo
coração é voluntariamente dis-
posto, a trará por oferta alçada
ao Senhor: ouro, prata e bronze,
6 como também estofo azul, púr-
pura, carmesim, linho fino, pelos
de cabras,
7 peles de carneiros tingidas de
vermelho, peles de animais ma-
rinhos, madeira de acácia,
8 azeite para a iluminação, es-
peciarias para o óleo da unção e
para o incenso aromático,
9 pedras de ônix e pedras de en-
gaste para a estola sacerdotal e
para o peitoral.
10 Venham todos os homens há-
beis entre vós e façam tudo o que
o Senhor ordenou:
11 o tabernáculo, a sua tenda e
a sua coberta, os seus ganchos e as
suas tábuas, os seus travessões,
as suas colunas e as suas bases;
12 a arca e as suas varas, o propi-
ciatório e o véu protetor;
13 a mesa e as suas varas, todos
os seus utensílios e os pães da
proposição;
14 o candelabro da iluminação,
os seus utensílios, as suas lâmpa-
das e o azeite para a iluminação;
15 o altar do incenso e as suas va-
ras, o óleo da unção e o incenso
aromático, e a cortina da porta
para a entrada do tabernáculo;
16 o altar do holocausto e a sua gre-
lha de bronze, as suas varas e todos
os seus utensílios, a pia e a sua base;
17 as cortinas do átrio, as suas
colunas e as suas bases, a corti-
na para a porta do átrio;
18 as estacas do tabernáculo, as
estacas do átrio e as suas cordas;
19 as vestes do ministério para
ministrar no santuário, as vestes
sagradas do sacerdote Arão, e as
vestes de seus filhos, para admi-
nistrarem o sacerdócio.
20 Então toda a congregação dos
filhos de Israel saiu da presença
de Moisés,
21 e veio todo homem cujo cora-
ção o moveu, e todo aquele cujo
espírito o estimulou e trouxeram
a oferta alçada ao Senhor para a
obra da tenda da congregação,
para todo o seu serviço e para as
vestes sagradas.
22 Vieram homens e mulheres,
todos dispostos de coração, e

trouxeram fivelas, pendentes,
anéis, braceletes, todos objetos
de ouro. Todo homem fazia ofer-
ta de ouro ao Senhor.
23 Todo homem que possuía es-
tofo azul, púrpura, carmesim, li-
nho fino, pelos de cabras, peles
de carneiro tingidas de verme-
lho e peles de animais marinhos
os trazia.
24 Todo aquele que fazia oferta
alçada de prata ou de metal, por
oferta ao Senhor a trazia; e todo
aquele que possuía madeira de
acácia a trazia para toda a obra
do serviço.
25 Todas as mulheres hábeis te-
ciam com as mãos e traziam o
que tinham tecido, estofo azul,
púrpura, carmesim e linho fino.
26 E todas as mulheres, cujo co-
ração as moveu em habilidade,
teciam os pelos das cabras.
27 Os príncipes traziam pedras de
ônix e pedras de engaste para a
estola sacerdotal e para o peitoral.
28 Traziam também as especia-
rias e o azeite para a iluminação,
para o óleo da unção e para o in-
censo aromático.
29 Os filhos de Israel, tanto os
homens quanto as mulheres,
cujo coração voluntariamente
se moveu a trazer alguma coisa
para toda a obra que o Senhor
ordenara se fizesse pela mão de
Moisés, trouxeram oferta volun-
tária ao Senhor.

Deus chama a Bezalel e Aoliabe

30 Então disse Moisés aos filhos
de Israel: Vede, o Senhor chamou
por nome a Bezalel, filho de Uri,
filho de Hur, da tribo de Judá,
31 e o Espírito de Deus o encheu
de habilidade, inteligência e co-
nhecimento, em todo artifício,
32 para inventar obras artísticas,
para trabalhar em ouro, em pra-
ta e em bronze,
33 em lavramento de pedras de
engaste, em entalhadura de ma-
deira, para trabalhar em toda
obra artesanal.
34 Também lhe dispôs o coração
para ensinar a outrem, a ele e a
Aoliabe, filho de Aisamaque, da
tribo de Dã.
35 Encheu-os de habilidade, para
fazerem toda obra de mestre, até
a mais engenhosa, e a do borda-
dor, em estofo azul, em púrpura,
em carmesim e em linho fino, e
a do tecelão; toda sorte de obra,
e a elaborar desenhos.

36 Assim trabalharam Bezalel
e Aoliabe, e todo o homem
hábil a quem o Senhor dera ha-
bilidade e inteligência para sabe-
rem fazer toda obra para o servi-
ço do santuário, conforme tudo
o que o Senhor tinha ordenado.
2 Então Moisés chamou Bezalel
e Aoliabe, e todo homem hábil,
em cujo coração Deus tinha pos-
to sabedoria, isto é, a todo aque-
le cujo coração o moveu a se che-
gar à obra para fazê-la.
3 Estes receberam de Moisés toda
a oferta alçada que os filhos de
Israel tinham trazido para rea-
lizar a obra do santuário. E ain-
da lhe traziam cada manhã ofer-
tas voluntárias.
4 Então vieram todos os sábios que
faziam a obra do santuário, cada
um interrompeu a obra que fazia,
5 e disseram a Moisés: O povo
traz muito mais do que é neces-
sário para o serviço da obra que
o Senhor ordenou se fizesse.
6 Então Moisés deu uma ordem e
proclamou-se por todo o arraial:
Nenhum homem, ou mulher, deve

fazer mais obra alguma para a
oferta alçada do santuário. Assim
o povo foi proibido de trazer mais,
7 porque o material que tinham
era suficiente para toda a obra que
se devia fazer, e ainda sobrava.
8 Assim todos os homens habi-
lidosos, dos que trabalhavam na
obra, fizeram o tabernáculo de
dez cortinas de linho fino tran-
çado, de estofo azul, de púrpura,
de carmesim com querubins, de
obra de artífice.
9 O comprimento de cada corti-
na era de vinte e oito côvados, e a
largura, de quatro; todas as cor-
tinas tinham a mesma medida.
10 Ligaram cinco cortinas umas
às outras, e as outras cinco da
mesma maneira.
11 Fizeram laçadas de estofo azul
na borda da última cortina do pri-
meiro grupo; e assim também fi-
zeram na borda da primeira cor-
tina do segundo grupo.
12 Cinquenta laçadas fizeram
na borda de uma cortina, e cin-
quenta laçadas na borda da ou-
tra, do segundo grupo; as laça-
das eram contrapostas umas
às outras.
13 Também fizeram cinquenta
ganchos de ouro, e com estes uni-
ram as cortinas umas às outras, e
o tabernáculo veio a ser um todo.
14 Fizeram cortinas de pelos de
cabras para servirem de tendas
sobre o tabernáculo; onze corti-
nas fizeram.
15 O comprimento de uma corti-
na era de trinta côvados, e a lar-
gura, de quatro; estas onze cor-
tinas tinham a mesma medida.
16 *Uniram cinco cortinas* à par-
te, e as outras seis à parte.
17 Fizeram cinquenta laçadas
na borda da última cortina do
primeiro grupo, e cinquenta na
borda da primeira cortina do se-
gundo grupo.
18 Fizeram cinquenta ganchos
de bronze para ajuntar a tenda,
para que viesse a ser um todo.
19 Fizeram também para a tenda
uma coberta de peles de carnei-
ros, tingidas de vermelho, e por
cima desta uma coberta de peles
de animais marinhos.
20 Fizeram, de madeira de acá-
cia, as tábuas para o tabernácu-
lo, as quais foram colocadas ver-
ticalmente.
21 O comprimento de cada tábua
era de dez côvados, e a largura de
um côvado e meio.
22 Cada tábua tinha dois encai-
xes, unidos um ao outro. Assim
fizeram com todas as tábuas do
tabernáculo.
23 Fizeram vinte tábuas para o
lado sul do tabernáculo,
24 quarenta bases de prata de-
baixo das vinte tábuas; duas ba-
ses debaixo de uma tábua para
os seus dois encaixes e duas ba-
ses debaixo de outra para os seus
dois encaixes.
25 Também fizeram vinte tábuas
para o outro lado do tabernácu-
lo, o que dá para o norte,
26 com as suas quarenta bases
de prata; duas bases debaixo de
uma tábua e duas bases debaixo
de outra tábua.
27 Ao lado do tabernáculo para
o ocidente fizeram seis tábuas.
28 Fizeram também duas tábuas
para os cantos do tabernáculo, de
ambos os lados,
29 as quais por baixo eram du-
plas, dali se estendendo até a pri-
meira argola, em cima. Assim fi-
zeram com as duas tábuas nos
dois cantos.

30 Assim havia oito tábuas com as suas bases de prata, a saber, dezesseis bases, duas debaixo de cada tábua.
31 Fizeram também travessões de madeira de acácia; cinco para as tábuas de um lado do tabernáculo,
32 cinco para as tábuas do outro lado do tabernáculo e outros cinco para as tábuas do tabernáculo no lado posterior, o que dá para o ocidente.
33 Fizeram o travessão central de modo que passasse ao meio das tábuas de uma extremidade à outra.
34 Cobriram as tábuas de ouro, e de ouro fizeram as suas argolas, pelas quais passavam os travessões. Também os travessões cobriram de ouro.
35 Fizeram o véu de estofo azul, púrpura, carmesim e de linho fino trançado, com querubins bordados nele.
36 E lhe fizeram quatro colunas de madeira de acácia e as cobriram de ouro. Os seus ganchos fizeram de ouro e fundiram-lhe quatro bases de prata.
37 Fizeram para a porta da tenda uma cortina de estofo azul, púrpura, carmesim e de linho fino trançado, obra de bordador,
38 com as suas cinco colunas e os seus ganchos. E de ouro cobriram as partes superior e lateral das colunas, e as suas cinco bases eram de bronze.

A arca

37 Fez Bezalel a arca de madeira de acácia; o seu comprimento era de dois côvados e meio, a sua largura de um côvado e meio, e a sua altura de um côvado e meio.
2 Cobriu-a de ouro puro por dentro e por fora e fez-lhe uma moldura de ouro ao redor.
3 Fundiu-lhe quatro argolas de ouro nos seus quatro cantos, duas argolas num lado e duas no outro.
4 Também fez varas de madeira de acácia e as cobriu de ouro.
5 E colocou as varas pelas argolas aos lados da arca, para erguê-la.

O propiciatório

6 Fez de ouro puro o propiciatório; o seu comprimento era de dois côvados e meio, e a sua largura de um côvado e meio.
7 Então fez dois querubins de ouro; de ouro batido os fez nas duas extremidades do propiciatório.
8 Um querubim numa extremidade, e o outro querubim na outra; de uma só peça com o propiciatório fez os querubins nas duas extremidades dele.
9 Os querubins estendiam as asas por cima, cobrindo com elas o propiciatório. Estavam eles de frente um para o outro, e estavam com o rosto voltado para o propiciatório.

A mesa

10 Fez a mesa de madeira de acácia; o seu comprimento era de dois côvados, e a sua largura de um côvado, e a sua altura de um côvado e meio.
11 Cobriu-a de ouro puro e fez-lhe uma moldura de ouro ao redor.
12 Fez-lhe também uma borda, da largura de quatro dedos, e ao redor da borda fez uma moldura de ouro.
13 Fundiu-lhe quatro argolas de ouro e pôs as argolas nos quatro cantos que estavam nos seus quatro pés.

14 Perto da borda estavam as ar-
golas para os lugares das varas,
para se levar a mesa.
15 Fez as varas de madeira de
acácia e as cobriu de ouro, para
se levar a mesa.
16 E de ouro puro fez os utensí-
lios que haviam de estar sobre a
mesa, os seus pratos e as suas co-
lheres, as suas tigelas e os seus
cântaros, com que se haviam de
oferecer as libações.

O candelabro

17 Fez o candelabro de ouro puro,
de ouro batido o fez; o seu pedes-
tal, a sua haste, os seus cálices,
as suas flores e os seus botões
formavam com ele uma só peça.
18 Dos seus lados saíam seis has-
tes: três de um lado do candela-
bro e três do outro.
19 Numa haste havia três cálices
em forma de amêndoas, com bo-
tões e flores; igualmente na ou-
tra haste três cálices em forma
de amêndoas, com botões e flo-
res; assim fez com as suas hastes
que saíam do candelabro.
20 No candelabro havia quatro
cálices em forma de amêndoas
com botões e flores.
21 Um botão estava debaixo do pri-
meiro par de hastes que saíam do
candelabro, um segundo botão de-
baixo do segundo par e um tercei-
ro botão debaixo do terceiro par
— seis hastes ao todo.
22 Os seus botões e as suas has-
tes formavam uma só peça com
o candelabro; tudo era uma só
peça, obra batida de ouro puro.
23 Fez-lhe sete lâmpadas, e os seus
aparadores e os seus apagadores
eram de ouro puro.
24 De um talento de ouro puro
fez o candelabro e todos os seus
utensílios.

O altar do incenso

25 Fez o altar do incenso de ma-
deira de acácia. Era quadrado e
tinha um côvado de comprimen-
to, um de largura, e dois de altu-
ra; os seus chifres formavam uma
só peça com ele.
26 Cobriu-o de ouro puro, a par-
te superior, as paredes ao redor
e os chifres, e lhe fez uma moldu-
ra de ouro ao redor.
27 Fez-lhe duas argolas de ouro
debaixo da sua moldura, nos dois
cantos de ambos os lados, para
as varas, para com elas se levar
o altar.
28 As varas fez de madeira de acá-
cia e as cobriu de ouro.
29 Fez também o óleo sagrado
da unção e o incenso aromáti-
co, puro, de obra de perfumista.

O altar do holocausto

38 Fez o altar do holocausto
de madeira de acácia, de
três côvados de altura; era qua-
drado e tinha cinco côvados de
comprimento, e cinco de largura.
2 Fez-lhe os chifres nos seus qua-
tro cantos, de modo que os chifres
formavam uma só peça com ele,
e o cobriu de bronze.
3 Fez todos os utensílios do altar
— os recipientes para as cinzas,
as pás, as bacias, os garfos e os
braseiros; todos os seus utensí-
lios fez de bronze.
4 Fez para o altar uma grelha de
bronze em forma de rede, debai-
xo da borda ao redor, que chega-
va até o meio do altar.

5 Fundiu quatro argolas nas qua-
tro extremidades da grelha de
bronze, para as varas.
6 Fez as varas de madeira de acá-
cia e as cobriu de bronze.
7 Meteu as varas pelas argolas
aos lados do altar, para com elas
se levar o altar. O altar era oco,
feito de tábuas.
8 Fez a pia de bronze com a sua
base de bronze, dos espelhos das
mulheres que se reuniam e mi-
nistravam à porta da tenda da
congregação.

O átrio

9 A seguir fez o átrio. Para o lado
do sul as cortinas do átrio eram
de linho fino trançado, de cem
côvados.
10 As suas vinte colunas e as suas
vinte bases eram de bronze; os
ganchos dessas colunas e as suas
faixas eram de prata.
11 Para o lado do norte as cortinas
eram de cem côvados; as suas vinte
colunas e as suas vinte bases eram
de bronze, os ganchos das colunas
e as suas faixas eram de prata.
12 Para o lado ocidental as corti-
nas eram de cinquenta côvados, as
suas colunas eram dez, e as suas
bases dez; os ganchos das colunas
e as suas faixas eram de prata.
13 Para o lado oriental eram as
cortinas de cinquenta côvados.
14 As cortinas para um lado da
porta eram de quinze côvados;
as suas colunas três e as suas
bases três.
15 Para o outro lado da porta do
átrio, de ambos os lados, as cor-
tinas eram de quinze côvados;
as suas colunas três e as suas
bases três.
16 Todas as cortinas do átrio ao
redor eram de linho fino trançado.
17 As bases das colunas eram de
bronze, os ganchos das colunas
e as suas faixas eram de prata, o
revestimento dos seus capitéis
era de prata, e todas as colunas
do átrio eram cingidas de faixas
de prata.
18 A cortina da porta do átrio era
de estofo azul, púrpura, carmesim
e de linho fino trançado, obra de
bordador. Tinha vinte côvados
de comprimento e, conforme a me-
dida das cortinas do átrio, cinco
côvados de altura.
19 As suas quatro colunas e as
suas quatro bases eram de bron-
ze; os seus ganchos eram de pra-
ta, o revestimento dos seus ca-
pitéis e as suas faixas, de prata.
20 Todas as estacas do tabernáculo
e do átrio ao redor eram de bronze.
21 Esta é a lista das coisas para o
tabernáculo, a saber, o tabernácu-
lo do testemunho, que por ordem
de Moisés foram contadas para o
ministério dos levitas, por inter-
médio de Itamar, filho do sacer-
dote Arão.
22 Fez Bezalel, filho de Uri, filho de
Hur, da tribo de Judá, tudo o que o
Senhor tinha ordenado a Moisés.
23 Com ele Aoliabe, filho de
Aisamaque, da tribo de Dã, gra-
vador, desenhista e bordador em
estofo azul, púrpura, carmesim
e linho fino.
24 Todo o ouro gasto na obra,
em toda a obra do santuário, a
saber, o ouro da oferta, foi vin-
te e nove talentos e setecentos e
trinta siclos, conforme o siclo do
santuário.
25 A prata recolhida dos recen-
seados da congregação foi cem
talentos e mil setecentos e seten-
ta e cinco siclos, conforme o siclo
do santuário;

26 um beca por cabeça, isto é, meio
siclo, conforme o siclo do santuá-
rio, de qualquer dos arrolados, de
vinte anos para cima, que foram
seiscentos e três mil quinhentos
e cinquenta.
27 Houve cem talentos de prata
para fundir as bases do santuá-
rio e as bases do véu; para cem
bases eram cem talentos, um ta-
lento para cada base.
28 Os mil setecentos e setenta e
cinco siclos foram usados para
fazer os ganchos para as colu-
nas, para revestir a parte supe-
rior das colunas e para as faixas.
29 O bronze da oferta foi setenta
talentos e dois mil e quatrocen-
tos siclos.
30 Dele fez as bases da porta da
tenda da congregação, o altar
de bronze e a grelha de bron-
ze para ele, todos os utensílios
do altar,
31 as bases do átrio ao redor e
as bases da porta do átrio, todas as
estacas do tabernáculo e todas
as estacas do átrio ao redor.

As vestes dos sacerdotes

39 Fez de estofo azul, púrpura
e de carmesim as vestes, fi-
namente tecidas, para ministrar
no lugar santo, e fez as vestes sa-
gradas para Arão, como o Senhor
ordenara a Moisés.
2 Fez a estola sacerdotal de ouro,
estofo azul, púrpura, carmesim
e de linho fino trançado.
3 De ouro batido fez lâminas del-
gadas e as cortou em fios, para
entretecê-los no estofo azul, na
púrpura, no carmesim e no li-
nho fino da obra de desenhista.
4 Fez-lhe duas ombreiras que se
ajuntavam nas duas extremida-
des, e assim se uniam.
5 O cinto, que estava sobre a es-
tola sacerdotal, formava com ela
uma só peça e era de obra seme-
lhante, de ouro, estofo azul, púr-
pura, carmesim e de linho fino
trançado, como o Senhor orde-
nara a Moisés.
6 Preparou as pedras de ônix, en-
gastadas em ouro, lavradas como
se grava um selo, com os nomes
dos filhos de Israel.
7 Então pôs as pedras de ônix so-
bre as ombreiras da estola sacer-
dotal para servirem de pedras de
memorial para os filhos de Israel,
como o Senhor ordenara a Moisés.
8 Fez o peitoral de obra de de-
senhista, como a obra da estola
sacerdotal, de ouro, estofo azul,
púrpura, carmesim e de linho
fino trançado.
9 Era quadrado; duplo fez o pei-
toral: o seu comprimento e a sua
largura eram de um palmo, do-
brado em dois.
10 Então colocou nele quatro or-
dens de pedras. A ordem de sár-
dio, topázio e carbúnculo era a
primeira;
11 a segunda ordem era de esme-
ralda, safira e diamante;
12 a terceira ordem era de jacin-
to, ágata e ametista;
13 a quarta ordem era de berilo,
ônix e jaspe. Eram elas engasta-
das nos seus engastes de ouro.
14 As pedras eram segundo os
nomes dos filhos de Israel, doze
segundo os seus nomes; eram
semelhantes a gravuras de selo,
cada uma com o seu nome para
as doze tribos.
15 Fez para o peitoral correntes
como cordas, de obra trançada
de ouro puro.
16 Fez dois engastes de ouro e
duas argolas de ouro, e fixou as

duas argolas nas duas extremi-
dades do peitoral.
17 Pôs as duas correntes trança-
das de ouro nas duas argolas, nas
duas extremidades do peitoral.
18 As outras duas pontas das duas
correntes trançadas pôs nos dois
engastes e as pôs sobre as ombrei-
ras da estola sacerdotal, na par-
te da frente dela.
19 Fez outras duas argolas de
ouro, as quais pôs nas duas ex-
tremidades do peitoral, na sua
borda que estava junto à estola
sacerdotal por dentro.
20 Então fez mais duas argolas
de ouro, as quais pôs nas duas
ombreiras da estola sacerdotal,
debaixo, na parte da frente, jun-
to à sua costura, acima do cinto
de trabalho artesanal da estola
sacerdotal.
21 Ligou o peitoral, pelas suas ar-
golas, às argolas da estola sacer-
dotal, por meio de um cordão azul,
para que estivesse sobre o cintu-
rão, e o peitoral não se separas-
se da estola sacerdotal, como o
Senhor ordenara a Moisés.
22 Fez a sobrepeliz da estola sa-
cerdotal de obra tecida, toda de
estofo azul,
23 e a abertura da sobrepeliz no
centro dela, como uma gola, e esta
abertura tinha uma dobra em
volta, para que não se rompesse.
24 Nas abas da sobrepeliz fez ro-
mãs de estofo azul, púrpura, car-
mesim, de fio trançado.
25 Fez campainhas de ouro puro
e as pôs nas abas da sobrepeliz ao
redor, intercaladas com as romãs.
26 Uma campainha e uma romã,
outra campainha e outra romã, nas
abas da sobrepeliz ao redor, para
uso no ministério, como o Senhor
ordenara a Moisés.
27 Fez as túnicas de linho fino,
de obra de tecelão, para Arão e
para seus filhos,
28 e o turbante, o adorno das tia-
ras e os calções, todos de linho
fino trançado,
29 e o cinto de linho fino trança-
do, e de estofo azul, e de púrpu-
ra e de carmesim, obra de bor-
dador, como o Senhor ordenara
a Moisés.
30 Fez, de ouro puro, a lâmina da
coroa sagrada e nela gravou uma
inscrição como se grava um selo:
"Santidade ao Senhor".
31 Então a prendeu com um cor-
dão de estofo azul, para prendê-
-la à parte superior do turban-
te, como o Senhor ordenara a
Moisés.
32 Assim se acabou toda a obra do
tabernáculo da tenda da congre-
gação. Os filhos de Israel fizeram
conforme tudo o que o Senhor or-
denara a Moisés.

O tabernáculo é entregue a Moisés

33 Então trouxeram a Moisés o
tabernáculo, a tenda e todos os
seus utensílios, os seus ganchos,
as suas tábuas, as suas varas, as
suas colunas e as suas bases;
34 a cobertura de peles de car-
neiro tingidas de vermelho, a co-
bertura de peles de animais ma-
rinhos e o véu protetor;
35 a arca do testemunho com as
suas varas e o propiciatório;
36 a mesa com todos os seus uten-
sílios e os pães da proposição;
37 o candelabro de ouro puro com
as suas lâmpadas em ordem, to-
dos os seus utensílios, e o azeite
para a iluminação;
38 o altar de ouro, o óleo da un-
ção, o incenso aromático e a cor-
tina da porta da tenda;

39 o altar de bronze e o seu cri-
vo de bronze, as suas varas e to-
dos os seus utensílios; a pia e a
sua base;
40 as cortinas do átrio, as suas
colunas e as suas bases, a cortina
da porta do átrio, as suas cordas
e as suas estacas, e todos os uten-
sílios do serviço do tabernácu-
lo, para a tenda da congregação;
41 e as vestes finamente tecidas
para ministrar no santuário e
as vestes sagradas do sacerdo-
te Arão, e as vestes dos seus fi-
lhos, para administrarem o sa-
cerdócio.
42 Conforme tudo o que o Senhor
ordenara a Moisés, assim fizeram
os filhos de Israel.
43 Moisés inspecionou toda a obra
e viu que a tinham feito como o
Senhor ordenara. Então Moisés
os abençoou.

O tabernáculo é levantado

40 Depois disse o Senhor a
Moisés:
2 No primeiro mês, no primeiro
dia do mês, levantarás o taber-
náculo da tenda da congregação.
3 Porás nele a arca do testemu-
nho e cobrirás a arca com o véu.
4 Depois colocarás nele a mesa
e porás em ordem o que se deve
pôr em ordem nela. Então colo-
carás nele o candelabro e acen-
derás as suas lâmpadas.
5 Porás o altar de ouro para o in-
censo diante da arca do testemu-
nho e pendurarás a cortina da
porta do tabernáculo.
6 Porás o altar do holocausto em
frente da porta do tabernáculo da
tenda da congregação;
7 porás a pia entre a tenda da con-
gregação e o altar, e nela derra-
marás água.
8 Depois porás o átrio ao redor e
pendurarás a cortina na porta de
entrada do átrio.
9 Então tomarás o óleo da unção
e ungirás o tabernáculo e tudo
o que nele há; tu o consagrarás
com todos os seus pertences, e
será santo.
10 Ungirás também o altar do ho-
locausto e todos os seus utensí-
lios; consagrarás o altar, e será
santíssimo.
11 Então ungirás a pia e a sua
base, e a consagrarás.
12 Farás chegar Arão e seus fi-
lhos à entrada da tenda da con-
gregação e os lavarás com água.
13 Então vestirás Arão das ves-
tes sagradas; o ungirás e o con-
sagrarás para que me adminis-
tre o sacerdócio.
14 Farás chegar seus filhos e lhes
vestirás as túnicas;
15 e os ungirás como ungiste a
seu pai, para que me adminis-
trem o sacerdócio. A sua unção
lhes será por sacerdócio perpé-
tuo nas suas gerações.
16 Moisés fez conforme tudo o
que o Senhor lhe ordenou.
17 No primeiro mês do segundo
ano, ao primeiro do mês, o taber-
náculo foi levantado.
18 Moisés levantou o tabernácu-
lo, e pôs as suas bases, e armou
as suas tábuas, e colocou nele os
seus travessões, e levantou as
suas colunas.
19 Então estendeu a tenda sobre o
tabernáculo e pôs a cobertura da
tenda sobre ela, em cima, como o
Senhor lhe ordenara.
20 Tomou o testemunho e o pôs na
arca, e colocou as varas na arca, e
pôs o propiciatório em cima da arca.
21 Trouxe a arca para o taber-
náculo, pendurou o véu protetor

e cobriu a arca do testemunho,
como o Senhor lhe ordenara.
22 Pôs a mesa na tenda da con-
gregação, ao lado do tabernácu-
lo para o norte, fora do véu,
23 e sobre ela pôs em ordem o pão
perante o Senhor, como o Senhor
lhe ordenara.
24 Pôs na tenda da congregação
o candelabro em frente da mesa,
ao lado do tabernáculo para o sul,
25 e acendeu as lâmpadas peran-
te o Senhor, como o Senhor lhe
ordenara.
26 Pôs o altar de ouro na tenda
da congregação, diante do véu,
27 e acendeu sobre ele o incenso
de especiarias aromáticas, como
o Senhor lhe ordenara.
28 Então pendurou a cortina da
porta do tabernáculo
29 e pôs o altar do holocausto à
entrada do tabernáculo da tenda
da congregação e ofereceu sobre
ele holocausto e oferta de cereais,
como o Senhor lhe ordenara.
30 Pôs a pia entre a tenda da congre-
gação e o altar e a encheu de água;
31 Moisés, Arão e seus filhos a usa-
ram para lavar as mãos e os pés.
32 Quando entravam na tenda
da congregação e quando chega-
vam ao altar, lavavam-se, como o
Senhor ordenara a Moisés.
33 Então Moisés levantou o átrio
ao redor do tabernáculo e do al-
tar e pendurou a cortina da en-
trada do átrio. Assim Moisés aca-
bou a obra.

A glória do Senhor

34 Então a nuvem cobriu a ten-
da da congregação, e a glória do
Senhor encheu o tabernáculo.
35 Moisés não podia entrar na
tenda da congregação, porque
a nuvem repousava sobre ela, e a
glória do Senhor enchia o ta-
bernáculo.
36 Quando a nuvem se levantava
de sobre o tabernáculo, os filhos
de Israel seguiam viagem;
37 se a nuvem, porém, não se le-
vantava, não prosseguiam até o
dia em que ela se levantava.
38 Assim, a nuvem do Senhor esta-
va de dia sobre o tabernáculo, e o
fogo estava de noite sobre ele, pe-
rante os olhos de toda a nação de
Israel, em todas as suas viagens.

LEVÍTICO

Os holocaustos

1 Chamou o Senhor a Moisés
e, da tenda da congregação,
lhe disse:
2 Fala aos filhos de Israel e dize-lhes:
Quando algum de vós apresentar
oferta ao Senhor, trareis as vos-
sas ofertas de gado ou de ovelhas.
3 Se a sua oferta for holocausto
de gado, oferecerá ele um macho
sem defeito. À entrada da tenda
da congregação o oferecerá, para
que seja aprovado pelo Senhor.
4 Porá a mão sobre a cabeça do ho-
locausto, para que este seja aceito
a favor dele, para a sua expiação.
5 Depois degolará o novilho peran-
te o Senhor, e os filhos de Arão,
os sacerdotes, oferecerão o san-
gue, e o espargirão em volta do
altar que está à entrada da ten-
da da congregação.
6 Então esfolará o holocausto e o
partirá em pedaços.
7 Os filhos de Arão, os sacerdotes,
porão fogo sobre o altar, colocan-
do em ordem a lenha sobre o fogo.
8 Também os filhos de Arão, os sa-
cerdotes, porão em ordem os pe-
daços, a cabeça e a gordura sobre
a lenha que está no fogo em cima
do altar.
9 As vísceras, porém, e as pernas,
ele as lavará com água, e o sacer-
dote queimará tudo isso sobre o
altar. É holocausto, oferta quei-
mada, de cheiro suave ao Senhor.
10 Se a sua oferta for de gado
miúdo, de ovelhas ou de cabri-
tos, para holocausto, oferecerá
macho sem defeito.
11 Ele o degolará ao lado do al-
tar que dá para o norte, perante
o Senhor, e os filhos de Arão, os
sacerdotes, espargirão o seu san-
gue em volta do altar.
12 Depois ele o partirá em peda-
ços, como também a sua cabeça
e a sua gordura, e o sacerdote os
porá em ordem sobre a lenha que
está no fogo sobre o altar.
13 As vísceras, porém, e as per-
nas serão lavadas com água, e o
sacerdote tudo oferecerá, e o quei-
mará sobre o altar. É holocausto,
oferta queimada, de cheiro sua-
ve ao Senhor.
14 Se a sua oferta ao Senhor for ho-
locausto de aves, trará a sua ofer-
ta de rolinhas ou de pombinhos.
15 O sacerdote a trará ao altar,
lhe torcerá o pescoço e a queima-
rá sobre o altar; espremerá o seu
sangue na parede do altar.
16 Tirará o seu papo com as suas
penas e o jogará junto ao altar,
para o lado do oriente, no lugar
da cinza.
17 Rasgará a ave pelas asas, po-
rém não a partirá, e o sacerdo-
te a queimará em cima do altar
sobre a lenha que está no fogo.
É holocausto, oferta queimada de
cheiro suave ao Senhor.

As ofertas de cereais

2 Quando alguém fizer oferta de
cereais ao Senhor, a sua ofer-
ta será de flor de farinha. Nela
derramará azeite, sobre ela porá
o incenso
2 e a trará aos filhos de Arão, os
sacerdotes. O sacerdote tomará
dela um punhado da flor de fa-
rinha e do seu azeite com todo o
seu incenso e os queimará sobre

o altar por oferta memorial. É oferta queimada de cheiro suave ao Senhor.

3 O que sobrar da oferta de cereais será de Arão e de seus filhos; é coisa santíssima das ofertas queimadas ao Senhor.

4 **Q**uando fizerdes oferta de cereais cozida no forno, será de bolos sem fermento de flor de farinha, amassados com azeite, e pães finos untados com azeite.

5 Se a tua oferta for de cereais cozida na assadeira, será de flor de farinha sem fermento, amassada com azeite.

6 Em pedaços a partirás e sobre ela derramarás azeite; é oferta de cereais.

7 Se a tua oferta for de cereais cozida na frigideira, será feita de flor de farinha com azeite.

8 Então, trarás ao Senhor a oferta de cereais que for feita dessas coisas; ela será apresentada ao sacerdote, que a levará ao altar.

9 O sacerdote tomará da oferta de cereais o memorial dela e o queimará sobre o altar; é oferta queimada de cheiro suave ao Senhor.

10 O que sobrar da oferta de cereais será de Arão e de seus filhos; é coisa santíssima das ofertas queimadas ao Senhor.

11 **N**enhuma oferta de cereais, que fizerdes ao Senhor, se fará com fermento, pois de nenhum fermento nem de mel algum fareis oferta queimada ao Senhor.

12 *Deles trareis* ao Senhor por oferta dos primeiros frutos, mas sobre o altar não subirão por cheiro suave.

13 Todas as ofertas dos teus cereais temperarás com sal. Não deixarás faltar às tuas ofertas de cereais o sal da aliança do teu Deus; em todas as tuas ofertas oferecerás sal.

14 **S**e fizeres ao Senhor oferta de cereais dos primeiros frutos, oferecerás espigas verdes tostadas ao fogo, isto é, o grão esmagado de espigas verdes.

15 Sobre ela derramarás azeite, e por cima lhe porás incenso; é oferta de cereais.

16 Assim o sacerdote queimará a porção memorial do grão esmagado, e do seu azeite, com todo o incenso; é oferta queimada ao Senhor.

Os sacrifícios das ofertas pacíficas

3 Se a oferta de alguém for sacrifício pacífico e se o fizer de gado, seja macho ou fêmea, deverá ser oferecida sem defeito diante do Senhor.

2 Porá a mão sobre a cabeça da sua oferta e a degolará diante da entrada da tenda da congregação. Então os filhos de Arão, os sacerdotes, espargirão o sangue em volta do altar.

3 Do sacrifício de oferta pacífica oferecerá, como oferta queimada ao Senhor, a gordura que cobre as vísceras, sim, toda a gordura que está sobre ela,

4 os dois rins e a gordura que está sobre eles, e a que está junto aos lombos, e o redenho que está sobre o fígado com os rins, ele os tirará.

5 Os filhos de Arão queimarão isso sobre o altar, em cima do holocausto que estará sobre a lenha no fogo; é oferta queimada de cheiro suave ao Senhor.

6 **S**e a sua oferta por sacrifício pacífico ao Senhor for de gado miúdo, seja macho ou fêmea, sem defeito a oferecerá.

7 Se trouxer um cordeiro por sua
oferta, deverá oferecê-lo perante
o Senhor.
8 Porá a mão sobre a cabeça da
sua oferta e a degolará diante
da tenda da congregação. Então
os filhos de Arão espargirão o seu
sangue em volta do altar.
9 Do sacrifício de oferta pacífica
trará ao Senhor por oferta quei-
mada a sua gordura, a cauda toda,
que tirará do espinhaço, e a gor-
dura que cobre as vísceras, sim,
toda a gordura que está sobre ela,
10 os dois rins e a gordura que
está sobre eles, e a que está jun-
to aos lombos, e o redenho que
está sobre o fígado com os rins,
ele os tirará.
11 O sacerdote queimará tudo
isso sobre o altar; é o alimento
da oferta queimada ao Senhor.
12 Se a sua oferta, porém, for
uma cabra, perante o Senhor a
oferecerá.
13 Porá a mão sobre a sua cabe-
ça e a degolará diante da tenda
da congregação. Então os filhos
de Arão espargirão o seu sangue
em volta do altar.
14 Depois trará dela a sua oferta,
por oferta queimada ao Senhor, a
gordura que cobre as vísceras, sim,
toda a gordura que está sobre ela,
15 os dois rins e a gordura que
está sobre eles, e a que está jun-
to aos lombos, e o redenho que
está sobre o fígado, com os rins,
ele os tirará.
16 O sacerdote queimará isso so-
bre o altar; é o alimento da oferta
queimada, de cheiro suave. Toda
gordura será do Senhor.
17 Estatuto perpétuo será nas
vossas gerações, em todas as vos-
sas habitações: Nenhuma gordu-
ra nem sangue algum comereis.

O sacrifício pelos pecados dos sacerdotes

4 Disse o Senhor a Moisés:
2 Dize aos filhos de Israel:
Quando alguém pecar por igno-
rância e fizer o que é proibido
em qualquer dos mandamentos
do Senhor,
3 se o sacerdote ungido pecar
para escândalo do povo, ofere-
cerá ao Senhor, pelo pecado que
cometeu, um novilho sem defei-
to como oferta.
4 Trará o novilho à entrada da
tenda da congregação, perante
o Senhor. Porá a mão sobre a ca-
beça do novilho e o degolará pe-
rante o Senhor.
5 Então o sacerdote ungido toma-
rá do sangue do novilho e o trará
à tenda da congregação.
6 Molhará o dedo no sangue e es-
pargirá dele sete vezes perante o
Senhor, diante do véu do santuário.
7 Então o sacerdote porá daque-
le sangue sobre os chifres do al-
tar do incenso aromático, peran-
te o Senhor, que está na tenda da
congregação. Todo o resto do san-
gue do novilho derramará à base
do altar do holocausto, que está à
entrada da tenda da congregação.
8 Toda a gordura do novilho da
expiação tirará dele; a gordura
que cobre as vísceras, sim, toda
a gordura que está sobre ela,
9 os dois rins e a gordura que está
sobre eles, e a que está junto aos
lombos, e o redenho de sobre o
fígado, com os rins, ele os tirará,
10 como se tira do novilho do sa-
crifício de oferta pacífica. Então
o sacerdote os queimará sobre o
altar do holocausto.
11 O couro do novilho, porém, e
toda a sua carne, com a cabeça, as
pernas, as víceras e o excremento,

12 a saber, o novilho todo, levará
fora do arraial, a um lugar lim-
po, onde se lança a cinza, e o quei-
mará com fogo sobre a lenha, no
monte de cinza.
13 Se, porém, toda a congrega-
ção de Israel pecar por ignorân-
cia, e isso for oculto aos olhos da
assembleia, e se fizerem o que é
proibido em qualquer dos manda-
mentos do Senhor, aquilo que não
se deve fazer, e forem culpados,
14 e o pecado que cometerem for
notório, então a assembleia ofe-
recerá um novilho como oferta
pelo pecado e o trará diante da
tenda da congregação.
15 Os anciãos da congregação
porão as mãos sobre a cabeça
do novilho perante o Senhor, e
o novilho será degolado peran-
te o Senhor.
16 Então o sacerdote ungido tra-
rá do sangue do novilho à tenda
da congregação.
17 O sacerdote molhará o dedo
naquele sangue e o espargirá
sete vezes perante o Senhor, dian-
te do véu.
18 Daquele sangue porá sobre os
chifres do altar que está perante
o Senhor, na tenda da congrega-
ção. O restante do sangue derra-
mará à base do altar do holocaus-
to, que está na entrada da tenda
da congregação.
19 Tirará dele toda a sua gordura
e a queimará sobre o altar;
20 e fará com este novilho como
fez ao novilho da oferta pelo peca-
do. Assim lhe fará, e o sacerdote
por eles fará propiciação, e lhes
será perdoado o pecado.
21 Depois levará o novilho fora do
arraial e o queimará como quei-
mou o primeiro novilho. É oferta
pelo pecado da assembleia.
22 Quando um líder pecar e por
ignorância fizer alguma de to-
das as coisas que o Senhor, o seu
Deus, ordenou não se fizessem,
ele se tornará culpado.
23 Quando o pecado que cometeu
lhe for notificado, então trará por
sua oferta um bode sem defeito.
24 Porá a mão sobre a cabeça do
bode e o degolará no lugar onde
se degola o holocausto, perante
o Senhor. É oferta pelo pecado.
25 Depois, o sacerdote, com o
dedo, tomará do sangue da ofer-
ta pelo pecado e o porá sobre os
chifres do altar do holocausto; o
restante do seu sangue derrama-
rá à base do altar do holocausto.
26 Também queimará sobre o
altar toda a sua gordura, como
a gordura do sacrifício de oferta
pacífica. Assim o sacerdote fará
por ele expiação do seu pecado,
e ele será perdoado.
27 Se alguém do povo da terra pe-
car por ignorância, fazendo al-
gumas das coisas que o Senhor
ordenou não se fizessem, ele se
torna culpado.
28 Quando o pecado que cometeu
lhe for notificado, então trará por
sua oferta uma cabra, sem defei-
to, pelo pecado cometido.
29 Porá a mão sobre a cabeça da
oferta pelo pecado e a degolará
no lugar do holocausto.
30 Depois o sacerdote, com o
dedo, tomará do sangue da ofer-
ta e o porá sobre os chifres do
altar do holocausto; o restan-
te do seu sangue derramará à
base do altar.
31 Tirará toda a gordura, como
se tira a gordura do sacrifício de
oferta pacífica, e a queimará so-
bre o altar, por cheiro suave ao
Senhor. Assim o sacerdote fará

expiação por ele, e ele será per-
doado.
32 Se, porém, como sua oferta
pelo pecado trouxer uma cordei-
ra, sem defeito a trará.
33 Porá a mão sobre a cabeça do
animal que será morto e o dego-
lará por oferta pelo pecado, no lu-
gar onde se degola o holocausto.
34 Depois, o sacerdote, com o
dedo, tomará do sangue da ofer-
ta pelo pecado e o porá sobre os
chifres do altar do holocausto; o
restante do seu sangue derrama-
rá na base do altar.
35 Tirará toda a gordura, como se
tira a gordura do cordeiro do sacri-
fício pacífico, e a queimará sobre
o altar, em cima das ofertas quei-
madas ao Senhor. Assim o sacerdo-
te fará por ele expiação do pecado
que cometeu, e ele será perdoado.

O sacrifício pelos pecados ocultos

5 Quando alguém pecar porque,
intimado a depor em juízo, não
denunciar o que viu ou o que sou-
be, levará a sua iniquidade.
2 Ou, quando uma pessoa tocar em
alguma coisa imunda, seja cadá-
ver de animal selvagem, seja ca-
dáver de animal doméstico, seja
cadáver de réptil, ainda que o faça
sem perceber, será ela imunda e
culpada.
3 Ou, quando alguém, sem perce-
ber, tocar em qualquer imundí-
cia humana, qualquer coisa que
o faça imundo, quando ele sou-
ber depois, será culpado.
4 Ou, quando uma pessoa jurar
irrefletidamente com os seus lá-
bios para fazer mal ou para fa-
zer bem, em tudo o que o homem
possa jurar sem refletir, sem per-
ceber, e o souber depois, culpado
será numa dessas coisas.
5 Sendo alguém culpado numa
dessas coisas, confessará aquilo
em que pecou,
6 e, como oferta pelo pecado que
cometeu, trará ao Senhor uma fê-
mea de gado miúdo, cordeira ou
cabrita, e o sacerdote fará por ele
expiação do seu pecado.
7 Se os seus recursos, porém, não
forem suficientes para gado miú-
do, então trará ao Senhor, em ex-
piação da culpa que cometeu, duas
rolinhas ou dois pombinhos: um
como oferta pelo pecado, e o ou-
tro como holocausto.
8 Ele os trará ao sacerdote, que
oferecerá primeiro o que é para
a oferta pelo pecado, e com a sua
unha lhe torcerá a cabeça rente
ao pescoço, sem separá-la de todo.
9 Do sangue da oferta pelo peca-
do espargirá sobre a parede do
altar, mas o que sobrar daquele
sangue deixará escorrer na base
do altar. É oferta pelo pecado.
10 Do outro fará holocausto con-
forme o estabelecido; assim o sa-
cerdote fará por ele a expiação do
pecado que cometeu, e lhe será
perdoado.
11 Se os seus recursos, porém, não
lhe permitirem oferecer duas ro-
linhas, ou dois pombinhos, então
aquele que pecou trará pela sua
oferta a décima parte de um efa
de flor de farinha, como oferta
pelo pecado. Não lhe misturará
azeite, nem sobre ela porá o in-
censo, pois é oferta pelo pecado.
12 Ele a trará ao sacerdote, que
dela tomará um punhado cheio
como memorial e a queimará so-
bre o altar, em cima das ofertas
queimadas ao Senhor. É oferta
pelo pecado.
13 Assim o sacerdote fará por ele
a expiação do pecado que cometeu

em alguma dessas coisas, e lhe
será perdoado. O restante será
do sacerdote, como nas ofertas
de cereais.
14 **D**isse o Senhor a Moisés:
15 Quando uma pessoa cometer
ofensa e pecar por ignorância
nas coisas sagradas do Senhor,
então trará ao Senhor por ofer-
ta um carneiro sem defeito do
rebanho, conforme a tua avalia-
ção em siclos de prata, segundo
o siclo do santuário, para oferta
pela culpa.
16 Assim restituirá o que tirou das
coisas sagradas, e ainda acrescen-
tará o seu quinto, e o trará ao sa-
cerdote. O sacerdote fará expiação
por ele com o carneiro da ofer-
ta pelo pecado, e será perdoado.
17 **S**e alguém pecar, fazendo con-
tra algum de todos os manda-
mentos do Senhor o que não se
deve fazer, ainda que sem perce-
ber, será culpado, e levará a sua
iniquidade.
18 Do rebanho trará ao sacerdote
um carneiro sem defeito, confor-
me a tua avaliação, como oferta
pela culpa, e o sacerdote por ele
fará expiação do erro que come-
teu sem perceber, e lhe será per-
doado.
19 É oferta pelo pecado; certamente
se fez culpado para com o Senhor.

O sacrifício pelos pecados voluntários

6 Disse o Senhor a Moisés:
2 Quando alguém pecar e for
infiel ao Senhor, enganando o seu
próximo referente a algo que este
lhe deu em depósito, ou penhor
ou roubo, ou reter em seu poder
alguma coisa de seu próximo,
3 ou que, tendo achado o perdido,
o negar com falso juramento, ou
fizer alguma outra coisa de todas
aquelas em que o homem costu-
ma pecar,
4 quando assim pecar e se tor-
nar culpado, restituirá o obje-
to roubado, ou extorquido, ou o
que lhe foi confiado, ou o perdi-
do que achou,
5 ou tudo aquilo sobre o que fal-
samente jurou. Restituirá por
inteiro e ainda sobre isso acres-
centará a quinta parte; a quem
pertence o dará no dia da sua
oferta pela culpa.
6 E por sua oferta pela culpa tra-
rá ao Senhor um carneiro sem de-
feito, do rebanho, conforme a tua
avaliação para a oferta pela cul-
pa, o qual entregará ao sacerdote.
7 Assim o sacerdote fará por ele
expiação diante do Senhor, e lhe
será perdoada qualquer de todas
as coisas que fez, pela qual se tor-
nou culpado.

O holocausto

8 **D**isse o Senhor a Moisés:
9 Dá ordem a Arão e a seus filhos,
dizendo: Esta é a lei do holocaus-
to: o holocausto ficará sobre a la-
reira do altar a noite inteira, até
a manhã seguinte, e nela se con-
servará aceso o fogo do altar.
10 O sacerdote então vestirá a sua
túnica de linho e as calças de li-
nho sobre a sua pele, e retirará
a cinza, que o fogo consumiu do
holocausto no altar, e a porá jun-
to ao altar.
11 Depois, trocará as suas vestes
e vestirá outras; e levará a cin-
za para fora do arraial a um lu-
gar limpo.
12 O fogo sempre se conservará
aceso sobre o altar; não se apaga-
rá. Cada manhã o sacerdote acen-
derá lenha nele, e sobre ele porá

em ordem o holocausto, e sobre
ele queimará a gordura das ofer-
tas pacíficas.
13 O fogo arderá continuamen-
te sobre o altar; não se apagará.

A oferta de cereais

14 Esta é a lei da oferta de cereais:
os filhos de Arão a oferecerão pe-
rante o Senhor diante do altar.
15 O sacerdote tomará um punha-
do de flor de farinha da oferta de
cereais e do seu azeite, e todo o
incenso que estiver sobre a ofer-
ta de cereais, e os queimará no
altar como memorial de cheiro
suave ao Senhor.
16 Arão e seus filhos comerão
o restante dela, mas deverá ser
comido sem fermento, no lugar
santo, no pátio da tenda da con-
gregação.
17 Fermentado não se assará; é
a parte que lhes dei das minhas
ofertas queimadas. Como a oferta
pelo pecado, e como a oferta pela
culpa, é coisa santíssima.
18 Todo varão entre os filhos de
Arão comerá dela. Estatuto per-
pétuo será para as vossas gerações
das ofertas queimadas ao Senhor.
Tudo o que nelas tocar será santo.
19 Disse mais o Senhor a Moisés:
20 Esta é a oferta de Arão e de
seus filhos, que oferecerão ao
Senhor no dia em que ele for un-
gido: a décima parte de um efa de
flor de farinha como oferta de ce-
reais contínua, metade pela ma-
nhã e metade à tarde.
21 Numa assadeira será prepa-
rada com azeite; bem misturada;
da; e apresentará a oferta de ce-
reais partida em pedaços, como
cheiro suave ao Senhor.
22 Também o sacerdote, que den-
tre seus filhos for ungido em seu
lugar, fará o mesmo. Por estatuto
perpétuo será toda ela queimada
ao Senhor.
23 Assim toda a oferta de cereais
do sacerdote será totalmente quei-
mada; não se comerá.

A oferta pelo pecado

24 Disse o Senhor a Moisés:
25 Dize a Arão e a seus filhos: Esta
é a lei da oferta pelo pecado: no lu-
gar onde se imola o holocausto se
imolará a oferta pelo pecado pe-
rante o Senhor; é coisa santíssima.
26 O sacerdote que a oferecer pelo
pecado, a comerá no lugar santo,
no pátio da tenda da congregação.
27 Tudo o que tocar a carne da
oferta será santo, e se o sangue
respingar sobre alguma roupa,
lavarás a mancha no lugar santo.
28 O vaso de barro em que for co-
zida será quebrado; mas se for
cozida num vaso de cobre, este
será esfregado e lavado com água.
29 Todo varão entre os sacerdotes
comerá dela; é coisa santíssima.
30 Não se comerá, porém, nenhu-
ma oferta pelo pecado, da qual se
levou sangue à tenda da congre-
gação, para fazer expiação no san-
tuário; no fogo será queimada.

A oferta pela culpa

7 Esta é a lei da oferta pela cul-
pa, que é coisa santíssima:
2 No lugar onde imolam o holo-
causto, imolarão a oferta pela
culpa, e o seu sangue se espargi-
rá em volta do altar.
3 Dela se oferecerá toda a sua gor-
dura: a cauda, e a gordura que co-
bre as vísceras,
4 ambos os rins, e a gordura que
está sobre eles, junto aos lombos,
e o redenho sobre o fígado com
os rins se tirará.

5 O sacerdote o queimará sobre
o altar em oferta queimada ao
Senhor. É oferta pela culpa.
6 Todo homem entre os sacerdo-
tes a comerá, mas no lugar san-
to se comerá; é coisa santíssima.
7 Como a oferta pelo pecado, as-
sim será a oferta pela culpa, uma
mesma lei haverá para elas: a ví-
tima pertencerá ao sacerdote que
com ela fizer a expiação.
8 Também ao sacerdote que ofe-
recer o holocausto de alguém
pertencerá o couro do animal
que oferecer.
9 Como também toda a oferta
que se assar no forno, com tudo
o que se preparar na frigideira e
na assadeira, será do sacerdote
que a oferecer.
10 Também toda a oferta de ce-
reais, amassada com azeite ou
seca, será de todos os filhos de
Arão, sem distinção.

As ofertas pacíficas

11 Esta é a lei das ofertas pací-
ficas que alguém pode oferecer
ao Senhor:
12 Se for oferecida em ação de gra-
ças, com a oferta em ação de graças
serão oferecidos bolos sem fer-
mento amassados com azeite,
pães finos sem fermento untados
de azeite, e bolos de flor de fari-
nha embebidos em azeite.
13 Com os bolos oferecerá pão
levedado como sua oferta, com
o sacrifício de sua oferta pacífi-
ca por ação de graças.
14 De toda oferta se retirará um
bolo por oferta alçada ao Senhor,
o qual será do sacerdote que es-
pargir o sangue da oferta pacífica.
15 A carne do sacrifício de ofer-
tas pacíficas de ação de graças,
porém, se comerá no dia do seu
oferecimento; nada se deixará
dela para o dia seguinte.
16 Se, porém, o sacrifício da sua
oferta for voto, ou oferta volun-
tária, no dia em que for ofereci-
do se comerá, mas o que dele fi-
car se comerá no dia seguinte.
17 O que ainda restar da carne
do sacrifício ao terceiro dia, será
queimado no fogo.
18 Se da carne do seu sacrifício pa-
cífico se comer ao terceiro dia, aque-
le que a ofereceu não será aceito
nem lhe terá o sacrifício, pois coisa
abominável será; a pessoa que co-
mer dela levará a sua iniquidade.
19 A carne que tocar em alguma
coisa imunda não se comerá; com
fogo será queimada. Mas da ou-
tra carne qualquer que estiver
limpo comerá dela.
20 Se, contudo, uma pessoa co-
mer a carne do sacrifício da ofer-
ta pacífica, que é do Senhor, es-
tando imunda, essa pessoa será
extirpada do seu povo.
21 Se uma pessoa tocar em algu-
ma coisa imunda, como imundí-
cia de homem, ou gado, ou qual-
quer réptil e comer da carne do
sacrifício da oferta pacífica, que
é do Senhor, essa pessoa será ex-
tirpada do seu povo.

Proíbe-se o comer a gordura e o sangue

22 Depois disse o Senhor a Moisés:
23 Dize aos filhos de Israel:
Nenhuma gordura de boi, car-
neiro ou cabra comereis.
24 A gordura do animal que mor-
re por si mesmo e a gordura do di-
lacerado por feras podereis usar
para qualquer fim, mas de manei-
ra alguma a comereis.
25 Qualquer que comer a gordu-
ra do animal, do qual se oferecer

ao Senhor oferta queimada, será
extirpado do seu povo.
26 Nenhum sangue comereis em
qualquer das vossas habitações,
quer de aves, quer de gado.
27 Toda pessoa que comer algum
sangue será extirpada do seu povo.

A porção dos sacerdotes

28 Disse o Senhor a Moisés:
29 Dize aos filhos de Israel: Quem
oferecer ao Senhor o seu sacri-
fício pacífico, trará ao Senhor a
oferta do seu sacrifício pacífico.
30 Com suas próprias mãos trará
as ofertas queimadas ao Senhor;
o peito com a gordura trará para
movê-lo por oferta movida peran-
te o Senhor.
31 O sacerdote queimará a gordu-
ra sobre o altar, mas o peito será
de Arão e de seus filhos.
32 Também a coxa direita dareis
ao sacerdote por oferta alçada
dos vossos sacrifícios das ofer-
tas pacíficas.
33 Aquele dentre os filhos de
Arão que oferecer o sangue do
sacrifício da oferta pacífica e a
gordura, esse terá a coxa direita
por sua parte.
34 O peito movido e a espádua al-
çada tomei dos filhos de Israel dos
sacrifícios das suas ofertas pací-
ficas e os dei a Arão, o sacerdote,
e a seus filhos, por direito perpé-
tuo dos filhos de Israel.
35 Esta é a parte de Arão e de
seus filhos das ofertas queima-
das ao Senhor, no dia em que os
apresentou para administrar o
sacerdócio ao Senhor.
36 No dia em que foram ungidos,
ordenou o Senhor aos israeli-
tas que se lhes desse essa par-
te, como estatuto perpétuo pelas
suas gerações.
37 Esta é a lei do holocausto, da
oferta de cereais, da oferta pelo
pecado, da oferta pela culpa, da
oferta das consagrações, e do sa-
crifício das ofertas pacíficas,
38 que o Senhor ordenou a Moisés
no monte Sinai, no dia em que
mandou que os filhos de Israel
oferecessem as suas ofertas ao
Senhor no deserto de Sinai.

A consagração de Arão e seus filhos

8 Disse o Senhor a Moisés:
2 Toma Arão e seus filhos, e as
vestes, e o azeite da unção, como
também o novilho da oferta pelo
pecado, e dois carneiros, e o ces-
to dos pães sem fermento,
3 e reúne toda a congregação à
entrada da tenda da congregação.
4 Fez, pois, Moisés como o Senhor
lhe ordenara, e a comunidade se
reuniu à entrada da tenda da con-
gregação.
5 Então disse Moisés à comuni-
dade: Isto é o que o Senhor orde-
nou que se fizesse.
6 Então Moisés trouxe Arão e seus
filhos e os lavou com água.
7 E vestiu Arão com a túnica, e cin-
giu-o com o cinto, e pôs sobre ele
o manto. Também pôs sobre ele a
estola sacerdotal e a prendeu, cin-
gindo-a com o cinturão.
8 Depois, colocou-lhe o peitoral,
no qual pôs o Urim e o Tumim.
9 Então pôs sobre a sua cabeça o
turbante e, na parte da frente dele,
pôs a lâmina de ouro, a coroa sagra-
da, como o Senhor lhe ordenara.
10 Então Moisés tomou o azeite da
unção e ungiu o tabernáculo e tudo
o que havia nele e os consagrou.
11 E dele espargiu sete vezes so-
bre o altar e ungiu o altar e todos
os seus vasos, como também a pia
e a sua base, para consagrá-los.

12 Depois derramou do azeite da
unção sobre a cabeça de Arão e
ungiu-o, para consagrá-lo.
13 Também Moisés trouxe os fi-
lhos de Arão e vestiu-lhes as tú-
nicas, cingiu-os com o cinto e
apertou-lhes as tiaras, como o
Senhor lhe ordenara.
14 Então trouxe o novilho da ofer-
ta pelo pecado, e Arão e seus filhos
puseram as mãos sobre a cabeça
do novilho da oferta pelo pecado.
15 Depois de imolá-lo, Moisés
tomou o sangue, e dele pôs com
o dedo sobre os chifres ao re-
dor do altar, purificando o altar.
Derramou o resto do sangue na
base do altar e o consagrou para
fazer expiação por ele.
16 Tomou também toda a gor-
dura que está nas vísceras, o re-
denho do fígado, e os dois rins e
a sua gordura, e os queimou so-
bre o altar.
17 O novilho, porém, com o seu
couro, e a sua carne, e o seu ester-
co queimou com fogo fora do ar-
raial, como o Senhor lhe ordenara.
18 Depois mandou trazer o car-
neiro do holocausto, e Arão e seus
filhos puseram as mãos sobre a
cabeça do carneiro.
19 Moisés o imolou e espargiu o
sangue em volta do altar.
20 Depois de partir o carneiro
em seus pedaços, Moisés quei-
mou dele a cabeça, os pedaços e
a gordura.
21 Lavou com água as vísceras e
as pernas e queimou todo o car-
neiro sobre o altar; foi holocausto
de cheiro suave, uma oferta quei-
mada ao Senhor, como o Senhor
ordenara a Moisés.
22 Então mandou trazer o ou-
tro carneiro, o carneiro da con-
sagração, e Arão e seus filhos
puseram as mãos sobre a cabe-
ça do carneiro.
23 Moisés o imolou, pegou do seu
sangue e pôs sobre a ponta da ore-
lha direita de Arão, e sobre o po-
legar da sua mão direita, e sobre
o polegar do seu pé direito.
24 Moisés também trouxe os fi-
lhos de Arão e pôs daquele san-
gue sobre a ponta da orelha direi-
ta deles, e sobre o polegar da sua
mão direita, e sobre o polegar do
seu pé direito. Então espargiu o
resto do sangue em volta do altar.
25 Tomou a gordura, a cauda, toda
a gordura que está nas vísceras, o
redenho do fígado, ambos os rins
e a sua gordura e a coxa direita.
26 Então do cesto dos pães sem
fermento, que estava diante do
Senhor, pegou um bolo sem fer-
mento, e um bolo de pão azeita-
do, e um pão fino, e os pôs sobre
a gordura e sobre a coxa direita.
27 Tudo isso pôs nas mãos de
Arão e nas mãos de seus filhos e
o ofereceu por oferta movida pe-
rante o Senhor.
28 Depois Moisés os tomou das
mãos deles e os queimou no altar
sobre o holocausto; era uma oferta
de consagração, por cheiro suave,
oferta queimada ao Senhor.
29 Em seguida, tomou Moisés o
peito e o moveu por oferta movida
perante o Senhor; era a parte de
Moisés do carneiro da consagra-
ção, como o Senhor lhe ordenara.
30 Pegou também Moisés do azei-
te da unção e do sangue que es-
tava sobre o altar e os espargiu
sobre Arão e suas vestes, e sobre
os seus filhos e sobre as vestes de
seus filhos. Assim consagrou a
Arão e as suas vestes, e a seus
filhos, e as vestes de seus filhos
com ele.

31 Então disse Moisés a Arão e a
seus filhos: Cozinhai a carne na
entrada da tenda da congregação
e ali a comei com o pão que está
no cesto da consagração, como
ordenei, dizendo: Arão e seus fi-
lhos a comerão.
32 O que sobrar da carne e do
pão, porém, queimareis com fogo.
33 Também da entrada da tenda da
congregação não saireis durante
sete dias, até que se cumpram os
dias da vossa consagração, pois
por sete dias ele vos consagrará.
34 Como se fez no dia de hoje, as-
sim o Senhor ordenou se fizesse,
em expiação por vós.
35 Ficareis à entrada da tenda
da congregação dia e noite du-
rante sete dias e observareis as
ordenanças do Senhor, para que
não morrais; pois assim me foi
ordenado.
36 Assim Arão e seus filhos fize-
ram todas as coisas que o Senhor
lhes ordenou por meio de Moisés.

Os sacerdotes iniciam o seu ministério

9 Ao oitavo dia, Moisés chamou
Arão e seus filhos, e os anciãos
de Israel,
2 e disse a Arão: Toma um bezer-
ro para oferta pelo pecado, e um
carneiro para holocausto, am-
bos sem defeito, e traze-os peran-
te o Senhor.
3 Então dirás aos filhos de Israel:
Tomai um bode para oferta pelo
pecado, um bezerro e um cordei-
ro de um ano, ambos sem defei-
to, para o holocausto,
4 e um boi e um carneiro por ofer-
ta pacífica, para sacrificar peran-
te o Senhor, e oferta de cereais
amassada com azeite. Pois hoje
o Senhor vos aparecerá.
5 Então trouxeram diante da tenda
da congregação o que Moisés or-
denou, e chegou-se toda a congre-
gação, e se pôs perante o Senhor.
6 Disse Moisés: Isto é o que o
Senhor vos ordenou que fizésseis,
para que a sua glória vos apareça.
7 Disse Moisés a Arão: Chega-te
ao altar, oferece a tua oferta pelo
pecado e o teu holocausto, e faze
expiação por ti e pelo povo; tam-
bém oferece a oferta do povo e faze
expiação por ele, como o Senhor
ordenou.
8 Então Arão se chegou ao altar
e imolou o bezerro da oferta pelo
pecado destinado a si próprio.
9 Os filhos de Arão trouxeram-
-lhe o sangue e ele molhou o seu
dedo no sangue e o pôs sobre as
pontas do altar; o resto do san-
gue derramou na base do altar.
10 A gordura, e os rins, e o rede-
nho do fígado, porém, tirados da
oferta pelo pecado, queimou so-
bre o altar, como o Senhor orde-
nara a Moisés;
11 a carne e o couro queimou fora
do arraial.
12 A seguir, imolou o holocaus-
to, e os filhos de Arão lhe entre-
garam o sangue, e ele o espargiu
sobre o altar em redor.
13 Também lhe entregaram o ho-
locausto nos seus pedaços, com a
cabeça, e o queimou sobre o altar.
14 E lavou as vísceras e as per-
nas e as queimou sobre o holo-
causto, no altar.
15 Depois apresentou a oferta do
povo, pegou o bode da oferta pelo
pecado, que era do povo, o imo-
lou e o preparou por oferta pelo
pecado, como fizera com a pri-
meira vítima.
16 Apresentou também o holo-
causto e o ofereceu segundo o rito.

17 Apresentou a oferta de cereais,
da qual tomou um punhado e
queimou sobre o altar, além do
holocausto da manhã.
18 Depois imolou o boi e o car-
neiro em sacrifício pacífico pelo
povo. Os filhos de Arão entrega-
ram-lhe o sangue, que ele espar-
giu ao redor do altar,
19 como também a gordura do boi
e do carneiro, a cauda e o que co-
bre as vísceras, os rins e o rede-
nho do fígado.
20 Puseram a gordura sobre os pei-
tos, e ele a queimou sobre o altar.
21 Os peitos e a coxa direita, po-
rém, Arão os ofereceu por oferta
movida perante o Senhor, como
Moisés ordenara.
22 Depois, Arão levantou as mãos
ao povo e o abençoou. E desceu, ha-
vendo feito a oferta pelo pecado, o
holocausto e as ofertas pacíficas.
23 Moisés e Arão entraram na
tenda da congregação. Quando
saíram, abençoaram o povo; e
a glória do Senhor apareceu a
todo o povo.
24 Fogo saiu da presença do Senhor
e consumiu o holocausto e a gor-
dura sobre o altar. O que vendo
todo o povo, jubilou e prostrou-
-se com o rosto em terra.

A morte de Nadabe e Abiú

10 Nadabe e Abiú, filhos de
Arão, tomaram cada um
o seu incensário, puseram ne-
les fogo, puseram incenso sobre
ele e trouxeram fogo estranho
perante o Senhor, o que ele não
lhes ordenara.
2 Então saiu fogo da presença do
Senhor e os consumiu; e morre-
ram perante o Senhor.
3 Disse Moisés a Arão: Isto é o
que o Senhor disse:
Serei santificado naqueles
que se chegarem a mim;
serei glorificado diante de
todo o povo.
Arão, porém, se calou.
4 Moisés chamou Misael e Elzafã,
filhos de Uziel, tio de Arão, e disse-
-lhes: Chegai, tirai vossos irmãos
da frente do santuário, para fora
do arraial.
5 Então se chegaram e levaram-
-nos nas suas túnicas para fora do
arraial, como Moisés ordenara.
6 Disse Moisés a Arão e a seus fi-
lhos, Eleazar e Itamar: Não des-
cobrireis a vossa cabeça nem ras-
gareis as vossas vestes, para que
não morrais, nem venha grande
indignação sobre toda a congre-
gação; mas vossos irmãos, toda
a casa de Israel, lamentem este
incêndio que o Senhor provocou.
7 Não saireis da entrada da ten-
da da congregação, para que não
morrais, porque está sobre vós o
azeite da unção do Senhor. E fize-
ram conforme a palavra de Moisés.
8 Disse o Senhor a Arão:
9 Não beberás vinho nem bebi-
da forte, nem tu nem teus filhos,
quando entrardes na tenda da
congregação, para que não mor-
rais. Estatuto perpétuo será isso
pelas vossas gerações,
10 para que possais discernir en-
tre o santo e o profano, e entre o
imundo e o limpo,
11 e para ensinar aos filhos de Israel
todos os estatutos que o Senhor
lhes tem dado por meio de Moisés.
12 Disse Moisés a Arão, a Eleazar
e a Itamar, seus filhos, que fica-
ram vivos: Tomai a oferta de ce-
reais, restante das ofertas quei-
madas ao Senhor, e comei-a sem
fermento junto ao altar, pois é
coisa santíssima.

13 E vós a comereis em lugar
santo, pois isso é a tua parte e
de teus filhos das ofertas quei-
madas do Senhor; pois assim me
foi ordenado.
14 Também o peito da oferta mo-
vida e a coxa da oferta alçada co-
mereis em lugar limpo, tu, teus
filhos e tuas filhas contigo; foram
dados por tua parte e de teus fi-
lhos, dos sacrifícios das ofertas
pacíficas dos filhos de Israel.
15 A coxa da oferta alçada e o pei-
to da oferta movida trarão com
as ofertas queimadas de gordura,
para movê-los como oferta movi-
da perante o Senhor. Pertencem
a ti e a teus filhos contigo, por di-
reito perpétuo, como o Senhor
tem ordenado.
16 Moisés buscou diligentemente
o bode da oferta pelo pecado e des-
cobriu que já havia sido queima-
do. Indignado grandemente con-
tra Eleazar e Itamar, os filhos de
Arão que ficaram vivos, disse-lhes:
17 Por que não comestes a oferta
pelo pecado em lugar santo? É coi-
sa santíssima, e o Senhor a deu a
vós, para que leveis a iniquidade
da congregação e para que façais
expiação por eles diante do Senhor.
18 Visto que não se trouxe o seu
sangue para dentro do santuá-
rio, certamente devíeis tê-la co-
mido no santuário, como eu ti-
nha ordenado.
19 Então, disse Arão a Moisés:
Hoje ofereceram a sua oferta pelo
pecado e o seu holocausto peran-
te o Senhor, mas tais coisas me
sucederam. Se eu tivesse comi-
do hoje a oferta pelo pecado, se-
ria isso porventura agradável aos
olhos do Senhor?
20 Ouvindo isso, Moisés deu-se
por satisfeito.

Animais limpos e imundos

11 Disse o Senhor a Moisés
e a Arão:
2 Dizei aos filhos de Israel: São
estes os animais que podereis co-
mer de todos os animais que há
sobre a terra:
3 Dos animais, podereis comer
tudo o que tem unhas fendidas,
o casco dividido e que rumina.
4 Mas dos que ruminam e têm a unha
fendida não comereis: o camelo, que
rumina mas não tem as unhas fen-
didas, esse vos será imundo.
5 O coelho, que rumina, mas não
tem as unhas fendidas, esse vos
será imundo.
6 A lebre, que rumina, mas não
tem as unhas fendidas, essa vos
será imunda.
7 Também o porco, que tem as unhas
fendidas e o casco dividido, mas
não rumina, esse vos será imundo.
8 Da sua carne não comereis nem
tocareis no seu cadáver. Estes vos
serão imundos.
9 Estes são os que podereis co-
mer de todos os animais que há
nas águas: tudo o que tem barba-
tanas e escamas, nos mares e nos
rios, esses comereis.
10 Tudo, porém, o que não tem
barbatanas nem escamas, nos
mares e nos rios, todo réptil das
águas e todos os animais que vi-
vem nas águas, esses serão abo-
mináveis para vós.
11 Eles serão para vós abomina-
ção; da sua carne não comereis e
abominareis o seu cadáver.
12 Tudo o que não tem barbata-
nas ou escamas, nas águas, será
para vós abominável.
13 Das aves, a estas abominareis,
não se comerão, serão abominá-
veis: a águia, o urubu, a águia-
-marinha,

14 o açor, o falcão de qualquer espécie,
15 toda a variedade de corvo,
16 o avestruz, a coruja, a gaivota, o gavião de qualquer espécie,
17 o mocho, o corvo-marinho, o corujão,
18 a gralha, o pelicano, o abutre,
19 a cegonha, a garça de qualquer espécie, a poupa e o morcego.
20 Todo inseto que voa e anda sobre quatro pés será para vós abominação.
21 Mas de todo inseto que voa, que anda sobre quatro pés, podereis comer dos que tiver pernas compridas para com elas saltar sobre a terra.
22 Deles comereis estes: a locusta de qualquer espécie, o gafanhoto devorador de qualquer espécie, o grilo de qualquer espécie e o gafanhoto de qualquer espécie.
23 Todos os outros insetos que voam e têm quatro pés serão para vós abominação.
24 Por eles sereis imundos; qualquer que tocar nos seus cadáveres, imundo será até a tarde.
25 Qualquer que transportar um de seus cadáveres lavará as suas vestes e será imundo até a tarde.
26 Todo animal que tem unhas fendidas, mas cuja fenda não as divide em duas, e tudo o que não rumina, vos será imundo; qualquer que neles tocar será imundo.
27 Todos os animais quadrúpedes, *que andam nas plantas* dos pés, vos serão imundos; qualquer que tocar nos seus cadáveres será imundo até a tarde.
28 O que transportar os seus cadáveres lavará as suas vestes e será imundo até a tarde. Eles vos serão imundos.
29 Também estes vos serão imundos entre os animais que se arrastam pelo chão: a doninha, o rato, o lagarto de qualquer espécie,
30 a lagartixa, o lagarto da areia, o lagarto pintado, a lesma e a toupeira.
31 Esses vos serão imundos entre todos os animais que se arrastam pelo chão. Qualquer que neles tocar, estando eles mortos, será imundo até a tarde.
32 Todo objeto sobre o qual cair algum desses animais, estando mortos, será imundo, seja vaso de madeira, ou vestes, ou pele, ou saco, qualquer instrumento com que se faz alguma obra. Será colocado na água; será imundo até a tarde e, então, será limpo.
33 Todo vaso de barro em que cair algum deles, tudo o que houver nele, será imundo, e o vaso quebrareis.
34 Todo alimento preparado com a água desse vaso será imundo; e toda bebida que se pode beber, depositada nesse vaso, será imunda.
35 Todo objeto sobre o qual cair algum desses cadáveres será imundo; o forno e o vaso de barro serão quebrados. Imundos são, portanto vos serão imundos.
36 A fonte ou cisterna, porém, que contenha águas, será limpa, mas quem tocar no cadáver será imundo.
37 Se dos seus cadáveres cair alguma coisa sobre alguma semente que se há de semear, esta será limpa.
38 Se, porém, for derramada água sobre a semente, e um cadáver cair sobre ela, será imunda.
39 Se morrer algum dos animais destinados à vossa alimentação,

quem tocar no seu cadáver será
imundo até a tarde.
40 Quem comer do seu cadáver la-
vará as suas vestes e será imun-
do até a tarde. Quem transpor-
tar o seu cadáver lavará as suas
vestes e será imundo até a tarde.
41 Toda criatura que se arrasta
sobre a terra será abominação;
não se comerá.
42 Tudo o que anda sobre o ventre,
e tudo o que anda sobre quatro pés,
ou que tem mais pés, de toda cria-
tura que se arrasta sobre a terra,
não comereis; é abominação.
43 Não façais a vossa alma abo-
minável por nenhuma criatura
que se arrasta nem com elas vos
contaminareis, para não serdes
imundos.
44 Eu sou o Senhor, o vosso Deus;
consagrai-vos e sede santos, por-
que eu sou santo. Não vos conta-
minareis com nenhuma criatu-
ra que se arrasta sobre a terra.
45 Eu sou o Senhor que vos fiz
subir da terra do Egito para ser
o vosso Deus; portanto, sede san-
tos porque eu sou santo.
46 Esta é a lei referente aos animais,
às aves, a todos os seres viventes
que se movem nas águas e a todos
os que se arrastam sobre a terra,
47 para que possais distinguir
entre o imundo e o limpo, entre
os animais que se podem comer
e os que não se podem comer.

A purificação depois do parto

12 Disse o Senhor a Moisés:
2 Dize aos filhos de Israel:
Se uma mulher conceber e tiver
um menino, será imunda duran-
te sete dias, como nos dias da sua
menstruação.
3 No oitavo dia, o menino será
circuncidado.
4 Depois ficará ela trinta e três dias
purificando-se do seu sangue; em
nenhuma coisa santa tocará e não
virá ao santuário até que se cum-
pram os dias da sua purificação.
5 Se, porém, tiver uma menina,
será imunda duas semanas, como
nos dias da sua menstruação; de-
pois ficará sessenta e seis dias pu-
rificando-se do seu sangue.
6 Quando forem cumpridos os
dias da sua purificação por filho
ou por filha, trará um cordeiro de
um ano por holocausto e um pom-
binho ou uma rolinha para ofer-
ta pelo pecado, à entrada da ten-
da da congregação, ao sacerdote.
7 Ele os oferecerá perante o Senhor,
fazendo por ela expiação, e será
limpa do fluxo do seu sangra-
mento. Esta é a lei para a mulher
que der à luz um menino ou uma
menina.
8 Se os seus recursos não forem
suficientes para um cordeiro, en-
tão, tomará duas rolinhas ou dois
pombinhos, um para o holocaus-
to e outro para a oferta pelo pe-
cado. Assim o sacerdote fará por
ela expiação, e será limpa.

As leis acerca da praga da lepra

13 Disse o Senhor a Moisés
e a Arão:
2 Quando um homem tiver na
pele inchaço, erupção ou man-
cha lustrosa, com aparência de
praga de lepra, será levado ao
sacerdote Arão ou a um de seus
filhos, os sacerdotes.
3 O sacerdote lhe examinará a
praga na pele, e, se o pelo na pra-
ga se tornou branco e a praga
parecer mais profunda do que a
pele do seu corpo, é praga de le-
pra. O sacerdote, vendo-o, o de-
clarará imundo.

4 Se a mancha lustrosa na pele for
branca, e não parecer mais pro-
funda do que a pele, e o pelo não
se tornou branco, então, o sacer-
dote isolará durante sete dias o
que tem a praga.
5 Ao sétimo dia, o sacerdote o
examinará e, se no seu parecer, a
praga não mudou e não se esten-
deu na sua pele, então o sacerdo-
te o isolará por outros sete dias.
6 No sétimo dia, o sacerdote o exa-
minará outra vez e, se perceber
que a praga se escureceu e não se
estendeu na pele, então o sacer-
dote o declarará limpo; é apenas
uma erupção. O homem lavará as
suas vestes e será limpo.
7 Se, porém, a erupção se estender
muito na pele, depois de ele ter sido
examinado pelo sacerdote, outra
vez será mostrado ao sacerdote.
8 O sacerdote o examinará e, se
a erupção se tiver estendido na
pele, o declarará imundo; é lepra.
9 **Q**uando no homem houver praga
de lepra, será levado ao sacerdote.
10 O sacerdote o examinará e, se
houver inchação branca na pele, a
qual tornou o pelo branco e hou-
ver carne viva no inchaço,
11 é lepra envelhecida na sua
pele, e o sacerdote o declarará
imundo. Não o isolará, porque
já é imundo.
12 Se a lepra florescer de todo na
pele e cobrir toda a pele do que
tem a praga, desde a sua cabeça
até os seus pés, quanto podem ver
os olhos do sacerdote,
13 o sacerdote o examinará e, se
a lepra tiver coberto toda a car-
ne, declarará limpo o que tem a
mancha. Toda a lepra se tornou
branca, o homem está limpo.
14 No dia em que aparecer nela
carne viva, porém, será imundo.
15 Vendo o sacerdote a carne
viva, o declarará imundo. A car-
ne é imunda; é lepra.
16 Ou, tornando a carne viva e
mudando-se em branca, ele virá
ao sacerdote.
17 O sacerdote o examinará e, se
a praga se tornou branca, o sacer-
dote declarará limpo o que tem a
mancha; limpo está.
18 Se também a carne, em cuja pele
houver alguma úlcera, se sarar,
19 e em lugar da erupção apare-
cer inchaço branco ou mancha
lustrosa rosada, se mostrará ao
sacerdote.
20 O sacerdote o examinará e,
se ela parecer mais profunda do
que a pele e o seu pelo se tornou
branco, o sacerdote o declarará
imundo. É praga de lepra que
brotou da úlcera.
21 Se o sacerdote, porém, ven-
do-a, notar que o seu pelo não se
tornou branco, nem está mais
profunda do que a pele, mas es-
curecida, então o sacerdote o iso-
lará durante sete dias.
22 Se depois ela grandemente se
espalhar na pele, o sacerdote de-
clarará imundo o homem; é praga.
23 Se, ao contrário, a mancha lus-
trosa permanecer no mesmo lu-
gar, não se estendendo, é cicatriz
da úlcera, e o sacerdote o decla-
rará limpo.
24 **Q**uando na pele houver quei-
madura e na parte queimada
houver mancha lustrosa rosada
ou branca,
25 o sacerdote a examinará e, se
o pelo na mancha lustrosa se tor-
nou branco, e ela parece mais pro-
funda do que a pele, é lepra que
brotou da queimadura. O sacer-
dote declarará imundo o homem;
é praga de lepra.

26 Se o sacerdote, porém, constatar que a mancha lustrosa não está mais profunda do que a pele, e nela não aparece pelo branco, mas tiver escurecido, o sacerdote o isolará durante sete dias.

27 Ao sétimo dia, o sacerdote o examinará, e, se grandemente se houver estendido na pele, o sacerdote o declarará imundo; é praga de lepra.

28 Se, porém, a mancha lustrosa permanecer no seu lugar, não se estendendo, mas se tornando escura, é inchaço da queimadura, e o sacerdote o declarará limpo; é cicatriz da queimadura.

29 Quando o homem ou a mulher tiver chaga na cabeça ou na barba,

30 o sacerdote examinará a chaga e, se perceber que ela parece mais profunda do que a pele e houver nela pelo amarelo fino, o sacerdote declarará imunda a pessoa; é sarna, é lepra da cabeça ou da barba.

31 Se, contudo, o sacerdote, havendo examinado a praga da sarna, achar que ela não parece mais profunda do que a pele, e nela não houver pelo preto, então o sacerdote isolará o que tem a praga da sarna durante sete dias.

32 Ao sétimo dia, examinará a praga e, se a sarna não se tiver estendido, e nela não houver pelo amarelo nem parecer mais profunda do que a pele,

33 então o homem se rapará, exceto a área afetada pela sarna, e o sacerdote o isolará por mais sete dias.

34 Ao sétimo dia, o sacerdote examinará a sarna e, se ela não se houver estendido na pele e não *parecer mais profunda do* que a pele, o sacerdote declarará limpo o homem. Este lavará as suas vestes e será limpo.

35 Se, porém, a sarna, depois da sua purificação, se estender grandemente na pele,

36 o sacerdote o examinará e, se a sarna se tiver estendido na pele, o sacerdote não buscará pelo amarelo; o homem está imundo.

37 Se, contudo, a sarna, a seu ver, parou, e nela cresceu pelo preto, ela está curada. Limpo está o homem, e o sacerdote o declarará limpo.

38 **Q**uando o homem ou a mulher tiver manchas lustrosas brancas na pele,

39 o sacerdote as examinará, e, se na pele aparecem manchas escurecidas, é impigem que floresceu na pele; está limpo.

40 **Q**uando alguém perder os cabelos da cabeça, e for calvo, está limpo.

41 Se perder os cabelos da frente e ficar com a testa calva, é limpo.

42 Se, porém, na parte calva houver ferida de cor avermelhada, é lepra que está brotando na sua calvície da frente ou de trás da cabeça.

43 Havendo o sacerdote examinado e constatado que o inchaço da praga na calvície da frente ou de trás da cabeça é avermelhada, como parece a lepra na pele,

44 leproso é aquele homem, e está imundo. O sacerdote o declarará totalmente imundo; na sua cabeça está a praga.

45 **T**ambém o leproso, em quem está a praga, andará com as vestes rasgadas, a cabeça descoberta e os cabelos soltos, mas cobrirá o bigode, e gritará: Imundo! Imundo!

46 Será imundo todos os dias em que a praga estiver nele. É imundo, e habitará só; a sua habitação será fora do arraial.

47 Quando houver praga de lepra
em alguma veste de lã ou de linho,
48 quer no fio entrelaçado, quer
no fio tecido, seja de linho ou de
lã, ou em pele, ou em qualquer
obra de peles,
49 e a praga na veste, na pele, no
fio entrelaçado ou tecido, ou em
qualquer coisa de peles, for verde ou vermelha, é praga de lepra,
pelo que se mostrará ao sacerdote.
50 O sacerdote examinará a praga
e isolará o objeto que tem a praga durante sete dias.
51 Então examinará a praga ao
sétimo dia e, se a praga se houver
estendido na veste, no fio entrelaçado ou tecido, na pele, ou sobre
qualquer obra feita de pele, é lepra roedora; o objeto é imundo.
52 Pelo que se queimará aquela
veste, ou o fio entrelaçado ou tecido, seja de lã ou de linho, ou qualquer obra de peles em que houver
a praga, porque é lepra roedora;
ao fogo se queimará.
53 Examinando-a, porém, o sacerdote, se a praga não se estendeu na veste, no fio entrelaçado
ou tecido, ou em qualquer obra
de peles,
54 então o sacerdote ordenará que
se lave aquilo em que havia a praga e o isolará por mais sete dias.
55 Se, depois de lavada, o sacerdote constatar que a praga não mudou o seu parecer, nem se estendeu, o objeto é imundo. Ao fogo
se queimará; é praga penetrante, *seja no avesso ou no direito.*
56 Se o sacerdote, porém, notar
que a mancha se escureceu depois de lavada, então a rasgará
da veste, ou da pele, ou do fio entrelaçado ou tecido.
57 Se, contudo, ainda aparecer
na veste, ou no fio entrelaçado
ou tecido ou em qualquer coisa
de peles, é lepra brotante, e ao
fogo queimarás o objeto em que
há a praga.
58 Se, porém, a veste, ou fio entrelaçado ou tecido, ou qualquer
coisa de peles, que lavares, e de
que a praga se retirar, se lavará
segunda vez, e será limpo.
59 Esta é a lei da praga da lepra na
veste de lã, ou de linho, ou do fio
entrelaçado ou tecido, ou de qualquer coisa de peles, para determinar se são limpos ou imundos.

A lei acerca do leproso depois de sarado

14 Disse o Senhor a Moisés:
2 Esta será a lei do leproso
no dia da sua purificação, quando for levado ao sacerdote:
3 O sacerdote irá para fora do arraial e o examinará. Se a praga
da lepra estiver curada,
4 o sacerdote ordenará que, por
aquele que deve ser purificado,
se tragam duas aves vivas e limpas, madeira de cedro, carmesim
e hissopo.
5 Mandará também que se imole
uma ave num vaso de barro sobre águas correntes.
6 Tomará a ave viva, a madeira
de cedro, com o pano vermelho
e o hissopo e os molhará com a
ave viva no sangue da ave morta
sobre as águas correntes.
7 Sobre aquele que deve ser purificado da lepra, espargirá sete
vezes e o declarará limpo. Então
soltará no campo a ave viva.
8 Aquele que deve ser purificado
lavará as suas vestes, rapará todos os seus pelos e se lavará com
água; assim será limpo. Depois
entrará no arraial, mas ficará
fora da sua tenda por sete dias.

9 Ao sétimo dia, rapará o cabelo,
a cabeça, a barba, as sobrancelhas
e o restante do seu pelo. Lavará
as suas vestes e banhará o cor-
po com água; e então será limpo.
10 No oitavo dia, tomará dois cor-
deiros sem defeito, uma ovelha
sem defeito, de um ano, três déci-
mos de um efa de flor de farinha
para oferta de cereais amassada
com azeite e uma caneca de azeite.
11 O sacerdote que faz a purifica-
ção apresentará perante o Senhor
o homem que deve ser purificado
com aquelas coisas, na entrada
da tenda da congregação.
12 Então o sacerdote tomará um
dos cordeiros e o oferecerá como
oferta pela culpa, com a caneca
de azeite; ele os moverá por ofer-
ta movida perante o Senhor.
13 Então imolará o cordeiro no
lugar em que se imola a oferta
pelo pecado e o holocausto, no
lugar santo. Tanto a oferta pela
culpa como a oferta pelo pecado
pertencem ao sacerdote; é coisa
santíssima.
14 O sacerdote tomará do sangue
da oferta pela culpa e o porá sobre
a ponta da orelha direita daquele
que deve ser purificado e sobre o
polegar da sua mão direita, e so-
bre o polegar do seu pé direito.
15 Também o sacerdote pegará
azeite da caneca e o derrama-
rá na palma da sua própria mão
esquerda.
16 Então molhará o dedo direi-
to no azeite que está na sua mão
esquerda e daquele azeite com o
seu dedo espargirá sete vezes pe-
rante o Senhor.
17 Do restante do azeite que está
na sua mão, o sacerdote porá sobre
a ponta da orelha direita daque-
le que se há de purificar, e sobre
o dedo polegar da sua mão direi-
ta, e sobre o dedo polegar do seu
pé direito, em cima do sangue da
oferta pela culpa.
18 O restante do azeite que está na
mão do sacerdote, este o porá so-
bre a cabeça daquele que deve ser
purificado; assim o sacerdote fará
expiação por ele perante o Senhor.
19 Também o sacerdote oferecerá
a oferta pelo pecado e fará expia-
ção por aquele que deve ser puri-
ficado da sua imundícia. Depois
imolará o holocausto
20 e o oferecerá com a oferta de
cereais sobre o altar; assim o sa-
cerdote fará expiação pelo ofer-
tante, que ficará limpo.
21 Se, porém, for pobre, e os seus
recursos insuficientes, tomará
apenas um cordeiro para ofer-
ta pela culpa como oferta movi-
da, para fazer expiação por ele.
Levará a décima parte de um efa
de flor de farinha amassada com
azeite, para oferta de cereais, e
uma caneca de azeite,
22 duas rolinhas ou dois pombi-
nhos, conforme os seus recursos,
dos quais um será para oferta pelo
pecado, e o outro, para holocausto.
23 Ao oitavo dia da sua purifica-
ção os trará ao sacerdote, à en-
trada da tenda da congregação,
perante o Senhor.
24 O sacerdote tomará o cordei-
ro da oferta pela culpa e a caneca
de azeite e os moverá por oferta
movida perante o Senhor.
25 Então o sacerdote imolará o
cordeiro da oferta pela culpa e
pegará do sangue da oferta pela
culpa e o porá sobre a ponta da
orelha direita daquele que deve
ser purificado, e sobre o polegar
da sua mão direita, e sobre o po-
legar do seu pé direito.

26 Também o sacerdote derra-
mará do azeite na palma da sua
própria mão esquerda
27 e com o dedo indicador direito
espargirá o azeite sete vezes pe-
rante o Senhor.
28 Do azeite que tem na mão porá
na ponta da orelha direita daquele
que deve ser purificado, no pole-
gar da sua mão direita e no po-
legar do seu pé direito, no mes-
mo lugar em que pôs o sangue da
oferta pela culpa.
29 O que sobrar do azeite que tem
na mão, o sacerdote porá sobre a
cabeça do que deve ser purifica-
do, para fazer expiação por ele
perante o Senhor.
30 Depois oferecerá uma das roli-
nhas ou um dos pombinhos, con-
forme os seus recursos.
31 Será um para oferta pelo peca-
do e o outro para holocausto, além
da oferta de cereais. Assim o sa-
cerdote fará expiação por aque-
le que deve ser purificado peran-
te o Senhor.
32 Esta é a lei daquele em quem
está a praga da lepra, cujos re-
cursos são insuficientes para a
sua purificação.
33 **D**isse o Senhor a Moisés e a
Arão:
34 **Q**uando entrardes na terra de
Canaã, que vos darei por proprie-
dade, e eu enviar a praga da le-
pra a alguma casa da terra que
vos pertence,
35 o dono da casa o fará saber ao
sacerdote, dizendo: Parece-me que
há praga em minha casa.
36 O sacerdote ordenará que es-
vaziem a casa antes de ir exami-
nar a praga, para que não seja
contaminado tudo o que nela há.
Depois entrará o sacerdote para
examinar a casa.
37 Se, ao examinar a praga, no-
tar nas paredes da casa manchas
verdes ou vermelhas, parecendo
mais profundas do que a parede,
38 o sacerdote sairá da casa e a
isolará durante sete dias.
39 Ao sétimo dia, o sacerdote vol-
tará e, se constatar que a praga
se alastrou pelas paredes da casa,
40 ordenará que arranquem as
pedras em que estiver a praga
e que as lancem fora da cidade
num lugar imundo.
41 Fará raspar toda a casa por
dentro, e o pó da raspagem será
lançado fora da cidade, num lu-
gar imundo.
42 Depois tomarão outras pedras
e as porão no lugar das primei-
ras, e a casa será rebocada com
outra argamassa.
43 **S**e, porém, a praga tornar a
brotar, depois de arrancadas as
pedras e de a casa ter sido raspa-
da e rebocada,
44 o sacerdote voltará para a exa-
minar. Se a praga se tiver esten-
dido na casa, é lepra maligna, e
a casa está imunda.
45 Portanto será demolida a casa
com as suas pedras, a sua madei-
ra, como também todo o reboco, e
tudo será levado para fora da ci-
dade, a um lugar imundo.
46 Aquele que entrar na casa, em
qualquer dia em que estiver fe-
chada, será imundo até a tarde.
47 Também o que dormir ou comer
em tal casa, lavará as suas vestes.
48 **S**e, porém, ao entrar na casa o
sacerdote notar que a praga não
se estendeu nela depois de ter sido
rebocada, declarará a casa lim-
pa, porque a praga está curada.
49 Para purificar a casa, toma-
rá duas aves, madeira de cedro,
pano vermelho e hissopo.

50 Imolará uma ave num vaso
de barro sobre águas correntes.
51 Então tomará a madeira de
cedro, o hissopo, o pano verme-
lho e a ave viva e os molhará
no sangue da ave morta, e nas
águas correntes, e espargirá a
casa sete vezes.
52 Assim purificará aquela casa
com o sangue da ave, com as águas
correntes, com a ave viva, com a
madeira de cedro, com o hissopo
e com o pano vermelho.
53 Então soltará a ave viva para
fora da cidade, para o campo aber-
to. Assim fará expiação pela casa,
e ela será limpa.
54 Esta é a lei referente a toda a
sorte de praga de lepra, de sarna,
55 da lepra dos vestuários e das
casas,
56 do inchaço, da erupção e das
manchas lustrosas,
57 para determinar quando qual-
quer coisa é limpa ou imunda.
Esta é a lei da lepra.

As impurezas do homem e da mulher

15 Disse o Senhor a Moisés
e a Arão:
2 Falai aos filhos de Israel e dizei-
-lhes: Qualquer homem que tiver
um fluxo que sai do seu corpo,
será imundo por causa do fluxo.
3 Esta é a lei da imundícia: Quer o
fluxo continue a escorrer, quer
seja estancado, ele é imundo.
4 Toda cama em que o homem que
tiver o fluxo se deitar será imun-
da, e toda coisa sobre o que se as-
sentar será imunda.
5 Quem lhe tocar na cama lavará
as vestes, se banhará em água e
será imundo até a tarde.
6 Quem se assentar sobre aqui-
lo em que esteve assentado o que
tem o fluxo, lavará as vestes, se
banhará em água e será imundo
até a tarde.
7 Quem tocar no corpo do que tem
o fluxo lavará as vestes, se banhará
em água e será imundo até a tarde.
8 Se o homem que tem o fluxo cus-
pir numa pessoa limpa, esta lava-
rá as suas vestes, se banhará em
água e será imunda até a tarde.
9 Toda a sela em que cavalgar o
que tem o fluxo será imunda,
10 e qualquer que tocar em algu-
ma coisa que estiver debaixo dele
será imundo até à tarde; qualquer
que levar essas coisas lavará as
suas vestes, se banhará em água
e será imundo até a tarde.
11 Todo aquele em quem o que
tem fluxo tocar, sem que este te-
nha lavado as mãos em água, lava-
rá as suas vestes, se banhará em
água e será imundo até a tarde.
12 O vaso de barro em que tocar
o que tem o fluxo será quebrado;
mas todo vaso de madeira será la-
vado em água.
13 Quando, pois, o que tem o flu-
xo estiver limpo do seu fluxo, se
contarão sete dias para a sua pu-
rificação; então lavará as suas
vestes, se banhará em águas cor-
rentes e será limpo.
14 No oitavo dia, tomará duas ro-
linhas ou dois pombinhos e virá
perante o Senhor, à entrada da
tenda da congregação, e os dará
ao sacerdote.
15 O sacerdote os oferecerá, um
para oferta pelo pecado, e o ou-
tro, em holocausto. Assim o sa-
cerdote fará por ele expiação do
seu fluxo perante o Senhor.
16 Quando um homem tiver uma
emissão de sêmen, banhará todo
o seu corpo em água e será imun-
do até a tarde.

17 Também todo vestuário e toda
pele em que houver sêmen, se la-
varão em água e serão imundos
até a tarde.
18 Quando um homem se deitar
com uma mulher e houver emis-
são de sêmen, ambos se banha-
rão em água e serão imundos
até a tarde.
19 **Q**uando uma mulher tiver o
fluxo menstrual, e o fluxo de seu
corpo for sangue, ficará sete dias
na impureza da sua menstrua-
ção, e qualquer que nela tocar
será imundo até a tarde.
20 Tudo aquilo sobre o que ela se
deitar durante a sua impureza
será imundo, e tudo aquilo sobre
o que se assentar será imundo.
21 Todo aquele que tocar na sua
cama lavará as suas vestes, se
banhará em água e será imundo
até a tarde.
22 Quem tocar em alguma coi-
sa sobre o que ela tiver assenta-
do, lavará as suas vestes, se ba-
nhará em água e será imundo
até a tarde.
23 Quem tocar em alguma coisa
que estiver sobre a cama, ou so-
bre aquilo em que ela se assen-
tou, ficará imundo até a tarde.
24 Se um homem se deitar com
ela, e a sua menstruação o atin-
gir, ficará imundo durante sete
dias; também toda cama sobre a
qual ele se deitar será imunda.
25 **Q**uando uma mulher tiver flu-
xo sanguíneo por muitos dias fora
*do tempo da sua mens*truação,
ou quando o fluxo se prolongar
além do costume, ficará imunda
enquanto durar o fluxo, como nos
dias da sua menstruação.
26 Toda cama em que se deitar
todos os dias do seu fluxo será
como a cama da sua menstruação
e toda coisa sobre a qual se as-
sentar será imunda, conforme a
imundícia da sua menstruação.
27 Quem tocar em alguma des-
sas coisas ficará imundo; por-
tanto, lavará as suas vestes, se
banhará em água e será imundo
até a tarde.
28 Quando ela estiver livre do seu
fluxo, se contarão sete dias, e de-
pois será limpa.
29 Ao oitavo dia, tomará duas ro-
linhas, ou dois pombinhos, e os
trará ao sacerdote, à entrada da
tenda da congregação.
30 O sacerdote oferecerá um de-
les como oferta pelo pecado, e
o outro, em holocausto. Assim
fará por ela expiação diante do
Senhor por causa da impureza
do seu fluxo.
31 **A**ssim separareis os filhos de
Israel das suas imundícias, para
que não morram nas suas imun-
dícias, contaminando o meu ta-
bernáculo, que está no meio deles.
32 Esta é a lei a respeito do ho-
mem que tem fluxo, daquele que
ficou imundo em virtude de emis-
são de sêmen,
33 da mulher em seu período
menstrual, da pessoa que tem
fluxo, seja homem ou mulher, e
do homem que se deita com mu-
lher imunda.

O Dia da Expiação

16 O Senhor falou a Moisés,
depois da morte dos dois fi-
lhos de Arão, que morreram quan-
do se aproximaram do Senhor.
2 Disse o Senhor a Moisés: Dize
a Arão, teu irmão, que não entre
no Santíssimo Lugar a qualquer
hora, além do véu, diante do pro-
piciatório que está sobre a arca,
para que não morra; porque eu

apareço na nuvem sobre o propiciatório.

3 Deste modo Arão entrará no santuário: com um novilho para oferta pelo pecado e um carneiro para holocausto.

4 Vestirá ele a sagrada túnica de linho, terá os calções de linho sobre o corpo, porá um cinto de linho e se cobrirá com um turbante de linho. Essas são vestes sagradas; por isso ele se banhará com água, antes de vesti-las.

5 Da congregação dos filhos de Israel tomará dois bodes para oferta pelo pecado e um carneiro para holocausto.

6 Arão trará o novilho da sua oferta pelo pecado e fará expiação por si e pela sua casa.

7 Também tomará ambos os bodes e os porá perante o Senhor, na entrada da tenda da congregação.

8 Arão lançará sortes sobre os dois bodes: uma pelo Senhor, e a outra, pelo bode emissário.

9 Arão fará chegar o bode, sobre o qual cair a sorte pelo Senhor, e o oferecerá como oferta pelo pecado.

10 O bode escolhido por sorte como o bode emissário, porém, será apresentado vivo diante do Senhor, para fazer com ele expiação a fim de ser enviado ao deserto como bode emissário.

11 Arão trará o novilho da oferta pelo seu próprio pecado e fará expiação por si e pela sua casa; imolará o novilho da oferta pelo seu próprio pecado.

12 Tomará também o incensário cheio de brasas de fogo do altar, diante do Senhor, e tomará dois punhados de incenso aromático moído e levará tudo para trás do véu.

13 Porá o incenso sobre o fogo perante o Senhor, e a nuvem do incenso cobrirá o propiciatório, que está sobre o Testemunho, para que não morra.

14 Tomará do sangue do novilho e, com o seu dedo, o espargirá sobre a frente oriental do propiciatório; e perante o propiciatório espargirá sete vezes do sangue com o seu dedo.

15 Depois, imolará o bode da oferta pelo pecado do povo e trará o seu sangue para trás do véu; fará com o seu sangue como fez com o sangue do novilho: o espargirá sobre o propiciatório e diante do propiciatório.

16 Assim fará expiação pelo Santíssimo Lugar por causa das impurezas dos filhos de Israel e das suas rebeldias, segundo todos os seus pecados. Procederá da mesma forma para com a tenda da congregação que está entre eles, no meio das suas impurezas.

17 Nenhum homem estará na tenda da congregação desde quando ele entrar para fazer propiciação no Santíssimo Lugar até sair, tendo feito expiação por si mesmo, pela sua casa e por toda a congregação de Israel.

18 Então sairá ao altar, que está diante do Senhor, e fará expiação por ele. Tomará do sangue do novilho e do sangue do bode e os porá sobre as pontas do altar ao redor.

19 Daquele sangue espargirá, com o seu dedo, sete vezes sobre o altar, e o purificará das impurezas dos filhos de Israel, e o santificará.

20 Terminada a purificação do Santíssimo Lugar, da tenda da congregação e do altar, Arão trará o bode vivo.

21 Porá ambas as mãos sobre a
cabeça do bode vivo e sobre ele
confessará todas as iniquidades
dos filhos de Israel, e todas as
suas rebeldias, segundo todos os
seus pecados, fazendo-os assim
cair sobre a cabeça do bode. E o
enviará ao deserto pela mão de
um homem designado para isso.
22 O bode levará sobre si todas as
iniquidades deles para terra solitária; e o homem soltará o bode
no deserto.
23 Depois, Arão entrará na tenda
da congregação, tirará as vestes de
linho, que havia vestido antes
de entrar no Santíssimo Lugar,
e ali as deixará.
24 Banhará o corpo em água no lugar santo e vestirá as suas vestes.
Então sairá e preparará o seu holocausto e o holocausto do povo, e
fará expiação por si e pelo povo.
25 Também queimará a gordura
da oferta pelo pecado sobre o altar.
26 O homem que tiver soltado o
bode emissário lavará as suas vestes e banhará o corpo em água;
depois entrará no arraial.
27 O novilho da oferta pelo pecado,
porém, e o bode da oferta pelo pecado, cujo sangue foi trazido para
o Santíssimo Lugar para fazer expiação, serão levados para fora do
arraial. As peles, a carne e o excremento serão queimados com fogo.
28 Aquele que os queimar lavará
as suas vestes, banhará o corpo em
água e, depois, entrará no arraial.
29 Isto vos será por estatuto perpétuo: No sétimo mês, aos dez do
mês, afligireis as vossas almas e
nenhuma obra fareis, nem o natural nem o estrangeiro que peregrina entre vós,
30 porque nesse dia se fará expiação
por vós, para serdes purificados.
Diante do Senhor sereis purificados de todos os vossos pecados.
31 Será sábado de descanso para
vós, e afligireis as vossas almas;
é estatuto perpétuo.
32 O sacerdote que for ungido e
ordenado para administrar o sacerdócio no lugar de seu pai fará
a expiação. Porá as vestes sagradas de linho
33 e fará expiação pelo Santíssimo
Lugar, pela tenda da congregação
e pelo altar, pelos sacerdotes e
por todo o povo da congregação.
34 Isto vos será por estatuto perpétuo, para fazer expiação pelos
filhos de Israel de todos os seus
pecados, uma vez por ano. E fez
Arão como o Senhor ordenara a
Moisés.

Proíbe-se comer sangue

17 Disse o Senhor a Moisés:
2 Fala a Arão e aos seus filhos, e a todos os filhos de Israel,
e dize-lhes: Isto é o que o Senhor
ordenou:
3 Qualquer homem da casa de
Israel que imolar boi, ou cordeiro,
ou cabra, no arraial ou fora dele,
4 e não os trouxer à entrada da
tenda da congregação, para oferecê-lo ao Senhor diante do seu
tabernáculo, tal homem será considerado culpado de derramamento de sangue; derramou sangue, esse homem será eliminado
do seu povo.
5 Isso é para que os filhos de Israel
tragam os seus sacrifícios, que
agora imolam no campo aberto,
e os apresentem ao Senhor, à entrada da tenda da congregação,
ao sacerdote, e os ofereçam por
sacrifícios pacíficos ao Senhor.
6 O sacerdote espargirá o sangue
sobre o altar do Senhor, à entrada

da tenda da congregação, e queimará a gordura por cheiro suave ao Senhor.
7 Nunca mais oferecerão os seus sacrifícios aos demônios, com os quais se prostituem. Isto lhes será por estatuto perpétuo pelas suas gerações.
8 Dize-lhes: Qualquer homem da casa de Israel, ou dos estrangeiros que peregrinam entre vós, que oferecer holocausto ou sacrifício
9 e não o trouxer à entrada da tenda da congregação, para oferecê-lo ao Senhor, esse homem será eliminado do seu povo.
10 Qualquer homem da casa de Israel, ou dos estrangeiros que peregrinam entre eles, que comer sangue, contra ele porei o meu rosto e o eliminarei do seu povo.
11 Pois a vida da carne está no sangue, pelo que o tenho dado a vós para fazer expiação pela vossa vida sobre o altar; é o sangue que faz expiação pela vida.
12 Portanto digo aos filhos de Israel: Nenhum de vós comerá sangue, nem o estrangeiro que peregrine entre vós.
13 Também, qualquer homem dos filhos de Israel, ou dos estrangeiros que peregrinam entre eles, que caçar um animal selvagem ou uma ave própria para comer, derramará o seu sangue e o cobrirá com pó,
14 porque a vida de toda criatura é o seu sangue. Por isso, eu disse aos filhos de Israel: Não comereis o sangue de nenhuma carne, porque a vida de toda carne é o seu sangue. Qualquer que o comer será eliminado.
15 Todo homem, quer natural, quer estrangeiro, que comer um animal morto ou dilacerado, lavará as suas vestes, se banhará em água e será imundo até a tarde; depois será limpo.
16 Se, porém, não as lavar nem banhar o corpo, levará sobre si a sua culpa.

Relações sexuais ilícitas

18 Disse o Senhor a Moisés:
2 Fala aos filhos de Israel e dize-lhes: Eu sou o Senhor, o vosso Deus.
3 Não imitareis os costumes do Egito, onde habitastes, nem os da terra de Canaã, para a qual vos conduzo, nem andareis segundo os seus estatutos.
4 Praticareis os meus juízos e guardareis os meus estatutos, para andardes neles. Eu sou o Senhor, o vosso Deus.
5 Portanto, os meus estatutos e os meus juízos guardareis, pois o homem que os cumprir, por eles viverá. Eu sou o Senhor.
6 Nenhum de vós se chegará a qualquer parente próximo, para relacionar-se sexualmente com ele. Eu sou o Senhor.
7 Não desonrarás o teu pai, nem a tua mãe. É tua mãe; não descobrirás a sua nudez.
8 Não te envolverás sexualmente com a mulher de teu pai.
9 Não te envolverás sexualmente com a tua irmã, quer seja filha de teu pai, quer filha de tua mãe, quer seja nascida em casa, quer fora dela.
10 Não te envolverás sexualmente com a filha de teu filho, ou com a filha de tua filha; pois te desonrarias a ti mesmo.
11 Não te envolverás sexualmente com a filha da mulher de teu pai, gerada de teu pai; ela é tua irmã.

12 Não te envolverás sexualmen-
te com a irmã de teu pai; ela é pa-
rente próxima de teu pai.
13 Não te envolverás sexualmente
com a irmã de tua mãe; ela é pa-
renta próxima de tua mãe.
14 Não desonrarás o irmão de
teu pai, aproximando-se da sua
mulher com interesse sexual;
ela é tua tia.
15 Não te envolverás sexualmen-
te com a tua nora. Ela é mulher
de teu filho; não te envolverás se-
xualmente com ela.
16 Não te envolverás sexualmen-
te com a mulher de teu irmão; é
desonra para teu irmão.
17 Não te envolverás sexualmen-
te com uma mulher e sua filha.
Não tomarás a filha de seu filho
nem a filha de sua filha, para se
envolver sexualmente com ela; são
parentes próximos. É maldade.
18 Não tomarás a irmã de tua es-
posa como esposa rival, para se
envolver sexualmente com ela en-
quanto tua esposa viver.
19 Não te chegarás à mulher
durante a sua menstruação, para
se envolver sexualmente com ela.
20 Não te deitarás com a mulher
de teu próximo, para te contami-
nares com ela.
21 Não darás nenhum de teus filhos
para ser sacrificado a Moloque, a
fim de não profanares o nome do
teu Deus. Eu sou o Senhor.
22 Com homem não te deitarás,
como se fosse mulher; é abomi-
nação.
23 Não te deitarás com um ani-
mal, para te contaminares com
ele. A mulher não se porá peran-
te um animal, para juntar-se com
ele; é depravação.
24 Com nenhuma dessas coisas
vos contamineis, porque com
todas essas coisas se contamina-
ram as nações que eu expulso de
diante de vós.
25 Até a terra foi contaminada;
pelo que a castiguei por sua ini-
quidade, e a terra vomitou os seus
moradores.
26 Mas vós guardareis os meus es-
tatutos e os meus juízos; nenhu-
ma dessas abominações fareis,
nem o natural, nem o estrangei-
ro que peregrina entre vós,
27 pois todas essas abominações
foram cometidas pelos homens
que habitaram esta terra antes
de vós, e a terra foi contaminada.
28 Não vos vomite a terra pelo
fato de a haverdes contaminado,
como vomitou o povo que nela es-
tava antes de vós.
29 Todo aquele que praticar al-
gumas dessas abominações será
eliminado do seu povo.
30 Portanto, guardareis o meu
mandamento, não praticando ne-
nhum dos costumes abomináveis
que se praticavam antes de vós
e não vos contamineis com eles.
Eu sou o Senhor, o vosso Deus.

Diversas leis

19 Disse o Senhor a Moisés:
2 Fala a toda a congrega-
ção dos filhos de Israel e dize-lhes:
Sede santos porque eu, o Senhor
vosso Deus, sou santo.
3 Cada um temerá a sua mãe e a
seu pai e guardará os meus sába-
dos. Eu sou o Senhor, o vosso Deus.
4 Não vos voltareis para os ído-
los nem fareis para vós deuses
de fundição. Eu sou o Senhor, o
vosso Deus.
5 Quando oferecerdes sacrifício
de ofertas pacíficas ao Senhor,
oferecei-o de modo que sejais
aceitos.

6 No dia em que o oferecerdes e
no dia seguinte, se comerá; o que
sobrar no terceiro dia será quei-
mado com fogo.
7 Se alguma coisa dele for comi-
da ao terceiro dia, é abominação;
não será aceita.
8 Qualquer que o comer levará
sobre si a sua iniquidade, porque
profanou o que foi consagrado ao
Senhor; por isso será eliminado
do seu povo.
9 **Q**uando fizeres a colheita da tua
terra, não a segarás totalmente,
nem colherás as espigas caídas
da tua messe.
10 Semelhantemente não rabis-
carás a tua vinha, nem colherás
os bagos caídos da tua vinha.
Deixá-los-ás para o pobre e para
o estrangeiro. Eu sou o Senhor,
o vosso Deus.
11 **N**ão furtareis. Não mentireis.
Não vos defraudeis uns aos outros.
12 Não jurareis falsamente pelo
meu nome, pois profanaríeis o nome
do vosso Deus. Eu sou o Senhor.
13 Não oprimirás o teu próximo,
nem o roubarás. O salário do
operário não ficará em teu poder
até o dia seguinte.
14 Não amaldiçoarás o surdo nem
porás tropeço diante do cego,
mas temerás a teu Deus. Eu sou
o Senhor.
15 Não farás injustiça no juízo; não
favorecerás ao pobre nem serás
complacente com o poderoso, mas
com justiça julgarás o teu próximo.
16 Não propagarás mexericos no
meio do teu povo. Não conspirarás
contra a vida do teu próximo.
Eu sou o Senhor.
17 *Não odiarás o teu irmão no
teu coração, mas repreenderás
o teu próximo e não levarás sobre
ti pecado por causa dele.*
18 **N**ão te vingarás nem guardarás
ira contra os filhos do teu povo,
mas amarás o teu próximo como
a ti mesmo. Eu sou o Senhor.
19 **G**uardarás os meus estatu-
tos. Não permitirás que os teus
animais se acasalem com os de
espécie diferente. Não semea-
rás no teu campo duas espécies
de semente. Não usarás vestes de
dois tecidos diferentes.
20 **Q**uando um homem se deitar
com uma mulher que for escra-
va, concubina de outro homem,
e que não foi resgatada nem li-
berta, ambos serão castigados,
mas não morrerão, porque ela
não era livre.
21 Pela sua culpa, o homem tra-
rá ao Senhor, à entrada da ten-
da da congregação, um carneiro
para expiação.
22 Com esse carneiro da expiação
da culpa, o sacerdote fará expia-
ção diante do Senhor pelo homem,
pelo seu pecado que cometeu, e
o seu pecado lhe será perdoado.
23 **Q**uando tiverdes entrado na
terra e plantardes toda espécie de
árvore frutífera, vos será proibi-
do o seu fruto. Três anos vos será
proibido; dele não se comerá.
24 No quarto ano, porém, todo o
seu fruto será santo, será oferta
de louvores ao Senhor.
25 No quinto ano, podereis comer
os frutos, para que a sua produ-
ção seja mais abundante. Eu sou
o Senhor, o vosso Deus.
26 **N**ão comereis coisa alguma
com sangue. Não agourareis nem
adivinhareis.
27 **N**ão cortareis o cabelo em
redondo nem danificareis a ponta
da barba.
28 Pelos mortos não fareis inci-
sões no vosso corpo nem fareis

marca alguma sobre vós. Eu sou
o Senhor.
29 Não contaminarás a tua filha,
fazendo-a prostituir-se, para que
a terra não se prostitua, nem se
encha de maldade.
30 Guardareis os meus sábados e
o meu santuário reverenciareis.
Eu sou o Senhor.
31 Não vos voltareis para os médiuns
nem para os feiticeiros, a fim
de vos contaminardes com eles.
Eu sou o Senhor, o vosso Deus.
32 Diante dos idosos te levanta-
rás, honrarás o ancião e teme-
rás o teu Deus. Eu sou o Senhor.
33 **S**e o estrangeiro peregrinar
na vossa terra, não o oprimireis.
34 Como o natural entre vós será
o estrangeiro que peregrina con-
vosco. Devereis amá-lo como a
vós mesmos, pois fostes estran-
geiros na terra do Egito. Eu sou
o Senhor, o vosso Deus.
35 **N**ão cometereis injustiça
nos julgamentos, nas medidas
de comprimento, de peso ou de
capacidade.
36 Balanças justas, pesos justos,
efa justo e justo him tereis. Eu sou
o Senhor, o vosso Deus, que vos
tirei da terra do Egito.
37 Guardareis todos os meus es-
tatutos e todos os meus juízos e
os cumprireis. Eu sou o Senhor.

Penas de diversos crimes

20 Disse o Senhor a Moisés:
2 Também dirás aos filhos
de Israel: Qualquer dos filhos de
Israel, ou dos estrangeiros que
peregrinam em Israel, que der
de seus filhos a Moloque, certa-
mente será morto. O povo da ter-
ra o apedrejará.
3 Porei a minha face contra esse
homem e o eliminarei do meio do
seu povo; pois, dando os seus fi-
lhos a Moloque, ele contaminou
o meu santuário e profanou o
meu santo nome.
4 Se o povo da terra de alguma
maneira fechar os olhos para
não ver esse homem, quando
der os seus filhos a Moloque, e
não o matar,
5 voltarei o meu rosto contra esse
homem e contra a sua família; o
eliminarei do meio do seu povo,
com todos os que, como ele, se
prostituírem após Moloque.
6 **Q**uando alguém se voltar para
os médiuns e feiticeiros, para se
prostituir após eles, eu me vol-
tarei contra ele e o eliminarei do
meio do seu povo.
7 Portanto, santificai-vos e sede
santos, porque eu sou o Senhor,
o vosso Deus.
8 Guardai os meus estatutos e
cumpri-os. Eu sou o Senhor que
vos santifico.
9 Quando um homem amaldiçoar
seu pai ou sua mãe, certamente
será morto. Ele amaldiçoou seu
pai ou sua mãe, e o seu sangue
será sobre ele.
10 Se um homem cometer adul-
tério com a mulher de seu próxi-
mo, ambos, o adúltero e a adúl-
tera, certamente serão mortos.
11 **O** homem que se deitar com
a mulher de seu pai, desonrou
seu pai; ambos certamente se-
rão mortos, e o seu sangue será
sobre eles.
12 Se um homem se deitar com
a sua nora, ambos certamente
serão mortos. Cometeram per-
versão, e o seu sangue será so-
bre eles.
13 Se também um homem dor-
mir com outro homem, como se
fosse com mulher, ambos fizeram

alguma coisa que um cadáver tor-
nou imunda, como aquele que
teve emissão de sêmen,
5 ou qualquer que tocar em algum
réptil pelo qual se torne imundo,
ou em algum homem pelo qual se
torne imundo, seja qual for a sua
imundícia.
6 O homem que tocar nele será
imundo até a tarde e não come-
rá das coisas sagradas sem pri-
meiro lavar o seu corpo em água.
7 Depois de posto o sol, então será
limpo e poderá comer das coisas
sagradas, pois são o seu alimento.
8 Não poderá comer um animal
encontrado morto, ou dilacera-
do por feras, para não se conta-
minar. Eu sou o Senhor.
9 Guardarão os meus mandamen-
tos, para que não incorram em pe-
cado e morram nele, havendo-os
profanado. Eu sou o Senhor que
os santifico.
10 Nenhum estranho comerá das
coisas sagradas. Nem o hóspede
do sacerdote nem o seu emprega-
do comerão das coisas sagradas.
11 Quando, porém, o sacerdote
com o seu dinheiro comprar al-
gum escravo, este comerá delas;
também os nascidos na sua casa
comerão do seu pão.
12 Se a filha de um sacerdote
se casar com estranho, ela não
comerá da oferta das coisas sa-
gradas.
13 Quando, porém, a filha do sa-
cerdote for viúva ou repudiada,
e não tiver filhos, e se tiver tor-
nado à casa de seu pai, como na
sua juventude, do pão de seu pai
comerá. Mas nenhum estranho
comerá dele.
14 Se alguém por engano comer
alguma coisa sagrada, terá de res-
tituí-la acrescida da quinta parte
e a dará ao sacerdote com a coi-
sa sagrada.
15 Os sacerdotes não profanarão
as coisas sagradas que os filhos
de Israel oferecem ao Senhor,
16 pois assim os fariam levar so-
bre si a iniquidade, comendo as
coisas sagradas. Eu sou o Senhor
que os santifico.

Sacrifícios inaceitáveis

17 Disse o Senhor a Moisés:
18 Fala a Arão e a seus filhos, e
a todos os filhos de Israel, e dize-
-lhes: Qualquer que, da casa
de Israel ou dos estrangeiros em
Israel, apresentar a sua oferta
em cumprimento de voto, ou como
oferta voluntária, que oferecer ao
Senhor em holocausto,
19 para que seja aceitável, ofe-
recerá macho sem defeito, ou do
gado, ou do rebanho de ovelhas
ou de cabras.
20 Nenhuma coisa que tenha de-
feito oferecereis, porque não se-
ria aceita a vosso favor.
21 Quando alguém oferecer sa-
crifício pacífico ao Senhor, em
cumprimento de voto, ou como
oferta voluntária, do gado ou do
rebanho, o animal deverá ser sem
defeito, para que seja aceito; ne-
nhum defeito haverá nele.
22 O cego, ou aleijado, ou muti-
lado, ou ulceroso, ou sarnoso, ou
cheio de impigens, não os ofere-
cereis ao Senhor e deles não po-
reis oferta queimada ao Senhor
sobre o altar.
23 Contudo, o novilho ou cordeiro
que tenha membros desproporcio-
nados poderás oferecer por ofer-
ta voluntária, mas por voto não
será aceito.
24 Não podereis oferecer ao Senhor
um animal que tenha testículos

machucados, esmagados, despe-
daçados ou cortados. Não fareis
isso na vossa terra.
25 Também das mãos do estran-
geiro nenhum desses animais
aceitareis para oferecer como pão
ao vosso Deus, pois a sua corrup-
ção está neles. Não serão aceitos
a vosso favor.
26 Disse o Senhor a Moisés:
27 Quando nascer o boi, ou cor-
deiro ou cabra, sete dias ficarão
com a sua mãe. Do oitavo dia em
diante, será aceito por oferta quei-
mada ao Senhor.
28 Quer seja vaca, quer ovelha,
não imolareis num mesmo dia
um animal com a sua cria.
29 Quando oferecerdes sacrifício
de louvor ao Senhor, oferecei-o de
modo que seja aceito a vosso favor.
30 No mesmo dia deve ser comi-
do; nada deixareis para o dia se-
guinte. Eu sou o Senhor.
31 Guardareis os meus manda-
mentos e os cumprireis. Eu sou
o Senhor.
32 Não profanareis o meu san-
to nome. Eu serei santificado no
meio dos filhos de Israel. Eu sou
o Senhor que vos santifico
33 e que vos tirei da terra do Egito,
para vos ser por Deus. Eu sou o
Senhor.

23 Disse o Senhor a Moisés:
2 Fala aos filhos de Israel
e dize-lhes: As festas do Senhor,
que proclamareis como santas
convocações, são estas:

O sábado

3 Seis dias trabalhareis, mas o
sétimo dia será o sábado do des-
canso, dia de santa convocação.
Nenhuma obra fareis; é sába-
do do Senhor em todas as vos-
sas casas.

A Páscoa

4 Estas são as festas do Senhor, as
santas convocações que proclama-
reis no seu tempo determinado:
5 No primeiro mês, aos catorze
do mês, pela tarde, é a Páscoa do
Senhor.
6 Aos quinze dias deste mês é a fes-
ta dos pães sem fermento, a festa
do Senhor; durante sete dias co-
mereis pão sem fermento.
7 No primeiro dia, tereis santa
convocação; nenhuma obra ser-
vil fareis.
8 Durante sete dias apresenta-
reis oferta queimada ao Senhor.
Ao sétimo dia haverá santa con-
vocação; nenhuma obra servil
fareis.

Os primeiros frutos

9 Disse o Senhor a Moisés:
10 Fala aos filhos de Israel e dize-
-lhes: Quando entrardes na terra
que vos dou e fizerdes nela a co-
lheita, trareis um molho dos pri-
meiros frutos da vossa colheita
ao sacerdote.
11 Ele moverá o molho perante o
Senhor, para que sejais aceitos;
o sacerdote o moverá no dia se-
guinte ao sábado.
12 No dia em que moverdes o mo-
lho, oferecereis um cordeiro sem
defeito, de um ano, em holocaus-
to ao Senhor.
13 A sua oferta de cereais será
dois décimos de um efa de flor
de farinha, amassada com azei-
te, para oferta queimada em chei-
ro suave ao Senhor, e a sua oferta
de libação será de vinho, a quar-
ta parte de um him.
14 Não comereis pão, nem trigo
tostado, nem espigas verdes até o
dia em que trouxerdes a oferta do
vosso Deus. É estatuto perpétuo

por vossas gerações, em todas as
vossas casas.

O Pentecoste

15 Contareis sete semanas com-
pletas, a partir do dia seguinte ao
sábado; desde o dia em que trou-
xerdes o molho da oferta movi-
da, sete semanas inteiras serão.
16 Até o dia seguinte ao sétimo
sábado, contareis cinquenta dias
e, então, apresentareis nova ofer-
ta de cereais ao Senhor.
17 Das vossas casas trareis dois
pães feitos de dois décimos de
um efa de flor de farinha, cozidos
com fermento, como oferta movi-
da; são os primeiros ao Senhor.
18 Com o pão oferecereis sete cor-
deiros sem defeito, de um ano, um
novilho e dois carneiros. Holocausto
serão ao Senhor, com a sua oferta
de cereais e as suas libações, por
oferta queimada de cheiro suave
ao Senhor.
19 Também oferecereis um bode,
para oferta pelo pecado, e dois
cordeiros de um ano por sacrifí-
cio pacífico.
20 Então o sacerdote os move-
rá, com o pão dos primeiros fru-
tos, por oferta movida perante o
Senhor, com os dois cordeiros.
Santos serão ao Senhor para o
uso do sacerdote.
21 No mesmo dia, apregoareis
que tereis santa convocação; ne-
nhum trabalho servil fareis. É es-
tatuto perpétuo pelas vossas ge-
rações em todas as vossas casas.
22 Quando fizeres a colheita da
tua terra, não colherás totalmen-
te os cantos do teu campo nem
colherás as espigas caídas. Para
o pobre e para o estrangeiro as
deixarás. Eu sou o Senhor, o vos-
so Deus.
23 Disse o Senhor a Moisés:
24 Dize aos filhos de Israel: No sé-
timo mês, ao primeiro do mês, te-
reis descanso solene, um memo-
rial com som de trombeta, santa
convocação.
25 Nenhum trabalho servil fa-
reis, mas trareis oferta queima-
da ao Senhor.

O Dia da Expiação

26 Disse o Senhor a Moisés:
27 O dia dez deste sétimo mês será
o Dia da Expiação. Tereis santa
convocação, afligireis as vossas
almas e oferecereis oferta quei-
mada ao Senhor.
28 Nesse dia nenhum trabalho fa-
reis, porque é o Dia da Expiação,
para fazer expiação por vós peran-
te o Senhor, o vosso Deus.
29 Toda pessoa que, nesse dia,
não se humilhar será eliminada
do seu povo.
30 Toda pessoa que nesse dia fi-
zer algum trabalho, eu a destrui-
rei do meio do seu povo.
31 Nenhum trabalho fareis. É es-
tatuto perpétuo pelas vossas ge-
rações em todas as vossas casas.
32 Sábado de descanso solene vos
será; e vos humilhareis. Aos nove do
mês, à tarde, de uma tarde a outra
tarde, celebrareis o vosso sábado.

A festa dos tabernáculos

33 Disse o Senhor a Moisés:
34 Dize aos filhos de Israel: Aos
quinze dias deste sétimo mês
será a festa dos tabernáculos ao
Senhor, por sete dias.
35 No primeiro dia, haverá san-
ta convocação; nenhum trabalho
servil fareis.
36 Durante sete dias oferecereis
ofertas queimadas ao Senhor; no
oitavo dia, tereis santa convocação

e apresentareis ofertas queima-
das ao Senhor. É dia solene; ne-
nhum trabalho servil fareis.
37 Estas são as festas do Senhor,
que apregoareis para santas con-
vocações, para apresentar ao
Senhor oferta queimada, holo-
causto e oferta de cereais, sacri-
fício e libações, cada qual em seu
dia próprio.
38 Estas ofertas são além dos sá-
bados do Senhor, além dos vos-
sos dons, além de todos os vossos
votos e além de todas as vossas
ofertas voluntárias que dareis
ao Senhor.
39 **A**os quinze dias do sétimo
mês, porém, quando tiverdes co-
lhido os produtos da terra, cele-
brareis a festa do Senhor duran-
te sete dias; o primeiro dia é dia
de descanso, e também o oitavo
dia é dia de descanso.
40 No primeiro dia, tomareis para
vós frutos de árvores formosas,
folhas de palmeiras e ramos de
árvores cheias de folhas; duran-
te sete dias vos alegrareis peran-
te o Senhor, o vosso Deus.
41 Celebrareis esta festa ao Senhor
durante sete dias cada ano. É es-
tatuto perpétuo pelas vossas gera-
ções; no sétimo mês a celebrareis.
42 Sete dias habitareis em ten-
das; todos os naturais de Israel
habitarão em tendas,
43 para que saibam as vossas ge-
rações que eu fiz habitar os filhos
de Israel em tendas, quando os
tirei da terra do Egito. Eu sou o
Senhor, o vosso Deus.
44 Assim Moisés proclamou aos
filhos de Israel as festas do Senhor.

A lei acerca das lâmpadas

24 Disse o Senhor a Moisés:
2 Ordena aos filhos de Israel
que te tragam azeite puro de oli-
vas batidas, para o candelabro,
a fim de alimentar as lâmpadas
continuamente.
3 Arão as porá em ordem peran-
te o Senhor continuamente, des-
de a tarde até a manhã, fora do
véu do Testemunho, na tenda da
congregação. É estatuto perpétuo
pelas vossas gerações.
4 Sobre o castiçal de ouro puro
porá em ordem as lâmpadas pe-
rante o Senhor continuamente.
5 Tomarás flor de farinha e dela
cozerás doze bolos, tendo cada
bolo dois décimos de um efa.
6 E os porás em duas fileiras, seis
em cada fileira, sobre a mesa de
ouro puro perante o Senhor.
7 Sobre cada fileira porás incenso
puro para que seja, para os pães,
como porção memorial; é oferta
queimada ao Senhor.
8 Cada dia de sábado, Arão os
porá em ordem perante o Senhor
continuamente, da parte dos fi-
lhos de Israel, por aliança per-
pétua.
9 Serão de Arão e de seus filhos,
os quais o comerão em lugar
santo, porque é coisa santíssi-
ma para eles das ofertas quei-
madas ao Senhor, como estatuto
perpétuo.

A blasfêmia é castigada

10 **A**pareceu entre os filhos de
Israel o filho de uma israelita
com pai egípcio, o qual conten-
deu com certo homem israelita
no arraial.
11 Então o filho da mulher israe-
lita blasfemou o nome do Senhor
e o amaldiçoou, pelo que o trou-
xeram a Moisés. O nome de sua
mãe era Selomite, filha de Dibri,
da tribo de Dã.

12 Levaram-no à prisão, onde o
deixaram até que a vontade do
Senhor fosse declarada.
13 Disse o Senhor a Moisés:
14 Tira o que blasfemou para fora
do arraial. Todos os que o ouvi-
ram porão as mãos sobre a ca-
beça dele, e toda a congregação
o apedrejará.
15 Aos filhos de Israel dirás:
Qualquer que amaldiçoar o seu
Deus, levará sobre si o seu pecado;
16 aquele que blasfemar o nome
do Senhor, certamente será mor-
to. Toda a congregação o apedre-
jará. Quer seja estrangeiro, quer
natural, blasfemando o nome do
Senhor será morto.
17 Quem matar a alguém, certa-
mente será morto.
18 Quem, porém, matar um ani-
mal, o restituirá: vida por vida.
19 Se alguém desfigurar o seu
próximo, como ele fez, assim lhe
será feito:
20 quebradura por quebradura,
olho por olho, dente por dente.
Assim como feriu alguém, assim
será ferido.
21 Quem matar um animal, terá
de restituí-lo, mas quem matar
um homem, será morto.
22 Uma mesma lei tereis, tanto para
o estrangeiro como para o natu-
ral. Eu sou o Senhor, o vosso Deus.
23 Disse Moisés aos filhos de Israel
que levassem o que tinha blasfe-
mado para fora do arraial e o ape-
drejassem. Os filhos de Israel fi-
zeram como o Senhor ordenara
a Moisés.

O ano sabático

25 *Disse o Senhor a Moisés*
no monte Sinai:
2 Fala aos filhos de Israel e dize-
-lhes: Quando tiverdes entrado
na terra que eu vos dou, a terra
guardará um sábado ao Senhor.
3 Seis anos semearás a tua terra,
e seis anos podarás a tua vinha, e
colherás os seus frutos.
4 No sétimo ano, porém, a terra
terá o seu sábado de descanso,
um sábado ao Senhor. Não se-
mearás o teu campo nem poda-
rás a tua vinha.
5 O que nascer de si mesmo da
tua seara não podada não colhe-
rás. Ano de descanso solene será
para a terra.
6 Os frutos da terra em descan-
so, porém, vos serão por alimen-
to, a ti, ao teu servo, à tua serva,
ao teu empregado e ao estrangei-
ro que peregrina contigo,
7 como também ao teu gado e aos
animais que estão na tua terra;
todos os seus produtos servirão
de alimento.

O ano do Jubileu

8 Contarás sete semanas de anos,
sete vezes sete anos, de maneira
que os dias das sete semanas de
anos te serão quarenta e nove anos.
9 Então no sétimo mês, aos dez
do mês, farás soar fortemente a
trombeta; no Dia da Expiação fa-
reis passar a trombeta por toda
a vossa terra.
10 Santificareis o quinquagésimo
ano e proclamareis liberdade na
terra a todos os seus moradores.
Ano de jubileu vos será; cada um
de vós retornará à sua proprieda-
de, e cada um voltará à sua família.
11 O quinquagésimo ano vos será
jubileu; não semeareis, nem sega-
reis o que nele nascer de si mes-
mo nem colhereis as uvas das vi-
nhas não podadas.
12 Pois é jubileu, santo será para
vós; o produto do campo comereis.

13 Neste ano de jubileu torna-
reis cada um à sua propriedade.
14 Se venderes alguma terra ao
teu próximo, ou a comprares de teu
próximo, não vos exploreis uns
aos outros.
15 De acordo com o número dos
anos decorridos desde o jubileu,
comprarás de teu próximo. E, de
acordo com o número dos anos
de colheita, ele venderá a ti.
16 Se os anos forem muitos, au-
mentarás o preço, e, sendo pou-
cos, abaixarás o preço, porque de
acordo com o número de colhei-
tas é que ele te vende.
17 Ninguém explore o seu próxi-
mo, mas tema a seu Deus. Eu sou
o Senhor, o vosso Deus.
18 Observai os meus estatutos,
guardai os meus juízos, e cumpri-
os; assim habitareis seguros na
terra.
19 Então a terra dará o seu fru-
to, e comereis fartamente e nela
habitareis seguros.
20 Se disserdes: Que comeremos
no sétimo ano, visto que não ha-
vemos de semear nem colher o
nosso produto?
21 Eu enviarei a minha bênção
sobre vós no sexto ano, para que
dê fruto por três anos.
22 No oitavo ano, semeareis e co-
mereis da colheita anterior até
o nono ano; até que venha a co-
lheita nova, comereis da antiga.
23 A terra não será vendida per-
petuamente, porque a terra é mi-
nha, e vós estais comigo como es-
trangeiros e peregrinos.
24 Portanto, em toda a terra em
que tiverdes propriedade dareis
resgate à terra.
25 Se teu irmão se tornar pobre
e vender alguma parte das suas
propriedades, então virá o seu
resgatador, seu parente, e res-
gatará o que seu irmão vendeu.
26 Se alguém não tiver resgata-
dor, mas conseguir o bastante
para o seu resgate,
27 contará os anos desde a sua
venda, e o que ficar restituirá ao
homem a quem vendeu, e reto-
mará a sua propriedade.
28 Se, porém, os seus recursos não
lhe permitirem reavê-la, a que for
vendida ficará em poder do com-
prador até o ano do Jubileu. No
ano do Jubileu será liberada e
tornará à sua propriedade.
29 Se alguém vender uma casa de
moradia em cidade murada, po-
derá resgatá-la dentro de um ano
a contar da sua venda. Durante
um ano será lícito o seu resgate.
30 Se não for resgatada antes de
passado um ano inteiro, a casa
que estiver na cidade murada fi-
cará perpetuamente com o que
a comprou, pelas suas gerações.
Não será devolvida no jubileu.
31 As casas das aldeias não mu-
radas em redor, porém, serão es-
timadas como os campos da terra.
Para elas haverá resgate, e serão
devolvidas no jubileu.
32 Quanto às cidades dos levi-
tas, às casas das cidades que lhe
pertencem, têm os levitas direi-
to perpétuo de resgate.
33 Se é um levita que faz o res-
gate, a casa comprada e a cidade
da sua propriedade serão devol-
vidas no jubileu, porque as ca-
sas das cidades dos levitas são a
sua propriedade no meio dos fi-
lhos de Israel.
34 O campo ao redor das suas ci-
dades, porém, não se venderá; é
a sua propriedade permanente.
35 Quando teu irmão empobre-
cer e as suas forças decaírem, tu

o sustentarás como se faz ao es-
trangeiro ou peregrino, para que
viva contigo.
36 Não tomarás dele juros nem
ganho, mas temerás o teu Deus,
para que teu irmão viva contigo.
37 Não lhe emprestarás o teu di-
nheiro com juros nem lhe darás
o teu mantimento por lucro.
38 Eu sou o Senhor, o vosso Deus,
que vos tirei da terra do Egito,
para vos dar a terra de Canaã
e para ser o vosso Deus.
39 **S**e o teu irmão se tornar po-
bre, estando ele contigo, e vender-
-se a ti, não lhe imporás serviço
de escravo.
40 Como um assalariado ou pe-
regrino estará contigo; até o ano
do Jubileu te servirá.
41 Então ele e seus filhos sairão
da tua casa e tornarão à sua famí-
lia e à propriedade de seus pais.
42 Porque os israelitas são meus
servos, que tirei da terra do Egito;
não serão vendidos como se ven-
dem os escravos.
43 Não dominarás sobre eles com
rigor, mas terás temor do teu Deus.
44 Quanto a teu escravo ou à tua
escrava que tiveres, serão das na-
ções que estão ao redor de vós;
deles comprareis escravos e es-
cravas.
45 Também os comprareis dos fi-
lhos dos forasteiros que peregri-
nam entre vós, deles e das suas
gerações que estiverem convosco,
que tiverem gerado na vossa ter-
ra, e vos serão por propriedade.
46 Vós os deixareis por herança
para vossos filhos depois de vós, a
fim de que os possuam como pro-
priedade perpétua. Vós os tereis
como escravos, mas sobre vossos
irmãos, os filhos de Israel, não do-
minareis com rigor.
47 **S**e um estrangeiro ou pere-
grino que está contigo se tornar
rico, e teu irmão que está com
ele empobrecer e se vender ao es-
trangeiro ou peregrino que está
contigo, ou ao descendente de
uma família estrangeira,
48 depois de ter-se vendido have-
rá ainda resgate para ele. Um de
seus irmãos o resgatará:
49 Será resgatado pelo seu tio,
pelo filho de seu tio, ou por qual-
quer de seus parentes ou da sua
família. Ou, se conseguir recur-
sos, poderá resgatar-se a si mesmo.
50 Ajustará contas com aquele
que o comprou desde o ano que se
vendeu a ele até o ano do Jubileu.
O preço da sua venda será calcu-
lado segundo o número de anos,
de acordo com as diárias de um
assalariado.
51 Se ainda faltarem muitos anos,
ele deve pagar por seu resgate um
valor maior como parte do preço
pelo qual foi vendido.
52 Se restarem apenas poucos
anos até o ano do Jubileu, então
ajustará contas com ele; segun-
do os seus anos restituirá o seu
resgate.
53 Ele será tratado como um as-
salariado que ganha por ano, mas
não domine sobre ele com rigor
diante dos teus olhos.
54 Se por nenhuma dessas for-
mas for resgatado, será liberta-
do no ano do Jubileu, ele e seus
filhos com ele,
55 pois os filhos de Israel só a mim
pertencem como servos. São os meus
servos, que tirei da terra do Egito.
Eu sou o Senhor, o vosso Deus.

Recompensa pela obediência

26 Não fareis para vós ídolos
nem para vós levantareis

imagem de escultura nem estátua;
não poreis figura de pedra na vossa terra para inclinar-vos diante dela. Eu sou o Senhor, o vosso Deus.
2 Guardareis os meus sábados e reverenciareis o meu santuário. Eu sou o Senhor.
3 Se andardes nos meus estatutos e guardardes os meus mandamentos, e os cumprirdes,
4 eu vos darei as vossas chuvas a seu tempo, e a terra dará o seu produto, e as árvores do campo o seu fruto.
5 A debulha se estenderá até a colheita das uvas, e a colheita das uvas até a época da plantação; comereis o vosso pão a fartar e habitareis seguros na vossa terra.
6 Darei paz na terra, e dormireis seguros sem que ninguém vos perturbe. Farei desaparecer da terra os animais nocivos, e pela vossa terra não passará espada.
7 Perseguireis os vossos inimigos, que cairão à espada diante de vós.
8 Cinco de vós perseguirão a cem, e cem de vós perseguirão a dez mil; os vossos inimigos cairão à espada diante de vós.
9 Olharei para vós e vos farei frutificar; vos multiplicarei e confirmarei a minha aliança convosco.
10 Estareis comendo ainda da colheita velha, quando lançareis fora a velha para dar lugar à nova.
11 Porei a minha habitação no meio de vós, e a minha alma não vos rejeitará.
12 Andarei no meio de vós, serei o vosso Deus, e vós sereis o meu povo.
13 Eu sou o Senhor, o vosso Deus, que vos tirei da terra do Egito, para que não fôsseis seus escravos; quebrei as traves do vosso jugo e vos fiz andar de cabeça erguida.

O castigo pela desobediência

14 Se, porém, não me ouvirdes e não cumprirdes todos estes mandamentos,
15 e se rejeitardes os meus estatutos, e a vossa alma rejeitar os meus juízos, não cumprindo todos os meus mandamentos, e assim violardes a minha aliança,
16 então eu vos farei isto: Porei sobre vós o terror, a tuberculose e a febre, que consomem os olhos e esgotam a vida. Em vão semeareis a vossa semente, porque os vossos inimigos a comerão.
17 Eu me voltarei contra vós, e sereis feridos diante de vossos inimigos; os que vos odeiam dominarão sobre vós, e fugireis sem que ninguém vos persiga.
18 Se depois de tudo isso não me ouvirdes, eu vos castigarei sete vezes mais por causa dos vossos pecados.
19 Quebrarei a soberba da vossa força e vos farei os céus como de ferro e a terra, como de bronze.
20 Em vão se gastará a vossa força, pois a terra não dará o seu produto nem as árvores darão o seu fruto.
21 Se andardes contrariamente para comigo e não me quiserdes ouvir, multiplicarei as vossas aflições sete vezes mais, segundo os vossos pecados.
22 Enviarei animais selvagens contra vós, que matarão vossos filhos, acabarão com o vosso gado e vos reduzirão a tão poucos que os vossos caminhos se tornarão desertos.
23 Se nem ainda com essas coisas vos corrigirdes e voltardes para mim, mas continuardes a hostilizar-me,
24 eu mesmo vos serei contrário e eu vos ferirei sete vezes mais por causa dos vossos pecados.

25 Trarei contra vós a espada,
que vingará a quebra da minha
aliança. Quando vos ajuntardes
nas vossas cidades, enviarei a pes-
te contra vós, e sereis entregues
nas mãos do inimigo.
26 Quando eu cortar o suprimen-
to do vosso pão, dez mulheres
assarão o pão num só forno, e
o pão será distribuído por peso.
Comereis, mas não vos fartareis.
27 **S**e ainda com tudo isso não me
ouvirdes e continuardes a hosti-
lizar-me,
28 então eu vos serei contrário
em furor e vos castigarei sete
vezes mais por causa dos vos-
sos pecados.
29 Comereis a carne dos vossos
filhos e das vossas filhas.
30 Destruirei os vossos altares
idólatras, desfarei os vossos alta-
res de incenso, lançarei os vossos
cadáveres sobre os cadáveres dos
vossos deuses e vos abominarei.
31 Converterei as vossas cida-
des em deserto, assolarei os vos-
sos santuários e não aspirarei o
vosso cheiro suave.
32 Assolarei a terra, e se espanta-
rão disso os vossos inimigos que
nela morarem.
33 Eu os espalharei pelas nações
e desembainharei a espada atrás
de vós. A vossa terra será asso-
lada, e as vossas cidades ficarão
desertas.
34 Então a terra usufruirá dos
seus sábados todos os dias da sua
assolação, e vós estareis na terra
dos vossos inimigos. Nesse tem-
po, a terra descansará e usufrui-
rá dos seus sábados.
35 Todos os dias da assolação des-
cansará, porque não descansou
nos vossos sábados, quando ha-
bitáveis nela.
36 E, quanto aos que restarem
de vós, nas terras dos seus ini-
migos, eu lhes encherei o cora-
ção de tal pavor que o sonido de
uma folha movida os perseguirá;
fugirão como quem foge da es-
pada e cairão sem que ninguém
os persiga.
37 Cairão uns sobre os outros
como diante da espada, sem que
ninguém os persiga, e não pode-
reis permanecer diante dos vos-
sos inimigos.
38 Perecereis entre as nações;
a terra dos vossos inimigos vos
consumirá.
39 Aqueles que de vós restarem,
nas terras dos seus inimigos, se-
rão consumidos por causa das
suas iniquidades; também por
causa das iniquidades de seus
pais serão consumidos.
40 **S**e, porém, confessarem a sua
iniquidade, e a iniquidade de seus
pais, e as suas infidelidades con-
tra mim e suas hostilidades dian-
te de mim,
41 por causa das quais fui con-
trário a eles e os conduzi à ter-
ra dos seus inimigos, então, se o
seu coração incircunciso se hu-
milhar, e aceitarem o castigo da
sua iniquidade,
42 eu me lembrarei da minha alian-
ça com Jacó, e da minha aliança
com Isaque, e da minha aliança com
Abraão, e da terra me lembrarei.
43 Pois a terra abandonada por
eles descansará nos seus sábados,
enquanto estiver assolada sem
eles. Aceitarão o castigo pela sua
iniquidade, visto que rejeitaram
os meus juízos e desprezaram os
meus estatutos.
44 Mesmo assim, estando eles na
terra dos seus inimigos, não os re-
jeitarei nem me aborrecerei deles,

para consumi-los e invalidar a
minha aliança com eles. Eu sou
o Senhor, o seu Deus.
45 Antes, por amor deles, me lem-
brarei da aliança com os seus
antepassados, que tirei da ter-
ra do Egito perante os olhos das
nações, para lhes ser por Deus.
Eu sou o Senhor.
46 Estes são os estatutos, os juí-
zos e as leis que o Senhor estabe-
leceu entre si e os filhos de Israel,
no monte Sinai, por intermédio
de Moisés.

Resgatando o que é do Senhor

27 Disse o Senhor a Moisés:
2 Dize aos filhos de Israel:
Quando alguém fizer um voto de
dar ao Senhor o valor estimativo
de uma pessoa,
3 se a tua avaliação for de um ho-
mem da idade de vinte anos até a
idade de sessenta, será a tua ava-
liação de cinquenta siclos de pra-
ta, segundo o siclo do santuário.
4 Se, porém, for mulher, a tua ava-
liação será de trinta siclos.
5 Se a idade for de cinco anos até
vinte, a tua avaliação de um ho-
mem será de vinte siclos, e da mu-
lher, dez siclos.
6 Se a idade for de um mês até cin-
co anos, a tua avaliação de um ho-
mem será de cinco siclos de prata,
e a tua avaliação da mulher será
de três siclos de prata.
7 Se a idade for de sessenta anos
para cima, a tua avaliação de um
homem será de quinze siclos, e
da mulher, dez siclos.
8 Se aquele que fez o voto for dema-
siado pobre para pagar a sua ava-
liação, então apresentará a pessoa
diante do sacerdote, para que este a
avalie. Segundo os recursos do que
fez o voto, o sacerdote a avaliará.
9 Se for animal dos que se ofere-
cem ao Senhor, tudo quanto der
dele ao Senhor será santo.
10 Não o mudará nem o trocará,
substituindo um bom por um ruim,
ou um ruim por um bom. Se, porém,
de algum modo um animal for tro-
cado por outro, serão ambos santos.
11 Se for animal imundo, dos que
não se oferecem ao Senhor, en-
tão, apresentará o animal dian-
te do sacerdote,
12 que o avaliará, seja bom ou
ruim. Segundo a avaliação do sa-
cerdote, assim será.
13 Se de algum modo o resgatar,
então acrescentará à tua avalia-
ção a quinta parte do seu valor.
14 Se alguém dedicar a sua casa
para ser santa ao Senhor, o sa-
cerdote a avaliará, seja boa ou
ruim. Como o sacerdote a ava-
liar, assim será.
15 Se aquele que a dedicou quiser
resgatar a sua casa, acrescenta-
rá à avaliação a quinta parte do
seu valor, e será dele.
16 Se alguém dedicar ao Senhor
uma parte do campo da sua pro-
priedade, a avaliação será segun-
do a semente necessária para o
semear: um ômer de semente de
cevada será avaliado por cinquen-
ta siclos de prata.
17 Se consagrar o campo desde
o ano do Jubileu, segundo a tua
avaliação ficará.
18 Se, contudo, dedicar o seu cam-
po depois do ano do Jubileu, então
o sacerdote lhe contará o dinhei-
ro conforme os anos restantes até
o ano do Jubileu, e isso se abate-
rá da tua avaliação.
19 Se aquele que dedicou o cam-
po de alguma maneira o resgatar,
acrescentará à avaliação a quin-
ta parte do seu valor, e será seu.

20 Se, porém, não o resgatar, ou se
o vender a outra pessoa, o campo
nunca mais se resgatará.
21 Quando o campo sair livre no ano
do Jubileu, será santo ao Senhor,
como campo dedicado. A proprie-
dade dele será do sacerdote.
22 Se alguém dedicar ao Senhor
o campo que comprou, e não for
parte da sua propriedade,
23 o sacerdote lhe calculará o preço
até o ano do Jubileu, e aquele que o
dedicou pagará o seu valor no mes-
mo dia, como coisa santa ao Senhor.
24 No ano do Jubileu, o campo vol-
tará àquele que o vendeu, àquele
que tem a posse do campo.
25 Toda avaliação será feita em
siclos do santuário; o siclo será
de vinte geras.
26 **O** primogênito de um animal,
porém, por já pertencer ao Senhor,
ninguém o dedicará; seja boi ou
gado miúdo, é do Senhor.
27 Se for de um animal imundo,
será resgatado segundo a tua ava-
liação, sobre a qual acrescenta-
rá a quinta parte do seu valor. Se
ele não for resgatado, será ven-
dido segundo a avaliação.
28 Todavia, nada do que alguém
dedicar ao Senhor, de tudo o que
possui, seja homem ou animal, ou
campo da sua propriedade, se po-
derá vender nem resgatar; toda
coisa assim consagrada será san-
tíssima ao Senhor.
29 Nenhuma pessoa votada ao
extermínio será resgatada; cer-
tamente será morta.
30 Todos os dízimos do campo, da
semente do campo, do fruto das
árvores, são do Senhor; são san-
tos ao Senhor.
31 Se alguém do seu dízimo res-
gatar alguma coisa, acrescentará
sobre ele a sua quinta parte.
32 No tocante a todos os dízi-
mos de vacas e ovelhas, de tudo
o que passar debaixo da vara
do pastor, o dízimo será santo
ao Senhor.
33 Não esquadrinhará entre o
bom e o ruim nem o substitui-
rá. Se de algum modo o substi-
tuir, ambos serão santos, e não
podem ser resgatados.
34 **S**ão esses os mandamentos que
o Senhor deu a Moisés, no monte
Sinai, para os filhos de Israel.

NÚMEROS

O recenseamento

1 No primeiro dia do segundo mês,
no segundo ano após a saída do
Egito, o Senhor falou a Moisés no
deserto de Sinai, na tenda da con-
gregação, dizendo:
2 Fazei um recenseamento de toda
a congregação dos filhos de Israel,
segundo seus clãs e suas famílias,
contando todos os homens, um a
um, pelo nome.
3 Todos os maiores de vinte anos,
capazes de sair à guerra em Israel,
a estes tu e Arão contareis segun-
do os seus exércitos.
4 Estará convosco um homem de
cada tribo que seja chefe da famí-
lia de seus pais.
5 São estes os nomes dos homens
que estarão convosco: De Rúben,
Elizur, filho de Sedeur;
6 de Simeão, Selumiel, filho de
Zurisadai;
7 de Judá, Naassom, filho de
Aminadabe;
8 de Issacar, Natanael, filho de
Zuar;
9 de Zebulom, Eliabe, filho de
Helom.
10 Dos filhos de José: De Efraim,
Elisama, filho de Amiúde;
de Manassés, Gamaliel, filho de
Pedazur;
11 de Benjamim, Abidã, filho
de Gideoni;
12 de Dã, Aieser, filho de Amisadai;
13 de Aser, Pagiel, filho de Ocrã;
14 de Gade, Eliasafe, filho de Deuel;
15 de Naftali, Aira, filho de Enã.
16 Estes foram os chamados da
congregação, os líderes das tri-
bos de seus pais, os clãs dos che-
fes de Israel.
17 Então Moisés e Arão tomaram
estes homens, que foram decla-
rados pelos seus nomes,
18 e ajuntaram toda a congregação
no primeiro dia do segundo mês.
Declararam a descendência de-
les segundo seus clãs e conforme
suas famílias, e todos os homens
de vinte anos para cima foram re-
lacionados por nome, um por um,
19 como o Senhor ordenara a
Moisés. E assim ele os contou no
deserto de Sinai.
20 Dos filhos de Rúben, o primo-
gênito de Israel, conforme seus
clãs e suas famílias, foram rela-
cionados, um por um, os nomes
de todos os homens de vinte anos
para cima, todos os aptos para a
guerra.
21 Foram contados deles, da tri-
bo de Rúben, quarenta e seis mil
e quinhentos.
22 Dos filhos de Simeão, confor-
me seus clãs e suas famílias, fo-
ram relacionados, um por um, os
nomes de todos os homens de vin-
te anos para cima, todos os aptos
para a guerra.
23 Foram contados deles, da tri-
bo de Simeão, cinquenta e nove
mil e trezentos.
24 Dos filhos de Gade, conforme
seus clãs e suas famílias, foram
relacionados os nomes de todos os
homens de vinte anos para cima,
todos os aptos para a guerra.
25 Foram contados deles, da tri-
bo de Gade, quarenta e cinco mil
seiscentos e cinquenta.
26 Dos filhos de Judá, conforme
seus clãs e suas famílias, foram
relacionados os nomes de todos os

homens de vinte anos para cima, todos os aptos para a guerra.

27 Foram contados deles, da tribo de Judá, setenta e quatro mil e seiscentos.

28 Dos filhos de Issacar, conforme seus clãs e suas famílias, foram relacionados os nomes de todos os homens de vinte anos para cima, todos os aptos para a guerra.

29 Foram contados deles, da tribo de Issacar, cinquenta e quatro mil e quatrocentos.

30 Dos filhos de Zebulom, conforme seus clãs e suas famílias, foram relacionados os nomes de todos os homens de vinte anos para cima, todos os aptos para a guerra.

31 Foram contados deles, da tribo de Zebulom, cinquenta e sete mil e quatrocentos.

32 Dos filhos de José, dos filhos de Efraim, conforme seus clãs e suas famílias, foram relacionados os nomes de todos os homens de vinte anos para cima, todos os aptos para a guerra.

33 Foram contados deles, da tribo de Efraim, quarenta mil e quinhentos.

34 Dos filhos de Manassés, conforme seus clãs e suas famílias, foram relacionados os nomes de todos os homens de vinte anos para cima, todos os aptos para a guerra.

35 Foram contados deles, da tribo de Manassés, trinta e dois mil e duzentos.

36 Dos filhos de Benjamim, conforme seus clãs e suas famílias, foram relacionados os nomes de todos os homens de vinte anos para cima, todos os aptos para a guerra.

37 Foram contados deles, da tribo de Benjamim, trinta e cinco mil e quatrocentos.

38 Dos filhos de Dã, conforme seus clãs e suas famílias, foram relacionados os nomes de todos os homens de vinte anos para cima, todos os aptos para a guerra.

39 Foram contados deles, da tribo de Dã, sessenta e dois mil e setecentos.

40 Dos filhos de Aser, conforme seus clãs e suas famílias, foram relacionados os nomes de todos os homens de vinte anos para cima, todos os aptos para a guerra.

41 Foram contados deles, da tribo de Aser, quarenta e um mil e quinhentos.

42 Dos filhos de Naftali, conforme seus clãs e suas famílias, foram relacionados os nomes de todos os homens de vinte anos para cima, todos os aptos para a guerra.

43 Foram contados deles, da tribo de Naftali, cinquenta e três mil e quatrocentos.

44 Estes foram os homens contados por Moisés, Arão e os cabeças de Israel, doze homens, um de cada uma das famílias.

45 Assim, o total de todos os contados dos filhos de Israel, segundo suas famílias, de vinte anos para cima, todos os aptos para a guerra em Israel,

46 foi de seiscentos e três mil quinhentos e cinquenta.

47 A tribo dos levitas, porém, segundo suas famílias, não foi contada entre eles.

48 O Senhor tinha dito a Moisés:

49 Somente não contarás a tribo de Levi, nem tomarás a soma dela entre os filhos de Israel.

50 Estabelece, porém, os levitas sobre o tabernáculo do testemunho,

sobre todos os seus utensílios e
sobre tudo o que lhe pertence.
Eles transportarão o tabernácu-
lo e todos os seus utensílios; eles
o administrarão e se acamparão
ao redor dele.
51 Quando o tabernáculo tiver de
partir, os levitas o desarmarão; e,
quando o tabernáculo parar, os le-
vitas o armarão. O estranho que
se aproximar dele será morto.
52 Os filhos de Israel se acampa-
rão cada um no seu esquadrão,
junto à sua bandeira, segundo
os seus exércitos.
53 **O**s levitas, porém, se acampa-
rão ao redor do tabernáculo do
testemunho, para que não haja
indignação sobre a congregação
dos filhos de Israel. Os levitas te-
rão o cuidado da guarda do taber-
náculo do testemunho.
54 Assim fizeram os filhos de
Israel, de acordo com tudo o que
o Senhor ordenara a Moisés.

A ordem das tribos no acampamento

2 Disse o Senhor a Moisés e a
Arão:
2 Os filhos de Israel se acampa-
rão junto à sua bandeira, segun-
do as insígnias da sua família. Ao
redor, a certa distância da tenda
da congregação, se acamparão.
3 Ao oriente se acamparão os da
bandeira do exército de Judá,
segundo os seus esquadrões;
Naassom, filho de Aminadabe,
será líder dos filhos de Judá.
4 O seu exército, segundo o recen-
seamento, é de setenta e quatro
mil e seiscentos.
5 Junto a ele se acampará a tri-
bo de Issacar; Natanael, filho
de Suar, será líder dos filhos de
Issacar.
6 Seu exército, segundo o recen-
seamento, é de cinquenta e qua-
tro mil e quatrocentos.
7 Depois a tribo de Zebulom. Eliabe,
filho de Helom, será líder dos fi-
lhos de Zebulom.
8 O seu exército, segundo o re-
censeamento, é de cinquenta e
sete mil e quatrocentos.
9 Todos os contados do exército
de Judá são cento e oitenta e seis
mil e quatrocentos, segundo os
seus esquadrões. Estes marcha-
rão primeiro.
10 **A**o sul se acamparão os da ban-
deira do exército de Rúben, se-
gundo os seus esquadrões; Elizur,
filho de Sedeur, será líder dos fi-
lhos de Rúben.
11 O seu exército, segundo o re-
censeamento, é de quarenta e seis
mil e quinhentos.
12 Junto a ele se acampará a tri-
bo de Simeão; Selumiel, filho de
Zurisadai, será líder dos filhos
de Simeão.
13 O seu exército, segundo o re-
censeamento, é de cinquenta e
nove mil e trezentos.
14 Depois a tribo de Gade. Eliasafe,
filho de Deuel, será líder dos fi-
lhos de Gade.
15 O seu exército, segundo o re-
censeamento, é de quarenta e
cinco mil seiscentos e cinquenta.
16 Todos os contados do exér-
cito de Rúben são cento e cin-
quenta e um mil quatrocentos e
cinquenta, segundo os seus es-
quadrões. Esses marcharão em
segundo lugar.
17 **E**ntão partirá a tenda da con-
gregação com o exército dos levi-
tas no meio dos exércitos. Como
se acamparam, assim marcharão,
cada um no seu lugar, segundo as
suas bandeiras.

18 Ao ocidente se acamparão
os da bandeira do exército de
Efraim, segundo os seus esqua-
drões. Elisama, filho de Amiúde,
será líder dos filhos de Efraim.
19 O seu exército, segundo o re-
censeamento, é de quarenta mil
e quinhentos.
20 Depois a tribo de Manassés.
Gamaliel, filho de Pedazur, será
líder dos filhos de Manassés.
21 O seu exército, segundo o re-
censeamento, é de trinta e dois
mil e duzentos.
22 Depois a tribo de Benjamim.
Abidã, filho de Gideoni, será lí-
der dos filhos de Benjamim.
23 O seu exército, segundo o re-
censeamento, é de trinta e cinco
mil e quatrocentos.
24 Todos os contados no exército
de Efraim são cento e oito mil e
cem, segundo os seus esquadrões.
Estes marcharão em terceiro lugar.
25 Ao norte se acamparão os
da bandeira do exército de Dã,
segundo os seus esquadrões.
Aieser, filho de Amisadai, será
líder dos filhos de Dã.
26 O seu exército, segundo o re-
censeamento, é de sessenta e dois
mil e setecentos.
27 Junto a ele se acampará a tri-
bo de Aser. Pagiel, filho de Ocrã,
será líder dos filhos de Aser.
28 O seu exército, segundo o re-
censeamento, é de quarenta e um
mil e quinhentos.
29 Depois a tribo de Naftali. Aira,
filho de Enã, será líder dos filhos
de Naftali.
30 O seu exército, segundo o re-
censeamento, é de cinquenta e
três mil e quatrocentos.
31 Todos os contados no exército
de Dã são cento e cinquenta e sete
mil e seiscentos. Esses marcharão
em último lugar, segundo as suas
bandeiras.
32 São estes os que foram contados
dos filhos de Israel, segundo a casa
de seus pais. Todos os recenseados
dos exércitos pelos seus esquadrões
foram seiscentos e três mil
quinhentos e cinquenta.
33 Os levitas, porém, não foram
contados entre os filhos de Israel,
como o Senhor ordenara a Moisés.
34 Os filhos de Israel fizeram tudo
de acordo com o que o Senhor or-
denara a Moisés. Assim se acam-
param segundo as suas bandeiras,
e assim marcharam, cada qual se-
gundo seu clã e sua família.

Os levitas

3 São estas as gerações de Arão
e de Moisés, quando o Senhor
falou a Moisés no monte Sinai.
2 São estes os nomes dos filhos
de Arão: Nadabe, o primogênito,
Abiú, Eleazar e Itamar.
3 Esses são os nomes dos filhos
de Arão, dos sacerdotes ungi-
dos, consagrados para exercer o
sacerdócio.
4 Nadabe e Abiú morreram peran-
te o Senhor, quando ofereceram
fogo estranho perante o Senhor
no deserto de Sinai. Não tiveram
filhos; assim, somente Eleazar e
Itamar exerceram o sacerdócio
diante de Arão, seu pai.
5 Disse o Senhor a Moisés:
6 Faze chegar a tribo de Levi e
põe-na diante de Arão, o sacer-
dote, para que o sirvam.
7 Cumprirão eles os seus deve-
res e os de todo o povo, diante da
tenda da congregação, para mi-
nistrar no tabernáculo.
8 Cuidarão de todos os utensílios
da tenda da congregação, cum-
prindo as obrigações dos filhos

de Israel, ao ministrarem no ta-
bernáculo.
9 Darás os levitas a Arão e a seus
filhos; dentre os filhos de Israel
lhes são dados.
10 A Arão e a seus filhos, porém,
ordenarás que guardem o seu sa-
cerdócio, e o estranho que nele
tomar parte será morto.
11 Disse o Senhor a Moisés:
12 Eu mesmo tomei os levitas do
meio dos filhos de Israel, em lu-
gar de todo primogênito que abre
a madre, entre os filhos de Israel.
Os levitas são meus,
13 pois todo primogênito é meu.
Desde o dia em que feri todo pri-
mogênito na terra do Egito, con-
sagrei para mim todo primogê-
nito em Israel, tanto de homens
como de animais. Eles são meus.
Eu sou o Senhor.
14 Disse o Senhor a Moisés no de-
serto de Sinai:
15 Conta os filhos de Levi, se-
gundo suas famílias e seus clãs.
Conta todos os homens da idade
de um mês para cima.
16 Assim Moisés os contou de
acordo com o mandado do Senhor,
como lhe fora ordenado.
17 São estes os filhos de Levi, pe-
los seus nomes: Gérson, Coate e
Merari.
18 São estes os nomes dos filhos
de Gérson, pelas suas famílias:
Libni e Simei.
19 Os filhos de Coate, pelas suas
famílias: Anrão, Jizar, Hebrom
e Uziel.
20 Os filhos de Merari, pelas suas
famílias: Mali e Musi. Estas são
as famílias dos levitas, segundo
a casa de seus pais.
21 De Gérson descendem os lib-
nitas e os simeítas; essas são as
famílias dos gersonitas.
22 O número de todos os homens
da idade de um mês para cima,
que foram contados, foi de sete
mil e quinhentos.
23 As famílias dos gersonitas se
acamparão atrás do tabernácu-
lo, ao ocidente.
24 O líder da casa paterna dos ger-
sonitas será Eliasafe, filho de Lael.
25 Os filhos de Gérson serão res-
ponsáveis, na tenda da congrega-
ção, pela guarda do tabernáculo,
da tenda, da sua coberta, do véu
da porta da tenda da congregação,
26 das cortinas externas do pá-
tio, da cortina da porta do pátio,
que rodeia o tabernáculo e o al-
tar, e as suas cordas: todo o ser-
viço a eles devido.
27 De Coate originaram-se as fa-
mílias dos anramitas, dos jizari-
tas, dos hebronitas e dos uzielitas.
Essas são as famílias dos coatitas.
28 Todos os homens contados, da
idade de um mês para cima, foram
oito mil e seiscentos. Os coatitas
eram responsáveis pela guarda do
santuário.
29 As famílias dos filhos de Coate
se acamparão ao lado do taber-
náculo, ao sul.
30 O líder da família dos coatitas
será Elisafã, filho de Uziel.
31 Terão eles a seu cuidado a arca,
a mesa, o candelabro, os altares,
os utensílios do santuário com que
ministram e a cortina com todo o
seu serviço.
32 O líder principal dos levitas
será Eleazar, filho de Arão, o sa-
cerdote; ele terá a superinten-
dência sobre os que estão encar-
regados da guarda do santuário.
33 De Merari originaram-se as
famílias dos malitas e dos mu-
sitas. Essas são as famílias de
Merari.

34 Todos os homens contados, da
idade de um mês para cima, foram seis mil e duzentos.
35 O líder da casa paterna das
famílias de Merari será Zuriel, filho de Abiail. Eles se acamparão ao lado do tabernáculo, ao norte.
36 Terão eles a seu cuidado as tábuas do tabernáculo, os seus travessões, as suas colunas, as suas bases, todos os seus utensílios com todo o seu serviço,
37 bem como as colunas ao redor
do pátio, as suas bases, as suas estacas e as suas cordas.
38 Moisés e Arão, com seus filhos, se acamparão diante do tabernáculo, ao oriente, em frente da tenda da congregação, para o nascente. Serão responsáveis pela guarda do santuário, em nome dos filhos de Israel. O estranho que se aproximar do santuário será morto.
39 Todos os levitas recenseados,
contados por Moisés e Arão, por ordem do Senhor, segundo as suas famílias, todo homem da idade de um mês para cima, foram vinte e dois mil.
40 Disse o Senhor a Moisés: Conta
todo primogênito homem dos filhos de Israel, da idade de um mês para cima, e faze uma lista dos seus nomes.
41 Para mim tomarás os levitas em
lugar de todo primogênito dos filhos de Israel, e os animais dos levitas em lugar de todo primogênito entre os animais dos filhos de Israel.
42 Contou Moisés, como o Senhor
lhe ordenara, todo primogênito *entre os filhos de Israel*.
43 Todos os primogênitos ho-
mens da idade de um mês para cima, relacionados por nome, foram vinte e dois mil duzentos e setenta e três.
44 Disse o Senhor a Moisés:
45 Toma os levitas em lugar de
todo primogênito entre os filhos de Israel, e os animais dos levitas em lugar dos animais deles. Os levitas serão meus. Eu sou o Senhor.
46 Para resgatar os duzentos e
setenta e três primogênitos dos filhos de Israel, que excederam o número dos levitas,
47 tomarás por pessoa cinco si-
clos; segundo o siclo do santuário os tomarás, a vinte geras o siclo.
48 Darás a Arão e a seus filhos
o dinheiro para resgate dos que são excedentes.
49 Então Moisés tomou o dinhei-
ro do resgate dos que excederam os resgatados pelos levitas.
50 Dos primogênitos dos filhos de
Israel ele recebeu mil trezentos e sessenta e cinco siclos, segundo o siclo do santuário.
51 Deu Moisés o dinheiro desse
resgate a Arão e a seus filhos, segundo o mandado do Senhor, como o Senhor lhe ordenara.

Os deveres dos levitas

4 Disse o Senhor a Moisés e a
Arão:
2 Fazei o recenseamento dos fi-
lhos de Coate, do meio dos filhos de Levi, pelas suas famílias, segundo a casa de seus pais.
3 Contareis os homens de trinta
a cinquenta anos de idade, todos os que são aptos, para que sirvam na tenda da congregação.
4 Este será o serviço dos filhos de
Coate na tenda da congregação: o cuidado das coisas santíssimas.
5 Quando partir o acampamento,
Arão e seus filhos virão, abaixarão

o véu protetor e com ele cobrirão
a arca do testemunho.
6 Por cima lhe porão uma cober-
ta de peles de animais marinhos;
sobre ela estenderão um pano
todo azul e lhe colocarão as varas.
7 Sobre a mesa da proposição
estenderão um pano azul; sobre
ela porão os pratos, as colheres,
as taças e os jarros para libação.
O pão contínuo estará sobre ela.
8 Depois estenderão em cima de-
les um pano vermelho, que será
recoberto com uma coberta de
peles de animais marinhos, e lhe
porão as suas varas.
9 Tomarão um pano azul e cobri-
rão o candelabro da luminária,
as suas lâmpadas, os seus espe-
vitadores, os seus apagadores e
todos os vasos de azeite com que
servem o candelabro.
10 Envolverão o candelabro com
todos os seus acessórios numa
coberta de peles de animais ma-
rinhos e o porão sobre as varas.
11 Sobre o altar de ouro estende-
rão um pano azul, que será reco-
berto com uma coberta de peles
de animais marinhos, e lhe po-
rão as varas.
12 Também tomarão todos os
utensílios usados no serviço do
santuário e os envolverão num
pano azul, que será recoberto
com uma coberta de peles de
animais marinhos, e os porão
sobre as varas.
13 Tirarão as cinzas do altar e
por cima dele estenderão um
pano roxo,
14 sobre o qual porão todos os seus
utensílios com que servem no al-
tar: os braseiros, os garfos, as pás
e as bacias. Estenderão por cima
uma coberta de peles de animais
marinhos e lhe porão as varas.
15 Depois que Arão e seus filhos
tiverem acabado de cobrir o santu-
ário e todos os seus utensílios, os
filhos de Coate virão para trans-
portá-lo, mas sem tocar nas coi-
sas santas, para que não morram.
Os filhos de Coate transportarão
essas coisas que estão na tenda
da congregação.
16 Eleazar, filho do sacerdote Arão,
terá a seu cargo o azeite da lumi-
nária, o incenso aromático, a con-
tínua oferta de cereais e o azeite da
unção. Cuidará também do taber-
náculo em geral e de tudo o que
nele há, incluindo os objetos sa-
grados e os seus acessórios.
17 Disse o Senhor a Moisés e a
Arão:
18 Não deixareis que a tribo das
famílias dos coatitas seja extir-
pada do meio dos levitas.
19 Isto lhes fareis, para que vi-
vam e não morram, quando se
aproximarem das coisas santís-
simas: Arão e seus filhos entra-
rão e designarão a cada um o seu
serviço e a sua carga.
20 Os coatitas, porém, não en-
trarão para ver as coisas santas,
nem por um momento, para que
não morram.
21 Disse mais o Senhor a Moisés:
22 Faze um recenseamento dos
filhos de Gérson, segundo a casa
de seus pais, segundo as suas fa-
mílias.
23 Contarás todos os homens da
idade de trinta anos para cima,
até os cinquenta, que forem aptos
para a guerra, e que farão o seu
serviço na tenda da congregação.
24 Será este o serviço das famí-
lias dos gersonitas, suas funções
e seus encargos:
25 Levarão as cortinas do taber-
náculo, a tenda da congregação,

a sua coberta, a coberta de peles
de animais marinhos que o reco-
bre, a cortina da porta da tenda
da congregação,
26 as cortinas externas do pátio,
a cortina da porta do pátio que
rodeia o tabernáculo e o altar, as
cordas e todos os utensílios usa-
dos no seu serviço. Eles servirão
em tudo o que diz respeito a es-
sas coisas.
27 Todo o serviço dos filhos dos
gersonitas será feito segundo o
mandado de Arão e de seus filhos.
Confiarás à sua guarda tudo o que
tiverem de transportar.
28 Será este o serviço das famílias
dos filhos dos gersonitas na ten-
da da congregação. O seu serviço
estará sob o mandado de Itamar,
filho do sacerdote Arão.
29 **Q**uanto aos filhos de Merari,
os contarás conforme seus clãs e
suas famílias.
30 Contarás todos os homens da
idade de trinta anos para cima,
até os cinquenta, todos aqueles
que prestarem serviço na tenda
da congregação.
31 Isto é o que deverão transpor-
tar, segundo todo o seu serviço na
tenda da congregação: as tábuas
do tabernáculo, suas varas, suas
colunas e bases,
32 como também as colunas ao
redor do pátio, as suas bases, es-
tacas, cordas e todos os utensílios
usados no seu serviço. Designarás,
nome por nome, os objetos que
devem transportar.
33 Esse é o serviço das famílias dos
filhos de Merari, segundo todo o
seu serviço, na tenda da congre-
gação, debaixo da orientação de
Itamar, filho do sacerdote Arão.
34 **M**oisés, Arão e os líderes da
comunidade contaram os filhos
dos coatitas, conforme seus clãs
e suas famílias.
35 Todos os homens da idade de
trinta anos para cima, até os cin-
quenta, que entraram para o ser-
viço da tenda da congregação,
36 contados segundo seus clãs, fo-
ram dois mil setecentos e cinquenta.
37 Esses são os que foram con-
tados das famílias dos coatitas,
todos aqueles que deviam ser-
vir na tenda da congregação, os
quais foram contados por Moisés
e Arão, conforme o mandado do
Senhor, dado a Moisés.
38 **O**s gersonitas foram contados
conforme seus clãs e suas famílias.
39 Todos os homens da idade de
trinta anos para cima, até os cin-
quenta, que entraram para o ser-
viço da tenda da congregação,
40 contados conforme seus clãs
e suas famílias, foram dois mil
seiscentos e trinta.
41 Esses são os que foram con-
tados das famílias dos filhos de
Gérson, todos aqueles que de-
viam servir na tenda da congre-
gação, os quais foram contados
por Moisés e Arão, segundo o
mandado do Senhor.
42 **O**s que foram contados das fa-
mílias dos filhos de Merari, con-
forme seus clãs e suas famílias,
43 todos os homens da idade de
trinta anos para cima, até os cin-
quenta, que entraram para o ser-
viço da tenda da congregação,
44 contados segundo as suas fa-
mílias, foram três mil e duzentos.
45 Esses são os que foram con-
tados das famílias dos filhos de
Merari, os quais foram conta-
dos por Moisés e Arão, segundo
o mandado do Senhor a Moisés.
46 **O** número total de todos os
levitas, contados por Moisés, Arão

e os líderes de Israel, conforme
seus clãs e suas famílias,
47 da idade de trinta anos para
cima, até os cinquenta, que en-
traram para o serviço de trans-
portar a tenda da congregação,
48 foram oito mil quinhentos e
oitenta.
49 Segundo o mandado do Senhor
a Moisés, foram contados, cada
qual segundo o seu serviço e se-
gundo a sua obrigação. Assim fo-
ram contados, conforme o Senhor
ordenara a Moisés.

A pureza do acampamento

5 Disse o Senhor a Moisés:
2 Ordena aos filhos de Israel
que lancem fora do acampamen-
to todo leproso, todo o que pade-
ce fluxo e todo imundo por cau-
sa de contato com algum morto.
3 Sejam homens ou mulheres os
lançareis fora do acampamento,
para que não o contaminem, no
meio do qual eu habito.
4 Assim fizeram os filhos de Israel
e os lançaram fora do arraial.
Como o Senhor falara a Moisés,
assim fizeram os filhos de Israel.
5 **D**isse o Senhor a Moisés:
6 Dize aos filhos de Israel: Se um ho-
mem ou uma mulher cometer algum
pecado que prejudique o próximo,
sendo assim infiel ao mandamento
do Senhor, essa pessoa é culpada.
7 Confessará o pecado que come-
teu e fará plena restituição àque-
le a quem prejudicou, acrescen-
tando a quinta parte do seu valor.
8 Se, porém, essa pessoa não tiver
parente chegado a quem possa fa-
zer restituição pela culpa, a res-
tituição pertencerá ao Senhor e
será dada ao sacerdote, além do
carneiro da expiação com que se
fizer expiação pelo culpado.
9 Semelhantemente, toda oferta
de todas as coisas santificadas dos
filhos de Israel, que trouxerem ao
sacerdote, será deste.
10 As coisas que alguém consa-
gra lhe pertencem, mas aquilo
que der ao sacerdote, será do sa-
cerdote.

A mulher sob suspeita de adultério

11 **D**isse mais o Senhor a Moisés:
12 Fala aos filhos de Israel e dize-
-lhes: Quando a mulher de al-
guém se desviar e lhe for infiel,
13 de maneira que outro homem
se tenha deitado com ela, sem o co-
nhecimento do seu marido, e o fato
for oculto aos olhos do próprio ma-
rido, por ela se ter contaminado
em segredo e não haver quem de-
ponha contra ela, por não ter sido
surpreendida em flagrante,
14 e o espírito de ciúmes vier so-
bre ele, e de sua mulher tiver
ciúmes, por ela se haver conta-
minado, ou sobre ele vier o espí-
rito de ciúmes, e de sua mulher
tiver ciúmes, mesmo que ela não
se tenha contaminado,
15 então esse homem trará a sua
mulher perante o sacerdote e jun-
tamente trará a sua oferta por ela:
a décima parte de um efa de fari-
nha de cevada, sobre a qual não
derramará azeite nem porá incen-
so, porque é oferta de cereais de
ciúmes, oferta memorativa, que
traz a iniquidade em memória.
16 **O** sacerdote a fará chegar e a
porá perante a face do Senhor.
17 Em seguida, pegará água santa
num vaso de barro e, tendo toma-
do do pó que houver no chão do
tabernáculo, o espargirá na água.
18 E apresentará a mulher pe-
rante o Senhor, soltando o ca-
belo dela, e lhe porá nas mãos a

oferta memorativa de cereais, que
é a oferta de cereais dos ciúmes.
Nas mãos do sacerdote estarão
as águas amargas e de maldição.
19 O sacerdote a fará jurar, di-
zendo-lhe: Se ninguém contigo
se deitou, e se não te apartaste
de teu marido pela imundícia,
dessas águas amargas e de mal-
dição serás livre.
20 Se, contudo, te apartaste de
teu marido, e te contaminaste, e
algum homem que não o teu ma-
rido se deitou contigo,
21 o sacerdote fará, aqui, a mu-
lher prestar um juramento sob
pena de maldição, dizendo à mu-
lher: O Senhor te ponha por mal-
dição e por conjuração no meio
do teu povo, fazendo-te o Senhor
descair a coxa e inchar a barriga.
22 Esta água de maldição pene-
tre nas tuas entranhas, para te
fazer inchar a barriga e te fazer
descair a coxa. Então a mulher
dirá: Amém, amém.
23 Depois o sacerdote escreverá
essas mesmas maldições num livro
e com a água amarga as apagará.
24 Fará a mulher beber a água
amarga e de maldição, a fim de
que essas águas de maldição pe-
netrem nela causando-lhe amar-
gura.
25 Da mão da mulher o sacerdo-
te pegará a oferta de cereais, a
moverá perante o Senhor e a tra-
rá ao altar.
26 Tomará um punhado da ofer-
ta de cereais, da oferta memo-
rativa, e sobre o altar o queima-
rá. Depois dará a beber a água à
mulher.
27 *Ao fazê-la beber* a água, será
que, se ela se tornou imunda en-
ganando a seu marido, a água
de maldição penetrará nela para
amargura; a sua barriga se in-
chará, a sua coxa descairá; aque-
la mulher será por maldição no
meio do seu povo.
28 Se, ao contrário, a mulher
não se tiver contaminado, mas
estiver limpa, então será livre e
conceberá.
29 Esta é a lei dos ciúmes, quan-
do a mulher se desviar e se tor-
nar imunda, enquanto sob o po-
der de seu marido,
30 ou quando sobre o homem vier
o espírito de ciúmes, e tiver ciúmes
de sua mulher. O sacerdote apre-
sente a mulher perante o Senhor
e nela execute toda esta lei.
31 O homem será isento de cul-
pa, porém a mulher levará a sua
iniquidade.

O nazireado

6 Disse o Senhor a Moisés:
2 Fala aos filhos de Israel e dize-
-lhes: Se um homem ou uma mu-
lher fizer um voto especial de na-
zireu, um voto de separação para
o Senhor,
3 terá que se abster de vinho e de
bebida forte; não beberá vinagre
de vinho, nem vinagre de bebida
forte; não tomará nenhuma bebi-
da feita de uvas nem comerá uvas
frescas nem secas.
4 Todos os dias da sua consagra-
ção não comerá nenhum produ-
to da videira, desde as sementes
até as cascas.
5 Todos os dias da sua consagra-
ção não passará navalha sobre
a sua cabeça. Será santo, até que
se cumpram os dias pelos quais se
separou para o Senhor; depois
deixará crescer o cabelo.
6 Durante todo o tempo da sua
consagração ao Senhor, não se
aproximará de nenhum cadáver.

7 Nem se o pai, a mãe, o irmão ou
a irmã morrerem, não se conta-
minará, porque traz sobre a ca-
beça o nazireado do seu Deus.
8 Durante todo o tempo do seu
nazireado será santo ao Senhor.
9 Se alguém subitamente morrer
junto a ele, contaminando assim
o cabelo que consagrou, no séti-
mo dia, o dia da sua purificação,
rapará a cabeça.
10 No oitavo dia, trará ao sacerdote
duas rolinhas, ou dois pombinhos,
à entrada da tenda da congregação.
11 O sacerdote oferecerá um como
oferta pelo pecado e o outro, como ho-
locausto; e fará por ele a expiação
do pecado que cometeu por causa
do morto. Assim, naquele mesmo
dia consagrará a sua cabeça.
12 Então consagrará ao Senhor
os dias do seu nazireado e para
oferta pela culpa trará um cor-
deiro de um ano. Os dias antece-
dentes serão perdidos, porque o
seu nazireado foi contaminado.
13 É esta a lei do nazireu: no dia
em que se cumprirem os dias do
seu nazireado, será trazido à porta
da tenda da congregação.
14 Ali apresentará ao Senhor a
sua oferta: um cordeiro sem de-
feito, de um ano, em holocaus-
to, uma cordeira sem defeito, de
um ano, como oferta pelo peca-
do, um carneiro sem defeito como
oferta pacífica,
15 um cesto de bolos sem fermen-
to, de flor de farinha amassada
com azeite, e pães finos untados com
azeite, acompanhados da sua ofer-
ta de cereais e das libações.
16 O sacerdote os trará perante o
Senhor e sacrificará a oferta pelo
pecado e o holocausto.
17 Depois sacrificará o carneiro
como oferta pacífica ao Senhor,
com o cesto dos bolos sem fer-
mento, e oferecerá a oferta de ce-
reais e a libação.
18 Então o nazireu rapará o ca-
belo que consagrou, à entrada da
tenda da congregação, pegará o
cabelo e o porá sobre o fogo que
está debaixo da oferta pacífica.
19 Depois o sacerdote tomará o
ombro cozido do carneiro, um
bolo sem fermento do cesto, um pão
fino e os porá nas mãos do nazi-
reu, quando este já houver rapa-
do o seu cabelo.
20 O sacerdote os moverá em ofer-
ta movida perante o Senhor; são
santos e pertencerão ao sacerdo-
te, com o peito da oferta movida
e com a espádua da oferta alça-
da. Depois disso o nazireu pode-
rá beber vinho.
21 Esta é a lei do nazireu que fez
voto e da sua oferta para a sua
consagração ao Senhor, além do
que permitirem seus recursos. De
acordo com o voto que fez, assim
fará conforme a lei do nazireado.

A bênção sacerdotal

22 Disse o Senhor a Moisés:
23 Dize a Arão e a seus filhos:
Assim abençoareis os filhos de
Israel, dizendo-lhes:
24 O Senhor te abençoe e te guarde.
25 O Senhor faça resplandecer o
seu rosto sobre ti
e tenha misericórdia de ti.
26 O Senhor sobre ti levante o
seu rosto e te dê a paz.
27 Assim porão o meu nome so-
bre os filhos de Israel, e eu os
abençoarei.

Ofertas para o tabernáculo

7 Quando Moisés acabou de le-
vantar o tabernáculo, e o un-
giu, e o consagrou, e a todos os

seus pertences, também ungiu e
consagrou o altar e todos os seus
utensílios.
2 Então os líderes de Israel, os
chefes das famílias, os que fo-
ram líderes das tribos e os res-
ponsáveis pelo recenseamento
fizeram ofertas.
3 Trouxeram a sua oferta peran-
te o Senhor: seis carros cobertos
e doze bois; um boi de cada lí-
der, e um carro de cada dois líde-
res; e os apresentaram diante do
tabernáculo.
4 Disse o Senhor a Moisés:
5 Recebe-os deles, e sejam desti-
nados ao serviço da tenda da con-
gregação. Tu os darás aos levitas,
a cada um segundo o seu serviço.
6 Assim Moisés recebeu os car-
ros e os bois e os deu aos levitas.
7 Dois carros e quatro bois deu
aos filhos de Gérson, segundo o
seu serviço.
8 Quatro carros e oito bois deu aos
filhos de Merari, segundo o seu
serviço, sob a direção de Itamar,
filho do sacerdote Arão.
9 Aos filhos de Coate, porém, nada
deu, porque a seu cargo estava o
santuário e o levavam aos ombros.
10 Os líderes trouxeram a sua
oferta para a consagração do al-
tar, no dia em que este foi ungido,
e a apresentaram perante o altar.
11 Pois o Senhor dissera a Moisés:
Cada líder oferecerá a sua ofer-
ta, cada qual em seu dia, para a
consagração do altar.
12 O que ofereceu a sua oferta no
primeiro dia foi Naassom, filho de
Aminadabe, pela tribo de Judá.
13 A sua oferta foi um prato de
prata de cento e *trinta siclos* e uma
bacia de prata para as aspersões
de setenta siclos, segundo o siclo
do santuário, ambos cheios de flor
de farinha amassada com azeite,
para a oferta de cereais;
14 um vaso de ouro de dez siclos,
cheio de incenso;
15 um novilho, um carneiro e
um cordeiro de um ano, para ho-
locausto;
16 um bode para oferta pelo pe-
cado;
17 dois bois, cinco carneiros, cinco
bodes e cinco cordeiros de um ano
para sacrifício de ofertas pacífi-
cas. Esta foi a oferta de Naassom,
filho de Aminadabe.
18 No segundo dia, Natanael, fi-
lho de Zuar, líder de Issacar, fez
a sua oferta.
19 Como oferta apresentou um
prato de prata de cento e trin-
ta siclos, e uma bacia de prata
de setenta siclos, para as asper-
sões, segundo o siclo do santuá-
rio, ambos cheios de flor de fari-
nha amassada com azeite, para
a oferta de cereais;
20 um vaso de ouro de dez siclos,
cheio de incenso;
21 um novilho, um carneiro e
um cordeiro de um ano, para ho-
locausto;
22 um bode para oferta pelo pecado;
23 dois bois, cinco carneiros, cin-
co bodes e cinco cordeiros de
um ano, para sacrifício de ofer-
tas pacíficas. Esta foi a oferta de
Natanael, filho de Zuar.
24 No terceiro dia Eliabe, filho de
Helom, líder dos filhos de Zebulom,
fez a sua oferta.
25 Como oferta apresentou um
prato de prata de cento e trin-
ta siclos, e uma bacia de prata,
para as aspersões, de setenta si-
clos, segundo o siclo do santuá-
rio, ambos cheios de flor de fari-
nha amassada com azeite, para
oferta de cereais;

26 um vaso de ouro de dez siclos,
cheio de incenso;
27 um novilho, um carneiro e
um cordeiro de um ano, para ho-
locausto;
28 um bode para oferta pelo pecado;
29 dois bois, cinco carneiros, cin-
co bodes e cinco cordeiros de um
ano, para sacrifício de ofertas pa-
cíficas. Esta foi a oferta de Eliabe,
filho de Helom.
30 No quarto dia, Elizur, filho de
Sedeur, líder dos filhos de Rúben
fez a sua oferta.
31 Como oferta apresentou um
prato de prata de cento e trin-
ta siclos, e uma bacia de prata
de setenta siclos, para as asper-
sões, segundo o siclo do santuá-
rio, ambos cheios de flor de fari-
nha amassada com azeite, para
oferta de cereais;
32 um vaso de ouro de dez siclos,
cheio de incenso;
33 um novilho, um carneiro e
um cordeiro de um ano, para ho-
locausto;
34 um bode para oferta pelo pe-
cado;
35 dois bois, cinco carneiros, cin-
co bodes e cinco cordeiros de um
ano, para sacrifício de ofertas pa-
cíficas. Esta foi a oferta de Elizur,
filho de Sedeur.
36 No quinto dia, o líder dos fi-
lhos de Simeão, Selumiel, filho de
Zurisadai, fez a sua oferta.
37 Como oferta apresentou um
prato de prata de cento e trin-
ta siclos e uma bacia de prata
de setenta siclos, para as asper-
sões, segundo o siclo do santuá-
rio, ambos cheios de flor de fari-
nha amassada com azeite, para
oferta de cereais;
38 um vaso de ouro de dez siclos,
cheio de incenso;
39 um novilho, um carneiro e
um cordeiro de um ano, para ho-
locausto;
40 um bode para oferta pelo pe-
cado;
41 dois bois, cinco carneiros, cinco
bodes e cinco cordeiros de um ano,
para sacrifício de ofertas pacífi-
cas. Esta foi a oferta de Selumiel,
filho de Zurisadai.
42 No sexto dia, o líder dos filhos
de Gade, Eliasafe, filho de Deuel,
fez a sua oferta.
43 Como oferta apresentou um pra-
to de prata de cento e trinta siclos,
e uma bacia de prata de setenta si-
clos, para as aspersões, segundo o
siclo do santuário, ambos cheios de
flor de farinha amassada com azei-
te, para oferta de cereais;
44 um vaso de ouro de dez siclos,
cheio de incenso;
45 um novilho, um carneiro e
um cordeiro de um ano, para ho-
locausto;
46 um bode para oferta pelo pecado;
47 dois bois, cinco carneiros, cin-
co bodes e cinco cordeiros de um
ano, para sacrifício de ofertas pací-
ficas. Esta foi a oferta de Eliasafe,
filho de Deuel.
48 No sétimo dia, o líder dos fi-
lhos de Efraim, Elisama, filho de
Amiúde, fez a sua oferta.
49 Como oferta apresentou um
prato de prata de cento e trin-
ta siclos e uma bacia de prata
de setenta siclos, para as asper-
sões, segundo o siclo do santuá-
rio, ambos cheios de flor de fari-
nha amassada com azeite, para
oferta de cereais;
50 um vaso de ouro de dez siclos,
cheio de incenso;
51 um novilho, um carneiro e
um cordeiro de um ano, para ho-
locausto;

52 um bode para oferta pelo pe-
cado;
53 dois bois, cinco carneiros, cin-
co bodes e cinco cordeiros de
um ano, para sacrifício de ofer-
tas pacíficas. Esta foi a oferta de
Elisama, filho de Amiúde.
54 No oitavo dia, o príncipe dos
filhos de Manassés, Gamaliel, fi-
lho de Pedazur, fez a sua oferta.
55 Como oferta apresentou um
prato de prata, do peso de cento e
trinta siclos e uma bacia de prata
de setenta siclos, para as asper-
sões, segundo o siclo do santuá-
rio, ambos cheios de flor de fari-
nha amassada com azeite, para
oferta de cereais;
56 um vaso de ouro de dez siclos,
cheio de incenso;
57 um novilho, um carneiro e
um cordeiro de um ano, para ho-
locausto;
58 um bode para oferta pelo pe-
cado;
59 dois bois, cinco carneiros, cin-
co bodes e cinco cordeiros de
um ano, para sacrifício de ofer-
tas pacíficas. Esta foi a oferta de
Gamaliel, filho de Pedazur.
60 No nono dia, o líder dos filhos
de Benjamim, Abidã, filho de
Gideoni, fez a sua oferta.
61 Como oferta apresentou um
prato de prata de cento e trin-
ta siclos e uma bacia de prata
de setenta siclos, para as asper-
sões, segundo o siclo do santuá-
rio, ambos cheios de flor de fari-
nha amassada com azeite, para
oferta de cereais;
62 um vaso de ouro de dez siclos,
cheio de incenso;
63 um novilho, um carneiro e
um cordeiro de um ano, para ho-
locausto;
64 um bode para oferta pelo pecado;
65 dois bois, cinco carneiros, cin-
co bodes e cinco cordeiros de um
ano, para sacrifício de ofertas pa-
cíficas. Esta foi a oferta de Abidã,
filho de Gideoni.
66 No décimo dia, o príncipe
dos filhos de Dã, Aieser, filho de
Amisadai, fez a sua oferta.
67 Como oferta apresentou um
prato de prata de cento e trin-
ta siclos e uma bacia de prata
de setenta siclos, para as asper-
sões, segundo o siclo do santuá-
rio, ambos cheios de flor de fari-
nha amassada com azeite, para
oferta de cereais;
68 um vaso de ouro de dez siclos,
cheio de incenso;
69 um novilho, um carneiro e
um cordeiro de um ano, para ho-
locausto;
70 um bode para oferta pelo pecado;
71 dois bois, cinco carneiros, cin-
co bodes e cinco cordeiros de um
ano, para sacrifício de ofertas pa-
cíficas. Esta foi a oferta de Aieser,
filho de Amisadai.
72 No décimo primeiro dia, o lí-
der dos filhos de Aser, Pagiel, fi-
lho de Ocrã, fez a sua oferta.
73 Como oferta apresentou um
prato de prata de cento e trin-
ta siclos e uma bacia de prata
de setenta siclos, para as asper-
sões, segundo o siclo do santuá-
rio, ambos cheios de flor de fari-
nha amassada com azeite, para
oferta de cereais;
74 um vaso de ouro de dez siclos,
cheio de incenso;
75 um novilho, um carneiro e
um cordeiro de um ano, para ho-
locausto;
76 um bode para oferta pelo pe-
cado;
77 dois bois, cinco carneiros, cin-
co bodes e cinco cordeiros de um

ano, para sacrifício de ofertas pa-
cíficas. Esta foi a oferta de Pagiel,
filho de Ocrã.
78 No décimo segundo dia, o líder
dos filhos de Naftali, Aira, filho
de Enã, fez a sua oferta.
79 Como oferta apresentou um
prato de prata de cento e trin-
ta siclos e uma bacia de prata
de setenta siclos, para as asper-
sões, segundo o siclo do santuá-
rio, ambos cheios de flor de fari-
nha amassada com azeite, para
oferta de cereais;
80 um vaso de ouro de dez siclos,
cheio de incenso;
81 um novilho, um carneiro e
um cordeiro de um ano, para ho-
locausto;
82 um bode para oferta pelo pe-
cado;
83 dois bois, cinco carneiros, cin-
co bodes e cinco cordeiros de um
ano, para sacrifício de ofertas pa-
cíficas. Esta foi a oferta a Aira, fi-
lho de Enã.
84 Foram estas as ofertas dos líde-
res de Israel para a consagração
do altar, no dia em que foi ungi-
do: doze pratos de prata, doze ba-
cias de prata e doze vasos de ouro.
85 Cada prato de prata pesava cen-
to e trinta siclos, e cada bacia, se-
tenta siclos. Toda a prata dos vasos
foi dois mil e quatrocentos siclos,
segundo o siclo do santuário.
86 Os doze vasos de ouro cheios
de incenso pesavam dez siclos
cada, segundo o siclo do santuá-
rio. Todo o ouro dos vasos foi cen-
to e vinte siclos.
87 Todos os animais para ho-
locausto foram doze novilhos,
doze carneiros, doze cordeiros
de um ano, com a sua oferta de
cereais, e doze bodes para ofer-
ta pelo pecado.
88 Todos os animais para sacrifício
de ofertas pacíficas foram vinte
e quatro novilhos, sessenta car-
neiros, sessenta bodes e sessenta
cordeiros de um ano. Essas foram
as ofertas para a consagração do
altar, depois que foi ungido.
89 Quando Moisés entrava na ten-
da da congregação para falar com
o Senhor, ouvia a voz que lhe fala-
va de cima do propiciatório, que
está sobre a arca do testemunho,
entre os dois querubins. Era as-
sim que lhe falava.

As lâmpadas do candelabro

8 Disse o Senhor a Moisés:
2 Fala a Arão e dize-lhe: Quando
acenderes as sete lâmpadas, de-
verão iluminar a área em frente
do candelabro.
3 Assim fez Arão; pôs as lâmpa-
das voltadas para a frente do can-
delabro, como o Senhor ordena-
ra a Moisés.
4 O candelabro era feito de ouro
batido; desde o seu pedestal até
as suas flores, segundo o modelo
que o Senhor mostrara a Moisés,
assim fez ele o candelabro.

A consagração dos levitas

5 Disse o Senhor a Moisés:
6 Toma os levitas do meio dos fi-
lhos de Israel e purifica-os.
7 Assim procederás para os purifi-
car: Esparge sobre eles a água da
expiação. Depois devem passar a
navalha sobre todo o corpo e la-
var as vestes; assim se purificarão.
8 Tomarão um novilho com a sua
oferta de cereais de flor de fari-
nha amassada com azeite; então
tomarás outro novilho, para ofer-
ta pelo pecado.
9 Farás os levitas se aproxima-
rem da tenda da congregação;

farás ajuntar toda a congrega-
ção dos filhos de Israel.
10 Trarás os levitas diante do
Senhor, e os filhos de Israel po-
rão as suas mãos sobre eles.
11 Arão trará os levitas à presen-
ça do Senhor como oferta movida
da parte dos filhos de Israel, para
que atuem no serviço do Senhor.
12 Depois que os levitas impuserem
as mãos sobre a cabeça dos novi-
lhos, sacrificarás um para oferta
pelo pecado e o outro, para holo-
causto ao Senhor, para fazer ex-
piação pelos levitas.
13 Colocarás os levitas em pé pe-
rante Arão e seus filhos e com um
gesto os apresentarás como ofer-
ta movida ao Senhor.
14 **D**esta maneira separarás os le-
vitas do meio dos filhos de Israel,
e os levitas serão meus.
15 Depois que tu os purificares e
os apresentares como oferta mo-
vida, os levitas entrarão para fa-
zer o serviço da tenda da congre-
gação.
16 Eles me são dados dentre os fi-
lhos de Israel; em lugar de todo
primogênito, do primeiro filho de
cada um dos israelitas; eu os te-
nho tomado para mim.
17 Todo primogênito entre os fi-
lhos de Israel, homem ou animal,
é meu. No dia em que, na terra do
Egito, feri a todo primogênito, os
consagrei para mim.
18 Tomei os levitas em lugar de
todo primogênito entre os filhos
de Israel.
19 Do meio de todos os filhos de
Israel dei os levitas a Arão e a
seus filhos, para fazerem o ser-
viço dos filhos de Israel na ten-
da da congregação, para fazerem
expiação por eles, de modo que
não haja praga entre os filhos de
Israel, quando se aproximarem
do santuário.
20 **M**oisés, Arão e toda a congre-
gação dos filhos de Israel fizeram
assim com os levitas. De acordo
com tudo o que o Senhor ordenara
a Moisés acerca dos levitas, assim
os filhos de Israel lhes fizeram.
21 Os levitas se purificaram e lava-
ram as suas vestes; Arão os apre-
sentou perante o Senhor como
oferta movida e fez expiação por
eles, para purificá-los.
22 Depois, vieram os levitas para
fazerem o seu serviço na tenda
da congregação, perante Arão e
seus filhos. Como o Senhor orde-
nara a Moisés acerca dos levitas,
assim lhes fizeram.
23 Disse o Senhor a Moisés:
24 Isto é o que compete aos le-
vitas: da idade de vinte e cinco
anos para cima entrarão para fa-
zerem o seu serviço na tenda da
congregação,
25 mas com a idade de cinquenta
anos sairão desse serviço e nun-
ca mais servirão.
26 Contudo, poderão ajudar os
seus irmãos na guarda da ten-
da da congregação, mas o ser-
viço não exercerão. Assim farás
para com os levitas no tocante
aos seus cargos.

A Páscoa

9 Falou o Senhor a Moisés no
deserto de Sinai, no segun-
do ano da sua saída da terra do
Egito, no primeiro mês. Disse ele:
2 Celebrem os filhos de Israel a
Páscoa no tempo determinado.
3 No dia catorze deste mês, à tar-
de, no tempo determinado a cele-
brareis. Segundo todos os seus es-
tatutos e segundo todos os seus
ritos, a celebrareis.

4 Disse, pois, Moisés aos filhos de
Israel que celebrassem a Páscoa.
5 Então celebraram a Páscoa no
dia catorze do primeiro mês, à tar-
de, no deserto de Sinai. Segundo
tudo o que o Senhor ordenara a
Moisés, assim fizeram os filhos
de Israel.
6 Alguns deles, porém, que se
acharam imundos por terem to-
cado um cadáver, não puderam
celebrar a Páscoa naquele dia.
Por isso, naquele mesmo dia, se
chegaram perante Moisés e Arão
7 e lhes disseram: Estamos imun-
dos por causa de um cadáver, mas
por que seríamos privados de ofe-
recer a oferta do Senhor no tem-
po determinado no meio dos fi-
lhos de Israel?
8 Disse-lhes Moisés: Esperai, e ou-
virei o que o Senhor vos ordenará.
9 Então disse o Senhor a Moisés:
10 Dize aos filhos de Israel: Quando
alguém entre vós, ou entre os vos-
sos descendentes, achar-se imun-
do por causa de um cadáver, ou se
achar em jornada longe de vós, ain-
da celebrará a Páscoa ao Senhor.
11 No segundo mês, no dia cator-
ze, de tarde, a celebrarão. Com
pães sem fermento e ervas amar-
gas a comerão.
12 Dela nada deixarão para o
dia seguinte e dela não quebra-
rão osso algum. Segundo todo o
estatuto da Páscoa a celebrarão.
13 O homem, porém, que, achan-
do-se limpo e não estiver em via-
gem, deixar de celebrar a Páscoa,
esse será eliminado do seu povo,
porque não ofereceu a oferta do
Senhor no tempo determinado.
Tal homem levará sobre si o seu
pecado.
14 Algum estrangeiro, peregrinan-
do entre vós, que quiser celebrar
a Páscoa ao Senhor, deverá ce-
lebrá-la segundo o estatuto e o
rito da Páscoa. Apenas um esta-
tuto haverá entre vós, tanto para
o estrangeiro como para o natu-
ral da terra.

A nuvem

15 No dia em que o tabernácu-
lo foi levantado, a nuvem cobriu
o tabernáculo sobre a tenda do
testemunho. Desde a tarde até
a manhã, a nuvem estava sobre
o tabernáculo com uma aparên-
cia de fogo.
16 Assim era continuamente: a
nuvem o cobria e, de noite, ha-
via aparência de fogo.
17 Quando a nuvem se erguia
sobre a tenda, os filhos de Israel
partiam; no lugar onde a nuvem
parava, ali os filhos de Israel se
acampavam.
18 Segundo a ordem do Senhor, os
filhos de Israel partiam e, segun-
do a ordem do Senhor, se acam-
pavam. Permaneciam acampa-
dos todos os dias em que a nuvem
repousava sobre o tabernáculo.
19 Quando a nuvem se detinha
muitos dias sobre o tabernácu-
lo, os filhos de Israel cumpriam a
ordem do Senhor e não partiam.
20 Houve ocasiões em que a nu-
vem deteve-se poucos dias sobre
o tabernáculo; segundo a ordem
do Senhor, eles permaneciam
acampados e, segundo a ordem
do Senhor, partiam.
21 Às vezes, a nuvem ficava desde
a tarde até pela manhã seguinte;
quando a nuvem se erguia pela
manhã, partiam. Quer de dia, quer
de noite, erguendo-se a nuvem,
partiam.
22 Quando a nuvem se detinha
sobre o tabernáculo dois dias,

ou um mês, ou um ano, perma-
necendo sobre ele, os filhos de
Israel permaneciam acampados
e não partiam; mas erguendo-se
ela, partiam.
23 Segundo a ordem do Senhor se
acampavam e, segundo a ordem
do Senhor, partiam. Cumpriam
a ordenança do Senhor, como
este ordenara por meio de Moisés.

As trombetas de prata

10 Disse o Senhor a Moisés:
2 Faze duas trombetas de
prata batida; elas te servirão para
convocar a comunidade e dar or-
dem para a partida dos acampa-
mentos.
3 Quando ambas soarem, toda a
comunidade se ajuntará a ti à en-
trada da tenda da congregação.
4 Quando, porém, soar uma só, a
ti se ajuntarão os líderes, os che-
fes dos clãs de Israel.
5 Quando se tocar retinindo, par-
tirão os exércitos que estão acam-
pados ao oriente.
6 Quando pela segunda vez se to-
car retinindo, partirão os exérci-
tos que estão acampados ao sul.
Para a partida dos acampamen-
tos se tocará retinindo.
7 Para ajuntar a comunidade, se
tocará sem retinir.
8 Os filhos de Arão, os sacerdo-
tes, tocarão as trombetas. Será
isso para vós e vossas gerações
um estatuto perpétuo.
9 Quando na vossa terra sairdes a
pelejar contra o inimigo que vos
oprime, tocareis as trombetas reti-
nindo, e perante o Senhor, o vosso
Deus, haverá lembrança de vós, e
sereis salvos de vossos inimigos.
10 Semelhantemente, no dia da
vossa alegria, nas vossas soleni-
dades e nos princípios dos vossos
meses tocareis as trombetas so-
bre os vossos holocaustos, sobre
os vossos sacrifícios de ofertas pa-
cíficas e vos serão por lembran-
ça perante o vosso Deus. Eu sou
o Senhor, o vosso Deus.

A partida do Sinai

11 No segundo ano, no segundo
mês, aos vinte do mês, a nuvem
se ergueu de sobre o tabernácu-
lo da congregação.
12 Então os filhos de Israel parti-
ram do deserto do Sinai em via-
gem, e a nuvem parou no deser-
to de Parã.
13 Assim partiram pela primei-
ra vez segundo o mandado do
Senhor, pela mão de Moisés.
14 Primeiro partiu a bandeira do
acampamento dos filhos de Judá,
segundo as suas divisões. À frente
do seu exército estava Naassom,
filho de Aminadabe;
15 à frente do exército da tribo dos
filhos de Issacar estava Natanael,
filho de Zuar;
16 e à frente do exército da tri-
bo dos filhos de Zebulom estava
Eliabe, filho de Helom.
17 Então desarmaram o taber-
náculo, e os filhos de Gérson e
os filhos de Merari partiram, le-
vando-o.
18 Depois partiu a bandeira do
acampamento de Rúben, segun-
do as suas divisões. À frente do
seu exército estava Elizur, filho
de Sedeur;
19 à frente do exército da tribo
dos filhos de Simeão estava
Selumiel, filho de Zurisadai;
20 e à frente do exército da tribo
dos filhos de Gade estava Eliasafe,
filho de Deuel.
21 Então partiram os coatitas, le-
vando as coisas santas, de modo

que o tabernáculo já estava montado quando eles chegaram.

22 Depois partiu a bandeira do acampamento dos filhos de Efraim, segundo as suas divisões. À frente do seu exército estava Elisama, filho de Amiúde;

23 à frente do exército da tribo dos filhos de Manassés estava Gamaliel, filho de Pedazur;

24 e à frente do exército da tribo dos filhos de Benjamim estava Abidã, filho de Gideoni.

25 Finalmente, partiu a bandeira do acampamento dos filhos de Dã, à retaguarda de todos os acampamentos, segundo as suas divisões. À frente do seu exército estava Aieser, filho de Amisadai;

26 à frente do exército da tribo dos filhos de Aser estava Pagiel, filho de Ocrã;

27 e à frente do exército da tribo dos filhos de Naftali estava Aira, filho de Enã.

28 Esta era a ordem de partida dos filhos de Israel, segundo os seus exércitos, quando se punham em marcha.

29 Disse Moisés a Hobabe, filho de Reuel, o midianita, sogro de Moisés: Estamos caminhando para o lugar que o Senhor nos prometeu: Eu vos darei. Vem conosco, e seremos bons contigo, pois o Senhor prometeu boas coisas a Israel.

30 Respondeu ele: Não, não irei. Estou voltando à minha terra e *à minha parentela.*

31 Tornou-lhe Moisés: Não nos deixes. Tu sabes onde devemos nos acampar no deserto; e nos servirás de guia.

32 Se vieres conosco, compartilharemos contigo tudo de bom que o Senhor nos fizer.

33 Assim partiram do monte do Senhor e viajaram três dias. A arca da aliança do Senhor seguia adiante deles, para lhes buscar lugar de descanso.

34 A nuvem do Senhor ia sobre eles de dia, quando partiam do acampamento.

35 Partindo a arca, dizia Moisés:
Levanta-te, Senhor,
e dissipados sejam os teus inimigos;
fujam diante de ti os que te aborrecem.

36 Pousando ela, dizia:
Volta, ó Senhor,
para os muitos milhares de Israel.

As murmurações do povo

11 Ora, o povo queixou-se de sua sorte, aos ouvidos do Senhor. Ouvindo-o o Senhor, a sua ira se acendeu, e o fogo do Senhor ardeu entre eles, consumindo as extremidades do acampamento.

2 Quando o povo clamou a Moisés, ele orou ao Senhor, e o fogo se apagou.

3 Pelo que chamou aquele lugar "Taberá", porque o fogo do Senhor se acendera entre eles.

4 Os estrangeiros que estavam no meio deles desejaram muito outro alimento, e os filhos de Israel tornaram a chorar, dizendo: Quem nos dará carne a comer?

5 Lembramo-nos dos peixes, que no Egito comíamos de graça, e dos pepinos, dos melões, dos alhos-porós, das cebolas e dos alhos.

6 Agora, porém, estamos definhando e nenhuma coisa vemos senão este maná.

7 O maná era como semente de coentro, e a sua aparência como a de resina.

8 O povo espalhava-se para colhê-lo e em moinhos o moía, ou num pilão o socava. Cozia-o em panelas e dele fazia bolos. E o seu sabor era de bolos amassados com azeite.

9 Quando à noite o orvalho descia sobre o acampamento, também descia o maná.

10 **M**oisés ouviu o povo chorar por famílias, cada qual à entrada da sua tenda. A ira do Senhor se acendeu grandemente, e Moisés se perturbou muito.

11 Disse Moisés ao Senhor: Por que fizeste mal a teu servo? Por que não achei graça aos teus olhos, visto que puseste sobre mim o encargo de todo este povo?

12 Concebi eu porventura todo este povo? Gerei-o eu para que me dissesses: Leva-o em teus braços, como a ama leva a criança no colo, à terra que juraste a seus pais?

13 Onde conseguiria eu carne para dar a todo este povo? Contra mim choram, dizendo: Dá-nos carne a comer.

14 Eu sozinho não posso levar todo este povo; é muito pesado para mim.

15 Se assim me tratas, mata-me de uma vez, eu te peço, se tenho achado graça aos teus olhos, e não me deixes ver a minha própria ruína.

16 **D**isse o Senhor a Moisés: Ajunta-me setenta homens dos anciãos de Israel, que sabes serem líderes e supervisores do povo. Tu os trarás à tenda da congregação, onde permanecerão contigo.

17 Eu descerei e ali falarei contigo, *e tirarei do Espírito que está* sobre ti e o porei sobre eles. Eles te ajudarão a levar o fardo do povo, para que tu não o leves sozinho.

18 Dirás ao povo: Consagrai-vos em preparação para amanhã, quando comereis carne. O Senhor vos ouviu quando chorastes, dizendo: Quem nos dará carne a comer? Bem nos ia no Egito! Pelo que o Senhor vos dará carne, e comereis.

19 Não comereis um dia nem dois dias; nem cinco dias nem dez dias, nem vinte dias,

20 mas um mês inteiro, até vos sair pelos narizes, até vos enfastiardes dela, porque rejeitastes ao Senhor, que está no meio de vós, e chorastes diante dele, dizendo: Por que saímos do Egito?

21 Disse Moisés: Seiscentos mil homens de pé é este povo no meio do qual estou, e tu dizes: Darei a eles carne, e comerão um mês inteiro!

22 Haverá para eles rebanhos de ovelhas e vacas, que lhes bastem? Ou se ajuntarão para eles todos os peixes do mar, que lhes bastem?

23 Respondeu o Senhor a Moisés: Estaria limitado o poder do Senhor? Agora mesmo verás se a minha palavra se cumpre ou não.

24 **M**oisés saiu e disse ao povo as palavras do Senhor e ajuntou setenta homens dos anciãos do povo, e os pôs ao redor da tenda.

25 Então o Senhor desceu na nuvem e lhe falou; e, tirando do Espírito que estava sobre ele, o pôs sobre aqueles setenta anciãos. Quando o Espírito repousou sobre eles, profetizaram, porém nunca mais voltaram a fazê-lo.

26 No acampamento ficaram dois homens, um chamado Eldade e o outro, Medade. Estavam eles entre os inscritos, mas não tinham ido à tenda. Contudo, o Espírito repousou sobre eles, e profetizavam no acampamento.

27 Então correu um moço e anun-
ciou a Moisés: Eldade e Medade
profetizam no acampamento.
28 Josué, filho de Num, servidor
de Moisés desde a juventude, dis-
se: Moisés, meu Senhor, proíbe-os!
29 Moisés respondeu: Tens ciú-
mes por mim? Quem dera que
todo o povo do Senhor fosse pro-
feta, que o Senhor lhes desse o
seu Espírito!
30 Depois Moisés se recolheu ao
acampamento, ele e os anciãos
de Israel.
31 Então soprou um vento manda-
do pelo Senhor, o qual trouxe codor-
nizes do lado do mar, e as espalhou
numa extensão de quase um dia de
marcha, de um lado e do outro do
acampamento, ao seu redor, cer-
ca de dois côvados sobre a terra.
32 Então o povo se levantou todo
aquele dia, toda aquela noite e
todo o dia seguinte para colher
codornizes. O que menos tinha
colhera dez ômeres. Então as
estenderam para si ao redor do
acampamento.
33 Quando a carne estava entre
os seus dentes, antes que fosse
mastigada, acendeu-se a ira do
Senhor contra o povo, e o feriu
com uma praga muito grande.
34 Pelo que se chamou aquele lu-
gar Quibrote-Taavá, porque ali
foi sepultado o povo que desejou
outro alimento.
35 De Quibrote-Taavá o povo par-
tiu para Hazerote, onde se acam-
param.

A rebelião de Miriã e Arão

12 Miriã e Arão falaram con-
tra Moisés por causa da
mulher etíope que este tomara,
pois ele havia desposado uma mu-
lher etíope.
2 Diziam: Porventura falou o Senhor
somente por Moisés? Não falou
também por nós? E o Senhor o
ouviu.
3 Ora, Moisés era homem muito
manso, mais do que todos os ho-
mens que havia na terra.
4 Logo o Senhor disse a Moisés,
a Arão e a Miriã: Vós três saí à
tenda da congregação. E saíram
eles três.
5 Então o Senhor desceu numa
coluna de nuvens, pôs-se à en-
trada da tenda e chamou a Arão
e a Miriã. Quando ambos se apre-
sentaram,
6 ele disse:
Ouvi agora as minhas
palavras:
Se entre vós há profeta, eu,
o Senhor, em visão a ele
me farei conhecer, ou em
sonhos falarei com ele.
7 Não é assim com o meu
servo Moisés,
que é fiel em toda a minha
casa.
8 Face a face falo com ele,
às claras, e não por figuras;
ele contempla a semelhança
do Senhor.
Por que, pois, não temestes
falar contra o meu servo
Moisés?
9 A ira do Senhor se acendeu con-
tra eles, e ele se retirou.
10 Quando a nuvem se afastou
de sobre a tenda, Miriã se achou
leprosa, branca como a neve.
Voltando-se para Miriã, Arão viu
que estava leprosa.
11 Então disse Arão a Moisés:
Ah! senhor meu, não ponhas so-
bre nós este pecado, que louca-
mente cometemos.
12 Não seja ela como um abor-
to, que saindo do ventre de sua

mãe, tenha metade da sua carne
já consumida.
13 Moisés clamou ao Senhor: Ó
Deus, rogo-te que a cures.
14 O Senhor respondeu a Moisés:
Se seu pai lhe cuspisse no rosto,
não ficaria envergonhada duran-
te sete dias? Seja Miriã fechada
sete dias fora do acampamento
e, depois, recolhida.
15 Assim Miriã esteve fechada
fora do acampamento durante sete
dias, e o povo não partiu enquanto
ela não foi novamente recolhida.
16 Depois disso, o povo partiu de
Hazerote e se acampou no deser-
to de Parã.

Moisés envia espias a Canaã

13 Disse o Senhor a Moisés:
2 Envia homens que espiem
a terra de Canaã, que eu hei de
dar aos filhos de Israel. De cada
tribo de seus pais envia um de
seus líderes.
3 Enviou-os Moisés do deserto
de Parã, segundo o mandado do
Senhor. Todos aqueles homens
eram líderes dos filhos de Israel.
4 São estes os seus nomes: Da tribo
de Rúben, Samua, filho de Zacur;
5 da tribo de Simeão, Safate, fi-
lho de Hori;
6 da tribo de Judá, Calebe, filho
de Jefoné;
7 da tribo de Issacar, Jigeal, fi-
lho de José;
8 da tribo de Efraim, Oseias, fi-
lho de Num;
9 da tribo de Benjamim, Palti, fi-
lho de Rafu;
10 da tribo de Zebulom, Gadiel,
filho de Sodi;
11 da tribo de José, pela tribo de
Manassés, Gadi, filho de Susi;
12 da tribo de Dã, Amiel, filho
de Gemali;
13 da tribo de Aser, Setur, filho
de Micael;
14 da tribo de Naftali, Nabi, fi-
lho de Vofsi;
15 da tribo de Gade, Guel, filho
de Maqui.
16 São esses os homens que
Moisés enviou para espiar a ter-
ra. Moisés deu a Oseias, filho de
Num, o nome de Josué.
17 Quando Moisés os enviou para
explorar a terra de Canaã, disse-
-lhes: Subi ao Neguebe e escalai
as montanhas.
18 Vede como é a terra e o povo
que nela habita, se é forte ou fra-
co, se são poucos ou muitos.
19 Como é a terra em que habi-
ta? É boa ou má? Como são as ci-
dades em que vivem? São abertas
ou fortificadas?
20 Como é o solo? É fértil ou esté-
ril? Tem matas ou não? Esforçai-
-vos; e trazei do produto da ter-
ra. Era o tempo das primícias
das uvas.
21 Assim subiram e espiaram a
terra desde o deserto de Zim até
Reobe, à entrada de Hamate.
22 Subiram através do Neguebe
e vieram até Hebrom, onde vi-
viam Aimã, Sesai e Talmai, fi-
lhos de Enaque. (Hebrom tinha
sido fundada sete anos antes de
Zoã no Egito.)
23 Depois vieram até o vale de
Escol e dali cortaram um ramo
de vide com um cacho de uvas, o
qual dois homens trouxeram numa
vara, bem como romãs e figos.
24 Chamou-se aquele lugar o vale
de Escol, por causa do cacho que
dali cortaram os filhos de Israel.

O relato dos espias

25 Ao fim de quarenta dias, vol-
taram de espiar a terra.

26 Vieram a Moisés, a Arão e a
toda a comunidade dos filhos
de Israel no deserto de Parã, a
Cades. Deram-lhes conta a eles,
bem como a toda a comunidade, e
mostraram-lhes o fruto da terra.
27 Relataram a Moisés o seguinte:
Fomos à terra a que nos enviaste.
Nela verdadeiramente manam lei-
te e mel! Este é o seu fruto.
28 O povo que habita nessa terra,
porém, é poderoso, e as cidades for-
tificadas e muito grandes. Também
vimos ali os filhos de Enaque.
29 Os amalequitas habitam na
terra do Neguebe; os heteus, os
jebuseus e os amorreus habitam
na parte montanhosa; e os ca-
naneus habitam junto ao mar e
ao longo do Jordão.
30 Então Calebe fez calar o povo
perante Moisés e disse: Subamos
animosamente e possuamo-la em
herança, pois certamente preva-
leceremos contra ela.
31 Os homens que com ele subi-
ram, porém, disseram: Não pode-
remos atacar aquele povo; é mais
forte do que nós.
32 E diante dos filhos de Israel di-
vulgaram relatório negativo da
terra que tinham explorado, di-
zendo: A terra, pelo meio da qual
passamos a espiar, é terra que de-
vora os seus moradores. Todo o
povo que vimos nela são homens
de grande estatura.
33 Também vimos ali gigantes (pois
os descendentes de Enaque são de
raça gigante), e éramos, aos nossos
próprios olhos, como gafanhotos e
assim também lhes parecíamos.

A revolta do povo

14 Então toda a comunidade
levantou-se e chorou em
voz alta aquela noite.
2 Todos os filhos de Israel mur-
muraram contra Moisés e Arão,
e toda a comunidade lhes disse:
Antes tivéssemos morrido na
terra do Egito ou mesmo nes-
te deserto!
3 Por que nos traz o Senhor a esta
terra, para cairmos à espada e
para que nossas mulheres e crian-
ças sejam por presa? Não nos se-
ria melhor voltarmos ao Egito?
4 E diziam uns aos outros:
Levantemos um capitão e volte-
mos para o Egito.
5 Então Moisés e Arão prostra-
ram-se perante todo o ajunta-
mento dos filhos de Israel.
6 Josué, filho de Num, e Calebe,
filho de Jefoné, dos que espiaram
a terra, rasgaram as suas vestes
7 e disseram a toda a comunidade
dos filhos de Israel: A terra pelo
meio da qual passamos a espiar
é terra muito boa.
8 Se o Senhor se agradar de nós,
então nos fará entrar nessa ter-
ra e a dará a nós. É uma terra em
que manam leite e mel.
9 Somente não sejais rebeldes con-
tra o Senhor e não temais o povo
dessa terra, porque como pão os
devoraremos. A proteção deles
se foi, mas o Senhor está conos-
co. Não os temais.
10 Toda a comunidade, porém,
disse que os apedrejassem. Então
a glória do Senhor apareceu na
tenda da congregação a todos os
filhos de Israel.
11 Disse o Senhor a Moisés: Até
quando me provocará este povo
e até quando não crerá em mim,
apesar de todos os sinais que fiz
no meio deles?
12 Com pestilência o ferirei e o
rejeitarei, mas farei de ti povo
maior e mais forte do que este.

13 Respondeu Moisés ao Senhor:
Os egípcios ouviram que com a
tua força fizeste subir este povo
do meio deles
14 e contam aos moradores des-
ta terra. Eles têm ouvido que tu,
ó Senhor, estás no meio deste
povo, que face a face, ó Senhor,
lhes apareces, que a tua nuvem
está sobre eles, e que vais adian-
te deles numa coluna de nuvem
de dia e, numa coluna de fogo, de
noite.
15 Se matares este povo, as nações
que ouviram a tua fama dirão:
16 O Senhor não pôde levar este
povo para a terra que lhes tinha ju-
rado, por isso os matou no deserto.
17 Agora, rogo-te que a força do
meu Senhor se manifeste, como
disseste:
18 O Senhor é muito paciente e
grande em beneficência; que per-
doa a iniquidade e a transgres-
são, que ao culpado não tem por
inocente e visita a iniquidade dos
pais sobre os filhos até a terceira
e quarta geração.
19 Perdoa a iniquidade deste
povo, segundo a grandeza da tua
benignidade, como também per-
doaste a este povo desde a terra do
Egito até aqui.
20 Disse o Senhor: Conforme a
tua palavra lhe perdoei.
21 Tão certo como eu vivo, e como
a glória do Senhor encherá toda
a terra,
22 nenhum dos homens que viram
a minha glória e os sinais que fiz
no Egito e no deserto, e me ten-
taram estas dez vezes e não obe-
deceram à minha voz,
23 nenhum deles verá a terra que
prometi com juramento a seus
pais. Nenhum daqueles que me
desprezaram a verá.
24 O meu servo Calebe, no entan-
to, porque nele houve outro espí-
rito e perseverou em seguir-me,
eu o levarei à terra em que en-
trou, e a sua semente a possuirá
em herança.
25 Como os amalequitas e os ca-
naneus habitam no vale, mudai
amanhã de rumo e retornai ao de-
serto, na direção do mar Vermelho.
26 Depois disse o Senhor a Moisés
e a Arão:
27 Até quando sofrerei esta má
congregação, que murmura con-
tra mim? Tenho ouvido as quei-
xas desses murmuradores filhos
de Israel.
28 Dize-lhes: Tão certo como eu
vivo, diz o Senhor, como falastes
aos meus ouvidos, assim farei a
vós outros.
29 Neste deserto cairão os vos-
sos cadáveres, como também to-
dos os que de vós foram contados
no recenseamento, de vinte anos
para cima, e que murmuraram
contra mim.
30 Não entrareis nesta terra, a
respeito da qual eu, levantando a
mão, jurei de nela vos fazer habi-
tar, salvo Calebe, filho de Jefoné,
e Josué, filho de Num.
31 Os vossos filhos, porém, dos quais
dizeis que seriam levados como
presa, eu os farei entrar nela, e
eles conhecerão a terra que des-
prezastes.
32 Quanto a vós, porém, os vossos
cadáveres cairão neste deserto.
33 Vossos filhos serão pastores
neste deserto durante quaren-
ta anos, sofrendo por causa das
vossas infidelidades, até que os
vossos cadáveres se consumam
no deserto.
34 Segundo o número dos dias em
que espiastes a terra, quarenta

dias, cada dia representando um
ano, levareis sobre vós as vossas
iniquidades quarenta anos e co-
nhecereis o meu desagrado.
35 Eu, o Senhor, falei e certamen-
te assim farei a toda esta má con-
gregação, que se levantou contra
mim. Neste deserto se consumi-
rão e morrerão.
36 Os homens que Moisés havia
mandado para explorar a terra
e que, voltando, fizeram murmu-
rar toda a comunidade contra ele,
infamando a terra,
37 aqueles mesmos homens, que
infamaram a terra, morreram de
praga perante o Senhor.
38 Dos homens que foram espiar a
terra somente permaneceram vi-
vos Josué, filho de Num, e Calebe,
filho de Jefoné.
39 **Q**uando Moisés transmitiu es-
sas palavras a todos os filhos de
Israel, o povo se contristou muito.
40 Levantaram-se de manhã cedo
e subiram ao cume do monte, di-
zendo: Pecamos. Subiremos ao lu-
gar que o Senhor prometeu.
41 Disse, porém, Moisés: Por que de-
sobedeceis ao mandado do Senhor?
Isso não prosperará.
42 Não subais, porque o Senhor
não estará no meio de vós. Sereis
derrotados diante dos vossos ini-
migos,
43 pois os amalequitas e os ca-
naneus estão ali diante da vossa
face. Porque vós vos desviastes
do Senhor, ele não será convos-
co, e caireis à espada.
44 Contudo, audaciosamente ten-
taram subir ao cume do monte,
mas a arca da aliança do Senhor e
Moisés não se apartaram do meio
do acampamento.
45 Então desceram os amalequitas
e os cananeus que viviam naquela
região montanhosa e os feriram,
derrotando-os até Hormá.

As ofertas suplementares

15 Disse o Senhor a Moisés:
2 Fala aos filhos de Israel
e dize-lhes: Quando entrardes na
terra das vossas habitações, que
eu vos darei,
3 e ao Senhor apresentardes ofer-
ta queimada, holocausto ou sa-
crifício, seja em cumprimento
de um voto, ou a título de oferta
voluntária, seja nas vossas sole-
nidades, para oferecer com o sa-
crifício de ovelhas ou vacas um
cheiro suave ao Senhor,
4 então aquele que oferecer a sua
oferta ao Senhor, por oferta de ce-
reais oferecerá a décima parte de
um efa de flor de farinha, mistu-
rada com a quarta parte de um
him de azeite.
5 De vinho para libação prepa-
rareis a quarta parte de um him
por cordeiro, além do holocaus-
to ou do sacrifício.
6 Para cada carneiro prepararás
uma oferta de cereais de dois dé-
cimos de um efa de flor de fari-
nha, misturada com a terça par-
te de um him de azeite.
7 De vinho para a libação ofere-
cerás a terça parte de um him ao
Senhor, em cheiro suave.
8 Quando preparares novilho para
holocausto ou sacrifício, para
cumprir um voto, ou um sacrifí-
cio de ofertas pacíficas ao Senhor,
9 com o novilho, trarás uma oferta
de cereais de três décimos de um
efa de flor de farinha, misturada
com a metade de um him de azeite.
10 Também oferecerás, para a li-
bação, a metade de um him, ofer-
ta queimada de cheiro suave ao
Senhor.

11 Assim se fará para cada novilho, cada carneiro ou cada cabeça de gado miúdo, cordeiros ou cabritos.

12 Segundo o número que oferecerdes, fareis o mesmo para cada um, segundo o número deles.

13 Todo o natural fará essas coisas, oferecendo oferta queimada de cheiro suave ao Senhor.

14 Se algum estrangeiro peregrinar convosco ou estiver no meio de vós nas vossas gerações, e ele trouxer uma oferta queimada de cheiro suave ao Senhor, como vós fizerdes, assim fará ele.

15 Quanto à assembleia, um só estatuto haverá para vós e para o estrangeiro que entre vós peregrinar, nas vossas gerações; como vós sois, assim será o estrangeiro perante o Senhor.

16 A mesma lei e o mesmo rito haverá para vós e para o estrangeiro que peregrina convosco.

17 **D**isse o Senhor a Moisés:

18 Fala aos filhos de Israel: Quando entrardes na terra em que vos introduzirei,

19 e comerdes do pão dessa terra, apresentareis ao Senhor uma porção como oferta alçada.

20 Das primícias da vossa farinha apresentareis um bolo em oferta alçada; como oferta da eira, assim o oferecereis.

21 Das primícias da vossa farinha dareis ao Senhor oferta alçada nas vossas gerações.

Faltas cometidas por inadvertência

22 **S**e, por inadvertência, deixardes de cumprir qualquer desses mandamentos que o Senhor deu a Moisés,

23 qualquer mandamento que o Senhor vos mandou por intermédio de Moisés, desde o dia que o Senhor ordenou e daí em diante, nas vossas gerações,

24 quando se fizer alguma coisa por inadvertência e for encoberta aos olhos da congregação, toda a congregação oferecerá um novilho para holocausto em cheiro suave ao Senhor, com a sua oferta de cereais e libação, conforme o estatuto, e um bode para oferta pelo pecado.

25 O sacerdote fará expiação por toda a comunidade dos filhos de Israel, e serão perdoados, pois foi uma inadvertência, e trouxeram ao Senhor, pelo pecado, a sua oferta queimada e a sua oferta pelo pecado.

26 Toda a comunidade dos filhos de Israel e mais os estrangeiros que peregrinam no meio deles serão perdoados, porque todo o povo foi envolvido no erro.

27 **S**e alguém pecar por inadvertência, para expiação do pecado oferecerá uma cabra de um ano.

28 O sacerdote fará expiação pela pessoa que errou, quando por inadvertência pecar perante o Senhor, fazendo expiação por ela, e será perdoada.

29 Tanto para o natural dos filhos de Israel como para o estrangeiro que no meio deles peregrina, haverá uma só lei entre vós, para aquele que pecar por inadvertência.

30 A pessoa, porém, que fizer alguma coisa deliberadamente, seja dos naturais da terra, seja dos estrangeiros, injuria ao Senhor; tal pessoa será eliminada do meio do seu povo.

31 Porque desprezou a palavra do Senhor e anulou o seu mandamento, totalmente será eliminada essa pessoa, e a sua iniquidade será sobre ela.

A violação do sábado

32 Estando os filhos de Israel no
deserto, acharam um homem apa-
nhando lenha no dia de sábado.
33 Os que o acharam apanhan-
do lenha trouxeram-no a Moisés
e a Arão, e a toda a comunidade,
34 e o puseram sob guarda, por-
que ainda não estava determina-
do o que se devia fazer com ele.
35 Então disse o Senhor a Moisés:
Tal homem será morto. Toda a
comunidade o apedrejará fora
do acampamento.
36 Portanto, toda a comunidade
o levou para fora do acampamen-
to e o apedrejou até que morreu,
como o Senhor ordenara a Moisés.

As bordas das vestes

37 Disse o Senhor a Moisés:
38 Fala aos filhos de Israel e di-
ze-lhes que, por todas as suas ge-
rações, façam franjas nas bordas
das vestes e ponham nas bordas das
vestes um cordão azul.
39 Tereis essas franjas para que,
vendo-as, vos lembreis de todos os
mandamentos do Senhor, para
os cumprirdes, e não sigais vosso
coração nem vossos olhos, com os
quais andais adulterando.
40 Então vos lembrareis de cum-
prir todos os meus mandamentos e
sereis consagrados ao vosso Deus.
41 Eu sou o Senhor, o vosso Deus,
que vos tirei da terra do Egito, para
ser vosso Deus. Eu sou o Senhor,
o vosso Deus.

Coré, Datã e Abirão

16 Coré, filho de Jizar, filho
de Coate, filho de Levi, to-
mou consigo a Datã e a Abirão,
filhos de Eliabe, e a Om, filho de
Pelete, filhos de Rúben, enche-
ram-se de presunção
2 e se levantaram contra Moisés,
com duzentos e cinquenta ho-
mens dos filhos de Israel, líderes
da comunidade, respeitados nas
solenidades, homens de posição.
3 Ajuntaram-se contra Moisés
e contra Arão e lhes disseram:
Basta! Toda a comunidade é santa,
todos eles são santos, e o Senhor
está no meio deles. Por que, pois,
vos elevais sobre a comunidade
do Senhor?
4 Quando Moisés ouviu isso, caiu
prostrado, com o rosto em terra.
5 Então disse a Coré e a todos os
seus seguidores: Amanhã pela ma-
nhã o Senhor fará saber quem é
seu e quem é o santo que ele fará
chegar a si. Aquele a quem esco-
lher, fará chegar a si.
6 Fazei isto, Coré e todos os seus
seguidores: Tomai incensários,
7 ponde neles fogo e incenso ama-
nhã, perante o Senhor. O homem
a quem o Senhor escolher, este
será o santo. Isso vos é suficien-
te, filhos de Levi.
8 Disse mais Moisés a Coré: Ouvi
agora, filhos de Levi:
9 Porventura pouco é para vós
que o Deus de Israel vos tenha se-
parado da comunidade de Israel,
para vos fazer chegar a si, a fim
de fazerdes o serviço do taber-
náculo do Senhor e estar dian-
te da comunidade para servi-la?
10 Ele te fez chegar a si, Corá, e
todos os teus irmãos, os filhos de
Levi, contigo, e também procu-
rais o sacerdócio?
11 Pelo que tu e todos os teus se-
guidores estais congregados con-
tra o Senhor. Quem é Arão, para
que murmureis contra ele?
12 Moisés mandou chamar a Datã
e a Abirão, filhos de Eliabe. Eles,
porém, disseram: Não subiremos.

13 Porventura é pouco que nos fi-
zeste subir de uma terra em que
manam leite e mel para nos ma-
tares neste deserto, senão que
também totalmente domines so-
bre nós?
14 Além do mais, não nos trouxeste
a uma terra em que manam lei-
te e mel nem nos deste campos e
vinhas em herança! Porventura
arrancarás os olhos a estes ho-
mens? Não subiremos.
15 Então Moisés irou-se muito e
disse ao Senhor: Não atentes para
a sua oferta. Não tomei deles um
jumento nem sequer fiz mal a ne-
nhum deles.
16 Disse Moisés a Coré: Tu e to-
dos os teus seguidores ponde-vos
perante o Senhor; tu e eles, e tam-
bém Arão.
17 Tomai cada um o seu incensá-
rio, e neles ponde incenso; trazei
cada um o seu incensário peran-
te o Senhor, duzentos e cinquenta
incensários. Também tu e Arão,
cada qual o seu incensário.
18 Tomaram, pois, cada qual o seu
incensário, neles puseram fogo e
incenso, e se colocaram à entra-
da da tenda da congregação com
Moisés e Arão.
19 Quando Coré ajuntou contra
eles toda a comunidade à entrada
da tenda da congregação; a gló-
ria do Senhor apareceu a toda a
congregação.
20 Disse o Senhor a Moisés e a Arão:
21 Apartai-vos do meio desta con-
gregação, e os consumirei como
num momento.
22 Eles, porém, se prostraram
sobre os seus rostos e disseram:
Ó Deus, Deus dos espíritos de
todos os viventes, pecará um só
homem, e tu te indignarás tan-
to contra toda esta comunidade?
23 Disse o Senhor a Moisés:
24 Dize a toda esta comunidade:
Levantai-vos do redor da tenda
de Coré, Datã e Abirão.
25 Então Moisés se levantou e
foi a Datã e a Abirão; e após ele
foram as autoridades de Israel.
26 E disse à comunidade: Desviai-
-vos, peço-vos, das tendas des-
tes homens ímpios e não toqueis
nada do que é seu, para que por-
ventura não pereçais em todos
os seus pecados.
27 Levantaram-se, pois, do redor
da tenda de Coré, Datã e Abirão.
E Datã e Abirão saíram e se pu-
seram à porta das suas tendas,
com as suas mulheres, seus fi-
lhos e suas crianças.
28 Então disse Moisés: Nisto co-
nhecereis que o Senhor me enviou
a fazer todos estes feitos, que não
procedem de meu coração.
29 Se estes morrerem como mor-
rem todos os homens e aconte-
cer com eles o que normalmen-
te acontece a todos os homens,
então o Senhor não me enviou.
30 Se, porém, o Senhor fizer algu-
ma coisa estranha, e a terra abrir
a sua boca e os tragar com tudo o
que é seu, e vivos descerem ao se-
pulcro, então conhecereis que es-
tes homens desprezaram o Senhor.
31 Acabando ele de falar todas
essas palavras, o solo se fendeu
sob os pés deles,
32 abriu a sua boca e os tragou
com as suas casas, bem como to-
dos os homens de Coré e todos os
seus bens.
33 Eles e tudo o que lhes perten-
cia desceram vivos ao sepulcro; a
terra os cobriu, e desapareceram
do meio da comunidade.
34 Ouvindo o seu clamor, fugi-
ram todos os filhos de Israel que

estavam ao redor deles, gritan-
do: Que a terra não nos tragu
também.
35 Então saiu fogo do Senhor
e consumiu os duzentos e cin-
quenta homens que ofereciam
o incenso.
36 Disse o Senhor a Moisés:
37 Dize a Eleazar, filho de Arão,
o sacerdote, que tome os incensá-
rios do meio do incêndio e espa-
lhe o fogo longe, pois são santos.
38 Quanto aos incensários da-
queles que pecaram contra a
sua própria vida, que deles se
façam lâminas para recobrir o
altar, pois os trouxeram peran-
te o Senhor, pelo que são santos.
Serão um sinal para os filhos
de Israel.
39 Eleazar, o sacerdote, tomou os
incensários de bronze trazidos
por aqueles que foram queima-
dos e os converteu em lâminas
para cobertura do altar,
40 por memorial para os filhos de
Israel, para que nenhum estra-
nho, que não for da semente de
Arão, se chegue para acender in-
censo perante o Senhor, para que
não seja como Coré e seus segui-
dores, como o Senhor lhe tinha
dito pela boca de Moisés.

A intercessão de Arão

41 No dia seguinte, porém, toda a
comunidade dos filhos de Israel
murmurou contra Moisés e con-
tra Arão, dizendo: Vós matastes
o povo do Senhor.
42 Quando a comunidade se ajun-
tou contra Moisés e Arão e virou-
-se para a tenda da congregação,
de súbito a nuvem a cobriu, e a
glória do Senhor apareceu.
43 Então vieram Moisés e Arão
perante a tenda da congregação,
44 e o Senhor disse a Moisés:
45 Levantai-vos do meio desta co-
munidade, e a consumirei num
momento. E eles se prostraram
com o rosto em terra.
46 Disse Moisés a Arão: Toma o
teu incensário, põe nele fogo do
altar, deita incenso sobre ele, vai
depressa à comunidade e faze ex-
piação por eles. Grande indigna-
ção saiu de diante do Senhor, e já
começou a praga.
47 Fez Arão conforme ordenou
Moisés, e correu ao meio da
comunidade. A praga já havia co-
meçado entre o povo, mas Arão
ofereceu o incenso e fez expia-
ção pelo povo.
48 Pôs-se em pé entre os mortos
e os vivos, e a praga cessou.
49 Os que morreram daquela pra-
ga foram catorze mil e setecen-
tos, fora os que morreram por
causa de Coré.
50 Então voltou Arão a Moisés
na entrada da tenda da congre-
gação, pois a praga tinha cessado.

A vara de Arão floresce

17 Disse o Senhor a Moisés:
2 Fala aos filhos de Israel e
recebe deles doze varas, uma para
cada tribo de todos os seus líde-
res; segundo as tribos, doze va-
ras. Escreve o nome de cada um
deles na sua própria vara.
3 O nome de Arão, porém, escre-
verás sobre a vara de Levi, pois
cada líder de tribo terá uma vara.
4 E as porás na tenda da congre-
gação, perante o testemunho,
onde virei a vós.
5 A vara do homem que eu ti-
ver escolhido florescerá. Assim
afastarei de mim as murmura-
ções que os filhos de Israel fazem
contra vós.

6 Assim falou Moisés aos filhos
de Israel, e todos os seus líderes
lhe deram uma vara, para cada lí-
der uma vara, segundo as tribos.
Doze varas, e a vara de Arão es-
tava entre elas.
7 Moisés pôs as varas perante o
Senhor na tenda do testemunho.
8 No dia seguinte, quando Moisés
entrou na tenda do testemunho,
viu que a vara de Arão, pela tribo
de Levi, havia florescido: os bo-
tões haviam surgido, as flores
haviam desabrochado e produ-
zido amêndoas.
9 Então Moisés retirou todas as va-
ras da presença do Senhor e as
levou a todos os filhos de Israel.
Eles as viram, e cada líder pegou
sua vara.
10 Disse o Senhor a Moisés: Põe
de volta a vara de Arão perante o
testemunho, como sinal para os
filhos rebeldes. Assim farás aca-
bar as suas murmurações contra
mim, e não morrerão.
11 Moisés fez como lhe ordena-
ra o Senhor.
12 Disseram os filhos de Israel
a Moisés: Nós morreremos!
Morreremos todos, estamos to-
dos perdidos!
13 Todo aquele que se aproximar
do tabernáculo do Senhor morre-
rá. Seremos todos consumidos?

Deveres dos sacerdotes e dos levitas

18 Disse o Senhor a Arão: Tu
e teus filhos, e a casa de teu
pai contigo, levareis sobre vós as
faltas cometidas com relação ao
santuário. Tu e teus filhos conti-
go levareis sobre vós as faltas do
vosso sacerdócio.
2 Farás também chegar contigo
teus irmãos, a tribo de Levi, a
tribo de teu pai, para que se ajun-
tem a ti e te sirvam. Mas tu e teus
filhos contigo estareis perante a
tenda do testemunho.
3 Eles estarão a teu serviço e a
serviço de toda a tenda, mas não
se chegarão aos vasos do santuá-
rio e ao altar, para que não mor-
ram, tanto eles como vós.
4 Eles se unirão a ti e farão todo o
serviço da tenda da congregação;
o estranho não se chegará a vós.
5 Vós fareis a guarda do santuá-
rio e a guarda do altar, para que
não haja mais ira contra os fi-
lhos de Israel.
6 Eu mesmo tomei vossos irmãos,
os levitas, do meio dos filhos de
Israel como uma dádiva a vós,
dedicada ao Senhor para fazer o
serviço da tenda da congregação.
7 Tu e teus filhos contigo assumi-
reis o vosso sacerdócio em tudo o
que se refere ao altar, e por tudo
o que estiver atrás do véu. Eu vos
tenho dado o serviço do sacerdó-
cio como dádiva. O estranho que
se aproximar morrerá.

A parte dos sacerdotes

8 Então disse o Senhor a Arão: Eu mes-
mo confiei a ti o cuidado das minhas
ofertas alçadas; todas as coisas san-
tas que os filhos de Israel me apre-
sentarem dei-as a ti e a teus filhos
por estatuto perpétuo.
9 Isto terás das coisas santíssimas
reservadas do fogo: todas as suas
ofertas, com todas as suas ofer-
tas de cereais, e com todas as suas
ofertas pelo pecado, e com todas
as suas ofertas pela culpa, que me
apresentarem, serão coisas san-
tíssimas para ti e para teus filhos.
10 Num lugar santo as comerás;
todo homem as comerá. Elas te
serão santas.

11 Também isto será teu: a oferta alçada das suas dádivas com todas as ofertas movidas dos filhos de Israel, a ti, a teus filhos e a tuas filhas contigo as tenho dado por estatuto perpétuo. Todo o que estiver limpo na tua casa as comerá.
12 Todo o melhor do azeite, do mosto e do grão, os primeiros frutos que derem ao Senhor, dei-os a ti.
13 Os primeiros frutos de tudo o que houver na terra, que trouxerem ao Senhor, serão teus. Todo o que estiver limpo na tua família os comerá.
14 Toda a coisa consagrada em Israel será tua.
15 Todo primogênito que trouxerem ao Senhor, tanto de homens como de animais, será teu. Mas os primogênitos dos homens resgatarás, bem como resgatarás também os primogênitos dos animais imundos.
16 Quando tiverem um mês de idade, tu os resgatarás, segundo a tua avaliação, por cinco siclos de prata, segundo o siclo do santuário, que é de vinte geras.
17 O primogênito do gado, ou o primogênito de ovelhas, ou o primogênito de cabras, porém, não resgatarás; são santos. Espargirás o seu sangue sobre o altar, e a sua gordura queimarás em oferta queimada de cheiro suave ao Senhor.
18 A carne deles será tua, assim como serão teus o peito movido e a coxa direita.
19 Todas as ofertas sagradas que os filhos de Israel oferecerem ao Senhor, dei-as a ti, a teus filhos e a tuas filhas contigo, por estatuto perpétuo. É aliança perpétua de sal perante o Senhor para ti e para a tua descendência contigo.
20 Disse também o Senhor a Arão: Na sua terra, herança alguma terás, e, no meio deles, nenhuma parte terás; eu sou a tua parte e a tua herança no meio dos filhos de Israel.
21 Aos filhos de Levi dei todos os dízimos em Israel por herança, pelo serviço que exercem, o serviço da tenda da congregação.
22 Nunca mais os filhos de Israel se chegarão à tenda da congregação, para que não levem sobre si o pecado e morram.
23 Os levitas, porém, farão o serviço da tenda da congregação e levarão sobre si a sua iniquidade. Este será estatuto perpétuo pelas vossas gerações. No meio dos filhos de Israel, nenhuma herança terão.
24 Porque os dízimos dos filhos de Israel, que oferecerem ao Senhor em oferta alçada, dei-os por herança aos levitas, pois eu lhes disse: No meio dos filhos de Israel nenhuma herança terão.
25 Disse o Senhor a Moisés:
26 Também falarás aos levitas e lhes dirás: Quando receberdes os dízimos dos filhos de Israel, que da parte deles vos dou como herança, deles trareis uma oferta ao Senhor, o dízimo dos dízimos.
27 Vossa oferta será considerada como grão da eira e como plenitude do tanque de prensar uvas.
28 Assim também trareis ao Senhor uma oferta de todos os vossos dízimos, que receberdes dos filhos de Israel. Desses dízimos dareis a oferta do Senhor ao sacerdote Arão.
29 De todas as dádivas que receberdes trareis a oferta do Senhor; do melhor delas, a sua santa parte.
30 Dize aos levitas: Quando oferecerdes o melhor dos dízimos,

será para vós como a novidade da eira e como a novidade do tanque de prensar uvas.

31 E vós e a vossa família o comereis em todo o lugar, pois é vosso galardão pelo vosso serviço na tenda da congregação.

32 Não sereis culpados de pecado algum por isso, quando deles oferecerdes o melhor; então não profanareis as coisas sagradas dos filhos de Israel, para que não morrais.

A novilha vermelha

19 Disse o Senhor a Moisés e a Arão:

2 Este é o estatuto da lei que o Senhor ordenou, dizendo: Dize aos filhos de Israel que te tragam uma novilha vermelha sem defeito e perfeita, sobre a qual nunca foi posto jugo.

3 Entregareis a novilha a Eleazar, o sacerdote. Será tirada para fora do acampamento e será imolada diante dele.

4 Eleazar, o sacerdote, tomará do sangue com o dedo, e dele espargirá para a frente da tenda da congregação sete vezes.

5 Na presença dele a novilha será queimada. Serão queimados o couro, a carne, o sangue e os excrementos.

6 O sacerdote, tomando em seguida pau de cedro, hissopo e pano vermelho, os lançará no meio do fogo que queima a novilha.

7 Então o sacerdote lavará as suas vestes e banhará o seu corpo com água. Depois entrará no acampamento, mas estará imundo até a tarde.

8 Também o que queimou a novilha lavará as suas vestes com água, e com água banhará o seu corpo, e imundo será até a tarde.

9 Um homem limpo ajuntará a cinza da novilha e a porá fora do acampamento, num lugar limpo. Será guardada pela comunidade dos filhos de Israel, para uso na água purificadora; é oferta pelo pecado.

10 Aquele que recolheu a cinza da novilha lavará as suas vestes e ficará imundo até a tarde. Isso será por estatuto perpétuo aos filhos de Israel e ao estrangeiro que peregrinar no meio deles.

11 Aquele que tocar em um cadáver, qualquer que seja o morto, ficará imundo sete dias.

12 Deverá purificar-se com esta água no terceiro e no sétimo dia; então será limpo. Mas se não se purificar no terceiro e no sétimo dia, não será limpo.

13 Todo aquele que tocar em um morto, cadáver de alguém que morreu, e não se purificar, contamina o tabernáculo do Senhor. Tal pessoa será eliminada de Israel. Porque a água purificadora não foi espargida sobre ele, é imundo; permanece nele a sua imundícia.

14 Esta é a lei a respeito de uma pessoa que morre numa tenda: Todo aquele que entrar na tenda, e todo aquele que estiver nela, será imundo sete dias.

15 Também todo recipiente aberto, que não tenha sido fechado com uma tampa ou com uma atadura, será imundo.

16 Todo aquele que no campo aberto tocar em alguém que tenha sido morto pela espada, ou em alguém que tenha morrido de causas naturais, ou nos ossos de algum homem, ou numa sepultura, será imundo sete dias.

17 Para o imundo tomarão num vaso um pouco da cinza da vítima

queimada como oferta pelo pecado
e sobre esta porão água corrente.
18 Então um homem limpo tomará hissopo e o molhará naquela
água, e a espargirá sobre aquela tenda, e sobre todo utensílio,
e sobre as pessoas que ali estiverem; como também sobre aquele que tenha tocado em ossos, ou
em alguém que tenha sido morto, ou que morreu de causas naturais, ou numa sepultura.
19 O homem limpo espargirá sobre o imundo no terceiro e sétimo dias e, no sétimo dia, o purificará. O que era imundo lavará
as suas vestes e se banhará com
água, e à tarde estará limpo.
20 Quem, porém, estiver imundo
e não se purificar, esse será eliminado do meio da assembleia, porque contaminou o santuário do
Senhor. A água purificadora não
foi espargida sobre ele; é imundo.
21 Isto será para eles um estatuto
perpétuo. O homem que espargir
a água purificadora lavará as suas
vestes, e o que tocar na água purificadora será imundo até a tarde.
22 Tudo em que o imundo tocar
também será imundo e quem nele
tocar será imundo até a tarde.

A morte de Miriã. As águas de Meribá

20 Toda a comunidade dos filhos de Israel chegou ao deserto de Zim, no primeiro mês, e o
povo ficou em Cades. Ali morreu
Miriã e, ali, foi sepultada.
2 Como não havia água para a
comunidade, o povo ajuntou-se
contra Moisés e Arão.
3 Contendeu o povo com Moisés,
dizendo: Quem dera tivéssemos
expirado quando expiraram nossos irmãos perante o Senhor!
4 Por que trouxestes a congregação do Senhor a este deserto,
para que nós e os nossos animais
morramos aqui?
5 Por que nos fizestes subir do
Egito, para nos trazer a este terrível lugar? Não há cereais, nem
figos, nem vides, nem romãs,
nem água para beber.
6 Então Moisés e Arão se foram
de diante do povo à entrada da
tenda da congregação e se prostraram com a face em terra, e a
glória do Senhor lhes apareceu.
7 Disse o Senhor a Moisés:
8 Toma a vara, ajunta o povo, tu e
teu irmão Arão. Na presença deles ordenai à rocha que dê as suas
águas. Assim lhes tirareis água
da rocha e dareis a beber ao povo
e aos seus animais.
9 Então Moisés tomou a vara de
diante do Senhor, como lhe tinha
ordenado.
10 Moisés e Arão reuniram o povo
diante da rocha e lhes disseram:
Ouvi, agora, rebeldes, porventura
tiraremos água desta rocha para vós?
11 Então Moisés levantou a mão
e feriu a rocha duas vezes com a
sua vara. A água jorrou abundantemente, e a comunidade e os seus
animais beberam.
12 O Senhor, porém, disse a Moisés
e a Arão: Visto que não crestes em
mim, para me santificardes diante dos filhos de Israel, não introduzireis este povo na terra que
lhe dei.
13 Estas são as águas de Meribá,
onde os filhos de Israel contenderam com o Senhor, que neles se
santificou.

Edom nega passagem a Israel

14 Moisés enviou de Cades mensageiros ao rei de Edom, dizendo:

Assim diz teu irmão Israel: Sabes
todo o trabalho que nos sobreveio,
15 como nossos pais desceram ao
Egito e vivemos lá muitos anos.
Os egípcios nos maltrataram, a
nós e a nossos pais,
16 mas quando clamamos ao Senhor,
ele ouviu a nossa voz, enviou um
anjo e nos tirou do Egito. Agora
estamos em Cades, cidade na ex-
tremidade dos teus termos.
17 Deixa-nos passar pela tua ter-
ra. Não passaremos por nenhu-
ma plantação ou vinhas nem
beberemos a água dos poços.
Seguiremos pela estrada real,
sem nos desviarmos nem para a
direita nem para a esquerda, até
que atravessemos os teus termos.
18 Respondeu-lhes Edom: Não
passarás por mim; do contrário
sairei com a espada ao teu en-
contro.
19 Disseram-lhe os filhos de Israel:
Iremos pelo caminho principal;
se nós ou o nosso gado bebermos
da tua água, pagaremos por ela.
Nada mais queremos, senão pas-
sar a pé.
20 Outra vez respondeu ele: Não
passarás. Então Edom saiu con-
tra eles com muita gente e gran-
de força.
21 Assim Edom negou passagem
a Israel pelo seu território, pelo
que Israel se desviou dele.

A morte de Arão

22 Então partiu de Cades toda a
comunidade dos filhos de Israel,
e chegaram ao monte Hor.
23 Disse o Senhor a Moisés e a
Arão no monte Hor, na frontei-
ra da terra de Edom:
24 Arão será recolhido ao seu
povo. Ele não entrará na terra
que dei aos filhos de Israel, porque
fostes rebeldes à minha palavra,
nas águas de Meribá.
25 Toma a Arão e a Eleazar, seu fi-
lho, e faze-os subir ao monte Hor.
26 Depois despirás a Arão das
suas vestes e as porás em Eleazar,
seu filho, pois Arão será recolhi-
do e morrerá ali.
27 Moisés fez como o Senhor lhe or-
denara: Subiram ao monte Hor pe-
rante os olhos de toda a comunidade.
28 Moisés despiu a Arão das suas
vestes e as vestiu em Eleazar, seu
filho. E morreu Arão ali no cume
do monte. Então Moisés e Eleazar
desceram do monte.
29 Quando toda a congregação
soube que Arão havia morrido,
toda a nação de Israel chorou por
Arão durante trinta dias.

Os israelitas destroem os cananeus

21 Quando o rei cananeu de
Arade, que habitava no
Neguebe, soube que Israel vinha
pelo caminho de Atarim, pelejou
contra Israel e levou alguns pri-
sioneiros dentre eles.
2 Então Israel fez um voto ao
Senhor, dizendo: Se entregares
este povo nas minhas mãos, des-
truirei totalmente as suas cidades.
3 O Senhor ouviu a voz de Israel e
entregou-lhe os cananeus. Os is-
raelitas os destruíram totalmen-
te, a eles e a suas cidades; assim
o lugar passou a ser chamado
Hormá.

A serpente de bronze

4 Então partiram do monte Hor,
pelo caminho do mar Vermelho,
para contornarem a terra de Edom.
Mas o povo tornou-se impacien-
te no caminho;
5 falou contra Deus e contra Moisés,
dizendo: Por que nos fizestes subir

do Egito, para morrermos neste
deserto? Aqui não há pão nem
água, e nossa alma detesta este
miserável pão.
6 Então o Senhor enviou contra
o povo serpentes venenosas, que
os picavam, e morreu muita gen-
te de Israel.
7 O povo veio a Moisés e disse:
Pecamos, pois temos falado con-
tra o Senhor e contra ti. Ora ao
Senhor que tire de nós as serpen-
tes. Então Moisés orou pelo povo.
8 Disse o Senhor a Moisés: Faze
uma serpente e põe-na sobre uma
haste. Todo aquele que for mordi-
do e olhar para ela, viverá.
9 Moisés fez uma serpente de
bronze e a pôs sobre uma haste.
Quando alguém era mordido por
alguma serpente, se olhava para
a serpente de bronze, vivia.

Viagens dos israelitas

10 Partiram os filhos de Israel e
se acamparam em Obote.
11 Depois partiram de Obote e
se acamparam nos outeiros de
Abarim, no deserto que está em
frente de Moabe, para o nascente.
12 Dali partiram e se acamparam
junto ao ribeiro de Zerede.
13 Partindo dali, acamparam no
outro lado do Arnom, que está
no deserto que sai do território
dos amorreus. Arnom é a fron-
teira de Moabe, entre Moabe e
os amorreus.
14 Por isso se diz no livro das
guerras do Senhor:
Vaebe em Sufá, e os vales de
Arnom,
15 e o declive dos vales
que se inclina em direção à
sede de Ar
e se encosta na fronteira
de Moabe.
16 Dali partiram para Beer, o poço
do qual o Senhor disse a Moisés:
Ajunta o povo, e lhe darei água.
17 Então Israel cantou este cântico:
Brota, ó poço!
E vós, entoai-lhe cânticos!
18 Poço que os líderes cavaram,
que os nobres do povo abriram
com cetro e com cajados.
Então partiram do deserto
para Mataná.
19 De Mataná, para Naaliel, e de
Naaliel, para Bamote.
20 De Bamote, ao vale que está
no campo de Moabe, no cume de
Pisga, que fica diante do deserto.

Vitória sobre os reis de Moabe e de Basã

21 Israel enviou mensageiros a
Seom, rei dos amorreus, dizendo:
22 Deixa-me passar pela tua terra.
Não nos desviaremos por nenhuma
plantação ou vinha, nem a água
dos poços beberemos. Seguiremos
pela estrada real até que passe-
mos os teus termos.
23 Seom, porém, não deixou Israel
passar pelo seu território. Ao con-
trário, reuniu todo o seu povo e
saiu ao encontro de Israel no de-
serto. Quando chegou a Jaza, pe-
lejou contra Israel.
24 Israel, porém, o feriu a fio de
espada e apoderou-se da sua terra,
desde Arnom até Jaboque, fron-
teira dos filhos de Amom, por-
que esta fronteira era fortificada.
25 Assim Israel tomou todas es-
tas cidades dos amorreus e as
ocupou, inclusive Hesbom e to-
das as suas aldeias.
26 Hesbom era cidade de Seom,
rei dos amorreus, que fez guer-
ra ao primeiro rei dos moabitas
e tomou dele toda a sua terra até
Arnom.

27 Por isso dizem os poetas:
Vinde a Hesbom!
Edifique-se e estabeleça-se a
cidade de Seom!
28 Fogo saiu de Hesbom,
e uma chama da cidade de
Seom,
e consumiu Ar dos moabitas
e os senhores dos altos de
Arnom.
29 Ai de ti, Moabe!
Perdido estás, povo de Camos!
Entregou seus filhos como
fugitivos
e suas filhas, como cativas
a Seom, rei dos amorreus.
30 Nós, porém, os subvertemos;
Hesbom está destruída até
Dibom.
Nós os assolamos até Nofá,
que se estende até Medeba.
31 Assim Israel habitou na terra
dos amorreus.
32 Depois, Moisés mandou espiar
a Jazer, de modo que os israeli-
tas a conquistaram, bem como as
suas aldeias, e desapossaram os
amorreus que estavam ali.
33 Em seguida, viraram-se e su-
biram pelo caminho de Basã.
E Ogue, rei de Basã, com todo o
seu exército, marchou contra eles
para travar batalha em Edrei.
34 Disse o Senhor a Moisés: Não
o temas, pois eu o dei nas tuas
mãos, a ele, a todo o seu povo e a
sua terra, e tu lhe farás como fi-
zeste a Seom, rei dos amorreus,
que habitava em Hesbom.
35 De tal maneira o feriram, a seus
filhos e a todo o seu povo, que ne-
nhum deles escapou. E tomaram
posse da sua terra.

Balaque e Balaão

22 Partiram os filhos de Israel e
se acamparam nas campinas
de Moabe, do outro lado do Jordão,
na altura de Jericó.
2 Ora, Balaque, filho de Zipor,
viu tudo o que Israel fizera aos
amorreus,
3 e Moabe temeu muito diante
deste povo, porque era muito nu-
meroso, e andava angustiado por
causa dos filhos de Israel.
4 Disse Moabe aos anciãos dos
midianitas: Agora devorará esta
multidão tudo quanto houver ao
redor de nós, como o boi devora
a erva do campo. Então Balaque,
filho de Zipor, que naquele tem-
po era o rei de Moabe,
5 enviou mensageiros a Balaão, fi-
lho de Beor, a Petor, que está jun-
to ao rio, na terra dos amonitas,
a chamá-lo, dizendo: O povo que
saiu do Egito cobriu a face da ter-
ra e estabeleceu-se perante mim.
6 Vem, agora, rogo-te, amaldiçoa
este povo, pois é mais poderoso
do que eu. Talvez assim eu possa
combatê-lo e expulsá-lo da terra.
Pois sei que a quem tu abençoa-
res será abençoado, e a quem tu
amaldiçoares será amaldiçoado.
7 Então partiram os líderes dos
moabitas e os dos midianitas
com o preço dos encantamen-
tos. Chegaram a Balaão e lhe dis-
seram as palavras de Balaque.
8 Balaão lhes respondeu: Passai
aqui esta noite e vos trarei a res-
posta, como o Senhor me falar.
Então os líderes de Moabe fica-
ram com Balaão.
9 Veio Deus a Balaão e lhe disse:
Quem são estes homens que es-
tão contigo?
10 Respondeu Balaão a Deus: Balaque,
filho de Zipor, rei dos moabitas,
enviou-os a mim, dizendo:
11 O povo que saiu do Egito co-
briu a face da terra. Vem agora

amaldiçoá-lo por mim. Talvez assim eu possa combatê-lo e expulsá-lo da terra.
12 Então disse Deus a Balaão: Não irás com eles nem amaldiçoarás o povo, porque é bendito.
13 Levantou-se Balaão de manhã e disse aos líderes de Balaque: Tornai à vossa terra, pois o Senhor não me deixa ir convosco.
14 Levantaram-se os líderes dos moabitas, voltaram a Balaque e lhe disseram: Balaão recusou-se a vir conosco.
15 Balaque tornou a enviar outros líderes, em maior número e mais honrados que os primeiros.
16 Chegando a Balaão, disseram-lhe: Assim diz Balaque, filho de Zipor: Rogo-te que não te demores em vir a mim,
17 porque grandemente te honrarei e farei tudo o que me disseres. Portanto vem, rogo-te, e amaldiçoa por mim este povo.
18 Respondeu Balaão aos servos de Balaque: Ainda que Balaque me desse o seu palácio cheio de prata e de ouro, eu não poderia desobedecer à ordem do Senhor, o meu Deus, para fazer coisa pequena ou grande.
19 Agora rogo-vos que também aqui fiqueis esta noite, para que eu saiba o que o Senhor me dirá ainda.
20 Veio o Senhor a Balaão, de noite, e disse-lhe: Visto que aqueles homens te vieram chamar, levanta-te, vai com eles, mas farás so*mente o que eu te disser.*
21 Então Balaão se levantou de manhã, selou a sua jumenta e partiu com os líderes de Moabe.

A jumenta de Balaão

22 A ira de Deus, porém, se acendeu quando ele se foi, e o Anjo do Senhor postou-se no caminho para barrar-lhe a passagem. Ele ia caminhando, montado na sua jumenta, e dois de seus moços com ele.
23 Viu a jumenta o Anjo do Senhor, que estava no caminho com a sua espada desembainhada na mão, pelo que a jumenta se desviou do caminho e foi-se pelo campo. Então Balaão espancou a jumenta para fazê-la voltar ao caminho.
24 O Anjo do Senhor, porém, pôs-se numa passagem estreita entre duas vinhas, com paredes de ambos os lados.
25 Quando a jumenta viu o Anjo do Senhor, encostou-se contra uma das paredes e apertou contra a parede o pé de Balaão; por isso ele tornou a espancá-la.
26 Então o Anjo do Senhor passou mais adiante e pôs-se num lugar estreito, onde não havia caminho para se desviar nem para a direita nem para a esquerda.
27 Quando a jumenta viu o Anjo do Senhor, deitou-se debaixo de Balaão; a ira de Balaão se acendeu, e ele espancou a jumenta com o cajado.
28 Então o Senhor abriu a boca da jumenta, e ela disse a Balaão: Que te fiz eu, que me espancaste já três vezes?
29 Respondeu Balaão à jumenta: É porque zombaste de mim. Se eu tivesse uma espada na mão, agora te mataria.
30 A jumenta disse a Balaão: Porventura não sou a tua jumenta, em que toda a tua vida cavalgaste até hoje? Tenho o costume de agir assim contigo? Ele respondeu: Não.
31 Então o Senhor abriu os olhos a Balaão, e ele viu o Anjo do Senhor parado no caminho, tendo a espada

desembainhada na mão. De modo
que ele se inclinou e se prostrou
com o rosto em terra.
32 Disse-lhe o Anjo do Senhor:
Por que já três vezes espancaste
a tua jumenta? Eu saí para ser
teu adversário, porque o teu ca-
minho é perverso diante de mim.
33 A jumenta, porém, me viu, e
já três vezes se desviou de mim.
Se ela não se tivesse desviado
de mim, na verdade eu te ha-
veria matado, e a ela deixaria
com vida.
34 Então Balaão respondeu ao
Anjo do Senhor: Pequei, sem sa-
ber que estavas no caminho para
te opores a mim. Agora, se pare-
ce mal aos teus olhos, voltarei.
35 Disse o Anjo do Senhor a Balaão:
Vai com esses homens, mas fala
somente aquilo que eu te man-
dar. Assim Balaão foi com os lí-
deres de Balaque.
36 **O**uvindo Balaque que Balaão
vinha, saiu-lhe ao encontro até Ir-
-Moabe, na fronteira do Arnom,
na extremidade do território.
37 Balaque disse a Balaão: Não
enviei diligentemente a chamar-
-te? Por que não vieste a mim?
Não posso eu na verdade hon-
rar-te?
38 Balaão respondeu a Balaque:
Eis-me junto de ti. Porventura po-
derei eu agora falar alguma coi-
sa? A palavra que Deus puser na
minha boca, essa falarei.
39 Balaão foi com Balaque, e che-
garam a Quiriate-Huzote.
40 Então Balaque matou bois
e ovelhas, e deu parte deles a
Balaão e aos líderes que esta-
vam com ele.
41 Pela manhã, Balaque tomou
a Balaão, e o fez subir a Bamote-
-Baal, e de lá ele viu parte do povo.

Balaque edifica sete altares

23 Então Balaão disse a Balaque:
Edifica-me aqui sete alta-
res e prepara-me sete novilhos e
sete carneiros.
2 Balaque fez como Balaão lhe ha-
via dito; e Balaque e Balaão ofe-
receram um novilho e um car-
neiro sobre cada altar.
3 Disse mais Balaão a Balaque: Fica
junto do teu holocausto, enquan-
to eu me retiro. Talvez o Senhor
me sairá ao encontro, e o que me
mostrar, te notificarei. E afastou-
-se para um monte.
4 Encontrando-se Deus com Balaão,
este lhe disse: Preparei sete alta-
res e ofereci um novilho e um car-
neiro sobre cada altar.
5 Então o Senhor pôs a palavra
na boca de Balaão e disse: Volta
para junto de Balaque, e assim
lhe falarás.
6 Voltando para ele, encontrou-o
junto do seu holocausto, ele e to-
dos os líderes de Moabe.
7 Então proferiu Balaão a sua
palavra:
De Arã me mandou trazer
Balaque,
rei dos moabitas das
montanhas do Oriente,
dizendo: Vem, amaldiçoa a
Jacó;
vem, denuncia a Israel.
8 Como amaldiçoarei
o que Deus não amaldiçoou?
E como denunciarei
a quem o Senhor não
denunciou?
9 Do cume das penhas o vejo,
e dos outeiros o contemplo.
Vejo um povo que habitará à
parte
e entre as nações não será
contado.

10 Quem pode contar o pó de Jacó
ou numerar a quarta parte de
Israel?
Que morra eu a morte dos
justos,
e seja o meu fim como o deles.
11 Então disse Balaque a Balaão:
Que me fizeste? Chamei-te para
amaldiçoar os meus inimigos,
mas inteiramente os abençoaste.
12 Ele respondeu: Porventura
não terei cuidado de falar o que
o Senhor pôs na minha boca?
13 Então Balaque lhe disse: Rogo-
-te que venhas comigo a outro
lugar de onde o verás. Verás so-
mente uma parte dele; não pode-
rás vê-lo todo. E de lá amaldiçoa-o
por mim.
14 Assim o levou ao campo de
Zofim, ao cume do monte Pisga.
Edificou ali sete altares e ofere-
ceu um novilho e um carneiro so-
bre cada altar.
15 Então disse Balaão a Balaque:
Fica aqui junto do teu holocaus-
to, enquanto eu vou ali ao encon-
tro do Senhor.
16 Encontrando-se o Senhor com
Balaão, pôs uma palavra na sua
boca e disse: Volta para junto de
Balaque e assim lhe falarás.
17 Vindo a ele, encontrou-o jun-
to do holocausto, e com ele os lí-
deres de Moabe. Perguntou-lhe
Balaque: Que disse o Senhor?

A segunda profecia de Balaão

18 *Então proferiu a sua palavra:*
Levanta-te, Balaque, e ouve;
inclina os teus ouvidos,
filho de Zipor.
19 Deus não é homem para
que minta
nem filho do homem para
que se arrependa.
Porventura tendo ele dito,
não o fará?
Ou, tendo falado, não o
realizará?
20 Recebi ordem de abençoar;
ele abençoou, e não o posso
revogar.
21 Não vi iniquidade em Jacó
nem maldade observei em
Israel.
O Senhor seu Deus está
com ele,
e no meio deles se ouvem
aclamações ao seu rei.
22 Deus os tirou do Egito;
as suas forças são como as do
boi selvagem.
23 Não há encantamento
que possa prevalecer
contra Jacó
nem adivinhação contra
Israel.
Agora será dito de Jacó e de
Israel:
Que coisas Deus tem feito!
24 O povo se levanta como
uma leoa;
ergue-se como um leão
que não se deitará sem ter
devorado a presa
e bebido o sangue de suas
vítimas.
25 Então Balaque disse a Balaão:
Não o amaldiçoarás nem o aben-
çoarás.
26 Balaão, porém, respondeu a
Balaque: Não te falei eu, dizen-
do: Tudo o que o Senhor falar,
isso farei?
27 Disse mais Balaque a Balaão:
Ora, vem, e te levarei a outro lu-
gar. Talvez de lá parecerá bem
aos olhos de Deus que o amal-
diçoes.
28 E Balaque conduziu Balaão
ao cume de Peor, que domina o
deserto.

29 Disse Balaão a Balaque: Edifica-
-me aqui sete altares e prepara-me
sete novilhos e sete carneiros.
30 Balaque fez conforme Balaão
lhe dissera e ofereceu um novilho
e um carneiro sobre cada altar.

A terceira profecia de Balaão

24 Vendo Balaão que era do
agrado do Senhor que aben-
çoasse a Israel, não recorreu,
como das outras vezes, aos en-
cantamentos, mas voltou a face
para o deserto.
2 Levantando Balaão os olhos, e
vendo a Israel acampado segun-
do as suas tribos, veio sobre ele
o Espírito de Deus.
3 Então proferiu a sua palavra:
Palavra de Balaão, filho de
Beor,
palavra do homem de olhos
abertos,
4 palavra daquele que ouve os
ditos de Deus,
o que tem a visão do
Todo-poderoso,
e cai em êxtase, porém de
olhos abertos:
5 Que boas são as tuas tendas,
ó Jacó!
Que boas as tuas moradas, ó
Israel!
6 Como vales que se estendem,
como jardins ao lado de um
rio,
como árvores de sândalo
que o Senhor plantou,
como cedros junto às águas!
7 De seus baldes manarão
águas,
suas lavouras estarão bem
irrigadas.
Seu rei será maior do que
Agague;
o seu reino será exaltado.
8 Deus os tirou do Egito;
eles têm a força de um boi
selvagem.
Devoram as nações inimigas,
quebram os seus ossos em
pedaços
e com setas as atravessam.
9 Como um leão encurvam-se e
deitam-se;
como leoa, quem os
despertará?
Benditos os que te
abençoarem,
e malditos os que te
amaldiçoarem!
10 Então Balaque se encolerizou
contra Balaão, bateu as mãos e
lhe disse: Chamei-te para amal-
diçoar os meus inimigos, mas
estas três vezes os abençoaste.
11 Agora foge. Vai para o teu lu-
gar. Eu tinha dito que te honra-
ria grandemente, mas o Senhor
te privou dessa honra.
12 Balaão respondeu a Balaque:
Não falei eu aos teus mensagei-
ros, dizendo:
13 Ainda que Balaque me desse
o seu palácio cheio de prata e de
ouro, não posso desobedecer à or-
dem do Senhor, fazendo bem ou
mal de meu próprio coração; aqui-
lo que o Senhor disser, isso falarei.
14 Agora que voltarei para o meu
povo, vem, e te avisarei do que
este povo fará ao teu povo nos úl-
timos dias.

A quarta profecia de Balaão

15 Então proferiu a sua palavra
e disse:
Palavra de Balaão, filho de Beor,
palavra do homem de olhos
abertos,
16 palavra daquele que ouve os
ditos de Deus
e sabe a ciência do Altíssimo.

Ele tem a visão do
Todo-poderoso
e cai em êxtase, porém de
olhos abertos.
17 Eu o verei, mas não agora;
o contemplarei, mas não de
perto.
Uma estrela procederá de
Jacó,
e de Israel subirá um cetro
que quebrará as frontes de
Moabe
e destruirá todos os filhos
de Sete.
18 Edom será conquistado,
e Seir, seu inimigo, também
será conquistado,
mas Israel fará proezas.
19 Um dominador sairá de Jacó,
e destruirá os sobreviventes
da cidade.

A profecia final de Balaão

20 Então, vendo Amaleque, Balaão
proferiu a sua palavra e disse:
Amaleque era a primeira das
nações,
mas o seu fim será ruína para
sempre.
21 Depois, vendo os quenitas,
proferiu a sua palavra e disse:
Firme está a tua habitação,
e puseste o teu ninho na penha.
22 Todavia, tu, quenita, serás
destruído
quando Assur te levar cativo.
23 Proferindo ainda a sua palavra,
disse:
Ai! Quem viverá quando
Deus fizer isto?
24 Navios virão das costas
de Quitim;
afligirão a Assur e a Héber,
mas também perecerão.
25 Então Balaão se levantou e vol-
tou ao seu lugar. Balaque também
seguiu o seu caminho.

O pecado de Israel em Baal-Peor

25 Enquanto Israel se demo-
rava em Sitim, o povo se
entregou à prostituição com as
filhas de Moabe.
2 Estas convidaram o povo aos sa-
crifícios dos seus deuses; o povo
comia e se prostrava diante deles.
3 Juntando-se Israel a Baal-Peor,
a ira do Senhor se acendeu con-
tra Israel.
4 Disse o Senhor a Moisés: Toma
todos os chefes do povo e enforca-os
ao Senhor ao ar livre, e o ardor da
ira do Senhor se retirará de Israel.
5 Assim Moisés disse aos juízes
de Israel: Cada um mate aquele
dos seus homens que aderiram
a Baal-Peor.
6 Então um homem dos filhos
de Israel veio e trouxe a seus ir-
mãos uma midianita perante os
olhos de Moisés e de toda a comu-
nidade dos filhos de Israel, en-
quanto eles choravam diante da
tenda da congregação.
7 Vendo isso, Fineias, filho de
Eleazar, filho de Arão, o sacerdo-
te, levantou-se, tomou uma lança,
8 seguiu o israelita até a tenda
e lá trespassou-os pela barriga,
o homem israelita e a mulher.
E cessou a praga que feria os fi-
lhos de Israel.
9 Os que morreram da praga fo-
ram vinte e quatro mil.
10 Então disse o Senhor a Moisés:
11 Fineias, filho de Eleazar, filho
de Arão, o sacerdote, desviou a
minha ira de sobre os filhos de
Israel, pois foi tomado de zelo por
mim; por isso, no meu zelo, não
consumi os filhos de Israel.
12 Portanto dize: Dou-lhe a mi-
nha aliança de paz.
13 Ele, e a sua descendência depois
dele, terá a aliança do sacerdócio

perpétuo, porque foi zeloso pela honra de seu Deus e fez propiciação pelos filhos de Israel.

14 O nome do israelita que foi morto com a midianita era Zinri, filho de Salu, líder de uma família simeonita.

15 E o nome da mulher midianita morta era Cosbi, filha de Zur, chefe de um clã midianita.

16 Disse o Senhor a Moisés:

17 Afligireis os midianitas e os ferireis,

18 porque eles vos afligiram com os seus enganos por intermédio de Peor e de Cosbi, filha do líder dos midianitas, irmã deles, morta no dia da praga por causa de Peor.

O segundo recenseamento

26 Depois dessa praga, disse o Senhor a Moisés e a Eleazar, filho de Arão, o sacerdote:

2 Fazei o recenseamento de toda a comunidade dos filhos de Israel, da idade de vinte anos para cima, conforme suas famílias; todos os aptos para a guerra em Israel.

3 Falou-lhes Moisés e Eleazar, o sacerdote, nas campinas de Moabe, junto do Jordão, na direção de Jericó, dizendo:

4 Contai o povo da idade de vinte anos para cima, como o Senhor ordenara a Moisés. Estes foram os filhos de Israel que saíram do Egito:

5 Os filhos de Rúben, primogênito de Israel, foram: de Enoque, a família dos enoquitas; de Palu, a família dos paluítas;

6 de Hezrom, a família dos hezronitas; de Carmi, a família dos carmitas.

7 *Foram estes os descendentes* de Rúben, os quais formaram o total de quarenta e três mil setecentos e trinta recenseados.

8 O filho de Palu: Eliabe;

9 os filhos de Eliabe: Nemuel, Datã e Abirão. Datã e Abirão foram os eleitos pela comunidade, os quais se rebelaram contra Moisés e Arão na rebelião de Coré, quando se rebelaram contra o Senhor.

10 A terra abriu a sua boca e os tragou com Coré, cujos seguidores morreram quando o fogo consumiu os duzentos e cinquenta homens, os quais serviram de advertência.

11 Os filhos de Coré, porém, não morreram.

12 Os filhos de Simeão, segundo as suas famílias: de Nemuel, a família dos nemuelitas; de Jamim, a família dos jaminitas; de Jaquim, a família dos jaquinitas;

13 de Zerá, a família dos zeraítas; de Saul, a família dos saulitas.

14 Foram estas as famílias dos simeonitas; vinte e dois mil e duzentos.

15 Os filhos de Gade, segundo as suas famílias: de Zefom, a família dos zefonitas; de Hagi, a família dos hagitas; de Suni, a família dos sunitas;

16 de Ozni, a família dos oznitas; de Heri, a família dos heritas;

17 de Arode, a família dos aroditas; de Areli, a família dos arelitas.

18 Foram estes os descendentes de Gade, os quais formaram o total de quarenta mil e quinhentos recenseados.

19 Os filhos de Judá: Er e Onã, mas Er e Onã morreram na terra de Canaã.

20 Assim os filhos de Judá, segundo as suas famílias, foram: de Selá, a família dos selanitas; de Perez, a família dos perezitas; de Zerá, a família dos zeraítas.

21 Os filhos de Perez foram: de Hezrom, a família dos hezronitas; de Hamul, a família dos hamulitas.

22 Foram estes os descendentes
de Judá, os quais formaram o to-
tal de setenta e seis mil e quinhen-
tos recenseados.
23 **O**s filhos de Issacar, segundo
as suas famílias, foram: de Tola,
a família dos tolaítas; de Puva, a
família dos puvitas;
24 de Jasube, a família dos jasu-
bitas; de Sinrom, a família dos
sinronitas.
25 Foram estes os descendentes
de Issacar, os quais formaram o
total de sessenta e quatro mil e
trezentos recenseados.
26 Os filhos de Zebulom, segun-
do as suas famílias, foram: de
Serede, a família dos sereditas;
de Elom, a família dos elonitas; de
Jaleel, a família dos jaleelitas.
27 Foram estes os descendentes
de Zebulom, os quais formaram
o total de sessenta mil e quinhen-
tos recenseados.
28 **O**s filhos de José, segundo as
suas famílias, foram Manassés
e Efraim.
29 Os filhos de Manassés foram:
de Maquir, a família dos maqui-
ritas (Maquir gerou Gileade); de
Gileade, a família dos gileaditas.
30 Foram estes os filhos de Gileade:
de Jezer, a família dos jezeritas;
de Heleque, a família dos hele-
quitas;
31 de Asriel, a família dos asrie-
litas; de Siquém, a família dos si-
quenitas;
32 de Semida, a família dos se-
midaítas; de Hefer, a família dos
heferitas.
33 Zelofeade, filho de Hefer, po-
rém, não teve filhos, mas apenas
filhas, cujos nomes foram Maalá,
Noa, Hogla, Milca e Tirza.
34 Foram estes os descendentes
de Manassés, os quais formaram
o total de cinquenta e dois mil e
setecentos recenseados.
35 Foram estes os filhos de Efraim,
segundo as suas famílias: de Sutela,
a família dos sutelaítas; de Bequer, a
família dos bequeritas; de Taã,
a família dos taanitas.
36 Foram estes os filhos de Sutela:
de Erã, a família dos eranitas.
37 Foram estes os descendentes
de Efraim, os quais formaram o
total de trinta e dois mil e qui-
nhentos; foram estes os filhos de
José, segundo as suas famílias.
38 **O**s filhos de Benjamim, segun-
do as suas famílias: de Bela, a
família dos belaítas; de Asbel,
a família dos asbelitas; de Airã, a
família dos airamitas;
39 de Sufã, a família dos sufamitas;
de Hufã, a família dos hufamitas.
40 Os filhos de Bela foram Arde
e Naamã. De Arde, a família dos
arditas; de Naamã, a família
dos naamanitas.
41 Foram estes os descendentes
de Benjamim, os quais formaram
o total de quarenta e cinco mil e
seiscentos recenseados.
42 **F**oram estes os filhos de Dã, se-
gundo as suas famílias: de Suã a
família dos suamitas. Foram es-
tas as famílias de Dã, segundo as
suas famílias.
43 Todas as famílias dos suami-
tas formaram o total de sessenta
e quatro mil e quatrocentos re-
censeados.
44 **O**s filhos de Aser, segundo as
suas famílias, foram: de Imna,
a família dos imnaítas; de Isvi, a
família dos isvitas; de Berias,
a família dos beriitas.
45 Dos filhos de Berias, foram:
de Héber, a família dos heberi-
tas; de Malquiel, a família dos
malquielitas.

46 O nome da filha de Aser foi Sera.
47 Foram estes os descendentes
de Aser, os quais formaram o to-
tal de cinquenta e três mil e qua-
trocentos recenseados.
48 **O**s filhos de Naftali, segundo
as suas famílias: de Jazeel, a fa-
mília dos jazeelitas; de Guni, a
família dos gunitas;
49 de Jezer, a família dos jezeritas;
de Silém, a família dos silemitas.
50 Foram estes os descendentes
de Naftali, segundo as suas famí-
lias, os quais formaram o total de
quarenta e cinco mil e quatrocen-
tos recenseados.
51 **F**oram estes os recenseados
dos filhos de Israel: seiscentos e
um mil setecentos e trinta.
52 **D**isse o Senhor a Moisés:
53 A estes a terra será reparti-
da em herança, segundo o recen-
seamento.
54 À tribo mais numerosa darás
herança maior e à pequena,
herança menor; cada um receberá
a herança em proporção aos seus
recenseados.
55 Todavia a terra será reparti-
da por sortes; cada um receberá
a sua herança segundo os nomes
das tribos de seus pais.
56 Cada herança será distribuída
por sorte entre as tribos maiores
e as menores.
57 **F**oram estes os recenseados
de Levi, segundo as suas famí-
lias: de Gérson, a família dos ger-
sonitas; de Coate, a família dos
coatitas; de Merari, a família
dos meraritas.
58 Foram estas as famílias de
Levi: a família dos libnitas, a fa-
mília dos hebronitas, a família
dos malitas, a família dos musi-
tas, a família dos coreítas; e Coate
gerou Anrão.
59 O nome da mulher de Anrão
era Joquebede, filha de Levi, nas-
cida no Egito. Ela deu a Anrão:
Arão, Moisés; e Miriã, irmã destes.
60 A Arão nasceram Nadabe,
Abiú, Eleazar e Itamar.
61 Nadabe e Abiú morreram quan-
do trouxeram fogo estranho pe-
rante o Senhor.
62 Ao todo foram recenseados vin-
te e três mil homens, da idade de
um mês para cima. Estes não fo-
ram recenseados com os filhos de
Israel, porque não lhes foi destina-
da nenhuma herança entre eles.
63 **F**oram estes os recenseados
por Moisés e Eleazar, o sacerdo-
te, quando ambos contaram os
filhos de Israel nas campinas de
Moabe, junto do Jordão, na dire-
ção de Jericó.
64 Entre estes não se encontrava
nem um só daqueles que foram
recenseados por Moisés e Arão,
o sacerdote, no deserto de Sinai,
65 porque o Senhor havia dito
acerca deles: certamente mor-
rerão no deserto. Nenhum deles
sobreviveu, exceto Calebe, filho
de Jefoné, e Josué, filho de Num.

A lei acerca das heranças

27 Vieram então as filhas de
Zelofeade, filho de Héfer, fi-
lho de Gileade, filho de Maquir,
filho de Manassés, entre as famí-
lias de Manassés, filho de José.
São estes os nomes de suas filhas:
Maalá, Noa, Hogla, Milca e Tirza.
2 Elas se puseram diante de Moisés,
diante de Eleazar, o sacerdote, dian-
te dos líderes e de toda a comu-
nidade, à entrada da tenda da
congregação, e disseram:
3 Nosso pai morreu no deserto e
não estava entre os seguidores de
Coré, que se rebelaram contra o

Senhor; mas morreu no seu pró-
prio pecado e não teve filhos.
4 Por que seria riscado o nome
de nosso pai do meio da sua fa-
mília, por não ter tido filhos? Dá-
-nos propriedade entre os irmãos
de nosso pai.
5 Moisés levou a causa delas pe-
rante o Senhor,
6 e o Senhor disse a Moisés:
7 As filhas de Zelofeade falam re-
tamente. Certamente lhes darás
propriedade como herança entre
os irmãos de seu pai, e a heran-
ça de seu pai farás passar a elas.
8 Dirás aos filhos de Israel: Quando
alguém morrer e não tiver filho, trans-
mitireis a sua herança à sua filha.
9 Se não tiver filha, então a sua
herança dareis a seus irmãos.
10 Se, porém, não tiver irmãos,
então dareis a sua herança aos
irmãos de seu pai.
11 Se também seu pai não tiver
irmãos, então dareis a sua heran-
ça àquele de sua família que lhe
for o parente mais próximo, para
que a possua. Isso será para os fi-
lhos de Israel estatuto de direito,
como o Senhor ordenou a Moisés.

Predição da morte de Moisés

12 Depois, disse o Senhor a Moisés:
Sobe a este monte Abarim e vê a
terra que dei aos filhos de Israel.
13 E, tendo-a visto, serás reunido
aos teus, como Arão, teu irmão,
14 pois no deserto de Zim, quando
a comunidade contendeu contra
mim, não santificaste o meu nome
diante deles na questão das águas.
(Essas foram as águas de Meribá
de Cades, no deserto de Zim.)
15 Então disse Moisés ao Senhor:
16 Possa o Senhor, Deus que a to-
dos dá a vida, pôr um homem so-
bre esta comunidade,
17 que saia de diante deles, e en-
tre diante deles, e os faça sair e
entrar, para que a comunidade
do Senhor não seja como ovelhas
sem pastor.
18 Então disse o Senhor a Moisés:
Toma a Josué, filho de Num, ho-
mem em quem há o Espírito, e
põe a tua mão sobre ele.
19 Apresenta-o perante Eleazar,
o sacerdote, e perante toda a co-
munidade, e dá-lhe mandamen-
tos na presença deles.
20 Põe sobre ele da tua autorida-
de, para que lhe obedeça toda a
comunidade dos filhos de Israel.
21 Ele se apresentará perante Eleazar,
o sacerdote, o qual por ele consul-
tará, segundo o juízo de Urim, pe-
rante o Senhor. Sob a sua ordem,
ele e todos os filhos de Israel sai-
rão, e sob a sua ordem entrarão.
22 Fez Moisés como o Senhor lhe
ordenara. Tomou a Josué, apresen-
tou-o perante Eleazar, o sacerdo-
te, e perante toda a comunidade.
23 Então impôs as mãos sobre ele
e lhe deu mandamentos, como
o Senhor ordenara por meio de
Moisés.

As ofertas diárias

28 Disse o Senhor a Moisés:
2 Ordena aos filhos de Israel
e dize-lhes: Cuidai de apresentar-
-me no tempo determinado a ofer-
ta, o meu manjar para as minhas
ofertas queimadas, como cheiro
suave para mim.
3 Também lhes dirás: Esta é a
oferta queimada que oferecereis
ao Senhor, dia após dia: dois cor-
deiros de um ano, sem defeito, em
contínuo holocausto.
4 Um cordeiro sacrificarás pela
manhã, e o outro cordeiro sacri-
ficarás ao cair da tarde;

5 e a décima parte de um efa de flor
de farinha em oferta de cereais,
amassada com a quarta parte de
um him de azeite batido.
6 Este é o holocausto contínuo,
instituído no monte Sinai, em
cheiro suave, oferta queimada
ao Senhor.
7 A sua libação será a quarta par-
te de um him para um cordeiro.
No santuário oferecerás a libação
de bebida forte ao Senhor.
8 O outro cordeiro sacrificarás ao
cair da tarde; com a oferta de ce-
reais da manhã e com a sua liba-
ção, o trarás em oferta queimada
de cheiro suave ao Senhor.
9 No dia de sábado, porém, ofere-
cereis dois cordeiros de um ano,
sem defeito, e dois décimos de um
efa de flor de farinha, amassada
com azeite, em oferta de cereais,
com a sua libação.
10 É o holocausto de todos os
sábados, além do holocausto
contínuo, e a sua libação.
11 Nos princípios dos vossos me-
ses oferecereis, em holocausto ao
Senhor, dois novilhos, um car-
neiro e sete cordeiros de um ano,
sem defeito.
12 Três décimos de um efa de flor
de farinha, amassada com azei-
te, em oferta de cereais, para um
novilho; dois décimos de um efa
de flor de farinha, amassada com
azeite, em oferta de cereais, para
um carneiro;
13 e a décima parte de um efa de
flor de farinha, amassada com azei-
te, em oferta de cereais, para um
cordeiro. É holocausto de cheiro
suave, oferta queimada ao Senhor.
14 *As suas libações* serão a me-
tade de um him de vinho para
um novilho, a terça parte de um
him para um carneiro e a quarta
parte de um him para um cor-
deiro. Este é o holocausto da lua
nova de cada mês, segundo os me-
ses do ano.
15 Além do holocausto contínuo,
trarás ao Senhor um bode como
oferta pelo pecado, com a sua li-
bação.

A Páscoa

16 No primeiro mês, aos catorze
dias do mês, é a Páscoa do Senhor.
17 Aos quinze dias do mesmo mês,
haverá festa; por sete dias se co-
merão pães sem fermento.
18 No primeiro dia, haverá santa
convocação; não fareis nenhum
trabalho servil.
19 Trareis oferta queimada em
holocausto ao Senhor, dois novi-
lhos, um carneiro e sete cordeiros
de um ano, todos eles sem defeito.
20 A sua oferta de cereais será
de flor de farinha, amassada com
azeite; oferecereis três décimos de
um efa para um novilho e dois dé-
cimos para um carneiro.
21 Oferecereis um décimo para
cada um dos sete cordeiros;
22 e um bode como oferta pelo pe-
cado, para fazer expiação por vós.
23 Essas coisas oferecereis, além
do holocausto da manhã, que é o
holocausto contínuo.
24 Assim preparareis cada dia, du-
rante sete dias, o alimento para a
oferta queimada em cheiro sua-
ve ao Senhor, além do holocaus-
to contínuo com a sua oferta der-
ramada.
25 No sétimo dia, tereis santa
convocação; nenhum trabalho
servil fareis.

A festa das semanas

26 Semelhantemente, tereis san-
ta convocação no dia da festa dos

primeiros frutos, quando oferecer-
des ao Senhor oferta nova de ce-
reais durante a festa das semanas;
nenhum trabalho servil fareis.
27 Então oferecereis ao Senhor
por holocausto, em cheiro sua-
ve, dois novilhos, um carneiro e
sete cordeiros de um ano.
28 A sua oferta de cereais será
de flor de farinha, amassada com
azeite; três décimos de um efa
para um novilho, dois décimos
para um carneiro
29 e um décimo para cada um dos
sete cordeiros;
30 e um bode para fazer expia-
ção por vós.
31 Fareis isso além do holocausto
contínuo, da sua oferta de cereais
e das ofertas derramadas. Os ani-
mais deverão ser sem defeito.

A festa das trombetas

29 No sétimo mês, no primei-
ro dia do mês, tereis san-
ta convocação; nenhum trabalho
servil fareis. Será para vós dia do
toque de trombetas.
2 Então por holocausto, em chei-
ro suave ao Senhor, oferecereis
um novilho, um carneiro e sete
cordeiros de um ano, sem defeito.
3 Pela sua oferta de cereais de flor
de farinha, amassada com azeite,
três décimos de um efa para o no-
vilho, dois décimos para o carneiro
4 e um décimo para cada um dos
sete cordeiros;
5 e um bode como oferta pelo pe-
cado, para fazer expiação por vós.
6 Isso além do holocausto do mês
e da sua oferta de cereais, do ho-
locausto contínuo e da sua ofer-
ta de cereais, com as suas ofertas
derramadas, segundo o seu esta-
tuto. São ofertas queimadas ao
Senhor, em cheiro suave.

O Dia da Expiação

7 No dia dez deste sétimo mês, te-
reis santa convocação e vos humi-
lhareis; nenhum trabalho fareis.
8 Por holocausto, porém, em chei-
ro suave ao Senhor, oferecereis um
novilho, um carneiro e sete cordei-
ros de um ano, todos sem defeito.
9 Pela sua oferta de cereais de flor
de farinha, amassada com azeite,
três décimos de um efa para o no-
vilho, dois décimos para o carneiro
10 e um décimo para cada um dos
sete cordeiros;
11 e um bode como oferta pelo
pecado, além da oferta pelo pe-
cado do Dia da Expiação, do ho-
locausto contínuo e da sua ofer-
ta de cereais com as suas ofertas
derramadas.

A festa dos tabernáculos

12 Aos quinze dias deste sétimo
mês, tereis santa convocação;
nenhum trabalho servil fareis,
mas sete dias celebrareis festa
ao Senhor.
13 Apresentareis uma oferta quei-
mada de cheiro suave ao Senhor:
treze novilhos, dois carneiros e
catorze cordeiros de um ano, to-
dos sem defeito.
14 Pela sua oferta de cereais de
flor de farinha, amassada com
azeite, três décimos de um efa
para cada um dos treze novilhos,
dois décimos para cada um dos
dois carneiros,
15 e um décimo para cada um dos
catorze cordeiros;
16 e um bode como oferta pelo pe-
cado, além do holocausto contí-
nuo, da sua oferta de cereais e da
sua oferta derramada.
17 No segundo dia, doze novilhos,
dois carneiros, catorze cordeiros
de um ano, sem defeito,

18 com a sua oferta de cereais e
as suas ofertas derramadas para
os novilhos, para os carneiros e
para os cordeiros, conforme o
seu número, segundo o estatuto.
19 Um bode como oferta pelo pe-
cado, além do holocausto contí-
nuo, da sua oferta de cereais e das
suas ofertas derramadas.
20 No terceiro dia, onze novilhos,
dois carneiros, catorze cordeiros
de um ano, sem defeito,
21 com as suas ofertas de cereais
e as suas ofertas derramadas
para os novilhos, para os car-
neiros e para os cordeiros, con-
forme o seu número, segundo o
estatuto;
22 e um bode como oferta pelo pe-
cado, além do holocausto contí-
nuo, da sua oferta de cereais e da
sua oferta derramada.
23 No quarto dia, dez novilhos,
dois carneiros, catorze cordeiros
de um ano, sem defeito,
24 com as suas ofertas de cereais,
e as suas ofertas derramadas
para os novilhos, para os car-
neiros e para os cordeiros, con-
forme o seu número, segundo o
estatuto;
25 e um bode como oferta pelo pe-
cado, além do holocausto contí-
nuo, da sua oferta de cereais e da
sua oferta derramada.
26 No quinto dia, nove novilhos,
dois carneiros e catorze cordei-
ros de um ano, sem defeito,
27 com a sua oferta de cereais e
as suas ofertas derramadas para
os novilhos, para os carneiros e
para os cordeiros, conforme o
seu número, segundo o estatuto;
28 e um bode como oferta pelo pe-
cado, além do holocausto contí-
nuo, da sua oferta de cereais e da
sua oferta derramada.
29 No sexto dia, oito novilhos,
dois carneiros, catorze cordeiros
de um ano, sem defeito,
30 com a sua oferta de cereais e
as suas ofertas derramadas para
os novilhos, para os carneiros e
para os cordeiros, conforme o
seu número, segundo o estatuto;
31 e um bode como oferta pelo pe-
cado, além do holocausto contí-
nuo, da sua oferta de cereais e da
sua oferta derramada.
32 No sétimo dia, sete novilhos,
dois carneiros, catorze cordeiros
de um ano, sem defeito,
33 com a sua oferta de cereais e
as suas ofertas derramadas para
os novilhos, para os carneiros e
para os cordeiros, conforme o seu
número, segundo o seu estatuto;
34 e um bode como oferta pelo pe-
cado, além do holocausto contí-
nuo, da sua oferta de cereais e da
sua oferta derramada.
35 No oitavo dia, tereis reunião
solene; nenhum trabalho ser-
vil fareis.
36 Apresentareis uma oferta
queimada de cheiro suave ao
Senhor: um novilho, um car-
neiro, sete cordeiros de um ano,
sem defeito,
37 com a sua oferta de cereais e
as suas ofertas derramadas pa-
ra o novilho, para o carneiro e
para os cordeiros, conforme o
seu número, segundo o estatuto;
38 e um bode como oferta pelo pe-
cado, além do holocausto contí-
nuo, da sua oferta de cereais e da
sua oferta derramada.
39 Estas coisas oferecereis ao
Senhor nas vossas solenidades,
além dos vossos votos, das vossas
ofertas voluntárias, com os vossos
holocaustos, com as vossas ofer-
tas de cereais, com as vossas ofertas

derramadas e com os vossos sacri-
fícios de ofertas pacíficas.
40 Moisés falou aos filhos de Israel
tudo o que o Senhor lhe ordenara.

A lei acerca dos votos

30 Disse Moisés aos chefes das
tribos dos filhos de Israel:
Isto é o que o Senhor ordena:
2 Quando um homem fizer um
voto ao Senhor, ou um juramen-
to, impondo restrições a si pró-
prio, não violará a sua palavra;
segundo tudo aquilo que sair da
sua boca, fará.
3 Quando uma mulher, na sua ju-
ventude, fizer um voto ao Senhor,
impondo restrições a si própria,
estando ainda na casa de seu pai,
4 e este, conhecendo o seu voto e
a sua obrigação, nada lhe disser,
todos os seus votos serão válidos.
5 Se, porém, o seu pai, no dia em que
o souber, se opuser, todos os seus
votos e as suas obrigações não se-
rão válidos; o Senhor lhe perdoa-
rá, porque o seu pai fez oposição.
6 Se ela se casar, estando ainda
comprometida por votos ou por
alguma palavra precipitada que
lhe saiu dos lábios,
7 e se o seu marido, ao tomar co-
nhecimento, nada lhe disser, os
seus votos serão válidos.
8 Se, contudo, o seu marido, no
dia em que o souber, se opuser,
anula assim o voto a que estava
obrigada, como também a decla-
ração dos seus lábios, e o Senhor
lhe perdoará.
9 O voto de uma viúva ou de uma
divorciada, e qualquer obrigação
que contrair, serão válidos.
10 Se uma mulher, vivendo na
casa de seu marido, fez um voto,
ou mediante juramento se obri-
gou a alguma coisa,
11 e o seu marido, sabendo do
fato, nada lhe disser e não lhe fi-
zer oposição, todos os seus votos
e obrigações, pelos quais ela se
obrigou a si mesma, serão válidos.
12 Se, porém, o seu marido, no
dia em que o souber, os anular,
nada será válido de tudo quan-
to saiu dos seus lábios, tanto os
seus votos como as suas obriga-
ções. Seu marido os anulou, e o
Senhor lhe perdoará.
13 Seu marido pode confirmar
ou anular todo voto e todo jura-
mento que ela tiver feito para se
humilhar.
14 Se, porém, o seu marido de dia
em dia se calar inteiramente para
com ela, então confirma todos os
seus votos e todas as suas obri-
gações, que estiverem sobre ela,
pois se calou para com ela quan-
do o soube.
15 Se, porém, ele, depois de estar
informado, os anular mais tarde,
responderá ele pela culpa dela.
16 São estes os estatutos que o
Senhor ordenou a Moisés, com
relação ao marido e à mulher, ao
pai e à sua filha que, na sua ju-
ventude, vive na casa de seu pai.

Vingança contra os midianitas

31 Disse o Senhor a Moisés:
2 Vinga os filhos de Israel
dos midianitas. Em seguida, se-
rás recolhido ao teu povo.
3 Portanto, disse Moisés ao povo:
Armem-se alguns de vós para a
guerra e saiam contra os midia-
nitas, para fazerem a vingança
do Senhor nos midianitas.
4 Enviareis à guerra mil de cada
uma das tribos de Israel.
5 Assim foram dados dos milha-
res de Israel mil de cada tribo:
doze mil armados para a peleja.

6 Moisés mandou-os à guerra, de
cada tribo mil, a eles e a Fineias,
filho do sacerdote Eleazar, o qual
levou os utensílios sagrados e as
trombetas de alarme.
7 Pelejaram contra os midianitas,
como o Senhor ordenara a Moisés,
e mataram a todos os homens.
8 Mataram ainda os reis dos mi-
dianitas: Evi, Requém, Zur, Hur
e Reba, cinco reis dos midiani-
tas, e também a Balaão, filho de
Beor, mataram à espada.
9 Os filhos de Israel, porém, leva-
ram presas as mulheres dos midia-
nitas e as suas crianças. Levaram
também todos os seus animais, todo
o seu gado e todos os seus bens.
10 Queimaram as cidades em que
habitavam e todos os seus acam-
pamentos.
11 Em seguida, tomaram todo o
despojo e toda a presa de homens
e de animais.
12 Trouxeram os cativos, a presa
e o despojo a Moisés e a Eleazar,
o sacerdote, e à comunidade dos
filhos de Israel, ao acampamento,
nas campinas de Moabe, junto ao
Jordão, na altura de Jericó.
13 **M**oisés e Eleazar, o sacerdote,
e todos os maiorais da congrega-
ção saíram a recebê-los fora do
acampamento.
14 Indignou-se Moisés grande-
mente contra os oficiais do exér-
cito, capitães dos milhares e capi-
tães das centenas, que retornavam
da batalha.
15 Disse-lhes: Por que deixastes
com vida todas as mulheres?
16 Foram elas que, por conselho
de Balaão, levaram os filhos de
Israel a serem infiéis ao Senhor
no caso de Peor, pelo que houve
aquela praga na comunidade do
Senhor.
17 Agora matai a todas as crian-
ças do sexo masculino. E matai
também a todas as mulheres que
coabitaram com algum homem,
deitando-se com ele.
18 Para vós, porém, deixai viver
todas as meninas e as jovens que
não coabitaram com algum ho-
mem, deitando-se com ele.
19 **Q**uanto a vós, acampai-vos du-
rante sete dias fora do acampa-
mento. Qualquer que tiver mata-
do alguma pessoa, e qualquer que
tiver tocado em algum morto, no
terceiro e no sétimo dias vos puri-
ficareis, a vós e a vossos cativos.
20 Purificai também toda ves-
te, toda obra de peles, toda obra
de pelos de cabra e todo vaso de
madeira.
21 Disse Eleazar, o sacerdote, aos
homens do exército que partiram
à peleja: Este é o estatuto da lei
que o Senhor ordenou a Moisés:
22 O ouro, a prata, o cobre, o fer-
ro, o estanho, o chumbo e
23 tudo aquilo que resiste ao fogo
fareis passar pelo fogo, para que
fique limpo. Todavia, será puri-
ficado com a água purificado-
ra. E tudo aquilo que não pode
suportar o fogo, fareis passar
pela água.
24 Lavareis as vossas vestes no
sétimo dia, para que fiqueis lim-
pos. Depois, entrareis no acam-
pamento.

A divisão da presa

25 **D**isse o Senhor a Moisés:
26 Faze, com Eleazar, o sacerdo-
te, e com os chefes das famílias
da comunidade um inventário de
tudo o que foi tomado, tanto de ho-
mens como de animais,
27 e divide a presa em duas me-
tades, uma para os soldados que

foram à guerra e outra para toda
a comunidade.
28 Então para o Senhor tomarás
o tributo dos soldados que foram
à guerra; um em quinhentos, tan-
to de pessoas como de bois, de ju-
mentos e de ovelhas.
29 Da metade que lhes pertence
o tomareis e dareis ao sacerdote
Eleazar, para a oferta do Senhor.
30 Da metade que pertence aos
filhos de Israel, porém, tomareis
um de cada cinquenta, tanto de
pessoas como de bois, de jumen-
tos e de ovelhas, de todos os ani-
mais, e os dareis aos levitas que
têm a seu cargo o serviço do ta-
bernáculo do Senhor.
31 Moisés e Eleazar, o sacerdote,
fizeram como o Senhor ordena-
ra a Moisés.
32 Foi a presa, o restante do des-
pojo, que tomaram os homens de
guerra, seiscentas e setenta e cin-
co mil ovelhas,
33 setenta e dois mil bois,
34 sessenta e um mil jumentos
35 e trinta e duas mil mulheres
que não coabitaram com algum
homem, deitando-se com ele.
36 A metade, atribuída aos que fo-
ram à guerra, foi trezentas e trin-
ta e sete mil e quinhentas ovelhas,
37 das quais o tributo para o Senhor
foi seiscentas e setenta e cinco;
38 trinta e seis mil bois, dos quais
o seu tributo para o Senhor foi se-
tenta e dois;
39 trinta mil e quinhentos jumen-
tos, dos quais o seu tributo para
o Senhor foi sessenta e um;
40 dezesseis mil pessoas, das quais
o seu tributo para o Senhor foi
trinta e duas.
41 Moisés deu a Eleazar, o sacer-
dote, o tributo da oferta do Senhor
como o Senhor ordenara a Moisés.
42 Da metade atribuída aos filhos
de Israel, que Moisés separara
daquela pertencente aos que fo-
ram à guerra;
43 a metade pertencente à con-
gregação foi de trezentas e trinta
e sete mil e quinhentas ovelhas,
44 trinta e seis mil bois,
45 trinta mil e quinhentos ju-
mentos
46 e dezesseis mil pessoas.
47 Desta metade dos filhos de
Israel, Moisés tomou um de cada
cinquenta, de homens e de ani-
mais, e os deu aos levitas, que ti-
nham cuidado da guarda do taber-
náculo do Senhor, como o Senhor
ordenara a Moisés.
48 Então os oficiais sobre os mi-
lhares do exército, os comandan-
tes sobre mil e os comandantes
sobre cem chegaram-se a Moisés
49 e lhe disseram: Teus servos
fizeram a contagem dos solda-
dos que estiveram sob o nosso
comando, e não falta nenhum
deles.
50 Pelo que trouxemos, cada um,
como oferta ao Senhor, o que acha-
mos em objetos de ouro: bracele-
tes, correntes, anéis, brincos e co-
lares, para fazer propiciação por
nós perante o Senhor.
51 Moisés e Eleazar, o sacerdote,
receberam o ouro, composto de
objetos bem trabalhados.
52 O total da oferta que os coman-
dantes de mil e os comandantes
de cem ofereceram ao Senhor foi
de dezesseis mil setecentos e cin-
quenta siclos.
53 Cada um dos soldados havia
tomado despojo para si.
54 Moisés e Eleazar, o sacerdo-
te, receberam o ouro dos coman-
dantes de mil e comandantes de
cem e o trouxeram à tenda da

congregação, como memorial
para os filhos de Israel perante
o Senhor.

Rúben e Gade pedem a terra de Gileade

32 Os filhos de Rúben e os fi-
lhos de Gade, que tinham
gado em muitíssima quantida-
de, viram que a terra de Jazer e
a terra de Gileade eram um lu-
gar próprio para gado.
2 Assim vieram os filhos de Gade
e os filhos de Rúben a Moisés, a
Eleazar, o sacerdote, e aos líde-
res da comunidade e disseram:
3 Atarote, Dibom, Jazer, Ninra,
Hesbom, Eleale, Sebã, Nebo, e Beom,
4 esta terra que o Senhor feriu
diante da congregação de Israel,
é terra de gado, e os teus servos
têm gado.
5 Disseram mais: Se achamos gra-
ça aos teus olhos, dê-se esta ter-
ra aos teus servos em possessão,
e não nos faças passar o Jordão.
6 Moisés, porém, disse aos filhos
de Gade e aos filhos de Rúben: Irão
vossos irmãos à peleja, e vós per-
manecereis aqui?
7 Por que desencorajais o cora-
ção dos filhos de Israel, para que
não passem à terra que o Senhor
lhes deu?
8 Assim fizeram vossos pais, quan-
do os mandei de Cades-Barneia
a ver esta terra.
9 Chegando eles até o vale de Escol
e vendo esta terra, desencoraja-
ram o coração dos filhos de Israel,
para que não viessem à terra que
o Senhor lhes tinha dado.
10 Então a ira do Senhor se acen-
deu naquele mesmo dia, e jurou,
dizendo:
11 De certo esses homens que su-
biram do Egito, da idade de vinte
anos para cima, não verão a ter-
ra que jurei a Abraão, a Isaque
e a Jacó, porque não persevera-
ram em seguir-me;
12 exceto Calebe, filho de Jefoné, o
quenezeu, e Josué, filho de Num,
os quais perseveraram em seguir
ao Senhor.
13 Assim se acendeu a ira do Senhor
contra Israel, e fê-los andar erran-
tes pelo deserto durante quaren-
ta anos, até que toda aquela gera-
ção, que fizera mal aos olhos do
Senhor, fosse consumida.
14 E aqui estais vós, uma multi-
dão de homens pecadores, levan-
tando-vos em lugar de vossos pais,
para aumentardes ainda mais a
ira do Senhor contra Israel.
15 Se vós vos apartardes de se-
gui-lo, ele outra vez deixará este
povo no deserto, e vós sereis a
causa da destruição deles.
16 Então se chegaram a Moisés e
disseram: Edificaremos aqui cur-
rais para o nosso gado e cidades
para as nossas crianças.
17 Nós, porém, nos armaremos,
apressando-nos diante dos filhos
de Israel, até que os levemos ao
seu lugar. Nossas crianças fica-
rão nas cidades fortificadas, por
causa dos moradores da terra.
18 Não voltaremos para nossas
casas até que os filhos de Israel
estejam de posse, cada um da sua
herança.
19 Não herdaremos com eles do
outro lado do Jordão nem mais
além, visto que teremos nossa
herança do Jordão no lado leste.
20 Então Moisés lhes disse: Se
realmente fizerdes assim, se vos
armardes para a guerra peran-
te o Senhor,
21 e cada um de vós armado pas-
sar o Jordão perante o Senhor, até

que haja lançado fora os seus ini-
migos de diante dele,
22 e a terra esteja subjugada pe-
rante o Senhor, então voltareis
e ficareis desculpados perante o
Senhor e perante Israel. E esta
terra vos será por propriedade
perante o Senhor.
23 Se não fizerdes assim, estareis
pecando contra o Senhor; e sabei
que o vosso pecado vos há de achar.
24 Edificai cidades para as vos-
sas crianças e currais para as
vossas ovelhas, mas cumpri o
que prometestes.
25 Os filhos de Gade e os filhos de
Rúben disseram a Moisés: Como
ordena meu senhor, assim farão
os teus servos.
26 As nossas crianças, as nossas
mulheres, os rebanhos e todo o
nosso gado estarão aí nas cida-
des de Gileade.
27 Os teus servos, porém, pas-
sarão, cada um armado para a
guerra, perante o Senhor, como
diz meu senhor.
28 Então Moisés deu ordem acer-
ca deles a Eleazar, o sacerdote, a
Josué, filho de Num, e aos che-
fes de família das tribos dos fi-
lhos de Israel,
29 dizendo: Se os filhos de Gade e
os filhos de Rúben passarem con-
vosco o Jordão, armado cada um
para a guerra perante o Senhor,
então quando a terra estiver sub-
jugada diante de vós, em proprie-
dade lhes darei a terra de Gileade.
30 Se, porém, não passarem ar-
mados convosco, receberão en-
tre vós a sua herança na terra
de Canaã.
31 Responderam os filhos de Gade
e os filhos de Rúben: O que o
Senhor falou a teus servos, isso
faremos.
32 Nós passaremos, armados, pe-
rante o Senhor à terra de Canaã
e teremos a propriedade de nos-
sa herança deste lado do Jordão.
33 Assim deu Moisés aos filhos de
Gade, aos filhos de Rúben e à meia
tribo de Manassés, filho de José, o
reino de Seom, rei dos amorreus, e
o reino de Ogue, rei de Basã; toda
essa terra com as suas cidades e o
território ao redor delas.
34 Os filhos de Gade edificaram
a Dibom, Atarote, Aroer,
35 Atarote-Sofã, Jazer, Jogbeá,
36 Bete-Ninrá, e Bete-Harã, ci-
dades fortificadas, e currais de
ovelhas.
37 Os filhos de Rúben edificaram
a Hesbom, Eleale, Quiriataim,
38 Nebo, Baal-Meom, mudando-
-lhes o nome, e Sibma. Deram ou-
tros nomes às cidades que edifi-
caram.
39 Os filhos de Maquir, filho de
Manassés, marcharam contra
Gileade e a tomaram, expulsan-
do os amorreus que ali viviam.
40 Assim Moisés deu Gileade a
Maquir, filho de Manassés, o qual
se estabeleceu nela.
41 Jair, filho de Manassés, foi e
tomou as suas aldeias, e as cha-
mou Havote-Jair.
42 Noba foi e tomou a Quenate
com as suas aldeias, e a chamou
Noba.

As jornadas desde o Egito

33 Estas são as jornadas que
os filhos de Israel percor-
reram segundo os seus exérci-
tos, desde que saíram da terra
do Egito, segundo os seus exér-
citos, sob a direção de Moisés
e Arão.
2 Moisés registrou as suas saí-
das, segundo as suas jornadas,

conforme o mandado do Senhor.
São estas as suas jornadas, segun-
do as suas saídas:
3 Partiram de Ramessés no déci-
mo quinto dia do primeiro mês.
No dia seguinte à Páscoa, os fi-
lhos de Israel saíram triunfantes
aos olhos de todos os egípcios,
4 que ficaram sepultando os seus pri-
mogênitos, a quem o Senhor tinha
ferido entre eles. Assim o Senhor
fez justiça contra os seus deuses.
5 Partindo os filhos de Israel de
Ramessés, acamparam-se em
Sucote.
6 Partindo de Sucote, acampa-
ram-se em Etã, que está no fim
do deserto.
7 Partindo de Etã, voltaram a
Pi-Hairote, que está em frente
de Baal-Zefom, e se acamparam
diante de Migdol.
8 Partindo de Pi-Hairote, passa-
ram pelo meio do mar ao deser-
to, andaram caminho de três dias
no deserto de Etã e se acampa-
ram em Mara.
9 Partindo de Mara, vieram a
Elim. Em Elim havia doze fon-
tes de águas e setenta palmeiras;
e se acamparam ali.
10 Partindo de Elim, acamparam-
-se junto ao mar Vermelho.
11 Partindo do mar Vermelho,
acamparam-se no deserto de Sim.
12 Partindo do deserto de Sim, acam-
param-se em Dofca.
13 Partindo de Dofca, acampa-
ram-se em Alus.
14 Partindo de Alus, acamparam-
-se em Refidim, porém não havia
ali água para beber.
15 Partindo de Refidim, acampa-
ram-se no deserto de Sinai.
16 Partindo do deserto de Sinai,
acamparam-se em Quibrote-
-Hataavá.
17 Partindo de Quibrote-Hataavá,
acamparam-se em Hazerote.
18 Partindo de Hazerote, acam-
param-se em Ritma.
19 Partindo de Ritma, acampa-
ram-se em Rimom-Perez.
20 Partindo de Rimom-Perez,
acamparam-se em Libna.
21 Partindo de Libna, acampa-
ram-se em Rissa.
22 Partindo de Rissa, acampa-
ram-se em Queelata.
23 Partindo de Queelata, acampa-
ram-se no monte de Sefer.
24 Partindo do monte de Sefer,
acamparam-se em Harada.
25 Partindo de Harada, acampa-
ram-se em Maquelote.
26 Partindo de Maquelote, acam-
param-se em Taate.
27 Partindo de Taate, acampa-
ram-se em Tara.
28 Partindo de Tara, acamparam-
-se em Mitca.
29 Partindo de Mitca, acampa-
ram-se em Hasmona.
30 Partindo de Hasmona, acam-
param-se em Moserote.
31 Partindo de Moserote, acam-
param-se em Bene-Jaacã.
32 Partindo de Bene-Jaacã, acam-
param-se em Hor-Hagidgade.
33 Partindo de Hor-Hagidgade,
acamparam-se em Jotbata.
34 Partindo de Jotbata, acampa-
ram-se em Abrona.
35 Partindo de Abrona, acampa-
ram-se em Eziom-Geber.
36 Partindo de Eziom-Geber, acam-
param-se no deserto de Zim, que
é Cades.
37 Partindo de Cades, acampa-
ram-se no monte Hor, no fim da
terra de Edom.
38 Então Arão, o sacerdote, subiu
ao monte Hor, conforme o mandado
do Senhor, e morreu ali no quinto

mês do ano quadragésimo da sa-
ída dos filhos de Israel da terra
do Egito, no primeiro dia do mês.
39 Era Arão da idade de cento e
vinte e três anos quando morreu
no monte Hor.
40 O rei de Harade, cananeu que ha-
bitava no Neguebe, soube que che-
gavam os filhos de Israel.
41 Partindo do monte Hor, acam-
param-se em Zalmona.
42 Partindo de Zalmona, acam-
param-se em Punom.
43 Partindo de Punom, acampa-
ram-se em Obote.
44 Partindo de Obote, acampa-
ram-se em Ije-Abarim, na fron-
teira de Moabe.
45 Partindo de Ije-Abarim, acam-
param-se em Dibom-Gade.
46 Partindo de Dibom-Gade, acam-
param-se em Almom-Diblataim.
47 Partindo de Almom-Diblataim,
acamparam-se nos montes de
Abarim, em frente de Nebo.
48 Partindo dos montes de Abarim,
acamparam-se nas campinas dos
moabitas, junto ao Jordão, na al-
tura de Jericó.
49 Acamparam-se junto ao Jordão,
desde Bete-Jesimote até Abel-
-Sitim, nas campinas de Moabe.
50 Disse o Senhor a Moisés, nas
campinas de Moabe, junto ao
Jordão, na altura de Jericó:
51 Fala aos filhos de Israel e dize-
-lhes: Quando houverdes atravessa-
do o Jordão para a terra de Canaã,
52 expulsareis de diante de vós
todos os moradores da terra.
Destruireis todas as suas ima-
gens esculpidas, todas as suas
imagens de fundição e demoli-
reis todos os seus lugares altos.
53 Tomareis posse da terra, e nela
habitareis, pois vos dei esta ter-
ra para a possuirdes.
54 Por sortes herdareis a terra,
segundo as vossas famílias. Ao
mais numeroso dareis heran-
ça maior, e ao menos numeroso
dareis herança menor. Onde a
sorte cair para alguém, aí será
a sua herança; segundo as tri-
bos de vossos pais tomareis as
heranças.
55 Se, porém, não expulsardes os
moradores da terra de diante de
vós, os que deixardes entre eles
vos serão por farpas nos vossos
olhos e por espinhos nas vossas
costas; eles vos hostilizarão na
terra em que habitardes.
56 E será que farei a vós como
pensei fazer a eles.

As fronteiras de Canaã

34 Disse o Senhor a Moisés:
2 Dá ordem aos filhos de
Israel e dize-lhes: Quando entrar-
des na terra de Canaã, esta será
a terra que vos caberá em heran-
ça: a terra de Canaã, segundo as
suas fronteiras.
3 O lado sul será desde o deser-
to de Zim, acompanhando a fron-
teira de Edom; o limite do sul
será desde a extremidade do mar
Salgado para o oriente.
4 Este limite contornará pelo sul
a subida de Acrabim, passará por
Zim e chegará até o sul de Cades-
-Barneia. Depois continuará na
direção de Hazaar-Adar, passará
por Azmom,
5 onde a fronteira voltará até o
rio do Egito e terminará nas praias
do mar.
6 Por vosso limite ao ocidente te-
reis o mar Grande. Este será a vos-
sa fronteira do ocidente.
7 Esta será a vossa fronteira ao
norte: traçareis uma linha desde
o mar Grande até o monte Hor.

8 Do monte Hor traçareis uma linha até a entrada de Hamate. Então a fronteira seguirá para Zedade;
9 dali continuará até Sefã e terminará em Hazar-Enã. Esta será a vossa fronteira ao norte.
10 Por vosso limite ao oriente traçareis uma linha de Hazar-Enã até Sefã.
11 A fronteira descerá desde Sefã até Ribla, ao oriente de Aim, e continuará descendo ao longo da costa oriental do mar de Quinerete.
12 Esta fronteira descerá, então, ao longo do Jordão e terminará no mar Salgado. Esta será a vossa terra, segundo as fronteiras que a cercam.
13 **M**oisés deu ordem aos filhos de Israel, dizendo: Esta é a terra que herdareis por meio de sortes. O Senhor mandou dá-la às nove tribos e à meia tribo,
14 porque a tribo dos filhos de Rúben, segundo as suas famílias, a tribo dos filhos de Gade, segundo a casa de seus pais, e a meia tribo de Manassés já receberam a sua herança.
15 Estas duas tribos e meia já receberam a sua herança deste lado oriental do Jordão, em frente de Jericó.
16 **D**isse o Senhor a Moisés:
17 São estes os nomes dos homens que vos repartirão a terra por herança: Eleazar, o sacerdote, e Josué, o filho de Num.
18 Para cada tribo tomareis um líder, para repartir a terra em herança.
19 São estes os nomes dos homens: Da tribo de Judá, Calebe, filho de Jefoné;
*20 da tribo dos filhos de Sim*eão, Samuel, filho de Amiúde;
21 da tribo de Benjamim, Elidade, filho de Quislom;
22 da tribo dos filhos de Dã, o príncipe Buqui, filho de Jogli;
23 dos filhos de José, da tribo dos filhos de Manassés, o líder Haniel, filho de Éfode;
24 da tribo dos filhos de Efraim, o líder Quemuel, filho de Siftã;
25 da tribo dos filhos de Zebulom, o líder Elizafã, filho de Parnaque;
26 da tribo dos filhos de Issacar, o líder Paltiel, filho de Azã;
27 da tribo dos filhos de Aser, o líder Aiúde, filho de Selomi;
28 da tribo dos filhos de Naftali, o líder Pedael, filho de Amiúde.
29 Estes são aqueles aos quais o Senhor ordenou que repartissem a herança pelos filhos de Israel na terra de Canaã.

As cidades dos levitas

35 Disse o Senhor a Moisés nas campinas de Moabe, junto ao Jordão, na altura de Jericó:
2 Dá ordem aos filhos de Israel que, da herança que possuem, deem aos levitas cidades, para que nelas habitem, e pastagens ao redor das cidades.
3 As cidades serão para habitação, mas as suas pastagens serão para os seus rebanhos, seu gado e todos os seus animais.
4 As pastagens nos arredores das cidades que dareis aos levitas se estenderão, desde o muro da cidade, mil côvados ao seu redor.
5 Fora da cidade medireis dois mil côvados ao oriente, dois mil côvados ao sul, dois mil côvados ao ocidente e dois mil côvados ao norte, ficando a cidade no centro. Estas serão as pastagens dessas cidades.
6 Seis das cidades que dareis aos levitas serão cidades de refúgio, para que o homicida ali se acolha. Além delas, lhes dareis quarenta e duas cidades.

7 Ao todo, dareis aos levitas quarenta e oito cidades, com as suas pastagens.
8 As cidades que dareis aos levitas, da herança dos filhos de Israel, serão dadas em proporção à herança de cada tribo: tomareis muitas cidades da que tem muitas e poucas cidades da que tem poucas.

As cidades de refúgio

9 Então disse o Senhor a Moisés:
10 Fala aos filhos de Israel e dize-lhes: Quando passardes o Jordão para a terra de Canaã,
11 escolhereis cidades para servirem de refúgio, para que ali se acolha o homicida que matar alguém sem intenção.
12 Estas cidades vos servirão de refúgio contra o vingador do sangue, a fim de que o homicida não morra antes de comparecer para julgamento perante a comunidade.
13 Serão seis as cidades que dareis por cidades de refúgio para vós.
14 Dareis três delas deste lado do Jordão e três delas na terra de Canaã, como cidades de refúgio.
15 Estas seis cidades serão um lugar de refúgio para os filhos de Israel, para o estrangeiro e para o que se hospedar no meio deles, para que ali se acolha o homicida que matar alguém sem intenção.
16 Se alguém ferir a outrem com instrumento de ferro, e este morrer, é homicida; o homicida será morto.
17 Ou se o ferir com uma pedrada, que possa causar a morte, e ele morrer, é homicida; o homicida será morto.
18 Ou se o ferir com instrumento de madeira, que possa causar a morte, e ele morrer, é homicida; o homicida será morto.
19 O vingador do sangue matará o homicida; encontrando-o, ele o matará.
20 Se alguém empurrar a outrem com ódio ou intencionalmente lançar contra ele alguma coisa, e ele morrer,
21 ou por inimizade o ferir com a sua mão, e ele morrer, aquele que o feriu será morto; é homicida. O vingador do sangue, encontrando o homicida, o matará.
22 Se, porém, o empurrar acidentalmente, sem inimizade, ou contra ele lançar algum projétil, sem intenção de atingi-lo,
23 ou, sem o ver, deixar cair sobre ele alguma pedra, que possa matar, e ele morrer, não sendo ele seu inimigo nem o tendo procurado para o mal,
24 então a comunidade julgará entre ele e o vingador do sangue, segundo estas leis.
25 A comunidade livrará o homicida da mão do vingador do sangue e o enviará de volta à cidade do seu refúgio, onde se tinha acolhido; ali ficará até a morte do sumo sacerdote, que foi ungido com o santo óleo.
26 Se, porém, de alguma maneira o homicida sair dos limites da cidade do seu refúgio, onde se tinha acolhido,
27 e o vingador do sangue o achar fora dos limites da cidade do seu refúgio, e o matar, não será culpado de crime.
28 O homicida deve morar na cidade do seu refúgio até a morte do sumo sacerdote. Somente depois da morte do sumo sacerdote, o homicida voltará à terra da sua propriedade.
29 Estas exigências legais serão para vós e para vossas gerações, onde quer que habitardes.

30 Todo aquele que ferir a alguma
pessoa será morto conforme o de-
poimento das testemunhas, mas
ninguém morrerá segundo o de-
poimento de uma só testemunha.
31 Não aceitareis resgate pela vida
do homicida, que é culpado de
morte. Ele certamente morrerá.
32 Também não aceitareis resgate
por aquele que, tendo-se recolhi-
do à sua cidade de refúgio, deseja
tornar a habitar na sua terra an-
tes da morte do sumo sacerdote.
33 Não profanareis a terra em que
estais. O sangue profana a terra,
e nenhuma expiação pode ser fei-
ta pela terra por causa do sangue
que nela for derramado, exceto
pelo sangue de quem o derramou.
34 Não contaminareis a terra na
qual habitais, e no meio da qual
eu habito. Eu, o Senhor, habito no
meio dos filhos de Israel.

A herança das filhas herdeiras

36 Os chefes das famílias dos
descendentes de Gileade, fi-
lho de Maquir, filho de Manassés,
uma das famílias dos filhos de José,
apresentaram-se diante de Moisés
e dos líderes, chefes dos filhos de
Israel,
2 e disseram: O Senhor mandou dar
esta terra a meu senhor por sorte,
em herança aos filhos de Israel; e
a meu senhor foi ordenado pelo
Senhor que a herança do nosso ir-
mão Zelofeade se desse a suas filhas.
3 Ora, casando-se elas com algum
dos filhos das outras tribos dos fi-
lhos de Israel, a sua herança seria
tirada da herança de nossos pais
e acrescentada à herança da tribo
de quem forem; assim se tiraria da
herança que nos tocou em sorte.
4 Vindo também o ano do Jubileu
dos filhos de Israel, a sua herança
se acrescentaria à herança da tri-
bo daqueles com que se casarem;
assim a sua herança será tirada da
herança da tribo de nossos pais.
5 Então Moisés deu ordem aos fi-
lhos de Israel, segundo o manda-
do do Senhor, dizendo: A tribo dos
filhos de José falou o que é justo.
6 Esta é a palavra que o Senhor
mandou acerca das filhas de
Zelofeade, dizendo: Tomem por
mulheres a quem bem parecer
aos seus olhos, contanto que
se casem na família da tribo de
seu pai.
7 Assim a herança dos filhos de
Israel não passará de tribo em
tribo, pois os filhos de Israel se
chegarão cada um à herança da
tribo de seus pais.
8 Qualquer filha que herdar algu-
ma herança das tribos dos filhos
de Israel se casará com alguém da
geração da tribo de seu pai, para
que os filhos de Israel possuam
cada um a herança de seus pais.
9 Assim a herança não passará de
uma tribo a outra, pois as tribos
dos filhos de Israel se chegarão
cada uma à sua herança.
10 Como o Senhor ordenara a
Moisés, assim fizeram as filhas
de Zelofeade,
11 pois Maalá, Tirza, Hogla, Milca
e Noa, filhas de Zelofeade, se ca-
saram com os filhos de seus tios
paternos.
12 Elas se casaram nas famílias
dos filhos de Manassés, filho de
José, e a herança delas permane-
ceu na tribo da família de seu pai.
13 Estes são os mandamentos
e as leis que o Senhor ordenou
por intermédio de Moisés aos fi-
lhos de Israel nas campinas de
Moabe, junto ao Jordão, na altu-
ra de Jericó.

DEUTERONÔMIO

O primeiro discurso de Moisés

1 São estas as palavras que Moisés
falou a todo o Israel além do
Jordão, no deserto, no Arabá,
diante do mar de Sufe, entre Parã,
Tofel, Labã, Hazerote e Di-Zaabe.
2 São necessários onze dias de jor-
nada do Horebe a Cades-Barneia,
pelo caminho da montanha de
Seir.
3 No quadragésimo ano, no pri-
meiro dia do décimo primeiro mês,
falou Moisés aos filhos de Israel,
conforme tudo o que o Senhor lhe
ordenara a respeito deles,
4 depois que feriu Seom, rei dos
amorreus, que habitava em Hesbom,
e Ogue, rei de Basã, que habitava
em Astarote e Edrei.
5 Além do Jordão, na terra de
Moabe, começou Moisés a expor-
-lhes esta lei, dizendo:
6 O Senhor nosso Deus nos dis-
se em Horebe: Já permanecestes
bastante tempo nesta montanha.
7 Voltai-vos e parti para a região
montanhosa dos amorreus; ide a
todos os povos vizinhos no Arabá,
nas montanhas, no Neguebe e ao
longo da costa do mar, para a ter-
ra dos cananeus e para o Líbano,
até o grande rio Eufrates.
8 Eis a terra que eu vos dei; en-
trai e possuí a terra que o Senhor
jurou dar a vossos pais, Abraão,
Isaque e Jacó, e à sua descendên-
cia depois deles.
9 Nesse mesmo tempo eu vos disse:
Sozinho eu não poderei levar-vos.
10 O Senhor vosso Deus vos tem
multiplicado, de modo que hoje
sois multidão como as estrelas
dos céus.
11 Possa o Senhor Deus de vos-
sos pais aumentar-vos mil vezes
mais e abençoar-vos, como vos
prometeu.
12 Como poderia eu, sozinho, su-
portar vossos problemas, vossas
cargas e vossas contendas?
13 Elegei homens sábios, enten-
didos e respeitados, segundo as
vossas tribos, e eu os constitui-
rei vossos chefes.
14 Vós me respondestes: É bom
cumprir a palavra que tens falado.
15 De modo que tomei os chefes
de vossas tribos, homens sábios
e respeitados, e os constituí che-
fes sobre vós, por comandantes de
mil, de cem, de cinquenta e de dez,
e por oficiais, segundo as vossas
tribos.
16 No mesmo tempo ordenei a
vossos juízes: Ouvi a causa en-
tre vossos irmãos e julgai com
justiça entre um homem e seu
irmão, ou o estrangeiro que está
com ele.
17 Não mostrareis parcialidade
no julgamento; ouvireis tanto o
pequeno como o grande. Não te-
mereis a ninguém, pois o juízo é
de Deus. Mas, se a causa for muito
difícil para vós, a trareis a mim,
e eu a ouvirei.
18 Assim, naquele tempo vos or-
denei todas as coisas que havíeis
de fazer.

Incredulidade em Cades

19 Então partimos de Horebe e ca-
minhamos por todo aquele gran-
de e tremendo deserto que vistes,
pelo caminho das montanhas dos
amorreus, como o Senhor nosso

Deus nos ordenara, e chegamos
a Cades-Barneia.
20 Então eu vos disse: Chegastes
às montanhas dos amorreus, que
o Senhor nosso Deus nos dá.
21 Vê, o Senhor, o teu Deus, te
deu esta terra. Sobe e toma pos-
se dela como te falou o Senhor
Deus de teus pais. Não temas e
não te assustes.
22 Então todos vós vos chegas-
tes a mim e dissestes: Enviemos
homens à nossa frente para que
espiem a terra por nós e nos in-
formem por qual caminho deve-
mos subir a ela e a que cidades
devemos ir.
23 Isso me pareceu bem, de modo
que tomei dentre vós doze ho-
mens, um de cada tribo.
24 Eles partiram, atravessaram a
região montanhosa até o vale de
Escol, e espiaram a terra.
25 Tomaram do fruto da terra nas
suas mãos e o trouxeram a nós, e
nos deram informações, dizendo:
Boa é a terra que nos dá o Senhor
nosso Deus.
26 Vós, porém, não quisestes subir;
fostes rebeldes ao mandado do
Senhor, o nosso Deus.
27 Murmurastes nas vossas tendas
e dissestes: O Senhor nos odeia,
pois nos tirou da terra do Egito
para nos entregar nas mãos dos
amorreus e nos destruir.
28 Para onde subiremos? Nossos
irmãos fizeram que se desani-
masse o nosso coração, dizendo:
Maior e mais alto é este povo do
que nós; as cidades são grandes
e fortificadas até o céu. Também
vimos ali os descendentes dos
enaquins.
29 Então eu vos disse: Não vos es-
panteis nem os temais.
30 O Senhor, o vosso Deus, que
vai adiante de vós, combaterá por
vós, conforme tudo o que fez con-
vosco, diante dos vossos olhos,
no Egito.
31 Também no deserto vistes que
o Senhor, o vosso Deus, vos levou,
como um homem leva seu filho,
por todo o caminho que andastes
até chegardes a este lugar.
32 Nem ainda assim, porém, cres-
tes no Senhor, o vosso Deus,
33 que foi adiante de vós em vos-
sa jornada, de noite no fogo e de
dia na nuvem, para vos achar
lugar onde deveríeis acampar, e
para vos mostrar o caminho por
onde havíeis de andar.
34 **Q**uando o Senhor ouviu as
vossas palavras, indignou-se e
jurou, dizendo:
35 Nenhum dos homens desta
maligna geração verá esta boa
terra que jurei dar a vossos pais,
36 salvo Calebe, filho de Jefoné.
Ele a verá, e a terra que pisou da-
rei a ele e a seus filhos, porque
perseverou em seguir ao Senhor.
37 Também o Senhor se indignou
contra mim por causa de vós, di-
zendo: Também tu lá não entrarás.
38 Josué, filho de Num, que está
em pé diante de ti, ele ali entrará.
Encoraja-o, porque é ele quem fará
que Israel a receba por herança.
39 Vossos meninos, de quem dis-
sestes que seriam presas do ini-
migo, vossos filhos que hoje não
sabem discernir entre o bem e o
mal, eles ali entrarão, e a darei a
eles para que a possuam.
40 Quanto a vós, voltai-vos e parti
para o deserto, pelo caminho do
mar Vermelho.
41 **E**ntão respondestes e me dis-
sestes: Pecamos contra o Senhor.
Subiremos e combateremos, con-
forme tudo o que nos ordenou o

Senhor, o nosso Deus. Vós vos ar-
mastes, cada um, dos seus instru-
mentos de guerra e estivestes pres-
tes a subir à região montanhosa.
42 O Senhor então me disse: Dize-
-lhes: Não subais nem pelejeis,
pois não estou no meio de vós,
para que não sejais feridos dian-
te de vossos inimigos.
43 Assim vos falei, mas não ou-
vistes; antes fostes rebeldes ao
mandado do Senhor e vos enso-
berbecestes, subindo à região
montanhosa.
44 Os amorreus, que habitavam
naquela região montanhosa, saí-
ram contra vós e vos perseguiram
como abelhas e vos derrotaram
desde Seir até Hormá.
45 Voltastes e chorastes perante o
Senhor, mas o Senhor não ouviu
a vossa voz nem vos deu atenção.
46 Por isso, estivestes muitos dias
em Cades.

A passagem por Edom, Moabe e Amon

2 Depois viramo-nos e parti-
mos para o deserto, caminho
do mar Vermelho, como o Senhor
me tinha dito, e muitos dias rodea-
mos a montanha de Seir.
2 Então o Senhor me disse:
3 Já rodeastes bastante esta mon-
tanha; virai-vos para o norte.
4 Dá ordem ao povo, dizendo:
Passareis pela fronteira de vos-
sos irmãos, os filhos de Esaú, que
habitam em Seir. Eles terão medo
de vós; todavia, guardai-vos bem.
5 Não os ataqueis, pois nada vos
darei da sua terra nem mesmo o
espaço de um pé do seu territó-
rio. A Esaú dei a montanha de
Seir por herança.
6 Comprareis deles, a preço de di-
nheiro, alimento para comerdes e
também comprareis deles, a preço
de dinheiro, água para beberdes.
7 O Senhor, o teu Deus, te aben-
çoou em toda a obra das tuas mãos.
Ele sabe que andas por este gran-
de deserto. Nestes quarenta anos,
o Senhor, o teu Deus, esteve con-
tigo, e coisa nenhuma te faltou.
8 Assim passamos por nossos ir-
mãos, os filhos de Esaú, que habi-
tavam em Seir, desde o caminho
do Arabá de Elate e de Eziom-
-Geber. Depois nos viramos e se-
guimos o caminho do deserto de
Moabe.
9 Então o Senhor me disse: Não
incomodes os moabitas e não con-
tendas com eles em combate, pois
nada te darei da sua terra. Eu dei
Ar aos filhos de Ló por herança.
10 (Antes habitavam ali os emins,
um povo grande e numeroso, alto
como os enaquins;
11 também estes foram conside-
rados como refains, assim como
os enaquins; os moabitas lhes
chamavam emins.
12 Outrora os horeus também
habitavam em Seir; os filhos de
Esaú, porém, os desalojaram e
destruíram, habitando no seu lu-
gar, assim como Israel fez para
se apossar da terra que o Senhor
lhes dera.)
13 Levantai-vos, agora, e passai
o ribeiro de Zerede; assim passa-
mos o ribeiro de Zerede.
14 Os dias que caminhamos, des-
de Cades-Barneia até que passa-
mos o ribeiro de Zerede, foram
trinta e oito anos, até que toda
aquela geração dos homens de
guerra se consumiu do meio do
acampamento, como o Senhor
lhes jurara.
15 A mão do Senhor esteve con-
tra eles, para os eliminar do meio

do acampamento até a sua com-
pleta extinção.
16 Ora, quando todos os homens
de guerra se extinguiram do meio
do acampamento, pela morte,
17 o Senhor me disse:
18 Hoje passarás por Ar, nas fron-
teiras de Moabe,
19 e te aproximarás dos filhos de
Amom. Não os incomodes nem
contendas com eles em comba-
te, pois nada te darei da sua ter-
ra. Aos filhos de Ló dei-a por he-
rança.
20 (Também esta era considera-
da terra dos refains, pois outrora
moravam lá gigantes que os filhos
de Amom chamavam zanzumins,
21 um povo grande, numeroso, de
estatura alta como os enaquins.
O Senhor os destruiu diante dos
amonitas, que os desalojaram e
habitaram no seu lugar.
22 O Senhor havia feito o mesmo
com os filhos de Esaú, que ha-
bitavam em Seir, de diante dos
quais exterminou os horeus. Os fi-
lhos de Esaú, tendo-os desaloja-
do, habitaram no seu lugar até o
dia de hoje.
23 Também os caftorins, que saí-
ram de Caftor, exterminaram os
aveus, que moravam em aldeias
até Gaza, e habitavam no lugar
deles.)
24 Levantai-vos, parti e passai o
ribeiro de Arnom. Vê, na tua mão
entreguei Seom, amorreu, rei de
Hesbom, e a sua terra. Começa
a conquistá-la guerreando con-
tra eles.
25 Começarei hoje a espalhar ter-
ror e medo de ti no meio dos po-
vos que estão debaixo de todo o
céu. Os que ouvirem a tua fama
tremerão diante de ti e se angus-
tiarão.
26 Então mandei mensageiros
desde o deserto de Quedemote a
Seom, rei de Hesbom, com pala-
vras de paz, dizendo:
27 Deixa-me passar pela tua ter-
ra; irei somente pela estrada, sem
me desviar nem para a direita
nem para a esquerda.
28 A comida que eu comer e a
água que eu beber, por dinhei-
ro, me venderás; deixa-me ape-
nas atravessar a pé,
29 como fizeram comigo os filhos
de Esaú, que habitam em Seir, e
os moabitas, que habitam em Ar,
até que eu atravesse o Jordão, em
direção à terra que o Senhor, o
nosso Deus, nos dará.
30 Seom, rei de Hesbom, porém,
não nos quis deixar passar por
sua terra, pois o Senhor, o teu
Deus, endurecera o seu espíri-
to e fizera obstinado o seu cora-
ção, a fim de entregá-lo nas tuas
mãos, como hoje se vê.
31 O Senhor me disse: Vê, comecei
a dar-te Seom e a sua terra diante
de ti. Agora, começa a conquistá-
-la, para que herdes a sua terra.
32 Seom saiu-nos ao encontro,
ele e todo o seu povo, ao comba-
te em Jaza.
33 O Senhor nosso Deus o entregou
a nós, e nós o derrotamos, a ele,
a seus filhos e a todo o seu povo.
34 Naquele tempo, tomamos to-
das as suas cidades e condena-
mos ao extermínio todos os seus
habitantes: homens, mulheres e
crianças, sem deixar um só so-
brevivente.
35 Somente levamos por presa
o gado para nós, e o despojo das
cidades que tínhamos tomado.
36 Desde Aroer, que está junto
ao ribeiro de Arnom, com a cida-
de que está junto a esse mesmo

ribeiro, até Gileade, não houve
cidade cujos muros fossem al-
tos demais para nós. Tudo isso
o Senhor, o nosso Deus, nos en-
tregou.
37 Somente à terra dos amonitas
não chegastes, ou seja, toda a ter-
ra ao longo do ribeiro de Jaboque
e as cidades da região montanho-
sa, como nos proibira o Senhor,
o nosso Deus.

A conquista do reino de Ogue

3 Depois nos viramos e subimos
o caminho de Basã; e Ogue, rei
de Basã, saiu ao nosso encontro
com todo o seu exército, à bata-
lha em Edrei.
2 Então o Senhor me disse: Não
o temas, pois a ele, a todo o seu
povo e a sua terra dei nas tuas
mãos; tu lhe farás como fizeste a
Seom, rei dos amorreus, que ha-
bitava em Hesbom.
3 Também o Senhor, o nosso Deus,
nos deu nas nossas mãos a Ogue,
rei de Basã, com todo o seu povo;
de maneira que o ferimos até que
não restou nenhum sobrevivente.
4 Nesse tempo, tomamos todas
as suas cidades, e não houve um
só lugar que não caísse em nos-
sas mãos: sessenta cidades, toda
a região de Argobe e o reino de
Ogue, em Basã.
5 Todas essas cidades eram forti-
ficadas com altos muros, portas
e trancas, além de muitas outras
cidades sem muros.
6 *Destruímo-las* completamen-
te, como fizemos a Seom, rei de
Hesbom, matando todos, homens,
mulheres e crianças.
7 Todo o gado e o despojo das cida-
des, porém, tomamos como presa.
8 Assim, naquele tempo, tomamos
daqueles dois reis dos amorreus
o território ao oriente do Jordão,
desde o rio Arnom até o monte
Hermom.
9 (Os sidônios chamam ao Hermom
de Siriom, porém os amorreus lhe
chamam Senir.)
10 Tomamos todas as cidades do
planalto, toda Gileade e Basã, até
Salca e Edrei, cidades do reino de
Ogue em Basã.
11 (Só Ogue, rei de Basã, ficou
do resto dos refains. Seu leito é
o leito de ferro que está em Rabá
dos filhos de Amom; tem nove cô-
vados de comprimento e quatro
côvados de largura, pelo côvado
comum.)

A partilha da Transjordânia

12 Tomamos posse desta terra
nesse tempo. Desde Aroer, que
está junto ao ribeiro de Arnom,
e a metade da região montanho-
sa de Gileade, com as suas cida-
des, dei aos rubenitas e gaditas.
13 O resto de Gileade, como tam-
bém toda Basã, o reino de Ogue,
dei à meia tribo de Manassés. Toda
aquela região de Argobe, toda Basã,
se chamava terra dos refains.
14 Jair, filho de Manassés, tomou
toda a região de Argobe, até as
fronteiras dos gesuritas e dos
maacatitas, isto é Basã, e às al-
deias deu o nome de Havote-Jair,
que permanece até hoje.
15 A Maquir dei Gileade.
16 Aos rubenitas e gaditas, porém,
dei desde Gileade até o vale de
Arnom, cujo meio serve de fron-
teira, até o ribeiro de Jaboque, que
é fronteira dos filhos de Amom,
17 como também Arabá, tendo o
Jordão como limite ocidental, des-
de Quinerete até o mar da Arabá,
o mar Salgado, das encostas do
Pisga em direção ao oriente.

18 Ordenei-vos nessa ocasião:
O Senhor, o vosso Deus, vos deu
esta terra, para a possuirdes.
Passai, armados, todos os ho-
mens valentes, diante de vossos
irmãos, os filhos de Israel.
19 Tão somente vossas mulheres,
vossas crianças e vosso rebanho,
que eu sei é muito grande, fica-
rão nas vossas cidades, que já vos
tenho dado,
20 até que o Senhor dê descanso
a vossos irmãos como a vós, para
que eles herdem também a terra
que o Senhor, o vosso Deus, lhes
dará no outro lado do Jordão.
Então voltareis cada um à pro-
priedade que vos dei.
21 Também nessa ocasião ordenei
a Josué: Teus olhos veem tudo o
que o Senhor, o nosso Deus, tem
feito a estes dois reis. Assim fará
o Senhor a todos os reinos por
onde passares.
22 Não tenhas medo deles; quem
combate por vós é o Senhor, o
vosso Deus.

Moisés é proibido de cruzar o Jordão

23 Também nessa ocasião pedi
graça ao Senhor, dizendo:
24 Ó Senhor Jeová! Já começaste a
mostrar ao teu servo a tua grandeza
e a tua forte mão. Pois que Deus
há nos céus e na terra que possa
realizar obras e feitos poderosos
como os teus?
25 Rogo-te que me deixes passar,
para que veja essa boa terra que
está do outro lado do Jordão, essa
boa região montanhosa, e o Líbano!
26 O Senhor, porém, indignou-se
muito contra mim por vossa cau-
sa e não me atendeu. Pelo contrá-
rio, disse-me: Basta; não me fales
mais a esse respeito.
27 Sobe ao cume do Pisga, le-
vanta os olhos para o ocidente, e
para o norte, e para o sul, e para
o oriente. Vê a terra com os teus
próprios olhos, porque não atra-
vessarás este Jordão.
28 Dá ordens a Josué, encoraja-o e
fortalece-o, pois é ele quem passa-
rá à frente deste povo, e o fará pos-
suir a terra que tu apenas verás.
29 Assim ficamos no vale diante
de Bete-Peor.

Moisés exorta o povo à obediência

4 Agora, ó Israel, ouve os esta-
tutos e os juízos que eu vos
ensino, para os cumprirdes, para
que vivais e entreis para possuir
a terra que o Senhor, o Deus de
vossos pais, vos dá.
2 Nada acrescentareis ao que vos
ordeno e nada diminuireis, para
que guardeis os mandamentos
do Senhor, o vosso Deus, que eu
vos ordeno.
3 Os vossos olhos viram o que
Deus fez por causa de Baal-Peor.
A todo homem que seguiu a Baal-
-Peor, o Senhor, o teu Deus, ex-
terminou do meio de ti.
4 Mas todos vós, que vos chegas-
tes ao Senhor, o vosso Deus, hoje
estais vivos.
5 Vede, tenho-vos ensinado esta-
tutos e juízos, como me ordenou
o Senhor, o meu Deus, para que
pratiqueis na terra em que ides
entrar para a possuir.
6 Guardai-os e praticai-os, pois
assim a vossa sabedoria e o vos-
so entendimento serão vistos pe-
los outros povos. Quando ouvi-
rem todos estes estatutos, dirão:
Este grande povo é realmente sá-
bio e entendido.
7 Que nação há tão grande, que
tenha deuses tão chegados a si

como o Senhor, o nosso Deus, to-
das as vezes que o invocamos?
8 Que gente há tão grande, que te-
nha estatutos e juízos tão justos
como toda esta lei que hoje dou
perante vós?
9 Tão somente guarda-te a ti mesmo
e guarda bem a tua alma, para que
não te esqueças das coisas que os
teus olhos viram, e para que elas
não se apartem do teu coração
todos os dias da tua vida. Ensina-
as aos teus filhos e aos filhos dos
teus filhos.
10 Lembra-te do dia em que esti-
veste diante do Senhor, o teu Deus,
em Horebe, quando o Senhor me
disse: Ajunta-me o povo, para que
eu os faça ouvir as minhas pa-
lavras, e aprendam a temer-me
todo o tempo em que viverem na
terra, e as ensinem a seus filhos.
11 Então vos chegastes e vos pu-
sestes ao pé do monte, e o monte
ardia em fogo até o céu, em meio
a nuvens negras e profunda es-
curidão.
12 E o Senhor vos falou do meio
do fogo. Vós ouvistes as palavras,
mas, além da voz, não vistes figu-
ra nenhuma.
13 Ele vos anunciou a sua alian-
ça, que vos prescreveu, os dez
mandamentos, e os escreveu em
duas tábuas de pedra.
14 E o Senhor me ordenou ao
mesmo tempo que vos ensinas-
se estatutos e juízos, para que os
cumprísseis na terra que passais
a possuir.
15 No dia em que o Senhor, o vosso
Deus, falou convosco em Horebe,
do meio do fogo, não vistes figu-
ra nenhuma. Portanto, ficai mui-
to atentos,
16 para que não vos corrompais,
fazendo um ídolo, uma imagem
de qualquer tipo, figura de ho-
mem ou de mulher,
17 de algum animal que vive na
terra, ou de algum pássaro que
voa pelos céus;
18 de algum animal que rasteja
sobre o solo, ou de algum peixe
que há nas águas que estão de-
baixo da terra.
19 E para não acontecer que, quan-
do levantares os teus olhos aos
céus e ao vires o sol, a lua, as es-
trelas e todo o exército dos céus,
não sejas seduzido a inclinar-te
e adorar coisas que o Senhor, o
teu Deus, repartiu a todos os po-
vos que vivem debaixo do céu.
20 O Senhor, porém, vos tomou
e vos tirou do forno de ferro do
Egito, para que lhe sejais por povo
hereditário, como hoje se vê.
21 Também o Senhor se indignou
contra mim por causa das vossas
palavras e jurou que eu não atra-
vessaria o Jordão nem entraria
na boa terra que o Senhor, o teu
Deus, te dá por herança.
22 Vou morrer nesta terra, sem
atravessar o Jordão. Vós, porém,
o atravessareis e possuireis aque-
la boa terra.
23 Cuidado para não esquecerdes
da aliança que o Senhor, o vosso
Deus, fez convosco, fazendo algu-
ma imagem de escultura, figura
de alguma coisa que o Senhor, o
vosso Deus, proibiu.
24 Pois o Senhor, o teu Deus, é
fogo que consome, é Deus zeloso.
25 Quando gerardes filhos e netos e
envelhecerdes na terra, se vos cor-
romperdes fabricando alguma ima-
gem de escultura, figura de alguma
coisa, fazendo assim mal aos olhos
do Senhor, provocando-o à ira,
26 tomo hoje por testemunhas
contra vós o céu e a terra, que

depressa sereis exterminados da
face da terra que, atravessando o
Jordão, ides possuir. Não prolon-
gareis os vossos dias nela, antes
sereis de todo destruídos.
27 O Senhor vos espalhará entre
os povos, e de vós só restará um
pequeno número entre as nações,
às quais o Senhor vos conduzirá.
28 Ali servireis a deuses feitos
por mãos humanas, de madeira e
de pedra, que não veem nem ou-
vem, nem comem nem cheiram.
29 Então dali buscarás ao Senhor,
o teu Deus, e o acharás, quando
o buscares de todo o teu coração
e de toda a tua alma.
30 Quando estiveres em angústia e
todas essas coisas te alcançarem,
então, nos últimos dias, voltarás
para o Senhor, o teu Deus, e ou-
virás a sua voz.
31 Pois o Senhor, o teu Deus, é
Deus misericordioso; não te de-
sampará, nem te destruirá,
nem se esquecerá da aliança que
jurou a teus pais.
32 **A**gora pergunta aos tempos
passados que te precederam des-
de o dia em que Deus criou o ho-
mem sobre a terra, desde uma ex-
tremidade do céu até a outra, se
jamais aconteceu coisa tão gran-
de como esta, ou se jamais se ou-
viu coisa semelhante!
33 Ou se algum outro povo ou-
viu a voz de Deus falar do meio
do fogo, como tu a ouviste, e te-
nha ficado vivo?
34 Ou se um deus decidiu tomar
para si um povo do meio de ou-
tro povo com provas, sinais, mi-
lagres e combate; com mão forte
e braço estendido, com grandes
terrores, conforme tudo quanto o
Senhor, o vosso Deus, vos fez no
Egito aos vossos olhos?
35 A ti te foi mostrado para que
soubesses que o Senhor é Deus, e
que nenhum outro há senão ele.
36 Desde os céus ele te fez ouvir a
sua voz para te ensinar, e sobre
a terra te mostrou o seu grande
fogo, e ouviste as suas palavras
do meio do fogo.
37 Porque amou teus pais, e de-
pois deles escolheu a sua descen-
dência, tirou-te do Egito com a sua
presença e com a sua grande força,
38 para desalojar de diante de ti
nações maiores e mais podero-
sas do que tu, e te introduzir na
sua terra, e dá-la em herança a
ti, como hoje se vê.
39 Portanto, reconhece hoje, e
medita em teu coração, que só o
Senhor é Deus em cima no céu,
e embaixo na terra; nenhum ou-
tro há.
40 Guarda os seus estatutos e os
seus mandamentos que hoje te
ordeno, para que te vá bem a ti, e
a teus filhos depois de ti, e para
que prolongues os dias na terra que
o Senhor, o teu Deus, te dá, para
todo o sempre.

As cidades de refúgio

41 Então Moisés separou três ci-
dades além do Jordão, ao oriente,
42 para que ali se acolhesse o ho-
micida que tivesse matado alguém
sem intenção, de quem dantes não
tivesse ódio algum. Ele poderia
então salvar a própria vida, fu-
gindo para uma dessas cidades.
43 A Bezer, no deserto, na terra pla-
na, para os rubenitas; a Ramote,
em Gileade, para os gaditas; e a
Golã, em Basã, para os manassitas.

O segundo discurso de Moisés

44 Esta é a lei que Moisés propôs
aos filhos de Israel.

45 Estes são os testemunhos, os
estatutos e os juízos que Moisés
comunicou aos filhos de Israel,
quando saíram do Egito,
46 no outro lado do Jordão, no
vale em frente de Bete-Peor, na
terra de Seom, rei dos amorreus,
que habitava em Hesbom, a quem
Moisés e os filhos de Israel feri-
ram, ao saírem do Egito.
47 Tomaram posse da sua terra,
como também da terra de Ogue,
rei de Basã, dois reis dos amor-
reus, que estavam além do Jordão,
ao oriente.
48 Esta terra se estendia desde
Aroer, que está nas encostas do
vale de Arnom, até o monte de
Siom, que é Hermom,
49 e incluía toda a Arabá além do
Jordão, ao oriente, até o mar da
Arabá, ao pé das encostas do Pisga.

Os Dez Mandamentos

5 Chamou Moisés a todo o Israel
e disse-lhes: Ouve, ó Israel, os
estatutos e juízos que hoje vos pro-
clamo aos ouvidos, para que os
aprendais e cuideis de praticá-los.
2 O Senhor, o vosso Deus, fez alian-
ça conosco em Horebe.
3 Não foi com nossos pais que o
Senhor fez esta aliança, mas co-
nosco, todos os que hoje aqui es-
tamos vivos.
4 Face a face o Senhor falou co-
nosco no monte, do meio do fogo
5 (nesse tempo, eu estava em pé
entre o Senhor e vós, para vos no-
tificar a palavra do Senhor, por-
que temestes o fogo e não subis-
tes ao monte), dizendo:
6 Eu sou o Senhor, o teu Deus,
que te tirei da terra do Egito, da
casa da servidão.
7 Não terás outros deuses dian-
te de mim.
8 Não farás para ti imagem de es-
cultura, nem semelhança alguma
do que há em cima no céu, nem
embaixo na terra, nem nas águas
debaixo da terra.
9 Não te encurvarás a elas nem
as servirás; pois eu, o Senhor, o
teu Deus, sou Deus zeloso, que
visito a maldade dos pais nos fi-
lhos até a terceira e quarta gera-
ções daqueles que me aborrecem;
10 faço, porém, misericórdia até
mil gerações daqueles que me
amam e guardam os meus man-
damentos.
11 Não tomarás o nome do Senhor,
teu Deus, em vão, pois o Senhor não
deixará sem punição o que tomar
o seu nome em vão.
12 Guarda o dia de sábado para
o santificar, como te ordenou o
Senhor, o teu Deus.
13 Seis dias trabalharás e farás
toda a tua obra,
14 o sétimo dia, porém, é o sábado
do Senhor, o teu Deus. Não farás
nenhuma obra nele, nem tu, nem
o teu filho, nem a tua filha, nem o
teu servo, nem a tua serva, nem
o teu boi, nem o teu jumento,
nem animal algum teu, nem o es-
trangeiro que está na tua cidade,
para que o teu servo e a tua serva
descansem como tu.
15 Lembra-te de que foste escravo
na terra do Egito e que o Senhor,
o teu Deus, te tirou dali com mão
forte e braço estendido. Pelo que
o Senhor, o teu Deus, te ordenou
que guardasses o sábado.
16 Honra a teu pai e a tua mãe, como
o Senhor, o teu Deus, te ordenou,
para que se prolonguem os teus
dias e para que te vá bem na ter-
ra que o Senhor, o teu Deus, te dá.
17 Não matarás.
18 Não adulterarás.

19 Não furtarás.
20 Não dirás falso testemunho
contra o teu próximo.
21 Não cobiçarás a mulher do teu
próximo. Não desejarás a casa do
teu próximo, nem o seu campo, nem
o seu servo, nem a sua serva, nem o
seu boi, nem o seu jumento, nem
coisa alguma do teu próximo.
22 Essas palavras falou o Senhor
a toda a assembleia no monte, do
meio do fogo, da nuvem e da escuridão, com grande voz, e nada
acrescentou. Então as escreveu
em duas tábuas de pedra e as entregou a mim.
23 Quando ouvistes a voz do meio
das trevas e vistes o monte ardente em fogo, chegaste-vos a mim,
todos os chefes das vossas tribos
e vossas autoridades
24 e dissestes: O Senhor, o nosso
Deus, nos fez ver a sua glória e a
sua grandeza; ouvimos a sua voz
do meio do fogo. Hoje vimos que
Deus fala com o homem, e que este
permanece vivo.
25 Agora, porém, por que morreríamos? Este grande fogo nos consumirá, e morreremos se continuarmos a ouvir a voz do Senhor,
o nosso Deus.
26 Qual o mortal, como nós, que
ouviu a voz do Deus vivo falando do meio do fogo e sobreviveu?
27 Chega-te e ouve tudo o que disser o Senhor, o nosso Deus. Então
nos dirás tudo o que te disser o
Senhor, o nosso Deus, e o ouviremos, e o faremos.
28 Ouvindo o Senhor as vossas
palavras, quando me faláveis, o
Senhor me disse: Eu ouvi as palavras deste povo, que te disseram.
Em tudo falaram bem.
29 Quem dera que eles tivessem
tal coração que me temessem e
em todo o tempo guardassem todos os meus mandamentos, para
que bem lhes fosse a eles e a seus
filhos para sempre!
30 Vai, dize-lhes: Voltai às vossas tendas.
31 Mas tu fica-te aqui comigo, e
eu te direi todos os mandamentos, estatutos e juízos que tu lhes
hás de ensinar, para que os pratiquem na terra cuja posse eu
lhes darei.
32 Portanto, cuidareis de fazer
tudo o que o Senhor, o vosso Deus,
vos ordenou; não vos desviareis
nem para a direita nem para a
esquerda.
33 Andareis em todo o caminho
que o Senhor, o vosso Deus, vos
ordenou, para que vivais, sejais
prósperos e prolongueis os vossos
dias na terra que haveis de possuir.

Amarás o Senhor, o teu Deus

6 Estes são os mandamentos,
os estatutos e os juízos que o
Senhor, o teu Deus, mandou ensinar-te, para que os cumpras na
terra a que passas para a possuir,
2 para que temas ao Senhor, o teu
Deus, e guardes todos os seus estatutos e mandamentos que ordeno a ti, a teus filhos e a teus netos,
todos os dias da tua vida, a fim de
que os teus dias sejam prolongados.
3 Ouve, ó Israel, e cuida de pô-los
em prática, para que te vá bem e
muito te multipliques na terra em
que manam leite e mel, como te
disse o Senhor, o Deus de teus pais.
4 Ouve, ó Israel: O Senhor nosso
Deus é o único Senhor.
5 Amarás o Senhor, o teu Deus,
de todo o teu coração, de toda a
tua alma e de toda a tua força.
6 Estas palavras que hoje te ordeno estarão no teu coração.

7 Tu as ensinarás repetidamente a
teus filhos e delas falarás assenta-
do em tua casa, andando pelo ca-
minho, deitando-te e levantando-te.
8 Também as atarás na tua mão
por sinal, e te serão por faixa na
tua testa.
9 E as escreverás nos batentes
das portas da tua casa.
10 Quando o Senhor, o teu Deus,
te fizer entrar na terra que, sob
juramento, prometeu a teus pais,
Abraão, Isaque e Jacó, que te da-
ria, grandes e boas cidades que
não edificaste,
11 casas cheias de bens que não
encheste, poços abertos que não ca-
vaste, vinhas e olivais que não
plantaste; quando comeres e te
fartares,
12 guarda-te, que não te esque-
ças do Senhor, que te tirou da ter-
ra do Egito, da casa da servidão.
13 Ao Senhor, o teu Deus, teme-
rás, a ele servirás, e pelo seu nome
jurarás.
14 Não seguirás outros deuses,
os deuses dos povos que estão ao
teu redor;
15 pois o Senhor, o teu Deus, é um
Deus zeloso no meio de ti, para
que a ira do Senhor, o teu Deus,
não se acenda contra ti, e ele te
destrua da face da terra.
16 Não tentarás o Senhor, o teu
Deus, como o tentaste em Massá.
17 Diligentemente guardarás os
mandamentos do Senhor, o teu
Deus, bem como os seus *testemu-
nhos* e estatutos que te ordenou.
18 Farás o que é reto e bom peran-
te o Senhor, para que te vá bem e
entres e possuas a boa terra que
o Senhor jurou dar a teus pais,
19 expulsando da tua frente todos
os teus inimigos, como o Senhor
tem dito.
20 Quando teu filho te pergun-
tar no futuro: Que são estes tes-
temunhos, estatutos e juízos que
o Senhor, o nosso Deus, vos or-
denou?,
21 então dirás a teu filho: Éramos
escravos de faraó no Egito, mas o
Senhor nos tirou de lá com mão
forte.
22 À nossa vista o Senhor fez
grandes sinais e terríveis prodígios
contra o Egito, contra faraó e
contra toda a sua família.
23 Ele, porém, nos tirou de lá para
nos trazer à terra que, com jura-
mento, prometera a nossos pais.
24 O Senhor nos ordenou que
cumpríssemos todos estes esta-
tutos, para temermos ao Senhor,
o nosso Deus, para que tudo nos
corra bem, para nos guardar em
vida, como hoje se vê.
25 E será justiça para nós, se cui-
darmos de cumprir todos estes
mandamentos perante o Senhor,
o nosso Deus, como ele nos tem
ordenado.

Israel, um povo separado

7 Quando o Senhor, o teu Deus,
te houver feito entrar na ter-
ra, a qual passas a possuir, e tiver
expulsado de diante de ti muitas
nações: os heteus, os girgaseus,
os amorreus, os cananeus, os fe-
rezeus, os heveus, os jebuseus,
sete nações mais numerosas e
mais poderosas do que tu,
2 e, quando o Senhor, teu Deus,
as tiver dado diante de ti, total-
mente as destruirás. Não farás
aliança com elas nem terás pie-
dade delas.
3 Não te aparentarás com elas.
Não darás tuas filhas a seus fi-
lhos, e não tomarás suas filhas
para teus filhos,

4 pois elas afastariam o teu filho
de mim, para servir a outros deu-
ses, e a ira do Senhor se acende-
ria contra vós e vos destruiria ra-
pidamente.
5 Assim, porém, lhes fareis:
Derrubareis os seus altares, que-
brareis as suas colunas, cortareis
os seus bosques sagrados e quei-
mareis no fogo as suas imagens
de escultura.
6 Pois tu és um povo santo ao
Senhor, o teu Deus. O Senhor, o
teu Deus, te escolheu para que
lhe fosses o seu povo próprio,
de todos os povos que há sobre
a terra.
7 O Senhor não se afeiçoou de vós
e vos escolheu por serdes mais
numerosos do que todos os ou-
tros povos, pois éreis menos em
número do que todos os povos.
8 Mas porque o Senhor vos ama-
va, e para guardar o juramento
que fizera a vossos pais, ele vos
tirou com mão forte e vos resga-
tou da casa da servidão, da mão
de faraó, rei do Egito.
9 Saberás, portanto, que o Senhor,
o teu Deus é Deus, o Deus fiel,
que guarda a aliança e a miseri-
córdia, até mil gerações aos que
o amam e guardam os seus man-
damentos,
10 e que retribui diretamente aos
que o odeiam,
  fazendo-os perecer; não será
    demorado
  para com aquele que o odeia,
  retribuindo-lhe prontamente.
11 Guarda, pois, os mandamen-
tos, os estatutos e os juízos que
hoje te mando cumprir.
12 Se ouvires estes juízos e os pu-
seres em prática, o Senhor, o teu
Deus, manterá a aliança e a mi-
sericórdia que jurou a teus pais.
13 Ele te amará, te abençoará e
te fará multiplicar. Abençoará o
fruto do teu ventre, o fruto da tua
terra, o teu cereal, o teu vinho, o
teu azeite, a cria das tuas vacas e
a cria das tuas ovelhas na terra
que jurou a teus pais que te daria.
14 Bendito serás mais do que to-
dos os povos; não haverá estéril no
meio de ti, seja homem, seja mu-
lher, nem entre os teus animais.
15 O Senhor desviará de ti toda
enfermidade. Ele não te afligirá
com as terríveis doenças que co-
nheceste no Egito, antes as porá
sobre todos os que te odeiam.
16 Exterminarás todos os povos
que o Senhor, o teu Deus, te en-
tregar. Não olharás para eles com
piedade e não servirás a seus deu-
ses, pois isso seria uma armadi-
lha para ti.
17 Talvez digas no teu coração:
Essas nações são mais numero-
sas do que eu. Como poderei con-
quistá-las?
18 Delas não tenhas medo. Não
deixes de te lembrar do que o
Senhor, o teu Deus, fez a faraó e
a todos os egípcios.
19 Viste com teus próprios olhos
as grandes provas, e os sinais, e as
maravilhas, e a mão forte, e o bra-
ço estendido com que o Senhor, o
teu Deus, te fez sair! Assim fará
o Senhor, o teu Deus, com todos
os povos, diante dos quais temes.
20 Além disso, o Senhor, o teu
Deus, enviará entre eles vespões,
até que pereçam os que ficarem
e se esconderem de ti.
21 Não te espantes diante deles,
pois o Senhor, o teu Deus, está no
meio de ti, Deus grande e terrível.
22 O Senhor, o teu Deus, expulsa-
rá fora essas nações pouco a pou-
co e diante de ti. Não poderás

destruí-las todas de uma só vez,
para que as feras do campo não
se multipliquem contra ti.
23 O Senhor, o teu Deus, as entregará a ti, e lhes atingirá com
profunda perturbação até que sejam destruídas.
24 Também entregará nas tuas
mãos os seus reis, e apagarás a
sua memória debaixo dos céus.
Ninguém te poderá resistir, até
que os destruas.
25 As imagens de escultura de
seus deuses queimarás no fogo.
Não cobiçarás a prata nem o ouro
que haja nelas, nem os tomarás
para ti, para que não sejas iludido, pois é abominação ao Senhor,
o teu Deus.
26 Não introduzirás tal abominação em tua casa, para que não
sejas amaldiçoado, como a ela.
De todo a detestarás, e de todo a
abominarás, pois é amaldiçoada.

Os benefícios do Senhor

8 Tereis muito cuidado em cumprir todos os mandamentos
que hoje vos ordeno, para que
vivais, e vos multipliqueis, e tomeis posse da terra que o Senhor
com juramento prometeu a vossos pais.
2 E te lembrarás de todo o caminho pelo qual o Senhor, o teu Deus,
te guiou no deserto estes quarenta anos, para te humilhar e te provar, para saber o que estava no teu
coração, se guardarias ou não os
seus mandamentos.
3 Ele te afligiu e te deixou ter fome;
depois te sustentou com o maná
que não conhecias, e que os teus
pais também não conheceram,
para te dar a entender que não
só de pão vive o homem, mas de
tudo o que sai da boca do Senhor.
4 Nunca se envelheceu a tua veste nem se inchou o teu pé estes
quarenta anos.
5 Reconhece, portanto, em teu coração que, como um homem castiga seu filho, assim te castiga o
Senhor, teu Deus.
6 Guarda os mandamentos do
Senhor, o teu Deus, para andares
nos seus caminhos e o temeres.
7 Pois o Senhor, o teu Deus, te faz
entrar numa boa terra, terra de ribeiros de águas, de fontes e de mananciais profundos que manam
dos vales e das montanhas;
8 terra de trigo, cevada, vides, figueiras e romãzeiras; terra de oliveiras, de azeite e mel;
9 terra em que comerás pão sem
escassez, e nada te faltará nela;
terra cujas pedras são de ferro
e de cujas montanhas cavarás
o cobre.
10 Comerás e te fartarás, bendizendo ao Senhor, o teu Deus, pela
boa terra que te deu.
11 Guarda-te de não te esqueceres do Senhor, o teu Deus, não
cumprindo os seus mandamentos, os seus juízos e os seus estatutos que hoje te ordeno;
12 para não suceder que, depois
de teres comido e estares farto, de
teres edificado boas casas e habitado nelas,
13 e depois de se multiplicarem
as tuas vacas e as tuas ovelhas, e
aumentar a prata e o ouro e tudo
quanto tens,
14 se ensoberbeça o teu coração e
te esqueças do Senhor, o teu Deus,
que te tirou da terra do Egito, da
casa da servidão;
15 que te guiou por aquele grande e terrível deserto de serpentes abrasadoras, de escorpiões,
de terra árida e sem água, onde

fez jorrar para ti água da pedra
dos rochedos;
16 que no deserto te sustentou
com maná, que teus pais não co-
nheceram, a fim de te humilhar
e provar, e afinal te fazer bem.
17 Não digas no teu coração: A mi-
nha força e o poder do meu braço
me proporcionaram esta riqueza.
18 Antes te lembrarás de que o
Senhor, o teu Deus, é que te dá
força para adquirires riquezas,
confirmando a aliança que ju-
rou a teus pais, como hoje se vê.
19 Se, porém, te esqueceres do
Senhor, o teu Deus, e andares
após outros deuses, servindo-os e
adorando-os, protesto hoje contra
vós que certamente perecereis.
20 Como as nações que o Senhor
destruiu de diante de vós, assim
perecereis, pois não quisestes
obedecer à voz do Senhor, o vos-
so Deus.

O dom da terra é gratuito

9 Ouve, ó Israel: Hoje passarás
o Jordão para entrares a pos-
suir nações maiores e mais for-
tes do que tu, cidades grandes e
muradas até o céu.
2 O povo é grande e alto, filhos dos
enaquins, que tu conheces e de
quem já ouvistes dizer: Quem po-
derá enfrentar os filhos de Enaque?
3 Sabe, porém, hoje, que é o Senhor,
o teu Deus, que vai na tua frente,
como um fogo consumidor. Ele os
destruirá e os derrubará diante de
ti, e tu cedo os expulsarás e os des-
farás, como o Senhor te prometeu.
4 Quando o Senhor, o teu Deus, os
lançar fora de diante de ti, não di-
gas em teu coração: Por causa da
minha justiça é que o Senhor me
trouxe a esta terra para a possuir.
Antes, é pela impiedade destas
nações que o Senhor as expulsa
de diante de ti.
5 Não é por causa da tua justiça
nem pela retidão do teu coração
que possuirás a sua terra, mas
pela impiedade destas nações
o Senhor, o teu Deus, as expul-
sa de diante de ti, e para confir-
mar a palavra que o Senhor, o teu
Deus, jurou a teus pais, Abraão,
Isaque e Jacó.
6 Sabe, portanto, que não é por cau-
sa da tua justiça que o Senhor, o
teu Deus te dá esta boa terra, para
a possuíres, pois és povo rebelde.
7 Lembrai-vos e não vos esqueçais
de que muito provocastes à ira o
Senhor, o vosso Deus, no deserto.
Desde o dia em que saístes do Egito
até que chegastes a este lugar, fos-
tes rebeldes contra o Senhor.
8 Já em Horebe tanto provocas-
tes à ira o Senhor, que ele se irri-
tou contra vós para vos destruir.
9 Subindo eu ao monte para re-
ceber as tábuas de pedra, as tá-
buas da aliança que o Senhor fi-
zera convosco, fiquei no monte
quarenta dias e quarenta noites,
sem comer pão nem beber água.
10 O Senhor me deu as duas tábuas
de pedra, escritas com o dedo de
Deus, e nelas estavam todas as
palavras que o Senhor havia fa-
lado convosco no monte, do meio
do fogo, no dia da reunião.
11 Ao fim dos quarenta dias e das
quarenta noites, o Senhor me deu
as duas tábuas de pedra, as tábuas
da aliança.
12 Então o Senhor me disse:
Levanta-te, desce depressa da-
qui, porque o povo que tiraste
do Egito já se corrompeu. Cedo
se desviaram do caminho que eu
lhes tinha ordenado e fizeram
para si imagem fundida.

13 Disse-me ainda o Senhor: Observei este povo e vi que é povo rebelde.

14 Deixa-me que os destrua e apague o seu nome de debaixo dos céus. E farei a ti nação maior e mais numerosa do que esta.

15 Então me virei e desci do monte, que ardia em fogo. E as duas tábuas da aliança estavam nas minhas duas mãos.

16 Olhei e vi que havíeis pecado contra o Senhor, o vosso Deus, fazendo para vós um bezerro fundido. Cedo vos desviastes do caminho que o Senhor vos ordenara.

17 Então peguei as duas tábuas, e as arremessei das minhas mãos, e as quebrei diante dos vossos olhos.

18 Depois, prostrei-me perante o Senhor, como dantes, quarenta dias e quarenta noites, sem comer pão nem beber água, por causa de todo o vosso pecado que havíeis cometido, fazendo o que era mal aos olhos do Senhor, provocando-o à ira.

19 Temi por causa da ira e do furor do Senhor contra vós, para vos destruir. Mas ainda desta vez o Senhor me ouviu.

20 E o Senhor se irou muito contra Arão para o destruir, mas também orei por Arão nesse mesmo tempo.

21 Peguei o bezerro do vosso pecado, a obra que fabricastes, e o atirei ao fogo, e o esmaguei, moendo-o bem até que se tornou pó, e lancei o pó no ribeiro que descia do monte.

22 Também em Taberá, e em Massá, e em Quibrote-Hataavá provocastes muito a ira do Senhor.

23 E, quando o Senhor vos enviou desde Cades-Barneia, dizendo: Subi e possuí a terra que vos dei, fostes rebeldes ao mandado do Senhor, o vosso Deus, e não o crestes, e não obedecestes à sua voz.

24 Fostes rebeldes contra o Senhor desde o dia em que vos conheci.

25 Prostrei-me perante o Senhor, quarenta dias e quarenta noites, porque o Senhor dissera que vos queria destruir.

26 Orei ao Senhor, dizendo: Senhor Deus, não destruas o teu povo e a tua herança, que resgataste com a tua grandeza, que tiraste do Egito com mão forte.

27 Lembra-te dos teus servos Abraão, Isaque e Jacó. Não atentes para a dureza deste povo, nem para a sua impiedade nem para o seu pecado,

28 para que o povo da terra donde nos tiraste não diga: O Senhor não foi capaz de fazê-los entrar na terra de que lhes tinha falado. Ele os odiava, por isso os tirou daqui para os matar no deserto.

29 Todavia são eles o teu povo e a tua herança que tiraste com a tua grande força e com o teu braço estendido.

As segundas tábuas da lei

10 Naquele mesmo tempo, disse-me o Senhor: Alisa duas tábuas de pedra, como as primeiras, e sobe a mim a este monte, e faze uma arca de madeira.

2 Nessas tábuas escreverei as palavras que estavam nas primeiras tábuas que quebraste, e as porás na arca.

3 Assim, fiz uma arca de madeira de acácia, alisei duas tábuas de pedra, como as primeiras, e subi ao monte com as duas tábuas na mão.

4 Então o Senhor escreveu nessas
tábuas o que estava nas primei-
ras, os dez mandamentos que ele
vos falara no dia da assembleia,
no monte, do meio do fogo. E o
Senhor entregou-as a mim.
5 Desci do monte, depositei as tá-
buas na arca que fizera; e ali es-
tão, como o Senhor me ordenou.
6 Partiram os filhos de Israel
de Beerote-Bene-Jaacã para
Moserá. Ali faleceu Arão e ali
foi sepultado. Eleazar, seu fi-
lho, administrou o sacerdócio
em seu lugar.
7 Dali partiram para Gudgodá, e
de lá para Jotbatá, terra de ribei-
ros de águas.
8 Nesse tempo, o Senhor separou
a tribo de Levi para levar a arca
da aliança do Senhor, para estar
diante do Senhor, para o servir,
e para abençoar em seu nome até
o dia de hoje.
9 Pelo que Levi não tem parte nem
herança com os irmãos; o Senhor
é a sua herança, como o Senhor, o
teu Deus, lhe disse.
10 Eu estive no monte, como an-
tes, quarenta dias e quarenta
noites, e o Senhor me ouviu ain-
da essa vez. O Senhor não quis
destruir-te.
11 Em vez disso o Senhor me dis-
se: Levanta-te, põe-te a caminho
diante do povo, para que entrem
e possuam a terra que jurei dar
a seus pais.

Exortação à obediência

12 E agora, ó Israel, o que o Senhor,
o teu Deus, pede de ti? Não é que
temas o Senhor, o teu Deus, que an-
des em todos os seus caminhos, e
o ames, e sirvas ao Senhor, o teu
Deus, de todo o teu coração e de
toda a tua alma,
13 para guardares os mandamen-
tos do Senhor e os seus estatutos
que hoje te ordeno, para o teu bem?
14 Os céus e os céus dos céus são
do Senhor, o teu Deus, a terra e
tudo o que nela há.
15 Mesmo assim, o Senhor se
afeiçoou a teus pais e os amou;
e a vós, descendentes deles, es-
colheu dentre todas as nações,
como hoje se vê.
16 Circuncidai, portanto, o vos-
so coração e não mais sejais obs-
tinados.
17 Pois o Senhor, o vosso Deus, é
o Deus dos deuses, o Senhor dos
senhores, o Deus grande, podero-
so e terrível, que não faz acepção
de pessoas, nem aceita suborno.
18 Ele faz justiça ao órfão e à viú-
va e ama o estrangeiro, dando-
-lhe alimento e vestes.
19 Amai o estrangeiro, pois fostes
estrangeiros na terra do Egito.
20 Ao Senhor, o teu Deus, teme-
rás, a ele servirás, a ele te che-
garás e pelo seu nome jurarás.
21 Ele é o teu louvor e o teu Deus,
que por ti fez estas grandes e ter-
ríveis coisas que os teus olhos
têm visto.
22 Com setenta pessoas teus pais
desceram ao Egito, e agora o Senhor,
o teu Deus, te fez como as estre-
las dos céus em multidão.

Os grandes feitos do Senhor

11 Amarás ao Senhor, o teu
Deus, e todos os dias obser-
varás os seus estatutos, os seus
juízos e os seus mandamentos.
2 Considerai hoje (não falo com
vossos filhos, que não conhece-
ram nem viram) a disciplina do
Senhor, o vosso Deus: a sua gran-
deza, a sua mão forte e o seu bra-
ço estendido;

3 os sinais e as obras que fez no
meio do Egito a faraó, rei do Egito,
e a toda a sua terra;
4 o que fez ao exército dos egípcios,
aos seus cavalos e aos seus carros, fazendo passar sobre eles as
águas do mar Vermelho, quando
vos perseguiam, e como o Senhor
os destruiu até o dia de hoje.
5 Não foram os vossos filhos que
viram o que ele fez por vós no deserto, até chegardes a este lugar,
6 e o que fez a Datã e a Abirão,
filhos de Eliabe, filho de Rúben,
quando a terra abriu a sua boca e
os tragou com as suas famílias, as
suas tendas e tudo o que lhes pertencia, no meio de todo o Israel.
7 Mas fostes vós que vistes com os
vossos olhos toda a grande obra
que o Senhor fez.
8 Guardai, portanto, todos os mandamentos que hoje vos ordeno,
para que sejais fortes e tomeis posse da terra que passais a possuir,
9 e para que prolongueis os dias
na terra que o Senhor, sob juramento, prometeu dar a vossos
pais e à sua descendência, terra
em que manam leite e mel.
10 A terra que passais a possuir não
é como a terra do Egito, de onde
saístes, em que semeáveis a vossa
semente e a regáveis com a ajuda
do pé, como se rega uma horta.
11 A terra que passais a possuir,
porém, é terra de montes e de vales, que bebe a água das chuvas
dos céus.
12 É uma terra da qual o Senhor,
o teu Deus, tem cuidado; os olhos
do Senhor, o teu Deus, estão sobre
ela continuamente, desde o começo
até o fim do ano.
13 Se fielmente obedecerdes aos
mandamentos que hoje vos ordeno, de amar o Senhor, o vosso
Deus, e de o servir de todo o vosso
coração e de toda a vossa alma,
14 então darei a chuva da vossa terra no tempo, as primeiras
e as últimas, para que recolhais
o vosso trigo, o vosso vinho e o
vosso azeite.
15 Darei erva nos vossos campos
ao vosso gado, e comereis e vos
fartareis.
16 Cuidai para que o vosso coração não se engane e, desviando-vos, sirvais a outros deuses, e vos
prostreis diante deles.
17 Então a ira do Senhor se acenderá contra vós, e ele fechará os
céus para que não haja chuva, e
a terra não dê o seu fruto, e cedo
desaparecereis da boa terra que
o Senhor vos dá.
18 Gravai estas minhas palavras
no vosso coração e na vossa alma,
atai-as por sinal nas vossas mãos
e ponde-as como faixas na vossa testa.
19 Ensinai-as a vossos filhos, falando delas assentado na vossa
casa, andando pelo caminho, deitando-vos e levantando-vos.
20 Escrevei-as nos batentes das
portas da vossa casa,
21 para que se multipliquem os
vossos dias e os dias de vossos filhos na terra que o Senhor, sob
juramento, prometeu dar a vossos pais, como numerosos são os
dias em que o céu permanecer sobre a terra.
22 Se fielmente guardardes todos
estes mandamentos que vos prescrevo, amando o Senhor, o vosso
Deus, andando em todos os seus
caminhos e achegando-vos a ele,
23 também o Senhor de diante
de vós expulsará todas estas nações, e despojareis nações maiores e mais poderosas do que vós.

24 Todo o lugar que pisar a plan-
ta do vosso pé será vosso; o vos-
so termo se estenderá do deser-
to ao Líbano e do rio Eufrates ao
mar ocidental.
25 Ninguém subsistirá diante de
vós. O Senhor, o vosso Deus, porá
sobre toda a terra que pisardes o
terror e o temor, como vos disse.
26 Vede, hoje eu ponho diante de
vós a bênção e a maldição;
27 a bênção, se ouvirdes os man-
damentos do Senhor, o vosso Deus,
que hoje vos mando;
28 a maldição, se não ouvirdes os
mandamentos do Senhor, o vos-
so Deus, e vos desviardes do ca-
minho que hoje vos ordeno, para
seguirdes outros deuses que não
conhecestes.
29 Quando o Senhor, o teu Deus,
te fizer entrar na terra que vais
conquistar, pronunciarás a bên-
ção sobre o monte Gerizim e a
maldição sobre o monte Ebal.
30 Porventura não estão eles além
do Jordão, na direção do pôr do
sol, na terra dos cananeus, que
habitam na campina próximos
de Gilgal, junto aos carvalhais
de Moré?
31 Estais atravessando o Jordão
para entrar e possuir a terra que
vos dá o Senhor, o vosso Deus.
Quando tomardes posse dela, e
nela habitardes,
32 tende cuidado em cumprir to-
dos os estatutos e os juízos que
hoje vos proponho.

As leis acerca do culto

12 São estes os estatutos e
os juízos que cuidareis de
cumprir na terra que o Senhor,
o Deus de vossos pais, vos des-
tinou como possessão, todos os
dias que viverdes nela.
2 Destruireis todos os lugares so-
bre as altas montanhas, sobre os
outeiros e debaixo de qualquer ár-
vore frondosa em que as nações,
por vós desapossadas, prestavam
cultos aos seus deuses.
3 Derrubareis os seus altares,
quebrareis as suas colunas, quei-
mareis os seus bosques sagrados,
abatereis as imagens esculpidas
dos seus deuses e apagareis o seu
nome daquele lugar.
4 Não fareis assim para com o
Senhor, o vosso Deus,
5 mas buscareis o lugar que o
Senhor, o vosso Deus, escolher en-
tre todas as vossas tribos, para ali
pôr o seu nome e a sua habitação.
6 Trareis a esse lugar os vossos
holocaustos e os vossos sacrifí-
cios, os vossos dízimos e as vos-
sas ofertas especiais, os vossos
votos e as vossas ofertas volun-
tárias, e o primogênito das vos-
sas vacas e das vossas ovelhas.
7 Ali comereis na presença do
Senhor, o vosso Deus, e vos ale-
grareis com as vossas famílias por
todo o bem com que vos abenço-
ar o Senhor, o vosso Deus.
8 Não fareis cada um como bem
parece aos seus olhos, conforme
tudo o que hoje fazemos aqui,
9 pois ainda não entrastes no des-
canso e na herança que vos dá o
Senhor, o vosso Deus.
10 Passareis, porém, o Jordão e
habitareis na terra que vos fará
herdar o Senhor, o vosso Deus.
Quando vos der repouso de to-
dos os vossos inimigos em redor,
e morardes em segurança,
11 então, para o lugar que esco-
lher o Senhor, o vosso Deus, a
fim de nele fazer habitar o seu
nome, trareis tudo o que vos or-
deno: os vossos holocaustos, os

vossos sacrifícios, os vossos dízi-
mos, as vossas ofertas especiais
e todas as vossas dádivas esco-
lhidas que votardes ao Senhor.
12 E ali vos alegrareis perante o
Senhor, o vosso Deus, vós, vos-
sos filhos e vossas filhas, vossos
escravos e vossas escravas, bem
como o levita que mora dentro
das vossas cidades, que não re-
cebeu nem parte nem herança
convosco.
13 Guarda-te de ofereceres os
teus holocaustos em todo lugar
que vires.
14 Somente no lugar que o Senhor
escolher em uma das tuas tribos,
ali oferecerás os teus holocaustos
e ali farás tudo o que te ordeno.
15 No entanto, conforme deseja-
res, poderás abater um animal e
comer a sua carne nas tuas cida-
des, assim como se come a corça
e o veado, segundo a bênção do
Senhor, o teu Deus, que ele te hou-
ver dado. Tanto o imundo como
o limpo comerão dela.
16 Tão somente não comerás o
sangue; tu o derramarás sobre
a terra, como água.
17 Nas tuas cidades não poderás
comer o dízimo do teu grão, do teu
vinho, do teu azeite, nem os pri-
mogênitos das tuas vacas e das
tuas ovelhas, nem nada do que
ofereceres como cumprimento de
um voto, nem das ofertas volun-
tárias, nem das ofertas especiais.
18 Antes, somente perante o
Senhor, o teu Deus, no lugar que
o Senhor, o teu Deus, escolher,
comerás com teu filho, tua filha,
teu escravo, tua escrava e o levita
que mora dentro da tua cidade; e
perante o Senhor, o teu Deus, te
alegrarás em tudo em que puse-
res a tua mão.
19 Guarda-te de desamparar o le-
vita enquanto viver na tua terra.
20 Quando o Senhor, o teu Deus,
alargar as tuas fronteiras, como
te prometeu, e disseres: Tenho
desejo de comer carne, então,
conforme o teu desejo, come-
rás carne.
21 Se estiver longe o lugar que
o Senhor, o teu Deus, escolher
para ali pôr o seu nome, então,
degolarás do teu gado e do teu
rebanho, que o Senhor te houver
dado, como te ordenei, e poderás
comer em suas próprias cidades,
conforme todo o teu desejo.
22 Comerás essa carne como se
come a corça e o veado. O homem
imundo e o limpo igualmente co-
merão dela.
23 De forma alguma comerás o
sangue, porque o sangue é a vida,
e não comerás a vida com a carne.
24 Não o comerás; na terra o der-
ramarás como água.
25 Não o comerás, para que bem
te suceda a ti e a teus filhos de-
pois de ti, fazendo o que é reto
aos olhos do Senhor.
26 Toma, porém, as ofertas sagra-
das que tiveres de fazer e os teus
votos e vai ao lugar que o Senhor
tiver escolhido.
27 Ali oferecerás os teus holocaus-
tos, a carne e o sangue sobre o al-
tar do Senhor, o teu Deus. O sangue
dos teus sacrifícios se derramará
sobre o altar do Senhor, o teu Deus,
mas a carne comerás.
28 Guarda e cumpre todas estas
palavras que te ordeno, para que
bem te suceda a ti e a teus filhos
depois de ti, para sempre, fazen-
do o que é bom e reto aos olhos do
Senhor, o teu Deus.
29 Quando o Senhor, o teu Deus,
exterminar de diante de ti as

nações para onde vais, para as
possuir, e as tiveres expulsado e
habitares em suas terras,
30 cuidado para não te enganares,
imitando-as depois que forem des-
truídas diante de ti. Não pergun-
tes acerca dos seus deuses: Como
serviam estas nações os seus deu-
ses? Assim também, faremos.
31 Assim não farás ao Senhor, o
teu Deus, porque tudo o que é abo-
minável ao Senhor, e que ele abor-
rece, fizeram eles a seus deuses.
Até seus filhos e suas filhas quei-
maram no fogo aos seus deuses.
32 Tudo o que eu te ordeno, ob-
servarás; nada lhe acrescentarás
nem diminuirás.

Precauções contra a idolatria

13 Quando um profeta ou um
sonhador se levantar no
meio de ti e te der um sinal ou
prodígio,
2 e suceder o tal sinal ou prodígio
de que te houver falado, e disser:
Vamos após outros deuses, que
não conheceste, e sirvamo-los,
3 não ouvirás as palavras daquele
profeta ou sonhador. O Senhor, o
vosso Deus, vos prova para saber
se o amais de todo o vosso cora-
ção e de toda a vossa alma.
4 Andareis após o Senhor, o vos-
so Deus, e a ele temereis. Os seus
mandamentos guardareis, a sua
voz ouvireis, a ele servireis, e a
ele vos achegareis.
5 Aquele profeta ou sonhador
será morto, porque falou rebel-
dia contra o Senhor, o vosso Deus,
que vos tirou do Egito e vos res-
gatou da terra da servidão, para
vos apartar do caminho que vos
ordenou o Senhor, o vosso Deus,
para andardes nele. Assim tira-
reis o mal do meio de ti.
6 Se teu irmão, filho da tua mãe,
ou teu filho, ou tua filha, ou a mu-
lher do teu regaço, ou o teu ami-
go mais íntimo te incitar em se-
gredo, dizendo: Vamos, sirvamos
a outros deuses, os quais não co-
nheceste, nem tu nem teus pais,
7 entre os deuses dos povos que es-
tão em redor de ti, perto ou longe,
de um ao outro extremo da terra,
8 não o atenderás nem o ouvirás.
Não terás piedade dele, não o pou-
parás nem o esconderás.
9 Certamente o matarás. A tua
mão será a primeira contra ele,
para o matar, e depois a mão de
todo o povo.
10 Tu o apedrejarás até que mor-
ra, porque procurou apartar-te do
Senhor, o teu Deus, que te tirou
do Egito, da terra da servidão.
11 Assim todo o Israel, ao sabê-lo,
temerá e já não tornará a fazer
maldade como esta no teu meio.
12 Se em alguma das tuas cidades
que o Senhor, o teu Deus, te dá
para ali habitares, ouvires dizer
13 que homens malignos saíram
do meio de ti e incitaram os mo-
radores da sua cidade, dizendo:
Vamos, sirvamos a outros deuses
aos quais não conheceste,
14 então averiguarás, e com di-
ligência perguntarás. Se for ver-
dade que se cometeu tal abomi-
nação no teu meio,
15 certamente ferirás a fio de es-
pada os moradores daquela cida-
de, destruindo-a completamente
com tudo o que nela houver, até
os animais.
16 Ajuntarás todo o seu despojo
no meio da sua praça, e a cidade
com todo o seu despojo queimarás
totalmente para o Senhor, o teu
Deus. Será montão perpétuo de
ruínas, nunca mais se edificará.

17 Também nada reterá a tua mão
do que foi condenado à destrui-
ção, para que o Senhor se aparte
do ardor da sua ira e use de pie-
dade e de misericórdia para con-
tigo e te multiplique, como jurou
a teus pais,
18 se ouvires a voz do Senhor, o
teu Deus, e guardares todos os
seus mandamentos que hoje te or-
deno, para fazeres o que for reto
aos olhos do Senhor, o teu Deus.

Os animais limpos e os imundos

14 Vós sois filhos do Senhor,
o vosso Deus. Não fareis
incisão alguma no vosso corpo
nem rapareis o cabelo em honra
de algum morto,
2 pois sois povo santo ao Senhor,
o vosso Deus. O Senhor vos esco-
lheu, dentre todos os povos que
há na face da terra, para lhes ser-
des o seu povo próprio.
3 Nenhuma abominação comereis.
4 Estes são os animais que come-
reis: o boi, a ovelha, a cabra,
5 o veado, a gazela, a corça, a ca-
bra montês, o antílope, o búfalo
e o gamo.
6 Todo animal que tem unhas
fendidas, que tem a unha divi-
dida em duas, que rumina, esse
comereis.
7 Todavia, dos que somente rumi-
nam, ou que têm a unha fendida,
estes não comereis: o camelo, a
lebre, o coelho, porque ruminam,
mas não têm a unha fendida, são
imundos para vós.
8 O porco, que tem a unha fendi-
da, mas não rumina, será imundo
para vós. Destes não comereis a car-
ne e não tocareis no seu cadáver.
9 Dos animais que vivem na água,
podereis comer todos os que têm
barbatanas e escamas.
10 Tudo, porém, que não tiver bar-
batanas nem escamas não come-
reis; será imundo para vós.
11 Toda ave limpa comereis.
12 Estas, porém, são as que não
comereis: a águia, o urubu, a
águia marinha,
13 o açor, o falcão, o milhano de
qualquer espécie,
14 todo corvo segundo a sua es-
pécie,
15 o avestruz, a coruja, a gaivo-
ta, o gavião de qualquer espécie,
16 o mocho, o corvo marinho, o
corujão,
17 a gralha, o pelicano, o abutre,
18 a cegonha, a garça de qualquer
espécie, a poupa e o morcego.
19 Também todo inseto que voa
vos será imundo; não se comerá.
20 Toda ave limpa comereis.
21 Não comereis nenhum ani-
mal que morreu de causas natu-
rais. Podereis dá-lo ao estrangei-
ro, que mora nas vossas cidades,
ou vendê-lo ao estranho. Mas vós
sois povo santo ao Senhor, o vos-
so Deus. Não cozinhareis um ca-
brito no leite da sua mãe.

Os dízimos

22 Certamente darás os dízimos
de todo o fruto das tuas sementes,
que cada ano se recolher do campo.
23 Perante o Senhor, o teu Deus,
no lugar que ele escolher para ali
fazer habitar o seu nome, come-
reis os dízimos do teu cereal, do
teu vinho e do teu azeite e os pri-
mogênitos das tuas vacas e das
tuas ovelhas, para que aprendas
a temer ao Senhor, o teu Deus, to-
dos os dias.
24 Se o caminho, porém, for longo
demais, de modo que não os pos-
sas levar, por estar longe de ti o
lugar que o Senhor, o teu Deus,

escolher para ali pôr o seu nome,
quando ele tiver te abençoado,
25 então vende-os e leva o dinhei-
ro na tua mão, e vai ao lugar que
o Senhor, o teu Deus, escolher.
26 Com esse dinheiro comprarás
tudo o que desejares: vacas, ou
ovelhas, ou vinho, ou bebida for-
te, ou qualquer outra coisa que
desejares. Come-o ali perante o
Senhor, o teu Deus, e alegra-te,
tu e a tua família.
27 E não desampararás ao levita
que está na tua cidade, pois ele não
tem parte nem herança contigo.
28 Ao fim de cada três anos po-
rás de lado todos os dízimos da
colheita do terceiro ano e os re-
colherás na tua cidade,
29 para que, vindo o levita, que
não tem parte nem herança con-
tigo, o estrangeiro, o órfão e a
viúva, que estiverem em tua ci-
dade, comam e se fartem, e assim
o Senhor, o teu Deus, te abençoe
em todas as obras que as tuas
mãos fizerem.

O ano do perdão

15 Ao fim de cada sete anos,
as dívidas deverão ser per-
doadas.
2 Essa prática deverá ser feita
assim: todo credor, que empres-
tou ao seu próximo alguma coi-
sa, perdoará o empréstimo; não
exigirá nada do seu próximo ou
do seu irmão, uma vez procla-
mado o ano do Senhor para per-
dão das dívidas.
3 Do estrangeiro poderás exigir
pagamento, mas o que tiveres em
poder de teu irmão a tua mão o
quitará,
4 para que em teu meio não haja
pobre, pois o Senhor abundante-
mente te abençoará na terra que
o Senhor, o teu Deus, te dará por
herança, para possuí-la,
5 se apenas ouvires diligentemente
a voz do Senhor, o teu Deus, para
cuidares em cumprir todos estes
mandamentos que hoje te ordeno.
6 Pois o Senhor, o teu Deus, te
abençoará, como te prometeu; as-
sim, emprestarás a muitas nações,
mas não tomarás empréstimos.
Dominarás sobre muitas nações,
mas elas não dominarão sobre ti.
7 Quando no meio de ti houver
algum pobre, entre teus irmãos,
em qualquer das tuas cidades, na
terra que o Senhor, o teu Deus,
te dá, não endurecerás o teu co-
ração nem fecharás a tua mão a
teu irmão pobre.
8 Antes lhe abrirás de todo a tua
mão e livremente lhe emprestarás
o bastante para a sua necessidade.
9 Guarda-te; que não haja pen-
samento ímpio no teu coração
e venhas a dizer: Aproxima-se o
sétimo ano, o ano do perdão das
dívidas, e que o teu olho não seja
maligno para com teu irmão po-
bre, não lhe dando nada; e que ele
clame contra ti ao Senhor, e haja
pecado em ti.
10 Livremente lhe darás; não seja
maligno o teu coração quando lhe
deres; pois, por isso, te abençoa-
rá o Senhor, o teu Deus, em toda
a tua obra e em tudo o que puse-
res a mão.
11 Nunca deixará de haver po-
bres na terra. Portanto eu te or-
deno: Livremente abrirás a tua
mão para o teu irmão, para o teu
necessitado e para o teu pobre na
tua terra.

A libertação dos escravos

12 Quando teu irmão hebreu ou
irmã hebreia se vender a ti, seis

anos te servirá, mas no sétimo ano
lhe darás a liberdade.
13 E, quando lhe deres a liberdade,
não o despedirás de mãos vazias.
14 Liberalmente lhe fornecerás do
teu rebanho, da tua eira e do teu
lagar; daquilo com que o Senhor,
o teu Deus, te tiver abençoado lhe
darás.
15 Lembra-te de que foste ser-
vo na terra do Egito e de que o
Senhor, o teu Deus, te resgatou.
É por isso que te ordeno hoje este
mandamento.
16 Se, porém, ele te disser: Não que-
ro deixar-te, porque ama a ti e a
tua família e se sente bem contigo,
17 então pegarás um furador, e
lhe furarás a orelha contra a por-
ta, e será para sempre teu escra-
vo. Procederás do mesmo modo
com a tua escrava.
18 Não seja difícil para ti ter de
libertá-lo, pois seis anos te serviu
pela metade do que se paga a um
assalariado. Assim o Senhor, o
teu Deus, te abençoará em tudo
o que fizeres.

O primogênito dos animais

19 Todo primogênito macho que
nascer das tuas vacas e das tuas
ovelhas consagrarás ao Senhor, o
teu Deus. Com o primogênito da
vaca não trabalharás nem tosquia-
rás o primogênito das ovelhas.
20 Perante o Senhor, o teu Deus,
os comerás de ano em ano, no lu-
gar que o Senhor escolher, tu e a
tua família.
21 Se, porém, tiver qualquer de-
feito, se for coxo, ou cego, ou ti-
ver qualquer outra deformidade,
não o oferecerás em sacrifício ao
Senhor, o teu Deus.
22 Nas tuas cidades o comerás.
O imundo e o limpo igualmente
o comerão, como se come a cor-
ça ou o veado.
23 Não comerás, porém, o san-
gue; sobre a terra o derramarás
como água.

A Páscoa

16 Guarda o mês de abibe e ce-
lebra a Páscoa ao Senhor, o
teu Deus, porque no mês de abi-
be ele te tirou do Egito, de noite.
2 Sacrificarás ao Senhor, o teu
Deus, como oferta de Páscoa,
ovelhas e vacas, no lugar que o
Senhor escolher para ali fazer
habitar o seu nome.
3 Nela não comerás pão levedado;
sete dias nela comerás pães sem fer-
mento, pão de aflição (porque apres-
sadamente saíste do Egito), para
que te lembres todos os dias da tua
vida do dia da tua saída do Egito.
4 Fermento não se achará conti-
go durante sete dias em todo o teu
território; também da vítima que
matares à tarde do primeiro dia,
nada ficará para a manhã seguinte.
5 Não poderás sacrificar a Páscoa
em nenhuma das tuas cidades que
te dá o Senhor, o teu Deus,
6 senão no lugar que o Senhor,
o teu Deus, escolher para fazer
habitar o seu nome. Ali sacrifi-
carás a Páscoa à tarde, ao pôr do
sol, hora da tua saída do Egito.
7 Assarás a carne do animal e a co-
merás no lugar que o Senhor, o teu
Deus, escolher. Então, na manhã
seguinte, voltarás às tuas tendas.
8 Durante seis dias comerás pães
sem fermento, e, no sétimo dia,
haverá solenidade ao Senhor, o
teu Deus; nenhum trabalho farás.

A festa das semanas

9 Contarás sete semanas. No dia
em que começares a colheita,

começarás a contar as sete semanas.
10 Celebrarás, então, a festa das semanas ao Senhor, o teu Deus, com ofertas voluntárias da tua mão, que darás segundo as bênçãos que o Senhor, o teu Deus, te tiver concedido.
11 E te alegrarás perante o Senhor, o teu Deus, tu, teu filho, tua filha, teu servo, tua serva, o levita que está na tua cidade, o estrangeiro, o órfão, a viúva, que vivem contigo, no lugar que o Senhor, o teu Deus, escolher para ali fazer habitar o seu nome.
12 Lembra-te de que foste escravo no Egito e cumpre fielmente estes estatutos.

A festa dos tabernáculos

13 Celebrarás a festa dos tabernáculos durante sete dias, quando houveres recolhido os produtos da eira e do tanque de prensar uvas.
14 Tu te alegrarás na festa; tu, teu filho, tua filha, teu escravo, tua escrava, o levita, o estrangeiro, o órfão e a viúva que habitam em tua cidade.
15 Durante sete dias celebrarás a festa ao Senhor, o teu Deus, no lugar que o Senhor escolher. Pois o Senhor, o teu Deus, há de abençoar-te em toda a tua colheita e em toda a obra das tuas mãos, e a tua alegria será completa.
16 Três vezes no ano, todos os teus homens aparecerão perante o Senhor, o teu Deus, no lugar que escolher: na festa dos pães sem fermento, na festa das semanas e na festa dos tabernáculos. *Ninguém* aparecerá de mãos vazias perante o Senhor.
17 Cada um dará segundo as suas posses, segundo a bênção que o Senhor, o seu Deus, lhe houver concedido.

A administração da justiça

18 Constituirás juízes e oficiais em todas as cidades que o Senhor, o teu Deus, te der entre as tuas tribos, para que julguem o povo com reto juízo.
19 Não torcerás a justiça nem farás acepção de pessoas. Não tomarás subornos, pois o suborno cega os olhos dos sábios e perverte as palavras dos justos.
20 Segue a justiça, e só a justiça, para que vivas e possuas a terra que o Senhor, o teu Deus, te dá.
21 Não estabelecerás um poste sagrado junto ao altar que levantares para o Senhor, o teu Deus,
22 nem levantarás para ti estátuas; coisas que o Senhor, o teu Deus, detesta.

A punição da idolatria

17 Não sacrificarás ao Senhor, o teu Deus, bois ou ovelhas que tenham defeito ou qualquer deformidade, pois isso é abominação para ele.
2 Quando no teu meio, em alguma das cidades que o Senhor, o teu Deus, te dá, se achar um homem ou uma mulher que pratique o que desagrada ao Senhor, o teu Deus, violando a sua aliança,
3 servindo a outros deuses e prostrando-se diante deles, ou do sol, ou da lua, ou de qualquer astro do céu, coisas que não ordenei,
4 logo que te for denunciado, investigarás bem. Se de fato for verdade que se cometeu tal abominação em Israel,
5 então levarás o homem ou a mulher que fez esse malefício às portas da tua cidade e os apedrejarás até que morram.

6 Sob o depoimento de duas ou
três testemunhas será morto o
que houver de morrer, mas pelo
depoimento de uma só testemu-
nha não será condenado à morte.
7 As mãos das testemunhas serão
as primeiras a levantar-se contra
ele, para matá-lo, e depois as mãos
de todo o povo. Assim extirparás
o mal do meio de ti.

O tribunal supremo

8 Quando alguma causa te for di-
fícil demais para julgar, tal como:
homicídio, demanda, lesão física
ou outras questões de litígio em
tuas cidades, então te levantarás
e subirás ao lugar que o Senhor,
o teu Deus, escolher.
9 Virás aos sacerdotes levitas e ao
juiz que houver nesses dias e os
consultarás; e eles te anunciarão
a sentença do julgamento.
10 Farás segundo a sentença que
anunciarem no lugar que o Senhor
houver escolhido e cuidarás de
fazer conforme tudo o que te en-
sinarem.
11 Conforme a sentença da lei
que te ensinarem e o juízo que
te disserem, farás. Da sentença
que te anunciarem não te des-
viarás, nem para a direita nem
para a esquerda.
12 O homem que proceder sober-
bamente, não dando ouvidos nem
ao sacerdote que está ali para ser-
vir ao Senhor, o teu Deus, nem
ao juiz, o tal homem será morto.
Assim eliminarás o mal de Israel,
13 a fim de que todo o povo o
ouça e tema, e nunca mais se en-
soberbeça.

Os deveres do rei

14 Quando entrares na terra que
o Senhor, o teu Deus, te dá, e a
possuíres, e nela habitares, e disse-
res: Porei sobre mim um rei, como
todas as nações que me cercam,
15 estabelecerás sobre ti o rei que
o Senhor, o teu Deus, escolher,
entre os teus irmãos. Não pode-
rás estabelecer como rei um es-
trangeiro, que não seja teu irmão.
16 Ele, porém, não adquirirá para
si grande número de cavalos nem
fará o povo voltar ao Egito, para ad-
quirir mais cavalos, pois o Senhor
vos disse: Nunca mais voltareis
por este caminho.
17 Tampouco adquirirá para si
mulheres em grande número, para
que o seu coração não se desvie.
Não acumulará para si grande
quantidade de prata ou de ouro.
18 Quando se assentar no trono do
seu reino, escreverá para si num
livro uma cópia desta lei, que está
diante dos sacerdotes levitas.
19 Conservará a cópia consigo e a
lerá todos os dias da sua vida, para
que aprenda a temer ao Senhor,
o seu Deus, e a guardar todas as
palavras desta lei e estes estatu-
tos, para os cumprir.
20 Isso fará para que o seu cora-
ção não se eleve sobre os seus ir-
mãos, e não se aparte do manda-
mento, nem para a direita nem
para a esquerda, de sorte que pro-
longue os dias no seu reino, ele
e seus filhos no meio de Israel.

Os direitos dos sacerdotes e dos levitas

18 Os sacerdotes levitas e toda
a tribo de Levi não terão
parte nem herança em Israel; vi-
verão das ofertas queimadas ao
Senhor e daquilo que lhes é devido.
2 Eles não terão herança entre
seus irmãos; o Senhor é a sua he-
rança, como lhes tem dito.

3 Este será o direito dos sacerdotes sobre o povo, sobre os que oferecem sacrifício, seja boi seja ovelha: darão a eles o ombro, as queixadas e o estômago.

4 A eles darás também as primícias do cereal, do vinho e do azeite, e a primeira lã da tosquia das ovelhas,

5 pois foi a eles e a seus filhos que o Senhor, o teu Deus, escolheu dentre todas as tuas tribos, para exercer o ministério no nome do Senhor, todos os dias.

6 Quando um levita sair de qualquer cidade de Israel, onde habita, e vier com todo o desejo da sua alma ao lugar que o Senhor escolheu,

7 a fim de ministrar no nome do Senhor, o seu Deus, como todos os seus irmãos levitas que ali se encontrarem diante do Senhor,

8 poderá comer uma porção igual à dos outros, além das vendas do seu patrimônio.

As abominações das nações

9 **Q**uando tiveres entrado na terra que o Senhor, o teu Deus, te dá, não imitarás as abominações dessas nações.

10 Não haja no teu meio quem queime seu filho ou sua filha, nem adivinhador, nem prognosticador, nem agoureiro, nem feiticeiro,

11 nem encantador, nem necromante, nem mágico, nem quem consulte os mortos.

12 O Senhor abomina todo aquele que faz essas coisas. É por causa dessas abominações que o Senhor, *o teu Deus, expulsa essas nações* de diante de ti.

13 Serás perfeito diante do Senhor, o teu Deus.

14 As nações, que hás de possuir, dão ouvidos a agoureiros e a adivinhos. Mas a ti o Senhor, o teu Deus, não permite tal prática.

O grande profeta

15 **O** Senhor, o teu Deus, te levantará um profeta como eu do meio de teus irmãos. A ele ouvirás.

16 Foi o que pediste ao Senhor, o teu Deus, em Horebe, no dia da assembleia, dizendo: Não ouvirei mais a voz do Senhor, o meu Deus, nem mais verei este grande fogo, para que não morra.

17 Então o Senhor me disse: Falaram bem no que disseram.

18 Eu lhes levantarei um profeta do meio de seus irmãos, semelhante a ti; porei as minhas palavras na sua boca, e ele lhes falará tudo o que eu lhe ordenar.

19 Eu mesmo pedirei contas de todo aquele que não ouvir as minhas palavras, que ele falar em meu nome.

20 O profeta, porém, que ousar falar em meu nome alguma palavra que eu não lhe tenho mandado falar, ou o que falar em nome de outros deuses, o tal profeta será morto.

21 Se disseres no teu coração: Como conheceremos a palavra que não procede do Senhor?

22 Quando o tal profeta falar em nome do Senhor, e o que disse não acontecer nem se realizar, essa palavra não procede do Senhor. Com soberba a falou o tal profeta. Não tenhas temor dele.

As cidades de refúgio

19 Quando o Senhor, o teu Deus, expulsar as nações cuja terra te dá, e tirar delas tudo o que têm, e morares nas suas cidades e nas suas casas,

2 três cidades reservarás na terra que o Senhor, o teu Deus, te dá para a possuíres.
3 Construirás caminhos para elas e dividirás em três partes o território que o Senhor, o teu Deus, te dá em herança, para que nelas se acolha todo homicida.
4 São estes os casos em que o homicida, ao se acolher nelas, terá a vida salva: aquele que sem o querer ferir o seu próximo, sem ódio premeditado.
5 Por exemplo, aquele que com o seu próximo entrar no bosque para cortar lenha e, no momento de levantar o machado para cortar a árvore, o ferro se separar do cabo e atingir o seu próximo, e este morrer, o tal fugirá para uma dessas cidades, e viverá.
6 De outra forma, o vingador do sangue, enfurecido, perseguiria o homicida e, alcançando-o, por ser longo o caminho, lhe tiraria a vida, não sendo ele culpado de morte, pois não o odiava antes.
7 Portanto te ordeno: Três cidades separarás.
8 Se o Senhor, o teu Deus, ampliar as tuas fronteiras, como jurou a teus pais, e te der toda a terra que a teus pais jurou dar-te
9 — desde que guardes todos estes mandamentos que hoje te ordeno, para cumpri-los, amando o Senhor, o teu Deus, e andando nos seus caminhos todos os dias —, então acrescentarás outras três cidades *além destas três*,
10 para que não se derrame o sangue inocente no meio da terra que o Senhor, o teu Deus, te dá por herança, e sejas culpado de derramamento de sangue.
11 Se, contudo, alguém, por ódio ao seu próximo, lhe armar ciladas, levantar-se contra ele, o ferir mortalmente, de modo que morra, e se acolher a alguma destas cidades,
12 os anciãos da cidade mandarão prendê-lo e o entregarão nas mãos do vingador do sangue, para que morra.
13 Não terás piedade dele. Antes eliminarás de Israel o derramamento de sangue inocente, para que te vá bem.
14 Não mudes os marcos do teu próximo, que teus antepassados fixaram na tua herança, na terra que o Senhor, o teu Deus, te dá para a possuíres.

As testemunhas

15 Uma só testemunha não será suficiente contra uma pessoa, seja qual for o seu delito, ou o seu pecado. Só pelo depoimento de duas ou três testemunhas se estabelecerá o fato.
16 Quando se levantar uma testemunha falsa contra uma pessoa, acusando-a de algum delito,
17 então, as duas pessoas que tiverem a demanda se apresentarão perante o Senhor, diante dos sacerdotes e juízes em exercício naqueles dias.
18 Se os juízes, depois de cuidadosa investigação, constatarem que a testemunha é falsa, que levantou falso testemunho contra seu irmão,
19 farás com ela o que pretendia fazer a seu irmão. Assim eliminarás o mal do meio de ti,
20 para que os que ficarem o ouçam e temam, e nunca mais tornem a fazer tal mal no meio de ti.
21 Não terás piedade dela: vida por vida, olho por olho, dente por dente, mão por mão, pé por pé.

A mobilização para a guerra

20 Quando saíres à batalha contra teus inimigos e vires cavalos, carros e exército mais poderoso do que o teu, não os temerás, porque o Senhor, o teu Deus, que te tirou da terra do Egito, está contigo.

2 Quando vos achegardes ao combate, o sacerdote virá à frente e falará ao povo,

3 dizendo: Ouve, ó Israel, hoje vos achegais ao combate contra os vossos inimigos. Que não desanime o vosso coração; não temais, nem tremais, nem vos aterrorizeis diante deles,

4 pois o Senhor, o vosso Deus, é quem vai convosco a combater contra os vossos inimigos, para salvar-vos.

5 Então os oficiais dirão ao povo: Qual é o homem que construiu uma casa nova e ainda não a inaugurou? Volte para a sua casa, para que não morra no combate e outro homem a receba.

6 Qual é o homem que plantou uma vinha e ainda não desfrutou dela? Volte para a sua casa, para que não morra no combate e outro desfrute dela em seu lugar.

7 Qual é o homem que prometeu casamento a alguma mulher e ainda não a recebeu? Volte para a sua casa, para que não morra no combate e outro homem a receba.

8 Os oficiais continuarão a dizer ao povo: Qual é o homem medroso e de coração covarde? Volte para a sua casa, para que o coração de seus irmãos não se desanime como o seu coração.

9 Quando os oficiais acabarem de falar ao povo, os comandantes dos exércitos se colocarão à frente do povo.

10 Ao marchar contra alguma cidade para combater contra ela, proponha-lhe antes a paz.

11 Se a sua resposta é de paz, e te abrir as portas, todo o seu povo será sujeito a trabalhos forçados e te servirá.

12 Se ela recusar a paz e preferir a guerra, então a sitiarás.

13 Quando o Senhor, o teu Deus, a entregar nas tuas mãos, matarás todos os homens à espada.

14 Quanto às mulheres, às crianças, aos animais e a tudo o que houver na cidade, todo o seu despojo, tomarás para ti. E comerás o despojo dos teus inimigos, que o Senhor, o teu Deus, te dá.

15 Assim farás a todas as cidades mais afastadas, que não pertencerem às cidades destes povos.

16 Das cidades destas nações que o Senhor, o teu Deus, te dá em herança, porém, nada que respire deixarás com vida.

17 Antes, as destruirás totalmente: os heteus, os amorreus, os cananeus, os ferezeus, os heveus, os jebuseus, como o Senhor, o teu Deus, te mandou,

18 para que não vos ensinem a imitar as abominações que fazem em honra a seus deuses, e venhais a pecar contra o Senhor, o vosso Deus.

19 Quando sitiares uma cidade por muitos dias, combatendo contra ela para a tomar, não destruas as suas árvores, cortando-as com o machado, porque do seu fruto comerás. Não as cortarás. São as árvores do campo pessoas para que sejam sitiadas por ti?

20 Somente as árvores que souberes não serem frutíferas poderás destruir e cortar, a fim de edificares baluartes contra a cidade que

está em guerra contra ti, até que
seja derrubada.

Morte cujo autor é desconhecido

21 Quando, na terra que o
Senhor te der em posse, se
achar no campo alguém morto,
sem que se saiba quem o matou,
2 os anciãos e os juízes sairão e
medirão a distância até as cidades
que estiverem em redor do morto.
3 Os anciãos da cidade mais próxi-
ma do morto tomarão uma bezerra
da manada que não tenha traba-
lhado nem tenha puxado na canga
4 e a trarão a um vale de águas
correntes que nunca tenha sido
cultivado nem semeado. Ali, nes-
se vale, lhe quebrarão a nuca.
5 Depois, os sacerdotes, filhos
de Levi, se aproximarão, pois o
Senhor, o teu Deus, os escolheu
para o servirem e para abençoa-
rem em seu nome e, por sua pa-
lavra, decidirem toda demanda
e todo dano,
6 e todos os anciãos da cidade mais
próxima ao morto lavarão as suas
mãos sobre a bezerra cuja nuca
foi quebrada no vale
7 e dirão: As nossas mãos não der-
ramaram este sangue, e os nos-
sos olhos não o viram.
8 Sê favorável ao teu povo Israel,
que tu, ó Senhor, resgataste, e não
ponhas a culpa do sangue ino-
cente no meio do teu povo Israel.
E aquele sangue lhes será expiado.
9 Assim eliminarás do meio de ti
a culpa do sangue inocente e farás
o que é justo aos olhos do Senhor.

O casamento com cativas de guerra

10 Quando fores à guerra contra
os teus inimigos, e o Senhor, o teu
Deus, os entregar nas tuas mãos,
e os fizeres prisioneiros,
11 e vires entre eles uma mulher
formosa, da qual te afeiçoes e a
queiras tomar por esposa,
12 então a trarás para a tua casa.
Ela rapará a cabeça, cortará as
unhas,
13 despirá o vestido do seu cati-
veiro, permanecerá em tua casa
e chorará a seu pai e a sua mãe
um mês inteiro. Depois disso a
tomarás; tu serás seu marido, e
ela será tua mulher.
14 Se ela cessar de te agradar,
a deixarás partir livre, mas não a
poderás vender nem maltratar,
pois foi tua mulher.

O direito do primogênito

15 Se um homem tiver duas mu-
lheres, uma a quem ama e outra
a quem não ama, e ambas lhe de-
rem filhos, e o primogênito for fi-
lho da desprezada,
16 no dia em que repartir os bens
entre seus filhos, não poderá dar
o direito de primogenitura ao filho
da amada, preferindo-o ao filho da
desprezada, que é o primogênito.
17 Reconhecerá, porém, por pri-
mogênito o filho da mulher não
amada, dando-lhe porção dobra-
da dos bens. Esse filho é o primei-
ro fruto do seu vigor; a ele per-
tence o direito de primogenitura.

Os filhos desobedientes

18 Se alguém tiver um filho obsti-
nado e rebelde, que não obedece à
voz do pai nem da mãe e, embora
o castiguem, não lhes dê ouvidos,
19 seu pai e sua mãe o tomarão
e o levarão aos líderes da sua ci-
dade, à sua porta,
20 e lhes dirão: Este nosso filho
é rebelde e obstinado, não dá ou-
vidos à nossa voz. É dissoluto e
beberrão.

21 Então, todos os homens da
sua cidade o apedrejarão, até que
morra. Assim extirparás o mal
do meio de ti e, ao sabê-lo, todo o
Israel temerá.

Os cadáveres dos supliciados

22 Quando alguém tiver cometi-
do um crime que mereça a mor-
te, e, condenado, for suspenso
num madeiro,
23 o seu cadáver não permane-
cerá no madeiro durante a noite.
Certamente o enterrarás no mesmo
dia, porque o que for pendurado é
maldito de Deus. Assim não con-
taminarás a terra que o Senhor, o
teu Deus, te dá em herança.

A prática da caridade

22 Vendo extraviado o boi ou
a ovelha de teu irmão, não
te desviarás deles, mas os resti-
tuirás sem falta a teu irmão.
2 Se teu irmão não estiver perto
de ti, ou não o conheceres, tu os
recolherás na tua casa, para que
fiquem contigo até que teu irmão
os busque, e tu lhe restituas.
3 O mesmo farás com o jumen-
to, com o manto e com qualquer
outra coisa perdida pelo teu ir-
mão, que tu achares. Não pode-
rás ignorá-las.
4 Se vires o jumento ou o boi, que
pertencem a teu irmão, caídos no
caminho, deles não te desviarás,
mas sem falta os levantarás.

Leis diversas

5 A mulher não usará roupa de
homem, e o homem não usará
roupa de mulher, pois quem faz
tal coisa é abominável ao Senhor,
o teu Deus.
6 Se encontrares no caminho um
ninho de ave, numa árvore ou no
chão, com passarinhos, ou ovos, e
a mãe posta sobre os passarinhos,
ou sobre os ovos, não tomarás a
mãe com os filhos.
7 Deixarás ir livremente a mãe,
e os filhos tomarás para ti, para
que te vá bem e prolongues os
teus dias.
8 Quando construíres uma casa
nova, farás um parapeito ao re-
dor do terraço, para que não tra-
gas sangue sobre a tua casa, se al-
guém cair dela.
9 Não plantes dois tipos de semente
na tua vinha com duas espécies de
semente, para que não degenere o
fruto da semente que semeaste nem
o produto da vinha.
10 Não lavrarás com boi e jumento
no mesmo jugo.
11 Não usarás roupa de lã e linho
tecidos no mesmo jugo.
12 Farás borlas nas quatro bor-
das do manto com que te cobrires.

Leis sobre o casamento

13 Se um homem casar-se e, de-
pois de unir-se com sua mulher,
a desprezar
14 e acusar de delitos vergonho-
sos, e difamá-la, dizendo: Tomei
esta mulher e me cheguei a ela,
mas não a achei virgem,
15 os pais da moça tomarão as pro-
vas da virgindade dela e as leva-
rão aos líderes da cidade, à porta.
16 O pai da moça dirá aos anciãos:
Dei minha filha por mulher a este
homem, mas ele a desprezou
17 e lhe acusou de delitos vergo-
nhosos, dizendo: Não achei tua fi-
lha virgem. Mas aqui estão os si-
nais da virgindade de minha filha.
Então os pais estenderão a roupa
dela diante dos líderes da cidade,
18 os quais tomarão aquele ho-
mem, e o castigarão.

19 Eles o condenarão em cem si-
clos de prata e o entregarão ao pai
da moça, porque difamou uma vir-
gem de Israel. Ela continuará a
ser sua mulher, e ele não poderá
mandá-la embora enquanto viver.
20 Se, porém, a acusação for ver-
dadeira, e não se provar a virgin-
dade da moça,
21 esta será conduzida à entrada
da casa de seu pai, e os homens
da sua cidade a apedrejarão, até
que morra. Ela cometeu loucu-
ra em Israel, prostituindo-se na
casa de seu pai. Assim extirpa-
rás o mal do meio de ti.
22 Se um homem for achado dei-
tado com uma mulher casada, am-
bos serão mortos, o homem que se
deitou com a mulher, e a mulher.
Assim extirparás o mal de Israel.
23 Se um homem encontrar na
cidade uma moça ainda virgem,
noiva de algum homem, e se dei-
tar com ela,
24 trareis ambos à entrada da-
quela cidade e os apedrejareis,
até que morram; a moça, por não
ter gritado, estando na cidade, e
o homem por haver abusado da
noiva de seu próximo. Assim ex-
tirparás o mal do meio de ti.
25 Se, porém, algum homem achar
no campo uma moça noiva e a for-
çar, e se deitar com ela, somente
será morto o homem que se dei-
tou com ela.
26 À moça nada farás; ela não
tem culpa de morte, pois o caso
se assemelha a um homem que
se levanta contra o seu próximo
e o mata,
27 pois ele a achou no campo, e
a moça gritou, mas não houve
quem a livrasse.
28 Se um homem achar uma moça
virgem, que não esteja noiva, e,
forçando-a deitar-se com ela, fo-
rem apanhados,
29 então o homem que se deitou
com ela dará ao pai da moça cin-
quenta siclos de prata. Ela lhe
será por mulher, pois a humi-
lhou. Não poderá despedi-la en-
quanto ela viver.
30 Nenhum homem tomará a
mulher de seu pai, pois isso o de-
sonraria.

A exclusão da assembleia

23 Ninguém que se tenha tor-
nado eunuco, por aciden-
te ou por mutilação, entrará na
assembleia do Senhor.
2 Nenhum bastardo entrará na
assembleia do Senhor; nem ain-
da a sua décima geração poderá
ser ali admitida.
3 Nenhum amonita nem moa-
bita entrarão na assembleia do
Senhor; nem ainda na décima ge-
ração, nunca poderão entrar na
assembleia do Senhor,
4 pois não foram ao vosso en-
contro com pão e água, no ca-
minho, quando saístes do Egito
e, além disso, subornaram con-
tra ti a Balaão, filho de Beor, de
Petor, da Mesopotâmia, para te
amaldiçoar.
5 O Senhor, o teu Deus, porém,
não quis ouvir Balaão, antes tro-
cou em bênção a maldição, por-
que o Senhor, o teu Deus, te ama.
6 Não procurarás paz ou amizade
com eles enquanto viveres.
7 Não abominarás o edomita, pois
é teu irmão. Não abominarás o
egípcio, pois foste estrangeiro
em sua terra.
8 Os filhos que lhes nascerem po-
derão ser admitidos na assem-
bleia do Senhor a partir da ter-
ceira geração.

A limpeza do acampamento

9 Quando saíres para guerrear
contra os teus inimigos, evita
toda impureza.
10 Se houver nas tuas fileiras al-
guém que por motivo de polução
noturna não estiver limpo, sairá
para fora do acampamento; não
permanecerá nele.
11 Ao cair da tarde, porém, se la-
vará com água, e, em se pondo o
sol, entrará no acampamento.
12 Também terás um lugar fora
do acampamento para as tuas ne-
cessidades.
13 Entre as tuas armas terás algu-
ma coisa com que cavar, e, quan-
do defecares, cavarás e cobrirás
os teus excrementos.
14 Pois o Senhor, o teu Deus, anda
no meio do teu acampamento,
para te proteger e para entregar-
-te os teus inimigos. O teu acam-
pamento será santo, para que ele
não veja em ti coisa indecente e
se afaste de ti.

Leis diversas

15 Não entregarás ao seu senhor o
escravo fugitivo que se acolher a ti.
16 Contigo ficará, no meio de ti, no
lugar que escolher em uma das
tuas cidades, onde lhe agradar.
Não o oprimirás.
17 Não haverá entre os israelitas
homem ou mulher que se entregue
à prostituição cultual.
18 Não trarás salário de prosti-
tuição, nem de homem nem de
mulher, à casa do Senhor, o teu
Deus, em pagamento de algum
voto, porque a ambos ele abomina.
19 De teu irmão não exigirás juro
algum, quer se trate de dinheiro,
quer se trate de víveres, ou de
qualquer coisa que se empres-
ta a juros.
20 Ao estranho poderás emprestar
com juros, mas não ao teu irmão,
para que o Senhor, o teu Deus, te
abençoe em tudo o que puseres
a tua mão, na terra que passas a
possuir.
21 Quando fizeres algum voto ao
Senhor, o teu Deus, não tardarás
em cumpri-lo, pois o Senhor, o teu
Deus, certamente o requererá de
ti, e em ti haverá pecado.
22 Se, porém, não votares, não
haverá pecado em ti.
23 Tudo o que proferiram os teus
lábios, isso guardarás, e o farás,
porque fizeste teu voto livremen-
te ao Senhor, o teu Deus, com a
tua própria boca.
24 Quando entrares na vinha do
teu próximo, poderás comer uvas
até te fartares, mas não as leva-
rás no cesto.
25 Quando entrares na planta-
ção do teu próximo, com a tua
mão poderás colher espigas, mas
não usarás a foice na plantação
do teu próximo.

O divórcio

24 Se um homem tomar uma
mulher, casar-se com ela,
e esta depois deixar de lhe agra-
dar por ter ele achado nela qual-
quer coisa indecente, este lhe es-
creverá uma carta de divórcio e
a dará na mão, despedindo-a da
sua casa.
2 Se, uma vez saída da casa dele,
for e se casar com outro homem,
3 e este também a rejeitar e, escre-
vendo-lhe uma carta de divórcio,
a der na mão e a despedir da sua
casa; ou, se este último homem,
que a tomou para si por mulher,
vier a morrer,
4 então o seu primeiro marido, que
a despedira, não poderá tornar

a tomá-la para que seja sua mulher, porque ficou contaminada. Isso é abominação aos olhos do Senhor. Não farás pecar a terra que o Senhor, o teu Deus, te dá por herança.

Leis diversas

5 Um homem recém-casado não sairá à guerra; nenhum encargo lhe será imposto. Por um ano ficará livre na sua casa, para alegrar a sua mulher, com quem casou.
6 Não tomarás em penhor as duas pedras do moinho, nem mesmo a pedra de cima, pois se penhoraria assim a vida.
7 Se for descoberto alguém que tenha raptado um dos seus irmãos israelitas e o tenha feito escravo, ou vendido, esse sequestrador será morto. Assim extirparás o mal do meio de ti.
8 Guarda-te da praga da lepra e tem grande cuidado de seguir fielmente tudo o que te ensinarem os sacerdotes levitas. Como lhes tenho ordenado, terás cuidado de o fazer.
9 Lembra-te do que o Senhor, o teu Deus, fez a Miriã no caminho, quando saíste do Egito.
10 Se emprestares alguma coisa a teu próximo, não lhe invadirás a casa para te garantires com algum penhor.
11 Ficarás do lado de fora, e o homem, a quem emprestaste, te trará fora o penhor.
12 Se ele, porém, *for* pobre, não te deitarás com o seu penhor.
13 Em se pondo o sol, lhe restituirás sem falta o penhor, para que possa deitar-se no seu manto. Então ele te abençoará, e isso será para ti justiça diante do Senhor, o teu Deus.
14 Não explorarás o assalariado pobre e necessitado, seja ele teu irmão, seja ele estrangeiro que mora na tua terra e nas tuas cidades.
15 No mesmo dia, pagarás a ele o seu salário, antes que o sol se ponha sobre a dívida, pois ele é pobre, e disso depende a sua vida; para que não clame contra ti ao Senhor, e haja em ti pecado.
16 Os pais não serão mortos pela culpa dos filhos, nem os filhos pela culpa dos pais; cada qual morrerá pelo seu pecado.
17 Não perverterás o direito do estrangeiro e do órfão, nem tomarás em penhor a roupa da viúva.
18 Lembra-te de que foste escravo no Egito, de onde o Senhor te libertou, pelo que te ordeno proceder assim.
19 Quando fizeres a colheita do teu campo e te esqueceres de algum feixe, não voltarás a tomá-lo. Ele ficará para o estrangeiro, para o órfão e para a viúva, para que o Senhor, o teu Deus, te abençoe em toda a obra das tuas mãos.
20 Quando sacudires a tua oliveira, não voltarás a colher o que restou nos galhos; isso ficará para o estrangeiro, para o órfão e para a viúva.
21 Quando colheres uvas, não voltarás para buscar o que ficou; o que ficar, será para o estrangeiro, para o órfão e para a viúva.
22 Lembra-te de que foste escravo na terra do Egito. Por isso, eu te ordeno que faças isso.

A pena de açoites

25 Se entre dois homens houver contenda, e vierem a juízo para serem julgados, o inocente

será absolvido, e o culpado será
condenado.
2 Se o culpado merecer a pena de
açoites, o juiz fará que ele se dei-
te e seja açoitado na sua presen-
ça, com o número de açoites, se-
gundo a sua culpa;
3 mas não poderás dar-lhe mais
de quarenta açoites. Se lhe fizer
dar mais açoites do que estes,
teu irmão ficará humilhado aos
teus olhos.
4 Não amordaçarás a boca ao boi
quando estiver debulhando.

A lei do levirato

5 Quando dois irmãos morarem
juntos, e um deles morrer sem
deixar filho, a mulher do defunto
não poderá casar-se com um ho-
mem estranho, de fora da família.
Seu cunhado a tomará e a rece-
berá por mulher, e exercerá para
com ela a obrigação de cunhado.
6 O primogênito que ela tiver,
usará o nome do irmão morto,
para que o seu nome não se apa-
gue de Israel.
7 Se, porém, o homem não qui-
ser tomar a sua cunhada, esta irá
aos líderes da cidade no tribunal
e dirá: Meu cunhado recusa-se
a suscitar a seu irmão nome em
Israel. Não quer exercer para co-
migo o dever de cunhado.
8 Então os líderes da sua cidade de-
vem chamá-lo e falar-lhe. Se ele per-
sistir e disser: Não quero tomá-la,
9 a sua cunhada se chegará a ele
na presença dos líderes, e lhe
descalçará a sandália do pé, e
lhe cuspirá no rosto, e protesta-
rá, dizendo: Assim se fará ao ho-
mem que não quer edificar a fa-
mília de seu irmão.
10 E sua casa será chamada em
Israel de a casa do descalçado.
11 Se dois homens brigarem, um
com o outro, e a mulher de um che-
gar para livrar a seu marido das
mãos do que o fere, e estender a
mão, e o pegar pelas partes íntimas,
12 tu lhe cortarás a mão. Não te-
rás piedade dela.

Pesos e medidas justos

13 Não terás dois pesos na tua
bolsa, um grande e um pequeno.
14 Não terás duas medidas em
tua casa, uma grande e uma pe-
quena.
15 Terás somente pesos exatos e
justos, e medidas exatas e justas,
para que se prolonguem os teus
dias na terra que o Senhor, o teu
Deus, te dá.
16 Pois o Senhor, o teu Deus, abo-
mina todo aquele que pratica tal
injustiça.
17 Lembra-te do que te fez Amaleque
no caminho, quando saíste do Egito,
18 como te surpreendeu no ca-
minho e derrubou todos os fra-
cos que seguiram atrás de ti, na
retaguarda, estando tu cansado
e afadigado; não temeu a Deus.
19 Quando o Senhor, o teu Deus,
te tiver dado repouso de todos os
teus inimigos em redor, na terra
que ele te dará por herança, pa-
ra que a possuas, então apagarás
a memória de Amaleque de de-
baixo do céu. Não te esqueças.

Os primeiros frutos da terra

26 Quanto tiveres entrado na
terra que o Senhor, o teu
Deus, te dá por herança, e a pos-
suíres, e nela habitares,
2 separarás das primícias de to-
dos os frutos do solo, que colhe-
res da terra que o Senhor, o teu
Deus, te dá, as porás num cesto e
irás ao lugar que o Senhor, o teu

Deus, escolher para ali fazer ha-
bitar o seu nome.
3 E irás apresentar-te ao sacerdo-
te em exercício e lhe dirás: Hoje
declaro perante o Senhor, o teu
Deus, que entrei na terra que o
Senhor prometeu a nossos pais
que nos daria.
4 O sacerdote receberá o cesto da
tua mão e o porá diante do altar
do Senhor, o teu Deus.
5 Então protestarás perante o
Senhor, o teu Deus, e dirás: Arameu
prestes a perecer foi meu pai, que
desceu ao Egito e ali peregrinou
com pouca gente. Mas cresceu
até tornar-se nação grande, po-
derosa e numerosa.
6 Os egípcios, porém, nos maltra-
taram e nos afligiram, impondo
sobre nós dura escravidão.
7 Mas nós clamamos ao Senhor,
o Deus de nossos pais, e ele ou-
viu a nossa voz e atentou para a
nossa miséria, para o nosso tra-
balho e para a nossa opressão,
8 e nos tirou do Egito com mão
forte, com braço estendido, com
grande espanto, com sinais e
com milagres.
9 Ele nos trouxe a este lugar e nos
deu esta terra, terra em que ma-
nam leite e mel;
10 e agora trago as primícias dos
frutos da terra que tu, ó Senhor,
me deste. Então, as porás perante
o Senhor, o teu Deus, e o adorarás.
11 E te alegrarás por todo o bem
que o Senhor, o teu Deus, tem
dado a ti e à *tua família*, tu e o le-
vita, e o estrangeiro que está no
meio de ti.
12 Quando acabares de separar
todos os dízimos dos produtos do
terceiro ano, que é o ano dos dízi-
mos, então os darás ao levita, ao
estrangeiro, ao órfão e à viúva,
para que comam e se fartem nas
tuas cidades.
13 Dirás perante o Senhor, o teu
Deus: Retirei de minha casa o que
era consagrado e dei também ao
levita, ao estrangeiro, ao órfão e à
viúva, segundo todos os teus man-
damentos que me tens ordenado.
Não me desviei dos teus manda-
mentos nem deles me esqueci.
14 Dos dízimos não comi no meu
luto, e estando eu imundo deles
nada tirei, e deles nada ofere-
ci aos mortos. Obedeci à voz do
Senhor meu Deus; segundo tudo
o que me ordenaste, tenho feito.
15 Olha desde a tua santa habita-
ção, desde o céu, e abençoa o teu
povo, a Israel, e a terra que nos
deste, como juraste a nossos pais,
terra em que manam leite e mel.
16 Hoje o Senhor, o teu Deus, te
manda cumprir estes estatutos
e juízos; guarda-os e observa-os
de todo o teu coração e de toda a
tua alma.
17 Hoje declaraste que o Senhor é
o teu Deus e que andarás nos seus
caminhos, guardarás os seus estatu-
tos, os seus mandamentos, os seus
juízos, e darás ouvidos à sua voz.
18 E hoje o Senhor te declarou que
serás para ele um povo particular,
como te tem dito, e que guarda-
rás todos os seus mandamentos.
19 Para assim te exaltar em lou-
vor, em fama e em honra sobre
todas as nações que criou, e para
que sejas povo santo ao Senhor, o
teu Deus, como tem dito.

O terceiro discurso de Moisés

27 Moisés e os anciãos de-
ram ordem ao povo de
Israel, dizendo: Guardai todos
estes mandamentos que eu hoje
te ordeno.

2 No dia em que passares o Jordão para a terra que o Senhor, o teu Deus, te dá, levantarás pedras grandes e as pintarás com cal.

3 Escreverás nelas todas as palavras desta lei, para entrares na terra que te dá o Senhor, o teu Deus, terra em que manam leite e mel, como te disse o Senhor, Deus de teus pais.

4 E, quando tiveres passado o Jordão, levantarás estas pedras, como hoje te ordeno, no monte Ebal, e as pintarás com cal.

5 Edificarás um altar ao Senhor, o teu Deus, um altar de pedras. Não utilizarás ferramenta sobre elas.

6 De pedras inteiras edificarás o altar do Senhor, o teu Deus, e nele oferecerás holocaustos ao Senhor, o teu Deus.

7 Oferecerás sacrifícios de ofertas pacíficas e ali comerás perante o Senhor, o teu Deus, e te alegrarás.

8 Nessas pedras escreverás todas as palavras desta lei, gravando-as com nitidez.

9 Então Moisés, juntamente com os sacerdotes levitas, disseram a todo o Israel: Escuta e ouve, ó Israel! Hoje vieste a ser povo do Senhor, o teu Deus.

10 Obedecerás à voz do Senhor, o teu Deus, e lhe cumprirás os mandamentos e os estatutos que hoje te ordeno.

As doze maldições

11 No mesmo dia, Moisés deu ordem ao povo, dizendo:

12 Quando houveres passado o Jordão, estas são as tribos que estarão sobre o monte Gerizim para *abençoar o povo: Sim*eão, Levi, Judá, Issacar, José e Benjamim.

13 E estas são as tribos que estarão sobre o monte Ebal para amaldiçoar: Rúben, Gade, Aser, Zebulom, Dã e Naftali.

14 Os levitas testificarão a todo o povo de Israel em alta voz e dirão:

15 Maldito o homem que fizer imagem de escultura, ou de fundição, abominável ao Senhor, obra de artífice, e a puser em lugar oculto. E todo o povo, respondendo, dirá: Amém!

16 Maldito aquele que desprezar seu pai ou sua mãe. E todo o povo dirá: Amém!

17 Maldito aquele que remover os marcos do seu próximo. E todo o povo dirá: Amém!

18 Maldito aquele que fizer o cego errar o caminho. E todo o povo dirá: Amém!

19 Maldito aquele que perverter o direito do estrangeiro, do órfão e da viúva. E todo o povo dirá: Amém!

20 Maldito aquele que se deitar com a mulher de seu pai, pois desonra assim o leito paterno. E todo o povo dirá: Amém!

21 Maldito aquele que se deitar com algum animal. E todo o povo dirá: Amém!

22 Maldito aquele que se deitar com sua irmã, filha de seu pai ou filha de sua mãe. E todo o povo dirá: Amém!

23 Maldito aquele que se deitar com sua sogra. E todo o povo dirá: Amém!

24 Maldito aquele que ferir o seu próximo em oculto. E todo o povo dirá: Amém!

25 Maldito aquele que aceitar suborno para matar uma pessoa inocente. E todo o povo dirá: Amém!

26 Maldito aquele que não confirmar as palavras desta lei, para as cumprir. E todo o povo dirá: Amém!

As bênçãos

28 Se atentamente obedece-
res à voz do Senhor, o teu
Deus, tendo o cuidado de guar-
dar todos os seus mandamentos
que hoje te ordeno, o Senhor, o
teu Deus, te exaltará sobre todas
as nações da terra.
2 Se ouvires a voz do Senhor, o
teu Deus, todas estas bênçãos vi-
rão sobre ti, e te seguirão:
3 Bendito serás na cidade e ben-
dito serás no campo.
4 Bendito o fruto do teu ventre, e
o fruto da tua terra, e o fruto dos
teus animais, e as crias das tuas
vacas e das tuas ovelhas.
5 Bendito o teu cesto e a tua amas-
sadeira.
6 Bendito serás ao entrares e ben-
dito serás ao saíres.
7 O Senhor fará que sejam derro-
tados na tua presença os inimi-
gos que se levantarem contra ti.
Se por um caminho vierem con-
tra ti, por sete caminhos fugirão
à tua vista.
8 O Senhor mandará que a bên-
ção esteja contigo nos celeiros
e em todo empreendimento da
tua mão. O Senhor, o teu Deus,
te abençoará na terra que te dá.
9 O Senhor te confirmará como
seu povo santo, como te tem jura-
do, contanto que guardes os seus
mandamentos e andes nos seus ca-
minhos.
10 Todos os povos da terra verão
que és chamado pelo nome do
Senhor e terão temor de ti.
11 O Senhor te dará abundância
de bens no fruto do teu ventre, no
fruto dos teus animais, no fruto
do teu solo, na terra que o Senhor
jurou a teus pais te dar.
12 O Senhor te abrirá o seu bom
tesouro, o céu, para dar chuva à
tua terra no seu tempo e para aben-
çoar toda a obra das tuas mãos.
Emprestarás a muitas nações,
mas não tomarás emprestado.
13 O Senhor te porá por cabe-
ça, não por cauda. Estarás por
cima, não por baixo, se obedece-
res aos mandamentos do Senhor,
o teu Deus, que hoje te ordeno,
para os guardar e cumprir.
14 Não te desvies, nem para a di-
reita nem para a esquerda, de ne-
nhum dos mandamentos que hoje
te ordeno, seguindo outros deu-
ses, para os servires.

As maldições

15 Se, porém, não deres ouvidos à
voz do Senhor, o teu Deus, se não
cuidares em cumprir todos os seus
mandamentos e estatutos que hoje
te ordeno, então virão sobre ti to-
das estas maldições, e te atingirão:
16 Maldito serás na cidade e mal-
dito serás no campo.
17 Maldito o teu cesto e a tua
amassadeira.
18 Maldito o fruto do teu ventre,
e o fruto da tua terra, e as crias
das tuas vacas e das tuas ovelhas.
19 Maldito serás ao entrares e
maldito serás ao saíres.
20 O Senhor te enviará a praga,
a confusão e a ameaça em tudo o
que empreenderes, até seres des-
truído e repentinamente perece-
res por causa da maldade das tuas
obras, pelas quais me deixaste.
21 O Senhor fará que a pestilên-
cia te pegue, até que te consuma
a terra a que passas a possuir.
22 O Senhor te ferirá com a tu-
berculose e com a febre, com a
inflamação, com o calor ardente,
com a seca, com o crestamento
e com a ferrugem; e isto te per-
seguirá até que pereças.

23 Os teus céus sobre a tua cabe-
ça serão de bronze, a terra debai-
xo de ti será de ferro.
24 O Senhor transformará a chu-
va da tua terra em pó e areia, que
descerão dos céus sobre ti, até
que pereças.
25 O Senhor te fará cair diante
dos teus inimigos. Por um cami-
nho sairás contra eles, mas por
sete caminhos fugirás diante de-
les, e serás espalhado por todos
os reinos da terra.
26 Teu cadáver servirá de pasto a
todas as aves do céu e aos animais
da terra, e ninguém os espantará.
27 O Senhor te ferirá com as úl-
ceras do Egito, com tumores, com
sarna e com prurido, de que não
possas curar-te.
28 O Senhor te ferirá com loucu-
ra, cegueira e confusão mental.
29 Apalparás ao meio-dia, como
o cego apalpa na escuridão. Não
prosperarás nos teus caminhos;
pelo contrário, serás sempre opri-
mido e roubado todos os dias, sem
que ninguém te socorra.
30 Ficarás noivo de uma mu-
lher, mas outro dormirá com ela.
Edificarás casa, mas não mora-
rás nela. Plantarás vinha, mas
não desfrutarás dela.
31 O teu boi será abatido em tua
presença, mas dele não comerás.
Roubarão o teu jumento diante de
ti e não o devolverão. Tuas ove-
lhas serão dadas aos teus inimi-
gos, e ninguém te socorrerá.
32 Teus filhos e tuas filhas serão
dados a outro povo; os teus olhos
verão isso e desfalecerão de sau-
dades todo o dia, mas a tua mão
nada poderá fazer.
33 O fruto da tua terra e o pro-
duto do teu trabalho serão con-
sumidos por um povo que nunca
conheceste; tu serás oprimido e
subjugado todos os dias.
34 E te enlouquecerás pelo que
hás de ver com os teus olhos.
35 O Senhor te ferirá os joelhos
e as pernas com tumores malig-
nos incuráveis, desde a planta do
teu pé até o alto da tua cabeça.
36 O Senhor te levará, e a teu rei
que tiveres estabelecido sobre ti,
a uma gente que não conheces-
te, nem tu nem teus pais, e lá ser-
virás a outros deuses, deuses de
madeira e de pedra.
37 Serás motivo de assombro, pro-
vérbio e zombaria entre todos os
povos a que o Senhor te levará.
38 Lançarás muita semente ao
campo, mas colherás pouco, por-
que o gafanhoto a consumirá.
39 Plantarás vinhas e as cultiva-
rás, mas não beberás do seu vi-
nho nem colherás as uvas, por-
que as larvas a tudo devorarão.
40 Terás oliveiras em todo o teu
território, mas não te ungirás
com azeite, porque as azeito-
nas cairão.
41 Gerarás filhos e filhas, mas
não serão teus, porque serão le-
vados ao cativeiro.
42 O gafanhoto consumirá to-
das as tuas árvores e o fruto da
tua terra.
43 O estrangeiro, que está no meio
de ti, se elevará mais e mais, e tu
cada vez mais descerás.
44 Ele te emprestará, mas tu não
emprestarás a ele. Ele será por ca-
beça, e tu serás por cauda.
45 Todas estas maldições virão so-
bre ti, te perseguirão e te atingi-
rão, até que sejas destruído, por-
que não ouvistes a voz do Senhor,
o teu Deus, para guardares os seus
mandamentos e os estatutos que
te ordenou.

46 Serão no teu meio por sinal
e por maravilha, como também
entre a tua descendência, para
sempre.
47 Porque não serviste ao Senhor,
o teu Deus, com alegria e bondade
de coração, por causa da abun-
dância de tudo,
48 assim servirás aos teus inimi-
gos, que o Senhor enviará con-
tra ti, em fome e sede, e em nu-
dez, e em falta de tudo. Sobre o
teu pescoço ele porá um jugo de
ferro, até que te tenha destruído.
49 O Senhor levantará contra ti
uma nação de longe, da extremi-
dade da terra, veloz como a águia;
nação cuja língua não entenderás,
50 nação feroz de aparência, que
não terá respeito pelo velho, nem
compaixão do moço.
51 Ela devorará as crias dos teus
animais e o fruto do teu solo, até
que sejas destruído. Não te dei-
xará trigo, nem vinho, nem azei-
te, nem as crias das tuas vacas e
das tuas ovelhas, até que te tenha
consumido.
52 Ela sitiará todas as tuas cidades,
até que venham a cair, em toda a
tua terra, os altos e fortes muros,
em que confiavas. Ela sitiará to-
das as tuas cidades, toda a terra
que o Senhor, o teu Deus, te deu.
53 Comerás o fruto do teu ventre,
a carne de teus filhos e filhas, que
o Senhor, o teu Deus, te houver
dado, por causa do cerco e da an-
gústia com que os teus inimigos
te apertarão.
54 O homem mais delicado e afe-
tuoso do teu meio olhará sem
piedade o seu irmão, a mulher
de seu amor, e o resto dos filhos
que ainda tiver,
55 e não dará a nenhum deles da
carne de seus filhos que estiver
comendo, porque nada restou no
cerco e na angústia com que o
inimigo te apertará em todas as
tuas cidades.
56 Quanto à mulher mais delicada
e afetuosa do teu meio, que de tão
delicada e afetuosa nunca tentaria
pôr a planta do pé sobre a terra,
será mesquinha para com o ma-
rido do seu amor, e para com seu
filho, e para com sua filha,
57 e também ela será mesquinha
para com a placenta que lhe saiu
do ventre, e dos filhos que acabou
de dar à luz, pois, na falta de tudo,
ela os comerá às escondidas, na an-
gústia e no aperto com que o teu ini-
migo te apertará nas tuas cidades.
58 Se não tiveres o cuidado de
guardar todas as palavras desta
lei, escritas neste livro, para te-
meres este nome glorioso e terrí-
vel, o Senhor, o teu Deus,
59 o Senhor tornará terríveis as
tuas pragas e as pragas da tua
descendência; grandes e dura-
douras pragas, doenças cruéis e
persistentes.
60 Fará voltar contra ti todos os
males do Egito, de que tiveste te-
mor, e eles se apegarão a ti.
61 O Senhor também fará vir so-
bre ti toda enfermidade e toda
praga que não está escrita no li-
vro desta lei, até que sejas des-
truído.
62 Ficareis poucos em número,
vós que éreis como as estrelas
dos céus em multidão, porque não
destes ouvidos à voz do Senhor,
o vosso Deus.
63 Assim como o Senhor se ale-
grava em vós, em fazer-vos bem
e multiplicar-vos, assim o Senhor
se alegrará em destruir-vos e con-
sumir-vos. Sereis desarraigados
da terra que passais a possuir.

64 O Senhor vos espalhará entre
todos os povos, de uma até a outra
extremidade da terra, e ali servi-
reis a outros deuses que não co-
nhecestes, nem vós nem vossos
pais, ídolos de madeira e de pedra.
65 Nem ainda no meio dessas na-
ções acharás repouso, nem a plan-
ta de teu pé descansará, pois ali
o Senhor te dará tremor de cora-
ção, desespero de olhos e ansie-
dade de alma.
66 A tua vida estará suspensa
como por um fio diante de ti; vi-
verás sobressaltado de noite e de
dia e não acreditarás na tua pró-
pria vida.
67 Pela manhã dirás: Ah! quem
me dera ver a noite! E à tarde di-
rás: Ah! quem me dera ver a ma-
nhã! Tudo por causa do medo que
tomará conta do teu coração e
pelo que verás com os teus olhos.
68 O Senhor te fará voltar ao
Egito em navios, pelo caminho
de que te disse: Nunca jamais
o verás. Ali sereis oferecidos
como escravos e escravas aos
vossos inimigos, mas não have-
rá quem vos compre.

Renovação da aliança

29 São estas as palavras da
aliança que o Senhor orde-
nou que Moisés fizesse com os fi-
lhos de Israel, na terra de Moabe,
além da aliança que fizera com
eles em Horebe.
2 Moisés convocou todo o Israel
e lhes disse: Tendes visto tudo
o que, perante os vossos olhos, o
Senhor fez na terra do Egito, a
faraó, a todos os seus oficiais
e a toda a sua terra.
3 Com os vossos próprios olhos
vistes as grandes provas, os sinais
e aquelas grandes maravilhas.
4 Até hoje, porém, o Senhor não
vos deu um coração para enten-
der, nem olhos para ver, nem ou-
vidos para ouvir.
5 Quarenta anos vos fiz andar
pelo deserto, sem que envelhe-
cessem sobre vós as vossas ves-
tes, nem se gastasse no vosso pé
a sandália.
6 Não comestes pão nem bebestes
vinho ou bebida forte, para que
soubésseis que eu sou o Senhor,
o vosso Deus.
7 Quando viestes a este lugar,
Seom, rei de Hesbom, e Ogue, rei
de Basã, nos saíram ao encontro,
à batalha, mas nós os derrotamos.
8 Tomamos a sua terra e a demos
por herança aos rubenitas, aos ga-
ditas e à meia tribo de Manassés.
9 Guardai as palavras desta alian-
ça e cumpri-as para que prospe-
reis em tudo quanto fizerdes.
10 Todos vós estais hoje perante
o Senhor, o vosso Deus: os che-
fes das tribos, as autoridades, os
líderes, todo homem de Israel,
11 os meninos, as mulheres, o es-
trangeiro que se acha dentro do
acampamento, desde o rachador
de lenha até o tirador de água,
12 para que entres em aliança
com o Senhor, o teu Deus, que o
Senhor, o teu Deus, hoje faz con-
tigo sob juramento,
13 para que hoje ele te estabeleça
por seu povo e te seja por Deus,
como te prometeu, e como jurou
a teus pais, Abraão, Isaque e Jacó.
14 E faço esta aliança, sob jura-
mento, não somente convosco,
15 que hoje estais aqui conosco
perante o Senhor, o nosso Deus,
mas também com aqueles que não
estão aqui agora conosco.
16 Vós mesmos sabeis como
habitamos na terra do Egito e

como passamos por várias nações
que atravessastes.
17 Vós vistes entre elas as suas
abominações e os seus ídolos de
madeira e de pedra, de prata e
de ouro.
18 Que entre vós não exista ho-
mem, nem mulher, nem família,
nem tribo cujo coração hoje se
desvie do Senhor, o nosso Deus,
e vá servir aos deuses dessas na-
ções; que entre vós não exista raiz
que produza frutos venenosos e
amargos.
19 Não aconteça que, ouvindo
alguém as palavras desta maldi-
ção, invoque uma bênção sobre
si mesmo e pense: Terei paz, ain-
da que persista em seguir o meu
próprio caminho; para acrescen-
tar à sede a bebedice.
20 O Senhor não lhe quererá per-
doar, mas se inflamará de ira e de
zelo contra esse homem, e todas
as maldições escritas neste livro
cairão sobre ele, e o Senhor apaga-
rá o seu nome de debaixo do céu.
21 O Senhor o separará de todas
as tribos de Israel para entregá-
-lo à calamidade, segundo as mal-
dições da aliança escritas no li-
vro desta lei.
22 Os vossos descendentes, os vos-
sos filhos que se levantarem de-
pois de vós, e o estrangeiro que
vier de terras remotas verão as
pragas desta terra e as suas doen-
ças com que o Senhor a afligirá.
23 Toda a sua terra será abrasa-
da com enxofre e sal, de sorte que
não será semeada, e nada produ-
zirá, nem nela crescerá erva al-
guma. Será como a destruição de
Sodoma e de Gomorra, de Admá
e de Zeboim, que o Senhor des-
truiu na sua ira e no seu furor.
24 Todas as nações perguntarão:
Por que o Senhor fez assim a esta
terra? Qual a causa do furor e des-
ta tão grande ira?
25 Então se dirá: Porque abando-
naram a aliança do Senhor, o Deus
de seus pais, a qual com eles tinha
feito quando os tirou do Egito.
26 Foram servir a outros deuses e
prostraram-se diante deles, deu-
ses desconhecidos, que o Senhor
não lhes tinha dado.
27 Portanto se acendeu a ira do
Senhor contra esta terra, para
trazer sobre ela todas as maldi-
ções que estão escritas neste livro.
28 O Senhor os tirou da sua ter-
ra com ira, com indignação, com
grande furor, e os lançou em ou-
tra terra, como hoje se vê.
29 As coisas encobertas perten-
cem ao Senhor, o nosso Deus, mas
as reveladas pertencem a nós e a
nossos filhos para sempre, para
que cumpramos todas as pala-
vras desta lei.

Promessas de redenção

30 Quando te sobrevierem to-
das estas bênçãos e maldi-
ções que pus diante de ti, e te recor-
dares delas entre todas as nações
para onde te lançar o Senhor, o
teu Deus,
2 e te converteres ao Senhor, o teu
Deus, tu e teus filhos, de todo o
teu coração e de toda a tua alma,
e deres ouvidos à sua voz con-
forme tudo o que te ordeno hoje,
3 então o Senhor, o teu Deus, te
fará voltar do teu cativeiro, se com-
padecerá de ti e tornará a ajun-
tar-te dentre todas as nações en-
tre as quais te espalhou.
4 Ainda que os teus exilados es-
tejam na extremidade dos céus,
de lá os ajuntará o Senhor, o teu
Deus, e de lá os trará.

5 O Senhor, o teu Deus, te trará à
terra que teus pais possuíram, e a
possuirás. Ele te abençoará e te mul-
tiplicará mais do que a teus pais.
6 O Senhor, o teu Deus, circunci-
dará o teu coração e o coração dos
teus descendentes, a fim de que
ames ao Senhor, o teu Deus, de
todo o coração e de toda a alma,
para que vivas.
7 O Senhor, o teu Deus, porá to-
das estas maldições sobre os teus
inimigos e sobre os teus aborrece-
dores, que te perseguiram.
8 De novo darás ouvidos à voz do
Senhor e cumprirás todos os seus
mandamentos que hoje te ordeno.
9 O Senhor, o teu Deus, te fará
prosperar grandemente em toda
a obra das tuas mãos, no fruto do
teu ventre, na cria dos teus ani-
mais e no produto do teu solo. O
Senhor tornará a alegrar-se em
ti para te fazer bem, como se ale-
grou em teus pais,
10 se deres ouvidos à voz do Senhor,
o teu Deus, guardando os seus
mandamentos e os seus estatutos
escritos neste livro da lei, e te con-
verteres ao Senhor, o teu Deus, de
todo o coração e de toda a alma.

A vida ou a morte

11 Ora, este mandamento, que
hoje te ordeno, não te é difícil de-
mais nem está longe de ti.
12 Não está nos céus, para di-
zeres: Quem subirá por nós aos
céus para trazê-lo e proclamá-lo
a nós a fim de que o cumpramos?
13 Nem está do outro lado do mar,
para dizeres: Quem atravessará por
nós o mar para que o traga a nós e o
faça ouvir, para que o cumpramos?
14 Pois esta palavra está muito
perto de ti, na tua boca e no teu
coração, para a cumprires.
15 Vê, hoje te proponho a vida e
o bem, a morte e o mal.
16 Pois hoje te ordeno que ames
o Senhor, o teu Deus, andes nos
seus caminhos e guardes os seus
mandamentos, estatutos e leis;
então, viverás e te multiplica-
rás, e o Senhor, o teu Deus, te
abençoará na terra que passas
a possuir.
17 Se, porém, o teu coração se des-
viar, e não quiseres dar ouvidos, e
fores seduzido, e te inclinares a ou-
tros deuses, e lhes prestares culto,
18 eu te anuncio hoje que certa-
mente perecerás. Não prolongarás
os dias na terra à qual vais, pas-
sando o Jordão, para a possuíres.
19 Os céus e a terra tomo hoje por
testemunhas contra ti, que te pro-
pus a vida e a morte, a bênção e a
maldição. Agora escolhe a vida,
para que vivas, tu e os teus filhos,
20 amando o Senhor, o teu Deus,
dando ouvidos à sua voz e apegan-
do-te a ele. Pois ele é a tua vida e
ele te dará muitos anos na terra
que jurou dar a teus pais, Abraão,
Isaque e Jacó.

A despedida de Moisés

31 Em seguida, Moisés diri-
giu estas palavras a todo
o Israel:
2 Tenho hoje cento e vinte anos e já
não posso conduzir-vos. O Senhor
me disse: Não atravessarás o Jordão.
3 O Senhor, o teu Deus, é quem
passará adiante de ti. Ele des-
truirá estas nações de diante de
ti, para que possuas as suas ter-
ras. Josué passará adiante de ti,
como o Senhor disse.
4 O Senhor lhes fará como fez a
Seom e a Ogue, reis dos amor-
reus, aos quais destruiu com a
sua terra.

5 Quando o Senhor vos entregar
estas nações, procedereis com
elas segundo todo o mandamen-
to que vos tenho ordenado.
6 Esforçai-vos e animai-vos. Não
temais nem vos espanteis diante
deles, pois o Senhor, o teu Deus,
que vai contigo, não te deixará
nem te desamparará.
7 Chamou Moisés a Josué e lhe dis-
se diante de todo o Israel: Esforça-
-te e anima-te, pois com este povo
entrarás na terra que o Senhor
jurou a teus pais que lhes daria,
e tu os farás herdá-la.
8 O Senhor é quem vai adiante
de ti; ele será contigo, nunca te
deixará, jamais te desampara-
rá. Não temas. Não te espantes.

A leitura da lei

9 Moisés escreveu esta lei e a entre-
gou aos sacerdotes, filhos de Levi,
que levavam a arca da aliança do
Senhor, e a todos os líderes de Israel.
10 Ordenou-lhes Moisés: Ao fim
de cada sete anos, ao chegar o
ano da remissão, na festa dos ta-
bernáculos,
11 quando todo o Israel vier apre-
sentar-se diante do Senhor, o teu
Deus, no lugar que ele escolher, le-
rás esta lei diante de todo o Israel
para que a ouçam.
12 Reunireis o povo, homens, mu-
lheres e crianças, e os estrangei-
ros que se acharem nas vossas ci-
dades, para que ouçam, aprendam
a temer ao Senhor, o vosso Deus,
e tenham cuidado de observar to-
das as palavras desta lei.
13 Os seus filhos, que não a sou-
berem, ouçam e aprendam a te-
mer ao Senhor, o vosso Deus, to-
dos os dias que viverdes na terra
de que tomarão posse depois de
passardes o Jordão.

A futura rebelião de Israel

14 Disse o Senhor a Moisés: Ora,
está próximo o dia da tua morte.
Chama a Josué e apresentai-vos
na tenda da congregação, para que
eu lhe dê ordens. Assim Moisés
e Josué foram e se apresentaram
na tenda da congregação.
15 Então o Senhor apareceu na
tenda, na coluna de nuvem, que
parou à entrada da tenda.
16 Disse o Senhor a Moisés:
Dormirás com teus pais. Este
povo se levantará e se prostitui-
rá com os deuses estrangeiros da
terra para onde está indo. Eles
me deixarão e anularão a minha
aliança que fiz com eles.
17 Nesse dia, a minha ira se acen-
derá contra eles. Eu os desampa-
rarei e deles esconderei o meu
rosto, para que sejam devora-
dos. Tantos males e angústias
os alcançarão, que dirão naque-
le dia: Não nos alcançaram estes
males por não estar o nosso Deus
no meio de nós?
18 E esconderei totalmente o meu
rosto naquele dia, por todo o mal
que tiverem feito, por se haverem
tornado a outros deuses.
19 Agora, escrevei para vós este
cântico e ensinai-o aos filhos de
Israel; ponde-o na sua boca, para
que este cântico me sirva por tes-
temunha contra os filhos de Israel.
20 Quando eu tiver introduzido
este povo na terra que, com jura-
mento, prometi a seus pais, ter-
ra em que manam leite e mel, e,
quando tiverem comido e se tive-
rem fartado e engordado, eles se
voltarão para outros deuses e os
servirão, irritando-me e anulan-
do a minha aliança.
21 E, quando o tiverem atingido
muitos males e angústias, este

cântico dará testemunho contra
eles, pois não será esquecido pe-
los seus descendentes. Eu conhe-
ço a sua imaginação, o que eles
fazem hoje antes que os introdu-
za na terra que, sob juramento,
lhes prometi.
22 Assim Moisés escreveu este
cântico naquele dia e o ensinou
aos filhos de Israel.
23 **O**rdenou o Senhor a Josué, fi-
lho de Num: Esforça-te e anima-
-te, pois farás entrar os filhos de
Israel na terra que, com jura-
mento, lhes prometi, e eu serei
contigo.
24 **Q**uando Moisés acabou de es-
crever todas as palavras desta lei,
25 deu ordem aos levitas, que leva-
vam a arca da aliança do Senhor:
26 Tomai este livro da lei e
ponde-o ao lado da arca da alian-
ça do Senhor, o vosso Deus, para
que ali esteja por testemunha
contra ti.
27 Pois conheço a tua rebeldia e
a tua obstinação. Se, vivendo eu
ainda hoje convosco, sois rebel-
des contra o Senhor, quanto mais
depois da minha morte.
28 Ajuntai perante mim todas as
autoridades das vossas tribos e
os vossos líderes, pois quero falar-
-lhes estas palavras, e tomar con-
tra eles os céus e a terra por tes-
temunhas.
29 Pois sei que depois da minha
morte certamente vos corrompe-
reis e vos desviareis do caminho
que vos ordenei. Então este mal
vos alcançará nos últimos dias,
quando fizerdes mal aos olhos do
Senhor, provocando-o à ira com
a obra das vossas mãos.
30 **E** Moisés proferiu todas as pa-
lavras deste cântico aos ouvidos
de toda a congregação de Israel:

O cântico de Moisés

32 Inclinai os ouvidos, ó céus,
e falarei,
e a terra ouça as palavras da
minha boca.
2 Goteje a minha doutrina
como a chuva,
destile o meu dito como o
orvalho,
como chuvisco sobre
a erva,
e como gotas de água sobre a
relva.
3 Apregoarei o nome do
Senhor.
Engrandecei o nosso Deus.
4 Ele é a Rocha, cuja obra é
perfeita,
e todos os seus caminhos são
justos.
Deus é a verdade, e não
há nele injustiça.
Ele é justo e reto.
5 Corromperam-se contra ele;
já não são seus filhos,
e isso é a sua mancha;
geração perversa e
depravada é.
6 É assim que recompensas ao
Senhor,
povo louco e ignorante?
Não é ele teu Pai,
que te adquiriu, que te fez e te
estabeleceu?
7 Lembra-te dos dias antigos,
atenta para os anos de cada
geração!
Pergunta a teus pais, e eles te
ensinarão,
aos teus líderes, e eles te
dirão.
8 Quando o Altíssimo
distribuía
as heranças às nações,
quando separava os filhos dos
homens,
fixou os limites dos povos,

segundo o número dos
filhos de Israel.
9 Pois a porção do Senhor é o
seu povo;
Jacó é a sua parte, a sua
herança.
10 Achou-o numa terra
deserta,
numa terra árida e de ventos
uivantes.
Rodeou-o, instruiu-o,
guardou-o como a menina
dos seus olhos.
11 Como a águia desperta a sua
ninhada,
paira sobre os seus filhotes e,
estendendo as suas asas,
toma-os
e leva-os sobre as asas,
12 assim só o Senhor o guiou,
e não havia com ele deus
estranho.
13 Ele o fez cavalgar sobre as
alturas da terra
e o alimentou com os
produtos do campo.
Ele o fez sugar mel da rocha
e azeite do penhasco
pedregoso,
14 coalhada das vacas e leite
de ovelhas,
com a gordura dos
cordeiros,
dos carneiros que pastam
em Basã e dos bodes,
com o mais escolhido trigo.
Bebeste o sangue das uvas,
o vinho puro.
15 Engordando-se Jesurum,
deu coices;
engordou-se, engrossou-se,
cobriu-se de gordura
e deixou Deus, que o fez,
desprezando a Rocha da sua
salvação.
16 Com deuses estranhos o
provocaram a zelos;
com abominações o
irritaram.
17 Sacrifícios ofereceram aos
demônios, não a Deus;
a deuses que não haviam
conhecido,
novos deuses recém-chegados,
aos quais vossos pais não
veneraram.
18 Abandonaste a Rocha
que te gerou
e te esqueceste do Deus que
te formou.
19 Ao ver isso, o Senhor se
irritou,
provocado à ira por
seus filhos e suas filhas,
20 e disse: Esconderei deles o
meu rosto
e verei qual será o seu fim;
pois são uma geração
perversa,
filhos sem lealdade.
21 A ciúmes me provocaram com
aquilo que não é Deus
e com os seus ídolos me
provocaram à ira.
Também farei que tenham
ciúmes
daquele que não é povo;
com nação louca os
despertarei à ira.
22 Pois um fogo se acendeu na
minha ira,
e arderá até o mais
profundo do inferno.
Devorará a terra com seus
produtos
e consumirá os fundamentos
das montanhas.
23 Males amontoarei
sobre eles,
e as minhas setas esgotarei
contra eles.
24 Consumidos serão pela fome,
e devorados pela febre e peste
violenta;

enviarei contra eles o dente das feras e o veneno ardente das
serpentes
que se arrastam no pó.
25 Por fora devastará a espada,
e por dentro o pavor;
tanto ao jovem como à
virgem,
assim à criança de
peito como ao homem
encanecido.
26 Eu teria dito: Por todos os
cantos os espalharei;
farei cessar a sua memória
entre os homens,
27 se não receasse a arrogância
do inimigo,
para que os seus
adversários não se iludam
e digam: A nossa mão triunfa;
não foi o Senhor quem fez
tudo isso.
28 O meu povo é gente que
perdeu o bom senso,
e neles não há entendimento.
29 Quem dera fossem sábios!
Então, entenderiam isso e
atentariam para o fim que
os espera.
30 Como poderia um só
perseguir mil,
e dois colocarem em fuga
dez mil,
se a sua Rocha não os tivesse
vendido,
e o Senhor não os tivesse
entregado?
31 Pois a rocha deles não é
como a nossa Rocha;
os próprios inimigos o
confirmam.
32 A sua vinha é a vinha de
Sodoma
e provém dos campos de
Gomorra.
As suas uvas estão cheias de
veneno,
e os seus cachos são
amargos.
33 O seu vinho é ardente
veneno de répteis
e peçonha cruel de víboras.
34 Não está isto guardado
comigo
e selado nos meus tesouros?
35 A mim pertencem a
vingança e a recompensa,
ao tempo em que seus pés
resvalarem;
o dia da sua ruína está
próximo,
e as coisas que lhes hão de
suceder se apressam a
chegar.
36 O Senhor fará justiça
ao seu povo
e terá compaixão dos seus
servos,
quando vir que a sua força se foi,
e já não há nem escravo
nem livre.
37 Então dirá: Onde estão os
seus deuses,
a rocha em que confiavam,
38 os deuses que comiam as
gorduras de suas
vítimas e bebiam o vinho de
suas libações?
Levantem-se eles e vos
ajudem,
para que haja esconderijo
para vós.
39 Vede agora que Eu sou,
Eu somente,
e não há outro Deus além de
mim.
Eu causo a morte e restituo a
vida;
eu firo e eu saro,
e não há quem possa
livrar das minhas mãos.
40 Levanto a mão aos céus
e juro por minha vida
eterna:

41 Se eu afiar a minha espada
reluzente
e a minha mão empunhá-la
para o juízo,
eu me vingarei dos meus
inimigos
e retribuirei aos que me
odeiam.
42 Embeberei as minhas setas
de sangue,
e a minha espada se fartará
de carne:
o sangue dos mortos e dos
cativos,
e as cabeças dos líderes dos
inimigos.
43 Regozijai-vos, ó nações, com
o seu povo,
pois o Senhor vingará o
sangue dos seus servos,
ele se vingará dos seus inimigos
e purificará a sua terra e o
seu povo.
44 **A**companhado de Josué, filho
de Num, Moisés veio e proferiu
todas as palavras deste cântico
aos ouvidos do povo.
45 Acabando Moisés de falar to-
das as palavras deste cântico a
todo o Israel,
46 disse-lhes: Guardem no vos-
so coração todas as palavras que
hoje vos proclamo e ensinai-as a
vossos filhos, para que tenham
cuidado de cumprir todas as pa-
lavras desta lei.
47 Ela não é para vós uma pa-
lavra vã; antes é a vossa vida.
Cumprindo-a, prolongareis os
dias na terra que, passando o
Jordão, ides a possuir.

O anúncio da morte de Moisés

48 **N**aquele mesmo dia, disse o
Senhor a Moisés:
49 Sobe à cadeia de montanhas
de Abarim, ao monte Nebo, que
está na terra de Moabe, em frente
de Jericó, e contempla a terra de
Canaã, que eu dou aos filhos de
Israel por propriedade.
50 Morrerás no monte a que vais
subir e serás recolhido ao teu
povo, assim como Arão, teu ir-
mão, morreu no monte Hor e foi
recolhido ao seu povo,
51 pois fostes infiéis a mim na
presença dos filhos de Israel, nas
águas de Meribá, em Cades, no
deserto de Zim, não santifican-
do o meu nome no meio deles.
52 Pelo que verás a terra diante
de ti, mas não entrarás nela, na
terra que dou aos filhos de Israel.

As bênçãos de Moisés

33 Esta é a bênção com que
Moisés, homem de Deus,
antes de morrer, abençoou os fi-
lhos de Israel.
2 Disse ele:
O Senhor veio de Sinai
e lhes alvoreceu de Seir,
resplandeceu desde o monte
Parã.
Veio das miríades de santos;
à sua direita havia para eles
o fogo da lei.
3 Na verdade, amas os povos;
todos os santos estão na tua
mão.
Eles se colocam a teus pés
e recebem das tuas
palavras.
4 Moisés prescreveu-nos a lei
por herança da assembleia de
Jacó.
5 Ele foi rei em Jesurum,
quando se congregaram os
chefes do povo
com as tribos de Israel.
6 Viva Rúben, e não morra;
e que os seus homens sejam
numerosos.
7 Isto é o que disse de Judá:
Ouve, ó Senhor, a voz de Judá;

coloca-o no meio do seu
povo.
As suas mãos lhe bastem,
e tu lhe sejas em ajuda
contra os seus inimigos.
8 De Levi disse:
Dá, ó Deus, o teu Tumim e o
teu Urim
ao homem que te é fiel,
que tu provaste em Massá,
com quem contendeste nas
águas de Meribá.
9 Ele disse a seu pai e a sua mãe:
Nunca os vi.
Não conheceu a seus
irmãos,
não estimou a seus filhos,
mas guardou a tua palavra
e observou a tua aliança.
10 Ele ensina os teus juízos a
Jacó e a tua lei a Israel.
Ele oferece incenso diante
de ti
e holocausto sobre o teu
altar.
11 Abençoa os seus esforços, ó
Senhor,
e que a obra das suas mãos te
agrade.
Fere os lombos dos que
se levantam contra ele e o
aborrecem,
para que nunca mais se
levantem.
12 De Benjamim disse:
O amado do Senhor habitará
seguro com ele;
todo o dia o protegerá,
e descansará nos seus
braços.
13 De José disse:
Bendita do Senhor seja a sua
terra,
com o melhor do céu, o
orvalho,
e com as águas das
profundezas;
14 com os tesouros que o sol
amadurece
e com o que germina
durante cada lua;
15 com os produtos preciosos
dos montes antigos,
com o mais excelente dos
outeiros eternos;
16 com as delícias do solo e da
sua plenitude
e com a benevolência daquele
que habita na sarça ardente.
Que tudo isso repouse sobre a
cabeça de José,
sobre a fronte do escolhido de
seus irmãos.
17 Em majestade ele é como o
primogênito do touro,
e seus chifres são como os de
um boi selvagem.
Com eles ferirá os povos,
todos juntos, até as
extremidades da terra.
Tais são as miríades de Efraim,
e tais são os milhares de
Manassés.
18 De Zebulom disse:
Zebulom, alegra-te nas tuas
saídas,
e tu, Issacar, nas tuas tendas.
19 Os dois convidarão os povos
ao monte
e ali oferecerão ofertas de
justiça;
sugarão a abundância dos
mares
e os tesouros escondidos na
areia.
20 De Gade disse:
Bendito seja aquele que
amplia Gade!
Ele habita como a leoa
e despedaça o braço e a
cabeça.
21 Ele se proveu do melhor;
ali estava escondida a porção
do chefe.

Ele se tornou líder do povo,
executou a justiça do
Senhor
e os seus juízos para com
Israel.
22 De Dã disse:
Dã é leãozinho;
saltará de Basã.
23 De Naftali disse:
Ó Naftali, saciado com a
benevolência
e cheio de bênçãos do
Senhor,
o sul do lago será a sua
posse.
24 De Aser disse:
Bendito entre os filhos
é Aser!
Agrade a seus irmãos
e banhe o pé em azeite.
25 De ferro e bronze são os
teus ferrolhos,
e a tua paz durará como os
teus dias.
26 Não há outro, ó Jesurum,
semelhante a Deus,
que cavalga sobre os céus
para a tua ajuda
e com a sua alteza sobre as
mais altas nuvens.
27 O Deus eterno é a tua
habitação
e teu apoio são os braços
eternos.
Ele expulsa o inimigo de
diante de ti
e diz: Destrói-o.
28 Portanto, Israel habitará em
segurança,
e a fonte de Jacó a sós,
na terra do grão e do vinho
novo,
onde os céus destilarão orvalho.
29 Bem-aventurado és tu,
ó Israel!
Quem é como tu,
povo salvo pelo Senhor?
Ele é o teu escudo
e a tua ajuda,
a espada da tua glória.
Assim os teus inimigos te
serão sujeitos,
e tu pisarás sobre os seus
altos.

A morte de Moisés

34 Então subiu Moisés das cam-
pinas de Moabe ao monte
Nebo, ao cume do Pisga, que está
em frente de Jericó. Ali o Senhor
mostrou-lhe toda a terra desde
Gileade até Dã.
2 Todo o Naftali, e a terra de Efraim
e Manassés; toda a terra de Judá
até o mar ocidental;
3 e o Neguebe e a campina do vale
de Jericó, a cidade das palmeiras
até Zoar.
4 Então disse o Senhor: Esta é a
terra que, sob juramento, prome-
ti a Abraão, a Isaque e a Jacó, di-
zendo: À tua descendência a da-
rei. Eu te faço vê-la com os teus
próprios olhos, mas nela não en-
trarás.
5 Assim, Moisés, servo do Senhor,
morreu ali, na terra de Moabe,
como disse o Senhor.
6 Este o sepultou num vale, na ter-
ra de Moabe, em frente de Bete-
-Peor, mas ninguém sabe, até hoje,
onde fica a sepultura.
7 Tinha Moisés a idade de cen-
to e vinte anos quando morreu;
contudo, a sua vista não se havia
escurecido, nem se lhe havia fu-
gido o vigor.
8 Os filhos de Israel choraram por
Moisés nas campinas de Moabe
por trinta dias, até que se cum-
priram os dias do pranto de luto
por Moisés.
9 **O**ra, Josué, filho de Num, esta-
va cheio do espírito de sabedoria,

porque Moisés tinha posto sobre
ele as suas mãos. Assim os filhos
de Israel lhe deram ouvidos e fi-
zeram como o Senhor ordenara
a Moisés.
10 Nunca mais se levantou em
Israel profeta algum como Moisés,
a quem o Senhor conhecesse
face a face,
11 no que se refere a todos os si-
nais e maravilhas que o Senhor
o enviou para fazer na terra do
Egito, a faraó, a todos os seus ser-
vos e a toda a sua terra,
12 e no que se refere à sua mão
poderosa e aos grandes e magní-
ficos feitos que realizou na pre-
sença de todo o Israel.

JOSUÉ

Deus anima a Josué

1 Depois da morte de Moisés, ser-
vo do Senhor, disse o Senhor
a Josué, filho de Num, auxiliar
de Moisés:
2 Moisés, meu servo, é morto.
Levanta-te agora, passa este Jordão,
tu e todo este povo, à terra que eu
dou aos filhos de Israel.
3 Todo o lugar que pisar a plan-
ta do vosso pé, eu o tenho dado a
vós, como prometi a Moisés.
4 Desde o deserto e o Líbano até
o grande rio, o rio Eufrates, toda
a terra dos heteus e até o gran-
de mar para o poente será o vos-
so termo.
5 Ninguém te poderá resistir to-
dos os dias da tua vida. Como fui
com Moisés, assim serei contigo;
nunca te deixarei, jamais te de-
sampararei.
6 Esforça-te e tem bom ânimo,
porque tu farás a este povo her-
dar a terra que jurei a seus pais
lhes daria.
7 Tão somente esforça-te e sê mui-
to corajoso. Cuida em fazer con-
forme toda a lei que meu servo
Moisés te ordenou; dela não te
desvies, nem para a direita nem
para a esquerda, para que sejas
bem sucedido por onde quer que
andares.
8 Não se afaste da tua boca o livro
desta lei; medita nele dia e noite,
para que tenhas cuidado de fazer
conforme tudo o que nele está es-
crito. Então farás prosperar o teu
caminho e serás bem sucedido.
9 Não te mandei eu? Esforça-te e
tem bom ânimo. Não pasmes, nem
te espantes, porque o Senhor, o
teu Deus, é contigo por onde quer
que andares.
10 Então Josué ordenou aos ofi-
ciais do povo:
11 Passai pelo meio do acampamen-
to e dizei ao povo: Provede-vos de
comida. Dentro de três dias pas-
sareis este Jordão, para ocupar-
des a terra que vos dá o Senhor,
o vosso Deus, para a possuirdes.
12 Aos rubenitas, aos gaditas, e à
meia tribo de Manassés, porém,
disse Josué:
13 Lembrai-vos do mandamento
que vos deu Moisés, o servo do
Senhor: O Senhor, o vosso Deus,
vos concede descanso e vos dá
esta terra.
14 Vossas mulheres, vossos meni-
nos e vosso gado fiquem na terra
que Moisés vos deu deste lado do
Jordão, mas vós passareis arma-
dos na frente de vossos irmãos,
todos os valentes, e os ajudareis,
15 até que o Senhor conceda des-
canso a vossos irmãos, como a vós,
e eles também possuam a terra
que o Senhor, o vosso Deus, lhes
dá. Então voltareis à terra da vos-
sa herança e possuireis a que vos
deu Moisés, servo do Senhor, des-
te lado do Jordão, para o nascen-
te do sol.
16 Então responderam a Josué:
Tudo o que nos ordenaste fare-
mos e aonde quer que nos envia-
res iremos.
17 Como em tudo ouvimos a Moisés,
assim ouviremos a ti. Tão somen-
te que o Senhor, o teu Deus, seja
contigo, como o foi com Moisés.
18 Todo homem que for rebel-
de à tua boca e não ouvir as tuas

palavras em tudo o que lhe ordenares, será morto. Tão somente esforça-te e tem bom ânimo.

Raabe e os espias

2 De Sitim enviou Josué, filho de Num, dois homens, secretamente, como espias, dizendo: Andai e observai a terra, especialmente Jericó. Então foram e entraram na casa de uma prostituta, cujo nome era Raabe, e pousaram ali.
2 Deu-se notícia ao rei de Jericó: Vê, esta noite vieram aqui uns homens dos filhos de Israel, para espiar a terra.
3 Então o rei de Jericó mandou dizer a Raabe: Tira fora os homens que vieram a ti e entraram na tua casa, porque vieram espiar toda a terra.
4 Aquela mulher, porém, tomou os dois homens, os escondeu e disse: É verdade que os homens vieram a mim, mas eu não sabia de onde eram.
5 Havendo-se de fechar a porta, sendo já escuro, aqueles homens saíram. Não sei para onde foram. Ide após eles depressa. Podereis alcançá-los.
6 Ela, porém, os tinha feito subir ao eirado e os tinha escondido entre as canas do linho, que havia disposto em ordem sobre o telhado.
7 Foram-se aqueles homens após eles, pelo caminho do Jordão, até os vaus e, logo que saíram, fechou-se a porta.
8 Antes que os espias se deitassem, ela subiu ao eirado a ter com eles
9 e lhes disse: Bem sei que o Senhor vos deu esta terra, e que o vosso pavor caiu sobre nós, e que todos os moradores da terra estão apavorados diante de vós.
10 Temos ouvido como o Senhor secou as águas do mar Vermelho diante de vós, quando saíeis do Egito; e também o que fizestes aos dois reis dos amorreus, Seom e Ogue, que estavam além do Jordão, os quais destruístes.
11 Ouvindo isso, o povo desanimou-se, e em ninguém mais há coragem alguma, por causa da vossa presença, pois o Senhor, o vosso Deus, é Deus em cima nos céus e embaixo na terra.
12 Agora, pois, jurai-me, vos peço, pelo Senhor, porque usei de misericórdia para convosco, que vós também dela usareis para com a minha família; e dai-me um sinal certo
13 de que conservareis a vida a meu pai e a minha mãe, como também a meus irmãos e a minhas irmãs, com tudo o que têm, e de que livrareis a nossa vida da morte.
14 Então lhe responderam os homens: A nossa vida responderá pela vossa até o ponto de morrer, desde que não denuncies os nossos planos; e, dando-nos o Senhor esta terra, usaremos contigo de misericórdia e de fidelidade.
15 Ela, então, os fez descer por uma corda pela janela, pois a sua casa estava sobre o muro da cidade; ela morava sobre o muro.
16 E disse-lhes: Ide-vos ao monte, para que não vos encontrem os perseguidores, e escondei-vos lá três dias, até que voltem os perseguidores, e depois tomareis o vosso caminho.
17 Disseram-lhe os homens: Desobrigados seremos deste teu juramento, que nos fizeste jurar,
18 se vindo nós à terra, não atares este cordão vermelho à janela por onde nos fizeste descer e não

recolheres em casa contigo o teu
pai, a tua mãe, os teus irmãos e
toda a família de teu pai.
19 Qualquer pessoa que sair da
tua casa, o seu sangue será sobre a sua cabeça, e nós seremos
sem culpa. Mas qualquer que estiver contigo em casa, o seu sangue seja sobre a nossa cabeça, se
nele se puser mão.
20 Se tu, porém, denunciares este
nosso negócio, seremos desobrigados do teu juramento, que nos
fizeste jurar.
21 Respondeu ela: Conforme as
vossas palavras, assim seja. Então
os despediu, e eles se foram. E ela
atou o cordão vermelho à janela.
22 Foram-se e chegaram ao monte, e ficaram ali três dias, até que
voltaram os perseguidores, porque os perseguidores os buscaram por todo o caminho, mas não
os acharam.
23 Assim aqueles dois homens
voltaram, desceram do monte,
passaram, e vieram a Josué, filho de Num, e lhe contaram tudo
o que lhes acontecera.
24 Disseram a Josué: Certamente
o Senhor nos deu toda esta terra nas nossas mãos, e todos os
seus moradores estão apavorados diante de nós.

A travessia do Jordão

3 Levantou-se Josué de madrugada e, com todos os israelitas,
partiram de Sitim e foram até o
Jordão, onde acamparam antes
de atravessar o rio.
2 Ao fim de três dias, os oficiais
passaram pelo meio do acampamento
3 e ordenaram ao povo: Quando
virdes a arca da aliança do Senhor,
o vosso Deus, e que os sacerdotes
levitas a levam, partireis vós também do vosso lugar e a seguireis.
4 Haja, contudo, distância entre vós e ela, cerca de dois mil
côvados. Não vos achegueis a
ela, para que conheçais o caminho pelo qual haveis de ir, porque por este caminho nunca passastes antes.
5 Disse Josué também ao povo:
Santificai-vos, pois amanhã fará o
Senhor maravilhas no meio de vós.
6 Disse Josué aos sacerdotes:
Levantai a arca da aliança e passai adiante do povo. Então levantaram a arca da aliança e foram
andando na frente do povo.
7 E disse o Senhor a Josué: Hoje
começarei a engrandecer-te perante os olhos de todo o Israel, para
que saibam que, assim como fui
com Moisés, assim serei contigo.
8 Ordenarás aos sacerdotes que
levam a arca da aliança: Quando
chegardes à beira das águas do
Jordão, aí parareis.
9 Então disse Josué aos filhos de
Israel: Chegai-vos para cá e ouvi as
palavras do Senhor, o vosso Deus.
10 Nisto conhecereis que o Deus vivo está no meio de vós, e que expulsará de diante de vós os cananeus, os heteus, os heveus, os
ferezeus, os girgaseus, os amorreus e os jebuseus.
11 Vede, a arca da aliança do Senhor
de toda a terra passará o Jordão
adiante de vós.
12 Tomai, pois, agora doze homens das tribos de Israel, um
homem de cada tribo.
13 Assim que a planta dos pés dos
sacerdotes que levam a arca do
Senhor, o Senhor de toda a terra,
tocar nas águas do Jordão, elas
serão cortadas; as águas que vêm
de cima pararão e se amontoarão.

14 Partindo o povo das suas ten-
das, para passar o Jordão, leva-
vam os sacerdotes a arca da alian-
ça adiante do povo.
15 Quando os que levavam a arca
chegaram ao Jordão, e os pés dos
sacerdotes que levavam a arca
se molharam na beira das águas
(ora, o Jordão transbordava to-
das as suas ribanceiras durante
todos os dias da colheita),
16 pararam-se as águas que vi-
nham de cima. Levantaram-se
numa muralha, muito longe da
cidade de Adã, que fica do lado
de Zaretã, e as águas que des-
ciam ao mar da Arabá, que é o
mar Salgado, foram de todo cor-
tadas. Então passou o povo bem
em frente de Jericó.
17 Os sacerdotes que levavam a
arca da aliança do Senhor para-
ram firmes em seco no meio do
Jordão, enquanto todo o Israel pas-
sou em seco, até que toda a nação
acabou de atravessar o Jordão.

As pedras comemorativas

4 Tendo todo o povo acabado
de passar o Jordão, disse o
Senhor a Josué:
2 Escolhei dentre o povo doze ho-
mens, de cada tribo um homem,
3 e ordenai-lhes: Tomai daqui,
do meio do Jordão, do lugar em
que estiveram parados os pés dos
sacerdotes, doze pedras, levai-as
convosco para o outro lado e de-
positai-as no lugar em que haveis
de passar esta noite.
4 Então chamou Josué os doze
homens, que escolhera dentre
os filhos de Israel, de cada tribo
um homem,
5 e lhes disse: Passai adiante da
arca do Senhor, o vosso Deus, ao
meio do Jordão. Levante cada um
uma pedra sobre o ombro, segun-
do o número das tribos dos filhos
de Israel,
6 para que isso seja por sinal en-
tre vós. No futuro, quando vossos
filhos perguntarem: Que signifi-
cam estas pedras?
7 Então lhes direis que as águas
do Jordão se separaram dian-
te da arca da aliança do Senhor.
Passando ela pelo Jordão, as águas
foram cortadas. Estas pedras se-
rão para sempre por memorial
aos filhos de Israel.
8 Fizeram os filhos de Israel como
Josué tinha ordenado; pegaram
doze pedras do meio Jordão, como
o Senhor dissera a Josué, segun-
do o número das tribos dos filhos
de Israel; e levaram-nas consigo
ao lugar em que pousaram e as
depositaram ali.
9 Erigiu Josué doze pedras no meio
do Jordão, no lugar em que pou-
saram os pés dos sacerdotes que
levavam a arca da aliança. E ali
estão até o dia de hoje.
10 Os sacerdotes que levavam a
arca pararam no meio do Jordão,
até que se cumpriu tudo o que
o Senhor mandara Josué dizer ao
povo, conforme tudo o que Moisés
tinha ordenado a Josué. Apressou-
-se o povo e passou.
11 Assim que todo o povo acabou
de passar, então passou a arca
do Senhor e os sacerdotes à vis-
ta do povo.
12 Passaram os filhos de Rúben,
os filhos de Gade e a meia tribo
de Manassés, armados, à frente
dos filhos de Israel, como Moisés
lhes tinha dito.
13 Uns quarenta mil homens de
guerra armados passaram pe-
rante o Senhor para a batalha,
às planícies de Jericó.

14 Naquele dia, o Senhor honrou
Josué diante dos olhos de todo o
Israel; e temeram-no, como ha-
viam temido a Moisés, todos os
dias da sua vida.
15 Disse o Senhor a Josué:
16 Dá ordem aos sacerdotes que
levam a arca do Testemunho
que subam do Jordão.
17 Então ordenou Josué aos sa-
cerdotes: Subi do Jordão.
18 E os sacerdotes que levavam a
arca da aliança do Senhor subi-
ram do rio. Assim que a planta dos
pés dos sacerdotes tocaram a terra
seca, as águas do Jordão voltaram
ao seu lugar e corriam, como an-
tes, sobre todas as suas margens.
19 O povo subiu do Jordão no dia
dez do primeiro mês e se acampou
em Gilgal, ao oriente de Jericó.
20 As doze pedras, que tinham ti-
rado do Jordão, levantou-as Josué
em Gilgal.
21 Disse ele aos filhos de Israel:
Quando no futuro vossos filhos
perguntarem a seus pais: Que
significam estas pedras?
22 Fareis saber a vossos filhos:
Israel passou em seco este Jordão,
23 pois o Senhor, o vosso Deus, fez
secar as águas do Jordão diante de
vós, até que passásseis. O Senhor,
o vosso Deus, fez ao Jordão o que
havia feito com o mar Vermelho,
que secou perante nós, até que
passamos.
24 Ele fez isso para que todos os
povos da terra conheçam que a
mão do Senhor é forte, e para que
temais ao Senhor, o vosso Deus,
todos os dias.

A circuncisão em Gilgal

5 Ora, ouvindo todos os reis dos
amorreus que habitavam o oes-
te do Jordão e todos os reis dos
cananeus que estavam ao lado
do mar que o Senhor tinha secado
as águas do Jordão de diante dos
filhos de Israel, até que passas-
sem, desanimaram-se e perde-
ram a coragem, por causa dos fi-
lhos de Israel.
2 Nesse tempo, disse o Senhor a
Josué: Faze facas de pedra e cir-
cuncida os filhos de Israel.
3 Então Josué fez facas de pedra
e circuncidou os filhos de Israel
em Gibeate-Aralote.
4 Foi esta a razão por que Josué
os circuncidou: Todo o povo que
tinha saído do Egito, os homens,
aptos para a guerra, haviam mor-
rido no deserto, pelo caminho.
5 Todo o povo que saíra estava
circuncidado, mas a nenhum do
povo que nascera no deserto, pelo
caminho, depois de terem saído
do Egito, haviam circuncidado.
6 Quarenta anos andaram os fi-
lhos de Israel pelo deserto, até se
acabar toda a nação, isto é, todos
os homens de guerra que saíram
do Egito, e isso porque não obe-
deceram à voz do Senhor. Pois o
Senhor tinha jurado que não lhes
deixaria ver a terra que, sob ju-
ramento, prometera a seus pais
que nos daria, terra em que ma-
nam leite e mel.
7 Em seu lugar, porém, pôs seus
filhos; a estes Josué circuncidou.
Estavam incircuncisos porque
não os haviam circuncidado no
caminho.
8 Acabando de circuncidar toda
a nação, ficaram no seu lugar no
acampamento, até que sararam.
9 Então disse o Senhor a Josué:
Hoje removi de sobre vós a humi-
lhação do Egito. Pelo que o nome
daquele lugar se chamou Gilgal,
até o dia de hoje.

10 Estando os filhos de Israel
acampados em Gilgal, celebraram
a Páscoa no dia catorze do mês,
à tarde, nas campinas de Jericó.
11 Comeram do produto da ter-
ra no dia seguinte à Páscoa: pães
sem fermento e espigas tostadas
comeram nesse mesmo dia.
12 No dia depois de terem comi-
do do produto da terra, cessou o
maná; os filhos de Israel não o tive-
ram mais, mas nesse ano comeram
das novidades da terra de Canaã.
13 **O**ra, estando Josué perto de
Jericó, levantou os olhos e viu
que se pôs em pé diante dele um
homem que tinha na mão uma
espada. Chegou-se Josué a ele e
perguntou-lhe: És tu dos nossos
ou dos nossos inimigos?
14 Respondeu ele: Nem uma coi-
sa nem outra. Mas venho agora
como comandante do exército do
Senhor. Então Josué se prostrou
com o rosto em terra, e o adorou,
e perguntou-lhe: Que diz meu
Senhor ao seu servo?
15 Respondeu o comandante do
exército do Senhor a Josué: Tira
as sandálias de teus pés, pois o lu-
gar em que estás é santo. E Josué
fez assim.

A tomada de Jericó. Raabe é salva

6 Ora, Jericó estava rigorosa-
mente fechada, por causa dos
filhos de Israel. Ninguém saía
nem entrava.
2 Então disse o Senhor a Josué:
Olha, entreguei na tua mão Jericó,
o seu rei e os seus valentes.
3 Vós, todos os homens de guer-
ra, rodeareis a cidade, cercan-
do-a uma vez. Assim fareis por
seis dias.
4 Sete sacerdotes levarão sete
trombetas de chifres de carneiros
diante da arca. No sétimo dia, ro-
deareis a cidade sete vezes, e os
sacerdotes tocarão as trombetas.
5 Tocando-se longamente a trom-
beta, e ouvindo vós o sonido dela,
todo o povo dará um grande bra-
do; então o muro da cidade cai-
rá e o povo subirá nele, cada qual
em frente de si.
6 Assim Josué, filho de Num, cha-
mou os sacerdotes e lhes disse:
Levai a arca da aliança, e sete
sacerdotes levem sete trombetas
adiante da arca do Senhor.
7 E ordenou ao povo: Passai e ro-
deai a cidade; quem estiver ar-
mado, passe adiante da arca do
Senhor.
8 **A**ssim foi que, como Josué dis-
sera ao povo, os sete sacerdotes,
levando as sete trombetas adian-
te do Senhor, passaram e tocaram
as trombetas, e a arca da aliança
do Senhor os seguia.
9 Os homens armados iam adian-
te dos sacerdotes que tocavam
as trombetas, e a retaguarda se-
guia após a arca; os sacerdotes
seguiam, durante todo o tempo,
tocando as trombetas.
10 Ao povo, porém, Josué tinha
dado ordem, dizendo: Não grita-
reis, não levantem a vossa voz,
não saia palavra alguma da vos-
sa boca, até o dia em que eu vos
diga: Gritai. Então gritareis.
11 Assim fizeram a arca do Senhor
rodear a cidade, contornando-a
uma vez. Então entraram no acam-
pamento e ali passaram a noite.
12 **J**osué levantou-se de madru-
gada, e os sacerdotes tomaram a
arca do Senhor.
13 Os sete sacerdotes que leva-
vam as sete trombetas adiante da
arca do Senhor iam andando, to-
cando as trombetas. Os homens

armados iam adiante deles, e o
restante seguia atrás da arca do
Senhor; os sacerdotes sempre to-
cando as trombetas.
14 No segundo dia, rodearam ou-
tra vez a cidade e voltaram para
o acampamento. Assim fizeram
durante seis dias.
15 No sétimo dia, madrugaram
ao subir da alva, e da mesma ma-
neira rodearam a cidade sete ve-
zes, só que nesse dia rodearam a
cidade sete vezes.
16 Tocando os sacerdotes as trom-
betas pela sétima vez, ordenou
Josué ao povo: Gritai, pois o Senhor
vos entregou a cidade!
17 A cidade, porém, será condena-
da, ela e tudo o que houver nela.
Somente a prostituta Raabe vive-
rá, ela e todos os que com ela esti-
verem em casa, porque escondeu
os mensageiros que enviamos.
18 Tão somente guardai-vos das
coisas condenadas, para que, ten-
do-as vós condenado, não tomeis
delas coisa alguma, e não façais
maldito o acampamento de Israel,
e o perturbeis.
19 Toda a prata, o ouro, os vasos
de bronze e de ferro, porém, são
consagrados ao Senhor, e irão
para o tesouro do Senhor.
20 Gritou o povo, e os sacerdo-
tes tocaram as trombetas; ouvin-
do o povo o sonido da trombeta,
deu um grande brado, e o muro
caiu, e o povo subiu à cidade, cada
qual a atacou de onde estava, e a
tomaram.
21 Tudo o que havia na cidade
destruíram totalmente a fio de
espada, homem e mulher, me-
nino e velho, bois, ovelhas e ju-
mentos.
22 Disse Josué aos dois homens
que tinham espiado a terra: Entrai
na casa da prostituta e tirai-a de
lá com tudo o que tiver, como lhe
juraste.
23 Assim entraram os jovens es-
pias e tiraram Raabe, e seu pai, e
sua mãe, e seus irmãos, e tudo o
que tinha. Tiraram também todos
os seus parentes e puseram-nos
fora do acampamento de Israel.
24 Então a cidade e tudo o que
nela havia foi queimado, mas a
prata, o ouro e os vasos de bron-
ze e de ferro deram para o tesou-
ro da casa do Senhor.
25 Josué, porém, poupou a vida
da prostituta Raabe e a família
de seu pai, e a tudo o que tinha,
porque escondera os mensagei-
ros que Josué enviara para es-
piar Jericó; ela habita no meio
de Israel até o dia de hoje.
26 Nesse tempo, Josué pronun-
ciou este juramento: Maldito dian-
te do Senhor seja o homem que
se levantar e reedificar esta cida-
de de Jericó:

Com a perda do seu
primogênito a fundará,
e com a perda do seu filho
mais novo
lhe colocará as portas.

27 Assim era o Senhor com Josué, e
corria a sua fama por toda a terra.

O pecado de Acã e a derrota em Ai

7 Os filhos de Israel, porém, fo-
ram infiéis no tocante às coi-
sas condenadas; Acã, filho de
Carmi, filho de Zabdi, filho de Zerá,
da tribo de Judá, tomou das coi-
sas condenadas. Assim a ira do
Senhor se acendeu contra os fi-
lhos de Israel.
2 Ora, enviou Josué, de Jericó, al-
guns homens a Ai, que está junto
a Bete-Áven, ao oriente de Betel,
e lhes disse: Subi; espiai a terra.

Então subiram aqueles homens
e espiaram a Ai.
3 Quando voltaram a Josué, lhe
disseram: Não suba todo o povo.
Subam uns dois ou três mil ho-
mens para ferir a Ai; não canses
ali todo o povo, porque há pou-
cos habitantes.
4 Assim, subiram do povo para lá
uns três mil homens, os quais fu-
giram diante dos homens de Ai,
5 que feriram deles uns trinta e
seis. Perseguiram-nos desde a por-
ta até Sebarim e os derrotaram na
descida. E o coração do povo se de-
sanimou, e se tornou como água.
6 Então Josué rasgou as suas ves-
tes e se prostrou com o rosto em
terra perante a arca do Senhor até
à tarde. As autoridades de Israel
fizeram o mesmo e deitaram pó
sobre as suas cabeças.
7 Disse Josué: Ah, Senhor Deus!
por que fizeste este povo atraves-
sar o Jordão, para nos entregares
nas mãos dos amorreus, para nos
fazeres perecer? Quem dera nos ti-
véssemos contentado em ficar do
outro lado do Jordão.
8 Ah, Senhor, que direi? Ora, Israel
virou as costas diante dos seus
inimigos!
9 Ouvindo isso, os cananeus e
todos os moradores da terra nos
cercarão e exterminarão o nos-
so nome da terra. Então que fa-
rás ao teu grande nome?
10 Disse o Senhor a Josué: Levanta-
te! Por que estás prostrado?
11 Israel pecou; violou a minha
aliança que lhes tinha ordenado,
tomaram das coisas condenadas,
furtaram e mentiram, e até debai-
xo da sua bagagem as puseram.
12 Pelo que os filhos de Israel não
puderam subsistir perante os
seus inimigos; viraram as costas
diante deles porque Israel se fez
condenado. Não serei mais con-
vosco, se não eliminardes do vos-
so meio a coisa roubada.
13 Levanta-te, santifica o povo e
dize: Santificai-vos para amanhã,
pois assim diz o Senhor, o Deus
de Israel: Coisas condenadas há
no meio de ti, ó Israel. Não pode-
rás resistir aos teus inimigos, en-
quanto não tirares do teu meio as
coisas condenadas.
14 Amanhã, vos chegareis, segun-
do as vossas tribos. A tribo que
o Senhor indicar se chegará por
famílias; a família que o Senhor
indicar se chegará por casas; e
a casa que o Senhor indicar se
chegará um homem de cada vez.
15 Aquele que for achado com a
coisa condenada, será queima-
do no fogo, ele e tudo o que tiver.
Violou a aliança do Senhor e fez
loucura em Israel.
16 Então Josué se levantou de ma-
drugada e fez chegar Israel, segun-
do as suas tribos, e foi indicada por
sorte a tribo de Judá.
17 Fazendo chegar a tribo de Judá,
foi escolhida a família dos zeraí-
tas. Fazendo chegar a família dos
zeraítas, um homem de cada vez,
foi escolhido Zabdi.
18 Fazendo vir à frente a família
de Zabdi, um homem de cada vez,
foi indicado Acã, filho de Carmi,
filho de Zabdi, filho de Zerá, da
tribo de Judá.
19 Então disse Josué a Acã: Filho
meu, dá, peço-te, glória ao Senhor,
o Deus de Israel, e faze confissão
perante ele. Declara-me agora o
que fizeste, não o ocultes.
20 Respondeu Acã a Josué:
Verdadeiramente pequei contra
o Senhor, o Deus de Israel. Eis o
que fiz:

21 Quando vi entre os despojos
uma boa capa babilônica, duzen-
tos siclos de prata e uma barra de
ouro de cinquenta siclos, cobicei-
-os, e peguei-os. Estão escondi-
dos na terra, no meio da minha
tenda, e a prata debaixo da capa.
22 Então Josué enviou mensagei-
ros, que foram correndo à tenda,
e realmente tudo estava escondi-
do na sua tenda, e a prata debai-
xo da capa.
23 Tomaram aquelas coisas do
meio da tenda e as trouxeram a
Josué e a todos os filhos de Israel,
e as puseram perante o Senhor.
24 Então Josué, e todo o Israel
com ele, pegaram Acã, filho de
Zerá, e a prata, e a capa, e a bar-
ra de ouro, e seus filhos, e suas
filhas, e seus bois, e seus jumen-
tos, e suas ovelhas, e sua tenda,
e tudo o que tinha, e levaram-nos
ao vale de Acor.
25 Disse Josué: Por que nos pertur-
baste? Hoje o Senhor te perturba-
rá. Então todo o Israel o apedrejou
e, depois de apedrejá-los, queima-
ram-nos a fogo.
26 Levantaram sobre ele um gran-
de monte de pedras, que perma-
nece até o dia de hoje. Assim o
Senhor se apartou do ardor da
sua ira. Por isso, se chama aque-
le lugar o vale de Acor, até o dia
de hoje.

A tomada de Ai

8 Então disse o Senhor a Josué:
Não temas e não te espantes.
Toma contigo toda a gente de
guerra, levanta-te e sobe a Ai.
Entreguei nas tuas mãos o rei
de Ai, o seu povo, a sua cidade e
a sua terra.
2 Farás com Ai e seu rei como fi-
zeste com Jericó e seu rei: somente
para vós saqueareis os seus des-
pojos e o seu gado. Põe embosca-
das atrás da cidade.
3 Então levantou-se Josué e toda
a gente de guerra, para subir
contra Ai. Escolheu Josué trin-
ta mil homens valentes e os en-
viou de noite
4 com estas ordens: Ouvi atenta-
mente! Armareis uma embosca-
da atrás da cidade. Não vos dis-
tancieis muito da cidade. Todos
vós estareis alertas.
5 Eu e todo o povo que está co-
migo nos aproximaremos da ci-
dade. Quando nos saírem eles ao
encontro, como antes, fugiremos
diante deles.
6 Deixai-os sair atrás de nós, até
que os tiremos da cidade, pois di-
rão: Fogem diante de nós como dan-
tes. Assim fugiremos diante deles.
7 Então saireis vós da emboscada
e tomareis a cidade. O Senhor, o
vosso Deus, a entregará na vos-
sa mão.
8 Assim que tiverdes tomado a ci-
dade, ateai fogo nela, conforme a
palavra do Senhor. Prestai aten-
ção ao que vos tenho mandado.
9 Assim Josué os enviou, e eles
se foram e ficaram em embosca-
da entre Betel e Ai, ao ocidente
de Ai; porém Josué passou aque-
la noite no meio do povo.
10 Levantou-se Josué de madru-
gada e contou o povo; subiram ele
e os anciãos de Israel diante do
povo contra Ai.
11 Subiram também todos os ho-
mens de guerra que estavam com
ele; avançaram, e vieram pela
frente da cidade. Acamparam-se
ao norte de Ai, havendo um vale
entre eles e Ai.
12 Tomou também uns cinco mil
homens e os pôs entre Betel e Ai

de emboscada, ao ocidente da ci-
dade.
13 Assim tomaram posição o povo,
e todo o acampamento ao norte
da cidade, e os que estavam em
emboscada ao ocidente da cida-
de. Naquela noite, Josué foi até o
meio do vale.
14 Ao ver isto, o rei de Ai, ele e
os homens da cidade se apressa-
ram e, levantando-se de madru-
gada, saíram ao combate contra
Israel, ele e todo o seu povo, ao
tempo determinado, em frente
da planície. Mas não sabia que
havia uma emboscada contra ele
atrás da cidade.
15 Josué e todo o Israel fingiram-
-se feridos diante deles e fugiram
pelo caminho do deserto.
16 Pelo que todo o povo que estava
na cidade foi convocado para os
perseguir, e perseguiram Josué,
e foram afastados da cidade.
17 Nem um só homem ficou em
Ai e em Betel; todos saíram atrás
de Israel. Assim deixaram a ci-
dade aberta e seguiram a Israel.
18 Então o Senhor disse a Josué:
Estende para Ai a lança que tens
na mão, pois a darei na tua mão.
E Josué estendeu para a cidade
a lança que estava na sua mão.
19 Ao estender ele a mão, os ho-
mens da emboscada se levanta-
ram apressadamente do seu lu-
gar, vieram à cidade, tomaram-na
e apressando-se a incendiaram.
20 Virando-se os homens de Ai
para trás, viram que a fumaça
da cidade subia ao céu e não pu-
deram fugir nem para uma par-
te nem para outra, pois o povo
que *fugia para o deserto se tor-*
nou contra eles.
21 Vendo Josué e todo o Israel que
a emboscada tomara a cidade, e
que a sua fumaça subia, volta-
ram e feriram os homens de Ai.
22 Também os israelitas que es-
tavam na cidade saíram para lu-
tar contra eles, e assim os de Ai
ficaram cercados, estando os is-
raelitas de uma e outra parte.
Feriram-nos os israelitas, de sor-
te que nenhum deles sobreviveu,
nem escapou.
23 Ao rei de Ai, porém, tomaram
vivo, e o trouxeram a Josué.
24 Tendo os israelitas acabado de
matar todos os moradores de Ai
no campo, no deserto para onde
os tinham seguido, e havendo to-
dos morrido a fio de espada, en-
tão todo o Israel voltou a Ai e ma-
taram os que lá haviam ficado.
25 Os que morreram naquele dia,
assim homens como mulheres,
foram doze mil; todos os mora-
dores de Ai.
26 Pois Josué não retirou a mão,
que estendera com a lança, en-
quanto não destruiu totalmente
a todos os moradores de Ai.
27 Tão somente os israelitas to-
maram para si o gado e os despo-
jos da cidade, conforme a palavra
do Senhor, que ordenara a Josué.
28 Assim, queimou Josué a Ai e a
tornou num perpétuo montão de
ruínas, como é até o dia de hoje.
29 Ao rei de Ai enforcou, deixando-
-o no madeiro até à tarde. Ao pôr
do sol ordenou Josué que o seu
corpo fosse tirado do madeiro,
e o lançaram à porta da cidade.
E levantaram sobre ele um gran-
de montão de pedras, que perma-
nece até o dia de hoje.

A leitura da lei diante do altar

30 Então Josué edificou um al-
tar ao Senhor, o Deus de Israel,
no monte Ebal,

31 como Moisés, servo do Senhor,
ordenara aos filhos de Israel, con-
forme o que está escrito no livro
da lei de Moisés, a saber: um al-
tar de pedras brutas, sobre as
quais não se manejara instru-
mento de ferro. Ofereceram so-
bre ele holocaustos ao Senhor e
apresentaram ofertas pacíficas.
32 Escreveu ali em pedras uma có-
pia da lei de Moisés, que este já tinha
escrito diante dos filhos de Israel.
33 E todo o Israel, estrangeiros e
naturais, com os seus líderes, ofi-
ciais e juízes, estavam de um e de
outro lado da arca, perante os sa-
cerdotes levitas que levavam a arca
da aliança do Senhor. Metade deles
estava em frente do monte Gerizim,
e a outra metade, em frente do
monte Ebal, como Moisés, servo
do Senhor, tinha ordenado, para
que abençoassem o povo de Israel.
34 Depois leu em alta voz todas as
palavras da lei, a bênção e a mal-
dição, conforme tudo o que está
escrito no livro da lei.
35 Palavra nenhuma houve, de
tudo o que Moisés ordenara,
que Josué não lesse perante
toda a congregação de Israel, e
as mulheres, e os meninos, e os
estrangeiros, que andavam no
meio deles.

A astúcia dos gibeonitas

9 Ora, ao ouvirem tais coisas, to-
dos os reis que viviam a oes-
te do Jordão, nas montanhas, nas
campinas e em toda a costa do
grande mar, em frente do Líbano,
a saber, os heteus, os amorreus,
os cananeus, os ferezeus, os he-
veus e os jebuseus,
2 ajuntaram-se de comum acor-
do para pelejar contra Josué e
contra Israel.
3 Todavia, quando os moradores
de Gibeom ouviram o que Josué
fizera com Jericó e com Ai,
4 usaram de astúcia, e foram, e
se fingiram embaixadores, e leva-
ram sacos velhos sobre os seus ju-
mentos, e odres de vinho velhos,
rotos e consertados.
5 Nos pés traziam sandálias velhas e
remendadas, e roupas velhas
sobre si. Todo o pão que levavam
para o caminho era seco e bolo-
rento.
6 Vieram a Josué, ao arraial em
Gilgal, e disseram a ele e aos ho-
mens de Israel: Chegamos de
uma terra distante; fazei alian-
ça conosco.
7 Os homens de Israel responde-
ram aos heveus: Bem pode ser que
habiteis no meio de nós. Então
como faremos aliança convosco?
8 Disseram a Josué: Nós somos
teus servos. Perguntou-lhes Josué:
Quem sois vós? De onde vindes?
9 Responderam-lhe: Teus ser-
vos vieram de uma terra mui-
to distante, por causa do nome
do Senhor, o teu Deus. Pois ou-
vimos a sua fama, e tudo o que
fez no Egito,
10 e tudo o que fez aos dois reis
dos amorreus, que estavam a leste
do Jordão, a Seom, rei de Hesbom,
e a Ogue, rei de Basã, que estava
em Astarote.
11 Pelo que nossos anciãos e to-
dos os moradores da nossa ter-
ra nos disseram: Tomai convosco
provisão para o caminho, ide-lhes
ao encontro e dizei-lhes: Nós so-
mos vossos servos; fazei alian-
ça conosco.
12 Este nosso pão tomamos quen-
te das nossas casas no dia em que
saímos para vir ter convosco. Mas
agora já está seco e bolorento.

13 E estes odres, que enchemos
de vinho, eram novos, mas já es-
tão rotos. E nossas vestes e nos-
sas sandálias já envelheceram,
por causa da longa jornada.
14 Então os homens de Israel to-
maram da provisão deles e não
pediram conselho ao Senhor.
15 Assim Josué fez uma alian-
ça de paz com eles, prometendo
poupar-lhes a vida, e os líderes
da comunidade prestaram-lhes
juramento.
16 Ao fim de três dias, depois de
terem feito a aliança com eles, ou-
viram que eram seus vizinhos e
que moravam no meio deles.
17 Então partiram os filhos de
Israel, e ao terceiro dia chegaram
às cidades deles: Gibeom, Quefira,
Beerote e Quiriate-Jearim.
18 Os filhos de Israel, porém, não
os feriram, porque os líderes da
comunidade lhes haviam jura-
do pelo Senhor, o Deus de Israel.
Toda a comunidade murmurava
contra os líderes,
19 que responderam: Nós lhes
juramos pelo Senhor, o Deus de
Israel, e agora não podemos to-
car-lhes.
20 Isto, porém, lhes faremos: Nós
os deixaremos viver, para que não
haja grande ira sobre nós, por cau-
sa do juramento que lhes fizemos.
21 Continuaram os líderes: Vivam.
Assim se tornaram rachadores
de lenha e tiradores de água para
toda a comunidade, como os líde-
res lhes haviam dito.
22 Chamou-os Josué e lhes per-
guntou: Por que nos enganastes,
dizendo: Muito longe de vós ha-
bitamos, morando vós no meio
de nós?
23 Agora sereis malditos: entre
vós nunca deixará de haver servos,
rachadores de lenha e tiradores
de água, para a casa do meu Deus.
24 Então responderam a Josué:
Foi anunciado aos teus servos,
como certo, que o Senhor, o teu
Deus, ordenou a Moisés, seu ser-
vo, que vos desse toda esta ter-
ra e destruísse todos os morado-
res dela diante de vós. Por isso,
tememos muito por nossa vida
por causa de vós, e fizemos isso.
25 Agora estamos nas tuas mãos.
Faze conosco aquilo que te pare-
cer bom e justo.
26 Josué então os livrou das mãos
dos filhos de Israel, e não os ma-
taram.
27 Nesse dia, Josué os fez racha-
dores de lenha e tiradores de água
para a comunidade e para o altar
do Senhor, até o dia de hoje, no
lugar que Deus escolhesse.

Gibeom é sitiada por cinco reis

10 Ora, ouviu Adoni-Zedeque,
rei de Jerusalém, que Josué
tomara a Ai e a tinha destruído
totalmente, fazendo com ela e
com seu rei como fizera a Jericó
e seu rei, e que os moradores de
Gibeom fizeram paz com os israe-
litas, e estavam no meio deles.
2 Temeu muito, porque Gibeom
era uma cidade grande como uma
das cidades reais, e ainda maior
do que Ai, e todos os seus homens
eram valentes.
3 Pelo que Adoni-Zedeque, rei de
Jerusalém, enviou mensageiros a
Horão, rei de Hebrom, e a Pirão, rei
de Jarmute, e a Jafia, rei de Laquis,
e a Debir, rei de Eglom, dizendo:
4 Subi a mim e ajudai-me a ferir
a Gibeom, porque fez paz com
Josué e com os filhos de Israel.
5 Então se ajuntaram e subiram
cinco reis dos amorreus, o rei

de Jerusalém, o de Hebrom, o
de Jarmute, o de Laquis, o rei de
Eglom, eles e todos os seus exér-
citos, sitiaram a Gibeom e pele-
jaram contra ela.
6 Enviaram os homens de Gibeom
mensageiros a Josué, ao acampa-
mento de Gilgal, dizendo: Não re-
tires de teus servos as tuas mãos.
Sobe apressadamente a nós, e li-
vra-nos, e ajuda-nos, porque to-
dos os reis dos amorreus, que ha-
bitam na região montanhosa, se
ajuntaram contra nós.
7 Então subiu Josué de Gilgal, ele
e todos os homens de guerra com
ele, e todos os valentes.
8 Disse o Senhor a Josué: Não os te-
mas; eu os entreguei nas tuas mãos.
Nenhum deles te poderá resistir.
9 Josué lhes sobreveio de repen-
te, porque toda a noite veio su-
bindo desde Gilgal.
10 O Senhor perturbou-os dian-
te de Israel e os feriu com gran-
de matança em Gibeom; os per-
seguiu pelo caminho que sobe a
Bete-Horom, derrotando-os até
Azeca e Maquedá.
11 Ora, fugindo eles de diante de
Israel, à descida de Bete-Horom,
o Senhor lançou sobre eles, do
céu, grandes pedras até Azeca,
e morreram. Foram mais os que
morreram das pedras da saraiva
do que os que os filhos de Israel
mataram à espada.
12 Então Josué falou ao Senhor,
no dia em que o Senhor entregou
os amorreus nas mãos dos filhos
de Israel, e disse na presença dos
israelitas:

Sol, detém-te em Gibeom,
e tu, lua, no vale de
Aijalom.
13 E o sol se deteve,
e a lua parou,
até que o povo se vingou de
seus inimigos.

Não está isso escrito no livro dos
Justos? O sol se deteve no meio
do céu e não se apressou a pôr-
-se, quase um dia inteiro.
14 Não houve dia semelhante a
esse, nem antes nem depois dele,
em que atendeu o Senhor assim à
voz de um homem. Certamente o
Senhor pelejava por Israel.
15 Voltou Josué, e todo o Israel com
ele, ao acampamento em Gilgal.
16 Aqueles cinco reis, porém, fu-
giram e se esconderam numa ca-
verna em Maquedá.
17 E anunciaram a Josué: Acharam-
-se os cinco reis escondidos numa
caverna em Maquedá.
18 Disse Josué: Arrastai grandes
pedras para a boca da caverna, e
ponde junto a ela homens que os
guardem.
19 Vós, porém, não vos detenhais!
Persegui os vossos inimigos e feri
os que vão ficando atrás; não os
deixeis entrar nas suas cidades,
pois o Senhor, o vosso Deus, já os
entregou nas vossas mãos.
20 Tendo Josué e os filhos de Israel
acabado de os ferir com grande
matança, até consumi-los, e ten-
do os que deles ficaram entrado
nas cidades fortificadas,
21 todo o povo voltou em paz a Josué,
ao acampamento em Maquedá,
não havendo ninguém que usas-
se a sua boca para provocar os fi-
lhos de Israel.
22 Depois disse Josué: Abri a boca
da caverna e trazei-me aqueles
cinco reis.
23 Fizeram assim, e trouxeram-
-lhe aqueles cinco reis para fora
da caverna: o rei de Jerusalém,
o de Hebrom, o de Jarmute, o de
Laquis, e o de Eglom.

24 Trazidos os reis a Josué, cha-
mou este todos os homens de Israel
e disse aos capitães do exército,
que tinham ido com eles: Chegai-
-vos, coloque o pé no pescoço des-
tes reis. E eles obedeceram.
25 Então Josué lhes disse: Não te-
mais! Não vos espanteis! Esforçai-
-vos e animai-vos. Assim fará o
Senhor a todos os vossos inimi-
gos, contra os quais pelejardes.
26 Depois disso, Josué os feriu e
os matou; os pendurou em cinco
madeiros, onde ficaram até a tarde.
27 Ao pôr do sol, Josué ordenou
que fossem tirados dos madei-
ros, e lançaram-nos na caver-
na em que se tinham escondido.
Puseram grandes pedras na boca
da cova, que ainda ali se encon-
tram até o dia de hoje.

Josué conquista as cidades do Sul

28 Nesse mesmo dia, tomou Josué
a Maquedá. Ele a atacou e matou
à espada o seu rei. Destruiu-os to-
talmente, sem deixar ali sobre-
vivente. Fez ao rei de Maquedá
como fizera ao rei de Jericó.
29 Então Josué, e todo o Israel
com ele, passou de Maquedá a
Libna e pelejou contra ela.
30 E o Senhor a entregou na mão
de Israel, a ela e a seu rei, e a fe-
riu à espada, com todos os que
nela havia, sem deixar ali sobre-
vivente. E fez ao seu rei como fi-
zera ao rei de Jericó.
31 Então Josué, e todo o Israel com
ele, passou de Libna a Laquis, si-
tiou-a e pelejou contra ela.
32 O Senhor entregou Laquis nas
mãos de Israel, que a tomou no
dia seguinte, e a feriu a fio de es-
pada, com todos os que nela ha-
via, conforme tudo o que fizera
a Libna.
33 Então Horão, rei de Gezer, su-
biu para ajudar a Laquis, mas
Josué o feriu, e ao seu povo, até
não lhe deixar sobrevivente.
34 Então Josué, e todo o Israel com
ele, passou de Laquis a Eglom, e a
sitiaram, e pelejaram contra ela.
35 No mesmo dia, a tomaram e a
feriram a fio de espada, com to-
dos os que nela estavam, confor-
me tudo o que fizera a Laquis.
36 Depois Josué, e todo o Israel
com ele, subiu de Eglom a Hebrom
e pelejaram contra ela.
37 Tomaram-na e a feriram a fio de
espada, assim ao seu rei como a to-
das as suas cidades, com todos os
que nelas havia. A ninguém deixou
com vida, conforme tudo o que fi-
zera a Eglom, destruiu-a totalmen-
te, com todos os que nela havia.
38 Então Josué, e todo o Israel
com ele, voltou a Debir, e pele-
jou contra ela.
39 Tomou-a com o seu rei, e a to-
das as suas cidades, e as feriram a
fio de espada, e a todos os que ne-
las havia destruíram totalmente,
não deixando nela sobrevivente
algum. Como fizera a Hebrom,
assim fez a Debir e ao seu rei, e
como fizera a Libna e ao seu rei.
40 Assim feriu Josué toda aque-
la terra, a região montanhosa, o
Neguebe, as campinas, as desci-
das das águas, e a todos os seus
reis. Não deixou nelas sobrevi-
vente algum. Mas a tudo o que ti-
nha fôlego destruiu, como orde-
nara o Senhor, o Deus de Israel.
41 Feriu-os Josué desde Cades-
-Barneia até Gaza, como também
toda a terra de Gósen até Gibeom.
42 De uma só vez tomou Josué to-
dos estes reis e a sua terra, por-
que o Senhor, o Deus de Israel,
pelejava por Israel.

43 Então Josué, e todo o Israel
com ele, voltou ao acampamen-
to em Gilgal.

A conquista das terras do norte

11 Quando Jabim, rei de Hazor,
ouviu isso, enviou mensa-
geiros a Jobabe, rei de Madom, e ao
rei de Sinrom, e ao rei de Acsafe,
2 e aos reis que estavam ao norte,
na região montanhosa, na Arabá
ao sul de Quinerete, nas planí-
cies, e nos planaltos de Dor, da
banda do mar;
3 ao cananeu do oriente e do oci-
dente, ao amorreu, ao heteu, ao
ferezeu, ao jebuseu na região
montanhosa, e ao heveu ao pé
do Hermom, na terra de Mispa.
4 Saíram estes, e todos os seus
exércitos com eles, muito povo,
como a areia da praia, e muitís-
simos cavalos e carros.
5 Todos estes reis se ajuntaram,
vieram e se acamparam junto às
águas de Merom, para pelejarem
contra Israel.
6 Disse o Senhor a Josué: Não te-
mas diante deles, porque amanhã
a esta mesma hora eu os entre-
garei todos mortos diante dos fi-
lhos de Israel. Os seus cavalos
aleijarás, e os seus carros quei-
marás a fogo.
7 Josué e todos os homens de
guerra com ele vieram de repen-
te contra eles às águas de Merom
e os atacaram,
8 e o Senhor os entregou nas mãos
de Israel. Feriram-nos e os per-
seguiram até a grande Sidom, e
até Misrefote-Maim, e até o vale
de Mispa ao oriente; feriram-nos
até não lhes deixar sobrevivente.
9 Fez-lhes Josué como o Senhor
lhe dissera: os seus cavalos aleijou
e os seus carros queimou no fogo.
10 Nesse mesmo tempo, voltou
Josué, tomou Hazor e matou a fio
de espada o seu rei. Hazor dantes
era a capital de todos estes reinos.
11 A todos os que nela havia matou
à espada. Totalmente os destruí-
ram, nada restou do que tinha fô-
lego, e a Hazor ele queimou a fogo.
12 Josué tomou todas as cidades
destes reis, e todos os seus reis, e
os matou à espada. Totalmente os
destruiu, como ordenara Moisés,
servo do Senhor.
13 Tão somente não queimaram
os israelitas as cidades que es-
tavam sobre as colinas, exceto
a Hazor, a qual Josué queimou.
14 Todos os despojos dessas cida-
des, e o gado, os filhos de Israel
saquearam para si, mas a todos
os homens mataram à espada,
até os destruírem; nada do que
tinha fôlego deixaram com vida.
15 Como ordenara o Senhor a
Moisés, seu servo, assim Moisés
ordenou a Josué, e assim Josué
o fez; nem uma só palavra dei-
xou de cumprir de tudo o que o
Senhor ordenara a Moisés.
16 Assim Josué tomou toda aque-
la terra, a região montanhosa,
todo o Neguebe, toda a terra de
Gósen, as planícies, a Arabá, a
região montanhosa de Israel e
as suas planícies,
17 desde o monte Halque, que sobe
a Seir, até Baal-Gade no vale do
Líbano, ao pé do monte Hermom.
Também tomou todos os seus reis
e os feriu, e os matou.
18 Por muito tempo Josué fez
guerra contra todos esses reis.
19 Não houve cidade que fizes-
se paz com os filhos de Israel,
senão os heveus, moradores de
Gibeom; por meio da guerra as
tomaram todas.

20 Pois do Senhor vinha o endu-
recimento dos seus corações para
saírem à guerra contra Israel, a
fim de que fossem destruídos to-
talmente, e não encontrassem pie-
dade alguma, mas fossem exter-
minados, como o Senhor tinha
ordenado a Moisés.
21 Nesse tempo, veio Josué e ex-
terminou os enaquins da região
montanhosa: de Hebrom, de Debir,
de Anabe, de toda a região mon-
tanhosa de Judá e de toda a re-
gião montanhosa de Israel. Josué
destruiu-os totalmente, com as
suas cidades.
22 Não ficou de resto nem um dos
enaquins na terra dos filhos de
Israel; somente ficaram alguns
em Gaza, em Gate e em Asdode.
23 Assim tomou Josué toda esta
terra conforme tudo o que o Senhor
tinha dito a Moisés, e Josué deu-a
em herança aos filhos de Israel,
conforme as suas divisões, con-
forme as suas tribos. Então a ter-
ra repousou da guerra.

Os reis vencidos

12 Estes são os reis da terra,
aos quais os filhos de Israel
feriram, e cujas terras possuíram
a leste do Jordão, desde o ribeiro
de Arnom até o monte Hermom,
e toda a planície do oriente:
2 Seom, rei dos amorreus, que ha-
bitava em Hesbom e dominava des-
de Aroer, que está à beira do vale de
Arnom, e desde o meio do vale e a
metade de Gileade, e até o ribeiro de
Jaboque, termo dos filhos de Amom;
3 desde a campina até o mar de
Quinerete para o oriente, e até o
mar da campina, o mar Salgado
para o oriente, pelo caminho de
Bete-Jesimote; e desde o sul abai-
xo das faldas do Pisga.
4 Como também o território de
Ogue, rei de Basã, que era do res-
tante dos gigantes, e que habita-
va em Astarote e em Edrei;
5 e dominava no monte Hermom,
e em Salcá, e em toda a Basã, até
a fronteira dos gesureus e dos
maacateus, e metade de Gileade,
termo de Seom, rei de Hesbom.
6 A estes Moisés, servo do Senhor, e
os filhos de Israel feriram. E Moisés,
servo do Senhor, deu esta terra como
propriedade aos rubenitas, aos ga-
ditas e à meia tribo de Manassés.
7 Estes são os reis da terra aos
quais Josué e os filhos de Israel
derrotaram no lado ocidental do
Jordão, desde Baal-Gade, no vale
do Líbano, até o monte Halaque,
que sobe a Seir; Josué deu as
suas terras às tribos de Israel
como propriedade, segundo as
suas divisões;
8 o que havia na região monta-
nhosa, nas planícies, na Arabá,
nas descidas das águas, no deser-
to e no Neguebe; o heteu, o amor-
reu, o cananeu, o ferezeu, o he-
veu e o jebuseu.
9 O rei de Jericó, um; o de Ai, que
está ao lado de Betel, outro;
10 o rei de Jerusalém, outro; o de
Hebrom, outro;
11 o rei de Jarmute, outro; o de
Laquis, outro;
12 o rei de Eglom, outro; o de
Gezer, outro;
13 o rei de Debir, outro; o de Geder,
outro;
14 o rei de Hormá, outro; o de
Arade, outro;
15 o rei de Libna, outro; o de
Adulão, outro;
16 o rei de Maquedá, outro; o de
Betel, outro;
17 o rei de Tapua, outro; o de
Héfer, outro;

18 o rei de Afeque, outro; o de
Lasarom, outro;
19 o rei de Madom, outro; o de
Hazor, outro;
20 o rei de Sinrom-Merom, outro;
o de Acsafe, outro;
21 o rei de Taanaque, outro; o de
Megido, outro;
22 o rei de Quedes, outro; o de
Jocneão do Carmelo, outro;
23 o rei de Dor em Nafate-Dor, ou-
tro; o de Goim em Gilgal, outro;
24 o rei de Tirza, outro; trinta e
um reis ao todo.

Terras por conquistar

13 Quando Josué era idoso
e avançado em dias, dis-
se-lhe o Senhor: Já estás velho e
avançado em dias, e ainda muitís-
sima terra ficou para se possuir.
2 A terra que ainda fica é esta:
todas as regiões dos filisteus e
toda a Gesur;
3 desde Sior, próximo ao Egito,
até o território de Ecrom para o
norte, que se considera dos ca-
naneus; os cinco governantes dos
filisteus: o de Gaza, o de Asdode,
o de Asquelom, o de Gate e o de
Ecrom.
4 E ainda os aveus ao sul, toda a
terra dos cananeus e Meara, que
é dos sidônios; até Afeque, até o
território dos amorreus;
5 como também a terra dos gi-
bleus e todo o Líbano para o nas-
cente do sol, desde Baal-Gade, ao
pé do monte Hermom, até a en-
trada de Hamate;
6 todos os que habitam na região
montanhosa desde o Líbano até
Misrefote-Maim, todos os sidô-
nios; eu os lançarei de diante dos
filhos de Israel; tão somente re-
parte a terra a Israel por heran-
ça, como já te mandei.
7 Reparte agora esta terra por he-
rança às nove tribos e à meia tri-
bo de Manassés.
8 Com a outra meia tribo os ru-
benitas e os gaditas já receberam
a sua herança a leste do Jordão,
como já lhes tinha dado Moisés,
servo do Senhor:
9 desde Aroer, que está à mar-
gem do vale de Arnom, e a cida-
de que está no meio do vale, todo
o planalto de Medeba até Dibom;
10 e todas as cidades de Seom, rei dos
amorreus, que reinou em Hesbom,
até o termo dos filhos de Amom.
11 E Gileade, e o território dos
gesureus e dos maacateus, e todo
o monte Hermom e toda a Basã
até Salcá;
12 todo o reino de Ogue em Basã, que
reinou em Astarote e em Edrei,
que ficou do resto dos gigantes, o
qual Moisés feriu e expulsou.
13 Os filhos de Israel, porém, não
expulsaram os gesureus e os ma-
acateus, antes Gesur e Maacate fi-
caram no meio de Israel até o dia
de hoje.
14 Tão somente à tribo de Levi
não deu herança; os sacrifícios
queimados do Senhor, o Deus de
Israel, são a sua herança, como
já lhe tinha dito.
15 Assim Moisés deu herança à
tribo dos filhos de Rúben, confor-
me as suas famílias.
16 Foi o seu território desde Aroer,
que está na margem do ribeiro
de Arnom, e a cidade que está
no meio do vale, e todo o planal-
to junto a Medeba;
17 Hesbom e todas as suas cida-
des, que estão na campina: Dibom,
Bamote-Baal e Bete-Baal-Meom;
18 Jaza, Quedemote, Mefaate;
19 Quiriataim, Sibma e Zerete-
-Saar, no monte do vale;

20 Bete-Peor, as encostas do Pisga e Bete-Jesimote;
21 todas as cidades do planalto, todo o reino de Seom, rei dos amorreus, que reinou em Hesbom, a quem Moisés feriu, como também os líderes de Midiã, Evi, Requém, Zur, Hur e Reba, líderes de Seom, moradores da terra.
22 Também os filhos de Israel mataram à espada a Balaão, o adivinho, filho de Beor, com os demais que por eles foram mortos.
23 E ficou sendo o Jordão a fronteira dos filhos de Rúben; esta é a herança dos filhos de Rúben, segundo as suas famílias: as cidades e as suas aldeias.
24 Deu Moisés herança à tribo de Gade, aos filhos de Gade, segundo as suas famílias.
25 E foi o território de Jazer: todas as cidades de Gileade, metade da terra dos filhos de Amom, até Aroer, que está em frente de Rabá;
26 desde Hesbom até Ramate-Mispa e Betonim; desde Maanaim até o termo de Debir;
27 e no vale, Bete-Harã, Bete-Ninra, Sucote e Safom, que ficara do resto do reino de Seom, rei de Hesbom, tendo o Jordão por termo, até a extremidade do mar de Quinerete, o lado oriental do Jordão.
28 Esta é a herança dos filhos de Gade, segundo as suas famílias, as cidades com suas aldeias.
29 Deu também Moisés herança à meia tribo de Manassés, segundo as suas famílias.
30 De maneira que o seu território foi desde Maanaim; toda a Basã, todo o reino de Ogue, rei de Basã, *e todas as aldeias de Jair*, que estão em Basã, sessenta cidades;
31 e metade de Gileade, Astarote e Edrei, cidades do reino de Ogue, em Basã, foram para os filhos de Maquir, filho de Manassés, a saber, à metade dos filhos de Maquir, segundo as suas famílias.
32 Isto foi o que Moisés repartiu em herança nas planícies de Moabe, a leste do Jordão, do lado oriental de Jericó.
33 À tribo de Levi, porém, Moisés não deu herança; o Senhor, o Deus de Israel, é a sua herança, como já lhe tinha dito.

A herança de Calebe

14 São estas as terras que os filhos de Israel receberam por herança na terra de Canaã, o que Eleazar, o sacerdote, e Josué, filho de Num, e os chefes paternos dos pais das tribos dos filhos de Israel lhes fizeram repartir.
2 Sua herança foi feita por sorte, como o Senhor ordenara por intermédio de Moisés acerca das nove tribos e meia.
3 Moisés já dera herança às duas tribos e meia além do Jordão, mas aos levitas não tinha dado herança entre eles,
4 pois os filhos de José haviam-se tornado duas tribos, Manassés e Efraim. Aos levitas não deram herança na terra, senão cidades em que habitassem, com pasto para seu gado.
5 Como o Senhor ordenara a Moisés, assim fizeram os filhos de Israel e repartiram a terra.
6 Os filhos de Judá chegaram a Josué em Gilgal, e Calebe, filho de Jefoné, o quenezeu, lhe disse: Tu sabes o que o Senhor falou a Moisés, homem de Deus, em Cades-Barneia, a respeito de mim e de ti.
7 Eu tinha quarenta anos, quando Moisés, servo do Senhor, me enviou de Cades-Barneia para espiar

a terra. E eu lhe trouxe respos-
ta, como sentia no meu coração.
8 No entanto, meus irmãos, que su-
biram comigo, fizeram desanimar o
coração do povo. Eu, porém, perseve-
rei em seguir ao Senhor, o meu Deus.
9 Então Moisés jurou naquele dia,
dizendo: Certamente a terra que
pisou o teu pé será tua e de teus
filhos, em herança perpetuamen-
te, porque perseveraste em seguir
ao Senhor, o meu Deus.
10 Agora, pois, o Senhor me con-
servou em vida, como falou; qua-
renta e cinco anos há desde que
o Senhor falou esta palavra a
Moisés, andando Israel ainda no
deserto. E já agora tenho oitenta
e cinco anos de idade.
11 Ainda estou tão forte como no
dia em que Moisés me enviou; qual
era a minha força então tal ain-
da é agora, para a guerra, para
sair e para entrar.
12 Agora dá-me este monte de
que o Senhor falou naquele dia.
Naquele dia, tu ouviste que os
enaquins estavam ali, bem como
cidades grandes e fortes. É certo
que o Senhor será comigo para os
expulsar, como prometeu.
13 Então Josué o abençoou e deu
a Calebe, filho de Jefoné, Hebrom
em herança.
14 Hebrom, portanto, passou a
ser de Calebe, filho de Jefoné, o
quenezeu, em herança até o dia
de hoje, porque perseverara em
seguir ao Senhor, o Deus de Israel.
15 Outrora o nome de Hebrom era
Quiriate-Arba, porque Arba era o
maior homem entre os enaquins.
Então a terra repousou da guerra.

A herança de Judá

15 A sorte da tribo dos fi-
lhos de Judá, segundo as
suas famílias, caiu em direção
de Edom, desde o deserto de Zim
para o sul, até a extremidade do
lado do sul.
2 Foi o seu termo ao sul, desde
a extremidade do mar Salgado,
desde a baía que dá para o sul;
3 sai para o sul, até a subida de
Acrabim, passa a Zim, sobe do sul a
Cades-Barneia, passa por Hezrom,
sobe a Adar, e rodeia Carca;
4 passa Azmom, chega ao ribei-
ro do Egito, prosseguindo até o
mar; este será a vossa fronteira
do lado do sul.
5 A fronteira, porém, para o orien-
te será o mar Salgado até a foz do
Jordão, e a fronteira para o nor-
te será da baía do mar, começan-
do com a foz do Jordão;
6 sobe Bete-Hogla, passa do nor-
te a Bete-Arabá e sobe até a pe-
dra de Boã, filho de Rúben.
7 Sobe mais esta fronteira a Debir,
desde o vale de Acor, e olha para
o norte, na direção de Gilgal, que
está à subida de Adumim, que
está para o sul do ribeiro; passa
até as águas de En-Semes e che-
gam a En-Rogel.
8 Deste ponto sobe pelo vale do
filho de Hinom, da banda dos je-
buseus do sul, isto é, Jerusalém;
e sobe até o cume do monte que
está diante do vale de Hinom para
o ocidente, que está no fim do vale
dos refains da banda do norte.
9 Então vai desde a altura do mon-
te até a fonte das águas de Neftoa;
e sai até as cidades do monte de
Efrom, estende-se ainda até Baalá,
isto é, Quiriate-Jearim.
10 Então volta para o ocidente, até o
monte Seir, e passa ao lado do monte
de Jearim da banda do norte, isto é,
Quesalom, e desce a Bete-Semes
e passa por Timna.

11 Segue para a encosta norte de
Ecrom e, indo para Sicrom, pas-
sa o monte de Baalá, e chega a
Jabneel, indo terminar no mar.
12 A fronteira ocidental é o mar
Grande. São estas as fronteiras
dos filhos de Judá, segundo as
suas famílias.
13 **A** Calebe, filho de Jefoné, porém,
deu uma herança no meio dos filhos
de Judá, conforme o dito do Senhor
a Josué, a saber, Quiriate-Arba, que
é Hebrom; Arba era o pai de Enaque.
14 E Calebe expulsou dali os três
filhos de Enaque: Sesai, Aimã e
Talmai, gerados de Enaque.
15 Dali subiu contra os habitan-
tes de Debir, cujo nome dantes
era Quiriate-Sefer.
16 Disse Calebe: A quem ferir
Quiriate-Sefer e a tomar, lhe da-
rei a minha filha Acsa por mulher.
17 Tomou-a Otniel, filho de Quenaz,
irmão de Calebe; e este lhe deu a
sua filha Acsa por mulher.
18 Certo dia, vindo ela a Otniel,
persuadiu-o a que pedisse um
campo a seu pai. Quando ela des-
ceu do jumento, Calebe lhe per-
guntou: Que é o que tens?
19 Respondeu ela: Dá-me um pre-
sente. Visto que me deste terra
seca, dá-me também fontes de
águas. Então lhe deu as fontes
superiores e as fontes inferiores.
20 **E**sta é a herança da tribo dos
filhos de Judá, segundo as suas
famílias:
21 As cidades no extremo sul da
tribo dos filhos de Judá, em di-
reção de Edom, foram: Cabzeel,
Eder, Jagur,
22 Quiná, Dimona, Adada,
23 Quedes, Hazor, Itnã,
24 Zife, Telém, Bealote,
25 Hazor-Hadata, Quiriote-Hezrom
(que é Hazor),
26 Amã, Sema, Moladá,
27 Hazar-Gada, Hesmom, Bete-
-Palete,
28 Hazar-Sual, Berseba, Biziotiá,
29 Baalá, Iim, Ezém,
30 Eltolade, Quesil, Hormá,
31 Ziclague, Madmana, Sansana,
32 Lebaote, Silim, Aim e Rimom;
ao todo vinte e nove cidades com
suas aldeias.
33 **N**as planícies: Estaol, Zorá, Asná,
34 Zanoa, En-Ganim, Tapua, Enã,
35 Jarmute, Adulão, Socó, Azeca,
36 Saaraim, Aditaim, Gederá e
Gederotaim; catorze cidades com
suas aldeias.
37 Zenã, Hadasa, Migdal-Gade,
38 Dileã, Mispa, Jocteel,
39 Laquis, Bozcate, Eglom,
40 Cabom, Laamás, Quitlis,
41 Gederote, Bete-Dagom, Naamá
e Maquedá; dezesseis cidades com
suas aldeias.
42 **L**ibna, Eter, Asã,
43 Iftá, Asná, Nezibe,
44 Queila, Aczibe e Maressa; nove
cidades com suas aldeias.
45 **E**crom, suas vilas e aldeias;
46 desde Ecrom até o mar, todas
as que estão da banda de Asdode,
com suas aldeias.
47 Asdode, suas vilas e aldeias; e
Gaza, suas vilas e aldeias, até o
rio do Egito, e o mar Grande, que
serve de termo.
48 **E** na região montanhosa: Samir,
Jatir, Socó,
49 Daná, Quiriate-Sana, que é
Debir,
50 Anabe, Estemo, Anim,
51 Gósen, Holom e Gilo; onze ci-
dades com suas aldeias.
52 Arabe, Dumá, Esã,
53 Janim, Bete-Tapua, Afeca,
54 Hunta, Quiriate-Arba (que
é Hebrom) e Zior; nove cidades
com suas aldeias.

55 Maom, Carmelo, Zife, Jutá,
56 Jezreel, Jocdeão, Zanoa,
57 Caim, Gibeá, Timna; dez cidades com suas aldeias.
58 Halul, Bete-Zur, Gedor,
59 Maarate, Bete-Anote e Eltecom; seis cidades com suas aldeias.
60 Quiriate-Baal (que é Quiriate-Jearim) e Rabá; duas cidades com suas aldeias.
61 No deserto: Bete-Arabá, Midim, Secaca.
62 Nibsã, Cidade do Sal e En-Gedi; seis cidades com suas aldeias.
63 Não puderam, porém, os filhos de Judá expulsar os jebuseus que habitavam em Jerusalém; assim ficaram habitando os jebuseus com os filhos de Judá em Jerusalém até o dia de hoje.

A herança de Efraim

16 A sorte que tocou aos filhos de José começa no Jordão, perto de Jericó, na banda oriental das águas de Jericó, e vai ao deserto que sobe de Jericó pela região montanhosa de Betel.
2 De Betel sai para Luz, passa ao território dos arquitas, até Atarote,
3 desce rumo ao ocidente ao território de Jafleti, até o território de Bete-Horom de baixo, e até Gezer, terminando no mar.
4 Assim alcançaram a sua herança os filhos de José, Manassés e Efraim.
5 Foi este o território dos filhos de Efraim, segundo as suas famílias: para o oriente a fronteira da sua herança é Atarote-Adar até Bete-Horom de cima;
6 sai este território para o ocidente junto a Micmetá, ao norte, vira para o oriente até Taanate-Siló, e passa por ela ao oriente a Janoa;
7 desce de Janoa a Atarote e a Naarate, toca em Jericó e termina no Jordão.
8 De Tapua vai ao território para o ocidente, ao ribeiro de Caná, e vai terminar no mar; esta é a herança da tribo dos filhos de Efraim, segundo as suas famílias,
9 com as cidades que se separaram para os filhos de Efraim, que estavam no meio da herança dos filhos de Manassés; todas aquelas cidades com suas aldeias.
10 Não expulsaram aos cananeus que habitavam em Gezer; os cananeus habitam no meio dos efraimitas até o dia de hoje, mas são sujeitos a trabalho forçado.

A herança da meia tribo de Manassés

17 A sorte da tribo de Manassés, primogênito de José, foi primeiramente para Maquir, primogênito de Manassés. Maquir foi pai dos gileaditas, que haviam recebido Gileade e Basã, porque eram homens de guerra.
2 Também os outros filhos de Manassés tiveram a sua parte, segundo as suas famílias, a saber: os filhos de Abiezer, e os filhos de Heleque, e os filhos de Asriel, e os filhos de Siquém, e os filhos de Héfer, e os filhos de Semida. São estes os filhos de Manassés, filho de José, segundo as suas famílias.
3 Zelofeade, porém, filho de Héfer, filho de Gileade, filho de Maquir, filho de Manassés, não teve filhos, mas só filhas; são estes os nomes de suas filhas: Maalá, Noa, Hogla, Milca e Tirza.
4 Estas se apresentaram diante de Eleazar, o sacerdote, e diante de Josué, filho de Num, e diante dos líderes e disseram: O Senhor ordenou

a Moisés que se nos desse heran-
ça no meio de nossos irmãos. Pelo
que, conforme o dito do Senhor,
lhes deu herança no meio dos ir-
mãos de seu pai.
5 Couberam a Manassés dez qui-
nhões, fora a terra de Gileade e
Basã, que está perto do Jordão,
6 porque as filhas de Manassés
no meio de seus filhos possuí-
ram herança. Os outros filhos
de Manassés tiveram a terra de
Gileade.
7 O território de Manassés foi desde
Aser até Micmetá, que está em fren-
te de Siquém, e vai pela direita até
os moradores de En-Tapua.
8 Tinha Manassés a terra de Tapua,
mas Tapua, ainda que situada na
fronteira de Manassés, pertencia
aos filhos de Efraim.
9 Então desce a fronteira ao ri-
beiro de Caná. A Efraim coube-
ram as cidades ao sul do ribeiro
no meio das cidades de Manassés;
mas a fronteira de Manassés está
ao norte do ribeiro, indo até o mar.
10 Efraim ao sul, e Manassés, ao
norte; o território de Manassés
chegava ao mar e tocava em Aser,
e pelo oriente, em Issacar.
11 Em Issacar e em Aser tinha
Manassés a Bete-Seã e suas vi-
las, Ibleã e suas vilas, os habitan-
tes de Dor e suas vilas, os habi-
tantes de En-Dor e suas vilas, os
habitantes de Taanaque e suas
vilas e os habitantes de Megido
e suas vilas, bem como a região
dos três outeiros.
12 Os filhos de Manassés não pu-
deram expulsar os habitantes da-
quelas cidades, pois os cananeus
persistiram em habitar naque-
la terra.
13 Entretanto, fortalecendo-se
os filhos de Israel, sujeitaram
os cananeus a trabalhos força-
dos, mas não os expulsaram to-
talmente.
14 Então os filhos de José disse-
ram a Josué: Por que nos deste
por herança só uma parte e um
quinhão, sendo nós tão grande
povo, visto que o Senhor até aqui
nos tem abençoado?
15 Disse-lhes Josué: Se sois gran-
de povo, subi ao bosque e cortai
para vós lugar ali na terra dos
ferezeus e dos refains, visto que
a região montanhosa de Efraim
vos é estreita demais.
16 Então disseram os filhos de
José: A região montanhosa não
nos bastaria, e todos os cananeus
que habitam na terra do vale pos-
suem carros de ferro, tanto os de
Bete-Seã e suas vilas como os que
estão no vale de Jezreel.
17 Josué, porém, disse à tribo
de José, a Efraim e a Manassés:
Povo grande és e tens grande for-
ça. Não terás apenas uma sorte;
18 mas a região montanhosa será
tua. Ainda que seja bosque, tu a
cortarás, e as suas extremidades
serão tuas; apesar de os cananeus
possuírem carros de ferro e serem
fortes, tu os expulsarás.

Israel arma o tabernáculo em Siló

18 Toda a comunidade dos fi-
lhos de Israel, depois que
conquistou a terra, ajuntou-se
em Siló e ali armou a tenda da
congregação.
2 Dos filhos de Israel ficaram sete
tribos que ainda não tinham re-
partido a sua herança.
3 Disse Josué aos filhos de Israel:
Até quando sereis negligentes em
passardes para possuir a terra
que o Senhor, o Deus de vossos
pais, vos deu?

4 De cada tribo escolhei três ho-
mens, para que eu os envie; e eles
saiam a percorrer a terra e a de-
marquem segundo as suas he-
ranças, e voltem a mim.
5 Dividirão a terra em sete par-
tes: Judá ficará no seu territó-
rio para o sul, e a tribo de José,
para o norte.
6 E vós demarcareis a terra em
sete partes e trareis a mim a sua
descrição, para que eu aqui vos
lance as sortes perante o Senhor,
o nosso Deus.
7 Os levitas, porém, não têm parte
no meio de vós, porque o sacerdó-
cio do Senhor é a sua parte. Gade,
Rúben e a meia tribo de Manassés
tomaram a sua herança no lado
leste do Jordão, a qual lhes deu
Moisés, o servo do Senhor.
8 Então aqueles homens se levan-
taram e se foram. Josué deu ordem
aos que iam demarcar a terra, di-
zendo: Ide, percorrei a terra e de-
marcai-a. Então voltai a mim, e
aqui vos lançarei as sortes peran-
te o Senhor, em Siló.
9 Assim, foram aqueles homens,
percorreram a terra e a demarca-
ram em sete partes, segundo as
suas cidades, num livro, e voltaram
a Josué, ao acampamento em Siló.
10 Então Josué lhes lançou as
sortes em Siló, perante o Senhor,
e ali repartiu a terra entre os fi-
lhos de Israel, conforme as suas
divisões.

A herança de Benjamim

11 Saiu a sorte da tribo dos fi-
lhos de Benjamim, segundo as
suas famílias, e coube-lhe o ter-
ritório entre os filhos de Judá e
os filhos de José.
12 A sua fronteira foi para o norte
desde o Jordão; sobe este território
ao lado de Jericó para o norte e
sobe pela montanha para o oci-
dente, indo terminar no deserto
de Bete-Áven.
13 Dali passa este território a Luz,
ao lado de Luz (que é Betel) para
o sul; desce a Atarote-Adar, ao pé
do monte que está no sul de Bete-
-Horom de baixo.
14 Vai este termo virando pelo lado
do ocidente, para o sul do monte
que está em frente de Bete-Horom,
para o sul, e termina em Quiriate-
-Baal (que é Quiriate-Jearim), ci-
dade dos filhos de Judá. Este é o
seu lado ocidental.
15 O lado sul começa na extremi-
dade de Quiriate-Jearim e dali se
estende até Efrom, até a fonte das
águas de Neftoa.
16 Desce a fronteira até a extremi-
dade do monte que está em fren-
te do vale do filho de Hinom, que
está no vale dos refains, para o
norte, e desce pelo vale de Hinom
do lado dos jebuseus, para o sul;
então desce à fonte de En-Rogel;
17 e vai para o norte, chegando
a En-Semes; dali sai a Gelilote,
que está em frente da subida de
Adumim; desce à pedra de Boã,
filho de Rúben;
18 passa pela vertente norte em
frente da Arabá, e desce a Arabá;
19 dali segue para o norte, ladeando
Bete-Hogla, e vai terminar na baía
do mar Salgado, na foz do Jordão
ao sul. Essa é a fronteira sul.
20 O Jordão delimitava o limi-
te oriental. Essa é a herança dos
filhos de Benjamim, nos seus li-
mites em redor, segundo as suas
famílias.
21 As cidades da tribo dos filhos
de Benjamim, segundo suas fa-
mílias, são: Jericó, Bete-Hogla,
Emeque-Queziz,

22 Bete-Arabá, Zemaraim, Betel,
23 Avim, Pará, Ofra,
24 Quefar-Amonai, Ofni e Geba:
doze cidades com suas aldeias.
25 Gibeom, Ramá, Beerote,
26 Mispa, Quefira, Moza,
27 Requém, Irpeel, Tarala,
28 Zela, Elefe, Jebus (esta é
Jerusalém), Gibeá e Quiriate: cator-
ze cidades com suas aldeias. Essa é
a herança dos filhos de Benjamim,
segundo as suas famílias.

A herança de Simeão

19 Saiu a segunda sorte a
Simeão, à tribo dos filhos
de Simeão, segundo as suas famí-
lias, e foi a sua herança no meio
da herança dos filhos de Judá.
2 Tiveram na sua herança: Berseba,
Seba, Molada,
3 Hazar-Sual, Balá, Ázen,
4 Eltolade, Betul, Hormá,
5 Ziclague, Bete-Marcabote, Hazar-
-Susa,
6 Bete-Lebaote e Saruém: treze
cidades com suas aldeias.
7 Aim, Rimom, Eter e Asã: quatro
cidades com suas aldeias.
8 E todos os povoados que havia em
redor dessas cidades, até Baalate-
-Beer, que é Ramá do Neguebe. Essa
é a herança da tribo dos filhos de
Simeão, segundo as suas famílias.
9 A herança dos filhos de Simeão
foi tirada do quinhão dos filhos
de Judá, porque a herança dos fi-
lhos de Judá era demasiadamen-
te grande para eles, pelo que os
filhos de Simeão tiveram a sua
herança no meio deles.

A herança de Zebulom e Issacar

10 Saiu a terceira sorte aos filhos
de Zebulom, segundo as suas fa-
mílias, e foi a fronteira da sua he-
rança até Saride.
11 Sobe de lá pelo ocidente a Maralá
e estende-se até Dabesete; chega
até o ribeiro que está em frente
de Jocneão.
12 De Saride volta para o orien-
te, para o nascente do sol, até o
território de Quislote-Tabor, sai
a Daberate, e vai subindo a Jafia.
13 Dali passa pelo oriente a Gate-
-Héfer, a Ete-Cazim, vai a Rimom-
-Metoar, que se estende até Neá,
14 e volta para o norte, a Hanatom,
e termina no vale de Iftá-El;
15 e Catate, Naalal, Sinrom, Idala
e Belém; doze cidades com suas
aldeias.
16 Essa é a herança dos filhos de
Zebulom, segundo as suas famí-
lias, essas cidades com seus po-
voados.
17 A quarta sorte saiu a Issacar,
aos filhos de Issacar, segundo as
suas famílias.
18 Vai o seu território até Jezreel,
Quesulote, Suném,
19 Hafaraim, Siom, Anaarate,
20 Rabite, Quisiom, Ebes,
21 Remete, En-Ganim, En-Hadá
e Bete-Pazes.
22 O território estende-se até
Tabor, Saazima e Bete-Semes, e
termina no Jordão; dezesseis ci-
dades com seus povoados.
23 Essa é a herança da tribo dos
filhos de Issacar, segundo as suas
famílias; essas cidades com seus
povoados.

A herança de Aser e de Naftali

24 Saiu a quinta sorte à tribo dos
filhos de Aser, segundo as suas
famílias.
25 Foi o seu território Helcate,
Hali, Béten, Acsafe,
26 Alameleque, Amade e Misal;
chega ao Carmelo para o ociden-
te, e a Sior-Libnate;

27 vira para o nascente do sol a
Bete-Dagom, chega a Zebulom e
ao vale de Iftá-El, ao norte de Bete-
-Emeque e de Neiel, e vem sair a
Cabul pela esquerda,
28 Ebrom, Reobe, Hamom e Caná,
até a grande Sidom.
29 Vira o território para Ramá e
para a cidade fortificada de Tiro;
então torna a Hosa e vai termi-
nar no mar, na região de Aczibe;
30 também Umá, Afeque e Reobe;
ao todo vinte e duas cidades com
seus povoados.
31 Essa é a herança da tribo dos
filhos de Aser, segundo as suas
famílias; essas cidades com seus
povoados.
32 Saiu a sexta sorte aos filhos
de Naftali, segundo as suas fa-
mílias.
33 Foi o seu território desde Helefe,
e desde o carvalho em Zaananim,
e Adami-Neguebe, Jabneel, até
Lacum e termina no Jordão.
34 Virava para o ocidente a Aznote-
-Tabor e dali passa a Hucoque;
chega a Zebulom ao sul, e a Aser,
ao ocidente; a Judá à margem do
Jordão, ao nascente do sol.
35 E são as cidades fortifica-
das: Zidim, Zer, Hamate, Racate,
Quinerete,
36 Adamá, Ramá, Hazor,
37 Quedes, Edrei, En-Hazor,
38 Irom, Migdal-El, Horém, e
Bete-Anate e Bete-Semes; deze-
nove cidades com seus povoados.
39 Essa é a herança da tribo dos
filhos de Naftali, segundo as suas
famílias; estas cidades com seus
povoados.

A herança de Dã

40 A sétima sorte saiu à tribo
dos filhos de Dã, segundo as suas
famílias.
41 Foi o território da sua heran-
ça Zorá, Estaol, Ir-Semes,
42 Saalabim, Aijalom, Itla,
43 Elom, Timna, Ecrom,
44 Elteque, Gibetom, Baalate,
45 Jeúde, Bene-Beraque, Gate-
-Rimom,
46 Me-Jarcom e Racom com o ter-
ritório em frente de Jope.
47 Saiu, porém, pequeno o terri-
tório dos filhos de Dã, pelo que
subiram os filhos de Dã, peleja-
ram contra Lesém, tomaram-na,
feriram-na a fio de espada e toma-
ram posse dela. Habitaram em
Lesém e a chamaram Dã, confor-
me o nome de Dã, seu pai.
48 Essa é a herança da tribo dos
filhos de Dã, segundo as suas fa-
mílias; essas cidades com seus
povoados.
49 Acabando de repartir a terra
em herança, segundo os seus ter-
ritórios, deram os filhos de Israel
a Josué, filho de Num, herança
no meio deles,
50 segundo o dito do Senhor. Deram-
-lhe a cidade que pediu, Timnate-
-Sera, na região montanhosa de
Efraim. E ele reedificou a cidade
e habitou nela.
51 Essas são as heranças que Eleazar,
o sacerdote, e Josué, filho de Num,
e os chefes dos clãs das tribos re-
partiram por sorte em herança,
pelas tribos dos filhos de Israel
em Siló, perante o Senhor, à por-
ta da tenda da congregação. E as-
sim acabaram de repartir a terra.

As cidades de refúgio

20 Então disse o Senhor a
Josué:
2 Dize aos filhos de Israel: Indicai
para vós as cidades de refúgio,
de que vos falei por intermédio de
Moisés,

3 para que fuja para ali o homicida, que por engano matar uma pessoa, para que vos sejam refúgio do vingador do sangue.

4 Fugindo ele para uma dessas cidades, se apresentará à porta da cidade e exporá a sua causa aos ouvidos das autoridades de tal cidade. Então lhe darão lugar, para que habite com eles.

5 Se o vingador do sangue o perseguir, não entregarão na sua mão o homicida, porque não o feriu intencionalmente, nem o odiava antes.

6 Habitará na mesma cidade até que compareça em juízo perante a comunidade e até que morra o sumo sacerdote que servir naqueles dias. Então o homicida voltará e virá à sua cidade e à sua casa, à cidade de onde fugiu.

7 Então indicaram a Quedes na Galileia, na região montanhosa de Naftali, Siquém, na região montanhosa de Efraim, e Quiriate-Arba, ou seja, Hebrom, na região montanhosa de Judá.

8 No lado leste do Jordão, perto de Jericó para o oriente, indicaram Bezer, no deserto, na campina da tribo de Rúben, e Ramote em Gileade, da tribo de Gade, e Golã, em Basã, da tribo de Manassés.

9 Foram estas as cidades designadas para todos os filhos de Israel e para o estrangeiro que peregrinasse entre eles, para que se acolhesse a elas todo aquele que por engano matasse alguém, para que não morresse às mãos do vingador do sangue, antes de comparecer perante a comunidade.

As cidades dos levitas

21 Então os chefes das famílias dos levitas se chegaram a Eleazar, o sacerdote, e a Josué, filho de Num, e aos chefes das demais famílias das tribos dos filhos de Israel

2 e lhes disseram em Siló, na terra de Canaã: O Senhor ordenou, por intermédio de Moisés, que se nos dessem cidades para habitar e pastos para os nossos animais.

3 Pelo que os filhos de Israel deram aos levitas, da sua herança, conforme o dito do Senhor, estas cidades e os seus pastos.

4 Saiu a sorte pelas famílias dos coatitas. Aos filhos de Arão, o sacerdote, que eram dos levitas, caíram por sorte, da tribo de Judá, da tribo de Simeão e da tribo de Benjamim, treze cidades.

5 Aos outros filhos de Coate caíram por sorte, das famílias da tribo de Efraim, da tribo de Dã e da meia tribo de Manassés, dez cidades.

6 Aos filhos de Gérson caíram por sorte, das famílias da tribo de Issacar, da tribo de Aser, da tribo de Naftali e da meia tribo de Manassés em Basã, treze cidades.

7 Os filhos de Merari, segundo as suas famílias, da tribo de Rúben, da tribo de Gade e da tribo de Zebulom, receberam doze cidades.

8 Deram os filhos de Israel aos levitas estas cidades e os seus pastos por sorte, como o Senhor ordenara por intermédio de Moisés.

9 Deram mais, da tribo dos filhos de Judá e da tribo dos filhos de Simeão, estas cidades, que por nome foram mencionadas,

10 para que fossem dos filhos de Arão, das famílias dos coatitas, dos filhos de Levi, porque lhes caiu a primeira sorte.

11 Assim lhes deram Quiriate-Arba, do pai de Enaque (esta é Hebrom),

na região montanhosa de Judá,
com os seus pastos ao redor.
12 O campo da cidade, porém, e as
suas aldeias deram a Calebe, filho
de Jefoné, por sua propriedade.
13 Assim aos filhos de Arão, o sa-
cerdote, deram Hebrom, cidade de
refúgio do homicida, com seus pas-
tos, Libna com seus pastos,
14 Jatir e Estemoa com seus pastos,
15 Holom e Debir com seus pastos,
16 Aim, Jutá e Bete-Semes com
seus pastos; nove cidades dessas
duas tribos.
17 Da tribo de Benjamim, Gibeom
e Geba com seus pastos,
18 Anatote e Almom com seus
pastos; quatro cidades.
19 Todas as cidades dos sacerdo-
tes, filhos de Arão, foram treze ci-
dades com seus pastos.
20 As famílias dos filhos de
Coate, levitas, os demais filhos
de Coate, tiveram as cidades da
sua sorte da tribo de Efraim.
21 Deram-lhes Siquém, cidade
de refúgio do homicida, com
seus pastos, na região monta-
nhosa de Efraim, Gezer com
seus pastos,
22 Quibzaim e Bete-Horom com
seus pastos; quatro cidades.
23 Da tribo de Dã, Elteque e seus
pastos, Gibetom e seus pastos,
24 Aijalom e Gate-Rimom e seus
pastos; quatro cidades.
25 Da meia tribo de Manassés,
Taanaque e Gate-Rimom com
seus pastos; duas cidades.
26 Todas as cidades para as famí-
lias dos demais filhos de Coate fo-
ram dez com seus pastos.
27 Aos filhos de Gérson, das fa-
mílias dos levitas, deram Golã,
da meia tribo de Manassés, ci-
dade de refúgio do homicida, em
Basã, com seus pastos e também
Beesterá com seus pastos; duas
cidades.
28 Da tribo de Issacar, Quisiom e
Daberate com seus pastos,
29 Jarmute e En-Ganim com seus
pastos; quatro cidades.
30 Da tribo de Aser, Misal e Abdom
com seus pastos,
31 Helcate e Reobe com seus pas-
tos; quatro cidades.
32 Da tribo de Naftali, deram
Quedes, cidade de refúgio do ho-
micida, na Galileia, e Hamote-
-Dor com seus pastos; três cidades.
33 Todas as cidades dos gersoni-
tas, segundo as suas famílias, fo-
ram treze cidades com seus pastos.
34 Às famílias dos demais levi-
tas dos filhos de Merari, deram
da tribo de Zebulom, Jocneão e
Cartá com seus pastos,
35 Dimna e Naalal com seus pas-
tos; quatro cidades.
36 Da tribo de Rúben, Bezer e
Jaza com seus pastos,
37 Quedemote e Mefaate com seus
pastos; quatro cidades.
38 Da tribo de Gade, deram Ramote,
cidade de refúgio do homicida,
em Gileade, e Maanaim com seus
pastos,
39 Hesbom e Jazer com seus pas-
tos; ao todo quatro cidades.
40 Todas essas cidades couberam
por sorte aos filhos de Merari, se-
gundo as suas famílias, que ain-
da restavam das famílias dos le-
vitas; ao todo doze cidades.
41 Todas as cidades dos levitas,
no meio da herança dos filhos de
Israel, foram quarenta e oito ci-
dades com seus pastos.
42 Cada uma dessas cidades ti-
nha os seus pastos ao redor; as-
sim foi com todas elas.
43 Desta maneira, deu o Senhor
a Israel toda a terra que, com

juramento, prometera dar a seus
pais; eles a possuíram e habitaram nela.
44 O Senhor lhes deu repouso em
redor, conforme tudo o que jurara
a seus pais. Nenhum de todos os
seus inimigos ficou de pé diante
deles; a todos eles o Senhor lhes
entregou nas mãos.
45 Palavra alguma falhou de todas as boas coisas que o Senhor
prometera à casa de Israel; tudo
se cumpriu.

Regressam as tribos dalém do Jordão

22 Então Josué chamou os
rubenitas, os gaditas e a
meia tribo de Manassés
2 e lhes disse: Tudo o que Moisés,
servo do Senhor, vos ordenou,
tendes cumprido, como tendes
obedecido à minha voz em tudo
o que vos ordenei.
3 A vossos irmãos nunca desamparastes até o dia de hoje; antes tivestes cuidado de guardar o mandamento do Senhor, o vosso Deus.
4 Agora que o Senhor, o vosso
Deus, deu repouso a vossos irmãos, como lhes havia prometido,
voltai-vos e ide-vos para as vossas tendas, para a terra da vossa
possessão, que Moisés, servo do
Senhor, vos deu dalém do Jordão.
5 Tão somente tende cuidado de
guardar com diligência o mandamento e a lei que Moisés, servo do
Senhor, vos ordenou: que ameis
o Senhor, o vosso Deus, andeis em
todos os seus caminhos, guardeis
os seus mandamentos, e vos chegueis a ele, e o sirvais de todo o vosso coração e de toda a vossa alma.
6 Assim Josué os abençoou e os
despediu; e eles foram para as
suas tendas.
7 Moisés dera herança em Basã
à meia tribo de Manassés, mas à
outra metade Josué deu herança entre seus irmãos, do outro
lado do Jordão, para o ocidente.
Despedindo-os para as suas tendas, Josué os abençoou
8 e lhes disse: Voltais para as vossas tendas com grandes riquezas,
com muitíssimo gado, com prata, com ouro, com metal, com ferro
e muitíssima roupa; reparti com
vossos irmãos o despojo dos vossos inimigos.
9 Assim os filhos de Rúben, os
filhos de Gade e a meia tribo de
Manassés, voltaram e se separaram dos filhos de Israel, de Siló,
que está na terra de Canaã, para
irem à terra de Gileade, à terra
da sua propriedade, de que foram
feitos proprietários, conforme o
dito do Senhor por intermédio
de Moisés.

O altar perto do Jordão

10 Assim que chegaram à região
junto ao Jordão, ainda na terra de Canaã, os filhos de Rúben,
os filhos de Gade e a meia tribo
de Manassés edificaram um altar junto ao Jordão, um altar de
grande proporção.
11 E, quando os filhos de Israel
ouviram dizer que os filhos de
Rúben, os filhos de Gade e a meia
tribo de Manassés haviam edificado um altar em frente da terra de Canaã, na região junto ao
Jordão, do lado que pertence aos
filhos de Israel,
12 ajuntou-se toda a comunidade
dos filhos de Israel em Siló, para
saírem à batalha contra eles.
13 Enviaram os filhos de Israel
aos filhos de Rúben, aos filhos de
Gade e à meia tribo de Manassés,

à terra de Gileade, Fineias, filho
de Eleazar, o sacerdote.
14 Com ele enviaram dez líderes,
de cada família um líder, de todas as tribos de Israel, cada um o chefe de suas famílias entre os milhares de Israel.
15 Indo eles aos filhos de Rúben,
aos filhos de Gade e à meia tribo de Manassés, à terra de Gileade, disseram-lhes:
16 Assim diz toda a comunidade do
Senhor: Que transgressão é esta que cometeis contra o Deus de Israel, deixando de seguir ao Senhor, edificando-vos um altar, para vos rebelardes hoje contra o Senhor?
17 Foi-nos pouco a iniquidade de
Peor, da qual até hoje não estamos ainda purificados, apesar de ter havido praga na comunidade do Senhor,
18 para que hoje queirais aban-
donar o Senhor? Rebelando-vos hoje contra o Senhor, amanhã ele se irará contra toda a comunidade de Israel.
19 Se, porém, a terra da vossa
propriedade é imunda, passai-vos para a terra do Senhor, onde habita o tabernáculo do Senhor, e tomai propriedade entre nós. Mas não vos rebeleis contra o Senhor, tampouco vos rebeleis contra nós, edificando-vos um altar, que não o altar do Senhor, o nosso Deus.
20 Não foi Acã, filho de Zerá, in-
fiel no tocante às coisas condenadas? E não veio ira sobre toda a comunidade de Israel, de modo que aquele homem não morreu sozinho na sua iniquidade?
21 Então responderam os filhos
de Rúben, os filhos de Gade e a meia tribo de Manassés, aos chefes dos milhares de Israel:
22 O Poderoso, o Deus, o Senhor!
O Poderoso, o Deus, o Senhor! Ele o sabe, e Israel mesmo o saberá. Se agimos em rebeldia ou desobediência ao Senhor, hoje não nos poupeis.
23 Se edificamos altar para nos
tornar de após o Senhor, ou para sobre ele oferecer holocausto e oferta de cereais, ou sobre ele fazer oferta pacífica, o Senhor mesmo de nós o requeira.
24 Pelo contrário, fizemos isso
com receio de que amanhã vossos filhos digam aos nossos: Que tendes vós com o Senhor, o Deus de Israel?
25 O Senhor pôs o Jordão por fron-
teira entre nós e vós, ó filhos de Rúben e filhos de Gade! Não tendes parte no Senhor. Assim bem poderiam os vossos filhos fazer que os nossos deixassem de temer ao Senhor.
26 Pelo que dissemos: Edifiquemos
agora um altar, não para holocausto ou sacrifício,
27 mas para que entre nós e vós,
e entre as nossas gerações depois de nós, nos seja em testemunho, para podermos fazer o serviço do Senhor diante dele com os nossos holocaustos, com os nossos sacrifícios e com as nossas ofertas pacíficas. E para que os vossos filhos não venham a dizer amanhã aos nossos: Não tendes parte no Senhor.
28 Pelo que dissemos: Se ama-
nhã eles assim disserem a nós e às nossas gerações, então responderemos: Vede o modelo do altar do Senhor que fizeram nossos pais, não para holocausto nem para sacrifício, mas para ser testemunho entre nós e vós.
29 Longe esteja de nós que nos re-
belemos contra o Senhor, ou que

hoje o abandonemos, edificando
altar para holocausto, oferta de
cereais ou sacrifício, além do al-
tar do Senhor, o nosso Deus, que
está perante o seu tabernáculo.
30 Ouvindo Fineias, o sacerdote, e
os líderes da comunidade, e os che-
fes dos milhares de Israel que com
ele estavam as palavras que disse-
ram os filhos de Rúben, os filhos
de Gade e os filhos de Manassés,
ficaram satisfeitos.
31 Então disse Fineias, filho de
Eleazar, o sacerdote, aos filhos
de Rúben, aos filhos de Gade e
aos filhos de Manassés: Hoje sa-
bemos que o Senhor está no meio
de nós, porque não agistes com
infidelidade para com o Senhor.
Agora livrastes os filhos de Israel
da mão do Senhor.
32 Voltou Fineias, filho de Eleazar,
o sacerdote, com os líderes, sem
os filhos de Rúben e com os filhos
de Gade, da terra de Gileade à ter-
ra de Canaã, aos filhos de Israel,
e trouxeram-lhes a resposta.
33 A resposta agradou aos filhos
de Israel. Eles louvaram a Deus e
não falaram mais de subir a pele-
jar contra eles, para destruírem a
terra em que habitavam os filhos
de Rúben e os de Gade.
34 Os filhos de Rúben e os de Gade
chamaram ao altar Testemunho,
dizendo: É testemunho entre nós
de que o Senhor é Deus.

O discurso de Josué em Siquém

23 Passados muitos dias de-
pois que o Senhor havia
dado repouso a Israel de todos
os seus inimigos em redor, e sen-
do Josué já idoso e de idade mui-
to avançada,
2 chamou todo o Israel, as autorida-
des, os seus líderes, os seus juízes
e os seus oficiais e lhes disse: Eu já
sou velho, com idade avançada.
3 Vós tendes visto tudo o que o
Senhor, o vosso Deus, fez a todas
estas nações por causa de vós; é
o Senhor, o vosso Deus, que tem
pelejado por vós.
4 Vede que vos reparti por sorte
estas nações que restam, para se-
rem herança das vossas tribos,
com todas as nações que tenho
eliminado, desde o Jordão até o
mar Grande para o ocidente.
5 O Senhor, o vosso Deus, as em-
purrará e as expulsará de dian-
te de vós, e possuireis a sua ter-
ra, como o Senhor, o vosso Deus,
vos prometeu.
6 Esforçai-vos muito para guardar
e cumprir tudo o que está escrito
no livro da lei de Moisés, para que
dele não vos aparteis, nem para
a direita nem para a esquerda.
7 Não vos mistureis com estas na-
ções que ainda restam no vosso
meio; não fareis menção dos no-
mes de seus deuses, não os invo-
careis nos vossos juramentos,
não os servireis, não vos incli-
nareis a eles.
8 Ao Senhor, o vosso Deus, po-
rém, vos achegareis, como fizes-
tes até o dia de hoje.
9 O Senhor expulsou de diante de
vós grandes e numerosas nações;
quanto a vós outros, ninguém vos
resistiu até o dia de hoje.
10 Um só homem dentre vós per-
seguirá a mil, porque o Senhor,
o vosso Deus, é quem peleja por
vós, como já vos prometeu.
11 Portanto, guardai com cuida-
do a vossa alma, para amardes
ao Senhor, o vosso Deus.
12 Se, porém, de alguma manei-
ra vos desviardes e vos achegar-
des ao resto dessas nações que

ficaram entre vós, e com elas vos
aparentardes, e vos misturardes
com elas, e elas convosco,
13 sabei certamente que o Senhor,
o vosso Deus, não continuará a
expulsar essas nações de diante
de vós. Pelo contrário, elas vos se-
rão por laço e rede, açoite às vos-
sas ilhargas e espinhos aos vossos
olhos, até que pereçais nesta boa
terra que vos deu o Senhor, o vos-
so Deus.
14 Ora, vou hoje pelo caminho
de toda a terra. Vós bem sabeis, de
todo o vosso coração e de toda a
vossa alma, que nem uma só pa-
lavra caiu de todas as boas coisas
que o Senhor, o vosso Deus, falou
a vosso respeito. Todas vos sobre-
vieram, nenhuma delas falhou.
15 Assim, porém, como sobre
vós vieram todas estas boas coi-
sas, que o Senhor, o vosso Deus,
vos disse, da mesma forma trará
o Senhor sobre vós todas aque-
las más coisas até vos destruir
de sobre a boa terra que vos deu
o Senhor, o vosso Deus.
16 Se violardes a aliança do Senhor,
o vosso Deus, que ele vos ordenou,
e fordes e servirdes a outros deu-
ses, e a eles vos inclinardes, en-
tão a ira do Senhor se acenderá
contra vós, e logo perecereis na
boa terra que ele vos deu.

Renovação da aliança em Siquém

24 Então Josué reuniu to-
das as tribos de Israel em
Siquém. Chamou as autoridades
de Israel, os seus líderes, os seus
juízes e os seus oficiais, e eles se
apresentaram diante de Deus.
2 Disse Josué a todo o povo: Assim
diz o Senhor, o Deus de Israel:
Além do Eufrates habitaram an-
tigamente vossos pais, Terá, pai
de Abraão e de Naor, e serviram
a outros deuses.
3 Eu, porém, tomei a vosso pai
Abraão além do rio e o guiei por
toda a terra de Canaã; também
multipliquei a sua descendên-
cia. Dei-lhe Isaque,
4 e a Isaque dei Jacó e Esaú. A Esaú
dei o monte Seir, mas Jacó e seus
filhos desceram para o Egito.
5 Então enviei Moisés e Arão e feri
o Egito com as pragas que enviei
a eles, e vos tirei de lá.
6 Tirando eu do Egito a vossos
pais, viestes ao mar; e os egípcios
perseguiram a vossos pais com
carros e com cavaleiros, até o
mar Vermelho.
7 Clamaram, porém, ao Senhor,
e ele pôs uma escuridão entre vós e
os egípcios; trouxe o mar sobre eles
e os cobriu. Os vossos olhos viram
o que eu fiz no Egito. Então habi-
tastes no deserto muitos dias.
8 Eu vos trouxe à terra dos amor-
reus, que habitavam a leste do
Jordão. Eles pelejaram contra
vós, mas os dei nas vossas mãos.
Eu os destruí de diante de vós, e
possuístes a sua terra.
9 Quando Balaque, filho de Zipor,
rei dos moabitas, levantou-se para
pelejar contra Israel, mandou cha-
mar Balaão, filho de Beor, para
que vos amaldiçoasse.
10 Eu, porém, não quis ouvir a
Balaão, pelo que ele vos aben-
çoou, e eu vos livrei da sua mão.
11 Passando vós o Jordão, e che-
gando a Jericó, os habitantes de
Jericó pelejaram contra vós, como
também os amorreus, os ferezeus,
os cananeus, os heteus, os girga-
seus, os heveus e os jebuseus, mas
os entreguei nas vossas mãos.
12 Enviei vespões adiante de vós, que
os expulsaram da vossa presença,

bem como aos dois reis dos amor-
reus, não com a vossa espada ou
com o vosso arco.
13 Assim vos dei uma terra em
que não trabalhastes, e cidades
que não edificastes, e habitais ne-
las; e comeis das vinhas e dos oli-
vais que não plantastes.

Josué renova a aliança com o povo

14 Agora temei ao Senhor e servi-o
com sinceridade e com verdade.
Deitai fora os deuses aos quais
serviram vossos pais além do
Eufrates e no Egito, e servi ao
Senhor.
15 Se, porém, vos parece mal servir
ao Senhor, escolhei hoje a quem
sirvais; se aos deuses a quem ser-
viram vossos pais, que estavam
além do Eufrates, ou aos deuses
dos amorreus, em cuja terra ha-
bitais. Eu e a minha casa servi-
remos ao Senhor.
16 Então respondeu o povo: Nunca
nos aconteça que deixemos o Senhor
para servirmos a outros deuses!
17 Foi o próprio Senhor, o nosso
Deus, que nos fez subir da terra
do Egito, com nossos pais, da casa
da servidão, e fez estes grandes
sinais aos nossos olhos. Ele nos
guardou por todo o caminho que
andamos e entre todos os povos
pelo meio dos quais passamos.
18 O Senhor expulsou de diante
de nós todas estas gentes, inclu-
sive o amorreu, morador da ter-
ra. Nós também serviremos ao
Senhor, porque ele é nosso Deus.
19 Então Josué disse ao povo:
Não podereis servir ao Senhor.
Ele é Deus santo; é Deus zeloso.
Ele não perdoará a vossa rebel-
dia nem os vossos pecados.
20 Se deixardes o Senhor e ser-
virdes a deuses estranhos, ele se
voltará e vos fará mal, e vos consu-
mirá, depois de vos ter feito bem.
21 Disse, porém, o povo a Josué:
Não, antes ao Senhor serviremos.
22 Então disse Josué: Sois teste-
munhas contra vós mesmos de
que escolhestes servir ao Senhor.
Responderam: Somos testemunhas.
23 Agora, pois, lançai fora os deu-
ses estranhos que há no meio de
vós e inclinai o vosso coração ao
Senhor, o Deus de Israel.
24 E disse o povo a Josué: Serviremos
ao Senhor nosso Deus e obedece-
remos à sua voz.
25 Assim fez Josué naquele dia
uma aliança com o povo e ali em
Siquém lhes deu estatutos e leis.

A pedra do testemunho

26 E Josué escreveu essas palavras
no livro da lei de Deus. Então to-
mou uma grande pedra e a erigiu
ali debaixo do carvalho que esta-
va junto ao santuário do Senhor.
27 Disse Josué a todo o povo: Vede!
Esta pedra nos será por testemu-
nho. Ela ouviu todas as palavras
que o Senhor nos disse. Será por
testemunho contra vós, para que
não mintais a vosso Deus.
28 Então Josué despediu o povo,
cada um para a sua propriedade.

A morte de Josué

29 Depois dessas coisas, Josué,
filho de Num, servo do Senhor,
faleceu, com a idade de cento e
dez anos.
30 Sepultaram-no no território
da sua herança, em Timnate-
-Sera, que está na região monta-
nhosa de Efraim, para o norte do
monte Gaás.
31 Serviu Israel ao Senhor todos
os dias de Josué, e todos os dias
dos líderes que ainda viveram

muito depois de Josué, e que sabiam toda a obra que o Senhor tinha feito a favor de Israel.
32 Também enterraram em Siquém os ossos de José, que os filhos de Israel trouxeram do Egito, naquela parte do campo que Jacó comprara aos filhos de Hamor, pai de Siquém, por cem peças de prata. Esta terra veio a ser a herança dos filhos de José.
33 E faleceu Eleazar, filho de Arão, e o sepultaram em Gibeá, na região montanhosa de Efraim. Essa cidade tinha sido dada a Fineias, seu filho.

JUÍZES

Novas conquistas

1 Depois da morte de Josué, os filhos de Israel perguntaram ao Senhor: Quem dentre nós subirá primeiro aos cananeus, para pelejar contra eles?

2 Respondeu o Senhor: Judá subirá; entreguei a terra nas suas mãos.

3 Então disse Judá a Simeão, seu irmão: Sobe comigo à herança que me coube por sorte, e pelejemos contra os cananeus, e também eu subirei contigo à tua herança que te coube por sorte. E Simeão partiu com ele.

4 Subiu Judá, e o Senhor lhe entregou nas mãos os cananeus e os ferezeus, e mataram deles em Bezeque dez mil homens.

5 Acharam Adoni-Bezeque em Bezeque e pelejaram contra ele; mataram os cananeus e os ferezeus.

6 Adoni-Bezeque fugiu, mas o perseguiram e o prenderam; cortaram-lhe os polegares das mãos e dos pés.

7 Então disse Adoni-Bezeque: Setenta reis, com os polegares das mãos e dos pés cortados, apanhavam as migalhas debaixo da minha mesa. Assim como eu fiz, assim Deus me pagou. E o trouxeram a Jerusalém, e morreu ali.

8 **O**s filhos de Judá pelejaram contra Jerusalém e, tomando-a, mataram seus moradores a fio de espada e queimaram a cidade.

9 Depois, os filhos de Judá des*ceram para pelejar* contra os cananeus que habitavam na região montanhosa, no Neguebe e nas planícies.

10 Partiu Judá contra os cananeus que habitavam em Hebrom, cujo nome era outrora Quiriate-Arba, e feriram Sesai, Aimã e Talmai.

11 **D**ali partiu contra os moradores de Debir, que outrora se chamava Quiriate-Sefer.

12 Disse Calebe: A quem atacar Quiriate-Sefer e a tomar, darei a minha filha Acsa por mulher.

13 Otniel, filho de Quenaz, o irmão mais moço de Calebe, tomou-a; assim Calebe lhe deu a sua filha Acsa por mulher.

14 Certo dia, vindo ela a ele, persuadiu-o que pedisse um campo ao pai dela. E, quando ela desceu do jumento, Calebe lhe perguntou: Que é que tens?

15 Respondeu ela: Dá-me um presente. Visto que me deste uma terra seca, dá-me também fontes de águas. Calebe lhe deu as fontes superiores e as fontes inferiores.

16 **O**s filhos do queneu, sogro de Moisés, subiram da cidade das palmeiras com os filhos de Judá ao deserto de Judá, que está ao sul de Arade; foram e habitaram com o povo.

17 Então foi-se Judá com Simeão, seu irmão, e feriram os cananeus que habitavam na cidade de Zefate, e totalmente a destruíram; por isso, chamou-se esta cidade Hormá.

18 Tomou ainda Judá a Gaza, a Ascalom e a Ecrom, com os seus respectivos territórios.

19 Esteve o Senhor com Judá. Este despovoou a região montanhosa, mas não expulsou os moradores do vale, porque tinham carros de ferro.

20 Como Moisés havia prometido,
deram Hebrom a Calebe, que dali
expulsou os três filhos de Enaque.
21 Os filhos, porém, de Benjamim
não expulsaram os jebuseus que
habitavam em Jerusalém; antes
os jebuseus habitam com os filhos
de Benjamim em Jerusalém até
o dia de hoje.
22 Subiram também os homens
da tribo de José contra Betel, e
era o Senhor com eles.
23 Eles mandaram homens para
espiar Betel, cujo nome anteriormente era Luz.
24 Viram os espias um homem
que saía da cidade e lhe disseram: Mostra-nos a entrada da
cidade e usaremos de bondade
para contigo.
25 Mostrando-lhes ele a entrada
da cidade, mataram os moradores da cidade à espada, mas àquele homem e a toda a sua família
deixaram ir.
26 Então ele se foi para a terra
dos heteus, edificou uma cidade
e pôs-lhe o nome de Luz, que é o
seu nome até o dia de hoje.
27 Manassés não expulsou os habitantes de Bete-Seã e suas vilas,
os de Taanaque e suas vilas, os
de Dor e suas vilas, os de Ibleão
e suas vilas, nem os de Megido e
suas vilas, pois os cananeus estavam decididos a habitar naquela terra.
28 Quando, porém, Israel se tornou forte, sujeitou os cananeus a
trabalhos forçados, contudo não
os expulsou de todo.
29 Tampouco expulsou Efraim
os cananeus que habitavam em
Gezer, mas os cananeus ficaram
habitando no meio dele, em Gezer.
30 Tampouco expulsou Zebulom
os habitantes de Quitrom e os de
Naalol, os quais ficaram habitando no meio dele; mas foram sujeitos a trabalhos forçados.
31 Tampouco expulsou Aser os moradores de Aco, de Sidom, de Alabe,
de Aczibe, de Helba, de Afeque nem
de Recobe;
32 assim os aseritas continuaram
no meio dos cananeus que habitavam na terra.
33 Tampouco expulsou Naftali
os moradores de Bete-Semes e
de Bete-Anate; mas continuou
no meio dos cananeus que habitavam na terra, e os de Bete-Semes e Bete-Anate foram sujeitos a trabalhos forçados.
34 Os amorreus impeliram os filhos de Dã para a região montanhosa e não os deixavam descer
ao vale.
35 Também os amorreus quiseram habitar nas montanhas de
Heres, em Aijalom e em Saalbim,
mas logo que o poder da casa de
José aumentou, foram sujeitos a
trabalhos forçados.
36 Foi o território dos amorreus
desde a subida de Acrabim, desde Sela, e dali para cima.

As repreensões do Senhor

2 Subiu o anjo do Senhor de
Gilgal a Boquim e disse: Do
Egito vos fiz subir e vos trouxe
à terra que, com juramento, havia prometido a vossos pais, e vos
disse: Nunca invalidarei a minha
aliança convosco,
2 e não fareis aliança com os moradores desta terra, antes derrubareis os seus altares. Mas vós
não obedecestes à minha voz. Por
que fizestes isso?
3 Pelo que também eu disse: Não
os expulsarei de diante de vós;
antes serão vossos adversários,

e os seus deuses vos serão por
armadilha.
4 Tendo o anjo do Senhor acaba-
do de falar essas palavras a todos
os filhos de Israel, o povo levan-
tou a voz e chorou;
5 e chamaram àquele lugar,
Boquim. Ali ofereceram sacrifí-
cios ao Senhor.
6 Havendo Josué despedido o povo,
foram-se os filhos de Israel, cada
um à sua herança, para possuí-
rem a terra.

A infidelidade dos israelitas

7 Serviu o povo ao Senhor todos
os dias de Josué e todos os dias
dos líderes que sobreviveram a
Josué e viram toda aquela gran-
de obra do Senhor, a qual ele fi-
zera a favor de Israel.
8 Faleceu Josué, filho de Num,
servo do Senhor, com a idade de
cento e dez anos.
9 E o sepultaram no território da
sua herança, em Timnate-Heres,
na região montanhosa de Efraim,
para o norte do monte Gaás.
10 Foi também congregada toda
aquela geração a seus pais, e ou-
tra geração após deles se levan-
tou, que não conhecia ao Senhor,
tampouco a obra que ele fizera
a Israel.
11 Então fizeram os filhos de Israel
o que era mau aos olhos do Senhor
e serviram aos baalins.
12 Deixaram o Senhor, o Deus de
seus pais, que os tirara da terra
do Egito. Seguiram outros deuses,
entre os deuses das gentes que
havia ao redor deles, e os adora-
ram. Provocaram o Senhor à ira,
13 porque deixaram o Senhor e
serviram a Baal e a Astarote.
14 Pelo que a ira do Senhor se acen-
deu contra Israel, e os entregou
nas mãos dos invasores, que os sa-
quearam. Entregou-os nas mãos
dos seus inimigos ao redor, aos
quais não mais puderam resistir.
15 Por onde quer que saíam para
lutar, a mão do Senhor era con-
tra eles para mal, como o Senhor
lhes tinha jurado, e estavam em
grande aperto.
16 Então levantou o Senhor juí-
zes, que os livraram das mãos dos
que os despojavam.
17 Contudo, não ouviram aos juí-
zes, antes se prostituíram após
outros deuses e os adoraram.
Depressa se desviaram do cami-
nho, pelo qual seus pais anda-
ram em obediência aos manda-
mentos do Senhor, e não fizeram
como eles.
18 Quando o Senhor lhes levan-
tava juízes, o Senhor era com o
juiz e os livrava das mãos dos seus
inimigos todos os dias desse juiz;
pois o Senhor se arrependia em
razão do seu gemido por causa
dos que os apertavam e oprimiam.
19 Quando, porém, o juiz falecia,
os filhos de Israel se desviavam e
se corrompiam mais do que seus
pais, seguindo outros deuses, ser-
vindo-os e adorando-os. Não dei-
xavam as suas obras nem a sua
obstinação.
20 Pelo que a ira do Senhor se
acendeu contra Israel, e disse:
Porque este povo violou a mi-
nha aliança, que tinha ordena-
do a seus pais, e não deram ou-
vidos à minha voz,
21 eu não expulsarei mais de dian-
te deles nenhuma das nações que
Josué deixou quando morreu.
22 Eu as usarei para provar a
Israel e ver se há de guardar ou
não o caminho do Senhor, como
seus pais o guardaram.

23 Assim o Senhor deixou ficar
essas nações e não as expulsou
logo, nem as entregou nas mãos
de Josué.

Servidão dos israelitas sob Cusã

3 Estas são as nações que o Senhor
deixou ficar, para por elas pro-
var a Israel, isto é, provar quan-
tos em Israel não sabiam de to-
das as guerras de Canaã,
2 tão somente para que as gera-
ções dos filhos de Israel delas
aprendessem (para lhes ensinar
a guerra), pelo menos os que dan-
tes não sabiam disso:
3 Cinco líderes dos filisteus, to-
dos os cananeus, os sidônios e os
heveus que habitavam as mon-
tanhas do Líbano, desde o monte
Baal-Hermom até a entrada de
Hamate.
4 Estes ficaram a fim de por eles
provar a Israel, para saber se da-
riam ouvidos aos mandamentos
do Senhor, que tinha ordenado
a seus pais, por intermédio de
Moisés.
5 Assim, habitaram os filhos de
Israel no meio dos cananeus, dos
heteus, dos amorreus, dos fere-
zeus, dos heveus e dos jebuseus.
6 Tomaram de suas filhas para si
por mulheres e deram aos filhos
deles as suas filhas, e serviram a
seus deuses.

Otniel livra Israel

7 Os filhos de Israel fizeram o que
era mau aos olhos do Senhor; es-
queceram-se do Senhor, o seu
Deus, e serviram aos baalins e
ao poste sagrado.
8 Acendeu-se a ira do Senhor
contra Israel, e os entregou nas
mãos de Cusã-Risataim, rei da
Mesopotâmia. E os filhos de Israel
serviram a Cusã-Risataim duran-
te oito anos.
9 Quando, porém, clamaram ao
Senhor, o Senhor levantou-lhes
um libertador, que os libertou:
Otniel, filho de Quenaz, irmão
mais moço de Calebe.
10 Veio sobre ele o Espírito do
Senhor, e ele julgou a Israel. Saiu
à peleja, e o Senhor entregou nas
suas mãos a Cusã-Risataim, rei
da Mesopotâmia, contra o qual
prevaleceu.
11 Então a terra teve sossego por
quarenta anos, até que faleceu
Otniel, filho de Quenaz.

Eúde livra a Israel

12 Tornaram os filhos de Israel
a fazer o que era mau aos olhos
do Senhor. Então o Senhor for-
taleceu Eglom, rei dos moabitas,
contra Israel, porque os israeli-
tas tinham feito o que era mau
aos olhos do Senhor.
13 E ajuntou consigo os filhos de
Amom e os amalequitas, e foi, e fe-
riu Israel, tomando a cidade das
palmeiras.
14 Os filhos de Israel serviram
a Eglom, rei dos moabitas, de-
zoito anos.
15 Então os filhos de Israel cla-
maram ao Senhor, e o Senhor le-
vantou-lhes um libertador, Eúde,
filho de Gera, benjamita, homem
canhoto. Por intermédio dele os
filhos de Israel enviaram tributo
a Eglom, rei dos moabitas.
16 Ora, Eúde fez uma espada
de dois gumes, do comprimen-
to de um côvado, e cingiu-a de-
baixo das suas roupas, à sua
coxa direita.
17 Apresentou o tributo a Eglom,
rei dos moabitas, que era mui-
to gordo.

18 Acabando Eúde de entregar
o tributo, despediu a gente que
o trouxera.
19 Voltou, porém, do lugar onde
estavam as imagens de escultu-
ra que estavam ao pé de Gilgal e
disse: Tenho uma palavra secreta
para ti, ó rei. O qual disse: Cala-te.
Então todos os que lhe assistiam
saíram de sua presença.
20 Eúde entrou numa sala de ve-
rão, que o rei tinha para si só, onde
estava assentado, e disse: Tenho
para ti uma palavra de Deus.
E Eglom levantou-se da cadeira.
21 Então Eúde, estendendo a mão
esquerda, puxou da espada de so-
bre a coxa direita e a cravou em
seu ventre,
22 de tal maneira que entrou tam-
bém o cabo com a lâmina. Eúde
não tirou a espada do ventre, e a
gordura se fechou sobre ela.
23 Então Eúde, saindo ao pórti-
co, fechou atrás de si as portas
do quarto e as trancou.
24 Tendo ele saído, vieram os ser-
vos do rei e encontraram as portas
da sala de verão trancadas, e disse-
ram: Sem dúvida ele está fazendo
suas necessidades na sala de verão.
25 Esperaram até ficarem alar-
mados e, como ele não abria a
porta da sala, tomaram a chave e
a abriram. E viram o seu senhor
morto, caído no chão.
26 Eúde escapou, enquanto eles
se demoravam e, tendo passado
pelas imagens de escultura, foi
para Seirá.
27 Entrando ele, tocou a trom-
beta na região montanhosa de
Efraim, e os filhos de Israel des-
ceram com ele das montanhas,
indo ele à frente.
28 Ordenou-lhes: Segui-me, pois
o Senhor vos entregou nas mãos
os vossos inimigos, os moabitas.
Desceram após ele e tomaram os
vaus do Jordão contra os moa-
bitas, e a nenhum deles deixa-
ram passar.
29 Nessa ocasião mataram dos
moabitas uns dez mil homens, to-
dos robustos e valentes; não es-
capou nenhum.
30 Assim foi subjugado Moabe
naquele dia sob o poder de Israel,
e a terra teve sossego por oiten-
ta anos.
31 **D**epois dele foi Sangar, filho de
Anate, que matou seiscentos ho-
mens dos filisteus com uma agui-
lhada de bois. Ele também liber-
tou Israel.

Débora e Baraque livram Israel

4 Os filhos de Israel tornaram a
fazer o que era mau aos olhos do
Senhor, depois da morte de Eúde.
2 Por isso, o Senhor os entregou
nas mãos de Jabim, rei de Canaã,
que reinava em Hazor. O coman-
dante do seu exército era Sísera,
que então habitava em Harosete-
Hagoim.
3 Então os filhos de Israel clama-
ram ao Senhor, porque Jabim ti-
nha novecentos carros de ferro
e, por vinte anos, oprimia dura-
mente os filhos de Israel.
4 **D**ébora, profetisa, mulher de
Lapidote, liderava Israel nesse
tempo.
5 Ela atendia debaixo da palmei-
ra de Débora, entre Ramá e Betel,
na região montanhosa de Efraim,
e os filhos de Israel procuravam-
-na para resolver suas causas.
6 Ela mandou chamar Baraque,
filho de Abinoão, de Quedes de
Naftali, e lhe disse: O Senhor, o
Deus de Israel, te ordena: Vai,
leva contigo dez mil homens dos

filhos de Naftali e dos filhos de
Zebulom ao monte Tabor.
7 E farei ir a ti, para o ribeiro
Quisom, a Sísera, comandante
do exército de Jabim, com os seus
carros e com as suas tropas, e o
darei nas tuas mãos.
8 Então lhe disse Baraque: Se fo-
res comigo irei; mas se não fores
comigo, não irei.
9 Respondeu ela: Certamente
irei contigo. Mas não será tua a
honra desta expedição, pois nas
mãos de uma mulher o Senhor
entregará Sísera. Levantou-se
Débora e partiu com Baraque
para Quedes.
10 Então Baraque convocou
Zebulom e Naftali em Quedes, e
com ele subiram dez mil homens,
e Débora também subiu com ele.
11 Ora, Héber, o queneu, tinha-
-se separado dos queneus, dos fi-
lhos de Hobabe, sogro de Moisés,
e tinha estendido as suas tendas
até o carvalho de Zaanaim, que
está junto a Quedes.
12 Anunciaram a Sísera que
Baraque, filho de Abinoão, ti-
nha subido ao monte Tabor.
13 Então Sísera convocou todos
os seus carros, novecentos carros
de ferro, e todo o povo que estava
com ele, desde Harosete-Hagoim
até o ribeiro de Quisom.
14 Disse então Débora a Baraque:
Levanta-te! Este é o dia em que
o Senhor entregou já Sísera nas
tuas mãos. O Senhor saiu na tua
frente. Assim, Baraque desceu
do monte Tabor, e com ele dez
mil homens.
15 O Senhor derrotou Sísera, to-
dos os seus carros e todo o seu
exército a fio de espada, diante
de Baraque, e Sísera saltou do
carro e fugiu a pé.
16 Baraque, contudo, perseguiu os
carros e o exército, até Harosete-
-Hagoim. Todo o exército de Sísera
caiu a fio de espada, até não ficar
só um homem.
17 Sísera, porém, fugiu a pé para
a tenda de Jael, mulher de Héber,
o queneu, porque havia paz entre
Jabim, rei de Hazor, e o clã de
Héber, o queneu.

Jael mata Sísera

18 Saindo Jael ao encontro de
Sísera, disse-lhe: Entra, senhor
meu, entra na minha tenda, não
temas. Entrou ele na sua tenda
e ela o cobriu com uma coberta.
19 Então ele lhe disse: Tenho sede.
Dá-me, peço-te, de beber um pou-
co de água. Então ela abriu um
odre de leite e deu-lhe de beber,
e o cobriu.
20 Ele lhe disse: Põe-te à por-
ta da tenda. Se alguém vier e te
perguntar: Há aqui alguém? res-
ponde: Não.
21 Então Jael, mulher de Héber,
tomou uma estaca da tenda e, lan-
çando mão de um martelo, foi-se
mansamente a ele enquanto es-
tava em profundo sono e muito
cansado. Ela cravou-lhe a estaca
na têmpora, de sorte que pene-
trou na terra, e assim ele morreu.
22 Baraque chegou, perseguindo
Sísera, e Jael saiu-lhe ao encon-
tro e disse: Vem, e te mostrarei o
homem a quem buscas. Entrou
ele na tenda e encontrou Sísera
morto, com a estaca na têmpora.
23 Assim, Deus humilhou naque-
le dia Jabim, rei de Canaã, dian-
te dos filhos de Israel.
24 E a mão dos filhos de Israel
prevalecia cada vez mais contra
Jabim, rei de Canaã, até que o ex-
terminaram.

O cântico de Débora

5 Então cantaram Débora e
Baraque, filho de Abinoão,
naquele dia, dizendo:
2 Quando os chefes se põem à
frente em Israel,
quando o povo se oferece
voluntariamente,
louvai ao Senhor!
3 Ouvi, ó reis! Dai ouvidos, ó
governantes!
Eu, eu mesma cantarei ao
Senhor;
salmodiarei ao Senhor,
o Deus de Israel.
4 Ó Senhor, quando saístes de
Seir,
quando caminhaste desde o
campo de Edom,
a terra estremeceu, os céus
gotejaram,
as nuvens gotejaram águas.
5 Os montes se derreteram
diante do Senhor, e até o
Sinai,
diante do Senhor, o Deus de
Israel.
6 Nos dias de Sangar, filho de
Anate,
nos dias de Jael cessaram as
caravanas;
os viajantes tomavam
caminhos tortuosos.
7 Cessaram as aldeias em Israel,
cessaram até que eu,
Débora, me levantei,
levantei-me por mãe em Israel.
8 Quando escolhiam deuses
novos,
logo a guerra estava às
portas.
E para os quarenta mil em
Israel
não se via escudo ou lança.
9 Meu coração é para os
legisladores de Israel,
que voluntariamente
se ofereceram entre o povo.
Louvai ao Senhor!
10 Vós os que cavalgais
jumentas brancas,
que vos assentais em juízo,
e que andais pelo caminho,
falai disto.
11 Onde se ouve o estrondo dos
flecheiros,
entre os lugares onde se
tiram águas,
ali falai das justiças do
Senhor,
das justiças que fez às suas
aldeias em Israel.
Então o povo do Senhor
desceu às portas.
12 Desperta, desperta, Débora!
Desperta, desperta, entoa um
cântico!
Levanta-te, Baraque!
Leva presos a teus
prisioneiros,
tu, filho de Abinoão.
13 Então desceu o restante dos
nobres e do povo;
desceu o Senhor por mim
contra os poderosos.
14 De Efraim desceram os que
tinham a sua raiz em
Amaleque;
Benjamim estava entre os
teus povos.
De Maquir desceram os
comandantes,
e de Zebulom, os que levam a
vara de comando.
15 Também os líderes de
Issacar
foram com Débora;
sim, Issacar estava com
Baraque,
seguindo-o apressado para
o vale.
Nas correntes de Rúben
foram grandes
as resoluções do coração.

16 Por que ficaste tu entre os currais
para ouvires os balidos dos rebanhos?
Nas divisões de Rúben houve muita inquietação.
17 Gileade ficou do outro lado do Jordão.
E Dã, por que se deteve com seus navios?
Aser assentou-se nos portos do mar
e ficou nas suas ruínas.
18 Zebulom é um povo que expôs a sua vida à morte,
como também Naftali, nas alturas do campo.
19 Vieram reis e pelejaram;
então pelejaram os reis de Canaã em Taanaque,
junto às águas de Megido,
mas não tomaram despojo de prata.
20 Desde os céus pelejaram as estrelas,
desde as suas órbitas pelejaram contra Sísera.
21 O ribeiro de Quisom os arrastou,
aquele antigo ribeiro, o ribeiro de Quisom.
Pisaste, ó minha alma, com força.
22 Então as unhas dos cavalos feriram a terra;
na fuga precipitada dos seus valentes.
23 Amaldiçoai a Meroz, disse o anjo do Senhor.
Duramente amaldiçoai aos seus moradores,
porque não vieram em socorro do Senhor,
em socorro do Senhor e seus heróis.
24 Bendita seja sobre as mulheres, Jael,
mulher de Héber, o queneu;
bendita seja sobre as mulheres que vivem em tendas.
25 Água pediu ele, leite lhe deu ela;
em taça de príncipes lhe ofereceu coalhada.
26 À estaca estendeu a mão esquerda,
e ao martelo dos trabalhadores a direita,
e matou Sísera, rachando-lhe a cabeça;
furou e trespassou-lhe a têmpora.
27 Entre os seus pés se encurvou,
caiu e ficou estirado.
Entre os seus pés se encurvou e caiu;
onde se encurvou, ali caiu morto.
28 A mãe de Sísera olhava pela janela
e exclamava pela grade:
Por que tarda em vir o seu carro?
Por que demora o ruído das suas carruagens?
29 As mais sábias das suas damas responderam,
e ela respondia a si mesma:
30 Não estão achando e repartindo despojos?
Uma ou duas moças a cada homem?
Para Sísera despojos de várias cores,
despojos de estofos de várias cores,
despojos de estofos tingidos bordados de várias cores,
para o meu pescoço?
31 Assim, ó Senhor, pereçam todos os teus inimigos!
Mas os que te amam sejam como o sol

quando se levanta
na sua força.
32 E a terra teve sossego por
quarenta anos.

A opressão dos midianitas

6 Os filhos de Israel, porém, fize-
ram o que era mau aos olhos
do Senhor, e o Senhor os entre-
gou nas mãos dos midianitas por
sete anos.
2 Prevalecendo o poder dos midia-
nitas contra Israel, fizeram os fi-
lhos de Israel para si, por causa
dos midianitas, as covas que es-
tão nos montes, as cavernas e as
fortalezas.
3 Sempre que Israel semeava,
subiam contra ele os midiani-
tas, os amalequitas e também
os filhos do oriente.
4 Contra eles se acampavam e
destruíam o produto da terra até
chegarem a Gaza, e não deixa-
vam mantimento, ovelhas, bois
nem jumentos em Israel.
5 Subiam com os seus rebanhos e
tendas, como um enxame de ga-
fanhotos. Eram tão numerosos
que não se podiam contar, nem
a eles nem aos seus camelos; en-
travam na terra para a destruir.
6 Assim Israel se enfraqueceu
tanto com a presença dos midia-
nitas que os filhos de Israel cla-
maram ao Senhor.
7 Clamando eles ao Senhor por
causa dos midianitas,
8 enviou-lhes o Senhor um pro-
feta, que lhes disse: Assim diz o
Senhor, o Deus de Israel: Do Egito
eu vos fiz subir, e vos tirei da ter-
ra da servidão.
9 Eu vos livrei das mãos dos egípcios,
e das mãos de todos quantos vos opri-
miam. Eu os expulsei de diante de
vós e vos dei a sua terra.
10 Eu vos disse: Eu sou o Senhor,
o vosso Deus; não temais aos deu-
ses dos amorreus, em cuja terra
habitais. Mas não destes ouvidos
à minha voz.

O chamado de Gideão

11 O anjo do Senhor veio e as-
sentou-se debaixo do carvalho
que está em Ofra, que pertencia
a Joás, o abiezrita, onde Gideão,
seu filho, estava malhando o tri-
go no tanque de prensar uvas,
para o esconder dos midianitas.
12 Quando o anjo do Senhor apare-
ceu a Gideão, lhe disse: O Senhor
é contigo, homem valente.
13 Gideão lhe respondeu: Ai, Senhor
meu, se o Senhor é conosco, por
que tudo isso nos sobreveio? E que
é feito de todas as suas maravilhas
que nossos pais nos contaram,
dizendo: Não nos fez o Senhor subir
do Egito? Mas agora o Senhor
nos desamparou e nos entregou
nas mãos dos midianitas.
14 O Senhor olhou para ele e
disse: Vai nesta tua força e livra
Israel das mãos dos midianitas.
Não te enviei eu?
15 Respondeu-lhe Gideão: Ai,
Senhor meu, com que livrarei
Israel? A minha família é a mais
pobre em Manassés, e eu sou o
menor da minha família.
16 Tornou-lhe o Senhor: Eu serei
contigo, e tu ferirás os midiani-
tas como a um só homem.
17 Prosseguiu Gideão: Se agora
achei graça aos teus olhos, dá-
-me um sinal de que és tu que fa-
las comigo.
18 Rogo-te que não te apartes da-
qui até que eu volte trazendo o
meu presente e o ponha diante
de ti. Respondeu ele: Esperarei
até que voltes.

19 Gideão foi para casa e preparou
um cabrito e bolos sem fermen-
to de um efa de farinha. Pondo a
carne num cesto e o caldo numa
panela, trouxe tudo até debaixo
do carvalho e apresentou ao anjo
de Deus.
20 O anjo de Deus, porém, lhe dis-
se: Toma a carne e os bolos sem
fermento; põe-nos sobre esta ro-
cha e derrama-lhes por cima o
caldo. E assim o fez.
21 Estendeu o anjo do Senhor a
ponta do cajado, que estava na
sua mão, e tocou na carne e nos
bolos sem fermento. Então subiu
fogo da rocha e consumiu a car-
ne e os bolos sem fermento. E o
anjo do Senhor desapareceu da
sua presença.
22 Então Gideão viu que era o
anjo do Senhor e disse: Ai de
mim, Senhor Deus, que vi o anjo
do Senhor face a face.
23 O Senhor, porém, lhe disse:
Paz seja contigo! Não temas! Não
morrerás.
24 Então Gideão edificou ali um
altar ao Senhor e lhe chamou "o
Senhor é paz". Até o dia de hoje
está o altar em Ofra dos abiezritas.
25 Naquela mesma noite, o Senhor
lhe disse: Toma o boi de teu pai, a
saber, o segundo boi de sete anos.
Derruba o altar de Baal, que é de
teu pai, e corta o poste sagrado
que está ao pé dele.
26 Edifica ao Senhor, o teu Deus,
um altar no cume deste lugar for-
te, na forma devida, toma o se-
gundo boi e o oferece em holo-
causto com a lenha que cortares
do bosque.
27 Então Gideão tomou dez ho-
mens dentre os seus servos e fez
como o Senhor lhe dissera. Mas
temendo ele a casa de seu pai e
os homens daquela cidade, não o
fez de dia, mas de noite.
28 Levantando-se os homens da-
quela cidade de madrugada, en-
contraram o altar de Baal derru-
bado, o bosque, que estava ao pé
dele, cortado, e o segundo boi ofe-
recido no altar edificado.
29 E uns aos outros diziam: Quem
fez isso? E, perguntando e inves-
tigando, concluíram: Foi Gideão,
filho de Joás, que fez isso.
30 Então os homens daquela ci-
dade disseram a Joás: Traga para
fora teu filho. Ele deve morrer,
porque derrubou o altar de Baal
e cortou o bosque que estava ao
pé dele.
31 Joás, porém, disse a todos
os que se puseram contra ele:
Defendereis Baal? Havereis de li-
vrá-lo? Qualquer que por ele lu-
tar, ainda esta manhã será morto.
Se ele fosse deus, poderia defen-
der-se quando alguém lhe derru-
bou o altar.
32 Pelo que, naquele dia, chama-
ram Gideão de Jerubaal, dizendo:
Baal contenda contra ele, porque
derrubou o seu altar.
33 E todos os midianitas, amale-
quitas e os filhos do oriente ajun-
taram seus exércitos, atravessa-
ram o Jordão e se acamparam no
vale de Jezreel.
34 Então o Espírito do Senhor re-
vestiu Gideão, que tocou a trom-
beta, e os abiezritas passaram a
segui-lo.
35 Enviou mensageiros por toda a
tribo de Manassés, chamando-os à
batalha, e enviou ainda mensagei-
ros a Aser, a Zebulom e a Naftali,
que lhe saíram ao encontro.
36 Disse Gideão a Deus: Se hás de
livrar a Israel por minhas mãos,
como disseste,

37 olha, eu porei um pouco de lã
na eira. Se o orvalho estiver so-
mente na lã, e seca a terra ao re-
dor, então conhecerei que hás de
livrar Israel por meu intermédio,
como disseste.
38 E assim aconteceu. No dia se-
guinte, ele se levantou de madru-
gada, apertou a lã e do orvalho
da lã espremeu uma taça cheia
de água.
39 Disse mais Gideão a Deus: Não
se acenda contra mim a tua ira.
Permite-me ainda falar só esta
vez. Rogo-te que mais esta vez
eu faça a prova com a lã. Rogo-
-te que só a lã fique enxuta, e em
toda a terra haja o orvalho.
40 Deus assim o fez naquela noi-
te. Só a lã estava enxuta, e sobre
toda a terra havia orvalho.

A derrota dos midianitas

7 Jerubaal, que é Gideão, e o
povo todo que estava com ele
se levantaram de madrugada, e
se acamparam junto à fonte de
Harode, de maneira que tinha
o acampamento dos midianitas
para o norte, perto do outeiro de
Moré, no vale.
2 Disse o Senhor a Gideão: É de-
mais o povo que está contigo,
para eu dar os midianitas em
suas mãos. Israel poderia se glo-
riar contra mim, dizendo: O meu
próprio poder me livrou.
3 Apregoa aos ouvidos do povo:
Quem for medroso e tímido, vol-
te e retire-se da região monta-
nhosa de Gileade. Então volta-
ram do povo vinte e dois mil, e
dez mil ficaram.
4 *Disse o Senhor a Gideão:* Ainda
há povo demais. Faze-os descer às
águas, e ali os provarei. Aquele de
que eu te disser: Este irá contigo,
esse contigo irá; mas todo aquele
de que eu te disser: Este não irá
contigo, esse não irá.
5 Fez Gideão descer o povo às águas.
Então o Senhor disse a Gideão:
Qualquer que lamber as águas
com a sua língua, como as lambe o
cão, esse porás à parte; como tam-
bém a todo aquele que se abaixar
de joelhos a beber.
6 Foi o número dos que lambe-
ram, levando a mão à boca, tre-
zentos homens. Todo o restante
do povo se abaixou de joelhos a
beber as águas.
7 Então disse o Senhor a Gideão:
Com estes trezentos homens que
lamberam as águas eu vos livra-
rei e darei os midianitas nas tuas
mãos. Que o restante se vá cada
um para o seu lugar.
8 Assim enviou Gideão o restan-
te dos homens de Israel cada um
para a sua tenda, mas reteve os
trezentos, os quais tomaram as
provisões e as trombetas dos ou-
tros. Ora, estava o acampamento
dos midianitas abaixo dele no vale.
9 Naquela mesma noite, o Senhor
lhe disse: Levanta-te e desce ao
arraial, porque eu o entreguei
nas tuas mãos.
10 Se, porém, ainda temes des-
cer, vai com o teu moço Purá ao
acampamento
11 e ouça o que dizem; e então se
fortalecerão as tuas mãos para
desceres contra o acampamen-
to. Então desceu ele com o seu
moço Purá até o posto avançado
das sentinelas do acampamento.
12 Os midianitas, os amalequitas e
todos os filhos do oriente cobriam
o vale, como gafanhotos em mul-
tidão. Eram inumeráveis os seus
camelos, como a areia que há na
praia do mar.

13 Chegando Gideão, ouviu um
homem contando o seu sonho ao
seu companheiro. Dizia: Eu tive
um sonho. Um pão de cevada tor-
rado rodava contra o acampamen-
to dos midianitas e atingiu a tenda
do comandante, de maneira que
esta caiu, e se virou de cima para
baixo, e ficou assim estendida.
14 Respondeu o seu companhei-
ro: Isso não é outra coisa senão a
espada de Gideão, filho de Joás,
homem israelita. Deus entregou
nas mãos dele os midianitas e todo
este acampamento.
15 **O**uvindo Gideão a narração
deste sonho e a sua explicação,
adorou. Voltou ao acampamen-
to de Israel e disse: Levantai-vos!
O Senhor entregou o acampamen-
to midianita nas vossas mãos.
16 Então repartiu os trezentos ho-
mens em três companhias e deu-
-lhes a cada um nas suas mãos
trombetas e jarros vazios, con-
tendo tochas acesas,
17 e disse-lhes: Olhai para mim
e fazei como eu fizer. Chegando
eu ao extremo do acampamento,
como eu fizer, assim fareis vós.
18 Tocando eu e todos os que co-
migo estiverem a trombeta, então
também vós tocareis a trombeta
ao redor de todo o acampamento e
direis: Pelo Senhor e por Gideão!
19 **C**hegaram Gideão e os cem
homens que com ele iam à ex-
tremidade do acampamento,
ao princípio da vigília da meia-
-noite, logo depois da troca das
sentinelas. Tocaram as trombe-
tas e partiram os jarros que tra-
ziam nas mãos.
20 Tocaram as três companhias
as trombetas e partiram os jarros.
E, segurando na mão esquerda as
tochas acesas e na mão direita,
as trombetas que tocavam, excla-
maram: À espada, pelo Senhor e
por Gideão!
21 Enquanto permanecia cada um
no seu lugar ao redor do acampa-
mento, todos os midianitas deita-
ram a correr e, gritando, fugiram.
22 Tocando os trezentos as trom-
betas, o Senhor tornou a espada
de um contra o outro, e isso em
todo o acampamento, e fugiram até
Bete-Sita, na direção de Zererá,
até os limites de Abel-Meolá, aci-
ma de Tabate.
23 Então os homens de Israel,
de Naftali, de Aser e de todo o
Manassés foram convocados, e
perseguiram os midianitas.
24 Também Gideão enviou men-
sageiros por toda a região mon-
tanhosa de Efraim, dizendo: Descei
para atacar aos midianitas, tomai-
-lhes as águas até Bete-Bara e
também o Jordão. Convocados
todos os homens de Efraim, to-
maram-lhes as águas até Bete-
-Bara e também o Jordão.
25 Prenderam também os dois
líderes dos midianitas, Orebe e
Zeebe. Mataram Orebe na rocha
de Orebe e Zeebe, mataram no
lagar de Zeebe. Perseguiram os
midianitas e trouxeram as cabe-
ças de Orebe e de Zeebe a Gideão,
além do Jordão.

A ira dos efraimitas contra Gideão

8 Então os homens de Efraim
lhe disseram: Que é isto que
nos fizeste, que não nos chamas-
te, quando foste pelejar contra os
midianitas? E contenderam com
ele fortemente.
2 Ele, porém, lhes disse: Que mais
fiz eu agora do que vós? Não são
os restos das uvas de Efraim melho-
res do que a colheita de Abiezer?

3 Deus vos entregou nas vossas
mãos os líderes dos midianitas,
Orebe e Zeebe. O que pude eu
fazer em comparação ao que fi-
zestes? Então a sua ira se abran-
dou para com ele, quando falou
essa palavra.
4 Vindo Gideão ao Jordão, pas-
sou com os trezentos homens que
com ele estavam, cansados, mas
ainda perseguindo.
5 Disse ele aos homens de Sucote:
Dai, peço-vos, alguns pães para a
tropa que me acompanha, pois ela
está cansada, e eu continuo per-
seguindo Zeba e Zalmuna, reis
dos midianitas.
6 **O**s líderes de Sucote, porém, dis-
seram: Já estão em teu poder as
mãos de Zeba e de Zalmuna, para
que demos pão ao teu exército?
7 Respondeu Gideão: Quando o
Senhor entregar na minha mão
a Zeba e a Zalmuna, trilharei a
vossa carne com os espinhos
do deserto e com os espinhei-
ros do deserto.
8 Dali subiu a Penuel e falou da
mesma maneira aos homens des-
se lugar, que lhe responderam
como os homens de Sucote lhe
haviam respondido.
9 Pelo que disse aos homens de
Penuel: Quando eu voltar em paz,
derrubarei esta torre.
10 **O**ra, Zeba e Zalmuna esta-
vam em Carcor, e os seus exér-
citos com eles, uns quinze mil
homens, todos os que restaram
do exército dos filhos do oriente;
e os que morreram foram cento e
vinte mil homens, que puxavam
da espada.
11 *Subiu Gideão pela rota* dos
que vivem em tendas, ao orien-
te de Noba e Jogbeá, e atacou de
surpresa o exército.
12 Fugiram Zeba e Zalmuna, mas
ele os perseguiu, prendeu esses
dois reis midianitas e derrotou
todo o exército.
13 Voltando Gideão, filho de Joás,
da peleja, antes do nascer do sol,
14 Capturou um moço dos ho-
mens de Sucote e o interrogou;
o jovem escreveu o nome dos se-
tenta e sete líderes e autoridades
de Sucote.
15 Então veio Gideão aos homens
de Sucote e disse: Aqui estão Zeba
e Zalmuna, a respeito dos quais
escarnecestes de mim, dizendo:
Estão já em teu poder as mãos
de Zeba e Zalmuna, para que de-
mos pão ao teu exército cansado?
16 Gideão prendeu Zeba e Zalmuna
e, com espinhos e espinheiros do
deserto, os castigou severamente.
17 Derrubou também a torre de
Penuel e matou os homens da
cidade.
18 Depois perguntou a Zeba e
a Zalmuna: Como eram os ho-
mens que matastes em Tabor?
Responderam: Qual és tu, tais
eram eles; cada um se asseme-
lhava a filho de rei.
19 Então disse ele: Eram meus
irmãos, filhos de minha mãe; tão
certo como vive o Senhor, se os ti-
vésseis deixado em vida, eu não
vos mataria.
20 Voltando-se para Jéter, seu
primogênito, ordenou: Levanta-
-te, mata-os! O moço, porém, não
puxou da espada, porque ainda
era muito jovem e temia.
21 Disseram Zeba e Zalmuna:
Levanta-te tu mesmo e acomete-
-nos. Qual o homem, tal a sua for-
ça. Portanto, levantou-se Gideão
e matou Zeba e Zalmuna, e to-
mou os ornamentos do pescoço
dos seus camelos.

Gideão recusa governar

22 Então os homens de Israel dis-
seram a Gideão: Domina sobre
nós, assim tu, como teu filho e o
filho de teu filho, porque nos li-
vraste das mãos dos midianitas.
23 Gideão, contudo, lhes dis-
se: Não dominarei sobre vós.
Tampouco meu filho dominará
sobre vós. O Senhor sobre vós
dominará.
24 E lhes disse: Uma petição vos
farei: dai-me, cada um de vós, os
brincos de ouro do despojo. (Os
vencidos, de fato, usavam brincos
de ouro porque eram ismaelitas.)
25 Disseram eles: De boa vonta-
de os daremos. Estenderam uma
capa, e cada um deles jogou um
brinco do seu despojo sobre ela.
26 O peso dos brincos de ouro foi
mil e setecentos siclos de ouro,
sem contar os ornamentos, as ca-
deias e as vestes de púrpura que
traziam os reis dos midianitas,
fora as correntes que estavam
no pescoço dos camelos.
27 Fez Gideão desse ouro uma es-
tola sacerdotal e a pôs na sua ci-
dade, em Ofra. Todo o Israel se
prostituiu ali após ela; a estola
se tornou uma armadilha para
Gideão e sua família.
28 Assim foram abatidos os mi-
dianitas diante dos filhos de Israel
e nunca mais levantaram a ca-
beça. Nos dias de Gideão a terra
teve sossego por quarenta anos.
29 Foi-se Jerubaal, filho de Joás,
e habitou em sua casa.
30 Teve Gideão setenta filhos, to-
dos gerados por ele, pois possuía
muitas mulheres.
31 A sua concubina, que estava
em Siquém, deu-lhe também um
filho, a quem chamou pelo nome
de Abimeleque.
32 Faleceu Gideão, filho de Joás,
em boa velhice e foi sepultado no
sepulcro de seu pai, Joás, em Ofra
dos abiezritas.
33 Tendo Gideão falecido, os fi-
lhos de Israel tornaram a se pros-
tituir, seguindo os baalins e pon-
do Baal-Berite por deus.
34 Os filhos de Israel não se lem-
braram do Senhor, o seu Deus,
que os livrara das mãos de todos
os seus inimigos em redor.
35 Também não usaram de bonda-
de para com a família de Jerubaal,
a saber, de Gideão, conforme todo
o bem que ele fizera a Israel.

Abimeleque

9 Abimeleque, filho de Jerubaal,
foi a Siquém, aos irmãos de sua
mãe, e disse a eles e a toda a ge-
ração da casa do pai de sua mãe:
2 Perguntai, peço-vos, aos ouvidos
de todos os cidadãos de Siquém:
Que é melhor para vós: que se-
tenta homens, todos os filhos de
Jerubaal, dominem sobre vós, ou
que um só homem domine sobre
vós? Lembrai-vos também de que
sou vosso osso e vossa carne.
3 Então os irmãos de sua mãe fa-
laram a respeito dele a todos os
cidadãos de Siquém todas aque-
las palavras; e o coração deles se
inclinou a seguir a Abimeleque,
pois disseram: É nosso irmão.
4 Deram-lhe setenta peças de
prata tiradas do templo de Baal-
-Berite, com as quais Abimeleque
alugou uns homens ociosos e le-
vianos, que o seguiram.
5 Foi à casa de seu pai, em Ofra,
e matou seus irmãos, os filhos de
Jerubaal, setenta homens, sobre
uma pedra. Mas Jotão, filho me-
nor de Jerubaal, ficou, porque se
tinha escondido.

6 Então se ajuntaram todos os cidadãos de Siquém e toda a Bete-Milo, e foram, e proclamaram a Abimeleque rei, junto ao carvalho da coluna que está perto de Siquém.

A parábola de Jotão

7 Quando foi avisado disso, Jotão foi, pôs-se no cume do monte Gerizim, levantou a voz e clamou: Ouvi-me, cidadãos de Siquém, e Deus vos ouvirá a vós.
8 Foram certa vez as árvores a ungir para si um rei. Disseram à oliveira: Reina sobre nós.
9 A oliveira, porém, lhes respondeu: Deixaria eu a minha gordura, que Deus e os homens em mim prezam, e iria dominar sobre as árvores?
10 Então disseram as árvores à figueira: Venha reinar sobre nós.
11 A figueira, contudo, lhes respondeu: Deixaria eu a minha doçura e o meu bom fruto, e iria dominar sobre as árvores?
12 Então disseram as árvores à videira: Vem e reina sobre nós.
13 A videira, porém, lhes respondeu: Deixaria eu o meu vinho, que alegra Deus e os homens, e iria dominar sobre as árvores?
14 Então todas as árvores disseram ao espinheiro: Vem e reina sobre nós.
15 Respondeu o espinheiro às árvores: Se, na verdade, me ungis rei sobre vós, vinde refugiar-vos debaixo da minha sombra; mas, se não, saia fogo do espinheiro e consuma os cedros do Líbano.
16 Agora se é que em verdade e sinceridade procedestes, fazendo *do rei a Abimeleque*, e se bem fizestes para com Jerubaal e para com a sua casa, e se com ele usastes conforme o seu merecimento
17 (porque meu pai pelejou por vós, arriscando a vida, e vos livrou das mãos dos midianitas;
18 porém vós hoje vos levantastes contra a família de meu pai e matastes seus filhos, setenta homens, sobre uma pedra, e a Abimeleque, filho de sua escrava, fizestes reinar sobre os cidadãos de Siquém, porque é vosso irmão);
19 se, pois, em verdade e sinceridade procedestes com Jerubaal e com a sua família hoje, alegrai-vos com Abimeleque, e também ele se alegre convosco!
20 Do contrário, saia fogo de Abimeleque e consuma os cidadãos de Siquém e a Bete-Milo; e saia fogo dos cidadãos de Siquém e da casa de Milo, e consuma a Abimeleque.
21 Então fugiu Jotão para Beer, e ali habitou, por medo de Abimeleque, seu irmão.

Revolta contra Abimeleque

22 Havendo Abimeleque reinado três anos sobre Israel,
23 enviou Deus um espírito mau entre Abimeleque e os cidadãos de Siquém, os quais procederam traiçoeiramente contra Abimeleque,
24 para que a violência praticada contra os setenta filhos de Jerubaal, como também o sangue deles, recaíssem sobre Abimeleque, seu irmão, que os matara, e sobre os cidadãos de Siquém, que lhe ajudaram a matar a seus irmãos.
25 Os cidadãos de Siquém puseram contra ele homens sobre os cumes dos montes para emboscar e assaltar todo aquele que passava pelo caminho, e contou-se isso a Abimeleque.
26 Veio também Gaal, filho de Ebede, com seus irmãos, e se

estabeleceram em Siquém; e os ci-
dadãos de Siquém confiaram nele.
27 Saíram ao campo, colheram
uvas, pisaram nas uvas e fize-
ram festas no templo de seu deus.
Enquanto comiam e bebiam, amal-
diçoaram a Abimeleque.
28 Disse Gaal, filho de Ebede:
Quem é Abimeleque, e quem é
Siquém, para que o sirvamos?
Não é filho de Jerubaal? E não
é Zebul o seu oficial? Servi an-
tes aos homens de Hemor, pai de
Siquém! Por que razão serviría-
mos nós a Abimeleque?
29 Se este povo estivesse sob o meu
comando, eu expulsaria Abimeleque
e lhe diria: Conclama o teu exér-
cito e sai.
30 Ouvindo Zebul, o governador
da cidade, as palavras de Gaal, fi-
lho de Ebede, acendeu-se a sua ira;
31 e enviou astutamente mensagei-
ros a Abimeleque, dizendo: Gaal,
filho de Ebede, e seus irmãos vie-
ram a Siquém e estão agitando a
cidade contra ti.
32 Portanto, levanta-te de noi-
te, tu e o povo que tiveres conti-
go, e ponde-vos de emboscadas
no campo.
33 Pela manhã, ao sair o sol, ata-
ca a cidade. Saindo contra ti Gaal
e o povo que tiver com ele, faze-
-lhe como puderes.

Abimeleque vence a Gaal

34 Assim, levantou-se, de noite,
Abimeleque e todo o povo que com
ele havia e se puseram de emboscada
contra Siquém, em quatro grupos.
35 Ora, Gaal, filho de Ebede, ti-
nha saído e estava parado à en-
trada da porta da cidade quan-
do Abimeleque e todo o povo que
com ele estava se levantaram das
emboscadas.
36 Vendo Gaal aquele povo, dis-
se a Zebul: Olha, desce gente dos
cumes dos montes. Zebul, ao con-
trário, lhe disse: As sombras dos
montes vês por homens.
37 Gaal, porém, tornou a falar:
Olha, desce gente do meio da ter-
ra, e uma tropa vem pelo cami-
nho do carvalho de Meonenim.
38 Então lhe disse Zebul: Onde
está agora a tua boca, com a
qual dizias: Quem é Abimeleque,
para que o sirvamos? Não é este
o povo que desprezaste? Sai,
pois, e peleja contra ele!
39 Saiu Gaal à vista dos cida-
dãos de Siquém e pelejou contra
Abimeleque.
40 Abimeleque o perseguiu, e
muitos caíram mortos, até a en-
trada da porta da cidade.
41 Abimeleque ficou em Arumá,
e Zebul expulsou a Gaal e a seus
irmãos, para que não habitassem
em Siquém.
42 No dia seguinte, o povo saiu
ao campo, e Abimeleque foi avi-
sado disso.
43 Tomou o povo e o repartiu em
três grupos, e os pôs de embosca-
da no campo. Quando viu que o
povo saía da cidade, levantou-se
contra ele e o feriu.
44 Abimeleque e os que com ele
estavam avançavam à entrada
da porta da cidade, enquanto os
dois grupos avançavam sobre to-
dos os que estavam no campo e
os feriram.
45 Abimeleque pelejou contra
a cidade todo aquele dia e a to-
mou. Matou o povo que nela ha-
via, destruiu a cidade e espalhou
sal sobre ela.
46 Ouvindo isso todos os cidadãos
da torre de Siquém, entraram na
fortaleza, na casa de El-Berite.

47 Contou-se a Abimeleque que
todos os cidadãos da torre de
Siquém se haviam reunido.
48 Subiu Abimeleque ao monte
Zalmom, ele e todo o povo que
com ele estava, e tomando um machado, cortou um galho de árvore
que levantou e colocou sobre os
ombros. Disse ao povo que com
ele estava: O que me vistes fazer,
apressai-vos a fazê-lo também.
49 Cada um cortou o seu galho e
seguiu a Abimeleque. Os galhos
foram empilhados junto da fortaleza que foi incendiada com os que
nela estavam. De maneira que todos os da torre de Siquém morreram, uns mil homens e mulheres.

A morte de Abimeleque

50 Então Abimeleque foi a Tebes,
a sitiou e a tomou.
51 Havia, porém, no meio da cidade uma torre forte, onde todos os
homens, mulheres e todos os cidadãos da cidade se acolheram.
Fecharam após si as portas e subiram ao telhado da torre.
52 Abimeleque veio até à torre e
a atacou. Mas ao chegar-se ele à
porta da torre, para a incendiar,
53 certa mulher lançou uma pedra
superior de um moinho sobre a cabeça dele e lhe quebrou o crânio.
54 Então ele chamou logo o
moço, seu escudeiro, e lhe disse: Desembainha a tua espada e
mata-me, para que não se diga de
mim: Uma mulher o matou. E o
moço o atravessou, e ele morreu.
55 Vendo os homens de Israel que
Abimeleque era morto, foram-se
cada um para o seu lugar.
56 *Desta forma Deus fez* tornar
sobre Abimeleque o mal que tinha feito a seu pai, matando seus
setenta irmãos.
57 Como também todo o mal dos
homens de Siquém fez tornar sobre a cabeça deles. Assim a maldição de Jotão, filho de Jerubaal,
veio sobre eles.

Tola e Jair

10 Depois de Abimeleque, levantou-se, para livrar Israel,
Tola, filho de Puá, filho de Dodô,
homem de Issacar. Ele habitava
em Samir, na região montanhosa de Efraim.
2 Liderou Israel vinte e três anos;
morreu e foi sepultado em Samir.
3 Depois dele levantou-se Jair,
gileadita, e liderou Israel vinte
e dois anos.
4 Tinha este trinta filhos, que cavalgavam trinta jumentos. Tinham
trinta cidades em Gileade, que se
chamam Havote-Jair, até o dia
de hoje.
5 Morreu Jair e foi sepultado em
Camom.

A opressão dos amonitas

6 Então tornaram os filhos de Israel
a fazer o que era mau aos olhos do
Senhor. Serviram aos baalins, e a
Astarote, e aos deuses da Síria, e
aos de Sidom, e de Moabe, e dos
amonitas, e dos filisteus. E porque deixaram o Senhor, e não o
serviram,
7 acendeu-se a ira do Senhor contra Israel, e os entregou nas mãos
dos filisteus e dos amonitas,
8 os quais, nesse mesmo ano, os
oprimiram e humilharam. Por
dezoito anos oprimiram todos os
filhos de Israel que estavam do
lado leste do Jordão, em Gileade,
na terra dos amorreus.
9 Os amonitas também passaram
o Jordão para pelejar contra Judá,
contra Benjamim e contra a tribo

de Efraim; e Israel se viu muito
angustiado.
10 Então os filhos de Israel clama-
ram ao Senhor: Contra ti temos
pecado, porque deixamos a nos-
so Deus e servimos aos baalins.
11 Respondeu o Senhor: Não vos
livrei dos egípcios, dos amorreus,
dos amonitas e dos filisteus?
12 Também os sidônios, os ama-
lequitas e os maonitas vos opri-
miram, e, quando clamastes a
mim, não vos livrei da sua mão?
13 Vós, porém, me deixastes a
mim e servistes a outros deuses,
pelo que não vos livrarei mais.
14 Ide e clamai aos deuses que es-
colhestes. Que eles vos livrem no
tempo do vosso aperto.
15 Os filhos de Israel, porém, dis-
seram ao Senhor: Pecamos. Faze-
-nos conforme tudo quanto te
parecer bem, tão somente te ro-
gamos que nos livres hoje.
16 Então tiraram os deuses alheios
do meio de si e serviram ao Senhor.
E o Senhor não pôde mais supor-
tar a angústia de Israel.
17 Quando os amonitas se reuni-
ram e se acamparam em Gileade,
também os filhos de Israel se reu-
niram e se acamparam em Mispa.
18 Então o povo e os líderes de
Gileade disseram uns aos outros:
Quem começar a pelejar contra
os amonitas será chefe de todos
os moradores de Gileade.

Jefté vence os amonitas

11 *Era então Jefté, o gileadita,*
valente e valoroso. O seu pai
era Gileade; a sua mãe era uma
prostituta.
2 Também a mulher de Gileade
lhe deu filhos, os quais, quando
já grandes, repeliram Jefté e lhe
disseram: Não herdarás nada de
nossa família, porque és filho de
outra mulher.
3 Então Jefté fugiu da presença
de seus irmãos e habitou na ter-
ra de Tobe, onde homens levianos
se ajuntaram a ele e o seguiam.
4 Alguns dias mais tarde, quan-
do os filhos de Amom pelejaram
contra Israel,
5 foram os líderes de Gileade bus-
car Jefté da terra de Tobe.
6 Disseram a Jefté: Vem, sê nos-
so chefe, para que combatamos
contra os filhos de Amom.
7 Jefté, porém, disse aos líderes
de Gileade: Não me odiastes e
não me expulsastes da casa de
meu pai? Por que agora viestes
a mim, quando estais em aperto?
8 Responderam os líderes de Gileade
a Jefté: É por isso que viemos te
procurar. Vem conosco; comba-
te contra os filhos de Amom e se-
rás o nosso chefe sobre todos os
moradores de Gileade.
9 Então Jefté perguntou aos lí-
deres de Gileade: Se me levardes
para combater contra os filhos de
Amom, e o Senhor os der a mim,
então eu serei o vosso chefe?
10 Responderam os líderes de
Gileade a Jefté: O Senhor é nos-
sa testemunha; certamente fa-
remos conforme a tua palavra.
11 Então Jefté foi com os líderes
de Gileade, e o povo o pôs por co-
mandante e chefe sobre si. E Jefté
repetiu todas as suas palavras pe-
rante o Senhor em Mispa.
12 Enviou Jefté mensageiros ao
rei dos filhos de Amom, dizendo:
Que há entre mim e ti, que vieste
a mim para pelejar contra a mi-
nha terra?
13 Respondeu o rei dos filhos
de Amom aos mensageiros de
Jefté: Quando subiu do Egito,

Israel tomou a minha terra, des-
de Arnom até Jaboque, e ainda
até o Jordão. Devolva-me agora
essas terras em paz.
14 Jefté tornou a enviar mensa-
geiros ao rei dos filhos de Amom,
15 dizendo: Assim diz Jefté: Israel
não tomou a terra dos moabitas,
nem a terra dos filhos de Amom.
16 Quando, porém, subiu do Egito,
Israel andou pelo deserto até o
mar Vermelho e chegou a Cades.
17 Então Israel enviou mensageiros
ao rei dos edomitas, dizendo: Rogo-
-te que me deixes passar pela tua
terra. Mas o rei dos edomitas não
lhe deu ouvidos. Enviaram tam-
bém mensageiros ao rei dos moa-
bitas, o qual não lhes quis aten-
der. Assim Israel ficou em Cades.
18 Depois andou pelo deserto e ro-
deou a terra dos edomitas e a ter-
ra dos moabitas, e veio pelo orien-
te da terra destes, e se acampou
além do Arnom. Mas não entrou
nos limites dos moabitas, pois
Arnom é limite deles.
19 Então Israel enviou mensagei-
ros a Seom, rei dos amorreus, rei
de Hesbom, e lhe disse: Deixa-nos,
peço-te, passar pela tua terra até
o nosso lugar.
20 Seom, porém, não acreditou
que Israel fosse apenas passar
pelo seu território. Pelo contrário,
ajuntou todo o seu povo, acampou
em Jaza e pelejou contra Israel.
21 O Senhor, o Deus de Israel, en-
tregou Seom com todo o seu povo
nas mãos de Israel, que os feriu
e tomou por herança toda a ter-
ra dos amorreus que habitavam
naquela terra.
22 *Tomou por herança todo* o
território dos amorreus, desde
o Arnom até o Jaboque e desde o
deserto até o Jordão.
23 Assim, visto que o Senhor, o
Deus de Israel, expulsou os amor-
reus da presença do seu povo de
Israel, que direito tendes de pos-
suir essa terra?
24 Não possuirias tu o territó-
rio que Camos, o teu deus, te dá?
Assim possuiremos nós o terri-
tório de todos quantos o Senhor,
o nosso Deus, nos der.
25 És melhor do que Balaque,
filho de Zipor, rei dos moabitas?
Contendeu ele em algum tempo
com Israel, ou pelejou alguma
vez contra ele?
26 Por trezentos anos Israel ha-
bitou em Hesbom e nas suas al-
deias, em Aroer e nas suas aldeias,
em todas as cidades que estão ao
longo do Arnom. Por que não as
recuperaste naquele tempo?
27 Eu não pequei contra ti, mas
tu fazes mal em pelejar contra
mim. O Senhor, que é juiz, jul-
gue hoje entre os filhos de Israel
e os filhos de Amom.
28 O rei dos filhos de Amom, po-
rém, não deu ouvidos à mensa-
gem que Jefté lhe enviou.
29 Então o Espírito do Senhor
veio sobre Jefté. Passou ele por
Gileade e Manassés, chegou a
Mispa de Gileade e dali foi ao en-
contro dos filhos de Amom.
30 E Jefté fez um voto ao Senhor:
Se totalmente entregares os fi-
lhos de Amom nas minhas mãos,
31 qualquer que, saindo da porta
da minha casa, me vier ao encon-
tro, voltando eu vitorioso dos filhos
de Amom, esse será do Senhor, e
o oferecerei em holocausto.
32 Assim Jefté foi combater os fi-
lhos de Amom, e o Senhor os en-
tregou nas suas mãos.
33 Jefté feriu-os com grande mor-
tandade, desde Aroer até chegar a

Minite, vinte cidades, e até Abel-Queramim. Assim os filhos de Israel subjugaram os filhos de Amom.

34 Vindo Jefté a Mispa, à sua casa, a sua filha lhe saiu ao encontro com adufes e com danças. Era ela filha única. Não tinha ele outro filho nem filha.

35 Quando a viu, rasgou as suas vestes e disse: Ah! filha minha! Muito me abateste; és a causa da minha calamidade, porque fiz voto ao Senhor e não tornarei atrás.

36 Respondeu ela: Pai meu, fizeste voto ao Senhor. Faze de mim segundo o teu voto, agora que o Senhor te vingou dos teus inimigos, os filhos de Amom.

37 Disse mais a seu pai: Mas concede-me este único pedido: deixa-me ir por dois meses; que desça pelos montes e chore a minha virgindade, eu e as minhas amigas.

38 Disse ele: Vai. E deixou-a ir por dois meses. Ela foi com as suas amigas e chorou a sua virgindade pelos montes.

39 Ao fim dos dois meses, ela voltou a seu pai, o qual cumpriu nela o voto que tinha feito. E ela jamais teve relação sexual com homem algum. Daí veio o costume em Israel,

40 de as filhas de Israel irem de ano em ano lamentar por quatro dias a filha de Jefté, o gileadita.

Jefté e Efraim

12 Então os homens de Efraim se reuniram, passaram para Zafom e disseram a Jefté: Por que passaste a combater contra os filhos de Amom e não nos chamaste para ir contigo? Queimaremos a fogo a ti e a tua casa.

2 Respondeu Jefté: Eu e o meu povo tivemos grande contenda com os filhos de Amom e, embora vos tenha chamado, não me livrastes das suas mãos.

3 Vendo que não me livráveis, arrisquei a minha vida e fui lutar contra os filhos de Amom, e o Senhor os entregou nas minhas mãos. Agora por que subistes hoje para pelejar contra mim?

4 Ajuntou Jefté todos os homens de Gileade e pelejou contra Efraim. Os homens de Gileade feriram Efraim, porque este lhes dissera: Fugitivos sois de Efraim, vós gileaditas que habitais entre Efraim e Manassés.

5 Os gileaditas tomaram os vaus do Jordão que conduzem a Efraim, e, quando os fugitivos de Efraim diziam: Quero passar, então os homens de Gileade lhes perguntavam: És tu efraimita? Dizendo ele: Não,

6 então lhe diziam: Dize Chibolete. Mas ele dizia: Sibolete, porque não o podia pronunciar bem. Então pegavam dele e o degolavam nos vaus do Jordão. Morreram de Efraim naquele tempo quarenta e dois mil.

7 Jefté liderou Israel seis anos. Então faleceu Jefté, o gileadita, e foi sepultado numa das cidades de Gileade.

Ibsã, Elom e Abdom

8 Depois dele liderou Israel Ibsã, de Belém.

9 Tinha este trinta filhos e trinta filhas. Casou fora as suas trinta filhas e de fora trouxe trinta mulheres para os seus filhos. Liderou Israel sete anos.

10 Então faleceu Ibsã e foi sepultado em Belém.

11 Depois dele Elom, o zebulonita, liderou Israel dez anos.

12 Faleceu Elom, o zebulonita, e
foi sepultado em Aijalom, na ter-
ra de Zebulom.
13 Depois dele liderou Israel Abdom,
filho de Hilel, o piratonita.
14 Tinha este quarenta filhos, e trin-
ta netos, que cavalgavam setenta
jumentos. Liderou Israel oito anos.
15 Então faleceu Abdom, filho de
Hilel, o piratonita, e foi sepultado
em Piratom, na terra de Efraim,
na região montanhosa dos ama-
lequitas.

O nascimento de Sansão

13 Os filhos de Israel torna-
ram a fazer o que era mau
aos olhos do Senhor, e por isso
o Senhor os entregou nas mãos
dos filisteus por quarenta anos.
2 Havia um homem de Zorá, da
tribo de Dã, cujo nome era Manoá,
cuja mulher era estéril e não ti-
nha filhos.
3 O anjo do Senhor apareceu a
esta mulher e lhe disse: És esté-
ril e nunca deste à luz, mas con-
ceberás e terás um filho.
4 Agora guarda-te, não bebas vi-
nho nem bebida forte, nem co-
mas coisa imunda,
5 porque conceberás e darás à luz
um filho. Sobre a cabeça dele não
passará navalha, porque o menino
será nazireu, consagrado a Deus
desde o ventre de sua mãe, e co-
meçará a livrar Israel das mãos
dos filisteus.
6 Então a mulher entrou e disse a
seu marido: Um homem de Deus,
cujo semblante era como o de um
anjo de Deus, extremamente im-
pressionante, veio a mim. Não lhe
perguntei de onde era, e ele não
me disse o seu nome.
7 Ele, contudo, me disse: Tu conce-
berás e darás à luz um filho. Agora,
pois, não bebas vinho nem bebida
forte, e não comas coisa imunda,
porque o menino será nazireu, con-
sagrado a Deus desde o ventre de
sua mãe até o dia da sua morte.
8 Então Manoá orou ao Senhor:
Ah! Senhor meu, rogo-te que o ho-
mem de Deus que enviaste venha
ter conosco outra vez e nos ensi-
ne o que devemos fazer ao meni-
no que há de nascer.
9 Deus ouviu Manoá, e o anjo de
Deus veio outra vez à mulher es-
tando ela no campo; mas não estava
com ela seu marido, Manoá.
10 Apressou-se a mulher e correu
para dar a notícia a seu marido
e lhe disse: Ele está aqui! O ho-
mem que me apareceu outro dia.
11 Então Manoá levantou-se e se-
guiu a sua mulher, e veio àque-
le homem e lhe disse: És tu o ho-
mem que falou a esta mulher?
Ele respondeu: Sou eu.
12 Então disse Manoá: Quando
as tuas palavras se cumprirem,
qual será o modo de viver do me-
nino e o seu serviço?
13 Respondeu o anjo do Senhor a
Manoá: De tudo quanto eu disse
à mulher se guardará ela.
14 De tudo o que procede da videi-
ra não comerá, nem vinho nem
bebida forte beberá, nem coisa
imunda comerá. Tudo quanto
lhe ordenei guardará.
15 Então Manoá disse ao anjo do
Senhor: Fica conosco para que te
preparemos um cabrito.
16 O anjo do Senhor, porém, dis-
se a Manoá: Ainda que eu fique,
não comerei de teu pão. Mas, se
fizeres holocausto, ao Senhor o
oferecerás. Manoá não sabia que
era o anjo do Senhor.
17 Perguntou Manoá ao anjo do
Senhor: Qual é o teu nome, para

que, quando se cumprir a tua pa-
lavra, te honremos?
18 Respondeu ele: Por que per-
guntas pelo meu nome? Ele é ma-
ravilhoso.
19 Então Manoá tomou um ca-
brito com a oferta de cereais e os
apresentou sobre uma rocha ao
Senhor. E o Senhor fez maravi-
lhas, enquanto Manoá e sua mu-
lher o observavam.
20 Subindo a chama do altar para
o céu, o anjo do Senhor subiu nela.
Vendo isso, Manoá e sua mulher
prostraram-se com o rosto em terra.
21 Quando o anjo do Senhor não
apareceu mais a Manoá e à sua
mulher, compreendeu Manoá que
era o anjo do Senhor.
22 Disse ele à sua mulher: Certamente
morreremos. Vimos a Deus!
23 A sua mulher, contudo, respon-
deu: Se o Senhor nos quisera ma-
tar, não teria recebido da nossa
mão o holocausto e a oferta de ce-
reais, não nos teria mostrado tudo
isso, não nos teria deixado ouvir
tais coisas neste tempo.
24 A mulher deu à luz um filho e
pôs-lhe o nome de Sansão. O meni-
no cresceu e o Senhor o abençoou.
25 E o Espírito do Senhor come-
çou a agir nele em Maané-Dã, en-
tre Zorá e Estaol.

O casamento de Sansão

14 Desceu Sansão a Timna e
viu ali uma mulher das fi-
lhas dos filisteus.
2 Quando voltou, disse a seu pai
e a sua mãe: Vi uma mulher em
Timna, das filhas dos filisteus; ago-
ra tomai-a para mim por mulher.
3 Seu pai e sua mãe, porém, res-
ponderam: Não há mulher entre
as filhas de teus irmãos, ou en-
tre todo o nosso povo? Há motivo
para que tu vás tomar mulher
dos filisteus, daqueles incircun-
cisos? Mas Sansão disse a seu pai:
Toma-me esta, porque ela muito
me agrada.
4 Seu pai e sua mãe, porém, não sa-
biam que isso vinha do Senhor, que
buscava ocasião contra os filisteus;
pois naquele tempo os filisteus do-
minavam sobre Israel.
5 Desceu Sansão com seu pai e
com sua mãe a Timna. Chegando
às vinhas de Timna, de repente
um leão novo, rugindo, saiu-lhe
ao encontro.
6 Então o Espírito do Senhor se
apossou dele, de tal maneira que
ele o rasgou de alto a baixo, como
quem rasga um cabrito, sem ter
nada na mão. Mas nem a seu pai
nem a sua mãe contou o que ti-
nha feito.
7 Desceu, e falou àquela mulher,
e dela se agradou muito.
8 Depois de alguns dias, quando
voltou para casar-se com ela, saiu
do caminho para ver o corpo do
leão morto. Neste havia um en-
xame de abelhas com mel.
9 Tomou o favo nas mãos e se foi,
andando e comendo dele. Tendo
chegado a seu pai e a sua mãe,
deu-lhes dele, e eles comeram;
mas não lhes contou que pegara
o mel do corpo do leão.
10 Descendo seu pai à casa da-
quela mulher, fez Sansão ali um
banquete, porque assim costu-
mavam fazer os moços.
11 Quando os moradores do lugar
o viram, trouxeram trinta com-
panheiros para estarem com ele.

O enigma de Sansão

12 Disse-lhes Sansão: Eu vos pro-
porei um enigma. Se nos sete dias
das bodas me derdes a resposta,

eu vos darei trinta túnicas de li-
nho e trinta mantos.
13 Se, contudo, não puderdes deci-
frá-lo, vós me dareis as trinta tú-
nicas de linho e os trinta mantos.
Disseram eles: Dá-nos o teu enig-
ma, para que o ouçamos.
14 Respondeu ele:

Do comedor saiu comida;
do forte saiu doçura.

E em três dias não puderam de-
cifrar o enigma.
15 No sétimo dia, disseram à mu-
lher de Sansão: Convence teu ma-
rido a que nos decifre o enigma,
para que não coloquemos fogo em
ti e na casa de teu pai. Convidaste-
-nos aqui para vos apossardes do
que é nosso, não é assim?
16 A mulher de Sansão chorou
diante dele e disse: Tu me odeias!
Não me amas de verdade. Deste aos
filhos de meu povo um enigma a
decifrar e ainda não me declaraste
a resposta. Respondeu ele: Nem a
meu pai nem a minha mãe o decla-
rei, por que devia declará-lo a ti?
17 Ela chorou diante dele os sete
dias em que celebravam as bodas.
Assim, ao sétimo dia, ele lhe de-
clarou a resposta, porque ela o
importunava. Então ela declarou
o enigma aos filhos do seu povo.
18 Disseram-lhe os homens da-
quela cidade, ao sétimo dia, an-
tes de se pôr o sol:
Que coisa há mais doce do que
o mel?

E que coisa há mais forte do
que o leão?

Disse-lhes Sansão:

Se vós não lavrásseis com a
minha novilha,
nunca teríeis descoberto o
meu enigma.

19 Então o Espírito do Senhor se
apossou dele de tal maneira que
desceu aos ascalonitas, matou de-
les trinta homens, tomou as suas
vestes e deu-as aos que declara-
ram o enigma. Ardendo em ira,
subiu à casa de seu pai.
20 E a mulher de Sansão foi dada
ao seu companheiro de honra.

A vingança de Sansão

15 Depois de alguns dias,
durante a colheita do tri-
go, Sansão, levando um cabri-
to, foi visitar sua mulher. Dizia
ele: Entrarei no quarto de mi-
nha mulher. Mas o pai dela não
o deixou entrar
2 e lhe disse: Por certo pensava
eu que de todo a odiavas, de modo
que a dei ao teu companheiro. Mas
não é sua irmã mais nova, mais
formosa do que ela? Toma-a em
seu lugar.
3 Disse-lhes Sansão: Desta vez
tenho o direito de acertar con-
tas com os filisteus, e de fato lhes
farei mal.
4 Foi Sansão, apanhou trezen-
tas raposas e, tomando tochas,
amarrou-as pela cauda, em pa-
res. Então pôs uma tocha entre
cada par de caudas,
5 acendeu as tochas e largou as
raposas na plantação dos filisteus.
Incendiou assim tanto os feixes
como o cereal que iam colher, as
vinhas e os olivais.
6 Perguntaram os filisteus: Quem
fez isso? Responderam: Sansão,
genro do timnita, porque este lhe
tomou a mulher, e a deu a seu
companheiro. Então subiram os
filisteus e queimaram a fogo ela
e seu pai.
7 Disse-lhes Sansão: Se é assim
que fazeis, só cessarei quando me
houver vingado de vós.

8 E os atacou furiosamente, ma-
tando muitos deles. Então des-
ceu e habitou na fenda do pe-
nhasco de Etã.
9 Os filisteus subiram, acampa-
ram-se contra Judá e se esten-
deram por Leí.

A força de Sansão

10 Perguntaram-lhes os homens
de Judá: Por que subistes contra
nós? Responderam eles: Subimos
para amarrar Sansão, para fazer
com ele como ele conosco fez.
11 Então três mil homens de Judá
desceram até a fenda do penhas-
co de Etã e disseram a Sansão:
Não sabias que os filisteus domi-
nam sobre nós? Por que nos fizes-
te isto? Ele lhes respondeu: Fiz a
eles como fizeram a mim.
12 Disseram-lhe eles: Descemos
para te amarrar, para te entregar
nas mãos dos filisteus. Disse-lhes
Sansão: Jurai-me que vós mes-
mos não me acometereis.
13 Responderam eles: Não, mas so-
mente te amarraremos e te entre-
garemos nas mãos deles. De ma-
neira nenhuma te mataremos. E o
amarraram com duas cordas no-
vas e o fizeram subir do penhasco.
14 Tendo ele chegado a Leí, os filis-
teus saíram-lhe ao encontro, jubi-
lando. Mas o Espírito do Senhor se
apossou dele de tal maneira que as
cordas que ele tinha nos braços se
tornaram como fios de linho quei-
mados no fogo, e as suas amarra-
duras se desfizeram das suas mãos.
15 Achando uma carcaça fresca
de jumento, tomou-a e com ela
matou mil homens.
16 Então disse Sansão:
Com uma carcaça de
jumento fiz um montão
ou dois;
com uma carcaça de jumento
matei mil homens.
17 Acabando ele de falar, lançou
da sua mão a carcaça; e chamou-
-se àquele lugar Ramate-Leí.
18 Então, como tivesse grande
sede, clamou ao Senhor, dizen-
do: Pela mão do teu servo tu des-
te esta grande salvação. Morrerei
eu agora de sede e cairei nas mãos
destes incircuncisos?
19 Então o Senhor abriu a cavida-
de que estava em Leí, e dela saiu
água. Tendo Sansão bebido, re-
cobrou alento e reviveu. Pelo que
a fonte ficou sendo chamada En-
-Hacoré até o dia de hoje.
20 Sansão liderou Israel durante
vinte anos nos dias dos filisteus.

Sansão e Dalila

16 Foi-se Sansão a Gaza, onde
viu uma prostituta. E pas-
sou a noite com ela.
2 Foi dito aos gazitas: Sansão está
aqui! Então o cercaram e toda a
noite o esperaram de emboscada
à porta da cidade. E toda a noi-
te ficaram em silêncio, dizendo:
Esperaremos até o amanhecer.
Então o mataremos.
3 Sansão, porém, deitou-se somen-
te até a meia-noite. Então se le-
vantou, pegou nas portas da cida-
de, com ambos os umbrais, e, com
a tranca, as arrancou. Pondo-as
sobre os ombros, levou-as para
cima até o cume do monte que
está em frente de Hebrom.
4 Depois disso ele se afeiçoou a
uma mulher do vale de Soreque,
cujo nome era Dalila.
5 Os líderes dos filisteus foram
dizer a ela: Convença-o, veja se
descobre em que consiste a sua
grande força e com que podería-
mos dominá-lo e amarrá-lo, para

assim o subjugarmos. Cada um
de nós te dará mil e cem moedas
de prata.
6 Disse Dalila a Sansão: Declara-
me, peço-te, em que consiste a tua
grande força e com que poderias
ser amarrado para te poderem
subjugar.
7 Respondeu-lhe Sansão: Se me
amarrassem com sete cordas de
nervos frescos, ainda não secos,
então me enfraqueceria e seria
como qualquer outro homem.
8 Então os líderes dos filisteus
trouxeram a Dalila sete cordas de
nervos frescos, ainda não secos,
e com as cordas ela o amarrou.
9 Os espias estavam assentados
com ela no quarto. Então ela disse:
Os filisteus vêm sobre ti, Sansão!
E ele quebrou as cordas de ner-
vos, como se quebra o fio da es-
topa ao lhe chegar o fogo. Assim
não se soube em que consistia a
sua força.
10 Então disse Dalila a Sansão:
Zombaste de mim e me disseste
mentiras. Ora, declara-me com
que poderias ser amarrado.
11 Ele disse: Se me amarrassem
fortemente com cordas novas,
com que não se houvesse feito
obra nenhuma, então me enfra-
queceria e seria como qualquer
outro homem.
12 Assim Dalila tomou cordas no-
vas e com elas o amarrou, e disse:
Os filisteus vêm sobre ti, Sansão!
E os espias estavam assentados
no quarto. Ele arrebentou as cor-
das de seus braços como se fos-
sem um fio.
13 Disse Dalila a Sansão: Até ago-
ra zombaste de mim e me disses-
te mentiras. Declara-me como
poderias ser amarrado. Ele res-
pondeu: Se teceres as sete tranças
da minha cabeça num pano e as
firmares com pino de tear, então
me enfraqueceria e seria como
qualquer outro homem. De modo
que enquanto ele dormia, Dalila
tomou as sete tranças da cabeça
dele, teceu-as num pano,
14 firmou-as com o pino de tear
e disse: Os filisteus vêm sobre
ti, Sansão! Ele despertou do seu
sono, arrancou o tear com o pino
e os fios.
15 Então ela lhe disse: Como po-
des dizer que me amas, não estan-
do comigo o teu coração? Já três
vezes zombaste de mim e ainda
não me declaraste em que con-
siste a tua força.
16 Importunando-o ela todos os
dias com as suas palavras e can-
sando-o, a alma dele se angustiou
até a morte.
17 Assim ele revelou tudo: Nunca
se passou navalha em minha ca-
beça, porque sou nazireu de Deus
desde o ventre de minha mãe.
Se viesse a ser rapado, sairia de
mim a minha força, e me enfra-
queceria, e seria como qualquer
outro homem.
18 Vendo Dalila que ele lhe ha-
via revelado seu segredo, man-
dou chamar os líderes dos filis-
teus, dizendo: Subi esta vez; ele
me revelou todo o segredo. Assim
os líderes dos filisteus subiram até
ela, trazendo o dinheiro nas mãos.
19 Então ela o fez dormir sobre
os seus joelhos e mandou chamar
um homem para lhe rapar as sete
tranças de sua cabeça; assim co-
meçou a subjugá-lo, e retirou-se
dele a sua força.
20 Então clamou ela: Os filisteus
vêm sobre ti, Sansão! Despertando
ele do seu sono, disse: Sairei como
das outras vezes e me livrarei.

Mas não sabia que o Senhor já
se tinha retirado dele.
21 Então os filisteus o pegaram,
arrancaram-lhe os olhos e o fize-
ram descer a Gaza. Amarrando-o
com duas cadeias de bronze, puse-
ram-no para girar um moinho
na prisão.
22 E o cabelo da sua cabeça co-
meçou a crescer de novo.

Sansão derruba o templo de Dagom

23 Ora, os líderes dos filisteus
ajuntaram-se para oferecer um
grande sacrifício ao seu deus
Dagom e para se alegrarem, di-
zendo: Nosso deus nos entregou
nas mãos o nosso inimigo Sansão.
24 Semelhantemente o povo, vendo-
-o, louvava ao seu deus, dizendo:
Nosso deus nos entregou
nas mãos o nosso inimigo,
e o que destruía a nossa terra,
e o que multiplicava os
nossos mortos.
25 Com o coração cheio de ale-
gria, disseram: Mandai vir Sansão,
para nos divertir. Assim trouxe-
ram Sansão do cárcere, e ele os
divertia. Quando o puseram em
pé entre as colunas,
26 disse Sansão ao moço que o ti-
nha pela mão: Deixa-me apalpar
as colunas que sustentam o tem-
plo, para que me encoste nelas.
27 Ora, o templo estava cheio de
homens e mulheres; também ali
estavam todos os líderes dos filis-
teus, e sobre o telhado havia uns
três mil homens e mulheres ven-
do Sansão, que os divertia.
28 Então clamou Sansão ao Senhor:
Senhor Deus, peço-te que te lem-
bres de mim, e fortalece-me ago-
ra só esta vez, ó Deus, para que
de uma só vez me vingue dos fi-
listeus pelos meus dois olhos.
29 Então abraçou-se Sansão com
as duas colunas centrais sobre
os quais o templo estava firmado.
Apoiando-se em uma com a mão di-
reita, e na outra, com a esquerda.
30 Disse Sansão: Morra eu com os
filisteus! Então se inclinou com
força, e o templo caiu sobre os lí-
deres e sobre todo o povo que nele
estava. Foram mais os que matou
na sua morte do que os que ma-
tara na sua vida.
31 Então seus irmãos e toda a
família de seu pai desceram, to-
maram-no, subiram com ele e o
sepultaram entre Zorá e Estaol,
no sepulcro de Manoá, seu pai.
Ele havia liderado Israel duran-
te vinte anos.

O santuário de Mica

17 Ora, certo homem chama-
do Mica, da região monta-
nhosa de Efraim,
2 disse à sua mãe: As mil e cem
moedas de prata que te foram ti-
radas, e acerca das quais ouvi pro-
nunciares maldições, essa prata
está comigo; eu a tomei. Então dis-
se à sua mãe: Bendito do Senhor
seja meu filho!
3 Quando ele restituiu as mil e
cem moedas de prata a sua mãe,
ela lhe disse: Solenemente consa-
gro a minha prata ao Senhor para
que meu filho faça uma imagem
de escultura e uma de fundição.
Eu a devolverei a ti.
4 Assim ele restituiu a prata a
sua mãe, e ela tomou duzentos si-
clos de prata e os deu ao ourives,
que os transformou na imagem
de escultura e na de fundição.
E foram colocadas na casa de
Mica.
5 Ora, tinha este homem, Mica,
uma casa de deuses. Ele fez uma

estola sacerdotal e ídolos do lar
e consagrou um de seus filhos,
para que lhe fosse por sacerdote.
6 Naqueles dias, não havia rei em
Israel; cada qual fazia o que pare-
cia direito aos seus olhos.

O levita de Belém

7 Um jovem levita, de Belém de
Judá, da tribo de Judá,
8 partiu da cidade em busca de ou-
tro lugar para habitar. Seguindo o
seu caminho, chegou à região mon-
tanhosa de Efraim, à casa de Mica.
9 Perguntou-lhe Mica: De onde
vens? Ele lhe respondeu: Sou le-
vita de Belém de Judá e estou pro-
curando um lugar para morar.
10 Então lhe disse Mica: Fica co-
migo e sê-me por pai e sacerdote;
cada ano te darei dez moedas de
prata, o vestuário e o teu sustento.
11 Assim o levita concordou em
ficar com aquele homem e lhe foi
como um de seus filhos.
12 Consagrou Mica o levita, e o
moço lhe serviu de sacerdote e fi-
cou morando em sua casa.
13 Então disse Mica: Agora sei
que o Senhor me fará bem, visto
que tenho um levita por sacerdote.

Os danitas se estabelecem em Laís

18 Naqueles dias, não havia
rei em Israel. E naqueles
dias, a tribo dos danitas busca-
va para si um lugar onde se es-
tabelecer, porque até aquele dia
entre as tribos de Israel não lhe
havia caído por sorte a herança.
2 Enviaram os filhos de Dã cin-
co homens dentre todos os da
sua tribo, homens valentes, de
Zorá e de Estaol, para espiar e
explorar a terra. Disseram-lhes:
Ide, explorai a terra. Os homens
vieram à região montanhosa de
Efraim, à casa de Mica, e passa-
ram ali a noite.
3 Estando eles perto da casa de
Mica, reconheceram a voz do
moço levita; assim, dirigindo-se
para lá, perguntaram-lhe: Quem
te trouxe para aqui? O que fazes
aqui? E que é o que tens aqui?
4 Ele respondeu: Assim e assim
me fez Mica. Ele me assalariou,
e eu lhe sirvo de sacerdote.
5 Então lhe disseram: Ora, con-
sulta a Deus, para que saibamos
se prosperará o caminho que se-
guimos.
6 Disse-lhes o sacerdote: Ide em
paz. O caminho que seguis está
perante o Senhor.
7 Então foram-se aqueles cinco
homens, chegaram a Laís e viram
que o povo que havia nela estava
seguro, conforme o costume dos
sidônios, em paz e tranquilo. Não
havia naquela terra falta de coisa
alguma; era um povo rico e, es-
tando longe dos sidônios, não ti-
nha relações com ninguém.
8 Quando voltaram a Zorá e a
Estaol, seus irmãos lhes pergun-
taram: Que dizeis vós?
9 Responderam: Levantai-vos.
Subamos contra eles! Examinamos
a terra e vimos que é muito boa.
E vós estais aqui tranquilos? Não
sejais preguiçosos em sair para
ocupardes a terra.
10 Quando lá chegardes, achareis
um povo tranquilo e uma terra
muito espaçosa que Deus vos en-
tregou nas mãos; uma terra em
que não há falta de coisa alguma.
11 Então seiscentos homens da
tribo dos danitas, armados para
a guerra, partiram de Zorá e de
Estaol.
12 Subiram e acamparam-se per-
to de Quiriate-Jearim, em Judá.

Pelo que o lugar ao ocidente de
Quiriate-Jearim é chamado Maané-
-Dã até o dia de hoje.
13 Dali passaram à região mon-
tanhosa de Efraim e chegaram à
casa de Mica.

O roubo dos danitas

14 Então os cinco homens, que
foram espiar a terra de Laís, dis-
seram a seus irmãos: Sabeis vós
também que naquelas casas há
uma estola sacerdotal, e ídolos
do lar, e uma imagem de escultu-
ra e uma de fundição? Agora sa-
beis o que haveis de fazer.
15 Então foram para lá e chega-
ram à casa do moço levita, à casa
de Mica, e o saudaram.
16 Os seiscentos homens, de Dã,
armados para a guerra, ficaram
à entrada da porta.
17 Os cinco homens, que foram
espiar a terra, subiram, entra-
ram e tomaram a imagem de es-
cultura, a estola sacerdotal, os
ídolos do lar e a imagem de fun-
dição, ficando o sacerdote em pé
à entrada da porta, com os seis-
centos homens que estavam ar-
mados para a guerra.
18 Entrando eles na casa de Mica
e tomando a imagem de escultu-
ra, a estola sacerdotal, os ídolos
do lar e a imagem de fundição,
disse-lhes o sacerdote: Que es-
tais fazendo?
19 Responderam-lhe: Cala-te! Não
digas uma palavra. Vem conosco
e sê-nos por pai e sacerdote. O que
te é melhor: ser sacerdote da casa
de um só homem ou de uma tri-
bo e de uma geração em Israel?
20 Então o coração do sacerdote
se alegrou. Tomou a estola sacer-
dotal, os ídolos do lar, a imagem
de escultura e foi com o povo.
21 Assim, tendo posto os meninos,
o gado e a bagagem na frente de-
les, viraram e partiram.
22 Estando eles já longe da casa
de Mica, os homens que estavam
nas casas vizinhas à dele se reuni-
ram e alcançaram os filhos de Dã.
23 E clamaram após os filhos de
Dã, os quais, virando-se, pergun-
taram a Mica: O que houve? Por
que convocaste esse povo?
24 Respondeu ele: Os meus deu-
ses, que eu fiz, me tomastes, com
o sacerdote, e partistes. Agora o
que me resta? Como me pergun-
tais: O que houve?
25 Os filhos de Dã, porém, lhe
disseram: Não nos faças ouvir a
tua voz, para que porventura ho-
mens violentos não se lancem so-
bre ti, e tu percas a tua vida e a
da tua família.
26 Assim os filhos de Dã segui-
ram o seu caminho, e Mica, vendo
que eram mais fortes do que ele,
virou-se e voltou para sua casa.
27 Então levaram o que Mica ha-
via feito e o sacerdote que tivera,
e chegaram a Laís, a um povo pa-
cífico e tranquilo. Mataram-nos
a fio de espada e queimaram a
cidade.
28 Ninguém houve que os livrasse
porque estavam longe de Sidom
e não tinham relação com nin-
guém; e a cidade estava no vale
junto a Bete-Reobe. Reedificaram
a cidade e habitaram nela.
29 Chamaram-na Dã, segundo o
nome de Dã, seu pai, que nasce-
ra a Israel; mas anteriormente o
nome da cidade era Laís.
30 Os filhos de Dã levantaram
para si aquela imagem de escul-
tura, e Jônatas, filho de Gérson,
filho de Manassés, ele e seus fi-
lhos foram sacerdotes da tribo

dos danitas, até o dia do cativei-
ro da terra.
31 Continuaram a usar a imagem
de escultura, que Mica fizera, to-
dos os dias em que o santuário de
Deus esteve em Siló.

O levita de Efraim

19 Naqueles dias, não havia
rei em Israel. Ora, certo
levita, que vivia nas partes re-
motas da região montanhosa de
Efraim, tomou para si uma con-
cubina, de Belém de Judá.
2 A sua concubina, porém, adul-
terou contra ele. Deixando-o, foi
para a casa de seu pai, em Belém
de Judá, e esteve ali alguns dias,
a saber, quatro meses.
3 Seu marido levantou-se e par-
tiu atrás dela, para lhe falar ao
coração e para tornar a trazê-la.
Levava consigo o seu moço e um
par de jumentos. Ela o levou à
casa de seu pai, o qual, vendo-o,
saiu alegre a recebê-lo.
4 Seu sogro, o pai da moça, o de-
teve consigo por três dias; come-
ram e beberam, e o casal se hos-
pedou ali.
5 No quarto dia, madrugaram, e
se prepararam para partir, mas
o pai da moça disse a seu genro:
Fortalece-te com um bocado de
pão, e depois partireis.
6 Assim ambos se assentaram para
comer e beber juntos. Então disse
o pai da moça ao homem: Peço-te
que ainda esta noite fiques aqui
e se alegre o teu coração.
7 O homem, porém, levantou-se
para partir, mas, como seu sogro
insistisse com ele, tornou a pas-
sar a noite ali.
8 Madrugando ele, no quinto dia,
para partir, disse o pai da moça:
Ora, fortalece-te e detém-te até o
declinar do dia. E ambos juntos
comeram.
9 Então quando o homem se le-
vantou para partir, ele, e a sua
concubina, e o seu moço, disse-
-lhe o seu sogro, o pai da moça:
Olha, já declina o dia. A tarde já
vem chegando, passa a noite aqui.
Passa aqui a noite, e que o teu co-
ração se alegre. Amanhã de ma-
drugada levantai-vos e ide para
a vossa casa.
10 O homem, porém, recusou o con-
vite; levantou-se e partiu na dire-
ção de Jebus (que é Jerusalém), e
com ele os dois jumentos selados,
como também a sua concubina.
11 Estando já perto de Jebus e
tendo-se já declinado o dia, disse
o moço a seu senhor: Vem, peço-
-te, e paremos nesta cidade dos
jebuseus e passemos nela a noite.
12 O seu senhor, porém, lhe dis-
se: Não nos retiraremos a nenhu-
ma cidade estranha, que não seja
dos filhos de Israel. Passaremos
até Gibeá.
13 Disse mais a seu moço: Vem,
cheguemos a Gibeá ou a Ramá
e passemos a noite num desses
lugares.
14 Então prosseguiram na cami-
nhada, e o sol se pôs estando eles
próximos de Gibeá, que pertence
a Benjamim.
15 Retiraram-se para Gibeá, a
fim de nela passarem a noite.
Entrando eles, assentaram-se na
praça da cidade, mas não houve
quem os convidasse para passar
a noite em sua casa.
16 Ao anoitecer, um homem idoso
da região montanhosa de Efraim,
que morava em Gibeá (os mora-
dores do lugar eram filhos de
Benjamim), veio do seu trabalho
no campo.

17 Levantando os olhos, viu o
viajante na praça da cidade e lhe
perguntou: Para onde vais? De
onde vens?
18 Respondeu ele: Estamos de
viagem de Belém de Judá para as
partes remotas da região monta-
nhosa de Efraim, de onde sou. Fui
a Belém de Judá e, agora, vou à
casa do Senhor. Ninguém me re-
colheu em casa.
19 Ainda temos palha e pasto para
os nossos jumentos, e também
pão e vinho para mim, e para a
tua serva, e para o moço que vem
com os teus servos. De coisa ne-
nhuma temos falta.
20 Então disse o velho: Paz seja
contigo. Tudo o que te faltar fique
ao meu cargo. Tão somente não
passes a noite na praça.
21 Levou-o para a sua casa e deu
pasto aos jumentos. Tendo eles la-
vado os pés, comeram e beberam.
22 Enquanto eles se alegravam,
alguns homens daquela cidade,
filhos de Belial, cercaram a casa.
Batendo à porta, gritaram ao ve-
lho, dono da casa: Tira para fora
o homem que entrou em tua casa,
para que tenhamos relações se-
xuais com ele.
23 O dono da casa saiu e lhes dis-
se: Não, irmãos meus, não façais
semelhante mal. Já que o homem
entrou em minha casa, não façais
essa loucura.
24 Aqui estão minha filha vir-
gem e a concubina do meu hós-
pede; eu as tirarei para fora.
Humilhai-as, e fazei delas o que
parecer bem aos vossos olhos.
Mas a este homem não façais
tal loucura.
25 Aqueles homens, porém, não
o quiseram ouvir. Então aquele
homem pegou a concubina do
levita, tirou-a para fora, e eles a
forçaram e abusaram dela a noi-
te toda até pela manhã, e subin-
do a alva, a deixaram.
26 Ao romper do dia, veio a mu-
lher e caiu à porta da casa do ho-
mem, onde estava seu senhor, e
ficou ali até que se fez claro.
27 Levantando-se o seu senhor
pela manhã, abriu as portas da
casa e, saindo para seguir via-
gem, viu que a mulher, sua con-
cubina, estava caída na entrada
da porta da casa, com as mãos so-
bre a soleira da porta.
28 Ele lhe disse: Levanta-te; vamo-
-nos. Mas ela não respondeu.
Então ele a colocou sobre o ju-
mento e, partindo dali, foi para
o seu lugar.
29 Chegando à sua casa, tomou
um cutelo e, pegando sua concu-
bina, despedaçou-a por seus os-
sos em doze partes e as enviou
por todo o território de Israel.
30 Cada um que via tal coisa di-
zia: Nunca tal se fez nem se viu
desde o dia em que os filhos de
Israel subiram da terra do Egito,
até o dia de hoje. Pensai! Reflitam!
Digam o que se deve fazer.

Guerra entre Israel e Benjamim

20 Então saíram todos os fi-
lhos de Israel, e a comuni-
dade se ajuntou perante o Senhor
em Mispa, como se fora um só ho-
mem, desde Dã até Berseba, como
também a terra de Gileade.
2 Os líderes de todo o povo, de to-
das as tribos de Israel, se apre-
sentaram na assembleia do povo
de Deus em número de quatro-
centos mil homens soldados que
usavam espada.
3 Ouviram os filhos de Benjamim
que os filhos de Israel haviam

subido a Mispa. Então disseram
os filhos de Israel: Dizei-nos como
sucedeu esta maldade.
4 Então respondeu o levita, ma-
rido da mulher que fora morta:
Cheguei com a minha concubi-
na a Gibeá, cidade de Benjamim,
para ali passar a noite.
5 Durante a noite, os cidadãos
de Gibeá se levantaram contra
mim e cercaram a casa, inten-
tando matar-me. Violentaram a
minha concubina, e ela morreu.
6 Então peguei na minha concu-
bina e a fiz em pedaços, e os en-
viei por toda a terra da herança
de Israel, porque cometeram tal
abominação e loucura em Israel.
7 Ora, todos vós, filhos de Israel, dai
a vossa palavra e conselho nes-
te caso.
8 Então todo o povo se levantou
como um só homem, dizendo:
Nenhum de nós voltará para a
sua tenda. Nenhum de nós se re-
tirará para sua casa.
9 Isto, porém, é o que faremos a
Gibeá: subiremos contra ela por
sorte.
10 Tomaremos dez homens de
cem de todas as tribos de Israel,
e cem de mil, e mil de dez mil,
para providenciarem mantimen-
to para o povo, a fim de que este,
vindo a Gibeá de Benjamim, lhe
faça conforme toda a loucura que
fizeram em Israel.
11 Então ajuntaram-se contra essa
cidade todos os homens de Israel,
aliados como um só homem.
12 As tribos de Israel enviaram ho-
mens por toda a tribo de Benjamim,
dizendo: Que maldade é essa que
se fez entre vós?
13 Entregai-nos agora os homens,
filhos de Belial, que estão em Gibeá,
para que os matemos e tiremos
de Israel o mal. Mas os filhos de
Benjamim não quiseram ouvir
seus irmãos, os filhos de Israel.
14 Antes, das suas cidades, os fi-
lhos de Benjamim se ajuntaram
em Gibeá, para sair a guerrear
contra os filhos de Israel.
15 E contaram-se naquele dia os
filhos de Benjamim vindos das
cidades; eram vinte e seis mil
homens que puxavam da espa-
da, sem contar os moradores de
Gibeá, que eram setecentos ho-
mens escolhidos.
16 Entre todo esse povo havia se-
tecentos homens hábeis, canho-
tos, os quais atiravam com a fun-
da uma pedra num cabelo e não
erravam.
17 Contaram-se dos homens de
Israel, fora os de Benjamim, qua-
trocentos mil homens que puxa-
vam da espada, e todos eles ho-
mens de guerra.
18 Levantaram-se os filhos de Israel,
subiram a Betel e consultaram
a Deus. Disseram: Quem dentre
nós subirá primeiro para guerrear
contra Benjamim? Respondeu o
Senhor: Judá subirá primeiro.
19 Levantaram-se os filhos de
Israel pela manhã e acamparam-
-se contra Gibeá.
20 Saíram os homens de Israel à
guerra contra Benjamim e orde-
naram a batalha contra eles jun-
to a Gibeá.
21 Os filhos de Benjamim saíram
de Gibeá e derrubaram por terra
naquele dia vinte e dois mil ho-
mens de Israel.
22 Os homens de Israel, porém,
esforçaram-se e tornaram a orde-
nar a peleja no lugar em que no
primeiro dia a tinham ordenado.
23 Subiram os filhos de Israel e
choraram perante o Senhor até a

tarde, e consultaram o Senhor, di-
zendo: Tornaremos a pelejar con-
tra os filhos de Benjamim, nos-
so irmão? Respondeu o Senhor:
Subi contra ele.
24 Então chegaram-se os filhos
de Israel aos filhos de Benjamim,
no dia seguinte.
25 Também os de Benjamim, nes-
se mesmo dia, saíram de Gibeá
ao seu encontro e derrubaram
ainda por terra mais dezoito mil
homens, todos dos que puxavam
da espada.
26 Então todos os filhos de Israel,
o exército todo, subiram e, vindo
a Betel, choraram, e estiveram
ali perante o Senhor. Jejuaram
aquele dia até a tarde e oferece-
ram holocaustos e ofertas pacífi-
cas perante o Senhor.
27 E os filhos de Israel consulta-
ram o Senhor. (A arca da aliança
de Deus estava ali naqueles dias,
28 e Fineias, filho de Eleazar, fi-
lho de Arão, ministrava peran-
te ela.) Disseram: Tornaremos a
sair ainda a pelejar contra os fi-
lhos de Benjamim, nosso irmão,
ou desistiremos? Respondeu o
Senhor: Subi, pois amanhã eu
os entregarei nas vossas mãos.
29 Então Israel pôs emboscadas
em redor de Gibeá.
30 Ao terceiro dia, subiram os fi-
lhos de Israel contra os filhos de
Benjamim e ordenaram a bata-
lha perto de Gibeá, como das ou-
tras vezes.
31 Os filhos de Benjamim saíram
para enfrentá-los e foram atraí-
dos da cidade. Começaram a fe-
rir o povo como das outras vezes,
matando uns trinta homens de
Israel, pelas estradas, das quais
uma sobe para Betel, e a outra,
para Gibeá pelo campo.
32 Enquanto os filhos de Benjamim
diziam: Vão derrotados diante de
nós como antes, os filhos de Israel
diziam: Fujamos e atraiamo-los
da cidade para as estradas.
33 Todos os homens de Israel se
levantaram do seu lugar e orde-
naram a batalha em Baal-Tamar,
e a emboscada de Israel saiu do
seu lugar, a oeste de Geba.
34 Dez mil homens escolhidos de
todo o Israel vieram contra Gibeá.
A peleja tornou-se tão renhida
que os de Gibeá não sabiam que
o mal lhes sobrevinha.
35 Feriu o Senhor a Benjamim
diante de Israel, e, naquele dia,
os filhos de Israel mataram vin-
te e cinco mil e cem homens de
Benjamim, todos dos que puxa-
vam da espada.
36 Então os filhos de Benjamim
viram que estavam derrotados.
Ora, os homens de Israel haviam
cedido terreno aos benjamitas,
porque estavam confiados na em-
boscada que haviam posto con-
tra Gibeá.
37 A emboscada se apressou e
acometeu a Gibeá e prosseguiu
contra ela e matou a fio de espa-
da toda a cidade.
38 Os homens de Israel tinham
um sinal determinado com a em-
boscada, que era fazerem levan-
tar da cidade uma grande nuvem
de fumaça.
39 Então os homens de Israel se
virariam na peleja. Benjamim ha-
via começado a atacar os homens
de Israel, matando uns trinta de-
les, pois diziam: Certamente vão
sendo derrotados diante de nós,
como na peleja anterior.
40 Quando, porém, a coluna de
fumaça começou a levantar-se da
cidade, virou-se Benjamim e viu

que toda a cidade subia em fuma-
ça ao céu.
41 Os homens de Israel se vira-
ram contra os de Benjamim, os
quais ficaram apavorados, porque
viram que o mal lhes sobreviria.
42 Assim, fugiram diante dos ho-
mens de Israel; fugiram para a
estrada do deserto, mas a peleja
os apertou. E os filhos de Israel
que saíam das cidades os destruí-
ram no meio deles.
43 Cercaram os benjamitas e os
perseguiram, pisando-os desde
Noá até a altura de Gibeá, para
o nascente do sol.
44 Caíram de Benjamim dezoito
mil homens, todos eles homens
valentes.
45 Então os restantes viraram as
costas e fugiram para o deserto,
até a penha de Rimom; mas os
filhos de Israel apanharam de-
les pelas estradas ainda uns cin-
co mil homens. Continuaram a
segui-los de perto até Gidom e
mataram deles dois mil homens.
46 Todos os de Benjamim que
morreram naquele dia foram vin-
te e cinco mil homens, que pu-
xavam da espada, todos eles ho-
mens valentes.
47 Seiscentos homens, porém, vi-
raram as costas e fugiram para
o deserto, até a rocha de Rimom,
onde ficaram quatro meses.
48 Os homens de Israel volta-
ram para os filhos de Benjamim e
os mataram a fio de espada, tan-
to os homens da cidade como os
animais, tudo quanto encontra-
ram. Em todas as cidades que en-
contraram puseram fogo.

A reabilitação de Benjamim

21 Os homens de Israel tinham
jurado em Mispa: Nenhum
de nós dará sua filha por mulher
aos benjamitas.
2 Veio o povo a Betel e ali ficou até a
tarde diante de Deus, levantando a
voz e pranteando com grande pranto.
3 O povo clamou: Ah! Senhor,
Deus de Israel, por que sucedeu
isso em Israel? Por que está fal-
tando uma tribo em Israel?
4 Bem cedo, na manhã seguinte,
o povo se levantou e edificou ali
um altar, e apresentou holocaus-
tos e ofertas pacíficas.
5 Perguntaram os filhos de Israel:
Quem de todas as tribos de Israel não
subiu à assembleia do Senhor?
Pois se tinha feito um juramento
solene acerca dos que não subis-
sem ao Senhor a Mispa, dizendo:
Certamente será morto.
6 Ora, os filhos de Israel tiveram
dó de Benjamim, seu irmão, e dis-
seram: Hoje foi cortada de Israel
uma tribo.
7 Como conseguiremos mulheres
para os que ficaram de resto, vis-
to que juramos pelo Senhor que
nenhuma de nossas filhas lhes
daríamos por mulheres?
8 Então perguntaram: Há algu-
ma das tribos de Israel que não
tenha subido ao Senhor a Mispa?
Descobriram que ninguém de
Jabes-Gileade viera ao acampa-
mento, à assembleia.
9 Pois ao contar-se o povo desco-
briram que nenhum dos morado-
res de Jabes-Gileade se achou ali.
10 Então a comunidade enviou lá
doze mil homens dos mais valen-
tes e lhes ordenou, dizendo: Ide e
matai a fio de espada os morado-
res de Jabes-Gileade, com as mu-
lheres e as crianças.
11 Isto é o que haveis de fazer:
Matem todo homem e toda mu-
lher que não for virgem.

12 Acharam entre os moradores
de Jabes-Gileade quatrocentas
moças virgens e as trouxeram ao
acampamento, em Siló, que está
na terra de Canaã.
13 Então toda a comunidade en-
viou mensageiros aos filhos de
Benjamim, que estavam na rocha
de Rimom, e lhes proclamou a paz.
14 Nesse mesmo tempo, voltaram
os benjamitas, e se lhes deram
por mulheres de Jabes-Gileade as
que haviam sido conservadas com
vida. Mas estas não lhes bastaram.
15 Então o povo teve pena de Ben-
jamim, porque o Senhor tinha
aberto uma brecha nas tribos
de Israel.
16 **D**isseram os líderes da comuni-
dade: As mulheres de Benjamim
foram destruídas. Como conse-
guiremos mulheres para os que
sobraram?
17 Disseram: Benjamim não deve
perder a herança dos que sobra-
ram, para que nenhuma tribo de
Israel seja destruída.
18 Nós não lhes poderemos dar
mulheres de nossas filhas, por-
que os filhos de Israel juraram,
dizendo: Maldito aquele que der
mulher aos benjamitas.
19 Vede, porém, que anualmente
acontece a festa do Senhor em Siló,
que se celebra ao norte de Betel,
do lado do nascente do sol, pela
estrada alta que sobe de Betel a
Siquém, e para o sul de Lebona.
20 Então instruíram os filhos de
Benjamim, dizendo: Ide, escondei-
-vos nas vinhas,
21 e vigiai. Saindo as filhas de
Siló a dançar em rodas, saí vós
das vinhas e arrebatai cada um
sua mulher das filhas de Siló, e
ide-vos para a terra de Benjamim.
22 Quando seus pais ou seus ir-
mãos vierem queixar-se a nós, lhes
diremos: Por amor de nós, tende
compaixão deles, pois na guerra
contra Jabes-Gileade não conse-
guimos mulheres para cada um
deles, e vós sois inocentes, vis-
to que não destes as vossas fi-
lhas a eles.
23 **A**ssim fizeram os filhos de
Benjamim: quando as moças es-
tavam dançando, cada homem pe-
gou uma delas para ser sua mu-
lher conforme o número deles.
Então foram-se, voltaram à sua
herança, reedificaram as cidades
e habitaram nelas.
24 Naquele tempo, os filhos de
Israel partiram dali, e foi cada um
para a sua tribo, para a sua famí-
lia e para a sua herança.
25 **N**aqueles dias, não havia rei
em Israel; cada um fazia o que
lhe parecia certo.

RUTE

Rute e Noemi

1 Nos dias em que os juízes jul-
gavam, houve fome na terra; e
um homem de Belém de Judá saiu
para habitar no país de Moabe,
ele, sua mulher e seus dois filhos.
2 Chamava-se este homem
Elimeleque, e sua mulher, Noemi;
os filhos se chamavam Malom e
Quiliom, efrateus, de Belém de
Judá. Foram a Moabe e ficaram ali.
3 Morreu Elimeleque, marido de
Noemi, e ficou ela só com os seus
dois filhos,
4 que se casaram com mulheres
moabitas. O nome de uma era
Orfa, e o da outra, Rute. Quando
já fazia quase dez anos que mo-
ravam ali,
5 morreram também Malom e
Quiliom, ficando assim a mulher
desamparada de seus dois filhos
e de seu marido.
6 **E**ntão, levantou-se Noemi com
as suas noras, para partir do país
de Moabe, porque ouviu que o
Senhor tinha ajudado o seu povo,
dando-lhe alimento.
7 Pelo que saiu do lugar onde es-
tava, e as suas duas noras com
ela. Indo elas caminhando, para
voltarem à terra de Judá,
8 **d**isse Noemi às suas noras: Ide,
voltai cada uma para a casa de
sua mãe. O Senhor use convos-
co de benevolência, como vós o fi-
zestes com os falecidos e comigo.
9 O Senhor vos dê que acheis des-
canso cada uma em casa de ou-
tro marido. Então ela as beijou e
elas levantaram a voz e choraram,
10 dizendo-lhe: Certamente vol-
taremos contigo para o teu povo.
11 Noemi, porém, disse: Voltai,
minhas filhas; por que iríeis co-
migo? Tenho eu ainda no ventre
mais filhos, para que vos sejam
por maridos?
12 Voltai, minhas filhas, ide-vos
embora; eu sou velha demais para
ter marido. Ainda que eu disses-
se: Tenho esperança, ou ainda que
esta noite tivesse marido e ainda
tivesse filhos,
13 esperaríeis até que se tornas-
sem grandes? Permaneceríeis
sem se casar por causa deles?
Não, minhas filhas. Mais amar-
go me é a mim do que a vós mes-
mas, porque a mão do Senhor se
descarregou contra mim.
14 Pelo que levantaram a voz e
tornaram a chorar. Então Orfa se
despediu da sogra com um beijo,
mas Rute se apegou a ela.
15 **D**isse Noemi: A tua cunhada
voltou para o seu povo e para os
seus deuses. Volta também com ela.
16 Rute, porém, respondeu: Não
insistas para que te deixe e me
obrigues a não te seguir. Aonde
quer que fores, irei e, onde quer
que pousares, ali pousarei. O teu
povo será o meu povo, e o teu Deus
será o meu Deus.
17 Onde quer que morreres, mor-
rerei eu e ali serei sepultada. Faça-
-me o Senhor o que bem lhe aprou-
ver, se outra coisa que não seja a
morte me separar de ti.
18 Vendo Noemi que de todo es-
tava resolvida a ir com ela, dei-
xou de lhe falar nisso.
19 **A**ssim, as duas mulheres se-
guiram viagem, até que chega-
ram a Belém. Entrando elas em

Belém, toda a cidade se comoveu
por causa delas, e as mulheres
perguntavam: Não é esta Noemi?
20 Respondia-lhes ela: Não me chameis Noemi. Chamai-me Mara,
porque grande amargura me tem
dado o Todo-poderoso.
21 Cheia parti, porém vazia o
Senhor me fez voltar. Por que
me chamareis Noemi? O Senhor
testificou contra mim; o Todo-poderoso me afligiu tanto.
22 E foi assim que voltou Noemi
da terra de Moabe, e com ela Rute,
sua nora, a moabita; chegaram
a Belém no princípio da colheita da cevada.

Rute encontra-se com Boaz

2 Tinha Noemi um parente de
seu marido, homem poderoso
e rico, da família de Elimeleque,
o qual se chamava Boaz.
2 Rute, a moabita, disse a Noemi:
Deixa-me ir ao campo, e apanharei espigas atrás daquele em cujos
olhos eu achar graça. E ela lhe
disse: Vai, minha filha.
3 Assim ela se foi, chegou ao
campo e respigava após os ceifeiros. Por acaso entrou no campo de Boaz, que era da família de
Elimeleque.
4 Boaz vinha de Belém e disse
aos ceifeiros: O Senhor seja convosco. Responderam-lhe eles: O
Senhor te abençoe.
5 Perguntou Boaz ao servo encarregado dos ceifeiros: De quem é
esta moça?
6 Respondeu-lhe o servo: Esta é
a moça moabita que voltou com
Noemi do país de Moabe.
7 Disse-me ela: Deixa-me colher e
ajuntar espigas por entre os molhos após os ceifeiros. Ela chegou
aqui no início da manhã e está em
pé até agora, a não ser por um pequeno descanso no abrigo.

Boaz fala a Rute benignamente

8 Então disse Boaz a Rute: Ouve,
minha filha, não vás colher em
outra lavoura, tampouco passes
daqui. Ficarás aqui com as minhas servas.
9 Os teus olhos estarão atentos
na lavoura que ceifarem e irás
atrás delas. Dei ordem aos servos,
para que não te toquem. Quando
tiveres sede, vai aos vasos e bebe
do que os servos tiverem tirado.
10 Então ela, inclinando-se e prostrando-se com o rosto em terra,
perguntou-lhe: Por que achei graça aos teus olhos, para que faças
caso de mim, sendo eu estrangeira?
11 Respondeu-lhe Boaz: Eu ouvi
falar de tudo o que fizeste à tua
sogra, depois da morte do teu
marido; como deixaste teu pai e
tua mãe, a terra onde nasceste
e vieste para um povo que antes
não conhecias.
12 Que o Senhor recompense o
teu feito. Que o Senhor, o Deus
de Israel, sob cujas asas vieste
buscar refúgio, te recompense
ricamente.
13 Disse ela: Ache eu graça aos
teus olhos, senhor meu, pois me
deste ânimo e encorajaste o coração da tua serva, não sendo eu
nem ainda como uma das tuas
criadas.
14 Também à hora de comer Boaz
lhe disse: Achega-te, come do pão
e molha o teu bocado no vinho.
E, sentando-se ela ao lado dos ceifeiros, ele lhe deu grão tostado,
e ela comeu e se fartou, e ainda
lhe sobrou.
15 Levantando-se ela para recolher espigas, Boaz deu ordem aos

seus servos, dizendo: Até entre os
molhos deixai-a recolher; não a
censureis.
16 Tirai também dos molhos algu-
mas espigas e deixai-as ficar, para
que as colha; não a repreendais.
17 Esteve ela respigando naque-
le campo até a tarde. Então debu-
lhou o que havia apanhado e foi
quase um efa de cevada.
18 Levou-o para a cidade, e viu a
sua sogra o que havia apanhado.
Também Rute tirou e deu-lhe o que
lhe sobrara, depois de fartar-se.
19 Perguntou-lhe a sogra: Onde
colheste hoje? Onde trabalhas-
te? Bendito seja aquele que fez
caso de ti. Então Rute relatou à
sua sogra com quem tinha traba-
lhado e disse: O nome do homem
com quem hoje trabalhei é Boaz.
20 Disse Noemi a sua nora: Bendito
seja ele do Senhor, que não tem
deixado a sua beneficência nem
para com os vivos nem para com os
mortos. Acrescentou Noemi: Esse
homem é nosso parente chegado
e um dos nossos resgatadores.
21 Respondeu Rute, a moabita:
Também ainda me disse: Com os
meus servos ficarás, até que aca-
bem toda a colheita que tenho.
22 Disse Noemi a sua nora, Rute:
Bom será, minha filha, que saias
com as servas dele, para que em
outra lavoura não te molestem.
23 Então Rute se ajuntou com as
servas de Boaz, para recolher es-
pigas até que a colheita de cevada
e de trigo se acabou. E ficou mo-
rando com a sua sogra.

Rute encontra-se com Boaz na eira

3 *Certo dia, Noemi, sua sogra,*
lhe disse: Minha filha, não hei
de buscar para ti um lar seguro,
onde fiques bem?
2 Ora, não é Boaz, com cujas ser-
vas estiveste, de nossa parente-
la? Esta noite ele limpará a ce-
vada na eira.
3 Lava-te, unge-te, veste os teus
vestidos. Então desce à eira, mas
não te dês a conhecer ao homem,
até que tenha acabado de comer
e beber.
4 Quando ele repousar, notarás o
lugar em que se deita. Então en-
trarás, descobrirás os seus pés e
te deitarás. Ele te dirá o que de-
ves fazer.
5 Respondeu-lhe ela: Tudo o que
me disseres, farei.
6 Então desceu à eira e fez con-
forme tudo o que sua sogra lhe
tinha ordenado.
7 Havendo Boaz comido e bebido,
e estando já o seu coração alegre,
veio deitar-se ao pé de um monte
de grão. Rute veio de mansinho,
descobriu-lhe os pés e se deitou.
8 No meio da noite, o homem acor-
dou de repente, sentou e viu uma
mulher deitada a seus pés.
9 Perguntou ele: Quem és tu? Disse
ela: Sou Rute, tua serva. Estende
a tua capa sobre a tua serva, por-
que tu és o resgatador.
10 Disse ele: Bendita sejas tu do
Senhor, minha filha. Melhor fi-
zeste a tua última benevolência
do que a primeira, visto que não
foste atrás dos jovens, quer po-
bres quer ricos.
11 E agora, minha filha, não te-
mas. Tudo o que pedires eu te fa-
rei. Toda a cidade do meu povo
sabe que és mulher virtuosa.
12 Embora seja verdade que eu
sou resgatador, há ainda outro res-
gatador mais chegado do que eu.
13 Fica-te aqui esta noite, e pela
manhã, se ele te resgatar, bem está.
Mas, se não te quiser resgatar,

tão certo como vive o Senhor, eu
te resgatarei. Deita-te aqui até
pela manhã.
14 Assim ela ficou deitada a seus
pés até pela manhã, mas levantou-
-se antes que pudesse ser reco-
nhecida, pois disse Boaz: Não se
saiba que uma mulher veio à eira.
15 Disse mais: Dá-me o manto que
tens sobre ti e segura-o. Ela o se-
gurou, e ele lhe mediu seis medi-
das de cevada e as pôs nas costas
dela. Então ela entrou na cidade.
16 Quando Rute chegou à sua so-
gra, Noemi lhe perguntou: Como
foram as coisas, minha filha? Então
ela lhe contou tudo o que aquele
homem lhe tinha feito
17 e acrescentou: Estas seis me-
didas de cevada me deu, dizendo:
Não voltarás vazia para tua sogra.
18 Então disse Noemi: Espera, mi-
nha filha, até que saibas como irá
terminar o caso. Pois o homem
não descansará enquanto não re-
solver esta questão hoje mesmo.

Boaz casa-se com Rute

4 Boaz subiu à porta da cida-
de, e se assentou ali. Quando
o resgatador de que ele havia fa-
lado ia passando, disse-lhe Boaz:
Meu amigo, vem cá, assenta-te
aqui. Ele se virou e se assentou.
2 Então Boaz tomou dez homens
dentre os líderes da cidade e lhes
disse: Assentai-vos aqui. E eles se
assentaram.
3 Disse Boaz ao resgatador: Noemi,
que voltou da terra dos moabitas,
vendeu a parte da terra que per-
tencia a Elimeleque, nosso irmão.
4 Resolvi informar-te disso e dizer-
-te: Compra-a na presença dos
que estão assentados aqui, na pre-
sença dos anciãos do meu povo.
Se hás de resgatá-la, faça isso;
se não, dizei-o a mim, para que o
saiba, pois outro não há senão tu
que tenha esse direito, e eu de-
pois de ti. Então disse ele: Eu a
resgatarei.
5 Então disse Boaz: No dia em
que comprares a terra da mão de
Noemi, também tomarás Rute, a
moabita, que foi mulher do fale-
cido, para preservar o nome dele
sobre a sua herança.
6 Então disse o resgatador: Não
poderei resgatá-la para mim, para
que não prejudique a minha pró-
pria herança. Exerce tu o que me
cumpria exercer. Eu não pode-
rei fazê-lo.
7 Outrora em Israel, para confir-
mar qualquer negócio relativo a
resgate e permuta, o homem des-
calçava o sapato e o dava a seu
próximo. Isso era por testemu-
nho em Israel.
8 Disse, pois, o resgatador a Boaz:
Compra-a tu. E descalçou o sapato.
9 Então disse Boaz aos líderes
e a todo o povo: Sois hoje teste-
munhas de que comprei da mão
de Noemi tudo o que pertencia a
Elimeleque, a Quiliom e a Malom.
10 Também tomo por mulher
Rute, a moabita, que foi mulher de
Malom, para preservar o nome
do falecido sobre a sua herança,
para que o nome dele não desapa-
reça entre seus irmãos e dos re-
gistros da cidade. Disso sois hoje
testemunhas.
11 Todo o povo que estava à por-
ta e os anciãos disseram: Somos
testemunhas. Faça o Senhor a
esta mulher, que entra na tua
casa, como a Raquel e como a
Lia, que juntas edificaram as tri-
bos de Israel. E tu, Boaz, torna-
-te poderoso em Efrata, e famo-
so em Belém.

12 Seja a tua casa como a casa de
Perez, que Tamar teve de Judá,
pela descendência que o Senhor
te der desta moça.

A genealogia de Davi

13 Assim Boaz casou-se com
Rute, e ela se tornou sua mulher.
Então ele teve relações sexuais
com ela, e o Senhor lhe concedeu
que concebesse, e teve um filho.
14 As mulheres disseram a Noemi:
Bendito seja o Senhor, que não te
deixou hoje sem resgatador, e seja
famoso em Israel o nome dele.
15 Ele será restaurador da tua
vida e consolador da tua velhice. Pois a tua nora, que te ama, e
que é melhor do que sete filhos,
o deu à luz.
16 Então Noemi pegou o menino
no colo e cuidou dele.
17 As mulheres que moravam ali
disseram: A Noemi nasceu um filho. E lhe chamaram Obede. Este
é o pai de Jessé, pai de Davi.
18 São estas as gerações de Perez:
Perez gerou Hezrom,
19 Herzom gerou Rão, Rão gerou
Aminadabe,
20 Aminadabe gerou Naassom, e
Naassom gerou Salmom,
21 Salmom gerou Boaz, Boaz gerou Obede,
22 Obede gerou Jessé, e Jessé gerou Davi.

1SAMUEL

O nascimento de Samuel

1 Houve um homem de Rama-
taim-Zofim, da região monta-
nhosa de Efraim, cujo nome era
Elcana, filho de Jeroão, filho de
Eliú, filho de Toú, filho de Zufe,
efraimita.
2 Tinha ele duas mulheres; o nome
de uma era Ana, e o da outra,
Penina. Penina tinha filhos, mas
Ana não os tinha.
3 Subia este homem anualmente
da sua cidade para adorar e sa-
crificar ao Senhor dos Exércitos
em Siló. Ali eram os sacerdotes
do Senhor Hofni e Fineias, os dois
filhos de Eli.
4 No dia em que Elcana sacrifi-
cava, dava parte do sacrifício a
Penina, sua mulher, e a todos os
seus filhos e filhas.
5 A Ana, porém, dava porção du-
pla, porque ele a amava, ainda
que o Senhor lhe tivesse impedi-
do de ter filhos.
6 A sua rival a provocava exces-
sivamente para a irritar, porque
o Senhor lhe havia impedido de
ter filhos.
7 Assim acontecia anualmente.
E todas as vezes que Ana subia
à casa do Senhor, Penina a irrita-
va, pelo que chorava e não comia.
8 Então Elcana, seu marido, lhe
perguntou: Ana, por que choras?
Por que não comes? Por que está
triste o teu coração? Não te sou
eu melhor do que dez filhos?
9 Então Ana se levantou, depois
que comeram e beberam em Siló.
Ora, Eli, o sacerdote, estava as-
sentado numa cadeira, perto de
um pilar do templo do Senhor.
10 Ela, com amargura de alma,
orou ao Senhor, chorou muito
11 e fez um voto, dizendo: Ó Senhor
dos Exércitos, se benignamente
atentares para a aflição da tua
serva, de mim te lembrares e da
tua serva não te esqueceres, mas
à tua serva deres um filho, ao
Senhor o darei por todos os dias
da sua vida, e sobre a sua cabe-
ça não passará navalha.
12 Demorando-se ela em orar pe-
rante o Senhor, Eli prestou aten-
ção à sua boca.
13 Ana só falava no coração, e os
seus lábios se moviam, mas não
se ouvia a sua voz. Eli a teve por
embriagada
14 e lhe disse: Até quando esta-
rás tu embriagada? Aparta de ti
o vinho.
15 Ana, porém, respondeu: Não,
senhor meu, eu sou uma mulher
atribulada de espírito. Não bebi
vinho nem bebida forte; mas es-
tava derramando a minha alma
perante o Senhor.
16 Não tenhas a tua serva por
filha de Belial; da multidão dos
meus cuidados e do meu desgos-
to tenho falado até agora.
17 Então lhe respondeu Eli: Vai-
te em paz, e o Deus de Israel te
conceda a petição que lhe fizeste.
18 Disse ela: Ache a tua serva
graça aos teus olhos. Assim a
mulher se foi o seu caminho, e
comeu, e o seu semblante já não
era triste.
19 Levantaram-se de madruga-
da, adoraram perante o Senhor;
e então voltaram para casa, a
Ramá. Elcana teve relações com

Ana, sua mulher, e o Senhor se
lembrou dela.
20 Passado algum tempo, Ana
engravidou e deu à luz um fi-
lho. Chamou-o Samuel, dizendo:
Tenho-o pedido ao Senhor.
21 Quando aquele homem, Elcana,
com toda a sua casa, subiu para
oferecer ao Senhor o sacrifício
anual e para cumprir o seu voto,
22 Ana não subiu. Disse a seu
marido: Depois que o menino for
desmamado, então o levarei e o
apresentarei ao Senhor e ele ali
fique para sempre.
23 Elcana, seu marido, lhe disse:
Faze o que bem te parecer. Fica
até que o desmames; tão somen-
te confirme o Senhor a sua pa-
lavra. Assim ficou a mulher e
amamentou seu filho, até que o
desmamou.
24 Havendo-o desmamado, tomou-
-o consigo, com um novilho de
três anos, um efa de farinha e um
odre de vinho, e o levou à casa
do Senhor, em Siló. Era o meni-
no ainda muito criança.
25 Degolaram o novilho e trou-
xeram o menino a Eli.
26 Disse ela: Tão certo como vive
a tua alma, meu senhor, eu sou a
mulher que aqui esteve contigo,
orando ao Senhor.
27 Por este menino orava eu, e
o Senhor me concedeu a petição
que eu lhe fiz.
28 Pelo que também agora eu o en-
trego ao Senhor. Por todos os dias
que viver pertencerá ao Senhor.
E adoraram ali ao Senhor.

A oração de Ana

2 *Então orou Ana e disse:*
O meu coração exulta no Senhor,
a minha força está exaltada
no Senhor.
A minha boca dilata-se
contra os meus inimigos,
porque me alegro na tua
salvação.
2 Não há santo como é o Senhor;
não há outro além de ti;
rocha nenhuma há como o
nosso Deus.
3 Não multipliqueis palavras
altivas,
nem saiam coisas arrogantes
da vossa boca,
pois o Senhor é o Deus da
sabedoria
e pesa todas as ações na
balança.
4 O arco dos fortes está
quebrado,
mas os fracos são cingidos de
força.
5 Os que eram fartos se alugam
por pão
e deixam de ter fome os que
eram famintos.
Até a estéril tem sete filhos,
e a que tinha muitos filhos
enfraquece.
6 O Senhor é o que tira a vida e
a dá;
faz descer à sepultura e faz
subir.
7 O Senhor empobrece e
enriquece;
abate e também exalta.
8 Levanta o pobre do pó,
e do monte de cinzas ergue o
necessitado,
para o fazer assentar entre
os príncipes,
para o fazer herdar um
trono de glória.
Pois do Senhor são as colunas
da terra;
assentou sobre elas o
mundo.
9 Ele guarda os pés dos
seus santos,

mas os ímpios emudecem
nas trevas.
Não é pela força que
prevalece o homem;
10 os que contendem com o
Senhor
serão quebrantados.
Desde os céus trovejará
contra eles;
o Senhor julgará as
extremidades da terra.
Dará força ao seu rei
e exaltará o poder do seu
ungido.
11 Então Elcana foi-se a Ramá,
para sua casa, mas o menino fi-
cou servindo ao Senhor, perante
o sacerdote Eli.

A impiedade dos filhos de Eli

12 Eram os filhos de Eli, filhos de
Belial; não conheciam ao Senhor.
13 Ora, o costume desses sacer-
dotes para com o povo era que,
oferecendo alguém um sacrifício,
estando-se cozinhado a carne,
vinha o moço do sacerdote com
um garfo de três dentes na mão.
14 Enfiava-o na travessa, ou na pa-
nela, ou no caldeirão, ou na mar-
mita, e tudo o que o garfo tirava o
sacerdote tomava para si. Assim
faziam com todos os israelitas
que iam a Siló.
15 Antes mesmo de queimarem a
gordura, vinha o moço do sacer-
dote e dizia ao homem que sacri-
ficava: Dá essa carne para assar
ao sacerdote; ele não aceitará de
ti carne cozida, senão crua.
16 Se lhe respondia o homem:
Queime-se primeiro a gordura, de-
pois tomarás o que quiseres, en-
tão ele lhe dizia: Não, hás de dá-la
agora; se não, eu a tomarei à força.
17 Era muito grande o pecado
destes moços perante o Senhor,
pois desprezavam a oferta do
Senhor.
18 Samuel, porém, ministrava pe-
rante o Senhor, sendo ainda me-
nino, vestido de uma estola sa-
cerdotal de linho.
19 Sua mãe lhe fazia uma túnica
pequena e, anualmente, a trazia,
quando com seu marido subia
para oferecer o sacrifício anual.
20 Eli abençoava Elcana e sua
mulher, dizendo: O Senhor te dê
descendência desta mulher, em
lugar do filho que pediu e entre-
gou ao Senhor. E voltavam para
o seu lugar.
21 E o Senhor abençoou Ana; ela
engravidou e deu à luz três filhos
e duas filhas. E o menino Samuel
crescia diante do Senhor.
22 Ora, Eli que já era muito ve-
lho, ouvia tudo o que seus filhos
faziam a todo o Israel e de como
tinham relações com as mulhe-
res que serviam à porta da ten-
da da congregação.
23 Então ele lhes disse: Por que
fazeis tais coisas? Ouço de todo
este povo os vossos malefícios.
24 Não, filhos meus, não é boa a fama
que ouço entre o povo do Senhor.
25 Pecando o homem contra o
próximo, os juízes o julgarão;
pecando, porém, o homem con-
tra o Senhor, quem intercederá
por ele? Mas não deram ouvidos
à voz de seu pai, porque o Senhor
os queria matar.
26 E o menino Samuel crescia
em estatura e em graça diante
do Senhor e dos homens.
27 Veio um homem de Deus a Eli
e lhe disse: Assim diz o Senhor:
Não me manifestei, na verda-
de, à família de teu pai, estando
eles ainda no Egito, sob domínio
de faraó?

28 Eu o escolhi dentre todas as
tribos de Israel para sacerdote,
para subir ao meu altar, para
queimar o incenso e para trazer
a estola sacerdotal perante mim.
Também dei à família de teu pai
todas as ofertas queimadas dos
filhos de Israel.
29 Por que pisais aos pés os meus
sacrifícios e as minhas ofertas
de cereais, que ordenei se fizes-
sem na minha morada? Por que
honras teus filhos mais do que a
mim, para tu e eles vos engordar-
des do principal de todas as ofer-
tas do meu povo de Israel?
30 Portanto, diz o Senhor, o Deus
de Israel: Na verdade eu tinha dito
que a tua família e a linhagem de
teu pai andariam diante de mim
perpetuamente. Mas agora diz o
Senhor: Longe de mim tal coisa,
porque aos que me honram, hon-
rarei, mas os que me desprezam
serão desprezados.
31 Vêm dias em que acabarei com
a tua força e a força da tua famí-
lia, para que não haja mais velho
algum em tua família,
32 e verás o aperto da morada
de Deus. Mas o bem será feito a
Israel; não haverá por todos os
dias velho algum em tua casa.
33 O homem da tua linhagem que
eu não desarraigar do meu altar
será para te consumir os olhos e
para te entristecer a alma; e to-
dos os descendentes da tua casa
morrerão na flor da idade.
34 O que sobrevirá a teus dois fi-
lhos, a Hofni e a Fineias, te será
por sinal: ambos morrerão no
mesmo dia.
35 *Eu suscitarei para mim um*
sacerdote fiel, que fará segundo
o que está no meu coração e na
minha mente. Eu lhe edificarei
uma casa duradoura, e ele anda-
rá sempre diante do meu ungido.
36 Então todo aquele que restar
da tua casa virá a inclinar-se dian-
te dele por uma moeda de prata
e por um bocado de pão, e implo-
rará: Nomeia-me a algum cargo
sacerdotal, para que possa ter al-
guma coisa para comer.

O chamado de Samuel

3 O menino Samuel servia ao
Senhor perante Eli. Naqueles
dias, a palavra do Senhor era mui-
to rara; as visões não eram fre-
quentes.
2 Certo dia, estando Eli deitado no
lugar de costume (os seus olhos
já começavam a escurecer-se, de
modo que não podia ver),
3 e tendo-se deitado também Samuel,
no templo do Senhor, em que es-
tava a arca, antes que a lâmpada
de Deus se apagasse,
4 o Senhor chamou: Samuel! Samuel!
Ele respondeu: Aqui estou.
5 E correu a Eli e lhe disse: Aqui
estou, pois me chamaste. Mas Eli
disse: Não te chamei, torna a dei-
tar-te. Assim ele foi e se deitou.
6 Tornou o Senhor a chamar: Samuel!
E Samuel se levantou, foi a Eli e dis-
se: Aqui estou, pois me chamaste.
Mas ele disse: Não te chamei, meu
filho, torna a deitar-te.
7 Ora, Samuel ainda não conhe-
cia o Senhor e ainda não lhe ti-
nha sido manifestada a palavra
do Senhor.
8 O Senhor tornou a chamar Samuel
pela terceira vez, e Samuel se le-
vantou, foi a Eli e disse: Aqui es-
tou, pois me chamaste. Então en-
tendeu Eli que era o Senhor quem
chamava o menino.
9 Pelo que Eli disse a Samuel: Vai
deitar-te, e se ele te chamar, dirás:

Fala, Senhor, pois o teu servo
ouve. Então Samuel foi e deitou-
-se no seu lugar.
10 Veio o Senhor e ali esteve,
chamando como das outras ve-
zes: Samuel! Samuel! Respondeu
Samuel: Fala, pois o teu servo ouve.
11 E disse o Senhor a Samuel: Vê,
vou fazer uma coisa em Israel,
que todo o que a ouvir lhe tini-
rão ambos os ouvidos.
12 Naquele dia, suscitarei con-
tra Eli tudo o que tenho falado a
respeito da sua casa; começarei
e o cumprirei.
13 Pois já lhe disse que julgarei
a sua família para sempre, pela
iniquidade que ele bem conhe-
cia; seus filhos se fizeram despre-
zíveis, e ele não os repreendeu.
14 Portanto, jurei à família de Eli que
nunca jamais será expiada a sua ini-
quidade, nem com sacrifícios nem
com ofertas de cereais.
15 Samuel ficou deitado até pela
manhã e, então, abriu as portas
da casa do Senhor. Ele temia re-
latar a visão a Eli,
16 mas Eli o chamou e disse:
Samuel, meu filho. Respondeu
Samuel: Aqui estou.
17 Eli perguntou: Que te falou o
Senhor? Não o escondas de mim.
Assim Deus te faça, e outro tan-
to, se me esconderes alguma coi-
sa de tudo o que te falou.
18 Então Samuel lhe contou tudo
e nada lhe encobriu. Disse Eli: É
o Senhor; faça o que bem pare-
cer aos seus olhos.
19 Crescia Samuel, e o Senhor
era com ele, fazendo que se cum-
prissem todas as suas palavras.
20 E todo o Israel, desde Dã até
Berseba, conheceu que Samuel
estava confirmado como profe-
ta do Senhor.
21 Continuou o Senhor a apare-
cer em Siló, e ali se manifestava
a Samuel pela sua palavra.

Os filisteus capturam a arca

4 Veio a palavra de Samuel a todo
o Israel. Os filhos de Israel saí-
ram à guerra contra os filisteus e
se acamparam junto a Ebenézer,
e os filisteus se acamparam jun-
to a Afeque.
2 Os filisteus se dispuseram em
ordem de batalha, para sair de
encontro a Israel. Travada a pe-
leja, Israel foi derrotado dian-
te dos filisteus, que mataram
no campo cerca de quatro mil
homens.
3 Tornando o povo ao acampa-
mento, as autoridades de Israel
disseram: Por que nos feriu o
Senhor hoje diante dos filisteus?
Tragamos de Siló a arca da alian-
ça do Senhor, para que vá conos-
co e nos livre das mãos dos nos-
sos inimigos.
4 Assim o povo enviou homens a
Siló, e trouxeram de lá a arca da
aliança do Senhor dos Exércitos,
que se assenta entre os queru-
bins. E os dois filhos de Eli, Hofni
e Fineias, estavam ali com a arca
da aliança de Deus.
5 Quando a arca da aliança do
Senhor veio ao acampamento,
todo o Israel gritou tão alto, de
modo que a terra estremeceu.
6 Os filisteus, ouvindo a voz do jú-
bilo, disseram: Que voz de gran-
de júbilo é esta no acampamento
dos hebreus? Quando souberam
que a arca do Senhor viera ao
acampamento,
7 os filisteus se atemorizaram.
Disseram: Os deuses vieram ao
acampamento. Ai de nós! Jamais
aconteceu uma coisa assim antes.

8 Ai de nós! Quem nos livrará da
mão destes grandiosos deuses?
Estes são os deuses que feriram
aos egípcios com toda a sorte de
pragas no deserto.
9 Esforçai-vos, ó filisteus! Portai-
-vos varonilmente, para que não
venhais a servir aos hebreus, como
eles serviram a vós. Portai-vos
varonilmente e pelejai!
10 Então pelejaram os filisteus, e
Israel foi derrotado; e fugiu cada
um para a sua tenda. Foi grande a
derrota, pois morreram de Israel
trinta mil homens de infantaria.
11 Foi tomada a arca de Deus, e os
dois filhos de Eli, Hofni e Fineias,
foram mortos.
12 Então correu do campo de ba-
talha um homem de Benjamim e
chegou no mesmo dia a Siló, com
as vestes rasgadas e terra sobre
a cabeça.
13 Quando ele chegou, Eli estava
assentado numa cadeira, ao pé
do caminho, vigiando, porque o
seu coração estava temeroso pela
arca de Deus. Entrou aquele ho-
mem na cidade e anunciou tudo
que tinha acontecido. Então toda
a cidade pôs-se a gritar.
14 Eli, ouvindo os gritos, pergun-
tou: Que voz de alvoroço é esta? O
homem, a toda pressa, veio a Eli,
15 que era da idade de noventa e
oito anos e cujos olhos estavam
tão escurecidos que não podia ver.
16 Disse ele a Eli: Eu sou o que
saí do campo de batalha, de onde
fugi hoje mesmo. Perguntou Eli:
Que foi que aconteceu, meu filho?
17 Respondeu o que trazia as notí-
cias: Israel fugiu dos filisteus e hou-
ve grande matança entre o povo.
Além disso, também teus dois fi-
lhos, Hofni e Fineias, foram mor-
tos, e a arca de Deus foi tomada.
18 Fazendo ele menção da arca
de Deus, Eli caiu da cadeira para
trás, ao lado da porta, quebrou
o pescoço e morreu, pois era ho-
mem velho e pesado. Havia ele
liderado Israel durante quaren-
ta anos.
19 Estando sua nora, a mulher
de Fineias, grávida e próxima
ao parto, e ouvindo as novas, de
que a arca de Deus era tomada
e de que seu sogro e seu marido
eram mortos, encurvou-se e deu
à luz, mas foi dominada pelas do-
res de parto.
20 Na hora que ia morrendo, dis-
seram as mulheres que estavam
com ela: Não temas; tiveste um fi-
lho. Ela, porém, não respondeu,
nem fez caso disso.
21 Chamou ao menino Icabode,
dizendo: Foi-se a glória de Israel.
Isso porque a arca de Deus fora
tomada, e por causa de seu sogro
e de seu marido.
22 Disse ela: Foi-se a glória de
Israel, pois foi tomada a arca
de Deus.

A arca entre os filisteus

5 Depois que os filisteus toma-
ram a arca de Deus, levaram-
-na de Ebenézer a Asdode.
2 Então os filisteus carregaram a
arca de Deus, a colocaram na casa
de Dagom, perto da sua estátua.
3 Levantando-se, porém, de madru-
gada os habitantes de Asdode, no
dia seguinte, lá estava Dagom, caí-
do, com o rosto em terra, diante da
arca do Senhor! Pegaram Dagom
e tornaram a pô-lo no seu lugar.
4 No dia seguinte, levantando-se de
madrugada, Dagom estava caído,
com o rosto em terra, diante da arca
do Senhor! A cabeça de Dagom e am-
bas as suas mãos estavam cortadas

sobre o limiar; somente o tronco fi-
cara a Dagom.
5 Pelo que os sacerdotes de Dagom,
e todos os que entram em seu tem-
plo, que está em Asdode, não pi-
sam na soleira até o dia de hoje.
6 A mão do Senhor, porém, pesou
sobre os de Asdode, e os assolou,
e os feriu com tumores, a Asdode e
ao seu território.
7 Vendo os homens de Asdode
que assim era, disseram: Não
fique conosco a arca do Deus de
Israel, porque a sua mão é pe-
sada sobre nós e sobre Dagom,
nosso deus.
8 Assim enviaram mensageiros,
congregaram a si todos os líde-
res dos filisteus e perguntaram:
Que faremos da arca do Deus de
Israel? Responderam: Seja leva-
da para Gate. E levaram para lá
a arca do Deus de Israel.
9 Desde que a levaram para lá, a
mão do Senhor veio contra aquela
cidade, com grande terror. Feriu
os homens que ali viviam, desde o
pequeno até o grande, e nasceram-
-lhes tumores.
10 Então enviaram a arca de Deus
a Ecrom. Chegando lá a arca de
Deus, os de Ecrom exclamaram:
Transportaram para nós a arca
do Deus de Israel, para nos ma-
tar, e a nosso povo.
11 Então enviaram mensageiros,
congregaram a todos os líderes
dos filisteus e disseram: Enviai
daqui a arca do Deus de Israel;
volte ela para o seu lugar, para
que não nos mate, nem a nosso
povo. Pois havia terror de mor-
te em toda a cidade, e a mão de
Deus muito se agravara sobre ela.
12 Os homens que não morriam
eram feridos com tumores, e o
clamor da cidade subiu até o céu.

Os filisteus devolvem a arca

6 Havendo ficado a arca do Senhor
na terra dos filisteus sete meses,
2 estes chamaram os sacerdotes
e os adivinhadores e disseram:
Que faremos da arca do Senhor?
Dizei-nos como a devolveremos
ao seu lugar.
3 Responderam eles: Se devolver-
des a arca do Deus de Israel, não
a envieis vazia, mas sem falta en-
viareis uma oferta para a expia-
ção da culpa. Então sereis cura-
dos e sabereis por que a sua mão
não se retira de vós.
4 Perguntaram os filisteus: Qual
é a expiação da culpa que have-
mos de oferecer? Responderam:
Segundo o número dos líderes dos
filisteus, cinco tumores de ouro
e cinco ratos de ouro, porque a
praga é a mesma sobre todos vós
e sobre todos os vossos líderes.
5 Fazei imagens dos vossos tumo-
res e dos ratos que andam destruin-
do a terra, e dai glória ao Deus de
Israel. Porventura aliviará a sua
mão de sobre vós, de sobre o vos-
so deus e de sobre a vossa terra.
6 Por que tens um coração obs-
tinado, como os egípcios e faraó
tiveram? Porventura depois de
Deus os haver tratado tão mal,
eles não os deixaram ir?
7 Agora, pois, fazei um carro novo,
tomai duas vacas com crias, so-
bre as quais não tenha vindo o
jugo, amarrem-nas à carroça e os
seus bezerros ponde-os no curral.
8 Tomai a arca do Senhor e ponde-
-a sobre a carroça; guardai num
cofre, ao seu lado, as figuras de
ouro que haveis de apresentar ao
Senhor como oferta pela culpa; e
deixai-a ir.
9 Reparai então: se ela subir pelo
caminho rumo do seu território

a Bete-Semes, foi ele quem nos
fez este grande mal. Se não, saberemos que não foi a sua mão
que nos tocou e que isto nos sucedeu por acaso.
10 Assim fizeram aqueles homens:
tomaram duas vacas com crias
e as ataram à carroça, e os seus
bezerros prenderam no curral.
11 Puseram a arca do Senhor sobre a carroça, como também o cofre com os ratos de ouro e com as
imagens dos tumores.
12 Então as vacas se encaminharam diretamente para Bete-Semes
e seguiam sempre por esse mesmo caminho, andando e berrando,
sem se desviarem nem para a direita nem para a esquerda. Os líderes dos filisteus foram atrás delas, até o território de Bete-Semes.

A arca em Bete-Semes

13 Andavam os de Bete-Semes fazendo a colheita do trigo no vale
e, levantando os seus olhos, viram
a arca e, vendo-a, se alegraram.
14 O carro veio ao campo de Josué,
o bete-semita, e parou ali, ao lado
de uma grande pedra. Fenderam
a madeira da carroça e ofereceram as vacas ao Senhor em holocausto.
15 Os levitas desceram a arca
do Senhor, como também o cofre que estava junto a ela, em
que estavam as obras de ouro, e
puseram-nos sobre a grande pedra. No mesmo dia, os homens
de Bete-Semes ofereceram holocaustos e sacrifícios ao Senhor.
16 Vendo isso, os cinco líderes dos
filisteus voltaram para Ecrom no
mesmo dia.
17 Estes são os tumores de ouro
que os filisteus enviaram ao Senhor
como oferta pela culpa: por Asdode
um, por Gaza outro, por Ascalom
outro, por Gate outro, por Ecrom
outro.
18 Como também os ratos de ouro,
segundo o número de todas as cidades dos filisteus, pertencentes
aos cinco líderes, desde as cidades
fortes até as aldeias, e até Abel, a
grande pedra sobre a qual puseram a arca do Senhor, que ainda
está até o dia de hoje no campo
de Josué, o bete-semita.
19 O Senhor, porém, feriu os homens de Bete-Semes, porque olharam para dentro da arca do Senhor,
sim, matou do povo setenta homens. O povo se entristeceu, porque o Senhor fizera tão grande
morticínio entre eles,
20 e os homens de Bete-Semes
disseram: Quem poderia estar
perante o Senhor, esse Deus santo? Para quem subirá desde nós?
21 Então enviaram mensageiros
aos habitantes de Quiriate-Jearim,
dizendo: Os filisteus devolveram
a arca do Senhor. Descei e fazei-a subir para vós.

Samuel exorta o povo ao arrependimento

7 Assim vieram os homens de
Quiriate-Jearim: tomaram
a arca do Senhor, levaram-na à
casa de Abinadabe, no outeiro,
e consagraram a Eleazar, seu filho, para que guardasse a arca
do Senhor.
2 A arca ficou em Quiriate-Jearim
bastante tempo, isto é, mais ou
menos vinte anos. E toda a nação
de Israel suspirava pelo Senhor.
3 E disse Samuel a toda a nação
de Israel: Se de todo o vosso coração vos converteis ao Senhor,
tirai dentre vós os deuses estranhos e as astarotes, consagrem-se

ao Senhor e servi a ele só, e ele
vos livrará das mãos dos filisteus.
4 Então os filhos de Israel tira-
ram dentre si os baalins e as as-
tarotes e serviram só ao Senhor.
5 Disse mais Samuel: Congregai
todo o Israel em Mispa, e eu ora-
rei por vós ao Senhor.
6 Reuniram-se em Mispa, tira-
ram água e a derramaram peran-
te o Senhor; jejuaram aquele dia
e ali disseram: Pecamos contra o
Senhor. E Samuel liderava os fi-
lhos de Israel em Mispa.

Vitória sobre os filisteus

7 Ouvindo os filisteus que os filhos de
Israel estavam reunidos em Mispa,
subiram os líderes dos filisteus con-
tra Israel. Quando os filhos de Israel
ouviram, temeram por causa dos
filisteus.
8 Disseram os filhos de Israel a
Samuel: Não cesses de clamar
ao Senhor, o nosso Deus, por nós,
para que nos livre das mãos dos
filisteus.
9 Então pegou Samuel um cordei-
ro que ainda não havia sido des-
mamado e o sacrificou inteiro em
holocausto ao Senhor. Clamou
Samuel ao Senhor por Israel, e
o Senhor lhe respondeu.
10 Enquanto Samuel oferecia o
holocausto, os filisteus chegaram
para guerrear contra Israel. Mas
trovejou o Senhor aquele dia com
grande trovoada sobre os filisteus
e os aterrorizou de tal modo que
foram derrotados diante dos fi-
lhos de Israel.
11 Os homens de Israel, saindo
de Mispa, perseguiram os filis-
teus e os feriram até abaixo de
Bete-Car.
12 Então tomou Samuel uma pe-
dra e a pôs entre Mispa e Sem, e
lhe chamou Ebenézer, dizendo:
"Até aqui nos ajudou o Senhor".
13 Assim os filisteus foram abati-
dos e nunca mais vieram ao ter-
ritório de Israel. Foi a mão do
Senhor contra os filisteus todos
os dias de Samuel.
14 As cidades que os filisteus ha-
viam tomado de Israel foram-
-lhe restituídas, desde Ecrom até
Gate, e até os territórios delas
Israel arrebatou das mãos dos fi-
listeus. E houve paz entre Israel
e os amorreus.
15 Samuel liderou Israel todos os
dias da sua vida.
16 Anualmente rodeava por Betel,
Gilgal e Mispa; e julgava as questões
de Israel em todos esses lugares.
17 Voltava, porém, a Ramá, por-
que a sua casa estava ali, onde li-
derava a Israel. E edificou ali um
altar ao Senhor.

Israel pede um rei

8 Tendo Samuel envelhecido,
constituiu a seus filhos por
juízes sobre Israel.
2 O seu primogênito chamava-se
Joel e o segundo, Abias. Eles fo-
ram líderes em Berseba.
3 Seus filhos, porém, não anda-
ram nos caminhos dele; antes se
inclinaram à avareza, aceitaram
subornos e perverteram o juízo.
4 Então as autoridades de Israel
se congregaram e vieram ter com
Samuel, a Ramá.
5 Disseram-lhe: Estás velho, e teus
filhos não andam nos teus cami-
nhos; constitui-nos, agora, um rei
sobre nós, para que nos governe,
como o têm todas as nações.
6 Essa palavra, porém, não agra-
dou a Samuel, quando disseram:
Dá-nos um rei, para que nos gover-
ne. Então Samuel orou ao Senhor.

7 E o Senhor lhe disse: Ouve a
voz do povo em tudo o que te di-
zem, pois não rejeitaram a ti,
mas a mim, para eu não reinar
sobre eles.
8 Conforme todas as obras que
fizeram desde o dia em que os ti-
rei do Egito até o dia de hoje, pois
a mim me deixaram, e a outros
deuses serviram, assim também
o fazem a ti.
9 Agora, pois, ouve a sua voz, po-
rém protesta-lhes solenemente e
declara-lhes qual será o direito
do rei que houver de reinar so-
bre eles.
10 **R**eferiu Samuel todas as pala-
vras do Senhor ao povo, que lhe
pedia um rei.
11 Disse-lhes: Este será o direito
do rei que houver de reinar sobre
vós: Tomará os vossos filhos e os
empregará no serviço dos seus
carros e como seus cavaleiros,
para que corram à frente deles.
12 Alguns porá por chefes de
mil e chefes de cinquenta, para
lavrarem os seus campos, faze-
rem as suas colheitas e fabricarem
as suas armas e os equipamentos
de seus carros de guerra.
13 Tomará as vossas filhas para
perfumistas, cozinheiras e pa-
deiras.
14 Tomará o melhor das vossas ter-
ras, das vossas vinhas, dos vossos
olivais e os dará aos seus servos.
15 As vossas sementes e as vos-
sas vinhas dizimará, para dar aos
seus oficiais e aos seus servos.
16 Também os vossos servos, as
vossas servas, os vossos melho-
res jovens e os vossos jumentos
tomará e os empregará no seu
trabalho.
17 Dizimará o vosso rebanho, e
vós lhe sereis por servos.
18 Naquele dia, clamareis por
causa do vosso rei, que houver-
des escolhido, mas o Senhor não
vos ouvirá.
19 **O** povo, porém, não quis ou-
vir a voz de Samuel. Disseram:
Não, queremos um rei sobre nós.
20 Seremos como todas as outras
nações; o nosso rei nos governa-
rá, sairá adiante de nós e lutará
as nossas guerras.
21 Ouvindo Samuel todas as pa-
lavras do povo, repetiu-as peran-
te o Senhor.
22 Disse o Senhor a Samuel: Dá
ouvidos à sua voz, constitui-lhes
rei. Então Samuel disse aos filhos
de Israel: Volte cada um para a
sua cidade.

Saul encontra-se com Samuel

9 Havia um homem de Benjamim,
cujo nome era Quis, filho de Abiel,
filho de Zeror, filho de Becorate,
filho de Afia, benjamita, homem
forte e valoroso.
2 Este tinha um filho, chamado
Saul, jovem e tão belo que entre
os filhos de Israel não havia ou-
tro homem mais belo do que ele;
desde os ombros para cima so-
bressaía em altura a todo o povo.
3 Ora, perderam-se as jumentas
de Quis, pai de Saul. Disse Quis
a Saul, seu filho: Chama um dos
moços, levanta-te e vai procurar
as jumentas.
4 Passaram pela região monta-
nhosa de Efraim, como também
pela terra de Salisa, mas não as
acharam. Depois passaram pela
terra de Saalim, mas tampouco
estavam ali. Então passaram pela
terra de Benjamim, todavia não
as acharam.
5 **Q**uando vieram à terra de Zufe,
disse Saul ao moço que ia com ele:

Vem e voltemos, para que não suceda que meu pai cesse de preocupar-se com as jumentas e se angustie por causa de nós.
6 O moço, porém, respondeu: Nesta cidade há um homem de Deus; ele é honrado, e tudo o que diz acontece. Vamos até lá agora. Talvez nos mostre o caminho que devemos seguir.
7 Disse Saul ao seu moço: Se formos, que levaremos ao homem? O pão de nossos alforjes se acabou, e presente algum temos para levar ao homem de Deus. Que temos?
8 O moço tornou a responder a Saul: Ainda tenho um quarto de siclo de prata. Eu o darei ao homem de Deus, para que nos mostre o caminho.
9 (Antigamente em Israel, indo alguém consultar a Deus, dizia: Vinde, vamos ter com o vidente, porque ao profeta de hoje antigamente se chamava vidente.)
10 Disse Saul ao moço: Dizes bem. Vem, vamos! E foram-se à cidade onde estava o homem de Deus.
11 Subindo eles pela encosta da cidade, encontraram umas moças que saíam a tirar água, e lhes perguntaram: Está aqui o vidente?
12 Responderam elas: Sim, ali vai ele adiante de ti. Apressa-te; ele veio à cidade hoje porque o povo irá sacrificar no altar que está no monte.
13 Ao entrarem na cidade, logo o achareis, antes que suba ao alto para comer. O povo não comerá até que ele venha, porque ele é o que abençoa o sacrifício; depois os convidados comem. Subi agora; hoje o achareis.
14 Subiram à cidade; ao entrarem, Samuel lhes saiu ao encontro, a caminho do altar do monte.
15 Ora, o Senhor revelara isso aos ouvidos de Samuel, um dia antes de Saul chegar, dizendo:
16 Amanhã a essas horas te enviarei um homem da terra de Benjamim, o qual ungirás por líder sobre o meu povo de Israel; ele livrará o meu povo da mão dos filisteus. Olhei para o meu povo, pois o seu clamor chegou a mim.
17 Quando Samuel viu Saul, o Senhor lhe disse: Este é o homem de quem te falei. Este dominará sobre o meu povo.
18 Saul se chegou a Samuel na entrada da cidade e pediu: Mostra-me, por favor, onde é a casa do vidente.
19 Respondeu Samuel a Saul: Eu sou o vidente. Sobe na minha frente ao altar, pois hoje comerás comigo e, pela manhã, te despedirei, e tudo o que está no teu coração te declararei.
20 Quanto às jumentas que há três dias foram perdidas, não te preocupes com elas; já foram achadas. Mas para quem é tudo o que é desejável em Israel? Não é para ti, e para toda a família de teu pai?
21 Respondeu Saul: Mas não sou eu filho de Benjamim, da menor das tribos de Israel? E a minha família a menor de todas as famílias da tribo de Benjamim? Por que me dizes tal coisa?
22 Então Samuel, levou Saul e o seu moço à sala e deu-lhes o lugar de honra entre os convidados, que eram cerca de trinta homens.
23 Disse Samuel ao cozinheiro: Traze a porção que te dei e mandei que reservasse.
24 Assim o cozinheiro levantou a coxa do animal, com o que nela havia, e a pôs diante de Saul. Disse Samuel: Aqui está o que

foi reservado. Toma-o e come,
pois foi guardado para comeres
nessa ocasião, desde o momen-
to que eu disse: Convidei o povo.
Assim comeu Saul naquele dia
com Samuel.
25 Então desceram do alto para a
cidade, e falou Samuel com Saul,
no eirado.
26 Levantaram-se de madrugada;
e quase ao subir da alva, Samuel
chamou Saul ao terraço e disse:
Levanta-te para eu te despedir.
Levantou-se Saul, e saíram am-
bos, ele e Samuel.
27 Descendo eles para a extre-
midade da cidade, Samuel dis-
se a Saul: Dize ao moço que pas-
se adiante de nós (e ele passou);
tu, porém, espera aqui, e te farei
ouvir a palavra de Deus.

A unção de Saul

10 Então tomou Samuel um
vaso de azeite e o derramou
sobre a cabeça de Saul, o beijou e
disse: Não te ungiu o Senhor por
líder sobre a sua herança?
2 Quando te afastares hoje de mim,
acharás dois homens junto ao se-
pulcro de Raquel, no território de
Benjamim, em Zelza, os quais te di-
rão: Acharam-se as jumentas que
foste procurar, e agora o teu pai já
deixou de pensar no negócio das
jumentas, e anda aflito por cau-
sa de ti, dizendo: Que farei eu por
meu filho?
3 Então passarás dali para o car-
valho de Tabor. Ali te encontrarão
três homens, que vão subindo a
Deus, a Betel. Um estará levando
três cabritos, outro três bolos de
pão e o outro, um odre de vinho.
4 Eles te saudarão e te darão
dois pães, os quais aceitarás da
sua mão.
5 Então chegarás ao outeiro de
Deus, onde está a guarnição dos
filisteus. Entrando na cidade, en-
contrarás um grupo de profetas
que descem do altar, tocando sal-
térios, tambores, flautas e harpas;
eles estarão profetizando.
6 O Espírito do Senhor se apo-
derará de ti, e profetizarás com
eles e serás transformado em ou-
tro homem.
7 Quando estes sinais se cumpri-
rem, faze o que achar melhor, por-
que Deus é contigo.
8 Descerás na minha frente até Gilgal.
Depois, eu descerei também, para
oferecer holocaustos e sacrifícios
de ofertas pacíficas, mas sete dias
esperarás, até que eu vá ter conti-
go e te declare o que hás de fazer.
9 Virando Saul as costas para se
afastar de Samuel, Deus lhe mu-
dou o coração em outro, e todos
aqueles sinais aconteceram na-
quele mesmo dia.
10 Chegando eles a Gibeá, um
grupo de profetas lhes saiu ao
encontro; o Espírito do Senhor
se apoderou de Saul, e ele profe-
tizou no meio deles.
11 Todos os que dantes o conhe-
ciam, ao verem que ele profeti-
zava com os profetas, diziam uns
aos outros: Que é que sucedeu ao
filho de Quis? Está também Saul
entre os profetas?
12 Um homem dali respondeu: E
quem é o pai deles? Pelo que se
tornou em provérbio: Está tam-
bém Saul entre os profetas?
13 Tendo ele acabado de profeti-
zar, foi ao altar.
14 Perguntou o tio de Saul, a
ele e ao seu moço: Aonde fostes?
Respondeu ele: Procurar as ju-
mentas. Mas vendo que não apa-
reciam, fomos a Samuel.

15 Disse o tio de Saul: Declara-me
o que vos disse Samuel.
16 Respondeu Saul a seu tio: Declarou-
-nos, na verdade, que as jumentas
foram encontradas. Mas quanto ao
assunto do reino, de que Samuel
falara, nada lhe declarou.

O povo escolhe Saul para seu rei

17 Convocou Samuel o povo ao
Senhor, em Mispa,
18 e disse aos filhos de Israel:
Assim diz o Senhor, o Deus de
Israel: Eu fiz subir a Israel do
Egito e vos livrei das mãos dos
egípcios e das mãos de todos os
reinos que vos oprimiam.
19 Vós, porém, hoje rejeitastes o
vosso Deus que vos livrou de todos
os vossos males e trabalhos e lhe
dissestes: Põe um rei sobre nós.
Portanto, agora ponde-vos peran-
te o Senhor, pelas vossas tribos e
pelos vossos grupos de milhares.
20 Tendo Samuel feito chegar to-
das as tribos de Israel, foi toma-
da por sorte a tribo de Benjamim.
21 Tendo feito chegar a tribo de
Benjamim, pelas suas famílias,
foi tomada a família de Matri,
e dela foi tomado Saul, filho de
Quis. Mas quando o procuraram,
não foi encontrado.
22 Então tornaram a perguntar
ao Senhor se aquele homem vie-
ra ali. Respondeu o Senhor: Ele
se escondeu entre a bagagem.
23 Correram e o trouxeram dali.
Estando ele no meio do povo, so-
bressaía em altura a todo o povo
desde os ombros para cima.
24 Disse Samuel a todo o povo:
Vedes o homem que o Senhor es-
colheu? Não há entre o povo ne-
nhum semelhante a ele. Então
todo o povo prorrompeu em gri-
tos, exclamando: Viva o rei!
25 Declarou Samuel ao povo o di-
reito do reino, escreveu-o num li-
vro e o pôs perante o Senhor. Então
mandou Samuel que todo o povo
fosse cada um para sua casa.
26 Foi também Saul para sua casa
em Gibeá, e foram com ele ho-
mens valentes, aqueles cujo co-
ração Deus tocara.
27 Os filhos de Belial, porém, dis-
seram: Como pode este homem
nos livrar? Desprezaram-no e não
lhe trouxeram presentes. Mas ele
se fez como surdo.

Saul vence os amonitas

11 Então subiu Naás, amoni-
ta, e sitiou a Jabes-Gileade.
E disseram todos os homens de
Jabes a Naás: Faze aliança conos-
co, e te serviremos.
2 Naás, o amonita, porém, res-
pondeu: Com esta condição farei
aliança convosco: que a todos vos
arranque o olho direito e assim tra-
ga vergonha sobre todo o Israel.
3 Disseram-lhe as autoridades
de Jabes: Concede-nos sete dias
para que enviemos mensageiros
por todo o território de Israel; não
havendo ninguém que nos livre,
então nos entregaremos a ti.
4 Chegando os mensageiros a Gibeá
de Saul, falaram essas palavras
aos ouvidos do povo. Então todo
o povo levantou a voz e chorou.
5 Naquela hora, Saul vinha do
campo, trazendo os bois, e per-
guntou: Que tem o povo, que cho-
ra? E contaram-lhe as palavras
dos homens de Jabes.
6 Então o Espírito de Deus se apo-
derou de Saul, ao ouvir ele essas
palavras, e acendeu-se sobremo-
do a sua ira.
7 Tomou uma junta de bois,
cortou-os em pedaços e os enviou

por todo o território de Israel por
mãos dos mensageiros, dizendo:
Qualquer que não sair após Saul
e após Samuel, assim se fará aos
seus bois. Então o temor do Senhor
caiu sobre o povo, e saíram como
um só homem.
8 Contando-os Saul em Bezeque,
havia dos filhos de Israel trezen-
tos mil, e dos homens de Judá,
trinta mil.
9 Disseram aos mensageiros de
Jabes: Direis aos homens de Jabes-
-Gileade: Amanhã, na hora mais
quente do dia, vos virá livramen-
to. Vindo os mensageiros e anun-
ciando-o aos homens de Jabes, es-
tes se alegraram.
10 Disseram os homens de Jabes
aos amonitas: Amanhã, nós nos
entregaremos a vós, e nos fareis
conforme tudo o que quiserdes.
11 No dia seguinte, Saul dividiu
o povo em três grupos; durante a
última vigília da noite vieram ao
acampamento e feriram os amo-
nitas até a hora mais quente do
dia. Os sobreviventes se espa-
lharam, e não ficaram dois de-
les juntos.
12 Então disse o povo a Samuel:
Quem são aqueles que diziam
que Saul não reinaria sobre nós?
Dai cá esses homens, para que os
matemos.
13 Saul, porém, disse: Hoje nin-
guém será morto, pois neste dia
o Senhor operou um livramento
em Israel.
14 Disse Samuel ao povo: Vinde,
vamos a Gilgal e renovemos ali
o reino.
15 Assim todo o povo partiu para
Gilgal, onde constituíram rei a
Saul perante o Senhor. Ali apre-
sentaram sacrifícios de ofertas
pacíficas perante o Senhor; e Saul
se alegrou muito com todos os ho-
mens de Israel.

Samuel repreende o povo

12 Disse Samuel a todo o Israel:
Ouvi a vossa voz em tudo
o que me dissestes e constituí so-
bre vós um rei.
2 Agora tendes um que vai adian-
te de vós. Quanto a mim, já estou
velho, de cabelos brancos, e meus
filhos estão convosco. Fui o vos-
so líder desde a minha juventu-
de até o dia de hoje.
3 Aqui estou. Testificai contra
mim perante o Senhor e peran-
te o seu ungido: De quem tomei
o boi? De quem tomei o jumento?
A quem explorei? A quem opri-
mi? Das mãos de quem recebi su-
borno para encobrir com ele os
meus olhos? Se fiz alguma dessas
coisas, eu a restituirei.
4 Responderam: Em nada nos
defraudaste nem nos oprimiste,
coisa alguma tomaste da mão de
ninguém.
5 Disse-lhes Samuel: O Senhor
seja testemunha contra vós, e
o seu ungido seja hoje testemu-
nha, que nada achaste nas minhas
mãos. Respondeu o povo: Ele é
testemunha.
6 Então disse Samuel ao povo:
O Senhor é o que escolheu a Moisés
e a Arão e tirou a vossos pais da
terra do Egito.
7 Agora, pois, ponde-vos aqui
e pleitearei convosco perante
o Senhor, no tocante a todos os
seus atos de justiça que fez a vós
e a vossos pais.
8 Depois que Jacó entrou no Egito,
vossos pais clamaram ao Senhor,
e o Senhor enviou Moisés e Arão,
que os tiraram do Egito e os fize-
ram habitar neste lugar.

9 Esqueceram-se, porém, do Senhor,
o seu Deus; assim ele os entregou
nas mãos de Sísera, chefe do exér-
cito de Hazor, e nas mãos dos filis-
teus, e nas mãos do rei dos moabi-
tas, os quais pelejaram contra eles.
10 Clamaram ao Senhor e dis-
seram: Pecamos; deixamos ao
Senhor e servimos aos baalins e
às astarotes. Mas agora livra-nos
das mãos de nossos inimigos, e te
serviremos.
11 Então o Senhor enviou Jerubaal,
Baraque, Jefté, Samuel, e vos li-
vrou das mãos de vossos inimi-
gos em redor, e habitastes em se-
gurança.
12 Vendo vós que Naás, rei dos
filhos de Amom, vinha contra
vós, me dissestes: Não, mas rei-
nará sobre nós um rei — muito
embora o Senhor, o vosso Deus,
fosse o vosso rei.
13 Agora aqui está o rei que es-
colhestes e que pedistes; vede, o
Senhor pôs sobre vós um rei.
14 Se temerdes ao Senhor, e o
servirdes, e derdes ouvidos à sua
voz, e não fordes rebeldes às suas
ordens, e se tanto vós como o rei
que reina sobre vós seguirdes o
Senhor, o vosso Deus, bem será.
15 Se, porém, não derdes ouvi-
dos à voz do Senhor e fordes re-
beldes às suas ordens, a mão do
Senhor será contra vós como foi
contra vossos pais.
16 Ponde-vos também agora aqui
e vede esta grande coisa que o
Senhor vai fazer diante dos vos-
sos olhos.
17 Não é hoje época da colheita
do trigo? Clamarei ao Senhor, e
ele dará trovões e chuva. E sabe-
reis e vereis que é grande a vossa
maldade que praticastes perante o
Senhor, pedindo para vós um rei.
18 Então invocou Samuel ao Senhor,
e o Senhor deu trovões e chuva
naquele mesmo dia. Pelo que todo
o povo temeu em grande manei-
ra ao Senhor e a Samuel.
19 Todo o povo disse a Samuel:
Roga pelos teus servos ao Senhor,
o teu Deus, para que não morra-
mos, pois a todos os nossos peca-
dos acrescentamos o mal de pe-
dirmos para nós um rei.
20 Respondeu Samuel ao povo:
Não temais. Vós cometestes todo
este mal; contudo, não vos desvieis
de seguir ao Senhor, mas servi ao
Senhor de todo o vosso coração.
21 Não vos desvieis para seguir
ídolos vãos. Para nada vos apro-
veitam nem poderão livrar-vos,
porque são inúteis.
22 O Senhor não desamparará o
seu povo, por causa do seu grande
nome, porque aprouve ao Senhor
fazer-vos o seu povo.
23 Quanto a mim, longe de mim
que eu peque contra o Senhor, dei-
xando de orar por vós. E eu vos en-
sinarei o caminho bom e direito.
24 Tão somente temei ao Senhor
e servi-o fielmente de todo o vos-
so coração; considerai quão gran-
diosas coisas vos fez.
25 Se, porém, perseverardes em
fazer o mal, perecereis, assim vós
como o vosso rei.

Levante contra os filisteus

13 Um ano reinara Saul em
Israel. No segundo ano de
seu reinado sobre o povo,
2 escolheu para si três mil ho-
mens de Israel; dois mil estavam
com Saul em Micmás e na re-
gião montanhosa de Betel, e mil
estavam com Jônatas em Gibeá
de Benjamim. Despediu o resto
do povo, cada um para sua casa.

3 Jônatas derrotou a guarnição dos
filisteus que estava em Gibeá, e os fi-
listeus ouviram. Pelo que Saul to-
cou a trombeta por toda a terra,
dizendo: Que ouçam os hebreus.
4 Então todo o Israel ouviu dizer:
Saul derrotou a guarnição dos fi-
listeus, e também Israel se fez abo-
minável aos filisteus. Então o povo
foi convocado após Saul em Gilgal.
5 Os filisteus ajuntaram-se para
guerrear contra Israel: trinta
mil carros, seis mil cavaleiros e
povo em multidão como a areia
que está à beira do mar. Subiram
e se acamparam em Micmás, ao
oriente de Bete-Áven.
6 Vendo os homens de Israel que
estavam em aperto (porque o
povo estava angustiado), escon-
deram-se nas cavernas, nos es-
pinhais, nos penhascos, nos túmu-
los e nas cisternas.
7 Alguns dos hebreus até mesmo
passaram o Jordão para a terra
de Gade e Gileade. Saul ficou em
Gilgal, e todo o povo que perma-
neceu com ele se encheu de temor.

O pecado de Saul

8 Esperou Saul sete dias, o tem-
po que Samuel determinara; não
vindo, porém, Samuel a Gilgal, o
povo se foi espalhando dali.
9 Portanto disse Saul: Trazei-me
aqui o holocausto e as ofertas pa-
cíficas. E ofereceu o holocausto.
10 Mal havia ele acabado de ofe-
recer o holocausto, Samuel che-
gou, e Saul lhe saiu ao encontro,
para o saudar.
11 Perguntou Samuel: Que fizes-
te? Respondeu Saul: Quando vi
que o povo se ia espalhando da-
qui, e tu não vinhas nos dias apra-
zados, e os filisteus já se tinham
ajuntado em Micmás,
12 pensei: Agora descerão os fi-
listeus sobre mim a Gilgal, e ain-
da não obtive a benevolência do
Senhor. Assim senti-me obriga-
do a oferecer o holocausto.
13 Disse Samuel a Saul: Procedeste
tolamente em não guardar o man-
damento que o Senhor, o teu Deus,
te ordenou; pois o Senhor teria
confirmado o teu reino sobre
Israel para sempre.
14 Agora, porém, não subsisti-
rá o teu reino; o Senhor já bus-
cou para si um homem segundo o
seu coração e já lhe ordenou que
seja líder sobre o seu povo, por-
que não guardaste o que o Senhor
te ordenou.
15 Então se levantou Samuel e su-
biu de Gilgal a Gibeá de Benjamim.
Saul contou o povo que se acha-
va com ele, cerca de seiscentos
homens.
16 Saul e Jônatas, seu filho, e o
povo que se achava com eles, fi-
caram em Gibeá de Benjamim,
mas os filisteus se acamparam
em Micmás.
17 Os saqueadores saíram do cam-
po dos filisteus em três compa-
nhias. Uma delas tomou o cami-
nho de Ofra para a terra de Sual,
18 outra tomou o caminho de
Bete-Horom, e a terceira tomou
o caminho do termo que dá para
o vale de Zeboim, na direção do
deserto.
19 Em toda a terra de Israel não
se achava nem mesmo um único
ferreiro, pois os filisteus disse-
ram: Que os hebreus não façam
espada nem lança.
20 Pelo que todo o Israel tinha
que descer aos filisteus a fim de
amolar cada um o seu arado,
a sua enxada, o seu machado e a
sua foice.

21 O custo era de dois terços de siclo pelos arados e enxadas, e de um terço de siclo para afiar machados e aguilhões.

22 Assim, no dia da peleja não se achou espada nem lança na mão de todo o povo que estava com Saul e com Jônatas; só Saul e seu filho Jônatas as tinham.

23 Ora, uma guarnição dos filisteus tinha saído para o desfiladeiro de Micmás.

A vitória de Jônatas sobre os filisteus

14 Certo dia, disse Jônatas, filho de Saul, ao seu escudeiro: Vem, passemos à guarnição dos filisteus, que está do outro lado. Mas não o fez saber a seu pai.

2 Saul estava na extremidade de Gibeá, debaixo da romeira que havia em Migrom. O povo que estava com ele era cerca de seiscentos homens,

3 entre os quais se encontrava Aías, que trazia a estola sacerdotal. Aías era filho de Aitube, irmão de Icabode, filho de Fineias, filho de Eli, sacerdote do Senhor em Siló. O povo não sabia que Jônatas tinha ido.

4 Entre os desfiladeiros pelos quais Jônatas procurava passar à guarnição dos filisteus, deste lado havia um penhasco íngreme, e do outro lado, outro; o nome de um era Bozez, e o nome do outro, Sené.

5 Um deles se erguia para o norte na direção de Micmás; o outro, para o sul na direção de Gibeá.

6 Disse Jônatas ao seu escudeiro: Vem, passemos à guarnição destes incircuncisos. Porventura operará o Senhor por nós, porque para com o Senhor nenhum impedimento há de livrar com muitos ou com poucos.

7 Respondeu-lhe o seu escudeiro: Faze tudo o que tiveres em mente. Segue; estou contigo, a tua disposição será a minha.

8 Disse Jônatas: Passaremos àqueles homens e deixaremos que eles nos vejam.

9 Se nos disserem: Parai até que cheguemos a vós; ficaremos no nosso lugar e não subiremos a eles.

10 Se, porém, disserem: Subi a nós; subiremos, pois o Senhor os entregou em nossas mãos, e isso nos será por sinal.

11 Então ambos se deixaram ver pela guarnição dos filisteus. Disseram os filisteus: Vede, os hebreus já estão saindo das cavernas em que se tinham escondido.

12 Os homens da guarnição gritaram a Jônatas e ao seu escudeiro: Subi a nós, e vos daremos uma lição. Disse Jônatas ao seu escudeiro: Sobe atrás de mim; o Senhor os entregou nas mãos de Israel.

13 Então subiu Jônatas de gatinhas, e o seu escudeiro atrás dele. Os filisteus caíram diante de Jônatas, e o seu escudeiro os matava atrás dele.

14 Aconteceu esta primeira derrota, em que Jônatas e o seu escudeiro mataram uns vinte homens, em uma pequena área de terra.

15 Houve terror no acampamento, no campo e em todo o povo; a guarnição e os saqueadores tremeram de medo. A terra também tremeu, e houve grande pânico.

16 Olharam as sentinelas de Saul, em Gibeá de Benjamim, e viram que a multidão se dispersava, fugindo para cá e para lá.

17 Disse então Saul ao povo que estava com ele: Ora, contai e vede quem

é que saiu dentre nós. Contaram
e viram que nem Jônatas nem o
seu escudeiro estavam ali.
18 Então Saul disse a Aías: Traze
aqui a arca de Deus. (Naquele tem-
po a arca de Deus estava com os
filhos de Israel.)
19 Estando Saul ainda falando
com o sacerdote, o alvoroço que
havia no acampamento dos filis-
teus crescia mais e mais, pelo que
disse Saul ao sacerdote: Retira a
tua mão.
20 Então Saul e todo o povo que
estava com ele se ajuntaram e vie-
ram à peleja. Encontraram os fi-
listeus em grande tumulto, uns
lutando contra os outros.
21 Os hebreus que se tinham jun-
tado aos filisteus e tinham ido para
o acampamento com eles passa-
ram para os israelitas que esta-
vam com Saul e Jônatas.
22 Ouvindo todos os homens de
Israel que se haviam escondido
na região montanhosa de Efraim
que os filisteus fugiam, também os
perseguiram de perto na peleja.
23 Assim o Senhor livrou Israel
naquele dia, e a batalha passou
além de Bete-Áven.

Acontecimentos após a batalha

24 Ora, os homens de Israel es-
tavam exaustos naquele dia, por-
que Saul conjurara o povo, dizen-
do: Maldito o homem que comer
pão antes da tarde, antes que eu
me vingue de meus inimigos.
Pelo que todo o povo se absteve
de provar pão.
25 Todo o povo chegou a um bos-
que, onde havia mel à flor da terra.
26 Chegando o povo ao bosque,
viram o mel que corria, mas nin-
guém chegou a mão à boca, por-
que o povo temia o juramento.
27 Jônatas, porém, não tinha ou-
vido quando seu pai conjurara o
povo, e estendeu a ponta da vara
que tinha na mão, e a molhou no
favo de mel. Levando a mão à boca,
seus olhos brilhavam.
28 Então disse um do povo: Teu
pai solenemente fez jurar o povo,
dizendo: Maldito o homem que
hoje comer pão. É por isso que o
povo desfalece.
29 Disse Jônatas: Meu pai turbou
a terra. Vede como se me aclara-
ram os olhos por ter provado um
pouco deste mel.
30 Quanto mais se o povo hoje ti-
vesse comido livremente do des-
pojo, que achou de seus inimigos.
Não teria sido maior a derrota
dos filisteus?
31 Naquele dia, depois de os is-
raelitas terem ferido aos filisteus
desde Micmás até Aijalom, o povo
estava exausto em extremo.
32 O povo lançou-se ao despojo
e, tomando ovelhas, bois e bezer-
ros, degolaram-nos no chão, e os
comeram com sangue.
33 Então o anunciaram a Saul: Vê,
o povo peca contra o Senhor, co-
mendo carne com sangue. Disse
ele: Procedestes deslealmente.
Rolai para aqui hoje uma gran-
de pedra.
34 Disse mais Saul: Espalhai-vos
entre o povo e dizei-lhes: Trazei-
-me aqui cada um o seu boi ou a
sua ovelha; degolai-os aqui e co-
mei. Não pequeis contra o Senhor,
comendo com sangue. Assim todo
o povo trouxe de noite, cada um o
seu boi, e os degolaram ali.
35 Então edificou Saul um altar
ao Senhor; este foi o primeiro al-
tar que ele edificou ao Senhor.
36 Depois disse Saul: Desçamos
de noite atrás dos filisteus e

despojemo-los, até o amanhecer, e
não deixemos de resto um homem
sequer deles. Responderam: Faze
tudo o que bem te parecer. Disse,
porém, o sacerdote: Consultemos
aqui a Deus.
37 Então Saul perguntou a Deus:
Descerei atrás dos filisteus? Eles
serão entregues nas mãos de Israel?
Mas, naquele dia, Deus não lhe
respondeu.
38 Portanto, disse Saul: Chegai-
-vos para aqui, todos os chefes do
povo, informai-vos e vede que pe-
cado hoje se cometeu.
39 Tão certo como vive o Senhor
que salva Israel, ainda que esteja
em meu filho Jônatas, será mor-
to. Porém ninguém de todo o povo
lhe respondeu.
40 Disse mais a todo o Israel: Vós
estareis de um lado; eu e meu fi-
lho Jônatas estaremos do outro.
Então disse o povo a Saul: Faze
o que bem te parecer.
41 Então orou Saul ao Senhor, o
Deus de Israel: Mostra o que é jus-
to. E Jônatas e Saul foram toma-
dos por sorte, e o povo saiu livre.
42 Disse Saul: Lançai a sorte en-
tre mim e Jônatas, meu filho. E foi
tomado Jônatas.
43 Disse então Saul a Jônatas:
Declara-me o que fizeste. E Jônatas
lhe disse: Tão somente provei
um pouco de mel com a ponta da
vara que tinha na mão. E agora
devo morrer?
44 Disse Saul: Assim me faça
Deus, e outro tanto, que com cer-
teza morrerás, Jônatas.
45 O povo, porém, disse a Saul:
Morrerá Jônatas, que operou tão
grande salvação em Israel? Tal
não suceda. Tão certo como vive o
Senhor, não lhe há de cair no chão
um só fio de cabelo, pois com Deus
fez isso hoje. Assim o povo livrou
Jônatas, para que não morresse.
46 Então Saul deixou de perse-
guir os filisteus, e estes se foram
ao seu lugar.
47 Tendo Saul assumido o rei-
nado de Israel, pelejou contra to-
dos os seus inimigos em redor:
contra Moabe, contra os filhos
de Amom, contra Edom, contra
os reis de Zobá e contra os filis-
teus. Para onde quer que se vol-
tava, saía vitorioso.
48 Lutou bravamente e derrotou
os amalequitas, e libertou Israel
das mãos dos que o saqueavam.
49 Os filhos de Saul eram Jônatas,
Isvi e Malquisua. Os nomes de suas
duas filhas eram: o da mais velha
Merabe, e o da mais nova, Mical.
50 O nome da mulher de Saul era
Ainoã, filha de Aimaás. O nome
do general do seu exército era
Abner, filho de Ner, tio de Saul.
51 Quis, pai de Saul, e Ner, pai
de Abner, eram filhos de Abiel.
52 Houve forte guerra contra os fi-
listeus, todos os dias de Saul; sem-
pre que Saul via algum homem
forte e valente, o agregava a si.

Deus rejeita Saul como rei

15 Disse Samuel a Saul: Enviou-
-me o Senhor a ungir-te rei
sobre o seu povo, sobre Israel;
portanto ouve agora as palavras
do Senhor.
2 Assim diz o Senhor dos Exércitos:
Castigarei a Amaleque pelo que fez
a Israel quando se lhe opôs no ca-
minho, quando este subia do Egito.
3 Vai agora e fere a Amaleque, e
destrói totalmente tudo o que ti-
ver. Nada lhe poupes; matarás
homens e mulheres, meninos e
crianças de peito, bois e ovelhas,
camelos e jumentos.

4 Pelo que Saul convocou o povo
e os contou em Telaim: duzentos
mil homens de infantaria e dez mil
homens de Judá.
5 Chegando Saul à cidade de
Amaleque, pôs emboscadas no vale.
6 Então disse aos queneus: Ide-
-vos, retirai-vos e saí do meio dos
amalequitas, para que não vos des-
trua com eles, porque vós usas-
tes de misericórdia para com to-
dos os filhos de Israel, quando
subiram do Egito. Assim os que-
neus se retiraram do meio dos
amalequitas.
7 Então feriu Saul os amalequi-
tas desde Havilá até Sur, que está
a leste do Egito.
8 Tomou vivo a Agague, rei dos
amalequitas, mas a todo o povo
destruiu a fio de espada.
9 Saul e o povo, porém, pouparam
Agague, e o melhor das ovelhas e
dos bois, e os animais gordos e os
cordeiros e o melhor que havia,
e não os quiseram destruir total-
mente; mas toda coisa vil e des-
prezível destruíram totalmente.
10 Então veio a palavra do Senhor
a Samuel:
11 Arrependo-me de haver posto
a Saul como rei, porque deixou de
me seguir e não executou as mi-
nhas palavras. Então Samuel se
contristou e clamou ao Senhor a
noite toda.
12 Madrugou Samuel para encon-
trar Saul pela manhã, mas foi-lhe
dito: Saul já chegou ao Carmelo,
e aí levantou para si um monu-
mento; e, voltando, passou e des-
ceu a Gilgal.
13 Veio Samuel a Saul, e este lhe
disse: Bendito sejas tu do Senhor!
Executei a palavra do Senhor.
14 Samuel, porém, lhe disse: Então
que balido de ovelhas é este nos
meus ouvidos? Que mugido de
bois é este que ouço?
15 Respondeu Saul: Os soldados
os trouxeram de Amaleque; pou-
param o melhor das ovelhas e dos
bois, para os oferecer ao Senhor,
o teu Deus, mas o restante des-
truímos totalmente.
16 Então disse Samuel a Saul:
Espera, e te declararei o que
o Senhor me disse esta noite.
Respondeu-lhe Saul: Fala.
17 Disse Samuel: Porventura, sen-
do tu pequeno aos teus próprios
olhos, não foste feito o líder das
tribos de Israel? Não te ungiu o
Senhor rei sobre Israel?
18 Enviou-te o Senhor a este ca-
minho e disse: Vai; destrói total-
mente a estes pecadores, os ama-
lequitas, e peleja contra eles, até
que sejam aniquilados.
19 Por que não deste ouvidos à
voz do Senhor? Por que antes te
lançaste ao despojo e fizeste o
que era mal aos olhos do Senhor?
20 Disse Saul a Samuel: Pelo con-
trário, dei ouvidos à voz do Senhor
e caminhei no caminho pelo qual
o Senhor me enviou; e trouxe a
Agague, rei de Amaleque, e aos
amalequitas destruí totalmente.
21 Os soldados tomaram do despo-
jo ovelhas e bois, o melhor do des-
tinado à destruição, para oferecer
ao Senhor, o teu Deus, em Gilgal.
22 Samuel, porém, respondeu:

Tem o Senhor tanto prazer em
holocaustos e sacrifícios
como em que se obedeça à
sua palavra?
Obedecer é melhor do que
sacrificar,
e atender melhor é do que a
gordura de carneiros.

23 Pois a rebelião é como o
pecado de feitiçaria,

e a obstinação é como a
iniquidade de idolatria.
Visto que rejeitaste a palavra
do Senhor,
ele também te rejeitou, para
que não sejas rei.
24 Então disse Saul a Samuel:
Pequei. Violei o mandamento do
Senhor e as tuas palavras. Temi
ao povo e dei ouvidos à sua voz.
25 Agora, rogo-te, perdoa-me o
meu pecado e volta comigo, para
que eu adore ao Senhor.
26 Samuel, porém, lhe disse: Não
tornarei contigo. Rejeitaste a pa-
lavra do Senhor, e ele te rejeitou,
para que não sejas rei sobre Israel.
27 Virando-se Samuel para par-
tir, Saul segurou-se à barra do
manto, o qual se rasgou.
28 Disse-lhe Samuel: O Senhor
rasgou de ti hoje o reino de Israel
e o deu ao teu próximo, que é me-
lhor do que tu.
29 Aquele que é a Glória de Israel
não mente nem se arrepende;
pois não é homem para que se
arrependa.
30 Respondeu Saul: Pequei. Mas
honra-me diante dos anciãos do
meu povo e diante de Israel; vol-
ta comigo, para que eu adore ao
Senhor, o teu Deus.
31 Assim Samuel voltou com Saul,
e Saul adorou ao Senhor.

A morte de Agague

32 Então disse Samuel: Trazei-
-me Agague, rei dos amalequi-
tas. E Agague veio a ele confiante,
pensando: Certamente já passou
a amargura da morte.
33 Disse, porém, Samuel:
Assim como a tua espada
desfilhou mulheres,
assim ficará desfilhada tua
mãe entre as mulheres.
E Samuel despedaçou Agague pe-
rante o Senhor em Gilgal.
34 Então Samuel se foi a Ramá,
mas Saul subiu a sua casa, a Gibeá
de Saul.
35 Nunca mais viu Samuel a Saul
até o dia da sua morte, mas teve
muita pena dele. E o Senhor se
arrependeu de haver posto Saul
como rei sobre Israel.

Samuel unge Davi

16 Disse o Senhor a Samuel:
Até quando terás pena de
Saul, havendo-o eu rejeitado, para
que não reine sobre Israel? Enche
o teu vaso de azeite e vem; eu te
enviarei a Jessé, o belemita. Entre
os seus filhos me tenho provido
de um rei.
2 Disse, porém, Samuel: Como
irei eu? Ouvindo-o Saul, me ma-
tará. Disse o Senhor: Toma con-
tigo um novilho e dize: Vim para
sacrificar ao Senhor.
3 Convidarás Jessé para o sacri-
fício, e eu mostrarei o que hás de
fazer. Ungirás a quem eu te disser.
4 Fez Samuel o que dissera o Senhor.
Quando chegou a Belém, as auto-
ridades da cidade lhe saíram ao
encontro, tremendo, e pergunta-
ram: É de paz a tua vinda?
5 Respondeu ele: É de paz; vim
sacrificar ao Senhor. Consagrai-
-vos e vinde comigo ao sacrifício.
Então ele consagrou a Jessé e a
seus filhos, e os convidou para o
sacrifício.
6 Entrando eles, Samuel viu a
Eliabe e pensou: Certamente, está
perante o Senhor o seu ungido.
7 O Senhor, porém, disse a Samuel:
Não atentes para a sua aparência
nem para a sua altura, pois eu o
rejeitei. O Senhor não vê como vê
o homem. O homem olha para o

que está diante dos olhos, mas o
Senhor olha para o coração.
8 Então chamou Jessé a Abinadabe
e o fez passar diante de Samuel,
que disse: Nem a este escolheu
o Senhor.
9 Então Jessé fez passar a Samá,
mas Samuel disse: Tampouco a
este escolheu o Senhor.
10 Assim fez passar Jessé seus
sete filhos diante de Samuel, mas
Samuel disse a Jessé: O Senhor
não escolheu a estes.
11 Assim perguntou Samuel a
Jessé: Acabaram-se os teus fi-
lhos? Respondeu Jessé: Ainda
falta o menor, que está apascen-
tando as ovelhas. Disse Samuel:
Manda chamá-lo; não nos assenta-
remos à mesa até que ele chegue.
12 Então mandou buscá-lo e o
fez entrar. Ele era ruivo, de belos
olhos e de boa aparência. Disse
o Senhor: Levanta-te e unge-o; é
este mesmo.
13 Assim tomou Samuel o vaso de
azeite e ungiu-o no meio de seus
irmãos; e daquele dia em diante,
o Espírito do Senhor se apoderou
de Davi. Então Samuel se levan-
tou e foi para Ramá.

Davi a serviço de Saul

14 **O**ra, o Espírito do Senhor reti-
rou-se de Saul, e um espírito ma-
ligno da parte do Senhor o ator-
mentava.
15 Os servos de Saul lhe disse-
ram: Vê, um espírito maligno da
parte do Senhor te atormenta.
16 Dize, ó senhor nosso, a teus
servos, que estão na tua presen-
ça, que busquem um homem que
saiba tocar harpa. Quando o espí-
rito maligno da parte do Senhor
vier sobre ti, então ele tocará com
a sua mão, e te sentirás melhor.
17 Disse Saul aos seus servos:
Buscai-me um homem que toque
bem e trazei-o a mim.
18 Respondeu um dos moços: Vi
um filho de Jessé, o belemita, que
sabe tocar bem, é forte e valente,
homem de guerra, sabe falar bem
e tem boa aparência; e o Senhor
é com ele.
19 Saul enviou mensageiros a
Jessé, dizendo: Envia-me Davi, teu
filho, o que está com as ovelhas.
20 Então tomou Jessé um jumen-
to carregado de pão, um odre de
vinho e um cabrito, e os enviou a
Saul pela mão de Davi, seu filho.
21 Assim Davi veio a Saul e este-
ve perante ele. Saul o amou mui-
to e o fez seu escudeiro.
22 Então Saul mandou dizer a
Jessé: Deixa estar Davi peran-
te mim, pois achou graça aos
meus olhos.
23 Sempre que o espírito malig-
no da parte de Deus vinha sobre
Saul, Davi tomava a harpa e a to-
cava. Então Saul sentia alívio e se
achava melhor, e o espírito ma-
ligno se retirava dele.

Davi e Golias

17 Ajuntaram os filisteus as
suas tropas para a guerra
e congregaram-se em Socó, que
está em Judá, e acamparam-se en-
tre Socó e Azeca, em Efes-Damim.
2 Saul e os homens de Israel se
ajuntaram e se acamparam no
vale de Elá, e ali ordenaram a ba-
talha contra os filisteus.
3 Os filisteus estavam num mon-
te de um lado, e os israelitas esta-
vam noutro monte, do outro lado,
e entre eles o vale.
4 **S**aiu do acampamento dos filis-
teus um homem guerreiro, cujo
nome era Golias, de Gate, que

tinha seis côvados e um palmo
de altura.
5 Trazia na cabeça um capacete
de bronze e vestia uma couraça
escameada, de bronze, cujo peso
era de cinco mil siclos.
6 Trazia caneleiras de bronze nas
pernas e um dardo de bronze en-
tre os ombros.
7 A haste da sua lança era como o
eixo de um tear, e a ponta de ferro
da sua lança pesava seiscentos si-
clos; e diante dele ia o escudeiro.
8 Parou, clamou às tropas de Israel
e disse-lhes: Por que saístes a or-
denar a batalha? Não sou eu filis-
teu e vós servos de Saul? Escolhei
dentre vós um homem que des-
ça a mim.
9 Se ele puder pelejar comigo e me
ferir, seremos vossos servos; porém,
se eu o vencer e o ferir, então se-
reis nossos servos e nos servireis.
10 Disse mais o filisteu: Hoje desa-
fio as fileiras de Israel! Dai-me um
homem, para que ambos pelejemos.
11 Ouvindo Saul e todo o Israel
as palavras do filisteu, espanta-
ram-se e temeram muito.
12 Ora, Davi era filho de um ho-
mem efrateu, de Belém de Judá,
cujo nome era Jessé. Jessé tinha
oito filhos, e, nos dias de Saul,
este homem já era velho e avan-
çado em idade.
13 Os três filhos mais velhos de
Jessé tinham ido com Saul para
a guerra: Eliabe, o primogênito;
o segundo, Abinadabe; e o ter-
ceiro, Samá.
14 Davi era o mais moço. Os três
mais velhos seguiram Saul,
15 mas Davi ia e voltava de Saul,
para apascentar as ovelhas de
seu pai em Belém.
16 Durante quarenta dias, apresen-
tou-se o filisteu pela manhã e à tarde.
17 Ora, disse Jessé a Davi, seu fi-
lho: Toma para teus irmãos um
efa deste grão tostado e estes dez
pães e corre a levá-los ao acam-
pamento, a teus irmãos.
18 Leva também estes dez quei-
jos ao seu comandante de mil.
Visitarás a teus irmãos, para ver
se vão bem; e trarás notícias deles.
19 Eles estão com Saul e todos os
homens de Israel no vale de Elá,
pelejando com os filisteus.
20 No dia seguinte, Davi levan-
tou-se de madrugada, deixou as
ovelhas com um guarda, carre-
gou-se e partiu, como Jessé lhe
ordenara. Chegou ao acampa-
mento quando o exército estava
saindo em ordem de batalha e, a
gritos, chamavam à peleja.
21 Os israelitas e os filisteus se
puseram em ordem, fileira con-
tra fileira.
22 Davi, deixando a carga que
trouxera com o guarda da baga-
gem, correu para a frente de ba-
talha e, chegando, perguntou a
seus irmãos se estavam bem.
23 Estando Davi ainda a falar
com eles, veio subindo do exér-
cito dos filisteus o homem guer-
reiro, cujo nome era Golias, o fi-
listeu de Gate, e falou conforme
aquelas palavras, e Davi as ouviu.
24 Quando todos os homens de
Israel viram aquele homem, fu-
giram de diante dele e temeram
grandemente.
25 Diziam uns aos outros: Vistes
aquele homem que subiu? Subiu
para afrontar Israel. A quem o
matar o rei o cumulará de gran-
des riquezas, lhe dará a sua filha
e fará a casa de seu pai livre de
imposto em Israel.
26 Perguntou Davi aos homens
que estavam perto dele: Que farão

ao homem que matar a este fi-
listeu e tirar a afronta de sobre
Israel? Quem é este incircunciso
filisteu, para afrontar os exérci-
tos do Deus vivo?
27 O povo lhe repetiu aquela pa-
lavra, dizendo: Assim se fará ao
homem que o matar.
28 Quando Eliabe ouviu Davi con-
versando com aqueles homens,
acendeu-se a sua ira contra Davi,
e disse: Por que desceste aqui? E
com quem deixaste aquelas pou-
cas ovelhas no deserto? Bem co-
nheço a tua presunção e a malda-
de do teu coração; desceste para
ver a peleja.
29 Disse Davi: Que fiz eu agora?
Não posso nem fazer uma per-
gunta?
30 Então se desviou dele para
outro e falou a mesma coisa; e
o povo lhe tornou a responder
como antes.
31 **O**uvidas as palavras que Davi
falara, anunciaram-nas a Saul,
que mandou chamá-lo.
32 Disse Davi a Saul: Não desfa-
leça o coração de ninguém por
causa deste filisteu; o teu servo
irá e pelejará contra ele.
33 Respondeu Saul: Contra este
filisteu não poderás ir pelejar;
tu ainda és moço, e ele homem
de guerra desde a sua juventude.
34 Disse, porém, Davi a Saul: Teu
servo apascentava as ovelhas de
seu pai. Sempre que vinha um leão
ou um urso e tomava um cordei-
ro do rebanho,
35 eu saía após ele, o matava e ar-
rancava o cordeiro da sua boca.
Levantando-se ele contra mim,
segurava-o pela barba, o feria e
o matava.
36 O teu servo matava, assim o
leão como o urso; este incircunciso
filisteu será como um deles, por-
que afrontou os exércitos do Deus
vivo.
37 O Senhor que me livrou das
garras do leão e das garras do
urso me livrará da mão deste fi-
listeu. Disse Saul a Davi: Vai-te,
e o Senhor seja contigo.

Davi mata Golias

38 Então Saul vestiu Davi com a
sua própria armadura, lhe pôs so-
bre a cabeça um capacete de bron-
ze e o fez envergar uma couraça.
39 Davi cingiu a espada sobre a
armadura e tentou andar, porque
não estava acostumado a usar es-
sas coisas. Disse Davi a Saul: Não
posso andar com tudo isso, pois
não estou acostumado. Assim ti-
rou Davi aquilo de sobre si.
40 Então tomou o seu cajado na
mão, escolheu cinco pedras lisas
do ribeiro, pô-las na bolsa que tra-
zia e, lançando mão da sua funda,
aproximou-se do filisteu.
41 **O** filisteu também vinha-se
aproximando de Davi, e o seu es-
cudeiro ia diante dele.
42 Olhando o filisteu e vendo Davi,
o desprezou, porque era moço rui-
vo e de boa aparência.
43 Disse a Davi: Sou eu algum cão
para tu vires a mim com paus? E
o filisteu, pelos seus deuses, amal-
diçoou Davi.
44 Disse a Davi: Vem a mim, e da-
rei a tua carne às aves do céu e
às bestas do campo.
45 Disse Davi ao filisteu: Tu vens
a mim com espada, com lança e
com escudo, mas eu venho a ti em
nome do Senhor dos Exércitos,
o Deus dos exércitos de Israel, a
quem tens afrontado.
46 Hoje mesmo, o Senhor te en-
tregará na minha mão; te ferirei,

tirarei a tua cabeça, e os cadáveres do acampamento dos filisteus darei, hoje mesmo, às aves do céu e às bestas da terra; e toda a terra saberá que há Deus em Israel.

47 Saberá toda esta comunidade que o Senhor dá a vitória, não com espada ou com lança; pois do Senhor é a guerra, e ele vos entregará nas nossas mãos.

48 Levantando-se o filisteu e indo a encontrar-se com Davi, este se apressou e correu ao combate, para lutar contra ele.

49 Davi meteu a mão na bolsa, pegou uma pedra e, com a funda, a atirou, ferindo o filisteu na testa. A pedra ficou encravada na testa de Golias, que caiu com o rosto no chão.

50 Assim Davi venceu o filisteu com uma funda e com uma pedra; sem uma espada na mão, feriu-o e o matou.

51 Correu Davi e, pondo-se de pé sobre o filisteu, tomou-lhe a espada, desembainhou-a, e o matou, cortando-lhe com ela a cabeça. Vendo os filisteus que o seu campeão estava morto, fugiram.

52 Então os homens de Israel e Judá se levantaram, e jubilaram, e seguiram os filisteus até Gate, e até as portas de Ecrom. E morreram os filisteus. Cadáveres deles ficaram espalhados pelo caminho de Saaraim até Gate e até Ecrom.

53 Então voltaram os filhos de Israel de perseguir os filisteus e levaram tudo o que encontraram no acampamento deles.

54 Davi tomou a cabeça do filisteu e a trouxe a Jerusalém; e as armas dele pôs na sua tenda.

55 Quando Saul viu Davi sair para encontrar-se com o filisteu, perguntou a Abner, o comandante do exército: De quem é filho esse moço, Abner? Respondeu Abner: Vive a tua alma, ó rei, que não sei.

56 Disse então o rei: Pergunta de quem ele é filho.

57 Voltando Davi depois de ferir o filisteu, Abner o levou à presença de Saul, trazendo Davi na mão a cabeça do filisteu.

58 Perguntou-lhe Saul: De quem és filho, jovem? Respondeu Davi: Sou filho do teu servo Jessé, o belemita.

Jônatas e Davi

18 Acabando Davi de falar com Saul, a alma de Jônatas ligou-se com a de Davi, e Jônatas o amou como à sua própria alma.

2 Saul, naquele dia, o tomou e não lhe permitiu que tornasse para a casa de seu pai.

3 E Jônatas e Davi fizeram aliança, porque Jônatas o amava como à sua própria alma.

4 Jônatas tirou a capa que vestia e a deu a Davi, como também a sua armadura, inclusive a sua espada, o seu arco e o seu cinto.

5 Aonde quer que Saul o enviava, Davi saía e se conduzia com prudência; por isso, Saul o pôs sobre a gente de guerra. Ele era benquisto de todo o povo, incluindo os servos de Saul.

6 Quando os soldados retornavam para casa, depois de Davi ter ferido o filisteu, as mulheres de todas as cidades de Israel saíram ao encontro do rei Saul, cantando e dançando alegremente, com tambores e com instrumentos de música.

Saul procura matar a Davi

7 As mulheres, dançando, cantavam umas para as outras, dizendo:

Saul feriu os seus milhares,
mas Davi, os seus dez
milhares.
8 Então Saul se indignou mui-
to, pois estas palavras lhe desa-
gradaram muito, e pensou: Dez
milhares deram a Davi, e a mim
somente milhares. Na verdade,
o que lhe falta, senão só o reino?
9 Daquele dia em diante, Saul tra-
zia Davi sob suspeita.
10 No dia seguinte, um espírito ma-
ligno da parte de Deus se apoderou
de Saul. Ele começou a profetizar
em sua casa, enquanto Davi tocava
a harpa como nos outros dias. Saul
trazia na mão uma lança,
11 e a atirou, dizendo para si mes-
mo: Encravarei Davi na parede. Mas
Davi se desviou dele duas vezes.
12 **S**aul temia a Davi, porque o
Senhor era com este e se tinha
retirado de Saul.
13 Pelo que Saul o afastou de si e
o pôs por chefe de mil; e ele saía
e entrava diante do povo.
14 Davi se saía muito bem em to-
das as suas expedições, porque o
Senhor era com ele.
15 Vendo, então, Saul que ele era
sempre bem-sucedido, tinha re-
ceio dele.
16 Todo o Israel e Judá, porém,
amavam Davi, porque saía e en-
trava diante deles.
17 **D**isse Saul a Davi: Aqui está
Merabe, minha filha mais ve-
lha. Eu a darei a ti por mulher;
tão somente sê-me filho valente
e guerreia as guerras do Senhor.
Pois Saul dizia consigo: Não seja
contra ele a minha mão, mas sim
a dos filisteus.
18 Respondeu Davi a Saul: Quem
sou eu, e qual é a minha vida e
a família de meu pai em Israel,
para vir a ser genro do rei?
19 Sucedeu, porém, que chegado
o tempo em que Merabe, filha de
Saul, devia ser dada a Davi, ela
foi dada por mulher a Adriel, o
meolatita.
20 **O**ra, Mical, a outra filha de
Saul, amava a Davi. Sendo isso
anunciado a Saul, pareceu bem
aos seus olhos.
21 Disse Saul: Eu a darei a ele,
para que lhe sirva de armadilha
e para que a mão dos filisteus ve-
nha a ser contra ele. Pelo que Saul
disse a Davi: Com a outra serás
hoje meu genro.
22 Saul deu ordem aos seus ser-
vos: Falai em segredo a Davi, di-
zendo: Olha, o rei tem afeição
por ti, e todos os seus servos te
amam; agora consente em ser
genro do rei.
23 Os servos de Saul falaram to-
das essas palavras aos ouvidos de
Davi. Então disse Davi: Parece-
-vos pouca coisa ser genro do rei,
sendo eu homem pobre e de con-
dição humilde?
24 Quando os servos de Saul lhe
anunciaram o que Davi tinha dito,
25 Saul respondeu: Assim direis
a Davi: O rei não deseja dote, mas
cem prepúcios de filisteus, para
tomar vingança dos inimigos do
rei. O plano de Saul era fazer cair
a Davi pelas mãos dos filisteus.
26 Tendo os servos de Saul anun-
ciado essas palavras a Davi, pare-
ceu bem aos olhos deste tornar-
-se genro do rei. Assim, antes de
se cumprirem os dias,
27 Davi se levantou, partiu com
os seus homens e feriu dentre os
filisteus duzentos homens. Trouxe
os prepúcios deles e os entregou
todos ao rei, para que lhe fosse
genro. Então Saul lhe deu por
mulher a sua filha Mical.

28 Quando Saul percebeu que o
Senhor era com Davi e que Mical,
filha de Saul, o amava,
29 temeu Saul muito mais a Davi
e se tornava cada vez mais seu
inimigo.
30 Os comandantes dos filisteus
continuaram a sair à batalha, e
sempre que saíam, Davi alcan-
çava maior sucesso do que todos
os servos de Saul, pelo que o seu
nome se tornou muito famoso.

Jônatas defende a Davi

19 Falou Saul a Jônatas, seu
filho, e a todos os seus ser-
vos para que matassem a Davi.
Porém Jônatas, filho de Saul, es-
tava muito afeiçoado a Davi,
2 e anunciou a Davi: Saul, meu
pai, procura matar-te. Portanto,
guarda-te pela manhã, fica num
lugar oculto e esconde-te.
3 Eu sairei e estarei ao lado de meu
pai no campo em que estiveres.
Falarei de ti a meu pai, e verei o
que houver, e o anunciarei a ti.
4 Jônatas falou bem de Davi a Saul,
seu pai, e lhe disse: Não peque o
rei contra seu servo Davi; ele não
pecou contra ti, e os seus feitos
para contigo têm sido muito bons.
5 Ele expôs a sua vida quando fe-
riu os filisteus, e o Senhor deu um
grande livramento a todo o Israel.
Tu mesmo o viste e te alegraste.
Por que, pois, pecarias contra o
sangue inocente, matando sem
causa a Davi?
6 Saul deu ouvidos à voz de Jônatas
e jurou: Tão certo como vive o
Senhor, ele não morrerá.
7 Jônatas chamou a Davi e contou-
-lhe todas essas palavras. Levou-o a
Saul, e Davi o assistia como antes.
8 Tornou a haver guerra, e Davi
saiu e pelejou contra os filisteus.
Levou-os a uma derrota tão gran-
de que eles fugiram diante dele.
9 O espírito maligno da parte do
Senhor, porém, tornou sobre Saul,
estando ele assentado em sua
casa e tendo na mão a sua lança.
Enquanto Davi tocava o seu ins-
trumento de música,
10 Saul procurou encravá-lo na
parede, mas Davi se desviou de
diante de Saul, que fincou a lan-
ça na parede. Então Davi fugiu e
escapou naquela mesma noite.
11 Saul mandou mensageiros à casa
de Davi, para que o vigiassem e o
matassem pela manhã. Mas Mical,
mulher de Davi, o avisou, dizen-
do: Se não salvares a tua vida esta
noite, amanhã te matarão.

Mical salva Davi

12 Então Mical desceu Davi por
uma janela; e ele fugiu.
13 Mical tomou uma estátua,
deitou-a na cama, pôs-lhe à ca-
beceira uma pele de cabra, e a
cobriu com uma capa.
14 Tendo Saul enviado mensa-
geiros que trouxessem a Davi,
ela disse: Está doente.
15 Então Saul mandou mensa-
geiros que vissem Davi, dizen-
do-lhes: Trazei-o na cama, para
que eu o mate.
16 Vindo os mensageiros, a es-
tátua estava na cama, e a pele de
cabra à sua cabeceira.
17 Perguntou Saul a Mical: Por
que me enganaste e deixaste o
meu inimigo fugir? Respondeu-
-lhe Mical: Porque ele me disse:
Deixa-me ir, senão eu te mato.
18 Assim Davi fugiu, e veio a
Samuel, em Ramá, e contou-lhe
tudo quanto Saul lhe fizera. Então
foram, ele e Samuel, e ficaram
em Naiote.

19 Foram dizer a Saul: Davi está
em Naiote, em Ramá.
20 Então enviou Saul mensageiros
para trazerem Davi. Mas quando
viram um grupo de profetas pro-
fetizando, e Samuel a presidi-los,
o Espírito de Deus veio sobre os
mensageiros de Saul, e também
eles profetizaram.
21 Avisado disso, Saul enviou ou-
tros mensageiros, e também es-
tes profetizaram. Enviou Saul
ainda uns terceiros mensageiros,
os quais também profetizaram.
22 Então foi também ele mes-
mo a Ramá e, chegando ao poço
grande que estava em Seco, per-
guntou: Onde estão Samuel e
Davi? Responderam-lhe: Estão
em Naiote, em Ramá.
23 Assim foi para Naiote, em Ramá.
Mas o mesmo Espírito de Deus
veio sobre ele, e ia caminhan-
do e profetizando, até chegar a
Naiote, em Ramá.
24 Ele despiu as suas vestes e pro-
fetizou diante de Samuel. Esteve
nu por terra todo aquele dia e toda
aquela noite. Pelo que se diz: Está
também Saul entre os profetas?

A aliança entre Davi e Jônatas

20 Então fugiu Davi de Naiote,
em Ramá, e veio a Jônatas
e perguntou: Que fiz eu? Qual é o
meu crime? Qual é o meu pecado
diante de teu pai, que procura ti-
rar-me a vida?
2 Ele lhe respondeu: Tal não acon-
teça. Não serás morto! Meu pai não
faz coisa nenhuma, nem grande
nem pequena, sem primeiro me
dizer. Por que meu pai me ocul-
taria isso? Não é verdade.
3 Davi, porém, respondeu, com
juramentos: Teu pai sabe mui-
to bem que achei graça aos teus
olhos, e disse a si mesmo: Não sai-
ba disso Jônatas, para que não se
magoe. Mas, na verdade, tão cer-
to como vive o Senhor, e tão certo
como vive a tua alma, há apenas
um passo entre mim e a morte.
4 Disse Jônatas a Davi: O que de-
sejares, eu te farei.
5 Disse Davi a Jônatas: Olha, ama-
nhã é a lua nova, em que costumo
assentar-me com o rei para comer;
mas deixa-me ir, e me esconderei no
campo até a tarde do terceiro dia.
6 Se teu pai notar a minha ausên-
cia, dirás: Davi me pediu muito que
o deixasse ir correndo a Belém,
sua cidade, porque se faz lá o sa-
crifício anual para toda a família.
7 Se disser: Está bem; então teu
servo tem paz. Mas se muito se
indignar, sabe que ele já está de-
cidido a praticar o mal.
8 Usa de misericórdia para com o
teu servo, porque lhe fizeste entrar
contigo em aliança do Senhor. Se
há culpa em mim, mata-me tu mes-
mo. Por que me levarias a teu pai?
9 Disse Jônatas: Longe de ti tal
coisa! Se de alguma maneira eu
soubesse que já este mal estava
de fato determinado por meu pai,
para que viesse sobre ti, não o de-
clararia eu a ti?
10 Perguntou Davi: Quem me fará
saber isso, se por acaso teu pai te
responder asperamente?
11 Disse Jônatas: Vem, e vamos ao
campo. E saíram ambos ao campo.
12 Então disse Jônatas a Davi:
O Senhor, o Deus de Israel, seja
testemunha. Sondando eu a meu
pai amanhã, a estas horas, ou de-
pois de amanhã, se houver coisa
favorável para Davi, não manda-
rei avisar-te e não te farei saber?
13 O Senhor faça assim a Jônatas,
e outro tanto, se, querendo meu

pai fazer-te mal, eu não te avisar
e não te deixar partir, para ires
em paz. O Senhor seja contigo, as-
sim como foi com meu pai.
14 Se eu então ainda viver, não
usarás comigo da bondade do
Senhor, para que não morra?
15 Tampouco deixarás de ser leal
com a minha família mesmo quan-
do o Senhor eliminar da terra to-
dos os inimigos de Davi.
16 Assim fez Jônatas aliança com
a casa de Davi, dizendo: O Senhor
se vingue dos inimigos de Davi.
17 E Jônatas fez Davi jurar de
novo, porque o amava com todo
o amor da sua alma.
18 Então disse Jônatas a Davi:
Amanhã é a lua nova. Notarão a
tua ausência, porque o teu lugar
estará vazio.
19 Ao terceiro dia, descerás apres-
sadamente e irás àquele lugar onde
te escondeste no dia do negócio;
e ficarás junto à pedra de Ezel.
20 Eu atirarei três flechas para aque-
le lado, como se atirasse ao alvo.
21 Então mandarei um moço, di-
zendo: Anda, busca as flechas. Se
eu disser ao moço: Olha que as
flechas estão para cá de ti; apa-
nha-as e vem, tão certo como vive
o Senhor, há paz para ti; não há
nada que temer.
22 Se eu, porém, disser ao moço:
Olha que as flechas estão para
lá de ti; vai-te embora, porque o
Senhor te manda ir.
23 Quanto ao negócio de que eu e
tu falamos — lembra-te de que o
Senhor é testemunha entre mim
e ti para sempre.
24 Assim escondeu-se Davi no
campo; e chegando a lua nova,
assentou-se o rei para comer pão.
25 Assentando-se o rei, como de
costume, no seu assento junto à
parede, Jônatas assentou-se em
frente dele, e Abner assentou-se ao
lado de Saul, mas o lugar de Davi
ficou vazio.
26 Naquele dia, Saul não disse nada,
pois dizia consigo: Aconteceu-lhe
alguma coisa pela qual não está
limpo; certamente não está limpo.
27 No dia seguinte, porém, o se-
gundo da lua nova, o lugar de Davi
estava vazio de novo. Então dis-
se Saul a Jônatas, seu filho: Por
que o filho de Jessé não veio co-
mer nem ontem nem hoje?
28 Respondeu Jônatas: Davi pe-
diu-me encarecidamente que o
deixasse ir a Belém,
29 dizendo: Peço-te que me dei-
xes ir, porque a nossa família
tem um sacrifício na cidade, e
meu irmão ordenou que eu fos-
se. Se achei graça aos teus olhos,
peço-te que me deixes ir, para ver
meus irmãos. Por isso não veio à
mesa do rei.
30 Então se acendeu a ira de Saul
contra Jônatas e disse-lhe: Filho
da perversa e rebelde! Não sei eu
que elegeste o filho de Jessé para
vergonha tua e para vergonha de
tua mãe?
31 Enquanto o filho de Jessé vi-
ver sobre a terra, nem tu estarás
seguro, nem o teu reino. Pelo que
manda buscá-lo agora e traze-o a
mim, pois é digno de morte.
32 Respondeu Jônatas a Saul,
seu pai: Por que há de morrer?
Que fez ele?
33 Então Saul atirou-lhe a lan-
ça, para o ferir. Assim entendeu
Jônatas que seu pai já tinha de-
cidido matar Davi.
34 Pelo que Jônatas, todo enco-
lerizado, levantou-se da mesa;
no segundo dia da lua nova, não
comeu, porque se magoara por

causa de Davi, pois seu pai o ti-
nha ultrajado.
35 Na manhã seguinte, Jônatas saiu
ao campo, no tempo ajustado com
Davi, levando consigo um rapaz.
36 Então disse ao seu rapaz: Corre
a buscar as flechas que eu atirar.
Correu o rapaz, e Jônatas ati-
rou uma flecha, que fez passar
além dele.
37 Chegando o rapaz ao lugar
da flecha que Jônatas havia ati-
rado, gritou Jônatas atrás dele:
Não está a flecha mais para lá?
38 Tornou Jônatas a gritar ao ra-
paz: Apressa-te, não te demores.
O rapaz de Jônatas apanhou as
flechas e as trouxe a seu senhor.
39 O rapaz não entendeu coisa al-
guma; só Jônatas e Davi sabiam
deste negócio.
40 Então Jônatas deu as suas ar-
mas ao rapaz e disse-lhe: Anda,
leva-as à cidade.
41 Indo-se o rapaz, levantou-
-se Davi, do lado do sul, e prostrou-se
com o rosto em terra, e inclinou-
-se três vezes. Então beijaram-se
um ao outro e choraram juntos,
mas Davi chorou muito mais.
42 Disse Jônatas a Davi: Vai-te
em paz, pois juramos amizade
um ao outro no nome do Senhor,
dizendo: O Senhor seja testemu-
nha entre mim e ti e entre a minha
descendência e a tua descendên-
cia perpetuamente.
43 Então Davi se foi, e Jônatas
voltou para a cidade.

Davi em Nobe e em Gate

21 Então veio Davi a Nobe,
ao sacerdote Aimeleque.
Aimeleque, tremendo, saiu ao en-
contro de Davi e perguntou-lhe: Por
que vens só, e ninguém contigo?
2 Respondeu Davi ao sacerdote
Aimeleque: O rei me encomendou
um negócio e me disse: Ninguém
saiba deste negócio pelo qual te en-
viei e o qual te ordenei. Quanto aos
moços, apontei-lhes tal e tal lugar.
3 Agora, pois, que tens à mão? Dá-
-me cinco pães, ou o que se tiver.
4 Respondeu o sacerdote a Davi:
Não tenho pão comum à mão; há,
porém, pão sagrado, que os mo-
ços poderão comer se não tive-
ram relações com mulheres re-
centemente.
5 Respondeu Davi: Sim, deveras,
as mulheres foram-nos vedadas há
três dias, quando eu saí. Os cor-
pos dos moços não estão imundos.
Se tal se dá em viagem comum,
quanto mais serão santos hoje!
6 Então o sacerdote lhe deu o pão
sagrado, porque não havia ali
outro senão os pães da proposi-
ção, que se tiraram de diante do
Senhor, no dia em que eram tro-
cados por pão quente.
7 Ora, achava-se ali, naquele dia,
um dos servos de Saul, detido pe-
rante o Senhor; o seu nome era
Doegue, edomeu, chefe dos pas-
tores de Saul.
8 Perguntou Davi a Aimeleque:
Não tens aqui à mão lança ou es-
pada alguma? Não trouxe comi-
go nem a minha espada nem as
minhas armas, porque o negócio
do rei era urgente.
9 Respondeu o sacerdote: A espa-
da de Golias, o filisteu, a quem tu
feriste no vale de Elá, está aqui,
envolta num pano detrás da esto-
la sacerdotal. Se a queres tomar,
toma-a; não há outra aqui, senão
essa. Disse Davi: Não há outra se-
melhante; dá-a a mim.
10 Davi levantou-se e fugiu na-
quele dia de diante de Saul, e foi
a Áquis, rei de Gate.

11 Os servos de Áquis, porém,
lhe disseram: Não é este Davi, o
rei da sua terra? Não foi dele que
cantavam nas danças, dizendo:
Saul feriu os seus milhares,
mas Davi os seus dez
milhares?
12 Davi considerou essas palavras
no seu coração e teve muito medo
de Áquis, rei de Gate.
13 Pelo que na presença deles
fingiu-se doido; enquanto esteve
com eles, riscava nas portas da
cidade e deixava escorrer a sali-
va pela barba.
14 Disse Áquis aos seus servos:
Bem vedes que esse homem está
louco! Por que o trouxestes a mim?
15 Faltam-me doidos, para que
trouxésseis a esse que fizesse doi-
dices diante de mim? Há de en-
trar ele na minha casa?

Davi em Moabe

22 Davi retirou-se dali e es-
capou para a caverna de
Adulão. Quando os seus irmãos
e toda a família de seu pai soube-
ram disso, desceram ali para es-
tar com ele.
2 Ajuntaram-se a ele todos os ho-
mens que se achavam em aperto,
todos os endividados e todos os
amargurados de espírito, e ele se
fez chefe deles. Eram com ele uns
quatrocentos homens.
3 Dali passou Davi a Mispa de
Moabe e disse ao rei de Moabe:
Deixa estar meu pai e minha mãe
convosco até que eu saiba o que
Deus há de fazer de mim.
4 Trouxe-os perante o rei de Moabe,
e ficaram com ele por todo o tem-
po que Davi esteve no lugar forte.
5 O profeta Gade, porém, disse a
Davi: Não fiques neste lugar for-
te. Vai e entra na terra de Judá.
Assim Davi saiu e foi para o bos-
que de Herete.
6 Ora, Saul teve notícia de que já
se sabia onde estavam Davi e os
homens que o acompanhavam.
Estava Saul em Gibeá, debaixo
de um arvoredo, numa colina, e
tinha na mão a sua lança, e todos
os seus servos estavam com ele.
7 Disse Saul a todos os seus servos
que estavam com ele: Ouvi, filhos
de Benjamim! O filho de Jessé tam-
bém os dará a todos vós terras e
vinhas, e vos fará a todos chefes
de milhares e chefes de centenas,
8 para que todos vós tenhais cons-
pirado contra mim? Ninguém
houve que me desse aviso de que
meu filho fez aliança com o filho
de Jessé; e não há ninguém den-
tre vós que se preocupe comigo e
me conte que meu filho fez acor-
do com meu servo contra mim,
para me armar ciladas, como se
vê neste dia?
9 Respondeu, porém, Doegue, o edo-
meu, que também estava com os
servos de Saul: Vi o filho de Jessé
chegar a Nobe, a Aimeleque, fi-
lho de Aitube.
10 Aimeleque consultou por ele
ao Senhor, e lhe deu mantimen-
to, e lhe deu também a espada de
Golias, o filisteu.
11 Então o rei mandou chamar
Aimeleque, o sacerdote, filho de
Aitube, e toda a família de seu pai,
e os sacerdotes que estavam em
Nobe, e todos eles vieram ao rei.
12 Disse Saul: Ouve, peço-te, filho
de Aitube. Respondeu ele: Sim,
meu senhor.
13 Disse-lhe Saul: Por que conspi-
rastes contra mim, tu e o filho de
Jessé? Pois lhe deste pão e espada
e consultaste por ele a Deus, para
que se levantasse contra mim e

me armasse ciladas, como se vê
neste dia?
14 Respondeu Aimeleque ao rei:
Quem, entre todos os teus servos,
há tão fiel como Davi, o genro do
rei, chefe da tua guarda, e honrado na tua casa?
15 Comecei hoje a consultar por
ele a Deus? Longe de mim tal coisa! Não impute o rei coisa nenhuma a seu servo, nem a toda a família de meu pai, pois o teu servo
não soube nada de tudo isso, nem
muito nem pouco.
16 O rei, porém, disse: Aimeleque,
certamente morrerás, tu e toda a
família de teu pai.
17 Então o rei ordenou aos da
sua guarda, que estavam com ele:
Virai-vos e matai os sacerdotes do
Senhor, porque também a mão
deles está com Davi e porque sabiam que ele fugia e não me fizeram saber. Mas os servos do rei
não quiseram estender as suas
mãos para arremeter contra os
sacerdotes do Senhor.
18 Então o rei ordenou a Doegue:
Vira-te e arremete contra os sacerdotes. Então se virou Doegue,
o edomeu, e arremeteu contra os
sacerdotes, matando, naquele dia,
oitenta e cinco homens que vestiam estola sacerdotal de linho.
19 Também a Nobe, cidade desses
sacerdotes, passou a fio de espada, homens e mulheres, meninos
e crianças de peito, e bois, jumentos e ovelhas.

Abiatar vai ter com Davi

20 Um dos filhos de Aimeleque,
filho de Aitube, cujo nome era
Abiatar, porém, escapou e fugiu
para Davi,
21 e lhe anunciou que Saul tinha
matado os sacerdotes do Senhor.
22 Então Davi disse a Abiatar:
Bem sabia eu naquele dia que, estando ali Doegue, o edomeu, não
deixaria de o denunciar a Saul.
Eu sou o responsável pela morte de todas as pessoas da família
de teu pai.
23 Fica comigo, não temas; quem
procura a minha morte também
procura a tua. Estarás salvo comigo.

Davi em Queila

23 Foi anunciado a Davi: Olha,
os filisteus pelejam contra
Queila e saqueiam as eiras.
2 Perguntou Davi ao Senhor: Irei
eu e ferirei os filisteus? Respondeu-lhe o Senhor: Vai; e ferirás os filisteus e livrarás Queila.
3 Os homens de Davi, porém, lhe
disseram: Tememos aqui em Judá,
quanto mais indo a Queila contra
os exércitos dos filisteus!
4 Então Davi tornou a consultar o
Senhor, e o Senhor lhe respondeu:
Levanta-te, desce a Queila, pois
te dou os filisteus nas tuas mãos.
5 Assim Davi partiu com os seus
homens a Queila, pelejou contra os filisteus e levou o gado.
Fez grande matança entre eles e
livrou os moradores de Queila.
6 Ora, quando Abiatar, filho de
Aimeleque, fugiu para Davi, a
Queila, desceu com a estola sacerdotal na mão.
7 Foi anunciado a Saul que Davi tinha ido a Queila. Disse Saul: Deus
o entregou nas minhas mãos; está
encerrado, pois entrou numa cidade de portas e ferrolhos.
8 Então Saul convocou todo o
povo à peleja, para que descessem a Queila e cercassem Davi e
os seus homens.
9 Sabendo Davi que Saul maquinava este mal contra ele, disse a

Abiatar, o sacerdote: Traze aqui
a estola sacerdotal.
10 Disse Davi: Ó Senhor, Deus de
Israel, teu servo ouviu que Saul
procura vir a Queila, a fim de des-
truir a cidade por minha causa.
11 Será que o povo de Queila me
entregará nas mãos dele? Descerá
Saul, como o teu servo tem ouvido?
Ah! Senhor, Deus de Israel, faze-
-o saber ao teu servo. Respondeu
o Senhor: Descerá.
12 Disse mais Davi: Eles me en-
tregarão, os homens de Queila, a
mim e aos meus homens, nas mãos
de Saul? Respondeu o Senhor:
Entregarão.
13 Então Davi se levantou com os
seus homens, cerca de seiscentos,
saíram de Queila e foram-se sem
destino definido. Sendo anuncia-
do a Saul que Davi escapara de
Queila, cessou de sair contra ele.

Davi no deserto de Zife

14 Davi permaneceu no deserto,
em lugares fortes, e ficou na re-
gião montanhosa no deserto de
Zife. Saul buscava-o todos os dias,
porém Deus não o entregou nas
suas mãos.
15 Vendo Davi que Saul saíra
para matá-lo, esteve no deserto
de Zife, em Horesa.
16 Então se levantou Jônatas, fi-
lho de Saul, e foi para Davi em
Horesa, e lhe fortaleceu a con-
fiança em Deus.
17 Disse-lhe: Não temas. A mão
de Saul, meu pai, não te achará.
Tu reinarás sobre Israel, e eu se-
rei contigo o segundo. O que tam-
bém Saul, meu pai, bem sabe.
18 Ambos fizeram aliança peran-
te o Senhor. Então Jônatas vol-
tou para sua casa, mas Davi fi-
cou em Horesa.
19 Subiram os zifeus a Saul, em
Gibeá e disseram: Não se escon-
deu Davi entre nós nos lugares
fortes em Horesa, no outeiro de
Haquilá, que está à mão direita
de Jesimom?
20 Agora, ó rei, desce apressada-
mente, conforme todo o desejo da
tua alma; a nós nos toca entregá-
-lo nas mãos do rei.
21 Respondeu Saul: Benditos se-
jais vós do Senhor, pois vos com-
padecestes de mim.
22 Ide, informai-vos ainda me-
lhor, sabei e notai o lugar que fre-
quenta e quem o tenha visto ali.
Foi-me dito que é muito astuto.
23 Atentai bem e informai-vos
acerca de todos os esconderijos
em que ele se oculta; quando es-
tiverdes bem seguros, voltai para
mim. Então irei convosco; se ele
estiver na terra, eu o buscarei
entre todos os milhares de Judá.
24 Assim se levantaram eles e fo-
ram a Zife, adiante de Saul. Ora,
Davi e os seus homens estavam
no deserto de Maom, na campi-
na ao sul de Jesimom.
25 Saul e os seus homens foram-se
em busca dele. Sendo isso anun-
ciado a Davi, desceu ele à penha
que está no deserto de Maom.
Ouvindo-o Saul, perseguiu a Davi
no deserto de Maom.
26 Saul ia de um lado do monte, e
Davi e os seus homens do outro,
apressando-se em fugir para es-
capar de Saul. Porém, assim que
Saul e os seus homens estavam
para cercar Davi e os seus ho-
mens, para os prender,
27 chegou um mensageiro a Saul,
dizendo: Apressa-te, e vem! Os fi-
listeus invadiram a terra.
28 Pelo que Saul desistiu de per-
seguir Davi e se foi ao encontro

dos filisteus. Por esta razão aquele
lugar se chamou Selá-Hamalecote.
29 E subiu Davi dali e ficou nos
lugares fortes de En-Gedi.

Davi poupa Saul

24 Voltando Saul de perseguir
os filisteus, foi-lhe dito:
Davi está no deserto de En-Gedi.
2 Então tomou Saul três mil homens, escolhidos dentre todo o
Israel, e foi em busca de Davi e
dos seus homens, perto das rochas das Cabras Selvagens.
3 Chegou a uns currais de ovelhas
no caminho, onde havia uma caverna; entrou nela Saul, para fazer suas necessidades. Ora, Davi e
os seus homens estavam no mais
interior da caverna.
4 Então os homens de Davi lhe
disseram: Este é o dia do qual o
Senhor te disse: Eu te dou o teu
inimigo nas tuas mãos, e farás
com ele o que quiseres. Então Davi
levantou-se e, de mansinho, cortou uma ponta do manto de Saul.
5 Depois doeu o coração de Davi,
por ter cortado a ponta do manto de Saul.
6 Disse ele aos seus homens: O
Senhor me guarde de que eu faça
tal coisa ao meu senhor, ao ungido do Senhor, que eu estenda
a minha mão contra ele; pois é o
ungido do Senhor.
7 Com essas palavras Davi conteve os seus homens e não lhes permitiu que se levantassem contra
Saul. E Saul se levantou da caverna e prosseguiu o seu caminho.
8 Então também Davi se levantou e, saindo da caverna, gritou
por detrás de Saul: Ó rei, meu
senhor! Olhando Saul para trás,
Davi se inclinou com o rosto em
terra e lhe fez reverência.
9 Disse Davi a Saul: Por que dás
ouvidos às palavras dos homens
que dizem: Davi procura fazer-te mal?
10 Este dia os teus olhos viram
que o Senhor te pôs em minhas
mãos nesta caverna. Alguns disseram que eu te matasse, mas a
minha mão te poupou; eu disse:
Não estenderei a mão contra o
meu senhor, porque é o ungido
do Senhor.
11 Olha, meu pai, vê aqui a ponta
do teu manto na minha mão! Eu
a cortei do teu manto, mas não te
matei. Considera e vê que não há
na minha mão nem mal nem rebeldia alguma, e que não pequei
contra ti, ainda que andes à minha procura para matar-me.
12 Julgue o Senhor entre mim e ti.
E vingue-me o Senhor de ti, mas
a minha mão não será contra ti.
13 Como diz o provérbio dos antigos: Dos ímpios procede a impiedade. A minha mão, porém, não
será contra ti.
14 Após quem saiu o rei de Israel?
A quem persegues? A um cão morto? A uma pulga?
15 Seja o Senhor juiz e julgue entre
mim e ti. E veja e advogue a minha
causa, e me livre das tuas mãos.
16 Acabando Davi de falar a Saul
todas essas palavras, disse Saul:
É esta a tua voz, meu filho Davi?
Então Saul levantou a voz e chorou.
17 Disse a Davi: Mais justo és
do que eu. Tu me recompensaste com bem, e eu te recompensei
com mal.
18 Tu mostraste hoje que procedeste bem para comigo; o Senhor
me entregou em tuas mãos, mas
não me mataste.
19 Quem há que, encontrando o seu
inimigo, o deixa ir por bom caminho?

O Senhor te pague com bem, pelo
que hoje me fizeste.
20 Eu sei que certamente hás de
reinar, e que o reino de Israel há
de ser firme nas tuas mãos.
21 Agora jura-me pelo Senhor
que não desarraigarás a minha
descendência depois de mim nem
desfarás o meu nome da família
de meu pai.
22 Assim jurou Davi a Saul. Então
Saul foi para sua casa, mas Davi
e os seus homens subiram ao lu-
gar forte.

A morte de Samuel — Davi e Nabal

25 Ora, faleceu Samuel, e todo
o Israel se ajuntou e o pran-
teou; e o sepultaram na sua casa,
em Ramá. Então Davi se levan-
tou e desceu ao deserto de Parã.
2 Certo homem, em Maom, que
tinha muitos bens no Carmelo,
era abastado. Tinha mil cabras
e três mil ovelhas, as quais esta-
va tosquiando no Carmelo.
3 Chamava-se o homem Nabal, e
sua mulher, Abigail. Era a mu-
lher sensata e formosa, mas o ho-
mem, descendente de Calebe, era
duro e maligno nas suas ações.
4 Ouviu Davi, enquanto estava
no deserto, que Nabal tosquiava
as suas ovelhas,
5 e lhe enviou dez moços, dizendo-
-lhes: Subi ao Carmelo e, indo a
Nabal, perguntai-lhe, em meu
nome, como está.
6 Assim direis a ele: Paz seja con-
tigo, e com a tua família, e com
tudo o que tens.
7 Agora, tenho ouvido que tens tos-
quiadores. Quando os teus pasto-
res estiveram conosco, nenhum
agravo lhes fizemos e coisa al-
guma lhes faltou todos os dias
que estiveram no Carmelo.
8 Pergunta aos teus moços, e eles
te dirão. Portanto esses moços
achem graça aos teus olhos, por-
que viemos em boa ocasião. Dá a
teus servos e a Davi, teu filho, o
que puder.
9 Chegando os moços de Davi e
tendo falado a Nabal todas es-
sas palavras em nome de Davi,
se calaram.
10 Respondeu Nabal aos moços
de Davi: Quem é Davi, e quem é
o filho de Jessé? Muitos servos
há que hoje fogem de seu senhor.
11 Tomaria eu o meu pão, a mi-
nha água e a carne do gado que
abati para os meus tosquiadores
e o daria a homens que não sei de
onde vêm?
12 Os moços de Davi puseram-se
a caminho e, voltando, vieram
anunciar-lhe tudo conforme es-
sas palavras.
13 Disse Davi aos seus homens:
Cada um cinja a sua espada. E cada
um cingiu a sua espada, e cingiu
também Davi a sua. Subiram após
Davi uns quatrocentos homens, e
duzentos ficaram com a bagagem.
14 Um dos moços, porém, anunciou
a Abigail, mulher de Nabal: Davi
enviou mensageiros desde o de-
serto a saudar o nosso amo, mas
este os destratou.
15 Todavia, aqueles homens têm-
-nos sido muito bons; nunca fo-
mos agravados por eles e nada
nos faltou em todos os dias que
convivemos com eles quando es-
távamos no campo.
16 De muro em redor nos servi-
ram, tanto de dia como de noite,
todos os dias que andamos com
eles apascentando as ovelhas.
17 Considera agora o que hás de
fazer porque o mal já está de todo
determinado contra o nosso amo

e contra toda a sua casa. Ele é filho de Belial, e não há quem lhe possa falar.

Abigail apazigua a Davi

18 **A**bigail se apressou e tomou duzentos pães, dois odres de vinho, cinco ovelhas preparadas, cinco medidas de trigo tostado, cem cachos de passas e duzentas pastas de figos, e os pôs sobre jumentos.

19 E disse aos seus moços: Ide adiante de mim; eu vos seguirei de perto. Mas não declarou nada a seu marido Nabal.

20 Quando ela, montada num jumento, ia descendo pelo encoberto do monte, Davi e os seus homens lhe vinham ao encontro, e ela se encontrou com eles.

21 Davi tinha acabado de dizer: Na verdade que em vão tenho guardado tudo o que este possui no deserto, de modo que nada lhe faltou de tudo o que lhe pertence. Ele me pagou mal por bem.

22 Assim faça Deus aos inimigos de Davi, e outro tanto, se eu deixar até o amanhecer, de tudo o que pertence a Nabal, um só do sexo masculino.

23 **V**endo Abigail a Davi, apressou-se, desceu do jumento e prostrou-se diante de Davi, inclinando-se à terra.

24 Lançou-se a seus pés e disse: Ah! Senhor meu, minha seja a culpa. Deixa falar a tua serva aos teus ouvidos, e ouve as palavras da tua serva.

25 Meu senhor, agora não faça este homem de Belial, a saber, *Nabal, impressão no* seu coração, porque tal é ele qual é o seu nome. Nabal é o seu nome, e a loucura está com ele, e eu, tua serva, não vi os moços de meu senhor, que enviaste.

26 Agora, meu senhor, tão certo como vive o Senhor e a tua alma, porque o Senhor te impediu de derramares sangue e de te vingares com tua própria mão, sejam agora como Nabal os teus inimigos e os que procuram fazer mal ao meu senhor.

27 Aceita agora este presente que a tua serva trouxe a meu senhor; seja ele dado aos moços que seguem o meu senhor.

28 Perdoa a transgressão da tua serva, porque certamente fará o Senhor reino duradouro a meu senhor, porque meu senhor guerreia as guerras do Senhor. Não se ache mal em ti por todos os teus dias.

29 Se alguém se levantar para te perseguir e para procurar tirar a tua vida, então a vida de meu senhor estará bem segura como os que vivem com o Senhor, o teu Deus. Mas a vida de teus inimigos ele a arrojará ao longe, como do côncavo de uma funda.

30 Quando o Senhor fizer para o meu senhor conforme todo o bem que já tem dito de ti e te houver estabelecido por líder sobre Israel,

31 então, meu senhor, não te será por tropeço, nem por pesar no coração, o sangue que sem causa vieres a derramar, ou de haver feito justiça com as próprias mãos. Quando o Senhor fizer bem a meu senhor, lembra-te da tua serva.

32 **E**ntão Davi disse a Abigail: Bendito o Senhor, o Deus de Israel, que hoje te enviou ao meu encontro.

33 Bendito o teu conselho, e bendita sejas tu, que hoje me impediste de derramar sangue e de vingar-me pela minha própria mão.

34 De outra forma, na verdade, tão
certo como vive o Senhor, o Deus
de Israel, que me impediu de te fa-
zer mal, que se tu não te apressa-
ras e não vieras ao meu encontro,
não teria ficado a Nabal até a luz da
manhã nem mesmo um menino.
35 Então Davi aceitou das mãos
dela o que lhe tinha trazido e lhe
disse: Sobe em paz à tua casa.
Eu dei ouvidos à tua voz e con-
cedi o teu pedido.
36 Quando Abigail veio a Nabal,
ele fazia em casa um banquete,
como banquete de rei. E o cora-
ção de Nabal estava alegre, pois
ele estava muito embriagado.
Pelo que ela não lhe deu a enten-
der palavra alguma, nem pouco
nem muito, até a luz da manhã.
37 Então, pela manhã, estando
Nabal já livre do vinho, sua mu-
lher lhe deu a entender aquelas
palavras; se amorteceu nele o
coração, e ficou ele como pedra.
38 Aconteceu que passados uns
dez dias, feriu o Senhor a Nabal,
e este morreu.
39 Ouvindo Davi que Nabal mor-
rera, disse: Bendito seja o Senhor,
que pleiteou a causa da afronta que
recebi das mãos de Nabal e dete-
ve do mal a seu servo, fazendo o
Senhor cair o mal de Nabal sobre
a sua cabeça. Mandou Davi falar a
Abigail, para tomá-la por mulher.
40 Vindo os servos de Davi a Abigail,
no Carmelo, lhe disseram: Davi
nos mandou a ti, para te tomar
por mulher.
41 Ela se levantou, inclinou-se
com o rosto em terra e disse: Aqui
está a tua serva, pronta para
servir-te e para lavar os pés dos ser-
vos do meu senhor.
42 Abigail se apressou, levan-
tou-se e montou num jumento.
Acompanhada por suas cinco
moças, seguiu os mensageiros de
Davi, que a recebeu por mulher.
43 Davi também tinha tomado a
Ainoã de Jezreel, e ambas foram
suas mulheres,
44 porque Saul dera sua filha
Mical, mulher de Davi, a Palti, fi-
lho de Laís, o qual era de Galim.

Davi poupa outra vez a vida de Saul

26 Vieram os zifeus a Saul,
em Gibeá, e disseram: Não
está Davi escondido no outeiro de
Haquilá, em frente de Jesimom?
2 Pelo que Saul se levantou, des-
ceu ao deserto de Zife, e com ele
três mil homens escolhidos de
Israel, para buscar Davi no de-
serto de Zife.
3 Acampou-se Saul no outeiro de
Haquilá, em frente de Jesimom,
junto ao caminho, mas Davi ficou
no deserto. Vendo Davi que Saul
vinha após ele ao deserto,
4 enviou espias e soube que Saul
tinha chegado.
5 Levantou-se Davi e foi ao lugar
onde Saul se tinha acampado. Viu
Davi o lugar onde se tinham dei-
tado Saul e Abner, filho de Ner,
chefe do seu exército. Saul estava
deitado no acampamento, e o povo
estava acampado ao redor dele.
6 Dirigindo-se Davi a Aimeleque, o
heteu, e a Abisai, filho de Zeruia,
irmão de Joabe, disse: Quem des-
cerá comigo a Saul ao acampamen-
to? Respondeu Abisai: Eu desce-
rei contigo.
7 Assim vieram Davi e Abisai de
noite ao povo, e Saul estava dei-
tado, dormindo dentro do acam-
pamento, e a sua lança estava
pregada na terra à sua cabecei-
ra. Abner e o povo estavam dei-
tados ao redor dele.

8 Disse Abisai a Davi: Deus te en-
tregou hoje nas mãos o teu inimi-
go. Agora deixa-me encravá-lo
com a lança, de um só golpe, na
terra; não o ferirei segunda vez.
9 Davi, porém, disse a Abisai:
Nenhum dano lhe faças! Quem
pode estender a mão contra o un-
gido do Senhor e ficar inocente?
10 Disse mais Davi: Tão certo
como vive o Senhor, ou o Senhor
o ferirá, ou o seu dia chegará em
que morra, ou descerá para a ba-
talha e perecerá.
11 O Senhor me guarde de que eu
estenda a mão contra o ungido
do Senhor. Agora, porém, toma
a lança, que está à sua cabeceira,
e o jarro com água, e vamo-nos.
12 Assim tomou Davi a lança e o
jarro com água, da cabeceira de
Saul, e foram-se. Ninguém houve
que o visse, nem que o advertisse,
nem que o acordasse. Estavam to-
dos dormindo, porque havia caí-
do sobre eles um profundo sono
da parte do Senhor.
13 Então Davi, passando ao ou-
tro lado, pôs-se no cume do mon-
te ao longe, de maneira que ha-
via grande distância entre eles.
14 Davi bradou ao povo, e a Abner,
filho de Ner: Não responderás,
Abner? Respondeu Abner: Quem
és tu, que bradas ao rei?
15 Disse Davi: Não és homem? E
quem há em Israel como tu? Por
que não guardaste o rei, teu se-
nhor? Um do povo veio para des-
truir o rei, teu senhor.
16 Não é bom isso que fizeste. Tão
certo como vive o Senhor, sois dig-
nos de morte, porque não guar-
dastes vosso *senhor*, o ungido do
Senhor. Vede agora onde está a
lança do rei e o jarro com água,
que tinha à sua cabeceira.
17 Reconheceu Saul a voz de Davi
e disse: Não é esta a tua voz, meu
filho Davi? Respondeu Davi: É a
minha voz, ó rei, meu senhor.
18 Disse mais: Por que o meu se-
nhor persegue tanto o seu ser-
vo? Que fiz eu? E que maldade se
acha nas minhas mãos?
19 Ouve agora, rogo-te, ó rei, meu
senhor, as palavras de teu servo:
Se é o Senhor quem te incita con-
tra mim, aceite ele a oferta de ce-
reais. Mas se são os filhos dos ho-
mens, malditos sejam perante o
Senhor! Eles me expulsaram hoje
para que eu não tenha parte na
herança do Senhor, dizendo: Vai,
serve a outros deuses.
20 Agora não se derrame o meu
sangue na terra, longe da presença
do Senhor. O rei de Israel saiu em
busca de uma pulga, como quem
persegue uma perdiz nos montes.
21 Então disse Saul: Pequei. Volta,
meu filho Davi, pois não torna-
rei a fazer-te mal, porque a mi-
nha vida foi hoje preciosa aos
teus olhos. Certamente procedi
como um louco e errei grandis-
simamente.
22 Respondeu Davi: Aqui está a
lança do rei. Venha cá um dos
moços e leve-a.
23 O Senhor, porém, pague a cada
um a sua justiça e a sua lealda-
de. O Senhor te entregou hoje
nas minhas mãos, mas eu não
quis estendê-las contra o ungido
do Senhor.
24 Assim como foi a tua vida hoje
preciosa para mim, assim tam-
bém seja a minha vida aos olhos
do Senhor, e ele me livre de toda
tribulação.
25 Então disse Saul a Davi: Bendito
sejas tu, meu filho Davi; gran-
des coisas farás e certamente

prevalecerás. Então Davi se foi o
seu caminho, e Saul voltou para
o seu lugar.

Davi entre os filisteus

27 Disse, porém, Davi no seu
coração: Ora, um dia ain-
da perecerei pela mão de Saul.
Não há coisa melhor para mim
do que escapar para a terra dos
filisteus. Então Saul cessará de
me buscar por todos os termos
de Israel, e escaparei da sua mão.
2 Então Davi se levantou e pas-
sou, com os seiscentos homens
que com ele estavam, a Áquis, fi-
lho de Maoque, rei de Gate.
3 Davi ficou com Áquis em Gate,
ele e os seus homens, cada um
com a sua família, e Davi com as
suas duas mulheres, Ainoã, a jez-
reelita, e Abigail, a que fora mu-
lher de Nabal, o carmelita.
4 Sendo Saul avisado de que Davi
tinha fugido para Gate, cessou de
persegui-lo.
5 **D**isse Davi a Áquis: Se achei
graça aos teus olhos, dá-me lu-
gar numa das cidades da terra,
para que ali habite. Por que ra-
zão habitaria o teu servo contigo
na cidade real?
6 Então lhe deu Áquis naquele dia
a cidade de Ziclague, e Ziclague
pertence aos reis de Judá até o
dia de hoje.
7 O número dos dias que Davi ha-
bitou na terra dos filisteus foi de
um ano e quatro meses.
8 **S**ubia Davi com os seus homens,
e davam contra os gesuritas, os
gersitas e os amalequitas. Eram
estes os moradores da terra que
se estende na direção de Sur até
a terra do Egito.
9 Davi feria aquela terra e não dei-
xava com vida nem homem nem
mulher, e tomava as ovelhas, e os
bois, e os jumentos, e os camelos
e as vestes. Então voltava a Áquis.
10 Quando Áquis perguntava:
Contra quem destes hoje? Davi
respondia: Contra o sul de Judá;
ou: Contra o sul dos jerameeli-
tas; ou: Contra o sul dos queneus.
11 Davi não deixava com vida
nem homem nem mulher para
trazê-los a Gate, pois pensava:
Porventura não nos denunciem,
dizendo: Assim fez Davi. Este era
o seu costume por todos os dias
que habitou na terra dos filisteus.
12 Áquis confiava em Davi, pois
pensava: Fez-se ele por certo tão
aborrecível para com o seu povo
em Israel que me será por servo
para sempre.

Saul e a feiticeira de En-Dor

28 Naqueles dias, juntando
os filisteus os seus exérci-
tos para a peleja, para fazer guer-
ra contra Israel, disse Áquis a
Davi: Fica sabendo que comigo
sairás ao acampamento, tu e os
teus homens.
2 Disse Davi: Então verás o que é ca-
paz de fazer o teu servo. Respondeu
Áquis: Por isso, eu te nomeio meu
guarda pessoal para sempre.
3 **J**á Samuel era morto, e todo o
Israel o tinha chorado e o tinha
sepultado em Ramá, que era a sua
cidade. E Saul havia expulsado
os necromantes e os adivinhos.
4 Ajuntaram-se os filisteus, vie-
ram e se acamparam em Suném;
reuniu Saul a todo o Israel, e se
acamparam em Gilboa.
5 Vendo Saul o acampamento dos
filisteus, temeu e estremeceu mui-
to o seu coração.
6 Consultou Saul ao Senhor, po-
rém o Senhor não lhe respondeu,

nem por sonhos, nem por Urim,
nem por profetas.
7 Então disse Saul aos seus ser-
vos: Buscai-me uma necroman-
te, para que vá a ela e a consulte.
Disseram-lhe os seus servos: Em
En-Dor há uma mulher que é ne-
cromante.
8 Assim disfarçou-se Saul, ves-
tiu outras roupas e foi ele com
dois homens, e, de noite, chega-
ram à mulher. E lhe disse: Peço-
-te que me adivinhes pela necro-
mancia e me faças subir aquele
que eu te disser.
9 A mulher, porém, lhe disse:
Certamente bem sabes o que fez
Saul, como exterminou da terra
os necromantes e adivinhos. Por
que me preparas uma armadi-
lha à minha vida, para me faze-
res morrer?
10 Então Saul lhe jurou pelo Senhor:
Tão certo como vive o Senhor, ne-
nhum mal te sobrevirá por isso.
11 Disse-lhe então a mulher: A quem
te farei subir? Respondeu ele: Faze-
-me subir Samuel.
12 Quando a mulher viu a Samuel,
gritou em alta voz e disse a Saul:
Por que me enganaste? Pois tu
mesmo és Saul.
13 Respondeu-lhe o rei: Não te-
mas. O que vês? Disse a mulher:
Vejo um deus que sobe da terra.
14 Perguntou ele: Como é a sua
figura? Disse ela: Vem subindo
um ancião, e está vestindo uma
capa. Entendendo Saul que era
Samuel, inclinou-se com o rosto
em terra e se prostrou.
15 Disse Samuel a Saul: Por que
me inquietaste, fazendo-me subir?
Disse Saul: Estou muito angustia-
do, porque os filisteus guerreiam
contra mim, e Deus se tem desvia-
do de mim e já não me responde,
nem por intermédio dos profetas
nem por meio de sonhos. Por isso te
chamei para que me faças saber
o que hei de fazer.
16 Então disse Samuel: Por que
perguntas a mim, visto que o
Senhor te desamparou e se fez
teu inimigo?
17 O Senhor fez para contigo como
por meu intermédio te disse. Rasgou
o reino da tua mão, e o deu ao teu
companheiro Davi.
18 Porque não deste ouvidos à voz
do Senhor e não executaste o fu-
ror da sua ira contra Amaleque,
o Senhor te fez hoje isso.
19 O Senhor entregará também
Israel contigo nas mãos dos filis-
teus, e amanhã tu e teus filhos es-
tareis comigo. O acampamento de
Israel o Senhor também entrega-
rá nas mãos dos filisteus.
20 Imediatamente Saul caiu es-
tendido por terra e grandemen-
te temeu por causa das palavras
de Samuel. Não houve força nele,
pois não tinha comido todo aque-
le dia e toda aquela noite.
21 Aproximando-se a mulher de
Saul e, vendo que estava tão per-
turbado, disse-lhe: Olha, a tua ser-
va deu ouvidos à tua voz, e arris-
quei a minha vida, dando ouvidos
às palavras que disseste.
22 Agora ouve também tu as pa-
lavras da tua serva e permite que
ponha um bocado de pão diante
de ti, para que comas e tenhas for-
ças e te ponhas a caminho.
23 Ele, porém, o recusou e dis-
se: Não comerei. Mas os seus
servos e a mulher o constrange-
ram, e ele deu ouvidos à sua voz.
Levantou-se do chão e assentou-
-se na cama.
24 Tinha a mulher em casa um bezer-
ro cevado; apressou-se e o degolou.

Tomou farinha, amassou-a e a co-
zeu em bolos sem fermento.
25 Então os pôs diante de Saul e
de seus servos, e eles comeram.
Depois levantaram-se e se foram
naquela mesma noite.

Davi volta a Ziclague

29 Ajuntaram os filisteus to-
dos os seus exércitos em
Afeque e acamparam-se os is-
raelitas junto à fonte que está
em Jezreel.
2 Os governantes dos filisteus
foram-se para lá com centenas
e com milhares, mas Davi e os
seus homens iam com Áquis na
retaguarda.
3 Perguntaram os governantes
dos filisteus: Que fazem aqui es-
tes hebreus? Respondeu Áquis:
Não é este Davi, o servo de Saul,
rei de Israel, que esteve comigo
há muitos dias ou anos? Coisa
nenhuma achei contra ele des-
de o dia em que se revoltou, até
o dia de hoje.
4 Os governantes dos filisteus, po-
rém, se indignaram muito contra
ele e disseram a Áquis: Faze vol-
tar a este homem, e torne ao seu
lugar em que tu o puseste. Não
desça conosco à batalha, para
que não se nos torne na batalha
em adversário. Como se torna-
ria este agradável a seu senhor?
Não seria com as cabeças destes
nossos homens?
5 Não é este aquele Davi, de quem
cantavam nas danças:

Saul feriu os seus milhares,
mas Davi os seus dez
milhares?

6 Então Áquis chamou Davi e
lhe disse: Tão certo como vive
o Senhor, tu és reto, e a tua en-
trada e a tua saída comigo no
acampamento são boas aos meus
olhos. Nenhum mal achei em ti,
desde o dia em que a mim vies-
te, até o dia de hoje, mas aos go-
vernantes não agradas.
7 Volta, agora, e vai em paz; nada
faças para desagradar aos gover-
nantes dos filisteus.
8 Então Davi disse a Áquis: Mas
o que fiz? O que achaste no teu
servo, desde o dia em que vim ter
contigo, até o dia de hoje, para que
eu não vá pelejar contra os inimi-
gos do rei, meu senhor?
9 Respondeu Áquis: Bem sei que
aos meus olhos tens sido bom
como um anjo de Deus; contu-
do, os príncipes dos filisteus dis-
seram: Não suba este conosco à
batalha.
10 Agora, levanta-te amanhã de
madrugada, tu e os servos de teu
senhor que vieram contigo, e par-
ti assim que o dia clarear.
11 Assim levantou-se Davi de ma-
drugada, ele e os seus homens,
para partirem e voltarem à ter-
ra dos filisteus, e os filisteus su-
biram a Jezreel.

Davi destrói os amalequitas

30 Quando Davi e os seus ho-
mens chegaram a Ziclaque
ao terceiro dia, já os amalequitas
com ímpeto tinham dado sobre
o sul e Ziclague, e tinham feri-
do a Ziclague e a tinham quei-
mado a fogo;
2 tinham levado cativas as mulhe-
res e todos os que lá se achavam,
tanto grandes quanto pequenos.
A ninguém mataram, tão somen-
te os levaram consigo e foram o
seu caminho.
3 Quando Davi e os seus homens
chegaram à cidade, encontra-
ram-na queimada a fogo, e suas

mulheres, seus filhos e suas fi-
lhas levados cativos.
4 Então Davi e o povo que se acha-
va com ele alçaram a sua voz e
choraram, até que não houve ne-
les mais força para chorar.
5 Também as duas mulheres de
Davi tinham sido levadas cativas —
Ainoã, a jezreelita, e Abigail, que
fora mulher de Nabal, o carmelita.
6 Davi muito se angustiou, por-
que o povo falava em apedrejá-lo;
a alma de todo o povo estava cheia
de amargura, por causa dos seus fi-
lhos e das suas filhas. Mas Davi se
fortaleceu no Senhor, o seu Deus.
7 Então disse Davi a Abiatar, o
sacerdote, filho de Aimeleque:
Traze-me aqui a estola sacerdo-
tal. Abiatar trouxe a estola sacer-
dotal a Davi,
8 e consultou Davi ao Senhor:
Perseguirei eu a esta tropa? Irei al-
cançá-la? Respondeu-lhe o Senhor:
Persegue-a. De certo a alcança-
rás e libertarás os prisioneiros.
9 Partiu Davi, ele e os seiscentos
homens que com ele se achavam,
e chegaram ao ribeiro de Besor,
onde alguns ficaram para trás,
10 pois duzentos homens estavam
cansados demais para passarem
o ribeiro. Mas Davi e quatrocen-
tos homens continuaram a per-
seguição.
11 Acharam no campo um ho-
mem egípcio e o trouxeram a
Davi. Deram-lhe pão, e comeu, e
deram-lhe água a beber.
12 Deram-lhe também um pedaço
de pasta de figos secos e dois ca-
chos de passas. Comeu, e voltou-
-lhe o ânimo, pois havia três dias
e três noites que não tinha comi-
do pão nem bebido água.
13 Então Davi lhe perguntou: De
quem és tu e de onde és? Respondeu
o moço egípcio: Sou servo de um
amalequita, e meu senhor me dei-
xou, porque adoeci há três dias.
14 Nós demos com ímpeto contra
o lado do sul dos queretitas, con-
tra o território de Judá e contra
o lado do sul de Calebe, e puse-
mos fogo a Ziclague.
15 Perguntou-lhe Davi: Poderias,
descendo, guiar-me a essa tropa?
Respondeu ele: Jura-me por Deus
que não me matarás nem me en-
tregarás nas mãos de meu senhor,
e descerei e te guiarei a essa tropa.
16 Então, descendo, o guiou. Os ama-
lequitas estavam espalhados so-
bre a face de toda a terra, comen-
do, bebendo e dançando, por todo
aquele grande despojo que ha-
viam tomado da terra dos filis-
teus e da terra de Judá.
17 Feriu-os Davi, desde o crepús-
culo até a tarde do dia seguinte,
e nenhum deles escapou, senão
quatrocentos moços que, monta-
dos em camelos, fugiram.
18 Assim recobrou Davi tudo o
que os amalequitas haviam to-
mado; também libertou as suas
duas mulheres.
19 Não lhes faltou coisa alguma,
nem pequena nem grande, nem os
filhos, nem as filhas, nem o des-
pojo, nada de tudo o que os ama-
lequitas lhes havia tomado. Tudo
Davi tornou a trazer.
20 Também tomou Davi todas as
ovelhas e os rebanhos, e o leva-
ram diante do outro gado e di-
ziam: Este é o despojo de Davi.
21 Chegando Davi aos duzentos
homens que, de cansados que esta-
vam, não o puderam seguir e fica-
ram no ribeiro de Besor, estes saí-
ram ao encontro de Davi e do povo
que com ele vinha. Aproximando-
se Davi do povo, os saudou em paz.

22 Então todos os maus e filhos
de Belial, dos homens que tinham
ido com Davi, disseram: Visto que
não foram conosco, não lhes da-
remos do despojo que salvamos.
Mas que leve cada um sua mulher
e seus filhos, e se vá.
23 Disse, porém, Davi: Não fareis
assim, irmãos meus, com o que
nos deu o Senhor, que nos guar-
dou e entregou nas nossas mãos
a tropa que vinha contra nós.
24 Quem vos daria ouvidos nis-
so? Qual é a parte dos que des-
ceram à peleja, tal será tam-
bém a parte dos que ficaram
com a bagagem. Receberão par-
tes iguais.
25 Assim foi daquele dia em dian-
te, porque o pôs por estatuto e di-
reito em Israel até o dia de hoje.
26 Chegando Davi a Ziclague,
enviou do despojo aos anciãos
de Judá, seus amigos, dizendo:
Eis para vós um presente do des-
pojo dos inimigos do Senhor.
27 Enviou-o aos de Betel, aos de
Ramote do sul, aos de Jatir,
28 aos de Aroer, aos de Sifmote,
aos de Estemoa,
29 aos de Racal, aos que estavam
nas cidades dos jerameelitas e nas
cidades dos queneus,
30 aos de Hormá, aos de Corasã,
aos de Atace,
31 aos de Hebrom e a todos os lu-
gares em que andara Davi, ele e
os seus homens.

A morte de Saul

31 Ora, os filisteus peleja-
ram contra Israel; os ho-
mens de Israel fugiram de dian-
te dos filisteus, e caíram feridos
no monte Gilboa.
2 Os filisteus apertaram com Saul
e seus filhos e mataram a Jônatas,
a Abinadabe e a Malquisua, filhos
de Saul.
3 A peleja agravou-se contra Saul,
e os flecheiros o alcançaram, e
ele muito temeu por causa dos
flecheiros.
4 Disse Saul ao seu escudeiro: Arranca
a tua espada e mata-me com ela,
para que não venham estes incir-
cuncisos e me matem e escarneçam
de mim. Mas o seu escudeiro não o
quis, porque temia muito. Assim
Saul tomou a espada e se lançou
sobre ela.
5 Vendo o seu escudeiro que Saul já
era morto, também ele se lançou so-
bre a sua espada e morreu com ele.
6 Assim Saul, seus três filhos,
o seu escudeiro, e todos os seus
homens morreram juntos na-
quele dia.
7 Vendo os homens de Israel, que
estavam do outro lado do vale, e
os que estavam a leste do Jordão,
que os homens de Israel fugiram,
e que Saul e seus filhos estavam
mortos, abandonaram as cidades
e fugiram. E vieram os filisteus e
habitaram nelas.
8 Vindo os filisteus, no dia seguin-
te, para saquear os mortos, acha-
ram Saul e seus três filhos esti-
rados no monte Gilboa.
9 Cortaram a cabeça de Saul e
pegaram suas armas; e envia-
ram mensageiros pela terra dos
filisteus, em redor, a anunciá-lo
no templo dos seus ídolos e en-
tre o povo.
10 Puseram as armas de Saul no
templo de Astarote, e o seu corpo
afixaram no muro de Bete-Seã.
11 Ouvindo isso os moradores de
Jabes-Gileade, o que os filisteus
fizeram a Saul,
12 todos os homens valentes se
levantaram e caminharam toda

a noite até Bete-Seã. Tiraram o
corpo de Saul e os corpos de seus
filhos do muro de Bete-Seã e fo-
ram a Jabes, onde os queimaram.
13 Então recolheram os seus os-
sos, os sepultaram debaixo de
um arvoredo em Jabes e jejua-
ram sete dias.

2SAMUEL

Davi é avisado da morte de Saul

1 Depois da morte de Saul, vol-
tou Davi da derrota dos ama-
lequitas e permaneceu dois dias
em Ziclague.
2 No terceiro dia, veio um homem
do acampamento de Saul com as
vestes rasgadas e terra na cabe-
ça. Chegando ele a Davi, lançou-
-se ao chão e se inclinou.
3 Perguntou-lhe Davi: De onde
vens? Respondeu ele: Escapei do
acampamento de Israel.
4 Disse-lhe Davi: O que aconte-
ceu? Conta-me. Ele lhe respon-
deu: O povo fugiu da batalha, e
muitos do povo caíram e morre-
ram, assim como também Saul e
Jônatas, seu filho, foram mortos.
5 Perguntou Davi ao moço que
lhe trazia as novas: Como sabes
que Saul e Jônatas, seu filho, são
mortos?
6 Então disse o moço que lhe dava
a notícia: Cheguei por acaso ao
monte Gilboa, e Saul estava encos-
tado sobre a sua lança, e os carros
e a cavalaria apertavam com ele
7 Olhando ele para trás, viu-me e
chamou-me. Eu disse: Aqui estou.
8 Ele me perguntou: Quem és tu?
E eu lhe respondi: Sou amalequita.
9 Então ele me disse: Aproxima-
-te e mata-me, porque estou com
muita vertigem, e toda a minha
vida está ainda em mim.
10 Assim me aproximei dele e o
matei, porque bem sabia que ele
não viveria depois de ter caído.
Tomei a coroa que trazia na ca-
beça e o bracelete que estava no
seu braço e os trouxe aqui a meu
senhor.
11 Então Davi apanhou as suas
próprias vestes e as rasgou; assim
fizeram também todos os homens
que estavam com ele.
12 Prantearam, choraram e jejua-
ram até a tarde por Saul e por
Jônatas, seu filho, pelo exército
do Senhor e pelo povo de Israel,
porque tinham caído à espada.
13 Então Davi perguntou ao moço
que lhe trouxera a nova: De onde
és tu? Respondeu ele: Sou filho
de um homem estrangeiro, ama-
lequita.
14 Disse-lhe Davi: Como não te-
meste estender a mão para mata-
res ao ungido do Senhor?
15 Então chamou Davi um dos mo-
ços e lhe disse: Chega-te e lança-
-te sobre ele. E o moço o feriu, de
sorte que morreu.
16 Disse-lhe Davi: O teu sangue
seja sobre a tua cabeça, porque
a tua própria boca testificou con-
tra ti, dizendo: Eu matei o ungi-
do do Senhor.

O pranto de Davi por Saul e Jônatas

17 Lamentou Davi a Saul e a
Jônatas, seu filho, com esta la-
mentação ao Arco,
18 mandando que fosse ensina-
da aos filhos de Judá; esta lamen-
tação se encontra registrada no
Livro de Jasar:
19 A tua glória, ó Israel, foi mor-
ta sobre os teus altos!
Como caíram os valentes!
20 Não o noticieis em Gate,
nem o publiqueis nas ruas de
Ascalom,
para que não se alegrem as
filhas dos filisteus,

para que não saltem de
contentamento as filhas dos
incircuncisos.
21 Vós, montes de Gilboa,
nem orvalho, nem chuva caia
sobre vós,
nem tenhais campos que
produzam ofertas.
Pois aí foi profanado o escudo
dos valentes,
o escudo de Saul,
que jamais será ungido com
óleo.
22 Do sangue dos feridos,
da carne dos valentes,
nunca se retirou o arco de
Jônatas,
nem voltou vazia a espada
de Saul.
23 Saul e Jônatas,
tão amados e queridos em vida,
também na sua morte não
se separaram.
Eram mais ligeiros do que as
águias,
mais fortes do que os leões.
24 Vós, filhas de Israel,
chorai por Saul,
que vos vestia de escarlata e
de delícias,
que adornava os vossos
vestidos com ornamentos de
ouro.
25 Como caíram os valentes no
meio da peleja!
Jônatas foi morto nos teus
montes.
26 Angustiado estou por ti, meu
irmão Jônatas;
quão querido me eras!
Maravilhoso me era o teu
amor,
mais maravilhoso do que o
amor das mulheres.
27 Como caíram os valentes,
e pereceram as armas de
guerra!

Davi é ungido rei de Judá

2 Depois de algum tempo, Davi
perguntou ao Senhor: Subirei
a alguma das cidades de Judá?
Respondeu-lhe o Senhor: Sobe.
Perguntou Davi: Para onde subirei? Respondeu o Senhor: Para
Hebrom.
2 Subiu Davi para lá, e também
as suas duas mulheres, Ainoã, a
jezreelita, e Abigail, que fora mulher de Nabal, o carmelita.
3 Fez também Davi subir os homens que estavam com ele, cada
um com a sua família, e habitaram nas cidades de Hebrom.
4 Então vieram os homens de Judá
e ali ungiram Davi rei sobre a tribo de Judá. E informaram Davi:
Foram os homens de Jabes-Gileade
que sepultaram Saul.
5 Então Davi enviou mensageiros aos homens de Jabes-Gileade
e disse-lhes: Benditos sejais vós
do Senhor, que fizestes tal benevolência para com vosso senhor, para com Saul, porque o
sepultastes!
6 O Senhor use convosco de benevolência e fidelidade, e eu também vos retribuirei esse bem que
fizestes.
7 Esforcem-se agora as vossas
mãos e sede homens valentes,
pois Saul, vosso senhor, é morto, e os da tribo de Judá me ungiram rei sobre si.

Abner e Is-Bosete

8 Abner, filho de Ner, capitão
do exército de Saul, tomou a Is-Bosete, filho de Saul, e o levou
para Maanaim.
9 Constituiu-o rei sobre Gileade,
sobre os assuritas, sobre Jezreel, sobre Efraim, sobre Benjamim e
sobre todo o Israel.

10 Da idade de quarenta anos era
Is-Bosete, filho de Saul, quando
começou a reinar sobre Israel, e
reinou dois anos. Mas a tribo de
Judá seguia Davi.
11 Foi o número dos dias que Davi
reinou em Hebrom, sobre a casa
de Judá, sete anos e seis meses.
12 Então saiu Abner, filho de Ner,
com os servos de Is-Bosete, filho
de Saul, de Maanaim a Gibeom.
13 Saíram também Joabe, filho
de Zeruia, e os servos de Davi e
se encontraram uns com os ou-
tros perto do açude de Gibeom.
Pararam estes de um lado do açu-
de, e os outros do outro lado.
14 Disse Abner a Joabe: Levantem-
-se os moços e lutem diante de nós.
Respondeu Joabe: Levantem-se.
15 Então se levantaram e, em
número de doze por Benjamim
e por Is-Bosete, filho de Saul, e
doze dos servos de Davi, atraves-
saram o açude.
16 Cada um pegou o outro pela ca-
beça e o feriu à espada, e caíram
mortos ambos. Assim se chamou
àquele lugar Helcate-Hazurim,
que está junto a Gibeom.
17 Seguiu-se, naquele dia, uma
violenta guerra. Abner e os ho-
mens de Israel foram derrotados
diante dos servos de Davi.
18 Estavam ali os três filhos de
Zeruia: Joabe, Abisai e Asael. Ora,
Asael era ligeiro de pés, como as
gazelas selvagens.
19 Asael perseguiu Abner, sem se
desviar de suas pegadas, nem para
a direita nem para a esquerda.
20 Abner olhou para trás e per-
guntou: És tu Asael? Respondeu
ele: Sou eu.
21 Então lhe disse Abner: Desvia-te
para a direita, ou para a esquerda,
captura um dos soldados e pega
as armas dele. Asael, porém, não
quis desviar-se de segui-lo.
22 Abner tornou a dizer a Asael:
Desvia-te de detrás de mim! Por
que hei de eu matar-te e dar con-
tigo em terra? Como levantaria
o meu rosto diante de Joabe, teu
irmão?
23 Ele, porém, recusou-se a se
desviar. Então Abner feriu-o no
ventre com a extremidade infe-
rior da lança, que lhe saiu por
detrás. Ele caiu ali, e morreu ali
mesmo. E todos os que chegavam
ao lugar onde Asael caíra e mor-
rera, paravam.
24 Joabe e Abisai, porém, perse-
guiram Abner; e ao pôr do sol,
chegaram eles ao outeiro de Amá,
que está diante de Giá, junto ao
caminho do deserto de Gibeom.
25 Então os filhos de Benjamim
se ajuntaram atrás de Abner e,
formando-se num batalhão, pu-
seram-se no cume de um outeiro.
26 Abner gritou a Joabe: Continuará
a espada a derramar sangue para
sempre? Não sabes que por fim ha-
verá amargura? Até quando de-
morarás para dizer ao povo que
deixe de perseguir os seus irmãos?
27 Respondeu Joabe: Tão certo
como vive Deus, se não tivesses
falado, só amanhã cedo o povo
teria cessado, cada um, de per-
seguir o seu irmão.
28 Assim Joabe tocou a trombe-
ta, e todo o povo parou; não per-
seguiu mais Israel, tampouco
guerreou mais.
29 Caminharam Abner e os seus
homens toda aquela noite pela
planície. Passando o Jordão, ca-
minharam por todo o Bitrom e
chegaram a Maanaim.
30 Também Joabe deixou de per-
seguir Abner e, quando ajuntou

todo o povo, faltavam dezenove ho-
mens dos servos de Davi, e Asael.
31 Os servos de Davi, porém, tinham
ferido, dentre os de Benjamim e
os de Abner, trezentos e sessenta
homens, que ali ficaram mortos.
32 Levaram Asael e o sepultaram
na sepultura de seu pai, que esta-
va em Belém. Então Joabe e seus
homens caminharam toda aque-
la noite, e, quando amanheceu,
chegaram a Hebrom.

Davi firma-se no poder

3 A guerra entre as famílias de
Saul e de Davi durou muito
tempo. Davi ia se fortalecendo,
mas os da família de Saul iam-
-se enfraquecendo.
2 Nasceram filhos a Davi em
Hebrom: o seu primogênito foi
Amnom, de Ainoã, a jezreelita.
3 O segundo, Quileabe, de Abigail,
que fora mulher de Nabal, o car-
melita; o terceiro, Absalão, filho
de Maaca, filha de Talmai, rei de
Gesur;
4 o quarto, Adonias, filho de Hagite;
o quinto, Sefatias, filho de Abital;
5 o sexto, Itreão, de Eglá, também
mulher de Davi. Estes nasceram
a Davi em Hebrom.
6 Durante a guerra entre as fa-
mílias de Saul e de Davi, Abner
ia-se tornando poderoso na famí-
lia de Saul.
7 Tivera Saul uma concubina,
cujo nome era Rispa, filha de Aiá.
Perguntou Is-Bosete a Abner: Por
que te deitaste com uma concu-
bina de meu pai?
8 Então se irou muito Abner pe-
las palavras de Is-Bosete e disse:
Sou *eu cabeça de cão, que* perten-
ça a Judá? Ainda hoje faço bene-
ficência à casa de Saul, teu pai, a
seus irmãos e a seus amigos e não
te entreguei nas mãos de Davi.
Contudo, tu hoje buscas motivo
para me culpares no tocante a
essa mulher.
9 Assim faça Deus a Abner, e ou-
tro tanto, se, como o Senhor ju-
rou a Davi, assim eu não lhe fizer,
10 transferindo o reino da famí-
lia de Saul e estabelecendo o tro-
no de Davi sobre Israel e sobre
Judá, desde Dã até Berseba.
11 Nenhuma palavra pôde Is-
-Bosete responder a Abner, por-
que o temia.
12 Então ordenou Abner da sua
parte mensageiros a Davi, dizen-
do: De quem é a terra? Faze comi-
go a tua aliança, e eu te ajudarei a
conquistar o apoio de todo o Israel.
13 Respondeu Davi: Bem, farei
contigo aliança, mas uma coisa
exijo de ti: Se primeiro não me
trouxeres Mical, filha de Saul,
não verás a minha face, quando
vieres a mim.
14 Também Davi enviou mensa-
geiros a Is-Bosete, filho de Saul,
dizendo: Dá-me de volta a minha
mulher Mical, que desposei por
cem prepúcios de filisteus.
15 Is-Bosete mandou tirá-la de
seu marido, Paltiel, filho de Laís.
16 Seu marido partiu com ela e
a seguiu chorando até Baurim.
Então lhe disse Abner: Vai-te,
volta. E ele voltou.
17 Falou Abner com os anciãos
de Israel, dizendo: Já faz muito
tempo que procurais fazer que
Davi reine sobre vós.
18 Fazei-o agora, porque o Senhor
prometeu a Davi: Por meio de
Davi, meu servo, livrarei o meu
povo das mãos dos filisteus e das
mãos de todos os seus inimigos.
19 Falou também Abner o mes-
mo aos ouvidos de Benjamim; e

foi também Abner dizer aos ouvidos de Davi, em Hebrom, tudo o que Israel e a tribo de Benjamim desejavam fazer.
20 Veio Abner e apresentou-se a Davi, em Hebrom, e vinte homens com ele. Davi ofereceu um banquete a Abner e aos homens que com ele estavam.
21 Então disse Abner a Davi: Eu me levantarei e irei ajuntar ao rei, meu senhor, todo o Israel, para fazerem aliança contigo; tu reinarás sobre tudo o que desejar a tua alma. Assim despediu Davi a Abner, e ele se foi em paz.

Joabe mata Abner à traição

22 Pouco tempo depois, os servos de Davi e Joabe voltaram de uma investida e traziam consigo grande despojo. Abner já não estava com Davi em Hebrom, porque o tinha despedido, e se tinha ido em paz.
23 Chegando Joabe, e todo o exército que vinha com ele, disseram-lhe: Abner, filho de Ner, veio apresentar-se ao rei e o rei o despediu, e ele se foi em paz.
24 Então Joabe foi ao rei e perguntou: Que fizeste? Abner veio ter contigo. Por que o despediste de maneira que se fosse assim livremente?
25 Bem conheces a Abner, filho de Ner, que te veio enganar, observar os teus movimentos e descobrir tudo quanto fazes.
26 Joabe então retirou-se de Davi e enviou mensageiros atrás de Abner, que o fizeram voltar do poço de Sirá, sem que Davi o soubesse.
27 Tornando Abner a Hebrom, Joabe o tomou à parte, à entrada da porta, para lhe falar em segredo, e ali o feriu no ventre, e ele morreu, por causa do sangue de Asael, seu irmão.
28 Mais tarde, quando Davi soube disso, falou: Inocente sou, e o meu reino, para com o Senhor, para sempre, do sangue de Abner, filho de Ner.
29 Caia este sangue sobre a cabeça de Joabe e sobre toda a família de seu pai. Nunca falte entre os seus descendentes quem tenha fluxo, quem seja leproso, quem se apoie em muletas, quem caia à espada, quem necessite de pão.
30 Joabe e Abisai, seu irmão, mataram Abner, por ter ele matado a Asael, seu irmão, na peleja em Gibeom.

Davi lamenta a morte de Abner

31 Então disse Davi a Joabe e a todo o povo que com ele estava: Rasgai as vossas vestes, vesti-vos de pano de saco e ide pranteando diante de Abner. E o próprio rei Davi ia seguindo o féretro.
32 Sepultaram Abner em Hebrom; o rei levantou a voz e chorou junto da sepultura de Abner. Chorou também todo o povo.
33 O rei, pranteando a Abner, disse:
Devia Abner morrer como
morre o vilão?
34 As tuas mãos não estavam
atadas,
nem os teus pés carregados
de grilhões.
Caíste como os que caem
diante dos filhos da maldade.
Então todo o povo chorou muito mais por ele.
35 Então todo o povo veio fazer que Davi comesse pão, enquanto ainda era dia; mas Davi jurou, dizendo: Assim me faça Deus, e outro tanto, se, antes que o sol se

ponha, eu provar pão ou qualquer
outra coisa.
36 Todo o povo notou isso e pare-
ceu bem aos seus olhos; deveras,
tudo o que o rei fez pareceu bem
a todo o povo.
37 Todo o povo e todo o Israel en-
tenderam naquele mesmo dia que
não procedera do rei que matas-
sem Abner, filho de Ner.
38 Então disse o rei aos seus ser-
vos: Não sabeis que hoje caiu em
Israel um líder, um grande homem?
39 Eu sou ainda fraco, apesar de
ungido rei, e estes homens, filhos
de Zeruia, são fortes demais para
mim. Retribua o Senhor ao mal-
feitor, conforme a sua maldade.

Is-Bosete é assassinado

4 Ouvindo o filho de Saul que
Abner morrera em Hebrom,
as mãos se lhe afrouxaram, e todo
o Israel pasmou.
2 Ora, o filho de Saul tinha dois
homens capitães de tropas. Um
deles se chamava Baaná, e o ou-
tro, Recabe, filhos de Rimom, o
beerotita, dos filhos de Benjamim
— também Beerote era conside-
rado de Benjamim,
3 porque os beerotitas fugiram para
Gitaim e ali têm morado como es-
trangeiros até o dia de hoje.
4 Jônatas, filho de Saul, tinha um
filho aleijado dos pés. Era este da
idade de cinco anos quando as
notícias de Saul e Jônatas chegaram
de Jezreel. A sua ama o pegou e
fugiu, mas apressando-se ela em
fugir, ele caiu e ficou coxo. O seu
nome era Mefibosete.
5 Foram os filhos de Rimom, o
beerotita, *Recabe* e *Baaná*, e en-
traram na casa de Is-Bosete, no
maior calor do dia, estando ele
deitado a dormir, ao meio-dia.
6 Entraram na casa, como que
vindo buscar trigo, e o feriram
no ventre. Então Recabe e Baaná,
seu irmão, fugiram.
7 Entraram na sua casa, estan-
do ele deitado na cama, no seu
quarto de dormir, feriram-no e
o mataram. Depois cortaram-
-lhe a cabeça e, tomando-a, an-
daram toda a noite pelo cami-
nho da planície.
8 Trouxeram a cabeça de Is-Bosete
para Davi, em Hebrom, e disseram
ao rei: Aqui está a cabeça de Is-
-Bosete, filho de Saul, teu inimigo,
que procurava a tua morte. Assim
o Senhor vingou hoje o rei, meu se-
nhor, de Saul e da sua descendência.
9 Respondeu Davi a Recabe e a
Baaná, seu irmão, filhos de Rimom,
o beerotita: Tão certo como vive o
Senhor que remiu a minha alma
de toda a angústia,
10 se àquele que me trouxe notí-
cia, dizendo: Saul é morto, pare-
cendo-lhe aos seus olhos que era
como quem trazia boas-novas, eu
logo lancei mão dele e o matei em
Ziclague, sendo essa a recompen-
sa que lhe dei pela notícia,
11 quanto mais quando homens
perversos mataram um homem
justo em sua casa, sobre a sua
cama, não requererei eu o seu
sangue das vossas mãos e não
vos exterminarei da terra?
12 Assim Davi deu ordem aos
seus moços, e eles os mataram.
Cortaram-lhes as mãos e os pés
e os penduraram junto ao açude
em Hebrom. Mas tomaram a cabe-
ça de Is-Bosete, e a sepultaram na
sepultura de Abner, em Hebrom.

Davi reina sobre todo o Israel

5 Todas as tribos de Israel vie-
ram a Davi, em Hebrom, e

disseram: Somos teus ossos e
tua carne.
2 Já antes, sendo Saul ainda rei
sobre nós, eras tu que saías e en-
travas com Israel. E também o
Senhor te disse: Tu apascenta-
rás o meu povo de Israel e tu se-
rás chefe sobre Israel.
3 Assim todos os anciãos de Israel
vieram ao rei, em Hebrom, e o
rei Davi fez com eles aliança em
Hebrom, perante o Senhor. E un-
giram Davi rei sobre Israel.
4 Da idade de trinta anos era Davi
quando começou a reinar, e rei-
nou quarenta anos.
5 Em Hebrom reinou sobre Judá sete
anos e seis meses, e em Jerusalém,
reinou trinta e três anos sobre
todo o Israel e Judá.
6 Partiu o rei com os seus homens
para Jerusalém, contra os jebu-
seus que habitavam naquela terra
e que disseram a Davi: Não entra-
rás aqui; até os cegos e os coxos
te repelirão. Pensavam: Davi de
maneira nenhuma entrará aqui.
7 Davi, porém, tomou a fortaleza
de Sião, a Cidade de Davi.
8 Disse Davi naquele dia: Aquele
que quiser ferir os jebuseus, es-
ses coxos e cegos a quem a alma
de Davi aborrece, terá de subir
pelo canal. Por isso se diz: Nem
cego nem coxo entrará no palácio.
9 Assim habitou Davi na fortale-
za e lhe chamou a Cidade de Davi.
E foi edificando em redor, desde
os terraços de apoio para dentro.
10 *Davi ia-se engrandecendo* cada
vez mais, porque o Senhor, o Deus
dos exércitos, era com ele.
11 Hirão, rei de Tiro, enviou men-
sageiros a Davi, e madeira de
cedro, e carpinteiros, e pedrei-
ros, que edificaram para Davi
uma casa.
12 Entendeu Davi que o Senhor o
confirmava rei sobre Israel e que
exaltara o seu reino por amor do
seu povo.
13 Tomou Davi mais concubinas
e mulheres de Jerusalém, depois
que viera de Hebrom, e nasceram-
-lhe mais filhos e filhas.
14 São estes os nomes dos que lhe
nasceram em Jerusalém: Samua,
Sobabe, Natã, Salomão,
15 Ibar, Elisua, Nefegue, Jafia,
16 Elisama, Eliada e Elifelete.
17 Ouvindo os filisteus que ha-
viam ungido Davi rei sobre Israel,
subiram todos em busca de Davi.
Ouvindo isso, Davi desceu à for-
taleza.
18 Os filisteus vieram e se esten-
deram pelo vale de Refaim.
19 Davi consultou o Senhor, dizen-
do: Subirei contra os filisteus? Tu
os entregarás nas minhas mãos?
Respondeu o Senhor a Davi: Sobe,
pois certamente entregarei os fi-
listeus nas tuas mãos.
20 Então veio Davi a Baal-Perazim
e os derrotou ali, e disse: Destruiu
o Senhor os meus inimigos diante
de mim, como águas de uma en-
chente provocam destruição. Por
isso deu àquele lugar o nome de
Baal-Perazim.
21 Os filisteus deixaram ali os
seus ídolos, e Davi e os seus ho-
mens os tomaram.
22 Os filisteus tornaram a subir e
se estenderam pelo vale de Refaim.
23 Davi consultou o Senhor, que
respondeu: Não subirás; rodeia
por detrás deles e ataca-os em
frente das amoreiras.
24 Ouvindo tu um estrondo de
marcha pelas copas das amorei-
ras, então te apressarás, porque
é o Senhor que saiu diante de ti,
a ferir o exército dos filisteus.

25 Fez Davi como o Senhor lhe ti-
nha ordenado; e feriu os filisteus
desde Geba até chegar a Gezer.

Davi leva a arca para Jerusalém

6 Tornou Davi a ajuntar todos
os escolhidos de Israel, em nú-
mero de trinta mil.
2 Levantou-se Davi e partiu com
todo o povo que tinha consigo
para Baalim de Judá, a fim de
levarem de lá para cima a arca
de Deus, sobre a qual se invoca
o Nome, o nome do Senhor dos
Exércitos, que se assenta entre
os querubins.
3 Puseram a arca de Deus em um
carro novo e a levaram da casa de
Abinadabe, que está no alto da coli-
na. Uzá e Aiô, filhos de Abinadabe,
guiavam o carro novo.
4 Levaram-no da casa de Abinadabe,
que estava no alto da colina, com
a arca de Deus, e Aiô ia adiante
da arca.
5 Davi e todos os israelitas ale-
gravam-se perante o Senhor, com
todo tipo de instrumentos de pi-
nho: harpas, saltérios, tamboris,
pandeiros e címbalos.
6 **Q**uando chegaram à eira de
Nacom, estendeu Uzá a mão à
arca de Deus e a segurou, por-
que os bois tropeçaram.
7 Então a ira do Senhor se acen-
deu contra Uzá, e Deus o feriu ali
por essa irreverência; e morreu
ali junto à arca de Deus.
8 Davi se enfureceu, porque o
Senhor irrompera contra Uzá, e
chamou àquele lugar Perez-Uzá,
até o dia de hoje.
9 Temeu Davi ao Senhor naque-
le dia e disse: *Como virá a mim*
a arca do Senhor?
10 Não quis Davi levar para si a
arca do Senhor, para a Cidade de
Davi. Antes, fê-la entrar na casa
de Obede-Edom, o geteu.
11 Ficou a arca do Senhor na casa
de Obede-Edom, o geteu, três me-
ses, e o Senhor abençoou a Obede-
-Edom e a toda a sua família.
12 Então disseram a Davi: O Senhor
abençoou a família de Obede-
-Edom e tudo o que tem, por cau-
sa da arca de Deus. Assim foi Davi
e fez subir a arca de Deus da casa
de Obede-Edom para a Cidade de
Davi, com alegria.
13 Quando os que levavam a arca
do Senhor tinham dado seis pas-
sos, ele sacrificava bois e carnei-
ros cevados.
14 Davi dançava com todas as suas
forças diante do Senhor, cingido
de uma estola sacerdotal de linho.
15 Assim Davi e todos os israelitas
subiam, trazendo a arca do Senhor
com júbilo e ao som de trombetas.
16 **Q**uando a arca do Senhor en-
trava na Cidade de Davi, Mical, a
filha de Saul, estava olhando pela
janela. E vendo o rei Davi, que ia
saltando e dançando diante do
Senhor, o desprezou no seu coração.
17 Trouxeram a arca do Senhor e
a puseram no seu lugar, na tenda
que Davi lhe armara, e ofereceu
Davi holocaustos e ofertas pací-
ficas perante o Senhor.
18 Tendo Davi acabado de ofere-
cer os holocaustos e ofertas pací-
ficas, abençoou o povo em nome
do Senhor dos Exércitos.
19 Então repartiu todo o povo e
toda a multidão de Israel, tanto
homens como mulheres, a cada
um, um bolo de pão, um bom pe-
daço de carne e um bolo de pas-
sas. E se retirou todo o povo, cada
um para sua casa.
20 **V**oltando Davi para abençoar
a sua casa, Mical, a filha de Saul,

saiu a encontrar-se com ele e lhe disse: Quão honrado foi o rei de Israel, descobrindo-se hoje aos olhos das servas de seus servos, como sem pudor se descobre um qualquer.

21 Disse Davi a Mical: Perante o Senhor, que me escolheu antes do que a teu pai e a toda a sua família, mandando-me que fosse chefe sobre o povo do Senhor, sobre Israel, perante o Senhor me tenho alegrado.

22 Ainda mais do que isso me rebaixarei e me humilharei aos meus olhos. Quanto às servas, de quem falaste, delas serei honrado.

23 E Mical, filha de Saul, não teve filhos, até o dia da sua morte.

Promessas de Deus a Davi

7 Estando o rei Davi em seu palácio, e tendo-lhe dado o Senhor descanso de todos os seus inimigos em redor,

2 disse o rei ao profeta Natã: Olha, eu moro em um palácio de cedro, e a arca de Deus dentro de uma tenda.

3 Disse Natã ao rei: Vai, faze tudo quanto está no teu coração, pois o Senhor é contigo.

4 Naquela mesma noite, porém, veio a palavra do Senhor a Natã, dizendo:

5 Vai e dize a meu servo Davi: Assim diz o Senhor: Edificarás tu uma casa para minha habitação?

6 Em casa nenhuma habitei, desde o dia em que fiz subir os filhos de Israel *do Egito até* o dia de hoje, mas tenho andado em tenda e em tabernáculo.

7 Em todo lugar em que andei com todos os filhos de Israel, falei porventura alguma palavra a qualquer das tribos de Israel, a quem mandei apascentar o meu povo de Israel, dizendo: Por que não me edificais uma casa de cedro?

8 Agora, pois, assim dirás ao meu servo Davi: Assim diz o Senhor dos Exércitos: Eu te tomei da malhada, de detrás das ovelhas, para que fosses o soberano sobre o meu povo, sobre Israel.

9 Fui contigo por onde quer que foste e destruí os teus inimigos diante de ti; fiz para ti um grande nome, como o nome dos grandes que há na terra.

10 Prepararei lugar para o meu povo, para Israel, e o plantarei, para que habite no seu lugar e não mais seja perturbado. Nunca mais os filhos da perversidade o aflijam, como dantes,

11 desde o dia em que mandei que houvesse juízes sobre o meu povo Israel. A ti, porém, darei descanso de todos os teus inimigos. O Senhor te declara que ele te estabelecerá dinastia.

12 Quando os teus dias forem completos, e vieres a dormir com teus pais, então farei levantar depois de ti o teu descendente, que sair das tuas entranhas, e estabelecerei o seu reino.

13 Este edificará uma casa ao meu nome, e estabelecerei o trono do seu reino para sempre.

14 Eu lhe serei por pai, e ele me será por filho. Se vier a fazer o que é errado, eu o castigarei com varas de homens e com açoites de filhos de homens.

15 A *minha* benignidade, porém, não retirarei dele, como a *retirei* de Saul, a quem tirei de diante de ti.

16 A tua casa e o teu reino serão firmados para sempre diante de mim; o teu trono será estabelecido para sempre.

17 Conforme todas estas palavras
e conforme toda esta visão, assim
falou Natã a Davi.
18 Então entrou o rei Davi, sen-
tou-se perante o Senhor e dis-
se: Quem sou eu, Senhor Deus,
e qual é a minha casa, para me
trazeres até aqui?
19 E isso ainda foi pouco aos teus
olhos, Senhor Deus, senão que
também falaste da casa de teu ser-
vo para tempos distantes. Isto é
instrução para todos os homens,
Senhor Deus?
20 Que mais ainda te poderá di-
zer Davi? Pois tu conheces bem
teu servo, ó Senhor Deus.
21 Por causa da tua palavra e se-
gundo o teu coração, fizeste toda
esta grandeza, dando-a a conhe-
cer a teu servo.
22 Portanto, grandioso és, ó Senhor
Deus, porque não há semelhan-
te a ti, e não há outro Deus além
de ti, segundo tudo o que temos
ouvido com os nossos ouvidos.
23 Quem há como o teu povo,
como Israel, gente única na ter-
ra, a quem tu, ó Deus, foste res-
gatar para ser teu povo? E para
fazer a ti mesmo um nome e a
teu povo estas grandes e terrí-
veis coisas, para a tua terra, dian-
te do teu povo, que tu resgataste
do Egito, desterrando as nações
e seus deuses?
24 Estabeleceste o teu povo Israel
por teu povo para sempre, e tu,
ó Senhor, te fizeste o seu Deus.
25 Agora, pois, ó Senhor Deus,
quanto a esta palavra que falas-
te acerca de teu servo e acerca
da sua descendência, confirma-a
para sempre e faze como falaste.
26 E seja para sempre engran-
decido o teu nome, e se diga:
O Senhor dos Exércitos é Deus
sobre Israel! E a casa do teu ser-
vo será estabelecida diante de ti.
27 Pois tu, ó Senhor dos Exércitos,
Deus de Israel, revelaste aos ouvi-
dos de teu servo, dizendo: Edificarei
para ti uma dinastia. Por isso, o
teu servo se animou a fazer-te
esta oração.
28 Agora, ó Senhor Deus, tu mes-
mo és Deus, e as tuas palavras são
verdade, e tens prometido a teu
servo este bem.
29 Sê agora servido de abençoar
a família do teu servo, a fim de
permanecer para sempre dian-
te de ti, pois tu, ó Senhor Deus, o
disseste; e com a tua bênção será
para sempre bendita a família do
teu servo.

As guerras de Davi

8 Depois disso, Davi derrotou
os filisteus e os sujeitou; e to-
mou a Metegue-Amá das mãos
dos filisteus.
2 Também derrotou os moabitas;
fê-los deitar por terra, mediu-os
com uma corda. Mediu dois cordéis
para os matar e um cordel inteiro
para os deixar com vida. Ficaram
assim os moabitas por servos de
Davi, pagando-lhe tributos.
3 Davi também derrotou a
Hadadezer, filho de Reobe, rei
de Zobá, quando este ia estabe-
lecer o seu domínio sobre o rio
Eufrates.
4 Tomou-lhe Davi mil e seiscentos
cavaleiros e vinte mil homens de
pé. Aleijou todos os cavalos dos
carros, menos para cem deles.
5 Quando os siros de Damasco
vieram para socorrer Hadadezer,
rei de Zobá, Davi matou dos siros
vinte e dois mil homens.
6 Davi pôs guarnições na Síria de
Damasco, e os siros ficaram por

servos de Davi, pagando-lhe tri-
butos. O Senhor dava vitória a
Davi por onde quer que ia.
7 Davi tomou os escudos de ouro
que os servos de Hadadezer usa-
vam e os trouxe a Jerusalém.
8 Tomou mais o rei Davi grande
quantidade de bronze de Betá e
de Berotai, cidades de Hadadezer.
9 Ouvindo então Toí, rei de Hamate,
que Davi derrotara todo o exér-
cito de Hadadezer,
10 mandou seu filho Jorão ao
rei Davi, para o saudar e o feli-
citar por haver pelejado contra
Hadadezer e havê-lo ferido (por-
que Hadadezer de contínuo fa-
zia guerra a Toí). Jorão trouxe
consigo vasos de prata, de ouro
e de bronze,
11 os quais o rei Davi consagrou
ao Senhor, com a prata e o ouro
que já havia consagrado de todas
as nações que sujeitara:
12 da Síria, de Moabe, dos filhos de
Amom, dos filisteus, de Amaleque
e dos despojos de Hadadezer, fi-
lho de Reobe, rei de Zobá.
13 Assim Davi aumentou a sua
fama, quando, ao voltar de ferir
os siros, matou no vale do Sal de-
zoito mil edomitas.
14 Pôs guarnições em todo o Edom,
e todos os edomitas ficaram por
servos de Davi. O Senhor dava vi-
tórias a Davi por onde quer que ia.
15 Reinou Davi sobre todo o Israel,
julgando e fazendo justiça a todo
o seu povo.
16 *Joabe, filho* de Zeruia, estava
sobre o exército; Josafá, *filho* de
Ailude, era cronista.
17 Zadoque, filho de Aitube, e
Aimeleque, filho de Abiatar, eram
sacerdotes; Seraías era escrivão.
18 Benaia, filho de Jeoiada, coman-
dava os quereteus e os peleteus;
e os filhos de Davi eram os seus
ministros.

Davi honra ao filho de Jônatas

9 Perguntou Davi: Resta ainda
alguém da família de Saul,
para que eu o trate com bonda-
de por amor de Jônatas?
2 Havia um servo na casa de Saul
cujo nome era Ziba. Chamaram-
-no que viesse a Davi. Disse-lhe
o rei: És tu Ziba? Respondeu ele:
Teu servo.
3 Perguntou o rei: Não há ain-
da alguém da família de Saul a
quem eu possa mostrar a bon-
dade de Deus? Ziba respondeu ao
rei: Ainda há um filho de Jônatas,
aleijado de ambos os pés.
4 Perguntou o rei: Onde está?
Respondeu Ziba ao rei: Está na
casa de Maquir, filho de Amiel,
em Lo-Debar.
5 Assim mandou o rei Davi trazê-
-lo da casa de Maquir, filho de
Amiel, em Lo-Debar.
6 Vindo Mefibosete, filho de Jônatas,
filho de Saul, a Davi, prostrou-se
com o rosto em terra e se incli-
nou. Disse-lhe Davi: Mefibosete!
Respondeu ele: Teu servo.
7 Disse-lhe Davi: Não temas, pois
de certo usarei de bondade conti-
go por amor de Jônatas, teu pai,
e te restituirei todas as terras de
Saul, teu pai, e tu sempre come-
rás pão à minha mesa.
8 Mefibosete se inclinou e dis-
se: Quem é teu servo, para teres
olhado para um cão morto tal
como eu?
9 Então o rei chamou Ziba, servo
de Saul, e lhe disse: Tudo *o que*
pertencia a Saul e a toda a sua
casa, dei ao filho de teu senhor.
10 Cultivarás a terra, tu e teus fi-
lhos, e teus servos, e recolherás os

frutos, para que o filho de teu senhor
tenha pão que coma. E Mefibosete,
filho de teu senhor, sempre co-
merá pão à minha mesa. Tinha
Ziba quinze filhos e vinte servos.
11 Então disse Ziba ao rei: Conforme
tudo o que o meu senhor, o rei,
manda a seu servo, assim fará
ele. Assim Mefibosete comeu à
mesa de Davi como um dos fi-
lhos do rei.
12 Tinha Mefibosete um filho pe-
queno, cujo nome era Mica. Todos
os que moravam na casa de Ziba
eram servos de Mefibosete.
13 E Mefibosete morava em
Jerusalém, porque sempre co-
mia à mesa do rei, e era coxo de
ambos os pés.

Batalhas contra os amonitas e os siros

10 Depois disto morreu o rei
dos filhos de Amom, e seu
filho Hanum reinou em seu lugar.
2 Então pensou Davi: Usarei de
bondade para com Hanum, fi-
lho de Naás, como seu pai usou
de bondade para comigo. Enviou
Davi os seus servos para o conso-
lar acerca de seu pai. Quando os
servos de Davi chegaram à terra
dos filhos de Amom,
3 disseram os líderes dos filhos
de Amom a seu senhor, Hanum:
Pensas que Davi, por te haver man-
dado consoladores, está honran-
do a teu pai? Não te enviou ele os
seus servos para reconhecerem
a cidade e para a espiarem, a fim
de destruí-la?
4 Pelo que Hanum tomou os ser-
vos de Davi, rapou-lhes metade da
barba, cortou-lhes *metade das ves-
tes até as nádegas* e os despediu.
5 Quando Davi teve notícia do
ocorrido, enviou mensageiros a
encontrá-los, pois estavam estes
homens sobremaneira envergo-
nhados. Mandou dizer-lhes o rei:
Deixai-vos estar em Jericó, até
que vos torne a crescer a barba,
e então vinde.
6 Vendo os filhos de Amom que
se tinham feito abomináveis para
com Davi, mandaram mensagei-
ros alugar dos siros de Bete-Reobe
e dos siros de Zobá vinte mil ho-
mens de infantaria, e do rei de
Maaca mil homens, e dos homens
de Tobe doze mil.
7 O que ouvindo Davi, enviou con-
tra eles Joabe com todo o exérci-
to dos valentes.
8 Saíram os filhos de Amom e or-
denaram a batalha à entrada da
porta, e os siros de Zobá e Reobe
e os homens de Tobe e Maaca es-
tavam à parte no campo.
9 Vendo Joabe que a batalha es-
tava preparada contra ele pela
frente e pela retaguarda, esco-
lheu os melhores de Israel e for-
mou-os em linha contra os siros.
10 O restante do povo entregou
a seu irmão Abisai, o qual o for-
mou em linha contra os filhos
de Amom.
11 Disse Joabe: Se os siros forem
mais fortes do que eu, tu me vi-
rás em socorro; mas se os filhos
de Amom forem mais fortes do
que tu, eu irei em teu socorro.
12 Sê forte e sejamos corajosos
pelo nosso povo e pelas cidades
de nosso Deus. Faça o Senhor o
que bem parecer aos seus olhos.
13 Então avançou Joabe, e o povo
que estava com ele, à peleja con-
tra os siros, e estes fugiram de
diante deles.
14 Vendo os filhos de Amom que
os siros fugiam, também eles
fugiram de diante de Abisai e

entraram na cidade. Assim vol-
tou Joabe dos filhos de Amom e
tornou a Jerusalém.
15 Vendo os siros que tinham sido
derrotados diante de Israel, tor-
naram a refazer-se.
16 Hadadezer fez sair os siros que
estavam do outro lado do rio; vie-
ram a Helã, e Soboque, chefe do
exército de Hadadezer, marcha-
va adiante deles.
17 Quando Davi foi informado
disso, ajuntou todo Israel, passou
o Jordão e foi a Helã. Os siros se
puseram em ordem contra Davi
e pelejaram com ele.
18 Os siros, porém, fugiram de
diante de Israel, e Davi matou
dentre os siros os homens de se-
tecentos carros e quarenta mil
homens de cavalo. Também feriu
Soboque, general do exército, de
sorte que morreu ali.
19 Vendo todos os reis, servos de
Hadadezer, que estavam derrota-
dos diante de Israel, fizeram paz
com Israel e o serviram. Pelo que
temeram os siros de ainda socor-
rer os filhos de Amom.

Davi e Bate-Seba

11 Na primavera do ano se-
guinte, época em que os
reis saem à guerra, enviou Davi
a Joabe, e a seus servos com ele,
e a todo o Israel, que destruí-
ram os filhos de Amom e sitia-
ram a Rabá. Mas Davi ficou em
Jerusalém.
2 Uma tarde, levantou-se Davi do
seu leito e andava passeando no
terraço do palácio real. Do terra-
ço viu uma mulher que se esta-
va lavando. Era esta mulher mui
formosa.
3 Davi mandou tomar informa-
ções sobre ela. Disseram-lhe:
Não é esta Bate-Seba, filha de
Eliã, mulher de Urias, o heteu?
4 Então Davi enviou mensageiros
para trazê-la. Ela veio, e ele se dei-
tou com ela. (Ela já se tinha puri-
ficado da sua imundície.) Então
ela voltou para sua casa.
5 A mulher concebeu e mandou
dizer a Davi: Estou grávida.
6 Pelo que Davi enviou esta men-
sagem a Joabe: Manda-me Urias, o
heteu. Joabe enviou Urias a Davi.
7 Vindo Urias a ele, perguntou
este como passava Joabe, como
estava o povo e como ia a guerra.
8 Depois disse Davi a Urias: Desce
à tua casa e lava os teus pés. E,
saindo Urias do palácio real, logo
recebeu um presente da mesa
do rei.
9 Urias, porém, se deitou à por-
ta do palácio real, com todos os
servos do seu senhor, e não des-
ceu à sua casa.
10 Fizeram-no saber a Davi, dizen-
do: Urias não desceu a sua casa.
Então perguntou Davi a Urias:
Não vens tu de uma jornada?
Por que não desceste a tua casa?
11 Respondeu Urias a Davi: A arca,
Israel e Judá estão em tendas, e
Joabe, meu senhor, e os servos de
meu senhor estão acampados ao
relento. Como poderia eu entrar
na minha casa, para comer e be-
ber e para me deitar com minha
mulher? Tão certo como tu vives,
não farei tal coisa.
12 Então disse Davi a Urias: Fica
ainda hoje aqui, e amanhã te des-
pedirei. Assim Urias ficou em
Jerusalém aquele dia e o seguinte.
13 Davi o convidou, e comeu e be-
beu diante dele, e o embebedou.
Mas à tarde, Urias saiu a deitar-
-se na sua cama com os servos de
seu senhor; não desceu a sua casa.

14 Pela manhã Davi escreveu
uma carta a Joabe e a mandou
por mão de Urias.
15 Escreveu na carta: Ponde Urias
na frente da maior força da pe-
leja. Então retirai-vos de detrás
dele para que seja ferido e morra.
16 Tendo Joabe sitiado a cidade,
pôs Urias no lugar onde sabia que
estavam homens valentes.
17 Saindo os homens da cidade e
pelejando com Joabe, caíram al-
guns do povo, dos servos de Davi;
morreu também Urias, o heteu.
18 Então Joabe mandou dizer a Davi
tudo o que acontecera na peleja.
19 Deu ordem ao mensageiro:
Acabando tu de contar ao rei todo
o sucesso desta peleja,
20 caso o rei se encolerize e te
diga: Por que vos chegastes tão
perto da cidade a pelejar? Não
sabíeis vós que haviam de atirar
do muro?
21 Quem feriu Abimeleque, filho
de Jerubesete? Não lançou uma
mulher sobre ele do muro uma pe-
dra de moinho, de que morreu em
Tebes? Por que vos chegastes ao
muro? Então dirás: Também mor-
reu teu servo Urias, o heteu.
22 Partiu o mensageiro e, che-
gando, fez saber a Davi tudo o que
Joabe lhe mandara dizer.
23 Disse o mensageiro a Davi: Na
verdade que mais poderosos fo-
ram aqueles homens do que nós
e saíram contra nós ao campo,
mas nós fomos contra eles, até a
entrada da porta.
24 Então os flecheiros atiraram
contra os teus servos desde o alto
do muro, e morreram alguns dos
servos do rei. E também morreu
o teu servo Urias, o heteu.
25 Disse Davi ao mensageiro: Assim
dirás a Joabe: Não te pareça isso
mal aos teus olhos; a espada tanto
devora este como aquele. Redobra o
ataque contra a cidade e derrota-a.
Anima-o tu assim.
26 Ouvindo a mulher de Urias
que seu marido era morto, ela o
pranteou.
27 Passado o luto, Davi mandou
buscá-la e a recolheu em sua casa
e ela lhe foi por mulher e lhe deu
um filho. Mas o que Davi fizera
desagradou ao Senhor.

O profeta Natã repreende Davi

12 O Senhor enviou Natã a
Davi. Entrando ele na pre-
sença de Davi, disse-lhe: Havia
numa cidade dois homens, um
rico e outro pobre.
2 O rico tinha ovelhas e gado em
grande número,
3 mas o pobre não tinha coisa ne-
nhuma, senão uma pequena cor-
deira que comprara e criara, e que
em sua casa crescera, com seus
filhos. Do seu bocado comia, do
seu copo bebia e dormia em seu
regaço. Ele a tinha como filha.
4 Chegando um viajante ao ho-
mem rico, não quis este tomar
das suas ovelhas e do gado para
dar de comer ao viajante que
viera a ele. Em vez disso, tomou
a cordeira do pobre e a prepa-
rou para o homem que lhe ha-
via chegado.
5 Então o furor de Davi se acen-
deu sobremaneira contra aquele
homem, e disse a Natã: Tão cer-
to como vive o Senhor, digno de
morte é o homem que fez isso.
6 Pela cordeira restituirá o quá-
druplo, porque fez tal coisa e não
se compadeceu.
7 Então disse Natã a Davi: Tu és
esse homem. Assim diz o Senhor,
o Deus de Israel: Eu te ungi rei

sobre Israel e eu te livrei das
mãos de Saul.
8 Dei-te a casa de teu senhor e as
mulheres de teu senhor em teus
braços. Também te dei a nação de
Israel e de Judá, e, se isto fosse pou-
co, te acrescentaria muito mais.
9 Por que desprezaste a palavra
do Senhor, fazendo o mal diante
de seus olhos? A Urias, o heteu,
mataste à espada, e a sua mu-
lher tomaste por tua mulher. A
ele mataste com a espada dos fi-
lhos de Amom.
10 Agora, portanto, a espada ja-
mais se apartará da tua família,
porque me desprezaste e tomaste
a mulher de Urias, o heteu, para
ser tua mulher.
11 Assim diz o Senhor: Eu sus-
citarei da tua própria casa o mal
sobre ti, e tomarei tuas mulheres
perante os teus olhos, e as darei
a teu próximo, o qual se deitará
com elas, à plena luz do dia.
12 Tu o fizeste em oculto, mas eu
farei este negócio perante todo o
Israel e à plena luz do dia.
13 Então disse Davi a Natã: Pequei
contra o Senhor. Respondeu Natã:
O Senhor perdoou o teu pecado.
Não morrerás.
14 Como, porém, com este feito
deste lugar a que os inimigos do
Senhor blasfemem, o filho que te
nasceu morrerá.
15 Depois que Natã foi para sua
casa, o Senhor feriu a criança que
a mulher de Urias dera a Davi,
e ela caiu gravemente enferma.
16 Buscou Davi a Deus pela crian-
ça. Jejuou e, recolhendo-se, passa-
va a noite toda prostrado em terra.
17 Os anciãos da sua casa foram
ter com ele, para o levantar da
terra, mas ele não quis e não co-
meu com eles.
18 Ao sétimo dia, a criança mor-
reu. Temiam os servos de Davi
dizer-lhe que a criança era mor-
ta, porque pensavam: Estando a
criança ainda viva, lhe falráva-
mos, mas não dava ouvidos à nos-
sa voz. Como lhe diremos que a
criança é morta? Ele poderá co-
meter um desatino.
19 Viu Davi que os seus servos
falavam baixo e entendeu que a
criança era morta. Perguntou a
seus servos: É morta a criança?
Eles responderam: É morta.
20 Então Davi se levantou da ter-
ra. Depois de ter-se lavado, ungi-
do e trocado de roupa, entrou no
templo do Senhor e adorou. Então
foi para o seu palácio, e, a seu pedi-
do, serviram-lhe pão, e ele comeu.
21 Perguntaram-lhe seus servos:
Que é isso que fizeste? Pela crian-
ça viva jejuaste e choraste; mas,
depois que a criança morreu, te
levantaste e comeste pão.
22 Respondeu ele: Vivendo ainda
a criança, jejuei e chorei, porque
pensava: Quem sabe se o Senhor
se compadecerá de mim, de modo
que viva a criança?
23 Agora, porém, que é morta,
por que jejuaria eu? Poderei eu
fazê-la voltar? Eu irei a ela, mas
ela não voltará para mim.
24 Então consolou Davi a Bate-
-Seba, sua mulher, entrou e se dei-
tou com ela. Ela teve um filho a
quem deram o nome de Salomão.
E o Senhor o amou;
25 e porque o Senhor o amou, man-
dou, por intermédio do profeta
Natã, dar-lhe o nome de Jedidias.
26 Entretanto pelejou Joabe con-
tra Rabá, dos filhos de Amom, e
tomou a cidade real.
27 Então mandou Joabe mensagei-
ros a Davi, dizendo: Pelejei contra

Rabá e também tomei a cidade das
águas.
28 Ajunta agora o resto do povo,
cerca a cidade e toma-a, para que
eu não a tome e seja o meu nome
aclamado sobre ela.
29 Então ajuntou Davi todo o seu
exército, marchou para Rabá,
guerreou contra ela e a tomou.
30 Tirou a coroa da cabeça do seu
rei, cujo peso era de um talento de
ouro, e havia nela pedras precio-
sas, e a colocaram na cabeça de
Davi. Da cidade levou mui gran-
de despojo.
31 Trazendo os seus habitantes,
colocou-os para trabalhar com ser-
ras, picaretas, machados de ferro,
e em fornos de tijolos. Assim fez
com todas as cidades dos filhos de
Amom. Depois voltou Davi e todo
o povo para Jerusalém.

Amnom e Tamar

13 Depois disto Amnom, fi-
lho de Davi, enamorou-
-se de Tamar, a formosa irmã de
Absalão, filho de Davi.
2 Angustiou-se Amnom, até adoe-
cer, por Tamar, sua irmã, pois
era virgem, e lhe parecia impos-
sível fazer coisa alguma com ela.
3 Ora, Amnom tinha um amigo,
cujo nome era Jonadabe, filho
de Simeia, irmão de Davi. Era
Jonadabe homem muito sagaz.
4 Este lhe perguntou: Por que tu,
filho do rei, cada manhã estás tão
abatido? Não me dirás por quê?
Disse-lhe Amnom: Amo Tamar,
irmã de Absalão, meu irmão.
5 Disse-lhe Jonadabe: Deita-te
na tua cama e finge-te doente.
Quando teu pai te vier visitar, dize-
-lhe: Peço-te que minha irmã Tamar
venha e me dê de comer pão, pre-
parando a comida diante dos meus
olhos, para que eu a veja e coma
da sua mão.
6 Assim deitou-se Amnom e fingiu-
-se doente. Vindo o rei visitá-lo,
disse-lhe Amnom: Peço-te que mi-
nha irmã Tamar venha e prepare
dois bolos diante dos meus olhos,
para que eu coma de sua mão.
7 Então Davi mandou dizer a Tamar
em sua casa: Vai à casa de Amnom,
teu irmão, e faze-lhe comida.
8 Foi Tamar à casa de Amnom,
seu irmão, que estava deitado.
Ela tomou massa e, amassando-
-a, fez bolos e os assou diante dos
seus olhos.
9 Então tomou a panela e os tirou
diante dele, mas ele recusou co-
mer. Disse Amnom: Fazei retirar
a todos da minha presença. E to-
dos se retiraram.
10 Então disse Amnom a Tamar:
Traze a comida ao meu quarto, e
comerei da tua mão. Tomou Tamar
os bolos que fizera e os levou a
Amnom, seu irmão, no quarto.
11 Quando os ofereceu a Amnom,
para que ele comesse, ele a agar-
rou e disse: Vem, deita-te comi-
go, minha irmã.
12 Ela, porém, lhe disse: Não,
meu irmão, não me forces. Não
se faz assim em Israel. Não faças
tal loucura.
13 Aonde iria eu com a minha
vergonha? E tu serias como um
dos loucos de Israel. Agora peço-
-te que fales ao rei; ele não me
negará a ti.
14 Ele, porém, não quis dar ouvi-
dos ao que ela dizia, e sendo mais
forte do que ela, forçou-a e se dei-
tou com ela.
15 Então Amnom sentiu gran-
de aversão por ela. De fato, era a
aversão que sentiu por ela maior
do que o amor com que a amara.

Disse-lhe Amnom: Levanta-te e
vai-te.
16 Então ela lhe disse: Não há
razão de me despedires assim;
maior seria este mal do que o outro que já me fizeste. Mas ele não
lhe quis dar ouvidos.
17 Chamou o moço que o servia
e disse: Deita fora esta mulher e
fecha a porta após ela.
18 Trazia ela uma túnica ricamente ornamentada, porque assim se vestiam as filhas virgens dos reis. Mesmo assim o servo a colocou para fora, e fechou a porta após ela.
19 Então Tamar tomou cinza sobre a cabeça, rasgou a túnica ornamentada que trazia, pôs as mãos sobre a cabeça e se foi andando e clamando.
20 Absalão, seu irmão, perguntou-lhe: Esteve Amnom, teu irmão, contigo? Ora, minha irmã, cala-te; é teu irmão. Não se angustie o teu coração por isso. Assim ficou Tamar, uma mulher desolada, vivendo na casa de Absalão, seu irmão.
21 Ouvindo o rei Davi todas estas
coisas, muito se lhe acendeu a ira.
22 Absalão não falou com Amnom,
nem mal nem bem; ele odiava a Amnom, por ter violentado a Tamar, sua irmã.

Absalão mata Amnom

23 Passados dois anos inteiros, tendo Absalão tosquiadores em Baal-Hazor, que está junto a Efraim, convidou todos os filhos do rei.
24 Foi Absalão até o rei e disse:
O teu servo faz a tosquia. Peço que o rei e os seus servos venham com o teu servo.
25 O rei respondeu a Absalão: Não,
meu filho, não vamos todos juntos, para não te sermos pesados.
Absalão insistiu com ele, todavia
ele não quis ir, mas o abençoou.
26 Então disse Absalão: Ao menos deixa ir conosco Amnom, meu irmão. Perguntou-lhe o rei: Para que iria ele contigo?
27 Insistindo Absalão com o rei,
este deixou Amnom ir com ele e todos os filhos do rei.
28 Absalão deu ordem aos seus moços: Ouçam! Quando o coração de Amnom estiver alegre de vinho, e eu vos disser: Feri a Amnom, então o matareis. Não temais. Não sou eu quem vos dá essa ordem? Esforçai-vos e sede valentes.
29 Os moços de Absalão fizeram a
Amnom como Absalão lhes havia ordenado. Então todos os filhos do rei se levantaram e, montando cada um no seu mulo, fugiram.
30 Iam eles ainda a caminho,
quando chegou a notícia a Davi: Absalão matou todos os filhos do rei; não ficando nenhum deles.
31 O rei se levantou, rasgou as
suas vestes e se lançou por terra; e da mesma maneira todos os seus servos que lhe assistiam rasgaram as suas vestes.
32 Jonadabe, filho de Simeia, irmão de Davi, porém, disse-lhe: Não pense meu senhor que mataram todos os seus filhos; só morreu Amnom. Assim já o tinha resolvido fazer Absalão, desde o dia em que ele violentou a Tamar, sua irmã.
33 Não ponha o rei meu senhor tal
coisa no seu coração, supondo que morreram todos os filhos do rei. Só morreu Amnom.
34 Enquanto isso, Absalão fugiu.
Ora, o moço que estava de guarda, levantando os olhos, viu que vinha muito povo pelo caminho por detrás dele, ao lado do monte.

35 Disse Jonadabe ao rei: Vê, aí
vêm os filhos do rei; conforme a
palavra de teu servo, assim sucedeu.
36 Acabando ele de falar, chegaram os filhos do rei e, levantando a voz, choraram. O rei e todos
os seus servos também choraram
amargamente.
37 Absalão fugiu, e se foi a Talmai,
filho de Amiur, rei de Gesur. Mas
Davi pranteava a seu filho todos
os dias.
38 Absalão fugiu para Gesur e esteve ali três anos.
39 Então o rei Davi sentiu saudades de Absalão, pois já se tinha consolado acerca da morte
de Amnom.

A volta de Absalão

14 Conhecendo Joabe, filho de Zeruia, que o coração do rei
estava inclinado para Absalão,
2 mandou trazer de Tecoa uma
mulher sábia e lhe disse: Ora,
finge que estás de luto. Põe vestidos de luto, não te unjas com
óleo e faze-te como uma mulher
que há muitos dias está de luto
por algum morto.
3 Vai à presença do rei, e fala-lhe
estas palavras. E Joabe lhe pôs as
palavras na boca.
4 A mulher tecoíta apresentou-se ao rei e, prostrando-se com
o rosto em terra, fez-lhe uma reverência e disse: Salva-me, ó rei.
5 Perguntou-lhe o rei: Que tens?
Respondeu ela: Na verdade sou
viúva; o meu marido morreu.
6 Tinha a tua serva dois filhos, os
quais brigaram no campo. Não
havendo quem os apartasse, um
feriu ao outro e o matou.
7 Ora, toda a parentela se levantou contra a tua serva, dizendo:
Dá-nos aquele que feriu seu irmão, para que o matemos pela
vida de seu irmão, a quem ele matou, e para que destruamos também ao herdeiro. Assim apagarão a última brasa que me ficou,
de sorte que não deixam a meu
marido nome, nem remanescente na terra.
8 Disse o rei à mulher: Vai para
tua casa, e eu darei ordens a teu
respeito.
9 Disse a mulher tecoíta ao rei:
A iniquidade, ó rei, meu senhor,
venha sobre mim e sobre a casa
de meu pai, e seja inculpável o
rei e o seu trono.
10 Respondeu o rei: Quem falar
contra ti, traze-o a mim, e nunca mais te incomodará.
11 Disse ela: Ora, lembre-se o rei
do Senhor, o seu Deus, para que
os vingadores do sangue não prossigam na destruição e não exterminem o meu filho. Disse ele: Tão
certo como vive o Senhor, não há
de cair no chão nem um cabelo
de teu filho.
12 Então disse a mulher: Permite
que a tua serva fale uma palavra
ao rei, meu senhor. Respondeu
ele: Fala.
13 Disse a mulher: Por que, pois,
pensas tu tal coisa contra o povo
de Deus? Falando o rei esta palavra, fica como culpado, visto que
o rei não torna a trazer o seu desterrado.
14 Certamente morreremos e seremos como águas derramadas
na terra, que não podem ajuntar mais; Deus, porém, não tira a
vida, mas cogita meios para que
não fique banido dele o seu desterrado.
15 E se agora vim falar esta palavra ao rei, meu senhor, é porque

o povo me atemorizou. Pensava a
tua serva: Falarei ao rei; porven-
tura ele fará segundo a palavra
da sua serva.
16 Porventura o rei ouvirá, para
livrar a sua serva da mão do ho-
mem que intenta exterminar da
herança de Deus tanto a mim
como a meu filho.
17 E agora diz a tua serva: Seja a
palavra do rei, meu senhor, para o
meu descanso, pois como um anjo
de Deus, assim é o rei, meu senhor,
para discernir entre o bem e o mal.
O Senhor, o teu Deus, seja contigo.
18 Então disse o rei à mulher: Não
me encubras o que eu te pergun-
tar. Disse a mulher: Fale o rei,
meu senhor.
19 Perguntou o rei: Não é verda-
de que a mão de Joabe anda con-
tigo em tudo isso? Respondeu
a mulher: Tão certo como vive a
tua alma, ó rei, meu senhor, que
ninguém se poderá desviar, nem
para a direita nem para a esquer-
da, de tudo o que o rei, meu se-
nhor, diz. Sim, Joabe, teu servo,
é quem me deu ordem e foi ele
quem pôs na boca da tua serva
todas estas palavras.
20 Para mudar a feição deste caso
foi que o teu servo Joabe fez isso.
Mas sábio é meu senhor, confor-
me a sabedoria de um anjo de
Deus, para entender tudo o que
se passa na terra.
21 Disse o rei a Joabe: Muito bem,
farei o que pedes. Vai e faze vol-
tar o jovem Absalão.
22 Joabe prostrou-se com o ros-
to em terra e, fazendo uma re-
verência, abençoou o rei. Disse
Joabe: Hoje conhece o teu servo
que achei graça aos teus olhos, ó
rei, meu senhor, porque o rei fez
segundo a palavra do teu servo.
23 Então levantou-se Joabe,
foi a Gesur e trouxe Absalão a
Jerusalém.
24 Disse, porém, o rei: Torne para
a sua casa e não veja a minha face.
Tornou Absalão para sua casa e
não viu a face do rei.
25 Não havia em todo o Israel
homem tão admirado por sua
beleza como Absalão. Da planta do
pé ao alto da cabeça, não havia
nele defeito algum.
26 Ao final de cada ano, Absalão
cortava o cabelo, porque muito
lhe pesava; o seu peso era de du-
zentos siclos, segundo o peso real.
27 Nasceram a Absalão três fi-
lhos e uma filha. O nome da filha
era Tamar, e esta era mulher for-
mosa à vista.
28 Assim ficou Absalão dois anos
inteiros em Jerusalém, sem ver
a face do rei.
29 Então mandou Absalão chamar
Joabe, para o enviar ao rei, mas
Joabe não quis vir a ele. Mandou
chamá-lo segunda vez, mas ele
não quis vir.
30 Então disse aos seus servos:
Vede ali o pedaço de campo de
Joabe pegado ao meu, e tem ce-
vada nele. Ide e ponde-lhe fogo.
E os servos de Absalão puseram
fogo ao pedaço de campo.
31 Então Joabe se levantou e foi
falar com Absalão, em casa, e lhe
perguntou: Por que os teus ser-
vos puseram fogo ao pedaço de
campo que é meu?
32 Respondeu Absalão a Joabe:
Olha, enviei a ti, dizendo: Vem cá,
para que te envie ao rei, a dizer-
-lhe: Para que vim de Gesur?
Melhor me fora estar ainda lá.
Agora, pois, veja eu a face do rei,
e, se há em mim alguma culpa,
que me mate.

33 Assim Joabe foi ao rei e disse-
-lhe essas palavras. Então o rei
chamou Absalão, e ele entrou à
presença do rei e se prostrou com
o rosto em terra diante do rei. E o
rei beijou Absalão.

A revolta de Absalão

15 Depois disto Absalão fez
aparelhar para si um car-
ro e cavalos e cinquenta homens
que corressem adiante dele.
2 Levantando-se Absalão pela
manhã, parava ao lado do cami-
nho da porta. E todo homem que
tinha alguma demanda para vir
ao rei a juízo, Absalão o chamava
a si e lhe dizia: De que cidade és
tu? Respondendo ele: De tal tri-
bo de Israel é teu servo,
3 Absalão lhe dizia: Olha, a tua
causa é boa e reta, mas não tens
quem te ouça da parte do rei.
4 Dizia mais Absalão: Ah! quem
me dera ser juiz na terra para que
viesse a mim todo homem que ti-
vesse demanda ou questão, para
que lhe fizesse justiça!
5 Também quando alguém se che-
gava a ele para fazer-lhe reverên-
cia, ele estendia a mão, o pegava
e o beijava.
6 Desta maneira fazia Absalão a
todo o Israel que vinha ao rei para
juízo e, assim, furtava Absalão o
coração dos homens de Israel.
7 Ao cabo de quatro anos, Absalão
disse ao rei: Deixa-me ir pagar em
Hebrom o meu voto que fiz ao Senhor.
8 Enquanto morava em Gesur, na
Síria, fez o teu servo um voto, di-
zendo: Se o Senhor me fizer tornar
a Jerusalém, servirei ao Senhor.
9 *Disse-lhe o rei: Vai em* paz. E ele
levantou-se e foi para Hebrom.
10 Enviou Absalão espias por to-
das as tribos de Israel, dizendo:
Quando ouvirdes o som das trom-
betas, direis: Absalão reina em
Hebrom.
11 De Jerusalém foram com Absalão
duzentos homens convidados, po-
rém iam na sua simplicidade, pois
nada sabiam daquele negócio.
12 Também Absalão mandou vir
Aitofel, o gilonita, do conselho
de Davi, à sua cidade de Giló, en-
quanto ele oferecia os seus sacri-
fícios. E a conspiração se fortifi-
cava, e crescia em número o povo
que tomava o partido de Absalão.
13 Veio um mensageiro a Davi e
disse: O coração de todo o Israel
segue a Absalão.
14 Então disse Davi a todos os seus
servos que estavam com ele em
Jerusalém: Levantai-vos, e fuja-
mos, porque não poderemos es-
capar de Absalão. Dai-vos pres-
sa a sair, para que não se apresse
ele, e nos alcance, e lance sobre
nós algum mal, e fira a cidade a
fio de espada.
15 Disseram-lhe os servos do rei:
Os teus servos estão prontos para
fazer tudo o que determinar o rei,
nosso senhor.
16 Saiu o rei, com todos os da sua
família, deixando, porém, dez con-
cubinas para guardarem o palácio.
17 Tendo saído o rei com todo o
povo, pararam em um lugar dis-
tante.
18 Todos os seus servos iam a seu
lado, mas todos os quereteus, to-
dos os peleteus e todos os giteus,
seiscentos homens que o segui-
ram de Gate, caminhavam adian-
te do rei.
19 Disse o rei a Itai, o giteu: Por
que irias tu também conosco?
Volta e fica-te com o rei Absalão.
Tu és estrangeiro e exilado; tor-
na a teu lugar.

20 Ontem vieste, e te levaria eu
hoje conosco a vaguear, quan-
do eu mesmo não sei para onde
vou? Volta e leva contigo os teus
irmãos. A misericórdia e a fide-
lidade sejam contigo.
21 Respondeu, porém, Itai ao rei:
Tão certo como vive o Senhor, e
como vive o rei meu senhor, no
lugar em que estiver o rei meu se-
nhor, seja para morte, seja para
vida, aí certamente estará tam-
bém o teu servo.
22 Então disse Davi a Itai: Vem e
passa adiante. Assim, passou Itai, o
giteu, todos os seus homens e todas
as crianças que estavam com ele.
23 Toda a terra chorava em alta
voz, enquanto todo o povo pas-
sava. O rei atravessou o vale do
Cedrom, e todo o povo caminha-
va na direção do deserto.
24 Zadoque, o sacerdote, também
estava com eles, e todos os levitas
que estavam com ele levavam a
arca da aliança de Deus. Puseram
a arca de Deus no chão, e Abiatar
ofereceu sacrifícios até que todo
o povo acabou de sair da cidade.
25 Então disse o rei a Zadoque:
Torna a levar a arca de Deus à ci-
dade. Se eu achar graça aos olhos
do Senhor, ele me fará voltar para
lá, e me deixará ver a arca e a sua
habitação.
26 Se ele, porém, disser: Não te-
nho prazer em ti, então estou
pronto, faça de mim como pare-
cer bem aos seus olhos.
27 Disse mais o rei a Zadoque,
o sacerdote: Não és tu vidente?
Torna em paz para a cidade, e con-
tigo também o teu filho Aimaás e
Jônatas, filho de Abiatar.
28 Olhai que me demorarei nos
vaus do deserto até que tenha no-
tícias vossas.
29 Assim Zadoque e Abiatar tor-
naram a levar para Jerusalém a
arca de Deus e ficaram ali.
30 Davi, porém, seguiu pela en-
costa das Oliveiras, subindo e cho-
rando; tinha a cabeça coberta e
caminhava com os pés descalços.
Todo o povo que ia com ele tinha
a cabeça coberta e subia choran-
do sem cessar.
31 Então fizeram saber a Davi, di-
zendo: Aitofel está entre os que
conspiram com Absalão. Pelo
que disse Davi: Ó Senhor, torna
o conselho de Aitofel em loucura!
32 Chegando Davi ao cume, onde se
costumava adorar a Deus, Husai,
o arquita, veio encontrar-se com
ele, com o manto rasgado e terra
sobre a cabeça.
33 Disse-lhe Davi: Se fores comi-
go, serás para mim um peso.
34 Se voltares para a cidade, po-
rém, e disseres a Absalão: Eu se-
rei, ó rei, teu servo, como fui antes
servo de teu pai, assim agora se-
rei teu servo, me ajudarás, dissi-
pando então o conselho de Aitofel.
35 Não estão ali contigo os sa-
cerdotes Zadoque e Abiatar?
Portanto, tudo o que ouvires do
palácio do rei, farás saber a es-
ses sacerdotes.
36 Estão também ali com eles os
seus dois filhos, Aimaás, filho
de Zadoque, e Jônatas, filho de
Abiatar. Por meio deles me man-
dareis notícias de todas as coisas
que ouvirdes.
37 Assim Husai, amigo de Davi,
veio para a cidade, e Absalão en-
trou em Jerusalém.

Ziba e Simei

16 Tendo Davi passado um
pouco além do cume, ali es-
tava Ziba, o moço de Mefibosete,

esperando para encontrar-se com
ele, com um par de jumentos al-
bardados e sobre eles duzentos
pães, cem cachos de passas, cem
de frutas de verão e um odre de
vinho.
2 Perguntou o rei a Ziba: Que pre-
tendes com isso? Respondeu Ziba:
Os jumentos são para a família do
rei, para se montarem neles, e o
pão e as frutas de verão para os
moços comerem, e o vinho para
os cansados no deserto beberem.
3 Então perguntou o rei: Onde está
o filho de teu senhor? Respondeu-
-lhe Ziba: Ficou em Jerusalém,
porque pensa: Hoje os israelitas
me restituirão o reino de meu pai.
4 Então disse o rei a Ziba: Tudo o
que pertencia a Mefibosete é teu.
Disse Ziba: Inclino-me humil-
demente e ache mercê aos teus
olhos, ó rei, meu senhor.
5 **T**endo o rei Davi chegado a
Baurim, dali saiu um homem do
clã da família de Saul, cujo nome
era Simei, filho de Gera. E, sain-
do, ia amaldiçoando.
6 Atirava pedras contra Davi e
todos os seus servos, ainda que
todo o povo e todos os valentes
iam à direita e à esquerda do rei.
7 Amaldiçoando-o, dizia Simei:
Sai, sai, homem de sangue, ho-
mem de Belial!
8 O Senhor te deu agora a paga de
todo o sangue derramado da fa-
mília de Saul, em cujo lugar tens
reinado. O Senhor entregou o rei-
no na mão de Absalão, teu filho.
Tu estás na desgraça, porque és
homem de sangue.
9 Então disse Abisai, filho de
Zeruia, ao rei: Por que amaldi-
çoaria esse cão morto ao rei meu
senhor? Deixa-me passar, e lhe ti-
rarei a cabeça.
10 Respondeu, porém, o rei: Que te-
nho eu convosco, filhos de Zeruia?
Se ele está amaldiçoando porque
o Senhor lhe disse: Amaldiçoa
a Davi, quem diria: Por que as-
sim fazes?
11 Disse Davi a Abisai e a todos os
seus servos: Meu filho, que saiu das
minhas entranhas, procura tirar-me
a vida. Quanto mais ainda esse ben-
jamita? Deixai-o; que amaldiçoe, pois
o Senhor lhe ordenou.
12 Porventura o Senhor olhará
para a minha aflição e me paga-
rá com bem a maldição deste dia.
13 Prosseguiam o seu caminho
Davi e os seus homens; também
Simei ia ao longo do monte, em
frente dele, caminhando e amal-
diçoando, e atirava pedras con-
tra ele, e levantava poeira.
14 O rei e todo o povo que ia com
ele chegaram cansados ao seu des-
tino e refrescaram-se ali.
15 Absalão e todos os homens
de Israel vieram a Jerusalém, e
Aitofel estava com ele.
16 Chegando Husai, o arquita,
amigo de Davi, a Absalão, disse-
-lhe: Viva o rei, viva o rei!
17 Absalão perguntou a Husai: É
esta a tua benevolência para com
o teu amigo? Por que não foste
com o teu amigo?
18 Respondeu Husai a Absalão:
Não, mas àquele a quem o Senhor
eleger, e todo este povo e todos
os homens de Israel, dele serei e
com ele ficarei.
19 Além disto, a quem serviria
eu? Não seria a seu filho? Como
servi a teu pai, assim servirei a ti.
20 **D**isse Absalão a Aitofel: Dai o
vosso conselho sobre o que deve-
mos fazer.
21 Respondeu Aitofel: Entra às
concubinas de teu pai, que deixou

para guardarem o palácio. Então
todo o Israel ouvirá que te fizes-
te aborrecível para com teu pai,
e se fortalecerão as mãos de to-
dos os que estão contigo.
22 Portanto, estenderam para
Absalão uma tenda no terraço, e
entrou ele às concubinas de seu
pai, à vista de todo o Israel.
23 Ora, o conselho que Aitofel dava
naqueles dias era como resposta
de Deus a uma consulta. Tal era
o conselho de Aitofel, assim para
Davi como para Absalão.

Aitofel e Husai

17 Disse Aitofel a Absalão:
Deixa-me escolher doze
mil homens, e me levantarei, e
perseguirei Davi esta noite.
2 Irei sobre ele, pois está cansado
e fraco de mãos. Eu o espantarei e
fugirá todo o povo que está com
ele. Então ferirei só o rei.
3 Farei tornar a ti todo o povo. Da
morte do homem a quem procu-
ras depende a volta de todos; as-
sim todo o povo estará em paz.
4 Esta palavra pareceu boa aos
olhos de Absalão e aos olhos de
todos os anciãos de Israel.
5 Disse, porém, Absalão: Chamai
agora a Husai, o arquita, e ouça-
mos também o que ele dirá.
6 Chegando Husai a Absalão, este
lhe disse: Desta maneira falou
Aitofel. Faremos conforme a sua
palavra? Se não, fala tu.
7 Então disse Husai a Absalão:
O conselho que Aitofel deu des-
ta vez não é bom.
8 Disse mais Husai: Bem conhe-
ces o teu pai, e o seus homens, que
são valentes e que estão com o es-
pírito amargurado, como a ursa
no campo, roubada dos filhotes.
Além do mais, teu pai é homem
de guerra e não passará a noite
com o povo.
9 Agora mesmo está escondido
nalguma caverna, ou em qual-
quer outro lugar. Caindo alguns
dos teus homens no primeiro ata-
que, cada um que o ouvir dirá:
Houve derrota no povo que se-
gue a Absalão.
10 Então até o homem valente,
cujo coração é como o de leões,
sem dúvida temerá, pois todo o
Israel sabe que teu pai é valoro-
so, e que são valentes os que es-
tão com ele.
11 Eu, porém, aconselho que com
toda a pressa se ajunte a ti todo o
Israel desde Dã até Berseba, em
multidão como a areia do mar;
e que tu em pessoa vás à peleja.
12 Então iremos a ele, em qual-
quer lugar em que se achar, e
facilmente cairemos sobre ele,
como o orvalho cai sobre a ter-
ra. Ele não escapará e nenhum
dos homens que com ele estão,
nem sequer um.
13 Se ele se retirar para alguma
cidade, todo o Israel levará cordas
para lá, e arrastaremos aquela ci-
dade até o ribeiro, até que não se
ache ali nem uma só pedrinha.
14 Então disseram Absalão e to-
dos os homens de Israel: Melhor
é o conselho de Husai, o arquita,
do que o de Aitofel. Pois assim o
Senhor o ordenara, para aniqui-
lar o bom conselho de Aitofel,
para trazer o mal sobre Absalão.
15 **D**isse Husai a Zadoque e a
Abiatar, sacerdotes: Assim e as-
sim aconselhou Aitofel a Absalão
e aos anciãos de Israel, mas as-
sim e assim aconselhei eu.
16 Agora mandai apressadamen-
te avisar Davi, dizendo: Não pas-
ses esta noite nos vaus do deserto,

mas passa sem falta ao outro lado,
para que o rei e todo o povo que
com ele está não seja destruído.
17 Estavam Jônatas e Aimaás junto
à fonte de En-Rogel. Foi uma cria-
da, e lhes avisou, para que fossem
e dissessem ao rei Davi, pois não
podiam ser vistos entrar na cidade.
18 Viu-os, porém, um moço e avi-
sou a Absalão. Pelo que ambos
partiram apressadamente e en-
traram na casa de um homem,
em Baurim, o qual tinha no pá-
tio de sua casa um poço, para o
qual desceram.
19 A mulher desse homem tomou
a tampa, colocou-a sobre a boca do
poço e espalhou grãos triturados
sobre ela. Assim nada se soube.
20 Chegando os servos de Absalão
àquela casa, perguntaram à mu-
lher: Onde estão Aimaás e Jônatas?
Respondeu-lhes a mulher: Já pas-
saram o vau das águas. E, haven-
do-os procurado, sem os achar,
voltaram para Jerusalém.
21 Depois que os homens parti-
ram, os dois saíram do poço e fo-
ram anunciá-lo a Davi. Disseram:
Levantai-vos e passai depressa as
águas; assim e assim aconselhou
contra vós Aitofel.
22 Então levantou-se Davi e todo
o povo que com ele estava e pas-
saram o Jordão. Ao amanhecer,
não faltava nem um só que não
tivesse passado o Jordão.
23 Vendo Aitofel que não se ha-
via seguido o seu conselho, se-
lou o jumento e partiu, foi para
casa, para a sua cidade. Pôs em
ordem a sua casa e se enforcou.
Morreu e foi sepultado na sepul-
tura do seu pai.
24 Veio Davi a Maanaim, e Absalão
passou o Jordão, ele e todos os ho-
mens de Israel com ele.
25 Absalão colocou Amasa em lu-
gar de Joabe sobre o exército. Era
Amasa filho de um homem cujo
nome era Itra, o ismaelita, que
possuíra Abigail, filha de Naás,
irmã de Zeruia, mãe de Joabe.
26 Israel e Absalão acamparam-
-se na terra de Gileade.
27 Tendo Davi chegado a Maanaim,
Sobi, filho de Naás, de Rabá, dos
filhos de Amom, e Maquir, filho
de Amiel, de Lo-Debar, e Barzilai,
o gileadita, de Rogelim,
28 tomaram camas, bacias, va-
silhas de barro, trigo, cevada,
farinha, grão torrado, favas e
lentilhas,
29 mel, manteiga, ovelhas e quei-
jos de vacas e os trouxeram a
Davi e ao povo que com ele esta-
va, para comerem. Pois disseram:
Este povo no deserto está famin-
to, cansado e sedento.

Derrota e morte de Absalão

18 Contou Davi o povo que ti-
nha consigo e pôs sobre eles
capitães de mil e capitães de cem.
2 Davi enviou o povo, um terço
sob o comando de Joabe, outro
terço sob o comando de Abisai,
filho de Zeruia, irmão de Joabe,
e outro terço sob o comando de
Itai, o giteu. Disse o rei ao povo:
Eu mesmo sairei convosco.
3 O povo, porém, disse: Não sai-
rás; se formos obrigados a fugir,
não se importarão conosco. Ainda
que metade de nós morra, não se
importarão; mas tu vales por dez
mil de nós. Melhor te será que da
cidade nos mandes socorro.
4 Respondeu-lhes o rei: O que
bem parecer aos vossos olhos,
farei. Assim o rei se pôs ao lado
da porta, e todo o povo saiu em
centenas e em milhares.

5 Deu ordem o rei a Joabe, a Abisai
e a Itai: Tratai brandamente, por
amor de mim, o jovem Absalão.
E todo o povo ouviu quando o rei
deu ordem a todos os capitães
acerca de Absalão.
6 Saiu o povo ao campo, a encon-
trar-se com Israel, e deu-se a ba-
talha no bosque de Efraim.
7 Ali foi derrotado o povo de Israel
diante dos servos de Davi; e, na-
quele dia, houve ali um grande
morticínio de vinte mil homens.
8 Estendeu-se a batalha por toda
aquela região; e o bosque, naque-
le dia, consumiu mais gente do
que a espada.
9 Encontrou-se Absalão por acaso
com os servos de Davi. Absalão ia
montado num mulo e, entrando o
mulo debaixo dos espessos ramos
de um grande carvalho, pegou-
-se a cabeça de Absalão no carva-
lho. Ele ficou pendurado entre o
céu e a terra, e o mulo que esta-
va debaixo dele, passou adiante.
10 Vendo isso um homem, disse
a Joabe: Acabo de ver a Absalão
pendurado em um carvalho.
11 Então disse Joabe ao homem:
O quê? Tu o viste? Por que não o
derrubaste logo por terra? Então
eu te teria dado dez siclos de pra-
ta e um cinto.
12 Respondeu, porém, aquele ho-
mem: Ainda que eu pudesse pe-
sar nas minhas mãos mil siclos
de prata, não levantaria a minha
mão contra o filho do rei. Bem ou-
vimos que o rei deu ordem a ti, a
Abisai e a Itai, dizendo: Guardai-
-vos, cada um, de tocar no jovem
Absalão.
13 Se eu tivesse procedido trai-
çoeiramente contra a vida dele,
nada disso se esconderia ao rei,
e tu mesmo te oporias.
14 Disse Joabe: Não vou perder
tempo assim contigo. E, tomando
três dardos, trespassou com eles
o coração de Absalão, estando ele
ainda vivo no meio do carvalho.
15 Cercaram-no dez jovens, que
levavam as armas de Joabe, feri-
ram a Absalão e o mataram.
16 Então tocou Joabe a trombe-
ta, e o povo voltou de perseguir
Israel, pois Joabe deteve o povo.
17 Pegaram Absalão, lançaram-no
numa grande cova, no bosque, e
levantaram sobre ele um grande
montão de pedras. E todo o Israel
fugiu, cada um para a sua tenda.
18 Absalão, quando ainda vivia,
tinha levantado para si uma co-
luna, que está no vale do rei, pois
pensava: Não tenho nenhum filho
para conservar a memória do meu
nome. E deu o seu próprio nome à
coluna, pelo que até o dia de hoje
se chama o Pilar de Absalão.

Davi é avisado da morte de Absalão

19 **O**ra, disse Aimaás, filho de
Zadoque: Deixa-me correr e anun-
ciarei ao rei que o Senhor o livrou
do poder de seus inimigos.
20 Disse-lhe Joabe: Tu não serás
hoje o portador das novas. Outro
dia as levarás, mas hoje não darás a
nova, porque é morto o filho do rei.
21 Disse Joabe a um etíope: Vai
tu e dize ao rei o que viste. O etío-
pe se inclinou diante de Joabe e
saiu correndo.
22 Insistiu Aimaás, filho de Za-
doque: Seja o que for, deixa-me
também correr após o etíope. Mas
Joabe respondeu: Por que corre-
rias tu, meu filho? Não recebe-
rás nenhuma recompensa pelas
notícias?
23 Seja o que for, disse Aimaás,
correrei. Disse-lhe Joabe: Corre.

Aimaás correu pelo caminho da
planície e passou adiante do etíope.
24 Davi estava assentado entre
as duas portas, e a sentinela su-
biu ao terraço da porta junto ao
muro e, levantando os olhos, viu
um homem que corria só.
25 Gritou a sentinela, e o disse
ao rei. O rei respondeu: Se vem
só, deve trazer boas notícias. E o
mensageiro aproximava-se cada
vez mais.
26 Viu a sentinela outro homem
que corria; então gritou ao por-
teiro e disse: Olha, lá vem outro
homem correndo só. Disse o rei:
Também esse traz boas notícias.
27 Disse a sentinela: Vejo o correr
do primeiro, que parece ser o cor-
rer de Aimaás, filho de Zadoque.
Disse o rei: Este é homem de bem,
e virá com boas-novas.
28 Então gritou Aimaás e disse
ao rei: Paz. Inclinou-se ao rei com
o rosto em terra e disse: Bendito
seja o Senhor, o teu Deus, que en-
tregou os homens que levantaram
a mão contra o rei meu senhor.
29 Perguntou o rei: Vai bem o jo-
vem Absalão? Respondeu Aimaás:
Vi um grande alvoroço, quando
Joabe mandou o servo do rei, e
a mim, teu servo, porém não sei
o que era.
30 Disse o rei: Põe-te aqui ao lado.
Ele se pôs ao lado e esperou.
31 Nisso chegou o etíope e disse:
Ouve, senhor meu rei, a boa no-
tícia. Hoje o Senhor te livrou do
poder de todos os que se levanta-
ram contra ti.
32 Perguntou o rei ao etíope: Vai
bem o jovem Absalão? Respondeu
o etíope: Sejam como aquele jovem
os inimigos do rei meu senhor, e
todos os que se levantam contra
ti para te fazerem mal.
33 Então o rei, profundamente co-
movido, subiu à sala que estava por
cima da porta e chorou. E andan-
do, dizia: Meu filho Absalão, meu
filho, meu filho Absalão! Quem
me dera que eu morrera por ti,
Absalão, meu filho, meu filho!

O lamento de Davi e a censura de Joabe

19 Disseram a Joabe: O rei an-
da chorando e lastimando-
-se por Absalão.
2 E a vitória se tornou naquele
mesmo dia em tristeza para todo
o povo, porque nesse dia o povo
ouviu dizer: O rei está muito tris-
te por causa de seu filho.
3 Nesse dia, o povo entrou às furta-
delas na cidade, como o faz quan-
do, envergonhado, foge da peleja.
4 Estava o rei com o rosto cober-
to e clamava em alta voz: Meu fi-
lho Absalão, Absalão meu filho,
meu filho!
5 Então entrou Joabe no palácio
do rei e disse: Hoje envergonhas-
te a face de todos os teus servos,
que livraram a tua vida, e a vida
de teus filhos, e de tuas filhas, e
a vida de tuas mulheres, e a vida
de tuas concubinas.
6 Tu amas aos que te aborrecem
e aborreces aos que te amam.
Hoje dás a entender que nada
valem para ti capitães e servos.
Entendo que se Absalão vivesse
hoje, e todos nós fôssemos mor-
tos, estarias contente.
7 Levanta-te, agora, sai e fala
ao coração de teus servos. Pelo
Senhor te juro que se não saíres,
nem um só homem ficará conti-
go esta noite. E maior mal te será
isso do que todo o mal que tem
vindo sobre ti desde a tua moci-
dade até agora.

8 Então o rei se levantou, e se as-
sentou à porta, e o fizeram saber
a todo o povo: O rei está assen-
tado à porta. Todo o povo veio
apresentar-se diante do rei. Ora,
Israel havia fugido, cada um para
a sua tenda.
9 Todo o povo, em todas as tribos
de Israel, andava discutindo en-
tre si, dizendo: O rei nos livrou
das mãos de nossos inimigos; foi
ele que nos livrou das mãos dos
filisteus. Mas agora fugiu da ter-
ra por causa de Absalão;
10 e Absalão, a quem ungimos sobre
nós, morreu na peleja. Portanto,
por que vos calais e não fazeis
voltar o rei?

Davi retorna a Jerusalém

11 Então o rei Davi mandou dizer
a Zadoque e a Abiatar, sacerdo-
tes: Dizei às autoridades de Judá:
Por que seríeis vós os últimos em
tornar a trazer o rei para o seu
palácio, visto que as palavras de
todo o Israel têm chegado aos ou-
vidos do rei?
12 Vós sois meus irmãos, meu
osso e minha carne. Por que se-
ríeis os últimos em tornar a tra-
zer o rei?
13 A Amasa direis: Não és tu
meu osso e minha carne? Assim
me faça Deus, e outro tanto, se
não fores comandante do exér-
cito diante de mim para sempre,
em lugar de Joabe.
14 Assim moveu ele o coração de
todos os homens de Judá, como se
fosse o de um só homem. Mandaram
dizer ao rei: Volta, com todos os
teus servos.
15 Então o rei voltou e chegou até
o Jordão. Ora, Judá veio a Gilgal,
para encontrar-se com o rei, a fim
de fazê-lo passar o Jordão.
16 Apressou-se Simei, filho de Gera,
benjamita, que era de Baurim, e
desceu com os homens de Judá
a encontrar-se com o rei Davi.
17 Com ele mil homens de
Benjamim, como também Ziba,
servo da casa de Saul, seus quin-
ze filhos e seus vinte servos com
ele. Desceram apressadamente
ao Jordão onde estava o rei
18 e atravessaram o rio para aju-
dar a família do rei na travessia
e fazer o que aprouvesse a ele.
Então Simei, filho de Gera, pros-
trou-se diante do rei
19 e lhe disse: Não me imputes, se-
nhor, a minha culpa e não te lem-
bres do que tão perversamente
fez teu servo, no dia em que o rei
meu senhor saiu de Jerusalém.
Não o conserves, ó rei, no coração.
20 Pois eu, teu servo, deveras con-
fesso que pequei, mas hoje sou o pri-
meiro, de toda a tribo de José, a des-
cer ao encontro do rei meu senhor.
21 Então disse Abisai, filho de
Zeruia: Não morreria Simei por
haver amaldiçoado o ungido do
Senhor?
22 Respondeu Davi: Que tenho eu
convosco, filhos de Zeruia, para
que hoje me sejais adversários?
Morreria alguém hoje em Israel?
Não sei eu que hoje sou rei so-
bre Israel?
23 Então disse o rei a Simei: Não
morrerás. E o rei o jurou.

Mefibosete e Barzilai

24 Também Mefibosete, filho de
Saul, desceu ao encontro do rei.
Não tinha cuidado dos pés nem
feito a barba nem lavado as ves-
tes desde o dia em que o rei saíra
até o dia em que voltou em paz.
25 Chegando ele a Jerusalém para
encontrar-se com o rei, este lhe

perguntou: Por que não foste comigo, Mefibosete?
26 Respondeu ele: Ó rei meu senhor, o meu servo me enganou. O teu servo dizia: Selarei um jumento, montarei nele e irei com o rei; pois o teu servo é coxo.
27 Além disso ele falsamente acusou o teu servo diante do rei meu senhor. Mas o rei meu senhor é como um anjo de Deus; faze, pois, o que bem te parecer.
28 Toda a casa de meu pai não era senão de homens dignos de morte diante do rei meu senhor, mas puseste a teu servo entre os que comem à tua mesa. Portanto, que direito tenho de clamar ao rei?
29 Respondeu-lhe o rei: Por que falas ainda de teus negócios? Já decidi: Tu e Ziba repartireis as terras.
30 Disse Mefibosete ao rei: Que ele fique com tudo, uma vez que o rei meu senhor já voltou em paz a sua casa.
31 Também Barzilai, o gileadita, desceu de Rogelim e passou com o rei o Jordão, para acompanhá-lo ao outro lado do rio.
32 Ora, Barzilai era muito velho, da idade de oitenta anos. Ele tinha sustentado o rei, quando este estava em Maanaim, pois era homem muito rico.
33 Disse o rei a Barzilai: Passa tu comigo e eu te sustentarei em Jerusalém.
34 Barzilai, porém, disse ao rei: Quantos serão os dias dos anos da minha vida, para que suba com o rei a Jerusalém?
35 Da idade de oitenta anos sou *eu hoje. Poderia eu discernir* entre o bom e o mau? Poderia o teu servo ter gosto no que come e no que bebe? Poderia eu ainda ouvir a voz dos cantores e das cantoras? Por que seria o teu servo ainda pesado ao rei meu senhor?
36 Com o rei irá teu servo ainda um pouco mais além do Jordão. Por que o rei me daria tal recompensa?
37 Deixa voltar o teu servo, para que eu morra na minha cidade junto à sepultura de meu pai e de minha mãe. Mas aqui está o teu servo Quimã. Passe ele com o rei meu senhor e faze-lhe o que bem parecer aos teus olhos.
38 Respondeu o rei: Quimã passará comigo, e eu lhe farei como bem parecer aos teus olhos. E tudo o que me pedires te farei.
39 Havendo todo o povo passado o Jordão, e passando também o rei, beijou o rei a Barzilai e o abençoou, e Barzilai voltou para o seu lugar.
40 Dali passou o rei a Gilgal, e Quimã passou com ele. Todo o povo de Judá, com a metade do povo de Israel, conduziu o rei.
41 Logo todos os homens de Israel vieram ao rei e lhe disseram: Por que te furtaram nossos irmãos, os homens de Judá, e conduziram o rei e a sua família através do Jordão, e todos os homens de Davi com eles?
42 Então responderam todos os homens de Judá aos homens de Israel: Porque o rei é nosso parente. Por que vos irais por isso? Porventura comemos à custa do rei ou nos deu algum presente?
43 Responderam os homens de Israel aos homens de Judá: Dez partes temos no rei; e mais temos em Davi do que vós. Portanto, por que fizestes pouca conta de nós? Não foi a nossa palavra a primeira para tornar a trazer o nosso rei?

Mas a palavra dos homens de Judá
foi mais forte do que a palavra dos
homens de Israel.

A revolta de Seba

20 Ora, achou-se ali por acaso
um homem de Belial, cujo
nome era Seba, filho de Bicri, ho-
mem de Benjamim, o qual tocou
a trombeta e disse:

Não temos parte em Davi,
nem herança no filho
de Jessé.
Cada um à sua tenda, ó Israel!

2 Então todos os homens de Israel
se separaram de Davi e segui-
ram a Seba, filho de Bicri. Mas
os homens de Judá seguiram
ao seu rei desde o Jordão até
Jerusalém.
3 Vindo Davi para o seu palácio,
em Jerusalém, pegou o rei as suas
dez concubinas, que deixara para
guardar o palácio, e as pôs numa
casa, sob guarda. Ele as susten-
tava, mas não coabitou com elas.
E estiveram assim confinadas até
o dia da sua morte, vivendo como
viúvas.
4 Então disse o rei a Amasa:
Convoca-me para dentro de três
dias os homens de Judá e apre-
senta-te aqui.
5 Foi Amasa para convocar Judá,
mas demorou-se além do tempo
que o rei lhe tinha designado.
6 Disse Davi a Abisai: Mais mal
agora nos fará Seba, filho de Bicri,
do que Absalão. Toma os servos
de teu senhor e persegue-o, para
que não ache para si cidades for-
tificadas e escape de nós.
7 Então saíram atrás dele os ho-
mens de Joabe, e os quereteus, e
os peleteus, e todos os valentes.
Saíram de Jerusalém para perse-
guirem Seba, filho de Bicri.
8 Chegando eles à pedra grande
que está junto a Gibeom, Amasa
veio ao seu encontro. Estava Joabe
cingido das suas vestes de guer-
ra e sobre ela um cinto com a es-
pada presa aos seus lombos, na
sua bainha. Adiantando-se ele, a
espada caiu da bainha.
9 Disse Joabe a Amasa: Vais bem,
meu irmão? Então Joabe, com a
mão direita, pegou da barba de
Amasa, para o beijar.
10 Amasa não percebeu a espada
que estava na mão de Joabe, de
sorte que este o feriu com ela no
ventre e lhe derramou por terra as
entranhas. Não foi necessário feri-
-lo uma segunda vez, e morreu.
Então Joabe e Abisai, seu irmão,
perseguiram a Seba, filho de Bicri.
11 Um, porém, entre os moços
de Joabe, parou junto de Amasa
e disse: Quem favorece a Joabe, e
quem é por Davi, siga a Joabe.
12 Amasa se revolvia no seu sangue
no meio do caminho, e viu aque-
le homem que todo o povo para-
va. Percebendo que todo aquele
que chegava a Amasa parava, re-
moveu-o do caminho para o cam-
po e lançou sobre ele um manto.
13 Uma vez removido Amasa do
caminho, todos os homens segui-
ram a Joabe, para perseguirem a
Seba, filho de Bicri.
14 Seba passou por todas as tri-
bos de Israel até Abel-Bete-Maaca,
e todos os beritas, ajuntando-se,
também o seguiram.
15 Vieram Joabe e os homens, e
o cercaram em Abel-Bete-Maaca,
e levantaram contra a cidade um
montão, que chegava até o muro.
E todo o povo que estava com Joabe
batia no muro, para derrubá-lo.
16 Então uma mulher sábia gri-
tou de dentro da cidade: Ouvi,

ouvi! Dizei a Joabe: Chega-te cá,
para que eu te fale.
17 Aproximando-se ele, perguntou a
mulher: És tu Joabe? Respondeu ele:
Eu sou. Ela lhe disse: Ouve as pala-
vras de tua serva. Disse ele: Ouço.
18 Continuou ela: Antigamente
costumava-se dizer: Peça-se con-
selho em Abel; e assim punha-se
fim às questões.
19 Somos os pacíficos e fiéis em
Israel. Tu procuras destruir uma
cidade que é mãe em Israel. Por que
devorarias a herança do Senhor?
20 Respondeu Joabe: Longe, lon-
ge de mim que eu tal faça, que eu
devore ou arruíne!
21 A coisa não é assim. Um só ho-
mem da região montanhosa de
Efraim, cujo nome é Seba, filho
de Bicri, levantou a mão contra
o rei, contra Davi. Entregai-me
só este, e me retirarei da cidade.
Disse a mulher a Joabe: A cabeça
dele te será lançada pelo muro.
22 Então a mulher, na sua sabedo-
ria, foi ter com todo o povo, e corta-
ram a cabeça de Seba, filho de Bicri,
e a lançaram a Joabe. Assim tocou
este a trombeta e se retiraram da
cidade, cada um para sua tenda.
E Joabe voltou a Jerusalém, ao rei.
23 Estava Joabe sobre todo o exérci-
to de Israel; Benaia, filho de Joiada,
sobre os quereteus e os peleteus;
24 Adorão sobre os que estavam su-
jeitos a trabalhos forçados; Josafá,
filho de Ailude, era o cronista;
25 Seva era o escrivão; Zadoque
e Abiatar, os sacerdotes;
26 e Ira, o jairita, era ministro
de Davi.

Fome em Israel

21 Houve, nos dias de Davi, uma
fome de três anos consecu-
tivos. Consultou Davi o Senhor, e
o Senhor lhe disse: É por causa de
Saul e da sua família sanguiná-
ria; porque matou os gibeonitas.
2 Chamou o rei os gibeonitas e
lhes falou. Ora, os gibeonitas não
eram dos filhos de Israel, mas
do restante dos amorreus; os fi-
lhos de Israel lhes tinham jurado
poupá-los, mas Saul procurou
destruí-los no seu zelo pelos fi-
lhos de Israel e de Judá.
3 Perguntou Davi aos gibeoni-
tas: Que quereis que eu vos faça?
Como hei de reparar o que sofres-
tes, para que abençoeis a heran-
ça do Senhor?
4 Responderam-lhe os gibeonitas:
Não é por prata nem ouro que
temos questão com Saul e com
a sua família, tampouco preten-
demos matar pessoa alguma em
Israel. Perguntou Davi: Que que-
reis que vos faça?
5 Responderam ao rei: Quanto ao
homem que nos destruiu e pro-
jetou dizimar-nos, para que não
pudéssemos subsistir em termo
algum de Israel,
6 de seus filhos se nos deem sete
homens, para que os enforque-
mos ao Senhor em Gibeá de Saul,
o eleito do Senhor. E o rei disse:
Eu os darei.
7 O rei, porém, poupou a Mefibosete,
filho de Jônatas, filho de Saul, por
causa do juramento do Senhor,
que entre eles houvera, isto é, en-
tre Davi e Jônatas, filho de Saul.
8 Tomou o rei os dois filhos de
Rispa, filha de Aiá, que ela tive-
ra de Saul, a saber, a Armoni e a
Mefibosete, como também os cin-
co filhos de Merabe, filha de Saul,
que ela tivera de Adriel, filho de
Barzilai, meolatita,
9 e os entregou na mão dos gibeo-
nitas, os quais os enforcaram no

monte, perante o Senhor. Caíram
os sete juntamente; foram mor-
tos nos dias da colheita, nos dias
primeiros, no início da colheita
de cevada.
10 Então Rispa, filha de Aiá, tomou
um pano de saco, estendeu-o para
si sobre uma rocha. Desde o início
da colheita, até que a chuva caiu
sobre os corpos, não deixou as aves
do céu pousar sobre eles de dia,
nem os animais do campo de noite.
11 Foi dito a Davi o que fizera
Rispa, filha de Aiá, concubina
de Saul.
12 Então foi Davi e tomou os os-
sos de Saul e de Jônatas, seu filho,
dos moradores de Jabes-Gileade,
que os haviam furtado da praça
de Bete-Seã, onde os filisteus os
tinham pendurado quando feri-
ram Saul em Gilboa.
13 Davi trouxe dali os ossos de
Saul e os de Jônatas, seu filho, e
ajuntaram também os ossos dos
enforcados.
14 Enterraram os ossos de Saul e
de Jônatas, seu filho, na terra de
Benjamim, em Zela, na sepultura
de Quis, seu pai, e fizeram tudo o
que o rei ordenara. Depois disso
Deus se aplacou para com a terra.

Quatro batalhas contra os filisteus

15 Uma vez mais houve guerra
entre os filisteus e Israel. Desceu
Davi, e com ele os seus servos,
para pelejarem contra os filis-
teus; e Davi se cansou.
16 E *Isbi-Benobe, que era* dos fi-
lhos do gigante, cuja lança de
bronze pesava trezentos siclos,
e que cingia uma espada nova,
intentou matar a Davi.
17 Abisai, filho de Zeruia, po-
rém, o socorreu, feriu o filisteu
e o matou. Então os homens de
Davi lhe juraram, dizendo: Nunca
mais sairás conosco à peleja,
para que não apagues a lâmpa-
da de Israel.
18 Depois disso, houve em Gobe
ainda outra peleja contra os fi-
listeus. Nessa ocasião, Sibecai,
o husatita, matou Safe, que era
dos filhos do gigante.
19 Houve ainda outra peleja con-
tra os filisteus em Gobe; e Elanã,
filho de Jaaré-Oregim, o belemita,
matou Golias, o giteu, cuja lança
tinha a haste como o eixo do tear.
20 Houve ainda outra peleja em
Gate, onde estava um homem de
alta estatura, que tinha seis dedos
em cada mão e seis em cada pé,
vinte e quatro ao todo. Também
esse era descendente do gigante.
21 Quando ele injuriava Israel,
Jônatas, filho de Simeia, irmão
de Davi, o matou.
22 Estes quatro eram descenden-
tes do gigante em Gate e caíram
pela mão de Davi e pela mão de
seus homens.

Cântico de Davi

22 Cantou Davi ao Senhor as
palavras deste cântico, no
dia em que o Senhor o livrou das
mãos de todos os seus inimigos e
das mãos de Saul.
2 Disse ele:
O Senhor é a minha rocha,
a minha fortaleza e o meu
libertador.
3 O meu Deus é a minha rocha,
em quem me refugio;
o meu escudo, a força da
minha salvação.
Ele é o meu alto retiro,
meu refúgio e meu
Salvador —
dos homens violentos
me salvaste.

4 Ao Senhor, digno de louvor,
invoco,
e de meus inimigos sou salvo.
5 As ondas da morte me
cercaram;
as torrentes da destruição me
assombraram.
6 As cordas do inferno me
cingiram;
laços de morte me envolveram.
7 Na minha angústia invoquei o
Senhor;
clamei ao meu Deus.
Do seu templo ouviu ele
a minha voz,
e o meu clamor chegou aos
seus ouvidos.
8 Então a terra se abalou e
tremeu,
os fundamentos dos céus se
moveram;
abalaram-se porque ele se irou.
9 Das suas narinas subiu
fumaça,
e, da sua boca, um fogo
devorador,
que incendiou carvões.
10 Ele abaixou os céus e desceu;
havia escuridão debaixo de
seus pés.
11 Ele montou num querubim
e voou;
foi visto sobre as asas do
vento.
12 E por tendas pôs as trevas ao
redor de si,
ajuntamento de águas,
nuvens de chuva dos céus.
13 Pelo resplendor da sua presença
acenderam-se brasas de fogo.
14 O Senhor trovejou desde os
céus,
e o Altíssimo fez soar a sua
voz.
15 Disparou flechas
e os dissipou;
raios, e os desbaratou.
16 Então apareceram as
profundezas do mar;
os fundamentos do mundo
se descobriram,
pela repreensão do Senhor,
pelo sopro do vento das suas
narinas.
17 Do alto estendeu a mão e me
tomou;
tirou-me das muitas águas.
18 Livrou-me do meu possante
inimigo
e daqueles que me odiavam,
porque eram fortes demais
para mim.
19 Encontraram-me no dia da
minha calamidade,
mas o Senhor se fez o meu
amparo.
20 Trouxe-me para um lugar
espaçoso;
livrou-me porque se
agradou de mim.
21 Recompensou-me o Senhor
segundo a minha justiça;
conforme a pureza de
minhas mãos
me retribuiu.
22 Pois guardei os caminhos do
Senhor
e não me apartei
impiamente do meu Deus.
23 Todos os seus estatutos
estavam diante de mim;
de seus decretos não me desviei.
24 Fui inculpável para com ele
e guardei-me do pecado.
25 O Senhor me retribuiu
segundo a minha justiça,
conforme a minha pureza
diante dos seus olhos.
26 Para com o fiel te mostras fiel;
para com o íntegro te mostras
íntegro.
27 Com o puro te mostras puro,
mas com o perverso te
mostras sagaz.

28 Livras o povo humilde,
mas teus olhos são contra os
orgulhosos,
e tu os abates.
29 Tu, Senhor, és a minha
lâmpada;
o Senhor ilumina as minhas
trevas.
30 Contigo passo pelo meio de
um esquadrão;
com o meu Deus salto
muralhas.
31 O caminho de Deus é
perfeito;
e a palavra do Senhor sem
impureza.
Ele é o escudo de todos os que
nele confiam.
32 Pois quem é Deus, senão o
Senhor?
E quem é rocha, senão o
nosso Deus?
33 Deus é a minha fortaleza e a
minha força,
e ele perfeitamente
desembaraça o meu caminho.
34 Ele faz os meus pés como os
das corças
e me firma nas alturas.
35 Ele instrui as minhas mãos
para a peleja,
de maneira que os meus
braços podem vergar um arco
de bronze.
36 Também me deste o escudo
da tua salvação;
a tua brandura me
engrandece.
37 Alargaste os meus passos
debaixo de mim,
e não vacilaram os meus
tornozelos.
38 Persegui os meus inimigos e
os derrotei;
não voltei sem os ter destruído.
39 Eu os consumi e os
atravessei,
de modo que nunca mais se
levantaram;
caíram sob meus pés.
40 Tu me cingiste de força para
a peleja;
esmagaste debaixo de mim
os meus agressores.
41 Fizeste que meus inimigos
me voltassem as costas,
e destruí aqueles que me
odiavam.
42 Clamaram por socorro,
mas não houve quem os
libertasse;
clamaram ao Senhor,
mas ele não lhes
respondeu.
43 Então os moí como o pó da
terra;
como a lama das ruas os
amassei e dissipei.
44 Tu me livraste das
contendas do meu povo;
guardaste-me para ser o líder
das nações.
Um povo que eu não
conhecia me serviu,
45 e estrangeiros se me
sujeitaram;
ouvindo a minha voz, me
obedeceram.
46 Sumiram-se os estrangeiros
e dos seus esconderijos
saíram debilitados.
47 Vive o Senhor. Bendita seja a
minha Rocha!
Exaltado seja Deus,
a rocha da minha salvação!
48 O Deus que me deu vingança
e sujeitou os povos debaixo de
mim;
49 O Deus que me tirou dentre
os meus inimigos.
Tu me exaltaste sobre os
meus adversários
e me livraste dos homens
violentos.

50 Por isso, ó Senhor, eu te louvarei
entre as nações;
entoarei louvores ao teu nome.
51 Ele dá grandes vitórias ao seu rei
e mostra benignidade
para com o seu ungido,
para com Davi e a sua descendência para sempre.

As últimas palavras de Davi

23 São estas as últimas palavras de Davi:
Diz Davi, filho de Jessé,
diz o homem que foi exaltado,
o ungido do Deus de Jacó,
o suave salmista de Israel.
2 O Espírito do Senhor fala por mim,
e a sua palavra está na minha boca.
3 Disse o Deus de Israel,
a Rocha de Israel me falou:
Quando um justo governa sobre os homens,
quando governa no temor de Deus,
4 é como a luz da manhã
ao sair do sol de uma manhã sem nuvens,
como o esplendor depois da chuva
que faz brotar da terra a erva.
5 Não está assim com Deus a minha dinastia?
Não estabeleceu ele comigo uma aliança eterna,
em tudo bem ordenada e *segura*?
Não fará ele prosperar toda a minha salvação
e todo o meu desejo?
6 Os filhos de Belial, porém, serão todos lançados fora como os espinhos,
pois não se pode tocar neles.
7 Todo aquele, porém, que os tocar
deve usar uma ferramenta de ferro ou a haste de uma lança;
a fogo serão totalmente queimados no mesmo lugar.

Os valentes de Davi

8 São estes os nomes dos valentes
de Davi: Josebe-Bassebete, filho de
Taquemoni, o principal de três; foi
este que, com a sua lança, matou
oitocentos de uma vez.
9 Depois dele Eleazar, filho de
Dodô, filho de Aoí, entre os três
valentes que estavam com Davi,
quando desafiaram os filisteus
ali reunidos para a peleja, enquanto os homens de Israel se
retiravam.
10 Este se levantou e feriu os filisteus, até lhe cansar a mão e ficar
pegada à espada. Naquele dia o
Senhor realizou um grande livramento. O povo voltou para junto
de Eleazar, somente para tomar
o despojo.
11 Depois dele Samá, filho de Agé,
o hararita. Quando os filisteus se
ajuntaram em Leí, onde havia um
pedaço de terra cheio de lentilhas,
o povo fugiu de diante dos filisteus.
12 Samá pôs-se no meio daquele
terreno, e o defendeu, e matou os
filisteus; e o Senhor realizou um
grande livramento.
13 Também três dos trinta chefes
desceram, no tempo da colheita, e
foram encontrar Davi, na caverna de Adulão, enquanto a tropa
dos filisteus estava acampada no
vale de Refaim.

14 Nessa ocasião, Davi estava no
lugar forte, e a guarnição dos filisteus, em Belém.
15 Davi suspirou por água e disse: Quem me dera beber da água
da cisterna que está junto à porta de Belém!
16 Então aqueles três valentes
atravessaram o acampamento
dos filisteus, tiraram água da
cisterna que está junto à porta de Belém, e a trouxeram a
Davi. Mas ele não quis bebê-la;
em vez disso, derramou-a perante o Senhor.
17 Disse ele: Longe de mim, ó
Senhor, que eu tal faça! Beberia
eu o sangue dos homens que foram com risco da sua vida? De
maneira que não a quis beber.
Isto fizeram aqueles três valentes.
18 Abisai, irmão de Joabe, filho de
Zeruia, era chefe de três. Este alçou a sua lança contra trezentos
e os matou; assim teve nome entre os três.
19 Não era este o mais nobre entre os três? Ele se tornou o chefe
deles, embora não fosse contado
entre eles.
20 Benaia, filho de Joiada, filho de
um homem de Cabzeel, valente e
de grandes feitos, matou os dois
filhos de Ariel de Moabe. Depois
desceu e matou um leão numa
cova, no tempo da neve.
21 Matou também um egípcio, homem de grande estatura. Embora
o egípcio tivesse uma lança na
mão, Benaia o atacou com um cajado, arrancou-lhe da mão a lança e com ela o matou.
22 Essas coisas fez Benaia, filho
de Joiada, pelo que teve nome entre os três valentes.
23 Entre os trinta ele era o mais
nobre, mas não foi contado entre
os três. E Davi o pôs sobre a sua
guarda.
24 Entre os trinta estavam: Asael,
irmão de Joabe; Elanã, filho de
Dodô, de Belém;
25 Samá, harodita; Elica, harodita;
26 Helez, paltita; Ira, filho de Iques,
tecoíta;
27 Abiezer, anatotita; Mebunai,
husatita;
28 Zalmom, aoíta; Maarai, netofatita;
29 Helebe, filho de Baaná, netofatita; Itai, filho de Ribai, de Gibeá,
dos filhos de Benjamim;
30 Benaia, piratonita; Hidai, do
ribeiro de Gaás;
31 Abi-Albom, arbatita; Azmavete,
barumita;
32 Eliaba, saalbonita; Bene-Jásen;
Jônatas;
33 Samá, hararita; Aião, filho de
Sarar, ararita;
34 Elifelete, filho de Aasbai, filho dum maacatita; Eliã, filho de
Aitofel, gilonita;
35 Hezrai, carmelita; Paarai, arbita;
36 Igal, filho de Natã, de Zobá;
Bani, gadita;
37 Zeleque, amonita; Naarai, beerotita, o que trazia as armas de
Joabe, filho de Zeruia;
38 Ira, itrita; Garebe, itrita;
39 Urias, heteu. Eram trinta e
sete ao todo.

Davi levanta o censo

24 A ira do Senhor tornou a
acender-se contra Israel,
e ele incitou Davi contra eles,
dizendo: Vai, levanta o censo de
Israel e de Judá.
2 Pelo que disse o rei a Joabe e aos
chefes do exército que estavam
com ele: Percorre todas as tribos

de Israel, de Dã até Berseba, e le-
vanta o censo do povo, para que
eu saiba o seu número.
3 Joabe, porém, respondeu ao rei:
Ora, multiplique o Senhor, o teu
Deus, este povo cem vezes tanto
quanto agora é, e os olhos do rei
meu senhor o vejam. Mas por que
o rei meu senhor teria tal desejo?
4 Todavia, a palavra do rei preva-
leceu contra Joabe, e contra os
chefes do exército; assim Joabe
saiu da presença do rei, com os
chefes do exército, para levantar
o censo do povo de Israel.
5 Tendo eles passado o Jordão,
acamparam-se em Aroer, à di-
reita da cidade que está no meio
do vale de Gade, e foram a Jazer.
6 Foram a Gileade, e à região de
Tatim-Hódsi; dali foram a Dã-Jaã
e viraram-se para Sidom.
7 Foram à fortaleza de Tiro e a to-
das as cidades dos heveus e dos
cananeus. Finalmente foram a
Berseba, no Neguebe de Judá.
8 Assim percorreram toda a ter-
ra e, ao cabo de nove meses e vin-
te dias, voltaram a Jerusalém.
9 Joabe entregou ao rei o resul-
tado do recenseamento do povo:
Havia em Israel oitocentos mil
homens de guerra, que puxavam
da espada, e os homens de Judá
eram quinhentos mil.
10 **O** coração de Davi, porém, o
acusou depois de haver ele feito
o censo do povo, e disse ao Senhor:
Muito pequei no que fiz. Agora,
porém, ó Senhor, peço-te que per-
does a iniquidade do teu servo.
Procedi mui loucamente.
11 Levantando-se Davi pela ma-
nhã, veio a palavra do Senhor ao
profeta Gade, vidente de Davi, di-
zendo:
12 Vai e dize a Davi: Assim diz o
Senhor: Três coisas te ofereço.
Escolhe uma delas, para que a
execute contra ti.
13 Assim veio Gade a Davi e lhe dis-
se: Queres que sete anos de fome
te venham à tua terra? Ou que por
três meses fujas diante de teus ini-
migos, e eles te persigam? Ou que
por três dias haja peste na tua ter-
ra? Delibera, agora, e vê que res-
posta hei de dar ao que me enviou.
14 Disse Davi a Gade: Estou em
grande angústia. Mas caiamos nas
mãos do Senhor, porque muitas
são as suas misericórdias; mas
nas mãos dos homens não caia eu.
15 **E**ntão enviou o Senhor a peste
a Israel, desde pela manhã até o
tempo determinado, e de Dã até
Berseba morreram setenta mil
homens do povo.
16 Estendendo o anjo a sua mão
sobre Jerusalém, para a destruir,
o Senhor se arrependeu daque-
le mal e disse ao anjo que fazia a
destruição entre o povo: Basta,
agora retira a tua mão. O anjo
do Senhor estava junto à eira de
Araúna, o jebuseu.
17 Vendo Davi ao anjo que feria
o povo, disse ao Senhor: Eu é que
pequei e procedi iniquamente.
Mas estas ovelhas, que fizeram?
Seja a tua mão contra mim e con-
tra a casa de meu pai.
18 **N**aquele mesmo dia, veio Gade
a Davi e lhe disse: Sobe, levanta
ao Senhor um altar na eira de
Araúna, o jebuseu.
19 Subiu Davi conforme a pala-
vra de Gade, como o Senhor lhe
tinha ordenado.
20 Olhou Araúna e, vendo que vi-
nham para ele o rei e os seus ho-
mens, saiu e se inclinou diante do
rei com o rosto em terra.
21 Perguntou Araúna: Por que

vem o rei meu Senhor ao seu servo? Respondeu Davi: Para comprar de ti esta eira, a fim de edificar nela um altar ao Senhor, para que esta praga cesse de sobre o povo.
22 Disse Araúna a Davi: Tome e ofereça o rei meu senhor o que bem lhe parecer. Aqui estão os bois para o holocausto, e os trilhos, e os aparelhos dos bois para lenha.
23 Tudo isso, ó rei, Araúna oferece ao rei. Disse mais Araúna ao rei: O Senhor, o teu Deus, aceite a tua oferta.
24 O rei, porém, respondeu a Araúna: Não, antes quero comprá-la pelo preço devido. Não oferecerei ao Senhor, o meu Deus, holocaustos que não me custem nada. Assim Davi comprou a eira e os bois por cinquenta siclos de prata.
25 Edificou Davi ali um altar ao Senhor e ofereceu holocaustos e ofertas pacíficas. Assim o Senhor teve piedade da terra, e aquela praga cessou de sobre Israel.

1REIS

A velhice de Davi e a pretensão de Adonias

1 O rei Davi era já velho, de ida-
de avançada, e por mais que
o envolvessem com cobertas, não
conseguia se aquecer.
2 Então lhe disseram os seus ser-
vos: Busque-se para o rei meu se-
nhor uma jovem virgem, que es-
teja perante o rei e tenha cuidado
dele. Durma ela no seu seio, para
que o rei meu senhor se aqueça.
3 Assim procuraram por todo o
território de Israel uma jovem
formosa, e acharam a Abisague,
sunamita, e a trouxeram ao rei.
4 Era a jovem sobremaneira formo-
sa; cuidava do rei e o servia, mas
o rei não teve relações com ela.
5 Então Adonias, filho de Hagite,
se exaltou, dizendo: Eu reinarei.
Preparou carros e cavaleiros e
cinquenta homens que corres-
sem diante dele.
6 Seu pai jamais o havia contraria-
do, dizendo: Por que fizeste assim?
Além disso, era ele muito formo-
so de parecer, e sua mãe o havia
gerado depois de Absalão.
7 Teve Adonias entendimento
com Joabe, filho de Zeruia, e com
Abiatar, o sacerdote, que lhe de-
ram o seu apoio.
8 No entanto, Zadoque, o sacer-
dote, e Benaia, filho de Joiada,
e Natã, o profeta, e Simei, e Reí,
os valentes que Davi tinha, não
eram por Adonias.
9 Matou Adonias ovelhas, bois
e animais cevados, junto à pe-
dra de Zoelete, que está perto da
fonte de Rogel, e convidou todos
os seus irmãos, os filhos do rei,
e todos os homens de Judá, ser-
vos do rei.
10 A Natã, profeta, a Benaia, e os
valentes e a Salomão, seu irmão,
porém, não convidou.
11 Então disse Natã a Bate-Seba,
mãe de Salomão: Não ouviste que
Adonias, filho de Hagite, reina e
que nosso senhor Davi não o sabe?
12 Agora vem, deixa-me dar-te
um conselho, para que salves a
tua vida e a de Salomão, teu filho.
13 Vai à presença do rei Davi e dize-
-lhe: Não juraste, ó rei meu senhor,
à tua serva, dizendo: Certamente
teu filho Salomão reinará depois
de mim e se assentará no meu tro-
no? Por que, pois, reina Adonias?
14 Estando tu ainda a falar com o
rei, eu entrarei depois de ti e con-
firmarei as tuas palavras.
15 Foi Bate-Seba à presença do
rei no seu quarto; o rei era mui-
to velho, e Abisague, a sunami-
ta, o servia.
16 Bate-Seba inclinou a cabeça e
prostrou-se perante o rei, que lhe
perguntou: Que queres?
17 Respondeu ela: Senhor meu, tu
juraste à tua serva pelo Senhor, o
teu Deus, dizendo: Salomão, teu
filho, reinará depois de mim e se
assentará no meu trono.
18 Agora, porém, reina Adonias, e
tu, ó rei meu senhor, não o sabes.
19 Ele matou bois, animais ceva-
dos e ovelhas em abundância, e
convidou todos os filhos do rei,
Abiatar, o sacerdote, e Joabe, ge-
neral do exército, mas a teu ser-
vo Salomão não convidou.
20 Os olhos de todo o Israel, po-
rém, ó rei, meu Senhor, estão

sobre ti, para que lhes declares
quem se assentará sobre o trono
do rei meu senhor, depois dele.
21 Doutro modo, quando o rei meu
senhor dormir com seus pais, eu
e Salomão meu filho seremos ti-
dos por culpados.
22 Estando ela ainda a falar com
o rei, entrou o profeta Natã.
23 E fizeram saber ao rei: Está
aqui o profeta Natã. Entrou Natã
à presença do rei, prostrou-se pe-
rante ele com o rosto em terra
24 e disse: Ó rei meu senhor, aca-
so disseste: Adonias reinará de-
pois de mim e se assentará no
meu trono?
25 Hoje ele desceu, matou bois,
animais cevados e ovelhas em
abundância. Convidou todos os
filhos do rei, os chefes do exérci-
to e Abiatar, o sacerdote. Estão
comendo e bebendo perante ele
e dizendo: Viva o rei Adonias!
26 A mim, porém, sendo eu teu ser-
vo, Zadoque, o sacerdote, Benaia,
filho de Joiada e Salomão, teu ser-
vo, não convidou.

Salomão é ungido rei

27 Foi feito isto da parte do rei meu
senhor e não fizeste saber a teu
servo quem se assentaria no tro-
no do rei meu senhor depois dele?
28 Respondeu o rei Davi: Chamai-
-me a Bate-Seba. E ela entrou
à presença do rei e ficou de pé
diante dele.
29 Então jurou o rei: Tão certo
como vive o Senhor, que remiu
a minha alma de toda a angústia,
30 que, assim como te jurei pelo
Senhor, o Deus de Israel, dizen-
do: Teu filho Salomão reinará
depois de mim e se assentará no
meu trono, em meu lugar, assim
mesmo o cumprirei hoje.
31 Então Bate-Seba se inclinou
com o rosto em terra, prostrou-
-se diante do rei e disse: Viva o rei
Davi meu senhor para sempre!
32 Disse o rei Davi: Chamai-me
Zadoque, o sacerdote, Natã, o pro-
feta, e Benaia, filho de Joiada.
E eles entraram à presença do rei.
33 Disse-lhes o rei: Tomai convos-
co os servos de vosso senhor e fa-
zei montar a meu filho Salomão
na minha mula e levai-o a Giom.
34 Zadoque, o sacerdote, com Natã,
o profeta, ali o ungirão rei sobre
Israel. Tocareis a trombeta e di-
reis: Viva o rei Salomão!
35 Subireis após ele, e ele virá e
se assentará no meu trono e rei-
nará em meu lugar. Ordenei que
ele seja príncipe sobre Israel e so-
bre Judá.
36 Benaia, filho de Joiada, respon-
deu ao rei: Amém! Assim o diga o
Senhor Deus do rei meu senhor.
37 Como o Senhor foi com o rei
meu senhor, assim seja ele com
Salomão e faça que o seu trono
seja maior do que o trono do rei
Davi meu senhor.
38 Então desceu Zadoque, o sacer-
dote, Natã, o profeta, Benaia, filho
de Joiada, os quereteus e os pele-
teus e fizeram montar Salomão
na mula que era do rei Davi e o
levaram a Giom.
39 Zadoque, o sacerdote, tomou
do tabernáculo o vaso do azeite
e ungiu Salomão. Então tocaram
a trombeta, e todo o povo disse:
Viva o rei Salomão!
40 E todo o povo subiu após ele,
tocando flauta e alegrando-se com
grande alegria, de maneira que a
terra tremeu com o seu clamor.
41 Adonias e todos os convida-
dos que estavam com ele o ou-
viram, ao acabarem de comer.

Joabe ouviu o sonido das trom-
betas e disse: Que quer dizer este
alvoroço na cidade?
42 Estava ele ainda a falar, quando
chegou Jônatas, filho de Abiatar,
o sacerdote. Disse Adonias: Entra,
porque és de bem e trazes boas-
-novas.
43 Respondeu Jônatas a Adonias:
Deveras! O rei Davi, nosso senhor,
constituiu rei a Salomão.
44 E Davi enviou com ele Zadoque,
o sacerdote, Natã, o profeta, Benaia,
filho de Joiada, os quereteus e os
peleteus, e eles o fizeram montar
na mula do rei.
45 Zadoque, o sacerdote, e Natã, o
profeta, o ungiram rei em Giom.
Dali subiram alegres, e a cidade
estava alvoroçada. Este é o cla-
mor que ouviste.
46 Também Salomão está assen-
tado no trono do reino.
47 Além disso, os servos do rei vie-
ram abençoar o nosso senhor, o
rei Davi, dizendo: Faça teu Deus
que o nome de Salomão seja mais
célebre do que o teu nome e faça
que o seu trono seja maior do que
o teu trono. E o rei se inclinou
no leito
48 e disse: Bendito o Senhor, o
Deus de Israel, que hoje deu quem
se assente no meu trono e permi-
tiu que os meus olhos o vissem.
49 Então estremeceram e se le-
vantaram todos os convidados
que estavam com Adonias, e cada
qual se foi o seu caminho.
50 **A**donias, porém, temeu Salomão
e, levantando-se, foi apegar-se às
pontas do altar.
51 Foi dito a Salomão: Adonias
teme ao rei Salomão e se ape-
gou às pontas do altar, dizendo:
Jure-me hoje o rei Salomão que
não matará a seu servo à espada.
52 Disse Salomão: Se ele for ho-
mem de bem, nem um de seus ca-
belos cairá em terra; mas, caso
se achar nele maldade, morrerá.
53 Enviou o rei Salomão mensa-
geiros, e o fizeram descer do al-
tar. Então veio e se prostrou pe-
rante o rei Salomão, e este lhe
disse: Vai para tua casa.

Últimas instruções de Davi

2 Aproximando-se o dia da mor-
te de Davi, deu ele ordem a
Salomão, seu filho, dizendo:
2 Eu vou pelo caminho de toda a
terra. Esforça-te, pois, e sê homem.
3 Guarda as ordenanças do Senhor,
o teu Deus, para andares nos seus
caminhos, para guardares os
seus estatutos e os seus manda-
mentos, os seus juízos e os seus
testemunhos, como está escrito
na Lei de Moisés, para que pros-
peres em tudo o que fizeres e por
onde quer que fores;
4 e que o Senhor confirme a pala-
vra que falou de mim, dizendo: Se
teus filhos guardarem o seu cami-
nho, para andarem perante a minha
face fielmente, de todo o seu cora-
ção e de toda a sua alma, nunca te
faltará sucessor ao trono de Israel.
5 **O**ra, tu sabes o que me fez Joabe,
filho de Zeruia, e o que fez aos
dois comandantes do exército de
Israel, a Abner, filho de Ner, e a
Amasa, filho de Jéter, os quais
matou, e em tempo de paz vingou
o sangue derramado em guerra,
manchando com ele o cinto que
tinha nos lombos e os sapatos
que trazia nos pés.
6 Faze com ele segundo a tua sa-
bedoria e não permitas que suas
cãs desçam à sepultura em paz.
7 Com os filhos de Barzilai, o gi-
leadita, usarás de benevolência,

porém, e estarão entre os que co-
mem à tua mesa, porque assim
agiram comigo quando eu fugia
por causa de teu irmão Absalão.
8 E lembra-te, contigo está Simei,
filho de Gera, filho de Benjamim,
de Baurim, que me maldisse com
maldição atroz, no dia em que eu
ia a Maanaim. Quando ele saiu
para encontrar-se comigo jun-
to ao Jordão, eu pelo Senhor lhe
jurei, dizendo que não o mata-
ria à espada.
9 Agora, porém, não o tenhas
por inocente. És homem sábio e
bem saberás o que lhe hás de fa-
zer para que apesar de sua ida-
de avançada desça à sepultura
com sangue.
10 **D**avi descansou com seus pais
e foi sepultado na Cidade de Davi.
11 Foi o tempo que Davi reinou so-
bre Israel quarenta anos: sete anos
reinou em Hebrom e em Jerusalém
reinou trinta e três anos.
12 Salomão assentou-se no trono
de Davi, seu pai, e o seu reino se
fortificou sobremaneira.
13 **E**ntão veio Adonias, filho de
Hagite a Bate-Seba, mãe de Salomão.
Perguntou ela: De paz é a tua vin-
da? Respondeu ele: É de paz.
14 E acrescentou: Uma palavra te-
nho que dizer-te. Disse ela: Fala.
15 Disse ele: Bem sabes que o rei-
no era meu; todo o Israel tinha
posto a vista em mim para que
eu viesse a reinar, ainda que o
reino se transferiu e veio a ser
de meu irmão; pois foi feito seu
pelo Senhor.
16 Agora um só pedido te faço;
não o rejeites. Ela lhe disse: Fala.
17 Ele disse: Peço-te que fales ao
rei Salomão (pois não te recu-
sará), que me dê por mulher a
Abisague, a sunamita.
18 Respondeu Bate-Seba: Muito
bem, eu falarei por ti ao rei.
19 **Q**uando Bate-Seba foi ter com
o rei Salomão, para falar-lhe por
Adonias, o rei se levantou para
encontrar-se com ela, inclinou-se
diante dela e se assentou no seu
trono. Mandou que pusessem
um trono para a sua mãe, e ela se
assentou à sua mão direita.
20 Disse ela: Só um pequeno pe-
dido te faço, não o rejeites. E o rei
lhe disse: Pede, minha mãe, por-
que não to recusarei.
21 Disse ela: Dê-se Abisague, a
sunamita, por mulher a Adonias,
teu irmão.
22 Respondeu o rei Salomão a sua
mãe: Por que pedes Abisague, a su-
namita, para Adonias? Pede tam-
bém para ele o reino (porque é meu
irmão mais velho); para ele, sim,
e também para Abiatar, o sacer-
dote, e para Joabe, filho de Zeruia.
23 E jurou o rei Salomão pelo
Senhor: Assim Deus me faça, e
outro tanto, se não falou Adonias
esta palavra contra a sua vida.
24 E agora, tão certo como vive
o Senhor, que me estabeleceu e
me fez assentar no trono de Davi,
meu pai, e que me fundou dinas-
tia, como tinha dito, Adonias mor-
rerá hoje.
25 Enviou o rei Salomão a Benaia,
filho de Joiada, o qual feriu Adonias,
de modo que morreu.
26 **A** Abiatar, o sacerdote, dis-
se o rei: Vai para Anatote, para
teus campos. És homem digno de
morte, mas hoje não te matarei,
porque levaste a arca do Senhor
Deus diante de Davi meu pai e te
afligiste com todas as aflições de
meu pai.
27 Assim expulsou Salomão
a Abiatar, para que não fosse

sacerdote do Senhor, cumprin-
do a palavra que o Senhor tinha
dito a respeito da família de Eli
em Siló.
28 **Q**uando essa notícia che-
gou a Joabe (que tinha apoia-
do Adonias, embora não tivesse
apoiado Absalão), ele fugiu para
o tabernáculo do Senhor e pegou
nas pontas do altar.
29 Foi dito ao rei Salomão que
Joabe tinha fugido para o taber-
náculo do Senhor e estava junto
ao altar. Então Salomão enviou
Benaia, filho de Joiada, dizendo:
Vai, mate-o.
30 Portanto, Benaia foi ao taber-
náculo do Senhor e disse a Joabe:
Assim diz o rei: Sai daí. Respondeu
Joabe: Não, mas aqui morrerei.
Benaia tornou com a resposta ao
rei: Assim falou Joabe e assim me
respondeu.
31 Disse-lhe o rei: Faze como ele
disse. Mate-o e sepulta-o, para
que tires de mim e da família de
meu pai o sangue que Joabe sem
causa derramou.
32 Assim o Senhor fará recair o san-
gue dele sobre a sua cabeça, porque
deu sobre dois homens mais justos
e melhores do que ele e os matou à
espada, sem que Davi, meu pai, o
soubesse, a saber: Abner, filho de
Ner, chefe do exército de Israel,
e Amasa, filho de Jéter, chefe do
exército de Judá.
33 **A**ssim recairá o sangue des-
tes sobre a cabeça de Joabe e so-
bre a cabeça da sua descendên-
cia para sempre. Mas a Davi e à
sua descendência, à sua dinastia
e ao seu trono, o Senhor dará paz
para *todo o* sempre.
34 Subiu Benaia, filho de Joiada,
atacou Joabe e o matou; e ele foi
sepultado em sua casa, no deserto.
35 Em lugar dele o rei pôs Benaia,
filho de Joiada, sobre o exército,
e Zadoque, o sacerdote, pôs em
lugar de Abiatar.
36 **D**epois o rei mandou chamar
a Simei e lhe disse: Edifica para
ti uma casa em Jerusalém e ha-
bita aí, e daí não saias, nem para
uma nem para outra parte.
37 No dia em que saíres e passa-
res o vale do Cedrom, fica sabendo
que certamente serás morto; o teu
sangue será sobre a tua cabeça.
38 Simei disse ao rei: Boa é essa
palavra. Como tem dito o rei meu
senhor, assim fará o teu servo.
E Simei habitou em Jerusalém
muitos dias.
39 Ao cabo de três anos, porém,
dois servos de Simei fugiram para
Áquis, filho de Maaca, rei de Gate.
Contaram a Simei, dizendo: Os
teus servos estão em Gate.
40 Então Simei se levantou, se-
lou o seu jumento e foi para Gate
ter com Áquis, em busca de seus
servos. Assim foi Simei e os trou-
xe de Gate.
41 Disseram a Salomão que Simei
fora de Jerusalém a Gate e já ha-
via voltado.
42 Então o rei mandou chamar
Simei e lhe disse: Não te fiz jurar
pelo Senhor e não te adverti, di-
zendo: No dia em que saíres para
uma ou outra parte, fica sabendo
de certo que serás morto? E me dis-
seste: Boa é essa palavra que ouvi.
43 Por que, pois, não guardaste o
juramento do Senhor, nem a or-
dem que te dei?
44 Disse mais o rei a Simei: Bem
sabes toda a maldade que o teu
coração reconhece que fizeste a
Davi, meu pai. Agora o Senhor
fará recair a tua maldade sobre
a tua cabeça.

45 O rei Salomão, porém, será aben-
çoado, e o trono de Davi será con-
firmado perante o Senhor para
sempre.
46 O rei deu ordem a Benaia, fi-
lho de Joiada, o qual saiu e arre-
meteu contra ele, de modo que
morreu. Assim foi confirmado o
reino nas mãos de Salomão.

Salomão pede sabedoria

3 Salomão fez aliança com faraó,
rei do Egito, e tomou sua filha
por mulher. Trouxe-a à Cidade de
Davi, até que acabasse de edificar
o seu palácio, o templo do Senhor e
a muralha de Jerusalém em redor.
2 Entretanto o povo oferecia sa-
crifícios sobre os altos, porque
até aqueles dias ainda não se ti-
nha edificado um templo ao nome
do Senhor.
3 Salomão amava o Senhor e an-
dava nos estatutos de Davi, seu
pai, mas nos altos oferecia sacri-
fícios e queimava incenso.
4 Foi o rei a Gibeom para lá sacri-
ficar, pois aquele era o alto prin-
cipal, e mil holocaustos sacrifi-
cou Salomão naquele altar.
5 Em Gibeom apareceu o Senhor a
Salomão de noite, em sonhos, e lhe
disse: Pede o que queres que te dê.
6 Respondeu Salomão: De grande
benevolência usaste com teu servo
Davi, meu pai, porque ele andou
contigo em verdade, em justiça
e em retidão de coração, peran-
te a tua face. Guardaste-lhe esta
grande benevolência e lhe des-
te um filho que se assentasse no
seu trono, como se vê neste dia.
7 Agora, ó Senhor, meu Deus, tu
fizeste reinar teu servo em lugar
de Davi, meu pai. Mas eu sou ape-
nas um menino pequeno e não
sei como sair, nem como entrar.
8 Teu servo está no meio do teu
povo que elegeste, povo grande,
que nem se pode contar, nem nu-
merar, pela sua multidão.
9 Portanto, dá ao teu servo um
coração entendido para julgar
o teu povo, para prudentemen-
te discernir entre o bem e o mal.
Pois quem poderia julgar este teu
grande povo?
10 Esta palavra pareceu boa aos
olhos do Senhor, por haver Salomão
pedido tal coisa.
11 Disse-lhe Deus: Visto que pe-
diste esta coisa e não pediste para
ti muitos dias, nem riquezas, nem
a vida de teus inimigos, mas pe-
diste entendimento, para discer-
nires o que é justo,
12 farei segundo as tuas palavras.
Eu te darei um coração tão sábio
e entendido que antes de ti igual
não houve e depois de ti igual não
se levantará.
13 Também até o que não pediste te
darei, assim riquezas como glória,
para que não haja teu igual entre
os reis, durante todos os teus dias.
14 E se andares nos meus cami-
nhos e guardares os meus esta-
tutos e mandamentos, como an-
dou Davi, teu pai, eu prolongarei
os teus dias.
15 Acordou Salomão e percebeu
que era sonho. Veio a Jerusalém,
pôs-se perante a arca da aliança
do Senhor, ofereceu holocaus-
tos, preparou sacrifícios pacífi-
cos e deu um banquete a todos
os seus servos.
16 Ora, vieram duas prostitutas
ao rei e se puseram perante ele.
17 Disse-lhe uma das mulheres:
Ah! senhor meu, eu e esta mu-
lher moramos na mesma casa.
Eu tive um filho, estando com ela
naquela casa.

18 No terceiro dia, depois do meu
parto, também esta mulher teve
um filho. Estávamos juntas; nenhuma
pessoa estranha estava conosco
na casa, somente nós duas
estávamos ali.
19 De noite, morreu o filho desta
mulher, porque se deitou sobre
ele.
20 Assim ela se levantou no meio
da noite e, enquanto dormia a tua
serva, tirou do meu lado o meu filho
e deitou-o no seu seio, e a seu
filho morto deitou no meu seio.
21 Levantando-me pela manhã,
para dar de mamar a meu filho,
vi que estava morto. Mas atentando
eu para ele à luz do dia,
percebi que não era o filho que
eu dera à luz.
22 Então disse a outra mulher:
Não, mas o vivo é meu filho, o teu
é o morto. Mas esta disse: Não, o
morto é teu filho, o meu é o vivo.
Assim falaram perante o rei.
23 Disse o rei: Esta diz: Este que
vive é meu filho, e teu filho o morto;
e esta outra diz: Não, o morto é
teu filho, e meu filho o vivo.
24 Disse mais o rei: Trazei-me
uma espada. E trouxeram uma
espada diante dele.
25 Ordenou o rei: Dividi em duas
partes o menino vivo e dai metade
a uma e metade a outra.
26 Então a mulher, cujo filho era o
vivo, disse ao rei (pois as suas entranhas
se lhe enterneceram por
seu filho): Ah, senhor meu! Dai-lhe
o menino vivo e de modo nenhum
o mateis. A outra, porém,
dizia: Nem meu nem teu. Seja dividido.
27 Então respondeu o rei: Dai à
primeira o menino vivo. De modo
nenhum o mateis; esta é sua mãe.
28 Quando todo o Israel ouviu a
sentença que o rei proferira, temeu
ao rei, porque viu que havia
nele a sabedoria de Deus para fazer
justiça.

Fama e sabedoria de Salomão

4 Assim foi Salomão rei sobre
todo o Israel.
2 E estes eram os príncipes que
tinha: Azarias, filho de Zadoque,
o sacerdote;
3 Eliorefe e Aías, filhos de Sisa, secretários;
Josafá, filho de Ailude,
cronista;
4 Benaia, filho de Joiada, comandante
do exército; Zadoque e Abiatar,
sacerdotes.
5 Azarias, filho de Natã, chefe
dos intendentes; Zabude, filho
de Natã, ministro, amigo do rei;
6 Aisar, mordomo; Adonirão, filho
de Abda, chefe dos que trabalhavam
forçados.
7 Tinha Salomão doze governantes
sobre todo o Israel, que proviam
de mantimento ao rei e à
sua casa. Cada um tinha de prover
durante um mês do ano.
8 São estes os seus nomes: Ben-Hur,
na região montanhosa de Efraim;
9 Ben-Dequer em Macaz, Saalbim,
Bete-Semes, Elom e Bete-Hanã;
10 Ben-Hesede em Arubote; também
este tinha Socó e toda a terra
de Hefer;
11 Ben-Abinadabe, em Nafate-Dor;
tinha este por mulher a Tafate, filha
de Salomão.
12 Baaná, filho de Ailude, tinha
Taanaque, Megido, e toda a Bete-Seã,
que está junto a Zaretã, abaixo
de Jezreel, desde Bete-Seã até
Abel-Meolá, para além de Jocmeão.
13 Ben-Geber em Ramote-Gileade;
tinha este as aldeias de Jair, filho
de Manassés, as quais estão em
Gileade; também tinha a região

de Argobe, que está em Basã, sessenta grandes cidades muradas com ferrolhos de bronze;
14 Ainadabe, filho de Ido, em Maanaim;
15 Aimaás em Naftali; também este tomou a Basemate, filha de Salomão, por mulher;
16 Baaná, filho de Husai, em Aser e Alote;
17 Josafá, filho de Paruá, em Issacar;
18 Simei, filho de Elá, em Benjamim;
19 Geber, filho de Uri, na terra de Gileade, a terra de Siom, rei dos amorreus, e de Ogue, rei de Basã. Ele era o único intendente naquela terra.
20 Eram os filhos de Judá e Israel tão numerosos quanto a areia que está à beira do mar; comiam, bebiam e se alegravam.
21 Dominava Salomão sobre todos os reinos desde o rio até a terra dos filisteus e até o termo do Egito. Estes reinos pagavam tributo e serviram a Salomão todos os dias da sua vida.
22 Era o provimento diário de Salomão trinta coros de flor de farinha e sessenta coros de farinha,
23 dez bois cevados, vinte bois de pasto e cem carneiros, fora os veados, as gazelas, os corços e as aves cevadas.
24 Pois dominava sobre toda a região e sobre todos os reis daquém do rio, desde Tifsa até Gaza, e tinha paz por todos os lados em redor.
25 Judá e Israel habitavam seguros, cada um debaixo da sua videira e debaixo da sua figueira, desde Dã até Berseba, todos os dias de Salomão.
26 Tinha também Salomão quarenta mil cavalos em estábulos para os seus carros, e doze mil cavaleiros.
27 Proviam os governantes mantimento, cada um no seu mês, ao rei Salomão e a todos quantos lhe chegavam à mesa. Coisa nenhuma deixavam faltar.
28 Também traziam a cevada e a palha para os cavalos e para os ginetes, ao lugar apropriado, cada um segundo seu cargo.
29 Deus deu a Salomão sabedoria, muitíssimo entendimento e larga inteligência como a areia que está na praia do mar.
30 Era a sabedoria de Salomão maior do que a de todos os do Oriente e do que toda a sabedoria dos egípcios.
31 Era ele ainda mais sábio do que todos os homens, mais sábio do que Etã, ezraíta, e do que Hemã, Calcol e Darda, filhos de Maol. E correu a sua fama por todas as nações em redor.
32 Proferiu ele três mil provérbios, e foram os seus cânticos mil e cinco.
33 Discorreu acerca das plantas, desde o cedro que está no Líbano até o hissopo que brota da parede. Também falou dos animais e das aves, dos répteis e dos peixes.
34 De todos os povos vinha gente ouvir a sabedoria de Salomão, e da parte de todos os reis da terra que tinham ouvido da sua sabedoria.

Preparativos para a construção do templo

5 Quando Hirão, rei de Tiro, ouviu que haviam ungido a Salomão rei em lugar de seu pai, enviou os seus servos a Salomão, porque Hirão sempre fora muito amigo de Davi.
2 Então enviou Salomão mensageiros a Hirão, dizendo:

3 Bem sabes que Davi, meu pai,
não pôde construir um templo
ao nome do Senhor, o seu Deus,
por causa das guerras com que
o cercaram, até que o Senhor lhe
pôs os inimigos debaixo dos pés.
4 Agora, porém, o Senhor, o meu
Deus, me deu descanso de todos
os lados, e não há adversário, nem
calamidade alguma.
5 Portanto, pretendo construir
um templo ao nome do Senhor
meu Deus, como falou o Senhor a
Davi, meu pai, dizendo: Teu filho, que porei em teu lugar no teu
trono, ele edificará um templo ao
meu nome.
6 Assim, dá ordem que do Líbano
me cortem cedros. Os meus servos estarão com os teus servos, e
eu te pagarei o salário dos teus
servos, conforme tudo o que disseres. Bem sabes que entre nós
ninguém há que saiba cortar a
madeira como os sidônios.
7 **O**uvindo Hirão as palavras de
Salomão, muito se alegrou e disse: Bendito seja hoje o Senhor, que
deu a Davi um filho sábio sobre
este tão grande povo.
8 Enviou Hirão mensageiros a
Salomão, dizendo: Ouvi o que
mandaste dizer. Farei toda a tua
vontade acerca dos cedros e dos
ciprestes.
9 Os meus servos os levarão do
Líbano até o mar, e eu os farei
conduzir em jangadas pelo mar
até o lugar que me designares.
Ali os desamarrarei, e tu os receberás. Tu também farás a minha vontade, dando sustento à
minha casa.
10 *Assim deu Hirão a Salomão*
madeira de cedro e madeira de
cipreste, conforme todo o seu
desejo,
11 e Salomão dava a Hirão vinte
mil coros de trigo, para sustento
da sua casa, e vinte coros de azeite
batido. Isso fazia de ano em ano.
12 Deu o Senhor a Salomão sabedoria como lhe tinha prometido.
Houve paz entre Hirão e Salomão,
e fizeram aliança.
13 **O** rei Salomão recrutou uma
leva de trabalhadores em todo o
Israel, e se compunha a leva de
trinta mil homens.
14 E os enviava ao Líbano em turnos de dez mil por mês, de modo
que passavam um mês no Líbano,
e dois meses em casa. Adonirão
dirigia a leva.
15 Salomão tinha setenta mil que levavam as cargas e oitenta mil que
talhavam pedras nas montanhas,
16 fora os mestres de obra que estavam sobre aquele serviço, três
mil e trezentos, os quais davam as
ordens ao povo que o executava.
17 Mandou o rei que trouxessem
grandes blocos de pedra escolhida e lavrada, para servirem de
alicerce para o templo.
18 Lavravam-nas os edificadores
de Salomão e os de Hirão, e os gebalitas preparavam a madeira e
as pedras para edificar a casa.

A construção do templo

6 No ano quatrocentos e oitenta, depois de os filhos de Israel
terem saído do Egito, no quarto
ano do reinado de Salomão sobre
Israel, no mês de zive (este é o segundo mês), começou-se a edificar o templo do Senhor.
2 O templo que o rei Salomão edificou ao Senhor era de sessenta
côvados de comprimento, vinte de largura e trinta de altura.
3 O pórtico na frente do recinto
principal do templo era de vinte

côvados de comprimento, segun-
do a largura da casa, e de dez cô-
vados de largura.
4 E fez para o templo janelas es-
treitas com grades.
5 Edificou andares contra a pare-
de do templo, tanto do santuário
como do Santo dos Santos, e fez
salas laterais ao redor.
6 O andar de baixo era de cinco
côvados de largura, o do meio de
seis côvados, e o terceiro de sete
côvados de largura. E do lado de
fora do templo, em redor, fez pi-
lastras de reforço, para que as
vigas não se apoiassem nas pa-
redes do templo.
7 O templo era edificado com pe-
dras lavradas na pedreira, de ma-
neira que nem martelo, nem macha-
do, nem instrumento algum de
ferro se ouviu no templo quando
o edificavam.
8 A porta do andar inferior fica-
va no lado sul do templo, e por
meio de escadas em caracol su-
bia-se ao andar intermediário e,
deste, ao terceiro.
9 Assim edificou o templo, e o
acabou cobrindo com vigas e tá-
buas de cedro.
10 Também edificou os andares,
contra todo o templo, de cinco cô-
vados de altura, e os ligou ao tem-
plo com madeira de cedro.
11 Veio a palavra do Senhor a
Salomão:
12 Quanto a este templo que tu
edificas, se andares nos meus es-
tatutos, executares os meus juízos
e guardares todos os meus man-
damentos, andando neles, confir-
marei para contigo a minha pa-
lavra, que falei a Davi, teu pai.
13 E habitarei no meio dos filhos
de Israel e não desampararei o
meu povo de Israel.
14 Assim concluiu Salomão aque-
le templo.
15 Cobriu as paredes do templo
por dentro com tábuas de cedro,
desde o soalho do templo até o
teto, tudo cobriu com madeira
por dentro; e cobriu o soalho do
templo com tábuas de cipreste.
16 A vinte côvados do fundo da
casa fez de tábuas de cedro uma
divisão, de altura igual ao teto; e
por dentro a preparou para o orá-
culo, a saber, o Santo dos Santos.
17 Era o recinto principal do tem-
plo de quarenta côvados.
18 O cedro do interior do tem-
plo era lavrado de botões e flo-
res abertas. Tudo era cedro; pe-
dra nenhuma se via.
19 Na parte mais interior do tem-
plo, preparou o oráculo, para pôr
ali a arca da aliança do Senhor.
20 Era o Santo dos Santos de vinte
côvados de comprimento, vin-
te de largura e vinte de altura.
Cobriu-o de ouro puro, e também
cobriu de cedro o altar.
21 Salomão cobriu o interior do
templo de ouro puro e estendeu
cadeias de ouro diante do Santo
dos Santos, que também cobriu
de ouro.
22 Assim cobriu inteiramente de
ouro todo o templo. Também co-
briu de ouro todo o altar que es-
tava diante do Santo dos Santos.
23 No Santo dos Santos fez dois
querubins de madeira de oliveira,
cada um com dez côvados de altura.
24 Uma asa do primeiro queru-
bim era de cinco côvados, e a
outra asa de cinco côvados — dez
côvados havia desde a extremi-
dade de uma asa até a extremidade
da outra.
25 Assim era também o outro que-
rubim, pois ambos os querubins

eram da mesma medida e do mes-
mo talhe.
26 A altura de cada querubim era
de dez côvados.
27 Pôs os querubins na parte
mais interior da casa, com as
asas estendidas. A asa de um
tocava numa parede, e a asa do
outro na outra parede, e as suas
asas no meio do templo tocavam
uma na outra.
28 Cobriu de ouro os querubins.
29 **N**as paredes do templo em
redor, tanto na parte mais inte-
rior como na mais exterior, enta-
lhou querubins, palmeiras e flo-
res abertas.
30 Também cobriu de ouro o soa-
lho do templo, tanto na parte mais
interior como na mais exterior.
31 Para a entrada do Santo dos
Santos fez portas de madeira de
oliveira; a viga com os batentes for-
mavam a quinta parte da parede.
32 Assim fez as duas portas de
madeira de oliveira, as quais en-
talhou de querubins, de palmei-
ras e de flores abertas, e recobriu
os querubins e as palmeiras de
ouro batido.
33 Assim também fez para a por-
ta do templo umbrais de madei-
ra de oliveira, que constituíam a
quarta parte da parede.
34 Eram as duas portas de ma-
deira de cipreste; e as duas folhas
de uma porta eram dobradiças,
como também as duas folhas en-
talhadas da outra porta.
35 E as lavrou de querubins, de
palmeiras e de flores abertas e
as cobriu de ouro acomodado
ao lavor.
36 *Também edificou o átrio* inte-
rior de três ordens de pedras la-
vradas e de uma ordem de vigas
de cedro.
37 No quarto ano, lançou-se o
alicerce do templo do Senhor, no
mês de zive.
38 No décimo primeiro ano, no mês
de bul, que é o oitavo, acabou-se
a construção do templo com to-
das as suas dependências, e com
tudo o que lhe convinha. Salomão
levou sete anos para edificá-la.

A construção do palácio

7 Construiu Salomão os seus pa-
lácios e levou treze anos para
acabá-los.
2 **E**dificou ainda o Palácio do
Bosque do Líbano, de cem côva-
dos de comprimento, cinquenta
de largura e trinta de altura, so-
bre quatro ordens de colunas de
cedro e vigas de cedro sobre as
colunas.
3 Era coberto de cedro acima das
vigas que se apoiavam sobre as
colunas, quarenta e cinco vigas,
quinze em cada ordem.
4 Havia três ordens de janelas, e
uma janela estava em frente da
outra, em três fileiras.
5 Todas as portas e janelas eram
quadradas; e uma janela estava em
frente da outra, em três fileiras.
6 **D**epois fez um pórtico de colu-
nas, de cinquenta côvados de com-
primento e trinta de largura. Em
frente dele outro pórtico, com as
suas colunas e degraus.
7 **T**ambém fez o pórtico para o
trono onde julgava, isto é, o pór-
tico do juízo, que era coberto de
cedro desde o soalho até o teto.
8 **E** no palácio, em que morava,
havia outro átrio por dentro do
pórtico, de obra semelhante à
deste. Também para a filha de
faraó, que tomara por mulher,
Salomão fez um palácio seme-
lhante àquele pórtico.

9 Todas estas estruturas eram
de pedras escolhidas, talhadas
sob medida, serradas por dentro
e por fora; e isso desde o funda-
mento até as beiras do teto, e por
fora até o grande pátio.
10 Os fundamentos eram de gran-
des pedras selecionadas, de dez e
de oito côvados.
11 Por cima delas havia pedras de
grande preço, lavradas sob medi-
da, e madeira de cedro.
12 Tinha o átrio grande em re-
dor três ordens de pedras lavra-
das, com uma ordem de vigas de
cedro; assim era também o átrio
interior da casa do Senhor e o
pórtico da casa.

Utensílios do templo

13 Enviou o rei Salomão mensa-
geiros que de Tiro trouxessem
Hirão.
14 Era este filho de uma mulher
viúva, da tribo de Naftali, e fora
seu pai um homem de Tiro que
trabalhava em bronze. Era cheio
de sabedoria, de entendimento
e de ciência para fazer toda sorte
de obras de bronze. Veio este ter
com o rei Salomão e fez todas as
suas obras.
15 Formou as duas colunas de
bronze, cada uma de dezoito cô-
vados de altura, e um fio de doze
côvados era a medida da sua cir-
cunferência.
16 Também fez dois capitéis de
fundição de bronze para pôr so-
bre o alto das colunas; cada capi-
tel era de cinco côvados de altura.
17 Havia redes de malha e grinal-
das entrelaçadas, para os capitéis
que estavam no alto das colunas,
sete para cada capitel.
18 Fez duas fileiras de romãs em
redor sobre uma rede, para cobrir
os capitéis no alto das colunas;
assim fez com um e outro capitel.
19 Os capitéis que estavam no alto
das colunas, no pórtico, eram de
obra de lírios, de quatro côvados.
20 Nos capitéis, no alto das duas
colunas, acima do bojo, próximo
à obra de rede, estavam as du-
zentas romãs dispostas em filei-
ras em redor.
21 Levantou as colunas no pórti-
co do templo. Levantando a colu-
na direita, chamou-lhe Jaquim,
e levantando a coluna esquerda,
chamou-lhe Boaz.
22 No alto das colunas estava a
obra de lírios. E assim se acabou
a obra das colunas.
23 Fez o mar de fundição, redon-
do, de dez côvados de uma borda
à outra, cinco de altura e trinta
de circunferência.
24 Por baixo da sua borda em re-
dor havia botões que o cingiam, dez
em cada côvado, cercando aquele
mar em redor. Duas eram as fileiras
destes botões, fundidas com o mar.
25 Firmava-se o mar sobre doze
bois, três que olhavam para o
norte, três para o ocidente, três
para o sul e três para o oriente.
O mar apoiava-se sobre eles, e as
partes posteriores deles conver-
giam para dentro.
26 A espessura dele era de qua-
tro dedos, e a borda era como a
de um copo, como flor de lírio.
Ele levava dois mil batos.
27 Fez também as dez bases de
bronze; cada uma tinha quatro
côvados de comprimento, qua-
tro de largura e três de altura.
28 Foram feitas do seguinte modo:
tinham painéis, que estavam en-
tre molduras,
29 sobre os quais havia leões,
bois e querubins; nas molduras

de cima e nas de baixo dos leões
e dos bois havia grinaldas pen-
dentes.
30 Cada base tinha quatro rodas
de bronze, com eixos de bronze,
e cada base tinha uma pia sobre
quatro suportes, fundidos com
grinaldas de cada lado.
31 A sua boca estava dentro da
coroa, e em cima era de um cô-
vado. E era redonda como a obra
de um pedestal, de côvado e meio.
Também sobre a sua boca havia
entalhes, e os seus painéis eram
quadrados, não redondos.
32 As quatro rodas estavam de-
baixo dos painéis, e os eixos das
rodas estavam na base. Era a altu-
ra de cada roda de côvado e meio.
33 O feitio das rodas era como
o de uma roda de carro; seus ei-
xos, suas cambas, seus raios e
seus cubos, todos eram fundidos.
34 Havia quatro suportes nos qua-
tro cantos de cada base, os quais
faziam parte da própria base.
35 No alto de cada base havia um
cinto redondo de meio côvado de
altura. Também no topo de cada
base havia apoios e painéis, que
faziam parte dela.
36 Nas placas de seus apoios e
dos seus painéis lavrou queru-
bins, leões e palmeiras, segundo
o espaço de cada uma com gri-
naldas em redor.
37 Conforme esta fez as dez ba-
ses: todas tinham a mesma fun-
dição, a mesma medida e o mes-
mo entalhe.
38 Também fez dez pias de bron-
ze; em cada uma cabiam quaren-
ta batos, e cada pia era de quatro
côvados. Sobre cada uma das dez
bases estava uma pia.
39 Pôs cinco bases à direita do
templo e cinco, à esquerda. Pôs o
mar ao lado direito do templo
para a banda do sudeste.
40 Depois fez Hirão as caldeiras,
as pás e as bacias. Assim acabou
Hirão de fazer toda a obra que exe-
cutou para o rei Salomão, para o
templo do Senhor,
41 a saber, as duas colunas, os
dois globos dos capitéis que es-
tavam no alto das duas colunas;
as duas redes, para cobrir os dois
globos dos capitéis que estavam
no alto das colunas;
42 as quatrocentas romãs para as
duas redes, a saber, duas carreiras
de romãs para cada rede, para co-
brirem os dois globos dos capitéis
que estavam no alto das colunas;
43 as dez bases e as dez pias so-
bre as bases;
44 o mar e os doze bois debaixo dele;
45 as caldeiras, as pás e as ba-
cias. Todos esses utensílios que
fez Hirão para o rei Salomão e
para o templo do Senhor eram
de bronze polido.
46 Na planície do Jordão, o rei os
mandou fundir em terra barren-
ta, entre Sucote e Zaretã.
47 Deixou Salomão de pesar to-
dos os utensílios por causa do seu
excessivo número; não se averi-
guou o peso do bronze.
48 Também fez Salomão todos os
utensílios para a casa do Senhor:
o altar de ouro e a mesa de ouro,
sobre a qual estavam os pães da
proposição;
49 os castiçais, de ouro puro, cinco
à direita e cinco à esquerda, dian-
te do Santo dos Santos; as flores,
as lâmpadas e as espevitadeiras,
também de ouro;
50 fez também as taças, as espe-
vitadeiras, as bacias, os recipien-
tes para incenso e os braseiros, de
ouro finíssimo; as dobradiças para

as portas da sala interior para o
Santo dos Santos, e as das portas
do átrio principal, isto é, do tem-
plo, também de ouro.
51 Assim se concluiu toda a obra
que fez o rei Salomão para o templo
do Senhor; então trouxe Salomão
as coisas que seu pai Davi havia
consagrado, a prata, o ouro, os
utensílios e os pôs entre os tesou-
ros do templo do Senhor.

A transferência da arca

8 Então congregou Salomão as
autoridades de Israel, e todos
os chefes das tribos, os chefes
das famílias paternas, dentre os
filhos de Israel, diante de si em
Jerusalém, para fazerem subir
a arca da aliança do Senhor da
Cidade de Davi, que é Sião.
2 Todos os homens de Israel se
congregaram ao rei Salomão, na
ocasião da festa, no mês de eta-
nim, que é o sétimo mês.
3 Vieram todas as autoridades de
Israel, e os sacerdotes alçaram a
arca do Senhor
4 e a levaram para cima, e a ten-
da da congregação, com todos
os utensílios sagrados que nela
havia. Os sacerdotes e os levitas
trouxeram-nos para cima,
5 e o rei Salomão, e toda a con-
gregação de Israel, que se ajun-
tara a ele, estavam todos diante
da arca, sacrificando ovelhas e
bois, que não se podiam contar
nem numerar, pela sua multidão.
6 Os sacerdotes levaram a arca
da aliança do Senhor para o seu
lugar, no santuário mais interior
do templo, no Santo dos Santos,
debaixo das asas dos querubins.
7 Os querubins estendiam as asas
sobre o lugar da arca e cobriam
por cima a arca e as suas varas.
8 As varas sobressaíam tanto
que as suas pontas se viam des-
de o santuário, diante do Santo
dos Santos, mas de fora não se
viam. Ali estão até o dia de hoje.
9 Na arca nada havia, senão as
duas tábuas de pedra, que Moisés
ali pusera, junto a Horebe, quan-
do o Senhor fez aliança com os fi-
lhos de Israel, ao saírem eles da
terra do Egito.
10 Saindo os sacerdotes do santuá-
rio, uma nuvem encheu o templo
do Senhor,
11 de modo que os sacerdotes não
podiam ter-se em pé para minis-
trar, por causa da nuvem, pois a
glória do Senhor enchera o tem-
plo do Senhor.
12 Então disse Salomão: O Senhor
declarou que habitaria numa nu-
vem escura.
13 Certamente te edifiquei um
templo para morada, lugar para
a tua eterna habitação.
14 Então o rei virou o rosto e aben-
çoou toda a congregação de Israel,
enquanto se mantinha em pé.
15 E disse: Bendito seja o Senhor,
o Deus de Israel, que falou pela
sua boca a Davi, meu pai, e pela sua
mão o cumpriu, dizendo:
16 Desde o dia em que eu tirei o
meu povo Israel do Egito, não es-
colhi cidade alguma de todas as
tribos de Israel, para edificar uma
casa a fim de ali estabelecer o meu
nome; mas escolhi Davi, para que
presidisse sobre o meu povo Israel.
17 Ora, Davi, meu pai, propusera em
seu coração construir um templo ao
nome do Senhor, o Deus de Israel.
18 O Senhor, porém, disse a Davi,
meu pai: Porque propuseste no
teu coração construir um tem-
plo ao meu nome, bem fizeste em
o propor no teu coração.

19 Todavia, tu não o construirás,
mas teu filho, que sair de teus
lombos, construirá o templo ao
meu nome.
20 Assim confirmou o Senhor a
sua palavra que tinha dito, pois
me levantei em lugar de Davi,
meu pai, e me assentei no trono
de Israel, como falou o Senhor, e
construí um templo ao nome do
Senhor, o Deus de Israel.
21 Ali constituí lugar para a arca
em que está a aliança que o Senhor
fez com nossos pais, quando os ti-
rou da terra do Egito.
22 **P**ôs-se Salomão diante do altar
do Senhor, em frente de toda a
congregação de Israel, estendeu
as mãos para os céus
23 e disse: Ó Senhor, Deus de
Israel, não há Deus como tu, em
cima nos céus nem embaixo na
terra, que guardas a aliança e a
benevolência para com teus ser-
vos que de todo o coração andam
diante de ti.
24 Cumpriste com teu servo Davi,
meu pai, o que prometeste; com
a tua boca o declaraste e com a
tua mão o cumpriste, como nes-
te dia se vê.
25 Agora, ó Senhor, Deus de Israel,
faze a teu servo Davi, meu pai, o
que lhe prometeste, dizendo: Não
te faltará sucessor diante de mim,
que se assente no trono de Israel,
contanto que teus filhos guardem
o seu caminho, para andarem
diante de mim como tu andaste.
26 Agora também, ó Deus de Israel,
cumpra-se a tua palavra, que dis-
seste a teu servo Davi, meu pai.
27 **N**a verdade, porém, habita-
ria Deus na terra? Os céus, e até
o céu dos céus não te podem con-
ter, quanto menos este templo que
eu construí.
28 Atenta, pois, para a oração de
teu servo e para a sua súplica, ó
Senhor meu Deus, para ouvires
o clamor e a oração que o teu ser-
vo hoje faz diante de ti.
29 Que os teus olhos estejam aber-
tos noite e dia sobre este templo,
sobre este lugar, do qual disses-
te: O meu nome estará ali; para
ouvires a oração que o teu servo
fizer neste lugar.
30 Ouve a súplica do teu servo e
do teu povo Israel, quando ora-
rem neste lugar. Sim, ouve tu no
lugar da tua habitação nos céus;
ouve e perdoa.
31 Se alguém pecar contra o seu
próximo e lhe for exigido que jure,
e ele vier jurar diante do teu al-
tar neste templo,
32 ouve tu dos céus e age. Julga
a teus servos, condenando o cul-
pado, fazendo recair o seu pro-
ceder sobre a sua cabeça e justi-
ficando ao justo, retribuindo-lhe
segundo a sua justiça.
33 **Q**uando o teu povo Israel for
ferido diante do inimigo, por ter
pecado contra ti, e se converter a
ti e confessar o teu nome e orar e
suplicar a ti neste templo,
34 ouve tu nos céus e perdoa
o pecado do teu povo Israel; e
faze-o voltar à terra que deste
a seus pais.
35 Quando os céus se fecharem, e
não houver chuva, por ter o povo
pecado contra ti, e orar neste lu-
gar, confessar o teu nome e se con-
verter dos seus pecados, havendo-o
tu afligido,
36 ouve tu nos céus e perdoa o pe-
cado de teus servos e do teu povo
Israel, ensinando-lhes o bom ca-
minho em que andem, e dá chu-
va na tua terra que deste em he-
rança ao teu povo.

37 Quando houver fome na ter-
ra, quando houver peste, quando
houver crestamento ou ferrugem,
gafanhotos ou lagarta, quando o
seu inimigo o cercar na terra das
suas cidades, ou houver alguma
praga ou doença,
38 toda oração, toda súplica, que
qualquer homem de todo o teu povo
Israel fizer, conhecendo cada um
a chaga do seu coração e esten-
dendo as mãos para este templo,
39 ouve tu nos céus, lugar da tua
habitação, perdoa, age e dá a cada
um conforme todos os seus cami-
nhos, segundo vires o seu coração,
porque só tu conheces o coração
de todos os filhos dos homens;
40 para que te temam todos os
dias que viverem na terra que
deste a nossos pais.
41 Também ao estrangeiro, que
não for do teu povo Israel, que vier
de terras remotas, por amor do
teu nome
42 (pois ouvirão do teu grande
nome, da tua forte mão e do teu
braço estendido) e orar voltado
para este templo,
43 ouve tu nos céus, lugar da tua
habitação, e faze conforme tudo o
que o estrangeiro a ti clamar, a fim
de que todos os povos da terra co-
nheçam o teu nome, para te teme-
rem como o teu povo Israel e pa-
ra saberem que pelo teu nome é
chamado este templo que construí.
44 Quando o teu povo sair à guer-
ra contra o seu inimigo, pelo ca-
minho por que o enviares e orar
ao Senhor, voltado para esta ci-
dade, que tu elegeste, e para este
templo, que construí ao teu nome,
45 ouve então nos céus a sua oração
e a sua súplica, e faze-lhes justiça.
46 Quando os teus servos peca-
rem contra ti (pois não há homem
que não peque), e tu te indigna-
res contra eles e os entregares às
mãos do inimigo, a fim de os le-
varem cativos à terra do inimi-
go, distante ou perto;
47 e na terra para onde forem le-
vados cativos caírem em si e se
converterem, e na terra do seu
cativeiro te suplicarem, dizendo:
Pecamos, perversamente proce-
demos e cometemos iniquidade;
48 e se converterem a ti de todo o
seu coração e de toda a sua alma,
na terra de seus inimigos que os
levaram cativos, e orarem a ti,
voltados para a sua terra que des-
te a seus pais, para esta cidade
que elegeste, e para este templo que
construí ao teu nome;
49 ouve então nos céus, lugar da
tua habitação, a sua oração e a
sua súplica e faze-lhes justiça;
50 perdoa o teu povo, que hou-
ver pecado contra ti; todas as
suas transgressões que houver
cometido contra ti, e dá-lhe mi-
sericórdia da parte dos que os le-
varem cativos, para que se com-
padeçam deles.
51 Pois são o teu povo e a tua
herança que tiraste da terra do
Egito, do meio do forno de ferro;
52 para que teus olhos estejam
abertos à súplica dos teus servos
e à súplica do teu povo Israel, a
fim de os ouvires em tudo quan-
to clamarem a ti.
53 Pois tu, ó Senhor Deus, os se-
paraste dentre todos os povos da
terra, para serem a tua herança,
como disseste por intermédio de
Moisés, teu servo, quando tiras-
te nossos pais do Egito.
54 Acabando Salomão de fazer
ao Senhor esta oração e esta sú-
plica, estando de joelhos e com
as mãos estendidas para os céus,

levantou-se de diante do altar do
Senhor,
55 pôs-se em pé e abençoou toda
a congregação de Israel em alta
voz, dizendo:
56 Bendito seja o Senhor, que deu
repouso ao seu povo Israel, segun-
do tudo o que disse; nem uma só
palavra falhou de todas as boas pa-
lavras que falou por intermédio
de Moisés, seu servo.
57 O Senhor, o nosso Deus, seja
conosco, como foi com nossos
pais; não nos desampare, e não
nos deixe,
58 mas incline a si o nosso cora-
ção, a fim de andarmos em todos
os seus caminhos, guardarmos os
seus mandamentos, os seus esta-
tutos e os seus juízos, que orde-
nou a nossos pais.
59 Que estas minhas palavras, com
que supliquei perante o Senhor,
estejam perto, diante do Senhor, o
nosso Deus, de dia e de noite, para
que faça ele justiça ao seu servo
e ao seu povo Israel, como cada
dia o exigir,
60 para que todos os povos da ter-
ra saibam que o Senhor é Deus,
e que não há outro.
61 Seja o vosso coração comple-
tamente leal para com o Senhor,
o nosso Deus, para andardes nos
seus estatutos e guardardes os seus
mandamentos como hoje o fazeis.
62 Então o rei e todo o Israel com
ele ofereceram sacrifícios peran-
te a face do Senhor.
63 Ofereceu Salomão em sacrifí-
cio pacífico o que apresentou ao
Senhor, vinte e dois mil bois e
cento e vinte mil ovelhas. Assim
o rei e todos os filhos de Israel
consagraram o templo do Senhor.
64 No mesmo dia, o rei consagrou
a parte central do átrio que estava
diante do templo do Senhor, e ali
preparou os holocaustos e as ofer-
tas com a gordura das ofertas pa-
cíficas, porque o altar de bronze
que estava diante do Senhor era
muito pequeno para nele cabe-
rem os holocaustos, as ofertas
de cereais e a gordura das ofer-
tas pacíficas.
65 No mesmo tempo, celebrou
Salomão a festa e todo o Israel
com ele, uma grande congrega-
ção, vinda desde a entrada de
Hamate e desde o rio do Egito,
perante a face do Senhor, o nos-
so Deus, por sete dias, e mais sete
dias, catorze dias ao todo.
66 No oitavo dia, despediu o povo.
Eles abençoaram o rei e então se
foram às suas tendas, alegres e de
coração contente, por causa
de todo o bem que o Senhor fizera a
Davi, seu servo, e a Israel, seu povo.

O Senhor aparece a Salomão

9 Tendo Salomão acabado de
construir o templo do Senhor
e o palácio do rei, e tudo o que de-
sejou construir,
2 o Senhor tornou a aparecer a
Salomão, como lhe tinha apare-
cido em Gibeom,
3 e lhe disse: Ouvi a tua oração e
a tua súplica que fizeste peran-
te mim; consagrei o templo que
construíste, a fim de pôr ali o
meu nome para sempre. Os meus
olhos e o meu coração estarão ali
todos os dias.
4 Ora se andares perante mim
como andou Davi, teu pai, com in-
teireza de coração e com sinceri-
dade para fazeres segundo tudo
o que te mandei, guardando os
meus estatutos e os meus juízos,
5 então confirmarei o trono de teu
reino sobre Israel para sempre,

como prometi a Davi, teu pai, di-
zendo: Não te faltará sucessor so-
bre o trono de Israel.
6 Se vós e vossos filhos, porém, de
qualquer maneira vos apartardes
de mim e não guardardes os meus
mandamentos e os meus estatu-
tos, que vos tenho proposto, mas
fordes, e servirdes a outros deu-
ses, e vos curvardes perante eles,
7 então exterminarei Israel da
terra que lhe dei, e a este tem-
plo, que consagrei a meu nome,
lançarei longe da minha presen-
ça. Israel será objeto de zomba-
ria entre todos os povos.
8 E deste templo, que é tão exal-
tado, todo aquele que por ele pas-
sar pasmará, assobiará e dirá: Por
que fez o Senhor assim a esta ter-
ra e a este templo?
9 E lhe responderão: Porque deixa-
ram ao Senhor, o seu Deus, que ti-
rou da terra do Egito os seus ante-
passados, e se apegaram a deuses
alheios; e se encurvaram perante
eles, e os serviram; por isso trouxe
o Senhor sobre eles todo este mal.
10 Ao fim de vinte anos, con-
cluiu Salomão as duas constru-
ções: o templo do Senhor e o pa-
lácio do rei.
11 Como Hirão, rei de Tiro, trou-
xera a Salomão madeira de cedro
e de cipreste e ouro, segundo todo
o seu desejo, deu o rei Salomão a
Hirão vinte cidades na terra da
Galileia.
12 Saiu Hirão de Tiro a ver as ci-
dades que Salomão lhe dera, mas
não lhe agradaram.
13 Pelo que disse: Que cidades
são estas que me deste, irmão
meu? E lhes chamaram: Terra
de Cabul, até hoje.
14 Ora, Hirão enviara ao rei cen-
to e vinte talentos de ouro.
15 Este é o relato do trabalho for-
çado que o rei Salomão impôs para
edificar o templo do Senhor e o
seu próprio palácio, os terraços de
apoio, o muro de Jerusalém, como
também Hazor, Megido e Gezer.
16 Faraó, rei do Egito, subira e
tomara a Gezer, e a queimara e
matara os cananeus que mora-
vam nela, e a dera em dote a sua
filha, mulher de Salomão.
17 Assim reconstruiu Salomão
Gezer, Bete-Horom, a baixa,
18 Baalate, Tadmor, no deserto
daquela terra,
19 e a todas as cidades-armazéns
que Salomão tinha, as cidades
dos carros, as cidades dos cava-
leiros, e o que desejou construir
em Jerusalém, no Líbano e em
toda a terra do seu domínio.
20 Quanto a todo o povo que res-
tou dos amorreus, heteus, fere-
zeus, heveus e jebuseus, e que não
eram dos filhos de Israel,
21 a seus filhos, que restaram de-
pois deles na terra, os quais os fi-
lhos de Israel não puderam destruir
totalmente, Salomão os reduziu a
trabalhos forçados, até hoje.
22 Dos filhos de Israel, porém,
não fez Salomão escravo algum;
eram homens de guerra, seus
servos, seus príncipes, seus ca-
pitães e chefes dos seus carros e
dos seus cavaleiros.
23 Eram estes os chefes dos ofi-
ciais que estavam sobre a obra de
Salomão, quinhentos e cinquen-
ta, que davam ordens ao povo que
trabalhava na obra.
24 Logo que a filha de faraó subiu
da Cidade de Davi para o palácio
que Salomão lhe havia construído,
edificou ele os terraços de apoio.
25 Oferecia Salomão três vezes
por ano holocaustos e ofertas

pacíficas sobre o altar que edifi-
cara ao Senhor e queimava incen-
so sobre o altar perante o Senhor.
Assim terminou ele a construção
do templo.
26 Também o rei Salomão fez naus
em Eziom-Geber, que está junto a
Elate, na praia do mar Vermelho,
na terra de Edom.
27 Mandou Hirão com aquelas
naus os seus servos, marinhei-
ros que conheciam o mar, com
os servos de Salomão.
28 Chegaram a Ofir e tomaram
de lá quatrocentos e vinte talen-
tos de ouro, que trouxeram ao
rei Salomão.

A rainha de Sabá visita Salomão

10 Quando a rainha de Sabá
ouviu a respeito da fama
de Salomão, no que se refere ao
nome do Senhor, veio prová-lo
por enigmas.
2 Chegou a Jerusalém com uma
grande comitiva, com camelos
carregados de especiarias e mui-
tíssimo ouro e pedras preciosas.
Apresentou-se a Salomão e lhe
disse tudo o que lhe ia no coração.
3 Salomão respondeu a todas as
suas perguntas; nada houve di-
fícil demais que o rei não pudes-
se explicar.
4 Vendo a rainha de Sabá toda a
sabedoria de Salomão, o palácio
que edificara,
5 a comida da sua mesa, o assen-
tar dos seus oficiais, o serviço de
seus criados e os trajes deles, seus
copeiros e os holocaustos que
ele oferecia no templo do Senhor,
ficou fora de si
6 *e disse ao rei: Foi verdade a pa-*
lavra que ouvi na minha terra,
acerca dos teus feitos e da tua
sabedoria.
7 Eu, porém, não acreditava na-
quelas palavras, até que vim e vi
com os meus olhos. Deveras, não
me disseram metade; sobrepu-
jaste em sabedoria e bens a fama
que ouvi.
8 Bem-aventurados os teus ho-
mens, bem-aventurados estes teus
servos, que estão sempre diante
de ti, que ouvem a tua sabedoria!
9 Bendito seja o Senhor, o teu
Deus, que se agradou de ti, para
te pôr no trono de Israel. Porque
o Senhor ama Israel para sempre,
constituiu-te rei, para executares
juízo e justiça.
10 E deu ela ao rei cento e vinte ta-
lentos de ouro, muitíssimas espe-
ciarias e pedras preciosas. Nunca
mais vieram especiarias em tan-
ta abundância, como as que a rai-
nha de Sabá deu ao rei Salomão.
11 Também as naus de Hirão,
que de Ofir traziam ouro, trou-
xeram de lá grande quantidade
de madeira de sândalo e pedras
preciosas.
12 Dessa madeira de sândalo fez
o rei balaústres para o templo do
Senhor e para o palácio do rei,
como também harpas e alaúdes
para os cantores. Tanta madeira
de sândalo nunca mais se trou-
xe nem se viu, até o dia de hoje.
13 O rei Salomão deu à rainha de
Sabá tudo o que ela desejou e pe-
diu, além do que já lhe tinha dado
da sua generosidade real. Então
ela voltou e foi para a sua terra, ela
e a sua comitiva.

O esplendor de Salomão

14 Era o peso do ouro que se tra-
zia a Salomão cada ano seiscentos
e sessenta e seis talentos,
15 além do que vinha dos vende-
dores e negociantes, de todos os

reis da Arábia e dos governado-
res do país.
16 Também o rei Salomão fez du-
zentos escudos grandes de ouro ba-
tido; seiscentos siclos de ouro man-
dou pesar para cada um.
17 Fez também trezentos escu-
dos de ouro batido; três arrá-
teis de ouro mandou pesar para
cada escudo. Então o rei os pôs
no Palácio do Bosque do Líbano.
18 Fez mais o rei um grande tro-
no de marfim e o cobriu de ouro
puríssimo.
19 Tinha o trono seis degraus, e o
alto do espaldar do trono era redon-
do. De ambos os lados tinha braços
junto ao assento, e dois leões em
pé junto aos braços.
20 Também doze leões estavam ali
sobre os seis degraus de ambos
os lados. Nunca se fizera obra se-
melhante em nenhum dos reinos.
21 Também todos os vasos de be-
ber do rei Salomão eram de ouro,
e todos os vasos do Palácio do
Bosque do Líbano eram de ouro
puro. Não havia neles prata, por-
que nos dias de Salomão a pra-
ta não tinha estimação alguma.
22 O rei tinha no mar uma frota
de Társis, com as naus de Hirão.
De três em três anos voltava a
frota de Társis, trazendo ouro,
prata, marfim, bugios e pavões.
23 Assim o rei Salomão excedeu
a todos os reis da terra, tanto em
riquezas como em sabedoria.
24 Toda a terra buscava a presen-
ça *de Salomão, para ouvir* a sa-
bedoria que Deus lhe havia pos-
to no coração.
25 Ano após ano, cada um tra-
zia o seu presente, vasos de
prata, vasos de ouro, roupas,
armaduras, especiarias, cava-
los e mulas.
26 Ajuntou Salomão carros e ca-
valeiros, de sorte que tinha mil
e quatrocentos carros e doze
mil cavaleiros, e os distribuiu pe-
las cidades dos carros, e junto ao
rei em Jerusalém.
27 Fez o rei que em Jerusalém
houvesse prata como pedras e
cedros em abundância como as
figueiras bravas que estão nas
planícies.
28 Os cavalos que Salomão tinha
eram trazidos do Egito e de Cue;
os comerciantes do rei os com-
pravam de Cue.
29 Importavam um carro do Egito
por seiscentos siclos de prata e
um cavalo por cento e cinquen-
ta. Também os exportavam para
todos os reis dos heteus e para os
reis da Síria.

Os pecados de Salomão

11 Além da filha de faraó, o
rei Salomão amou muitas
mulheres estrangeiras: moabi-
tas, amonitas, edomitas, sidônias
e heteias,
2 das nações de que o Senhor ti-
nha dito aos filhos de Israel: Não
entrareis em contato com eles, e
eles não entrarão em contato con-
vosco, porque perverterão o vos-
so coração para seguirdes os seus
deuses. A estas se apegou Salomão
pelo amor.
3 Tinha setecentas mulheres prin-
cesas e trezentas concubinas.
Suas mulheres lhe perverteram
o seu coração.
4 No tempo da velhice de Salomão,
suas mulheres lhe perverteram
o coração para seguir a outros
deuses, e o seu coração não era
completamente leal para com
o Senhor o seu Deus, como fora o
de Davi, seu pai.

5 Salomão seguiu Astarote, deusa dos sidônios, e Milcom, abominação dos amonitas.
6 Assim fez Salomão o que era mau aos olhos do Senhor e não perseverou em seguir ao Senhor, como Davi seu pai.
7 Nesse tempo, edificou Salomão um alto a Quemós, abominação dos moabitas, sobre o monte que está diante de Jerusalém, e a Moloque, abominação dos filhos de Amom.
8 Assim fez para com todas as suas mulheres estrangeiras, as quais queimavam incenso e sacrificavam a seus deuses.
9 O Senhor se indignou contra Salomão, porque desviara o seu coração do Senhor, o Deus de Israel, que duas vezes lhe aparecera.
10 Embora acerca deste negócio lhe tivesse dado ordem que não seguisse outros deuses, ele não guardou o que o Senhor lhe ordenara.
11 Assim disse o Senhor a Salomão: Já que houve isso em ti, que não guardaste a minha aliança e os meus estatutos que te ordenei, certamente rasgarei de ti este reino e o darei a teu servo.
12 Todavia, não o farei nos teus dias, por amor de Davi, teu pai. Da mão de teu filho o rasgarei.
13 Contudo, não rasgarei todo o reino, mas uma tribo darei a teu filho, por amor de meu servo Davi e por amor de Jerusalém, que escolhi.
14 Levantou o Senhor contra Salomão um adversário, a Hadade, o edomita, da estirpe real de Edom.
15 Estando Davi em Edom, e subindo Joabe, comandante do exército, para enterrar os mortos, feriu todos os homens em Edom.
16 (Joabe ficou ali seis meses com todo o Israel, até que destruiu a todos os homens em Edom.)
17 Hadade, porém, ainda menino, fugiu com alguns homens edomitas, dos servos de seu pai, e foram ao Egito.
18 Levantaram-se de Midiã e foram a Parã. Então tomaram consigo homens de Parã, foram ao Egito ter com faraó, rei do Egito, o qual lhe deu uma casa, forneceu-lhe sustento e lhe deu terras.
19 Hadade de tal maneira ganhou a simpatia de faraó que este lhe deu por mulher a irmã de sua mulher, a irmã da rainha Tafnes.
20 A irmã de Tafnes deu-lhe um filho, Genubate, o qual Tafnes criou no palácio real, onde Genubate esteve entre os filhos de faraó.
21 Ouvindo Hadade no Egito que Davi adormecera com seus pais e que Joabe, comandante do exército, era morto, disse a faraó: Deixa-me ir, para que eu volte à minha terra.
22 Faraó, porém, lhe disse: O que te falta comigo, que procuras partir para a tua terra? Disse ele: Nada; mas deixa-me ir.
23 E Deus lhe levantou outro adversário, Rezom, filho de Eliada, que havia fugido de seu senhor Hadadezer, rei de Zobá.
24 Ajuntou ele homens e se fez comandante de um esquadrão; quando Davi destruiu os de Zobá, os rebeldes foram para Damasco, onde habitaram e fizeram rei a Rezom.
25 Rezom foi adversário de Israel por todos os dias de Salomão, acrescentando ao mal que Hadade fazia. Assim Rezom reinou sobre a Síria e foi inimigo de Israel.
26 Também Jeroboão, filho de Nebate, efraimita de Zeredá, servo

de Salomão, cuja mãe era viúva,
por nome Zerua, rebelou-se contra o rei.
27 Esta é a história da revolta de
Jeroboão contra o rei: Salomão tinha edificado os terraços de apoio e fechado as brechas da Cidade de Davi, seu pai.
28 Ora, Jeroboão era homem valente e capaz, e vendo Salomão que o jovem era trabalhador, colocou-o sobre toda a carga da tribo de José.
29 Por esse tempo, saindo Jeroboão de Jerusalém, encontrou-o o profeta Aías, o silonita, no caminho; este usava uma capa nova. Os dois estavam sós no campo,
30 e Aías pegou na capa nova que tinha sobre si e a rasgou em doze pedaços.
31 E disse a Jeroboão: Toma para ti os dez pedaços, pois assim diz o Senhor, o Deus de Israel: Vê, rasgarei o reino da mão de Salomão, e a ti darei as dez tribos.
32 Ele, porém, terá uma tribo, por amor de Davi, meu servo, e por amor de Jerusalém, a cidade que escolhi dentre todas as tribos de Israel.
33 Farei isso porque me deixaram e se encurvaram a Astarote, deusa dos sidônios, a Quemós, deus dos moabitas, e a Milcom, deus dos filhos de Amom; não andaram nos meus caminhos, para fazerem o que é reto aos meus olhos, nem guardaram os meus estatutos e os meus juízos, como fez Davi, seu pai.
34 Não tomarei, porém, da sua mão o reino todo; eu o deixarei governar durante todos os dias da sua vida, por amor de Davi, meu servo, a quem escolhi, o qual guardou os meus mandamentos e os meus estatutos.
35 Da mão de seu filho, contudo, tomarei o reino, a saber, as dez tribos, e as darei a ti.
36 A seu filho darei uma tribo para que Davi, meu servo, sempre tenha uma lâmpada diante de mim em Jerusalém, a cidade que escolhi para ali pôr o meu nome.
37 Todavia, quanto a ti, eu te tomarei, e reinarás sobre tudo o que desejar a tua alma; serás rei sobre Israel.
38 Se ouvires tudo o que eu te ordenar e andares nos meus caminhos e fizeres o que é reto aos meus olhos, guardando os meus estatutos e os meus mandamentos, como fez Davi, meu servo, eu serei contigo e te edificarei uma dinastia firme, como edifiquei Davi, e te darei Israel.
39 Afligirei a descendência de Davi por causa disso, mas não para sempre.
40 Salomão procurou matar a Jeroboão, mas este se levantou e fugiu para o Egito, para com o rei Sisaque, e ali permaneceu até que Salomão morreu.

A morte de Salomão

41 Quanto aos mais atos de Salomão, a tudo quanto fez e à sua sabedoria, porventura não está escrito no livro dos atos de Salomão?
42 O tempo que Salomão reinou em Jerusalém sobre todo o Israel foi quarenta anos.
43 Então dormiu Salomão com os seus pais e foi sepultado na Cidade de Davi, seu pai. E Roboão, seu filho, reinou em seu lugar.

A divisão do reino

12 Foi Roboão a Siquém, pois todo o Israel se reunira ali para fazê-lo rei.

2 Ouvindo isso, Jeroboão, filho
de Nebate, que ainda estava no
Egito, para onde fugira de diante
do rei Salomão, voltou do Egito.
3 Assim mandaram chamá-lo, e
Jeroboão e toda a congregação
de Israel vieram a Roboão e lhe
disseram:
4 Teu pai agravou o nosso jugo,
mas agora alivia a dura cerviz de
teu pai e o seu pesado jugo que
nos impôs, e nós te serviremos.
5 Respondeu Roboão: Ide-vos até o
terceiro dia e então voltai a mim.
E o povo se foi.
6 **T**eve o rei Roboão conselho com
os que estiveram na presença de
Salomão, seu pai, quando este
ainda vivia: Como aconselhais
vós que se responda a este povo?
7 Responderam eles: Se hoje te tor-
nares servo deste povo e o servi-
res e, respondendo-lhe, disseres
boas palavras, serão teus servos
para sempre.
8 Ele, porém, deixou o conselho
que os anciãos lhe deram e teve
conselho com os jovens que ha-
viam crescido com ele e que as-
sistiam diante dele.
9 E lhes perguntou: Que aconse-
lhais vós que respondamos a este
povo, que me disse: Alivia o jugo
que teu pai nos impôs?
10 Os jovens que haviam cresci-
do com ele lhe disseram: Assim
falarás a este povo que disse:
Teu pai fez pesado o nosso jugo,
mas tu o alivia de sobre nós; as-
sim lhe falarás: Meu dedo míni-
mo é mais grosso do que os lom-
bos de meu pai.
11 Assim que, se meu pai vos im-
pôs jugo pesado, ainda eu aumen-
tarei o vosso jugo. Meu pai vos
castigou com açoites; eu vos cas-
tigarei com escorpiões.
12 **V**eio Jeroboão e todo o povo, ao
terceiro dia a Roboão, como o rei
havia ordenado, dizendo: Voltai
a mim ao terceiro dia.
13 Respondeu o rei ao povo as-
peramente. Deixando o conselho
que os anciãos lhe deram,
14 falou-lhes conforme o conse-
lho dos jovens, dizendo: Meu pai
agravou o vosso jugo; eu ainda o
aumentarei. Meu pai vos casti-
gou com açoites; eu vos castiga-
rei com escorpiões.
15 Assim o rei não deu ouvidos
ao povo, pois esta mudança vinha
do Senhor, para confirmar a pa-
lavra que o Senhor tinha dito por
intermédio de Aías, o silonita, a
Jeroboão, filho de Nebate.
16 **V**endo todo o Israel que o rei
não lhe dava ouvidos, respon-
deu-lhe:

Que parte temos nós com
Davi?
Não há para nós herança no
filho de Jessé.
Às tuas tendas, ó Israel!
Cuida agora da tua casa, ó
Davi.
Então Israel se foi às suas
tendas.

17 Quanto aos filhos de Israel, po-
rém, que habitavam nas cidades
de Judá, sobre eles reinou Roboão.
18 O rei Roboão enviou Adorão,
que estava sobre os que trabalha-
vam forçados, mas todo o Israel
o apedrejou, e ele morreu. O rei
Roboão, contudo, conseguiu su-
bir em seu carro e fugir para
Jerusalém.
19 Assim se rebelou Israel contra
a casa de Davi até o dia de hoje.
20 Ouvindo todo o Israel que
Jeroboão tinha voltado, manda-
ram chamá-lo para a congregação
e o fizeram rei sobre todo o Israel.

Ninguém seguiu a dinastia de Davi
senão somente a tribo de Judá.
21 Vindo Roboão a Jerusalém, reu-
niu toda a tribo de Judá e a tribo
de Benjamim, cento e oitenta mil
escolhidos, destros para a guer-
ra, a fim de pelejar contra a casa
de Israel, para restituir o reino a
Roboão, filho de Salomão.
22 Porém veio a palavra de Deus
a Semaías, homem de Deus:
23 Dize a Roboão, filho de Salomão,
rei de Judá, a toda a tribo de Judá,
a Benjamim e ao restante do povo:
24 Assim diz o Senhor: Não subi-
reis, nem pelejareis contra vossos
irmãos, os filhos de Israel. Volte
cada um para a sua casa, pois eu
é que fiz esta obra. Ouviram a pa-
lavra do Senhor e voltaram se-
gundo o seu mandado.
25 Jeroboão edificou Siquém, na
região montanhosa de Efraim, e
habitou ali. Dali saiu e edificou
Penuel.
26 Disse Jeroboão consigo: Agora
tornará o reino para a dinastia
de Davi.
27 Se este povo subir para fazer
sacrifícios no templo do Senhor,
em Jerusalém, o seu coração se
tornará para o seu senhor, Roboão,
rei de Judá. Eles me matarão e
tornarão ao rei Roboão.
28 Pelo que o rei, tendo tomado
conselho, fez dois bezerros de
ouro. E disse ao povo: É mui-
to trabalho para vós o subir a
Jerusalém. Vês aqui teus deu-
ses, ó Israel, que te fizeram su-
bir da terra do Egito.
29 Pôs um em Betel, e o outro, em Dã.
30 E isso se tornou em pecado; o
povo ia até Dã para adorar o be-
zerro de lá.
31 Jeroboão fez casa nos altos e
constituiu sacerdotes de todo tipo
de gente, embora não fossem dos
filhos de Levi.
32 Instituiu uma festa no oita-
vo mês, no décimo quinto dia
do mês, como a que se celebrava
em Judá, e sacrificou no altar.
Semelhantemente fez em Betel,
sacrificando aos bezerros que
tinha feito. E em Betel estabele-
ceu sacerdotes nos altos que le-
vantara.
33 Sacrificou no altar que fizera
em Betel, no décimo quinto dia
do oitavo mês, mês que ele tinha
escolhido a seu bel-prazer. Assim
ordenou uma festa aos filhos de
Israel e sacrificou no altar, quei-
mando incenso.

O homem de Deus que veio de Judá

13 Por ordem do Senhor um
homem de Deus veio de
Judá a Betel, quando Jeroboão
estava junto ao altar, para quei-
mar incenso.
2 Clamou o homem contra o altar,
por ordem do Senhor: Altar, al-
tar! Assim diz o Senhor: Um filho
nascerá na família de Davi, cujo
nome será Josias, o qual sacrifi-
cará sobre ti os sacerdotes dos
altos que queimam sobre ti in-
censo e ossos humanos se quei-
marão sobre ti.
3 Deu naquele mesmo dia um si-
nal: Este é o sinal de que o Senhor
falou: O altar se fenderá, e a cinza
que está sobre ele se derramará.
4 Tendo o rei Jeroboão ouvido a
palavra do homem de Deus, que
clamara contra o altar de Betel,
estendeu a mão de sobre o altar,
dizendo: Pegai-o! Mas a mão que
estendera contra ele se secou e
não voltava ao normal.
5 O altar se fendeu, e a cinza se
derramou do altar, segundo o sinal

que o homem de Deus apontara,
por ordem do Senhor.
6 Então respondeu o rei ao homem de Deus: Ora ao Senhor, o
teu Deus, e roga por mim, para
que se me restitua a mão. Pelo que
o homem de Deus orou ao Senhor,
e a mão do rei lhe foi restituída e
ficou como antes.
7 Disse o rei ao homem de Deus:
Vem comigo a minha casa e come
alguma coisa; e eu te recompensarei.
8 O homem de Deus, porém, disse
ao rei: Ainda que me desses metade dos teus bens, eu não iria contigo, nem comeria pão, nem beberia água neste lugar.
9 Pois assim me ordenou o Senhor
pela sua palavra: Não comerás
pão, nem beberás água, nem voltarás pelo caminho por onde foste.
10 Assim, foi-se por outro caminho, e não voltou pelo caminho
por onde viera a Betel.
11 **M**orava em Betel um profeta
velho, cujos filhos vieram e lhe
contaram tudo o que o homem de
Deus fizera aquele dia em Betel.
Contaram também a seu pai as
palavras que dissera ao rei.
12 Perguntou-lhes o pai: Por que
caminho se foi? Mostraram os filhos o caminho por onde se fora o
homem de Deus que viera de Judá.
13 Então disse a seus filhos: Selai-me um jumento. Selaram-lhe o
jumento, ele montou e
14 foi após o homem de Deus.
Encontrou-o assentado debaixo
de um carvalho e perguntou: És
tu o homem de Deus que vieste de Judá? Respondeu ele: Sou.
15 Então lhe disse: Vem comigo
a minha casa e come pão.
16 Disse o homem de Deus: Não
posso voltar contigo, nem entrar
contigo, tampouco comer pão, nem
beber água contigo neste lugar.
17 Foi-me mandado pela palavra
do Senhor: Ali não comerás pão,
nem beberás água, nem voltarás
pelo caminho por que foste.
18 Respondeu-lhe ele: Também
eu sou profeta como tu, e um anjo
me disse por ordem do Senhor:
Faze-o voltar contigo a tua casa,
para que coma pão e beba água.
Mas ele estava mentindo.
19 Então ele voltou, comeu pão
em sua casa e bebeu água.
20 **E**stando eles à mesa, veio a palavra do Senhor ao profeta que o
tinha feito voltar.
21 E clamou ao homem de Deus,
que viera de Judá: Assim diz o
Senhor: Porque foste rebelde à
palavra do Senhor e não guardaste o mandamento que o Senhor,
o teu Deus, te mandara,
22 antes voltaste, comeste pão e
bebeste água no lugar de que te
dissera: Não comerás pão nem
beberás água; o teu cadáver não
entrará no sepulcro de teus pais.
23 Depois de o homem de Deus
ter comido pão e bebido água, o
profeta que o fizera voltar selou
para ele o jumento.
24 Este se foi; e um leão o encontrou no caminho e o matou. O cadáver do profeta ficou estendido
no caminho, e o jumento e o leão
estavam parados ali perto dele.
25 Os homens passaram e viram o corpo estendido no caminho, como também o leão parado
junto ao corpo, e foram e o disseram na cidade onde o profeta velho habitava.
26 **O**uvindo-o o profeta que o fizera voltar do caminho, disse: É
o homem de Deus, que foi rebelde à palavra do Senhor. O Senhor

o entregou ao leão, que o despe-
daçou e matou, segundo a pala-
vra que o Senhor lhe havia dito.
27 Disse a seus filhos: Selai-me o
jumento. Eles o selaram.
28 Ele se foi e achou o cadáver es-
tendido no caminho, e o jumento
e o leão, parados perto do cadáver.
O leão não tinha devorado o cor-
po, nem despedaçado o jumento.
29 Assim o profeta levantou o ca-
dáver do homem de Deus, colo-
cou-o em cima do jumento e o le-
vou de volta à cidade para o chorar
e enterrar.
30 Então depositou o cadáver no
seu próprio sepulcro e o prantea-
ram, dizendo: Ah! irmão meu!
31 Depois de o haver sepultado,
disse a seus filhos: Quando eu
morrer, sepultai-me no sepulcro
em que o homem de Deus está se-
pultado; ponde os meus ossos jun-
to aos ossos dele.
32 Pois certamente se cumprirá
o que, por ordem do Senhor, cla-
mou contra o altar que está em
Betel, como também contra to-
das as casas dos altos que estão
nas cidades de Samaria.
33 Nem depois destas coisas dei-
xou Jeroboão o seu mau caminho;
antes, de entre o povo tornou a fa-
zer sacerdotes dos lugares altos.
Qualquer que o queria, consagra-
va sacerdote dos lugares altos.
34 Esse foi o pecado da família de
Jeroboão, que levou à sua destrui-
ção e extinção da face da terra.

Aías prediz a ruína de Jeroboão

14 Naquele tempo, adoeceu
Abias, filho de Jeroboão.
2 Disse Jeroboão a sua mulher:
Levanta-te e disfarça-te, para que
não conheçam que és mulher de
Jeroboão, e vai a Siló. Lá está o
profeta Aías, aquele que falou
acerca de mim, que eu seria rei
sobre este povo.
3 Leva contigo dez pães, bolos e
uma botija de mel e vai ter com
ele. Ele te declarará o que há de
acontecer a este menino.
4 A mulher de Jeroboão fez o que
ele mandou; e foi à casa de Aías
em Siló. Ora, Aías já não podia
ver; os seus olhos já se tinham es-
curecido por causa da sua idade.
5 O Senhor, porém, disse a Aías:
A mulher de Jeroboão vem con-
sultar-te sobre seu filho, que está
doente. Assim e assim lhe falarás.
Ao entrar, ela fingirá ser outra.
6 Assim, ouvindo Aías o ruído de
seus pés, ao entrar ela pela porta,
disse: Entra, mulher de Jeroboão.
Por que te disfarças? Eu sou en-
viado a ti com duras novas.
7 Vai e dize a Jeroboão: Assim
diz o Senhor, o Deus de Israel:
Eu te exaltei do meio do povo
e te constituí líder sobre o meu
povo Israel.
8 Eu rasguei o reino da família
de Davi, e o dei a ti, mas tu não
foste como o meu servo Davi, que
guardou os meus mandamentos
e que andou após mim de todo o
seu coração para fazer somente
o que era reto aos meus olhos.
9 Tu fizeste o mal, pior do que todos
os que foram antes de ti. Foste e fi-
zeste outros deuses e imagens de
fundição; provocaste-me à ira e me
lançaste para trás das tuas costas.
10 Por causa disso, trarei o mal
sobre a família de Jeroboão e ex-
terminarei de Jeroboão todo ho-
mem, escravo ou livre, em Israel.
Lançarei fora os descendentes
da família de Jeroboão, como se
lança fora o esterco, até que de
todo se acabe.

11 Quem morrer de Jeroboão na
cidade, os cães o comerão, e o que
morrer no campo, as aves do céu
o comerão. O Senhor o disse.
12 Quanto a ti, levanta-te e vai
para tua casa. Ao entrarem os teus
pés na cidade, o menino morrerá.
13 Todo o Israel o pranteará e o
sepultará. De Jeroboão só este en-
trará em sepultura, porque foi o
único da família de Jeroboão em
que se achou coisa boa para com
o Senhor, o Deus de Israel.
14 O Senhor levantará para si um
rei sobre Israel, que destruirá a
casa de Jeroboão. Este é o dia!
Sim, desde agora.
15 E o Senhor ferirá Israel para
que seja como a cana que se agita
nas águas. Arrancará Israel des-
ta boa terra que tinha dado a seus
pais e o espalhará para além do
rio, porque fizeram os seus bos-
ques, provocando o Senhor à ira.
16 E abandonará Israel por cau-
sa dos pecados de Jeroboão, que
pecou e fez pecar Israel.
17 Então a mulher de Jeroboão se
levantou e foi para Tirza. Chegando
ela ao limiar da porta, o menino
morreu.
18 Sepultaram-no, e todo o Israel
o pranteou, conforme a palavra
do Senhor, por intermédio de seu
servo, o profeta Aías.
19 Quanto ao restante dos atos de
Jeroboão, como guerreou e como
reinou, está escrito no livro das
crônicas dos reis de Israel.
20 O tempo que Jeroboão reinou
foi de vinte e dois anos; e dormiu
com seus pais. E Nadabe, seu fi-
lho, reinou em seu lugar.
***21** Roboão, filho de Salomão*, rei-
nou em Judá. Tinha quarenta e
um anos de idade quando come-
çou a reinar, e dezessete anos
reinou em Jerusalém, na cidade
que o Senhor escolhera dentre to-
das as tribos de Israel para pôr ali
o seu nome. O nome de sua mãe
era Naamá, amonita.
22 Fez Judá o que era mau aos olhos
do Senhor. Com os seus pecados
que cometeu, o provocou a zelo,
mais do que o fizeram os seus pais.
23 Também os de Judá edifica-
ram altos, estátuas, colunas e
postes sagrados sobre todo alto
outeiro e debaixo de toda árvo-
re frondosa.
24 Havia também prostitutos cul-
tuais na terra; fizeram conforme
todas as abominações das nações
que o Senhor tinha expulsado de
diante dos filhos de Israel.
25 No quinto ano do rei Roboão,
Sisaque, rei do Egito, subiu con-
tra Jerusalém.
26 Tomou os tesouros do tem-
plo do Senhor e os tesouros do
palácio do rei. Tomou tudo, in-
clusive todos os escudos de ouro
que Salomão tinha feito.
27 Em lugar deles fez o rei Roboão
escudos de cobre e os entregou
nas mãos dos capitães da guar-
da, que guardavam a porta do
palácio real.
28 Quando o rei entrava no tem-
plo do Senhor, os da guarda os
usavam e tornavam a trazê-los
para a sala da guarda.
29 Quanto ao restante dos atos de
Roboão e a tudo quanto fez, por-
ventura não está escrito no livro
das crônicas dos reis de Judá?
30 Houve guerra entre Roboão e
Jeroboão todos os seus dias.
31 Roboão dormiu com seus pais
e foi sepultado com seus pais na
Cidade de Davi. Era o nome da sua
mãe Naamá, amonita. E Abias,
seu filho, reinou em seu lugar.

Abias, rei de Judá

15 No décimo oitavo ano do rei
Jeroboão, filho de Nebate,
Abias começou a reinar sobre Judá.
2 Três anos reinou em Jerusalém.
E era o nome da sua mãe Maaca,
filha de Absalão.
3 Andou em todos os pecados que
seu pai tinha cometido antes dele;
o seu coração não foi completa-
mente leal para com o Senhor,
o seu Deus, como o coração de
Davi, seu pai.
4 Por amor de Davi, porém, o Senhor
lhe deu uma lâmpada em Jerusalém,
levantando seu filho depois dele e
fortalecendo Jerusalém.
5 Pois Davi tinha feito o que era
reto aos olhos do Senhor e não
se tinha desviado de tudo o que
lhe ordenara em todos os dias
da sua vida, senão só no caso de
Urias, o heteu.
6 Houve guerra entre Roboão e
Jeroboão todos os dias da sua vida.
7 Quanto ao restante dos atos de
Abias e a tudo quanto fez, por-
ventura não está escrito no livro
das crônicas dos reis de Judá?
Também houve guerra entre Abias
e Jeroboão.
8 Abias dormiu com seus pais e foi
sepultado na Cidade de Davi. E Asa,
seu filho, reinou em seu lugar.

Asa, rei de Judá

9 No vigésimo ano de Jeroboão,
rei de Israel, começou Asa a rei-
nar em Judá.
10 Quarenta e um anos reinou
em Jerusalém. E era o nome de
sua mãe Maaca, filha de Absalão.
11 Fez Asa o que era reto aos olhos
do Senhor, como Davi, seu pai.
12 Expulsou da terra os prosti-
tutos cultuais e removeu todos
os ídolos que seus pais fizeram.
13 Até a Maaca, sua avó, depôs da
dignidade de rainha-mãe, porque
tinha feito uma abominável ima-
gem ao poste sagrado. Asa der-
rubou esse ídolo e o queimou no
vale do Cedrom.
14 Embora ele não tenha tira-
do os altos, o coração de Asa foi
reto para com o Senhor todos os
seus dias.
15 Trouxe para o templo do Senhor
as coisas consagradas por seu pai
e as coisas que ele mesmo consa-
grara: prata, ouro e vasos.
16 Houve guerra entre Asa e Baasa,
rei de Israel, todos os seus dias.
17 Baasa, rei de Israel, subiu con-
tra Judá e edificou Ramá, para
que a ninguém fosse permitido
entrar no território de Asa, rei
de Judá, nem dele sair.
18 Então Asa tomou toda a prata
e o ouro que ficara nos tesouros do
templo do Senhor e os tesouros
do palácio real e os entregou nas
mãos de seus servos. E o rei Asa
os enviou a Ben-Hadade, filho de
Tabrimom, filho de Heziom, rei da
Síria, que habitava em Damasco,
dizendo:
19 Haja aliança entre mim e ti,
entre meu pai e teu pai. Vê, man-
do um presente para ti, prata e
ouro. Vai e anula a tua aliança
com Baasa, rei de Israel, para que
se retire de sobre mim.
20 Ben-Hadade deu ouvidos ao rei
Asa e enviou os capitães dos seus
exércitos contra as cidades de Israel.
Feriu Ijom, Dã, Abel-Bete-Maaca
e todo o distrito de Quinerote, com
toda a terra de Naftali.
21 Ouvindo-o Baasa, deixou de
edificar Ramá e ficou em Tirza.
22 Então o rei Asa fez apregoar
por toda a região de Judá que
todos, sem exceção, trouxessem

as pedras de Ramá e a madeira
com que Baasa edificara. Com
elas o rei Asa edificou Geba de
Benjamim e Mispa.
23 Quanto ao restante de todos
os atos de Asa, todo o seu poder,
tudo quanto fez e as cidades que
edificou, porventura não está es-
crito no livro das crônicas dos reis
de Judá? Porém, na sua velhice,
padeceu dos pés.
24 Asa dormiu com seus pais e foi
sepultado com eles na Cidade de
Davi, seu pai. E Josafá, seu filho,
reinou em seu lugar.

Nadabe, rei de Israel

25 Nadabe, filho de Jeroboão, co-
meçou a reinar sobre Israel no
segundo ano de Asa, rei de Judá,
e reinou sobre Israel dois anos.
26 Fez o que era mau aos olhos do
Senhor, andou nos caminhos de seu
pai e no seu pecado com que tinha
feito Israel pecar.
27 Conspirou contra ele Baasa, fi-
lho de Aías, da tribo de Issacar, e
o feriu em Gibetom, que era dos
filisteus, quando Nadabe e todo o
Israel cercavam Gibetom.
28 Matou-o Baasa no terceiro ano
de Asa, rei de Judá, e reinou em
seu lugar.
29 Logo que começou a reinar, ma-
tou toda a família de Jeroboão. A
ninguém de Jeroboão que tives-
se fôlego deixou de destruir, con-
forme a palavra do Senhor dada
por intermédio de seu servo Aías,
o silonita;
30 por causa dos pecados que
Jeroboão cometera, pelos que fi-
zera Israel cometer e por causa
*da provocação com que provoc*ara
à ira o Senhor, o Deus de Israel.
31 Quanto ao restante dos atos
de Nadabe e a tudo quanto fez,
porventura não está escrito no li-
vro das crônicas dos reis de Israel?
32 Houve guerra entre Asa e Baasa,
rei de Israel, todos os seus dias.
33 No terceiro ano de Asa, rei de
Judá, Baasa, filho de Aías, come-
çou a reinar sobre todo o Israel em
Tirza e reinou vinte e quatro anos.
34 Fez o que era mau aos olhos
do Senhor e andou no caminho
de Jeroboão e no seu pecado com
que tinha feito Israel pecar.

Jeú profetiza contra Baasa

16 Então veio a palavra do
Senhor a Jeú, filho de
Hanani, contra Baasa, dizendo:
2 Eu te levantei do pó e te pus por
líder sobre o meu povo Israel, mas
andaste no caminho de Jeroboão
e fizeste pecar o meu povo Israel,
irritando-me com os seus pecados.
3 Por isso, exterminarei a ti, Baasa,
e os teus descendentes e farei à
tua família como à de Jeroboão,
filho de Nebate.
4 Quem morrer de Baasa na ci-
dade, os cães o comerão, e o que
dele morrer no campo, as aves do
céu o comerão.
5 Quanto ao restante dos atos de
Baasa, o que fez e o seu poder, por-
ventura não está escrito no livro
das crônicas dos reis de Israel?
6 Baasa dormiu com seus pais e
foi sepultado em Tirza. E Elá, seu
filho, reinou em seu lugar.
7 Veio também a palavra do Senhor,
por intermédio do profeta Jeú,
filho de Hanani, contra Baasa
e contra a sua família, por cau-
sa de todo o mal que fizeram aos
olhos do Senhor, provocando-o à
ira com as suas obras e tornando-
-se como a família de Jeroboão —
e também porque Baasa destruiu
a família de Jeroboão.

Elá e Zinri, reis de Israel

8 No ano vinte e seis de Asa, rei
de Judá, Elá, filho de Baasa, co-
meçou a reinar em Tirza sobre
Israel, e reinou dois anos.
9 Zinri, seu servo, chefe de meta-
de dos carros, conspirou contra
ele. Elá estava em Tirza bebendo e
embriagando-se na casa de Arsa,
seu mordomo em Tirza.
10 Entrou Zinri, o feriu e o matou,
no vigésimo sétimo ano de Asa, rei
de Judá. Então reinou em seu lugar.
11 Quando começou a reinar, logo
que se assentou no seu trono, des-
truiu toda a família de Baasa. Não
lhe deixou homem algum, paren-
tes ou amigos.
12 Assim destruiu Zinri toda a fa-
mília de Baasa conforme a palavra
do Senhor, falada contra Baasa
por intermédio do profeta Jeú,
13 por causa de todos os pecados
de Baasa e dos pecados de Elá, seu
filho, com que pecaram e com que
fizeram Israel pecar, provocando
à ira o Senhor, o Deus de Israel,
com os seus ídolos vãos.
14 Quanto ao restante dos atos
de Elá e a tudo quanto fez, por-
ventura não está escrito no livro
das crônicas dos reis de Israel?
15 No vigésimo sétimo ano de Asa,
rei de Judá, reinou Zinri sete dias
em Tirza. O povo estava acampa-
do contra Gibetom, que era dos
filisteus.
16 Quando o povo que estava acam-
pado ouviu dizer: Zinri conspi-
rou contra o rei e o matou, todo
o Israel, no mesmo dia, no acam-
pamento, constituiu rei sobre si
a Onri, chefe do exército.
17 Subiu Onri de Gibetom, e todo
o Israel com ele, e cercaram Tirza.
18 Vendo Zinri que a cidade era to-
mada, foi-se ao castelo do palácio
do rei e o queimou sobre si. Assim
morreu,
19 por causa dos seus pecados
que cometera, fazendo o que era
mau aos olhos do Senhor, andan-
do no caminho de Jeroboão e no
seu pecado que cometera, fazen-
do Israel pecar.
20 Quanto ao restante dos atos de
Zinri e à conspiração que fez, por-
ventura não está escrito no livro
das crônicas dos reis de Israel?

Onri, rei de Israel

21 Então o povo de Israel se divi-
diu em dois partidos: metade do
povo seguia Tibni, filho de Ginate,
para fazê-lo rei, e a outra metade
seguia Onri.
22 O povo, porém, que seguia a
Onri prevaleceu contra o que se-
guia a Tibni, filho de Ginate. De
sorte que Tibni morreu e Onri
reinou.
23 No trigésimo primeiro ano de
Asa, rei de Judá, Onri começou a
reinar sobre Israel e reinou doze
anos. Em Tirza reinou seis anos.
24 De Semer comprou o monte de
Samaria por dois talentos de pra-
ta e edificou uma cidade sobre o
monte, chamando-a Samaria, do
nome de Semer, dono do monte.
25 Onri, porém, fez o que era mau
aos olhos do Senhor; fez pior do que
todos quantos foram antes dele.
26 Andou em todos os caminhos
de Jeroboão, filho de Nebate, como
também nos seus pecados com
que este fizera Israel pecar, pro-
vocando à ira o Senhor, o Deus de
Israel, com os seus ídolos vãos.
27 Quanto ao restante dos atos de
Onri, ao que fez e ao poder que
manifestou, porventura não está
escrito no livro das crônicas dos
reis de Israel?

28 Onri dormiu com seus pais e foi
sepultado em Samaria. E Acabe,
seu filho, reinou em seu lugar.

Acabe, rei de Israel

29 Acabe, filho de Onri, começou
a reinar sobre Israel no trigésimo
oitavo ano de Asa, rei de Judá, e
reinou Acabe, filho de Onri, so-
bre Israel em Samaria, vinte e
dois anos.
30 Fez Acabe, filho de Onri, o que
era mau aos olhos do Senhor,
mais do que todos os que foram
antes dele.
31 Como se fosse pouco andar
nos pecados de Jeroboão, filho
de Nebate, ainda tomou por mu-
lher a Jezabel, filha de Etbaal,
rei dos sidônios, serviu a Baal e
o adorou.
32 Levantou um altar a Baal, na
casa de Baal que edificara em
Samaria.
33 Também Acabe fez um poste
sagrado. De maneira que Acabe
fez muito mais para provocar à
ira o Senhor, o Deus de Israel, do
que todos os reis de Israel que fo-
ram antes dele.
34 Em seus dias Hiel, o betelita,
reconstruiu Jericó. Pelo preço de
Abirão, seu primogênito, lançou-
-lhe os fundamentos e pelo preço
de seu último filho, Segube, assen-
tou-lhe as suas portas, conforme a
palavra do Senhor, falada por in-
termédio de Josué, filho de Num.

Elias é alimentado pelos corvos

17 Ora, Elias, o tisbita, dos
moradores de Gileade, dis-
se a Acabe: Tão certo como vive
o Senhor, *Deus de Israel*, peran-
te cuja face estou, nem orvalho
nem chuva haverá nestes anos
senão segundo a minha palavra.
2 Depois veio a palavra do Senhor
a Elias:
3 Retira-te daqui, vai para o orien-
te e esconde-te junto ao ribeiro de
Querite, que está a leste do Jordão.
4 Beberás do ribeiro, e eu ordenei
aos corvos que ali te sustentem.
5 Assim foi Elias e fez conforme
a palavra do Senhor. Foi e habi-
tou junto ao ribeiro de Querite,
a leste do Jordão.
6 Os corvos lhe traziam pão e car-
ne pela manhã, como também
pão e carne ao anoitecer; e be-
bia do ribeiro.
7 Passados alguns dias, porém, o
ribeiro secou, porque não tinha
havido chuva na terra.

A viúva de Sarepta

8 Então veio a ele a palavra do
Senhor, dizendo:
9 Levanta-te, vai a Sarepta, que
pertence a Sidom, e habita ali.
Ordenei a uma mulher viúva ali
que te sustente.
10 Então ele se levantou e foi a
Sarepta. Chegando à porta da ci-
dade, estava ali uma viúva apa-
nhando lenha. Ele a chamou e lhe
disse: Traze-me, peço-te, num vaso
um pouco de água, para eu beber.
11 Indo ela a buscá-la, ele a cha-
mou e lhe disse: Traze-me tam-
bém um pedaço de pão.
12 Respondeu ela: Tão certo como
vive o Senhor, o teu Deus, não te-
nho nem um bolo, senão somente
um punhado de farinha numa pa-
nela e um pouco de azeite numa
botija. E vês aqui, apanhei dois ca-
vacos e vou prepará-lo para mim
e para o meu filho, a fim de que o
comamos e morramos.
13 Elias lhe disse: Não temas. Vai,
faze como disseste. Mas faze dis-
so primeiro para mim um bolo

pequeno e traze-o aqui fora, de-
pois o farás para ti e para teu filho.
14 Pois assim diz o Senhor, o Deus
de Israel: A farinha da panela
não se acabará, e o azeite da bo-
tija não faltará, até o dia em que
o Senhor dê chuva sobre a terra.
15 Foi ela e fez conforme a pala-
vra de Elias. Assim comeu ele, ela
e a sua casa muitos dias.
16 Da panela a farinha não se aca-
bou, e da botija o azeite não faltou,
conforme a palavra do Senhor,
falada por intermédio de Elias.
17 **D**epois dessas coisas adoeceu o
filho da mulher, da dona da casa.
A sua doença se agravou tanto
que ele morreu.
18 Disse ela a Elias: Que tens con-
tra mim, homem de Deus? Vieste
a mim para trazeres à memória
a minha iniquidade e matares
meu filho?
19 Respondeu-lhe ele: Dá-me o teu
filho. Ele o tomou dos seus bra-
ços, o levou para cima, ao quar-
to onde ele mesmo habitava, e o
deitou em sua cama.
20 Então clamou ao Senhor: Ó
Senhor, meu Deus, também até a
esta viúva, com quem me hospe-
do, afligiste, matando-lhe o filho?
21 Estendeu-se sobre o menino
três vezes e clamou ao Senhor:
Ó Senhor, meu Deus, rogo-te que
a alma deste menino torne a en-
trar nele.
22 O Senhor ouviu o clamor de
Elias, e a vida do menino tornou
a entrar nele, e reviveu.
23 Elias tomou o menino, trouxe-o
do quarto à casa e o entregou a sua
mãe, dizendo: Vês aí, teu filho vive.
24 Então a mulher disse a Elias:
Agora sei que tu és homem de
Deus e que a palavra do Senhor
na tua boca é verdade.

Elias e os profetas de Baal

18 Depois de muitos dias, no
terceiro ano, veio a pala-
vra do Senhor a Elias: Vai, apre-
senta-te a Acabe, e darei chuva
sobre a terra.
2 Assim foi Elias apresentar-se a
Acabe. Ora, a fome era extrema
em Samaria.
3 Acabe chamou a Obadias, o
mordomo. Obadias temia muito
ao Senhor,
4 porque, quando Jezabel destruiu
os profetas do Senhor, Obadias
tomou cem profetas e, de cin-
quenta em cinquenta, os escon-
deu numa caverna, sustentando-
-os com pão e água.
5 Disse Acabe a Obadias: Vai pela
terra a todas as fontes de água
e a todos os vales. Pode ser que
achemos erva, para que em vida
conservemos os cavalos e mulas,
de modo que não percamos todos
os animais.
6 Repartiram entre si a terra que
deviam percorrer. Acabe seguiu
por um caminho e Obadias por
outro.
7 **E**stando Obadias já a caminho,
Elias se encontrou com ele. Obadias
o reconheceu e prostrou-se com o
rosto em terra e disse: És tu meu
senhor Elias?
8 Respondeu-lhe ele: Sou eu; vai e
dize a teu senhor: Elias está aqui.
9 Ele, porém, disse: Em que pequei,
para que entregues teu servo na
mão de Acabe, para ser morto?
10 Tão certo como vive o Senhor,
o teu Deus, não houve nação nem
reino aonde o meu senhor não te-
nha mandado à tua procura. E di-
zendo eles: Não está aqui, fazia-os
jurar que não te haviam achado.
11 Agora dizes: Vai e dize a teu
senhor: Elias está aqui.

12 Poderá ser que, apartando-me
de ti, o Espírito do Senhor te leve
não sei para onde e, vindo eu dar
as novas a Acabe, e não te achan-
do ele, me matará. Mas eu, teu
servo, temo ao Senhor desde a
minha juventude.
13 Porventura não disseram a meu
senhor o que fiz, quando Jezabel
matava os profetas do Senhor,
como escondi cem homens dos
profetas do Senhor, de cinquen-
ta em cinquenta, numas cavernas
e os sustentei com pão e água?
14 E agora tu dizes: Vai e dize a
teu senhor: Elias está aqui. Ele
me matará.
15 Disse Elias: Tão certo como vive
o Senhor dos Exércitos, perante
cuja face estou, deveras hoje me
apresentarei a ele.
16 Então foi Obadias encontrar-se
com Acabe, anunciou-lhe o acon-
tecido, e foi Acabe ter com Elias.
17 Vendo Acabe a Elias, disse-
-lhe: És tu, perturbador de Israel?
18 Respondeu Elias: Eu não te-
nho perturbado Israel, mas tu
e a família de teu pai. Deixastes
os mandamentos do Senhor e se-
guistes os baalins.
19 Agora manda reunir-se a mim
todo o Israel no monte Carmelo.
E traze os quatrocentos e cinquen-
ta profetas de Baal e os quatro-
centos profetas do poste sagrado,
que comem da mesa de Jezabel.
20 Então Acabe convocou todos
os filhos de Israel e reuniu os pro-
fetas no monte Carmelo.
21 Elias se chegou a todo o povo e
disse: Até quando vacilareis entre
dois pensamentos? Se o Senhor é
Deus, segui-o; mas se Baal, segui-o.
Mas o povo não lhe respondeu nada.
22 Então Elias disse ao povo: Só
eu fiquei dos profetas do Senhor,
mas os profetas de Baal são qua-
trocentos e cinquenta homens.
23 Tragam-nos dois novilhos.
Escolham eles para si um dos no-
vilhos, dividam-no em pedaços e
o ponham sobre a lenha, mas não
lhe acendam fogo. Eu prepararei
o outro novilho e o porei sobre a
lenha, mas não lhe acenderei fogo.
24 Então invocai o nome do vos-
so deus, e eu invocarei o nome do
Senhor. O deus que responder por
meio do fogo, esse é que é Deus.
E todo o povo respondeu: É boa
esta palavra.
25 Disse Elias aos profetas de Baal:
Escolhei para vós um dos novi-
lhos e preparai-o primeiro, por-
que sois muitos. Invocai o nome
do vosso deus, mas não lhe acen-
dais fogo.
26 Tomaram o novilho que lhes
fora dado e o prepararam. Então
invocaram o nome de Baal, desde
a manhã até o meio-dia, dizendo:
Ah! Baal, responde-nos! Mas não
houve resposta; ninguém respon-
deu. E saltavam ao redor do altar
que tinham feito.
27 Ao meio-dia, Elias começou a
zombar deles, dizendo: Clamai em
alta voz! Pois ele é deus! Talvez es-
teja pensando, ou tenha alguma coi-
sa que fazer, ou que planeje alguma
viagem. Talvez esteja dormindo e
necessite de que o desperte.
28 Assim eles clamavam em alta
voz, se retalhavam com facas e
com lancetas, conforme o seu cos-
tume, até derramarem sangue.
29 Passou o meio-dia e continu-
aram a profetizar até a hora da
oferta de cereais. Mas não hou-
ve voz, nem resposta, nem aten-
ção alguma.
30 Então Elias disse a todo o povo:
Chegai-vos a mim. Todo o povo

se chegou a ele. E Elias reparou
o altar do Senhor, que estava em
ruínas.
31 Tomou Elias doze pedras, se-
gundo o número das tribos dos fi-
lhos de Jacó, ao qual viera a pa-
lavra do Senhor, dizendo: Israel
será o teu nome.
32 Com as pedras edificou um al-
tar em nome do Senhor e fez uma
valeta em redor do altar, grande
o suficiente para caber duas me-
didas de semente.
33 Armou a lenha, dividiu o no-
vilho em pedaços e o colocou so-
bre a lenha.
34 Então disse: Enchei de água
quatro cântaros e derramai-a so-
bre o holocausto e sobre a lenha.
Disse mais: Fazei-o segunda vez;
e o fizeram segunda vez. Disse
ainda: Fazei-o terceira vez; e o
fizeram terceira vez.
35 A água correu ao redor do al-
tar e encheu também a valeta.
36 Quando chegou a hora da ofer-
ta de cereais, o profeta Elias apro-
ximou-se e disse: Ó Senhor, Deus
de Abraão, de Isaque e de Israel,
manifeste-se hoje que tu és Deus
em Israel e que sou teu servo, e
que segundo a tua palavra fiz to-
das estas coisas.
37 Responde-me, Senhor, responde-
-me, para que este povo conheça
que tu, Senhor, és Deus, e que fi-
zeste retroceder o seu coração.
38 Então caiu fogo do Senhor e
consumiu o holocausto, a lenha,
as pedras e o pó, e ainda lambeu
a água que estava na valeta.
39 O que vendo todo o povo, caiu
com o rosto em terra e disse: O
Senhor é Deus! O Senhor é Deus!
40 Disse Elias ao povo: Agarrai
os profetas de Baal. Que nem um
deles escape! E assim foi feito, e
Elias os fez descer ao ribeiro de
Quisom, e ali os matou.
41 E disse Elias a Acabe: Sobe,
come e bebe, pois há ruído de
abundante chuva.
42 Subiu Acabe a comer e a be-
ber, mas Elias subiu ao cume do
Carmelo e, inclinando-se por ter-
ra, pôs o rosto entre os joelhos.
43 Disse ao seu moço: Sobe e olha
para a banda do mar. E ele subiu,
olhou e disse: Não há nada. Então
disse Elias: Volta lá sete vezes.
44 À sétima vez, disse: Levanta-se
do mar uma nuvem, do tamanho
da mão de um homem. Então
disse Elias: Sobe e dize a Acabe:
Prepara o teu carro e desce, para
que a chuva não te apanhe.
45 Em pouco tempo, os céus se
enegreceram de nuvens e vento,
e caiu uma grande chuva. Acabe
subiu ao carro e foi para Jezreel.
46 O poder do Senhor veio sobre
Elias e, cingindo ele os lombos,
correu adiante de Acabe, até a
entrada de Jezreel.

Elias foge de Jezabel

19 Ora, Acabe fez saber a
Jezabel tudo o que Elias
havia feito e como matara à es-
pada todos os profetas.
2 Então Jezabel mandou um men-
sageiro a Elias, a dizer-lhe: Assim
me façam os deuses, e outro tan-
to, se até amanhã a estas horas
eu não fizer com a tua vida como
a de um deles.
3 Elias teve medo e correu para
salvar a sua vida. Quando chegou
a Berseba, que pertence a Judá,
deixou ali o seu moço.
4 Ele mesmo, porém, foi ao deser-
to, caminho de um dia. Chegou,
assentou-se debaixo de um zimbro
e pediu para si a morte, dizendo:

Já basta, ó Senhor. Toma agora a
minha vida, pois não sou melhor
do que meus pais.
5 E deitando-se, dormiu debaixo
do zimbro. De súbito um anjo o to-
cou e lhe disse: Levanta-te e come.
6 Ele olhou e viu que à sua cabecei-
ra estava um pão cozido sobre bra-
sas e uma botija de água. Tendo co-
mido e bebido, tornou a deitar-se.
7 O anjo do Senhor voltou segunda
vez, tocou-o e lhe disse: Levanta-
-te e come, pois muito longo te
será o caminho.
8 Levantou-se, comeu e bebeu.
Com a força daquela comida ca-
minhou quarenta dias e quarenta
noites até Horebe, o monte de Deus.
9 Ali entrou numa caverna, onde
passou a noite. E lhe veio a pala-
vra do Senhor, dizendo: Que fa-
zes aqui, Elias?
10 Respondeu ele: Tenho sido
muito zeloso pelo Senhor, o Deus
dos Exércitos. Os filhos de Israel
deixaram a tua aliança, derruba-
ram os teus altares e mataram os
teus profetas à espada. Só eu fi-
quei, e agora estão tentando ma-
tar-me também.
11 Disse-lhe Deus: Vem para fora
e põe-te neste monte perante a
face do Senhor, pois ele vai pas-
sar. Então um grande e forte ven-
to fendeu os montes e despeda-
çou as penhas diante do Senhor,
mas o Senhor não estava no ven-
to. Depois do vento um terremoto,
mas o Senhor não estava no ter-
remoto.
12 Depois do terremoto um fogo,
mas o Senhor não estava no
fogo. Depois do fogo uma voz cal-
ma e suave.
13 Ouvindo-a Elias, envolveu o
rosto na capa e, saindo, pôs-se
à entrada da caverna. Então lhe
veio uma voz, que dizia: Que fa-
zes aqui, Elias?
14 Respondeu ele: Eu tenho sido
em extremo zeloso pelo Senhor
Deus dos exércitos. Os filhos de
Israel deixaram a tua aliança, der-
rubaram os teus altares e mata-
ram os teus profetas à espada. Só
eu fiquei, e agora estão tentando
matar-me também.
15 Disse-lhe o Senhor: Vai, volta
pelo teu caminho para o deserto
de Damasco. Quando lá chega-
res, unge Hazael rei sobre a Síria.
16 E Jeú, filho de Ninsi, ungirás
como rei de Israel, e também Eliseu,
filho de Safate de Abel-Meolá, un-
girás profeta em teu lugar.
17 Quem escapar da espada de
Hazael, Jeú o matará, e quem es-
capar da espada de Jeú, Eliseu o
matará.
18 Também conservei em Israel
sete mil; todos os joelhos que não
se dobraram a Baal, e toda boca
que não o beijou.
19 Assim partiu Elias dali e achou
Eliseu, filho de Safate, que andava
lavrando com doze juntas de bois
adiante dele; ele estava com a dé-
cima segunda. Elias passou por
ele e lançou a sua capa sobre ele.
20 Então deixou Eliseu os bois,
correu após Elias e disse: Deixa-
-me beijar a meu pai e a minha mãe,
e então te seguirei. Respondeu-lhe
Elias: Vai e volta; o que te fiz eu?
21 Assim Eliseu o deixou e voltou.
Tomou a junta de bois e os ma-
tou. Queimou o equipamento de
arar e nele cozinhou a carne, e a
deu ao povo, e comeram. Então se
levantou e seguiu Elias, e o servia.

Ben-Hadade ataca Samaria

20 Ora, Ben-Hadade, rei da Síria,
reuniu todo o seu exército.

Acompanhado por trinta e dois
reis, com seus cavalos e carros,
subiu, cercou Samaria e pelejou
contra ela.
2 Enviou mensageiros à cidade,
a Acabe, rei de Israel,
3 a dizer-lhe: Assim diz Ben-Hadade:
A tua prata e o teu ouro são meus;
os mais fortes dentre tuas mulhe-
res e teus filhos são meus.
4 Respondeu o rei de Israel: Conforme
a tua palavra, ó rei meu senhor,
eu sou teu, e tudo quanto tenho.
5 Tornaram a vir os mensagei-
ros e disseram: Assim diz Ben-
-Hadade: Enviei-te, na verdade,
mensageiros que dissessem: Tu
me hás de entregar a tua prata e
o teu ouro, as tuas mulheres e os
teus filhos.
6 Todavia, amanhã a estas horas
enviarei os meus servos a ti, os
quais vasculharão a tua casa e as
casas dos teus servos. Tudo o que
for agradável aos teus olhos, to-
marão consigo e o levarão.
7 Então o rei de Israel chamou
todas as autoridades da terra
e disse: Notai e vede como esse
homem procura o mal! Mandou
exigir minhas mulheres, meus fi-
lhos, minha prata e meu ouro, e
não lhe neguei.
8 As autoridades e todo o povo
lhe disseram: Não lhe dês ouvi-
dos nem o consintas.
9 Pelo que disse aos mensagei-
ros de Ben-Hadade: Dizei ao rei,
meu senhor: Tudo o que primei-
ro mandaste pedir a teu servo,
farei, mas isso não posso fazer.
Foram-se os mensageiros e lhe
levaram esta resposta.
10 Ben-Hadade tornou a enviar
mensageiros, dizendo: Assim me
façam os deuses, e outro tanto,
se o pó de Samaria bastar para
encher as mãos de todo o povo
que me segue.
11 O rei de Israel, porém, respon-
deu: Dizei-lhe: Não se gabe quem
se cinge das armas, como aquele
que as depõe.
12 Ouvindo ele esta palavra, es-
tando a beber com os reis nas ten-
das, disse aos seus servos: Ponde-
-vos em ordem. Assim se puse-
ram em ordem contra a cidade.
13 Enquanto isso, veio um profeta
ter com Acabe, rei de Israel, e lhe
disse: Assim diz o Senhor: Viste
toda esta grande multidão? Hoje
a entregarei nas tuas mãos, para
que saibas que eu sou o Senhor.
14 Perguntou Acabe: Por quem?
Respondeu ele: Assim diz o Senhor:
Pelos jovens dos líderes das provín-
cias. Perguntou ele: Quem começará
a peleja? Respondeu o profeta: Tu.
15 Assim Acabe convocou os jo-
vens dos líderes das províncias,
duzentos e trinta e dois. Depois
reuniu todo o povo, todos os fi-
lhos de Israel, sete mil.
16 Saíram ao meio-dia. Ben-Hadade
estava bebendo e se embriagando
nas tendas, com os reis, os trinta
e dois reis que o ajudavam.
17 Os jovens dos líderes das pro-
víncias saíram primeiro. Ora,
Ben-Hadade enviou espias, que
lhe deram aviso, dizendo: Saíram
de Samaria uns homens.
18 Disse ele: Quer venham eles
tratar de paz, quer venham à pe-
leja, tomai-os vivos.
19 Saíram da cidade os jovens dos
líderes das províncias, e o exér-
cito que os seguia,
20 e feriram, cada um, ao seu ad-
versário. Os siros fugiram, e Israel
os perseguiu. Mas Ben-Hadade,
rei da Síria, escapou a cavalo, com
alguns cavaleiros.

21 Saiu o rei de Israel, destruiu
os cavalos e os carros e feriu os
siros com grande estrago.
22 Então o profeta chegou-se ao
rei de Israel e lhe disse: Vai, for-
talece-te e atenta bem para o que
hás de fazer, porque decorrido um
ano o rei da Síria subirá contra ti.
23 Os servos do rei da Síria lhe
disseram: Seus deuses são deu-
ses dos montes; por isso, foram
mais fortes do que nós. Mas, se
guerrearmos contra eles na pla-
nície, por certo seremos mais for-
tes do que eles!
24 Faze isto: Tira os reis, cada
um do seu lugar, e substitui-os
por capitães.
25 Arregimenta outro exército,
como o que perdeste, com ou-
tros tantos cavalos e outros tan-
tos carros, e pelejemos com eles
na planície. Então por certo se-
remos mais fortes do que eles.
Deu ele ouvidos ao que disseram
e assim fez.
26 Decorrido um ano, Ben-Hadade
passou revista aos siros e subiu a
Afeque, para pelejar contra Israel.
27 Também aos filhos de Israel se
passou revista e, providos de ví-
veres, marcharam contra eles.
Os filhos de Israel acamparam-
-se em frente deles, como dois
pequenos rebanhos de cabras, en-
quanto os siros enchiam a terra.
28 Chegou o homem de Deus e
disse ao rei de Israel: Assim diz
o Senhor: Porque os siros disse-
ram: O Senhor é Deus dos mon-
tes, e não Deus dos vales, toda
esta grande multidão entrega-
rei nas tuas mãos, para que sai-
bas que eu sou o Senhor.
29 Estiveram acampados sete dias
um em frente do outro. No séti-
mo dia, a peleja começou, e num
só dia os filhos de Israel mata-
ram dos siros cem mil homens
da infantaria.
30 Os restantes fugiram para a
cidade de Afeque, e caiu o muro
sobre vinte e sete mil homens.
Ben-Hadade fugiu e veio à cida-
de, onde se escondeu numa câ-
mara interior.
31 Disseram-lhe os seus servos:
Ouvimos dizer que os reis da casa
de Israel são clementes. Ponhamos
sacos aos lombos e cordas ao redor
da cabeça e saiamos ao rei de Israel.
Pode ser que ele te poupe a vida.
32 Então cingiram sacos aos lom-
bos e cordas ao redor da cabeça,
vieram ao rei de Israel e disseram:
Diz o teu servo Ben-Hadade: Deixa-
-me viver. Ao que disse Acabe:
Pois ainda vive? É meu irmão.
33 Aqueles homens tomaram isso
por bom sinal, apressaram-se em
apanhar a sua palavra e disse-
ram: Sim, teu irmão Ben-Hadade!
Respondeu-lhes ele: Trazei Ben-
-Hadade aqui para mim. Quando
Ben-Hadade chegou, Acabe o fez
subir no carro.
34 Disse Ben-Hadade: Eu te resti-
tuirei as cidades que meu pai to-
mou de teu pai. Faze para ti pra-
ças em Damasco, como meu pai
as fez em Samaria. E eu, respon-
deu Acabe, te deixarei ir com esta
aliança. Assim fez com ele alian-
ça e o deixou ir.
35 Então um dos homens dos filhos
dos profetas disse ao seu compa-
nheiro, pela palavra do Senhor:
Fere-me, peço-te. Mas o homem
recusou feri-lo.
36 Ele lhe disse: Visto que não obe-
deceste à voz do Senhor, logo que te
apartares de mim, um leão te ma-
tará. E assim que se apartou dele,
um leão o encontrou e o matou.

37 Depois o profeta encontrou ou-
tro homem e disse-lhe: Fere-me,
peço-te. Aquele homem o atin-
giu e o feriu.
38 Então foi o profeta, pôs-se a es-
perar o rei no caminho e disfar-
çou-se, cobrindo os olhos com o
seu turbante.
39 Passando o rei, clamou o pro-
feta: Teu servo estava no meio da
peleja, e um homem, voltando-se,
me trouxe outro homem e disse:
Guarda-me este homem. Se vier
a faltar, a tua vida responderá
pela dele, ou pagarás um talen-
to de prata.
40 Estando o teu servo ocupado
de uma e de outra parte, o homem
desapareceu. Então o rei de Israel
lhe disse: Essa é a tua sentença.
Tu mesmo a pronunciaste.
41 Então o profeta se apressou,
tirou o turbante de sobre seus
olhos, e o rei de Israel reconhe-
ceu que era um dos profetas.
42 Disse ele ao rei: Assim diz o
Senhor: Libertaste o homem que
eu havia ordenado que fosse mor-
to. Portanto, a tua vida respon-
derá pela vida dele, e o teu povo,
pelo povo dele.
43 Foi-se o rei de Israel para seu
palácio, desgostoso e indignado,
e chegou a Samaria.

A vinha de Nabote

21 Depois destas coisas, tendo
Nabote, o jezreelita, uma
vinha em Jezreel, junto ao pa-
lácio de Acabe, rei de Samaria,
2 disse este a Nabote: Dá-me a tua
vinha, para que me sirva de hor-
ta, porque está vizinha, ao lado
do meu palácio. E te darei por ela
outra vinha melhor, ou, se for do
teu agrado, te darei o seu valor
em dinheiro.
3 Nabote, porém, disse a Acabe:
Guarde-me o Senhor de que eu te
dê a herança de meus pais.
4 Então Acabe veio desgostoso
e indignado ao seu palácio, por
causa da palavra que Nabote, o
jezreelita, lhe falara: Não te darei
a herança de meus pais. Deitou-
-se na sua cama, virou o rosto e
não comeu pão.
5 Veio falar com ele Jezabel, sua
mulher, e lhe perguntou: Por que
está o teu espírito tão desgosto-
so, e não comes pão?
6 Respondeu-lhe ele: Porque dis-
se a Nabote, o jezreelita: Dá-me
a tua vinha por dinheiro, ou, se
preferir, te darei outra em seu lu-
gar. Mas ele disse: Não te darei a
minha vinha.
7 Então Jezabel, sua mulher, lhe
disse: Governas tu, com efeito,
no reino de Israel? Levanta-te e
come! Alegre-se o teu coração.
Eu te darei a vinha de Nabote, o
jezreelita.
8 Então escreveu cartas em nome
de Acabe, selou-as com o sinete
dele e mandou as cartas às au-
toridades e aos nobres que ha-
via na sua cidade e habitavam
com Nabote.
9 Escreveu nas cartas: Apregoai
um jejum e ponde a Nabote dian-
te do povo.
10 Ponde em frente dele dois ho-
mens, filhos de Belial, que tes-
temunhem contra ele, dizendo:
Blasfemaste contra Deus e con-
tra o rei. Depois levai-o para fora
e apedrejai-o, para que morra.
11 Os homens da sua cidade, as
autoridades e os nobres que ha-
bitavam na sua cidade, fizeram
como Jezabel lhes ordenara, con-
forme estava escrito nas cartas
que lhes mandara.

12 Apregoaram um jejum e puseram Nabote diante do povo.
13 Então vieram dois homens, filhos de Belial, e sentaram-se em frente dele, e testemunharam contra Nabote, perante o povo, dizendo: Nabote blasfemou contra Deus e contra o rei. Assim o levaram para fora da cidade e o apedrejaram, e morreu.
14 Então mandaram dizer a Jezabel: Nabote foi apedrejado e morreu.
15 Ouvindo Jezabel que Nabote fora apedrejado e morrera, disse a Acabe: Levanta-te e possui a vinha de Nabote, o jezreelita, a qual ele te recusou dar por dinheiro. Nabote já não vive, mas é morto.
16 Ouvindo Acabe que Nabote era morto, levantou-se para descer à vinha de Nabote, o jezreelita, a fim de tomar posse dela.
17 Então veio a palavra do Senhor a Elias, o tisbita:
18 Levanta-te, desce para encontrar-te com Acabe, rei de Israel, que está em Samaria. Ele está na vinha de Nabote, desceu até lá para tomar posse dela.
19 Dirás a ele: Assim diz o Senhor: Não mataste e tomaste a herança? Então lhe dirás: Assim diz o Senhor: No lugar em que os cães lamberam o sangue de Nabote, lamberão o teu sangue, o teu mesmo.
20 Disse Acabe a Elias: Já me achaste, ó inimigo meu? Respondeu ele: Achei-te, porque te vendeste para fazer o que é mau aos olhos do Senhor.
21 Trarei o mal sobre ti, lançarei fora a tua posteridade e arrancarei de Acabe todo homem, escravo ou livre, em Israel.
22 Farei com a tua família como fiz com a de Jeroboão, filho de Nebate, e a de Baasa, filho de Aías, por causa da provocação com que me provocaste à ira, fazendo Israel pecar.
23 Também acerca de Jezabel disse o Senhor: Os cães comerão Jezabel junto ao antemuro de Jezreel.
24 Quem morrer de Acabe na cidade, os cães o comerão, e o que morrer no campo, as aves do céu o comerão.
25 Não houve ninguém como Acabe, que se vendeu para fazer o que era mau aos olhos do Senhor, porque Jezabel, sua mulher, o instigava.
26 Fez grandes abominações, seguindo os ídolos, conforme tudo o que fizeram os amorreus, os quais o Senhor lançou fora da sua possessão, de diante dos filhos de Israel.
27 Quando Acabe ouviu estas palavras, rasgou as suas vestes, cobriu-se de pano de saco e jejuou. Dormia em sacos e andava humildemente.
28 Então veio a palavra do Senhor a Elias, o tisbita:
29 Não viste que Acabe se humilha perante mim? Portanto, visto que se humilha perante mim, não trarei este mal nos seus dias, mas nos dias de seu filho.

Micaías profetiza contra Acabe

22 Passaram-se três anos sem haver guerra entre a Síria e Israel.
2 No terceiro ano, porém, Josafá, rei de Judá, desceu para avistar-se com o rei de Israel.
3 Disse o rei de Israel aos seus servos: Não sabeis vós que Ramote-Gileade é nossa, e nós estamos quietos, sem a tomar do rei da Síria?
4 Então perguntou a Josafá: Irás tu comigo à peleja, a Ramote-Gileade? Respondeu Josafá ao

rei de Israel: Serei como tu és, e
o meu povo como o teu povo, e os
meus cavalos como os teus cavalos.
5 Josafá, porém, disse ao rei de
Israel: Consulta primeiro a pala-
vra do Senhor.
6 Assim o rei de Israel reuniu os
profetas, cerca de quatrocentos
homens, e lhes perguntou: Irei
à peleja contra Ramote-Gileade,
ou deixarei de ir? Responderam
eles: Sobe, pois o Senhor a entre-
gará nas mãos do rei.
7 Disse, porém, Josafá: Não há aqui
ainda algum profeta do Senhor,
ao qual possamos consultar?
8 Respondeu o rei de Israel a Josafá:
Ainda há um homem por quem po-
demos consultar ao Senhor, mas
eu o odeio, porque nunca profe-
tiza o bem a meu respeito, mas
somente o mal. Este é Micaías,
filho de Inlá. Disse Josafá: Não
fale o rei assim.
9 Então o rei de Israel chamou
um oficial e disse: Traze-me de-
pressa a Micaías, filho de Inlá.
10 O rei de Israel e Josafá, rei de
Judá, estavam assentados cada
um no seu trono, vestidos de tra-
jes reais, na praça, à entrada da
porta de Samaria, e todos os pro-
fetas profetizavam diante deles.
11 Zedequias, filho de Quenaaná,
fez para si uns chifres de ferro e
disse: Assim diz o Senhor: Com
estes ferirás os siros, até de todo
os consumir.
12 Todos os profetas profetiza-
ram do mesmo modo, dizendo:
Sobe a Ramote-Gileade e triun-
farás, pois o Senhor a entregará
nas mãos do rei.
13 O mensageiro que fora cha-
mar Micaías disse-lhe: As pa-
lavras dos profetas a uma voz
predizem coisas boas para o rei.
Seja a tua palavra como a palavra
de um deles e fala o que é bom.
14 Micaías, porém, disse: Tão
certo como vive o Senhor, o que
o Senhor me disser, isso falarei.
15 Vindo ele à presença do rei,
este lhe disse: Micaías, iremos a
Ramote-Gileade à peleja, ou dei-
xaremos de ir? Respondeu-lhe ele:
Sobe e triunfarás, porque o Senhor
a entregará nas mãos do rei.
16 Disse-lhe o rei: Quantas ve-
zes te farei jurar, que não me fa-
les senão a verdade em nome do
Senhor?
17 Então disse ele: Vi todo o Israel
disperso pelos montes, como ove-
lhas que não têm pastor, e disse
o Senhor: Estes não têm senhor.
Torne cada um em paz para sua
casa.
18 Então disse o rei de Israel a
Josafá: Não te disse eu que ele
nunca profetiza o bem a meu res-
peito, mas somente o mal?
19 Continuou Micaías: Ouve, por-
tanto, a palavra do Senhor: Vi o
Senhor assentado sobre o seu tro-
no, e todo o exército do céu esta-
va ao redor dele, à sua mão direi-
ta e à sua esquerda.
20 Perguntou o Senhor: Quem
induzirá Acabe a subir, para que
caia em Ramote-Gileade? Um dizia
desta maneira, e outro de outra.
21 Então saiu um espírito e se
apresentou diante do Senhor, e
disse: Eu o induzirei. E o Senhor
lhe perguntou: De que modo?
22 Respondeu ele: Eu sairei e
serei um espírito mentiroso na
boca de todos os seus profetas.
Disse o Senhor: Tu o induzirás
e ainda prevalecerás. Sai e faze
assim.
23 Assim, agora o Senhor pôs o es-
pírito mentiroso na boca de todos

estes teus profetas, e o Senhor falou o que é mau contra ti.

24 **E**ntão Zedequias, filho de Quenaaná, chegou, feriu Micaías na face e disse: Por onde passou de mim o espírito do Senhor para falar a ti?

25 Respondeu Micaías: Tu o verás naquele dia, quando entrares num quarto, para te esconderes.

26 Então disse o rei de Israel: Tomai a Micaías e tornai a levá-lo a Amom, governador da cidade, e a Joás, filho do rei,

27 dizendo-lhes: Assim diz o rei: Prendei este homem e sustentai-o com pão e água, até que eu volte em paz.

28 Disse Micaías: Se voltares em paz, o Senhor não falou por mim. Disse mais: Ouvi, todos os povos!

A morte de Acabe

29 **A**ssim o rei de Israel e Josafá, rei de Judá, subiram a Ramote-Gileade.

30 Disse o rei de Israel a Josafá: Eu me disfarçarei e entrarei na peleja, mas tu veste os teus trajes reais. Assim se disfarçou o rei de Israel e entrou na peleja.

31 Ora, o rei da Síria deu ordem aos seus trinta e dois capitães dos carros: Não pelejareis nem contra pequeno nem contra grande, mas somente contra o rei de Israel.

32 Vendo os capitães dos carros a Josafá, disseram: Certamente este é o rei de Israel. Dirigiram-se a ele, para o atacar. Mas Josafá gritou.

33 Vendo os capitães dos carros *que não era o rei de Israel*, deixaram de persegui-lo.

34 Então um homem entesou o arco e, atirando ao acaso, feriu o rei de Israel por entre as juntas da sua armadura. Disse o rei ao condutor do seu carro: Vira e tira-me do exército. Estou gravemente ferido.

35 A peleja tornou-se violenta naquele dia, e o rei foi sustentado no seu carro contra os siros. O sangue escorria do seu ferimento para o fundo do carro, e à tarde ele morreu.

36 Ao pôr do sol passou pelo exército o pregão: Cada um para a sua cidade, e cada um para a sua terra!

37 **A**ssim morreu o rei; o levaram para Samaria e ali o sepultaram.

38 Lavaram o seu carro junto ao tanque de Samaria, e os cães lamberam-lhe o sangue (ora, as prostitutas se banhavam ali), conforme a palavra que o Senhor tinha dito.

39 Quanto ao restante dos atos de Acabe, a tudo quanto fez, à casa de marfim que construiu e a todas as cidades que edificou, porventura não está escrito no livro das crônicas dos reis de Israel?

40 Dormiu Acabe com seus pais. E Acazias, seu filho, reinou em seu lugar.

Josafá e Acazias

41 **J**osafá, filho de Asa, começou a reinar sobre Judá no quarto ano de Acabe, rei de Israel.

42 Era Josafá da idade de trinta e cinco anos quando começou a reinar, e vinte e cinco anos reinou em Jerusalém. Era o nome de sua mãe Azuba, filha de Sili.

43 Andou em todos os caminhos de seu pai Asa e não se desviou deles; fez o que era reto aos olhos do Senhor.

44 Todavia, os altos não se tiraram, e o povo ainda sacrificava e queimava incenso nos altos.

45 Josafá teve paz com o rei de
Israel.
46 Quanto ao restante dos atos
de Josafá, ao poder que mostrou
e como guerreou, porventura não
está escrito no livro das crônicas
dos reis de Judá?
47 Também expulsou da terra o
restante dos prostitutos cultuais
que ficaram nos dias de seu pai
Asa.
48 Não havia rei em Edom; go-
vernava um vice-rei.
49 Ora, fez Josafá navios de Társis,
para irem a Ofir em busca de
ouro, mas não foram, porque os
navios se quebraram em Eziom-
Geber.
50 Então Acazias, filho de Acabe,
disse a Josafá: Vão os meus servos
com os teus servos nos navios.
Mas Josafá não quis.
51 Josafá dormiu com seus pais
e foi sepultado junto a eles na
Cidade de Davi, seu pai. E Jorão,
seu filho, reinou em seu lugar.
52 Acazias, filho de Acabe, come-
çou a reinar em Samaria no ano
dezessete de Josafá, rei de Judá,
e reinou dois anos sobre Israel.
53 Fez o que era mau aos olhos
do Senhor, porque andou nos ca-
minhos de seu pai, como também
nos caminhos de sua mãe, e nos
caminhos de Jeroboão, filho de
Nebate, que fez Israel pecar.
54 Serviu a Baal, o adorou e pro-
vocou à ira o Senhor, o Deus de
Israel, conforme tudo quanto seu
pai fizera.

2REIS

Elias e a morte de Acazias

1 Depois da morte de Acabe, revoltou-se Moabe contra Israel.

2 Acazias caiu da sacada de um quarto alto, em Samaria, e ficou muito ferido. Enviou mensageiros, dizendo-lhes: Ide e perguntai a Baal-Zebube, deus de Ecrom, se me recuperarei desse acidente.

3 O anjo do Senhor, porém, disse a Elias, o tisbita: Levanta-te e sobe para te encontrares com os mensageiros do rei de Samaria e dize-lhes: Não há Deus em Israel, para irdes consultar a Baal-Zebube, deus de Ecrom?

4 Por isso, assim diz o Senhor: Da cama em que estás não sairás, mas certamente nela morrerás. Então Elias foi embora.

5 E os mensageiros voltaram para o rei, que lhes perguntou: O que aconteceu, que voltastes?

6 Responderam eles: Um homem nos saiu ao encontro e nos disse: Ide, voltai para o rei que vos mandou, e dizei-lhe: Assim diz o Senhor: Não há Deus em Israel, para que mandes consultar a Baal-Zebube, deus de Ecrom? Portanto, da cama, em que estás não sairás, mas certamente nela morrerás.

7 Ele lhes perguntou: Como era o homem que vos foi ao encontro e vos falou estas palavras?

8 Responderam: Era um homem com vestimenta de pelos, com os lombos cingidos de um cinto de couro. Então disse ele: É Elias, *o tisbita.*

9 Então o rei lhe enviou um capitão de cinquenta, com os seus cinquenta homens. Este foi ao encontro de Elias, que estava assentado no cume do monte, e lhe disse: Homem de Deus, o rei diz: Desce.

10 Elias, porém, respondeu ao capitão de cinquenta: Se eu sou homem de Deus, que desça fogo do céu e consuma a ti e aos teus cinquenta. Então desceu fogo do céu e consumiu ele e os seus cinquenta.

11 Tornou o rei a enviar-lhe outro capitão de cinquenta, com os seus cinquenta homens. Esse lhe disse: Homem de Deus, assim diz o rei: Desce imediatamente.

12 Respondeu Elias ao capitão: Se eu sou homem de Deus, que desça fogo do céu e consuma tu e os teus cinquenta. Então o fogo de Deus desceu do céu e consumiu a ele e aos seus cinquenta.

13 Tornou o rei a enviar pela terceira vez outro capitão de cinquenta, com os seus cinquenta homens. Este terceiro capitão de cinquenta subiu, pôs-se de joelhos diante de Elias e implorou-lhe: Homem de Deus, seja, peço-te, preciosa aos teus olhos a minha vida e a vida destes cinquenta soldados teus servos.

14 Desceu fogo do céu e consumiu aqueles dois primeiros capitães de cinquenta, com os seus cinquenta homens. Agora, porém, seja preciosa aos teus olhos a minha vida.

15 Então o anjo do Senhor disse a Elias: Desce com esse, não temas. Levantou-se e desceu com ele e foi falar com o rei.

16 Disse ao rei: Assim diz o Senhor: Por que enviaste mensageiros a

consultar a Baal-Zebube, deus de
Ecrom? É por que não há Deus
em Israel, para consultares a sua
palavra? Portanto desta cama em
que estás não sairás, mas certa-
mente nela morrerás.
17 Assim morreu, conforme a pa-
lavra do Senhor, que Elias falara.
E Jorão começou a reinar no seu
lugar no segundo ano de Jeorão,
filho de Josafá, rei de Judá, por-
que Acazias não tinha filho.
18 Quanto aos demais atos de
Acazias, acaso não estão escri-
tos no livro das crônicas dos reis
de Israel?

Elias é levado para o céu

2 Quando o Senhor estava para
levar Elias ao céu num rede-
moinho, Elias partiu de Gilgal
com Eliseu.
2 Disse Elias a Eliseu: Fica-te
aqui; o Senhor me enviou a Betel.
Eliseu, porém, disse: Tão certo
como vive o Senhor e vive a tua
alma, não te deixarei. Assim fo-
ram para Betel.
3 Os discípulos dos profetas que
estavam em Betel saíram ao en-
contro de Eliseu e perguntaram:
Sabes que o Senhor hoje levará
o teu mestre por sobre a tua ca-
beça? Respondeu ele: Sim, eu sei,
mas calai-vos.
4 Então Elias lhe disse: Eliseu, fi-
ca-te aqui; o Senhor me enviou a
Jericó. Ele, porém, disse: Tão cer-
to como vive o Senhor e vive a tua
alma, não te deixarei. Assim fo-
ram para Jericó.
5 Os discípulos dos profetas que
estavam em Jericó se aproxima-
ram de Eliseu e perguntaram:
Sabes que o Senhor hoje levará o
teu mestre diante de ti? Respondeu
ele: Sim, eu sei, mas calai-vos.
6 Então Elias lhe disse: Fica-te aqui;
o Senhor me enviou ao Jordão.
Ele, porém, disse: Tão certo como
vive o Senhor e vive a tua alma,
não te deixarei. Assim ambos fo-
ram juntos.
7 Cinquenta homens dos discípu-
los dos profetas os acompanha-
ram e pararam a certa distân-
cia, em frente do lugar em que
ambos haviam parado à margem
do Jordão.
8 Então Elias pegou a sua capa
e, dobrando-a, bateu com elas
nas águas, as quais se dividiram
para os dois lados; os dois passa-
ram em seco.
9 Havendo eles atravessado, Elias
disse a Eliseu: Pede-me o que que-
res que te faça, antes que seja le-
vado para longe de ti. Disse Eliseu:
Peço-te que haja porção dobrada
de teu espírito sobre mim.
10 Respondeu Elias: Coisa difícil
pediste. Se me vires quando for se-
parado de ti, assim se te fará; po-
rém, se não me vires, não se fará.
11 Indo eles andando e falando,
de repente, um carro de fogo, com
cavalos de fogo, os separou um do
outro; e Elias subiu ao céu num
redemoinho.

Eliseu, o sucessor de Elias

12 O que vendo Eliseu, clamou:
Meu pai, meu pai, carros de Israel
e seus cavaleiros! E Eliseu nun-
ca mais o viu. Pegando as suas
próprias vestes, rasgou-as em
duas partes.
13 Apanhou a capa que caíra de
Elias e voltou e parou à margem
do Jordão.
14 Então tomou a capa que caíra
de Elias, bateu com ela nas águas
e disse: Onde está agora o Senhor,
Deus de Elias? Quando bateu nas

águas, elas se dividiram para um
e outro lado, e Eliseu atravessou.
15 Vendo-o os discípulos dos pro-
fetas que estavam em Jericó, dis-
seram: O espírito de Elias repou-
sa sobre Eliseu. E vieram-lhe ao
encontro e se prostraram diante
dele em terra.
16 Disseram-lhe: Com teus ser-
vos há cinquenta homens valen-
tes. Deixa-os ir em busca do teu
senhor. Pode ser que o Espírito
do Senhor o tenha arrebatado e
lançado em algum monte, ou em
algum vale. Respondeu Eliseu:
Não os envieis.
17 Eles, porém, insistiram com
ele a ponto de aborrecê-lo. Assim
lhes disse: Enviai. E enviaram
cinquenta homens, que o procu-
raram durante três dias, mas não
o acharam.
18 Quando voltaram para Eliseu,
que havia ficado em Jericó, ele
lhes disse: Não vos disse que não
fôsseis?
19 **O**s homens da cidade disse-
ram a Eliseu: Como o meu senhor
vê, esta cidade é bem situada,
mas as águas são ruins, e a ter-
ra é estéril.
20 Disse ele: Trazei-me uma tige-
la nova e ponde nela sal. E eles a
trouxeram.
21 Então foi ele até o manancial
das águas e despejou sal nele, di-
zendo: Assim diz o Senhor: Sarei
estas águas. Jamais causarão mor-
te nem esterilidade.
22 Ficaram puras aquelas águas
até o dia de hoje, conforme a pa-
lavra que Eliseu tinha dito.
23 **E**ntão subiu dali a Betel. Indo
ele pelo caminho, alguns meni-
nos saíram da cidade e zomba-
vam dele, dizendo: Sobe, careca!
Sobe, careca!
24 Virando-se ele para trás, viu-
-os e os amaldiçoou em nome do
Senhor. Então duas ursas saíram
do bosque e despedaçaram qua-
renta e dois daqueles meninos.
25 E dali foi para o monte Carmelo,
de onde voltou para Samaria.

A revolta de Moabe

3 Jorão, filho de Acabe, come-
çou a reinar sobre Israel, em
Samaria, no décimo oitavo ano
de Josafá, rei de Judá, e reinou
doze anos.
2 Fez o que era mau aos olhos do
Senhor, mas não como seu pai,
nem como sua mãe. Derrubou a
coluna de Baal, que seu pai fizera.
3 Contudo, persistiu nos pecados
de Jeroboão, filho de Nebate, que
fizera pecar Israel, e deles não se
afastou.
4 **O**ra, Mesa, rei dos moabitas,
era criador de ovelhas e pagava
imposto ao rei de Israel de cem
mil cordeiros, e cem mil carnei-
ros com a sua lã.
5 Tendo, pois, morrido Acabe, re-
voltou-se o rei dos moabitas con-
tra o rei de Israel.
6 Assim, nesse tempo, saiu Jorão
de Samaria e fez revista de todo
o Israel.
7 Mandou dizer a Josafá, rei de
Judá: O rei dos moabitas se re-
voltou contra mim. Irás tu co-
migo à guerra contra os moabi-
tas? Respondeu ele: Irei. Serei
como tu és, o meu povo como o
teu povo, e os meus cavalos como
os teus cavalos.
8 Perguntou ele: Por que cami-
nho subiremos? Respondeu-lhe
Jorão: Pelo caminho do deser-
to de Edom.
9 Assim partiu o rei de Israel com
o rei de Judá e o rei de Edom.

Após marcharem durante sete
dias, não havia mais água para
o exército, nem para os animais
que os acompanhavam.
10 Então disse o rei de Israel: Ah!
O Senhor reuniu três reis para entregá-los nas mãos dos moabitas.
11 Josafá, porém, perguntou:
Não há aqui algum profeta do
Senhor, para que consultemos
ao Senhor por meio dele? Então
respondeu um dos servos do rei
de Israel: Aqui está Eliseu, filho de
Safate, que auxiliava Elias.
12 Disse Josafá: Está com ele a
palavra do Senhor. Então o rei
de Israel, Josafá e o rei de Edom
desceram ao encontro dele.
13 Eliseu, porém, disse ao rei de
Israel: Que tenho eu contigo? Vai
aos profetas de teu pai e aos profetas de tua mãe. O rei de Israel,
porém, lhe disse: Não, porque o
Senhor reuniu estes três reis para
entregá-los nas mãos dos moabitas.
14 Disse Eliseu: Tão certo como
vive o Senhor dos Exércitos, em
cuja presença estou, se eu não
respeitasse a presença de Josafá,
rei de Judá, não olharia para ti,
nem daria atenção.
15 Agora, porém, trazei-me um
harpista. Enquanto o harpista
tocava, veio sobre Eliseu a mão
do Senhor,
16 e disse: Assim diz o Senhor:
cavai neste vale muitas covas,
17 porque assim diz o Senhor: Não
vereis vento, nem vereis chuva,
contudo este vale se encherá de
água, e bebereis vós, o vosso gado
e os vossos animais.
18 Ainda isso é pouco aos olhos
do Senhor; também entregará
ele os moabitas nas vossas mãos.
19 Destruireis todas as cidades fortificadas e todas as cidades principais. Destruireis todas as boas
árvores, tapareis todas as fontes de
água e danificareis com pedras
todos os bons campos.
20 Na manhã seguinte, na hora
da oferta de cereais, vieram as
águas pelo caminho de Edom, e
a terra se encheu de água.
21 **O**uvindo todos os moabitas
que os reis tinham subido para
guerrear contra eles, convocaram-se todos os que podiam empunhar armas desde o mais novo
até o mais velho, e posicionaram-se nas fronteiras.
22 Levantaram-se os moabitas
cedo de manhã e, brilhando o sol
sobre as águas, viram diante de si
as águas vermelhas como sangue,
23 e disseram: Isto é sangue!
Certamente os reis se destruíram e se mataram um ao outro!
Agora, ao saque, moabitas!
24 Chegando, porém, eles ao acampamento de Israel, os israelitas se
levantaram e atacaram os moabitas, os quais fugiram diante deles.
E ainda entraram na terra, destruindo ali também os moabitas.
25 Arrasaram as cidades, e cada
um deles lançou pedras em todos
os bons campos e os entulharam.
Taparam todas as fontes de águas
e derrubaram todas as boas árvores. Somente Quir-Haresete ficou
com as pedras no lugar; contudo,
os homens armados de fundas a
cercaram e a feriram.
26 Vendo o rei dos moabitas que
a batalha prevalecia contra ele,
levou consigo setecentos homens
armados de espada, para romperem contra o rei de Edom, mas
fracassaram.
27 Então tomou a seu filho primogênito, que havia de reinar em seu
lugar, e o ofereceu em sacrifício

sobre o muro, pelo que houve
grande indignação em Israel. Por
isso, retiraram-se dali e voltaram
para a sua terra.

O azeite da viúva

4 A mulher de um dos discípulos
dos profetas clamou a Eliseu:
Meu marido, teu servo, morreu, e
tu sabes que o teu servo temia ao
Senhor. Agora o seu credor vem
levar-me os meus dois filhos para
serem escravos.
2 Respondeu-lhe Eliseu: Como poderei ajudar-te? Dize-me, o que
tens em casa? Disse ela: Tua serva não tem nada em casa, além
de uma vasilha de azeite.
3 Disse Eliseu: Vai, pede emprestadas vasilhas a todos os teus vizinhos, vasilhas vazias, peça muitas.
4 Depois entra, fecha a porta sobre ti e sobre teus filhos, derrama
o azeite em todas aquelas vasilhas
e separe as que estiverem cheias.
5 Foi embora e fechou a porta sobre si e sobre seus filhos. Esses lhe
traziam as vasilhas, e ela as enchia.
6 Quando todas as vasilhas estavam
cheias, disse ela a seu filho: Traze-me mais uma vasilha. Ele, porém,
respondeu: Não há mais vasilha
nenhuma. Então o azeite parou.
7 Foi ela e fez saber ao homem
de Deus, e ele disse: Vai, vende
o azeite e paga a tua dívida. Tu
e teus filhos vivei do que sobrar.

A sunamita e o seu filho

8 Certo dia Eliseu foi a Suném,
onde havia uma mulher rica, que
o convidou para comer. Depois
disso, todas as vezes que passava por lá, entrava para comer.
9 Disse ela a seu marido: Vejo que
esse que passa sempre por nós é
santo homem de Deus.
10 Façamos-lhe um pequeno quarto no terraço e ali lhe ponhamos
uma cama, uma mesa, uma cadeira e uma lamparina. Quando ele
vier a nós, ali repousará.
11 Certo dia chegou Eliseu, recolheu-se àquele quarto e se deitou.
12 Disse ele ao seu moço Geazi:
Chama a sunamita. Chamando-a
ele, ela se apresentou perante o
profeta.
13 Disse Eliseu a Geazi: Dize-lhe:
Tu nos tens tratado com todo o
cuidado. Agora, o que se há de fazer por ti? Haverá alguma coisa
de que se fale por ti ao rei, ou ao
chefe do exército? Ela respondeu:
Eu habito no meio do meu povo.
14 Então disse o profeta: Que se
há de fazer por ela? Disse Geazi:
Ora, ela não tem filho, e seu marido é velho.
15 Então disse Eliseu: Chama-a.
E, chamando-a ele, ela se pôs à
porta.
16 Disse Eliseu: Por este tempo,
daqui a um ano abraçarás um filho. Respondeu ela: Não, meu senhor, homem de Deus, não iludas
a tua serva.
17 A mulher, porém, engravidou
e deu à luz um filho, no tempo determinado, no ano seguinte, como
Eliseu lhe dissera.
18 Tendo o filho crescido, certo
dia saiu a ter com seu pai, que estava com os ceifeiros.
19 Disse a seu pai: Ai, minha cabeça! Ai, minha cabeça! Disse o
pai dele a um moço: Leva-o para
sua mãe.
20 Ele o pegou e o levou para sua
mãe; o menino esteve no colo dela
até o meio-dia e, então, morreu.
21 Subiu ela e o deitou sobre a
cama do homem de Deus, então
fechou a porta e saiu.

22 Então chamou seu marido e
disse: Manda-me um dos moços
e uma das jumentas, para que eu
corra até o homem de Deus e volte.
23 Perguntou ele: Por que vais a
ele hoje? Não é lua nova nem sá-
bado. Disse ela: Não se preocupe.
24 Então ela selou a jumenta e
disse ao seu moço: Vai depres-
sa; não para no caminhar, senão
quando eu mandar.
25 Partiu ela e veio encontrar o ho-
mem de Deus, no monte Carmelo.
Vendo-a o homem de Deus de lon-
ge, disse a Geazi, seu moço: Olha!
Aí está a sunamita.
26 Corre-lhe ao encontro e dize-
-lhe: Vai bem contigo? Vai bem
com teu marido? Vai bem com
teu filho? Respondeu ela: Vai bem.
27 Chegando ela ao homem de
Deus, no monte, abraçou os pés
dele. Geazi chegou para a tirar, mas
o homem de Deus disse: Deixa-a!
A sua alma está em amargura,
e o Senhor o escondeu de mim e
nada me revelou.
28 Disse ela: Pedi eu a meu se-
nhor algum filho? Não disse eu:
Não me iludas?
29 Disse Eliseu a Geazi: Cinge os
teus lombos, toma o meu cajado
contigo e vai. Se encontrares al-
guém, não o saúdes, e se alguém
te saudar, não lhe respondas.
Põe o meu cajado sobre o rosto
do menino.
30 Disse, porém, a mãe do menino:
Tão certo como vive o Senhor, e vive
a tua alma, não te deixarei. Então
ele se levantou e a acompanhou.
31 Geazi passou na frente deles
e colocou o cajado sobre o rosto
do menino, mas não houve nele
voz nem reação. Pelo que voltou
a encontrar-se com Eliseu e lhe
disse: O menino não despertou.
32 Chegando Eliseu àquela casa,
viu que o menino estava morto
sobre a sua cama.
33 Entrou e, fechando a porta so-
bre eles, orou ao Senhor.
34 Então subiu na cama, deitou-
-se sobre o menino e, colocando a
boca sobre a boca dele, os olhos so-
bre os olhos dele e as mãos sobre as
mãos dele, debruçou-se sobre ele;
e a carne do menino aqueceu.
35 Depois desceu, andou pelo
quarto de uma parte para outra,
tornou a subir e se debruçou so-
bre ele. O menino espirrou sete
vezes e abriu os olhos.
36 Eliseu chamou Geazi e disse:
Chama a sunamita. Ele a chamou.
Quando ela se apresentou diante
dele, disse ele: Pega o teu filho.
37 Ela entrou, prostrou-se a seus
pés e inclinou-se à terra. Então
pegou o seu filho e saiu.

A morte na panela

38 Eliseu voltou para Gilgal, e ha-
via fome na terra. Enquanto os
discípulos dos profetas estavam
assentados na sua presença, disse
ao seu moço: Põe a panela gran-
de no fogo e faze ensopado para
os discípulos dos profetas.
39 Então um saiu ao campo a apa-
nhar ervas e achou uma videi-
ra brava. Colheu dela a sua capa
cheia, veio e cortou-as na panela
do caldo, embora ninguém sou-
besse o que eram.
40 Assim serviram os homens.
Quando começaram a comer do
ensopado, gritaram: Homem de
Deus, há morte na panela. E não
puderam comer.
41 Disse Eliseu: Trazei farinha.
Ele a colocou na panela e disse:
Servi o povo. E já então não ha-
via mal nenhum na panela.

42 Um homem veio de Baal-Salisa, trazendo ao homem de Deus pães das primícias, vinte pães de cevada e grãos novos de trigo. Disse Eliseu: Dá ao povo, para que coma.

43 Seu servo, porém, disse: Como servirei cem homens? Respondeu Eliseu: Dá-o ao povo, para que coma. Pois assim diz o Senhor: Comerão e ainda sobrará.

44 Então ele lhes serviu, comeram, e ainda sobrou, conforme a palavra do Senhor.

A cura de Naamã

5 Ora, Naamã, comandante do exército do rei da Síria, era honrado homem diante do seu senhor e de muito respeito, porque por meio dele o Senhor dera livramento aos siros. Era esse homem valente, mas estava leproso.

2 Saíram tropas da Síria e da terra de Israel e levaram presa uma menina que ficou ao serviço da mulher de Naamã.

3 Disse esta à sua senhora: Quem dera o meu senhor estivesse diante do profeta que está em Samaria! Ele o curaria da sua lepra.

4 Naamã foi ao seu senhor e lhe disse o que a menina da terra de Israel havia falado.

5 Respondeu o rei da Síria: Vai, anda, e enviarei uma carta ao rei de Israel. Assim, Naamã partiu, levando consigo dez talentos de prata, seis mil siclos de ouro e dez mudas de roupas finas.

6 Entregou a carta ao rei de Israel, que dizia: Logo que chegar a ti esta carta, saberás que eu te en*viei Naamã, meu servo, para* que o cures da sua lepra.

7 Tendo o rei de Israel lido a carta, rasgou as suas vestes e disse: Sou eu Deus? Posso matar e fazer viver? Por que este envia alguém a mim para ser curado da sua lepra? Percebam como busca ocasião contra mim.

8 Quando Eliseu, homem de Deus, ouviu que o rei de Israel rasgara as suas vestes, mandou dizer ao rei: Por que rasgaste as tuas vestes? Deixa-o vir a mim e saberá que há profeta em Israel.

9 Assim, veio Naamã com os seus cavalos, e com o seu carro, e parou na porta da casa de Eliseu.

10 Eliseu mandou-lhe um mensageiro, dizendo: Vai e lava-te sete vezes no Jordão, e a tua carne te será restaurada, e serás purificado.

11 Naamã, porém, indignou-se muito e se foi, dizendo: Eu pensava que ele certamente sairia, se poria em pé, invocaria o nome do Senhor seu Deus, moveria a mão sobre o lugar infectado e me curaria da lepra.

12 Não são Abana e Farfar, rios de Damasco, melhores do que todas as águas de Israel? Não poderia eu lavar-me neles e ser purificado? E foi embora indignado.

13 Chegaram-se a ele os seus servos e lhe disseram: Meu pai, se o profeta te houvesse pedido alguma coisa difícil, não a terias feito? Quanto mais, dizendo-te ele: Lava-te e serás purificado.

14 Pelo que ele desceu, mergulhou no Jordão sete vezes, conforme a palavra do homem de Deus, e a sua carne foi restaurada, e se tornou como a pele de um menino, e ficou purificado.

15 Então voltou Naamã ao homem de Deus, ele e toda a sua comitiva. Veio, pôs-se diante dele e disse: Agora reconheço que em toda a terra não há Deus, senão em Israel.

Agora peço-te que aceites um presente do teu servo.
16 Respondeu o profeta: Tão certo como vive o Senhor em cuja presença estou, não o aceitarei. Insistiu Naamã com ele para que o aceitasse, mas ele recusou.
17 Disse Naamã: Se não queres, contudo dê-se ao teu servo uma quantidade de terra que duas mulas possam transportar, pois nunca mais oferecerá este teu servo holocausto nem sacrifício a outros deuses, senão ao Senhor.
18 Nisto perdoe o Senhor ao teu servo: Quando meu senhor entrar no templo de Rimom para ali adorar, e se encostar na minha mão, e eu também tiver de me prostrar no templo de Rimom; quando assim me prostrar no templo de Rimom, nisso perdoe o Senhor ao teu servo.
19 Disse-lhe Eliseu: Vai-te em paz.
Depois que Naamã se tinha afastado a uma pequena distância,
20 Geazi, moço de Eliseu, homem de Deus, disse: Meu senhor poupou a este siro Naamã, não aceitando o que ele trouxe. Tão certo como vive o Senhor, hei de correr atrás dele e obter alguma coisa.
21 Assim foi Geazi para alcançar Naamã. Vendo Naamã que alguém corria atrás dele, desceu do carro para encontrá-lo e perguntou: Vai tudo bem?
22 Respondeu ele: Tudo vai bem. Meu senhor me mandou dizer: Agora mesmo vieram a mim dois jovens dos discípulos dos profetas da região montanhosa de Efraim. Dá-lhes um talento de prata e duas mudas de roupa fina.
23 Disse Naamã: Toma dois talentos. Insistiu com ele e amarrou dois talentos de prata em dois sacos, com duas mudas de roupa fina. Colocou-os sobre dois dos seus moços, os quais os levaram à frente de Geazi.
24 Quando ele chegou à colina, tomou as coisas das mãos dos moços e as guardou em casa. Mandou embora aqueles homens, e eles se foram.
25 Então entrou e pôs-se diante de seu senhor. Perguntou-lhe Eliseu: De onde vens, Geazi? Respondeu ele: Teu servo não foi a lugar algum.
26 Eliseu, porém, lhe disse: Não foi contigo o meu coração, quando aquele homem voltou do seu carro a encontrar-te? Era essa ocasião para tomares prata, vestes, olivais, vinhas, ovelhas, bois e servos e servas?
27 A lepra de Naamã se pegará a ti e à tua descendência para sempre. Então Geazi saiu da presença de Eliseu leproso, branco como a neve.

Eliseu faz flutuar um machado

6 Disseram os discípulos dos profetas a Eliseu: O lugar em que nos reunimos contigo é pequeno demais para nós.
2 Vamos até o Jordão e tomemos de lá, cada um de nós, um tronco e construamos ali um lugar, para nos reunir. Disse ele: Ide.
3 Então um deles disse: Queres ir com os teus servos? Respondeu Eliseu: Eu irei.
4 E foi com eles. Tendo eles chegado ao Jordão, cortaram madeira.
5 Enquanto um deles estava derrubando um tronco, o ferro do machado caiu na água. Gritou ele: Ai, meu senhor! Era emprestado.
6 Perguntou o homem de Deus: Onde caiu? Mostrando-lhe ele o

lugar, Eliseu cortou um galho,
lançou-o ali e fez flutuar o ferro.
7 E disse: Pegue-o. Então o ho-
mem estendeu a mão e o pegou.

Eliseu e os siros

8 **O**ra, o rei da Síria fazia guer-
ra contra Israel. Depois de se
reunir com os seus oficiais, dis-
se: Em tal e em tal lugar estará
o meu acampamento.
9 O homem de Deus, porém, man-
dou dizer ao rei de Israel: Não pas-
ses por tal lugar, porque os siros
estão descendo ali.
10 Pelo que o rei de Israel enviou
homens àquele lugar de que o ho-
mem de Deus lhe falara, e de que
o tinha avisado, e assim se salvou,
não uma nem duas vezes.
11 Esse incidente perturbou o co-
ração do rei da Síria, que chamou
os seus oficiais e lhes disse: Não
me fareis saber quem dos nossos
é pelo rei de Israel?
12 Disse um dos seus oficiais: Ninguém
de nós, ó rei meu senhor, mas o pro-
feta Eliseu, que está em Israel, faz
saber ao rei de Israel até as palavras
que tu falas no teu quarto.
13 Disse o rei: Ide e vede onde
ele está, para que envie homens
e mande trazê-lo. Deram-lhe avi-
so, dizendo: Está em Dotã.
14 Então enviou para lá cavalos,
carros e um grande exército, os
quais vieram de noite e cerca-
ram a cidade.
15 **Q**uando o moço do homem de
Deus se levantou muito cedo e saiu,
viu que um exército com cavalos
e carros tinha cercado a cidade.
Então o seu moço lhe perguntou:
Ai, meu senhor, o que faremos?
16 Ele respondeu: Não temas. Mais
são os que estão conosco do que
os que estão com eles.
17 E orou Eliseu: Ó Senhor, peço-te
que lhe abras os olhos, para que
veja. E o Senhor abriu os olhos
do moço, e ele olhou e viu que o
monte estava cheio de cavalos e
carros de fogo, ao redor de Eliseu.
18 Enquanto o inimigo descia con-
tra ele, Eliseu orou ao Senhor:
Fere, peço-te, de cegueira esta
gente. E feriu-a de cegueira, con-
forme a palavra de Eliseu.
19 Disse-lhes Eliseu: Não é este
o caminho, nem é esta a cidade.
Segui-me e vos guiarei ao homem
que buscais. E os guiou a Samaria.
20 **T**endo eles chegado a Sama-
ria, disse Eliseu: Ó Senhor, abre
a estes os olhos, para que vejam.
O Senhor lhes abriu os olhos, e
olharam e viram que estavam
dentro de Samaria.
21 Quando o rei de Israel os viu,
perguntou a Eliseu: Devo matá-
-los, devo matá-los, meu pai?
22 Respondeu ele: Não os mata-
rás. Matarias tu os que tomasses
prisioneiros com a tua espada e
com o teu arco? Põe diante de-
les pão e água, para que comam
e bebam, e voltem a seu senhor.
23 Assim, preparou-lhes um gran-
de banquete e, depois que come-
ram e beberam, despediu-os e vol-
taram a seu senhor. Assim, não
entraram mais tropas de siros na
terra de Israel.

Cerco e fome em Samaria

24 **D**epois disto Ben-Hadade, rei
da Síria, ajuntou todo o seu exér-
cito, subiu e cercou Samaria.
25 Houve grande fome em Samaria,
porque a cercaram até que se ven-
deu a cabeça de um jumento por
oitenta siclos de prata, e a quar-
ta parte de um cabo de cebola sel-
vagem por cinco siclos de prata.

26 Passando o rei de Israel pelo
muro, uma mulher lhe clamou:
Ajuda-me, ó rei meu senhor.
27 Respondeu o rei: Se o Senhor
não te ajudar, quem sou eu para
te ajudar? Da eira ou do lagar?
28 Disse-lhe mais o rei: Que tens?
Respondeu ela: Esta mulher me
disse: Dá cá o teu filho, para que
hoje o comamos, e amanhã comeremos o meu filho.
29 Então cozinhamos o meu filho e o comemos. Mas dizendo-
-lhe eu no dia seguinte: Dá cá o
teu filho para que o comamos, ela
o escondeu.
30 Ouvindo o rei as palavras dessa mulher, rasgou as suas vestes.
Enquanto ia passando pelo muro,
o povo olhou e viu que trazia pano
de saco por dentro, sobre o corpo.
31 Disse o rei: Assim me castigue
Deus severamente se a cabeça de
Eliseu, filho de Safate, lhe ficar
hoje sobre os ombros.
32 Ora, Eliseu estava sentado em
sua casa, e também as autoridades de Israel estavam assentadas
com ele. Enviou o rei um homem
à frente de si, mas antes que chegasse a Eliseu, disse este às autoridades: Vedes como o filho do
homicida mandou tirar-me a cabeça? Olhai, quando vier o mensageiro, fechai a porta e empurrai-o
para fora com ela. Não vem após
ele o som dos pés de seu senhor?
33 Estando ele ainda a falar com
eles, o mensageiro chegou. Disse
o rei: *Este mal* vem do Senhor. Por
que esperaria eu mais pelo Senhor?

Eliseu prediz o fim do cerco

7 Disse Eliseu: Ouvi a palavra
do Senhor. Assim diz o Senhor:
Amanhã, por estas horas, haverá
uma medida de farinha por um
siclo, e duas medidas de cevada
por um siclo, na porta de Samaria.
2 O capitão, em cujo braço o rei
se apoiava, porém, respondeu
ao homem de Deus: Ainda que o
Senhor fizesse janelas no céu, poderia acontecer isso? Respondeu
Eliseu: Tu o verás com os teus
olhos, porém não comerás.
3 Quatro homens leprosos estavam na entrada da porta, os quais
disseram uns aos outros: Para que
estaremos nós aqui sentados até
morrermos?
4 Se dissermos: Entremos na cidade, há fome na cidade, e morreremos aí. Se ficarmos aqui,
também morreremos. Portanto,
vamo-nos ao acampamento siro
e nos rendamos. Se nos deixarem
viver, viveremos; se nos matarem,
morreremos.
5 Levantaram-se ao anoitecer,
para irem ao acampamento dos
siros. Chegando eles à entrada
do acampamento, não havia ali
ninguém,
6 pois o Senhor fizera ouvir no
acampamento dos siros um barulho de carros e de cavalos, como
o som de um grande exército, de
maneira que disseram uns aos
outros: Vede, o rei de Israel alugou os reis dos heteus e os reis dos
egípcios, para virem contra nós.
7 Por isso, levantaram-se e fugiram, ao anoitecer, abandonando
as suas barracas, os seus cavalos
e os seus jumentos. Deixaram o
acampamento como estava e fugiram para salvar a sua vida.
8 Chegando estes leprosos à entrada do acampamento, entraram numa barraca. Comeram e
beberam e, tomando dali prata,
ouro e vestes, foram-se e esconderam tudo. Voltaram, entraram

em outra barraca, e dali também
pegaram alguma coisa, e escon-
deram tudo.
9 Então disseram uns para os ou-
tros: Não fazemos certo. Este dia
é dia de boas notícias, e nos cala-
mos. Se esperarmos até a luz da
manhã, algum castigo nos sobre-
virá. Então vamos e o anuncie-
mos no palácio do rei.
10 Assim, vieram e gritaram aos
porteiros da cidade e lhes anun-
ciaram: Fomos ao acampamento
dos siros e lá não havia ninguém,
nem voz de homem, porém só os
cavalos e os jumentos atados, e
as barracas abandonadas.
11 Os porteiros gritaram a notí-
cia e a anunciaram dentro do pa-
lácio do rei.
12 O rei se levantou de noite e dis-
se a seus servos: Agora vos direi
o que os siros nos fizeram. Sabem
muito bem que estamos passan-
do fome, de modo que saíram do
acampamento, a esconder-se pelo
campo, pensando: Quando saírem
da cidade, então os pegaremos vi-
vos e entraremos nela.
13 Um dos seus servos respondeu:
Tomem-se cinco dos cavalos do
restante que ficou aqui dentro (a
sua sorte será como a de todos os
israelitas que ficaram aqui de res-
to, sim, serão como todos os israe-
litas que já sofreram). Enviemo-
-los e vejamos.
14 Assim, tomaram dois carros
com cavalos, e o rei os enviou
após o exército dos siros, dizen-
do: Ide, e vede.
15 Foram após eles até o Jordão,
e todo o caminho estava cheio
de *roupas e de objetos que os
siros*, apressando-se, lançaram
fora. Voltaram os mensageiros
e o anunciaram ao rei.
16 Então saiu o povo e saqueou o
acampamento dos siros. Assim,
houve uma medida de farinha
por um siclo, e duas medidas de
cevada por um siclo, conforme a
palavra do Senhor.
17 Ora, o rei havia colocado na
porta o capitão em cujo braço se
apoiava, e o povo o atropelou na
porta e ele morreu, como disse-
ra o homem de Deus, o que falou
quando o rei descera a ele.
18 Aconteceu como o homem de
Deus dissera ao rei: Amanhã, a
estas horas, haverá duas medidas
de cevada por um siclo, e uma me-
dida de farinha por um siclo, na
porta de Samaria.
19 Aquele capitão respondera
ao homem de Deus: Ainda que o
Senhor fizesse janelas no céu, po-
deria isso acontecer? E ele disse-
ra: Tu o verás com os teus olhos,
porém não comerás.
20 Assim lhe aconteceu, pois o povo
o atropelou na porta e ele morreu.

A sunamita recupera seus bens

8 Ora, Eliseu havia dito à mulher
cujo filho ele tinha ressuscita-
do: Levanta-te e vai, tu e a tua fa-
mília, e mora onde puderes, por-
que o Senhor decretou a fome, a
qual virá à terra por sete anos.
2 Levantou-se a mulher e fez con-
forme a palavra do homem de
Deus. Foi com a sua família e ha-
bitou na terra dos filisteus duran-
te sete anos.
3 Ao final dos sete anos, a mulher
voltou da terra dos filisteus e saiu
para pedir ao rei que lhe devol-
vesse a sua casa e as suas terras.
4 Ora, o rei conversava com Geazi,
moço do homem de Deus, dizendo:
Conta-me, peço-te, todas as gran-
des obras que Eliseu tem feito.

5 Contando ele ao rei como Eliseu
ressuscitava um morto, a mulher
cujo filho ele havia ressuscitado
pediu ao rei que lhe devolvesse a
sua casa e as suas terras. Disse
Geazi: Ó rei, meu senhor, esta é a
mulher, e este o seu filho a quem
Eliseu ressuscitou.
6 O rei perguntou à mulher, e
ela lhe contou a história. Então o
rei lhe designou um oficial, dizen-
do: Devolva-lhe tudo o que era
seu e todas as rendas das colhei-
tas desde o dia em que deixou a
terra até agora.
7 Eliseu foi a Damasco, e Ben-
-Hadade, rei da Síria, estava doen-
te. Quando anunciaram ao rei:
O homem de Deus chegou aqui,
8 disse ele a Hazael: Leva um pre-
sente contigo e vai encontrar-te
com o homem de Deus. Por inter-
médio dele pergunta ao Senhor:
Sararei eu desta doença?
9 Foi Hazael a encontrar-se com
ele e levou um presente consigo,
a saber, quarenta camelos carre-
gados de tudo o que era bom de
Damasco. Veio, pôs-se diante dele
e disse: Teu filho Ben-Hadade, rei
da Síria, me enviou a ti para per-
guntar: Sararei eu desta doença?
10 Respondeu-lhe Eliseu: Vai e di-
ze-lhe: Certamente sararás. Mas o
Senhor me mostrou que ele morrerá.
11 **E** olhou para Hazael, fitan-
do em seus olhos até que esse se
sentiu envergonhado. Então o ho-
mem de Deus chorou.
12 Perguntou Hazael: Por que cho-
ra o meu senhor? Respondeu ele:
Porque sei o mal que hás de fa-
zer aos filhos de Israel. Porás fogo
às suas fortalezas, os seus jovens
matarás à espada, os seus meni-
nos esmagarás e às suas mulhe-
res grávidas rasgarás o ventre.
13 Disse Hazael: Como é que teu ser-
vo, que não passa de um cão, poderia
fazer tão grande coisa? Respondeu
Eliseu: O Senhor me mostrou que
tu hás de ser rei da Síria.
14 Então foi embora e voltou a seu
senhor, o qual lhe perguntou: Que
te disse Eliseu? Respondeu ele:
Disse-me que certamente sararás.
15 No dia seguinte, Hazael tomou
um cobertor, molhou-o na água e
o colocou sobre o rosto do rei, de
modo que este morreu. E Hazael
reinou em seu lugar.

Jeorão e Acazias, reis de Judá

16 **N**o quinto ano de Jorão, filho
de Acabe, rei de Israel, reinando
ainda Josafá em Judá, começou
a reinar Jeorão, filho de Josafá,
rei de Judá.
17 Era ele da idade de trinta e dois
anos quando começou a reinar e
oito anos reinou em Jerusalém.
18 Andou no caminho dos reis de
Israel, como também fizeram os
da família de Acabe, porque tinha
por mulher a filha de Acabe. Fez o
que era mau aos olhos do Senhor.
19 O Senhor, porém, não quis des-
truir a Judá por amor de Davi,
seu servo, porque havia prome-
tido dar-lhe para sempre um des-
cendente entre seus filhos.
20 **N**os seus dias, os edomitas se
revoltaram contra o domínio de
Judá e levantaram para si um rei.
21 Pelo que Jeorão foi a Zair, e to-
dos os carros com ele. Ele se le-
vantou de noite, com os capitães
dos carros, e atacou os edomitas
que o haviam cercado; mas o povo
foi para as suas barracas.
22 Até o dia de hoje os edomitas
ficaram independentes do domí-
nio de Judá. Libna tornou-se in-
dependente no mesmo tempo.

23 **O** restante dos atos de Jeorão
e tudo o que fez, porventura não
está escrito no livro das crôni-
cas de Judá?
24 Descansou Jeorão com seus
pais e foi sepultado com eles na
Cidade de Davi. E Acazias, seu fi-
lho, reinou em seu lugar.
25 **N**o décimo segundo ano de
Jorão, filho de Acabe, rei de Israel,
começou a reinar Acazias, filho
de Jeorão, rei de Judá.
26 Era Acazias de vinte e dois
anos de idade quando começou
a reinar e um ano reinou em
Jerusalém. O nome de sua mãe
era Atalia, filha de Onri, rei de
Israel.
27 Andou nos caminhos da famí-
lia de Acabe e fez o que era mau
aos olhos do Senhor, como a fa-
mília de Acabe, porque era gen-
ro da família de Acabe.
28 Foi com Jorão, filho de Acabe,
a Ramote-Gileade, na batalha con-
tra Hazael, rei da Síria. Os siros
feriram a Jorão;
29 assim voltou o rei Jorão para
se curar em Jezreel das feridas
que os siros lhe fizeram em Ramá,
quando lutou contra Hazael, rei da
Síria. Então desceu Acazias, filho
de Jeorão, rei de Judá, para ver
Jorão, filho de Acabe, em Jezreel,
porque estava ferido.

Jeú mata a Jorão e a Jezabel

9 O profeta Eliseu chamou um
dos discípulos dos profetas e
lhe disse: Veste a tua capa, vai
para Ramote-Gileade e leva este
vaso de azeite contigo.
2 Chegando lá, vê onde está Jeú,
filho de Josafá, *filho de Ninsi.*
Entra, faze que ele se levante do
meio de seus irmãos e leva-o para
uma sala reservada.
3 Pega o vaso de azeite, derrama-
-o sobre a sua cabeça e dize: Assim
diz o Senhor: Ungi-te rei sobre
Israel. Então abre a porta, foge
e não te demores.
4 **P**ortanto, foi o jovem profeta a
Ramote-Gileade.
5 Entrando ele, viu que os capi-
tães do exército estavam reunidos
ali. Disse ele: Capitão, tenho uma
palavra para te dizer. Respondeu
Jeú: A qual de todos nós? Disse
ele: A ti, capitão!
6 Então se levantou, entrou na casa
e derramou o azeite sobre a sua ca-
beça, e lhe disse: Assim diz o Senhor
Deus de Israel: Ungi-te rei sobre o
povo do Senhor, sobre Israel.
7 Destruirás a família de Acabe,
teu senhor, para que eu vingue da
mão de Jezabel o sangue de meus
servos, os profetas, e o sangue de
todos os servos do Senhor.
8 Toda a família de Acabe perece-
rá. Destruirei de Acabe todos do
sexo masculino, tanto o escravo
como o livre em Israel.
9 À família de Acabe hei de fazer
como à família de Jeroboão, filho
de Nebate, e como à família de
Baasa, filho de Aías.
10 Os cães comerão a Jezabel no
campo de Jezreel, e não haverá
quem a enterre. Então abriu a
porta, e fugiu.
11 Saindo Jeú aos servos de seu se-
nhor, perguntaram-lhe: Vai tudo
bem? Por que veio a ti esse louco?
Respondeu Jeú: Bem conheceis
esse tipo de homem e o seu falar.
12 Eles, porém, disseram: Isso
não é verdade! Conta-nos o que
ele disse. Disse Jeú: Eis o que ele
me falou: Assim diz o Senhor:
Ungi-te rei sobre Israel.
13 Apressaram-se e, pegando cada
um a sua capa, estendeu-a debaixo

dele, no mais alto degrau. Então
tocaram a buzina e disseram:
Jeú reina.
14 Assim Jeú, filho de Josafá, fi-
lho de Ninsi, conspirou contra
Jorão. Jorão, porém, tinha cerca-
do a Ramote-Gileade, ele e todo
o Israel, por causa de Hazael, rei
da Síria.
15 O rei Jorão, porém, voltara
para se curar em Jezreel das fe-
ridas que os siros lhe fizeram,
quando lutou contra Hazael, rei
da Síria. Disse Jeú: Se é isso que
desejais, ninguém saia da cida-
de, nem escape, para ir anunciar
isso em Jezreel.
16 Então Jeú subiu a um carro
e foi a Jezreel, porque Jorão es-
tava se recuperando ali, e tam-
bém Acazias, rei de Judá, desce-
ra para ver Jorão.
17 Quando a sentinela que estava
na torre de Jezreel viu a tropa de
Jeú, que vinha, disse: Vejo uma
tropa. Então disse Jorão: Toma
um cavaleiro, envia-o ao seu en-
contro e pergunte: Há paz?
18 O cavaleiro foi-lhe ao encon-
tro e disse: Assim diz o rei: Há
paz? Respondeu Jeú: Que tens
tu com a paz? Saia da minha
frente. E a sentinela anunciou:
Chegou a eles o mensageiro, po-
rém não volta.
19 Então enviou o rei outro ca-
valeiro. Chegando esse a eles,
disse: Assim diz o rei: Há paz?
Respondeu Jeú: Que tens com a
paz? Saia da minha frente.
20 O atalaia anunciou: Também
esse chegou a eles, porém não
volta. O guiar do carro de guerra
se parece com o de Jeú, filho de
Ninsi, pois guia como um louco.
21 Ordenou Jorão: Prepara o
carro. E prepararam o seu carro.
Saiu Jorão, rei de Israel, e Acazias,
rei de Judá, cada um em seu car-
ro, e foram ao encontro de Jeú,
e o encontraram no campo de
Nabote, o jezreelita.
22 Vendo Jorão a Jeú, perguntou:
Há paz, Jeú? Respondeu ele: Que
paz, enquanto as prostituições da
tua mãe Jezabel e as suas feitiça-
rias são tantas?
23 Voltou-se Jorão e fugiu, gri-
tando para Acazias: Há traição,
Acazias!
24 Então Jeú disparou o seu arco
com toda a força e feriu a Jorão nas
costas. A flecha lhe atravessou pelo
coração, e ele caiu no seu carro.
25 Disse Jeú a Bidcar, seu capi-
tão: Toma-o e lança-o no campo
de Nabote, o jezreelita. Lembra-
-te de que, indo eu e tu juntos a ca-
valo após seu pai Acabe, o Senhor
pôs sobre ele esta sentença:
26 Ontem eu vi o sangue de Nabote
e o sangue de seus filhos, diz o
Senhor, e certamente te farei
pagar por ele neste campo, diz
o Senhor. Agora, pois, toma-o e
lança-o neste campo, conforme
a palavra do Senhor.
27 Quando Acazias, rei de Judá,
viu o que tinha acontecido, fu-
giu pelo caminho a Bete-Hagã.
Perseguiu-o Jeú, gritando: Matai
a este também! Atingiram-no no
carro na subida de Gur, que está
perto de Ibleão, mas fugiu ele para
Megido, onde morreu.
28 Seus servos o levaram num
carro para Jerusalém e o sepul-
taram na sua sepultura, junto a
seus pais, na Cidade de Davi.
29 (No décimo primeiro ano de
Jorão, filho de Acabe, Acazias ha-
via começado a reinar sobre Judá.)
30 Então Jeú foi a Jezreel. Quando
Jezabel o soube, pintou em volta

dos olhos, enfeitou a cabeça e
olhou pela janela.
31 Entrando Jeú pelo portão, per-
guntou ela: Teve paz Zinri, que
matou a seu senhor?
32 Ergueu ele o rosto para a ja-
nela e gritou: Quem é comigo?
Quem? Dois ou três eunucos olha-
ram para ele.
33 Disse Jeú: Jogai-a daí para
baixo. Jogaram-na para baixo, e
foram salpicados com o seu san-
gue a parede e os cavalos, e esses
a pisotearam.
34 Entrou Jeú, comeu e bebeu.
Disse ele: Pegai aquela maldita
e sepultai-a, pois é filha de rei.
35 Quando, porém, foram para a
sepultar, não acharam dela senão
somente o crânio, os pés e as pal-
mas das mãos.
36 Voltaram e comunicaram-no
a Jeú, que disse: Esta é a palavra
do Senhor, a qual falou por inter-
médio de Elias, o tisbita, seu ser-
vo: No campo de Jezreel os cães
comerão a carne de Jezabel.
37 O cadáver de Jezabel será como
esterco sobre o campo, num ter-
reno de Jezreel, de modo que não
se poderá dizer: Esta é Jezabel.

Jeú massacra a família de Acabe

10 Ora, Acabe tinha setenta fi-
lhos em Samaria. Jeú escre-
veu cartas e as enviou a Samaria,
aos líderes da cidade de Jezreel,
às autoridades e aos tutores dos
filhos de Acabe, dizendo:
2 Logo que esta carta chegar a
vós, visto que estão convosco os
filhos de vosso senhor, como tam-
bém carros, cavalos, uma cidade
fortificada, e armas,
3 escolhei o melhor e mais digno
dos filhos de vosso senhor e pon-
de-o sobre o trono de seu pai.
Então lutai pela dinastia de vos-
so senhor.
4 Eles, porém, temeram muitís-
simo e disseram: Se dois reis não
lhe puderam enfrentar, como po-
deremos nós?
5 Então o oficial responsável pelo
palácio, o governador da cidade,
as autoridades e os tutores en-
viaram esta mensagem a Jeú:
Teus servos somos; e tudo o que
nos disseres faremos. A ninguém
constituiremos rei; faze o que pa-
recer bem aos teus olhos.
6 Então Jeú escreveu-lhes outra
carta, dizendo: Se estais do meu
lado e obedeceis às minhas ordens,
tomai as cabeças dos homens, fi-
lhos de vosso senhor, e amanhã a
estas horas vinde a mim a Jezreel.
Ora, os filhos do rei, que eram se-
tenta, estavam com os grandes da
cidade, que os criavam.
7 Chegada a eles a carta, pega-
ram os setenta filhos do rei e os
mataram. Colocaram as suas ca-
beças em cestos e enviaram-nas
a Jeú em Jezreel.
8 Quando o mensageiro chegou,
anunciou a Jeú: Trouxeram as
cabeças dos filhos do rei. Disse
ele: Colocai-as em dois montões
na entrada da porta, até amanhã.
9 Saindo Jeú na manhã seguinte,
parou e disse a todo o povo: Vós
sois inocentes. Eu conspirei con-
tra o meu senhor e o matei, mas
quem feriu todos estes?
10 Sabei, pois, que da palavra do
Senhor, que o Senhor falou con-
tra a família de Acabe, nada cairá
em terra. O Senhor fez o que falou
por intermédio de seu servo Elias.
11 Assim, Jeú feriu todos os que
sobraram da família de Acabe em
Jezreel, como também a todos os
seus grandes, os seus conhecidos

e os seus sacerdotes, até que nem
um lhe deixou viver.
12 Então Jeú se levantou e partiu;
e foi a Samaria. Estando no caminho, em Bete-Equede dos pastores,
13 encontrou os irmãos de Acazias,
rei de Judá, e perguntou: Quem sois
vós? Responderam eles: Somos irmãos de Acazias e descemos a saudar
os filhos do rei e os filhos da rainha.
14 Ordenou ele: Apanhai-os vivos. Apanharam-nos vivos e os
mataram junto ao poço de Bete-Equede, quarenta e dois homens.
A nem um deles deixou viver.

Jeú ordena a morte dos ministros de Baal

15 Partindo dali, encontrou-se com
Jonadabe, filho de Recabe, que
lhe vinha ao encontro. Saudou-o
Jeú e lhe perguntou: Reto é o teu
coração, como o meu coração é
com o teu coração? Respondeu
Jonadabe: É. Então, se é, dá-me
a tua mão. Ele lhe deu a mão, e
Jeú o fez subir consigo ao carro.
16 Disse Jeú: Vem comigo e vê o
meu zelo pelo Senhor. Então o fez
sentar consigo no carro.
17 Quando chegou a Samaria, Jeú
matou todos os que ficaram da família de Acabe; destruiu-os conforme a palavra do Senhor, falada a Elias.
18 Então ajuntou Jeú todo o povo
e disse-lhe: Acabe serviu pouco a
Baal; Jeú muito o servirá.
19 Pelo que me chamai agora todos os profetas de Baal, todos os seus servos e todos os seus sacerdotes. Não falte nenhum, porque tenho um grande sacrifício a oferecer a Baal. Todo aquele que faltar não viverá. Jeú, porém, fazia isso com astúcia, para destruir os servos de Baal.
20 Disse mais Jeú: Consagrai
a Baal uma assembleia solene.
E eles a apregoaram.
21 Também Jeú mandou dizer a
todo o Israel, e vieram todos os servos de Baal; nenhum deles ficou que não viesse. Entraram no templo de Baal, e ele se encheu, de um lado a outro.
22 Então disse Jeú ao que tinha
o cargo das vestes cultuais: Tira vestes para todos os servos de Baal. E ele lhes tirou as vestes.
23 Entrou Jeú com Jonadabe, filho de Recabe, no templo de Baal, e disse aos servos de Baal: Examinai e vede bem, que nenhum dos servos do Senhor aqui haja convosco, senão somente os servos de Baal.
24 E, entrando eles para oferecer sacrifícios e holocaustos, Jeú preparou da parte de fora oitenta homens e disse-lhes: Se escapar algum dos homens que eu entregar em vossas mãos, será a vossa vida pela vida dele.
25 Acabando Jeú de oferecer o
holocausto, ordenou aos da sua guarda e aos capitães: Entrai e matai-os, não escape nenhum. Assim os mataram a fio de espada. Os da guarda e os capitães lançaram-nos fora e entraram no mais interior do templo de Baal,
26 tiraram as colunas que nela
estavam e as queimaram.
27 Também quebraram a coluna
de Baal e derrubaram o templo de Baal, transformando-o em latrinas, até o dia de hoje.
28 Assim Jeú acabou com o culto a Baal em Israel.
29 Jeú, porém, não deixou de seguir os pecados de Jeroboão, filho de Nebate, que fez pecar Israel, a saber, dos bezerros de ouro, que estavam em Betel e em Dã.

30 Pelo que disse o Senhor a Jeú:
Porque fizeste bem em executar o
que é reto aos meus olhos e, con-
forme tudo o que eu tinha no meu
coração, fizeste à família de Acabe,
teus filhos até a quarta geração
se assentarão no trono de Israel.
31 Jeú, contudo, não se preocu-
pou em andar de todo o seu co-
ração na lei do Senhor Deus de
Israel, nem se afastou dos pecados
de Jeroboão, que fez pecar Israel.
32 Naqueles dias, começou o Senhor
a diminuir o tamanho de Israel.
Hazael conquistou-o em todas as
fronteiras,
33 desde o Jordão para o leste, toda
a terra de Gileade; os gaditas, os
rubenitas e os manassitas, desde
Aroer, que está perto do vale de
Arnom, a saber, Gileade e Basã.
34 Ora, o restante dos atos de Jeú,
tudo o que fez e todo o seu poder,
porventura não está escrito no li-
vro das crônicas de Israel?
35 Descansou Jeú com seus pais e o
sepultaram em Samaria. E Joacaz,
seu filho, reinou em seu lugar.
36 Os dias que Jeú reinou sobre
Israel em Samaria foram vinte e
oito anos.

Atalia e Joás

11 Vendo Atalia, mãe de Acazias,
que seu filho era morto,
levantou-se e destruiu toda a fa-
mília real.
2 Jeoseba, filha do rei Jorão, irmã
de Acazias, porém, pegou Joás, fi-
lho de Acazias, e o furtou dentre
os filhos do rei, aos quais mata-
vam, e o levou com sua ama para
um quarto, e o escondeu de Atalia,
de modo que não foi morto.
3 Esteve com ela escondido na
casa do Senhor seis anos, enquan-
to Atalia reinava sobre a terra.
4 No sétimo ano, Jeoiada mandou
chamar os comandantes dos ca-
ritas e os da guarda, fê-los entrar
consigo no templo do Senhor, fez
com eles uma aliança com jura-
mento, no templo do Senhor, e
lhes mostrou o filho do rei.
5 Então lhes ordenou: Este é o
serviço que vós haveis de fazer:
Uma terça parte de vós, os que
entrais no sábado, fará a guarda
do palácio do rei,
6 outra terça parte estará à por-
ta Sur, e a outra terça parte à
porta detrás dos da guarda. Assim
fareis a guarda deste templo, afas-
tando a todos.
7 Os dois grupos, a saber, todos os
que saem no sábado, farão a guarda
do templo do Senhor junto ao rei.
8 Cercareis o rei, cada um com
as suas armas nas mãos. Todo
aquele que se aproximar das fi-
leiras será morto. Estareis com o
rei quando sair e quando entrar.
9 Fizeram os comandantes con-
forme tudo o que ordenara o sa-
cerdote Jeoiada. Levou cada um
os seus homens, tanto os que en-
travam no sábado como os que
saíam no sábado, e vieram ao sa-
cerdote Jeoiada.
10 Então deu o sacerdote aos
comandantes as lanças e os es-
cudos que haviam sido do rei
Davi, que estavam no templo
do Senhor.
11 Os da guarda se posicionaram
ao redor do rei, cada um com as
armas na mão, desde o lado direi-
to do templo até o esquerdo, ao
longo do altar e do templo.
12 Jeoiada trouxe para fora o fi-
lho do rei e colocou-lhe a coroa;
deu-lhe o testemunho e o fizeram
rei. Ungiram-no e, batendo pal-
mas, clamaram: Viva o rei!

13 Atalia, ouvindo o clamor dos
da guarda e do povo, foi ter com
o povo no templo do Senhor.
14 Olhou e viu o rei que estava
junto à coluna, como de costu-
me. Os capitães e os trombetei-
ros estavam ao lado do rei, e todo
o povo da terra estava alegre e to-
cava trombetas. Então Atalia ras-
gou suas vestes, e gritou: Traição!
Traição!
15 O sacerdote Jeoiada, porém,
ordenou aos centuriões que co-
mandavam as tropas: Levai-a
para fora das fileiras, e quem a
seguir matai-o à espada. Pois o
sacerdote havia dito: Não a ma-
tem no templo do Senhor.
16 Agarraram-na quando ela che-
gava ao palácio real, na entrada
da porta dos cavalos, e ali a ma-
taram.
17 Então Jeoiada fez aliança en-
tre o Senhor, o rei e o povo, que
seriam o povo do Senhor. Fez tam-
bém aliança entre o rei e o povo.
18 Todo o povo da terra entrou no
templo de Baal e o derrubaram.
Também os seus altares e as suas
imagens totalmente quebraram,
e a Matã, sacerdote de Baal, ma-
taram diante dos altares. Então
o sacerdote Jeoiada pôs guardas
sobre a casa do Senhor.
19 Tomou consigo os comandan-
tes, os caritas, os da guarda e todo
o povo da terra, e juntos conduzi-
ram do templo do Senhor o rei, e
vieram pelo caminho da porta da
guarda, do palácio do rei. O rei se
assentou no trono real,
20 e todo o povo da terra se ale-
grou. E a cidade ficou tranqui-
la, depois que mataram a Atalia
à espada junto do palácio do rei.
21 Era Joás da idade de sete anos
quando começou a reinar.

Joás repara o templo

12 No sétimo ano de Jeú, co-
meçou Joás a reinar, e qua-
renta anos reinou em Jerusalém.
Era o nome de sua mãe Zibia, de
Berseba.
2 Fez Joás o que era reto aos olhos
do Senhor todos os dias em que
o sacerdote Jeoiada o orientara.
3 Contudo não tiraram os altares
idólatras; o povo ainda sacrifica-
va e queimava incenso nos alta-
res idólatras.
4 Disse Joás aos sacerdotes: Todo
o dinheiro das coisas santas, que
se trouxer ao templo do Senhor, a
saber, o dinheiro recolhido do cen-
so pessoal, o dinheiro recebido de
votos pessoais e todo o dinheiro
que cada um trouxer voluntaria-
mente para o templo do Senhor,
5 os sacerdotes o recebam, cada
um dos seus conhecidos, e con-
sertem todos os estragos que se
acharem no templo do Senhor.
6 No vigésimo terceiro ano do rei
Joás, porém, os sacerdotes ainda
não tinham consertado os estra-
gos do templo.
7 Então o rei Joás chamou o sacer-
dote Jeoiada e os demais sacerdo-
tes e lhes perguntou: Por que não
consertais os estragos do templo?
Não recebais mais dinheiro de
vossos conhecidos, mas entre-
gai-o para o conserto dos estra-
gos do templo.
8 Concordaram os sacerdotes
em não receber mais dinheiro do
povo e em não consertarem eles
próprios os estragos do templo.
9 O sacerdote Jeoiada pegou um
cofre, fez um buraco na tampa e
o colocou ao pé do altar, à direi-
ta dos que entravam no templo
do Senhor. E os sacerdotes que
guardavam a entrada da porta

colocaram ali todo o dinheiro que
se trazia do templo do Senhor.
10 Vendo eles que já havia mui-
to dinheiro no cofre, o escrivão
do rei subia com o sumo sacer-
dote, e contavam e ensacavam o
dinheiro que se achava no tem-
plo do Senhor.
11 O dinheiro, depois de pesado,
davam nas mãos dos que faziam
a obra, que tinham a seu cargo
o templo do Senhor. Eles o dis-
tribuíam aos carpinteiros e aos
construtores que reformavam o
templo do Senhor,
12 como também aos pedreiros e
aos escultores. Compravam ma-
deira e pedras lavradas a fim de
consertarem os estragos do templo
do Senhor e custeavam as demais
despesas do conserto do templo.
13 Todavia, do dinheiro que se
trazia ao templo do Senhor não se
faziam nem taças de prata, nem
garfos, nem bacias, nem trombe-
tas, nem vaso algum de ouro ou
de prata para o templo do Senhor;
14 era dado aos que faziam a obra,
e consertavam com ele o templo
do Senhor.
15 Não pediam contas aos homens
em cujas mãos entregavam aque-
le dinheiro, para o dar aos que fa-
ziam a obra, porque agiam com
honestidade.
16 O dinheiro das ofertas pela cul-
pa e o dinheiro das ofertas pelo pe-
cado não se traziam ao templo do
Senhor; eram para os sacerdotes.
17 Nessa época, subiu Hazael, rei
da Síria, guerreou contra Gate e
a conquistou. Então Hazael deci-
diu marchar contra Jerusalém.
18 Joás, rei de Judá, porém, pegou
todas as coisas santas que Josafá,
Jorão e Acazias, seus pais, reis de
Judá, haviam consagrado, como
também todo o ouro que se achava
nos tesouros do templo do Senhor
e no palácio do rei, e o mandou a
Hazael, rei da Síria, que então se
retirou de Jerusalém.
19 Quanto ao restante dos atos de
Joás e a tudo o que fez, porven-
tura não está escrito no livro das
crônicas dos reis de Judá?
20 Levantaram-se os seus ofi-
ciais, conspiraram contra ele e o
mataram em Bete-Milo, que está
no caminho que desce para Sila.
21 Os oficiais que o mataram fo-
ram Jozacar, filho de Simeate, e
Jozabade, filho de Somer. Morreu
Joás, e o sepultaram com seus pais
na Cidade de Davi. E Amazias, seu
filho, reinou em seu lugar.

Jeoacaz e Jeoás, reis de Israel

13 No vigésimo terceiro ano de
Joás, filho de Acazias, rei de
Judá, começou a reinar Jeoacaz, fi-
lho de Jeú, sobre Israel, em Samaria,
e reinou dezessete anos.
2 Fez o que era mau aos olhos do
Senhor, seguindo os pecados de
Jeroboão, filho de Nebate, que fez
pecar Israel, e não se afastou deles.
3 Por isso, a ira do Senhor se acen-
deu contra Israel, e os entregou
nas mãos de Hazael, rei da Síria,
e nas mãos de Ben-Hadade, filho
de Hazael, todos aqueles dias.
4 Então Jeoacaz suplicou dian-
te da face do Senhor, e o Senhor
o ouviu, pois viu quanto o rei da
Síria oprimia Israel.
5 O Senhor deu um salvador a
Israel, e saíram de debaixo das
mãos dos siros. Assim os filhos
de Israel habitaram nas suas ca-
sas, como antes.
6 (Contudo, não se afastaram dos
pecados da dinastia de Jeroboão,
que fez pecar Israel; continuaram

neles. Também o poste sagrado
ficou em pé em Samaria.)
7 Nada havia ficado do exército
de Jeoacaz, senão cinquenta cavaleiros, dez carros e dez mil homens de infantaria, pois o rei da Síria os tinha destruído e os tinha reduzido a pó.
8 Quanto ao restante dos atos de Jeoacaz, tudo o que fez e o seu poder, porventura não estão escritos no livro das crônicas dos reis de Israel?
9 Descansou Jeoacaz com seus pais, e o sepultaram em Samaria. E Jeoás, seu filho, reinou em seu lugar.
10 No trigésimo sétimo ano de Joás, rei de Judá, começou a reinar Jeoás, filho de Jeoacaz, sobre Israel, em Samaria, e reinou dezesseis anos.
11 Fez o que era mau aos olhos do Senhor e não se afastou de nenhum dos pecados de Jeroboão, filho de Nebate, que fez pecar Israel; continuou neles.
12 Quanto ao restante dos atos de Jeoás, tudo o que fez, e o seu poder, com que guerreou contra Amazias, rei de Judá, porventura não estão escritos no livro das crônicas dos reis de Israel?
13 Descansou Jeoás com seus pais, e Jeroboão se assentou no seu trono. E Jeoás foi sepultado em Samaria, junto aos reis de Israel.

A morte de Eliseu

14 Ora, Eliseu estava sofrendo da doença de que morreu. Jeoás, rei de Israel, desceu a vê-lo, chorou sobre ele e disse: Meu pai, meu pai, carros de Israel e seus cavaleiros!
15 Disse-lhe Eliseu: Pega um arco e flechas. E ele pegou um arco e flechas.
16 Então disse Eliseu ao rei de Israel: Põe a mão sobre o arco. Pegando ele o arco, Eliseu pôs as suas mãos sobre as mãos do rei
17 e disse: Abre a janela para o leste, e ele a abriu. Disse mais Eliseu: Atira! E ele atirou. Prosseguiu Eliseu: A flecha do livramento do Senhor é a flecha do livramento contra os siros! Tu enfrentarás os siros em Afeque, até os destruir.
18 Disse mais: Pega as flechas. E o rei as pegou. Então disse ao rei de Israel: Atira no chão. E ele atirou três vezes e parou.
19 O homem de Deus se indignou muito contra ele e disse: Cinco ou seis vezes deverias ter atirado; então terias derrotado os siros até os destruir. Agora, porém, só três vezes vencerás os siros.
20 Morreu Eliseu, e o sepultaram. Ora, as tropas dos moabitas invadiram a terra no começo do ano.
21 Enquanto alguns enterravam um homem, de repente viram um bando de invasores; então, jogaram o homem na sepultura de Eliseu. Quando o cadáver encostou nos ossos de Eliseu, o homem ressuscitou, e se levantou.
22 Hazael, rei da Síria, oprimiu a Israel todos os dias de Jeoacaz.
23 O Senhor, porém, teve misericórdia deles, e se compadeceu deles, e tornou para eles, por amor da sua aliança com Abraão, Isaque e Jacó. Até hoje não os quis destruir, nem tirá-los da sua presença.
24 Morreu Hazael, rei da Síria, e Ben-Hadade, seu filho, reinou em seu lugar.
25 Jeoás, filho de Jeoacaz, retomou de Ben-Hadade, filho de Hazael, as cidades que ele tinha tomado, das mãos de Jeoacaz,

seu pai. Três vezes Jeoás o derrotou
e recuperou as cidades de Israel.

Amazias, rei de Judá

14 No segundo ano de Jeoás, fi-
lho de Jeoacaz, rei de Israel,
começou a reinar Amazias, filho
de Joás, rei de Judá.
2 Tinha vinte e cinco anos quando
começou a reinar e vinte e nove anos
reinou em Jerusalém. Era o nome
de sua mãe Joadã, de Jerusalém.
3 Fez o que era reto aos olhos do
Senhor, ainda que não como seu
pai Davi. Em tudo seguiu o exem-
plo de Joás, seu pai.
4 Os altares, porém, não foram
derrubados; o povo ainda sacri-
ficava e queimava incenso neles.
5 Logo que o reino foi confirma-
do em suas mãos, matou os seus
servos que tinham matado o rei,
seu pai.
6 Os filhos dos assassinos, porém,
não matou, como está escrito no
livro da lei de Moisés, no qual o
Senhor deu ordem, dizendo: Não
serão mortos os pais por causa
dos filhos, e os filhos não serão
mortos por causa dos pais; cada
um será morto pelo seu pecado.
7 Foi ele que derrotou a dez mil
edomitas no vale do Sal e captu-
rou Sela na guerra, e chamou o
seu nome Jocteel, até o dia de hoje.
8 Então Amazias enviou mensa-
geiros a Jeoás, filho de Jeoacaz,
filho de Jeú, rei de Israel, dizen-
do: Vem, enfrentemo-nos.
9 Jeoás, rei de Israel, porém, man-
dou dizer a Amazias, rei de Judá:
Um espinheiro do Líbano enviou
uma mensagem a um cedro do
Líbano, dizendo: Dá tua filha por
mulher a meu filho. Então um
animal selvagem do Líbano veio
e pisou o espinheiro.
10 Na verdade, derrotaste os edo-
mitas, e o teu coração se envai-
deceu. Gloria-te disso, mas fica
em tua casa! Por que provoca-
rias o mal, para caíres tu, e Judá,
contigo?
11 Amazias, contudo, não o quis
ouvir, de modo que Jeoás, rei de
Israel, atacou. Ele e Amazias, rei
de Judá, enfrentaram-se em Bete-
-Semes, que está em Judá.
12 Judá foi derrotado diante de
Israel, e fugiu cada um para a
sua casa.
13 Jeoás, rei de Israel, capturou a
Amazias, rei de Judá, filho de Joás,
filho de Acazias, em Bete-Semes.
Jeoás foi a Jerusalém e quebrou o
muro de Jerusalém, desde a Porta
de Efraim até a Porta da Esquina,
quatrocentos côvados.
14 Ele se apoderou de todo o ouro
e prata, e de todos os vasos que
se achavam no templo do Senhor
e de tesouros do palácio do rei,
como também dos reféns, e vol-
tou para Samaria.
15 Ora, quanto ao restante dos
atos de Jeoás, ao que fez, ao seu
poder, e como guerreou contra
Amazias, rei de Judá, porventu-
ra não estão escritos no livro das
crônicas dos reis de Israel?
16 Descansou Jeoás com seus pais,
e foi sepultado em Samaria, jun-
to aos reis de Israel. E Jeroboão,
seu filho, reinou em seu lugar.
17 Viveu Amazias, filho de Jeoás,
rei de Judá, depois da morte de
Jeoás, filho de Jeoacaz, rei de Israel,
quinze anos.
18 Quanto ao restante dos atos
de Amazias, porventura não está
escrito no livro das crônicas dos
reis de Judá?
19 Conspiraram contra ele em
Jerusalém, e ele fugiu para Laquis,

porém enviaram atrás dele ho-
mens até Laquis, e ali o mataram.
20 Trouxeram-no sobre cavalos e
o sepultaram em Jerusalém, jun-
to a seus pais, na Cidade de Davi.
21 Todo o povo de Judá procla-
mou Azarias, que era de dezes-
seis anos, e o constituíram rei em
lugar de Amazias, seu pai.
22 Foi ele que construiu Elate
e a devolveu a Judá, depois que
Amazias descansou com seus pais.

Jeroboão II, rei de Israel

23 No décimo quinto ano de Amazias,
filho de Joás, rei de Judá, começou
a reinar em Samaria Jeroboão, fi-
lho de Jeoás, rei de Israel, e rei-
nou quarenta e um anos.
24 Fez o que era mau aos olhos
do Senhor, e não se afastou de ne-
nhum dos pecados de Jeroboão, fi-
lho de Nebate, que fez pecar Israel.
25 Foi ele que restabeleceu as
fronteiras de Israel, desde a en-
trada de Hamate até o mar da
planície, conforme a palavra do
Senhor, Deus de Israel, a qual fa-
lara por intermédio de seu servo
Jonas, filho do profeta Amitai, o
qual era de Gate-Hefer.
26 Viu o Senhor que a miséria de
Israel era muito amarga, tanto
para o escravo quanto para o li-
vre. Não havia ninguém que aju-
dasse Israel.
27 Ainda não falara o Senhor em
apagar o nome de Israel de debaixo
do céu, porém o livrou por inter-
médio de Jeroboão, filho de Joás.
28 Quanto ao restante dos atos
de Jeroboão, tudo o que fez, o seu
poder, como guerreou e como re-
conquistou Damasco e Hamate,
pertencentes a Judá, para Israel,
porventura não estão escritos no
livro das crônicas de Israel?
29 Descansou Jeroboão com
seus pais, com os reis de Israel.
E Zacarias, seu filho, reinou em
seu lugar.

Azarias, rei de Judá

15 No vigésimo sétimo ano
de Jeroboão, rei de Israel,
começou a reinar Azarias, filho
de Amazias, rei de Judá.
2 Tinha dezesseis anos quando
começou a reinar e cinquenta e
dois anos reinou em Jerusalém.
Era o nome de sua mãe Jecolias,
de Jerusalém.
3 Fez o que era reto aos olhos do
Senhor, conforme tudo o que fi-
zera Amazias, seu pai.
4 Contudo, não tiraram os alta-
res idólatras; o povo ainda sacri-
ficava e queimava incenso neles.
5 O Senhor feriu o rei, e este ficou
leproso até o dia da sua morte e ha-
bitou numa casa separada. Jotão,
filho do rei, era responsável pelo pa-
lácio e governava o povo da terra.
6 Quanto ao restante dos atos de
Azarias e tudo o que fez, porven-
tura não estão escritos no livro
das crônicas dos reis de Judá?
7 Descansou Azarias com seus
pais, e o sepultaram junto a seus
pais, na Cidade de Davi. E Jotão,
seu filho, reinou em seu lugar.

Zacarias e Salum, reis de Israel

8 No trigésimo oitavo ano de Azarias,
rei de Judá, reinou Zacarias, fi-
lho de Jeroboão, sobre Israel, em
Samaria, seis meses.
9 Fez o que era mau aos olhos do
Senhor, como tinham feito seus
pais, e não se afastou dos pecados
de Jeroboão, filho de Nebate, que
fez pecar Israel.
10 Salum, filho de Jabes, cons-
pirou contra Zacarias. Atacou-o

diante do povo, matou-o e reinou
em seu lugar.
11 Quanto ao restante dos atos de
Zacarias, está escrito no livro das
crônicas dos reis de Israel.
12 Esta foi a palavra do Senhor, que
ele falara a Jeú: Teus filhos, até a
quarta geração, se assentarão so-
bre o trono de Israel. E assim foi.
13 Salum, filho de Jabes, come-
çou a reinar no trigésimo nono
ano de Uzias, rei de Judá, e rei-
nou um mês inteiro em Samaria.
14 Então Menaém, filho de Gadi,
subiu de Tirza e veio a Samaria.
Atacou ali a Salum, filho de Jabes,
matou-o e reinou em seu lugar.
15 Quanto ao restante dos atos de
Salum e a conspiração que fez, es-
tão escritos no livro das crônicas
dos reis de Israel.
16 Nessa época Menaém, come-
çando em Tirza, atacou a Tifsa e
a todos os que nela havia, como
também a seu território, porque
se recusaram a abrir as suas por-
tas. Saqueou a Tifsa, e a todas as
mulheres grávidas rasgou ao meio.

Menaém e Pecaías, reis de Israel

17 Desde o trigésimo nono ano de
Azarias, rei de Judá, Menaém, fi-
lho de Gadi, começou a reinar so-
bre Israel e reinou dez anos em
Samaria.
18 Fez o que era mau aos olhos
do Senhor. Durante todos os seus
dias não se afastou dos pecados
de Jeroboão, filho de Nebate, que
fez pecar Israel.
19 Então veio Pul, rei da Assíria,
invadir a terra, e Menaém deu a
Pul mil talentos de prata, para
que este o ajudasse a manter o
reino na sua mão.
20 Menaém arrecadou este dinhei-
ro de Israel, de todos os poderosos
e ricos, para o dar ao rei da Assíria,
de cada homem cinquenta siclos de
prata. Assim, voltou o rei da Assíria
e não se demorou ali na terra.
21 Quanto ao restante dos atos de
Menaém e tudo o que fez, porven-
tura não estão escritos no livro
das crônicas dos reis de Israel?
22 Descansou Menaém com seus
pais. E Pecaías, seu filho, reinou
em seu lugar.
23 No quinquagésimo ano de
Azarias, rei de Judá, começou a
reinar Pecaías, filho de Menaém,
e dois anos reinou sobre Israel,
em Samaria.
24 Fez o que era mau aos olhos do
Senhor e não se afastou dos peca-
dos de Jeroboão, filho de Nebate,
que fez pecar Israel.
25 Peca, filho de Remalias, seu capi-
tão, conspirou contra ele. Levando
consigo cinquenta homens dos fi-
lhos dos gileaditas, feriu Pecaías,
Argobe e Arié, na fortaleza do pa-
lácio do rei, em Samaria. Assim
Peca matou Pecaías, e reinou em
seu lugar.
26 Quanto ao restante dos atos
de Pecaías, e tudo o que fez, es-
tão escritos no livro das crônicas
dos reis de Israel.
27 No quinquagésimo segundo
ano de Azarias, rei de Judá, co-
meçou a reinar Peca, filho de
Remalias, e reinou sobre Israel,
em Samaria, vinte anos.
28 Fez o que era mau aos olhos do
Senhor e não se afastou dos peca-
dos de Jeroboão, filho de Nebate,
que fez pecar Israel.
29 Nos dias de Peca, rei de Israel,
veio Tiglate-Pileser, rei da Assíria,
conquistou Ijom, Abel-Bete-Maaca,
Janoa, Quedes, Hazor, Gileade,
Galileia, toda a terra de Naftali,
e deportou o povo para a Assíria.

30 Então Oseias, filho de Elá,
conspirou contra Peca, filho de
Remalias. Atacou-o e o matou, e
então reinou em seu lugar, no vigé-
simo ano de Jotão, filho de Uzias.
31 Quanto ao restante dos atos de
Peca e tudo o que fez, estão escri-
tos no livro das crônicas dos reis
de Israel.

Jotão, rei de Judá

32 No segundo ano de Peca, filho
de Remalias, rei de Israel, come-
çou a reinar Jotão, filho de Uzias,
rei de Judá.
33 Tinha vinte e cinco anos de ida-
de quando começou a reinar e de-
zesseis anos reinou em Jerusalém.
Era o nome de sua mãe Jerusa,
filha de Zadoque.
34 Fez o que era reto aos olhos
do Senhor, conforme tudo o que
fizera seu pai Uzias.
35 Contudo os altares idólatras
não se tiraram; o povo ainda sa-
crificava e queimava incenso ne-
les. Jotão reconstruiu a porta alta
do templo do Senhor.
36 Os demais atos de Jotão e tudo
o que fez, porventura não estão
escritos no livro das crônicas dos
reis de Judá?
37 Naqueles dias, começou o Senhor
a enviar Rezim, rei da Síria, e Peca,
filho de Remalias contra Judá.
38 Descansou Jotão com seus pais,
e foi sepultado junto a seus pais na
Cidade de Davi, seu pai. E Acaz,
seu filho, reinou em seu lugar.

Acaz, rei de Judá

16 No décimo sétimo ano de
Peca, filho de Remalias,
começou a reinar Acaz, filho de
Jotão, rei de Judá.
2 Tinha Acaz vinte anos de ida-
de quando começou a reinar e
dezesseis anos reinou em Jerusalém.
Não fez o que era reto aos olhos
do Senhor seu Deus, como Davi,
seu pai.
3 Andou no caminho dos reis de
Israel e até a seu filho fez passar
pelo fogo, segundo os costumes
abomináveis dos gentios que o
Senhor lançara fora de diante
dos filhos de Israel.
4 Também sacrificou e queimou
incenso nos altares idólatras e
nas colinas, como também de-
baixo de toda árvore frondosa.
5 Então subiu Rezim, rei da Síria,
com Peca, filho de Remalias, rei de
Israel, contra Jerusalém, para lhe
fazer guerra, e sitiaram a Acaz,
porém não puderam vencê-lo.
6 Nesse mesmo tempo, Rezim, rei
da Síria, devolveu Elate à Síria e
lançou fora dela os judeus. Os si-
ros então vieram a Elate e ficaram
habitando ali até o dia de hoje.
7 Acaz enviou mensageiros a
Tiglate-Pileser, rei da Assíria,
dizendo: Eu sou teu servo e teu
filho. Sobe e livra-me das mãos
do rei da Síria e das mãos do rei de
Israel, que se levantam contra
mim.
8 Tomou Acaz a prata e o ouro que
se achou no templo do Senhor e
nos tesouros do palácio do rei
e mandou de presente ao rei da
Assíria.
9 O rei da Assíria lhe deu ouvi-
dos e, subindo contra Damasco,
tomou-a, levou o povo para Quir
e matou Rezim.
10 Então o rei Acaz foi a Damasco,
encontrar-se com Tiglate-Pileser,
rei da Assíria. Viu um altar que
estava em Damasco e enviou ao
sacerdote Urias a figura do al-
tar e o modelo, conforme toda a
sua obra.

11 Urias, o sacerdote, construiu
um altar conforme tudo o que o rei
Acaz tinha ordenado de Damasco
e o acabou antes que o rei Acaz
voltasse.
12 Quando o rei voltou de Damasco
e viu o altar, chegou-se a ele e nele
sacrificou.
13 Queimou o seu holocausto e a
sua oferta de cereais, derramou
a sua libação e espargiu o sangue das suas ofertas pacíficas naquele altar.
14 O altar de bronze, porém, que
estava perante o Senhor, tirou de
diante do templo, de entre o seu
altar e o templo do Senhor, e o
pôs ao lado do seu altar, da banda do norte.
15 O rei Acaz ordenou a Urias, o
sacerdote: No grande altar queima o holocausto da manhã, como
também a oferta de cereais da tarde, e o holocausto do rei, e a sua
oferta de cereais, e o holocausto
de todo o povo da terra, e a sua
oferta de cereais, e as suas ofertas
de bebida. Todo o sangue dos holocaustos e todo o sangue dos sacrifícios espargirás nele. Porém
o altar de bronze será para mim,
para buscar orientação.
16 Fez Urias, o sacerdote, conforme tudo o que o rei Acaz lhe
ordenara.
17 O rei Acaz cortou os painéis laterais, e de cima deles tirou as pias.
Tirou o mar de sobre os bois de
bronze, que estavam debaixo dele,
e o pôs sobre uma base de pedra.
18 Também a cobertura do sábado, que construíram no templo,
e a entrada real do lado de fora
retirou do templo do Senhor, por
causa do rei da Assíria.
19 Os demais atos de Acaz e o
que fez, porventura não estão
escritos no livro das crônicas dos
reis de Judá?
20 Descansou Acaz com seus pais e
foi sepultado junto a seus pais, na
Cidade de Davi. E Ezequias, seu filho, reinou em seu lugar.

Oseias, rei de Israel

17 No décimo segundo ano de
Acaz, rei de Judá, começou a reinar Oseias, filho de Elá,
e nove anos reinou sobre Israel,
em Samaria.
2 Fez o que era mau aos olhos do
Senhor, contudo não como os reis
de Israel que foram antes dele.
3 Contra ele subiu Salmaneser, rei
da Assíria, e Oseias ficou sendo
servo dele e lhe pagava tributo.
4 O rei da Assíria, porém, achou
em Oseias traição, pois enviara
mensageiros a Sô, rei do Egito, e
não pagava o tributo anual ao rei
da Assíria, como antes. Portanto
Salmaneser o lançou na prisão.
5 O rei da Assíria invadiu toda
a terra e, chegando a Samaria,
sitiou-a por três anos.
6 No nono ano de Oseias, o rei da
Assíria tomou Samaria e deportou Israel para a Assíria. Ele os
fez habitar em Hala, em Gozã,
junto ao rio Habor, e nas cidades dos medos.
7 Tudo isso aconteceu porque
os filhos de Israel haviam pecado contra o Senhor, o seu Deus,
que os fizera subir da terra do
Egito, de debaixo do poder de faraó, rei do Egito. Eles temeram a
outros deuses,
8 andaram nos costumes das nações que o Senhor expulsara de
diante deles e nos que os reis
de Israel haviam tomado para si.
9 Os filhos de Israel fizeram secretamente o que não era reto, contra

o Senhor, o seu Deus. Construíram
para si altares idólatras em todas
as suas cidades, desde a torre dos
atalaias até a cidade fortificada.
10 Levantaram para si colunas e
postes sagrados em todos os mon-
tes altos e debaixo de todas as ár-
vores frondosas.
11 Queimaram incenso em todos
os altares idólatras, como as na-
ções que o Senhor expulsara de
diante deles. Cometeram o mal
que provocou à ira o Senhor.
12 Serviram os ídolos, dos quais
o Senhor lhes dissera: Não fareis
estas coisas.
13 O Senhor advertiu Israel e Judá,
por intermédio de todos os profetas
e de todos os videntes: Convertei-
-vos de vossos maus caminhos e
guardai os meus mandamentos
e os meus estatutos, conforme toda
a lei que ordenei a vossos pais e
que vos enviei por intermédio de
meus servos, os profetas.
14 Os filhos de Israel, porém, não
deram ouvidos, antes se tornaram
obstinados, como fizeram seus
pais, que não creram no Senhor,
o seu Deus.
15 Rejeitaram os seus estatutos e
a sua aliança, que fizera com seus
pais, como também as suas adver-
tências, com que protestara con-
tra eles. Seguiram a vaidade e se
tornaram inúteis, como também
seguiram após as nações que es-
tavam ao redor deles, das quais o
Senhor lhes havia ordenado que
não as imitassem.
16 Deixaram todos os manda-
mentos do Senhor, o seu Deus,
e fizeram para si duas imagens
de metal em forma de bezerros
e um poste sagrado. Adoraram
todo o exército do céu e servi-
ram Baal.
17 Também fizeram passar pelo
fogo a seus filhos e suas filhas.
Deram-se a adivinhações, criam
em agouros e venderam-se para
fazer o que era mau aos olhos do
Senhor, provocando-o à ira.
18 Pelo que o Senhor muito se in-
dignou contra Israel e os tirou de
diante da sua presença. Nada mais
ficou, somente a tribo de Judá,
19 e até mesmo Judá não guar-
dou os mandamentos do Senhor,
seu Deus. Andaram nos costumes
que Israel tomou para si.
20 Pelo que o Senhor rejeitou toda
a descendência de Israel; ele os
oprimiu e os entregou nas mãos
dos despojadores, até que os ex-
pulsou de diante da sua presença.
21 Quando separou Israel da dinas-
tia de Davi, fizeram rei a Jeroboão,
filho de Nebate, o qual afastou
Israel de seguir o Senhor e o fez
cometer grande pecado.
22 Assim andaram os filhos de
Israel em todos os pecados que
Jeroboão tinha cometido, não se
afastaram deles,
23 até que o Senhor tirou Israel
da sua presença, como falara por
intermédio de todos os seus ser-
vos, os profetas. Assim foi Israel
deportado da sua terra para a
Assíria, onde está até o dia de hoje.

A origem dos samaritanos

24 **O** rei da Assíria trouxe gen-
te de Babilônia, de Cuta, de Ava,
de Hamate e de Sefarvaim e a fez
habitar nas cidades de Samaria,
em lugar dos filhos de Israel.
Tomaram Samaria em herança
e habitaram nas suas cidades.
25 No princípio da sua habitação
ali, não temeram ao Senhor; as-
sim mandou o Senhor entre eles
leões, que mataram alguns deles.

26 Pelo que se disse ao rei da Assíria:
A gente que deportaste e fizeste ha-
bitar nas cidades de Samaria não
sabe o que exige o Deus da terra.
Ele mandou entre ela leões que
a matam, porque não sabe o que
exige o Deus da terra.
27 Então o rei da Assíria mandou
dizer: Levai para lá um dos sacer-
dotes que de lá trouxestes cativos;
que ele vá, e lá habite, e lhes en-
sine o que exige o Deus da terra.
28 Veio um dos sacerdotes que
haviam trazido de Samaria; ele
habitou em Betel e lhes ensinou
como deviam temer ao Senhor.
29 **O**s grupos que habitavam nas
diversas cidades, porém, faziam os
seus deuses e os punham nas ca-
sas dos altares idólatras que os sa-
maritanos tinham feito, cada gru-
po nas cidades em que habitavam.
30 Os de Babilônia fizeram Sucote-
-Benote, os de Cuta fizeram Nergal
e os de Hamate fizeram Asima;
31 os aveus fizeram Nibaz e
Tartaque, e os sefarvitas quei-
mavam seus filhos no fogo a
Adrameleque e a Anameleque,
deuses de Sefarvaim.
32 Temiam ao Senhor, mas en-
tre os do povo nomearam sacer-
dotes dos altares idólatras, os
quais exerciam o ministério nos
santuários dos altares idólatras.
33 Temiam ao Senhor, mas tam-
bém serviam a seus próprios deu-
ses, segundo o costume das na-
ções dentre as quais tinham sido
trazidos.
34 **A**té o dia de hoje fazem segun-
do os antigos costumes. Não te-
mem ao Senhor, nem agem segun-
*do os seus estatutos e orde*nanças,
as leis e os mandamentos que o
Senhor ordenou aos filhos de Jacó,
a quem deu o nome de Israel.
35 Quando o Senhor fez uma alian-
ça com eles, lhes ordenou: Não
temereis outros deuses, nem vos
inclinareis diante deles, nem os
servireis, nem lhes oferecereis
sacrifícios.
36 Ao Senhor, porém, que vos fez
subir da terra do Egito com gran-
de força e com braço estendido, a
ele temereis, e a ele vos inclina-
reis, e a ele oferecereis sacrifícios.
37 Os estatutos e as ordenanças,
as leis e os mandamentos que ele
vos escreveu, tereis cuidado de
obedecer todos os dias. Não te-
mereis a outros deuses.
38 Da aliança que fiz convosco
não vos esquecereis e não teme-
reis a outros deuses.
39 Antes, ao Senhor, o vosso Deus,
temereis; é ele que vos livrará das
mãos de todos os vossos inimigos.
40 Eles, porém, não deram ouvi-
dos, mas fizeram segundo o seu
antigo costume.
41 Assim, essas nações temiam
o Senhor, mas serviam às suas
próprias imagens de escultura.
Também seus filhos e os filhos de
seus filhos fazem até o dia de hoje
como fizeram seus pais.

Ezequias, rei de Judá

18 No terceiro ano de Oseias,
filho de Elá, rei de Israel,
começou a reinar Ezequias, filho
de Acaz, rei de Judá.
2 Tinha vinte e cinco anos de idade
quando começou a reinar e vinte
e nove anos reinou em Jerusalém.
Era o nome de sua mãe Abi, filha
de Zacarias.
3 Fez o que era reto aos olhos do
Senhor, conforme tudo o que fi-
zera Davi, seu pai.
4 Removeu os altares idólatras, que-
brou as colunas sagradas, derrubou

os postes sagrados. Despedaçou a
serpente de bronze que Moisés fi-
zera, pois até aquele dia os filhos
de Israel lhe queimavam incenso,
e lhe chamaram Neustã.
5 Ezequias confiou no Senhor, o
Deus de Israel, de maneira que
depois dele não houve seu seme-
lhante entre todos os reis de Judá,
nem entre os que foram antes dele.
6 Ele se aproximou do Senhor e
não deixou de segui-lo; obedeceu
aos mandamentos que o Senhor
tinha dado a Moisés.
7 E o Senhor foi com ele; por onde
quer que fosse prosperava. Rebelou-
se contra o rei da Assíria e não
o serviu.
8 Derrotou os filisteus até Gaza e os
seus territórios, desde a torre das
sentinelas até a cidade fortificada.
9 No quarto ano do rei Ezequias (que
era o sétimo ano de Oseias, filho de
Elá, rei de Israel), Salmaneser, rei
da Assíria, subiu contra Samaria
e a cercou.
10 No fim de três anos, os as-
sírios a conquistaram. Assim
Samaria foi capturada no sexto
ano de Ezequias, que era o nono
de Oseias, rei de Israel.
11 O rei da Assíria deportou Israel
para a Assíria, e os fez habitar
em Hala, em Gozã, junto ao rio
Habor, e nas cidades dos medos.
12 Isso aconteceu porque não obe-
deceram ao Senhor, o seu Deus,
mas quebraram a sua aliança,
e tudo o que Moisés, servo do
Senhor, tinha ordenado. Não de-
ram ouvidos aos seus mandamen-
tos nem os praticaram.

Senaqueribe ameaça Jerusalém

13 No décimo quarto ano do rei
Ezequias, subiu Senaqueribe,
rei da Assíria, contra todas as
cidades fortificadas de Judá e
as conquistou.
14 Então Ezequias, rei de Judá,
enviou esta mensagem ao rei da
Assíria, em Laquis: Errei. Pare
de atacar-me e tudo o que exi-
gires de mim pagarei. O rei da
Assíria impôs a Ezequias, rei de
Judá, trezentos talentos de prata
e trinta talentos de ouro.
15 Assim deu Ezequias toda a
prata que se achou no templo
do Senhor e nos tesouros no pa-
lácio do rei.
16 Nesse tempo, Ezequias arran-
cou o ouro das portas do palácio
do Senhor e dos batentes, o ouro
de que ele mesmo os cobrira, e o
deu ao rei da Assíria.
17 O rei da Assíria enviou de Laquis
Tartã, Rabe-Saris e Rabsaqué,
com um grande exército, ao rei
Ezequias, em Jerusalém. Subiram
a Jerusalém e pararam ao pé do
aqueduto do açude superior, que
está junto ao caminho do campo
do Lavandeiro.
18 Chamaram o rei; e Eliaquim,
filho de Hilquias, o mordomo,
Sebna, o escrivão, e Joá, filho de
Asafe, o cronista, saíram-lhes ao
encontro.
19 Rabsaqué lhes disse: Dizei a
Ezequias: Assim diz o grande rei,
o rei da Assíria: Que confiança é
esta que tens em tuas palavras?
20 Dizes que tens estratégia e poder
para a guerra, mas são, porém, pa-
lavras vãs. Em quem confias, que
contra mim te revoltas?
21 Confias nesse bordão de cana
quebrada, que é o Egito, no qual,
se alguém se encostar, lhe perfu-
rará a mão e a trespassará! Assim
é faraó, rei do Egito, para com to-
dos os que nele confiam.

22 Se, porém, me disserdes: No
Senhor nosso Deus confiamos,
não é este aquele cujos santuá-
rios e cujos altares Ezequias ti-
rou, dizendo a Judá e a Jerusalém:
Perante este altar adorareis em
Jerusalém?
23 Ora, aceita um desafio de meu
senhor, o rei da Assíria: Darei a ti
dois mil cavalos, se puderes dar
cavaleiros para eles.
24 Como poderias derrotar um
só oficial dos menores servos de
meu senhor, quando estás con-
fiando no Egito, por causa dos
carros e cavaleiros?
25 Além do mais, subi eu sem o
Senhor contra este lugar, para
o destruir? Foi o Senhor que me
disse: Sobe contra esta terra e a
destrói.
26 **E**ntão disseram Eliaquim, fi-
lho de Hilquias, Sebna e Joá a
Rabsaqué: Pedimos-te que fa-
les aos teus servos em aramai-
co, porque o entendemos, e não
nos fales em judaico, aos ouvi-
dos do povo que está em cima
do muro.
27 Rabsaqué, porém, lhes respon-
deu: Mandou-me meu senhor só
a teu senhor e a ti, para falar es-
sas palavras, e não, antes, aos ho-
mens, que estão assentados em
cima do muro, para que convos-
co comam as suas fezes e bebam
a sua urina?
28 **E**ntão Rabsaqué se pôs em pé
e clamou em alta voz em judaico:
Ouvi a palavra do grande rei, do
rei da Assíria.
29 Assim diz o rei: Não vos enga-
ne Ezequias. Ele não vos poderá
livrar da minha mão.
30 Tampouco vos faça Ezequias con-
fiar no Senhor, dizendo: Certamente
nos livrará o Senhor, e esta cidade
não será entregue nas mãos do
rei da Assíria.
31 Não deis ouvidos a Ezequias.
Assim diz o rei da Assíria: Fazei
as pazes comigo e vinde a mim,
e coma cada um da sua vide e da
sua figueira, e beba cada um a
água da sua cisterna,
32 até que eu venha, e vos leve para
uma terra como a vossa, terra de
trigo e de cereal, terra de pão e
de vinhas, terra de oliveiras, de
azeite e de mel. Escolhei a vida,
e não a morte! Não deis ouvidos
a Ezequias, pois vos engana, di-
zendo: O Senhor nos livrará.
33 Porventura os deuses das na-
ções puderam livrar, cada um
a sua terra, das mãos do rei da
Assíria?
34 Que é feito dos deuses de Hamate
e de Arpade? Que é feito dos deuses
de Sefarvaim, Hena e Iva? Livraram
Samaria das minhas mãos?
35 Quais, entre todos os deuses
das terras, são os que livraram a
sua terra das minhas mãos, para
que o Senhor livre Jerusalém das
minhas mãos?
36 **O** povo, porém, ficou calado e
não lhe respondeu uma só pala-
vra, porque o rei havia ordena-
do: Não lhe respondereis.
37 Então Eliaquim, filho de Hilquias,
o mordomo, Sebna, o escrivão, e
Joá, filho de Asafe, o cronista,
vieram a Ezequias com as ves-
tes rasgadas e lhe fizeram saber
as palavras de Rabsaqué.

Ezequias recorre a Isaías

19 Quando o rei Ezequias ou-
viu isso, rasgou as suas ves-
tes, cobriu-se de saco e entrou no
templo do Senhor.
2 Enviou Eliaquim, o mordomo,
Sebna, o escrivão, e os principais

dos sacerdotes cobertos de sacos,
ao profeta Isaías, filho de Amoz.
3 Disseram-lhe: Assim diz Ezequias:
Este dia é dia de angústia, de hu-
milhação e de blasfêmia, porque
os filhos chegaram ao parto e não
há força para os dar à luz.
4 Bem pode ser que o Senhor, o
teu Deus, tenha ouvido todas as
palavras de Rabsaqué, a quem
enviou o seu senhor, o rei da
Assíria, para afrontar o Deus
vivo, e repreenda as palavras
que o Senhor, o teu Deus, ouviu.
Portanto, faze oração pelos que
ainda sobrevivem.
5 Quando os servos do rei Ezequias
foram ter com Isaías,
6 Isaías lhes disse: Assim direis a
vosso senhor: Assim diz o Senhor:
Não temas as palavras que ouvis-
te, com as quais os servos do rei
da Assíria me afrontaram.
7 Colocarei nele um espírito tal
que, quando ele ouvir certa no-
tícia, voltará para a sua terra; e
nela o farei cair morto à espada.
8 Voltou Rabsaqué e achou o rei da
Assíria na batalha contra Libna,
porque tinha ouvido que o rei ha-
via partido de Laquis.
9 E o rei, ouvindo dizer de Tiraca,
rei da Etiópia: Saiu para te fazer
guerra, tornou a enviar mensa-
geiros a Ezequias, dizendo:
10 Assim direis a Ezequias, rei
de Judá: Não te engane o teu
Deus, em quem confias, dizendo:
Jerusalém não será entregue nas
mãos do rei da Assíria.
11 Certamente já tens ouvido o
que os reis da Assíria fizeram a
todas as terras, destruindo-as to-
talmente. E tu te livrarias?
12 Porventura as livraram os deu-
ses das nações, a quem meus pais
destruíram, a saber, Gozã, Harã,
Rezefe e os filhos de Éden que es-
tavam em Telassar?
13 Que é feito do rei de Hamate,
do rei de Arpade, do rei da cidade
de Sefarvaim, de Hena e de Iva?
14 Recebendo Ezequias a carta
das mãos dos mensageiros e lendo-
-a, subiu ao templo do Senhor
e a estendeu perante o Senhor.
15 E orou Ezequias perante o
Senhor: Ó Senhor Deus de Israel,
que habitas entre os querubins,
tu mesmo, só tu és Deus de todos
os reinos da terra. Tu fizeste os
céus e a terra.
16 Inclina, Senhor, o teu ouvi-
do e ouve; abre, Senhor, os teus
olhos e vê; ouve as palavras que
Senaqueribe enviou para afron-
tar o Deus vivo.
17 Verdade é, ó Senhor, que os
reis da Assíria assolaram essas
nações e as suas terras.
18 Lançaram os seus deuses no
fogo e os destruíram, pois não
eram deuses, mas obra de mãos
de homens, madeira e pedra.
19 Agora, ó Senhor nosso Deus,
livra-nos das suas mãos, para
que todos os reinos da terra sai-
bam que só tu és o Senhor Deus.

Isaías conforta a Ezequias

20 Então Isaías, filho de Amoz,
mandou dizer a Ezequias: Assim
diz o Senhor Deus de Israel: O que
me pediste acerca de Senaqueribe,
rei da Assíria, eu te ouvi.
21 Esta é a palavra que o Senhor
falou a respeito dele:
A virgem, a filha de Sião,
te despreza e zomba de ti.
A filha de Jerusalém
meneia a cabeça por detrás
de ti.
22 A quem afrontaste
e blasfemaste?

E contra quem levantaste a voz
e ergueste os olhos
soberbos?
Contra o Santo de Israel!
23 Por meio de teus
mensageiros
afrontaste o Senhor
e disseste:
Com a multidão de
meus carros
subi ao alto dos montes,
aos lados do Líbano.
Cortei os seus altos cedros
e os seus mais formosos
pinheiros,
e entrei nas suas regiões mais
remotas,
no melhor das suas florestas.
24 Eu cavei, e bebi águas
estrangeiras.
Com as plantas de meus pés
sequei todos os rios do Egito.
25 Não ouviste que já
há muito tempo planejei isso,
já desde os dias da
antiguidade
o tinha planejado?
Agora, porém, faço acontecer;
eu quis que tu reduzisses as
cidades fortificadas
a montões de ruínas.
26 Por isso, os moradores delas,
sem forças, ficaram
pasmados e confundidos.
Eram como a erva do campo,
e a erva verde,
e o capim dos telhados,
e o trigo queimado,
antes de crescer.
27 Eu, porém, conheço o teu
assentar,
e o teu sair, o teu entrar,
e o teu furor contra mim.
28 Por *causa do teu furor*
contra mim,
e porque a tua revolta
subiu até os meus ouvidos,
porei o meu anzol no teu nariz
e o meu freio na tua boca;
te farei voltar pelo caminho
por onde vieste.
29 Isto te será por sinal:
Este ano se comerá o que
nascer por si mesmo
e, no ano seguinte, o que daí
proceder.
Mas no terceiro ano plantai e
colhei,
plantai vinhas e comei os
seus frutos.
30 O que escapou da tribo de
Judá e ficou de resto
tornará a lançar raízes
para baixo
e dará fruto para cima.
31 Pois de Jerusalém sairá o
remanescente,
e do monte de Sião, o que
sobreviveu.
O zelo do Senhor fará isso.
32 Portanto, assim diz o Senhor
acerca do rei da Assíria:
Não entrará nesta cidade,
nem lançará nela flecha
alguma.
Tampouco virá perante ela
com escudo,
nem levantará rampas de
cerco contra ela.
33 Pelo caminho por onde vier,
por esse voltará;
nesta cidade não entrará, diz
o Senhor.
34 Eu defenderei esta cidade,
para a livrar,
por amor de mim
e por amor do meu servo
Davi.

Derrota e morte de Senaqueribe

35 Naquela mesma noite, saiu o
anjo do Senhor e feriu, no acampa-
mento dos assírios, cento e oitenta
e cinco mil deles. Levantando-se

os assírios pela manhã cedo, vi-
ram que todos esses eram ca-
dáveres.
36 Assim Senaqueribe, rei da
Assíria, levantou acampamento
e partiu. Voltou e ficou em Nínive.
37 Certo dia, quando ele estava
adorando no templo de Nisroque,
seu deus, Adrameleque e Sarezer,
seus filhos, o mataram à espada e
escaparam para a terra de Arará.
E Esar-Hadom, seu filho, reinou
em seu lugar.

Doença e cura de Ezequias

20 Naqueles dias, Ezequias
adoeceu e estava perto da
morte. O profeta Isaías, filho de
Amoz, veio falar com ele e lhe
disse: Assim diz o Senhor: Põe a
tua casa em ordem, porque mor-
rerás e não viverás.
2 Então virou Ezequias o rosto
para a parede e orou ao Senhor:
3 Ah! Senhor! Lembra-te de que
andei diante de ti com fidelida-
de e integridade de coração, e
fiz o que era reto aos teus olhos.
E Ezequias chorou muitíssimo.
4 Não havendo Isaías ainda saído
do meio do pátio, veio a ele a pa-
lavra do Senhor:
5 Volta e dize a Ezequias, príncipe
do meu povo: Assim diz o Senhor,
o Deus de teu pai Davi: Ouvi a tua
oração e vi as tuas lágrimas; eu
te curarei. Ao terceiro dia, subi-
rás ao templo do Senhor.
6 Acrescentarei à tua vida quin-
ze anos. E das mãos do rei da
Assíria livrarei a ti e a esta cidade.
Defenderei esta cidade por amor de
mim, e por amor de Davi, meu servo.
7 Disse mais Isaías: Fazei uma
pasta de figos. Fizeram-na e a
puseram sobre o tumor, e o rei
ficou curado.
8 Perguntou Ezequias a Isaías:
Qual é o sinal de que o Senhor
me curará e de que, ao terceiro
dia, subirei ao templo do Senhor?
9 Respondeu Isaías: Isto te será
sinal, da parte do Senhor, de que
o Senhor cumprirá a palavra que
disse: Avançará a sombra dez
graus, ou recuará dez graus?
10 Então disse Ezequias: É fácil
que a sombra avance dez graus.
Antes, que ela recue dez graus.
11 Então o profeta Isaías clamou
ao Senhor, e o Senhor fez a som-
bra recuar dez graus, pelos graus
que já tinha declinado no relógio
de sol de Acaz.

A embaixada de Merodaque-Baladã

12 Nesse tempo, enviou Merodaque-
-Baladã, filho de Baladã, rei da
Babilônia, cartas e um presente
a Ezequias, porque ouvira que
Ezequias estivera doente.
13 Ezequias recebeu os mensa-
geiros e lhes mostrou toda a casa
de seu tesouro, a prata, o ouro, as
especiarias, e os melhores azei-
tes, seu palácio de armas e tudo o
que havia nos seus tesouros; coisa
alguma houve que não lhes mos-
trasse, nem em seu palácio, nem
em todo o seu domínio.
14 Então o profeta Isaías veio ao
rei Ezequias e lhe perguntou:
Que disseram aqueles homens e
de onde vieram a ti? Respondeu
Ezequias: De um país muito dis-
tante vieram, da Babilônia.
15 Perguntou o profeta: Que vi-
ram em teu palácio? Respondeu
Ezequias: Tudo o que há em meu
palácio viram. Coisa nenhuma
há nos meus tesouros que eu não
lhes mostrasse.
16 Então disse Isaías a Ezequias:
Ouve a palavra do Senhor:

17 Vêm dias em que tudo o que
houver em teu palácio, com o
que teus pais entesouraram até
o dia de hoje, será levado para
Babilônia. Não ficará coisa alguma, disse o Senhor.
18 E até mesmo teus filhos, que
descenderem de ti e que tu gerares, tomarão, para que sejam
eunucos no palácio do rei da
Babilônia.
19 Então disse Ezequias a Isaías:
Boa é a palavra do Senhor que disseste. Pois pensava: Não haverá
paz e segurança nos meus dias?
20 Ora, o restante dos atos de Ezequias
e todo o seu poder, como fez o
açude e o aqueduto e como fez vir
a água à cidade, porventura não
estão escritos no livro das crônicas dos reis de Judá?
21 Descansou Ezequias com seus
pais. E Manassés, seu filho, reinou em seu lugar.

Manassés, rei de Judá

21 Tinha Manassés doze anos
de idade quando começou
a reinar e cinquenta e cinco anos
reinou em Jerusalém. Era o nome
de sua mãe Hefzibá.
2 Fez o que era mau aos olhos do
Senhor, conforme as práticas dos
gentios que o Senhor expulsara
de suas possessões de diante dos
filhos de Israel.
3 Tornou a construir os altares
idólatras que Ezequias, seu pai,
tinha destruído; também levantou altares a Baal, fez um poste
sagrado como o que fizera Acabe,
rei de Israel. Adorou a todo o exército dos céus e os serviu.
4 Construiu altares no templo
do Senhor, do qual o Senhor tinha dito: Em Jerusalém porei o
meu nome.
5 Também construiu altares a
todo o exército dos céus em ambos os átrios do templo do Senhor.
6 Fez passar a seu próprio filho
pelo fogo, praticou encantamentos e adivinhação, consultou médiuns e feiticeiros. Prosseguiu em
fazer o que era mau aos olhos do
Senhor, provocando-o à ira.
7 Também colocou uma imagem de escultura do poste sagrado que tinha feito, no templo
de que o Senhor dissera a Davi e
a Salomão, seu filho: Nesta casa
e em Jerusalém, que escolhi dentre todas as tribos de Israel, porei
o meu nome para sempre.
8 Não mais farei andar errantes
os pés de Israel da terra que dei
a seus pais, contanto que somente tenham cuidado de fazer conforme tudo o que lhes tenho ordenado e conforme toda a Lei que
Moisés, meu servo, lhes ordenou.
9 Eles, porém, não deram ouvidos.
Manassés de tal modo os fez errar, que fizeram pior do que as nações que o Senhor tinha destruído de diante dos filhos de Israel.
10 Disse o Senhor por intermédio de seus servos, os profetas:
11 Manassés, rei de Judá, cometeu essas abominações. Fez
pior do que tudo o que fizeram os
amorreus, que foram antes dele,
e também a Judá fez pecar com
os ídolos dele.
12 Por isso, assim diz o Senhor, o
Deus de Israel: Hei de trazer tal
desastre sobre Jerusalém e Judá
que ambos os ouvidos de qualquer
que o ouvir lhe ficarão zumbindo.
13 Estenderei sobre Jerusalém
o fio de medir utilizado contra
Samaria e o prumo da família
de Acabe. Limparei Jerusalém,
como quem limpa um prato e o

vira para baixo depois de haver
limpado.
14 Abandonarei o restante da mi-
nha herança, o entregarei na mão
de seus inimigos. Eles se torna-
rão presa e despojo para todos os
seus inimigos,
15 porque fizeram o que era mau
aos meus olhos e me provocaram
à ira, desde o dia em que seus pais
saíram do Egito até hoje.
16 Além disso, também Manassés
derramou muitíssimo sangue ino-
cente, até que encheu Jerusalém
de um ao outro extremo, além de
seu pecado com que fez pecar
Judá, fazendo o que era mau aos
olhos do Senhor.
17 Quanto ao restante dos atos de
Manassés, a tudo o que fez e ao
seu pecado, que pecou, porventu-
ra não estão escritos no livro das
crônicas dos reis de Judá?
18 Descansou Manassés com seus
pais e foi sepultado no jardim do seu
palácio, no jardim de Uzá. E Amom,
seu filho, reinou em seu lugar.

Amom, rei de Judá

19 Tinha Amom vinte e dois anos
de idade quando começou a reinar
e dois anos reinou em Jerusalém.
Era o nome de sua mãe Mesulemete,
filha de Haruz, de Jotbá.
20 Fez o que era mau aos olhos
do Senhor, como fizera Manassés,
seu pai.
21 Andou em todo o caminho
em que andara seu pai e serviu
os ídolos que ele tinha servido,
e os adorou.
22 Assim deixou ao Senhor, Deus
de seus pais, e não andou no ca-
minho do Senhor.
23 Os servos de Amom conspira-
ram contra ele e o mataram em
sua casa.
24 O povo da terra, porém, feriu
todos os que conspiraram contra
o rei Amom e constituiu a Josias,
seu filho, rei em seu lugar.
25 Quanto ao restante dos atos
de Amom, e a tudo o que fez, por-
ventura não estão escritos no li-
vro das crônicas dos reis de Judá?
26 Sepultaram-no na sua sepul-
tura, no jardim de Uzá. E Josias,
seu filho, reinou em seu lugar.

A descoberta do Livro da Lei

22 Tinha Josias oito anos de
idade quando começou a
reinar e trinta e um anos reinou
em Jerusalém. Era o nome de
sua mãe Jedida, filha de Adaías,
de Bozcate.
2 Fez o que era reto aos olhos do
Senhor e andou em todo o cami-
nho de Davi, seu pai, e não se des-
viou dele nem para a direita nem
para a esquerda.
3 No décimo oitavo ano do rei
Josias, o rei mandou o escrivão
Safã, filho de Azalias, filho de
Mesulão, ao templo do Senhor.
Disse ele:
4 Sobe a Hilquias, o sumo sacer-
dote, para que ajunte o dinheiro
que se tem trazido ao templo do
Senhor, o qual os guardas da por-
ta receberam do povo.
5 Que o entreguem nas mãos dos
homens encarregados para super-
visionar a obra da casa do Senhor,
para que paguem àqueles que fa-
zem a obra que há no templo do
Senhor, para consertarem os es-
tragos da casa:
6 aos carpinteiros, aos construto-
res e aos pedreiros. Comprem ma-
deira e pedras lavradas, para con-
sertarem os estragos do templo.
7 Não precisam, porém, prestar
contas do dinheiro que lhes for

confiado, porque procedem com
honestidade.
8 **D**isse o sumo sacerdote Hilquias
ao escrivão Safã: Achei o Livro da
Lei na casa do Senhor. Hilquias o
entregou a Safã, que o leu.
9 Então o escrivão Safã veio ter
com o rei e deu-lhe relatório, di-
zendo: Teus servos ajuntaram o
dinheiro que se recebeu no templo
e o entregaram nas mãos dos ho-
mens encarregados de supervisio-
nar a obra do templo do Senhor.
10 Então o escrivão Safã infor-
mou o rei: O sacerdote Hilquias
me entregou um livro. E Safã o
leu diante do rei.
11 **O**uvindo o rei as palavras do
Livro da Lei, rasgou as suas vestes.
12 Ordenou o rei a Hilquias, o sa-
cerdote, a Aicão, filho de Safã, a
Acbor, filho de Micaías, a Safã, o
escrivão, e a Asaías, servo do rei:
13 Ide e consultai ao Senhor por
mim, e pelo povo e por todo o Judá,
acerca das palavras desse livro
que se achou. Grande é o furor
do Senhor, que se acendeu con-
tra nós, porque nossos pais não
deram ouvidos às palavras desse
livro; não fizeram conforme tudo
o que de nós está escrito.
14 **O** sacerdote Hilquias, Aicão,
Acbor, Safã e Asaías foram falar
com a profetisa Hulda, mulher
de Salum, filho de Ticvá, filho de
Harás, o guarda das roupas. Ela
habitava em Jerusalém, na se-
gunda parte.
15 Disse-lhes ela: Assim diz o
Senhor, o Deus de Israel: Dizei
ao homem que vos enviou a mim:
16 **A**ssim diz o Senhor: Trarei de-
sastre sobre este lugar e sobre
os seus moradores, a saber, to-
das as palavras do livro que leu
o rei de Judá.
17 Porque me deixaram e quei-
maram incenso a outros deuses,
para me provocarem à ira por to-
das as obras das suas mãos, o meu
furor se acendeu contra este lu-
gar e não se apagará.
18 Ao rei de Judá, porém, que vos
enviou para consultar o Senhor,
direis: Assim diz o Senhor, o Deus
de Israel, acerca das palavras que
ouviste:
19 **V**isto que o teu coração se
abriu, e te humilhaste perante
o Senhor, quando ouviste o que
falei contra este lugar e contra
os seus moradores, que seriam
para assolação e para maldição,
e rasgaste as tuas vestes, e cho-
raste perante mim, também eu
te ouvi, diz o Senhor.
20 Pelo que eu te recolherei a teus
pais, e tu serás recolhido em paz à
tua sepultura. Os teus olhos não
verão todo o mal que hei de tra-
zer sobre este lugar. Então leva-
ram ao rei a resposta.

A renovação da aliança

23 Então o rei deu ordem, e
todas as autoridades de
Judá e de Jerusalém se ajunta-
ram a ele.
2 O rei subiu ao templo do Senhor,
e com ele todos os homens de Judá,
e todos os moradores de
Jerusalém, os sacerdotes, os
profetas, e todo o povo, desde o
menor até o maior. Leu aos ou-
vidos deles todas as palavras do
Livro da Aliança, que se achou
no templo do Senhor.
3 O rei se pôs em pé junto à colu-
na e renovou a aliança perante o
Senhor, para o seguirem, obede-
cerem os seus mandamentos, os
seus testemunhos e os seus esta-
tutos, de todo o coração e de toda

a alma, confirmando as palavras
da aliança, escritas naquele livro.
Então todo o povo firmou a aliança.
4 O rei ordenou ao sumo sacer-
dote Hilquias, e aos sacerdotes
auxiliares, e aos guardas da por-
ta, que se tirassem do templo do
Senhor todos os vasos que tinham
sido feitos para Baal, e para o pos-
te sagrado, e para todo o exérci-
to dos céus. Queimou-os fora de
Jerusalém, nos campos de Cedrom,
e levou as cinzas deles a Betel.
5 Eliminou os sacerdotes que os
reis de Judá estabeleceram para
queimarem incenso sobre os alta-
res idólatras nas cidades de Judá
e ao redor de Jerusalém, como
também os que queimavam in-
censo a Baal, ao sol, à lua, aos
demais planetas e a todo o exér-
cito dos céus.
6 Tirou do templo do Senhor o
poste sagrado, que levou para
fora de Jerusalém até o vale do
Cedrom, onde o queimou e o re-
duziu a pó, e lançou o pó sobre
as sepulturas dos filhos do povo.
7 Também derrubou as casas dos
prostitutos cultuais que estavam
no templo do Senhor, onde as mu-
lheres teciam cortinas para o pos-
te sagrado.
8 A todos os sacerdotes trouxe das
cidades de Judá e profanou os al-
tares em que os sacerdotes quei-
mavam incenso, desde Geba até
Berseba. Derrubou os altares das
portas, que estavam à entrada da
porta de Josué, o chefe da cidade,
à esquerda daquele que entrava
pela porta da cidade.
9 Embora os sacerdotes dos alta-
res não sacrificassem sobre o al-
tar do Senhor em Jerusalém, co-
miam pães sem fermento no meio
de seus irmãos.
10 Profanou a Tofete, que está no
vale dos filhos de Hinom, para
que ninguém fizesse passar seu
filho, ou sua filha, pelo fogo a
Moloque.
11 Tirou os cavalos que os reis
de Judá tinham dedicado ao sol,
à entrada do templo do Senhor,
perto da sala de Natã-Meleque, o
camareiro, a qual estava no recin-
to. Josias então queimou a fogo
os carros dedicados ao sol.
12 Derrubou os altares que esta-
vam sobre o terraço do cenáculo
de Acaz, os quais foram feitos pe-
los reis de Judá, como também os
altares que fizera Manassés nos
dois pátios do templo do Senhor.
Tirou-os dali, despedaçou-os e lan-
çou o seu pó no vale do Cedrom.
13 O rei profanou também os altares
que estavam em frente de Jerusalém,
à direita do monte da Corrupção,
os quais construíra Salomão, rei
de Israel, para Astarote, abomi-
nação dos sidônios, e para Camos,
abominação dos moabitas, e para
Milcom, abominação dos filhos
de Amom.
14 Josias quebrou as colunas, cor-
tou os postes sagrados e encheu
o seu lugar de ossos de homens.
15 Até o altar que estava em Betel
e o santuário que fez Jeroboão, fi-
lho de Nebate, que tinha feito pe-
car a Israel, esse altar e o santuário
ele os derrubou. Queimou o san-
tuário, e o reduziu a pó, e quei-
mou o poste sagrado.
16 Então Josias, virando-se, viu
as sepulturas que estavam ali no
monte; mandou tirar delas os os-
sos, e os queimou sobre aquele
altar, e assim o profanou, con-
forme a palavra do Senhor, que
apregoara o homem de Deus,
quando anunciou estas palavras.

17 Então perguntou: Que monumento é este que vejo? Responderam os homens da cidade: É a sepultura do homem de Deus que veio de Judá, e predisse estas coisas que fizeste contra o altar de Betel.

18 Disse Josias: Deixai-o como está. Ninguém mexa nos seus ossos. Assim deixaram estar os seus ossos com os ossos do profeta que viera de Samaria.

19 Conforme todos os atos que tinha praticado em Betel, Josias também tirou todos os santuários que havia nas cidades de Samaria, e que os reis de Israel tinham feito, provocando o Senhor à ira.

20 Matou todos os sacerdotes dos altares idólatras, que havia ali, sobre os altares, e queimou ossos humanos sobre eles. Então voltou para Jerusalém.

21 **D**eu ordem o rei a todo o povo: Celebrai a Páscoa ao Senhor, o vosso Deus, como está escrito no Livro da Aliança.

22 Nunca se havia celebrado tal Páscoa desde os dias dos juízes que julgaram Israel, nem em todos os dias dos reis de Israel, tampouco nos dias dos reis de Judá.

23 No décimo oitavo ano do rei Josias, celebrou-se esta Páscoa ao Senhor em Jerusalém.

24 **J**osias também eliminou os adivinhos, os feiticeiros, os terafins, os ídolos e todas as abominações que se viam na terra de Judá e em Jerusalém. Isso fez ele para confirmar as palavras da Lei, que estavam escritas no livro que o sacerdote Hilquias achara no templo do Senhor.

25 *Nem antes nem* depois dele houve rei que lhe fosse semelhante, que se convertesse ao Senhor de todo o coração, de toda a alma e de todas as forças, conforme toda a Lei de Moisés.

26 Todavia manteve o Senhor ardor da sua grande ira, com que ardia contra Judá, por causa de todas as provocações com que Manassés o tinha provocado.

27 Disse o Senhor: Também a Judá hei de tirar de diante da minha presença, como tirei Israel, e rejeitarei esta cidade de Jerusalém que escolhi, como também o templo de que disse: Estará ali o meu nome.

28 **O**ra, o restante dos atos de Josias e tudo o que fez, porventura não estão escritos no livro das crônicas dos reis de Judá?

29 Nos seus dias subiu faraó Neco, rei do Egito, contra o rei da Assíria, ao rio Eufrates. O rei Josias marchou para enfrentá-lo em batalha, mas, vendo-o, faraó Neco o matou em Megido.

30 De Megido os servos de Josias o levaram morto num carro; trouxeram-no a Jerusalém e o sepultaram na sua sepultura. E o povo da terra tomou a Jeoacaz, filho de Josias, o ungiu e o constituiu rei em lugar de seu pai.

Jeoacaz e Jeoiaquim, reis de Judá

31 **T**inha Jeoacaz vinte e três anos de idade quando começou a reinar e três meses reinou em Jerusalém. Era o nome de sua mãe Hamutal, filha de Jeremias, de Libna.

32 Fez o que era mau aos olhos do Senhor, conforme tudo o que fizeram seus pais.

33 Faraó Neco mandou prendê-lo em Ribla, na terra de Hamate, para que não reinasse em Jerusalém, e à terra impôs o tributo de cem talentos de prata e um talento de ouro.

34 Faraó Neco constituiu rei a Eliaquim, filho de Josias, em lugar

de seu pai Josias, e lhe mudou
o nome para Jeoiaquim. No entanto, levou consigo Jeoacaz ao
Egito, onde ele morreu.
35 Jeoiaquim deu aquela prata e
aquele ouro a faraó. Porém, para
dar esse dinheiro conforme o mandado de faraó, teve de criar imposto no país; de cada um segundo a sua avaliação exigiu a prata
e o ouro do povo da terra, para o
dar a faraó Neco.
36 Tinha Jeoiaquim vinte e cinco anos de idade quando começou a reinar e onze anos reinou
em Jerusalém. Era o nome de
sua mãe Zebida, filha de Pedaías,
de Ruma.
37 Fez ele o que era mau aos olhos
do Senhor, conforme tudo o que
fizeram seus pais.

Nabucodonosor invade Judá

24 Nos dias de Jeoiaquim subiu Nabucodonosor, rei da
Babilônia, e invadiu a terra, e
Jeoiaquim ficou sendo seu servo por três anos. Depois, porém,
mudou de ideia, e se revoltou contra Nabucodonosor.
2 O Senhor enviou contra Jeoiaquim
as tropas dos caldeus, as tropas
dos siros, as tropas dos moabitas
e as tropas dos filhos de Amom.
Enviou-as contra Judá, para o
destruir, conforme a palavra do
Senhor, que falara por intermédio de seus servos, os profetas.
3 Na verdade, estas coisas aconteceram a Jeoiaquim conforme o
mandado do Senhor, que o tirou
de diante de sua presença, por
causa dos pecados de Manassés,
conforme tudo o que fizera.
4 Como também por causa do sangue inocente que ele derramou.
Pois ele havia enchido Jerusalém
de sangue inocente, e o Senhor
não quis perdoar.
5 Ora, o restante dos atos de
Jeoiaquim e tudo o que fez, porventura não estão escritos no livro das crônicas dos reis de Judá?
6 Descansou Jeoiaquim com seus
pais. E Joaquim, seu filho, reinou
em seu lugar.
7 O rei do Egito nunca mais saiu da
sua terra, porque o rei da Babilônia
havia ocupado todo o seu território, desde o rio do Egito até o rio
Eufrates.

Joaquim e Zedequias, reis de Judá

8 Tinha Joaquim dezoito anos de
idade quando começou a reinar e
três meses reinou em Jerusalém.
Era o nome de sua mãe Neusta,
filha de Elnatã, de Jerusalém.
9 Fez o que era mau aos olhos do
Senhor, conforme tudo o que fizera seu pai.
10 Nesse tempo, subiram os servos de Nabucodonosor, rei da
Babilônia, contra Jerusalém e a
cercaram.
11 Nabucodonosor, rei da Babilônia,
veio contra a cidade, enquanto os
seus servos a estavam cercando.
12 Então saiu Joaquim, rei de
Judá, ao rei da Babilônia, ele, sua
mãe, seus servos, seus príncipes
e seus oficiais. No oitavo ano do
reinado do rei da Babilônia, ele
levou Joaquim preso.
13 Tirou dali todos os tesouros do
palácio do rei e despedaçou todos os
vasos de ouro que fizera Salomão,
rei de Israel, no templo do Senhor,
como o Senhor havia dito.
14 Deportou toda a Jerusalém,
como também todos os príncipes
e todos os homens valentes; dez
mil presos ao todo; ninguém ficou senão o povo pobre da terra.

15 Assim Nabucodonosor deportou
Joaquim para Babilônia. E tam-
bém a mãe do rei, as mulheres
do rei, os seus oficiais e os pode-
rosos da terra, ele os levou pre-
sos de Jerusalém para Babilônia.
16 Todos os homens valentes, em
número de sete mil, e os artesãos
e ferreiros, em número de mil, to-
dos eles hábeis na guerra, levou-
-os o rei da Babilônia presos para
Babilônia.
17 O rei da Babilônia estabele-
ceu rei em lugar de Joaquim a
Matanias, seu tio paterno, e lhe
mudou o nome para Zedequias.
18 Tinha Zedequias vinte e um
anos de idade quando começou
a reinar e onze anos reinou em
Jerusalém. Era o nome de sua
mãe Hamutal, filha de Jeremias,
de Libna.
19 Fez o que era mau aos olhos
do Senhor, conforme tudo o que
fizera Joaquim.
20 Assim aconteceu por causa da
ira do Senhor contra Jerusalém e
contra Judá, a ponto de os lançar
da sua presença. Ora, Zedequias re-
belou-se contra o rei da Babilônia.

A queda de Jerusalém

25 No nono ano do reinado de
Zedequias, no décimo mês,
aos dez do mês, Nabucodonosor,
rei da Babilônia, marchou con-
tra Jerusalém, ele e todo o seu
exército. Acamparam-se diante
da cidade e levantaram contra
ela trincheiras em redor.
2 A cidade ficou cercada até o déci-
mo primeiro ano do rei Zedequias.
3 Aos nove dias do quarto mês, a
cidade se via passando fome, e não
havia pão para o povo da terra.
4 Então o muro da cidade foi der-
rubado e todos os homens de
guerra fugiram de noite pelo ca-
minho da porta entre os dois mu-
ros que estavam junto ao jardim
do rei (embora os caldeus esti-
vessem cercando a cidade), e o
rei se foi pelo caminho da Arabá.
5 O exército dos caldeus, porém, per-
seguiu o rei e o alcançou nas cam-
pinas de Jericó. Todo o seu exér-
cito se dispersou e o abandonou.
6 Então prenderam o rei e o fize-
ram subir ao rei da Babilônia, a
Ribla, onde se pronunciou a sen-
tença contra ele.
7 Aos filhos de Zedequias degola-
ram na presença dele e a ele lhe
furaram os olhos, amarraram-no
com duas cadeias de bronze e o
levaram para Babilônia.
8 No quinto mês, no sétimo dia
do mês (este era o décimo nono
ano de Nabucodonosor, rei da
Babilônia), veio Nebuzaradã, ca-
pitão da guarda, servo do rei da
Babilônia, a Jerusalém.
9 Queimou o templo do Senhor
e o palácio do rei, como também
a todas as casas de Jerusalém. A
todas as casas importantes ele
queimou.
10 Todo o exército dos caldeus que
estava com o capitão da guarda
derrubou os muros ao redor de
Jerusalém.
11 O restante do povo que havia
ficado na cidade, os que se haviam
rendido ao rei da Babilônia e os
demais da multidão, Nebuzaradã,
o capitão da guarda, levou presos.
12 Dos mais pobres da terra, po-
rém, deixou o capitão da guar-
da ficar alguns para vinheiros e
para lavradores.
13 Despedaçaram os caldeus as
colunas de bronze que estavam no
templo do Senhor, como também
as bases e o mar de bronze que

estavam no templo do Senhor, e le-
varam o seu bronze para Babilônia.
14 Levaram também as panelas, as
pás, as espevitadeiras, os recipien-
tes de incenso e todos os utensílios
de bronze, com que se ministrava.
15 Tomou também o capitão da
guarda os braseiros, as bacias,
tudo o que era de ouro e tudo o
que era de prata.
16 O bronze das duas colunas, do
mar e das bases, que Salomão fi-
zera para o templo do Senhor, era
incalculável.
17 A altura de uma coluna era de
dezoito côvados, e sobre ela ha-
via um capitel de bronze de três
côvados de altura e era decorado
com uma rede e romãs de bronze
ao redor. A outra coluna, com a
sua rede, era semelhante a esta.
18 Também o capitão da guarda
levou Seraías, primeiro sacerdo-
te, Sofonias, segundo sacerdote, e
os três guardas da porta.
19 Da cidade levou a um oficial
que era encarregado da gente de
guerra, e cinco homens dos que
viam a face do rei e se acharam
na cidade, como também o secre-
tário principal do exército, que
registrava o povo da terra, e ses-
senta homens do povo da terra
que se achavam na cidade.
20 Tomando-os Nebuzaradã, ca-
pitão da guarda, levou-os ao rei
da Babilônia, a Ribla.
21 O rei da Babilônia os feriu e
os matou em Ribla, na terra de
Hamate. *Assim Judá foi levado*
preso para fora da sua terra.
22 Quanto, porém, ao povo que ficara
na terra de Judá, Nabucodonosor,
rei da Babilônia, que o deixara
ficar, nomeou sobre ele gover-
nador Gedalias, filho de Aicão,
filho de Safã.
23 Ouvindo os capitães dos exérci-
tos, eles e os seus homens, que o rei
da Babilônia nomeara Gedalias go-
vernador, vieram ter com Gedalias,
em Mispa, a saber: Ismael, filho de
Netanias, Joanã, filho de Careá,
Seraías, filho de Tanumete, o ne-
tofatita, e Jazanias, filho do maa-
catita, eles e os seus homens.
24 Gedalias jurou a eles e aos seus
homens: Não temais os oficiais
dos caldeus. Ficai na terra, servi
ao rei da Babilônia e bem vos irá.
25 No sétimo mês, porém, veio
Ismael, filho de Netanias, filho
de Elisama, da descendência real,
e dez homens com ele, e feriram
Gedalias, e ele morreu, como tam-
bém os judeus, e os caldeus que
estavam com ele em Mispa.
26 Então todo o povo se levantou,
desde o menor até o maior, como
também os capitães dos exérci-
tos, e foram para o Egito, pois te-
miam os caldeus.
27 No trigésimo sétimo ano do
exílio de Joaquim, rei de Judá,
no ano em que Evil-Merodaque
começou a reinar na Babilônia,
no dia vinte e sete do décimo se-
gundo mês, libertou da prisão
Joaquim, rei de Judá.
28 Falou-lhe com bondade e pôs o
seu trono acima do trono dos reis
que estavam com ele na Babilônia.
29 Mudou-lhe as roupas de prisão,
e ele passou a comer pão na presen-
ça do rei todos os dias da sua vida.
30 E o rei garantiu a sua sobrevi-
vência de contínuo, dia após dia,
todos os dias da sua vida.

1CRÔNICAS

Genealogia de Adão a Abraão

1 Adão, Sete, Enos,
2 Quenã, Maalalel, Jarede,
3 Enoque, Matusalém, Lameque,
4 Noé, Sem, Cão e Jafé.
5 Os filhos de Jafé foram: Gômer,
Magogue, Madai, Javã, Tubal,
Meseque e Tiras.
6 Os filhos de Gômer: Asquenaz,
Rifate e Togarma.
7 Os filhos de Javã: Elisá, Társis,
Quitim e Rodanim.
8 Os filhos de Cão: Cuxe, Mizraim,
Pute e Canaã.
9 Os filhos de Cuxe: Sebá, Havilá,
Sabtá, Raamá e Sabtecá; e os fi-
lhos de Raamá: Sebá e Dedã.
10 Cuxe gerou Ninrode. O primei-
ro a ser poderoso na terra.
11 Mizraim gerou os ludeus, os
anameus, os leabeus, os naftueus,
12 os patruseus, os caslueus (dos
quais procederam os filisteus) e
os caftoreus.
13 Canaã gerou Sidom, seu pri-
mogênito, depois Hete,
14 os jebuseus, os amorreus, os
girgaseus,
15 os heveus, os arqueus, os sineus,
16 os arvadeus, os zemareus e os
hamateus.
17 Os filhos de Sem foram: Elão,
Assur, Arfaxade, Lude, Arã, Uz,
Hul, Géter e Meseque.
18 Arfaxade gerou Selá, e Selá
gerou Eber.
19 A Eber nasceram dois filhos: o
nome de um foi Pelegue, porque
nos seus dias se dividiu a terra,
e o nome de seu irmão foi Joctã.
20 Joctã, gerou Almodá, Selefe,
Hazarmavé, Jerá,
21 Hadorão, Huzal, Diclá,
22 Ebal, Abimael, Seba,
23 Ofir, Havilá e Jobabe. Todos
estes foram filhos de Joctã.
24 Sem, Arfaxade, Selá,
25 Eber, Pelegue, Reú,
26 Serugue, Naor, Terá,
27 Abrão, que é Abraão.
28 Os filhos de Abraão: Isaque
e Ismael.
29 São estas as suas gerações: o pri-
mogênito de Ismael foi Nebaiote,
depois Quedar, Adbeel, Mibsão,
30 Misma, Dumá, Massa, Hadade,
Tema,
31 Jetur, Nafis e Quedemá. Estes
foram os filhos de Ismael.
32 Quanto aos filhos de Quetura,
concubina de Abraão, esta deu
à luz a Zinrã, a Jocsã, a Medã, a
Midiã, a Jisbaque e a Suá. Os fi-
lhos de Jocsã foram Sebá e Dedã.
33 Os filhos de Midiã: Efá, Efer,
Enoque, Abida e Elda. Todos es-
tes foram filhos de Quetura.
34 Abraão gerou Isaque. Os filhos
de Isaque foram Esaú e Israel.
35 Os filhos de Esaú: Elifaz, Reuel,
Jeús, Jalão e Corá.
36 Os filhos de Elifaz: Temã, Omar,
Zefi, Gaetã, Quenaz, Timna e
Amaleque.
37 Os filhos de Reuel: Naate, Zerá,
Samá e Mizá.
38 Os filhos de Seir: Lotã, Sobal,
Zibeão, Aná, Disom, Eser e Disã.
39 Os filhos de Lotã: Hori e Homã.
Timna foi a irmã de Lotã.
40 Os filhos de Sobal foram: Aliã,
Manaate, Ebal, Sefi e Onã. Os fi-
lhos de Zibeão foram Aiá e Aná.
41 O filho de Aná: Disom. Os fi-
lhos de Disom: Hanrão, Esbã,
Itrã e Querã.

42 Os filhos de Ezer: Bilã, Zaavã e
Jacã. Os filhos de Disã: Uz e Arã.
43 Foram estes os reis que reinaram na terra de Edom, antes que houvesse rei sobre os filhos de Israel: Belá, filho de Beor, cuja cidade se chamava Dinabá.
44 Morreu Belá, e reinou em seu lugar Jobabe, filho de Zerá, de Bozra.
45 Morreu Jobabe, e reinou em seu lugar Husão, da terra dos temanitas.
46 Morreu Husão, e reinou em seu lugar Hadade, filho de Bedade, que feriu os midianitas no campo de Moabe. Era o nome da sua cidade Avite.
47 Morreu Hadade, e reinou em seu lugar Samlá, de Masreca.
48 Morreu Samlá, e reinou em seu lugar Saul, de Reobote junto ao rio.
49 Morreu Saul, e reinou em seu lugar Baal-Hanã, filho de Acbor.
50 Morreu Baal-Hanã, e Hadade reinou em seu lugar. Era o nome da sua cidade Paí, e o de sua mulher era Meetabel, filha de Matrede, a filha de Me-Zaabe.
51 Morreu também Hadade. Estes foram os príncipes de Edom: o príncipe Timna, o príncipe Alvá, o príncipe Jetete,
52 o príncipe Aolíbama, o príncipe Elá, o príncipe Pinom,
53 o príncipe Quenaz, o príncipe Temã, o príncipe Mibzar,
54 o príncipe Magdiel e o príncipe Irã. Esses foram os príncipes de Edom.

Os filhos de Jacó

2 São estes os filhos de Israel: Rúben, Simeão, Levi, Judá, Issacar, Zebulom,
2 Dã, José, Benjamim, Naftali, Gade e Aser.
3 Os filhos de Judá foram: Er, Onã e Selá. Esses três lhe nasceram da filha de Sua, a cananeia. Er, o primogênito de Judá, foi mau aos olhos do Senhor, por isso o matou.
4 Tamar, nora de Judá, lhe deu à luz a Perez e a Zerá. Judá teve ao todo cinco filhos.
5 Os filhos de Perez foram Hezrom e Hamul.
6 Os filhos de Zerá: Zinri, Etã, Hemã, Calcol e Dara, cinco ao todo.
7 O filho de Carmi foi Acar, que trouxe desgraça a Israel, porque se apossou das coisas sagradas.
8 O filho de Etã: Azarias.
9 Os filhos que nasceram a Hezrom foram: Jerameel, Rão e Quelubai.
10 Rão gerou Aminadabe, e Aminadabe gerou Naassom, príncipe dos filhos de Judá.
11 Naassom gerou Salmom, e Salmom gerou Boaz.
12 Boaz gerou Obede, e Obede gerou Jessé.
13 Jessé gerou Eliabe, seu primogênito, Abinadabe, o segundo, Simeia, o terceiro,
14 Natanael, o quarto, Radai, o quinto,
15 Ozém, o sexto, e Davi, o sétimo.
16 Foram suas irmãs Zeruia e Abigail. Os filhos de Zeruia foram três: Abisai, Joabe e Asael.
17 Abigail teve Amasa, cujo pai foi Jéter, o ismaelita.
18 Calebe, filho de Hezrom, gerou filhos de Azuba, sua mulher, e de Jeriote. Foram estes os filhos dela: Jeser, Sobabe e Ardom.
19 Quando Azuba morreu, Calebe tomou para si Efrate, a qual teve Hur.
20 Hur gerou Uri, e Uri gerou Bezaleel.
21 Mais tarde, Hezrom tomou por mulher a filha de Maquir, pai de Gileade, sendo ele de sessenta

anos, e teve relações com ela, e
ela engravidou e deu à luz Segube.
22 Segube gerou Jair, que contro-
lou vinte e três cidades na terra
de Gileade.
23 Gesur e Arã tomaram dele
Havote-Jair, e Quenate e suas
aldeias, sessenta cidades. Todos
estes foram filhos de Maquir, pai
de Gileade.
24 Depois da morte de Hezrom,
em Calebe-Efrata, Abia, mulher
de Hezrom, deu-lhe Asur, pai de
Tecoa.
25 Os filhos de Jerameel, primo-
gênito de Hezrom, foram: Rão, o
primogênito, Buna, Orém, Ozém
e Aías.
26 Jerameel teve outra mulher,
cujo nome era Atara; esta foi a
mãe de Onã.
27 Foram os filhos de Rão, primo-
gênito de Jerameel: Maaz, Jamim
e Equer.
28 Foram os filhos de Onã: Samai
e Jada. Os filhos de Samai: Nadabe
e Abisur.
29 O nome da mulher de Abisur
era Abiail, que lhe deu a Abã e
a Molide.
30 Foram os filhos de Nadabe:
Selede e Apaim. Selede morreu
sem filhos.
31 O filho de Apaim: Isi, que foi o
pai de Sesã. Sesã foi o pai de Alai.
32 Os filhos de Jada, irmão de
Samai, foram: Jeter e Jônatas.
Jeter morreu sem filhos.
33 Os filhos de Jônatas foram:
Pelete e Zaza. Estes foram os fi-
lhos de Jerameel.
34 Sesã não teve filhos, somente fi-
lhas. Tinha Sesã um servo egípcio
cujo nome era Jará.
35 Deu Sesã sua filha por mu-
lher a Jará, seu servo, e ela lhe
deu Atai.
36 Atai gerou Natã, e Natã ge-
rou Zabade.
37 Zabade gerou Eflal, e Eflal ge-
rou Obede.
38 Obede gerou Jeú, e Jeú gerou
Azarias.
39 Azarias gerou Helez, e Helez
gerou Eleasá.
40 Eleasá gerou Sismai, e Sismai
gerou Salum.
41 Salum gerou Jecamias, e
Jecamias gerou Elisama.
42 Os filhos de Calebe, irmão de
Jerameel, foram: Messa, seu pri-
mogênito, que foi o pai de Zife,
e os filhos de Maressa, pai de
Hebrom.
43 Os filhos de Hebrom foram:
Corá, Tapua, Requém e Sema.
44 Sema gerou Raão, pai de
Jorqueão. Requém gerou Samai.
45 O filho de Samai foi Maom, e
Maom foi o pai de Bete-Zur.
46 Efá, a concubina de Calebe,
teve Harã, Moza e Gazez. Harã
gerou Gazez.
47 Os filhos de Jodai foram: Regem,
Jotão, Gesã, Pelete, Efá e Saafe.
48 De Maaca, sua concubina, ge-
rou Calebe, Séber e Tiraná.
49 A mulher de Saafe, pai de
Madmana, teve Seva, pai de Macbena
e pai de Gibeá. A filha de Calebe
foi Acsa.
50 Estes foram os filhos de Calebe,
filho de Ur, o primogênito de
Efrata: Sobal, pai de Quiriate-
-Jearim,
51 Salma, pai dos belemitas e
Harefe, pai de Bete-Gader.
52 Os filhos de Sobal, pai de Quiriate-
-Jearim, foram: Haroé e metade
dos manaatitas.
53 As famílias de Quiriate-Jearim
foram: os itritas, os puteus, os su-
mateus e os misraeus. Destes saí-
ram os zorateus e os estaoleus.

54 Os filhos de Salma foram:
Belém e os netofatitas, Atrote-
Bete-Joabe, metade dos manaa-
titas e os zoritas.
55 As famílias dos mestres da lei
que habitavam em Jabez foram
os tiratitas, os simeatitas e os su-
catitas. Estes são os queneus, que
vieram de Hamate, pai da casa
de Recabe.

Os descendentes de Davi

3 Estes foram os filhos de Davi,
que lhe nasceram em Hebrom:
o primogênito, Amnom, de Abinoã,
a jezreelita; o segundo Daniel, de
Abigail, a carmelita;
2 o terceiro, Absalão, filho de Maaca,
filha de Talmai, rei de Gesur; o
quarto, Adonias, filho de Hagite;
3 o quinto, Sefatias, de Abital; o
sexto, Itreão, de Eglá, sua mulher.
4 Seis filhos lhe nasceram em
Hebrom, onde reinou sete anos e
seis meses. Trinta e três anos rei-
nou Davi em Jerusalém,
5 onde lhe nasceram: Simeia,
Sobabe, Natã e Salomão. Os qua-
tro lhe nasceram de Bate-Seba, fi-
lha de Amiel.
6 Nasceram-lhe mais: Ibar, Elisama,
Elifelete,
7 Nogá, Nefegue, Jafia,
8 Elisama, Eliada e Elifelete, nove
ao todo.
9 Todos esses foram filhos de Davi,
além dos filhos das concubinas.
E Tamar era irmã deles.
10 O filho de Salomão foi Roboão,
de quem foi filho Abias, de quem
foi filho Asa, de quem foi filho
Josafá;
11 de quem foi filho Jorão, de
quem foi filho Acazias, de quem
foi filho Joás;
12 de quem foi filho Amasias, de
quem foi filho Jotão;
13 de quem foi filho Acaz, de quem
foi filho Ezequias, de quem foi fi-
lho Manassés;
14 de quem foi filho Amom, de
quem foi filho Josias.
15 Os filhos de Josias foram: o
primogênito, Joanã; o segundo,
Jeoiaquim; o terceiro, Zedequias;
o quarto, Salum.
16 Os filhos de Jeoiaquim: Jeconias
e Zedequias.
17 Os filhos de Jeconias, o cati-
vo: Sealtiel,
18 Malquirão, Pedaías, Senazar,
Jecamias, Hosama e Nedabias.
19 Os filhos de Pedaías: Zorobabel
e Simei. Os filhos de Zorobabel:
Mesulão e Hananias, e Selomite,
sua irmã,
20 e Hasubá, Oel, Berequias,
Hasadias e Jusabe-Hesede, cin-
co ao todo.
21 Os filhos de Hananias: Pelatias
e Jesaías; e os filhos de Refaías, de
Arnã, de Obadias e de Secanias.
22 Os filhos de Secanias foram:
Semaías e seus filhos: Hatus, Igal,
Bariá, Nearias e Safate, seis.
23 Os filhos de Nearias: Elioenai,
Ezequias e Azricão, três ao todo.
24 Os filhos de Elioenai: Hodavias,
Eliasibe, Pelaías, Acube, Joanã,
Delaías e Anani, sete ao todo.

Os descendentes de Judá

4 Os filhos de Judá foram: Perez,
Hezrom, Carmi, Hur e Sobal.
2 Reaías, filho de Sobal, gerou Jaate,
e Jaate gerou Aumai e Laade. Essas
foram as famílias dos zoratitas.
3 Estes foram os filhos do pai de
Etã: Jezreel, Isma e Idbas. Era o
nome de sua irmã Hazelelponi.
4 Penuel foi pai de Gedor, e Ezer,
pai de Husá. Estes foram os filhos
de Hur, o primogênito de Efrata,
pai de Belém.

5 Tinha Asur, pai de Tecoa, duas
mulheres: Hela e Naará.
6 Naará deu à luz a Auzão, a Hefer,
a Temeni e a Haastari. Esses fo-
ram os filhos de Naará.
7 Os filhos de Hela: Zerete, Zoar,
Etnã
8 e Coz, que gerou Anube e Zobeba,
e foi pai das famílias de Aarel, fi-
lho de Harum.
9 Foi Jabez mais honrado do que
seus irmãos. A sua mãe lhe dera
o nome de Jabez, dizendo: Com
dores o dei à luz.
10 Jabez clamou ao Deus de Israel:
que tu me abençoes e amplies o
meu território! Seja a tua mão
comigo e me guardes do mal, de
modo que eu seja livre da dor.
E Deus lhe concedeu o que lhe ti-
nha pedido.
11 Quelube, irmão de Suá, gerou
Meir, que foi o pai de Estom.
12 Estom gerou Bete-Rafa, Paseá
e Teína, pai de Ir-Naás. Estes fo-
ram os homens de Recá.
13 Os filhos de Quenaz foram:
Otniel e Seraías. Os filhos de Otniel:
Hatate e Meonotai.
14 Meonotai gerou Ofra, e Seraías
gerou Joabe, pai de Ge-Harasim,
cujos habitantes foram artesãos.
15 Os filhos de Calebe, filho de
Jefoné, foram: Iru, Elá e Naã. O fi-
lho de Elá: Quenaz.
16 Os filhos de Jealelel: Zife, Zifa,
Tiria e Asareel.
17 Os filhos de Ezra: Jéter, Merede,
Efer e Jalom. Uma das mulheres
de Merede teve Miriã, Samai e
Isbá, pai de Estemoa.
18 Sua mulher judia gerou Jerede,
pai de Gedor, Héber, pai de Socó,
e Jecutiel, pai de Zanoa. Estes
foram os filhos de Bitia, filha de
faraó, que Merede tomou por
mulher.

19 Os filhos da mulher de Hodias,
irmã de Naã, foram: Abiqueila, o
garmita, e Estemoa, o maacatita.
20 Os filhos de Simeão: Amnom,
Rina, Ben-Hanã e Tilom. Os filhos
de Isi: Zoete e Ben-Zoete.
21 Os filhos de Selá, filho de Judá:
Er, pai de Leca, e Lada, antepas-
sado de Maressa e das famílias
da casa dos fabricantes de linho,
em Bete-Asbeia.
22 Como também Joquim, e os
homens de Cozeba, de Joás, de
Sarafe, os quais governaram em
Moabe e em Jasubi-Leém. (Estes
registros são antigos.)
23 Estes foram os oleiros, que ha-
bitavam em Netaim e em Gedera;
ficaram ali com o rei para o seu
serviço.
24 Os filhos de Simeão foram:
Nemuel, Jamim, Jaribe, Zerá e
Saul;
25 de quem foi filho Salum, de
quem foi filho Mibsão, de quem
foi filho Misma.
26 Os filhos de Misma foram:
Hamuel seu filho, Zacur seu fi-
lho e Simei seu filho.
27 Simei teve dezesseis filhos e
seis filhas, porém seus irmãos
não tiveram muitos filhos; de
modo que a sua descendência não
se multiplicou tanto como as da
tribo de Judá.
28 Habitaram em Berseba, em
Moladá, em Hazar-Sual,
29 em Bila, em Ezém, em Tolade,
30 em Betuel, em Hormá, em
Ziclague,
31 em Bete-Marcabote, em Hazar-
Susim, em Bete-Biri e em Saaraim.
Essas foram as suas cidades até
o reinado de Davi.
32 As suas aldeias foram: Etã,
Aim, Rimom, Toquém e Asã; cin-
co cidades,

33 e todas as suas aldeias, que es-
tavam em redor dessas cidades,
até Baal. Essas foram as suas ha-
bitações. E tinham um registro
genealógico.
34 Mesobabe, Janleque, Josa, fi-
lho de Amazias,
35 Joel, Jeú, filho de Josibias, fi-
lho de Seraías, filho de Asiel,
36 Elioenai, Jaacobá, Jesoaías,
Asaías, Adiel, Jesimiel, Benaia,
37 Ziza, filho de Sifi, filho de Alom,
filho de Jedaías, filho de Sinri, fi-
lho de Semaías:
38 esses, registrados por seus no-
mes, foram chefes de suas famí-
lias. As famílias de seus pais se
multiplicaram abundantemente,
39 e chegaram até a entrada de
Gedor, a leste do vale, em busca
de pasto para os seus rebanhos.
40 Encontraram pasto bom e em
grande quantidade, e a terra era
espaçosa, quieta e pacífica. Os que
habitaram ali antes eram descen-
dentes de Cão.
41 Esses, que estão registrados por
seus nomes, vieram nos dias de
Ezequias, rei de Judá. Ocuparam-
-se das tendas e atacaram os meu-
nitas que se acharam ali, e os des-
truíram totalmente como se vê até
o dia de hoje. Então habitaram em
lugar deles, porque ali havia pas-
to para os seus rebanhos.
42 Também deles, dos filhos de
Simeão, quinhentos homens, ten-
do por capitães Pelatias, Nearias,
Refaías e Uziel, filhos de Isi, invadi-
ram a região *montanhosa* de Seir.
43 Mataram o restante dos que es-
caparam dos amalequitas, e fica-
ram habitando ali até o dia de hoje.

Os descendentes de Rúben

5 Os filhos de Rúben, o primogênito
de Israel (era ele o primogênito,
mas, quando desonrou a cama de
seu pai, a sua primogenitura foi
dada aos filhos de José, filho de
Israel; de modo que na genealo-
gia não pôde ser contado como
primogênito,
2 e embora Judá fosse o mais po-
deroso entre seus irmãos, e dele
tenha saído um líder, a primoge-
nitura foi de José),
3 foram: Enoque, Palu, Hezrom
e Carmi.
4 Os filhos de Joel: Semaías seu fi-
lho, Gogue seu filho, Simei seu filho,
5 Mica seu filho, Reaías seu filho,
Baal seu filho,
6 Beera seu filho, o qual Tiglate-
-Pileser, rei da Assíria, levou para
o exílio. Beera foi líder dos ru-
benitas.
7 Seus irmãos, pelas suas famí-
lias, quando se fez a genealogia
das suas gerações, foram: Jeiel,
o chefe, Zacarias,
8 Bela, filho de Azaz, filho de Sema,
filho de Joel, que habitou em Aroer,
até Nebo e Baal-Meom.
9 Também habitou a leste, até a
entrada do deserto, desde o rio
Eufrates, porque o seu gado se tinha
multiplicado na terra de Gileade.
10 Nos dias de Saul fizeram guer-
ra aos hagarenos, que foram der-
rotados pela sua mão; habitaram
nas tendas dos hagarenos por toda
a região leste de Gileade.
11 Os filhos de Gade habitaram
ao lado deles, na terra de Basã,
até Salcá.
12 Joel foi chefe, e Safã o segun-
do, Jaanai e Safate em Basã.
13 Seus irmãos, segundo as suas
famílias paternas, foram: Micael,
Mesulão, Seba, Jorai, Jacã, Zia e
Héber, sete.
14 Esses foram os filhos de Abiail,
filho de Huri, filho de Jaroa, filho

de Gileade, filho de Micael, filho de
Jesisai, filho de Jado, filho de Buz.
15 Aí, filho de Abdiel, filho de
Guni, foi chefe da sua família.
16 Os gaditas habitaram em
Gileade, em Basã, e nas suas al-
deias, como também em toda a
extensão de Sarom, até os seus
limites extremos.
17 Todos esses foram registrados,
segundo as suas genealogias, nos
dias de Jotão, rei de Judá, e nos dias
de Jeroboão, rei de Israel.
18 **D**os filhos de Rúben, dos gadi-
tas e da meia tribo de Manassés,
alguns dos seus guerreiros, que
traziam escudo e espada, atira-
vam com arco, e eram treinados
para a guerra, houve quarenta e
quatro mil setecentos e sessenta,
que saíam para a guerra.
19 Fizeram guerra aos hagare-
nos, bem como a Jetur, a Nafis e
a Nodabe.
20 Foram ajudados na guerra con-
tra eles, e os hagarenos e todos
os que estavam com eles foram
entregues nas suas mãos, por-
que clamaram a Deus na guer-
ra. Ele lhes atendeu, porque con-
fiaram nele.
21 Tomaram o seu gado: cinquen-
ta mil camelos, duzentas e cin-
quenta mil ovelhas e dois mil ju-
mentos. Levaram também cem
mil prisioneiros,
22 e muitos outros caíram mor-
tos, porque de Deus era a guer-
ra. E habitaram no lugar deles,
até o exílio.
23 Os filhos da meia tribo de
Manassés eram numerosos; ha-
bitaram na terra desde Basã até
Baal-Hermom, isto é, até Senir (o
monte Hermom).
24 Estes foram os chefes de suas
famílias: Efer, Isi, Eliel, Azriel,
Jeremias, Hodavias e Jadiel, guer-
reiros valentes, homens famo-
sos, e chefes das suas famílias.
25 **F**oram, porém, infiéis ao Deus
de seus pais e se prostituíram,
seguindo os deuses dos povos da
terra, os quais Deus destruíra de
diante deles.
26 Por isso, o Deus de Israel en-
corajou o espírito de Pul, rei da
Assíria (isto é, Tiglate-Pileser, rei
da Assíria), que levou os rubeni-
tas, os gaditas e a meia tribo de
Manassés ao exílio. Levou-os para
Hala, Habor e Hara, e para o rio
Gozã, onde estão até o dia de hoje.

Os descendentes de Levi

6 Os filhos de Levi foram: Gérson,
Coate e Merari.
2 Os filhos de Coate: Anrão, Izar,
Hebrom e Uziel.
3 Os filhos de Anrão: Arão, Moisés
e Miriã. Os filhos de Arão: Nadabe,
Abiú, Eleazar e Itamar.
4 Eleazar gerou Fineias, Fineias
gerou Abisua,
5 Abisua gerou Buqui, Buqui ge-
rou Uzi,
6 Uzi gerou Zeraías, Zeraías ge-
rou Meraiote,
7 Meraiote gerou Amarias, Amarias
gerou Aitube,
8 Aitube gerou Zadoque, Zadoque
gerou Aimaás,
9 Aimaás gerou Azarias, Azarias
gerou Joanã,
10 Joanã gerou Azarias. Este é
o que serviu como sacerdote no
templo que Salomão construiu
em Jerusalém.
11 Azarias gerou Amarias, Amarias
gerou Aitube,
12 Aitube gerou Zadoque, Zadoque
gerou Salum,
13 Salum gerou Hilquias, Hilquias
gerou Azarias,

14 Azarias gerou Seraías, e Seraías
gerou Jeozadaque.
15 Jeozadaque foi levado cativo
quando o Senhor levou para o
exílio Judá e Jerusalém pela mão
de Nabucodonosor.
16 Os filhos de Levi foram: Gérson,
Coate e Merari.
17 Estes são os nomes dos filhos
de Gérson: Libni e Simei.
18 Os filhos de Coate: Anrão, Izar,
Hebrom e Uziel.
19 Os filhos de Merari: Mali e Mus.
Essas são as famílias dos levitas,
segundo os seus pais.
20 De Gérson: Libni seu filho,
Jaate seu filho, Zima seu filho,
21 Joá seu filho, Ido seu filho, Zerá
seu filho, Jeaterai seu filho.
22 Os filhos de Coate foram:
Aminadabe seu filho, Corá seu
filho, Assir seu filho,
23 Elcana seu filho, Ebiasafe seu
filho, Assir seu filho,
24 Taate seu filho, Uriel seu filho,
Uzias seu filho, e Saul seu filho.
25 Os filhos de Elcana: Amasai,
Aimote,
26 Elcana seu filho, Zofai seu filho, Naate seu filho,
27 Eliabe seu filho, Jeroão seu
filho, Elcana seu filho e Samuel
seu filho.
28 Os filhos de Samuel: Joel, seu
primogênito, e Abias, o segundo.
29 Os filhos de Merari: Mali seu
filho, Libni seu filho, Simei seu filho, Uzá seu filho,
30 Simeia seu filho, Hagias seu
filho, Asaías seu filho.
31 Esses são os que Davi encarregou sobre o serviço de canto na
casa do Senhor, depois que a arca
foi levada para lá.
32 Ministravam diante do tabernáculo, da Tenda da Congregação
com cânticos, até que Salomão
construiu o templo do Senhor
em Jerusalém. Exerciam o seu
ministério segundo as normas.
33 Estes são os que ali serviam
com seus filhos: dos filhos dos
coatitas, Hemã, o cantor, filho de
Joel, filho de Samuel,
34 filho de Elcana, filho de Jeroão,
filho de Eliel, filho de Toá,
35 filho de Zufe, filho de Elcana,
filho de Maate, filho de Amasai,
36 filho de Elcana, filho de Joel,
filho de Azarias, filho de Sofonias,
37 filho de Taate, filho de Assir,
filho de Ebiasafe, filho de Corá,
38 filho de Izar, filho de Coate, filho de Levi, filho de Israel.
39 Seu irmão Asafe ficara à sua direita. Era Asafe filho de Berequias,
filho de Simeia,
40 filho de Micael, filho de Baeseias,
filho de Malquias,
41 filho de Etni, filho de Zerá, filho de Adaías,
42 filho de Etã, filho de Zima, filho de Simei,
43 filho de Jaate, filho de Gérson,
filho de Levi.
44 Seus irmãos, os filhos de Merari,
estavam à sua esquerda: Etã, filho de Quisi, filho de Abdi, filho
de Maluque,
45 filho de Hasabias, filho de
Amazias, filho de Hilquias,
46 filho de Anzi, filho de Bani, filho de Semer,
47 filho de Mali, filho de Musi, filho de Merari, filho de Levi.
48 Seus irmãos, os levitas, foram
encarregados de todo o serviço do
tabernáculo do templo de Deus.
49 Arão e seus filhos, porém, eram
os que apresentavam as ofertas
sobre o altar do holocausto e sobre o altar do incenso, para todo
o serviço do Santíssimo Lugar,
e para fazer expiação por Israel,

conforme tudo o que Moisés, ser-
vo de Deus, tinha ordenado.
50 Estes foram os filhos de Arão:
Eleazar seu filho, Fineias seu fi-
lho, Abisua seu filho,
51 Buqui seu filho, Uzi seu filho,
Seraías seu filho,
52 Meraiote seu filho, Amarias
seu filho, Aitube seu filho,
53 Zadoque seu filho, Aimaás
seu filho.
54 **E**stas foram as suas habita-
ções, segundo os seus acampa-
mentos, dentro dos seus territó-
rios, a saber: aos filhos de Arão,
das famílias dos coatitas, porque
lhes caiu a primeira sorte,
55 deram-lhes Hebrom, na terra
de Judá, com as pastagens que a
rodeiam.
56 Os campos da cidade e as suas
aldeias, porém, foram dados a
Calebe, filho de Jefoné.
57 Aos filhos de Arão deram-se
as cidades de refúgio: Hebrom,
Libna, Jatir, Estemoa,
58 Hilém, Debir,
59 Asã e Bete-Semes com as suas
pastagens.
60 E da tribo de Benjamim, foram
dadas Geba, Alemete e Anatote
com as suas pastagens. Todas as
cidades, distribuídas aos coatitas,
segundo as suas famílias, foram
treze ao todo.
61 **A**o restante dos filhos de Coate
caíram por sorte dez cidades das
famílias da meia tribo de Manassés.
62 Aos filhos de Gérson, segun-
do as suas famílias, caíram por
sorte treze cidades das tribos de
Issacar, Aser e Naftali, e da tribo
de Manassés, em Basã.
63 Aos filhos de Merari, segun-
do as suas famílias, caíram por
sorte doze cidades das tribos de
Rúben, Gade e Zebulom.
64 Assim deram os filhos de Israel
aos levitas essas cidades e as suas
pastagens.
65 Deram-lhes por sorte das tri-
bos de Judá, Simeão e Benjamim,
essas cidades que são menciona-
das pelo nome.
66 Algumas das famílias dos filhos
de Coate receberam como seu ter-
ritório cidades da tribo de Efraim.
67 Pois lhes foram dadas as ci-
dades de refúgio, Siquém com as
suas pastagens, na região monta-
nhosa de Efraim, como também
Gezer com as suas pastagens,
68 Jocmeão com as suas pasta-
gens, Bete-Horom com as suas
pastagens,
69 Aijalom com as suas pasta-
gens e Gate-Rimom com as suas
pastagens.
70 E da meia tribo de Manassés,
deram os filhos de Israel Aner,
com as suas pastagens e Bileã
com as suas pastagens, ao restan-
te da família dos filhos de Coate.
71 **A**os filhos de Gérson, da fa-
mília da meia tribo de Manassés,
deram Golã, em Basã, e Astarote
com as suas pastagens;
72 da tribo de Issacar: Quedes,
Daberate,
73 Ramote e Aném com as suas
pastagens;
74 da tribo de Aser: Masal, Abdom,
75 Hucoque e Reobe com as suas
pastagens;
76 e da tribo de Naftali: Quedes,
em Galileia, Hamom, e Quiriataim
com as suas pastagens.
77 Os restantes dos filhos de Merari
receberam, da tribo de Zebulom,
Rimono e Tabor com as suas pas-
tagens;
78 da tribo de Rúben, do outro
lado do Jordão, a leste de Jericó,
receberam Bezer, Jaza,

79 Quedemote, e Mefaate com as
suas pastagens;
80 e da tribo de Gade receberam
Ramote, em Gileade, Maanaim,
81 Hesbom e Jazer com as suas
pastagens.

Os descendentes de Issacar e Benjamim

7 Os filhos de Issacar foram: Tola,
Puá, Jasube e Sinrom, quatro.
2 Os filhos de Tola: Uzi, Refaías,
Jeriel, Jamai, Ibsão e Semuel, che-
fes das suas famílias. Nos dias de
Davi o número dos descendentes
de Tola alistados como homens de
guerra em sua genealogia foi
de vinte e dois mil e seiscentos.
3 O filho de Uzi: Izraías. Os filhos
de Izraías: Micael, Obadias, Joel
e Issias, cinco, todos eles chefes.
4 Houve com eles, nas suas gera-
ções, segundo as suas famílias,
em tropas de guerra, trinta e seis
mil homens, pois tiveram muitas
mulheres e filhos.
5 Seus irmãos, em todas as famí-
lias de Issacar, homens valentes,
foram oitenta e sete mil, todos re-
gistrados pelas suas genealogias.
6 Os filhos de Benjamim: Belá,
Bequer e Jediael, três.
7 Os filhos de Belá: Esbom, Uzi,
Uziel, Jerimote e Iri, chefes de
famílias, cinco ao todo, homens
valentes, foram vinte e dois mil
e trinta e quatro registrados pe-
las suas genealogias.
8 Os filhos de Bequer: Zemira, Joás,
Eliezer, Elioenai, Onri, Jeremote,
Abias, Anatote e Alemete. Todos
esses foram filhos de Bequer.
9 Foram contados pelas suas
genealogias, segundo as suas ge-
rações, chefes das suas famílias,
homens valentes, vinte mil e du-
zentos.
10 O filho de Jediael: Bilã. Os fi-
lhos de Bilã: Jeús, Benjamim, Eúde,
Quenaaná, Zetã, Társis e Aisaar.
11 Todos estes filhos de Jediael
foram chefes das suas famílias,
homens valentes, dezessete mil
e duzentos, que podiam sair no
exército para a guerra.
12 Supim e Hupim foram filhos
de Ir, e Husim filho de Aer.
13 Os filhos de Naftali: Jasiel,
Guni, Jezer e Salum, filhos de Bila.

Os descendentes de Manassés e Aser

14 Os filhos de Manassés: Asriel,
que lhe deu a sua concubina síria.
Ela também deu à luz a Maquir,
pai de Gileade.
15 Maquir tomou a irmã de Hupim e
Supim por mulher. Era o seu nome
Maaca. O nome de outro filho foi
Zelofade, que teve somente filhas.
16 Maaca, mulher de Maquir, teve
um filho e deu-lhe o nome de Perez.
Seu irmão foi chamado Seres.
Os filhos de Perez foram Ulão e
Requém.
17 O filho de Ulão: Bedã. Estes fo-
ram os filhos de Gileade, filho de
Maquir, filho de Manassés.
18 Sua irmã Hamolequete teve
Is-Dode, Abiezer e Maalá.
19 Os filhos de Semida foram: Aiã,
Siquém, Liqui e Anião.
20 Os filhos de Efraim: Sutelá, de
quem foi filho Berede, de quem
foi filho Taate, de quem foi filho
Eleadá, de quem foi filho Taate,
21 de quem foi filho Zabade, de
quem foi filho Sutelá. Ezer e Elade
foram mortos pelos homens na-
turais de Gate, quando desceram
para roubar o seu gado.
22 Pelo que Efraim, seu pai, cho-
rou-os por muitos dias, e vieram
seus irmãos para o consolar.

23 Depois juntou-se com a sua
mulher, e ela engravidou e teve
um filho.
Ele o chamou Berias, porque as
coisas iam mal na sua casa.
24 Sua filha foi Seerá, que cons-
truiu Bete-Horom, a baixa e a
alta, como também a Uzém-Seerá.
25 Refá foi seu filho, Resefe seu fi-
lho, Telá seu filho, Taã seu filho,
26 Ladã seu filho, Amiúde seu fi-
lho, Elisama seu filho,
27 Num seu filho, e Josué seu filho.
28 Foi a sua possessão e habita-
ção: Betel e as suas aldeias, a les-
te Naarã, e a oeste Gezer e suas
aldeias, Siquém e suas aldeias,
até Aia e suas aldeias.
29 Da região dos filhos de Manassés,
Bete-Seã e as suas aldeias, Taanaque
e as suas aldeias, Megido e as suas
aldeias, Dor e as suas aldeias.
Nessas habitaram os filhos de
José, filho de Israel.
30 Os filhos de Aser foram: Imná,
Isvá, Isvi, Berias e Sera, sua irmã.
31 Os filhos de Berias: Héber e
Malquiel, que foi o pai de Birzavite.
32 Héber gerou Jaflete, Somer,
Hotão e Suá, irmã deles.
33 Os filhos de Jaflete: Pasaque,
Bimal e Asvate. Estes foram os
filhos de Jaflete.
34 Os filhos de Semer: Aí, Roga,
Jeubá e Arã.
35 Os filhos de seu irmão Helém:
Zofá, Imna, Seles e Amal.
36 Os filhos de Zofá: Suá, Harnefer,
Sual, Beri, Inra,
37 Bezer, Hode, Samá, Silsa, Itrã
e Beera.
38 Os filhos de Jéter: Jefoné, Pispa
e Ara.
39 Os filhos de *Ula*: *Ará*, *Haniel*
e Rízia.
40 Todos estes foram filhos de
Aser, chefes das suas famílias,
escolhidos, homens valentes, che-
fes de líderes de destaque, regis-
trados nas suas genealogias para
o serviço de guerra. Foi o seu nú-
mero de vinte e seis mil homens.

Os descendentes de Saul

8 Benjamim gerou Bela, seu
primogênito, Asbel o segun-
do, Aará o terceiro,
2 Noá o quarto, Rafa o quinto.
3 Bela teve estes filhos: Adar,
Gera, Abiúde,
4 Abisua, Naamã, Aoá,
5 Gera, Sefufã e Hurão.
6 Estes foram os filhos de Eúde,
que foram chefes das famílias dos
moradores de Geba, e que foram
levados cativos para Manaate:
7 Naamã, Aías e Gera, que os le-
vou cativos e foi o pai de Uzá e
de Aiúde.
8 Saaraim, depois de ter-se divorcia-
do de suas mulheres Husim e Baara,
gerou filhos na terra de Moabe.
9 De Hodes, sua mulher, gerou
Jobabe, Zíbia, Messa, Malcã,
10 Jeuz, Saquias e Mirma. Estes
foram seus filhos, chefes das fa-
mílias.
11 De Husim gerou Abitude e a
Elpaal.
12 Os filhos de Elpaal: Eber, Misã
e Semede, que construiu Ono,
Lode e suas aldeias.
13 Berias e Sema foram chefes
das famílias dos moradores de
Aijalom, que expulsaram os mo-
radores de Gate.
14 Aiô Sasaque, Jerimote,
15 Zebadias, Arade, Eder,
16 Micael, Ispa, Joa, foram filhos
de Berias.
17 Zebadias, Mesulão, Hizqui,
Héber,
18 Ismerai, Izlias e Jobabe, filhos
de Elpaal.

19 Jaquim, Zicri, Zabdi,
20 Elienai, Ziletai, Eliel,
21 Adaías, Beraías e Sinrate, fi-
lhos de Simei.
22 Ispã, Eber, Eliel,
23 Abdom, Zicri, Hanã,
24 Hananias, Elão, Antotias,
25 Ifdeias e Penuel, filhos de
Sasaque.
26 Sanserai, Searias, Atalias,
27 Jaaresias, Elias e Zicri, filhos
de Jeroão.
28 Estes foram chefes das famí-
lias, segundo as suas gerações, e
habitaram em Jerusalém.
29 Em Gibeom habitou o pai de
Gibeom. Era o nome de sua mu-
lher Maaca,
30 e também seu filho primogê-
nito Abdom, depois Zur, Quis,
Baal, Nadabe,
31 Gedor, Aiô e Zequer.
32 Miclote gerou Simeia. Também
estes habitaram perto de seus ir-
mãos, em Jerusalém.
33 Ner gerou Quis, Quis gerou Saul,
Saul gerou Jônatas, Malquisua,
Abinadabe e Esbaal.
34 O filho de Jônatas: Meribe-
-Baal, que gerou Mica.
35 Os filhos de Mica: Pitom,
Meleque, Tareia e Acaz.
36 Acaz gerou Jeoada, Jeoada ge-
rou Alemete, Azmavete e Zinri, e
Zinri gerou Moza.
37 Moza gerou Bineá, cujo filho
foi Rafa, cujo filho foi Eleasá, cujo
filho foi Azel.
38 Azel teve seis filhos, e estes fo-
ram os seus nomes: Azricão, Bocru,
Ismael, Searias, Obadias e Hanã.
Todos estes foram filhos de Azel.
39 Os filhos de Eseque, seu irmão:
Ulão, seu primogênito, Jeús o se-
gundo, e Elifelete o terceiro.
40 Os filhos de Ulão foram ho-
mens valentes, flecheiros. Tiveram
muitos filhos e netos, cento e cin-
quenta. Todos estes foram os fi-
lhos de Benjamim.

O povo de Jerusalém

9 Todo o Israel foi alistado por
genealogias, que estão registra-
das no livro dos reis de Israel. Judá
foi levado cativo para Babilônia,
por causa da sua infidelidade.
2 Os primeiros a se restabelece-
rem nas suas propriedades e nas
suas cidades foram alguns israe-
litas, os sacerdotes, os levitas e os
servidores do templo.
3 Dos filhos de Judá, dos filhos de
Benjamim, e dos filhos de Efraim
e Manassés, que habitaram em
Jerusalém foram:
4 Utai, filho de Amiúde, filho de
Onri, filho de Inri, filho de Bani,
dos filhos de Perez, filho de Judá.
5 Dos silonitas: Asaías o primo-
gênito, e seus filhos.
6 Dos filhos de Zerá: Jeuel e seus
irmãos, seiscentos e noventa.
7 Dos filhos de Benjamim: Salu, fi-
lho de Mesulão, filho de Hodavias,
filho de Hassenuá;
8 Ibineias, filho de Jeroão, Elá, filho
de Uzi, filho de Micri, e Mesulão,
filho de Sefatias, filho de Reuel,
filho de Ibnias.
9 Seus irmãos, segundo as suas
gerações, foram novecentos e
cinquenta e seis. Todos esses
homens foram chefes de suas
famílias.
10 Dos sacerdotes: Jedaías,
Jeoiaribe, Jaquim,
11 Azarias, filho de Hilquias, filho
de Mesulão, filho de Zadoque, fi-
lho de Meraiote, filho de Aitube,
líder no templo de Deus;
12 Adaías, filho de Jeroão, filho de
Pasur, filho de Malquias, e Masai,
filho de Adiel, filho de Jazera, filho

de Mesulão, filho de Mesilemite,
filho de Imer.
13 Também seus irmãos, chefes
das suas famílias, mil setecentos
e sessenta, homens capacitados
para o serviço do templo de Deus.
14 **D**os levitas: Semaías, filho de
Hassube, filho de Azricão, filho
de Hasabias dos filhos de Merari;
15 Baquebacar, Heres, Galal e
Matanias, filho de Mica, filho de
Zicri, filho de Asafe;
16 Obadias, filho de Semaías, fi-
lho de Galal, filho de Jedutum; e
Berequias, filho de Asa, filho de
Elcana, morador das aldeias dos
netofatitas.
17 **F**oram porteiros: Salum, Acube,
Talmom e Aimã, seus irmãos, cujo
chefe era Salum.
18 Até o dia de hoje estavam de
guarda à porta do rei, que fica-
va a leste. Esses foram os por-
teiros dos acampamentos dos fi-
lhos de Levi.
19 Salum, filho de Coré, filho de
Ebiasafe, filho de Corá, e seus
irmãos da casa de seu pai, os coraí-
tas, tinham cargo da obra do minis-
tério e eram guardas das portas do
tabernáculo; seus pais tinham sido
responsáveis por guardar a entra-
da da habitação do Senhor.
20 Fineias, filho de Eleazar, an-
tes era guia entre eles, e o Senhor
era com ele.
21 Zacarias, filho de Meselemias,
era o porteiro da entrada da Tenda
da Congregação.
22 Todos esses, escolhidos para
serem guardas das portas, foram
duzentos e doze. Foram registra-
dos segundo as suas genealogias
nas suas aldeias. Davi e Samuel,
o vidente, os encarregaram.
23 Tinham eles e seus filhos a
responsabilidade das portas do
templo do Senhor, o templo da
tenda, como guardas.
24 Os porteiros estavam aos qua-
tro lados: a leste, a oeste, ao nor-
te e ao sul.
25 Seus irmãos, que moravam
nas suas aldeias, tinham de vir,
de tempo em tempo, para traba-
lhar com eles durante sete dias.
26 Os quatro porteiros principais,
porém, que eram levitas, tinham
sob sua responsabilidade as salas
e os tesouros do templo de Deus.
27 Passavam a noite alojados ao
redor do templo de Deus, porque
a sua guarda lhes estava entre-
gue, e tinham a responsabilida-
de de abri-la cada manhã.
28 **A**lguns deles estavam encar-
regados dos utensílios do tem-
plo; contavam-nos quando eram
trazidos e contavam-nos quando
eram tirados.
29 Outros estavam encarregados
dos móveis e de todos os outros
utensílios sagrados, como tam-
bém da farinha, do vinho, do azei-
te, do incenso e das especiarias.
30 Alguns dos filhos dos sacer-
dotes, porém, preparavam as es-
peciarias.
31 Matitias, entre os levitas, o pri-
mogênito de Salum, o coraíta, ti-
nha a responsabilidade pelo pão
para oferta.
32 Alguns dos filhos dos coatitas,
seus irmãos, tinham a responsa-
bilidade de preparar os pães da
proposição para todos os sábados.
33 **A**queles que eram cantores,
chefes das famílias dos levitas,
moravam nas salas do templo e
estavam isentos de outros servi-
ços, porque de dia e de noite se
ocupavam nesse serviço.
34 Todos esses foram chefes das
famílias dos levitas, chefes em

suas gerações, e moravam em
Jerusalém.
35 Em Gibeom habitou Jeiel, pai
de Gibeom. O nome de sua mu-
lher era Maaca,
36 e seu filho primogênito Abdom,
seguido de Zur, Quis, Baal, Ner,
Nadabe,
37 Gedor, Aiô, Zacarias e Miclote.
38 Miclote gerou Simeão. Também
estes habitaram perto de seus ir-
mãos, em Jerusalém.
39 Ner gerou Quis, Quis gerou Saul,
Saul gerou Jônatas, Malquisua,
Abinadabe e Esbaal.
40 O filho de Jônatas: Meribe-
-Baal, que gerou Mica.
41 Os filhos de Mica: Pitom, Meleque
e Tareia.
42 Acaz gerou Jaerá, Jaerá ge-
rou Alemete, Azmavete e Zinri,
e Zinri gerou Moza.
43 Moza gerou Bineá, cujo filho
foi Refaías, cujo filho foi Eleasá,
cujo filho foi Azel.
44 Azel teve seis filhos, cujos no-
mes foram: Azricão, Bocru, Ismael,
Seraías, Obadias e Hanã. Estes fo-
ram os filhos de Azel.

A morte de Saul

10 Ora, os filisteus guerrea-
ram contra Israel; os ho-
mens de Israel fugiram de dian-
te dos filisteus, e muitos caíram
feridos no monte Gilboa.
2 Os filisteus perseguiram Saul
e seus filhos e mataram Jônatas,
Abinadabe e Malquisua, filhos
de Saul.
3 A guerra agravou-se contra
Saul, e, quando os flecheiros o
acharam, eles o feriram.
4 Disse Saul ao seu escudeiro:
Arranca a tua espada e mata-me
com ela, para que não venham
estes incircuncisos e zombem
de mim. O seu escudeiro, porém,
não o quis, porque estava apavo-
rado; então Saul pegou a espada
e se lançou sobre ela.
5 Vendo o escudeiro que Saul es-
tava morto, também ele se lançou
sobre a sua espada, e morreu.
6 Assim morreram Saul e seus
três filhos, e toda a sua casa mor-
reu juntamente com ele.
7 Vendo os homens de Israel que
estavam no vale, que Israel ha-
via fugido e que Saul e seus fi-
lhos eram mortos, abandona-
ram as suas cidades e fugiram.
Então vieram os filisteus e habi-
taram nelas.
8 No dia seguinte, vindo os filis-
teus a saquear os mortos, acha-
ram Saul e seus filhos estirados
no monte Gilboa.
9 Saquearam-no, tomaram a sua
cabeça e as suas armas e as en-
viaram por toda a terra dos filis-
teus ao redor, para anunciarem
a notícia a seus ídolos e ao povo.
10 Colocaram as armas de Saul
no templo de seus deuses, e a
sua cabeça afixaram no templo
de Dagom.
11 Ouvindo toda a Jabes-Gileade
tudo o que os filisteus fizeram a
Saul,
12 todos os homens valentes se
levantaram, pegaram o corpo
de Saul e os corpos de seus filhos
e os trouxeram a Jabes. Então se-
pultaram os seus ossos debaixo
de uma grande árvore, em Jabes,
e jejuaram sete dias.
13 Assim morreu Saul por causa
da sua infidelidade ao Senhor; não
obedeceu à palavra do Senhor, e
até consultou uma adivinhadora,
14 e não buscou ao Senhor. Por
isso, ele o matou e deu o reino a
Davi, filho de Jessé.

Davi, rei de Israel

11 Todo o Israel se ajuntou
a Davi em Hebrom e dis-
se: Somos sangue do teu sangue.
2 No passado, sendo Saul ainda
rei, eras tu que conduzias Israel na
guerra. E o Senhor, o teu Deus, te
disse: Tu apascentarás o meu povo
Israel e serás governante sobre o
meu povo, Israel.
3 Quando todos os anciãos de Israel
vieram até o rei, a Hebrom, Davi fez
uma aliança com eles em Hebrom,
perante o Senhor, e ungiram Davi rei
sobre Israel, conforme a palavra do
Senhor por intermédio de Samuel.
4 Partiu Davi e todo o Israel para
Jerusalém, que é Jebus, porque
ali estavam os jebuseus, habitan-
tes da terra.
5 Disseram os habitantes de Jebus
a Davi: Tu não entrarás aqui.
Davi, porém, tomou a fortaleza
de Sião, a Cidade de Davi.
6 Davi havia dito: Aquele que con-
duzir o ataque contra os jebuseus
será chefe e comandante. Joabe,
filho de Zeruia, subiu primeiro,
de modo que foi feito chefe.
7 Então Davi habitou na fortale-
za, pelo que foi chamada a Cidade
de Davi.
8 Edificou a cidade em redor, des-
de os terraços de apoio até as mu-
ralhas circundantes, e Joabe re-
formou o restante da cidade.
9 Tornava-se Davi cada vez mais
poderoso, porque o Senhor dos
Exércitos era com ele.

Os heróis de Davi

10 Estes foram os capitães dos
guerreiros que Davi tinha,que o
*apoiaram fortemente no se*u rei-
no, com todo o Israel, para o fa-
zerem rei, conforme a promessa
do Senhor, em relação a Israel.
11 Esta é a lista dos guerreiros de-
les: Jasobeão, hacmonita, o chefe
dos oficiais, o qual, empunhando
a sua lança contra trezentos, ma-
tou-os de uma só vez.
12 Depois dele, Eleazar, filho de
Dodai, o aoíta; um dos três prin-
cipais guerreiros.
13 Esse esteve com Davi em Pas-
-Damim, quando os filisteus ali se
ajuntaram para a guerra, no lu-
gar em que havia um pedaço de
campo cheio de cevada; o povo fu-
giu da guerra dos filisteus.
14 Se puseram, porém, no meio da-
quele campo, defenderam-no e ma-
taram os filisteus; e deu o Senhor
um grande livramento.
15 Três dos trinta chefes desceram
ao penhasco para encontrar Davi,
na caverna de Adulão, enquanto
o acampamento dos filisteus es-
tava montado no vale de Refaim.
16 Davi estava então no lugar se-
guro, e a guarnição dos filisteus
em Belém.
17 Davi desejou água, e disse:
Quem me dera beber da água
do poço de Belém, que está jun-
to à porta!
18 Assim aqueles três entraram
no acampamento dos filisteus, ti-
raram água do poço de Belém, que
está junto à porta, tomaram-na e
levaram a Davi. Ele, porém, não a
quis beber; antes, derramou-a como
oferta perante o Senhor,
19 e disse: Não permita meu Deus
que eu faça isso! Beberia eu o san-
gue da vida destes homens? Pois
arriscando suas vidas a trouxe-
ram. De modo que não a quis be-
ber. Isso fizeram esses três guer-
reiros.
20 Abisai, irmão de Joabe, foi che-
fe dos três. Empunhou sua lan-
ça contra trezentos homens e os

matou; por isso adquiriu nome
entre os três.
21 Ele foi duplamente honrado
acima dos três e tornou-se seu
chefe, porém não se igualou aos
primeiros três.
22 Benaia, filho de Jeoiada, foi
um guerreiro valente de Cabzeel
e realizou grandes obras. Matou
dois dos melhores guerreiros de
Moabe. Também desceu e matou
um leão dentro de uma cova, no
tempo da neve.
23 Matou também um egípcio, ho-
mem de grande altura, de cinco
côvados. Embora o egípcio tives-
se na mão uma lança como uma
lançadeira de tecelão, Benaia
foi contra ele com um cajado.
Arrancou a lança da mão do
egípcio e o matou com a sua pró-
pria lança.
24 Essas coisas fez Benaia, filho
de Jeoiada; fez também nome en-
tre aqueles três guerreiros.
25 Dos trinta foi ele o mais ilus-
tre, contudo não se igualou como
comandante aos primeiros três.
E Davi o pôs como chefe sobre os
da sua guarda.
26 Os guerreiros dos exércitos
foram: Asael, irmão de Joabe;
Elanã, filho de Dodai, de Belém;
27 Samote, harodita; Helez, pe-
lonita;
28 Ira, filho de Iques, tecoíta;
Abiezer, anatotita;
29 Sibecai, husatita; Ilai, aoíta;
30 Maarai, netofatita; Helede, fi-
lho de Baaná, netofatita;
31 Itai, filho de Ribai, de Gibeá,
dos filhos de Benjamim; Benaia,
piratonita;
32 Hurai, do ribeiro de Gaás; Abiel,
arbatita;
33 Azmavete, baarumita; Eliaba,
saalbonita;
34 Ben-Hasém, gizonita; Jônatas,
filho de Sage, hararita;
35 Aião, filho de Sacar, hararita;
Elifal, filho de Ur,
36 Hefer, mequeratita; Aías, pe-
lonita;
37 Hezro, carmelita; Naari, filho
de Ezbai;
38 Joel, irmão de Natã; Mibar, fi-
lho de Hagri;
39 Zeleque, amonita; Narai, bee-
rotita, escudeiro de Joabe, filho
de Zeruia;
40 Ira, itrita; Garebe, itrita;
41 Urias, heteu; Zabade, filho de
Alai;
42 Adina, filho de Siza, rubenita,
chefe dos rubenitas, e com ele ha-
via trinta;
43 Hanã, filho de Maaca; Josafá,
mitnita;
44 Uzias, asteratita; Sama e Jeiel,
filhos de Hotão, aroerita;
45 Jediael, filho de Sinri; Joá, seu
irmão, tizita;
46 Eliel, maavita; Jeribai e Josavias,
filhos de Elnaão; Itma, moabita;
47 Eliel, Obede e Jaasiel, mezo-
baíta.

Outros guerreiros de Davi

12 Estes foram os homens que
vieram a Davi, em Ziclague,
estando ele ainda escondido da
presença de Saul, filho de Quis;
eram dos valentes que o ajuda-
ram na guerra.
2 Estavam armados de arco e usa-
vam tanto a mão direita como a
esquerda para atirar pedras com
fundas e disparar flechas com o
arco; eram dos irmãos de Saul,
benjamitas.
3 Aiezer, o chefe, e Joás, filhos de
Semaá, o gibeatita; Jeziel e Pelete,
filhos de Azmavete; Beraca, e Jeú,
o anatotita;

4 Ismaías, o gibeonita, valente entre
os trinta, e chefe deles; Jeremias,
Jaaziel, Joanã, e Jozabade, o ge-
deratita;
5 Eluzai, Jerimote, Bealias, Semarias
e Sefatias, o harufita;
6 Elcana, Issias, Azareel, Joezer
e Jasobeão, os coraítas;
7 Joela e Zabadias, filhos de Jeroão
de Gedor.
8 **D**os gaditas apoiaram Davi, na
fortaleza do deserto, homens va-
lentes, homens de guerra para
lutar, armados de escudo e lan-
ça. Seus rostos eram como rosto
de leão; eles eram ligeiros como
corças sobre os montes.
9 Ezer foi o cabeça; Obadias, o se-
gundo; Eliabe, o terceiro;
10 Mismana, o quarto; Jeremias,
o quinto;
11 Atai, o sexto; Eliel, o sétimo;
12 Joanã, o oitavo; Elzabade, o nono;
13 Jeremias, o décimo; e Macbanai,
o décimo primeiro.
14 Esses, dos filhos de Gade, fo-
ram os comandantes do exército;
o menor valia por cem, e o maior
por mil.
15 Esses são os que atravessaram
o Jordão no primeiro mês, quan-
do ele transbordava por todas as
suas margens, e fizeram fugir to-
dos os que habitavam nos vales,
para o leste e para o oeste.
16 **T**ambém vieram alguns dos
filhos de Benjamim e de Judá
apoiar Davi, na fortaleza.
17 Davi saiu-lhes ao encontro e
lhes disse: Se vindes a mim pa-
cificamente e para me ajudar, o
meu coração se unirá convosco.
Todavia se é para me entregar-
des aos meus inimigos, sem que
haja violência nas minhas mãos,
o Deus de nossos pais o veja e o
repreenda.
18 Então veio o Espírito sobre
Amasai, chefe dos trinta, e disse:
Nós somos teus, ó Davi!
Contigo estamos,
ó filho de Jessé!
Paz, paz contigo!
E paz com quem te ajuda,
pois o teu Deus te ajuda.
E Davi os recebeu e os fez chefes
de tropas.
19 **T**ambém de Manassés alguns
passaram a seguir Davi, quando
veio com os filisteus para a bata-
lha contra Saul. Ele e seus homens
não ajudaram os filisteus, por-
que, depois de se aconselharem,
os seus chefes os mandaram em-
bora. Disseram: Ele poderia pas-
sar para Saul, seu senhor, com
risco para as nossas vidas.
20 Voltando ele a Ziclague, fo-
ram com ele, de Manassés, Adna,
Jozabade, Jediael, Micael, Jozabade,
Eliú, Ziletai, chefes de milhares
dos de Manassés.
21 Esses ajudaram Davi contra
aquela tropa, porque todos eles
eram guerreiros valentes e che-
fes no exército.
22 Dia a dia chegavam soldados
até Davi para o ajudar, até que se
fez um grande exército, como o
exército de Deus.
23 **O**ra, estes são os números dos
soldados armados para a guer-
ra, que se juntaram a Davi em
Hebrom, para entregar a ele o
reino de Saul, conforme a pala-
vra do Senhor.
24 Dos filhos de Judá, que tra-
ziam escudo e lança, seis mil e oi-
tocentos, armados para a guerra;
25 dos filhos de Simeão, guerrei-
ros valentes para a guerra, sete
mil e cem;
26 dos filhos de Levi, quatro mil
e seiscentos.

27 Joiada era o chefe dos da família de Arão, e com ele vieram três mil e setecentos.
28 Zadoque, sendo ainda jovem, homem valente, trouxe da casa de seu pai vinte e dois príncipes;
29 dos filhos de Benjamim, irmãos de Saul, três mil, porque até então muitos deles ainda eram fiéis à família de Saul;
30 dos filhos de Efraim, vinte mil e oitocentos guerreiros valentes, homens de nome em suas famílias;
31 da meia tribo de Manassés, dezoito mil, que foram escolhidos por nome para virem fazer rei a Davi;
32 dos filhos de Issacar, conhecedores na ciência dos tempos, para saberem o que Israel devia fazer, duzentos de seus chefes, e todos os seus irmãos sob suas ordens;
33 de Zebulom, soldados experientes, preparados para a guerra com todo o tipo de armas de guerra, para ajudar Davi totalmente encorajados, cinquenta mil;
34 de Naftali, mil chefes, e com eles trinta e sete mil com escudo e lança;
35 dos danitas, preparados para a guerra, vinte e oito mil e seiscentos;
36 de Aser, soldados experientes, preparados para a guerra, quarenta mil;
37 do leste do Jordão, dos rubenitas, dos gaditas e da meia tribo de Manassés, fazendo todo tipo de armas de guerra, cento e vinte mil.
38 **T**odos esses eram homens de combate, que sabiam lutar na batalha, e que voluntariamente vieram a Hebrom para constituir Davi rei sobre todo o Israel. Também todo o resto de Israel era unânime no propósito de constituir a Davi rei.
39 Estiveram três dias ali com Davi, comendo e bebendo, porque seus irmãos lhes tinham preparado as coisas necessárias.
40 Também seus vizinhos de mais perto, até Issacar, Zebulom e Naftali, trouxeram pão sobre jumentos, sobre camelos, sobre mulos e sobre bois, provisões de farinha, pastas de figos e cachos de passas, e vinho, azeite, bois e gado miúdo em grande quantidade, pois havia alegria em Israel.

A arca na casa de Obede-Edom

13 Davi consultou os capitães dos milhares, e das centenas, e todos os oficiais.
2 Então disse Davi a toda a congregação de Israel: Se estais de acordo, e se vem do Senhor, o nosso Deus, enviemos mensageiros a todos os nossos outros irmãos em todas as terras de Israel, e aos sacerdotes e aos levitas com eles nas cidades e nos seus arredores, para que se reúnam conosco.
3 Voltemos a trazer para nós a arca do nosso Deus, pois não a buscamos nos dias de Saul.
4 Então disse toda a congregação que assim se fizesse, porque este negócio pareceu bom aos olhos de todo o povo.
5 **A**ssim ajuntou Davi a todo o Israel desde Sior no Egito até a entrada de Hamate, para trazer a arca de Deus de Quiriate-Jearim.
6 Davi, com todo o Israel, subiu a Baalá, isto é, a Quiriate-Jearim, que está em Judá, para buscar a arca de Deus, o Senhor que habita entre os querubins, diante da qual é invocado o seu nome.

7 Levaram a arca de Deus sobre
um carro novo, tirando-a da casa
de Abinadabe. Uzá e Aiô condu-
ziam o carro.
8 Davi e todo o Israel alegravam-se
perante Deus, com todas as suas
forças, com cânticos, com harpas,
com alaúdes, com tamborins, com
címbalos e com trombetas.
9 Chegando à eira de Quidom,
estendeu Uzá a mão para segu-
rar a arca, porque os bois tro-
peçaram.
10 Acendeu-se a ira do Senhor
contra Uzá, e o feriu por ter es-
tendido a mão à arca. Por isso,
morreu ali diante de Deus.
11 Então Davi irou-se porque o
Senhor havia ferido Uzá; por isso,
chamou aquele lugar Perez-Uzá,
até o dia de hoje.
12 Davi temeu a Deus naquele
dia, e perguntou: Como levarei
a arca de Deus?
13 Não trouxe a arca para si, para
a Cidade de Davi. Antes, a fez levar
à casa de Obede-Edom, o geteu.
14 Assim permaneceu a arca de
Deus com a família de Obede-Edom,
três meses, e o Senhor abençoou
a família de Obede-Edom e tudo
o que ele tinha.

O palácio e a família de Davi

14 Ora, Hirão, rei de Tiro, man-
dou mensageiros a Davi, e
madeira de cedro, e pedreiros e
carpinteiros, para lhe construí-
rem uma casa.
2 Entendeu Davi que o Senhor o
tinha confirmado rei sobre Israel
e que o seu reino se tinha pros-
perado muito por amor do seu
povo, Israel.
3 Davi tomou ainda mais mulhe-
res, em Jerusalém, e gerou ain-
da mais filhos e filhas.
4 São estes os nomes dos filhos
que teve em Jerusalém: Samua,
Sobabe, Natã, Salomão,
5 Ibar, Elisua, Elpelete,
6 Nogá, Nefegue, Jafia,
7 Elisama, Beeliada e Elifelete.
8 Ouvindo os filisteus que Davi
havia sido ungido rei sobre todo
o Israel, subiram todos em bus-
ca dele; quando soube disso, Davi
logo saiu contra eles.
9 Ora, os filisteus tinham vindo e
invadido o vale de Refaim;
10 de modo que Davi consultou a
Deus: Subirei contra os filisteus, e
os entregarás nas minhas mãos?
Respondeu-lhe o Senhor: Sobe,
eu os entregarei nas tuas mãos.
11 Então subiram Davi e seus
homens a Baal-Perazim, e ali
os derrotou. Disse Davi: Por
minhas mãos Deus destruiu as
tropas dos meus inimigos, como
uma brecha feita pelas águas.
Pelo que chamaram aquele lu-
gar Baal-Perazim.
12 Os filisteus haviam deixado ali
os seus deuses, e Davi ordenou
que fossem queimados.
13 Uma vez mais os filisteus ata-
caram o vale.
14 Voltou Davi a consultar a Deus,
que lhe disse: Não subirás atrás
deles, mas os rodearás e os ata-
carás em frente das amoreiras.
15 Ouvindo tu um barulho de
marcha pelas copas das amorei-
ras, então sairás ao combate, por-
que Deus terá saído à tua frente
para ferir o exército dos filisteus.
16 Fez Davi como Deus lhe orde-
nara, e feriram o exército dos fi-
listeus desde Gibeom até Gezer.
17 Assim se espalhou a fama de
Davi por todas aquelas terras, e
o Senhor pôs o temor dele sobre
todas aquelas nações.

A arca é levada para Jerusalém

15 Depois de Davi ter cons-
truído casas para si mes-
mo na Cidade de Davi, ele prepa-
rou um lugar para a arca de Deus
e armou-lhe uma tenda.
2 Então disse Davi: Ninguém
pode levar a arca de Deus, se-
não os levitas, porque o Senhor
os escolheu para levarem a arca
de Deus e para o servirem eter-
namente.
3 Ajuntou Davi a todo o Israel em
Jerusalém, para fazer entrar a
arca do Senhor ao seu lugar, que
lhe tinha preparado.
4 Reuniu os filhos de Arão e os
levitas:
5 dos filhos de Coate: Uriel, o che-
fe, e seus irmãos, cento e vinte;
6 dos filhos de Merari: Asaías,
o chefe, e seus irmãos, duzen-
tos e vinte;
7 dos filhos de Gérson: Joel, o che-
fe, e seus irmãos, cento e trinta;
8 dos filhos de Elisafã: Semaías,
o chefe, e seus irmãos, duzentos;
9 dos filhos de Hebrom: Eliel, o
chefe, e seus irmãos, oitenta;
10 dos filhos de Uziel: Aminadabe,
o chefe, e seus irmãos, cento e doze.
11 Chamou Davi os sacerdotes
Zadoque e Abiatar, e os levitas,
Uriel, Asaías, Joel, Semaías, Eliel
e Aminadabe
12 e lhes disse: Vós sois os che-
fes das famílias dos levitas; san-
tificai-vos, vós e vossos irmãos,
para que façais subir a arca do
Senhor, Deus de Israel, ao lugar
que lhe tenho preparado.
13 Visto que não a levastes da pri-
meira vez, o Senhor irou-se con-
tra nós, porque não o buscamos
da forma correta.
14 Assim, santificaram-se os sa-
cerdotes e os levitas, para fazerem
subir a arca do Senhor, o Deus
de Israel.
15 E os levitas trouxeram a arca
de Deus nos ombros, pelas varas
que nela havia, como Moisés ti-
nha ordenado, conforme a pala-
vra do Senhor.
16 Disse Davi aos chefes dos levitas
que encarregassem seus irmãos,
cantores, para que, com instru-
mentos de música, com alaú-
des, harpas e címbalos, se fizessem
ouvir e levantassem a voz com
alegria.
17 Portanto, escolheram os levi-
tas Hemã, filho de Joel; dos seus
irmãos, Asafe, filho de Berequias;
e dos filhos de Merari, seus ir-
mãos, Etã, filho de Cusaías;
18 e com eles seus irmãos da se-
gunda ordem: Zacarias, Bene,
Jaaziel, Semiramote, Jeiel, Uni,
Eliabe, Benaia, Maaseias, Matitias,
Elifeleu, Micneias, e os porteiros
Obede-Edom e Jeiel.
19 Os cantores Hemã, Asafe e
Etã se faziam ouvir com címba-
los de bronze;
20 Zacarias, Aziel, Semiramote,
Jeiel, Uni, Eliabe, Maaseias e Benaia,
com alaúdes de tonalidade alta,
21 e Matitias, Elifeleu, Micneias,
Obede-Edom, Jeiel e Azazias, com
harpas de tonalidade baixa, para
conduzir o canto.
22 Quenanias, chefe dos levitas,
ficava encarregado do canto; era
essa a sua responsabilidade por-
que era excelente nisso.
23 Berequias e Elcana eram por-
teiros da arca.
24 Sebanias, Josafá, Netaneel,
Amasai, Zacarias, Benaia e Eliezer,
os sacerdotes, tocavam as trom-
betas diante da arca de Deus.
Obede-Edom e Jeías eram por-
teiros da arca.

25 Assim, Davi, as autoridades
de Israel e os capitães de milha-
res foram, com alegria, para fa-
zer subir a arca da aliança do
Senhor, da casa de Obede-Edom.
26 Havendo Deus ajudado os levi-
tas que levavam a arca da alian-
ça do Senhor, sacrificaram sete
novilhos e sete carneiros.
27 Davi ia vestido de um manto
de linho fino, como também to-
dos os levitas que levavam a arca,
e os cantores, e Quenanias, chefe
dos que levavam a arca e dos can-
tores. Davi levava também sobre
si uma estola sacerdotal de linho.
28 E todo o Israel acompanhou
com júbilo a arca da aliança do
Senhor ao som de clarins, de trom-
betas e de címbalos, juntamente
com alaúdes e harpas.
29 Entrando a arca da aliança do
Senhor na Cidade de Davi, Mical,
filha de Saul, observava por uma
janela. E, vendo Davi dançar e to-
car, desprezou-o no seu coração.

Ação de graças e cântico de Davi

16 Trouxeram a arca de Deus
e a colocaram no meio da
tenda que Davi lhe tinha arma-
do; e ofereceram holocaustos e sa-
crifícios pacíficos perante Deus.
2 Tendo Davi acabado de oferecer
os holocaustos e os sacrifícios pa-
cíficos, abençoou o povo em nome
do Senhor.
3 Então repartiu a todos em Israel,
tanto homens como mulheres, a
cada um, um pedaço de pão, um
bom pedaço de carne e um bolo
de passas.
4 Escolheu alguns dos levitas para
ministrarem *perante* a arca do
Senhor, para fazerem petições,
para louvarem e exaltarem ao
Senhor Deus de Israel:
5 Asafe era o chefe, Zacarias o se-
gundo, e depois Jeiel, Semiramote,
Jeiel, Matitias, Eliabe, Banaia,
Obede-Edom e Jeiel. Eles deviam
tocar os alaúdes e as harpas, e Asafe
devia fazer ressoar os címbalos.
6 Benaia e Jaaziel, os sacerdotes,
deviam tocar trombetas conti-
nuamente perante a arca da alian-
ça de Deus.
7 Nesse mesmo dia, Davi entre-
gou a Asafe e seus irmãos, pela
primeira vez, o seguinte salmo de
ações de graças ao Senhor:
8 Louvai ao Senhor, invocai o
seu nome,
fazei conhecidos entre os
povos os seus feitos.
9 Cantai-lhe, salmodiai-lhe,
atentamente falai de todas as
suas maravilhas.
10 Gloriai-vos no seu
santo nome;
alegre-se o coração dos que
buscam ao Senhor.
11 Buscai o Senhor
e o seu poder;
buscai a sua face
continuamente.
12 Lembrai-vos das maravilhas
que fez,
dos seus milagres e dos juízos
da sua boca.
13 Vós, descendentes de Israel,
seus servos,
vós, filhos de Jacó, seus
eleitos.
14 Ele é o Senhor, o nosso Deus;
em toda a terra estão os seus
juízos.
15 Lembrai-vos para sempre
da sua aliança e da palavra
que ordenou para mil
gerações,
16 da aliança que fez com
Abraão,
e do seu juramento a Isaque,

17 o qual também a Jacó
confirmou
por decreto,
e a Israel por aliança
eterna,
18 dizendo: A ti darei a terra de
Canaã,
porção da vossa herança.
19 Sendo vós em pequeno
número,
poucos homens e
estrangeiros nela,
20 andando de nação em nação,
e de um reino para outro
povo,
21 a ninguém permitiu que os
oprimisse,
e por amor deles
repreendeu reis, dizendo:
22 Não toqueis os meus
ungidos,
e aos meus profetas não
façais mal.
23 Cantai ao Senhor em toda a
terra;
anunciai dia após dia a sua
salvação.
24 Proclamai entre as nações a
sua glória,
entre todos os povos as suas
maravilhas.
25 Pois grande é o Senhor e
muitíssimo digno de louvor, e
mais temível do que todos os
deuses.
26 Pois todos os deuses das
nações são ídolos,
porém o Senhor fez os céus.
27 Majestade e esplendor há
diante dele,
força e alegria no lugar da
sua habitação.
28 Tributai ao Senhor,
ó famílias das nações,
dai ao Senhor glória e força.
29 Tributai ao Senhor a glória
de seu nome.
Trazei ofertas e vinde
perante ele;
adorai ao Senhor na beleza
da sua santidade.
30 Trema perante ele
toda a terra!
O mundo se acha firmemente
estabelecido;
não pode ser abalado.
31 Alegrem-se os céus, e
regozije-se a terra;
diga-se entre as nações:
O Senhor reina.
32 Ruja o mar e a sua plenitude;
exulte o campo com tudo o
que nele há.
33 Então cantarão as árvores
dos bosques,
cantarão de júbilo perante
o Senhor,
pois ele vem a julgar
a terra.
34 Rendei graças ao Senhor,
pois ele é bom;
o seu amor dura
para sempre.
35 Clamai: Salva-nos, ó Deus da
nossa salvação;
ajunta-nos e livra-nos
das nações,
para que louvemos o teu
santo nome
e nos gloriemos no teu
louvor.
36 Louvado seja o Senhor Deus
de Israel,
de eternidade a eternidade.
E todo o povo disse: Amém! E
louvou ao Senhor.
37 **D**avi deixou Asafe e seus ir-
mãos diante da arca da aliança
do Senhor para ministrarem ali
continuamente, conforme se or-
denara para cada dia.
38 Também deixou Obede-Edom
e seus sessenta e oito irmãos para
ministrarem com ele. Obede-Edom,

filho de Jedutum, e também Hosa eram porteiros.
39 Davi deixou Zadoque, o sacerdote, e os sacerdotes, seus irmãos, diante do tabernáculo do Senhor, santuário que estava em Gibeom,
40 para oferecerem ao Senhor os holocaustos sobre o altar dos holocaustos continuamente pela manhã e à tarde, conforme tudo o que está escrito na Lei que o Senhor tinha dado a Israel.
41 Com eles estavam Hemã e Jedutum, e os demais escolhidos, que foram escolhidos pelo nome, para louvarem ao Senhor, pois o seu amor dura para sempre.
42 Com eles estavam Hemã e Jedutum, que eram responsáveis por fazer ressoar as trombetas e os címbalos e os outros instrumentos de música sagrada. Os filhos de Jedutum estavam à porta.
43 Então se retirou todo o povo, cada um para a sua casa, e Davi voltou para abençoar a sua família.

A promessa de Deus a Davi

17 Depois que Davi se instalou em seu palácio, disse ao profeta Natã: Eu moro num palácio de cedros, mas a arca da aliança do Senhor está debaixo de uma tenda.
2 Respondeu Natã a Davi: Tudo o que tens no teu coração faze, pois Deus é contigo.
3 Nessa mesma noite, veio a palavra do Senhor a Natã, dizendo:
4 Vai e dize a Davi, meu servo: Assim diz o Senhor: Tu não construirás casa para eu morar,
5 porque em casa nenhuma morei, desde o dia em que fiz subir a Israel, até o dia de hoje, mas fui de tenda em tenda, e de tabernáculo em tabernáculo.
6 Por todas as partes por onde tenho andado com todo o Israel, porventura disse a algum dos juízes de Israel, a quem ordenei que apascentasse o meu povo: Por que não me construís um templo de cedros?
7 Agora, pois, assim dirás a meu servo Davi: Assim diz o Senhor dos Exércitos: Eu te tirei do curral, de detrás das ovelhas, para que fosses chefe do meu povo Israel.
8 Estive contigo por onde quer que andaste e, de diante de ti, exterminei todos os teus inimigos. Agora te darei um nome como o nome dos grandes que estão na terra.
9 Prepararei um lugar para o meu povo Israel e o plantarei, para que habite no seu lugar e nunca mais seja retirado de uma parte para outra. Nunca mais os oprimirão os filhos da perversidade, como antes,
10 e como desde os dias em que ordenei juízes sobre o meu povo Israel. Eu também subjugarei a todos os teus inimigos. Também te declaro que o Senhor te estabelecerá uma dinastia.
11 Quando se completarem os teus dias, para te juntares a teus pais, levantarei a tua semente depois de ti, um dos teus filhos, e confirmarei o seu reino.
12 Este me construirá um templo, e eu estabelecerei o seu trono para sempre.
13 Eu lhe serei por pai, e ele me será por filho. O meu amor jamais retirarei dele, como o retirei daquele que foi antes de ti.
14 O estabelecerei, porém, na minha casa e no meu reino para sempre; o seu trono será firme para sempre.

porta da cidade, mas os reis que
tinham vindo estavam separados no campo.
10 Joabe viu que a batalha estava ordenada contra ele pela frente e pela retaguarda; assim escolheu os melhores dos guerreiros de Israel e os posicionou em ordem de batalha contra os siros.
11 O restante do povo entregou a Abisai, seu irmão, e posicionaram-se em ordem de batalha contra os filhos de Amom.
12 Disse Joabe: Se os siros forem mais fortes do que eu, tu virás socorrer-me; mas se os filhos de Amom forem mais fortes do que tu, então eu te socorrerei.
13 Sê forte. Lutemos pelo nosso povo e pelas cidades do nosso Deus. Faça o Senhor o que parecer bem aos seus olhos.
14 Então se chegou Joabe, e a tropa que tinha com ele, diante dos siros, para a batalha, e esses fugiram de diante dele.
15 Vendo os filhos de Amom que os siros fugiram, também eles fugiram de diante de Abisai, irmão de Joabe, e entraram na cidade. Assim Joabe voltou para Jerusalém.
16 Vendo os siros que haviam sido derrotados diante de Israel, enviaram mensageiros e fizeram sair os siros que habitavam do outro lado do rio; Sofaque, capitão do exército de Hadadezer, marchava diante deles.
17 Avisado disso, Davi ajuntou a todo o Israel, atravessou o Jordão e, indo até eles, ordenou contra eles a batalha. Davi ordenou contra os siros a batalha, e estes lutaram contra ele.
18 Os siros, porém, fugiram de diante de Israel, e Davi matou os homens de sete mil carros e quarenta mil homens da infantaria. Também matou Sofaque, capitão do exército.
19 Vendo os servos de Hadadezer que tinham sido derrotados diante de Israel, fizeram paz com Davi e o serviram. Assim, os siros nunca mais quiseram socorrer os filhos de Amom.

Novas vitórias de Davi

20 Na primavera, no tempo em que os reis costumam sair para a guerra, Joabe levou o exército e destruiu a terra dos filhos de Amom, e foi, e cercou Rabá, mas Davi ficou em Jerusalém. Joabe atacou Rabá e a destruiu.
2 Davi tirou a coroa da cabeça do rei deles, achou nela o peso de um talento de ouro e havia nela pedras preciosas; e foi colocada sobre a cabeça de Davi. Ele levou da cidade grande quantidade de despojo,
3 e fez sair o povo que estava nela, e o fez trabalhar com serras, com picaretas de ferro e com machados. Assim fez Davi com todas as cidades dos filhos de Amom. Então Davi voltou, com todo o seu exército, para Jerusalém.
4 Depois disso, houve guerra em Gezer com os filisteus. Nesse tempo Sibecai, o husatita, matou Sipai, que era descendente dos refains, e os filisteus foram subjugados.
5 Voltou a haver guerra com os filisteus; Elanã, filho de Jair, matou a Lami, irmão de Golias, o geteu, que tinha uma lança cuja haste parecia uma lançadeira de tecelão.
6 Voltou a haver guerra em Gate, onde havia um homem de grande estatura, que tinha vinte e quatro

dedos, seis em cada mão e seis em
cada pé. Também esse era descen-
dente dos refains.
7 Quando ele insultou Israel,
Jônatas, filho de Simeia, irmão
de Davi, o matou.
8 Esses foram descendentes de
Rafa, em Gate, e morreram pela
mão de Davi e pelas mãos dos
seus servos.

Davi numera os homens de guerra

21 Então Satanás se levantou
contra Israel e levou Davi
a numerar Israel.
2 Disse Davi a Joabe e aos coman-
dantes do povo: Ide, contai a Israel
desde Berseba até Dã. Então tra-
zei-me o relatório, para que eu
saiba quantos são.
3 Joabe, porém, respondeu: O
Senhor acrescente ao seu povo
cem vezes tanto como ele é. O rei,
meu senhor, não são todos servos
de meu senhor? Por que deseja
isso o meu senhor? Por que tra-
ria ele culpa sobre Israel?
4 A palavra do rei, porém, preva-
leceu contra Joabe; de modo que
saiu Joabe, passou por todo o Israel,
e então voltou para Jerusalém.
5 Deu Joabe a Davi a soma do nú-
mero dos homens de guerra: Em
todo o Israel havia um milhão e
cem mil homens que manejavam
espada; e em Judá, quatrocentos
e setenta mil em Judá.
6 Joabe, porém, não contou entre
eles os de Levi e Benjamim, porque
a palavra do rei lhe foi absurda.
7 Esta ordem também desagradou
a Deus, por isso ele puniu Israel.
8 Então disse Davi a Deus:
Gravemente pequei em fazer tal
coisa. Agora, peço-te, perdoa o pe-
cado de teu servo. Fiz uma gran-
de loucura.
9 Disse o Senhor a Gade, o viden-
te de Davi:
10 Vai e dize a Davi: Assim diz o
Senhor: Três coisas te proponho.
Escolhe uma delas, para que eu
a faça contra ti.
11 Gade veio a Davi e lhe disse:
Assim diz o Senhor: Faze a tua
escolha:
12 ou três anos de fome, ou que por
três meses estejas fugindo dian-
te de teus adversários, e a espada
de teus inimigos em teu encalço,
ou que por três dias a espada do
Senhor, isto é, a peste na terra, e
o anjo do Senhor façam destrui-
ção em todas as regiões de Israel.
Vê agora que resposta hei de le-
var a quem me enviou.
13 Disse Davi a Gade: Estou em
grande angústia. Caia eu nas
mãos do Senhor, porque são mui-
tíssimas as suas misericórdias;
mas que eu não caia nas mãos
dos homens.
14 Mandou o Senhor a peste a
Israel, e morreram em Israel se-
tenta mil homens.
15 E Deus mandou um anjo para
destruir Jerusalém. Ao destruí-
-la, porém, o Senhor olhou, e se
arrependeu do mal, e disse ao
anjo destruidor: Basta, agora re-
tira a tua mão. O anjo do Senhor
estava perto da eira de Araúna,
o jebuseu.
16 Levantando Davi os seus olhos,
viu o anjo do Senhor, que estava
entre a terra e o céu, com a espada
desembainhada na mão estendi-
da contra Jerusalém. Então Davi
e autoridades de Israel, cobertos
de pano de saco, prostraram-se
com o rosto em terra.
17 Disse Davi a Deus: Não fui eu
que ordenei que se contasse o povo?
Fui eu que pequei e fiz muito mal.

Mas estas ovelhas que fizeram?
Ah! Senhor, meu Deus, seja a tua
mão contra mim e contra a mi-
nha família, não contra teu povo.
18 Então o anjo do Senhor orde-
nou a Gade que dissesse a Davi
que subisse para levantar um al-
tar ao Senhor na eira de Araúna,
o jebuseu.
19 Subiu Davi, conforme a pala-
vra de Gade, que falara em nome
do Senhor.
20 Enquanto Araúna estava
debulhando o trigo, voltou-se
e viu o anjo; os seus quatro fi-
lhos que estavam com ele se es-
conderam.
21 Então Davi se aproximou e,
quando Araúna olhou e o viu,
saiu da eira e se prostrou peran-
te Davi com o rosto em terra.
22 Disse Davi a Araúna: Dá-me o
lugar da eira pelo seu valor, para
eu construir nele um altar ao
Senhor, para que pare esta pra-
ga de sobre o povo.
23 Disse Araúna a Davi: Toma-o
para ti, e faça o rei, meu Senhor,
dela o que desejar. Olha, dou os
bois para holocaustos, os trilhos
para lenha e o trigo para oferta
de cereais. Tudo dou.
24 O rei Davi, porém, respondeu
a Araúna: Não, antes pelo seu va-
lor a quero comprar. Não darei
ao Senhor o que é teu, nem ofe-
recerei holocausto que não me
custe nada.
25 Davi deu a Araúna por aque-
le lugar o peso de seiscentos si-
clos de ouro.
26 Davi construiu ali um altar ao
Senhor e ofereceu nele holocaus-
tos e ofertas pacíficas. Invocou
o Senhor, o qual lhe respondeu
com fogo do céu sobre o altar do
holocausto.
27 O Senhor deu ordem ao anjo,
que colocasse a sua espada na
bainha.
28 Vendo Davi, nesse momento, que
o Senhor lhe respondera na eira de
Araúna, o jebuseu, sacrificou ali.
29 O tabernáculo do Senhor, que
Moisés fizera no deserto, e o al-
tar do holocausto, estavam na-
quele tempo no altar de Gibeom.
30 Davi, contudo, não podia ir até
lá para consultar ao Senhor, por-
que estava aterrorizado por cau-
sa da espada do anjo do Senhor.

Preparativos para a construção do templo

22 Então disse Davi: Esta é
a casa do Senhor Deus, e
este é o altar do holocausto para
Israel.
2 Davi deu ordem para que se
ajuntassem os estrangeiros que
estavam na terra de Israel e en-
carregou pedreiros que lavras-
sem pedras de cantaria para cons-
truir o templo de Deus.
3 Providenciou Davi ferro em
abundância, para os pregos das
portas das entradas e para as
dobradiças, como também mais
bronze do que podia ser pesado.
4 Madeira de cedro sem conta,
porque os sidônios e tírios tra-
ziam a Davi cedro em grande
quantidade.
5 Dizia Davi: Salomão, meu filho,
ainda é moço e inexperiente, e o
templo que se há de construir para
o Senhor deve ser magnífico em
excelência, de renome e glória
em todas as terras. Portanto, eu
lhe farei os preparativos. Assim,
Davi fez grandes preparativos an-
tes da sua morte.
6 Então chamou Salomão, seu fi-
lho, e lhe ordenou que construísse

um templo ao Senhor, o Deus de
Israel.
7 Disse Davi a Salomão: Filho
meu, quanto a mim, tive em meu
coração o propósito de construir
um templo ao nome do Senhor, o
meu Deus.
8 Veio, porém, a mim esta pala-
vra do Senhor: Tu derramaste
muito sangue, e fizeste grandes
guerras. Não construirás templo
ao meu nome, porque muito san-
gue derramaste na terra, peran-
te a minha face.
9 Terás, porém, um filho, que será
homem de paz e repouso, e lhe da-
rei repouso de todos os seus ini-
migos ao redor. Salomão será o
seu nome, e eu darei paz e descan-
so a Israel nos seus dias.
10 Este construirá templo ao meu
nome. Ele me será por filho, e eu
lhe serei por pai. E estabelecerei
o trono de seu reino sobre Israel,
para sempre.
11 Agora meu filho, o Senhor seja
contigo; prospera e constrói o tem-
plo do Senhor, o teu Deus, como
ele disse a teu respeito.
12 O Senhor te dê prudência e en-
tendimento, quando te colocar so-
bre Israel, a fim de que guardes a
Lei do Senhor, o teu Deus.
13 Então prosperarás, se tiveres
cuidado de guardar os estatutos
e os juízos que o Senhor mandou
a Moisés acerca de Israel. Sê for-
te e corajoso. Não temas nem te
desanimes.
14 Com muito esforço preparei
para o templo do Senhor cem mil
talentos de ouro, e um milhão de
talentos de prata, e bronze e fer-
ro em quantidades grandes de-
mais para serem pesados, e ma-
deira e pedras. E podes conseguir
o que faltar.
15 Tens muitos trabalhadores:
cortadores de pedras, canteiros,
carpinteiros, e todo tipo de espe-
cialistas em toda obra
16 de ouro, de prata, de bronze e
de ferro que não se pode contar.
Levanta-te, pois, e faze a obra, e
o Senhor seja contigo.
17 Davi deu ordem a todos os lí-
deres de Israel que ajudassem
Salomão, seu filho.
18 Disse-lhes: Não está convosco
o Senhor, o vosso Deus, e não vos
deu repouso ao redor? Pois entre-
gou em minhas mãos os morado-
res da terra, e a terra foi subju-
gada diante do Senhor e diante
do seu povo.
19 Consagre agora o vosso co-
ração e a vossa alma para bus-
cardes ao Senhor, o vosso Deus.
Levantai-vos e começai a cons-
truir o santuário do Senhor Deus,
para que a arca da aliança do
Senhor e os utensílios sagrados
de Deus sejam trazidos para o
templo que será construído ao
nome do Senhor.

Os levitas

23 Sendo Davi já velho e cheio
de dias, fez a Salomão, seu
filho, rei sobre Israel.
2 Ajuntou todos os líderes de
Israel, como também os sacer-
dotes e os levitas.
3 Foram contados os levitas de
trinta anos para cima, e foi o nú-
mero de homens trinta e oito mil.
4 Disse Davi: Destes, vinte e qua-
tro mil promoverão a obra do tem-
plo do Senhor e seis mil serão ofi-
ciais e juízes.
5 Quatro mil serão porteiros, e
quatro mil deverão louvar ao
Senhor com os instrumentos mu-
sicais que eu fiz para o louvar.

6 Davi os repartiu por turmas, cor-
respondentes aos filhos de Levi:
Gérson, Coate e Merari.
7 Dos gersonitas: Ladã e Simei.
8 Os filhos de Ladã: Jeiel, o che-
fe, Zetão e Joel, três.
9 Os filhos de Simei: Selomote,
Haziel e Harã, três. Esses foram
os chefes das famílias de Ladã.
10 Os filhos de Simei: Jaate, Ziza,
Jeús e Berias. Estes foram os fi-
lhos de Simei, quatro.
11 Jaate era o primeiro, Ziza, o se-
gundo, mas Jeús e Berias não tive-
ram muitos filhos, de modo que fo-
ram contados como uma só família.
12 Os filhos de Coate: Anrão, Izar,
Hebrom e Uziel, quatro.
13 Os filhos de Anrão: Arão e
Moisés. Arão foi separado para
consagrar as coisas santíssimas,
ele e seus filhos, eternamente,
para oferecerem sacrifícios dian-
te do Senhor, para o servirem e
pronunciarem a bênção em seu
nome para sempre.
14 Quanto a Moisés, homem de
Deus, seus filhos foram contados
entre a tribo de Levi.
15 Foram os filhos de Moisés:
Gérson e Eliezer.
16 De Gérson: Sebuel, o primeiro.
17 Os filhos de Eliezer: Reabias,
o primeiro. Não teve outros fi-
lhos, porém os filhos de Reabias
se multiplicaram grandemente.
18 Os filhos de Izar: Selomote, o
primeiro.
19 Os filhos de Hebrom: Jerias,
o primeiro; Amarias, o segundo;
Jaaziel, o terceiro; e Jecameão,
o quarto.
20 Os filhos de Uziel: Mica, o pri-
meiro; e Issias, o segundo.
21 Os filhos de Merari: Mali e
Musi. Os filhos de Mali: Eleazar
e Quis.
22 Morreu Eleazar sem ter filhos:
teve somente filhas. Os filhos de
Quis, seus irmãos, as tomaram
por mulheres.
23 Os filhos de Musi: Mali, Eder
e Jerimote, três.
24 Esses foram os filhos de Levi,
segundo as suas famílias e che-
fes delas, segundo o número dos
que foram contados pelo nome,
os que faziam a obra do ministé-
rio da casa do Senhor, da idade
de vinte anos para cima.
25 Pois dissera Davi: Visto que
o Senhor, o Deus de Israel, deu
descanso ao seu povo e veio ha-
bitar em Jerusalém para sempre,
26 os levitas já não terão de car-
regar o tabernáculo nem algum
de seus objetos pertencentes a ele.
27 Segundo as últimas palavras
de Davi, foram contados os filhos
de Levi da idade de vinte anos
para cima.
28 A sua responsabilidade era au-
xiliar os filhos de Arão no minis-
tério do templo do Senhor, nos pá-
tios, nas salas, na purificação de
todas as coisas sagradas e na obra
do ministério do templo de Deus.
29 Tinham a responsabilidade de
cuidar dos pães da proposição, da
flor de farinha para a oferta de
cereais, dos bolos sem fermen-
to, das assadeiras, do tostado e
de toda sorte de peso e medida.
30 Deviam se apresentar cada
manhã para louvarem e cele-
brarem ao Senhor, e igualmen-
te à tarde,
31 e para oferecerem os holocaus-
tos ao Senhor, nos sábados, nas
luas novas e nas festas fixas, se-
gundo o seu costume, continua-
mente perante o Senhor.
32 E assim os levitas cumpriram
com suas responsabilidades para

com a Tenda da Congregação,
para com a guarda do santuário
e, sob seus irmãos, os filhos de
Arão, para com o serviço do tem-
plo do Senhor.

As divisões dos sacerdotes

24 Quanto aos filhos de Arão,
foram estas as suas divi-
sões: Os filhos de Arão foram:
Nadabe, Abiú, Eleazar e Itamar.
2 Nadabe e Abiú morreram antes
de seu pai e não tiveram filhos;
assim Eleazar e Itamar exerciam
o sacerdócio.
3 Com a ajuda de Zadoque, dos fi-
lhos de Eleazar, e de Aimeleque,
dos filhos de Itamar, Davi os di-
vidiu em grupos, segundo suas
responsabilidades no ministério.
4 Achou-se que os filhos de Eleazar
entre os chefes de famílias eram
mais do que os de Itamar, e foram
divididos respectivamente: dezes-
seis chefes de famílias dos filhos
de Eleazar, e oito chefes de famí-
lias dos filhos de Itamar.
5 Foram repartidos por sorteio,
tanto uns como os outros, porque
havia líderes do santuário e líde-
res do templo de Deus, assim dos
filhos de Eleazar, como dos filhos
de Itamar.
6 O escrivão Semaías, filho de
Natanael, levita, registrou-os pe-
rante o rei e os líderes: Zadoque,
o sacerdote, Aimeleque, filho de
Abiatar, os chefes de famílias dos
sacerdotes e dos levitas, toman-
do-se uma família de Eleazar, e
uma de Itamar.
7 **S**aiu a primeira sorte a Jeoiaribe;
a segunda, a Jedaías;
8 a terceira, a Harim; a quarta,
a Seorim;
9 a quinta, a Malquias; a sexta,
a Miamim;
10 a sétima, a Hacoz; a oitava, a
Abias;
11 a nona, a Jesua; a décima, a
Secanias,
12 a décima primeira, a Eliasibe;
a décima segunda, a Jaquim;
13 a décima terceira, a Hupá; a
décima quarta, a Jesebeabe;
14 a décima quinta, a Bilga; a dé-
cima sexta, a Imer;
15 a décima sétima, a Hezir; a dé-
cima oitava, a Hapisez;
16 a décima nona, a Petaías; a vi-
gésima, a Jeezquel,
17 a vigésima primeira, a Jaquim;
a vigésima segunda, a Gamul;
18 a vigésima terceira, a Delaías;
e a vigésima quarta, a Maazias.
19 O dever desses no seu ministé-
rio era entrar no templo do Senhor,
segundo lhes fora ordenado por
Arão, seu pai, como o Senhor, o
Deus de Israel, lhe tinha ordenado.
20 **D**o restante dos filhos de Levi:
dos filhos de Anrão, Subael; dos
filhos de Subael, Jedeías.
21 Quanto a Reabias, dos seus fi-
lhos: Issias, o primeiro;
22 dos izaritas, Selomote; dos fi-
lhos de Selomote, Jaate;
23 dos filhos de Hebrom, Jerias, o pri-
meiro; Amarias, o segundo; Jaaziel,
o terceiro; Jecameão, o quarto;
24 dos filhos de Uziel, Mica; dos
filhos de Mica, Samir.
25 O irmão de Mica, Issias; dos
filhos de Issias, Zacarias.
26 Dos filhos de Merari, Mali e
Musi; dos filhos de Jaazias, Beno;
27 dos filhos de Merari: de Jaazias:
Beno, Soão, Zacur e Ibri.
28 De Mali: Eleazar, que não teve
filhos.
29 De Quis: o filho de Quis: Jerameel.
30 E os filhos de Musi: Mali, Eder e
Jerimote. Esses foram os filhos dos
levitas, segundo as suas famílias.

31 Também esses, como seus ir-
mãos, os filhos de Arão, lança-
ram sortes diante do rei Davi,
de Zadoque, de Aimeleque, e dos
chefes de famílias dos sacerdotes
e dos levitas. Assim fizeram, tan-
to para o chefe de família, como
para o seu irmão menor.

Os cantores

25 Davi, juntamente com os
capitães do exército, se-
parou para o ministério alguns
dos filhos de Asafe, de Hemã e de
Jedutum, para profetizarem com
harpas, alaúdes e saltérios. Este
foi o número dos homens que re-
alizaram esse serviço:
2 dos filhos de Asafe: Zacur, José,
Netanias e Asarela. Os filhos de
Asafe estavam sob a supervisão
de Asafe, que profetizava sob a
supervisão do rei.
3 Quanto a Jedutum, dos seus
filhos: Gedalias, Zeri, Jesaías,
Hasabias, Matitias, seis, sob a
supervisão de seu pai Jedutum,
que profetizava com harpas, em
ações de graças e louvores ao
Senhor.
4 Quanto a Hemã, dos seus filhos:
Buquias, Matanias, Uziel, Sebuel,
Jerimote, Hananias, Hanani, Eliata,
Gidalti, Romanti-Ezer, Josbecasa,
Maloti, Hotir e Maaziote.
5 Todos estes foram filhos de Hemã,
o vidente do rei, os quais lhe fo-
ram dados segundo as promessas
de Deus de exaltá-lo. Deus deu a
Hemã catorze filhos e três filhas.
6 Todos estes estavam sob a su-
pervisão de seus pais para a mú-
sica da casa do Senhor, com cím-
balos, alaúdes e harpas para o
serviço da casa de Deus. Asafe,
Jedutum e Hemã estavam sob a
supervisão do rei.
7 Era o número deles, junta-
mente com seus irmãos instruí-
dos em cantar ao Senhor, todos
eles mestres, duzentos e oiten-
ta e oito.
8 Lançaram sortes a fim de de-
terminar os seus cargos, todos
igualmente, tanto o pequeno como
o grande, tanto o mestre como o
discípulo.
9 A primeira sorte, que era de
Asafe, saiu a José, seus filhos e
parentes; a segunda, a Gedalias,
que com seus irmãos e filhos eram
doze ao todo;
10 a terceira, a Zacur, seus filhos
e irmãos, doze ao todo;
11 a quarta, a Izri, seus filhos e
irmãos, doze ao todo;
12 a quinta, a Netanias, seus fi-
lhos e irmãos, doze ao todo;
13 a sexta, a Buquias, seus filhos
e irmãos, doze ao todo;
14 a sétima, a Jesarela, seus fi-
lhos e irmãos, doze ao todo;
15 a oitava a Jesaías, seus filhos
e irmãos, doze ao todo;
16 a nona, a Matanias, seus filhos
e irmãos, doze ao todo;
17 a décima, a Simei, seus filhos
e irmãos, doze ao todo;
18 a décima primeira, a Azarel,
seus filhos e irmãos, doze ao todo;
19 a décima segunda, a Hasabias,
seus filhos e irmãos, doze ao todo;
20 a décima terceira, a Subael,
seus filhos e irmãos, doze ao todo;
21 a décima quarta, a Matitias,
seus filhos e irmãos, doze ao todo;
22 a décima quinta, a Jerimote,
seus filhos e irmãos, doze ao todo;
23 a décima sexta, a Hananias,
seus filhos e irmãos, doze ao todo;
24 a décima sétima, a Josbecasa,
seus filhos e irmãos, doze ao todo;
25 a décima oitava a Hanani, seus
filhos e irmãos, doze ao todo;

26 a décima nona, a Maloti, seus
filhos e irmãos, doze ao todo;
27 a vigésima a Eliata, seus filhos
e irmãos, doze ao todo;
28 a vigésima primeira, a Hotir,
seus filhos e irmãos, doze ao todo;
29 a vigésima segunda, a Gidalti,
seus filhos e irmãos, doze ao todo;
30 a vigésima terceira, a Maaziote,
seus filhos e irmãos, doze ao todo;
31 a vigésima quarta, a Romanti-
Ezer, seus filhos e irmãos, doze
ao todo.

Os porteiros

26 Quanto às divisões dos
porteiros: Dos coraítas:
Meselemias, filho de Coré, dos
filhos de Asafe.
2 Os filhos de Meselemias: Zacarias,
o primogênito; Jediael, o segun-
do; Zebedias, o terceiro; Jatniel,
o quarto;
3 Elão, o quinto; Joanã, o sexto;
e Elioenai, o sétimo.
4 Os filhos de Obede-Edom: Semaías,
o primogênito; Jeozabade, o se-
gundo; Joá, o terceiro; Sacar, o
quarto; Natanael, o quinto;
5 Amiel, o sexto; Issacar, o séti-
mo; e Peuletai, o oitavo. Pois Deus
o tinha abençoado.
6 Também a seu filho Semaías
nasceram filhos, que foram líde-
res da família de seu pai, porque
foram homens valentes.
7 Os filhos de Semaías: Otni, Rafael,
Obede e Elzabade, com seus irmãos,
homens valentes, Eliú e Semaquias.
8 Todos esses foram filhos de Obede-
Edom; eles, seus filhos e seus ir-
mãos, homens capazes e de força
para o serviço, ao todo sessenta
e dois, de Obede-Edom.
9 Os filhos e os irmãos de
Meselemias, homens valentes,
foram dezoito.
10 De Hosa, dos filhos de Merari,
foram filhos: Sinri, o primeiro
(ainda que não fosse o primogê-
nito, seu pai o constituiu o pri-
meiro);
11 Hilquias, o segundo; Tebalias, o
terceiro; Zacarias, o quarto. Os fi-
lhos e irmãos de Hosa foram treze.
12 Desses se fizeram as turmas
dos porteiros, isto é, dos chefes
deles, tendo deveres como seus ir-
mãos, para ministrarem na casa
do Senhor.
13 Lançaram sortes para cada
porta para determinar os deve-
res tanto dos pequenos como dos
grandes, segundo as suas famílias.
14 Caiu a sorte da porta do leste
a Selemias. Depois lançaram sor-
tes por seu filho Zacarias, conse-
lheiro prudente, e saiu-lhe a por-
ta do norte.
15 A Obede-Edom, a do sul; a seus
filhos, a casa dos depósitos.
16 A Supim e Hosa, a porta do
oeste, perto da porta Salequete,
junto ao caminho da subida, uma
guarda em frente a outra guarda.
17 A leste, estavam seis levitas;
ao norte, quatro por dia; ao sul,
quatro por dia; porém, para a casa
dos depósitos, de dois em dois.
18 No átrio a oeste, quatro junto
ao caminho, dois junto ao átrio.
19 Essas foram as turmas dos
porteiros entre os filhos dos co-
raítas e entre os filhos de Merari.

Outras funções dos levitas

20 Quanto aos levitas, Aías tinha a
responsabilidade dos tesouros do
templo de Deus e dos tesouros das
coisas consagradas.
21 Os filhos de Ladã, que eram
gersonitas através de Ladã e que
eram chefes de famílias de Ladã,
o gersonita, foram Jeieli;

22 os filhos de Jeieli, Zetão e Joel,
seu irmão. Esses estavam encar-
regados dos tesouros do templo
do Senhor.
23 Dos anramitas, dos izaritas,
dos hebronitas e dos uzielitas:
24 Sebuel, filho de Gérson, filho
de Moisés, era o chefe encarre-
gado dos tesouros.
25 Seus irmãos através de Eliezer:
Reabias, seu filho; Jesaías, seu fi-
lho; Jorão, seu filho; Zicri, seu filho;
e Selomite, seu filho.
26 Selomite e seus irmãos eram
encarregados de todos os tesou-
ros das coisas consagradas que
o rei Davi e os chefes de famílias,
que eram capitães de milhares,
de centenas, e outros capitães
do exército haviam consagrado.
27 Dos despojos das guerras con-
sagraram para a manutenção do
templo do Senhor.
28 Também tudo o que havia sido
consagrado por Samuel, o vidente,
Saul, filho de Quis, e Abner, filho,
de Ner, e Joabe, filho de Zeruia,
isto é, tudo o que qualquer pes-
soa havia consagrado estava sob a
guarda de Selomite e seus irmãos.
29 Dos izaritas: Quenanias e seus
filhos foram encarregados sobre
Israel para os negócios de fora,
como oficiais e juízes.
30 Dos hebronitas: Hasabias e
seus irmãos, mil e setecentos ho-
mens valentes, tinham sob sua
responsabilidade Israel a oeste
do Jordão, em todos os negócios
do Senhor e no serviço do rei.
31 Quanto aos hebronitas, Jerias
era o chefe, segundo as suas ge-
nealogias e famílias. No quadra-
gésimo ano do reinado de Davi,
fizeram-se buscas e se acharam
entre eles homens valentes em
Jazer de Gileade.
32 Jerias tinha dois mil e setecen-
tos irmãos, homens valentes, che-
fes de famílias de seus pais, e o rei
Davi os encarregou sobre os ru-
benitas e os gaditas, e a meia tri-
bo dos manassitas, para todos os
serviços de Deus e para todos
os negócios do rei.

As divisões do exército

27 São estes os filhos de Israel
segundo o seu número, os
chefes de famílias e os capitães
dos milhares e das centenas com
os seus oficiais, que serviam ao
rei em todos os negócios das tur-
mas que entravam e saíam de mês
em mês durante o ano, cada tur-
ma de vinte e quatro mil.
2 Sobre a primeira turma do pri-
meiro mês estava Jasobeão, filho
de Zabdiel. Em sua turma havia
vinte e quatro mil.
3 Era esse dos filhos de Perez, che-
fe de todos os capitães dos exér-
citos para o primeiro mês.
4 Sobre a turma do segundo mês
era Dodai, o aoíta, com a sua tur-
ma, cujo chefe era Miclote. Em
sua turma havia vinte e qua-
tro mil.
5 O terceiro capitão do exército
para o terceiro mês era Benaia,
filho do sacerdote Jeoiada. Em
sua turma havia vinte e qua-
tro mil.
6 Esse era Benaia, homem pode-
roso entre os trinta e chefe de-
les. Sobre a sua turma estava
Amizabade, seu filho.
7 O quarto, para o quarto mês,
Asael, irmão de Joabe, e depois
dele Zebadias, seu filho. Em sua
turma havia vinte e quatro mil.
8 O quinto, para o quinto mês, era
o chefe Samute, o izraíta. Em sua
turma havia vinte e quatro mil.

9 O sexto, para o sexto mês era Ira,
filho de Iques, o tecoíta. Em sua
turma havia vinte e quatro mil.
10 O sétimo, para o sétimo mês
era Helez, o pelonita, dos filhos
de Efraim. Em sua turma havia
vinte e quatro mil.
11 O oitavo, para o oitavo mês
era Sebecai, o husatita, dos ze-
raítas. Em sua turma havia vin-
te e quatro mil.
12 O nono, para o nono mês era
Abiezer, o anatotita, dos benja-
mitas. Em sua turma havia vin-
te e quatro mil.
13 O décimo, para o décimo mês
era Maarai, o netofatita, dos ze-
raítas. Em sua turma havia vin-
te e quatro mil.
14 O décimo primeiro, para o déci-
mo primeiro mês era Benaia, o pi-
ratonita, dos filhos de Efraim. Em
sua turma havia vinte e quatro mil.
15 O décimo segundo, para o dé-
cimo segundo mês, era Heldai,
o netofatita, de Otniel. Em sua
turma havia vinte e quatro mil.
16 Sobre as tribos de Israel eram
estes: sobre os rubenitas era che-
fe Eliezer, filho de Zicri; sobre
os simeonitas, Sefatias, filho de
Maaca;
17 sobre os levitas, Hasabias, fi-
lho de Quemuel; sobre os aroni-
tas, Zadoque;
18 sobre Judá, Eliú, dos irmãos
de Davi; sobre Issacar, Onri, fi-
lho de Micael;
19 sobre Zebulom, Ismaías, fi-
lho de Obadias; sobre Naftali,
Jerimote, filho de Azriel;
20 sobre os filhos de Efraim, Oseias,
filho de Azazias; sobre a meia
tribo de Manassés, Joel, filho de
Pedaías;
21 sobre a outra meia tribo de
Manassés em Gileade, Ido, filho
de Zacarias; sobre Benjamim,
Jaasiel, filho de Abner;
22 sobre Dã, Azarel, filho de Jeroão.
Esses eram os capitães das tribos
de Israel.
23 Davi não contou os de vinte
anos para baixo, porque o Senhor
tinha dito que havia de multipli-
car Israel como as estrelas do céu.
24 Joabe, filho de Zeruia, tinha
começado a contá-los, porém não
acabou, porque viera por isso
grande ira sobre Israel, pelo que
o número não foi escrito no livro
das crônicas do rei Davi.
25 Sobre os tesouros do rei estava
Azmavete, filho de Adiel. Sobre
os tesouros dos campos, das ci-
dades, das aldeias e das torres,
Jônatas, filho de Uzias.
26 Sobre os que faziam a obra do
campo, na lavoura da terra, Ezri,
filho de Quelube.
27 Sobre as vinhas, Simei, o ra-
matita. Sobre o que das vides en-
trava para as adegas do vinho,
Zabdi, o sifmita.
28 Sobre os olivais e as figueiras
bravas que havia nas campinas,
Baal-Hanã, o gederita. Joás so-
bre os depósitos do azeite.
29 Sobre os gados que pastavam
em Sarom, Sitrai, o saronita. Sobre
os gados dos vales, Safate, filho
de Adlai.
30 Sobre os camelos, Obil, o isma-
elita. Sobre as jumentas, Jedias,
o meronotita.
31 Sobre o gado miúdo, Jaziz, o ha-
grita. Todos esses eram os admi-
nistradores dos bens do rei Davi.
32 Jônatas, tio de Davi, era do
conselho, homem sábio e mestre
da lei. Jeiel, filho de Hacmoni,
cuidava dos filhos do rei.
33 Aitofel era conselheiro do rei.
Husai, o arquita, amigo do rei.

34 Depois de Aitofel, Jeoiada, fi-
lho de Benaia, e Abiatar. Joabe
era comandante do exército do rei.

Os planos de Davi para o templo

28 Davi convocou em Jerusalém
todos os líderes de Israel,
os líderes das tribos, os capitães
das turmas, que serviam o rei,
os capitães dos milhares, os ca-
pitães das centenas, os encarre-
gados de toda a fazenda e posses-
são do rei e de seus filhos, como
também os oficiais, os poderosos
e todo guerreiro valente.
2 Pôs-se o rei Davi em pé e disse:
Ouvi-me, irmãos meus, e povo
meu: Em meu coração propus
construir um templo de descanso
para a arca da aliança do Senhor
e para o estrado dos pés do nosso
Deus, e fiz planos para a construir.
3 Deus, porém, me disse: Não edi-
ficarás templo ao meu nome, por-
que és homem de guerra e derra-
maste muito sangue.
4 O Senhor Deus de Israel esco-
lheu-me de toda a família de meu
pai, para que eternamente fosse
eu rei sobre Israel. A Judá esco-
lheu por líder, e a tribo de Judá,
na família de meu pai; e entre
os filhos de meu pai se agradou
de mim para me fazer rei sobre
todo o Israel.
5 De todos os meus filhos (e mui-
tos filhos me deu o Senhor), es-
colheu ele o meu filho Salomão
para se assentar no trono do rei-
no do Senhor sobre Israel.
6 E me disse: Teu filho Salomão
é quem construirá o meu tem-
plo e os meus átrios, pois o esco-
lhi para filho, e lhe serei por pai.
7 Estabelecerei o seu reino para
sempre, se ele perseverar em
cumprir os meus mandamentos
e os meus juízos, como o faz até
o dia de hoje.
8 Agora, perante os olhos de todo
o Israel, a congregação do Senhor,
e perante os ouvidos do nosso
Deus, guardai e buscai todos os
mandamentos do Senhor, o vos-
so Deus, para que possuais esta
boa terra e a deixeis como heran-
ça a vossos filhos depois de vós,
para sempre.
9 E tu, meu filho Salomão, co-
nhece o Deus de teu pai e serve-o
com um coração íntegro e alma
voluntária, pois o Senhor obser-
va todos os corações e conhece
todos os desígnios e pensamen-
tos. Se o buscares, será achado
de ti; mas, se o deixares, te rejei-
tará para sempre.
10 Olha, agora, pois o Senhor te
escolheu para construíres um
templo para o santuário. Sê for-
te e faze a obra.
11 Deu Davi a Salomão, seu filho,
a planta do pórtico com as suas
casas, as suas tesourarias, os seus
aposentos superiores, as suas sa-
las interiores, como também da
casa do propiciatório.
12 Também a planta de tudo o que
tinha em mente, a saber: dos átrios
do templo do Senhor, de todas as
salas em redor, para os tesouros
do templo de Deus e para os te-
souros das coisas consagradas.
13 Deu-lhe instruções para as tur-
mas dos sacerdotes e dos levitas,
e para toda a obra do ministério
do templo do Senhor, e de todos
os utensílios para o serviço do
templo do Senhor.
14 Especificou o peso do ouro
para todos os vasos de cada ser-
viço, e o peso da prata para to-
dos os utensílios de prata para
cada serviço;

15 o peso do ouro para os castiçais
de ouro e suas lâmpadas, com o
peso do ouro para cada castiçal e
as suas lâmpadas; e o peso da pra-
ta para os castiçais de prata, para
cada castiçal e as suas lâmpadas,
segundo o uso de cada castiçal;
16 o peso do ouro para cada mesa
da proposição; o peso da prata
para as mesas de prata;
17 o peso de ouro puro para os gar-
fos, para as bacias e para os copos;
o peso do ouro para cada taça de
ouro; o peso da prata para cada
taça de prata;
18 e o peso do ouro refinado para
o altar do incenso. Deu-lhe tam-
bém o modelo do carro, a saber,
os querubins de ouro que haviam
de estender as asas e cobrir a arca
da aliança do Senhor.
19 Tudo isto, disse Davi, foi-me
dado por escrito da mão do Senhor,
e ele me fez compreender todos
os detalhes desta planta.
20 **D**isse Davi a Salomão, seu fi-
lho: Sê forte e corajoso. Faze a
obra. Não temas nem te desani-
mes, pois o Senhor Deus, o meu
Deus, é contigo. Ele não te deixa-
rá nem te desamparará até que
acabes toda a obra para o servi-
ço do templo do Senhor.
21 Aí tens as turmas dos sacerdo-
tes e dos levitas para todo o ser-
viço do templo de Deus e estará
contigo para toda a obra todo
homem bem-disposto e especia-
lista em qualquer tipo de servi-
ço. Os chefes e todo o povo esta-
rão inteiramente às tuas ordens.

As ofertas para a *construção do templo*

29 Disse mais o rei Davi a toda
a congregação: Salomão,
meu filho, o único a quem Deus
escolheu, ainda é moço e inexpe-
riente. Essa obra é grande, pois o
palácio não é para homem, mas
para o Senhor Deus.
2 Eu com todas as minhas forças já
preparei para a casa do meu Deus
ouro para as obras de ouro, prata
para as de prata, bronze para as
de bronze, ferro para as de ferro,
madeira para as de madeira, pe-
dras de ônix, pedras de engaste,
pedras de ornato, pedras de várias
cores, todo tipo de pedras precio-
sas e mármore, tudo em grande
quantidade.
3 Além disso, pelo amor ao tem-
plo do meu Deus, agora dou dos
meus tesouros particulares o ouro
e a prata; eu o dou para o templo
do meu Deus, além de tudo o que
preparei para o santuário:
4 três mil talentos de ouro, do
ouro de Ofir, e sete mil talentos
de prata refinada, para cobrir as
paredes das casas,
5 para as obras de ouro e para as
de prata, e para todas as obras
dos artesãos. Quem está disposto
a consagrar-se hoje ao Senhor?
6 Então os chefes de famílias, os
líderes das tribos de Israel, os
capitães dos milhares e das cen-
tenas e até os capitães da obra
do rei, voluntariamente contri-
buíram.
7 Deram para o serviço da casa de
Deus cinco mil talentos de ouro,
dez mil dracmas de ouro, dez mil
talentos de prata, dezoito mil ta-
lentos de bronze e cem mil talen-
tos de ferro.
8 Os que tinham pedras precio-
sas, deram-nas para o tesouro do
templo do Senhor, sob a lideran-
ça de Jeiel, o gersonita.
9 O povo se alegrou com as ofer-
tas voluntárias que seus chefes

fizeram, pois de coração íntegro
deram eles ao Senhor. Também
o rei Davi se alegrou com gran-
de júbilo.
10 Louvou Davi ao Senhor peran-
te toda a congregação, dizendo:
Bendito és tu, Senhor, Deus de
nosso pai Israel, de eternidade
em eternidade.
11 Tua é, Senhor, a grandeza, o
poder, a honra, a vitória e a ma-
jestade, pois teu é tudo o que há
nos céus e na terra. Teu é, Senhor,
o reino, e tu estás acima de todos.
12 Riquezas e glória vêm de ti;
tu governas sobre tudo. Nas tuas
mãos há força e poder para en-
grandecer e dar força a tudo.
13 Agora, ó nosso Deus, graças
te damos e louvamos o nome da
tua glória.
14 Quem, porém, sou eu, e quem
é o meu povo, para que pudés-
semos dar voluntariamente es-
tas coisas? Tudo vem de ti, e so-
mente devolvemos o que veio das
tuas mãos.
15 Somos estranhos diante de ti
e peregrinos como todos os nos-
sos pais. Como sombra são os
nossos dias sobre a terra, e não
há esperança.
16 Senhor nosso Deus, toda essa
riqueza que preparamos, para
construir um templo ao teu santo
nome, vem da tua mão, e é toda tua.
17 Bem sei eu, meu Deus, que tu
sondas os corações, e que te agra-
das da integridade. Eu também,
na integridade de meu coração,
voluntariamente dei todas essas
coisas. E agora vi com alegria que
o teu povo, que se acha aqui, ofe-
receu voluntariamente.
18 Senhor, Deus de nossos pais
Abraão, Isaque e Israel, conser-
va para sempre no coração do teu
povo essa disposição e esses pen-
samentos, e encaminha o seu co-
ração para ti.
19 A Salomão, meu filho, dá um
coração íntegro para guardar os
teus mandamentos, os teus tes-
temunhos e os teus estatutos,
e para fazer todas estas coisas, e
para construir o palácio para o
qual tudo preparei.
20 Então disse Davi a toda a con-
gregação: Louvai ao Senhor, o vos-
so Deus. Assim toda a congregação
louvou ao Senhor, o Deus de seus
pais, e inclinaram-se e prostraram-
-se perante o Senhor, e perante o rei.
21 No dia seguinte, ofereceram sa-
crifícios ao Senhor e lhe apresen-
taram holocaustos de mil bezer-
ros, mil carneiros, mil cordeiros,
com as suas libações, e sacrifícios
em grande quantidade a favor de
todo o Israel.
22 Comeram e beberam naquele
dia perante o Senhor, com gran-
de alegria. E, pela segunda vez,
fizeram rei a Salomão, filho de
Davi, e o ungiram ao Senhor para
ser soberano, e a Zadoque para ser
sacerdote.
23 Assim Salomão assentou-se no
trono do Senhor, como rei em lu-
gar de Davi, seu pai. Prosperou, e
todo o Israel lhe obedeceu.
24 Todos os líderes e os podero-
sos, como também todos os fi-
lhos do rei Davi, se submeteram
ao rei Salomão.
25 O Senhor engrandeceu muito
a Salomão perante todo o Israel
e deu-lhe majestade real, qual
antes dele não teve nenhum rei
em Israel.
26 Assim Davi, filho de Jessé, rei-
nou sobre todo o Israel.
27 Foi o tempo que reinou sobre
Israel quarenta anos; em Hebrom

reinou sete anos e, em Jerusalém,
trinta e três.
28 Morreu numa boa velhice, cheio
de dias, riquezas e honra. Salomão,
seu filho, reinou em seu lugar.
29 Os atos do rei Davi, assim os
primeiros como os últimos, estão
escritos nas crônicas de Samuel, o
vidente, nas crônicas do profeta Natã
e nas crônicas de Gade, o vidente,
30 com os detalhes do seu reinado
e poder, e as circunstâncias que
o cercaram, a Israel e aos reinos
das outras terras.

2CRÔNICAS

Salomão pede sabedoria

1 Salomão, filho de Davi, fortaleceu-se no seu reino, pois o
Senhor seu Deus era com ele e
muito o engrandeceu.
2 Falou Salomão a todo o Israel,
aos capitães dos milhares e das
centenas, aos juízes e a todos os
líderes em todo o Israel, cabeças
de famílias.
3 Foi Salomão e toda a congre-
gação com ele ao alto que estava
em Gibeom, pois ali estava a ten-
da da congregação de Deus, que
Moisés, servo do Senhor, tinha
feito no deserto.
4 Ora, Davi tinha feito subir a
arca de Deus de Quiriate-Jearim
ao lugar que lhe havia prepara-
do, porque lhe tinha armado uma
tenda em Jerusalém.
5 O altar de bronze feito por Bezalel,
filho de Uri, filho de Hur, po-
rém, estava em Gibeom diante
do tabernáculo do Senhor; as-
sim Salomão e a congregação o
consultavam ali.
6 Salomão subiu ao altar de bron-
ze, perante o Senhor, na tenda da
congregação, e sobre ele ofereceu
mil holocaustos.
7 **N**aquela mesma noite, Deus
apareceu a Salomão e lhe disse:
Pede o que queres que eu te dê.
8 Respondeu Salomão a Deus: Tu
usaste de grande benevolência
para com meu pai Davi e a mim
me fizeste rei em seu lugar.
9 Agora, ó Senhor Deus, confir-
me-se a tua palavra, dada a meu
pai Davi, pois me fizeste rei so-
bre um povo numeroso como o
pó da terra.
10 Dá-me agora sabedoria e co-
nhecimento, para que possa sair
e entrar perante este povo, pois
quem poderia julgar a este teu
povo, que é tão grande?
11 Disse Deus a Salomão: Visto
que houve isso no teu coração,
e não pediste riquezas, bens ou
honra, nem a morte dos que te
odeiam, tampouco pediste muitos
dias de vida, mas pediste para ti
sabedoria e conhecimento para
poderes julgar a meu povo, sobre
o qual te constituí rei,
12 sabedoria e conhecimento te
são dados; e te darei riquezas,
bens e honra, quais não teve ne-
nhum rei antes de ti, e nenhum
depois de ti terá.
13 Assim Salomão veio a Jerusalém,
do alto que estava em Gibeom, de
diante da tenda da congregação.
E reinou sobre Israel.
14 Salomão ajuntou carros e ca-
valeiros; tinha mil e quatrocentos
carros e doze mil cavaleiros, que
colocou nas cidades para os car-
ros e junto ao rei, em Jerusalém.
15 Fez o rei que em Jerusalém hou-
vesse ouro e prata como pedras
e cedros em abundância como
figueiras bravas que há nas bai-
xadas.
16 Os cavalos que Salomão tinha
eram trazidos do Egito e de Coa;
os mercadores do rei os recebiam
de Coa por determinado preço.
17 Importavam do Egito cada car-
ro por seiscentos siclos de prata e
cada cavalo, por cento e cinquen-
ta. Também os exportavam para
todos os reis dos heteus e para os
reis da Síria.

Preparativos para a construção do templo

2 Salomão deu ordens para edi-
ficar um templo ao nome do
Senhor, como também um palá-
cio para o seu reino.
2 Designou Salomão setenta mil
homens como carregadores, oi-
tenta mil cortadores de pedras na
montanha e três mil e seiscentos
inspetores sobre eles.
3 Salomão mandou dizer a Hirão,
rei de Tiro: Como fizeste com
Davi, meu pai, mandando-lhe
cedros para edificar um palácio
em que morasse, assim também
faze comigo.
4 Ora, estou para edificar um tem-
plo ao nome do Senhor meu Deus e
consagrá-lo a ele, para queimar pe-
rante ele incenso aromático, para
apresentar o pão contínuo da pro-
posição e os holocaustos da manhã
e da tarde, nos sábados, nas luas
novas e nas festividades do Senhor
nosso Deus. Esta é uma obrigação
perpétua de Israel.
5 **O** templo que vou edificar há de
ser grande, porque o nosso Deus
é maior do que todos os deuses.
6 Quem, porém, seria capaz de lhe
edificar um templo, visto que os
céus e até os céus dos céus não o
podem conter? E quem sou eu para
lhe edificar um templo, a não ser
para queimar incenso perante ele?
7 Portanto, manda-me um ho-
mem habilidoso para trabalhar
em ouro, prata, bronze, ferro,
púrpura, carmesim e azul, e que
saiba lavrar ao buril, com os pe-
ritos que estão comigo em Judá
e em Jerusalém, os quais Davi
meu pai preparou.
8 Manda-me também madeira
de cedros, ciprestes e sândalo do
Líbano, pois bem sei que os teus
servos sabem cortar madeira no
Líbano. Os meus servos estarão
com os teus servos,
9 a fim de prepararem muita ma-
deira, porque o templo que vou
edificar há de ser grande e ma-
ravilhoso.
10 Aos teus servos, os cortadores
da madeira, darei vinte mil coros
de trigo batido, vinte mil coros de
cevada, vinte mil batos de vinho
e vinte mil batos de azeite.
11 **H**irão, rei de Tiro, respondeu
por meio de uma carta que en-
viou a Salomão: Porque o Senhor
ama o seu povo, te constituiu rei
sobre ele.
12 E acrescentou Hirão: Bendito
seja o Senhor, Deus de Israel, que
fez os céus e a terra! Deu ao rei
Davi um filho sábio, de grande
prudência e entendimento, que
edifique templo ao Senhor e para
o seu próprio reino.
13 Envio um homem habilidoso, de
entendimento, a saber, Hirão-Abi,
14 filho de uma mulher das fi-
lhas de Dã, e cujo pai foi homem
de Tiro. Este sabe lavrar em ouro,
em prata, em bronze, em ferro, em
pedras, em madeira, em púrpura,
em azul, em linho fino e em car-
mesim; é perito em toda a obra de
buril e para toda espécie de enge-
nhosas invenções. Ele trabalhará
com os teus peritos e com os peri-
tos de Davi, meu senhor, teu pai.
15 Agora mande o meu senhor para
os seus servos o trigo, a cevada,
o azeite e o vinho, de que falou,
16 e nós cortaremos tanta madei-
ra no Líbano quanta precisares
e a levaremos em jangadas pelo
mar até Jope. Então tu a farás su-
bir a Jerusalém.
17 **C**ontou Salomão todos os ho-
mens estrangeiros que havia na

terra de Israel, conforme o censo
que fizera Davi, seu pai; e acha-
ram-se cento e cinquenta e três
mil e seiscentos.
18 Deles separou setenta mil para
servirem de carreteiros, oitenta
mil para cortadores de madei-
ra na montanha, como também
três mil e seiscentos inspetores
para fazerem trabalhar o povo.

A construção do templo

3 Então Salomão começou a edi-
ficar o templo do Senhor em
Jerusalém, no monte Moriá, onde
o Senhor aparecera a Davi, seu pai,
no lugar que Davi havia prepara-
do na eira de Araúna, o jebuseu.
2 Começou a edificar no segundo
mês, no segundo dia, no quarto
ano do seu reinado.
3 Estas foram as medidas do alicerce
que Salomão lançou para edificar
o templo de Deus: o comprimento
em côvados, segundo a primiti-
va medida, era de sessenta côva-
dos, e a largura de vinte côvados.
4 O pórtico que estava na frente
tinha vinte côvados de compri-
mento, correspondendo à largu-
ra do templo, e a altura era de
cento e vinte. Dentro, ele cobriu
de ouro puro.
5 O átrio principal forrou com
madeira de cipreste e o cobriu
de ouro fino, e gravou nele pal-
mas e cadeias.
6 Adornou o templo de pedras pre-
ciosas. E o ouro era ouro de Parvaim.
7 Cobriu de ouro as traves e os
umbrais, bem como as paredes
e as suas portas, e lavrou queru-
bins nas paredes.
8 Fez o Santíssimo Lugar, cujo
comprimento era de vinte côva-
dos, correspondendo à largura da
casa, e a sua largura era de vinte
côvados. Cobriu-o de ouro puro
do peso de seiscentos talentos.
9 Os pregos eram de ouro e pesa-
vam cinquenta siclos. Também co-
briu de ouro os cenáculos.
10 Fez no Santíssimo Lugar dois
querubins de madeira e os co-
briu de ouro.
11 As asas dos querubins tinham
vinte côvados de comprimento.
A asa de um deles, de cinco cô-
vados, tocava na parede do tem-
plo, e a outra asa, de cinco cô-
vados, tocava na asa do outro
querubim.
12 Da mesma forma, a asa do se-
gundo querubim era de cinco cô-
vados e tocava na parede do tem-
plo, e a sua outra asa, igualmente
de cinco côvados, estava unida à
asa do primeiro querubim.
13 As asas desses querubins se es-
tendiam por vinte côvados. Eles
estavam postos em pé, os seus ros-
tos virados para o átrio principal.
14 Fez o véu de azul, púrpura,
carmesim e linho fino, e fez bor-
dar nele querubins.
15 Fez na frente do templo duas
colunas de trinta e cinco côva-
dos de altura; e o capitel que es-
tava sobre cada uma era de cin-
co côvados.
16 Fez cadeias, como no Santo dos
Santos, e as pôs no alto das colu-
nas. Fez também cem romãs, que
pôs nas cadeias.
17 Levantou as colunas diante do
templo, uma à direita e outra à es-
querda. Chamou o nome da que
estava à direita Jaquim, e o nome
da que estava à esquerda Boaz.

Acessórios do templo

4 Fez um altar de bronze de vin-
te côvados de comprimento,
vinte de largura e dez de altura.

2 Fez o tanque de fundição, de dez
côvados de uma borda até a ou-
tra, redondo, e de cinco côvados
de altura. Um fio de trinta côva-
dos era a medida da sua circun-
ferência.
3 Por baixo da sua borda havia
figuras de bois que o cingiam ao
redor, dez em cada côvado, con-
tornando-o todo. Os bois esta-
vam em duas fileiras, fundidas
com o tanque.
4 O tanque estava sobre doze bois;
três olhavam para o norte, três
para o ocidente, três para o sul
e três para o oriente. Ele estava
posto sobre os bois, cujas par-
tes posteriores estavam para a
banda de dentro.
5 Tinha quatro dedos de espessu-
ra, e a sua borda foi feita como a
borda de um copo, ou como a flor
de um lírio, e sua capacidade
era de três mil batos.
6 Fez dez pias, e pôs cinco à di-
reita e cinco à esquerda, para la-
varem nelas o que pertencia ao
holocausto, porém o tanque era
para que os sacerdotes se lavas-
sem nele.
7 Fez dez castiçais de ouro, se-
gundo fora ordenado, e os pôs
no templo, cinco à direita e cin-
co à esquerda.
8 Fez dez mesas e as pôs no tem-
plo, cinco à direita e cinco à es-
querda. Também fez cem bacias
de ouro.
9 Fez o átrio dos sacerdotes e o
átrio grande, como também as
suas portas, as quais cobriu de
bronze.
10 Pôs o tanque ao lado direito
da casa, para a banda do orien-
te, para o sul.
11 Também fez as caldeiras, as
pás e as bacias. Assim acabou
Hirão de fazer a obra para o rei
Salomão, no templo de Deus:
12 as duas colunas; os dois capi-
téis em forma de globo no alto
das colunas; as duas redes para
cobrir os dois capitéis em forma
de globo que estavam no alto das
colunas;
13 as quatrocentas romãs para as
duas redes, duas fileiras de romãs
para cada rede, para cobrirem os
dois capitéis em forma de globo
que estavam no alto das colunas;
14 as bases, e as pias sobre as bases;
15 o tanque, e os doze bois de-
baixo dele;
16 as caldeiras, as pás, os garfos
e todos os utensílios. Todos os ob-
jetos que fez Hirão-Abi para o rei
Salomão, para o templo do Senhor,
eram de bronze purificado.
17 Na planície do Jordão os fun-
diu o rei, na terra argilosa entre
Sucote e Zeredá.
18 Fez Salomão todos estes uten-
sílios em grande abundância, de
maneira que não se podia deter-
minar o peso do bronze.
19 Fez também Salomão todos os
utensílios que eram para o tem-
plo de Deus: o altar de ouro, as
mesas, sobre as quais estavam
os pães da proposição,
20 os castiçais com as suas lâm-
padas de ouro puro, para as acen-
derem segundo o costume, peran-
te o Santo dos Santos;
21 as flores, as lâmpadas e as
tenazes eram de ouro, do mais
puro ouro;
22 como também os garfos, as ba-
cias, as taças, os incensários, de
ouro finíssimo; quanto à entra-
da do templo, as suas portas de
dentro do Santíssimo Lugar e as
portas do templo, isto é, do san-
tuário, eram de ouro.

A arca é levada para o templo

5 Assim se acabou toda a obra
que Salomão fez para o templo
do Senhor. Então trouxe Salomão
as coisas consagradas de seu pai
Davi, a prata, o ouro, todos os
utensílios e os pôs nos tesouros
do templo de Deus.
2 Convocou Salomão a Jerusalém
os anciãos de Israel e todos os cabeças das tribos, os cabeças de famílias dos filhos de Israel, para
fazerem subir a arca da aliança
do Senhor, da Cidade de Davi,
que é Sião.
3 Todos os homens de Israel se
congregaram ao rei na festa, no
sétimo mês.
4 Vieram todos os anciãos de Israel.
Os levitas levantaram a arca
5 e a fizeram subir, com a tenda
da congregação, e também todos
os utensílios sagrados que nela
estavam. Os sacerdotes levitas
os fizeram subir.
6 Então o rei Salomão e toda a
congregação de Israel, que se tinha congregado a ele, diante da
arca, sacrificavam carneiros e
bois, que não se podiam contar
nem numerar por causa da sua
multidão.
7 Assim puseram os sacerdotes
a arca da aliança do Senhor no
seu lugar, no santuário mais interior, no Santo dos Santos, debaixo das asas dos querubins.
8 Os querubins estendiam as asas
sobre o lugar da arca e cobriam
a arca e os seus varais.
9 Os varais eram tão compridos
que as suas pontas, sobressaindo da arca, eram vistas do Santo
Lugar, mas não se viam de fora; e
ali estão até o dia de hoje.
10 Nada havia na arca senão as
duas tábuas que Moisés ali tinha
posto junto a Horebe, quando o
Senhor fez aliança com os filhos
de Israel, ao saírem eles do Egito.
11 Então os sacerdotes se retiraram do santuário. Todos os
sacerdotes que se achavam presentes se tinham consagrado,
sem observarem a ordem das
suas turmas.
12 Todos os levitas que eram músicos — Asafe, Hemã, Jedutum,
seus filhos e seus irmãos — vestidos de linho fino, com címbalos,
com alaúdes e com harpas, estavam em pé ao oriente do altar, e
com eles cento e vinte sacerdotes, que tocavam as trombetas.
13 Os trombeteiros e os cantores juntaram-se em uníssono,
como uma só voz, para louvar
ao Senhor e render-lhe graças.
Acompanhados de trombetas,
címbalos e outros instrumentos, ergueram a voz em louvor ao
Senhor e cantaram: Ele é bom,
o seu amor dura para sempre.
Então o templo do Senhor se encheu de uma nuvem,
14 e os sacerdotes não podiam
ter-se em pé, para ministrar, por
causa da nuvem, pois a glória do
Senhor encheu o templo de Deus.

Salomão dedica o templo

6 Então disse Salomão: O Senhor
declarou que habitaria em uma
nuvem escura;
2 eu te edifiquei um templo para
morada, um lugar para a tua eterna habitação.
3 Enquanto toda a congregação
se mantinha em pé, voltou o rei
o rosto e abençoou a toda a congregação de Israel.
4 Então disse: Bendito seja o Senhor,
Deus de Israel, que com as suas
mãos cumpriu o que prometeu

pela sua boca a Davi, meu pai.
Pois disse:
5 Desde o dia em que tirei o meu
povo da terra do Egito, não esco-
lhi cidade alguma de todas as tri-
bos de Israel, para edificar nela
um templo em que estivesse o
meu nome, nem escolhi homem
algum para ser chefe do meu
povo Israel.
6 Agora, porém, escolhi Jerusalém
para que ali estivesse o meu nome,
e escolhi Davi para que estivesse
sobre o meu povo Israel.
7 Davi, meu pai, teve no seu co-
ração o propósito de edificar um
templo ao nome do Senhor, Deus
de Israel.
8 O Senhor, contudo, disse a Davi,
meu pai: Porque tiveste no teu
coração o propósito de edificar
um templo ao meu nome, fizeste
bem em ter isso no teu coração.
9 Contudo, tu não edificarás a casa,
mas teu filho, que há de proceder
de teus lombos, esse edificará o
templo ao meu nome.
10 Cumpriu o Senhor a promes-
sa que fez. Eu me levantei em lu-
gar de Davi, meu pai, e me assen-
tei sobre o trono de Israel, como
o Senhor prometeu; e edifiquei o
templo ao nome do Senhor, Deus
de Israel.
11 Pus nela a arca, em que está a
aliança que o Senhor fez com os
filhos de Israel.
12 Salomão pôs-se em pé perante
o altar do Senhor, diante de toda
a congregação de Israel, e esten-
deu as mãos.
13 Ora, Salomão tinha feito uma
plataforma de bronze, de cinco
côvados de comprimento, cin-
co de largura e três de altura, e
a tinha posto no meio do pátio.
Pôs-se em pé sobre ela, então se
ajoelhou na presença de toda a
congregação de Israel, estendeu
as mãos para o céu
14 e disse: Ó Senhor, Deus de
Israel, não há Deus semelhan-
te a ti, nem no céu nem na terra,
que guardas a aliança e a bene-
ficência aos teus servos que ca-
minham perante ti de todo o seu
coração.
15 Cumpriste em favor de teu ser-
vo Davi, meu pai, o que lhe pro-
meteste; com a tua boca o disses-
te e com a tua mão o cumpriste,
como se vê neste dia.
16 Agora, Senhor, Deus de Israel,
cumpre ao teu servo Davi, meu
pai, o que prometeste, dizendo:
Nunca te faltará homem dian-
te de mim, que se assente sobre
o trono de Israel, se tão somente
os teus filhos guardarem os seus
caminhos, para andarem na mi-
nha lei, como tu andaste diante
de mim.
17 E agora, ó Senhor Deus de
Israel, confirme-se a tua pala-
vra, que prometeste ao teu ser-
vo, a Davi.
18 Verdadeiramente, porém, ha-
bitará Deus com os homens na
terra? O céu e o céu dos céus não
te podem conter, quanto menos
este templo que edifiquei!
19 Todavia, atende à oração do teu
servo e à sua súplica, ó Senhor,
meu Deus, para ouvires o cla-
mor e a oração, que o teu servo
faz perante ti.
20 Que os teus olhos estejam dia
e noite abertos sobre este lugar,
do qual disseste que ali porias o
teu nome. Que ouças a oração
que o teu servo fizer neste lugar.
21 Ouve as súplicas do teu ser-
vo e do teu povo Israel, que fi-
zerem neste lugar. Ouve tu do

lugar da tua habitação, do céu;
ouve e perdoa.
22 Quando alguém pecar contra
o seu próximo, e lhe for exigido
que jure, e ele vier a jurar diante
do teu altar, neste templo,
23 ouve tu dos céus, age e julga
a teus servos, pagando ao ímpio,
lançando o seu proceder sobre a
sua cabeça e justificando ao justo,
dando-lhe segundo a sua justiça.
24 Quando também o teu povo
Israel for ferido diante do inimigo,
por ter pecado contra ti, e eles se
converterem, confessarem o teu
nome e orarem e suplicarem perante ti neste templo,
25 ouve tu dos céus e perdoa os
pecados de teu povo Israel, faze-
-os tornar à terra que lhe deste
e a seus pais.
26 Quando os céus se cerrarem,
e não houver chuva, por terem
pecado contra ti, e orarem neste lugar, confessarem teu nome
e se converterem dos seus pecados, quando tu os afligires,
27 ouve tu dos céus, perdoa o pecado de teus servos e do teu povo
Israel. Ensina-lhes o bom caminho, em que devem andar e dá
chuva sobre a terra que deste ao
teu povo em herança.
28 Quando houver fome na terra ou peste, quando houver praga ou ferrugem, gafanhotos ou
lagarta, quando o seu inimigo o
cercar em qualquer das suas cidades, ou houver alguma praga
ou doença,
29 toda oração e súplica que qualquer homem ou todo o teu povo
Israel fizer, conhecendo cada um
a sua praga e a sua dor, e estendendo as mãos para este templo,
30 ouve tu dos céus, do assento da
tua habitação. Perdoa e dá a cada
um conforme a todos os seus caminhos, segundo vires o seu coração (pois só tu conheces o coração dos filhos dos homens),
31 a fim de que te temam e andem
nos teus caminhos, todos os dias
que viverem na terra que deste a
nossos pais.
32 Assim também ao estrangeiro, que não é do teu povo Israel,
mas vier de terras remotas por
amor do teu grande nome, da tua
poderosa mão e do teu braço estendido, vindo ele e orando neste templo,
33 ouve tu dos céus, do assento
da tua habitação, e faze conforme
tudo o que o estrangeiro te suplicar, a fim de que todos os povos da
terra conheçam o teu nome e te
temam, como o teu povo Israel, e
saibam que pelo teu nome é chamado este templo que edifiquei.
34 Quando o teu povo sair à guerra contra os seus inimigos, pelo
caminho que os enviares, e orarem a ti, voltados para esta cidade que escolheste e para este templo que edifiquei ao teu nome,
35 ouve tu dos céus a sua oração e a sua súplica e executa o
seu direito.
36 Quando pecarem contra ti (pois
não há homem que não peque),
e tu te indignares contra eles e
os entregares diante do inimigo,
para que os levem cativos a uma
terra, longe ou perto,
37 e na terra para onde forem levados em cativeiro caírem em si
e se converterem, e na terra do
seu cativeiro a ti suplicarem, dizendo: Pecamos, perversamente procedemos e cometemos iniquidade;
38 se eles se converterem a ti de
todo o seu coração e de toda a

sua alma, na terra do seu cati-
veiro para onde os levaram pre-
sos, e orarem voltados para a
sua terra, que deste a seus pais,
para esta cidade que escolheste
e para este templo que edifiquei
ao teu nome,
39 ouve tu dos céus, do assento
da tua habitação, a sua oração e
as suas súplicas e executa o seu
direito. Perdoa ao teu povo que
houver pecado contra ti.
40 Agora, ó meu Deus, estejam os
teus olhos abertos e os teus ou-
vidos atentos à oração que se fi-
zer neste lugar.
41 Levanta-te, agora, Senhor Deus,
e vem para o teu repouso,
tu e a arca da tua fortaleza.
Os teus sacerdotes,
ó Senhor Deus,
sejam vestidos de salvação,
e os teus santos se
regozijem no bem.
42 Ah! Senhor Deus,
não rejeites o teu ungido.
Lembra-te do grande amor
que prometeste a teu servo
Davi.

A dedicação do templo

7 Quando Salomão acabou de
orar, desceu fogo do céu e
consumiu o holocausto e os sa-
crifícios; e a glória do Senhor en-
cheu o templo.
2 Os sacerdotes não podiam en-
trar no templo do Senhor, porque
a glória do Senhor tinha enchido
o seu templo.
3 Todos os filhos de Israel, vendo
descer o fogo e a glória do Senhor
sobre o templo, ajoelharam-se
com o rosto em terra sobre o pa-
vimento e adoraram e louvaram
ao Senhor, dizendo: Ele é bom; o
seu amor dura para sempre.
4 Então o rei e todo o povo oferece-
ram sacrifícios perante o Senhor.
5 E o rei Salomão ofereceu em
sacrifício vinte e dois mil bois e
cento e vinte mil ovelhas. Assim
o rei e todo o povo dedicaram o
templo de Deus.
6 Os sacerdotes estavam em pé
nos seus postos, como também
os levitas com os instrumentos de
música, que o rei Davi tinha feito
para louvar ao Senhor e que eram
usados quando ele rendia graças
ao Senhor, dizendo: O seu amor
dura para sempre. Os sacerdotes
que tocavam as trombetas esta-
vam diante deles, e todo o Israel
estava em pé.
7 Salomão consagrou o meio do
átrio, que estava diante do templo
do Senhor, e ali ofereceu os holo-
caustos e a gordura das ofertas pa-
cíficas, porque no altar de bron-
ze, que Salomão tinha feito, não
podiam caber os holocaustos, as
ofertas de manjares e a gordura.
8 Assim, naquele tempo, celebrou
Salomão a festa por sete dias, e
todo o Israel com ele, uma gran-
de congregação, desde a entra-
da de Hamate até o rio do Egito.
9 No oitavo dia, celebraram uma
assembleia solene, pois por sete
dias haviam celebrado a consa-
gração do altar, e por sete dias,
a festa.
10 No vigésimo terceiro dia do sé-
timo mês, despediu o povo para
as suas tendas, alegre e de bom
ânimo pelo bem que o Senhor ti-
nha feito a Davi e a Salomão, e a
seu povo Israel.
11 Quando Salomão acabou a
casa do Senhor e a casa do rei,
e prosperamente efetuou tudo o
que intentou fazer no templo do
Senhor e no seu palácio,

12 o Senhor lhe apareceu de noi-
te e lhe disse: Ouvi a tua oração e
escolhi para mim este lugar para
templo de sacrifício.
13 Quando eu fechar os céus para
que não chova, ou ordenar aos ga-
fanhotos que consumam a terra,
ou enviar a peste entre o meu povo,
14 se o meu povo, que se chama
pelo meu nome, se humilhar, e
orar e buscar a minha face, e se
converter dos seus maus cami-
nhos, então eu ouvirei dos céus,
perdoarei os seus pecados e sa-
rarei a sua terra.
15 Agora estarão abertos os meus
olhos e atentos os meus ouvidos
à oração que se fizer neste lugar.
16 Escolhi e consagrei este tem-
plo, para que o meu nome esteja
nele perpetuamente. Nele esta-
rão fixos os meus olhos e o meu
coração todos os dias.
17 Quanto a ti, se andares dian-
te de mim, como andou Davi, teu
pai, e fizeres conforme tudo o que
te ordenei, e guardares os meus
estatutos e os meus juízos,
18 também confirmarei o trono
do teu reino, conforme a aliança
que fiz com Davi, teu pai, dizen-
do: Não te faltará homem que go-
verne em Israel.
19 Se, porém, vos desviardes e dei-
xardes os meus estatutos e os meus
mandamentos, que vos tenho pro-
posto, e fordes e servirdes a outros
deuses e vos prostrardes a eles,
20 então arrancarei a Israel da
minha terra que lhes dei e lança-
rei da minha presença este tem-
plo que consagrei ao meu nome;
farei com que seja por provér-
bio e motivo de zombaria entre
todos os povos.
21 E deste templo, que é tão exal-
tado, qualquer que passar por ele
se espantará e perguntará: Por
que fez o Senhor assim com esta
terra e com este templo?
22 E lhe responderão: Porque
abandonaram o Senhor Deus de
seus pais, que os tirou da terra
do Egito, e se apegaram a outros
deuses, e se prostraram a eles, e
os serviram; por isso ele trouxe
sobre eles todo este mal.

Outras atividades de Salomão

8 Ao fim de vinte anos, nos quais
Salomão edificou o templo do
Senhor, e a seu próprio palácio,
2 edificou Salomão as cidades que
Hirão lhe tinha dado e fez habitar
nelas os filhos de Israel.
3 Depois foi Salomão a Hamate-
-Zobá e a tomou.
4 Também edificou a Tadmor
no deserto, e a todas as cidades-
-armazéns em Hamate.
5 Edificou também a alta Bete-
-Horom e a baixa Bete-Horom,
cidades fortificadas com muros,
portas e trancas;
6 como também a Baalate e todas
as cidades-armazéns que Salomão
tinha, e todas as cidades para os
carros e os cavaleiros, e tudo o
que, conforme o seu desejo, quis
edificar em Jerusalém, no Líbano
e em toda a terra do seu domínio.
7 Todo o povo que tinha ficado
dos heteus, amorreus, ferezeus,
heveus e jebuseus, que não eram
de Israel,
8 isto é, seus filhos, que restaram
depois deles na terra, os quais os
filhos de Israel não destruíram,
Salomão os fez tributários, até o
dia de hoje.
9 Dos filhos de Israel, porém,
Salomão não fez escravo algum
para a sua obra; eram os homens
de guerra, chefes dos seus capitães,

chefes dos seus carros e dos seus
cavaleiros.
10 Eram também os chefes dos
oficiais que o rei Salomão tinha,
duzentos e cinquenta, que presi-
diam sobre o povo.
11 Salomão fez subir a filha de fa-
raó da Cidade de Davi para o pa-
lácio que lhe tinha edificado, pois
disse: Minha mulher não morará
no palácio de Davi, rei de Israel,
porque santos são os lugares nos
quais entrou a arca do Senhor.
12 Ofereceu Salomão holocaus-
tos ao Senhor, sobre o altar que
tinha edificado diante do pórtico,
13 segundo o dever de cada dia, fa-
zendo ofertas segundo o preceito
de Moisés, nos sábados, nas luas
novas e nas três festas anuais, a
saber, na festa dos pães sem fer-
mento, na festa das semanas e na
festa dos tabernáculos.
14 Conforme a ordem de Davi,
seu pai, designou as turmas dos
sacerdotes nos seus ministérios,
como também as dos levitas para
os seus cargos, para louvarem a
Deus e servirem diante dos sa-
cerdotes, segundo exigia o de-
ver de cada dia. Designou tam-
bém os porteiros, pelas suas
turmas, a cada porta, porque
assim havia mandado Davi, o
homem de Deus.
15 Não se desviaram os sacerdo-
tes e levitas do mandado do rei,
em coisa alguma, nem acerca dos
tesouros.
16 Assim se executou toda a obra
de Salomão, desde o dia da fun-
dação do templo do Senhor até se
acabar. Assim se concluiu o tem-
plo do Senhor.
17 Então foi Salomão a Eziom-
-Geber e a Elote, à praia do mar,
na terra de Edom.
18 E Hirão enviou-lhe navios co-
mandados por seus oficiais, que
eram marinheiros experimen-
tados. Estes foram a Ofir com os
servos de Salomão e de lá trou-
xeram quatrocentos e cinquenta
talentos de ouro, os quais entre-
garam ao rei Salomão.

A rainha de Sabá e Salomão

9 Quando a rainha de Sabá ou-
viu falar da fama de Salomão,
veio a Jerusalém para testá-lo
com enigmas. Chegando com
uma grande comitiva, camelos
carregados de especiarias, ouro
em abundância e pedras precio-
sas, veio ter com Salomão e fa-
lou-lhe de tudo o que tinha no
seu coração.
2 Salomão lhe respondeu a todas
as suas perguntas; nada lhe hou-
ve difícil demais que não lhe sou-
besse explicar.
3 Vendo a rainha de Sabá a sabe-
doria de Salomão, o palácio que
edificara,
4 as iguarias da sua mesa, o assen-
tar dos seus oficiais, o serviço dos
seus criados e os trajes deles, seus
copeiros e os seus trajes, e os ho-
locaustos que ele oferecia na casa
do Senhor, ficou como fora de si.
5 E disse ao rei: Era verdade a
palavra que ouvi na minha ter-
ra acerca dos teus feitos e da tua
sabedoria.
6 Eu não cria, porém, no que se fa-
lava, até que vim e vi com os meus
próprios olhos. Deveras, não me
disseram a metade da grandeza
da tua sabedoria; ultrapassaste
a fama que ouvi.
7 Bem-aventurados os teus ho-
mens e estes teus servos, que es-
tão sempre diante de ti e ouvem
a tua sabedoria!

8 Bendito seja o Senhor, o teu
Deus, que se agradou de ti para
te pôr como rei sobre o seu tro-
no, para ser rei pelo Senhor teu
Deus. Porque o teu Deus ama a
Israel para o estabelecer perpe-
tuamente; por isso constituiu-te
rei sobre ele, para executares ju-
ízo e justiça.
9 Deu ao rei cento e vinte talen-
tos de ouro, especiarias em gran-
de abundância e pedras precio-
sas. Nunca houve tais especiarias
quais a rainha de Sabá deu ao rei
Salomão.
10 Também os servos de Hirão
e os servos de Salomão, que de
Ofir tinham trazido ouro, trou-
xeram madeira de sândalo e pe-
dras preciosas.
11 Fez o rei, da madeira de sân-
dalo, escadarias para o templo do
Senhor e para a casa do rei, como
também harpas e alaúdes para os
músicos, quais nunca dantes se
viram na terra de Judá.
12 O rei Salomão deu à rainha de
Sabá tudo o que ela desejou e pe-
diu; deu-lhe mais do que ela trou-
xera ao rei. Assim voltou e foi para
a sua terra, ela e os seus servos.

O esplendor de Salomão

13 O peso do ouro que se trazia
cada ano a Salomão era de seis-
centos e sessenta e seis talentos,
14 fora o que os negociantes e mer-
cadores traziam. Também todos
os reis da Arábia e os governa-
dores do país traziam a Salomão
ouro e prata.
15 Fez Salomão duzentos escudos
de ouro batido; para cada escu-
do mandou pesar seiscentos si-
clos de ouro batido.
16 Fez também trezentos escudos
de ouro batido; para cada escudo
mandou pesar trezentos siclos de
ouro. Colocou-os o rei no Palácio
do bosque do Líbano.
17 Fez o rei um grande trono de
marfim, e o cobriu de ouro puro.
18 O trono tinha seis degraus e
um estrado de ouro, que eram li-
gados ao trono; de ambos os la-
dos tinha braços junto ao lugar
do assento e dois leões em pé jun-
to aos braços.
19 Havia doze leões em pé de um e
outro lado sobre os seis degraus.
Outro tal não se fizera em ne-
nhum reino.
20 Todas as taças do rei Salomão
eram de ouro; todos os objetos do
palácio do bosque do Líbano, de
ouro puro. Nada era feito de prata,
porque considerava-se a prata de
pouco valor nos dias de Salomão.
21 Tinha o rei navios que iam a
Társis com os servos de Hirão. De
três em três anos os navios vol-
tavam de Társis, trazendo ouro,
prata, marfim, macacos e pavões.
22 Excedeu o rei Salomão a to-
dos os reis da terra em riqueza e
em sabedoria.
23 Todos os reis da terra procura-
vam ver o rosto de Salomão para
ouvirem a sabedoria que Deus lhe
pusera no coração.
24 Cada um trazia o seu presente:
artigos de prata e de ouro, roupas,
armaduras, especiarias, cavalos
e mulas, ano após ano.
25 Teve também Salomão quatro
mil manjedouras para os cava-
los de seus carros e doze mil ca-
valeiros, os quais mantinha nas
cidades dos carros, e com o rei
em Jerusalém.
26 Dominava Salomão sobre to-
dos os reis, desde o Rio até a ter-
ra dos filisteus, e até a fronteira
do Egito.

27 Fez o rei que, em Jerusalém,
houvesse prata como pedras e cedros em tanta abundância como as figueiras bravas que há nas baixadas.
28 Do Egito e de todas aquelas terras traziam cavalos a Salomão.

A morte de Salomão

29 Quanto ao restante dos atos
de Salomão, desde os primeiros até os últimos, porventura não estão escritos no livro da história de Natã, o profeta, e na profecia de Aías, o silonita, e nas visões de Ido, o vidente, acerca de Jeroboão, filho de Nebate?
30 Reinou Salomão em Jerusalém
quarenta anos sobre todo o Israel.
31 Descansou com seus pais e foi
sepultado na Cidade de Davi, seu pai. E Roboão, seu filho, reinou em seu lugar.

A divisão do reino

10 Foi Roboão a Siquém, pois todo o Israel tinha-se reunido ali para fazê-lo rei.
2 Ouvindo isso Jeroboão, filho
de Nebate (o qual estava então no Egito, para onde fugira da presença do rei Salomão), voltou do Egito.
3 De modo que mandaram cha-
má-lo, e veio Jeroboão com todo o Israel a Roboão e lhe disseram:
4 Teu pai fez duro o nosso jugo,
mas alivia tu agora a dura servidão de teu pai e o pesado jugo que nos impôs, e nós te serviremos.
5 Respondeu Roboão: Daqui a
três dias voltai a mim. Pelo que o povo se foi.
***6** O rei Roboão tomou conselho*
com os anciãos que estiveram perante Salomão seu pai, quando este ainda vivia. Perguntou-lhes: Como aconselhais vós que se responda a este povo?
7 Responderam eles: Se te fize-
res benigno para com este povo e lhes falares boas palavras, eles sempre serão teus servos.
8 Ele, porém, deixou o conselho
que os anciãos lhe deram e tomou conselho com os jovens que haviam crescido com ele e estavam perante ele.
9 Perguntou-lhes: Que aconse-
lhais vós? Que responderemos a este povo, que me diz: Alivia o jugo que teu pai nos impôs?
10 Os jovens que com ele haviam
crescido lhe responderam: Assim dirás a este povo, que te disse: Teu pai agravou o nosso jugo, tu porém alivia-nos. Assim lhe falarás: O meu dedo mínimo é mais grosso do que a cintura de meu pai.
11 O meu pai vos impôs jugo pe-
sado; eu ainda o aumentarei. Ele vos castigou com açoites; eu vos castigarei com escorpiões.
12 Veio Jeroboão e todo o povo
a Roboão, ao terceiro dia, como o rei tinha dito: Voltai a mim ao terceiro dia.
13 O rei lhes respondeu aspera-
mente e, deixando o conselho dos anciãos,
14 seguiu o conselho dos jovens
e disse: Meu pai agravou o vosso jugo; eu lhes acrescentarei ainda mais. Meu pai vos castigou com açoites; eu vos castigarei com escorpiões.
15 Assim o rei não deu ouvidos ao
povo, pois esta mudança vinha de Deus, para que o Senhor confirmasse a sua palavra, a qual falara por intermédio de Aías, o silonita, a Jeroboão, filho de Nebate.
16 Vendo todo o Israel que o rei não
lhe dava ouvidos, respondeu-lhe:

Que parte temos nós com Davi?
Não temos herança
no filho de Jessé.
Cada um às suas tendas,
ó Israel!
Cuida agora da tua casa,
ó Davi.
Assim todo o Israel se foi para as
suas tendas.
17 Quanto, porém, aos filhos de
Israel que habitavam nas cidades
de Judá, sobre eles reinou Roboão.
18 Então o rei Roboão enviou a
Adorão, que estava sobre os que
trabalhavam forçados, porém os
filhos de Israel o apedrejaram, e
ele morreu. Porém o rei Roboão
conseguiu tomar o seu carro e
fugir para Jerusalém.
19 Assim os israelitas se man-
têm rebelados contra a dinastia
de Davi até o dia de hoje.

Roboão, rei de Judá

11 Vindo Roboão a Jerusalém,
convocou das tribos de Judá
e de Benjamim cento e oitenta mil
escolhidos, destros na guerra,
para pelejar contra Israel a fim
de restituírem o reino a Roboão.
2 Veio, porém, a palavra do Senhor
a Semaías, homem de Deus:
3 Dize a Roboão, filho de Salomão,
rei de Judá, e a todo o Israel, em
Judá e Benjamim:
4 Assim diz o Senhor: Não subi-
reis, nem pelejareis contra os vos-
sos irmãos. Volte cada um para
sua casa, pois de mim proveio
isto. Pelo que ouviram as pala-
vras do Senhor e desistiram de
ir contra Jeroboão.
5 Habitou Roboão em Jerusalém
e edificou cidades para fortale-
zas, em Judá.
6 Edificou Belém, Etã, Tecoa,
7 Bete-Zur, Socó, Adulão,
8 Gate, Maressa, Zife,
9 Adoraim, Laquis, Azeca,
10 Zorá, Aijalom e Hebrom, que
estão em Judá e em Benjamim,
cidades fortes.
11 Fortificou estas cidades e pôs
nelas comandantes, e armazéns
de víveres, de azeite e de vinho.
12 Pôs em cada cidade escudos e
lanças; fortificou-as grandemen-
te. Judá e Benjamim ficaram-lhe
sujeitas.
13 Também os sacerdotes e os le-
vitas, que havia em todo o Israel,
se ajuntaram a ele de todos os
seus termos.
14 Os levitas até abandonaram os
seus arrabaldes e os seus bens e vie-
ram para Judá e para Jerusalém,
porque Jeroboão e seus filhos os
lançaram fora, para que não mi-
nistrassem ao Senhor.
15 E constituiu Jeroboão para si
sacerdotes para os altos, para os
demônios e para os bezerros que
fizera.
16 Além desses, de todas as tri-
bos de Israel, os que determi-
naram no coração buscar ao
Senhor, o Deus de Israel, tam-
bém vieram a Jerusalém, para
oferecer sacrifícios ao Senhor
Deus de seus pais.
17 Assim fortaleceram o reino de
Judá e apoiaram a Roboão, filho
de Salomão, por três anos, andan-
do no caminho de Davi e Salomão
durante esse tempo.
18 Roboão tomou por mulher a
Maalate, filha de Jerimote, filho
de Davi, e a Abiail, filha de Eliabe,
filho de Jessé.
19 Ela lhe deu filhos: Jeús, Semarias
e Zaã.
20 Depois dela tomou a Maaca, fi-
lha de Absalão, que lhe deu Abias,
Atai, Ziza e Selomite.

21 Roboão amava mais Maaca, filha de Absalão, do que a todas as suas outras mulheres e concubinas. Ao todo teve ele dezoito mulheres e sessenta concubinas, vinte e oito filhos e sessenta filhas.
22 Roboão designou Abias, filho de Maaca, chefe entre seus irmãos, a fim de fazê-lo rei.
23 Usou de prudência, distribuindo todos os seus filhos por entre todas as terras de Judá e Benjamim, por todas as cidades fortificadas. Deu-lhes provisões em abundância e lhes conseguiu muitas mulheres.

Sisaque ataca Jerusalém

12 Havendo Roboão confirmado o reino e havendo-se fortalecido, deixou a lei do Senhor, e com ele todo o Israel.
2 Pelo que, no ano quinto do rei Roboão, Sisaque, rei do Egito, subiu contra Jerusalém (porque tinham sido infiéis ao Senhor),
3 com mil e duzentos carros e sessenta mil cavaleiros; era inumerável a gente que vinha com ele do Egito, de líbios, suquitas e etíopes.
4 Tomou as cidades fortificadas de Judá e veio a Jerusalém.
5 Então veio Semaías, o profeta, a Roboão e aos líderes de Judá que se reuniram em Jerusalém por causa de Sisaque e lhes disse: Assim diz o Senhor: Vós me deixastes a mim, pelo que agora eu vos abandono nas mãos de Sisaque.
6 Então se humilharam os líderes de Israel e o rei e disseram: *O Senhor é justo.*
7 Vendo o Senhor que se humilhavam, veio a palavra do Senhor a Semaías: Humilharam-se, não os destruirei, mas em breve lhes darei socorro, para que o meu furor não se derrame sobre Jerusalém, por intermédio de Sisaque.
8 Serão, porém, seus servos, para que conheçam a diferença da minha servidão e da servidão dos reinos da terra.
9 Subiu Sisaque, rei do Egito, contra Jerusalém e tomou os tesouros do templo do Senhor e os tesouros do palácio do rei. Levou tudo, inclusive os escudos de ouro que Salomão fizera.
10 Por isso fez o rei Roboão para substituí-lo escudos de bronze e os entregou aos capitães da guarda, que guardavam a porta da casa do rei.
11 Sempre que o rei ia ao templo do Senhor, os da guarda iam com ele, levando os escudos, e depois os tornavam a pôr na câmara da guarda.
12 E humilhando-se ele, a ira do Senhor se desviou dele para que não o destruísse de todo. Deveras, em Judá ainda havia boas coisas.
13 Fortificou-se o rei Roboão em Jerusalém e continuou reinando. Roboão era da idade de quarenta e um anos quando começou a reinar e dezessete anos reinou em Jerusalém, a cidade que o Senhor escolheu dentre todas as tribos de Israel para pôr ali o seu nome. Era o nome de sua mãe Naamá, amonita.
14 Fez o que era mau, porque não preparou o seu coração para buscar ao Senhor.
15 Quanto aos mais atos de Roboão, assim os primeiros como os últimos, porventura não estão escritos nos livros de Semaías, o profeta, e de Ido, o vidente, na relação das genealogias? Houve guerra

entre Roboão e Jeroboão todos
os seus dias.
16 Descansou Roboão com seus
pais e foi sepultado na Cidade
de Davi. E Abias, seu filho, rei-
nou em seu lugar.

Abias, rei de Judá

13 No décimo oitavo ano do
rei Jeroboão, Abias come-
çou a reinar sobre Judá.
2 Três anos reinou em Jerusalém.
Era o nome de sua mãe Micaía,
filha de Uriel de Gibeá. Houve
guerra entre Abias e Jeroboão.
3 Abias ordenou a peleja com
um exército de homens valen-
tes, quatrocentos mil homens es-
colhidos, e Jeroboão dispôs con-
tra ele a batalha com oitocentos
mil homens escolhidos, todos ho-
mens valentes.
4 Pôs-se Abias em pé no alto do
monte Zemaraim, que está nas
montanhas de Efraim, e disse:
Ouvi-me, Jeroboão e todo o Israel:
5 Não vos convém saber que o
Senhor Deus de Israel deu para
sempre a Davi a soberania sobre
Israel, a ele e a seus filhos, por
uma aliança de sal?
6 Contudo levantou-se Jeroboão,
filho de Nebate, servo de Salomão,
filho de Davi, e se rebelou contra
seu senhor.
7 Ajuntaram-se a ele homens va-
dios, filhos de Belial, e fortifica-
ram-se contra Roboão, filho de
Salomão; sendo Roboão ainda jo-
vem e indeciso de coração, não
lhes podia resistir.
8 Agora pretendeis resistir ao rei-
no do Senhor, que está nas mãos
dos filhos de Davi. Sois deveras
uma grande multidão e tendes
convosco os bezerros de ouro
que Jeroboão vos fez para deuses.
9 Não lançastes fora os sacerdotes
do Senhor, os filhos de Arão e os
levitas? Não fizestes para vós sa-
cerdotes, como as gentes das ou-
tras terras? Qualquer que vem a
consagrar-se com um novilho e
sete carneiros logo se faz sacer-
dote daqueles que não são deuses.
10 Quanto, porém, a nós, o Senhor
é nosso Deus, e nunca o deixamos.
Os sacerdotes, que ministram ao
Senhor, são filhos de Arão e os le-
vitas na sua obra.
11 Queimam perante o Senhor cada
manhã e cada tarde holocausto e
incenso aromático, dispondo os
pães da proposição sobre a mesa
pura e o castiçal de ouro e as suas
lâmpadas para se acenderem cada
tarde, porque nós temos guarda-
do os preceitos do Senhor, o nos-
so Deus. Porém vós o deixastes.
12 Deus está conosco, à nossa
frente, como também os seus sa-
cerdotes, com as trombetas, para
dar alarme contra vós. Ó filhos
de Israel, não pelejeis contra o
Senhor Deus de vossos pais, por-
que não prosperareis.
13 Ora, Jeroboão havia armado
uma emboscada, para atacar Judá
pela retaguarda, de maneira que
as suas forças estavam em frente
de Judá e a emboscada por detrás.
14 Judá voltou-se e viu que tinham
de pelejar por diante e por detrás.
Então clamaram ao Senhor. Os sa-
cerdotes tocaram as trombetas,
15 e os homens de Judá gritaram.
Gritando os homens de Judá, Deus
feriu Jeroboão e todo o Israel dian-
te de Abias e de Judá.
16 Os filhos de Israel fugiram de
diante de Judá, mas Deus os en-
tregou nas suas mãos.
17 Abias e o seu povo fizeram
grande matança entre eles, de

maneira que caíram feridos de
Israel quinhentos mil homens
escolhidos.
18 Assim foram humilhados os
filhos de Israel naquele tempo, e
os filhos de Judá prevaleceram,
porque confiaram no Senhor Deus
de seus pais.
19 Abias perseguiu a Jeroboão e
tomou as cidades de Betel, Jesana
e Efrom, com seus arrabaldes.
20 Jeroboão não recobrou mais a
sua força nos dias de Abias. E o
Senhor o feriu, e ele morreu.
21 Abias, porém, se fortificou e
tomou para si catorze mulheres,
e teve vinte e dois filhos e dezes-
seis filhas.
22 Quanto ao restante dos atos
de Abias, tanto os seus caminhos
como as suas palavras, estão es-
critos na história do profeta Ido.

Asa, rei de Judá

14 E descansou Abias com
seus pais e foi sepultado
na Cidade de Davi. E Asa, seu
filho, reinou em seu lugar. Nos
seus dias houve paz na terra du-
rante dez anos.
2 Asa fez o que era bom e reto aos
olhos do Senhor seu Deus.
3 Tirou os altares dos deuses estra-
nhos e os altos, e quebrou as colu-
nas e cortou os postes sagrados.
4 Mandou a Judá que buscasse ao
Senhor Deus de seus pais e que
observasse a lei e o mandamento.
5 Tirou de todas as cidades de
Judá os altos e os altares do in-
censo, e o reino esteve em paz sob
seu governo.
6 Edificou cidades fortificadas
em Judá, pois a terra estava em
paz. Não havia guerra contra ele
naqueles anos, pois o Senhor lhe
dera repouso.
7 Disse a Judá: Edifiquemos es-
tas cidades e cerquemo-las de mu-
ros e torres, portas e ferrolhos. A
terra ainda está em paz diante de
nós, porque buscamos ao Senhor
nosso Deus; buscamo-lo, e ele nos
deu repouso em redor. Portanto,
edificaram e prosperaram.
8 Tinha Asa um exército de tre-
zentos mil homens de Judá, que
traziam escudos e lanças, e du-
zentos e oitenta mil de Benjamim,
que traziam escudo e atiravam de
arco. Todos esses eram homens
valentes.
9 Zerá, o etíope, saiu contra eles,
com um exército de um milhão
de homens e trezentos carros, e
chegou até Maressa.
10 Saiu Asa contra ele e ordena-
ram a batalha no vale de Zefatá,
junto a Maressa.
11 Asa clamou ao Senhor seu Deus
e disse: Senhor, não há ninguém
como tu que possa ajudar o fra-
co contra o poderoso. Ajuda-nos,
ó Senhor nosso Deus, pois em ti
confiamos e no teu nome viemos
contra esta multidão. Senhor, tu
és nosso Deus; não prevaleça con-
tra ti o homem.
12 Feriu o Senhor os etíopes dian-
te de Asa e diante de Judá. Os etí-
opes fugiram,
13 e Asa e o povo que estava com
ele os perseguiram até Gerar.
Caíram tantos dos etíopes que já
não havia neles resistência algu-
ma; foram destroçados diante do
Senhor e diante do seu exército.
Os homens de Judá levaram dali
grande despojo.
14 Destruíram todas as cidades nos
arredores de Gerar, pois o terror
do Senhor tinha vindo sobre eles.
Saquearam todas as cidades, vis-
to que nelas havia muita presa.

15 Feriram também os acampa-
mentos dos pastores e levaram
muitas ovelhas, bodes e camelos.
Então voltaram para Jerusalém.

A reforma de Asa

15 Veio o Espírito de Deus so-
bre Azarias, filho de Obede.
2 Ele saiu ao encontro de Asa e lhe
disse: Ouvi-me, Asa, e todo o Judá,
e Benjamim. O Senhor está con-
vosco, quando vós estais com ele.
Se o buscardes, o achareis; porém,
se o deixardes, ele vos deixará.
3 Israel esteve por muito tempo
sem o verdadeiro Deus, sem sa-
cerdote que o ensinasse e sem lei.
4 Na sua angústia, porém, se con-
verteram ao Senhor, Deus de
Israel, e o buscaram, e o acharam.
5 Naqueles tempos, não havia
paz nem para os que saíam nem
para os que entravam, mas mui-
tas perturbações sobre todos os
habitantes daquelas terras.
6 Uma nação despedaçava a ou-
tra nação, e uma cidade a outra
cidade, porque Deus as contur-
bava com todo tipo de angústia.
7 Quanto a vós, porém, esforçai-
-vos, e não desfaleçam as vossas
mãos, pois a vossa obra terá uma
recompensa.
8 Ouvindo Asa estas palavras e a
profecia do profeta, filho de Obede,
esforçou-se. Tirou as abomina-
ções de toda a terra de Judá e de
Benjamim, como também das ci-
dades que tomara na região mon-
tanhosa de Efraim. Renovou o al-
tar do Senhor, que estava diante
do pórtico do Senhor.
9 Congregou todo o Judá e
Benjamim, e com eles os estran-
geiros de Efraim e Manassés, e de
Simeão, pois de Israel vinham a
ele em grande número, quando
viram que o Senhor seu Deus
era com ele.
10 Ajuntaram-se em Jerusalém
no terceiro mês, no décimo quin-
to ano do reinado de Asa.
11 Nesse tempo, ofereceram em
sacrifício ao Senhor, do despojo
que trouxeram, seiscentos bois e
seis mil ovelhas.
12 Entraram em aliança de bus-
carem o Senhor, Deus de seus
pais, de todo o seu coração, e de
toda a sua alma.
13 Todo aquele que não buscas-
se ao Senhor, Deus de Israel, se-
ria morto, tanto pequeno como
grande, homem ou mulher.
14 Juraram ao Senhor, em alta
voz, com júbilo, com trombetas
e buzinas.
15 Todo o Judá se alegrou deste
juramento, porque de todo o seu
coração juraram. De toda a boa
vontade buscaram ao Senhor e o
acharam. Pelo que o Senhor lhes
deu repouso em redor.
16 O rei Asa também depôs Maaca,
sua mãe, para que não fosse mais
rainha-mãe, porque ela fizera um
abominável ídolo Aserá. Asa des-
truiu o seu horrível ídolo, o despe-
daçou e o queimou junto ao vale
do Cedrom.
17 Embora não tenha tirado os al-
tos de Israel, o coração de Asa foi
perfeito todos os seus dias.
18 Trouxe as coisas que seu pai ti-
nha consagrado e as coisas que ele
mesmo tinha consagrado à casa
de Deus: prata, ouro e utensílios.
19 Não houve guerra até o trigési-
mo quinto ano do reinado de Asa.

Os últimos anos de Asa

16 No trigésimo sexto ano
do reinado de Asa, Baasa,
rei de Israel, subiu contra Judá

e edificou a Ramá, para não dei-
xar ninguém sair do território de
Asa, rei de Judá, nem entrar nele.
2 Então tirou Asa a prata e o ouro
dos tesouros do templo de Deus e
da casa do rei e enviou mensagei-
ros a Ben-Hadade, rei da Síria, que
habitava em Damasco, dizendo:
3 Haja aliança entre mim e ti,
como houve entre o meu pai e o
teu. Vê, eu te envio prata e ouro.
Agora anula a tua aliança com
Baasa, rei de Israel, para que se
retire de mim.
4 Ben-Hadade deu ouvidos ao rei
Asa e enviou os comandantes dos
seus exércitos contra as cidades
de Israel. Feriram Ijom, Dã, Abel-
-Maim e todas as cidades-arma-
zéns de Naftali.
5 Ouvindo-o Baasa, deixou de
edificar Ramá e não continuou
a sua obra.
6 Então o rei Asa reuniu todos os
homens de Judá, e eles levaram
as pedras de Ramá e a sua ma-
deira, com que Baasa edificara.
Com elas edificou Geba e Mispa.
7 Nesse tempo, veio Hanani, o vi-
dente, ter com Asa, rei de Judá, e
lhe disse: Porque confiaste no rei
da Síria e não confiaste no Senhor
teu Deus, o exército do rei da Síria
escapou das tuas mãos.
8 Não foram os etíopes e os lí-
bios um grande exército, com
muitíssimos carros e cavaleiros?
Confiando tu, porém, no Senhor,
ele os entregou nas tuas mãos.
9 Pois os olhos do Senhor passam
por toda a terra, para mostrar-
-se forte para com aqueles cujo
coração é perfeito para com ele.
Procedeste loucamente; desde
agora haverá guerras contra ti.
10 Por causa disso, Asa se indig-
nou contra o vidente; ficou tão
enfurecido que o lançou na casa
do tronco. Nesse mesmo tempo,
Asa oprimiu a alguns do povo.
11 Quanto aos atos de Asa, tan-
to os primeiros como os últimos,
estão escritos no livro dos reis de
Judá e Israel.
12 No trigésimo nono ano de seu
reinado, Asa caiu doente dos pés.
Embora a sua enfermidade fosse
muito grave, contudo até mes-
mo na sua doença não buscou ao
Senhor, mas aos médicos.
13 No quadragésimo primeiro
ano do seu reinado, morreu Asa
e descansou com seus pais.
14 Sepultaram-no no seu sepul-
cro, que tinha cavado para si na
Cidade de Davi. Deitaram-no num
leito repleto de especiarias e di-
versos perfumes; fizeram em sua
honra um grande fogo.

Jeosafá, rei de Judá

17 Jeosafá, seu filho, reinou
em seu lugar e fortificou-
-se contra Israel.
2 Pôs tropas em todas as cidades
fortificadas de Judá e guarnições
na terra de Judá, como também
nas cidades de Efraim, que Asa
seu pai tinha tomado.
3 O Senhor foi com Jeosafá, por-
que nos primeiros anos andou
nos caminhos de Davi, seu pai, e
não buscou aos baalins.
4 Antes buscou ao Deus de seu pai e
andou nos seus mandamentos,
e não segundo as obras de Israel.
5 O Senhor confirmou o reino nas
suas mãos, e todo o Judá trouxe
presentes a Jeosafá, o qual teve
riquezas e glória em abundância.
6 Encorajou-se o seu coração nos
caminhos do Senhor; além disso,
tirou os altos e os postes sagra-
dos de Judá.

7 No terceiro ano do seu reinado,
enviou os seus oficiais Ben-Hail,
Obadias, Zacarias, Natanael e
Micaías, para ensinarem nas ci-
dades de Judá.
8 Com eles estavam os levitas
Semaías, Netanias, Zebadias, Asael,
Semiramote, Jônatas, Adonias,
Tobias, Tobe-Adonias, e os sacer-
dotes Elisama e Jorão.
9 Ensinaram em Judá, e tinham
consigo o livro da lei do Senhor;
percorreram todas as cidades de
Judá, ensinando entre o povo.
10 Veio o temor do Senhor sobre
todos os reinos das terras que esta-
vam em roda de Judá, e não guer-
rearam contra Jeosafá.
11 Alguns entre os filisteus traziam
presentes a Jeosafá, e prata como
tributo, e os árabes lhe traziam re-
banhos: sete mil e setecentos car-
neiros e sete mil e setecentos bodes.
12 Cresceu Jeosafá e se engran-
deceu sobremaneira; edificou
fortalezas e cidades-armazéns
em Judá.
13 Teve também grande quanti-
dade de suprimentos nas cidades
de Judá e soldados, homens va-
lorosos, em Jerusalém.
14 Este é o número deles segundo as
suas famílias: em Judá eram coman-
dantes de mil: o chefe Adná, e com
ele trezentos mil homens valentes;
15 depois dele o chefe Joanã, e
com ele duzentos e oitenta mil;
16 depois dele Amazias, filho de
Zicri, que voluntariamente se ofe-
receu, e com ele duzentos mil ho-
mens valentes.
17 De Benjamim, Eliada, homem
valente, e com ele duzentos mil,
armados de arco e de escudo;
18 depois dele Jeozabade, e com
ele cento e oitenta mil homens
armados para a guerra.
19 Estes estavam no serviço do
rei, fora os que o rei tinha pos-
to nas cidades fortificadas por
todo o Judá.

Micaías profetiza contra Acabe

18 Ora, tinha Jeosafá rique-
zas e glória em abundân-
cia, e aparentou-se com Acabe.
2 Ao fim de alguns anos Acabe foi
ter com ele em Samaria. Acabe
matou ovelhas e bois em abun-
dância, para ele e para o povo que
vinha com ele, e o persuadiu a
subir com ele a Ramote-Gileade.
3 Acabe, rei de Israel, perguntou a
Jeosafá, rei de Judá: Irás tu comi-
go a Ramote-Gileade? Respondeu
Jeosafá: Como tu és, sou eu, e o
meu povo como o teu povo; ire-
mos contigo à guerra.
4 Disse mais Jeosafá ao rei de
Israel: Consulta hoje a palavra
do Senhor.
5 Então o rei de Israel reuniu os
profetas, quatrocentos homens, e
lhes perguntou: Iremos à guerra
contra Ramote-Gileade, ou dei-
xarei de ir? Responderam eles:
Sobe, pois Deus o entregará nas
mãos do rei.
6 Perguntou, porém, Jeosafá: Não
há ainda aqui profeta algum do
Senhor, para que o consultemos?
7 Respondeu o rei de Israel a Jeosafá:
Ainda há um homem por quem
podemos consultar ao Senhor, po-
rém eu o aborreço, porque nunca
profetiza coisa boa de mim, mas
sempre má. É Micaías, filho de
Inlá. Mas Jeosafá disse: Não fale
o rei assim.
8 Então o rei de Israel chamou um
oficial e disse: Traze aqui depres-
sa a Micaías, filho de Inlá.
9 O rei de Israel e Jeosafá, rei de
Judá, estavam assentados cada

um no seu trono, vestidos de seus
trajes reais, na praça à entra-
da da porta de Samaria, e todos
os profetas profetizavam na sua
presença.
10 Zedequias, filho de Quenaaná,
fez para si uns chifres de ferro e
disse: Assim diz o Senhor: Com
estes ferirás os sírios, até de todo
os consumir.
11 Todos os profetas profetizavam
o mesmo: Sobe a Ramote-Gileade
e prosperarás, pois o Senhor a en-
tregará nas mãos do rei.
12 O mensageiro, que fora cha-
mar a Micaías, lhe disse: Olha, a
uma voz os outros profetas pre-
dizem êxito para o rei. Seja tam-
bém a tua palavra como a de um
deles, e fala o que é bom.
13 Respondeu, porém, Micaías:
Tão certo como vive o Senhor, o
que o meu Deus me disser, isso
falarei.
14 Vindo ao rei, o rei lhe pergun-
tou: Micaías, iremos a Ramote-
-Gileade à guerra, ou deixarei de
ir? Respondeu ele: Subi e prospe-
rareis, pois serão entregues nas
vossas mãos.
15 O rei lhe disse: Quantas vezes
te conjurarei, para que não me
fales senão a verdade no nome
do Senhor?
16 Então respondeu Micaías: Vi a
todo o Israel disperso pelos mon-
tes, como ovelhas que não têm
pastor, e disse o Senhor: Estes
não têm dono. Torne cada um em
paz para sua casa.
17 Então o rei de Israel disse a
Jeosafá: Não te disse que este não
profetizaria coisa boa de mim,
porém má?
18 Disse mais Micaías: Portanto,
ouvi a palavra do Senhor: Vi o
Senhor assentado no seu trono
e todo o exército celestial em pé
à sua direita e à sua esquerda.
19 Disse o Senhor: Quem persua-
dirá Acabe, rei de Israel, a que
suba e caia em Ramote-Gileade?
Um dizia desta maneira, e outro
de outra.
20 Então saiu um espírito, se apre-
sentou diante do Senhor e disse:
Eu o persuadirei. E o Senhor lhe
perguntou: De que modo?
21 Respondeu ele: Sairei e serei
um espírito de mentira na boca
de todos os seus profetas. Disse o
Senhor: Tu o persuadirás e pre-
valecerás. Sai e faze assim.
22 Pelo que agora o Senhor pôs
um espírito de mentira na boca
destes teus profetas. O Senhor
é quem falou o que é mau a teu
respeito.
23 Então Zedequias, filho de
Quenaaná, feriu Micaías, no queixo,
e disse: Por que caminho passou
de mim o Espírito do Senhor para
falar a ti?
24 Respondeu Micaías: Descobrirás
no dia que andares de quarto em
quarto, para te esconderes.
25 Então ordenou o rei de Israel:
Tomai a Micaías e tornai a levá-
-lo a Amom, o governador da ci-
dade, e a Joás, filho do rei,
26 e direis: Assim diz o rei: Metei
este homem no cárcere e sus-
tentai-o a pão e água, até que eu
volte em paz.
27 Disse Micaías: Se tornares em
paz, não falou o Senhor por mim.
Disse mais: Ouvi, povos todos!

Acabe é morto em Ramote-Gileade

28 Assim subiram o rei de Israel
e Jeosafá, rei de Judá, a Ramote-
-Gileade.
29 Disse o rei de Israel a Jeosafá:
Eu me disfarçarei e entrarei na

peleja, mas tu veste os teus trajes
reais. Portanto, disfarçou-se o rei
de Israel, e entraram na peleja.
30 Ora, o rei da Síria dera ordem
aos capitães dos seus carros: Não
pelejareis nem contra pequeno
nem contra grande, mas só contra o rei de Israel.
31 Vendo os capitães dos carros
a Jeosafá, pensaram: Este é o rei
de Israel. Pelo que se voltaram
para atacá-lo, mas Jeosafá clamou, e o Senhor o ajudou. Deus
os desviou dele,
32 pois vendo os capitães dos carros que não era o rei de Israel,
deixaram de persegui-lo.
33 Um homem, porém, entesou
o arco e, atirando ao acaso, feriu o rei de Israel entre as juntas da sua armadura. Disse o rei
ao seu carreteiro: Vira e tira-me
para fora do combate. Estou gravemente ferido.
34 Naquele dia, a guerra cresceu,
mas o rei de Israel sustentou-se
em pé no carro em frente dos sírios até a tarde. Então, ao pôr do
sol, morreu.

Jeú repreende a Jeosafá

19 Jeosafá, rei de Judá, voltou em paz à sua casa em
Jerusalém.
2 O vidente Jeú, filho de Hanani,
saiu ao encontro do rei Jeosafá e
lhe disse: Devias tu ajudar o ímpio e amar aqueles que odeiam
ao Senhor? Por isso virá sobre ti
grande ira da parte do Senhor.
3 Boas coisas contudo se acharam em ti, pois tiraste os postes
sagrados da terra e dispuseste o
coração para buscar a Deus.
4 Habitou Jeosafá em Jerusalém
e tornou a passar pelo povo desde
Berseba até a região montanhosa
de Efraim, fazendo que voltasse ao Senhor, Deus de seus pais.
5 Estabeleceu juízes na terra, em
todas as cidades fortificadas, de
cidade em cidade.
6 E disse aos juízes: Vede o que fazeis, porque não julgais da parte do homem, mas da parte do
Senhor, que está convosco no julgamento.
7 Agora seja o temor do Senhor
convosco. Julgai com cuidado, pois
não há no Senhor, o nosso Deus,
iniquidade, nem acepção de pessoas, nem aceitação de presentes.
8 Também estabeleceu Jeosafá
em Jerusalém alguns dos levitas e dos sacerdotes e dos cabeças
das famílias de Israel para julgarem questões da lei do Senhor e
sobre as causas civis. E viveram
em Jerusalém.
9 Deu-lhes estas ordens: Assim
andai no temor do Senhor com
fidelidade e inteireza de coração.
10 Em toda controvérsia que vier a
vós da parte de vossos irmãos, que
habitam nas suas cidades, entre
sangue e sangue, entre lei e mandamento, entre estatutos e juízos,
admoestai-os a que não se façam
culpados para com o Senhor, e não
venha grande ira sobre vós e sobre vossos irmãos. Fazei assim e
não vos tornareis culpados.
11 Amarias, o sumo sacerdote,
presidirá sobre vós em todos os
negócios do Senhor, e Zebadias,
filho de Ismael, líder da tribo de
Judá, em todos os negócios do rei,
e os levitas serão oficiais perante
vós. Esforçai-vos, e o Senhor seja
com os bons.

Jeosafá vence a seus inimigos

20 Depois disso, os filhos de
Moabe e os filhos de Amom,

e com eles alguns dos meunitas,
vieram à peleja contra Jeosafá.
2 Então vieram alguns e disseram
a Jeosafá: Vem contra ti uma gran-
de multidão do outro lado do mar
e da Síria. Já estão em Hazazom-
-Tamar, que é En-Gedi.
3 Temeu Jeosafá e pôs-se a bus-
car o Senhor; e apregoou jejum
em todo o Judá.
4 Judá se ajuntou para pedir so-
corro ao Senhor; também de to-
das as cidades de Judá o povo veio
para buscar ao Senhor.
5 **Pôs**-se Jeosafá em pé na
congregação de Judá e de Jerusalém,
na casa do Senhor, diante do átrio
novo,
6 e disse: Ó Senhor, Deus de nos-
sos pais, não és tu Deus nos céus?
Tu dominas sobre todos os rei-
nos dos povos; na tua mão há for-
ça e poder, e não há quem te pos-
sa resistir.
7 Ó nosso Deus, não lançaste fora
os moradores desta terra, de diante
do teu povo Israel, e não a deste
à semente de Abraão, teu amigo,
para sempre?
8 Habitaram nela e nela edifica-
ram um santuário ao teu nome,
dizendo:
9 Se algum mal nos sobrevier, es-
pada, juízo, peste, ou fome, nós
nos apresentaremos na tua pre-
sença, diante deste templo que
leva o teu nome, e clamaremos a
ti na nossa angústia, e tu nos ou-
virás e livrarás.
10 Agora, porém, aqui estão os
homens de Amom, de Moabe e
do monte Seir, por cujo territó-
rio não permitiste que os filhos
de Israel passassem, quando vi-
nham da terra do Egito; de modo
que dele se desviaram e não o
destruíram.
11 Vê como nos dão o pago, vin-
do para lançar-nos fora da tua
herança, que nos fizeste herdar.
12 Ó nosso Deus, não os julgarás?
Pois em nós não há força perante
essa grande multidão que vem
contra nós. Não sabemos o que
fazer, mas os nossos olhos estão
postos em ti.
13 **Todo** o Judá estava em pé pe-
rante o Senhor, como também as
suas crianças, as suas mulheres
e os seus filhos.
14 Então veio o Espírito do Senhor
no meio da congregação, sobre
Jaaziel, filho de Zacarias, filho de
Benaia, filho de Jeiel, filho de Ma-
tanias, levita, dos filhos de Asafe.
15 Disse ele: Dai ouvidos todo o Judá,
e vós, moradores de Jerusalém,
e tu, ó rei Jeosafá. Assim vos diz
o Senhor: Não temais nem vos
assusteis por causa dessa gran-
de multidão. Pois a peleja não é
vossa, mas de Deus.
16 Amanhã descereis contra eles.
Eles subirão pela ladeira de Ziz,
e os achareis no fim do vale, em
frente do deserto de Jeruel.
17 Nessa batalha não tereis de pe-
lejar. Parai, estai em pé e vede a
salvação do Senhor para convos-
co, ó Judá e Jerusalém. Não te-
mais nem vos assusteis. Amanhã
saí-lhes ao encontro, e o Senhor
será convosco.
18 **Jeosafá** prostrou-se com o
rosto em terra, e todo o Judá e
os moradores de Jerusalém lan-
çaram-se perante o Senhor e o
adoraram.
19 Levantaram-se os levitas dos fi-
lhos dos coatitas e dos filhos dos
coreítas, para louvarem ao Senhor
Deus de Israel, em alta voz.
20 **Pela** manhã cedo levantaram-
-se e saíram ao deserto de Tecoa.

Saindo eles, Jeosafá pôs-se em pé
e disse: Ouvi-me, ó Judá, e vós,
moradores de Jerusalém. Crede
no Senhor, o vosso Deus, e esta-
reis seguros; crede nos seus pro-
fetas e prosperareis.
21 Tendo ele tomado conselho
com o povo, ordenou cantores
para cantarem ao Senhor e o lou-
varem por causa do esplendor da
sua santidade, enquanto saíam
na frente do exército, dizendo:
Rendei graças ao Senhor, pois o
seu amor dura para sempre.
22 Quando começaram a cantar
e dar louvores, o Senhor pôs em-
boscadas contra os homens de
Amom, de Moabe e do monte Seir,
que tinham vindo contra Judá, e
foram desbaratados.
23 Os filhos de Amom e de Moabe
se levantaram contra os morado-
res do monte Seir, para os destruir
e exterminar. Acabando eles com
os moradores de Seir, ajudaram
uns aos outros a destruir-se.
24 Quando Judá chegou ao alto
que olha para o deserto e olharam
para a multidão, viram somente
corpos mortos, que jaziam em
terra; nenhum tinha escapado.
25 Vieram Jeosafá e o seu povo
para saquear os despojos e acha-
ram neles bens e cadáveres em
abundância, assim como objetos
preciosos; tomaram para si tanto
que não podiam levar mais. Por
três dias saquearam o despojo,
porque era muito.
26 Ao quarto dia, eles se ajunta-
ram no vale de Beraca, onde lou-
varam ao Senhor. Por isso chama-
ram àquele lugar vale de Beraca,
até o dia de hoje.
27 Então voltaram todos os ho-
mens de Judá e de Jerusalém, e
Jeosafá à frente deles, e tornaram
para Jerusalém com alegria, pois
o Senhor os alegrara sobre os
seus inimigos.
28 Vieram a Jerusalém com alaú-
des, com harpas e com trombetas,
para o templo do Senhor.
29 Veio o temor de Deus sobre
todos os reinos daquelas terras,
quando ouviram que o Senhor
havia pelejado contra os inimi-
gos de Israel.
30 E o reino de Jeosafá teve paz,
pois o seu Deus lhe deu repouso
em redor.

O fim do reino de Jeosafá

31 Assim reinou Jeosafá sobre
Judá. Era da idade de trinta e
cinco anos quando começou a
reinar e vinte e cinco anos rei-
nou em Jerusalém. Era o nome
de sua mãe Azuba, filha de Sili.
32 Andou no caminho de Asa,
seu pai, e não se desviou dele,
fazendo o que era reto aos olhos
do Senhor.
33 Contudo, os altos não se tira-
ram, e o povo ainda não tinha dis-
posto o coração para com o Deus
de seus pais.
34 Ora, quanto aos demais atos
de Jeosafá, assim os primeiros
como os últimos, estão escritos
nas notas de Jeú, filho de Hanani,
que as inseriu no livro dos reis
de Israel.
35 Depois disso Jeosafá, rei de Judá,
se aliou com Acazias, rei de Is-
rael, que procedeu impiamente.
36 Aliou-se com ele para faze-
rem navios que fossem a Társis.
Depois que fizeram os navios em
Eziom-Geber,
37 Eliezer, filho de Dodava, de
Maressa, profetizou contra Jeosafá,
dizendo: Porque te aliaste com
Acazias, o Senhor destruiu as

tuas obras. Os navios se despedaçaram e não puderam ir a Társis.

Jeorão, rei de Judá

21 Então descansou Jeosafá
com seus pais e com eles
foi sepultado na Cidade de Davi.
E Jeorão, seu filho, reinou em
seu lugar.
2 Teve este irmãos, filhos de Jeosafá:
Azarias, Jeiel, Zacarias, Asarias,
Micael e Sefatias. Todos esses foram filhos de Jeosafá rei de Judá.
3 Seu pai lhes deu muitas dádivas de prata, ouro e coisas preciosas, com cidades fortificadas em
Judá, mas o reino deu a Jeorão,
porque era o primogênito.
4 Subindo Jeorão ao reino de seu
pai, e havendo-se fortificado, matou todos os seus irmãos à espada, como também a alguns dos líderes de Israel.
5 Da idade de trinta e dois anos era
Jeorão quando começou a reinar
e oito anos reinou em Jerusalém.
6 Andou no caminho dos reis
de Israel, como fizera a família de
Acabe, pois tinha a filha de Acabe
por mulher. Fez o que era mau aos
olhos do Senhor.
7 O Senhor, porém, não quis destruir a dinastia de Davi, em atenção à aliança que tinha feito com
Davi. Porque tinha prometido
que lhe daria por todos os dias
um descendente no trono.
8 Nos dias de Jeorão, os edomitas se revoltaram contra o domínio de Judá e constituíram para
si um rei.
9 Pelo que Jeorão passou adiante com os seus chefes, e todos os
carros com ele. Levantou-se de
noite e feriu os edomitas, que o
tinham cercado, a ele e aos capitães dos carros.
10 Todavia os edomitas ficaram
revoltados contra o domínio de
Judá até o dia de hoje. Nesse mesmo tempo Libna se revoltou contra o seu domínio, porque ele deixara ao Senhor, Deus de seus pais.
11 Fez também altos nos montes
de Judá e induziu os moradores
de Jerusalém à prostituição fazendo Judá se extraviar.
12 Veio-lhe uma carta da parte de
Elias, o profeta, que dizia: Assim
diz o Senhor, Deus de Davi teu
pai: Não andaste nos caminhos
de Jeosafá, teu pai, e nos caminhos de Asa, rei de Judá.
13 Andaste, porém, no caminho
dos reis de Israel e induziste à
prostituição a Judá e aos moradores de Jerusalém, segundo a
prostituição da casa de Acabe.
Também mataste a teus irmãos,
membros da família de teu pai,
melhores do que tu.
14 Portanto o Senhor ferirá com
uma grande praga o teu povo, os
teus filhos, as tuas mulheres e a
todas as tuas posses.
15 Tu terás grande enfermidade,
a saber, um mal nas tuas entranhas, que se agravará até que o
seu intestino saia, por causa do
tumor.
16 Despertou o Senhor contra
Jeorão o espírito dos filisteus e
dos árabes que viviam perto dos
etíopes.
17 Estes subiram a Judá, a atacaram e levaram todos os bens que se
acharam no palácio do rei, como
também a seus filhos e a suas mulheres. De modo que não lhe deixaram filho algum, senão a Jeoacaz,
o mais moço deles.
18 Depois de tudo isso, o Senhor
o feriu nas suas entranhas com
uma enfermidade incurável.

19 No decorrer do tempo, no fim
do segundo ano, saiu-lhe o in-
testino por causa da doença, e
ele morreu em grandes agonias.
Seu povo não lhe queimou aro-
mas como queimara a seus pais.
20 Jeorão era da idade de trinta e
dois anos quando começou a reinar
e oito anos reinou em Jerusalém.
Foi-se sem deixar de si saudades,
e o sepultaram na Cidade de Davi,
porém não nos sepulcros dos reis.

Acazias, rei de Judá

22 Os moradores de Jerusalém
fizeram a Acazias, filho
mais moço de Jeorão, rei em seu
lugar, porque a tropa que viera
com os árabes ao arraial tinha
matado a todos os mais velhos.
Assim reinou Acazias, filho de
Jeorão, rei de Judá.
2 Acazias era da idade de vinte e
dois anos quando começou a reinar
e um ano reinou em Jerusalém.
Era o nome de sua mãe Atalia, fi-
lha de Onri.
3 Ele também andou nos cami-
nhos da família de Acabe, pois
sua mãe era sua conselheira, para
proceder impiamente.
4 Fez o que era mau aos olhos do
Senhor, como fizera os membros
da família de Acabe, pois eram
seus conselheiros depois da mor-
te de seu pai, para sua perdição.
5 Também andou nos conselhos
deles e foi com Jorão, filho de
Acabe, rei de Israel, à peleja contra
Hazael, rei da Síria, em Ramote-
Gileade. Os sírios feriram Jorão,
6 de modo que ele voltou para
Jezreel a fim de se curar das fe-
ridas que lhe fizeram em Ramá,
quando pelejava contra Hazael,
rei da Síria. Então desceu Acazias,
filho de Jeorão, rei de Judá, para
visitar Jorão, filho de Acabe, em
Jezreel, por estar ele doente.
7 Por intermédio da visita de
Acazias a Jorão, Deus trouxe a
ruína de Acazias. Quando Acazias
chegou, saiu com Jorão contra Jeú,
filho de Ninsi, a quem o Senhor
tinha ungido para destruir a fa-
mília de Acabe.
8 Executando Jeú juízo contra a
casa de Acabe, achou os líderes
de Judá e os filhos dos irmãos de
Acazias, que o serviam, e os matou.
9 Depois buscou Acazias, e seus
homens o capturaram quando se
escondia em Samaria. Trouxeram-
-no a Jeú e o mataram. Sepultaram-
-no, pois diziam: É filho de Jeosafá,
que buscou ao Senhor de todo o
seu coração. E já não tinha a fa-
mília de Acazias ninguém que
fosse capaz de reinar.

Atalia e Joás

10 Vendo Atalia, mãe de Acazias,
que seu filho era morto, levantou-
-se e destruiu toda a descendên-
cia real da família de Judá.
11 Jeosebeate, filha do rei, porém, to-
mou a Joás, filho de Acazias, e tirou-
-o dentre os filhos do rei, aos quais
matavam, e o escondeu com a sua
ama num quarto. Assim Jeosebeate,
filha do rei Jeorão, mulher do sa-
cerdote Jeoiada e irmã de Acazias,
o escondeu de Atalia, de modo que
ela não o matou.
12 Ele esteve escondido com eles
seis anos no templo de Deus, en-
quanto Atalia reinava sobre a terra.

Joás, rei de Judá

23 No sétimo ano, Jeoiada se
esforçou e tomou consigo
em aliança os capitães de cem,
Azarias, filho de Jeroão, Ismael,
filho de Jeoanã, Azarias, filho de

Obede, Maaseias, filho de Adaías,
e Elisafate, filho de Sicri.
2 Estes percorreram a Judá e
ajuntaram os levitas e os cabe-
ças das famílias de Israel de to-
das as cidades. Quando vieram
para Jerusalém,
3 toda a congregação fez alian-
ça com o rei no templo de Deus.
Jeoiada lhes disse: O filho do rei
reinará, como o Senhor falou a
respeito dos filhos de Davi.
4 Isto é o que haveis de fazer: uma
terça parte de vós sacerdotes e le-
vitas que entrais no sábado ser-
virá de guardas das portas,
5 outra terça parte estará no pa-
lácio do rei e a outra terça parte
à porta do Fundamento, e todo o
povo estará nos átrios do templo
do Senhor.
6 Ninguém entre no templo do
Senhor, senão os sacerdotes e os
levitas que ministram; estes en-
trarão porque são santos, mas
todo o povo guardará a ordenan-
ça do Senhor.
7 Os levitas rodearão o rei, cada
um com as suas armas na mão.
Qualquer que entrar no templo
morrerá. Vós estareis com o rei
quando entrar e quando sair.
8 Fizeram os levitas e todo o Judá
conforme tudo o que ordenara o
sacerdote Jeoiada. Tomou cada
um os seus homens, tanto os que
entravam como os que saíam no
sábado; pois o sacerdote Jeoiada
não despediu as turmas.
9 Também o sacerdote Jeoiada
entregou aos capitães de cem
as lanças, e os escudos grandes
e pequenos que haviam sido do
rei Davi, e que estavam no tem-
plo de Deus.
10 Dispôs todo o povo, cada um
com as suas armas na mão, desde
o lado direito até o lado esquer-
do do templo, por entre o altar e
o templo, ao redor do rei.
11 Então levaram para fora o fi-
lho do rei, puseram-lhe a coroa,
entregaram-lhe o testemunho e o
fizeram rei. Jeoiada e seus filhos
o ungiram e disseram: Viva o rei!
12 Ouvindo Atalia a voz do povo
que corria e louvava o rei, veio ao
povo ao templo do Senhor.
13 Olhou, e lá estava o rei perto
da sua coluna, à entrada. Os ca-
pitães e os trombeteiros estavam
junto ao rei, e todo o povo da ter-
ra se alegrava e tocava trombetas;
e os músicos tocavam instrumen-
tos musicais e dirigiam os cânti-
cos de louvor. Então Atalia ras-
gou os seus vestidos e clamou:
Traição! Traição!
14 O sacerdote Jeoiada trouxe
para fora os capitães de cem, que
comandavam o exército, e disse-
-lhes: Trazei-a para fora entre
as fileiras, e o que a seguir mor-
rerá à espada. Pois dissera o sa-
cerdote: Não a matareis no tem-
plo do Senhor.
15 Pelo que lançaram mão dela
quando ela chegava à entrada da
porta dos cavalos, que dá para o
palácio do rei, e ali a mataram.
16 Jeoiada fez aliança entre si, o
povo e o rei, pela qual seriam
o povo do Senhor.
17 Depois todo o povo entrou na
casa de Baal e a derrubou; que-
braram os seus altares e as suas
imagens, e a Matã, sacerdote de
Baal, mataram perante os altares.
18 Jeoiada entregou os ofícios do
templo do Senhor nas mãos dos
sacerdotes levitas, a quem Davi
designara no templo do Senhor
para oferecerem os holocaustos
do Senhor, como está escrito na lei

de Moisés, com alegria e com cân-
ticos, conforme a ordem de Davi.
19 Pôs porteiros às portas do tem-
plo do Senhor, para que não en-
trasse nela ninguém que de algu-
ma forma fosse imundo.
20 Tomou os capitães de cem, os
nobres, os governadores do povo
e todo o povo da terra e trouxe-
ram o rei do templo do Senhor.
Entraram no palácio do rei pela
porta superior e assentaram o rei
no trono do reino.
21 Todo o povo da terra se alegrou.
A cidade ficou em paz, depois que
mataram a Atalia à espada.

Joás repara o templo

24 Tinha Joás sete anos de ida-
de quando começou a rei-
nar e quarenta anos reinou em
Jerusalém. Era o nome de sua
mãe Zibiá, de Berseba.
2 Fez Joás o que era reto aos olhos
do Senhor, todos os dias do sacer-
dote Jeoiada.
3 Tomou-lhe Jeoiada duas mu-
lheres, e ele gerou filhos e filhas.
4 Depois disto veio ao coração de
Joás renovar o templo do Senhor.
5 Reuniu os sacerdotes e os levitas
e lhes disse: Saí pelas cidades de
Judá e recolham o imposto anual
de todo o Israel, para reformar o
templo do vosso Deus. Apressai-
-vos nesse negócio. Porém os le-
vitas não se apressaram.
6 Portanto, o rei mandou chamar
a Jeoiada, o chefe, e lhe pergun-
tou: Por que não requereste que
os levitas trouxessem de Judá e
Jerusalém o imposto ordenado
por Moisés, servo do Senhor, e
pela congregação de Israel, para
a tenda do testemunho?
7 Ora, os filhos da perversa Atalia
haviam arruinado o templo de
Deus e empregado até mesmo to-
das as coisas sagradas do templo
do Senhor no serviço dos baalins.
8 Deu o rei ordem e fizeram uma
arca e a puseram fora, à porta do
templo do Senhor.
9 Publicou-se em Judá e em
Jerusalém que trouxessem ao
Senhor o imposto que Moisés,
servo do Senhor, havia ordena-
do a Israel no deserto.
10 Todos os príncipes e todo o povo
se alegraram e trouxeram o im-
posto e o depositaram na arca, até
que ficou cheia.
11 Sempre que a arca era levada
pelas mãos dos levitas aos oficiais
do rei, e viam que já havia muito
dinheiro, vinha o escrivão do rei
e o oficial do sumo sacerdote, es-
vaziavam-na e, tomando-a, torna-
vam a levá-la ao seu lugar. Assim
faziam dia após dia e ajuntaram
prata em abundância.
12 O rei e Jeoiada deram o dinhei-
ro aos encarregados da obra do
templo do Senhor. Contrataram
pedreiros e carpinteiros, como
também os que trabalhavam em
ferro e em bronze, para repara-
rem o templo do Senhor.
13 Os encarregados da obra eram
diligentes, e os reparos progre-
diam nas suas mãos. Restauraram
a casa de Deus ao seu estado ori-
ginal e a reforçaram.
14 Tendo acabado a obra, trouxeram
o resto da prata ao rei e a Jeoiada,
e dela se fizeram utensílios para o
templo do Senhor, para serem usa-
dos no ministério e nos holocaus-
tos, taças e outros objetos de ouro
e de prata. E continuamente ofe-
receram holocaustos no templo do
Senhor, todos os dias de Jeoiada.
15 Ora, Jeoiada envelheceu e mor-
reu em idade avançada. Tinha cento

e trinta anos de idade quando morreu.

16 Sepultaram-no na Cidade de Davi com os reis, porque tinha feito o bem em Israel e para com Deus e a sua casa.

A impiedade de Joás

17 **D**epois da morte de Jeoiada vieram os líderes de Judá e prostraram-se perante o rei, e o rei os ouviu.

18 Deixaram a casa do Senhor, Deus de seus pais, e serviram aos postes sagrados. Então veio grande ira sobre Judá e Jerusalém por causa desta sua culpa.

19 Embora Deus lhes tenha enviado profetas, para os fazer tornar ao Senhor, e embora tenham protestado contra eles, não deram ouvidos.

20 Então o Espírito de Deus revestiu a Zacarias, filho do sacerdote Jeoiada. Ele se pôs em pé diante do povo e lhes disse: Assim diz Deus: Por que desobedeceis aos mandamentos do Senhor? Não prosperareis. Porque deixastes o Senhor, também ele vos deixou.

21 Conspiraram, porém, contra ele e o apedrejaram, por mandado do rei, no átrio do templo do Senhor.

22 O rei Joás não se lembrou da bondade que lhe manifestara Jeoiada, pai de Zacarias, porém matou-lhe o filho, o qual, morrendo, disse: O Senhor o verá e o requererá.

23 **D**ecorrido um ano, o exército da Síria subiu contra Joás; vieram a Judá e a Jerusalém e destruíram todos os líderes do povo. *E todo o seu despojo enviaram ao* rei de Damasco.

24 Embora o exército dos sírios tivesse vindo com poucos homens, o Senhor entregou nas suas mãos um exército muito grande, porque Judá havia deixado o Senhor, Deus de seus pais. Assim executaram os sírios os juízos de Deus contra Joás.

25 **Q**uando os sírios se retiraram, deixaram a Joás gravemente ferido. Os seus servos conspiraram contra ele, por causa do sangue do filho do sacerdote Jeoiada, e o mataram na sua cama. Assim ele morreu e o sepultaram na Cidade de Davi, porém não o sepultaram nos sepulcros dos reis.

26 Estes foram os que conspiraram contra ele: Zabade, filho de Simeate, a amonita, e Jeozabade, filho de Sinrite, a moabita.

27 O relato dos seus filhos, as muitas sentenças proferidas contra ele e o registro da restauração do templo de Deus estão escritos no comentário do livro dos reis. E Amazias, seu filho, reinou em seu lugar.

Amazias, rei de Judá

25 Era Amazias da idade de vinte e cinco anos quando começou a reinar e vinte e nove anos reinou em Jerusalém. O nome de sua mãe era Jeoadã, de Jerusalém.

2 Fez o que era reto aos olhos do Senhor, porém não com inteireza de coração.

3 Sendo-lhe o reino já confirmado, matou os servos que tinham assassinado o rei, seu pai.

4 Contudo, não matou os filhos deles, mas fez como na lei está escrito, no livro de Moisés, como o Senhor ordenou: Não morrerão os pais pelos filhos, nem os filhos pelos pais; cada qual morrerá pelo seu pecado.

5 Amazias congregou Judá e o
pôs segundo as suas famílias sob
chefes de mil e chefes de cem, por
todo o Judá e Benjamim. Então
os numerou, de vinte anos para
cima, e achou trezentos mil esco-
lhidos que podiam ir à guerra e
sabiam manejar lança e escudo.
6 Também de Israel contratou cem
mil homens valentes por cem ta-
lentos de prata.
7 Certo homem de Deus, porém,
veio a ele e disse: Ó rei, não dei-
xes ir contigo o exército de Israel,
pois o Senhor não é com Israel, a
saber, com os filhos de Efraim.
8 Ainda que vás e lutes valente-
mente na batalha, Deus te fará
cair diante do inimigo, pois Deus
tem o poder para ajudar e para
fazer cair.
9 Perguntou Amazias ao homem
de Deus: O que se fará dos cem
talentos de prata que dei às tro-
pas de Israel? Respondeu o ho-
mem de Deus: O Senhor te dará
mais do que isso.
10 Então separou Amazias as
tropas que lhe tinham vindo de
Efraim, para que se fossem ao
seu lugar. Pelo que se acendeu a
ira deles contra Judá e voltaram
para o seu lugar ardendo em ira.
11 Amazias encheu-se de coragem
e conduziu o seu povo; foi ao vale
do Sal, onde feriu dez mil dos fi-
lhos de Seir.
12 Também os filhos de Judá pren-
deram vivos dez mil e os trouxe-
ram ao cume de um penhasco, de
onde os lançaram abaixo, e todos
se arrebentaram.
13 Enquanto isso, os homens das
tropas que Amazias despedira, para
que não fossem com ele à guer-
ra, atacaram as cidades de Judá,
desde Samaria até Bete-Horom;
feriram deles três mil e saquea-
ram grande despojo.
14 Quando Amazias voltou da ma-
tança dos edomitas, trouxe con-
sigo os deuses dos filhos de Seir.
Tomou-os por seus deuses, pros-
trou-se diante deles e queimou-
-lhes incenso.
15 A ira do Senhor se acendeu
contra Amazias, e mandou-lhe
um profeta que lhe disse: Por que
buscaste deuses que a seu povo
não livraram das tuas mãos?
16 Enquanto ele ainda falava, o rei
lhe respondeu: Acaso foste nome-
ado conselheiro do rei? Para com
isso! Por que haverias de ser morto?
Então o profeta parou, mas disse:
Sei que já o Senhor deliberou des-
truir-te, porque fizeste isso e não
deste ouvidos ao meu conselho.
17 Depois de ter consultado seus
conselheiros, Amazias, rei de Judá,
enviou mensageiros a Jeoás, fi-
lho de Jeoacaz, filho de Jeú, rei
de Israel, dizendo: Vem, encon-
tremo-nos face a face.
18 Jeoás, rei de Israel, porém, man-
dou dizer a Amazias, rei de Judá:
O espinheiro que estava no Líbano
mandou dizer ao cedro que estava
no Líbano: Dá tua filha a meu filho
por mulher. Então os animais do
campo que estão no Líbano pas-
saram e pisaram o espinheiro.
19 Tu dizes: Feri os edomitas; e
elevou-se o teu coração, para te
gloriares. Mas fica em tua casa!
Por que te meterias no mal, para
caíres tu e Judá contigo?
20 Amazias, contudo, não lhe deu
ouvidos, pois isso vinha de Deus,
para entregá-los nas mãos dos
seus inimigos, porque buscaram
os deuses dos edomitas.
21 Assim Jeoás, rei de Israel, su-
biu. Ele e Amazias, rei de Judá,

se encontraram face a face em
Bete-Semes, que está em Judá.
22 Judá foi derrotado diante de
Israel, e fugiu cada um para a
sua tenda.
23 Jeoás, rei de Israel, prendeu
a Amazias, rei de Judá, filho de
Joás, filho de Jeoacaz, em Bete-
-Semes. Então Jeoás o trouxe a
Jerusalém e derrubou o muro
de Jerusalém, desde a porta de
Efraim até a porta da Esquina,
quatrocentos côvados.
24 Tomou todo o ouro, a prata e
todos os utensílios que se acha-
ram no templo de Deus sob os
cuidados de Obede-Edom, com
os tesouros do palácio do rei, e
os reféns, e voltou para Samaria.
25 Viveu Amazias, filho de Joás,
rei de Judá, depois da morte de
Jeoás, filho de Jeoacaz, rei de Israel,
quinze anos.
26 Quanto ao restante dos atos
de Amazias, tanto os primeiros
como os últimos, estão escritos no
livro dos reis de Judá e de Israel.
27 Desde o tempo em que Amazias
se desviou do Senhor, conspira-
ram contra ele em Jerusalém, e
ele fugiu para Laquis, mas o per-
seguiram até lá, e o mataram.
28 Trouxeram-no sobre cavalos
e o sepultaram com seus pais na
cidade de Judá.

Uzias, rei de Judá

26 Então todo o povo tomou a
Uzias, que era da idade de
dezesseis anos, e o fizeram rei em
lugar de seu pai Amazias.
2 Ele edificou a Elote e a restituiu
a Judá, depois que Amazias des-
cansou com seus pais.
3 Era Uzias da idade de dezesseis
anos quando começou a reinar
e cinquenta e cinco anos reinou
em Jerusalém. Era o nome de sua
mãe Jecolia, de Jerusalém.
4 Fez o que era reto aos olhos do
Senhor, conforme tudo o que fi-
zera Amazias, seu pai.
5 Buscou a Deus nos dias de
Zacarias, que o instruiu no te-
mor de Deus. Enquanto buscou
ao Senhor, Deus o fez prosperar.
6 Saiu, guerreou contra os filis-
teus, e quebrou o muro de Gate,
o muro de Jabne e o de Asdode.
Edificou cidades perto de Asdode
e entre os filisteus.
7 Deus o ajudou contra os filis-
teus, contra os árabes que habi-
tavam em Gur-Baal e contra os
meunitas.
8 Os amonitas pagaram tributos
a Uzias, e a sua fama se espalhou
até a entrada do Egito, porque se
tornou muito poderoso.
9 Uzias edificou torres em
Jerusalém, à porta da Esquina,
à porta do Vale e ao ângulo do
muro, e as fortificou.
10 Também edificou torres no de-
serto e cavou muitos poços, por-
que tinha muito gado, tanto nos
vales como nas campinas. Tinha
lavradores e vinhateiros nos mon-
tes e nos campos férteis, pois gos-
tava da agricultura.
11 Tinha Uzias um exército de
homens bem preparados, que
saíam à guerra em tropas, se-
gundo a lista feita pelo escrivão
Jeiel, e Maaseias, oficial, sob a
direção de Hananias, um dos ofi-
ciais do rei.
12 O número total dos chefes de
famílias, homens valentes, era
de dois mil e seiscentos.
13 Debaixo das suas ordens ha-
via um exército guerreiro de tre-
zentos e sete mil e quinhentos ho-
mens, que faziam a guerra com

grande poder, para ajudarem o
rei contra os inimigos.
14 Preparou-lhes Uzias, para todo
o exército, escudos, lanças, capacetes, couraças e arcos, e até fundas para atirar pedras.
15 Fez em Jerusalém máquinas
inventadas por peritos, para que fossem colocadas nas torres e nos cantos das muralhas, para atirarem flechas e grandes pedras. Correu a sua fama até muito longe, pois foi maravilhosamente ajudado até que se tornou poderoso.
16 Havendo-se, porém, fortificado, exaltou-se o seu coração até se corromper. Foi infiel ao Senhor, seu Deus, e entrou no templo do Senhor para queimar incenso no altar do incenso.
17 O sacerdote Azarias, porém,
entrou após ele, e com ele oitenta sacerdotes do Senhor, homens corajosos.
18 Resistiram ao rei Uzias e lhe
disseram: A ti, Uzias, não compete queimar incenso perante o Senhor, mas aos sacerdotes, filhos de Arão, que são consagrados para queimar incenso. Sai do santuário, pois foste infiel; nem será isso para honra tua da parte do Senhor Deus.
19 Então Uzias, que tinha o incen-
sário na mão para queimar incenso, se indignou. Indignando-se ele contra os sacerdotes, a lepra lhe saiu à testa perante os sacerdotes, na casa do Senhor, junto ao altar do incenso.
20 Quando o sumo sacerdote Azarias
olhou para ele, como também todos os sacerdotes, e viram que estava leproso na testa, apressadamente o lançaram fora. Até ele mesmo se deu pressa em sair, visto que o Senhor o ferira.
21 Assim ficou leproso o rei Uzias
até o dia da sua morte. E morou, por ser leproso, numa casa separada, porque foi excluído do templo do Senhor. Jotão, seu filho, tinha o cargo do palácio real, julgando o povo da terra.
22 Quanto ao restante dos atos de
Uzias, tanto os primeiros como os últimos, o profeta Isaías, filho de Amoz, o escreveu.
23 Descansou Uzias com seus
pais e com eles foi sepultado no campo do sepulcro que era dos reis, porque disseram: Ele é leproso. E Jotão, seu filho, reinou em seu lugar.

Jotão, rei de Judá

27 Tinha Jotão vinte e cinco anos de idade quando começou a reinar e dezesseis anos reinou em Jerusalém. Era o nome de sua mãe Jerusa, filha de Zadoque.
2 Fez o que era reto aos olhos do
Senhor, conforme tudo o que fizera Uzias, seu pai, exceto que não entrou no templo do Senhor. Mas o povo ainda se corrompia.
3 Jotão edificou a porta supe-
rior do templo do Senhor e também edificou muitas obras sobre o muro de Ofel.
4 Edificou cidades na região mon-
tanhosa de Judá e nos bosques, castelos e torres.
5 Jotão guerreou contra o rei dos fi-
lhos de Amom e o venceu, de modo que os filhos de Amom naquele ano lhe deram cem talentos de prata, dez mil coros de trigo e dez mil de cevada. A mesma quantia lhe trouxeram os filhos de Amom também no segundo e no terceiro anos.
6 Jotão se tornou poderoso, por-
que dirigiu os seus caminhos na presença do Senhor, o seu Deus.

7 Quanto ao restante dos atos de
Jotão, todas as suas guerras e os
seus caminhos, estão escritos no
livro dos reis de Israel e de Judá.
8 Tinha vinte e cinco anos de ida-
de quando começou a reinar e de-
zesseis anos reinou em Jerusalém.
9 Descansou Jotão com seus pais
e foi sepultado na Cidade de Davi.
E Acaz, seu filho, reinou em seu
lugar.

Acaz, rei de Judá

28 Tinha Acaz vinte anos de
idade quando começou a
reinar e dezesseis anos reinou
em Jerusalém. Não fez o que era
reto aos olhos do Senhor, como
Davi seu pai.
2 Andou nos caminhos dos reis de
Israel e até fez imagens de fundi-
ção para os baalins.
3 Queimou incenso no vale do filho
de Hinom e queimou a seus filhos
no fogo, conforme as abominações
dos gentios que o Senhor expulsa-
ra de diante dos filhos de Israel.
4 Sacrificou e queimou incenso nos
altos e nos outeiros, como também
debaixo de toda árvore frondosa.
5 Pelo que o Senhor seu Deus o
entregou nas mãos do rei dos sí-
rios, os quais o derrotaram e leva-
ram dele em cativeiro uma grande
multidão de presos, que trouxe-
ram a Damasco. Também foi en-
tregue nas mãos do rei de Israel,
que lhe impôs grande derrota.
6 Peca, filho de Remalias, matou
num dia em Judá cento e vinte
mil, todos homens valentes, por-
que haviam deixado o Senhor,
Deus de seus pais.
7 Zicri, homem poderoso de Efraim,
matou Maaseias, filho do rei,
Azricão, o mordomo, e Elcana,
o segundo depois do rei.
8 Os filhos de Israel levaram pre-
sos de seus irmãos duzentos mil:
mulheres, filhos e filhas. Também
saquearam deles grande despo-
jo e trouxeram o despojo para
Samaria.
9 Estava, porém, ali um profeta
do Senhor, cujo nome era Odede,
que saiu ao encontro do exérci-
to que vinha para Samaria e lhe
disse: Porque o Senhor, o Deus de
vossos pais, se irou contra Judá,
ele os entregou nas vossas mãos,
e vós os matastes com uma raiva
tal que chegou até os céus.
10 E agora quereis fazer escravos
os filhos de Judá e de Jerusalém.
Mas não sois vós mesmos culpados
para com o Senhor, o vosso Deus?
11 Agora ouvi-me e tornai a en-
viar os prisioneiros que trouxes-
tes presos de vossos irmãos, pois
o ardor da ira do Senhor está so-
bre vós.
12 Então se levantaram alguns ho-
mens dentre os chefes dos filhos
de Efraim: Azarias, filho de Joanã,
Berequias, filho de Mesilemote,
Jeizquias, filho de Salum, e Amasa,
filho de Hadlai, contra os que vol-
tavam da batalha
13 e lhes disseram: Não fareis en-
trar aqui estes presos, porque,
em relação à nossa culpa contra
o Senhor, intentais acrescentar
mais a nossos pecados e a nossas
culpas, mas já temos grande cul-
pa, e já o ardor da ira do Senhor
está sobre Israel.
14 Então os homens armados
deixaram os presos e o despo-
jo diante dos líderes e de toda a
congregação.
15 Os homens que foram desig-
nados nominalmente se levan-
taram, tomaram os presos e ves-
tiram do despojo a todos os que

entre eles estavam nus, e lhes de-
ram comida e bebida. A todos os
que estavam fracos levaram, so-
bre jumentos, e os trouxeram a
Jericó, a cidade das palmeiras,
a seus irmãos. Depois voltaram
para Samaria.
16 Naquele tempo, o rei Acaz
mandou pedir socorro ao rei da
Assíria.
17 Os edomitas tinham vindo de
novo, derrotado a Judá e levado
presos em cativeiro,
18 enquanto os filisteus tinham
invadido as cidades da campi-
na e do sul de Judá. Tomaram e
ocuparam Bete-Semes, Aijalom,
Gederote, Socó e suas aldeias, e
Timna e suas aldeias.
19 O Senhor havia humilhado a
Judá por causa de Acaz, rei de
Israel, pois este promovera a im-
piedade em Judá e tinha sido to-
talmente infiel ao Senhor.
20 Veio a ele Tiglate-Pileser, rei da
Assíria, porém lhe causou mais
problemas em vez de ajudá-lo.
21 Tomou Acaz algumas das coi-
sas do templo do Senhor, do palá-
cio do rei, e dos líderes, e as deu
ao rei da Assíria, mas isso não o
ajudou.
22 No seu tempo de dificuldades,
o rei Acaz tornou-se ainda mais
infiel ao Senhor.
23 Sacrificou aos deuses de
Damasco, que o feriram, e dis-
se: Visto que os deuses dos reis
da Síria os ajudam, eu lhes sa-
crificarei, para que me ajudem.
Porém eles foram a sua ruína, e
de todo o Israel.
24 Ajuntou Acaz os utensílios do
templo do Senhor e fê-los em pe-
daços. Fechou as portas do tem-
plo do Senhor e fez para si altares
em todos os cantos de Jerusalém.
25 Também em cada cidade de
Judá fez altos para queimar in-
censo a outros deuses e assim
provocou à ira o Senhor, Deus
de seus pais.
26 O restante de seus atos e de
todos os seus caminhos, tanto os
primeiros como os últimos, estão
escritos no livro dos reis de Judá
e de Israel.
27 Descansou Acaz com seus
pais e foi sepultado na cidade de
Jerusalém, mas não o puseram
nos sepulcros dos reis de Israel.
E Ezequias, seu filho, reinou em
seu lugar.

Ezequias restabelece o culto

29 Tinha Ezequias vinte e cin-
co anos de idade quando
começou a reinar e vinte e nove
anos reinou em Jerusalém. Era
o nome de sua mãe Abia, filha de
Zacarias.
2 Fez o que era reto aos olhos do
Senhor, conforme tudo o que fi-
zera Davi seu pai.
3 Ele, no primeiro ano do seu rei-
nado, no primeiro mês, abriu as
portas do templo do Senhor e as
reparou.
4 Trouxe os sacerdotes e os levi-
tas, ajuntou-os na praça oriental
5 e lhes disse: Ouvi-me, ó levi-
tas, consagrai-vos agora e con-
sagrai o templo do Senhor, Deus
de vossos pais, e tirai do santuá-
rio a imundícia.
6 Nossos pais foram infiéis; fize-
ram o que era mau aos olhos do
Senhor, o nosso Deus, e o deixa-
ram. Desviaram os seus rostos do
tabernáculo do Senhor e lhe vol-
taram as costas.
7 Também fecharam as portas
do alpendre e apagaram as lâm-
padas; e não queimaram incenso

nem ofereceram holocaustos no
santuário ao Deus de Israel.
8 Pelo que veio grande ira do
Senhor sobre Judá e Jerusalém,
e ele os fez objetos de terror, espanto e zombaria, como vós o
estais vendo com os vossos próprios olhos.
9 É por isso que nossos pais caíram
à espada e nossos filhos, nossas
filhas e nossas mulheres estão
em cativeiro.
10 Agora tenho o propósito de fazer uma aliança com o Senhor,
Deus de Israel, para que se desvie
de nós o ardor da sua ira.
11 Agora, filhos meus, não sejais
negligentes, pois o Senhor vos escolheu para estardes diante dele e
para o servirdes, para serdes seus
ministros e queimardes incenso.
12 Então se levantaram estes levitas: Maate, filho de Amasai, e
Joel, filho de Azarias, dos filhos
dos coatitas; dos filhos de Merari,
Quis, filho de Abdi, e Azarias, filho
de Jealelel; dos geronitas, Joá, filho de Zima, e Éden, filho de Joá;
13 dos filhos de Elisafã, Sinri e
Jeiel; dos filhos de Asafe, Zacarias
e Matanias;
14 dos filhos de Hemã, Jeíel e
Simei; dos filhos de Jedutum,
Semaías e Uziel.
15 Ajuntaram seus irmãos, consagraram-se e vieram conforme
a ordem do rei, segundo as palavras do Senhor, a fim de purificarem o templo do Senhor.
16 Os sacerdotes entraram no
templo do Senhor para purificar e levaram para o pátio do
templo do Senhor toda a imundícia que acharam no templo do
Senhor. Os levitas a tomaram e
a levaram para fora, ao vale do
Cedrom.
17 Começaram a consagração no
primeiro dia do primeiro mês, e
no oitavo dia do mês chegaram ao
alpendre do Senhor. Consagraram
a casa do Senhor em oito dias, e
no décimo sexto dia do primeiro
mês acabaram.
18 Então foram ter com o rei
Ezequias e disseram: Já purificamos todo o templo do Senhor,
como também o altar do holocausto com todos os seus utensílios, e a mesa da proposição com
todos os seus utensílios.
19 Também todos os utensílios que
o rei Acaz, no seu reinado, lançou
fora, na sua infidelidade, já os preparamos e consagramos. Agora
estão diante do altar do Senhor.
20 O rei Ezequias se levantou de
madrugada, reuniu os líderes da
cidade e subiu à casa do Senhor.
21 Trouxeram sete novilhos, sete
carneiros, sete cordeiros e sete bodes, como oferta pelo pecado em
favor do reino, do santuário e de
Judá. Ordenou o rei aos filhos
de Arão, os sacerdotes, que os oferecessem sobre o altar do Senhor.
22 Assim mataram os bois, e os
sacerdotes tomaram o sangue e
o espargiram sobre o altar; a seguir mataram os carneiros e espargiram o sangue sobre o altar;
então mataram os cordeiros e espargiram o sangue sobre o altar.
23 Trouxeram os bodes, como
oferta pelo pecado, perante o rei
e a congregação, e lhes impuseram as suas mãos.
24 Os sacerdotes os mataram e
com o seu sangue fizeram expiação do pecado sobre o altar, para
reconciliar a todo o Israel, porque
o rei tinha ordenado que se fizesse
aquele holocausto e aquela oferta pelo pecado por todo o Israel.

25 Pôs os levitas no templo do Senhor
com címbalos, alaúdes e harpas,
conforme a ordem de Davi e de
Gade, o vidente do rei, e do profeta
Natã; esta ordem viera do Senhor,
por meio de seus profetas.
26 Assim, estavam os levitas em
pé com os instrumentos de Davi,
e os sacerdotes com as trombetas.
27 Deu ordem Ezequias que ofe-
recessem o holocausto sobre o
altar. Quando o holocausto co-
meçou, começou também o cân-
tico ao Senhor com as trombe-
tas e os instrumentos de Davi,
rei de Israel.
28 Toda a congregação se pros-
trou, enquanto se entoava o cân-
tico e as trombetas soavam. Tudo
isso até se acabar o holocausto.
29 Tendo-se acabado de oferecer
o sacrifício, o rei e todos quantos
com ele se achavam, prostraram-
-se e adoraram.
30 Ordenou o rei Ezequias e os ofi-
ciais aos levitas que louvassem ao
Senhor com as palavras de Davi e
de Asafe, o vidente. Pelo que eles
cantaram louvores com alegria e
se inclinaram e adoraram.
31 Então disse Ezequias: Agora
que vos consagrastes a vós mes-
mos ao Senhor, chegai-vos e tra-
zei sacrifícios e ofertas de lou-
vor ao templo do Senhor. Assim,
a congregação trouxe sacrifícios
e ofertas de louvor, e todos os que
estavam dispostos de coração trou-
xeram holocaustos.
32 O número dos holocaustos que
a congregação trouxe foi de seten-
ta bois, cem carneiros e duzentos
cordeiros; tudo isso em holocaus-
to para o Senhor.
33 Houve também, de coisas con-
sagradas, seiscentos bois e três
mil ovelhas.
34 Os sacerdotes, porém, eram
muito poucos e não podiam esfo-
lar a todos os holocaustos; pelo
que seus irmãos, os levitas, os aju-
daram até se acabar a obra e até
que os outros sacerdotes se con-
sagrassem, pois os levitas foram
mais retos de coração, para se con-
sagrarem, do que os sacerdotes.
35 Houve holocaustos em abun-
dância, com a gordura das ofer-
tas pacíficas e com as ofertas de
libação para cada holocausto.
Assim se estabeleceu o ministé-
rio do templo do Senhor.
36 Ezequias e todo o povo se ale-
graram por causa do que Deus ti-
nha preparado em favor do povo,
porque apressadamente se fez
esta obra.

Ezequias celebra a Páscoa

30 Depois disso enviou Ezequias
mensageiros por todo o
Israel e Judá e escreveu cartas a
Efraim e a Manassés, para que
viessem ao templo do Senhor,
a Jerusalém, a fim de celebra-
rem a Páscoa ao Senhor, o Deus
de Israel.
2 O rei e os seus oficiais e toda a
congregação em Jerusalém de-
cidiram celebrar a Páscoa no se-
gundo mês.
3 Não a puderam celebrar no
tempo próprio, porque não se ti-
nham consagrado sacerdotes em
número suficiente, e o povo não
se tinha reunido em Jerusalém.
4 Isso pareceu bem aos olhos do
rei e aos olhos de toda a congre-
gação.
5 Ordenaram que se fizesse pregão
por todo o Israel, desde Berseba
até Dã, para que viessem cele-
brar a Páscoa ao Senhor, Deus de
Israel, em Jerusalém. Muitos não

a tinham celebrado como está escrito.

6 Foram os mensageiros com as cartas do rei e de seus oficiais, por todo o Israel e Judá, segundo a ordem do rei, dizendo: Filhos de Israel, voltai-vos ao Senhor, Deus de Abraão, de Isaque e de Israel, para que ele se volte para o restante de vós que escaparam das mãos dos reis da Assíria.

7 Não sejais como vossos pais e como vossos irmãos, que foram infiéis para com o Senhor, Deus de seus pais, pelo que os entregou à desolação como estais vendo.

8 Não endureçais a vossa cerviz, como vossos pais; submetei-vos ao Senhor e vinde ao santuário que ele consagrou para sempre, e servi ao Senhor, o vosso Deus, para que o ardor da sua ira se desvie de vós.

9 Se vos converterdes ao Senhor, então vossos irmãos e vossos filhos acharão misericórdia perante os que os levaram cativos e voltarão a esta terra, pois o Senhor, o vosso Deus, é piedoso e misericordioso. Não desviará de vós o seu rosto, se vos voltardes a ele.

10 Os mensageiros foram passando de cidade em cidade, pela terra de Efraim e Manassés até Zebulom, mas riram-se e zombaram deles.

11 Todavia, alguns de Aser, de Manassés e de Zebulom se humilharam e vieram a Jerusalém.

12 Também em Judá a mão de Deus esteve com o povo, dando-lhes um só coração, para cumprirem a ordem do rei e dos oficiais, conforme a palavra do Senhor.

13 Ajuntou-se em Jerusalém uma congregação muito grande, para celebrar a festa dos pães sem fermento, no segundo mês.

14 Tiraram os altares que havia em Jerusalém e todos os altares de incenso e os lançaram no vale do Cedrom.

15 Imolaram o cordeiro da Páscoa no décimo quarto dia do segundo mês. Os sacerdotes e levitas, envergonhados, consagraram-se e trouxeram holocaustos ao templo do Senhor.

16 Então tomaram os seus lugares, segundo a sua ordem, conforme a lei de Moisés, o homem de Deus. Os sacerdotes espargiam o sangue, tomando-o da mão dos levitas.

17 Visto que havia muitos na congregação que não se tinham consagrado, os levitas tiveram de imolar os cordeiros da Páscoa por todo aquele que não estava limpo, para o consagrarem ao Senhor.

18 Embora a maioria do povo, muitos de Efraim, Manassés, Issacar e Zebulom, não se tinham purificado, contudo comeram a Páscoa, contrário ao que está escrito. Ezequias, porém, orou por eles, dizendo: O Senhor, que é bom, perdoe a todo aquele

19 que dispôs o coração para buscar o Senhor Deus, o Deus de seus pais, ainda que não esteja purificado de acordo com a purificação do santuário.

20 E ouviu o Senhor a Ezequias e sarou o povo.

21 Os filhos de Israel que se acharam em Jerusalém celebraram a festa dos pães sem fermento por sete dias com grande alegria, enquanto os levitas e os sacerdotes louvaram ao Senhor de dia em dia, com instrumentos de louvor ao Senhor.

22 Ezequias dirigiu palavras de encorajamento a todos os levitas

que demonstravam bom entendimento do serviço do Senhor. Comeram as ofertas da solenidade por sete dias, apresentando ofertas pacíficas e rendendo graças ao Senhor, Deus de seus pais.
23 Toda a congregação, então, decidiu celebrar outros sete dias; assim, por outros sete dias celebraram com grande alegria.
24 Ezequias, rei de Judá, providenciou para a congregação mil novilhos e dez mil ovelhas, e os líderes providenciaram-lhes mil novilhos e dez mil ovelhas. Um grande número dos sacerdotes se consagrou.
25 Alegraram-se toda a congregação de Judá, os sacerdotes, os levitas e toda a congregação de todos os que vieram de Israel, como também os estrangeiros que vieram da terra de Israel e os que habitavam em Judá.
26 Houve grande alegria em Jerusalém, pois desde os dias de Salomão, filho de Davi, rei de Israel, não tinha havido coisa semelhante em Jerusalém.
27 Os sacerdotes e os levitas se levantaram e abençoaram o povo; a sua oração foi ouvida, pois chegou até a santa habitação de Deus, até os céus.

Contribuições ao culto

31 Acabado tudo isto, os israelitas que ali se achavam saíram às cidades de Judá e quebraram as estátuas, cortaram os postes sagrados, e derrubaram os altos e altares por todo o Judá e Benjamim, como também em Efraim e Manassés, até que tudo destruíram. Então voltaram os filhos de Israel, cada um para sua possessão, para as cidades deles.
2 Estabeleceu Ezequias as turmas dos sacerdotes e levitas, turma após turma, segundo o seu serviço: os sacerdotes e levitas para o holocausto e para as ofertas pacíficas, para ministrarem, renderem graças e cantarem louvores nas portas da habitação do Senhor.
3 O rei contribuiu de seu próprio tesouro para os holocaustos da manhã e da tarde e para os holocaustos dos sábados, para as luas novas e para as festividades, como está escrito na lei do Senhor.
4 Além disso ordenou ao povo de Jerusalém que desse a parte dos sacerdotes e dos levitas, para que pudessem dedicar-se à lei do Senhor.
5 Logo que essa ordem foi promulgada, os filhos de Israel trouxeram em abundância as primícias de trigo, mosto, azeite, mel e todo produto do campo. Trouxeram também em abundância o dízimo de tudo.
6 Os filhos de Israel e de Judá, que habitavam nas cidades de Judá, também trouxeram o dízimo das vacas, das ovelhas e das coisas consagradas ao Senhor seu Deus, e fizeram muitos montões.
7 No terceiro mês, começaram a fazer os primeiros montões e no sétimo acabaram.
8 Vindo Ezequias e os oficiais, e vendo aqueles montões, bendisseram ao Senhor e ao seu povo Israel.
9 Perguntou Ezequias aos sacerdotes e aos levitas acerca daqueles montões;
10 e Azarias, o sumo sacerdote da casa de Zadoque, respondeu-lhe: Desde que o povo começou a trazer suas ofertas ao templo do Senhor, tem havido o que comer e

de que se fartar, e ainda há sobra em abundância, porque o Senhor abençoou ao seu povo, e sobrou esta grande quantidade.

11 Então Ezequias deu ordens para que se preparassem despensas na casa do Senhor, e as prepararam.

12 Ali recolheram fielmente as ofertas, os dízimos e as coisas consagradas. Conanias, o levita, ficou encarregado disso, e Simei, seu irmão, era o segundo.

13 Jeíel, Azazias, Naate, Asael, Jerimote, Jozabade, Eliel, Ismaquias, Maate e Benaia eram superiores sob a direção de Conanias e Simei, seu irmão, por ordem do rei Ezequias e de Azarias, chefe do templo de Deus.

14 Coré, filho de Imna, levita, guarda da porta oriental, tinha o cargo das ofertas voluntárias que se faziam a Deus, para distribuir as ofertas do Senhor e as coisas santíssimas.

15 Debaixo das suas ordens estavam Éden, Miniamim, Jesua, Semaías, Amarias e Secanias, nas cidades dos sacerdotes, para distribuírem com fidelidade a seus irmãos, segundo as suas turmas, tanto aos pequenos como aos grandes.

16 Além disso distribuíram aos que estavam contados pelas genealogias, homens da idade de três anos para cima, e que entravam no templo do Senhor, para a obra de cada dia, no seu dia para o serviço nos seus cargos segundo as suas turmas.

17 E distribuíam aos sacerdotes *registrados* segundo as suas famílias, e aos levitas de vinte anos para cima, segundo os seus cargos e as suas turmas.

18 Estes incluíam as crianças, as mulheres, os filhos e as filhas de toda a congregação arrolada nestes registros genealógicos. Pois foram fiéis em se consagrarem.

19 Quanto aos sacerdotes, os filhos de Arão, que moravam nos campos ao redor das suas cidades, ou em qualquer outra cidade, designaram-se homens por nome para distribuir as porções a todo homem entre os sacerdotes e a todos os arrolados nas genealogias dos levitas.

20 Assim fez Ezequias em todo o Judá, fazendo o que era bom, reto e verdadeiro perante o Senhor, o seu Deus.

21 Em toda a obra que começou no serviço do templo de Deus, na lei e nos mandamentos, para buscar a seu Deus, de todo o coração o fez. E assim ele prosperou.

Senaqueribe ameaça Judá

32 Depois de tudo o que Ezequias havia feito com tanta fidelidade, veio Senaqueribe, rei da Assíria, e invadiu a Judá. Acampou-se contra as cidades fortes com a intenção de se apoderar delas.

2 Vendo Ezequias que Senaqueribe vinha, e que pretendia guerrear contra Jerusalém,

3 consultou com os seus oficiais e os seus comandantes do exército, para que se tapassem as fontes das águas que havia fora da cidade, e eles o ajudaram.

4 Assim muito povo se ajuntou e tapou todas as fontes, como também o ribeiro que corria pelo meio da terra. Diziam: Por que viriam os reis da Assíria e achariam tantas águas?

5 Então ele se fortificou, reparou todo o muro quebrado e levantou

torres sobre ele. Fez outro muro
por fora, fortificou os terraços de
apoio na Cidade de Davi e fez armas e escudos em abundância.
6 Pôs oficiais de guerra sobre o
povo, ajuntou-os a si na praça
da porta da cidade e disse-lhes
ao coração:
7 Esforçai-vos e tende bom ânimo. Não temais nem vos espanteis, por causa do rei da Assíria,
nem por causa de toda a multidão que está com ele, pois conosco há um maior do que o que
está com ele.
8 Com ele está o braço de carne,
mas conosco o Senhor, o nosso
Deus, para nos ajudar e guerrear
as nossas guerras. E o povo recuperou o ânimo com as palavras de
Ezequias, rei de Judá.
9 Mais tarde, quando Senaqueribe,
rei da Assíria, e todas as suas forças, estavam sitiando a Laquis, enviou os seus oficiais a Jerusalém
com esta mensagem:
10 Assim diz Senaqueribe, rei da
Assíria: Em que confiais vós, que
vos deixais sitiar em Jerusalém?
11 Não vos incita Ezequias, para
morrerdes à fome e à sede, quando
diz: O Senhor, o nosso Deus, nos livrará das mãos do rei da Assíria?
12 Não é Ezequias o mesmo que
tirou os seus altos e os seus altares, e disse a Judá e a Jerusalém:
Diante de um só altar vos prostrareis e sobre ele queimareis
incenso?
13 Não sabeis vós o que eu e meus
pais fizemos a todos os povos das
outras terras? Acaso puderam de
qualquer maneira os deuses das
nações dessas terras livrar a sua
terra das minhas mãos?
14 Qual foi, de todos os deuses
dessas nações que meus pais
destruíram, o que pôde livrar o
seu povo do meu poder? Como,
pois, poderá o vosso Deus vos livrar das minhas mãos?
15 Agora não vos engane Ezequias
nem vos incite assim. Não lhe
deis crédito, pois nenhum deus
de nação alguma, nem de reino
algum, pôde livrar o seu povo das
minhas mãos nem das mãos de
meus pais. Quanto menos o vosso Deus vos poderá livrar das minhas mãos!
16 Os oficiais de Senaqueribe falaram ainda mais contra o Senhor
Deus e contra Ezequias, seu servo.
17 O rei também escreveu cartas,
blasfemando do Senhor, o Deus de
Israel, e dizendo contra ele: Assim
como os deuses das nações das outras terras não livraram o seu povo
das minhas mãos, assim também
o Deus de Ezequias não livrará o
seu povo das minhas mãos.
18 Então clamaram em alta voz em
judaico contra o povo de Jerusalém,
que estava sobre o muro, para os
atemorizar e os perturbar, a fim
de tomar a cidade.
19 Falaram do Deus de Jerusalém,
como dos deuses dos povos das
outras terras, obras das mãos
dos homens.
20 O rei Ezequias e o profeta Isaías,
filho de Amoz, porém, oraram por
causa disso e clamaram ao céu.
21 E o Senhor enviou um anjo que
destruiu a todos os homens de
guerra, os chefes e os oficiais no
acampamento do rei da Assíria.
Pelo que este voltou à sua terra com o rosto coberto de vergonha. E, entrando no templo de
seu deus, os seus próprios filhos
o mataram à espada.
22 Assim livrou o Senhor a Ezequias,
e aos moradores de Jerusalém,

23 Ele, porém, não se humilhou
perante o Senhor, como Manassés,
seu pai, se humilhara; pelo con-
trário, multiplicou Amom os seus
delitos.
24 Conspiraram contra ele os
seus oficiais e o mataram em seu
palácio.
25 Então o povo da terra matou
todos os que conspiraram con-
tra o rei Amom e fizeram reinar
em seu lugar a Josias, seu filho.

As reformas de Josias

34 Tinha Josias oito anos quan-
do começou a reinar e trinta
e um anos reinou em Jerusalém.
2 Fez o que era reto aos olhos do
Senhor, andou nos caminhos de
Davi, seu pai, sem se desviar de-
les nem para a direita nem para
a esquerda.
3 No oitavo ano do seu reinado,
sendo ainda moço, começou a bus-
car o Deus de Davi, seu pai. No
décimo segundo ano, começou a
purificar a Judá e a Jerusalém,
dos altos, dos postes sagrados,
das imagens de escultura e de
fundição.
4 Sob sua direção foram derru-
bados os altares dos baalins; fez
em pedaços os altares do incen-
so, que estavam acima deles, que-
brou e reduziu a pó os postes sa-
grados, as imagens de escultura
e de fundição, e o espargiu sobre
as sepulturas dos que lhes tinham
sacrificado.
5 Queimou os ossos dos sacerdo-
tes sobre os seus altares e purifi-
cou a Judá e a Jerusalém.
6 Nas cidades de Manassés, de
Efraim, de Simeão e até Naftali,
em suas ruínas, ao redor,
7 derrubou os altares, os postes sa-
grados, as imagens de escultura,
e os reduziu a pó, e fez em peda-
ços todos os altares do incenso
em toda a terra de Israel. Então
voltou para Jerusalém.
8 No décimo oitavo ano do seu rei-
nado, havendo purificado a terra
e o palácio, enviou a Safã, filho de
Azalias, a Maaseias, governador
da cidade, e a Joá, filho de Joacaz,
cronista, para repararem o tem-
plo do Senhor, o seu Deus.
9 Foram a Hilquias, sumo sacer-
dote, e entregaram a prata que se
tinha trazido ao templo do Senhor
e que os levitas, guardas da por-
ta, haviam recolhido das mãos de
Manassés, de Efraim e de todo o
restante de Israel, como também
de todo o Judá e Benjamim, e dos
moradores de Jerusalém.
10 Então a entregaram aos que
dirigiam a obra e eram supervi-
sores do templo do Senhor. Estes
a entregaram aos que faziam a
obra e trabalhavam no templo do
Senhor, para consertá-lo e fazer
os reparos.
11 Deram-na aos carpinteiros e
aos edificadores para compra-
rem pedras lavradas e madeiras
para as junturas e para servirem
de vigas para as casas que os reis
de Judá tinham destruído.
12 Os homens trabalharam fiel-
mente na obra. Os supervisores
sobre eles eram Joate e Obadias,
levitas, dos filhos de Merari, como
também Zacarias e Mesulão, dos
filhos dos coatitas, para adianta-
rem a obra. Os levitas, todos que
eram entendidos em instrumen-
tos de música,
13 estavam sobre os carregado-
res e os inspetores de todos os
que trabalhavam em alguma obra.
Alguns dos levitas eram escri-
vães, oficiais e porteiros.

14 Quando estavam tirando a pra-
ta que se tinha trazido ao templo
do Senhor, Hilquias, o sacerdote,
achou o livro da lei do Senhor,
dada por intermédio de Moisés.
15 Disse Hilquias a Safã, o escri-
vão: Achei o livro da lei no tem-
plo do Senhor. Hilquias entregou
o livro a Safã.
16 Então Safã levou o livro ao rei e
lhe deu relatório: Teus servos fazem
tudo o que se lhes encomendou.
17 Contaram a prata que se achou
no templo do Senhor e a entrega-
ram aos supervisores e aos que
faziam a obra.
18 Então Safã, o escrivão, infor-
mou ao rei: O sacerdote Hilquias
me entregou um livro. E leu Safã
nele perante o rei.
19 Ouvindo o rei as palavras da
lei, rasgou as suas vestes.
20 O rei deu estas ordens a Hilquias,
a Aicão, filho de Safã, a Abdom,
filho de Mica, a Safã, o escrivão,
e a Asaías, servo do rei:
21 Ide, consultai ao Senhor por
mim e pelos que restam em Israel
e em Judá, sobre as palavras des-
te livro que se achou. Grande é o
furor do Senhor, que se derramou
sobre nós, porque nossos pais não
guardaram a palavra do Senhor,
para fazerem conforme tudo o que
está escrito neste livro.
22 Hilquias e os enviados do rei fo-
ram falar com a profetisa Hulda,
mulher de Salum, filho de Tocate,
filho de Hasrás, guarda das vesti-
mentas. Ela habitava em Jerusalém,
no segundo distrito.
23 Ela lhes disse: Assim diz o
Senhor, Deus de Israel: Dizei ao
homem que vos enviou a mim:
24 Assim diz o Senhor: Trarei
mal sobre este lugar e sobre os
seus habitantes, a saber, todas
as maldições que estão escritas
no livro que se leu perante o rei
de Judá.
25 Porque me deixaram, queima-
ram incenso perante outros deu-
ses e me provocaram à ira com
toda a obra das suas mãos, o meu
furor se derramará sobre este lu-
gar e não se apagará.
26 Ao rei de Judá, que vos en-
viou a consultar ao Senhor, as-
sim direis: Assim diz o Senhor,
o Deus de Israel, quanto às pala-
vras que ouviste:
27 Como o teu coração se enter-
neceu, e te humilhaste perante
Deus, ouvindo as suas palavras
contra este lugar e contra os seus
habitantes, e te humilhaste peran-
te mim, e rasgaste as tuas vestes,
e choraste perante mim, também
eu te ouvi, diz o Senhor.
28 Agora te ajuntarei a teus pais, e
tu serás recolhido ao teu sepulcro
em paz, e os teus olhos não verão
todo o mal que hei de trazer sobre
este lugar e sobre os seus habitantes.
Voltaram com esta resposta ao rei.
29 Então o rei mandou reunir todos
os anciãos de Judá e Jerusalém.
30 Subiu o rei ao templo do Senhor,
com os homens de Judá, os habi-
tantes de Jerusalém, os sacerdo-
tes, os levitas e todo o povo, des-
de o maior até o menor. Leu aos
ouvidos deles todas as palavras
do livro da aliança, que se tinha
achado no templo do Senhor.
31 O rei pôs-se em pé em seu lugar
e fez uma aliança perante o Senhor,
para andar após o Senhor e para
guardar os seus mandamentos, e
os seus testemunhos, e os seus es-
tatutos, de todo o seu coração e de
toda a sua alma, cumprindo as pa-
lavras da aliança, que estavam es-
critas naquele livro.

32 Então fez que todos os que
se acharam em Jerusalém e em
Benjamim aderissem a essa alian-
ça; os habitantes de Jerusalém
fizeram conforme a aliança de
Deus, do Deus de seus pais.
33 Josias tirou todas as abomina-
ções de todas as terras que eram
dos filhos de Israel, e a todos os
que se acharam em Israel obri-
gou a servirem ao Senhor, o seu
Deus. Enquanto ele viveu, não
se desviaram de após o Senhor,
Deus de seus pais.

Josias celebra a Páscoa

35 Josias celebrou a Páscoa ao
Senhor em Jerusalém, e ma-
taram o cordeiro da Páscoa no dé-
cimo quarto dia do primeiro mês.
2 Designou os sacerdotes para
seus cargos e os encorajou no
ministério do templo do Senhor.
3 Disse aos levitas que ensinavam
a todo o Israel e estavam consa-
grados ao Senhor: Ponde a arca
sagrada no templo que Salomão,
filho de Davi, rei de Israel, edifi-
cou. Não tereis mais essa carga
sobre os vossos ombros. Agora
servi ao Senhor, o vosso Deus, e
ao seu povo Israel.
4 Preparai-vos segundo as vos-
sas famílias, segundo as vossas
turmas, conforme o preceito de
Davi, rei de Israel, e o de Salomão,
seu filho.
5 Estai no lugar santo segundo
as divisões das famílias de vos-
sos irmãos, os filhos do povo, e
haja para cada um uma porção
das famílias dos levitas.
6 Imolai a Páscoa, e consagrai-
-vos e preparai-a para vossos ir-
mãos, fazendo conforme a palavra
do Senhor, dada por intermédio
de Moisés.
7 Josias ofereceu aos filhos do
povo cordeiros e cabritos do re-
banho, todos para os sacrifícios
da Páscoa, em número de trinta
mil, por todos os que ali se acha-
vam, e três mil novilhos; tudo isso
dos bens do rei.
8 Fizeram os seus oficiais ofer-
tas voluntárias ao povo, aos sa-
cerdotes e aos levitas. Hilquias,
Zacarias e Jeíel, chefes do tem-
plo de Deus, deram aos sacerdo-
tes, para os sacrifícios da Páscoa,
dois mil e seiscentos cordeiros
e cabritos e trezentos novilhos.
9 Também Conanias, Semaías e
Natanael, seus irmãos, e Hasabias,
Jeiel e Jozabade, chefes dos le-
vitas, apresentaram aos levitas,
para os sacrifícios da Páscoa,
cinco mil cordeiros e cabritos e
quinhentos novilhos.
10 Assim se preparou o servi-
ço e puseram-se os sacerdotes
nos seus postos, e os levitas nas
suas turmas, conforme o man-
dado do rei.
11 Imolaram a Páscoa, e os sa-
cerdotes espargiam o sangue que
lhes era dado, enquanto os levi-
tas esfolavam os animais.
12 Puseram à parte os holocaus-
tos para os distribuir aos filhos
do povo, segundo as divisões
das famílias, a fim de que estes
os oferecessem ao Senhor, como
está escrito no livro de Moisés.
Do mesmo modo fizeram com os
novilhos.
13 Assaram a Páscoa no fogo, se-
gundo o rito, e as ofertas sagradas
cozeram em panelas, em caldei-
rões, em tachos, e rapidamente
as repartiram entre todo o povo.
14 Depois prepararam o que era
preciso para si e para os sacerdo-
tes, porque os sacerdotes, filhos

de Arão, se ocuparam até a noi-
te com o sacrifício dos holocaus-
tos e da gordura. Pelo que os le-
vitas fizeram preparação para
si e para os sacerdotes, filhos
de Arão.
15 Os cantores, filhos de Asafe,
estavam no seu posto, segundo
o mandado de Davi, de Asafe, de
Hemã e de Jedutum, vidente do
rei. Os porteiros em cada porta
não necessitaram de se desviar
do seu serviço, porque seus ir-
mãos, os levitas, prepararam o
necessário para eles.
16 Assim se estabeleceu todo o
serviço do Senhor naquele dia,
para celebrar a Páscoa e ofere-
cer holocaustos sobre o altar
do Senhor, segundo o mandado do
rei Josias.
17 Os filhos de Israel que ali se
acharam celebraram a Páscoa
naquele tempo e a festa dos pães
sem fermento, durante sete dias.
18 Nunca se celebrara em Israel
uma Páscoa como essa, desde os
dias do profeta Samuel; e nenhum
dos reis de Israel celebrou tal
Páscoa como a que celebrou
Josias com os sacerdotes e levi-
tas, e todo o Judá e Israel que ali
se acharam, e os habitantes de
Jerusalém.
19 Foi no décimo oitavo ano do
reinado de Josias que se celebrou
esta Páscoa.

A morte de Josias

20 Depois de tudo isto, havendo
Josias posto em ordem o tem-
plo do Senhor, subiu Neco, rei
do Egito, para guerrear contra
Carquemis, junto ao Eufrates, e
Josias lhe saiu ao encontro.
21 Neco, porém, mandou-lhe men-
sageiros, dizendo: Que tenho eu
contigo, rei de Judá? Não é con-
tra ti que venho hoje, mas contra
o reino que me faz guerra. Disse
Deus que me apressasse; portan-
to guarda-te de te opores a Deus,
que é comigo, ou ele te destruirá.
22 Josias, porém, não voltou atrás,
pelo contrário se disfarçou, para
pelejar contra ele. Não dando ou-
vidos às palavras de Neco, que
saíram da boca de Deus, veio pe-
lejar no vale de Megido.
23 Os flecheiros atiraram contra o
rei Josias, e disse o rei a seus ofi-
ciais: Tirai-me daqui; estou gra-
vemente ferido.
24 Seus oficiais o tiraram do carro,
o colocaram no seu segundo carro
e o trouxeram a Jerusalém, onde
ele morreu. Sepultaram-no nos se-
pulcros de seus pais, e todo o Judá
e Jerusalém prantearam a Josias.
25 Jeremias compôs uma lamen-
tação sobre Josias e, até o dia de
hoje, todos os cantores e canto-
ras têm falado de Josias nas suas
lamentações. Estas se tornaram
tradição em Israel e estão escri-
tas nas Lamentações.
26 Quanto ao restante dos atos
de Josias e aos seus atos de devo-
ção, conforme o que está escrito
na lei do Senhor,
27 e aos seus sucessos, tanto os
primeiros como os últimos, es-
tão escritos no livro dos reis de
Israel e de Judá.

Jeoacaz, rei de Judá

36 E o povo da terra tomou a
Jeoacaz, filho de Josias, e
o fez rei em Jerusalém, em lugar
de seu pai.
2 Era Jeoacaz da idade de vin-
te e três anos quando começou
a reinar e três meses reinou em
Jerusalém.

3 O rei do Egito o depôs em
Jerusalém e condenou a terra a
pagar um tributo de cem talen-
tos de prata e um talento de ouro.
4 O rei do Egito constituiu a
Eliaquim, irmão de Jeoacaz, rei
sobre Judá e Jerusalém, e mudou-
-lhe o nome em Jeoiaquim. Mas
Neco tomou a Jeoacaz, irmão de
Eliaquim, e o levou para o Egito.

Jeoiaquim, rei de Judá

5 Era Jeoiaquim da idade de vin-
te e cinco anos quando começou
a reinar e onze anos reinou em
Jerusalém. Fez o que era mau
aos olhos do Senhor seu Deus.
6 Subiu contra ele Nabucodonosor,
rei de Babilônia, e o amarrou com
cadeias de bronze, a fim de levá-
-lo para Babilônia.
7 Nabucodonosor também levou
alguns dos utensílios do templo do
Senhor para Babilônia e os colo-
cou no seu templo em Babilônia.
8 Quanto ao restante dos atos de
Jeoiaquim e às abominações que
cometeu, e ao mais que se achou
nele, estão escritos no livro dos reis
de Israel e de Judá. E Joaquim, seu
filho, reinou em seu lugar.

Joaquim e Zedequias, rei de Judá

9 Era Joaquim da idade de dezoi-
to anos quando começou a reinar
e três meses e dez dias reinou em
Jerusalém. Fez o que era mau aos
olhos do Senhor.
10 Na primavera, o rei Nabuco-
donosor mandou que o levas-
sem para Babilônia, com os
mais preciosos utensílios do
templo do Senhor, e constituiu
a Zedequias, seu irmão, rei so-
bre Judá e Jerusalém.
11 Era Zedequias da idade de vin-
te e cinco anos quando começou
a reinar e onze anos reinou em
Jerusalém.
12 Fez o que era mau aos olhos do
Senhor, o seu Deus, e não se humi-
lhou perante o profeta Jeremias,
que falava da parte do Senhor.
13 Também se rebelou contra o
rei Nabucodonosor, que o tinha
feito jurar por Deus. Endureceu
a sua cerviz, e tanto se obstinou
no seu coração que não voltou ao
Senhor, Deus de Israel.
14 Além disso, todos os chefes
dos sacerdotes e o povo se tor-
navam cada vez mais infiéis, se-
guindo as abominações dos gen-
tios e contaminando o templo do
Senhor, que ele tinha consagra-
do em Jerusalém.
15 O Senhor, Deus de seus pais,
enviou-lhes a sua palavra, sem
cessar, por meio dos seus men-
sageiros, porque se compadeceu
do seu povo e da sua habitação.
16 Eles, porém, zombaram dos
mensageiros de Deus, despreza-
ram as suas palavras e escarne-
ceram dos seus profetas até que a
ira do Senhor subiu tanto contra
o seu povo que não houve mais
nenhum remédio.
17 Fez subir contra eles o rei dos
caldeus, que matou os seus jo-
vens à espada, no seu santuário,
e não teve piedade nem dos jo-
vens nem das donzelas nem dos
velhos. Deus entregou a todos nas
mãos de Nabucodonosor.
18 Todos os utensílios do templo
de Deus, grandes e pequenos, os
tesouros da casa do Senhor, os te-
souros do rei e dos seus oficiais,
levou para Babilônia.
19 Queimaram o templo do
Senhor e derrubaram os mu-
ros de Jerusalém; todos os seus
palácios queimaram a fogo e

destruíram todos os seus obje-
tos preciosos.
20 Os que escaparam da espada,
levou para Babilônia, e se torna-
ram servos dele e de seus filhos,
até o tempo do reino da Pérsia.
21 A terra desfrutou dos seus sába-
dos; todos os dias da sua desolação
ela descansou, até que se comple-
taram os setenta anos, em cumpri-
mento da palavra que o Senhor fa-
lara por intermédio de Jeremias.
22 No primeiro ano de Ciro, rei
da Pérsia, para que se cumprisse
a palavra do Senhor falada por in-
termédio de Jeremias, despertou
o Senhor o espírito de Ciro, rei da
Pérsia, de modo que ele fez passar
pregão por todo o seu reino, como
também por escrito, dizendo:
23 Assim diz Ciro, rei da Pérsia:
O Senhor, Deus dos céus, deu-me
todos os reinos da terra e me en-
carregou de lhe edificar um tem-
plo em Jerusalém, que está em
Judá. Quem há entre vós, de todo
o seu povo, o Senhor, o seu Deus,
seja com ele, e suba.

ESDRAS

O decreto de Ciro

1 No primeiro ano de Ciro, rei
da Pérsia, para que se cum-
prisse a palavra do Senhor, fala-
da por intermédio de Jeremias,
despertou o Senhor o espírito de
Ciro, rei da Pérsia, o qual procla-
mou por todo o seu reino, como
também por escrito, dizendo:
2 Assim diz Ciro, rei da Pérsia:
O Senhor Deus dos céus me deu
todos os reinos da terra e me en-
carregou de lhe edificar uma casa
em Jerusalém de Judá.
3 Quem há entre vós, de todo o
seu povo, que o seu Deus seja com
ele, e vá a Jerusalém de Judá e
edifique a casa do Senhor, Deus
de Israel, o Deus que habita em
Jerusalém.
4 Todo sobrevivente, onde quer
que seja peregrino, os homens do
seu lugar o ajudarão com prata
e com ouro, com bens e com ga-
dos, fora as dádivas voluntárias
para a casa do Senhor, que habi-
ta em Jerusalém.
5 Então se levantaram os cabeças
das famílias de Judá e Benjamim,
e os sacerdotes e os levitas, com to-
dos aqueles cujo espírito Deus des-
pertou, para subir e edificar a casa
do Senhor, que está em Jerusalém.
6 Todos os seus vizinhos os aju-
daram com utensílios de prata,
com ouro, com bens, com gados
e com coisas preciosas, fora tudo
o que voluntariamente se deu.
7 Além disso, tirou o rei Ciro os
*utensílios da casa do Sen*hor,
os quais Nabucodonosor tinha
trazido de Jerusalém e posto na
casa de seus deuses.
8 Ciro, rei da Pérsia, tirou-os por
intermédio de Mitredate, o tesou-
reiro, que os entregou contados a
Sesbazar, príncipe de Judá.
9 Este é o número deles: trinta ba-
cias de ouro, mil bacias de prata,
vinte e nove facas,
10 trinta taças de ouro, quatro-
centas e dez taças de prata e mil
outros utensílios.
11 Todos os utensílios de ouro
e de prata foram cinco mil e
quatrocentos. A todos esses le-
vou Sesbazar, quando os exila-
dos subiram de Babilônia para
Jerusalém.

A lista dos que voltaram

2 São estes os filhos da pro-
víncia que subiram do ca-
tiveiro, entre os exilados, que
Nabucodonosor, rei de Babilônia,
tinha levado para Babilônia, e
voltaram para Jerusalém e para
Judá, cada um para a sua cidade,
2 os quais vieram com Zorobabel,
Jesua, Neemias, Seraías, Reelaías,
Mordecai, Bilsã, Mispar, Bigvai,
Reum e Baaná. A lista dos ho-
mens do povo de Israel:
3 Os filhos de Parós, dois mil cen-
to e setenta e dois.
4 Os filhos de Sefatias, trezentos
e setenta e dois.
5 Os filhos de Ara, setecentos e
setenta e cinco.
6 Os filhos de Paate-Moabe, dos
filhos de Jesua-Joabe, dois mil
oitocentos e doze.
7 Os filhos de Elão, mil duzentos
e cinquenta e quatro.
8 Os filhos de Zatu, novecentos e
quarenta e cinco.

9 Os filhos de Zacai, setecentos
e sessenta.
10 Os filhos de Bani, seiscentos
e quarenta e dois.
11 Os filhos de Bebai, seiscentos
e vinte e três.
12 Os filhos de Azgade, mil du-
zentos e vinte e dois.
13 Os filhos de Adonicão, seiscen-
tos e sessenta e seis.
14 Os filhos de Bigvai, dois mil e
cinquenta e seis.
15 Os filhos de Adim, quatrocen-
tos e quatro.
16 Os filhos de Ater, da família de
Ezequias, noventa e oito.
17 Os filhos de Bezai, trezentos e
vinte e três.
18 Os filhos de Jora, cento e doze.
19 Os filhos de Hasum, duzentos
e vinte e três.
20 Os filhos de Gibar, noventa e
cinco.
21 Os homens de Belém, cento e
vinte e três.
22 Os homens de Netofa, cinquen-
ta e seis.
23 Os homens de Anatote, cento
e vinte e oito.
24 Os homens de Azmavete, qua-
renta e dois.
25 Os homens de Quiriate-Arim,
Quefira e Beerote, setecentos e
quarenta e três.
26 Os homens de Ramá e de Giba,
seiscentos e vinte e um.
27 Os homens de Micmás, cento
e vinte e dois.
28 Os homens de Betel e Ai, du-
zentos e vinte e três.
29 Os homens de Nebo, cinquen-
ta e dois.
30 Os homens de Magbis, cento
e cinquenta e seis.
31 Os homens do outro Elão, mil
duzentos e cinquenta e quatro.
32 Os homens de Harim, trezen-
tos e vinte.
33 Os homens de Lode, Hadide e
Ono, setecentos e vinte e cinco.
34 Os homens de Jericó, trezen-
tos e quarenta e cinco.
35 Os homens de Senaá, três mil
seiscentos e trinta.
36 Os sacerdotes: os filhos de
Jedaías, da casa de Jesua, nove-
centos e setenta e três.
37 Os filhos de Imer, mil e cin-
quenta e dois.
38 Os filhos de Pasur, mil duzen-
tos e quarenta e sete.
39 Os filhos de Harim, mil e de-
zessete.
40 Os levitas: os filhos de Jesua e
Cadmiel, dos filhos de Hodavias,
setenta e quatro.
41 Os cantores: os filhos de Asafe,
cento e vinte e oito.
42 Os filhos dos porteiros: os filhos
de Salum, os filhos de Ater, os filhos
de Talmom, os filhos de Acube, os
filhos de Hatita, os filhos de Sobai,
ao todo, cento e trinta e nove.
43 Os servidores do templo: os fi-
lhos de Zia, os filhos de Hasufa,
os filhos de Tabaote,
44 os filhos de Queros, os filhos
de Sia, os filhos de Padom,
45 os filhos de Lebaná, os filhos
de Hagabá, os filhos de Acube,
46 os filhos de Hagabe, os filhos
de Sanlai, os filhos de Hanã,
47 os filhos de Gidel, os filhos de
Gaar, os filhos de Reaías,
48 os filhos de Rezim, os filhos de
Necoda, os filhos de Gazão,
49 os filhos de Uza, os filhos de
Paseá, os filhos de Besai,
50 os filhos de Asná, os filhos de
Meunim, os filhos de Nefusim,
51 os filhos de Bacbuque, os fi-
lhos de Hacufa, os filhos de Harur,

52 os filhos de Bazlute, os filhos
de Meída, os filhos de Harsa,
53 os filhos de Barcos, os filhos de
Sísera, os filhos de Temá,
54 os filhos de Neziá, os filhos
de Hatifa.
55 Os filhos dos servos de Salomão,
os filhos de Sotai, os filhos de
Soferete, os filhos de Peruda,
56 os filhos de Jaala, os filhos de
Darcom, os filhos de Gidel,
57 os filhos de Sefatias, os filhos
de Hatil, os filhos de Poquerete-Hazebaim e os filhos de Ami.
58 Os servidores do templo e os
filhos dos servos de Salomão, trezentos e noventa e dois.
59 Também estes subiram de Tel-
-Mela, Tel-Harsa, Querube, Adã
e Imer, porém não puderam provar que suas famílias eram da linhagem de Israel.
60 Os filhos de Delaías, os filhos de
Tobias, os filhos de Necoda, seiscentos e cinquenta e dois.
61 E dos filhos dos sacerdotes:
os filhos de Habaías, os filhos
de Hacoz, os filhos de Barzilai,
que tomou mulher das filhas de
Barzilai, o gileadita, e foi chamado por esse nome.
62 Estes buscaram o registro de
suas famílias, mas não puderam
encontrá-los, pelo que foram
excluídos do sacerdócio como
imundos.
63 Ordenou-lhes o governador que
não comessem das coisas santíssimas até que se levantasse um
sacerdote com Urim e Tumim.
64 Toda esta congregação junta
foi de quarenta e dois mil trezentos e sessenta,
65 afora os seus servos e as suas
servas, que foram sete mil trezentos e trinta e sete; também havia
duzentos cantores e cantoras.
66 Os seus cavalos, setecentos e
trinta e seis; os seus mulos, duzentos e quarenta e cinco;
67 os seus camelos, quatrocentos
e trinta e cinco; os seus jumentos,
seis mil setecentos e vinte.
68 Alguns dos cabeças das famílias, vindo à casa do Senhor,
que habita em Jerusalém, deram
ofertas voluntárias para a casa
de Deus, para a restaurarem no
seu lugar.
69 Conforme os seus recursos,
deram para a tesouraria da obra,
em ouro, sessenta e uma mil dracmas, e, em prata, cinco mil arráteis e cem vestes sacerdotais.
70 Os sacerdotes, os levitas, os
cantores, os porteiros e os servidores do templo habitaram nas
suas cidades, como também todo
o Israel nas suas cidades.

A reconstrução do altar

3 Quando chegou o sétimo mês,
estando os filhos de Israel já nas
cidades, ajuntou-se o povo, como
um só homem, em Jerusalém.
2 Então Jesua, filho de Jozadaque,
e seus irmãos, os sacerdotes,
e Zorobabel, filho de Sealtiel, e
seus irmãos, começaram a edificar o altar do Deus de Israel,
para oferecerem sobre ele holocaustos, como está escrito na
lei de Moisés, o homem de Deus.
3 Apesar do terror que estava sobre eles por causa dos povos das
outras terras, firmaram o altar
sobre as suas bases e ofereceram
sobre ele holocaustos ao Senhor,
de manhã e à tarde.
4 Então, segundo o que está escrito, celebraram a festa dos tabernáculos e ofereceram holocaustos diários conforme o número
ordenado para cada dia.

5 Depois disto, apresentaram o
holocausto regular e os das luas
novas e de todas as festas fixas
do Senhor, como também os dos
que traziam ofertas voluntárias
ao Senhor.
6 Desde o primeiro dia do sétimo
mês começaram a oferecer holo-
caustos ao Senhor, porém ainda
não estavam postos os fundamen-
tos do templo do Senhor.
7 Deram o dinheiro aos pedreiros
e aos carpinteiros, como também
comida, bebida e azeite aos sidô-
nios e aos tírios, para trazerem
do Líbano madeira de cedro ao
mar, para Jope, segundo a per-
missão que lhes tinha dado Ciro,
rei da Pérsia.
8 No segundo ano da sua vinda
à casa de Deus em Jerusalém,
no segundo mês, Zorobabel, fi-
lho de Sealtiel, e Jesua, filho de
Jozadaque, e os seus outros ir-
mãos, os sacerdotes e os levitas,
e todos os que vieram do exílio
a Jerusalém iniciaram a obra e
constituíram os levitas da ida-
de de vinte anos para cima para
superintenderem a obra da casa
do Senhor.
9 Levantaram-se Jesua com seus
filhos e seus irmãos, Cadmiel e
seus filhos, os filhos de Judá, como
também os filhos de Henadade,
seus filhos e seus irmãos, todos
levitas, para juntamente vigia-
rem os que faziam a obra na casa
de Deus.
10 Quando os edificadores lan-
çaram os alicerces do templo do
Senhor, apresentaram-se os sa-
cerdotes, trajando suas vestes e
com trombetas, e os levitas, filhos
de Asafe, com címbalos, para lou-
varem ao Senhor, conforme a or-
dem de Davi, rei de Israel.
11 Cantavam alternadamente,
louvando e rendendo graças ao
Senhor:

Ele é bom;
o seu amor dura para
sempre sobre Israel.

E todo o povo levantou grande bra-
do, quando louvaram ao Senhor,
por se terem lançado os alicerces
da casa do Senhor.
12 Muitos, porém, dos sacerdotes e
levitas e cabeças de famílias mais
idosos, que tinham visto a primeira
casa, choraram em alta voz quan-
do viram o fundamento desta casa
sendo lançado, mas muitos levan-
taram a voz com gritos de alegria.
13 De maneira que não se podia
distinguir as vozes de alegria das
vozes do choro do povo, porque
o povo bradava em tão alta voz.
E o som se ouviu de muito longe.

Oposição à reconstrução

4 Quando os adversários de Judá
e Benjamim ouviram que os
que voltaram do exílio estavam
edificando o templo ao Senhor
Deus de Israel,
2 chegaram-se a Zorobabel e aos
cabeças de famílias e lhes dis-
seram: Deixai-nos edificar con-
vosco, porque, como vós, busca-
mos a vosso Deus, como também
lhe sacrificamos desde os dias de
Esar-Hadom, rei da Assíria, que
nos trouxe para aqui.
3 Zorobabel, Jesua e os outros ca-
beças de famílias de Israel, po-
rém, lhes responderam: Não con-
vém que vós e nós edifiquemos
casa a nosso Deus. Nós sozinhos
a edificaremos ao Senhor, Deus
de Israel, como nos ordenou Ciro,
rei da Pérsia.
4 Então o povo da terra pôs-se
a desanimar o povo de Judá e a

atemorizá-lo para que não continuasse a construir.
5 Alugaram contra eles conselheiros para frustrarem o seu plano, durante todos os dias de Ciro, rei da Pérsia, até o reinado de Dario, rei da Pérsia.
6 No princípio do reinado de Assuero, escreveram uma acusação contra os habitantes de Judá e de Jerusalém.
7 E nos dias de Artaxerxes, rei da Pérsia, Bislão, Mitredate, Tabeel e os seus companheiros escreveram uma carta a Artaxerxes, rei da Pérsia. A carta foi escrita em caracteres aramaicos e na língua siríaca.
8 Reum, o comandante, e Sinsai, o escrivão, escreveram uma carta contra Jerusalém, ao rei Artaxerxes, do seguinte teor:
9 Reum, o comandante, e Sinsai, o escrivão, e os seus companheiros, os juízes e os oficiais sobre os homens de Trípoli, da Pérsia, de Ereque e de Babilônia, os elamitas de Susã,
10 e outros povos que o grande e famoso Assurbanípal transportou e que fez habitar na cidade de Samaria, e os outros aquém do Eufrates.
11 Esta é uma cópia da carta que enviaram ao rei Artaxerxes: Teus servos, os homens daquém do Eufrates.
12 Saiba o rei que os judeus que subiram de ti vieram a nós a Jerusalém. Eles estão edificando aquela rebelde e malvada cidade, restaurando os seus muros e reparando os seus fundamentos.
13 *Saiba ainda o rei* que, se aquela cidade se reedificar, e os muros se restaurarem, eles não pagarão os direitos, os impostos e os pedágios e assim causarão prejuízos ao rei.
14 Agora, visto que somos assalariados do rei e não nos convém ver a desonra dele, mandamos dar-lhe aviso,
15 para que se busque no livro das crônicas de teus pais. Descobrirás no livro das crônicas que aquela foi uma cidade rebelde e danosa aos reis e às províncias e que nela houve rebelião em tempos antigos. É por isso que ela foi destruída.
16 Nós alertamos ao rei que, se aquela cidade se reedificar e os seus muros se restaurarem, não terá o rei porção alguma deste lado do Eufrates.
17 O rei enviou esta resposta: A Reum, o comandante, e a Sinsai, o escrivão, e aos seus companheiros, que habitam em Samaria, como também ao restante dos que estão além do Eufrates: Saudações!
18 A carta que nos enviastes foi lida e traduzida na minha presença.
19 Ordenando-o eu, buscaram e acharam que de tempos antigos aquela cidade se levantou contra os reis, e nela se têm feito rebelião e revolta.
20 Também houve reis poderosos sobre Jerusalém, que a oeste do Eufrates dominaram em todo lugar, e se lhes pagaram direitos, impostos e pedágios.
21 Agora dai ordem para que aqueles homens parem, a fim de que não seja edificada aquela cidade, até que eu ordene outra coisa.
22 Guardai-vos de serdes remissos nisso. Por que haveria de crescer esta ameaça, para prejuízo dos reis?
23 Logo que a cópia da carta do rei Artaxerxes foi lida perante Reum,

Sinsai, o escrivão, e seus compa-
nheiros foram apressadamente
a Jerusalém, aos judeus, e os im-
pediram à força e com violência.
24 Então cessou a obra da casa de
Deus, que estava em Jerusalém,
até o segundo ano do reinado de
Dario, rei da Pérsia.

A carta de Tatenai a Dario

5 Ora, o profeta Ageu e o profe-
ta Zacarias, filho de Ido, profeti-
zaram aos judeus que estavam em
Judá e em Jerusalém, em nome do
Deus de Israel, que estava sobre eles.
2 Então se levantaram Zorobabel,
filho de Sealtiel, e Jesua, filho de
Jozadaque, e começaram a edifi-
car a casa de Deus, que está em
Jerusalém. E com eles estavam os
profetas de Deus, que os ajudavam.
3 Naquele tempo, vieram ter com
eles Tatenai, o governador da re-
gião a oeste do Eufrates, Setar-
-Bozenai e seus companheiros e
lhes perguntaram: Quem vos deu
ordem para edificardes esta casa
e restaurardes este muro?
4 Também lhes perguntaram:
Quais são os nomes dos homens
que constroem este edifício?
5 Os olhos de Deus, porém, esta-
vam sobre os anciãos dos judeus,
de modo que eles não os impedi-
ram, até que o negócio chegasse
a Dario e viesse resposta por car-
ta sobre isso.
6 Esta é uma cópia da carta que
Tatenai, o governador da região
a oeste do Eufrates, com Setar-
-Bozenai e os seus companhei-
ros, os governadores que esta-
vam deste lado do Rio, enviaram
ao rei Dario.
7 O relatório que lhe enviaram
dizia o seguinte: Ao rei Dario:
Saudações cordiais.
8 Saiba o rei que nós fomos à pro-
víncia de Judá, à casa do grande
Deus, que se edifica com gran-
des pedras, e já a madeira está
sendo posta sobre as paredes; a
obra apressadamente se faz e se
adianta em suas mãos.
9 Perguntamos aos anciãos e as-
sim lhes dissemos: Quem vos deu
ordem para edificardes esta casa
e restaurardes este muro?
10 Perguntamos-lhes também
pelos seus nomes, para que pu-
déssemos escrever os nomes dos
seus chefes para tua informação.
11 Esta é a resposta que nos de-
ram: Nós somos servos do Deus
dos céus e da terra e reedifica-
mos a casa que há muitos anos
foi construída e acabada por um
grande rei de Israel.
12 Depois, porém, que nossos
pais provocaram à ira o Deus dos
céus, ele os entregou nas mãos de
Nabucodonosor, rei de Babilônia,
o caldeu, que destruiu esta casa
e transportou o seu povo para
Babilônia.
13 No primeiro ano de Ciro, rei
de Babilônia, porém, o rei Ciro
deu ordem para que esta casa de
Deus fosse reedificada.
14 Ele até removeu do templo de
Babilônia os utensílios de ouro
e de prata da casa de Deus, que
Nabucodonosor tinha tomado do
templo que estava em Jerusalém
e levado ao templo de Babilônia.
Então o rei Ciro os deu a um ho-
mem cujo nome era Sesbazar, a
quem havia nomeado governador,
15 e lhe disse: Toma estes uten-
sílios, vai, leva-os ao templo que
está em Jerusalém e reedifique a
casa de Deus, no seu lugar.
16 Assim, veio Sesbazar e lançou
os fundamentos da casa de Deus,

que está em Jerusalém. Daí para
cá se está edificando, e ainda não
está acabada.
17 Agora, se parece bem ao rei,
busque-se nos arquivos reais, em
Babilônia, se é verdade haver uma
ordem do rei Ciro para edificar
esta casa de Deus em Jerusalém.
Então sobre isso nos faça o rei sa-
ber a sua vontade.

O decreto de Dario

6 O rei Dario deu ordem, e busca-
ram nos arquivos onde se guar-
davam os tesouros em Babilônia.
2 Em Acbátana, fortaleza situa-
da na província da Média, achou-
-se um rolo e nele estava escrito
um memorial:
3 No primeiro ano do rei Ciro, o
rei deu esta ordem: Com respei-
to à casa de Deus em Jerusalém,
seja edificada a casa para lugar
em que se ofereçam sacrifícios
e sejam lançados os seus funda-
mentos. A sua altura será de ses-
senta côvados, e a sua largura, de
sessenta côvados,
4 com três carreiras de grandes
pedras e uma carreira de ma-
deira nova. A despesa se fará da
casa do rei.
5 Além disso, os utensílios de ouro
e de prata da casa de Deus, que
Nabucodonosor transportou do
templo que estava em Jerusalém
e levou para Babilônia, sejam
restituídos, para que vão ao seu
lugar, ao templo que está em
Jerusalém; serão depositados na
casa de Deus.
6 Agora, pois, Tatenai, governa-
dor da região a oeste do Eufrates,
Setar-Bozenai, e os vossos com-
panheiros, os governadores, que
estais a oeste do Rio, permanecei
longe dali.
7 Não impeçais a obra desta casa
de Deus, para que o governador
dos judeus e os seus anciãos re-
edifiquem esta casa de Deus no
seu lugar.
8 Também por mim se decreta o
que haveis de fazer para com os
anciãos dos judeus, para que edi-
fiquem esta casa de Deus, a saber,
que da tesouraria real, dos tribu-
tos recolhidos a oeste do Rio, se
pague prontamente a despesa a
estes homens, para que a obra
não seja interrompida.
9 Tudo o que for necessário, como
novilhos, carneiros e cordeiros,
para holocaustos ao Deus dos
céus, e trigo, sal, vinho e azeite,
segundo a requisição dos sacer-
dotes que estão em Jerusalém,
deve ser entregue a eles diaria-
mente, sem falta,
10 para que ofereçam sacri-
fícios de cheiro suave ao Deus
dos céus e orem pela vida do rei
e de seus filhos.
11 Também por mim se decreta
que, se alguém alterar este decre-
to, arranque-se uma viga da sua
casa e seja levantado e pendura-
do nela; e da sua casa se faça um
monte de entulho.
12 O Deus que fez habitar ali o seu
nome derrube todos os reis e po-
vos que estenderem a mão para
alterar o decreto e para destruir
esta casa de Deus, que está em
Jerusalém. Eu, Dario, baixei o de-
creto. Com diligência se execute.

Término e consagração do templo

13 Então Tatenai, governador da
região a oeste do Eufrates, Setar-
-Bozenai e os seus companheiros
assim fizeram com toda a diligên-
cia, conforme o que decretara o
rei Dario.

14 De modo que os anciãos dos
judeus iam edificando e prospe-
rando sob a pregação do profeta
Ageu e de Zacarias, filho de Ido.
Edificaram a casa e a acabaram
conforme o mandado do Deus de
Israel e conforme o decreto de
Ciro, de Dario e de Artaxerxes,
rei da Pérsia.
15 Acabou-se esta casa no terceiro
dia do mês de adar, no sexto ano
do reinado do rei Dario.
16 Os filhos de Israel, os sacerdo-
tes, os levitas e o restante dos exi-
lados fizeram a dedicação desta
casa de Deus com alegria.
17 Ofereceram para a dedicação
desta casa de Deus cem novilhos,
duzentos carneiros, quatrocen-
tos cordeiros e, como oferta pelo
pecado de todo o Israel, doze ca-
britos, segundo o número das tri-
bos de Israel.
18 E instalaram os sacerdotes nas
suas turmas e os levitas nas suas
divisões, para o serviço de Deus
em Jerusalém, conforme está es-
crito no livro de Moisés.

A Páscoa

19 Os que vieram do exílio cele-
braram a Páscoa no dia catorze
do primeiro mês.
20 Os sacerdotes e os levitas ti-
nham-se purificado como se fos-
sem um só homem; todos estavam
limpos. Mataram o cordeiro da
Páscoa para todos os exilados e
para seus irmãos, os sacerdotes,
e para si mesmos.
21 Assim comeram a Páscoa os fi-
lhos de Israel que tinham voltado
do exílio, com todos os que, jun-
tando-se a eles, se haviam apar-
tado da imundícia das nações da
terra para buscarem ao Senhor,
Deus de Israel.
22 Celebraram a festa dos pães
sem fermento por sete dias com
alegria, porque o Senhor os ti-
nha alegrado, mudando o cora-
ção do rei da Assíria em favor
deles, para ajudá-los na obra da
casa de Deus, o Deus de Israel.

Esdras vem a Jerusalém

7 Passadas estas coisas, no rei-
nado de Artaxerxes, rei da
Pérsia, Esdras, filho de Seraías,
filho de Azarias, filho de Hilquias,
2 filho de Salum, filho de Zadoque,
filho de Aitube,
3 filho de Amarias, filho de Azarias,
filho de Meraiote,
4 filho de Zeraías, filho de Uzi, fi-
lho de Buqui,
5 filho de Abisua, filho de Fineias,
filho de Eleazar, filho de Arão, o
sumo sacerdote,
6 este Esdras subiu de Babilônia.
Ele era escriba hábil na lei de
Moisés, dada pelo Senhor Deus
de Israel. O rei lhe deu tudo o
que ele lhe pedira, segundo a boa
mão do Senhor seu Deus, que es-
tava sobre ele.
7 Também subiram a Jerusalém
alguns dos filhos de Israel, dos
sacerdotes, dos levitas, dos can-
tores, dos porteiros e dos servido-
res do templo, no sétimo ano do
rei Artaxerxes.
8 No quinto mês, Esdras chegou a
Jerusalém, no sétimo ano deste rei.
9 Começou a sua jornada no pri-
meiro dia do primeiro mês e che-
gou a Jerusalém no primeiro dia
do quinto mês, segundo a boa mão
do seu Deus sobre ele.
10 Pois Esdras tinha disposto o seu
coração para buscar ao Senhor
e cumprir a sua lei, e para ensi-
nar em Israel os seus decretos e
as suas leis.

11 Esta é uma cópia da carta que
o rei Artaxerxes deu ao sacerdo-
te Esdras, o escriba instruído nas
palavras dos mandamentos e dos
decretos do Senhor para Israel:
12 Artaxerxes, rei dos reis, ao sa-
cerdote Esdras, escriba da lei do
Deus do céu: Saudações.
13 Por mim se decreta que, no
meu reino, todo aquele do povo
de Israel, dos seus sacerdotes e
levitas que quiser ir contigo a
Jerusalém, vá.
14 És enviado da parte do rei e
dos seus sete conselheiros, para
fazeres inquirição acerca de Judá
e de Jerusalém, conforme a lei do
teu Deus, que está nas tuas mãos.
15 Além disso, levarás a prata e
o ouro que o rei e os seus conse-
lheiros voluntariamente deram
ao Deus de Israel, cuja habita-
ção está em Jerusalém,
16 além de toda a prata e o ouro
que achares em toda a província
de Babilônia, como também as
ofertas voluntárias do povo e dos
sacerdotes, que voluntariamen-
te as ofereceram para a casa de
seu Deus, que está em Jerusalém.
17 Portanto, compres com esse di-
nheiro novilhos, carneiros, cor-
deiros e o que for necessário para
as suas ofertas de cereais e as
suas libações, e oferece-as sobre
o altar da casa do teu Deus, que
está em Jerusalém.
18 Também o que a ti e a teus ir-
mãos bem parecer fazerdes do res-
to da prata e do ouro, fazei-o con-
forme a vontade do vosso Deus.
19 Os utensílios que te foram da-
dos para o serviço da casa de teu
Deus, restitui-os perante o Deus
de Jerusalém.
20 E tudo o mais que for necessá-
rio para a casa de teu Deus, que
te convenha dar, tu o darás dos
tesouros da casa do rei.
21 Agora eu, o rei Artaxerxes, de-
creto a todos os tesoureiros que
estão a oeste do Eufrates: Tudo o
que vos pedir o sacerdote Esdras,
escriba da lei do Deus dos céus,
apressadamente se faça.
22 Até cem talentos de prata,
cem coros de trigo, cem batos de
vinho, cem batos de azeite, e sal
à vontade.
23 Tudo o que se ordenar, segun-
do o mandado do Deus do céu,
prontamente se faça para a casa
do Deus do céu. Por que haveria
grande ira sobre o reino do rei e
de seus filhos?
24 Também vos fazemos saber
acerca de todos os sacerdotes e
levitas, cantores, porteiros, ser-
vidores do templo e outros ser-
vos desta casa de Deus, que não
será lícito impor-lhes nem tribu-
to, nem imposto, nem pedágio.
25 E tu, Esdras, conforme a sabe-
doria do teu Deus, que possuis,
constitui magistrados e juízes
que julguem a todo o povo que
está a oeste do Eufrates, a todos
os que sabem as leis de teu Deus,
e aos que não as sabem, que as fa-
çam saber.
26 Todo aquele que não obser-
var a lei do teu Deus e a lei do rei,
certamente deve ser condenado
ou à morte, ou ao desterro, ou à
confiscação de bens, ou à prisão.
27 Bendito seja o Senhor Deus
de nossos pais, que pôs no co-
ração do rei o desejo de honrar
a casa do Senhor, que está em
Jerusalém,
28 e que estendeu para mim a sua
misericórdia perante o rei, os seus
conselheiros e todos os seus prín-
cipes poderosos. Visto que a boa

mão do Senhor, meu Deus, esta-
va sobre mim, animei-me e reuni
alguns dos chefes de Israel para
subirem comigo.

A lista dos cabeças de famílias que voltaram com Esdras

8 Estes são os cabeças de famí-
lias, com as suas genealogias,
que subiram comigo de Babilônia
no reinado do rei Artaxerxes:
2 Dos filhos de Fineias, Gérson;
dos filhos de Itamar, Daniel; dos
filhos de Davi, Hatus;
3 dos filhos de Secanias, dos filhos
de Parós, Zacarias, e com ele fo-
ram registrados cento e cinquen-
ta homens;
4 dos filhos de Paate-Moabe,
Elioenai, filho de Zeraías, e com
ele duzentos homens;
5 dos filhos de Secanias, o filho
de Jaaziel, e com ele trezentos
homens;
6 dos filhos de Adim, Ebede, filho
de Jônatas, e com ele cinquenta
homens;
7 dos filhos de Elão, Jesaías, fi-
lho de Atalias, e com ele seten-
ta homens;
8 dos filhos de Sefatias, Zebadias,
filho de Micael, e com ele oiten-
ta homens;
9 dos filhos de Joabe, Obadias, fi-
lho de Jeiel, e com ele duzentos e
dezoito homens;
10 dos filhos de Bani, Selomite,
filho de Josifias, e com ele cento
e sessenta homens;
11 dos filhos de Bebai, Zacarias,
filho de Bebai, e com ele vinte e
oito homens;
12 dos filhos de Azgade, Joanã,
filho de Catã, e com ele cento e
dez homens;
13 dos últimos filhos de Adonicão,
cujos nomes eram Elifelete, Jeiel
e Semaías, e com eles sessenta
homens;
14 dos filhos de Bigvai, Utai e
Zabude, e com eles setenta homens.
15 Ajuntei-os perto do rio que
corre para Aava, onde ficamos
acampados três dias. Quando pas-
sei em revista ao povo e aos sa-
cerdotes, não achei ali nenhum
dos filhos de Levi.
16 Assim, convoquei a Eliezer, a
Ariel, a Semaías, a Elnatã, a Natã,
a Zacarias e a Mesulão, os che-
fes, como também a Joiaribe e a
Elnatã, que eram sábios,
17 e os enviei a Ido, chefe em Casifia.
Dei-lhes as palavras que deveriam
dizer a Ido e a seus irmãos, os ser-
vidores do templo, em Casifia,
para que nos trouxessem minis-
tros para a casa do nosso Deus.
18 Trouxeram-nos, segundo a
boa mão de Deus sobre nós, um
homem entendido, dos filhos de
Mali, filho de Levi, filho de Israel,
a saber, Serebias, com os seus fi-
lhos e irmãos, dezoito;
19 e a Hasabias, e com ele Jesaías,
dos filhos de Merari, com seus ir-
mãos e os filhos deles, vinte;
20 e dos servidores do templo, que
Davi e os príncipes deram para o
ministério dos levitas, duzentos
e vinte, todos eles mencionados
por nome.
21 Apregoei ali um jejum, junto
ao rio Aava, para nos humilhar-
mos diante da face de nosso Deus,
a fim de lhe pedirmos jornada se-
gura para nós, para nossos filhos
e para todas as nossas posses.
22 Tive vergonha de pedir ao rei
soldados e cavaleiros para nos
defenderem do inimigo no cami-
nho, porque tínhamos dito ao rei:
A mão do nosso Deus é sobre to-
dos os que o buscam para o bem,

mas a sua força e a sua ira sobre
todos os que o deixam.
23 Assim jejuamos e pedimos isso
ao nosso Deus, e ele atendeu à
nossa oração.
24 **D**epois separei doze dos princi-
pais entre os sacerdotes: Serebias,
Hasabias, e com eles dez dos seus
irmãos,
25 e pesei-lhes a prata e o ouro e
os utensílios, a oferta para a casa
de nosso Deus, a qual oferece-
ram o rei, os seus conselheiros,
os seus príncipes e todo o Israel
que estava ali.
26 Entreguei-lhes nas mãos seis-
centos e cinquenta talentos de
prata e, em objetos de prata cem
talentos, cem talentos de ouro,
27 vinte taças de ouro de mil dra-
cmas e dois objetos de bronze lus-
troso, tão precioso como o ouro.
28 Disse-lhes: Vós e estes objetos
sois consagrados ao Senhor. Esta
prata e este ouro são ofertas vo-
luntárias, oferecidas ao Senhor
Deus de vossos pais.
29 Vigiai e guardai-os até que os
peseis na presença dos principais
sacerdotes e dos levitas e dos ca-
beças das famílias de Israel, em
Jerusalém, nas câmaras da casa
do Senhor.
30 Então os sacerdotes e os levi-
tas receberam o peso da prata,
do ouro e dos objetos, a fim de os
trazerem a Jerusalém, à casa de
nosso Deus.
31 **P**artimos do rio Aava no dia
doze do primeiro mês, a fim de
irmos para Jerusalém. A boa
mão do nosso Deus estava sobre
nós, e ele nos livrou dos inimi-
gos e dos que nos armavam cila-
das pelo caminho.
32 Assim, chegamos a Jerusalém,
onde repousamos três dias.
33 No quarto dia, foram pesados a
prata, o ouro e os objetos, na casa
do nosso Deus, e foram entregues
nas mãos de Meremote, filho do
sacerdote Urias. Com ele estava
Eleazar, filho de Fineias, e com
eles Jozabade, filho de Jesua, e
Noadias, filho de Binui, levitas.
34 Tudo foi contado conforme o
número e o peso, e o peso total
foi registrado.
35 **O**s exilados que vieram do
cativeiro ofereceram holocaus-
tos ao Deus de Israel: doze novi-
lhos por todo o Israel, noventa e
seis carneiros, setenta e sete cor-
deiros e doze bodes como oferta
pelo pecado. Tudo em holocaus-
to ao Senhor.
36 Também deram as ordens do
rei aos seus sátrapas e aos gover-
nadores deste lado do Eufrates;
e estes ajudaram o povo e a casa
de Deus.

A oração de Esdras

9 Acabadas essas coisas, vieram
ter comigo os príncipes e dis-
seram: O povo de Israel, os sacer-
dotes e os levitas não se têm se-
parado dos povos destas terras,
das abominações dos cananeus,
dos heteus, dos ferezeus, dos je-
buseus, dos amonitas, dos moabi-
tas, dos egípcios e dos amorreus.
2 Tomaram das suas filhas para
si e para seus filhos, e assim se
misturou a descendência santa
com os povos dessas terras. E os
príncipes e os magistrados foram
os primeiros nessa infidelidade.
3 Quando ouvi isso, rasguei a mi-
nha túnica e o meu manto, ar-
ranquei os cabelos da cabeça e
da barba e me assentei atônito.
4 Então se ajuntaram a mim to-
dos os que tremiam diante das

palavras do Deus de Israel por
causa da infidelidade dos exilados. E permaneci assentado atônito até o sacrifício da tarde.
5 Na hora do sacrifício da tarde,
levantei-me da minha aflição, havendo já rasgado a minha túnica e o meu manto, e me pus de joelhos, estendi as mãos para o Senhor, meu Deus,
6 e disse: Meu Deus! Estou confuso e envergonhado demais para levantar a ti a minha face, meu Deus, porque as nossas iniquidades se multiplicaram sobre a nossa cabeça e a nossa culpa cresceu até os céus.
7 Desde os dias de nossos pais até
o dia de hoje estamos em grande culpa. Por causa das nossas iniquidades fomos entregues, nós, os nossos reis e os nossos sacerdotes, nas mãos dos reis das terras, à espada, ao exílio, ao roubo e à confusão de rosto, como hoje se vê.
8 Agora, por breve momento, se
nos manifestou a graça da parte do Senhor, nosso Deus, para nos deixar alguns que escapem, para dar-nos estabilidade no seu santo lugar, para nos iluminar os olhos, ó nosso Deus, e para nos dar um pouco de alívio em nossa servidão.
9 Embora sejamos servos, não
nos desamparou o nosso Deus na nossa servidão. Antes estendeu sobre nós a sua misericórdia perante os reis da Pérsia, para nos reviver, para levantar a casa do nosso Deus, para restaurar as suas ruínas e para nos dar um muro em Judá e em Jerusalém.
10 Agora, ó nosso Deus, que diremos depois disto? Pois deixamos os teus mandamentos,
11 os quais ordenaste por intermédio de teus servos, os profetas, quando disseste: A terra em que entrais para a possuir está contaminada pelas imundícias dos seus povos, pelas abominações com que, na sua corrupção, a encheram, de uma extremidade à outra.
12 Portanto, as vossas filhas não
dareis a seus filhos, e as suas filhas não tomareis para os vossos filhos. Jamais procurareis a sua paz e o seu bem, para que sejais fortes e comais o bem da terra, e a deixeis por herança a vossos filhos para sempre.
13 Depois de tudo o que nos tem
sucedido por causa das nossas más obras e da nossa grande culpa, ainda assim tu, ó nosso Deus, nos castigaste menos do que os nossos pecados merecem e nos deste um remanescente como este.
14 Voltaremos agora a violar os
teus mandamentos e a aparentar-nos com os povos que cometem estas abominações? Não te indignarias tu assim contra nós até de todo nos consumires, até não ficar restante nem sobrevivente?
15 Ah! Senhor Deus de Israel, jus-
to és! Ficamos qual um restante que escapou, como hoje se vê. Aqui estamos diante de ti em nossa culpa, embora por causa disso não haja ninguém que possa estar na tua presença.

Os israelitas confessam os seus pecados

10 Enquanto Esdras orava e confessava, chorando prostrado diante da casa de Deus, ajuntou-se a ele, de Israel, uma grande congregação de homens,

mulheres e crianças; pois o povo
chorava com grande choro.
2 Então Secanias, filho de Jeiel,
um dos filhos de Elão, tomou a
palavra e disse a Esdras: Nós te-
mos sido infiéis ao nosso Deus,
casando com mulheres estran-
geiras dos povos da terra, mas,
no tocante a isso, ainda há espe-
rança para Israel.
3 Agora façamos aliança com o
nosso Deus de que despediremos
todas as mulheres e os que delas
são nascidos, conforme o conse-
lho do Senhor e dos que temem
ao mandamento do nosso Deus.
Faça-se conforme a lei.
4 Levanta-te; a ti pertence este ne-
gócio. Nós seremos contigo; por-
tanto sê forte e age.
5 Assim Esdras se levantou e fez
jurar os principais sacerdotes, os
levitas e todo o Israel que fariam
conforme esta palavra. E eles ju-
raram.
6 **E**ntão se levantou Esdras de
diante da casa de Deus e entrou
na câmara de Joanã, filho de
Eliasibe. E lá não comeu pão
nem bebeu água, porque conti-
nuava a prantear pela infideli-
dade dos exilados.
7 Proclamaram por todo o Judá e
por toda a Jerusalém, a todos os
que vieram do exílio, para que se
ajuntassem em Jerusalém.
8 Todo aquele que em três dias
não viesse, segundo a decisão
dos príncipes e dos anciãos, teria
os seus bens confiscados e seria
excluído da congregação dos que
voltaram do exílio.
9 **D**entro dos três dias, todos os ho-
mens de Judá e Benjamim se ajun-
taram em Jerusalém. E, no vigési-
mo dia do nono mês, todo o povo
se assentou na praça da casa de
Deus, tremendo por esse negócio
e por causa das grandes chuvas.
10 Então se levantou Esdras, o
sacerdote, e lhes disse: Vós fos-
tes infiéis e casastes com mulhe-
res estrangeiras, multiplicando a
culpa de Israel.
11 Agora confessai os vossos pe-
cados ao Senhor Deus de vossos
pais e fazei a sua vontade. Separai-
-vos dos povos das terras e das
mulheres estrangeiras.
12 Respondeu toda a congregação
em alta voz: Assim seja; confor-
me as tuas palavras nos convém
fazer.
13 O povo, porém, é muito e é
tempo de grandes chuvas; não se
pode estar aqui fora. Isso não é
obra de um dia nem de dois, por-
que somos muitos os que fomos
infiéis neste negócio.
14 Decidam os nossos príncipes
por toda a congregação. Então
que todos os que em nossas ci-
dades casaram com mulheres
estrangeiras venham em tem-
pos apontados, e com eles os an-
ciãos e os juízes de cada cidade,
até que desvie de nós o ardor da
ira do nosso Deus por esta coisa.
15 Somente Jônatas, filho de Asael,
e Jaseías, filho de Ticvá, apoiados
por Mesulão e Sabetai, levita, se
opuseram a isso.
16 **A**ssim fizeram os que volta-
ram do exílio. Esdras, o sacer-
dote, escolheu homens cabeças
de famílias, segundo a casa de
seus pais, e todos designados por
nome. No primeiro dia do déci-
mo mês, assentaram-se para ave-
riguar esse negócio;
17 no primeiro dia do primeiro
mês, acabaram de tratar de to-
dos os homens que haviam casa-
do com mulheres estrangeiras.

18 Entre os filhos dos sacerdo-
tes acharam-se estes que haviam
casado com mulheres estrangei-
ras: dos filhos de Jesua, filho de
Jozadaque, e seus irmãos, Maaseias,
Eliezer, Jaribe e Gedalias.
19 Deram a sua mão, comprome-
tendo-se a despedir suas mulhe-
res e, pela sua culpa, ofereceram
um carneiro do rebanho.
20 Dos filhos de Imer: Hanani e
Zebadias.
21 Dos filhos de Harim: Maaseias,
Elias, Semaías, Jeiel e Uzias.
22 Dos filhos de Pasur: Elioenai,
Maseias, Ismael, Natanael, Jozabade
e Elasa.
23 Dos levitas: Jozabade, Simei,
Quelaías (este é Quelita), Petaías,
Judá e Eliezer.
24 Dos cantores: Eliasibe; dos por-
teiros: Salum, Telém e Uri.
25 E de Israel, dos filhos de Parós:
Ramias, Izias, Malquias, Miamim,
Eleazar, Malquias e Benaia.
26 Dos filhos de Elão: Matanias,
Zacarias, Jeiel, Abdi, Jeremote e Elias.
27 Dos filhos de Zatu: Elioenai,
Eliasibe, Matanias, Jeremote,
Zabade e Aziza.
28 Dos filhos de Bebai: Joanã,
Hananias, Zabai e Atlai.
29 Dos filhos de Bani: Mesulão,
Maluque, Adaías, Jasube, Seal e
Jeremote.
30 Dos filhos de Paate-Moabe: Adna,
Quelal, Benaia, Maaseias, Matanias,
Bezalel, Binui e Manassés.
31 Dos filhos de Harim: Eliezer,
Issias, Malquias, Semaías, Simeão,
32 Benjamim, Maluque e Semarias.
33 Dos filhos de Hasum: Matnai,
Matatá, Zabade, Elifelete, Jeremai,
Manassés e Simei.
34 Dos filhos de Bani: Maadai,
Anrão, Uel,
35 Benaia, Bedias, Queluí,
36 Vanias, Meremote, Eliasibe,
37 Matanias, Matenai, Jaasai,
38 Bani, Binui, Simei,
39 Selemias, Natã, Adaías,
40 Macnadbai, Sasai, Sarai,
41 Azareel, Selemias, Semarias,
42 Salum, Amarias e José.
43 Dos filhos de Nebo: Jeiel,
Matitias, Zabade, Zebina, Jadai,
Joel e Benaia.
44 Todos eles tinham tomado mu-
lheres estrangeiras; alguns deles
tinham filhos dessas mulheres.

NEEMIAS

A oração de Neemias

1 As palavras de Neemias, filho
de Hacalias: No mês de quis-
leu, no vigésimo ano, estando eu
na fortaleza de Susã,
2 veio Hanani, um de meus irmãos,
com alguns de Judá, e lhes per-
guntei pelos judeus que tinham
escapado ao exílio e a respeito de
Jerusalém.
3 Eles me disseram: Os que so-
breviveram ao exílio e estão de
volta na província encontram-
-se em grande aflição e humilha-
ção. Os muros de Jerusalém fo-
ram derrubados, e as suas portas,
queimadas a fogo.
4 Quando ouvi estas palavras, as-
sentei-me e chorei. Lamentei por
alguns dias, e estive jejuando e
orando perante o Deus dos céus.
5 Então eu disse: Ah! Senhor, Deus
dos céus, Deus grande e temível,
que guardas a aliança e a benig-
nidade para com aqueles que te
amam e obedecem aos teus man-
damentos,
6 estejam atentos os teus ouvidos
e os teus olhos abertos para ou-
vires a oração do teu servo, que
hoje faço perante ti de dia e de
noite, pelos filhos de Israel, teus
servos. Faço confissão pelos pe-
cados dos filhos de Israel, que te-
mos cometido contra ti: também
eu e o povo de meu pai pecamos.
7 Temos procedido perversamen-
te contra ti e não temos obedecido
aos mandamentos, nem aos esta-
tutos, nem aos juízos, que orde-
naste a teu servo Moisés.
8 Lembra-te da palavra que orde-
naste a teu servo Moisés, dizendo:
Se fordes infiéis, eu vos espalha-
rei entre os povos,
9 mas, se voltardes para mim, obe-
decerdes aos meus mandamentos
e os cumprirdes, ainda que os vos-
sos exilados estejam na extremi-
dade do céu, de lá os ajuntarei e
os trarei ao lugar que escolhi para
ali fazer habitar o meu nome.
10 Estes ainda são os teus servos
e o teu povo que resgataste com
o teu grande poder e com a tua
poderosa mão.
11 Ah! Senhor, estejam atentos
os teus ouvidos à oração do teu
servo e à dos teus servos que se
deleitam em reverenciar o teu
nome. Dá êxito a teu servo, con-
cedendo-lhe favor perante este
homem. Nessa época, eu era co-
peiro do rei.

Artaxerxes envia Neemias a Jerusalém

2 No mês de nisã, no vigésimo
ano do rei Artaxerxes, quan-
do lhe trouxeram o vinho, eu o to-
mei e o dei ao rei. Nunca antes eu
estivera triste na presença dele;
2 assim o rei me perguntou: Por que
está triste o teu rosto, se não estás
doente? Não é isso senão tristeza
de coração. Temi sobremaneira,
3 mas disse ao rei: Viva o rei para
sempre! Como não estaria triste
o meu rosto, estando a cidade, o
lugar dos sepulcros de meus pais,
assolada e tendo sido consumidas
as suas portas pelo fogo?
4 Disse-me o rei: O que me pedes
agora? Então orei ao Deus do céu
5 e respondi ao rei: Se é do agra-
do do rei, e se o teu servo achou

favor em tua presença, peço-te
que me envies a Judá, à cidade
dos sepulcros de meus pais, para
que eu a reedifique.
6 Então o rei, estando a rainha
assentada junto a ele, me disse:
Quanto tempo durará a tua via-
gem? Quando voltarás? Aprouve
ao rei enviar-me; de sorte que
marquei certo tempo.
7 Disse mais ao rei: Se for do agra-
do do rei, que eu leve cartas para os
governadores do território a oeste
do Eufrates, para que me permi-
tam passar até que chegue a Judá;
8 como também uma carta para
Asafe, guarda da floresta do rei,
para que me dê madeira para as
vigas das portas da cidadela do
templo, para os muros da cida-
de e para a casa que eu houver
de ocupar. Graças às graciosas
mãos de Deus sobre mim, o rei
atendeu aos meus pedidos.
9 Então fui aos governadores do
território a oeste do Eufrates e
entreguei-lhes as cartas do rei. O
rei também tinha enviado comigo
oficiais do exército e cavaleiros.
10 Quando Sambalate, o horo-
nita, e Tobias, o oficial amonita,
ouviram isso, ficaram extrema-
mente perturbados que alguém
viesse a promover o bem dos fi-
lhos de Israel.
11 Cheguei a Jerusalém e, depois
de três dias ali,
12 parti de noite, eu e uns pou-
cos homens comigo. Não decla-
rei a ninguém o que o meu Deus
me tinha posto no coração para
fazer em Jerusalém. Não havia
comigo animal algum, senão o
que eu montava.
13 Saí de noite pela Porta do Vale,
na direção da Fonte do Dragão e
da Porta do Monturo, e contemplei
os muros de Jerusalém, que esta-
vam derrubados, e as suas por-
tas, que tinham sido consumidas
pelo fogo.
14 Então passei à Porta da Fonte
e à piscina do rei, mas não havia
espaço suficiente para passar o
animal que eu montava;
15 de maneira que de noite subi
pelo vale e contemplei os muros.
Finalmente voltei e entrei pela
Porta do Vale.
16 Não souberam os magistra-
dos aonde eu tinha ido nem o que
eu fazia, porque até então eu não
havia declarado coisa alguma,
nem aos judeus nem aos nobres, nem
aos magistrados nem aos demais
que faziam a obra.
17 Então eu lhes disse: Bem ve-
des vós a aflição em que esta-
mos: Jerusalém está em ruínas,
e as suas portas foram queima-
das pelo fogo. Vinde, reedifique-
mos os muros de Jerusalém para
que não estejamos mais nesta si-
tuação humilhante.
18 Também lhes declarei como a
mão do meu Deus me fora favo-
rável e as palavras que o rei me
tinha dito. Responderam eles:
Levantemo-nos, e edifiquemos.
De maneira que deram início a
esta boa obra.
19 Quando, porém, Sambalate, o
horonita, e Tobias, o oficial amo-
nita, e Gesém, o árabe, ouviram a
respeito disso, zombaram de nós,
desprezaram-nos e perguntaram:
O que é isso que fazeis? Quereis
rebelar-vos contra o rei?
20 Respondi-lhes: O Deus do céu
é quem nos fará prosperar. Nós,
seus servos, nos levantaremos e
reedificaremos, mas vós não ten-
des parte, nem direito, nem lem-
brança em Jerusalém.

Os construtores dos muros

3 Levantou-se Eliasibe, o sumo
sacerdote, com os seus irmãos,
os sacerdotes, e edificaram a Porta
das Ovelhas. Consagraram-na, assentaram as suas portas e continuaram até a Torre dos Cem, até
a Torre de Hananel.
2 Junto a ele edificaram os homens de Jericó, e ao seu lado edificou Zacur, filho de Inri.
3 Os filhos de Hassenaá edificaram
a Porta do Peixe. Colocaram-lhe
as vigas e lhe assentaram as portas com seus ferrolhos e trancas.
4 Ao seu lado reparou Meremote,
filho de Urias, filho de Hacoz; ao
seu lado reparou Mesulão, filho
de Berequias, filho de Mesezabel;
ao seu lado reparou Zadoque, filho de Baaná.
5 Ao seu lado repararam os tecoítas, mas os seus nobres não se sujeitaram ao serviço de seu senhor.
6 Joiada, filho de Paseá, e Mesulão,
filho de Besodeias, repararam a
Porta Velha. Colocaram-lhe as
vigas, assentaram-lhe as portas
com seus ferrolhos e trancas.
7 Ao seu lado repararam Melatias,
o gibeonita, e Jadom, o meronotita, homens de Gibeom e de Mispa,
que pertenciam ao domínio do
governador do território a oeste
do Eufrates.
8 Ao seu lado reparou Uziel, filho
de Haraías, um dos ourives; ao
lado dele Hananias, um dos perfumistas. Fortificaram Jerusalém
até o Muro Largo.
9 Ao seu lado reparou Refaías, filho de Hur, maioral da metade de
Jerusalém.
10 *Ao seu lado* reparou Jedaías,
filho de Harumafe, em frente da
sua casa; ao seu lado reparou
Hatus, filho de Hasabneias.
11 A outra parte repararam
Malquias, filho de Harim, e Hassube,
filho de Paate-Moabe, como também a Torre dos Fornos.
12 Ao seu lado reparou Salum,
filho de Haloés, maioral da outra metade de Jerusalém, ele e
suas filhas.
13 A Porta do Vale reparou-a
Hanum e os moradores de Zanoa.
Estes a edificaram e lhe assentaram as portas, com seus ferrolhos e trancas, como também
mil côvados do muro até a Porta
do Monturo.
14 A Porta do Monturo reparou-a
Malquias, filho de Recabe, maioral do distrito de Bete-Haquerém.
Este a edificou e lhe assentou as
portas com os seus ferrolhos e
trancas.
15 A Porta da Fonte reparou-a
Salum, filho de Col-Hozé, maioral do distrito de Mispa. Este a
edificou, a cobriu e lhe assentou
as portas com os seus ferrolhos
e trancas, como também o muro
do tanque de Siloé, junto ao jardim do rei, até os degraus que
descem da Cidade de Davi.
16 Depois dele reparou Neemias,
filho de Azbuque, maioral da metade do distrito de Bete-Zur, até
em frente dos sepulcros de Davi,
até a piscina artificial e a casa
dos soldados.
17 Depois dele repararam os levitas: Reum, filho de Bani, ao seu
lado Hasabias, maioral da metade do distrito de Queila.
18 Depois dele repararam seus irmãos: Bavai, filho de Henadade,
maioral da outra metade do distrito de Queila.
19 Ao seu lado reparou Ezer, filho de Jesua, maioral de Mispa,
outra parte em frente da subida

para a casa das armas, na esqui-
na do muro.
20 Depois dele, reparou com gran-
de zelo Baruque, filho de Zabai, ou-
tra parte, desde a esquina do muro
até a porta da casa de Eliasibe, o
sumo sacerdote.
21 Depois dele, reparou Meremote,
filho de Urias, filho de Hacoz, ou-
tra parte, desde a porta da casa
de Eliasibe, até o fim dela.
22 Depois dele, repararam os sa-
cerdotes que habitavam nos ar-
redores.
23 Depois repararam Benjamim
e Hassube, em frente da sua casa;
depois dele reparou Azarias, filho
de Maaseias, filho de Ananias,
junto à sua casa.
24 Depois dele, reparou Binui,
filho de Henadade, outra parte,
desde a casa de Azarias até a es-
quina do muro.
25 Palal, filho de Uzai, reparou
em frente da esquina da torre
que sai do palácio real superior,
que está junto ao pátio do cárce-
re; depois dele reparou Pedaías,
filho de Parós.
26 Ora, os servos do templo, que
habitavam em Ofel, fizeram os
reparos até em frente da Porta
das Águas, para o oriente, e até
a torre alta.
27 Depois repararam os tecoítas
outra parte, em frente da torre
grande e alta, e até o muro de Ofel.
28 Para cima da Porta dos Cavalos
repararam os sacerdotes, cada
um em frente da sua casa.
29 Depois deles, reparou Zadoque,
filho de Imer, em frente da sua
casa, e depois dele Semaías, fi-
lho de Secanias, guarda da Porta
Oriental.
30 Depois dele, reparou Hananias,
filho de Selemias, e Hanum, o
sexto filho de Zalafe, outra par-
te; depois dele, reparou Mesulão,
filho de Berequias, em frente da
sua morada.
31 Depois dele, reparou Malquias,
filho de um ourives, até a casa
dos servos do templo e dos co-
merciantes, em frente da Porta
da Guarda, e até a câmara supe-
rior da esquina;
32 e entre a câmara superior da
esquina e a Porta das Ovelhas re-
pararam os ourives e os comer-
ciantes.

Oposição à reconstrução

4 Quando Sambalate ouviu que
reedificávamos o muro, ficou
furioso, se indignou muito e zom-
bou dos judeus.
2 Disse na presença de seus ir-
mãos e do exército de Samaria:
Que fazem estes fracos judeus?
Será que vão reedificar o muro?
Irão eles sacrificar? Acabarão a
obra num só dia? Conseguirão vi-
vificar as pedras que foram quei-
madas?
3 Tobias, o amonita, que estava ao
seu lado, disse: Ainda que reedi-
fiquem, vindo uma raposa derru-
bará o seu muro de pedra.
4 Ouve, ó nosso Deus, pois somos
desprezados. Faze cair a vergo-
nha deles sobre a sua cabeça e
faze com que sejam um despojo
numa terra de cativeiro.
5 Não cubras a sua iniquidade
nem se risque de diante de ti o
seu pecado, pois te provocaram à
ira na presença dos edificadores.
6 Assim reedificamos o muro até
a metade de sua altura, em toda
a sua extensão, pois o povo se de-
dicou ao trabalho.
7 Quando, porém, Sambalate,
Tobias, os árabes, os amonitas

e os asdoditas ouviram que ia
avante a reparação dos muros
de Jerusalém e que já as brechas
se começavam a tapar, iraram-
-se muito.
8 Uniram-se todos para virem
atacar Jerusalém e criar confu-
são contra ela.
9 Nós, porém, oramos ao nosso
Deus e, por causa dessa ameaça,
pusemos guarda contra eles, de
dia e de noite.
10 Então disse Judá: Desfalecem
as forças dos carregadores, e os
escombros são tantos que não po-
deremos edificar o muro.
11 Os nossos inimigos também
disseram: Antes que saibam ou
vejam qualquer coisa, entrare-
mos no meio deles, os mataremos
e poremos fim à obra.
12 Então os judeus que habitavam
perto deles vieram e dez vezes
nos disseram: Eles nos atacarão
de todos os lugares onde moram.
13 Pelo que pus guardas atrás dos
pontos mais baixos do muro; nos
lugares abertos, dispus o povo se-
gundo as suas famílias, com as
suas espadas, com as suas lan-
ças e com os seus arcos.
14 Depois de inspecionar a situa-
ção, levantei-me e disse aos no-
bres, aos magistrados e ao resto
do povo: Não os temais. Lembrai-
-vos do Senhor, grande e temível,
e pelejai por vossos irmãos, vossos
filhos, vossas mulheres e vos-
sas casas.
15 Ouvindo os nossos inimigos
que estávamos informados e que
Deus tinha frustrado os desígnios
deles, voltamos todos ao muro,
cada um à sua obra.
16 Daquele dia em diante, meta-
de dos meus homens trabalhava
na obra, enquanto a outra metade
empunhava lanças, escudos, ar-
cos e couraças. Os chefes apoia-
vam todo o povo de Judá
17 que edificava o muro. Os que
transportavam material, com
uma das mãos realizam o tra-
balho e com a outra seguravam
uma arma.
18 E os edificadores, cada um tra-
zia a sua espada à cinta, e assim
edificavam. Mas o que tocava a
trombeta estava junto de mim.
19 Então eu disse aos nobres, aos
magistrados e ao resto do povo:
A obra é grande e extensa, e nós
estamos separados uns dos ou-
tros ao longo do muro.
20 No lugar em que ouvirdes o
som da trombeta, ali vos ajunta-
reis conosco. O nosso Deus pele-
jará por nós.
21 Assim trabalhávamos na obra;
metade deles empunhava as lan-
ças desde a subida da alva até o
sair das estrelas.
22 Também nesse tempo eu disse
ao povo: Cada um com o seu aju-
dante fique em Jerusalém, para
que de noite nos sirvam de guar-
da e de dia trabalhem.
23 Eu, meus irmãos, meus homens
e os guardas que me seguiam não
largávamos as nossas vestes; cada
um levava as suas armas, mesmo
quando ia às águas.

Neemias ajuda os pobres

5 Ora, os homens e as suas mu-
lheres levantaram um grande
clamor contra os judeus, seus ir-
mãos.
2 Alguns diziam: Nós, nossos fi-
lhos e nossas filhas somos mui-
tos; que se nos dê trigo, para que
comamos e vivamos.
3 Outros diziam: Estamos em-
penhando as nossas terras, as

nossas vinhas e as nossas casas,
para conseguirmos trigo duran-
te a fome.
4 Ainda outros diziam: Tomamos
dinheiro emprestado até para o
tributo do rei, sobre as nossas ter-
ras e as nossas vinhas.
5 Embora tenhamos o mesmo
sangue que nossos irmãos, e nos-
sos filhos sejam tão bons como
os deles, contudo temos de su-
jeitar nossos filhos e nossas fi-
lhas para serem servos. Algumas
de nossas filhas já foram reduzi-
das à escravidão, o que não po-
demos evitar, porque os nossos
campos e as nossas vinhas per-
tencem a outros.
6 **O**uvindo eu o seu clamor e es-
sas palavras, fiquei muito irado.
7 Considerei-as comigo mesmo e
então acusei os nobres e os ma-
gistrados e lhes disse: Sois usurá-
rios dos vossos próprios irmãos.
Assim convoquei contra eles uma
grande assembleia,
8 e lhes disse: Nós resgatamos os
judeus, nossos irmãos, que foram
vendidos às nações, segundo as
nossas posses. Agora vós nego-
ciaríeis os vossos irmãos, para
que sejam vendidos a nós? Eles
se calaram, porque não acharam
o que responder.
9 Pelo que continuei: Não é bom o
que fazeis. Não devíeis andar no
temor do nosso Deus, para evitar
a zombaria dos gentios, os nos-
sos inimigos?
10 Também eu, meus irmãos e
meus homens lhes temos empres-
tado dinheiro e trigo. Deixemos
de cobrar juros.
11 Restituí-lhes hoje as suas ter-
ras, as suas vinhas, os seus olivais
e as suas casas, como também a
centésima parte do dinheiro, do
trigo, do vinho e do azeite, que
tendes exigido deles.
12 Disseram eles: Nós restitui-
remos tudo isso; nada lhes pedire-
mos. Faremos assim como dizes.
Então convoquei os sacerdotes e
os fiz jurar que fariam conforme
haviam prometido.
13 **T**ambém sacudi as dobras do
meu manto e disse: Assim sacu-
da Deus da sua casa e do seu tra-
balho todo aquele que não cum-
prir essa promessa. Assim seja
ele sacudido e esvaziado. E todo
o povo respondeu: Amém! E lou-
varam ao Senhor. E fez conforme
a sua promessa.
14 Além disso, desde o dia em que
fui nomeado seu governador na ter-
ra de Judá, desde o vigésimo ano
até o ano trigésimo segundo do rei
Artaxerxes, durante doze anos,
nem eu nem meus irmãos come-
mos o pão devido ao governador.
15 Os primeiros governadores,
porém, que foram antes de mim,
oprimiram o povo e lhe tomaram
pão e vinho, além de quarenta si-
clos de prata. Os seus assistentes
dominavam sobre o povo. Mas eu
não fiz assim, por causa do temor
de Deus.
16 Em vez disso, devotei-me à obra
do muro. Todos os meus homens
se ajuntaram ali à obra; terra ne-
nhuma compramos.
17 Além do mais, cento e cin-
quenta judeus e seus oficiais, e
os que vinham a nós, das nações
vizinhas, comiam à minha mesa.
18 O que se preparava para cada
dia era um boi e seis ovelhas es-
colhidas, também se me prepara-
vam aves e, de dez em dez dias,
um abundante suprimento de vi-
nho de todas as espécies. Apesar
de tudo isso, não exigi o pão devido

ao governador, porque a servidão
deste povo era grande.
19 Lembra-te de mim para bem,
ó meu Deus, e de tudo o que fiz
a este povo.

Mais oposição à reconstrução

6 Ouvindo Sambalate, Tobias,
Gesém, o árabe, e o resto dos
nossos inimigos que eu tinha ree-
dificado o muro e que nele já não
havia brecha alguma, embora até
esse tempo não tivesse posto as
portas nos portais,
2 Sambalate e Gesém mandaram
dizer-me: Vem, encontremo-nos
numa das aldeias, na planície de
Ono. Porém planejavam fazer-
-me mal,
3 de modo que lhes enviei mensa-
geiros com esta resposta: Estou
fazendo uma grande obra e não
poderei descer. Por que cessaria
a obra, enquanto eu a deixasse e
fosse ter convosco?
4 Quatro vezes me enviaram a
mesma mensagem, e cada vez
dei-lhes a mesma resposta.
5 Então Sambalate, pela quinta
vez, enviou-me o seu moço com
uma carta aberta na sua mão,
6 na qual estava escrito: Entre as
gentes se ouviu, e Gesém diz, que
tu e os judeus intentais revoltar-
-vos, por isso edificais o muro.
Além do mais, segundo se diz,
queres ser o rei deles,
7 e que nomeaste profetas para
proclamarem a teu respeito em
Jerusalém, dizendo: Há rei em Judá.
Ora, essas coisas chegarão aos ou-
vidos do rei; portanto, vem e con-
sultemos juntamente.
8 *Mandei-lhe esta* resposta: De
tudo o que dizes coisa alguma
aconteceu; tu, do teu coração, é
que o inventas.
9 Todos eles procuravam ate-
morizar-nos, pensando: As suas
mãos ficarão fracas demais para
a obra, e não a concluirão. Agora,
ó Deus, fortalece as minhas mãos.
10 Certo dia fui à casa de Semaías,
filho de Delaías, filho de Meetabel,
que estava encerrado. Disse-me
ele: Encontremo-nos na casa de
Deus, dentro do templo, a portas
fechadas, porque virão matar-te;
esta noite virão.
11 Eu, porém, disse: Um homem
como eu fugiria? E quem há, como
eu, que entre no templo para sal-
var a vida? De maneira nenhu-
ma entrarei.
12 Então percebi que não era Deus
quem o enviara, mas que ele ti-
nha profetizado contra mim por-
que Tobias e Sambalate o haviam
subornado.
13 Ele tinha sido subornado para
me intimidar, a fim de que eu as-
sim fizesse e pecasse, para que ti-
vessem de que me difamar e de-
sacreditar.
14 Lembra-te, ó meu Deus, de Tobias
e de Sambalate, conforme estas
suas obras e também da profeti-
sa Noadia e dos demais profetas
que têm procurado intimidar-me.
15 Assim, acabou-se o muro aos
vinte e cinco dias do mês de elul,
em cinquenta e dois dias.
16 Quando todos os nossos inimi-
gos ouviram isso, todos os gentios
que havia em redor de nós teme-
ram e ficaram com o orgulho fe-
rido, porque reconheceram que
tínhamos feito esta obra com a
ajuda do nosso Deus.
17 Também, naqueles dias, al-
guns nobres de Judá escreve-
ram muitas cartas, que iam para
Tobias, e as cartas de Tobias vi-
nham para eles.

18 Pois muitos em Judá estavam
ligados a ele por juramento, por
ser ele genro de Secanias, filho de
Ará, e por haver seu filho Joanã
casado com a filha de Mesulão,
filho de Berequias.
19 Também as boas ações dele con-
tavam perante mim, e as minhas
palavras levavam a ele. E Tobias
escrevia cartas para me intimidar.

Lista dos que voltaram do cativeiro

7 Depois que o muro foi reedi-
ficado, tendo eu assentado as
portas, estabelecido os porteiros,
os cantores e os levitas,
2 nomeei a Hanani, meu irmão,
e a Hananias, maioral da cidade-
la, sobre Jerusalém, porque ele
era homem fiel e temente a Deus,
mais do que muitos.
3 Disse-lhes: Não se abram as
portas de Jerusalém até que o sol
aqueça. Enquanto os guardas ain-
da estão ali, que se fechem as por-
tas e se tranquem. Também po-
nham guardas dos moradores de
Jerusalém, cada um no seu tur-
no diante da sua casa.
4 Ora, a cidade era grande e es-
paçosa, mas havia pouca gente
nela, e as casas ainda não esta-
vam edificadas.
5 Então o meu Deus me pôs no co-
ração que reunisse os nobres, os
magistrados e o povo, para regis-
trar as genealogias. E achei o li-
vro da genealogia dos que subi-
ram primeiro e achei escrito nele
o seguinte:
6 São estes os filhos da provín-
cia que subiram do cativeiro,
entre os exilados, que trans-
portara Nabucodonosor, rei de
Babilônia, e que voltaram para
Jerusalém e para Judá, cada um
para a sua cidade,
7 os quais vieram com Zorobabel,
Jesua, Neemias, Azarias, Raamias,
Naamani, Mordecai, Bilsã, Misperete,
Bigvai, Neum e Baaná. Este é o nú-
mero dos homens do povo de Israel:
8 Foram os filhos de Parós, dois
mil cento e setenta e dois;
9 os filhos de Sefatias, trezentos
e setenta e dois;
10 os filhos de Ará, seiscentos e
cinquenta e dois;
11 os filhos de Paate-Moabe, dos
filhos de Jesua e de Joabe, dois
mil oitocentos e dezoito;
12 os filhos de Elão, mil duzentos
e cinquenta e quatro;
13 os filhos de Zatu, oitocentos e
quarenta e cinco;
14 os filhos de Zacai, setecentos
e sessenta;
15 os filhos de Binui, seiscentos
e quarenta e oito;
16 os filhos de Bebai, seiscentos
e vinte e oito;
17 os filhos de Azgade, dois mil
trezentos e vinte e dois;
18 os filhos de Adonicão, seiscen-
tos e sessenta e sete;
19 os filhos de Bigvai, dois mil e
sessenta e sete;
20 os filhos de Adim, seiscentos
e cinquenta e cinco;
21 os filhos de Ater, de Ezequias,
noventa e oito;
22 os filhos de Hasum, trezentos
e vinte e oito.
23 Os filhos de Besai, trezentos e
vinte e quatro;
24 os filhos de Harife, cento e doze;
25 os filhos de Gibeom, noven-
ta e cinco;
26 os homens de Belém e de Netofá,
cento e oitenta e oito;
27 os homens de Anatote, cento
e vinte e oito;
28 os homens de Bete-Azmavete,
quarenta e dois;

29 os homens de Quiriate-Jearim,
Quefira e Beerote, setecentos e
quarenta e três;
30 os homens de Ramá e Geba,
seiscentos e vinte e um;
31 os homens de Micmás, cento
e vinte e dois;
32 os homens de Betel e Ai, cen-
to e vinte e três;
33 os homens do outro Nebo, cin-
quenta e dois;
34 os homens do outro Elão, mil
duzentos e cinquenta e quatro;
35 os homens de Harim, trezen-
tos e vinte;
36 os homens de Jericó, trezen-
tos e quarenta e cinco;
37 os homens de Lode, Hadide
e Ono, setecentos e vinte e um;
38 os homens de Senaá, três mil
novecentos e trinta.
39 **O**s sacerdotes: os filhos de
Jedaías, da família de Jesua, no-
vecentos e setenta e três;
40 os filhos de Imer, mil e cin-
quenta e dois;
41 os filhos de Pasur, mil duzen-
tos e quarenta e sete;
42 os filhos de Harim, mil e de-
zessete.
43 **O**s levitas: os filhos de Jesua,
de Cadmiel, dos filhos de Hodeviá,
setenta e quatro.
44 Os cantores: os filhos de Asafe,
cento e quarenta e oito.
45 Os porteiros: os filhos de Salum,
os filhos de Ater, os filhos de
Talmom, os filhos de Acube, os
filhos de Hatita, os filhos de Sobai,
cento e trinta e oito.
46 **O**s servos do templo: os filhos
de Zia, os filhos de Hasufa, os fi-
lhos de Tabaote,
47 os filhos de Queros, os filhos
de Sia, os filhos de Padom,
48 os filhos de Lebana, os filhos
de Hagaba, os filhos de Salmai,
49 os filhos de Hanã, os filhos de
Gidel, os filhos de Gaar,
50 os filhos de Reaías, os filhos de
Rezim, os filhos de Necoda,
51 os filhos de Gazão, os filhos de
Uzá, os filhos de Paseá,
52 os filhos de Besai, os filhos de
Meunim, os filhos de Nefussim,
53 os filhos de Bacbuque, os fi-
lhos de Hacufa, os filhos de Harur,
54 os filhos de Bazlite, os filhos de
Meída, os filhos de Harsa,
55 os filhos de Barcos, os filhos de
Sísera, os filhos de Temá,
56 os filhos de Nesias e os filhos
de Hatifa.
57 **O**s filhos dos servos de Salomão:
os filhos de Sotai, os filhos de
Soferete, os filhos de Perida,
58 os filhos de Jaala, os filhos de
Darcom, os filhos de Gidel,
59 os filhos de Sefatias, os filhos
de Hatil, os filhos de Poquerete-
-Hazebaim e os filhos de Amom.
60 Todos os servos do templo e os
filhos dos servos de Salomão, tre-
zentos e noventa e dois.
61 **O**s seguintes subiram de Tel-
-Melá, Tel-Harsa, Querube, Adom
e Imer, porém não puderam pro-
var que suas famílias e a sua li-
nhagem eram de Israel:
62 os filhos de Delaías, os filhos de
Tobias, os filhos de Necoda, seis-
centos e quarenta e dois.
63 Dos sacerdotes: os filhos de
Habaías, os filhos de Hacoz, os fi-
lhos de Barzilai, que tomara por
mulher uma das filhas de Barzilai,
o gileadita, e que foi chamado do
nome dele.
64 Estes procuraram o seu regis-
tro, mas não puderam encontrá-
-lo e assim foram excluídos do sa-
cerdócio como imundos.
65 O governador, portanto, ordenou-
-lhes que não comessem das coisas

sagradas, até que se levantasse
um sacerdote com Urim e Tumim.
66 Toda esta congregação junta
foi de quarenta e dois mil trezen-
tos e sessenta,
67 afora os seus servos e as suas
servas, que foram sete mil tre-
zentos e trinta e sete; e também
tinham duzentos e quarenta e cin-
co cantores e cantoras.
68 Os seus cavalos, setecentos e
trinta e seis; os seus mulos, du-
zentos e quarenta e cinco.
69 Camelos, quatrocentos e trin-
ta e cinco; jumentos, seis mil se-
tecentos e vinte.
70 Alguns dos líderes de famílias
contribuíram para a obra. O go-
vernador deu para a tesouraria,
em ouro, mil dracmas, cinquenta
bacias e quinhentas e trinta ves-
tes sacerdotais.
71 Alguns dos líderes de famí-
lias deram para a tesouraria da
obra, em ouro, vinte mil dracmas,
e em prata, dois mil e duzentos
arráteis.
72 O que deu o resto do povo foi,
em ouro, vinte mil dracmas, em
prata, dois mil arráteis e sessen-
ta e sete vestes sacerdotais.
73 Os sacerdotes, os levitas, os
porteiros, os cantores, alguns do
povo, os servidores do templo e
todo o Israel habitavam nas suas
cidades.

Esdras lê a lei

8 Chegado o sétimo mês, e es-
tando os filhos de Israel nas
suas cidades, todo o povo se ajun-
tou como um só homem, na pra-
ça, diante da Porta das Águas
e disseram a Esdras, o escriba,
que trouxesse o livro da lei de
Moisés, que o Senhor tinha or-
denado a Israel.
2 Assim Esdras, o sacerdote, trouxe
a lei perante a congregação, tanto
de homens como de mulheres, e
perante todos os que podiam en-
tender o que ouviam, no primei-
ro dia do sétimo mês.
3 Leu nela de frente para a pra-
ça que está diante da Porta das
Águas, desde o início da manhã
até o meio-dia, perante homens e
mulheres, e os que podiam enten-
der. E os ouvidos de todo o povo
estavam atentos ao livro da lei.
4 Esdras, o escriba, estava num
púlpito de madeira, que tinha
sido feito para esse fim. Estavam
em pé junto a ele, à sua direita,
Matitias, Sema, Anaías, Urias,
Hilquias e Maaseias; e à sua es-
querda, Pedaías, Misael, Melquias,
Hasum, Hasbadana, Zacarias e
Mesulão.
5 Abriu Esdras o livro à vista de
todo o povo, porque estava acima
de todo o povo; e, abrindo-o ele,
todo o povo se pôs em pé.
6 Esdras louvou ao Senhor, o gran-
de Deus; e todo o povo respon-
deu: Amém! Amém! levantando
as mãos. Então se inclinaram e
adoraram ao Senhor, com o ros-
to em terra.
7 Os levitas Jesua, Bani, Serebias,
Jamim, Acube, Sabetai, Hodias,
Maaseias, Quelita, Azarias,
Jozabade, Hanã e Pelaías ensi-
navam a lei ao povo, e o povo es-
tava no seu posto.
8 Leram no livro da lei de Deus,
esclarecendo-a e explicando o sen-
tido, de modo que o povo pudes-
se entender o que se lia.
9 Então Neemias, que era o go-
vernador, e Esdras, sacerdote
e escriba, e os levitas que ensi-
navam o povo disseram a todo o
povo: Este dia é consagrado ao

Senhor, o vosso Deus, pelo que
não vos lamenteis nem choreis.
Pois todo o povo chorava, ouvin-
do as palavras da lei.
10 Disse-lhes mais: Ide, comei
as gorduras, bebei as doçuras e
enviai porções aos que não têm
nada preparado para si. Este dia
é consagrado ao nosso Senhor.
Não vos entristeçais, pois a ale-
gria do Senhor é a vossa força.
11 Os levitas fizeram calar a todo
o povo, dizendo: Calai-vos, pois
este dia é sagrado. Não vos en-
tristeçais.
12 Então todo o povo se foi a co-
mer, a beber, a enviar porções e
a celebrar com grande alegria,
porque agora entendiam as pala-
vras que lhes foram comunicadas.
13 No dia seguinte, ajuntaram-se
os líderes de famílias de todo o
povo, os sacerdotes e os levitas,
na presença de Esdras, o escriba,
para estudar as palavras da lei.
14 Acharam escrito na lei que o
Senhor ordenara, por intermédio
de Moisés, que os filhos de Israel
habitassem em cabanas, duran-
te a festa do sétimo mês
15 e que publicassem e fizessem
passar pregão por todas as suas
cidades, e em Jerusalém, dizen-
do: Saí à região montanhosa e
trazei ramos de oliveiras, ramos
de zambujeiros, ramos de mur-
tas, ramos de palmeiras e ramos
de árvores frondosas, para fazer
cabanas, como está escrito.
16 Saíram, pois, e trouxeram os
ramos e fizeram para si cabanas,
cada um no terraço da sua casa, nos
seus pátios, nos átrios do templo de
Deus, na praça da Porta das Águas
e na praça da Porta de Efraim.
17 Toda a congregação dos que ti-
nham voltado do cativeiro fizeram
cabanas e nelas habitaram. Nunca
tinham feito assim os filhos de
Israel desde os dias de Josué, fi-
lho de Num, até aquele dia. E seu
regozijo foi muito grande.
18 Dia após dia, do primeiro ao
último dia, Esdras leu o livro da
lei de Deus. Celebraram a festa
por sete dias e, no oitavo dia, se-
gundo o prescrito, houve uma as-
sembleia solene.

O povo confessa o seu pecado

9 No vigésimo quarto dia desse
mês, ajuntaram-se os filhos de
Israel com jejum e pano de saco
e traziam terra sobre si.
2 Os da linhagem de Israel apar-
taram-se de todos os estrangeiros,
puseram-se em pé e confessaram
os seus pecados e as iniquidades
de seus pais.
3 Levantando-se no seu lugar, le-
ram no livro da lei do Senhor, o
seu Deus, uma quarta parte do
dia; em outra quarta parte, con-
fessaram os seus pecados e ado-
raram ao Senhor seu Deus.
4 Em pé nos degraus estavam
os levitas Jesua, Bani, Cadmiel,
Sebanias, Buni, Serebias, Bani
e Quenani, os quais clamaram
em alta voz ao Senhor seu Deus.
5 E os levitas Jesua, Cadmiel, Bani,
Hasabneias, Serebias, Hodias,
Sebanias e Petaquias disseram:
Levantai-vos, bendizei ao Senhor,
o vosso Deus, de eternidade em
eternidade. Bendito seja o teu
nome glorioso. Seja ele exalta-
do sobre toda a bênção e louvor.
6 Só tu és Senhor. Fizeste o céu, o
céu dos céus e todo o seu exérci-
to, a terra e tudo o que nela há, os
mares e tudo o que neles há. Tu
os conservas com vida a todos, e
o exército dos céus te adora.

7 Tu és o Senhor, o Deus que ele-
geste a Abrão, e o tiraste de Ur
dos caldeus, e lhe deste o nome
de Abraão.
8 Achaste o seu coração fiel na
tua presença e fizeste com ele a
aliança de que darias à sua descen-
dência a terra dos cananeus, dos
heteus, dos amorreus, dos fere-
zeus, dos jebuseus e dos girga-
seus. Cumpriste as tuas promes-
sas porque és justo.
9 Viste a aflição de nossos pais no
Egito e ouviste o seu clamor jun-
to ao mar Vermelho.
10 Enviaste sinais e prodígios con-
tra faraó, contra todos os seus ofi-
ciais e contra todo o povo da sua
terra, pois soubeste que os trata-
ram com soberba. Adquiriste re-
nome, como hoje se vê.
11 Dividiste o mar perante eles,
de maneira que passaram pelo
meio do mar, em seco, mas lan-
çaste os seus perseguidores nas
profundezas, como uma pedra
nas águas impetuosas.
12 De dia os guiaste por uma co-
luna de nuvem e de noite por
uma coluna de fogo, para os ilu-
minares no caminho por onde
haviam de ir.
13 Desceste sobre o monte Sinai;
falaste com eles desde os céus.
Deste-lhes juízos retos, leis ver-
dadeiras, estatutos e mandamen-
tos bons.
14 Fizeste-lhes conhecer o teu san-
to sábado e lhes deste preceitos,
estatutos e lei por intermédio de
Moisés, teu servo.
15 Pão dos céus lhes deste na sua
fome e água da rocha lhes fizeste
brotar na sua sede; disseste-lhes
que entrassem para possuir a ter-
ra que, com mão levantada, lhes
juraste dar.
16 Os nossos antepassados, po-
rém, tornaram-se arrogantes,
obstinados e não deram ouvidos
aos teus mandamentos.
17 Recusaram ouvir-te e não se lem-
braram das tuas maravilhas, que fi-
zeste entre eles. Fizeram-se obstina-
dos e, na sua rebelião, levantaram
um chefe, a fim de voltarem para a
sua servidão. Mas tu, ó Deus per-
doador, clemente e misericordioso,
tardio em irar-te e grande em bon-
dade, não os desamparaste,
18 ainda quando fizeram para si
um bezerro de fundição e disse-
ram: Este é o teu Deus, que te ti-
rou do Egito, ou quando comete-
ram grandes blasfêmias.
19 Pela multidão das tuas mise-
ricórdias, não os abandonaste no
deserto. A coluna de nuvem nun-
ca se afastou deles de dia, para os
guiar pelo caminho, nem a colu-
na de fogo de noite, para lhes ilu-
minares o caminho por onde ha-
viam de ir.
20 Deste o teu bom Espírito para
os ensinar; o teu maná não reti-
raste da sua boca e água lhes des-
te na sua sede.
21 Por quarenta anos os susten-
taste no deserto; não lhes faltou
coisa alguma; as suas vestes não
se envelheceram nem se incha-
ram os seus pés.
22 Deste-lhes reinos e povos, que
lhes repartiste em porções. Eles
possuíram a terra de Seom, a sa-
ber, a terra do rei de Hesbom, e a
terra de Ogue, rei de Basã.
23 Multiplicaste o número dos
seus filhos como as estrelas do
céu e os introduziste à terra de
que tinhas dito a seus pais que
nela entrariam para a possuírem.
24 Entraram nela os seus filhos e
tomaram aquela terra. Subjugaste

diante deles os moradores da ter-
ra, os cananeus, e os entregaste
nas suas mãos, como também os
reis e os povos da terra, para faze-
rem deles segundo a sua vontade.
25 Tomaram cidades fortificadas
e terra fértil e possuíram casas
cheias de toda sorte de coisas boas,
poços já cavados, vinhas e olivais
e árvores frutíferas em abundân-
cia. Comeram, se fartaram, en-
gordaram e desfrutaram da tua
grande bondade.
26 Ainda assim foram desobe-
dientes e se revoltaram contra ti;
lançaram a tua lei para trás das
costas. Mataram os teus profe-
tas, que protestavam contra eles
para que voltassem a ti; comete-
ram horríveis blasfêmias.
27 Pelo que os entregaste nas
mãos dos seus adversários, que
os oprimiram. Mas no tempo da
sua angústia, clamando eles a ti,
desde os céus os ouviste; e se-
gundo a tua grande misericór-
dia lhes deste libertadores que
os salvaram das mãos dos seus
inimigos.
28 Logo, porém, que se viam em
descanso, tornavam a fazer o
mal diante de ti. Então os deixa-
vas nas mãos dos seus inimigos,
para que dominassem sobre eles.
E, convertendo-se eles, e claman-
do a ti, tu os ouvias desde os céus
e, segundo a tua misericórdia, os
livraste muitas vezes.
29 Testemunhaste contra eles,
para que voltassem à tua lei, po-
rém eles procederam soberbamen-
te e não deram ouvidos aos teus
mandamentos. Pecaram contra os
teus juízos, pelos quais o homem
que os cumprir viverá. Viraram
os ombros, tornaram-se obstina-
dos e se recusaram a ouvir.
30 Por muitos anos foste paciente
com eles e testemunhaste contra
eles pelo teu Espírito, por inter-
médio dos teus profetas. Porém
eles não deram ouvidos, pelo que
os entregaste nas mãos dos povos
das terras.
31 Pela tua grande misericórdia,
porém, não os destruíste nem de-
samparaste, pois és um Deus cle-
mente e misericordioso.
32 Portanto, agora, ó nosso Deus,
ó Deus grande, poderoso e temível,
que guardas a aliança e a miseri-
córdia, não desconsidere toda a
aflição que nos sobreveio, a nós,
a nossos reis, a nossos príncipes, a
nossos sacerdotes, a nossos profe-
tas, a nossos pais e a todo o teu povo,
desde os dias dos reis da Assíria até
o dia de hoje.
33 Em tudo o que nos aconteceu,
tens sido justo; fielmente proce-
deste, e nós impiamente.
34 Os nossos reis, os nossos prín-
cipes, os nossos sacerdotes e os
nossos pais não guardaram a tua
lei nem deram ouvidos aos teus
mandamentos e aos teus testemu-
nhos, que testificaste contra eles.
35 Pois eles no seu reino, na mui-
ta abundância de bens que lhes
deste, na terra espaçosa e fértil
que puseste diante deles, não te
serviram nem se converteram
das suas más obras.
36 Vê, porém, que hoje somos es-
cravos na própria terra que des-
te a nossos pais, para comerem
o seu fruto e o seu bem.
37 Por causa dos nossos pecados,
ela multiplica os seus produtos
para os reis que puseste sobre
nós. Segundo a sua vontade do-
minam sobre os nossos corpos e
sobre o nosso gado. Estamos em
grande angústia.

38 Por causa de tudo isso fize-
mos uma firme aliança e a es-
crevemos; e selaram-na os nos-
sos príncipes, os nossos levitas
e os nossos sacerdotes.

A aliança do povo

10 Os que a selaram foram:
Neemias, o governador,
filho de Hacalias, e Zedequias,
2 Seraías, Azarias, Jeremias,
3 Pasur, Amarias, Malquias,
4 Hatus, Sebanias, Maluque,
5 Harim, Meremote, Obadias,
6 Daniel, Ginetom, Baruque,
7 Mesulão, Abias, Miamim,
8 Maazias, Bilgai, Semaías. Esses
eram os sacerdotes.
9 Os levitas: Jesua, filho de Azanias,
Binui, dos filhos de Henadade,
Cadmiel,
10 e seus irmãos: Sebanias, Hodias,
Quelita, Pelaías, Hanã,
11 Mica, Reobe, Hasabias,
12 Zacur, Serebias, Sebanias,
13 Hodias, Bani e Beninu.
14 Os chefes do povo: Parós, Paate-
-Moabe, Elão, Zatu, Bani,
15 Buni, Azgade, Bebai,
16 Adonias, Bigvai, Adim,
17 Ater, Ezequias, Azur,
18 Hodias, Hasum, Bezai,
19 Harife, Anatote, Nebai,
20 Magpias, Mesulão, Hezir,
21 Mesezabel, Zadoque, Jadua,
22 Pelatias, Hanã, Anaías,
23 Oseias, Hananias, Hassube,
24 Haloés, Pilha, Sobeque,
25 Reum, Hassabná, Maaseias,
26 Aías, Hanã, Anã,
27 Maluque, Harime e Baaná.
28 O resto do povo, os sacerdotes,
os levitas, os porteiros, os canto-
res, os servos do templo e todos os
que se tinham separado dos po-
vos de outras terras para a lei de
Deus, suas mulheres, seus filhos
e suas filhas, todos os que tinham
capacidade para entender,
29 firmemente aderiram a seus
irmãos, os nobres, e se compro-
meteram sob pena de maldição e
sob juramento de que andariam
na lei de Deus, que foi dada por
intermédio de Moisés, servo de
Deus, e de que guardariam e cum-
pririam todos os mandamentos
do Senhor, o nosso Senhor, os
seus juízos e os seus estatutos;
30 de que não daríamos as nossas
filhas aos povos da terra nem to-
maríamos as filhas deles para os
nossos filhos;
31 de que, trazendo os povos da ter-
ra no dia de sábado alguma mer-
cadoria e algum cereal para ven-
derem, nada compraríamos deles
no sábado nem no dia santifica-
do; e de que abriríamos mão do
produto do sétimo ano e de toda
e qualquer cobrança.
32 Também sobre nós pusemos
preceitos, impondo-nos cada ano
a terça parte de um siclo, para o
serviço do templo do nosso Deus;
33 para os pães da proposição, para a
oferta regular de cereais, e para o
holocausto regular dos sábados,
das luas novas, para as festas fixas,
para as coisas sagradas e para as
ofertas pelo pecado a fim de fazer
expiação por Israel, e para toda
a obra do templo do nosso Deus.
34 Nós, os sacerdotes, os levitas
e o povo lançamos as sortes acer-
ca da oferta da lenha que se ha-
via de trazer ao templo do nosso
Deus, segundo as nossas famí-
lias, em tempos determinados,
de ano em ano, para se queimar
sobre o altar do Senhor, o nosso
Deus, como está escrito na lei.
35 Também assumimos a res-
ponsabilidade de trazer de ano

em ano ao templo do Senhor as
primícias de nossas colheitas e
as primícias de todas as árvores
frutíferas.
36 Como está escrito na lei, traremos os primogênitos dos nossos
filhos, do nosso gado, das nossas
manadas e dos nossos rebanhos
ao templo do nosso Deus, aos sacerdotes que ali ministram.
37 Além disso, traremos aos depósitos do templo do nosso Deus,
aos sacerdotes, as primícias da
nossa massa, as nossas ofertas
alçadas e o fruto de todas as nossas árvores, do nosso vinho e do
nosso azeite; traremos o dízimo
da nossa terra aos levitas, pois
são eles que recebem os dízimos
em todas as cidades onde trabalhamos.
38 Um sacerdote, filho de Arão,
deve estar com os levitas quando estes receberem os dízimos, e
os levitas devem trazer o dízimo
dos dízimos ao templo do nosso
Deus, aos depósitos do templo.
39 Aos depósitos os filhos de Israel
e os filhos de Levi devem trazer
ofertas alçadas dos cereais, do vinho e do azeite, porque se encontram ali os utensílios do santuário, como também os sacerdotes
que ministram, os porteiros e os
cantores. Não negligenciaremos
o templo do nosso Deus.

Os novos moradores de Jerusalém

11 Os líderes do povo habitaram em Jerusalém, e o restante do povo lançou sortes para
tirar um de cada dez que habitasse na santa cidade de Jerusalém,
permanecendo nove nas outras
cidades.
2 O povo abençoou a todos os
homens que voluntariamente
se ofereceram para habitar em
Jerusalém.
3 São estes os chefes da província
que habitaram em Jerusalém; porém nas cidades de Judá habitou
cada um na sua possessão, nas
suas cidades, a saber, Israel, os
sacerdotes, os levitas, os servos
do templo e os filhos dos servos
de Salomão.
4 Habitaram em Jerusalém alguns dos filhos de Judá e dos filhos de Benjamim. Dos filhos de
Judá: Ataías, filho de Uzias, filho
de Zacarias, filho de Amarias, filho de Sefatias, filho de Maalalel,
dos filhos de Perez;
5 e Maaseias, filho de Baruque, filho de Col-Hozé, filho de Hazaías,
filho de Adaías, filho de Joiaribe, filho de Zacarias, filho de Selá.
6 Todos os filhos de Perez que
habitaram em Jerusalém foram
quatrocentos e sessenta e oito homens valentes.
7 São estes os filhos de Benjamim:
Salu, filho de Mesulão, filho de
Joede, filho de Pedaías, filho de Colaías, filho de Maaseias, filho de
Itiel, filho de Jesaías.
8 Depois dele Gabai e Salai, novecentos e vinte e oito.
9 Joel, filho de Zicri, supervisor
sobre eles, e Judá, filho de Senua,
segundo sobre a cidade.
10 Dos sacerdotes: Jedaías, filho
de Joiaribe, Jaquim,
11 Seraías, filho de Hilquias, filho
de Mesulão, filho de Zadoque, filho de Meraiote, filho de Aitube,
supervisor do templo de Deus,
12 e seus irmãos que faziam a
obra do templo, oitocentos e vinte
e dois; e Adaías, filho de Jeroão,
filho de Pelalias, filho de Anzi, filho
de Zacarias, filho de Pasur, filho de
Malquias,

13 e seus irmãos, chefes de famí-
lias, duzentos e quarenta e dois;
Amassai, filho de Azarel, filho
de Azai, filho de Mesilemote, fi-
lho de Imer,
14 e os irmãos deles, homens va-
lentes, cento e vinte e oito; e su-
pervisionava sobre eles Zabdiel,
filho de Gedolim.
15 **D**os levitas: Semaías, filho de
Hassube, filho de Azricão, filho
de Hasabias, filho de Buni.
16 Sabetai e Jozabade, dos líde-
res dos levitas, encarregados da
obra externa do templo de Deus.
17 Matanias, filho de Mica, filho
de Zabdi, filho de Asafe, o chefe
que dirigia os louvores nas ora-
ções, e Bacbuquias, o segundo
de seus irmãos; depois Abda, fi-
lho de Samua, filho de Galal, filho
de Jedutum.
18 Todos os levitas na santa cidade
foram duzentos e oitenta e quatro.
19 **O**s porteiros: Acube, Talmom,
e seus irmãos, os guardas das por-
tas, cento e setenta e dois.
20 **O** restante de Israel, dos sacer-
dotes e levitas, habitou em todas
as cidades de Judá, cada um na
sua herança.
21 Os servos do templo habita-
ram em Ofel, e Zia e Gispa pre-
sidiam sobre eles.
22 O supervisor dos levitas em
Jerusalém era Uzi, filho de Bani, fi-
lho de Hasabias, filho de Matanias,
filho de Mica, dos filhos de Asafe,
cantores, ao serviço do templo
de Deus.
23 Havia uma ordem do rei a res-
peito deles, que regulava a sua
atividade diária.
24 Petaías, filho de Mesezabel,
dos filhos de Zerá, filho de Judá,
estava à disposição do rei, em to-
dos os negócios do povo.
25 **Q**uanto às aldeias, com os seus
campos, alguns dos filhos de Judá
habitaram em Quiriate-Arba e
seus arrabaldes, em Dibom e seus
arrabaldes, em Jecabzeel e suas
aldeias,
26 em Jesua, em Moladá, em Bete-
-Pelete,
27 em Hasar-Sual, em Berseba e
em seus povoados,
28 em Ziclague, em Meconá e em
seus povoados,
29 em En-Rimom, em Zorá, em
Jarmute,
30 em Zanoá, em Adulão e suas
aldeias, em Laquis e seus campos,
e em Azeca e em seus povoados.
Acamparam-se desde Berseba até
o vale de Hinom.
31 Os filhos de Benjamim, de Geba,
habitaram em Micmás, Aía, Betel
e em seus povoados,
32 em Anatote, em Nobe, em Ananiá,
33 em Hazor, em Ramá, em Gitaim,
34 em Hadide, em Zeboim, em
Nebalate,
35 em Lode e em Ono, no vale dos
Artífices.
36 Algumas das turmas dos levitas
de Judá habitaram em Benjamim.

Os sacerdotes e os levitas

12 São estes os sacerdotes e os
levitas que subiram com
Zorobabel, filho de Sealtiel, e com
Jesua: Seraías, Jeremias, Esdras,
2 Amarias, Maluque, Hatus,
3 Secanias, Reum, Meremote,
4 Ido, Ginetom, Abias,
5 Miamim, Maadias, Bilga,
6 Semaías, Joiaribe, Jedaías,
7 Salu, Amoque, Hilquias, Jedaías.
Estes foram os chefes dos sacer-
dotes e de seus irmãos, nos dias
de Jesua.
8 **O**s levitas foram Jesua, Binui,
Cadmiel, Serebias, Judá, Matanias,

que, com os seus irmãos, dirigia
os louvores.
9 Bacbuquias e Uni, seus irmãos,
estavam em frente dele, nos serviços.
10 Jesua foi pai de Joiaquim,
Joiaquim foi pai de Eliasibe,
Eliasibe foi pai de Joiada,
11 Joiada foi pai de Jônatas, e
Jônatas foi pai de Jadua.
12 Nos dias de Joiaquim foram
sacerdotes, chefes de famílias:
de Seraías, Meraías; de Jeremias,
Hananias;
13 de Esdras, Mesulão; de Amarias,
Joanã;
14 de Maluque, Jônatas; de Sebanias,
José;
15 de Harim, Adna; de Meraiote,
Helcai;
16 de Ido, Zacarias; de Ginetom,
Mesulão;
17 de Abias, Zicri; de Miniamim
e de Moadias, Piltai;
18 de Bilga, Samua; de Semaías,
Jônatas;
19 de Joiaribe, Matenai; de Jedaías,
Uzi;
20 de Salai, Calai; de Amoque,
Eber;
21 de Hilquias, Hasabias; de Jedaías,
Netanel.
22 Dos levitas, nos dias de Eliasibe,
foram inscritos como chefes de
famílias, Joiada, Joanã e Jadua,
como também os sacerdotes, até
o reinado de Dario, o persa.
23 Os filhos de Levi foram inscritos como chefes de famílias no livro das crônicas, até os dias de
Joanã, filho de Eliasibe.
24 Foram os líderes dos levitas:
Hasabias, Serabias e Jesua, filho
de Cadmiel, os seus irmãos; estavam em frente deles para louvarem e darem graças, segundo o
mandado de Davi, homem de Deus.
25 Matanias, Bacbuquias, Obadias,
Mesulão, Talmom e Acube eram
porteiros, que guardavam os depósitos que ficavam junto às portas.
26 Eles serviram nos dias de
Joiaquim, filho de Jesua, filho de
Jozadaque, e nos dias de Neemias,
o governador, e de Esdras, o sacerdote e escriba.

A dedicação do muro de Jerusalém

27 Na dedicação do muro de
Jerusalém, buscaram os levitas
de todos os seus lugares, para os
trazerem, a fim de fazerem a dedicação com alegria, louvores, canto, címbalos, alaúdes e harpas.
28 Reuniram os filhos dos cantores,
tanto dos arredores de Jerusalém
como das aldeias dos netofatitas,
29 bem como de Bete-Gilgal e dos
campos de Gibeá e de Azmavete,
pois os cantores tinham edificado para si aldeias nos arredores
de Jerusalém.
30 Purificaram-se os sacerdotes
e os levitas, que purificaram o
povo, as portas e o muro.
31 Então fiz subir os líderes de
Judá sobre o muro e formei dois
grandes coros em procissão, sendo um à mão direita sobre a muralha para a banda da Porta do
Monturo.
32 Após ele ia Hosaías e a metade dos líderes de Judá,
33 Azarias, Esdras, Mesulão,
34 Judá, Benjamim, Semaías,
Jeremias,
35 e também alguns sacerdotes
com trombetas: Zacarias, filho de
Jônatas, filho de Semaías, filho
de Matanias, filho de Micaías, filho de Zacur, filho de Asafe,
36 e seus irmãos, Semaías, Azarel,
Milalai, Gilalai, Maai, Netanel, Judá
e Hanani, com os instrumentos de

música de Davi, homem de Deus.
Esdras, o escriba, ia adiante deles.
37 À entrada da Porta da Fonte
subiram diretamente as escadas
da Cidade de Davi, onde começa
a subida do muro, acima da casa
de Davi, até a Porta das Águas,
ao oriente.
38 O segundo coro ia em frente,
e eu após ele. Metade do povo ia
sobre o muro, desde a Torre dos
Fornos até o Muro Largo;
39 e desde a Porta de Efraim, passando por cima da Porta Velha e
da Porta do Peixe, e pela Torre de
Hananeel e pela Torre dos Cem,
até a Porta das Ovelhas. Pararam
à Porta da Guarda.
40 Então ambos os coros que davam graças tomaram o seu lugar
no templo de Deus; como também
eu e a metade dos oficiais comigo.
41 Os sacerdotes Eliaquim,
Maaseias, Miniamim, Micaías,
Elioenai, Zacarias e Hananias
iam com trombetas,
42 como também Maaseias, Semaías,
Eleazar, Uzi, Joanã, Malquias,
Elão e Ezer. Faziam-se ouvir os
coros sob a direção de Jezraías.
43 No mesmo dia, ofereceram
grandes sacrifícios, e se alegraram, pois Deus os alegrara com
grande alegria. Também as mulheres e os meninos se alegraram, de modo que a alegria de
Jerusalém se ouviu até de longe.
44 Ainda no mesmo dia foram nomeados homens sobre as câmaras dos tesouros para as ofertas
alçadas, as primícias e os dízimos,
para ajuntarem nelas, das cidades, as porções designadas pela
lei para os sacerdotes e para os
levitas, pois Judá estava alegre
com os sacerdotes e os levitas
que ministravam ali.
45 Eles executavam o serviço do
seu Deus e o da purificação, como
também os cantores e os porteiros, segundo o mandado de Davi
e de seu filho Salomão.
46 Pois desde a antiguidade, já
nos dias de Davi e de Asafe, havia dirigentes dos cantores, cânticos de louvor e de ação de graças a Deus.
47 Pelo que todo o Israel, nos
dias de Zorobabel e nos dias de
Neemias, dava aos cantores e
aos porteiros as porções de cada
dia. Separava também as porções
destinadas aos levitas, e os levitas separavam as porções destinadas aos filhos de Arão.

As últimas reformas de Neemias

13 Naquele dia, leu-se no livro
de Moisés, na presença do
povo, e achou-se escrito nele que
os amonitas e os moabitas não
entrassem jamais na congregação de Deus,
2 porque não deram pão e água
aos filhos de Israel, mas tinham
contratado contra eles a Balaão
para os amaldiçoar. Contudo, o
nosso Deus converteu a maldição em bênção.
3 Ouvindo eles esta lei, excluíram
de Israel todos os de descendência estrangeira.
4 Antes disso, Eliasibe, sacerdote,
fora encarregado dos depósitos do
templo do nosso Deus. Sendo parente próximo de Tobias,
5 fizera-lhe uma sala grande, onde
antes se depositavam as ofertas
de cereais, o incenso, os utensílios e os dízimos do grão, do vinho e do azeite, que se ordenaram
para os levitas, cantores e porteiros, como também as ofertas alçadas para os sacerdotes.

6 Enquanto, porém, tudo isto acon-
tecia eu não estava em Jerusalém,
pois no trigésimo segundo ano de
Artaxerxes, rei de Babilônia, vol-
tei ao rei. Ao final de alguns dias,
pedi licença ao rei
7 e voltei para Jerusalém. Aqui
soube do mal que Eliasibe come-
tera para beneficiar a Tobias, ce-
dendo-lhe uma sala nos átrios do
templo de Deus,
8 o que muito me desagradou. De
sorte que lancei fora da sala to-
dos os móveis da casa de Tobias.
9 Então ordenei que se purificas-
sem as câmaras e tornei a trazer
para ali os utensílios do templo
de Deus com as ofertas de cere-
ais e o incenso.
10 Também soube que as porções
dos levitas não lhes foram da-
das, de maneira que os levitas e
os cantores que faziam o serviço
tinham retornado cada um para
as suas terras.
11 Assim repreendi os magistra-
dos e lhes perguntei: Por que se
negligenciou o templo de Deus?
Então eu os ajuntei e os reinte-
grei nos seus postos.
12 Todo o Judá trouxe os dízi-
mos do grão, do vinho e do azei-
te aos celeiros.
13 Por tesoureiros dos depósitos pus
a Selemias, o sacerdote, a Zadoque,
o escrivão, e a Pedaías, entre os levi-
tas; como assistente deles a Hanã, fi-
lho de Zacur, filho de Metanias, pois
foram achados fiéis, e se lhes encar-
regou a responsabilidade de distri-
buírem as porções a seus irmãos.
14 Por isso, Deus meu, lembra-
-te de mim e não apagues as be-
neficências que fiz ao templo do
meu Deus e para o seu serviço.
15 Naqueles dias, vi em Judá ho-
mens trabalhando em tanques
de prensar uvas no sábado e tra-
zendo trigo que colocavam sobre
jumentos, como também vinho,
uvas e figos e toda sorte de car-
gas, que traziam a Jerusalém no
dia de sábado. Portanto os adver-
ti contra a venda de mantimen-
tos nesse dia.
16 Também habitavam em Jerusalém
alguns da cidade de Tiro que tra-
ziam peixe e toda sorte de merca-
dorias, que no sábado vendiam aos
filhos de Judá, e em Jerusalém.
17 Repreendi os nobres de Judá e
lhes disse: Que mal é este que fa-
zeis, profanando o dia de sábado?
18 Não fizeram assim vossos pais,
e não trouxe o nosso Deus todo
este mal sobre nós e sobre esta
cidade? E vós ainda acrescentais
mais ira sobre Israel, profanan-
do o sábado.
19 Caindo as sombras da tarde so-
bre as portas de Jerusalém antes
do sábado, ordenei que elas fos-
sem fechadas; mandei que não
as abrissem até passar o sábado.
Pus às portas alguns dos meus ho-
mens, para que nenhuma carga
entrasse no dia de sábado.
20 Uma ou duas vezes, os nego-
ciantes e os vendedores de mer-
cadorias passaram a noite fora
de Jerusalém.
21 Eu os repreendi e lhes disse:
Por que passais a noite em frente
do muro? Se outra vez o fizerdes,
lançarei mão sobre vós. Daquele
tempo em diante não vieram mais
no sábado.
22 Também ordenei aos levitas
que se purificassem e viessem
guardar as portas, para santifi-
car o dia de sábado. Nisso tam-
bém, Deus meu, lembra-te de
mim e perdoa-me segundo o teu
grande amor.

23 Vi também, naqueles dias, judeus
que tinham casado com mulheres
asdoditas, amonitas e moabitas.
24 Metade de seus filhos falava a
língua de Azdode ou a língua de
um dos outros povos e não podia
falar a língua de Judá.
25 Repreendi-os e os amaldiçoei;
e espanquei alguns deles, lhes arranquei
os cabelos e os fiz jurar
por Deus, dizendo: Não dareis
mais as vossas filhas aos filhos deles
e não tomareis mais as filhas
deles, nem para os vossos filhos
nem para vós mesmos.
26 Não foi por causa de casamentos
como estes que pecou Salomão,
rei de Israel? Entre as muitas nações
não houve rei semelhante a
ele. Ele foi amado de seu Deus, e
Deus o constituiu rei sobre todo
o Israel. Contudo as mulheres estrangeiras
o fizeram pecar.
27 Quereis que se diga de vós
que cometeis toda essa terrível
maldade, sendo infiéis ao nosso
Deus, casando com mulheres estrangeiras?
28 Um dos filhos de Joiada, filho
do sumo sacerdote Eliasibe, era
genro de Sambalate, o horonita,
pelo que o expulsei para longe
de mim.
29 Lembra-te deles, Deus meu,
pois contaminaram o sacerdócio,
como também a aliança sacerdotal
e levítica.
30 Assim os purifiquei de todos
os estrangeiros e designei os deveres
dos sacerdotes e dos levitas,
cada um na sua função.
31 Também restabeleci o fornecimento
da madeira e das primícias
em tempos determinados.
Lembra-te de mim, Deus meu,
para o meu bem.

ESTER

A rainha Vasti é deposta

1 Foi isto o que aconteceu nos
dias de Assuero, que reinou
desde a Índia até a Etiópia, sobre
cento e vinte e sete províncias.
2 Nesse tempo, assentando-se o
rei Assuero no trono do seu rei-
no, que está na fortaleza de Susã,
3 no terceiro ano de seu reinado,
deu um banquete a todos os seus
príncipes e oficiais. Estavam pe-
rante ele os chefes do exército da
Pérsia e Média, os nobres e os go-
vernadores das províncias.
4 Por cento e oitenta dias mos-
trou ele as grandes riquezas do
seu reino e o esplendor e glória
da sua majestade.
5 Acabados aqueles dias, deu o rei
um banquete a todo o povo que
se achava na fortaleza de Susã,
desde o maior até o menor, por
sete dias, no pátio do jardim do
palácio real.
6 As cortinas eram de pano bran-
co, verde e azul-celeste, atadas com
cordões de linho fino e de púrpu-
ra a argolas de prata e as colunas
de mármore. Os leitos eram de
ouro e de prata, sobre um pavi-
mento de pórfiro, de mármore, de
alabastro e de pedras preciosas.
7 Dava-se de beber em copos de
ouro, os quais eram diferentes
uns dos outros, e havia muito vi-
nho real, segundo a generosida-
de do rei.
8 Segundo a ordem do rei, a cada
convidado era permitido beber
conforme o seu costume, pois o
rei tinha ordenado a todos os ofi-
ciais da sua casa que fizessem se-
gundo a vontade de cada um.
9 Também a rainha Vasti deu um
banquete às mulheres no palácio
do rei Assuero.
10 Ao sétimo dia, o rei, estan-
do já alegre do vinho o seu cora-
ção, mandou que Meumã, Bizta,
Harbona, Bigtá, Abagtá, Zetar e
Carcas, os sete eunucos que ser-
viam na presença do rei Assuero,
11 introduzissem na presença
do rei a rainha Vasti, com a co-
roa real, para mostrar aos po-
vos e aos príncipes a formosura
dela, pois era extremamente for-
mosa à vista.
12 A rainha Vasti, porém, recu-
sou atender à ordem do rei dada
por intermédio dos eunucos. Pelo
que o rei muito se enfureceu e se
inflamou de ira.
13 Então perguntou o rei aos sá-
bios que entendiam dos tempos,
porque assim se tratavam os ne-
gócios do rei, na presença de to-
dos os que sabiam a lei e o direito,
14 e os mais chegados a ele eram:
Carsena, Setar, Admata, Társis,
Meres, Marsena e Memucã, os
sete príncipes dos persas e dos
medos, que viam o rosto do rei
e ocupavam os primeiros assen-
tos no reino.
15 O que se deve fazer, segundo a
lei, à rainha Vasti? Ela não cum-
priu a ordem do rei Assuero, dada
por intermédio dos eunucos.
16 Respondeu Memucã na pre-
sença do rei e dos príncipes: A
rainha Vasti pecou não somente
contra o rei, mas também contra
todos os príncipes e contra todos
os povos que há em todas as pro-
víncias do rei Assuero.

17 Pois a notícia do que a rainha
fez chegará a todas as mulheres,
de modo que desprezarão a seus
maridos, quando ouvirem dizer:
Mandou o rei Assuero que introduzissem à sua presença a rainha
Vasti, mas ela não veio.
18 Nesse mesmo dia, as princesas da Pérsia e da Média, sabendo o que fez a rainha, dirão
o mesmo a todos os príncipes do
rei. Assim haverá muito desprezo e indignação.
19 Se bem parecer ao rei, saia da
sua parte um edito real, e escreva-se nas leis dos persas e dos medos, e não se revogue, que Vasti
não entre jamais na presença do
rei Assuero. E também o rei dê o
reino dela a outra que seja melhor
do que ela.
20 Então quando o edito do rei for
proclamado por todo o seu vasto reino, todas as mulheres darão honra a seus maridos, desde
a maior até a menor.
21 Pareceu bem esse conselho
ao rei e aos príncipes, e o rei fez
conforme a palavra de Memucã.
22 Enviou cartas a todas as províncias do rei, a cada província segundo o seu modo de escrever, e a cada povo segundo
a sua língua, proclamando, na
linguagem de cada povo, que
todo homem fosse senhor em
sua própria casa.

Ester torna-se rainha

2 Passadas essas coisas, e apaziguado o furor do rei Assuero,
lembrou-se ele de Vasti, e do que
fizera, e do que se tinha decretado a seu respeito.
2 Então disseram os jovens do rei,
que lhe serviam: Busquem-se para
o rei moças virgens e formosas.
3 Ponha o rei comissários em todas as províncias do seu reino,
que reúnam na fortaleza de Susã
todas as moças virgens e formosas, na casa das mulheres, sob o
cuidado de Hegai, eunuco do rei,
guarda das mulheres, e recebam
elas tratamentos de beleza.
4 A moça que agradar ao rei, reine em lugar de Vasti. Isso pareceu
bem ao rei, e assim se fez.
5 Ora, havia na fortaleza de Susã
certo judeu, benjamita, cujo nome
era Mordecai, filho de Jair, filho
de Simei, filho de Quis,
6 que fora transportado de
Jerusalém, com os cativos que
foram deportados com Jeconias,
rei de Judá, o qual Nabucodonosor,
rei de Babilônia, transportara.
7 Mordecai tinha uma prima chamada Hadassa, a quem criara porque ela não tinha nem pai nem
mãe. Essa moça, que também
era conhecida por Ester, era esbelta e formosa; morrendo seu
pai e sua mãe, Mordecai a tomara por sua filha.
8 Tendo-se divulgado a ordem
do rei e o seu edito, e ajuntando-se muitas moças na fortaleza de
Susã, sob os cuidados de Hegai,
também levaram Ester à casa
do rei, sob os cuidados de Hegai,
guarda das mulheres.
9 A moça agradou-lhe e alcançou favor perante ele. Pelo que se
apressou em dar-lhe o tratamento de beleza e os alimentos especiais, como também sete jovens
escolhidas do palácio e a fez passar com as suas jovens para o melhor lugar da casa das mulheres.
10 Ester, porém, não tinha declarado o seu povo nem a sua parentela, pois Mordecai lhe havia
ordenado que não o declarasse.

11 Passeava Mordecai cada dia
diante do pátio da casa das mu-
lheres, a fim de se informar de
como Ester passava e do que lhe
aconteceria.
12 Antes que chegasse a vez de
cada moça vir ao rei Assuero, ti-
nha ela de completar doze meses
de tratamentos de beleza, segun-
do as prescrições para as mulhe-
res, seis meses com óleo de mir-
ra e seis meses com especiarias
e com perfumes.
13 Dessa maneira vinha a jovem
ao rei: tudo o que ela desejasse le-
var consigo da casa das mulheres
para o palácio do rei lhe era dado.
14 À tarde, entrava e, pela manhã,
voltava para a segunda casa das
mulheres, sob os cuidados de
Saasgaz, eunuco do rei, guarda
das concubinas. Não tornava mais
ao rei, salvo se o rei a desejasse,
e ela fosse chamada pelo nome.
15 Chegando a vez de Ester, filha
de Abiail, tio de Mordecai, que a
tomara por sua filha, para ir ao
rei, coisa nenhuma pediu, senão
o que disse Hegai, eunuco do rei,
guarda das mulheres. E Ester al-
cançava favor aos olhos de todos
os que a viam.
16 Ester foi levada ao rei Assuero,
à casa real, no décimo mês, que
é o mês de tebete, no sétimo ano
do seu reinado.
17 Ora, o rei amou a Ester mais
do que a todas as mulheres, e ela
alcançou perante ele favor e apro-
vação mais do que as outras vir-
gens. De modo que lhe pôs sobre
a cabeça a coroa real e a fez rai-
nha em lugar de Vasti.
18 Então deu o rei um grande ban-
quete, em honra de Ester, a todos
os seus príncipes e aos seus ser-
vos. Proclamou feriado por todas
as províncias e distribuiu presen-
tes segundo a generosidade real.
19 Reunindo-se as virgens pela
segunda vez, Mordecai estava as-
sentado à porta do rei.
20 Ester, porém, não tinha de-
clarado a sua parentela e o seu
povo, como Mordecai lhe orde-
nara, pois obedecia às ordens de
Mordecai como quando a criava.
21 Durante os dias que Mordecai
estava assentado à porta do rei,
dois oficiais do rei, que guarda-
vam a porta, Bigtã e Teres, se in-
dignaram e conspiraram para as-
sassinar o rei Assuero.
22 Veio isso, porém, ao conheci-
mento de Mordecai, que o reve-
lou à rainha Ester, e Ester o dis-
se ao rei, em nome de Mordecai.
23 Quando se investigou o caso e
se achou ser verdade, os dois ofi-
ciais foram enforcados. Tudo isso
foi escrito no livro das crônicas
perante o rei.

A trama de Hamã para destruir os judeus

3 Depois dessas coisas, o rei
Assuero engrandeceu a Hamã,
filho de Hamedata, o agagita, e o
exaltou, dando-lhe um assento de
honra acima de todos os prínci-
pes que estavam com ele.
2 Todos os oficiais do rei que esta-
vam à porta do rei se inclinavam
e se prostravam perante Hamã,
pois assim tinha ordenado o rei
a respeito dele. Mordecai, porém,
não se inclinava nem se prostrava.
3 Então os oficiais do rei que esta-
vam à porta do rei perguntaram
a Mordecai: Por que desobedeces
ao mandado do rei?
4 Dia após dia, diziam-lhe isso,
mas ele não lhes dava ouvidos.
De sorte que o fizeram saber a

Hamã, para ver se o procedimen-
to de Mordecai seria tolerado,
pois ele lhes tinha declarado que
era judeu.
5 Vendo Hamã que Mordecai não
se inclinava nem se prostrava
diante dele, encheu-se de furor.
6 Tendo, porém, descoberto o povo
de Mordecai, Hamã achou pouco
tirar somente a vida de Mordecai.
Por isso procurou um modo de
destruir a todos os judeus, o povo
de Mordecai, que havia em todo
o reino de Assuero.
7 No primeiro mês, que é o mês de
nisã, no décimo segundo ano do
rei Assuero, lançou-se o pur, isto
é, a sorte, perante Hamã, para es-
colher um dia e um mês. E a sor-
te caiu no décimo segundo mês,
que é o mês de adar.
8 Então disse Hamã ao rei Assuero:
Existe espalhado e disperso en-
tre os povos em todas as provín-
cias do teu reino um povo cujas
leis são diferentes das leis de to-
dos os povos e que não cumpre
as leis do rei; não convém ao rei
tolerá-lo.
9 Se agradar ao rei, decrete-se que
sejam mortos, e eu porei nos te-
souros do rei dez mil talentos de
prata para os homens que execu-
tarem esse negócio.
10 Assim tirou o rei o anel da mão
e o deu a Hamã, filho de Hamedata,
o agagita, adversário dos judeus,
11 e lhe disse: Essa prata te é dada,
como também esse povo, para fa-
zeres dele o que bem te parecer.
12 No décimo terceiro dia do pri-
meiro mês, foram chamados os se-
cretários do rei. Conforme tudo o
que Hamã ordenou, escreveu-se
aos sátrapas do rei e aos gover-
nadores que havia sobre todas
as províncias, aos príncipes de
todos os povos, a cada província
segundo o seu modo de escrever e
a cada povo segundo a sua língua.
Em nome do rei Assuero se escre-
veu, e com o anel do rei se selou.
13 Enviaram-se as cartas por in-
termédio dos correios a todas as
províncias do rei, para que des-
truíssem, matassem e aniquilas-
sem todos os judeus, moços e ve-
lhos, crianças e mulheres, em um
mesmo dia, no dia treze do déci-
mo segundo mês, que é o mês de
adar, e para que lhes saqueas-
sem os bens.
14 Uma cópia do documento ha-
via de ser publicada como lei em
cada província e enviada a todos
os povos, para que estivessem pre-
parados para aquele dia.
15 Os correios, impelidos pela or-
dem do rei, saíram, e a lei se pro-
clamou na fortaleza de Susã. O
rei e Hamã se assentaram a be-
ber, mas a cidade de Susã estava
perplexa.

Mordecai consegue a ajuda de Ester

4 Quando soube de tudo o que
se havia passado, Mordecai
rasgou as suas vestes, cobriu-se
de pano de saco e de cinza e saiu
pela cidade, clamando com gran-
de e amargo clamor.
2 E chegou só até diante da por-
ta do rei, pois ninguém vestido
de saco podia entrar pelas por-
tas do rei.
3 Em todas as províncias aonde
a palavra do rei e o seu decreto
chegavam, havia entre os judeus
grande luto, com jejum, choro e
lamentação. Muitos estavam dei-
tados em saco e em cinza.
4 Então vieram as jovens de Ester
e os seus eunucos e fizeram-na

saber, motivo pelo qual a rainha
muito se angustiou. Ela mandou
roupas para vestir Mordecai e ti-
rar-lhe o pano de saco, mas ele
não as aceitou.
5 Então Ester mandou chamar a
Hatá, um dos eunucos do rei, de-
signado para a servir, e lhe orde-
nou que fosse ter com Mordecai,
para saber o que era aquilo e qual
o seu motivo.
6 Saindo Hatá a ter com Mordecai,
à praça da cidade que estava dian-
te da porta do rei,
7 Mordecai lhe fez saber tudo o
que lhe tinha sucedido, inclusive
a oferta da prata, que Hamã dis-
sera que daria para os tesouros
do rei, pela destruição dos judeus.
8 Também lhe deu uma cópia do
decreto escrito que se publicara
em Susã para os destruir, para
que a mostrasse a Ester e a fizesse
saber, a fim de que fosse ter com
o rei e lhe pedisse misericórdia
e lhe suplicasse pelo povo dela.
9 Veio Hatá e fez saber a Ester as
palavras de Mordecai.
10 Então Ester instruiu Hatá a
dizer a Mordecai:
11 Todos os servos do rei e o povo
das províncias do rei sabem que para
todo homem ou mulher que entrar
ao rei, no pátio interior, sem ser cha-
mado, não há senão uma sentença,
a de morte, salvo se o rei estender
para ele o cetro de ouro, para que
viva. Mas eu nestes trinta dias não
fui chamada para ir ao rei.
12 Quando as palavras de Ester
foram relatadas a Mordecai,
13 mandou ele de volta esta res-
posta: Não imagines que, por es-
tares no palácio, tu somente esca-
parás entre todos os judeus.
14 Pois se de todo te calares ago-
ra, socorro e livramento de outra
parte virá para os judeus, mas
tu e a casa de teu pai perecereis.
E quem sabe se não foi para tal
tempo como este que chegaste
ao reino?
15 Então mandou Ester que tor-
nassem a dizer a Mordecai:
16 Vai e reúne todos os judeus que
se acharem em Susã, e jejuai por
mim. Não comais nem bebais du-
rante três dias, nem de dia nem
de noite; e eu e as minhas mo-
ças também assim jejuaremos.
Depois irei ter com o rei, ainda
que seja contra a lei. E, se eu pe-
recer, pereci.
17 Assim Mordecai se foi e fez
conforme tudo o que Ester lhe
tinha ordenado.

O pedido que Ester faz ao rei

5 No terceiro dia, vestiu-se Ester
com seus trajes reais e se pôs
no pátio interior da casa do rei, em
frente da sala do rei. O rei estava
assentado no seu trono real, na
sala real, de frente para a entrada.
2 Quando o rei viu a rainha Ester,
que estava em pé no pátio, agra-
dou-se dela e estendeu o cetro de
ouro que tinha na mão. Assim,
Ester chegou-se e tocou a pon-
ta do cetro.
3 Então o rei lhe perguntou: Que é
o que tens, rainha Ester, ou qual
é a tua petição? Até metade do rei-
no se te dará.
4 Respondeu Ester: Se bem pa-
recer ao rei, venha o rei e Hamã
hoje ao banquete que lhe preparei.
5 Disse o rei: Fazei apressar a
Hamã, para que cumpramos
a vontade de Ester. Vindo o rei
e Hamã ao banquete que Ester
havia preparado,
6 perguntou o rei a Ester, no ban-
quete do vinho: Qual é a tua petição?

Ela te será concedida. E qual é o
teu rogo? Ele te será dado, ainda
que seja metade do reino.
7 Respondeu Ester: Minha petição e desejo é:
8 Se achei favor perante o rei e se parecer bem ao rei conceder-me a minha petição e cumprir o meu desejo, venha o rei com Hamã amanhã ao banquete que lhes hei de preparar; então responderei à pergunta do rei.
9 Saiu Hamã naquele dia alegre e de bom ânimo. Mas vendo a Mordecai à porta do rei, e que não se levantava nem mostrava temor diante dele, Hamã encheu-se de furor contra Mordecai.
10 Hamã, porém, se conteve e foi para casa. Mandando chamar os seus amigos e Zeres, sua mulher,
11 gabava-se Hamã da glória das suas riquezas, da multidão de seus filhos, de tudo em que o rei o tinha engrandecido e de como o tinha exaltado sobre os príncipes e servos do rei.
12 Disse mais Hamã: A própria rainha Ester a ninguém fez vir com o rei ao banquete que preparou, senão a mim. E também para amanhã estou convidado por ela juntamente com o rei.
13 Tudo isso, porém, não me satisfaz, enquanto vir o judeu Mordecai assentado à porta do rei.
14 Disseram-lhe Zeres, sua mulher, e todos os seus amigos: Faça-se uma força de cinquenta côvados de altura, e, pela manhã, peça ao rei que nela enforquem Mordecai. Então vai alegre com o rei ao banquete. Essa sugestão agradou a Hamã, que mandou construir a forca.

Mordecai é honrado

6 Naquela noite, o rei não pôde dormir; de sorte que mandou trazer o livro das crônicas, os registros do seu reino, as quais se leram diante dele.
2 Achou-se escrito que Mordecai tinha denunciado a Bigtã e a Teres, os dois oficiais do rei, guardas da porta, que tinham conspirado para assassinar o rei Assuero.
3 Perguntou o rei: Que honra e reconhecimento se deu por isso a Mordecai? Os moços do rei, seus servos, responderam: Coisa nenhuma se lhe fez.
4 Disse o rei: Quem está no pátio? Ora, Hamã tinha acabado de entrar no pátio exterior do palácio do rei, para dizer ao rei que se enforcasse a Mordecai na forca que lhe tinha preparado.
5 Os servos do rei lhe responderam: Hamã está no pátio. O rei ordenou que entrasse.
6 Quando Hamã entrou, perguntou-lhe o rei: O que se fará ao homem a quem o rei se agrada honrar? Ora, Hamã disse consigo mesmo: A quem se agradaria o rei honrar mais do que a mim?
7 Pelo que respondeu Hamã ao rei: Ao homem a quem o rei se agrada honrar,
8 sejam trazidos trajes reais que o rei tenha usado e um cavalo em que o rei costuma andar, e que se coloque sobre a sua cabeça a coroa real.
9 Então entreguem-se os trajes reais e o cavalo às mãos de um dos mais nobres príncipes do rei, e vistam deles aquele a quem o rei deseja honrar. Levem-no a cavalo pelas ruas da cidade e proclamem diante dele: Assim se faz ao homem a quem o rei se agrada honrar!

10 Ordenou o rei a Hamã: Apressa-
-te, toma os trajes e o cavalo, como
disseste, e faze assim para com o
judeu Mordecai, que está assen-
tado à porta do rei. Coisa nenhu-
ma omitas de tudo o que disseste.
11 Hamã apanhou o cavalo, ves-
tiu Mordecai com trajes reais e
o levou a cavalo pelas ruas da
cidade, apregoando diante dele:
Assim se faz ao homem a quem
o rei se agrada honrar!
12 Depois disso, Mordecai voltou
para a porta do rei. Mas Hamã se
retirou correndo para casa, com
a cabeça coberta de pesar,
13 e contou a Zeres, sua mulher,
e a todos os seus amigos, tudo o
que lhe tinha acontecido. Os seus
sábios e Zeres, sua mulher, lhe
disseram: Se Mordecai, diante de
quem já começaste a cair, é da se-
mente dos judeus, não prevalece-
rás contra ele, antes certamente
cairás perante ele.
14 Estando eles ainda falando,
chegaram os eunucos do rei e se
apressaram a levar Hamã ao ban-
quete que Ester preparara.

Hamã é enforcado

7 De sorte que o rei, com Hamã,
foram-se banquetear com a
rainha Ester.
2 Enquanto bebiam vinho, no se-
gundo dia, perguntou o rei: Qual
é a tua petição, rainha Ester? E
te será dada. E qual é o teu rogo?
Até metade do reino te será con-
cedido.
3 Então respondeu a rainha Ester:
Ó rei, se achei favor aos teus olhos,
e se bem parecer ao rei, que a mi-
nha vida e a vida do meu povo se-
jam poupadas; eis a minha petição.
4 Pois fomos vendidos, eu e o
meu povo, para nos destruírem,
matarem e aniquilarem. Se ainda
por servos e por servas nos ven-
dessem, eu teria me calado, por-
que o adversário não é digno de
incomodar o rei.
5 Perguntou o rei Assuero à rai-
nha Ester: Quem é e onde está
esse, cujo coração o instigou a
fazer assim?
6 Respondeu Ester: O adversário
e inimigo é este perverso Hamã.
Então Hamã ficou aterrorizado
perante o rei e a rainha.
7 O rei, no seu furor, levantou-se
do banquete do vinho e saiu para
o jardim do palácio. Mas Hamã,
percebendo que o rei já havia de-
terminado o mal contra ele, ficou
a fim de rogar à rainha Ester por
sua vida.
8 Assim que o rei voltou do jar-
dim do palácio à sala do ban-
quete, Hamã estava caído sobre
o divã em que se achava Ester.
Então exclamou o rei: Quereria
ele também violentar a rainha
na minha presença nesta casa?
Assim que essa palavra saiu da
boca do rei, cobriram o rosto de
Hamã.
9 Então Harbona, um dos eunu-
cos que serviam diante do rei,
disse: A forca de cinquenta côva-
dos de altura que Hamã fez para
Mordecai, que falou em defesa do
rei, está junto à casa de Hamã.
Disse o rei: Enforcai-o nela.
10 Assim, enforcaram a Hamã
na forca que ele tinha preparado
para Mordecai. Então o furor do
rei se aplacou.

O edito do rei em favor de judeus

8 Naquele mesmo dia, o rei
Assuero deu à rainha Ester
a casa de Hamã, inimigo dos ju-
deus. E Mordecai veio perante o

rei, pois Ester tinha declarado
que era seu parente.
2 O rei tirou o anel, que tinha to-
mado a Hamã, e o deu a Mordecai.
E Ester nomeou a Mordecai como
administrador da casa de Hamã.
3 Suplicou mais Ester perante o
rei, caindo-lhe aos pés e choran-
do. Implorou-lhe que revogasse
a maldade de Hamã, o agagita, e
o plano que este tinha intentado
contra os judeus.
4 Estendeu o rei para Ester o ce-
tro de ouro. Ester levantou-se;
pôs-se em pé perante o rei
5 e disse: Se bem parecer ao rei,
e se achei favor perante ele, e se
este negócio é reto diante do rei,
e se lhe agrado, escreva-se que se
revoguem os decretos concebidos
por Hamã, filho de Hamedata, o
agagita, os quais ele escreveu
para aniquilar os judeus em to-
das as províncias do rei.
6 Pois como poderei ver o mal que
sobrevirá ao meu povo? E como
poderei ver a destruição da mi-
nha parentela?
7 Respondeu o rei Assuero à rai-
nha Ester e ao judeu Mordecai:
Dei a Ester a casa de Hamã, e a
ele enforcaram, porque intenta-
ra atacar os judeus.
8 Escrevei, agora, aos judeus,
como bem vos parecer, e em nome
do rei, e selai-o com o anel do rei;
pois um documento escrito em
nome do rei e selado com o seu
anel não se pode revogar.
9 Foram chamados os secretá-
rios do rei, sem detença, no ter-
ceiro mês, que é o mês de sivã,
no vigésimo terceiro dia do mês.
Escreveu-se conforme tudo o que
ordenou Mordecai aos judeus,
como também aos sátrapas, aos
governadores, aos príncipes das
províncias, que se estendem da
Índia até a Etiópia, cento e vin-
te e sete províncias. A cada pro-
víncia segundo a sua escritura,
e a cada povo segundo a sua lín-
gua, como também aos judeus se-
gundo a sua escritura e segundo
a sua língua.
10 Escreveu-se em nome do rei
Assuero e se selou com o anel do
rei; as cartas foram enviadas por
intermédio de correios montados
em ginetes criados especialmen-
te para o rei.
11 Nelas o rei concedia aos ju-
deus que havia em cada cidade
que se reunissem e se dispuses-
sem para defender as suas vi-
das, para destruir, matar e ani-
quilar todas as forças do povo e
província que os quisessem as-
saltar, com as suas crianças e
suas mulheres, e que saqueas-
sem os seus bens,
12 num mesmo dia, em todas as
províncias do rei Assuero, no dia
treze do décimo segundo mês, que
é o mês de adar.
13 Uma cópia da carta, que se-
ria divulgada como decreto em
todas as províncias, foi enviada
a todos os povos, a fim de que os
judeus estivessem preparados
para aquele dia, para se vinga-
rem dos seus inimigos.
14 Os correios, montados em ca-
valos que se usavam no serviço
do rei, saíram apressadamente,
impelidos pela palavra do rei.
E o edito foi publicado na forta-
leza de Susã.
15 Saiu Mordecai da presença do
rei com um traje real azul-celeste
e branco, uma grande coroa de
ouro, e um manto de linho fino e
de púrpura. E a cidade de Susã
exultou e se alegrou.

16 Para os judeus foi uma época de felicidade e alegria, júbilo e honra.
17 Em todas as províncias e em todas as cidades a que chegavam a palavra do rei e o seu edito, havia entre os judeus júbilo e alegria, banquetes e festas. E muitos, entre os povos da terra, se fizeram judeus, porque o temor dos judeus tinha caído sobre eles.

O triunfo dos judeus

9 No décimo segundo mês, que é o mês de adar, no dia treze do mês em que a palavra do rei e o seu edito deveriam ser executados, no dia em que os inimigos dos judeus esperavam assenhorear-se deles, aconteceu o contrário, pois foram os judeus os que se assenhorearam dos que os odiavam.
2 Os judeus nas suas cidades, em todas as províncias do rei Assuero, ajuntaram-se para atacar aqueles que procuravam o seu mal. Ninguém podia resistir-lhes, porque o seu terror tinha caído sobre todos aqueles povos.
3 Todos os príncipes das províncias, os sátrapas, os governadores e os que faziam os negócios do rei auxiliavam os judeus, porque tinha caído sobre eles o temor de Mordecai.
4 Mordecai era grande na casa do rei; a sua fama se espalhava por todas as províncias, e o homem Mordecai ia-se tornando cada vez mais poderoso.
5 Os judeus feriram todos os seus inimigos a golpes de espada com matança e destruição; fizeram dos que os odiavam o que bem quiseram.
6 Na fortaleza de Susã, os judeus mataram e destruíram quinhentos homens.
7 Mataram também Parsandata, Dalfom, Aspata,
8 Porata, Adalia, Aridata,
9 Farmasta, Arisai, Aridai e Vaizata,
10 os dez filhos de Hamã, filho de Hamedata, inimigo dos judeus. Mas ao despojo não estenderam a mão.
11 No mesmo dia, veio ao conhecimento do rei o número dos mortos na fortaleza de Susã.
12 Disse o rei à rainha Ester: Na fortaleza de Susã os judeus mataram e destruíram quinhentos homens e os dez filhos de Hamã. Nas demais províncias do rei, que terão feito? Ora, qual é a tua petição? E te será feito. Ou qual é ainda o teu rogo? E será atendido.
13 Respondeu Ester: Se agradar ao rei, conceda-se também amanhã aos judeus que se acham em Susã que façam conforme o mandado de hoje e dependurem numa forca os dez filhos de Hamã.
14 O rei ordenou que assim se fizesse. Publicou-se um edito em Susã, e enforcaram os dez filhos de Hamã.
15 Reuniram-se os judeus que se achavam em Susã também no dia catorze do mês de adar e mataram em Susã trezentos homens, mas ao despojo não estenderam a mão.
16 Também os demais judeus que se achavam nas províncias do rei se reuniram para defender a vida e tiveram repouso dos seus inimigos. Mataram dos que os odiavam setenta e cinco mil, mas ao despojo não estenderam a mão.
17 Aconteceu isso no dia treze do mês de adar, e no dia catorze repousaram e o fizeram dia de banquetes e de alegria.

A festa de Purim

18 Os judeus, porém, que se acha-
vam em Susã ajuntaram-se nos
dias treze e catorze e então re-
pousaram no dia quinze e o fize-
ram dia de banquetes e de alegria.
19 Também os judeus das aldeias,
que habitavam nas vilas, fizeram
do dia catorze do mês de adar dia
de alegria e de banquetes, dia de
festa e de envio de presentes uns
aos outros.
20 Mordecai escreveu essas coi-
sas e enviou cartas a todos os ju-
deus que se achavam em todas as
províncias do rei Assuero, aos de
perto e aos de longe,
21 ordenando-lhes que guardas-
sem os dias catorze e quinze do
mês de adar todos os anos,
22 como os dias em que os judeus
tiveram repouso dos seus inimi-
gos e o mês que se lhes mudou de
tristeza em alegria, e de luto em
dia de festa. Escreveu-lhes que
os fizessem dias de banquetes
e de alegria, e de enviarem pre-
sentes uns aos outros e dádivas
aos pobres.
23 Assim os judeus concordaram
em continuar a celebração que
já haviam começado, fazendo o
que Mordecai lhes tinha escrito.
24 Pois Hamã, filho de Hamedata,
o agagita, inimigo de todos os ju-
deus, tinha intentado destruir
os judeus e lançado pur, isto é, a
sorte, para os assolar e destruir.
25 Vindo, porém, isso perante o
rei, ordenou ele por cartas que o
mau intento que Hamã planejara
contra os judeus recaísse sobre
a sua própria cabeça e que ele e
os seus filhos fossem enforcados.
26 Por isso àqueles dias chamam
Purim, do nome pur. Por causa de
todas as palavras daquela carta,
do que tinham visto e do que lhes
havia acontecido,
27 os judeus tomaram sobre si,
sobre a sua descendência e so-
bre todos os que se achegassem
a eles estabelecer o costume de
que não deixariam de comemo-
rar estes dois dias todos os anos,
conforme o que se prescreve-
ra, segundo o seu tempo deter-
minado.
28 Estes dias seriam lembrados
e comemorados geração após ge-
ração, por todas as famílias, em
todas as províncias e em todas
as cidades, e os judeus jamais
deixariam de celebrar estes dias
de Purim, e a memória deles ja-
mais morreria entre a sua des-
cendência.
29 Assim a rainha Ester, filha de
Abiail, e o judeu Mordecai escre-
veram cartas com toda a autori-
dade para confirmar esta segun-
da carta a respeito de Purim.
30 E Mordecai expediu cartas a
todos os judeus nas cento e vin-
te e sete províncias do reino de
Assuero, com palavras de paz e
fidelidade,
31 para confirmar estes dias de
Purim nos seus tempos determi-
nados, como Mordecai, o judeu, e
a rainha Ester lhes tinham esta-
belecido, e como eles mesmos já o
tinham estabelecido para si e para
a sua descendência, com respei-
to ao jejum e à sua lamentação.
32 O mandado de Ester confirmou
o que dizia respeito ao Purim, e
se escreveu num livro.

A grandeza de Mordecai

10 O rei Assuero impôs tributo
aos moradores do seu rei-
no, tanto aos do continente como
aos das ilhas do mar.

2 Quanto ao restante dos atos do seu poder e do seu valor e à declaração da grandeza de Mordecai, a quem o rei engrandeceu, não estão escritos no livro das crônicas dos reis da Média e da Pérsia?
3 O judeu Mordecai foi o segundo depois do rei Assuero, grande entre os judeus e estimado pela multidão de seus irmãos, porque trabalhou pelo bem-estar do seu povo e procurou a prosperidade de todos os judeus.

JÓ

Prólogo

1 Havia um homem na terra de
Uz, cujo nome era Jó. Este ho-
mem era íntegro e reto; temia a
Deus e se desviava do mal.
2 Nasceram-lhe sete filhos e três
filhas.
3 Possuía ele sete mil ovelhas, três
mil camelos, quinhentas juntas
de bois e quinhentas jumentas, e
tinha também grande número de
servos. Este homem era maior do
que todos os do Oriente.
4 Iam seus filhos à casa uns dos
outros e faziam banquetes, cada
um por sua vez, e mandavam con-
vidar as suas três irmãs para co-
merem e beberem com eles.
5 Terminados os dias de seus ban-
quetes, Jó os chamava e os san-
tificava. Levantando-se de ma-
drugada, oferecia holocaustos
segundo o número de todos eles,
pensando: Talvez os meus filhos
tenham pecado e blasfemado con-
tra Deus no seu coração. Assim
fazia Jó continuamente.

A primeira prova de Jó

6 Certo dia, os filhos de Deus vieram
apresentar-se perante o Senhor, e
veio também Satanás entre eles.
7 Disse o Senhor a Satanás: De
onde vens? Respondeu Satanás
ao Senhor: De rodear a terra e
passear por ela.
8 Então disse o Senhor a Satanás:
Observaste a meu servo Jó? Não
há ninguém na terra semelhante
a ele, homem íntegro e reto, que
teme a Deus e se desvia do mal.
9 Respondeu Satanás ao Senhor:
Teme Jó a Deus sem motivo?
10 Acaso não o tens protegido de
todos os lados a ele, a sua casa e a
tudo o que tem? A obra das suas
mãos abençoaste, e os seus bens
se multiplicam na terra.
11 Estende, porém, a tua mão
e toca-lhe em tudo o que tem, e
ele certamente blasfemará de ti
na tua face!
12 Disse o Senhor a Satanás: Muito
bem, tudo o que ele tem está no
teu poder, mas somente contra ele
não estendas a mão. Então Satanás
saiu da presença do Senhor.
13 Certo dia, quando os filhos e as
filhas de Jó comiam e bebiam vi-
nho na casa do irmão mais velho,
14 veio um mensageiro a Jó e lhe
disse: Os bois lavravam e as ju-
mentas pastavam perto deles;
15 então deram sobre eles os sa-
beus e os tomaram. Aos servos
mataram a fio de espada; só eu
escapei para te trazer a notícia.
16 Estando este ainda falando,
veio outro e disse: Fogo de Deus
caiu do céu e queimou as ovelhas
e os servos, e os consumiu; só eu
escapei para te trazer a notícia.
17 Estando ainda este falando,
veio outro e disse: Dividindo-se
os caldeus em três bandos, de-
ram sobre os camelos e os toma-
ram; aos servos mataram a fio de
espada; só eu escapei para te tra-
zer a notícia.
18 Estando ainda este falando
veio outro e disse: Teus filhos e
tuas filhas estavam comendo e
bebendo vinho em casa do irmão
mais velho,
19 quando, de repente, sobre-
veio um grande vento da banda

do deserto, deu nos quatro can-
tos da casa, que caiu sobre eles,
e morreram; só eu escapei para
te trazer a notícia.
20 Então Jó se levantou, rasgou o
seu manto, rapou a cabeça e, lan-
çando-se em terra, adorou
21 e disse:

Nu saí do ventre de
minha mãe
e nu tornarei para lá.
O Senhor o deu
e o Senhor o tomou;
bendito seja o nome
do Senhor.

22 Em tudo isso Jó não pecou nem
atribuiu a Deus falta alguma.

A segunda prova de Jó

2 Em outro dia vieram os filhos
de Deus apresentar-se perante
o Senhor, e veio também Satanás
entre eles.
2 E disse o Senhor a Satanás: De
onde vens? Respondeu Satanás
ao Senhor: De rodear a terra e
passear por ela.
3 Então o Senhor disse a Satanás:
Observaste o meu servo Jó? Não
há ninguém na terra semelhan-
te a ele, homem íntegro e reto,
que teme a Deus e se desvia do
mal. Ele ainda conserva a sua in-
tegridade, embora me instigas-
ses contra ele, para o consumir
sem motivo.
4 Respondeu Satanás ao Senhor:
Pele por pele! Tudo o que o ho-
mem tem ele dará por sua vida.
5 Estende a tua mão e toca-lhe nos
ossos e na carne, e ele certamen-
te blasfemará de ti na tua face!
6 Disse o Senhor a Satanás: Pois
bem. *Ele* está em teu poder; mas
poupa-lhe a vida.
7 Então saiu Satanás da presen-
ça do Senhor e feriu Jó de chagas
malignas, desde a planta do pé até
o alto da cabeça.
8 Então Jó, tomando um caco de
telha para com ele se rapar, as-
sentou-se no meio da cinza.
9 Sua mulher lhe disse: Ainda con-
servas a tua integridade? Amaldiçoa
a Deus e morre.
10 Respondeu-lhe ele: Como fala
qualquer doida, assim falas tu.
Receberemos o bem de Deus e não
receberemos o mal? Em tudo isso
não pecou Jó com os seus lábios.
11 **O**uvindo três amigos de Jó
todo esse mal que lhe sobrevie-
ra, vieram, cada um do seu lu-
gar: Elifaz, o temanita, Bildade,
o suíta, e Zofar, o naamatita,
combinaram de, juntos, irem
demonstrar solidariedade a Jó
e consolá-lo.
12 Quando o avistaram de longe,
não o reconheceram; erguendo a
voz, choraram, rasgaram o seu
manto e lançaram pó ao ar so-
bre a cabeça.
13 Então se assentaram com ele
na terra, sete dias e sete noites.
Nenhum lhe disse palavra algu-
ma, pois viram que a dor era mui-
to grande.

Jó se pronuncia

3 Depois disso abriu Jó a boca
e amaldiçoou o seu dia.
2 Disse ele:
3 Pereça o dia em que nasci
e a noite em que se disse:
Nasceu um homem!
4 Converta-se aquele dia em trevas;
que Deus, lá de cima,
não tenha consideração por
ele,
nem resplandeça sobre ele a
luz.
5 Chamem-no as trevas
e a sombra da morte;

habitem sobre ele nuvens;
as trevas dominem a sua luz!
6 Aquela noite — que a
escuridão dela se apodere;
não se inclua ela entre
os dias do ano
nem entre no número
dos meses.
7 Seja estéril aquela noite,
e não se ouça nela gritos
de alegria.
8 Amaldiçoem-na aqueles
que amaldiçoam os dias,
que estão prontos para
provocar o leviatã.
9 Escureçam-lhe as estrelas
da alva;
que ela espere a luz, e ela não
venha;
que não veja as pálpebras
dos olhos da alva,
10 pois não fechou as portas
do ventre de minha mãe
sobre mim
nem escondeu dos meus
olhos a aflição.
11 Por que não morri ao
nascer?
Por que não expirei ao sair
do ventre?
12 Por que houve joelhos que
me recebessem
e peitos que me
amamentassem?
13 Pois agora eu estaria deitado
em paz;
estaria dormindo
e em repouso
14 com os reis e conselheiros
da terra
que para si edificavam
lugares
que agora estão em ruínas,
15 com os príncipes que
tinham ouro,
que enchiam de prata
as suas casas.
16 Ou por que não fui sepultado
no chão como o aborto,
como a criança que nunca
viu a luz?
17 Ali os ímpios cessam de
perturbar,
e, ali, repousam os
cansados.
18 Ali os presos juntamente
repousam
e não ouvem a voz do
opressor.
19 Ali estão o pequeno e o
grande,
e o servo está livre de
seu senhor.
20 Por que se concede luz
ao aflito
e vida aos amargurados
de alma,
21 aos que anelam pela morte,
mas ela não vem,
cavam em busca dela
mais do que de tesouros
ocultos,
22 que se enchem de alegria
e se regozijam quando
acham a sepultura?
23 Por que se concede vida
ao homem
cujo caminho está oculto,
a quem Deus cercou de
todos os lados?
24 Pois me vem o suspiro em
vez de alimento;
os meus gemidos se
transbordam como água.
25 O que eu temia
me sobreveio;
o que receava me aconteceu.
26 Não tenho paz nem sossego;
não tenho descanso,
mas somente perturbação.

Elifaz

4 Então Elifaz, o temanita, respondeu:

2 Se intentar alguém falar-te,
ficarás impaciente?
Mas quem poderá conter
as palavras?
3 Pense em como tens ensinado
a muitos
e fortalecido as mãos
fracas.
4 As tuas palavras têm
sustentado
aos que tropeçavam,
e os joelhos vacilantes tens
fortificado.
5 Agora, porém, que a aflição
vem a ti,
tu te desanimas;
sendo tu tocado, te
perturbas.
6 Não é o teu temor de Deus a
tua confiança,
e a tua esperança a
integridade dos teus
caminhos?
7 Lembra-te: Quem, sendo
inocente,
alguma vez pereceu?
Onde foram os retos
destruídos?
8 Segundo tenho visto,
os que cultivam a
iniquidade
e semeiam o mal,
isso mesmo colhem.
9 Com o hálito de Deus perecem;
com o sopro da sua ira se
consomem.
10 Os leões podem bramir e
rugir, contudo,
quebram-se os dentes dos
grandes leões.
11 Perece o leão por falta de presa,
e os filhos da leoa são
dispersos.
12 Uma palavra se me disse
em segredo,
e os meus ouvidos captaram
um sussurro dela.
13 Entre os sonhos
desordenados da noite,
quando cai sobre os homens
o sono profundo,
14 sobrevieram-me o espanto
e o tremor,
que fizeram tremer todos os
meus ossos.
15 Um espírito passou diante
de mim
e fez arrepiar os pelos do
meu corpo.
16 Parou ele,
mas não consegui discernir a
sua aparência.
Um vulto estava diante dos
meus olhos,
e ouvi uma voz abafada:
17 Pode o homem mortal ser
mais justo do que Deus?
Pode o homem ser mais puro
do que o seu Criador?
18 Se Deus não confia nos
seus servos
e aos seus anjos atribui
loucura,
19 quanto mais aos que
habitam em casas de barro,
cujo alicerce está no pó,
que são facilmente
esmagados como a traça!
20 Entre a manhã e a tarde
são despedaçados;
despercebidos, perecem
para sempre.
21 Não são arrancadas as
cordas da sua tenda,
de modo que morrem sem
sabedoria?

5 Clama agora!
Haverá alguém que
te responda?
E para qual dos seres
celestes te virarás?
2 O ressentimento destrói
o louco,
e a inveja mata o tolo.

3 Bem vi eu o tolo lançar raízes,
mas de repente a sua casa foi
amaldiçoada.
4 Os seus filhos estão longe de
desfrutar segurança,
esmagados no tribunal,
e não há quem os livre.
5 O faminto devora a sua
colheita,
até do meio dos espinhos a tira,
e o sedento suspira por sua
riqueza.
6 Pois a aflição não procede do pó,
nem da terra brota o
trabalho.
7 O homem, porém, nasce para
o trabalho,
como as faíscas voam para
cima.
8 Quanto a mim, eu buscaria a
Deus
e a ele entregaria a minha
causa.
9 Ele faz coisas grandiosas,
que não se podem sondar;
milagres que não se podem
contar.
10 Ele dá a chuva sobre a terra
e envia as águas sobre os
campos.
11 Ele põe os humildes num
lugar alto;
os que choram são levados
para um lugar seguro.
12 Ele frustra os planos dos
astutos,
de modo que as obras de
suas mãos fracassam.
13 Ele apanha os sábios na sua
própria astúcia;
e o conselho dos perversos
fracassam.
14 As trevas os cobrem de dia;
ao meio-dia andam como de
noite, tateando.
15 Ele livra da espada da sua
boca o necessitado,
e o pobre das garras dos
poderosos.
16 Assim há esperança para
o pobre;
a injustiça tapa a sua
própria boca.
17 Bem-aventurado é o homem
a quem Deus corrige;
portanto, não desprezes a
disciplina
do Todo-poderoso.
18 Pois ele faz a chaga e ele
mesmo a trata;
ele fere, mas as suas mãos
também curam.
19 De seis calamidades te livrará;
na sétima o mal não te
tocará.
20 Na fome te livrará da morte,
e na guerra, do poder da
espada.
21 Do açoite da língua estarás
protegido
e não temerás a destruição,
quando vier.
22 Da assolação e da fome te
rirás,
e as feras da terra não
temerás.
23 Pois terás uma aliança com
as pedras do campo,
e os animais selvagens
viverão em paz contigo.
24 Saberás que a tua tenda está
segura;
visitarás as tuas possessões,
e nada te faltará.
25 Saberás que se multiplicará
a tua descendência,
e a tua posteridade, como a
erva da terra.
26 Com todo o vigor virás à
sepultura,
como se recolhe o feixe de
trigo a seu tempo.
27 Já examinamos isso, e assim é.
Ouve-o e aplica-o para teu bem.

Jó

6 Então Jó respondeu:
2 Oh! Se a minha angústia
retamente se pesasse,
e toda a minha miséria
se pusesse numa balança!
3 Na verdade seria mais pesada
do que a areia dos mares;
por isso é que as minhas
palavras
têm sido precipitadas.
4 As flechas do Todo-poderoso
se cravam em mim,
e o meu espírito suga o
veneno delas;
os terrores de Deus se
arregimentam
contra mim.
5 Zurrará o jumento montês
junto à relva,
ou mugirá o boi junto ao
seu pasto?
6 Alguém comerá sem sal o que
é insípido,
ou haverá sabor na
clara do ovo?
7 Recuso-me a tocá-lo;
tal comida me causa
repugnância.
8 Quem dera que se cumprisse
o meu pedido,
e que Deus me desse o que
desejo!
9 Que fosse do agrado de Deus
esmagar-me,
que soltasse a sua mão e
acabasse comigo!
10 Isto ainda seria a minha
consolação,
a minha alegria na dor
implacável,
de não ter negado as
palavras do Santo.
11 *Qual é a minha* força, para
que eu espere?
Qual é o meu fim, para que
eu seja paciente?
12 É a minha força a força
da pedra?
Ou é de bronze a minha carne?
13 Está em mim a minha ajuda,
agora que me desamparou
todo o auxílio eficaz?
14 Ao que está aflito
devia o amigo mostrar
compaixão,
ainda ao que deixasse
o temor do Todo-poderoso.
15 Meus irmãos enganaram-me,
como um ribeiro,
como a torrente dos
ribeiros que passam,
16 os quais se turvam com
o degelo,
e neles se esconde a neve,
17 mas que cessam de fluir no
tempo da seca,
e no tempo do calor se
desfazem,
desaparecendo do seu
lugar.
18 As caravanas desviam-se das
suas rotas;
sobem aos lugares
desolados e perecem.
19 As caravanas de Temá
procuram água,
os viajantes de Seba olham
com esperança.
20 Ficam envergonhados por
estarem confiantes;
em chegando ali, se
decepcionaram.
21 Agora vos tornastes sem
valor para mim;
vistes o terror e temestes.
22 Acaso disse eu: Dai-me um
presente?
23 Ou: Livrai-me das mãos do
adversário?
Ou: Resgatai-me das mãos
dos tiranos?
24 Ensinai-me, e eu me calarei;
dai-me a entender em que errei.

25 Oh! Quão dolorosas são as
palavras honestas!
Mas o que é que o vosso
argumento prova?
26 Acaso pretendeis corrigir
o que digo e tratar como
vento
as palavras de um
desesperado?
27 Até sobre o órfão lançaríeis
sortes
e venderíeis um amigo
por uma quantia
insignificante.
28 Agora, porém, olhem para
mim,
e vede se minto em vossa
presença.
29 Reconsiderai, não sejais
injustos;
mudai de parecer, pois a
minha causa é justa.
30 Há iniquidade na minha
língua?
Ou não poderia o meu
paladar
discernir a malícia?

7 Não tem o homem duro serviço sobre a terra?
E não são os seus dias como
os do assalariado?
2 Como o escravo que suspira
pela sombra
e como o assalariado
que espera por seu
pagamento,
3 assim me deram por herança
meses de futilidade,
e noites de aflição
ordenaram-me.
4 Ao deitar-me, penso: Quando
me levantarei?
Mas comprida é a noite, e
viro-me na cama até o
amanhecer.
5 O meu corpo se vestiu de vermes
e de cascas de feridas,
a minha pele está quebrada e
verte pus.
6 Os meus dias são mais velozes
do que a lançadeira do
tecelão
e terminam sem esperança.
7 Lembra-te, ó Deus,
de que a minha vida
é um sopro;
os meus olhos jamais
tornarão a ver a
felicidade.
8 Os olhos dos que agora
me veem não me verão mais;
tu me procurarás, mas já
não serei.
9 Tal como a nuvem se
desfaz e passa,
assim aquele que desce à
sepultura jamais tornará
a subir.
10 Nunca mais tornará
à sua casa;
o seu lugar jamais o
conhecerá.
11 Por isso não reprimirei a
minha boca,
falarei na angústia do meu
espírito,
eu me queixarei na
amargura da minha alma.
12 Sou eu o mar, ou o monstro
marinho,
para que me ponhas
guarda?
13 Quando penso que a minha
cama me consolará
e o meu leito aliviará a
minha queixa,
14 então me espantas com
sonhos
e com visões me assombras;
15 pelo que a minha alma
escolheria antes
ser estrangulada,
antes a morte do que este
meu corpo.

16 Aborreço a minha vida;
não quero viver para sempre.
Retira-te de mim; os meus
dias são inúteis.
17 Que é o homem, para que
tanto o estimes,
e ponhas nele a tua atenção,
18 e cada manhã o visites,
e cada momento o proves?
19 Até quando não apartará de
mim a tua vista?
Até quando não me
deixarás a sós até mesmo
por um instante?
20 Se pequei, que mal te fiz,
ó vigia dos homens?
Por que me fizeste alvo dos
teus dardos,
para que a mim mesmo me
seja pesado?
21 Por que não me perdoas
as ofensas
e não tiras o meu pecado?
Pois logo me deitarei no pó;
tu me buscarás, mas já não
serei.

Bildade

8 Então Bildade, o suíta, respondeu:
2 Até quando falarás tais coisas,
e as razões da tua boca serão
qual vento impetuoso?
3 Perverteria Deus o direito?
Perverteria o Todo-poderoso a justiça?
4 Quando os teus filhos
pecaram contra ele,
ele os lançou no poder do seu
pecado.
5 Se tu, porém, de madrugada
buscares a Deus
e ao Todo-poderoso pedires
misericórdia;
6 se fores puro e reto,
certamente logo despertará
em teu favor
e te restaurará à tua justa
morada.
7 O teu princípio, na verdade,
terá sido pequeno,
mas o teu último estado
aumentará sobremaneira.
8 Pergunta às gerações
passadas
e considera a inquirição de
seus pais,
9 pois nós somos de ontem e
nada sabemos;
nossos dias sobre a terra
são como a sombra.
10 Não te ensinarão eles e não
te falarão?
Do próprio entendimento
não proferirão palavras?
11 Pode o papiro crescer fora do
pântano?
Ou pode o junco crescer
sem água?
12 Estando ainda na sua
verdura,
e ainda não cortado,
seca-se antes de qualquer
outra erva.
13 Assim são as veredas de todos
os que se esquecem de
Deus;
assim perece a esperança
do ímpio.
14 A sua esperança fica
frustrada;
a sua confiança é como a
teia de aranha.
15 Encosta-se à sua casa, mas
ela não subsiste;
apega-se a ela, mas ela não
fica em pé.
16 É como planta bem regada
sob o sol,
e os seus renovos
estendem-se sobre o seu
jardim;
17 as suas raízes se entrelaçam
junto ao monte de pedras

e procuram um lugar entre
as rochas.
18 Quando, porém, é arrancado
do seu lugar,
então este a rejeita,
dizendo: Nunca te vi.
19 Certamente a sua alegria
se acaba,
e da terra outros brotam.
20 Certamente Deus não
rejeita ao reto
nem toma pela mão os
malfeitores.
21 Ele ainda encherá de riso a
tua boca
e os teus lábios de alegria.
22 Os teus aborrecedores se
vestirão de confusão,
e a tenda dos ímpios não
subsistirá.

Jó

9 Então Jó respondeu:
2 Na verdade sei que assim é.
Mas como se justificaria o
homem para com Deus?
3 Se quiser argumentar com ele,
nem a uma de mil coisas
lhe poderá responder.
4 Ele é sábio de coração e
poderoso em forças.
Quem se endureceu contra
ele e teve paz?
5 Ele é o que transporta as
montanhas,
sem que o sintam,
e o que as transtorna no seu
furor.
6 Ele remove a terra do seu lugar,
e as suas colunas estremecem.
7 Ele fala ao sol, e ele não sai;
sela a luz das estrelas.
8 Ele sozinho estende os céus,
e anda sobre as ondas do mar.
9 Ele fez a Ursa, o Órion,
o Sete-estrelo e as
constelações do sul.
10 Ele faz coisas grandes
que não se podem sondar,
e maravilhas tais que não
se podem contar.
11 Quando ele passa por mim,
não o vejo;
quando ele torna a passar,
não o percebo.
12 Se ele arrebatar a presa,
quem o fará restituí-la?
Quem lhe dirá: Que fazes?
13 Deus não restringe a sua ira;
debaixo dele se encurvam os
aliados de Raabe.
14 Quanto menos lhe poderei
eu responder,
ou escolher diante dele as
minhas palavras!
15 A ele, ainda que eu fosse
justo, não responderia;
antes ao meu Juiz pediria
misericórdia.
16 Ainda que chamasse, e ele
me respondesse,
nem por isso creria que
desse ouvidos à minha voz.
17 Ele me quebranta com
uma tempestade
e multiplica as minhas
chagas sem causa.
18 Não me permite respirar,
antes me farta de amarguras.
19 Se fosse uma questão de
forças, ele é poderoso!
Se fosse uma questão de
justiça,
quem o citaria?
20 Se eu me justificar, a minha
boca me condenará;
se reto me disser, então ele
me declarará perverso.
21 Embora eu seja inocente,
não levo em conta a minha alma;
desprezo a minha vida.
22 Tudo é o mesmo; portanto digo:
Ele consome ao reto
e ao ímpio.

23 Quando o açoite mata
de repente,
ele se ri do desespero
dos inocentes.
24 Quando a terra está
entregue nas mãos do ímpio,
ele cobre o rosto dos juízes.
Se não é ele, quem é, então?
25 Os meus dias são mais
velozes do que um atleta;
fogem e não veem a alegria.
26 Passam como barcos
de papiro;
como águia que se lança
sobre a presa.
27 Se eu disser: Eu me
esquecerei da minha queixa,
mudarei o meu aspecto e
tomarei alento,
28 ainda receio todas as minhas
dores,
pois bem sei que não me
terás por inocente.
29 Visto que já estou
condenado,
por que lutar em vão?
30 Ainda que me lave com água
de neve
e purifique as mãos
com sabão,
31 mesmo assim me
submergirás no fosso,
e as minhas próprias vestes
me abominarão.
32 Ele não é homem, como eu, a
quem eu responda,
vindo juntamente a juízo.
33 Não existe árbitro entre nós
que ponha a mão sobre
nós ambos,
34 alguém que tire a sua vara
de cima de mim,
para que não me amedronte
o seu terror.
35 Então falarei e não o temerei,
mas como sou agora,
não posso.

10 A minha alma tem
tédio à vida;
por isso darei vazão à
minha queixa,
falarei na amargura da
minha alma.
2 Direi a Deus: Não me condenes,
mas faze-me saber por que
contendes comigo.
3 Parece-te bem que me oprimas,
que rejeites o trabalho
das tuas mãos
e favoreças o conselho
dos ímpios?
4 Tens tu olhos de carne?
Vês tu como vê o homem?
5 São os teus dias como os dias
do homem?
Ou são os teus anos como
os anos de um homem,
6 para te informares da minha
iniquidade
e averiguares o meu pecado?
7 Bem sabes que não sou ímpio,
todavia ninguém há que me
livre da tua mão.
8 As tuas mãos me fizeram e me
entreteceram.
Agora te voltas e me
consomes?
9 Peço-te que te lembres de que
como barro me formaste,
e de que ao pó me farás tornar.
10 Não me vazaste como leite,
e como queijo não me
coalhaste?
11 De pele e carne me vestiste
e de ossos e nervos me
entreteceste.
12 Vida e beneficência me
concedeste,
e o teu cuidado guardou o
meu espírito.
13 Estas coisas, porém,
ocultaste no teu coração,
e sei que isto esteve
na tua mente.

14 Se eu pecasse, tu me
observarias e da minha
iniquidade não me
inocentarias.
15 Se eu for ímpio, ai de mim!
E, se for justo, não
levantarei a minha
cabeça,
pois estou coberto de
vergonha
e afogo-me na minha
aflição.
16 Se me exalto, tu me caças
como a um leão feroz
e de novo revelas o teu
poder maravilhoso
contra mim.
17 Tu renovas contra mim as
tuas testemunhas
e multiplicas contra
mim a tua ira;
as tuas forças vêm contra
mim em ondas após
ondas.
18 Por que, pois, me tiraste
da madre?
Ah! se eu tivesse morrido
antes que olho
algum me visse!
19 Seria como se nunca
houvera sido,
e desde o ventre teria sido
levado à sepultura.
20 Não são poucos os meus dias?
Cessa, pois, e deixa-me, para
que por um pouco eu
tome alento,
21 antes que me vá para o lugar
de onde não voltarei,
para a terra da escuridão e da
sombra da morte;
22 para a terra escuríssima,
como a própria escuridão,
terra da sombra da morte
e desordem,
onde a própria luz é como
a escuridão.

Zofar

11 Então Zofar, o naamatita,
respondeu:
2 Não se dará resposta à
multidão de palavras?
Será justificado este
tagarela?
3 As tuas mentiras hão de fazer
calar os homens?
Zombarás tu sem que
ninguém te envergonhe?
4 Tu dizes a Deus: A minha
doutrina é pura,
e limpo sou aos teus olhos.
5 Oh! Falasse Deus e abrisse
os seus lábios contra ti,
6 e te fizesse saber os segredos
da sabedoria,
pois a verdadeira sabedoria é
multiforme.
Sabe isto: Deus exige de ti
menos do que
merece a tua iniquidade.
7 Alcançarás os caminhos
de Deus?
Chegarás à perfeição do
Todo-poderoso?
8 Como as alturas dos céus é a
sua sabedoria;
que poderás tu fazer?
Mais profunda é ela do que
o inferno;
que poderás tu saber?
9 Mais comprida é a sua medida
do que a terra
e mais larga do que o mar.
10 Se ele passar e prender a
alguém,
e chamar a juízo, quem o
impedirá?
11 Certamente ele conhece os
homens vãos;
e, quando vê a iniquidade,
não a terá em
consideração?
12 O homem vão, porém, não
tem entendimento;

sim, o homem nasce como a
cria do jumento montês.
13 Se devotares o teu coração
e estenderes as mãos para ele,
14 se lançares para longe de
ti o pecado
e não deixares habitar a
injustiça nas tuas tendas,
15 então levantarás o teu rosto
sem mácula,
e estarás firme, e não
temerás.
16 Certamente te esquecerás da
tua aflição
e te lembrarás dela como das
águas que já passaram.
17 A tua vida será mais clara
do que o meio-dia,
e as trevas se tornarão como
a manhã.
18 Serás confiante, porque
há esperança;
olharás em volta e
repousarás seguro.
19 Tu te deitarás, e ninguém te
espantará;
muitos procurarão obter o
teu favor.
20 Os olhos dos ímpios, porém,
desfalecerão;
o seu refúgio perecerá;
a sua esperança será
a morte.

Jó

12 Então Jó respondeu:
2 Sem dúvida vós
sois o povo,
e convosco morrerá a
sabedoria!
3 Tenho tanto entendimento
como vós;
não sou inferior.
Quem não sabe coisas como
essas?
4 Eu sou motivo de riso para os
meus amigos —
eu, que invocava a Deus, e
ele me respondia;
eu, justo e reto, sou seu
motivo de riso.
5 No pensamento de quem
está seguro
há desprezo para o
infortúnio,
como o destino daqueles
cujos pés já escorregam.
6 As tendas dos assoladores
têm descanso,
e os que provocam a Deus
estão seguros,
aqueles que trazem o seu
deus na mão!
7 Pergunta, porém, aos animais,
e cada um deles te ensinará;
e às aves dos céus, e elas te
farão saber;
8 ou fala com a terra, e ela te
instruirá,
até os peixes do mar te
informarão.
9 Qual entre todas essas coisas
não sabe
que a mão do Senhor
fez isto?
10 Que está na sua mão a vida
de todo o ser vivente
e o espírito de todo o gênero
humano?
11 Não prova o ouvido as
palavras,
e o paladar o alimento?
12 Com os idosos está a
sabedoria,
e na abundância de dias o
entendimento.
13 Com Deus está a sabedoria e
a força;
ele tem conselho e
entendimento.
14 O que ele derruba não se
pode reedificar;
quem ele encerra na prisão
não pode ser solto.

15 Ele retém as águas,
e elas secam;
solta-as, e devastam
a terra.
16 Com ele está a força e a
sabedoria;
seu é o que erra e o que
faz errar.
17 Aos conselheiros leva-os
despojados
e aos juízes faz de tolos.
18 Solta as algemas dos reis
e ata um cinto nos seus
lombos.
19 Aos sacerdotes leva
despojados
e transtorna os poderosos.
20 Aos conselheiros de
confiança faz emudecer
e tira o entendimento aos
velhos.
21 Derrama desprezo sobre
os príncipes
e afrouxa o cinto dos fortes.
22 Revela as profundezas
das trevas
e traz à luz a sombra da
morte.
23 Engrandece as nações e as
faz perecer;
alarga as fronteiras das
nações e as dispersa.
24 Tira o entendimento aos
chefes do povo da terra
e os faz vaguear pelos
desertos, sem caminho.
25 Nas trevas andam tateando
sem luz;
ele os faz cambalear como
bêbados.

13 Tudo isso viram os
meus olhos,
e os meus ouvidos o ouviram
e entenderam.
2 Como vós o sabeis,
eu o sei também;
não sou inferior.
3 Eu, porém, desejo falar ao
Todo-poderoso
e quero defender-me
perante Deus.
4 Vós, porém, sois inventores
de mentiras,
e vós todos, médicos que
não valem nada.
5 Oxalá vos calásseis de todo!
Isso seria a vossa sabedoria.
6 Ouvi, agora, a minha defesa
e escutai os argumentos dos
meus lábios.
7 Por Deus falareis perversidade?
Em nome dele falareis
mentiras?
8 Sereis parciais por ele?
Contendereis por Deus?
9 Vos seria bom se ele vos
examinasse?
Ou zombareis dele, como
se zomba de qualquer
homem?
10 Certamente vos
repreenderá,
se em oculto fizerdes
acepção de pessoas.
11 Não vos amedrontará a sua
dignidade?
Não cairá sobre vós o seu
temor?
12 As vossas máximas são
provérbios de cinza;
as vossas defesas são
defesas de barro.
13 Calai-vos na minha
presença, e falarei;
venha sobre mim o que
vier.
14 Por que razão tomo a minha
carne entre os dentes
e ponho a minha vida na
minha mão?
15 Ainda que ele me mate,
contudo nele esperarei;
os meus caminhos
defenderei diante dele.

16 Também isso será a
minha salvação,
pois o ímpio não virá
perante ele.
17 Ouvi com atenção
as minhas razões
e dai ouvidos à minha
declaração.
18 Já pus em ordem
a minha causa
e sei que serei achado justo.
19 Poderá alguém contender
comigo?
Nesse caso, eu me calarei,
renderei o espírito.
20 Concede-me somente duas
coisas, ó Deus,
então me esconderei do teu
rosto:
21 desvia a tua mão para longe
de mim,
e não me amedronte
o teu terror.
22 Então chama e te
responderei,
ou falarei eu, e tu me
responderás.
23 Quantos erros e pecados
tenho eu?
Notifica-me a minha
transgressão e o meu
pecado.
24 Por que escondes o teu rosto
e me tens por teu inimigo?
25 Quebrantarás a folha
arrebatada pelo vento?
Perseguirás o restolho seco?
26 Por que escreves contra mim
coisas amargas
e me fazes herdar os
pecados da minha
juventude?
27 Pões os meus pés no tronco
e observas todos os
meus caminhos,
marcando a sola dos
meus pés.
28 De sorte que o homem
se consome como uma
coisa podre,
como uma roupa roída
pela traça.

14 O homem, nascido da
mulher,
é de bem poucos dias e cheio
de dificuldade.
2 Nasce como a flor e murcha;
como uma sombra
passageira, não permanece.
3 Sobre esse tal abres
os teus olhos
e a mim me fazes entrar em
juízo contigo.
4 Quem do imundo tirará o puro?
Ninguém!
5 Os dias do homem estão
determinados,
contigo está o número dos
seus meses;
puseste-lhe limites, além dos
quais não passará.
6 Desvia-te dele o teu rosto,
para que tenha repouso,
até que, como o assalariado,
tenha contentamento
no seu dia.
7 Pelo menos há esperança para
a árvore:
se for cortada ainda
se renovará,
e não cessarão os seus
renovos.
8 Se envelhecer na terra
a sua raiz
e morrer o seu tronco
no pó,
9 ao cheiro das águas brotará
e dará ramos como
planta nova.
10 Morto o homem, assim
permanece;
sim, rendendo o homem
o espírito,
então onde está?

11 Como as águas se evaporam
de um lago
e o rio se esgota e seca,
12 assim o homem se deita e
não se levanta;
até que não haja mais céus
não acordará nem despertará
do seu sono.
13 Oxalá me escondesses
na sepultura
e me ocultasses até que a tua
ira se desviasse,
e me pusesses um prazo,
e te lembrasses de mim!
14 Morrendo o homem,
tornará a viver?
Todos os dias da minha lida
esperaria,
até que viesse a minha
mudança.
15 Tu me chamarias, e eu te
responderia;
terias saudades da obra das
tuas mãos.
16 Então contarias os meus
passos,
mas não estarias a vigiar
sobre o meu pecado.
17 A minha transgressão
estaria selada num saco,
e ocultarias as minhas
iniquidades.
18 Como, porém, a montanha
sofre erosão e se desfaz,
e como a rocha se remove do
seu lugar,
19 como a água gasta as pedras,
e as cheias arrebatam o pó
da terra,
assim destróis a esperança
do homem.
20 Prevaleces para sempre
contra ele, e ele passa;
mudas o seu rosto e o
despedes.
21 Os seus filhos recebem
honra, sem que ele o saiba;
são humilhados, sem que
ele o perceba.
22 Ele sente a dor do seu
próprio corpo
e chora somente por sua alma.

Elifaz

15 Então Elifaz, o temanita,
respondeu:
2 Dará o sábio em resposta
noções vazias,
ou encherá o seu ventre
de vento oriental?
3 Arguirá com palavras que
de nada servem,
e com razões que não têm
valor?
4 Tu, porém, até destróis
a reverência
e impedes a devoção a Deus.
5 O teu pecado ensina
à tua boca;
adotas a língua dos astutos.
6 A tua própria boca te
condena, não eu;
os teus lábios testificam
contra ti.
7 És tu o primeiro homem
que nasceu?
Foste criado antes dos
outeiros?
8 Ouves o secreto conselho
de Deus?
A ti só limitas a sabedoria?
9 Que sabes tu, que nós não
saibamos?
Que entendes, que não haja
em nós?
10 Também há entre nós idosos,
mais velhos do que o teu pai.
11 Não te são suficientes as
consolações de Deus,
palavras que te são
benignamente proferidas?
12 Por que te deixas levar
pelo coração
e brilham os teus olhos,

13 para voltares contra Deus o teu espírito
e deixares sair tais palavras da tua boca?
14 Que é o homem, para que seja puro?
E o que nasce da mulher, para que seja justo?
15 Se Deus não confia nem nos seus santos,
se nem os céus são puros aos seus olhos,
16 quanto menos o homem abominável e corrupto,
que bebe a iniquidade como a água?
17 Escuta-me, e te mostrarei;
o que vi, te contarei,
18 o que os sábios anunciaram,
o que ouviram de seus pais
e não o ocultaram
19 (aos quais somente foi dada a terra,
e nenhum estrangeiro passou por entre eles).
20 Todos os dias o ímpio sofre tormentos,
no curto número de anos
que se reservam para o opressor.
21 O som dos horrores está nos seus ouvidos;
até na paz lhe sobrevém o assolador.
22 Não crê que voltará das trevas,
mas que o espera a espada.
23 Anda vagueando, como pão dos abutres;
sabe que está próximo o dia das trevas.
24 Assombram-no a angústia e a tribulação;
prevalecem contra ele,
como o rei preparado para a peleja,
25 porque estende a mão contra Deus
e contra o Todo-poderoso se embravece;
26 desafiadoramente arremete contra ele,
com um escudo grosso e forte.
27 Embora o seu rosto esteja coberto de gordura
e aumente a carne da sua cintura,
28 habitará em cidades assoladas,
em casas em que ninguém deveria morar,
que estavam prestes a
tornar-se montões de ruínas.
29 Não mais se enriquecerá nem subsistirá
a sua riqueza,
nem se estenderão pela terra
as suas possessões.
30 Não escapará das trevas;
à chama do fogo secará os seus renovos,
e ao sopro da boca de Deus,
desaparecerá.
31 Não confie na vaidade,
enganando-se a si mesmo,
pois a vaidade será a sua
recompensa.
32 Antes do seu dia se cumprirá,
e o seu ramo não reverdecerá.
33 Sacudirá as suas uvas verdes, como a vide,
e deixará cair a sua flor, como a oliveira.
34 Pois o ajuntamento dos hipócritas se fará estéril,
e o fogo consumirá as tendas dos que subornam.
35 Concebem a malícia e dão à luz a iniquidade;
o seu ventre prepara enganos.

Jó

16

Então respondeu Jó:
2 Tenho ouvido muitas coisas como essas;
todos vós sois consoladores lastimáveis.
3 Não terão fim as vossas palavras inúteis?
Ou o que é que vos irrita para responderdes assim?
4 Falaria eu também como vós falais,
se a vossa alma estivesse em lugar da minha?
Ou amontoaria palavras contra vós
e menearia contra vós a minha cabeça?
5 Antes vos fortaleceria com a minha boca,
e a consolação dos meus lábios
abrandaria a vossa dor.
6 Se eu falar, a minha dor não cessa e,
se eu me calar, qual é o meu alívio?
7 Na verdade, ó Deus, exauriste as minhas forças;
assolaste toda a minha família.
8 Testemunha disso é que já me tornaste enrugado;
a minha magreza
se levanta e testifica contra mim.
9 Na sua ira ele me despedaça, me persegue
e range os dentes contra mim;
o meu adversário aguça os olhos contra mim.
10 Os homens abrem a boca contra mim;
com desprezo me ferem no rosto,
e contra mim se unem.
11 Deus me entrega ao perverso
e nas mãos dos ímpios me faz cair.
12 Descansado estava eu, porém ele me quebrantou;
pegou-me pelo pescoço e me despedaçou.
Colocou-me por seu alvo;
13 cercam-me os seus flecheiros.
Atravessa-me os rins e não me poupa;
o meu fel derrama pela terra.
14 Quebranta-me com golpe sobre golpe;
arremete contra mim como um guerreiro.
15 Costurei sobre a minha pele o pano de saco
e revolvi a minha cabeça no pó.
16 O meu rosto está vermelho de chorar,
e há sombras escuras em redor dos meus olhos;
17 contudo, as minhas mãos estão
livres de violência e a minha oração é pura.
18 Ó terra, não cubras o meu sangue;
não haja descanso para o meu clamor!
19 Agora mesmo está a minha testemunha no céu,
e o meu fiador nas alturas.
20 Os meus amigos zombam de mim;
os meus olhos se desfazem em lágrimas diante de Deus,
21 para que ele defenda o direito
que o homem tem diante de Deus,
e que o filho do homem tem perante o seu próximo.

22 Decorridos poucos anos,
seguirei o caminho por onde
não tornarei.

17 O meu espírito está
quebrantado,
os meus dias estão se findando,
e só tenho perante mim a
sepultura.
2 Não estão zombadores comigo?
Não contemplam os meus
olhos as suas amarguras?
3 Dá-me, ó Deus, o penhor
que exiges.
Quem mais há de ser meu
fiador?
4 Aos seus corações encobriste
o entendimento,
pelo que não os exaltarás.
5 Se alguém denuncia
os seus amigos
por recompensa,
os olhos de seus filhos
desfalecerão.
6 A mim, porém, me pôs por
provérbio dos povos,
de modo que me tornei um
homem em cujo rosto se
cospe.
7 Os meus olhos se
escureceram de mágoa;
o meu corpo é como a
sombra.
8 Os retos pasmarão disso;
o inocente se levantará
contra o ímpio.
9 O justo segue o seu caminho,
e o puro de mãos vai
crescendo em força.
10 Tornai-vos, porém, todos
vós, e vinde cá,
pois sábio nenhum acho
entre vós.
11 Os meus dias passaram,
fracassaram os meus
propósitos,
e as aspirações do meu
coração.
12 Trocam a noite em dia;
dizem que a luz está perto
das trevas.
13 Se a única casa pela qual
espero for a sepultura,
se nas trevas estender a
minha cama,
14 se à corrupção clamar:
Tu és meu pai;
e aos vermes: Vós sois
minha mãe e minha irmã,
15 onde estará, então, a minha
esperança?
Sim, a minha esperança,
quem a poderá ver?
16 Descerá ela até as portas
da morte?
Descansaremos juntos no pó?

Bildade

18 Então Bildade, o suíta, respondeu:
2 Até quando andarás à
procura de palavras?
Considera bem, e então
falaremos.
3 Por que somos tratados como
animais
e como imundos aos teus
olhos?
4 Ó tu que despedaças a tua
alma na tua ira,
será a terra abandonada
por tua causa?
Serão removidas as rochas do
seu lugar?
5 A luz dos ímpios se apaga;
a faísca do seu lar não
resplandece.
6 A luz se escurece nas suas
tendas;
a sua lâmpada ao lado dele
se apaga.
7 Os seus passos fortes se
enfraquecem;
o seu próprio conselho o
derruba.

8 Por seus próprios pés é
lançado na rede
e anda nos fios enredados.
9 A armadilha o apanha pelo
calcanhar;
o laço o prende.
10 Uma corda está escondida,
para ele na terra,
e uma armadilha na vereda.
11 Os assombros o espantam de
todos os lados
e o fazem correr de uma
parte para outra,
por onde quer que apresse
os passos.
12 A calamidade vem faminta
sobre ele;
o desastre está pronto para
ele quando cair.
13 Ele devora os membros do
seu corpo;
sim, o primogênito da
morte devora os membros
do seu corpo.
14 É arrancado da segurança
da sua tenda
e é levado ao rei dos terrores.
15 Mora na sua tenda aquele
que nada lhe era;
espalha-se enxofre sobre a
sua habitação.
16 Por baixo secam as
suas raízes,
e por cima são cortados os
seus ramos.
17 A sua memória perece na terra;
pelas praças não tem nome.
18 Da luz o lançam nas trevas;
é afugentado do mundo.
19 Não tem filho nem neto
entre o seu povo;
descendente nenhum dele
fica nas suas moradas.
20 Do seu dia se espantarão os
do Ocidente;
os do Oriente são tomados
de horror.
21 Tais são, na verdade,
as moradas do perverso;
tal é o lugar do que não
conhece a Deus.

Jó

19 Então respondeu Jó:
2 Até quando
atormentareis a minha
alma e me quebrantareis
com palavras?
3 Já dez vezes me humilhastes;
vergonha não tendes
de me atacar.
4 Embora tenha eu, na verdade,
errado,
comigo ficará o meu erro.
5 Se quereis vos engrandecer
contra mim
e me incriminar pela minha
humilhação,
6 sabei que Deus é que me
oprimiu e com
a sua rede me cercou.
7 Embora eu clame: Violência!,
não sou ouvido;
embora grite por socorro,
não há justiça.
8 O meu caminho ele bloqueou,
e não posso passar;
nas minhas veredas
pôs trevas.
9 Da minha honra me despiu
e tirou-me da cabeça a coroa.
10 Quebra-me de todos os lados,
e eu me vou;
arranca a minha esperança,
como a uma árvore.
11 Faz inflamar contra
mim a sua ira
e me considera um de seus
inimigos.
12 Juntas vêm as suas tropas;
preparam contra mim
o seu caminho
e se acampam ao redor da
minha tenda.

13 Pôs longe de mim
a meus irmãos;
os que me conhecem
tornaram-se estranhos
para mim.
14 Os meus parentes me
abandonaram;
os meus conhecidos se
esqueceram de mim.
15 Os meus hóspedes e as
minhas servas
me consideram um estranho;
vim a ser um estrangeiro aos
seus olhos.
16 Chamo a meu criado, e ele
não me responde;
tenho de suplicar-lhe com a
minha boca.
17 O meu hálito é intolerável à
minha mulher;
sou repugnante a meus
próprios irmãos.
18 Até os pequeninos me
desprezam;
levantando-me eu, falam
contra mim.
19 Todos os meus amigos
íntimos me abominam;
até os que eu amava se
tornaram contra mim.
20 Os meus ossos se apegaram
à minha pele e à minha carne;
escapei só com a pele dos
meus dentes.
21 Compadecei-vos de mim,
amigos meus,
compadecei-vos, pois a mão
de Deus me atingiu.
22 Por que me perseguis como
Deus me persegue?
Da minha carne não vos
fartareis?
23 Quem me dera fossem
registradas as minhas
palavras,
que fossem gravadas
num livro
24 com pena de ferro
e com chumbo
e que para sempre fossem
esculpidas na rocha!
25 Eu sei que o meu
Redentor vive
e que por fim se levantará
sobre a terra.
26 E depois que o meu corpo
estiver consumido
e sem carne, verei a Deus.
27 Eu o verei por mim
mesmo,
com meus próprios olhos,
eu, não outros.
Como o meu coração anseia
dentro em mim!
28 Se disserdes: Como o
perseguiremos,
visto que a raiz da aflição se
acha nele,
29 temei vós mesmos a espada;
pois o furor traz os castigos
da espada,
e então sabereis que
há um juízo.

Zofar

20 Então Zofar, o naamatita,
respondeu:
2 Os meus pensamentos
me levam a responder,
pois estou grandemente
perturbado.
3 Ouvi uma repreensão que me
envergonha,
e o meu espírito me inspira
a responder.
4 Não sabes que desde a
antiguidade,
desde que o homem foi
posto sobre a terra,
5 o júbilo dos ímpios é breve,
e a alegria dos ímpios dura
apenas um momento?
6 Ainda que o seu orgulho
suba até o céu

e a sua cabeça chegue
até as nuvens,
7 como o seu próprio esterco
apodrecerá para sempre;
os que o viram
perguntarão: Onde está?
8 Como um sonho voa, e não
será achado;
será afugentado como uma
visão da noite.
9 Os olhos que o viram jamais
o verão;
o seu lugar não mais o
contemplará.
10 Os seus filhos terão de fazer
restituição aos pobres;
as suas próprias mãos terão
de restituir a sua riqueza.
11 O vigor da juventude,
que lhe enche os ossos, se
deitará no pó.
12 Ainda que o mal lhe seja
doce na boca,
e ele o esconda debaixo da
língua,
13 e o guarde, e não o deixe,
antes o retenha no seu paladar,
14 contudo a sua comida se
tornará amarga nas suas
entranhas;
em veneno de cobras se
transformará no seu
interior.
15 Engoliu riquezas, mas as
vomitará;
do seu ventre Deus as
lançará.
16 Veneno de cobras sorveu;
língua de víbora o matará.
17 Não verá as correntes,
os rios e os ribeiros de mel e
manteiga.
18 O que adquiriu pelo trabalho,
deverá restituir, e não
desfrutará dele;
do lucro do seu comércio
não terá alegria alguma.
19 Pois oprimiu e desamparou
os pobres;
roubou a casa que não
edificou.
20 Certamente não terá
descanso da sua cobiça;
não poderá salvar a si mesmo
por aquilo em que se deleita.
21 Nada lhe sobrou para
devorar;
a sua prosperidade não
perdurará.
22 Apesar da sua fartura,
estará angustiado;
toda a força da miséria virá
sobre ele.
23 Tendo ele terminado de
encher o seu ventre,
Deus mandará sobre ele o
ardor da sua ira,
que fará chover sobre ele.
24 Ainda que fuja das armas
de ferro,
o arco de bronze o
atravessará.
25 Arranca a flecha do seu corpo
e o dardo resplandecente do
seu fígado.
Haverá sobre ele terrores;
26 total escuridão espreita os
seus tesouros.
Um fogo não assoprado o
consumirá
e devorará o que ficar na
sua tenda.
27 Os céus manifestarão a sua
iniquidade;
a terra se levantará contra
ele.
28 Os rendimentos de sua casa
serão transportados;
no dia da ira de Deus todos
se derramarão.
29 Este, da parte de Deus, é o
destino do ímpio,
a herança que Deus
reservou para ele.

Jó

21 Então Jó respondeu:
2 Ouvi atentamente as minhas razões;
seja-me isso a vossa consolação.
3 Suportai-me, e falarei;
havendo eu falado, zombai.
4 É a algum homem que me queixo?
Ainda que assim fosse, por que não se angustiaria o meu espírito?
5 Olhai para mim e pasmai;
ponde a mão sobre a boca.
6 Quando me lembro disso, me perturbo,
e a minha carne estremece de horror.
7 Por que razão vivem os ímpios,
envelhecem e ainda se tornam mais poderosos?
8 A sua descendência se estabelece
na sua presença
e os seus renovos perante os seus olhos.
9 As suas casas têm paz, sem temor;
o castigo de Deus não está sobre eles.
10 O seu touro gera, não falha;
sua vaca tem a cria, não aborta.
11 Enviam os seus filhos como a um rebanho;
seus pequeninos andam saltando.
12 Levantam a voz, ao som do tamborim e da harpa;
alegram-se ao som da flauta.
13 *Na prosperidade passam seus anos*
e descem à sepultura em paz.
14 Todavia, dizem a Deus:
Retira-te de nós!
Não desejamos ter conhecimento
dos teus caminhos.
15 Quem é o Todo-poderoso
para que o sirvamos?
E que nos aproveitará que lhe façamos orações?
16 A sua prosperidade, contudo,
não está nas mãos deles,
longe de mim o conselho
dos ímpios!
17 Quantas vezes se apaga a lâmpada dos ímpios?
Quantas vezes lhes sobrevém a destruição,
o destino que Deus reparte em sua ira?
18 Quantas vezes são como a palha
diante do vento,
como a moinha arrebatada
pelo redemoinho?
19 Dizem que Deus reserva aos filhos o castigo do pai.
A ele, porém, é que deveria Deus dar a punição, para que o conheça!
20 Que os seus próprios olhos vejam a sua ruína;
que ele beba do furor do
Todo-poderoso.
21 Pois o que lhe importa a sua família
depois de morto,
quando chegarem ao fim
o número dos seus meses?
22 Pode alguém ensinar conhecimento a Deus,
visto que ele julga até os excelsos?
23 Um morre em pleno vigor, completamente
despreocupado e tranquilo,
24 os seus baldes
estão cheios de leite,

e os seus ossos
cheios de tutano.
25 Outro morre, ao contrário,
na amargura do
seu coração,
não havendo provado
do bem.
26 Juntamente jazem no pó,
e os vermes os cobrem.
27 Conheço bem os vossos
pensamentos
e os maus intentos com que
injustamente
me tratais.
28 Vós dizeis: Onde está a
casa do príncipe
e onde está a tenda em que
morava o ímpio?
29 Não perguntastes aos
que viajam?
Não considerastes os
seus relatos?
30 Eles dizem que os maus
são poupados no dia da
calamidade,
e socorridos no dia do furor.
31 Quem denunciará diante
dele a sua conduta?
Quem lhe retribuirá pelo
que faz?
32 Ele é levado à sepultura,
e vigiam-lhe o túmulo.
33 O solo do vale lhe é doce;
todos os homens o seguem,
e são inumeráveis os que o
precederam.
34 Portanto, como podeis
consolar-me
com as vossas vaidades?
Das vossas respostas só
resta falsidade.

Elifaz

22 Então Elifaz, o temanita,
respondeu:
2 Pode o homem ser de algum
proveito a Deus?
Pode até mesmo o sábio lhe
ser proveitoso?
3 Ou tem o Todo-poderoso
prazer em que tu sejas justo,
ou lucro algum em que tu
faças perfeitos
os teus caminhos?
4 Ou te repreende pelo temor
que tem de ti,
ou entra contigo em juízo?
5 Não é grande a tua malícia
e sem limites as tuas
iniquidades?
6 Penhoraste a teus irmãos sem
motivo algum;
aos nus despojaste das suas
roupas.
7 Não deste ao cansado
água a beber
e ao faminto retiveste o pão.
8 Ao poderoso, porém,
pertencia a terra,
e o homem favorecido
habitava nela.
9 As viúvas despediste vazias
e quebraste os braços
dos órfãos.
10 Por isso é que estás cercado
de laços
e te perturba um pavor
repentino;
11 e está tão escuro que
nada vês,
e uma inundação de águas
te cobre.
12 Não está Deus na altura
dos céus?
Olha para a altura das
estrelas,
quão elevadas estão!
13 Contudo tu dizes:
Que sabe Deus?
Julga ele através de
escuridão tão densa?
14 Grossas nuvens o encobrem,
de modo que não nos
pode ver

enquanto passeia pela
abóbada do céu.
15 Queres seguir a vereda
antiga,
que pisaram os homens
iníquos?
16 Eles foram arrebatados
antes do seu tempo,
o seu fundamento foi levado
por um dilúvio.
17 Diziam a Deus:
Retira-te de nós.
O que pode o Todo-poderoso
nos fazer?
18 Contudo, foi ele que encheu
de bens as suas casas,
por isso fico longe do
conselho dos ímpios!
19 Os justos o viram e se
alegraram;
o inocente escarneceu
deles,
20 dizendo: Certamente o nosso
adversário é destruído;
e o fogo consome a sua
riqueza.
21 Apega-te a Deus, e tem paz
com ele;
assim te sobrevirá o bem.
22 Aceita a lei da sua boca
e põe as suas palavras no
teu coração.
23 Se te converteres ao
Todo-poderoso,
serás restaurados;
se afastares a iniquidade da
tua tenda
24 e deitares o teu ouro no pó,
o teu ouro de Ofir entre as
pedras dos ribeiros,
25 então, o Todo-poderoso te
será por ouro
e por prata escolhida.
26 Certamente então te
deleitarás no Todo-poderoso
e levantarás o teu rosto
para Deus.
27 Orarás a ele, e ele te ouvirá,
e pagarás os teus votos.
28 Determinando tu
algum negócio,
assim será feito,
e a luz brilhará em teus
caminhos.
29 Quando se abaterem, dirás:
Haja exaltação!
E Deus salvará o humilde.
30 Livrará até o que não
é inocente,
que será liberto pela pureza
das tuas mãos.

Jó

23 Então Jó respondeu:
2 Ainda hoje a minha
queixa está em
amargura;
o peso da mão dele é maior
do que o meu gemido.
3 Ah! se eu soubesse onde
encontrá-lo!
Então me chegaria ao seu
tribunal.
4 Exporia ante ele a minha causa
e encheria a minha boca de
argumentos.
5 Saberia as palavras com que
ele me responderia
e entenderia o que me
dissesse.
6 Contenderia ele comigo
segundo a grandeza de
seu poder?
Não, antes me atenderia.
7 Ali o reto pleitearia com ele,
e eu me livraria para
sempre do meu Juiz.
8 Se me adianto, ali não está;
se torno para trás, não o
percebo.
9 Se opera à esquerda,
não o vejo;
encobre-se à direita,
e não o diviso.

10 Ele, contudo, conhece
o meu caminho;
se ele me provasse, eu
sairia como o ouro.
11 Nas suas pisadas os meus
pés se firmaram;
guardei o seu caminho e
não me desviei dele.
12 Do preceito de seus lábios
nunca me apartei;
as palavras da sua boca
prezei mais do que o meu
alimento.
13 Se, contudo, ele resolveu
alguma coisa,
quem o pode dissuadir?
O que a sua alma quiser
isso fará.
14 Cumprirá o que está
ordenado a meu respeito,
e muitas coisas como estas
ainda tem consigo.
15 É por isso que me perturbo
perante ele;
quando isso considero,
temo diante dele.
16 Deus fez desmaiar
o meu coração;
o Todo-poderoso me
perturbou.
17 Contudo, não fui silenciado
pelas trevas,
pelas densas trevas
que me cobrem o rosto.

24 Por que o Todo-poderoso
não designa tempos
para o juízo?
Por que os que o conhecem
procuram tais dias em vão?
2 Há os que removem
os limites,
roubam os rebanhos
e os apascentam.
3 Levam o jumento do órfão
e tomam em penhor o boi
da viúva.
4 Desviam do caminho os
necessitados
e obrigam a todos os pobres
da terra
a se esconderem.
5 Como jumentos selvagens
no deserto,
os pobres saem
ao seu trabalho,
à procura de presa no campo
aberto,
como pão para eles
e seus filhos.
6 No campo segam o seu pasto
e colhem na vinha do ímpio.
7 Por falta de roupa, passam a
noite nus;
não têm cobertas contra
o frio.
8 Pelas chuvas das montanhas
são molhados
e se abraçam com as rochas
por falta de abrigo.
9 O órfão é arrancado do peito;
aceitam o filho do pobre
como penhor.
10 Tendo falta de roupa,
andam nus;
carregam as espigas,
mas ainda têm fome.
11 Dentro dos seus muros
fazem o azeite;
pisam os lagares,
e ainda têm sede.
12 Desde as cidades gemem
os homens,
e os feridos clamam
por socorro.
Deus, porém, a ninguém
acusa de maldade.
13 Estão entre os que se
opõem à luz,
que não conhecem os
seus caminhos
nem permanecem nas
suas veredas.

14 De madrugada se levanta
o homicida,
mata o pobre e o necessitado;
de noite torna-se ladrão.
15 Os olhos do adúltero
aguardam o crepúsculo,
dizendo: Não me verá olho
nenhum,
e disfarça o rosto.
16 Nas trevas arrombam
as casas,
mas de dia se conservam
encerrados;
nada querem com a luz.
17 Para eles a profunda
escuridão é a sua manhã;
são amigos dos terrores das
trevas.
18 São, porém, espuma na face
das águas;
maldita é a sua porção
sobre a terra,
de modo que ninguém vai
às vinhas.
19 Como a secura e o calor
desfazem as águas da neve,
assim faz a sepultura aos que
pecaram.
20 A madre se esquecerá dele,
os vermes o comerão
avidamente;
nunca mais haverá
lembrança dele,
e a iniquidade se quebrará
como árvore.
21 Aflige a estéril que não
dá à luz
e não faz bem à viúva.
22 Deus, porém, arrasta os
poderosos com a sua força;
embora se levantem, não
têm vida segura.
23 Ele pode deixar que
descansem
sentindo-se seguros,
mas seus olhos estão nos
caminhos deles.
24 Por um pouco são exaltados,
e logo desaparecem;
são abatidos e encerrados
como todos os outros;
são cortados como as
pontas das espigas.
25 Se não é assim, quem
me desmentirá
e reduzirá a nada as
minhas palavras?

Bildade

25 Então Bildade, o suíta, res-
pondeu:
2 Com Deus estão domínio
e temor; ele faz reinar a paz
nas suas alturas.
3 Têm número os seus
exércitos?
Sobre quem não se levanta a
sua luz?
4 Portanto, como seria justo o
homem perante Deus?
Como seria puro aquele que
nasce de mulher?
5 Se até a lua não resplandece,
e as estrelas não são puras
aos seus olhos,
6 quanto menos o homem, que
é uma larva,
e o filho do homem, que é
um verme!

Jó

26 Então Jó respondeu:
2 Como ajudaste aquele
que não tinha força
e sustentaste o braço que não
tinha vigor!
3 Como aconselhaste aquele
que não tinha sabedoria,
e plenamente lhe fizeste saber
o verdadeiro conhecimento!
4 Para quem proferiste
palavras?
E de quem é o espírito que
saiu de ti?

5 Os mortos tremem debaixo
das águas,
com os seus moradores.
6 A morte está nua perante Deus,
e não há coberta para a
perdição.
7 Ele estende o norte sobre
o vazio;
suspende a terra
sobre o nada.
8 Prende as águas em
densas nuvens,
contudo as nuvens não
se rasgam sob o seu peso.
9 Encobre a face da lua cheia
e sobre ela estende a sua
nuvem.
10 Marca o horizonte na
superfície das águas,
como um limite entre a luz
e as trevas.
11 As colunas do céu tremem
e se espantam da sua
ameaça.
12 Com a sua força fendeu o mar;
com o seu entendimento
abateu a Raabe.
13 Pelo seu sopro os céus se
aclararam;
a sua mão trespassou a
serpente veloz.
14 E isso são apenas as orlas
dos seus caminhos;
quão pouco é o que temos
ouvido dele!
Quem, pois, entenderia o
trovão do seu poder?

27 Prosseguiu Jó em seu discurso:
2 Tão certo como vive o Senhor,
que me negou justiça, e o
Todo-poderoso,
que amargurou a minha
alma,
3 enquanto eu tiver vida,
e o sopro de Deus no
meu nariz,
4 não falarão os meus lábios
iniquidade
nem a minha língua
pronunciará engano.
5 Jamais admitirei que
tendes razão;
até que eu expire,
não negarei a minha
integridade.
6 À minha justiça me apegarei,
e não a largarei;
não me reprovará
a minha consciência
enquanto eu viver.
7 Seja como o ímpio o
meu inimigo,
e o que se levantar contra
mim como o perverso.
8 Pois que esperança tem o
ímpio quando é cortado,
quando Deus lhe arranca
a vida?
9 Ouve Deus o seu clamor,
quando lhe sobrevém a
tribulação?
10 Se deleitará o ímpio no
Todo-poderoso,
ou invocará a Deus em todo
o tempo?
11 Eu vos ensinarei acerca
do poder de Deus;
não vos encobrirei os
caminhos do
Todo-poderoso.
12 Todos vós já vistes isso.
Por que, pois, proferis
palavras vãs?
13 Eis da parte de Deus a
porção do ímpio,
a herança que os tiranos
recebem do Todo-
-poderoso:
14 Se os seus filhos se
multiplicarem,
será para a espada;
a sua prole não se fartará
de pão.

15 Os que ficarem dela, a praga
os enterrará,
e as suas viúvas não
chorarão.
16 Embora amontoe prata
como pó
e vestes como barro,
17 o que ele acumular,
o justo vestirá,
e o inocente repartirá
a sua prata.
18 A casa que ele edifica é como
o casulo da traça,
como a cabana feita pelo
vigia.
19 Rico se deita, mas não
o fará mais!
Quando abre os olhos, tudo
desapareceu.
20 Pavores se apoderam dele
como águas;
de noite o arrebatará a
tempestade.
21 O vento oriental o leva,
e ele se vai;
arranca-o com ímpeto do
seu lugar.
22 Atira-se contra ele sem
misericórdia,
enquanto ele foge
precipitadamente
do seu poder.
23 Bate palmas contra ele e,
com assobios, o tiram do
seu lugar.

28 Há minas de onde se
extrai a prata,
e um lugar onde se refina
o ouro.
2 O ferro é tirado da terra,
e da pedra se funde o cobre.
3 O homem põe fim às trevas;
até nos últimos confins
procura pedras
na mais densa escuridão.
4 Longe da habitação dos homens,
em lugares esquecidos dos
pés do homem,
abre um poço;
longe dos homens fica
pendente e oscila.
5 A terra, de onde procede o pão,
é revolvida como por fogo;
6 safiras procedem das
suas rochas,
e seu pó contém pepitas
de ouro.
7 Essa vereda, a ave de
rapina ignora,
e os olhos do falcão jamais
a viram.
8 Nunca a pisaram feras altivas
nem o feroz leão passou
por ela.
9 O homem estende a mão
contra a dura rocha
e revolve os montes desde
as suas raízes.
10 Abre túneis através da rocha;
seus olhos veem todos os
seus tesouros.
11 Procura as fontes dos rios,
e traz para a luz o que estava
escondido.
12 Onde, porém, se achará a
sabedoria?
Onde habita o
entendimento?
13 O homem não lhe
compreende o valor;
não se pode encontrar na
terra dos viventes.
14 O abismo diz:
Não está em mim;
o mar diz: Ela não está
comigo.
15 Não pode ser comprada
com o ouro fino,
nem a peso de prata se
trocará.
16 Não pode ser comprada com
o ouro fino de Ofir
nem com o precioso ônix
nem com a safira.

17 Com ela não se pode
comparar o ouro ou o cristal
nem pode ser trocada por
joias de ouro.
18 Não se fará menção do coral
nem do cristal;
o preço da sabedoria está
além dos rubis.
19 Não se lhe igualará o topázio
da Etiópia;
nem se pode comprar por
ouro puro.
20 De onde, pois, vem a
sabedoria?
Onde habita o
entendimento?
21 Está encoberta aos olhos de
todo vivente,
oculta até das aves do céu.
22 A destruição e a morte dizem:
Ouvimos um rumor dela.
23 Deus entende o seu caminho
e sabe o seu lugar,
24 pois ele vê as extremidades
da terra
e vê tudo o que há debaixo
dos céus.
25 Quando estabeleceu a força
do vento
e tomou a medida das
águas,
26 quando decretou uma lei
para a chuva
e um caminho para a
tempestade
acompanhada de relâmpago
e trovões,
27 então a viu e a manifestou;
confirmou-a e também a
testou.
28 E disse ao homem:
O temor do Senhor é a
sabedoria,
e apartar-se do mal é o
entendimento.

29 Prosseguiu Jó em seu discurso:

2 Quem me dera ser como
fui nos meses passados,
como nos dias em que Deus
me guardava,
3 quando fazia resplandecer
a sua lâmpada sobre a minha
cabeça,
e eu com a sua luz caminhava
pelas trevas!
4 Ah! quem me dera voltar
aos dias da minha juventude,
quando a amizade de Deus
estava sobre a minha tenda,
5 quando o Todo-poderoso
ainda estava comigo
e os meus filhos em redor
de mim;
6 quando o meu caminho era
regado com leite,
e da rocha me corriam
ribeiros de azeite!
7 Quando eu saía para a porta
da cidade
e na praça preparava a
minha cadeira,
8 os moços me viam e se
retiravam,
e os idosos se punham
em pé;
9 os príncipes continham as
suas palavras
e punham a mão
sobre a boca;
10 a voz dos nobres emudecia,
e a sua língua se pegava ao
paladar.
11 Ouvindo-me algum ouvido,
tinha-me por
bem-aventurado;
vendo-me algum olho,
dava testemunho de mim,
12 porque eu livrava os pobres
que clamavam
e o órfão que não tinha
quem o socorresse.
13 A bênção do que ia
perecendo vinha sobre mim;

eu fazia rejubilar-se o coração
da viúva.
14 Cobria-me de retidão, e ela
me servia de veste;
como manto e diadema era
a minha justiça.
15 Eu era o olho do cego e os
pés do coxo.
16 Eu era pai dos necessitados;
examinava com diligência as
causas dos estrangeiros.
17 Eu quebrava os queixos
do perverso e dos seus
dentes tirava a presa.
18 Eu dizia: No meu ninho
expirarei
e multiplicarei os meus dias
como a areia.
19 A minha raiz se estenderá
até as águas,
e o orvalho ficará a noite toda
sobre os meus ramos.
20 A minha honra se renovará
em mim,
e o meu arco se reforçará na
minha mão.
21 Os homens me ouviam
com esperança,
e em silêncio aguardavam o
meu conselho.
22 Havendo eu falado, não
replicavam;
as minhas palavras caíam
suavemente sobre eles.
23 Esperavam-me como à chuva,
abriam a sua boca como à
chuva tardia.
24 Quando eu sorria para eles,
quase não acreditavam;
a luz do meu rosto lhes era
preciosa.
25 Eu escolhia o seu caminho,
assentava-me como chefe;
habitava como rei entre as
suas tropas,
como quem consola os que
pranteiam.

30 Agora, porém, zombam
de mim
os de menos idade do que eu,
cujos pais eu teria
desdenhado de pôr
com os cães do meu rebanho.
2 De que me serviria a força das
suas mãos,
visto que o seu vigor já
pereceu?
3 Debilitados pela necessidade
e pela fome,
andavam vagando pelos
lugares secos,
lugares de ruínas e
desolação.
4 Apanhavam malvas junto
aos arbustos
e se sustentavam de raízes
de zimbros.
5 Do meio dos homens eram
expulsos;
gritava-se contra eles,
como se grita atrás de um
ladrão.
6 Eram forçados a habitar nos
leitos secos dos rios,
entre as rochas e nas
cavernas da terra.
7 Bramavam entre os arbustos
e se ajuntavam debaixo das
urtigas.
8 Eram filhos de doidos,
filhos de gente sem nome,
e da terra eram expulsos.
9 E agora sou a sua canção de
zombaria;
sirvo-lhes de provérbio.
10 Abominam-me, fogem para
longe de mim;
não hesitam em cuspir no
meu rosto.
11 Agora que Deus afrouxou
a corda
do meu arco e me oprimiu,
eles sacudiram de si o freio
perante o meu rosto.

12 À direita se levantam
os moços;
empurram os meus pés e
preparam contra mim
os seus caminhos de
destruição.
13 Arruínam o meu caminho,
promovem a minha
calamidade;
gente para quem não há
socorro.
14 Vêm contra mim como por
uma grande brecha;
por entre as ruínas se
precipitam.
15 Sobrevieram-me pavores;
como pelo vento é varrida a
minha honra;
como nuvem passa a minha
segurança.
16 Agora a minha alma se esvai;
dias de sofrimento se
apoderam de mim.
17 A noite trespassa os
meus ossos;
o mal que me corrói jamais
descansa.
18 Em seu grande poder Deus
desfigura a minha veste;
ele me amarra como a gola da
minha túnica.
19 Ele me lança na lama,
e sou reduzido a pó e cinza.
20 Clamo a ti, ó Deus, mas não
me respondes;
ponho-me de pé, mas para
mim não atentas.
21 Tornas-te cruel para comigo;
com a força da tua mão me
atacas.
22 Levantas-me sobre o vento e
fazes-me cavalgá-lo;
dissolves-me na tempestade.
23 Eu sei que me levarás
à morte,
ao lugar destinado a todos
os viventes.
24 Certamente ninguém estende
a mão para o homem
arruinado
quando clama por ajuda em
sua aflição.
25 Não chorei pelos aflitos?
Não se angustiou a minha
alma pelos pobres?
26 Contudo, aguardando eu o bem,
me sobreveio o mal;
esperando eu a luz, veio a
escuridão.
27 A agitação das minhas
entranhas não cessa;
os dias da aflição me
sobrevêm.
28 Denegrido ando,
mas não do sol;
levanto-me na congregação
e clamo por socorro.
29 Irmão me fiz dos chacais
e companheiro das corujas.
30 A minha pele enegrece e cai;
o meu corpo queima de febre.
31 Pelo que a minha harpa se
tornou em pranto de luto,
e a minha flauta em voz dos
que choram.

31

Fiz aliança com meus olhos;
portanto, como os fixaria
numa jovem?
2 Pois que porção tem o homem
da parte de Deus lá de cima?
Qual a sua herança do
Todo-poderoso
lá das alturas?
3 Não é a ruína para os perversos,
e o desastre para os que
praticam a iniquidade?
4 Não vê ele os meus caminhos,
e não conta os meus passos?
5 Se andei com falsidade
e se o meu pé se apressou
para o engano
6 (pese-me Deus em balanças fiéis,
e conhecerá a minha
integridade),

7 se os meus passos se
desviaram do caminho,
se o meu coração seguiu os
meus olhos
e se as minhas mãos se
tornaram imundas,
8 então, semeie eu e outro coma;
seja o produto das minhas
colheitas arrancado.
9 Se o meu coração se deixou
seduzir por uma mulher,
ou se andei rondando à
porta do meu próximo,
10 então, que a minha mulher
moa cereal para outro,
e outros se encurvem
sobre ela.
11 Pois isso seria uma vergonha,
um pecado para ser punido
pelos juízes.
12 É fogo que devora até a
destruição;
desarraigaria toda a minha
renda.
13 Se desprezei o direito do
meu servo
ou da minha serva,
quando contendiam
comigo,
14 que faria eu quando Deus se
levantasse?
E, inquirindo ele a causa,
que lhe responderia?
15 Aquele que me formou no
ventre,
não fez também a meu
servo?
Ou não nos formou do
mesmo modo na madre?
16 Se retive o desejo dos pobres,
ou fiz desfalecer os olhos da
viúva,
17 se sozinho comi o meu pão,
sem dividi-lo com o órfão
18 (desde a minha juventude
criei o órfão como se
lhe fora pai
e guiei a viúva desde o ventre
da minha mãe),
19 se a alguém vi perecer por
falta de roupa
e ao necessitado falta
coberta,
20 se os seus lombos não me
abençoaram,
se ele não se aquentava
com a lã
dos meus cordeiros,
21 se levantei a mão contra
o órfão,
sabendo ter o apoio dos
juízes na porta,
22 então caia do ombro o meu
braço e seja
arrancado da articulação.
23 Pois a destruição vinda de
Deus seria para mim
um horror,
e por causa do temor do seu
resplendor
eu não poderia fazer tais
coisas.
24 Se no ouro pus a minha
esperança,
ou disse ao ouro fino:
Tu és a minha segurança;
25 se me alegrei por ser grande
a minha riqueza
e por ter a minha mão
alcançado muito;
26 se olhei para o sol, quando
resplandecia,
ou para a lua, quando se
movia gloriosa,
27 e o meu coração se deixou
enganar em oculto,
e com a mão lhes ofereci
beijos de homenagem,
28 também isto seria pecado
para ser punido pelos
juízes,
pois eu teria sido
infiel a Deus
que está lá em cima.

29 Se me alegrei com o
infortúnio
do que me tem ódio
e se exultei
quando o mal lhe sobreveio,
30 (não deixei pecar a minha
boca
invocando uma maldição
sobre a sua vida),
31 se as pessoas da minha
tenda não disseram:
Quem não se fartou de
carne provida por Jó?
32 O estrangeiro não passava a
noite na rua,
pois as minhas portas
estavam abertas
ao viajante;
33 se, como os homens, encobri
o meu pecado,
ocultando a minha culpa no
coração,
34 porque temia a multidão,
e tinha tanto pavor do
desprezo das famílias
que me calei e não saí da
porta.
35 (Ah! quem me dera alguém
que me ouvisse!
Agora assino a minha
defesa.
Que o Todo-poderoso me
responda;
que o meu adversário escreva
a sua acusação.
36 Por certo que a levaria sobre
o meu ombro,
sobre mim a ataria como
coroa.
37 Eu lhe daria conta dos meus
passos;
como príncipe me chegaria
a ele.)
38 Se a minha terra clamar
contra mim
e se os seus sulcos se
molharem de lágrimas,
39 se comi os seus produtos
sem pagar
e quebrantei o espírito dos
seus donos,
40 por trigo me produza
espinhos, e por cevada, joio.
Acabaram-se as palavras
de Jó.

Eliú

32 Então aqueles três homens
cessaram de responder a
Jó, porque era justo aos seus pró-
prios olhos.
2 Acendeu-se, porém, a ira de Eliú,
filho de Baraquel, o buzita, da fa-
mília de Rão; acendeu-se a sua ira
contra Jó, porque este se justifica-
va a si mesmo, mais do que a Deus.
3 Também a sua ira se acendeu
contra os seus três amigos por-
que, não achando o que respon-
der, todavia condenavam a Jó.
4 Eliú esperou para falar a Jó,
pois eram mais velhos do que ele.
5 Vendo Eliú que já não havia res-
posta na boca daqueles três ho-
mens, a sua ira se acendeu.
6 Então disse Eliú, filho de Baraquel,
o buzita:
Eu sou de menos idade,
e vós sois idosos;
tive receio e temi de vos
declarar a minha opinião.
7 Pensava eu: Falem os dias;
a multidão dos anos ensine a
sabedoria.
8 É o espírito do homem que lhe
dá entendimento;
o sopro do Todo-poderoso.
9 Não são apenas os velhos que
são sábios,
nem apenas os idosos
que entendem o que é reto.
10 Pelo que digo: Ouçam-me;
também eu declararei a
minha opinião.

11 Aguardei as vossas palavras
e dei ouvidos às vossas
considerações,
enquanto buscáveis o que
dizer.
12 Atentando para vós,
nenhum de vós houve que
convencesse a Jó
nem que respondesse às
suas palavras.
13 Por isso, não faleis: Achamos
a sabedoria;
que Deus o refute, não
homem algum.
14 Ora, ele não dirigiu contra
mim palavra alguma,
nem lhe responderei com as
vossas palavras.
15 Estão pasmados, já não
respondem,
faltam-lhes as palavras.
16 Acaso devo esperar, agora
que não falam,
agora que estão calados e
nada mais respondem?
17 Também eu responderei pela
minha parte;
também eu declararei a
minha opinião.
18 Pois estou cheio de palavras,
e o meu espírito me
constrange;
19 dentro em mim sou como o
vinho
sem respiradouro,
como odres novos, prestes a
arrebentar-se.
20 Falarei, para que encontre
alívio;
abrirei os lábios e
responderei.
21 Não farei acepção de pessoas
nem usarei de bajulação
com o homem;
22 pois, se eu soubesse bajular,
em breve me levaria o meu
Criador.

33 Agora, pois, ó Jó, ouve as mi-
nhas palavras; dá ouvidos a
tudo o que eu disser.
2 Estou prestes a abrir
a minha boca;
as minhas palavras estão na
ponta da minha língua.
3 As minhas palavras saem da
sinceridade
do meu coração;
os meus lábios falam com
sinceridade do que sei.
4 O Espírito de Deus me fez;
o sopro do Todo-poderoso
me dá vida.
5 Se podes, responde-me;
prepara-te para
confrontar-me.
6 Diante de Deus sou como tu;
do barro também fui
formado.
7 Não te perturbará o medo
de mim
nem será pesada sobre ti a
minha mão.
8 Disseste, porém, em meus
ouvidos;
eu ouvi bem as tuas
palavras:
9 Estou limpo, sem pecado;
sou puro e livre de culpa.
10 Contudo, Deus encontrou
pretextos contra mim;
ele me considera seu
inimigo.
11 Põe no tronco os meus pés e
observa todas as minhas
veredas.
12 Eu, porém, te respondo,
que nisso não tens razão,
pois Deus é maior do que o
homem.
13 Por que razão contendes
com ele,
dizendo que ele não
responde
às palavras dos homens?

14 Pois Deus fala, ora de um modo, ora de outro,
embora o homem possa não atentar para isso.
15 Em sonho ou em visão de noite,
quando cai sono profundo sobre os homens,
enquanto dormem na cama,
16 ele pode falar-lhes aos ouvidos
e atemorizá-los com avisos,
17 para apartar o homem do seu desígnio
e livrá-lo do seu orgulho;
18 para preservar a sua alma da cova
e a sua vida de perecer pela espada.
19 Também na sua cama é com dores castigado,
com incessante agonia nos seus ossos,
20 de modo que a sua vida abomina o pão;
a sua alma, a comida preferida.
21 Desaparece a sua carne a olhos vistos,
e os seus ossos, que não se viam,
agora se descobrem.
22 A sua alma vai-se chegando à cova,
e a sua vida, aos que trazem a morte.
23 Se com ele houver um anjo mediador,
um entre milhares,
para declarar ao homem o que lhe é justo,
24 então terá compaixão dele e lhe dirá:
Livra-o, que não desça à cova;
já achei resgate.
25 A sua carne se reverdece como a de uma criança;
é restaurada como nos dias da sua juventude.
26 Ele ora a Deus, que lhe é favorável;
vê a face de Deus e clama de júbilo;
Deus o restaura à sua justiça.
27 Então ele vem aos homens e diz:
Pequei e perverti o direito,
mas não fui punido como merecia.
28 Deus livrou a minha alma de ir para a cova
e viverei para desfrutar a luz.
29 Tudo isso é obra de Deus,
duas a três vezes para com o homem,
30 para desviar a sua alma da perdição,
para que a luz da vida brilhe sobre ele.
31 Escuta, ó Jó, e ouve-me;
cala-te, e eu falarei.
32 Se tens alguma coisa que dizer, responde-me;
fala, pois desejo justificar-te.
33 Se não, escuta-me tu;
cala-te, e te ensinarei a sabedoria.

34 Então disse Eliú:
2 Ouvi, vós, sábios, as minhas palavras;
vós, entendidos, inclinai a mim os ouvidos.
3 Pois o ouvido prova as palavras como o paladar prova a comida.
4 O que é direito escolhamos para nós;
conheçamos entre nós o que é bom.
5 Diz Jó: Sou justo,
e Deus tirou o meu direito.

6 Apesar do meu direito,
sou considerado
mentiroso;
a minha ferida é incurável
embora eu esteja sem
transgressão.
7 Que homem há como Jó,
que bebe a zombaria como
água?
8 Anda na companhia dos que
praticam a iniquidade;
caminha com os ímpios.
9 Pois diz: De nada aproveita
ao homem
comprazer-se em Deus.
10 Por isso, vós homens de
entendimento, escutai-me:
Longe de Deus esteja
praticar impiedade,
e do Todo-poderoso praticar
a iniquidade!
11 Segundo a obra do homem,
ele lhe paga,
e faz a cada um segundo o
seu caminho.
12 Na verdade, Deus não
procede impiamente
nem o Todo-poderoso
perverte o juízo.
13 Quem lhe entregou o
governo da terra?
Quem lhe deu autoridade
sobre todo o mundo?
14 Se Deus quisesse,
e retirasse o seu espírito e
fôlego,
15 toda a carne juntamente
expiraria,
e o homem voltaria ao pó.
16 Se há em ti entendimento,
ouve isto;
inclina os ouvidos à voz do
meu discurso.
17 *Pode governar o* que
aborrece o direito?
Condenarás aquele que é
justo e poderoso?
18 Não é ele que diz aos reis:
Sois ímpios,
e aos príncipes: Sois
perversos;
19 que não faz discriminação
em favor dos príncipes
nem estima ao rico mais do
que ao pobre,
pois todos são obra de suas
mãos?
20 Eles num momento morrem,
no meio da noite;
os povos são perturbados e
passam;
os poderosos são removidos
sem auxílio
de mão humana.
21 Os seus olhos estão sobre
os caminhos dos homens;
ele vê a todos os seus
passos.
22 Não há trevas nem sombra
de morte
nas quais se escondam
os que praticam a
iniquidade.
23 Deus não precisa observar
por muito tempo o homem,
para o fazer ir a juízo diante
dele.
24 Quebranta os fortes, sem
depender de investigação,
e põe outros em seu lugar.
25 Porque conhece as suas
obras,
de noite os transtorna, e
ficam moídos.
26 Ele os castiga por causa
da sua impiedade à vista de
todos,
27 porque se desviaram dele
e não compreenderam
nenhum de seus caminhos.
28 Fizeram que o clamor do
pobre subisse até ele,
de sorte que ouviu o clamor
dos aflitos.

29 Se, porém, permanecer quieto,
quem poderá condená-lo?
Se encobrir o rosto, quem
poderá contemplá-lo?
Contudo ele domina as
nações e os indivíduos,
30 para que o ímpio não reine
e não haja quem iluda o
povo.
31 Se alguém disser a Deus: Sou
culpado,
mas não pecarei mais.
32 O que não vejo, ensina-o tu
a mim,
se cometi maldade, nunca
mais tornarei a praticá-la.
33 Deve Deus recompensar-te
como tu queres,
se não te arrependeres?
Pois tu deves fazer a escolha,
não eu;
assim, dize-me o que sabes.
34 Os homens de entendimento
declaram,
os sábios que me ouvem
dizem-me:
35 Jó fala sem conhecimento;
às suas palavras falta
sabedoria.
36 Oxalá fosse Jó provado
até o fim por responder
como os ímpios!
37 Ao seu pecado acrescenta a
rebelião;
entre nós bate palmas com
desprezo
e multiplica contra Deus as
suas palavras.

35 Então disse Eliú:
2 Achas que é justo
dizeres:
Maior é a minha justiça do
que a de Deus?
3 Pois dizes: De que me
serviria ela?
Que proveito tiraria dela
mais do que do meu pecado?
4 Eu te darei resposta,
a ti e aos teus amigos
contigo.
5 Atenta para os céus e vê;
contempla as mais altas
nuvens,
que estão mais altas
do que tu.
6 Se pecas, em que isso pode
te afetar?
Se os teus pecados são
muitos, que lhe fazes?
7 Se és justo, que lhe dás,
ou que recebe ele das tuas
mãos?
8 A tua impiedade fará mal
apenas a outro homem
como tu,
e a tua justiça só aproveitará
aos filhos dos homens.
9 Por causa das muitas
opressões,
os homens clamam;
clamam por socorro por
causa do braço
dos poderosos.
10 Ninguém, porém, diz:
Onde está Deus que me fez,
que inspira cânticos durante
a noite,
11 que ensina mais a nós do
que aos animais da terra
e nos faz mais sábios do que
as aves dos céus?
12 Ele não responde quando os
homens clamam,
por causa da arrogância
dos maus.
13 Certo é que Deus não ouve a
gritos vazios;
nem atenta para eles o
Todo-poderoso.
14 Quanto menos ouvirá ele
quando dizes que não o vês,
que a tua causa está
perante ele,
e que esperas nele;

15 ainda mais, que a sua ira
jamais castiga,
e ele não faz o mínimo caso
da impiedade.
16 Assim Jó abre em vão
a sua boca;
sem conhecimento
multiplica palavras.

36 Continuou Eliú:
2 Espera um pouco mais;
eu te mostrarei que ainda há
argumentos a favor de Deus.
3 De longe trago o meu
conhecimento;
ao meu Criador atribuirei a
justiça.
4 Na verdade, as minhas
palavras não são falsas;
contigo está alguém cujo
conhecimento é perfeito.
5 Deus é muito poderoso, mas a
ninguém despreza;
ele é poderoso e firme em
seu propósito.
6 Não deixa viver o ímpio,
mas faz justiça aos aflitos.
7 Dos justos não tira os seus olhos;
antes, com os reis no trono
os faz
assentar para sempre,
e assim são exaltados.
8 Se, porém, estão presos em
grilhões
e amarrados com cordas de
aflição,
9 ele lhes faz saber a obra e as
transgressões deles,
porque se têm portado com
soberba.
10 Abre-lhes os ouvidos para a
instrução
e ordena-lhes que se
arrependam da maldade.
11 Se o ouvirem e o servirem,
acabarão os seus dias em
prosperidade
e os seus anos em delícias.
12 Se não o ouvirem, à espada
serão traspassados
e expirarão sem
conhecimento.
13 Os ímpios de coração
amontoam para si a ira;
ainda quando Deus os
põe em grilhões,
não clamam por socorro.
14 Morrem na juventude
e perecem entre os
prostitutos dos santuários.
15 Ao aflito, porém, livra
no seu sofrimento;
na sua aflição se revela aos
seus ouvidos.
16 Assim também quer atrair-
-te para longe da angústia
para um lugar espaçoso,
em que não há aperto,
e para as iguarias da tua
mesa cheias de gordura.
17 Tu, porém, estás cheio de
juízo devido ao ímpio;
o juízo e a justiça tomaram
conta de ti.
18 Cuida para que ninguém te
seduza com riquezas;
não permitas que o valor do
suborno te desvie.
19 As tuas riquezas,
ou até mesmo todos os teus
grandes esforços,
te sustentariam para que não
estivesses em aperto?
20 Não suspires pela noite,
para arrastar os povos do
seu lugar.
21 Cuida-te, não te inclines
para a iniquidade,
que pareces preferir à aflição.
22 Deus é exaltado em seu poder.
Quem é mestre como ele?
23 Quem lhe prescreveu o seu
caminho,
ou quem lhe disse:
Tu cometeste maldade?

24 Lembra-te de engrandecer
a sua obra,
que os homens têm
celebrado.
25 Toda a humanidade
a tem visto;
os homens a contemplam
de longe.
26 Quão grande é Deus, e nós
não o compreendemos!
O número dos seus anos
não se pode calcular.
27 Ele reúne as gotas das águas
e do seu vapor as destila em
chuva,
28 que as nuvens derramam
e gotejam abundantemente
sobre o homem.
29 Quem pode entender como
ele espalha as nuvens,
como troveja da sua tenda?
30 Ao redor de si estende o seu
relâmpago,
banhando as profundezas
do mar.
31 Por essas coisas governa
os povos
e lhes dá mantimento
em abundância.
32 Enche as mãos de
relâmpagos
e ordena que atinjam o alvo.
33 Seu trovão anuncia a
tempestade que se aproxima;
até o gado pressente a sua
aproximação.

37 Sobre isso também treme
o meu coração
e salta do seu lugar.
2 Atentamente ouvi o estrondo
da voz de Deus
e o sonido que sai da
sua boca.
3 Ele solta o seu relâmpago
por debaixo de todos
os céus,
e o envia aos confins da terra.
4 Depois disso vem o seu
bramido;
troveja com a sua voz
majestosa.
Quando a sua voz ressoa, ele
nada retém.
5 A voz de Deus troveja
maravilhosamente;
faz grandes coisas que nós
não compreendemos.
6 À neve ele diz:
Cai sobre a terra;
como também à chuva e ao
aguaceiro:
Sede copiosos.
7 Paralisa as mãos de
todo homem,
para que todos conheçam a
sua obra.
8 Os animais entram nos seus
esconderijos
e ficam nas suas cavernas.
9 Das suas recâmaras
sai o tufão,
o frio dos fortes ventos.
10 O sopro de Deus
produz a geada,
e as grandes águas são
congeladas.
11 De umidade ele carrega as
grossas nuvens;
esparge entre elas os seus
relâmpagos.
12 Então elas, segundo
o rumo que ele dá,
espalham-se em redor, sobre
a face de toda a terra,
para fazer tudo o que ele
lhes ordena.
13 Ele traz as nuvens para
punir os homens,
ou para regar a sua terra,
e mostrar o seu amor.
14 A isto, ó Jó, inclina os
teus ouvidos;
atende e considera as
maravilhas de Deus.

15 Sabes tu como Deus
controla as nuvens
e faz resplandecer o
relâmpago?
16 Sabes como as grossas
nuvens se equilibram,
essas maravilhas daquele
que é perfeito em
conhecimento?
17 Tu, cujas roupas se aquecem
quando há calma sobre a terra
por causa do vento sul,
18 podes com ele estender
os céus,
que são sólidos como um
espelho fundido?
19 Ensina-nos o que lhe
diremos;
nada podemos elaborar
para a nossa defesa, por
causa das trevas.
20 Alguém lhe contaria o que
tenho dito?
Desejaria o homem ser
devorado?
21 Ora, ninguém pode olhar
para o sol,
que resplandece no céu,
depois que o vento o deixou
limpo.
22 Do norte ele vem em
esplendor de ouro;
Deus vem em tremenda
majestade.
23 O Todo-poderoso está além
do nosso alcance;
ele é exaltado em poder,
em sua justiça e grande
retidão
ele a ninguém oprime.
24 Por isso, os homens o temem;
ele não respeita os sábios
de coração.

O Senhor responde

38 Depois disto o Senhor respondeu a Jó de um redemoinho:
2 Quem é este que escurece o
meu conselho
com palavras sem
conhecimento?
3 Agora cinge os teus lombos,
como homem;
eu te perguntarei, e tu me
responderás.
4 Onde estavas tu,
quando eu lançava os
fundamentos da terra?
Dize-me, se tens inteligência.
5 Quem lhe pôs as medidas, se é
que o sabes?
Ou quem estendeu sobre
ela o cordel?
6 Sobre o que estão fundadas as
suas bases?
Quem assentou a sua pedra
de esquina,
7 quando as estrelas da alva
juntas alegremente
cantavam,
e todos os filhos de Deus
rejubilavam?
8 Quem encerrou o mar
com portas,
quando irrompeu
e saiu da madre,
9 quando eu lhe vesti
de nuvens
e lhe envolvi com a
escuridão?
10 Quando fixei limites para ele,
pondo-lhe portas e
ferrolhos,
11 quando eu disse:
Até aqui virás e não mais
adiante;
aqui se quebrarão as tuas
orgulhosas ondas?
12 Já deste ordens à manhã,
ou mostraste à alva
o seu lugar,
13 para que ela agarrasse as
extremidades da terra
e sacudisse dela os ímpios?

14 A terra se transforma como
o barro sob o sinete;
suas feições sobressaem
como vestidos.
15 Aos ímpios se nega a sua luz,
e o seu braço altivo é
quebrantado.
16 Entraste nos mananciais
do mar,
ou passeaste pelas obscuras
profundezas do abismo?
17 Foram-te reveladas as portas
da morte?
Viste as portas da sombra
da morte?
18 Compreendeste a largura
da terra?
Dize-me, se sabes tudo isto.
19 Onde está o caminho para a
morada da luz?
E onde residem as trevas?
20 Podes levá-las aos seus
limites?
Conheces as veredas
da sua casa?
21 De certo tu o conheces, pois
já eras nascido
e porque grande é o número
dos teus dias!
22 Entraste nos depósitos
da neve,
ou viste os depósitos da
saraiva,
23 que eu reservo para tempos
de angústia,
para dias de peleja e de
guerra?
24 Qual é o caminho para o lugar
onde se dispersa o relâmpago,
ou o lugar onde o vento
oriental é espalhado sobre
a terra?
25 Quem abriu canais para o
aguaceiro
e um caminho para a
tempestade
com relâmpagos e trovões,
26 para chover sobre a terra,
onde não há ninguém,
e no deserto, em que não
há gente;
27 para fartar a terra deserta
e assolada
e para fazer crescer os
renovos da erva?
28 A chuva tem pai?
Quem gera as gotas do
orvalho?
29 De que ventre procede o gelo?
Quem gera a geada do céu
30 quando as águas se
endurecem como pedras,
quando a superfície das
profundezas se congela?
31 Podes atar as cadeias do
Sete-estrelo?
Podes soltar os laços do Órion?
32 Podes produzir as
constelações
a seu tempo e guiar a Ursa
com os seus filhos?
33 Sabes as ordenanças
dos céus?
Podes estabelecer o domínio
de Deus sobre a terra?
34 Podes erguer a tua voz
às nuvens
e cobrir-te com a
abundância das águas?
35 Ordenas aos relâmpagos
que saiam
e te digam: Aqui estamos?
36 Quem pôs a sabedoria
no íntimo,
ou deu entendimento
à mente?
37 Quem tem sabedoria para
numerar as nuvens?
Quem pode despejar os
odres dos céus
38 quando o pó se transforma
em massa sólida,
e os torrões se apegam uns
aos outros?

39 Caças a presa para a leoa
e satisfazes a fome dos
filhos dos leões
40 quando se agacham nos covis,
ou estão à espreita nas
covas?
41 Quem prepara aos corvos o
seu alimento,
quando os seus filhotes
gritam a Deus e
andam vagueando, por não
terem o que comer?

39 Sabes o tempo em que as
cabras-monteses dão cria?
Observas quando as corças
têm os seus filhotes?
2 Podes contar os meses que
cumprem?
Sabes o tempo do seu parto?
3 Elas se encurvam e dão à luz
suas crias;
as suas dores de parto
terminam.
4 Seus filhos se robustecem,
crescem no campo aberto;
saem e nunca mais tornam
para elas.
5 Quem despediu livre o
jumento selvagem?
Quem soltou as suas
prisões?
6 Dei-lhe o deserto por casa
e a terra salgada por
morada.
7 Ri-se do tumulto da cidade;
não ouve os gritos do
condutor.
8 Percorre os montes
procurando
pasto e anda à busca de
toda erva verde.
9 Consentirá o boi selvagem em
te servir?
Ficará de noite junto à tua
manjedoura?
10 Podes prendê-lo ao arado
com cordas?
Gradará ele os vales após ti?
11 Confiarás nele, por ser
grande a sua força?
Deixarás a seu cargo o teu
trabalho?
12 Confiarás que ele te traga
o que semeaste e o recolha na
tua eira?
13 Movem-se alegremente as
asas da avestruz,
mas não se podem comparar
com as penas da cegonha.
14 Ela põe os seus ovos na terra
e deixa que ela os aqueça,
15 esquecida de que algum pé
os pode esmagar,
ou de que os animais selvagens
podem pisoteá-los.
16 Endurece-se para com os
seus filhos,
como se não lhe
pertencessem;
não se importa que o seu
trabalho tenha
sido em vão,
17 pois Deus a privou de
sabedoria
e não lhe deu entendimento.
18 Quando, porém, espalha as
penas para correr,
ri-se do cavalo e do
cavaleiro.
19 Dás força ao cavalo
ou revestes o seu pescoço
de crinas?
20 Tu o fazes pular como o
gafanhoto,
lançando terror com o
respirar das suas ventas?
21 Escava a terra, folgando na
sua força,
e sai ao encontro dos
armados.
22 Ri-se do temor e não tem
medo de nada;
não torna atrás por causa
da espada.

23 A aljava range contra
o seu lado,
com a lança cintilante e o
dardo.
24 Tremendo e enfurecido
devora a terra;
não pode permanecer quieto
ao som da trombeta.
25 Ao soar a trombeta, ele diz:
Eia!
E de longe cheira a batalha,
o alarido dos príncipes, e o
grito de guerra.
26 Voa o gavião pela tua
inteligência,
e estende as suas asas para
o sul?
27 Remonta a águia pelo teu
mandado
e constrói no alto o seu
ninho?
28 Mora no penhasco
e aí permanece durante a
noite;
o cume das penhas é o seu
lugar seguro.
29 Dali descobre a presa;
seus olhos a avistam de
longe.
30 Seus filhos chupam sangue,
e onde há mortos, ela aí está.

40 Disse mais o Senhor a Jó:
2 Quem contende com o
Todo-poderoso,
o ensinará?
Quem assim argui a Deus,
responda a estas coisas.
3 Então Jó respondeu ao
Senhor:
4 Eu sou indigno; que te
responderia eu?
Ponho a mão na minha
boca.
5 Uma vez falei, mas não
replicarei;
duas vezes, porém não
prosseguirei.
6 Então o Senhor falou a Jó do
meio da tempestade:
7 Cinge agora os teus lombos
como homem;
eu te perguntarei, e tu me
responderás.
8 Farás tu vã a minha justiça?
Ou me condenarás para te
justificares?
9 Tens braço como Deus,
ou podes trovejar com voz
como a dele?
10 Então adorna-te de glória
e esplendor,
e veste-te de honra e
majestade.
11 Derrama a fúria da tua ira,
atenta para todo o soberbo
e abate-o.
12 Olha para todo soberbo e
humilha-o;
esmaga os ímpios no seu
lugar.
13 Enterra-os juntamente no pó;
ata-lhes o rosto na sepultura.
14 Então também eu de ti
confessarei
que a tua mão direita te
poderá salvar.
15 Contempla agora o
hipopótamo,
que eu criei contigo,
que come a erva como o boi.
16 A sua força está nos
seus lombos,
e o seu poder nos músculos
do seu ventre.
17 Endurece a sua cauda como
o cedro;
os nervos das suas coxas
são entretecidos.
18 Os seus ossos são como
tubos de bronze;
os seus membros, como
barras de ferro.
19 Ele é obra-prima dos
feitos de Deus;

aquele que o fez o proveu da
sua espada.
20 Os montes lhe produzem pasto,
onde todos os animais do
campo folgam.
21 Deita-se debaixo dos lotos,
oculto entre os juncos do
pântano.
22 Os lotos o escondem com a
sua sombra;
os salgueiros do ribeiro o
cercam.
23 Quando um rio transborda,
ele não se alarma;
está seguro, embora o Jordão
se levante
até a sua borda.
24 Pode alguém capturá-lo
pelos olhos,
ou apanhá-lo em armadilha e
lhe furar o nariz?

41

Podes pescar com anzol o
leviatã
ou ligar a sua língua com
uma corda?
2 Podes pôr uma corda
no seu nariz
ou furar a sua queixada
com um gancho?
3 Ele te fará muitas súplicas?
Ou te falará com palavras
brandas?
4 Fará ele um acordo contigo,
para que o tomes
por escravo para sempre?
5 Brincarás com ele, como se
fora um passarinho,
ou o prenderás para tuas
meninas?
6 Os teus sócios negociarão
com ele?
Ou o repartirão entre
os negociantes?
7 *Podes encher-lhe* a pele
de arpões
ou a cabeça de lanças de
pesca?
8 Se puseres a mão sobre ele,
te lembrarás da peleja,
e nunca mais o intentarás.
9 Toda esperança de
apanhá-lo é vã;
o homem será derrubado só
em vê-lo.
10 Ninguém há tão feroz que se
atreva a despertá-lo.
Quem, pois, é capaz de
erguer-se contra mim?
11 Quem primeiro me deu,
para que eu deva
retribuir-lhe?
Tudo o que está debaixo do
céu é meu.
12 Não me calarei a respeito
dos seus membros,
nem da sua força nem da
graça da sua estrutura.
13 Quem lhe pode tirar a
vestimenta externa?
Quem se aproximaria dele
com um cabresto?
14 Quem ousa abrir-lhe as
portas da boca?
Em roda dos seus dentes
está o terror.
15 As suas costas possuem
fileiras de escamas,
cada uma fechada como por
um selo apertado.
16 Umas às outras se chegam
tão perto
que nem o ar passa por
entre elas.
17 Umas às outras se ligam,
aderem entre si
e não se podem separar.
18 Cada um dos seus espirros
faz resplandecer a luz;
os seus olhos são como os
raios da alva.
19 Da sua boca saem tochas;
faíscas de fogo saltam dela.
20 Das suas narinas
procede fumaça,

como de uma panela
que ferve,
ou de juncos que ardem.
21 O seu hálito faz acender
os carvões,
e chamas lhe saltam
da boca.
22 No seu pescoço reside a força;
perante ele vai o desespero.
23 As dobras da sua carne estão
pegadas entre si;
são firmes e imóveis.
24 O seu peito é duro como
uma pedra,
duro como a pedra inferior
do moinho.
25 Levantando-se ele, tremem
os valentes;
debandam-se ante a sua
destruição.
26 A espada que o tocar
não poderá penetrar,
tampouco a lança, nem o
dardo, nem o arpão.
27 Ele trata o ferro como palha,
e o bronze como pau podre.
28 A seta não o fará fugir;
as pedras das fundas são
como palha para ele.
29 Os bastões atirados são para
ele como palha;
ri-se do brandir da lança.
30 Debaixo do seu ventre há
pontas agudas,
que deixam rastos na lama
como um instrumento de
debulhar.
31 As profundezas faz ferver
como panela;
torna o mar como caldeira
de unguento.
32 Após si deixa uma vereda
luminosa;
pode-se pensar que o
abismo se tornou branco.
33 Na terra ele não tem igual;
é uma criatura sem medo.
34 Ele olha com desprezo tudo
o que é altivo;
é rei sobre todos os
orgulhosos.

Jó

42 Então respondeu Jó ao
Senhor:
2 Eu sei que tudo podes;
nenhum dos teus planos pode
ser impedido.
3 Quem é aquele, perguntaste,
que sem conhecimento
encobre o conselho?
Certamente falei do que
não entendia,
coisas maravilhosas demais
para mim,
e que eu não compreendia.
4 Escuta-me, disseste, e eu falarei;
eu te perguntarei,
e tu me responderás.
5 Com os ouvidos eu ouvira
falar de ti,
mas agora te veem os
meus olhos.
6 Por isso me abomino
e me arrependo no pó
e na cinza.

Epílogo

7 Acabando o Senhor de dizer a Jó
essas coisas, disse a Elifaz, o tema-
nita: A minha ira se acendeu con-
tra ti e contra os teus dois amigos,
porque não dissestes de mim o que
era reto, como o meu servo Jó.
8 Portanto, tomai sete novilhos e
sete carneiros, e ide ao meu servo
Jó, e oferecei holocaustos por vós.
O meu servo Jó orará por vós; eu
aceitarei a sua oração e não vos
tratarei conforme a vossa loucu-
ra. Vós não falastes de mim o que
era reto, como o meu servo Jó.
9 Então foram Elifaz, o tema-
nita, Bildade, o suíta, e Zofar,

o naamatita, e fizeram como o
Senhor lhes ordenara; e o Senhor
aceitou a oração de Jó.
10 Mudou o Senhor a sorte de Jó,
quando este orava pelos seus ami-
gos; deu o Senhor a Jó o dobro de
tudo o que antes possuíra.
11 Vieram a ele todos os seus ir-
mãos e todas as suas irmãs, e to-
dos os que antes o conheceram, e
comeram com ele em sua casa, e
se condoeram dele, e o consola-
ram de todo o mal que o Senhor
lhe havia enviado; cada um lhe
deu uma peça de prata e um anel
de ouro.
12 Assim abençoou o Senhor o
último estado de Jó mais do que
o primeiro. Jó veio a ter catorze
mil ovelhas, seis mil camelos, mil
juntas de bois e mil jumentas.
13 Também teve sete filhos e três
filhas.
14 Chamou o nome da primeira
Jemima, o da outra Quezia, e o da
terceira Quéren-Hapuque.
15 Em toda a terra não se acharam
mulheres tão formosas como as
filhas de Jó, e o seu pai lhes deu
herança entre os seus irmãos.
16 Depois disso viveu Jó cento e
quarenta anos; viu a seus filhos,
e aos filhos de seus filhos, até a
quarta geração.
17 Então morreu Jó, velho e far-
to de dias.

SALMOS

PRIMEIRO LIVRO

(Salmos 1-41)

1 Bem-aventurado o homem
que não anda segundo o
conselho dos ímpios,
nem se detém no caminho
dos pecadores
nem se assenta na roda dos
zombadores.
2 Antes tem a sua satisfação
na lei do Senhor,
e na sua lei medita de dia e
de noite.
3 Será como a árvore plantada
junto a correntes de águas,
que dá o seu fruto na
estação própria,
e cujas folhas não caem.
Tudo o que fizer
prosperará.
4 Os ímpios não são assim,
mas são como a palha que o
vento espalha.
5 Pelo que os ímpios não
subsistirão no juízo,
nem os pecadores na
congregação dos justos.
6 Pois o Senhor conhece o
caminho dos justos,
mas o caminho dos ímpios
perecerá.

2 Por que conspiram as nações,
e os povos tramam em vão?
2 Os reis da terra se
levantam,
e os governantes se reúnem
contra o Senhor
e contra o seu Ungido,
dizendo:
3 Rompamos as suas cadeias,
e sacudamos de nós as suas
algemas.
4 Aquele que está
entronizado nos céus se ri;
o Senhor zomba deles.
5 Então lhes fala na sua ira,
e no seu furor os confunde,
dizendo:
6 Eu ungi o meu Rei
sobre o meu santo monte
Sião.
7 Proclamarei o decreto do
Senhor:
Ele me disse: Tu és meu
Filho, eu hoje te gerei.
8 Pede-me, e eu te darei as
nações por herança,
e os fins da terra por tua
propriedade.
9 Tu os regerás com vara de
ferro;
tu os despedaçarás como a
um vaso de oleiro.
10 Portanto, ó reis, sede
prudentes;
deixai-vos instruir, juízes
da terra.
11 Servi ao Senhor com temor;
alegrai-vos com tremor.
12 Beijai o Filho, para que
não se ire
e pereçais no vosso
caminho,
pois em breve se inflamará a
sua ira.
Bem-aventurados todos
aqueles
que nele se refugiam.

Salmo de Davi. Quando fugia de seu filho Absalão.

3 Senhor, como se têm
multiplicado
os meus adversários!

São muitos os que se
levantam contra mim.
2 Muitos dizem de mim:
Não há salvação para ele em
Deus. (Selá)
3 Mas tu, Senhor, és o meu
escudo,
a minha glória,
e o que exaltas a minha
cabeça.
4 Com a minha voz clamo ao
Senhor,
e ele me responde do seu
santo monte. (Selá)
5 Eu me deito e durmo;
acordo,
porque o Senhor me
sustenta.
6 Não terei medo de dez
milhares de pessoas
que se puserem contra mim
ao meu redor.
7 Levanta-te, ó Senhor!
Salva-me, ó meu Deus!
Fere no queixo a todos os
meus inimigos;
quebra os dentes aos
ímpios.
8 A salvação vem do Senhor.
Sobre o teu povo seja a tua
bênção. (Selá)

Ao diretor de música.
Com instrumentos de corda.

4 Responde-me quando clamo,
ó Deus da minha retidão.
Na angústia dá-me alívio;
tem misericórdia de mim e
ouve a minha oração.
2 Ó poderosos, até quando
convertereis
a minha glória em vexame?
Até quando amareis a
futilidade e buscareis a
mentira? (Selá)
3 Sabei que o Senhor separou
para si aquele que é piedoso;
o Senhor ouvirá quando eu
clamar a ele.
4 Irai-vos e não pequeis;
reflitam nisso na vossa
cama, e calai-vos. (Selá)
5 Oferecei sacrifícios justos,
e confiai no Senhor.
6 Muitos perguntam:
Quem nos mostrará o bem?
Ó Senhor, faze a luz do teu
rosto brilhar sobre nós.
7 Puseste no meu coração
mais alegria
do que a deles no tempo em
que se lhes
multiplicam o seu trigo e o
seu vinho.
8 Em paz me deitarei e
dormirei,
pois só tu, ó Senhor,
me fazes viver em
segurança.

Ao diretor de música.
Para flautas. Salmo de Davi.

5 Dá ouvidos às minhas
palavras, ó Senhor,
atende aos meus gemidos.
2 Atende à voz do meu clamor,
Rei meu e Deus meu,
pois é a ti que oro.
3 Pela manhã, ó Senhor,
ouve a minha voz;
pela manhã apresento a ti a
minha oração
e aguardo com esperança.
4 Tu não és um Deus
que tenha alegria na
iniquidade;
nem contigo habitará o mal.
5 Os arrogantes não
permanecerão na tua
presença;
abominas a todos os que
praticam a maldade.
6 Destróis aqueles que
proferem a mentira;

o Senhor abomina o
traiçoeiro e assassino.
7 Eu, porém, pela grandeza
da tua misericórdia,
entrarei na tua casa;
em teu temor me inclinarei
para o teu santo templo.
8 Guia-me, ó Senhor,
na tua retidão,
por causa dos meus inimigos;
aplaina diante de mim o teu
caminho.
9 Não há fidelidade na
boca deles;
o seu coração está cheio de
destruição.
A sua garganta é um
sepulcro aberto;
com a sua língua proferem
enganos.
10 Declara-os culpados, ó Deus!
Caiam por suas próprias
tramas.
Lança-os fora por causa da
multidão dos
seus pecados,
pois se rebelaram contra ti.
11 Alegrem-se, porém,
todos os que em ti confiam;
cantem de alegria
eternamente,
porque tu os defendes.
Em ti exultem os que amam o
teu nome.
12 Pois certamente tu, ó
Senhor,
abençoas o justo;
tu o proteges com o teu favor
como um escudo.

Ao diretor de música.
Com instrumentos de cordas.
Segundo seminite.
Salmo de Davi.

6 Ó Senhor, não me repreendas
na tua ira,
nem me castigues no teu furor.
2 Tem misericórdia de mim,
Senhor, pois sou fraco;
sara-me, ó Senhor,
pois os meus ossos estão
em agonia.
3 A minha alma está em agonia.
Até quando, ó Senhor,
até quando?
4 Volta-te, ó Senhor, livra a
minha alma;
salva-me por teu constante
amor.
5 Na morte não há lembrança
de ti.
No sepulcro, quem te
louvará?
6 Estou cansado de gemer;
toda a noite faço nadar a
minha cama no choro,
e molho o meu leito com
lágrimas.
7 Os meus olhos vão-se
consumindo pela mágoa;
têm envelhecido por causa
de todos os meus inimigos.
8 Afastai-vos de mim todos
os que praticais a
iniquidade,
pois o Senhor ouviu a voz do
meu choro.
9 O Senhor ouviu a minha
súplica por misericórdia;
o Senhor aceita a minha
oração.
10 Todos os meus inimigos
se envergonharão e se
perturbarão;
retornarão frustrados em
repentina vergonha.

Sigaiom de Davi,
que ele cantou ao Senhor,
a respeito de Cuxe, benjamita.

7 Ó Senhor, meu Deus,
em ti me refugio;
salva-me de todos os que me
perseguem e livra-me,

2 para que não arrebatem
a minha alma,
como leão, despedaçando-a,
sem que haja quem a livre.
3 Ó Senhor, meu Deus,
se agi assim,
e se há culpa nas minhas
mãos,
4 se paguei com o mal a quem
tinha paz comigo,
ou sem causa despojei o
meu inimigo,
5 então persiga o inimigo a
minha alma e alcance-a;
pisoteie a minha vida sobre
a terra,
e reduza a pó a minha honra.
(Selá)
6 Levanta-te, ó Senhor, na
tua ira;
levanta-te contra o furor
dos meus adversários.
Desperta-te, ó meu Deus;
decreta a justiça.
7 Reúna-se ao redor de ti a
assembleia dos povos.
Governa-os das alturas;
8 julgue o Senhor os povos.
Julga-me, ó Senhor,
conforme a minha retidão,
e conforme a integridade que
há em mim.
9 Tenha fim a malícia dos
ímpios,
mas estabeleça-se o justo.
Pois tu, ó justo Deus,
sondas as mentes e os
corações.
10 O meu escudo está com Deus,
que salva os retos de coração.
11 Deus é um juiz justo,
um Deus que expressa a
sua ira todos os dias.
12 Se o homem não se converter,
Deus afiará a sua espada;
armado e pronto está
o seu arco.
13 Ele preparou as suas
armas mortais;
porá em ação as suas setas
inflamadas contra os
perseguidores.
14 Aquele que gera a
perversidade,
concebe a malícia e dá à luz
a falsidade.
15 Aquele que cava um
buraco, e o faz fundo,
cai na cova que faz.
16 A sua malícia recai sobre
a sua cabeça;
a sua violência desce sobre
o seu crânio.
17 Eu renderei graças
ao Senhor
por causa da sua retidão;
cantarei louvores ao nome do
Senhor Altíssimo.

Ao diretor de música.
Segundo gitite. Salmo de Davi.

8 Ó Senhor, Senhor nosso,
quão admirável é o teu nome
em toda a terra!
Puseste a tua glória sobre
os céus.
2 Da boca das crianças e dos
que mamam
tu fizeste brotar força,
por causa dos teus adversários,
para fazeres calar o inimigo
e vingativo.
3 Quando vejo os teus céus,
obra dos teus dedos,
a lua e as estrelas que
estabeleceste,
4 pergunto: Que é o homem
mortal
para que te lembres dele?
E o filho do homem,
para que com ele te
preocupes?
5 Contudo, pouco menor do
que os anjos o fizeste;

de glória e de honra o
coroaste.
6 Fazes com que ele tenha
domínio
sobre as obras das tuas mãos;
tudo puseste debaixo de
seus pés:
7 todas as ovelhas e bois,
assim como os animais do
campo,
8 as aves do céu e os peixes
do mar,
e tudo o que passa pelas
veredas dos mares.
9 Ó Senhor, Senhor nosso,
quão admirável é o teu
nome sobre toda a terra!

**Ao diretor de música.
Segundo a melodia: A morte
do filho. Salmo de Davi.**

9 Eu te louvarei, ó Senhor, de
todo o meu coração;
contarei todas as tuas
maravilhas.
2 Em ti me alegrarei e
saltarei de prazer;
cantarei louvores ao teu
nome, ó Altíssimo.
3 Os meus inimigos
retrocedem;
tropeçam e perecem diante da
tua face.
4 Pois tu tens sustentado o
meu direito
e a minha causa;
tu te assentaste no tribunal,
julgando justamente.
5 Repreendeste as nações e
destruíste os ímpios;
apagaste o seu nome para
sempre e eternamente.
6 Os inimigos arrasados
estão,
as suas ruínas são perpétuas;
arrasaste as suas cidades;
ninguém se lembra delas.
7 O Senhor reina
perpetuamente;
já preparou o seu tribunal
para julgar.
8 Ele mesmo julgará o mundo
com retidão;
governará os povos com
justiça.
9 O Senhor é um alto refúgio
para o oprimido,
uma fortaleza em tempos
de angústia.
10 Em ti confiarão os que
conhecem o teu nome,
pois tu, ó Senhor, nunca
desamparaste os que te
buscam.
11 Cantai louvores ao Senhor,
que habita em Sião;
anunciai entre os povos os
seus feitos.
12 Pois o que pede do sangue
derramado
se lembra dele;
não se esquece do clamor dos
aflitos.
13 Ó Senhor, vê como me
fazem sofrer
aqueles que me aborrecem!
Tem misericórdia de mim,
e me levanta das portas da
morte,
14 para que eu proclame
todos os teus louvores
às portas da cidade de Sião,
e me alegre na tua salvação.
15 As nações caíram na cova
que abriram;
na rede que ocultaram ficou
preso o seu pé.
16 O Senhor é conhecido pela
sua justiça;
enlaçado ficou o ímpio nos
seus próprios feitos.
(Higaiom. Selá)
17 Os ímpios serão lançados
no inferno,

e todas as nações que se
esquecem de Deus.
18 O necessitado, porém,
não será esquecido para
sempre,
nem a esperança dos pobres
frustrada perpetuamente.
19 Levanta-te, ó Senhor, não
prevaleça o homem;
sejam julgadas as nações
perante a tua face.
20 Incute-lhes medo, ó Senhor;
que as nações saibam que são
constituídas
por seres mortais. (Selá)

10 Por que te conservas
longe, ó Senhor?
Por que te escondes nos
tempos de angústia?
2 Os ímpios, na sua arrogância,
perseguem furiosamente o
pobre.
Sejam apanhados nas
ciladas que armaram.
3 O ímpio gaba-se da sua
própria cobiça;
o avarento amaldiçoa e
insulta o Senhor.
4 Por causa do seu orgulho, o
ímpio não o busca;
não há lugar para Deus em
nenhum dos seus planos.
5 Os seus caminhos são
sempre prósperos;
as tuas leis estão acima
dele, fora da sua vista;
trata com desprezo os seus
adversários.
6 Diz em seu coração:
Não serei abalado;
nunca me alcançará a
adversidade.
7 A sua boca está cheia
de maldições,
de enganos e de ameaças;
debaixo da sua língua há
malícia e maldade.
8 Põe-se de tocaia nas aldeias;
nos lugares ocultos mata
o inocente,
os seus olhos espreitam
o desamparado.
9 Está de emboscada como
o leão no seu covil;
arma ciladas para
roubar o pobre;
rouba-o colhendo-o na sua rede.
10 Encolhe-se e fica de tocaia
para que os pobres caiam em
suas fortes garras.
11 Diz em seu coração: Deus
se esqueceu;
cobriu o seu rosto e nunca
verá isto.
12 Levanta-te, Senhor!
Ó Deus, levanta a tua mão.
Não te esqueças dos
necessitados.
13 Por que blasfema de Deus
o ímpio,
dizendo no seu coração que
tu não pedirás conta?
14 Tu o viste, pois atentas ao
trabalho e à dor,
para os tomares sob as tuas
mãos.
A ti se entrega o pobre;
tu és o auxílio do órfão.
15 Quebranta o braço do
ímpio e do malvado;
busca a sua impiedade,
até nada mais achares dela.
16 O Senhor é rei eterno;
da sua terra serão
exterminadas as nações.
17 Ó Senhor, tu ouves os
desejos dos aflitos;
confortas os seus corações
e ouves o seu clamor,
18 para fazeres justiça ao
órfão e ao oprimido,
a fim de que o homem,
que é da terra,
não mais inspire terror.

Ao diretor de música.
Salmo de Davi.

11 No Senhor me refugio.
Como, pois, dizeis à
minha alma:
Fugi para a vossa
montanha como pássaro?
2 Pois os ímpios armam o arco;
põem as flechas na corda,
para com elas atirar,
às ocultas, aos retos de
coração.
3 Na verdade, quando já os
fundamentos
estão destruídos,
o que pode fazer o justo?
4 O Senhor está no seu
santo templo;
o trono do Senhor está
nos céus.
Os seus olhos estão atentos,
e as suas pálpebras provam
os filhos dos homens.
5 O Senhor prova o justo,
mas a sua alma odeia o ímpio
e o que ama a violência.
6 Sobre os ímpios fará chover
brasas de fogo e enxofre;
um vento escaldante será a
sua herança.
7 Pois o Senhor é justo e ama
a justiça;
o seu rosto está voltado
para os retos.

Ao diretor de música. Segundo
seminite. Salmo de Davi.

12 Salva-nos, Senhor,
pois já não há homens
piedosos;
são poucos os fiéis entre os
filhos dos homens.
2 Cada um fala com falsidade
ao seu próximo;
falam com lábios
bajuladores
e coração fingido.
3 O Senhor cortará todos os
lábios bajuladores
e a língua que fala
soberbamente.
4 Pois dizem: Com a língua
prevaleceremos;
os lábios são nossos.
Quem é senhor sobre nós?
5 Por causa da opressão
dos pobres
e do gemido dos necessitados,
eu me levantarei agora,
diz o Senhor.
Porei em segurança quem por
ela anseia.
6 As palavras do Senhor
são puras,
como prata refinada em forno
de barro,
purificada sete vezes.
7 Tu os guardarás, ó Senhor;
desta geração os livrarás
para sempre.
8 Os ímpios circulam
por toda parte,
quando o que é vil
é honrado
entre os filhos dos homens.

Ao diretor de música.
Salmo de Davi.

13 Até quando, ó Senhor?
Tu te esquecerás de mim
para sempre?
Até quando esconderás de
mim o teu rosto?
2 Até quando estarei
inquieto,
tendo tristeza no meu
coração cada dia?
Até quando se exaltará sobre
mim o meu inimigo?
3 Atenta para mim e ouve-me,
ó Senhor, meu Deus.
Ilumina-me os olhos para que
eu não durma o sono
da morte;

4 para que o meu inimigo
não diga:
Prevaleci contra ele;
e os meus adversários não se
alegrem,
vindo eu a fracassar.
5 Eu, porém, confio no teu
constante amor;
na tua salvação meu
coração se alegra.
6 Cantarei ao Senhor,
pois me tem feito muito bem.

Ao diretor de música.
Salmo de Davi.

14 Diz o tolo no seu coração:
Não há Deus.
Têm-se corrompido,
fazem-se abomináveis em
suas obras;
não há ninguém que faça o bem.
2 O Senhor olha dos céus
para os filhos dos homens,
para ver se há alguém que
tenha entendimento e
busque a Deus.
3 Desviaram-se todos e
juntamente
se fizeram imundos;
não há quem faça o bem, não
há sequer um.
4 Acaso não têm conhecimento
os malfeitores,
que comem o meu povo
como se comessem pão
e não invocam o Senhor?
5 Ali estão, em grande pavor,
pois Deus está no meio
dos justos.
6 Vós, malfeitores, frustrais o
conselho dos pobres,
mas o Senhor é o seu
refúgio.
7 *Oh, que de Sião* viesse a
salvação de Israel!
Quando o Senhor fizer
voltar os cativos do seu povo,
então se regozijará Jacó e
se alegrará Israel.

Salmo de Davi.

15 Senhor, quem habitará no
teu tabernáculo?
Quem morará no teu santo
monte?
2 Aquele que anda em
sinceridade
e pratica a justiça,
que de coração fala a verdade;
3 aquele que não difama com
a língua,
nem faz mal ao seu próximo
nem contra ele aceita
nenhuma afronta;
4 aquele cujos olhos rejeitam
o desprezível,
mas que honra os que
temem ao Senhor;
aquele que, mesmo que jure
com prejuízo seu,
não muda;
5 aquele que não empresta o
seu dinheiro
visando ao lucro,
nem aceita suborno contra o
inocente.
Quem faz essas coisas nunca
será abalado.

Mictã de Davi.

16 Guarda-me, ó Deus, pois
em ti me refugio.
2 A minha alma disse ao Senhor:
Tu és o meu Senhor;
não tenho outro bem além
de ti.
3 Quanto aos santos que
estão na terra,
são eles os ilustres em
quem está todo
o meu deleite.
4 As dores daqueles
que correm após outros
deuses se multiplicarão.

Não oferecerei os seus
sacrifícios de sangue,
nem tomarei os seus nomes
nos meus lábios.
5 O Senhor é a porção da
minha herança e do meu
cálice;
tu és o que garante o meu
futuro.
6 O meu quinhão caiu em
lugares agradáveis;
certamente me coube uma
bela herança.
7 Louvarei ao Senhor que me
aconselha;
até de noite o meu coração
me ensina.
8 Tenho posto o Senhor
continuamente diante de mim.
Porque ele está à minha
direita,
não serei abalado.
9 Portanto está alegre o meu
coração
e se regozija a minha língua;
também a minha carne
repousará segura,
10 porque não deixarás a
minha alma no inferno,
nem permitirás que o teu
santo veja corrupção.
11 Tu me farás ver a vereda
da vida;
na tua presença me
encherás de alegria,
com delícias perpétuas à tua
direita.

Oração de Davi.

17 Ouve, ó Senhor, a minha
causa justa;
atende ao meu clamor.
Dá ouvidos à minha oração,
que não é feita com lábios
enganosos.
2 Saia a minha sentença de
diante do teu rosto;
atendam os teus olhos
à justiça.
3 Sondaste o meu coração,
e me visitaste de noite;
examinaste-me, e nada
achaste.
A minha boca não transgredirá.
4 Quanto ao trato dos homens,
pela palavra dos teus lábios
me guardei das veredas do
destruidor.
5 Dirige os meus passos nos
teus caminhos,
para que os meus pés não
vacilem.
6 Eu te invoco, ó Deus,
pois me queres ouvir;
inclina para mim os teus
ouvidos
e escuta a minha oração.
7 Mostra a maravilha do teu
amor,
tu que livras aqueles que em
ti confiam
dos que se levantam contra
eles.
8 Guarda-me como à menina
do olho;
esconde-me à sombra das
tuas asas,
9 dos ímpios que me oprimem,
dos meus inimigos mortais
que me andam cercando.
10 Eles endurecem o coração;
com a boca falam
soberbamente.
11 Andam agora espiando os
nossos passos;
e fixam seus olhos em nós
para nos derrubarem por terra.
12 Parecem-se com o leão
que deseja arrebatar a
sua presa,
e com o leãozinho que
espreita escondido.
13 Levanta-te, ó Senhor,
detém-no, derruba-o;

livra a minha alma do
ímpio, pela tua espada.
14 Ó Senhor, com a tua mão,
livra-me dos homens
mundanos,
cuja herança está nesta vida.
Enche-lhes o ventre da tua
ira entesourada.
Fartem-se delas os seus
filhos,
e deem o que sobrar aos seus
pequeninos.
15 Quanto a mim, em retidão
contemplarei a tua face;
quando acordar,
eu me satisfarei com a tua
semelhança.

Ao diretor de música. De Davi, servo do Senhor. Ele cantou ao Senhor a letra deste cântico no dia em que o Senhor o livrou das mãos de todos os seus inimigos e das mãos de Saul. Ele disse:

18 Eu te amo, ó Senhor,
força minha.
2 O Senhor é o meu rochedo,
o meu lugar forte e o meu
libertador;
o meu Deus, a minha
fortaleza,
em quem me refugio.
Ele é o meu escudo,
a força da minha salvação,
o meu baluarte.
3 Invocarei o nome do Senhor,
que é digno de louvor,
e ficarei livre dos meus
inimigos.
4 Cordas de morte me
cercaram;
torrentes de impiedade me
assombraram.
5 Cordas do inferno me
cingiram;
laços de morte me
surpreenderam.
6 Na minha angústia
invoquei o Senhor;
clamei ao meu Deus.
Do seu templo ele ouviu a
minha voz;
aos seus ouvidos chegou
o meu clamor perante a sua
face.
7 A terra se abalou e tremeu,
e os fundamentos dos montes
também se moveram e se
abalaram;
tremeram porque ele se
indignou.
8 Das suas narinas subiu
fumaça;
da sua boca saiu fogo
devorador,
carvões se acenderam dele.
9 Ele abaixou os céus e
desceu;
a escuridão estava debaixo de
seus pés.
10 Montou num querubim e
voou;
voou sobre as asas do vento.
11 Fez das trevas o seu lugar
oculto;
o abrigo que o cercava era a
escuridão das águas
e as nuvens dos céus.
12 Ao resplendor da sua
presença
as nuvens se desfizeram em
granizo e raios.
13 O Senhor trovejou dos
céus;
o Altíssimo levantou a sua
voz.
14 Atirou as suas setas e
espalhou os meus inimigos;
multiplicou os seus raios, e
os derrotou.
15 Foram vistas as
profundezas das águas,
e foram descobertos os
fundamentos do mundo

pela tua repreensão,
ó Senhor,
ao soprar das tuas narinas.
16 Estendeu do alto as mãos e
me segurou;
tirou-me das muitas águas.
17 Livrou-me do forte
inimigo
e dos que me aborreciam,
pois eram mais poderosos
do que eu.
18 Surpreenderam-me no dia
da minha calamidade,
mas o Senhor foi o meu
amparo.
19 Trouxe-me para um lugar
espaçoso;
livrou-me, porque se
agradou de mim.
20 Recompensou-me o
Senhor
conforme a minha retidão;
retribuiu-me conforme a
pureza
das minhas mãos.
21 Pois guardei os caminhos
do Senhor;
não me apartei impiamente
do meu Deus.
22 Todas as suas leis estão
diante de mim;
não rejeitei os seus
decretos.
23 Também fui sincero
perante ele,
e me guardei da
iniquidade.
24 Pelo que me retribuiu o
Senhor
conforme a minha retidão,
conforme a pureza de
minhas mãos
perante os seus olhos.
25 Com o benigno te
mostrarás benigno,
e com o homem sincero te
mostrarás sincero.
26 Com o puro te mostrarás
puro,
e com o perverso te
mostrarás indomável.
27 Tu salvas os humildes,
mas abates os de olhos altivos.
28 Tu, ó Senhor, manténs
acesa a minha lâmpada;
o Senhor meu Deus
transforma as minhas
trevas em luz.
29 Com a tua ajuda passo
pelo meio dum esquadrão;
com o meu Deus posso
escalar uma muralha.
30 O caminho de Deus é
perfeito.
A palavra do Senhor é pura.
Ele é um escudo para todos
os que nele se refugiam.
31 Pois quem é Deus senão
o Senhor?
E quem é rochedo senão o
nosso Deus?
32 É Deus que me arma
de força,
e aperfeiçoa o meu caminho.
33 Faz os meus pés como os
das corças;
coloca-me em segurança
nos lugares altos.
34 Adestra as minhas mãos
para o combate;
os meus braços quebram
um arco de bronze.
35 Também me dás o escudo
da vitória,
e a tua mão direita me
sustém;
a tua clemência me
engrandece.
36 Alargas sob meus
passos o caminho,
de modo que os meus
tornozelos não vacilam.
37 Persegui os meus inimigos
e os alcancei;

não voltei senão depois de
os ter destruído.
38 Massacrei-os de tal
maneira
que não se puderam levantar;
caíram debaixo dos meus
pés.
39 Tu me deste força para a
peleja;
fizeste abater debaixo de mim
aqueles que contra mim se
levantaram.
40 Deste-me também o
pescoço dos meus inimigos,
para que eu pudesse
destruir os que me
aborrecem.
41 Clamaram, mas não houve
quem os livrasse;
clamaram ao Senhor, mas
ele não
lhes respondeu.
42 Eu os esmiucei como o pó
levado pelo vento;
deitei-os fora como a lama
das ruas.
43 Livraste-me dos ataques
do povo;
fizeste-me cabeça das
nações;
povos que não conheci me
servem.
44 Em ouvindo a minha voz,
me obedecem;
os estrangeiros se
submetem a mim.
45 Os estrangeiros
desfalecem;
tremendo, vêm das suas
fortificações.
46 O Senhor vive! Bendito
seja o meu rochedo,
e exaltado seja o Deus da
minha salvação!
47 Ele é o Deus que me vinga,
que sujeita os povos debaixo
de mim,
48 que me livra dos meus
inimigos.
Sim, tu me exaltas sobre
os que se levantam contra
mim;
tu me livras do homem
violento.
49 Pelo que, ó Senhor,
eu te louvarei entre as
nações;
cantarei louvores ao teu
nome.
50 Ele dá grandes vitórias ao
seu rei;
ele usa de benignidade para
com o seu ungido,
com Davi e seus
descendentes para
sempre.

Ao diretor de música.
Salmo de Davi.

19 Os céus declaram a glória
de Deus;
o firmamento proclama a
obra das suas mãos.
2 Um dia faz declaração a
outro dia,
e uma noite mostra
sabedoria a outra noite.
3 Sem linguagem, sem fala,
ouvem-se as suas vozes.
4 Em toda a extensão da terra
estende-se a sua voz,
e as suas palavras até o fim
do mundo.
Nos céus pôs uma tenda para
o sol,
5 que é qual noivo que sai do
seu aposento,
e se alegra, como um herói,
a percorrer o seu caminho.
6 Vai de uma extremidade
dos céus até a outra;
nada se furta ao seu calor.
7 A lei do Senhor é perfeita, e
refrigera a alma;

o testemunho do Senhor é fiel,
e dá sabedoria aos simples.
8 Os preceitos do Senhor são
retos,
e alegram o coração;
o mandamento do Senhor
é puro,
e ilumina os olhos.
9 O temor do Senhor é limpo,
e permanece para sempre;
as ordenanças do Senhor são
verdadeiras,
e inteiramente justas.
10 Mais desejáveis são do que
o ouro,
sim, do que muito ouro fino;
mais doces são do que o mel,
do que o mel que goteja
dos favos.
11 Por eles é advertido o teu
servo;
em os guardar há grande
recompensa.
12 Quem pode entender os
próprios erros?
Absolve-me tu dos que me
são ocultos.
13 Também da soberba
guarda o teu servo,
para que não se
assenhoreie de mim;
então serei sincero,
e ficarei limpo de grande
transgressão.
14 Sejam agradáveis as
palavras da minha boca
e a meditação do meu coração
perante a tua presença
ó Senhor, Rocha minha e
Redentor meu!

Ao diretor de música.
Salmo de Davi.

20 Que o Senhor te ouça no
dia da angústia;
e o nome do Deus de Jacó te
proteja.
2 Envie-te socorro do seu
santuário
e te sustenha de Sião.
3 Lembre-se de todas as tuas
ofertas,
e aceite os teus holocaustos.
(Selá)
4 Conceda-te conforme o teu
coração
e cumpra todo o teu desígnio.
5 Nós nos alegraremos pela
tua vitória
e em nome do nosso Deus
arvoraremos pendões.
Satisfaça o Senhor a todas as
tuas petições.
6 Agora sei que o Senhor
salva o seu ungido;
ele o ouve do seu santo céu,
com a força salvadora da sua
destra.
7 Uns confiam em carros e
outros em cavalos,
mas nós confiamos no nome
do Senhor,
o nosso Deus.
8 Eles se encurvam e caem,
mas nós nos levantamos e
estamos de pé.
9 Ó Senhor, salva o rei!
Ouça-nos quando clamarmos.

Ao diretor de música.
Salmo de Davi.

21 O rei se alegra na tua
força, ó Senhor,
e na tua salvação
grandemente se regozija.
2 Cumpriste-lhe o desejo do
seu coração
e não lhe negaste as
súplicas dos seus lábios.
(Selá)
3 Tu o proveste das bênçãos
de bondade;
puseste-lhe na cabeça uma
coroa de ouro fino.

4 Vida te pediu, e tu lhe deste;
vida longa para sempre.
5 Grande é a sua glória pela
tua vitória;
de honra e de majestade
o revestiste.
6 Certamente o abençoaste
para sempre
e o encheste com a alegria
da tua presença.
7 Pois o rei confia no Senhor;
pelo constante amor do
Altíssimo nunca vacilará.
8 A tua mão alcançará a
todos os teus inimigos;
a tua mão direita alcançará
aqueles que te aborrecem.
9 Tu os farás como um
forno aceso,
quando te manifestares.
O Senhor os devorará na sua
indignação,
e o fogo os consumirá.
10 A sua geração destruirás
da terra,
e a sua descendência dentre
os filhos dos homens.
11 Embora intentem o mal
contra ti
e tramem perversidade,
não podem prevalecer;
12 pois tu os farás fugir,
quando para os seus rostos
apontares o teu arco.
13 Exalta-te, ó Senhor,
na tua força;
cantaremos e louvaremos o
teu poder.

Ao diretor de música.
Segunda melodia:
Corça da manhã.

22 Deus meu, Deus meu,
por que me
desamparaste?
Por que estás tão longe de me
salvar,
tão longe das palavras do
meu clamor?
2 Deus meu, eu clamo de dia,
mas tu não me ouves;
de noite, e não tenho sossego.
3 Contudo, tu és o Santo,
entronizado entre os louvores
de Israel.
4 Em ti confiaram nossos pais;
confiaram, e tu os livraste.
5 A ti clamaram e foram
salvos;
em ti confiaram,
e não foram confundidos.
6 Eu, porém, sou verme,
não homem,
vergonha dos homens e
desprezado do povo.
7 Todos os que me veem
zombam de mim;
estendem os lábios e
balançam a cabeça,
dizendo:
8 Confiou no Senhor,
que o livre.
Livre-o, já que o quer bem.
9 Contudo, tu me tiraste do
ventre;
tu me preservaste,
estando eu ainda aos seios de
minha mãe.
10 Sobre ti fui lançado desde
a madre;
tu és o meu Deus desde o
ventre de minha mãe.
11 Não te distancies de mim,
pois a angústia está perto,
e não há quem ajude.
12 Muitos touros me cercam;
fortes touros de Basã me
rodeiam.
13 Abrem contra mim a boca,
como um leão que despedaça
e que ruge.
14 Como água me derramei,
e todos os meus ossos se
desconjuntaram.

O meu coração é como cera;
derreteu-se no meu íntimo.
15 A minha força secou-se
como um caco,
e a língua se me apega ao
paladar;
tu me puseste no pó da morte.
16 Cães me rodearam;
o ajuntamento de malfeitores
me cercou,
trespassaram-me as mãos e
os pés.
17 Posso contar todos os
meus ossos;
eles veem e me
contemplam.
18 Repartem entre si as
minhas vestes
e lançam sortes sobre a
minha túnica.
19 Tu, porém, ó Senhor,
não te distancies de mim;
ó força minha, apressa-te
em socorrer-me.
20 Livra a minha alma da
espada,
a minha vida do poder do cão.
21 Salva-me da boca dos
leões;
livra-me dos chifres dos bois
selvagens.
22 Declararei o teu nome aos
meus irmãos;
eu te louvarei na
congregação.
23 Vós, que temeis ao Senhor,
louvai-o!
Todos vós, descendência de
Jacó, glorificai-o!
Temei-o, todos vós,
descendência de Israel!
24 Pois não desprezou nem
abominou
a aflição do aflito;
não escondeu dele o seu rosto,
mas, quando ele clamou, o
ouviu.
25 De ti vem o tema do meu
louvor
na grande congregação;
cumprirei os meus votos
perante os que o temem.
26 Os pobres comerão e se
fartarão;
louvarão o Senhor os que o
buscam.
Viva para sempre o vosso
coração!
27 Todos os confins da terra
se lembrarão
e se converterão ao Senhor;
todas as famílias das nações
adorarão perante ele,
28 pois o reino é do Senhor,
e ele domina entre as nações.
29 Todos os poderosos da terra
comerão e adorarão;
todos os que descem ao pó
se prostrarão perante ele,
como também os que não
podem reter
a própria vida.
30 A posteridade o servirá;
falará do Senhor às gerações
futuras.
31 Proclamarão a sua retidão
ao povo
que ainda há de nascer, pois
ele o fez.

Salmo de Davi.

23 O Senhor é o meu pastor;
nada me faltará.
2 Deitar-me faz em verdes
pastos,
conduz-me mansamente a
águas tranquilas,
3 refrigera a minha alma.
Guia-me pelas veredas da
justiça,
por amor do seu nome.
4 Ainda que eu andasse
pelo vale da sombra da morte,
não temeria mal algum,

porque tu estás comigo;
a tua vara e o teu cajado me consolam.
5 Preparas uma mesa perante mim
na presença dos meus inimigos.
Unges a minha cabeça com óleo;
o meu cálice transborda.
6 Certamente que a bondade
e o amor me seguirão
todos os dias da minha vida,
e habitarei na casa do Senhor
para sempre.

Um salmo de Davi.

24 Do Senhor é a terra e a sua plenitude,
o mundo e todos os que nele habitam;
2 pois ele a fundou sobre os mares
e a firmou sobre as águas.
3 Quem subirá ao monte do Senhor?
Quem estará no seu lugar santo?
4 Aquele que é limpo de mãos
e puro de coração,
que não entrega a sua alma à vaidade,
nem jura enganosamente.
5 Este receberá do Senhor a bênção
e a justiça do Deus da sua salvação.
6 Tal é a geração daqueles que o buscam,
daqueles que buscam a tua face, ó Deus de Jacó. (Selá)
7 Levantai, ó portas, as *vossas cabeças;*
levantai-vos, ó entradas eternas,
e entrará o Rei da Glória.
8 Quem é esse Rei da Glória?
O Senhor forte e poderoso,
o Senhor poderoso na guerra.
9 Levantai, ó portas, as vossas cabeças;
levantai-vos, ó entradas eternas,
e entrará o Rei da Glória.
10 Quem é esse Rei da Glória?
O Senhor dos Exércitos,
ele é o Rei da Glória. (Selá)

De Davi.

25 A ti, Senhor, elevo a minha alma.
2 Deus meu, em ti confio;
não deixes que eu seja envergonhado,
nem deixes que triunfem sobre mim os meus inimigos.
3 Na verdade, não serão envergonhados
os que esperam em ti,
mas envergonhados ficarão
os que procedem traiçoeiramente sem causa.
4 Faze-me saber os teus caminhos, ó Senhor;
ensina-me as tuas veredas.
5 Guia-me na tua verdade, e ensina-me,
pois tu és o Deus da minha salvação,
e por ti espero o dia todo.
6 Lembra-te, ó Senhor,
da tua grande misericórdia e amor,
pois são desde a eternidade.
7 Não te lembres dos pecados da minha mocidade,
nem das minhas transgressões;
segundo o teu amor,
lembra-te de mim,
por tua bondade, ó Senhor.

8 Bom e reto é o Senhor;
portanto ele ensina o
caminho aos pecadores.
9 Guia os humildes no que
é reto
e lhes ensina o seu caminho.
10 Todos os caminhos do
Senhor são amorosos
e fiéis para aqueles que
guardam a sua aliança e os
seus testemunhos.
11 Por amor do teu nome, ó
Senhor,
perdoa a minha iniquidade,
pois é grande.
12 Qual é o homem que teme
ao Senhor?
Este lhe ensinará o
caminho que deve
escolher.
13 A sua alma repousará na
prosperidade,
e a sua descendência
herdará a terra.
14 O segredo do Senhor é
para os que o temem;
ele lhes fará saber a sua
aliança.
15 Os meus olhos estão postos
continuamente no Senhor,
pois ele tirará os meus pés
da rede.
16 Olha para mim e tem
piedade de mim,
pois estou solitário e aflito.
17 As ânsias do meu coração
têm-se multiplicado;
tira-me dos meus apertos.
18 Olha para a minha aflição
e para a minha dor,
e perdoa todos os meus
pecados.
19 Olha para os meus
inimigos,
pois vão-se multiplicando
e me aborrecem com
ódio cruel.
20 Guarda a minha alma
e livra-me;
não me deixes
decepcionado,
pois me refugio em ti.
21 Guardem-me a integridade
e a retidão,
porque espero em ti.
22 Redime, ó Deus,
a Israel de todas as suas
angústias.

De Davi.

26 Julga-me, ó Senhor,
pois tenho andado na
minha integridade;
tenho confiado também
no Senhor
sem vacilar.
2 Examina-me, ó Senhor,
e prova-me, sonda-me a
mente e o coração;
3 pois o teu amor
está sempre diante dos
meus olhos,
e tenho andado na tua
verdade.
4 Não me assento com
homens falsos,
nem me associo com os
hipócritas.
5 Aborreço a congregação de
malfeitores;
recuso-me a assentar-me
com os ímpios.
6 Lavo as mãos na
inocência,
e assim ando, ó Senhor,
próximo ao teu altar,
7 proclamando em voz alta o
teu louvor
e falando de todas as tuas
maravilhas.
8 Senhor, eu amo a habitação
da tua casa
e o lugar onde permanece a
tua glória.

9 Não me dês o destino
dos pecadores,
nem o fim dos homens
sanguinários,
10 em cujas mãos há
malefício,
e cuja destra está cheia de
subornos.
11 Eu, porém, ando na minha
integridade;
livra-me e tem compaixão
de mim.
12 O meu pé está firme em
terreno plano;
na grande congregação
eu louvarei o Senhor.

De Davi.

27 O Senhor é a minha luz e
a minha salvação;
a quem temerei?
O Senhor é a força da
minha vida;
de quem me recearei?
2 Quando os malvados,
meus adversários e meus
inimigos,
avançam contra mim,
para comerem as minhas carnes,
tropeçam e caem.
3 Ainda que um exército me
cerque,
o meu coração não temerá;
ainda que a guerra se levante
contra mim,
nele confiarei.
4 Uma coisa pedi ao Senhor, e
a buscarei:
que possa morar na casa do
Senhor
todos os dias da minha vida,
para contemplar a
formosura do Senhor
e aprender no seu templo.
5 Pois no dia da adversidade
ele me esconderá no seu
pavilhão;
no oculto do seu tabernáculo
me esconderá
e me colocará sobre uma rocha.
6 Então triunfarei sobre os
meus inimigos
que estão ao redor de mim;
pelo que oferecerei sacrifício
de júbilo
no seu tabernáculo;
cantarei, sim, cantarei
louvores ao Senhor.
7 Ouve, ó Senhor,
a minha voz
quando clamo;
tem compaixão de mim e
responde-me.
8 Quando disseste: Buscai o
meu rosto;
o meu coração te disse:
O teu rosto, Senhor, buscarei.
9 Não escondas de mim
a tua face;
não rejeites o teu servo
com ira;
tu és a minha ajuda.
Não me deixes nem me
desampares,
ó Deus da minha salvação.
10 Ainda que meu pai e
minha mãe
me desamparassem,
o Senhor me recolheria.
11 Ensina-me, ó Senhor, o teu
caminho;
guia-me pela vereda direita,
por causa dos que me andam
espiando.
12 Não me entregues à
vontade
dos meus adversários,
pois contra mim
se levantaram falsas
testemunhas,
respirando violência.
13 Creio que ainda verei
a bondade do Senhor
na terra dos viventes.

14 Espera no Senhor.
Sê forte! Anima-te!
Espera no Senhor.

De Davi.

28 A ti clamo, ó Senhor,
Rocha minha;
não emudeças para comigo.
Pois, se te calares a meu
respeito,
serei semelhante aos que
descem à cova.
2 Ouve a voz das minhas
súplicas
quando a ti clamar,
quando levantar as
minhas mãos
para o teu santo templo.
3 Não me arrastes com os
ímpios
e com os que praticam a
iniquidade,
que falam de paz ao seu
próximo,
mas têm o mal no seu
coração.
4 Retribui-lhes segundo as
suas obras
e segundo a malícia dos
seus esforços;
retribuí-lhes conforme a obra
das suas mãos
e envia-lhes a sua
recompensa.
5 Visto que não atentam para
as obras do Senhor,
nem para o que as suas
mãos têm feito,
ele os derrubará e não os
reedificará.
6 Bendito seja o Senhor,
pois ouviu a voz das minhas
súplicas.
7 O Senhor é a minha força e
o meu escudo;
nele confiou o meu coração,
e fui socorrido.
O meu coração salta
de alegria;
com o meu canto o louvarei.
8 O Senhor é a força
do seu povo,
a fortaleza salvadora do seu
ungido.
9 Salva o teu povo e abençoa
a tua herança;
apascenta-os e exalta-os
para sempre.

Salmo de Davi.

29 Dai ao Senhor, ó filhos dos
poderosos,
dai ao Senhor glória e força.
2 Dai ao Senhor a glória
devida ao seu nome;
adorai o Senhor na beleza
da sua santidade.
3 A voz do Senhor ouve-se
sobre as águas;
o Deus da glória troveja,
o Senhor está sobre as muitas
águas.
4 A voz do Senhor é poderosa;
a voz do Senhor é cheia de
majestade.
5 A voz do Senhor quebra
os cedros;
o Senhor quebra os cedros
do Líbano.
6 Ele faz o Líbano saltar
como um bezerro,
e a Siriom como um filhote
de boi selvagem.
7 A voz do Senhor separa as
labaredas do fogo.
8 A voz do Senhor faz tremer
o deserto;
o Senhor faz tremer o
deserto de Cades.
9 A voz do Senhor faz parir
as corças,
e despe as florestas.
E no seu templo todos dizem:
Glória!

10 O Senhor se assentou
sobre o Dilúvio;
o Senhor se assenta como rei,
perpetuamente.
11 O Senhor dá força ao
seu povo;
o Senhor abençoa o seu
povo com paz.

Salmo. Cântico. Para a dedicação do templo. De Davi.

30 Eu te exaltarei, ó Senhor,
pois tu me
levantaste e não permitiste
que os meus inimigos
se alegrassem sobre mim.
2 Senhor, meu Deus, clamei a
ti por socorro,
e tu me curaste.
3 Senhor, fizeste subir a
minha alma da sepultura;
conservaste-me a vida para
que não descesse à cova.
4 Cantai ao Senhor, vós que
sois seus santos;
louvai o seu santo nome.
5 Pois a sua ira dura só um
momento,
mas no seu favor está a vida;
o choro pode durar uma noite,
mas a alegria vem pela
manhã.
6 Eu dizia na minha
prosperidade:
Jamais serei abalado.
7 Tu, ó Senhor, pelo teu favor
fizeste permanecer forte a
minha montanha;
mas, quando encobriste o teu
rosto,
fiquei perturbado.
8 A ti, Senhor, clamei;
ao Senhor supliquei.
9 *Que proveito haverá* se eu
descer à cova?
Acaso te louvará o pó?
Anunciará ele a tua verdade?
10 Ouve, ó Senhor, e tem
piedade de mim!
Ó Senhor, sê o meu auxílio.
11 Tornaste o meu pranto
em dança;
tiraste o meu lamento e me
cingiste de alegria,
12 para que a minha alma te
cante louvores,
e não se cale.
Senhor, Deus meu,
eu te louvarei para sempre.

Ao diretor de música. Salmo de Davi.

31 Em ti, ó Senhor, me refugio;
nunca seja eu
envergonhado;
livra-me pela tua retidão.
2 Inclina para mim os teus
ouvidos,
livra-me depressa;
sê a minha firme rocha,
uma casa fortíssima que
me salve.
3 Visto que tu és a minha rocha
e a minha fortaleza,
por amor do teu nome,
guia-me e encaminha-me.
4 Tira-me do laço que me
armaram,
pois tu és a minha força.
5 Nas tuas mãos encomendo
o meu espírito;
tu me remiste, ó Senhor,
Deus da verdade.
6 Odeio aqueles que se
entregam a ídolos inúteis;
eu confio no Senhor.
7 Eu me alegrarei e
regozijarei no teu amor,
pois consideraste a minha
aflição
e conheceste as angústias da
minha alma.
8 Não me entregaste nas
mãos do inimigo,

mas puseste os meus pés
num lugar espaçoso.
9 Tem misericórdia de mim,
ó Senhor, pois estou angustiado;
consumidos de tristeza estão
os meus olhos,
a minha alma e o meu
corpo.
10 A minha vida está gasta de
tristeza,
e os meus anos de suspiros;
a minha força esgota-se
por causa da minha
iniquidade,
e os meus ossos se
consomem.
11 Por causa de todos os
meus inimigos,
fui a vergonha dos meus
vizinhos
e um horror para os meus
conhecidos;
os que me viam na rua
fugiam de mim.
12 Estou esquecido no
coração deles,
como um morto;
sou como um vaso quebrado.
13 Pois ouço a murmuração
de muitos,
há terror por todos os
lados;
conspiram contra mim
e intentam tirar-me a vida.
14 Eu, porém, confio em ti, ó
Senhor; digo:
Tu és o meu Deus.
15 Os meus dias estão nas
tuas mãos;
livra-me das mãos dos meus
inimigos
e dos que me perseguem.
16 Faze resplandecer
o teu rosto
sobre o teu servo;
salva-me por teu constante
amor.
17 Não deixes que eu seja
humilhado,
ó Senhor,
pois te tenho invocado;
deixa humilhados
os ímpios,
e calados fiquem
na sepultura.
18 Emudeçam os lábios
mentirosos
que dizem coisas más
com arrogância
e desprezo contra o justo.
19 Oh! quão grande é a tua
bondade,
que guardaste para os que
te temem,
e que mostraste àqueles que
em ti confiam,
na presença dos filhos dos
homens!
20 Tu os esconderás, no
secreto da tua presença,
das intrigas dos homens;
na tua habitação
os ocultarás das
línguas acusadoras.
21 Bendito seja o Senhor,
pois mostrou o seu
maravilhoso amor
para comigo numa cidade
sitiada.
22 Dizia eu na minha pressa:
Estou cortado de diante dos
teus olhos;
não obstante, tu ouviste a
voz das minhas súplicas,
quando eu a ti clamei.
23 Amai o Senhor, vós todos
que sois seus santos!
O Senhor guarda os fiéis
e retribui com abundância
aos soberbos.
24 Esforçai-vos; e fortaleça-se
o vosso coração,
vós todos os que esperais
no Senhor.

Um masquil de Davi.

32 Bem-aventurado aquele
cuja transgressão
é perdoada,
e cujo pecado é coberto.
2 Bem-aventurado o homem
a quem o Senhor não
atribui pecado,
e em quem não há engano.
3 Enquanto me calei,
envelheceram os meus ossos
pelo meu bramido o dia todo.
4 Pois de dia e de noite
a tua mão pesava sobre mim;
o meu vigor se esgotou
como em tempo de seca. (Selá)
5 Confessei-te o meu pecado,
e a minha maldade não
encobri.
Disse: Confessarei ao Senhor
as minhas transgressões;
e tu, Senhor, perdoaste a
culpa do meu pecado.
(Selá)
6 Pelo que todo aquele que é
fiel
orará a ti a tempo de te
poder achar;
até quando transbordarem as
muitas águas,
elas não o atingirão.
7 Tu és o lugar em que me
escondo;
tu me preservas da
angústia
e me cercas com alegres
cantos de livramento.
(Selá)
8 Eu te instruirei e te ensinarei
o caminho que deves seguir;
eu te guiarei com os
meus olhos.
9 Não sejais como o cavalo
ou a mula,
que não têm entendimento,
cuja boca precisa de cabresto
e freio,
caso contrário não se
sujeitam a ti.
10 Muitas são as dores
do ímpio,
mas o constante amor
do Senhor
protegerá aquele que
nele confia.
11 Alegrai-vos no Senhor,
e regozijai-vos, vós,
os justos;
cantai alegremente todos
vós que sois
retos de coração.

33 Regozijai-vos no Senhor,
vós, os justos;
aos retos convém o louvor.
2 Louvai ao Senhor com
a harpa;
cantai a ele com o saltério de
dez cordas.
3 Cantai-lhe um cântico novo;
tocai bem e com júbilo.
4 Pois a palavra do Senhor é
reta e verdadeira;
todas as suas obras são fiéis.
5 O Senhor ama a retidão
e a justiça;
a terra está cheia do seu
constante amor.
6 Pela palavra do Senhor
foram feitos os céus,
e todo o exército deles pelo
sopro da sua boca.
7 Ele ajunta as águas do mar
como num montão;
põe os abismos em depósitos.
8 Tema toda a terra ao Senhor;
temam-no todos os
moradores do mundo.
9 Pois ele falou, e tudo se fez;
mandou, e logo tudo
apareceu.
10 O Senhor desfaz o
conselho das nações;
quebranta os intentos
dos povos.

11 O conselho do Senhor,
porém,
permanece para sempre,
e os intentos do seu coração
de geração
em geração.
12 Bem-aventurada é a nação
cujo Deus é o Senhor,
e o povo que ele escolheu
para sua herança.
13 O Senhor olha desde os céus
e vê todos os filhos dos
homens;
14 da sua morada contempla
todos os moradores da terra,
15 ele que forma o coração de
todos eles,
que contempla todas as
suas obras.
16 Não há rei que se salve
com a grandeza de um
exército;
não há valente que se livre
pela muita força.
17 O cavalo é vão para a
segurança;
não livra a ninguém com a
sua grande força.
18 Os olhos do Senhor, porém,
estão sobre os que o temem;
sobre os que esperam no seu
constante amor,
19 para livrá-los da morte e
para os conservar vivos
na fome.
20 A nossa alma espera no
Senhor;
ele é o nosso auxílio e o
nosso escudo.
21 Nele se alegra o nosso
coração,
pois confiamos no seu santo
nome.
22 Seja o teu constante amor,
ó Senhor, sobre nós,
assim como a nossa
esperança está em ti.

De Davi. Quando se fingiu de doido na presença de Abimeleque, que o expulsou, e ele partiu

34 Louvarei ao Senhor em
todo o tempo;
o seu louvor estará
continuamente
na minha boca.
2 A minha alma se gloriará
no Senhor;
os aflitos o ouvirão e se
alegrarão.
3 Engrandecei ao Senhor
comigo;
juntos exaltemos o seu nome.
4 Busquei ao Senhor, e ele me
respondeu;
livrou-me de todos os meus
temores.
5 Olhai para ele, e sede
iluminados;
os vossos rostos não ficarão
decepcionados.
6 Clamou este pobre, e o
Senhor o ouviu;
salvou-o de todas as suas
angústias.
7 O anjo do Senhor acampa-se
ao redor dos que o temem, e
os livra.
8 Provai e vede que o Senhor
é bom;
bem-aventurado o homem
que nele se refugia.
9 Temei ao Senhor, vós, os
seus santos,
pois não têm falta alguma
aqueles
que o temem.
10 Os filhos dos leões
necessitam e sofrem fome,
mas aqueles que buscam
ao Senhor
de nada têm falta.
11 Vinde, meninos, ouvi-me;
eu vos ensinarei o temor do
Senhor.

12 Quem é o homem que ama a sua vida,
que deseja viver muito para ver o bem?
13 Guarda a tua língua do mal,
e os teus lábios de falarem enganosamente.
14 Aparta-te do mal e faze o bem;
procura a paz e segue-a.
15 Os olhos do Senhor estão sobre os justos,
e os seus ouvidos estão atentos ao seu clamor.
16 A face do Senhor
está contra os que fazem o mal,
para apagar da terra a memória deles.
17 Os justos clamam,
e o Senhor os ouve;
livra-os de todas as suas angústias.
18 Perto está o Senhor dos que têm o coração quebrantado;
ele salva os contritos de espírito.
19 Muitas são as aflições do justo,
mas o Senhor o livra de todas.
20 Ele lhe preserva todos os seus ossos;
nenhum deles será quebrado.
21 A malícia matará o ímpio;
os que aborrecem o justo serão punidos.
22 O Senhor resgata a vida dos seus servos;
nenhum dos que nele confiam
será condenado.

De Davi.

35 Pleiteia, ó Senhor, com aqueles que pleiteiam comigo;
peleja contra os que pelejam contra mim.
2 Pega os escudos, o pequeno e o grande;
levanta-te para me socorrer.
3 Empunha a lança
e obstrui o caminho dos que me perseguem;
dize à minha alma:
Eu sou a tua salvação.
4 Sejam humilhados e envergonhados
os que buscam a minha vida;
voltem atrás e envergonhem-se
os que contra mim tramam o mal.
5 Sejam como a palha diante do vento,
o anjo do Senhor os faça fugir.
6 Seja o seu caminho tenebroso e escorregadio,
e o anjo do Senhor os persiga.
7 Visto que sem causa me armaram ocultamente laços,
e sem razão fizeram uma cova para a minha alma,
8 sobrevenha-lhes destruição repentina;
prendam-nos a rede que ocultaram,
e caiam eles nessa mesma destruição.
9 Então a minha alma se alegrará no Senhor
e se alegrará na sua salvação.
10 Todos os meus ossos dirão:
Senhor, quem é como tu?
Tu livras o pobre daquele que é mais forte do que ele,
o pobre e o necessitado daquele que o rouba.

11 Falsas testemunhas se
levantam;
depõem contra mim coisas
que eu não sei.
12 Tornam-me o mal pelo bem,
e roubam a minha alma.
13 Contudo, quando estavam
enfermos,
as minhas vestes eram o
pano de saco,
e humilhava a minha alma
com o jejum.
Quando a minha oração
não era respondida,
14 andei enlutado como se
fosse
por um irmão ou um amigo.
Curvei a cabeça, de pesar,
como quem chora por sua
mãe.
15 Quando, porém, eu
tropecei,
eles se reuniram com
alegria;
os homens miseráveis
se congregaram contra mim,
e eu não o sabia.
Dilaceraram-me sem tréguas.
16 Como hipócritas
zombadores nas festas,
rangeram os dentes contra
mim.
17 Senhor, até quando verás
isso?
Livra-me das suas violências,
livra a minha vida desses
leões.
18 Eu te louvarei na grande
assembleia;
entre muitíssimo povo te
celebrarei.
19 Não se alegrem de mim
os meus inimigos sem razão;
não pisquem os olhos
aqueles
que me aborrecem
sem causa.
20 Não falam de paz, mas
tramam enganos
contra os pacíficos da terra.
21 Escancaram a boca contra
mim e dizem:
Ah! Ah! os nossos próprios
olhos o viram.
22 Tu, Senhor, o viste;
não te cales.
Senhor, não te afastes de mim.
23 Acorda e desperta para o
meu julgamento,
para a minha causa, Deus
meu e Senhor meu.
24 Julga-me segundo a tua
retidão,
ó Senhor Deus meu;
não deixes que se regozijem
sobre mim.
25 Não digam em seus corações:
Agora sim! Cumpriu-se o
nosso desejo!
Não digam: Nós o devoramos.
26 Envergonhem-se e
frustrem-se todos
os que se alegram com
o meu mal;
vistam-se de vergonha e de
confusão
todos os que se engrandecem
contra mim.
27 Cantem e alegrem-se
os que amam a minha justiça;
digam continuamente:
O Senhor, que se deleita na
prosperidade do seu servo,
seja engrandecido.
28 A minha língua falará da
tua retidão
e do teu louvor o dia todo.

Ao diretor de música.
Salmo de Davi, servo do Senhor.

36

A transgressão fala ao ímpio
no íntimo do seu coração:
Não há temor de Deus
perante os seus olhos.

2 Pois ele se julga tão
importante
e diz que a sua iniquidade
não há de ser descoberta nem
detestada.
3 As palavras da sua boca são
malícia e engano;
deixou de entender e de
fazer o bem.
4 Maquina o mal na sua
cama;
detém-se em caminho que não
é bom e não odeia o mal.
5 O teu amor, ó Senhor,
alcança os céus,
e a tua fidelidade chega até
as nuvens.
6 A tua retidão é como as
grandes montanhas,
e a tua justiça como um
grande abismo.
Ó Senhor, tu preservas os
homens e os animais.
7 Quão precioso é, ó Deus, o
teu constante amor!
Os filhos dos homens se
refugiam à sombra das
tuas asas.
8 Eles se fartam da gordura
da tua casa;
tu lhes dás de beber da
corrente das tuas delícias.
9 Pois em ti está o manancial
da vida;
na tua luz veremos a luz.
10 Estende o teu amor aos
que te conhecem,
a tua retidão, aos retos de
coração.
11 Que eu não seja pisoteado
pelos soberbos,
e que não me faça recuar a
mão dos ímpios.
12 Caídos estão os que
praticam a iniquidade;
estão derrubados, não se
podem levantar.

De Davi.

37 Não te indignes por causa
dos malfeitores,
nem tenhas inveja dos que
praticam a iniquidade;
2 pois cedo serão ceifados
como a erva,
murcharão como a verdura.
3 Confia no Senhor e faze
o bem;
habita na terra e vive tranquilo.
4 Deleita-te no Senhor,
e ele te concederá os desejos
do teu coração.
5 Entrega o teu caminho
ao Senhor;
confia nele, e ele tudo fará.
6 Fará sobressair a tua
retidão como a luz,
e a tua justiça como
o meio-dia.
7 Descansa no Senhor e
espera nele;
não te indignes por causa
daquele que prospera em seu
caminho,
por causa do homem que
executa
astutos intentos.
8 Deixa a ira e abandona o
furor;
não te indignes para fazer o mal.
9 Pois os malfeitores serão
exterminados,
mas aqueles que esperam no
Senhor herdarão a terra.
10 Ainda um pouco, e o ímpio
não existirá;
olharás para o seu lugar, e
não aparecerá.
11 Os mansos, porém,
herdarão a terra,
e se deleitarão na
abundância de paz.
12 O ímpio maquina contra
o justo e contra ele range os
dentes;

13 mas o Senhor se ri dele,
pois vê que vem chegando
o seu dia.
14 Os ímpios puxam da
espada e preparam o arco,
para derrubar o pobre e
necessitado
e matar os de reto caminho.
15 A sua espada, porém, lhes
entrará no coração,
e os seus arcos se quebrarão.
16 Vale mais o pouco que tem
o justo
do que as riquezas de
muitos ímpios.
17 Pois os braços dos ímpios
se quebrarão,
mas o Senhor sustém os
justos.
18 O Senhor conhece os dias
dos retos,
e a sua herança
permanecerá para
sempre.
19 Não ficarão decepcionados
nos dias maus;
nos dias de fome se fartarão.
20 Os ímpios, porém,
perecerão,
e os inimigos do Senhor
serão como a gordura dos
cordeiros;
desaparecerão, e em fumaça
se desfarão.
21 O ímpio toma emprestado
e não paga,
mas o justo se compadece
e dá;
22 aqueles que ele abençoa
herdarão a terra,
e aqueles que forem por ele
amaldiçoados
serão exterminados.
23 Os passos do homem bom
são confirmados pelo
Senhor,
e ele se deleita no seu caminho.
24 Ainda que caia, não ficará
prostrado,
pois o Senhor o sustém
com a sua mão.
25 Fui moço, e agora
sou velho;
contudo, nunca vi
desamparado o justo,
nem a sua descendência a
mendigar o pão.
26 Compadece-se sempre e
empresta;
a sua descendência será
abençoada.
27 Aparta-te do mal
e faze o bem;
então terás morada par
sempre.
28 Pois o Senhor ama os
justos
e não desampara os seus
santos.
Eles serão preservados para
sempre,
mas a descendência dos
ímpios será exterminada;
29 os justos herdarão a terra
e habitarão nela para sempre.
30 A boca do justo profere
sabedoria,
e a sua língua fala do
que é reto.
31 A lei do seu Deus está em
seu coração;
os seus passos não vacilam.
32 O ímpio espreita o justo
e procura matá-lo;
33 mas o Senhor não o
deixará em suas mãos,
nem o condenará quando
for julgado.
34 Espera no Senhor e
guarda o seu caminho.
Ele te exaltará para
herdares a terra;
tu verás quando os ímpios
forem exterminados.

13 Desvia de mim o teu olhar,
para que eu torne a ter alegria,
antes que me vá e não
exista mais.

Ao diretor de música.
Salmo de Davi.

40 Esperei com paciência
pelo Senhor;
ele se inclinou para mim
e ouviu o meu clamor.
2 Tirou-me de um lago
horrível,
de um charco de lodo;
pôs os meus pés sobre uma
rocha,
firmou os meus passos.
3 Pôs um novo cântico na
minha boca,
um hino de louvor ao nosso
Deus.
Muitos o verão e temerão,
e confiarão no Senhor.
4 Bem-aventurado o homem
que põe no Senhor a sua
confiança,
que não atenta para os
soberbos
nem para os que se desviam
para a mentira.
5 Muitas são, ó Senhor
meu Deus,
as maravilhas que tens
operado para conosco.
Os teus pensamentos
não se podem contar diante
de ti;
eu quisera anunciá-los e
manifestá-los,
mas são mais do que se
podem contar.
6 Sacrifício e oferta não
quiseste,
mas as minhas orelhas
furaste;
holocausto e expiação pelo
pecado não reclamaste.
7 Então eu disse:
Aqui estou, cheguei;
no livro está escrito a meu
respeito.
8 Deleito-me em fazer a tua
vontade, ó Deus meu;
a tua lei está dentro do meu
coração.
9 Prego retidão na grande
assembleia;
não fecho os meus lábios,
Senhor, tu o sabes.
10 Não escondo a tua retidão
dentro do meu coração;
proclamo a tua fidelidade e
a tua salvação.
Não escondo da grande
assembleia
o teu amor e a tua verdade.
11 Não retenhas de mim,
ó Senhor, a tua misericórdia;
protejam-me
continuamente o teu
amor e a tua verdade.
12 Pois males sem número
me rodeiam;
as minhas iniquidades me
prenderam
e não posso ver.
São mais numerosas do que
os cabelos da minha
cabeça,
e o meu coração desfalece.
13 Agrada-te, ó Senhor, em
livrar-me;
ó Senhor, apressa-te em
meu auxílio.
14 Sejam à uma humilhados
e envergonhados os que
buscam a minha
vida para destruí-la;
tornem atrás e confundam-se
os que me desejam o mal.
15 Confundidos sejam por
causa da sua afronta os que
me dizem:
Bem feito! Bem feito!

16 Folguem e alegrem-se
em ti os que te buscam;
digam constantemente os
que amam a tua salvação:
Engrandecido seja o Senhor!
17 Contudo, eu sou pobre e
necessitado;
mas tu, ó Senhor, cuidas de mim.
Tu és o meu auxílio e o meu
libertador;
não te detenhas, ó Deus meu.

Ao diretor de música.
Salmo de Davi.

41 Bem-aventurado é aquele
que atende ao pobre;
o Senhor o livra no
dia do mal.
2 O Senhor o livra e o
conserva em vida;
será abençoado na terra,
e tu não o entregarás ao
desejo de seus inimigos.
3 O Senhor o sustentará no
leito da enfermidade
e o restaurará da sua doença.
4 Eu disse: Senhor, tem
compaixão de mim;
sara a minha alma, pois
pequei contra ti.
5 Os meus inimigos falam
mal de mim, dizendo:
Quando morrerá ele?
Quando perecerá o nome dele?
6 Se algum deles vem ver-me,
diz falsidade,
enquanto no coração
amontoa a maldade;
então sai, e disso fala aos outros.
7 Todos os que me odeiam
murmuram unânimes
contra mim;
contra mim imaginam o
mal, dizendo:
8 Uma má doença se lhe pegou;
está deitado, não se levantará
mais.
9 Até o meu melhor amigo,
em quem eu confiava,
que comia do meu pão,
voltou-se contra mim.
10 Mas tu, ó Senhor, tem
piedade de mim;
levanta-me,
para que eu lhes retribua.
11 Sei que te agradas de mim,
pois o meu inimigo não
triunfa sobre mim.
12 Tu me sustentas na minha
integridade
e me colocas diante da tua
face para sempre.
13 Bendito seja o Senhor, o
Deus de Israel,
de eternidade a eternidade.
Amém e amém.

SEGUNDO LIVRO

(Salmos 42-72)

Ao diretor de música.
Masquil dos filhos de Coré.

42 Como o cervo anseia pelas
correntes das águas,
assim suspira a minha
alma por ti, ó Deus.
2 A minha alma tem sede
de Deus,
do Deus vivo.
Quando entrarei e me
apresentarei ante a face
de Deus?
3 As minhas lágrimas
servem-me de alimento
de dia e de noite,
enquanto me dizem
constantemente:
Onde está o teu Deus?
4 Lembro-me destas coisas
enquanto dentro em mim
derramo a minha alma:
de como eu ia com a
multidão,
guiando a procissão à casa
de Deus,

com gritos de alegria e
louvor entre
a multidão festiva.
5 Por que estás abatida, ó
minha alma?
Por que te perturbas em
mim?
Espera em Deus, pois ainda o
louvarei,
meu Salvador e meu Deus.
6 Ó meu Deus, dentro em mim
a minha alma está abatida;
portanto, de ti me lembro
desde a terra do Jordão,
e desde as alturas do
Hermom,
desde o monte de Mizar.
7 Um abismo chama outro
abismo,
ao ruído das tuas cataratas;
todas as tuas ondas e
vagalhões
têm passado sobre mim.
8 De dia o Senhor concede-me
o seu amor;
de noite a sua canção está
comigo,
uma oração ao Deus da
minha vida.
9 Digo a Deus, a minha Rocha:
Por que te esqueceste de mim?
Por que ando em pranto
por causa da opressão do
inimigo?
10 Os meus ossos sofrem
agonia mortal,
quando os meus
adversários me afrontam,
dizendo-me o dia todo:
Onde está o teu Deus?
11 Por que estás abatida, ó
minha alma?
Por que te perturbas dentro
em mim?
Espera em Deus, pois ainda o
louvarei,
meu Salvador e Deus meu.

43 Faze-me justiça, ó Deus, e
pleiteia a minha
causa contra uma nação ímpia;
livra-me do homem
enganador e iníquo.
2 Tu és o Deus da minha
fortaleza.
Por que me rejeitaste?
Por que me visto de luto
por causa da opressão do
inimigo?
3 Envia a tua luz e a tua
verdade,
para que me guiem;
levem-me ao teu santo monte,
ao lugar da tua habitação.
4 Então irei ao altar de Deus,
do Deus que é a minha
grande alegria.
Com harpa te louvarei, ó
Deus, Deus meu.
5 Por que estás abatida, ó
minha alma?
Por que te perturbas dentro
em mim?
Espera em Deus, pois ainda o
louvarei,
meu Salvador e Deus meu.

Ao diretor de música. Dos filhos de Coré. Um masquil.

44 Ó Deus, nós ouvimos com
os nossos ouvidos;
nossos pais nos contaram
os feitos
que realizaste em seus dias,
nos tempos da antiguidade.
2 Expulsaste as nações com a
tua mão
e os nossos antepassados
plantaste;
esmagaste os povos,
mas a nossos pais fizeste
prosperar.
3 Não conquistaram a terra
pela sua espada,
nem o seu braço os salvou;

foi a tua destra e o teu braço,
e a luz da tua face, pois os amaste.
4 Tu és o meu rei e o meu Deus,
que ordena vitórias para Jacó.
5 Por meio de ti vencemos os nossos inimigos;
pelo teu nome pisamos os que se levantam contra nós.
6 Não confio no meu arco,
nem a minha espada me traz vitória;
7 mas tu nos dás vitória sobre os nossos inimigos,
tu humilhas os que nos odeiam.
8 Em Deus nos gloriamos o dia todo,
e louvaremos o teu nome para sempre. (Selá)
9 Agora, porém, tu nos rejeitaste
e nos humilhaste;
já não sais com os nossos exércitos.
10 Tu nos fizeste retroceder diante do inimigo,
e aqueles que nos odeiam nos despojaram.
11 Tu nos entregaste como ovelhas
para sermos devorados
e nos espalhaste entre as nações.
12 Tu vendeste por um nada o teu povo;
não lucraste com o seu preço.
13 Tu nos humilhaste diante dos nossos vizinhos,
fizeste de nós objeto de zombaria dos que
nos rodeiam.
14 Tu nos puseste por provérbio entre as nações;
quando me veem, os povos balançam a cabeça.
15 A minha humilhação está diante de mim o dia todo,
e o meu rosto está coberto de vergonha,
16 à voz daquele que me afronta e blasfema,
à vista do inimigo e vingador.
17 Tudo isso nos sobreveio,
embora não nos tivéssemos esquecido de ti,
nem sido falsos à tua aliança.
18 O nosso coração não voltou atrás;
os nossos passos não se desviaram das tuas veredas.
19 Contudo, tu nos quebrantaste e nos
tornaste em lugar onde vivem chacais,
e nos cobriste com as sombras da morte.
20 Se nos tivéssemos esquecido do nome do nosso Deus,
ou estendido as mãos para um deus estranho,
21 não o teria descoberto Deus,
visto que ele conhece os segredos do coração?
22 Contudo, por amor de ti deparamos com a morte o dia todo;
somos considerados como ovelhas para o matadouro.
23 Desperta, ó Senhor! Por que dormes?
Acorda! Não nos rejeites para sempre.
24 Por que escondes a tua face
e te esqueces da nossa miséria
e da nossa opressão?

25 A nossa alma está abatida
até o pó;
o nosso corpo se apega
ao chão.
26 Levanta-te em nosso auxílio;
resgata-nos por causa do teu
constante amor.

Ao diretor de música. Segundo a melodia: Os Lírios. Dos filhos de Coré. Um masquil. Cântico de casamento.

45 O meu coração transborda
com um nobre tema,
enquanto recito os meus
versos ao rei;
a minha língua é a pena de
um habilidoso escritor.
2 Tu és o mais formoso dos
filhos dos homens;
os teus lábios foram
ungidos com a graça,
por isso Deus te abençoou
para sempre.
3 Prende a tua espada à coxa,
ó valente;
cobre-te de glória e majestade.
4 Nessa majestade cavalga
vitoriosamente,
pela causa da verdade, da
humildade e da retidão;
que a tua destra realize
coisas grandiosas.
5 As tuas flechas são agudas
no coração dos inimigos do rei;
por meio delas os povos
caem debaixo de ti.
6 O teu trono, ó Deus, é
eterno e perpétuo;
o cetro do teu reino é um
cetro de equidade.
7 Tu amas a retidão e odeias
a impiedade;
portanto Deus, o *teu Deus*
te ungiu com o óleo de alegria,
mais do que a teus
companheiros.
8 Todas as tuas vestes
cheiram a mirra,
a aloés e a cássia;
dos palácios de marfim a
música
dos instrumentos de corda te
alegra.
9 Filhas de reis estão entre
as tuas
ilustres donzelas;
à tua direita está a rainha,
ornada de finíssimo ouro
de Ofir.
10 Ouve, filha, e olha, inclina
os teus ouvidos:
Esquece-te do teu povo e da
casa de teu pai.
11 O rei está cativado por tua
formosura;
honra-o, pois ele é teu
Senhor.
12 A cidade de Tiro estará ali
com presentes;
os ricos do povo suplicarão
o teu favor.
13 A filha do rei está toda
formosa no seu palácio;
as suas vestes são
entretecidas de ouro.
14 Em vestidos bordados é
levada ao rei;
as virgens, suas
companheiras,
a seguem e são trazidas à tua
presença.
15 Com alegria e regozijo são
conduzidas;
entram no palácio do rei.
16 Teus filhos tomarão o
lugar de teus pais;
tu os farás príncipes sobre
toda a terra.
17 Perpetuarei a tua
memória de geração
em geração;
pelo que os povos te
louvarão para sempre.

Ao diretor de música. Dos filhos de Coré. Segundo alamote. Uma canção.

46 Deus é o nosso refúgio e
fortaleza,
socorro bem presente na
angústia.
2 Pelo que não temeremos,
ainda que a terra se mude e
os montes se
transportem para o meio
dos mares;
3 ainda que as águas rujam e
se perturbem,
ainda que os montes se
abalem
pela sua braveza. (Selá)
4 Há um rio cujas correntes
alegram
a cidade de Deus,
o santuário das moradas do
Altíssimo.
5 Deus está no meio dela, não
será abalada;
Deus a ajudará ao romper
da manhã.
6 As nações se embravecem,
os reinos se movem;
ele levanta a sua voz,
e a terra se derrete.
7 O Senhor dos Exércitos está
conosco;
o Deus de Jacó é o nosso
refúgio. (Selá)
8 Vinde, contemplai as obras
do Senhor,
as desolações que ele tem
feito na terra.
9 Ele faz cessar as guerras
até o fim da terra;
quebra o arco e corta a lança,
queima os carros no fogo.
10 Aquietai-vos e sabei que
eu sou Deus;
serei exaltado entre as
nações,
serei exaltado sobre a terra.
11 O Senhor dos Exércitos
está conosco;
o Deus de Jacó é o nosso
refúgio. (Selá)

Ao diretor de música. Filhos de Coré. Um salmo.

47 Aplaudi com as mãos,
todos os povos;
cantai a Deus com voz de triunfo.
2 O Senhor Altíssimo é
tremendo,
é o grande rei sobre toda a
terra.
3 Ele nos submeteu os povos,
e pôs as nações debaixo dos
nossos pés.
4 Escolheu para nós a nossa
herança,
a glória de Jacó, a quem
amou. (Selá)
5 Deus subiu com júbilo,
o Senhor subiu ao som da
trombeta.
6 Cantai louvores a Deus,
cantai louvores;
cantai louvores ao nosso
Rei, cantai louvores.
7 Pois Deus é o Rei de
toda a terra;
cantai-lhe salmos de louvor.
8 Deus reina sobre as nações;
Deus se assenta no seu
santo trono.
9 Os soberanos dos povos
se reúnem como o povo do
Deus de Abraão,
pois os reis da terra
pertencem a Deus;
ele é grandemente exaltado.

Um cântico. Um salmo dos filhos de Coré.

48 Grande é o Senhor e mui
digno de louvor,
na cidade do nosso Deus,
no seu monte santo.

2 Belo e majestoso é o
monte Sião,
a alegria de toda a terra,
a cidade do grande Rei.
3 Deus está nos palácios dela;
ele se fez conhecer como
alto refúgio.
4 Quando os reis se
ajuntaram,
quando juntos avançaram,
5 viram-na e ficaram
maravilhados;
fugiram aterrorizados.
6 Tremor ali se apoderou
deles,
dores como as de uma
parturiente.
7 Foste como um vento
oriental de Társis,
quando destruiu os navios.
8 Como temos ouvido, agora
também temos visto
na cidade do Senhor dos
Exércitos,
na cidade do nosso Deus:
Deus a confirma para
sempre. (Selá)
9 Lembramo-nos, ó Deus,
do teu constante amor no
meio do teu templo.
10 Assim, como é o teu nome,
ó Deus,
é também o teu louvor,
até os confins da terra;
a tua destra está cheia de
retidão.
11 Alegre-se o monte de Sião,
alegrem-se as filhas de
Judá por causa dos teus
juízos.
12 Dai voltas a Sião, rodeai-a,
contai as suas torres,
13 notai bem as suas
muralhas,
observai os seus palácios,
para narrardes à geração
seguinte.
14 Pois este Deus é o nosso Deus
para todo o sempre;
ele será nosso guia até
a morte.

Ao diretor de música. Dos filhos de Coré. Um salmo.

49 Ouvi isto, todos os povos;
inclinai os ouvidos,
todos os moradores do
mundo,
2 quer humildes, quer
grandes,
tanto ricos como pobres.
3 A minha boca falará a
sabedoria;
a meditação do meu coração
será de entendimento.
4 Inclinarei os meus ouvidos
a uma parábola;
decifrarei o meu enigma
na harpa:
5 Por que temeria eu nos
dias maus,
quando me cercar a
iniquidade
dos que me armam ciladas,
6 dos que confiam nos seus
bens,
e se gloriam na multidão das
suas riquezas?
7 Ninguém pode remir a seu
irmão,
ou dar a Deus o resgate dele
8 (pois a redenção da sua
alma é caríssima,
e seus recursos se
esgotariam antes),
9 para que vivesse para
sempre,
e não visse a decomposição.
10 Pois todos podem ver que
os sábios morrem;
que perecem igualmente o
tolo e o insensato,
e deixam a outros os seus
bens.

11 O seu pensamento íntimo
é que as suas casas serão
perpétuas
e as suas habitações de
geração em geração;
dão às suas terras os seus
próprios nomes.
12 Todavia, o homem, apesar
das suas riquezas,
não permanece;
antes, é como os animais que
perecem.
13 Este é caminho daqueles
que confiam
em si mesmos,
e dos seus seguidores,
que aprovam
as suas palavras. (Selá)
14 Como ovelhas são
destinados à sepultura;
a morte se alimentará deles.
Os retos terão domínio
sobre eles
ao romper da manhã;
a sua formosura na
sepultura se consumirá,
longe de suas mansões.
15 Deus, porém, remirá a minha
vida do poder da morte;
certamente me receberá.
(Selá)
16 Não temas quando alguém
se enriquece,
quando a glória da sua casa
aumenta;
17 pois, quando morrer, nada
levará consigo,
nem a sua glória o
acompanhará.
18 Ainda que durante a vida
ele se tenha considerado feliz,
e os homens o louvem
quando prospera,
19 ele se juntará com a
geração de seus pais,
que jamais verá a luz
da vida.
20 O homem que possui
riquezas sem entendimento
é semelhante aos animais
que perecem.

Um salmo de Asafe.

50 O Deus poderoso, o Senhor,
fala e chama a terra
do nascer do sol até o
seu ocaso.
2 De Sião, perfeita em
formosura,
resplandece Deus.
3 O nosso Deus vem,
e não se calará;
adiante dele um fogo consome,
e há grande tormenta
ao redor dele.
4 Chama os altos céus e a terra,
para julgar o seu povo.
5 Congregai os meus santos,
aqueles que fizeram
comigo uma aliança com
sacrifícios.
6 E os céus anunciam
a sua retidão,
pois Deus mesmo é o Juiz. (Selá)
7 Ouve, povo meu, e eu
falarei, ó Israel,
e eu, Deus, o teu Deus,
testemunharei contra ti.
8 Não te repreendo pelos teus
sacrifícios,
ou holocaustos,
que estão de contínuo perante
mim.
9 Da tua casa não aceitarei
novilhos,
nem bodes dos teus currais,
10 pois meu é todo animal
da selva,
e o gado sobre milhares
de colinas.
11 Conheço todas as aves
dos montes,
e é meu tudo o que se move
no campo.

12 Se eu tivesse fome,
não te diria,
pois meu é o mundo e
tudo o que nele há.
13 Como carne de touros,
ou bebo sangue de bodes?
14 Oferece a Deus sacrifícios
de louvor,
paga ao Altíssimo os teus
votos,
15 e invoca-me no dia da
angústia;
eu te livrarei, e tu me
glorificarás.
16 Ao ímpio, porém, diz Deus:
Que direito tens de recitar
as minhas leis,
ou de tomar a minha aliança
na tua boca?
17 Tu odeias a correção,
e lanças as minhas palavras
para detrás de ti.
18 Quando vês um ladrão,
consentes com ele;
tens parte com os adúlteros.
19 Usas a tua boca para o mal,
a tua língua trama enganos.
20 Assentas-te a falar contra
o teu irmão,
e falas mal contra o filho da
tua mãe.
21 Essas coisas tens feito, e
eu me calei;
pensavas que eu era como tu.
Eu, porém, te repreenderei,
e tudo porei à tua vista.
22 Ouvi isto, vós que vos
esqueceis de Deus,
para que não vos faça em
pedaços, sem haver quem
vos livre:
23 Aquele que oferece
sacrifício de louvor me glorifica,
e *àquele que bem* ordena o
seu caminho
eu mostrarei a salvação
de Deus.

Ao diretor de música. Salmo de Davi. Quando o profeta Natã veio a ele, depois de Davi haver cometido adultério com Bate-Seba.

51 Tem misericórdia de mim,
ó Deus,
segundo o teu constante
amor;
segundo a tua grande
compaixão,
apaga as minhas
transgressões.
2 Lava-me completamente
da minha iniquidade,
e purifica-me do meu
pecado.
3 Pois eu conheço as minhas
transgressões,
e o meu pecado está sempre
diante de mim.
4 Contra ti, contra ti somente
pequei;
fiz o que é mau diante de
teus olhos,
de modo que és justo quando
falas
e puro quando julgas.
5 Certamente em iniquidade
fui formado,
e em pecado me concebeu a
minha mãe.
6 Certamente tu amas a
verdade no íntimo;
no oculto me fazes conhecer
a sabedoria.
7 Purifica-me com hissopo, e
ficarei puro;
lava-me, e ficarei mais alvo
do que a neve.
8 Faze-me ouvir júbilo e
alegria;
regozijem-se os ossos que tu
quebraste.
9 Esconde a tua face dos
meus pecados
e apaga todas as minhas
iniquidades.

10 Cria em mim, ó Deus,
um coração puro
e renova em mim um
espírito reto.
11 Não me lances fora da tua
presença
e não retires de mim o teu
Espírito Santo.
12 Torna a dar-me a alegria
da tua salvação
e sustém-me com um espírito
disposto a obedecer.
13 Então ensinarei aos
transgressores os teus
caminhos, e os pecadores a
ti se converterão.
14 Livra-me dos crimes de
sangue, ó Deus,
Deus da minha salvação,
e a minha língua cantará a
tua retidão.
15 Abre, ó Senhor,
os meus lábios,
e a minha boca entoará
o teu louvor.
16 Não te comprazes
em sacrifícios,
senão eu os traria;
não te deleitas em
holocaustos.
17 Os sacrifícios para Deus
são o espírito quebrantado;
a um coração
quebrantado
e contrito não desprezarás,
ó Deus.
18 Abençoa a Sião,
segundo a tua boa
vontade;
edifica os muros de
Jerusalém.
19 Então te agradarás dos
sacrifícios de retidão,
dos holocaustos e das
ofertas queimadas;
então sobre o teu altar se
oferecerão novilhos.

Ao diretor de música.
Um masquil de Davi. Quando
Dogue, edomita, anunciou a Saul:
Davi foi à casa de Abimeleque.

52 Por que te glorias
na maldade,
ó homem poderoso?
Por que te glorias o dia todo,
tu que és uma vergonha aos
olhos de Deus?
2 A tua língua intenta o mal,
como uma navalha afiada,
traçando enganos.
3 Tu amas mais o mal do que
o bem,
e mais a mentira do que a
verdade. (Selá)
4 Amas todas as palavras
devoradoras,
ó língua mentirosa!
5 Certamente Deus te
destruirá para sempre;
ele te arrebatará, te
arrancará da tua
habitação e te extirpará da
terra dos viventes. (Selá)
6 Os justos o verão e temerão;
rirão dele, dizendo:
7 Aqui está o homem que
rejeitou a Deus como
sua fortaleza,
mas confiou na abundância
das suas riquezas
e se fortaleceu na sua
perversidade.
8 Eu, porém, sou como uma
oliveira
que floresce na casa de Deus;
confio no constante amor
de Deus
para sempre e eternamente.
9 Para sempre te louvarei
pelo que fizeste;
esperarei no teu nome, pois
o teu nome é bom.
Eu te louvarei na presença
dos teus santos.

Ao diretor de música. Segundo maalate. Um masquil de Davi.

53 Diz o néscio no seu coração:
Não há Deus.
Têm-se corrompido,
e têm cometido abominável
iniquidade;
não há ninguém que
faça o bem.
2 Deus olha dos céus para os
filhos dos homens,
para ver se há algum que
tem entendimento e
busca a Deus.
3 Desviaram-se todos, e
juntamente
se fizeram imundos;
não há quem faça o bem,
não há sequer um.
4 Acaso não têm
conhecimento
estes obreiros da iniquidade,
os quais comem o meu
povo como se comessem pão?
Eles não invocam a Deus.
5 Achavam-se em grande
pavor onde não havia
motivo de pavor.
Deus espalhou os ossos
daquele que te atacou;
tu os envergonhaste, pois
Deus os rejeitou.
6 Oxalá que de Sião viesse a
salvação de Israel!
Quando Deus fizer voltar os
cativos do seu povo,
então se regozijará Jacó e
se alegrará Israel.

Ao diretor de música. Com instrumentos de cordas. Um masquil de Davi. Quando os zifeus vieram e *disseram a Saul: Não está* Davi escondido entre nós?

54 Salva-me, ó Deus,
pelo teu nome;
faze-me justiça pelo
teu poder.
2 Ó Deus, ouve a minha
oração;
inclina os teus ouvidos às
palavras da minha boca.
3 Estrangeiros se levantam
contra mim;
tiranos procuram a minha
vida —
homens que não têm Deus
diante de si. (Selá)
4 Certamente Deus é o meu
ajudador;
o Senhor é quem sustenta a
minha vida.
5 Que o mal recaia sobre os
que me caluniam;
destrói-os por tua
fidelidade.
6 Eu te oferecerei
voluntariamente
sacrifícios;
louvarei o teu nome, ó
Senhor, pois é bom.
7 Pois me livraste de toda a
angústia,
e os meus olhos viram a
ruína dos meus inimigos.

Ao diretor de música. Com instrumentos de cordas. Um masquil de Davi.

55 Inclina, ó Deus,
os teus ouvidos à minha
oração;
não te escondas da minha
súplica,
2 atende-me e ouve-me.
Estou agitado e ando
perplexo,
3 por causa do clamor
do inimigo e da opressão
do ímpio,
pois lançam sobre mim
iniquidade,
e com furor me hostilizam.

4 O meu coração está
angustiado dentro em mim;
os terrores da morte me
sobrevêm.
5 Temor e tremor me
apertaram;
o horror me cobriu.
6 Eu disse: Ah! quem me dera
asas como de pomba!
Voaria, e estaria em descanso.
7 Fugiria para longe,
e pernoitaria no deserto.
(Selá)
8 Eu me apressaria em
encontrar refúgio,
longe da fúria do vento
e da tempestade.
9 Despedaça os ímpios,
ó Senhor, e divide as suas línguas,
pois vejo violência e
contenda na cidade.
10 De dia e de noite andam
ao redor sobre os seus muros;
iniquidade e malícia estão
no meio dela.
11 Maldade há lá dentro;
astúcia e engano não se
apartam das suas ruas.
12 Se fosse um inimigo que
me afrontava,
eu o teria suportado;
se fosse um adversário que se
engrandecia contra mim,
dele me teria escondido.
13 Eras, porém, tu, homem
como eu,
meu guia e meu íntimo
amigo.
14 Conversávamos juntos
suavemente
e íamos com a multidão à
casa de Deus.
15 A morte os acolha de súbito;
vivos os engula a terra,
pois há maldade nas suas
habitações
e no seu íntimo.
16 Eu, porém, invoco a Deus,
e o Senhor me salva.
17 De tarde, de manhã
e ao meio-dia oro e clamo,
e ele ouve a minha voz.
18 Livra-me a alma,
sem danos,
da guerra que movem
contra mim,
embora sejam muitos os
que me perseguem.
19 Deus ouvirá; ele lhes
responderá,
aquele que está entronizado
desde a antiguidade (Selá),
pois não há neles nenhuma
mudança;
tampouco temem a Deus.
20 O meu companheiro ataca
os seus amigos;
viola a sua aliança.
21 A sua boca é mais macia
do que a manteiga,
mas no seu coração há
guerra;
as suas palavras são mais
brandas do que o azeite,
todavia são espadas
desembainhadas.
22 Lança o teu fardo
sobre o Senhor,
e ele te susterá;
jamais permitirá que o
justo seja abalado.
23 Tu, porém, ó Deus, os
farás descer ao poço da
perdição;
assassinos e traidores
não viverão metade
dos seus dias.
Eu, porém, em ti confio.

Ao diretor de música. Segundo a melodia: Uma pomba nos carvalhos distantes. De Davi. Um mictã. Quando os filisteus o prenderam em Gate.

56 Tem misericórdia de mim, ó Deus,
pois os homens procuram devorar-me;
todo o dia estão sempre me oprimindo.
2 Os que me caluniam me perseguem o dia todo;
muitos são os que pelejam contra mim,
ó Altíssimo.
3 No dia em que eu temer,
hei de confiar em ti.
4 Em Deus, cuja palavra eu louvo,
em Deus pus a minha confiança; não temerei.
Que me pode fazer o homem mortal?
5 Todos os dias torcem as minhas palavras;
todos os seus pensamentos
são contra mim para o mal.
6 Ajuntam-se, escondem-se,
espiam os meus passos,
como aguardando a minha morte.
7 Rejeita-os por causa da iniquidade;
ó Deus, derruba os povos na tua ira.
8 Registra as minhas aflições;
põe as minhas lágrimas no teu odre
— não estão elas no teu livro?
9 Quando eu a ti clamar, os meus inimigos retrocederão.
Por meio disso saberei que Deus está comigo.
10 Em Deus, cuja palavra eu louvo,
no Senhor, cuja palavra eu louvo,
11 em Deus ponho a minha confiança;
não temerei.
Que me pode fazer o homem?
12 Estou sob os votos que fiz, ó Deus;
eu te oferecerei ações de graças.
13 Pois tu livraste a minha alma da morte,
como também os meus pés de tropeçarem,
para que eu ande diante de Deus na luz da vida.

Ao diretor de música. Segundo a melodia: Não destruas. De Davi. Um mictã. Quando fugia de Saul, na caverna.

57 Tem misericórdia de mim, ó Deus,
tem misericórdia de mim,
pois a minha alma em ti se refugia.
À sombra das tuas asas me abrigo,
até que passem as calamidades.
2 Clamo ao Deus Altíssimo,
ao Deus que por mim tudo executa.
3 Ele dos céus envia o seu auxílio e me salva;
repreende os que procuram devorar-me (Selá).
Deus envia o seu amor e a sua fidelidade.
4 A minha alma está entre leões;
estou deitado entre bestas famintas,
homens cujos dentes são lanças e flechas,
e cuja língua é espada afiada.

5 Sê exaltado, ó Deus, acima
dos céus;
seja a tua glória sobre toda
a terra.
6 Armaram uma rede aos
meus passos,
a minha alma ficou abatida;
cavaram uma cova diante
de mim,
mas foram eles que nela
caíram. (Selá)
7 Preparado está o meu
coração, ó Deus,
preparado está o meu coração;
cantarei e salmodiarei.
8 Desperta, minha alma!
Despertai, lira e harpa!
Eu despertarei a alva.
9 Eu te louvarei, ó Senhor,
entre os povos; e te cantarei
louvores entre as nações.
10 Pois grande é o teu amor,
e alcança até os céus;
a tua verdade alcança até as
nuvens.
11 Sê exaltado, ó Deus, acima
dos céus;
seja a tua glória sobre toda
a terra.

**Ao diretor de música.
Segundo a melodia: Não
destruas. De Davi. Um mictã.**

58 Falais deveras o que é justo, ó poderosos?
Julgais retamente, filhos dos
homens?
2 Não, antes no coração
tramais iniquidades;
sobre a terra fazeis pesar a
violência
das vossas mãos.
3 Desviam-se os ímpios desde
a madre;
andam errados desde que
nascem,
proferindo mentiras.
4 Têm veneno semelhante ao
veneno da serpente;
são como a víbora surda,
que tapa os ouvidos
5 para não ouvir a voz dos
encantadores,
nem mesmo do encantador
perito em encantamentos.
6 Ó Deus, quebra-lhes os
dentes nas suas bocas;
arranca, ó Senhor, as
presas dos leões.
7 Desapareçam como águas
que se escorrem;
quando armarem as suas
flechas,
sejam elas feitas em pedaços.
8 Como a lesma que se
derrete, assim sejam eles;
como o aborto de uma
mulher, nunca vejam o sol.
9 Antes que as vossas panelas
possam sentir o calor dos
espinheiros,
assim os verdes como
os secos,
os ímpios serão arrebatados
como por um redemoinho.
10 O justo se alegrará quando
vir a vingança,
quando lavar os pés no
sangue do ímpio.
11 Então se dirá: Deveras há
uma recompensa para o justo;
deveras há um Deus que
julga na terra.

**Ao diretor de música.
Segundo a melodia: Não destruas.
De Davi. Um mictã.
Quando Saul mandou que lhe
vigiassem a casa, para o matar.**

59 Livra-me, ó Deus, dos meus
inimigos;
defende-me daqueles que se
levantam
contra mim.

2 Livra-me dos que praticam
a iniquidade e salva-me dos
assassinos.
3 Vê como armam ciladas à
minha alma!
Os fortes se ajuntam
contra mim,
sem transgressão minha ou
pecado meu, ó Senhor.
4 Correm e se preparam, sem
culpa minha.
Desperta para me ajudares,
e olha.
5 Ó Senhor Deus dos
Exércitos, Deus de Israel,
desperta para visitares
todas as nações;
não tenhas misericórdia
de nenhum dos pérfidos
que praticam a iniquidade.
(Selá)
6 Voltam à tarde;
dão ganidos como cães,
rodeando a cidade.
7 Soltam gritos; espadas
estão nos seus lábios, e dizem:
Quem ouve?
8 No entanto, ó Senhor,
te ris deles;
zombas de todas as nações.
9 Em ti, ó força minha,
aguardo;
tu, ó Deus, és a minha
alta defesa,
10 meu Deus de amor.
Deus me fará ver o meu
desejo sobre os meus
inimigos.
11 Não os mates, ó Senhor,
nosso escudo,
para que o meu povo não se
esqueça.
Espalha-os pelo teu poder, e
abate-os.
12 Pelo pecado da sua boca
e pelas palavras dos seus
lábios
fiquem presos na
sua soberba.
Pelas maldições e pelas
mentiras que proferem,
13 consome-os na tua
indignação;
consome-os, de modo que não
existam mais.
Então saberão que Deus
reina
em Jacó até os fins da terra.
(Selá)
14 Voltam à tarde, e dão
ganidos como cães,
e rodeiam a cidade.
15 Vagueiam buscando
o que comer,
passam a noite sem
se fartarem.
16 Eu, porém, cantarei a tua
força,
e pela manhã cantarei
o teu amor;
pois tu és o meu alto
refúgio
e proteção no dia da angústia.
17 A ti, ó Força minha,
cantarei louvores;
tu, ó Deus, és o meu alto
refúgio, o meu Deus de amor.

**Ao diretor de música.
Segundo a melodia: O lírio da
aliança. Um mictã de Davi.
De doutrina. Quando pelejou
com os sírios da Mesopotâmia
e os sírios de Zobá e quando
Joabe voltou e feriu no vale
do Sal doze mil edomitas.**

60 Ó Deus, tu nos rejeitaste,
tu nos espalhaste,
tu tens estado indignado;
oh! restabelece-nos.
2 Abalaste a terra e a
fendeste;
repara as suas brechas,
pois ela treme.

3 Fizeste passar o teu povo
por tempos difíceis;
deste-nos a beber o vinho
da perturbação.
4 Deste um estandarte aos
que te temem,
para ser desfraldado ante o
arco. (Selá)
5 Para que os teus amados
sejam livres,
salva-nos com a tua destra
e ouve-nos.
6 Disse Deus do seu
santuário:
Eu me regozijarei, repartirei
Siquém
e medirei o vale de Sucote.
7 Meus são Gileade e
Manassés;
Efraim é a força da minha
cabeça,
e Judá o meu cetro.
8 Moabe é a minha bacia
de lavar,
sobre Edom lanço o meu
sapato;
sobre a Filístia dou o brado
de triunfo.
9 Quem me conduzirá à
cidade forte?
Quem me guiará até Edom?
10 Não és tu, ó Deus, que nos
rejeitaste
e já não sais com os nossos
exércitos?
11 Dá-nos auxílio contra o
inimigo,
pois vão é o socorro do
homem.
12 Em Deus faremos proezas;
e ele pisará os nossos
inimigos.

Ao diretor de música. Com instrumentos de cordas. De Davi.

61 Ouve, ó Deus, o meu clamor;
atende à minha oração.
2 Desde o fim da terra
clamo a ti,
por estar abatido o meu
coração;
leva-me para a rocha que é
mais alta do que eu.
3 Pois tens sido o meu
refúgio,
uma torre forte contra o
inimigo.
4 Anseio habitar no teu
tabernáculo para sempre
e me abrigar no oculto das
tuas asas. (Selá)
5 Pois tu, ó Deus, ouviste os
meus votos;
deste-me a herança dos que
temem o teu nome.
6 Prolonga os dias do rei,
os seus anos por muitas
gerações.
7 Permaneça ele diante de
Deus para sempre;
envia-lhe amor e fidelidade
para preservá-lo.
8 Então cantarei louvores ao
teu nome perpetuamente
e pagarei os meus votos de
dia em dia.

Ao diretor de música Jedutum. Um salmo de Davi.

62 A minha alma encontra
descanso
somente em Deus;
dele vem a minha salvação.
2 Só ele é a minha rocha e a
minha salvação;
é ele a minha defesa, jamais
serei abalado.
3 Até quando maquinareis
o mal contra um homem?
Sereis mortos todos vós,
sereis como uma parede
encurvada
e uma cerca pouco segura.

4 Consultam como o hão de
derrubar da sua excelência;
deleitam-se em mentiras.
Com a boca bendizem, mas
no íntimo
maldizem. (Selá)
5 Ó minha alma, espera
somente em Deus;
dele vem a minha
esperança.
6 Só ele é a minha rocha e a
minha salvação;
é ele a minha defesa, não
serei abalado.
7 Em Deus está a minha
salvação e a minha glória;
a rocha da minha fortaleza
e o meu refúgio estão em
Deus.
8 Confiai nele, ó povo, em
todo o tempo;
derramai perante ele o
vosso coração,
pois Deus é o nosso refúgio.
(Selá)
9 Os homens de origem
humilde são como
um sopro,
e os nobres são mentira;
se pesados em balanças,
juntos são mais leves do
que um sopro.
10 Não confieis na extorsão,
nem vos glorieis em coisas
roubadas;
ainda que as vossas
riquezas aumentem,
não ponhais nelas o coração.
11 Uma coisa disse Deus,
duas vezes a ouvi:
que o poder pertence a
Deus,
12 e a ti, Senhor, pertence o
amor.
Certamente retribuirás a
cada um segundo a sua
obra.

Um salmo de Davi. Quando estava no deserto de Judá.

63 Ó Deus, tu és o meu Deus,
eu te busco ansiosamente;
a minha alma tem sede de ti,
o meu corpo te deseja muito
em uma terra seca e cansada,
onde não há água.
2 Contemplei-te no teu
santuário,
e vi o teu poder e a tua
glória.
3 Porque o teu amor é melhor
do que a vida, os meus
lábios te louvarão.
4 Eu te louvarei enquanto
viver,
e em teu nome levantarei as
minhas mãos.
5 A minha alma se fartará,
como de tutano e de gordura;
a minha boca te louvará
com alegres lábios.
6 Na minha cama, lembro-me
de ti;
medito em ti nas vigílias da
noite.
7 Porque tu tens sido o meu
auxílio,
canto nas sombras das tuas
asas.
8 A minha alma te segue de
perto;
a tua destra me sustenta.
9 Aqueles que procuram
a minha vida serão
destruídos;
irão para as profundezas da
terra.
10 Cairão à espada e servirão
de pasto aos chacais.
11 O rei, porém, se regozijará
em Deus;
todo o que jura pelo nome
de Deus o louvará,
enquanto serão tapadas as
bocas dos mentirosos.

Ao diretor de música.
Um salmo de Davi.

64 Ouve, ó Deus, a voz do meu lamento;
livra a minha vida do horror
do inimigo.
2 Esconde-me do secreto
conselho dos maus
e do tumulto dos que
praticam a iniquidade.
3 Afiam as suas línguas
como espadas,
e apontam, como flechas,
palavras amargas.
4 De lugares ocultos atiram
sobre o inocente;
disparam sobre ele
repentinamente,
e não temem.
5 Firmam-se em mau
intento,
falam de armar laços
secretamente;
dizem: Quem nos verá?
6 Projetam injustiça
e dizem:
Temos planos bem traçados!
Certamente a mente e o
coração do homem são
sagazes.
7 Deus, porém, atirará contra
eles uma seta;
de repente ficarão feridos.
8 Ele fará com que as suas
línguas
se voltem contra si mesmos,
e serão levados a tropeçar;
todos os que os virem,
fugirão.
9 Todos os homens temerão;
proclamarão a obra de Deus
e considerarão
prudentemente os seus feitos.
10 O justo se alegra no
Senhor e nele se refugia;
cantem louvores todos os
retos de coração!

Ao diretor de música. Um
salmo de Davi. Um cântico.

65 A ti, ó Deus, espera o louvor em Sião;
a ti se pagará o voto.
2 Ó tu que ouves as orações,
a ti virão todos os homens.
3 Prevalecem as iniquidades
contra mim,
mas tu perdoas as nossas
transgressões.
4 Bem-aventurado aquele a
quem tu escolhes
e fazes chegar a ti,
para que habite em teus átrios!
Somos satisfeitos com a
bondade da tua casa,
do teu santo templo.
5 Com feitos tremendos nos
respondes em retidão,
ó Deus da nossa salvação, a
esperança de todas as
extremidades da terra e do
mais longínquo mar;
6 que pela tua força
consolidaste os montes,
cingido de poder;
7 que aplacaste o ruído dos
mares,
o ruído das suas ondas e o
tumulto das gentes.
8 Os que habitam nos confins da
terra temem os teus sinais;
tu fazes exultar de júbilo
as saídas da manhã e da
tarde.
9 Tu visitas a terra e a refrescas;
tu a enriqueces
grandemente.
O rio de Deus está cheio
de água,
para dar cereal ao povo,
pois assim a tens
preparado.
10 Enches de água os seus
sulcos
e lhe aplaina as leivas;

tu a amoleces com a chuva
e abençoas as suas
novidades.
11 Coroas o ano com a tua
bondade;
as tuas veredas destilam
gordura.
12 Destilam sobre as
pastagens do deserto;
os outeiros vestem-se de
alegria.
13 Os campos cobrem-se
de rebanhos,
e os vales vestem-se de
espigas;
regozijam-se e cantam.

**Ao diretor de música.
Um cântico. Um salmo.**

66 Louvai a Deus com brados
de júbilo,
toda a terra!
2 Cantai a glória do seu nome,
dai glória ao seu louvor.
3 Dizei a Deus: Quão temíveis
são os teus feitos!
Pela grandeza do teu poder
se submeterão a ti os teus
inimigos.
4 Toda a terra te adora e te
canta louvores;
canta louvores ao teu nome.
(Selá)
5 Vinde e vede as obras
de Deus;
quão tremendo é ele
nos seus feitos
para com os filhos dos
homens.
6 Converteu o mar em terra
seca,
e passaram o rio a pé;
vinde, alegremo-nos nele.
7 *Ele governa eternamente*
pelo seu poder,
os seus olhos estão sobre
as nações;
não se exaltem os
rebeldes. (Selá)
8 Bendizei, povos,
ao nosso Deus,
fazei ouvir a voz do seu
louvor;
9 ao que nos conserva em
vida
e não permite que os nossos
pés resvalem.
10 Pois tu, ó Deus, nos
provaste;
tu nos refinaste como se
refina a prata.
11 Tu nos deixaste cair no laço
e cargas pesadas nos
colocaste nas costas.
12 Fizeste com que os
homens cavalgassem
sobre as nossas cabeças;
passamos pelo fogo e pela água,
mas nos trouxeste a um
lugar de abundância.
13 Entrarei em tua casa com
holocaustos e cumprirei os
meus votos;
14 votos que haviam
pronunciado os meus lábios
e dito a minha boca, quando
eu estava
na angústia.
15 Eu te oferecerei holocaustos
de animais gordos,
e incenso de carneiros;
oferecerei novilhos e cabritos.
(Selá)
16 Vinde, ouvi, todos vós os
que temeis a Deus;
eu contarei o que ele tem
feito à minha alma.
17 A ele clamei com a boca;
ele foi exaltado pela minha
língua.
18 Se eu no coração
contemplara o pecado,
o Senhor não me teria
ouvido;

19 mas, na verdade, Deus me
ouviu e atendeu
à voz da minha oração.
20 Bendito seja Deus,
que não rejeitou a minha
oração
nem desviou de mim o seu
amor!

Ao diretor de música.
Com instrumentos de cordas.
Um salmo. Um cântico.

67 Que Deus tenha compaixão de nós
e nos abençoe, e faça
resplandecer
o seu rosto sobre nós, (Selá)
2 para que se conheça na
terra os teus caminhos,
e em todas as nações a tua
salvação.
3 Louvem-te, ó Deus, os povos;
louvem-te os povos todos.
4 Alegrem-se e regozijem-se
as nações,
pois julgas os povos com
equidade
e governas as nações sobre a
terra. (Selá)
5 Louvem-te, ó Deus, os
povos;
louvem-te os povos todos.
6 Então a terra dará o seu
fruto,
e Deus, o nosso Deus, nos
abençoará.
7 Abençoe-nos Deus,
e todas as extremidades da
terra o temerão.

Ao diretor de música. De Davi.
Um salmo. Um cântico.

68 Levante-se Deus,
sejam dissipados os seus
inimigos;
fujam de diante dele os que
o odeiam.
2 Como se dissipa a fumaça,
assim tu os dissipas;
como se derrete a cera
diante do fogo,
assim pereçam os ímpios
diante de Deus.
3 Alegrem-se, porém, os
justos!
Regozijem-se na presença
de Deus.
Folguem de alegria.
4 Cantai a Deus, cantai
louvores ao seu nome,
louvai aquele que cavalga
sobre as nuvens;
o seu nome é Senhor, exultai
diante dele.
5 Pai de órfãos e juiz de
viúvas
é Deus no seu santo lugar.
6 Deus faz que o solitário viva
em família
e liberta aqueles que estão
presos em grilhões;
mas os rebeldes habitam
em terra seca.
7 Ó Deus, quando saías
adiante do teu povo,
quando caminhavas pelo
deserto, (Selá)
8 a terra tremia, e os céus
destilavam chuva
perante a face de Deus, o
Deus do Sinai;
na presença de Deus, o
Deus de Israel.
9 Tu, ó Deus, mandaste a
chuva em abundância;
refrescaste a tua herança,
quando estava cansada.
10 Nela habitava o teu
rebanho,
e tu, ó Deus, da tua bondade
proveste o pobre.
11 O Senhor deu a palavra,
e grande foi a companhia dos
que a proclamaram.

12 Reis e exércitos fogem
sem parar;
nos acampamentos os
homens dividem
os despojos.
13 Mesmo quando dormis
entre as fogueiras,
as asas da pomba estão
cobertas de prata,
com as penas de ouro
brilhante.
14 Quando o Onipotente
espalhou os reis
pela terra,
foi como quando cai a neve
em Zalmom.
15 As montanhas de Basã são
majestosas;
de cimos numerosos são as
montanhas de Basã.
16 Por que olhais com inveja,
ó montanhas escarpadas,
para o monte que Deus
desejou
para a sua habitação,
onde o próprio Senhor
habitará eternamente?
17 Os carros de Deus são
dezenas de milhares,
e milhares de milhares.
O Senhor está entre eles no
Sinai, no seu santuário.
18 Quando subiste ao alto,
levaste cativo o cativeiro;
recebeste dons dos homens,
e até dos rebeldes,
para que o Senhor Deus
habitasse entre eles.
19 Bendito seja o Senhor,
que dia a dia leva a nossa carga,
o Deus que é a nossa
salvação. (Selá)
20 O nosso Deus é o Deus da
salvação;
a Deus, o Senhor,
pertence o livramento da
morte.
21 Certamente Deus esmagará
a cabeça de seus inimigos,
o crânio do que anda em
pecados.
22 Disse o Senhor: Eu os farei
voltar de Basã;
farei voltar o meu povo das
profundezas do mar,
23 para que banhes o teu pé
no sangue de teus inimigos,
e a língua dos teus cães tenha
a sua porção.
24 Ó Deus, viu-se a tua
procissão,
a procissão do meu Deus,
meu Rei, no santuário.
25 Os cantores vão na frente,
os tocadores de instrumentos
atrás;
entre eles vão as virgens
tocando tamborins.
26 Celebrai a Deus na grande
congregação;
celebrai ao Senhor na
congregação de Israel.
27 Ali está a pequena tribo de
Benjamim,
que os conduz, os príncipes
de Judá
com o seu ajuntamento,
e os príncipes de Zebulom e
de Naftali.
28 Convoca, ó Deus, a tua
força;
confirma, ó Deus, o que já
realizaste por nós.
29 Por amor do teu templo
em Jerusalém,
os reis te trarão presentes.
30 Repreende a fera dos
juncos,
a manada de touros entre os
novilhos dos povos.
Humilhada traga barras de
prata.
Espalha os povos que se
comprazem na guerra.

31 Embaixadores virão
do Egito;
a Etiópia cedo estenderá para
Deus as suas mãos.
32 Ó reinos da terra,
cantai a Deus,
cantai louvores ao Senhor,
(Selá)
33 àquele que vai montado
sobre os céus dos céus,
desde a antiguidade,
e que troveja com poderosa
voz.
34 Proclamai o poder de
Deus,
cuja majestade está sobre
Israel,
cujo poder está nos céus.
35 Ó Deus, tu és tremendo no
teu santuário;
o Deus de Israel dá força e
poder ao seu povo.
Bendito seja Deus!

Ao diretor de música.
Segundo a melodia:
Os lírios. De Davi.

69 Livra-me, ó Deus, pois as
águas me
sobem até o pescoço.
2 Atolei-me em profundo
lamaçal,
e não tenho onde firmar os
pés.
Entrei na profundeza das
águas;
a corrente me leva.
3 Estou cansado de clamar;
secou-se a minha garganta.
Os meus olhos desfalecem de
esperar por meu Deus.
4 Aqueles que me odeiam
sem causa são mais do que os
cabelos
da minha cabeça;
aqueles que procuram
destruir-me,
que me atacam com
mentiras, são poderosos.
Tenho de restituir o que
não furtei.
5 Tu, ó Deus, bem conheces a
minha insensatez;
os meus pecados não te são
encobertos.
6 Não sejam envergonhados
por minha causa
aqueles que esperam em ti,
ó Senhor, Senhor dos
Exércitos;
não sejam confundidos por
minha causa
aqueles que te buscam, ó
Deus de Israel.
7 Pois por amor de ti suporto
afronta,
e a confusão cobre o meu
rosto.
8 Sou como um estranho para
com os meus irmãos,
e um desconhecido para com
os filhos da minha mãe;
9 pois o zelo pela tua casa me
consome,
e os insultos dos que te
afrontam
caem sobre mim.
10 Quando choro e castigo
com jejum
a minha alma,
suporto afrontas;
11 quando me visto de pano
de saco,
torno-me um provérbio
para eles.
12 Aqueles que se assentam
à porta
falam contra mim,
e sou a canção dos bêbados.
13 Eu, porém, faço a minha
oração a ti, ó Senhor,
em tempo aceitável;
ó Deus, ouve-me segundo
a grandeza do teu amor,

segundo a fidelidade
da tua salvação.
14 Tira-me do lamaçal, não
me deixes atolar;
seja eu livre dos que me
aborrecem,
das profundezas das águas.
15 Não me leve a corrente das
águas
e não me engula o abismo,
nem o poço feche a sua boca
sobre mim.
16 Ouve-me, ó Senhor, pois
grande é o teu amor;
olha para mim segundo a
tua grande misericórdia.
17 Não escondas o teu rosto
do teu servo;
ouve-me depressa, pois
estou angustiado.
18 Aproxima-te da minha
alma e resgata-a;
livra-me por causa dos
meus inimigos.
19 Bem conheces a minha
afronta,
a minha vergonha e a
minha confusão;
diante de ti estão todos os
meus adversários.
20 Afrontas me
quebrantaram
o coração e me deixaram
desfalecido;
esperei por alguém que
tivesse
compaixão, mas não houve
nenhum,
por consoladores, mas não
os achei.
21 Deram-me fel por alimento,
e na minha sede me deram
a beber vinagre.
22 Torne-se a sua mesa
diante deles em laço;
torne-se em retribuição e
ruína.
23 Escureçam-se os seus
olhos,
para que não vejam;
faze com que os seus
lombos tremam
constantemente.
24 Derrama sobre eles a tua
indignação;
prenda-os o ardor da tua ira.
25 Fique desolado o seu lugar;
não haja quem habite nas
suas tendas.
26 Pois perseguem a quem
afligiste e falam sobre a dor
daqueles a quem feriste.
27 Acrescenta iniquidade à
iniquidade deles;
não partilhem da tua
salvação.
28 Sejam riscados do livro
da vida,
e não sejam inscritos com
os justos.
29 Estou aflito e triste;
proteja-me, ó Deus, a tua
salvação.
30 Louvarei o nome de Deus
com cântico,
e o engrandecerei com
ações de graças.
31 Isso será mais agradável
ao Senhor
do que um boi,
ou um novilho que tem
chifres e unhas.
32 Os pobres verão isso e se
agradarão;
vós, que buscais a Deus,
reviva o vosso coração.
33 O Senhor ouve os
necessitados
e não despreza os seus
cativos.
34 Louvem-no os céus
e a terra,
os mares e tudo o que neles
se move,

35 pois Deus salvará a Sião e
reedificará as cidades de
Judá.
Ali habitarão os seus servos e
a possuirão;
36 os filhos dos seus servos a
herdarão,
e os que amam o seu nome
nela habitarão.

Ao diretor de música.
De Davi. Uma petição.

70 Apressa-te, ó Deus, em me
livrar;
Senhor, apressa-te em
ajudar-me.
2 Fiquem envergonhados e
confundidos
os que procuram a minha
alma;
retrocedam e confundam-se
os que
me desejam mal.
3 Retrocedam cobertos de
vergonha
os que dizem: Bem feito!
Bem feito!
4 Folguem e alegrem-se
em ti
todos os que te buscam;
aqueles que amam a
tua salvação digam
continuamente:
Engrandecido seja Deus.
5 Eu, porém, estou aflito e
necessitado;
apressa-te por mim, ó Deus.
Tu és o meu auxílio e o meu
libertador;
ó Senhor, não te detenhas.

71 Em ti, Senhor, me refugiei;
nunca seja eu
envergonhado.
2 Livra-me na tua retidão
e faze que eu escape;
inclina os teus ouvidos para
mim e salva-me.
3 Sê tu para mim uma rocha
de refúgio,
à qual possa recorrer
continuamente;
dá um mandamento
que me salve,
pois tu és a minha rocha e a
minha fortaleza.
4 Livra-me, meu Deus, das
mãos do ímpio,
das mãos do homem injusto
e cruel.
5 Pois tu és a minha
esperança, ó Senhor Deus,
a minha confiança desde a
minha mocidade.
6 Desde o ventre tenho
confiado em ti;
tu me tiraste das entranhas
da minha mãe.
O meu louvor será para ti
constantemente.
7 Sou como um testemunho
para muitos,
pois tu és o meu forte refúgio.
8 Encha-se a minha boca do
teu louvor
e da tua glória o dia todo.
9 Não me rejeites no tempo
da velhice;
não me desampares,
quando se for acabando a
minha força.
10 Pois os meus inimigos
falam contra mim;
os que espiam a minha alma
consultam juntos,
11 dizendo: Deus o
desamparou;
persegui-o e prendei-o, pois
não há quem o livre.
12 Ó Deus, não te distancies
de mim;
ó meu Deus, apressa-te em
ajudar-me.
13 Sejam confundidos e
consumidos

os adversários da minha alma;
cubram-se de vergonha
e de confusão
aqueles que procuram
o meu mal.
14 Eu, porém, esperarei
sempre
e te louvarei mais e mais.
15 A minha boca relatará as
bênçãos
da tua retidão e da tua
salvação o dia todo,
ainda que eu não conheça o
seu número.
16 Sairei na força do
Senhor Deus;
farei menção da tua retidão,
a tua somente.
17 Ensinaste-me, ó Deus,
desde a minha mocidade,
e até aqui tenho anunciado
as tuas maravilhas.
18 Mesmo quando eu
estiver velho
e de cabelos brancos,
não me desampares, ó Deus,
até que tenha anunciado a
tua força a esta geração,
e o teu poder às futuras
gerações.
19 A tua retidão, ó Deus, se
eleva até os céus,
fizeste grandes coisas.
Ó Deus, quem é semelhante
a ti?
20 Tu, que me tens feito ver
muitos
males e angústias,
me darás ainda a vida,
e me tirarás dos abismos da
terra.
21 Aumentarás a minha
grandeza
e *de novo me consolarás*.
22 Eu te louvarei com a lira,
celebrarei a tua verdade, ó
meu Deus;
cantarei os teus louvores
com a harpa,
ó Santo de Israel.
23 Os meus lábios exultarão
quando eu cantar os teus
louvores,
assim como a minha alma,
que tu remiste.
24 A minha língua falará dos
teus feitos
justos o dia todo,
pois estão confundidos e
envergonhados
aqueles que procuram o
meu mal.

Salmo de Salomão.

72 Ó Deus, dá ao rei a tua
justiça,
e a tua retidão ao filho do rei.
2 Ele julgará o teu povo com
retidão e os teus pobres
com justiça.
3 Os montes trarão
prosperidade ao povo,
e os outeiros o fruto da
retidão.
4 Defenderá os aflitos do povo,
salvará os filhos do necessitado
e quebrantará o opressor.
5 Ele permanecerá enquanto
durar o sol e a lua,
de geração em geração.
6 Ele será como a chuva
sobre a erva ceifada,
como os aguaceiros que
umedecem a terra.
7 Nos seus dias florescerá
o justo;
abundância de paz haverá
enquanto durar a lua.
8 Dominará de mar a mar, e
desde o Rio até as
extremidades da terra.
9 Aqueles que habitam no
deserto
se inclinarão ante ele,

e os seus inimigos
lamberão o pó.
10 Os reis de Társis e das
ilhas trarão tributo;
os reis de Sabá e de Seba
oferecerão presentes.
11 Todos os reis se prostrarão
perante ele,
e todas as nações o
servirão.
12 Pois ele livrará ao
necessitado que clamar,
como também ao aflito e
ao que não tem quem o
ajude.
13 Ele se compadecerá do
pobre e do aflito,
e salvará os necessitados.
14 Eles os libertará do
engano e da violência,
pois precioso é o seu sangue
aos olhos dele.
15 Tenha ele longa vida!
E se lhe dê do ouro de Sabá.
Continuamente se faça por
ele oração,
e todos os dias o bendigam.
16 Haja abundância de cereal
na terra;
ondule sobre os cumes dos
montes.
Como o Líbano, floresça
o seu fruto;
floresça como a erva
do campo.
17 Permaneça o seu nome
eternamente;
que ele continue enquanto
o sol durar.
Todas as nações serão
abençoadas nele,
e lhe chamarão
bem-aventurado.
18 Bendito seja o Senhor
Deus,
o Deus de Israel, o único
que faz maravilhas.
19 Bendito para sempre seja
o seu glorioso nome;
encha-se toda a terra
da sua glória.
Amém e amém.
20 Findam aqui as orações
de Davi,
filho de Jessé.

TERCEIRO LIVRO

(Salmos 73-89)

Salmo de Asafe.

73 Verdadeiramente bom é
Deus para com Israel,
para com os limpos de
coração.
2 Quanto a mim, os meus pés
quase
se desviaram;
pouco faltou para que
escorregassem
os meus passos.
3 Pois eu tive inveja dos
soberbos,
ao ver a prosperidade dos
ímpios.
4 Não há apertos na sua
morte;
o seu corpo é forte e sadio.
5 São livres das tribulações
dos mortais;
não são afligidos pelos
males humanos.
6 Portanto, a soberba lhes
serve de colar;
vestem-se de violência
como de um adorno.
7 Os olhos deles estão
inchados de gordura;
não têm limite as
imaginações do seu
coração.
8 Zombam e falam com
malícia;
na sua arrogância
ameaçam com opressão.

9 Erguem a boca contra
os céus,
e a sua língua percorre
a terra.
10 Pelo que o seu povo volta
a eles,
e bebe águas em
abundância.
11 Dizem: Como o sabe Deus?
Ou há conhecimento no
Altíssimo?
12 São assim os ímpios;
sempre em segurança,
e as suas riquezas
aumentam.
13 Na verdade que em vão
purifiquei o meu coração;
em vão lavei as minhas
mãos na inocência.
14 O dia todo sou afligido;
sou castigado cada manhã.
15 Se eu tivesse dito: Falarei
assim;
teria traído a geração de teus
filhos.
16 Quando tentei
compreender isso,
fiquei sobremodo perturbado,
17 até que entrei no
santuário de Deus;
então entendi o fim deles.
18 Certamente tu os pões
em lugares escorregadios;
tu os lanças em destruição.
19 Quão repentinamente são
destruídos,
totalmente consumidos de
terrores!
20 Como faz com um sonho o
que acorda,
assim, ó Senhor, quando
acordares os
desprezarás como fantasias.
21 Quando o meu coração se
amargurou,
e senti picadas nos
meus rins,
22 estava embrutecido, e
nada sabia;
era como um animal
perante ti.
23 Todavia estou de contínuo
contigo;
tu me seguras pela minha
mão direita.
24 Guias-me com o teu
conselho,
e depois me receberás na
glória.
25 A quem tenho eu no céu
senão a ti?
E na terra não há quem eu
deseje além de ti.
26 A minha carne e o meu
coração desfalecem,
mas Deus é a fortaleza do
meu coração
e a minha porção para
sempre.
27 Os que se distanciam de ti
perecerão;
tu destróis todos aqueles
que te são infiéis.
28 Mas, para mim, bom é
aproximar-me de Deus.
Pus o meu refúgio no
Senhor Deus;
anunciarei todas as tuas
obras.

Um masquil de Asafe.

74 Ó Deus, por que nos rejei-
taste para sempre?
Por que se acende a tua ira
contra as ovelhas do teu
pasto?
2 Lembra-te da tua
congregação,
que compraste desde a
antiguidade,
que remiste para ser a tribo
da tua herança;
do monte Sião, onde
habitaste.

3 Dirige os teus passos para
as perpétuas ruínas,
toda a destruição que o
inimigo tem feito no
santuário.
4 Os teus inimigos rugiram
no meio da
tua assembleia;
puseram nela as suas
bandeiras
como sinal de vitória.
5 Comportaram-se como
homens que brandem
o machado no espesso da
floresta.
6 Toda obra entalhada
quebraram com machados
e martelos.
7 Lançaram fogo ao teu
santuário;
profanaram a morada do
teu nome,
derrubando-a até o chão.
8 Disseram no seu coração:
Nós o esmagaremos de uma
vez.
Queimaram todos os lugares
santos de Deus
na terra.
9 Já não vemos os sinais
miraculosos;
já não há profeta,
nem há entre nós alguém que
saiba
até quando isso durará.
10 Até quando, ó Deus,
nos afrontará o adversário?
Blasfemará o inimigo o teu
nome para sempre?
11 Por que retiras a tua mão,
a tua mão direita?
Descruze os braços e
consome-os.
12 Todavia, Deus é o meu Rei
desde a antiguidade,
operando a salvação no
meio da terra.
13 Tu dividiste o mar pela
tua força;
quebraste as cabeças dos
monstros nas águas.
14 Fizeste em pedaços as
cabeças do leviatã,
e o deste por alimento aos
animais do deserto.
15 Abriste as fontes e os
ribeiros;
secaste os rios impetuosos.
16 Teu é o dia e tua
é a noite;
preparaste a lua e o sol.
17 Estabeleceste todos os
limites da terra;
verão e inverno tu os
formaste.
18 Lembra-te de como o
inimigo te afrontou,
ó Senhor,
e de como um povo louco
blasfemou
o teu nome.
19 Não entregues às feras a
vida da tua pomba;
não te esqueças para sempre
da vida
dos teus aflitos.
20 Atenta para a tua aliança,
porque os lugares tenebrosos
da terra
estão cheios de moradas de
violência.
21 Não volte envergonhado o
oprimido;
louvem o teu nome o aflito e
o necessitado.
22 Levanta-te, ó Deus, pleiteia
a tua própria causa;
lembra-te da afronta que o
louco te faz cada dia.
23 Não te esqueças da
gritaria dos teus inimigos;
o tumulto daqueles que se
levantam contra ti
aumenta continuamente.

Ao diretor de música.
Segundo a melodia:
Não destruas.
Um salmo de Asafe.
Um cântico.

75 A ti, ó Deus, glorificamos,
a ti damos louvor,
pois o teu nome está perto;
os homens falam dos teus
maravilhosos feitos.
2 Dizes: Eu escolho o tempo
determinado;
sou eu quem julga
retamente.
3 Dissolve-se a terra e todos
os seus moradores,
mas eu fortaleço as suas
colunas. (Selá)
4 Digo aos soberbos:
Não sejais arrogantes;
e aos ímpios:
Não levanteis a fronte.
5 Não levanteis a vossa
fronte altiva,
nem faleis com arrogância;
6 porque não é do Oriente,
nem do Ocidente
nem do deserto que vem a
exaltação.
7 Deus é o juiz;
a um humilha e a outro
exalta.
8 Na mão do Senhor
há um cálice cujo vinho ferve,
cheio de mistura, e dá
a beber dele;
todos os ímpios da terra
o sugarão e beberão até o fim.
9 Quanto a mim, anunciarei
isso para sempre;
cantarei louvores ao Deus
de Jacó.
10 Quebrarei as forças de
todos os ímpios,
mas as forças dos justos
serão exaltadas.

Ao diretor de música.
Com instrumentos de cordas.
Salmo de Asafe. Um cântico.

76 Conhecido é Deus em Judá;
grande é o seu
nome em Israel.
2 Em Salém está o seu
tabernáculo,
e a sua morada em Sião.
3 Ali quebrou as flechas
flamejantes,
os escudos e as espadas,
as armas de guerra. (Selá)
4 Tu és mais ilustre e glorioso
do que os montes ricos de caça.
5 Os ousados de coração
estão despojados
e dormem o seu último sono;
nenhum dos homens de força
pode usar as mãos.
6 À tua repreensão,
ó Deus de Jacó,
carros e cavalos são
lançados num
sono profundo.
7 Tu, somente, és temível.
Quem subsistirá à tua vista,
se te irares?
8 Dos céus fizeste ouvir
o teu juízo;
a terra tremeu e se
aquietou,
9 quando tu, ó Deus, te
levantaste para julgar,
para livrar a todos os
mansos da terra. (Selá)
10 Certamente a ira do
homem
redunda em teu louvor,
e com o restante da ira te
cinges.
11 Fazei votos e pagai-os ao
Senhor, vosso Deus;
tragam presentes,
os que estão em redor dele,
àquele que é tremendo.

12 Ele quebranta o espírito
dos governantes;
é temido pelos reis da terra.

Ao diretor de música Jedutum. De Asafe. Um salmo.

77 Clamei ao Senhor com a
minha voz;
a Deus levantei a voz,
e ele inclinou para mim os
ouvidos.
2 No dia da minha angústia
busquei o Senhor;
a minha mão se estendeu
de noite,
sem descanso,
e a minha alma recusou ser
consolada.
3 Lembrei-me de ti, ó Deus, e
comecei a gemer;
queixei-me, e o meu espírito
desfaleceu. (Selá)
4 Mantiveste os meus olhos
vigilantes;
eu estava tão perturbado
que não podia falar.
5 Considerei os dias da
antiguidade,
os anos dos tempos passados.
6 De noite chamei à
lembrança o meu cântico;
meditei em meu coração,
e o meu espírito investigou.
7 Rejeitará o Senhor para
sempre
e não tornará a ser
favorável?
8 Cessou para sempre o seu
constante amor?
Acabou-se a promessa
que veio de geração em
geração?
9 Esqueceu-se Deus de ter
misericórdia?
Ou encerrou ele a sua
compaixão na sua ira?
(Selá)
10 Então pensei:
A isto apelarei:
aos anos da destra do
Altíssimo.
11 Eu me lembrarei das obras
do Senhor;
certamente que me
lembrarei das tuas
maravilhas da antiguidade.
12 Meditarei também em
todas as tuas obras
e falarei dos teus feitos.
13 Os teus caminhos, ó Deus,
são santos.
Que Deus é tão grande como
o nosso Deus?
14 Tu és o Deus que fazes
maravilhas;
fizeste notória a tua força
entre os povos.
15 Com o teu braço
remiste o teu povo,
os filhos de Jacó e de José.
(Selá)
16 As águas te viram, ó Deus,
as águas te viram e
tremeram;
os abismos se abalaram.
17 Grossas nuvens se
desfizeram em água,
e os céus retumbaram;
as tuas flechas correram de
uma parte para outra.
18 A voz do teu trovão
repercutiu-se
no redemoinho,
e o teu relâmpago iluminou o
mundo;
a terra se abalou e tremeu.
19 Pelo mar foi o teu caminho,
e as tuas veredas pelas
grandes águas;
as tuas pegadas não foram
conhecidas.
20 Guiaste o teu povo como a
um rebanho
pela mão de Moisés e de Arão.

Um masquil de Asafe.

78 Escutai a minha lei, ó povo meu;
inclinai os vossos ouvidos
às palavras da minha boca.
2 Abrirei a minha boca em parábolas,
proporei enigmas da antiguidade,
3 o que ouvimos e aprendemos,
e os nossos pais nos contaram.
4 Não o esconderemos aos seus filhos;
mostraremos à geração futura
os louvores do Senhor,
assim como a sua força
e as maravilhas que fez.
5 Ele estabeleceu um testemunho em Jacó,
e pôs uma lei em Israel,
a qual ordenou aos nossos pais
que a fizessem conhecer a seus filhos,
6 para que a geração vindoura a soubesse;
até os filhos que ainda haveriam de nascer,
e eles, por sua vez, a
contassem a seus filhos.
7 Então poriam em Deus a sua esperança,
e não se esqueceriam das obras de Deus
e guardariam os seus
mandamentos.
8 Não seriam como os seus pais,
geração obstinada e rebelde,
geração de coração instável,
e cujo espírito não foi fiel
para com Deus.
9 *Os filhos de Efraim*,
armados e trazendo arcos,
retrocederam no dia da peleja;
10 não guardaram a aliança de Deus
e recusaram-se a andar na sua lei.
11 Esqueceram-se das suas obras,
das maravilhas que lhes fizera ver.
12 Fez maravilhas à vista de seus pais
na terra do Egito, no campo de Zoã.
13 Dividiu o mar e os fez passar por ele;
fez com que as águas parassem como
num montão.
14 De dia os guiou com uma nuvem
e durante a noite com um clarão de fogo.
15 Fendeu as penhas no deserto
e deu-lhes de beber abundantemente
como de grandes abismos;
16 fez sair fontes da rocha
e correr as águas como rios.
17 Contudo, prosseguiram
em pecar contra ele,
rebelando-se contra o Altíssimo no deserto.
18 Tentaram a Deus nos seus corações,
pedindo carne para
satisfazerem o seu apetite.
19 Falaram contra Deus, dizendo:
Pode Deus preparar-nos uma mesa no deserto?
20 Quando feriu a penha,
águas correram dela,
e rebentaram ribeiros em abundância.
Mas pode ele também
dar-nos pão,
ou preparar carne para o seu povo?

21 Quando o Senhor os ouviu, se indignou;
acendeu um fogo contra Jacó,
e também furor subiu contra Israel,
22 pois não creram em Deus
nem confiaram na sua salvação.
23 Contudo, ordenou ele às altas nuvens
e abriu as portas dos céus;
24 fez chover sobre eles o maná para comerem,
lhes deu cereal do céu.
25 Cada um comeu o pão dos anjos;
mandou-lhes comida com abundância.
26 Fez soprar no céu o vento do oriente
e trouxe o vento sul com a sua força.
27 Fez chover sobre eles carne como pó
e aves de asas como a areia do mar.
28 Fê-las cair no meio do seu arraial,
ao redor das suas tendas.
29 Comeram e se fartaram,
pois lhes satisfez o desejo.
30 Não refrearam o seu apetite.
Ainda lhes estava a comida na boca,
31 quando a ira de Deus desceu sobre eles,
matou os mais fortes deles
e feriu os escolhidos de Israel.
32 Apesar de tudo isso, ainda
pecaram; não deram crédito às suas maravilhas.
33 Pelo que consumiu os seus dias como um sopro,
e os seus anos, na angústia.
34 Quando Deus os castigava com a morte,
então o procuravam;
voltavam-se, e de madrugada buscavam a Deus.
35 Lembravam-se de que Deus era a sua rocha,
de que o Deus Altíssimo era o seu Redentor.
36 Todavia, bajulavam-no com a boca,
e com a língua lhe mentiam;
37 o seu coração não era reto para com ele,
não foram fiéis à sua aliança.
38 Ele, porém, foi misericordioso;
perdoou a sua iniquidade e não os destruiu.
Muitas vezes desviou deles a sua cólera;
não deixou despertar toda a sua ira.
39 Ele se lembrou de que eram apenas carne,
uma brisa que passa e não volta.
40 Quantas vezes o provocaram no deserto,
e o ofenderam no deserto!
41 Voltaram atrás e tentaram a Deus;
duvidaram do Santo de Israel.
42 Não se lembraram do poder da sua mão,
do dia em que os livrou do adversário,
43 do dia em que operou os seus sinais no Egito,
as suas maravilhas no campo de Zoã.
44 Converteu em sangue os seus rios;
não puderam beber das suas correntes.

45 Mandou-lhes enxames
de moscas
que os consumiram, e rãs
que os destruíram.
46 Deu às larvas as suas
colheitas,
e o fruto do seu trabalho aos
gafanhotos.
47 Destruiu as suas vinhas
com saraiva e os seus
sicômoros com geada.
48 Entregou o seu gado à
saraiva,
e aos raios os seus rebanhos.
49 Atirou para o meio deles,
quais mensageiros de males,
o ardor da sua ira, furor,
indignação e angústia.
50 Abriu caminho à sua ira;
não poupou da morte
a alma deles,
mas os entregou à peste.
51 Feriu todo primogênito
no Egito,
as primícias da sua força
nas tendas de Cão.
52 Fez, porém, com que o seu
povo saísse como ovelhas;
guiou-os pelo deserto como a
um rebanho.
53 Guiou-os com segurança,
de sorte que não temeram;
mas o mar cobriu os seus
inimigos.
54 Assim os conduziu ao
limite da sua terra santa,
a este monte que a sua mão
direita adquiriu.
55 Expulsou as nações de
diante deles
e delimitou-lhes uma
herança;
fez habitar em suas tendas as
tribos de Israel.
56 Eles, porém, tentaram
e provocaram o Deus
Altíssimo;
não guardaram os seus
testemunhos.
57 Tornaram atrás e
portaram-se
infielmente como os
seus pais,
desviaram-se como um arco
traiçoeiro.
58 Provocaram-no à ira com
os seus
altares idólatras;
incitaram-no a zelos com as
suas imagens
de escultura.
59 Quando Deus ouviu isso,
se indignou;
rejeitou completamente a
Israel.
60 Abandonou o tabernáculo
de Siló,
a tenda que estabelecera
como a sua morada entre os
homens.
61 Enviou a arca da sua força
ao exílio,
e a sua glória, à mão do
inimigo.
62 Entregou o seu povo à
espada;
encolerizou-se contra a
sua herança.
63 Os seus jovens
consumiu-os o fogo,
e as suas donzelas não
tiveram canto nupcial;
64 os seus sacerdotes caíram
à espada,
e as suas viúvas não
prantearam.
65 Então o Senhor despertou
como de um sono,
como um valente que o
vinho excitasse.
66 Fez recuar os seus
adversários;
para sempre os entregou à
vergonha.

67 Então rejeitou as tendas
de José e não escolheu a tribo
de Efraim.
68 Antes escolheu a tribo de
Judá,
o monte Sião, que ele amava.
69 Edificou o seu santuário
como os lugares elevados,
como a terra que fundou
para sempre.
70 Escolheu a Davi, seu servo,
e o tirou dos apriscos das
ovelhas;
71 do cuidado das ovelhas
pejadas o trouxe para ser o
pastor
de Jacó, o seu povo,
e de Israel, a sua herança.
72 E Davi os apascentou
segundo a integridade do seu
coração;
guiou-os com a perícia das
suas mãos.

Um salmo de Asafe.

79 Ó Deus, as nações
invadiram
a tua herança;
contaminaram o teu santo
templo,
reduziram Jerusalém a
montões de pedras.
2 Deram os cadáveres dos
teus servos
por alimento às aves dos
céus,
e a carne dos teus fiéis, às
feras da terra.
3 Derramaram o sangue deles
como água ao redor de
Jerusalém,
e não houve quem os
sepultasse.
4 Somos a vergonha dos
nossos vizinhos,
o riso e a zombaria dos que
estão à roda de nós.
5 Até quando, Senhor?
Ficarás indignado para
sempre?
Até quando arderá o teu
zelo como fogo?
6 Derrama o teu furor
sobre as nações que não te
conhecem
e sobre os reinos que não
invocam o teu nome;
7 pois devoraram a Jacó
e assolaram as suas moradas.
8 Não cobres de nós as
iniquidades dos nossos pais;
apresse ao nosso encontro a
tua misericórdia,
pois estamos muito
abatidos.
9 Ajuda-nos, ó Deus da nossa
salvação,
pela glória do teu nome;
livra-nos e perdoa os nossos
pecados
por amor do teu nome.
10 Por que diriam as nações:
Onde está o seu Deus?
Seja manifesta à nossa
vista, entre as nações,
a vingança do sangue
derramado dos teus servos.
11 Chegue à tua presença o
gemido dos presos;
segundo a grandeza
do teu braço,
preserva aqueles que estão
sentenciados à morte.
12 Aos nossos vizinhos,
retribui,
sete vezes mais,
a sua ofensa com que te
ofenderam, ó Senhor.
13 Então nós, teu povo e
ovelhas de teu pasto,
te louvaremos eternamente;
de geração em geração
proclamaremos os teus
louvores.

Ao diretor de música.
Segundo a melodia:
Os lírios da aliança.
De Asafe. Um salmo.

80 Ó Pastor de Israel,
dá ouvidos;
tu, que guias a José como a
um rebanho,
que te assentas entre os
querubins,
resplandece
2 perante Efraim, Benjamim
e Manassés.
Desperta o teu poder, e vem
salvar-nos.
3 Faze-nos voltar, ó Deus;
faze resplandecer o teu
rosto, e seremos salvos.
4 Ó Senhor Deus dos
Exércitos,
até quando te indignarás
contra a oração do teu
povo?
5 Tu os sustentas com pão de
lágrimas;
dá-lhes a beber lágrimas
em abundância.
6 Tu nos pões por objeto de
zombaria
entre os nossos vizinhos,
e os nossos inimigos caçoam
de nós.
7 Faze-nos voltar, ó Deus dos
Exércitos;
faze resplandecer o teu
rosto, e seremos salvos.
8 Trouxeste uma vinha do
Egito;
lançaste fora as nações e a
plantaste.
9 Preparaste-lhe lugar,
e ela deitou profundas raízes
e encheu a terra.
10 Os montes cobriram-se
com a sua sombra,
e os cedros de Deus com os
seus ramos.
11 Estendeu a sua ramagem
até o mar,
os seus ramos até o rio.
12 Por que quebraste as
suas cercas,
de modo que todos os que
passam por ela
colham uvas?
13 O javali da selva a devasta,
e as feras do campo a devoram.
14 Ó Deus dos Exércitos,
volta-te,
nós te rogamos!
Atende dos céus, e vê!
Visita esta vinha,
15 a videira que a tua mão
direita plantou,
o ramo que para ti
fortificaste.
16 A tua vinha queimada
pelo fogo está cortada;
pereceu pela repreensão da
tua face.
17 Seja a tua mão sobre o
povo da tua mão direita,
sobre o filho do homem, que
fortaleceste para ti.
18 Então não nos
apartaremos de ti;
vivifica-nos, e invocaremos o
teu nome.
19 Faze-nos voltar, ó Senhor
Deus dos Exércitos;
faze resplandecer o teu
rosto, e seremos salvos.

Ao diretor de música.
Segundo gitite. De Asafe.

81 Cantai alegremente a Deus,
a nossa fortaleza;
celebrai o Deus de Jacó.
2 Entoai um salmo e fazei
soar o adufe,
a suave harpa e o alaúde.
3 Tocai a trombeta na lua
nova, na lua cheia,
no dia da nossa festa;

4 isso é um preceito para
Israel,
e uma ordenança do Deus
de Jacó.
5 Ordenou-o como estatuto
para José,
quando saiu contra a terra
do Egito,
onde ouvimos uma língua
que não entendíamos.
6 Diz ele: Tirei de seus
ombros a carga;
as suas mãos foram livres
dos cestos de carga.
7 Clamaste na angústia, e te
livrei,
respondi-te do lugar oculto
dos trovões;
provei-te nas águas de
Meribá. (Selá)
8 Ouve-me, ó povo meu, e eu
te admoestarei;
ó Israel, se tão somente me
ouvisses!
9 Não haverá entre ti deus
estrangeiro;
não te prostrarás ante um
deus estranho.
10 Eu sou o Senhor teu Deus,
que te tirei da terra do Egito;
abre bem a tua boca, e eu a
encherei.
11 O meu povo, porém,
não quis ouvir a minha voz;
Israel não me quis.
12 Pelo que eu os entreguei
aos desejos do seu coração,
e andaram segundo os seus
próprios conselhos.
13 Se o meu povo tão somente
me ouvisse,
se Israel andasse nos meus
caminhos,
14 de pronto eu abateria os
seus inimigos
e voltaria a minha mão
contra os seus adversários!
15 Os que odeiam ao Senhor
se lhe submeteriam,
e o seu castigo seria eterno.
16 Eu, porém, te sustentaria
com o trigo mais fino;
com o mel saído da rocha
te saciaria.

Um salmo de Asafe.

82 Deus preside a grande
congregação;
julga no meio dos deuses.
2 Até quando defendereis
os injustos e tomareis partido
ao lado dos ímpios? (Selá)
3 Defendei a causa do fraco
e do órfão; protegei os direitos
do pobre e do oprimido.
4 Livrai o fraco e o
necessitado;
tirai-os das mãos dos ímpios.
5 Eles nada sabem, nada
entendem.
Andam em trevas;
todos os fundamentos da
terra vacilam.
6 Eu disse: Vós sois deuses;
vós sois todos filhos do
Altíssimo.
7 Todavia, morrereis
como homens;
caireis como qualquer
governante.
8 Levanta-te, ó Deus,
julga a terra,
pois todas as nações são a tua
herança.

Um cântico. Um salmo de Asafe.

83 Ó Deus, não guardes
silêncio;
não te cales, nem fiques
impassível, ó Deus.
2 Vê como os teus inimigos se
alvoroçam;
os que te odeiam levantam
a cabeça.

3 Astutamente formam
conselho
contra o teu povo;
conspiram contra os teus
protegidos.
4 Dizem: Vinde, ponhamos
fim à nação,
para que não haja mais
memória
do nome de Israel.
5 Eles tramam juntos;
aliam-se contra ti
6 as tendas de Edom e os
ismaelitas,
Moabe e os hagarenos,
7 Gebal, Amom e Amaleque,
e a Filístia com os moradores
de Tiro.
8 Até a Assíria se ligou a eles
para dar força ao braço dos
filhos de Ló. (Selá)
9 Faze-lhes como fizeste a
Midiã,
como a Sísera, como a Jabim
junto ao rio Quisom,
10 os quais foram destruídos
em En-Dor,
e se tornaram esterco para
a terra.
11 Faze aos seus nobres como
a Orebe e a Zeebe,
e a todos os seus príncipes
como a Zeba e como a
Zalmuna,
12 que disseram:
Conquistemos para nós
as famosas habitações de
Deus.
13 Deus meu, faze-os como
folhas secas levadas pelo
redemoinho,
como a palha diante do
vento.
14 Como o fogo que queima
um bosque,
e como a chama que
incendeia as montanhas,
15 assim persegue-os com a
tua tempestade
e assombra-os com o teu
redemoinho.
16 Encha-se de vergonha
o rosto,
para que busquem o teu
nome, ó Senhor.
17 Confundam-
se e assombrem-se
perpetuamente;
envergonhem-se, e
pereçam.
18 Para que saibam que tu, a
quem só pertence
o nome de Senhor,
és o Altíssimo sobre
toda a terra.

**Ao diretor de música.
Segundo gitite. Dos filhos
de Coré. Um salmo.**

84 Quão amáveis são os teus
tabernáculos,
ó Senhor dos Exércitos!
2 A minha alma suspira e
desfalece pelos átrios do
Senhor;
o meu coração e a minha
carne clamam pelo Deus vivo.
3 Até o pardal encontrou
casa,
e a andorinha, ninho para si e
a sua prole,
junto aos teus altares,
ó Senhor dos Exércitos, Rei
meu e Deus meu.
4 Bem-aventurados os que
habitam em tua casa;
te louvarão continuamente.
(Selá)
5 Bem-aventurado o homem
cuja força está em ti,
em cujo coração estão os
caminhos aplanados.
6 Ao passar pelo vale de Baca,
faz dele um lugar de fontes;

a chuva do outono o cobre
de poços.
7 Vão indo de força em força,
até cada um deles aparecer
em Sião,
perante Deus.
8 Ó Senhor Deus dos Exércitos,
ouve a minha oração;
inclina os teus ouvidos, ó
Deus de Jacó! (Selá)
9 Olha, ó Deus, escudo nosso,
e contempla o rosto do teu
ungido.
10 Vale mais um dia nos
teus átrios
do que em outra parte mil;
preferiria estar à porta da
casa do meu Deus
a habitar nas tendas da
impiedade.
11 Pois o Senhor Deus é sol e
escudo;
o Senhor dá graça e glória;
não nega bem algum aos que
andam na retidão.
12 Ó Senhor dos Exércitos,
bem-aventurado o homem
que em ti confia.

Ao diretor de música.
Dos filhos de Coré. Um salmo.

85 Abençoaste, ó Senhor, a
tua terra;
fizeste regressar os cativos de
Jacó.
2 Perdoaste a iniquidade do
teu povo
e cobriste todos os seus
pecados. (Selá)
3 Fizeste cessar toda a tua
indignação,
e te desviaste do ardor da
tua ira.
4 Restaura-nos, ó Deus da
nossa salvação,
e retira de sobre nós
a tua ira.
5 Estarás para sempre irado
contra nós?
Estenderás a tua ira a todas
as gerações?
6 Não tornarás a vivificar-nos,
para que o teu povo se alegre
em ti?
7 Mostra-nos, ó Senhor, o teu
constante amor
e concede-nos a tua
salvação.
8 Escutarei o que Deus, o
Senhor, disser;
falará de paz ao seu povo e
aos seus santos;
que não voltem eles à
loucura.
9 Certamente que a salvação
está perto daqueles que o
temem,
para que a sua glória
habite em nossa terra.
10 O amor e a verdade se
encontram;
a retidão e a paz se beijam.
11 A fidelidade brota da
terra,
e a retidão olha dos céus.
12 O Senhor deveras dará o
que é bom,
e a nossa terra produzirá o
seu fruto.
13 A justiça vai adiante dele,
e prepara o caminho para
os seus passos.

Uma oração de Davi.

86 Inclina, ó Senhor,
os teus ouvidos
e ouve-me,
pois sou pobre e
necessitado.
2 Guarda a minha alma,
pois sou fiel a ti.
Tu és o meu Deus;
salva o teu servo,
que em ti confia.

3 Tem misericórdia de mim,
ó Senhor,
pois a ti clamo o dia todo.
4 Alegra a alma do teu servo,
pois a ti, Senhor, elevo a
minha alma.
5 Tu, ó Senhor, és bom e
pronto a perdoar,
abundante em amor para
com todos os que
te invocam.
6 Dá ouvidos, ó Senhor, à
minha oração;
atende à voz das minhas
súplicas.
7 No dia da minha angústia
clamarei a ti,
pois me responderás.
8 Entre os deuses não há
semelhante a ti, ó Senhor;
não há obras como as tuas.
9 Todas as nações que
fizeste virão
e se prostrarão perante a
tua face, ó Senhor;
glorificarão o teu nome.
10 Pois tu és grande e operas
maravilhas;
só tu és Deus.
11 Ensina-me, ó Senhor,
o teu caminho,
e andarei na tua verdade;
unifica o meu coração para
temer o teu nome.
12 Eu te louvarei, ó Senhor,
Deus meu, de todo o coração;
glorificarei o teu nome para
sempre.
13 Pois grande é o teu amor
para comigo;
livraste a minha alma das
profundezas
da sepultura.
14 Ó Deus, os soberbos se
levantam contra mim;
as assembleias dos tiranos
procuram a minha vida,
homens que não têm
consideração para contigo.
15 No entanto, tu, ó Senhor,
és Deus compassivo e
gracioso,
lento para irar-se e
abundante em amor e
fidelidade.
16 Volta-te para mim
e tem misericórdia de mim;
concede a tua força
ao teu servo
e salva o filho da tua serva.
17 Mostra-me um sinal da tua
bondade,
para que o vejam aqueles
que me odeiam e sejam
humilhados,
pois tu, ó Senhor,
me ajudaste e consolaste.

Dos filhos de Coré.
Um salmo.
Um cântico.

87 O seu fundamento está nos
montes santos;
2 o Senhor ama as portas
de Sião
mais do que todas as
habitações de Jacó.
3 Coisas gloriosas se
dizem de ti,
ó cidade de Deus. (Selá)
4 Dentre os que me
conhecem,
farei menção de Raabe e de
Babilônia;
da Filístia, e de Tiro, e de
Cuxe, se dirá:
Este nasceu em Sião.
5 Sim, de Sião se dirá:
Este e aquele nasceram ali,
e o próprio Altíssimo a
estabelecerá.
6 O Senhor, ao registrar os
povos, dirá:
Este nasceu em Sião. (Selá)

7 Os cantores e os tocadores
de instrumentos cantarão:
Todas as minhas fontes estão
em ti.

Um cântico. Um salmo dos filhos de Coré. Ao diretor de música. Segundo maalate-leanote. Um masquil de Hemã, ezraíta.

88 Ó Senhor, Deus da minha
salvação,
diante de ti clamo de dia
e de noite.
2 Chegue a minha oração
perante a tua face;
inclina os teus ouvidos ao
meu clamor.
3 Pois a minha alma está
cheia de angústias,
e a minha vida se aproxima
da sepultura.
4 Estou contado com os que
descem à cova;
estou como um homem
sem forças.
5 Fui atirado entre os mortos,
como os feridos de morte que
jazem na sepultura,
dos quais não te lembras mais,
os quais os exclui a tua mão.
6 Puseste-me na cova mais
profunda,
em trevas, nas profundezas.
7 Sobre mim pesa a tua
cólera;
tu me abateste com todas as
tuas ondas. (Selá)
8 Apartaste de mim os meus
conhecidos
e me fizeste em extremo
abominável para eles.
Estou preso e não posso sair;
9 as minhas vistas estão fracas
por causa da aflição.
Ó Senhor, a ti clamo o dia todo;
estendo para ti as minhas
mãos.
10 Mostras tu maravilhas
aos mortos?
Levantam-se os mortos
e te louvam? (Selá)
11 É anunciado o teu amor na
sepultura,
ou a tua fidelidade no
abismo?
12 Sabem-se as tuas
maravilhas nas trevas,
e os feitos justos, na terra
do esquecimento?
13 Eu, porém, Senhor,
clamo a ti;
de madrugada te envio a
minha oração.
14 Ó Senhor, por que rejeitas
a minha alma
e escondes de mim a
tua face?
15 Estou aflito e prestes a
morrer
desde a minha mocidade;
sofro os teus terrores e
estou desesperado.
16 A tua ardente indignação
me cobriu;
os teus terrores me
destruíram.
17 Como águas me rodeiam o
dia todo;
cercaram-me completamente.
18 Afastaste para longe
de mim
amigos e companheiros;
o meu amigo mais íntimo
agora são as trevas.

Um masquil de Etã, ezraíta.

89 O grande amor do Senhor
cantarei
perpetuamente;
com a minha boca
manifestarei a tua fidelidade
de geração em geração.
2 Direi que o teu amor
permanece para sempre,

e que estabeleceste a tua
fidelidade nos céus.
3 Disseste: Fiz aliança com o
meu escolhido,
jurei ao meu servo Davi,
4 estabelecerei a tua
descendência para sempre
e edificarei o teu trono de
geração em geração. (Selá)
5 Os céus louvam as tuas
maravilhas, ó Senhor,
e também a tua fidelidade
na assembleia dos santos.
6 Pois quem no céu se pode
igualar ao Senhor?
Quem é semelhante ao Senhor
entre os filhos dos poderosos?
7 Deus é tremendamente
temido na assembleia dos
santos;
grandemente reverenciado
por todos os que o cercam.
8 Ó Senhor, Deus dos
Exércitos,
quem é forte como tu?
Tu és poderoso, ó Senhor,
e a tua fidelidade está ao
redor de ti.
9 Tu dominas o ímpeto do mar;
quando as suas ondas se
levantam, tu as fazes
aquietar.
10 Tu quebrantaste a Raabe
como um ferido de morte;
espalhaste os teus inimigos
com o teu poderoso braço.
11 Teus são os céus, e tua é a
terra;
o mundo e a sua plenitude tu
os fundaste.
12 O norte e o sul tu os criaste;
o Tabor e o Hermom
regozijam-se em teu nome.
13 Tu tens um braço
poderoso;
forte é a tua mão, e elevada a
tua mão direita.
14 Retidão e justiça são a
base do teu trono;
amor e fidelidade vão à tua
frente.
15 Bem-aventurado o povo
que aprendeu a aclamar-te,
que anda à luz da tua
presença, ó Senhor.
16 Em teu nome se alegrará o
dia todo;
na tua retidão se exaltará.
17 Pois tu és a sua glória e
força,
e pelo teu favor será exaltado
o nosso poder.
18 Certamente o Senhor é a
nossa defesa,
e o Santo de Israel o nosso
Rei.
19 Uma vez falaste em visão,
ao teu povo fiel disseste:
Dei força a um guerreiro;
exaltei a um jovem dentre o
povo.
20 Achei a Davi, meu servo;
com o meu santo óleo o
ungi.
21 A minha mão será firme
com ele;
o meu braço o fortalecerá.
22 O inimigo não o
importunará;
não o afligirá o filho da
perversidade.
23 Eu esmagarei os seus
inimigos perante a sua face
e ferirei os que o odeiam.
24 O meu amor fiel estará
com ele,
e em meu nome será
exaltado o seu poder.
25 Porei a sua mão
sobre o mar,
e a sua direita sobre os rios.
26 Ele me invocará, dizendo:
Tu és meu pai, meu Deus,
a rocha da minha salvação.

27 Também lhe darei o lugar
de primogênito,
o mais elevado dos reis da
terra.
28 O meu amor lhe manterei
para sempre,
e a minha aliança lhe será
firme.
29 Conservarei para sempre
a sua descendência,
e o seu trono enquanto
existir céu.
30 Se os seus filhos deixarem
a minha lei
e não andarem nos meus
estatutos,
31 se profanarem os meus
preceitos
e não guardarem os meus
mandamentos,
32 punirei a sua transgressão
com a vara,
e a sua iniquidade com
açoites.
33 Contudo, não retirarei
totalmente dele o meu amor,
jamais faltarei à minha
fidelidade.
34 Não quebrarei a minha
aliança,
não alterarei o que saiu dos
meus lábios.
35 Uma vez para sempre jurei
por minha santidade;
não mentirei a Davi.
36 A sua descendência
durará para sempre,
e o seu trono será como o
sol perante mim.
37 Será estabelecido para
sempre como a lua,
a fiel testemunha no céu.
(Selá)
38 No entanto, tu o rejeitaste,
repudiaste-o,
e te indignaste contra o teu
ungido.
39 Desprezaste a aliança com
o teu servo
e profanaste a sua coroa,
lançando-a por terra.
40 Derrubaste todos os seus
muros
e arruinaste as suas
fortalezas.
41 Todos os que passam pelo
caminho o despojaram;
tornou-se objeto de zombaria
dos seus vizinhos.
42 Exaltaste a mão direita
dos seus adversários;
fizeste com que todos os
seus inimigos se
regozijassem.
43 Tiraste o fio da sua espada
e não o sustentaste na peleja.
44 Fizeste cessar o seu
esplendor e deitaste por terra
o seu trono.
45 Abreviaste os dias da
sua mocidade;
cobriste-o de vergonha. (Selá)
46 Até quando, ó Senhor?
Acaso te esconderás para
sempre?
Até quando arderá a tua ira
como fogo?
47 Lembra-te de quão breves
são os meus dias.
Por que criarias em vão todos
os filhos dos homens?
48 Que homem há que viva
e não veja a morte,
ou que se livre do poder da
sepultura? (Selá)
49 Ó Senhor, onde está o teu
antigo grande amor,
jurado a Davi pela tua
fidelidade?
50 Lembra-te, Senhor, da
afronta dos teus servos,
e de como trago no peito
a zombaria de todas as
nações,

51 com a qual, ó Senhor,
os teus inimigos têm
difamado,
com a qual têm difamado
os passos do teu ungido.
52 Bendito seja o Senhor para
sempre!
Amém e amém.

QUARTO LIVRO

(Salmo 90-106)

Uma oração de Moisés, homem de Deus.

90 Senhor, tu tens sido o
nosso refúgio
de geração em geração.
2 Antes que os montes
nascessem,
ou que formasses a terra e
o mundo,
de eternidade a eternidade, tu
és Deus.
3 Tu reduzes o homem ao pó,
dizendo:
Voltai ao pó, ó filhos dos
homens.
4 Pois mil anos aos teus olhos
são como o dia de ontem
que passou,
como a vigília da noite.
5 Tu os arrebatas no sono
da morte;
são como a erva que cresce
de madrugada;
6 de madrugada cresce e
floresce,
e à tarde corta-se e seca.
7 Somos consumidos
pela tua ira
e pelo teu furor somos
angustiados.
8 Diante de ti puseste as
nossas iniquidades;
os nossos pecados ocultos, à
luz do teu rosto.
9 Todos os nossos dias
vão passando na tua
indignação;
acabam-se os nossos anos
como um conto ligeiro.
10 A duração da nossa vida é
de setenta anos,
e, se alguns, pela sua
robustez,
chegam a oitenta anos,
o melhor deles é canseira e
enfado,
pois passam rapidamente, e
nós voamos.
11 Quem conhece o poder da
tua ira?
Pois a tua cólera é tão
grande quanto o temor
que te é devido.
12 Ensina-nos a contar os
nossos dias
de tal maneira que
alcancemos coração sábio.
13 Volta-te para nós, ó
Senhor!
Até quando? Tem compaixão
dos teus servos.
14 Sacia-nos de manhã
com o teu constante amor,
para que nos regozijemos
e nos alegremos todos os
nossos dias.
15 Alegra-nos pelos dias que
nos afligiste
e pelos anos em que vimos
o mal.
16 Apareça a tua obra aos
teus servos,
e a tua glória sobre seus
filhos.
17 Seja sobre nós a graça do
Senhor, nosso Deus;
confirma sobre nós a obra
das nossas mãos.
Sim, confirma a obra das
nossas mãos.

91 Aquele que habita no
esconderijo do Altíssimo,
à sombra do Onipotente
descansará.
2 Direi do Senhor:
Ele é o meu refúgio e a
minha fortaleza,
o meu Deus, em quem
confio.
3 Certamente ele te livrará
do laço do passarinheiro e
da peste perniciosa.
4 Ele te cobrirá com as
suas penas,
e debaixo das suas asas
estarás seguro;
a sua fidelidade será teu
escudo protetor.
5 Não temerás o terror
noturno,
nem a seta que voa de dia
6 nem peste que anda na
escuridão
nem a praga que destrói ao
meio-dia.
7 Mil cairão ao teu lado,
dez mil à tua direita,
mas tu não serás atingido.
8 Somente com os teus olhos
olharás,
e verás a recompensa dos
ímpios.
9 Se fizeres do Senhor o teu
refúgio
e do Altíssimo a tua
habitação,
10 nenhum mal te sucederá,
nem praga alguma chegará à
tua tenda.
11 *Pois aos seus anjos dará*
ordem a teu respeito,
para te guardarem em
todos os teus caminhos;
12 eles te sustentarão nas
suas mãos,
para que não tropeces em
alguma pedra.
13 Pisarás o leão e a cobra;
pisotearás o grande leão e a
serpente.
14 Porque ele me ama, diz o
Senhor, eu o livrarei;
eu o porei num alto retiro,
pois conhece o meu nome.
15 Ele me invocará, e eu lhe
responderei;
estarei com ele na angústia,
o livrarei e o glorificarei.
16 Eu lhe darei abundância
de dias,
e lhe mostrarei a minha
salvação.

**Um salmo. Um cântico
para o dia de sábado.**

92 Bom é render graças ao
Senhor
e cantar louvores ao teu
nome, ó Altíssimo;
2 de manhã anunciar o teu
amor e todas as noites a tua
fidelidade,
3 sobre um instrumento de
dez cordas
e sobre o saltério, ao som
solene da harpa.
4 Pois tu, ó Senhor, me
alegras com os teus feitos;
exulto nas obras das tuas
mãos.
5 Quão grandes são, ó
Senhor, as tuas obras,
quão profundos os teus
pensamentos!
6 O homem insensato não
sabe,
os tolos não entendem,
7 que, embora os ímpios
brotem como a erva
e floresçam todos os que
praticam
a iniquidade,
serão destruídos para
sempre.

8 No entanto, tu, ó Senhor,
és exaltado para sempre.
9 Pois certamente os teus
inimigos, ó Senhor,
certamente os teus inimigos
perecerão;
serão dispersos todos os
que praticam
a iniquidade.
10 Tu exaltaste o meu poder,
como o do boi selvagem;
fui ungido com óleo fresco.
11 Os meus olhos viram
cumprida
a derrota dos meus inimigos;
os meus ouvidos ouviram o
que aconteceu
aos malfeitores que se
levantam contra mim.
12 O justo florescerá como a
palmeira,
crescerá como o cedro no
Líbano;
13 plantados na casa do
Senhor,
florescerão nos átrios do
nosso Deus.
14 Na velhice ainda darão
frutos,
serão viçosos e florescentes,
15 proclamando:
O Senhor é reto;
ele é a minha rocha, e nele
não há impiedade.

93 O Senhor reina; está
vestido de majestade.
O Senhor está vestido
de majestade e envolto em força.
O mundo está estabelecido;
não pode ser abalado.
2 O teu trono está firme desde
a antiguidade;
tu existes desde a
eternidade.
3 Os mares levantaram, ó Deus,
os mares levantaram
a sua voz;
os mares levantaram
as suas ondas.
4 O Senhor nas alturas
é mais poderoso
do que o ruído das grandes
águas,
mais poderoso do que as
grandes ondas do mar.
5 Firmes são os teus
estatutos;
a santidade adorna
a tua casa,
ó Senhor, para sempre.

94 Ó Senhor, Deus da vingança,
ó Deus da vingança,
resplandece!
2 Exalta-te, ó juiz da terra;
retribua aos arrogantes.
3 Até quando os ímpios, ó
Senhor,
até quando os ímpios
saltarão de prazer?
4 Dizem coisas arrogantes;
gloriam-se todos os que
praticam a iniquidade.
5 Reduzem a pedaços o teu
povo;
afligem a tua herança.
6 Matam a viúva e o
estrangeiro;
ao órfão tiram a vida.
7 Dizem: O Senhor não o vê;
nem para isso atenta o Deus
de Jacó.
8 Atendei, ó insensatos,
dentre o povo;
vós, tolos, quando sereis
sábios?
9 Aquele que fez o ouvido,
não ouvirá?
E o que formou o olho, não
verá?
10 Aquele que repreende as
nações, não castigará?
E o que dá ao homem o
conhecimento,
não saberá?

11 O Senhor conhece os
pensamentos do homem;
sabe que são vaidade.
12 Bem-aventurado o homem
a quem repreendes,
ó Senhor,
e a quem ensinas a tua lei;
13 tu lhe dás descanso dos
dias maus,
até que se abra a cova
para o ímpio.
14 Pois o Senhor não
rejeitará o seu povo;
jamais desamparará a sua
herança.
15 O julgamento voltará a ser
firmado na justiça,
e hão de segui-lo todos os
retos de coração.
16 Quem será por mim
contra os malfeitores?
Quem se porá ao meu lado
contra os que praticam a
iniquidade?
17 Se o Senhor não fora o
meu auxílio,
eu já habitaria no lugar do
silêncio.
18 Quando eu disse:
O meu pé vacila,
o teu amor, ó Senhor,
me susteve.
19 Multiplicando-se dentro
em mim a minha
ansiedade, as tuas
consolações
alegraram a minha
alma.
20 Pode acaso associar-se
contigo
o trono de iniquidade,
que forja o mal tendo por
pretexto uma lei?
21 Ajuntam-se contra a vida
do justo
e condenam o sangue
inocente.
22 O Senhor, porém, é o meu
alto retiro;
o meu Deus é a rocha em
que me refugio.
23 Ele fará recair sobre eles
a sua própria iniquidade,
e os destruirá na sua própria
malícia;
o Senhor, o nosso Deus, os
destruirá.

95 Vinde, cantemos ao Senhor;
cantemos com júbilo
à rocha
da nossa salvação.
2 Apresentemo-nos diante
dele com louvores,
e celebremo-lo com salmos.
3 Porque o Senhor é o grande
Deus,
grande Rei acima de todos
os deuses.
4 Nas suas mãos estão as
profundezas da terra,
as alturas dos montes
são suas.
5 Seu é o mar, pois ele o fez;
as suas mãos formaram a
terra seca.
6 Oh, vinde, adoremos e
prostremo-nos,
ajoelhemos diante do
Senhor que nos criou;
7 pois ele é o nosso Deus, e
nós povo do seu pasto
e ovelhas da sua mão.
Se hoje ouvirdes a sua voz,
8 não endureçais o coração
como em Meribá,
como no dia da tentação no
deserto,
9 quando vossos pais me
tentaram,
me provaram e viram a
minha obra.
10 Durante quarenta anos
estive irritado
com aquela geração e disse:

É um povo ingrato de coração,
e não conheceu os meus
caminhos.
11 Por isso jurei na
minha ira:
Jamais entrarão no
meu descanso.

96 Cantai ao Senhor um
cântico novo,
cantai ao Senhor,
todos os moradores da terra.
2 Cantai ao Senhor, bendizei
o seu nome;
anunciai a sua salvação dia
após dia.
3 Anunciai entre as nações a
sua glória,
entre todos os povos as suas
maravilhas.
4 Pois grande é o Senhor e
digno de louvor;
é mais temível do que todos
os deuses.
5 Pois todos os deuses dos
povos são coisas vãs,
mas o Senhor fez os céus.
6 Glória e majestade estão
diante dele;
força e formosura no seu
santuário.
7 Dai ao Senhor, ó famílias
dos povos,
dai ao Senhor glória e força.
8 Dai ao Senhor a glória
devida ao seu nome;
trazei ofertas,
e entrai nos seus átrios.
9 Adorai ao Senhor na beleza
da sua santidade;
tremei diante dele todos os
moradores da terra.
10 Dizei entre as nações:
O Senhor reina.
Ele firmou o mundo para
que não se abale;
ele julgará os povos com
equidade.
11 Alegrem-se os céus,
regozije-se a terra;
ruja o mar e a sua
plenitude.
12 Alegre-se o campo com
tudo o que há nele;
então se regozijarão todas as
árvores do bosque,
13 diante do Senhor, pois ele
vem,
ele vem julgar a terra.
Julgará o mundo com retidão,
e os povos com a sua
verdade.

97 O Senhor reina.
Regozije-se a terra,
alegrem-se as muitas ilhas.
2 Nuvens e escuridão estão
ao redor dele;
retidão e justiça são a base
do seu trono.
3 Adiante dele vai um fogo
que abrasa os seus inimigos
em redor.
4 Os seus relâmpagos
iluminam o mundo;
a terra vê e treme.
5 Os montes se derretem
como cera
na presença do Senhor,
na presença do Senhor de
toda a terra.
6 Os céus anunciam a sua
retidão,
e todos os povos veem a sua
glória.
7 Confundidos sejam todos
os que adoram imagens de
escultura,
que se gloriam de ídolos
inúteis;
prostrai-vos diante dele,
todos os deuses.
8 Sião ouve e se alegra, e as
vilas de Judá se
alegram por causa dos teus
juízos, ó Senhor.

9 Pois tu, ó Senhor, és o
Altíssimo sobre toda a terra;
muito mais elevado que
todos os deuses.
10 Vós, que amais o Senhor,
detestai o mal,
pois ele guarda a vida dos
seus santos
e os livra das mãos dos ímpios.
11 A luz semeia-se para o justo,
e a alegria para os retos de
coração.
12 Alegrai-vos no Senhor,
ó justos,
e louvai o seu santo nome.

Um salmo.

98 Cantai ao Senhor um
cântico novo,
pois ele fez maravilhas;
a sua mão direita e o seu
braço santo
lhe alcançaram a vitória.
2 O Senhor fez notória a sua
salvação
e manifestou a sua retidão
perante
os olhos das nações.
3 Lembrou-se do seu amor e
da sua fidelidade
para com a casa de Israel;
todas as extremidades da terra
viram a salvação do nosso
Deus.
4 Celebrai com júbilo ao
Senhor,
todos os moradores da terra!
Dai brados de alegria,
regozijai-vos e cantai
louvores;
5 cantai louvores ao Senhor
com a harpa,
com harpa e voz de canto;
6 com trombetas, e ao som de
buzinas,
exultai perante a face do
Senhor, do Rei.
7 Ruja o mar, tudo o que nele há,
o mundo, e todos os que
nele habitam.
8 Os rios batam palmas,
regozijem-se todas as
montanhas
9 na presença do Senhor,
pois ele vem julgar a terra.
Com justiça julgará o mundo,
e os povos com retidão.

99 O Senhor reina!
Tremam as nações!
Ele está entronizado entre os
querubins.
Trema a terra.
2 O Senhor é grande em Sião;
exaltado acima de todas as
nações.
3 Louvem o teu nome, grande
e tremendo,
pois é santo.
4 O rei é poderoso, e ama a
justiça;
tu firmaste a equidade,
fizeste o que é justo e correto
em Jacó.
5 Exaltai ao Senhor, o nosso
Deus,
e prostrai-vos diante do
estrado de seus pés;
ele é santo.
6 Moisés e Arão estavam
entre os seus sacerdotes,
Samuel entre os que
invocavam o seu nome;
clamavam ao Senhor, e ele
os ouvia.
7 Na coluna de nuvem lhes
falava;
guardavam os seus estatutos
e os decretos que lhes dera.
8 E tu lhes respondeste, ó
Senhor, o nosso Deus;
tu foste um Deus que lhes
perdoaste,
ainda que os vingasse por
seus feitos.

9 Exaltai ao Senhor,
o nosso Deus,
e adorai-o no seu santo
monte,
pois o Senhor, o nosso Deus,
é santo.

Um salmo de ação de graças.

100 Celebrai com júbilo ao
Senhor,
todos os moradores da terra.
2 Servi ao Senhor com alegria;
apresentai-vos a ele com
canto.
3 Sabei que o Senhor é Deus.
Foi ele, não nós, que nos fez
povo seu
e ovelhas do seu pasto.
4 Entrai pelas portas dele
com ações de graças,
e em seus átrios, com louvor;
rendei-lhe graças e louvai o
seu nome.
5 Porque o Senhor é bom
e o seu amor dura para
sempre;
a sua fidelidade estende-se de
geração a geração.

Salmo de Davi.

101 Cantarei do teu amor
e da justiça;
a ti, ó Senhor, cantarei
louvores.
2 Seguirei com inteligência
no caminho reto.
Quando virás a mim?
Andarei em minha casa
com um coração sincero.
3 Não porei coisa má diante
dos meus olhos.
Aborreço as ações daqueles
que se desviam;
nada disso se me pegará.
4 Longe de mim o coração
perverso;
não conhecerei o mal.
5 Aquele que difama o seu
próximo às escondidas,
eu o destruirei;
aquele que tem olhar altivo e
coração soberbo,
não o tolerarei.
6 Os meus olhos procurarão
os fiéis da terra,
para que estejam comigo;
o que anda em caminho reto,
esse me servirá.
7 O que usa de engano
não ficará dentro da minha casa;
o que profere mentiras
não estará firme perante os
meus olhos.
8 Pela manhã destruirei
todos os ímpios da terra;
extirparei da cidade do
Senhor
todos os que praticam a
iniquidade.

Oração do aflito que, ao desfalecer, derrama o seu lamento perante o Senhor.

102 Ó Senhor, ouve
a minha oração;
chegue a ti o meu clamor.
2 Não escondas de mim
o teu rosto
no dia da minha angústia.
Inclina para mim os teus
ouvidos;
no dia em que eu clamar,
ouve-me depressa.
3 Porque os meus dias se
desvanecem
como a fumaça;
os meus ossos queimam como
brasa.
4 O meu coração está ferido e
seco como a erva;
até me esqueço de comer o
meu pão.
5 Os meus ossos se pegam à
minha pele,

em virtude do meu gemer
doloroso.
6 Sou semelhante à coruja do
deserto,
como uma coruja entre as
ruínas.
7 Velo, e sou como o pardal
solitário no telhado.
8 Os meus inimigos me
afrontam o dia todo;
os que contra mim se
enfurecem,
me amaldiçoam.
9 Em vez de pão como cinza,
e misturo com lágrimas a
minha bebida,
10 por causa da tua ira e da
tua indignação,
pois me levantaste e me
expulsaste
para longe de ti.
11 Os meus dias são como a
sombra que declina;
como a erva me vou
secando.
12 Contudo, ó Senhor,
tu permaneces para
sempre;
a tua memória de geração em
geração.
13 Tu te levantarás e terás
piedade de Sião,
pois o tempo de te
compadeceres dela,
o tempo determinado, já
chegou.
14 Porque os teus servos têm
prazer nas suas pedras;
compadecem-se do seu pó.
15 As nações temerão o nome
do Senhor,
e todos os reis da terra a
sua glória.
16 Pois o Senhor edificará
a Sião,
e na sua glória se
manifestará.
17 Atenderá à oração do
desamparado;
não desprezará a sua
petição.
18 Escreva-se isto para a
geração futura,
e o povo que está por vir
louve ao Senhor.
19 O Senhor olhou do alto do
seu santuário,
dos céus observou a terra,
20 para ouvir o gemido dos
presos,
para soltar os sentenciados à
morte.
21 De sorte que o nome do
Senhor
será anunciado em Sião,
e o seu louvor em
Jerusalém,
22 quando os povos nos reinos
se congregarem para servir
ao Senhor.
23 Ele abateu a minha força
no caminho;
abreviou os meus dias.
24 Disse eu:
Ó Deus meu, não me leves
no meio dos meus dias;
os teus anos alcançam
todas as gerações.
25 Desde a antiguidade
fundaste a terra,
e os céus são obra das tuas
mãos.
26 Eles perecerão, mas tu
permanecerás;
todos eles, como um
vestido, envelhecerão.
Como roupa os mudarás, e os
jogarás fora.
27 No entanto, tu és o mesmo,
os teus anos jamais terão fim.
28 Os filhos dos teus servos
habitarão na tua presença;
a sua descendência será
estabelecida diante de ti.

Salmo de Davi.

103 Bendize, ó minha alma,
ao Senhor;
tudo o que há em mim
bendiga o seu santo nome.
2 Bendize, ó minha alma, ao
Senhor,
e não te esqueças de nenhum
dos
seus benefícios.
3 É ele quem perdoa todas as
tuas iniquidades
e sara todas as tuas
enfermidades,
4 quem redime a tua vida da
perdição
e te coroa de amor e de
compaixão;
5 quem enche a tua boca de
bens,
de sorte que a tua mocidade
se renova
como a da águia.
6 O Senhor faz retidão
e justiça a todos os
oprimidos.
7 Fez notórios os seus
caminhos a Moisés,
e os seus feitos aos filhos de
Israel.
8 Compassivo e piedoso é o
Senhor,
lento para a cólera e
abundante em amor.
9 Não repreenderá
perpetuamente,
nem para sempre
conservará a sua ira.
10 Não nos tratou segundo os
nossos pecados,
nem nos retribuiu segundo
as nossas iniquidades.
11 Pois quanto o céu está
elevado
acima da terra,
assim é grande o seu amor
para com os que o temem.
12 Quanto está longe o
Oriente do Ocidente,
assim afasta de nós as
nossas transgressões.
13 Como um pai se
compadece de seus filhos,
assim o Senhor se
compadece
daqueles que o temem;
14 pois ele conhece a nossa
estrutura
e se lembra de que
somos pó.
15 Quanto ao homem,
os seus dias são como a erva;
como a flor do campo,
assim floresce;
16 passando por ela o vento,
logo se vai,
e o seu lugar não se
conhece mais.
17 O amor do Senhor, porém,
é de eternidade a eternidade
sobre aqueles que o temem,
e a sua retidão sobre os filhos
dos filhos;
18 sobre aqueles que
guardam a sua aliança
e sobre os que se lembram
dos seus mandamentos
para os cumprirem.
19 O Senhor estabeleceu
o seu trono nos céus,
e o seu reino domina
sobre tudo.
20 Bendizei ao Senhor,
anjos seus,
magníficos em poder,
que cumpris as suas ordens,
que obedeceis à sua voz.
21 Bendizei ao Senhor,
todos os seus exércitos
celestiais,
vós, ministros seus,
que executais a sua vontade.
22 Bendizei ao Senhor
todas as suas obras,

em todos os lugares do
seu domínio.
Bendize, ó minha alma, ao
Senhor.

104 Bendize, ó minha alma
ao Senhor.
Ó Senhor, Deus meu,
tu és magnificentíssimo!
Estás vestido de glória e de
majestade.
2 Ele se cobre de luz como de
um vestido,
estende os céus como uma
cortina,
3 e põe nas águas os
vigamentos
dos seus aposentos.
Faz das nuvens o seu carro,
e anda sobre as asas do
vento.
4 Faz dos ventos os seus
mensageiros,
dos seus ministros um fogo
abrasador.
5 Ele lançou os fundamentos
da terra,
para que não se abale em
tempo algum.
6 Tu a cobriste com o abismo,
como com um vestido;
as águas estavam acima dos
montes.
7 À tua repreensão fugiram,
à voz do teu trovão se
apressaram;
8 correram por sobre os
montes,
desceram aos vales,
até o lugar que para elas
fundaste.
9 Limite lhes traçaste
que não podem ultrapassar;
jamais tornarão a cobrir a terra.
10 Ele faz rebentar nascentes
nos vales;
as suas águas correm entre
os montes.
11 Dão de beber a todos os
animais do campo;
os jumentos selvagens
matam
com ela a sua sede.
12 Junto delas habitam as
aves do céu,
cantando entre os ramos.
13 Ele rega os montes desde
os seus aposentos;
a terra farta-se do fruto das
suas obras.
14 Faz crescer a erva para os
animais,
e as plantas para o serviço
do homem,
de sorte que da terra tire o
seu alimento:
15 o vinho, que alegra o
coração do homem;
o azeite, que faz reluzir o
seu rosto;
e o pão, que fortalece o seu
coração.
16 Saciam-se as árvores do
Senhor,
os cedros do Líbano que ele
plantou.
17 Aí as aves se aninham;
a cegonha faz a sua casa nos
ciprestes.
18 Os altos montes
pertencem
às cabras selvagens;
as rochas são um refúgio
para os coelhos.
19 A lua demarca as estações,
e o sol conhece quando deve
se pôr.
20 Trazes a escuridão,
e faz-se noite,
e todos os animais da selva
vagueiam.
21 Os leõezinhos rugem pela
presa,
e de Deus buscam o seu
sustento.

22 Nasce o sol e logo se
recolhem,
e se deitam nos seus covis.
23 Então sai o homem para a
sua lida
e para o seu trabalho
até a tarde.
24 Ó Senhor, quão variadas
são as tuas obras!
Todas as coisas fizeste com
sabedoria;
cheia está a terra das tuas
riquezas.
25 Há o mar, vasto e
espaçoso,
onde se movem seres
inumeráveis,
animais pequenos e grandes.
26 Ali passam os navios, e o
leviatã,
que formaste para nele
folgar.
27 Todos esperam de ti que
lhes dê o seu sustento
em tempo oportuno.
28 Quando lhes dás o
alimento, eles o recolhem;
quando abres a tua mão,
enchem-se de bens.
29 Quando escondes o teu
rosto, ficam perturbados;
quando lhes tiras a
respiração,
morrem, e voltam para o pó.
30 Quando envias o teu
Espírito, são criados,
e renovas a face da terra.
31 A glória do Senhor seja
para sempre;
alegre-se o Senhor em
suas obras!
32 Olhando ele para a terra,
ela treme;
tocando nos montes, logo
fumegam.
33 Cantarei ao Senhor
enquanto eu viver;
cantarei louvores ao meu Deus,
enquanto eu existir.
34 A minha meditação lhe
seja agradável,
enquanto me alegro no
Senhor.
35 Desapareçam da terra os
pecadores,
e os ímpios não sejam mais.
Bendize, ó minha alma,
ao Senhor. Louvai ao
Senhor.

105 Dai graças ao Senhor,
e invocai o seu nome;
fazei conhecidas as suas
obras entre os povos.
2 Cantai-lhe, cantai-lhe
louvores;
falai de todas as suas
maravilhas.
3 Gloriai-vos no seu
santo nome;
alegre-se o coração
daqueles que buscam o
Senhor.
4 Buscai o Senhor e a sua força;
buscai a sua face
continuamente.
5 Lembrai-vos das
maravilhas que ele fez,
dos seus prodígios e dos
juízos da sua boca,
6 ó descendência de Abraão,
seu servo,
ó filhos de Jacó, seus
escolhidos.
7 Ele é o Senhor, o nosso Deus;
os seus juízos estão em
toda a terra.
8 Lembra-se perpetuamente
da sua aliança,
da palavra que ordenou
até milhares de gerações;
9 da aliança que fez com
Abraão
e do juramento que fez a
Isaque.

10 Ele o confirmou a Jacó
por decreto,
e a Israel por aliança
eterna,
11 dizendo: A ti darei a terra
de Canaã,
como porção da vossa
herança.
12 Quando ainda eram
poucos homens,
sim, muito poucos, e
estrangeiros nela,
13 andaram de nação em
nação
e de um reino para outro.
14 Ele não permitiu a
ninguém que os oprimisse;
por amor deles repreendeu
reis, dizendo:
15 Não toqueis nos meus
ungidos;
não maltrateis os meus
profetas.
16 Chamou a fome sobre
a terra
e destruiu todo o seu
suprimento de pão.
17 Mandou adiante deles um
homem,
que foi vendido como
escravo: José,
18 cujos pés foram presos
com correntes
e a quem puseram em
ferros,
19 até que se cumpriu a sua
profecia,
e a palavra do Senhor o
justificou.
20 O rei mandou soltá-lo,
o dominador dos povos o
libertou.
21 Fê-lo senhor da sua casa
e governador de todos
os seus bens,
22 para, a seu gosto, instruir
os seus oficiais,
e ensinar sabedoria aos
seus anciãos.
23 Então Israel entrou no
Egito;
Jacó peregrinou na terra
de Cão.
24 Ele multiplicou
sobremodo o seu povo;
fê-lo mais poderoso do que
os seus inimigos,
25 cujo coração mudou
para que odiassem o seu povo,
para que conspirassem
contra os seus servos.
26 Enviou Moisés, seu servo,
e Arão,
a quem escolhera.
27 Fizeram entre eles os seus
sinais e prodígios,
na terra de Cão.
28 Mandou às trevas que a
escurecessem,
pois haviam sido rebeldes à
sua palavra.
29 Converteu as suas águas
em sangue,
fazendo morrer os peixes.
30 A sua terra produziu rãs
em abundância,
até nos aposentos dos seus
reis.
31 Falou ele, e vieram
enxames de moscas
e piolhos em todo o seu
território.
32 Converteu as suas chuvas
em saraiva,
e fogo abrasador na sua
terra.
33 Feriu as suas vinhas e os
seus figueirais,
e quebrou as árvores da sua
terra.
34 Falou ele, e vieram
gafanhotos,
e pulgões em quantidade
inumerável.

35 Comeram toda a erva da
sua terra,
e devoraram o fruto dos
seus campos.
36 Então feriu todos os
primogênitos da sua terra,
as primícias de todas as
suas forças.
37 Ao seu povo fez sair com
prata e ouro,
e entre as suas tribos não
houve um só enfermo.
38 O Egito alegrou-se quando
eles saíram,
porque o seu temor caíra
sobre eles.
39 Estendeu uma nuvem para
os cobrir,
e um fogo para os iluminar
de noite.
40 Oraram, e ele fez vir
codornizes,
e os saciou com pão
do céu.
41 Fendeu a rocha, e dela
brotaram águas;
correram no deserto como
um rio.
42 Pois se lembrou da sua
santa promessa
feita a Abraão, seu servo.
43 Tirou dali o seu povo com
alegria,
os seus escolhidos com
regozijo;
44 deu-lhes as terras das
nações,
e herdaram o trabalho dos
povos,
45 para que guardassem os
seus preceitos
e observassem as suas leis.
Louvai ao Senhor.

106 *Louvai ao Senhor.*
Dai graças ao Senhor,
pois ele é bom;
o seu amor dura para sempre.
2 Quem pode descrever
as obras poderosas do
Senhor?
Quem anunciará os seus
louvores?
3 Bem-aventurados os que
observam a justiça,
que praticam o que é
correto
em todos os tempos.
4 Lembra-te de mim, ó
Senhor,
segundo a tua boa vontade
para com o teu povo;
visita-me com a tua
salvação,
5 para que eu veja a
prosperidade de teus
escolhidos,
me alegre com a alegria do
teu povo
e me regozije com a tua
herança.
6 Nós pecamos, como os
nossos pais;
cometemos iniquidade,
andamos perversamente.
7 Nossos pais não atentaram
para as tuas maravilhas no
Egito;
não se lembraram do seu
grande amor
e foram rebeldes junto ao
mar, o mar Vermelho.
8 Contudo, ele os salvou por
amor do seu nome,
para fazer conhecido o seu
poder.
9 Repreendeu o mar
Vermelho, e este se secou;
conduziu-os pelas
profundezas
como por um deserto.
10 Livrou-os das mãos
daquele que os odiava;
remiu-os das mãos do
inimigo.

11 As águas cobriram os seus
adversários;
nem um só deles
sobreviveu.
12 Então creram nas suas
promessas
e cantaram os seus
louvores.
13 Cedo, porém, se
esqueceram das suas obras
e não esperaram o seu
conselho.
14 Deixaram-se levar pela
cobiça no deserto;
tentaram a Deus na região
árida.
15 De sorte que lhes satisfez
o desejo,
mas fez definhar as suas
almas.
16 Tiveram inveja de Moisés
no acampamento,
e de Arão, o santo do Senhor.
17 Abriu-se a terra e engoliu
Datã;
cobriu a companhia de
Abirão.
18 Ateou-se um fogo na sua
gente;
a chama destruiu os ímpios.
19 Fizeram um bezerro em
Horebe
e adoraram a imagem de
fundição.
20 Converteram a sua glória
na figura de um boi,
que come erva.
21 Esqueceram-se de Deus,
seu Salvador,
que fizera grandes coisas
no Egito,
22 maravilhas na terra de Cão,
coisas tremendas no mar
Vermelho.
23 Ele os teria exterminado,
como dissera,
se Moisés, seu escolhido,
não tivesse intercedido
diante dele
para desviar a sua
indignação,
a fim de que não os
destruísse.
24 Então desprezaram
a terra aprazível;
não creram na sua promessa.
25 Murmuraram nas
suas tendas
e não deram ouvidos à voz
do Senhor.
26 Pelo que levantou a mão
contra eles,
afirmando que os faria cair
no deserto;
27 que humilharia a sua
descendência
entre as nações, e os
espalharia pelas terras.
28 Juntaram-se a Baal-Peor
e comeram os sacrifícios dos
ídolos mortos;
29 provocaram o Senhor à ira
com as suas ações,
e uma praga rebentou
entre eles.
30 Levantou-se, porém,
Fineias e executou o juízo,
e cessou aquela praga.
31 Isso lhe foi imputado
por retidão,
de geração em geração,
para sempre.
32 Indignaram-no também
junto às águas de Meribá,
de sorte que sucedeu mal a
Moisés,
por causa deles;
33 pois se rebelaram contra o
Espírito de Deus,
de modo que Moisés falou
sem refletir.
34 Não destruíram os povos,
como o Senhor lhes
ordenara,

35 mas se misturaram
com as nações
e adotaram os seus
costumes.
36 Serviram os seus ídolos,
que vieram a ser-lhes um laço.
37 Sacrificaram seus filhos
e suas filhas aos demônios.
38 Derramaram sangue
inocente,
o sangue de seus filhos e de
suas filhas,
que sacrificaram aos ídolos
de Canaã,
e a terra foi manchada com
sangue.
39 Contaminaram-se com as
suas obras;
corromperam-se com os
seus feitos.
40 Pelo que se acendeu a ira
do Senhor
contra o seu povo, e
abominou a sua herança.
41 Entregou-os nas mãos das
nações,
e aqueles que os odiavam se
apoderaram deles.
42 Os seus inimigos os
oprimiram,
humilhando-os debaixo das
suas mãos.
43 Muitas vezes os livrou,
mas eles o provocaram
com seus planos rebeldes,
e foram abatidos pela sua
iniquidade.
44 Contudo, Deus atentou
para a sua aflição
e ouviu o seu clamor.
45 Lembrou-se da sua
aliança, e compadeceu-se,
segundo a grandeza do seu
amor.
46 Fez com que deles
tivessem compaixão os que os
levaram cativos.
47 Salva-nos, ó Senhor,
nosso Deus,
e congrega-nos dentre
as nações,
para que rendamos graças ao
teu nome santo
e nos gloriemos no teu
louvor.
48 Bendito seja o Senhor,
Deus de Israel,
de eternidade em
eternidade.
Todo o povo diga: Amém.
Louvai ao Senhor.

QUINTO LIVRO

(Salmos 107-150)

107 Dai graças ao Senhor,
ele é bom;
o seu amor dura para sempre.
2 Digam-no os remidos do
Senhor,
os que remiu da mão do
inimigo,
3 e os que congregou de
outras terras,
do Oriente e do Ocidente,
do Norte e do Sul.
4 Alguns andaram
desgarrados pelo deserto,
por caminhos solitários;
não acharam cidade em que
habitassem.
5 Famintos e sedentos, a sua
alma neles desfalecia.
6 Então clamaram ao Senhor
na sua angústia,
e ele os livrou das suas
necessidades.
7 Levou-os por caminho
seguro à cidade que
deviam habitar.
8 Deem graças ao Senhor
pelo seu constante amor
e pelas suas maravilhas
para com os filhos dos
homens,

9 pois satisfez a alma sedenta
e encheu de bens a alma
faminta.
10 Alguns se assentaram
nas trevas e nas sombras
da morte,
presos de aflição
e em ferro,
11 por se haverem rebelado
contra as palavras de Deus
e desprezado o conselho do
Altíssimo.
12 De modo que lhes abateu
o coração com trabalho;
tropeçaram, e não houve
quem os ajudasse.
13 Então clamaram ao
Senhor na sua angústia,
e ele os livrou das suas
aflições.
14 Tirou-os das trevas e das
sombras da morte
e quebrou as suas cadeias.
15 Deem graças ao Senhor
pelo seu constante amor
e pelas suas maravilhas
para com os filhos dos
homens,
16 pois quebra as portas de
bronze e despedaça os
ferrolhos de ferro.
17 Loucos, por causa do seu
caminho de rebeldia,
e por causa das suas
iniquidades,
foram afligidos.
18 A sua alma aborreceu toda
a comida,
e já chegavam às portas da
morte.
19 Então clamaram ao
Senhor na sua angústia,
e ele os livrou das suas
aflições.
20 Enviou a sua palavra
e os sarou;
livrou-os da destruição.
21 Deem graças ao Senhor
pelo seu constante amor
e pelas suas maravilhas
para com os filhos dos
homens.
22 Ofereçam sacrifícios
de louvor
e relatem as suas obras
com regozijo.
23 Outros desceram ao mar
em navios;
comerciaram nas grandes
águas.
24 Viram as obras do Senhor,
as suas maravilhas nas
profundezas.
25 Pois ele falou e se levantou
um vento tempestuoso,
que elevou as ondas.
26 Subiram aos céus e
desceram aos abismos;
a sua alma se derreteu em
angústias.
27 Andaram e cambalearam
como bêbados;
inútil foi toda a sua sabedoria.
28 Então clamaram ao
Senhor na sua tribulação,
e ele os livrou das suas
angústias.
29 Fez cessar a tormenta;
acalmaram-se as ondas.
30 Alegraram-se com a
bonança,
e os levou ao porto
desejado.
31 Deem graças ao Senhor
pelo seu constante amor
e pelas suas maravilhas
para com os filhos dos homens.
32 Exaltem-no na
congregação do povo
e louvem-no na assembleia
dos anciãos.
33 Ele converteu rios em
desertos,
nascentes em terra sedenta,

34 terra frutífera em
terreno salgado,
pela maldade dos que nela
habitavam.
35 Converteu o deserto
em lagos
e a terra seca, em
nascentes;
36 fez habitar ali os famintos,
e edificaram cidade para sua
residência.
37 Semearam campos e
plantaram vinhas,
que produziram fruto
abundante;
38 ele os abençoou,
de modo que se
multiplicaram muito,
e o seu gado não diminuiu.
39 Então decresceram e
foram abatidos
pela opressão, aflição e
tristeza;
40 derramou o desprezo
sobre os nobres,
e os fez andar desgarrados
pelo deserto,
onde não há caminho.
41 Ele, porém, levantou da
opressão os necessitados,
para um alto retiro,
e multiplicou as suas famílias
como rebanhos.
42 Os retos veem isso e se
alegram,
mas todos os iníquos
fecham a boca.
43 Quem é sábio observe
essas coisas
e considere atentamente
o grande amor do Senhor.

Cântico e salmo de Davi.

108 *Preparado* está o meu
coração, ó Deus;
cantarei e salmodiarei de
toda a minha alma.
2 Despertai, saltério e harpa!
Eu despertarei a alvorada.
3 Eu te louvarei entre os povos,
ó Senhor; de ti cantarei entre
as nações.
4 Porque o teu amor se eleva
acima dos céus;
a tua fidelidade ultrapassa
as mais altas nuvens.
5 Exalta-te sobre os céus,
ó Deus,
e a tua glória sobre
toda a terra.
6 Salva-nos com a tua mão
direita,
e ajuda-nos, para que sejam
livres os teus amados.
7 Deus falou do seu
santuário:
Em triunfo repartirei a
Siquém
e medirei o vale de Sucote.
8 Meu é Gileade, meu é
Manassés;
Efraim é a força da minha
cabeça,
Judá o meu legislador.
9 Moabe é a minha bacia de
lavar,
sobre Edom lançarei o meu
sapato;
sobre a Filístia jubilarei.
10 Quem me levará à cidade
fortificada?
Quem me guiará até Edom?
11 Não és tu, ó Deus, que nos
rejeitaste
e já não sais com os nossos
exércitos?
12 Dá-nos auxílio contra o
inimigo,
pois vão é o socorro da
parte do homem.
13 Em Deus alcançaremos a
vitória,
e ele pisará os nossos
inimigos.

Ao diretor de música.
Salmo de Davi.

109 Ó Deus do meu louvor,
não te cales,
2 pois a boca do ímpio e a
boca fraudulenta
estão abertas contra mim;
têm falado contra mim
com uma língua mentirosa.
3 Cercam-me com palavras
odiosas e pelejam contra mim
sem causa.
4 Em paga da minha amizade
me acusam,
mas eu sou um homem de
oração.
5 Dão-me mal pelo bem,
e ódio pela minha amizade.
6 Suscita contra ele um ímpio;
um acusador esteja à sua
direita.
7 Quando for julgado, saia
condenado,
e em pecado se lhe torne a
sua oração.
8 Sejam poucos os seus dias;
outro tome o seu ofício.
9 Sejam órfãos os seus filhos,
e viúva a sua mulher.
10 Sejam vagabundos e
mendigos os seus filhos;
sejam expulsos das suas
habitações assoladas.
11 Tome o credor tudo o que
ele tenha;
despojem-no os estranhos
do fruto do seu trabalho.
12 Não haja ninguém que se
compadeça dele,
nem haja quem favoreça os
seus órfãos.
13 Desapareça a sua
posteridade,
o seu nome seja apagado na
geração seguinte.
14 Esteja na memória do Senhor
a iniquidade de seus pais;
não se apague o pecado de
sua mãe.
15 Estejam os seus pecados
sempre perante o Senhor,
para que faça desaparecer da
terra
a sua memória.
16 Pois não se lembrou de
usar de misericórdia,
mas perseguiu o aflito e o
necessitado,
como também o quebrantado
de coração,
para o matar.
17 Visto que amou a maldição,
que ela lhe sobrevenha;
não desejou a bênção,
que ela se afaste dele.
18 Vestiu-se de maldição,
como de um vestido;
penetrou nas suas entranhas
como água,
e em seus ossos como azeite.
19 Seja para ele como o
vestido que o cobre
e como o cinto com que
sempre anda cingido.
20 Seja este da parte do
Senhor
o galardão dos meus
adversários
e dos que falam mal contra a
minha alma.
21 No entanto, tu, ó Senhor
Deus,
sê comigo por amor do teu
nome;
por causa da bondade do
teu amor, livra-me.
22 Pois estou aflito e
necessitado e,
dentro em mim, está aflito o
meu coração.
23 Vou passando como a
sombra que declina;
sou sacudido como o
gafanhoto.

24 De jejuar estão
enfraquecidos os meus
joelhos;
a minha carne emagrece.
25 Eu sou para eles objeto de
zombaria;
quando me veem, balançam
a cabeça.
26 Ajuda-me, ó Senhor,
Deus meu;
salva-me segundo o teu amor.
27 Saibam que nisso está a
tua mão,
e que tu, Senhor, o fizeste.
28 Amaldiçoem eles, mas
abençoa tu;
levantem-se, mas fiquem
confundidos,
e alegre-se o teu servo.
29 Vistam-se os meus
adversários de vexame,
e cubra-os a sua vergonha
como uma capa.
30 Louvarei grandemente
ao Senhor
com a minha boca;
eu o louvarei na grande
multidão.
31 Pois ele está à direita do
necessitado,
para livrar a sua alma dos
que o condenam.

Salmo de Davi.

110 Disse o Senhor ao meu
Senhor:
Assenta-te à minha mão direita,
até que ponha os teus
inimigos
por estrado dos teus pés.
2 O Senhor enviará de Sião o
cetro do teu poder;
dominarás no meio dos teus
inimigos.
3 O teu povo se apresentará
voluntariamente
no dia da tua batalha.
Ornado com santa majestade,
do seio da alva receberás
o orvalho da tua mocidade.
4 Jurou o Senhor, e não se
arrependerá:
Tu és sacerdote eterno,
segundo a ordem de
Melquisedeque.
5 O Senhor está à tua direita;
ferirá os reis no dia da sua ira.
6 Julgará as nações,
ele as encherá de cadáveres
e ferirá os governantes de
toda a terra.
7 Pelo caminho beberá do
ribeiro;
e então prosseguirá de
cabeça erguida.

111 Louvai ao Senhor.
Louvarei ao Senhor
de todo o coração,
na assembleia dos justos e
na congregação.
2 Grandes são as obras do
Senhor;
consideradas por todos os
que nelas têm prazer.
3 Glória e majestade há em
sua obra,
e a sua retidão permanece
para sempre.
4 Fez lembradas as suas
maravilhas;
piedoso e compassivo é o
Senhor.
5 Dá mantimento aos que o
temem;
lembra-se da sua aliança
para sempre.
6 Mostrou ao seu povo o
poder das suas obras,
dando-lhe a herança das
nações.
7 As obras das suas mãos são
verdadeiras e justas;
fiéis são todos os seus
preceitos.

8 Permanecem firmes para
todo o sempre,
são feitos em fidelidade e
retidão.
9 Enviou redenção ao seu povo;
ordenou a sua aliança para
sempre,
santo e temível é o seu nome.
10 O temor do Senhor é o
princípio da sabedoria;
bom entendimento têm
todos os que obedecem aos
seus preceitos.
O seu louvor permanece
para sempre.

112 Louvai ao Senhor.
Bem-aventurado o
homem que
teme ao Senhor,
que em seus mandamentos
tem grande prazer.
2 A sua descendência será
poderosa na terra;
a geração dos justos será
abençoada.
3 Prosperidade e riquezas há
na sua casa,
e a sua retidão permanece
para sempre.
4 Aos retos até das trevas
nasce a luz,
pois é misericordioso,
compassivo e justo.
5 Feliz é o que se compadece e
empresta,
que conduz os seus
negócios com justiça.
6 Certamente jamais será
abalado;
o justo ficará em memória
eterna.
7 Não temerá maus rumores;
o seu coração está firme,
confiando no Senhor.
8 O seu coração está bem
firmado,
não temerá;
no final verá cumprido
o seu desejo
sobre os seus inimigos.
9 É generoso, dá aos pobres;
a sua retidão permanece
para sempre;
a sua força se exaltará em
honra.
10 O ímpio verá isso e se
enraivecerá,
rangerá os dentes e se
consumirá;
o desejo dos ímpios perecerá.

113 Louvai ao Senhor.
Louvai, ó servos do
Senhor,
louvai o nome do Senhor.
2 Bendito seja o nome do
Senhor
desde agora e para sempre.
3 Desde o nascer do sol até o
poente,
louvado seja o nome do
Senhor.
4 Exaltado está o Senhor
acima de todas as nações;
a sua glória acima dos céus.
5 Quem é como o Senhor
nosso Deus,
que habita nas alturas,
6 que se curva para ver os
céus e a terra?
7 Do pó ele levanta o pequeno
e do monturo ergue o
necessitado;
8 ele os faz assentar com os
príncipes,
com os príncipes do seu
povo.
9 Ele faz que a mulher estéril
viva em família
e seja alegre mãe de filhos.
Louvai ao Senhor.

114 Quando Israel saiu do
Egito,
e a casa de Jacó de um povo
de língua estrangeira,

2 Judá ficou sendo o
santuário de Deus,
e Israel, o seu domínio.
3 O mar viu isso e fugiu;
o Jordão recuou.
4 Os montes saltaram
como carneiros,
e os outeiros como cordeiros.
5 Que tiveste, ó mar, que
fugiste,
e tu, ó Jordão, que tornaste
atrás?
6 E vós, montes, que saltastes
como carneiros,
e vós outeiros, como
cordeiros?
7 Treme, ó terra, na presença
do Senhor,
na presença do Deus de Jacó,
8 o qual converteu a rocha
em lagoa,
o rochedo em manancial.

115 Não a nós, Senhor, não
a nós,
mas ao teu nome dá glória,
por causa do teu amor e da
tua fidelidade.
2 Por que dizem as nações:
Onde está o seu Deus?
3 O nosso Deus está nos céus;
ele faz tudo o que lhe agrada.
4 Os ídolos deles são prata e
ouro,
obra das mãos do homem.
5 Têm boca, mas não falam,
têm olhos, mas não veem;
6 têm ouvidos, mas não
ouvem,
têm nariz, mas não cheiram;
7 têm mãos, mas não
apalpam,
têm pés, mas não andam;
som algum sai da sua
garganta.
8 Tornem-se semelhantes a eles
os que os fazem
e todos os que neles confiam.
9 Confia, ó casa de Israel,
no Senhor,
ele é o seu auxílio e o seu
escudo.
10 Casa de Arão, confia no
Senhor;
ele é o seu auxílio e o seu
escudo.
11 Vós, os que temeis ao
Senhor,
confiai no Senhor;
ele é o seu auxílio e o seu
escudo.
12 O Senhor se lembra de nós
e nos abençoará:
Ele abençoará a casa de Israel,
abençoará a casa de Arão,
13 abençoará os que temem
ao Senhor,
tanto pequenos como
grandes.
14 O Senhor vos aumente
cada vez mais,
a vós e a vossos filhos.
15 Sede benditos do Senhor,
que fez os céus e a terra.
16 Os mais altos céus são do
Senhor,
mas a terra deu-a ele aos
filhos dos homens.
17 Os mortos não louvam ao
Senhor,
nem os que descem ao
Silêncio;
18 mas nós bendiremos
ao Senhor,
desde agora e para sempre.
Louvai ao Senhor.

116 Amo ao Senhor,
pois ele ouviu a
minha voz;
ouviu o meu clamor por
misericórdia.
2 Porque inclinou para mim
os seus ouvidos,
eu o invocarei enquanto
viver.

3 As cordas da morte me
cercaram,
as angústias do inferno se
apoderaram de mim;
sofri tribulação e tristeza.
4 Então invoquei o nome do
Senhor, dizendo:
Ó Senhor, livra a minha
alma.
5 Piedoso e justo é o Senhor;
o nosso Deus é cheio de
compaixão.
6 O Senhor protege os simples;
quando eu estava abatido,
ele me livrou.
7 Volta, ó minha alma, ao teu
repouso,
pois o Senhor te fez bem.
8 Pois tu, ó Senhor, livraste
a minha alma da morte,
os meus olhos das lágrimas,
e os meus pés da queda,
9 para que eu ande perante a
face do Senhor,
na terra dos viventes.
10 Cri, por isso falei:
Estou muito aflito.
11 E na minha perturbação
disse:
Todos os homens são
mentirosos.
12 Que darei eu ao Senhor,
por todos os benefícios que
me tem feito?
13 Tomarei o cálice da
salvação,
e invocarei o nome do
Senhor.
14 Pagarei os meus votos
ao Senhor,
na presença de todo
o seu povo.
15 Preciosa é à vista do
Senhor
a morte dos seus santos.
16 Ó Senhor, deveras
sou teu servo;
sou teu servo, filho da tua
serva;
soltaste as minhas ataduras.
17 Oferecerei a ti sacrifícios
de louvor
e invocarei o nome do
Senhor.
18 Pagarei os meus votos ao
Senhor,
na presença de todo o seu
povo,
19 nos átrios da casa do
Senhor,
no seu interior, ó Jerusalém.
Louvai ao Senhor.

117 Louvai ao Senhor,
todas as nações;
glorificai-o todos os povos.
2 Pois grande é o seu amor
para conosco,
e a fidelidade do Senhor
dura para sempre.
Louvai ao Senhor.

118 Rendei graças ao Senhor,
pois ele é bom;
o seu amor dura para
sempre.
2 Diga Israel:
O seu amor dura para
sempre.
3 Diga a casa de Arão:
O seu amor dura para
sempre.
4 Digam os que temem ao
Senhor:
O seu amor dura para
sempre.
5 Na minha angústia
invoquei o Senhor,
e ele me ouviu, e me
libertou.
6 O Senhor está comigo; não
temerei.
O que me pode fazer o
homem?
7 O Senhor está comigo;
é ele quem me ajuda.

Verei cumprido o meu desejo
sobre os que me odeiam.
8 É melhor refugiar-se no
Senhor
do que confiar no homem.
9 É melhor refugiar-se no
Senhor
do que confiar nos príncipes.
10 Todas as nações me
cercaram,
mas no nome do Senhor as
exterminei.
11 Cercaram-me, e tornaram
a cercar-me,
mas no nome do Senhor eu
as exterminei.
12 Cercaram-me como
abelhas,
mas apagaram-se como fogo
de espinhos;
no nome do Senhor as
exterminei.
13 Com força me impeliste
para me fazeres cair,
mas o Senhor me ajudou.
14 O Senhor é a minha força
e o meu cântico;
ele me salvou.
15 Nas tendas dos justos há
voz de júbilo
e de salvação;
a mão direita do Senhor faz
proezas.
16 A mão direita do Senhor
se exalta;
a mão direita do Senhor faz
proezas.
17 Não morrerei, mas viverei,
e contarei as obras do
Senhor.
18 O Senhor castigou-me
muito,
mas não me entregou à
morte.
19 Abri-me as portas da retidão;
entrarei por elas e renderei
graças ao Senhor.
20 Esta é a porta do Senhor
pela qual os justos
entrarão.
21 Renderei graças, pois me
ouviste
e me salvaste.
22 A pedra que os
edificadores rejeitaram
tornou-se a pedra angular;
23 foi o Senhor que fez isso,
e é maravilhoso aos
nossos olhos.
24 Este é o dia que o
Senhor fez;
regozijemo-nos e
alegremo-nos nele.
25 Ó Senhor, salva-nos;
ó Senhor, concede-nos
prosperidade.
26 Bendito aquele que vem
em nome do Senhor.
Da casa do Senhor vos
bendizemos.
27 Deus é o Senhor,
e fez que a sua luz brilhasse
sobre nós.
Atai a vítima da festa
com cordas
às pontas do altar.
28 Tu és o meu Deus, e eu te
renderei graças;
tu és o meu Deus, e eu te
exaltarei.
29 Rendei graças ao Senhor,
pois ele é bom;
o seu amor dura para
sempre.

119 Bem-aventurados os
que trilham
caminhos retos e andam na
lei do Senhor.
2 Bem-aventurados os que
guardam
os seus estatutos
e o buscam de todo o coração.
3 Não praticam iniquidade;
andam em seus caminhos.

4 Tu ordenaste os teus
preceitos,
para que diligentemente os
observássemos.
5 Quem dera os meus
caminhos
fossem dirigidos de maneira
que eu pudesse observar os
teus decretos!
6 Então não ficaria
envergonhado,
atentando para todos os teus
mandamentos.
7 Eu te louvarei com um
coração reto,
enquanto aprender as tuas
justas leis.
8 Observarei os teus decretos;
não me desampares
totalmente.
9 Como purificará o jovem o
seu caminho?
Observando-o segundo a
tua palavra.
10 De todo o meu coração te
busco;
não me deixes desviar
dos teus mandamentos.
11 Escondi a tua palavra no
meu coração,
para eu não pecar contra ti.
12 Bendito és tu, ó Senhor;
ensina-me os teus decretos.
13 Com os meus lábios
declaro todas as leis
da tua boca.
14 Folgo mais com o caminho
dos teus estatutos
do que com todas as riquezas.
15 Em teus preceitos
meditarei
e olharei para os teus
caminhos.
16 Deleito-me nos teus
decretos;
não me esquecerei da tua
palavra.
17 Faze bem ao teu servo, e
viverei;
guardarei a tua palavra.
18 Desvenda os meus olhos,
para que veja as maravilhas
da tua lei.
19 Sou peregrino na terra;
não escondas de mim os
teus mandamentos.
20 A minha alma está
consumida de anelos
pelas tuas leis em todo o
tempo.
21 Tu repreendes
asperamente os soberbos,
os malditos, que se desviam
dos teus mandamentos.
22 Tira de sobre mim a
afronta e o desprezo,
pois guardo os teus
estatutos.
23 Embora os príncipes se
reúnam e me caluniem,
o teu servo meditará nos
teus decretos.
24 Os teus estatutos são o
meu prazer;
são os meus conselheiros.
25 A minha alma está pegada
ao pó;
preserva a minha vida
segundo a tua palavra.
26 Meus caminhos te descrevi,
e tu me ouviste;
ensina-me os teus decretos.
27 Faze-me entender o ensino
dos teus preceitos;
assim meditarei nas tuas
maravilhas.
28 A minha alma consome-se
de tristeza;
fortalece-me segundo a tua
palavra.
29 Desvia de mim o caminho
da falsidade;
concede-me graça mediante
a tua lei.

30 Escolhi o caminho da verdade;
decidi seguir as tuas leis.
31 Apego-me aos teus estatutos, ó Senhor;
não permitas que eu seja decepcionado.
32 Percorro o caminho dos teus mandamentos,
pois libertaste o meu coração.
33 Ensina-me, ó Senhor,
o caminho dos teus decretos;
então os guardarei até o fim.
34 Dá-me entendimento, e guardarei a tua lei,
e a observarei de todo o meu coração.
35 Faze-me andar
na vereda dos teus mandamentos,
pois neles encontro satisfação.
36 Inclina o meu coração
para os teus estatutos,
não à cobiça.
37 Desvia os meus olhos
de contemplarem a vaidade;
preserva a minha vida
segundo a tua palavra.
38 Confirma a tua promessa
ao teu servo,
que se inclina ao teu temor.
39 Desvia de mim a
humilhação que temo,
pois as tuas leis são boas.
40 Como anseio pelos teus preceitos!
Preserva a minha vida na tua retidão.
41 Venha sobre mim o teu
constante amor,
ó Senhor, e a tua salvação
segundo a tua promessa.
42 Então responderei ao que me afronta,
pois confio na tua palavra.
43 Da minha boca não tires a palavra de verdade,
pois espero nas tuas leis.
44 Observarei de contínuo a tua lei,
para sempre e eternamente.
45 Andarei em liberdade,
pois busquei os teus preceitos.
46 Falarei dos teus estatutos
perante os reis e não me envergonharei.
47 Tenho prazer nos teus mandamentos,
porque os amo.
48 Levanto as mãos para os teus mandamentos,
que amo, e medito nos teus decretos.
49 Lembra-te da palavra dada ao teu servo,
pois me deste esperança.
50 Esta é a minha consolação
na angústia:
A tua promessa preserva a minha vida.
51 Os soberbos zombam
continuamente de mim,
mas não me desvio
da tua lei.
52 Lembro-me das tuas leis
antigas, ó Senhor,
e nelas encontro consolo.
53 Grande indignação se
apodera de mim
por causa dos ímpios, que
abandonam a tua lei.
54 Os teus decretos são o
tema dos meus cânticos,
no lugar das minhas peregrinações.
55 De noite me lembro do teu
nome, ó Senhor,
e observarei a tua lei.
56 Isto tem sido o que faço:
obedeço aos teus
preceitos.

57 O Senhor é a minha
herança;
eu disse que observaria as
tuas palavras.
58 Implorei deveras o teu
favor
de todo o meu coração;
tem piedade de mim, segundo
a tua promessa.
59 Considerei os meus
caminhos
e voltei os meus passos para
os teus estatutos.
60 Eu me apressarei,
e não hesitarei,
em obedecer aos teus
mandamentos.
61 Embora os ímpios me
prendam com laços,
não me esquecerei da tua lei.
62 À meia-noite me levanto
para te dar graças,
por causa das tuas justas
leis.
63 Companheiro sou de todos
os que te temem
e dos que guardam os teus
preceitos.
64 A terra, ó Senhor, está
cheia do teu amor;
ensina-me os teus decretos.
65 Faze bem ao teu servo, ó
Senhor,
segundo a tua palavra.
66 Ensina-me bom juízo e
conhecimento,
pois creio nos teus
mandamentos.
67 Antes de ser afligido
andava errado,
mas agora guardo a tua
palavra.
68 Tu és bom e fazes o bem;
ensina-me os teus decretos.
69 Embora os soberbos
tenham forjado mentiras
contra mim,
de todo o coração guardo os
teus preceitos.
70 Seus corações são
insensíveis,
como se fossem de sebo,
mas eu me deleito na tua lei.
71 Foi-me bom ter sido
afligido,
para que aprendesse os teus
decretos.
72 Mais preciosa é para mim
a lei da tua boca
do que milhares de moedas de
ouro ou de prata.
73 As tuas mãos me fizeram e
me formaram;
dá-me inteligência para
aprender os teus
mandamentos.
74 Os que te temem
alegram-se quando me veem,
pois espero na tua palavra.
75 Bem sei, ó Senhor,
que as tuas leis são justas,
e que em tua fidelidade
me afligiste.
76 Sirva o teu constante amor
para me consolar,
segundo a promessa que
deste ao teu servo.
77 Venham sobre mim a tua
compaixão,
para que viva, pois a tua lei é
o meu deleite.
78 Confundam-se os soberbos
por me tratarem
de maneira perversa
e sem motivo;
mas eu meditarei nos teus
preceitos.
79 Voltem-se para mim os
que te temem,
os que conhecem os teus
estatutos.
80 Seja reto o meu coração
para com os
teus decretos,

para que eu não seja
envergonhado.
81 Desfalece a minha alma,
aguardando
a tua salvação,
mas espero na tua palavra.
82 Os meus olhos desfalecem,
esperando por tua
promessa;
eu digo: Quando me
consolarás?
83 Embora eu seja como um
odre na fumaça,
não me esqueço dos teus
decretos.
84 Quantos dias deve esperar
o teu servo?
Quando punirás os que me
perseguem?
85 Os soberbos abrem covas
para mim,
contrários à tua lei.
86 Todos os teus
mandamentos são fiéis;
ajuda-me, pois sou
perseguido sem motivo.
87 Quase me exterminaram
de sobre a terra,
mas não deixei os teus
preceitos.
88 Preserva a minha vida
segundo o teu amor,
e guardarei os estatutos da
tua boca.
89 Ó Senhor, a tua palavra é
eterna;
ela está firmada no céu.
90 A tua fidelidade estende-se
de geração em geração;
tu firmaste a terra, e firme
permanece.
91 Conforme o que ordenaste,
tudo se mantém até hoje,
pois todas as coisas te
obedecem.
92 Se a tua lei não fora
o meu deleite,
há muito que teria
perecido na
minha angústia.
93 Jamais me esquecerei dos
teus preceitos,
pois por eles me tens
preservado a vida.
94 Sou teu, salva-me;
busquei os teus preceitos.
95 Os ímpios me esperam
para me destruírem,
mas atentarei para os teus
estatutos.
96 A toda perfeição vejo limite;
mas os teus mandamentos
são ilimitados.
97 Quanto amo a tua lei!
Nela medito o dia todo.
98 Os teus mandamentos
me fazem mais sábio do que
os meus inimigos,
pois estão sempre comigo.
99 Tenho mais entendimento
do que todos os meus
mestres,
pois medito nos teus
estatutos.
100 Sou mais prudente do
que os velhos,
pois guardo os teus
preceitos.
101 Desviei os meus pés de
todo o caminho mau,
para observar a tua
palavra.
102 Não me apartei das
tuas leis,
pois tu mesmo me ensinaste.
103 Quão doces são as tuas
palavras ao meu paladar,
mais doces do que o mel à
minha boca!
104 Por meio dos teus
preceitos
alcanço entendimento;
pelo que aborreço todo
caminho errado.

105 Lâmpada para os meus pés
é a tua palavra,
e luz para o meu caminho.
106 Fiz um juramento
e o confirmei,
que hei de guardar as tuas
justas leis.
107 Estou aflitíssimo;
preserva a minha vida,
ó Senhor, segundo a tua
palavra.
108 Aceita, ó Senhor,
as ofertas voluntárias da
minha boca
e ensina-me as tuas leis.
109 Embora constantemente
corra perigo a minha alma,
não me esquecerei da tua lei.
110 Os ímpios me armaram laço,
mas não me desviei dos teus
preceitos.
111 Os teus estatutos são
a minha herança para
sempre;
são a alegria do meu
coração.
112 Inclino o coração a
guardar os teus decretos,
para sempre, até o fim.
113 Odeio os inconstantes,
mas amo a tua lei.
114 Tu és o meu refúgio e o
meu escudo;
espero na tua palavra.
115 Apartai-vos de mim,
malfeitores,
para que eu guarde
os mandamentos do meu
Deus.
116 Sustenta-me conforme a
tua promessa,
para que eu viva;
não me deixes envergonhado
da minha esperança.
117 Sustenta-me, e serei salvo;
sempre terei respeito aos teus
decretos.
118 Rejeitas a todos os que
se desviam dos teus decretos,
pois o engano deles é falsidade.
119 Tiras da terra, como escória,
a todos os ímpios;
pelo que amo os teus estatutos.
120 A minha carne se arrepia
com temor de ti;
tenho medo das tuas leis.
121 Fiz o que é certo e justo;
não me entregues aos meus
opressores.
122 Fica por fiador do teu
servo para o bem;
não deixes que os soberbos
me oprimam.
123 Os meus olhos
desfalecem
esperando por tua salvação,
esperando a tua justa
promessa.
124 Trata com o teu servo
segundo o teu amor e
ensina-me os teus decretos.
125 Sou teu servo; dá-me
inteligência
para entender os teus
estatutos.
126 Já é tempo de operares, ó
Senhor,
pois têm quebrado a tua lei.
127 Porque amo os teus
mandamentos
mais do que o ouro,
e ainda mais do que o ouro fino,
128 e porque tenho como retos
todos os teus preceitos,
odeio todo caminho de
falsidade.
129 Maravilhosos são os teus
estatutos;
por isso a minha alma os
guarda.
130 A exposição das tuas
palavras dá luz;
dá entendimento aos
simples.

131 Abro a minha boca e
suspiro,
desejando os teus
mandamentos.
132 Olha para mim e tem
piedade de mim,
segundo sempre fazes
aos que amam o teu nome.
133 Dirige os meus passos
segundo a tua palavra;
não se apodere de mim
iniquidade alguma.
134 Livra-me da opressão
do homem,
para que eu guarde os
teus preceitos.
135 Faze resplandecer
o teu rosto sobre
o teu servo,
e ensina-me os teus
decretos.
136 Rios de águas correm dos
meus olhos,
pois os homens não
guardam a tua lei.
137 Justo és, ó Senhor, e retas
são as tuas leis.
138 Os teus estatutos que
ordenaste
são retos e muito fiéis.
139 O meu zelo me consome,
pois os meus inimigos se
esquecem
das tuas palavras.
140 As tuas promessas foram
completamente testadas,
por isso o teu servo as ama.
141 Embora eu seja pequeno
e desprezado,
não me esqueço dos teus
preceitos.
142 A tua retidão é eterna,
e a tua lei é a verdade.
143 Aperto e angústia se
apoderaram de mim,
mas os teus mandamentos
são o meu deleite.
144 Os teus estatutos são
justos para sempre;
dá-me inteligência, para
que eu viva.
145 Clamo de todo o meu
coração;
ouve-me, ó Senhor,
e guardarei os teus
decretos.
146 A ti invoco; salva-me,
e guardarei os teus estatutos.
147 Levanto-me antes da alva
e clamo por socorro;
aguardo com esperança a
tua palavra.
148 Os meus olhos
permanecem abertos
durante as vigílias da noite,
para que eu medite nas tuas
promessas.
149 Ouve a minha voz,
segundo o teu amor;
preserva-me a vida,
ó Senhor, segundo as tuas leis.
150 Aproximam-se de mim
os que andam após a
maldade,
mas se afastam da tua lei.
151 Tu estás perto, ó Senhor,
e todos os teus mandamentos
são verdade.
152 Há muito aprendi acerca
dos teus estatutos,
que estabeleceste para
sempre.
153 Olha para a minha
aflição e livra-me,
pois não me esqueci
da tua lei.
154 Pleiteia a minha causa e
livra-me;
preserva-me a vida segundo
a tua promessa.
155 A salvação está longe
dos ímpios,
pois não buscam os teus
decretos.

156 Grande é, ó Senhor,
a tua compaixão;
preserva-me a vida segundo
as tuas leis.
157 Muitos são os meus
perseguidores
e os meus inimigos,
mas não me desviei dos teus
estatutos.
158 Vejo os transgressores e
me aflijo,
pois não observam a tua
palavra.
159 Considera como amo os
teus preceitos;
preserva-me a vida,
ó Senhor, segundo o
teu amor.
160 Todas as tuas palavras
são verdadeiras;
todas as tuas justas leis
são eternas.
161 Os poderosos me
perseguem sem causa,
mas o meu coração teme a
tua palavra.
162 Alegro-me nas tuas
promessas,
como aquele que acha
grande despojo.
163 Odeio e abomino a
falsidade,
mas amo a tua lei.
164 Sete vezes no dia
te louvo pelas tuas justas leis.
165 Muita paz têm os que
amam a tua lei,
e para eles não há tropeço.
166 Ó Senhor, espero na tua
salvação
e sigo os teus
mandamentos.
167 A minha alma observa os
teus estatutos,
pois os amo extremamente.
168 Observo os teus preceitos
e os teus estatutos,
pois todos os meus caminhos
estão diante de ti.
169 Chegue a ti o meu
clamor, ó Senhor;
dá-me entendimento
conforme a tua palavra.
170 Chegue a minha súplica
perante a tua face;
livra-me segundo a tua
promessa.
171 Proclamem louvor os
meus lábios,
pois me ensinas os teus
decretos.
172 A minha língua cante a
tua palavra,
pois todos os teus
mandamentos são justos.
173 Venha a tua mão
socorrer-me,
pois escolhi os teus preceitos.
174 Anelo por tua salvação, ó
Senhor,
e a tua lei é todo o meu
prazer.
175 Viva a minha alma, para
que te louve,
e sustenham-me as tuas leis.
176 Desgarrei-me como a
ovelha perdida.
Busca o teu servo,
pois não me esqueci dos teus
mandamentos.

Cântico de degraus.

120 Na minha angústia
clamo ao Senhor,
e ele me ouve.
2 Ó Senhor, livra a minha alma
dos lábios mentirosos e da
língua enganadora.
3 O que te fará ele, ou o que te
acrescentará,
ó língua enganadora?
4 Ele a castigará com flechas
agudas do valente,
com brasas vivas de zimbro.

5 Ai de mim, que peregrino
em Meseque
e habito entre as tendas
de Quedar!
6 Já há tempo demais que a
minha alma
habita entre os que odeiam
a paz.
7 Sou homem de paz, mas
quando falo,
eles são pela guerra.

Cântico de degraus.

121 Elevo os olhos para os
montes;
de onde me virá o socorro?
2 O meu socorro vem do Senhor,
que fez o céu e a terra.
3 Não deixará vacilar o teu pé;
aquele que te guarda não
dormirá.
4 Certamente não dormitará
nem dormirá o guarda de
Israel.
5 O Senhor é quem te guarda;
o Senhor é a tua sombra à
tua direita.
6 O sol não te importunará
de dia,
nem a lua de noite.
7 O Senhor te guardará de
todo o mal;
ele guardará a tua alma.
8 O Senhor guardará
a tua entrada e a tua saída,
desde agora e para sempre.

Cântico de degraus. De Davi.

122 Alegrei-me quando me
disseram:
Vamos à casa do Senhor.
2 Os nossos pés estão dentro
das tuas portas,
ó Jerusalém.
3 Jerusalém está edificada
como uma cidade bem
estabelecida,
4 para onde sobem as tribos,
as tribos do Senhor, como
estatuto de Israel,
para darem graças ao nome
do Senhor.
5 Pois ali estão os tronos
do juízo,
os tronos da casa de Davi.
6 Orai pela paz de
Jerusalém.
Prosperem aqueles que te
amam.
7 Haja paz dentro de teus
muros,
e prosperidade dentro dos
teus palácios.
8 Por causa dos meus irmãos
e amigos, direi:
Haja paz em ti.
9 Por causa da casa do
Senhor,
nosso Deus, buscarei
o teu bem.

Cântico de degraus.

123 A ti, que habitas nos
céus,
levanto os olhos.
2 Como os olhos dos servos
atentam para as mãos dos
seus senhores,
e os olhos da serva
para as mãos da sua senhora,
assim os nossos olhos
atentam para o Senhor, o
nosso Deus,
até que tenha piedade de
nós.
3 Tem piedade de nós, ó
Senhor,
tem piedade de nós,
pois estamos sobremodo
fartos de desprezo.
4 A nossa alma está cansada
da zombaria dos soberbos,
do desprezo dos
arrogantes.

Cântico de degraus.
De Davi.

124 Se não fora o Senhor,
que esteve
ao nosso lado, ora diga
Israel:
2 Se não fora o Senhor, que
esteve ao nosso lado,
quando os homens se
levantaram contra nós,
3 eles então nos teriam
engolido vivos,
quando a sua ira se
acendeu contra nós;
4 as águas teriam
transbordado sobre nós,
e a corrente nos teria
afogado;
5 sim, as águas impetuosas
nos teriam afogado.
6 Bendito seja o Senhor,
que não nos deu por presa
aos dentes deles.
7 A nossa alma escapou,
como um pássaro do laço dos
passarinheiros;
o laço quebrou-se, e nós
escapamos.
8 O nosso socorro está no
nome do Senhor,
criador do céu e da terra.

Cântico de degraus.

125 Os que confiam no Senhor
são como o monte de
Sião,
que não se abala,
mas permanece para sempre.
2 Como os montes em volta
de Jerusalém,
assim o Senhor está em
volta do seu povo,
desde agora e para sempre.
3 O cetro dos ímpios não
permanecerá
sobre a terra destinada aos
justos,
para que o justo não estenda
a mão à iniquidade.
4 Faze bem, ó Senhor,
aos bons e aos retos de coração.
5 Quanto aos que se desviam
para caminhos tortuosos,
o Senhor os castigará com
os malfeitores.
Haja paz sobre Israel.

Cântico de degraus.

126 Quando o Senhor trouxe
os cativos de volta a Sião,
estávamos como os que
sonham.
2 A nossa boca se encheu de riso,
e a nossa língua de cânticos
de alegria.
Então se dizia entre as nações:
Grandes coisas fez o Senhor
por eles.
3 Grandes coisas fez o
Senhor por nós,
e por isso estamos cheios
de alegria.
4 Restaura a nossa sorte,
ó Senhor,
como as correntes do
Neguebe.
5 Os que semeiam com
lágrimas,
colherão com cânticos de
alegria.
6 Aquele que leva a preciosa
semente,
andando e chorando,
voltará com cânticos de
alegria,
trazendo consigo os seus
feixes.

Cântico de degraus.
De Salomão

127 Se o Senhor não
edificar a casa,
em vão trabalham os que a
edificam.

Se o Senhor não guardar
a cidade,
em vão vigia a sentinela.
2 Inútil vos será levantar de
madrugada,
repousar tarde, comer o pão
de dores,
pois ele dá aos seus amados o
sono.
3 Os filhos são herança do
Senhor,
e o fruto do ventre, o seu
galardão.
4 Como flechas na mão do
valente,
assim são os filhos da
juventude.
5 Bem-aventurado o homem
que enche deles a sua
aljava.
Não serão envergonhados
quando enfrentarem
os seus inimigos no tribunal.

Cântico de degraus.

128 Bem-aventurado
aquele que teme
ao Senhor
e anda nos seus caminhos.
2 Comerás do trabalho das
tuas mãos;
feliz serás, e te irá bem.
3 A tua mulher será como a
videira frutífera
aos lados da tua casa;
os teus filhos como plantas de
oliveira
à roda da tua mesa.
4 Assim é abençoado
o homem que teme ao Senhor.
5 O Senhor te abençoe de Sião
todos os dias da tua vida,
para que vejas a prosperidade
de Jerusalém
6 e vivas para ver os filhos de
teus filhos.
Paz seja sobre Israel.

Cântico de degraus.

129 Muitas vezes me
angustiaram
desde a minha juventude,
diga agora Israel.
2 Muitas vezes me angustiaram
desde a minha juventude,
mas não prevaleceram
contra mim.
3 Os lavradores araram sobre
as minhas costas,
e compridos fizeram
os seus sulcos.
4 O Senhor, porém, é justo;
cortou as cordas dos ímpios.
5 Sejam envergonhados e
retrocedam
todos os que odeiam Sião.
6 Sejam como a grama nos
telhados,
que se seca antes que possa
crescer;
7 com ela o segador não
enche a mão
nem o que ata os feixes
enche o braço.
8 Não digam os que passam:
A bênção do Senhor seja
sobre vós;
nós vos abençoamos em
nome do Senhor.

Cântico de degraus.

130 Das profundezas a ti
clamo, ó Senhor.
2 Ó Senhor, ouve a minha voz.
Estejam os teus ouvidos
atentos ao meu clamor por
misericórdia.
3 Se tu, ó Senhor, observares
as iniquidades,
ó Senhor, quem subsistirá?
4 Contigo, porém, há perdão;
portanto és temido.
5 Aguardo ao Senhor, a
minha alma o aguarda,
e espero na sua palavra.

6 A minha alma anseia
pelo Senhor,
mais do que os guardas pela
manhã, sim,
mais do que os guardas
pela manhã.
7 Espera, ó Israel, no Senhor,
pois no Senhor há constante
amor,
e nele há plena redenção.
8 Ele remirá Israel
de todas as suas
iniquidades.

Cântico de degraus. De Davi.

131 Ó Senhor, o meu
coração não é orgulhoso
nem os meus olhos altivos;
não me ocupo de grandes
questões
nem de coisas maravilhosas
demais para mim.
2 Contudo, fiz calar e
sossegar a minha alma;
como uma criança
desmamada com a sua mãe,
como uma criança
desmamada
é a minha alma para comigo.
3 Espera, ó Israel, no Senhor,
desde agora e para sempre.

Cântico de degraus.

132 Lembra-te, ó Senhor,
de Davi
e de todas as suas aflições.
2 Ele jurou ao Senhor
e fez votos ao Poderoso de
Jacó, dizendo:
3 Não entrarei na casa em
que habito
nem subirei ao leito em que
durmo,
4 não darei sono aos
meus olhos
nem repouso às minhas
pálpebras,
5 enquanto não achar lugar
para o Senhor,
uma morada para o
Poderoso de Jacó.
6 Ouvimos falar dela em
Efrata,
e a achamos nos campos
de Jaar.
7 Entremos na sua morada;
prostremo-nos ante o estrado
dos seus pés.
8 Levanta-te, ó Senhor,
e vem para o teu repouso,
tu e a arca da tua força.
9 Vistam-se os teus
sacerdotes de retidão;
alegrem-se os teus santos.
10 Por amor de Davi, teu
servo,
não faças virar o rosto do teu
ungido.
11 O Senhor jurou a Davi
com verdade,
e não se revogará seu
juramento:
Do fruto das tuas entranhas
porei sobre o teu trono.
12 Se os teus filhos
guardarem a minha aliança
e os meus estatutos, que eu
lhes hei de ensinar,
também os seus filhos se
assentarão
perpetuamente no teu trono.
13 Porque o Senhor escolheu
a Sião,
e escolheu-a para sua
habitação, dizendo:
14 Este é o lugar do meu
repouso para sempre;
aqui habitarei, pois o
desejei.
15 Abençoarei
abundantemente o seu
mantimento;
fartarei de pão os seus
pobres.

16 Vestirei de salvação os
seus sacerdotes,
e os seus santos exultarão.
17 Ali farei brotar a força de
Davi
e farei brilhar a luz do meu
ungido.
18 Vestirei os seus inimigos
de confusão,
mas a coroa sobre a cabeça
dele resplandecerá.

Cântico de degraus. De Davi.

133 Quão bom e quão suave é
que os irmãos vivam em união!
2 É como o óleo precioso
sobre a cabeça,
que desce sobre a barba, a
barba de Arão,
e que desce à orla das suas
vestes.
3 É como o orvalho de Hermom,
que desce sobre os montes
de Sião.
Porque ali o Senhor ordena a
bênção
e a vida para sempre.

Cântico de degraus.

134 Bendizei ao Senhor, todos vós,
servos do Senhor que assistis
de noite
na casa do Senhor.
2 Erguei as mãos no
santuário
e bendizei ao Senhor.
3 O Senhor, criador do céu e
da terra,
te abençoe de Sião.

Hino de louvor.

135 Louvai ao Senhor. Louvai o nome
do Senhor;
louvai-o, servos do Senhor,
2 vós que assistis na casa do
Senhor,
nos átrios da casa do nosso
Deus.
3 Louvai ao Senhor, pois o
Senhor é bom;
cantai louvores ao seu nome,
pois é agradável.
4 Porque o Senhor escolheu
para si a Jacó,
e a Israel, para seu tesouro
peculiar.
5 Eu sei que o Senhor é grande
e que o nosso Deus está acima
de todos os deuses.
6 Tudo o que o Senhor
desejou, ele o fez,
nos céus e na terra,
nos mares e em todas as suas
profundezas.
7 Faz subir as nuvens das
extremidades da terra;
envia relâmpagos com a
chuva
e tira os ventos dos seus
depósitos.
8 Foi ele que feriu os
primogênitos do Egito,
desde os homens até os
animais.
9 Foi ele que operou sinais
e prodígios no meio de ti,
ó Egito, contra faraó e
contra os seus servos.
10 Foi ele que feriu muitas
nações e matou
poderosos reis:
11 Seom, rei dos amorreus,
e Ogue, rei de Basã,
e todos os reinos de Canaã;
12 e deu a sua terra em
herança,
em herança a Israel, seu povo.
13 O teu nome, ó Senhor,
permanece perpetuamente,
e a tua memória, ó Senhor,
de geração em geração.

14 Pois o Senhor vindicará o seu povo
e terá compaixão dos seus servos.
15 Os ídolos das nações são prata e ouro,
obra das mãos dos homens.
16 Têm boca, mas não falam;
têm olhos, mas não veem;
17 têm ouvidos, mas não ouvem;
não há fôlego algum na sua boca.
18 Semelhantes a eles se tornem os que os fazem,
e todos os que neles confiam.
19 Ó casa de Israel, bendizei ao Senhor;
ó casa de Arão, bendizei ao Senhor.
20 Ó casa de Levi, bendizei ao Senhor;
vós, os que temeis ao Senhor, louvai ao Senhor.
21 Desde Sião seja bendito o Senhor,
que habita em Jerusalém.
Louvai ao Senhor.

Hino de gratidão.

136 Dai graças ao Senhor, pois ele é bom,
porque o seu amor dura para sempre.
2 Dai graças ao Deus dos deuses,
porque o seu amor dura para sempre.
3 Dai graças ao Senhor dos senhores,
porque o seu amor dura para sempre;
4 àquele que só faz maravilhas,
porque o seu amor dura para sempre;
5 àquele que, com entendimento, fez os céus,
porque o seu amor dura para sempre;
6 àquele que estendeu a terra sobre as águas,
porque o seu amor dura para sempre;
7 àquele que fez os grandes luminares,
porque o seu amor dura para sempre;
8 o sol para governar de dia,
porque o seu amor dura para sempre;
9 a lua e as estrelas para presidirem à noite,
porque o seu amor dura para sempre;
10 àquele que feriu os primogênitos do Egito,
porque o seu amor dura para sempre;
11 que tirou Israel do meio deles,
porque o seu amor dura para sempre;
12 com mão forte e com braço estendido,
porque o seu amor dura para sempre;
13 àquele que dividiu o mar Vermelho em duas partes,
porque o seu amor dura para sempre;
14 e fez passar Israel pelo meio dele,
porque o seu amor dura para sempre;
15 mas derrubou faraó
com o seu exército no mar Vermelho,
porque o seu amor dura para sempre;
16 àquele que guiou o seu povo pelo deserto,
porque o seu amor dura para sempre;

17 àquele que feriu os
grandes reis,
porque o seu amor dura
para sempre;
18 e deu a morte a reis
famosos,
porque o seu amor dura
para sempre:
19 Seom, rei dos amorreus,
porque o seu amor dura
para sempre;
20 e Ogue, rei de Basã,
porque o seu amor dura
para sempre;
21 e deu a terra deles em
herança,
porque o seu amor dura
para sempre;
22 em herança a Israel, seu
servo,
porque o seu amor dura
para sempre;
23 que se lembrou de nós em
nossa humilhação,
porque o seu amor dura
para sempre;
24 e nos libertou dos nossos
inimigos,
porque o seu amor dura
para sempre;
25 que dá mantimento a toda
criatura,
porque o seu amor dura
para sempre.
26 Dai graças ao Deus dos céus,
porque o seu amor dura
para sempre.

Canto do exilado.

137 Junto aos rios de
Babilônia
nos assentamos e choramos,
lembrando-nos de Sião.
2 Nos salgueiros que há no
meio dela,
penduramos as nossas
harpas,
3 pois aqueles que nos
levaram cativos
nos pediam canções,
e os que nos atormentavam,
que os alegrássemos,
dizendo:
Cantai-nos um dos cânticos
de Sião.
4 Como, porém, entoaremos
o cântico do Senhor em
terra estranha?
5 Se eu me esquecer de ti, ó
Jerusalém,
que a minha mão direita
perca a destreza.
6 Que se me apegue a língua
ao paladar,
se não me lembrar de ti,
se não preferir Jerusalém à
minha maior alegria.
7 Lembra-te, ó Senhor,
do que fizeram os filhos de
Edom
no dia da queda de Jerusalém.
Diziam: Arrasai-a, arrasai-a
até os seus alicerces.
8 Ó filha de Babilônia,
condenada à destruição,
feliz aquele que te retribuir
pelo que nos fizeste;
9 feliz aquele que pegar em
teus filhos
e despedaçar nas pedras.

Salmo de Davi.

138 Eu te louvarei, ó Senhor,
de todo o meu coração;
na presença dos deuses a ti
cantarei louvores.
2 Eu me inclinarei para o teu
santo templo
e louvarei o teu nome, por
causa do teu amor,
e por causa da tua fidelidade,
pois engrandeceste acima de
todas as coisas
o teu nome e a tua palavra.

3 No dia em que eu clamei, tu
me ouviste;
alentaste-me e fortaleceste
a minha alma.
4 Todos os reis da terra te
louvem, ó Senhor,
quando ouvirem as
palavras da tua boca;
5 cantem os caminhos do
Senhor,
pois grande é a glória do
Senhor.
6 Embora o Senhor seja
excelso,
atenta para o humilde,
mas ao soberbo conhece de
longe.
7 Ainda que eu ande no meio
da angústia,
tu preservarás a minha
vida;
estenderás a tua mão
contra a ira dos meus
inimigos,
e a tua mão direita me salvará.
8 O Senhor cumprirá o que
me diz respeito;
o teu amor, ó Senhor, dura
para sempre!
Não desampares as obras das
tuas mãos.

Ao diretor de música.
Salmo de Davi.

139 Ó Senhor, tu me
sondaste e me conheces.
2 Tu conheces o meu assentar
e o meu levantar;
de longe entendes o meu
pensamento.
3 Esquadrinhas o meu andar
e o meu deitar;
conheces todos os meus
caminhos.
4 Sem que haja uma palavra
na minha língua,
ó Senhor, tudo conheces.
5 Tu me cercaste em volta;
puseste sobre mim a tua mão.
6 Tal conhecimento é
maravilhoso demais para
mim;
elevado demais para que
possa atingir.
7 Para onde me irei do teu
Espírito?
Para onde fugirei da tua face?
8 Se subir ao céu, tu aí estás;
se fizer nas profundezas a
minha cama,
tu ali também estás.
9 Se tomar as asas da alva,
se habitar nas extremidades
do mar,
10 ainda ali a tua mão direita
me guiará
e me susterá.
11 Se eu disser: As trevas me
encobrirão
e a noite será luz à roda
de mim,
12 nem ainda as trevas são
escuras para ti;
a noite resplandece
como o dia,
pois as trevas e a luz são para
ti a mesma coisa.
13 Pois criaste o meu
interior;
entreteceste-me no ventre da
minha mãe.
14 Eu te louvo porque de um
modo terrível
e maravilhoso fui formado;
maravilhosas são as tuas
obras,
e a minha alma o sabe
muito bem.
15 Os meus ossos não te
foram encobertos,
quando no oculto fui
formado.
Quando fui entretecido nas
profundezas da terra,

16 os teus olhos viram o meu
corpo ainda informe.
Todos os dias que foram
ordenados para mim,
no teu livro foram escritos
quando nenhum deles
havia ainda.
17 Quão preciosos me são,
ó Deus,
os teus pensamentos!
Quão vasta é a soma deles!
18 Se os contasse,
seriam em maior número do
que a areia.
Quando acordo ainda estou
contigo.
19 Se tão somente matasses o
ímpio, ó Deus!
Apartai-vos de mim,
homens de sangue.
20 Eles falam contra ti com
intenção maligna;
os teus inimigos tomam o
teu nome em vão.
21 Não odeio eu, ó Senhor,
e abomino
aqueles que se levantam
contra ti?
22 Odeio-os com ódio completo;
tenho-os por inimigos.
23 Sonda-me, ó Deus, e
conhece o meu coração;
prova-me e conhece os
meus pensamentos.
24 Vê se há em mim algum
caminho mau
e guia-me pelo caminho
eterno.

Ao diretor de música.
Salmo de Davi.

140 Livra-me, ó Senhor, dos
homens maus;
protege-me dos homens
violentos,
2 que maquinam maldades
no coração
e vivem projetando guerras.
3 Aguçam a língua como a
serpente;
o veneno das víboras está
debaixo dos seus lábios. (Selá)
4 Guarda-me, ó Senhor, das
mãos dos ímpios,
guarda-me do homem
violento,
os quais se propuseram
desviar os meus passos.
5 Os soberbos armaram-me
laços e cordas;
estenderam uma rede à
beira do caminho,
prepararam-me armadilhas.
(Selá)
6 Eu digo ao Senhor: Tu és o
meu Deus.
Ouve, ó Deus, o meu clamor
por misericórdia.
7 Ó Senhor Deus, fortaleza da
minha salvação,
que cobres a minha cabeça no
dia da batalha;
8 não concedas, ó Senhor, ao
ímpio os seus desejos;
não deixes ir avante o seu
mau propósito,
para que não se orgulhe.
(Selá.)
9 Quanto aos que me cercam,
cubra-lhes a cabeça a maldade
que os seus lábios têm
causado.
10 Caiam sobre eles brasas
vivas;
sejam lançados no fogo,
em covas profundas,
para que não se tornem a
levantar.
11 Não se estabeleça na terra
o caluniador;
o desastre persiga o homem
violento.
12 Sei que o Senhor concede
justiça ao pobre

e sustenta a causa do
necessitado.
13 Certamente os justos
louvarão o teu nome,
e os retos habitarão na tua
presença.

Salmo de Davi.

141 Ó Senhor, a ti clamo;
dá-te pressa em me
acudir.
Ouve a minha voz quando a ti
clamar.
2 Suba a minha oração
perante a tua face como
incenso,
e seja o levantar das minhas
mãos
como o sacrifício da tarde.
3 Põe, ó Senhor, uma guarda
à minha boca;
guarda a porta dos meus
lábios.
4 Não inclines o meu coração
para o mal,
nem para se ocupar de coisas
más,
com aqueles que praticam a
iniquidade;
não coma eu das suas
iguarias.
5 Fira-me o justo, será isso
sinal de bondade;
repreenda-me,
será um excelente óleo sobre
a minha cabeça,
que não o rejeitará.
Contudo, a minha oração
será sempre
contra os feitos dos ímpios;
6 os seus juízes serão
precipitados penha abaixo,
e os ímpios saberão que
as minhas palavras são
verdadeiras.
7 Como quando alguém lavra
e sulca a terra,
são os nossos ossos
espalhados
à boca da sepultura.
8 Os meus olhos, porém,
te contemplam,
ó Senhor Deus;
em ti me refugio.
Não desampares a minha
alma.
9 Guarda-me dos laços que
me armaram,
das armadilhas dos que
praticam a iniquidade.
10 Caiam os ímpios nas suas
próprias redes,
enquanto eu escape ileso.

Masquil de Davi.
Oração que fez quando
estava na caverna.

142 Com a minha voz
clamo ao Senhor;
com a minha voz ao Senhor
suplico.
2 Derramo a minha queixa
perante a sua face;
exponho-lhe a minha
angústia.
3 Quando dentro em mim
desfalece o meu espírito,
és tu quem conheces a
minha vereda;
no caminho em que eu ando
ocultaram-me um laço.
4 Olha para a minha direita
e vê;
ninguém há que se preocupe
comigo.
Refúgio me falta;
ninguém cuida da minha
alma.
5 A ti, ó Senhor, clamo; eu digo:
Tu és o meu refúgio,
a minha herança na terra
dos viventes.
6 Atende ao meu clamor,
pois estou muito abatido;

livra-me dos meus
perseguidores,
pois são mais fortes do que eu.
7 Tira a minha alma da prisão,
para que eu louve o teu nome.
Então os justos me rodearão,
por causa da tua bondade
para comigo.

Salmo de Davi.

143 Ó Senhor, ouve a
minha oração,
inclina os ouvidos ao meu
clamor
por misericórdia;
escuta-me segundo a tua
fidelidade
e segundo a tua retidão.
2 Não entres em juízo com o
teu servo,
pois à tua vista não se achará
justo nenhum vivente.
3 O inimigo persegue a
minha alma,
abate-me até o chão;
faz-me habitar na escuridão,
como aqueles que
morreram há muito.
4 Pelo que o meu espírito se
desanima dentro em mim;
o meu coração está desolado.
5 Lembro-me dos dias antigos;
medito em todos os teus feitos
e considero a obra das
tuas mãos.
6 Estendo para ti as
minhas mãos;
a minha alma tem sede de ti
como terra sedenta. (Selá)
7 Apressa-te em ouvir-me,
ó Senhor;
o meu espírito desfalece.
Não escondas de mim
a tua face,
para que não me torne
semelhante aos que descem
à cova.
8 Faze-me ouvir do teu
constante amor
pela manhã, pois em ti
confio.
Faze-me saber o caminho que
devo seguir,
pois a ti levanto a minha
alma.
9 Livra-me, ó Senhor, dos
meus inimigos,
pois em ti é que eu me
refugio.
10 Ensina-me a fazer a tua
vontade,
pois és o meu Deus;
guie-me o teu bom Espírito
por terra plana.
11 Preserva-me a vida,
ó Senhor,
por amor do teu nome;
por amor da tua retidão,
tira a minha alma da
angústia.
12 Por teu constante amor,
silencia os meus inimigos;
destrói todos os meus
adversários,
pois eu sou teu servo.

Salmo de Davi.

144 Bendito seja o Senhor,
minha rocha,
que adestra as minhas mãos
para a peleja
e os meus dedos para a guerra.
2 Ele é o meu Deus
misericordioso
e a minha fortaleza,
o meu alto retiro e o meu
libertador,
o meu escudo, em quem me
refugio,
que me sujeita o meu povo.
3 Ó Senhor, que é o homem,
para que o conheças,
e o filho do homem,
para que o estimes?

4 O homem é semelhante a
um sopro;
os seus dias são como a
sombra que passa.
5 Abaixa, ó Senhor, os teus
céus e desce;
toca os montes, para que
fumeguem.
6 Envia os teus raios e dissipa
os inimigos;
envia as tuas flechas e
desbarata-os.
7 Estende as tuas mãos
desde o alto;
livra-me e salva-me das
muitas águas
e das mãos dos estranhos,
8 cuja boca fala vaidade
e cuja mão direita é a destra
da falsidade.
9 A ti, ó Deus, cantarei um
cântico novo;
com o saltério e com o
instrumento de dez cordas
te cantarei louvores.
10 É ele que dá vitória aos reis,
que livra Davi, seu servo, da
espada maligna.
11 Livra-me; tira-me das
mãos dos estranhos,
cuja boca fala vaidade e cuja
mão direita
é a destra da falsidade.
12 Que os nossos filhos sejam
como plantas,
bem desenvolvidos na sua
juventude,
e as nossas filhas sejam como
pedras angulares,
lavradas como colunas de
um palácio.
13 Que os nossos celeiros
estejam repletos;
as nossas ovelhas produzam
milhares
e dezenas de milhares em
nossos campos;
14 e os nossos bois levem
cargas pesadas,
e não haja assaltos,
nem ataques,
nem clamores em
nossas ruas!
15 Bem-aventurado o povo a
quem assim sucede!
Bem-aventurado é o povo
cujo Deus é o Senhor.

Um salmo de louvor. De Davi.

145 Eu te exaltarei, ó Deus,
rei meu;
bendirei o teu nome
pelos séculos dos séculos.
2 Cada dia te bendirei e
louvarei o teu nome
pelos séculos dos séculos.
3 Grande é o Senhor e muito
digno de louvor;
a sua grandeza é
insondável.
4 Uma geração contará as
tuas obras
a outra geração;
anunciarão as tuas proezas.
5 Falarão do glorioso
esplendor da tua majestade,
e meditarei nas tuas obras
maravilhosas.
6 Falarão da força dos teus
feitos tremendos,
e proclamarei a tua
grandeza.
7 Publicarão
abundantemente
a memória da tua grande
bondade
e cantarão a tua retidão.
8 Piedoso e benigno é o
Senhor,
tardio em irar-se e grande em
amor.
9 O Senhor é bom para todos;
tem compaixão de todas as
suas obras.

10 Todas as tuas obras te
louvarão, ó Senhor;
os teus santos te bendirão.
11 Falarão da glória do teu
reino
e relatarão o teu poder,
12 para que façam saber aos
filhos dos homens
as tuas proezas e o glorioso
esplendor do teu reino.
13 O teu reino é um reino
eterno;
e o teu domínio estende-se a
todas as gerações.
14 O Senhor sustenta todos
os que caem
e levanta todos os
abatidos.
15 Os olhos de todos esperam
em ti,
e tu lhes dás o seu
mantimento a seu tempo.
16 Abres a tua mão e
satisfazes
os anseios de todos os
viventes.
17 Justo é o Senhor em todos
os seus caminhos
e bondoso em todas as suas
obras.
18 Perto está o Senhor de
todos os que o invocam,
de todos os que o invocam
em verdade.
19 Ele realiza o anseio dos
que o temem;
ouve o seu clamor, e os
salva.
20 O Senhor guarda todos os
que o amam,
mas todos os ímpios serão
destruídos.
21 A minha boca entoará o
louvor do Senhor.
Toda criatura louve o seu
santo nome
para todo o sempre.

146 Louvai ao Senhor.
Ó minha alma, louva
ao Senhor.
2 Louvarei ao Senhor
durante a minha vida;
cantarei louvores ao meu
Deus enquanto viver.
3 Não confieis em príncipes
nem nos filhos dos homens,
em quem não há salvação.
4 Sai-lhes o espírito e eles
tornam ao pó;
nesse mesmo dia perecem
todos os seus planos.
5 Bem-aventurado aquele que
tem o Deus de Jacó por seu
auxílio,
cuja esperança está no
Senhor, o seu Deus,
6 criador dos céus e da terra,
do mar e de tudo o que neles há,
o Senhor que permanece
fiel para sempre.
7 Ele sustenta a causa dos
oprimidos
e dá pão aos famintos.
O Senhor liberta os
encarcerados,
8 o Senhor abre os olhos
aos cegos,
o Senhor levanta os abatidos,
o Senhor ama os justos.
9 O Senhor guarda os
estrangeiros
e ampara o órfão e a viúva,
mas frustra os propósitos dos
ímpios.
10 O Senhor reina
eternamente.
O teu Deus, ó Sião, reina de
geração em geração.
Louvai ao Senhor.

Hino ao Onipotente.

147 Louvai ao Senhor.
Quão bom é cantar
louvores ao nosso Deus,

quão agradável e decoroso é
o louvor!
2 O Senhor edifica Jerusalém;
congrega os dispersos de Israel.
3 Sara os quebrantados de
coração
e cura-lhes as feridas.
4 Conta o número das estrelas,
chamando-as todas pelos
seus nomes.
5 Grande é o nosso Senhor e
de grande poder;
o seu entendimento não
tem limite.
6 O Senhor eleva os
humildes,
mas abate os ímpios até a
terra.
7 Cantai ao Senhor em ação
de graças;
cantai louvores, ao som da
harpa, ao nosso Deus.
8 Ele é que cobre o céu de
nuvens,
que prepara a chuva para
a terra
e faz produzir erva
sobre os montes.
9 Ele dá aos animais o seu
sustento,
e aos filhos dos corvos,
quando clamam famintos.
10 Não se deleita na força
do cavalo
nem se agrada na agilidade
do homem.
11 O Senhor se agrada dos
que o temem
e dos que esperam no seu
constante amor.
12 Louva, ó Jerusalém, ao
Senhor;
louva, ó Sião, ao teu Deus,
13 pois ele fortalece as
trancas das tuas portas
e abençoa os teus filhos que
lá habitam.
14 Ele concede paz aos teus
termos
e te farta com o melhor
do trigo.
15 Envia o seu mandamento
à terra;
a sua palavra corre
velozmente.
16 Ele espalha a neve como lã
e esparge a geada como cinza.
17 Ele lança o seu gelo em
pedaços.
Quem pode resistir ao
seu frio?
18 Manda a sua palavra,
e o gelo derrete;
faz soprar o vento, e correm
as águas.
19 Mostrou a sua palavra a Jacó,
as suas leis e decretos a Israel.
20 Não fez assim a nenhuma
outra nação;
elas não conhecem as
suas leis.
Louvai ao Senhor.

Louvor universal.

148 Louvai ao Senhor.
Louvai ao Senhor
desde os céus,
louvai-o nas alturas.
2 Louvai-o, todos os seus anjos;
louvai-o, todos os seus
exércitos celestiais.
3 Louvai-o, sol e lua;
louvai-o, todas as estrelas
luzentes.
4 Louvai-o, céus dos céus,
e as águas que estão sobre
os céus.
5 Louvem o nome do Senhor,
pois mandou ele, e logo foram
criados.
6 Ele os estabeleceu para
sempre;
e lhes deu uma lei que não
mudará.

7 Louvai ao Senhor desde a
terra,
vós, monstros marinhos,
e todas as profundezas dos
oceanos,
8 relâmpago e saraiva, neve e
nuvens,
ventos tempestuosos que
executam
a sua vontade;
9 montes e todos os outeiros,
árvores frutíferas e todos os
cedros;
10 feras e todos os gados,
répteis e aves voadoras;
11 reis da terra e todos os
povos,
governantes e todos os juízes
da terra;
12 jovens e donzelas, velhos e
crianças,
13 louvai o nome do Senhor,
pois só o seu nome é exaltado;
a sua glória está sobre a
terra e o céu.
14 Ele também exaltou o
poder do seu povo,
o louvor de todos os seus
santos,
dos filhos de Israel,
um povo que lhe é chegado.
Louvai ao Senhor.

Hino de triunfo.

149 Louvai ao Senhor.
Cantai ao Senhor um
cântico novo,
e o seu louvor na
assembleia dos santos.
2 Alegre-se Israel naquele
que o fez,
regozijem-se os filhos de
Sião no seu Rei.
3 *Louvem o seu nome* com
danças;
e lhe cantem louvores com
adufe e harpa.
4 Porque o Senhor se agrada
do seu povo;
ele coroa os humildes com a
salvação.
5 Exultem os santos de glória
e cantem de alegria nos seus
leitos.
6 Estejam na sua garganta
os altos louvores de Deus
e espada de dois gumes nas
suas mãos,
7 para tomarem vingança
das nações e punirem os povos,
8 para prenderem os seus reis
com cadeias
e os seus nobres com
algemas de ferro,
9 para executarem contra
eles o juízo escrito.
Essa é a glória de todos os
santos.
Louvai ao Senhor.

Doxologia final.

150 Louvai ao Senhor.
Louvai a Deus no seu
santuário;
louvai-o no firmamento do
seu poder.
2 Louvai-o pelos seus atos
poderosos,
louvai-o conforme a excelência
da sua grandeza.
3 Louvai-o com o som da
trombeta,
louvai-o com saltério e com
harpa,
4 louvai-o com adufes e danças,
louvai-o com instrumentos de
cordas e com flauta,
5 louvai-o com címbalos
sonoros,
louvai-o com címbalos
ressonantes.
6 Tudo o que tem fôlego louve
ao Senhor.
Louvai ao Senhor.

PROVÉRBIOS

Prólogo: Tema e Propósito

1 Provérbios de Salomão, filho
de Davi, rei de Israel,
2 para se conhecer a sabedoria
e a instrução;
para se entenderem as
palavras da prudência;
3 para se instruir em sábio
procedimento,
em retidão, justiça e
equidade;
4 para se dar aos simples
prudência
e aos jovens conhecimento
e bom siso.
5 Ouça o sábio e cresça em
sabedoria,
e o entendido adquira
habilidade
6 para entender provérbios e
parábolas;
os ditados e os enigmas
dos sábios.
7 O temor do Senhor é o
princípio do conhecimento,
mas os loucos desprezam a
sabedoria
e a instrução.
8 Filho meu, ouve a instrução
de teu pai
e não deixes a doutrina de
tua mãe.
9 Diadema de graça serão para
a tua cabeça
e colares para o teu pescoço.
10 Filho meu, se os pecadores
te quiserem seduzir,
não o consintas.
11 Se disserem: Vem conosco;
armemos uma emboscada
para matar,
espreitemos sem razão os
inocentes,
12 traguemo-los vivos, como a
sepultura,
e inteiros, como os que
descem à cova;
13 acharemos todo tipo de bens
preciosos,
encheremos as nossas casas
de despojos;
14 lança a tua sorte entre nós,
teremos todos uma só bolsa.
15 Filho meu, não te ponhas a
caminho com eles,
desvia o teu pé das
suas veredas,
16 pois os pés deles correm
para o mal
e se apressam para matar.
17 Na verdade, em vão se
estenderia
a rede à vista de qualquer ave.
18 Esses armam ciladas contra
o próprio sangue
e espreitam a própria vida.
19 Tais são as veredas
de todo aquele
que se entrega à cobiça;
ela prende a alma dos que a
possuem.
20 A suprema sabedoria
faz soar alto a sua voz e
clama nas praças,
pelas ruas levanta a sua voz;
21 nas encruzilhadas,
no meio dos tumultos clama,
às entradas das portas
e na cidade
profere as suas palavras:
22 Até quando, ó tolos,
amareis a tolice?
Até quando os zombadores
desejarão a zombaria
e os loucos odiarão o
conhecimento?

23 Convertei-vos pela
minha repreensão;
abundantemente
derramarei sobre vós
o meu espírito
e vos farei saber as minhas
palavras.
24 Mas porque clamei e vós
recusastes;
porque estendi a mão e
não houve quem desse atenção;
25 antes rejeitastes todo o
meu conselho
e não quisestes a minha
repreensão;
26 também eu me rirei no dia
da vossa desgraça
e zombarei, vindo o
vosso temor.
27 Vindo como tempestade
o vosso temor
e vindo a vossa perdição
como tormenta,
sobrevindo-vos aperto e
angústia,
28 então a mim clamarão,
mas eu não responderei;
de madrugada me buscarão,
mas não me acharão.
29 Visto que aborreceram o
conhecimento
e não preferiram o temor
do Senhor;
30 visto que não quiseram o
meu conselho
e desprezaram toda a
minha repreensão,
31 comerão do fruto do seu
caminho
e se fartarão dos seus
próprios conselhos.
32 Porque o desvio dos tolos
os matará
e a prosperidade dos loucos
os destruirá.
33 O que, porém, me der
ouvidos habitará seguro
e estará descansado do
temor do mal.

Benefícios morais da sabedoria

2 Filho meu, se aceitares as
minhas palavras
e esconderes contigo os meus
mandamentos,
2 para fazeres atento à
sabedoria o teu ouvido
e para inclinares o teu
coração
ao entendimento;
3 se clamares por entendimento
e por inteligência ergueres
a tua voz;
4 se como a prata a buscares e
como a tesouros escondidos
a procurares,
5 então entenderás o temor
do Senhor
e acharás o conhecimento
de Deus.
6 Porque o Senhor dá a
sabedoria;
da sua boca vêm o
conhecimento
e o entendimento.
7 Ele reserva a verdadeira
sabedoria para os retos;
escudo é para os
que caminham na
sinceridade,
8 pois guarda as veredas do justo
e protege o caminho dos
seus santos.
9 Então entenderás a justiça,
o juízo,
a equidade e todas as boas
veredas.
10 Porque a sabedoria entrará
no teu coração
e o conhecimento será
suave à tua alma.
11 O bom siso te guardará
e a inteligência te
protegerá.

12 A sabedoria te livrará do
mau caminho
e dos homens que dizem
coisas perversas,
13 que deixam as veredas
da retidão,
para andar pelos caminhos
das trevas,
14 que se deleitam em fazer o mal
e folgam com as
perversidades dos maus,
15 cujas veredas são tortuosas
e cujos caminhos são iníquos.
16 Também te livrará da
mulher adúltera
e da estrangeira, que seduz
com suas palavras;
17 que deixou o companheiro
da sua mocidade
e se esqueceu da aliança do
seu Deus.
18 Porque a sua casa se inclina
para a morte
e as suas veredas para os
espíritos dos mortos;
19 todos os que se dirigem a ela
não voltarão
e não atinarão com as
veredas da vida.
20 Assim andarás pelo caminho
dos bons
e guardarás as veredas dos
justos.
21 Porque os justos habitarão
a terra
e os íntegros permanecerão
nela.
22 Os ímpios, porém, serão
exterminados da terra
e os infiéis dela serão
eliminados.

Mais benefícios da sabedoria

3 Filho meu, não te esqueças do
meu ensino,
e o teu coração guarde os
meus mandamentos,
2 pois eles aumentarão
os teus dias
e te acrescentarão anos de vida
e prosperidade.
3 Não te deixem o amor e a
fidelidade;
ata-os ao teu pescoço
e escreve-os na tábua do teu
coração.
4 Então acharás graça e boa
reputação
aos olhos de Deus e dos
homens.
5 Confia no Senhor de todo o
teu coração
e não te firmes no teu
próprio entendimento;
6 reconhece-o em todos os teus
caminhos,
e ele endireitará as tuas
veredas.
7 Não sejas sábio a teus
próprios olhos;
teme ao Senhor e aparta-te
do mal.
8 Isto será saúde para o teu corpo
e refrigério para os teus
ossos.
9 Honra ao Senhor com
os teus bens
e com as primícias de toda a
tua renda;
10 então se encherão
os teus celeiros
abundantemente,
e transbordarão de vinho os
teus lagares.
11 Filho meu, não rejeites a
disciplina do Senhor
nem te enojes da sua
repreensão,
12 porque o Senhor corrige
aquele a quem ama,
assim como o pai ao filho, a
quem quer bem.
13 Bem-aventurado o homem
que encontra sabedoria,

e o homem que adquire
conhecimento,
14 pois ela é mais proveitosa do
que a prata
e dá mais lucro do que o
ouro.
15 Mais preciosa é do que os
rubis;
tudo o que podes desejar
não se compara a ela.
16 Longura de dias há na sua
mão direita;
na sua esquerda, riquezas e
honra.
17 Os seus caminhos são
caminhos de delícias,
e todas as suas veredas são
paz.
18 É árvore da vida para os que
a abraçam;
bem-aventurados são os que
a retêm.
19 O Senhor com sabedoria
fundou a terra e com
inteligência
preparou os céus;
20 pelo seu conhecimento
se fenderam os abismos,
e as nuvens destilaram o
orvalho.
21 Filho meu, não se apartem
essas coisas
dos teus olhos,
guarda a verdadeira
sabedoria e o bom senso;
22 serão vida para a tua alma
e graça para o teu pescoço.
23 Então andarás seguro pelo
teu caminho,
e não tropeçará o teu pé;
24 quando te deitares, não
temerás;
quando te deitares,
o teu sono será suave.
25 Não temas o pavor repentino
nem a assolação dos ímpios
quando vier,
26 pois o Senhor será a tua
esperança
e guardará os teus pés de serem
presos.
27 Não retenhas o bem de quem
o merece,
estando na tua mão poder
fazê-lo.
28 Não digas ao teu próximo:
Vai, volta mais tarde;
te darei algo amanhã,
tendo-o hoje tu contigo.
29 Não planejes o mal contra o
teu próximo,
que habita contigo
confiadamente.
30 Não contendas com alguém
sem razão,
se não te houver feito mal.
31 Não tenhas inveja do homem
violento
nem escolhas nenhum de
seus caminhos,
32 pois o perverso é
abominação para o Senhor,
mas com os sinceros está o
seu segredo.
33 A maldição do Senhor habita
na casa do ímpio,
mas a morada dos justos ele
abençoa.
34 Ele zomba dos zombadores,
mas dá graça aos
humildes.
35 Os sábios herdam honra,
mas os loucos tomam sobre si
a vergonha.

A sabedoria é suprema

4 Ouvi, filhos, a instrução do pai;
estai atentos para
conhecerdes a prudência.
2 Dou-vos boa doutrina,
portanto não deixeis o meu
ensino.
3 Quando eu era menino na
casa de meu pai,

tenro e filho único de
minha mãe,
4 ele me ensinava e me dizia:
Retenha as minhas palavras
de todo o teu coração;
guarda os meus
mandamentos e vive.
5 Adquire a sabedoria e a
compreensão;
não te esqueças das
palavras da minha boca nem
delas te apartes.
6 Não abandones a sabedoria,
e ela te protegerá;
ama-a, e ela te guardará.
7 A sabedoria é suprema;
portanto, adquire a sabedoria.
Sim, com tudo o que
possuis adquire
o entendimento.
8 Estima-a, e ela te exaltará;
abraça-a, e ela te honrará.
9 Ela dará à tua cabeça uma
grinalda de graça
e uma coroa de glória te
entregará.
10 Ouve, filho meu, aceita as
minhas palavras,
e serão multiplicados os teus
anos de vida.
11 No caminho da sabedoria te
ensino
e pelas veredas da justiça te
faço andar.
12 Quando andares,
não se embaraçarão
os teus passos;
quando correres, não
tropeçarás.
13 Apega-te à instrução
e não a largues;
guarda-a, pois ela
é a tua vida.
14 Não entres na vereda dos
ímpios
nem andes pelo caminho
dos maus.
15 Evita-o, não passes por ele;
desvia-te dele e passa de
largo.
16 Pois não dormem, se não
praticarem o mal;
foge deles o sono,
se não fizerem tropeçar
alguém.
17 Comem o pão da impiedade
e bebem o vinho da
violência.
18 A vereda dos justos é como a
luz da aurora,
que vai brilhando mais e
mais até ser dia perfeito.
19 O caminho dos ímpios,
porém, é como a escuridão;
não conhecem aquilo em
que tropeçam.
20 Filho meu, atenta para as
minhas palavras;
às minhas instruções
inclina o teu ouvido.
21 Não as deixes apartar-se dos
teus olhos,
guarda-as dentro do teu
coração;
22 pois são vida para os que as
acham
e saúde para o seu corpo.
23 Sobre tudo o que se deve
guardar,
guarda o teu coração,
pois dele procedem as saídas
da vida.
24 Desvia de ti a perversidade
da boca;
afasta de ti a corrupção dos
lábios.
25 Os teus olhos olhem sempre
para a frente,
e o teu olhar esteja fixo no
que está diante de ti.
26 Observa a vereda por onde
andas,
e todos os teus caminhos
sejam retos.

27 Não te desvies nem
para a direita
nem para a esquerda;
retira o teu pé do mal.

Advertência contra o adultério

5 Filho meu, atende à minha
sabedoria;
às minhas palavras de
discernimento
inclina o teu ouvido,
2 para que conserves o bom senso,
e os teus lábios preservem o
conhecimento.
3 Porque os lábios da mulher
adúltera destilam favos de mel
e as suas palavras são mais
suaves do que o azeite;
4 mas no fim ela é amarga como
o absinto,
aguda como a espada de
dois gumes.
5 Os seus pés descem à morte;
os seus passos levam ao
inferno.
6 Ela não pondera a
vereda da vida;
os seus caminhos são incertos,
mas ela não o sabe.
7 Agora, pois, filho, dá-me
ouvidos;
não te desvies das palavras
da minha boca.
8 Afasta para longe dela o teu
caminho
e não te aproximes da porta
da sua casa,
9 para que não dês a outros
a tua força nem os teus anos
a cruéis;
10 para que não se fartem os
estranhos do teu poder
e todos os teus trabalhos
enriqueçam a casa alheia.
11 No fim da tua vida gemerás,
quando se consumirem a tua
carne e o teu corpo.
12 Dirás: Como odiei a disciplina!
Como o meu coração
desprezou a correção!
13 Não escutei a voz dos que
me ensinavam
nem aos que instruíam
inclinei o ouvido.
14 Quase cheguei à ruína
completa
no meio de toda a
assembleia.
15 Bebe a água da tua própria
cisterna
e das correntes do teu poço.
16 Acaso se derramariam nas
ruas as tuas fontes,
e pelas praças, os teus
ribeiros de águas?
17 Sejam para ti só,
não para os estranhos
contigo.
18 Seja bendito o teu manancial;
alegra-te com a mulher da
tua mocidade.
19 Como corça amorosa e
gazela graciosa,
saciem-te os seus seios em
todo o tempo,
e pelo seu amor sejas sempre
cativado.
20 Por que, filho meu, ser
cativado pela adúltera?
Por que abraçar o seio da
mulher alheia?
21 Porque os caminhos do homem
estão perante os olhos do
Senhor;
ele examina todas as suas
veredas.
22 Quanto ao ímpio, as suas
iniquidades o prendem;
com as cordas do seu
pecado é detido.
23 Ele morrerá por falta de
disciplina
e, pelo excesso da sua
loucura, anda errado.

Advertência contra a insensatez

6 Filho meu, se ficaste por
fiador do teu companheiro,
se deste a tua mão ao
estranho,
2 se te enredaste com as
palavras dos teus lábios,
se te prendeste com as
palavras da tua boca,
3 então faze isto, filho meu,
para livrar-te,
pois caíste nas mãos do teu
companheiro:
Vai, humilha-te e importuna
o teu companheiro.
4 Não dês sono aos teus olhos
nem repouso às tuas
pálpebras.
5 Livra-te como uma gazela da
mão do caçador,
como uma ave da mão do
passarinheiro.
6 Vai ter com a formiga, ó
preguiçoso;
olha para os seus caminhos
e sê sábio!
7 Ela não tem superior,
nem oficial,
nem dominador,
8 contudo, no verão prepara
o seu pão
e no tempo da colheita junta o
seu mantimento.
9 Ó preguiçoso, até quando
ficarás deitado?
Quando te levantarás do
teu sono?
10 Um pouco para dormir,
um pouco para cochilar,
um pouco para cruzar as
mãos em repouso.
11 Assim te sobrevirá a tua
pobreza como um ladrão;
a tua necessidade, como um
homem armado.
12 O homem de Belial,
o homem vil,
anda com perversidade
na boca,
13 pisca com os olhos,
faz sinais com os pés, e acena
com os dedos.
14 Perversidade há no seu
coração,
todo o tempo maquina o mal;
anda semeando contendas.
15 Pelo que a sua destruição
virá repentinamente;
subitamente será destruído,
sem que haja remédio.
16 Há seis coisas que o
Senhor odeia,
sete que a sua alma
abomina:
17 Olhos arrogantes,
língua mentirosa,
mãos que derramam
sangue inocente,
18 coração que elabora
projetos iníquos,
pés que se apressam a
correr para o mal;
19 testemunha falsa que
profere mentiras
e o que semeia contendas
entre irmãos.

Advertência contra o adultério

20 Filho meu, guarda os
mandamentos de teu pai
e não deixes o ensino
de tua mãe.
21 Ata-os perpetuamente
ao teu coração;
pendura-os ao teu pescoço.
22 Quando caminhares,
te guiarão;
quando te deitares, te
guardarão;
quando acordares,
falarão contigo.
23 Porque estes mandamentos
são lâmpada,

este ensino é luz e as
correções da disciplina
são o caminho da vida,
24 para te guardarem da
mulher imoral
e da sedução da língua da
adúltera.
25 Não cobices no teu coração a
sua formosura
nem te deixes prender pelos
seus olhos,
26 pois a prostituta te reduz a
um bocado de pão
e a adúltera anda à caça da
tua própria vida.
27 Tomará alguém fogo
no seu seio
sem que as suas vestes se
queimem?
28 Ou andará alguém sobre
as brasas
sem que se queimem os
seus pés?
29 Assim é o que dorme com a
mulher do seu próximo;
não ficará inocente todo
aquele que a tocar.
30 Não é desprezado o ladrão
que furta para saciar
a sua alma,
quando está morrendo de
fome.
31 Contudo, se for apanhado,
pagará sete vezes mais,
ainda que lhe custe todos
os seus bens e a sua casa.
32 O que, porém, adultera com
uma mulher
tem falta de entendimento;
o que tal coisa faz destrói a
sua alma.
33 Açoites e vexame
encontrará,
e a sua vergonha nunca se
apagará;
34 pois o ciúme desperta
a fúria do marido
e ele não terá compaixão no
dia da vingança.
35 Não aceitará compensação
alguma;
rejeitará o suborno,
por maior que seja.

Advertência contra a mulher adúltera

7 Filho meu, guarda as minhas
palavras
e esconde dentro de ti os
meus mandamentos.
2 Guarda os meus
mandamentos e viverás;
guarda os meus ensinos
como a menina dos teus
olhos.
3 Ata-os aos teus dedos,
escreve-os na tábua do
teu coração.
4 Dize à sabedoria:
Tu és minha irmã,
e ao entendimento chama
teu parente;
5 eles te guardarão da adúltera,
da estranha, que seduz com
as suas palavras.
6 Da janela da minha casa
olhei por minhas grades.
7 Vi entre os simples,
descobri entre os jovens,
um moço sem juízo.
8 Ele passava pela rua junto
à esquina da mulher
e seguia o caminho da sua
casa,
9 à tarde, no crepúsculo;
na escuridão e trevas da
noite.
10 Então uma mulher lhe saiu
ao encontro,
com vestes de prostituta e
astúcia no coração.
11 É turbulenta e contenciosa;
os seus pés não param
em casa;

12 ora está nas ruas,
ora está nas praças,
espreitando por todos
os cantos.
13 Aproximou-se dele,
beijou-o e com atrevimento
lhe disse:
14 Sacrifícios pacíficos tenho
comigo;
hoje paguei os meus votos.
15 Por isso, saí ao teu encontro
a buscar-te e te achei.
16 Já cobri a minha cama de
cobertas,
de colchas de linho fino do
Egito.
17 Já perfumei o meu leito
com mirra, aloés e canela.
18 Vem, saciemo-nos de amores
até pela manhã;
alegremo-nos com amores.
19 Meu marido não está em
casa;
foi fazer uma longa jornada.
20 Uma bolsa de dinheiro levou
na mão
e só voltará para casa no
dia da lua cheia.
21 Seduziu-o com palavras
persuasivas;
com os elogios dos seus
lábios o persuadiu.
22 Ele imediatamente a seguiu,
como o boi que vai para o
matadouro
e como o cervo que corre
para a rede,
23 até que uma flecha lhe
atravesse o fígado,
como a ave que se apressa
para o laço
e não sabe que ele está ali
contra a sua vida.
24 Agora, pois, filho meu,
dá-me ouvidos;
sê atento às palavras da
minha boca.
25 Não se desvie o teu coração
para os caminhos
dela nem andes perdido nas
suas veredas.
26 Muitas são as vítimas que
ela derrubou;
são muitos os que por ela
foram mortos.
27 Caminho de sepultura é a
sua casa,
o qual desce às profundezas
da morte.

O chamado da sabedoria

8 Não clama a sabedoria, e o
entendimento não
faz soar a sua voz?
2 No cume das alturas, junto ao
caminho,
nas encruzilhadas das
veredas ela se apresenta;
3 ao lado das portas, à entrada
da cidade,
à entrada das portas está
clamando:
4 A vós, ó homens, clamo;
a minha voz se dirige aos
filhos dos homens.
5 Entendei, ó simples, a
prudência;
vós, loucos, entendei a
compreensão.
6 Ouvi, pois proferirei coisas
excelentes;
os meus lábios se abrirão
para a equidade.
7 A minha boca proferirá a
verdade,
pois os meus lábios
abominam a impiedade.
8 Justas são todas as palavras
da minha boca;
não há nelas nenhuma coisa
tortuosa
nem perversa.
9 Todas são retas para quem
bem as entende,

e justas para os que acham
o conhecimento.
10 Aceitai a minha instrução,
não a prata;
e o conhecimento, em vez
do ouro puro,
11 pois melhor é a sabedoria do
que os rubis;
de tudo o que se deseja nada
se pode
comparar a ela.
12 Eu, a sabedoria, habito com
a prudência;
eu possuo conhecimento e
discrição.
13 O temor do Senhor é odiar o
mal;
odeio o orgulho, a arrogância,
o mau caminho e a boca
perversa.
14 Conselho e verdadeira
sabedoria são meus;
eu tenho entendimento e
poder.
15 Por mim reinam os reis,
e os príncipes ordenam
justiça.
16 Por mim governam os
príncipes e os nobres;
sim, todos os juízes da terra.
17 Eu amo os que me amam;
os que de madrugada me
buscam me encontram.
18 Riquezas e honra estão
comigo,
riquezas duráveis e justiça.
19 Melhor é o meu fruto do que
o ouro refinado;
as minhas novidades
melhores do que
a prata escolhida.
20 Ando no caminho da retidão,
junto às veredas da justiça,
21 para conceder bens
permanentes
aos que me amam e encher
os seus tesouros.
22 O Senhor me possuiu no
princípio de seus
caminhos,
antes de suas obras mais
antigas.
23 Desde a eternidade fui ungida,
desde o princípio, antes do
começo da terra.
24 Antes de haver oceanos, fui
gerada,
e antes ainda de haver fontes
carregadas de águas;
25 antes que os montes fossem
firmados,
antes de haver outeiros,
eu nasci;
26 antes que ele fizesse a terra,
ou os campos,
ou mesmo o princípio do pó
do mundo.
27 Eu estava lá quando ele
preparou os céus;
quando traçou o horizonte
sobre a face do abismo,
28 quando firmou as nuvens
acima,
quando fortificou as fontes
do abismo,
29 quando pôs ao mar o seu
termo,
para que as águas não
desobedecessem
à sua ordem,
quando marcou os
fundamentos da terra;
30 eu estava com ele e era seu
arquiteto.
Eu era cada dia as suas
delícias,
folgando perante ele em todo
o tempo,
31 folgando no seu mundo
habitável
e achando as minhas delícias
com os filhos dos homens.
32 Agora, pois, filhos, ouvi-me;
bem-aventurados são os

que guardam os meus
caminhos.
33 Ouvi a minha instrução e
sede sábios;
não a rejeiteis.
34 Bem-aventurado o homem
que me dá ouvidos,
velando diariamente às
minhas portas,
esperando no limiar da
minha entrada.
35 Porque o que me acha
acha a vida e alcança o favor
do Senhor.
36 O que, porém, não consegue
me encontrar
faz mal à sua própria alma;
todos os que me odeiam
amam a morte.

Convites da sabedoria e da insensatez

9 A sabedoria edificou a sua casa;
lavrou as suas sete colunas.
2 Sacrificou as suas vítimas,
misturou o seu vinho;
já preparou a sua mesa.
3 Deu ordens às suas criadas
e anda convidando desde o
ponto mais alto
da cidade, dizendo:
4 Quem é simples entre aqui.
Aos faltos de entendimento,
diz:
5 Vinde, comei do meu pão
e bebei do vinho que
misturei.
6 Deixai os insensatos e vivei;
andai pelo caminho do
entendimento.
7 O que repreende o zombador,
afronta toma para si;
o que censura o ímpio, sua
reputação mancha.
8 Não repreendas o
escarnecedor,
para que não te odeie;
repreende o sábio,
e ele te amará.
9 Dá instrução ao sábio,
e ele se fará mais sábio;
ensina ao justo,
e ele crescerá em
entendimento.
10 O temor do Senhor é o
princípio da sabedoria;
o conhecimento do Santo é
prudência.
11 Porque por mim se
multiplicam os teus dias
e anos de vida se te
acrescentarão.
12 Se fores sábio,
para ti sábio serás;
se fores zombador,
tu só o suportarás.
13 A mulher tola é
alvoroçadora;
é indisciplinada e sem
conhecimento.
14 Assenta-se à porta da sua casa,
numa cadeira no ponto mais
alto da cidade,
15 para chamar os que passam
e seguem reto o seu
caminho.
16 Quem é simples entre aqui,
diz ela aos faltos de
entendimento.
17 As águas roubadas são
doces,
e o pão comido às ocultas é
delicioso.
18 Eles não sabem que ali estão
os mortos,
que os seus convidados
estão nas profundezas do
inferno.

Provérbios de Salomão

10 O filho sábio alegra a seu
pai,
mas o filho louco é a tristeza
de sua mãe.

2 Os tesouros da impiedade
para nada aproveitam,
mas a justiça livra da
morte.
3 O Senhor não deixa ter fome a
alma do justo,
mas o desejo dos ímpios ele
rechaça.
4 O que trabalha com mão
enganosa empobrece,
mas a mão dos diligentes
enriquece.
5 O que ajunta no verão é filho
entendido,
mas o que dorme durante a
colheita
é filho que envergonha.
6 Bênçãos há sobre a cabeça do
justo,
mas a violência cobre a
boca dos ímpios.
7 A memória do justo é
abençoada,
mas o nome dos ímpios
apodrecerá.
8 O sábio de coração aceita os
mandamentos,
mas o insensato de lábios
será transtornado.
9 O homem de integridade anda
seguro,
mas o que perverte os seus
caminhos
será descoberto.
10 O que pisca com malícia
causa dores,
e o tolo de lábios será
transtornado.
11 A boca do justo é manancial
de vida,
mas a violência cobre a
boca dos ímpios.
12 O ódio excita contendas,
mas o amor cobre todas as
transgressões.
13 Nos lábios do entendido
acha-se a sabedoria,
mas a vara é para as
costas dos que não têm
entendimento.
14 Os sábios conservam o
conhecimento,
mas a boca do tolo convida
a ruína.
15 Os bens do rico são a sua
cidade fortificada,
mas a pobreza é a ruína dos
pobres.
16 A obra do justo conduz à
vida,
mas o ganho do ímpio leva ao
pecado.
17 O caminho para a vida
é de quem guarda a
disciplina,
mas o que abandona a
correção erra.
18 O que encobre o ódio tem
lábios falsos,
e o que difama é insensato.
19 Na multidão de palavras não
falta transgressão,
mas o que modera os lábios
é prudente.
20 Prata escolhida é a língua do
justo,
mas o coração dos ímpios é
de pouco valor.
21 Os lábios do justo
apascentam a muitos,
mas por falta de
entendimento morrem os
tolos.
22 A bênção do Senhor
enriquece
e não acrescenta dores.
23 Um divertimento é para o
tolo praticar a iniquidade,
mas para o homem
entendido é ser sábio.
24 O temor do ímpio virá
sobre ele,
mas o desejo dos justos
Deus o cumprirá.

25 Como passa a tempestade,
assim desaparece o ímpio,
mas o justo tem perpétuo
fundamento.
26 Como vinagre para os dentes
e fumo para os olhos,
assim é o preguiçoso para
aqueles que o enviam.
27 O temor do Senhor aumenta
os dias,
mas os anos dos ímpios
serão abreviados.
28 A esperança dos justos é
alegria,
mas a expectação dos
ímpios perecerá.
29 O caminho do Senhor é
refúgio para os retos,
mas é ruína para os que
praticam a iniquidade.
30 O justo nunca será abalado,
mas o ímpio não habitará
a terra.
31 A boca do justo produz
sabedoria em abundância,
mas a língua perversa será
exterminada.
32 Os lábios do justo sabem o
que é bom,
mas a boca dos ímpios só
conhece o que é perverso.

11 Balança enganosa é
abominação para o
Senhor,
mas o peso justo é o seu
prazer.
2 Vindo a soberba, virá também
a afronta,
mas com os humildes está a
sabedoria.
3 A integridade dos sinceros os
encaminhará,
mas a perversidade dos
desleais os destruirá.
4 A riqueza nada vale no
dia da ira,
mas a justiça livra da morte.
5 A justiça do sincero
endireitará o seu caminho,
mas o ímpio pela sua
impiedade cairá.
6 A justiça dos virtuosos
os livrará,
mas na sua perversidade
serão apanhados
os iníquos.
7 Morrendo o homem ímpio,
perece a sua esperança;
a expectativa da iniquidade
se perde.
8 O justo é liberto da angústia,
e o ímpio a recebe em
seu lugar.
9 O hipócrita com a boca
danifica o seu próximo,
mas os justos são libertos
pelo conhecimento.
10 Na prosperidade dos justos
exulta a cidade;
perecendo os ímpios,
há júbilo.
11 Pela bênção dos retos se
exalta a cidade,
mas pela boca dos ímpios é
destruída.
12 O que despreza o seu
próximo é sem juízo,
mas o homem de
entendimento cala-se.
13 O que anda mexericando
descobre o segredo,
mas o fiel de espírito o
encobre.
14 Não havendo sábia direção,
o povo cai,
mas na multidão de
conselheiros há
segurança.
15 Quem fica por fiador
certamente sofrerá,
mas o que aborrece a fiança
estará seguro.
16 A mulher aprazível
obtém respeito,

mas os homens violentos só
obtêm riquezas.
17 O homem bondoso faz bem à
sua própria alma,
mas o cruel perturba a sua
própria carne.
18 O ímpio recebe salário
ilusório,
mas para o que semeia justiça
haverá
galardão seguro.
19 Como a justiça encaminha
para a vida,
assim o que segue o mal
para sua morte o faz.
20 Abominação para o Senhor
são os perversos de coração,
mas os que são perfeitos em
seu caminho
são o seu deleite.
21 É certo que o homem mau
não ficará sem castigo,
mas os justos escaparão.
22 Como joia de ouro em
focinho de porca,
assim é a mulher formosa
que se aparta da discrição.
23 O desejo dos justos acaba
somente em bem,
mas a esperança dos ímpios
somente em ira.
24 Um homem dá liberalmente
e enriquece;
outro retém mais do que é
justo e empobrece.
25 A alma generosa prosperará;
o que regar também será
regado.
26 Ao que retém o trigo o povo
o amaldiçoa,
mas bênção haverá sobre
a cabeça
do que se dispõe a vendê-lo.
27 O que busca o bem
encontra favor,
mas ao que procura o mal,
este lhe sobrevirá.
28 Aquele que confia nas suas
riquezas cairá,
mas os justos reverdecerão
como a folhagem.
29 O que perturba a sua casa
herdará o vento,
e o tolo será servo do
entendido de coração.
30 O fruto do justo é árvore
de vida,
e o que ganha almas sábio é.
31 Se o justo é punido na terra,
quanto mais o ímpio e o
pecador!

12 O que ama a disciplina ama
o conhecimento,
mas o que odeia a
repreensão é estúpido.
2 O homem de bem alcança o
favor do Senhor,
mas ao homem de
perversos desígnios
ele condena.
3 O homem não se estabelecerá
pela impiedade,
mas a raiz dos justos não
será removida.
4 A mulher virtuosa é a coroa
do seu marido,
mas a que procede
vergonhosamente
é como apodrecimento nos
seus ossos.
5 Os pensamentos do justo
são retos,
mas o conselho do ímpio é
enganoso.
6 As palavras dos ímpios são
emboscadas para
derramar sangue,
mas a boca dos retos os livra.
7 Destruídos são os ímpios e já
não existem mais;
mas a casa dos justos
permanece firme.
8 Segundo o seu entendimento,
será louvado o homem,

mas o perverso de coração
estará em desprezo.
9 Melhor é o que se estima em
pouco e tem servos
do que o que se honra a si
mesmo e tem falta de pão.
10 O justo olha pela vida dos
seus animais,
mas as misericórdias dos
ímpios são cruéis.
11 O que lavra a sua terra se
fartará de pão,
mas o que segue os ociosos
não tem juízo.
12 Deseja o ímpio o despojo
dos maus,
mas a raiz dos justos
produz
o seu próprio fruto.
13 O laço do ímpio está na
transgressão dos lábios,
mas o justo escapa da
angústia.
14 Cada um se farta de bem
pelo fruto da sua boca,
e o que as mãos do homem
fizerem, isso ele receberá.
15 O caminho do tolo é reto aos
seus próprios olhos,
mas o que dá ouvidos ao
conselho é sábio.
16 A ira do louco se conhece
de imediato,
mas o prudente encobre a
afronta.
17 O que diz a verdade
manifesta a justiça,
mas a testemunha falsa
engana.
18 Há alguns cujas palavras
são como pontas de espada,
mas a língua dos sábios é
saúde.
19 Os lábios que dizem a verdade
permanecem para sempre,
mas a língua mentirosa dura
só um momento.
20 Engano há no coração dos
que maquinam o mal,
mas alegria têm os que
aconselham a paz.
21 Nenhum dano sobrevém
ao justo,
mas os ímpios estão cheios
de males.
22 Os lábios mentirosos são
abomináveis ao Senhor,
mas os que praticam a
verdade são o seu deleite.
23 O homem prudente oculta o
conhecimento,
mas o coração dos tolos
proclama a insensatez.
24 A mão diligente dominará,
mas o preguiçoso acaba em
trabalhos forçados.
25 A ansiedade do coração do
homem o abate,
mas uma boa palavra o
alegra.
26 O justo é cauteloso na
amizade,
mas o caminho dos ímpios os
faz errar.
27 O preguiçoso não assa
a sua caça,
mas o bem precioso do
homem é ser
ele diligente.
28 Na vereda da retidão há vida;
nesse caminho há
imortalidade.

13

O filho sábio ouve a
instrução do pai,
mas o escarnecedor não
escuta a repreensão.
2 Do fruto da boca o homem
come o bem,
mas o desejo dos infiéis é a
violência.
3 O que guarda a sua boca
preserva a sua vida,
mas o que muito fala tem
perturbação.

4 O preguiçoso deseja
e nada alcança,
mas os diligentes têm
satisfeitos
os seus desejos.
5 O justo odeia a palavra de
mentira,
mas o ímpio é causa de
vergonha e desgraça.
6 A justiça guarda ao que é
sincero no seu caminho,
mas a impiedade
transtorna o pecador.
7 Uns se dizem ricos sem
ter nada;
outros se dizem pobres,
tendo grandes riquezas.
8 O resgate da vida do
homem rico são as suas
riquezas,
mas o pobre não recebe
ameaças.
9 A luz dos justos brilha
intensamente,
mas a lâmpada dos ímpios
se apagará.
10 Da soberba só provém
contenda,
mas com os que se
aconselham se acha a
sabedoria.
11 A riqueza adquirida às
pressas diminuirá,
mas quem a ajunta pouco a
pouco
terá aumento.
12 A esperança adiada faz
adoecer o coração,
mas o desejo cumprido é
árvore de vida.
13 O que despreza a instrução
perecerá,
mas o que respeita ao
mandamento
será recompensado.
14 O ensino do sábio é uma
fonte de vida
para desviar dos laços
da morte.
15 O bom entendimento
alcança favor,
mas o caminho dos infiéis
é áspero.
16 Todo prudente procede com
conhecimento,
mas o tolo expõe a sua
loucura.
17 O mau mensageiro cai em
dificuldades,
mas o embaixador fiel é
saúde.
18 Pobreza e vergonha virão
ao que rejeita a disciplina,
mas o que dá ouvidos à
correção é honrado.
19 O desejo cumprido deleita
a alma,
mas apartar-se do mal
é abominação para os loucos.
20 Anda com os sábios e serás
sábio,
mas o companheiro dos
tolos sofre aflição.
21 O mal perseguirá os
pecadores,
mas os justos serão
recompensados com o bem.
22 O homem de bem deixa
uma herança aos filhos de
seus filhos,
mas a riqueza do pecador é
depositada para o justo.
23 Abundância de mantimento
pode haver na lavoura do
pobre,
mas a injustiça a dissipa.
24 O que retém a vara odeia a
seu filho,
mas o que o ama,
a seu tempo o disciplina.
25 O justo come até ficar
satisfeito,
mas o estômago dos ímpios
passa fome.

14 A mulher sábia edifica a sua casa,
mas a tola, com as próprias mãos a derruba.
2 O que anda na retidão teme ao Senhor,
mas o que se desvia de seus caminhos o despreza.
3 Na boca do tolo está a vara da soberba,
mas os lábios do sábio o preservarão.
4 Não havendo bois, a manjedoura fica limpa,
mas pela força do boi há abundância de colheitas.
5 A testemunha verdadeira não mente,
mas a testemunha falsa se desboca em mentiras.
6 O zombador busca sabedoria e não a encontra,
mas para o prudente o conhecimento é fácil.
7 Afaste-se do homem insensato,
pois nele não acharás palavras de conhecimento.
8 A sabedoria do prudente é entender o seu próprio caminho,
mas a insensatez dos tolos é enganosa.
9 Os loucos zombam do pecado,
mas entre os retos há boa vontade.
10 O coração conhece a sua própria amargura,
e o estranho não participa da sua alegria.
11 A casa dos ímpios se desfará,
mas a tenda dos justos florescerá.
12 Há um caminho que ao homem parece correto,
mas o fim dele conduz à morte.
13 Até no riso tem dor o coração,
e o fim da alegria é tristeza.
14 Dos seus próprios caminhos se fartará o infiel de coração,
e o homem bom será recompensado pelos seus.
15 O simples dá crédito a toda palavra,
mas o prudente atenta para os seus passos.
16 O sábio teme ao Senhor e se desvia do mal,
mas o tolo se ira e dá-se por seguro.
17 O que facilmente se irrita faz doidices,
e o homem de maus desígnios é odiado.
18 Os simples herdam a insensatez,
mas os prudentes são coroados de conhecimento.
19 Os maus se inclinarão na presença dos bons,
e os ímpios nas portas do justo.
20 O pobre é odiado até pelos seus vizinhos,
mas os amigos dos ricos são muitos.
21 O que despreza o seu vizinho peca,
mas o que se compadece dos humildes é bem-aventurado.
22 Não erram os que praticam o mal?
Mas amor e fidelidade haverá para os que praticam o bem.
23 Em todo trabalho há proveito,
mas meras palavras só conduzem à pobreza.

24 A coroa dos sábios é a sua
riqueza,
mas a insensatez dos
tolos só
gera mais insensatez.
25 A testemunha verdadeira
livra pessoas,
mas o que fala mentiras é
enganador.
26 No temor do Senhor há
firme confiança,
e será um refúgio seguro
para os seus filhos.
27 O temor do Senhor é uma
fonte de vida;
ele desvia o homem dos
laços da morte.
28 Na multidão do povo está a
glória do rei,
mas na falta de povo a
ruína do príncipe.
29 O homem paciente é grande
em entendimento,
mas o precipitado
demonstra loucura.
30 O coração tranquilo é a vida
do corpo,
mas a inveja é a podridão
dos ossos.
31 O que oprime ao pobre
insulta àquele que o criou,
mas honra-o aquele que se
compadece do necessitado.
32 Pela sua malícia será
lançado fora o ímpio,
mas o justo até na sua
morte tem esperança.
33 No coração do prudente
repousa a sabedoria,
mas no coração dos tolos
não é conhecida.
34 A justiça exalta as nações,
mas o pecado é a vergonha
dos povos.
35 O rei tem deleite no servo
prudente,
mas sobre o que procede
indignamente cairá o
seu furor.

15

A resposta branda desvia
o furor,
mas a palavra dura
desperta ira.
2 A língua dos sábios adorna
o conhecimento,
mas a boca dos tolos
derrama insensatez.
3 Os olhos do Senhor estão em
todo lugar,
contemplando os maus e os
bons.
4 Uma língua saudável é árvore
de vida,
mas a língua enganosa
esmaga o espírito.
5 O tolo despreza a disciplina
de seu pai,
mas o que atende à
correção mostra
prudência.
6 Na casa do justo há
grande tesouro,
mas nos frutos do ímpio há
perturbação.
7 Os lábios dos sábios espalham
o conhecimento,
mas o coração dos tolos não
é assim.
8 O sacrifício dos ímpios é
abominável ao Senhor,
mas a oração dos retos é o
seu contentamento.
9 O caminho do ímpio é
abominável ao Senhor,
mas ele ama o que segue
a justiça.
10 Disciplina severa há para o
que deixa a vereda;
o que odeia a correção
morrerá.
11 Morte e Destruição estão
perante o Senhor,
quanto mais o coração dos
filhos dos homens!

12 O zombador não ama aquele
que o repreende;
ele não consultará os
sábios.
13 O coração alegre aformoseia
o rosto,
mas pela dor do coração o
espírito se abate.
14 O coração entendido busca o
conhecimento,
mas a boca dos tolos se
alimenta de insensatez.
15 Todos os dias do oprimido
são maus,
mas o coração alegre tem
um banquete contínuo.
16 Melhor é o pouco, com o
temor do Senhor,
do que um grande tesouro,
com a inquietação.
17 Melhor é um prato de
hortaliças onde há amor
do que o boi gordo e com
ele o ódio.
18 O homem iracundo causa
contendas,
mas o longânimo acalma a
discussão.
19 O caminho do preguiçoso é
cercado de espinhos,
mas a vereda dos retos é uma
estrada real.
20 O filho sábio alegra o seu pai,
mas o homem insensato
despreza a sua mãe.
21 A insensatez é alegria para o
que carece
de entendimento,
mas o homem entendido anda
retamente.
22 Onde não há conselho
frustram-se os projetos,
mas com a multidão de
conselheiros
eles se estabelecem.
23 O homem se alegra em dar
resposta adequada,
e a palavra dita a seu tempo
quão boa é!
24 Para o sábio o caminho da
vida conduz para cima,
a fim de evitar que ele desça
à sepultura.
25 O Senhor destrói a casa
dos soberbos,
mas firma a herança
da viúva.
26 Abomináveis são para o Senhor
os pensamentos do mau,
mas as palavras dos puros
lhe são agradáveis.
27 O que se dá à cobiça
perturba a sua própria casa,
mas o que odeia o suborno
viverá.
28 O coração do justo medita
o que há de responder,
mas a boca dos ímpios
derrama coisas más.
29 O Senhor está longe
dos ímpios,
mas escuta a oração
dos justos.
30 O parecer alegre traz alegria
ao coração,
e as boas-novas dão saúde
aos ossos.
31 O que dá ouvidos à
repreensão construtiva,
no meio dos sábios fará a
sua morada.
32 O que rejeita a disciplina
menospreza a sua alma,
mas o que dá ouvidos à
correção
adquire entendimento.
33 O temor do Senhor é a
instrução da sabedoria,
e a humildade precede a
honra.

16 Ao homem pertencem os
planos do coração,
mas do Senhor procede a
resposta da língua.

2 Todos os caminhos do homem
são inocentes aos
seus olhos,
mas o Senhor pesa
os motivos.
3 Confia ao Senhor as
tuas obras,
e os teus planos serão
estabelecidos.
4 O Senhor faz todas as coisas
com um objetivo,
até o ímpio para o dia
do mal.
5 Abominação é para o Senhor
todo altivo
de coração;
certamente não ficará sem
castigo.
6 Pelo amor e pela fidelidade
expia-se a iniquidade;
pelo temor do Senhor o
homem se desvia do mal.
7 Sendo os caminhos do homem
agradáveis
ao Senhor,
até a seus inimigos faz que
tenham paz com ele.
8 Melhor é o pouco com justiça
do que grandes rendas com
injustiça.
9 O coração do homem propõe o
seu caminho,
mas o Senhor lhe dirige os
passos.
10 Os lábios do rei falam com
autoridade,
e a sua boca não deve trair
a justiça.
11 O peso e a balança justos são
do Senhor;
obra sua são todos os pesos
da bolsa.
12 Abominação é para os reis o
praticarem
a impiedade,
pois com justiça se estabelece
o trono.
13 Lábios honestos são o
contentamento dos reis;
eles dão valor ao que fala
coisas retas.
14 O furor do rei é mensageiro
da morte,
mas o homem sábio o
aplacará.
15 Na luz do rosto do rei
está a vida;
seu favor é como a nuvem
de chuva na primavera.
16 Melhor é adquirir a
sabedoria do que o ouro!
É mais excelente adquirir a
prudência do que a prata!
17 A estrada dos retos é
desviar-se do mal;
o que guarda o seu caminho
preserva a sua vida.
18 A soberba precede a ruína;
e a altivez do espírito, a queda.
19 Melhor é ser humilde de
espírito com os mansos
do que repartir o despojo
com os soberbos.
20 O que atenta prudentemente
para a instrução prospera;
o que confia no Senhor é
bem-aventurado.
21 O sábio de coração é
chamado prudente;
a doçura dos lábios
promove o ensino.
22 O entendimento,
para aquele que o possui, é
fonte de vida,
mas a insensatez traz
castigo aos tolos.
23 O coração do sábio instrui a
sua boca,
e os seus lábios promovem
a instrução.
24 Favo de mel são as palavras
agradáveis,
doçura para a alma e saúde
para os ossos.

25 Há um caminho que parece correto ao homem,
mas o seu fim conduz à morte.
26 O apetite do trabalhador trabalha por ele;
a sua boca o impulsiona.
27 O homem vil trama o mal,
e nos seus lábios se acha
algo como que um fogo ardente.
28 O homem perverso causa contendas,
e o difamador separa os maiores amigos.
29 O homem violento alicia o seu vizinho
e o conduz por um caminho que não é bom.
30 O que pisca os olhos maquina perversidade;
o que morde os lábios a executa.
31 Coroa de honra são os cabelos brancos;
são obtidos por uma vida justa.
32 Melhor é o homem paciente do que o valente,
e o que tem domínio próprio do que o que toma uma cidade.
33 A sorte é lançada no colo,
mas do Senhor procede toda decisão.

17 Melhor é um pedaço de pão seco
e com ele a tranquilidade
do que a casa cheia de sacrifícios
com contenda.
2 O servo prudente dominará sobre o filho que procede indignamente
e partilhará da herança dos irmãos.
3 O crisol é para a prata, e o forno para o ouro,
mas o Senhor prova os corações.
4 O ímpio atenta para os lábios iníquos;
o mentiroso inclina os ouvidos à língua maligna.
5 O que zomba do pobre insulta ao que o criou;
o que se alegra da calamidade não ficará impune.
6 Coroa dos velhos são os filhos dos filhos,
e a glória dos filhos são seus pais.
7 Não convém ao tolo a fala excelente,
quanto menos ao príncipe o lábio mentiroso!
8 Pedra mágica é o suborno aos olhos de quem o dá;
para onde quer que se volte, terá êxito.
9 O que encobre a transgressão promove o amor,
mas o que renova a questão separa os maiores amigos.
10 Mais profundamente entra a repreensão no prudente
do que cem açoites no tolo.
11 O rebelde não busca senão o mal;
um mensageiro cruel será enviado contra ele.
12 Melhor é para o homem encontrar-se com a ursa
da qual roubaram os filhos
do que com o louco na sua insensatez.
13 Quanto àquele que paga o bem com o mal,
não se apartará o mal da sua casa.
14 Como o abrir-se da represa,
assim é o princípio da contenda;
deixa a questão antes que haja rixas.

15 O que justifica o ímpio e o
que condena o justo
são abomináveis ao Senhor,
tanto um como o outro.
16 De que serviria o dinheiro
na mão do tolo para comprar
a sabedoria,
visto que não tem
entendimento?
17 Em todo o tempo ama
o amigo,
e na angústia nasce o irmão.
18 O homem sem entendimento
compromete-se, ficando por
fiador
do seu companheiro.
19 O que ama a contenda ama a
transgressão;
o que faz alta a sua porta
busca a ruína.
20 O perverso de coração não
prospera;
o que tem língua enganosa
virá a cair no mal.
21 O que gera um tolo, para sua
tristeza o faz;
não há alegria para o pai do
insensato.
22 O coração alegre é bom
remédio,
mas o espírito abatido faz
secar os ossos.
23 O ímpio aceita o suborno
em secreto,
para perverter as veredas
da justiça.
24 O inteligente mantém a
sabedoria à vista,
mas os olhos do louco vagam
pelas extremidades da terra.
25 O filho insensato é tristeza
para seu pai
e amargura para sua mãe.
26 Não é bom punir o justo,
nem ferir os oficiais por
causa da
sua integridade.
27 Aquele que possui
conhecimento
controla as suas palavras,
e o homem de entendimento
é de espírito sereno.
28 Até o tolo, quando se cala, é
tido por sábio;
o que fecha os lábios, por
entendido.

18 O que vive isolado busca
seu próprio desejo;
insurge-se contra a
verdadeira sabedoria.
2 O tolo não tem prazer no
entendimento,
mas somente em revelar o
seu coração.
3 Vindo o ímpio, vem também o
desprezo,
e com a vergonha vem a
desgraça.
4 Águas profundas são as
palavras da boca do homem,
mas ribeiro transbordante é a
fonte da sabedoria.
5 Não é bom ter respeito à
pessoa do ímpio
nem privar da justiça o
inocente.
6 Os lábios do tolo entram em
contenda,
e a sua boca clama por
açoites.
7 A boca do tolo é a sua própria
destruição,
e os seus lábios um laço
para a sua vida.
8 As palavras do difamador são
como doces bocados
que penetram até o íntimo
do homem.
9 O negligente na sua obra
é irmão do destruidor.
10 Torre forte é o nome do
Senhor;
para ela corre o justo
e fica seguro.

11 Os bens do rico são a sua
cidade fortificada;
como uma muralha na
sua imaginação.
12 Antes da queda eleva-se o
coração do homem,
mas a humildade
precede a honra.
13 Responder antes de ouvir
é insensatez e vergonha.
14 O espírito do homem o
sustenta na enfermidade,
mas quem levantará o
espírito abatido?
15 O coração do entendido
adquire o conhecimento,
e o ouvido do sábio
o busca.
16 O presente alarga o caminho
de quem o dá
e leva-o à presença dos
grandes.
17 O que primeiro apresenta
o seu caso parece justo,
até que vem outro e o
examina.
18 A sorte lançada faz cessar as
desavenças,
e faz separação entre fortes
oponentes.
19 O irmão ofendido é mais
difícil de conquistar
do que uma cidade
fortificada,
e as contendas são como os
ferrolhos de um castelo.
20 Do fruto da boca do homem
se farta o seu ventre;
da colheita dos seus lábios
ele se satisfaz.
21 A morte e a vida estão no
poder da língua,
e aqueles que a amam
comerão do seu fruto.
22 O que acha uma esposa
acha uma coisa boa
e recebe favor do Senhor.
23 O pobre implora misericórdia,
mas o rico responde
com dureza.
24 O homem que tem muitos
amigos pode vir à ruína,
mas há um amigo mais
chegado do que um irmão.

19 Melhor é o pobre que
anda na sua integridade
do que o perverso de
lábios e tolo.
2 Não é bom ter zelo sem
conhecimento
nem se apressar e errar
o caminho.
3 A insensatez do próprio
homem arruína a sua vida,
contudo o seu coração se
ira contra o Senhor.
4 As riquezas conquistam
muitos amigos;
quanto ao pobre, o seu
próprio amigo o deixa.
5 A falsa testemunha não
ficará impune;
o que profere mentiras
não escapará.
6 Muitos procuram o favor
do príncipe,
e todo mundo é amigo
daquele que dá presentes.
7 Todos os irmãos do pobre
o aborrecem,
quanto mais o evitam os
seus amigos!
Persegue-os com súplicas,
mas eles já se foram.
8 O que adquire sabedoria ama
a sua própria alma;
o que conserva o
entendimento prospera.
9 A falsa testemunha não
ficará impune,
e o que profere mentiras
perecerá.
10 Ao tolo não fica bem
o luxo;

quanto menos ao servo
dominar os príncipes.
11 A sabedoria do homem
lhe dá paciência;
a sua glória está em
esquecer ofensas.
12 Como o bramido do
filho do leão
é a indignação do rei,
mas como o orvalho sobre a
erva é o seu favor.
13 Ruína é para o pai o filho
insensato,
e um gotejar contínuo a
mulher briguenta.
14 Casas e bens são a herança
dos pais,
mas do Senhor vem a
mulher prudente.
15 A preguiça faz cair em
profundo sono,
e o ocioso vem a
padecer fome.
16 O que guarda o mandamento
guarda a sua vida,
mas o que despreza os seus
caminhos morrerá.
17 O que se compadece do
pobre empresta ao Senhor,
e ele lhe recompensará o
benefício.
18 Corrige teu filho enquanto
há esperança,
mas não a ponto de matá-lo.
19 O homem de grande ira
tem de sofrer a
penalidade;
se tu o livrares, virás ainda a
fazê-lo de novo.
20 Ouve o conselho e recebe a
instrução,
para que sejas sábio nos
teus últimos dias.
21 *Muitos são os planos do
coração do homem,*
mas é o propósito do
Senhor que permanecerá.
22 O desejo do homem é
constante amor;
melhor é ser pobre do que
mentiroso.
23 O temor do Senhor
conduz à vida;
aquele que o tem ficará
satisfeito;
mal nenhum o atingirá.
24 O preguiçoso esconde
a mão no prato;
nem mesmo a leva de volta
à boca.
25 Fere ao zombador, e o
simples aprenderá
a prudência;
repreende o entendido, e ele
ganhará conhecimento.
26 O que rouba o seu pai e
afugenta a sua mãe
é filho que envergonha e
desonra.
27 Cessa, filho meu, de dar
ouvidos à instrução
e te desviarás das palavras
do conhecimento.
28 A testemunha corrupta
zomba da justiça,
e a boca dos ímpios engole a
iniquidade.
29 Preparados estão os juízos
para os zombadores
e os açoites para as costas
dos tolos.

20

O vinho é escarnecedor e
a bebida
forte alvoroçadora;
todo aquele que por eles é
desviado não é sábio.
2 A ira do rei é como o bramido
do leão;
o que provoca a sua ira
peca contra a sua própria vida.
3 Honroso é para o homem o
desviar-se de questões,
mas todo tolo se mete
em rixas.

4 O preguiçoso não cultiva na
estação própria;
por isso, na colheita
ele busca,
mas nada encontra.
5 Como águas profundas
são os propósitos do
coração do homem,
mas o homem de
entendimento os traz
à tona.
6 Muitos há que proclamam
ter constante amor,
mas o homem fiel
quem o achará?
7 O justo anda na sua
integridade;
bem-aventurados são os
seus filhos depois dele.
8 Assentando-se o rei no trono
do juízo,
com os seus olhos faz
desaparecer todo mal.
9 Quem pode dizer:
Purifiquei o meu coração,
estou limpo do meu pecado?
10 Duas espécies de peso e duas
espécies de medida
são abominação para
o Senhor,
tanto uma coisa como a
outra.
11 Até a criança se dará a
conhecer pelas suas ações,
se a sua conduta é pura
e reta.
12 O ouvido que ouve e o olho
que vê —
o Senhor fez ambos.
13 Não ames o sono, para que
não empobreças;
abre os olhos e te fartarás
de pão.
14 Nada vale, não vale nada,
diz o comprador;
depois que sai, gaba-se do
negócio.
15 Há ouro e abundância
de rubis,
mas os lábios do conhecimento
são joia preciosa.
16 Tira a roupa àquele que fica
por fiador do estranho;
toma-a por penhor daquele
que dá garantia a uma
mulher adúltera.
17 Suave é ao homem o pão
da mentira,
mas depois a sua boca se
enche de pedrinhas
de areia.
18 Os projetos se firmam
pelos conselhos;
faze a guerra com
prudência.
19 O difamador trai a confiança;
portanto, evita o que fala
demais.
20 Quem a seu pai ou a sua
mãe amaldiçoa,
terá apagada a sua lâmpada
nas mais
densas trevas.
21 A herança adquirida às
pressas
no princípio não será
abençoada no fim.
22 Não digas:
Eu me vingarei do mal;
espera pelo Senhor, e ele te
livrará.
23 Duas espécies de peso são
abomináveis ao Senhor,
e balanças enganosas não
são boas.
24 Os passos do homem são
dirigidos pelo Senhor.
Como, pois, pode o homem
entender o seu próprio
caminho?
25 Laço é para o homem o dizer
precipitadamente:
É santo, e só refletir depois
de fazer o voto.

26 O rei sábio abana os ímpios;
faz girar sobre eles a roda.
27 O espírito do homem é a
lâmpada do Senhor;
ela esquadrinha o mais
íntimo do ser.
28 Amor e fidelidade
guardam o rei;
com amor sustém ele
o seu trono.
29 A glória dos jovens
é a sua força,
e a beleza dos velhos são os
cabelos brancos.
30 Os açoites e as feridas
purificam o mal,
e as pancadas penetram até
o mais íntimo do ser.

21 Como ribeiros de águas
é o coração do rei na mão
do Senhor;
para onde quer o inclina.
2 Todo caminho do homem é
reto aos seus olhos,
mas o Senhor sonda o
coração.
3 Fazer justiça e julgar
com retidão
é mais aceitável ao
Senhor do que
oferecer-lhe sacrifício.
4 Olhar altivo e coração
orgulhoso
revelam a vida de pecado
dos ímpios.
5 Os pensamentos do
diligente tendem
à abundância,
tão certamente quanto a
pressa leva à pobreza.
6 Trabalhar para juntar
tesouro
com língua falsa
é vaidade,
e aqueles que a isso são
impelidos
buscam a morte.
7 A violência dos ímpios virá a
destruí-los,
pois eles se recusam a
praticar a justiça.
8 O caminho do homem
perverso é
inteiramente tortuoso,
mas a obra do puro é reta.
9 Melhor é morar num
canto do eirado,
do que com a mulher briguenta
numa casa ampla.
10 A alma do ímpio deseja
o mal;
o seu vizinho não recebe
dele compaixão.
11 Quando o zombador é
castigado,
o simples torna-se sábio;
quando o sábio é instruído,
recebe o conhecimento.
12 Prudentemente observa o
justo a casa do ímpio,
e o conduz para a desgraça.
13 O que tapa o seu ouvido ao
clamor do pobre
também clamará e não
será ouvido.
14 O presente dado em segredo
abate a ira,
e o suborno às escondidas
aplaca a indignação.
15 A execução da justiça é
alegria para o justo,
mas espanto para os que
praticam a iniquidade.
16 O homem que anda desviado
do caminho
do entendimento,
na congregação dos mortos
repousará.
17 Necessidade padecerá o que
ama os prazeres;
o que ama o vinho e o azeite
nunca enriquecerá.
18 O resgate do justo é o ímpio;
o do reto, o iníquo.

19 Melhor é morar numa
terra deserta
do que com a mulher
briguenta e colérica.
20 Há tesouro desejável e azeite
na casa do sábio,
mas o homem insensato
os devora.
21 O que segue a justiça e o
amor acha vida,
prosperidade e honra.
22 Contra a cidade dos fortes
sobe o sábio
e derruba a fortaleza
em que confiaram.
23 O que guarda a sua boca
e a sua língua
livra das angústias
a sua alma.
24 Quanto ao soberbo
e arrogante,
zombador é o seu nome;
procede com indignação
e soberba.
25 O desejo do preguiçoso o mata,
porque as suas mãos
recusam-se a trabalhar.
26 Todo o dia ele deseja mais,
mas o justo dá e nada retém.
27 O sacrifício dos ímpios
é abominação;
tanto mais quando
oferecido com
intenção maligna!
28 A testemunha falsa
perecerá,
mas o homem que a ouve
será destruído
para sempre.
29 O homem ímpio mostra
arrogância no seu rosto,
mas o reto considera o seu
caminho.
30 Não há sabedoria, nem
entendimento
nem conselho contra o
Senhor.
31 O cavalo prepara-se para o
dia da batalha,
mas do Senhor vem a vitória.

22 Mais digno de ser
escolhido é o bom
nome do que as muitas
riquezas;
ser estimado é melhor
do que a riqueza e o ouro.
2 O rico e o pobre se
encontraram;
a ambos fez o Senhor.
3 O prudente vê o mal
e se esconde,
mas os simples prosseguem
e sofrem as consequências.
4 O galardão da humildade
e do temor do Senhor
são riquezas, honra e vida.
5 Espinhos e laços há no
caminho do perverso;
o que guarda a sua alma
retira-se para
longe dele.
6 Instrui o menino no caminho
em que deve andar,
e, mesmo quando
envelhecer,
não se desviará dele.
7 O rico domina sobre
os pobres;
o que toma emprestado é
servo do que empresta.
8 O que semeia a perversidade
colhe males,
o castigo da sua indignação
será completo.
9 O generoso será abençoado,
pois dá do seu pão ao pobre.
10 Lança fora o zombador, e se
vai a contenda;
cessam a questão e a
vergonha.
11 O que ama a pureza do
coração e tem graça
no falar
terá por seu amigo o rei.

12 Os olhos do Senhor
protegem o que tem
conhecimento,
mas as palavras do iníquo
ele transtorna.
13 Diz o preguiçoso: Um leão
está lá fora;
serei morto no meio das
ruas.
14 Cova profunda é a boca da
adúltera;
aquele contra quem o
Senhor se irar
cairá nela.
15 A insensatez está ligada ao
coração do menino,
mas a vara da disciplina a
afastará dele.
16 O que oprime ao pobre para
aumentar o seu lucro,
ou o que dá ao rico,
certamente empobrecerá.

Discursos morais do sábio

17 Inclina o teu ouvido e ouve
as palavras dos sábios;
aplica o teu coração ao meu
conhecimento,
18 pois te será agradável
guardá-los no teu coração,
se aplicares todas as
minhas palavras
aos teus lábios.
19 Para que a tua confiança
esteja no Senhor,
ensino-as a ti hoje.
20 Não te escrevi excelentes
coisas
acerca de todo o conselho e
conhecimento,
21 para te fazer saber a certeza
das palavras
da verdade,
para que possas responder
com palavras de
verdade aos que te enviarem?
22 Não roubes ao pobre,
porque é pobre;
nem oprimas ao aflito
em juízo;
23 pois o Senhor defenderá a
sua causa em juízo
e aos que os roubam lhes
tirará a vida.
24 Não faças amizade
com o irascível
nem andes com o homem
colérico,
25 para que não aprendas
as suas veredas e caias em
laço mortal.
26 Não estejas entre os que se
comprometem e
ficam por fiadores de dívidas.
27 Se não tens com que pagar,
por que tirariam a tua cama
de debaixo de ti?
28 Não removas os limites
antigos
que fixaram teus pais.
29 Viste um homem diligente
na sua obra?
Perante reis será posto;
não será posto perante
homens comuns.

23 Quando te assentares
para comer com
um governador,
preste atenção ao que se
pôs diante de ti
2 e põe uma faca à tua
garganta,
se és homem glutão.
3 Não cobices os seus pratos
saborosos,
pois é comida enganadora.
4 Não te canses tentando
enriquecer;
seja sábio.
5 Fixarás os olhos naquilo que
não é nada?
Porque certamente as
riquezas criam

para si asas e voarão ao céu
como a águia.
6 Não comas o pão daquele que
tem olhos malignos,
nem cobices os seus pratos
saborosos,
7 pois como imaginou na
sua alma, assim é;
ele te diz: Come e bebe,
mas o seu coração não
está contigo.
8 Vomitarias o bocado que
comeste
e perderias as tuas suaves
palavras.
9 Não fales ao tolo,
pois desprezará a sabedoria
das tuas palavras.
10 Não removas os limites antigos
nem entres nos campos
dos órfãos,
11 pois o seu defensor é forte;
ele pleiteará a causa deles
contra ti.
12 Aplica à disciplina
o teu coração
e os teus ouvidos às
palavras do conhecimento.
13 Não retires a disciplina da
criança;
porque, se a castigares com
a vara,
nem por isso morrerá.
14 Tu a castigarás com a vara
e livrarás a sua alma do
inferno.
15 Filho meu, se o teu coração
for sábio,
então se alegrará o meu
coração;
16 exultará o meu íntimo,
quando os teus lábios
falarem coisas retas.
17 Não tenha o teu coração
inveja dos pecadores,
antes conserva-te sempre
no temor do Senhor.
18 Certamente há esperança
para ti;
e a tua esperança não será
aniquilada.
19 Ouve tu, filho meu,
e sê sábio;
conduze no caminho certo o
teu coração.
20 Não estejas entres os
beberrões de vinho
nem entre os comilões de
carne,
21 pois o beberrão e o comilão
cairão em pobreza;
a sonolência cobrirá de
trapos o homem.
22 Ouve a teu pai, que te gerou,
e não desprezes a tua mãe,
quando vier a envelhecer.
23 Compra a verdade e não a
vendas;
adquire a sabedoria, a
disciplina e o entendimento.
24 Grandemente se regozija o
pai do justo;
quem gera um sábio se
deleita nele.
25 Alegrem-se teu pai
e tua mãe;
regozije-se a que te gerou.
26 Dá-me, filho meu, o teu
coração,
e os teus olhos observem os
meus caminhos,
27 pois cova profunda é
a prostituta;
poço estreito é a adúltera.
28 Ela, como um assaltante,
põe-se a espreitar
e multiplica entre os
homens os iníquos.
29 Para quem são os ais?
Para quem os pesares?
Para quem as pelejas?
Para quem as queixas?
Para quem as feridas
sem causa?

Para quem os olhos
vermelhos?
30 Para os que se demoram
bebendo vinho,
para os que andam
buscando bebida
misturada.
31 Não olhes para o vinho
quando se mostra vermelho,
quando resplandece
no copo
e se escoa suavemente.
32 No seu fim, ele morderá
como a cobra
e como víbora picará.
33 Os teus olhos verão coisas
estranhas,
e tu falarás perversidades.
34 Serás como o que dorme no
meio do mar,
como o que dorme no
topo do mastro.
35 Dirás: Espancaram-me,
mas não me doeu!
Bateram-me, mas não
o senti!
Quando virei a despertar
para tornar a beber?

24 Não tenhas inveja dos
homens malignos,
nem desejes estar com eles,
2 pois o seu coração medita
a violência
e os seus lábios falam
maliciosamente.
3 Com a sabedoria se
edifica a casa
e com o entendimento
ela se firma;
4 pelo conhecimento se enchem
as câmaras
de tudo que é precioso e
agradável.
5 *O homem sábio é forte*,
e o homem de conhecimento
aumenta a força;
6 pois com conselhos prudentes
farás a guerra;
na multidão dos
conselheiros há vitória.
7 A sabedoria é
demasiadamente alta
para o tolo;
na porta ele não abre
a sua boca.
8 Àquele que cuida em fazer
o mal,
mestre de maus intentos o
chamarão.
9 Os propósitos do tolo
são pecado;
o zombador é abominável
aos homens.
10 Se te mostras fraco
no dia da angústia,
quão pequena é a tua força!
11 Livra os que estão
destinados à morte
e salva os que cambaleiam
para a matança.
12 Se disseres:
Não o soubemos,
acaso não perceberá aquele
que pondera os corações?
Não saberá aquele que atenta
para a tua alma?
Não pagará ele ao homem
conforme a sua obra?
13 Come mel, filho meu,
pois é bom;
o mel do favo é doce ao
teu paladar.
14 Sabe também que a
sabedoria é doce à tua alma;
se a achares, haverá para ti
recompensa,
e não será frustrada
a tua esperança.
15 Não espies a habitação
do justo,
ó ímpio, nem assoles a sua
pousada,

16 pois sete vezes cairá o justo
e se levantará,
mas os ímpios são
derrubados pela
calamidade.
17 Quando o teu inimigo cair,
não te alegres,
nem quando ele tropeçar se
regozije o teu coração,
18 para que o Senhor não o
veja,
e isso seja mau aos seus
olhos,
e dele desvie a sua ira.
19 Não te aflijas por causa dos
malfeitores,
nem tenhas inveja dos
ímpios,
20 pois o maligno não tem
esperança futura;
a lâmpada dos ímpios se
apagará.
21 Teme ao Senhor e ao rei,
filho meu,
e não te associes com os
rebeldes,
22 pois de repente se levantará
a sua perdição.
Quem conhecerá a ruína
que virá sobre eles?

Mais provérbios do sábio

23 Também estes são
provérbios do sábio:
Mostrar parcialidade ao
julgar não é bom.
24 O que disser ao ímpio:
Justo és, será amaldiçoado
pelos povos
e detestado pelas nações.
25 Para os que o repreenderem,
porém, haverá satisfação,
e sobre eles virá abundante
bênção.
26 Como beijo nos lábios é uma
resposta honesta.
27 Termina os teus trabalhos
de fora,
apronta os teus campos e,
depois disso, edifica a tua
casa.
28 Não sejas testemunha sem
causa contra o teu próximo
nem uses os teus lábios para
enganar.
29 Não digas: Como ele me
fez a mim,
assim lhe farei a ele;
pagarei a cada um segundo
a sua obra.
30 Passei pelo campo do
preguiçoso
e junto à vinha do homem
sem entendimento;
31 tudo estava cheio de espinhos,
a superfície coberta de
urtigas
e o seu muro de pedra em
ruínas.
32 Apliquei o coração ao que vi
e aprendi uma lição do que
observei:
33 Um pouco para dormir, um
pouco para cochilar,
um pouco para cruzar os
braços em repouso;
34 assim sobrevirá a tua
pobreza como um assaltante;
a tua necessidade, como um
homem armado.

Outros provérbios de Salomão

25 Também estes são
provérbios de Salomão,
os quais transcreveram os
homens de Ezequias,
rei de Judá:
2 A glória de Deus é encobrir
o negócio;
a glória dos reis é tudo
investigar.
3 A altura dos céus, a
profundeza da terra

e o coração dos reis são
insondáveis.
4 Tira da prata a escória,
e sairá vaso para o ourives.
5 Tira o ímpio da presença do rei,
e o seu trono se firmará na
justiça.
6 Não te glories na presença
do rei nem te ponhas no lugar
dos grandes;
7 é melhor que te digam:
Sobe para aqui do que seres
humilhado diante do
príncipe a quem já os teus
olhos viram.
8 Não vás apressadamente
ao tribunal,
para depois, ao fim,
não saberes o que hás de fazer,
podendo-te confundir
o teu próximo.
9 Pleiteia a tua causa com o teu
próximo mesmo
e não descubras o segredo
de outro,
10 para que não te desonre
o que o ouvir,
não se apartando de ti
a infâmia.
11 Como maçãs de ouro em
salvas de prata,
assim é a palavra dita a
seu tempo.
12 Como pendentes de ouro
e gargantilhas de ouro puro,
assim é a repreensão do
sábio ao ouvido atento.
13 Como o frescor da neve no
tempo da colheita,
assim é o mensageiro fiel
para com os que o enviam;
recreia o espírito dos seus
senhores.
14 Como nuvens e ventos que
não trazem chuva,
assim é o homem que se gaba
de dádivas que não dá.
15 Pela paciência se persuade
o príncipe;
a língua branda quebranta
os ossos.
16 Se achares mel, come o que
te basta,
para que não te fartes dele e
o venhas a vomitar.
17 Retira o pé da casa do
teu vizinho,
para que não se enfade
de ti e te odeie.
18 Malho, espada e flecha aguda
é o homem que levanta falso
testemunho
contra o seu próximo.
19 Como dente quebrado e pé
deslocado
é a confiança no desleal no
tempo da angústia.
20 O que entoa canções junto
ao coração aflito
é como aquele que se despe
num dia de frio;
como vinagre sobre a ferida.
21 Se o teu inimigo tiver fome,
dá-lhe pão para comer;
se tiver sede, dá-lhe água
para beber.
22 Assim fazendo, amontoarás
brasas vivas
sobre a cabeça dele,
e o Senhor te recompensará.
23 O vento norte traz chuva;
mas a língua fingida,
o rosto irado.
24 Melhor é morar no canto
do eirado
do que com a mulher
briguenta numa
casa ampla.
25 Como água fria para a alma
cansada,
tais são as boas-novas de
terra remota.
26 Como fonte turva e
manancial poluído,

assim é o justo que cai
diante do ímpio.
27 Comer muito mel não é bom;
nem é honroso procurar a
própria honra.
28 Como cidade derrubada, que
não tem muros,
assim é o homem que não
tem domínio próprio.

26 Como a neve no verão ou
como a chuva na colheita,
assim não convém ao
tolo a honra.
2 Como o pássaro no seu vaguear,
como a andorinha
no seu voo,
assim a maldição sem causa
não se cumpre.
3 O açoite é para o cavalo, o
freio para o jumento
e a vara para as costas
dos tolos.
4 Não respondas ao tolo com
semelhante insensatez,
para que também não te faças
semelhante a ele.
5 Responde ao tolo conforme
merece sua insensatez,
para que não seja ele sábio
aos seus próprios olhos.
6 Como quem os pés corta e o
dano sofre,
assim é quem manda
mensagens pela mão
de um tolo.
7 Como pendem frouxas as
pernas do coxo,
assim é o provérbio na boca
dos tolos.
8 Como o que ata a pedra
numa funda,
assim é aquele que dá
honra ao tolo.
9 Como o espinho que entra na
mão do bêbado,
assim é o provérbio na boca
dos tolos.
10 Como o flecheiro que a
todos espanta,
assim é o que contrata
o tolo
e o primeiro que vê pelo
caminho.
11 Como o cão que torna
ao seu vômito,
assim é o tolo que insiste na
sua insensatez.
12 Tens visto a um homem
que é sábio
a seus próprios olhos?
Maior esperança há no tolo
do que nele.
13 Diz o preguiçoso:
Um leão está no caminho;
um leão está nas ruas.
14 Como a porta gira nas suas
dobradiças,
assim o preguiçoso na
sua cama.
15 O preguiçoso coloca a sua
mão no prato,
mas não quer ter o trabalho
de a levar à boca.
16 Mais sábio é o preguiçoso a
seus próprios olhos
do que sete homens que
sabem responder bem.
17 O que, passando, se mete em
questão alheia,
é como aquele que toma um
cão pelas orelhas.
18 Como o louco que lança de si
faíscas,
flechas e mortandades,
19 assim é o homem que
engana o seu próximo
e diz: Fiz isso por
brincadeira.
20 Sem lenha o fogo se apaga;
não havendo difamador, cessa
a contenda.
21 Como o carvão é para a
brasa
e a lenha para o fogo,

assim é o homem briguento
para provocar rixas.
22 As palavras do difamador
são como deliciosos bocados;
descem ao mais interior
do estômago.
23 Como o vaso coberto
de escória de prata,
assim são os lábios afáveis
com um coração maligno.
24 Aquele que odeia disfarça
suas verdadeiras
intenções com os lábios,
mas no íntimo abriga
o engano.
25 Quando te suplicar com
a voz suave,
não confies nele,
pois sete abominações
há no seu coração.
26 Ainda que o seu ódio se
encubra com engano,
a sua malícia será revelada
na congregação.
27 O que faz uma cova
nela cairá;
o que revolve a pedra,
esta sobre ele rolará.
28 A língua falsa odeia
a quem fere,
e a boca bajuladora
causa ruína.

27 Não te vanglories do dia
de amanhã,
pois não sabes o que
produzirá o dia.
2 Louve-te o estranho,
mas não a tua boca;
o estrangeiro, mas não
os teus lábios.
3 Pesada é a pedra, e a areia
também,
mas a provocação do
insensato é mais pesada
do que ambas.
4 Cruel é o furor e impetuosa
a ira,
mas quem pode parar na
presença da inveja?
5 Melhor é a repreensão aberta
do que o amor encoberto.
6 Fiéis são as feridas feitas
pelo que ama,
mas os beijos de quem
odeia são enganosos.
7 A alma farta pisa o favo de mel,
mas à alma faminta todo
amargo é doce.
8 Como a ave que vagueia longe
do seu ninho,
assim é o homem que anda
vagueando longe do
seu lugar.
9 O óleo e o perfume alegram
o coração;
a doçura do amigo vem
do seu conselho.
10 Não abandones o teu amigo
nem o amigo
do teu pai;
e não entres na casa do
teu irmão
no dia da tua adversidade.
Mais vale o vizinho perto do
que o irmão longe.
11 Sê sábio, filho meu, e alegra
o meu coração,
para que tenha alguma
coisa que responder
àquele que me afronta.
12 O prudente vê o mal
e se esconde,
mas o simples prossegue e
sofre as consequências.
13 Tira a roupa àquele que
fica por fiador do estranho;
toma-a por penhor daquele
que dá garantia a uma
mulher adúltera.
14 Se alguém bendisser
ao seu vizinho
em alta voz de madrugada,
por maldição isso lhe será
contado.

15 O gotejar contínuo no dia
de grande chuva
e a mulher briguenta são
semelhantes;
16 contê-la é como conter o vento,
ou segurar o óleo com a mão.
17 Como o ferro com o
ferro se afia,
assim faz o homem ao
seu amigo.
18 O que cuida da figueira
comerá do seu fruto;
o que zela pelo seu senhor
será honrado.
19 Como a água reflete o rosto,
assim o coração do homem
reflete quem ele é.
20 O inferno e a perdição
nunca se fartam;
os olhos do homem nunca
se satisfazem.
21 O crisol é para a prata;
o forno, para o ouro, mas o
homem é provado
pelos louvores que recebe.
22 Ainda que pisasses o tolo
como grãos no pilão,
não se iria dele a sua
insensatez.
23 Procura conhecer o estado
das tuas ovelhas
e cuida bem dos teus rebanhos,
24 pois as riquezas não duram
para sempre
nem a coroa de geração em
geração.
25 Quando o feno for removido,
aparecerem os renovos
e se recolherem as ervas
dos montes,
26 então os cordeiros te
proverão vestes;
e os bodes, o preço do
campo.
27 Haverá bastante leite
de cabras
para o teu sustento,
para o sustento da tua casa
e para o sustento das
tuas criadas.

28 Fogem os ímpios sem que
ninguém os persiga,
mas os justos são ousados
como o leão.
2 Por causa da transgressão
da terra,
muitos são os seus
príncipes,
mas, pela virtude de homens
prudentes e entendidos,
ela continuará.
3 O homem pobre que oprime
aos pobres
é como chuva impetuosa,
que não deixa nenhum trigo.
4 Os que abandonam a lei
louvam os ímpios,
mas os que guardam a lei
pelejam contra eles.
5 Os homens maus não
entendem a justiça,
mas os que buscam ao
Senhor entendem tudo.
6 Melhor é o pobre que anda na
sua integridade
do que o de caminhos
perversos,
ainda que seja rico.
7 O que guarda a lei é filho
entendido,
mas o companheiro dos
comilões envergonha a
seu pai.
8 O que aumenta os seus bens
com juros altos,
ajunta-os para o que se
compadece do pobre.
9 O que desvia os seus ouvidos
de ouvir a lei,
até a sua oração será
abominável.
10 O que faz que os retos se
desviem para
um mau caminho,

ele mesmo cairá na cova
que abriu;
mas os íntegros herdarão
o bem.
11 O homem rico é sábio aos
seus próprios olhos,
mas o pobre que é
entendido o esquadrinha.
12 Quando os justos triunfam,
há grande alegria, mas,
quando os ímpios
sobem, escondem-se os
homens.
13 O que encobre as suas
transgressões
nunca prosperará,
mas o que as confessa e deixa
alcançará
misericórdia.
14 Bem-aventurado o homem
que continuamente teme ao
Senhor,
mas o que endurece o seu
coração
virá a cair no mal.
15 Como leão que ruge, ou urso
que ataca,
assim é o ímpio que domina
sobre um povo pobre.
16 O príncipe que tem falta de
entendimento
multiplica as opressões,
mas o que odeia a avareza
prolongará os seus dias.
17 O homem carregado do
sangue de qualquer
pessoa,
fugirá até a cova; ninguém o
detenha.
18 O que anda retamente
se salvará,
mas o perverso em seus
caminhos cairá logo.
19 O que lavra a sua terra virá
a fartar-se de pão,
mas o que segue a ociosos se
fartará de pobreza.
20 O homem fiel será cumulado
de bênçãos,
mas o que se apressa a
enriquecer não ficará sem
castigo.
21 Fazer acepção de pessoas
não é bom,
contudo até por um bocado
de pão
o homem transgredirá.
22 Aquele que tem olhos
invejosos
corre atrás das riquezas,
mas não sabe que a pobreza o
aguarda.
23 O que repreende
ao homem
achará depois mais favor
do que aquele que bajula
com a língua.
24 O que rouba a seu pai, ou a
sua mãe,
e diz: Não é errado,
companheiro é do destruidor.
25 O cobiçoso levanta
contendas,
mas o que confia no Senhor
prosperará.
26 O que confia no seu próprio
coração é insensato,
mas o que anda sabiamente
será livre.
27 O que dá ao pobre não terá
necessidade,
mas o que dele esconde
os olhos terá muitas
maldições.
28 Quando os ímpios sobem
ao poder,
os homens se escondem,
mas, quando eles perecem,
os justos se multiplicam.

29 Quem insiste no erro,
depois de repreendido
muitas vezes, será destruído
de repente,
sem que haja cura.

2 Quando os justos governam,
o povo se alegra,
mas, quando o ímpio
domina, o povo geme.
3 O homem que ama a
sabedoria alegra a seu pai,
mas o companheiro de
prostitutas desperdiça
os bens.
4 Pela justiça o rei estabelece
a terra,
mas o amigo de subornos
a transtorna.
5 O homem que bajula o
seu próximo
arma uma rede aos
seus passos.
6 Na transgressão do homem
mau há laço,
mas o justo canta e
se regozija.
7 Informa-se o justo da causa
dos pobres,
mas o ímpio não quer
saber disso.
8 Os homens zombadores
tumultuam a cidade,
mas os sábios desviam a ira.
9 O homem sábio que pleiteia
com o tolo,
quer se perturbe, quer se ria,
não terá descanso.
10 Os homens sanguinários
odeiam o íntegro,
mas os retos procuram o
seu bem.
11 O tolo expande toda a sua ira,
mas o sábio a encobre e
reprime.
12 O governador que dá atenção
às palavras mentirosas
descobrirá que todos os seus
servos são ímpios.
13 O pobre e o opressor têm
isto em comum:
o Senhor ilumina os olhos
de ambos.
14 O rei que julga os pobres
conforme a verdade firmará
o seu trono
para sempre.
15 A vara da correção
dá sabedoria,
mas a criança entregue a si
mesma envergonha a
sua mãe.
16 Quando os ímpios
se multiplicam,
multiplicam-se as
transgressões,
mas os justos verão a sua
queda.
17 Disciplina o teu filho, e ele te
dará descanso;
dará delícias à tua alma.
18 Não havendo profecia, o
povo se corrompe;
mas bem-aventurado é o
que guarda a lei.
19 O servo não se corrigirá
com meras palavras;
ainda que entenda,
não obedecerá.
20 Tens visto um homem
precipitado
nas suas palavras?
Maior esperança há para o
tolo do que para ele.
21 Aquele que adula o seu
servo desde a meninice,
no fim o terá por filho.
22 O homem iracundo
levanta contendas,
e o furioso multiplica as
transgressões.
23 A soberba do homem
o abaterá,
mas o humilde de espírito
obterá honra.
24 O que tem parte com
o ladrão
é o seu próprio inimigo;
mesmo sob juramento,
nada denuncia.

25 O temor do homem virá
a ser laços,
mas o que confia no Senhor
está seguro.
26 Muitos buscam o favor
do príncipe,
mas é do Senhor que o
homem recebe justiça.
27 O ímpio é abominação para
os justos,
e o reto é abominação para
os ímpios.

Palavras de Agur

30 Palavras de Agur, filho
de Jaqué de Massá. Este
homem disse a Itiel e a Ucal:
2 Na verdade que eu sou mais
bruto que todos;
não tenho o entendimento
do homem.
3 Não aprendi a sabedoria
nem tenho o conhecimento
do santo.
4 Quem subiu ao céu e desceu?
Quem encerrou os ventos nos
seus punhos?
Quem amarrou as águas na
sua roupa?
Quem estabeleceu todas as
extremidades da terra?
Qual é o seu nome e qual é o
nome de seu filho?
Conte-me, se é que o sabes.
5 Toda palavra de Deus é
perfeita;
escudo ele é para os que
nele confiam.
6 Nada acrescentes às suas
palavras,
para que não te repreenda e
sejas achado mentiroso.
7 Duas coisas te peço, ó Senhor;
não as negues a mim, antes
que eu morra:
8 Afasta de mim a vaidade e a
palavra mentirosa;
não me dês nem a pobreza
nem a riqueza,
mas dá-me só o pão que me
é necessário,
9 para que de farto eu não te
negue e diga:
Quem é o Senhor?
Ou, empobrecendo, não
venha a furtar
e profane o nome de Deus.
10 Não calunies o servo diante
de seu senhor,
para que não te amaldiçoe e
fiques culpado.
11 Há gente que amaldiçoa o
seu pai
e que não bendiz a sua mãe.
12 Há gente que é pura aos seus
próprios olhos
e que nunca foi lavada da
sua imundícia.
13 Há gente cujos olhos são
altivos
e cujas pálpebras são
levantadas para cima.
14 Há gente cujos dentes são
espadas
e cujo queixo é como faca,
para consumirem na terra os
aflitos
e os necessitados entre os
homens.
15 A sanguessuga tem duas
filhas, a saber: Dá, Dá.
Há três coisas que nunca se
fartam,
quatro que nunca dizem:
Basta.
16 A sepultura, o ventre estéril,
a terra que não se farta de água,
e o fogo, que nunca diz: Basta.
17 Corvos do vale arrancarão
os olhos
que zombam do pai ou
desprezam a obediência
da mãe;
filhotes da águia os comerão.

18 Há três coisas que são maravilhosas demais
para mim,
há quatro que não conheço:
19 O caminho da águia no céu,
o caminho da cobra no penhasco,
o caminho do navio no meio do mar
e o caminho do homem com uma virgem.
20 Tal é o caminho da mulher adúltera:
come, limpa a boca e diz:
Não cometi maldade.
21 Por três coisas se tumultua a terra,
e a quarta não a pode suportar:
22 O escravo quando reina,
o tolo quando anda farto de pão,
23 a mulher desdenhada quando se casa
e a serva quando fica herdeira da sua senhora.
24 Há quatro coisas na terra
que, embora pequenas,
são extremamente sábias:
25 As formigas, criaturas sem força,
que, todavia, no verão preparam a sua comida;
26 os coelhos, criaturas de pequeno poder, que,
contudo, fazem a sua casa nas rochas;
27 os gafanhotos, que mesmo não tendo rei,
saem todos e em bandos se repartem;
28 a lagartixa, que se apanha com as mãos,
e que, contudo, anda nos palácios dos reis.
29 Há três coisas que têm passo elegante,
quatro que se movem com imponência:
30 O leão, o mais forte entre os animais,
que não torna atrás por ninguém;
31 o galo emproado, o bode
e o rei à frente do seu exército.
32 Se procedeste loucamente, exaltando-te,
ou se planejaste o mal, põe a mão na boca.
33 Como o espremer do leite produz manteiga,
e o espremer do nariz produz sangue,
assim o espremer da ira produz contendas.

Provérbios do rei Lemuel

31 Palavras do rei Lemuel, rei de Massá.
A exortação que lhe deu a sua mãe:
2 Que te direi, filho meu?
Que te direi, ó filho do meu ventre?
Que te direi, ó filho dos meus votos?
3 Não dês às mulheres a tua força
nem os teus caminhos às que destroem os reis.
4 Não é próprio dos reis, ó Lemuel,
não é próprio dos reis beber vinho
nem dos príncipes desejar bebida forte,
5 para que não bebam e se esqueçam da lei,
e privem todos os aflitos dos seus direitos.
6 Dai bebida forte aos que perecem
e vinho aos de espírito amargo,

7 para que bebam e se esqueçam da sua pobreza,
e do seu trabalho não se lembrem mais.
8 Abre a tua boca a favor do mudo,
pelo direito de todos os que se acham desamparados.
9 Abre a tua boca, julga retamente;
defende os direitos dos pobres e necessitados.

Epílogo: a mulher virtuosa

10 Mulher virtuosa, quem a achará?
O seu valor muito excede o de rubis.
11 O coração do seu marido confia nela,
e a ele não faltam riquezas.
12 Ela lhe faz bem, não mal, todos os dias da sua vida.
13 Busca lã e linho e trabalha com mãos hábeis.
14 Como os navios mercantes, ela de longe traz o seu pão.
15 Ainda de noite se levanta; dá mantimento à sua casa
e tarefa às suas servas.
16 Examina uma propriedade e a adquire;
planta uma vinha com o fruto das suas mãos.
17 Cinge os seus lombos de força
e fortalece os seus braços.
18 Prova e vê que é boa a sua mercadoria;
a sua lâmpada não se apaga de noite.
19 Estende as mãos ao fuso,
e as palmas das suas mãos pegam na roca.
20 Abre os braços aos pobres
e estende as mãos aos necessitados.
21 Não teme por causa da neve, pois toda a sua casa anda
vestida de lã escarlate.
22 Faz para si cobertas; de linho fino e de púrpura é o
seu vestido.
23 Seu marido é respeitado nas portas da cidade
quando se assenta com os anciãos da terra.
24 Faz roupas de linho fino e as vende,
e fornece cintas aos mercadores.
25 Força e dignidade são os seus vestidos;
ri-se do dia futuro.
26 Abre a boca com sabedoria; a instrução fiel está na sua
língua.
27 Administra bem a sua casa e não dá lugar à preguiça.
28 Levantam-se os seus filhos e chamam-lhe
bem-aventurada;
o seu marido também a
louva, dizendo:
29 Muitas mulheres procedem virtuosamente,
mas tu a todas és superior.
30 Enganosa é a beleza, e passageira é a formosura,
mas a mulher que teme ao Senhor será louvada.
31 Que ela receba do fruto das suas mãos
e seja elogiada nas portas da cidade por suas obras.

ECLESIASTES

Tudo é vaidade

1 Palavras do pregador,
filho de Davi,
rei em Jerusalém:
2 Vaidade de vaidades,
diz o pregador,
vaidade de vaidades,
tudo é vaidade!
3 Que proveito tem o homem
de todo o seu trabalho
que faz debaixo do sol?
4 Uma geração vai e outra
geração vem,
mas a terra permanece
para sempre.
5 Nasce o sol e põe-se o sol,
e volta ao lugar de onde
nasceu.
6 O vento vai para o sul e faz o
seu giro para o norte;
continuamente vai girando
o vento
e volta fazendo os seus
circuitos.
7 Todos os ribeiros vão
para o mar;
contudo, o mar não se enche.
Ao lugar para onde os
ribeiros correm,
para ali tornam a ir.
8 Todas as coisas são canseira,
mais do que ninguém o
pode declarar.
Os olhos não se fartam de ver
nem os ouvidos de ouvir.
9 O que foi, isso é o que há de ser,
e o que se fez, isso se tornará
a fazer;
nada há novo debaixo
do sol.
10 Há alguma coisa de que
se possa dizer:
Vê, isto é novo?
Já foi nos séculos passados,
que foram antes de nós.
11 Não há lembrança das coisas
que precederam,
e das coisas que hão de ser
também não haverá
lembrança
entre os que hão de vir
depois delas.
12 Eu, o pregador, fui rei sobre
Israel em Jerusalém.
13 Apliquei o meu coração a exa-
minar, e a informar-me com sa-
bedoria de tudo o que acontece
debaixo do céu. Que enfadonha
ocupação deu Deus aos filhos
dos homens, para nela os afligir!
14 Atentei para todas as obras
que se fazem debaixo do sol; tudo
era vaidade e aflição de espírito.
15 O que é torto não se pode en-
direitar;
o que falta não se
pode calcular.
16 Falei eu com o meu coração:
Olha, eu me engrandeci e sobre-
pujei em sabedoria a todos os que
houve antes de mim em Jerusalém;
o meu coração alcançou muita sa-
bedoria e conhecimento.
17 Apliquei o meu coração a co-
nhecer a sabedoria e a conhecer
os desvarios e as loucuras, mas
vim a saber que também isso era
aflição de espírito.
18 Porque na muita sabedoria
há muito enfado; o que aumen-
ta o conhecimento aumenta a
tristeza.

Os prazeres são vaidade

2 Disse eu no meu coração:
Ora vem, eu te provarei com

a alegria; portanto desfruta o pra-
zer, mas também isto era vaidade.
2 Do riso disse: Está doido, e da
alegria: De que serve esta?
3 Busquei no meu coração como
estimular com o vinho a minha
carne, regendo-me, porém, pela
sabedoria, e como me apoderar da
loucura, até ver o que seria me-
lhor que os filhos dos homens fi-
zessem debaixo do céu, durante
o número dos dias da sua vida.
4 Fiz para mim obras magníficas:
edifiquei casas, plantei vinhas;
5 fiz hortas e jardins e plantei neles
árvores de toda espécie de fruto.
6 Fiz tanques de águas para com
eles regar o bosque em que re-
verdeciam as árvores.
7 Adquiri servos e servas e tive
servos nascidos em casa. Também
tive grandes manadas de vacas e
ovelhas, mais do que todos os que
houve antes de mim em Jerusalém.
8 Amontoei prata e ouro, joias de
reis e das províncias; provi-me de
cantores e cantoras, e das delícias
dos filhos dos homens, e de instru-
mentos de música de toda sorte.
9 Engrandeci-me e sobrepujei a
todos os que houve antes de mim
em Jerusalém. Em tudo isso perse-
verou comigo a minha sabedoria.
10 Tudo o que desejaram os meus
olhos não lhes neguei
nem privei o meu coração
de alegria alguma.
O meu coração se alegrou por
toda a minha obra,
e essa foi a minha
recompensa de todo o
meu trabalho.
11 Olhei para todas as obras
que as minhas mãos
fizeram,
como também para o trabalho
que eu, trabalhando,
tinha feito e vi que tudo era
vaidade
e aflição de espírito,
e que proveito nenhum havia
debaixo do sol.
12 Então passei à contemplação
da sabedoria,
e da loucura e da
insensatez.
Pois que mais fará o homem
que seguir ao rei?
O mesmo que outros já
fizeram.
13 Então vi que a sabedoria
é mais excelente do que a
insensatez,
quanto a luz é mais excelente
do que as trevas.
14 Os olhos do sábio estão na
sua cabeça,
mas o louco anda em trevas.
Então entendi que o mesmo
sucede a ambos.
15 Pelo que eu disse no meu
coração:
Como acontece ao tolo, assim
sucederá a mim.
Por que, pois, busquei mais
a sabedoria?
Então disse no meu coração
que também isso era
vaidade.
16 Porque não haverá mais
lembrança
do sábio do que do tolo;
de tudo nos dias futuros
total esquecimento haverá.
Como morre o sábio, assim
morre o tolo!
17 Assim, odiei esta vida, porque
a obra que se faz debaixo do sol
me era penosa. Tudo é vaidade e
aflição de espírito.
18 Odiei todo o meu trabalho, em
que trabalhei debaixo do sol, vis-
to que eu havia de deixá-lo ao ho-
mem que viesse depois de mim.

19 Quem sabe se será ele sábio ou
tolo? Contudo, ele se apossará de
todo o trabalho em que trabalhei
e de tudo o que realizei com sa-
bedoria debaixo do sol. Isso tam-
bém é vaidade.
20 De sorte que me apliquei a fa-
zer que o meu coração perdesse
a esperança de todo o trabalho
em que trabalhei debaixo do sol.
21 Porque há homem cujo traba-
lho é feito com sabedoria, e co-
nhecimento, e habilidade; con-
tudo ele o deixará como herança
a um homem que não trabalhou
nele. Isso também é vaidade e
grande enfado.
22 O que mais tem o homem de
todo o seu trabalho e da fadiga do
seu coração, em que ele anda tra-
balhando debaixo do sol?
23 Todos os seus dias são dores,
e a sua ocupação é desgosto; até
de noite não descansa o seu co-
ração. Isso também é vaidade.
24 Nada há melhor para o homem
do que comer, beber e fazer que
a sua alma se alegre com o bem
do seu trabalho. Vi que isso tam-
bém vem da mão de Deus,
25 pois sem ele quem pode comer
ou quem pode alegrar-se?
26 Ao homem que é bom diante
dele, Deus dá sabedoria, conhe-
cimento e alegria, mas ao peca-
dor dá trabalho, para que ajunte
e amontoe, a fim de dá-lo àquele
que agrada a Deus. Isso também
é vaidade e aflição de espírito.

Tempo para tudo

3 Tudo tem o seu tempo
determinado,
e há tempo para todo
propósito debaixo do céu:
2 Há tempo de nascer e tempo
de morrer;
tempo de plantar e tempo
de arrancar o que se
plantou;
3 tempo de matar e tempo
de curar;
tempo de derrubar e tempo
de edificar;
4 tempo de chorar e tempo
de rir;
tempo de prantear e tempo
de dançar;
5 tempo de espalhar pedras
e tempo de ajuntar pedras;
tempo de abraçar
e tempo de afastar-se
de abraçar;
6 tempo de buscar tudo e tempo
de perder;
tempo de guardar e tempo
de deitar fora;
7 tempo de rasgar e tempo
de coser;
tempo de estar calado
e tempo de falar;
8 tempo de amar e tempo
de odiar;
tempo de guerra e tempo
de paz.
9 Que proveito tem o trabalhador
naquilo em que trabalha?
10 Tenho visto o trabalho que
Deus deu aos filhos dos homens,
para com ele os afligir.
11 Tudo fez formoso em seu tem-
po. Também pôs a eternidade no
coração dos homens; contudo, não
podem descobrir a obra que Deus
fez desde o princípio até o fim.
12 Sei que não há coisa melhor
para eles do que se alegrarem e
fazerem o bem na sua vida,
13 e também que todo homem
coma e beba, e desfrute o bem de
todo o seu trabalho; isso é dom
de Deus.
14 Sei que tudo o que Deus faz du-
rará eternamente; nada se deve

acrescentar a isso e nada se deve
tirar disso. Isso faz Deus para que
haja temor diante dele.
15 O que é já foi,
e o que há de ser também já foi,
e Deus pede conta do que
passou.
16 Vi mais debaixo do sol:
No lugar do juízo, havia
impiedade;
no lugar da justiça, mais
impiedade ainda.
17 Eu disse no meu coração:
Deus julgará o justo e o ímpio,
pois há um tempo para todo
intento e para toda obra.
18 Disse eu no meu coração: Isso é
por causa dos filhos dos homens,
para que Deus possa prová-los,
e eles possam ver que são em si
mesmos como os animais.
19 Porque o que acontece aos fi-
lhos dos homens também acon-
tece aos animais; a mesma coisa
lhes acontece. Como morre um,
assim morre o outro. Todos têm o
mesmo fôlego, e nenhuma vanta-
gem têm os homens sobre os ani-
mais. Tudo é vaidade.
20 Todos vão para o mesmo lugar;
todos são pó e todos ao pó tornarão.
21 Quem sabe se o espírito dos fi-
lhos dos homens vai para cima,
e se o espírito dos animais desce
para a terra?
22 Pelo que vi que não há coisa me-
lhor do que alegrar-se o homem nas
suas obras, porque essa é a sua re-
compensa. Pois quem o fará voltar
para ver o que será depois dele?

Opressão, trabalho, tribulações

4 De novo voltei-me e atentei
para *todas* as opressões que
se fazem debaixo do sol:
Vi as lágrimas dos oprimidos,
e eles não têm consolador;
o poder estava do lado dos
seus opressores,
mas eles não tinham
nenhum consolador.
2 Pelo que julguei mais felizes
os que já morreram
do que os que ainda vivem.
3 Melhor que uns e outros
é aquele que ainda não é,
que não viu as más obras
que se fazem debaixo do sol.
4 Também vi que todo trabalho
e toda destreza em obras trazem
ao homem a inveja do seu próxi-
mo. Isso também é vaidade e afli-
ção de espírito.
5 O tolo cruza os braços
e come a sua própria carne.
6 Melhor é um punhado
com descanso
do que ambas as mãos
cheias com trabalho e aflição
de espírito.
7 Outra vez me voltei e vi
vaidade debaixo do sol.
8 Há um que é só, não tendo
parente;
não tem filho nem irmão.
Contudo, de todo o seu
trabalho não há fim,
nem os seus olhos se fartam
de riquezas.
Ele pergunta:
Para quem trabalho eu,
privando a minha alma
do bem?
Isso também é vaidade e
enfadonha ocupação.
9 Melhor é serem dois
do que um,
porque têm melhor paga do
seu trabalho:
10 Se um cair, o outro levanta o
seu companheiro.
Mas ai do que estiver só,
pois, caindo, não haverá
quem o levante.

11 Além disso, se dois
dormirem juntos,
eles se aquentarão.
Mas como um só se
aquentará?
12 Se alguém quiser prevalecer
contra um,
os dois lhe resistirão.
O cordão de três dobras não se
rompe tão depressa.
13 Melhor é o jovem pobre e sá-
bio do que o rei velho e insensa-
to, que já não se deixa admoestar.
14 O jovem pode ter saído do cár-
cere para reinar, ou pode ter nas-
cido pobre no seu reino.
15 Vi que todos os que viviam e
andavam debaixo do sol seguiam
o jovem, o sucessor do rei.
16 Todo o povo que ele domina-
va era sem conta. Mas os que lhe
sucederam não se agradaram do
sucessor. Isso também é vaidade
e aflição de espírito.

Vários conselhos práticos

5 Guarda o teu pé quando entra-
res na casa de Deus. Inclina-te
mais a ouvir do que a oferecer sa-
crifícios de tolos, pois não sabem
que procedem mal.
2 Não te precipites com a tua
boca
nem o teu coração se apresse
a pronunciar
palavra alguma diante de
Deus.
Deus está nos céus, e tu estás
na terra,
pelo que sejam poucas as
tuas palavras.
3 Porque da muita ocupação
vêm os sonhos;
a voz do tolo vem da
multidão das palavras.
4 Quando a Deus fizeres algum
voto, não tardes em cumpri-lo.
Ele não se agrada de tolos; o que
votares, paga-o.
5 Melhor é que não votes do que
votes e não pagues.
6 Não consintas que a tua boca faça
pecar a tua carne nem digas dian-
te do anjo que foi erro. Por que ra-
zão se iraria Deus contra a tua voz
e destruiria a obra das tuas mãos?
7 Na multidão dos sonhos há vai-
dade, assim também nas muitas
palavras. Portanto, teme a Deus.
8 Se vires em alguma província a
opressão de pobres e a violência
em lugar do juízo e da justiça, não
te maravilhes de semelhante caso.
Pois quem é mais alto do que os
altos para isso atenta, e sobre eles
há ainda outros mais elevados.
9 O proveito da terra é para to-
dos; até o rei se serve do campo.
10 O que ama o dinheiro nunca
se fartará dele;
quem ama a abundância
nunca se farta da renda.
Isso também é vaidade.
11 Onde os bens se multiplicam,
também se multiplicam os
que deles comem.
Que mais proveito têm os
seus donos
do que os ver com os seus olhos?
12 Doce é o sono do trabalhador,
quer coma pouco quer muito,
mas a fartura do rico não o
deixa dormir.
13 Há um grave mal que vi
debaixo do sol:
as riquezas que os seus
donos guardam
para o seu próprio dano,
14 ou as mesmas riquezas que
se perdem
por qualquer má aventura,
de modo que ao filho
que gerou
nada lhe fica na mão.

15 Como saiu do ventre
da sua mãe,
assim nu voltará,
exatamente como veio.
Nada tomará do seu trabalho,
que possa levar na sua mão.
16 Também isto é um
grave mal:
Justamente como veio,
assim ele vai e que proveito
lhe vem
de trabalhar para o vento?
17 Todos os seus dias ele come
nas trevas,
com grande enfado, aflição
e furor.
18 Então percebi uma boa e bela
coisa: alguém comer e beber, e
desfrutar cada um do bem de todo
o trabalho, com que se afadigou
debaixo do sol, todos os dias da
sua vida que Deus lhe deu; essa
é a sua recompensa.
19 Quanto ao homem a quem Deus
deu riquezas e bens e poder para
delas comer, toma a sua parte, e
alegre-se com o seu trabalho: isso
é dom de Deus.
20 Não se lembrará muito dos dias
da sua vida, porque Deus lhe en-
che de alegria o coração.

6 Há um mal que vi debaixo do
sol e que pesa muito sobre o
homem:
2 Um homem a quem Deus deu ri-
quezas, bens e honra e nada lhe
falta de tudo o que a sua alma de-
seja, mas Deus não lhe dá poder
para disso comer; antes o estra-
nho o come. Isso também é vai-
dade e grave mal.
3 Se o homem gerar cem filhos, e
viver muitos anos, e os dias dos
seus *anos forem muitos*, e se a sua
alma não se fartar do bem, e além
disso não tiver sepultura, digo que
um aborto é melhor do que ele.
4 Inutilmente vem o aborto, e em
trevas se vai, e de trevas se cobre
o seu nome.
5 Ainda que nunca tenha visto o
sol nem o conhecido, mais des-
canso tem do que esse homem;
6 ainda que vivesse duas vezes mil
anos, mas não desfrutasse o bem.
Não vão todos para o
mesmo lugar?
7 Todo o trabalho do homem é
para a sua boca,
contudo sua cobiça nunca
se satisfaz.
8 Que vantagem tem o sábio
sobre o tolo?
ou o pobre que sabe andar
perante os vivos?
9 Melhor é o que os olhos veem
do que ir atrás da cobiça.
Isso também é vaidade e
aflição de espírito.
10 Tudo o que existe já há muito
foi chamado pelo nome,
e sabe-se o que é o homem;
ninguém pode contender com
o que é
mais forte do que ele.
11 É certo que há muitas coisas
que aumentam a vaidade,
mas que proveito há nisso
para o homem?
12 Pois quem sabe o que é bom
nesta vida para o homem, duran-
te os poucos dias da sua vaida-
de, os quais gasta como sombra?
Quem declarará ao homem o que
será depois dele debaixo do sol?

Sabedoria

7 Melhor é a boa fama do que o
precioso unguento,
e o dia da morte do que o dia
do nascimento.
2 Melhor é ir à casa onde há luto
do que ir à casa onde há
banquete,

pois ali se vê o fim de todos
os homens,
e os vivos o aplicam ao
coração.
3 Melhor é a tristeza
do que o riso,
porque com a tristeza
do rosto
se faz melhor o coração.
4 O coração dos sábios está na
casa do luto,
mas o coração dos tolos na
casa da alegria.
5 Melhor é ouvir a repreensão
do sábio
do que ouvir a canção do
tolo.
6 Qual o crepitar dos espinhos
debaixo de uma panela,
tal é o riso do tolo.
Isso também é vaidade.
7 Verdadeiramente a opressão
faz endoidecer até o sábio,
e o suborno corrompe o
coração.
8 Melhor é o fim das coisas do
que o princípio delas,
e melhor é o paciente do
que o orgulhoso.
9 Não te apresses no teu
espírito a irar-te,
pois a ira abriga-se no seio
dos tolos.
10 Não digas: Por que foram os
dias passados
melhores que os de hoje?
Pois nunca com sabedoria
isso perguntarias.
11 Tão boa é a sabedoria como
a herança,
e dela tiram proveito os que
veem o sol.
12 A sabedoria serve de sombra,
como de sombra serve o
dinheiro,
mas a excelência da
sabedoria
é que dá vida ao seu
possuidor.
13 Atenta para a obra de Deus:
Quem poderá endireitar o
que ele fez torto?
14 No dia da prosperidade
alegra-te do bem,
mas no dia da adversidade
considera:
Deus fez a este em oposição
àquele,
para que o homem nada
descubra
do que há de vir depois dele.
15 Tudo isto vi nos dias da
minha vaidade:
há justo que perece na sua
justiça
e há ímpio que prolonga os
dias na sua maldade.
16 Não sejas demasiadamente
justo
nem demasiadamente
sábio;
por que te destruirias a ti
mesmo?
17 Não sejas demasiadamente
ímpio e não sejas louco;
por que morrerias antes do
tempo?
18 Bom é que retenhas isto,
e daquilo não retires
a tua mão.
O homem que teme a Deus
escapa de tudo isso.
19 A sabedoria fortalece o sábio,
mais do que dez governadores
que haja na cidade.
20 Não há homem justo
sobre a terra
que faça o bem e nunca
peque.
21 Não apliques o teu coração
a todas as palavras que se
disserem,
para que não venhas a ouvir
que o teu servo te critica.

22 Pois sabes no teu coração
que muitas vezes tu mesmo
criticaste outros.
23 Tudo isso examinei com
sabedoria e disse:
Sabedoria adquirirei —
mas ela ainda estava longe
de mim.
24 Longe está o que já se foi, e
muito profundo;
quem o achará?
25 Assim, determinei em
meu coração saber,
examinar e buscar a
sabedoria e a razão,
e conhecer que a
perversidade é insensatez,
e a insensatez é loucura.
26 Achei uma coisa mais
amarga do que a morte,
a mulher cujo coração são
redes e laços
e cujas mãos são grilhões.
Quem for bom diante de Deus
escapará dela,
mas o pecador virá a ser
preso por ela.
27 Vedes aqui, isto achei, diz o
pregador:
Conferindo uma coisa
com a outra
para achar a causa;
28 causa que a minha alma
ainda busca,
mas não a achei;
um homem entre mil achei,
mas uma mulher entre
todas não achei.
29 Isto tão somente achei:
Deus fez o homem reto,
mas os homens buscaram
muitas astúcias.

8 Quem é como o sábio?
Quem sabe a interpretação
das coisas?
A sabedoria do homem faz
brilhar o seu rosto,
e muda-se a dureza
do seu rosto.
2 Eu digo: Observa o mandamen-
to do rei, e isso em consideração
para com o juramento de Deus.
3 Não te apresses a sair da pre-
sença dele nem persistas em al-
guma coisa má, pois ele faz tudo
o que quer.
4 Visto que a palavra do rei tem
poder, quem lhe dirá: Que fazes?
5 Quem guardar o mandamento
não experimentará
nenhum mal,
e o coração do sábio
discernirá o tempo e o modo.
6 Porque para todo propósito
há tempo e modo,
embora o mal do homem seja
grande sobre ele.
7 Visto que não sabe o que há
de acontecer,
quem lhe dará a entender o
que haja de acontecer?
8 Ninguém há que tenha
domínio sobre o vento,
para o reter;
assim também
ninguém tem poder
sobre o dia da sua morte.
Como não há altas em época
de guerra,
tampouco a impiedade
libertará os que a praticam.
9 Tudo isso vi quando apliquei o
coração a toda obra que se faz de-
baixo do sol. Tempo há em que um
homem tem domínio sobre outro
homem, para o seu próprio dano.
10 Vi também os ímpios sepulta-
dos, os que antes entravam no lu-
gar santo e dele saíam; e foram
esquecidos na cidade onde as-
sim procederam. Isso também
é vaidade.
11 Visto que não se executa logo o
juízo sobre a má obra, o coração

dos filhos dos homens está inteira-
mente disposto à prática do mal.
12 Ainda que o pecador faça o
mal cem vezes e os seus dias se-
jam prolongados, sei com certeza
que bem sucede aos que temem
a Deus, aos que são reverentes
diante dele.
13 Mas ao ímpio nada irá bem, e
ele não prolongará os seus dias;
será como a sombra, visto que
não teme a Deus.
14 Ainda há outra vaidade sobre
a terra: há justos aos quais acon-
tece segundo as obras dos ímpios
e há ímpios aos quais acontece se-
gundo as obras dos justos. Digo
que também isso é vaidade.
15 Então exaltei a alegria, por-
que não há nada melhor para o
homem debaixo do sol do que co-
mer, beber e alegrar-se. Então a
alegria o acompanhará no seu
trabalho nos dias da sua vida que
Deus lhe dá debaixo do sol.
16 Aplicando-me a conhecer a
sabedoria e a ver o trabalho que
há sobre a terra, pois nem de dia
nem de noite vê o homem sono
nos seus olhos,
17 então vi toda a obra de Deus
e que o homem não pode enten-
der a obra que se faz debaixo do
sol. Por mais que trabalhe o ho-
mem para a buscar, não a acha-
rá, e, ainda que diga o sábio que
a virá a conhecer, nem por isso
a poderá compreender.

9 Deveras revolvi todas essas
coisas no meu coração, para
claramente entender tudo isto:
que os justos, os sábios, e as suas
obras, estão nas mãos de Deus, e
também que o homem não conhe-
ce nem o amor nem o ódio; tudo
passa perante a sua face.
2 Tudo sucede igualmente a todos;
o mesmo sucede ao justo e ao ím-
pio, ao bom e ao mau, ao puro e
ao impuro. Assim ao que sacri-
fica como ao que não sacrifica;

assim ao bom como
ao pecador,
ao que jura como ao que
teme o juramento.

3 Este é o mal que há em tudo o
que se faz debaixo do sol: que a
todos sucede o mesmo. Também
o coração dos filhos dos homens
está cheio de maldade; há desva-
rios no seu coração, na sua vida.
Depois se juntam aos mortos.
4 Ora, para aquele que está na
companhia dos vivos há espe-
rança, pois melhor é o cão vivo
do que o leão morto.
5 Porque os vivos sabem que hão
de morrer,

mas os mortos não sabem
coisa nenhuma;
não têm jamais recompensa,
mas a sua memória
ficou entregue ao
esquecimento.

6 O seu amor, o seu ódio e a sua
inveja já pereceram;

já não têm parte em coisa
alguma
do que se faz debaixo do sol.

7 Vai, come com alegria o teu pão
e bebe com bom coração o teu vi-
nho, pois já Deus se agrada das
tuas obras.
8 Em todo o tempo sejam alvas
as tuas vestes, e nunca falte óleo
sobre a tua cabeça.
9 Desfruta a vida com a mulher
que amas, todos os dias de vida
da tua vaidade, os quais Deus
te deu debaixo do sol, todos os
dias da tua vaidade. Porque essa
é a tua recompensa nesta vida e
do teu trabalho, que tu fazes de-
baixo do sol.

10 Tudo o que te vier à mão para
fazer, faze-o conforme as tuas for-
ças, pois na sepultura, para onde
vais, não há obra, nem projetos,
nem conhecimento, nem sabedo-
ria alguma.
11 Vi algo mais debaixo do sol:
Não é dos ligeiros o prêmio,
nem dos valentes a vitória,
tampouco dos sábios o pão,
nem ainda dos prudentes
a riqueza,
nem dos entendidos o favor;
todos, no entanto, do tempo
e da sorte dependem.
12 Além do mais o homem não
sabe a sua hora:
Como os peixes que se
pescam com a rede cruel
e como os passarinhos que
se prendem com o laço,
assim se enlaçam também os
filhos dos homens
no mau tempo,
quando este cai de repente
sobre eles.
13 Também vi este exemplo de
sabedoria debaixo do sol, que me
pareceu grande:
14 Havia uma pequena cidade
com poucos homens; veio contra
ela um grande rei que a cercou e
levantou contra ela grandes dis-
positivos de guerra.
15 Ora, vivia nela um sábio pobre,
que livrou aquela cidade pela sua
sabedoria. Contudo ninguém mais
se lembrou daquele pobre homem.
16 Então disse eu: Melhor é a sabe-
doria do que a força. Mas a sabedo-
ria do pobre foi desprezada e as
suas palavras não foram ouvidas.
17 As palavras dos sábios devem
em silêncio
ser ouvidas,
mais do que o clamor
do que domina sobre os tolos.
18 Melhor é a sabedoria do que
as armas de guerra,
mas um só pecador destrói
muitos bens.

10 Assim como a mosca morta
faz que o unguento do
perfumista exale mau
cheiro,
da mesma forma um pouco
de insensatez
pesa mais do que a sabedoria
e a honra.
2 O coração do sábio se inclina
para a direita,
mas o coração do tolo para
a esquerda.
3 Até quando o tolo vai pelo
caminho,
falta-lhe entendimento e diz
a todos que é tolo.
4 Levantando-se contra ti o
espírito do governador,
não deixes o teu lugar;
a calma desfaz grandes erros.
5 Ainda há um mal que vi
debaixo do sol,
erro que procede do
governador:
6 O tolo posto em grandes
alturas,
mas os ricos assentados em
lugar baixo.
7 Vi os servos a cavalo
e os príncipes andando a pé
como servos sobre a terra.
8 Quem fizer uma cova cairá nela;
quem romper um muro
será mordido por uma
cobra.
9 Quem tirar pedras será
maltratado por elas;
o que rachar lenha expõe-se
ao perigo.
10 Se estiver embotado o ferro,
e não se afiar o corte,
então se deve pôr mais
força;

a habilidade, porém, trará
sucesso.
11 Se a cobra morder antes de
estar encantada,
não há proveito para o
encantador.
12 Nas palavras da boca do
sábio há favor,
mas os lábios do tolo o
devoram.
13 O princípio das palavras da
sua boca é insensatez;
o fim do seu discurso é
loucura perversa;
14 o tolo multiplica palavras.
Ninguém sabe o que será;
quem lhe fará saber o que
acontecerá depois dele?
15 O trabalho do tolo o fatiga;
ele não sabe como ir à
cidade.
16 Ai de ti, ó terra, cujo rei é
criança
e cujos príncipes
banqueteiam de manhã!
17 Bem-aventurada tu, ó terra,
cujo rei é filho dos nobres
e cujos príncipes comem a
tempo,
para refazerem as forças, não
para bebedice!
18 Pela preguiça se enfraquece
o teto e pela frouxidão das
mãos a casa tem goteiras.
19 Para rir é que dão
banquetes,
e o vinho alegra a vida,
mas o dinheiro é resposta
para tudo.
20 Nem mesmo no teu
pensamento
amaldiçoes o rei,
nem no mais interior dos teus
aposentos
amaldiçoes o rico,
porque as aves dos céus
levariam a tua voz,
e o que tem asas daria
notícias das tuas palavras.

Pão sobre as águas

11 Lança o teu pão sobre as
águas,
porque depois de muitos dias
o acharás.
2 Reparte com sete e ainda até
com oito,
porque não sabes que mal
haverá sobre a terra.
3 Estando as nuvens cheias,
derramam a chuva sobre a
terra.
Caindo a árvore para o sul ou
para o norte,
no lugar em que cair ali
ficará.
4 Quem observa o vento, nunca
semeará;
o que olha para as nuvens,
nunca segará.
5 Assim como não sabes qual o
caminho do vento
nem como se formam os
ossos
no ventre da que está grávida,
também não sabes as obras
de Deus,
que faz todas as coisas.
6 Pela manhã semeia a tua
semente
e à tarde não retires a tua mão,
pois não sabes qual
prosperará:
se esta, se aquela,
ou se ambas igualmente
serão boas.
7 A luz é suave,
e agradável é ver o sol.
8 Ainda que o homem viva
muitos anos,
regozije-se em todos eles.
Mas deve lembrar-se dos dias
das trevas,
pois serão muitos.

Tudo o que sucede é vaidade.
9 Alegra-te, jovem, na tua juventude,
e recreie-se o teu coração nos dias da tua mocidade.
Anda pelos caminhos do teu coração
e pela vista dos teus olhos,
mas sabe que por todas essas coisas
te trará Deus a juízo.
10 Afasta, pois, a ira do teu coração e remove da tua carne o mal,
pois a juventude e o vigor são vaidade.

Lembra-te do teu Criador

12 Lembra-te do teu Criador nos dias da tua mocidade,
antes que venham os maus dias
e cheguem os anos dos quais venhas a dizer:
Não tenho neles contentamento;
2 antes que se escureçam o sol, a luz, a lua e as estrelas,
e tornem a vir as nuvens depois da chuva;
3 no dia em que tremerem os guardas da casa,
e se curvarem os homens fortes,
e cessarem os moedores, por já serem poucos,
e se escurecerem os que olham pelas janelas;
4 e as portas da rua se fecharem,
e for baixo o ruído da moedura;
no dia em que os homens se levantarem à voz das aves
e todos os seus cânticos diminuírem;
5 quando temerem o que é alto
e houver espantos no caminho;
quando florescer a amendoeira,
o gafanhoto for um peso, e falhar o desejo.
Então o homem se vai à sua casa eterna,
e os pranteadores andarão rodeando pela praça.
6 Lembra-te dele antes que se rompa a cadeia de prata,
e se despedace o copo de ouro,
e se quebre o cântaro junto à fonte,
e se desfaça a roda junto ao poço,
7 e o pó volte à terra, como o era,
e o espírito volte a Deus, que o deu.
8 Vaidade de vaidade, diz o pregador,
tudo é vaidade.

Resumo da matéria

9 Quanto mais sábio foi o pregador, tanto mais sabedoria ensinou ao povo. Estudou, inventou e compôs muitos provérbios.
10 Procurou o pregador achar palavras certas, e o que escreveu é reto e verdadeiro.
11 As palavras dos sábios são como aguilhões, e como pregos bem fixados são as palavras coligidas dos mestres, as quais nos foram dadas pelo único Pastor.
12 Demais disto, filho meu, atenta: Não há limite para fazer livros, e o muito estudar é enfado da carne.
13 De tudo o que se tem ouvido, a conclusão é:
Teme a Deus e guarda os seus mandamentos,
pois esse é todo o dever do homem.
14 Porque Deus há de trazer a juízo toda obra,
até mesmo tudo o que está encoberto,
quer seja bom, quer seja mau.

CÂNTICO DOS CÂNTICOS

1 Cântico dos cânticos de Salomão.
2 Beije-me ele com os beijos da sua boca;
pois melhor é o seu amor do que o vinho.
3 Para cheirar são bons os teus perfumes;
como perfume derramado é o teu nome.
Não admira que as donzelas te amem!
4 Leva-me tu, correremos após ti.
O rei me levou para os seus aposentos.
Em ti nos regozijaremos e nos alegraremos;
do teu amor nos lembraremos,
mais do que do vinho.
Com razão te amam!
5 Eu sou morena, mas agradável, ó filhas de Jerusalém,
como as tendas de Quedar,
como as cortinas de Salomão.
6 Não olheis para o fato de eu ser morena,
porque o sol resplandeceu sobre mim.
Os filhos da minha mãe
se indignaram contra mim,
e me puseram por guarda de vinhas;
a vinha que me pertence não guardei.
7 Dize-me, ó tu, a quem ama a minha alma:
Onde apascentas o teu rebanho,
onde o recolhes pelo meio-dia?
Por que razão seria eu
como a que anda errante pelos rebanhos
dos teus companheiros?
8 Se tu não o sabes, ó mais formosa entre as mulheres,
segue pelas pisadas das ovelhas
e apascenta as tuas cabras
junto às moradas dos pastores.
9 Às éguas dos carros de faraó te comparo,
ó amiga minha.
10 Formosas são as tuas faces entre os teus enfeites,
o teu pescoço com os colares.
11 Enfeites de ouro te faremos,
cravejados de prata.
12 Enquanto o rei está assentado à sua mesa,
exala o meu nardo o seu perfume.
13 O meu amado é para mim
um ramalhete de mirra;
morará entre os meus seios.
14 Como um ramalhete de flores aromáticas
nas vinhas de En-Gedi,
é para mim o meu amado.
15 Como és formosa,
ó amiga minha!
Como és formosa!
Os teus olhos são como os das pombas.
16 Quão formoso és, ó amado meu!
Quão amável és!
O nosso leito é viçoso.
17 As traves da nossa casa são de cedro;
as nossas varandas de cipreste.

2 Eu sou a rosa de Sarom,
o lírio dos vales.
2 Qual o lírio entre os espinhos,
tal é a minha amada
entre as donzelas.

3 Qual a macieira entre as
árvores do bosque,
tal é o meu amado entre os
jovens.
Desejo muito a sua sombra
e debaixo dela me assento.
O seu fruto é doce ao meu
paladar.
4 Levou-me à sala do banquete,
e o seu estandarte sobre mim
é o amor.
5 Sustentai-me com passas,
confortai-me com maçãs,
pois desfaleço de amor.
6 A sua mão esquerda esteja
debaixo da minha cabeça,
e a sua mão direita me
abrace.
7 Eu vos faço jurar, ó filhas de
Jerusalém,
pelas gazelas e corças do
campo,
que não acordeis nem
desperteis o meu amor,
até que ele o queira.
8 Ouço a voz do meu amado;
eis que ele vem saltando
sobre os montes,
pulando sobre os outeiros.
9 O meu amado é semelhante
ao gamo
ou ao filho da gazela.
Olhai, ele está detrás da
nossa parede,
olhando pelas janelas,
lançando os olhos pelas
grades.
10 O meu amado fala e me diz:
Levanta-te, amada minha,
formosa minha, e vem.
11 Vê! Já passou o inverno;
as chuvas cessaram e se
foram.
12 Aparecem as flores na terra;
o tempo de cantar chegou,
e a voz das rolas ouve-se em
nossa terra.
13 A figueira já deu os seus figos,
e as vides em flor exalam
o seu aroma.
Levanta-te, amada minha,
formosa minha, e vem.
14 Pomba minha, que andas
pelas fendas das penhas,
no oculto das ladeiras,
mostra-me a tua face,
faze-me ouvir a tua voz,
pois a tua voz é doce e o
teu rosto formoso.
15 Apanhai-me as raposas, as
raposinhas,
que fazem mal às vinhas,
as nossas vinhas que estão
em flor.
16 O meu amado é meu,
e eu sou dele.
Ele apascenta o seu
rebanho entre os lírios.
17 Antes que refresque o dia,
e caiam as sombras,
volta, amado meu,
e faze-te semelhante ao gamo
ou ao filho das gazelas
sobre os montes escabrosos.

3 De noite busquei em
minha cama
aquele a quem ama
a minha alma;
busquei-o, mas não o achei.
2 Levantar-me-ei agora e
rodearei a cidade;
pelas ruas e pelas praças,
buscarei aquele a quem ama
a minha alma.
Busquei-o, mas não o achei.
3 Acharam-me os guardas que
rondavam pela cidade.
Eu lhes perguntei:
Vistes aquele a quem ama a
minha alma?
4 Apartando-me eu um
pouco deles,
logo achei aquele a quem
ama a minha alma.

Detive-o, até que o levei para
a casa da minha mãe,
nos aposentos daquela que
me gerou.
5 Eu vos faço jurar, ó filhas de
Jerusalém,
pelas gazelas e corças do
campo,
que não acordeis nem
desperteis o meu amor,
até que ele o queira.
6 Quem é esta que sobe do
deserto,
como colunas de fumaça,
perfumada de mirra,
de incenso e de toda sorte
de pós aromáticos do
mercador?
7 Olhai! É a liteira de Salomão;
sessenta valentes, dos
valentes de Israel,
estão ao redor dela,
8 todos armados de espadas,
destros na guerra,
cada um com a sua espada
à cinta,
por causa dos temores
noturnos.
9 O rei Salomão fez para si
uma liteira de madeira do
Líbano.
10 Fez-lhe as colunas de prata,
o estrado de ouro,
o assento de púrpura,
o interior revestido com
amor,
pelas filhas de Jerusalém.
11 Saí, ó filhas de Sião,
e contemplai o rei Salomão
com a coroa com que o
coroou a sua mãe
no dia do seu casamento,
no dia do júbilo do seu
coração.

4 Como és formosa,
amada minha!
Como és formosa!
Os teus olhos são como os
das pombas,
e brilham através do teu véu.
O teu cabelo é como o
rebanho de cabras
que pastam no monte
de Gileade.
2 Os teus dentes são como o
rebanho das
ovelhas tosquiadas,
que sobem do lavadouro;
todas produzem gêmeos;
nenhuma estéril há
entre elas.
3 Os teus lábios são como
um fio de escarlate,
a tua boca é doce.
A tua fronte é qual pedaço de
romã
por detrás do teu véu.
4 O teu pescoço é como a
torre de Davi,
edificada para pendurar
armas.
Mil escudos pendem dela,
todos broquéis de
valorosos.
5 Os teus dois seios são
como dois filhos gêmeos da
gazela,
que se apascentam entre
os lírios.
6 Antes que refresque o dia e
caiam as sombras,
irei ao monte da mirra e ao
outeiro do incenso.
7 Tu és toda formosa,
amada minha;
em ti não há defeito.
8 Vem comigo do Líbano,
noiva minha, vem comigo
do Líbano.
Olha desde o cume de Amana,
desde o cume de Senir e de
Hermom,
desde as moradas dos leões,
desde os montes dos leopardos.

9 Tiraste-me o coração,
minha irmã, noiva minha;
tiraste-me o coração com
um dos teus olhos,
com um colar do teu pescoço.
10 Que belos são os teus amores,
ó minha irmã, noiva minha!
Quão melhores são os teus
amores do que o vinho;
o aroma dos teus bálsamos
supera todas as
especiarias!
11 Favos de mel manam dos
teus lábios,
noiva minha!
Mel e leite estão debaixo da
tua língua,
e o perfume dos teus
vestidos
é como a fragrância do
Líbano.
12 Jardim fechado és tu,
minha irmã, noiva minha,
manancial fechado,
fonte selada.
13 Os teus renovos são um
pomar de romãs,
com frutos excelentes,
com a hena e com o nardo;
14 o nardo, o açafrão, o cálamo
e a canela,
com toda sorte de árvores
de incenso;
a mirra e o aloés,
com todas as principais
especiarias.
15 És a fonte dos jardins, poço
das águas vivas,
ribeiros que correm do
Líbano.
16 Levanta-te, vento norte;
vem tu, vento sul!
Assopra no meu jardim,
para que se derramem os
seus aromas.
Ah! se viesse o meu amado
para o seu jardim,
e comesse os seus frutos
excelentes!

5 Já vim para o meu jardim,
minha irmã, noiva minha;
colhi a minha mirra com a
minha especiaria,
comi o meu favo com o meu
mel,
bebi o meu vinho com o
meu leite.
Comei, amigos, e bebei;
bebei fartamente, ó amados.
2 Eu dormia, mas o meu
coração velava.
Ouvi! A voz do meu amado,
que está batendo:
Abre-me, minha irmã, amada
minha,
pomba minha, minha
imaculada.
A minha cabeça está cheia de
orvalho,
os meus cabelos das gotas
da noite.
3 Já despi a minha túnica;
como a tornarei a vestir?
Já lavei os meus pés;
como os tornarei a sujar?
4 O meu amado meteu a sua
mão pela fresta da porta,
e as minhas entranhas
estremeceram por amor a ele.
5 Eu me levantei para abrir a
porta ao meu amado,
e as minhas mãos
destilavam mirra,
os meus dedos gotejavam mirra
sobre a maçaneta da
fechadura.
6 Eu abri a porta ao meu amado,
mas já o meu amado se tinha
retirado e ido;
a minha alma se derreteu
quando antes ele me falou;
busquei-o e não o achei.
Chamei-o, mas ele não me
respondeu.

7 Acharam-me os guardas que
rondavam pela cidade.
Espancaram-me e me
feriram;
tiraram-me o manto os
guardas dos muros.
8 Eu vos faço jurar, ó filhas de
Jerusalém,
se achardes o meu amado,
dizei-lhe que estou enferma
de amor.
9 Que é o teu amado mais do
que outro amado,
ó tu, a mais formosa entre
as mulheres?
Que é o teu amado mais do
que outro amado,
que tanto nos conjuraste?
10 O meu amado é alvo e rosado,
o primeiro entre dez mil.
11 A sua cabeça é como o ouro
mais apurado,
os seus cabelos são crespos,
pretos como o corvo.
12 Os seus olhos são como os
das pombas
junto às correntes das
águas,
lavados em leite,
postos em engaste.
13 As suas faces são como um
canteiro de bálsamo,
como colinas de ervas
aromáticas.
Os seus lábios são como lírios
que gotejam mirra.
14 As suas mãos são como
anéis de ouro
que têm engastadas as
turquesas.
O seu ventre é como alvo
marfim,
coberto de safiras.
15 As suas pernas são como
colunas de mármore,
fundadas sobre bases de
ouro puro.
O seu parecer é como o
Líbano,
excelente como os cedros.
16 A sua boca é muitíssimo doce;
ele é totalmente desejável.
Tal é o meu amado,
tal o meu amigo,
ó filhas de Jerusalém.

6 Para onde foi o teu amado,
ó mais formosa entre as
mulheres?
Que direção tomou o teu
amado,
e o buscaremos contigo?
2 O meu amado desceu
ao seu jardim,
aos canteiros de bálsamo,
para se alimentar nos jardins
e para colher os lírios.
3 Eu sou do meu amado,
e o meu amado é meu;
ele se alimenta entre os
lírios.
4 Formosa és, amada minha,
como Tirza,
adorável como Jerusalém,
imponente como um exército
com bandeiras.
5 Desvia de mim os teus olhos;
eles me perturbam.
O teu cabelo é como o
rebanho das cabras
que pastam em Gileade.
6 Os teus dentes são como o
rebanho de
ovelhas tosquiadas
que sobem do lavadouro;
todas produzem gêmeos;
nenhuma estéril há entre
elas.
7 Como um pedaço de romã,
assim são as tuas faces por
detrás do teu véu.
8 Sessenta são as rainhas;
oitenta, as concubinas;
as virgens são
incontáveis,

9 mas uma é a minha pomba,
a minha imaculada,
a única de sua mãe,
e a mais querida da que a
deu à luz.
Vendo-a, as filhas lhe
chamarão
bem-aventurada;
as rainhas e as concubinas
a louvarão.
10 Quem é esta que aparece
como a alva do dia,
formosa como a lua,
brilhante como o sol,
imponente como um
exército com bandeiras?
11 Desci ao jardim das
nogueiras para ver os
renovos do vale,
para ver se floresciam
as vides,
e brotavam as romeiras.
12 Antes de eu o sentir,
pôs-me o meu desejo entre
os carros reais do povo.
13 Volta, volta, ó sulamita;
volta para que nós te
vejamos.
Por que quereis olhar para
a sulamita como para a dança
de Maanaim?

7 Quão formosos são os teus pés
nos sapatos,
ó filha do príncipe!
As voltas das tuas coxas são
como joias,
trabalhadas por mãos de
artista.
2 O teu umbigo é como taça
redonda
em que não falta bebida.
O teu ventre é como monte
de trigo,
cercado de lírios.
3 Os teus dois seios são
como dois filhos gêmeos da
gazela.
4 O teu pescoço é como a torre
de marfim.
Os teus olhos são como
as piscinas de Hesbom,
junto à porta de
Bate-Rabim.
O teu nariz é como a torre
do Líbano,
que olha para Damasco.
5 A tua cabeça é como o monte
Carmelo.
Os cabelos da tua cabeça são
como a púrpura;
o rei está preso pelas suas
tranças.
6 Quão formosa e quão
adorável és,
ó amor em delícias!
7 A tua estatura é semelhante à
palmeira;
os teus seios, aos cachos
de uvas.
8 Dizia eu:
Subirei à palmeira;
pegarei em seus frutos.
Sejam os teus seios como os
cachos da vide
e o aroma da tua respiração
como o das maçãs;
9 os teus beijos como o bom
vinho para o meu amado,
que se bebe suavemente,
e faz com que falem os
lábios dos que dormem.
10 Eu sou do meu amado,
e ele me tem afeição.
11 Vem, ó meu amado,
saiamos ao campo,
passemos as noites nas
aldeias.
12 Levantemo-nos de manhã
para ir às vinhas,
vejamos se florescem as
vides,
se abre a flor,
se já brotam as romeiras;
ali te darei o meu amor.

13 As mandrágoras
exalam perfume,
e às nossas portas há toda
sorte de excelentes frutos,
novos e velhos,
que guardei para ti, ó amado
meu.

8 Ah! quem me dera que foras
como meu irmão,
e que te tivesses
amamentado aos seios da
minha mãe!
Quando eu te encontrasse
na rua
eu te beijaria e não me
desprezariam!
2 Eu te levaria para a casa da
minha mãe,
e tu me ensinarias.
Eu te daria a beber vinho
aromático,
o mosto das minhas romãs.
3 A sua mão esquerda esteja
debaixo da minha cabeça,
e a sua mão direita me abrace.
4 Eu vos faço jurar, ó filhas de
Jerusalém,
que não acordeis nem
desperteis o meu amor,
até que ele queira.
5 Quem é esta que sobe do
deserto
e vem encostada ao seu
amado?
Debaixo de uma macieira te
despertei;
ali esteve a tua mãe com
dores;
ali esteve com dores aquela
que te deu à luz.
6 Põe-me como selo sobre o teu
coração,
como selo sobre o teu braço,
porque o amor é forte como
a morte,
e duro como a sepultura
é o ciúme.
As suas brasas são brasas
de fogo,
como as labaredas do
Senhor.
7 As muitas águas não poderiam
apagar este amor,
nem os rios afogá-lo.
Ainda que alguém desse
todos os bens
da sua casa por este amor,
seria de todo desprezado.
8 Temos uma irmã pequena,
que ainda não tem seios.
O que faremos a essa
nossa irmã,
no dia em que for pedida em
casamento?
9 Se ela for um muro,
edificaremos sobre ela um
palácio de prata.
Se ela for uma porta,
nós a cercaremos com tábuas
de cedro.
10 Eu sou um muro,
e os meus seios como as
suas torres.
Assim tornei-me aos olhos dele
como aquela que traz prazer.
11 Teve Salomão uma vinha em
Baal-Hamom;
entregou-a a uns guardas,
e cada um lhe trazia pelo seu
fruto mil peças de prata.
12 Mas a vinha que tenho está a
meu dispor;
as mil peças de prata são para
ti, ó Salomão,
e duzentas para os guardas
do seu fruto.
13 Ó tu, que habitas nos jardins,
meus companheiros
te ouvem atentos;
faze-me ouvir a tua voz!
14 Vem depressa, amado meu,
e faze-te semelhante ao gamo
ou ao filho das gazelas
sobre os montes dos aromas.

ISAÍAS

A nação rebelde

1 Visão de Isaías, filho de Amoz,
a qual ele viu a respeito de Judá
e Jerusalém, nos dias de Uzias,
Jotão, Acaz e Ezequias, reis de
Judá.
2 Ouvi, ó céus, e dá ouvidos,
ó terra,
pois falou o Senhor:
Criei filhos e os engrandeci,
mas eles estão revoltados
contra mim.
3 O boi conhece o seu
possuidor,
e o jumento a manjedoura do
seu dono,
mas Israel não tem
conhecimento,
o meu povo não entende.
4 Ai da nação pecadora,
do povo carregado de
iniquidade,
da descendência de malignos,
dos filhos corruptores!
Deixaram o Senhor,
blasfemaram do Santo de Israel,
voltaram para trás.
5 Por que seríeis ainda
castigados,
se mais vos rebelaríeis?
Toda a cabeça está enferma,
e todo o coração fraco.
6 Desde a planta do pé até a
cabeça
não há nele coisa sã,
senão feridas,
contusões e chagas podres,
não espremidas,
nem atadas,
nem amolecidas com óleo.
7 A vossa terra está assolada;
as vossas cidades estão
abrasadas pelo fogo;
os campos os estranhos
devoram na vossa presença,
os quais se acham devastados,
como numa subversão de
estranhos.
8 A filha de Sião é deixada
como um abrigo na vinha,
como uma choupana no
pepinal,
como uma cidade sitiada.
9 Se o Senhor dos Exércitos
não nos tivesse deixado
algum remanescente,
já seríamos como Sodoma,
e semelhantes a Gomorra.
10 Ouvi a palavra do Senhor,
vós governantes de Sodoma;
dai ouvidos à lei de
nosso Deus,
vós, ó povo de Gomorra.
11 De que me serve a multidão
dos vossos sacrifícios,
diz o Senhor?
Já estou farto dos
holocaustos de carneiros
e da gordura de animais
cevados;
não folgo com o sangue
de bezerros,
nem de cordeiros,
nem de bodes.
12 Quando vindes à minha
presença,
quem requereu isso das
vossas mãos,
que viésseis pisar os meus
átrios?
13 Não continueis a trazer
ofertas vãs!
O incenso é para mim
abominação,
como também são as
luas novas,

os sábados, e a convocação
das congregações;
não posso suportar
iniquidade
nem o ajuntamento solene.
14 A minha alma aborrece
as vossas luas novas e
solenidades,
já me são pesadas;
estou cansado de as sofrer.
15 Pelo que, quando estendeis
as vossas mãos,
escondo de vós os meus
olhos;
sim, quando multiplicais as
vossas orações,
não as ouço.
As vossas mãos estão cheias
de sangue;
16 lavai-vos e purificai-vos.
Tirai a maldade dos
vossos atos
de diante dos meus olhos.
Cessai de fazer o mal
17 e aprendei a fazer o bem.
Praticai o que é reto,
ajudai o oprimido.
Fazei justiça ao órfão,
tratai da causa das viúvas.
18 **V**inde e conversemos,
diz o Senhor:
Ainda que os vossos pecados
sejam como a escarlata,
eles se tornarão brancos
como a neve;
ainda que sejam vermelhos
como o carmesim,
se tornarão como a branca lã.
19 Se quiserdes e me ouvirdes,
comereis o bem desta terra.
20 Se, porém, recusardes e
fordes rebeldes,
sereis devorados à espada.
Porque a boca do
Senhor o disse.
21 **C**omo se fez prostituta
a cidade fiel!
Ela que estava cheia de
justiça;
a retidão habitava nela,
mas agora habitam
homicidas.
22 A tua prata se tornou
em escórias,
o teu vinho se misturou
com água.
23 Os teus líderes são rebeldes,
companheiros de ladrões;
cada um deles ama o
suborno
e corre atrás de presentes.
Não fazem justiça
ao órfão,
e não chega perante eles a
causa das viúvas.
24 Portanto, diz o Senhor,
o Senhor dos Exércitos,
o Poderoso de Israel:
Ah! Eu me livrarei dos meus
adversários,
e me vingarei dos meus
inimigos.
25 Voltarei contra ti a
minha mão;
purificarei inteiramente as
tuas escórias
e tirarei de ti toda
impureza.
26 Restituirei os teus juízes,
como antes,
os teus conselheiros,
como antigamente.
Então te chamarão
cidade de justiça, cidade fiel.
27 **S**ião será remida com a
justiça;
os seus arrependidos,
com retidão.
28 Os transgressores e os
pecadores,
porém, serão juntamente
destruídos,
e os que deixarem o Senhor
serão consumidos.

29 Vós vos envergonhareis por
causa dos carvalhos sagrados
que cobiçastes e sereis
confundidos
por causa dos jardins que
escolhestes.
30 Sereis como o carvalho,
ao qual caem as folhas,
e como a floresta que não
tem água.
31 O forte se tornará em estopa,
e a sua obra em faísca;
ambos arderão juntamente,
e não haverá quem os apague.

O monte do Senhor

2 Visão que teve Isaías, filho de
Amoz, a respeito de Judá e
de Jerusalém.
2 **N**os últimos dias se firmará
o monte do templo do Senhor
no cume dos montes
e se engrandecerá por
cima dos outeiros;
concorrerão a ele todas as
nações.
3 Virão muitos povos e dirão:
Vinde, subamos ao monte do
Senhor,
ao templo do Deus de Jacó.
Ele nos ensinará o que
concerne aos seus
caminhos,
para que andemos nas suas
veredas.
De Sião sairá a lei,
de Jerusalém, a palavra do
Senhor.
4 Ele exercerá o seu juízo entre
as nações
e repreenderá muitos povos.
Estes converterão as suas
espadas em arados
e as suas lanças em
podadeiras.
Não levantará espada
nação contra nação,
nem aprenderão mais
a guerra.
5 Vinde, ó descendência
de Jacó,
andemos na luz do Senhor.
6 **P**ois tu, Senhor, desamparaste
o teu povo,
a nação de Jacó.
Encheram-se dos costumes
do Oriente;
são agoureiros como os
filisteus
e associam-se com os
filhos dos estranhos.
7 A sua terra está cheia de
prata e ouro;
não têm fim os seus tesouros.
A sua terra está cheia de
cavalos;
não têm fim os seus carros.
8 A sua terra está cheia
de ídolos;
inclinaram-se perante a obra
das suas mãos,
diante daquilo que
fabricaram os seus dedos.
9 Pelo que o homem será
abatido;
a humanidade, humilhada;
não lhes perdoes!
10 Vai, entra nas rochas,
esconde-te no pó,
de diante da presença
espantosa do Senhor
e da glória da sua majestade.
11 Os olhos do homem
arrogante serão abatidos,
e o orgulho dos homens
será humilhado;
só o Senhor será exaltado
naquele dia.
12 **O** dia do Senhor dos Exércitos
será contra todo soberbo e
altivo,
e contra todo o que se
exalta,
para que seja abatido;

13 contra todos os cedros
do Líbano,
altos e sublimes,
contra todos os carvalhos
de Basã;
14 contra todos os montes
altos e contra todos os
outeiros elevados;
15 contra toda torre alta
e contra toda muralha
fortificada;
16 contra todos os navios de
Társis e
contra todas as naus
vistosas.
17 A arrogância do homem
será humilhada,
e o orgulho dos homens
será abatido;
só o Senhor será exaltado
naquele dia.
18 Desaparecerão todos
os ídolos totalmente.
19 Os homens se meterão
nas cavernas das rochas e nas
covas da terra,
por causa da presença
espantosa do Senhor
e por causa do esplendor da
sua majestade,
quando ele se levantar para
sacudir a terra.
20 Naquele dia os homens
lançarão às toupeiras
e aos morcegos os seus ídolos
de prata
e os seus ídolos de ouro,
que fizeram para diante eles
se prostrar;
21 eles se refugiarão pelas
fendas das rochas
e pelas cavernas das
penhas,
por causa da presença
espantosa do Senhor
e por causa do esplendor da
sua majestade,
quando ele se levantar para
sacudir a terra.
22 Parai de confiar no homem,
cujo fôlego está nas narinas.
Em que ele deve ser
estimado?

O castigo de Jerusalém

3 Vede, agora, o Senhor,
o Senhor dos Exércitos
tirará de Jerusalém e de Judá
o sustento e o apoio:
todo o sustento de pão e todo
o sustento de água,
2 o valente e o soldado,
o juiz e o profeta,
o adivinho e o ancião,
3 o capitão de cinquenta
e o respeitável, o conselheiro,
o hábil artífice e o
encantador perito.
4 Eu lhes darei meninos por
seus líderes,
e crianças governarão
sobre eles.
5 O povo será oprimido;
um será contra o outro,
e cada um contra o seu
próximo.
O menino se levantará contra
o ancião
e o vil contra o nobre.
6 Quando alguém for falar com
seu irmão
da família de seu pai,
dizendo:
Tu tens roupa,
sê nosso governante,
e toma sob a tua mão esta
ruína,
7 nesse dia levantará este a voz,
dizendo:
Não tenho remédio.
Em minha casa não há pão
nem veste alguma.
Não me ponhais por
governante do povo.

8 Jerusalém tropeça,
e Judá cai;
a sua língua e as suas obras
são contra o Senhor,
para desafiarem a sua
gloriosa presença.
9 O parecer do seu rosto
testifica contra eles;
publicam os seus pecados
como Sodoma;
não os dissimulam.
Ai da sua alma!
Fizeram mal a si mesmos.
10 Dizei aos justos que bem
lhes irá,
pois comerão do fruto das
suas obras.
11 Ai dos ímpios! Mal lhes irá!
Comerão do fruto das suas
obras.
12 Os opressores do meu povo
são crianças,
e mulheres estão no domínio
do seu governo.
Oh! povo meu! os que te
guiam te enganam,
e destroem o caminho das
tuas veredas.
13 O Senhor se levanta para
pleitear;
sai para julgar os povos.
14 O Senhor vem em juízo
contra as autoridades
do seu povo,
e contra os seus líderes:
Sois vós os que consumistes
esta vinha;
o que foi furtado do pobre
está em vossas casas.
15 Que tendes vós que afligir o
meu povo
e moer as faces do pobre?
diz o Senhor, o Senhor dos
Exércitos.
16 Diz o Senhor:
Visto que as filhas de Sião
se exaltam
e andam de pescoço erguido,
e têm olhares impudentes e,
quando andam, parecem
dançar,
fazendo retinir os
ornamentos dos seus pés,
17 o Senhor rapará a cabeça
das mulheres de Sião,
e o Senhor descobrirá
a sua nudez.
18 Naquele dia tirará o Senhor
os seus enfeites: os anéis dos ar-
telhos, as toucas, os colares em
forma de meia-lua,
19 os brincos, os braceletes, os véus,
20 os diademas, as cadeias dos ar-
telhos, os cintos, as caixinhas de
perfume e os amuletos,
21 os sinetes e os anéis penden-
tes do nariz,
22 os vestidos diáfanos, os man-
tos, os xales, as bolsas,
23 os espelhos, as capinhas de li-
nho, as tiaras e os véus.
24 Em lugar de perfume haverá
mau cheiro;
em lugar de cinto, uma corda;
em lugar de encrespadura
de cabelos, calvície;
em lugar de veste luxuosa,
pano de saco;
em lugar de formosura,
queimadura.
25 Teus homens cairão à espada;
teus valentes, na peleja.
26 As portas da cidade gemerão
e estarão de luto;
desolada, ela se assentará
no chão.

O Renovo do Senhor

4 Naquele dia sete mulheres
lançarão mão de um homem,
dizendo:
Nós comeremos do nosso pão
e nos vestiremos de nossos
vestidos;

tão somente queremos ser
chamadas pelo teu nome.
Livra-nos da nossa desonra.
2 Naquele dia, o Renovo do Senhor
será cheio de beleza e de glória,
e o fruto da terra será excelen-
te e formoso para os que escapa-
rem de Israel.
3 Aquele que ficar em Sião e per-
manecer em Jerusalém será cha-
mado santo — todo aquele que es-
tiver inscrito entre os vivos em
Jerusalém.
4 Quando o Senhor lavar a imun-
dícia das mulheres de Sião e lim-
par o sangue de Jerusalém do meio
dela, com o espírito de justiça e
com o espírito de ardor,
5 criará o Senhor sobre toda a ex-
tensão do monte de Sião e sobre as
suas congregações uma nuvem de
dia; uma fumaça e um resplendor
de fogo chamejante de noite; sobre
toda a glória haverá um dossel.
6 Será abrigo e sombra contra o ca-
lor do dia; e refúgio e esconderijo
será contra a tempestade e a chuva.

O cântico do vinhateiro

5 Cantarei ao meu amado
o cântico do meu querido
a respeito da sua vinha:
O meu amado teve uma
vinha
num outeiro fértil.
2 Ele a cavou e a limpou
das pedras,
e a plantou de excelentes
vides.
Edificou no meio dela uma
torre
e construiu nela um lagar.
E esperava que desse uvas,
mas deu uvas bravas.
3 Agora, ó moradores
de Jerusalém e homens
de Judá,
julgai entre mim
e a minha vinha.
4 Que mais se podia fazer à
minha vinha,
que eu não lhe tenha feito?
E como, esperando eu que
desse uvas boas,
veio a produzir uvas
bravas?
5 Agora vos direi o que hei
de fazer à minha vinha:
Tirarei a sua cerca, para que
sirva de pasto;
derrubarei a sua parede,
para que seja pisada.
6 Eu a tornarei em deserto;
não será podada nem
escavada;
sarças e espinheiros
crescerão nela.
Darei ordem às nuvens para
que não derramem chuva
sobre ela.
7 A vinha do Senhor dos
Exércitos é a casa de Israel,
e os homens de Judá são
a planta das suas delícias.
Ele esperou que
exercessem
justiça, mas viu opressão;
retidão, mas ouviu clamor.
8 Ai dos que ajuntam casa a casa
e reúnem herdade a herdade,
até que não haja mais lugar,
e fiquem como únicos
moradores no meio da terra!
9 A meus ouvidos disse o
Senhor dos Exércitos:
Em verdade que muitas casas
ficarão desertas;
até as casas grandes e
excelentes ficarão sem
moradores.
10 Dez geiras de vinha não
darão mais do que um bato,
e um ômer de semente não
dará mais do que um efa.

11 Ai dos que se levantam
cedo de manhã
para correr atrás da bebida,
que continuam até alta noite,
até que o vinho os esquente!
12 Harpas e liras, tamborins
e flautas,
e vinho há nos seus
banquetes,
mas não olham para a obra
do Senhor,
nem consideram as obras
das suas mãos.
13 Portanto, o meu povo será
levado cativo,
por falta de entendimento;
os seus nobres terão fome,
e a sua multidão se secará
de sede.
14 Por isso, a sepultura
aumenta o seu apetite
e abre a sua boca
desmesuradamente;
para lá descerá a glória deles,
a sua multidão,
a sua pompa e os que entre
eles folgam.
15 Então o homem será abatido,
e a humanidade será
humilhada;
os olhos dos arrogantes se
humilharão.
16 O Senhor dos Exércitos,
porém,
será exaltado por sua justiça;
Deus, o Santo, será
santificado por sua retidão.
17 Então os cordeiros
pastarão como em
pastos seus,
e entre as ruínas dos ricos
se apascentarão os carneiros.
18 Ai dos que puxam
a iniquidade com cordas
de vaidade,
e o pecado com tirantes
de carros,
19 e dizem: Apresse-se Deus
e acabe a sua obra,
para que a vejamos.
Aproxime-se e venha o
conselho do
Santo de Israel,
para que o conheçamos.
20 Ai dos que ao mal
chamam bem,
e ao bem mal;
que fazem da escuridade luz,
e da luz escuridade;
que põem o amargo por doce,
e o doce por amargo.
21 Ai dos que são sábios
a seus próprios olhos,
e prudentes diante de si
mesmos!
22 Ai dos que são poderosos
para beber vinho
e valentes para misturar
bebida forte,
23 que justificam o ímpio
por suborno
e ao justo negam justiça.
24 Portanto, como as chamas
de fogo consomem o restolho,
e a palha se desfaz na chama,
assim será a sua raiz,
como podridão,
e a sua flor se esvaecerá
como pó;
pois rejeitaram a lei do
Senhor dos Exércitos,
e desprezaram a palavra do
Santo de Israel.
25 Por isso se acende a ira
do Senhor contra o seu povo,
e estende a sua mão contra
ele, e o fere.
As montanhas tremem,
e os seus cadáveres são
como monturo no meio das ruas.
Com tudo isso não tornou
atrás a sua ira,
mas ainda está alçada
a sua mão.

26 Ele arvora o estandarte
ante as nações de longe,
e lhes assobia desde a
extremidade da terra.
Aí vêm, apressadamente.
27 Não há entre eles cansado
nem quem tropece,
ninguém cochila nem dorme;
não se desata o cinto dos
seus lombos,
nem se rompe a correia
dos sapatos.
28 As suas flechas são agudas;
todos os seus arcos,
retesados;
as unhas dos seus cavalos
parecem de pederneira;
as rodas dos seus carros,
um redemoinho.
29 O seu rugido é como o do leão,
rugem como filhos de leão;
rugem e arrebatam a presa;
levam-na e não há quem a livre.
30 Bramarão contra eles
naquele dia,
como o bramido do mar.
Se alguém olhar para a terra,
só verá trevas e angústia,
e a luz se escurecerá pelas
nuvens.

O chamado de Isaías

6 No ano em que morreu o rei
Uzias, eu vi o Senhor assentado
sobre um alto e sublime trono e a
aba do seu manto enchia o templo.
2 Os serafins estavam acima
dele; cada um tinha seis asas: com
duas cobriam os seus rostos,
com duas cobriam os seus pés
e com duas voavam.
3 Clamavam uns aos outros, di-
zendo:
Santo, Santo, Santo é o
Senhor dos Exércitos;
toda a terra está cheia da
sua glória.
4 Os umbrais das portas se move-
ram com a voz do que clamava,
e o templo se encheu de fumaça.
5 Então disse eu: Ai de mim, que
vou perecendo! porque sou um ho-
mem de lábios impuros e habito no
meio de um povo de impuros lábios;
mesmo assim, os meus olhos vi-
ram o rei, o Senhor dos Exércitos!
6 Um dos serafins, porém, voou
para mim trazendo na mão uma
brasa viva, que tirara do altar
com uma tenaz.
7 Com ela tocou a minha boca e
disse: Vê, isto tocou os teus lá-
bios, a tua iniquidade foi tirada
e purificado o teu pecado.
8 Depois disso ouvi a voz do Senhor,
que dizia: A quem enviarei, e quem
há de ir por nós? Então disse eu:
Aqui estou.
Envia-me.
9 Então disse ele:
Vai e dize a este povo:
Ouvis, de fato, e não entendeis;
vedes, em verdade, mas não
percebeis.
10 Torna insensível o coração
deste povo,
endurece-lhe os ouvidos e
fecha-lhe os olhos.
Para que não venha ele a
ver com os seus olhos,
e a ouvir com os seus ouvidos,
e a entender com o seu
coração,
e a converter-se, para que
seja sarado.
11 Então disse eu:
Até quando, Senhor?
E respondeu:
Até que se assolem as
cidades
e fiquem sem habitantes,
e nas casas não fique
morador,
e a terra seja assolada de todo,

12 e o Senhor afaste dela
os homens,
e no meio da terra seja
grande o desamparo.
13 Se, porém, ainda a décima
parte dela ficar,
tornará a ser destruída.
Como o carvalho e como o
terebinto,
os quais, depois de se
desfolharem, ainda
ficam firmes,
assim a santa semente será o
seu toco.

O sinal do Emanuel

7 Nos dias de Acaz, filho de Jotão,
filho de Uzias, rei de Judá,
Rezim, rei da Síria, e Peca, filho
de Remalias, rei de Israel, subi-
ram a Jerusalém, para pelejar
contra ela, mas não puderam
conquistá-la.
2 Avisaram ao rei Davi: A Síria fez
aliança com Efraim. Então se agi-
tou o coração de Acaz e o coração
do seu povo, como se agitam as
árvores do bosque com o vento.
3 Então disse o Senhor a Isaías:
Tu e teu filho Sear- Jasube saí ao
encontro de Acaz, ao fim do aque-
duto da piscina superior, no ca-
minho do campo do lavandeiro,
4 e dize-lhe: Tenha cuidado, aquieta-
-te e não temas. Não se desanime
o teu coração por causa destes
dois pedaços de tições fumegan-
tes; por causa do ardor da ira
de Rezim e da Síria, e do filho de
Remalias.
5 A Síria trama contra ti malig-
namente, com Efraim e com o fi-
lho de Remalias, dizendo:
6 Subamos contra Judá e ame-
drontemo-lo e o conquistemos
para nós, e façamos reinar no
meio dele o filho de Tabeel.
7 Contudo, assim diz o Senhor Deus:
Isso não subsistirá,
tampouco acontecerá,
8 pois a cabeça da Síria é
Damasco,
e a cabeça de Damasco é
Rezim.
Dentro de sessenta e cinco anos
Efraim será quebrantado,
e deixará de ser povo.
9 Entretanto, a cabeça de
Efraim é Samaria,
e a cabeça de Samaria é o
filho de Remalias.
Se não o crerdes,
certamente não ficareis
firmes.
10 Continuou o Senhor a falar
com Acaz, dizendo:
11 Pede para ti ao Senhor, o teu
Deus, um sinal; pede-o ou embai-
xo nas profundezas ou em cima
nas alturas.
12 Acaz, porém, disse: Não o pe-
direi nem tentarei ao Senhor.
13 Então Isaías disse: Ouvi ago-
ra, ó descendentes de Davi: Pouco
vos é afadigardes os homens, se-
não que ainda afadigareis tam-
bém ao meu Deus?
14 Portanto, o mesmo Senhor vos
dará um sinal: A virgem engra-
vidará, e dará à luz um filho, e
será o seu nome Emanuel.
15 Manteiga e mel comerá, até
que saiba rejeitar o mal e esco-
lher o bem.
16 Na verdade, antes que este me-
nino saiba rejeitar o mal e escolher
o bem, a terra ante cujos reis tre-
mes de medo será desamparada.
17 O Senhor, porém, fará vir so-
bre ti, sobre o teu povo e sobre a
descendência de teu pai, pelo rei
da Assíria, dias tais, quais nun-
ca vieram, desde o dia em que
Efraim se separou de Judá.

18 Naquele dia, o Senhor asso-
biará às moscas que há no extre-
mo dos rios do Egito e às abelhas
que andam na terra da Assíria.
19 Elas virão e pousarão todas nos
vales desertos e nas fendas das
rochas, e em todos os espinhei-
ros e em todos os prados.
20 Naquele dia, rapará o Senhor
com uma navalha alugada, que
está além do rio, isto é, com o rei
da Assíria, a cabeça e os cabelos
das pernas, e até a barba será to-
talmente tirada.
21 Naquele dia, alguém criará
uma vaca e duas ovelhas
22 e, por causa da abundância do
leite que elas hão de dar, comerá
manteiga. Manteiga e mel come-
rá todo aquele que ficar de resto
no meio da terra.
23 Naquele dia, todo lugar em que
antes havia mil vides no valor de
mil siclos de prata será deixado
para sarças e para espinheiros.
24 Com arco e flechas se entra-
rá nele, porque as sarças e os es-
pinheiros cobrirão toda a terra.
25 Quanto a todos os montes que
costumavam cavar com enxadas,
para ali não irás, por causa do te-
mor das sarças e dos espinheiros,
mas servirão de pasto para os bois
e serão pisados pelas ovelhas.

A Assíria, instrumento do Senhor

8 Disse-me o Senhor: Toma um
grande rolo e escreve nele com
uma caneta comum: Maer-Salal-
-Has-Baz.
2 Tomei comigo fiéis testemunhas:
Urias, sacerdote, e Zacarias, filho
de Jeberequias.
3 Então deitei-me com a profetisa;
e ela engravidou, e deu à luz um fi-
lho. E me disse o Senhor: Põe-lhe
o nome de Maer-Salal-Has-Baz.
4 Antes que o menino saiba dizer
meu pai ou minha mãe, as rique-
zas de Damasco e os despojos de
Samaria serão levados pelo rei
da Assíria.
5 Continuou o Senhor a falar co-
migo, dizendo:

6 Porque este povo desprezou
as águas de Siloé que correm
brandamente,
e com Rezim
e com o filho de Remalias se
alegrou,
7 portanto o Senhor fará vir
sobre eles as águas do Rio,
fortes e impetuosas,
isto é, o rei da Assíria,
com toda a sua glória.
As águas encherão os leitos
dos rios,
transbordarão por todas as
suas ribanceiras,
8 e penetrarão em Judá,
inundando-o,
e irão passando por ele e
chegarão até o pescoço.
A extensão de suas asas
encherá
a largura da tua terra,
ó Emanuel.
9 Alvoroçai-vos, ó povos,
e sereis quebrantados;
dai ouvidos, todos os que
sois de terras longínquas.
Cingi-vos e sereis feitos em
pedaços.
Sim, cingi-vos e sereis
feitos em pedaços.
10 Tomai juntamente conselho,
e ele será dissipado;
dizei a palavra, mas ela não
subsistirá,
pois Deus é conosco.

11 Assim o Senhor me falou, com
sua forte mão sobre mim, adver-
tindo-me de que não andasse pelo
caminho deste povo, dizendo:

12 Não chameis conspiração
a tudo o que este povo chama
conspiração;
não temais o seu temor,
e não vos assombreis.
13 Ao Senhor dos Exércitos,
a ele santificai;
seja ele o vosso temor,
e seja ele o vosso assombro.
14 Então ele vos será santuário;
mas servirá de pedra de
tropeço,
e de rocha de escândalo
para os dois reinos de Israel,
de laço e rede
aos moradores de Jerusalém.
15 Muitos dentre eles
tropeçarão, cairão,
e serão quebrantados;
serão enlaçados e presos.
16 Ata o testemunho,
e sela a lei entre os meus
discípulos.
17 Esperarei no Senhor,
que esconde o seu rosto
da descendência de Jacó,
e a ele aguardarei.
18 Aqui estou, com os filhos que
me deu o Senhor. Somos sinais e
maravilhas em Israel da parte do
Senhor dos Exércitos, que habi-
ta no monte de Sião.
19 Quando vos disserem: Consultai
os médiuns e os feiticeiros, que
consultam os espíritos e mur-
muram entre dentes, respondei:
Acaso não consultará um povo o
seu Deus? Acaso a favor dos vivos
se consultarão os mortos?
20 À lei e ao Testemunho! Se eles
não falarem segundo esta palavra,
nunca verão a alva.
21 Passarão pela terra duramen-
te oprimidos e famintos; e, quan-
do tiverem fome, ficarão irados e
amaldiçoarão o seu rei e ao seu
Deus, olhando para cima.
22 Então olharão para a terra e
verão somente angústia e escu-
ridão, e sombras de ansiedade, e
serão lançados em densas trevas.

Um menino nos nasceu

9 Aos que estavam aflitos, porém,
não haverá mais obscuridade.
No passado ele humilhou a terra
de Zebulom e a terra de Naftali,
mas, nos últimos, a enobreceu
junto ao caminho do mar, além
do Jordão, a Galileia das nações.
2 O povo que andava em trevas
viu uma grande luz;
sobre os que habitavam na
região da sombra da morte
resplandeceu a luz.
3 Tu multiplicaste este povo,
e alegria lhe aumentaste;
todos se alegrarão perante
ti,
como se alegram na colheita
e como exultam quando se
repartem os despojos.
4 Porque tu quebraste o jugo
que pesava sobre ele,
a vara que lhe feria os
ombros,
e o cetro do seu opressor
como no dia da derrota dos
midianitas.
5 Todo calçado daqueles
que pelejavam no tumulto
e toda veste revolvida em
sangue serão queimados,
servirão de pasto ao fogo.
6 Porque um menino nos
nasceu,
um filho se nos deu;
o principado está sobre os
seus ombros,
e o seu nome será:
Maravilhoso, Conselheiro,
Deus Forte,
Pai da Eternidade, Príncipe
da Paz.

7 Do aumento do seu governo
e paz não haverá fim.
Reinará sobre o trono de Davi
e sobre o seu reino,
para o estabelecer e o
fortificar
em retidão e justiça,
desde agora e para sempre.
O zelo do Senhor dos
Exércitos fará isso.

A ira do Senhor contra Israel

8 **O** Senhor enviou uma palavra
a Jacó,
e ela caiu em Israel.
9 Todo o povo o saberá,
Efraim e os moradores de
Samaria,
que em soberba
e altivez de coração dizem:
10 Os tijolos caíram,
mas com pedras lavradas
tornaremos a edificar;
cortaram-se as figueiras
bravas,
mas por cedros as
substituiremos.
11 O Senhor, porém,
levantará contra
ele os adversários de Rezim
e instigará os seus inimigos.
12 Do leste virão os sírios,
e do oeste, os filisteus,
e devorarão Israel com a
boca escancarada.
Com tudo isto não se apartou
a sua ira,
mas ainda está estendida a
sua mão.
13 Todavia, *este povo* não
se voltou para quem o feria
nem buscou o Senhor dos
Exércitos.
14 Pelo que o Senhor cortará
de Israel a cabeça e a cauda,
o ramo e o junco,
num mesmo dia;
15 o ancião e o homem de
respeito são a cabeça,
o profeta que ensina a
falsidade é a cauda.
16 Os guias deste povo são
enganadores,
e os que por eles são
dirigidos são devorados.
17 Pelo que o Senhor não se
regozijará com os seus jovens,
e não se compadecerá dos
seus órfãos e das suas viúvas,
pois todos eles são
ímpios e malfeitores,
e toda boca profere doidices.
Com tudo isso não se
apartou a sua ira,
mas ainda está estendida a
sua mão.
18 **C**ertamente a impiedade
queima como fogo;
devora as sarças e os
espinheiros,
se ateia no emaranhado da
floresta,
e sobe ao alto em espessas
nuvens de fumaça.
19 Por causa da ira do Senhor
dos Exércitos
a terra será abrasada, e o
povo será pasto do fogo;
ninguém poupará o seu irmão.
20 Se cortar do lado direito,
ainda terá fome,
e se comer do lado
esquerdo,
ainda não se fartará.
Cada um comerá a carne de
seu braço:
21 Manassés a Efraim,
e Efraim a Manassés,
e ambos, juntos, serão
contra Judá.
Com tudo isso não se apartou
a sua ira,
mas ainda está estendida a
sua mão.

10 Ai dos que decretam leis
injustas,
e dos escrivães que escrevem
perversidades,
2 para privar da justiça os
pobres,
e para arrebatar o direito
dos aflitos do meu povo,
despojando as viúvas,
e roubando os órfãos!
3 Que fareis, porém, no dia da
visitação,
e da assolação, que há de
vir de longe?
A quem recorrereis para
obter socorro?
Onde deixareis a vossa
glória,
4 sem que cada um se abata
entre os presos, e caia entre
os mortos?
Com tudo isso a sua ira não
se apartou,
ainda está estendida a sua
mão.

O juízo de Deus sobre a Assíria

5 Ai da Assíria, a vara da
minha ira,
porque a minha indignação
é como bordão nas suas mãos.
6 Envio-a contra uma nação
hipócrita e contra o povo do
meu furor lhe dou ordem,
para que lhe roube a presa
e lhe tome o despojo,
e o ponha para ser pisado
como a lama das ruas.
7 Ela, porém, não pensa assim,
nem o seu coração assim o
imagina;
antes no seu coração
intenta destruir
e *desarraigar não poucas*
nações.
8 Diz ela: Não são os meus
comandantes todos eles reis?
9 Não é Calno como Carquemis?
Não é Hamate como
Arpade?
e Samaria como Damasco?
10 A minha mão alcançou
os reinos dos ídolos,
ainda que as suas imagens
de escultura
fossem melhores do que as de
Jerusalém
e do que as de Samaria.
11 Não faria igualmente a
Jerusalém e aos seus ídolos
como fiz a Samaria e aos
seus ídolos?
12 Havendo o Senhor acabado
toda a sua obra no monte de
Sião e em Jerusalém, então
visitará o fruto do arrogante
coração do rei da Assíria e
a pompa da altivez dos seus
olhos.
13 Porque diz ele:
Com a força da minha mão fiz
isto,
e com a minha sabedoria,
porque sou entendido.
Eu removi os limites dos
povos
e roubei os seus tesouros;
como valente, abati os
que se assentavam sobre
tronos.
14 Achou a minha mão
as riquezas dos povos como a
um ninho;
como se ajuntam os ovos
abandonados,
assim ajuntei toda a terra;
não houve quem movesse
a asa,
ou abrisse a boca, ou
murmurasse.
15 Gloria-se o machado
contra o que corta com ele,
ou se gaba a serra
contra o que a usa?

Como se o bordão movesse os
que o levantam,
ou a vara levantasse a
quem não é pau!
16 Pelo que o Senhor,
o Senhor dos Exércitos,
fará definhar os que entre
eles são gordos,
e debaixo da sua glória ateará
um incêndio,
como incêndio de fogo.
17 A Luz de Israel virá a ser
como fogo;
o seu Santo, como labareda,
que abrase e consuma os
seus espinheiros
e as suas sarças num
só dia.
18 Também consumirá a glória
da sua floresta
e do seu campo fértil desde
a alma até o corpo;
será como quando desmaia
o doente.
19 O resto das árvores da sua
floresta será tão pouco
que um menino as poderá
contar.
20 Naquele dia, os restantes
de Israel
e os que tiverem escapado
da descendência de Jacó
nunca mais confiarão
naquele que os feriu,
mas confiarão fielmente
no Senhor, o Santo de Israel.
21 Os restantes se converterão,
os restantes de Jacó,
ao Deus forte.
22 Ainda que o teu povo, ó
Israel,
seja como a areia do mar,
só um resto dele se
converterá.
Uma destruição está
determinada,
transbordando de justiça.
23 Determinada já está a
destruição,
e o Senhor Deus dos
Exércitos
a executará no meio de toda
esta terra.
24 Pelo que assim diz o Senhor
Deus dos Exércitos:
Não temas a Assíria, povo
meu,
que habitas em Sião,
quando ela te ferir com a vara
e contra ti levantar o seu
bordão
à maneira dos egípcios.
25 Daqui a bem pouco
se cumprirá a minha
indignação
e a minha ira, para os
consumir.
26 O Senhor dos Exércitos os
flagelará com chicote,
como fez na matança de Midiã
junto à rocha de Orebe;
a sua vara se estenderá sobre
o mar,
e ele a levantará como no
Egito.
27 Naquele dia, a sua carga
será tirada do teu ombro,
e o seu jugo do teu pescoço;
o jugo será despedaçado por
causa da gordura.
28 Já vêm chegando a Aiate,
já vão passando por Migrom,
e em Micmás lançam a sua
bagagem.
29 Já vão passando,
já se alojam em Geba,
já Ramá treme,
e Gibeá de Saul vai fugindo.
30 Clama alto com a tua voz,
ó filha de Galim! Ouve, ó Laís!
Ó tu, pobre Anatote!
31 Já Madmena se foi;
os moradores de Gebim
vão fugindo em bandos.

32 Nesse mesmo dia,
pararão em Nobe;
agitarão o punho contra o
monte da filha de Sião,
o outeiro de Jerusalém.
33 O Senhor Deus dos Exércitos,
porém, cortará os ramos
com grande poder.
As árvores de alto porte serão
cortadas,
e as altivas serão abatidas.
34 Cortará com o ferro
a espessura da floresta;
o Líbano cairá na presença
do Poderoso.

O rebento de Jessé

11 Do tronco de Jessé brotará
um rebento,
e das suas raízes um renovo
frutificará.
2 Repousará sobre ele o
Espírito do Senhor,
o Espírito de sabedoria e de
inteligência,
o Espírito de conselho e de
fortaleza,
o Espírito de conhecimento e
de temor do Senhor.
3 Ele se deleitará no temor do
Senhor,
não julgará segundo a vista
dos seus olhos
nem repreenderá segundo
o ouvir dos seus ouvidos,
4 mas julgará com justiça os
pobres
e repreenderá com equidade
os mansos da terra.
Ferirá a terra com a vara da
sua boca
e com o sopro dos seus
lábios matará o ímpio.
5 A *justiça será o* cinto dos
seus lombos,
e a verdade o cinto dos
seus rins.
6 Morará o lobo com o cordeiro,
e o leopardo com o cabrito se
deitará;
o bezerro, o filho de leão e o
animal cevado viverão juntos,
e um menino pequeno os
guiará.
7 A vaca e a ursa pastarão
juntas,
seus filhos juntos se deitarão,
e o leão comerá palha como
o boi.
8 Brincará a criança de peito
sobre a toca da cobra,
e o já desmamado meterá a
mão na cova da víbora.
9 Não se fará mal nem dano
algum em todo o monte da
minha santidade,
pois a terra se encherá do
conhecimento do Senhor
como as águas cobrem o mar.
10 Naquele dia, as nações per-
guntarão pela raiz de Jessé, posta
por estandarte dos povos, e o lu-
gar do seu repouso será glorioso.
11 Naquele dia, o Senhor tornará
a estender a sua mão para adqui-
rir outra vez os restantes do seu
povo, que restarem da Assíria,
do Egito, de Patros, da Etiópia,
de Elão, de Sinear, de Hamate e
das ilhas do mar.
12 Levantará uma bandeira entre
as nações,
e ajuntará os desterrados
de Israel;
e os dispersos de Judá
congregará
desde os quatro cantos da
terra.
13 Ele desfará a inveja de Efraim,
e os adversários de Judá
serão desarraigados;
Efraim não invejará Judá,
e Judá não oprimirá
Efraim.

14 Antes voarão sobre os
ombros dos filisteus ao
Ocidente;
juntos despojarão os filhos
do Oriente.
Em Edom e Moabe porão as
mãos,
e os filhos de Amom lhes
obedecerão.
15 O Senhor destruirá
totalmente
o braço de mar do Egito
e moverá a sua mão contra
o Rio com a força do seu vento.
Ele o ferirá e o dividirá em
sete correntes,
e qualquer pessoa o
atravessará de sandálias.
16 Haverá caminho plano
para o restante do seu povo
que for deixado da Assíria,
como sucedeu a Israel
no dia em que subiu da
terra do Egito.

Cântico de louvor

12 Naquele dia dirás:
Graças te dou, ó Senhor.
Ainda que te iraste contra mim,
a tua ira se retirou,
e tu me consolaste.
2 Certamente Deus é a minha
salvação;
confiarei e não temerei.
O Senhor Deus é a minha
força e o meu cântico;
ele se tornou a minha
salvação.
3 Com alegria vós tirareis
águas das fontes da salvação.
4 Direis naquele dia:
Dai graças ao Senhor,
invocai o seu nome;
tornai manifestos os seus
feitos entre os povos
e contai quão excelso é o seu
nome.
5 Cantai ao Senhor, pois fez
coisas grandiosas;
saiba-se isso em toda a
terra.
6 Exulta e canta de alegria,
ó habitante de Sião,
pois grande é o Santo de
Israel no meio de ti.

Oráculo acerca de Babilônia

13 Oráculo acerca de Babilônia, o
qual viu Isaías, filho de Amoz:
2 Alçai uma bandeira sobre
o monte escalvado,
levantai a voz para eles;
acenai-lhes com a mão
para que entrem pelas
portas dos nobres.
3 Eu dei ordens aos meus
consagrados;
chamei os meus valentes
para a minha ira,
os que exultam com a
minha majestade.
4 Já se ouve a gritaria da
multidão sobre os montes,
semelhante à de um grande
povo;
a voz do rebuliço de reinos
e de nações já congregados.
O Senhor dos Exércitos passa
em revista
o exército para a guerra.
5 Já vem de uma terra distante,
desde a extremidade do céu,
o Senhor e os instrumentos
da sua indignação,
para destruir toda aquela
terra.
6 Chorai, pois o Dia do Senhor
está perto;
virá do Todo-poderoso
como assolação.
7 Pelo que todas as mãos se
debilitarão,
e o coração de todos os
homens se desanimará.

8 Ficarão assombrados
e serão dominados por
dores e ais;
se angustiarão,
como a parturiente.
Cada um se espantará com
o seu próximo,
os seus rostos serão rostos
flamejantes.
9 Vede, o dia do Senhor vem,
horrendo, com furor e ira
ardente,
para pôr a terra em
assolação e
destruir do meio dela os
pecadores.
10 As estrelas dos céus e os
astros não darão a sua luz.
O sol se escurecerá ao nascer,
e a lua não fará resplandecer
a sua luz.
11 Castigarei o mundo por sua
maldade,
e sobre os ímpios a sua
iniquidade.
Farei cessar a arrogância dos
atrevidos
e abaterei a soberba dos
cruéis.
12 Farei que um homem seja
mais raro do que o ouro puro,
mais escasso do que o ouro
fino de Ofir.
13 Por isso, farei estremecer
os céus;
a terra se moverá do seu
lugar por causa do furor
do Senhor dos Exércitos,
e do dia da sua ardente ira.
14 Cada um será como a corça
que foge,
como a ovelha que
ninguém recolhe;
cada um voltará para o seu
povo,
e cada um fugirá para a sua
terra.
15 Todo o que for achado será
trespassado;
todo o que for apanhado,
cairá à espada.
16 As suas crianças serão
despedaçadas perante os seus
olhos;
as suas casas serão
saqueadas
e as suas mulheres
violentadas.
17 Vede, eu despertarei contra
eles os medos,
que não farão caso da prata,
tampouco desejarão ouro.
18 Os seus arcos despedaçarão
os jovens,
e eles não terão misericórdia
do fruto do ventre;
o seu olho não poupará as
crianças.
19 Babilônia, o enfeite dos
reinos,
a glória e a soberba dos
caldeus,
será como Sodoma e Gomorra,
quando Deus as
transtornou.
20 Nunca mais será habitada
nem reedificada de
geração em geração;
o árabe não armará ali a
sua tenda
nem os pastores ali farão
deitar os seus rebanhos.
21 As feras do deserto, porém,
repousarão ali,
e as suas casas se encherão
de chacais;
ali habitarão as corujas,
e os bodes selvagens pularão
ali.
22 As hienas gritarão umas
às outras nos seus palácios
vazios,
como também os chacais
nos seus palácios luxuosos.

Bem perto está o seu tempo,
e os seus dias não se
prolongarão.

14 O Senhor se compadecerá
de Jacó;
uma vez mais elegerá Israel
e os porá na sua própria
terra.
Estrangeiros se ajuntarão
com eles,
e se achegarão à casa de
Jacó.
2 Os povos os receberão,
e os levarão aos seus lugares,
e a descendência de Israel
os possuirá por servos e por
servas,
na terra do Senhor.
Aprisionarão aqueles que os
prenderam,
e dominarão aqueles que os
oprimiram.
3 No dia em que Deus vier a dar-
-te descanso do teu trabalho, do
teu tremor e da dura servidão
com que te fizeram servir,
4 então proferirás este dito con-
tra o rei de Babilônia:
Como cessou o opressor!
Como acabou a tirania!
5 Já quebrou o Senhor a vara
dos ímpios
e o cetro dos dominadores,
6 que feria os povos com furor,
com praga incessante,
e que com ira dominava as
nações,
com uma perseguição
irresistível.
7 Já descansa, está sossegada
toda a terra!
Exclamam todos com
júbilo.
8 Até os ciprestes se alegram
sobre ti,
e os cedros do Líbano
dizem:
Desde que caíste ninguém sobe
contra nós para nos cortar.
9 O além desde o profundo se
agitou por ti,
para te sair ao encontro
na tua vinda;
despertou por ti os mortos,
e todos os governantes da
terra;
fez levantar dos seus tronos
todos os reis das nações.
10 Todos estes responderão
e te dirão:
Tu também estás fraco
como nós,
e te tornaste semelhante a nós.
11 Já foi derrubada na cova a
tua soberba,
com o som dos teus alaúdes;
as larvas te servem de cama,
e os vermes te cobrem.
12 Como caíste do céu,
ó estrela da manhã,
filho da alva!
Como foste lançado por
terra,
tu que debilitavas as nações!
13 Tu dizias no teu coração:
Eu subirei ao céu;
acima das estrelas de Deus
exaltarei o meu trono;
no monte da congregação me
assentarei,
nas extremidades do norte.
14 Subirei acima das mais altas
nuvens;
serei semelhante ao
Altíssimo.
15 Contudo, serás levado
à cova,
ao mais profundo do abismo.
16 Os que te virem te
contemplarão,
e, ponderando, dirão:
É este o homem que fazia
estremecer a terra
e tremer os reinos?

17 Que punha o mundo como
um deserto e assolava as suas
cidades?
Que a seus cativos não
deixava voltar soltos
para suas casas?
18 Todos os reis das nações,
todos eles,
jazem com honra,
cada um no seu túmulo.
19 Quanto, a ti, porém,
és lançado da tua sepultura,
como um renovo
abominável,
coberto de mortos
atravessados à espada,
como os que descem às
pedras da cova,
como o cadáver pisado.
20 Com eles não te reunirás na
sepultura,
pois destruíste a tua terra e
mataste o teu povo.
A descendência dos malignos
não será nomeada para
sempre.
21 Preparai a matança para
os filhos
por causa da maldade
de seus pais,
para que não se levantem e
possuam a terra,
e encham o mundo de
cidades.
22 Eu me levantarei
contra eles,
diz o Senhor dos Exércitos,
e exterminarei de
Babilônia o nome,
o restante, o filho, e o neto,
diz o Senhor.
23 Eu a reduzirei a possessão
de corujas
e a *lagoas de águas*; eu a
varrerei com a
vassoura de destruição,
diz o Senhor dos Exércitos.

Profecia acerca da Assíria

24 **O** Senhor dos Exércitos
jurou, dizendo:
Como pensei,
assim sucederá,
e como determinei,
assim se efetuará.
25 Quebrantarei a Assíria na
minha terra;
nas minhas montanhas a
pisarei.
O jugo será retirado de Israel,
e a sua carga se desviará
dos seus ombros.
26 Este é o conselho que foi
determinado sobre toda a terra;
esta é a mão que está
estendida sobre todas as
nações.
27 Pois o Senhor dos Exércitos
o determinou;
quem o invalidará?
A sua mão está estendida;
quem a fará voltar atrás?

Profecia acerca dos filisteus

28 No ano em que morreu o rei
Acaz, veio esta advertência:
29 Não te alegres, tu, toda a Filístia,
por estar quebrada a vara
que te feria;
da raiz da cobra sairá
uma víbora,
e o seu fruto será uma
serpente venenosa e voadora.
30 Os primogênitos dos pobres
serão apascentados,
e os necessitados se
deitarão seguros.
Mas farei morrer de fome a
tua raiz,
e serão destruídos os teus
restantes.
31 Lamentai, ó porta!
Grita, ó cidade!
Tu, ó Filístia, estás toda
derretida!

Do norte vem uma fumaça,
e não há vacilantes nas
suas fileiras.
32 O que se responderá
aos mensageiros do povo?
Que o Senhor fundou Sião,
e que nela encontram
refúgio os aflitos do seu povo.

Profecia acerca de Moabe

15 Advertência acerca de Moabe:
Certamente numa noite
foi destruída Ar de Moabe,
e foi desfeita.
Certamente numa noite foi
destruída Quir de Moabe,
e foi desfeita.
2 Vai subindo Dibom ao
seu templo,
aos seus lugares altos,
a fim de chorar;
por Nebo e por Medeba
Moabe uivará.
Todas as cabeças ficarão calvas,
e toda barba será rapada.
3 Vestiram-se de sacos
nas suas ruas;
nos seus terraços e nas
suas praças
andam todos pranteando,
e choram abundantemente.
4 Tanto Hesbom como Eleale
andam gritando;
até Jaaz se ouve a sua voz.
Portanto os armados de
Moabe clamam,
e a sua alma treme dentro
deles.
5 O meu coração clama
por causa de Moabe;
fugiram os seus nobres
para Zoar,
como uma novilha de três anos.
Vão chorando pela subida
de Luíte;
no caminho de Horonaim
lamentam a sua destruição.
6 As águas de Ninrim secaram,
e murchou o pasto;
definhou a erva,
e não há verdura alguma.
7 Por isso, a abundância
que ajuntaram e guardaram
levam para o riacho dos
salgueiros.
8 O seu pranto rodeia os limites
de Moabe;
até Eglaim chega o seu
clamor,
e até Beer-Elim o seu
lamento.
9 As águas de Dimom estão
cheias de sangue,
mas ainda acrescentarei
a Dimom: leões contra
aqueles
que escaparem de Moabe,
e contra os que restarem na
terra.

16 Enviai cordeiros ao
governante da terra,
desde Sela, no deserto,
até o monte da filha de Sião.
2 Como pássaros que vagueiam,
como ninhada dispersa,
assim são as filhas de Moabe
junto aos vaus do Arnom.
3 Dá conselhos e executa o juízo.
Põe a tua sombra como
a noite,
em pleno meio-dia.
Esconde os desterrados
e não descubras os fugitivos.
4 Habitem entre ti os meus
desterrados, ó Moabe;
serve-lhes de refúgio
perante a face do destruidor.
O opressor terá fim,
e cessará a destruição;
o agressor desaparecerá da
terra.
5 Um trono se firmará em amor;
sobre ele no tabernáculo de
Davi se assentará

com fidelidade um
que julgue,
busque o juízo e se apresse a
fazer justiça.
6 Ouvimos da soberba de
Moabe,
soberbo em extremo;
da sua arrogância,
da sua soberba e do seu furor,
mas tudo isso é sem valor.
7 Portanto, os moabitas
chorarão por Moabe.
Lamentarão e prantearão
pelos homens de Quir-Haresete.
8 Os campos de Hesbom
murcharam,
e também a vinha de Sibma.
Os senhores das nações
derrubaram
os seus melhores ramos;
vão chegando a Jazer,
andam vagueando pelo
deserto.
Os seus rebentos se estenderam
e passaram além do mar.
9 Pelo que prantearei,
com o pranto de Jazer,
a vinha de Sibma.
Regarei a vós com as minhas
lágrimas,
ó Hesbom e Eleale!
O júbilo dos teus frutos de
verão
e da tua colheita
desapareceu.
10 Fugiram a exultação e a
alegria do campo fértil,
e já nas vinhas não se canta
nem há júbilo algum;
já não pisam as uvas nos
lagares,
pois eu fiz cessar o grito da
vindima.
11 *Pelo que o meu íntimo* vibra
como harpa por Moabe,
e o meu coração por
Quir-Heres.
12 Quando Moabe se
apresentar nos seus altos,
apenas se cansará;
quando entrar no seu
santuário para orar, nada
alcançará.
13 Essa é a palavra que o Senhor
falou no passado acerca de Moabe.
14 Agora, porém, diz o Senhor:
Dentro de três anos, tais como
os anos dos assalariados, será
sem valor a glória de Moabe, com
toda a sua grande multidão, e o
seu restante será pouco e fraco.

Profecia acerca de Damasco e Efraim

17 Advertência acerca de
Damasco:
Damasco será tirada,
e já não será cidade,
mas um montão de ruínas.
2 As cidades de Aroer serão
abandonadas,
e hão de ser para os rebanhos,
que se deitarão sem haver
quem os espante.
3 A fortaleza de Efraim cessará,
como também o reino de
Damasco;
o restante da Síria será como
a glória dos filhos de Israel,
diz o Senhor dos Exércitos.
4 Será diminuída naquele
dia a glória de Jacó;
a gordura da sua carne
desaparecerá.
5 Será como o ceifeiro que
colhe o trigo,
e com o seu braço colhe as
espigas;
será também como o que
colhe espigas
no vale de Refaim.
6 Contudo, ainda ficarão nele
algumas espigas,
como no sacudir da oliveira,

duas ou três azeitonas na
mais alta ponta dos ramos,
e quatro ou cinco nos
ramos mais exteriores
de uma árvore frutífera,
diz o Senhor, o Deus de Israel.
7 Naquele dia, atentará o
homem
para o seu Criador,
e os seus olhos olharão para o
Santo de Israel.
8 Não dará atenção aos altares,
obra das suas mãos,
nem olhará para o que
fizeram
os seus dedos, nem para os
bosques,
nem para os altares de
incenso.
9 Naquele dia, as suas cidades for-
tes, as quais abandonaram por
causa dos filhos de Israel, serão
como os lugares abandonados
no bosque ou no cume das mon-
tanhas. E tudo será assolação.
10 Tu te esqueceste do Deus da
tua salvação,
e não te lembraste da rocha
da tua fortaleza.
Portanto, ainda que faças
plantações formosas
e ponhas nelas mudas de
fora,
11 e as faças crescer no dia
em que as plantares
e florescer na manhã
desse dia,
contudo a colheita voará no
dia da tribulação
e das dores incuráveis.
12 Ai do bramido de
muitos povos
que bramam como o
bramido dos mares.
Ai do rugido das nações
que rugem como o rugido
de impetuosas águas!
13 Embora rujam as nações
como o rugido das muitas
águas,
quando ele as repreender
fugirão para longe,
serão levadas como a palha
dos montes diante do vento
e como a poeira diante do
tufão.
14 Ao anoitecer há pavor,
e antes que amanheça,
eles já não existem.
Este é o quinhão daqueles
que nos despojam,
e a sorte daqueles que nos
saqueiam.

Profecia acerca da Etiópia

18 Ai da terra do roçar das
asas,
que está além dos rios da
Etiópia,
2 que envia embaixadores
por mar
em navios de papiro sobre
as águas,
dizendo: Ide, mensageiros
velozes,
a um povo de estatura alta e
pele macia,
a um povo terrível desde o
seu princípio,
a uma nação forte e vitoriosa,
cuja terra os rios dividem!
3 Vós, todos os habitantes do
mundo,
e vós, os moradores da
terra,
quando se arvorar a
bandeira nos montes,
o vereis e,
quando se tocar a trombeta,
o ouvireis.
4 Assim me diz o Senhor:
Estarei quieto,
olhando desde a minha
morada,

como o ardor do sol
resplandecente,
como a nuvem do orvalho
no calor da colheita.
5 Porque antes da colheita,
quando já caiu a flor
e quando as uvas
amadurecem,
cortará com a foice os rebentos,
e tirará os ramos,
e os lançará fora.
6 Serão deixados juntos às
aves dos montes
e aos animais da terra;
sobre eles veranearão as aves
de rapina,
e todos os animais da terra
invernarão sobre eles.
7 Naquele tempo, será levado
um presente ao Senhor dos
Exércitos
da parte de um povo alto e
de pele macia,
povo terrível desde o seu
princípio,
uma nação forte e vitoriosa,
cuja terra os rios dividem;
um presente será levado ao lugar
do nome do Senhor dos Exércitos,
ao monte Sião.

Profecia acerca do Egito

19 Advertência acerca do Egito:
O Senhor vem cavalgando
numa nuvem ligeira e virá
ao Egito.
Os ídolos do Egito tremem
perante a sua face,
e o coração dos egípcios se
derrete dentro deles.
2 Farei que os egípcios se
levantem contra os egípcios,
e cada um pelejará contra o
seu irmão,
e cada um contra o seu próximo,
cidade contra cidade,
reino contra reino.
3 O espírito dos egípcios se
esvaecerá dentro deles,
e eu destruirei o seu conselho;
consultarão os seus ídolos e
os encantadores,
os médiuns e os feiticeiros.
4 Entregarei os egípcios
nas mãos de um senhor duro,
e um rei rigoroso os
dominará,
diz o Senhor, o Senhor dos
Exércitos.
5 Minguarão as águas do Nilo,
e o rio se esgotará e secará.
6 Os canais exalarão mau cheiro;
os rios do Egito se
esgotarão e secarão.
As canas e os juncos
murcharão,
7 também a relva que está
junto ao rio,
junto às suas ribanceiras,
e tudo o que foi semeado
junto ao rio,
se secará, será arrancado
e deixará de existir.
8 Os pescadores gemerão,
e suspirarão;
os que estendem rede
sobre as águas desfalecerão.
9 Os que trabalham em
linho fino,
e os que tecem pano branco
se envergonharão.
10 Os seus tecelões serão
arrasados,
e todos os que trabalham
por salário ficarão com
tristeza na alma.
11 Na verdade loucos são os
líderes de Zoã;
o conselho dos sábios
conselheiros de faraó se
embruteceu.
Como direis a faraó:
Sou filho de sábios,
filho de antigos reis?

12 Onde estão agora os
teus sábios?
Anunciem-te,
ou informem-te do que o
Senhor dos Exércitos
determinou contra o Egito.
13 Loucos se tornaram os
líderes de Zoã,
enganados estão os
líderes de Mênfis;
eles farão errar o Egito,
eles que são a pedra de
esquina das suas tribos.
14 O Senhor derramou no
meio deles um espírito
de tontura;
fazem errar o Egito com
toda a sua obra,
como o bêbado quando se
revolve no seu vômito.
15 Não aproveita ao Egito
obra alguma
que possa fazer, nada
que a cabeça
ou cauda, a palma ou o
junco possam fazer.
16 Naquele tempo, os egípcios se-
rão como mulheres; tremerão e
temerão por causa da mão ergui-
da que o Senhor dos Exércitos le-
vanta contra eles.
17 E a terra de Judá será um ter-
ror para os egípcios; todo aque-
le a quem isso se anunciar se as-
sombrará, por causa do propósito
do Senhor dos Exércitos, do que
determinou contra eles.
18 Naquele tempo, haverá cinco
cidades na terra do Egito que fala-
rão a língua de Canaã e farão ju-
ramento ao Senhor dos Exércitos.
Uma delas se chamará Cidade de
Destruição.
19 Naquele tempo, o Senhor terá
um altar no meio da terra do Egito,
e um monumento ao Senhor na
sua fronteira.
20 Servirá de sinal e de testemu-
nho ao Senhor dos Exércitos na
terra do Egito. Quando clamarem
ao Senhor, por causa dos opres-
sores, ele lhes enviará um salva-
dor e um defensor que os livrará.
21 O Senhor se dará a conhecer ao
Egito, e os egípcios conhecerão o
Senhor naquele dia. Eles o adora-
rão com sacrifícios e ofertas; farão
votos ao Senhor e os cumprirão.
22 Ferirá o Senhor os egípcios
com uma praga; ele os ferirá e
os curará. Eles se converterão ao
Senhor, e ele lhes ouvirá as ora-
ções, e os curará.
23 Naquele dia, haverá estrada
do Egito até a Assíria. Os assí-
rios virão ao Egito, e os egípcios
irão à Assíria. Os egípcios ado-
rarão com os assírios ao Senhor.
24 Naquele dia, Israel será o ter-
ceiro com os egípcios e os assírios,
uma bênção no meio da terra.
25 O Senhor dos Exércitos os
abençoará, dizendo: Bendito seja
o Egito, meu povo, a Assíria, obra
de minhas mãos, e Israel, a mi-
nha herança.

Profecia acerca do Egito e da Etiópia

20 No ano em que Tartã, en-
viado por Sargom, rei da
Assíria, veio a Asdode, guerreou
contra ela e a tomou,
2 falou o Senhor, nesse mesmo tem-
po, por intermédio de Isaías, filho
de Amoz. Disse-lhe: Vai, tira o pano
de saco dos teus lombos e descalça
as sandálias dos teus pés. E assim
ele o fez, andando nu e descalço.
3 Então disse o Senhor: Assim
como o meu servo Isaías andou
três anos nu e descalço, por si-
nal e prodígio sobre o Egito e so-
bre a Etiópia,

4 assim o rei da Assíria levará
em cativeiro os presos do Egito,
e os exilados da Etiópia, tanto jo-
vens como velhos, nus e descal-
ços, e com as nádegas descober-
tas, para vergonha do Egito.
5 Temerão e se envergonharão os
que depositaram a confiança na
Etiópia, e se gloriaram no Egito.
6 Então dirão os moradores desta
região naquele dia: Vede o que acon-
teceu à nossa esperança, aqueles
a quem buscamos por socorro e li-
vramento da face do rei da Assíria!
Como, pois, escaparemos nós?

Profecia acerca de Babilônia

21 Advertência acerca do de-
serto do mar:
Como os tufões de vento do sul,
que a tudo assolam,
ele virá do deserto,
de uma terra de terror.
2 Visão dura me foi manifesta:
O traidor trai,
e o destruidor anda
destruindo.
Sobe, ó Elão! Sitia, ó Média!
Já fiz cessar todo o seu
gemido.
3 Pelo que os meus lombos
estão cheios de grande
enfermidade,
angústias se apoderaram de
mim como as angústias da
que dá à luz;
estou tão desfalecido que
não posso ver.
4 O meu coração se estremece,
o horror me apavora;
o crepúsculo, que desejava,
se me tornou em tremores.
5 Eles põem a mesa,
estendem os tapetes,
comem, bebem!
Levantai-vos, líderes,
preparai o escudo!
6 Assim me diz o Senhor:
Vai, põe uma sentinela,
e ela que diga o que vir.
7 Quando vir um bando de
cavaleiros de dois a dois,
um bando de jumentos
e um bando de camelos,
ela que escute atentamente
com grande cuidado.
8 E clamou a sentinela:
Senhor, sobre a torre de vigia
estou em pé
continuamente de dia,
e de guarda me ponho noites
inteiras.
9 Aí vem um bando de homens,
e cavaleiros de dois a dois.
Então ele respondeu:
Caiu, caiu Babilônia!
Todas as imagens de
escultura
dos seus deuses jazem
quebradas no chão!
10 Ah! malhada minha e trigo
da minha eira!
O que ouvi do Senhor dos
Exércitos,
Deus de Israel, isso vos
anunciei.

Profecia acerca de Edom

11 Advertência acerca de Dumá:
Gritam-me de Seir:
Guarda, o que resta da noite?
Guarda, o que resta da noite?
12 Disse o guarda:
Vem a manhã, mas também a
noite.
Se quereis perguntar,
perguntai;
voltai, vinde.

Profecia acerca da Arábia

13 Advertência acerca da Arábia:
Ó caravanas de dedanitas,
que passais a noite nos
bosques da Arábia,

14 saí com água ao encontro
dos sedentos;
ó moradores da terra de Tema,
saí com pão ao encontro dos
fugitivos.
15 Fogem diante das espadas,
diante da espada nua,
e diante do arco armado,
e diante da pressão da guerra.
16 Assim me disse o Senhor: Dentro
de um ano, tal como os anos dos
assalariados, toda a glória de
Quedar desaparecerá.
17 O restante do número dos fle-
cheiros, os valentes dos filhos de
Quedar, serão diminuídos. Assim
o disse o Senhor, Deus de Israel.

Profecia acerca de Jerusalém

22 Advertência acerca do vale
da Visão:
Que tens agora,
para que com todos os teus
subisses aos telhados?
2 Cidade cheia de aclamações,
cidade turbulenta,
cidade que salta de alegria,
os teus mortos não são
mortos à espada
nem morreram na guerra.
3 Todos os teus líderes
juntamente fugiram;
foram capturados sem
o uso do arco.
Todos os que em ti se acharam
foram presos juntamente,
enquanto fugiam do inimigo
que ainda estava longe.
4 Portanto digo: Desviai de mim
a vista,
e chorarei amargamente.
Não vos canseis mais em
consolar-me
pela destruição da filha do
meu povo.
5 Dia de alvoroço, de vexame e
de confusão
é este da parte do Senhor,
o Deus dos Exércitos,
no vale da Visão,
dia de derrubar muros e de
clamar às montanhas.
6 Elão toma a aljava,
com carros de homens e
cavaleiros,
e Quir descobre os escudos.
7 Os teus mais formosos vales
se enchem de carros,
e os cavaleiros se põem em
ordem às portas.
8 Tiram-se as defesas de Judá.
Naquele dia, olhaste para as
armas da Casa do Bosque.
9 Então vistes as brechas da
Cidade de Davi,
porque são muitas,
e ajuntastes as águas da
piscina inferior.
10 Contastes os edifícios de
Jerusalém,
e derrubastes casas para
fortalecer os muros.
11 Fizestes também um
reservatório
entre os dois muros para
as águas da piscina velha,
mas não olhastes para cima,
para o que o tinha feito
nem considerastes o que
o formou desde a antiguidade.
12 O Senhor, o Senhor Deus dos
Exércitos
vos convidou naquele dia
para chorar e prantear,
para rapar a cabeça e vestir
pano de saco.
13 Contudo, há deleite e alegria,
matam-se vacas e degolam-se
ovelhas,
come-se carne e bebe-se
vinho,
e diz-se: Comamos e bebamos,
porque amanhã
morreremos.

14 O Senhor dos Exércitos declarou isto aos meus ouvidos: Certamente esta maldade não será expiada até que morrais, diz o Senhor Deus dos Exércitos.
15 Assim diz o Senhor Deus dos Exércitos:
Anda, vai ter com este administrador,
Sebna, o mordomo, e dize-lhe:
16 O que é que fazes aqui,
e quem te deu permissão
para que cavasses aqui uma sepultura?
Cavando em lugar alto a tua sepultura,
talhando na rocha morada para ti mesmo!
17 Cuidado! O Senhor te lançará para longe,
ó homem forte,
e seguramente te agarrará.
18 Ele te enrolará como uma bola
e te atirará em um país espaçoso.
Ali morrerás e ali
permanecerão os carros da tua glória,
ó tu, vergonha da casa do teu senhor.
19 Eu te demitirei do teu posto
e te arrancarei da tua posição.
20 Naquele dia, chamarei o meu servo Eliaquim, filho de Hilquias,
21 e o revestirei da tua túnica, e o cingirei com o teu cinto, e entregarei nas suas mãos o teu domínio, e será como pai para os moradores de Jerusalém e para os habitantes de Judá.
22 Porei a chave do reino de Davi sobre o seu ombro, e ele abrirá, *e ninguém fechará*, e fechará, e ninguém abrirá.
23 Eu o fincarei como um prego num lugar firme; como um trono de honra ele será para o reino de seu pai.
24 Nele será pendurada toda a glória da família de seu pai: os renovos e os descendentes, todos os vasos menores, desde as taças até os jarros.
25 Naquele dia, diz o Senhor dos Exércitos, o prego fincado em lugar firme será tirado; será arrancado, e cairá, e a carga que nele estava se desprenderá, porque o Senhor o disse.

Profecia acerca de Tiro

23 Advertência acerca de Tiro:
Chorai, navios de Társis,
porque está assolada,
a ponto de não haver nela casa nenhuma,
e de ninguém mais entrar nela.
Desde a terra de Quitim
lhes foi isto revelado.
2 Calai-vos, moradores da ilha,
vós a quem enriqueceram
os mercadores de Sidom,
navegando pelo mar.
3 Por sobre grandes águas
veio a sua provisão,
o cereal de Sior, a ceifa do Nilo,
que era a renda de Tiro,
e ela se tornou a feira das nações.
4 Envergonha-te, ó Sidom, e tu,
ó fortaleza do mar,
porque o mar disse:
Eu não tive dores de parto
nem dei à luz;
nem criei jovens,
nem eduquei donzelas.
5 Quando a notícia a respeito
de Tiro chegar ao Egito,
com ela se angustiarão os homens.
6 Passai a Társis;
chorai, moradores da ilha.

7 É esta a vossa cidade que
andava pulando de alegria,
cuja origem é dos dias
antigos,
cujos pés a levavam
para longe a peregrinar?
8 Quem formou este desígnio
contra Tiro,
a cidade coroada,
cujos mercadores são
príncipes,
e cujos negociantes são
os mais nobres da terra?
9 O Senhor dos Exércitos
formou este desígnio
para denegrir a soberba de
toda glória
e tornar vil os mais
nobres da terra.
10 Passa como o Nilo pela tua
terra, ó filha de Társis,
pois o teu porto já não existe.
11 O Senhor estendeu a sua
mão sobre o mar
e fez tremer os seus reinos.
Deu uma ordem acerca de
Canaã,
para que se destruíssem as
suas fortalezas.
12 E disse: Nunca mais
pularás de alegria,
ó oprimida donzela,
filha de Sidom;
levanta-te, passa a Quitim,
e mesmo ali não terás
descanso.
13 Vede a terra dos caldeus,
este povo que agora não
tem importância alguma.
Os assírios a destinaram
para as feras do deserto;
levantaram as suas torres de
sítio,
derrubaram as suas
fortalezas
e a transformaram em
ruínas.
14 Chorai, navios de Társis;
é destruída a vossa força.
15 Naquele dia, Tiro será esqueci-
da por setenta anos, a duração dos
dias de um rei. Mas no fim desses
setenta anos, acontecerá a Tiro
como na canção da prostituta:
16 Toma a harpa, rodeia a cidade,
ó prostituta entregue ao
esquecimento;
toca bem, canta muitos
cânticos,
para que haja memória de ti.
17 No fim de setenta anos, o Senhor
visitará Tiro, e ela tornará ao
seu ganho de prostituta e terá
comércio com todos os reinos
que há sobre a face da terra.
18 Contudo, o seu comércio e o
seu ganho de prostituta será con-
sagrado ao Senhor; não se ente-
sourará nem se fechará. O seu
comércio será para os que habi-
tam perante o Senhor, para que
tenham comida em abundância
e vestes finas.

A devastação que o Senhor trará sobre a terra

24 Vede, o Senhor esvazia a
terra e a desola;
ele transtorna a sua
superfície
e dispersa os seus
moradores.
2 O que suceder ao povo,
sucederá ao sacerdote;
ao servo, como ao seu
senhor;
à serva, como à sua senhora;
ao comprador, como ao
vendedor;
ao que empresta, como ao
que toma emprestado;
ao credor, como ao devedor.
3 Totalmente se esvaziará
a terra,

e será completamente
saqueada.
O Senhor pronunciou esta
palavra.
4 A terra seca-se e se murcha,
o mundo enfraquece e se
murcha,
enfraquecem os mais altos
do povo da terra.
5 A terra está contaminada
por causa dos seus
moradores;
eles desobedeceram às leis,
mudaram os estatutos
e quebraram a aliança eterna.
6 Por isso, a maldição
consome a terra;
os que nela habitam se
tornam culpados.
Portanto, serão queimados
os moradores da terra,
e poucos homens restarão.
7 Seca-se o vinho, e enfraquece
a vide;
suspiram todos os alegres
de coração.
8 Cessou a exultação dos
tamborins,
acabou o ruído dos que
pulam de satisfação,
e descansou a alegria da
harpa.
9 Já não bebem vinho com
canções;
a bebida forte é amarga
para os que a bebem.
10 Desolada está a cidade
arruinada;
todas as casas estão
fechadas.
11 Há lastimoso clamor nas
ruas por causa do vinho;
toda a alegria se escureceu,
foi-se a alegria da terra.
12 Na cidade, só resta a
desolação,
e a porta está reduzida à ruína.
13 Assim será na terra,
entre as nações,
como quando a oliveira é
sacudida,
ou como quando se deixam
os restos das uvas, depois de
acabada a colheita.
14 Estes levantam a voz e
cantam com alegria;
por causa da majestade do
Senhor clamam desde o mar.
15 Portanto glorificai ao Senhor
no Oriente;
nas ilhas do mar
exaltai o nome do Senhor
Deus de Israel.
16 Dos confins da terra
ouvimos cantar:
Glória ao Justo.
Mas eu disse: Definho,
definho!
Ai de mim!
Os traidores tratam
traiçoeiramente;
os traidores tratam
traiçoeiramente.
17 O temor, a cova e o laço vêm
sobre ti,
ó morador da terra.
18 Aquele que fugir da voz
do terror cairá na cova,
e o que subir da cova o laço
o prenderá.
As janelas do alto se abriram;
tremem os fundamentos da
terra.
19 A terra é quebrantada,
a terra é fendida,
a terra é totalmente
abalada.
20 A terra vacila como um
bêbado,
oscila como uma choça
ao vento;
tão pesada é a culpa da sua
rebelião que ela cai,
e jamais se levantará.

21 Naquele dia, o Senhor
castigará, no alto,
as potestades nos céus,
e embaixo, os reis da terra.
22 Serão amontoados
como presos numa masmorra;
serão encerrados num
cárcere
e castigados depois de
muitos dias.
23 A lua se envergonhará,
e o sol se confundirá;
pois o Senhor dos Exércitos
reinará no monte Sião e em
Jerusalém,
e perante os seus líderes,
gloriosamente.

Cântico de ação de graças

25 Ó Senhor, tu és o meu Deus;
eu te exaltarei
e louvarei o teu nome,
pois em perfeita fidelidade
fizeste maravilhas
e executaste os teus
conselhos antigos.
2 Da cidade fizeste um montão
de pedras,
e da cidade fortificada uma
ruína,
e do paço dos estranhos
fizeste
que não seja mais cidade;
jamais será reedificada.
3 Pelo que povos fortes te
glorificarão;
cidades de nações
implacáveis te temerão.
4 Foste a fortaleza do pobre
e a fortaleza do necessitado
na sua angústia;
refúgio contra a tempestade
e sombra contra o calor.
Porque o sopro dos
opressores
é como a tempestade
contra o muro,
5 e como o calor em lugar seco.
Tu abates o bramido dos
estranhos;
como se abranda o calor
pela sombra da espessa nuvem,
assim o cântico dos tiranos
é humilhado.
6 O Senhor dos Exércitos
preparará neste monte,
para todos os povos, uma festa
com animais gordos,
uma festa com vinhos
puros,
com coisas gordurosas e
vinhos velhos,
bem purificados.
7 Destruirá neste monte
a máscara do rosto,
com que todos os povos
andam cobertos,
e o véu com que todas as
nações se escondem.
8 Aniquilará a morte para sempre;
e assim enxugará o Senhor
Deus
as lágrimas de todos os rostos
e tirará a vergonha de todo
o seu povo.
O Senhor o disse.
9 Naquele dia se dirá:
Certamente este é o nosso Deus;
nele confiamos, e ele nos
salvou.
Este é o Senhor, nele
confiamos;
na sua salvação exultemos,
e nos alegremos.
10 A mão do Senhor descansará
neste monte;
mas Moabe será trilhado
debaixo dele,
como se trilha a palha no
monturo.
11 Estenderão as suas mãos no
meio disso,
assim como as estende o
nadador para nadar.

Deus abaterá a sua altivez,
apesar da perícia das mãos
deles.
12 Abaterá as altas fortalezas
dos seus muros e os
derrubará;
ele os fará cair por terra.

Louvor e ação de graças

26 Naquele dia, se entoará este
cântico na terra de Judá:
Uma forte cidade temos,
a que Deus pôs a salvação
por muros e antemuros.
2 Abri as portas, para que entre
nela a nação justa,
que observa a verdade.
3 Tu conservarás em paz
aquele cuja mente está firme
em ti,
porque ele confia em ti.
4 Confiai no Senhor
perpetuamente,
pois o Senhor Deus é uma
rocha eterna.
5 Ele abate os que habitam
em lugares sublimes,
a cidade exaltada humilha;
derruba-a até o chão,
e a faz cair por terra.
6 O pé a pisa;
os pés dos aflitos,
e os passos dos pobres.
7 O caminho do justo é todo plano;
tu retamente pesas o andar
do justo.
8 Até no caminho dos teus juízos,
Senhor, te esperamos;
no teu nome e na tua memória
está o desejo da nossa alma.
9 Com a minha alma te desejo
de noite;
com o meu espírito,
que está dentro em mim,
madrugo a buscar-te.
Quando os teus juízos
reinam na terra,
os moradores do mundo
aprendem retidão.
10 Ainda que se mostre favor
ao ímpio,
nem por isso aprende a
justiça;
até na terra da retidão ele
pratica a iniquidade,
e não dá atenção para a
majestade do Senhor.
11 Senhor, a tua mão está
exaltada,
mas nem por isso a veem.
Eles a verão, porém,
e se confundirão
por causa do zelo
que tens do teu povo;
o fogo reservado para os
teus adversários
os devorará.
12 Senhor, tu nos darás a paz;
tu fizeste para nós todas as
nossas obras.
13 Ó Senhor nosso Deus,
outros senhores têm tido
domínio
sobre nós,
mas, por ti só, nos lembramos
do teu nome.
14 Morrendo eles, não tornarão
a viver;
falecendo, não ressuscitarão.
Tu os castigaste e destruíste,
e apagaste toda a sua
memória.
15 Ó Senhor, tu aumentaste
o povo;
aumentaste o povo e te
fizeste glorioso.
Alargaste as fronteiras da
nação.
16 Senhor, na angústia te
buscaram;
vindo sobre eles a tua
disciplina,
derramaram a sua
oração secreta.

17 Como a mulher grávida,
quando está próxima
a sua hora,
tem dores de parto e dá
gritos nas suas dores,
assim fomos nós por causa
da tua face, ó Senhor!
18 Engravidamos nós e tivemos
dores de parto,
mas isso nada foi senão
vento.
Livramento não trouxemos à
terra;
nem nasceram moradores
do mundo.
19 Mas os teus mortos viverão;
os seus cadáveres
ressuscitarão.
Despertai e exultai,
os que habitais no pó.
O teu orvalho, ó Deus,
é como o orvalho das ervas;
a terra lançará de si os
mortos.
20 Vai, povo meu, entra
nos teus quartos,
e fecha as tuas portas
sobre ti;
esconde-te só por um momento,
até que passe a ira.
21 Vede, o Senhor sairá
da sua habitação
para castigar os moradores
da terra, por causa da sua
iniquidade.
A terra descobrirá o seu
sangue;
não encobrirá mais aqueles
que foram mortos.

Livramento de Israel

27 Naquele dia, o Senhor
castigará com a sua espada,
a sua grande e forte espada,
o leviatã, a serpente veloz,
e o leviatã, a serpente
deslizante,
e matará o dragão que
está no mar.
2 Naquele dia, haverá uma
vinha de vinho tinto;
cantai a seu respeito.
3 Eu, o Senhor, a guardo;
a cada momento a rego.
De noite e de dia eu a guardo
para que ninguém lhe faça
dano.
4 Não há indignação em mim.
Quem me dera sarças e
espinheiros diante de mim
na guerra!
Eu iria contra eles
e juntamente os queimaria.
5 Aquele que se coloca
sob a minha proteção,
que faça paz comigo.
6 Dias virão em que Jacó
lançará raízes,
e florescerá e brotará
Israel,
e encherão de fruto a face do
mundo.
7 Feriu-o ele como feriu
aqueles que o feriram?
Matou-o ele assim
como matou os que
por ele foram mortos?
8 Com medida contendeste
com ela quando a rejeitaste;
ele a tirou com o seu vento
forte,
no tempo do vento leste.
9 Por causa disso,
a iniquidade de Jacó será
expiada,
e este será todo o fruto da
remoção do seu pecado:
Quando o Senhor fizer a
todas as pedras do altar
como pedras de cal
reduzidas a pedaços,
os postes sagrados
e os altares do incenso
não poderão ficar em pé.

10 A cidade fortificada
está solitária,
uma habitação rejeitada
e abandonada como um
deserto;
ali pastam os bezerros,
ali se deitam e devoram os
seus ramos.
11 Quando os seus ramos se
secam, são quebrados,
e as mulheres vêm e os
acendem.
Este povo não é povo de
entendimento;
por isso, aquele que o fez
não se compadecerá dele,
e aquele que o formou não
lhe mostrará nenhum favor.
12 Naquele dia, o Senhor debulhará o seu trigo desde as correntes do Rio até o ribeiro do Egito, e vós, ó filhos de Israel, sereis colhidos um a um.
13 Naquele dia, se tocará uma grande trombeta. Os que andavam perdidos pela terra da Assíria e os que foram desterrados para a terra do Egito tornarão a vir e adorarão ao Senhor no monte santo em Jerusalém.

Ai de Efraim

28 Ai da coroa, a soberba dos
bêbados de Efraim,
cujo glorioso adorno é como
a flor que cai,
que está sobre a cabeça do
fértil vale dos vencidos pelo
vinho.
2 O Senhor mandará um
homem valente e poderoso.
Como uma queda de
saraiva, uma tormenta de
destruição,
e como uma tempestade
de impetuosas águas que
transbordam,
ele violentamente a
derrubará por terra.
3 A coroa, a soberba dos
bêbados de Efraim,
será pisada aos pés.
4 A flor murcha do seu glorioso
ornamento,
que está sobre a cabeça do
fértil vale,
será como figo que
amadurece antes do verão,
o qual, vendo-o alguém,
e tendo-o ainda na mão, o
engole.
5 Naquele dia, o Senhor dos
Exércitos
será por coroa gloriosa
e por grinalda formosa
para o restante de seu povo.
6 Ele será espírito de justiça
para o que se assenta a julgar
e fonte de fortaleza
para os que fazem recuar a
batalha até a porta.
7 Também estes erram
por causa do vinho,
e com a bebida forte se
desencaminham:
Os sacerdotes e os profetas
erram por causa de bebida
forte,
e são absorvidos pelo vinho;
desencaminham-se por causa
da bebida forte,
andam errados na visão,
e tropeçam no juízo.
8 Todas as suas mesas estão
cheias de vômitos e de
imundícia,
e não há nenhum lugar
limpo.
9 A quem se ensinaria o
conhecimento?
E a quem se daria a
entender a mensagem?
Ao desmamado,
e ao arrancado dos seios?

10 Porque é:
Preceito sobre preceito,
regra sobre regra;
um pouco aqui, um pouco ali.
11 Pelo que por lábios
estrangeiros
e por língua estranha
Deus falará a este povo,
12 ao qual disse:
Este é o descanso,
dai descanso ao cansado;
e: Este é o refrigério;
mas não quiseram ouvir.
13 Assim, pois, a palavra do
Senhor lhes será preceito
sobre preceito,
regra sobre regra,
um pouco aqui, um pouco ali;
para que vão e caiam para
trás,
e se quebrantem, e se
enlacem, e sejam presos.
14 **P**ortanto, ouvi a palavra
do Senhor,
homens zombadores,
que dominais este povo
que está em Jerusalém.
15 Dizeis: Fizemos aliança com
a morte,
e com o inferno fizemos um
acordo.
Quando passar o dilúvio do
açoite,
não chegará a nós,
pois pusemos a mentira por
nosso refúgio
e debaixo da falsidade nos
escondemos.
16 Portanto, assim diz
o Senhor Deus:
Vede, assentei em Sião uma
pedra,
uma pedra já provada,
pedra preciosa de esquina,
que está bem firme e fundada;
aquele que crer não será
confundido.
17 Colocarei o juízo como a
linha de medir,
e a justiça como o prumo;
a saraiva varrerá o refúgio da
mentira,
e as águas cobrirão o
esconderijo.
18 A vossa aliança com a morte
será anulada,
e o vosso acordo com o
inferno não subsistirá.
Quando o dilúvio do
açoite passar,
sereis oprimidos por ele.
19 Todas as vezes que passar,
vos arrebatará;
todas as manhãs passará,
e todos os dias e todas as
noites.
Será puro terror o só
compreender tal notícia.
20 **A** cama é tão curta que
ninguém se pode
estender nela,
o cobertor tão estreito que
ninguém se pode cobrir com ele.
21 O Senhor se levantará
como no monte Perazim,
e mostrará a sua ira,
como no vale de Gibeom,
para fazer a sua obra,
a sua estranha obra,
e para executar o seu ato,
o seu estranho ato.
22 Agora cesseis com a
zombaria,
para que os vossos grilhões
não se façam mais fortes;
da parte do Senhor, o Deus
dos Exércitos,
ouvi um decreto
da destruição determinada
sobre toda a terra.
23 **I**nclinai os ouvidos e ouvi a
minha voz;
prestai atenção, e ouvi o
meu discurso.

24 Lavra todo dia o lavrador
para semear?
Ou sulca e esterroa todo dia
a sua terra?
25 Quando já tem nivelado a
sua superfície,
não espalha o endro,
não semeia o cominho,
não lança nela o trigo em eiras,
ou cevada no devido lugar,
ou a espelta na margem?
26 O seu Deus o ensina,
e o instrui acerca do que há
de fazer.
27 Não se trilha o endro
com instrumento de trilhar,
nem sobre o cominho passa
roda de carro;
com uma vara se sacode o
endro,
e o cominho com um pau.
28 O trigo deve ser moído
para se fazer pão,
mas não é trilhado
continuamente.
Embora passe sobre ele as
rodas do seu carro,
não o moem os seus cavalos.
29 Tudo isso procede do Senhor
dos Exércitos,
maravilhoso em conselho e
grande em sabedoria.

Ai da Cidade de Davi

29 Ai de ti, Ariel, Ariel,
a cidade em que Davi
assentou o seu acampamento!
Acrescentai ano a ano,
e sucedam-se as festas.
2 Contudo, sitiarei Ariel;
pranteará e lamentará,
será para mim como a
lareira do altar.
3 *Acamparei contra ti* em redor;
eu te cercarei com torres
e levantarei tranqueiras
contra ti.
4 Então serás abatida,
falarás de debaixo da terra;
a tua fala desde o pó sairá
fraca.
A tua voz debaixo da terra será
como a de um feiticeiro;
a tua fala assobiará desde o pó.
5 A multidão dos teus
inimigos, porém, será
como o pó miúdo,
e a multidão dos tiranos
como palha que o vento espalha.
De súbito, num instante,
6 o Senhor dos Exércitos virá
com trovões,
com terremotos e grande
ruído,
com tufão de vento,
tempestade e labareda de
fogo consumidor.
7 Como sonho e visão noturna
será a multidão de todas as
nações que hão de
pelejar contra Ariel,
como também todos os que
pelejarem contra ela
e contra os seus muros,
e a puserem em aperto.
8 Será como o faminto que
sonha que está a comer,
mas, acordando, sente a
alma vazia;
ou como o sequioso que sonha
que está a beber,
mas, acordando,
ainda desfalecido se acha,
e a sua alma com sede.
Assim será toda a multidão
das nações
que pelejarem contra o
monte Sião.
9 Pasmai e maravilhai-vos,
folgai e clamai;
bêbados estão, mas não
de vinho,
andam titubeando,
mas não de bebida forte.

10 O Senhor derramou sobre
vós um espírito de
profundo sono:
Ele fechou os vossos olhos
(os profetas);
ele vendou as vossas
cabeças (os videntes).
11 Pelo que toda a visão vos é
como as palavras de um livro se-
lado que se dá ao que sabe ler, di-
zendo: Por favor, lê isto; e ele dirá:
Não posso; está selado.
12 Ou dá-se o livro ao que não sabe
ler, dizendo: Por favor, lê isto; e
ele dirá: Não sei ler.
13 **D**iz o Senhor:
Este povo se aproxima de mim
com a sua boca,
e com os seus lábios me honra,
mas o seu coração está
longe de mim.
O seu temor para comigo
consiste só em
mandamentos de homens,
em coisa aprendida por
rotina.
14 Portanto, continuarei
a fazer uma obra maravilhosa
no meio deste povo,
uma obra maravilhosa e um
assombro;
a sabedoria dos seus sábios
perecerá,
e o entendimento dos seus
prudentes se esconderá.
15 Ai dos que profundamente
escondem do Senhor o seu
propósito,
que fazem as suas obras às
escuras
e pensam: Quem nos vê?
E quem nos conhece?
16 A tudo vós perverteis!
Como se o oleiro fosse igual
ao barro,
e a obra dissesse do seu
artífice:
Ele não me fez;
e o vaso formado
dissesse do seu oleiro:
Nada sabe.
17 **N**ão se converterá o Líbano,
num breve momento,
em campo fértil?
E o campo fértil não será tido
por bosque?
18 Naquele dia, os surdos
ouvirão as palavras do livro,
e da escuridão
e das trevas as verão os olhos
dos cegos.
19 Os mansos terão alegria e
mais alegria no Senhor,
e os necessitados entre os
homens se alegrarão no
Santo de Israel.
20 O tirano será reduzido a nada,
e desaparecerá o zombador,
e todos os que se dão à
iniquidade serão
exterminados;
21 os que fazem por culpado
ao homem numa causa,
os que armam laços ao
que repreende na porta,
e os que com falso
testemunho
negam justiça ao inocente.
22 Portanto, assim diz o
Senhor, que remiu a Abraão,
acerca da casa de Jacó:
Jacó já não será
envergonhado;
já não descorará a sua face.
23 Quando, porém, virem
no meio dele os seus filhos,
a obra das minhas mãos,
santificarão o meu nome;
santificarão o Santo de Jacó,
e temerão ao Deus de Israel.
24 Os errados de espírito terão
entendimento;
os murmuradores aceitarão a
instrução.

Ai da nação obstinada

30 Ai dos filhos rebeldes, diz
o Senhor,
que tomaram conselho,
mas não de mim,
que se cobriram com uma
cobertura,
mas não do meu Espírito,
para acrescentarem pecado a
pecado;
2 que descem ao Egito, sem me
consultar,
para se fortificarem com a
força de faraó,
e para se refugiarem na
sombra do Egito.
3 A proteção de faraó, porém,
será para vós motivo de
vergonha,
e a sombra do Egito vos trará
confusão.
4 Ainda que os seus líderes
estejam em Zoã,
e os seus embaixadores
tenham chegado a Hanes,
5 todos se envergonharão
de um povo que de nada lhes
servirá,
que não traz ajuda nem
proveito,
antes vergonha e zombaria.
6 Advertência acerca dos animais
do Neguebe: Para a terra de afli-
ção e angústia,
de onde vem a leoa e o leão,
o basilisco e a serpente
voadora,
levarão às costas de
jumentinhos os seus bens,
e sobre as corcovas de
camelos os seus tesouros,
a um povo que de nada lhes
aproveitará,
7 *ao Egito cuja ajuda* é
completamente inútil.
Pelo que a chamo de Raabe,
a que nada faz.
8 Vai, agora, escreve isto
numa tábua perante eles,
e aponta-o num livro,
para que fique escrito para o
tempo por vir,
para sempre e
perpetuamente.
9 Este é um povo rebelde,
filhos mentirosos,
filhos que não querem
ouvir a lei do Senhor.
10 Dizem aos videntes: Não
vejais!
e aos profetas:
Não profetizeis para nós o
que é reto!
Dizei-nos coisas agradáveis,
e tende para nós
enganadoras bajulações.
11 Desviai-vos do caminho,
apartai-vos da vereda
e fazei que o Santo de Israel
deixe de estar perante nós.
12 Pelo que assim diz o Santo
de Israel:
Visto que rejeitais esta
palavra
e confiais na opressão e na
perversidade,
e nisso confiais,
13 esta maldade vos será
como a brecha de um muro
alto,
que, formando uma
barriga, está prestes a cair,
e cuja queda vem de súbito,
num instante.
14 Ele se quebrará como o vaso
do oleiro;
será despedaçado
a ponto de não se achar entre
os seus pedaços
um que sirva para tomar fogo
da lareira,
ou tirar água da cisterna.
15 Assim diz o Senhor Deus, o
Santo de Israel:

Em vos converterdes e
em repousardes está a
vossa salvação,
no sossego e na confiança
está a vossa força,
mas não o quisestes.
16 Antes dissestes: Não,
porém sobre cavalos
fugiremos.
Portanto fugireis!
Dissestes: Sobre cavalos
ligeiros cavalgaremos.
Portanto os vossos
perseguidores serão
ligeiros!
17 Mil homens fugirão
ao grito de um,
e ao grito de cinco todos vós
fugireis,
até que sejais deixados como
o mastro no cume do
monte,
e como a bandeira sobre o
outeiro.
18 **C**ontudo, o Senhor espera
para ter misericórdia de vós;
ele se detém para se
compadecer de vós.
Pois o Senhor é um Deus de
justiça.
Bem-aventurados todos os
que nele esperam.
19 Ó povo de Sião, que habita em
Jerusalém, tu não chorarás mais.
Certamente ele se compadecerá de
ti, à voz do teu clamor, e, ouvindo-a,
te responderá.
20 Embora o Senhor te dê pão de
angústia e água de aperto, con-
tudo não se esconderão mais os
teus mestres; os teus olhos verão
todos eles.
21 Quer te desvies para a direita,
quer te desvies para a esquerda,
os teus ouvidos ouvirão a palavra
que será dita atrás de ti: Este é o
caminho; andai nele.
22 Então contaminarás as tuas
esculturas recobertas de prata
e as tuas imagens cobertas de
ouro; tu as lançarás fora como
um pano imundo e dirás a cada
uma delas: Fora daqui.
23 **E**ntão o Senhor te dará chu-
va sobre a tua semente, com que
semeares a terra, como também
pão da novidade da terra, pois
esta será fértil e cheia. Naquele
dia, o teu gado pastará em luga-
res espaçosos.
24 Os bois e os jumentinhos que
lavram a terra comerão forra-
gem com sal, espalhada com pá
e forquilha.
25 Haverá em todo o monte alto e
em todo o outeiro elevado ribei-
ros e correntes de águas, no dia
da grande matança, quando caí-
rem as torres.
26 A luz da lua será como a luz
do sol, e a do sol sete vezes maior,
como a luz de sete dias, no dia em
que o Senhor ligar a quebradu-
ra do seu povo e curar a chaga
da sua ferida.
27 **O** nome do Senhor vem
de longe,
ardendo na sua ira e
lançando espessa fumaça;
os seus lábios estão cheios
de indignação,
e a sua língua é como um fogo
consumidor.
28 A sua respiração é como
o ribeiro que transborda
e chega até o pescoço.
Ele peneira as nações com
peneira de destruição;
ele coloca nos queixos dos
povos
um freio de fazer errar.
29 Um cântico haverá entre vós,
como na noite em que se
celebra uma festa santa;

alegria de coração,
como a daquele que sai ao
som da flauta,
para ir ao monte do Senhor,
à Rocha de Israel.
30 O Senhor fará ouvir a glória
da sua voz
e mostrará o golpe do seu
braço,
com indignação de ira,
e a labareda de um fogo
consumidor, e tempestade
forte,
e dilúvio e pedra de saraiva.
31 A voz do Senhor desfará
em pedaços a Assíria,
quando ele a ferir com a
vara.
32 A cada pancada do bordão
do juízo que o Senhor der,
haverá tamborins e harpas,
e combaterá vibrando
golpes contra eles.
33 Tofete está preparada há
muito;
está preparada para o rei.
Ele a fez profunda e larga,
a sua pira é fogo,
e tem muita lenha;
o sopro do Senhor como
torrente de enxofre a acende.

Ai dos que descem ao Egito

31 Ai dos que descem ao
Egito a buscar socorro,
que confiam em cavalos, e em
carros,
porque são muitos,
e nos cavaleiros, porque são
poderosíssimos,
mas não dão atenção ao
Santo de Israel,
nem buscam ao Senhor.
2 *Todavia* este é sábio, e faz vir
o mal;
ele não retira as suas
palavras.
Ele se levantará contra a casa
dos malfeitores
e contra a ajuda dos que
praticam a iniquidade.
3 Os egípcios, porém,
são homens, e não Deus;
os seus cavalos carne,
e não espírito.
Quando o Senhor
estender a sua mão,
cairão por terra tanto o
ajudador
como o ajudado,
e todos juntamente serão
consumidos.
4 Assim me diz o Senhor:
Como o leão,
quando ruge sobre a sua
presa,
e mesmo que se convoque contra
ele uma multidão de pastores,
e ele não se espanta com os
gritos deles
e não se perturba com o seu
alarido,
assim o Senhor dos Exércitos
descerá para pelejar pelo
monte Sião,
e sobre o seu outeiro.
5 Como adejam as aves,
assim o Senhor dos
Exércitos ampará a
Jerusalém;
ele a amparará e a livrará
e, passando, a salvará.
6 Convertei-vos àquele contra
quem os filhos de Israel se rebe-
laram tão profundamente.
7 Pois naquele dia cada um lan-
çará fora os seus ídolos de pra-
ta, e os seus ídolos de ouro, que
as vossas mãos fabricaram para
pecardes.
8 A Assíria cairá pela espada,
não de homem,
e a espada, não de homem,
a consumirá.

Fugirá perante a espada,
e os seus jovens serão
derrotados.
9 A sua fortaleza cairá por
causa do terror;
os seus líderes em
pânico desertarão da
bandeira,
diz o Senhor,
cujo fogo está em Sião
e cuja fornalha está em
Jerusalém.

O reino de justiça

32 Reinará um rei com justiça,
e dominarão os príncipes
segundo o juízo.
2 Cada um deles será um
esconderijo contra o vento,
e um refúgio contra a
tempestade,
como ribeiros de águas em
lugares secos,
e como a sombra de uma
grande rocha em terra sedenta.
3 Os olhos dos que veem
não se fecharão,
e os ouvidos dos que
ouvem estarão atentos.
4 O coração dos imprudentes
entenderá a sabedoria,
e a língua dos gagos estará
pronta para falar com
facilidade.
5 Ao louco nunca mais se
chamará nobre,
e do avarento nunca mais
se dirá que é generoso.
6 Porque o louco fala
loucamente,
e o seu coração pratica a
iniquidade,
para usar de hipocrisia,
e para proferir mentiras
contra o Senhor,
para deixar vazia a alma do
faminto,
e fazer que o sedento
venha a ter falta de água.
7 Todas as armas do
fraudulento são más;
ele maquina invenções
malignas,
para destruir os mansos
com palavras falsas,
mesmo quando a petição do
pobre é justa.
8 O nobre, porém, projeta
coisas nobres,
e por nobres atos persevera.
9 Levantai-vos, mulheres
que estais em repouso,
e ouvi a minha voz;
vós, filhas que estais tão
seguras,
inclinai os ouvidos às
minhas palavras.
10 Dentro de um ano e alguns
dias vireis a tremer,
ó mulheres que estais tão
seguras;
a vindima se acabará,
e a colheita não virá.
11 Tremei, mulheres que estais
em repouso;
turbai-vos, vós que estais
tão seguras!
Despi-vos e ponde-vos nuas,
e vesti com pano de saco os
vossos lombos.
12 Batei nos peitos pelos
campos desejáveis,
pela vinha frutífera
13 e pela terra do meu povo,
uma terra coberta de
espinheiros e sarças;
sim, chorai por todas as casas
cheias de alegria,
na cidade que pula exultando.
14 O palácio será abandonado,
o ruído da cidade cessará;
Ofel e as torres da guarda
servirão de cavernas
eternamente,

para alegria dos jumentos
monteses e para pasto dos
rebanhos,
15 até que se derrame sobre
nós o Espírito lá do alto,
e o deserto se torne em
campo fértil,
e o campo fértil seja tido por
bosque.
16 A justiça habitará no deserto,
e a retidão morará no campo
fértil.
17 O fruto da retidão será paz;
o efeito da retidão será
repouso e segurança, para
sempre.
18 O meu povo habitará em
morada de paz,
e em moradas bem seguras,
e em calmos lugares de
descanso.
19 Ainda que a saraiva nivele o
bosque,
e a cidade seja inteiramente
abatida,
20 bem-aventurados sois vós
os que semeais sobre todas as
águas,
que deixais livres os pés do
boi e do jumento.

Aflição e livramento

33 Ai de ti, destruidor,
que não foste destruído!
Ai de ti traidor,
que não foste traído!
Quando parares de
destruir, serás destruído;
quando parares de trair,
serás traído.
2 Senhor, tem misericórdia de nós;
por ti temos esperado.
Sê tu o nosso braço
cada manhã,
como também a nossa
salvação no tempo da
tribulação.
3 À voz do teu trovão fogem
os povos;
quando te levantas,
as gentes são dispersas.
4 Então se ajuntará o vosso
despojo como se ajunta a
lagarta;
como os gafanhotos
saltam, assim os homens
saltarão sobre ele.
5 O Senhor é exaltado,
pois habita nas alturas;
encherá Sião de retidão e de
justiça.
6 Haverá estabilidade nos teus
tempos,
abundância de salvação,
sabedoria e conhecimento;
o temor do Senhor será o
teu tesouro.
7 Olhai, os seus embaixadores
estão clamando de fora;
os mensageiros de paz
estão chorando
amargamente.
8 As estradas estão desoladas,
cessam os que passam pelas
veredas.
Rompeu-se a aliança,
as testemunhas são
desprezadas
e homem nenhum é
respeitado.
9 A terra geme e pranteia,
o Líbano se envergonha e se
murcha;
Sarom é como um deserto,
Basã e Carmelo são
sacudidos.
10 Agora me erguerei, diz o
Senhor.
Agora serei exaltado;
agora me levantarei.
11 Concebestes palha,
produzireis pragana;
o vosso fôlego vos
devorará como fogo.

12 Os povos serão queimados
como se queima a cal;
como espinhos cortados
arderão no fogo.
13 Ouvi, vós que estais longe,
o que tenho feito; vós,
que estais perto,
conhecei o meu poder.
14 Os pecadores de Sião se
assombram;
o tremor surpreende os
hipócritas.
Quem dentre nós habitará
com o fogo consumidor?
Quem dentre nós habitará
com as labaredas eternas?
15 O que anda em justiça
e fala com retidão,
que arremessa para longe
de si
o ganho de opressões
e sacode das suas mãos todo
suborno,
que tapa os seus ouvidos
para não ouvir falar de
sangue
e fecha os olhos para não ver
o mal;
16 este habitará nas alturas,
e as fortalezas das rochas
serão o seu alto refúgio.
O seu pão lhe será dado,
e as suas águas serão
certas.
17 Os teus olhos verão o rei
na sua formosura,
e verão a terra que está longe.
18 O teu coração meditará
nos terrores, dizendo:
Onde está aquele que serviu
de escrivão?
Onde está o que recebeu o
tributo?
Onde está o que contou as
torres?
19 Não verás mais aquele
povo cruel,
povo de fala tão obscura
que não se pode compreender,
e de língua tão estranha
que não se pode entender.
20 Olha para Sião, a cidade
das nossas festas solenes;
os teus olhos verão
Jerusalém,
habitação quieta,
tenda que não será
derrubada;
as suas estacas jamais serão
arrancadas,
nem arrebentada
nenhuma das suas cordas.
21 Ali o Senhor nos será
grandioso.
Será como um lugar de rios
e correntes largas.
Barco nenhum de remo
passará por eles,
nem navio grande por eles
navegará.
22 Pois o Senhor é o nosso juiz,
o Senhor é o nosso legislador,
o Senhor é o nosso rei;
é ele quem nos salva.
23 As tuas cordas estão frouxas:
Não puderam firmar o seu
mastro,
e vela não estenderam.
Então a presa de abundantes
despojos se repartirá,
e até os coxos participarão dela.
24 Nenhum morador de
Sião dirá:
Estou enfermo;
e a iniquidade do povo que
aí habitar será perdoada.

Juízo contra as nações

34 Chegai-vos, nações, para
ouvir,
e vós, povos, escutai;
ouça a terra e a sua
plenitude,
o mundo e tudo o que produz.

2 O Senhor está indignado
contra todas as nações;
a sua ira está sobre todos os
exércitos delas.
Ele as destruirá totalmente,
ele as entregará à matança.
3 Os seus mortos serão
lançados fora,
e dos seus corpos subirá
mau cheiro;
com o seu sangue os montes
se encharcarão.
4 Todo o exército dos céus se
dissolverá,
e os céus se enrolarão como
um livro;
todo o seu exército cairá,
como cai a folha da vide e o
figo da figueira.
5 **A** minha espada se embriagou
nos céus;
sobre Edom descerá,
e sobre o povo que condenei à
destruição,
para exercer juízo.
6 A espada do Senhor está cheia
de sangue,
está cheia de gordura,
o sangue de cordeiros e de
bodes,
a gordura dos rins de
carneiros.
Porque o Senhor tem
sacrifício em Bozra
e grande matança na terra de
Edom.
7 Os bois selvagens cairão com
eles,
e os bezerros com os touros.
A sua terra beberá sangue até
se fartar,
e o seu pó se encharcará de
gordura.
8 **P**orque será um *dia de
vingança* para o Senhor,
um ano de retribuições pela
causa de Sião.
9 Os ribeiros de Edom se
transformarão em piche,
e o seu pó em enxofre;
a sua terra se tornará em
piche ardente.
10 Nem de noite nem de dia se
apagará;
para sempre a sua fumaça
subirá.
De geração em geração será
assolada,
de século em século
ninguém passará por ela.
11 O corujão e a coruja a
possuirão;
o bufo e o corvo habitarão nela.
Deus estenderá sobre ela
o cordel de confusão e o
prumo de ruína.
12 Chamarão ao reino os seus
nobres, mas nenhum haverá,
e todos os seus líderes
não serão coisa alguma.
13 Nos seus palácios crescerão
espinhos,
urtigas e cardos nas suas
fortalezas.
Ela será uma habitação de
chacais,
e lar para as corujas.
14 As criaturas do deserto
se encontrarão com as hienas,
e os bodes selvagens
clamarão uns aos outros;
ali os animais noturnos
pousarão,
e acharão lugar de repouso
para si.
15 Ali se aninhará a coruja e
porá os seus ovos;
ela tirará os seus filhotes e
os recolherá debaixo da
sombra das suas asas;
também ali os falcões se
ajuntarão,
cada um com o seu
companheiro.

16 Buscai no livro do Senhor
e lede:
Nenhuma destas coisas
falhará,
nem uma nem outra
faltará.
Pois a sua própria boca o
ordenou,
e o seu Espírito mesmo as
ajuntará.
17 Ele mesmo lança as sortes
por eles,
e a sua mão lhes reparte a
terra por medida.
Para sempre a possuirão,
e de geração em geração
habitarão nela.

A alegria dos remidos

35 O deserto e os lugares
secos se alegrarão;
o ermo exultará e florescerá
como a rosa.
2 Abundantemente florescerá,
e exultará de alegria,
e romperá em cânticos.
A glória do Líbano se lhe deu,
a excelência do Carmelo e
Sarom;
eles verão a glória do Senhor,
a excelência do nosso Deus.
3 Fortalecei as mãos fracas,
firmai os joelhos trementes;
4 dizei aos turbados de coração:
Esforçai-vos, não temais;
o vosso Deus virá com
vingança;
com recompensa divina ele
virá e vos salvará.
5 Então os olhos dos cegos se
abrirão,
e os ouvidos dos surdos se
destaparão.
6 Então os coxos saltarão como
o cervo,
e a língua dos mudos
cantará.
Águas arrebentarão no deserto,
e ribeiros no ermo.
7 A terra seca se transformará
em lagos,
e a terra sedenta em
mananciais de águas.
Nas habitações em que
viviam os chacais,
crescerá erva com canas e
juncos.
8 Ali haverá uma estrada;
ela se chamará o Caminho da
Santidade.
O imundo não passará
por ela;
será para aqueles que andam
pelo Caminho;
os loucos ímpios não
passarão por ela.
9 Ali não haverá leão,
nenhum animal feroz subirá a
ela nem se achará nela.
Mas somente os remidos
andarão por ela,
10 e os remidos do Senhor
voltarão
e entrarão em Sião com
júbilo;
alegria eterna coroará as
suas cabeças.
Júbilo e alegria alcançarão,
e deles fugirá a tristeza e o
gemido.

Senaqueribe ameaça Jerusalém

36 No décimo quarto ano do rei
Ezequias, subiu Senaqueribe,
rei da Assíria, contra todas as ci-
dades fortificadas de Judá e as
conquistou.
2 Então o rei da Assíria enviou
Rabsaqué, de Laquis a Jerusalém,
ao rei Ezequias com um grande
exército. Quando ele parou no
aqueduto da piscina superior, que
está junto ao caminho do campo
do lavandeiro,

3 saíram a ter com ele Eliaquim,
filho de Hilquias, o mordomo,
Sebna, o escrivão, e Joá, filho de
Asafe, o cronista.
4 Disse-lhes Rabsaqué: Dizei a
Ezequias: Assim diz o grande rei,
o rei da Assíria: Que confiança é
essa em que te estribas?
5 Dizes possuir estratégia e força
militar, mas proferes apenas pa-
lavras vãs. Em quem agora con-
fias, que contra mim te rebelas?
6 Confias naquele bordão de cana
quebrada, a saber, no Egito, que,
se alguém se apoiar nele, lhe en-
trará pela mão, e a furará; assim
é faraó, rei do Egito, para com to-
dos os que nele confiam.
7 No entanto, se me disseres: No
Senhor, nosso Deus, confiamos;
não é esse aquele cujos altos e
cujos altares Ezequias tirou, e dis-
se a Judá e a Jerusalém: Perante
este altar vos inclinareis?
8 Ora, faze uma aposta com meu
senhor, o rei da Assíria: Eu te da-
rei dois mil cavalos, se tu puderes
dar cavaleiros para eles.
9 Como poderás tu voltar o rosto
para um só oficial dos mínimos
servos do meu senhor, confian-
do que o Egito fornecerá carros
e cavaleiros?
10 Acaso subi eu sem o Senhor
contra esta terra, para destruí-
-la? O Senhor mesmo me disse:
Sobe contra esta terra e destrói-a.
11 Então disseram Eliaquim, Sebna
e Joá a Rabsaqué: Pedimos-te que
fales aos teus servos em aramaico,
porque bem o entendemos. Não
nos fales em judaico, aos ouvidos
do povo que está sobre os muros.
12 Contudo, Rabsaqué disse:
Mandou-me o meu senhor só ao
teu senhor e a ti, para dizer estas
palavras, e não antes aos homens
que estão assentados sobre os mu-
ros, para que comam convosco as
suas fezes e bebam a sua urina?
13 Então Rabsaqué se pôs em pé
e clamou em alta voz em judaico:
Ouvi as palavras do grande rei,
do rei da Assíria.
14 Assim diz o rei: Não vos en-
gane Ezequias. Ele não vos po-
derá livrar.
15 Tampouco Ezequias vos
faça confiar no Senhor, dizen-
do: Infalivelmente nos livra-
rá o Senhor, e esta cidade não
será entregue nas mãos do rei
da Assíria.
16 Não deis ouvidos a Ezequias.
Assim diz o rei da Assíria: Aliai-
-vos comigo, e saí a mim, e coma
cada um da sua vide, e da sua fi-
gueira, e beba cada um da água
da sua cisterna,
17 até que eu venha e vos leve
para uma terra como a vossa;
terra de trigo e de vinho, terra
de pão e de vinhas.
18 Não vos engane Ezequias,
dizendo: O Senhor nos livrará.
Livraram os deuses das nações
cada um a sua terra das mãos do
rei da Assíria?
19 Onde estão os deuses de Hamate
e de Arpade? Onde estão os deu-
ses de Sefarvaim? Livraram eles
a Samaria da minha mão?
20 Quais são, dentre todos os deu-
ses destes países, os que livraram
a sua terra das minhas mãos, para
que o Senhor livrasse a Jerusalém
das minhas mãos?
21 Eles, porém, se calaram e não
lhe responderam palavra, porque
o rei lhes havia ordenado: Não lhe
respondereis.
22 Então Eliaquim, filho de Hilquias,
o mordomo, Sebna, o escrivão, e
Joá, filho de Asafe, o cronista,

vieram contar a Ezequias com
as vestes rasgadas as palavras
de Rabsaqué.

O livramento de Jerusalém

37 Quando o rei Ezequias ou-
viu isto, rasgou as suas ves-
tes, cobriu-se com pano de saco e
entrou na casa do Senhor.
2 Enviou Eliaquim, o mordomo,
Sebna, o escrivão, e os anciãos
dos sacerdotes, cobertos de pano
de saco, a Isaías, filho de Amoz,
o profeta,
3 os quais lhe disseram: Assim
diz Ezequias: Este dia é dia de
angústia e repreensão e vergo-
nha, porque chegados são os fi-
lhos ao parto, e força não há para
os dar à luz.
4 Porventura o Senhor, o teu
Deus, terá ouvido as palavras
de Rabsaqué, a quem enviou o rei
da Assíria, seu amo, para afron-
tar o Deus vivo com as palavras
que o Senhor, o teu Deus, ouviu.
Portanto, faze oração pelo resto
que ficou.
5 Foram os servos do rei Ezequias
a Isaías.
6 Disse-lhes Isaías: Assim direis
a vosso amo: Assim diz o Senhor:
Não temas à vista das palavras
que ouviste, com as quais os ser-
vos do rei da Assíria de mim blas-
femaram.
7 Porei nele um espírito, e ele ou-
virá certo rumor, e voltará para
a sua terra, e ali o farei cair mor-
to à espada.
8 Voltou Rabsaqué e achou o rei
da Assíria pelejando contra Libna,
porque ouvira que já se havia re-
tirado de Laquis.
9 Ora, Senaqueribe recebeu aviso
de que Tiraca, rei da Etiópia, ti-
nha saído para lhe fazer guerra.
Assim que ouviu isso, enviou
mensageiros a Ezequias, dizendo:
10 Assim direis a Ezequias, rei
de Judá: Não te engane o teu
Deus, em quem confias, dizendo:
Jerusalém não será entregue nas
mãos do rei da Assíria.
11 Certamente já tens ouvido o
que fizeram os reis da Assíria a
todas as terras, destruindo-as to-
talmente. E escaparias tu?
12 Livraram-nas os deuses das na-
ções que meus pais destruíram:
Gozã, Harã, Rezefe, e os filhos de
Éden, que estavam em Telassar?
13 Onde está o rei de Hamate, e
o rei de Arpade, e o rei da cidade
de Sefarvaim, de Hena e de Iva?
14 Recebendo Ezequias a carta das
mãos dos mensageiros, e tendo-a
lido, subiu ao templo do Senhor
e a estendeu perante o Senhor.
15 Orou Ezequias ao Senhor:
16 Ó Senhor dos Exércitos, Deus
de Israel, que habitas entre os
querubins, só tu és o Deus de
todos os reinos da terra. Tu fizeste
os céus e a terra.
17 Inclina, ó Senhor, o teu ouvi-
do, e ouve; abre, ó Senhor, os teus
olhos, e olha; ouve todas as pala-
vras de Senaqueribe, as quais ele
mandou para afrontar o Deus vivo.
18 Verdade é, ó Senhor, que os
reis da Assíria assolaram todos
os países, e as suas terras,
19 e lançaram no fogo os deuses
deles, porque deuses não eram,
mas obra de mãos de homens,
madeira e pedra; por isso os des-
truíram.
20 Agora, ó Senhor nosso Deus,
livra-nos da sua mão, para que
todos os reinos da terra conhe-
çam que só tu és o Senhor.
21 Então Isaías, filho de Amoz,
mandou dizer a Ezequias: Assim

diz o Senhor, o Deus de Israel:
Quanto ao que me pediste acerca de Senaqueribe, rei da Assíria,
22 esta é a palavra que o Senhor
disse a respeito dele:
A virgem, a filha de Sião,
te despreza, e zomba de ti.
A filha de Jerusalém meneia
a cabeça por detrás de ti.
23 A quem afrontaste e de quem
blasfemaste?
Contra quem ergueste a voz
e ergueste os olhos ao alto?
Contra o Santo de Israel.
24 Por meio dos teus servos
afrontaste o Senhor.
E disseste:
Com a multidão dos meus
carros
subi eu aos cumes dos montes,
aos últimos recessos do
Líbano,
e cortarei os seus altos cedros
e os seus ciprestes
escolhidos,
e entrarei no seu cume mais
elevado,
no bosque do seu campo
fértil.
25 Eu cavei, e bebi as águas.
Com as plantas dos meus
pés
sequei todos os rios do Egito.
26 Não ouviste que já muito
antes eu fiz isto,
e já desde os dias antigos o
tinha pensado?
Agora, porém, se cumpre,
e eu quis que tu destruísses
as
cidades fortificadas,
e as reduzisses a montões
de ruínas.
27 *Por isso, os seus moradores*,
debilitados,
andaram atemorizados e
envergonhados.
Eram como a erva do campo,
a erva verde,
o feno dos telhados,
e o trigo queimado
antes de amadurecer.
28 Eu conheço, porém, o teu
assentar,
e o teu sair, e o teu entrar,
e o teu furor contra mim.
29 Por causa do teu furor
contra mim,
e porque a tua arrogância
subiu até os meus ouvidos,
porei o meu anzol no teu
nariz,
e o meu freio nos teus beiços,
e te farei voltar
pelo caminho por onde vieste.
30 Isto te será por sinal, ó
Ezequias:
Este ano se comerá o que
espontaneamente nascer,
e no segundo ano o que daí
proceder,
mas no terceiro ano semeai e
colhei,
plantai vinhas e comei os
seus frutos.
31 O que escapou da tribo
de Judá e ficou de resto
tornará a lançar raízes para
baixo e dará fruto para cima.
32 Pois de Jerusalém sairá o
restante,
e do monte Sião o que
escapou.
O zelo do Senhor dos
Exércitos fará isto.
33 Portanto, assim diz o Senhor
acerca do rei da Assíria:
Não entrará nesta cidade,
nem lançará nela flecha
alguma.
Tampouco virá perante ela
com escudo,
ou levantará contra ela
tranqueira.

34 Pelo caminho por onde vier,
por esse voltará;
ele não entrará nesta
cidade, diz o Senhor.
35 Eu ampararei esta cidade
para a livrar,
por amor de mim e por
amor do meu servo Davi.
36 Então saiu o anjo do Senhor e
feriu no acampamento dos assí-
rios cento e oitenta e cinco mil.
Quando se levantaram pela ma-
nhã cedo, só havia cadáveres.
37 Assim Senaqueribe, rei da
Assíria, se retirou do acampa-
mento e voltou para Nínive e lá
permaneceu.
38 Certo dia, estando ele prostrado
no templo de Nisroque, seu deus,
Adrameleque e Sarezer, seus fi-
lhos, o mataram à espada, e fu-
giram para a terra de Ararate.
E Esar-Hadom, seu filho, reinou
em seu lugar.

A doença de Ezequias

38 Naqueles dias, Ezequias
adoeceu de uma enfermi-
dade mortal. Veio a ele Isaías, filho
de Amoz, o profeta, e lhe disse:
Assim diz o Senhor: Põe em or-
dem a tua casa, porque morrerás;
não viverás.
2 Então virou Ezequias o rosto
para a parede e orou ao Senhor:
3 Ah! Senhor, lembra-te, peço-te,
de que andei diante de ti em ver-
dade, com inteireza de coração, e
fiz o que era reto aos teus olhos.
E chorou Ezequias amargamente.
4 Então veio a palavra do Senhor
a Isaías:
5 Vai e dize a Ezequias: Assim diz
o Senhor, o Deus de Davi, teu pai:
Ouvi a tua oração e vi as tuas lá-
grimas; acrescentarei aos teus
dias quinze anos.
6 Eu te livrarei das mãos do rei
da Assíria, a ti e a esta cidade.
Eu defenderei esta cidade.
7 Isto te será da parte do Senhor
como sinal de que o Senhor cum-
prirá o que prometeu:
8 Farei voltar dez graus a sombra
no relógio de Acaz, pelos quais
já declinou com o sol. Assim re-
cuou o sol dez graus pelos quais
já tinha andado.
9 Escrito de Ezequias, rei de Judá,
depois de sua enfermidade e cura:
10 Eu disse: Em pleno vigor de
meus dias
devo entrar nas portas
da sepultura
e ser privado do resto de
meus anos?
11 Eu disse: Já não verei o
Senhor
na terra dos viventes;
jamais verei o homem
com os moradores do mundo.
12 Como a tenda de pastor,
a minha morada foi
arrancada e tirada de mim.
Como um tecelão, enrolei a
minha vida,
e ele me cortou do tear;
noite e dia deste cabo de mim.
13 Esperei com paciência
até de madrugada,
mas como um leão ele
quebrou todos os meus ossos;
noite e dia deste cabo de mim.
14 Como o grou, ou a
andorinha,
assim eu chilreava,
e gemia como a pomba.
Os meus olhos se cansaram
de olhar para o alto.
Ando oprimido; ó Senhor,
fica por meu fiador.
15 Eu, porém, que direi?
Ele falou comigo,
e ele mesmo fez isso.

Andarei humildemente todos
os meus anos,
por causa da amargura da
minha alma.
16 Senhor, por estas coisas
vivem os homens;
e o meu espírito encontra
vida nelas também.
Restauraste-me a saúde
e me deixaste viver.
17 Certamente foi para minha
paz que estive em grande
amargura.
Em teu amor abraçaste a
minha alma,
que não caiu na cova da
corrupção;
lançaste para trás das tuas
costas
todos os meus pecados.
18 Pois não pode louvar-te a
sepultura,
nem a morte glorificar-te;
não esperarão em tua verdade
os que descem à cova.
19 Os vivos, os vivos,
esses te louvarão como eu
hoje faço; o pai aos filhos
fará notória a tua fidelidade.
20 O Senhor me salvará, e
cantaremos com
instrumentos de cordas
todos os dias de nossa vida no
templo do Senhor.
21 Isaías havia dito: Prepare-se
uma pasta de figos e ponha-se como
emplastro sobre a chaga, e ele se
recuperará.
22 Ezequias tinha perguntado:
Qual será o sinal de que hei de
subir ao templo do Senhor?

Os enviados de Babilônia

39 *Nesse tempo,* Merodaque-
Baladã, filho de Baladã, rei
de Babilônia, enviou cartas e um
presente a Ezequias, porque tinha
ouvido dizer que estivera doente,
e já tinha convalescido.
2 Ezequias se alegrou com eles
e lhes mostrou a casa do seu te-
souro, a prata, o ouro, as espe-
ciarias, os melhores unguentos,
toda a sua casa de armas, e tudo
o que se achava nos seus tesou-
ros. Coisa alguma houve no seu
palácio, ou em todo o seu do-
mínio, que Ezequias não lhes
mostrasse.
3 Então o profeta Isaías veio ao
rei Ezequias e lhe perguntou: O que
foi que aqueles homens disse-
ram? De onde vieram? Respondeu
Ezequias: De uma terra remo-
ta vieram a mim, de Babilônia.
4 Perguntou o profeta: O que foi que
viram em teu palácio? Respondeu
Ezequias: Viram tudo o que há
em minha casa. Coisa alguma
há nos meus tesouros que não
lhes mostrasse.
5 Então disse Isaías a Ezequias:
Ouve a palavra do Senhor dos
Exércitos:
6 Certamente virão dias em que
tudo o que houver em teu pa-
lácio, e tudo o que entesoura-
ram os teus antepassados até
ao dia de hoje, será levado para
Babilônia. Não ficará coisa algu-
ma, diz o Senhor.
7 Dos teus próprios filhos, que
procederem de ti, e tu gerares,
tomarão, para que sejam eunucos
no palácio do rei de Babilônia.
8 Então disse Ezequias a Isaías:
Boa é a palavra do Senhor que
disseste. Pois pensava: Haverá
paz e segurança em meus dias.

Consolo para o povo de Deus

40 Consolai, consolai o
meu povo,
diz o vosso Deus.

2 Falai benignamente a Jerusalém
e anunciem que já a sua
malícia é acabada,
que a sua iniquidade está
expiada,
e que já recebeu em dobro
da mão do Senhor,
por todos os seus pecados.
3 Voz do que clama no deserto:
Preparai o caminho do Senhor;
façam no deserto um
caminho reto para
o nosso Deus.
4 Todo vale será exaltado,
e todo monte e todo outeiro
serão abatidos;
o que é tortuoso será
endireitado,
e o que é escabroso, aplanado.
5 E a glória do Senhor se
manifestará,
e toda a humanidade
juntamente a verá,
pois foi a boca do Senhor que
o disse.
6 **D**iz uma voz: Clama.
E eu disse: Que hei de
clamar?
Todos os homens são como
a erva,
e toda a sua beleza como as
flores do campo.
7 Seca-se a erva, e caem as
flores,
soprando nelas o hálito do
Senhor.
Na verdade o povo é erva.
8 Seca-se a erva, e caem as
flores,
mas a palavra do nosso
Deus permanece
eternamente.
9 **Q**uanto a ti, anunciador
de boas-novas a Sião,
sobe a um alto monte.
E tu, anunciador de
boas-novas a Jerusalém,
levanta a voz fortemente,
levanta-a, não temas,
e dize às cidades de Judá:
Aqui está o vosso Deus.
10 O Senhor Deus virá
com poder,
e o seu braço dominará.
O seu galardão vem com ele,
e o seu salário diante
da sua face.
11 Como pastor apascentará o
seu rebanho:
Nos seus braços recolherá
os cordeirinhos
e os levará no seu regaço;
as que amamentam,
ele guiará mansamente.
12 **Q**uem mediu com a concha
das mãos as águas,
ou tomou a medida dos céus
aos palmos?
Quem recolheu numa medida
o pó da terra,
ou pesou os montes e os
outeiros em balanças?
13 Quem guiou o Espírito
do Senhor?
E que conselheiro o
ensinou?
14 A quem consultou,
para que lhe desse
entendimento,
e lhe mostrasse o
caminho certo,
e lhe ensinasse sabedoria,
e lhe fizesse notório
o caminho do
conhecimento?
15 Certamente as nações são
consideradas por ele
como a gota de um balde,
e como o pó miúdo das
balanças;
ele pesa as ilhas como
se fossem fino pó.
16 Nem todo o Líbano basta
para o fogo,

nem os seus animais
bastam para holocaustos.
17 Todas as nações são como
nada perante ele;
ele as considera sem valor,
e menos do que nada.
18 A quem, pois, fareis
semelhante a Deus?
Com que imagem o
compararareis?
19 **O** artífice grava a imagem,
e o ourives a cobre de ouro,
e cadeias de prata funde
para ela.
20 O pobre demais, que não
pode oferecer tanto,
escolhe madeira que não
apodrece.
Ele busca um artífice sábio
para gravar uma imagem
que não se pode mover.
21 Não sabeis?
Não ouvis?
Ou desde o princípio não vos
foi notificado isto mesmo?
Ou não destes atenção para
os fundamentos da terra?
22 Ele está assentado sobre
o círculo da terra,
cujos moradores são para
ele como gafanhotos.
Ele estende os céus como
cortina
e os desenrola como tenda
para neles habitar.
23 Ele faz voltar ao nada os
príncipes,
e reduz a nada os juízes da
terra.
24 Mal são plantados e
semeados,
mal se arraigou na terra o
seu tronco,
Deus sopra sobre eles, e
secam-se,
e um redemoinho os leva
como palha.
25 **A** quem me fareis
semelhante,
para que lhe seja semelhante?
Diz o Santo.
26 Levantai ao alto os
vossos olhos:
Quem criou todas estas
coisas?
Aquele que faz sair o exército
de estrelas,
uma por uma, e as chama
pelo nome.
Por causa da grandeza das
suas forças
e da fortaleza do seu poder,
nenhuma faltará.
27 Por que dizes, ó Jacó, e tu
reclamas, ó Israel:
O meu caminho está
encoberto ao Senhor,
e a minha causa passa
despercebida ao meu Deus?
28 Não sabes? Não ouviste?
O Senhor é o eterno Deus,
o Criador dos fins da terra.
Ele não se cansa nem fica
exausto,
e não há quem esquadrinhe
o seu entendimento.
29 Dá força ao cansado
e multiplica a força ao que
não tem nenhum vigor.
30 Até os jovens se cansam
e se fatigam,
eles tropeçam e caem,
31 mas os que esperam no
Senhor
renovarão as suas forças.
Subirão com asas como
águias;
correrão e não se cansarão,
caminharão e não se
fatigarão.

O redentor de Israel

41 Calai-vos na minha
presença, ó ilhas!

E os povos renovem as forças!
Cheguem-se, e então falem;
cheguemo-nos juntos a juízo.
2 Quem suscitou do
Oriente o justo,
chamando-o em retidão
ao seu serviço?
Ele lhe dá as nações,
e subjuga reis na sua
presença.
Ele os transforma em pó com
a sua espada,
e como palha arrebatada
pelo vento, com o seu arco.
3 Ele os persegue e passa em paz,
por uma vereda que com
os seus pés nunca tinha
trilhado.
4 Quem operou e fez isso,
chamando as gerações desde
o princípio?
Eu, o Senhor, o primeiro deles,
e com os últimos,
sou eu mesmo.
5 As ilhas veem isso e temem;
os fins da terra tremem.
Aproximam-se e vêm;
6 um ao outro ajuda,
e ao seu companheiro diz:
Esforça-te.
7 **O** artífice anima o ourives,
e o que alisa com o martelo,
ao que bate na bigorna,
dizendo da coisa soldada:
Boa é.
Então com pregos a fixa
para que não caia.
8 **A** ti, porém, ó Israel, servo meu,
tu Jacó, a quem escolhi,
descendência de Abraão,
meu amigo,
9 eu te tomei desde os confins
da terra,
chamei-te dos seus recantos
mais distantes,
e te disse: Tu és o meu servo,
a ti escolhi, e não te rejeitei.
10 Não temas, pois eu
sou contigo;
não te assombres,
pois eu sou teu Deus.
Eu te fortalecerei e te
ajudarei;
eu te sustentarei com a
destra da minha justiça.
11 Certamente envergonhados
e confundidos serão
todos os que se enraivecem
contra ti;
os que contenderem contigo
se tornarão em nada e
perecerão.
12 Ainda que busques os
teus inimigos,
não os acharás.
Os que pelejam contigo
se tornarão em nada,
e coisa de nenhum valor os
que guerreiam contra ti.
13 Pois eu sou o Senhor,
o teu Deus,
que te toma pela tua
mão direita
e te diz: Não temas;
eu te ajudarei.
14 **N**ão temas, ó verme de Jacó,
povozinho de Israel,
eu mesmo te ajudarei,
diz o Senhor,
o teu Redentor,
o Santo de Israel.
15 Eu te prepararei um
trilho novo,
que tem dentes agudos.
Os montes trilharás
e moerás,
e os outeiros reduzirás a
palha.
16 Tu os padejarás, o vento os
levará,
o redemoinho os espalhará,
mas tu te alegrarás no Senhor
e te gloriarás no Santo
de Israel.

17 Os pobres e necessitados
buscam água,
mas não há;
a sua língua se seca de sede.
Contudo eu, o Senhor, os
ouvirei;
eu, o Deus de Israel,
não os desampararei.
18 Abrirei rios nos altos
desnudos,
e fontes no meio dos vales.
Tornarei o deserto em
lagos,
e a terra seca em
mananciais.
19 Plantarei no deserto
o cedro, a acácia, a murta e a
oliveira.
Colocarei juntos no ermo
o pinheiro, o olmeiro e o
cipreste,
20 para que todos vejam e
saibam,
considerem e entendam
que a mão do Senhor fez
isso,
que o Santo de Israel o criou.
21 Apresentai a vossa causa,
diz o Senhor.
Trazei as vossas firmes
razões, diz o Rei de Jacó.
22 Trazei e anunciai-nos
as coisas que hão de
acontecer.
Anunciai-nos as coisas
passadas,
para que as consideremos,
e saibamos o seu fim.
Ou mostrai-nos as coisas
futuras,
23 anunciai-nos as coisas
que ainda hão de vir,
para que saibamos que sois
deuses.
Fazei o bem, ou fazei o mal,
para que nos assombremos,
e juntamente o vejamos.
24 No entanto, sois menos do
que nada,
e a vossa obra é menos do
que nada;
abominação é quem vos
escolhe.
25 Suscito a um do norte, e ele
vem,
um do nascente do sol
que invocará o meu nome.
Ele pisará os magistrados
como lodo,
e, como o oleiro pisa o barro,
assim ele os pisará.
26 Quem anunciou isso
desde o princípio,
para que o possamos saber,
ou dantes, para que digamos:
Justo é?
Não houve quem
anunciasse,
não houve quem
manifestasse,
não houve quem ouvisse
as vossas palavras.
27 Eu fui o primeiro a dizer
a Sião: Aqui estão!
A Jerusalém dei um
mensageiro
de boas-novas.
28 Olhei, mas ninguém havia;
ninguém entre eles que
soubesse aconselhar,
ninguém que me desse
resposta.
29 Vede, todos são vaidade!
As suas obras não são coisa
alguma;
as suas imagens
de fundição não passam de
vento e confusão.

O Servo do Senhor

42 Aqui está o meu Servo, a
quem sustenho,
o meu eleito, de quem se
agrada a minha alma;

porei o meu Espírito sobre ele,
e justiça trará às nações.
2 Não clamará, não se exaltará,
nem fará ouvir a sua voz na
praça.
3 A cana ferida não quebrará,
e não apagará o pavio que
fumega.
Em verdade ele trará a
justiça;
4 não mostrará fraqueza
nem será quebrantado,
até que ponha na terra a
justiça.
Na sua lei as ilhas esperarão.
5 **A**ssim diz Deus, o Senhor,
que criou os céus, e os
estendeu,
e formou a terra, e a tudo o
que produz,
que dá a respiração ao povo
que nela está
e vida aos que andam nela.
6 Eu, o Senhor, te chamei
em retidão;
eu te tomarei pela mão.
Eu te guardarei, e te darei por
mediador
para o povo e para luz dos
gentios,
7 para abrir os olhos dos cegos,
para tirar da prisão os
presos
e do cárcere os que jazem
em trevas.
8 Eu sou o Senhor; este é o meu
nome!
A minha glória a outrem
não a darei,
nem o meu louvor às imagens
de escultura.
9 Vede, as primeiras coisas se
cumpriram,
e novas coisas eu vos
anuncio;
antes que venham à luz,
vos faço ouvi-las.

Cântico de louvor ao Senhor

10 **C**antai ao Senhor um
cântico novo,
e o seu louvor desde as
extremidades da terra,
vós os que navegais pelo mar,
e tudo o que nele há,
vós, ilhas e seus habitantes.
11 Ergam a voz o deserto e as
suas cidades;
regozijem-se as aldeias
habitadas por Quedar.
Exultem os que habitam
nas rochas,
e clamem do cume dos
montes.
12 Deem glória ao Senhor
e anunciem o seu louvor
nas ilhas.
13 O Senhor como poderoso
sairá,
como homem de guerra
despertará o zelo;
clamará e fará grande
ruído,
e sujeitará os seus inimigos.
14 **P**or muito tempo me calei,
estive em silêncio e me contive;
mas agora darei gritos
como a que está de parto,
arfando e arquejando.
15 Os montes e outeiros
tornarei em deserto,
e toda a sua erva farei secar,
e tornarei os rios em terras
áridas,
e as lagoas secarei.
16 Guiarei os cegos por um
caminho
que não conheceram,
farei que caminhem por
veredas desconhecidas;
tornarei as trevas em luz
perante eles,
e as coisas tortas endireitarei.
Essas coisas lhes farei,
e nunca os desampararei.

17 No entanto, os que confiam
em imagens de escultura
e dizem às imagens de
fundição: Vós sois os nossos
deuses, tornarão atrás,
e se confundirão de vergonha.
18 Surdos, ouvi,
e vós, cegos, olhai,
para que possais ver.
19 Quem é cego, senão o
meu servo,
ou surdo como o meu
mensageiro, a quem envio?
E quem é cego como
o meu amigo,
e cego como o servo do Senhor?
20 Tu viste muitas coisas,
mas não as guardaste;
ainda que tenhas os
ouvidos abertos,
nada ouves.
21 Foi do agrado do Senhor,
por amor da sua
própria justiça,
engrandecer a sua lei e
torná-la gloriosa.
22 Este, porém, é um povo
roubado e saqueado,
todos foram apanhados
em cavernas,
e escondidos nas prisões.
São postos por presa,
e ninguém há que os livre;
tornou-se despojo,
e ninguém diz: Restituí.
23 Quem há entre vós
que ouça isso,
ou atenda e ouça o que há
de ser depois?
24 Quem entregou Jacó
por despojo,
e Israel aos roubadores?
Não foi o Senhor,
aquele contra quem
pecaram,
e em cujos caminhos não
queriam andar,
e a cuja lei não
quiseram obedecer?
25 Pelo que derramou sobre
eles a indignação da sua ira
e a violência da guerra.
Ela os envolveu em
labaredas,
contudo não compreenderam;
queimou-os, mas não
fizeram caso.

O único Salvador de Israel

43 Agora, porém, assim diz
o Senhor
que te criou, ó Jacó,
e que te formou, ó Israel:
Não temas, porque eu te remi;
chamei-te pelo teu nome;
tu és meu.
2 Quando passares pelas águas,
estarei contigo
e, quando passares pelos
rios,
eles não te submergirão.
Quando passares pelo fogo,
não te queimarás,
nem a chama arderá em ti.
3 Pois eu sou o Senhor,
o teu Deus,
o Santo de Israel,
o teu Salvador;
dou o Egito por teu resgate,
a Etiópia e Seba por ti.
4 Visto que és precioso e
honrado aos meus olhos,
e porque te amo,
darei os homens por ti,
e os povos pela tua vida.
5 Não temas, pois estou contigo;
trarei a tua descendência do
Oriente
e te ajuntarei do Ocidente.
6 Direi ao norte: Dá;
e ao sul: Não retenhas;
trazei meus filhos de longe,
e minhas filhas das
extremidades da terra;

7 a todos os que são chamados
pelo meu nome,
aos quais criei para a
minha glória,
aos quais formei e fiz.
8 Trazei o povo que tem olhos,
mas é cego,
que tem ouvidos, mas é
surdo.
9 Todas as nações se
congregam,
e os povos se reúnem.
Quem dentre eles pode
anunciar isto,
e fazer-nos ouvir as coisas
antigas?
Apresentem as suas
testemunhas, para que se
justifiquem,
e para que se ouça e se diga:
Verdade é.
10 Vós sois as minhas
testemunhas, diz o Senhor,
e o meu servo, a quem
escolhi,
para que o saibais e creiais
em mim,
e entendais que eu sou o mesmo,
e que antes de mim deus
nenhum se formou,
e depois de mim nenhum
haverá.
11 Eu, eu sou o Senhor,
e fora de mim não há Salvador.
12 Eu anunciei, e eu salvei,
e eu o fiz ouvir,
e deus estranho não houve
entre vós.
Vós sois as minhas
testemunhas, diz o Senhor,
de que eu sou Deus.
13 Ainda antes que houvesse
dia, eu sou.
Ninguém há que possa fazer
escapar das minhas mãos.
Operando eu, quem
impedirá?
14 Assim diz o Senhor,
teu Redentor,
o Santo de Israel:
Por amor de vós enviarei a
Babilônia
e farei descer como
fugitivos
todos os caldeus,
nos navios com que se
vangloriavam.
15 Eu sou o Senhor, vosso Santo,
o Criador de Israel, vosso Rei.
16 Assim diz o Senhor,
o que preparou no mar um
caminho,
e nas águas impetuosas
uma vereda;
17 o que fez sair o carro e o
cavalo,
o exército e a força –
eles juntamente se deitaram,
e nunca se levantarão,
estão extintos,
como um pavio se
apagaram.
18 Não vos lembreis das coisas
passadas,
nem considereis as antigas.
19 Vede, eu faço uma coisa nova,
que está saindo à luz;
não a percebeis?
Porei um caminho no deserto,
e rios no ermo.
20 Os animais do campo me
servirão,
os chacais e as corujas,
porque porei águas no
deserto,
e rios no ermo,
para dar de beber ao meu povo,
ao meu escolhido,
21 o povo que formei para mim,
para que me desse louvor.
22 Contudo, tu não me
invocaste, ó Jacó,
mas te cansaste de mim,
ó Israel.

23 Não me trouxeste ovelhas
para ofertas queimadas,
nem me honraste com os
teus sacrifícios.
Não te dei trabalho com
ofertas de cereais,
nem te fatiguei com incenso.
24 Não me compraste por
dinheiro cana aromática,
nem com a gordura
dos teus sacrifícios me
satisfizeste,
mas me deste trabalho com
os teus pecados,
e me cansaste com as tuas
iniquidades.
25 Eu, eu mesmo, sou o que
apago as tuas
transgressões por amor
de mim,
e dos teus pecados não
me lembro.
26 Procura lembrar-me,
entremos juntos em juízo;
apresenta as tuas razões,
para que te possas justificar.
27 Teu primeiro pai pecou;
os teus intérpretes se
rebelaram contra mim.
28 Pelo que profanarei os
maiorais do santuário,
e entregarei Jacó à destruição,
e Israel à zombaria.

Israel, o escolhido do Senhor

44 Agora, porém, ouve, ó Jacó,
servo meu,
ó Israel, a quem escolhi.
2 Assim diz o Senhor
que te criou e te formou
desde o ventre,
e que te ajudará:
Não temas, ó Jacó, servo meu,
Jesurum, a quem escolhi.
3 Pois derramarei água
sobre o sedento
e rios sobre a terra seca;
derramarei o meu Espírito
sobre a tua posteridade,
e a minha bênção sobre os
teus descendentes.
4 Eles brotarão entre a erva,
como salgueiros junto às
correntes das águas.
5 Um te dirá: Eu sou do Senhor;
outro se chamará pelo
nome de Jacó;
ainda outro escreverá
na sua mão:
Eu sou do Senhor,
e por sobrenome tomará o
nome de Israel.
6 Assim diz o Senhor,
Rei de Israel,
e seu Redentor, o
Senhor dos Exércitos:
Eu sou o primeiro, e eu sou o
último,
e fora de mim não há Deus.
7 Quem há como eu?
Que o proclame e o
exponha na minha presença!
Quem anunciou desde os
tempos antigos as coisas
vindouras?
Que nos anuncie as que ainda
hão de vir.
8 Não vos assombreis,
nem temais.
Não o declarei a vós há
muito tempo? E não vos
anunciei?
Vós sois as minhas
testemunhas.
Há outro Deus além de mim?
Não, não há outra Rocha que
eu conheça.
9 Todos os artífices de imagens
de escultura são vaidade,
e as suas coisas mais
desejáveis são de nenhum
préstimo,
e suas próprias testemunhas
nada veem,

nem entendem, para que
eles sejam confundidos.
10 Quem forma um deus
e funde uma imagem de
escultura,
que é de nenhum préstimo?
11 Ele e todos os seus seguidores
ficarão confundidos;
os artífices são apenas
homens.
Ajuntem-se todos e
levantem-se.
Sejam assombrados e sejam
todos juntos envergonhados.
12 **O** ferreiro faz o machado,
trabalha nas brasas,
forma-o com martelos
e o forja com a força do
seu braço.
Ele tem fome, e a sua
força falta,
não bebe água e desfalece.
13 O carpinteiro estende a
régua sobre a madeira
e, com lápis, esboça um deus;
dá-lhe forma com o formão e
torna a esboçá-lo com o
compasso.
Faz o seu deus à semelhança
de um homem,
segundo a forma de um
homem,
para habitar em uma casa.
14 Cortou para si cedros,
ou tomou um cipreste,
ou um carvalho.
Ele o deixou crescer entre as
árvores do bosque.
Plantou um pinheiro,
e a chuva o fez crescer.
15 Tal árvore serve ao homem
para queimar;
com parte da sua madeira
se aquece;
acende um fogo e assa o pão
e também faz um deus e se
prostra diante dele;
fabrica uma imagem
de escultura
e se ajoelha diante dela.
16 Metade queima no fogo,
e sobre ela prepara a carne
para comer;
faz um assado, e dele se farta.
Também se aquece e diz:
Ah! já me aqueci, já vi o fogo.
17 Então do resto faz um deus,
uma imagem de escultura;
ajoelha-se diante dela,
se inclina,
lhe dirige a sua oração
e diz: Livra-me;
tu és o meu deus.
18 Nada sabem nem entendem;
fecharam-se os olhos,
para que não vejam,
e se fecharam os seus corações,
para que não entendam.
19 Nenhum deles pensa;
ninguém tem conhecimento
nem entendimento,
para dizer:
Metade queimei no fogo
e assei pão sobre
as suas brasas,
assei sobre elas carne,
e a comi.
Faria eu do resto uma
abominação?
Eu me ajoelharia
diante do pedaço de uma
árvore?
20 Alimenta-se de cinza.
O seu coração enganado
o desvia,
de maneira que não pode
livrar a sua alma, nem dizer:
Não será uma mentira o
que está na minha mão
direita?
21 Lembra-te destas coisas,
ó Jacó,
e, tu, ó Israel, pois és
meu servo.

Eu te formei, meu servo és;
ó Israel, não me esquecerei
de ti.
22 Desfiz as tuas transgressões
como a névoa,
e os teus pecados como a
nuvem.
Volta-te para mim,
pois eu te remi.
23 Cantai alegres, vós, ó céus,
pois o Senhor fez isso;
exultai, vós, as partes mais
baixas da terra.
Vós, montes, retumbai
com júbilo,
também vós, bosques, e todas
as suas árvores,
pois o Senhor remiu Jacó
e glorificou-se em Israel.
24 Assim diz o Senhor,
o teu Redentor,
e que te formou desde o
ventre: Eu sou o Senhor
que faço todas as coisas,
que estendo os céus
e espalhei a terra por mim
mesmo,
25 que desfaço os sinais dos
profetas falsos e enlouqueço
os adivinhos,
que faço tornar atrás os
sábios
e transformo o seu
conhecimento em loucura,
26 que confirmo a palavra do
meu servo
e cumpro o conselho dos
meus mensageiros,
que digo de Jerusalém:
Ela será habitada, e das
cidades de Judá:
Elas serão reedificadas,
e eu levantarei as suas
ruínas,
27 que digo à profundeza das
águas: Seca-te,
e eu secarei os teus rios,
28 que digo de Ciro:
É meu pastor,
e cumprirá tudo o que
me agrada;
ele dirá de Jerusalém:
Ela será reedificada,
e do templo:
Será fundado.

45 Assim diz o Senhor ao seu
ungido,
a Ciro, a quem tomo pela mão
direita,
para abater as nações
diante de sua face
e desarmar os seus reis,
para abrir diante dele as
portas,
e as portas não se fecharão:
2 Eu irei adiante de ti
e endireitarei os caminhos
tortos;
quebrarei as portas de bronze
e despedaçarei os ferrolhos
de ferro.
3 Eu te darei os tesouros das
trevas
e as riquezas encobertas,
para que possas saber que
eu sou o Senhor,
o Deus de Israel, que te
chama pelo teu nome.
4 Por amor de meu servo Jacó,
e de Israel, meu eleito,
eu te chamo pelo teu nome,
ponho-te o teu sobrenome,
ainda que não me conheças.
5 Eu sou o Senhor, e não há
outro;
fora de mim não há Deus.
Eu te fortalecerei,
ainda que não me conheças.
6 Para que se saiba desde
o nascente do sol,
e desde o poente,
que fora de mim não há outro.
Eu sou o Senhor, e não há
outro.

7 Eu formo a luz e crio as trevas,
eu faço a paz e crio o mal;
eu, o Senhor, faço todas
essas coisas.
8 **D**erramai, ó céus, dessas
alturas,
e as nuvens chovam retidão;
abra-se a terra e produza-se
salvação,
e com ela brote a retidão;
eu, o Senhor, as criei.
9 Ai daquele que contende
com o seu Criador,
e não passa de um caco
de barro entre outros cacos!
Diz o barro ao que o forma:
Que fazes?
Diz a tua obra:
Ele não tem mãos?
10 Ai daquele que diz ao seu pai:
O que geraste?
ou à sua mãe:
O que deste à luz?
11 Assim diz o Senhor,
o Santo de Israel,
aquele que o formou:
Quereis saber das coisas
futuras?
Quereis saber acerca de
meus filhos,
e acerca da obra das minhas
mãos?
12 Eu fiz a terra e criei nela o
homem.
As minhas mãos
estenderam os céus,
e a todos os seus exércitos
dei as minhas ordens.
13 Eu despertarei a Ciro na
minha retidão;
Endireitarei todos os seus
caminhos.
Ele reedificará a minha cidade
e soltará os meus cativos
não por preço nem por
presentes,
diz o Senhor dos Exércitos.
14 Assim diz o Senhor:
Os produtos do Egito e as
mercadorias da Etiópia,
e os sabeus, homens de alta
estatura,
passarão para o teu lado,
e serão teus;
irão atrás de ti,
virão acorrentados,
e diante de ti se prostrarão.
Farão as suas súplicas a ti,
dizendo:
Deveras Deus está em ti,
e não há nenhum
outro deus.
15 **V**erdadeiramente tu és
o Deus que te ocultas,
o Deus de Israel, o Salvador.
16 Todos se envergonharão,
e também
ficarão envergonhados;
cairão juntamente na
afronta os que fabricam
imagens.
17 Israel, porém, será salvo
pelo Senhor,
com eterna salvação;
jamais sereis envergonhados
ou decepcionados em toda a
eternidade.
18 Pois assim diz o Senhor que
criou os céus,
ele é Deus;
foi ele que formou a terra,
e a fez, ele a estabeleceu;
ele não a criou para ser vazia,
mas a formou para que
fosse habitada.
Diz ele:
Eu sou o Senhor,
e não há outro.
19 **N**ão falei em segredo,
nem em lugar algum
escuro da terra;
não disse à descendência
de Jacó:
Buscai-me em vão.

Eu sou o Senhor, que falo a
verdade,
e anuncio coisas retas.
20 Reuni-vos e vinde;
chegai-vos juntos,
os que escapastes das
nações.
Nada sabem os que conduzem
em procissão as suas
imagens de escultura,
feitas de madeira,
e rogam a um deus que não
pode falar.
21 Anunciai e chegai-vos,
e tomai conselho todos
juntos.
Quem predisse isso desde a
antiguidade,
quem de há muito o anunciou?
Não fui eu, o Senhor?
E não há outro Deus
senão eu,
Deus justo e Salvador não
há além de mim.
22 Olhai para mim e sereis salvos,
vós, todos os confins da
terra;
pois eu sou Deus, e não há
outro.
23 Por mim mesmo jurei;
a minha boca proferiu,
com toda a integridade,
uma palavra que não voltará
atrás:
Diante de mim se dobrará
todo joelho,
e por mim jurará toda língua.
24 De mim se dirá: Somente
no Senhor há retidão e força.
Todos os que se
enraiveceram
contra ele virão a ele,
envergonhados.
25 *No Senhor, porém,*
toda a descendência de Israel
será justificada e nele se
gloriará.

Os ídolos de Babilônia

46 Bel se encurva, Nebo se
abaixa;
os seus ídolos são postos
sobre os animais,
sobre as bestas.
As cargas dos vossos fardos
são canseira para as bestas
já cansadas.
2 Eles juntamente se encurvam
e se abatem;
não podem livrar-se da carga,
a sua alma entra em
cativeiro.
3 Ouvi-me, ó casa de Jacó,
e todo o restante da casa de
Israel,
vós a quem sustentei desde
o ventre
e levei desde o nascimento.
4 Até a vossa velhice eu serei
o mesmo,
e ainda até a vossa idade
avançada
eu vos carregarei.
Eu vos fiz, e eu vos levarei,
e eu vos trarei, e eu vos
guardarei.
5 A quem me fareis
semelhante?
A quem me igualareis?
A quem me comparareis,
para que sejamos
semelhantes?
6 Gastam o ouro da bolsa
e pesam a prata nas balanças;
assalariam o ourives, e ele
faz um deus,
e diante dele se prostram,
e se inclinam.
7 Sobre os ombros o tomam,
levam-no e o põem no seu
lugar.
Ali está, do seu lugar não
se move.
Se recorrem a ele,
resposta nenhuma dá,

e a ninguém livra da sua
tribulação.
8 Lembrai-vos disto, considerai,
trazei-o à memória,
ó rebeldes.
9 Lembrai-vos das coisas
passadas da antiguidade;
eu sou Deus, e não há outro;
eu sou Deus, e não há outro
semelhante a mim.
10 Eu anuncio o fim desde
o princípio,
desde a antiguidade as
coisas que ainda não
sucederam.
Eu digo: O meu propósito
subsistirá,
e farei toda a minha
vontade.
11 Do Oriente chamo a ave de
rapina,
e de um país distante,
o homem do meu conselho.
O que eu disse, eu o
cumprirei;
formei o plano e o executarei.
12 Ouvi-me, ó duros de coração,
os que estais longe da retidão.
13 Faço chegar a minha
retidão,
ela não está longe;
a minha salvação não
tardará.
Estabelecerei em Sião a
salvação,
e em Israel o meu
esplendor.

A queda de Babilônia

47 Desce e assenta-te no pó,
ó virgem filha de
Babilônia;
assenta-te no chão, sem
trono,
ó filha dos caldeus.
Nunca mais serás chamada
mimosa e delicada.
2 Toma o moedor e mói a
farinha;
descobre a cabeça, descalça
os pés,
descobre as pernas e
atravessa os rios.
3 A tua nudez será descoberta,
e será vista a tua vergonha.
Tomarei vingança
e não farei acepção de homem
algum.
4 O nome do nosso Redentor
é o Senhor dos Exércitos,
o Santo de Israel.
5 Assenta-te silenciosa
e entra nas trevas,
ó filha dos caldeus;
nunca mais serás chamada
senhora de reinos.
6 Muito me enraiveci contra o
meu povo,
e tornei profana a minha
herança;
entreguei-os na tua mão,
e não usaste com eles de
misericórdia.
Até sobre os velhos
fizeste muito pesado o teu
jugo.
7 Disseste: Eu serei senhora
para sempre!
Até agora não levaste a
sério essas coisas,
nem te lembraste do fim delas.
8 Agora, pois, ouve isto,
tu que és dada aos prazeres,
que habitas segura,
que dizes no teu coração:
Eu sou, e fora de mim não
há outra.
Não ficarei viúva,
nem conhecerei a perda de
filhos.
9 Ambas estas coisas virão
sobre ti num momento, no
mesmo dia,
perda de filhos e viuvez.

Em toda a sua força virão
sobre ti,
por causa da multidão das
tuas feitiçarias
e da abundância dos teus
muitos encantamentos.
10 Confiaste na tua maldade e
disseste:
Ninguém me pode ver.
A tua sabedoria e o teu
conhecimento,
isso te fez desviar,
quando disseste no teu
coração:
Eu sou, e fora de mim não há
outra.
11 Sobre ti virá o mal
e não saberás livrar-te dele
por encantamentos.
Destruição tal cairá sobre ti
que não a poderás afastar;
virá sobre ti de repente tão
tempestuosa desolação
que não a poderás
conhecer.
12 Continua com os teus
encantamentos,
e com a multidão das tuas
feitiçarias
em que te fatigaste desde a
tua juventude,
a ver se podes tirar
proveito,
ou se podes inspirar temor.
13 Cansaste-te na multidão
dos teus conselhos;
levantem-se agora os
astrólogos,
que contemplam os astros,
os que nas luas novas
predizem o que há de vir
sobre ti.
14 Certamente são como
restolho;
o fogo os queimará.
Não podem livrar-se do
poder das chamas.
Não é um braseiro com que
se aquece,
nem fogo para que diante
dele se assentem.
15 Assim serão para contigo
aqueles com quem
trabalhaste,
os teus negociantes desde a
tua juventude.
Andarão vagueando,
cada um pelo seu caminho;
ninguém te salvará.

A teimosia de Israel

48 Ouvi isto, casa de Jacó,
que vos chamais do
nome de Israel,
e saístes das águas de Judá,
que jurais pelo nome do
Senhor,
e invocais o Deus de Israel,
mas não em verdade, nem
em retidão.
2 Até da santa cidade tomam
o nome
e se firmam sobre o Deus de
Israel;
o Senhor dos Exércitos é o
seu nome.
3 As primeiras coisas desde
a antiguidade as anunciei,
pronunciou-as a minha
boca, e eu as fiz ouvir;
de repente as fiz, e
passaram.
4 Pois eu sabia que eras
obstinado,
a tua cerviz um nervo
de ferro
e a tua testa de bronze.
5 Por isso, te anunciei estas
coisas há muito;
antes que acontecessem,
anunciei-as a ti,
para que não dissesses:
O meu ídolo fez estas coisas,
ou a minha imagem de

escultura, ou a minha
imagem de fundição as
mandou.
6 Já ouviste essas coisas;
olha para todas elas.
Não as admites?
Desde agora te faço ouvir
coisas novas e ocultas,
que nunca conheceste.
7 Agora são criadas, e não
de há muito tempo
delas não ouviste antes deste
dia,
para que não digas:
Sim, eu já as sabia.
8 Delas não ouviste nem as
conheceste;
tampouco há muito tempo
foi aberto o teu ouvido.
Eu bem sei quão traiçoeiro
és;
foste chamado rebelde desde
o ventre.
9 Por amor do meu nome
retardo a minha ira;
por amor do meu louvor
me contenho para contigo,
para que não te venha a
exterminar.
10 Vê, eu te purifiquei,
mas não como a prata;
provei-te na fornalha da
aflição.
11 Por amor de mim,
por amor de mim faço isso.
Como seria profanado o
meu nome?
A minha glória não a darei a
outrem.
12 Dá-me ouvidos, ó Jacó,
e tu, ó Israel, a quem chamei:
Eu sou o mesmo,
sou o primeiro e também o
último.
13 A minha própria mão
fundou a terra,
e a minha mão direita
mediu os céus a palmos;
quando os convoco,
levantam-se juntos.
14 Ajuntai-vos todos vós e ouvi:
Qual dos ídolos anunciou
essas coisas?
O aliado escolhido do Senhor
executará a sua vontade
contra Babilônia,
o seu braço será contra os
caldeus.
15 Eu, eu o disse;
sim, já o chamei.
Eu o farei vir,
e farei próspero o seu
caminho.
16 Chegai-vos a mim e ouvi
isto:
Não falei em segredo desde o
princípio;
desde o tempo em que
aquilo se fez eu estava ali,
e agora o Senhor Deus me
enviou,
com o seu Espírito.
17 Assim diz o Senhor,
o teu Redentor, o Santo de
Israel:
Eu sou o Senhor, o teu
Deus,
que te ensina o que é útil
e te guia pelo caminho em
que deves andar.
18 Ah! se tivesses dado ouvidos
aos meus mandamentos!
Então seria a tua paz
como o rio,
e a tua retidão,
como as ondas do mar.
19 A tua descendência seria
como a areia,
e os que procedem das tuas
entranhas, como os seus
grãos;
o seu nome nunca seria
eliminado nem destruído de
diante de mim.

20 Saí de Babilônia,
fugi de entre os caldeus!
Anunciai isto com voz de júbilo e o proclamai.
Levai-o até os confins da terra;
dizei: O Senhor remiu seu servo Jacó.
21 Eles não tinham sede,
quando os levava pelos desertos;
fez-lhes correr água da rocha;
fendeu a rocha,
e as águas manaram dela.
22 Para os ímpios não há paz,
diz o Senhor.

O Servo do Senhor

49 Ouvi-me, ilhas,
e escutai vós, povos de longe:
O Senhor me chamou desde o ventre,
desde as entranhas da minha mãe
fez menção do meu nome.
2 Fez a minha boca como uma espada aguda,
na sombra da sua mão me cobriu;
pôs-me como uma flecha
limpa e me escondeu na sua aljava.
3 Ele me disse: Tu és o meu servo,
Israel, em quem
manifestarei a minha glória.
4 Eu, porém, disse: em vão tenho trabalhado,
inútil e em vão gastei as minhas forças.
Todavia o meu direito está perante o Senhor,
e o meu galardão, perante o meu *Deus*.
5 E agora diz o Senhor,
que me formou desde o ventre para ser seu servo,
que lhe torne a trazer Jacó
e ajunte Israel a ele,
pois aos olhos do Senhor sou glorificado,
e o meu Deus tem sido a minha força.
6 Diz ele:
Pouco é que sejas o meu servo,
para restaurares as tribos de Jacó
e tornares a trazer os preservados de Israel.
Também te darei para luz dos gentios,
para seres a minha salvação
até as extremidades da terra.
7 Assim diz o Senhor,
o Redentor de Israel, o seu Santo,
à alma desprezada, ao que as nações abominam,
ao servo dos que dominam:
Os reis o verão e se levantarão,
os príncipes diante de ti se inclinarão,
por amor do Senhor, que é fiel,
e do Santo de Israel,
que te escolheu.
8 Assim diz o Senhor:
No tempo favorável te ouvirei,
e no dia da salvação te ajudarei,
te guardarei e te darei por aliança do povo,
para restaurares a terra
e lhe dares em herança as herdades assoladas,
9 para dizeres aos presos: Saí,
e aos que estão em trevas:
Aparecei!
Eles pastarão nos caminhos,
e em todos os lugares altos
terão o seu pasto.

10 Nunca terão fome nem sede;
nem a calma nem o sol os
afligirá.
Aquele que se compadece
deles os guiará,
e os levará mansamente
aos mananciais das águas.
11 Farei de todos os meus
montes um caminho,
e as minhas veredas serão
erguidas.
12 Vê, eles virão de longe;
alguns do norte,
outros do oeste,
e ainda outros da terra de
Sinim.
13 Exultai, ó céus, e alegra-te,
ó terra, e vós, montes,
rompei em cânticos!
Pois o Senhor consola
o seu povo,
e dos seus aflitos se
compadecerá.
14 **S**ião, porém, disse:
O Senhor me desamparou,
o Senhor se esqueceu de
mim.
15 Pode uma mulher
esquecer-se
do filho que ainda mama,
de modo que
não se compadeça do filho do
seu ventre?
Contudo, ainda que esta se
esquecesse,
eu, todavia, não me
esquecerei de ti.
16 Vê, nas palmas das minhas
mãos te gravei;
os teus muros estão
continuamente na minha
presença.
17 Os teus filhos
apressadamente vêm,
mas os teus destruidores
e os teus assoladores saem
do meio de ti.
18 Levanta os teus olhos ao
redor e olha;
todos os teus filhos se
ajuntam e vêm a ti.
Tão certo como eu vivo,
diz o Senhor,
de todos estes te vestirás,
como dum enfeite,
e deles te cingirás como
noiva.
19 Quanto aos teus desertos
e lugares solitários e à tua
terra destruída,
será agora estreita demais
para os moradores,
e os que te devoravam
estarão longe de ti.
20 Os filhos da tua orfandade
dirão aos teus ouvidos:
Muito estreito é para mim
este lugar;
aparta-te de mim,
para que possa habitar nele.
21 Então dirás no teu coração:
Quem me gerou estes?
Eu estava sem filhos e
solitária;
em cativeiro e rejeitada.
Quem então me criou estes?
Fui deixada sozinha,
mas estes, de onde vieram?
22 **A**ssim diz o Senhor:
Eu acenarei com a mão às
nações,
e ante os povos arvorarei a
minha bandeira;
eles trarão os teus filhos nos
braços,
e as tuas filhas serão
levadas sobre os ombros.
23 Reis serão os teus tutores,
e as suas rainhas as tuas
amas.
Diante de ti se inclinarão
com o rosto em terra
e lamberão o pó dos
teus pés.

Então saberás que eu sou
o Senhor;
os que confiam em mim
não serão decepcionados.
24 Será que se tira a presa dos
valentes,
ou os presos escapariam do
tirano?
25 Assim, porém, diz o Senhor:
Por certo que os presos se
tirarão do valente,
e a presa do tirano escapará;
eu contenderei com os que
contendem contigo,
e os teus filhos eu remirei.
26 Sustentarei os teus
opressores
com a sua própria carne;
com o seu próprio sangue
se embriagarão,
como com vinho.
Então toda a humanidade
saberá que eu sou o Senhor,
o teu Salvador e o teu
Redentor,
o Poderoso de Jacó.

O pecado de Israel e a obediência do Servo

50 Assim diz o Senhor:
Onde está a carta de
divórcio de vossa mãe,
pela qual eu a rejeitei?
Ou quem é o meu credor,
a quem eu vos tenha
vendido?
Por causa das vossas
maldades fostes vendidos;
por causa das vossas
transgressões,
vossa mãe foi repudiada.
2 Quando eu vim, por que
ninguém apareceu?
Quando chamei, por que
ninguém respondeu?
Encolheu-se tanto a minha
mão que já não possa remir?
Ou não há mais força em
mim para livrar?
Com a minha repreensão faço
secar o mar,
torno os rios em deserto;
os seus peixes cheiram mal
por falta de água,
e morrem de sede.
3 Eu visto os céus de escuridão,
e ponho-lhe pano de saco por
sua cobertura.
4 O Senhor Deus me deu
língua instruída,
para saber a palavra que
ampara o cansado.
Ele me desperta todas as
manhãs,
desperta-me o ouvido,
para que ouça como
discípulo.
5 O Senhor Deus abriu os
meus ouvidos,
e eu não fui rebelde;
não me afastei.
6 As minhas costas dei aos
que me feriam,
as minhas faces aos que
me arrancavam os cabelos;
não escondi a minha face
dos
que me afrontavam e me
cuspiam.
7 Porque o Senhor Deus me
ajuda,
não serei confundido.
Por isso, fiz o meu rosto como
a pederneira,
e sei que não serei
envergonhado.
8 Perto está o que me justifica.
Quem contenderá comigo?
Compareçamos juntos!
Quem é meu adversário?
Chegue-se para mim!
9 É o Senhor Deus quem me
ajuda.
Quem há que me condene?

Todos eles como vestidos se
envelhecerão;
a traça os comerá.
10 Quem há entre vós que
tema a Deus
e ouça a voz do seu servo?
Quando andar em trevas
e não tiver luz nenhuma,
confie no nome do Senhor
e firme-se sobre o seu Deus.
11 Todos vós, porém,
que acendeis fogo,
e vos armais com tições
acesos,
ide, andai entre as chamas do
vosso fogo
e entre os tições que
acendestes.
Isso é o que recebereis da
minha mão:
Em tormentos jazereis.

A salvação eterna de Israel

51 Ouvi-me vós, os que
seguis a retidão,
os que buscais ao Senhor:
Olhai para a rocha de onde
fostes cortados
e para a caverna do poço de
onde fostes cavados.
2 Olhai para Abraão,
vosso pai, e para Sara,
que vos deu à luz.
Sendo ele só, eu o chamei
o abençoei e o
multipliquei.
3 O Senhor certamente
consolará Sião
e consolará todos os seus
lugares assolados;
ele fará o seu deserto como o
Éden e os seus ermos como
o jardim do Senhor.
Alegria e contentamento se
acharão nela,
ações de graças e som de
cânticos.
4 Atendei-me, povo meu;
nação minha, inclinai os
ouvidos para mim:
De mim sairá a lei,
e a minha justiça se
estabelecerá como luz dos
povos.
5 Perto está a minha retidão;
vem saindo a minha salvação,
e os meus braços julgarão
os povos.
As ilhas me aguardarão
e no meu braço esperarão.
6 Levantai os vossos olhos
para os céus e olhai para
a terra,
porque os céus desaparecerão
como a fumaça
e a terra se envelhecerá como
um vestido;
os seus moradores
morrerão como mosquitos.
A minha salvação, porém,
durará para sempre
e a minha retidão
jamais falhará.
7 Ouvi-me, vós que conheceis
o que é reto;
vós, povo, em cujo coração
está a minha lei:
Não temais o desprezo dos
homens
nem vos turbeis pelas suas
injúrias.
8 Pois a traça os roerá como a
um vestido;
o bicho os comerá como à lã.
A minha retidão, porém,
durará para sempre;
a minha salvação de
geração em geração.
9 Desperta, desperta!
Veste-te de força,
ó braço do Senhor;
desperta como nos dias
passados,
como nas gerações antigas.

Não foste tu que cortaste em
pedaços a Raabe
e trespassaste ao dragão?
10 Não foste tu que secaste
o mar,
as águas do grande abismo;
que fizeste um caminho no
fundo do mar,
para que passassem os
remidos?
11 Os resgatados do Senhor
voltarão.
Entrarão em Sião com
júbilo;
perpétua alegria coroará as
suas cabeças.
Alegria e contentamento os
alcançarão;
tristeza e gemido fugirão
deles.
12 **E**u, eu sou aquele que vos
consola.
Quem és tu, para que temas
o homem, que é mortal,
ou o filho do homem,
que não passa de erva,
13 que te esqueces do Senhor
que te criou,
que estendeu os céus
e fundou a terra,
e temes continuamente
todo dia o furor do
angustiador,
quando se prepara para
destruir?
Onde está o furor do que te
atribulava?
14 O exilado cativo depressa
será solto e não morrerá na
masmorra,
e o seu pão não lhe faltará.
15 Pois eu sou o Senhor,
o teu Deus,
que agita o mar, de modo
que bramem as suas ondas.
O Senhor dos Exércitos é o
seu nome.
16 Eu pus as minhas palavras
na tua boca
e te cobri com a sombra da
minha mão;
eu que plantei os céus no seu
lugar
e fundei a terra,
e que digo a Sião: Tu és o meu
povo.
17 **D**esperta, desperta!
Levanta-te, ó Jerusalém,
que bebeste da mão do
Senhor
o cálice do seu furor,
que bebeste da taça do
atordoamento e a esgotaste.
18 De todos os filhos que teve,
nenhum há que a guie
mansamente,
e de todos os filhos que
criou
nenhum que a tome pela mão.
19 Estas duas coisas te
aconteceram;
quem terá compaixão de ti?
Assolação e quebrantamento,
fome e espada; quem te
consolará?
20 Os teus filhos já desmaiaram
e jazem nas entradas
de todos os caminhos,
como o antílope na rede.
Cheios estão do furor do
Senhor e da repreensão do
teu Deus.
21 Pelo que agora ouve isto,
ó opressa
e embriagada, mas não de
vinho.
22 Assim diz o Senhor,
o Senhor teu Deus,
que pleiteará a causa do seu
povo:
Eu tomo da tua mão
o cálice do atordoamento,
o cálice do meu furor;
nunca mais dele beberás.

23 Eu o colocarei nas mãos
dos que te entristeceram,
que dizem à tua alma:
Abaixa-te, para que passemos
sobre ti.
E tu puseste as tuas costas
como chão e
como rua para os que
passavam.

52 Desperta, desperta,
reveste-te de fortaleza, ó
Sião.
Veste-te dos teus vestidos
formosos,
ó Jerusalém, cidade santa.
Nunca mais entrará em ti
incircunciso nem imundo.
2 Sacode o pó; levanta-te
e assenta-te, ó Jerusalém.
Solta-te das ataduras de teu
pescoço,
ó cativa filha de Sião.
3 **P**ois assim diz o Senhor:
Por nada fostes vendidos,
e sem dinheiro sereis
resgatados.
4 Pois assim diz o Senhor Deus:
O meu povo em tempos
passados desceu ao Egito,
para lá habitar;
a Assíria sem razão o
oprimiu.
5 E agora o que acho eu aqui?
diz o Senhor.
Pois o meu povo foi
levado por nada,
e os que dominam sobre ele
zombam dele,
diz o Senhor.
O meu nome é blasfemado
incessantemente o dia todo.
6 Portanto, o meu povo saberá o
meu nome;
portanto naquele dia
saberão
que fui eu quem o predisse.
Sim, eu mesmo.
7 **Q**uão formosos são sobre os
montes
os pés do que anuncia boas-
novas,
que proclama a paz,
que anuncia coisas boas,
que faz ouvir a salvação,
que diz a Sião:
O teu Deus reina!
8 Ouvi! Os teus sentinelas
levantam a voz;
juntamente exultam.
Com os seus próprios olhos o
verão,
quando o Senhor voltar a
Sião.
9 Rompei em cânticos de júbilo
juntamente,
ó ruínas de Jerusalém,
pois o Senhor consolou o seu
povo,
remiu a Jerusalém.
10 O Senhor descobriu o seu
santo braço perante os olhos
de todas as nações;
todos os confins da terra
verão
a salvação do nosso Deus.
11 **R**etirai-vos, retirai-vos, saí
de lá!
Não toqueis coisa imunda!
Saí do meio dela, purificai-vos,
os que levais os utensílios
do Senhor.
12 Contudo, não saireis
apressadamente nem ireis
em fuga;
pois o Senhor irá diante de
vós,
e o Deus de Israel será a
vossa retaguarda.

O sofrimento e a glória do Messias

13 **V**ede, o meu servo
procederá com prudência;
será engrandecido,
elevado e muito sublime.

14 Exatamente como muitos
pasmaram à vista dele.
O seu parecer estava tão
desfigurado,
mais do que o de outro
qualquer,
e a sua aparência mais do
que a dos outros filhos dos
homens.
15 Assim causará temor em
muitas nações,
e os reis fecharão as suas
bocas por causa dele.
Pois aquilo que não lhes foi
anunciado verão,
e aquilo que não ouviram
entenderão.

53 Quem deu crédito à nossa
pregação?
A quem se manifestou o
braço do Senhor?
2 Ele foi subindo como renovo
perante ele,
e como raiz de uma terra seca.
Não tinha parecer nem
formosura;
e, olhando nós para ele,
nenhuma beleza víamos
para que o desejássemos.
3 Era desprezado e o mais
indigno entre os homens;
homem de dores e
experimentado no
sofrimento.
Como um de quem os
homens
escondiam o rosto,
era desprezado, e não fizemos
dele caso algum.
4 Verdadeiramente ele tomou
sobre si as nossas
enfermidades,
e as nossas dores levou
sobre si;
contudo, nós o consideramos
como aflito,
ferido de Deus e oprimido.
5 Ele, porém, foi ferido
pelas nossas transgressões
e moído pelas nossas
iniquidades;
o castigo que nos traz a paz
estava sobre ele,
e pelas suas pisaduras
fomos sarados.
6 Todos nós andávamos
desgarrados como ovelhas,
cada um se desviava pelo
seu caminho;
e o Senhor fez cair sobre
ele a iniquidade de nós
todos.
7 Ele foi oprimido e humilhado,
mas não abriu a sua boca;
como cordeiro foi levado ao
matadouro,
e como a ovelha muda
perante os seus
tosquiadores,
ele não abriu a sua boca.
8 Pela opressão e pelo juízo
foi tirado.
E quem pode falar da sua
linhagem?
Pois foi cortado da terra dos
viventes;
pela transgressão do meu
povo foi ele atingido.
9 Deram-lhe sepultura com os
ímpios,
e com o rico na sua morte,
embora nunca tivesse
cometido injustiça,
nem houvesse engano na
sua boca.
10 Todavia, ao Senhor
agradou
moê-lo, fazendo-o enfermar;
quando a sua alma se puser
por expiação do pecado,
verá a sua posteridade,
prolongará os seus dias,
e a vontade do Senhor
prosperará na sua mão.

11 Ele verá o trabalho
da sua alma
e ficará satisfeito;
com o seu conhecimento o
meu servo,
o justo, justificará a muitos,
e as iniquidades deles
levará sobre si.
12 Pelo que lhe darei uma
porção entre os poderosos,
e com os fortes repartirá ele
o despojo,
porque derramou a sua alma
na morte
e foi contado com os
transgressores.
Pois ele levou sobre si o
pecado de muitos
e pelos transgressores
intercedeu.

A futura glória de Sião

54 Canta, ó estéril, que não
deste à luz;
exulta com alegre canto
e exclama, tu que nunca
tiveste dores de parto;
porque mais são os filhos
da desolada
do que os da casada, diz o
Senhor.
2 Amplia o lugar da tua tenda,
e as cortinas das tuas
habitações se estendam,
não o impeças;
alonga as tuas cordas
e firma bem as tuas estacas.
3 Porque transbordarás à mão
direita e à esquerda;
a tua posteridade
possuirá as nações
e fará que sejam habitadas
as cidades assoladas.
4 Não temas; não serás
envergonhada.
Não te envergonhes;
não serás humilhada.
Antes te esquecerás
da vergonha da tua
juventude,
e não te lembrarás mais
da humilhação da tua viuvez.
5 Pois o teu Criador é o
teu marido,
o Senhor dos Exércitos é o
seu nome,
o Santo de Israel é o teu
Redentor;
ele será chamado o Deus de
toda a terra.
6 O Senhor te chamará
como a mulher
desamparada e triste de
espírito,
como a mulher da juventude,
que fora desprezada,
diz o teu Deus.
7 Por breve momento te deixei,
mas com grande compaixão
te recolherei.
8 Em grande ira
escondi a minha face de ti por
um momento,
mas com benignidade eterna
me compadecerei de ti,
diz o Senhor, o teu
Redentor.
9 Isso será para mim como
os dias de Noé,
quando jurei que as águas
de Noé nunca
mais inundariam a terra.
Assim agora jurei
que não me
irarei mais contra ti,
nem te repreenderei.
10 Embora as montanhas
se desviem e os outeiros
tremam,
contudo o meu constante
amor
não se desviará de ti,
nem será removida a
aliança da minha paz,

diz o Senhor,
que se compadece de ti.
11 Ó oprimida, arrojada
com a tormenta e
desconsolada!
Eu te construirei com
pedras de turquesa
e te fundarei sobre safiras.
12 Farei os teus baluartes de rubis,
as tuas portas de joias
brilhantes
e todos os teus muros de
pedras preciosas.
13 Todos os teus filhos serão
ensinados do Senhor,
e grande será a paz de teus
filhos.
14 Com retidão serás
confirmada:
A opressão estará longe de
ti;
já não temerás.
O terror será removido;
não chegará a ti.
15 Embora se levantem
ataques contra ti,
isso não procederá de mim;
todo aquele que contender
contigo,
cairá diante de ti.
16 Vê, fui eu que criei o ferreiro,
que assopra as brasas no fogo,
que produz a ferramenta
para a sua obra.
E fui eu que criei o assolador,
para destruir;
17 ferramenta alguma
preparada
contra ti prosperará,
e toda língua que se
levantar contra ti em juízo
tu a condenarás.
Essa é a herança dos
servos do Senhor,
e essa é a sua justiça que vem
de mim,
diz o Senhor.

Convite ao sedento

55 Ó vós, todos os que
tendes sede,
vinde às águas,
e os que não tendes
dinheiro,
vinde, comprai e comei!
Vinde, comprai, sem
dinheiro
e sem preço, vinho e leite.
2 Por que gastais o dinheiro
naquilo que não é pão?
E o produto do vosso
trabalho naquilo que não
pode satisfazer?
Ouvi-me atentamente,
comei o que é bom,
e a vossa alma se deleite
com a gordura.
3 Inclinai os vossos ouvidos e
vinde a mim;
ouvi, e a vossa alma viverá.
Convosco farei uma aliança
perpétua,
dando-vos as firmes
beneficências prometidas a
Davi.
4 Vede, eu o dei por testemunho
aos povos como príncipe e
governador dos povos.
5 Certamente chamarás
a uma nação que não
conheces,
e uma nação que nunca te
conheceu correrá para ti,
por amor do Senhor,
o teu Deus,
e do Santo de Israel,
pois ele te glorificou.
6 Buscai ao Senhor enquanto se
pode achar,
invocai-o enquanto está
perto.
7 Deixe o ímpio o seu caminho,
e o homem maligno os seus
pensamentos.
Converta-se ao Senhor,

que se compadecerá dele,
e torne para o nosso Deus,
pois grandioso é em perdoar.
8 Pois os meus pensamentos
não são os vossos
pensamentos,
nem os vossos caminhos os
meus caminhos,
diz o Senhor.
9 Assim como os céus
são mais altos do que a terra,
assim são os meus caminhos
mais altos do que os vossos
caminhos,
e os meus pensamentos
mais altos do que os vossos
pensamentos.
10 Assim como descem a chuva
e a neve dos céus,
e para lá não tornam,
mas regam a terra,
e a fazem produzir,
brotar e dar semente ao
semeador
e pão ao que come,
11 assim será a palavra
que sair da minha boca:
Ela não voltará para mim
vazia,
mas fará o que desejo,
e prosperará naquilo para
que a enviei.
12 Com alegria saireis,
e em paz sereis guiados;
os montes e os outeiros
exclamarão de contentamento
perante a vossa face,
e todas as árvores do campo
baterão palmas.
13 Em lugar do espinheiro
crescerá o cipreste,
e em lugar da sarça
crescerá a murta.
Isso será para renome do
Senhor,
por sinal eterno,
que nunca se apagará.

Salvação para os gentios

56 Assim diz o Senhor:
Mantende o juízo
e fazei justiça,
pois a minha salvação está
prestes a vir
e a minha retidão a
manifestar-se.
2 Bem-aventurado o homem
que faz isso,
e o filho do homem que
lança mão disso,
que se guarda de profanar
o sábado
e guarda a sua mão de
perpetrar algum mal.
3 Não diga o estrangeiro
que se houver chegado
ao Senhor:
De todo me apartará o
Senhor do seu povo.
Tampouco diga o eunuco:
Eu não passo de uma árvore seca.
4 Pois assim diz o Senhor:
Aos eunucos que guardam os
meus sábados
e escolhem aquilo que
me agrada,
e abraçam a minha aliança,
5 darei na minha casa
e dentro dos meus muros
um lugar e um nome,
melhor do que o de filhos e
filhas;
um nome eterno darei a
cada um deles,
que nunca se apagará.
6 Aos estrangeiros que se
chegarem ao Senhor para o
servirem,
e para amarem o nome do
Senhor,
sendo deste modo servos seus,
todos os que guardarem
o sábado, não o profanando,
e os que abraçarem a
minha aliança,

7 também os levarei ao meu
santo monte
e os alegrarei na minha
casa de oração.
Os seus holocaustos e os seus
sacrifícios
serão aceitos no meu altar,
pois a minha casa será
chamada
casa de oração para todos
os povos.
8 Assim diz o Senhor Deus,
que ajunta os dispersos de
Israel:
Ainda ajuntarei outros aos
que já se lhe ajuntaram.
9 Vós, todos os animais do campo,
todas as feras dos bosques,
vinde comer.
10 Todos os atalaias de Israel
são cegos,
nada sabem;
todos são cães mudos,
não podem ladrar;
andam adormecidos,
estão deitados,
e amam dormir.
11 Esses cães são gulosos,
nunca se podem fartar.
São pastores que nada
compreendem;
todos eles se tornam para o
seu caminho,
cada um para a sua
ganância, todos sem exceção.
12 Vinde, diz cada um deles,
trarei vinho,
e beberemos bebida forte;
o dia de amanhã será
como este,
ou ainda muito melhor.

57 Perece o justo,
e não há quem considere
isso em seu coração;
os homens compassivos são
retirados,
sem que alguém considere
que o justo é levado antes que
venha o mal.
2 Os que andam retamente
entram em paz;
descansam nas suas camas
os que houverem andado na
sua retidão.
3 Chegai-vos, porém, para aqui,
vós os filhos da adivinha,
descendência de adúlteros e
prostitutas!
4 De quem zombais?
Contra quem escancarais
a boca
e mostrais a língua?
Não sois filhos da
transgressão,
descendência da falsidade?
5 Vós vos inflamais com desejos
incontroláveis
debaixo dos carvalhos
e debaixo de toda árvore
frondosa;
sacrificais os vossos
filhos nos ribeiros
e nas aberturas dos penhascos.
6 Por entre as pedras lisas
dos ribeiros está a tua parte;
estas, estas são a tua
porção.
Sobre elas também
derramas a tua libação,
e lhes ofereces ofertas.
Poderia eu contentar-me com
essas coisas?
7 Sobre um monte alto
e elevado puseste a tua cama,
e a ele sobes para oferecer
sacrifícios.
8 Detrás das portas e dos
limiares das ombreiras pões
os teus memoriais.
Longe de mim te
descobriste,
subiste à tua cama e a
alargaste;
fizeste aliança com aqueles

cuja cama tu amas,
e contemplaste a sua nudez.
9 Procuraste a Moloque com óleo
e multiplicaste os teus
perfumes.
Enviaste os teus
embaixadores para longe;
desceste até o sepulcro.
10 Em todos os teus caminhos
te cansaste,
mas não disseste: Não há
esperança.
Recuperaste o vigor da tua
força,
por isso não desfaleceste.
11 Contudo de quem tiveste
receio ou temor,
para que mentisses
e não te lembrasses de mim,
nem no teu coração me
pusesses?
Não é porque eu me calo,
e isso há muito tempo,
e não me temes?
12 Eu exporei a tua retidão
e as tuas obras,
e elas não te aproveitarão.
13 Quando clamares, livrem-te
os teus
congregados.
O vento a todos levará,
e a vaidade os arrebatará.
Mas o que confia em mim
possuirá a terra,
e herdará o meu santo monte.
14 E se dirá:
Aplanai, aplanai,
preparai o caminho!
Tirai os tropeços
do caminho *do meu povo.*
15 Porque assim diz o Alto,
o Sublime,
que habita na eternidade,
e cujo nome é Santo:
Num alto e santo lugar habito,
e também com o contrito e
abatido de espírito,
para vivificar o espírito
dos abatidos
e vivificar o coração dos
contritos.
16 Não contenderei para
sempre,
nem continuamente me
indignarei,
pois o espírito do homem
se enfraqueceria perante a
minha face,
o fôlego do homem que eu
criei.
17 Por causa da iníqua
cobiça me indignei;
eu o castiguei, e escondi a
minha face, indignei-me,
mas, rebelde, seguiu ele o
caminho do seu coração.
18 Eu vi os seus caminhos, mas
o sararei;
eu o guiarei e lhe tornarei a
dar consolo,
19 criando louvor nos lábios dos
pranteadores de Israel.
Paz, paz, para os que estão
longe
e para os que estão perto,
diz o Senhor, e eu o sararei.
20 Os ímpios, porém, são
como o mar agitado
que não se pode aquietar,
cujas águas lançam de si
lama e lodo.
21 Para os ímpios, diz o meu
Deus,
não há paz.

O verdadeiro jejum

58 Clama em alta voz, não te
detenhas.
Levanta a tua voz como a
trombeta
e anuncia ao meu povo a
sua transgressão
e à comunidade de Jacó os
seus pecados.

2 Pois dia a dia me procuram;
têm prazer em saber os meus caminhos,
como um povo que pratica a justiça
e não deixa os mandamentos do seu Deus.
Perguntam-me pelos direitos da justiça
e têm prazer em se chegar a Deus.
3 Dizem: Por que jejuamos nós,
e tu não atentas para isso?
Por que afligimos as nossas almas,
e tu não o sabes?
Contudo no dia em que jejuais,
prosseguis nas vossas empresas
e explorais todos os vossos trabalhadores.
4 Para contendas e debates jejuais,
e para ferirdes com o punho iníquo.
Não jejueis como hoje,
para fazer ouvir a vossa voz no alto.
5 É este o jejum que eu escolhi,
que o homem um dia humilhe a sua alma,
incline a sua cabeça como o junco
e estenda debaixo de si saco e cinza?
É isso o que chamas de jejum e dia aprazível ao Senhor?
6 Não é este o jejum que escolhi:
Que soltes as ligaduras da impiedade,
que desates as cordas do *jugo*,
que deixes livres os quebrantados
e despedaces todo jugo?
7 Não é também que repartas
o teu pão com o faminto
e recolhas em casa os pobres desterrados?
E, vendo o nu, o cubras,
e não te escondas do teu próximo?
8 Então romperá a tua luz como a alva,
e a tua cura apressadamente brotará,
e a tua justiça irá adiante da tua face,
e a glória do Senhor será a tua retaguarda.
9 Então clamarás, e o Senhor te responderá;
gritarás, e ele dirá:
Aqui estou.
Se tirares do meio de ti o jugo,
o estender do dedo e o falar iniquamente,
10 e se abrires a tua alma ao faminto e fartares a alma aflita,
então a tua luz nascerá nas trevas
e a tua escuridão será como o meio-dia.
11 O Senhor te guiará continuamente
e fartará a tua alma em lugares secos;
fortificará os teus ossos.
Serás como um jardim regado,
e como um manancial,
cujas águas nunca faltam.
12 Os que de ti procederem
edificarão os lugares antigamente assolados,
e levantarás os fundamentos
de geração em geração;
eles te chamarão
reparador de brechas
e restaurador de veredas com moradias.

13 Se desviares o teu pé de
profanar o sábado,
de fazer a tua vontade no
meu santo dia,
e se chamares ao sábado
deleitoso,
e santo dia do Senhor,
digno de honra,
e o honrares não seguindo
os teus caminhos,
nem te ocupando nas tuas
empresas,
nem falando palavras vãs,
14 então te deleitarás no
Senhor,
e te farei cavalgar sobre as
alturas da terra,
e te sustentarei com a
herança
de teu pai Jacó.
A boca do Senhor o disse.

Os pecados de Israel

59 Certamente a mão do Senhor
não está encolhida,
para que não possa salvar,
nem surdo o seu ouvido,
para que não possa ouvir.
2 Contudo, as vossas
iniquidades
fazem divisão entre vós e o
vosso Deus,
e os vossos pecados encobrem
o seu rosto de vós,
para que não vos ouça.
3 Pois as vossas mãos estão
contaminadas de sangue,
e os vossos dedos, de
iniquidade.
Os vossos lábios falam
falsamente,
a vossa língua pronuncia
perversidade.
4 Ninguém há que clame pela
justiça;
ninguém comparece em
juízo pela verdade.
Confiam na vaidade e andam
falando mentiras;
concebem o mal e
produzem a iniquidade.
5 Chocam ovos de basilisco
e tecem teias de aranha.
Aquele que comer dos ovos
deles morrerá,
e se um dos ovos é quebrado,
sai dele uma víbora.
6 As suas teias não prestam
para vestes;
não se podem cobrir com as
suas obras.
As suas obras são obras de
iniquidade,
obra de violência há nas
suas mãos.
7 Os seus pés correm para o mal;
apressam-se para derramar o
sangue inocente.
Os seus pensamentos são
pensamentos de iniquidade;
ruína e destruição há nas
suas estradas.
8 Não conhecem o caminho
da paz;
não há juízo nos seus
passos.
Fizeram para si veredas
tortuosas;
todo aquele que anda por elas
não tem
conhecimento da paz.
9 Pelo que a justiça está longe
de nós,
e a retidão não nos alcança.
Esperamos pela luz,
e só há trevas;
pelo resplendor,
mas andamos em escuridão.
10 Apalpamos as paredes
como cegos;
como os que não têm olhos,
andamos apalpando.
Tropeçamos ao meio-dia
como nas trevas,

e nos lugares escuros somos
como mortos.
11 Todos nós bramamos
como ursos,
e continuamente gememos
como pombas.
Esperamos a justiça, e ela
não aparece;
a salvação, e ela está longe
de nós.
12 Pois as nossas transgressões
se multiplicam perante ti,
e os nossos pecados
testificam contra nós.
As nossas transgressões
estão conosco;
conhecemos as nossas
iniquidades:
13 rebelião e traição contra o
Senhor,
retiramo-nos do nosso Deus,
pregamos opressão e revolta,
e proferimos mentiras que
nosso coração concebeu.
14 Pelo que a justiça se tornou
atrás,
e a retidão se pôs longe;
a verdade anda tropeçando
pelas ruas,
e a equidade não pode
entrar.
15 A verdade ausentou-se,
e quem se desvia do mal
arrisca-se a ser despojado.
O Senhor o viu, e pareceu
mau aos seus olhos
que não houvesse justiça.
16 Ele viu que não havia
ninguém,
e maravilhou-se de que não
houvesse intercessor;
pelo que o seu próprio braço
lhe trouxe a salvação,
e a sua própria justiça o
susteve.
17 Ele se revestiu de retidão,
como de uma couraça,
e pôs capacete da salvação
na cabeça;
tomou sobre si as vestes da
vingança
e se cobriu de zelo, como de
um manto.
18 Conforme as obras deles,
assim será a sua retribuição:
furor aos seus adversários,
e recompensa aos seus
inimigos;
às ilhas dará ele a sua
recompensa.
19 Então temerão o nome do
Senhor desde o poente,
e a sua glória desde o
nascente do sol.
Pois ele virá como uma
corrente impetuosa,
que o sopro do Senhor impele.
20 O Redentor virá a Sião
e aos que se desviarem da
transgressão em Jacó,
diz o Senhor.
21 Quanto a mim, esta é a minha
aliança com eles, diz o Senhor. O
meu Espírito, que está sobre ti, e
as minhas palavras, que pus na
tua boca, não se desviarão da tua
boca, nem da boca de teus filhos,
nem da boca dos seus descenden-
tes, diz o Senhor, desde agora e
para todo o sempre.

A glória de Jerusalém

60 Levanta-te, resplandece,
pois já vem a tua luz,
e a glória do Senhor vai
nascendo sobre ti.
2 As trevas cobrem a terra,
e a escuridão os povos;
mas sobre ti o Senhor vem
surgindo, e a sua glória se vê
sobre ti.
3 As nações caminharão à tua luz,
e os reis ao resplendor que
te nasceu.

4 Levanta em redor os teus
olhos, e vê:
Todos estes já se ajuntaram, e
vêm a ti;
os teus filhos virão de
longe,
e as tuas filhas se criarão a
teu lado.
5 Quando o vires, ficarás
radiante,
e o teu coração estremecerá
e se alegrará;
a abundância do mar se
tornará a ti,
e as riquezas das nações a
ti virão.
6 Multidão de camelos cobrirá
a tua terra,
os camelos de Midiã e Efá.
Todos virão de Sabá,
trazendo ouro e incenso,
e proclamando os louvores do
Senhor.
7 Todas as ovelhas de Quedar
se congregarão em ti,
os carneiros de Nebaiote te
servirão;
com agrado subirão ao meu
altar,
e eu cobrirei de esplendor
o templo da minha glória.
8 Quem são estes que vêm
voando como nuvens
e como pombas aos seus
ninhos?
9 Certamente as ilhas me
aguardam;
vêm primeiro os navios de
Társis,
trazendo os teus filhos de
longe,
a sua prata e o seu ouro
com eles,
para a honra do Senhor, o teu
Deus,
o Santo de Israel, pois ele te
glorificou.
10 Estrangeiros reedificarão os
teus muros,
e os seus reis te servirão.
Embora no meu furor eu te
tenha ferido,
na minha benignidade terei
compaixão de ti.
11 As tuas portas estarão
abertas de contínuo,
nem de dia nem de noite se
fecharão,
para que tragam a ti as
riquezas das nações e,
conduzidos com elas, os seus
reis.
12 Pois a nação ou o reino
que não te servirem
perecerão;
essas nações de todo serão
assoladas.
13 A glória do Líbano virá a ti,
o cipreste, o olmeiro e o
buxo conjuntamente,
para adornar o lugar do meu
santuário;
e farei glorioso o lugar dos
meus pés.
14 Também virão a ti,
inclinando-se, os filhos dos
que te oprimiram;
se prostrarão aos teus pés
todos os que te
desprezaram,
e te chamarão a cidade do
Senhor,
a Sião do Santo de Israel.
15 Embora foste abandonada e
odiada,
de modo que ninguém
passava por ti,
eu te farei um orgulho
perpétuo,
uma alegria de geração em
geração.
16 Beberás o leite das nações
e te alimentarás aos peitos
dos reis.

8 Jurou o Senhor pela sua mão
direita
e pelo braço da sua força:
Nunca mais darei o teu trigo
por comida aos teus
inimigos,
nem os estranhos beberão o
teu vinho novo,
pelo qual trabalhaste.
9 Os que, porém, ajuntarem o
comerão,
e louvarão ao Senhor,
e os que o colherem beberão
nos átrios do meu santuário.
10 Passai, passai pelas portas!
Preparai o caminho ao povo.
Aplanai, aplanai a estrada!
Limpai-a das pedras.
Arvorai a bandeira aos
povos.
11 O Senhor proclamou
até as extremidades da terra:
Dizei à filha de Sião:
Vê, a tua salvação vem!
Vê, com ele vem o seu
galardão,
e a sua obra diante dele.
12 Serão chamados o povo santo,
os remidos do Senhor;
e tu serás chamada a
Procurada,
a cidade não desamparada.

Vingança e redenção de Deus

63 Quem é este que vem de
Edom,
de Bozra, com vestes
tingidas de vermelho?
Quem é este, vestido de
esplendor,
que marcha na grandeza da
sua força?
Sou eu que falo em retidão,
poderoso para salvar.
2 Por que estão vermelhas as
tuas vestes,
como os trajes daqueles
que pisam no tanque de
prensar uvas?
3 Eu sozinho pisei neste
tanque;
dos povos ninguém houve
comigo.
Pisei-os na minha ira,
e os esmaguei no meu furor;
o seu sangue salpicou as
minhas vestes,
e manchei toda a minha
roupa.
4 Porque o dia da vingança
estava no meu coração,
e o ano dos meus redimidos
é chegado.
5 Olhei, e não havia quem
me ajudasse,
espantei-me de não haver
quem me sustivesse;
pelo que o meu braço me
trouxe a salvação,
e o meu furor me susteve.
6 Pisei os povos na minha ira;
embriaguei-os no meu furor
e derramei o seu sangue
sobre a terra.

Louvor e ação de graças

7 As benignidades do Senhor
mencionarei,
e os muitos louvores do
Senhor,
consoante tudo o que o
Senhor nos concedeu;
a grande bondade para com
a nação de Israel,
bondade que ele lhes
concedeu
segundo as suas
misericórdias
e segundo a multidão das
suas benignidades.
8 Ele disse: Certamente eles são
meu povo,
filhos que não mentirão;
e assim ele foi o seu Salvador.

9 Em toda a angústia deles foi
ele angustiado,
e o anjo da sua face os salvou.
Em seu amor e compaixão ele
os remiu;
ele os tomou
e os conduziu todos os dias da
antiguidade.
10 Contudo, eles foram rebeldes
e entristeceram o seu
Espírito Santo.
Pelo que se lhes tornou em
inimigo,
e ele mesmo pelejou contra
eles.
11 Então, o seu povo se lembrou
dos dias da antiguidade,
de Moisés e do seu povo,
dizendo:
Onde está aquele que os fez
subir do mar
com os pastores do seu
rebanho?
Onde está o que pôs no meio
deles
o seu Espírito Santo,
12 que fez o seu braço glorioso
andar à mão
direita de Moisés,
que fendeu as águas diante
deles,
para criar para si um nome
eterno,
13 que os guiou pelos abismos?
Como um cavalo no deserto,
nunca tropeçaram;
14 como o animal que desce aos
vales,
receberam descanso do
Espírito do Senhor.
Assim guiaste o teu povo,
para criares um nome
glorioso.
15 **O**lha dos céus, da tua
santa e gloriosa habitação.
Onde estão o teu zelo
e as tuas obras poderosas?
A ternura do teu coração e
as tuas misericórdias se
detêm para comigo!
16 No entanto, tu és o nosso Pai,
ainda que Abraão não nos
conheça
e Israel não nos reconheça;
tu, ó Senhor, és o nosso Pai,
nosso Redentor desde a
antiguidade
é o teu nome.
17 Por que, ó Senhor, nos fazes
desviar dos teus caminhos?
Por que endureces o nosso
coração,
para que não te temamos?
Volta, por amor dos teus
servos e das tribos da tua
herança.
18 Por breve tempo o teu
santo povo possuiu a sua
herança,
mas agora os nossos
adversários
pisaram o teu santuário.
19 Há muito que somos
o teu povo;
mas não exerceste o teu
domínio sobre eles,
não foram chamados pelo
teu nome.

64 Oh! se fendesses os céus e
descesses,
se os montes tremessem
diante da tua face!
2 Como quando o fogo inflama
os gravetos
e faz ferver a água,
desce para fazeres notório o
teu nome
aos teus adversários,
e fazer que as nações tremam
na tua presença!
3 Pois quando fizeste coisas
terríveis
que não esperávamos,
desceste,

e os montes tremeram
diante da tua face.
4 Desde a antiguidade
ninguém ouviu,
nenhum ouvido percebeu,
e olho nenhum viu Deus além
de ti,
que trabalhe para aqueles
que nele esperam.
5 Sais em socorro daqueles
que alegremente praticam a
justiça,
daqueles que se lembram
dos teus caminhos.
Mas ao continuarmos pecando
contra eles, te iraste.
Como, pois, podemos ser
salvos?
6 Todos nós somos como o
imundo,
e todos os nossos atos
de justiça como trapo da
imundícia;
todos nós caímos como a
folha,
e os nossos pecados como
um vento nos arrebatam.
7 Ninguém há que invoque o
teu nome,
que desperte e te detenha;
pois escondeste de nós o teu
rosto,
e nos consumistes por
causa das
nossas iniquidades.
8 Agora, porém, ó Senhor, tu és
o nosso Pai.
Nós somos o barro, tu és o
nosso oleiro;
somos todos obra das tuas
mãos.
9 Não te enfureças tanto, ó
Senhor,
nem perpetuamente te
lembres da iniquidade.
Olha, nós te pedimos, todos
nós somos o teu povo.
10 As tuas santas cidades se
tornaram em deserto;
até Sião é um deserto,
Jerusalém está assolada.
11 A nossa santa e
gloriosa casa,
em que te louvaram os
nossos pais,
foi queimada a fogo,
e todas as nossas coisas mais
preciosas se
tornaram em ruína.
12 Depois de tudo, te conterás
ainda, ó Senhor?
Ficarás calado e nos afligirás
ainda mais?

Juízo e salvação

65 Fui buscado dos que
não perguntavam por
mim;
fui achado daqueles que
não me buscavam.
A um povo que não invocava
o meu nome eu disse:
Aqui estou, aqui estou.
2 Estendi as mãos o dia todo a
um povo rebelde,
que caminha por caminho
que não é bom,
após os seus próprios
pensamentos;
3 povo que me irrita
continuamente,
sacrificando em jardins
e queimando incenso sobre
altares de tijolos;
4 que se assenta junto às
sepulturas
e passa as noites em lugares
secretos;
que come carne de porco,
e cujo prato contém caldo de
coisas abomináveis;
5 que diz: Afasta-te!
Não te aproximes de mim,
pois sou mais santo do que tu.

Estes são fumaça no meu nariz,
um fogo que arde o dia todo.
6 Está escrito diante de mim:
Não me calarei, mas pagarei;
sim, eu lhes darei a
recompensa;
7 as vossas iniquidades e
juntamente
as iniquidades de vossos
pais, diz o Senhor,
que queimaram sacrifícios
nos montes
e me desafiaram nos outeiros,
eu os farei pagar por suas
obras antigas.
8 **A**ssim diz o Senhor:
Como quando se acha suco
num cacho de uvas,
e os homens dizem: Não o
destruas,
ainda há alguma coisa
boa nele,
assim farei por amor de meus
servos,
para que não os destrua
totalmente.
9 Produzirei descendência a Jacó,
e a Judá um herdeiro,
que possua os meus
montes;
os meus escolhidos herdarão
a terra,
e os meus servos
habitarão ali.
10 Sarom servirá de curral
de ovelhas,
e o vale de Acor de lugar
de descanso para os
rebanhos,
para o meu povo, que me
busca.
11 Quanto a vós, porém,
abandonais o Senhor,
os que vos esqueceis do
meu santo monte,
os que preparais uma mesa
para a Fortuna,
e que misturais vinho para
o Destino,
12 eu vos destinarei à espada,
e todos vos encurvareis à
matança;
pois chamei, e não
respondestes,
falei, e não ouvistes.
Fizestes o que era mau aos
meus olhos
e escolhestes aquilo em que
eu não tinha prazer.
13 **P**elo que assim diz o
Senhor Deus:
Os meus servos comerão,
mas vós padecereis fome;
os meus servos beberão,
mas vós tereis sede;
os meus servos se alegrarão,
mas vós vos envergonhareis.
14 Os meus servos cantarão
por terem o coração alegre,
mas vós gritareis com
angústia de coração,
e uivareis em quebrantamento
de espírito.
15 Deixareis o vosso nome
aos meus escolhidos como
uma maldição;
o Senhor Deus vos matará,
e a seus servos chamará por
outro nome.
16 De sorte que aquele que
invocar uma
bênção na terra,
o fará pelo Deus da verdade;
aquele que jurar na terra,
jurará pelo Deus da
verdade.
Pois as angústias passadas
serão esquecidas,
e estarão encobertas dos
meus olhos.

Novos céus e nova terra

17 **V**ede, eu crio novos céus e
nova terra.

Não haverá lembrança das
coisas passadas,
nem mais se recordarão.
18 Quanto a vós, porém,
folgareis e exultareis
perpetuamente no que eu
crio,
pois crio para Jerusalém
alegria,
e para o seu povo regozijo.
19 Folgarei por causa de
Jerusalém
e exultarei no meu povo;
nunca mais se ouvirá nela
nem voz de choro nem voz de
clamor.
20 Não haverá mais nela
criança que viva poucos dias,
nem velho que não cumpra
os seus dias;
aquele que morrer com cem
anos
será tido por jovem;
o pecador que não conseguir
alcançar cem anos
será considerado
amaldiçoado.
21 Edificarão casas e nelas
habitarão;
plantarão vinhas e comerão
o seu fruto.
22 Não edificarão para que
outros nelas habitem,
nem plantarão para que
outros comam.
Pois os dias do meu povo
serão como os dias da
árvore,
e os meus eleitos desfrutarão
das obras
das suas mãos até a velhice.
23 Não trabalharão
inutilmente,
nem terão filhos para a
calamidade;
pois serão um povo bendito
do Senhor,
eles e os seus descendentes
com eles.
24 Antes que clamem,
responderei;
estando eles ainda falando,
os ouvirei.
25 O lobo e o cordeiro se
apascentarão juntos,
e o leão comerá palha como
o boi,
mas o pó será a comida da
serpente.
Não farão mal nem dano
algum
em todo o meu santo monte,
diz o Senhor.

Juízo e esperança

66 Assim diz o Senhor: O céu
é o meu trono,
e a terra o estrado dos meus
pés.
Onde está a casa que me
edificareis?
Onde será o lugar do meu
descanso?
2 Não fez a minha mão todas
essas coisas,
e assim vieram a existir?
diz o Senhor.
É para este que olharei:
para o humilde e contrito
de espírito,
que treme da minha palavra.
3 O que, porém, sacrifica um
boi
é como o que mata um
homem,
e o que sacrifica um
cordeiro,
como o que degola um cão;
o que oferece uma oferta de
cereal
é como o que oferece sangue
de porco,
e o que queima incenso,
como o que adora um ídolo.

Eles escolheram os seus
próprios caminhos,
e a sua alma se satisfaz nas
suas abominações;
4 de modo que escolherei para
eles
um duro tratamento,
e farei vir sobre eles os seus
temores.
Pois quando clamei,
ninguém respondeu,
quando falei, não escutaram.
Fizeram o que era mau aos
meus olhos
e escolheram aquilo em que
eu não tinha prazer.
5 Ouvi a palavra do Senhor,
os que tremeis da sua
palavra:
Os vossos irmãos que vos
odeiam,
e que para longe vos
lançam
por amor do meu nome, dizem:
O Senhor seja glorificado,
para que vejamos a vossa
alegria.
Contudo, serão
envergonhados.
6 Uma voz de grande tumulto
virá da cidade,
uma voz do templo, voz do
Senhor,
que dá o pago aos seus
inimigos.
7 **A**ntes que estivesse de parto,
deu à luz;
antes que lhe viessem as
dores,
deu à luz um filho.
8 Quem jamais ouviu tal coisa?
Quem viu coisas
semelhantes?
Poderia fazer nascer uma
nação num só dia?
Nasceria uma nação de
uma só vez?
Mas Sião mal sentiu as dores
de parto,
e já deu à luz seus filhos.
9 Abriria eu a madre e não
faria nascer?
diz o Senhor.
Faria nascer, e fecharia
a madre?
diz o teu Deus.
10 **R**egozijai-vos com Jerusalém,
e alegrai-vos por ela,
vós todos os que a amais;
enchei-vos de alegria por ela,
todos os que por ela
pranteastes.
11 Pois mamareis e vos fartareis
dos peitos das suas
consolações;
sugareis e vos deleitareis
com a abundância da sua
glória.
12 Porque assim diz o Senhor:
Estenderei sobre ela a paz
como um rio,
e a glória das nações
como um ribeiro que
transborda;
então sereis amamentados,
sereis carregados ao colo
e sobre os joelhos sereis
afagados.
13 Como alguém a quem a sua
mãe consola,
assim eu vos consolarei;
em Jerusalém vós sereis
consolados.
14 Isso vereis, e se alegrará o
vosso coração,
e os vossos corpos reverdecerão
como a erva nova;
a mão do Senhor será notória
aos seus servos,
e ele se indignará contra os
seus inimigos.
15 O Senhor virá em fogo,
e os seus carros como um
turbilhão,

para tornar a sua ira
em furor,
e a sua repreensão, em
chamas de fogo.
16 Porque com fogo e com a sua
espada
entrará o Senhor em juízo
com toda a carne,
e os mortos do Senhor serão
multiplicados.
17 Os que se santificam e se puri-
ficam, para entrarem nos jardins
após aquele que está no meio dos
que comem carne de porco e ratos
e outras abominações, juntamente
serão consumidos, diz o Senhor.
18 Porque conheço as suas obras e
os seus pensamentos, venho para
ajuntar todas as nações e línguas;
e virão e verão a minha glória.
19 Porei entre eles um sinal, e os
que deles escaparem enviarei às
nações, a Társis, Pul e Lude, famo-
sos como flecheiros, a Tubal e Javã,
até às ilhas de mais longe, que não
ouviram a minha fama, nem vi-
ram a minha glória. Anunciarão
a minha glória entre as nações.
20 Trarão todos os vossos irmãos,
dentre todas as nações, por pre-
sente ao Senhor, sobre cavalos, e
em carros, e em liteiras, e sobre
mulas, e sobre camelos, ao meu
santo monte, a Jerusalém, diz o
Senhor, como os filhos de Israel
trazem as suas ofertas de cere-
ais em vasos limpos ao templo
do Senhor.
21 E também deles tomarei al-
guns para sacerdotes e para le-
vitas, diz o Senhor.
22 Como os novos céus e a nova
terra, que hei de fazer, estarão
diante da minha face, diz o Senhor,
assim há de estar a vossa poste-
ridade e o vosso nome.
23 De uma lua nova à outra, e de
um sábado ao outro, virá toda a
humanidade a adorar na minha
presença, diz o Senhor.
24 Eles sairão e verão os cadáve-
res dos homens que se rebelaram
contra mim; o seu verme nunca
morrerá, nem o seu fogo se apa-
gará, e serão um horror para toda
a humanidade.

JEREMIAS

1 Palavras de Jeremias, filho
de Hilquias, um dos sacerdo-
tes que estavam em Anatote, na
terra de Benjamim.
2 A ele veio a palavra do Senhor,
nos dias de Josias, filho de Amom,
rei de Judá, no décimo terceiro
ano do seu reinado;
3 e lhe veio também nos dias de
Jeoiaquim, filho de Josias, rei
de Judá, até o fim do décimo pri-
meiro ano de Zedequias, filho
de Josias, rei de Judá, até que
Jerusalém foi levada ao exílio
no quinto mês.

A vocação de Jeremias

4 Veio a mim a palavra do Senhor,
dizendo:
5 Antes que eu te formasse
no ventre,
te conheci;
antes que saísses da madre, te
santifiquei;
às nações te dei por profeta.
6 Eu, porém, disse: Ah! Senhor
Deus! Não sei falar; não passo de
uma criança.
7 O Senhor, entretanto, me dis-
se: Não digas: Não passo de uma
criança. Aonde quer que eu te
enviar, irás; e tudo o que te man-
dar, dirás.
8 Não temas diante deles, pois
eu sou contigo para te livrar, diz
o Senhor.
9 Depois, o Senhor estendeu a
sua mão, tocou-me na boca e me
disse: Agora pus as minhas pala-
vras na tua boca.
10 Vê, ponho-te hoje sobre
as nações e sobre os reinos,
para arrancares e derrubares,
para destruíres e arruinares e
para edificares e plantares.
11 Veio a mim a palavra do Senhor:
O que é que vês, Jeremias? E eu
respondi: Vejo uma vara de amen-
doeira.
12 Disse-me o Senhor: Viste bem,
pois eu velo sobre a minha pala-
vra, para a cumprir.
13 Veio a mim a palavra do Senhor
segunda vez: O que é que vês?
E eu respondi: Vejo uma pa-
nela a ferver, inclinada para o
norte.
14 Disse-me o Senhor: Do norte
se derramará o mal sobre todos
os habitantes da terra.
15 Estou convocando todas as fa-
mílias dos reinos do norte, diz o
Senhor.
Os seus reis virão, e cada um
porá o seu trono
à entrada das portas de
Jerusalém,
e contra todos os seus
muros em redor
e contra todas as cidades
de Judá.
16 Pronunciarei contra o meu
povo os meus juízos,
por causa de toda a sua
malícia;
pois me deixaram,
e queimaram incenso a
deuses estranhos,
e se encurvaram diante
das obras
das suas mãos.
17 Cinge os teus lombos! Levanta-te
e dize-lhes tudo o que eu te man-
dar. Não te espantes diante de-
les, ou eu farei que temas na sua
presença.

18 Eu te pus hoje por cidade fortificada, por coluna de ferro e por muros de bronze, contra toda a terra; contra os reis de Judá, contra os seus príncipes, contra os seus sacerdotes e contra o povo da terra.
19 Pelejarão contra ti, mas não prevalecerão, pois eu sou contigo, diz o Senhor, para te livrar.

Israel abandona a Deus

2 Veio a mim a palavra do Senhor:
2 Vá proclamar aos ouvidos de Jerusalém:
Assim diz o Senhor:
Lembro-me de ti, da devoção
da tua mocidade,
do teu amor quando éramos
noivos,
de como me seguiste pelo
deserto,
numa terra não semeada.
3 Israel era santo para o
Senhor,
as primícias da sua
novidade;
todos os que o devoravam
eram tidos por culpados,
e o mal vinha sobre eles,
diz o Senhor.
4 Ouvi a palavra do Senhor,
ó casa de Jacó,
e todas as famílias da casa
de Israel.
5 Assim diz o Senhor:
Que injustiça acharam vossos
pais em mim,
para se afastarem de mim,
indo após ídolos vãos,
tornando-se sem valor eles
mesmos?
6 Não perguntaram: Onde está
o Senhor,
que nos fez subir da terra
do Egito,
que nos guiou através do
deserto,
por uma terra árida e cheia
de covas,
por uma terra de sequidão e
densas trevas,
por uma terra em que
ninguém transitava
e na qual não morava homem
algum?
7 Eu vos introduzi numa
terra fértil,
para comerdes o seu fruto e
o seu bem.
Mas quando nela entrastes,
contaminastes a minha
terra;
da minha herança fizestes
uma abominação.
8 Os sacerdotes não
perguntaram:
Onde está o Senhor?
Os que tratavam da lei não
me conheceram;
os pastores se rebelaram
contra mim.
Os profetas profetizaram
por Baal
e andaram após o que é de
nenhum proveito.
9 Portanto, pleiteio convosco,
diz o Senhor.
Até com os filhos de vossos
filhos pleitearei.
10 Passai às ilhas de Quitim
e vede;
enviai mensageiros a Quedar,
e atentai bem;
vede se jamais sucedeu
coisa semelhante.
11 Houve alguma nação que
trocasse os seus deuses,
posto não serem deuses?
Todavia o meu povo trocou a
sua glória
pelo que é de nenhum
proveito.
12 Espantai-vos disso, ó céus, e
horrorizai-vos;

ficai verdadeiramente
estupefatos,
diz o Senhor.
13 O meu povo fez duas
maldades:
A mim me deixaram, o
manancial de águas vivas,
e cavaram cisternas,
cisternas rotas,
que não retêm as águas.
14 Acaso é Israel um servo,
ou um escravo nascido em
casa?
Por que, pois, veio a ser
presa?
15 Os leões rugiram;
contra ele levantaram a sua
voz.
Fizeram da sua terra uma
desolação;
as suas cidades se
queimaram,
e ninguém habita nelas.
16 Até os filhos de Mênfis e de
Tafnes
raparam o alto da tua
cabeça.
17 Não procuraste isso para ti
mesmo,
deixando o Senhor, o teu
Deus,
no tempo em que ele te guiava
pelo caminho?
18 Agora, que te adiantará ir ao
Egito,
beber as águas do Nilo?
E que te adiantará ir à Assíria,
beber as águas do Eufrates?
19 A tua malícia te castigará;
as tuas apostasias te
repreenderão.
Sabe, pois, e vê como é mau
e amargo
deixares o Senhor, o teu Deus,
e não teres temor de mim,
diz o Senhor Deus dos
Exércitos.
20 Há muito quebraste
o teu jugo,
e rompeste as tuas ataduras;
disseste: Não te servirei!
Contudo, em todo outeiro alto
e debaixo de toda árvore
frondosa
tu te deitas e te prostituis.
21 Eu mesmo te plantei como
vide excelente,
uma semente inteiramente
fiel.
Como, pois, te tornaste para
mim uma planta corrupta,
como de vide brava?
22 Ainda que te laves com salitre
e amontoes sabão,
a tua iniquidade está diante
de mim,
diz o Senhor Deus.
23 Como podes dizer:
Não estou contaminada, nem
andei após Baal?
Vê o teu caminho no vale;
conhece o que fizeste.
Gamela ligeira és,
que anda torcendo os seus
caminhos,
24 jumenta selvagem,
acostumada ao deserto
e que, no ardor do cio sorve
o vento;
quem lhe pode impedir o
desejo?
Todos os que a buscam não se
cansam;
no mês dela a acharão.
25 Evita que o teu pé ande
descalço e que a tua
garganta tenha sede.
Mas tu dizes: É inútil;
amo os deuses estranhos, e
após eles irei.
26 Como fica confundido
o ladrão quando o apanham,
assim se confundem os da
casa de Israel;

eles, os seus reis, os seus
príncipes,
os seus sacerdotes e os seus
profetas.
27 Dizem ao pau: Tu és meu
pai, e à pedra: Tu me geraste.
Eles me viraram as costas,
e não o rosto,
mas no tempo do seu aperto
dirão:
Levanta-te e livra-nos.
28 Onde, pois, estão os teus
deuses,
que fizeste para ti?
Que se levantem,
se te podem livrar no tempo
da tua tribulação!
Pois os teus deuses, ó Judá,
são tão numerosos
como as tuas cidades.
29 Por que contendeis comigo?
Todos vós transgredistes
contra mim, diz o Senhor.
30 Em vão castiguei os
vossos filhos;
eles não aceitaram a
correção.
A vossa espada devorou os
vossos profetas
como um leão destruidor.
31 Ó geração, considerai a
palavra do Senhor:
Tenho eu sido para Israel
um deserto?
Ou uma terra da mais
espessa escuridão?
Por que diz o meu povo:
Desligamo-nos de ti;
nunca mais a ti viremos?
32 É possível uma jovem
esquecer-se das suas joias,
ou a esposa, dos seus
ornamentos?
Todavia o meu povo se
esqueceu
de mim por inumeráveis
dias.
33 Como ornamentas o teu
caminho, para buscares
o amor!
Até às malignas ensinaste
os teus caminhos.
34 Nas orlas dos teus vestidos
se achou o sangue das almas
dos inocentes e
necessitados,
embora não os apanhaste no
ato de roubar.
Contudo, a despeito de todas
essas coisas,
35 ainda dizes: Estou inocente;
certamente a sua ira se
desviou de mim.
Eu, porém, entrarei em
juízo contigo,
porque dizes: Não pequei.
36 Por que te desvias tanto,
mudando o teu caminho?
Ficarás decepcionada com
o Egito como
ficaste com a Assíria.
37 Daquele lugar sairás
com as mãos sobre a cabeça,
pois o Senhor rejeitou
aqueles
em quem confias,
e não prosperarás com eles.

3 Se um homem despedir a sua
mulher,
e ela se ausentar dele,
e se ajuntar a outro homem,
tornará ele mais para ela?
Não se poluiria de todo
aquela terra?
Tu, porém, maculaste com
muitos amantes;
tornarias agora para mim?
diz o Senhor.
2 Levanta os teus olhos aos
altos e vê.
Onde não te prostituíste?
Nos caminhos te assentavas
para eles,
como o árabe no deserto.

Manchaste a terra com as
tuas devassidões,
e com a tua malícia.
3 Pelo que foram retiradas as
chuvas,
e não houve chuva tardia.
Contudo, tu tens a testa de
prostituta,
e não queres ter vergonha.
4 Não acabaste de me invocar,
dizendo:
Pai meu, tu és o guia da
minha mocidade?
5 Conservarás para sempre a
tua ira?
Ou a guardarás
continuamente?
Tens dito e feito coisas más,
e nelas permaneces.

A infidelidade de Israel

6 Disse-me o Senhor nos dias do
rei Josias: Viste o que fez a rebel-
de Israel? Ela se foi a todo monte
alto, debaixo de toda árvore fron-
dosa, e ali andou prostituindo-se.
7 Eu pensei que depois de ter feito
tudo isso ela voltaria para mim,
mas não voltou. E viu isso a sua
infiel irmã Judá.
8 Dei carta de divórcio à infiel
Israel e a despedi, por causa dos
seus adultérios. Vi, contudo, que
a sua infiel irmã Judá não temeu;
ela se foi e também se prostituiu.
9 Pela fama da sua prostituição
contaminou a terra, pois adulte-
rou com a pedra e com a madeira.
10 Apesar de tudo isso, não vol-
tou para mim a sua infiel irmã
Judá, com sincero coração, mas
falsamente, diz o Senhor.
11 Disse-me o Senhor: Já a re-
belde Israel justificou mais a sua
alma do que a infiel Judá.
12 Vai, apregoa estas palavras
para o norte:

Volta, ó rebelde Israel, diz o
Senhor,
e não farei cair a minha ira
sobre ti,
porque benigno sou, diz o
Senhor,
e não conservarei para
sempre a minha ira.
13 Somente reconhece a tua
iniquidade,
reconhece que
transgrediste
contra o Senhor, o teu Deus,
e estendeste os teus favores
aos estranhos,
debaixo de toda árvore
frondosa
e não deste ouvidos à minha
voz, diz o Senhor.
14 Convertei-vos, ó filhos rebel-
des, diz o Senhor, pois eu vos des-
posarei e vos tomarei, a um de
uma cidade, e a dois de cada fa-
mília, e vos levarei a Sião.
15 Eu lhes darei pastores segun-
do o meu coração, que vos apas-
centem com conhecimento e com
inteligência.
16 Naqueles dias, quando vos mul-
tiplicardes e frutificardes na ter-
ra, diz o Senhor, nunca mais se
exclamará: A arca da aliança do
Senhor! Ela jamais lhes virá ao
coração, nem dela se lembrarão;
dela não sentirão falta, e não se
fará outra.
17 Naquele tempo, chamarão a
Jerusalém de trono do Senhor, e
todas as nações se ajuntarão a ela,
em nome do Senhor, a Jerusalém.
Nunca mais andarão segundo o
propósito do seu coração maligno.
18 Naqueles dias, andará a casa
de Judá com a casa de Israel, e
juntas virão da terra do Norte,
para a terra que dei em herança
a vossos pais.

19 Eu, porém, dizia a mim mesmo:
Como te porei entre os filhos
e te darei a terra desejável,
a excelente herança dos
exércitos das nações?
E respondi: De Pai me
chamarás e de mim não te
desviarás.
20 De fato, como a mulher infiel
a seu marido,
assim foste infiel comigo,
ó casa de Israel, diz o Senhor.
21 Nos lugares altos se ouviu
uma voz,
pranto e súplicas dos filhos
de Israel,
porque perverteram o seu
caminho
e se esqueceram do Senhor
seu Deus.
22 Voltai, ó filhos rebeldes;
eu curarei as vossas
rebeliões.
Aqui estamos, vimos a ti,
pois tu és o Senhor nosso
Deus.
23 Certamente, em vão se
confia nos outeiros
e na multidão das
montanhas;
deveras, no Senhor nosso
Deus
está a salvação de Israel.
24 A coisa vergonhosa devorou
o trabalho de nossos pais
desde a nossa mocidade;
as suas ovelhas e as suas
vacas,
os seus filhos e as suas
filhas.
25 Deitemo-nos em nossa
vergonha,
e cubra-nos a nossa
confusão.
Pecamos contra o Senhor
nosso Deus,
nós e nossos pais,
desde a nossa mocidade até o
dia de hoje,
e não demos ouvidos à voz
do Senhor nosso Deus.

4 Se voltares, ó Israel, diz o Senhor,
para mim voltarás.
Se tirares as tuas
abominações
de diante de mim,
não andarás mais
vagueando,
2 e se realmente, em justiça e
em retidão jurares:
Como vive o Senhor, então,
nele se bendirão as nações
e nele se gloriarão.
3 Assim diz o Senhor aos
homens de Judá
e a Jerusalém:
Lavrai para vós campo novo
e não semeeis entre
espinhos.
4 Circuncidai-vos para o
Senhor,
e tirai os prepúcios do vosso
coração,
ó homens de Judá e
habitantes de Jerusalém,
para que a minha indignação
não venha a sair como fogo,
e arda de modo que não haja
quem a apague,
por causa da malícia das
vossas obras.

O mal que vem do norte

5 Anunciai em Judá, fazei
ouvir em Jerusalém e dizei:
Tocai a trombeta na terra!
Gritai em alta voz, dizendo:
Ajuntai-vos;
entremos nas cidades
fortificadas!
6 Levantai a bandeira no
caminho para Sião,
fugi para vossa segurança,
não pareis!

Eu trago do norte um mal
e uma grande destruição.
7 Já um leão subiu da sua
ramada;
um destruidor das nações
se pôs em marcha.
Ele já partiu;
saiu do seu lugar para
fazer da tua terra uma
desolação,
a fim de que as tuas cidades
sejam destruídas,
e ninguém nelas habite.
8 Por isso, cingi-vos de pano
de saco,
lamentai e uivai,
pois o ardor da ira do Senhor
não se desviou de nós.
9 Naquele dia, diz o Senhor,
o rei e os príncipes perderão
a coragem,
os sacerdotes pasmarão,
e os profetas se
maravilharão.
10 Então disse eu: Ah! Senhor
Deus! Verdadeiramente trouxes-
te grande ilusão a este povo e a
Jerusalém, dizendo: Tereis paz,
entretanto a espada penetra-lhe
até a alma.
11 Naquele tempo, se dirá a este
povo e a Jerusalém: Um vento seco
das alturas do deserto vem ao ca-
minho da filha do meu povo, não
para espalhar nem para limpar;
12 um vento forte demais para
isso vem de mim. Agora eu pro-
nuncio juízos contra eles.
13 Vede! Virá subindo
como nuvens,
os seus carros como a
tormenta,
os seus cavalos mais ligeiros
do que as águias.
Ai de nós! Somos assolados!
14 Lava o teu coração da
malícia,
ó Jerusalém, para que sejas
salva.
Até quando permanecerão no
meio de ti os teus
maus pensamentos?
15 Uma voz anuncia desde Dã
e faz ouvir a calamidade
desde os montes de Efraim.
16 Proclamai isto às nações,
fazei-o ouvir contra
Jerusalém:
Sitiadores vêm de uma
terra distante
e levantam a voz contra as
cidades de Judá.
17 Como os guardas de um
campo, eles a rodeiam,
porque ela se rebelou
contra mim,
diz o Senhor.
18 O teu caminho e as
tuas obras
te trouxeram essas coisas.
Esta é a tua iniquidade,
que de tão amargosa te
chega ao coração.
19 Ah! entranhas minhas,
entranhas minhas!
Eu me contorço em dores!
O meu coração ruge,
não me posso calar.
Pois tu, ó minha alma,
ouviste o som da trombeta e
o alarido da guerra.
20 Desastre após desastre se
apregoa;
já toda a terra está
destruída.
De repente foram destruídas
as minhas tendas,
e as minhas cortinas num
momento.
21 Até quando verei a bandeira
e ouvirei a voz da trombeta?
22 Deveras, o meu povo
está louco,
já não me conhece.

São filhos néscios,
e não entendidos.
Sábios são para fazerem o mal,
mas não sabem fazer o bem.
23 Observei a terra, e ela estava
assolada e vazia;
também os céus, e não
tinham a sua luz.
24 Observei os montes,
e eles tremiam;
também todos os outeiros
estremeciam.
25 Observei, e vi que homem
algum havia
e que todas as aves do céu
tinham fugido.
26 Vi também que a terra fértil
era um deserto;
todas as suas cidades
estavam derrubadas
diante do Senhor,
diante do furor da sua ira.
27 Assim diz o Senhor:
Toda esta terra será assolada;
de todo, porém, não a
consumirei.
28 Por isso lamentará a terra,
e os céus em cima se
enegrecerão,
porque assim o disse, assim
o propus,
e não me arrependi nem
voltarei atrás.
29 Ao clamor dos cavaleiros e
dos flecheiros fogem
todas as cidades.
Alguns entram pelas matas;
alguns sobem pelos
penhascos.
Todas as cidades ficam
desamparadas,
e já ninguém nelas habita.
30 O que fazes, ó assolada?
Por que te vestes de
escarlate
e te adornas com joias
de ouro?
Por que te pintas em volta
dos teus olhos?
Inutilmente te fazes bela.
Os teus amantes te
desprezam;
procuram tirar-te a vida.
31 Ouço uma voz como de
mulher que está de parto,
uma angústia como da que
está com dores
do primeiro filho;
a voz da filha de Sião, ofegante,
que estende as mãos,
dizendo: Ai de mim!
A minha alma desfalece por
causa dos assassinos.

5 Dai voltas às ruas de Jerusalém,
olhai, informai-vos,
buscai pelas suas praças.
Se achardes alguém que
pratique a justiça e
busque a verdade,
eu perdoarei a esta cidade.
2 Embora digam: Tão certo
como vive o Senhor,
ainda juram falsamente.
3 Ó Senhor, não procuram os
teus olhos a verdade?
Feriste-os, mas não lhes
doeu;
consumiste-os, mas não
quiseram
receber a correção.
Endureceram a sua face mais
do que uma rocha,
e não quiseram
arrepender-se.
4 Eu, porém, pensei: Deveras
estes são uns pobres;
são loucos, pois não sabem
o caminho do Senhor,
o juízo do seu Deus.
5 Irei aos grandes e falarei
com eles;
certamente sabem o
caminho do Senhor,
o direito do seu Deus.

Estes, porém, de comum
acordo quebraram o jugo
e romperam as algemas.
6 Portanto, um leão do bosque
os ferirá,
um lobo dos desertos os
assolará,
um leopardo estará à espreita
das suas cidades,
para despedaçar a qualquer
que sair delas,
pois as suas transgressões se
multiplicaram,
e se multiplicaram as suas
apostasias.
7 **C**omo, vendo isso, te perdoaria?
Os teus filhos me deixaram
e juraram pelos que não são
deuses.
Depois de eu os ter fartado,
adulteraram;
em casa de meretrizes se
ajuntaram em bandos.
8 Como cavalos bem fartos,
levantam-se pela manhã,
relinchando cada um à
mulher do seu companheiro.
9 Deixaria eu de castigar
essas coisas,
diz o Senhor,
ou não se vingaria a
minha alma
de uma nação como esta?
10 **S**ubi aos seus muros e
destruí-os,
mas não façais uma
destruição final.
Tirai os seus ramos,
pois estas pessoas não são
do Senhor.
11 A casa de Israel e a
casa de Judá
foram totalmente infiéis
a mim, diz o Senhor.
12 Negaram ao Senhor;
disseram:
Ele não fará nada!
Nenhum mal nos sobrevirá;
não veremos espada
nem fome.
13 Os profetas não passam
de vento,
e a palavra não está
com eles;
assim lhes sucederá
a eles mesmos.
14 Portanto, assim diz o Senhor,
o Deus dos Exércitos:
Porque disseste tal palavra,
converterei as minhas
palavras na tua boca
em fogo,
e a este povo em lenha,
e eles serão consumidos.
15 Ó casa de Israel, trago sobre
vós uma nação
de longe, diz o Senhor,
uma nação antiga e durável,
nação cuja língua ignoras,
cuja fala não entendes.
16 **A** sua aljava é como uma
sepultura aberta;
todos eles são valentes.
17 Comerão a tua sega
e o teu pão,
que haviam de comer teus
filhos e tuas filhas;
comerão as tuas ovelhas e as
tuas vacas,
devorarão a tua vide e a tua
figueira.
As tuas cidades fortificadas,
em que confiavas,
destruirão à espada.
18 Contudo, ainda naqueles dias,
diz o Senhor, não farei de vós
uma destruição final.
19 E, quando vos perguntardes: Por
que nos fez o Senhor nosso Deus
todas estas coisas?, então lhes di-
rás: Como vós me deixastes e ser-
vistes a deuses estranhos na vossa
terra, assim servireis a estrangei-
ros, em terra que não é vossa.

20 Anunciai isso na casa de Jacó
e fazei-o ouvir em Judá, dizendo:
21 Ouvi agora isto, ó povo
louco e sem entendimento,
que tendes olhos e não vedes,
que tendes ouvidos e não ouvis.
22 Não me temereis? diz o
Senhor.
Não temereis diante de
mim,
que pus a areia por limite ao
mar,
por ordenança eterna, que
ele não pode passar?
Ainda que se levantem as
suas
ondas, não prevalecerão;
ainda que bramem, não a
poderão passar.
23 Este povo, porém,
é de coração rebelde e
obstinado;
rebelaram-se e foram-se.
24 Não dizem no seu coração:
Temamos ao Senhor nosso
Deus, que dá chuva,
a temporã e a tardia, a seu
tempo,
e nos conserva as semanas
determinadas da sega.
25 As vossas iniquidades
desviam essas coisas,
e os vossos pecados afastam
de vós o bem.
26 Entre o meu povo se acham
ímpios
que estão à espreita, como
passarinheiros
e como os que colocam
armadilhas
para apanharem homens.
27 Como uma gaiola cheia de
pássaros,
são as suas casas cheias
de engano;
engrandeceram-se e
enriqueceram,
28 tornaram-se gordos e bem
alimentados.
Os seus feitos malignos não
têm limites;
não julgam a causa dos órfãos,
para que prosperem,
nem defendem o direito dos
necessitados.
29 Não castigaria eu essas
coisas? diz o Senhor.
Não se vingaria a minha
alma de uma nação como
esta?
30 Coisa espantosa e horrenda
se anda fazendo na terra:
31 Os profetas profetizam
falsamente,
os sacerdotes dominam
de mãos dadas com eles,
e o meu povo assim o
deseja.
O que fareis, porém, quando
chegar o fim?

6 Fugi para segurança vossa,
filhos de Benjamim!
Fugi de Jerusalém!
Tocai a trombeta em Tecoa
e levantai o sinal sobre
Bete-Haquerém,
pois da banda do norte surge
um grande mal
e uma grande destruição.
2 A formosa e delicada, a filha
de Sião,
eu deixarei desolada.
3 A ela virão pastores com os
seus rebanhos;
levantarão contra ela
tendas em redor,
e cada um apascentará no
seu lugar.
4 Preparai a guerra contra ela,
levantai-vos, e subamos ao
meio-dia.
Ai de nós! que já declina o dia,
já se vão estendendo as
sombras da tarde.

5 Levantai-vos, subamos de
noite e destruamos os seus
palácios.
6 Assim diz o Senhor dos
Exércitos:
Cortai árvores e levantai
tranqueiras
contra Jerusalém.
Essa é a cidade que há
de ser punida;
só opressão há no meio dela.
7 Como a fonte produz as suas
águas,
assim ela produz a sua
malícia.
Violência e estrago se
ouvem nela;
enfermidade e feridas
há diante de mim
continuamente.
8 Aceita a disciplina,
ó Jerusalém,
para que a minha alma não se
aparte de ti,
para que eu não te torne em
assolação e terra não
habitada.
9 Assim diz o Senhor dos
Exércitos:
Que respiguem o resto de Israel
tão completamente como
uma vinha;
passe de novo tua mão sobre
os ramos,
como o vindimador.
10 A quem falarei e
testemunharei,
para que ouça?
Os seus ouvidos estão
incircuncisos
e não podem ouvir.
A palavra do Senhor é para
eles coisa vergonhosa;
não gostam dela.
11 Eu, porém, estou cheio do
furor do Senhor
e não o posso conter.
Derrama-o sobre os meninos
nas ruas
e sobre as reuniões dos
jovens;
o marido com a mulher
serão presos,
e o velho com o que está
cheio de dias.
12 As suas casas passarão
a outros,
como também os seus
campos
e as suas mulheres,
quando eu estender a
minha mão
contra os habitantes
desta terra,
diz o Senhor.
13 Desde o menor deles até o
maior,
cada um se entrega à avareza;
profetas e sacerdotes
igualmente,
cada um usa de falsidade.
14 Curam superficialmente
a ferida da filha do meu povo,
dizendo:
Paz, paz, quando não
há paz.
15 Estão envergonhados da sua
abominação?
Pelo contrário, de maneira
nenhuma
se envergonham;
nem mesmo sabem que
coisa é envergonhar-se.
Portanto, cairão entre
os que caem;
quando eu os punir,
tropeçarão,
diz o Senhor.
16 Assim diz o Senhor:
Ponde-vos à margem no
caminho, e vede;
perguntai pelas veredas
antigas,
e pelo bom caminho.

Andai por ele e achareis
descanso
para as vossas almas.
Eles, porém, disseram:
Não andaremos nele.
17 Pus atalaias sobre vós,
dizendo:
Estai atentos ao som da
trombeta!
Mas dissestes: Não
escutaremos.
18 Portanto, ouvi, vós, nações, e
informa-te,
ó congregação,
do que se faz entre eles!
19 Ouve tu, ó terra!
Eu trarei mal sobre este povo,
o próprio fruto dos seus
pensamentos,
porque não estão atentos às
minhas palavras
e rejeitam a minha lei.
20 Para que me vem o incenso
de Sabá,
ou a melhor cana aromática
de terras remotas?
Vossos holocaustos não me
agradam,
nem os vossos sacrifícios
me são suaves.
21 Portanto, assim diz o Senhor:
Armarei tropeços a este povo.
Tropeçarão neles pais e
filhos juntamente;
o vizinho e o seu
companheiro perecerão.
22 Assim diz o Senhor:
Vem um povo da terra do Norte;
uma grande nação se
levanta
dos confins da terra.
23 Trazem arco e lança;
são cruéis e não usam de
misericórdia.
A sua voz ruge como o mar,
e em cavalos vêm
montados,
dispostos como homens de
guerra contra ti,
ó filha de Sião.
24 Ouvimos a sua fama,
e se afrouxaram as
nossas mãos.
Angústia nos tomou,
e dores como de
parturiente.
25 Não saiais ao campo nem
andeis pelo caminho,
pois espada do inimigo e
espanto há em redor.
26 Ó filha do meu povo,
cinge-te de pano de saco e
revolve-te na cinza;
pranteia como por um filho
único,
pranto de amarguras,
pois de súbito virá o
destruidor sobre nós.
27 Por torre de guarda te pus
entre o meu povo,
qual fortaleza, para que
soubesses
e examinasses o seu caminho.
28 Todos eles são os mais
rebeldes,
andam espalhando calúnias.
São bronze e ferro,
são todos corruptores.
29 Já o fole se queimou,
e o chumbo se consumiu com
o fogo;
em vão continua a fundição,
pois os maus não são
arrancados.
30 Prata rejeitada lhes
chamarão,
porque o Senhor os rejeitou.

A falsa religião é sem valor

7 Palavra que da parte do Senhor
veio a Jeremias:
2 Põe-te à porta da casa do Senhor
e proclama ali esta mensagem:
Ouvi a palavra do Senhor, todos

de Judá, os que entrais por estas
portas, para adorardes ao Senhor.
3 Assim diz o Senhor dos Exércitos,
o Deus de Israel: Emendai os vossos caminhos e as vossas obras, e
eu vos farei habitar neste lugar.
4 Não vos fieis em palavras falsas,
dizendo: Templo do Senhor, templo do Senhor, templo do Senhor
é este.
5 Se, porém, mudardes o vosso
procedimento e as vossas obras,
se deveras praticardes a justiça,
cada um com o seu companheiro,
6 se não oprimirdes o estrangeiro, o órfão, e a viúva, nem derramardes sangue inocente neste
lugar, nem andardes após outros
deuses para o vosso próprio mal,
7 eu vos farei habitar neste lugar,
na terra que dei a vossos pais, de
século em século.
8 Vede, porém, vós confiais em
palavras falsas, que para nada
são proveitosas.
9 Furtareis vós, e matareis, e cometereis adultério, e jurareis falsamente, e queimareis incenso a
Baal, e andareis após outros deuses que não conhecestes,
10 e, então, vireis, e vos poreis
diante de mim nesta casa, que se
chama pelo meu nome, e direis:
Somos livres, podemos fazer todas essas abominações?
11 É esta casa, que se chama
pelo meu nome, uma caverna de
salteadores aos vossos olhos? Mas
eu, eu mesmo, vi isso, diz o Senhor.
12 Ide agora ao meu lugar de adoração que estava em Siló, onde, no
princípio, fiz habitar o meu nome,
e vede o que lhe fiz, por causa da
maldade do meu povo Israel.
13 Enquanto fazíeis todas essas
obras, diz o Senhor, eu vos falei,
começando de madrugada, mas
não ouvistes; chamei-vos, mas
não respondestes.
14 Portanto, farei a esta casa,
que se chama pelo meu nome,
na qual confiais, e a este lugar,
que vos dei a vós e a vossos pais,
como fiz a Siló.
15 Eu vos lançarei da minha presença, como lancei a todos os vossos irmãos, a toda a geração de
Efraim.
16 Portanto, não ores por este
povo, nem levantes por ele clamor ou oração, nem me importunes, porque eu não te ouvirei.
17 Não vês tu o que andam fazendo nas cidades de Judá e nas ruas
de Jerusalém?
18 Os filhos apanham a lenha, os
pais acendem o fogo, e as mulheres amassam a farinha, para fazerem bolos à rainha dos céus, e
oferecem libações a outros deuses, provocando-me à ira.
19 É, porém, a mim que eles
provocam à ira, diz o Senhor, e
não antes a si mesmos, para a
sua própria vergonha?
20 Portanto, assim diz o Senhor
Deus: A minha ira e o meu furor
se derramarão sobre este lugar,
sobre os homens e sobre os animais, sobre as árvores do campo e sobre os frutos da terra; se
acenderá e não se apagará.
21 Assim diz o Senhor dos
Exércitos, o Deus de Israel: Ajuntai
os vossos holocaustos aos vossos
sacrifícios e comei carne.
22 Pois eu nada disse a vossos
pais, no dia em que vos tirei da
terra do Egito, nem lhes ordenei
coisa alguma acerca de holocaustos ou sacrifícios.
23 Isto lhes ordenei: Dai ouvidos
à minha voz, e eu serei o vosso
Deus, e vós sereis o meu povo.

Andai em todo o caminho que eu
vos mandar, para que vos vá bem.
24 Mas não ouviram, nem incli-
naram os seus ouvidos; pelo con-
trário, andaram nos seus próprios
conselhos, na dureza do seu cora-
ção maligno. Andaram para trás,
e não para diante.
25 Desde o dia em que os vossos
pais saíram da terra do Egito, até
hoje, enviei-vos os meus servos,
os profetas, todos os dias; come-
çando de madrugada, eu os enviei.
26 Contudo, não me destes ou-
vidos. Não inclinastes os vossos
ouvidos, mas endurecestes a vos-
sa cerviz e fizestes pior do que os
vossos pais.
27 Portanto, Jeremias, tu dirás
ao povo todas estas palavras, mas
não te darão ouvidos; irás cha-
má-los, mas não te responderão.
28 Dirás: Esta é a nação que não
dá ouvidos à voz do Senhor seu
Deus e não aceita a correção. A
verdade foi destruída; desapare-
ceu dos seus lábios.
29 Corta o cabelo da tua cabeça e
lança-o fora; levanta um pranto
sobre os altos escalvados, pois já
o Senhor rejeitou e desamparou
esta geração, objeto do seu furor.
30 Os filhos de Judá fizeram
o que é mau aos meus olhos, diz o
Senhor. Puseram as suas abomi-
nações na casa que se chama pelo
meu nome, e a contaminaram.
31 Edificaram os altos de Tofete,
que está no vale do filho de Hinom,
para queimarem no fogo a seus fi-
lhos e a suas filhas — o que nun-
ca ordenei, nem me subiu ao co-
ração.
32 *Portanto*, vêm dias, diz o Senhor,
em que já não se chamará Tofete,
nem vale do filho de Hinom, mas
o vale da Matança; enterrarão os
mortos em Tofete, por falta de lu-
gar para os enterrar.
33 Os cadáveres deste povo ser-
virão de pasto às aves dos céus e
aos animais da terra; e ninguém
os espantará.
34 Farei cessar nas cidades de Judá
e nas ruas de Jerusalém a voz de
folguedo, a voz de alegria, a voz
de noivo e a voz de noiva, pois a ter-
ra se tornará em desolação.
8 Naquele tempo, diz o Senhor,
tirarão para fora das suas se-
pulturas os ossos dos reis de Judá
e os ossos dos seus príncipes, e os
ossos dos sacerdotes, os ossos dos
profetas e os ossos dos habitan-
tes de Jerusalém.
2 Serão expostos ao sol, à lua, a
todo o exército do céu, a quem ti-
nham amado, e a quem tinham
servido, e após quem tinham ido,
e a quem tinham buscado e dian-
te de quem se tinham prostrado.
Não serão recolhidos nem sepul-
tados, mas serão como esterco so-
bre a face da terra.
3 Escolherão antes a morte do que
a vida todos os que restarem desta
raça maligna nos lugares onde os
lancei, diz o Senhor dos Exércitos.

Pecado e castigo

4 Dize-lhes mais:
Assim diz o Senhor:
Cairão os homens e não se
tornarão a levantar?
E se desviarão e não
voltarão?
5 Por que, pois, se desvia este
povo de Jerusalém
com uma apostasia
contínua?
Retém o engano, não quer
voltar.
6 Eu ouvi atentamente,
mas não falam o que é reto,

ninguém há que se
arrependa da sua maldade,
dizendo: Que fiz eu?
Cada um se desvia na sua
carreira,
como um cavalo que
arremete com ímpeto na
batalha.
7 Até a cegonha no céu
conhece os seus tempos
determinados,
e a rola, a andorinha e o
grou
observam o tempo da sua
migração,
mas o meu povo não
conhece o juízo do
Senhor.
8 Como podeis dizer:
Nós somos sábios,
e a lei do Senhor está
conosco,
quando em vão tem
trabalhado
a falsa pena dos mestres da
lei?
9 Os sábios foram envergonhados,
foram espantados e presos.
Visto que rejeitaram a
palavra do Senhor,
que sabedoria teriam?
10 Portanto, darei as suas
mulheres a outros
e os seus campos a outros
possuidores.
Desde o menor até o maior,
cada um deles se entrega à
avareza;
desde o profeta até o
sacerdote,
cada um deles usa de
falsidade.
11 Curam superficialmente a
ferida
da filha de meu povo,
dizendo: Paz, paz, quando
não há paz.
12 Envergonham-se de cometer
abominação?
Pelo contrário, de maneira
nenhuma
se envergonham;
nem mesmo sabem que coisa
é envergonhar-se.
Pelo que cairão entre os que
caem;
e tropeçarão quando eu os
punir,
diz o Senhor.
13 Certamente os apanharei,
diz o Senhor.
Já não há uvas na vide.
Já não há figos na figueira,
e a sua folha caiu.
Até aquilo mesmo que lhes
dei se irá deles.
14 Por que nos assentamos
ainda? Ajuntai-vos!
Entremos nas cidades
fortificadas
e ali estejamos calados!
Pois já o Senhor nosso Deus
nos fez calar
e nos deu a beber água de
fel,
porque pecamos contra ele.
15 Espera-se a paz, e não há
bem algum;
o tempo da cura, mas só há
terror.
16 Desde Dã se ouve o
resfolegar dos seus cavalos;
toda a terra treme
à voz dos rinchos dos seus
ginetes.
Vêm devorar a terra e a sua
abundância,
a cidade e os que nela
habitam.
17 Eu enviarei entre vós
serpentes e basiliscos,
contra os quais não há
encantamento,
e vos morderão, diz o Senhor.

18 Oh! se eu pudesse consolar-me
na minha tristeza!
O meu coração desfalece
dentro em mim.
19 Eis o clamor da filha do meu
povo de terra muito remota:
Não está o Senhor em Sião?
Não está nela o seu rei?
Por que me provocaram à
ira
com as suas imagens de
escultura,
com vaidades estranhas?
20 Passou a sega, findou o
verão,
e nós não estamos salvos.
21 Estou quebrantado pela
ferida
da filha do meu povo;
ando de luto, e o espanto se
apoderou de mim.
22 Não há bálsamo em Gileade?
Ou não há lá médico?
Por que não se realizou
a cura da filha do meu povo?

9 Oxalá a minha cabeça se tornasse
em um manancial de águas,
e os meus olhos em uma fonte
de lágrimas!
Então choraria de dia e de
noite
os mortos da filha do meu
povo.
2 Oxalá tivesse no deserto
uma estalagem de
caminhantes!
Então deixaria o meu povo e
me apartaria dele
porque todos são adúlteros,
e um bando
de infiéis.
3 Estendem a língua, como se
fosse o seu arco,
para a mentira;
fortalecem-se na terra, mas
não para a verdade.
Avançam de pecado em pecado,
e não me conhecem, diz o
Senhor.
4 Guardai-vos cada um do seu
amigo;
de irmão nenhum vos fieis.
Pois todo irmão não faz mais
do que enganar,
e todo amigo anda
caluniando.
5 Zomba cada um do seu
próximo,
e não falam a verdade.
Ensinam a sua língua a
proferir mentiras;
cansam-se de praticar a
iniquidade.
6 A tua habitação está no meio
do engano;
pelo engano recusam a
conhecer-me,
diz o Senhor.
7 Portanto, assim diz o Senhor
dos Exércitos:
Eu os fundirei e os provarei,
porque, de que outra
maneira procederia
com a filha do meu povo?
8 Flecha mortífera é a
língua deles;
eles falam engano.
Com a sua boca fala cada
um
de paz com o seu
companheiro,
mas no seu interior
arma-lhe ciladas.
9 Não os puniria eu por essas
coisas?
diz o Senhor.
Ou não se vingaria a
minha alma
de nação tal como esta?
10 Pelos montes levantarei
choro e pranto,
e pelas pastagens do
deserto lamentação.

Já estão queimadas, ninguém
passa por elas
e não se ouve mugido de
gado.
As aves dos céus fugiram e os
animais se foram.
11 Farei de Jerusalém montões
de pedras,
morada de chacais;
e das cidades de Judá farei
uma assolação,
de sorte que fiquem
desabitadas.
12 Quem é o homem sábio, que
entenda isso? A quem falou a
boca do Senhor, para que o possa
anunciar? Por que pereceu a ter-
ra e se queimou como deserto, de
sorte que ninguém passa por ela?
13 Disse o Senhor: É porque dei-
xaram a minha lei, que publi-
quei perante a sua face; não de-
ram ouvidos à minha voz, nem
andaram nela.
14 Antes andaram após o propó-
sito do seu próprio coração; após
os baalins, que lhes ensinaram os
seus pais.
15 Portanto, assim diz o Senhor
dos Exércitos, Deus de Israel:
Darei de comer losna a este povo
e lhe darei a beber água de fel.
16 Eu os espalharei entre nações,
que nem eles nem seus pais conhe-
ceram; mandarei a espada após
eles, até que venha a consumi-los.
17 Assim diz o Senhor dos Exércitos:
Considerai e chamai
carpideiras,
para que venham;
mandai procurar mulheres
hábeis,
para que venham.
18 Apressem-se e levantem o
seu lamento sobre nós,
até que os nossos olhos se
desfaçam em lágrimas,
e as nossas pálpebras
destilem águas.
19 Uma voz de pranto se ouviu
de Sião:
Como estamos arruinados!
Quão grande é a nossa
vergonha!
Temos de deixar a nossa terra
porque as nossas moradas
estão em ruínas.
20 Agora, ouvi, vós mulheres,
a palavra do Senhor, e os
vossos ouvidos
recebam a palavra da sua
boca.
Ensinai o pranto a vossas
filhas,
e cada uma à sua
companheira
a lamentação.
21 A morte subiu pelas nossas
janelas e entrou em nossos
palácios;
exterminou das ruas as
crianças,
e os jovens das praças.
22 Dize: Assim diz o Senhor:
Até os cadáveres dos homens
jazerão
como esterco sobre a face
do campo
e cairão como gavela atrás do
segador,
e não há quem a recolha.
23 Assim diz o Senhor:
Não se glorie o sábio na sua
sabedoria,
nem se glorie o forte na sua
força,
nem se glorie o rico nas suas
riquezas,
24 mas o que se gloriar glorie-
se nisto:
em me conhecer e saber
que eu sou o Senhor,
que faço misericórdia, juízo e
justiça na terra,

porque dessas coisas me
agrado, diz o Senhor.
25 Vêm dias, diz o Senhor, em que
castigarei a todo circuncidado,
juntamente com o incircunciso:
26 ao Egito, a Judá, a Edom, aos
filhos de Amom, a Moabe e a to-
dos os que cortam os cantos do
seu cabelo, que habitam no de-
serto. Pois todas essas nações são
incircuncisas, e toda a casa de
Israel é incircuncisa de coração.

O Senhor e os ídolos

10 Ouvi a palavra que o Senhor
vos fala a vós,
ó casa de Israel.
2 Assim diz o Senhor:
Não aprendais o caminho das
nações,
nem vos espanteis com os
sinais dos céus,
embora com eles se
atemorizem as nações.
3 Porque os costumes dos povos
são vaidade;
cortam do bosque um
madeiro,
e um artífice o lavra com o
cinzel.
4 Com prata e com ouro o
enfeitam,
com pregos e com martelos o
firmam,
para que não se mova.
5 Como o espantalho num
pepinal,
não podem falar;
necessitam de quem os leve,
pois não podem andar.
Não tenhais receio deles;
não podem fazer o mal
nem podem fazer o bem.
6 *Ninguém há semelhante*
a ti, ó Senhor;
tu és grande, e grande é o
teu nome em força.
7 Quem não te temeria, ó Rei
das nações?
Isso só a ti pertence.
Entre todos os sábios das
nações,
e em todo o seu reino,
ninguém há semelhante a ti.
8 Todos eles se embruteceram e
se tornaram loucos;
são ensinados por ídolos
vãos de madeira.
9 Trazem prata batida de
Társis, e ouro de Ufaz,
trabalho do artífice e das
mãos do fundidor;
fazem as suas vestes de azul e
de púrpura,
obra de homens hábeis são
todos eles.
10 O Senhor Deus, porém, é o
verdadeiro Deus;
ele mesmo é o Deus vivo, o
Rei eterno.
Do seu furor treme a terra,
e as nações não podem
suportar a sua indignação.
11 Assim lhes direis: Estes
deuses, que não fizeram os
céus e a terra, desaparecerão
da terra e de debaixo deste céu.
12 Deus, porém, fez a terra pelo
seu poder;
estabeleceu o mundo por
sua sabedoria
e com a sua inteligência
estendeu os céus.
13 Fazendo ele soar a sua voz,
logo há ruído de águas no céu,
e sobem os vapores da
extremidade da terra.
Ele faz os relâmpagos para a
chuva
e faz sair o vento dos seus
depósitos.
14 Todo homem se embruteceu
e não tem conhecimento;
da sua imagem de escultura

envergonha-se todo fundidor.
Suas imagens fundidas são mentira,
e não há fôlego de vida nelas.
15 Vaidade são, obra de enganos;
no tempo do seu castigo virão a perecer.
16 Não é semelhante a essas imagens a porção de Jacó,
pois ele é o criador de todas as coisas,
e Israel é a tribo da sua herança;
Senhor dos Exércitos é o seu nome.
17 Ajunta da terra a tua mercadoria,
ó habitante da fortaleza.
18 Porque assim diz o Senhor:
Desta vez lançarei os moradores da terra,
como se fora com uma funda;
eu os angustiarei, para que venham
a ser capturados.
19 Ai de mim, por causa da minha ruína!
A minha chaga é incurável!
Eu havia dito a mim mesmo:
Esta é a minha enfermidade
e tenho de suportá-la.
20 A minha tenda está destruída;
todas as minhas cordas se quebraram.
Os meus filhos foram-se de mim e já não existem;
ninguém há que estenda a minha tenda
e que levante as minhas cortinas.
21 Os pastores se embruteceram
e não buscam ao Senhor;
por isso não prosperam,
e todos os seus rebanhos se acham dispersos.
22 Escutai! Vem uma voz de rumor,
grande tumulto da terra do Norte,
para fazer das cidades de Judá uma assolação,
uma morada de chacais.
23 Eu sei, ó Senhor, que não cabe ao homem
determinar o seu caminho,
nem ao que caminha o dirigir os seus passos.
24 Corrige-me, ó Senhor, mas com medida,
não na tua ira,
para que não me reduzas a nada.
25 Derrama a tua indignação sobre as nações que não te conhecem
e sobre as gerações que não invocam o teu nome.
Porque devoraram a Jacó;
devoraram-no, consumiram-no e assolaram a sua morada.

A aliança é quebrada

11 Palavra que veio a Jeremias,
da parte do Senhor:
2 Ouve as palavras desta aliança
e fala aos homens de Judá e aos
habitantes de Jerusalém.
3 Dize-lhes: Assim diz o Senhor, o
Deus de Israel: Maldito o homem
que não obedecer às palavras des-
ta aliança,
4 que ordenei a vossos pais no dia
em que os tirei da terra do Egito,
da fornalha de ferro, dizendo: Dai
ouvidos à minha voz e fazei con-
forme tudo que vos mando; as-
sim, vós me sereis por povo, e eu
vos serei por Deus.

5 Então cumprirei o juramento
que fiz a vossos pais de dar-lhes
uma terra em que manassem lei-
te e mel, como se vê neste dia.
E eu respondi: Amém, ó Senhor.
6 Disse-me o Senhor: Apregoa
todas estas palavras nas cidades
de Judá e nas ruas de Jerusalém:
Ouvi as palavras desta aliança
e cumpri-as.
7 Desde o dia em que tirei do Egito
a vossos pais, até hoje, eu os te-
nho advertido constantemente:
Dai ouvidos à minha voz.
8 Eles, porém, não ouviram, nem
inclinaram os ouvidos; antes an-
daram cada um conforme o pro-
pósito do seu coração maligno.
Pelo que trouxe sobre eles todas
as palavras desta aliança, a qual
lhes mandei que cumprissem, mas
não cumpriram.
9 Disse-me o Senhor: Uma cons-
piração se achou entre os homens
de Judá, entre os habitantes de
Jerusalém.
10 Tornaram às maldades de seus
primeiros pais, que recusaram ou-
vir as minhas palavras. Andaram
após deuses estranhos, para os
servir. A casa de Israel e a casa
de Judá quebraram a minha alian-
ça, que fiz com seus pais.
11 Portanto, assim diz o Senhor:
Trarei mal sobre eles, do qual não
poderão escapar. Embora clamem
a mim, eu não os ouvirei.
12 Irão as cidades de Judá e os
habitantes de Jerusalém e clama-
rão aos deuses a quem queimaram
incenso, mas eles de nenhuma
sorte os livrarão no tempo do
seu mal.
13 Segundo o número das tuas ci-
dades, são os teus deuses, ó Judá!
E segundo o número das ruas de
Jerusalém, levantaste altares à
vergonha, altares para queimar-
des incenso a Baal.
14 Portanto, não ores por esse
povo, nem levantes por eles cla-
mor nem oração, porque não os
ouvirei no tempo em que clama-
rem a mim, por causa do seu mal.
15 Que direito tem a minha ama-
da na minha casa,
visto que muitos nela têm
cometido grande
abominação?
Pode a carne sacrificada
desviar de ti o castigo
quando fazes o mal?
Então saltarias de prazer?
16 Denominou-te o Senhor
oliveira verde,
formosa por seus deliciosos
frutos.
Agora, porém, à voz de
grande tumulto,
acendeu fogo ao redor dela
e os seus ramos se
quebraram.
17 O Senhor dos Exércitos, que
te plantou, pronunciou contra ti
o desastre, pela maldade da casa
de Israel e da casa de Judá, que
para si mesmos fizeram, pois me
provocaram à ira, queimando in-
censo a Baal.

Conspiração contra Jeremias

18 Porque o Senhor me fez saber a
sua conspiração, eu o soube, pois
nesse dia me fez ver as suas ações.
19 Eu era como um manso cordei-
ro, que levam à matança; não sa-
bia que tramavam projetos con-
tra mim, dizendo:
Destruamos a árvore com o
seu fruto;
cortemo-lo da terra dos
viventes,
para que não haja mais
memória do seu nome.

20 Ó Senhor dos Exércitos, que julgas com retidão,
que provas a mente
e o coração,
veja eu a tua vingança
sobre eles,
pois a ti descobri a
minha causa.
21 Portanto, assim diz o Senhor
acerca dos homens de Anatote,
que procuram a tua morte, e di-
zem: Não profetizes no nome do
Senhor, para que não morras às
nossas mãos.
22 Assim diz o Senhor dos Exércitos:
Eu os punirei. Os jovens morre-
rão à espada, os seus filhos e as
suas filhas morrerão de fome.
23 Não ficará deles nem um res-
to, porque farei vir o mal sobre
os homens de Anatote, no ano do
seu castigo.

12 Justo és, ó Senhor,
ainda quando entro
contigo num pleito.
Contudo falarei contigo da
tua justiça:
Por que prospera o caminho
dos ímpios?
Por que vivem em paz
todos os que procedem
perfidamente?
2 Plantaste-os, e eles se
arraigaram;
crescem e dão fruto.
Têm-te nos lábios, mas longe
do seu coração.
3 Tu, porém, ó Senhor,
me conheces;
tu me vês e provas o meu
coração para contigo.
Impele-os como a ovelhas
para o matadouro
e prepara-os para o dia
da matança.
4 Até quando lamentará a terra,
e se secará a erva de todo o campo?
Pela maldade dos que
habitam nela,
perecem os animais e as aves.
Pois eles dizem: Ele não
verá o nosso fim.
5 Se te fatigas correndo com
homens que vão a pé,
como poderás competir
com cavalos?
Se tropeças numa terra segura,
o que farás nos bosques do
Jordão?
6 Até os teus irmãos e a casa de
teu pai te traíram;
eles mesmos clamam após
ti em altas vozes.
Não confies neles, ainda que
te digam coisas boas.
7 Desampararei a minha casa,
abandonarei a minha herança;
entregarei a amada da
minha alma
nas mãos dos seus inimigos.
8 Tornou-se a minha herança
para mim como leão numa
floresta.
Levanta a sua voz contra
mim;
por isso eu a odeio.
9 Não se tornou a minha
herança para mim
como ave de rapina colorida,
que outras aves de rapina
cercam e atacam?
Ide e reuni todos os animais
do campo;
trazei-os para a devorarem.
10 Muitos pastores destruíram
a minha vinha e pisaram o
meu campo;
tornaram em desolado
deserto
o meu campo desejado.
11 Em assolação o tornaram,
e a mim clama na sua
desolação;
toda a terra está assolada,

porque não há quem se
importe com isso.
12 Sobre todos os altos
desnudos do deserto
virão destruidores,
pois a espada do Senhor
devorará
de um extremo ao outro
da terra;
não haverá paz para
ninguém.
13 Semearão trigo, mas segarão
espinhos;
se cansarão, mas sem
resultado.
Ficarão desapontados com
as suas colheitas,
por causa do ardor da ira
do Senhor.
14 **A**ssim diz o Senhor acerca de
todos os meus maus vizinhos,
que se apoderam da herança
que dei ao meu povo de Israel:
Eu os desarraigarei da sua ter-
ra, e a casa de Judá arrancarei
do meio deles.
15 Depois de os haver arrancado,
porém, tornarei a ter compaixão
deles e os farei voltar cada um à
sua herança, e cada um à sua terra.
16 Se diligentemente aprende-
rem os caminhos do meu povo,
jurando pelo meu nome: Tão cer-
to como vive o Senhor, como en-
sinaram o meu povo a jurar por
Baal, então serão edificados no
meio do meu povo.
17 Se, porém, não quiserem ou-
vir, totalmente arrancarei a tal
nação e a farei perecer, diz o
Senhor.

Um cinto de linho

13 Assim me disse o Senhor:
Vai, compra um cinto de li-
nho e põe-no sobre os teus lom-
bos, mas não o metas na água.
2 Comprei o cinto, conforme a pa-
lavra do Senhor, e o pus sobre os
meus lombos.
3 Então me veio a palavra do Senhor
segunda vez:
4 Toma o cinto que compraste e
trazes sobre os teus lombos; e vai
agora ao Eufrates e esconde-o ali
na fenda de uma rocha.
5 Fui e o escondi junto ao Eufrates,
como o Senhor me havia ordenado.
6 Ao fim de muitos dias, disse-me
o Senhor: Vai ao Eufrates e toma o
cinto que te ordenei que escon-
desses ali.
7 Fui ao Eufrates, cavei e tomei o
cinto do lugar onde o havia escon-
dido, mas o cinto tinha apodreci-
do e para nada prestava.
8 **E**ntão, veio a mim a palavra do
Senhor:
9 Assim diz o Senhor: Do mesmo
modo farei apodrecer o orgulho
de Judá e o grande orgulho de
Jerusalém.
10 Este povo maligno, que se re-
cusa a ouvir as minhas palavras,
que caminha segundo o propósi-
to do seu coração e anda após ou-
tros deuses para os servir e incli-
nar-se diante deles, será como
este cinto, que para nada presta.
11 Pois, como o cinto está liga-
do aos lombos do homem, as-
sim eu liguei a mim toda a casa
de Israel e toda a casa de Judá,
diz o Senhor, para me serem por
povo, e nome, e louvor, e glória.
Mas não deram ouvidos.
12 **D**ize-lhes: Assim diz o Senhor,
Deus de Israel: Todo odre se en-
cherá de vinho. E se te disserem:
Não sabemos nós muito bem que
todo odre se encherá de vinho?
13 Então dize-lhes: Assim diz o
Senhor: Eu encherei de embria-
guez a todos os habitantes desta

terra, e aos reis da estirpe de Davi,
que estão assentados sobre o seu
trono, e aos sacerdotes, e aos pro-
fetas, e a todos os habitantes de
Jerusalém.
14 Eu os farei em pedaços, atiran-
do uns contra os outros, tanto os
pais como os filhos, diz o Senhor.
Não perdoarei nem pouparei, nem
terei compaixão deles, para que
não os destrua.
15 **E**scutai e inclinai os ouvidos,
não vos ensoberbeçais,
pois o Senhor falou.
16 Dai glória ao Senhor
vosso Deus,
antes que venha a escuridão
e antes que tropecem os
vossos pés
nos montes tenebrosos.
Esperais a luz, mas ele a
mudará
em sombra de morte
e a transformará em
escuridão.
17 Se, porém, não ouvirdes,
a minha alma chorará em
lugares ocultos,
por causa do vosso orgulho;
amargamente chorarão os
meus olhos
e se desfarão em lágrimas,
porque o rebanho do Senhor
foi levado cativo.
18 **D**ize ao rei e à rainha:
Humilhai-vos e assentai-vos
no chão,
pois já caiu da vossa cabeça
a coroa da vossa glória.
19 As cidades do sul estão
fechadas,
e ninguém há que as abra.
Todo o Judá foi levado cativo,
inteiramente foi levado
cativo.
20 Levantai os vossos olhos
e vede os que vêm do Norte.
Onde está o rebanho que te
foi confiado,
o teu lindo rebanho?
21 Que dirás quando o Senhor
puser sobre ti
aqueles que cultivaste
como amigos?
Não te tomarão as dores,
como à mulher que
está de parto?
22 Quando disseres no teu
coração:
Por que me sobrevieram
essas coisas?
Pela multidão das tuas
maldades
se levantaram as tuas vestes,
e a violentaram.
23 **P**ode o etíope mudar a sua
pele ou o leopardo,
as suas manchas?
Tampouco podeis vós
fazer o bem,
acostumados que estais a
fazer o mal.
24 Eu vos espalharei como o
restolho
que passa arrebatado pelo
vento do deserto.
25 Esta será a tua sorte,
a porção que te será medida
por mim, diz o Senhor,
porque te esqueceste de mim
e confiaste em mentiras.
26 Eu levantarei as tuas vestes
sobre o teu rosto,
e aparecerão as tuas
vergonhas.
27 Vi as tuas abominações e os
teus adultérios,
os teus rinchos de desejo
incontrolável
e a tua desavergonhada
prostituição!
Vi as tuas abominações
sobre os outeiros
e nos campos.

Ai de ti, Jerusalém!
Até quando não te
purificarás?

Seca, fome, espada

14 Palavra do Senhor, que
veio a Jeremias,
a respeito da seca:
2 Judá anda chorando,
as suas cidades estão
enfraquecidas;
andam de luto por causa de
terra,
e sobe um clamor de
Jerusalém.
3 Os seus mais nobres mandam
os seus servos buscar água;
vêm às cisternas, mas não
acham água.
Voltam com os seus cântaros
vazios;
envergonhados e
desesperados,
cobrem a cabeça.
4 O solo se ressecou,
porque não há chuva na
terra;
os lavradores,
envergonhados,
cobrem a cabeça.
5 Até as cervas no campo
abandonam seus filhos,
porque não há erva.
6 Os jumentos selvagens
põem-se nos lugares altos
e sorvem o ar como
chacais;
os seus olhos desfalecem,
porque não há erva.
7 Ainda que as nossas
maldades
testifiquem contra nós,
ó Senhor, opera tu por amor
do teu nome.
Pois as nossas rebeldias se
multiplicaram;
contra ti pecamos.
8 Oh! esperança de Israel,
Redentor seu no tempo da
angústia!
Por que serias como um
estrangeiro na terra?
E como um viajante que
permanece apenas
uma noite?
9 Por que serias como homem
surpreendido,
como o guerreiro que não
pode livrar?
Tu, porém, estás no meio de
nós,
ó Senhor, e nós somos
chamados
pelo teu nome;
não nos desampares!
10 Assim diz o Senhor acerca
deste povo:
Gostam de correr para todos
os lados;
não detêm os seus pés.
Por isso, o Senhor não se
agrada deles;
lembrará da maldade deles
e punirá os seus pecados.
11 Disse-me mais o Senhor: Não
rogues pelo bem deste povo.
12 Quando jejuarem, não ouvirei
o seu clamor; quando oferecerem
holocaustos e ofertas de cereais,
não me agradarei deles. Antes, eu
os consumirei pela espada, pela
fome e pela peste.
13 Então disse eu: Ah! Senhor,
Senhor, os profetas lhes dizem:
Não vereis espada e não tereis
fome. Deveras, darei a vós paz
verdadeira neste lugar.
14 Disse-me o Senhor: Os profe-
tas profetizam falsamente em meu
nome. Não os enviei nem lhes dei
ordem, nem lhes falei. Visão fal-
sa, adivinhação, vaidade e o en-
gano do seu coração é o que vos
profetizam.

15 Portanto, assim diz o Senhor
acerca dos profetas que profeti-
zam em meu nome, sem que eu os
tenha mandado, dizem que nem
espada nem fome haverá nesta
terra. À espada e à fome serão
consumidos esses profetas.
16 O povo a quem eles profeti-
zam será lançado nas ruas de
Jerusalém, por causa da fome e
da espada. Não haverá quem en-
terre as suas mulheres, os seus fi-
lhos e as suas filhas. Derramarei
sobre eles a sua maldade.
17 Portanto, lhes dirás esta pa-
lavra:

Os meus olhos derramem
lágrimas
de noite e de dia, e não
cessem;
pois a virgem, a filha do meu
povo,
está ferida de grande ferida,
de chaga muito dolorosa.

18 Se eu saio ao campo,
vejo os mortos à espada;
se entro na cidade,
estão ali os debilitados pela
fome.
Os profetas e os sacerdotes
vagueiam pela terra
e nada sabem.

19 Já de todo rejeitaste a Judá?
Ou aborrece a tua alma a
Sião?
Por que nos feriste, e não há
cura para nós?
Aguardamos a paz, e não
aparece o bem;
o tempo da cura, mas só há
pavor.

20 Ah! Senhor! conhecemos a
nossa impiedade
e a maldade de nossos pais;
deveras pecamos contra ti.

21 Não nos rejeites, por amor
do teu nome;
não tragas humilhação
sobre o trono
da tua glória.
Lembra-te e não anules a tua
aliança conosco.

22 Haverá entre os ídolos
dos gentios, algum que faça
chover?
Ou podem os céus dar
chuvas?
Não és tu somente, ó Senhor
nosso Deus?
Portanto, em ti esperaremos,
pois tu fazes todas essas
coisas.

15 Então o Senhor me disse:
Ainda que Moisés e Samuel
se pusessem diante de mim, não
seria a minha alma com este povo.
Lança-os de diante da minha face,
e saiam.
2 Quando te perguntarem: Para
onde iremos? Responderás: Assim
diz o Senhor:

Os destinados para a morte,
para a morte;
os destinados para a espada,
para a espada;
os destinados para a fome,
para a fome;
e os destinados para o exílio,
para o exílio.

3 Eu os punirei com quatro gêne-
ros de destruidores, diz o Senhor.
A espada para os matar, os cães
para os dilacerar, e as aves dos
céus e os animais da terra para
os devorar e destruir.
4 Eu os entreguei ao desterro em
todos os reinos da terra, por cau-
sa de Manassés, filho de Ezequias,
rei de Judá, por tudo o que fez em
Jerusalém.
5 Quem se compadecerá de ti, ó
Jerusalém?
Ou quem se entristecerá
por ti?

Ou quem se deterá para
perguntar pelo teu bem-
estar?
6 Tu me deixaste, diz o Senhor,
voltaste para trás.
Por isso, estenderei a
minha
mão contra ti e te destruirei;
já não posso mostrar
compaixão.
7 Eu os espalharei com a pá nas
portas da terra.
Desfilharei, destruirei o
meu povo,
pois não deixaram os seus
caminhos.
8 Multiplicarei as suas viúvas
mais do que
a areia dos mares.
Ao meio-dia trarei um
destruidor
sobre as mães de seus jovens;
de repente farei cair sobre
elas angústia e terror.
9 A que deu à luz sete filhos
se enfraquecerá e expirará.
Para ela, o sol se porá sendo
ainda dia;
ela se confundirá e se
envergonhará.
Os que dela ficarem eu os
entregarei à espada,
diante dos seus inimigos,
diz o Senhor.
10 **A**i de mim, minha mãe!
Pois me deste à luz homem
de rixa
e homem de contendas para
toda a terra!
Nunca lhes emprestei com
usura nem eles me
emprestaram com usura;
todavia, cada um deles me
amaldiçoa.
11 **D**isse o Senhor:
Certamente te fortalecerei
para o bem;
no tempo da calamidade
e no tempo da angústia,
farei que o inimigo te dirija
súplicas.
12 Pode alguém quebrar o ferro,
o ferro do Norte, ou o bronze?
13 Os teus bens e os teus
tesouros entregarei sem
preço ao saque,
por causa de todos os teus
pecados,
em todos os teus limites.
14 Eu te levarei com os teus
inimigos para uma terra que
não conheces,
pois o fogo se acendeu em
minha ira
e sobre vós arderá.
15 **T**u, ó Senhor, me conheces;
lembra-te de mim e visita-me.
Vinga-me dos meus
perseguidores.
Não me arrebates, por tua
longanimidade.
Sabe que por amor de ti tenho
sofrido afronta.
16 Achadas as tuas palavras,
logo as comi;
elas me foram deleite e
alegria ao coração,
pois pelo teu nome me chamo,
ó Senhor, Deus dos
Exércitos.
17 Jamais me assentei na roda
dos que se alegram,
nunca com eles me regozijei;
por causa da tua mão me
assentei solitário,
pois me encheste de
indignação.
18 Por que dura a minha dor
continuamente,
e a minha ferida é dolorosa
e incurável?
Serias tu para mim como um
ilusório ribeiro,
como águas inconstantes?

19 Portanto, assim diz o Senhor:
Se tu te arrependeres,
eu te farei voltar, e me
servirás;
se apartares o precioso do vil,
serás o meu porta-voz.
Tornem-se eles para ti,
mas não voltes tu para eles.
20 Eu te porei contra este povo
como forte muro de bronze;
pelejarão contra ti,
mas não prevalecerão contra
ti,
pois eu sou contigo para te
guardar,
para te livrar deles, diz o
Senhor.
21 Eu te arrebatarei das mãos
dos malignos,
e te livrarei das mãos dos
cruéis.

O dia do desastre

16 Então veio a mim a palavra do Senhor:
2 Não tomarás para ti mulher,
nem terás filhos nem filhas neste lugar.
3 Pois assim diz o Senhor acerca
dos filhos e das filhas que nascerem neste lugar, acerca das mães
que os tiverem e dos pais que os
gerarem nesta terra:
4 Morrerão de doenças mortais.
Não serão pranteados nem sepultados, mas servirão de esterco para a terra. Pela espada e
pela fome serão consumidos; e os
seus cadáveres servirão de mantimento às aves do céu e aos animais da terra.
5 Pois assim diz o Senhor: Não entres na casa do luto; não vás lamentar nem te compadeças deles,
porque deste povo, diz o Senhor,
retirei a minha bênção, o meu
amor e a minha misericórdia.
6 Morrerão grandes e pequenos
nesta terra. Não serão sepultados nem pranteados; ninguém
por eles fará incisões, nem por
eles rapará a cabeça.
7 Ninguém oferecerá pão para consolar os que estiverem de luto por
causa de morte, nem mesmo pelo
pai ou pela mãe; nem lhes dará
a beber do copo de consolação.
8 Não entres na casa do banquete, para te assentares com eles a
comer e a beber.
9 Pois assim diz o Senhor dos
Exércitos, o Deus de Israel: Farei
cessar neste lugar perante os vossos olhos, e em vossos dias, a voz
de deleite e a voz de alegria, a
voz do noivo e a voz da noiva.
10 Quando anunciares a este povo
todas estas palavras, e te perguntarem: Por que pronuncia o
Senhor sobre nós todo este grande mal? Qual é a nossa iniquidade?
Que pecado cometemos contra o
Senhor nosso Deus?
11 Então lhes responderás: É porque vossos pais me deixaram, diz
o Senhor, e se foram após outros
deuses, e os serviram, e se inclinaram diante deles. A mim
me deixaram, e a minha lei não
guardaram.
12 Vós, porém, fizestes pior do que
vossos pais. Vede como cada um
de vós anda após o propósito do
seu coração maligno, em vez de
dar ouvidos a mim.
13 Portanto, os lançarei fora desta terra, para uma terra que não
conhecestes, nem vós nem vossos
pais, e ali servireis a outros deuses
de dia e de noite, pois não usarei
de misericórdia para convosco.
14 Portanto, vêm dias, diz o Senhor,
em que nunca mais se dirá: Tão
certo como vive o Senhor, que fez

subir os filhos de Israel da terra
do Egito,
15 mas: Tão certo como vive o
Senhor, que fez subir os filhos de
Israel da terra do Norte e de to-
das as terras para onde os tinha
lançado. Pois eu os farei voltar
à sua terra, que dei a seus pais.
16 Agora, porém, mandarei mui-
tos pescadores, diz o Senhor, os
quais os pescarão. Depois envia-
rei muitos caçadores, os quais os
caçarão de sobre todos os mon-
tes, de sobre todos os outeiros e
até nas fendas das rochas.
17 Os meus olhos estão sobre to-
dos os seus caminhos; ninguém se
esconde de mim, nem a sua mal-
dade se encobre aos meus olhos.
18 Eu lhes retribuirei em dobro a
sua maldade e o seu pecado, por-
que profanaram a minha terra com
os cadáveres dos seus ídolos de-
testáveis, e com as suas abomina-
ções encheram a minha herança.
19 Ó Senhor, fortaleza minha e
força minha,
e refúgio meu no dia
da angústia,
a ti virão as nações
desde os confins da
terra e dirão:
Nossos pais herdaram só
deuses falsos e ídolos vãos,
em que não há proveito.
20 Fazem os homens para si
deuses que de fato não são
deuses?
21 Portanto, eu lhes farei
conhecer,
desta vez lhes farei conhecer
a minha força e o meu poder.
Então saberão que o meu
nome é Senhor.

17 O pecado de Judá está
escrito com um estilete
de ferro,
gravado com ponta de
diamante
na tábua do seu coração
e nas pontas dos seus
altares.
2 Até os seus filhos se lembram
dos seus altares e dos seus
postes-ídolos junto
às árvores frondosas,
sobre os altos outeiros.
3 Ó minha montanha no campo,
a tua riqueza e todos os teus
tesouros
darei por presa,
como também os teus altos
por causa do pecado, em
todos os teus termos.
4 Por ti mesmo te privarás da
tua herança que te dei.
Eu te farei servir os teus
inimigos,
na terra que não conheces,
pois o fogo que acendeste na
minha ira
arderá para sempre.
5 Assim diz o Senhor:
Maldito o homem que confia
no homem,
que faz da carne o seu
braço
e cujo coração se aparta do
Senhor!
6 Ele será como um arbusto nos
ermos;
não verá a prosperidade,
quando ela vier.
Morará nos lugares secos do
deserto,
na terra salgada e
inabitável.
7 Bendito o homem que confia
no Senhor e cuja esperança é
o Senhor.
8 Ele será como a árvore
plantada junto às águas,
que estende as suas raízes
para o ribeiro.

Não receia quando vem o
calor;
suas folhas são sempre
verdes.
No ano de sequidão não se
perturba
nem deixa de dar fruto.
9 Enganoso é o coração,
mais do que todas as coisas,
e incorrigível.
Quem o conhecerá?
10 Eu, o Senhor, esquadrinho
o coração e provo a mente,
e isso para dar a cada um
segundo os seus caminhos
e segundo o fruto das
suas ações.
11 Como a perdiz que choca
ovos que não pôs,
assim é aquele que ajunta
riquezas,
mas não retamente.
Na metade de seus dias elas o
deixarão,
e no seu fim ele se mostrará
insensato.
12 Trono de glória, exaltado
desde o princípio,
é o lugar do nosso
santuário.
13 Ó Senhor, esperança de
Israel,
todos os que te deixam serão
envergonhados.
Os que se apartam de ti serão
escritos no pó,
porque abandonaram o
Senhor,
a fonte das águas vivas.
14 Cura-me, ó Senhor, e serei
curado;
salva-me, e serei salvo,
pois tu és o meu louvor.
15 Eles me perguntam:
Onde está a palavra do
Senhor?
Que se cumpra agora.
16 Eu não me recusei a ser o
teu pastor;
tampouco desejei o dia de
aflição, tu o sabes.
O que saiu dos meus lábios
está diante da tua face.
17 Não me sejas por assombro;
tu és o meu refúgio no dia da
calamidade.
18 Envergonhem-se os que me
perseguem,
mas não me envergonhe eu;
assombrem-se eles,
mas não me assombre eu.
Traze sobre eles o dia da
calamidade;
destrói-os com dobrada
destruição.

A santificação do sábado

19 Assim me disse o Senhor: Vai,
põe-te na porta do povo, pela qual
entram e saem os reis de Judá;
põe-te também em todas as por-
tas de Jerusalém.
20 Dize-lhes: Ouvi a palavra do
Senhor, vós, reis de Judá e todo
o Judá, e todos os moradores de
Jerusalém, que entrais por es-
sas portas.
21 Assim diz o Senhor: Guardai-
-vos, por vossa alma, não carre-
gueis cargas no dia de sábado
nem as fazei entrar pelas portas
de Jerusalém.
22 Não tireis cargas de vossas ca-
sas no dia de sábado nem façais
obra alguma; antes santificai o
dia de sábado, como eu ordenei
a vossos pais.
23 Contudo, eles não deram ouvi-
dos, nem inclinaram os seus ou-
vidos; endureceram a sua cerviz,
para não ouvirem, e para não re-
ceberem disciplina.
24 Se, porém, diligentemente me
ouvirdes, diz o Senhor, não fazendo

entrar cargas pelas portas desta
cidade no dia de sábado, e santi-
ficardes o dia de sábado, não fa-
zendo nele obra alguma,
25 então entrarão pelas portas
desta cidade reis e príncipes, as-
sentados sobre o trono de Davi,
andando em carros e montados
em cavalos, eles e seus prínci-
pes, os homens de Judá e os mo-
radores de Jerusalém, e esta ci-
dade será para sempre habitada.
26 Virão das cidades de Judá, dos
arredores de Jerusalém, da terra
de Benjamim, das planícies, das
montanhas e do Neguebe, tra-
zendo holocaustos e sacrifícios,
ofertas de cereais, incenso e sa-
crifícios de ação de graças à casa
do Senhor.
27 Se, contudo, não me derdes ou-
vidos, para santificardes o dia de
sábado e para não trazerdes car-
ga alguma, quando entrardes pe-
las portas de Jerusalém no dia de
sábado, então acenderei fogo nas
suas portas, o qual consumirá os
palácios de Jerusalém e não se
apagará.

O vaso do oleiro

18 Palavra do Senhor, que
veio a Jeremias:
2 Levanta-te e desce à casa do
oleiro, e lá te farei ouvir as mi-
nhas palavras.
3 Desci à casa do oleiro, e vi que
ele estava fazendo a sua obra so-
bre as rodas.
4 O vaso, que ele fazia de barro, po-
rém, se quebrou na sua mão; pelo
que o oleiro tornou a fazer dele ou-
tro vaso, conforme bem lhe pareceu.
5 *Então* veio a *mim* a palavra do
Senhor:
6 Não posso fazer de vós como
fez este oleiro, ó casa de Israel?
diz o Senhor. Como o barro na
mão do oleiro, assim sois vós
na minha mão, ó casa de Israel.
7 No momento em que eu falar
contra uma nação ou contra um
reino para o arrancar, derrubar
e destruir,
8 se a tal nação, contra a qual fa-
lar, se converter da sua maldade,
também eu me arrependerei do
mal que pensava fazer-lhe.
9 Se em qualquer tempo eu falar
de uma nação ou reino, para edi-
ficar e para plantar,
10 se ela fizer o mal diante dos
meus olhos, não dando ouvidos
à minha voz, então me arrepen-
derei do bem que tinha dito lhe
faria.
11 Ora, portanto, dize aos ho-
mens de Judá e aos moradores de
Jerusalém: Assim diz o Senhor:
Olhai! Estou forjando mal con-
tra vós e projeto um plano contra
vós. Pelo que vos convertei cada
um do seu mau caminho e cor-
rija a vossa conduta e as vossas
ações.
12 Eles, porém, dizem: Não há es-
perança. Após as nossas imagi-
nações andaremos; cada um fará
segundo o propósito do seu cora-
ção maligno.
13 Portanto, assim diz o Senhor:
Perguntai entre os gentios:
Quem ouviu tal coisa?
Coisa sobremodo horrenda
fez a virgem de Israel!
14 Acaso desaparece a neve
do Líbano das suas encostas
rochosas?
Ou deixarão de correr as
suas águas frias?
15 Contudo, o meu povo se
esqueceu de mim,
queimando incenso aos
ídolos vãos,

os quais os fizeram tropeçar
nos seus caminhos,
e nas veredas antigas,
para que andassem por
atalhos,
por estradas não aplanadas.
16 A sua terra será um espanto
e uma zombaria perpétua;
todo aquele que passar por
ela se espantará
e meneará a cabeça.
17 Como vento oriental os
espalharei
diante da face do inimigo;
mostrarei as costas, e não o
rosto,
no dia da sua perdição.
18 Então, disseram: Vinde, maquine-
mos projetos contra Jeremias; pois
não perecerá a lei do sacerdote nem
o conselho do sábio nem a palavra
do profeta. Vinde, ataquemo-lo com
a língua e não escutemos nenhuma
das suas palavras.
19 Olha para mim, ó Senhor,
e ouve a voz dos meus
acusadores.
20 Acaso se pagará mal por
bem?
Contudo, abriram uma cova
para a minha alma.
Lembra-te de que compareci
na tua presença,
para falar por seu bem,
para desviar deles a tua
indignação.
21 Portanto, entrega os seus
filhos à fome;
entrega-os ao poder da
espada.
Sejam as suas mulheres
roubadas
dos filhos e fiquem viúvas;
seus maridos sejam feridos
de morte,
e os seus jovens, feridos à
espada na peleja.
22 Ouça-se o clamor de
suas casas,
quando trouxeres tropas
sobre eles de repente,
pois abriram uma cova
para me prender
e armaram laços aos
meus pés.
23 Tu, porém, ó Senhor, sabes
todos os seus
conselhos contra mim, para
matar-me.
Não perdoes a sua iniquidade,
nem apagues o seu pecado
de diante da tua face.
Sejam transtornados
diante de ti;
age contra eles no tempo
da tua ira.

19 Assim diz o Senhor: Vai,
compra uma botija de olei-
ro. Leva contigo os anciãos do
povo e os anciãos dos sacerdotes.
2 Sai ao vale do filho de Hinom,
que está à entrada da Porta do
Oleiro. Apregoa ali as palavras
que eu te disser,
3 e dize: Ouvi a palavra do Senhor,
ó reis de Judá e moradores de
Jerusalém. Assim diz o Senhor dos
Exércitos, o Deus de Israel: Ouvi!
Trarei tão grande desastre sobre
este lugar que fará retinir os ouvi-
dos de quem quer que dele ouvir.
4 Pois me deixaram e profanaram
este lugar, queimando nele incen-
so a outros deuses, que nunca co-
nheceram, nem eles nem seus pais
nem os reis de Judá, e encheram
este lugar de sangue de inocentes.
5 Edificaram os altos de Baal, para
queimarem seus filhos no fogo em
holocausto a Baal; o que nunca
lhes ordenei, nem falei nem me
subiu ao coração.
6 Por isso, vêm dias, diz o Senhor,
em que este lugar não se chamará

mais Tofete nem o vale do filho de
Hinom, mas o vale da Matança.
7 Neste lugar, dissiparei o conse-
lho de Judá e de Jerusalém. Eu os
farei cair à espada diante de seus
inimigos, pela mão dos que bus-
cam a vida deles, e darei os seus
cadáveres por pasto às aves dos
céus e aos animais da terra.
8 Porei esta cidade por espanto
e objeto de assobios; todo aque-
le que passar por ela se espanta-
rá e assobiará, por causa de to-
das as suas pragas.
9 Eu os farei comer a carne de
seus filhos e a carne de suas fi-
lhas, e cada um comerá a carne
do seu próximo, no cerco e no
aperto em que os apertarão os
seus inimigos, e os que buscam
tirar-lhes a vida.
10 Então, quebrarás a botija à vis-
ta dos homens que foram contigo,
11 e lhes dirás: Assim diz o Senhor
dos Exércitos: Deste modo que-
brarei eu a este povo, e a esta ci-
dade, como se quebra o vaso do
oleiro, que não pode mais refa-
zer-se. Enterrarão os mortos em
Tofete, por falta de lugar para os
enterrar.
12 Assim farei a este lugar, diz
o Senhor, e aos seus moradores.
Porei esta cidade como Tofete.
13 As casas de Jerusalém, e as ca-
sas dos reis de Judá, serão imun-
das como o lugar de Tofete; todas
as casas sobre cujos terraços quei-
maram incenso a todo o exército
dos céus, e ofereceram libações a
outros deuses.
14 Vindo Jeremias, de Tofete,
aonde o tinha enviado o Senhor
a profetizar, pôs-se em pé no átrio
da casa do Senhor, e disse a todo
o povo:
15 Assim diz o Senhor dos Exércitos,
o Deus de Israel: Ouvi! Trarei so-
bre esta cidade e sobre todas as
suas vilas todo o mal que pronun-
ciei contra ela, porque endurece-
ram a sua cerviz, para não ouvir
as minhas palavras.

Pasur e Jeremias

20 Pasur, filho de Imer, o sa-
cerdote, que era presidente
da casa do Senhor, ouviu Jeremias
profetizar estas coisas.
2 Feriu Pasur ao profeta Jeremias,
e o meteu no cepo que está na
Porta Superior de Benjamim, a
qual está na casa do Senhor.
3 No dia seguinte, quando Pasur o
tirou do cepo, disse-lhe Jeremias:
O Senhor não chama o teu nome
Pasur, mas Magor-Missabibe.
4 Pois assim diz o Senhor: Farei
de ti um terror para ti mesmo e
para todos os teus amigos; estes
cairão à espada de seus inimigos,
e teus olhos o verão. Entregarei
todo o Judá nas mãos do rei de
Babilônia, que os levará presos
a Babilônia e os ferirá à espada.
5 Também entregarei todas as ri-
quezas desta cidade, todo o fru-
to do seu trabalho e todas as suas
coisas preciosas; todos os tesou-
ros dos reis de Judá entregarei
nas mãos de seus inimigos, que
os saquearão, tomarão e levarão
a Babilônia.
6 E tu, Pasur, e todos os morado-
res da tua casa ireis para o exí-
lio, para Babilônia. Ali morrerás,
e ali serás sepultado, tu, e todos
os teus amigos, aos quais profe-
tizaste falsamente.
7 Iludiste-me, ó Senhor, e iludi-
do fiquei;
mais forte foste do que eu, e
prevaleceste.
Sirvo de escárnio o dia todo;

cada um deles zomba de
mim.
8 Sempre que falo, grito
proclamando
violência e destruição.
Pelo que a palavra do Senhor
me trouxe
insulto e censura o dia todo.
9 Se eu, porém, disser:
Não me lembrarei dele e não
falarei
mais no seu nome,
sua palavra me é no coração
como fogo ardente,
encerrado nos meus ossos.
Estou fatigado de contê-lo,
e não posso mais.
10 Ouço a murmuração de
muitos:
Terror de todos os lados!
Denunciai-o!
Denunciemo-lo!
Todos os meus amigos
aguardam que eu
tropece, dizendo:
Bem pode ser que se deixe
persuadir;
então prevaleceremos
contra ele
e nos vingaremos dele.
11 O Senhor, porém, está
comigo como um
poderoso guerreiro;
pelo que os meus
perseguidores
tropeçarão e não
prevalecerão.
Fracassarão e ficarão
totalmente confundidos;
a sua desonra jamais será
esquecida.
12 Tu, ó Senhor dos Exércitos,
que provas o justo
e esquadrinhas a mente e o
coração,
permite que eu veja a tua
vingança contra eles,
pois te descobri a minha
causa.
13 Cantai ao Senhor! Louvai ao
Senhor!
Ele livra a alma do
necessitado
da mão dos malfeitores.
14 **M**aldito o dia em que nasci!
Que o dia em que minha
mãe me deu à luz não seja
bendito!
15 Maldito o homem que deu as
novas
a meu pai, dizendo:
Nasceu-te um filho;
alegrando-o com isso
grandemente.
16 Seja esse homem como as
cidades que o
Senhor destruiu, sem que
se arrependesse.
Ouça clamor pela manhã,
ao meio-dia um grito de
guerra.
17 Por que não me matou na
madre?
Por que minha mãe não foi
minha sepultura,
ou não permaneceu grávida
perpetuamente?
18 Por que saí da madre para
ver trabalho e tristeza
e para que se consumam na
vergonha
os meus dias?

Deus rejeita o pedido de Zedequias

21 Palavra que veio a Jeremias
da parte do Senhor, quando
o rei Zedequias lhe enviou Pasur,
filho de Malquias, e Sofonias, fi-
lho de Maaseias, o sacerdote, di-
zendo:
2 Pergunta agora por nós ao
Senhor, porque Nabucodonosor,
rei de Babilônia, guerreia contra
nós. Bem pode ser que o Senhor

opere conosco segundo todas as
suas maravilhas e o faça retirar-
-se de nós.
3 Jeremias, porém, lhes respon-
deu: Assim direis a Zedequias:
4 Assim diz o Senhor, o Deus de
Israel: Virarei contra vós as ar-
mas de guerra, que estão nas vos-
sas mãos, com que vós pelejais
contra o rei de Babilônia e con-
tra os caldeus que vos têm cerca-
do fora dos muros, e os ajuntarei
no meio desta cidade.
5 Eu mesmo pelejarei contra vós
com braço estendido e mão for-
te, com ira, indignação e gran-
de furor.
6 Ferirei os habitantes desta ci-
dade, tanto os homens como os
animais, e de grande pestilência
morrerão.
7 Depois disso, diz o Senhor, en-
tregarei Zedequias, rei de Judá,
os seus servos, o povo e os que
desta cidade restarem da pesti-
lência, da espada e da fome, nas
mãos de Nabucodonosor, rei de
Babilônia, nas mãos dos seus ini-
migos e nas mãos dos que bus-
cam a sua vida. Ele os ferirá a
fio de espada; não os poupará,
não se compadecerá nem terá
misericórdia.
8 A este povo dirás: Assim diz
o Senhor: Ponho diante de vós o
caminho da vida e o caminho da
morte.
9 O que ficar nesta cidade há de
morrer à espada, ou de fome, ou de
peste. Mas o que sair e se render
aos caldeus, que vos cercam, vi-
verá e terá a sua vida por despojo.
10 Pus o meu rosto contra esta ci-
dade para mal, e não para bem,
diz o Senhor. Nas mãos do rei de
Babilônia será entregue, e ele a
queimará a fogo.
11 À casa do rei de Judá dirás:
Ouvi a palavra do Senhor:
12 Ó casa de Davi, assim diz o
Senhor:
Julgai com justiça a cada
manhã
e livrai o oprimido das
mãos do opressor,
para que não saia o meu
furor como fogo
e se acenda,
sem que haja quem o apague,
por causa da maldade das
vossas ações.
13 Eu sou contra ti, ó moradora
do vale,
ó rocha da campina,
diz o Senhor;
contra vós que dizeis:
Quem descerá contra nós?
ou: Quem entrará nas
nossas moradas?
14 Eu os punirei segundo o
fruto das vossas ações,
diz o Senhor.
Acenderei um fogo no
vosso bosque,
que consumirá tudo o que
está ao vosso redor.

Juízo contra reis iníquos

22 Assim diz o Senhor: Desce à
casa do rei de Judá e anun-
cia ali esta mensagem:
2 Ouve a palavra do Senhor, ó rei de
Judá, que te assentas no trono
de Davi; tu, os teus servos e o teu
povo, que entrais por estas portas.
3 Assim diz o Senhor: Exercei o
juízo e a justiça, livrai o oprimido
das mãos do opressor. Não opri-
mais ao estrangeiro nem ao órfão
nem à viúva, e não façais violên-
cia, nem derrameis sangue ino-
cente neste lugar.
4 Pois, se deveras cumprirdes essa
palavra, entrarão pelas portas

desta casa os reis que se assen-
tam no trono de Davi, em carros
e montados em cavalos, eles, os
seus servos e o seu povo.
5 Se, porém, não derdes ouvidos
a essas palavras, por mim mesmo
jurei, diz o Senhor, que esta casa
se tornará em desolação.
6 Pois assim diz o Senhor acerca
da casa do rei de Judá:
Ainda que sejas para mim
Gileade,
a cabeça do Líbano,
certamente farei de ti um
deserto
e cidades desabitadas.
7 Prepararei contra ti
destruidores,
cada um com as suas armas.
Cortarão os teus cedros
escolhidos
e os lançarão no fogo.
8 Muitas nações passarão por esta
cidade, e dirá cada um ao seu compa-
nheiro: Por que procedeu o Senhor
assim com esta grande cidade?
9 E a resposta será: Porque dei-
xaram a aliança do Senhor seu
Deus e se inclinaram diante de
outros deuses e os serviram.
10 Não choreis o morto,
nem o lastimeis;
antes chorai abundantemente
aquele que sai,
porque nunca mais tornará
nem verá a terra onde
nasceu.
11 Pois assim diz o Senhor acer-
ca de Salum, filho de Josias, rei
de Judá, que reinou em lugar de
Josias, seu pai, que saiu deste
lugar: Jamais tornará para ali.
12 No lugar para onde o levaram
cativo morrerá; nunca mais verá
esta terra.
13 Ai daquele que edifica a sua
casa com injustiça
e os seus aposentos,
sem direito,
que se serve do serviço do seu
próximo sem paga
e não lhe dá o salário
do seu trabalho.
14 Ele diz: Edificarei para
mim uma casa
espaçosa e largos aposentos,
com amplas janelas,
forrada de cedro e pintada de
vermelho.
15 Reinarás tu, só porque
procuras
exceder no uso do cedro?
Acaso o teu pai não comeu e
bebeu,
e não exercitou o juízo e a
justiça?
Por isso lhe sucedeu bem.
16 Julgou a causa do aflito e do
necessitado;
por isso, lhe sucedeu bem.
Não é isso conhecer-me? diz o
Senhor.
17 Os teus olhos e o teu
coração, porém,
não atentam senão para a
tua ganância,
para derramar o sangue
inocente
e para levar a extorsão e a
violência a efeito.
18 Portanto, assim diz o Senhor
acerca de Jeoiaquim, filho de
Josias, rei de Judá:
Não lamentarão por ele,
dizendo:
Ai, irmão meu, ou:
Ai, minha irmã!
Nem lamentarão por ele,
dizendo:
Ai, senhor! ou: Ai, o seu
esplendor!
19 Em sepultura de jumento
o sepultarão,

arrastando-o e lançando-o
para bem longe,
fora das portas de Jerusalém.
20 Sobe ao Líbano e clama,
levanta a tua voz em Basã,
clama desde Abarim,
pois estão quebrantados os
teus aliados.
21 Falei contigo no tempo
da tua prosperidade,
mas disseste: Não ouvirei.
Este tem sido o teu caminho,
desde a tua mocidade;
nunca deste ouvidos à
minha voz.
22 O vento afugentará todos os
teus pastores,
e os teus aliados irão para o
exílio.
Então te confundirás e te
envergonharás,
por causa de toda a tua
maldade.
23 Ó tu, que habitas no Líbano,
e fazes o teu ninho nos
cedros!
Quão lastimada serás
quando
te vierem as dores e os ais,
como da que está de parto!
24 Tão certo como eu vivo, diz o
Senhor, que ainda que tu, Jeconias,
filho de Jeoiaquim, rei de Judá,
fosse o selo do anel da minha mão
direita, eu dali te arrancaria.
25 Eu te entregarei nas mãos dos
que buscam a tua vida e nas mãos
daqueles a quem temes, a saber,
nas mãos de Nabucodonosor,
rei de Babilônia, e nas mãos dos
caldeus.
26 Lançarei a ti e a tua mãe, que
te deu à luz, para outra terra, em
que não nasceste, e ali morrereis.
27 À terra para a qual almejam
voltar, porém, para lá jamais
tornarão.
28 É este homem Jeconias
um vaso desprezado e
quebrado,
um objeto de que ninguém
se agrada?
Por que serão
arremessados fora,
ele e a sua geração,
e lançados para uma terra
que não conhecem?
29 Ó terra, terra, terra,
ouve a palavra do Senhor!
30 Assim diz o Senhor:
Escrevei que este homem está
privado dos seus filhos,
homem que não prosperará
nos seus dias,
pois nenhum da sua
linhagem prosperará,
para se assentar no trono
de Davi,
ou reinar de novo em Judá.

O renovo justo

23 Ai dos pastores que des-
troem e dispersam as ove-
lhas do meu pasto, diz o Senhor.
2 Portanto, assim diz o Senhor, o
Deus de Israel, acerca dos pasto-
res que apascentam o meu povo:
Visto que dispersastes as minhas
ovelhas, as afugentastes e não cui-
dastes delas, trarei sobre vós a mal-
dade das vossas ações, diz o Senhor.
3 Eu mesmo recolherei o resto das
minhas ovelhas, de todas as terras
para onde eu as tiver afugentado,
e as farei voltar aos seus apriscos,
onde frutificarão e se multiplicarão.
4 Levantarei sobre elas pasto-
res que as apascentem, e nunca
mais temerão nem se assombra-
rão, e nem uma delas faltará, diz
o Senhor.
5 Vêm dias, diz o Senhor,
em que levantarei a Davi um
Renovo justo,

um rei que reinará e
prosperará;
ele praticará o juízo e a
justiça na terra.
6 Nos seus dias Judá será salvo,
e Israel habitará seguro.
Este será o seu nome, com
que o nomearão:
O Senhor, Nossa Justiça.
7 Portanto, vêm dias, diz o Senhor,
em que nunca mais dirão: Tão certo
como vive o Senhor, que fez subir
os filhos de Israel da terra do Egito,
8 mas: Tão certo como vive o Senhor,
que fez subir a linhagem da casa de
Israel da terra do Norte, e de todas
as terras para onde os tinha lançado.
Então eles habitarão na sua terra.

Falsos profetas

9 Quanto aos profetas:
O meu coração está
quebrantado dentro em mim;
todos os meus ossos
estremecem.
Sou como um homem
embriagado,
como um homem vencido
do vinho,
por causa do Senhor e das
palavras
da sua santidade.
10 A terra está cheia de
adúlteros;
por causa da maldição, a
terra chora,
e os pastos do deserto se
secam.
O caminho dos adúlteros é a
maldade,
e a sua força a injustiça.
11 Tanto o profeta como o
sacerdote
estão contaminados;
até na minha casa achei a sua
maldade,
diz o Senhor.
12 Portanto, o caminho deles
será como lugares
escorregadios na escuridão;
serão empurrados e
cairão nele.
Trarei sobre eles a
calamidade,
no ano do seu castigo, diz o
Senhor.
13 Entre os profetas de
Samaria vi loucura:
Eles profetizavam da parte de
Baal e faziam errar o meu
povo Israel.
14 E entre os profetas
de Jerusalém vi uma coisa
horrenda:
Cometem adultérios e
andam com falsidade.
Fortalecem as mãos dos
malfeitores,
para que não se convertam
da sua maldade.
Têm-se tornado para mim
como Sodoma,
e os moradores dela como
Gomorra.
15 Portanto, assim diz o Senhor
dos Exércitos acerca dos
profetas:
Eu lhes darei a comer losna
e lhes farei beber águas de fel,
porque dos profetas de
Jerusalém
saiu a contaminação sobre
toda a terra.
16 Assim diz o Senhor dos
Exércitos:
Não deis ouvidos às palavras
dos profetas que entre vós
profetizam;
eles vos ensinam vaidades.
Falam da visão do seu
próprio coração,
não da boca do Senhor.
17 Dizem continuamente aos
que me desprezam:

O Senhor disse: Paz tereis.
A qualquer que anda segundo
o propósito do seu coração,
dizem: Nenhum mal virá sobre vós.
18 Quem dentre eles esteve no conselho do Senhor,
e viu, e ouviu a sua palavra?
Quem esteve atento à sua palavra e a ouviu?
19 Saiu com indignação a tempestade do Senhor,
e uma tempestade penosa cairá cruelmente
sobre a cabeça dos ímpios.
20 A ira do Senhor não se desviará,
até que ele execute
e cumpra os pensamentos do seu coração.
No fim dos dias, entendereis isso claramente.
21 Não mandei esses profetas, todavia eles foram correndo;
não lhes falei, todavia profetizaram.
22 Se, porém, estivessem presentes no meu conselho,
teriam feito ouvir as minhas palavras
ao meu povo,
e o teriam feito voltar do seu mau caminho
e da maldade das suas ações.
23 Sou eu apenas Deus de perto, diz o Senhor,
e não também de longe?
24 Poderia alguém esconder-se, de modo que eu não o possa ver? diz o Senhor.
Não encho eu os céus e a *terra? diz o Senhor.*
25 Ouvi o que dizem esses profe-
tas, profetizando mentiras em meu
nome, dizendo: Sonhei, sonhei.
26 Até quando continuará isso no
coração desses profetas mentiro-
sos, que profetizam o engano do
seu próprio coração?
27 Cuidam em fazer que o meu
povo se esqueça do meu nome pe-
los seus sonhos que cada um conta
ao seu companheiro, assim como
seus pais se esqueceram do meu
nome por causa de Baal.
28 O profeta que tem um sonho
conte o sonho, mas aquele que
tem a minha palavra, fale a mi-
nha palavra, com verdade. Que
tem a palha em comum com o
trigo? diz o Senhor.
29 Não é a minha palavra como
fogo, diz o Senhor, e como mar-
telo que esmiúça a penha?
30 Portanto, eu sou contra esses
profetas, diz o Senhor, que furtam
as minhas palavras, cada um ao
seu companheiro.
31 Sim, sou contra esses profetas,
diz o Senhor, que usam de sua lín-
gua e dizem: Ele disse.
32 Deveras, sou contra os que
profetizam sonhos mentirosos,
diz o Senhor. Eles os contam e
fazem errar o meu povo com as
suas mentiras e com as suas le-
viandades, mas eu não os enviei
nem lhes dei ordem. Não trazem
proveito nenhum a este povo, diz
o Senhor.
33 Quando te perguntar este povo,
ou qualquer profeta, ou sacerdo-
te: Qual é o oráculo do Senhor?
Então lhe dirás: Que oráculo? Vós
sois o oráculo, e eu vos abando-
narei, diz o Senhor.
34 Quanto ao profeta, ao sacerdo-
te e ao povo que disser: Este é o
oráculo do Senhor, eu castigarei
o tal homem e a sua casa.
35 Assim direis, cada um ao seu com-
panheiro e cada um ao seu irmão:

Que respondeu o Senhor? ou: Que
falou o Senhor?
36 Nunca mais mencionareis o orá-
culo do Senhor, porque a cada um
lhe serve de oráculo a sua própria
palavra, e assim torceis as pala-
vras do Deus vivo, do Senhor dos
Exércitos, o nosso Deus.
37 Assim dirás ao profeta: Que
te respondeu o Senhor? Que fa-
lou o Senhor?
38 Mas porque dizeis: Oráculo do
Senhor; assim o diz o Senhor: Porque
dizeis esta palavra: Oráculo do Senhor,
havendo-vos ordenado, dizendo:
Não direis: Oráculo do Senhor.
39 Portanto, eu certamente me
esquecerei de vós e vos lançarei
da minha presença, a vós e à ci-
dade que dei a vós e a vossos pais.
40 Porei sobre vós perpétua hu-
milhação e eterna vergonha, que
não será esquecida.

Dois cestos de figos

24 Mostrou-me o Senhor dois
cestos de figos, postos dian-
te do templo do Senhor, depois que
Nabucodonosor, rei de Babilônia,
levou em exílio, para Babilônia, a
Jeconias, filho de Jeoiaquim, rei de
Judá, os príncipes de Judá, os car-
pinteiros e os ferreiros de Jerusalém.
2 Um cesto tinha figos muito bons,
como os figos temporãos, mas o ou-
tro, figos tão ruins que não se po-
diam comer, de tão ruins que eram.
3 Perguntou-me o Senhor: Que
vês, Jeremias? Respondi: Figos.
Os figos bons, muito bons, e os
ruins, muito ruins, que não se
podem comer, de ruins que são.
4 Então veio a mim a palavra do
Senhor:
5 Assim diz o Senhor, o Deus de
Israel: Como a esses figos bons,
assim olho com favor aos de Judá,
levados em exílio, e que enviei des-
te lugar para a terra dos caldeus.
6 Porei os meus olhos sobre eles,
para o seu bem, e os farei voltar a
esta terra. Eu os edificarei, e não
os destruirei; os plantarei, e não os
arrancarei.
7 Darei a eles coração para que me
conheçam, porque eu sou o Senhor.
Eles serão o meu povo, e eu serei
o seu Deus, pois se converterão a
mim de todo o seu coração.
8 Como se rejeitam aos figos ruins,
que não se podem comer, de
ruins que são, certamente assim diz
o Senhor: Do mesmo modo entrega-
rei Zedequias, rei de Judá, os seus
príncipes e o resto de Jerusalém,
quer fiquem nesta terra, quer ha-
bitem na terra do Egito.
9 Farei que sejam espetáculo hor-
rendo, calamidade para todos os
reinos da terra, vergonha e provér-
bio, zombaria, e maldição em to-
dos os lugares para onde os lancei.
10 Enviarei entre eles a espada, a
fome e a peste, até que sejam con-
sumidos de sobre a terra que dei
a eles e a seus pais.

Os setenta anos de exílio

25 Palavra que veio a Jeremias
acerca de todo o povo de
Judá no quarto ano de Jeoiaquim,
filho de Josias, rei de Judá, que é o
primeiro ano de Nabucodonosor,
rei de Babilônia,
2 a qual anunciou o profeta Jeremias
a todo o povo de Judá e a todos os
habitantes de Jerusalém:
3 Durante vinte e três anos — do
décimo terceiro ano de Josias, fi-
lho de Amom, rei de Judá, até o
dia de hoje, tem vindo a mim a
palavra do Senhor, e eu a tenho
anunciado a vós, madrugando e
falando, mas vós não escutastes.

4 E embora vos tenha enviado o
Senhor todos os seus servos, os
profetas, madrugando e enviando-
-os, vós não escutastes, nem in-
clinastes os vossos ouvidos para
ouvir.
5 Disseram: Convertei-vos agora,
cada um, do seu mau caminho e da
maldade das suas ações, e habitai
na terra que o Senhor deu a vós e
a vossos pais, de século em século.
6 Não andeis após outros deuses,
para os servirdes e vos inclinar-
des diante deles; não me provo-
queis à ira com a obra das vossas
mãos, para que não vos faça mal.
7 Vós, porém, não me destes ou-
vidos, diz o Senhor, e me provo-
castes à ira com a obra das vossas
mãos, para o vosso próprio mal.
8 Portanto, assim diz o Senhor dos
Exércitos: Visto que não escutas-
tes as minhas palavras,
9 convocarei todos os povos do nor-
te, diz o Senhor, como também a
Nabucodonosor, rei de Babilônia,
meu servo, e os trarei sobre esta
terra, sobre os seus moradores e
sobre todas estas nações em redor.
Eu os destruirei totalmente e os po-
rei por objeto de espanto e de zom-
baria, e ruínas perpétuas.
10 Farei cessar entre eles a voz de
folguedo e a voz de alegria, a voz
do noivo e a voz da noiva, o som do
moinho e a luz do candeeiro.
11 Toda esta terra virá a ser ermo
desolado, e estas nações servirão
ao rei de Babilônia setenta anos.
12 Quando, porém, se cumprirem
os setenta anos, punirei o rei de
Babilônia e a sua nação, a terra
dos caldeus, castigando a sua ini-
quidade, *diz o Senhor, e farei de-
les desolações perpétuas.*
13 Trarei sobre aquela terra to-
das as coisas que disse contra
ela, tudo o que está escrito nes-
te livro, que profetizou Jeremias
contra todas as nações.
14 Eles mesmos serão escravos
de muitas nações e grandes reis;
eu lhes retribuirei segundo os
seus feitos e segundo as obras
das suas mãos.
15 Assim me disse o Senhor, o
Deus de Israel: Toma da minha
mão este copo de vinho do furor e
faze que dele bebam todas as na-
ções às quais eu te enviar.
16 Quando dele beberem, camba-
learão e enlouquecerão, por causa
da espada que enviarei entre eles.
17 Tomei o copo da mão do Senhor
e dei a beber a todas as nações às
quais o Senhor me tinha enviado:
18 A Jerusalém, às cidades de
Judá, aos seus reis e aos seus
príncipes, para fazer deles ruí-
na e objeto de horror, escárnio e
maldição, como hoje se vê;
19 a Faraó, rei do Egito, a seus
servos, a seus príncipes e a todo
o seu povo;
20 a todo o povo misto, a todos os
reis da terra de Uz, a todos os reis
da terra dos filisteus, a Asquelom, a
Gaza, a Ecrom, ao resto de Asdode,
21 a Edom, a Moabe e aos filhos
de Amom;
22 a todos os reis de Tiro, a to-
dos os reis de Sidom e aos reis
das ilhas além do mar;
23 a Dedã, a Tema, a Buz e a to-
dos os que habitam nos últimos
cantos da terra;
24 a todos os reis da Arábia e a
todos os reis do povo misto que
habita no deserto;
25 a todos os reis de Zinri, a to-
dos os reis de Elão e a todos os
reis da Média;
26 a todos os reis do Norte, os
de perto e os de longe, tanto um

como o outro, e a todos os reinos
sobre a face da terra. E depois de
todos eles, o rei de Sesaque tam-
bém beberá.
27 Então lhes dirás: Assim diz
o Senhor dos Exércitos, o Deus
de Israel: Bebei, embebedai-vos
e vomitai; caí e não torneis a le-
vantar-vos, por causa da espada
que vos enviarei.
28 Se não quiserem tomar o copo
da tua mão para beber, lhes dirás:
Assim diz o Senhor dos Exércitos:
Certamente bebereis.
29 Na cidade que se chama pelo meu
nome, começo a castigar, ficareis
vós totalmente impunes? Não, não
ficareis impunes, pois chamo a es-
pada sobre todos os moradores da
terra, diz o Senhor dos Exércitos.
30 Portanto, tu profetizarás to-
das estas palavras, e lhes dirás:
O Senhor lá do alto rugirá;
ele fará ouvir a sua voz
desde a morada da sua
santidade e fortemente
rugirá contra a sua terra.
Ele gritará como os que
pisam as uvas,
gritará contra todos os
moradores da terra.
31 Chegará o estrondo até
a extremidade da terra,
pois o Senhor tem contenda
com as nações;
ele entrará em juízo com toda
a carne;
os ímpios entregará à
espada.
32 Assim diz o Senhor dos
Exércitos:
Olhai! A calamidade sai de
nação para nação;
grande tormenta se levanta
dos confins da terra.
33 Naquele dia, os mortos pelo
Senhor estarão desde uma
extremidade da terra até a ou-
tra. Não serão pranteados; não
serão recolhidos nem sepulta-
dos, mas serão como esterco so-
bre a face da terra.
34 Uivai, pastores, e clamai;
revolvei-vos na cinza, donos
do rebanho,
pois já se cumpriram os
vossos
dias para serdes mortos;
eu vos quebrantarei,
e vós então caireis como
jarros preciosos.
35 Não haverá refúgio para os
pastores,
nem salvamento para os
donos do rebanho.
36 Ouvi o grito dos pastores
e os uivos dos donos do
rebanho,
pois o Senhor destruiu o
pasto deles.
37 As suas malhadas pacíficas
serão desarraigadas,
por causa do furor da ira do
Senhor.
38 Como o leão, deixará ele o
seu covil;
a sua terra será assolada
por causa da espada do
opressor
e do furor da ira do Senhor.

Jeremias corre perigo de morte

26 No princípio do reinado de
Jeoiaquim, filho de Josias,
rei de Judá, veio esta palavra do
Senhor:
2 Assim diz o Senhor: Põe-te no
átrio da casa do Senhor e dize a
todas as cidades de Judá, que vêm
adorar na casa do Senhor, todas
as palavras que te mandei; não
te esqueças de nenhuma palavra.
3 Pode ser que ouçam e se conver-
tam cada um do seu mau caminho,

e eu me arrependa do mal que
intento fazer-lhes, por causa da
maldade das suas ações.
4 Dize-lhes: Assim diz o Senhor:
Se não me derdes ouvidos para
andardes na minha lei, que pus
diante de vós,
5 para que ouvísseis as palavras
dos meus servos, os profetas, que
eu vos envio, madrugando e en-
viando, mas não ouvistes,
6 então farei que esta casa seja
como Siló e farei desta cidade
uma maldição para todas as na-
ções da terra.
7 **O**s sacerdotes, os profetas e todo
o povo ouviram a Jeremias, anun-
ciando estas palavras na casa do
Senhor.
8 Assim que Jeremias acabou de
dizer tudo o que o Senhor lhe ha-
via ordenado que dissesse a todo
o povo, lançaram mão dele os sa-
cerdotes, os profetas e todo o povo
e disseram: Certamente morrerás.
9 Por que profetizas no nome do
Senhor, dizendo que esta casa será
como Siló, e esta cidade será asso-
lada e ficará deserta? E ajuntou-
-se todo o povo contra Jeremias,
na casa do Senhor.
10 **O**uvindo os príncipes de Judá
estas palavras, subiram da casa
do rei à casa do Senhor e se as-
sentaram à entrada da Porta Nova
da casa do Senhor.
11 Então disseram os sacerdo-
tes e os profetas aos príncipes e
a todo o povo: Este homem é réu
de morte, porque profetizou con-
tra esta cidade, como ouvistes
com os vossos ouvidos.
12 Jeremias, porém, disse a to-
dos os príncipes e a todo o povo:
O Senhor me enviou a profetizar
contra esta casa e contra esta cida-
de todas as palavras que ouvistes.
13 Agora, corrigi os vossos cami-
nhos e as vossas ações e ouvi a voz
do Senhor, o vosso Deus. Então
se arrependerá o Senhor do mal
que falou contra vós.
14 Quanto a mim, estou nas vos-
sas mãos; fazei de mim confor-
me o que for bom e reto aos vos-
sos olhos.
15 Sabei, porém, com certeza que,
se me matardes, trareis sangue
inocente sobre vós, sobre esta ci-
dade e sobre os seus habitantes.
Porque, na verdade, o Senhor me
enviou a vós, para dizer aos vos-
sos ouvidos todas estas palavras.
16 Então disseram os príncipes e
todo o povo aos sacerdotes e aos
profetas: Este homem não é réu
de morte, porque em nome do
Senhor, nosso Deus, nos falou.
17 Também se levantaram al-
guns dentre os anciãos da terra
e disseram a toda a congregação
do povo:
18 Miqueias, o morastita, profe-
tizou nos dias de Ezequias, rei
de Judá, e disse a todo o povo de
Judá: Assim diz o Senhor dos
Exércitos:

Sião será lavrada como
um campo,
e Jerusalém se tornará em
montões de pedras,
e a colina do templo,
num monte coberto de
mato.

19 Mataram-no Ezequias, rei de
Judá, e todo o Judá? Antes não te-
meu este ao Senhor e não implo-
rou o favor do Senhor? E o Senhor
não se arrependeu do mal que fa-
lara contra eles? Estamos fazen-
do um grande mal contra a nos-
sa alma.
20 **T**ambém houve outro ho-
mem que profetizava em nome

do Senhor: Urias, filho de Semaías,
de Quiriate-Jearim, que profeti-
zou contra esta cidade e contra
esta terra, conforme todas as pa-
lavras de Jeremias.
21 Ouvindo o rei Jeoiaquim, todos
os seus valentes e todos os prín-
cipes as suas palavras, procurou
o rei matá-lo. Mas Urias, ouvindo
isso, temeu e fugiu para o Egito.
22 O rei Jeoiaquim, porém, en-
viou Elnatã, filho de Acbor, ao
Egito, e com ele outros homens.
23 Tiraram a Urias do Egito e o
trouxeram ao rei Jeoiaquim, que
o matou à espada e lançou o seu
cadáver numa vala comum.
24 Aicão, filho de Safã, porém,
apoiou a Jeremias, de sorte que
ele não foi entregue nas mãos do
povo, para ser morto.

Submissão ao rei de Babilônia

27 No princípio do reinado de
Zedequias, filho de Josias,
rei de Judá, veio esta palavra a
Jeremias da parte do Senhor:
2 Assim me disse o Senhor: Faze
um jugo com cordas e pedaços de
madeira e põe-nos ao teu pescoço.
3 Então manda uma mensagem
ao rei de Edom, ao rei de Moabe, ao
rei dos filhos de Amom, ao rei de
Tiro, ao rei de Sidom, por intermé-
dio dos mensageiros que vieram
a Jerusalém ter com Zedequias,
rei de Judá.
4 Dá-lhes uma mensagem para os
seus senhores e dize: Assim diz
o Senhor dos Exércitos, o Deus
de Israel: Assim direis a vossos
senhores:
5 Eu fiz a terra, o homem e os ani-
mais que estão sobre a face da
terra com o meu grande poder e
com o meu braço estendido, e a
dou a quem me apraz.
6 Agora, eu entregarei todas estas
terras nas mãos de Nabucodonosor,
rei de Babilônia, meu servo; até
os animais do campo lhe darei,
para que o sirvam.
7 Todas as nações servirão a ele, a
seu filho e ao filho de seu filho, até
que também venha o tempo da sua
própria terra, quando muitas na-
ções e grandes reis se servirão dele.
8 Se alguma nação e reino não ser-
virem o mesmo Nabucodonosor,
rei de Babilônia, e não puserem
o seu pescoço debaixo do jugo
dele, punirei com a espada, com
a fome e com a peste a essa na-
ção, diz o Senhor, até que a con-
suma pelas suas mãos.
9 Não deis ouvidos aos vossos pro-
fetas, aos vossos adivinhos, aos
vossos sonhos, aos vossos agou-
reiros e aos vossos encantadores,
que vos dizem: Não servireis o rei
de Babilônia.
10 Eles vos profetizam mentiras,
para vos mandarem para longe
da vossa terra; eu vos lançarei
dela, e vós perecereis.
11 A nação, porém, que meter o
seu pescoço sob o jugo do rei de
Babilônia e o servir, eu a deixarei
na sua terra, diz o Senhor, para
cultivá-la e habitar nela.
12 A Zedequias, rei de Judá, eu
disse estas mesmas palavras:
Colocai o vosso pescoço no jugo
do rei de Babilônia; servi-o, a ele
e ao seu povo, e vivereis.
13 Por que morrerias tu e o teu
povo à espada, de fome e de pes-
te, como o Senhor disse acerca
da nação que não servir ao rei
de Babilônia?
14 Não deis ouvidos às palavras
dos profetas, que vos dizem: Não
servireis ao rei de Babilônia, pois
vos profetizam mentiras.

15 Eu não os enviei, diz o Senhor.
Profetizam falsamente em meu
nome, para que eu vos lance fora,
e pereçais vós e os profetas que
vos profetizam.
16 Aos sacerdotes e a todo este povo
eu disse: Assim diz o Senhor: Não
deis ouvidos às palavras dos vos-
sos profetas, que vos profetizam,
dizendo: Os utensílios da casa do
Senhor cedo voltarão de Babilônia.
Eles vos profetizam mentiras.
17 Não lhes deis ouvidos. Servi
ao rei de Babilônia e vivereis.
Por que se tornaria esta cidade
um deserto?
18 No entanto, se são profetas e se
há palavras do Senhor com eles,
orem ao Senhor dos Exércitos,
para que os utensílios que fica-
ram na casa do Senhor, na casa
do rei de Judá e em Jerusalém
não vão para Babilônia.
19 Pois assim diz o Senhor dos
Exércitos acerca das colunas, do
mar, das bases e dos restantes
utensílios que ficaram na cidade,
20 os quais Nabucodonosor, rei de
Babilônia, não levou, quando trans-
portou de Jerusalém para Babilônia
a Jeconias, filho de Jeoiaquim, rei
de Judá, como também a todos os
nobres de Jerusalém;
21 sim, assim diz o Senhor dos
Exércitos, o Deus de Israel, acer-
ca dos utensílios que ficaram na
casa do Senhor, na casa do rei de
Judá e em Jerusalém:
22 Para Babilônia serão levados
e ali ficarão até o dia em que eu
os tirar, diz o Senhor. Então os
farei subir e os tornarei a trazer
a este lugar.

O falso profeta Hananias

28 No mesmo ano, no princípio
do reinado de Zedequias, rei
de Judá, no quarto ano, no quin-
to mês, Hananias, filho de Azur,
o profeta de Gibeom, me disse na
casa do Senhor, perante os olhos
dos sacerdotes e de todo o povo:
2 Assim diz o Senhor dos Exércitos,
o Deus de Israel: Eu quebrarei o
jugo do rei de Babilônia.
3 Depois de passados dois anos
completos, eu tornarei a trazer
a este lugar os utensílios da casa
do Senhor, que deste lugar tomou
Nabucodonosor, rei de Babilônia,
levando-os para Babilônia.
4 Também a Jeconias, filho de
Jeoiaquim, rei de Judá, e a todos
os do exílio de Judá, que entraram
em Babilônia, eu tornarei a trazer
a este lugar, diz o Senhor, pois que-
brarei o jugo do rei de Babilônia.
5 Então respondeu Jeremias, o
profeta, a Hananias, o profeta,
aos olhos dos sacerdotes e aos
olhos de todo o povo que estava
na casa do Senhor.
6 Disse Jeremias, o profeta: Amém!
Assim faça o Senhor! O Senhor con-
firme as tuas palavras com que pro-
fetizaste e torne a trazer os uten-
sílios da casa do Senhor e todos os
exilados da Babilônia a este lugar.
7 Ouve, porém, esta palavra, que
eu digo aos teus ouvidos e aos ou-
vidos de todo o povo:
8 Os profetas que existiram antes
de mim e antes de ti, desde a an-
tiguidade, profetizaram guerra,
mal e peste contra muitas terras
e grandes reinos.
9 O profeta que profetizar paz,
quando se cumprir a palavra des-
se profeta, será conhecido como
profeta verdadeiramente envia-
do pelo Senhor.
10 Então Hananias, o profeta, to-
mou o jugo do pescoço do profe-
ta Jeremias e o quebrou.

11 Disse Hananias aos olhos de
todo o povo: Assim diz o Senhor:
Deste modo quebrarei o jugo de
Nabucodonosor, rei de Babilônia,
depois de passados dois anos com-
pletos, de sobre o pescoço de to-
das as nações. E Jeremias, o pro-
feta, foi-se embora.
12 Veio a palavra do Senhor a
Jeremias, depois que Hananias,
o profeta, quebrou o jugo de so-
bre o pescoço do profeta Jeremias:
13 Vai e dize a Hananias: Assim
diz o Senhor: Jugo de madeira
quebraste, mas em vez dele te-
rás jugo de ferro.
14 Assim diz o Senhor dos Exércitos,
o Deus de Israel: Jugo de ferro pus
sobre o pescoço de todas estas nações,
para servirem a Nabucodonosor,
rei de Babilônia, e o servirão. Até
os animais do campo lhe darei.
15 Disse Jeremias, o profeta,
a Hananias, o profeta: Ouve,
Hananias! O Senhor não te en-
viou, mas fizeste que este povo
confiasse em mentiras.
16 Pelo que assim diz o Senhor:
Eu te lançarei de sobre a face da
terra. Este ano morrerás, porque
pregaste rebeldia contra o Senhor.
17 Morreu Hananias, o profeta,
no mesmo ano, no sétimo mês.

Uma carta aos cativos

29 São estas as palavras da car-
ta que Jeremias, o profeta,
enviou de Jerusalém ao resto dos
anciãos do exílio, como também
aos sacerdotes, aos profetas e a
todo o povo que Nabucodonosor
havia transportado de Jerusalém
para Babilônia,
2 depois que saíram o rei Jeconias,
a rainha, os oficiais, os príncipes
de Judá e Jerusalém, os artífices
e os ferreiros.
3 Veio pela mão de Elasa, filho de Safã,
e de Gemarias, filho de Hilquias, os
quais Zedequias, rei de Judá, tinha en-
viado a Babilônia, a Nabucodonosor,
rei de Babilônia, dizendo:
4 Assim diz o Senhor dos Exércitos,
o Deus de Israel, a todos os que
foram transportados, que eu fiz
transportar de Jerusalém para
Babilônia:
5 Edificai casas e habitai nelas;
plantai pomares e comei o seu fruto.
6 Tomai mulheres e gerai filhos
e filhas; tomai mulheres para os
vossos filhos e dai as vossas fi-
lhas a maridos, para que tenham
filhos e filhas. Multiplicai-vos ali,
e não vos diminuais.
7 Procurai a paz e a prosperidade
da cidade, para onde vos fiz trans-
portar. Orai por ela ao Senhor,
porque se ela prosperar vós tam-
bém prosperareis.
8 Sim, assim diz o Senhor dos
Exércitos, o Deus de Israel: Não
vos enganem os vossos profetas
que estão no meio de vós nem os
vossos adivinhos; não deis ouvidos
aos vossos sonhos, que sonhais.
9 Eles vos profetizam falsamen-
te em meu nome. Não os enviei,
diz o Senhor.
10 Assim diz o Senhor: Certamente
que passados setenta anos em
Babilônia, atentarei para vós e
cumprirei sobre vós a minha boa
palavra, tornando-vos a trazer a
este lugar.
11 Pois eu sei os planos que te-
nho para vós, diz o Senhor, pla-
nos de paz, e não de mal, para vos
dar uma esperança e um futuro.
12 Então me invocareis e ireis, e
orareis a mim, e eu vos ouvirei.
13 Vós me buscareis e me acha-
reis, quando me buscardes de
todo o vosso coração.

14 Serei achado de vós, diz o Senhor,
e farei voltar os vossos cativos.
Eu vos congregarei de todas as
nações, e de todos os lugares para
onde vos lancei, diz o Senhor, e
tornarei a trazer-vos ao lugar de
onde vos transportei.
15 Vós dizeis: O Senhor nos levantou
profetas em Babilônia,
16 mas assim diz o Senhor a res-
peito do rei que se assenta no tro-
no de Davi e de todo o povo que
habita nesta cidade, vossos ir-
mãos, que não saíram convosco
para o exílio;
17 sim, assim diz o Senhor dos
Exércitos: Enviarei entre eles a
espada, a fome e a peste; e os fa-
rei como a figos podres, que não
se podem comer, de ruins que são.
18 Eu os perseguirei com a es-
pada, com a fome, e com a peste;
os farei um espetáculo horrendo
para todos os reinos da terra e os
porei por objeto de espanto, asso-
bio e vergonha entre todas as na-
ções para onde os tiver lançado.
19 Pois não deram ouvidos às mi-
nhas palavras, diz o Senhor, en-
viando-lhes eu os meus servos,
os profetas, madrugando e en-
viando. Mas vós não escutastes,
diz o Senhor.
20 Vós, portanto, ouvi a palavra do
Senhor, todos os do exílio que en-
viei de Jerusalém para Babilônia.
21 Assim diz o Senhor dos
Exércitos, o Deus de Israel, acer-
ca de Acabe, filho de Colaías, e
de Zedequias, filho de Maaseias,
que vos profetizam falsamente
em meu nome: Eu os entregarei
nas mãos de Nabucodonosor, rei
de Babilônia, e ele os ferirá dian-
te dos vossos olhos.
22 Por causa deles, todos os trans-
portados de Judá, que estão em
Babilônia, usarão esta maldição: O
Senhor te faça como a Zedequias e
Acabe, os quais o rei de Babilônia
assou no fogo.
23 Pois fizeram loucura em Israel,
cometeram adultério com as mu-
lheres de seus companheiros e
anunciaram falsamente em meu
nome palavras que não lhes man-
dei dizer. Eu o sei e sou testemu-
nha disso, diz o Senhor.
24 A Semaías, o neelamita, dirás:
25 Assim diz o Senhor dos Exércitos,
o Deus de Israel: Enviaste no teu
nome cartas a todo o povo que está
em Jerusalém, como também a
Sofonias, filho de Maaseias, o sa-
cerdote, e a todos os sacerdotes.
Disseste a Sofonias:
26 O Senhor te pôs por sacerdo-
te em lugar de Jeoiada, o sacer-
dote, para que sejas encarregado
da casa do Senhor sobre todo ho-
mem fanático e que profetiza, para
o lançares na prisão e no tronco.
27 Então por que não repreen-
deste a Jeremias, o anatotita, que
vos profetiza?
28 Ele nos mandou esta mensa-
gem a Babilônia: O exílio muito
há de durar. Edificai casas e ha-
bitai nelas; plantai pomares e co-
mei o seu fruto.
29 Leu Sofonias, o sacerdote, esta
carta aos ouvidos de Jeremias, o
profeta.
30 Então veio a palavra do Senhor
a Jeremias:
31 Manda esta mensagem a todos
os exilados: Assim diz o Senhor
acerca de Semaías, o neelamita:
Porque Semaías vos profetizou,
embora eu não o tenha enviado,
e vos fez confiar em mentiras,
32 assim diz o Senhor: Certamente
punirei a Semaías, o neelamita,
e a sua descendência. Ele não

terá ninguém que habite entre
este povo e não verá o bem que
hei de fazer ao meu povo, diz o
Senhor, porque pregou rebeldia
contra o Senhor.

A restauração de Israel

30 Palavra que do Senhor veio
a Jeremias:
2 Assim diz o Senhor, Deus de
Israel: Escreve num livro todas
as palavras que eu te disse.
3 Vêm dias, diz o Senhor, em que
mudarei a sorte do meu povo Israel
e Judá; tornarei a trazê-los à ter-
ra que dei a seus pais, e a possui-
rão, diz o Senhor.
4 São estas as palavras que disse o
Senhor acerca de Israel e de Judá:
5 Assim diz o Senhor:
Ouvimos uma voz de tremor,
de temor, mas não de paz.
6 Perguntai, pois, e vede se um
homem
tem dores de parto.
Então por que vejo a cada
homem com as mãos sobre
os lombos,
como a que está dando à luz,
e por que se tornaram
pálidos todos os rostos?
7 Ah! porque aquele dia será
tão grande
que não há outro
semelhante!
Será tempo de angústia para
Jacó,
mas ele será livrado dela.
8 Naquele dia, diz o Senhor dos
Exércitos,
eu quebrarei o seu jugo de
sobre o teu pescoço
e quebrarei as tuas algemas;
nunca mais se servirão dele
os estranhos.
9 Antes, ele servirá ao Senhor,
seu Deus,
como também a Davi,
seu rei, que lhe levantarei.
10 Portanto, não temas, ó Jacó,
meu servo,
diz o Senhor,
nem te espantes, ó Israel.
Eu certamente te livrarei das
terras de longe
e a tua descendência da
terra do seu exílio.
Jacó tornará, descansará e
ficará em sossego;
não haverá quem o atemorize.
11 Eu sou contigo, diz o Senhor,
para te salvar.
Embora eu dê fim a todas
as nações entre as quais te
espalhei,
a ti, porém, não darei fim,
mas eu te castigarei com
medida
e de todo não te terei por
inocente.
12 Assim diz o Senhor:
O teu ferimento é incurável,
a tua chaga não tem
remédio.
13 Não há quem defenda a tua
causa,
não existe remédio para a
tua ferida,
não há cura para ti.
14 Todos os teus amantes se
esqueceram de ti
e não perguntam por ti,
porque te feri com ferida de
inimigo
e com castigo cruel,
por causa da grandeza da
tua maldade
e da multidão dos teus
pecados.
15 Por que gritas por causa do
teu ferimento?
Tua dor não tem remédio.
Por causa da grandeza da tua
maldade

e da multidão dos teus
pecados eu fiz estas
coisas.
16 Todos, porém, que te
devoram serão devorados;
todos os teus adversários
irão para o exílio.
Os que te roubam serão
roubados;
todos os que te despojam
entregarei ao saque.
17 Eu te restaurarei a saúde e
curarei as tuas chagas,
diz o Senhor, porque te
chamam a rejeitada,
dizendo: É Sião, por quem
ninguém já pergunta.
18 Assim diz o Senhor:
Acabarei com o exílio das
tendas de Jacó
e terei compaixão das suas
moradas;
a cidade será reedificada
sobre as suas ruínas,
e o palácio permanecerá no
seu devido lugar.
19 Deles sairá o louvor e a voz
de júbilo.
Eu os multiplicarei,
e não serão diminuídos;
os glorificarei, e não serão
desprezados.
20 Seus filhos serão como na
antiguidade,
e a sua congregação será
confirmada perante o meu
rosto;
punirei a todos os seus
opressores.
21 O seu príncipe procederá
deles;
o seu governador sairá do
meio deles.
Eu o farei aproximar, e ele se
chegará a mim,
pois quem é aquele que se
empenhará
em se chegar a mim? diz o
Senhor.
22 Vós sereis o meu povo, e eu
serei o seu Deus.
23 A tempestade do Senhor, a
sua indignação,
saiu, uma tempestade
varredora;
cairá cruelmente sobre a
cabeça dos ímpios.
24 Não voltará atrás o furor da
ira do Senhor,
até que ele a tenha executado
e até que tenha cumprido
os desígnios do seu coração.
Nos últimos dias entendereis
isso.

31

Naquele tempo, diz o Senhor,
serei o Deus de todas as
tribos de Israel,
e elas serão o meu povo.
2 Assim diz o Senhor:
O povo que escapar da espada
achará graça no deserto;
Israel mesmo, quando eu o
fizer descansar.
3 Há muito que o Senhor nos
apareceu, dizendo:
Com amor eterno te amei;
com benignidade te atraí.
4 Ainda te edificarei, e serás
edificada,
ó virgem de Israel.
Ainda serás adornada com os
teus adufes
e sairás com o coro dos que
dançam.
5 Ainda plantarás vinhas nos
montes de Samaria;
os plantadores plantarão e
desfrutarão dos frutos.
6 Haverá um dia em que
gritarão
os vigias sobre o monte de
Efraim:
Levantai-vos, e subamos
a Sião, ao Senhor nosso Deus.

7 Assim diz o Senhor:
Cantai sobre Jacó com alegria;
exultai por causa da cabeça
das nações.
Proclamai, cantai louvores e
dizei:
Salva, ó Senhor, o teu povo,
o resto de Israel.
8 Eu os trarei da terra do Norte
e os congregarei das
extremidades da terra.
Entre eles estarão os cegos e
os aleijados,
as mulheres grávidas e as
de parto;
em grande congregação
voltarão para aqui.
9 Virão com choro; com
súplicas os levarei.
Eu os guiarei aos ribeiros
de águas,
por caminho reto em que não
tropeçarão,
porque sou um pai para
Israel,
e Efraim é o meu
primogênito.
10 Ouvi a palavra do Senhor, ó
nações;
anunciai-a nas ilhas de
longe:
Aquele que espalhou a Israel
o congregará e o guardará,
como o pastor ao seu
rebanho.
11 Pois o Senhor resgatou a
Jacó
e o livrou das mãos do que
era mais forte do que ele.
12 Eles virão e exultarão nos
altos de Sião;
ficarão radiantes pelos bens
do Senhor,
pelo trigo, pelo vinho novo e
pelo azeite,
pelos cordeiros e pelos
bezerros.
A sua alma será como um
jardim regado,
e nunca mais andarão
tristes.
13 Então as virgens se
alegrarão na dança,
e também os jovens e os
velhos.
Tornarei o seu pranto em
alegria;
eu os consolarei e
transformarei a sua
tristeza em regozijo.
14 Saciarei de gordura a alma
dos sacerdotes;
o meu povo se fartará dos
meus bens,
diz o Senhor.
15 Assim diz o Senhor:
Ouviu-se um clamor em
Ramá,
lamentação e choro
amargo:
Raquel chora seus filhos,
e não se deixa consolar por
eles,
porque já não existem.
16 Assim diz o Senhor:
Reprime a tua voz de choro
e as lágrimas de teus olhos,
pois há galardão para o teu
trabalho,
diz o Senhor,
pois eles voltarão da terra do
inimigo.
17 Há esperança para o teu
futuro, diz o Senhor.
Os teus filhos voltarão para
os seus termos.
18 Bem ouvi eu que Efraim se
queixava, dizendo:
Castigaste-me, e fui
castigado,
como novilho ainda não
domado.
Converte-me, e serei
convertido,

que está em Anatote, na terra de
Benjamim. Visto que é teu o di-
reito de herança e tens o resgate,
compra-o para ti. Então entendi
que isto era a palavra do Senhor.
9 De modo que comprei o campo
de Hananeel, filho de meu tio, o
qual está em Anatote, e pesei-
-lhe o dinheiro, dezessete siclos
de prata.
10 Assinei a escritura e a selei,
chamei testemunhas e pesei-lhe
o dinheiro numa balança.
11 Tomei a escritura da compra,
tanto a selada conforme a lei e os
estatutos, como a cópia aberta;
12 dei-a a Baruque, filho de Nerias,
filho de Maaseias, perante os olhos
de Hananeel, filho de meu tio, e
perante os olhos das testemunhas,
que assinara a escritura da com-
pra, e perante os olhos de todos
os judeus que se assentavam no
pátio da guarda.
13 Dei ordem a Baruque, peran-
te os olhos deles, dizendo:
14 Assim diz o Senhor dos Exércitos,
o Deus de Israel: Toma estas es-
crituras de compra, tanto a se-
lada como a aberta, e coloque-as
num vaso de barro, para que se
possam conservar muitos dias.
15 Pois assim diz o Senhor dos
Exércitos, o Deus de Israel: Ainda
se comprarão casas, campos e vi-
nhas nesta terra.
16 **D**epois que dei a escritura da
compra a Baruque, filho de Nerias,
orei ao Senhor, dizendo:
17 Ah! Senhor Deus! Tu fizeste os
céus e a terra com o teu grande
poder e com o teu braço estendido.
Nada há que te seja demasiado
difícil.
18 Tu usas de benignidade para com
milhares e tornas a maldade dos pais
ao seio dos filhos depois deles. Tu és
grande, o poderoso Deus cujo nome
é o Senhor dos Exércitos,
19 grande em conselho e magnífi-
co em obras. Os teus olhos estão
abertos sobre todos os caminhos
dos filhos dos homens, para dar a
cada um segundo os seus caminhos
e segundo o fruto das suas obras.
20 Tu puseste sinais e maravi-
lhas na terra do Egito até o dia
de hoje, tanto em Israel como en-
tre outros homens, e te fizeste um
nome, qual é o que tens neste dia.
21 Tiraste o teu povo Israel da ter-
ra do Egito, com sinais e maravi-
lhas, com mão forte, com braço
estendido e com grande espanto;
22 e lhe deste esta terra, que juras-
te a seus pais que lhes havia de dar,
terra em que manam leite e mel.
23 Entraram nela e dela tomaram
posse, mas não obedeceram à tua
voz nem andaram na tua lei; tudo
o que lhes mandaste que fizessem,
eles não o fizeram. Pelo que orde-
naste lhes sucedesse todo este mal.
24 Eis as rampas! Já chegaram
à cidade para tomá-la; a cidade
está entregue nas mãos dos cal-
deus, que pelejam contra ela, pela
espada, pela fome e pela peste. O
que disseste se cumpriu, como o
estás presenciando.
25 E, embora a cidade já esteja
entregue nas mãos dos caldeus,
contudo tu me disseste, ó Senhor
Deus: Compra para ti o campo por
dinheiro e faze que o atestem tes-
temunhas.
26 Então veio a palavra do Senhor
a Jeremias:
27 Eu sou o Senhor, o Deus de
toda a humanidade. Acaso have-
ria coisa demasiadamente difícil
para mim?
28 Portanto, assim diz o Senhor:
Entregarei esta cidade nas

mãos dos caldeus e nas mãos de
Nabucodonosor, rei de Babilônia,
e ele a tomará.
29 Os caldeus, que pelejam con-
tra esta cidade, entrarão nela e
lhe porão fogo; queimarão as ca-
sas sobre cujos terraços queima-
ram incenso a Baal e ofereceram
libações a outros deuses, provo-
cando-me à ira.
30 Os filhos de Israel e os filhos
de Judá não fizeram senão mal
diante dos meus olhos, desde a sua
mocidade; sim, os filhos de Israel
não fizeram senão provocar-me à
ira com as obras das suas mãos,
diz o Senhor.
31 Desde o dia em que a edifica-
ram, e até o dia de hoje, esta ci-
dade tem despertado a minha ira
e o meu furor de tal maneira que
devo tirá-la da minha presença.
32 Os filhos de Israel e os filhos de
Judá provocaram-me à ira por cau-
sa de toda a maldade que fizeram,
eles e os seus reis, os seus príncipes,
os seus sacerdotes e os seus profe-
tas, como também os homens de
Judá e os moradores de Jerusalém.
33 Viraram para mim as costas, e
não o rosto; ainda que eu os ensi-
nasse, madrugando e ensinando-
-os, não deram ouvidos, para re-
ceberem o ensino.
34 Antes puseram as suas abo-
minações na casa que se chama
pelo meu nome e a profanaram.
35 Edificaram os altos de Baal, que
estão no vale do filho de Hinom,
para fazerem passar seus filhos e
suas filhas pelo fogo a Moloque, o
que nunca lhes ordenei, nem su-
biu ao meu coração, que fizessem
tal abominação, para fazerem pe-
car a Judá.
36 Por isso, assim diz o Senhor, o
Deus de Israel, acerca desta cidade,
da qual vós dizeis: Já está entre-
gue nas mãos do rei de Babilônia,
pela espada, pela fome e pela pes-
tilência:
37 Certamente os congregarei
de todas as terras, para onde os
houver lançado na minha ira,
no meu furor e na minha gran-
de indignação; tornarei a trazê-
-los a este lugar e farei que habi-
tem nele seguramente.
38 Eles serão o meu povo, e eu se-
rei o seu Deus.
39 Eu lhes darei um mesmo coração
e um mesmo caminho, para que me
temam todos os dias, para seu bem
e bem de seus filhos, depois deles.
40 Farei com eles uma aliança
eterna: Jamais me desviarei de
fazer-lhes o bem e porei o meu
temor no seu coração, para que
nunca se apartem de mim.
41 Eu me alegrarei por causa de-
les, fazendo-lhes bem, e os plan-
tarei firmemente nesta terra, de
todo o meu coração e de toda a
minha alma.
42 Assim diz o Senhor: Como eu
trouxe sobre este povo todo este
grande mal, assim também tra-
rei sobre ele todo o bem que lhes
tenho prometido.
43 Campos comprados nesta ter-
ra, da qual vós dizeis: Está de-
serta, sem homens nem animais,
pois está entregue nas mãos dos
caldeus.
44 Comprarão campos por di-
nheiro; assinarão escrituras e
as selarão; e chamarão testemu-
nhas na terra de Benjamim, nos
lugares ao redor de Jerusalém,
nas cidades de Judá e nas cida-
des da região montanhosa, nas
cidades das planícies e nas cida-
des do Sul, porque os farei voltar
do seu exílio, diz o Senhor.

33 Veio a palavra do Senhor
a Jeremias, pela segunda
vez, estando ele ainda preso no
pátio da guarda:
2 Assim diz o Senhor que faz isto,
o Senhor que forma isto, para o es-
tabelecer; o Senhor é o seu nome.
3 Clama a mim, e te responde-
rei, e anunciarei coisas grandes
e ocultas, que não sabes.
4 Pois assim diz o Senhor, o Deus
de Israel, acerca das casas des-
ta cidade e das casas dos reis de
Judá, que foram derrubadas para
serem usadas contra as rampas
e contra a espada,
5 na peleja contra os caldeus:
Serão enchidas com os cadáveres
dos homens que ferirei na minha
ira e no meu furor. Esconderei o
meu rosto desta cidade, por cau-
sa de toda a sua maldade.
6 Farei vir sobre ela saúde e cura;
sararei o meu povo e lhe mani-
festarei abundância de paz e de
verdade.
7 Removerei o exílio de Judá e
o exílio de Israel, e os edificarei
como no princípio.
8 Eu os purificarei de toda a sua
maldade com que pecaram con-
tra mim; perdoarei todos os seus
pecados de rebeldia contra mim.
9 Esta cidade me servirá de nome,
de alegria, de louvor e de glória,
entre todas as nações da terra,
que ouvirem todo o bem que lhe
faço; ficarão espantadas e pertur-
badas por causa de todo o bem e
de toda a paz que lhe dou.
10 Assim diz o Senhor: Neste lu-
gar, do qual dizeis que está de-
serto, sem homens nem animais,
nas cidades de Judá e nas ruas
de Jerusalém, que estão assola-
das, sem homens, sem morador
e sem animais, ainda se ouvirá
11 a voz de deleite, a voz de alegria,
a voz do noivo e da noiva, e a voz
dos que trazem ofertas de ações de
graças à casa do Senhor e dizem:

Dai graças ao Senhor
dos Exércitos,
pois bom é o Senhor;
o seu amor dura para sempre.

Pois restaurarei a sorte da terra
como no princípio, diz o Senhor.
12 Assim diz o Senhor dos Exércitos:
Ainda neste lugar, que está deser-
to, sem homens e sem animais, e
em todas as suas cidades haverá
pastagens onde os pastores fa-
rão repousar os seus rebanhos.
13 Nas cidades da região montanho-
sa, nas cidades das planícies, nas ci-
dades do Sul, na terra de Benjamim,
nas aldeias em redor de Jerusalém
e nas cidades de Judá, ainda pas-
sarão os rebanhos pelas mãos de
quem os conta, diz o Senhor.
14 Vêm dias, diz o Senhor, em que
cumprirei a palavra boa que falei
à casa de Israel e à casa de Judá.
15 Naqueles dias e naquele tempo,
farei que brote a Davi um
Renovo de justiça;
ele fará juízo e justiça
na terra.
16 Naqueles dias, Judá
será salvo e Jerusalém
habitará seguramente.
Este é o nome que lhe
chamarão:
O Senhor, Nossa Justiça.
17 Pois assim diz o Senhor: Nunca
faltará a Davi homem que se assen-
te sobre o trono da casa de Israel
18 nem aos sacerdotes levitas fal-
tará homem diante de mim, para
que ofereça holocausto, queime
oferta de cereais e faça sacrifício
todos os dias.
19 Veio a palavra do Senhor a
Jeremias:

20 Assim diz o Senhor: Se pu-
derdes invalidar a minha alian-
ça com o dia e com a noite, de tal
modo que não haja dia e noite a
seu tempo,
21 também se poderá invalidar a mi-
nha aliança com Davi, meu servo,
para que não tenha filho que reine
no seu trono; como também com os
levitas sacerdotes, meus ministros.
22 Como não se pode contar o
exército dos céus, nem se medir
a areia do mar, assim multiplica-
rei a descendência de Davi, meu
servo, e os levitas que ministram
diante de mim.
23 Veio a palavra do Senhor a
Jeremias:
24 Não atentaste para o que este
povo diz: As duas famílias que o
Senhor elegeu, agora as rejeitou?
Assim desprezam o meu povo, como
se já não fora um povo diante deles.
25 Assim diz o Senhor: Se a mi-
nha aliança com o dia e com a
noite não permanecer, e eu não
mantiver as ordenanças dos céus
e da terra,
26 também rejeitarei a descen-
dência de Jacó e de Davi, meu
servo, de modo que não tome da
sua descendência quem domine
sobre a descendência de Abraão,
Isaque e Jacó. Pois restaurarei a
sua sorte e terei piedade deles.

Advertência contra Zedequias

34 Quando Nabucodonosor,
rei de Babilônia, e todo o
seu exército, e todos os reinos da
terra que estavam sob o seu do-
mínio e todos os povos pelejavam
contra Jerusalém e contra todas
as suas cidades, veio esta palavra
da parte do Senhor a Jeremias:
2 Assim diz o Senhor, Deus de
Israel: Vai e dize a Zedequias,
rei de Judá: Assim diz o Senhor:
Entregarei esta cidade nas mãos
do rei de Babilônia, o qual a quei-
mará a fogo.
3 Tu não escaparás das mãos dele,
mas certamente serás preso e en-
tregue nas suas mãos. Teus olhos
verão os olhos do rei de Babilônia,
e ele te falará boca a boca, e en-
trarás em Babilônia.
4 Todavia ouve a palavra do Senhor,
ó Zedequias, rei de Judá: Assim
diz o Senhor a teu respeito: Não
morrerás à espada.
5 Em paz morrerás. Assim como
queimavam perfumes a teus pais,
os reis que te precederam, assim
queimarão perfumes a ti e te pran-
tearão, dizendo: Ah! senhor! Eu
mesmo faço esta promessa, diz
o Senhor.
6 Então anunciou Jeremias, o pro-
feta, a Zedequias, rei de Judá, to-
das estas palavras, em Jerusalém,
7 quando o exército do rei de
Babilônia pelejava contra Jerusalém
e contra todas as cidades de Judá,
que ficaram de resto, contra Laquis
e contra Azeca. Estas cidades for-
tificadas foram as únicas que fi-
caram dentre as cidades de Judá.

Liberdade para os escravos

8 Palavra que do Senhor veio a
Jeremias, depois que o rei Zedequias
fez aliança com todo o povo que
havia em Jerusalém, para lhes
apregoar a liberdade,
9 para que cada um libertasse
o seu escravo, e cada um a sua
escrava, hebreu ou hebreia, de
maneira que ninguém se servis-
se mais dos judeus, seus irmãos,
como escravos.
10 Obedeceram todos os prínci-
pes e todo o povo, que haviam en-
trado na aliança de libertarem

cada qual o seu escravo, e cada
qual a sua escrava, de maneira
que não se servissem mais de-
les. Obedeceram e os libertaram.
11 Depois, porém, se arrepende-
ram e fizeram voltar os escravos
e as escravas que tinham liberta-
do, sujeitando-os como escravos
e escravas.
12 Então veio a palavra do Senhor
a Jeremias:
13 Assim diz o Senhor, Deus de
Israel: Eu fiz aliança com vossos
pais, no dia em que os tirei da ter-
ra do Egito, da casa da servidão,
dizendo:
14 Ao fim de sete anos libertareis
cada um a seu irmão hebreu, que
te for vendido, e te houver servi-
do seis anos, e despedirás livre.
Vossos pais, porém, não me ouvi-
ram nem inclinaram os seus ou-
vidos a mim.
15 Há pouco tempo vos havíeis
convertido e tínheis feito o que é
reto aos meus olhos, apregoando
liberdade cada um ao seu próxi-
mo; tínheis feito diante de mim
uma aliança, na casa que se cha-
ma pelo meu nome.
16 Mudastes, porém, e profanas-
tes o meu nome, fazendo voltar
cada um ao seu escravo, e cada
um à sua escrava, os quais já tí-
nheis despedido livres conforme
a vontade deles, e os sujeitastes,
para que se vos fizessem escra-
vos e escravas.
17 Portanto, assim diz o Senhor:
Vós não me obedecestes; não apre-
goastes a liberdade, cada um ao seu
irmão e cada um ao seu próximo.
Pelo que agora eu vos apregoo a
liberdade, diz o Senhor, para a es-
pada, para a peste e para a fome.
Farei que sejais um espetáculo de
terror a todos os reinos da terra.
18 Farei aos homens que violaram
a minha aliança, que não cumpri-
ram as palavras da aliança que fi-
zeram diante de mim como fize-
ram com o bezerro que dividiram
em duas partes, e então passa-
ram pelo meio das duas porções.
19 Os príncipes de Judá e de
Jerusalém, os oficiais, os sacer-
dotes e todo o povo da terra que
passou por meio das porções do
bezerro,
20 os entregarei nas mãos de seus
inimigos e nas mãos dos que pro-
curam a sua morte. Os seus cadá-
veres servirão de mantimento às
aves dos céus e aos animais da terra.
21 A Zedequias, rei de Judá, e seus
príncipes entregarei nas mãos de
seus inimigos, nas mãos dos que
procuram a sua morte e nas mãos
do exército do rei de Babilônia,
que já se retirou de vós.
22 Darei ordem, diz o Senhor, e
os farei tornar a esta cidade; eles
pelejarão contra ela, a tomarão e
a queimarão a fogo. E as cidades
de Judá porei em assolação, de
sorte que ninguém nelas habite.

Os recabitas

35 Palavra que do Senhor
veio a Jeremias, nos dias
de Jeoiaquim, filho de Josias, rei
de Judá:
2 Vai à casa dos recabitas, fala com
eles, leva-os à casa do Senhor, a
uma das câmaras, e dá-lhes vi-
nho a beber.
3 Então tomei a Jaazanias, filho
de Jeremias, filho de Habazinias,
a seus irmãos, a todos os seus fi-
lhos e a toda a casa dos recabitas;
4 os levei à casa do Senhor, à câ-
mara dos filhos de Hanã, filho de
Jigdalias, homem de Deus, que
está junto à câmara dos príncipes

e sobre a câmara de Maaseias, filho de Salum, guarda do vestíbulo;
5 e pus diante dos filhos da casa dos recabitas taças cheias de vinho e copos e disse-lhes: Bebei vinho.
6 Eles, porém, disseram: Não beberemos vinho, porque Jonadabe, filho de Recabe, nosso pai, nos deu ordem, dizendo: Nunca jamais bebereis vinho, nem vós nem os vossos filhos.
7 Também não edificareis casa nem semeareis semente; não plantareis vinha nem a possuireis; mas habitareis em tendas todos os vossos dias, para que vivais muitos dias sobre a face da terra, em que vós andais peregrinando.
8 Obedecemos à voz de Jonadabe, filho de Recabe, nosso pai, em tudo o que nos ordenou, de maneira que não bebemos vinho em todos os nossos dias, nem nossas mulheres, filhos e filhas;
9 nem edificamos casas para nossa habitação; não temos vinha, campo ou semente.
10 Habitamos, porém, em tendas, e assim ouvimos e fizemos conforme tudo o que nos mandou Jonadabe, nosso pai.
11 Quando, porém, Nabucodonosor, rei de Babilônia, subiu a esta terra, dissemos: Vinde, vamo-nos a Jerusalém, por causa do exército dos caldeus e do exército dos sírios. Assim ficamos em Jerusalém.
12 Então veio a palavra do Senhor a Jeremias:
13 Assim diz o Senhor dos Exércitos, o Deus de Israel: Vai e dize aos homens de Judá e aos moradores de Jerusalém: Não aceitareis instrução, para ouvirdes as minhas palavras? diz o Senhor.
14 As palavras de Jonadabe, filho de Recabe, que ordenou a seus filhos que não bebessem vinho, foram guardadas, pois não beberam até este dia, antes ouviram o mandamento de seu pai. A mim, porém, que vos tenho falado a vós, madrugando e falando, não me ouvistes.
15 Também vos enviei todos os meus servos, os profetas, madrugando e dizendo: Convertei-vos, cada um do seu mau caminho; corrigi as vossas ações e não sigais após outros deuses para os servir. Então ficareis na terra que vos dei a vós e a vossos pais. Mas não inclinastes os vossos ouvidos para mim nem me obedecestes.
16 Os filhos de Jonadade, filho de Recabe, guardaram o mandamento de seu pai, que lhes ordenou, mas este povo não me obedeceu.
17 Portanto, assim diz o Senhor, o Deus dos Exércitos, o Deus de Israel: Ouvi! Trarei sobre Judá e sobre todos os moradores de Jerusalém todo o mal que falei contra eles. Eu lhes falei, mas não ouviram, eu os chamei, mas não responderam.
18 À casa dos recabitas disse Jeremias: Assim diz o Senhor dos Exércitos, o Deus de Israel: Obedecestes ao mandamento de Jonadabe, vosso pai, guardastes todas as suas instruções e fizestes conforme tudo o que vos ordenou.
19 Portanto, assim diz o Senhor dos Exércitos, Deus de Israel: Nunca faltará homem a Jonadabe, filho de Recabe, que assista perante a minha face todos os dias.

Jeoiaquim queima o rolo de Jeremias

36 No quarto ano de Jeoiaquim, filho de Josias, rei de Judá,

veio esta palavra do Senhor a
Jeremias:
2 Toma um rolo e escreve nele todas as palavras que te falei acerca de Israel, de Judá e de todas as nações, desde o dia em que comecei a falar-te, desde os dias de Josias até hoje.
3 Ouvirão talvez os da casa de Judá todo o mal que eu intento fazer-lhes, para que cada qual se converta do seu mau caminho, e eu perdoe a sua maldade e o seu pecado.
4 Então Jeremias chamou a Baruque, filho de Nerias, e escreveu Baruque, no rolo, enquanto Jeremias lhe ditava, todas as palavras que o Senhor lhe tinha falado.
5 Ordenou Jeremias a Baruque: Eu estou preso; não posso entrar na casa do Senhor.
6 Portanto, entra tu e lê do rolo que escreveste da minha boca as palavras do Senhor aos ouvidos do povo, na casa do Senhor, no dia de jejum. Também as lerás aos ouvidos de todo o Judá, que vem das suas cidades.
7 Pode ser que caia a sua súplica diante do Senhor, e se converta cada um do seu mau caminho, pois grande é a ira e o furor que o Senhor pronunciou contra este povo.
8 Fez Baruque, filho de Nerias, conforme tudo o que lhe havia ordenado Jeremias, o profeta, e leu naquele livro as palavras do Senhor na casa do Senhor.
9 No quinto ano de Jeoiaquim, filho de Josias, rei de Judá, no nono mês, apregoaram jejum diante do Senhor a todo o povo em Jerusalém, como também a todo o povo que vinha das cidades de Judá a Jerusalém.
10 Leu Baruque naquele livro as palavras de Jeremias na casa do Senhor, na câmara de Gemarias, filho de Safã, o mestre da lei, no átrio superior, à entrada da Porta Nova da casa do Senhor, aos ouvidos de todo o povo.
11 Ouvindo Micaías, filho de Gemarias, filho de Safã, todas as palavras do Senhor, naquele livro,
12 desceu à casa do rei, à câmara do mestre da lei, onde todos os oficiais estavam assentados: Elisama, o escrivão, Delaías, filho de Semaías, Elnatã, filho de Acbor, Gemarias, filho de Safã, Zedequias, filho de Hananias, e todos os outros oficiais.
13 Depois que Micaías lhes anunciou todas as palavras que ouvira Baruque ler do rolo aos ouvidos do povo,
14 todos os oficiais mandaram Jeudi, filho de Netanias, filho de Selemias, filho de Cusi, dizer a Baruque: Toma contigo o rolo que leste aos ouvidos do povo e vem. Assim, Baruque, filho de Nerias, tomou o rolo consigo e foi a eles.
15 Disseram-lhe: Senta-te e lê o livro aos nossos ouvidos. Leu Baruque aos ouvidos deles.
16 Ouvindo eles todas aquelas palavras, se voltaram temerosos uns para os outros e disseram a Baruque: Sem dúvida nenhuma anunciaremos ao rei todas estas palavras.
17 Então perguntaram a Baruque: Declara-nos, como escreveste isto? Acaso te ditou o profeta todas estas palavras?
18 Respondeu-lhes Baruque: Com a sua boca ditava-me todas estas palavras, e eu as escrevia no livro com tinta.
19 Então disseram os príncipes a Baruque: Vai, esconde-te, tu e

Jeremias, e ninguém saiba onde
estais.
20 Foram ter com o rei ao átrio,
mas depositaram o rolo na câmara de Elisama, o escrivão, e anunciaram aos ouvidos do rei todas
aquelas palavras.
21 Então enviou o rei a Jeudi, para
que trouxesse o rolo, e Jeudi tomou-o da câmara de Elisama, o escrivão, e leu-o aos ouvidos do rei e aos ouvidos de todos os oficiais que estavam em torno do rei.
22 Estava então o rei assentado
na casa de inverno, pelo nono mês, e diante dele estava um braseiro aceso.
23 Tendo Jeudi lido três ou quatro
folhas do rolo, cortou-o o rei com um canivete de escrivão e lançou-o ao fogo que havia no braseiro, até que todo o rolo se consumiu no fogo que estava sobre o braseiro.
24 Não temeram e não rasgaram
as suas vestes, nem o rei nem nenhum dos seus servos que ouviram todas aquelas palavras.
25 Posto que Elnatã, Delaías e
Gemarias tivessem pedido ao rei que não queimasse o rolo, ele não lhes deu ouvidos.
26 Antes deu ordem o rei a Jerameel,
filho de Hameleque, a Seraías, filho de Azriel, e a Selemias, filho de Abdeel, que prendessem a Baruque, o escrivão, e a Jeremias, o profeta. O Senhor, porém, os havia escondido.
27 Veio a Jeremias a palavra do
Senhor, depois que o rei queimara o rolo com as palavras que Baruque escrevera da boca de Jeremias, dizendo:
28 Toma ainda outro rolo e es-
creve nele todas as palavras que estavam no primeiro rolo, que queimou Jeoiaquim, rei de Judá.
29 A Jeoiaquim, rei de Judá, dirás:
Assim diz o Senhor: Tu queimaste este rolo, dizendo: Por que escreveste nele anunciando: Certamente virá o rei de Babilônia e destruirá esta terra e fará cessar nela homens e animais?
30 Portanto, assim diz o Senhor
acerca de Jeoiaquim, rei de Judá: Não terá quem se assente sobre o trono de Davi, e o seu cadáver será lançado ao calor do dia e à geada da noite.
31 Castigarei a ele, sua descen-
dência e os seus servos por causa da sua iniquidade; trarei sobre ele, sobre os moradores de Jerusalém e sobre os homens de Judá todo o mal que falei contra eles, porque não ouviram.
32 Assim, tomou Jeremias outro
rolo e o deu a Baruque, filho de Nerias, o escrivão, o qual escreveu nele da boca de Jeremias todas as palavras do livro que Jeoiaquim, rei de Judá, tinha queimado no fogo. E ainda se lhes acrescentaram muitas palavras semelhantes.

Jeremias na prisão

37 Zedequias, filho de Josias,
reinou no lugar de Jeconias, filho de Jeoiaquim, a quem Nabucodonosor, rei de Babilônia, havia constituído rei na terra de Judá.
2 Mas nem ele nem os seus servos
nem o povo da terra deram ouvidos às palavras do Senhor que falou por intermédio de Jeremias, o profeta.
3 O rei Zedequias, porém, man-
dou Jucal, filho de Selemias, e Sofonias, filho de Maaseias, o sacerdote, ao profeta Jeremias, para lhe dizerem: Roga por nós ao Senhor nosso Deus.

4 Ora, Jeremias andava livremen-
te entre o povo, pois ainda não o
tinham lançado na prisão.
5 O exército de faraó saíra do
Egito, e os caldeus, que sitiavam
Jerusalém, quando ouviram esta
notícia, retiraram-se de Jerusalém.
6 Então veio a palavra do Senhor
a Jeremias, o profeta:
7 Assim diz o Senhor, o Deus de
Israel: Assim direis ao rei de Judá,
que vos enviou, para me consul-
tar: O exército de faraó, que saiu
em vosso socorro, voltará para a
sua terra no Egito.
8 Então os caldeus voltarão, pele-
jarão contra esta cidade, a toma-
rão e a queimarão a fogo.
9 Assim diz o Senhor: Não vos en-
ganeis a vós mesmos, pensando:
Sem dúvida os caldeus se retira-
rão de nós. Eles não se retirarão.
10 Ainda que terísseis a todo o
exército dos caldeus, que peleja
contra vós, e ficassem deles ape-
nas homens mortalmente feridos
na sua tenda, cada um se levanta-
ria e queimaria a fogo esta cidade.
11 Depois que o exército dos cal-
deus subiu de Jerusalém, por cau-
sa do exército de faraó,
12 saiu Jeremias de Jerusalém a fim
de ir à terra de Benjamim, para rece-
ber ali a sua parte no meio do povo.
13 Estando ele à Porta de Benjamim,
achava-se ali um capitão da guar-
da, cujo nome era Jerias, filho de
Selemias, filho de Hananias, o qual
prendeu a Jeremias, o profeta, e
disse: Tu foges para os caldeus.
14 Disse Jeremias: Isso é falso,
não fujo para os caldeus. Mas
Jerias não lhe deu ouvidos; pelo
contrário, prendeu a Jeremias e
o levou aos oficiais.
15 Os oficiais se iraram mui-
to contra Jeremias e o feriram;
puseram-no na prisão na casa
de Jônatas, o escrivão, a qual ti-
nham transformado em cárcere.
16 Jeremias foi colocado nas ce-
las do calabouço, onde ficou mui-
tos dias.
17 Então o rei Zedequias man-
dou soltá-lo e lhe perguntou em
sua casa, em segredo: Há alguma
palavra do Senhor? Respondeu
Jeremias: Há. E disse ainda: Nas
mãos do rei de Babilônia serás
entregue.
18 Disse Jeremias ao rei Zedequias:
Em que tenho pecado contra ti,
contra os teus servos e contra
este povo, para que me pusésseis
na prisão?
19 Onde estão os vossos profe-
tas, que vos profetizavam: O rei
de Babilônia não virá contra vós
nem contra esta terra?
20 Agora, porém, ouve, ó rei, meu
senhor. Caia a minha súplica dian-
te de ti: Não me deixes tornar à
casa de Jônatas, o escrivão, para
que não venha a morrer ali.
21 Então ordenou o rei Zedequias
que pusessem a Jeremias no átrio
da guarda e, cada dia, lhe dessem
um bolo de pão, vindo da rua dos
padeiros, até acabar-se todo o pão
da cidade. Assim ficou Jeremias
no átrio da guarda.

Jeremias é lançado numa cisterna

38 Ouviram Sefatias, filho
de Matã, Gedalias, filho de
Pasur, Jucal, filho de Selemias, e
Pasur, filho de Malquias, as pa-
lavras que anunciava Jeremias a
todo o povo, dizendo:
2 Assim diz o Senhor: O que fi-
car nesta cidade morrerá à espa-
da, de fome e de peste, mas o que
for para os caldeus viverá. A sua
alma lhe será por despojo; viverá.

3 Assim diz o Senhor: Esta cida-
de infalivelmente será entregue
nas mãos do exército do rei de
Babilônia, e ele a tomará.
4 Então disseram os oficiais ao rei:
Morra este homem, visto que assim
afrouxa as mãos dos homens de
guerra que restam nesta cidade
e as mãos de todo o povo, dizendo-
-lhes tais palavras. Este homem
não busca a paz para este povo,
mas o seu mal.
5 Respondeu o rei Zedequias: Ele
está nas vossas mãos. O rei não
pode fazer coisa alguma contra vós.
6 Então tomaram a Jeremias e o
colocaram na cisterna de Malquias,
filho do rei, que estava no átrio
da guarda. Desceram Jeremias
com cordas; na cisterna não ha-
via água, senão lama, e Jeremias
se atolou na lama.
7 Ebede-Meleque, o etíope, eunu-
co que estava na casa do rei, ou-
viu que tinham colocado Jeremias
na cisterna. Ora, estando o rei
assentado à Porta de Benjamim,
8 saiu Ebede-Meleque da casa do
rei e lhe disse:
9 Ó rei, senhor meu, estes homens
agiram mal em tudo o que fizeram
a Jeremias, o profeta. Lançaram-no
numa cisterna, onde certamente
morrerá de fome, quando não
houver mais pão na cidade.
10 Então o rei ordenou a Ebede-
-Meleque, o etíope: Toma conti-
go daqui trinta homens e tira a
Jeremias, o profeta, da cisterna,
antes que morra.
11 Tomou Ebede-Meleque os ho-
mens consigo e foi à casa do rei,
por debaixo da tesouraria, e to-
mou dali uns trapos velhos e ro-
tos, e roupas velhas, e, por meio
de cordas, desceu-os a Jeremias
na cisterna.
12 Disse Ebede-Meleque, o etíope,
a Jeremias: Põe estes trapos ve-
lhos e rotos, já apodrecidos, nas
axilas, entre os braços e as cor-
das. Jeremias assim fez;
13 e puxaram-no com as cordas
e o tiraram da cisterna. E ficou
Jeremias no átrio da guarda.
14 Então o rei Zedequias mandou
trazer o profeta Jeremias à sua pre-
sença, à terceira entrada na casa
do Senhor, e lhe disse: Pergunto-te
uma coisa, não me encubras nada.
15 Disse Jeremias a Zedequias: Se
eu te der resposta, não me mata-
rás? E ainda que eu te aconselhe,
não me ouvirás.
16 Jurou, porém, o rei Zedequias
a Jeremias, em segredo: Tão certo
como vive o Senhor, que nos deu
a vida, não te matarei nem te en-
tregarei nas mãos destes homens
que procuram a tua morte.
17 Então Jeremias disse a Zedequias:
Assim diz o Senhor, Deus dos
Exércitos, Deus de Israel: Se vo-
luntariamente saíres aos oficiais
do rei de Babilônia, viverá a tua
alma, e esta cidade não será quei-
mada a fogo; viverás tu e a tua casa.
18 Se, porém, não saíres aos ofi-
ciais do rei de Babilônia, esta ci-
dade será entregue nas mãos dos
caldeus, e eles a queimarão a fogo;
tu não escaparás das mãos deles.
19 Disse o rei Zedequias a Jeremias:
Receio-me dos judeus que se pas-
saram para os caldeus, pois os cal-
deus podem entregar-me a eles,
e eles se escarnecerão de mim.
20 Respondeu Jeremias: Não te
entregarão. Ouve a voz do Senhor
e faze o que eu te digo. Então bem
te irá, e viverá a tua alma.
21 Se, contudo, não quiseres sair,
é esta a palavra que me mostrou
o Senhor:

22 Todas as mulheres que fica-
ram na casa do rei de Judá se-
rão levadas aos oficiais do rei de
Babilônia. Elas mesmas te dirão:
Os teus pacificadores te
enganaram
e prevaleceram contra ti.
Agora que se atolaram os
teus pés na lama,
voltaram atrás.
23 Todas as tuas mulheres e teus
filhos serão levados aos caldeus;
e tu não escaparás das mãos de-
les, antes pelas mãos do rei de
Babilônia serás preso, e esta ci-
dade queimará ele a fogo.
24 Então disse Zedequias a Jeremias:
Ninguém saiba estas palavras, e
não morrerás.
25 Se os oficiais ouvirem que fa-
lei contigo e vierem a ti e te dis-
serem: Declara-nos o que disseste
ao rei e o que o rei disse a ti; não
o encubras, e não te mataremos,
26 então lhes dirás: Lancei a mi-
nha súplica diante do rei, para
que não me fizesse tornar à casa
de Jônatas, para morrer ali.
27 Vindo todos os oficiais a Jeremias,
e interrogando-o, declarou-lhes
conforme todas as palavras que
o rei lhe havia ordenado. Assim o
deixaram em paz, porque nin-
guém tinha ouvido a conversa-
ção com o rei.
28 E ficou Jeremias no átrio da
guarda até o dia em que Jerusalém
foi tomada.

A queda de Jerusalém

39 No nono ano de Zedequias,
rei de Judá, no décimo
mês, veio Nabucodonosor, rei de
Babilônia, e todo o seu exército,
contra Jerusalém, e a cercaram.
2 No décimo primeiro ano de
Zedequias, no quarto mês, aos
nove do mês, fez-se a brecha na
cidade.
3 E entraram todos os oficiais do
rei de Babilônia, e pararam na
Porta do Meio: Nergal-Sarezer,
Sangar-Nebo, Sarsequim, Rabe-
-Saris, Nergal-Sarezer, Rabe-Mague
e todos os outros oficiais do rei de
Babilônia.
4 Vendo-os Zedequias, rei de Judá,
e todos os homens de guerra, fu-
giram; saíram de noite da cida-
de, pelo caminho do jardim do
rei, pela porta que está entre os
dois muros, e seguiram pelo ca-
minho da Arabá.
5 O exército dos caldeus, porém, os
perseguiu e alcançou a Zedequias
nas campinas de Jericó. Prenderam-
-no e o fizeram ir a Nabucodonosor,
rei de Babilônia, a Ribla, na ter-
ra de Hamate, onde lhe pronun-
ciou a sentença.
6 O rei de Babilônia mandou matar
os filhos de Zedequias em Ribla,
à sua vista, e também matou to-
dos os nobres de Judá.
7 Arrancou os olhos a Zedequias e
o atou com duas cadeias de bron-
ze, para levá-lo a Babilônia.
8 Os caldeus queimaram a fogo a
casa do rei e as casas do povo, e der-
rubaram os muros de Jerusalém.
9 O resto do povo, que ficara na
cidade, os desertores que se ti-
nham passado para ele e o res-
to do povo que havia ficado, le-
vou Nebuzaradã, comandante da
guarda imperial, para Babilônia.
10 Os pobres de entre o povo, po-
rém, que nada tinham, deixou
Nebuzaradã, comandante da guar-
da, na terra de Judá; e naquela
época deu-lhes vinhas e campos.
11 Nabucodonosor, rei de
Babilônia, porém, havia orde-
nado a Nebuzaradã, comandante

da guarda imperial, acerca de
Jeremias:
12 Toma-o e põe sobre ele os teus
olhos; não lhe faças nenhum mal,
mas, como ele te disser, assim pro-
cederás para com ele.
13 Pelo que Nebuzaradã, coman-
dante da guarda, Nebusazbã, Rabe-
-Saris, Nergal-Sarezer, Rabe-Mague
e todos os oficiais do rei de Babilônia
14 mandaram retirar Jeremias
do átrio da guarda e o entrega-
ram a Gedalias, filho de Aicão,
filho de Safã, para que o levas-
se para casa. Assim ficou ele en-
tre o povo.
15 Ora, tinha vindo a Jeremias
a palavra do Senhor, estando ele
ainda encerrado no átrio da guar-
da, dizendo:
16 Vai e dize a Ebede-Meleque,
o etíope: Assim diz o Senhor dos
Exércitos, Deus de Israel: Eu cum-
prirei as minhas palavras sobre
esta cidade para mal, e não para
bem. Naquele dia, se cumprirão
perante os teus olhos.
17 A ti, porém, livrarei naquele dia,
diz o Senhor; não serás entregue nas
mãos dos homens a quem temes.
18 Eu te salvarei; não cairás à es-
pada, mas a tua alma terás por
despojo, porque confias em mim,
diz o Senhor.

Jeremias é posto em liberdade

40 Palavra que veio a Jeremias
da parte do Senhor, depois
que Nebuzaradã, comandante da
guarda imperial, o deixou ir de
Ramá, estando ele atado com ca-
deias no meio de todos os do exí-
lio de Jerusalém e de Judá, que
estavam sendo levados cativos
para Babilônia.
2 Quando o comandante da guarda
encontrou a Jeremias, disse-lhe:
O Senhor, o teu Deus, pronunciou
este mal contra este lugar.
3 E agora o Senhor o trouxe; ele
fez como havia dito. Tudo isto
aconteceu porque pecastes con-
tra o Senhor e não obedecestes
à sua voz.
4 Agora, porém, eu te solto das
cadeias que estavam sobre as
tuas mãos. Se te apraz vir comi-
go para Babilônia, vem, e eu ve-
larei por ti; mas se não te apraz
vir comigo para Babilônia, dei-
xa de vir. Olha, toda a terra está
diante de ti; para onde te parecer
bem e conveniente ir, para ali vai.
5 Antes, porém, de Jeremias se
voltar para sair, acrescentou
Nebuzaradã: Volta a Gedalias,
filho de Aicão, filho de Safã, a
quem o rei de Babilônia pôs so-
bre as cidades de Judá, e habita
com ele no meio do povo, ou vai
para qualquer outra parte que te
aprouver ir. Então o comandan-
te lhe deu sustento para o cami-
nho e um presente, e o deixou ir.
6 Assim veio Jeremias a Gedalias,
filho de Aicão, a Mispa, e habitou
com ele no meio do povo que ha-
via ficado na terra.
7 Ouvindo todos os oficiais dos
exércitos, que estavam no campo,
eles e os seus homens, que o rei de
Babilônia tinha posto sobre a ter-
ra a Gedalias, filho de Aicão, e que
lhe havia confiado os homens, as
mulheres, os meninos e os mais
pobres da terra, que não foram
levados cativos para Babilônia,
8 vieram ter com Gedalias, a Mispa,
a saber: Ismael, filho de Netanias,
Joanã e Jônatas, filhos de Careá,
Seraías, filho de Tanumete, e os filhos
de Efai, o netofatita, e Jaazanias,
filho do maacatita, eles e os seus
homens.

9 Jurou Gedalias, filho de Aicão,
filho de Safã, a eles e aos seus homens: Não temais servir aos caldeus. Ficai na terra e servi ao rei de Babilônia, e bem vos irá.
10 Eu mesmo habitarei em Mispa,
para estar às ordens dos caldeus que vierem a nós, mas vós recolhei o vinho, as frutas de verão e o azeite; colocai-os nas vossas vasilhas e habitai nas cidades que tomastes.
11 Do mesmo modo, quando todos
os judeus que estavam em Moabe, e entre os filhos de Amom, e em Edom, e os que havia em todas aquelas terras ouviram que o rei de Babilônia havia deixado um resto em Judá e que havia posto sobre eles a Gedalias, filho de Aicão, filho de Safã,
12 voltaram todos os judeus de
todos os lugares, para onde foram lançados, e vieram à terra de Judá, a Gedalias, a Mispa. E colheram vinho e frutas de verão em muita abundância.
13 Joanã, filho de Careá, e todos
os oficiais dos exércitos, que estavam no campo, vieram a Gedalias, a Mispa,
14 e lhe disseram: Sabes que Baalis,
rei dos filhos de Amom, enviou Ismael, filho de Netanias, para te tirar a vida? Mas Gedalias, filho de Aicão, não lhes deu crédito.
15 Então Joanã, filho de Careá,
disse a Gedalias em segredo, em Mispa: Permita-me ir e ferir a Ismael, filho de Netanias, sem que ninguém o saiba. Por que te tiraria ele a vida, e todo o Judá que se tem congregado a ti seria disperso, e pereceria o resto de Judá?
16 *Disse, porém, Gedalias*, filho
de Aicão, a Joanã, filho de Careá: Não faças tal coisa! O que dizes acerca de Ismael é falso.

41 No sétimo mês, Ismael, filho de Netanias, filho de Elisama, de sangue real, veio com os oficiais do rei, a saber, dez homens com ele, a Gedalias, filho de Aicão, a Mispa. Enquanto comiam ali juntos,
2 levantou-se Ismael filho de Netanias,
com os dez homens que estavam com ele, e feriram a Gedalias, filho de Aicão, filho de Safã, à espada, matando aquele que o rei de Babilônia havia posto sobre a terra.
3 Também feriu Ismael a todos os
judeus que estavam com Gedalias em Mispa, como também aos caldeus, homens de guerra, que ali se achavam.
4 No segundo dia depois do as-
sassinato de Gedalias, sem ninguém o saber,
5 vieram homens de Siquém, de
Siló e de Samaria, oitenta homens, com a barba rapada, as vestes rasgadas e os corpos retalhados. Traziam nas mãos ofertas de cereais e incenso, para levarem à casa do Senhor.
6 Saiu-lhes ao encontro Ismael,
filho de Netanias, de Mispa, e ia chorando. Quando os encontrou, lhes disse: Vinde a Gedalias, filho de Aicão.
7 Quando eles entraram na ci-
dade, matou-os Ismael, filho de Netanias, e os lançou numa cisterna, ele e os homens que estavam com ele.
8 Houve, porém, entre eles dez
homens que disseram a Ismael: Não nos mates a nós! Temos no campo tesouros escondidos, trigo e cevada, azeite e mel. E ele por isso os deixou em paz e não os matou como a seus irmãos.
9 Ora, a cisterna, em que Ismael
lançou todos os cadáveres dos

homens que feriu por causa de
Gedalias, é a mesma que fez o
rei Asa, como parte da sua de-
fesa contra Baasa, rei de Israel.
Foi essa mesma que Ismael, filho
de Netanias, encheu de mortos.
10 Ismael levou cativo a todo
o resto do povo que estava em
Mispa; as filhas do rei e todo o
povo que ficara em Mispa, que
Nebuzaradã, comandante da
guarda imperial, havia confiado a
Gedalias, filho de Aicão. Ismael,
filho de Netanias, levou-os cati-
vos e foi-se para passar aos fi-
lhos de Amom.
11 **O**uvindo Joanã, filho de Careá,
e todos os oficiais dos exérci-
tos que com ele estavam, todo o
mal que Ismael, filho de Netanias,
havia feito,
12 tomaram todos os seus homens
e foram pelejar contra Ismael, fi-
lho de Netanias. Acharam-no ao
pé das muitas águas que há em
Gibeom.
13 Quando todo o povo que esta-
va com Ismael viu a Joanã, filho
de Careá, e a todos os oficiais dos
exércitos, que com ele vinham,
se alegrou.
14 Todo o povo que Ismael leva-
ra cativo de Mispa virou as cos-
tas, voltou, e foi para Joanã, fi-
lho de Careá.
15 Ismael, filho de Netanias, po-
rém, escapou de Joanã com oito
homens e se foi para os filhos de
Amom.
16 Então Joanã, filho de Careá,
e todos os oficiais dos exércitos
que estavam com ele, tomaram
a todo o resto do povo que ele ha-
via recobrado de Ismael, filho de
Netanias, desde Mispa, depois
que tinha sido ferido Gedalias,
filho de Aicão, isto é, os homens
valentes de guerra, as mulheres,
os meninos e os oficiais da corte
que havia recobrado de Gibeom.
17 E partiram, indo habitar em
Gerute-Quimã, que está perto de
Belém, para dali entrarem no Egito,
18 por causa dos caldeus. Eles os
temiam, por ter Ismael, filho de
Netanias, ferido a Gedalias, filho
de Aicão, a quem o rei de Babilônia
tinha posto sobre a terra.

42 Então chegaram todos os
oficiais dos exércitos, Joanã,
filho de Careá, Jezanias, filho
de Hosaías, e todo o povo, desde
o menor até o maior
2 e disseram a Jeremias, o profe-
ta: Caia a nossa súplica diante de
ti, e roga por nós ao Senhor, o teu
Deus, por todo este remanescen-
te. Pois de muitos restamos uns
poucos, como veem os teus olhos.
3 Ora para que o Senhor, o teu
Deus, nos ensine o caminho por
onde devemos andar e aquilo que
havemos de fazer.
4 Respondeu-lhes Jeremias, o pro-
feta: Eu vos ouvi. Certamente ora-
rei ao Senhor, o vosso Deus, con-
forme as vossas palavras; eu vos
declararei o que o Senhor res-
ponder e não vos ocultarei nada.
5 Então disseram a Jeremias:
Seja o Senhor testemunha verda-
deira e fiel contra nós, se não fi-
zermos conforme toda a palavra
com que te enviar a nós o Senhor,
o teu Deus.
6 Seja ela boa, seja má, à voz do
Senhor nosso Deus, a quem te
enviamos, obedeceremos, para
que nos suceda bem, obedecen-
do à voz do Senhor nosso Deus.
7 **D**ez dias mais tarde veio a pala-
vra do Senhor a Jeremias.
8 Então chamou a Joanã, filho de
Careá, e a todos os oficiais dos

9 Esquecestes já as maldades dos
vossos pais, as maldades dos reis
de Judá, as maldades das suas
mulheres, as vossas maldades e
as maldades das vossas mulhe-
res, cometidas na terra de Judá
e nas ruas de Jerusalém?
10 Eles não se humilharam até
o dia de hoje, não temeram, não
andaram na minha lei nem nos
meus estatutos, que pus diante de
vós e diante de vossos pais.
11 Portanto, assim diz o Senhor
dos Exércitos, Deus de Israel:
Voltarei o meu rosto contra vós
para mal e para desarraigar a
todo o Judá.
12 Tomarei o resto de Judá, que
decidiu entrar na terra do Egito, a
fim de lá morar. Serão todos con-
sumidos na terra do Egito; cairão
à espada, e de fome morrerão. Eles
se consumirão, desde o menor até
o maior, à espada e de fome mor-
rerão. Serão objeto de maldição,
espanto, desprezo e vergonha.
13 Eu punirei os que habitam na
terra do Egito como castiguei a
Jerusalém, com a espada, com
a fome e com a peste.
14 De maneira que não have-
rá quem escape e fique da parte
remanescente de Judá, que en-
trou na terra do Egito, a fim de
lá morar, para tornar à terra de
Judá, à qual era grande desejo
da sua alma voltar, para ali ha-
bitar; não voltarão, a não ser al-
guns fugitivos.
15 Então responderam a Jeremias
todos os homens que sabiam que
as suas mulheres queimavam in-
censo a outros deuses e todas as
mulheres que estavam em pé,
grande multidão, como também
todo o povo que habitava na ter-
ra do Egito, em Patros, dizendo:
16 Quanto à palavra que nos anun-
ciaste em nome do Senhor, não
obedeceremos a ti!
17 Certamente cumpriremos toda
a palavra que saiu da nossa boca,
de queimarmos incenso à rainha
dos céus e de lhe oferecermos li-
bações, como nós e nossos pais,
nossos reis e nossos oficiais te-
mos feito, nas cidades de Judá
e nas ruas de Jerusalém. Então
tínhamos fartura de pão e pros-
perávamos alegres, e não víamos
mal algum.
18 Mas desde que cessamos de
queimar incenso à rainha dos
céus e de lhe oferecer libações, ti-
vemos falta de tudo e fomos con-
sumidos pela espada e pela fome.
19 Quando queimamos incenso à
rainha dos céus e lhe oferecemos
libações, acaso não sabiam nos-
sos maridos que lhe fazíamos bo-
los que a representam e lhe ofe-
recíamos libações?
20 Então disse Jeremias a todo
o povo, aos homens e às mulhe-
res, e a todo o povo que lhe dera
essa resposta:
21 Não se lembrou o Senhor e
não lhe veio à mente o incenso
que queimastes nas cidades de
Judá e nas ruas de Jerusalém,
vós e vossos pais, vossos reis e
vossos oficiais, como também o
povo da terra?
22 Quando o Senhor não pôde
mais sofrer a maldade das vos-
sas ações e as abominações que
cometestes, a vossa terra tornou-
-se em deserto, em espanto e em
maldição, sem habitantes, como
hoje se vê.
23 Porque queimastes incenso
e pecastes contra o Senhor, não
obedecendo à voz do Senhor nem
andando na sua lei e nos seus

testemunhos, aconteceu-vos este
mal, como se vê neste dia.
24 Disse mais Jeremias a todo o
povo e a todas as mulheres: Ouvi
a palavra do Senhor, vós, todo o
Judá, que estais na terra do Egito.
25 Assim diz o Senhor dos Exércitos,
Deus de Israel: Vós e vossas mu-
lheres demonstrastes por vossas
ações o que prometestes, quando
dissestes: Certamente cumprire-
mos os votos que fizemos de quei-
mar incenso à rainha dos céus e de
lhe oferecer libações. Confirmai
os vossos votos! Cumpri-os!
26 Ouvi, porém, a palavra do Senhor,
todo o Judá, que habitais na terra
do Egito: Eu juro pelo meu gran-
de nome, diz o Senhor, que o meu
nome nunca mais será pronuncia-
do pela boca de homem de Judá em
toda a terra do Egito, dizendo: Tão
certo como vive o Senhor Deus!
27 Pois eu velo sobre eles para
mal, e não para bem; os judeus
que estão no Egito serão consu-
midos à espada e pela fome, até
que se acabem de todo.
28 Os que escaparem da espada e
voltarem do Egito à terra de Judá
serão poucos. Então saberá todo
o resto de Judá que entrou na ter-
ra do Egito para ali morar se sub-
sistirá a minha palavra ou a sua.
29 Isto vos servirá de sinal, diz
o Senhor, que eu vos castigarei
neste lugar, para que saibais que
certamente subsistirão as minhas
palavras contra vós para mal.
30 Assim diz o Senhor: Eu entre-
garei faraó Hofra, rei do Egito, nas
mãos dos seus inimigos e nas mãos
dos que procuram a sua morte,
como entreguei Zedequias, rei de
Judá, nas mãos de Nabucodonosor,
rei de Babilônia, seu inimigo, e
que procurava a sua morte.

Uma palavra a Baruque

45 Palavra que Jeremias, o
profeta, falou a Baruque,
filho de Nerias, no quarto ano
de Jeoiaquim, filho de Josias, rei de
Judá, depois que Baruque escre-
vera num livro as palavras dita-
das por Jeremias:
2 Assim diz o Senhor, Deus de
Israel, acerca de ti, ó Baruque:
3 Disseste: Ai de mim! Acrescentou
o Senhor tristeza à minha dor;
estou cansado do meu gemido e
não acho descanso.
4 Isto lhe dirás: Assim diz o Senhor:
Derrubarei o que edifiquei e ar-
rancarei o que plantei, e isso em
toda esta terra.
5 Procuras tu grandezas? Não as
busques. Pois eu trarei mal sobre
toda a humanidade, diz o Senhor,
mas a ti darei a tua alma por des-
pojo, em todos os lugares para
onde fores.

Uma palavra acerca do Egito

46 Palavra do Senhor, que veio
a Jeremias, o profeta, con-
tra as nações:
2 Acerca do Egito: Contra o exér-
cito de faraó Neco, rei do Egito,
exército que foi derrotado em
Carquemis, junto ao rio Eufrates,
por Nabucodonosor, rei de Babilônia,
no quarto ano de Jeoiaquim, filho
de Josias, rei de Judá.
3 Preparai o escudo, os grandes
e os pequenos,
e chegai-vos para a peleja.
4 Selai os cavalos, montai,
cavaleiros,
e apresentai-vos com
capacetes!
Poli as lanças, vesti-vos de
couraças!
5 Por que vejo os medrosos
voltando as costas?

Os seus heróis estão
abatidos e vão fugindo,
sem olhar para trás;
terror há ao redor, diz o
Senhor.
6 Não fuja o ligeiro nem escape
o herói.
Para a banda do norte,
junto à borda do rio
Eufrates
tropeçaram e caíram.
7 Quem é este que vem subindo
como o Nilo,
e cujas águas se movem
como os rios?
8 O Egito vem subindo como o
Nilo,
e as suas águas se movem
como os rios.
Diz ele: Subirei, cobrirei a
terra;
destruirei a cidade e os que
nela habitam.
9 Avançai, ó cavalos, e
estrondeai, ó carros,
e saiam os valentes;
os etíopes e os de Pute, que
manejam o escudo,
e os lídios, que manejam e
entesam o arco.
10 Este dia, porém, é o dia do
Senhor Deus
dos Exércitos,
dia de vingança para se
vingar
dos seus adversários.
A espada devorará;
se fartará e se embriagará
com o sangue deles.
Pois o Senhor Deus dos
Exércitos
tem um sacrifício na terra
do Norte,
junto ao rio Eufrates.
11 Sobe a Gileade e toma
bálsamo,
ó virgem filha do Egito.
Mas debalde multiplicas
remédios,
pois não há cura para ti.
12 As nações ouviram falar da
tua vergonha,
e a terra está cheia do teu
clamor.
O valente tropeçou no
valente,
e ambos caíram juntos.
13 A palavra que falou o
Senhor a Jeremias, o
profeta, acerca da vinda
de Nabucodonosor, rei de
Babilônia, para ferir a terra
do Egito:
14 Anunciai no Egito e fazei
ouvir isto em Migdol;
proclamai-o também em
Mênfis e em Tafnes:
Apresenta-te e prepara-te,
pois a espada devora o que
está ao redor de ti.
15 Por que serão derrubados os
teus valentes?
Não se podem ter em pé, pois
o Senhor os abaterá.
16 Multiplicará os que
tropeçavam;
cairão uns sobre os outros.
Dirão: Levanta-te, e voltemos
ao nosso povo
e à terra do nosso
nascimento,
por causa da espada que
oprime.
17 Ali clamarão: faraó, rei do
Egito
é apenas um som;
deixou passar o tempo
assinalado.
18 Tão certo como eu vivo, diz
o Rei,
cujo nome é o Senhor dos
Exércitos,
certamente como o Tabor é
entre os montes,

e como o Carmelo junto ao
mar, assim ele virá.
19 Prepara-te para ires para o
exílio,
ó moradora, filha do Egito,
pois Mênfis será tornada em
desolação
e será incendiada,
até que ninguém mais aí
more.
20 Novilha muito formosa é o
Egito,
mas já lhe vem do Norte uma
mutuca.
21 Até os seus mercenários
no meio dela são como
bezerros cevados.
Eles também virarão as
costas e fugirão juntos; não
estarão firmes,
pois vem sobre eles o dia da
sua ruína
e o tempo do seu castigo.
22 A sua voz é como a da
serpente que foge;
marcharão com um
exército
e virão contra ela com
machados,
como cortadores de lenha.
23 Cortarão o seu bosque, diz o
Senhor,
que era impenetrável.
São mais numerosos do que
os gafanhotos,
são inumeráveis.
24 A filha do Egito será
envergonhada,
será entregue nas mãos do
povo do Norte.
25 Diz o Senhor dos Exércitos,
Deus de Israel: Eu punirei a Amom
de Nô, a faraó, ao Egito, aos seus
deuses e aos seus reis; ao próprio
faraó e aos que confiam nele.
26 Eu os entregarei nas mãos dos
que procuram a sua morte, nas
mãos de Nabucodonosor, rei de
Babilônia, e nas mãos dos seus ofi-
ciais. Depois será habitada como
nos dias antigos, diz o Senhor.
27 Não temas, ó Jacó, servo meu,
nem te espantes, ó Israel.
Certamente te livrarei
mesmo de longe,
e a tua descendência da
terra do seu exílio.
Jacó voltará, descansará,
sossegará e não haverá
quem o atemorize.
28 Não temas, ó Jacó, servo meu,
diz o Senhor, pois estou
contigo.
Ainda que eu dê cabo de
todas as nações
entre as quais te lancei, de
ti não darei cabo.
Eu te castigarei, mas somente
com justiça;
não te deixarei de todo
impune.

Uma palavra acerca dos filisteus

47 Palavra do Senhor que veio
a Jeremias, o profeta, acer-
ca dos filisteus, antes que faraó
ferisse a Gaza:
2 Assim diz o Senhor:
Do Norte se levantam as
águas;
se tornarão em torrente
transbordante.
Alagarão a terra e a sua
plenitude,
a cidade e os que nela
moram.
Os homens clamarão,
e todos os moradores da
terra se lamentarão,
3 ao ruído estrepitoso das
unhas
dos seus fortes cavalos,
ao barulho dos seus carros,
ao estrondo das suas rodas.

Os pais não atenderão os
filhos,
por causa da fraqueza das
mãos.
4 Pois chegou o dia de destruir
a todos os filisteus,
de cortar de Tiro e de
Sidom
todo o resto que os socorra.
O Senhor destruirá os
filisteus,
o resto da ilha de Caftor.
5 Gaza rapará a cabeça;
Ascalom será silenciada.
Ó resto da planície,
até quando vos retalhareis?
6 Ah! espada do Senhor!
até quando deixarás de
repousar?
Volta para a tua bainha,
descansa e aquieta-te.
7 Como podes estar quieta,
se o Senhor te deu ordem,
se ele te enviou contra
Ascalom
e contra o litoral?

Uma palavra acerca de Moabe

48 Acerca de Moabe: Assim
diz o Senhor dos Exércitos,
Deus de Israel:
Ai de Nebo, pois será
destruída.
Envergonhada será
Quiriataim, e tomada;
a fortaleza será
envergonhada e
espantada.
2 A glória de Moabe não é mais;
em Hesbom projetaram
mal contra ela, dizendo:
Vinde, desarraiguemo-la,
para que não seja mais
povo.
Também tu, ó Madmém,
serás silenciada;
a espada te irá seguindo.
3 Voz de grito de Horonaim,
ruína e grande destruição.
4 Moabe será destruída;
os seus filhinhos clamarão.
5 Pela subida de Luíte
eles vão subindo com choro
contínuo;
na descida de Horonaim
ouvem-se gritos
angustiosos de ruína.
6 Fugi, salvai a vossa vida;
sede como arbusto no
deserto.
7 Por causa da tua confiança
nas tuas obras e nos teus
tesouros,
também tu serás tomada;
Camos sairá para o exílio,
os seus sacerdotes e os seus
oficiais juntamente.
8 O destruidor virá sobre cada
uma das cidades,
e nenhuma escapará.
Perecerá o vale, e será
destruída a campina,
porque o Senhor o disse.
9 Dai asas a Moabe, pois
voando sairá;
as suas cidades se tornarão
em ruínas,
e ninguém morará nelas.
10 Maldito aquele que fizer a
obra do Senhor
negligentemente!
Maldito aquele que
preservar a sua espada do
sangue!
11 Moabe esteve descansado
desde a sua mocidade;
como o vinho sobre os
resíduos,
não foi mudado de vasilha
para vasilha,
nem foi para o exílio.
Por isso conservou o seu
sabor,
e o seu cheiro não se alterou.

12 Vêm dias, porém, diz o Senhor,
em que lhe enviarei derramadores
que o derramarão;
esvaziarão as suas vasilhas
e romperão os seus odres.
13 Moabe terá vergonha de Camos,
como se envergonhou a casa de Israel
de Betel, sua confiança.
14 Como direis: Somos valentes e homens fortes para a guerra?
15 Moabe está destruída,
e invadidas as suas cidades;
os seus jovens escolhidos desceram à matança,
diz o Rei, cujo nome é o Senhor dos Exércitos.
16 Está prestes a vir a perdição de Moabe;
apressa-se o seu mal.
17 Lamentai-vos dele todos os que estais ao redor dele,
e todos os que sabeis o seu nome, dizei:
Como se quebrou a vara forte,
o cajado formoso!
18 Desce da tua glória e assenta-te em seco,
ó moradora, filha de Dibom,
pois o destruidor de Moabe subiu contra ti
e desfez as tuas fortalezas.
19 Põe-te no caminho e espia,
ó moradora de Aroer.
Pergunta ao que vai fugindo
e à que escapou: Que sucedeu?
20 Moabe está envergonhado,
pois foi quebrantado.
Uivai e gritai!
Anunciai em Arnom que Moabe está destruído.
21 Também o julgamento veio sobre a terra
da campina, sobre Holom, Jaza e Mefaate,
22 sobre Dibom, Nebo e Bete-Diblataim,
23 sobre Quiriataim, Bete-Gamul e Bete-Meom,
24 sobre Queriote e Bozra;
a todas as cidades da terra de Moabe, as de longe e as de perto.
25 Está cortado o poder de Moabe e quebrantado o seu braço,
diz o Senhor.
26 Embriagai-o, pois contra o Senhor
se engrandeceu.
Moabe se revolverá no seu vômito
e será objeto de escárnio.
27 Não foi Israel objeto de escárnio para ti?
Foi achado entre ladrões para que,
sempre que falas dele,
meneies a cabeça?
28 Deixai as cidades e habitai no rochedo,
ó moradores de Moabe.
Sede como a pomba que se aninha
nos lados da boca da caverna.
29 Ouvimos falar do orgulho de Moabe,
que de fato é extremamente orgulhoso; da sua soberba,
da sua arrogância,
e da altivez do seu coração.
30 Eu conheço, diz o Senhor,
a sua indignação,
mas isso nada é;
as suas mentiras nada farão.
31 Por isso, gemerei por Moabe;
por Moabe eu grito,

pelos homens de Quir-
-Heres lamento.
32 Com choro maior do que
o de Jazer te chorarei,
ó vide de Sibma;
os teus ramos passaram
o mar,
chegaram ao mar de Jazer,
mas o destruidor caiu sobre os
teus frutos de verão e sobre
a tua vindima.
33 Tirou-se o folguedo
e a alegria
do campo fértil e da terra
de Moabe.
Fiz que o vinho acabasse nos
lagares; já não pisam uvas
com júbilo.
Embora haja gritos,
os gritos não são de alegria.
34 Ouve-se o grito de Hesbom
até Eleale e Jaaz,
e de Zoar até Horonaim e
Eglate-Selisias,
pois as águas do Ninrim virão
a ser uma desolação.
35 Farei desaparecer de Moabe,
diz o Senhor,
quem sacrifique nos altos
e queime incenso aos seus
deuses.
36 Por isso, o meu coração
geme como flauta por Moabe;
como flauta geme o meu
coração pelos homens de
Quir-Heres.
A abundância que ajuntou se
perdeu.
37 Toda cabeça ficará calva,
e toda barba será rapada;
sobre todas as mãos haverá
incisões,
sobre toda cintura pano de
saco.
38 Sobre todos os telhados
de Moabe e nas suas ruas
haverá pranto,
pois quebrei a Moabe,
como a um vaso que não
agrada,
diz o Senhor.
39 Como está quebrantado!
Como uivam!
Como virou Moabe as
costas e se envergonhou!
Assim será Moabe
objeto de escárnio
e de espanto para todos os
que estão
em seu redor.
40 Assim diz o Senhor:
Vede! Ele voa como a águia
e estende as suas asas sobre
Moabe.
41 São tomadas as cidades,
e ocupadas as fortalezas.
Será o coração dos valentes
de Moabe naquele dia
como o coração da mulher
em dores de parto.
42 Moabe será destruído,
para que não seja povo,
porque se engrandeceu
contra o Senhor.
43 Temor, cova e laço vêm
sobre ti,
ó morador de Moabe,
diz o Senhor.
44 O que fugir do temor cairá
na cova,
e o que sair da cova ficará
preso no laço;
pois trarei sobre Moabe
o ano da sua punição,
diz o Senhor.
45 Os que fogem param sem
forças à sombra de Hesbom,
mas fogo sai de Hesbom,
e labareda do meio de Siom,
e queima a fronte de Moabe
e o crânio dos turbulentos.
46 Ai de ti, Moabe!
Pereceu o povo de Camos;
os teus filhos foram

levados cativos,
e as tuas filhas para o exílio.
47 Contudo, restaurarei a sorte de Moabe nos
últimos dias, diz o Senhor.
Aqui termina o juízo de Moabe.

Uma mensagem acerca de Amom

49 Acerca dos filhos de Amom: Assim diz o Senhor:
Não tem Israel filhos?
Não tem herdeiros?
Por que, pois, herdou Milcom a Gade,
e o seu povo habitou nas cidades dela?
2 Vêm dias, porém, diz o Senhor,
em que farei ouvir em Rabá dos filhos
de Amom o alarido de guerra;
ela se tornará num montão de ruínas,
e os lugares da sua jurisdição serão queimados a fogo.
Então Israel herdará os que o herdaram,
diz o Senhor.
3 Uiva, ó Hesbom, pois Ai é destruída!
Clamai, ó filhas de Rabá,
cingi-vos de pano de saco,
lamentai e dai voltas por entre os muros,
pois Milcom irá em cativeiro;
os seus sacerdotes e os seus oficiais juntamente.
4 Por que te glorias nos vales,
teus luxuriantes vales,
ó filha rebelde,
que confias nos teus tesouros, dizendo:
Quem virá contra mim?
5 Eu trarei temor sobre ti,
diz o Senhor Deus dos Exércitos,
de todos os que estão ao teu redor, e sereis lançados
fora, cada um para diante,
e ninguém recolherá o desgarrado.
6 Contudo, depois disso
farei voltar os cativos dos filhos de Amom,
diz o Senhor.

Uma palavra acerca de Edom

7 Acerca de Edom: Assim diz o Senhor dos Exércitos:
Não há mais sabedoria em Temã?
Pereceu o conselho dos entendidos?
Desvaneceu-se a sua sabedoria?
8 Fugi, voltai, habitai em profundezas,
ó moradores de Dedã,
porque trarei sobre ele a ruína de Esaú,
no tempo em que eu o punir.
9 Se os que colhem uvas viessem a ti,
não deixariam algumas uvas?
Se ladrões de noite,
não roubariam só o que lhes bastasse?
10 Eu, porém, despi a Esaú,
descobri os seus esconderijos,
e não se poderá esconder.
É destruída a sua descendência,
como também seus irmãos e seus vizinhos,
e ele já não é.
11 Deixa os teus órfãos;
eu os guardarei em vida,
e as tuas viúvas confiarão em mim.
12 Assim diz o Senhor: Se os que
não merecem beber o cálice de-
vem bebê-lo totalmente, por que

ficarias tu inteiramente impune?
Não ficarás impune, mas certamente o beberás.
13 Por mim mesmo juro, diz o Senhor, que Bozra servirá de objeto de espanto, de vergonha, de ruína e de maldição; e todas as suas cidades se tornarão em perpétuas desolações.
14 Eu ouvi novas da parte do Senhor,
que um embaixador é
enviado às nações,
para lhes dizer:
Ajuntai-vos, vinde contra
ela;
levantai-vos para a guerra.
15 Ora, eu te fiz pequeno entre
as nações,
desprezado entre os
homens.
16 O terror que inspiras
e o orgulho do teu coração te
enganaram,
tu que habitas nas fendas
das rochas,
que ocupas as alturas dos
outeiros.
Ainda que eleves o teu
ninho como a águia,
de lá te derrubarei, diz o
Senhor.
17 Edom será objeto de
espanto;
todo aquele que passar por
ela se espantará
e assobiará por causa de
todas as suas pragas.
18 Como na destruição de
Sodoma e Gomorra,
e dos seus vizinhos, diz o
Senhor,
não habitará ninguém ali,
nem morará nela filho de
homem.
19 Como leão subirá das
margens do Jordão
um inimigo contra a
morada do forte,
mas de repente o farei correr
dali.
Quem é o escolhido que porei
sobre ela?
Quem é semelhante a mim?
Quem me desafiaria?
Quem é o pastor que
subsistiria na minha
presença?
20 Portanto, ouvi o conselho do
Senhor,
que ele decretou contra
Edom,
e os seus desígnios,
que ele intentou contra os
moradores de Temã:
Os mais novos do rebanho
serão arrastados;
ele destruirá completamente
o seu pasto por causa deles.
21 A terra estremecerá com
o estrondo da sua queda;
o seu grito ressoará até o
mar Vermelho.
22 Vede! Uma águia
subirá e voará;
estenderá as suas asas
sobre Bozra.
Naquele dia, o coração dos
valentes de Edom
será como o coração da
mulher
que está em dores de parto.

Uma palavra acerca de Damasco

23 Acerca de Damasco:
Envergonharam-se Hamate
e Arpade,
pois ouviram más notícias,
e cambaleiam.
São como o mar agitado,
que não se pode sossegar.
24 Damasco está enfraquecida,
virou as costas para fugir,

e tremor a tomou;
angústia e dores a tomaram
como da que está de parto.
25 Por que não foi abandonada
a famosa cidade,
a cidade das minhas
delícias?
26 Certamente os seus jovens
cairão nas ruas;
todos os homens de guerra
serão silenciados
naquele dia,
diz o Senhor dos Exércitos.
27 Acenderei fogo no muro
de Damasco,
o qual consumirá os
palácios de Ben-Hadade.

Uma palavra acerca de Quedar e Hazor

28 **A**cerca de Quedar e dos reinos
de Hazor, que Nabucodonosor,
rei de Babilônia, feriu: Assim diz
o Senhor:
Levantai-vos, subi contra
Quedar
e destruí os filhos do Oriente.
29 Tomarão as suas tendas,
os seus rebanhos,
as suas cortinas e todos
os seus bens,
e os seus camelos levarão
para si,
e lhes gritarão: Há terror de
todos os lados!
30 Fugi, desviai-vos para
muito longe,
habitai nas profundezas,
ó moradores de Hazor,
diz o Senhor.
Nabucodonosor, rei de
Babilônia,
conspirou e fez planos
contra vós.
31 Levantai-vos, subi contra
uma nação que está
sossegada,
que habita confiadamente,
diz o Senhor, que não tem
portas,
nem ferrolhos, que habita a sós.
32 Os seus camelos serão
para presa,
e a multidão dos seus
rebanhos para despojo.
Espalharei a todo vento
aqueles que cortam os
cantos do seu cabelo,
e de todos os lados lhes trarei
a ruína,
diz o Senhor.
33 Hazor se tornará em
morada de chacais,
em desolação para sempre.
Ninguém habitará ali,
nem morará nela filho de
homem.

Uma palavra acerca de Elão

34 **A** palavra do Senhor, que veio
a Jeremias, o profeta, acerca de
Elão, no princípio do reinado
de Zedequias, rei de Judá:
35 Assim diz o Senhor dos Exércitos:
Vê, eu quebrarei o arco de
Elão,
a fonte do seu poder.
36 Trarei sobre Elão os quatro
ventos
dos quatro ângulos do céu,
e os espalharei na direção de
todos estes ventos;
não haverá nação
aonde não cheguem os seus
fugitivos.
37 Farei que Elão tema diante
de seus inimigos
e diante dos que procuram
a sua morte;
farei vir sobre eles o mal,
o furor da minha ira, diz o
Senhor.
Enviarei após eles a espada,
até que os tenha consumido.

38 Porei o meu trono em Elão
e destruirei dali o rei e os
oficiais, diz o Senhor.
39 Contudo, nos últimos dias
restaurarei a sorte de Elão,
diz o Senhor.

Uma palavra acerca de Babilônia

50 Palavra que o Senhor pro-
feriu acerca de Babilônia,
acerca da terra dos caldeus, por
intermédio de Jeremias, o profeta:
2 Anunciai e fazei ouvir entre
as nações,
arvorai estandarte e
proclamai;
nada encubrais, mas dizei:
Tomada é Babilônia,
confundido está Bel,
caído está Merodaque,
confundidos estão os seus
ídolos,
e caídos estão os seus
deuses.
3 Subiu contra ela uma nação
do Norte,
que fará da sua terra uma
solidão.
Não haverá quem nela habite;
tanto os homens como os
animais fugiram
e se foram.
4 Naqueles dias, e naquele
tempo, diz o Senhor,
os filhos de Israel virão junto
com os filhos de Judá;
andando e chorando virão,
e buscarão ao Senhor seu
Deus.
5 Acerca do caminho de Sião
perguntarão,
e para ali dirigirão os seus
rostos.
Virão e se ajuntarão ao
Senhor
numa aliança eterna
que nunca será esquecida.
6 Ovelhas perdidas foram o
meu povo;
os seus pastores as fizeram
errar
e para as montanhas as
deixaram desviar.
Andaram por montanhas e
colinas,
se esqueceram do lugar do
seu repouso.
7 Todos os que as acharam as
devoraram;
os seus adversários
disseram:
Culpa nenhuma temos,
pois pecaram contra o Senhor,
a morada da justiça,
o Senhor, a esperança de
seus pais.
8 Fugi do meio de Babilônia;
saí da terra dos caldeus
e sede como os bodes que
conduzem o rebanho.
9 Pois eu suscitarei e farei
subir contra Babilônia uma
congregação de
grandes nações da terra do
Norte.
Tomarão as suas posições
contra ela,
e do Norte será tomada.
As suas flechas serão como
de hábil guerreiro
que não volta de mãos
vazias.
10 A Caldeia servirá de presa;
todos os que a saquearem
ficarão fartos,
diz o Senhor.
11 Porque vos alegrais, saltais
de prazer,
ó saqueadores da minha
herança,
e vos inchais como bezerros
gordos,
e relinchais como cavalos
vigorosos,

12 muito envergonhada será a
vossa mãe;
humilhada será a que vos
deu à luz.
Ela será a última das nações,
um deserto,
uma terra seca e uma solidão.
13 Por causa do furor do
Senhor não será habitada,
antes se tornará em total
desolação.
Qualquer que passar pela
Babilônia se espantará
e zombará dela por causa de
todas as suas pragas.
14 Tomai as vossas posições em
redor de Babilônia,
todos os que manejais arcos.
Atirai-lhe, não poupeis as
flechas,
pois ela pecou contra o
Senhor.
15 Gritai contra ela,
rodeando-a!
Ela já se submeteu;
caíram os seus
fundamentos,
estão derrubados os seus
muros.
Visto que esta é a vingança
do Senhor,
vingai-vos dela;
conforme o que ela fez, fazei-
lhe a ela.
16 Arrancai de Babilônia o que
semeia
e o que leva a foice no
tempo da sega.
Por causa da espada do
opressor,
se virará cada um para o
seu povo
e fugirá cada um para
a sua terra.
17 Cordeiro desgarrado é Israel,
o qual os leões
afugentaram.
O primeiro a devorá-lo foi o
rei da Assíria;
o último a quebrar-lhe os
ossos foi
Nabucodonosor, rei de
Babilônia.
18 Portanto, assim diz o Senhor
dos Exércitos,
Deus de Israel:
Eu punirei o rei de Babilônia
e a sua terra,
assim como castiguei o rei
da Assíria.
19 Mas farei tornar Israel à sua
morada,
e pastará no Carmelo
e em Basã;
se fartará a sua alma
no monte de Efraim e em
Gileade.
20 Naqueles dias, e naquele
tempo, diz o Senhor,
se buscará a maldade de
Israel,
mas não será achada,
e os pecados de Judá,
mas não se acharão,
pois perdoarei aos que eu
deixar de resto.
21 Sobe contra a terra de
Merataim, sobe contra ela
e contra os moradores de
Pecode.
Assola e inteiramente
destrói tudo após eles, diz o
Senhor,
e faze conforme tudo o que te
mandei.
22 Estrondo de batalha há na
terra,
e de grande destruição!
23 Como foi cortado
e quebrado
o martelo de toda a terra!
Como se tornou Babilônia
em objeto de espanto entre as
nações!

24 Laços te armei, e foste presa,
ó Babilônia,
e tu não o soubeste;
foste achada e apanhada
porque contra o Senhor te
opuseste.
25 O Senhor abriu o seu arsenal
e tirou dele as armas da sua
indignação,
pois o Senhor, o Senhor dos
Exércitos,
tem obra a realizar na terra
dos caldeus.
26 Vinde contra ela dos confins
da terra.
Abri os seus celeiros;
fazei dela montões.
Destruí-a de todo, e nada lhe
fique de resto.
27 Matai à espada a todos os
seus novilhos,
desçam ao degoladouro!
Ai deles! Pois veio o seu dia,
o tempo do seu castigo.
28 Ouvi a voz dos que fugiram
e escaparam da terra de
Babilônia
para anunciarem em Sião
a vingança do Senhor nosso
Deus,
a vingança do seu templo.
29 Convocai contra Babilônia
os flecheiros,
todos os que manejam o
arco.
Acampai-vos contra ela em
redor,
que ninguém escape.
Pagai-lhe conforme a sua
obra;
conforme tudo o que fez,
fazei-lhe.
Pois ela desafiou o Senhor,
o Santo de Israel.
30 Portanto, cairão os seus
jovens nas suas ruas;
todos os seus homens
de guerra serão silenciados
naquele dia, diz o Senhor.
31 Vê, eu sou contra ti, ó
arrogante,
diz o Senhor Deus dos
Exércitos,
pois chegou o teu dia,
o tempo em que te hei de
punir.
32 Então tropeçará a arrogante
e cairá; ninguém haverá que
a levante;
porei fogo às suas cidades,
o qual consumirá todos os
seus arredores.
33 Assim diz o Senhor dos
Exércitos:
Os filhos de Israel e os filhos
de Judá
são oprimidos juntamente.
Todos os que os levaram
cativos os retêm,
recusam-se a soltá-los.
34 O seu Redentor, porém,
é forte,
o Senhor dos Exércitos é o
seu nome.
Ele certamente pleiteará a
causa deles,
para dar descanso à terra
e inquietar os moradores de
Babilônia.
35 A espada virá sobre os
caldeus, diz o Senhor,
e sobre os moradores de
Babilônia,
sobre os seus oficiais e sobre
os seus sábios.
36 A espada virá sobre os seus
falsos profetas,
e ficarão insensatos.
A espada virá sobre os seus
valentes,
e desmaiarão.
37 A espada virá sobre
os seus cavalos,
sobre os seus carros e sobre

todo o povo misto que está no
meio dela,
e eles serão como mulheres.
A espada virá sobre os seus
tesouros, e serão
saqueados.
38 Cairá a seca sobre as suas
águas, e secarão.
Pois é uma terra de ídolos,
ídolos que enlouquecerão
de terror.
39 De sorte que habitarão
nela feras do deserto e hienas,
também habitarão nela as
corujas.
Nunca mais será povoada,
nem será habitada de
geração em geração.
40 Como quando Deus
transtornou
a Sodoma e a Gomorra,
e aos seus vizinhos, diz o
Senhor,
assim ninguém habitará ali,
nem morará nela filho de
homem.
41 Um povo vem vindo do
norte;
uma grande nação e reis
poderosos se
levantam dos confins da
terra.
42 Estão armados de arco e
lança;
são cruéis e não conhecem a
compaixão.
A sua voz brama como o
mar,
e montam em cavalos;
vêm dispostos como homens
para a batalha,
contra ti, ó filha de
Babilônia.
43 O rei de Babilônia ouviu a
fama deles,
e desfaleceram as suas
mãos.
A angústia se apoderou dele,
dores,
como da que está de parto.
44 Como leão, subirá das
margens do Jordão
um inimigo contra a
morada forte,
mas num momento o farei
correr dali.
Ao escolhido porei sobre ela.
Quem é semelhante a mim?
Quem me pediria contas?
E quem é o pastor que
subsistiria na minha
presença?
45 Portanto, ouvi o conselho
que o Senhor decretou contra
Babilônia
e os desígnios que formou
contra a terra dos caldeus:
Os mais novos do rebanho
serão arrastados;
ele destruirá
completamente o seu pasto
por causa deles.
46 Ao estrondo da tomada
de Babilônia estremecerá
a terra;
o grito ressoará entre as
nações.

51

Assim diz o Senhor:
Levantarei um vento
destruidor contra Babilônia
e contra os que habitam em
Lebe-Camai.
2 Enviarei estrangeiros contra
Babilônia,
que a peneirarão e
esvaziarão a sua terra;
virão contra ela em redor no
dia da calamidade.
3 O flecheiro não arme
o seu arco
nem o coloque sobre a sua
couraça.
Não poupeis a seus jovens;
destruí a todo o seu exército.

4 Cairão mortos na terra dos caldeus
e mortalmente feridos pelas ruas.
5 Pois Israel e Judá não foram abandonados
por seu Deus, o Senhor dos Exércitos,
ainda que a sua terra esteja cheia de culpa
perante o Santo de Israel.
6 Fugi do meio de Babilônia!
Livre cada um a sua vida!
Não sejais destruídos na sua maldade.
É o tempo da vingança do Senhor;
ele lhe dará a sua paga.
7 Babilônia era uma taça de ouro
nas mãos do Senhor;
ela embriagou toda a terra.
Do seu vinho beberam as nações;
por isso agora enlouqueceram.
8 Num momento cairá
Babilônia e ficará arruinada.
Gemei sobre ela!
Tomai bálsamo para a sua dor; talvez ela sare.
9 Teríamos curado Babilônia,
mas ela não pode ser curada;
deixai-a, e cada um vá para a sua terra,
pois o seu juízo chegou até o céu e se elevou até as mais altas nuvens.
10 O Senhor trouxe a nossa justiça à luz;
vinde e contemos em Sião
a obra do Senhor nosso Deus.
11 Aguçai as flechas, preparai os escudos!
O Senhor despertou o espírito dos
reis da Média,
porque o seu intento contra Babilônia
é para a destruir.
Esta é a vingança do Senhor,
a vingança do seu templo.
12 Hasteai a bandeira sobre os muros de Babilônia!
Reforçai a guarda, colocai sentinelas,
preparai as ciladas!
O Senhor executará o seu propósito,
o seu decreto contra os moradores
de Babilônia.
13 Ó tu, que habitas sobre muitas águas,
rica de tesouros,
chegou o teu fim, a medida da tua avareza.
14 Jurou o Senhor dos Exércitos por si mesmo:
Certamente te encherei
de homens, como de um enxame de gafanhotos,
e eles gritarão em triunfo sobre ti.
15 Ele fez a terra com o seu poder;
ele fundou o mundo com a sua sabedoria
e estendeu os céus com o seu entendimento.
16 Fazendo ele ouvir
a sua voz,
grande estrondo de águas há nos céus,
e sobem os vapores desde os confins da terra.
Envia os relâmpagos com a chuva e tira o vento dos seus tesouros.
17 Embruteceu-se todo homem
e não tem conhecimento;
todo ourives é envergonhado pelas suas
imagens de escultura.

Suas imagens de fundição são
mentira,
e não há vida em nenhuma
delas.
18 Vaidade são, obra de
enganos;
no tempo em que eu as
castigar perecerão.
19 Não é semelhante a estes a
porção de Jacó,
pois ele é o Criador de todas
as coisas,
e Israel é a tribo da sua
herança;
o Senhor dos Exércitos é o
seu nome.
20 Tu és o meu martelo
e as minhas armas de
guerra;
contigo despedaço nações,
contigo destruo os reis;
21 contigo despedaço o cavalo e
o seu cavaleiro,
contigo despedaço o carro e
o que vai nele;
22 contigo despedaço o homem
e a mulher,
contigo despedaço o velho e
o moço;
contigo despedaço o jovem e a
virgem,
23 contigo despedaço o pastor e
o seu rebanho;
contigo despedaço o lavrador
e a sua junta de bois,
contigo despedaço os
governantes e os oficiais.
24 Pagarei a Babilônia e a todos
os moradores da Caldeia toda
a sua maldade, que fizeram em
Sião, à vossa vista, diz o Senhor.
25 Estou contra ti, ó monte des-
truidor, diz o Senhor,
tu que destróis toda a terra.
Estenderei a minha mão
contra ti,
e te revolverei das rochas;
e farei de ti um monte
incendiado.
26 Não tomarão de ti pedra
para esquina,
nem pedra para
fundamentos,
pois te tornarás em perpétua
desolação,
diz o Senhor.
27 Hasteai a bandeira na terra!
Tocai trombeta entre as
nações!
Preparai as nações contra
ela,
convocai contra ela os
reinos de Arará,
Mini, e Asquenaz.
Ordenai contra ela um
comandante;
fazei subir cavalos,
como um enxame de
gafanhotos.
28 Preparai contra ela as
nações,
os reis da Média, os seus
governantes,
todos os seus oficiais
e toda a terra do seu domínio.
29 A terra se estremece e se
contorce,
pois cada um dos desígnios
do Senhor está firme contra
Babilônia,
para fazer da terra de
Babilônia uma desolação,
de modo que ninguém nela
habite.
30 Os valentes de Babilônia
cessaram de pelejar;
permanecem nas fortalezas.
Desfaleceu a sua força;
tornaram-se como
mulheres.
Incendiadas estão as suas
moradas;
quebrados estão os seus
ferrolhos.

31 Um emissário corre ao encontro
de outro emissário, e um mensageiro,
ao encontro de outro mensageiro,
para anunciar ao rei de Babilônia
que toda a sua cidade foi tomada,
32 os vaus estão ocupados,
a vegetação dos pântanos
queimadas a fogo,
e os homens de guerra assombrados.
33 Assim diz o Senhor dos Exércitos,
o Deus de Israel:
A filha de Babilônia é a eira
no tempo da debulha;
ainda um pouco,
e o tempo da colheita lhe virá.
34 Nabucodonosor, rei de Babilônia, devorou-nos,
pisou-nos, fez de nós um vaso vazio.
Como serpente nos tragou,
encheu o seu ventre das nossas iguarias finas
e então nos lançou fora.
35 A violência que se fez a nós e à nossa
descendência venha sobre Babilônia,
diga a moradora de Sião.
Caia o nosso sangue sobre os moradores
da Caldeia, diga Jerusalém.
36 Portanto, assim diz o Senhor:
Eu pleitearei a tua causa
e te vingarei da vingança
que se tomou contra ti;
secarei o seu mar
e farei que se esgote o seu manancial.
37 Babilônia se tornará em montões,
morada de chacais,
objeto de espanto e assobio,
sem um só habitante.
38 Juntos rugirão como filhos dos leões,
rosnarão como filhotes de leões.
39 Estando eles excitados,
lhes darei a sua bebida e os embriagarei,
para que andem saltando;
mas dormirão um perpétuo
sono e não acordarão, diz o Senhor.
40 Eu os farei descer como
cordeiros ao matadouro,
como carneiros e bodes.
41 Como será tomada Sesaque,
e apanhada de surpresa a glória de toda a terra!
Como se tornará Babilônia
um objeto de espanto entre as nações!
42 O mar subirá sobre Babilônia;
com a multidão das suas ondas a cobrirá.
43 As suas cidades se tornarão em desolação,
terra seca e deserta,
terra em que ninguém habita,
nem por ela passa filho de homem.
44 Punirei a Bel em Babilônia
e tirarei da sua boca
o que ele tragou.
Nunca mais virão a ele as nações.
E o muro de Babilônia cairá.
45 Saí do meio dela, ó povo meu,
e salve cada um a sua vida,
por causa do ardor da ira do Senhor.
46 Não se desfaleça
o vosso coração,

nem temais pelo rumor que
se ouvir na terra;
virá num ano um rumor,
e depois noutro ano, outro
rumor;
rumores de violência na
terra,
e dominador contra
dominador.
47 Pois certamente vêm os dias
em que punirei as imagens de
escultura
de Babilônia;
toda a sua terra será
envergonhada,
e todos os seus mortos
ficarão caídos no meio dela.
48 Então os céus e a terra,
com tudo o que neles há,
jubilarão sobre Babilônia,
pois do norte lhe virão os
destruidores,
diz o Senhor.
49 Como Babilônia fez cair
os trespassados de Israel,
assim em Babilônia cairão
os trespassados de toda
a terra.
50 Vós, que escapastes da
espada,
ide-vos, não pareis!
De longe lembrai-vos do
Senhor,
e suba Jerusalém ao vosso
coração.
51 Direis: Envergonhados
estamos,
pois ouvimos insultos;
a vergonha cobriu o nosso
rosto,
porque vieram estrangeiros
sobre os santuários da casa
do Senhor.
52 Vêm dias, porém, diz o
Senhor,
em que punirei as suas
imagens de escultura,
e gemerá o ferido em toda a
sua terra.
53 Ainda que Babilônia subisse
aos céus,
e ainda que fortificasse a
sua fortaleza altiva, de mim
viriam
destruidores sobre ela, diz o
Senhor.
54 O som de um clamor vem de
Babilônia,
som de grande destruição,
da terra dos caldeus.
55 O Senhor destruirá Babilônia;
fará perecer nela a sua
grande voz.
As ondas do inimigo
bramarão
como muitas águas;
se ouvirá o ruído da sua
voz.
56 O destruidor virá sobre
Babilônia;
os seus valentes serão
presos,
e os seus arcos serão
quebrados.
Pois o Senhor, Deus das
recompensas,
certamente lhe retribuirá.
57 Embriagarei os seus oficiais,
os seus sábios, os seus
governadores,
os seus magistrados e os seus
valentes;
dormirão um sono
perpétuo e não acordarão,
diz o Rei, cujo nome é o
Senhor dos Exércitos.
58 Assim diz o Senhor dos
Exércitos:
Os largos muros de Babilônia
serão totalmente
derrubados,
e as suas altas portas serão
abrasadas pelo fogo;
trabalham os povos em vão,

e o trabalho das nações é
combustível para o fogo.

59 Palavra que Jeremias, o pro-
feta, mandou a Seraías, filho de
Nerias, filho de Maaseias, quan-
do ia com Zedequias, rei de Judá
a Babilônia, no quarto ano do seu
reinado. Seraías era o camareiro-
-mor.
60 Escreveu Jeremias num livro
todo o mal que havia de vir so-
bre Babilônia, todas estas pala-
vras que estavam escritas acer-
ca de Babilônia.
61 Disse Jeremias a Seraías: Quando
chegares a Babilônia, vê que leias
todas estas palavras.
62 Então dize: Ó Senhor, tu falas-
te a respeito deste lugar, que o ha-
vias de destruir, até não ficar nele
morador algum, desde o homem
até o animal, mas que se tornaria
em perpétuas desolações.
63 Quando acabares de ler este li-
vro, ata-o a uma pedra e lança-o
no meio do Eufrates.
64 Então dize: Assim será afun-
dada Babilônia, e não se levanta-
rá, por causa do mal que eu hei
de trazer sobre ela. E o seu povo
cairá. Aqui terminam as palavras
de Jeremias.

A queda de Jerusalém

52 Era Zedequias da idade
de vinte e um anos quan-
do começou a reinar, e onze anos
reinou em Jerusalém. O nome
de sua mãe era Hamutal, filha de
Jeremias, de Libna.
2 Fez ele o que era mau aos olhos
do Senhor, conforme tudo o que
fizera Jeoiaquim.
3 Foi por causa da ira do Senhor
que tudo isto aconteceu contra
Jerusalém e Judá, e no final ele
os lançou fora da sua presença.
Ora, Zedequias rebelou-se con-
tra o rei de Babilônia.
4 Assim, no nono ano do seu rei-
nado, no décimo mês, no décimo
dia do mês, Nabucodonosor, rei de
Babilônia, veio contra Jerusalém, ele
e todo o seu exército. Acamparam-
-se contra ela e levantaram tran-
queiras ao seu redor.
5 A cidade esteve cercada até
o décimo primeiro ano do rei
Zedequias.
6 No quarto mês, aos nove do mês,
a fome prevalecia de tal manei-
ra na cidade que o povo da terra
não tinha pão.
7 Então foi aberta uma brecha
na cidade, e todos os homens de
guerra fugiram. Saíram de noi-
te, pelo caminho da porta que
está entre os dois muros perto
do jardim do rei, embora os cal-
deus estivessem contra a cidade
ao redor. Fugiram pelo caminho
da Arabá,
8 mas o exército dos caldeus per-
seguiu o rei Zedequias e o alcan-
çou nas campinas de Jericó. Todo
o seu exército se espalhou, aban-
donando-o.
9 Prenderam o rei e o fizeram su-
bir ao rei de Babilônia, a Ribla,
na terra de Hamate, onde lhe pro-
nunciou a sentença.
10 O rei de Babilônia degolou os
filhos de Zedequias à sua vista,
e também degolou a todos os ofi-
ciais de Judá em Ribla.
11 Arrancou os olhos a Zedequias,
atou-o com cadeias de bronze e
o levou para Babilônia, onde o
conservou na prisão até o dia da
sua morte.
12 No quinto mês, no décimo dia
do mês, no décimo nono ano do rei
Nabucodonosor, rei de Babilônia,
veio Nebuzaradã, comandante da

guarda imperial, que assistia na
presença do rei de Babilônia, a
Jerusalém.
13 Queimou a casa do Senhor,
a casa do rei e todas as casas de
Jerusalém. Incendiou todas as
casas importantes.
14 O exército dos caldeus, que es-
tava com o comandante da guar-
da imperial, derrubou todos os
muros que rodeavam Jerusalém.
15 Os mais pobres do povo, a par-
te do povo que tinha ficado na ci-
dade, os desertores que se haviam
passado para o rei de Babilônia e
o resto da multidão, Nebuzaradã,
comandante da guarda, levou
presos.
16 Dos mais pobres da terra, po-
rém, Nebuzaradã, comandante
da guarda, deixou ficar alguns,
para vinhateiros e lavradores.
17 Quebraram os caldeus as co-
lunas de bronze que estavam na
casa do Senhor, as bases e o mar
de bronze que estavam na casa do
Senhor, e levaram todo o bronze
para Babilônia.
18 Também tomaram as caldei-
ras, as pás, os garfos, as bacias,
os recipientes de incenso e todos os
utensílios de bronze, com que se
ministrava.
19 O comandante da guarda im-
perial tomou os copos, os incen-
sários, as bacias, as caldeiras, os
castiçais, os recipientes de incen-
so e as taças, tudo o que fosse de
ouro puro ou de prata.
20 O bronze das duas colunas, do
mar e dos doze bois de bronze,
que estavam debaixo das bases,
que fizera o rei Salomão para a
casa do Senhor, era incalculável.
21 Quanto às colunas, a altura
de cada uma era de dezoito cô-
vados, e doze côvados era a sua
circunferência; era a sua espes-
sura de quatro dedos, e era oca.
22 Havia sobre ela um capitel de
bronze; a altura de um capitel era
de cinco côvados, com uma rede
e romãs sobre o capitel ao redor,
tudo de bronze. Semelhante a esta
era a outra coluna, com as romãs.
23 Havia noventa e seis romãs
aos lados; as romãs todas, sobre
a rede e ao redor, eram cem.
24 Levou o comandante da guar-
da a Seraías, o principal sacerdo-
te, e a Sofonias, o segundo sacer-
dote, e os três guardas da porta.
25 Da cidade, levou o oficial que
tinha a seu cargo a gente de guer-
ra e a sete homens dos que viam a
face do rei, que se acharam na ci-
dade, como também ao escrivão-
-mor do exército, que registrava
o povo da terra, e mais sessenta
homens do povo da terra, que se
achavam na cidade.
26 Tomando-os Nebuzaradã, co-
mandante da guarda, trouxe-os
ao rei de Babilônia, a Ribla.
27 O rei de Babilônia os feriu e
os matou em Ribla, na terra de
Hamate. Assim Judá foi levado
da sua terra para o exílio.
28 Este é o número do povo que
Nabucodonosor levou cativo:
no sétimo ano, três mil e
vinte e três judeus;
29 no décimo oitavo ano de
Nabucodonosor levou ele
cativas de
Jerusalém oitocentas e
trinta e duas pessoas;
30 no vigésimo terceiro ano de
Nabucodonosor,
Nebuzaradã,
comandante da guarda
imperial,
levou cativos dentre os
judeus,

setecentas e quarenta
e cinco pessoas.
Todas as pessoas são quatro
mil e seiscentas.
31 No trigésimo sétimo ano do
exílio de Joaquim, rei de Judá,
no ano em que Evil-Merodaque
começou a reinar em Babilônia,
no dia vinte e cinco do décimo se-
gundo mês, libertou do cárcere a
Joaquim, rei de Judá.
32 Falou-lhe benignamente e pôs o
seu trono acima do trono dos reis
que estavam com ele em Babilônia.
33 Mudou-lhe as vestes do cárce-
re, e ele passou a comer pão na
presença do rei todos os dias da
sua vida.
34 O rei de Babilônia garantiu a
sua subsistência de contínuo, dia
após dia, todos os dias da sua vida,
até o dia da sua morte.

LAMENTAÇÕES

1 Como jaz solitária a cidade
outrora tão populosa!
Tornou-se como viúva
a que foi grande entre as
nações!
A princesa entre as províncias
tornou-se escrava!
2 Amargamente chora de noite,
e as suas lágrimas lhe correm
pelas faces.
Não há ninguém que a
console
entre todos os seus amantes.
Todos os seus amigos a
traíram
e se tornaram seus inimigos.
3 Depois de sofrer aflição e dura
servidão,
Judá foi para o exílio.
Habita entre as nações;
não acha descanso.
Todos os seus perseguidores
a alcançaram nas suas
angústias.
4 Os caminhos de Sião pranteiam,
pois não há quem venha à
reunião solene.
Todas as suas portas estão
desoladas;
os seus sacerdotes gemem,
as suas virgens estão tristes,
e ela mesma tem amargura.
5 Os seus adversários a
dominaram;
os seus inimigos
prosperam.
O Senhor a entristeceu,
por causa da multidão dos
seus pecados.
Os seus filhos foram para o
exílio,
cativos na frente do
adversário.
6 Da filha de Sião foi-se todo o
esplendor.
Os seus príncipes são como
cervos que não
acham pasto,
e sem força fogem na frente
do perseguidor.
7 Nos dias da sua aflição
e das suas rebeliões,
lembra-se Jerusalém de
todas as suas mais
queridas coisas,
que teve nos tempos antigos.
Quando o seu povo caiu nas
mãos do adversário,
ela não teve quem a
socorresse.
Os seus adversários a viram
e zombaram da sua
destruição.
8 Jerusalém gravemente pecou,
por isso se fez imunda.
Todos os que a honravam
agora a desprezam,
pois viram a sua nudez;
ela própria geme e volta
para trás.
9 A sua impureza pegou-se às
suas saias;
ela não pensou no seu futuro.
Foi espantosa a sua queda;
não houve quem a
consolasse.
Vê, ó Senhor, a minha aflição,
pois o inimigo triunfou.
10 Estendeu o adversário a sua
mão
a todas as coisas mais
preciosas dela;
ela viu entrar no seu
santuário
as nações que proibiste
entrar na tua congregação.

11 Todo o seu povo anda
gemendo,
buscando o pão;
dão as suas coisas mais
preciosas
a troco de mantimento para
restaurar as forças.
Vê, ó Senhor, e contempla,
pois sou desprezado.
12 Não vos comove isto
a todos vós
que passais pelo caminho?
Olhai ao redor, e vede se há
dor igual à minha dor,
que veio sobre mim,
com que me entristeceu o
Senhor
no dia do furor da sua ira.
13 Do alto enviou fogo
a meus ossos,
o qual se assenhoreou deles.
Estendeu uma rede
aos meus pés,
fez-me voltar para trás,
tornou-me desolada e
enferma o dia todo.
14 Ele fez um jugo com os
meus pecados;
estão entretecidos,
subiram sobre o meu pescoço,
e ele abateu a minha força.
Entregou-me o Senhor nas
mãos daqueles
aos quais não posso resistir.
15 O Senhor rejeitou todos
os meus valentes que estavam
comigo;
convocou contra mim um
ajuntamento,
para quebrantar os meus
jovens.
O Senhor pisou como num
lagar
a *virgem filha* de Judá.
16 Por estas coisas choro,
e os meus olhos se desfazem
em águas.
Afastou-se de mim o
consolador
que devia restaurar o meu
espírito.
Os meus filhos estão
desolados,
porque o inimigo prevaleceu.
17 Sião estende as suas mãos,
mas não há quem a console.
O Senhor decretou acerca de
Jacó
que fossem inimigos
os que estão em redor dele;
Jerusalém é para eles como
coisa imunda.
18 Justo é o Senhor,
contudo me rebelei contra
os seus mandamentos.
Ouvi, todos os povos; vede a
minha dor.
As minhas virgens e os meus
jovens
foram levados para o exílio.
19 Chamei os meus aliados,
mas eles me enganaram.
Os meus sacerdotes e os meus
anciãos
pereceram na cidade,
enquanto buscavam para si
mantimento,
para restaurar as suas
forças.
20 Olha, ó Senhor, quanto estou
angustiada!
Turbadas estão as minhas
entranhas,
o meu coração está
transtornado dentro em
mim,
pois gravemente me rebelei.
Fora me desfilha
a espada;
dentro de mim há somente a
morte.
21 Ouviram o meu gemido,
mas não há quem me
console.

Todos os meus inimigos
souberam do meu mal;
alegram-se com o que
fizeste.
Em trazendo tu, porém, o dia
que anunciaste,
eles se tornarão
semelhantes a mim.
22 Venha toda a sua iniquidade
à tua presença;
faze-lhes como fizeste a mim
por causa de todos os meus
pecados.
Os meus gemidos são muitos,
e o meu coração está
desfalecido.

2 Como cobriu o Senhor de nuvens,
na sua ira, a filha de Sião!
Derrubou do céu à terra a
glória de Israel,
e não se lembrou do estrado
de seus pés
no dia da sua ira.
2 Devorou o Senhor todas as
moradas
de Jacó e não se apiedou;
derrubou no seu furor
as fortalezas da filha de
Judá.
Abateu até a terra o seu reino
e os seus líderes.
3 Cortou no furor da sua ira
toda a força de Israel.
Retirou a sua destra de
diante do inimigo.
Ardeu em Jacó como
labareda de fogo
que a tudo consome em
redor.
4 Entesou o seu arco como
inimigo,
firmou a sua destra como
adversário
e matou todo o que era
formoso à vista;
derramou a sua indignação
como fogo na tenda da filha
de Sião.
5 Tornou-se o Senhor como
inimigo;
devorou Israel,
devorou a todos os seus
palácios
e destruiu as suas
fortalezas.
Multiplicou na filha de Judá
a lamentação e a tristeza.
6 Arrancou a sua morada com
violência,
como se fosse um jardim;
destruiu a sua congregação.
O Senhor em Sião pôs em
esquecimento as festas e o
sábado;
na indignação da sua ira
rejeitou com desprezo o rei e
o sacerdote.
7 Rejeitou o Senhor o seu altar
e abandonou o seu santuário.
Entregou nas mãos do
inimigo
os muros dos seus palácios;
deram gritos na casa do
Senhor,
como em dia de festa.
8 Decidiu o Senhor destruir
o muro da filha de Sião.
Estendeu a trena
e não retirou a sua mão
destruidora.
Fez gemer o antemuro e o
muro;
juntos se enfraqueceram.
9 As suas portas afundaram-se
na terra;
ele destruiu e quebrou as
suas trancas.
O seu rei e os seus líderes
estão entre as nações onde
já não há lei,
e os seus profetas já não
recebem visão alguma do
Senhor.

10 Os anciãos da filha de Sião
estão sentados na terra,
silenciosos;
lançam pó sobre as suas
cabeças,
cingidos de pano de saco.
As virgens de Jerusalém
abaixaram a cabeça até a
terra.
11 Consomem-se os meus olhos
com lágrimas,
turbadas estão as minhas
entranhas;
o meu fígado se derrama pela
terra por causa da
destruição da filha do
meu povo,
pois desfalecem os meninos
e as crianças de peito pelas
ruas da cidade.
12 Dizem a suas mães:
Onde há trigo e vinho?
Enquanto isso, desfalecem
como o ferido
pelas ruas da cidade,
derramando-se a sua alma
nos braços
de suas mães.
13 Que posso dizer-te?
A quem te compararei,
ó filha de Jerusalém?
A quem te assemelharei,
para te consolar,
ó virgem filha de Sião?
Grande como o mar é a tua
ferida.
Quem te poderá curar?
14 Os teus profetas viram para
ti falsidade e insensatez;
não manifestaram o teu pecado,
para afastarem o teu exílio.
Os oráculos que te deram
eram falsos e vãos.
15 *Todos os que passam* pelo
caminho batem palmas,
assobiam e meneiam a
cabeça
sobre a filha de Jerusalém,
dizendo:
É esta a cidade que era
chamada
a perfeição da formosura,
a alegria de toda a terra?
16 Todos os teus inimigos
abrem a boca contra ti;
assobiam, rangem os dentes e
dizem:
Nós a devoramos.
Certamente este é o dia que
esperávamos;
achamo-lo, vimo-lo.
17 O Senhor fez o que intentou;
cumpriu a sua palavra,
que decretou desde os dias
da antiguidade.
Derrubou e não se apiedou;
fez que o inimigo se
alegrasse por tua causa,
exaltou o poder dos teus
adversários.
18 O coração do povo clama ao
Senhor:
Ó muralha da filha de Sião,
corram as tuas lágrimas
como um ribeiro,
de dia e de noite;
não te dês descanso, nem
parem de chorar
as meninas de teus olhos.
19 Levanta-te, clama de noite
no princípio das vigílias;
derrama o teu coração
como águas diante da face
do Senhor.
Levanta a ele as tuas mãos
em favor de teus filhos
que desfalecem de fome à
entrada de todas as ruas.
20 Vê, ó Senhor, e considera:
A quem fizeste assim?
Deverão as mulheres comer
seus próprios filhos,
as crianças que trazem nos
braços?

Ou o sacerdote e o profeta
deverão ser
assassinados no santuário
do Senhor?
21 Jazem em terra pelas ruas o
moço e o velho;
as minhas virgens e os meus
jovens caíram à espada.
Tu os mataste no dia da tua
ira;
tu os degolaste e não te
apiedaste deles.
22 Convocaste de toda parte
terrores contra mim,
como convocas um dia de
festa.
No dia da ira do Senhor,
não houve quem escapasse
ou sobrevivesse;
aqueles que eu trouxe nas
mãos e sustentei,
o meu inimigo os destruiu.

3 Eu sou o homem que viu a aflição
pela vara do seu furor.
2 Ele me levou e me fez andar
nas trevas, e não na luz.
3 Deveras ele volveu a sua
mão contra mim o dia todo.
4 Fez envelhecer a minha carne
e a minha pele,
e quebrou os meus ossos.
5 Levantou trincheiras contra mim
e me cercou de amargura e
trabalho.
6 Fez-me habitar em lugares
tenebrosos,
como os que estavam
mortos há muito.
7 Cercou-me com um muro, e
não posso sair;
agravou os meus grilhões.
8 Ainda quando clamo e grito,
ele exclui a minha oração.
9 Fechou os meus caminhos
com pedras lavradas,
fez tortuosas as minhas
veredas.
10 Como o urso de emboscada,
como o leão em esconderijos,
11 ele desviou os meus
caminhos,
fez-me em pedaços e me
deixou desolado.
12 Entesou o seu arco e me
pôs como alvo à flecha.
13 Fez entrar no meu coração
as flechas da sua aljava.
14 Fui feito um objeto de
vergonha para todo o meu
povo,
e a sua canção o dia todo.
15 Fartou-me de amarguras
e saciou-me de fel.
16 Quebrou com pedrinhas
de areia os meus dentes;
cobriu-me de cinza.
17 Fui privado de paz;
esqueci-me do que seja a
prosperidade.
18 Então eu disse: Pereceu a
minha força,
como também a minha
esperança no Senhor.
19 Lembra-te da minha aflição
e do meu pranto,
do pesar e da amargura.
20 Minha alma certamente se
lembra e se abate
dentro em mim.
21 Entretanto, disto me recordo,
e, portanto, tenho esperança:
22 As misericórdias do Senhor
são a causa de não sermos
consumidos,
pois as suas misericórdias
não têm fim.
23 Novas são a cada manhã;
grande é a tua fidelidade.
24 A minha porção é o Senhor,
diz a minha alma;
portanto esperarei nele.
25 Bom é o Senhor para os que
nele esperam,
para a alma que o busca.

26 Bom é ter esperança
e aguardar em silêncio a
salvação do Senhor.
27 Bom é para o homem
suportar o jugo na sua
mocidade.
28 Assente-se solitário e fique
em silêncio,
porque Deus o pôs sobre ele.
29 Esconda o rosto no pó;
talvez ainda haja esperança.
30 Dê a sua face ao que o fere;
farte-se de afronta.
31 Pois o Senhor não rejeitará
para sempre.
32 Embora entristeça a alguém,
usará de compaixão
segundo a grandeza das
suas misericórdias.
33 Pois não aflige nem
entristece
de bom grado aos filhos dos
homens.
34 Pisar debaixo dos pés
a todos os presos da terra,
35 perverter o direito do
homem
perante a face do Altíssimo,
36 privar o homem de justiça,
não o veria o Senhor?
37 Quem é aquele que diz, e
assim acontece,
quando o Senhor não o
mande?
38 Não é da boca do Altíssimo
que saem o mal e o bem?
39 De que se queixa o homem
vivente?
Queixe-se cada um dos seus
pecados.
40 Examinemos os nossos
caminhos,
experimentemo-los,
e voltemos para o Senhor.
41 Levantemos o nosso coração
e as nossas mãos para Deus
nos céus, dizendo:
42 Nós pecamos e fomos
rebeldes,
e tu não nos perdoaste.
43 Cobriste-nos de ira e nos
perseguiste;
mataste, não perdoaste.
44 Cobriste-te de nuvens,
de modo que a nossa oração
não passa.
45 Como cisco e refugo
nos puseste no meio dos
povos.
46 Todos os nossos inimigos
abriram a boca contra nós.
47 Temor e cova vieram sobre
nós, ruína e destruição.
48 Torrentes de águas correm
dos meus olhos,
por causa da destruição da
filha do meu povo.
49 Os meus olhos choram
sem parar,
sem descanso,
50 até que o Senhor atente e
veja desde os céus.
51 O que eu vejo entristece a
minha alma,
por causa de todas as filhas
da minha cidade.
52 Como ave me caçaram
os que são meus inimigos
sem motivo.
53 Tentaram acabar com
a minha vida na cova
e lançaram pedras sobre
mim;
54 as águas correram sobre a
minha cabeça,
e eu disse: Estou perdido.
55 Invoquei o teu nome, ó
Senhor,
desde a mais profunda
cova.
56 Ouviste a minha voz:
Não escondas o teu ouvido ao
meu gemido,
ao meu clamor.

57 Tu te aproximaste no dia em
que te invoquei
e disseste: Não temas.
58 Pleiteaste, Senhor, os pleitos
da minha alma,
remiste a minha vida.
59 Viste, ó Senhor, a injustiça
que me fizeram.
Julga a minha causa!
60 Viste a profundeza da sua
vingança,
todos os seus pensamentos
contra mim.
61 Ouviste as suas afrontas,
Senhor,
todos os seus pensamentos
contra mim;
62 os lábios e os pensamentos
dos que se levantam
contra mim o dia todo.
63 Contempla-os! Sentados ou
de pé,
eu sou a sua canção.
64 Tu lhes darás a recompensa,
ó Senhor,
conforme a obra das suas
mãos.
65 Põe um véu sobre o seu
coração,
seja a tua maldição sobre
eles.
66 Persegue-os na tua ira,
e destrói-os debaixo dos céus
do Senhor.

4 Como se escureceu o ouro,
como se mudou o ouro fino
e bom!
As pedras do santuário estão
espalhadas
pelas esquinas de todas as
ruas!
2 Os preciosos filhos de Sião,
comparáveis a puro ouro,
como são agora
reputados por objetos de
barro,
obra das mãos do oleiro!
3 Até os chacais abaixam o
peito
e dão de mamar aos seus
filhos,
mas a filha do meu povo
tornou-se cruel
como os avestruzes no
deserto.
4 A língua do que mama fica
pegada pela sede ao céu da
boca;
os meninos pedem pão,
mas ninguém lhes dá.
5 Os que comiam iguarias
delicadas desfalecem nas ruas.
Os que se criaram entre
escarlata
abraçam os monturos.
6 Maior é a maldade da filha
do meu povo do que o
pecado de Sodoma,
que foi subvertida num
momento,
sem que mão alguma lhe
ajudasse.
7 Os seus príncipes eram
mais alvos do que a neve,
eram mais brancos do que
o leite,
eram mais ruivos de corpo do
que o coral,
e a sua aparência como a
safira.
8 Agora, porém, escureceu-se
o seu parecer mais do que a
fuligem;
não são reconhecidos nas
ruas.
A sua pele se lhes pegou aos
ossos;
secou-se, tornou-se como
um pau.
9 Os mortos à espada são mais
ditosos
do que os mortos pela fome;
estes se esgotam como
trespassados,

por falta dos frutos
dos campos.
10 As mãos das mulheres
piedosas
cozinharam seus próprios
filhos,
que lhe serviram de
alimento
na destruição da filha
do meu povo.
11 Deu o Senhor vazão ao seu
furor;
derramou o ardor da sua ira
e acendeu fogo em Sião,
que consumiu os seus
fundamentos.
12 Não creram os reis da terra,
nem todos os moradores do
mundo,
que o adversário e o
inimigo pudesse entrar
pelas portas de Jerusalém.
13 Isso, porém, aconteceu
por causa dos pecados dos
profetas
e das maldades dos seus
sacerdotes,
que derramaram o sangue
dos justos no meio dela.
14 Agora vagueiam como cegos
pelas ruas.
Estão tão contaminados
de sangue que ninguém ousa
tocar
nas suas roupas.
15 Desviai-vos! Imundo!
gritavam-lhes.
Desviai-vos! Desviai-vos!
Não nos toqueis!
Quando fogem e vagueiam,
dizem entre as nações:
Nunca mais morem aqui.
16 A ira do Senhor os dividiu;
ele nunca mais tornará a
olhar para eles.
Não honraram a face dos
sacerdotes,
nem se compadeceram
dos velhos.
17 Os nossos olhos
desfaleceram,
esperando em vão por
socorro;
das nossas torres olhamos
para uma nação
que não podia salvar.
18 Espreitaram os nossos
passos, de maneira que
não podíamos andar pelas
nossas ruas.
Estava chegando o nosso fim,
estavam cumpridos os
nossos dias,
pois era chegado o nosso fim.
19 Os nossos perseguidores
foram mais ligeiros
do que as aves dos céus;
sobre os montes nos
perseguiram,
no deserto nos armaram
ciladas.
20 O fôlego da nossa vida, o
ungido do Senhor,
foi preso nas armadilhas
deles. Dele dizíamos:
Debaixo da sua sombra
viveremos entre as nações.
21 Regozija-te e alegra-te, ó
filha de Edom,
que habitas na terra de Uz.
O cálice, porém, chegará
também para ti;
tu embebedarás, e te
descobrirás.
22 O castigo da tua maldade
está consumado, ó filha de
Sião;
ele nunca mais te levará
para o exílio.
Ele punirá a tua maldade,
ó filha de Edom;
exporá os teus pecados.

5

Lembra-te, ó Senhor, do que
nos sucedeu;

considera e olha para a
nossa humilhação.
2 A nossa herança passou a
estranhos,
e as nossas casas a
estrangeiros.
3 Órfãos somos sem pai,
nossas mães são como viúvas.
4 A nossa água por dinheiro a
bebemos,
por preço vem a nossa
lenha.
5 Os nossos perseguidores
estão sobre os nossos
pescoços;
estamos cansados e não
temos descanso.
6 Submetemo-nos aos egípcios
e à Assíria,
para nos fartarem de pão.
7 Nossos pais pecaram e já não
existem,
e nós levamos as suas
maldades.
8 Servos dominam sobre nós,
e ninguém há que nos
arranque das suas mãos.
9 Com perigo de nossa vida
obtemos o nosso pão,
por causa da espada do
deserto.
10 Nossa pele está abrasada
como um forno,
por causa do ardor da fome.
11 Forçaram as mulheres em
Sião;
e as virgens, nas cidades
de Judá.
12 Com as suas mãos
enforcaram os líderes;
os velhos não
receberam honra.
13 Os jovens são obrigados
a trabalhar no moinho;
os meninos tropeçam
debaixo das cargas de lenha.
14 Os velhos já não se assentam
na porta,
os jovens já não cantam.
15 Cessou a alegria de nosso
coração,
converteu-se em
lamentação a nossa
dança.
16 Caiu a coroa da nossa
cabeça.
Ai de nós, pois pecamos.
17 Por isto desmaiou o nosso
coração;
por isto se escureceram os
nossos olhos.
18 Pelo monte de Sião, que está
assolado,
andam as raposas.
19 Tu, ó Senhor, reinas
eternamente,
e o teu trono subsiste de
geração em geração.
20 Por que sempre te esqueces
de nós?
Por que nos desamparas
por tanto tempo?
21 Restaura-nos, ó Senhor, a ti,
para que retornemos;
renova os nossos dias como
dantes,
22 a menos que nos tenhas
rejeitado totalmente
e estejas sobremaneira
irado contra nós.

EZEQUIEL

Os seres viventes e a glória do Senhor

1 No trigésimo ano, no quarto
mês, no quinto dia do mês, es-
tando eu no meio dos cativos jun-
to ao rio Quebar, abriram-se os
céus, e eu vi visões de Deus.
2 No quinto dia do mês, no quin-
to ano do exílio do rei Joaquim,
3 veio expressamente a palavra do
Senhor a Ezequiel, filho de Buzi,
o sacerdote, na terra dos caldeus,
junto ao rio Quebar, e ali esteve
sobre ele a mão do Senhor.
4 Olhei e vi um vento tempestuoso
que vinha do norte, e uma gran-
de nuvem, com um fogo que emi-
tia labaredas de contínuo, e um
resplendor ao redor dela. O cen-
tro do fogo tinha a aparência do
brilho de metal,
5 e do meio do fogo saía a seme-
lhança de quatro seres viventes.
Esta era a sua aparência: tinham
a semelhança de homem;
6 cada um tinha quatro rostos,
como também cada um deles qua-
tro asas.
7 As suas pernas eram direitas,
e as plantas dos seus pés como a
planta do pé de um bezerro, que
luziam como o brilho de bron-
ze polido.
8 Tinham mãos de homem debai-
xo das suas asas, aos quatro la-
dos; assim todos os quatro tinham
seus rostos e suas asas,
9 e as suas asas uniam-se uma à
outra. Não se viravam quando
andavam; cada qual andava para
adiante de si.
10 A semelhança dos seus rostos
era como o rosto de homem, e à
mão direita os quatro tinham ros-
to de leão, e à esquerda tinham
rosto de boi; também os quatro
tinham rosto de águia.
11 Assim eram os seus rostos.
As suas asas se estendiam para
cima; cada qual tinha duas asas
unidas uma à outra, e duas co-
briam os corpos deles.
12 Cada qual andava para diante
de si. Para onde o espírito havia de
ir, iam; não se viravam quando
andavam.
13 Quanto à semelhança dos se-
res viventes, o seu parecer era
como brasas de fogo ardentes,
como uma aparência de tochas.
Fogo corria por entre os seres vi-
ventes; resplandecia, e dele saíam
relâmpagos.
14 Os seres viventes corriam,
saindo e voltando à semelhança
de um raio.
15 Ao olhar para os seres viven-
tes, vi que havia uma roda na ter-
ra junto a eles, uma para cada um
dos seus quatro rostos.
16 O aspecto das rodas e sua es-
trutura tinham o brilho do beri-
lo. Tinham as quatro a mesma
aparência; era o seu aspecto e a
sua estrutura, como se estivera
uma roda no meio de outra roda.
17 Andando elas, iam em qual-
quer das quatro direções, sem se
virar quando andavam.
18 Estas rodas eram altas e formi-
dáveis; as quatro tinham os seus
aros cheios de olhos ao redor.
19 Andando os seres viventes, an-
davam as rodas ao lado deles; ele-
vando-se os seres viventes da ter-
ra, elevavam-se também as rodas.

20 Para onde o espírito queria ir, iam; as rodas se elevavam em frente deles, porque o espírito da criatura vivente estava nas rodas.

21 Andando eles, andavam elas, e, parando eles, paravam elas e, elevando-se eles da terra, elevavam-se também as rodas em frente deles, porque o espírito dos seres viventes estava nas rodas.

22 Sobre a cabeça dos seres viventes havia uma semelhança de firmamento, brilhante como o cristal, estendido por cima, sobre a sua cabeça.

23 Debaixo do firmamento estavam as suas asas direitas, uma em direção à outra; cada um tinha duas asas que lhe cobriam o corpo de um lado, e cada um tinha outras duas, que os cobriam do outro lado.

24 Ouvi o ruído das suas asas enquanto andavam, como o ruído de muitas águas, como a voz do Onipotente; era o estrondo como de um exército. Parando eles, abaixavam as suas asas.

25 Ouviu-se uma voz por cima do firmamento, que estava por cima das suas cabeças; parando eles, abaixavam as suas asas.

26 **P**or cima do firmamento, que estava por cima das suas cabeças, havia uma semelhança de trono, como a aparência de uma safira; sobre a semelhança do trono havia como que a semelhança de um homem no alto, sobre ele.

27 Vi como o brilho de um metal, como o aspecto do fogo pelo interior dele, desde a semelhança dos seus lombos, e daí para cima; desde a semelhança dos seus lombos, e daí para baixo, vi como a semelhança de fogo, e havia um resplendor ao redor dele.

28 Como o aspecto do arco que aparece na nuvem no dia de chuva, assim era o aspecto do resplendor em redor. Este era o aspecto da semelhança da glória do Senhor; vendo isso, caí com o rosto em terra e ouvi a voz de quem falava.

A vocação de Ezequiel

2 Ele me disse: Filho do homem, põe-te em pé, e falarei contigo.

2 Então entrou em mim o Espírito, quando falava comigo e me pôs em pé, e ouvi o que me falava.

3 Ele me disse: Filho do homem, eu te envio aos filhos de Israel, às nações rebeldes que se rebelaram contra mim; eles e seus pais se revoltaram contra mim, até este mesmo dia.

4 Os filhos são rebeldes e obstinados de coração; eu te envio a eles, e lhes dirás: Assim diz o Senhor Deus.

5 E eles, quer ouçam quer deixem de ouvir, pois são nação rebelde, hão de saber que esteve no meio deles um profeta.

6 E tu, ó filho do homem, não os temas nem temas as suas palavras. Não temas ainda que sarças e espinhos te cerquem, e tu habites com escorpiões, não temas as suas palavras, nem te assustes com os seus rostos, porque são nação rebelde.

7 E tu, porém, lhes dirás as minhas palavras, quer ouçam quer deixem de ouvir, pois são rebeldes.

8 **Q**uanto a ti, porém, ó filho do homem, ouve o que eu te digo, não sejas rebelde como a nação rebelde; abre a tua boca e come o que eu te dou.

9 Então olhei, e vi uma mão que se estendia para mim. Nela estava um rolo.

10 Estendeu-o diante de mim, e
ele estava escrito por dentro e por
fora; nele se achavam escritas la-
mentações, suspiros e ais.
3 E ele me disse: Filho do ho-
mem, come o que achares,
come este rolo; então vai e fala à
nação de Israel.
2 Abri a boca, e ele me deu a co-
mer o rolo.
3 Então me disse: Filho do ho-
mem, dá de comer ao teu ventre
e enche o teu estômago deste rolo
que eu te dou. Eu o comi, e era
na minha boca doce como o mel.
4 Ele então me disse: Filho do ho-
mem, vai à nação de Israel e dize-
-lhe as minhas palavras.
5 Tu não és enviado a um povo de
fala estranha e de língua difícil,
mas à nação de Israel;
6 não irá a muitos povos de fala
estranha, e de língua difícil, cujas
palavras não possas entender.
Certamente se eu aos tais te en-
viara, eles te dariam ouvidos.
7 A nação de Israel, porém, não
te quererá dar ouvidos porque
não me querem dar ouvidos, pois
toda a nação de Israel é obstina-
da e rebelde.
8 Fiz, porém, duro o teu rosto con-
tra o rosto deles, e forte a tua tes-
ta contra a testa deles.
9 Fiz como diamante a tua testa,
mais forte do que a pederneira;
não os temas nem te assombres
com os seus semblantes, embora
sejam nação rebelde.
10 Disse-me mais: Filho do ho-
mem, ponha no teu coração to-
das as minhas palavras que te
hei de dizer; ouve-as com os teus
ouvidos.
11 Agora vai ter com os do exí-
lio, aos filhos do teu povo, fala
com eles, dize-lhes: Assim diz o
Senhor Deus, quer ouçam quer
deixem de ouvir.
12 Então o Espírito me levantou,
e ouvi por detrás de mim uma voz
de grande estrondo, que dizia:
Bendita seja a glória do Senhor,
desde o seu lugar.
13 Ouvi o barulho das asas dos se-
res viventes, que tocavam umas
nas outras, e o barulho das rodas
em frente deles, e o sonido de um
grande estrondo.
14 Então o Espírito me levantou
e me levou; eu me fui, amargura-
do, na indignação do meu espíri-
to, mas a mão do Senhor era for-
te sobre mim.
15 Vim aos do exílio que moravam
em Tel-Abibe, junto ao rio Quebar.
E por sete dias assentei-me ali, no
meio deles, atônito.

Advertência a Israel

16 Ao fim de sete dias, veio a mim
a palavra do Senhor:
17 Filho do homem, eu te dei por
sentinela sobre a nação de Israel;
tu da minha boca ouvirás a pala-
vra, e os avisarás da minha parte.
18 Quando eu disser ao ímpio:
Certamente morrerás; não o avi-
sando tu, não falando para avisar
o ímpio acerca do seu caminho ím-
pio, para salvar a sua vida, aque-
le ímpio morrerá na sua malda-
de, mas o seu sangue da tua mão
o requererei.
19 Se, porém, avisares o ímpio, e
ele não se converter da sua impie-
dade e do seu caminho ímpio, ele
morrerá na sua maldade, mas tu
salvaste a tua alma.
20 Semelhantemente, quando o
justo se desviar da sua justiça e
fizer maldade, e eu puser dian-
te dele um tropeço, ele morrerá.
Visto que não o avisaste, no seu

pecado morrerá, e as suas justi-
ças que tiver praticado não serão
lembradas, mas o seu sangue da
tua mão o requererei.
21 Avisando, porém, tu o justo,
para que ele não peque, e ele não
pecar, certamente viverá, por-
que foi avisado, e tu salvaste a
tua alma.
22 **A** mão do Senhor estava sobre
mim ali, e ele me disse: Levanta-te
e sai ao vale, e ali falarei contigo.
23 Levantei-me e saí ao vale. E a
glória do Senhor estava ali, como
a glória que vi junto ao rio Quebar,
e caí sobre o meu rosto.
24 Então entrou em mim o Espírito
e me pôs em pé. Ele falou comigo,
dizendo: Entra, encerra-te dentro
da tua casa.
25 Ó filho do homem, eles te
amarrarão com cordas, de modo
que não possas sair do meio deles.
26 Eu farei que a tua língua se
pegue ao teu paladar, para que
fiques mudo e não lhes possa re-
preender, embora sejam nação
rebelde.
27 Quando, porém, eu falar con-
tigo, abrirei a tua boca, e lhes di-
rás: Assim diz o Senhor: Quem
ouvir ouça, e quem deixar de ou-
vir, deixe; pois são nação rebelde.

O símbolo do cerco de Jerusalém

4 Agora, ó filho do homem, toma
um tijolo, põe-no diante de ti e
desenha nele a cidade de Jerusalém.
2 Põe contra ela um cerco e edifi-
ca contra ela uma fortificação, le-
vanta contra ela uma tranqueira
e põe contra ela acampamentos e
põe-lhe aríetes em redor.
3 Pega também uma panela de fer-
ro; e põe-na por muro de ferro en-
tre ti e a cidade e dirige para ela
o teu rosto. Assim será cercada,
e a cercarás. Isso servirá de sinal
à nação de Israel.
4 Deita-te também sobre o teu lado
esquerdo e põe a maldade da na-
ção de Israel sobre ele. Conforme
o número dos dias que te deitares
sobre ele, levarás as suas maldades.
5 Eu te designei o mesmo número
de dias que os anos da sua malda-
de. De sorte que durante trezen-
tos e noventa dias levarás a mal-
dade da nação de Israel.
6 Quando tiveres cumprido es-
ses dias, tornarás a deitar sobre
o teu lado direito e levarás a mal-
dade da nação de Judá quarenta
dias; um dia te dei para cada ano.
7 Dirigirás o teu rosto para o cer-
co de Jerusalém, com o teu bra-
ço descoberto, e profetizarás con-
tra ela.
8 Eu porei sobre ti cordas para
que não te voltes de um lado pa-
ra outro, até que cumpras os dias
do teu cerco.
9 **P**egue trigo, cevada, favas, len-
tilhas, milho, aveia e coloca-os
numa vasilha e faze deles pão; con-
forme o número dos dias que te
deitares sobre o teu lado, trezen-
tos e noventa dias, comerás dele.
10 A tua comida, que hás de co-
mer, será por peso, vinte siclos
cada dia; de tempo em tempo a
comerás.
11 Também beberás a água por
medida, a sexta parte de um him;
de tempo em tempo a beberás.
12 O que comeres será como bolos
de cevada; asse-os sobre o esterco
humano, diante dos olhos deles.
13 Disse o Senhor: Assim come-
rão os filhos de Israel o seu pão
imundo, entre as nações, para
onde serão lançados.
14 Então disse eu: Ah! Senhor,
Senhor! A minha alma nunca

foi contaminada. Jamais comi
coisa morta ou despedaçada, des-
de a minha juventude até agora.
Jamais carne abominável entrou
na minha boca.
15 Disse-me: Vê, eu te darei ester-
co de vacas, em lugar de esterco
humano; sobre ele prepararás o
teu pão.
16 Então me disse: Filho do ho-
mem, eu torno instável o susten-
to de pão em Jerusalém. Comerão
o pão por peso e, com ansieda-
de, beberão a água por medida e
com espanto,
17 até que lhes falte o pão e a água.
Eles se espantarão uns com os
outros e se definharão nas suas
maldades.

5 Tu, ó filho do homem, pega
uma faca afiada; como nava-
lha de barbeiro a usarás, raspan-
do com ela a tua cabeça e tua bar-
ba. Então tomarás uma balança
e repartirás os cabelos.
2 A terça parte queimarás no
fogo, no meio da cidade, quando
se cumprirem os dias do cerco.
Então tomarás outra terça parte
e a ferirás com uma espada ao re-
dor dela. A outra terça parte es-
palharás ao vento. Pois desem-
bainharei a espada atrás deles.
3 Apanharás, porém, deles um
pequeno número e os atarás nas
abas da tua veste.
4 Destes ainda tomarás alguns e
os lançarás no fogo, para quei-
má-los; dali sairá um fogo con-
tra toda a nação de Israel.
5 Assim diz o Senhor Deus: Esta é
Jerusalém, que coloquei no meio
das nações e terras que estão ao
redor dela.
6 Ela, porém, se rebelou contra os
meus juízos mais do que as nações,
e contra os meus estatutos mais do
que as terras que estão ao redor
dela. Ela rejeitou os meus juízos
e não andou nos meus preceitos.
7 Portanto, assim diz o Senhor Deus:
Porque multiplicastes as vossas
maldades mais do que as nações
que estão ao redor de vós, nos meus
estatutos não andastes, não guar-
dastes os meus juízos e tampouco
procedestes segundo os juízos das
nações que estão ao redor de vós;
8 portanto, assim diz o Senhor
Deus: Eu estou contra ti; executa-
rei juízos no meio de ti aos olhos
das nações.
9 Farei em ti o que nunca fiz nem
jamais tornarei a fazer, por cau-
sa de todas as tuas abominações.
10 Portanto, os pais comerão a
seus filhos no meio de ti, e os fi-
lhos comerão a seus pais; exe-
cutarei em ti juízos e espalharei
todo o remanescente aos ventos.
11 Portanto, tão certo como eu
vivo, diz o Senhor Deus, porque
profanaste o meu santuário com
todas as tuas coisas detestáveis e
com todas as tuas abominações,
eu te diminuirei; não te perdoa-
rei, nem terei piedade de ti.
12 Uma terça parte de ti morrerá
da peste e se consumirá de fome
no meio de ti; outra terça parte
cairá à espada em redor de ti; e a
outra terça parte espalharei aos
ventos, e desembainharei a espa-
da atrás dela.
13 Assim se cumprirá a minha
ira, diminuirá o meu furor con-
tra eles, e me consolarei; saberão
que sou eu, o Senhor, que falei no
meu zelo, quando cumprir neles
o meu furor.
14 Farei de ti ruína e objeto de
desprezo entre as nações que es-
tão ao teu redor, à vista de todos
os que passarem.

15 Tu serás um objeto de vergo-
nha e zombaria, uma advertência
e um objeto de horror às nações
que estão ao teu redor, quando
eu executar em ti juízos com ira,
com furor e com furiosos casti-
gos. Eu, o Senhor, falei.
16 Quando eu enviar as malignas
flechas da fome contra eles, fle-
chas para a destruição, as quais
eu mandarei para vos destruir,
então aumentarei a fome sobre
vós e vos tirarei o sustento de pão.
17 Enviarei sobre vós fome e feras
que te desfilharão; a peste e o san-
gue passarão por ti, e trarei a es-
pada sobre ti. Eu, o Senhor, falei.

Profecia contra os montes de Israel

6 Veio a mim a palavra do Senhor:
2 Filho do homem, volta o teu
rosto para os montes de Israel;
profetiza contra eles,
3 dizendo: Montes de Israel, ouvi
a palavra do Senhor Deus: Assim
diz o Senhor Deus aos montes,
aos outeiros, aos ribeiros e aos
vales: Eu trarei a espada sobre
vós e destruirei os vossos altos.
4 Serão desolados os vossos al-
tares e quebrados os vossos alta-
res de incenso; e lançarei os
vossos mortos diante dos vos-
sos ídolos.
5 Porei os cadáveres dos filhos de
Israel diante dos seus ídolos; es-
palharei os vossos ossos ao redor
dos vossos altares.
6 Em todos os vossos lugares habi-
táveis as cidades serão destruídas,
e os altos, assolados, para que os
vossos altares sejam destruídos
e assolados, e os vossos ídolos se
quebrem e cessem, e os vossos
altares de incenso sejam corta-
dos, e desfeitas as vossas obras.
7 Os mortos cairão no meio de
vós, para que saibais que eu sou
o Senhor.
8 Deixarei, porém, um resto, pois
alguns escaparão da espada, quan-
do fordes espalhados pelas ter-
ras e nações.
9 Então se lembrarão de mim os
que de vós escaparem entre as na-
ções para onde foram levados em
exílio; quanto me quebrantei por
causa do seu coração corrompi-
do, que se desviou de mim, e por
causa dos seus olhos, que se an-
daram corrompendo após os seus
ídolos. Terão nojo de si mesmos
por causa das maldades que fi-
zeram em todas as suas abomi-
nações.
10 E saberão que eu, o Senhor,
não disse em vão que lhes faria
esse mal.
11 Assim diz o Senhor Deus: Bate
com a mão, e bate com o pé, e dize:
Ah! por causa de todas as terríveis
abominações da nação de Israel!
pois cairão à espada, de fome e
de peste.
12 O que estiver longe morrerá de
peste, e o que estiver perto cairá
à espada, e o que ficar de resto e
cercado morrerá de fome. Assim
cumprirei o meu furor contra eles.
13 Então sabereis que eu sou o
Senhor, quando estiverem os seus
mortos estendidos no meio dos
seus ídolos, ao redor dos seus al-
tares, em todo o outeiro alto, em
todos os cumes dos montes, de-
baixo de toda árvore frondosa,
debaixo de todo carvalho espes-
so, lugares onde ofereciam suave
perfume a todos os seus ídolos.
14 Estenderei a minha mão sobre
eles e farei que a terra se torne
desolada e deserta em todas as
suas habitações, desde o deserto

de Dibla; então saberão que eu
sou o Senhor.

O fim vem!

7 Veio a mim a palavra do Senhor:
2 Filho do homem, assim diz o
Senhor Deus acerca da terra de
Israel: O fim! O fim vem sobre os
quatro cantos da terra.
3 Agora vem o fim sobre ti, e en-
viarei sobre ti a minha ira. Eu te
julgarei conforme os teus cami-
nhos e trarei sobre ti todas as tuas
abominações.
4 Não te pouparei nem terei pie-
dade de ti, mas porei sobre ti os
teus caminhos, e as tuas abomina-
ções estarão no meio de ti. Então
sabereis que eu sou o Senhor.
5 Assim diz o Senhor Deus: O
mal! Mal sobre mal, eis que vem.
6 Vem o fim, o fim vem, despertou-
-se contra ti; eis que vem.
7 Vem a tua ruína, ó habitante
da terra. Vem o tempo; chegado
é o dia da turbação, e não da ale-
gria, sobre os montes.
8 Depressa derramarei o meu fu-
ror sobre ti, e cumprirei a minha
ira contra ti, e te julgarei confor-
me os teus caminhos, e porei so-
bre ti todas as tuas abominações.
9 Não te pouparei nem terei pieda-
de; conforme os teus caminhos, as-
sim te punirei, e as tuas abomina-
ções estarão no meio de ti. Então
sabereis que eu, o Senhor, castigo.
10 Eis o dia! Eis que vem! Veio a
tua ruína, já floresceu a vara, re-
verdeceu a soberba!
11 A violência se levantou em
vara de impiedade; nada restará
deles, ninguém da sua multidão,
nada dos seus bens. Não haverá
lamentação por eles.
12 Vem o tempo, é chegado o dia.
O que compra não se alegre, e o
que vende não se entristeça, pois
a ira ardente está sobre toda a
multidão deles.
13 O que vende não tornará a pos-
suir o que vendeu, ainda que es-
teja entre os viventes, pois a vi-
são não tornará para trás sobre
toda a sua multidão. Por causa da
sua iniquidade, ninguém conser-
vará a sua vida.
14 Já tocaram a trombeta e tudo
prepararam, mas não há quem
vá à peleja, pois sobre toda a sua
multidão está a minha ardente ira.
15 Fora está a espada, dentro es-
tão a peste e a fome; o que estiver
no campo morrerá à espada, e o
que estiver na cidade a fome e a
peste o consumirão.
16 Se escaparem alguns sobre-
viventes, estarão pelos montes,
como pombas dos vales, todos
gemendo, cada um por causa da
sua maldade.
17 Todas as mãos se enfraque-
cerão, e todos os joelhos destila-
rão águas.
18 Eles se cobrirão de pano de
saco, e o temor os cobrirá; sobre
todos os rostos haverá vergonha,
e sobre todas as cabeças, calvície.
19 A sua prata lançarão pelas ruas,
e o seu ouro será como imundí-
cia. A sua prata e o seu ouro não
os poderá livrar no dia do furor
do Senhor. Eles não poderão sa-
ciar a sua fome e encher o seu es-
tômago, porque serviram de tro-
peço da sua maldade.
20 Tinham orgulho das suas joias
preciosas, e as usaram para fazer
seus ídolos detestáveis e suas ima-
gens de abominações. Por isso,
eu as farei para eles como coi-
sas imundas.
21 Eu a entregarei nas mãos dos
estranhos por presa, e aos ímpios

da terra por despojo, e a profa-
narão.
22 Desviarei deles o meu rosto,
e profanarão o meu lugar ocul-
to; entrarão nele saqueadores e
o profanarão.
23 Faze uma cadeia, porque a ter-
ra está cheia de crimes de sangue
e a cidade está cheia de violência.
24 Farei vir os piores de entre as
nações, e possuirão as suas casas;
farei cessar a arrogância dos va-
lentes, e os seus lugares santos
serão profanados.
25 Vem a destruição; eles buscarão
a paz, mas não haverá nenhuma.
26 Miséria sobre miséria virá, e
se levantará rumor sobre rumor.
Buscarão do profeta uma visão;
do sacerdote perecerá a lei e dos
anciãos o conselho.
27 O rei se lamentará, o prínci-
pe se vestirá de desespero, e as
mãos do povo da terra tremerão.
Conforme o seu caminho lhes fa-
rei, e com os seus próprios juízos
os julgarei. Então saberão que eu
sou o Senhor.

A idolatria no santuário

8 No sexto ano, no sexto mês,
no quinto dia do mês, estando
eu assentado na minha casa, e os
anciãos de Judá assentados dian-
te de mim, ali a mão do Senhor
Deus caiu sobre mim.
2 Olhei e vi uma semelhança como
aparência de fogo; desde os seus
lombos, e para baixo, era fogo e
dos seus lombos para cima como
aspecto de resplendor, como o bri-
lho de metal.
3 Estendeu a forma de uma mão
e me tomou pelos cabelos da ca-
beça; o Espírito me levantou en-
tre a terra e o céu e me trouxe a
Jerusalém em visões de Deus,
até a entrada da porta do pátio
de dentro, que olha para o nor-
te, onde estava colocada a ima-
gem que provoca ciúme.
4 E a glória do Deus de Israel es-
tava ali, conforme a semelhança
que eu tinha visto no vale.
5 Então ele me disse: Filho do ho-
mem, levanta agora os teus olhos
para o caminho do norte. Levantei
os meus olhos para o caminho do
norte e vi que do lado do norte,
à porta do altar, estava esta ima-
gem de ciúmes, à entrada.
6 E ele me disse: Filho do homem,
vês tu o que eles estão fazendo? As
grandes abominações que a nação
de Israel faz aqui, a fim de afastar-
-me do meu santuário? Pois verás
ainda maiores abominações.
7 Então ele me levou à porta do
átrio; olhei e vi um buraco na
parede.
8 Ele me disse: Filho do homem,
cava agora naquela parede. Cavei
na parede e vi uma porta.
9 Então me disse: Entra e vê as
terríveis abominações que eles
fazem aqui.
10 Entrei e vi toda forma de répteis,
de animais abomináveis e de todos
os ídolos da nação de Israel, pinta-
dos na parede em redor.
11 Setenta homens dos anciãos da
nação de Israel, com Jaazanias,
filho de Safã, que se achava no
meio deles, estavam em pé dian-
te das pinturas. Cada um tinha
na mão o seu incensário, e subia
uma espessa nuvem de incenso.
12 Então me disse: Viste, filho do
homem, o que os anciãos da na-
ção de Israel fazem nas trevas,
cada um nas suas câmaras pin-
tadas de imagens? E eles dizem:
O Senhor não nos vê; o Senhor
abandonou a terra.

13 De novo, ele me disse: Tornarás
a ver ainda maiores abominações
do que as que estes fazem.
14 Então ele me levou à entrada
da porta da casa do Senhor, que
está do lado do norte, e vi ali mu-
lheres assentadas chorando por
Tamuz.
15 Ele me disse: Viste, filho do ho-
mem? Verás ainda abominações
maiores do que estas.
16 Ele me levou ao átrio interior
da casa do Senhor, e vi à entrada
do templo do Senhor, entre o pór-
tico e o altar, cerca de vinte e cinco
homens. De costas para o templo
do Senhor e com os rostos para o
Oriente, eles se prostravam dian-
te do sol, virados para o Oriente.
17 Então me disse: Viste, filho do
homem? É coisa de pouca impor-
tância para a casa de Judá o fa-
zerem as abominações que fazem
aqui? Devem ainda encher a ter-
ra de violência e continuamente
provocar-me à ira? Ei-los a che-
gar o ramo ao seu nariz.
18 Pelo que também eu os trata-
rei com furor; não olharei com
piedade para eles nem os pou-
parei. Ainda que me gritem aos
ouvidos com grande voz, eu não
os ouvirei.

A morte dos idólatras

9 Então ouvi que gritava com
grande voz: Trazei os inten-
dentes da cidade, cada um com as
suas armas destruidoras na mão.
2 E vi seis homens que vinham
da direção da porta alta, que olha
para o norte, cada um com as suas
armas destruidoras na mão, e en-
tre eles um homem vestido de li-
nho, com um tinteiro de escrivão
à cintura; entraram e se puseram
junto ao altar de bronze.
3 A glória do Deus de Israel se le-
vantou do querubim sobre o qual
estava e foi até a entrada da casa.
Então clamou o Senhor ao ho-
mem vestido de linho, que tinha
o tinteiro de escrivão à cintura,
4 e lhe disse: Passa pelo meio da
cidade, pelo meio de Jerusalém,
e marca com um sinal as testas
dos homens que suspiram e ge-
mem por causa de todas as abo-
minações que se cometem no
meio dela.
5 Enquanto eu escutava, ele dis-
se: Passai pela cidade após ele e
feri, não tenha dó, nem piedade.
6 Matai velhos, jovens, virgens, me-
ninos e mulheres, até extermi ná-
-los, mas a todo homem que tiver
o sinal não vos chegueis. Começai
pelo meu santuário. E começaram
pelos homens mais velhos que
estavam diante da casa.
7 Então ele lhes disse: Contaminai
o templo, e enchei os átrios de
mortos. Ide! E foram e puseram-
-se a ferir a cidade.
8 Havendo-os eles ferido, e fican-
do eu de resto, caí sobre a minha
face e clamei, dizendo: Ah! Senhor
Deus! Destruirás todo o restante
de Israel, derramando a tua in-
dignação sobre Jerusalém?
9 Ele me respondeu: A malda-
de da nação de Israel e de Judá é
grandíssima, e a terra se encheu
de sangue, e a cidade se encheu de
perversidade. Eles dizem: O Senhor
deixou a terra; o Senhor não vê.
10 Também quanto a mim, não
olharei para eles com piedade
nem me compadecerei, mas so-
bre a cabeça deles farei recair o
seu caminho.
11 Então o homem que estava
vestido de linho, em cuja cintu-
ra estava o tinteiro, tornou com

a resposta, dizendo: Fiz como me
mandaste.

A glória retira-se do templo

10 Olhei e vi, no firmamen-
to que estava por cima da
cabeça dos querubins, aparecer
sobre eles uma como pedra de
safira, semelhante em forma a
um trono.
2 Disse o Senhor ao homem ves-
tido de linho: Vai por entre as
rodas, até debaixo do querubim,
e enche as tuas mãos de brasas
acesas dentre os querubins e es-
palha-as sobre a cidade. Ele en-
trou à minha vista.
3 Os querubins estavam ao lado
direito do templo, quando entrou
o homem, e uma nuvem encheu o
átrio interior.
4 Então se levantou a glória do
Senhor de sobre o querubim e foi
para a entrada do templo. Encheu-
-se o templo de uma nuvem, e o
átrio se encheu do resplendor da
glória do Senhor.
5 O ruído das asas dos querubins
se ouvia no átrio exterior, como a
voz do Deus todo-poderoso, quan-
do fala.
6 **D**ando ele ordem ao homem ves-
tido de linho: Toma fogo dentre
as rodas, dentre os querubins, ele
entrou e se pôs junto às rodas.
7 Então um querubim estendeu
a sua mão de entre os querubins
para o fogo que estava entre eles;
tomou dele e o pôs nas mãos do
que estava vestido de linho, o qual
o tomou e saiu.
8 Apareceu nos querubins uma
semelhança de mão de homem
debaixo das suas asas.
9 **E**ntão olhei e vi quatro rodas jun-
to aos querubins, uma roda junto a
um querubim, e outra roda junto
a outro querubim; o aspecto das
rodas era como o brilho do berilo.
10 Quanto ao seu aspecto, as qua-
tro tinham uma mesma semelhan-
ça, como se estivera uma roda
dentro de outra roda.
11 Andando eles, andavam elas
pelos seus quatro lados; não se
viravam quando andavam, mas
para o lugar para onde olhava a
cabeça, para esse andavam. Não
se viravam quando andavam.
12 Todo o seu corpo, e as suas cos-
tas, e as suas mãos, e as suas asas,
e as rodas, as rodas que os quatro
tinham, estavam cheias de olhos
em redor.
13 Quanto às rodas, ouvi que fo-
ram chamadas giradoras.
14 Cada um dos seres viventes ti-
nha quatro rostos; o rosto do pri-
meiro era rosto de querubim, o
rosto do segundo era rosto de ho-
mem, o do terceiro era rosto de
leão e do quarto, rosto de águia.
15 **O**s querubins se elevaram
ao alto. São estes os mesmos se-
res viventes que vi junto ao rio
Quebar.
16 Andando os querubins, anda-
vam as rodas juntamente com eles;
levantando os querubins as suas
asas, para se elevarem de sobre
a terra, também as rodas não se
separavam deles.
17 Parando eles, paravam elas;
elevando-se eles, elevavam-se
elas, porque o espírito de vida
estava nelas.
18 **E**ntão saiu a glória do Senhor
da entrada do templo, e parou so-
bre os querubins.
19 Os querubins alçaram as suas
asas e se elevaram da terra à mi-
nha vista quando saíram acompa-
nhados pelas rodas; pararam à en-
trada da porta oriental do templo

do Senhor, e a glória do Deus de
Israel estava no alto, sobre eles.
20 São estes os seres viventes que
vi debaixo do Deus de Israel, junto ao rio Quebar, e percebi que
eram querubins.
21 Cada um tinha quatro rostos
e cada um quatro asas, e a semelhança de mãos de homem debaixo das suas asas.
22 A semelhança dos seus rostos
era a dos rostos que eu tinha visto junto ao rio Quebar; tinham o mesmo aspecto, eram os mesmos seres. Cada um andava em linha reta para frente.

O juízo dos chefes de Israel

11 Então o Espírito me levantou e me levou à porta oriental do templo do Senhor, que olha para o Oriente. Vinte e cinco homens estavam à entrada da porta, e no meio deles vi a Jaazanias, filho de Azur, e a Pelatias, filho de Benaia, chefes do povo.
2 Disse-me o Senhor: Filho do homem, estes são os homens que maquinam a iniquidade e dão ímpio conselho nesta cidade.
3 Eles dizem: Não está próximo
o tempo de construir casas; esta cidade é a panela, e nós a carne.
4 Portanto, profetiza contra eles;
profetiza, ó filho do homem.
5 Então o Espírito do Senhor
caiu sobre mim e disse-me: Fala: Assim diz o Senhor: Assim tendes dito, ó nação de Israel, mas conheço as coisas que vos entram na mente.
6 Multiplicastes os vossos mortos
nesta cidade, enchestes as suas ruas de mortos.
7 Portanto, assim diz o Senhor
Deus: Vossos mortos, que deitastes no meio dela, são a carne, e ela é a panela; a vós, porém, vos tirarei do meio dela.
8 Temestes a espada, a espada
trarei sobre vós, diz o Senhor Deus.
9 E vos farei sair do meio dela e
vos entregarei na mão de estrangeiros; executarei os meus juízos entre vós.
10 Caireis à espada, e nos confins
de Israel vos julgarei. Então sabereis que eu sou o Senhor.
11 Esta cidade não vos servirá de
panela, nem vós servireis de carne no meio dela; nos confins de Israel vos julgarei.
12 E sabereis que eu sou o Senhor,
pois nos meus estatutos não andastes, nem executastes os meus juízos; antes fizestes conforme os juízos das nações que estão em redor de vós.
13 Ora, profetizando eu, morreu
Pelatias, filho de Benaia. Então caí sobre o meu rosto e clamei com grande voz: Ah! Senhor Deus! Darás tu fim ao resto de Israel?
14 Então veio a mim a palavra
do Senhor:
15 Filho do homem, teus irmãos,
os teus próprios irmãos, os homens de teu parentesco e toda a nação de Israel, todos eles são aqueles a quem os habitantes de Jerusalém disseram: Apartai-vos para longe do Senhor; esta terra se nos deu em possessão.
16 Portanto, dize: Assim diz o
Senhor Deus: Ainda que os tenha lançado para longe entre as nações, e ainda que os tenha espalhado pelas terras, todavia lhes servirei de santuário, por um pouco de tempo, nas terras para onde foram.
17 Portanto, dize: Assim diz o
Senhor Deus: Eu vos ajuntarei do meio dos povos, vos recolherei

das terras para onde fostes lança-
dos e vos darei a terra de Israel.
18 Virão ali e tirarão dela todas
as suas coisas detestáveis e to-
das as suas abominações.
19 Então eu lhes darei um mesmo
coração e um espírito novo porei
dentro deles; tirarei da sua car-
ne o coração de pedra e lhes da-
rei um coração de carne,
20 para que andem nos meus es-
tatutos, guardem os meus juízos
e os executem; eles serão o meu
povo, e eu serei o seu Deus.
21 Quanto, porém, àqueles cujo
coração andar após os seus ídolos
detestáveis e as suas abominações,
eu farei recair nas suas cabeças o
seu caminho, diz o Senhor Deus.
22 Então os querubins elevaram
as suas asas, e as rodas os acom-
panhavam; a glória do Deus de
Israel estava no alto, sobre eles.
23 A glória do Senhor se alçou
desde o meio da cidade e se pôs
sobre o monte que está ao orien-
te da cidade.
24 Depois o Espírito me levan-
tou e me levou em visão, dada
pelo Espírito de Deus, à Caldeia,
para os do exílio. Então se foi de
mim a visão que eu tinha visto,
25 e falei aos do exílio todas as
coisas que o Senhor me tinha
mostrado.

O símbolo do exílio

12 Veio a mim a palavra do
Senhor:
2 Filho do homem, tu habitas no
meio da nação rebelde, que tem
olhos para ver e não vê, tem ou-
vidos para ouvir e não ouve, pois
é nação rebelde.
3 Tu, pois, ó filho do homem, pre-
para a bagagem de exílio, e de dia
sai, à vista deles, para o exílio;
do teu lugar mudarás para ou-
tro lugar à vista deles. Bem pode
ser que reparem nisso, ainda que
eles sejam nação rebelde.
4 À vista deles tirarás para fora,
de dia, os teus pertences, como
para mudança; então tu sairás
de tarde à vista deles, como quem
vai para o exílio.
5 Faze para ti, à vista deles, um
buraco na parede e sai por ali.
6 À vista deles aos ombros levarás
os teus pertences, e às escuras os
tirarás, e cobrirás o teu rosto, para
que não vejas a terra, pois te dei
por sinal à nação de Israel.
7 Fiz assim, como se me deu or-
dem: os meus pertences tirei para
fora de dia, como para o exílio.
Então à tarde com as mãos abri
para mim um buraco na pare-
de; às escuras eu saí, e aos om-
bros transportei a bagagem à
vista deles.
8 Veio a mim a palavra do Senhor,
pela manhã:
9 Filho do homem, não te pergun-
tou a nação de Israel, aquela na-
ção rebelde: Que fazes tu?
10 Dize-lhes: Assim diz o Senhor
Deus: Este oráculo refere-se ao
príncipe em Jerusalém e a toda
a nação de Israel, que está no
meio dela.
11 Dize: Eu sou o vosso sinal: Assim
como eu fiz, assim se lhes fará a
eles; irão cativos para o exílio.
12 O príncipe que está no meio
deles levará aos ombros e às es-
curas os pertences e sairá; ele
fará um buraco na parede e sai-
rá por ele. O seu rosto cobrirá,
para que com os seus olhos não
veja a terra.
13 Também estenderei a minha
rede sobre ele, e será apanhado
no meu laço; eu o levarei para

Babilônia, para a terra dos caldeus, mas ele não a verá, ainda que ali venha a morrer.
14 Todos os que estiverem ao redor dele para seu socorro e todas as suas tropas espalharei aos ventos; desembainharei a espada atrás deles.
15 Assim saberão que eu sou o Senhor, quando eu os dispersar entre as nações e os espalhar pelas terras.
16 Deles, porém, pouparei alguns poucos da espada, da fome e da peste para que contem todas as suas abominações entre as nações para onde forem. Então saberão que eu sou o Senhor.
17 Veio a mim a palavra do Senhor:
18 Filho do homem, o teu pão comerás com tremor, e a tua água beberás com estremecimento e com receio,
19 e dirás ao povo da terra: Assim diz o Senhor Deus acerca dos habitantes de Jerusalém, na terra de Israel: O seu pão comerão com receio, e a sua água beberão com susto, pois a sua terra será roubada de sua abundância, por causa da violência de todos os que nela habitam.
20 As cidades habitadas serão devastadas, e a terra se tornará em desolação. Então sabereis que eu sou o Senhor.
21 Veio ainda a mim a palavra do Senhor:
22 Filho do homem, que provérbio é este que vós tendes na terra de Israel: Passam-se os dias, e perece toda a visão?
23 Portanto, dize-lhes: Assim diz o Senhor Deus: Farei cessar este provérbio, e não se servirão mais dele em Israel. Dize-lhes: Estão próximos os dias em que toda visão será cumprida.
24 Pois não haverá mais visão falsa, nem adivinhação lisonjeira, no meio da nação de Israel.
25 Eu, porém, o Senhor, falarei, e a palavra que eu falar se cumprirá sem demora. Pois em vossos dias, ó nação rebelde, falarei uma palavra e a cumprirei, diz o Senhor Deus.
26 Veio a mim a palavra do Senhor:
27 Filho do homem, os da nação de Israel dizem: A visão que este vê é para muitos dias, e ele profetiza de tempos que estão longe.
28 Portanto dize-lhes: Assim diz o Senhor Deus: Não sofrerá mais demora nenhuma das minhas palavras; a palavra que falei se cumprirá, diz o Senhor Deus.

A condenação dos profetas falsos

13 Veio a mim a palavra do Senhor:
2 Filho do homem, profetiza contra os profetas de Israel que agora estão profetizando. Dize aos que só profetizam o que vê o seu coração: Ouvi a palavra do Senhor:
3 Assim diz o Senhor Deus: Ai dos profetas loucos, que seguem o seu próprio espírito e coisas que não viram!
4 Os teus profetas, ó Israel, são como raposas nos desertos.
5 Não subistes às brechas, nem fizestes muros para a nação de Israel, para que ela permaneça firme na peleja no dia do Senhor.
6 Viram vaidade e adivinhação mentirosa os que dizem: O Senhor diz, quando o Senhor não os enviou; contudo esperam o cumprimento da palavra.
7 Não tivestes visão falsa e não falastes adivinhação mentirosa quando dissestes: O Senhor diz, quando eu tal não falei?

8 **P**ortanto, assim diz o Senhor
Deus: Como falais falsidade e ten-
des visão mentirosa, eu sou con-
tra vós, diz o Senhor Deus.
9 A minha mão será contra os pro-
fetas que têm visões falsas e que
adivinham mentira; na congre-
gação do meu povo não estarão,
nem serão inscritos nos registros
da nação de Israel, nem entrarão
na terra de Israel. Então sabereis
que eu sou o Senhor Deus.
10 Visto que andam enganando o
meu povo, dizendo: Paz, não haven-
do paz, e, quando se edifica a pare-
de, rebocam-na de argamassa fraca,
11 portanto dize aos que a rebo-
cam de argamassa fraca que ela
cairá. Haverá uma chuva torren-
cial, e grandes pedras de saraiva
cairão, e um vento tempestuoso a
fenderá.
12 Caindo a parede, não vos per-
guntarão: Onde está o reboco de
que a rebocastes?
13 Por isso, assim diz o Senhor
Deus: Um vento tempestuoso a
fenderá no meu furor, e uma chu-
va torrencial haverá na minha
ira, e grandes pedras de sarai-
va na minha indignação, para a
consumir.
14 Derrubarei a parede que re-
bocastes de argamassa fraca e a
derrubarei por terra; o seu fun-
damento se descobrirá. Quando
ela cair, perecereis no meio dela,
e sabereis que eu sou o Senhor.
15 Assim cumprirei o meu furor
contra a parede e contra os que
a rebocam de argamassa fraca, e
vos direi: A parede já não existe,
nem aqueles que a rebocaram,
16 aqueles profetas de Israel que
profetizaram de Jerusalém e ti-
veram visão de paz para ela, não
havendo paz, diz o Senhor Deus.
17 **Q**uanto a ti, ó filho do homem,
volta o teu rosto contra as filhas
do teu povo, que profetizam de
seu coração, profetiza contra elas,
18 e dize: Assim diz o Senhor Deus:
Ai das que costuram pulseiras má-
gicas para todos os braços e que
fazem véus de diferentes compri-
mentos para suas cabeças, a fim
de caçarem as almas! Caçareis as
almas do meu povo mas preser-
vareis as vossas próprias?
19 E vós me profanastes entre o
meu povo em troca de punhados
de cevada e pedaços de pão, para
matardes as almas que não ha-
viam de morrer e para guardar-
des vivas as almas que não ha-
viam de viver, mentindo assim
ao meu povo que escuta mentiras.
20 **P**or isso, assim diz o Senhor
Deus: Aí vou eu contra as vossas
pulseiras mágicas, com que vós ali
caçais as almas como aves, e as ar-
rancarei de vossos braços; soltarei
as almas que vós caçais como aves.
21 Rasgarei os vossos véus e livra-
rei o meu povo das vossas mãos;
nunca mais estará ao vosso alcan-
ce para ser caçado. Então sabe-
reis que eu sou o Senhor.
22 Visto que entristecestes o co-
ração do justo com falsidade, não
o havendo eu entristecido, e for-
talecestes as mãos do ímpio, para
que não se desviasse do seu mau
caminho e vivesse,
23 não tereis visões falsas nem
mais fareis adivinhações. Eu li-
vrarei o meu povo das vossas
mãos. E então sabereis que eu
sou o Senhor.

A condenação dos idólatras

14 Vieram a mim alguns ho-
mens dos anciãos de Israel
e se assentaram diante de mim.

2 Então veio a mim a palavra do Senhor:

3 Filho do homem, estes homens levantaram os seus ídolos no coração, e o tropeço da sua maldade puseram diante da sua face. Devo eu de alguma maneira ser interrogado por eles?

4 Ora, dize-lhes: Assim diz o Senhor Deus: Qualquer homem da nação de Israel que levantar os seus ídolos no seu coração, puser o tropeço da sua maldade diante da sua face e vier ao profeta, eu, o Senhor, vindo ele, lhe responderei conforme a multidão dos seus ídolos.

5 Farei isso para que possa apanhar a nação de Israel no seu próprio coração, porque todos se apartaram de mim para seguirem os seus ídolos.

6 Por isso, dize à nação de Israel: Assim diz o Senhor Deus: Convertei-vos! Deixai os vossos ídolos e desviai os vossos rostos de todas as vossas abominações.

7 Quando qualquer homem da nação de Israel, ou dos estrangeiros que peregrinam em Israel, se separar de mim e levantar os seus ídolos no seu coração, puser o tropeço da sua maldade diante do seu rosto e vier ao profeta, para me consultar por meio dele, a esse, eu, o Senhor, responderei por mim mesmo.

8 Porei o meu rosto contra o tal homem e o farei um espanto, um sinal e um provérbio. Eu o arrancarei do meio do meu povo. Então sabereis que eu sou o Senhor.

9 E, se o profeta for enganado e falar alguma coisa, eu, o Senhor, persuadirei esse profeta, estenderei a minha mão contra ele e o destruirei do meio do meu povo Israel.

10 Levarão a sua culpa: o profeta será tão culpado quanto aquele que o consulta.

11 Então a nação de Israel não se desviará mais de mim nem se contaminará mais com todas as suas transgressões. Eles serão o meu povo, e eu serei o seu Deus, diz o Senhor Deus.

O juízo é inevitável

12 Veio a mim a palavra do Senhor:

13 Filho do homem, quando uma terra pecar contra mim, sendo infiel, então estenderei a minha mão contra ela e tornarei instável o sustento do pão, e enviarei contra ela fome, e arrancarei dela homens e animais;

14 ainda que estivessem no meio dela estes três homens: Noé, Daniel e Jó, eles pela sua justiça livrariam apenas a sua vida, diz o Senhor Deus.

15 Se eu enviar pela terra animais selvagens, e eles a assolarem, e ela ficar desolada de sorte que ninguém possa passar por ela por causa dos animais,

16 ainda que esses três homens estivessem no meio dela, tão certo como eu vivo, diz o Senhor Deus, nem a filhos nem a filhas livrariam. Só eles ficariam livres; a terra, porém, seria assolada.

17 Ou, se eu trouxer a espada contra tal terra e disser: Espada, passa pela terra; e eu arrancar dela homens e animais,

18 ainda que esses três homens estivessem nela, tão certo como eu vivo, diz o Senhor Deus, nem filhos nem filhas livrariam. Só eles ficariam livres.

19 Ou se eu enviar a peste sobre a tal terra e derramar o meu furor sobre ela com sangue, para arrancar dela homens e animais,

20 ainda que Noé, Daniel e Jó es-
tivessem no meio dela, tão certo
como eu vivo, diz o Senhor Deus,
nem filho nem filha eles livrariam.
Eles só livrariam a sua própria
vida pela sua justiça.
21 Pois assim diz o Senhor Deus:
Quanto pior será se eu enviar os
meus quatro maus juízos: a espa-
da, a fome, os animais selvagens e
a peste contra Jerusalém, para ex-
terminar dela homens e animais?
22 Alguns, porém, restarão nela,
os quais serão levados para fora,
assim filhos como filhas. Eles vi-
rão a vós, e, quando virdes o seu
caminho e os seus feitos, ficareis
consolados do mal que eu trouxe
sobre Jerusalém e de tudo o que
trouxe sobre ela.
23 Sereis consolados quando vir-
des o seu caminho e os seus fei-
tos, pois sabereis que não fiz sem
razão tudo o que fiz nela, diz o
Senhor Deus.

Jerusalém, uma videira inútil

15 Veio a mim a palavra do
Senhor:
2 Filho do homem, em que é o pau
da videira melhor que qualquer
outra árvore do bosque?
3 Toma-se dele madeira para fa-
zer alguma obra? Ou toma-se dele
alguma estaca, para se lhe pen-
durar algum traste?
4 E depois que é lançado no fogo,
para ser consumido, ambas as
suas extremidades consome o
fogo, e o meio dele fica também
queimado; serviria, pois, para al-
guma obra?
5 Se quando estava inteiro não
servia para obra alguma, quan-
to menos estando consumido ou
carbonizado pelo fogo, se faria
dele qualquer obra?
6 Portanto, assim diz o Senhor
Deus: Como a videira entre as
árvores do bosque, que entre-
guei ao fogo para que seja con-
sumida, assim entregarei os ha-
bitantes de Jerusalém.
7 Porei a minha face contra eles.
Embora possam sair do fogo, o
fogo ainda os consumirá. E, quan-
do eu tiver posto a minha face
contra eles, sabereis que eu sou
o Senhor.
8 Tornarei a terra em desola-
ção, porque foram infiéis, diz o
Senhor Deus.

Alegoria da Jerusalém infiel

16 Veio a mim a palavra do
Senhor:
2 Filho do homem, faze conhecer
a Jerusalém as suas abominações
3 e dize: Assim diz o Senhor Deus
a Jerusalém: A tua origem e o teu
nascimento procedem da terra
dos cananeus; teu pai era amor-
reu e a tua mãe heteia.
4 Quanto ao teu nascimento, no
dia em que nasceste não te foi
cortado o umbigo, nem foste la-
vada com água, para tua purifi-
cação; tampouco foste esfregada
com sal nem envolta em faixas.
5 Não se compadeceu de ti olho
algum, para te fazer alguma des-
sas coisas; antes foste lançada em
pleno campo, pelo nojo de ti, no
dia em que tu nasceste.
6 Passando eu por ti, vi-te banha-
da no teu sangue e te disse: Ainda
que estejas no teu sangue, vive;
sim, disse-te: Ainda que estejas
no teu sangue, vive.
7 Eu te fiz multiplicar como o
renovo do campo, e cresceste e
te engrandeceste, e alcançaste
grande formosura. Formaram-
-se os teus seios e cresceu o teu

cabelo; contudo estavas nua e
descoberta.
8 Passando eu por ti, olhei e vi que
o teu tempo era tempo de amores;
estendi sobre ti as abas do meu
manto e cobri a tua nudez. Dei-
-te juramento e entrei em alian-
ça contigo, diz o Senhor Deus, e
tu ficaste sendo minha.
9 Então te lavei com água, te en-
xuguei do teu sangue e te ungi
com óleo.
10 Eu te vesti de roupas bordadas
e te calcei com peles de animais
marinhos, e te cingi de linho fino
e te cobri de seda.
11 Eu te adornei com enfeites,
pus braceletes em tuas mãos e
um colar no teu pescoço,
12 e te pus uma joia na testa, pen-
dentes nas orelhas e uma linda
coroa na cabeça.
13 Assim foste adornada com
ouro e prata; o teu vestido foi de
linho fino, e de seda e de borda-
dos. Nutriste-te de flor de fari-
nha, de mel e óleo; foste formosa
em extremo e próspera, até che-
gares a ser rainha.
14 Correu a tua fama entre as
nações, por causa da tua formo-
sura, pois era perfeita, por cau-
sa da minha glória que eu tinha
posto sobre ti, diz o Senhor Deus.
15 Confiaste na tua formosura, po-
rém, e te corrompeste por causa
da tua fama; derramaste as tuas
prostituições a todo o que passa-
va, para seres dele.
16 Tomaste dos teus vestidos e
fizeste lugares altos adornados
de diversas cores, e te prostituís-
te sobre eles. Tais coisas não de-
viam ter acontecido nem hão de
novamente acontecer.
17 Tomaste as tuas joias de en-
feite, que eu te dei do meu ouro
e da minha prata, e fizeste ima-
gens de homens e te prostituís-
te com elas.
18 E tomaste os teus vestidos bor-
dados e as cobriste; o meu óleo
e o meu perfume puseste dian-
te delas.
19 O meu pão que te dei, a flor de
farinha, o óleo e o mel, com que
eu te sustentava, também puses-
te diante delas em aroma suave.
Foi isso o que aconteceu, diz o
Senhor Deus.
20 Além disso, tomaste teus filhos
e tuas filhas, que por mim gera-
ras, e os sacrificaste a elas, para
serem consumidos. Acaso é pe-
quena a tua prostituição?
21 Mataste meus filhos e os en-
tregaste a elas para os fazerem
passar pelo fogo.
22 Em todas as tuas abominações,
nas tuas prostituições, não te lem-
braste dos dias da tua juventude,
quando estavas nua e descoberta,
e banhada no teu sangue.
23 Ai, ai de ti! diz o Senhor Deus.
Além de toda a tua maldade,
24 edificaste uma câmara aboba-
dada, e fizeste lugares altos por
todas as ruas.
25 A cada canto do caminho edifi-
caste o teu lugar alto e fizeste abo-
minável a tua formosura; alargaste
os teus pés a todo o que passava e
multiplicaste as tuas prostituições.
26 Também te prostituíste com
os filhos do Egito, teus vizinhos,
grandemente carnais, e multi-
plicaste a tua prostituição, pro-
vocando-me à ira.
27 Pelo que estendi a minha mão
contra ti e diminuí o teu territó-
rio; entreguei-te à vontade das
que te odeiam, às filhas dos filis-
teus, as quais se envergonhavam
do teu caminho depravado.

28 Também te prostituíste com
os filhos da Assíria, porque eras
insaciável; prostituindo-te com
eles, nem ainda assim te fartaste,
29 antes multiplicaste as tuas
prostituições até no país dos co-
merciantes, a Caldeia, e ainda
com isso não te fartaste.
30 Quão fraco é o teu coração, diz
o Senhor Deus, fazendo tu todas
essas coisas, obra de meretriz des-
carada!
31 Edificando a tua câmara aboba-
dada no canto de cada caminho, e
fazendo o teu lugar alto em cada
rua, não foste sequer como a me-
retriz, pois desprezaste a paga.
32 Foste como a mulher adúlte-
ra que, em lugar de seu marido,
recebe os estranhos.
33 A todas as meretrizes se dá paga,
mas tu dás presentes a todos os teus
amantes, subornando-os para que
venham a ti de todas as partes, pe-
las tuas prostituições.
34 Assim que contigo sucede o
contrário de outras mulheres nas
tuas prostituições, pois após ti não
andam para prostituição; porque
tu dás o pagamento e nada recebe.
35 Portanto, ó meretriz, ouve a
palavra do Senhor.
36 Assim diz o Senhor Deus: Visto
que se derramou o teu dinheiro e
se descobriu a tua nudez nas tuas
prostituições com os teus amantes,
como também com todos os ídolos
das tuas abominações, e no san-
gue de teus filhos que lhes deste,
37 eu ajuntarei todos os teus aman-
tes, com os quais te misturaste,
como também todos os que amaste,
com todos os que aborreceste, eu
os ajuntarei contra ti em redor
e descobrirei a tua nudez dian-
te deles, para que vejam toda a
tua nudez.
38 Eu te julgarei como são jul-
gadas as adúlteras e as que der-
ramam sangue; te entregarei ao
sangue de furor e de ciúme.
39 Eu te entregarei nas suas mãos,
e eles derrubarão a tua câmara
abobadada e os teus altos lugares;
te despirão dos teus vestidos, e
tomarão as tuas joias de enfeite
e te deixarão nua e descoberta.
40 Então farão subir contra ti um
ajuntamento, te apedrejarão com
pedras e te trespassarão com as
suas espadas.
41 Destruirão as tuas casas a fogo
e executarão juízos contra ti, aos
olhos de muitas mulheres. Darei
fim às tuas prostituições, e paga
não darás mais aos teus amantes.
42 Assim o meu furor diminuirá,
e os meus ciúmes se desviarão de
ti; também me aquietarei e nun-
ca mais me indignarei.
43 Visto que não te lembraste dos
dias da tua juventude e me pro-
vocaste à ira com tudo isso, eu
certamente farei recair o teu ca-
minho sobre a tua cabeça, diz o
Senhor Deus. Não acrescentaste
esta infidelidade a todas as tuas
abominações?
44 Todo o que usa de provérbios
usará contra ti este provérbio, di-
zendo: Qual a mãe, tal é a sua filha.
45 És tu a filha de tua mãe, que
tinha nojo de seu marido e de seus
filhos; tu és a irmã de tuas irmãs,
que tinham nojo de seus maridos
e de seus filhos. Vossa mãe foi
heteia, e vosso pai, amorreu.
46 Tua irmã mais velha é Samaria,
ela e suas filhas, que habitam à
tua esquerda; tua irmã mais nova
que habita à tua mão direita, é
Sodoma e suas filhas.
47 Todavia não andaste nos seus
caminhos nem fizeste conforme

as suas abominações, mas, como
se isso fosse muito pouco, ainda
te corrompeste mais do que elas,
em todos os teus caminhos.
48 Tão certo como eu vivo, diz o
Senhor Deus, não fez Sodoma,
tua irmã, ela e suas filhas, como
fizeste tu e tuas filhas.
49 Ora, foi esta a maldade de Sodoma,
tua irmã: soberba, fartura de pão
e abundância de ociosidade teve
ela e suas filhas; mas nunca amparou o pobre e o necessitado.
50 Elas se ensoberbeceram e fizeram abominação diante de mim;
pelo que, ao ver isso, tirei-as do
seu lugar.
51 Samaria não cometeu metade
de teus pecados. Multiplicaste as
tuas abominações mais do que
elas, e justificaste a tuas irmãs,
com todas as abominações que
fizeste.
52 Sofre a tua vergonha, tu que
julgaste a tuas irmãs, pelos teus
pecados, que cometeste mais abomináveis do que os delas; mais justas são do que tu. Envergonha-te
logo também e sofre a tua vergonha, pois justificaste a tuas irmãs.
53 Todavia, farei voltar os cativos delas; os cativos de Sodoma e
suas filhas, os cativos de Samaria
e suas filhas, e os cativos do teu
exílio entre elas,
54 para que sofras a tua vergonha e sejas envergonhada por
tudo o que fizeste, dando-lhes tu
consolação.
55 Quando tuas irmãs, Sodoma
e suas filhas e Samaria e suas filhas tornarem ao seu primeiro estado, também tu e tuas filhas tornareis ao vosso primeiro estado.
56 Nem mesmo Sodoma, tua irmã,
foi mencionada pela tua boca, no
dia das tuas soberbas,
57 antes que se descobrisse a tua
maldade, como no tempo do desprezo das filhas da Síria e de todos os que estão ao redor dela, as
filhas dos filisteus, que te desprezam em redor.
58 A tua perversidade e as tuas abominações tu levarás, diz o Senhor.
59 Assim diz o Senhor Deus: Eu te
farei como fizeste, tu que desprezaste o juramento, quebrantando a aliança.
60 Contudo, eu me lembrarei da
aliança que contigo fiz nos dias
da tua juventude, e estabelecerei contigo uma aliança eterna.
61 Então te lembrarás dos teus caminhos e te envergonharás quando receberes tuas irmãs mais velhas do que tu, com as mais novas
do que tu. Eu as darei a ti por filhas, mas não pela tua aliança.
62 Estabelecerei a minha aliança contigo, e saberás que eu sou
o Senhor.
63 Então quando eu te perdoar
tudo o que fizeste, tu te lembrarás e te envergonharás e nunca
mais abrirás a boca, por causa da
tua vergonha, diz o Senhor Deus.

Duas águias e uma videira

17 Veio a mim a palavra do
Senhor:
2 Filho do homem, propõe uma
alegoria e usa de uma parábola
para com a nação de Israel,
3 e dize: Assim diz o Senhor Deus:
Uma grande águia, de grandes
asas, de farta plumagem, cheia
de penas de várias cores, veio ao
Líbano e levou o mais alto ramo
de um cedro.
4 Arrancou a ponta mais alta dos
seus ramos e a trouxe a uma terra de comércio, pondo-a na cidade
de comerciantes.

5 Tomou da semente da terra e a
lançou num campo fértil. Plantou-a
como um salgueiro junto a muitas águas;
6 ela brotou e tornou-se uma videira muito larga, de pouca altura, virando-se para a águia os seus ramos, mas as suas raízes ficaram debaixo dela. Tornou-se uma videira produzindo ramos e brotos.
7 Houve ainda outra grande águia, de grandes asas, e cheia de penas. Esta videira lançou para ela as suas raízes e estendeu para ela os seus ramos, desde o lugar em que estava plantada, para que a regasse.
8 Em boa terra, à beira de muitas águas, estava ela plantada, para produzir ramos e dar fruto, para que fosse videira excelente.
9 Dize: Assim diz o Senhor Deus: Ela prosperará? Não lhe arrancará a águia as suas raízes e não cortará o seu fruto, para que se sequem todas as folhas de seus brotos? Não será necessário nem braço forte, nem muita gente, para arrancá-la pelas raízes.
10 Estando, porém, plantada, prosperará? Tocando-lhe o vento oriental, de todo não se secará? Desde o lugar em que estava plantada se secará.
11 Então veio a mim a palavra do Senhor:
12 Dize agora à nação rebelde: Não sabeis o que significam essas coisas? Dize: Veio o rei de Babilônia a Jerusalém e tomou o seu rei e os seus príncipes, e os levou consigo para Babilônia.
13 Então tomou um membro da família real e fez aliança com ele, sob juramento. E removeu os poderosos da terra,
14 para que o reino ficasse humilhado, e não tivesse condições de se levantar, embora, guardando a sua aliança, pudesse subsistir.
15 Ele, porém, se rebelou contra o rei da Babilônia, enviando os seus mensageiros ao Egito, para que lhe mandassem cavalos e muita gente. Prosperará ou escapará aquele que faz tais coisas? Ou quebrará a aliança e escapará?
16 Tão certo como eu vivo, diz o Senhor Deus, no lugar em que habita o rei que o fez reinar, cujo juramento desprezou e cuja aliança quebrou, sim, com ele no meio de Babilônia certamente morrerá.
17 Faraó, nem com grande exército, nem com uma companhia numerosa, lhe prestará ajuda em guerra, levantando tranqueiras e edificando baluartes, para destruir muitas vidas.
18 Ele desprezou o juramento, quebrantando a aliança. Porque desprezou o juramento e fez todas essas coisas, não escapará.
19 Portanto, assim diz o Senhor Deus: Tão certo como eu vivo, farei recair sobre a sua cabeça o meu juramento que quebrou.
20 Estenderei sobre ele a minha rede, e ele será apanhado no meu laço. Eu o levarei para Babilônia e ali entrarei em juízo com ele pela rebeldia com que se rebelou contra mim.
21 Todos os seus fugitivos, com todas as suas tropas, cairão à espada; os que restarem serão espalhados em todas as direções. Então sabereis que eu, o Senhor, o disse.
22 Assim diz o Senhor Deus: Também eu tomarei o topo do cedro e o plantarei; do principal dos seus renovos cortarei o mais tenro e o plantarei sobre um monte alto e sublime.

23 No monte alto de Israel o plantarei; ele produzirá ramos e dará fruto e se fará um cedro excelente. Habitarão debaixo dele aves de toda espécie; encontrarão abrigo à sombra dos seus ramos.
24 Assim saberão todas as árvores do campo que eu, o Senhor, abati a árvore alta, elevei a árvore baixa, sequei a árvore verde, e fiz reverdecer a árvore seca. Eu, o Senhor, o disse, e o farei.

A alma que pecar, essa morrerá

18 Veio a mim a palavra do Senhor:
2 Que queres dizer vós quando citam este provérbio acerca da terra de Israel:
Os pais comeram uvas verdes,
e os dentes dos filhos é que
se embotaram?
3 Tão certo como eu vivo, diz o Senhor Deus, nunca mais direis este provérbio em Israel.
4 Pois todos são meus; tanto o pai, como o filho são meus. A alma que pecar, essa morrerá.
5 Sendo o homem justo
e fazendo juízo e justiça,
6 não comendo sobre os montes,
nem levantando os seus olhos
para os ídolos da nação
de Israel,
nem contaminando a mulher
do seu próximo,
nem se chegando à mulher
na sua separação;
7 não oprimindo ninguém,
tornando ao devedor
o seu penhor,
não roubando,
dando o seu pão ao faminto
e cobrindo o nu com vestes;
8 não dando o seu dinheiro
à usura,
não recebendo demais,
desviando a sua mão
da injustiça
e fazendo verdadeiro juízo
entre homem e homem;
9 andando nos meus estatutos
e guardando os meus juízos,
para proceder segundo a
verdade,
o tal justo certamente viverá,
diz o Senhor Deus.
10 Se ele gerar um filho ladrão,
derramador de sangue, que
fizer a seu irmão qualquer
uma destas coisas,
11 e não cumprir todos aqueles
deveres,
mas antes comer sobre os
montes
e contaminar a mulher de
seu próximo,
12 oprimir o aflito e
necessitado, praticar roubos,
não devolver o penhor,
levantar os olhos para os
ídolos,
cometer abominação,
13 emprestar com usura e
receber
mais do que emprestou,
viverá?
Não viverá! Porque fez todas essas abominações, certamente será morto, e o seu sangue será sobre ele.
14 Se ele, porém, gerar um filho que veja todos os pecados que seu pai fez e, vendo-os, não cometer coisas semelhantes,
15 não comer carne sacrificada sobre os montes,
não levantar os olhos para
os ídolos da casa de Israel,
não contaminar a mulher de
seu próximo,
16 não oprimir ninguém,
não retiver o penhor, não
roubar,

der o seu pão ao faminto,
cobrir o nu com vestes,
17 desviar do aflito a sua mão,
não receber usura nem mais
do que emprestou,
observar os meus juízos e
andar nos
meus estatutos —
o tal não morrerá pela
maldade de seu pai;
certamente viverá.
18 Seu pai, porque praticou ex-
torsão, roubou os bens do pró-
ximo e fez o que não era bom no
meio de seu povo, morrerá pela
sua própria maldade.
19 Contudo perguntais: Por que
não levará o filho a maldade do
pai? Porque o filho fez juízo e jus-
tiça, guardou todos os meus esta-
tutos e os praticou; por isso, cer-
tamente viverá.
20 Aquele que pecar, esse morre-
rá. O filho não levará a maldade
do pai, nem o pai levará a malda-
de do filho. A justiça do justo fi-
cará sobre ele, e a impiedade do
ímpio cairá sobre ele.
21 Se, porém, o ímpio se con-
verter de todos os seus pecados
que cometeu, e guardar todos
os meus estatutos e fizer juízo e
justiça, certamente viverá; não
morrerá.
22 De todas as suas transgressões
que cometeu não haverá lembran-
ça contra ele. Pela sua justiça que
praticou viverá.
23 Tenho eu alguma satisfação
na morte do ímpio? diz o Senhor
Deus. Não desejo antes que se con-
verta dos seus caminhos e viva?
24 Desviando-se, porém, o justo
da sua justiça e cometendo a ini-
quidade, fazendo conforme todas
as abominações que faz o ímpio,
viverá? De todas as suas justiças
que tiver feito não se fará memó-
ria. Na sua transgressão com que
transgrediu, e no seu pecado com
que pecou, neles morrerá.
25 Dizeis, porém: O caminho do
Senhor não é justo. Ouvi agora, ó
nação de Israel: Não é o meu ca-
minho justo? Não são os vossos
caminhos injustos?
26 Se o justo se desviar da sua jus-
tiça e cometer iniquidade, mor-
rerá por ela; na sua iniquidade
que cometeu morrerá.
27 Convertendo-se, porém, o ím-
pio da impiedade que cometeu,
e praticando o juízo e a justiça,
conservará este a sua vida.
28 Pois se considerar todas as
suas transgressões que cometeu
e se desviar delas, certamente vi-
verá, não morrerá.
29 Contudo, diz a nação de Israel:
O caminho do Senhor não é jus-
to. Não são os meus caminhos
justos, ó nação de Israel? E não
são os vossos caminhos injustos?
30 Portanto, eu vos julgarei, a
cada um conforme os seus ca-
minhos, ó nação de Israel, diz o
Senhor Deus. Vinde e convertei-
-vos de todas as vossas transgres-
sões, e a iniquidade não vos ser-
virá de tropeço.
31 Lançai de vós todas as vossas
transgressões com que trans-
gredistes; criai em vós um co-
ração novo e um espírito novo.
Por que razão morreríeis, ó na-
ção de Israel?
32 Pois não tenho prazer na mor-
te de ninguém, diz o Senhor Deus.
Arrependei-vos e vivei.

Lamento pelos príncipes de Israel

19 Tu levanta uma lamentação
pelos príncipes de Israel
2 e dize: Quem foi tua mãe?

Uma leoa entre leões,
que, deitada entre os
leõezinhos,
criou os seus filhotes.
3 Ela criou um dos seus
filhotinhos,
que veio a ser leãozinho,
e aprendeu a apanhar a
presa e devorou homens.
4 As nações ouviram falar dele,
ele foi apanhado na cova
delas,
e levado com ganchos à
terra do Egito.
5 Vendo que havia esperado,
mas que a sua esperança era
perdida,
ela tomou outro dos seus
filhotes
e fez dele um leãozinho.
6 Este, andando continuamente
no meio dos leões, veio a ser
um leãozinho.
Ele aprendeu a apanhar a
presa e devorou homens.
7 Devastou os seus palácios
e destruiu as suas cidades.
Assolou-se a terra e a
sua plenitude,
ao ouvir o seu rugido.
8 Então se ajuntaram contra ele
as gentes das províncias em
redor.
Estenderam sobre ele
a rede,
e foi apanhado na cova que
elas fizeram.
9 Colocaram-no na prisão com
ganchos e o levaram ao rei de
Babilônia.
Fizeram-no entrar nos
lugares fortes,
para que não se ouvisse
mais a sua voz nos montes
de Israel.
10 Tua mãe era como uma
videira na tua vinha,
plantada junto às águas;
ela frutificou e encheu-se
de ramos,
por causa das muitas águas.
11 Tinha varas fortes
para cetros de dominadores.
Ela cresceu e elevou-se a sua
estatura entre os espessos
ramos,
e foi vista na sua altura
com a multidão dos seus
ramos.
12 Contudo, foi arrancada com
furor,
foi abatida até a terra.
O vento oriental secou o seu
fruto;
quebraram-se e secaram-se
as suas fortes varas, e o
fogo as consumiu.
13 Agora ela está plantada no
deserto,
numa terra seca e sedenta.
14 De uma vara dos seus ramos
saiu fogo
que consumiu o seu fruto,
de maneira que já não há
nela
nenhuma vara forte que sirva
de cetro para dominar.
Esta é a lamentação, e como
lamentação servirá.

O Israel rebelde

20 No sétimo ano, no quinto
mês, aos dez do mês, vie-
ram alguns dos anciãos de Israel
para consultar o Senhor, e assen-
taram-se diante de mim.
2 Então veio a mim a palavra do
Senhor:
3 Filho do homem, fala aos anciãos
de Israel e dize-lhes: Assim diz o
Senhor Deus: Vós vindes consul-
tar-me? Tão certo como eu vivo,
diz o Senhor Deus, vós não me
consultareis.

4 Acaso tu os julgarias, ó filho do
homem? Por acaso os julgarias?
Faze-lhes saber as abominações
de seus pais
5 e dize-lhes: Assim diz o Senhor
Deus: No dia em que escolhi Israel,
levantei a minha mão para a descendência da família de Jacó e me
revelei a eles na terra do Egito;
levantei a minha mão para eles,
dizendo: Eu sou o Senhor, o vosso Deus.
6 Naquele dia, levantei a minha
mão para eles, jurando tirá-los
da terra do Egito para uma terra que tinha previsto para eles,
na qual manam leite e mel, e é a
glória de todas as terras.
7 Então lhes disse: Cada um lance de si as abominações dos seus
olhos, e não vos contamineis com
os ídolos do Egito. Eu sou o Senhor,
o vosso Deus.
8 No entanto, rebelaram-se contra mim e não me quiseram ouvir;
ninguém lançava de si as abominações dos seus olhos, nem deixava os ídolos do Egito. Então eu
disse que derramaria sobre eles
o meu furor, para cumprir a minha ira contra eles no meio da
terra do Egito.
9 O que fiz, porém, foi por amor
do meu nome, para que não fosse profanado diante dos olhos das
nações, no meio das quais eles estavam, à vista de quem eu me dei
a conhecer a eles, para tirá-los da
terra do Egito.
10 Tirei-os da terra do Egito e os
levei ao deserto.
11 Dei-lhes os meus estatutos e
lhes mostrei os meus juízos, os
quais, cumprindo-os o homem,
viverá por eles.
12 Também lhes dei os meus sábados, para que servissem de sinal
entre mim e eles; para que soubessem que eu sou o Senhor que
os santifica.
13 Contudo, os israelitas se rebelaram contra mim no deserto, não
andando nos meus estatutos e rejeitando os meus juízos, os quais,
cumprindo-os o homem, viverá por eles; profanaram grandemente os meus sábados. Então eu
disse que derramaria sobre eles
o meu furor no deserto, para os
consumir.
14 O que fiz, porém, foi por amor
do meu nome, para que não fosse
profanado diante dos olhos das nações perante as quais os fiz sair.
15 Demais, eu levantei a minha
mão para eles no deserto, para
não os deixar entrar na terra que
lhes tinha dado, na qual manam
leite e mel, e é a glória de todas
as terras,
16 porque rejeitaram os meus
juízos e profanaram os meus sábados. Pois o seu coração andava após os seus ídolos.
17 Não obstante, olhei para eles
com piedade e lhes perdoei, para
não os destruir nem os consumir
no deserto.
18 Entretanto, disse eu a seus filhos no deserto: Não andeis nos
estatutos de vossos pais, nem
guardeis os seus juízos, nem vos
contamineis com os seus ídolos.
19 Eu sou o Senhor, o vosso Deus;
andai nos meus estatutos, guardai os meus juízos e executai-os.
20 Santificai os meus sábados, e
eles servirão de sinal entre mim
e vós, para que saibais que eu sou
o Senhor, o vosso Deus.
21 Os filhos, porém, se rebelaram contra mim e não andaram
nos meus estatutos nem guardaram os meus juízos, os quais,

cumprindo-os o homem, viverá
por eles; antes profanaram os
meus sábados. Por isso, eu disse
que derramaria sobre eles o meu
furor, para cumprir contra eles a
minha ira no deserto.
22 Contive, porém, a minha mão,
e o fiz por amor do meu nome,
para que não fosse profanado
aos olhos das nações à vista das
quais os fiz sair.
23 Também levantei a minha mão
para eles no deserto, jurando es-
palhá-los entre as nações, e der-
ramá-los pelas terras,
24 porque não executaram os meus
juízos, rejeitaram os meus estatu-
tos, profanaram os meus sábados,
e os seus olhos seguiram após os
ídolos de seus pais.
25 Pelo que também lhes dei es-
tatutos que não eram bons e juí-
zos pelos quais não haviam de
viver;
26 deixei-os contaminar-se em
seus próprios dons, nos quais fa-
ziam passar pelo fogo tudo o que
abre a madre, para os assolar, a
fim de que soubessem que eu sou
o Senhor.
27 Portanto, fala à nação de Israel,
ó filho do homem, e dize-lhe: Assim
diz o Senhor Deus: Ainda nisto me
blasfemaram vossos pais e trans-
grediram contra mim.
28 Havendo-os eu feito entrar na
terra que, de mão levantada, ju-
rei dar-lhes, então olharam para
todo outeiro alto e para toda
árvore frondosa; sacrificaram
ali a provocação das suas ofer-
tas, puseram ali os seus cheiros
suaves e ali derramaram as suas
libações.
29 Eu lhes disse: Que alto é este
aonde vós ides? (O seu nome tem
sido Bamá, até o dia de hoje.)
30 Portanto, dize à nação de Israel:
Assim diz o Senhor Deus: Acaso
vós vos contaminais a vós mes-
mos, à maneira de vossos pais?
E vos prostituís com as suas abo-
minações?
31 Ao oferecerdes os vossos dons
e fazerdes passar os vossos filhos
pelo fogo, até hoje estais contami-
nados com todos os vossos ído-
los. E vós me consultaríeis, ó na-
ção de Israel? Tão certo como eu
vivo, diz o Senhor Deus, vós não
me consultareis.
32 O que veio ao vosso espírito
de maneira alguma sucederá,
quando dizeis: Seremos como as
nações, como as outras gerações
da terra, servindo ao madeiro e
à pedra.
33 Tão certo como eu vivo, diz o
Senhor Deus, com mão forte, com
braço estendido e com indignação
derramada, hei de reinar sobre vós.
34 Eu vos tirarei dentre os povos
e vos congregarei das terras nas
quais andais espalhados, com mão
forte, com braço estendido e com
indignação derramada.
35 Eu vos levarei ao deserto dos
povos e ali, face a face, vos julgarei.
36 Como julguei vossos pais, no
deserto da terra do Egito, assim
entrarei em juízo convosco, diz o
Senhor Deus.
37 Eu vos farei passar debaixo da
vara e vos farei entrar no víncu-
lo da aliança.
38 Separarei dentre vós os rebel-
des e os que transgrediram con-
tra mim. Da terra das suas pere-
grinações os tirarei, mas à terra
de Israel não voltarão. Então sa-
bereis que eu sou o Senhor.
39 Quanto a vós, ó nação de Israel,
assim diz o Senhor Deus: Ide, sirva
cada um os seus ídolos, pois que a

mim não quereis ouvir; mas não
profaneis mais o meu santo nome
com as vossas dádivas e com os
vossos ídolos.
40 Pois no meu santo monte, no
monte alto de Israel, diz o Senhor
Deus, ali me servirá toda a nação
de Israel; toda ela naquela terra.
Ali vos aceitarei e ali exigirei as
vossas ofertas alçadas, e as primí-
cias das vossas dádivas, com to-
das as vossas coisas santas.
41 Com cheiro suave me deleita-
rei em vós, quando eu vos tirar
dentre os povos e vos congregar
das terras em que andais espa-
lhados, e serei santificado em
vós diante dos olhos das nações.
42 Então sabereis que eu sou o
Senhor, quando eu vos fizer vol-
tar à terra que, com mão levanta-
da, jurei dar a vossos pais.
43 Ali vos lembrareis de vossos ca-
minhos e de todos os vossos atos
com que vos contaminastes, e te-
reis nojo de vós mesmos, por todas
as maldades que tendes cometido.
44 Sabereis que eu sou o Senhor,
quando eu proceder para convos-
co por amor do meu nome, não
conforme os vossos maus cami-
nhos, nem conforme os vossos
atos corruptos, ó nação de Israel,
diz o Senhor Deus.
45 Veio a mim a palavra do Senhor:
46 Filho do homem, volta o teu
rosto para o caminho do Sul, der-
rama as tuas palavras contra o
Sul, profetiza contra o bosque do
campo do Sul
47 e dize ao bosque do Sul: Ouve
a palavra do Senhor: Assim diz
o Senhor Deus: Eu acenderei em
ti um fogo que em ti consumirá
toda árvore verde e toda árvo-
re seca. Não se apagará a cha-
ma flamejante, antes com ela se
queimarão todos os rostos, des-
de o sul até o norte.
48 Todos verão que eu, o Senhor,
o acendi; não se apagará.
49 Então disse eu: Ah! Senhor
Deus! Eles dizem de mim: Não é
ele um contador de parábolas?

A espada do Senhor

21 Veio a mim a palavra do
Senhor:
2 Filho do homem, volta o teu ros-
to contra Jerusalém, derrama
as tuas palavras contra os san-
tuários e profetiza contra a ter-
ra de Israel.
3 Dize à terra de Israel: Assim diz
o Senhor: Eu sou contra ti; tira-
rei a minha espada da bainha e
exterminarei do meio de ti o jus-
to e o ímpio.
4 Porque hei de exterminar do
meio de ti o justo e o ímpio, a mi-
nha espada sairá da bainha con-
tra todos, desde o sul até o norte.
5 Então saberão todos que eu, o
Senhor, tirei a minha espada da
bainha; nunca mais voltará a ela.
6 Quanto a ti, porém, ó filho do
homem, suspira; suspira à vista
deles, com quebrantamento dos
teus lombos e com amargura.
7 E, quando eles te perguntarem:
Por que suspiras tu?, responde-
rás: Por causa das novas que vêm;
todo coração desmaiará, todas as
mãos se enfraquecerão, todo espíri-
to se angustiará, e todos os joelhos
se desfarão em águas. Elas vêm, e
se realizarão, diz o Senhor Deus.
8 Veio a mim a palavra do Senhor:
9 Filho do homem, profetiza e
dize: Assim diz o Senhor:
A espada, a espada está
afiada e polida.
10 Para matar está afiada,
para reluzir está polida.

Nós nos alegraremos pois?
A espada do meu filho
despreza todo madeiro.
11 Foi dada a polir para
ser manejada;
esta espada está afiada,
e polida,
para ser posta na mão do
matador.
12 Grita e geme, ó filho do homem,
pois ela será contra o meu povo,
contra todos os príncipes de
Israel.
Estes com o meu povo estão
entregues à espada;
bate, pois, na tua coxa.
13 Pois haverá uma prova. E que
será se não mais existir o próprio ce-
tro desprezador? diz o Senhor Deus.
14 Tu, ó filho do homem,
profetiza e bate com as mãos
uma na outra.
Que a espada golpeie duas
vezes,
ou até três vezes.
É uma espada da matança,
da grande matança, a que
os rodeia.
15 Para que desmaie o coração
e se multipliquem os tropeços
contra todas as suas portas
pus a ponta da espada,
que foi feita como relâmpago
e está afiada para matar!
16 Ó espada, vira-te para a
direita,
vira-te para a esquerda,
para onde quer que o teu
rosto se voltar.
17 Também eu baterei com as
minhas mãos uma na outra
e farei descansar a minha
indignação.
Eu, o Senhor, falei.
18 Veio a mim a palavra do Senhor:
19 Quanto a ti, pois, ó filho do ho-
mem, propõe dois caminhos, por
onde venha a espada do rei de
Babilônia. Ambos procederão
de uma mesma terra. Faze um
marco indicador e põe-no no prin-
cípio do caminho para a cidade.
20 Um caminho proporás, por
onde virá a espada contra Rabá
dos filhos de Amom, e a outra
contra Judá, em Jerusalém, a
fortificada.
21 Pois o rei de Babilônia parará
na encruzilhada, no princípio dos
dois caminhos, para fazer adivi-
nhações: Ele lançará a sorte com
flechas, consultará os ídolos do
lar, examinará o fígado.
22 À sua direita cairá a adivinhação
sobre Jerusalém, para ordenar
os aríetes, para abrir a boca à
matança, para levantar a voz com
júbilo, para pôr os aríetes contra as
portas, para levantar tranqueiras,
para edificar baluartes.
23 Isso será aos olhos deles como
adivinhação vã, pois foram ajura-
mentados com juramentos entre
eles, mas ele se lembrará da mal-
dade, para que sejam apanhados.
24 Portanto, assim diz o Senhor
Deus: Visto que me fazeis lembrar
da vossa maldade, descobrindo-
-se as vossas transgressões, apa-
recendo os vossos pecados em
todos os vossos atos; visto que
viestes em memória, sereis apa-
nhados com a mão.
25 Quanto a ti, ó profano e ímpio
príncipe de Israel, cujo dia é che-
gado no tempo da punição final,
26 assim diz o Senhor Deus: Tira
o diadema e remove a coroa. Esta
não será a mesma: exalta ao hu-
milde e humilha ao soberbo.
27 Ruína! Ruína! Eu a reduzirei
a ruínas, e ela não será mais, até
que venha aquele a quem perten-
ce de direito, e a ele a darei.

28 Quanto a ti, ó filho do homem,
profetiza e dize: Assim diz o Senhor
Deus acerca dos filhos de Amom
e do seu desprezo:
A espada, a espada está
desembainhada,
polida para a matança,
para consumir, para reluzir
como relâmpago!
29 Apesar de visões vãs e de
adivinhações falsas
que têm a teu respeito,
será posta no pescoço dos
ímpios,
cujo dia é chegado no
tempo da punição final.
30 Torne a tua espada à sua
bainha.
No lugar em que foste criado,
na terra do teu nascimento,
te julgarei.
31 Derramarei sobre ti a minha
indignação,
assoprarei contra ti o fogo
do meu furor,
eu te entregarei nas mãos dos
homens brutais,
inventores de destruição.
32 Ao fogo servirás de pasto, o teu
sangue estará no meio da terra,
não serás mais lembrado; pois
eu, o Senhor, o disse.

Os pecados de Jerusalém

22 Veio a mim a palavra do
Senhor:
2 Quanto a ti, ó filho do homem,
julgarás, julgarás a cidade san-
guinária? Faze-lhe conhecer, pois,
todas as suas abominações
3 e dize: Assim diz o Senhor Deus:
Ai da cidade que derrama sangue
no meio de si, para que venha o
seu tempo, e que faz ídolos contra
si mesma, para se contaminar!
4 Pelo teu sangue que derramaste
te fizeste culpada, e pelos teus
ídolos que fabricaste te conta-
minaste e fizeste aproximar-se
o teu dia, e é chegado o fim dos
teus anos. Por isso, eu te fiz moti-
vo de vergonha entre as nações e
de zombaria entre todas as terras.
5 As que estão perto e as que es-
tão longe zombarão de ti, ó cida-
de infame inquieta.
6 Com efeito, os príncipes de Israel,
cada um conforme o seu poder,
tiveram domínio sobre ti, para
derramar sangue.
7 No meio de ti desprezaram o
pai e a mãe; no meio de ti opri-
miram o estrangeiro e foram in-
justos para com o órfão e a viúva.
8 As minhas coisas santas des-
prezaste, e os meus sábados pro-
fanaste.
9 Homens caluniadores se acham
em ti, para derramarem sangue;
em ti sobre os montes comem car-
ne sacrificada, e perversidade co-
metem no meio de ti.
10 No meio de ti descobrem a ver-
gonha do pai e abusam da que
está impura, na sua separação.
11 No meio de ti um comete abomi-
nação com a mulher do seu próxi-
mo, outro contamina abominavel-
mente a sua nora e outro humilha
a sua irmã, filha de seu pai.
12 No meio de ti aceitam-se subor-
nos para se derramar sangue; re-
cebes usura e lucros ilícitos além
de usar de avareza com o teu pró-
ximo, oprimindo-o. E de mim te
esqueceste, diz o Senhor Deus.
13 Eu certamente baterei as mãos
contra o lucro desonesto que ga-
nhaste e contra o sangue que der-
ramaste no meio de ti.
14 Estará firme o teu coração?
Estarão fortes as tuas mãos, nos
dias em que eu tratarei contigo?
Eu, o Senhor, o disse, e o farei.

15 Eu te espalharei entre as na-
ções pelas terras, e porei termo
à tua imundícia.
16 E tu serás profanada em ti mes-
ma, aos olhos das nações, e então
saberás que eu sou o Senhor.
17 Veio a mim a palavra do Senhor:
18 Filho do homem, a nação de
Israel se tornou para mim em es-
cória; todos eles são bronze, esta-
nho, ferro e chumbo no meio do
forno. Em escória de prata se tor-
naram.
19 Portanto assim diz o Senhor
Deus: Visto que todos vós vos tor-
nastes em escória, eu vos ajunta-
rei no meio de Jerusalém.
20 Como se ajuntam a prata, o
bronze, o ferro, o chumbo e o es-
tanho, no meio do forno, para as-
soprar o fogo sobre eles, a fim de
se fundirem, assim vos ajuntarei
na minha ira e no meu furor, e ali
vos deixarei e fundirei.
21 Eu vos congregarei e assopra-
rei sobre vós o fogo do meu fu-
ror; sereis fundidos no meio de
Jerusalém.
22 Como se funde a prata no meio
do forno, assim sereis fundidos
no meio dela, e sabereis que eu,
o Senhor, derramei o meu furor
sobre vós.
23 Veio a mim a palavra do Senhor:
24 Filho do homem, dize-lhe: Tu
és uma terra que não está purifi-
cada e que não tem chuva no dia
da indignação.
25 Conjuração dos seus profe-
tas há no meio dela, como um
leão que ruge, arrebatando a sua
presa; eles devoram as almas, to-
mam tesouros e coisas preciosas,
e *multiplicam* as suas viúvas no
meio dela.
26 Os seus sacerdotes transgri-
dem a minha lei e profanam as
minhas coisas santas; não fazem
diferença entre o santo e o profa-
no, ensinam que não há diferen-
ça entre o impuro e o puro; de
meus sábados escondem os seus
olhos, e assim sou profanado no
meio deles.
27 Os seus príncipes no meio dela
são como lobos que arrebatam a
presa para derramarem o san-
gue e destruírem vidas, para lu-
crar desonestamente.
28 Os seus profetas têm feito para
eles reboco com argamassa fraca,
tendo visões falsas e predizendo-
-lhes mentira, dizendo: Assim diz
o Senhor Deus; sem que o Senhor
tivesse falado.
29 O povo da terra oprime grave-
mente e anda roubando; fazem
violência ao aflito e ao necessi-
tado, e ao estrangeiro oprimem
sem razão.
30 Busquei entre eles um ho-
mem que levantasse o muro e se
pusesse na brecha perante mim
por esta terra, para que eu não a
destruísse, mas a ninguém achei.
31 Por isso, derramarei sobre eles
a minha indignação e os consumi-
rei com o fogo do meu furor, fazen-
do que o seu caminho recaia sobre
a sua cabeça, diz o Senhor Deus.

As duas irmãs adúlteras

23 Veio a mim a palavra do
Senhor:
2 Filho do homem, houve duas mu-
lheres, filhas de uma mesma mãe.
3 Estas se prostituíram no Egito,
prostituíram-se na sua juventu-
de. Ali foram apertados os seus
peitos e apalpados os seios da sua
virgindade.
4 Os seus nomes eram: Oolá, a mais
velha, e Oolibá, sua irmã; foram
minhas, e tiveram filhos e filhas.

Quanto aos seus nomes, Samaria
é Oolá, e Jerusalém é Oolibá.
5 Prostituiu-se Oolá, sendo mi-
nha; enamorou-se dos seus aman-
tes, dos assírios, seus vizinhos,
6 que se vestiam de azul, gover-
nadores e sátrapas, todos jovens
de cobiçar, cavaleiros montados
a cavalo.
7 Assim cometeu ela as suas de-
vassidões com eles, que eram to-
dos a flor dos filhos da Assíria,
e com todos aqueles de quem se
enamorava; com todos os seus
ídolos se contaminou.
8 A sua prostituição, que trouxe
do Egito, não abandonou; porque
com ela muitos se deitaram na sua
juventude, apalparam os seios da
sua virgindade e derramaram so-
bre ela a sua prostituição.
9 Portanto, a entreguei na mão
dos seus amantes, na mão dos fi-
lhos da Assíria, de quem se ena-
morara.
10 Estes descobriram a sua ver-
gonha, levaram seus filhos e suas
filhas, mas a ela mataram à espa-
da. Ela se tornou um provérbio
entre as mulheres, e sobre ela
executaram juízos.
11 Vendo isso sua irmã Oolibá, cor-
rompeu o seu amor mais do que
ela, e as suas devassidões foram
maiores do que as de sua irmã.
12 Enamorou-se dos filhos da
Assíria, dos governadores e dos
sátrapas, seus vizinhos, vestidos
com primor; cavaleiros que an-
dam montados em cavalos, todos
jovens de cobiçar.
13 Vi que se tinha contaminado; o
caminho de ambas era o mesmo.
14 Aumentou a sua prostituição,
pois viu homens pintados na pa-
rede, imagens dos caldeus, pin-
tadas de vermelho;
15 de lombos cingidos, tendo lar-
gos turbantes sobre as cabeças, to-
dos com parecer de oficiais, seme-
lhantes aos filhos de Babilônia, na
Caldeia, terra do seu nascimento.
16 Ela se enamorou deles, ao lan-
çar sobre eles os olhos, e lhes
mandou mensageiros à Caldeia.
17 Então vieram a ela os filhos de
Babilônia para o leito dos amo-
res, e a contaminaram com a sua
prostituição, e ela se contaminou
com eles. Então afastou-se deles
a alma dela.
18 Assim pôs a descoberto as
suas devassidões e descobriu a
sua vergonha; então a minha
alma se apartou dela, como já se
tinha apartado a minha alma da
sua irmã.
19 Todavia ela multiplicou as suas
prostituições, lembrando-se dos
dias da sua mocidade, em que se
prostituíra na terra do Egito.
20 Apaixonou-se dos seus aman-
tes, cujos membros são como os
de jumentos, e cuja ejaculação é
como a de cavalos.
21 Assim trouxeste à memória a
luxúria da tua juventude, quan-
do os do Egito apalpavam os teus
seios, os peitos da tua juventude.
22 Por isso, ó Oolibá, assim diz o
Senhor Deus: Eu suscitarei con-
tra ti os teus amantes, dos quais
se tinha apartado a tua alma, e os
trarei contra ti de todos os lados;
23 os filhos de Babilônia e todos
os caldeus de Pecode, de Soa, de
Coa, e todos os filhos da Assíria
com eles, jovens de cobiçar, go-
vernadores e sátrapas todos eles,
oficiais e homens de renome, to-
dos eles montados a cavalo.
24 Virão contra ti com armas, car-
ros e carroças, e com ajuntamen-
to de povos; e se colocarão contra

ti em redor com grandes e peque-
nos escudos e capacetes. Eu te en-
tregarei a eles para juízo, e eles te
julgarão segundo os seus direitos.
25 Porei contra ti o meu zelo e usa-
rão de indignação contigo; o nariz
e as orelhas te tirarão, e o que te
ficar de resto cairá à espada. Teus fi-
lhos e tuas filhas eles te tomarão, e o
que ficar será consumido pelo fogo.
26 Também te despirão os teus
vestidos e tomarão as tuas joias
de adorno.
27 Assim farei cessar em ti a tua
luxúria e a tua prostituição, ini-
ciadas na terra do Egito. Não le-
vantarás os teus olhos para eles
e não te lembrarás mais do Egito.
28 Pois assim diz o Senhor Deus:
Eu te entregarei na mão dos que
odeias, na mão daqueles de quem,
enojada, te apartaste.
29 Eles te tratarão com ódio e le-
varão todo o teu trabalho; te dei-
xarão nua, e despida se descobrirá
a vergonha da tua prostituição, a
tua luxúria e as tuas devassidões.
30 Essas coisas farão a ti, porque
te prostituíste após os gentios e te
contaminaste com os seus ídolos.
31 No caminho de tua irmã an-
daste; por isso, entregarei o seu
copo na tua mão.
32 Assim diz o Senhor Deus:
Beberás o copo de tua irmã,
fundo e largo;
servirás de riso e zombaria,
pois o copo leva muito.
33 De embriaguez e de dor te
encherás;
o copo de tua irmã Samaria
é copo de espanto e de
desolação.
34 *E tu o beberás, o esgotarás*;
depois o despedaçarás,
e os teus próprios peitos
arrancarás.
Eu o anunciei, diz o Senhor Deus.
35 Portanto, assim diz o Senhor
Deus: Visto que te esqueceste de
mim e me lançaste para trás das
tuas costas, também sofrerás as
consequências da tua luxúria e
das tuas devassidões.
36 Disse-me mais o Senhor: Filho
do homem, julgarias a Oolá e a
Oolibá? Mostra-lhes, pois, as suas
abominações.
37 Elas adulteraram, e sangue se
acha nas suas mãos; com os seus
ídolos adulteraram, e até os seus fi-
lhos, que de mim geraram, fize-
ram passar pelo fogo, para os con-
sumirem.
38 Ainda isto me fizeram: con-
taminaram o meu santuário no
mesmo dia e profanaram os meus
sábados.
39 Havendo sacrificado seus fi-
lhos aos seus ídolos, vieram ao
meu santuário no mesmo dia e
o profanaram. Assim fizeram no
meio da minha casa.
40 Além disso, mandaram vir
uns homens de longe, aos quais
fora enviado um mensageiro, e
vieram. Por amor deles te lavas-
te, pintaste os teus olhos e te or-
naste de enfeites.
41 E te assentaste sobre um lei-
to de honra, diante do qual esta-
va uma mesa preparada, sobre
a qual puseste o meu incenso e
o meu óleo.
42 Ouvia-se ali a voz de uma mul-
tidão satisfeita; e com homens
de classe baixa foram trazidos
beberrões do deserto, os quais
puseram braceletes nas mãos
delas e coroas de esplendor nas
suas cabeças.
43 Então disse à envelhecida em
adultérios: Agora deveras se con-
taminarão com ela e ela com eles.

44 E se deitaram com ela, como
quem deita com uma prostituta;
assim entraram a Oolá e a Oolibá,
mulheres infames.
45 De maneira que homens jus-
tos as julgarão como se julgam as
adúlteras, e como se julgam as que
derramam sangue; pois adúlteras
são, e sangue há nas suas mãos.
46 Assim diz o Senhor Deus: Farei
subir contra elas uma grande mul-
tidão e as entregarei ao tumulto
e ao saque.
47 A multidão as apedrejará e as
matará à espada; a seus filhos e
suas filhas trucidará, e as suas
casas queimará a fogo.
48 Assim farei cessar da terra a
perversão, para que sejam adver-
tidas todas as mulheres, e não
imitem o vosso comportamento
pervertido.
49 O castigo da vossa perversão
carregareis sobre vós; levareis os
pecados dos vossos ídolos. Então
sabereis que eu sou o Senhor Deus.

A panela

24 Veio a mim a palavra do
Senhor, no nono ano, no
décimo mês, aos dez do mês:
2 Filho do homem, escreve o nome
deste dia, deste mesmo dia, por-
que o rei de Babilônia se aproxi-
ma de Jerusalém neste dia.
3 Propõe uma parábola à nação
rebelde e dize-lhe: Assim diz o
Senhor Deus:
Põe a panela para esquentar,
põe-na, e derrama-lhe água,
4 ponha dentro dela os pedaços
de carne,
os melhores pedaços da coxa
e da espádua.
Enche-a de ossos escolhidos;
5 toma o que há de melhor
no rebanho.
Empilha lenha debaixo
da panela;
faze-a ferver bem,
e cozinhem-se dentro dela
os seus ossos.
6 Portanto, assim diz o Senhor
Deus:
Ai da cidade sanguinária,
da panela enferrujada,
cuja ferrugem não saiu dela!
Tira dela a carne pedaço a
pedaço,
não caia sorte sobre ela.
7 Pois o seu sangue está no
meio dela,
sobre uma penha descalvada
ela o pôs;
não o derramou sobre a terra,
para o cobrir com pó.
8 Para fazer subir a indignação,
para tomar vingança,
eu pus o seu sangue numa
rocha nua,
para que não seja coberto.
9 Portanto, assim diz o
Senhor Deus:
Ai da cidade sanguinária!
Eu também farei uma
grande fogueira.
10 Amontoa a lenha e
acende o fogo.
Ferve bem a carne,
engrossando o caldo;
que os ossos sejam
queimados.
11 Então porás a panela vazia
sobre as brasas,
para que ela aqueça, brilhe
o seu cobre,
fundam-se as suas impurezas
e se consuma a sua
ferrugem.
12 Foram vãos todos os esforços;
não saiu dela a sua muita ferru-
gem, nem mesmo pelo fogo.
13 Na tua imundícia está a luxú-
ria, pois eu quis purificar-te e tu

não te purificaste; nunca mais se-
rás purificada da tua imundícia,
enquanto eu não tenha satisfei-
to sobre ti a minha indignação.
14 Eu, o Senhor, o disse. Será as-
sim, e o farei. Não tornarei atrás,
não pouparei nem me arrepende-
rei; conforme os teus caminhos
e os teus feitos te julgarão, diz o
Senhor Deus.

A morte da esposa de Ezequiel

15 Veio a mim a palavra do Senhor:
16 Filho do homem, eu tirarei de ti
o deleite dos teus olhos de um gol-
pe, mas não lamentarás, nem cho-
rarás, nem te correrão as lágrimas.
17 Geme em silêncio; não tomes
luto pelos mortos. Ata na cabeça o
teu turbante, põe as tuas sandálias
nos pés, não cubras os teus bigo-
des e não comas o pão dos homens.
18 Falei ao povo pela manhã, e à
tarde morreu a minha mulher.
Na manhã seguinte, fiz como se
me deu ordem.
19 Então o povo me disse: Não
nos farás saber o que significam
essas coisas que estás fazendo?
20 Eu lhes disse: Veio a mim a pa-
lavra do Senhor:
21 Dize à nação de Israel: Assim
diz o Senhor Deus: Eu profanarei
o meu santuário, a glória da vos-
sa fortaleza, o deleite dos vossos
olhos e o anelo das vossas almas.
Os vossos filhos e as vossas filhas,
que deixastes, cairão à espada.
22 E fareis o que eu fiz. Não co-
brireis os bigodes e não comereis
o pão dos homens.
23 Tereis na cabeça os vossos tur-
bantes, e as vossas sandálias nos
pés; não lamentareis nem chora-
reis, mas definhareis nas vossas
iniquidades e gemereis uns com
os outros.
24 Assim vos servirá Ezequiel
de sinal; conforme tudo o que
ele fez, fareis. Quando isso suce-
der, então sabereis que eu sou o
Senhor Deus.
25 E quanto a ti, filho do homem,
não sucederá que, no dia que eu
lhes tirar a sua fortaleza, a alegria
do seu ornamento, o deleite dos
seus olhos, e o desejo dos seus co-
rações, e seus filhos e a suas filhas,
26 nesse dia virá ter contigo al-
gum que escapar, para te dar a
notícia?
27 Nesse dia, se abrirá a tua boca
para com aquele que escapar; fa-
larás, e por mais tempo não fica-
rás mudo. Assim virás a ser para
eles um sinal, e saberão que eu
sou o Senhor.

Profecia contra Amom

25 Veio a mim a palavra do
Senhor:
2 Filho do homem, volta o teu
rosto contra os filhos de Amom
e profetiza contra eles.
3 Dize aos filhos de Amom: Ouvi
a palavra do Senhor Deus: Assim
diz o Senhor Deus: Visto que tu
disseste: Ah! contra o meu san-
tuário, quando foi profanado, e
contra a terra de Israel, quan-
do foi assolada, e contra a casa
de Judá, quando foi para o exílio,
4 eu te entregarei em possessão
aos filhos do Oriente. Eles estabe-
lecerão os seus paços em ti e po-
rão em ti as suas moradas; eles
comerão os teus frutos e beberão
o teu leite.
5 Farei de Rabá uma estrebaria
de camelos e dos filhos de Amom
um curral de ovelhas. Então sa-
bereis que eu sou o Senhor.
6 Pois assim diz o Senhor Deus:
Visto que bateste com as mãos e

pateaste com os pés, alegrando-te
de coração em toda a tua malícia
contra a terra de Israel,
7 eu estenderei a minha mão con-
tra ti e te darei por despojo às na-
ções e te arrancarei dentre os po-
vos e te destruirei dentre as terras.
Acabarei de todo contigo, e sabe-
rás que eu sou o Senhor.

Profecia contra Moabe

8 Assim diz o Senhor Deus: Visto
que dizem Moabe e Seir: Eis que
a nação de Judá é como todas as
nações,
9 portanto eu abrirei o flanco de
Moabe desde as cidades, desde as
suas cidades fora das fronteiras,
a glória da terra, Bete-Jesimote,
Baal-Meom e Quiriataim;
10 e aos filhos do Oriente, com os
filhos de Amom, eu o entregarei
em possessão, para que não haja
memória dos filhos de Amom en-
tre as nações;
11 e executarei juízos em Moabe.
Então saberão que eu sou o Senhor.

Profecia contra a Edom

12 Assim diz o Senhor Deus: Visto
que Edom se vingou da nação de
Judá e se fez culpadíssimo, quan-
do se vingou deles,
13 assim diz o Senhor Deus:
Estenderei a minha mão contra
Edom e arrancarei dele homens
e animais. Eu os tornarei em de-
serto; desde Temã até Dedã cai-
rão à espada.
14 Exercerei a minha vingança con-
tra Edom por intermédio do meu
povo de Israel, e farão em Edom
segundo a minha ira e segundo o
meu furor; conhecerão a minha
vingança, diz o Senhor Deus.

Profecia contra a Filístia

15 Assim diz o Senhor Deus: Visto
que os filisteus se vingaram e exe-
cutaram vingança com maldade
no coração, para destruírem com
perpétua inimizade,
16 assim diz o Senhor Deus: Eu es-
tenderei a minha mão contra os fi-
listeus, e arrancarei os quereteus, e
destruirei o resto da costa do mar.
17 Executarei neles grandes vin-
ganças, com castigos de furor.
Então saberão que eu sou o Senhor,
quando eu tiver exercido a minha
vingança sobre eles.

Profecia contra Tiro

26 No décimo primeiro ano,
ao primeiro do mês, veio
a mim a palavra do Senhor:
2 Filho do homem, visto que Tiro
disse no tocante a Jerusalém: Ah!
está quebrada a porta dos povos, es-
tá aberta para mim; agora que ela
está assolada eu me encherei,
3 assim diz o Senhor Deus: Eu es-
tou contra ti, ó Tiro, e farei subir
contra ti muitas nações, como se
o mar fizesse subir as suas ondas.
4 Elas destruirão os muros de
Tiro e derrubarão as suas torres;
eu varrerei o seu pó e dela farei
uma rocha nua.
5 No meio do mar virá a ser um lu-
gar para estender redes de pesca,
pois eu o anunciei, diz o Senhor
Deus. Ela servirá de despojo para
as nações,
6 e suas filhas, que estão no cam-
po, serão mortas à espada. Então
saberão que eu sou o Senhor.
7 Pois assim diz o Senhor
Deus: Eu trarei contra Tiro a
Nabucodonosor, rei de Babilônia,
desde o norte, o rei dos reis, com
cavalos e carros, com cavaleiros
e um grande exército.

carneiros e bodes, nestas coisas
negociavam contigo.
22 Os mercadores de Sebá e Raamá
eram os teus mercadores; davam
em troca pelas tuas mercadorias
os mais finos aromas, pedras pre-
ciosas e ouro.
23 Harã, Cane e Éden, mercado-
res de Seba, Assíria e Quilmade
negociavam contigo.
24 Estes eram os teus mercado-
res em roupas escolhidas, em
pano de azul e bordados, tapetes
de várias cores e cordas trança-
das e fortes.
25 Os navios de Társis
eram as tuas caravanas
para a tua mercadoria.
E te enriqueceste e ficaste
muito famosa
no meio dos mares.
26 Os teus remadores te
conduzem
sobre grandes águas,
mas o vento oriental te
quebrantará
no meio dos mares.
27 As tuas riquezas, as tuas
mercadorias,
os teus bens, os teus
marinheiros,
os teus pilotos, os calafates,
os que faziam os teus
negócios
e todos os teus soldados, que
estão em ti,
com toda a tua
congregação,
que está no meio de ti,
cairão no meio dos mares
no dia da tua queda.
28 Ao estrondo da gritaria dos
teus pilotos
tremerão as praias.
29 Todos os que pegam no remo,
os marinheiros e todos os
pilotos do mar
descerão de seus navios e
pararão em terra.
30 Farão ouvir a sua voz sobre ti
e gritarão amargamente;
lançarão pó sobre as
cabeças
e na cinza se revolverão.
31 Raparão a cabeça por tua
causa
e se cingirão de pano de
saco;
chorarão sobre ti com
amargura de alma,
com amarga lamentação.
32 Levantarão uma lamentação
sobre ti no seu pranto e
lamentarão sobre ti,
dizendo: Quem foi como
Tiro,
como a que está reduzida
ao silêncio no meio do mar?
33 Quando as tuas mercadorias
eram exportadas pelos mares,
fartaste a muitos povos;
com a multidão da tua
riqueza
e do teu negócio,
enriqueceste os reis da terra.
34 No tempo em que foste
quebrantada nos mares,
nas profundezas das águas,
caíram os teus negócios
e toda a tua multidão no
meio de ti.
35 Todos os moradores
das terras
dos mares estão cheios de
espanto a teu respeito;
os seus reis tremem
grandemente,
e estão de rostos
perturbados.
36 Os mercadores dentre os
povos assobiam contra ti;
tu te tornaste em grande
espanto,
e não mais existirás.

Profecia contra o rei de Tiro

28 Veio a mim a palavra do Senhor:
2 Filho do homem, dize ao príncipe
de Tiro: Assim diz o Senhor Deus:
No orgulho do teu coração,
tu dizes: Eu sou Deus,
sobre a cadeira de Deus me
assento
no meio dos mares;
contudo, tu és homem, e não
deus, embora
consideres o teu coração
como se fora o coração de
Deus.
3 És mais sábio do que Daniel?
Não há segredo algum que se
possa
esconder de ti?
4 Pela tua sabedoria e pelo teu
entendimento
alcançaste o teu poder
e adquiriste ouro e prata nos
teus tesouros.
5 Pela extensão da tua
sabedoria no teu comércio
aumentaste o teu poder;
por causa do teu poder
eleva-se o teu coração.
6 Portanto, assim diz o Senhor
Deus:
Visto que consideras o teu
coração,
como se fora o coração de
Deus,
7 eu trarei sobre ti estrangeiros,
os mais formidáveis dentre as
nações,
os quais desembainharão as
suas espadas contra a
formosura da tua sabedoria
e mancharão o teu
resplendor.
8 À cova te farão descer,
e morrerás da morte dos
feridos
no meio dos mares.
9 Dirás então diante daquele
que te matar:
Eu sou deus?
Tu serás homem, e não
Deus,
na mão do que te trespassa.
10 Da morte dos incircuncisos
morrerás,
por mãos dos estrangeiros.
Eu falei, diz o Senhor Deus.
11 Veio a mim a palavra do Senhor:
12 Filho do homem, levanta uma
lamentação sobre o rei de Tiro e
dize-lhe: Assim diz o Senhor Deus:
Tu és o selo da perfeição,
cheio de sabedoria e
perfeito em formosura.
13 Estavas no Éden, jardim de
Deus;
cobrias-te de toda pedra
preciosa:
o sárdio, o topázio, o
diamante,
o berilo, o ônix, o jaspe,
a safira, o carbúnculo e a
esmeralda.
Os teus engastes e
ornamentos
eram feitos de ouro;
no dia em que foste criado
foram eles preparados.
14 Eu te estabeleci como
querubim da guarda ungido;
estavas no monte santo de
Deus,
andavas entre as pedras
afogueadas.
15 Perfeito eras nos teus
caminhos,
desde o dia em que foste
criado,
até que se achou iniquidade
em ti.
16 Na multiplicação do teu
comércio
se encheu o teu interior de
violência,

e pecaste; pelo que te
lançarei profanado
fora do monte de Deus e te
farei perecer,
ó querubim protetor,
entre pedras afogueadas.
17 Elevou-se o teu coração
por causa da tua formosura,
corrompeste a tua sabedoria
por causa do teu resplendor.
Por terra te lancei,
diante dos reis te pus, para
que te contemplem.
18 Pela multidão das tuas
iniquidades,
pela injustiça do teu comércio
profanaste os teus
santuários.
Eu, pois, fiz sair do meio de ti
um fogo
que te consumiu,
e te tornei em cinza sobre a
terra,
aos olhos de todos os que te
contemplam.
19 Todos os que te conheciam
entre os povos
espantaram-se ao ver-te;
chegaste a um fim horrível e
não mais existirás.

Profecia contra Sidom

20 Veio a mim a palavra do Senhor:
21 Filho do homem, volta o teu
rosto contra Sidom,
profetiza contra ela,
22 e dize: Assim diz o Senhor Deus:
Estou contra ti, ó Sidom,
e serei glorificado no meio
de ti.
Saberão que eu sou o Senhor,
quando nela executar
juízos e nela me santificar.
23 *Enviarei contra ela* a peste
e o sangue nas suas ruas,
e os trespassados cairão no
meio dela,
estando a espada em roda
contra ela.
Então saberão que eu sou o
Senhor.
24 A nação de Israel nunca mais
terá espinho que a espete, nem
erva daninha que lhe cause dor,
entre os que se acham ao redor
deles e que os desprezam. Então
saberão que eu sou o Senhor Deus.
25 Assim diz o Senhor Deus: Quando
eu congregar a nação de Israel
dentre os povos entre os quais es-
tão espalhados, eu me santificarei
entre eles, perante os olhos das
nações. Então habitarão na sua
terra que dei a meu servo, a Jacó.
26 Habitarão nela seguros e edifi-
carão casas, e plantarão vinhas;
habitarão seguros, quando eu exe-
cutar juízos contra todos os que
estão ao seu redor e que os des-
prezam. Então saberão que eu
sou o Senhor seu Deus.

Profecia contra o Egito

29 No décimo ano, no décimo
mês, no dia doze do mês,
veio a mim a palavra do Senhor:
2 Filho do homem, volta o teu rosto
contra faraó, rei do Egito, e profeti-
za contra ele e contra todo o Egito.
3 Dize-lhe: Assim diz o Senhor
Deus:
Estou contra ti, ó faraó, rei do
Egito,
grande dragão, que pousas
no meio
dos teus rios
e dizes: O meu rio é meu, e eu
o fiz para mim.
4 Contudo, eu porei anzóis em
teus queixos
e prenderei o peixe dos teus
rios às tuas escamas;
todos os peixes dos teus rios
se pegarão às tuas escamas.

5 Eu te deixarei no deserto,
a ti e a todos os peixes dos
teus rios.
Cairás sobre a face do campo
e não serás recolhido nem
ajuntado.
Aos animais da terra e às
aves do céu
te darei por mantimento.
6 Então saberão todos os morado-
res do Egito que eu sou o Senhor.
Tu tens sido um bordão de cana
para a nação de Israel.
7 Tomando-te eles pela mão, tu te
quebraste, e lhes rasgaste todo o
ombro e, encostando-se eles a ti,
tu te quebraste, fazendo estreme-
cer todos os seus lombos.
8 Portanto, assim diz o Senhor
Deus: Eu trarei sobre ti a espa-
da e exterminarei de ti homem
e animal.
9 A terra do Egito se tornará em
desolação e deserto. Então sabe-
rão que eu sou o Senhor. Porque
disseste: O rio é meu, e eu o fiz,
10 portanto eu estou contra ti e
contra os teus rios, e tornarei a
terra do Egito em desertas e de-
soladas solidões, desde Migdol até
Sevene, até os confins da Etiópia.
11 Não passará por ela pé de ho-
mem, nem pata de animal passa-
rá por ela, nem será habitada por
quarenta anos.
12 Tornarei a terra do Egito em
desolação no meio das terras de-
soladas; as suas cidades no meio
das cidades desertas se tornarão
em desolação por quarenta anos.
Espalharei os egípcios entre as na-
ções e os derramarei pelas terras.
13 No entanto, assim diz o Senhor
Deus: Ao cabo de quarenta anos
ajuntarei os egípcios dentre os
povos entre os quais foram es-
palhados.
14 Removerei o exílio dos egípcios
e os farei voltar à terra de Patros,
à terra da sua origem. Ali serão
um reino humilde.
15 Mais humilde se fará do que
os outros reinos, e nunca mais se
exaltará sobre as nações. Eu os
enfraquecerei, para que não do-
minem sobre as nações.
16 O Egito não será mais a con-
fiança da nação de Israel, mas
será uma lembrança da sua ini-
quidade quando se voltava a ele
à procura de socorro. Então sa-
berão que eu sou o Senhor Deus.
17 No vigésimo sétimo ano, no pri-
meiro mês, no primeiro dia do mês,
veio a mim a palavra do Senhor:
18 Filho do homem, Nabucodonosor,
rei de Babilônia, fez que o seu
exército prestasse um grande
serviço contra Tiro; toda cabe-
ça se tornou calva, e todo ombro
se pelou. Contudo não houve re-
compensa da parte de Tiro para
ele, nem para o seu exército, pelo
serviço que prestou contra ela.
19 Portanto, assim diz o Senhor
Deus: Eu darei a Nabucodonosor,
rei de Babilônia, a terra do Egito,
e ele levará a sua riqueza. Tomará
o seu despojo e roubará a sua pre-
sa, e isso será a recompensa do
seu exército.
20 Como recompensa do seu tra-
balho, com que serviu contra
ela, lhe dei a terra do Egito, vis-
to que trabalharam por mim, diz
o Senhor Deus.
21 Naquele dia, farei brotar um
chifre na nação de Israel e abrirei
a tua boca no meio deles. Então
saberão que eu sou o Senhor.

Lamentação contra o Egito

30 Veio a mim a palavra do
Senhor:

8 Os cedros no jardim de Deus
não lhe eram rivais;
os ciprestes não igualavam
os seus ramos,
e os plátanos não eram como
os seus renovos;
nenhuma árvore no jardim de
Deus
se assemelhava a ele na sua
formosura.
9 Formoso o fiz com a multidão
dos seus ramos;
todas as árvores do Éden,
que estavam no jardim de
Deus,
tiveram inveja dele.
10 Portanto, assim diz o Senhor
Deus: Como se elevou na sua estatura e se levantou a sua copa no meio dos espessos ramos, e o seu coração se exaltou na sua altura,
11 eu o entreguei na mão da mais
poderosa das nações, que lhe deu o tratamento merecido. Pela sua impiedade o rejeitei,
12 e a mais terrível das nações
estrangeiras o derrubou e o deixou. Caíram os seus ramos sobre os montes e por todos os vales; os seus renovos foram quebrados por todas as correntes da terra. Todos os povos da terra se retiraram da sua sombra e o deixaram.
13 Todas as aves do céu habitaram sobre a sua ruína, e todos os animais do campo se acolheram sob os seus ramos.
14 Por isso, nenhuma árvore junto
às águas se exaltará na sua estatura, nem levantará a sua copa no meio dos ramos espessos. Nenhuma das árvores bem regadas confiará em si mesma, por causa da sua altura; todas estão entregues à morte, até a terra mais baixa, entre os filhos dos homens, com os que descem à cova.
15 Assim diz o Senhor Deus: No
dia em que ele desceu à sepultura, fiz eu que houvesse luto; cobri o abismo, por sua causa, e retive as suas correntes; detiveram-se as grandes águas. Fiz que o Líbano o pranteasse, e todas as árvores do campo por causa dele desfaleceram.
16 Ao som da sua queda fiz tremer
as nações, quando o fiz passar para o além com os que descem à cova; todas as árvores do Éden, a fina flor e o melhor do Líbano, todas as árvores bem regadas, se consolavam nas partes inferiores da terra.
17 Também estes com ele passa-
rão para o além, a juntar-se aos que foram mortos à espada; sim, aos que foram seu braço e que estavam assentados à sombra no meio das nações.
18 A quem és semelhante em gló-
ria e em grandeza entre as árvores do Éden? Todavia descerás com as árvores do Éden às partes inferiores da terra; no meio dos incircuncisos jazerás com os que foram mortos à espada. Este é faraó e toda a sua multidão, diz o Senhor Deus.

Lamentação sobre faraó

32 No ano décimo primeiro, no décimo segundo mês, no primeiro dia do mês, veio a mim a palavra do Senhor:
2 Filho do homem, levanta uma
lamentação sobre faraó, rei do Egito, e dize-lhe:
Eras semelhante a um filho
de leão entre as nações,
e tu foste como um dragão
nos mares;
ferias os teus rios e turbavas
as águas com os teus pés, e
sujavas os teus rios.

3 Assim diz o Senhor Deus:
Estenderei sobre ti a
minha rede
com ajuntamento de muitos
povos,
e te farão subir na minha rede.
4 Então te deixarei em terra;
sobre a face do campo te
lançarei,
e farei morar sobre ti todas
as aves do céu,
e se fartarão de ti todos os
animais da terra.
5 Porei as tuas carnes sobre os
montes
e encherei os vales com os
teus restos.
6 Regarei a terra com o sangue
que corre de ti,
até os montes,
e as ravinas se encherão da
tua carne.
7 Apagando-te eu,
cobrirei os céus
e enegrecerei as suas
estrelas;
encobrirei o sol com uma
nuvem,
e a lua não deixará
resplandecer a sua luz.
8 Todas as brilhantes luzes do céu
enegrecerei sobre ti e trarei
trevas sobre a tua
terra, diz o Senhor Deus.
9 Afligirei o coração de muitos
povos,
quando eu levar a tua
destruição entre as nações,
às terras que não conheceste.
10 Farei que muitos povos
fiquem espantados ao ver-te
e os seus reis tremam
grandemente,
quando eu brandir a minha
espada ante os seus rostos.
Estremecerão a cada
momento,
cada um pela sua vida,
no dia da tua queda.
11 Pois assim diz o Senhor
Deus:
A espada do rei da Babilônia
virá sobre ti.
12 Farei cair a tua multidão
com as espadas dos valentes;
terríveis dentre as nações
são todos eles.
Destroçarão a soberba do
Egito,
e toda a sua multidão será
destruída.
13 Exterminarei todos os seus
animais
sobre as muitas águas;
não as turbará mais pé de
homem,
nem as turbarão unhas de
animais.
14 Então farei assentar
as suas águas
e correr os seus rios como o
azeite,
diz o Senhor Deus.
15 Quando eu tornar a terra do
Egito em desolação,
e a terra for desolada em
sua plenitude,
e quando ferir todos os que
nela habitam,
então saberão que eu sou o
Senhor.
16 Esta é a lamentação que se fará.
As filhas das nações lamentarão
pelo Egito e por toda a sua mul-
tidão, diz o Senhor Deus.
17 No décimo primeiro ano, aos
quinze do primeiro mês, veio a
mim a palavra do Senhor:
18 Filho do homem, pranteia so-
bre a multidão do Egito e faze-a
descer, a ela e às filhas das na-
ções magníficas, às partes infe-
riores da terra, com os que des-
cem à cova.

19 A quem superas tu em bele-
za? Desce e deita-te com os incir-
cuncisos.
20 No meio daqueles que foram
mortos à espada eles cairão. A
espada está desembainhada; ar-
rastai-a e a toda a sua multidão.
21 Os mais poderosos dos valen-
tes, com os que o socorrem, lhe
gritarão do além: Desceram, e lá
estão, entre os incircuncisos, mor-
tos à espada.
22 **A**li está a Assíria com todo o
seu ajuntamento; em redor dela
estão os seus sepulcros, todos eles
foram mortos, e caíram à espada.
23 Os seus sepulcros foram postos no
mais interior da cova, e o seu ajun-
tamento está em redor do seu se-
pulcro; todos foram mortos e caí-
ram à espada, os que tinham cau-
sado espanto na terra dos viventes.
24 **A**li está Elão com toda a sua
multidão em redor do seu sepulcro.
Todos eles foram mortos e caíram
à espada. Eles desceram incircun-
cisos às partes inferiores da ter-
ra; causaram terror na terra dos
viventes, e levaram a sua vergo-
nha com os que desceram à cova.
25 No meio dos mortos lhe puse-
ram uma cama entre toda a sua
multidão; e ao redor dele estão os
seus sepulcros. Todos eles são in-
circuncisos, mortos à espada, por-
que causaram terror na terra dos
viventes, e levaram a sua vergo-
nha com os que desceram à cova,
no meio dos mortos foram postos.
26 **A**li estão Meseque e Tubal com
toda a sua multidão; e ao redor de-
les estão os seus sepulcros. Todos
eles são incircuncisos, e foram
mortos à espada porque causa-
ram terror na terra dos viventes.
27 Não jazem com os valentes
que caíram dos incircuncisos,
os quais desceram ao sepulcro
com as suas armas de guerra
e puseram as suas espadas de-
baixo das suas cabeças? O cas-
tigo da sua iniquidade está so-
bre os seus ossos, porque eram
o terror dos poderosos na terra
dos viventes.
28 Também tu serás quebrado
no meio dos incircuncisos e ja-
zerás com os que foram mortos
à espada.
29 **A**li está Edom, os seus reis e
todos os seus príncipes, que no
seu poder foram postos com os
que foram mortos à espada; es-
tes jazem com os incircuncisos
e com os que desceram à cova.
30 **A**li estão os príncipes do Norte,
todos eles, e todos os sidônios, que
desceram com os mortos, enver-
gonhados com o terror causado
pelo seu poder; jazem incircunci-
sos com os que foram mortos à es-
pada e levam a sua vergonha com
os que desceram à cova.
31 **F**araó os verá e se consolará
com toda a sua multidão; sim, o
próprio faraó e todo o seu exérci-
to, mortos à espada, diz o Senhor
Deus.
32 Embora eu o tenha feito espa-
lhar o terror na terra dos viven-
tes, ele jazerá no meio dos incir-
cuncisos, com os mortos à espada,
sim, faraó e toda a sua multidão,
diz o Senhor Deus.

Ezequiel, o atalaia

33 Veio a mim a palavra do
Senhor:
2 Filho do homem, fala aos filhos
do teu povo, dizendo: Quando eu
fizer vir a espada sobre a terra
e o povo da terra tomar um ho-
mem dos seus termos e o consti-
tuir por seu atalaia,

3 e ele vir que a espada vem sobre a terra e tocar a trombeta para avisar o povo,
4 então se alguém ouvir o som da trombeta, mas não der atenção à advertência, e vier a espada, e o tomar, o seu sangue será sobre a sua própria cabeça.
5 Ele ouviu o som da trombeta e não deu atenção, o seu sangue será sobre ele. Mas o que se dá por avisado salvará a sua vida.
6 Se, porém, o atalaia vir que vem a espada e não tocar a trombeta para avisar o povo, e se a espada vier e levar uma vida entre eles, este tal foi levado na sua iniquidade, mas o seu sangue requererei da mão do atalaia.
7 A ti, ó filho do homem, te constituí por atalaia sobre a nação de Israel; tu, pois, ouvirás a palavra da minha boca e lhe darás aviso da minha parte.
8 Se eu disser ao ímpio: Ó ímpio, certamente morrerás, e tu não falares, para desviar o ímpio do seu caminho, morrerá esse ímpio na sua iniquidade, mas o seu sangue eu o requererei da tua mão.
9 Se, contudo, advertires o ímpio do seu caminho, para que ele se converta, e ele não se converter, morrerá na sua iniquidade, mas tu terás livrado a tua alma.
10 Quanto a ti, ó filho do homem, dize à nação de Israel: Assim falais vós: Visto que as nossas transgressões e os nossos pecados estão sobre nós, e nós desfalecemos neles, como viveremos então?
11 Dize-lhes: Tão certo como eu vivo, diz o Senhor Deus, não tenho prazer na morte do ímpio, mas em que o ímpio se converta do seu caminho e viva. Convertei-vos, convertei-vos dos vossos maus caminhos; por que morrereis, ó nação de Israel?
12 E tu, ó filho do homem, dize aos filhos do teu povo: A justiça do justo não o fará escapar no dia da sua transgressão, e a impiedade do ímpio não fará que ele caia, no dia em que se converter da sua impiedade. O justo, se pecar, não poderá viver pela justiça.
13 Quando eu disser ao justo que certamente viverá, e ele, confiando na sua justiça, praticar iniquidade, não virão em memória todas as suas justiças, mas na sua iniquidade, que pratica, ele morrerá.
14 Quando eu também disser ao ímpio: Certamente morrerás; se ele se converter do seu pecado e fizer juízo e justiça,
15 restituindo esse ímpio o penhor, pagando o furtado, andando nos estatutos da vida não praticando iniquidade, certamente viverá, não morrerá.
16 De todos os seus pecados que cometeu não se fará memória contra ele; juízo e justiça fez, certamente viverá.
17 Todavia, os filhos do teu povo dizem: Não é reto o caminho do Senhor. Mas o próprio caminho deles é que não é reto.
18 Desviando-se o justo da sua justiça e praticando iniquidade, morrerá nela.
19 E, convertendo-se o ímpio da sua impiedade, fazendo juízo e justiça, viverá por isso mesmo.
20 Todavia, vós dizeis: Não é reto o caminho do Senhor. Mas eu julgarei a cada um de vós conforme os seus caminhos, ó nação de Israel.

Explicação da queda de Jerusalém

21 No décimo segundo ano do
nosso exílio, no décimo mês, aos
cinco do mês, veio a mim um que
tinha escapado de Jerusalém, dizendo: A cidade caiu.
22 Ora, a mão do Senhor estivera sobre mim pela tarde, antes
que viesse o que tinha escapado,
e ele abrira a minha boca antes
que esse homem viesse ter comigo pela manhã. Assim abriu-se
a minha boca, e não fiquei mais
em silêncio.
23 Então veio a mim a palavra
do Senhor:
24 Filho do homem, os moradores destes lugares desertos da
terra de Israel dizem: Abraão era
um só, contudo possuiu esta terra. Mas nós somos muitos; certamente esta terra nos foi dada em
possessão.
25 Dize-lhes, portanto: Assim diz
o Senhor Deus: Com sangue comeis, e levantais os vossos olhos
para os vossos ídolos, e derramais
sangue; haveis de possuir a terra?
26 Vós que confiais na vossa espada, cometeis abominação, e
cada um contamina a mulher
do seu próximo; haveis de possuir a terra?
27 Assim lhes dirás: Assim diz
o Senhor Deus: Tão certo como
eu vivo, os que estiverem em lugares desertos cairão à espada, e
os que estiverem em campo aberto eu os entregarei às feras, para
que os devorem, e os que estiverem em fortalezas e em cavernas
morrerão de peste.
28 Tornarei a terra em desolação
e espanto; cessará o seu soberbo
poder. Os montes de Israel ficarão tão desolados que ninguém
passará por eles.
29 Então saberão que eu sou o
Senhor, quando eu tornar a terra em desolação e espanto, por
causa de todas as abominações
que cometeram.
30 Quanto a ti, ó filho do homem,
os filhos do teu povo falam de ti
junto às paredes e nas portas
das casas; fala um com o outro,
cada um a seu irmão: Vinde ouvir qual é a palavra que procede
do Senhor.
31 Eles vêm a ti, como o povo costuma vir, e se assentam diante
de ti como meu povo, e ouvem as
tuas palavras, mas não as põem
em prática, pois expressam devoção com a sua boca, mas o seu
coração vai após o lucro.
32 Deveras, tu és para eles como
quem canta canções de amor, que
tem voz suave e tange bem, pois
ouvem as tuas palavras, mas não
as põem em prática.
33 Quando, porém, vier isto —
e aí vem —, então saberão que
houve no meio deles um profeta.

Pastores e ovelhas

34 Veio a mim a palavra do
Senhor:
2 Filho do homem, profetiza contra os pastores de Israel; profetiza e dize aos pastores: Assim diz
o Senhor Deus: Ai dos pastores
de Israel que se apascentam a si
mesmos! Não apascentarão os
pastores as ovelhas?
3 Comeis a gordura, vestis-vos de
lã e degolais o cevado, mas não
apascentais as ovelhas.
4 A fraca não fortalecestes, a doente não curastes, a quebrada não
ligastes, a desgarrada não tornastes a trazer e a perdida não buscastes, mas dominais sobre elas
com rigor e dureza.

5 Assim se espalharam, por não
haver pastor, e ficaram para pas-
to de todos os animais do campo,
porque se espalharam.
6 As minhas ovelhas andam des-
garradas por todos os montes e
alto outeiro; sim, as minhas ove-
lhas andam espalhadas por toda
a face da terra, sem haver quem
as procure nem quem as busque.
7 Portanto, ó pastores, ouvi a pa-
lavra do Senhor:
8 Tão certo como eu vivo, diz o
Senhor Deus, visto que as minhas
ovelhas foram entregues à rapina
e vieram a servir de pasto a todos
os animais do campo, por falta de
pastor, e os meus pastores não pro-
curam as minhas ovelhas, pois se
apascentam a si mesmos, e não apas-
centam as minhas ovelhas,
9 portanto, ó pastores, ouvi a pa-
lavra do Senhor:
10 Assim diz o Senhor Deus: Eu es-
tou contra os pastores; eu reque-
rerei as minhas ovelhas das suas
mãos, e eles deixarão de apascen-
tar as ovelhas, e não se apascenta-
rão mais a si mesmos; livrarei as
minhas ovelhas da sua boca, e
não lhes servirão mais de pasto.
11 Pois assim diz o Senhor Deus:
Eu, eu mesmo, procurarei as mi-
nhas ovelhas e delas cuidarei.
12 Como o pastor busca o seu re-
banho, no dia em que está no meio
das suas ovelhas dispersas, as-
sim buscarei as minhas ovelhas.
Eu as levarei de todos os lugares
para onde foram espalhadas no
dia de nuvens e escuridão.
13 Eu as tirarei dos povos e as fa-
rei vir dos diversos países; eu as
trarei à sua terra e as apascenta-
rei nos montes de Israel, junto às
correntes, e em todos os lugares
habitados da terra.
14 Em bons pastos as apascenta-
rei, e nos altos montes de Israel
será a sua pastagem; ali se deita-
rão numa boa pastagem, e pastarão
em pastos gordos nos montes de
Israel.
15 Eu apascentarei as minhas
ovelhas e as farei repousar, diz
o Senhor Deus.
16 A perdida buscarei, a desgar-
rada tornarei a trazer, a quebrada
ligarei e a enferma fortalecerei,
mas a gorda e a forte destruirei.
Eu as apascentarei com juízo.
17 Quanto a vós, ó ovelhas mi-
nhas, assim diz o Senhor Deus:
Eu julgarei entre ovelhas e ove-
lhas, entre carneiros e bodes.
18 Não vos basta pastar o bom
pasto? Haveis de pisar o resto de
vossos pastos? Não vos basta be-
ber as águas limpas? Haveis de
sujar o resto com os vossos pés?
19 Quanto às minhas ovelhas, elas
pastam o que foi pisado com os
vossos pés e bebem o que foi su-
jado com os vossos pés.
20 Por isso, o Senhor Deus as-
sim lhes diz: Eu, eu mesmo, jul-
garei entre ovelhas gordas e ove-
lhas magras.
21 Visto que com o lado e com o
ombro dais empurrões, e com os
vossos chifres escorneais todas
as fracas, até que as espalhais
para fora,
22 eu livrarei as minhas ovelhas,
para que não sirvam mais de presa,
e julgarei entre ovelhas e ovelhas.
23 Levantarei sobre elas um só
pastor, o meu servo Davi, e ele as
apascentará; ele as apascentará
e lhes servirá de pastor.
24 Eu, o Senhor, lhes serei por
Deus, e o meu servo Davi será lí-
der no meio delas. Eu, o Senhor,
o disse.

25 Farei com elas uma aliança de
paz e acabarei com os animais da
terra para que habitem no deser-
to seguramente e durmam nos
bosques.
26 Farei delas e dos lugares ao
redor do meu monte uma bên-
ção. Farei descer a chuva a seu
tempo; chuvas de bênção serão.
27 As árvores do campo darão o
seu fruto, e a terra dará a sua no-
vidade; estarão seguras na sua ter-
ra. Saberão que eu sou o Senhor,
quando eu quebrar as varas do seu
jugo e as livrar das mãos dos que
se serviam delas.
28 Não servirão mais de presa
aos gentios, e os animais da terra
nunca mais as comerão; habita-
rão seguramente, e ninguém ha-
verá que as espante.
29 Eu lhes darei uma plantação
de renome, e nunca mais serão
consumidas pela fome na terra,
nem mais levarão sobre si a ver-
gonha dos gentios.
30 Saberão, porém, que eu, o Senhor
seu Deus, estou com elas, e que
elas são o meu povo, a nação de
Israel, diz o Senhor Deus.
31 Vós, ó ovelhas minhas, ovelhas
do meu pasto, homens sois, mas eu
sou o vosso Deus, diz o Senhor Deus.

Profecia contra Edom

35 Veio a mim a palavra do
Senhor:
2 Filho do homem, dirige o teu
rosto contra o monte Seir, e pro-
fetiza contra ele.
3 Dize-lhe: Assim diz o Senhor Deus:
Eu estou contra ti, ó monte Seir, e
estenderei a minha mão contra ti
e te porei em desolação e espanto.
4 As tuas cidades porei em soli-
dão, e tu te tornarás em desolação.
Então saberás que eu sou o Senhor.
5 Porque guardaste inimizade para
sempre e abandonaste os filhos
de Israel à violência da espada
no tempo da extrema iniquidade,
6 por isso, tão certo como eu vivo,
diz o Senhor Deus, eu te preparei
para sangue, e o sangue te perse-
guirá. Visto que não aborreceste
o sangue, o sangue te perseguirá.
7 Farei do monte Seir uma ex-
trema desolação e exterminarei
dele o que por ele passa, e o que
por ele volta.
8 Encherei os seus montes dos
seus mortos; nos teus outeiros, nos
teus vales e em todas as tuas cor-
rentes cairão os mortos à espada.
9 Em desolações perpétuas te po-
rei, e as tuas cidades nunca mais
serão habitadas. Então sabereis
que eu sou o Senhor.
10 Visto que dizes: Os dois povos
e as duas terras serão meus, e os
possuiremos, ainda que o Senhor
se achasse ali,
11 por isso, tão certo como eu
vivo, diz o Senhor Deus, proce-
derei conforme a tua ira, e con-
forme a tua inveja, de que usaste,
no teu ódio contra eles, e serei co-
nhecido deles, quando te julgar.
12 Então saberás que eu, o Senhor,
ouvi todas as tuas blasfêmias,
que proferiste contra os montes
de Israel, dizendo: Já estão de-
solados, a nós nos são entregues
por pasto.
13 Vós vos engrandecestes contra
mim com a vossa boca e multipli-
castes as vossas palavras contra
mim, e eu o ouvi.
14 Assim diz o Senhor Deus:
Enquanto se alegra toda a ter-
ra, porei a ti em desolação.
15 Como te alegraste com a he-
rança da nação de Israel, porque
foi desolada, assim farei contigo.

Desolado serás, ó monte Seir, e
todo o Edom, sim, todo ele. Então
saberão que eu sou o Senhor.

Profecia aos montes de Israel

36 Filho do homem, profeti-
za aos montes de Israel e
dize: Montes de Israel, ouvi a pa-
lavra do Senhor.
2 Assim diz o Senhor Deus: Disse
o inimigo contra vós: Ah! ah! até
as eternas alturas serão nossa
herança.
3 Portanto, profetiza e dize: Assim
diz o Senhor Deus: Visto que vos
assolaram e devoraram em redor,
para que tornásseis herança do
resto das nações, e andais arras-
tados por conversas maliciosas e
pela calúnia do povo,
4 portanto, ouvi, ó montes de
Israel, a palavra do Senhor Deus:
Assim diz o Senhor Deus aos
montes e aos outeiros, às ravi-
nas e aos vales, aos lugares de-
solados e solitários, e às cidades
desamparadas, que se tornaram
rapina e objeto de zombaria para
o resto das nações que estão ao
redor delas.
5 Assim diz o Senhor Deus:
Certamente no fogo do meu zelo
falei contra o resto das nações e
contra todo o Edom, que se apro-
priaram da minha terra, com
alegria de todo o coração, e com
menosprezo da alma, para a lan-
çarem fora à rapina.
6 Portanto, profetiza sobre a *ter-
ra de Israel* e dize aos montes e
aos outeiros, às correntes e aos
vales: Assim diz o Senhor Deus:
Falei no meu zelo e no meu furor
porque levastes sobre vós o vexa-
me dos gentios.
7 Portanto, assim diz o Senhor
Deus: Eu levantei a minha mão,
para que os gentios, que estão ao
redor de vós, levem o seu vexame
sobre si mesmos.
8 Quanto a vós, porém, ó montes
de Israel, vós produzireis os vos-
sos ramos e dareis o vosso fruto
para o meu povo de Israel, pois
já está prestes a vir.
9 Eu estou convosco e me volta-
rei para vós, e sereis lavrados e
semeados.
10 Multiplicarei homens entre
vós, a toda a nação de Israel, a
toda ela. As cidades serão habi-
tadas e os lugares devastados se-
rão reedificados.
11 Multiplicarei homens e animais
entre vós, e eles se multiplicarão
e frutificarão. Farei que sejais ha-
bitados como dantes, e farei vos-
so estado melhor que nos vossos
princípios. Então sabereis que eu
sou o Senhor.
12 Farei andar sobre vós os ho-
mens, o meu povo de Israel. Eles
vos possuirão, e sereis a sua heran-
ça, e nunca mais os desfilhareis.
13 Assim diz o Senhor Deus: Visto
que vos dizem: Tu és uma terra que
devora os homens, e és uma terra
que desfilha os seus povos,
14 por isso, tu não devorarás mais
os homens, nem desfilharás mais os
teus povos, diz o Senhor Deus.
15 Farei que nunca mais se ouça
em ti a afronta dos gentios, e não
levarás mais sobre ti a zombaria
das gentes, nem mais desfilharás
a tua nação, diz o Senhor Deus.
16 Veio a mim a palavra do Senhor
17 Filho do homem, quando a na-
ção de Israel habitava na sua ter-
ra, então a contaminaram com
os seus caminhos e com as suas
ações. Como a imundícia de uma
mulher em sua separação, tal era o
seu caminho perante o meu rosto.

18 Derramei, pois, o meu furor
sobre eles, por causa do sangue
que derramaram sobre a terra e
dos seus ídolos, com que a con-
taminaram.
19 Espalhei-os entre as nações,
e foram espalhados pelas terras;
conforme os seus caminhos e con-
forme os seus feitos, eu os julguei.
20 E, chegando às nações para
onde foram, profanaram o meu
santo nome, pois se dizia deles:
São estes o povo do Senhor, e sa-
íram da sua terra.
21 Eu, porém, os poupei por amor
do meu santo nome, que a nação
de Israel profanou entre as na-
ções para onde foi.
22 **D**ize, portanto, à nação de
Israel: Assim diz o Senhor Deus:
Não é por amor de vós que eu
faço isso, ó nação de Israel, mas
pelo meu santo nome, que pro-
fanastes entre as nações para
onde fostes.
23 Eu santificarei o meu grande
nome, que foi profanado entre
as nações, o qual profanastes no
meio delas. Então as nações sa-
berão que eu sou o Senhor, diz o
Senhor Deus, quando eu for san-
tificado aos seus olhos.
24 Pois eu vos tirarei dentre as
nações, vos congregarei de to-
dos os países e vos trarei para a
vossa terra.
25 Então espargirei água pura
sobre vós, e ficareis purifica-
dos; de todas as vossas imundí-
cias e de todos os vossos ídolos
vos purificarei.
26 Eu vos darei um coração novo
e porei em vós um espírito novo;
tirarei de vós o coração de pedra
e vos darei um coração de carne.
27 Porei em vós o meu Espírito, e
farei que andeis nos meus estatutos
e guardeis os meus juízos, e os
observeis.
28 Habitareis na terra que eu dei
a vossos pais; vós me sereis por
povo, e eu vos serei por Deus.
29 Eu vos livrarei de todas as vos-
sas imundícias. Chamarei o tri-
go e o multiplicarei, e não trarei
fome sobre vós.
30 Multiplicarei o fruto das árvo-
res e a novidade do campo, para
que nunca mais sofrais a vergo-
nha da fome entre as nações.
31 Então vos lembrareis dos vos-
sos maus caminhos e dos vossos
feitos, que não foram bons, e te-
reis nojo de vós mesmos por cau-
sa das vossas maldades e das vos-
sas abominações.
32 Não é por amor de vós que eu
faço isso, diz o Senhor Deus, que
fique bem claro. Envergonhai-vos
e confundi-vos pelos vossos cami-
nhos, ó nação de Israel.
33 **A**ssim diz o Senhor Deus: No
dia em que eu vos purificar de to-
das as vossas maldades, então farei
que sejam habitadas as cidades e
edificados os lugares devastados.
34 A terra assolada se lavrará, em
vez de estar desolada aos olhos
de todos os que passam.
35 Dirão: Esta terra desolada ficou
como o jardim do Éden; as cidades
solitárias, desoladas e destruídas,
estão fortificadas e habitadas.
36 Então saberão as nações, que
ficarem de resto em redor de vós,
que eu, o Senhor, reedifiquei as
cidades destruídas e plantei o que
estava devastado. Eu, o Senhor, o
disse, e o farei.
37 **A**ssim diz o Senhor Deus: Uma
vez mais ouvirei o pedido da na-
ção de Israel e farei isto por eles:
Eu lhes multiplicarei os homens
como rebanho.

38 Como o rebanho dos santos,
como o rebanho de Jerusalém
nas suas festas fixas, assim as cidades desertas se encherão de rebanhos de homens. Então saberão que eu sou o Senhor.

O vale de ossos secos

37 Veio sobre mim a mão do
Senhor, e ele me levou no Espírito do Senhor e me pôs no meio de um vale que estava cheio de ossos.
2 Ele me fez andar ao redor deles, e eu vi que eram muito numerosos sobre a face do vale, e estavam sequíssimos.
3 Ele me perguntou: Filho do homem, poderão viver estes ossos? Eu disse: Senhor Deus, tu o sabes.
4 Então ele me disse: Profetiza sobre estes ossos e dize-lhes: Ossos secos, ouvi a palavra do Senhor.
5 Assim diz o Senhor Deus a estes ossos: Farei entrar em vós o espírito, e vivereis.
6 Porei nervos sobre vós, farei crescer carne sobre vós, e sobre vós estenderei pele; porei em vós o espírito, e vivereis. Então sabereis que eu sou o Senhor.
7 Portanto, profetizei como me foi ordenado. Enquanto eu profetizava, houve um ruído, um barulho, e os ossos se ajuntaram, cada osso ao seu osso.
8 Olhei, e vieram nervos sobre eles, e cresceu a carne, e estendeu-se a pele sobre eles, mas não *havia neles* espírito.
9 Então ele me disse: Profetiza ao espírito; profetiza, ó filho do homem, e dize ao espírito: Assim diz o Senhor Deus: Vem dos quatro ventos, ó espírito, e assopra sobre estes mortos, para que vivam.
10 Profetizei como ele me ordenara,
então o espírito entrou neles e viveram, e se puseram em pé, um exército grande em extremo.
11 Então ele me disse: Filho do homem, estes ossos são toda a nação de Israel. Eles dizem: Os nossos ossos se secaram e pereceu a nossa esperança; nós estamos cortados.
12 Portanto, profetiza e dize-lhes: Assim diz o Senhor Deus: Eu abrirei as vossas sepulturas e vos farei sair delas, ó povo meu, e vos trarei à terra de Israel.
13 Então sabereis que eu sou o Senhor, quando eu abrir as vossas sepulturas e vos fizer sair delas, ó povo meu.
14 Porei em vós o meu Espírito e vivereis, e vos porei na vossa terra. Então sabereis que eu, o Senhor, disse isto, e o fiz, diz o Senhor.

Uma nação sob um rei

15 Veio a mim a palavra do Senhor:
16 Quanto a ti, ó filho do homem, toma um pedaço de madeira, e escreve nele: Por Judá e pelos filhos de Israel, seus companheiros. Então toma outro pedaço de madeira, e escreve nele: Por José, vara de Efraim, e por toda a nação de Israel, seus companheiros.
17 Ajunta-os um ao outro, para que se unam e se tornem um só na tua mão.
18 Quando os filhos do teu povo te perguntarem: Não nos declararás o que significam essas coisas?
19 Então tu lhes dirás: Assim diz o Senhor Deus: Eu tomarei a vara de José, que esteve na mão de Efraim, e as das tribos de Israel, suas companheiras, e as ajuntarei à vara de Judá; dessa forma, farei delas uma só vara, e elas se farão uma só na minha mão.

20 Os pedaços de madeira em que
houveres escrito estarão na tua
mão perante os olhos deles.
21 Dize-lhes: Assim diz o Senhor
Deus: Eu tomarei os filhos de
Israel de entre as nações, para
onde eles foram, e os congregarei de todas as partes, e os levarei
à sua terra.
22 Deles farei uma nação na terra, nos montes de Israel. Um
só rei será rei de todos eles, e nunca mais serão duas nações, nunca
mais para o futuro se dividirão em
dois reinos.
23 Nunca mais se contaminarão
com os seus ídolos, nem com as
suas abominações, nem com
as suas transgressões, pois eu os
livrarei de todas as suas apostasias e os purificarei. Então
eles serão o meu povo, e eu serei
o seu Deus.
24 **O** meu servo Davi reinará sobre eles, e todos eles terão um
pastor. Andarão nos meus juízos
e guardarão os meus estatutos, e
os observarão.
25 Habitarão na terra que dei a
meu servo Jacó, na qual habitaram vossos pais. Habitarão nela,
eles e seus filhos, e os filhos de
seus filhos, para sempre, e Davi,
meu servo, será seu líder eternamente.
26 Farei com eles uma aliança
de paz; será uma aliança eterna.
Eu os estabelecerei e os multiplicarei; e porei o meu santuário no
meio deles para sempre.
27 O meu tabernáculo estará com
eles; eu serei o seu Deus, e eles serão o meu povo.
28 Então as nações saberão que
eu sou o Senhor que santifico a
Israel, quando estiver o meu santuário no meio deles para sempre.

Profecia contra Gogue

38 Veio a mim a palavra do
Senhor:
2 Filho do homem, volta o teu rosto
contra Gogue, terra de Magogue,
príncipe e chefe de Meseque e de
Tubal; profetiza contra ele
3 e dize: Assim diz o Senhor Deus:
Eu sou contra ti, ó Gogue, príncipe e chefe de Meseque e de Tubal.
4 Eu te farei voltar e porei anzóis
nos teus queixos e te levarei, com
todo o teu exército, cavalos e cavaleiros, todos eles vestidos de armadura completa, uma grande multidão,
com escudos grandes e pequenos,
manejando todos a espada.
5 Persas, etíopes, e os de Pute com
eles, todos com escudo e capacete,
6 também Gômer e todas as suas
tropas, e Bete-Togarma, do extremo norte, e todas as suas tropas,
muitos povos contigo.
7 **P**repara-te, sim, dispõe-te, tu
e todas as tuas multidões que se
reuniram a ti, e serve-lhes tu de
guarda.
8 Depois de muitos dias serás visitado. No fim dos anos virás à
terra que se recuperou da espada, ao povo que se congregou dentre muitos povos sobre os montes de Israel, que sempre estavam
desolados. Aquela terra foi tirada dentre os povos, e todos eles
habitarão seguramente.
9 Então subirás, tu e todas as tuas
tropas, e muitos povos contigo, virás como uma tempestade; e serão como uma nuvem para cobrir a terra.
10 Assim diz o Senhor Deus: Naquele
dia ideias virão ao teu coração,
e conceberás um mau desígnio.
11 Dirás: Subirei contra a terra
das aldeias não muradas, virei
contra os que estão em repouso,

que habitam seguros; todos eles
habitam sem muro, e não têm fer-
rolho nem portas.
12 Tomarei o despojo, arrebata-
rei a presa e tornarei a minha
mão contra as terras desertas que
agora se habitam e contra o povo,
que se ajuntou dentre as nações, que
tem gado e possessões, e habita
no meio da terra.
13 Sabá e Dedã e os mercadores
de Társis e todas as suas aldeias
te dirão: Vens tu para tomar o des-
pojo? Ajuntaste o teu bando para
arrebatar a presa, levar a prata e o
ouro, tomar o gado e as possessões,
para saquear grandes despojos?
14 Portanto, profetiza, ó filho do
homem, e dize a Gogue: Assim
diz o Senhor Deus: Naquele dia,
quando o meu povo Israel habitar
seguro, não o saberás tu?
15 Virás do teu lugar, do extremo
norte, tu e muitos povos contigo,
montados todos a cavalo, grande
multidão e exército numeroso.
16 Subirás contra o meu povo
Israel, como uma nuvem que co-
bre a terra. No fim dos dias hei
de trazer-te contra a minha ter-
ra, para que as nações me conhe-
çam a mim, quando eu me hou-
ver santificado em ti aos seus
olhos, ó Gogue.
17 Assim diz o Senhor Deus: Não
és tu aquele de quem eu disse nos
dias antigos, por intermédio de
meus servos, os profetas de Israel,
os quais naqueles dias profetiza-
ram, durante anos, que te traria
contra eles?
18 Naquele dia, porém, no dia em
que vier Gogue contra a terra de
Israel, diz o Senhor Deus, a mi-
nha indignação será despertada.
19 No meu zelo e no fogo do meu
furor eu digo que naquele dia
haverá um grande tremor na ter-
ra de Israel.
20 Tremerão diante da minha face
os peixes do mar, as aves do céu, os
animais do campo, todos os répteis
que se arrastam sobre a terra e to-
dos os homens que estão sobre a
face da terra. Os montes cairão e
os precipícios se desfarão; todos os
muros desabarão por terra.
21 Chamarei contra ele a espada,
sobre todos os meus montes, diz
o Senhor Deus. A espada de cada
um se voltará contra seu irmão.
22 Também executarei juízo con-
tra ele por meio da peste e do san-
gue; chuva inundante, grandes
pedras de saraiva, fogo e enxo-
fre farei cair sobre ele, sobre as
suas tropas e sobre os muitos po-
vos que estiverem com ele.
23 Assim eu me engrandecerei e
me santificarei, e me darei a co-
nhecer aos olhos de muitas na-
ções. Então saberão que eu sou
o Senhor.

39 E tu, pois, ó filho do homem,
profetiza contra Gogue e
dize: Assim diz o Senhor Deus:
Eu sou contra ti, ó Gogue, prínci-
pe e chefe de Meseque e de Tubal.
2 Eu te farei retornar e te porei
seis anzóis; te farei subir do ex-
tremo norte e te trarei aos mon-
tes de Israel.
3 Tirarei o teu arco da tua mão
esquerda e farei cair as tuas fle-
chas da tua mão direita.
4 Nos montes de Israel cairás, tu e
todas as tuas tropas, e os povos que
estão contigo. Às aves de rapina, e
às aves de toda espécie, e aos ani-
mais do campo, te darei por pasto.
5 Em campo aberto cairás, pois
eu falei, diz o Senhor Deus.
6 Enviarei um fogo sobre Magogue
e sobre os que habitam seguros

nas ilhas, e saberão que eu sou
o Senhor.
7 Farei conhecido o meu santo
nome no meio do meu povo Israel.
Nunca mais deixarei profanar
o meu santo nome, e as nações
saberão que eu sou o Senhor, o
Santo em Israel.
8 Eis que vem, e se cumprirá, diz
o Senhor Deus. Este é o dia de que
tenho falado.
9 Então os habitantes das cidades de Israel sairão e totalmente
queimarão as armas, os escudos,
os escudos pequenos e grandes, os
arcos, as flechas, os bastões de
mão e as lanças. Farão fogo com
tudo isso por sete anos.
10 Não trarão lenha do campo,
nem a cortarão dos bosques, mas
com as armas acenderão fogo.
E roubarão aos que os roubaram,
e despojarão aos que os despojaram, diz o Senhor Deus.
11 Naquele dia, darei a Gogue um
lugar de sepultura em Israel, o
vale dos que passam ao Oriente,
na direção do Mar, o qual fará parar os que por ele passarem, porque Gogue e toda a sua multidão
serão enterrados ali. E lhe chamarão o vale de Hamom-Gogue.
12 A nação de Israel os enterrará por sete meses, para purificar a terra.
13 Sim, todo o povo da terra os enterrará, e será para eles memorável o dia em que eu for glorificado, diz o Senhor Deus.
14 Serão separados homens que
incessantemente passarão pela
terra para sepultar os que tiverem ficado nela, para a purificar.
Durará sete meses este trabalho.
15 Ao percorrerem a terra, vendo alguém um osso de homem, levantará um sinal próximo dele,
até que os enterradores o enterrem no vale de Hamom-Gogue.
16 Também o nome da cidade
será Hamona. Assim purificarão a terra.
17 Filho do homem, assim diz o
Senhor Deus: Dize às aves de toda
espécie e a todos os animais do
campo: Ajuntai-vos e vinde, vinde
de toda parte para o meu sacrifício, que eu sacrifiquei por vós,
sacrifício grande nos montes de
Israel, e comei carne, e bebei
sangue.
18 Comereis a carne dos poderosos e bebereis o sangue dos príncipes da terra; dos carneiros, dos
cordeiros, dos bodes, dos bezerros, todos engordados em Basã.
19 Comereis a gordura até vos
fartardes e bebereis o sangue até
vos embebedardes, a gordura e o
sangue do meu sacrifício que sacrifiquei por vós.
20 Eu vos fartarei à minha mesa,
de cavalos, de cavaleiros, de valentes e de todos os homens de
guerra, diz o Senhor Deus.
21 Porei a minha glória entre as
nações, e todas as nações verão
o meu juízo, que eu tiver executado, e a minha mão, que sobre
elas tiver descarregado.
22 Daquele dia em diante saberão os da nação de Israel que eu
sou o Senhor seu Deus.
23 E as nações saberão que os da
nação de Israel, por causa da sua
iniquidade, foram levados para o
exílio, porque se rebelaram contra mim. Eu escondi deles a minha face e os entreguei nas mãos
de seus adversários, e todos caíram à espada.
24 Conforme a sua imundícia e
as suas transgressões agi com
eles, e escondi deles a minha face.

25 Portanto, assim diz o Senhor
Deus: Agora tornarei a trazer os
cativos de Jacó e terei compaixão
de toda a nação de Israel; e terei
zelo pelo meu santo nome.
26 Levarão sobre si a sua vergonha
e toda a sua rebeldia, com que se
rebelaram contra mim, quando
habitavam seguros na sua terra,
sem haver quem os espantasse.
27 Quando eu os tornar a trazer
de entre os povos e os ajuntar
das terras de seus inimigos, eu
me santificarei neles aos olhos
de muitas nações.
28 Então saberão que eu sou o
Senhor seu Deus, vendo que eu
os fiz ir para o exílio entre as na-
ções e os tornei a ajuntar a fim de
voltarem à sua terra, e nenhum
deles deixei para trás.
29 Já não esconderei deles a mi-
nha face, pois eu derramarei o
meu Espírito sobre a nação de
Israel, diz o Senhor Deus.

A restauração do templo

40 No vigésimo quinto ano
do nosso exílio, no princí-
pio do ano, no décimo dia do mês,
catorze anos depois que a cidade
foi conquistada, nesse mesmo dia
veio sobre mim a mão do Senhor
e me levou para lá.
2 Em visões de Deus me levou
à terra de Israel e me pôs sobre
um monte muito alto, e sobre ele,
para a banda do sul, havia uns
como edifícios que pareciam uma
cidade.
3 Ele me levou para lá, e vi que
um homem cuja aparência era
como a do bronze estava em pé
na porta, tendo na mão uma cor-
da de linho e uma vara de medir.
4 Disse-me o homem: Filho do ho-
mem, vê com os teus olhos e ouve
com os teus ouvidos, e põe no teu
coração tudo o que eu te fizer ver,
pois para isso foste aqui trazido.
Anuncia à nação de Israel tudo
o que vires.
5 Havia um muro fora da vara em
redor, e na mão do homem uma
vara de medir, de seis côvados, cada
côvado com um palmo a mais. Ele
mediu a largura do edifício, uma
vara, e a altura, uma vara.
6 Então veio à porta que dava para
o Oriente. Subiu pelos seus de-
graus e mediu o limiar da porta;
uma vara de largo, e o outro um-
bral, uma vara de largo.
7 Cada sala tinha uma vara de
comprido e uma vara de largu-
ra; entre as salas havia cinco cô-
vados. E o umbral da porta, ao pé
do vestíbulo da porta, tinha uma
vara, por dentro.
8 Também mediu o vestíbulo da
porta por dentro, uma vara.
9 Então mediu o outro alpendre
da porta, que tinha oito côvados,
e os seus umbrais, dois côvados, e
o vestíbulo da porta, por dentro.
10 As salas da porta para o lado
do Oriente eram três deste lado,
e três do outro, uma mesma me-
dida era a das três; também os
umbrais deste lado e do outro ti-
nham a mesma medida.
11 Mediu mais a largura da en-
trada da porta, que era de dez cô-
vados; o comprimento da porta,
treze côvados.
12 O espaço em frente das salas
era de um côvado, e de um côva-
do o espaço do outro lado. Cada
sala tinha seis côvados dum lado,
e seis do outro.
13 Então mediu a porta desde o
telhado de uma sala até o telha-
do da outra, vinte e cinco côvados
de largura, porta contra porta.

14 Mediu também o vestíbulo, vin-
te côvados; em torno do vestíbu-
lo da porta estava o átrio.
15 A distância da entrada da porta
até o extremo do pórtico da porta in-
terior media cinquenta côvados.
16 Havia também nas salas jane-
las, e nos seus umbrais, dentro da
porta ao redor, e do mesmo modo
no pórtico. As janelas estavam à
roda pela parte de dentro; e nos
umbrais havia palmeiras.
17 **E**ntão ele me levou ao átrio
exterior. Havia nele salas, e um
pavimento feito no átrio em re-
dor; trinta salas havia naquele
pavimento.
18 O pavimento ao lado das por-
tas era a par do comprimento das
portas; o pavimento era inferior.
19 Então mediu a largura des-
de a dianteira da porta inferior
até a dianteira do átrio interior,
por fora, cem côvados, do lado do
oriente e do norte.
20 **Q**uanto à porta que dava para
o norte, no átrio exterior, ele me-
diu o seu comprimento e a sua
largura.
21 As suas salas, três de um lado,
e três do outro, e os seus umbrais
e os seus pórticos eram da medida
da primeira porta: de cinquenta
côvados era o seu comprimento, e
a largura de vinte e cinco côvados.
22 As suas janelas, os seus pórti-
cos e as suas palmeiras eram da
medida da porta que dava para
o Oriente; subia-se para ela por
sete degraus, e o seu pórtico es-
tava diante dela.
23 Estava a porta do átrio inte-
rior em frente da porta do nor-
te e do *oriente; mediu de porta a*
porta cem côvados.
24 **E**ntão ele me levou ao sul, e
vi que havia ali uma porta que
dava para o sul, e mediu os seus
umbrais e os seus pórticos con-
forme essas medidas.
25 Havia também janelas em re-
dor dos seus pórticos, como as
outras janelas: cinquenta côva-
dos o comprimento, e a largura
vinte e cinco côvados.
26 De sete degraus eram as suas
subidas, e os seus pórticos esta-
vam diante deles; tinha palmei-
ras, uma de um lado e outra do
outro, nos seus umbrais.
27 Também havia uma porta no
átrio interior que olha para o sul;
e mediu de porta a porta, para o
sul, cem côvados.
28 **E**ntão me levou ao átrio interior
pela porta do sul; mediu a porta
do sul, conforme essas medidas.
29 As suas salas, e os seus um-
brais, e os seus pórticos eram
conforme essas medidas; tinham
também janelas ao redor dos seus
pórticos: o comprimento era de
cinquenta côvados, e a largura
de vinte e cinco côvados.
30 Havia pórticos em redor; o com-
primento era de vinte e cinco côva-
dos, e a largura de cinco côvados.
31 Os seus pórticos estavam na
direção do átrio exterior, e havia
palmeiras nos seus umbrais; de
oito degraus eram as suas subidas.
32 **D**epois me levou ao átrio in-
terior, para o Oriente; a porta ti-
nha a mesma medida que as an-
teriores.
33 Também as suas salas, e os
seus umbrais e os seus pórti-
cos tinham as mesmas medidas.
Havia também janelas em redor
dos seus pórticos; o comprimen-
to de cinquenta côvados, e a lar-
gura de vinte e cinco côvados.
34 Os seus pórticos estavam no átrio
exterior; também havia palmeiras

nos seus umbrais de um e de ou-
tro lado, e eram as suas subidas
de oito degraus.
35 Então me levou à porta do nor-
te, e a mediu. Ela possuía as mes-
mas medidas das outras,
36 como também as suas salas, os
seus umbrais, e os seus pórticos;
também tinha janelas em redor.
O comprimento era de cinquen-
ta côvados, e a largura de vinte
e cinco côvados.
37 Os seus umbrais estavam no
átrio exterior; também havia pal-
meiras nos seus umbrais de um e
de outro lado, e eram as suas su-
bidas de oito degraus.
38 A sua sala e a sua porta esta-
vam junto aos umbrais das por-
tas onde lavavam o holocausto.
39 No pórtico da porta havia duas
mesas de um lado, e duas mesas
do outro, para nelas se degolar o
holocausto e a oferta pelo pecado
e pela culpa.
40 Também do lado de fora da su-
bida para a entrada da porta do
norte havia duas mesas; do ou-
tro lado, que estava no pórtico da
porta, havia duas mesas.
41 Quatro mesas de um, e quatro
mesas do outro lado; aos lados da
porta oito mesas, sobre as quais
imolavam.
42 As quatro mesas para o ho-
locausto eram de pedras la-
vradas; o comprimento era de
um côvado e meio, a largura de um
côvado e meio e a altura de um cô-
vado. Sobre elas se punham os
instrumentos com que imola-
vam o holocausto e os sacrifícios.
43 Os ganchos eram de um palmo
de comprido, e estavam fixos por
dentro ao redor, e sobre as mesas
estava a carne da oferta.
44 Fora da porta interior estavam
as salas dos cantores, no átrio in-
terior, que estava do lado da porta
do norte e olhava para o sul; uma
estava ao lado da porta do orien-
te, a qual olhava para o norte.
45 Ele me disse: Esta sala que
olha para o sul é para os sacerdo-
tes que têm a guarda do templo.
46 A sala voltada para o norte,
porém, é para os sacerdotes que
têm a guarda do altar; estes são
os filhos de Zadoque, que se che-
gam ao Senhor, dentre os filhos
de Levi, para o servir.
47 Então ele mediu o átrio; o compri-
mento de cem côvados, um quadra-
do, e o altar estava diante do templo.
48 Então me levou ao pórtico do
templo e mediu cada pilar do pór-
tico, cinco côvados de um lado, e
cinco côvados do outro; a largu-
ra da porta, três côvados de um
lado, e três côvados do outro.
49 O comprimento do pórtico era
de vinte côvados, e a largura de
onze côvados, e era por degraus,
que se subia; havia colunas jun-
to aos umbrais, uma de um lado
e outra do outro.

41

Então me levou ao templo
e mediu os umbrais, seis
côvados de largura de um lado, e
seis côvados de largura do outro,
que era a largura do tabernáculo.
2 A largura da entrada, cinco cô-
vados de um lado e cinco côvados
do outro; também mediu o seu
comprimento, de quarenta côva-
dos, e a largura, de vinte côvados.
3 Então ele entrou no átrio interior,
e mediu o pilar da entrada, dois cô-
vados, e a entrada, seis côvados, e
a largura da entrada, sete côvados.
4 Também mediu o seu compri-
mento, vinte côvados, e a largura,

vinte côvados, diante do templo,
e me disse: Este é o Santo dos
Santos.
5 Então mediu a parede do tem-
plo, seis côvados, e a largura das
salas laterais, quatro côvados, por
todo o redor do templo.
6 As salas laterais, sala sobre sala,
eram trinta, em três níveis, trin-
ta em cada nível, e entravam na
parede que se encostava no tem-
plo em redor, de modo que não se
apoiassem na parede do templo.
7 As salas laterais aumentavam
de largura de andar em andar, ao
passo que se aprofundava o encai-
xe da parede a cada andar, ao re-
dor do templo; havia ao lado do
templo uma escadaria pela qual
se subia ao terceiro andar pelo
segundo.
8 Olhei para a altura do templo
em redor; eram os fundamentos
das salas laterais da medida de
uma cana inteira, seis côvados
grandes.
9 A grossura da parede das salas
laterais de fora era de cinco côva-
dos; o que foi deixado vazio era o
lugar das salas laterais, que esta-
vam junto ao templo.
10 Entre as salas havia a largu-
ra de vinte côvados por todo o re-
dor do templo.
11 As entradas das salas laterais
estavam voltadas para o lugar va-
zio; uma entrada para o norte, e
outra entrada para o sul. A lar-
gura do lugar vazio era de cinco
côvados em redor.
12 Era também o edifício que es-
tava diante do lugar separado, à
esquina ocidental, da largura de
setenta côvados; *a parede do edi-
fício* era de cinco côvados de lar-
gura em redor, e o seu compri-
mento era de noventa côvados.
13 Assim mediu o templo, do com-
primento de cem côvados, como
também o lugar separado, e o edi-
fício, e as suas paredes, cem cô-
vados de comprimento.
14 A largura da frente do tem-
plo, e do lugar separado para o
Oriente, de uma e de outra par-
te, cem côvados.
15 Também mediu o comprimen-
to do edifício, diante do lugar se-
parado, que estava por detrás, e
as suas galerias de uma e de ou-
tra parte, cem côvados. **A** nave do
templo, a sala interior, e o pórtico
do átrio eram apainelados.
16 Os três tinham janelas gradea-
das. As galerias em redor dos
três, em frente do umbral, eram
cobertas de madeira em redor, e
isto desde o chão até as janelas
que estavam cobertas.
17 No espaço em cima da porta, e
até a sala interior, por dentro e por
fora, e em todas as paredes em re-
dor, por dentro e por fora,
18 havia querubins e palmeiras
de entalhe, de maneira que cada
palmeira estava entre querubim
e querubim, e cada querubim ti-
nha dois rostos,
19 a saber: um rosto de homem
olhava para a palmeira de um lado
e um rosto de leão para a palmei-
ra do outro. Assim foi feito por
todo o templo em redor.
20 Desde o chão até acima da en-
trada estavam feitos os queru-
bins e as palmeiras, como tam-
bém pela parede do templo.
21 Os batentes do templo eram
quadrados, e, no tocante à fren-
te do santuário, a feição de uma
era como a feição da outra.
22 O altar de madeira era de três
côvados de altura, e o seu compri-
mento de dois côvados, e tinha

os seus dois cantos; o seu fundamento e as suas paredes eram de madeira. Disse-me o homem: Esta é a mesa que está perante a face do Senhor.
23 O templo e o Santíssimo tinham duas portas.
24 Havia duas folhas para as portas, duas folhas dobráveis, duas para uma porta, e duas para a outra.
25 E havia nelas, nas portas do templo, querubins e palmeiras, como os que estavam nas paredes, e havia um grande toldo de madeira diante do pórtico por fora.
26 Havia janelas estreitas e palmeiras, em ambos os lados do pórtico, como também nas salas laterais do templo e no toldo de madeira.

As salas dos sacerdotes

42 Depois disso fez-me sair para o átrio exterior, para o lado do norte, e me levou às salas que estavam em frente do espaço vazio, e que estavam em frente do edifício, do lado do norte.
2 Do comprimento de cem côvados era a entrada do norte, e a largura era de cinquenta côvados.
3 Em frente dos vinte côvados, que tinha o átrio interior, e em frente do pavimento que tinha o átrio exterior, havia galeria contra galeria em três andares.
4 Diante das salas havia um passeio de dez côvados de largura, do lado de dentro, e um caminho de um côvado; as suas entradas eram para o lado do norte.
5 As salas de cima eram mais estreitas, pois as galerias tomavam aqui mais espaço do que nas de baixo e nas do meio do edifício.
6 As salas do terceiro andar não tinham colunas como as colunas dos átrios; por isso, desde o chão se iam estreitando mais do que as de baixo e as do meio.
7 O muro que estava por fora, em frente das salas, no caminho do átrio exterior, diante das salas, tinha cinquenta côvados de comprimento.
8 Ao passo que o comprimento das salas que estavam no átrio exterior era de cinquenta côvados, as que ficavam em frente do templo eram de cem côvados.
9 Da parte de baixo destas salas estava a entrada do lado do oriente, quando se entra nelas pelo átrio exterior.
10 Na largura do muro do átrio para o caminho do oriente, diante do lugar separado, e diante do edifício, também havia salas.
11 O caminho de diante delas era da mesma forma das salas do norte. Conforme o seu comprimento, assim era a sua largura; todas as suas saídas eram também conforme as suas formas, e conforme as suas entradas.
12 Conforme as entradas das salas, que davam para o sul, havia também uma entrada no começo de cada caminho, diante do muro direito, para o Oriente, quando se entra por elas.
13 Então me disse: As salas do norte e as salas do sul, que estão diante do lugar separado, são salas santas, em que os sacerdotes, que se chegam ao Senhor, comerão as coisas mais santas. Ali porão as coisas mais santas, e as ofertas de cereais, as ofertas pelo pecado e as ofertas pela culpa; pois o lugar é santo.
14 Quando os sacerdotes entrarem, não sairão do santuário para o átrio exterior, mas porão ali as

vestiduras com que ministraram,
pois elas são santas. Eles se vestirão de outras vestiduras, e assim se aproximarão do lugar pertencente ao povo.
15 Acabando ele de medir o templo interior, fez-me sair pela porta cuja face dá para o Oriente, e mediu em redor.
16 Mediu o lado oriental com a vara de medir, quinhentos côvados com a vara de medir ao redor.
17 Mediu o lado do norte, quinhentos côvados com a vara de medir ao redor.
18 O lado do sul também mediu, quinhentos côvados com a vara de medir.
19 Deu uma volta para o lado do ocidente, e mediu quinhentos côvados com a vara de medir.
20 Mediu pelos quatro lados. Havia um muro em redor, de quinhentos côvados de comprimento, e quinhentos de largura, para fazer separação entre o santo e o profano.

A glória volta ao templo

43 Então me levou à porta que
olha para o Oriente.
2 Eu vi a glória do Deus de Israel que vinha do Oriente. A sua voz era como a voz de muitas águas, e a terra resplandeceu por causa da sua glória.
3 O aspecto da visão que tive era como o da visão que eu tivera quando veio destruir a cidade, e como a que tive junto ao rio Quebar; caí com o rosto em terra.
4 A glória do Senhor entrou no templo pela porta que olha para o Oriente.
5 Então o Espírito me levantou e me levou ao átrio interior, e a glória do Senhor encheu o templo.
6 Enquanto o homem estava em pé ao meu lado, ouvi uma voz que me foi dirigida de dentro do templo.
7 Disse-me: Filho do homem, este é o lugar do meu trono, e o lugar das plantas dos meus pés. Aqui habitarei no meio dos filhos de Israel para sempre. Os da nação de Israel não contaminarão mais o meu nome santo, nem eles nem os seus reis, com as suas prostituições e com os cadáveres dos seus reis, nos seus altos,
8 pondo a sua soleira ao pé da minha soleira, e os seus batentes junto aos meus batentes, e havendo uma parede entre mim e eles. Contaminaram o meu santo nome com as suas abominações que faziam; por isso, eu os consumi na minha ira.
9 Agora lancem eles para longe de mim a sua prostituição e os cadáveres dos seus reis, e habitarei no meio deles para sempre.
10 Quanto a ti, ó filho do homem, mostra à nação de Israel este templo, para que se envergonhe das suas maldades. Sirva-lhes ela de modelo,
11 e, envergonhando-se eles de tudo o que fizeram, faze-lhes saber a forma deste templo, e a sua figura, e as suas saídas, e as suas entradas, e todas as suas formas, e todos os seus estatutos, todos os seus dispositivos e todas as suas leis; escreve isto diante de seus olhos, para que guardem todas as suas instituições e todos os seus estatutos, e os cumpram.
12 Esta é a lei do templo: Sobre o cume do monte todo o seu contorno em redor será santíssimo. Esta é a lei do templo.
13 São estas as medidas do altar, em côvados, sendo o côvado com

quatro dedos a mais; a parte inferior
será de um côvado de altura, e
um côvado de largura, e a sua
borda, em todo o seu contorno, de
um palmo. Esta é a base do altar.
14 Da base, desde o chão até a sa-
liência de baixo, dois côvados, e
de largura um côvado; desde a
pequena saliência até a saliên-
cia grande, quatro côvados, e a
largura um côvado.
15 O altar será de quatro côva-
dos de altura, e por cima do al-
tar se projetavam quatro chifres.
16 O altar terá doze côvados de
comprimento, e doze de largu-
ra, quadrado nos quatro lados.
17 A saliência, catorze côvados de
comprimento, e doze de largura,
nos seus quatro lados; o contor-
no, ao redor dela, de meio côva-
do, e a base dela de um côvado,
ao redor. Os seus degraus olha-
vam para o Oriente.
18 Então ele me disse: Filho do
homem, assim diz o Senhor Deus:
São estes os estatutos do altar, no
dia em que o farão, para oferece-
rem sobre ele holocausto, e para
espargirem sobre ele sangue.
19 Aos sacerdotes levitas, que são
da descendência de Zadoque, que
se chegam a mim, diz o Senhor
Deus, para me servirem, darás um
novilho para oferta pelo pecado.
20 Tomarás do seu sangue e o
porás sobre os seus quatro ân-
gulos, sobre os quatro cantos da
saliência e sobre o contorno ao
redor, assim farás a purificação
e a expiação.
21 Então pegarás o novilho da ofer-
ta pelo pecado, o qual será quei-
mado no lugar do templo desig-
nado para isso, fora do santuário.
22 No segundo dia, oferecerás um
bode, sem defeito, para oferta pelo
pecado; purificarão o altar, como
o purificaram com o novilho.
23 Acabando tu de o purificar,
oferecerás um novilho, sem de-
feito, e um carneiro do rebanho,
sem defeito.
24 Tu os oferecerás perante a face
do Senhor; os sacerdotes coloca-
rão sal sobre eles e os oferecerão
em holocausto ao Senhor.
25 Durante sete dias prepararás
cada dia um bode como oferta
pelo pecado; também prepararão
um novilho e um carneiro do re-
banho, sem defeito.
26 Por sete dias expiarão o altar
e o purificarão, e assim o consa-
grarão.
27 Chegado o fim desse período,
do oitavo dia em diante, os sacer-
dotes oferecerão sobre o altar os
vossos holocaustos e as vossas
ofertas pacíficas. Então eu me de-
leitarei em vós, diz o Senhor Deus.

44

Então me fez voltar para o
caminho da porta do san-
tuário exterior, que olha para o
Oriente, a qual estava fechada.
2 Disse-me o Senhor: Esta por-
ta estará fechada, não se abrirá;
ninguém entrará por ela. Porque
o Senhor Deus de Israel entrou
por ela, estará fechada.
3 Quanto ao príncipe, ele ali se
assentará como príncipe, para
comer o pão diante do Senhor;
pelo caminho do pórtico da por-
ta entrará, e por esse mesmo ca-
minho sairá.
4 Depois levou-me pelo caminho
da porta do norte, diante do tem-
plo. Olhei e vi a glória do Senhor
encher o templo do Senhor, e caí
com o rosto em terra.
5 Disse-me o Senhor: Filho do ho-
mem, considera no teu coração, vê
com os teus olhos e ouve com os

teus ouvidos tudo o que eu te dis-
ser de todos os estatutos do tem-
plo do Senhor e de todas as suas
leis. Considera no teu coração a
entrada do templo, com todas as
saídas do santuário.
6 Dize aos rebeldes, à nação de
Israel: Assim diz o Senhor Deus:
Já bastam todas as vossas abomi-
nações, ó nação de Israel!
7 Além das vossas outras abomi-
nações, fizestes entrar estrangei-
ros, incircuncisos de coração e
incircuncisos de carne, para es-
tarem no meu santuário, para o
profanarem, quando ofereceis
o meu pão, a gordura, e o sangue,
e quebrastes a minha aliança.
8 Não guardastes a ordenança
das minhas coisas sagradas; an-
tes constituístes em vosso lugar
qualquer um para executar a or-
denança no meu santuário.
9 Assim diz o Senhor Deus: Nenhum
estrangeiro, incircunciso de co-
ração ou incircunciso de carne,
entrará no meu santuário, den-
tre os estrangeiros que se acha-
rem no meio dos filhos de Israel.
10 Contudo os levitas que se apar-
taram para longe de mim, quando
Israel se desviou de mim, para ir
atrás dos seus ídolos, levarão so-
bre si a sua iniquidade.
11 Entretanto, serão ministros do
meu santuário, nos cargos das por-
tas do templo, e servirão ao tem-
plo. Eles degolarão o holocausto
e o sacrifício para o povo, e es-
tarão perante ele, para o servir.
12 No entanto, porque lhes minis-
traram diante dos seus ídolos e
serviram de tropeço de maldade
à nação de Israel, por isso, eu le-
vantei a minha mão sobre eles,
diz o Senhor Deus, e levarão so-
bre si a sua iniquidade.
13 Não se chegarão a mim, para
me servirem no sacerdócio, nem
se chegarão a nenhuma de todas
as minhas coisas sagradas, que
são santíssimas, mas levarão so-
bre si a sua vergonha e as suas
abominações que cometeram.
14 Contudo, eu os constituirei
guardas da ordenança do templo,
em todo o seu serviço e em tudo o
que nele se fizer.
15 Contudo, os sacerdotes levitas,
os filhos de Zadoque, que guarda-
ram a ordenança do meu santuá-
rio, quando os filhos de Israel se
extraviaram de mim, se chegarão
a mim, para me servirem, e esta-
rão diante de mim, para me ofere-
cerem a gordura e o sangue, diz o
Senhor Deus.
16 Eles entrarão no meu santuá-
rio e se chegarão à minha mesa,
para me servirem, e guardarão
a minha ordenança.
17 Quando entrarem pelas portas
do átrio interior, estarão vestidos
de vestes de linho; não se porá lã
sobre eles, quando servirem nas
portas do átrio interior, dentro
do templo.
18 Coifas de linho estarão sobre
as suas cabeças e calções de li-
nho, sobre as suas coxas. Não se
cingirão de coisa alguma que os
faça transpirar.
19 Saindo eles ao povo, no átrio
exterior, despirão as suas vestes
com que ministraram, e as porão
nas santas salas, e vestirão outras
vestes, para que com as suas ves-
tes não santifiquem o povo.
20 A sua cabeça não raparão,
nem deixarão crescer o seu ca-
belo; antes, como convém, apa-
rarão as cabeças.
21 Nenhum sacerdote beberá vinho,
quando entrar no átrio interior.

22 Não se casarão nem com viú-
va nem com repudiada, mas to-
marão virgens da linhagem da
ascendência de Israel, ou com viú-
va de sacerdote.
23 A meu povo ensinarão a dis-
tinguir entre o santo e o profano,
e o farão discernir entre o impu-
ro e o puro.
24 Quando houver disputa, eles
assistirão a ela para a julgarem;
pelos meus juízos a julgarão. As
minhas leis e os meus estatutos
em todas as minhas festas fixas
guardarão, e os meus sábados
santificarão.
25 Não se aproximarão de nenhu-
ma pessoa morta, pois se conta-
minariam; somente por pai, ou
por mãe, ou por filho, ou por fi-
lha, ou por irmão ou por irmã
que não tiver marido, se pode-
rão contaminar.
26 Depois de ser ele purificado,
esperará sete dias.
27 No dia em que ele entrar no lu-
gar santo, no átrio interior, para
ministrar no lugar santo, ofere-
cerá a sua oferta pelo pecado, diz
o Senhor Deus.
28 Eles não terão uma herança;
eu serei a sua herança. Não lhes
dareis, portanto, possessão em
Israel; eu sou a sua possessão.
29 A oferta de cereais, a oferta
pelo pecado e a oferta pela culpa
eles comerão; toda a coisa consa-
grada em Israel será deles.
30 O melhor de todos os primei-
ros frutos de *tudo* e *toda a ofer-*
ta de todas as vossas ofertas se-
rão dos sacerdotes. As primeiras
das vossas massas dareis ao sa-
cerdote, para que faça repousar
uma bênção sobre a vossa casa.
31 Os sacerdotes não comerão
nenhuma coisa que tenha sido
encontrada morta ou tenha sido
despedaçada, seja de aves, seja
de animais.

A divisão da terra

45 Quando repartirdes a ter-
ra por sortes em herança,
fareis uma oferta ao Senhor, uma
porção santa da terra. O compri-
mento será de vinte e cinco mil
côvados, e a largura de dez mil;
esta parte será santa em toda a
sua extensão ao redor.
2 Deste terreno o santuário ocu-
pará quinhentos côvados de com-
primento, e quinhentos de largu-
ra, em quadrado, e terá em redor
um espaço vazio de cinquenta
côvados.
3 Desta área santa medirás um
comprimento de vinte e cinco
mil côvados, e uma largura de
dez mil; ali estará o santuário e
o Santíssimo Lugar.
4 Este será o lugar santo da terra;
ele será para os sacerdotes, mi-
nistros do santuário, que dele se
aproximam para servir ao Senhor.
Esse será o lugar para casas, e para
o lugar santo para o santuário.
5 Terão os levitas, ministros do
templo, por sua propriedade, vin-
te e cinco mil côvados de com-
primento.
6 Para a propriedade da cidade,
de largura dareis cinco mil cô-
vados, e de comprimento vinte
e cinco mil, em frente da porção
santa, o que será para toda a na-
ção de Israel.
7 O príncipe terá a sua parte des-
te e do outro lado da santa por-
ção, e da propriedade da cidade,
diante da santa porção, e dian-
te da propriedade da cidade, ao
lado ocidental e oriental; o com-
primento corresponderá a uma

das porções, desde o termo oci-
dental até o termo oriental.
8 Esta terra será a sua proprie-
dade em Israel, e os meus prín-
cipes nunca mais oprimirão o
meu povo, antes deixarão a ter-
ra à nação de Israel, conforme as
suas tribos.
9 Assim diz o Senhor Deus: Já bas-
ta, ó príncipes de Israel! Afastai a
violência e a desolação; praticai juí-
zo e justiça. Deixai de desapropriar
o meu povo, diz o Senhor Deus.
10 Balanças justas, efa justo e
bato justo tereis.
11 O efa e o bato serão da mes-
ma medida, de maneira que o
bato contenha a décima parte
do ômer; conforme o ômer será
a sua medida.
12 O siclo será de vinte geras.
Vinte siclos mais vinte e cinco
siclos mais quinze siclos serão
uma mina.
13 Esta será a oferta que haveis de
fazer: a sexta parte de um efa
de cada ômer de trigo; também
dareis a sexta parte de um efa de
cada ômer de cevada.
14 Quanto ao estatuto do azei-
te, de cada bato de azeite ofere-
cereis a décima parte do bato ti-
rado de um coro, que é um ômer
de dez batos, pois dez batos fa-
zem um ômer.
15 De cada rebanho de duzentas
cabeças, um cordeiro tirado da
mais regada terra de Israel, para
oferta de cereais, para holocaus-
to e para oferta pacífica; para
que façam expiação por eles, diz
o Senhor Deus.
16 Todo o povo da terra contri-
buirá para esta oferta ao prínci-
pe de Israel.
17 Estarão a cargo do príncipe os
holocaustos, as ofertas de cereais
e as libações, nas festas, nas luas
novas, nos sábados, em todas as
festas fixas da nação de Israel. Ele
fará a oferta pelo pecado, a oferta
de cereais, o holocausto e as ofer-
tas pacíficas, para fazer expiação
pela nação de Israel.
18 Assim diz o Senhor Deus: No
primeiro mês, no primeiro dia do
mês, tomarás um novilho sem de-
feito, e purificarás o santuário.
19 O sacerdote tomará do sangue
da oferta pelo pecado e porá dele
nos batentes do templo, nos quatro
cantos da saliência do altar e nos
batentes da porta do átrio interior.
20 Assim também farás no sétimo
dia do mês, por causa dos que pe-
cam por ignorância e pelos insen-
satos; assim expiareis o templo.
21 No primeiro mês, no dia cator-
ze do mês, tereis a Páscoa, uma
festa de sete dias; pão sem fer-
mento se comerá.
22 O príncipe, no mesmo dia, por
si e por todo o povo da terra, pre-
parará um novilho como oferta
pelo pecado.
23 Nos sete dias da festa prepa-
rará um holocausto ao Senhor,
de sete novilhos e sete carneiros
sem defeito, cada dia durante os
sete dias, e um bode cada dia como
oferta pelo pecado.
24 Também preparará uma oferta
de cereais, um efa para cada novi-
lho, e um efa para cada carneiro,
e um *him* de azeite para cada efa.
25 No sétimo mês, no dia quinze
do mês, na festa, fará o mesmo
por sete dias, para a oferta pelo
pecado, para o holocausto, para a
oferta de cereais e o azeite.

46 Assim diz o Senhor Deus:
A porta do átrio interior,
que olha para o Oriente, estará
fechada durante os seis dias, que

são de trabalho, mas no dia de sá-
bado ela se abrirá; também no dia
da lua nova se abrirá.
2 O príncipe entrará pelo cami-
nho do pórtico da porta, por fora,
e permanecerá junto do batente
da porta. Os sacerdotes oferece-
rão o holocausto e as ofertas pa-
cíficas dele. Ele se prostrará no
limiar da porta, e sairá; mas a
porta não se fechará até a tarde.
3 O povo da terra se prostrará
à entrada da mesma porta, nos
sábados e nas luas novas, dian-
te do Senhor.
4 O holocausto, que o príncipe
oferecer ao Senhor, será, no dia
de sábado, seis cordeiros sem de-
feito e um carneiro sem defeito.
5 A oferta de cereais será um efa
pelo carneiro; pelo cordeiro, a
oferta de cereais será o que pu-
der dar, e de azeite um him para
cada efa.
6 Entretanto, no dia da lua nova
será um novilho, sem defeito, e
seis cordeiros e um carneiro; to-
dos serão sem defeito.
7 Preparará por oferta de cereais
um efa pelo novilho e um efa
pelo carneiro, mas pelos cordei-
ros, conforme o que alcançar a
sua mão; um him de azeite para
cada efa.
8 Quando entrar o príncipe, en-
trará pelo caminho do pórtico da
porta e sairá pelo mesmo caminho.
9 Quando, porém, vier o povo da
terra perante a face do Senhor
nas festas fixas, aquele que en-
trar pela porta do norte, para
adorar, sairá pela porta do sul;
aquele que entrar pela porta do
sul, sairá pela porta do norte. Não
tornará pela porta por onde en-
trou, mas sairá pela que está em
frente dele.
10 O príncipe entrará no meio
deles, quando eles entrarem, e,
saindo eles, sairão juntos.
11 Nas solenidades e nas festas
fixas será a oferta de cereais um
efa pelo novilho, e um efa pelo
carneiro, mas pelos cordeiros o
que puder dar, e de azeite um him
para cada efa.
12 Quando o príncipe preparar
uma oferta voluntária, holocaus-
to, ou ofertas pacíficas, como uma
oferta voluntária ao Senhor, en-
tão lhe abrirão a porta que dá
para o Oriente e oferecerá o seu
holocausto e as suas ofertas pa-
cíficas, como houver feito no dia
de sábado, e sairá, e se fechará a
porta depois de ele sair.
13 Prepararás um cordeiro de um
ano, sem defeito, em holocausto
ao Senhor, cada dia; todas as ma-
nhãs o prepararás.
14 Com ele prepararás uma ofer-
ta de cereais todas as manhãs, a
sexta parte de um efa, e, de azei-
te, a terça parte de um him, para
misturar com a flor de farinha,
por oferta de cereais ao Senhor,
em estatuto perpétuo e contínuo.
15 Assim prepararão o cordeiro
e a oferta de cereais, e o azeite,
todas as manhãs, em holocaus-
to contínuo.
16 Assim diz o Senhor Deus: Quando
o príncipe der um presente a al-
guns de seus filhos, será proprie-
dade deles por herança.
17 Contudo, dando ele um pre-
sente da sua herança a algum
dos seus servos, será deste até o
ano da liberdade; então tornará
para o príncipe, porque heran-
ça dele é. Sua herança pertence
a seus filhos.
18 O príncipe não tomará nada da
herança do povo, não os afastará

da sua propriedade. Da sua pró-
pria propriedade deixará heran-
ça a seus filhos, para que o meu
povo não seja separado cada um
da sua propriedade.
19 **D**epois disso me trouxe pela en-
trada que estava ao lado da por-
ta, às salas santas dos sacerdo-
tes, que davam para o norte, e me
mostrou um lugar em ambos os
lados, para a banda do ocidente.
20 Ele me disse: Este é o lugar
onde os sacerdotes cozinharão a
oferta pela culpa e a oferta pelo
pecado, e onde cozinharão a ofer-
ta de cereais, para que não a tra-
gam ao átrio exterior, e assim san-
tifiquem o povo.
21 Então me levou para fora, para
o átrio exterior, e me fez passar
pelos quatro cantos do átrio, e vi
que em cada canto do átrio havia
outro átrio.
22 Nos quatro cantos do átrio ha-
via átrios fechados, menores, de
quarenta côvados de comprimen-
to e trinta de largura; estes quatro
cantos tinham a mesma medida.
23 Ao redor do interior dos quatro
átrios havia uma série de proje-
ções de pedra, com lugares para
cozinhar, construídos por baixo
ao redor delas.
24 Ele me disse: Estas são as cozi-
nhas, onde os ministros do templo
cozinharão o sacrifício do povo.

O rio purificador

47 Depois, me fez voltar à entra-
da do templo, e eu vi umas
águas por debaixo do limiar do tem-
plo, para o Oriente, pois a frente
do templo dava para o Oriente, e
as águas vinham *debaixo, do lado
direito do templo*, ao sul do altar.
2 Ele me levou pela porta do nor-
te e me fez dar uma volta por fora,
até a porta exterior, que dá para
o Oriente, e corriam as águas ao
lado direito.
3 **S**aiu aquele homem para o Oriente,
tendo na mão um cordel de me-
dir; mediu mil côvados e me fez
passar pelas águas, águas que me
davam pelos tornozelos.
4 Mediu mais mil e me fez passar
pelas águas, águas que me davam
pelos joelhos; mediu mais mil e
me fez passar por águas que me
davam pelos lombos.
5 Mediu mais mil, mas agora era
um rio, que eu não podia atraves-
sar, porque as águas eram profun-
das, águas que se deviam passar
a nado, rio pelo qual não se po-
dia passar.
6 Ele me perguntou: Viste, filho
do homem? Então me levou e me
tornou a trazer à margem do rio.
7 Ao chegar lá, vi que na margem
do rio havia grande abundância
de árvores, de um e de outro lado.
8 Ele me disse: Estas águas saem
para a região oriental, e descem à
Arabá, onde entram no mar Morto,
cujas águas se tornam saudáveis.
9 Enxames de criaturas viventes
viverão onde quer que o rio passar.
Haverá grande número de peixes,
porque estas águas lá chegam e
tornam saudável a água salgada;
de modo que onde quer que o rio
passar tudo viverá.
10 Os pescadores estarão junto
dele; desde En-Gedi até En-Eglaim
haverá lugar para estender as re-
des. O seu peixe, segundo a sua
espécie, será como o peixe do mar
Grande, em multidão excessiva.
11 Contudo, os seus charcos e os
seus pântanos não se tornarão
saudáveis; serão deixados para sal.
12 Junto ao rio, à sua margem, de
um e de outro lado, nascerá toda

sorte de árvore, que dá fruto para se comer. Não cairá a sua folha, nem perecerá o seu fruto. Nos seus meses produzirá novos frutos, porque as suas águas saem do santuário. O seu fruto servirá de alimento e a sua folha de remédio.

Os limites da terra

13 Assim diz o Senhor Deus: Este será o limite conforme o qual tomareis a terra em herança, segundo as doze tribos de Israel. José terá duas partes.

14 Vós a herdareis, tanto um como o outro. Porque sobre ela levantei a minha mão, para dá-la a vossos pais, esta mesma terra vos cairá a vós outros em herança.

15 Este será o limite da terra: da banda do norte, desde o mar Grande, caminho de Hetlom até a entrada de Zedade,

16 Hamate, Berota, Sibraim, que está entre a fronteira de Damasco e a de Hamate; Hazer-Haticom, que está junto ao limite de Haurã.

17 A fronteira será desde o mar até Hazar-Enom, o termo de Damasco, e na direção do norte está o limite de Hamate. Essa será a fronteira do norte.

18 A fronteira oriental, entre Haurã, e Damasco, e Gileade, e a terra de Israel, será o Jordão; desde o limite do norte até o mar do oriente medireis. Essa será a fronteira oriental.

19 A fronteira do sul será desde Tamar até as águas de Meribá-Cades, junto ao ribeiro do Egito, até o mar Grande. Essa será a fronteira do sul.

20 A fronteira ocidental será o mar Grande, desde o limite do sul até a entrada de Hamate. Essa será a fronteira ocidental.

21 Repartireis esta terra entre vós, segundo as tribos de Israel.

22 Repartireis como herança entre vós e os estrangeiros que peregrinam no meio de vós, que geraram filhos no meio de vós. Eles vos serão como naturais entre os filhos de Israel; convosco entrarão em herança, no meio das tribos de Israel.

23 Na tribo em que peregrinar o estrangeiro, ali lhe dareis a sua herança, diz o Senhor Deus.

A divisão da terra

48 São esses os nomes das tribos: desde o extremo norte, ao longo do caminho de Hetlom, até a entrada de Hamate, até Hazar-Enom, junto ao limite norte de Damasco, próxima de Hamate e desde o lado oriental até o ocidente, Dã terá uma porção.

2 Junto ao limite de Dã, desde o lado oriental até o ocidental, Aser, uma porção.

3 Junto ao limite de Aser, desde o lado oriental até o ocidental, Naftali, uma porção.

4 Junto ao limite de Naftali, desde o lado oriental até o ocidental, Manassés, uma porção.

5 Junto ao limite de Manassés, desde o lado oriental até o ocidental, Efraim, uma porção.

6 Junto ao limite de Efraim, desde o lado oriental até o ocidental, Rúben, uma porção.

7 Junto ao limite de Rúben, desde o lado oriental até o ocidental, Judá, uma porção.

8 Junto ao limite de Judá, desde o lado oriental até o ocidental, será a oferta que haveis de fazer, de vinte e cinco mil côvados de largura, e de comprimento como uma das porções, desde

o lado oriental até o ocidental. O
santuário estará no meio dela.
9 A oferta que haveis de fazer ao
Senhor será do comprimento de
vinte e cinco mil varas, e da lar-
gura de dez mil.
10 A oferta santa será dos sacer-
dotes; para o norte vinte e cin-
co mil côvados de comprimento,
e para o ocidente dez mil de lar-
gura, e para o oriente dez mil de
largura, e para o sul vinte e cinco
mil de comprimento. O santuário
do Senhor estará no meio dela.
11 Será para os sacerdotes santifi-
cados dentre os filhos de Zadoque,
que guardaram a minha ordenan-
ça, que não se desviaram quan-
do os filhos de Israel se extra-
viaram, como se extraviaram os
outros levitas.
12 Será uma oferta especial den-
tro da santa oferta da terra, coi-
sa santíssima, junto ao territó-
rio dos levitas.
13 **O**s levitas terão, consoante o
termo dos sacerdotes, vinte e cin-
co mil côvados de comprimento,
e de largura dez mil; todo o com-
primento será vinte e cinco mil,
e a largura dez mil.
14 Não venderão nada disto, nem
trocarão, nem transferirão a ou-
trem o melhor da terra, porque é
santo ao Senhor.
15 **N**o entanto, os cinco mil que fi-
caram da largura diante dos vin-
te e cinco mil serão para o uso da
cidade, para habitação e para ar-
rabaldes; a cidade estará no meio.
16 Serão estas as suas medidas: o
lado do norte de quatro mil e qui-
nhentos côvados, o lado do sul de
quatro mil e quinhentos, o lado
do oriente de quatro mil e qui-
nhentos e o lado do ocidente de
quatro mil e quinhentos.
17 Os arredores da cidade serão
para o norte de duzentos e cinquen-
ta côvados, e para o sul de duzen-
tos e cinquenta, e para o oriente
de duzentos e cinquenta, e para o
ocidente de duzentos e cinquenta.
18 **Q**uanto ao que ficou do res-
to do comprimento, paralelo à
santa oferta, será dez mil para o
oriente, e dez mil para o ociden-
te; corresponderá à santa oferta,
e o seu produto será para susten-
to daqueles que servem a cidade.
19 Os que servem a cidade a cul-
tivarão dentre todas as tribos de
Israel.
20 A oferta inteira será de vinte e
cinco mil côvados com mais vinte
e cinco mil; em quadrado ofere-
cereis a santa oferta, com a pro-
priedade da cidade.
21 **O** que restar será para o prínci-
pe; deste e do outro lado da santa
oferta, e da propriedade da cidade,
diante dos vinte e cinco mil côva-
dos da oferta, na direção da fron-
teira oriental e ocidental, diante
dos vinte e cinco mil, na direção
da fronteira ocidental, correspon-
dente às porções, será a parte do
príncipe. A oferta santa e o san-
tuário do templo estarão no meio.
22 Desde a propriedade dos levi-
tas, e desde a propriedade da ci-
dade, no meio do que pertencer ao
príncipe, entre o limite de Judá e
o de Benjamim, será isso para o
príncipe.
23 **Q**uanto ao resto das tribos, des-
de o lado oriental até o ocidental,
Benjamim, uma porção.
24 Junto ao limite de Benjamim,
desde o lado oriental até o ociden-
tal, Simeão, uma porção.
25 Junto ao limite de Simeão, des-
de o lado oriental até o ocidental,
Issacar, uma porção.

26 Junto ao limite de Issacar, des-
de o lado oriental até o ocidental,
Zebulom, uma porção.
27 Junto ao limite de Zebulom,
desde o lado oriental até o oci-
dental, Gade, uma porção.
28 Junto ao limite de Gade, ao
sul, do lado do sul, a fronteira
será desde Tamar até as águas
de Meribá-Cades, até o Ribeiro do
Egito, e até o mar Grande.
29 Esta é a terra que sorteareis
em herança às tribos de Israel, e
são estas as suas porções, diz o
Senhor Deus.
30 São estas as saídas da cidade:
da banda do norte quatro mil e
quinhentos côvados por medida,
31 e as portas da cidade serão
conforme os nomes das tribos de
Israel. As três portas para o norte
serão: a de Rúben uma, a de Judá
outra, e a de Levi outra.
32 Ao oriente quatro mil e qui-
nhentos côvados, e três portas, a
saber: a porta de José uma, a de
Benjamim outra, a de Dã outra.
33 Do lado do sul quatro mil e qui-
nhentos côvados, e três portas: a
porta de Simeão uma, a de Issacar
outra, e a de Zebulom outra.
34 Do lado do ocidente quatro mil
e quinhentos côvados, e as suas
três portas: a porta de Gade uma,
a de Aser outra, e a de Naftali
outra.
35 A distância será dezoito mil
côvados em redor. E o nome da
cidade desde aquele dia será:
O Senhor está ali.

DANIEL

A educação de Daniel em Babilônia

1 No terceiro ano do reinado de
Jeoiaquim, rei de Judá, veio
Nabucodonosor, rei de Babilônia,
a Jerusalém e a sitiou.
2 O Senhor entregou nas suas
mãos a Jeoiaquim, rei de Judá, e
uma parte dos utensílios do tem-
plo de Deus, e ele os levou para
a terra de Sinear, para o templo
do seu deus, e pôs os utensílios
na casa do tesouro do seu deus.
3 Então disse o rei a Aspenaz, che-
fe dos seus eunucos, que trouxes-
se alguns dos filhos de Israel, da
linhagem real e dos nobres,
4 jovens em quem não houvesse
defeito algum, formosos de apa-
rência e instruídos em toda a sa-
bedoria, sábios em ciência, ver-
sados no conhecimento e que
tivessem habilidade para viver
no palácio do rei a fim de que fos-
sem ensinados nas letras e na lín-
gua dos caldeus.
5 O rei lhes determinou a ração
de cada dia, da porção do manjar
do rei e do vinho que ele bebia.
Os jovens deveriam ser criados
assim por três anos, para que no
fim deles pudessem estar a ser-
viço do rei.
6 Entre eles se achavam, dos fi-
lhos de Judá, Daniel, Hananias,
Misael e Azarias.
7 O chefe dos eunucos lhes deu ou-
tros nomes, a saber: a Daniel deu o
nome de Beltessazar; a Hananias,
o de Sadraque; a Misael, o de
Mesaque; e a Azarias, o de Abede-
Nego.
8 **D**aniel, porém, propôs no coração
não se contaminar com a porção do
manjar do rei, nem com o vinho
que ele bebia; portanto pediu ao
chefe dos eunucos que lhe conce-
desse não se contaminar.
9 Ora, Deus deu a Daniel graça e
misericórdia diante do chefe dos
eunucos,
10 mas o chefe dos eunucos dis-
se a Daniel: Tenho medo do meu
senhor, o rei, que determinou a
vossa comida e a vossa bebida.
Por que veria ele os vossos rostos
mais tristes do que os dos jovens
que são vossos iguais? Assim po-
ríeis em perigo a minha cabeça
para com o rei.
11 Então disse Daniel ao guar-
da a quem o chefe dos eunucos
havia constituído sobre Daniel,
Hananias, Misael e Azarias:
12 Experimenta, peço-te, os teus
servos dez dias, fazendo que se
nos deem legumes a comer e água
a beber.
13 Então se veja diante de ti o nos-
so parecer e o parecer dos jovens
que comem a porção do manjar
do rei, e, conforme vires, proce-
das para com os teus servos.
14 Ele concordou com isso e os
experimentou dez dias.
15 Ao fim dos dez dias, aparece-
ram os seus semblantes melho-
res; eles estavam mais robustos
do que todos os jovens que co-
miam a porção do manjar do rei.
16 Desta sorte, o guarda tirou a
porção do manjar deles e o vinho
que deviam beber, e lhes dava le-
gumes.
17 **O**ra, a estes quatro jovens Deus
deu o conhecimento e a inteligên-
cia em toda cultura e sabedoria.

E Daniel tornou-se entendido
em todas as visões e em todos os
sonhos.
18 Ao fim dos dias, depois dos quais
o rei tinha dito que os trouxes-
sem, o chefe dos eunucos os apre-
sentou diante de Nabucodonosor.
19 O rei falou com eles, e entre to-
dos eles não foram achados ou-
tros tais como Daniel, Hananias,
Misael e Azarias; por isso, perma-
neceram diante do rei.
20 Em toda matéria de sabedoria
e de inteligência, sobre que o rei
lhes fez perguntas, achou-os dez
vezes mais sábios do que todos os
magos e encantadores que havia
em todo o seu reino.
21 E Daniel permaneceu ali até o
primeiro ano do rei Ciro.

O sonho de Nabucodonosor

2 No segundo ano do reinado
de Nabucodonosor, teve este
uns sonhos; seu espírito se per-
turbou, e ele perdeu o seu sono.
2 Então o rei mandou chamar os
magos, os encantadores, os feiti-
ceiros e os astrólogos, para que
declarassem ao rei qual tinha sido
o seu sonho. Quando vieram e se
apresentaram diante do rei,
3 este lhes disse: Tive um sonho
que perturba o meu espírito e que-
ro saber o que significa.
4 Então os astrólogos disseram ao
rei em siríaco: Ó rei, vive eterna-
mente! Dize o sonho a teus ser-
vos, e daremos a interpretação.
5 Respondeu o rei aos astrólo-
gos: É esta a minha decisão: Se
não me fizerdes saber o sonho e
a sua interpretação, sereis des-
pedaçados, e as vossas casas se-
rão feitas um monturo.
6 Se, porém, vós me declarardes
o sonho e a sua interpretação,
recebereis de mim dádivas, re-
compensas e grande honra; por-
tanto declarai-me o sonho e a sua
interpretação.
7 Responderam segunda vez e
disseram: Diga o rei o sonho a
seus servos, e daremos a sua in-
terpretação.
8 Então o rei respondeu: Percebo
muito bem que vós quereis ga-
nhar tempo, porque vedes que
a minha palavra é irrevogável.
9 Se não me fazeis saber o sonho,
uma só sentença será a vossa.
Vós preparastes palavras men-
tirosas e perversas para as pro-
ferirdes na minha presença, es-
perando que se mude a situação.
Portanto, dizei-me o sonho, para
que eu entenda que me podeis dar
a sua interpretação.
10 Responderam os astrólogos na
presença do rei: Não há ninguém
sobre a terra que possa declarar
a palavra ao rei, pois nenhum rei
há, senhor ou dominador, que re-
queira coisa semelhante de algum
mago, encantador ou astrólogo.
11 Porquanto a coisa que o rei re-
quer é difícil, e ninguém há que a
possa declarar diante do rei, se-
não os deuses, cuja morada não
é com os homens.
12 Então o rei muito se irou e en-
fureceu, e ordenou que matas-
sem todos os sábios de Babilônia.
13 Saiu o decreto, segundo o qual
deviam ser mortos os sábios, e
buscaram Daniel e os seus compa-
nheiros para que fossem mortos.
14 Então Daniel falou avisada e
prudentemente a Arioque, capi-
tão da guarda do rei, que tinha
saído para matar os sábios de
Babilônia.
15 Ele perguntou a Arioque, o
oficial do rei: Por que se apressa

tanto o mandado da parte do rei?
Então Arioque explicou o caso a
Daniel.
16 Ao que Daniel se apresentou
ao rei e pediu que lhe desse tem-
po, para que pudesse dar a inter-
pretação.
17 Então Daniel foi para sua casa
e fez saber o caso a Hananias,
Misael e Azarias, seus compa-
nheiros,
18 para que pedissem misericór-
dia ao Deus do céu, sobre este
mistério, a fim de que Daniel e
seus companheiros não pere-
cessem, com o resto dos sábios
de Babilônia.
19 Então foi revelado o mistério a
Daniel numa visão de noite, pelo
que Daniel louvou o Deus do céu.
20 Disse Daniel:

Seja bendito o nome de Deus
para todo o sempre,
porque dele é a sabedoria e a
força;
21 é ele quem muda os tempos e
as horas,
remove reis e estabelece
reis;
ele dá sabedoria aos sábios
e conhecimento aos
entendidos.
22 Ele revela o profundo e o
escondido;
conhece o que está em
trevas,
e com ele mora a luz.
23 Ó Deus de meus pais,
eu te louvo e celebro
porque me deste sabedoria
e força;
agora me fizeste saber o que
te pedimos,
porque nos fizeste saber
este assunto do rei.

24 Por isso, Daniel foi ter com
Arioque, ao qual o rei tinha
constituído para matar os sábios
de Babilônia; entrou e lhe disse:
Não mates os sábios de Babilônia;
leva-me à presença do rei, e lhe
darei a interpretação.
25 Então Arioque depressa intro-
duziu Daniel na presença do rei e
lhe disse: Achei um dentre os fi-
lhos dos cativos de Judá, o qual
fará saber ao rei a interpretação.
26 Respondeu o rei a Daniel, cujo
nome era Beltessazar: Podes tu
fazer-me saber o sonho que tive
e a sua interpretação?
27 Respondeu Daniel na presen-
ça do rei: O mistério que o rei re-
quer, nem sábios, nem encantado-
res, nem magos, nem adivinhos
o podem descobrir ao rei,
28 mas há um Deus nos céus, o
qual revela mistérios; ele fez sa-
ber ao rei Nabucodonosor o que
há de ser no fim dos dias. O teu
sonho e as visões da tua cabeça
na tua cama são estas:
29 Estando tu, ó rei, na tua cama,
foram os teus pensamentos ao que
há de acontecer no futuro. Aquele
que revela mistérios te fez saber
o que vai acontecer.
30 Quanto a mim, me foi revela-
do este mistério, não porque eu
tenha mais sabedoria do que to-
dos os viventes, mas para que a
interpretação se fizesse saber ao
rei, e para que entendesses os pen-
samentos do teu coração.
31 Tu, ó rei, estavas olhando e
viste uma grande estátua. Esta
estátua, que era grande e cujo es-
plendor era excelente, estava em
pé diante de ti, e a sua aparência
era terrível.
32 A cabeça da estátua era de ouro
fino, o seu peito e os seus braços
de prata, o seu ventre e as suas
coxas de bronze,

33 as suas pernas de ferro, os seus
pés em parte de ferro e em parte de barro.
34 Estavas vendo isso, quando
uma pedra se soltou, sem auxílio de mãos, a qual feriu a estátua nos pés de ferro e de barro e os esmigalhou.
35 Então foi juntamente esmigalhado o ferro, o barro, o bronze, a prata e o ouro, os quais se fizeram como a palha das eiras no verão, e o vento os levou, e não se achou lugar algum para eles. Mas a pedra que feriu a estátua se fez um grande monte e encheu toda a terra.
36 Este é o sonho; também a interpretação dele diremos na presença do rei.
37 Tu, ó rei, és rei de reis, a quem o Deus do céu deu o reino, o poder, a força e a majestade,
38 em cujas mãos ele entregou os filhos dos homens, onde quer que habitem, os animais do campo e as aves do céu, e fez que dominasses sobre todos eles; tu és a cabeça de ouro.
39 Depois de ti se levantará outro reino, inferior ao teu, e um terceiro reino, de bronze, o qual terá domínio sobre toda a terra.
40 O quarto reino será forte como o ferro; pois, como o ferro esmigalha e quebra tudo, como o ferro quebra todas as coisas, ele esmigalhará e quebrará.
41 Quanto ao que viste dos pés e dos dedos, em parte de barro de oleiro, e em parte de ferro, isso será um reino dividido; contudo haverá nele alguma coisa da firmeza do ferro, pois que viste o ferro misturado com barro de oleiro.
42 Como os dedos dos pés eram em parte de ferro e em parte de barro, assim por uma parte o reino será forte, e por outra será frágil.
43 Quanto ao que viste do ferro misturado com barro de oleiro, serão misturados pelo casamento, mas não se ligarão um ao outro, assim como o ferro não se mistura com o barro.
44 Nos dias destes reis, porém, o Deus do céu levantará um reino que não será jamais destruído. Este reino não passará a outro povo, mas esmigalhará e consumirá todos estes reinos, e será estabelecido para sempre.
45 Como viste que do monte foi cortada uma pedra, sem auxílio de mãos, e ela esmigalhou o ferro, o bronze, o barro, a prata e o ouro, o grande Deus fez saber ao rei o que há de ser depois disso. Certo é o sonho, e fiel a sua interpretação.
46 Então o rei Nabucodonosor se inclinou e se prostou com o rosto em terra perante Daniel, e ordenou que lhe fizessem oferta de cereais e perfumes suaves.
47 Respondeu o rei a Daniel: Certamente o vosso Deus é Deus dos deuses, e o Senhor dos reis, e o revelador de mistérios, pois pudeste revelar este mistério.
48 Então o rei engrandeceu Daniel, lhe deu muitas e grandes dádivas e o pôs por governador de toda a província de Babilônia, como também por principal governador de todos os sábios de Babilônia.
49 A pedido de Daniel, o rei nomeou Sadraque, Mesaque e Abede-Nego superintendentes sobre os negócios da província de Babilônia, mas Daniel permaneceu na corte real.

A estátua de ouro e a fornalha de fogo ardente

3 O rei Nabucodonosor fez uma
estátua de ouro, cuja altura
era de sessenta côvados, e a largura de seis côvados; levantou-a
no campo de Dura, na província
de Babilônia.
2 Então o rei Nabucodonosor mandou ajuntar os sátrapas, os prefeitos, os governadores, os juízes,
os tesoureiros, os magistrados, os
conselheiros e todos os oficiais
das províncias, para que viessem à consagração da estátua
que o rei Nabucodonosor tinha
levantado.
3 De modo que se ajuntaram os
sátrapas, os prefeitos, os governadores, os juízes, os tesoureiros,
os magistrados, os conselheiros e
todos os oficiais das províncias,
para a consagração da estátua
que o rei Nabucodonosor tinha levantado, e estavam em pé diante
da imagem que Nabucodonosor
tinha levantado.
4 Então o arauto apregoava em
alta voz: Ordena-se a vós, ó povos, nações e gente de todas as
línguas:
5 Quando ouvirdes o som da trombeta, do pífaro, da harpa, da cítara, do saltério, da gaita de foles e
de toda sorte de música, vos prostrareis e adorareis a imagem de
ouro que o rei Nabucodonosor
levantou.
6 Qualquer que não se prostrar
e não a adorar será na mesma
hora lançado na fornalha de fogo
ardente.
7 Portanto, no mesmo instante em
que todos os povos ouviram o som
da trombeta, do pífaro, da harpa, da
cítara, do saltério e de toda sorte de música, prostraram-se
todos os povos, nações e línguas
e adoraram a estátua de ouro
que o rei Nabucodonosor tinha
levantado.
8 Ora, no mesmo instante, chegaram-se alguns homens astrólogos
e acusaram os judeus.
9 Disseram ao rei Nabucodonosor:
Ó rei, vive eternamente!
10 Tu, ó rei, fizeste um decreto,
pelo qual todo homem que ouvisse
o som da trombeta, do pífaro, da
harpa, da cítara, do saltério, da gaita de foles e de toda sorte de música se prostraria e adoraria a estátua de ouro,
11 e qualquer que não se prostrasse e adorasse seria lançado
na fornalha de fogo ardente.
12 Há uns homens judeus, que tu
constituíste sobre os negócios da
província de Babilônia: Sadraque,
Mesaque e Abede-Nego; estes homens, ó rei, não fizeram caso de
ti. A teus deuses não servem, nem
adoram a estátua de ouro que levantaste.
13 Então Nabucodonosor, com ira
e furor, mandou chamar Sadraque,
Mesaque e Abede-Nego. De sorte
que estes homens foram levados
à presença do rei.
14 Disse-lhes Nabucodonosor: É
de propósito, ó Sadraque, Mesaque
e Abede-Nego, que vós não servis
a meus deuses nem adorais a estátua de ouro que levantei?
15 Agora, quando ouvirdes o som
da trombeta, do pífaro, da cítara,
da harpa, do saltério, da gaita de
foles e de toda sorte de música, estejais prontos para vos prostrardes e adorardes a estátua que fiz;
pois isso será melhor para vós.
Mas, se não a adorardes, sereis
lançados, na mesma hora, na fornalha de fogo ardente. E quem é

o Deus que vos poderá livrar das
minhas mãos?
16 Responderam Sadraque, Mesaque
e Abede-Nego ao rei Nabucodonosor:
Não necessitamos de te respon-
der sobre este negócio.
17 Se formos lançados na forna-
lha de fogo ardente, o nosso Deus,
a quem nós servimos, pode livrar-
-nos dela, e ele nos livrará da tua
mão, ó rei.
18 Se não, fica sabendo, ó rei,
que não serviremos a teus deu-
ses nem adoraremos a estátua de
ouro que levantaste.
19 Então Nabucodonosor se en-
cheu de furor, e se mudou o aspec-
to do seu rosto contra Sadraque,
Mesaque e Abede-Nego. Ordenou
que a fornalha se aquecesse sete
vezes mais que de costume
20 e ordenou aos homens mais for-
tes, que estavam no seu exército, que
amarrassem Sadraque, Mesaque e
Abede-Nego, para os lançarem na
fornalha de fogo ardente.
21 Então esses homens foram
amarrados com os seus mantos,
suas túnicas, seus turbantes e
suas vestes e foram lançados na
fornalha de fogo ardente.
22 Porque a palavra do rei era
urgente e a fornalha estava so-
bremaneira quente, a chama
do fogo matou os homens que
levaram Sadraque, Mesaque e
Abede-Nego.
23 Estes três homens, Sadraque,
Mesaque e Abede-Nego, caíram
amarrados dentro da fornalha de
fogo ardente.
24 Então o rei Nabucodonosor es-
pantou-se e levantou-se depressa
e disse aos seus conselheiros: Não
lançamos nós três homens atados
dentro do fogo? Responderam ao
rei: É verdade, ó rei.
25 Disse ele: Eu, porém, vejo qua-
tro homens soltos, que andam pas-
seando dentro do fogo, sem ne-
nhum dano, e o aspecto do quarto
é semelhante ao filho dos deuses.
26 Então se chegou Nabucodonosor
à porta da fornalha de fogo ar-
dente e disse: Sadraque, Mesaque
e Abede-Nego, servos do Deus
Altíssimo, saí e vinde! Então
Sadraque, Mesaque e Abede-Nego
saíram do meio do fogo.
27 Ajuntaram-se os sátrapas, os pre-
feitos, os governadores e os con-
selheiros do rei, contemplando
estes homens, e viram que o fogo
não tinha tido poder algum sobre
os seus corpos; nem um só cabelo
da sua cabeça se tinha queimado,
nem os seus mantos se mudaram,
nem havia cheiro de fogo neles.
28 Então Nabucodonosor disse:
Bendito seja o Deus de Sadraque,
Mesaque e Abede-Nego, que en-
viou o seu anjo e livrou os seus
servos, que confiaram nele, pois
não quiseram cumprir a pala-
vra do rei, preferindo entregar
os seus corpos a servirem e ado-
rarem a qualquer outro deus, se-
não ao seu Deus.
29 Por mim, pois, é feito um de-
creto, pelo qual todo povo, nação
e língua que disser blasfêmia con-
tra o Deus de Sadraque, Mesaque
e Abede-Nego seja despedaçado e
as suas casas sejam feitas um mon-
turo, pois não há outro Deus que
possa livrar como este.
30 Então o rei fez prosperar
Sadraque, Mesaque e Abede-Nego,
na província de Babilônia.

Nabucodonosor sonha com uma árvore

4 O rei Nabucodonosor, a todos
os povos, nações e homens que

moram em toda a terra: Paz vos
seja multiplicada.
2 Pareceu-me bem fazer conhecidos os sinais e maravilhas que
Deus, o Altíssimo, fez para comigo.
3 Quão grandes são os seus sinais,
e quão poderosas as suas
maravilhas!
O seu reino é um reino
sempiterno,
e o seu domínio de
geração em geração.
4 Eu, Nabucodonosor, estava sossegado em minha casa e próspero no meu palácio.
5 Tive um sonho que me espantou. Estando eu na minha cama, os pensamentos e as visões da minha cabeça me perturbaram.
6 Por isso, fiz um decreto, pelo qual fossem levados à minha presença todos os sábios de Babilônia, para que me fizessem saber a interpretação do sonho.
7 Então entraram os magos, os encantadores, os astrólogos e os feiticeiros, e eu contei o sonho diante deles, mas não me fizeram saber a sua interpretação.
8 Por fim, entrou na minha presença Daniel, cujo nome é Beltessazar, segundo o nome do meu deus, e no qual há o espírito dos deuses santos; eu lhe contei o sonho, dizendo:
9 Beltessazar, chefe dos magos, eu sei que há em ti o espírito dos deuses santos e que nenhum mistério te é difícil; dize-me as visões do sonho que tive e a sua interpretação.
10 Eram assim as visões da minha cabeça, na minha cama: Eu estava *olhando e vi uma árvore* no meio da terra, cuja altura era grande.
11 Crescia a árvore e se fazia forte, de maneira que a sua altura chegava até o céu, e era visível até os confins da terra.
12 A sua folhagem era formosa, e o seu fruto abundante, e havia nela sustento para todos; debaixo dela os animais do campo achavam sombra, as aves do céu faziam morada nos seus ramos, e todos os seres viventes se alimentavam dela.
13 Estava vendo isso nas visões da minha cabeça, na minha cama, e eis que um vigia, um santo, descia do céu,
14 clamando fortemente e dizendo: Derrubai a árvore, cortai-lhe os ramos, sacudi as suas folhas, espalhai o seu fruto; afugentem-se os animais de debaixo dela e as aves dos seus ramos.
15 O tronco com as suas raízes, porém, deixai na terra, atado com cadeias de ferro e de bronze, na erva do campo; seja molhado do orvalho do céu, e a sua porção seja com os animais na erva da terra.
16 Seja mudado o seu coração, para que não seja mais coração de homem, e seja-lhe dado coração de animal, e passem sobre ele sete tempos.
17 Esta sentença é por decreto dos vigias, e esta ordem por mandado dos santos, a fim de que conheçam os viventes que o Altíssimo tem domínio sobre o reino dos homens, e o dá a quem quer, e até ao mais baixo dos homens constitui sobre eles.
18 Isso eu, rei Nabucodonosor, vi em sonho; tu, agora, Beltessazar, dize a interpretação. Todos os sábios do meu reino não puderam fazer-me saber a interpretação. Mas tu podes, pois há em ti o espírito dos deuses santos.
19 Então Daniel, cujo nome era Beltessazar, esteve atônito por

algum tempo, e os seus pensamentos o perturbavam. Pelo que disse o rei a Beltessazar: Não te espante o sonho, nem a sua interpretação. Respondeu Beltessazar: Senhor meu, o sonho seja contra os que te têm ódio, e a sua interpretação para os teus inimigos.
20 A árvore que viste, que cresceu e se fez forte, cuja altura chegava ao céu, e que foi vista por toda a terra,
21 cujas folhas eram formosas, e cujo fruto, abundante, e em que havia mantimento para todos, debaixo da qual moravam os animais do campo, e em cujos ramos habitavam as aves do céu,
22 és tu, ó rei, que cresceste e te fizeste forte. A tua grandeza cresceu e chegou ao céu, e o teu domínio até a extremidade da terra.
23 Quanto ao que viu o rei, um vigia, um santo, que descia do céu e que dizia: Cortai a árvore e destruí-a, mas o tronco com as suas raízes deixai na terra, atado com cadeias de ferro e de bronze, na erva do campo; seja molhado do orvalho do céu, e a sua porção seja com os animais do campo, até que passem sobre ele sete tempos,
24 esta é a interpretação, ó rei, e este é o decreto do Altíssimo, que virá sobre o rei, meu Senhor:
25 Serás tirado de entre os homens, e a tua morada será com os animais do campo, e te farão comer erva *como os bois*, e serás molhado do orvalho do céu. Passarão sete tempos por cima de ti, até que conheças que o Altíssimo tem domínio sobre o reino dos homens, e o dá a quem quer.
26 Quanto ao que foi dito, que deixassem o tronco com as raízes da árvore, o teu reino voltará para ti, depois que tiveres conhecido que o céu reina.
27 Portanto, ó rei, aceita o meu conselho e desfaze os teus pecados, pela justiça, e as tuas iniquidades, usando de misericórdia para com os pobres; talvez se prolongue a tua tranquilidade.
28 Todas estas coisas sobrevieram ao rei Nabucodonosor.
29 Ao cabo de doze meses, passeando o rei sobre o palácio real de Babilônia,
30 disse: Não é esta a grande Babilônia que eu edifiquei para a casa real, com a força do meu poder e para glória da minha majestade?
31 Ainda estava a palavra na boca do rei, quando desceu uma voz do céu: A ti se diz, ó rei Nabucodonosor: Passou de ti o reino.
32 Serás tirado dentre os homens, e a tua morada será com os animais do campo; e te farão comer erva como os bois. Passarão sete tempos sobre ti, até que conheças que o Altíssimo tem domínio sobre o reino dos homens, e o dá a quem quer.
33 Na mesma hora, cumpriu-se a palavra sobre Nabucodonosor, e ele foi tirado dentre os homens, e comia erva como os bois, e o seu corpo foi molhado do orvalho do céu, até que lhe cresceu o cabelo como as penas da águia e as suas unhas como as das aves.
34 Ao fim daqueles dias, porém, eu, Nabucodonosor, levantei os olhos ao céu, e tornou-me a vir o meu entendimento, e eu bendisse o Altíssimo, e louvei, e glorifiquei ao que vive para sempre,

cujo domínio é um domínio
sempiterno,

e cujo reino é de geração
em geração.
35 Todos os moradores
da terra são reputados em
nada;
segundo a sua vontade
ele opera no exército do céu
e nos moradores da terra.
Não há quem lhe possa
deter a mão
ou lhe dizer: Que fazes?
36 No mesmo tempo voltou-me
a vir o meu entendimento e, para a
dignidade do meu reino, tornou-me
a vir a minha majestade e o meu
resplendor; buscaram-me os meus
conselheiros e os meus grandes, e
fui restabelecido no meu reino, e a
minha glória foi aumentada.
37 Agora, pois, eu, Nabucodonosor,
louvo, exalto e glorifico ao Rei do
céu, porque todas as suas obras
são verdade, e os seus caminhos
justos, e pode humilhar aos que
andam na soberba.

A escrita na parede

5 O rei Belsazar deu um gran-
de banquete a mil dos seus
grandes e bebeu vinho na pre-
sença dos mil.
2 Havendo Belsazar provado o
vinho, mandou trazer os uten-
sílios de ouro e de prata, que
Nabucodonosor, seu pai, tinha
tirado do templo que estava em
Jerusalém, para que bebessem ne-
les o rei, os seus grandes, as suas
mulheres e concubinas.
3 Então trouxeram os objetos
de ouro, que foram tirados do
templo de Deus, que estava em
Jerusalém, e beberam neles o rei,
os seus grandes, as suas mulhe-
res e concubinas.
4 Beberam o vinho e deram louvo-
res aos deuses de ouro, de prata,
de bronze, de ferro, de madeira
e de pedra.
5 Na mesma hora, apareceram
uns dedos de mão de homem e es-
creviam, em frente do castiçal, no
reboco da parede do palácio real;
o rei via a parte da mão que esta-
va escrevendo.
6 Então se mudou o semblante do
rei, e os seus pensamentos o per-
turbaram; as juntas dos seus lom-
bos se relaxaram, e os seus joe-
lhos bateram um no outro.
7 Ordenou o rei em alta voz que
lhe trouxessem os encantadores,
os astrólogos e os feiticeiros, e dis-
se o rei aos sábios de Babilônia:
Qualquer que ler esta escritura e
me declarar a sua interpretação
será vestido de púrpura, trará uma
cadeia de ouro ao pescoço e será,
no reino, o terceiro dominador.
8 Então entraram todos os sábios
do rei, mas não puderam ler a es-
critura nem fazer saber ao rei a
sua interpretação.
9 Com isso, o rei Belsazar perturbou-
-se muito, e mudou-se nele o seu
semblante. Os seus grandes esta-
vam sobressaltados.
10 A rainha, por causa das pala-
vras do rei e dos seus grandes, en-
trou na casa do banquete e dis-
se: Ó rei, vive para sempre! Não
te turbem os teus pensamentos
nem se mude o teu semblante.
11 Há no teu reino um homem que
tem o espírito dos deuses santos.
Nos dias de teu pai, achou-se nele
luz, inteligência e sabedoria como
a sabedoria dos deuses. Teu pai, o
rei Nabucodonosor, sim, teu pai,
ó rei, o constituiu chefe dos ma-
gos, dos feiticeiros, dos astrólogos
e dos adivinhadores.
12 Porquanto se achou neste
Daniel, a quem o rei pôs o nome

de Beltessazar, um espírito exce-
lente, conhecimento, inteligência,
interpretação de sonhos, explica-
ção de enigmas e solução de dú-
vidas. Chame-se agora Daniel, e
ele dará a interpretação.
13 Então Daniel foi levado à pre-
sença do rei. Disse o rei a Daniel:
És tu aquele Daniel, dos cativos
de Judá, que o rei, meu pai, trou-
xe de Judá?
14 Ouvi dizer a teu respeito que
o espírito dos deuses está em ti e
que a luz, o entendimento e a ex-
celente sabedoria se acham em ti.
15 Acabam de ser trazidos à mi-
nha presença os sábios e os feiti-
ceiros, para lerem esta escritura
e me fazerem saber a sua inter-
pretação, mas não puderam dar
a interpretação destas palavras.
16 Eu, porém, tenho ouvido di-
zer de ti que podes dar interpre-
tações e solucionar problemas di-
fíceis. Agora, se puderes ler esta
escritura e fazer-me saber a sua
interpretação, serás vestido de
púrpura, terás cadeia de ouro ao
pescoço e no reino serás o tercei-
ro dominador.
17 Então respondeu Daniel na
presença do rei: As tuas dádivas
fiquem contigo, e dá os teus pre-
sentes a outro. Todavia lerei ao
rei a escritura e lhe farei saber a
interpretação.
18 Ó rei, o Altíssimo Deus deu a
Nabucodonosor, teu pai, o reino,
a grandeza, a glória e a majestade.
19 Por causa da grandeza que
lhe deu, povos, nações e línguas
tremiam e temiam diante dele.
A quem queria matar, matava;
a quem queria deixar com vida,
deixava com vida; a quem que-
ria engrandecer, engrandecia;
e a quem queria abater, abatia.
20 Quando, porém, o seu coração
se exaltou, e o seu espírito se en-
dureceu em soberba, foi derru-
bado do seu trono real, e passou
dele a sua glória.
21 Foi tirado dentre os filhos dos
homens, e o seu coração foi fei-
to semelhante ao dos animais; a
sua morada foi com os jumentos
selvagens, e fizeram-no comer
erva como os bois; e pelo orva-
lho do céu foi molhado o seu cor-
po, até que conheceu que Deus,
o Altíssimo, tem domínio sobre
os reinos dos homens, e a quem
quer constitui sobre eles.
22 Tu, porém, seu filho Belsazar,
não humilhaste o teu coração,
ainda que soubeste de tudo isso.
23 Em vez disso, levantaste-te con-
tra o Senhor do céu, pois foram
trazidos os utensílios da casa dele
perante ti, e tu, os teus grandes,
as tuas mulheres e as tuas concu-
binas, bebestes vinho neles. Além
disso, deste louvores aos deuses
de prata, de ouro, de bronze, de
ferro, de madeira e de pedra, que
não veem, não ouvem, nem sa-
bem. Mas a Deus, em cuja mão
está a tua vida, e todos os teus
caminhos, a ele não glorificaste.
24 Então dele foi enviada aquela
parte da mão, e escreveu-se esta
escritura.
25 Esta é a escritura que se escre-
veu: MENE, MENE, TEQUEL, e
PARSIM.
26 Esta é a interpretação daquilo:
MENE: Contou Deus o teu
reino e deu cabo dele.
27 TEQUEL: Pesado foste na
balança e foste achado em
falta.
28 PERES: Dividido foi o teu
reino e dado aos medos e aos
persas.

29 Então mandou Belsazar que vestissem a Daniel de púrpura e que lhe pusessem uma cadeia de ouro ao pescoço e proclamassem a respeito dele que havia de ser o terceiro dominador do reino.

30 Naquela mesma noite, foi morto Belsazar, rei dos caldeus,

31 e Dario, o medo, ocupou o reino, com a idade de sessenta e dois anos.

Daniel na cova dos leões

6 Pareceu bem a Dario constituir sobre o reino a cento e vinte sátrapas, que estivessem sobre todo o reino,

2 e sobre eles três presidentes, dos quais Daniel era um, aos quais estes sátrapas dessem conta, para que o rei não sofresse dano.

3 Então o mesmo Daniel se distinguiu destes presidentes e sátrapas, porque nele havia um espírito excelente, e o rei pensava constituí-lo sobre todo o reino.

4 Os presidentes e os sátrapas procuravam achar ocasião contra Daniel a respeito do reino, mas não podiam achar ocasião ou culpa alguma, porque ele era fiel, e não se achava nele nenhum vício nem culpa.

5 Então estes homens disseram: Nunca acharemos ocasião alguma contra este Daniel, se não a procurarmos contra ele na lei do seu Deus.

6 Estes presidentes e sátrapas foram juntos ao rei e disseram-lhe: Ó rei Dario, vive para sempre!

7 Todos os presidentes do reino, os prefeitos e sátrapas, conselheiros e governadores, concordaram em que o rei devia baixar um decreto e fazer firme o interdito, que qualquer que, por espaço de trinta dias, fizer uma petição a qualquer deus, ou a qualquer homem, e não a ti, ó rei, seja lançado na cova dos leões.

8 Agora, ó rei, estabelece o decreto e assina a escritura, para que não seja mudada, conforme a lei dos medos e dos persas, que não se pode revogar.

9 Por esta causa, o rei Dario assinou a escritura e o decreto.

10 Ora, quando Daniel soube que a escritura estava assinada, entrou em sua casa, no seu quarto em cima, onde estavam abertas as janelas para o lado de Jerusalém, e, três vezes ao dia, se punha de joelhos, orava e dava graças, diante do seu Deus, como também antes costumava fazer.

11 Aqueles homens foram juntos e encontraram Daniel orando e suplicando diante do seu Deus.

12 Se apresentaram ao rei e disseram: No tocante ao mandamento real, não assinaste o decreto, pelo qual todo homem que fizesse uma petição a qualquer deus, ou a qualquer homem, por espaço de trinta dias, e não a ti, ó rei, seria lançado na cova dos leões? Respondeu o rei: Esta palavra é certa, conforme a lei dos medos e dos persas, que não se pode revogar.

13 E responderam diante do rei: Daniel, que é dos transportados de Judá, não tem feito caso de ti, ó rei, nem do decreto que assinaste, antes três vezes por dia faz a sua oração.

14 Ouvindo então o rei o negócio, ficou muito penalizado, e a favor de Daniel propôs no coração livrá-lo, e até o pôr do sol trabalhou por salvá-lo.

15 Então aqueles homens foram juntos ao rei e lhe disseram:

Sabe, ó rei, que é uma lei dos me-
dos e dos persas que nenhum edi-
to ou decreto, que o rei estabele-
ça, se pode mudar.
16 O rei ordenou que trouxessem
Daniel e o lançassem na cova dos
leões. Disse o rei a Daniel: O teu
Deus, a quem tu continuamente
serves, ele te livrará.
17 Foi trazida uma pedra e posta
sobre a boca da cova, e o rei a se-
lou com o seu anel e com o anel
dos seus grandes, para que não
se mudasse a situação de Daniel.
18 O rei, então, se dirigiu ao seu
palácio, passou a noite em jejum
e não deixou trazer à sua presen-
ça instrumentos de música. E fu-
giu dele o sono.
19 Pela manhã, à primeira luz da
aurora, levantou-se o rei e foi com
pressa à cova dos leões.
20 Chegando-se à cova, chamou
por Daniel com voz de angústia:
Daniel, servo do Deus vivo, será
que o teu Deus, a quem tu conti-
nuamente serves, tenha podido
livrar-te dos leões?
21 Daniel respondeu ao rei: Ó rei,
vive para sempre!
22 O meu Deus enviou o seu anjo e
fechou a boca dos leões, para que
não me fizessem dano, porque foi
achada em mim inocência diante
dele. Também contra ti, ó rei, não
cometi delito algum.
23 O rei, então, muito se alegrou
e mandou tirar Daniel da cova.
Quando Daniel foi tirado da co-
va, nenhum dano se achou nele,
porque crera no seu Deus.
24 Ordenou o rei, e foram trazi-
dos aqueles homens que tinham
acusado Daniel, e foram lança-
dos na cova dos leões, eles, seus
filhos e suas mulheres. E ainda
não tinham chegado ao fundo
da cova, e já os leões se apodera-
ram deles e lhes esmigalharam
todos os ossos.
25 Então o rei Dario escreveu a
todos os povos, nações e gente de
diferentes línguas, que moram
em toda a terra: A paz vos seja
multiplicada.
26 Da minha parte é feito um de-
creto, pelo qual em todo o domí-
nio do meu reino os homens tre-
mam e temam perante o Deus
de Daniel,
porque ele é o Deus vivo
e permanece para sempre,
o seu reino não se pode destruir,
e o seu domínio jamais terá
fim.
27 Ele livra e salva;
opera sinais e maravilhas no
céu e na terra.
Ele livrou Daniel do poder
dos leões.
28 Foi assim que Daniel prospe-
rou no reinado de Dario e no rei-
nado de Ciro, o persa.

O sonho com os animais simbólicos

7 No primeiro ano de Belsazar,
rei de Babilônia, teve Daniel,
na sua cama, um sonho e visões
vieram à sua cabeça. Então es-
creveu logo o sonho e relatou a
suma das coisas.
2 Disse Daniel: Na minha visão
da noite eu olhei e vi que os qua-
tro ventos do céu agitavam o mar
Grande.
3 Quatro animais grandes, dife-
rentes uns dos outros, subiam
do mar.
4 O primeiro era como leão e ti-
nha asas de águia. Eu olhei até
que lhe foram arrancadas as asas,
e foi levantado da terra e posto
em pé como um homem; e foi-
-lhe dado um coração de homem.

5 Continuei olhando, e vi o segun-
do animal, semelhante a um urso,
o qual se levantou de um lado,
tendo na boca três costelas entre
os dentes, e foi-lhe dito: Levanta-
-te, devora muita carne.
6 Depois disso, continuei olhan-
do, e vi outro animal, semelhan-
te a um leopardo, e tinha quatro
asas de ave nas costas. Este ani-
mal tinha quatro cabeças, e foi-
-lhe dado domínio.
7 Depois disso, continuei olhando
nas visões da noite, e vi o quar-
to animal, terrível, espantoso e
muito forte, o qual tinha dentes
grandes de ferro; ele devorava e
fazia em pedaços, e pisava com os
pés o que sobrava. Era diferente
de todos os animais que aparece-
ram antes dele e tinha dez chifres.
8 Estando eu observando os chi-
fres, vi que entre eles subiu outro
chifre pequeno; e três dos primei-
ros chifres foram arrancados dian-
te dele. Neste chifre havia olhos,
como os olhos de homem, e uma
boca que falava com arrogância.
9 Eu continuei olhando,
até que foram postos uns tronos,
e um Ancião de Dias
se assentou.
A sua veste era branca
como a neve,
e o cabelo da sua cabeça
como lã puríssima.
O seu trono era de chamas
de fogo,
com rodas de fogo ardente.
10 Um rio de fogo manava e
saía de diante dele.
Milhares de milhares o
serviam,
e milhões de *milhões*
estavam diante dele.
Assentou-se o tribunal,
e abriram-se os livros.
11 Então estive olhando, por cau-
sa da voz das grandes palavras
que provinha do chifre. Estive
olhando até que o animal foi mor-
to, e o seu corpo desfeito e entre-
gue para ser queimado pelo fogo.
12 Quanto aos outros animais,
foi-lhes tirado o domínio, mas foi-
-lhes dada prolongação de vida
até certo espaço de tempo.
13 Eu estava olhando nas minhas
visões da noite, e vi que vinha nas
nuvens do céu um como o filho do
homem. Ele se dirigiu ao Ancião
de Dias e o fizeram chegar até ele.
14 Foi-lhe dado o domínio, a honra
e o reino; todos os povos, nações e
línguas o adoraram. O seu do-
mínio é um domínio eterno, que
não passará, e o seu reino o úni-
co que não será destruído.
15 Quanto a mim, Daniel, o meu
espírito foi abatido dentro do cor-
po, e as visões da minha cabeça
me espantaram.
16 Cheguei-me a um dos que es-
tavam perto e pedi-lhe a verda-
de acerca de tudo isto. E ele me
disse, e fez-me saber a interpre-
tação das coisas.
17 Estes grandes animais, que são
quatro, são quatro reis, que se le-
vantarão da terra.
18 Os santos do Altíssimo, po-
rém, receberão o reino e possui-
rão o reino para todo o sempre,
e de eternidade em eternidade.
19 Então tive desejo de conhecer a
verdade a respeito do quarto ani-
mal, que era diferente de todos os
outros, muito terrível, cujos den-
tes eram de ferro, e as unhas, de
bronze — o animal que devorava,
fazia em pedaços e pisava aos pés
o que sobrava.
20 Também tive desejo de conhe-
cer a verdade a respeito dos dez

chifres que tinha na cabeça e do
outro que subia, diante do qual
caíram três, isto é, daquele chi-
fre que tinha olhos, uma boca que
falava com arrogância e parecia
ser mais robusto do que os seus
companheiros.
21 Eu olhava, e vi que este chifre
fazia guerra contra os santos, e
os vencia,
22 até que veio o Ancião de Dias,
e foi dado o juízo aos santos do
Altíssimo, e chegou o tempo em
que os santos possuíram o reino.
23 **D**isse-me ele: O quarto animal
será o quarto reino na terra, o
qual será diferente de todos os rei-
nos e devorará toda a terra, a pi-
sará aos pés e a fará em pedaços.
24 Quanto aos dez chifres, daque-
le mesmo reino se levantarão dez
reis. Depois deles se levantará
outro, o qual será diferente dos
primeiros, e abaterá a três reis.
25 Proferirá palavras contra o Al-
tíssimo, destruirá os santos do
Altíssimo e tentará mudar os tem-
pos e as leis. Eles serão entregues
nas suas mãos por um tempo, e
tempos, e metade de um tempo.
26 O tribunal, porém, se assen-
tará em juízo e lhe tirará o seu
domínio, para o destruir e para
o desfazer até o fim.
27 O reino e o domínio, e a majes-
tade dos reinos debaixo de todo
o céu serão dados ao povo dos
santos do Altíssimo. O seu rei-
no será um reino eterno, e todos
os governantes o servirão e lhe
obedecerão.
28 Aqui findou o assunto. Quanto
a mim, Daniel, os meus pensa-
mentos muito me espantaram,
e mudou-se em mim o meu sem-
blante, mas guardei essas coisas
no meu coração.

A visão de um carneiro e de um bode

8 No terceiro ano do reinado
do rei Belsazar, apareceu-me
uma visão, a mim, Daniel, de-
pois daquela que me apareceu
no princípio.
2 Na visão que tive, vi que eu es-
tava na cidadela de Susã, na pro-
víncia de Elão; na visão eu esta-
va junto ao rio Ulai.
3 Levantei os olhos e vi um car-
neiro que estava diante do rio, o
qual tinha dois chifres, e os dois
chifres eram altos. Um dos chi-
fres era mais alto do que o outro,
e o mais alto subiu por último.
4 Vi que o carneiro dava marra-
das para o ocidente, para o nor-
te e para o sul. Nenhum animal
podia estar diante dele, nem ha-
via quem pudesse livrar-se das
suas mãos. Ele fazia conforme
a sua vontade, e se engrandecia.
5 **E**stando eu considerando isso,
vi que um bode vinha do ociden-
te sobre toda a terra, mas sem
tocar no chão, e aquele bode ti-
nha um chifre notável entre os
olhos.
6 Dirigiu-se ao carneiro de dois
chifres, que eu tinha visto dian-
te do rio, e correu contra ele no
furor da sua força.
7 Vi-o chegar perto do carneiro,
e, irritado contra ele, o feriu e
lhe quebrou os dois chifres, pois
não havia força no carneiro para
lhe resistir; em seguida, o bode o
lançou por terra e o pisou com os
pés, e não houve quem pudesse
livrar o carneiro do seu poder.
8 O bode se engrandeceu sobre-
maneira; estando, porém, na sua
maior força, aquele grande chi-
fre foi quebrado, e subiram no
seu lugar quatro outros chifres

também notáveis, para os quatro ventos do céu.
9 De um deles saiu um chifre muito pequeno, o qual cresceu muito para o sul, para o oriente e para a terra formosa.
10 Engrandeceu-se até o exército do céu; e a alguns do exército e das estrelas deitou por terra e os pisou.
11 Sim, ele se engrandeceu até o príncipe do exército, dele tirou o sacrifício contínuo, e o lugar do seu santuário lançou por terra.
12 O exército lhe foi entregue, com o sacrifício contínuo, por causa das transgressões. Lançou a verdade por terra e prosperou em tudo o que fez.
13 Depois ouvi um santo que falava, e disse outro santo àquele que falava: Até quando durará a visão do sacrifício contínuo e da transgressão assoladora, para que seja entregue o santuário, e o exército, a fim de serem pisados?
14 Ele me disse: Até duas mil e trezentas tardes e manhãs, e o santuário será purificado.
15 Enquanto eu, Daniel, contemplava a visão e procurava entendê-la, diante de mim se apresentou um ser semelhante a um homem.
16 E ouvi uma voz de homem entre as margens do Ulai, a qual gritou: Gabriel, dá a entender a este a visão.
17 Ele veio para perto de onde eu estava; e vindo ele, fiquei assombrado e caí com o rosto em terra. Mas ele me disse: Entende, filho do homem, porque esta visão se realizará no fim do tempo.
18 Estando ele falando comigo, caí com o rosto em terra, adormecido. Ele, porém, me tocou, me pôs em pé
19 e disse: Eu te farei saber o que há de acontecer no último tempo da ira, porque ela se exercerá no determinado tempo do fim.
20 Aquele carneiro que viste com dois chifres são os reis da Média e da Pérsia.
21 O bode peludo, porém, é o rei da Grécia, e o chifre grande que tinha entre os olhos é o primeiro rei.
22 O ter sido quebrado, levantando-se quatro em seu lugar, significa que quatro reinos se levantarão da mesma nação, mas não com a força dele.
23 No fim do seu reinado, porém, quando os transgressores encherem a medida do seu pecado, se levantará um rei, feroz de semblante e entendido em enigmas.
24 Grande será a sua força, mas não de si mesmo. Ele destruirá terrivelmente, prosperará e fará o que lhe aprouver; destruirá os poderosos e o povo santo.
25 Pelo seu entendimento também fará prosperar o engano, no seu coração se engrandecerá e destruirá muitos que vivem em segurança; ele se levantará contra o Príncipe dos príncipes, mas sem esforço de mãos humanas será quebrado.
26 A visão da tarde e da manhã, que foi dita, é verdadeira; tu, porém, cerra a visão, porque só daqui a muitos dias se cumprirá.
27 Eu, Daniel, estive enfraquecido e enfermo alguns dias. Então me levantei e tratei do negócio do rei. Espantava-me com a visão, e não havia quem a entendesse.

A oração de Daniel

9 No primeiro ano de Dario, filho de Assuero, da nação dos

medos, o qual foi constituído rei
sobre o reino dos caldeus,
2 no primeiro ano do seu reinado,
eu, Daniel, entendi pelos livros
que o número de anos, de que fa-
lou o Senhor ao profeta Jeremias,
que haviam de transcorrer sobre
as desolações de Jerusalém, era
de setenta anos.
3 Dirigi o meu rosto ao Senhor Deus,
para o buscar com oração e rogos,
com jejum, pano de saco e cinza.
4 Orei ao Senhor, o meu Deus, con-
fessei e disse: Ó Senhor! Deus
grande e tremendo, que guardas
a aliança e a misericórdia para
com os que te amam e guardam
os teus mandamentos,
5 pecamos e cometemos iniquidade,
procedemos impiamente e fomos
rebeldes; apartamo-nos dos teus
mandamentos e dos teus juízos,
6 e não demos ouvidos aos teus
servos, os profetas, que em teu
nome falaram aos nossos reis,
nossos príncipes e nossos pais,
como também a todo o povo da
terra.
7 A ti, ó Senhor, pertence a justi-
ça, mas a nós a confusão de ros-
to, como se vê neste dia; aos ho-
mens de Judá, aos moradores
de Jerusalém e a todo o Israel, aos de
perto e aos de longe, em todas as
terras por onde os tens lançado,
por causa das suas transgressões
que cometeram contra ti.
8 Ó Senhor, a nós pertence a
confusão de rosto, aos nossos reis,
aos nossos príncipes e a nossos
pais, porque pecamos contra ti.
9 Ao Senhor, o nosso Deus, per-
tencem a misericórdia e o perdão;
pois nos rebelamos contra ele
10 e não obedecemos à voz do
Senhor, nosso Deus, para andar-
mos nas suas leis, que nos deu
por intermédio de seus servos,
os profetas.
11 Sim, todo o Israel transgre-
diu a tua Lei, desviando-se, para
não obedecer à tua voz. Por isso,
a maldição, o juramento que está
escrito na Lei de Moisés, servo de
Deus, se derramou sobre nós, por-
que pecamos contra ele.
12 Ele confirmou a sua palavra,
que falou contra nós, e contra os
nossos juízes que nos julgavam,
trazendo sobre nós um grande
mal. Nunca debaixo de todo o céu
aconteceu como em Jerusalém.
13 Como está escrito na Lei de
Moisés, todo aquele mal nos so-
breveio; contudo, não buscamos
o favor do Senhor nosso Deus,
convertendo-nos das nossas ini-
quidades e aplicando-nos à tua
verdade.
14 Por isso, o Senhor vigiou sobre
o mal, e o trouxe sobre nós, porque
justo é o Senhor, o nosso Deus, em
todas as obras que faz; contudo,
não obedecemos à sua voz.
15 Na verdade, ó Senhor, nosso
Deus, que tiraste o teu povo da
terra do Egito com mão podero-
sa e ganhaste para ti nome, como
se vê neste dia, pecamos e proce-
demos impiamente.
16 Ó Senhor, segundo todas as tuas
justiças, apartem-se a tua ira e o teu
furor da tua cidade de Jerusalém,
do teu santo monte, porque por
causa dos nossos pecados, e por cau-
sa das iniquidades de nossos pais,
tornou-se Jerusalém e o teu povo
um objeto de zombaria para todos
os que estão em redor de nós.
17 Agora, ó Deus nosso, ouve a
oração do teu servo e as suas sú-
plicas, e sobre o teu santuário de-
solado faze resplandecer o teu ros-
to, por amor do Senhor.

18 Inclina, ó Deus meu, os teus ou-
vidos, e ouve; abre os teus olhos,
e olha para a nossa desolação e
para a cidade que é chamada pelo
teu nome, porque não lançamos
as nossas súplicas perante a tua
face confiados em nossas justiças,
mas em tuas muitas misericórdias.
19 Ó Senhor, ouve! Ó Senhor,
perdoa! Ó Senhor, atende-nos e
opera sem tardar! Por amor de
ti mesmo, ó Deus meu, porque a
tua cidade e o teu povo se chamam
pelo teu nome.
20 Estando eu ainda falando e oran-
do, e confessando o meu pecado
e o pecado do meu povo Israel, e
lançando a minha súplica peran-
te a face do Senhor, meu Deus,
pelo monte santo do meu Deus,
21 estando eu, digo, ainda falan-
do na oração, o homem Gabriel,
que eu tinha visto na minha vi-
são ao princípio, veio voando ra-
pidamente e tocou-me à hora do
sacrifício da tarde.
22 Ele me instruiu e me disse:
Daniel, agora vim para fazer-te
entender o sentido.
23 No princípio das tuas súplicas,
saiu a ordem, e eu vim, para de-
clará-la a ti, porque és muito ama-
do. Portanto, considera a mensa-
gem e entende a visão:
24 Setenta semanas estão deter-
minadas sobre o teu povo e sobre
a tua santa cidade, para fazer ces-
sar a transgressão e dar fim aos
pecados, para expiar a iniquidade
e trazer a justiça eterna, para se-
lar a visão e a profecia e para un-
gir o Santo dos Santos.
25 Sabe e entende: desde a saída
da ordem para restaurar e para
edificar Jerusalém, até o Ungido,
o Príncipe, sete semanas, e ses-
senta e duas semanas. As praças
e os muros se reedificarão, mas
em tempos angustiosos.
26 Depois das sessenta e duas se-
manas será cortado o Ungido e
não será mais, e o povo do prín-
cipe, que há de vir, destruirá a
cidade e o santuário. O seu fim
será como uma inundação: Até
o fim haverá guerra, e estão de-
terminadas desolações.
27 Ele confirmará uma aliança
com muitos por uma semana, mas
na metade da semana fará cessar
o sacrifício e a oferta de cereais.
E sobre a asa das abominações
virá o assolador, até a destruição
determinada, a qual será derra-
mada sobre o assolador.

A visão de um homem

10 No terceiro ano de Ciro,
rei da Pérsia, foi revelada
uma palavra a Daniel, cujo nome
se chama Beltessazar. A palavra
era verdadeira e tratava de uma
guerra prolongada. Ele enten-
deu a palavra e teve entendimen-
to da visão.
2 Naqueles dias, eu, Daniel, esti-
ve triste por três semanas com-
pletas.
3 Manjar desejável não comi, nem
carne nem vinho entraram na mi-
nha boca, nem me ungi com un-
guento, até que se cumpriram as
três semanas.
4 No vigésimo quarto dia do pri-
meiro mês, eu estava às margens
do grande rio Tigre;
5 levantei os olhos e vi um homem
vestido de linho e os seus lombos
cingidos com ouro fino de Ufaz.
6 O seu corpo era como berilo, o
seu rosto parecia um relâmpago,
os seus olhos eram como tochas
de fogo, os seus braços e os seus
pés como o brilho de bronze polido

e a voz das suas palavras como a
voz de uma multidão.
7 Só eu, Daniel, tive aquela visão;
os homens que estavam comigo
nada viram, mas caiu sobre eles
um grande temor e fugiram para
se esconder.
8 Fiquei, pois, eu só e tive esta gran-
de visão, e não restou força em mim;
desfigurou-se a feição do meu ros-
to, e não retive força alguma.
9 Contudo, ouvi a voz das suas pa-
lavras e, ouvindo a voz das suas
palavras, eu caí com o rosto em
terra, profundamente adormecido.
10 Certa mão me tocou e fez que
me levantasse, tremendo, sobre
os meus joelhos e sobre as pal-
mas das minhas mãos.
11 Ele disse: Daniel, homem mui-
to amado, atende às palavras que
te vou dizer e levanta-te sobre os
teus pés, porque te fui enviado.
Ao falar ele comigo esta palavra,
pus-me em pé, tremendo.
12 Então me disse: Não temas,
Daniel, porque desde o primeiro
dia em que aplicaste o teu cora-
ção a compreender e a humilhar-
-te perante o teu Deus, são ouvi-
das as tuas palavras, e eu vim por
causa das tuas palavras.
13 O príncipe do reino da Pérsia,
porém, me resistiu por vinte e um
dias. Então Miguel, um dos primei-
ros príncipes, veio para ajudar-
-me, e eu fiquei ali com os reis
da Pérsia.
14 Agora vim, para fazer-te enten-
der o que há de acontecer ao teu
povo nos derradeiros dias, porque
a visão é ainda para muitos dias.
15 Falando ele comigo estas pa-
lavras, abaixei o rosto para a ter-
ra e emudeci.
16 Então uma como semelhança
dos filhos dos homens me tocou os
lábios, abri a boca e disse àquele
que estava diante de mim: Senhor
meu, por causa da visão sobre-
vieram-me dores e não me res-
tou força alguma.
17 Como pode o servo deste meu
senhor falar com aquele meu se-
nhor? Já não resta força em mim,
e não ficou em mim fôlego.
18 Então um semelhante a um
homem me tocou outra vez e me
fortaleceu.
19 Disse ele: Não temas, homem
muito amado, paz seja contigo; sê
forte e tem bom ânimo. Falando
ele comigo, fiquei fortalecido e
disse: Fala, meu senhor, porque
me fortaleceste.
20 E ele disse: Sabes por que eu
vim a ti? Eu tornarei a pelejar con-
tra o príncipe dos persas e, sain-
do eu, virá o príncipe da Grécia.
21 Eu, porém, te declararei o que
está escrito na escritura da ver-
dade; ninguém há que se esforce
comigo contra aqueles, a não ser
Miguel, vosso príncipe.

11

No primeiro ano de Dario,
o medo, levantei-me para
o animar e fortalecer.
2 Agora eu te declararei a verda-
de: Ainda três reis se levantarão
na Pérsia, e o quarto será cumu-
lado de grandes riquezas mais do
que todos. E, tendo-se fortalecido
por meio das suas riquezas, agita-
rá todos contra o reino da Grécia.
3 Depois, se levantará um rei va-
lente, que reinará com grande do-
mínio, e fará o que lhe aprouver.
4 Estando, porém, ele em pé, o seu
reino será quebrado e repartido
para os quatro ventos do céu. Não
passará à sua posteridade, nem
terá o mesmo poder com que rei-
nou, porque o seu reino será ar-
rancado e passará a outros.

5 O rei do Sul se fortalecerá, como
também um de seus príncipes;
este se fortalecerá mais do que
ele, e reinará, e grande será o
seu domínio.
6 Ao cabo de alguns anos, porém,
eles se aliarão; a filha do rei do
Sul virá ao rei do Norte para fa-
zer um tratado. Ela, contudo, não
conservará a força de seu braço,
nem ele persistirá, nem o seu
braço, porque ela será entregue
à morte com seu pai, os que a ti-
verem trazido, e o que a fortale-
cia naqueles tempos.
7 Do renovo das suas raízes, po-
rém, um se levantará em seu lu-
gar; virá com o exército e entra-
rá nas fortalezas do rei do Norte,
agirá contra elas e prevalecerá.
8 Também os seus deuses com a
multidão das suas imagens de fun-
dição, com os seus objetos precio-
sos de prata e ouro, levará cativos
para o Egito. Por alguns anos ele
persistirá contra o rei do Norte.
9 Então o rei do reino do Norte in-
vadirá o reino do rei do Sul, mas
voltará para a sua terra.
10 Os seus filhos intervirão e reu-
nirão um grande exército, que virá
apressadamente, arrasará tudo
como uma inundação irresistível, e
levará a guerra até a sua fortaleza.
11 Então o rei do Sul se irritará,
sairá e pelejará contra ele, con-
tra o rei do Norte, que porá em
campo um grande exército, mas
o seu exército será entregue nas
mãos daquele.
12 Quando o seu exército for le-
vado, o rei do Sul se encherá de
orgulho e derrubará miríades,
mas não prevalecerá.
13 Porque o rei do Norte volta-
rá e porá em campo um exérci-
to maior do que o primeiro, e, ao
cabo de tempos, isto é, de anos,
virá à pressa com grande exérci-
to e abundantes provisões.
14 Naqueles tempos, muitos se
levantarão contra o rei do Sul.
Os violentos dentre o teu povo
se levantarão, em cumprimento
da visão, mas eles cairão.
15 O rei do Norte virá, levanta-
rá baluartes e tomará uma cida-
de fortificada. As forças do Sul
não poderão subsistir, nem o seu
povo escolhido, pois não haverá
força que possa subsistir.
16 O que há de vir contra ele fará
segundo a sua vontade; ninguém
poderá resistir diante dele. Estará
na terra gloriosa e terá o poder
de destruí-la.
17 Firmará o propósito de vir com
a força de todo o seu reino e fará
uma aliança com o rei do Sul.
E lhe dará uma jovem em casa-
mento a fim de destruir o reino,
mas seus planos não vingarão,
nem serão para sua vantagem.
18 Depois virará o seu rosto para
as ilhas e tomará muitas, mas um
governante fará cessar a sua ar-
rogância contra ele e ainda fará
recair sobre ele essa arrogância.
19 Virará então o seu rosto para
as fortalezas da sua própria ter-
ra, mas tropeçará, cairá e não
será achado.
20 Em seu lugar se levantará quem
fará passar um cobrador de im-
postos pela glória do reino, mas
em poucos dias será destruído, e
isso sem ira e sem batalha.
21 Depois, se levantará em seu lu-
gar um homem vil, ao qual não ti-
nham dado a dignidade real. Ele
virá caladamente e tomará o rei-
no com engano.
22 As forças inundantes se-
rão varridas de diante dele e serão

destruídas, como também o prín-
cipe da aliança.
23 Depois de fazer aliança com
ele, usará de engano, subirá e se
tornará forte com pouca gente.
24 Virá caladamente aos lugares
mais férteis da província e fará o
que nunca fizeram seus pais, nem
os pais de seus pais. Repartirá en-
tre eles a presa e os despojos, e a
riqueza, e tramará os seus proje-
tos contra as fortalezas, mas por
certo tempo.
25 Suscitará a sua força e o seu
coração contra o rei do Sul com
um grande exército. O rei do Sul
se envolverá na guerra com um
grande e poderoso exército, mas
não subsistirá, porque maquina-
rão projetos contra ele.
26 Os que comerem os seus man-
jares o destruirão; o seu exérci-
to será arrasado, cairão muitos
trespassados.
27 Também estes dois reis terão o
coração atento para fazerem o mal,
e a uma mesma mesa falarão a men-
tira, mas sem êxito, porque o fim
há de ser no tempo determinado.
28 Então voltará para a sua terra
com grande riqueza, e o seu co-
ração será contra a santa alian-
ça. Ele fará o que lhe aprouver e
tornará para a sua terra.
29 No tempo determinado, tor-
nará a vir contra o Sul, mas não
será na última vez como foi na
primeira.
30 Porque virão contra ele navios
de Quitim, que lhe causarão tris-
teza. Voltará, e se indignará con-
tra a santa aliança, e fará como
deseja. Ainda voltará e atende-
rá os que tiverem desamparado
a santa aliança.
31 Dele sairão uns braços, que
profanarão o santuário, isto é,
a fortaleza, e tirarão o sacrifício
contínuo, estabelecendo a abo-
minação desoladora.
32 Aos violadores da aliança, ele,
com bajulações, perverterá, mas
o povo que conhece ao seu Deus
se tornará forte e fará proezas.
33 Os entendidos entre o povo
ensinarão a muitos, mas cairão
pela espada e pelo fogo, pelo exí-
lio e pelo roubo, por muitos dias.
34 Caindo eles, porém, serão aju-
dados com pequeno socorro, e
muitos se ajuntarão a eles com
adulação.
35 Alguns dos entendidos cairão
para serem provados, e purifica-
dos, e embranquecidos, até o fim
do tempo, porque isso será para
o tempo determinado.
36 Este rei fará conforme a sua
vontade, e se levantará, e se en-
grandecerá sobre todo deus; fa-
lará coisas espantosas contra o
Deus dos deuses e será próspe-
ro, até que a ira se complete, por-
que aquilo que está determinado
será feito.
37 Não terá respeito aos deuses
de seus pais, nem terá respeito
pelo desejado das mulheres, nem
a qualquer deus, porque sobre
tudo se engrandecerá.
38 Ao deus das fortalezas, po-
rém, honrará em seu lugar; e a
um deus a quem seus pais não
conheceram honrará com ouro,
com prata, com pedras preciosas
e com coisas agradáveis.
39 Agirá contra os castelos fortes
com o auxílio de um deus estra-
nho, e aos que o reconhecerem
multiplicará a honra, e os fará
reinar sobre muitos, e repartirá
a terra por preço.
40 No fim do tempo, o rei do Sul
lutará com ele, e o rei do Norte o

atacará com carros, com cavaleiros
e com muitos navios. Entrará nas
terras, e as inundará, e passará.
41 Entrará também na terra glo-
riosa, e muitos países serão der-
rubados, mas da sua mão esca-
parão estes: Edom e Moabe, e as
primícias dos filhos de Amom.
42 Estenderá a sua mão às terras,
e a terra do Egito não escapará.
43 Ele se apoderará dos tesouros
de ouro e de prata, e de todas as
coisas desejáveis do Egito; os lí-
bios e os etíopes o seguirão.
44 Os rumores do Oriente e do
Norte, porém, o espantarão, e
sairá com grande furor, para des-
truir e aniquilar muitos.
45 Armará as tendas do seu palá-
cio entre os mares e o monte san-
to e glorioso. Então virá ao seu
fim, e não haverá quem o socorra.

O tempo do fim

12 Nesse tempo, se levanta-
rá Miguel, o grande prín-
cipe que protege os filhos do teu
povo, e haverá um tempo de an-
gústia, qual nunca houve, desde
que houve nação até aquele tem-
po. Mas, nesse tempo, o teu povo,
todo aquele que se achar escrito
no livro, será liberto.
2 Muitos dos que dormem no pó
da terra ressuscitarão, uns para
a vida eterna, e outros para a ver-
gonha e o desprezo eterno.
3 Os que forem sábios resplan-
decerão como o fulgor do firma-
mento; os que a muitos ensinam
a justiça refulgirão como as estre-
las sempre e eternamente.
4 Tu, porém, Daniel, fecha estas
palavras e sela este livro, até o
fim do tempo. Muitos correrão de
uma parte para outra, e o conhe-
cimento se multiplicará.
5 Então eu, Daniel, olhei, e vi dois
outros anjos, um deste lado, à bei-
ra do rio, e o outro do outro lado,
à beira do rio.
6 Um deles disse ao homem ves-
tido de linho que estava sobre as
águas do rio: Quanto tempo ha-
verá até o fim destas maravilhas?
7 Ouvi o homem vestido de li-
nho, que estava sobre as águas
do rio, quando levantou a mão
direita e a mão esquerda ao céu
e jurou por aquele que vive eter-
namente que depois de um tem-
po, de tempos e metade de um
tempo. Quando tiverem acaba-
do de destruir o poder do povo
santo, todas estas coisas serão
cumpridas.
8 Eu ouvi, mas não entendi. Por
isso perguntei: Senhor meu, qual
será o fim destas coisas?
9 Ele respondeu: Vai, Daniel, por-
que estas palavras estão fecha-
das e seladas até o tempo do fim.
10 Muitos serão purificados, em-
branquecidos e provados, mas os
ímpios procederão impiamente.
Nenhum dos ímpios entenderá,
mas os sábios entenderão.
11 Desde o tempo em que o sacri-
fício contínuo for tirado, e posta
a abominação desoladora, have-
rá mil duzentos e noventa dias.
12 Bem-aventurado o que espera
e chega até mil trezentos e trinta
e cinco dias.
13 Tu, porém, vai-te até que che-
gue o fim. Tu repousarás e no fim
dos dias te levantarás para rece-
ber a tua herança.

OSEIAS

1 Palavra do Senhor, que veio a
Oseias, filho de Beeri, nos dias
de Uzias, Jotão, Acaz e Ezequias,
reis de Judá, e nos dias de Jeroboão,
filho de Joás, rei de Israel.

A mulher e os filhos de Oseias

2 Quando o Senhor começou a
falar por intermédio de Oseias,
ele lhe disse: Vai, toma uma mu-
lher de prostituições, e terás fi-
lhos de prostituição, porque a
terra se prostituiu, desviando-
-se do Senhor.
3 Foi-se, pois, e tomou a Gômer,
filha de Diblaim, e ela engravi-
dou e lhe deu um filho.
4 Então, o Senhor lhe disse: Põe-
-lhe o nome de Jezreel, porque da-
qui a pouco visitarei o sangue de
Jezreel sobre a casa de Jeú e farei
cessar o reino da casa de Israel.
5 Naquele dia, quebrarei o arco
de Israel no vale de Jezreel.
6 Tornou ela a engravidar e deu
à luz uma filha. Então, o Senhor
disse a Oseias: Põe-lhe o nome de
Lo-Ruama, porque eu não torna-
rei mais a compadecer-me da casa
de Israel, mas tudo lhe tirarei.
7 Da casa de Judá, porém, me
compadecerei, e os salvarei pelo
Senhor seu Deus, pois não os sal-
varei pelo arco, nem pela espada,
nem pela guerra, nem pelos cava-
los, nem pelos cavaleiros.
8 Depois de haver desmamado a
Lo-Ruama, engravidou e deu à
luz um filho.
9 Então, disse o Senhor: Põe-lhe
o nome de Lo-Ami, porque vós
não sois meu povo, nem eu serei
vosso Deus.
10 Todavia, o número dos filhos de
Israel será como a areia do mar,
que não se pode medir nem se
contar. No lugar em que se lhes
dizia: Vós não sois meu povo,
se lhes dirá: Vós sois filhos do
Deus vivo.
11 Os filhos de Judá e os filhos
de Israel juntos se congregarão,
constituirão sobre si uma única
cabeça e subirão da terra, por-
que grande será o dia de Jezreel.

Castigo e restauração de Israel

2 Dizei a vossos irmãos:
Meu povo, e a vossas irmãs:
Minhas amadas.
2 Contendei com vossa mãe,
contendei,
porque ela não é minha
mulher,
e eu não sou seu marido.
Desvie ela as suas
prostituições da sua face
e os seus adultérios de
entre os seus peitos,
3 para que eu não a deixe
despida e a ponha como
no dia em que nasceu,
e a faça como um deserto
e a ponha como uma
terra seca,
e a mate à sede
4 e não me compadeça
de seus filhos,
porque são filhos de
prostituições.
5 Porque sua mãe se prostituiu
e os concebeu em desgraça.
Ela disse: Irei atrás de meus
amantes,
que me dão o meu pão e a
minha água,

a minha lã e o meu linho,
o meu óleo e as minhas
bebidas.
6 Portanto, cercarei o caminho
dela com espinhos;
levantarei um muro contra
ela, para que não ache as
suas veredas.
7 Ela irá atrás de seus amantes,
mas não os alcançará;
os buscará, mas não os
achará.
Então dirá:
Irei e voltarei ao meu
primeiro marido,
porque melhor me ia então
do que agora.
8 Ela não reconhece que eu lhe
dei o grão,
o vinho e o óleo,
e lhe multipliquei a prata e o
ouro,
que eles usaram para Baal.
9 Portanto, tirarei o meu trigo a
seu tempo
e o meu vinho no seu tempo
determinado.
Arrebatarei a minha lã e o
meu linho
com que cobria a sua nudez.
10 Agora descobrirei a sua
vergonha
diante dos olhos dos seus
amantes,
e ninguém a livrará da minha
mão.
11 Farei cessar toda a sua
alegria,
as suas festas, as suas luas
novas,
os seus sábados e todas as
suas solenidades.
12 Devastarei a sua vide e a sua
figueira,
de que ela diz: Esta é a paga
que me deram os meus
amantes.
Eu farei delas um bosque,
e os animais do campo as
devorarão.
13 Trarei castigo sobre ela
pelos dias em que queimou
incenso a Baal,
e se adornou com os seus
anéis e joias,
e andou atrás de seus amantes,
mas de mim se esqueceu, diz
o Senhor.
14 Portanto, eu a atrairei,
a levarei para o deserto e lhe
falarei ao coração.
15 Ali eu lhe darei as suas
vinhas e o vale de Acor
por porta de esperança.
Ali ela cantará como nos dias
da sua mocidade,
como no dia em que subiu da
terra do Egito.
16 Naquele dia, diz o Senhor,
me chamarás:
Meu marido;
não me chamarás mais:
Meu mestre.
17 Da sua boca tirarei os nomes
dos baalins,
e os seus nomes não
virão mais em memória.
18 Naquele dia, farei por eles
aliança com os animais do
campo,
com as aves do céu e com os
répteis da terra.
Da terra tirarei o arco,
a espada e a guerra,
e os farei deitar em segurança.
19 Eu te desposarei comigo
para sempre;
eu te desposarei comigo
em justiça, em juízo,
em benignidade e em
misericórdias.
20 Eu te desposarei comigo
em fidelidade,
e conhecerás ao Senhor.

21 Naquele dia, eu responderei,
diz o Senhor,
responderei aos céus,
e estes responderão à terra;
22 e a terra responderá ao trigo,
ao vinho e ao óleo,
e estes responderão a Jezreel.
23 Eu a semearei para mim
na terra e mostrarei amor à
Não Amada.
Direi a Não Meu Povo:
Tu és meu povo,
e ele dirá: Tu és o meu Deus.

Oseias se reconcilia com a esposa

3 Disse-me o Senhor: Vai outra
vez, ama uma mulher, amada
de seu amigo, e adúltera, como o
Senhor ama os filhos de Israel, em-
bora eles olhem para outros deu-
ses, e amem os bolos de passas.
2 Assim eu a comprei por quinze
peças de prata e um ômer e meio
de cevada
3 e lhe disse: Tu ficarás comigo
muitos dias; não te prostituirás
nem serás de outro homem, e as-
sim eu quero ser também para ti.
4 Porque os filhos de Israel ficarão
por muitos dias sem rei, sem prín-
cipe, sem sacrifício, sem coluna,
sem estola sacerdotal ou ídolos.
5 Depois tornarão os filhos de
Israel e buscarão ao Senhor, seu
Deus, e a Davi, seu rei. Virão tre-
mendo ao Senhor e à sua bonda-
de, nos últimos dias.

A acusação contra Israel

4 Ouvi a palavra do Senhor, vós,
filhos de Israel,
porque o Senhor tem uma
contenda
com os habitantes da terra:
Não há verdade, nem amor,
nem conhecimento de Deus
na terra.
2 Só prevalecem o perjurar,
o mentir,
o matar, o furtar e o
adulterar;
quebram todos os laços, há
homicídios
sobre homicídios.
3 Por isso a terra se lamenta,
e todo o que nela mora
desfalece
com os animais do campo
e com as aves do céu;
até os peixes do mar perecem.
4 Todavia, ninguém contenda,
nem qualquer repreenda,
porque o teu povo é como os que
contendem com o sacerdote.
5 Por isso, tropeçarás de dia,
e o profeta contigo
tropeçará de noite.
Assim eu destruirei a tua
mãe;
6 o meu povo é destruído
porque lhe falta o
conhecimento.
Porque tu rejeitaste o
conhecimento,
também eu te rejeitarei
como meu sacerdócio;
visto que te esqueceste da lei
do teu Deus,
também eu me esquecerei
de teus filhos.
7 Quanto mais eles se
multiplicaram,
tanto mais contra mim
pecaram;
eu mudarei a sua honra em
vergonha.
8 Alimentam-se do pecado do
meu povo
e da maldade dele têm desejo
ardente.
9 Por isso, como é o povo,
assim será o sacerdote.
Eu o castigarei pelos seus
caminhos

e lhe darei a recompensa
das suas obras.
10 Comerão, mas não se fartarão;
se entregarão à luxúria,
mas não se multiplicarão,
porque deixaram de olhar
para o Senhor.
11 A sensualidade,
o vinho e o mosto tiram o
entendimento.
12 O meu povo consulta a sua
madeira,
e a sua vara lhe responde,
porque o espírito de luxúria
os engana,
e eles, prostituindo-se,
apartam-se do seu Deus.
13 Sacrificam sobre os cumes
dos montes
e queimam incenso sobre os
outeiros;
debaixo do carvalho,
do álamo e do olmeiro,
porque é boa a sua sombra.
Por isso as vossas filhas se
prostituem,
as vossas noras adulteram.
14 Eu não castigarei vossas
filhas, que se prostituem,
nem vossas noras, quando
adulteram,
porque os homens
com as prostitutas se
desviam
e com as meretrizes
sacrificam;
o povo que não tem
entendimento
será transtornado.
15 Ainda que tu, ó Israel,
queiras prostituir-te,
contudo não se faça culpado
Judá.
Não venhais a Gilgal e não
subais a Bete-Áven,
nem jureis, dizendo:
Vive o Senhor.
16 Porque como novilha
rebelde se rebelou Israel.
Agora o Senhor os
apascentará
como a um cordeiro
num lugar espaçoso.
17 Efraim está entregue aos
ídolos; deixai-o.
18 Tendo acabado de beber,
eles se entregam à prostituição;
os seus príncipes certamente
amam
a vergonha.
19 O vento os envolveu
nas suas asas;
e eles se envergonharão
por causa dos seus sacrifícios.

Juízo contra Israel

5 Ouvi isto, ó sacerdotes,
e escutai, ó casa de Israel;
escutai, ó casa do rei,
porque a vós pertence este
juízo,
visto que fostes um laço para
Mispa
e rede estendida sobre o
Tabor.
2 Os rebeldes se aprofundaram
na carnificina.
Eu castigarei a todos eles.
3 Eu conheço a Efraim, e Israel
não me está oculto;
porque agora te tens
prostituído, ó Efraim,
e se contaminou Israel.
4 As suas ações não lhes
permitem voltar para o seu
Deus.
O espírito da prostituição está
no meio deles,
e não conhecem ao Senhor.
5 A soberba de Israel testifica
contra eles;
Israel e Efraim tropeçarão
pela sua iniquidade,
e Judá tropeçará com eles.

6 Eles irão com os seus rebanhos
e com as suas manadas à
procura do Senhor,
mas não o acharão;
ele se retirou deles.
7 Foram infiéis ao Senhor;
geraram filhos bastardos.
Agora os festivais da lua
nova os consumirá
e também aos seus campos.
8 Tocai a trombeta em Gibeá
e a corneta em Ramá.
Gritai altamente em Bete-
Áven;
após ti, ó Benjamim.
9 Efraim será para assolação no
dia do castigo.
Entre as tribos de Israel
torno conhecido o que é certo.
10 Os príncipes de Judá são
como os que mudam os
marcos.
Derramarei o meu furor
sobre eles como água.
11 Efraim está oprimido,
quebrantado em juízo,
porque quis seguir os ídolos.
12 Portanto, para Efraim
sou como a traça,
e para a casa de Judá,
como a podridão.
13 Quando Efraim viu a sua
enfermidade,
e Judá a sua chaga,
subiu Efraim à Assíria
e buscou ao grande rei
que o socorresse.
Mas ele não poderá curar-vos,
nem sarar a vossa chaga.
14 Porque para Efraim serei
como um leão,
e como um grande leão
para a casa de Judá.
Eu os despedaçarei, e irei
embora;
os arrebatarei,
e não haverá quem os livre.
15 Irei e voltarei para
o meu lugar,
até que se reconheçam
culpados
e busquem a minha face.
Estando eles angustiados,
de madrugada me buscarão.

6 Vinde, tornemos para o Senhor.
Ele nos despedaçou, mas
nos sarará;
fez a ferida, mas a ligará.
2 Depois de dois dias,
nos dará a vida;
no terceiro dia, nos
ressuscitará,
e viveremos diante dele.
3 Conheçamos e prossigamos
em conhecer ao Senhor.
Como a alva será a sua saída;
ele a nós virá como a chuva,
como a primeira chuva
que rega a terra.
4 Que te farei, ó Efraim?
Que te farei, ó Judá?
O vosso amor é como a
nuvem da manhã
e como o orvalho da
madrugada,
que cedo passa.
5 Por isso, os despedacei com
meus profetas,
com as palavras da minha
boca os matei;
os meus juízos saíram como o
relâmpago sobre vós.
6 Pois eu quero misericórdia,
não o sacrifício;
e o conhecimento de Deus,
mais do que holocaustos.
7 Eles, porém, transgrediram
a aliança, como Adão;
foram infiéis a mim.
8 Gileade é a cidade dos que
praticam a iniquidade,
calcada de sangue.
9 Como hordas de salteadores
que espreitam a alguém,

assim é a companhia
dos sacerdotes;
matam no caminho
para Siquém, praticando
abominações.
10 Vi uma coisa horrenda na
casa de Israel.
Ali está a prostituição de
Efraim,
e Israel está contaminado.
11 Também para ti, ó Judá,
está determinada uma ceifa,
para quando eu trouxer de
volta
o meu povo do cativeiro.

7 Quando eu queria restaurar
a sorte do meu povo,
quando eu queria sarar a
Israel,
descobriam-se os pecados
de Efraim
e os crimes de Samaria.
Praticam a falsidade;
o ladrão entra,
a horda dos salteadores
rouba por fora,
2 mas não consideram no seu
coração que eu me lembro
de toda a sua maldade.
Agora os cercam as suas obras;
diante da minha face estão.
3 Com a sua malícia alegram
ao rei,
e com as suas mentiras aos
príncipes.
4 Todos eles são adúlteros,
semelhantes são ao forno
aceso pelo padeiro,
cujo fogo não precisa atear,
desde o amassar a massa
até que seja levedada.
5 No dia do nosso rei,
os príncipes se tornam
doentes, instigados pelo
vinho,
e ele dá mãos aos
escarnecedores.
6 O coração deles é como
um forno,
enquanto estão de espreita.
A sua ira dorme toda a noite;
pela manhã, arde como
chamas de fogo.
7 Eles estão todos quentes como
um forno;
consomem os seus juízes.
Todos os seus reis caem,
ninguém entre eles
há que me invoque.
8 Efraim com os povos se
mistura;
Efraim é um bolo que não
foi virado.
9 Estrangeiros lhe comem a
força,
e ele não o sabe.
Seus cabelos ficam brancos,
mas ele não o percebe.
10 A soberba de Israel testifica
contra ele,
todavia não voltam
para o Senhor seu Deus,
nem o buscam em tudo isso.
11 Efraim é como uma pomba
enganada,
sem entendimento;
invocam o Egito,
vão para a Assíria.
12 Quando forem, sobre eles
estenderei a minha rede;
como aves do céu os
farei descer.
Eu os castigarei,
conforme o que
eles têm ouvido na sua
congregação.
13 Ai deles,
porque fugiram de mim!
Destruição sobre eles,
porque se rebelaram
contra mim!
Eu os remi,
mas disseram mentiras
contra mim.

14 Não clamaram a mim com
seu coração,
mas gemem nas suas
camas.
Para o trigo e para o vinho se
ajuntam,
mas contra mim se
rebelam.
15 Eu os ensinei e lhes fortaleci
os braços,
mas pensam mal contra
mim.
16 Eles voltam, mas não para o
Altíssimo.
São como um arco
enganador.
Os seus príncipes caem à
espada,
por causa da violência da
sua língua.
Este será o seu escárnio na
terra do Egito.

O castigo está próximo

8 Põe a trombeta na tua boca.
Ele vem como a águia
contra a casa do Senhor,
porque transgrediram a
minha aliança
e se rebelaram contra a
minha lei.
2 A mim clamam:
Deus meu, nós, Israel,
te conhecemos.
3 Israel rejeitou o bem;
o inimigo o perseguirá.
4 Eles fizeram reis, mas não
por mim; constituíram
príncipes,
mas eu não o soube.
Da sua prata e do seu ouro
fizeram ídolos para si,
para serem destruídos.
5 O teu bezerro, ó Samaria, é
rejeitado;
a minha ira se acende
contra eles.
Até quando serão eles
incapazes de alcançar
a pureza?
6 Porque isso procede de Israel;
um artífice o fez, e não é Deus.
Mas em pedaços será desfeito
o bezerro de Samaria.
7 Eles semeiam ventos
e colhem tormentas.
Não haverá seara;
a erva não dará farinha.
Se a der,
a tragarão os estrangeiros.
8 Israel foi devorado;
agora está entre as nações
como um vaso em que
ninguém tem prazer.
9 Porque subiram à Assíria,
como um jumento selvagem,
andando sozinho.
Efraim se vendeu por amores.
10 Todavia, ainda que eles se
tenham vendido entre as
nações,
agora eu os congregarei.
Já começaram a ser
diminuídos sob a carga
do poderoso rei.
11 Ainda que Efraim tenha
multiplicado altares,
estes se tornaram
altares para pecar.
12 Escrevi para eles as muitas
coisas da minha lei,
mas isso é para eles
como coisa estranha.
13 Quanto aos sacrifícios das
minhas ofertas,
eles sacrificam carne e a
comem,
mas o Senhor não os aceita.
Agora se lembrará da
injustiça deles
e punirá os seus pecados:
Eles voltarão para o Egito.
14 Israel se esqueceu do seu
Criador e edificou palácios;

Judá multiplicou
cidades fortificadas.
Eu, porém, enviarei um fogo
contra as suas cidades,
e ele consumirá os seus
palácios.

Castigo para Israel

9 Não te alegres, ó Israel,
até saltar, como os
outros povos.
Porque te foste do teu Deus
como uma meretriz;
amaste a paga de meretriz
sobre todas as eiras de
trigo.
2 A eira e o tanque de
espremer uvas
não os manterão; o vinho
novo lhes faltará.
3 Na terra do Senhor não
permanecerão;
Efraim tornará ao Egito
e na Assíria comerão comida
imunda.
4 Não derramarão vinho
perante o Senhor,
nem as suas ofertas
serão para ele suaves.
Tais sacrifícios para eles serão
como pão de pranteadores;
todos os que dele comerem
serão imundos.
Pois o seu pão será para
o seu apetite;
não entrará na casa do
Senhor.
5 Que fareis vós no dia da
solenidade
e no dia da festa do Senhor?
6 Ainda que escapem da
destruição,
o Egito os recolherá,
Mênfis os sepultará.
O desejável da sua prata
as urtigas o possuirão por
herança;
espinhos haverá nas
suas moradas.
7 Chegaram os dias do castigo,
chegaram os dias da
retribuição.
Israel o saberá.
O profeta é um insensato,
o homem inspirado é um
louco,
por causa da abundância
da tua iniquidade e do teu
grande ódio.
8 O profeta, junto ao meu Deus,
é a sentinela de Efraim,
mas o profeta é como
um laço
de caçador de aves em todos
os seus caminhos,
um inimigo na casa do seu
Deus.
9 Muito profundamente se
corromperam,
como nos dias de Gibeá.
Ele se lembrará das suas
injustiças
e punirá os pecados deles.
10 **A**chei a Israel como uvas no
deserto,
vi a vossos pais como a
fruta temporã
da figueira no seu princípio,
mas eles foram para Baal-
Peor
e se tornaram abomináveis
como aquilo que amaram.
11 Quanto a Efraim,
a sua glória como ave voará;
não haverá nascimento,
nem gravidez, nem
concepção.
12 Ainda que venham a criar
seus filhos,
eu os privarei deles,
para que não fique nenhum
homem.
Ai deles, quando deles me
apartar!

13 Efraim, assim como vi a Tiro,
está plantado num lugar
deleitoso.
Mas Efraim levará seus filhos
ao matador.
14 Dá-lhes, ó Senhor!
Mas o que lhes darás?
Dá-lhes uma madre que
aborte e seios secos.
15 Toda a sua malícia se acha
em Gilgal,
pois ali os aborreci.
Por causa da maldade das
suas obras
os lançarei fora de minha casa.
Não os amarei mais;
todos os seus príncipes são
rebeldes.
16 Efraim foi ferido,
secou-se a sua raiz, não dão
fruto.
Sim, ainda que gerem,
eu matarei os frutos
desejáveis do seu ventre.
17 O meu Deus os rejeitará,
porque não o ouvem;
peregrinos andarão entre
as nações.

10 Israel é uma vide frondosa;
dá fruto para si mesmo.
Conforme a abundância do
seu fruto,
assim multiplicou os
altares;
conforme a bondade da terra,
assim fizeram belas
colunas.
2 O seu coração está dividido,
por isso serão culpados.
O Senhor cortará os seus
altares
e destruirá as suas colunas.
3 Certamente agora dirão:
Não temos rei porque não
tememos ao Senhor.
Mas mesmo o rei,
o que faria por nós?
4 Falam palavras vãs, jurando
falsamente,
fazendo aliança; portanto
florescerá o juízo
como erva venenosa num
campo arado.
5 Os moradores de Samaria
serão atemorizados
por causa do bezerro de
Bete-Áven.
O seu povo se lamentará por
causa dele,
como também os seus
sacerdotes idólatras tremerão
por causa da sua glória,
que se apartou dela.
6 Também à Assíria será levado
como um presente ao
grande rei.
Efraim ficará confuso,
e Israel se envergonhará
por causa do seu próprio
conselho.
7 O rei de Samaria será desfeito
como a espuma sobre a face
da água.
8 Os altos de iniquidade serão
destruídos;
são o pecado de Israel.
Espinhos e ervas daninhas
crescerão
sobre os seus altares.
Então, dirão aos montes:
Cobri-nos!
E aos outeiros: Caí sobre nós!
9 Desde os dias de Gibeá
pecaste, ó Israel,
e ali permaneceste.
A peleja em Gibeá contra os
filhos da perversidade
não te alcançará?
10 Eu castigarei o povo
na medida do meu desejo;
se congregarão contra eles os
povos,
quando os atar às suas
transgressões.

11 Efraim é uma bezerra
domada,
que gostava de trilhar;
coloquei o jugo
sobre a formosura do seu
pescoço.
Porei arreios sobre Efraim,
Judá lavrará,
Jacó lhe desfará os torrões.
12 Semeai para vós em justiça,
ceifai o fruto do constante
amor,
e lavrai o campo de lavoura,
porque é tempo de buscar ao
Senhor,
até que venha e chova
a justiça sobre vós.
13 Lavrastes a impiedade,
segastes a perversidade
e comestes o fruto da
mentira,
porque confiastes no vosso
caminho,
na multidão dos vossos
valentes.
14 Portanto, entre o teu povo
se levantará um grande tumulto,
e todas as tuas fortalezas
serão destruídas,
como Salmã destruiu a Bete-
-Arbel no dia da guerra.
A mãe ali foi despedaçada
com os filhos.
15 Assim vos fará Betel,
por causa da vossa grande
malícia.
O rei de Israel de madrugada
será totalmente destruído.

O amor de Deus por Israel

11 Quando Israel era
menino, eu o amei,
e do Egito chamei a meu filho.
2 Quanto mais, porém, eu os
chamava,
tanto mais se iam da minha
face.
Sacrificavam a baalins e
queimavam incenso às
imagens de escultura.
3 Todavia, eu ensinei a andar a
Efraim,
tomando-os pelos seus
braços;
mas não conheceram que eu
os curava.
4 Atraí-os com cordas
humanas,
com cordas de amor;
fui para eles como os que
tiram o jugo do pescoço,
e lhes dei mantimento.
5 Não voltará para a terra do
Egito,
mas a Assíria será seu rei,
porque recusam converter-se.
6 Cairá a espada sobre as suas
cidades,
consumirá os seus
ferrolhos
e os devorará, por causa
dos seus conselhos.
7 O meu povo é inclinado
a desviar-se de mim.
Ainda que clamem ao
Altíssimo,
nenhum deles o exalta.
8 Como te deixaria, ó Efraim?
Como te entregaria, ó Israel?
Como te trataria como Admá?
Como te faria como Zeboim?
Está comovido em mim o
meu coração,
todas as minhas
compaixões
unânimes se acendem.
9 Não executarei o furor da
minha ira,
nem voltarei para destruir
a Efraim.
Porque eu sou Deus, e não
homem,
o Santo no meio de ti.
Eu não entrarei na cidade.

10 Andarão após o Senhor;
ele bramará como leão.
Bramando ele,
os filhos, tremendo,
virão do Ocidente.
11 Tremendo virão,
como um passarinho,
os do Egito,
e como uma pomba os da
terra da Assíria.
Eu os farei habitar em suas
casas,
diz o Senhor.
12 Efraim me cercou com
mentira,
e a casa de Israel com
engano.
E Judá ainda é rebelde contra
Deus,
contra o Santo fiel.

O pecado de Israel

12 Efraim se alimenta de vento;
segue o vento leste o
dia todo
e multiplica a mentira e a
violência.
Faz aliança com a Assíria
e manda azeite ao Egito.
2 O Senhor também com Judá
tem contenda;
castigará Jacó segundo os
seus caminhos
e o recompensará segundo
as suas obras.
3 No ventre, pegou do
calcanhar de seu irmão,
e pela sua força como príncipe
se houve com Deus.
4 Como príncipe lutou com o
anjo e prevaleceu;
chorou e lhe suplicou.
Em Betel o achou e falou com
ele ali;
5 sim, com o Senhor, o Deus dos
Exércitos,
o Senhor é o seu nome.
6 Converte-te a teu Deus;
guarda o amor e a justiça,
e em teu Deus espera
sempre.
7 O mercador tem balança
enganosa em sua mão;
ele ama a opressão.
8 Diz Efraim:
Eu me enriqueci;
adquiri grandes bens.
Em todo o meu trabalho
não acharão em mim
iniquidade alguma,
nada que seja pecado.
9 Eu, porém, sou o Senhor teu
Deus,
que te tirou da terra do Egito;
eu ainda te farei habitar em
tendas,
como nos dias da festa solene.
10 Falei aos profetas,
dei-lhes muitas visões e,
por seu intermédio,
propus parábolas.
11 Não é Gileade iniquidade?
Pura vaidade são eles.
Em Gilgal sacrificam bois?
Os seus altares serão como
montões de pedras nos
sulcos dos campos.
12 Jacó fugiu para a terra da
Síria;
Israel serviu por uma
mulher,
e por uma mulher
guardou o gado.
13 O Senhor, porém,
por meio de um profeta,
fez subir a Israel do Egito,
e por um profeta foi ele
guardado.
14 Efraim muito amargamente
o provocou à ira;
o seu Senhor deixará sobre
ele o seu sangue
e fará cair sobre ele a sua
vergonha.

A ira do Senhor contra Israel

13 Quando Efraim falava, tremia-se;
era exaltado em Israel.
Mas ele se fez culpado no tocante a Baal e morreu.
2 Agora multiplicam pecados,
e da sua prata fazem imagens de fundição,
ídolos segundo o seu entendimento,
todos obra de artífices.
Diz-se deles: Oferecem sacrifício humano
e beijam os bezerros.
3 Por isso, serão como a nuvem de manhã,
como orvalho que cedo passa,
como palha que se lança da eira e como a fumaça
que sai pela janela.
4 Todavia, eu sou o Senhor teu Deus que te tirou da terra do Egito;
portanto não reconhecerás outro Deus além de mim,
porque não há Salvador senão eu.
5 Eu te conheci no deserto,
em terra muito seca.
6 Quando eu os alimentei,
eles se fartaram;
estando fartos,
ensoberbeceu-se o seu coração,
por isso se esqueceram d e mim.
7 Portanto, serei para eles como leão,
como leopardo espreitarei
junto ao caminho.
8 Como ursa roubada dos seus filhos,
eu os atacarei
e lhes romperei as teias do coração.
Eu os devorarei como leão;
um animal do campo os despedaçará.
9 Para tua perda, ó Israel,
te rebelaste contra mim,
contra o teu ajudador.
10 Onde está agora o teu rei,
para que te guarde em todas as tuas cidades?
Onde estão os teus juízes,
dos quais disseste:
Dá-me rei e príncipes?
11 Dei-te um rei na minha ira e tirei-o no meu furor.
12 A iniquidade de Efraim está atada,
o seu pecado está armazenado.
13 Dores de parto lhe sobrevirão,
mas ele é um filho insensato,
porque é tempo e não está no lugar
em que deve vir à luz.
14 Eu os remirei da violência do inferno e os resgatarei da morte.
Onde estão, ó morte,
as tuas pragas?
Onde está, ó inferno,
a tua destruição?
A compaixão está escondida de meus olhos.
15 Ainda que ele dê fruto entre os irmãos,
virá o vento leste, vento do Senhor,
subindo do deserto;
se secará a sua nascente,
e se estancará sua fonte.
O seu tesouro será saqueado
de todos os vasos desejáveis.
16 Samaria virá a ser deserta,
porque se rebelou contra o seu Deus.
Cairão à espada,

seus filhos serão
despedaçados
e as suas mulheres grávidas
serão abertas pelo meio.

O arrependimento trará o perdão

14 Volta, ó Israel, para o Senhor,
o teu Deus.
Pelos teus pecados tens caído.
2 Tomai convosco palavras
e voltai para o Senhor.
Dizei-lhe: Perdoa toda a
iniquidade
e aceita-nos graciosamente,
para que ofereçamos como
novilhos
os sacrifícios dos nossos
lábios.
3 Não nos salvará a Assíria,
não iremos montados em
cavalos
e à obra das nossas mãos
não diremos mais:
Tu és o nosso Deus;
porque por ti o órfão
alcançará misericórdia.
4 Eu sararei a sua apostasia,
eu voluntariamente os
amarei,
porque a minha ira se
apartou deles.
5 Eu serei para Israel como
orvalho;
ele florescerá como o lírio
e espalhará as suas raízes
como o cedro do Líbano.
6 Se estenderão os seus ramos,
e a sua glória será como a da
oliveira,
o seu odor como um cedro do
Líbano.
7 Voltarão a habitar na sua
sombra.
Serão vivificados como o trigo
e florescerão como a vide;
a sua memória será como
o vinho do Líbano.
8 Ó Efraim, que mais tenho eu
com os ídolos?
Eu te ouvirei e cuidarei de ti.
Eu sou como o pinheiro verde;
de mim vem o teu fruto.
9 Quem é sábio, para que
entenda
estas coisas,
e prudente, para que as
saiba?
Os caminhos do Senhor são
retos;
os justos andam neles,
mas os transgressores neles
tropeçam.

JOEL

1 Palavra do Senhor, que foi dirigida a Joel, filho de Petuel.

Invasão de gafanhotos

2 Ouvi isto, vós, anciãos;
e escutai, todos os moradores
da terra:
Aconteceu isto em vossos dias,
ou também nos dias de vossos
pais?
3 Fazei sobre isto uma narração
a vossos filhos,
e vossos filhos a seus netos,
e os filhos destes à outra
geração.
4 O que ficou do gafanhoto
cortador,
comeu-o o gafanhoto
migrador;
o que ficou do gafanhoto
migrador,
comeu-o o gafanhoto
devorador;
o que ficou do gafanhoto
devorador,
comeu-o o gafanhoto
destruidor.
5 Despertai, bêbados, e chorai!
Gemei, todos os que bebeis
vinho;
gemei por causa do vinho
novo,
porque foi tirado da vossa
boca.
6 Uma nação poderosa
e inumerável veio sobre a
minha terra;
os seus dentes são dentes de
leão,
e têm presas de leoa.
7 Fez da minha vide
uma assolação,
arruinou a minha figueira.
Arrancou-lhe a casca e a
lançou por terra;
os seus galhos se
embranqueceram.
8 Lamenta como a virgem
que está vestida de pano
de saco,
pelo marido da sua mocidade.
9 Foi cortada a oferta de cereais,
e a libação do templo
do Senhor.
Os sacerdotes, servos
do Senhor,
estão entristecidos.
10 O campo está assolado,
e a terra triste;
o trigo está destruído, o vinho
novo se secou,
o azeite falta.
11 Desesperai-vos, lavradores,
uivai, vinhateiros,
sobre o trigo e a cevada,
porque a colheita do campo
pereceu.
12 A vide se secou, a figueira se
murchou;
a romeira, a palmeira,
a macieira
e todas as árvores do campo
se secaram.
A alegria se secou entre os
filhos dos homens.
13 Cingi-vos de pano de saco
e lamentai-vos, sacerdotes;
gemei, ministros do altar.
Entrai e passai, vestidos de
pano de saco,
durante a noite, ministros
do meu Deus;
pois a oferta de cereais e a
libação
cortadas foram do templo do
vosso Deus.

14 Santificai um jejum,
convocai uma assembleia
solene,
congregai os anciãos
e todos os moradores desta
terra
para o templo do Senhor,
o vosso Deus,
e clamai ao Senhor.
15 Ai do dia!
Pois o dia do Senhor está perto;
ele virá como assolação
da parte do Todo-poderoso.
16 Não está o mantimento
cortado de diante de
nossos olhos?
A alegria e o regozijo do
templo do nosso Deus?
17 A semente mirrou debaixo
dos torrões de terra.
Os celeiros estão assolados,
os armazéns derrubados,
porque se secaram os
cereais.
18 Como geme o gado!
As manadas de vacas estão
confusas,
porque não têm pasto;
até os rebanhos de ovelhas
estão sofrendo.
19 **A** ti, ó Senhor, clamo,
porque o fogo consumiu os
pastos do deserto,
e a chama abrasou todas as
árvores do campo.
20 Também todos os animais do
campo clamam a ti;
os rios se secaram
e o fogo consumiu os pastos
do deserto.

2 Tocai a trombeta em Sião,
e dai o alarme no meu
monte santo.
Tremam todos os moradores
da terra,
porque o dia do Senhor vem,
já está perto:
2 Dia de trevas e de escuridão;
dia de nuvens e de trevas
espessas.
Como a alva espalhada
sobre os montes,
vem um povo grande e
poderoso,
qual desde o tempo
antigo nunca houve,
nem depois dele haverá pelos
anos adiante,
de geração em geração.
3 Diante dele um fogo consome,
atrás dele uma chama abrasa.
Diante dele a terra é como o
jardim do Éden,
atrás dele, um desolado deserto;
sim, nada lhe escapará.
4 **A** sua aparência é como
a de cavalos;
correm como cavaleiros.
5 Como o estrondo de carros
sobre os cumes dos montes
vão eles saltando,
como o ruído da chama
de fogo que consome o
restolho,
como um povo poderoso,
posto em ordem de combate.
6 Diante dele temem os povos;
todos os rostos empalidecem.
7 Como valentes correm,
como homens de guerra
sobem os muros.
Vai cada um nos seus
caminhos,
e não se desvia da sua fileira.
8 Não empurram uns aos outros;
cada um marcha sempre
em frente.
Arremetem contra
lanças e não se detêm.
9 Assaltam a cidade,
correm pelos muros,
sobem às casas,
entram pelas janelas
como o ladrão.

10 Diante deles treme a terra,
abalam-se os céus,
enegrecem-se o sol e a lua,
e retiram as estrelas o seu
resplendor.
11 O Senhor troveja diante do
seu exército;
muito grande é o seu
exército
e poderosos são os que
executam a sua palavra.
O dia do Senhor é grande e
muito terrível,
quem o poderá suportar?
12 Ainda assim, agora mesmo
diz o Senhor:
Voltai para mim de todo o
vosso coração,
com jejuns, com choro e com
pranto.
13 Rasgai o vosso coração, não
as vossas vestes.
Voltai para o Senhor, o vosso
Deus,
porque ele é misericordioso,
compassivo,
tardio em irar-se,
grande em amor e se
arrepende do mal.
14 Quem sabe se não se voltará
e se arrependerá,
e deixará após si uma
bênção,
em oferta de cereais e libação
para o Senhor,
o vosso Deus?
15 Tocai a trombeta em Sião,
santificai um jejum,
proclamai um dia de
assembleia solene.
16 Congregai o povo,
santificai a congregação,
ajuntai os anciãos,
congregai os filhinhos e os
que mamam.
Saia o noivo do seu aposento
e a noiva do seu leito nupcial.
17 Chorem os sacerdotes,
ministros do Senhor,
entre o alpendre e o altar,
e digam: Poupa o teu povo,
ó Senhor.
Não entregues a tua herança
à vergonha,
para que as nações
zombem dele.
Por que diriam entre os povos:
Onde está o seu Deus?
18 Então, o Senhor teve zelo
da sua terra
e se compadeceu do seu povo.
19 O Senhor responderá
ao seu povo:
Eu vos envio o trigo, o vinho
novo e o azeite;
deles sereis fartos, e não
vos entregarei
mais à zombaria entre as
nações.
20 Farei o exército do Norte
partir para longe de vós,
e os lançarei em uma terra
seca e deserta;
a sua frente para o mar
oriental,
e a sua retaguarda para o
mar ocidental.
E subirá a sua podridão,
e o seu mau cheiro se
espalhará,
porque fez grandes coisas.
21 Não temas, ó terra;
regozija-te e alegra-te,
porque o Senhor fez
grandes coisas.
22 Não temais, animais do campo,
porque os pastos do deserto
reverdecem.
As árvores dão o seu fruto;
a vide e a figueira dão
a sua força.
23 Alegrai-vos, ó filhos de Sião,
e regozijai-vos no Senhor, o
vosso Deus,

porque ele vos deu em justa
medida a chuva.
Ele faz descer a chuva,
a de outono e a da primavera,
como outrora.
24 As eiras se encherão de
trigo, e os tonéis
transbordarão de vinho
novo e de azeite.
25 Eu vos recompensarei anos
de colheita
consumidos pelo gafanhoto
migrador,
pelo destruidor e pelo
cortador,
o meu grande exército que
enviei contra vós.
26 Comereis abundantemente
até ficardes satisfeitos,
e louvareis o nome do Senhor,
o vosso Deus,
que procedeu para convosco
maravilhosamente;
o meu povo não será mais
envergonhado.
27 Sabereis que eu estou no
meio de Israel,
e que eu sou o Senhor, o vosso
Deus,
e que não há outro;
o meu povo não será
envergonhado para sempre.

O dia do Senhor

28 **E**, depois disso, derramarei
o meu Espírito
sobre todos os povos.
Os vossos filhos e as
vossas filhas profetizarão,
os vossos velhos terão
sonhos,
os vossos jovens terão visões.
29 Até sobre os servos e sobre
as servas naqueles dias
derramarei o meu Espírito.
30 Mostrarei maravilhas no céu
e na terra,
sangue e fogo e colunas
de fumaça.
31 O sol se converterá em
trevas,
e a lua em sangue,
antes que venha o grande
e terrível dia do Senhor.
32 E todo aquele que invocar
o nome do Senhor será salvo;
porque no monte de Sião
e em Jerusalém haverá
livramento,
assim como o Senhor disse,
entre os restantes que o
Senhor chamar.

Os juízos sobre as nações

3 Naqueles dias e naquele tempo,
quando eu restaurar a
sorte de Judá e de Jerusalém,
2 congregarei todas as nações
e as farei descer ao vale
de Josafá.
Ali com elas entrarei
em juízo,
por causa do meu povo e
da minha herança,
Israel, a quem espalharam
entre as nações,
repartindo a minha terra.
3 Lançaram sortes sobre
o meu povo
e deram um menino em troca
de uma meretriz;
venderam uma menina
por vinho, para beberem.
4 Ora, que tendes vós comigo,
Tiro e Sidom, e todos os termos
da Filístia? Acaso quereis vingar-vos de mim? Se assim vos
quereis vingar, bem depressa farei cair a vossa vingança sobre a
vossa cabeça.
5 Levastes a minha prata e o meu
ouro, e as minhas coisas desejáveis e formosas colocastes nos
vossos templos.

6 Vendestes os filhos de Judá e os
filhos de Jerusalém aos filhos dos
gregos, para os levar para longe
da terra onde nasceram.
7 Vede, eu os tirarei do lugar para
onde os vendestes, e farei cair a vin-
gança deles sobre a vossa cabeça.
8 Venderei os vossos filhos e as vos-
sas filhas aos filhos de Judá, e es-
tes os venderão aos sabeus, uma
nação remota, porque o Senhor
o disse.
9 Proclamai isto entre as nações:
Santificai uma guerra!
Suscitai os valentes!
Cheguem-se, subam todos os
homens de guerra.
10 Forjai espadas das relhas dos
vossos arados
e lanças das vossas foices.
Diga o fraco: Eu sou forte.
11 Ajuntai-vos e vinde,
todos os povos em redor,
e congregai-vos ali.
Ó Senhor, faze descer os teus
valentes.
12 Despertem-se as nações
e subam ao vale de Josafá,
porque ali me assentarei
para julgar todas as nações
em redor.
13 Lançai a foice,
porque já está madura a
colheita.
Vinde, descei,
porque o tanque de prensar
uvas está cheio,
os vasos deles transbordam;
porque a sua malícia é grande.
14 Multidões, multidões no vale
da decisão!
Porque o dia do Senhor
está perto,
no vale da decisão.
15 O sol e a lua se enegrecerão,
e as estrelas retirarão o seu
resplendor.
16 O Senhor rugirá de Sião,
e fará ouvir a sua voz de
Jerusalém;
os céus e a terra tremerão.
Mas o Senhor será o refúgio
do seu povo
e a fortaleza dos filhos de
Israel.

Bênçãos para o povo de Deus

17 Então sabereis que eu sou o
Senhor, o vosso Deus,
que habito em Sião, o meu
santo monte.
Jerusalém será santa;
estranhos nunca mais
passarão por ela.
18 Naquele dia, os montes
destilarão vinho novo,
os outeiros manarão leite
e todos os rios de Judá
estarão cheios de águas.
Sairá uma fonte da casa do
Senhor
e regará o vale de Sitim.
19 O Egito se tornará uma
desolação,
Edom se fará um deserto
assolado,
por causa da violência que
fizeram aos filhos de Judá,
em cuja terra derramaram
sangue inocente.
20 Judá, porém, será habitada
para sempre,
e Jerusalém de geração em
geração.
21 Perdoarei a sua culpa de
sangue
que eu não tinha perdoado.
O Senhor habita em Sião.

AMÓS

Juízos contra os vizinhos de Israel

1 Palavras de Amós, que estava en-
tre os pastores de Tecoa, sobre o
que ele viu a respeito de Israel, nos
dias de Uzias, rei de Judá, e nos dias
de Jeroboão, filho de Joás, rei de
Israel, dois anos antes do terremoto.
2 Disse ele: O Senhor brama de Sião
e de Jerusalém dá a sua voz;
as pastagens dos pastores lamentam,
seca-se o cume do Carmelo.
3 Assim diz o Senhor:
Por três transgressões de Damasco,
e por quatro,
não retirarei o castigo,
porque trilharam a Gileade
com trilhos de ferro.
4 Porei fogo à casa de Hazael,
e ele consumirá os palácios
de Ben-Hadade.
5 Quebrarei o ferrolho de Damasco,
exterminarei o morador do vale de Áven,
e o que tem o cetro de Bete-Éden.
O povo da Síria será levado
em cativeiro a Quir, diz o Senhor.
6 Assim diz o Senhor:
Por três transgressões de Gaza,
e por quatro,
não retirarei o castigo,
porque levaram em cativeiro
todo o povo para o entregar
a Edom.
7 Porei fogo ao muro de Gaza,
e ele consumirá os seus palácios.
8 Exterminarei o morador de Asdode
e o que tem o cetro de Ascalom.
Tornarei a minha mão contra Ecrom,
e o resto dos filisteus perecerá,
diz o Senhor Deus.
9 Assim diz o Senhor:
Por três transgressões de Edom,
e por quatro, não retirarei o castigo,
porque entregaram todos
os cativos a Edom
e não se lembraram da aliança de irmãos.
10 Porei fogo ao muro de Tiro,
e ele consumirá os seus palácios.
11 Assim diz o Senhor:
Por três transgressões de Edom,
e por quatro, não retirarei o castigo,
porque perseguiu a seu irmão à espada
e baniu toda a misericórdia.
A sua ira despedaça eternamente
e retém a sua indignação para sempre.
12 Porei fogo a Temã,
e ele consumirá os palácios
de Bozra.
13 Assim diz o Senhor:
Por três transgressões dos filhos de Amom,
e por quatro,
não retirarei o castigo,
porque fenderam o ventre das grávidas de Gileade,

para dilatarem as suas
próprias fronteiras.
14 Porei fogo aos muros de Rabá,
e ele consumirá os seus
palácios,
com alarido no dia da
batalha,
com turbilhão no dia da
tormenta.
15 O seu rei irá para o exílio,
ele e também os seus
príncipes, diz o Senhor.

2 Assim diz o Senhor:
Por três transgressões
de Moabe,
e por quatro, não retirarei o
castigo,
porque queimou os ossos do
rei de Edom
até os reduzir a cal.
2 Porei fogo a Moabe,
e ele consumirá os palácios
de Queriote.
Moabe morrerá com grande
estrondo,
com alarido, com som de
trombeta.
3 Eliminarei o juiz do meio dele,
e a todos os seus príncipes
com ele matarei,
diz o Senhor.
4 Assim diz o Senhor:
Por três transgressões de Judá,
e por quatro, não retirarei o
castigo,
porque rejeitaram a lei do
Senhor
e não guardaram os seus
estatutos,
antes se deixaram enganar
por suas
próprias mentiras,
após as quais andaram seus
pais.
5 Porei fogo a Judá,
e ele consumirá os palácios
de Jerusalém.
6 Assim diz o Senhor:
Por três transgressões
de Israel,
e por quatro, não retirarei
o castigo,
porque vendem o justo por
dinheiro
e o necessitado por um par
de sandálias.
7 Pisam a cabeça dos pobres
no pó da terra,
pervertem o caminho
dos mansos.
Um homem e seu pai
possuem uma mesma moça
e assim profanam o meu
santo nome.
8 Deitam-se junto a qualquer
altar sobre roupas
empenhadas
e no templo de seus deuses
bebem o vinho dos que foram
multados.
9 Eu destruí o amorreu
diante deles,
não obstante sua altura ser
como a dos cedros
e sua força como a dos
carvalhos.
Eu destruí o seu fruto por
cima e as suas raízes por baixo.
10 Também vos fiz subir da
terra do Egito,
e quarenta anos vos guiei
no deserto,
para que possuísseis a terra
do amorreu.
11 Dentre vossos filhos levantei
profetas e dentre os vossos
jovens, nazireus.
Não é isso assim, filhos de
Israel?
diz o Senhor.
12 Vós, porém, aos nazireus
destes vinho a beber
e aos profetas ordenastes:
Não profetizeis.

13 Eis que eu vos apertarei no vosso lugar
como se aperta um carro cheio de feixes.
14 Assim que de nada valerá a fuga ao ágil;
nem o forte confirmará a sua força
nem o valente salvará a sua vida.
15 Não ficará em pé o arqueiro;
o ligeiro de pés não se livrará,
tampouco o cavaleiro livrará a sua alma.
16 Até mesmo o mais corajoso dos guerreiros
fugirá nu naquele dia, diz o Senhor.

Testemunhas contra Israel

3 Ouvi esta palavra que o Senhor fala contra vós, filhos de Israel, contra toda a geração que fiz subir da terra do Egito, dizendo:
2 De todas as famílias da terra a vós
somente conheci;
portanto eu vos punirei
por todas as vossas iniquidades.
3 Andarão dois juntos
se não estiverem de acordo?
4 Rugirá o leão no bosque
sem que tenha presa?
Levantará ele no covil a sua voz
se nada tiver apanhado?
5 Cairá a ave no laço em terra
se não houver laço para ela?
Se levantará o laço da terra
sem que tenha apanhado
alguma coisa?
6 Tocará a trombeta na cidade
sem que o povo trema?
Sucederá algum mal à cidade
sem que o Senhor o tenha feito?
7 Certamente o Senhor Deus
não fará coisa alguma
sem ter revelado o seu segredo
aos seus servos, os profetas.
8 Rugiu o leão, quem não temerá?
Falou o Senhor Deus,
quem não profetizará?
9 Fazei ouvir isto nos palácios de Asdode
e nos palácios da terra do Egito e dizei:
Ajuntai-vos sobre os montes de Samaria
e vede os grandes tumultos no meio dela,
e os oprimidos dentro dela.
10 Porque não sabem fazer
o que é reto, diz o Senhor,
entesourando nos seus palácios
a violência e a destruição.
11 Portanto, assim diz o Senhor Deus:
Um inimigo surgirá.
Ele cercará a tua terra,
derrubará a tua fortaleza
e saqueará os teus palácios.
12 Assim diz o Senhor:
Como o pastor livra da boca
do leão as duas pernas,
ou um pedacinho da orelha,
assim serão livrados os
filhos de Israel, que habitam em Samaria,
com um canto do leito
e um pedaço da cama.
13 Ouvi e protestai contra a descendência de Jacó, diz o Senhor Deus, o Deus dos Exércitos:
14 No dia em que eu punir as transgressões de Israel,
também punirei os altares de Betel;
as pontas do altar serão
cortadas e cairão por terra.

15 Derrubarei a casa de inverno
e a casa de verão;
as casas adornadas de
marfim serão destruídas,
e as grandes casas terão
fim, diz o Senhor.

Israel não voltou para o Senhor

4 Ouvi esta palavra, vós, vacas
de Basã,
que estais no monte de
Samaria,
que oprimis os pobres,
que esmagais os necessitados,
que dizeis a vossos maridos:
Tragam bebidas e bebamos.
2 Jurou o Senhor Deus
pela sua santidade
que dias estão para vir
sobre vós
em que vos levarão
com anzóis,
e a vossos descendentes
com anzóis de pesca.
3 Saireis pelas brechas, uma
após outra,
e sereis lançadas para
Harmom, diz o Senhor.
4 Ide a Betel e transgredi;
ide a Gilgal e multiplicai as
transgressões.
Cada manhã trazei os vossos
sacrifícios
e, de três em três dias, os
vossos dízimos.
5 Oferecei sacrifício de louvores
do que é levedado
e apregoai ofertas
voluntárias, publicai-as;
porque disso gostais, ó filhos
de Israel,
diz o Senhor Deus.
6 Também vos dei limpeza
de dentes em todas as
vossas cidades
e falta de pão em todos
os vossos lugares,
contudo não voltastes
para mim,
diz o Senhor.
7 Além disso, retive de vós
a chuva,
faltando ainda três meses
para a colheita.
Fiz chover sobre uma cidade,
e sobre outra cidade não fiz
chover;
sobre um campo choveu, mas
o outro,
sobre o qual não choveu, se
secou.
8 Andaram errantes duas ou
três cidades,
indo a outra cidade
para beberem água,
mas não se saciaram,
contudo não voltastes para
mim,
diz o Senhor.
9 Feri-vos com crestamento e
ferrugem.
A multidão das vossas
hortas, das vossas vinhas,
das vossas figueiras e das
vossas oliveiras
foi devorada pelo gafanhoto,
contudo não voltastes para
mim,
diz o Senhor.
10 Enviei a peste contra vós,
à maneira do Egito.
Os vossos jovens matei à
espada
e os vossos cavalos deixei
levar presos;
o fedor dos vossos arraiais
fiz subir às vossas narinas,
contudo não voltastes para
mim,
diz o Senhor.
11 Destruí alguns dentre vós,
como Deus subverteu a
Sodoma e Gomorra,
e vós fostes como um tição

arrebatado da fogueira,
contudo não voltastes
para mim, diz o Senhor.
12 Portanto, assim te farei,
ó Israel!
E porque isto te farei,
prepara-te, ó Israel,
para te encontrares com o
teu Deus.
13 É ele o que forma os montes
e cria o vento;
ele declara ao homem qual
é o seu pensamento.
Ele faz da manhã trevas e
pisa os altos da terra;
o Senhor, o Deus dos
Exércitos, é o seu nome.

Lamentação e chamado ao arrependimento

5 Ouvi esta palavra, que levan-
to como uma lamentação so-
bre vós, ó nação de Israel.
2 A virgem de Israel caiu,
nunca mais tornará a
levantar-se;
desamparada está na sua
terra,
não há quem a levante.
3 Assim diz o Senhor Deus:
A cidade da qual saem mil
conservará cem,
e aquela da qual saem cem
conservará dez à nação de
Israel.
4 Assim diz o Senhor à nação
de Israel:
Buscai-me e vivei.
5 Não busqueis a Betel,
não venhais a Gilgal nem
passeis a Berseba,
porque Gilgal certamente
será levado cativo
e Betel será desfeita em nada.
6 Buscai ao Senhor e vivei,
para que não irrompa na
descendência
de José como um fogo,
e a consuma, e não haja em
Betel quem o apague.
7 Vós que converteis a justiça
em alosna e deitais por terra
a retidão.
8 Procurai o que faz o Sete-
-estrelo e o Órion,
e torna a sombra da noite
em manhã,
e escurece o dia como a noite;
o que chama as águas
do mar
e as derrama sobre a terra;
o Senhor é o seu nome.
9 O que faz vir súbita
destruição sobre o forte,
de sorte que vem a ruína
sobre a fortaleza.
10 Aborreceis na porta ao que
vos repreende
e abominais o que fala
sinceramente.
11 Portanto, visto que pisais
o pobre e dele exigis tributo
de trigo,
edificareis casas de pedras
lavradas,
mas nelas não habitareis;
vinhas desejáveis plantareis,
mas não bebereis do seu
vinho.
12 Porque sei que são muitas as
vossas transgressões
e enormes os vossos pecados.
Afligis o justo, tomais suborno
e rejeitais os necessitados
na porta.
13 Portanto, o que for prudente
guardará
silêncio naquele tempo,
porque o tempo será mau.
14 Buscai o bem, não o mal,
para que vivais.
Então o Senhor, o Deus dos
Exércitos,
estará convosco, como dizeis.

15 Aborrecei o mal e amai
o bem;
estabelecei a justiça na porta.
Talvez o Senhor, o Deus dos
Exércitos, tenha piedade
do restante de José.
16 Portanto, assim diz o Senhor
Deus dos Exércitos,
o Senhor:
Em todas as ruas haverá
pranto,
e em todos os bairros dirão:
Ai! Ai!
E ao lavrador chamarão para
o choro,
e para o pranto, os que
souberem prantear.
17 Em todas as vinhas haverá
pranto,
porque passarei pelo meio de ti,
diz o Senhor.
18 Ai daqueles que desejam o
dia do Senhor!
Para que quereis vós este dia
do Senhor?
Trevas será, e não luz.
19 Como se um homem fugisse
de diante do leão
e encontrasse um urso;
ou como se, entrando
numa casa,
a sua mão encostasse
à parede
e fosse mordido por
uma cobra.
20 Não será o dia do Senhor
trevas, e não luz?
Não será completa escuridão,
sem nenhuma claridade?
21 Aborreço e desprezo as
vossas festas;
as vossas assembleias
solenes
não me dão nenhum prazer.
22 Ainda que me ofereçais
holocaustos,
com as ofertas de cereais,
não me agradarei deles nem
atentarei para
as ofertas pacíficas de
vossos animais cevados.
23 Afasta de mim o som dos
teus cânticos,
porque não ouvirei as
melodias dos teus
instrumentos.
24 Corra, porém, a justiça como
as águas
e a retidão como ribeiro
perene.
25 Oferecestes-me vós
sacrifícios e oblações
no deserto por quarenta anos,
ó nação de Israel?
26 Levantastes a tenda de vosso
rei,
o altar dos vossos ídolos,
a estrela do vosso deus,
que fizestes para vós
mesmos.
27 Portanto, vos levarei cativos
para além de Damasco,
diz o Senhor, cujo nome é o
Deus dos Exércitos.

Ai dos que estão seguros

6 Ai dos que repousam em Sião
e dos que estão seguros no
monte de Samaria;
homens notáveis da
principal das nações,
aos quais vem o povo de
Israel!
2 Passai a Calné e vede;
dali ide à grande Hamate
e, depois, descei a Gate dos
filisteus.
Serão eles melhores do que
estes reinos?
Ou será a sua terra maior
do que a vossa?
3 Vós, que adiais o dia mau
e fazeis que se aproxime
um reino de violência;

4 que dormis em camas
de marfim e vos estendeis
sobre os vossos leitos,
comendo os cordeiros do
rebanho
e os bezerros cevados;
5 que cantais ao som da lira
e inventais para vós
instrumentos musicais,
como Davi;
6 que bebeis vinho em taças
e vos ungis com o mais
excelente óleo,
mas não vos afligis por
causa da ruína de José!
7 Por isso, agora ireis para
o exílio entre os primeiros que
forem cativos
e cessarão os festins dos
banqueteadores.
8 Jurou o Senhor Deus
por si mesmo.
O Senhor Deus dos
Exércitos diz:
Abomino a soberba de Jacó
e aborreço os seus palácios;
entregarei a cidade e tudo o
que nela há.
9 Ficando de resto dez homens
numa casa, morrerão.
10 Se o parente de alguém, o qual
os há de queimar, o tomar para
levar-lhe os ossos para fora da
casa e disser ao que estiver no
mais interior da casa: Está ainda alguém contigo? e este responder: Ninguém; então dirá este:
Cala-te, porque não podemos fazer menção do nome do Senhor.
11 Pois o Senhor ordenou,
a casa grande será
despedaçada,
e a casa pequena reduzida
a fragmentos.
12 Poderão correr cavalos
na rocha?
Poderão lavrá-la com bois?
Vós, porém, haveis tornado a
justiça em fel
e o fruto da retidão
em alosna;
13 vós que vos alegrais com
Lo-Debar e dizeis:
Não apoderamos nós de
Carnaim por nossa própria
força?
14 Pois eu levantarei sobre vós,
ó nação de Israel, um povo,
diz o Senhor
Deus dos Exércitos, que vos
oprimirá,
desde a entrada de Hamate
até o ribeiro da Arabá.

Gafanhotos, fogo e prumo

7 O Senhor Deus assim me fez
ver: Ele formava gafanhotos
no princípio do rebento da erva
serôdia, e eis que era a erva serôdia depois das ceifas do rei.
2 Tendo eles comido completamente a erva da terra, eu disse:
Senhor Deus, perdoa! Como se
levantará agora Jacó? Ele é tão
pequeno!
3 Então o Senhor se arrependeu disso. Não acontecerá, disse o Senhor.
4 Assim me mostrou o Senhor
Deus: O Senhor Deus ordenava
que por meio do fogo se decidisse
o pleito; o fogo consumiu o grande abismo e também queria consumir a terra.
5 Então eu disse: Senhor Deus,
cessa, peço-te! Como se levantará Jacó? Ele é tão pequeno!
6 Então o Senhor se arrependeu
disso. Nem isso acontecerá, disse o Senhor Deus.
7 Mostrou-me também assim: O
Senhor estava sobre um muro levantado conforme o prumo, e tinha um prumo na sua mão.

8 E o Senhor me perguntou: Que
vês tu, Amós? Eu respondi: Um
prumo. Então disse o Senhor:
Eis que eu porei o prumo no meio
do meu povo Israel; nunca mais
passarei por ele.
9 Os altos de Isaque serão asso-
lados,
e destruídos os santuários
de Israel;
eu me levantarei com a espada
contra a dinastia de
Jeroboão.

Amós e Amazias

10 Então Amazias, o sacerdote de
Betel, mandou dizer a Jeroboão,
rei de Israel: Amós tem conspira-
do contra ti, no centro de Israel.
A terra não poderá suportar to-
das as suas palavras.
11 Pois assim diz Amós:
Jeroboão morrerá à espada,
e Israel certamente será levado
para fora da sua terra para
o exílio.
12 Então Amazias disse a Amós:
Vai-te, ó vidente, foge para a ter-
ra de Judá e ali come o pão, e ali
profetiza.
13 Em Betel, porém, daqui por
diante não profetizarás mais, por-
que é o santuário do rei e o tem-
plo do reino.
14 **R**espondeu Amós a Amazias:
Eu não era profeta, nem filho de
profeta, mas criador de gado, e
cultivador de figos silvestres.
15 O Senhor, porém, me tirou de
após o gado e me disse: Vai, pro-
fetiza ao meu povo Israel.
16 Ora, pois, ouve a palavra do
Senhor: Tu dizes:
Não profetizarás contra
Israel
nem falarás contra a
descendência de Isaque.
17 Portanto, assim diz o Senhor:
Tua mulher se prostituirá
na cidade,
teus filhos e tuas filhas
cairão à espada,
a tua terra será repartida
a cordel,
tu morrerás na terra imunda
e Israel certamente será
levado cativo
para fora da sua terra.

Um cesto de frutos maduros

8 O Senhor Deus assim me fez
ver: um cesto de frutos do verão.
2 E perguntou: O que vês, Amós?
Eu respondi: Um cesto de fru-
tos do verão. Então o Senhor me
disse: Chegou o fim sobre o meu
povo Israel; daqui por diante nun-
ca mais passarei por ele.
3 Os cânticos do templo, porém,
serão uivos naquele dia, diz o
Senhor Deus. Os cadáveres se
multiplicarão; em todos os luga-
res serão lançados fora. Silêncio!
4 **O**uvi isto, vós que pisais o ne-
cessitado
e destruís os pobres da terra,
5 dizendo:
Quando passará a lua nova
para vendermos o grão?
E quando findará o sábado
para abrirmos os celeiros
de trigo,
diminuindo o efa,
aumentando o siclo e
procedendo
enganosamente com balanças
desonestas
6 e comprando os pobres por
dinheiro
e os necessitados por um
par de sandálias,
e vendendo o refugo do trigo?
7 Jurou o Senhor pela glória
de Jacó:

Eu não me esquecerei de
todas as suas obras
para sempre!
8 Por causa disso não se
comoverá a terra
e não chorará todo aquele
que habita nela?
Certamente se levantará toda
como o Nilo,
será agitada e abaixará
como o rio do Egito.
9 Naquele dia, diz o Senhor,
farei que o sol se ponha ao
meio-dia
e cobrirei a terra de trevas
em pleno dia.
10 Tornarei as vossas festas em
luto
e todos os vossos cânticos
em lamentações;
aparecerá o pano de saco
sobre todos os lombos
e calva sobre toda cabeça.
Farei que isso seja como luto
de filho único,
cujo fim será como dia de
amarguras.
11 **V**êm dias, diz o Senhor Deus,
em que enviarei fome
sobre a terra;
não fome de pão, nem sede
de água,
mas de ouvir as palavras do
Senhor.
12 Andarão errantes de
mar a mar,
do norte até o oriente,
correrão por toda parte,
buscando a palavra do
Senhor, e não a acharão.
13 Naquele dia, as jovens
formosas
e os rapazes desmaiarão
de sede.
14 Os que juram pela vergonha
de Samaria,
ou dizem:
Tão certo como vive o teu
deus, ó Dã,
e: Tão certo como vive o
deus de Berseba;
esses mesmos cairão e não se
levantarão mais.

Israel será destruído

9 Vi o Senhor em pé junto
ao altar, e ele me disse:
Fere os capitéis
para que estremeçam os
umbrais.
Faze tudo em pedaços sobre a
cabeça
de todos eles;
eu matarei à espada até o
último deles.
Nenhum deles conseguirá
fugir,
nenhum conseguirá escapar.
2 Ainda que cavem até as
profundezas da sepultura,
a minha mão os tirará dali.
Ainda que subam ao céu, dali
os farei descer.
3 Ainda que se escondam no
cume do Carmelo,
eu os buscarei, e dali os
tirarei.
Ainda que se ocultem aos
meus olhos
no fundo do mar,
ali darei ordem à serpente, e
ela os morderá.
4 Ainda que vão para o exílio
diante de seus inimigos,
ali darei ordem à espada
para que os mate.
Eu porei os meus olhos sobre
eles para o mal,
não para o bem.
5 **P**orque o Senhor, o Senhor
dos Exércitos,
é o que toca a terra,
e ela se derrete, e todos os
que habitam nela choram;

ela toda se levanta como o Nilo,
e então se submerge como o
rio do Egito.
6 Ele é o que edifica as suas
câmaras no céu
e funda a sua abóbada
sobre a terra;
é o que chama as águas do mar
e as derrama sobre a terra;
o Senhor é o seu nome.
7 Não sois vós para mim, ó
filhos de Israel,
como os filhos dos etíopes?
diz o Senhor.
Não fiz eu subir a Israel da
terra do Egito,
de Caftor aos filisteus e de
Quir, aos siros?
8 Os olhos do Senhor Deus
estão contra este reino
pecador.
Eu o destruirei de sobre a
face da terra,
mas não destruirei
de todo a descendência de
Jacó, diz o Senhor.
9 Porque darei ordens e
sacudirei a nação de Israel
entre todas as nações,
como se sacode trigo no crivo,
sem que caia na terra um
só grão.
10 Todos os pecadores
do meu povo
morrerão à espada,
todos os que dizem:
O mal não nos alcançará
nem nos encontrará.
11 Naquele dia, tornarei a
levantar a tenda de Davi,
que está caída, e repararei
os seus lugares
quebrados;
restaurarei as suas ruínas
e a edificarei como nos dias
da antiguidade,
12 para que possuam o restante
de Edom
e todas as nações que são
chamadas pelo meu nome,
diz o Senhor, que faz estas
coisas.
13 Vêm dias, diz o Senhor,
em que o que lavra
alcançará ao que colhe,
e o que pisa as uvas ao que
lança a semente.
Os montes destilarão
vinho novo,
e todos os outeiros se
derreterão.
14 Trarei de volta do exílio
o meu povo Israel;
reedificarão as cidades
assoladas e nelas
habitarão.
Plantarão vinhas e beberão
o seu vinho;
farão pomares, e lhes
comerão o fruto.
15 Eu os plantarei na sua
própria terra,
e não serão mais
arrancados
da terra que lhes dei,
diz o Senhor o teu Deus.

OBADIAS

1 Visão de Obadias. Assim diz o Senhor Deus a respeito de Edom:
Ouvimos a mensagem do Senhor:
Foi enviado às nações um mensageiro, dizendo:
Levantai-vos! Levantemo-nos contra Edom para a guerra.
2 Eis que te farei pequeno entre as nações;
tu serás totalmente desprezado.
3 A soberba do teu coração te enganou,
ó tu que habitas nas fendas das rochas,
na tua alta morada,
que dizes no teu coração:
Quem me derrubará em terra?
4 Embora te eleves como águia
e ponhas o teu ninho entre as estrelas,
dali te derrubarei, diz o Senhor.
5 Se viessem a ti ladrões, ou assaltantes de noite
(como estás destruído!),
não furtariam somente o que lhes bastasse?
Se a ti viessem os que colhem uvas,
não deixariam alguns cachos?
6 Como foram rebuscados os bens de Esaú!
Como foram esquadrinhados os seus
tesouros escondidos!
7 Todos os teus aliados
te levaram para fora dos teus limites;
os que desfrutam da tua paz
te enganaram
e prevaleceram contra ti;
os que comem o teu pão,
debaixo de ti porão uma armadilha;
não há em Edom entendimento.
8 Naquele dia, diz o Senhor,
não farei perecer os
sábios de Edom
e o entendimento da montanha de Esaú?
9 Os teus valentes, ó Temã,
estarão atemorizados,
para que da montanha de Esaú
seja cada um exterminado pela matança.
10 Por causa da violência
feita a teu irmão Jacó,
a confusão te cobrirá,
e serás exterminado para sempre.
11 No dia em que estavas presente,
no dia em que estranhos lhe levaram os bens,
e os estrangeiros lhe
entraram pelas portas
e lançaram sortes sobre Jerusalém,
tu mesmo eras como um deles.
12 Tu, porém, não devias olhar com prazer
para o dia da desgraça
de teu irmão,
no dia do seu desterro;
não devias alegrar-te sobre os filhos de Judá
no dia da sua ruína;
nem falar arrogantemente no dia da angústia.
13 Não devias entrar pela porta do meu povo
no dia da sua calamidade;
nem devias olhar com prazer
para o seu mal

no dia da sua calamidade;
nem estender as tuas mãos
contra o seu exército
no dia da sua calamidade.
14 Não devias parar nas
encruzilhadas,
para exterminares os que
escapassem;
nem entregar os que lhe
restassem
no dia da angústia.
15 **O** dia do Senhor está perto
sobre todas as nações.
Como tu fizeste, assim se
fará contigo;
a tua maldade cairá sobre a
tua cabeça.
16 Como vós bebestes no
meu santo monte,
assim beberão de contínuo
todas as nações;
beberão sem cessar,
até o fim,
e serão como se nunca
tivessem existido.
17 No monte de Sião, porém,
haverá livramento;
ele será santo,
e os da casa de Jacó possuirão
as suas heranças.
18 A casa de Jacó será fogo,
e a casa de José chama;
a casa de Esaú palha,
e aqueles se acenderão
contra eles
e os consumirão.
Não haverá sobrevivente da
casa de Esaú.
O Senhor o disse.
19 Os do Neguebe possuirão o
monte de Esaú,
e os das planícies, os
filisteus.
Possuirão também os campos
de Efraim e Samaria,
e Benjamim possuirá a
Gileade.
20 Os cativos do exército dos
filhos de Israel,
que estão em Canaã,
possuirão até Sarepta;
os cativos de Jerusalém,
que estão em Sefarade,
possuirão as cidades do
Neguebe.
21 Subirão salvadores ao monte
de Sião,
para julgarem as
montanhas de Esaú.
E o reino será do Senhor.

JONAS

Jonas foge do Senhor

1 Veio a palavra do Senhor a
Jonas, filho de Amitai, dizendo:
2 Levanta-te, vai à grande ci-
dade de Nínive e clama contra
ela, porque a sua malícia subiu
até mim.
3 Jonas, porém, levantou-se a fim
de fugir de diante da face do Senhor
para Társis. Desceu a Jope, onde
achou um navio que ia para Társis.
Pagou sua passagem e embarcou
nele, a fim de ir com eles para
Társis, para longe da presença
do Senhor.
4 O Senhor, contudo, mandou ao
mar um grande vento, e fez-se no
mar uma grande tempestade, de
modo que o navio estava a ponto
de se despedaçar.
5 Então temeram os marinheiros,
e clamava cada um ao seu deus, e
lançaram ao mar a carga do na-
vio, para o aliviarem do seu peso.
Jonas, porém, descera ao porão,
onde se deitou e dormia um pro-
fundo sono.
6 O mestre do navio chegou-se a
ele e lhe disse: Como podes dor-
mir? Levanta-te e invoca o teu
deus! Talvez assim ele se lembre
de nós para que não pereçamos.
7 Então disseram cada um ao
seu companheiro: Vinde, e lan-
cemos sortes, para que saibamos
por que nos sobreveio este mal.
E lançaram sortes, e a sorte caiu
sobre Jonas.
8 Então lhe disseram: Declara-nos
tu, agora, por que nos sobreveio
este mal. Que ocupação é a tua?
Donde vens? Qual é a tua terra?
De que povo és?
9 Respondeu-lhes ele: Eu sou he-
breu e temo ao Senhor, o Deus do
céu que fez o mar e a terra.
10 Então os homens se encheram
de grande temor e lhe disseram:
O que é isto que fizeste? Pois sa-
biam os homens que fugia da pre-
sença do Senhor, porque lhes ti-
nha contado.
11 Disseram-lhe: Que te faremos
nós, para que o mar se acalme?
Porque o mar se agitava cada
vez mais.
12 Ele lhes disse: Levantai-me e lan-
çai-me ao mar, e o mar se aquieta-
rá. Eu sei que por minha causa vos
sobreveio esta grande tempestade.
13 Entretanto os homens rema-
vam, esforçando-se por alcançar
a terra. Mas não podiam, porque
o mar se ia embravecendo cada
vez mais contra eles.
14 Então clamaram ao Senhor: Ó
Senhor, nós te rogamos, não nos
deixes perecer por causa da vida
deste homem e não ponhas sobre
nós sangue inocente, porque tu,
Senhor, fizeste como te aprouve.
15 Então levantaram a Jonas e o
lançaram ao mar; e cessou o mar
da sua fúria.
16 Temeram, pois, estes homens
ao Senhor com grande temor; e
ofereceram sacrifícios ao Senhor
e fizeram votos.
17 O Senhor preparou um grande
peixe, para que tragasse a Jonas,
e Jonas esteve três dias e três noi-
tes nas entranhas do peixe.

A oração de Jonas

2 Orou Jonas ao Senhor, seu
Deus, das entranhas do peixe.

2 Disse ele:
Na minha angústia clamei
ao Senhor,
e ele me respondeu.
Das profundezas da sepultura
gritei,
e tu ouviste a minha voz.
3 Tu me lançaste no profundo,
no coração dos mares,
e a corrente me cercou;
todas as tuas ondas e as tuas
vagas
passaram por cima de mim.
4 Eu disse: Banido estou de
diante dos teus olhos;
todavia tornarei a olhar para
o teu santo templo.
5 As águas me cercaram
até a alma,
o abismo me rodeou;
as algas se enrolaram na
minha cabeça.
6 Eu desci até os fundamentos
dos montes;
as trancas da terra
prenderam-se para
sempre.
Mas tu fizeste subir a minha
vida da cova,
ó Senhor, meu Deus.
7 Quando desfalecia em mim a
minha alma,
eu me lembrei de ti, ó
Senhor,
e subiu a ti a minha oração,
no teu santo templo.
8 Os que se apegam aos
ídolos vãos
afastam de si a sua própria
misericórdia.
9 Eu, porém, com um cântico de
ações de graças,
te oferecerei sacrifício.
O que votei pagarei.
Do Senhor vem a salvação.
10 E o Senhor falou ao peixe, e
ele vomitou a Jonas na terra.

Jonas vai a Nínive

3 Veio a palavra do Senhor se-
gunda vez a Jonas, dizendo:
2 Levanta-te, vai à grande cidade
de Nínive e proclama contra ela a
mensagem que eu te dou.
3 Levantou-se Jonas e foi a Nínive,
segundo a palavra do Senhor. Ora,
Nínive era uma grande cidade,
de três dias de jornada.
4 No primeiro dia, Jonas come-
çou a percorrer a cidade, e clama-
va: Daqui a quarenta dias Nínive
será destruída.
5 Os ninivitas creram em Deus.
Proclamaram um jejum e vesti-
ram-se de pano de saco, desde o
maior até o menor.
6 Quando a notícia chegou ao rei
de Nínive, levantou-se ele do seu
trono, tirou de si as suas vestes
reais, cobriu-se de pano de saco
e assentou-se sobre cinzas.
7 Então ele fez uma proclamação,
que se divulgou em Nínive: Por man-
dado do rei e dos seus nobres: Não
provem coisa alguma nem homens,
nem animais, nem bois, nem ove-
lhas; não comam, nem bebam água.
8 Os homens e os animais estarão
cobertos de pano de saco, clamarão
fortemente a Deus e se converterão,
cada um do seu mau caminho e da
violência que há nas suas mãos.
9 Quem sabe se Deus se voltará,
se arrependerá e se apartará do
furor da sua ira, de sorte que não
pereçamos?
10 Quando Deus viu as obras de-
les e como se converteram do seu
mau caminho, se arrependeu do
mal que tinha dito lhes faria, e
não o fez.

A ira de Jonas

4 Mas desgostou-se Jonas extre-
mamente e ficou irado.

2 E orou ao Senhor: Ó Senhor! Não
foi isso o que eu disse estando ain-
da na minha terra? Por isso é que
me apressei a fugir para Társis.
Eu sabia que és Deus clemente e
misericordioso, tardio em irar-se
e grande em amor, e que te arre-
pendes do mal.
3 Agora, ó Senhor, tira a minha
vida, porque melhor me é mor-
rer do que viver.
4 O Senhor respondeu: É razoá-
vel essa tua ira?
5 Jonas saiu da cidade e assentou-
-se ao oriente dela. Aí fez uma bar-
raca e assentou-se debaixo dela,
à sombra, até ver o que aconte-
ceria à cidade.
6 Então o Senhor Deus fez nascer
uma aboboreira, que subiu por
cima de Jonas, para que fizesse
sombra sobre a sua cabeça, a fim
de o livrar do seu enfado, e Jonas
se alegrou em extremo por cau-
sa da aboboreira.
7 Deus, porém, enviou um bicho, no
dia seguinte, ao subir da alva, o qual
feriu a aboboreira, e ela se secou.
8 Aparecendo o sol, Deus mandou
um vento calmoso oriental, e o sol
feriu a cabeça de Jonas, de sorte que
ele desfalecia. Pelo que com toda a
sua alma desejou morrer e disse:
Melhor me é morrer do que viver.
9 Então disse Deus a Jonas: É aca-
so razoável essa tua ira por causa
da aboboreira? Disse ele: É justo
que eu me enfade a ponto de de-
sejar a morte.
10 Disse o Senhor: Tiveste com-
paixão da aboboreira que não te
custou trabalho, a qual não fizeste
crescer. Numa noite ela nasceu,
e numa noite pereceu.
11 Em Nínive há mais de cento
e vinte mil pessoas, que não sa-
bem discernir entre a mão direi-
ta e a esquerda, e também muito
gado. Não hei de eu ter compai-
xão dessa grande cidade?

MIQUEIAS

Juízo contra Samaria e Jerusalém

1 A palavra do Senhor que veio a Miqueias, morastita, nos dias de Jotão, Acaz e Ezequias, reis de Judá, a qual ele viu sobre Samaria e Jerusalém.

2 Ouvi, todos os povos,
presta atenção, ó terra,
e tudo o que nela há,
e seja o Senhor Deus
testemunha contra vós,
o Senhor, desde o seu
santo templo.
3 Porque eis que o Senhor sai
do seu lugar,
desce e anda sobre as
alturas da terra.
4 Os montes debaixo dele se
derretem,
os vales se fendem,
como a cera diante do fogo,
como as águas que se
precipitam num abismo.
5 Tudo por causa da
transgressão
de Jacó e dos pecados da casa
de Israel.
Qual é a transgressão de Jacó?
Não é Samaria?
Qual é o altar idólatra de Judá?
Não é Jerusalém?
6 Por isso, farei de Samaria
um montão de pedras do
campo,
uma terra de plantar
vinhas;
farei rolar as suas pedras
para o vale
e descobrirei os seus
fundamentos.
7 Todas as suas imagens de
escultura
serão despedaçadas;
todos os seus salários
serão queimados pelo fogo;
destruirei todos os seus ídolos.
Visto que do preço de sua
prostituição os ajuntou,
em salário de prostitutas se
tornarão.
8 Por isso, lamentarei e uivarei;
andarei despojado e nu.
Uivarei como os chacais
e gemerei como as corujas.
9 Porque a sua chaga é
incurável;
chegou até Judá.
Estendeu-se até à porta do
meu povo,
até Jerusalém.
10 Não o anuncieis em Gate;
não choreis muito.
Revolvei-vos no pó,
em Bete-Afra.
11 Passa, ó moradora de Safir,
com nudez vergonhosa.
A moradora de Zaanã não
sairá.
Bete-Ezel está de luto;
a sua proteção vos é tirada.
12 A moradora de Marote se
contorce em dores,
esperando pelo bem,
porque desceu do Senhor o
mal
até a porta de Jerusalém.
13 Ata o cavalo ligeiro ao carro,
ó moradora de Laquis.
Foste o princípio do
pecado para a filha de Sião,
pois em ti se acharam as
transgressões
de Israel.
14 Por isso, darás presentes
de despedida a
Moresete-Gate.

As casas de Aczibe
serão um engano
para os reis de Israel.
15 Trarei contra ti um
vencedor,
ó moradora de Maressa.
Aquele que é a glória de
Israel virá a Adulão.
16 Faze-te calva e tosquia-te,
por causa dos filhos das tuas
delícias;
aumenta a tua calva como a
águia,
porque de ti foram levados
para o exílio.

2 Ai daqueles que nas
suas camas
tramam a iniquidade e
maquinam o mal!
À luz da alva o praticam
porque está no poder da
sua mão.
2 Cobiçam campos e se
apossam deles;
cobiçam casas e as tomam.
Assim fazem violência a um
homem e à sua casa,
a uma pessoa e à sua
herança.
3 Portanto, assim diz o Senhor:
Projeto um mal contra esta
geração,
do qual não tirareis os
vossos pescoços.
Não andareis tão altivos,
porque o tempo será mau.
4 Naquele dia, surgirá um
provérbio contra vós,
e se levantará pranto
lastimoso,
dizendo: Nós estamos
inteiramente desolados;
a porção do meu povo,
Deus a troca.
Como me despoja!
Reparte os nossos
campos aos rebeldes.
5 Portanto, não terás na
congregação do Senhor
quem lance a corda de
medir por sorteio.
6 Não profetizeis,
dizem os seus profetas.
Não profetizeis tais coisas;
a desgraça não nos alcançará.
7 Acaso se dirá, ó casa de Jacó:
Está irado o Espírito
do Senhor?
São estas as suas obras?
Não fazem bem as minhas
palavras ao que anda
retamente?
8 Há pouco, porém, se levantou
o meu povo como inimigo.
De sobre a veste tirais a capa
daqueles que passam
seguros,
como homens que voltam
da guerra.
9 Lançais fora as mulheres do
meu povo,
das suas casas agradáveis.
Dos seus meninos tirais a
minha glória
para sempre.
10 Levantai-vos e andai!
Porque não é aqui o vosso
descanso,
por causa da imundícia que
traz destruição,
sim, destruição enorme.
11 Se alguém, seguindo o
espírito de falsidade,
mentir, dizendo:
Eu te profetizarei acerca do
vinho
e da bebida forte;
será esse tal o profeta deste
povo.
12 Certamente te ajuntarei
todo, ó Jacó;
certamente congregarei o
restante de Israel.
Eu os porei todos juntos,

como ovelhas no aprisco,
como rebanho no meio
de seu curral;
farão estrondo por causa da
multidão dos homens.
13 Subirá diante deles aquele
que abre o caminho;
eles romperão e entrarão pela
porta,
e sairão por ela.
O seu rei irá adiante deles,
e o Senhor os guiará.

Repreensão aos chefes e aos profetas

3 Então eu disse:
Ouvi, vós, chefes de Jacó,
e vós, governantes da nação
de Israel:
Não é a vós que pertence
saber a justiça?
2 A vós que aborreceis o bem e
amais o mal,
que arrancais a pele de
cima deles,
e a sua carne de cima dos
seus ossos;
3 que comeis a carne do meu
povo,
lhes arrancais a pele,
lhes esmiuçais os ossos
e os repartis como para a
panela
e como carne do meio do
caldeirão.
4 Então clamarão ao Senhor,
mas ele não os ouvirá,
antes esconderá deles a sua
face naquele tempo,
por causa do mal que
fizeram.
5 Assim diz o Senhor contra
os profetas que fazem errar o
meu povo
e que proclamam paz,
quando têm o que mastigar,
mas contra aquele que nada
lhes coloca na boca,
preparam guerra.
6 Portanto, se vos fará noite,
sem profecias,
e haverá trevas, sem
adivinhações.
O sol se porá sobre estes
profetas,
e o dia sobre eles se
enegrecerá.
7 Os videntes se
envergonharão,
e os adivinhadores se
confundirão.
Todos eles cobrirão os seus
lábios,
porque não haverá resposta
de Deus.
8 Quanto a mim, porém,
eu estou cheio de poder,
do Espírito do Senhor,
e cheio de justiça e de força,
para anunciar a Jacó a sua
transgressão
e a Israel, o seu pecado.
9 Ouvi agora isto, vós, chefes
da descendência de Jacó, e
vós,
governantes da nação de
Israel,
que abominais a justiça
e perverteis tudo o que é
direito,
10 edificando Sião com sangue
e Jerusalém,
com perversidade.
11 Os seus chefes dão as
sentenças por suborno,
os seus sacerdotes
ensinam por interesse,
os seus profetas
adivinham por dinheiro.
Ainda se apoiam ao Senhor,
dizendo:
Não está o Senhor no meio
de nós?
Nenhum mal nos sobrevirá.

12 Portanto, por causa de vós,
Sião será lavrada
como um campo,
Jerusalém se tornará em
montões de pedras,
e o monte deste templo numa
colina coberta de mato.

O monte do Senhor

4 Nos últimos dias, porém,
o monte do templo
do Senhor
será estabelecido no cume
dos montes,
e se elevará sobre os outeiros;
e concorrerão a ele
os povos.
2 Virão muitas nações e dirão:
Vinde, subamos ao monte
do Senhor
e ao templo do Deus
de Jacó,
para que nos ensine os seus
caminhos,
e andemos nas suas veredas.
De Sião sairá a lei,
e a palavra do Senhor, de
Jerusalém.
3 Ele julgará entre muitos
povos e arbitrará entre nações
poderosas e longínquas.
Eles converterão as suas
espadas em relhas de arado,
e as suas lanças, em foices.
Uma nação não levantará a
espada contra outra nação
nem aprenderão mais a
guerra.
4 Cada um, porém, se assentará
debaixo da sua videira e
debaixo da sua figueira,
e não haverá quem os
espante,
porque a boca do Senhor dos
Exércitos o disse.
5 Todos os povos andam cada
um em nome do seu deus,
mas nós andaremos em nome
do Senhor,
o nosso Deus, eternamente
e para sempre.
6 Naquele dia, diz o Senhor,
congregarei a que coxeava
e recolherei a que tinha
sido expulsa
e a que eu afligi.
7 Da que coxeava farei a parte
restante
e da que tinha sido arrojada
para longe, uma nação
poderosa.
O Senhor reinará sobre eles
no monte de Sião,
desde agora e para sempre.
8 A ti, ó torre do rebanho,
monte da filha de Sião, a ti virá;
sim, a ti virá o primeiro
domínio,
o reino da filha de Jerusalém.
9 E agora, por que ergues tão
grande pranto?
Não há em ti rei?
Pereceu o teu conselheiro?
Apoderou-se de ti a dor,
como a da que está de parto?
10 Sofre dores, ó filha de Sião,
como a que está de parto,
porque agora sairás da cidade
e morarás no campo.
Virás até Babilônia; ali
serás livrada.
Ali te remirá o Senhor das
mãos de teus inimigos.
11 Agora se congregaram
muitas nações contra ti.
Dizem: Seja ela profanada,
e os nossos olhos vejam seus
desejos sobre Sião.
12 Não sabem, porém,
os pensamentos do Senhor;
não entendem o plano do que
as ajunta como feixes na eira.
13 Levanta-te e debulha,
ó filha de Sião,

porque eu farei de ferro o
teu chifre
e de bronze as tuas unhas;
despedaçarás muitos povos.
Os seus ganhos mal
adquiridos
serão consagrados ao Senhor,
e os seus bens ao Senhor de
toda a terra.

Promessa de um rei

5 Agora ajunta-te em tropas,
ó cidade de tropas,
pois há um cerco contra
nós.
Ferirão com a vara no queixo
ao juiz de Israel.
2 Tu, porém, Belém Efrata,
posto que pequena entre
milhares de Judá,
de ti me sairá aquele que há
de reinar em Israel,
e cujas saídas são desde os
tempos antigos,
desde os dias da eternidade.
3 Portanto os entregará até o
tempo em que
a que está de parto tiver
dado à luz;
então o restante de seus
irmãos
voltará com os filhos de
Israel.
4 Ele permanecerá e
apascentará o povo
na força do Senhor,
na excelência do nome do
Senhor,
o seu Deus.
E eles viverão seguros,
porque agora será ele
grande até os fins da terra.
5 E ele será a nossa paz.
Quando a Assíria invadir a
nossa terra
e quando passar sobre os
nossos palácios,
levantaremos contra ela
sete pastores
e oito líderes dentre os
homens.
6 Estes consumirão a terra da
Assíria à espada
e a terra de Ninrode nas
suas entradas.
Assim ele nos livrará da
Assíria,
quando esta invadir
a nossa terra
e pisar as nossas fronteiras.
7 O restante de Jacó estará no
meio de muitos povos,
como orvalho do Senhor,
como chuvisco sobre a erva,
que não espera pelo homem
nem aguarda filhos de
homens.
8 O restante de Jacó estará
entre as nações,
no meio de muitos povos,
como um leão entre os
animais do bosque,
como um leãozinho entre os
rebanhos de ovelhas,
o qual quando passar as
pisará e despedaçará,
sem que haja quem as livre.
9 A tua mão se exaltará sobre
os teus adversários,
e todos os teus inimigos
serão exterminados.
10 Naquele dia, diz o Senhor,
eu exterminarei no meio de ti
os teus cavalos
e destruirei os teus carros.
11 Destruirei as cidades
da tua terra
e derrubarei todas as tuas
fortalezas.
12 Tirarei as feitiçarias das
tuas mãos,
e não terás adivinhadores.
13 Arrancarei do meio de ti
as tuas imagens

de escultura e as tuas
colunas,
e tu não te inclinarás mais
diante da obra
das tuas mãos.
14 Arrancarei os teus bosques
do meio de ti
e destruirei as tuas cidades.
15 Com ira e com furor
tomarei vingança
sobre as nações que não
obedeceram.

O juízo do Senhor contra Israel

6 Ouvi agora o que diz o Senhor:
Levanta-te, contende com os
montes,
e ouçam os outeiros
a tua voz.
2 Ouvi, montes, a contenda do
Senhor, e vós,
duráveis fundamentos da
terra,
porque o Senhor tem uma
contenda com o seu povo
e com Israel entrará em juízo.
3 Ó povo meu, o que é que
tenho feito?
E em que te enfadei?
Responde-me.
4 Certamente te fiz subir da
terra do Egito
e da casa da servidão te remi.
Enviei adiante de ti Moisés,
Arão e Miriã.
5 Povo meu, lembra-te da
consulta de Balaque,
rei de Moabe,
e do que lhe respondeu
Balaão, *filho de Beor*,
desde Sitim até Gilgal,
para que conheças as justiças
do Senhor.
6 Com que me apresentarei
ao Senhor
e me inclinarei ante o Deus
excelso?
Virei perante ele com
holocaustos,
com bezerros de um ano?
7 Ele se agradará de milhares
de carneiros,
ou de miríades de ribeiros
de azeite?
Darei o meu primogênito pela
minha transgressão?
O fruto do meu ventre pelo
pecado da minha alma?
8 Ele te declarou, ó homem, o
que é bom.
E o que é que o Senhor pede
de ti,
senão que pratiques a justiça,
ames a misericórdia
e andes humildemente com o
teu Deus?
9 A voz do Senhor clama à
cidade;
temer-lhe o nome é
sabedoria.
Escutai a vara e quem a
ordenou.
10 Ainda há na casa do ímpio
tesouros de impiedade e
medida falsa,
que é detestável?
11 Poderei eu inocentar
balanças falsas,
com um saco de pesos
enganosos?
12 Os seus ricos estão cheios de
violência,
os seus habitantes falam
mentiras,
e a sua língua é enganosa na
sua boca.
13 Assim eu também te
enfraquecerei,
ferindo-te e assolando-te
por causa dos teus pecados.
14 Tu comerás, mas não
te fartarás;
o teu ventre ainda estará
vazio.

Removerás os teus bens, mas
não os livrarás,
e aquilo que guardares,
eu o entregarei à espada.
15 Tu semearás, mas não
colherás;
pisarás a azeitona,
mas não te ungirás com azeite,
pisarás as uvas,
mas não beberás o vinho.
16 Porque se observam
os estatutos de Onri
e toda a obra da família
de Acabe,
e vós andais nos
conselhos deles.
Portanto farei de ti uma
desolação
e dos seus habitantes um
assobio.
Assim trareis sobre vós a
zombaria do meu povo.

A corrupção de Israel

7 Ai de mim!
Estou feito como quando são
colhidas
as frutas do verão,
como os rabiscos da vindima;
não há cacho de uvas
para comer,
nenhum figo temporão
que eu tanto desejo.
2 Pereceu da terra o homem
piedoso,
e não há entre os homens
um que seja reto.
Todos armam ciladas para
sangue;
cada um caça o seu irmão
com uma rede.
3 As suas mãos fazem
diligentemente o mal,
o governante exige
condenação,
o juiz aceita suborno, o
grande fala da
corrupção da sua alma,
e assim todos eles são
perturbadores.
4 O melhor deles é como
um espinho,
o mais reto é pior do que
uma cerca de espinhos.
Veio o dia dos teus vigias,
veio o dia da tua visitação.
Agora é o tempo da sua
confusão.
5 Não creiais no amigo;
não confieis no companheiro.
Daquela que repousa
no teu seio
guarda as portas da tua
boca.
6 Pois o filho despreza o pai,
a filha se levanta contra sua
mãe,
a nora contra sua sogra;
os inimigos do homem são
os da sua própria família.
7 Eu, porém, confiarei no
Senhor,
esperarei no Deus da minha
salvação;
o meu Deus me ouvirá.
8 Ó inimiga minha, não te
alegres a meu respeito!
Ainda que eu tenha caído, me
levantarei.
Se morar nas trevas,
o Senhor será a minha luz.
9 Sofrerei a ira do Senhor,
porque pequei contra ele,
até que julgue a minha
causa
e execute o meu direito.
Ele me trará à luz,
e eu verei a sua justiça.
10 A minha inimiga verá isso,
e a confusão a cobrirá,
a ela que me dizia:
Onde está o teu Deus?
Os meus olhos verão
a sua queda;

agora ela será pisada como a
lama das ruas.
11 O dia da reedificação de teus
muros virá.
Naquele dia, será dilatado
grandemente o teu termo.
12 Naquele dia, virão a ti,
desde a Assíria até as cidades
do Egito,
e do Egito até o Rio,
e de mar a mar,
e de montanha a montanha.
13 A terra, porém, será
entregue à desolação,
por causa dos seus
moradores,
por causa do fruto das suas
obras.
14 **A**pascenta o teu povo com a
tua vara,
o rebanho da tua herança,
que mora a sós no bosque,
no meio da terra fértil.
Apascentem-se em Basã e
Gileade,
como nos dias da
antiguidade.
15 Eu lhe mostrarei maravilhas,
como nos dias da tua saída
da terra do Egito.
16 As nações o verão e se
envergonharão,
por causa de todo o seu poder.
Porão a mão sobre a boca,
e os seus ouvidos ficarão
surdos.
17 Lamberão o pó como
serpentes,
como répteis da terra.
Tremendo, sairão dos seus
esconderijos;
com pavor virão ao Senhor,
o nosso Deus,
e terão medo de ti.
18 **Q**uem, ó Deus,
é semelhante a ti,
que perdoas a iniquidade,
e te esqueces da transgressão
do restante da tua
herança?
O Senhor não retém
a sua ira para sempre,
porque tem prazer na
misericórdia.
19 Tornará a apiedar-se de nós;
pisará com pés as nossas
iniquidades
e lançará todos os nossos
pecados nas profundezas
do mar.
20 Mostrarás a Jacó a
fidelidade,
e a Abraão a misericórdia,
as quais jurastes a
nossos pais
desde os dias antigos.

NAUM

A ira do Senhor contra Nínive

1 Oráculo acerca de Nínive. Livro
da visão de Naum, o elcosita.
2 O Senhor é um Deus zeloso e vingador,
o Senhor é vingador e cheio de furor.
O Senhor toma vingança
contra os seus adversários
e guarda a ira contra os seus inimigos.
3 O Senhor é tardio em irar-se,
mas grande em força,
e ao culpado não tem por inocente.
O Senhor tem o seu caminho
na tormenta e na tempestade,
e as nuvens são o pó dos seus pés.
4 Ele repreende o mar e o faz secar;
esgota todos os rios.
Desfalecem Basã e Carmelo,
e a flor do Líbano se murcha.
5 Os montes tremem perante ele,
e os outeiros se derretem.
A terra se levanta na sua presença,
o mundo e todos os que nele habitam.
6 Quem parará diante do seu furor?
Quem subsistirá diante do ardor da sua ira?
A sua cólera se derrama como fogo,
e as rochas são por ele *derrubadas*.
7 O Senhor é bom,
uma fortaleza no dia da angústia.
Ele conhece os que nele confiam,
8 mas com uma inundação transbordante
acabará duma vez com o lugar de Nínive;
para dentro das trevas
perseguirá os seus inimigos.
9 O que projetais vós contra o Senhor?
Ele mesmo vos consumirá de todo;
não se levantará por duas vezes a angústia.
10 Pois ainda que eles se
entrelacem com os espinhos
e se saturem de vinho como bêbados,
serão inteiramente consumidos como palha seca.
11 De ti saiu um que maquina o mal contra o Senhor,
um que aconselha maldade.
12 Assim diz o Senhor:
Por mais seguros que estejam,
e por mais numerosos que sejam,
ainda assim serão exterminados e passarão.
Eu te afligi, mas não te afligirei mais.
13 Agora, porém, quebrarei
o seu jugo de cima de ti
e romperei os teus laços.
14 Contra ti, porém, o Senhor deu ordens,
que não haja mais linhagem do teu nome.
Da casa dos teus deuses destruirei

as imagens de escultura e
de fundição.
Ali farei o teu sepulcro,
porque és vil.
15 Eis sobre os montes os pés
do que traz boas-novas,
do que anuncia a paz!
Celebra as tuas festas, ó Judá,
e cumpre os teus votos.
O ímpio não tornará mais a
passar por ti;
ele será inteiramente
destruído.

A queda de Nínive

2 O destruidor sobe contra ti,
ó Nínive.
Guarda a fortaleza, observa o
caminho,
fortalece os lombos,
reúne todas as tuas forças!
2 O Senhor restaurará o
esplendor de Jacó,
como o esplendor de Israel,
ainda que os saqueadores o
tenham despojado
e destruído os seus sarmentos.
3 Os escudos dos seus valentes
estão vermelhos;
os guerreiros vestem
escarlate.
O aço dos carros cintila no
dia da sua preparação;
vibram as lanças.
4 Os carros andam
furiosamente pelas ruas,
cruzam velozes as praças
em todas as direções.
O seu parecer é o de tochas,
e correm como relâmpagos.
5 Ele convoca os seus nobres,
mas tropeçam no seu
caminho.
Apressam-se para chegar ao
muro da cidade;
o escudo protetor é
preparado.
6 As portas do rio se abrem,
e o palácio se derrete.
7 Está decretado que a cidade
será despida e levada cativa.
As suas servas gemem
como pombas
e batem em seus peitos.
8 Nínive é como um tanque,
e as suas águas agora fogem.
Parai, parai, clama-se,
mas ninguém olha
para trás.
9 Saqueai a prata,
saqueai o ouro,
porque não se acabam os
tesouros,
há abastança de todo objeto
desejável.
10 Ela está vazia, esgotada e
devastada!
Derrete-se o coração, tremem
os joelhos,
em todos os lombos há dor,
todos os rostos
empalidecem.
11 Onde está agora o
covil dos leões
e os lugares onde
alimentavam os leõezinhos,
onde passeava o leão
e a leoa,
e o filhote do leão, sem haver
ninguém
que os espantasse?
12 O leão arrebatava o que
bastava para os seus filhotes,
estrangulava a presa para as
suas leoas
e enchia de presas as suas
cavernas,
e os seus covis, de rapina.
13 Eu estou contra ti, diz o
Senhor dos Exércitos.
Queimarei na fumaça os
teus carros,
e a espada devorará os teus
leõezinhos.

Arrancarei da terra a tua
presa,
e não se ouvirá mais a voz
dos teus mensageiros.

Ai de Nínive

3 Ai da cidade ensanguentada!
Ela está toda cheia de
mentiras e de rapina;
da presa não há fim!
2 O estalo de açoite, o estrondo
das rodas,
o galopar dos cavalos e os
carros que saltam!
3 A cavalaria que ataca,
espadas flamejantes e lanças
cintilantes!
Multidão de mortos,
abundância de cadáveres;
não têm fim os defuntos,
tropeçam nos seus corpos;
4 tudo isso por causa da
multidão dos pecados
da bela e encantadora
meretriz,
da mestra de feitiçarias,
que vende povos por seus
deleites
e famílias por suas feitiçarias.
5 Eu estou contra ti,
diz o Senhor dos Exércitos.
Levantarei as tuas vestes até
a altura do teu rosto.
Às nações mostrarei a tua
nudez;
e aos reinos, a tua
vergonha.
6 Lançarei sobre ti coisas
abomináveis,
te envergonharei e te porei
como espetáculo.
7 Todos os que te virem, fugirão
de ti e dirão:
Nínive está destruída,
quem terá compaixão dela?
De onde buscarei
consoladores para ti?
8 És tu melhor do que Nô-Amom,
que está situada entre os rios,
cercada de águas,
tendo por baluarte o mar e
ainda o mar por muralha?
9 Etiópia e Egito eram a sua
força,
e esta não tinha fim;
Pute e Líbia foram o seu
socorro.
10 Todavia ela foi levada
ao exílio.
Também os seus filhos foram
despedaçados
nas entradas de todas as
ruas,
e sobre os seus nobres
lançaram sortes,
e todos os seus grandes
foram presos com grilhões.
11 Tu também serás
embriagada e te esconderás;
também buscarás refúgio
contra o inimigo.
12 Todas as tuas fortalezas
são como figueiras com
figos temporãos;
sendo eles sacudidos, caem
na boca
do que os há de comer.
13 As tuas tropas no meio
de ti são como mulheres!
As portas da tua terra estão
de todo
abertas aos teus inimigos;
o fogo consome os teus
ferrolhos.
14 Tira água para o tempo
do cerco,
fortifica as tuas fortalezas!
Entra no lodo e pisa o barro,
pega na forma para os
tijolos.
15 O fogo ali te consumirá;
a espada te exterminará e,
como gafanhotos, te
consumirá.

Multiplica-te como o
gafanhoto assolador,
multiplica-te como o
gafanhoto migrador.
16 Multiplicaste os teus
negociantes mais do que as
estrelas do céu,
mas, como gafanhotos
devoradores,
invadem a terra e saem
voando.
17 Os teus príncipes são
como os gafanhotos,
e os teus chefes como
enxames de gafanhotos,
que se acampam nos muros
nos dias de frio;
em subindo o sol voam,
e não se sabe o lugar
onde estão.
18 Os teus pastores dormem,
ó rei da Assíria;
os teus nobres deitam-se
para descansar.
O teu povo está espalhado
pelos montes,
sem que haja quem possa
ajuntá-los.
19 Não há cura para a tua
ferida;
a tua chaga é fatal.
Todos os que ouvem a notícia
a teu respeito
batem palmas sobre ti,
pois quem não sentiu a tua
crueldade sem fim?

HABACUQUE

A iniquidade de Judá

1 O oráculo que viu o profeta
Habacuque.
2 Até quando, Senhor, clamarei
eu,
e tu não me escutarás?
ou gritarei a ti: Violência!
E não salvarás?
3 Por que me fazes ver a
iniquidade e a opressão?
Destruição e violência estão
diante de mim;
há também contendas, e o
litígio se suscita.
4 Por isso a lei se afrouxa,
e a justiça nunca se
manifesta.
O ímpio cerca o justo; a
justiça é pervertida.
5 Vede entre as nações, olhai,
maravilhai-vos, e admirai-
vos,
porque realizo, em vossos
dias, uma obra,
que vós não crereis,
quando vos for contada.
6 Suscito os caldeus,
nação feroz e impetuosa,
que marcha sobre a largura
da terra,
para se apoderar de moradas
que não são suas.
7 Ela é terrível e pavorosa;
dela mesma sai o seu juízo e a
sua dignidade.
8 Os seus cavalos são mais
ligeiros do que os leopardos
e mais ferozes do que os
lobos à tarde.
*Os seus cavaleiros espal*ham--
se por toda parte;
os seus cavaleiros vêm de
longe.
Voam como águia que se
apressa a devorar;
9 todos eles vêm com violência.
Os seus rostos buscam o
Oriente,
e eles congregam os cativos
como a areia.
10 Escarnecem dos reis,
e dos príncipes fazem
zombarias.
Eles se riem de todas as
fortalezas,
porque, amontoando terra,
as tomam.
11 Então passam como passa o
vento e seguem;
mas eles são culpados,
esses cujo próprio poder é o
seu deus.
12 Não és tu desde a eternidade,
ó Senhor meu Deus,
meu Santo?
Nós não morreremos.
Ó Senhor, para juízo o
puseste,
e tu, ó Rocha, o fundaste para
castigar.
13 Tu és tão puro de olhos,
que não podes ver o mal
e a opressão não podes
contemplar.
Por que, pois, toleras os que
procedem
traiçoeiramente?
Por que te calas quando o ímpio
devora aquele que é mais
justo do que ele?
14 Fizeste os homens como os
peixes do mar,
como os répteis, que não
têm quem os governe.
15 O inimigo a todos levanta
com o anzol,

apanha-os com o arrastão
e os ajunta na sua rede
varredora;
por isso ele se alegra e se
regozija.
16 Portanto sacrifica à sua rede
e queima incenso à sua
varredoura,
porque com elas se
enriqueceu
a sua porção e é copiosa a sua
comida.
17 Deve ele continuar a
esvaziar a sua rede
e a destruir sem piedade
os povos?

O castigo dos caldeus

2 Sobre a minha torre de
vigia estarei,
e sobre a fortaleza me
apresentarei e vigiarei,
para ver o que fala comigo,
e o que eu responderei a esta
queixa.
2 Então o Senhor me respondeu:
Escreve a visão, e torna-a
bem legível sobre tábuas,
para que aquele que passar
correndo a possa ler.
3 Porque a visão é ainda para o
tempo determinado,
e até o fim falará e não
mentirá.
Se tardar, espera-o, porque
certamente virá,
não tardará.
4 Eis que a sua alma se incha,
não é reta nele,
mas o justo pela sua fé
viverá.
5 Tanto mais que, por ser dado
ao vinho, é desleal;
um homem soberbo, que não
se contém,
que alarga como o sepulcro
o seu desejo,
e, como a morte,
que não se farta,
ajunta a si todas as nações
e congrega a si todos
os povos.
6 Não levantarão todos
estes contra
ele um provérbio e um dito
zombador? Dirão:
Ai daquele que multiplica o
que não é seu!
(até quando?) e daquele que
se carrega
a si mesmo de penhores!
7 Não se levantarão de repente
os teus credores?
Não despertarão os que te
farão tremer?
Então lhes servirás tu de
despojo.
8 Visto que despojaste
a muitas nações,
os demais povos te
despojarão a ti
por causa do sangue dos
homens
e da violência contra a terra,
contra a cidade e contra
todos os que nela habitam.
9 Ai daquele que ajunta em sua
casa
bens mal adquiridos,
para pôr o seu ninho
no alto,
a fim de se livrar das garras
do mal!
10 Vergonha maquinaste
para a tua casa;
destruindo tu a muitos
povos, pecaste contra a tua
alma.
11 Porque a pedra clamará
da parede,
e a trave lhe responderá do
madeiramento.
12 Ai daquele que edifica a
cidade com sangue

e a fundamenta
com iniquidade!
13 Não foi o Senhor dos
Exércitos que determinou
que os povos trabalhem
para o fogo
e as nações se fatiguem
em vão?
14 Pois a terra se encherá do
conhecimento
da glória do Senhor,
como as águas cobrem o mar.
15 **A**i daquele que dá de beber
ao seu companheiro,
que lhe chega o seu odre e o
embebeda,
para ver a sua nudez.
16 Serás farto de vergonha em
lugar de honra.
Bebe tu também e sê como
um incircunciso.
O cálice da mão direita do
Senhor
se voltará sobre ti,
e vergonha cairá sobre a tua
glória.
17 A violência cometida contra
o Líbano te cobrirá,
e a destruição das feras te
assombrará,
por causa do sangue dos
homens e da violência
contra a terra, contra a
cidade
e contra todos os seus
moradores.
18 **Q**ue aproveita a imagem de
escultura,
visto que a esculpiu o seu
artífice?
Ou a imagem de fundição,
que ensina a mentira?
Pois o artífice confia na sua
própria obra, quando faz
ídolos mudos.
19 **A**i daquele que diz ao pau:
Acorda!
Ou à pedra muda: Desperta!
Pode isso ensinar?
Está coberto de ouro e de
prata;
no seu interior não há
espírito algum.
20 O Senhor, porém, está no seu
santo templo;
cale-se diante dele toda a
terra.

A oração de Habacuque

3 Oração do profeta Habacuque,
conforme sigionote.
2 Ouvi, Senhor, a tua palavra e
temi.
Aviva, ó Senhor, a tua obra no
meio dos anos,
e, no meio dos anos, faze-a
conhecida;
na ira lembra-te da
misericórdia.
3 Deus vem de Temã,
e do monte de Parã vem o Santo.
[Selá] A sua glória cobre os
céus,
e a terra se enche do seu
louvor.
4 O seu resplendor é como a luz;
raios brilhantes saem da sua
mão,
e ali está o esconderijo da
sua força.
5 Adiante dele vai a praga,
e a peste segue os seus pés.
6 Para e faz tremer a terra;
olha e sacode as nações.
Os montes perpétuos são
esmiuçados,
os outeiros eternos se
encurvam.
Os caminhos de Deus são
eternos.
7 Vejo as tendas de Cusã
em aflição;
as cortinas da terra de Midiã
tremem.

8 Acaso é contra os rios,
Senhor, que estás irado?
É contra os ribeiros a tua ira
ou contra o mar o teu furor,
já que andas montado nos
teus cavalos,
nos teus carros de vitória?
9 Descoberto está o teu arco,
a tua aljava está cheia de
flechas.
[Selá] Tu fendes a terra
com rios;
10 os montes te veem e tremem.
A inundação das águas passa;
o abismo dá a sua voz e
levanta as mãos ao alto.
11 O sol e a lua param nas suas
moradas,
ao brilho das tuas flechas,
ao resplendor do relâmpago
da tua lança.
12 Com indignação marchas
pela terra,
com ira trilhas as nações.
13 Tu sais para salvamento do
teu povo,
para salvar o teu ungido.
Tu feres o chefe da terra da
impiedade,
despindo-o da cabeça aos
pés. [Selá]
14 Traspassas a cabeça dos
seus guerreiros
com as suas próprias
lanças,
quando avançam como uma
tempestade
para nos atacar;
eles vêm orgulhosos, como se
estivessem
para devorar o pobre
às ocultas.
15 Tu com os teus cavalos
marchas pelo mar,
agitando as grandes águas.
16 Ouvindo-o eu, o meu ventre
se comove,
à sua voz tremem os meus
lábios;
entra a podridão nos meus
ossos,
e minhas pernas
estremecem.
Contudo esperarei
pacientemente
o dia da angústia que virá
contra o povo
que nos invade.
17 Ainda que a figueira não
floresça,
nem haja fruto na vide,
ainda que o produto da
oliveira falhe
e os campos não produzam
mantimento,
ainda que as ovelhas sejam
exterminadas
e nos currais não haja gado,
18 todavia eu me alegrarei no
Senhor,
exultarei no Deus da minha
salvação.
19 O Senhor é a minha força;
torna os meus pés como os
das corças
e me faz andar sobre os
lugares altos.
(Ao diretor de música. Para
meus instrumentos de
corda.)

SOFONIAS

Ameaças de destruição

1 A palavra do Senhor que veio a Sofonias, filho de Cusi, filho de Gedalias, filho de Amarias, filho de Ezequias, nos dias de Josias, filho de Amom, rei de Judá.

2 Consumirei por completo
tudo sobre a face da terra, diz
o Senhor.

3 Consumirei os homens
e os animais;
consumirei as aves do céu e
os peixes do mar.
Os ímpios terão apenas
montões de ruínas
quando eu exterminar os
homens de sobre
a face da terra,
diz o Senhor.

4 Estenderei a minha mão
contra Judá
e contra todos os habitantes
de Jerusalém;
exterminarei deste lugar o
resto de Baal
e os nomes dos sacerdotes
de ídolos,
juntamente com os
sacerdotes;

5 os que sobre os telhados
se curvam ao exército do céu,
os que se inclinam ao
Senhor
e juram por ele e também por
Milcom;

6 os que deixam de seguir ao
Senhor,
e os que não buscam ao
Senhor,
nem perguntam por ele.

7 Cala-te diante do Senhor Deus,
porque o dia do Senhor está
perto,
porque o Senhor preparou
o sacrifício
e santificou os seus
convidados.

8 No dia do sacrifício do Senhor,
hei de castigar os príncipes,
os filhos do rei e todos os
que se vestem
de trajes estranhos.

9 Castigarei também naquele
dia todos os que saltam sobre
o umbral,
que enchem de violência e
engano
a casa dos seus senhores.

10 Naquele dia, diz o Senhor,
se fará ouvir uma voz de
clamor desde
a Porta do Peixe,
um uivo desde a Cidade Baixa
e grande lamento desde os
outeiros.

11 Uivai vós, moradores de
Mactés,
porque todo o povo de Canaã
está arruinado,
todos os que pesam a prata
são destruídos.

12 Naquele tempo,
esquadrinharei
Jerusalém com lanternas e
castigarei os que estão
tranquilos e satisfeitos,
que são como a borra do vinho,
que dizem no seu coração:
O Senhor não faz bem nem
faz mal.

13 O seus bens serão saqueados;
as suas casas, assoladas.
Edificarão casas, mas não
habitarão nelas,
plantarão vinhas,
mas não lhes beberão o vinho.

O grande dia do Senhor

14 O grande dia do Senhor está perto;
sim, está perto e se apressa muito.
Ouvi! Amargo será o clamor no dia do Senhor,
o clamor do homem poderoso.
15 Aquele dia é um dia de indignação,
dia de angústia, dia de alvoroço e desolação,
dia de trevas e escuridão,
dia de nuvens e densas trevas.
16 Dia de trombeta e de alarido contra as
cidades fortificadas
e contra as torres altas.
17 Angustiarei os homens,
e eles andarão como cegos,
porque pecaram contra o Senhor.
O seu sangue se derramará como pó,
e a sua carne será tirada como esterco.
18 Nem a sua prata nem o seu ouro
os poderá livrar no dia do furor do Senhor.
No fogo de seu zelo toda esta terra será consumida,
porque certamente fará de todos os moradores da terra
uma destruição total e repentina.

Ameaças contra diversas nações

2 Congrega-te, congrega-te,
ó nação que não tens pudor;
2 antes que saia o decreto
e o dia passe como a palha,
antes que venha sobre vós a ira do Senhor,
antes que venha sobre vós o dia da ira do Senhor.
3 Buscai ao Senhor, vós todos os mansos da terra,
que cumpris o seu juízo.
Buscai a justiça, buscai a mansidão;
porventura sereis escondidos
no dia da ira do Senhor.
4 Gaza será desamparada,
Ascalom assolada.
Asdode ao meio-dia será esvaziada, Ecrom
desarraigada.
5 Ai dos que habitam no litoral,
o povo dos quereteus!
A palavra do Senhor será contra vós,
ó Canaã, terra dos filisteus,
e eu vos farei destruir,
até que não haja um morador sequer.
6 O litoral será de pastagens,
com abrigos para os pastores
e currais para os rebanhos.
7 O litoral será para o resto da casa de Judá,
para que nela apascentem.
À tarde se assentarão nas casas de Ascalom,
porque o Senhor seu Deus atentará para eles
e restaurará a sua sorte.
8 Eu ouvi o escárnio de Moabe
e as injuriosas palavras dos filhos de Amom,
com que escarneceram do meu povo
e se engrandeceram contra a sua terra.
9 Portanto, tão certo como eu vivo,
diz o Senhor dos Exércitos,
o Deus de Israel,
Moabe será como Sodoma e os filhos de Amom
serão como Gomorra,
campo de urtigas,

poços de sal, assolação
perpétua.
O restante do meu povo os
saqueará,
e os sobreviventes da minha
nação os possuirão.
10 Isso lhes sobrevirá em
recompensa
da sua soberba,
porque escarneceram e se
engrandeceram contra
o povo do Senhor dos
Exércitos.
11 O Senhor será terrível
contra eles
quando aniquilar todos os
deuses da terra.
As nações de todos os litorais,
cada uma na sua própria
terra, o adorarão.
12 Também vós, ó etíopes,
sereis mortos com a minha
espada.
13 Estenderá também a sua
mão contra o Norte
e destruirá a Assíria,
fazendo de Nínive uma
desolação
e terra seca como o deserto.
14 No meio dela repousarão os
rebanhos,
animais de toda espécie.
O pelicano e o ouriço
se alojarão nos seus capitéis.
A voz do seu canto
retinirá nas janelas,
a desolação estará nos limiares,
o madeiramento de cedro
será exposto.
15 Esta é a cidade alegre e
descuidada,
que dizia no seu coração:
Eu sou, e não há outra além
de mim.
Como se tornou em
desolação,
em pousada de animais!
Qualquer que passar por ela
assobiará com desprezo e
agitará a mão.

A futura Jerusalém

3 Ai da rebelde e manchada,
da cidade opressora!
2 Não ouve a voz, não aceita o
castigo.
Não confia no Senhor
nem se aproxima do seu
Deus.
3 Os seus príncipes são leões
que rugem no meio dela,
os seus juízes são lobos da
tarde,
que não deixam nada para o
dia seguinte.
4 Os seus profetas são
arrogantes;
são homens traiçoeiros.
Os seus sacerdotes profanam o
santuário e fazem violência
à lei.
5 O Senhor é justo no meio
dela;
ele não comete iniquidade.
Todas as manhãs traz a sua
justiça à luz
e a cada novo dia ele não
falha,
mas o injusto não conhece a
vergonha.
6 Exterminei as nações;
as suas fortalezas estão
assoladas.
Fiz desertas as suas praças,
a ponto de não ficar quem
passe por elas.
As suas cidades foram
destruídas,
até não ficar ninguém,
até não haver quem as
habite.
7 Eu dizia:
Certamente me temerás
e aceitarás a correção,

e assim a sua morada não
seria destruída,
conforme o que havia
determinado.
Mas eles se levantaram de
madrugada
e corromperam todas as
suas obras.
8 Portanto esperai-me,
diz o Senhor,
no dia em que eu me
levantar para o despojo.
Porque o meu intento é
ajuntar as nações
e congregar os reinos,
para sobre eles derramar a
minha indignação
e todo o ardor da minha ira.
Toda esta terra será
consumida
pelo fogo do meu zelo.
9 Então darei lábios puros
aos povos,
para que todos invoquem
o nome do Senhor,
para que o sirvam de comum
acordo.
10 Dalém dos rios da Etiópia
os meus zelosos adoradores,
o meu povo disperso, me
trarão sacrifício.
11 Naquele dia não te
envergonharás
de nenhuma das tuas obras,
com que te rebelaste
contra mim,
porque então tirarei do
meio de ti
os que exultam na sua soberba.
Nunca mais te
ensoberbecerás
no meu santo monte.
12 Deixarei, porém, no meio
de ti um povo humilde e
pobre,
que confia no nome do
Senhor.
13 O remanescente de Israel
não cometerá iniquidade;
não proferirá mentira nem na
sua boca
se achará língua enganosa.
Serão apascentados, se deitarão,
e não haverá quem os
espante.
14 Canta alegremente, ó filha
de Sião;
rejubila, ó Israel!
Regozija-te e exulta de todo o
coração,
ó filha de Jerusalém!
15 O Senhor afastou o teu
castigo,
lançou fora o teu inimigo.
O Senhor, o rei de Israel, está
no meio de ti;
tu já não verás mal algum.
16 Naquele dia, se dirá a
Jerusalém:
Não temas, ó Sião, não se
afrouxem
as tuas mãos.
17 O Senhor teu Deus está no
meio de ti,
poderoso para te salvar.
Ele se deleitará em ti com
alegria,
te renovará no seu amor;
ele se regozijará em ti com
júbilo.
18 Os que em tristeza suspiram
pelas festas solenes,
eu os removerei de ti;
esses que são de ti e sobre
os quais há o peso da
humilhação.
19 Naquele tempo, procederei
contra todos os que te afligem;
salvarei os aleijados
e recolherei os que foram
espalhados.
Eu lhes darei louvor e honra
em toda a terra em que foram
envergonhados.

20 Naquele tempo, vos trarei;
naquele tempo, vos
recolherei.
Certamente vos darei
honra e louvor
entre todos os povos da terra,
quando, diante dos
vossos olhos,
eu restaurar a vossa sorte,
diz o Senhor.

AGEU

Chamado à reconstrução do templo

1 No segundo ano do rei Dario,
no sexto mês, no primeiro dia
do mês, veio a palavra do Senhor,
por intermédio do profeta Ageu,
a Zorobabel, filho de Sealtiel, go-
vernador de Judá, e a Josué, filho
de Jeozadaque, o sumo sacerdo-
te, dizendo:
2 Assim diz o Senhor dos Exércitos:
Este povo diz: Não veio ainda o
tempo, o tempo em que a casa do
Senhor deve ser edificada.
3 Veio, pois, a palavra do Senhor, por
intermédio do profeta Ageu, dizendo:
4 É para vós tempo de habitardes
nas vossas casas bem acabadas,
enquanto esta casa fica deserta?
5 Ora, assim diz o Senhor dos
Exércitos: Aplicai o vosso cora-
ção aos vossos caminhos.
6 Semeais muito e recolheis pou-
co. Comeis, mas não vos saciais.
Vesti-vos, mas ninguém se aque-
ce. O que recebe salário, recebe-o
para pô-lo num saco furado.
7 Assim diz o Senhor dos Exércitos:
Aplicai o vosso coração aos vos-
sos caminhos.
8 Subi ao monte, trazei madeira e edi-
ficai a casa, para que dela me agra-
de e seja glorificado, diz o Senhor.
9 Esperastes o muito, e eis que veio
a ser pouco. Esse pouco, quando
o trouxestes para casa, eu o dissi-
pei com um sopro. Por quê? diz o
Senhor dos Exércitos. Por causa
da minha casa, que está deserta,
enquanto cada um de vós se ocu-
pa com a sua própria casa.
10 Por isso retêm os céus o seu
orvalho, e a terra, os seus frutos.
11 Fiz vir a seca sobre a terra
e sobre os montes, sobre o trigo e
sobre o vinho novo, sobre o azei-
te e sobre o que a terra produz,
como também sobre os homens,
sobre os animais e sobre todo o
trabalho das vossas mãos.
12 Então ouviu Zorobabel, fi-
lho de Sealtiel, e Josué, filho de
Jeozadaque, sumo sacerdote, e to-
do o resto do povo a voz do Senhor,
o seu Deus, e as palavras do pro-
feta Ageu como o Senhor, o seu
Deus, o tinha enviado, e temeu o
povo diante do Senhor.
13 Então Ageu, o mensageiro do
Senhor, falou ao povo, conforme
a mensagem do Senhor: Eu sou
convosco, diz o Senhor.
14 De modo que o Senhor suscitou
o espírito de Zorobabel, filho de
Sealtiel, governador de Judá, e o es-
pírito de Josué, filho de Jeozadaque,
sumo sacerdote, e o espírito do res-
to de todo o povo. Eles vieram e tra-
balharam na casa do Senhor dos
Exércitos, o seu Deus,
15 ao vigésimo quarto dia do sexto
mês, no segundo ano do rei Dario.

A glória do segundo templo

2 No sétimo mês, ao vigésimo
primeiro do mês, veio a pala-
vra do Senhor por intermédio do
profeta Ageu:
2 Fala agora a Zorobabel, filho
de Sealtiel, governador de Judá,
e a Josué, filho de Jeozadaque,
sumo sacerdote, e ao resto do
povo. Dize-lhes:
3 Quem há entre vós, dos sobre-
viventes, que viu esta casa na
sua primeira glória? E como a

vedes agora? Não é esta como
nada em vossos olhos, compara-
da com aquela?
4 Ora, esforça-te, Josué, filho de
Jeozadaque, sumo sacerdote, e
esforçai-vos, todo o povo da terra,
diz o Senhor, e trabalhai. Porque
eu sou convosco, diz o Senhor dos
Exércitos.
5 É esta a aliança que fiz convosco,
quando saístes do Egito. E o meu
Espírito habita no meio de vós.
Não temais.
6 Assim diz o Senhor dos Exércitos:
Ainda uma vez, dentro em pouco,
abalarei os céus, a terra, o mar e
a terra seca.
7 Abalarei todas as nações, e o de-
sejado de todas as nações virá, e
encherei esta casa de glória, diz
o Senhor dos Exércitos.
8 Minha é a prata, e meu é o ouro,
diz o Senhor dos Exércitos.
9 A glória desta última casa será
maior do que a da primeira, diz
o Senhor dos Exércitos, e, neste
lugar, darei a paz, diz o Senhor
dos Exércitos.

Bênção para um povo aviltado

10 Ao vigésimo quarto dia do nono
mês, no segundo ano de Dario, veio
a palavra do Senhor por intermé-
dio do profeta Ageu:
11 Assim diz o Senhor dos Exércitos:
Pergunta agora aos sacerdotes,
acerca da lei:
12 Se alguém leva carne santa na
borda do seu vestido, e com ele toca
no pão, ou no guisado, ou no vinho,
ou no azeite, ou em qualquer outro
mantimento, ficará ele santificado?
Os sacerdotes responderam: Não.
13 *Então disse Ageu:* Se alguém,
que se tinha tornado impuro pelo
contato com um corpo morto, to-
car nalguma dessas coisas, ficarão
elas imundas? Os sacerdotes res-
ponderam: Ficarão imundas.
14 Então disse Ageu: Assim é este
povo, e assim é esta nação diante
do meu rosto, diz o Senhor. Tudo
o que fazem e tudo o que ali ofe-
recem é imundo.
15 Agora considerai o que acon-
tece desde aquele dia. Antes de
pordes pedra sobre pedra no tem-
plo do Senhor,
16 antes daquele tempo, alguém
vinha a um monte de vinte medi-
das, e havia somente dez; vinha
ao lagar para tirar cinquenta, ha-
via somente vinte.
17 Feri-vos com queimadura, e
com ferrugem, e com saraiva, em
toda a obra das vossas mãos, con-
tudo não houve entre vós quem
voltasse para mim, diz o Senhor.
18 Deste dia em diante, desde o vigé-
simo quarto dia do nono mês, des-
de o dia em que se fundou o templo
do Senhor, considerai estas coisas.
19 Há ainda semente no celeiro?
Até agora a videira, a figueira, a
romeira e a oliveira não têm dado
os seus frutos. Mas desde este dia
vos abençoarei.
20 Veio a palavra do Senhor pela
segunda vez a Ageu, aos vinte e
quatro do mês:
21 Dize a Zorobabel, governador
de Judá: Abalarei os céus e a terra.
22 Derrubarei o trono dos reinos
e destruirei a força dos reinos das
nações. Destruirei o carro e os que
nele se assentam; os cavalos e os
que andam montados neles cairão,
cada um pela espada do seu irmão.
23 Naquele dia, diz o Senhor
dos Exércitos, eu te tomarei, ó
Zorobabel, filho de Sealtiel, servo
meu, diz o Senhor, e te farei como
um anel de selar, porque te esco-
lhi, diz o Senhor dos Exércitos.

ZACARIAS

Exortação ao arrependimento

1 No oitavo mês do segundo
ano de Dario, veio a palavra
do Senhor ao profeta Zacarias,
filho de Baraquias, filho de Ido:
2 O Senhor se irou em extremo
contra vossos pais.
3 Portanto dize-lhes: Assim diz o
Senhor dos Exércitos: Voltai para
mim, diz o Senhor dos Exércitos, e
eu voltarei para vós, diz o Senhor
dos Exércitos.
4 Não sejais como vossos pais,
aos quais clamavam os primei-
ros profetas: Assim diz o Senhor
dos Exércitos: Convertei-vos dos
vossos maus caminhos e das vos-
sas más obras. Mas não me ouvi-
ram nem me deram atenção, diz
o Senhor.
5 Os vossos pais, onde estão eles?
E os profetas, vivem eles para
sempre?
6 As minhas palavras e os meus
estatutos, porém, que eu mandei
pelos profetas, meus servos, não
alcançaram os vossos pais? E eles
se arrependeram e disseram: O
Senhor dos Exércitos fez conos-
co o que os nossos caminhos e as
nossas obras mereciam.

A primeira visão

7 Aos vinte e quatro dias do déci-
mo primeiro mês, que é o mês de
sebate, no segundo ano de Dario,
veio a palavra do Senhor ao pro-
feta Zacarias, filho de Baraquias,
filho de Ido:
8 Olhei, de noite, e vi um homem
montado num cavalo vermelho.
Ele estava parado entre as mur-
teiras que se achavam no vale.
Atrás dele estavam cavalos ver-
melhos, marrons e brancos.
9 Então perguntei: Senhor meu,
quem são estes? Respondeu-me
o anjo que falava comigo: Eu te
mostrarei quem estes são.
10 Então o homem que estava en-
tre as murteiras explicou: Estes
são os que o Senhor enviou para
percorrer a terra.
11 Eles responderam ao anjo
do Senhor, que estava entre as
murteiras: Nós já percorremos
a terra, e ela está tranquila e
descansada.
12 Então disse o anjo do Senhor: Ó
Senhor dos Exércitos, até quando
não terás compaixão de Jerusalém
e das cidades de Judá, contra as
quais estiveste irado estes seten-
ta anos?
13 Respondeu o Senhor ao anjo
que falava comigo, palavras boas,
palavras consoladoras.
14 Então o anjo que falava comigo
me disse: Clama, dizendo: Assim
diz o Senhor dos Exércitos: Com
grande zelo estou zelando por
Jerusalém e por Sião,
15 mas estou muito irado contra
as nações que se sentem seguras.
Eu estava um pouco indignado, e
elas agravaram o mal.
16 Portanto, assim diz o Senhor:
Voltarei para Jerusalém com mise-
ricórdia, e a minha casa nela será
edificada. E a corda de medir
será estendida sobre Jerusalém,
diz o Senhor dos Exércitos.
17 Clama outra vez, dizendo: Assim
diz o Senhor dos Exércitos: As mi-
nhas cidades ainda se transbor-
darão de bens, e o Senhor ainda

consolará Sião e ainda escolhe-
rá Jerusalém.

A segunda visão

18 Então olhei para o alto e vi
quatro chifres.
19 Perguntei ao anjo que falava co-
migo: Que é isso? Ele me respon-
deu: Estes são os chifres que dis-
persaram Judá, Israel e Jerusalém.
20 Então o Senhor me mostrou
quatro ferreiros.
21 Então perguntei: O que vêm
estes fazer? Ele respondeu: Estes
são os poderes que dispersaram
Judá, de maneira que ninguém
pode levantar a cabeça; estes fer-
reiros vieram para os amedron-
tar, para derrubar os chifres das
nações que levantaram o seu po-
der contra a terra de Judá, para
a espalhar.

A terceira visão

2 Tornei a olhar para o alto e vi
um homem em cuja mão esta-
va uma corda de medir.
2 Eu perguntei: Para onde vais tu?
Ele me respondeu: Medir Jerusalém,
para ver qual é a sua largura e
qual o seu comprimento.
3 Então o anjo que falava comi-
go saiu, e outro anjo foi-lhe ao
encontro
4 e lhe disse: Corre, dize a este
jovem: Jerusalém será habitada
como as aldeias sem muros, por
causa da multidão de homens e
animais que nela haverá.
5 Pois eu, diz o Senhor, serei para
ela um muro de fogo em redor, e
eu mesmo serei, no meio dela, a
sua glória.
6 Ah, ah! Fugi agora da terra do
norte, diz o Senhor, porque vos
espalhei como os quatro ventos
do céu, diz o Senhor.
7 Ah! Sião! Livra-te tu, que habi-
tas com a filha de Babilônia.
8 Porque assim diz o Senhor dos
Exércitos: Depois que me glori-
ficou, enviou-me às nações que
vos despojaram, porque aquele
que tocar em vós toca na meni-
na do seu olho.
9 Certamente levantarei a minha
mão contra eles, e eles virão a ser
a presa daqueles que os serviram.
Então sabereis vós que o Senhor
dos Exércitos me enviou.
10 Exulta e alegra-te ó filha de
Sião, porque eu venho e habita-
rei no meio de ti, diz o Senhor.
11 Naquele dia, muitas nações se
ajuntarão ao Senhor e serão o meu
povo. Estabelecerei em ti a minha
habitação e saberás que o Senhor
dos Exércitos me enviou a ti.
12 Então o Senhor possuirá Judá
como sua porção na terra santa e
ainda escolherá Jerusalém.
13 Cale-se, toda a carne, diante
do Senhor, porque ele se levan-
tou da sua santa morada.

A quarta visão

3 Então ele me mostrou o sumo
sacerdote Josué, que estava
diante do anjo do Senhor, e Satanás
estava à sua mão direita, para se
opor a ele.
2 O Senhor disse a Satanás: O Senhor
te repreende, ó Satanás! O Senhor,
que escolheu Jerusalém, te repre-
ende! Não é este um tição tirado
do fogo?
3 Ora, Josué, vestido de trajes su-
jos, estava diante do anjo.
4 Então falando este, ordenou aos
que estavam diante dele: Tirai-lhe
estes trajes sujos. E a Josué dis-
se: Vê, tenho feito que passe de ti
a tua iniquidade e te vestirei de
trajes finos.

5 Então eu disse: Ponham-lhe um
turbante limpo sobre a cabeça.
Puseram-lhe, pois, sobre a cabe-
ça um turbante limpo e vestiram-
-no, enquanto o anjo do Senhor
estava ali.
6 O anjo do Senhor exortou Josué,
dizendo:
7 Assim diz o Senhor dos Exércitos:
Se andares nos meus caminhos e
observares as minhas ordenanças,
tu julgarás a minha casa e tam-
bém guardarás os meus átrios,
e te darei lugar entre os que es-
tão aqui.
8 Ouve Josué, sumo sacerdote,
tu e os teus companheiros que
se assentam diante de ti, os quais
são homens que simbolizam coi-
sas vindouras: Eu farei vir o meu
servo, o Renovo.
9 Vede aqui a pedra que pus dian-
te de Josué! Sobre esta pedra úni-
ca estão sete olhos. Eu esculpirei
a sua escultura, diz o Senhor dos
Exércitos, e tirarei a iniquidade
desta terra num só dia.
10 Naquele dia, diz o Senhor dos
Exércitos, cada um de vós convi-
dará o seu companheiro para de-
baixo da videira e para debaixo
da figueira.

A quinta visão

4 Tornou o anjo que falava co-
migo e me despertou, como a
um homem que é despertado do
seu sono,
2 e me perguntou: O que vês?
Respondi: Vejo um castiçal todo
de ouro e um vaso de azeite em
cima, com sete lâmpadas, e há sete
canudos que se unem às lâmpa-
das que estão em cima dele.
3 Junto a ele há duas oliveiras,
uma à direita do vaso de azeite e
outra à sua esquerda.
4 Então perguntei ao anjo que fa-
lava comigo: Senhor meu, o que
é isso?
5 Respondeu-me o anjo que falava
comigo: Não sabes tu o que isso
é? Eu disse: Não, Senhor meu.
6 Então ele me disse: Esta é a pa-
lavra do Senhor a Zorobabel: Não
por força nem por violência, mas
pelo meu Espírito, diz o Senhor
dos Exércitos.
7 Quem és tu, ó grande monte?
Diante de Zorobabel serás uma
campina. Então ele trará a pe-
dra angular em meio a aclama-
ções: Graça, graça a ela.
8 Veio de novo a mim a palavra
do Senhor:
9 As mãos de Zorobabel lançaram
o fundamento desta casa, tam-
bém as suas mãos a acabarão,
para que saibais que o Senhor
dos Exércitos me enviou a vós.
10 Quem despreza o dia das coi-
sas pequenas? Esses se alegra-
rão, vendo o prumo na mão de
Zorobabel. São estes os sete olhos
do Senhor, que percorrem toda
a terra.
11 Então perguntei ao anjo: O que
são estas duas oliveiras à direita
e à esquerda do castiçal?
12 Novamente lhe perguntei: O
que são aqueles dois raminhos
de oliveira, que estão junto aos
dois tubos de ouro e vertem de
si azeite dourado?
13 Respondeu-me ele: Não sabes
o que é isso? Eu disse: Não, meu
Senhor.
14 Então ele disse: Estes são os
dois ungidos para servir diante
do Senhor de toda a terra.

A sexta visão

5 Outra vez para o alto olhei e
vi um pergaminho voando.

2 Perguntou-me ele: O que vês?
Eu respondi: Vejo um pergaminho voando, que tem vinte côvados de comprimento e dez de largura.
3 Então me disse: Esta é a maldição que sairá pela face de toda a terra; pois qualquer que furtar ou jurar falsamente será expulso, conforme a maldição.
4 Eu a trarei, diz o Senhor dos Exércitos, e a farei entrar na casa do ladrão e do que jurar falsamente pelo meu nome. Ela permanecerá na sua casa e destruirá a sua madeira como as suas pedras.

A sétima visão

5 Saiu o anjo que falava comigo e me disse: Levanta os teus olhos e vê o que está surgindo.
6 Eu perguntei: O que é isto? Ele me respondeu: Isto é um efa que sai. Então acrescentou: Esta é a iniquidade do povo desta terra.
7 Eis que foi levantada a tampa de chumbo, e uma mulher estava sentada dentro da vasilha.
8 Prosseguiu o anjo: Esta é a impiedade. E a lançou dentro da vasilha e fechou com a tampa de chumbo.
9 Olhei para o alto e vi que duas mulheres saíram, agitando o ar com as suas asas, pois tinham asas como as da cegonha, e levantaram a vasilha entre a terra e o céu.
10 Então perguntei ao anjo que falava comigo: Para onde levam estas a vasilha?
11 Ele me respondeu: Para lhe *edificarem uma casa na* terra de Sinear, e, estando esta acabada, ela será posto ali em seu próprio lugar.

A oitava visão

6 Outra vez olhei para o alto e vi quatro carros que saíam dentre dois montes, e estes montes eram de bronze.
2 No primeiro carro, havia cavalos vermelhos; no segundo carro, cavalos pretos;
3 no terceiro carro, cavalos brancos, e no quarto carro, cavalos marrons — todos eles fortes.
4 Perguntei ao anjo que falava comigo: O que é isso, meu Senhor?
5 Respondeu-me o anjo: Estes são os quatro ventos do céu, saindo de onde estavam perante o Senhor de toda a terra.
6 O carro em que estão os cavalos pretos sai para a terra do norte, o dos brancos sai atrás deles, o dos marrons para a terra do sul.
7 Os cavalos fortes saíram e procuravam percorrer a terra. E ele disse: Ide, percorrei a terra. E eles assim fizeram.
8 Então ele me chamou, dizendo: Vê! Aqueles que saíram para a terra do norte fizeram repousar o meu Espírito na terra do norte.

Uma coroa para Josué

9 Veio a mim a palavra do Senhor:
10 Recebe prata e ouro dos que foram levados cativos, a saber, de Heldai, de Tobias e de Jedaías, que chegaram da Babilônia; e vem tu no mesmo dia, e entra na casa de Josias, filho de Sofonias.
11 Pega a prata e o ouro e faze coroas, e põe-nas na cabeça de Josué, filho de Jeozadaque, sumo sacerdote,
12 e dize-lhe: Assim diz o Senhor dos Exércitos: Aqui está o homem cujo nome é Renovo, e ele sairá do seu lugar e edificará o templo do Senhor.

13 Ele mesmo edificará o templo do Senhor e levará a glória; ele se assentará, e dominará no seu trono. E ele será sacerdote no seu trono. E haverá harmonia entre os dois.

14 As coroas serão dadas a Helém, a Tobias, a Jedaías, e a Hem, filho de Sofonias, como um memorial no templo do Senhor.

15 Aqueles que estão longe virão e ajudarão a edificar o templo do Senhor, e vós sabereis que o Senhor dos Exércitos me enviou a vós. Isto acontecerá, se diligentemente ouvirdes a voz do Senhor, o vosso Deus.

Justiça e misericórdia

7 No quarto ano do rei Dario, veio a palavra do Senhor a Zacarias, no quarto dia do nono mês, que é quisleu.

2 Quando de Betel foram enviados Sarezer, Regem-Meleque e os seus homens, para suplicarem o favor do Senhor,

3 disseram aos sacerdotes, que estavam no templo do Senhor dos Exércitos, e aos profetas: Chorarei eu no quinto mês, com jejum, como tenho feito por tantos anos?

4 Então veio a mim a palavra do Senhor dos Exércitos:

5 Dize a todo o povo desta terra e aos sacerdotes: Quando jejuastes e panteastes, no quinto e sétimo meses, durante estes setenta anos, jejuastes de fato para mim?

6 Ou quando comestes e bebestes, não foi para vós mesmos que o fizestes?

7 Não ouvistes vós as palavras que o Senhor pregou por intermédio dos profetas que nos precederam, quando Jerusalém estava habitada e em paz com as suas cidades ao redor dela, e o Neguebe e a campina eram habitados?

8 Veio de novo a palavra do Senhor a Zacarias:

9 Assim diz o Senhor dos Exércitos: Executai a justiça verdadeira; mostrai bondade e misericórdia cada um a seu irmão.

10 Não oprimais a viúva e o órfão, nem o estrangeiro e o pobre. Não trameis o mal uns contra os outros no seu coração.

11 Eles, porém, não quiseram dar atenção; viraram-me as costas rebeldemente e taparam os ouvidos, para que não ouvissem.

12 Sim, fizeram o seu coração duro como diamante, para que não ouvissem a Lei nem as palavras que o Senhor dos Exércitos enviara pelo seu Espírito mediante os profetas que nos precederam. Por isso, veio a grande ira do Senhor dos Exércitos.

13 Quando eu clamei, eles não ouviram; assim também quando eles clamaram, eu não os ouvi, diz o Senhor dos Exércitos.

14 Espalhei-os com um turbilhão por entre todas as nações que eles não conheceram. A terra foi assolada atrás deles, de sorte que ninguém passava por ela, nem para ela se voltava; porque fizeram da terra desejada uma desolação.

O Senhor promete abençoar Jerusalém

8 Outra vez veio a mim a palavra do Senhor dos Exércitos:

2 Assim diz o Senhor dos Exércitos: Zelo por Sião com grande zelo; com grande indignação zelo por ela.

3 Assim diz o Senhor: Voltarei para Sião e habitarei no meio de Jerusalém. Então Jerusalém será

chamada a cidade da verdade, e
o monte do Senhor dos Exércitos
será chamado o monte santo.
4 Assim diz o Senhor dos Exércitos:
Ainda nas praças de Jerusalém
habitarão velhos e velhas, levando cada um na mão a sua bengala, por causa da sua muita idade.
5 As praças da cidade se encherão de meninos e meninas, que
nelas brincarão.
6 Assim diz o Senhor dos Exércitos:
Se isso for maravilhoso aos olhos
do restante deste povo naqueles
dias, será também maravilhoso aos meus olhos? diz o Senhor
dos Exércitos.
7 Assim diz o Senhor dos Exércitos:
Eu salvarei o meu povo, tirando-o
da terra do Oriente e da terra do
Ocidente.
8 Eu os trarei, e eles habitarão
no meio de Jerusalém; serão o
meu povo, e eu serei o seu Deus
em verdade e em justiça.
9 **A**ssim diz o Senhor dos Exércitos:
Esforcem-se as mãos de todos
vós, que nestes dias ouvistes estas palavras da boca dos profetas,
que estiveram no dia em que foi
lançado o alicerce do templo do
Senhor dos Exércitos, para que
o templo fosse edificado.
10 Antes destes dias não havia salário para homens nem para animais. Não havia paz para o que
entrava nem para o que saía, por
causa do inimigo, porque eu incitei todos os homens, cada um
contra o seu próximo.
11 **A**gora, porém, não serei para
com o restante deste povo como
nos primeiros dias, diz o Senhor
dos Exércitos.
12 A semente prosperará, a vide
dará o seu fruto, a terra dará a
sua novidade e os céus darão o
seu orvalho. Farei que o resto
deste povo herde tudo isso.
13 Ó casa de Judá, ó casa de Israel,
assim como fostes uma maldição
entre as nações, assim vos salvarei
e sereis uma bênção. Não temais,
sejam fortes as vossas mãos.
14 Assim diz o Senhor dos Exércitos:
Assim como pensei fazer-vos mal,
quando vossos pais me provocaram
à ira, diz o Senhor dos Exércitos,
e não me arrependi,
15 assim pensei de novo em fazer
bem a Jerusalém e à casa de Judá
nestes dias. Não temais.
16 São estas coisas que deveis fazer: Falai a verdade cada um com
o seu próximo e executai juízo de
verdade e de paz nas vossas portas;
17 nenhum de vós pense mal no
seu coração contra o seu próximo, nem ame o juramento falso.
Eu aborreço todas essas coisas,
diz o Senhor.
18 **D**e novo me veio a palavra do
Senhor dos Exércitos:
19 Assim diz o Senhor dos Exércitos:
O jejum do quarto mês, e o jejum
do quinto, e o jejum do sétimo, e o
jejum do décimo mês serão para
a casa de Judá satisfação, e alegria, e festas alegres. Portanto,
amai a verdade e a paz.
20 Assim diz o Senhor dos Exércitos:
Ainda virão povos e habitantes
de muitas cidades;
21 e os habitantes de uma cidade
irão à outra, dizendo: Vamos depressa suplicar o favor do Senhor
e buscar o Senhor dos Exércitos.
Eu também irei.
22 Assim virão muitos povos e poderosas nações buscar em Jerusalém
o Senhor dos Exércitos e suplicar
a bênção do Senhor.
23 Assim diz o Senhor dos Exércitos:
Naquele dia, pegarão dez homens,

de todas as línguas das nações, pegarão, sim, na barra das vestes de um judeu, dizendo: Iremos convosco, porque temos ouvido que Deus está convosco.

O castigo dos inimigos de Israel

9 A palavra do Senhor está contra
a terra de Hadraque
e repousará sobre Damasco;
pois o olhar do homem e de
todas as tribos de Israel
se volta para o Senhor.
2 E também Hamate, que faz
fronteira com ela,
e Tiro e Sidom, ainda que
sejam muito sábias.
3 Tiro edificou para si fortalezas,
amontoou prata como o pó
e ouro fino como a lama
das ruas.
4 O Senhor, porém, despojará
e destruirá o seu poder no mar,
e ela será consumida pelo
fogo.
5 Ascalom o verá e temerá,
também Gaza, e terá
grande dor;
igualmente Ecrom,
porque a sua esperança
será iludida;
o rei de Gaza perecerá,
e Ascalom não será
habitada.
6 Estrangeiros habitarão em
Asdode;
exterminarei a soberba dos
filisteus.
7 Da sua boca tirarei o seu
sangue
e dentre os seus dentes as
suas abominações.
Ele também ficará como um
restante
para o nosso Deus
e será como chefe em Judá,
e Ecrom como um jebuseu.
8 Eu defenderei a minha casa
contra os invasores,
para que ninguém passe
nem volte;
não passará mais sobre eles o
opressor,
pois agora vejo isso com os
meus olhos.
9 Alegra-te muito, ó filha de Sião!
Exulta, ó filha de Jerusalém!
Vê! O teu rei virá a ti,
justo e Salvador, humilde,
montado em jumento,
num jumentinho, filho de
jumenta.
10 Destruirei os carros de Efraim
e os cavalos de Jerusalém,
e o arco de guerra será
destruído.
Ele anunciará paz às
nações.
O seu domínio se estenderá
de mar a mar,
e desde o Rio até as
extremidades da terra.
11 Ainda quanto a ti,
por causa do sangue da tua
aliança,
tirei os teus presos da cova
em que não havia água.
12 Voltai à fortaleza, ó
prisioneiros da esperança;
também hoje vos anuncio
que vos recompensarei em
dobro.
13 Para mim curvarei Judá
como um arco
e o encherei de Efraim.
Levantarei os teus filhos,
ó Sião,
contra os teus filhos, ó
Grécia,
e te porei como a espada de
um guerreiro.
14 O Senhor será visto sobre eles,
e as suas flechas sairão como
o relâmpago.

O Senhor Deus fará soar a
trombeta;
marchará nos redemoinhos
do sul;
15 o Senhor dos Exércitos os
protegerá.
Eles destruirão e vencerão
com fundas.
Beberão e farão barulho como
excitados pelo vinho;
estarão cheios como bacias
usadas
para espargir os cantos do
altar.
16 O Senhor, o seu Deus,
naquele dia os salvará,
como ao rebanho do seu
povo.
Como as pedras de uma coroa,
eles serão exaltados na sua
terra.
17 Quão grande é a sua bondade!
E quão grande é a sua
formosura!
O cereal fará florescer os
jovens,
e o vinho novo, as donzelas.

O Senhor cuidará de Judá

10 Pedi ao Senhor chuva no
tempo da chuva serôdia;
é o Senhor que faz as
nuvens de chuva.
Ele dá chuvas copiosas aos
homens,
e a cada um, erva no campo.
2 Os ídolos falam vaidade,
os adivinhos veem mentira e
contam sonhos falsos;
em vão consolam.
Por isso, vagueiam como
ovelhas,
estão aflitos, pois não há
pastor.
3 Contra os pastores se acende
a minha ira,
e castigarei os líderes.
Mas o Senhor dos Exércitos
visitará o seu rebanho,
a casa de Judá,
e os fará como o seu
majestoso cavalo na peleja.
4 De Judá sairá a pedra de
esquina,
dele a estaca da tenda,
dele o arco de guerra,
dele sairão todos os chefes.
5 Serão como valentes que na
batalha pisam os seus
inimigos
na lama das ruas.
Porque o Senhor está com eles,
confundirão os que andam
montados em cavalos.
6 Fortalecerei a casa de Judá
e salvarei a casa de José.
Tornarei a plantá-los,
porque me apiedei deles.
Serão como se os não
tivera rejeitado,
pois eu sou o Senhor,
o seu Deus, e os ouvirei.
7 Os de Efraim serão como um
valente,
e o seu coração se alegrará
como pelo vinho.
Os seus filhos o verão e se
alegrarão;
o seu coração se regozijará no
Senhor.
8 Eu lhes assobiarei e os
ajuntarei.
Certamente os remirei;
serão numerosos como
antes.
9 Embora eu os espalhe entre
os povos,
eles se lembrarão de mim
em lugares remotos.
Viverão com seus filhos e
voltarão.
10 Eu os farei voltar da terra
do Egito e os congregarei da
Assíria.

Eu os trarei à terra de
Gileade e ao Líbano,
e não se achará lugar
suficiente para eles.
11 Passarão pelo mar de
angústia;
as ondas do mar serão
feridas,
e todas as profundezas do
Nilo se secarão.
Então será derrubada a
soberba da Assíria,
e o cetro do Egito se
retirará.
12 Eu os fortalecerei no Senhor,
e eles andarão no seu nome,
diz o Senhor.

11 Abre, ó Líbano, as tuas
portas
para que o fogo consuma os
teus cedros.
2 Geme, ó cipreste, porque o
cedro caiu,
porque as mais excelentes
árvores são destruídas!
Gemei, ó carvalhos de Basã,
porque o bosque forte foi
derrubado!
3 Ouvi o uivo dos pastores;
a sua glória é destruída!
Ouvi o bramido dos leões;
foi destruída a soberba do
Jordão!
4 Assim diz o Senhor, o meu Deus:
Apascenta as ovelhas destinadas
à matança,
5 cujos compradores as matam e
não se têm por culpados. Aqueles
que as vendem, dizem: Louvado
seja o Senhor, porque me enri-
queci! Os seus próprios pastores
não têm piedade delas.
6 Certamente não terei mais pie-
dade dos moradores desta ter-
ra, diz o Senhor, mas entregarei
cada um na mão do seu próximo
e na mão do seu rei. Eles ferirão
a terra e eu não os livrarei das
mãos deles.
7 Eu apascentei as ovelhas desti-
nadas à matança, as pobres ove-
lhas do rebanho. Então tomei para
mim duas varas: a uma chamei
Graça e à outra chamei União, e
apascentei as ovelhas.
8 Destruí os três pastores num
mês, porque se angustiou deles
a minha alma, e também a sua
alma teve fastio de mim.
9 Então eu disse: Não vos apas-
centarei mais. O que está mor-
rendo, morra; e o que está pere-
cendo, pereça. Os que restarem
comam cada um a carne do seu
próximo.
10 Tomei a minha vara Graça e
a quebrei, para anular a minha
aliança, que tinha estabelecido
com todos estes povos.
11 Foi anulada naquele dia, e as-
sim os pobres do rebanho que me
observavam conheceram que isso
era palavra do Senhor.
12 Eu lhes disse: Se parece bem
aos vossos olhos, dai-me o que me
é devido; se não, deixai-o. Pesaram,
pois, o meu salário, trinta moe-
das de prata.
13 E o Senhor me disse: Lança
isso ao oleiro, esse belo preço
em que fui avaliado por eles.
Tomei as trinta moedas de pra-
ta e as lancei ao oleiro no tem-
plo do Senhor.
14 Então quebrei a minha segun-
da vara União, para romper a ir-
mandade entre Judá e Israel.
15 Então o Senhor me disse: Toma
ainda para ti o equipamento de
um pastor insensato.
16 Porque levantarei na terra um
pastor que não visitará as que es-
tão perecendo, não buscará a des-
garrada, não sarará a doente, nem

apascentará a sã, mas comerá a
carne da gorda e lhe despedaçará as unhas.
17 Ai do pastor inútil,
que abandona o rebanho!
Caia a espada sobre o seu braço
e sobre o seu olho direito!
Que o braço completamente
se lhe seque,
e o olho direito de todo se
escureça.

A destruição dos inimigos de Jerusalém

12 É esta a palavra do Senhor
acerca de Israel; palavra do
Senhor que estende o céu, funda
a terra e forma o espírito do homem dentro dele:
2 Porei Jerusalém como um copo
de atordoamento para todos os povos em redor, e também para Judá,
durante o cerco contra Jerusalém.
3 Naquele dia, farei de Jerusalém
uma pedra pesada para todos os povos. Todos os que a erguerem certamente serão feridos. E se ajuntarão
contra ela todas as nações da terra.
4 Naquele dia, diz o Senhor, ferirei de pânico todos os cavalos e
de loucura ferirei os cavaleiros.
Sobre a casa de Judá abrirei os
meus olhos e ferirei de cegueira
todos os cavalos dos povos.
5 Então os chefes de Judá dirão no
seu coração: A minha força são os
habitantes de Jerusalém; o Senhor
dos Exércitos é o seu Deus.
6 Naquele dia, porei os chefes de
Judá como uma brasa ardente
debaixo da lenha e como uma tocha incandescente entre gavetos.
À direita e à esquerda consumirão todos os povos em redor, mas
Jerusalém será habitada outra
vez; ela permanecerá no mesmo
lugar e ficará intacta.
7 O Senhor salvará primeiro as
tendas de Judá, para que a glória
da casa de Davi e a glória dos habitantes de Jerusalém não sejam
exaltadas acima de Judá.
8 Naquele dia, o Senhor ampará os habitantes de Jerusalém, de
sorte que o que dentre eles tropeçar naquele dia será como Davi, e
a família de Davi será como Deus,
como o anjo do Senhor diante deles.
9 Naquele dia, procurarei destruir
todas as nações que vierem contra Jerusalém.

Luto por aquele que trespassaram

10 Sobre a família de Davi e sobre
os habitantes de Jerusalém derramarei o Espírito de graça e de súplicas. Olharão para mim, a quem
trespassaram, e prantearão como
quem pranteia por seu filho único,
e chorarão amargamente por ele,
como se chora pelo primogênito.
11 Naquele dia, será grande o
pranto em Jerusalém, como o pranto de Hadade-Rimom no vale de
Megido.
12 A terra panteará, cada família
à parte; a família de Davi à parte, e suas mulheres à parte; a família de Natã à parte, e suas mulheres à parte;
13 a família da casa de Levi à parte, e suas mulheres à parte; a família de Simei à parte, e suas mulheres à parte.
14 As demais famílias, cada família à parte, e suas mulheres
à parte.

A purificação do pecado

13 Naquele dia, haverá uma
fonte aberta para os descendentes de Davi e para os habitantes de Jerusalém, contra o
pecado e a impureza.

2 Naquele dia, diz o Senhor dos
Exércitos, tirarei da terra os nomes dos ídolos, e deles não haverá mais memória. Também farei sair da terra os profetas e o espírito da impureza.
3 E se alguém ainda profetizar, seu
pai e sua mãe, que o geraram, lhe dirão: Não viverás, porque mentirosamente falaste em nome do Senhor. E seu pai e sua mãe, que o geraram, o trespassarão quando profetizar.
4 Naquele dia, os profetas se sen-
tirão envergonhados, cada um da sua visão, quando profetizarem. Não mais se vestirão de manto de pelos, para mentirem.
5 Dirão, porém: Não sou profeta;
sou lavrador da terra; tenho sido escravo desde a minha juventude.
6 Se alguém lhe perguntar: Que fe-
ridas são essas nas tuas mãos? responderá ele: São as feridas com que fui ferido na casa dos meus amigos.

O Pastor ferido

7 Ó espada, ergue-te contra o
meu Pastor
e contra o homem que é o
meu companheiro,
diz o Senhor dos Exércitos.
Fere o pastor, e as ovelhas
se dispersarão,
mas voltarei a minha mão
para os pequenos.
8 Em toda a terra, diz o Senhor,
as duas partes dela serão
extirpadas e expirarão,
mas a terceira parte restará
nela.
9 Farei passar esta terceira
parte pelo fogo,
e a purificarei, como se
purifica a prata,
e a provarei, como se
prova o ouro.
Ela invocará o meu nome, e
eu a ouvirei;
direi: É meu povo, e ela dirá:
O Senhor é meu Deus.

A vinda e o Reino do Senhor

14 Vem o dia do Senhor, no
qual os teus bens serão repartidos no meio de ti.
2 Eu ajuntarei todas as nações
para a peleja contra Jerusalém; a cidade será tomada, as casas serão saqueadas e as mulheres, forçadas. Metade da cidade irá para o exílio, mas o restante do povo não será expulso da cidade.
3 Então o Senhor sairá e peleja-
rá contra estas nações, como pelejou no dia da batalha.
4 Naquele dia, estarão os seus pés
sobre o monte das Oliveiras, que está a leste de Jerusalém para o oriente; o monte das Oliveiras será dividido ao meio, para o oriente e para o ocidente, formando um vale muito grande; metade do monte se apartará para o norte, e a outra metade para o sul.
5 Fugireis pelo vale dos meus
montes, porque o vale dos montes chegará até Azel; fugireis assim como fugistes do terremoto nos dias de Uzias, rei de Judá. Então virá o Senhor, o meu Deus, e todos os santos com ele.
6 Naquele dia, não haverá luz nem
frio, nem geada.
7 Será um dia singular conheci-
do do Senhor; não será nem dia nem noite. Quando a tarde chegar, haverá luz.
8 Naquele dia, também correrão
de Jerusalém águas vivas, metade delas para o mar oriental, e a outra metade até o mar ocidental; no verão e no inverno sucederá isso.

9 O Senhor será rei sobre toda
a terra. Naquele dia, um será o
Senhor, e um será o seu nome.
10 Toda a terra em redor se tor-
nará em planície, desde Geba até
Rimom, ao sul de Jerusalém; ela
será exaltada e habitada no seu
lugar, desde a porta de Benjamim
até o lugar da primeira porta, até
a porta da Esquina, e desde a tor-
re de Hananeel até os lagares
do rei.
11 Habitarão nela, e já não ha-
verá maldição; Jerusalém habi-
tará segura.
12 Esta é a praga com que o Senhor
ferirá todos os povos que guer-
rearam contra Jerusalém: a sua
carne será consumida, estando
eles de pé, e lhes apodrecerão a
língua na sua boca.
13 Naquele dia, também haverá
da parte do Senhor uma gran-
de confusão entre eles. Cada um
agarrará a mão do seu próximo,
cada um levantará a sua mão con-
tra o seu próximo.
14 Também Judá pelejará em
Jerusalém, e se ajuntarão as ri-
quezas de todas as nações circun-
vizinhas, ouro e prata, e vestes
em grande abundância.
15 Como esta praga, assim será
a praga dos cavalos, dos mulos,
dos camelos, dos jumentos e de
todos os animais daquelas nações.
16 Então todos os que restarem
de todas as nações que vieram
contra Jerusalém subirão anual-
mente para adorar o Rei, o Senhor
dos Exércitos, e celebrar a festa dos
tabernáculos.
17 Se alguma das famílias da terra
não subir a Jerusalém, para ado-
rar o Rei, o Senhor dos Exércitos,
não virá sobre ela a chuva.
18 Se a família dos egípcios não su-
bir para participar, cairá sobre eles
a praga com que o Senhor ferirá
as nações que não subirem para
celebrar a festa dos tabernáculos.
19 Este será o castigo dos egípcios
e o castigo de todas as nações que
não subirem para celebrar a fes-
ta dos tabernáculos.
20 Naquele dia, será gravado nas
campainhas dos cavalos: Santo
ao Senhor; as panelas do templo do
Senhor serão como as bacias dian-
te do altar.
21 Todas as panelas em Jerusalém e
Judá serão consagradas ao Senhor
dos Exércitos, e todos os que sa-
crificarem virão, lançarão mão
delas e nelas cozinharão a car-
ne do sacrifício. Naquele dia, não
haverá mais mercador no templo
do Senhor dos Exércitos.

MALAQUIAS

Jacó é amado, Esaú é detestado

1 Um oráculo: A palavra do
Senhor a Israel, por inter-
médio de Malaquias.
2 Eu vos amei, diz o Senhor, mas
vós dizeis: Em que nos amaste?
Não foi Esaú irmão de Jacó? diz
o Senhor. Todavia amei a Jacó
3 e aborreci a Esaú. Fiz dos seus
montes uma desolação e dei a sua
herança aos chacais do deserto.
4 Ainda que Edom diga:
Empobrecidos somos, porém tor-
naremos a edificar os lugares de-
sertos, assim diz o Senhor dos
Exércitos: Eles edificarão, e eu
destruirei. Edom será chamada
Terra da Impiedade e povo con-
tra quem o Senhor está irado
para sempre.
5 Os vossos olhos o verão, e di-
reis: O Senhor é engrandecido
ainda além dos termos de Israel.
6 O filho honrará o pai, e o ser-
vo, ao seu senhor. Se eu sou pai,
onde está a minha honra? E se
eu sou senhor, onde está o res-
peito para comigo? diz o Senhor
dos Exércitos a vós, ó sacerdotes,
que desprezais o meu nome. Mas
vós perguntais: Em que despre-
zamos nós o teu nome?
7 Ofereceis sobre o meu altar pão
imundo e dizeis: Em que te have-
mos profanado? Nisto que dizeis:
A mesa do Senhor é desprezível.
8 Quando trazeis animal cego para
o sacrificardes, isso não é mau? E
quando ofereceis o coxo ou o doen-
te, isso não é mau? Ora, apresen-
ta-o ao teu governador! Terá ele
agrado em ti e te será favorável?
diz o Senhor dos Exércitos.
9 Agora, suplicai o favor de Deus,
para que se compadeça de nós.
Com tal oferta da vossa mão,
aceitará ele a vossa pessoa? diz
o Senhor dos Exércitos.
10 Oxalá houvesse entre vós al-
guém que fechasse as portas
para que não acendesse debalde
o fogo do meu altar. Eu não tenho
prazer em vós, diz o Senhor dos
Exércitos, nem aceitarei da vos-
sa mão a oferta.
11 Desde o nascente do sol até o
poente o meu nome será grande
entre as nações. Em todo o lugar
se oferecerão ao meu nome in-
censo e uma oblação pura, por-
que o meu nome será grande en-
tre as nações, diz o Senhor dos
Exércitos.
12 Vós, porém, o profanais, quando
dizeis: A mesa do Senhor é impura,
e o seu produto, isto é, a sua comida,
é desprezível.
13 E dizeis também: Que cansei-
ra! E o lançastes ao desprezo, diz
o Senhor dos Exércitos. Vós ofere-
ceis o roubado, o coxo e o doente;
assim trazeis a oferta. Aceitaria eu
isso da vossa mão? diz o Senhor.
14 Maldito seja o enganador que,
tendo animal no seu rebanho, pro-
mete e oferece ao Senhor uma
coisa vil. Pois eu sou grande rei,
diz o Senhor dos Exércitos, o meu
nome é temível entre as nações.

Advertência aos sacerdotes

2 Agora, ó sacerdotes, este man-
damento é para vós.
2 Se não o ouvirdes, e não propu-
serdes no vosso coração dar hon-
ra ao meu nome, diz o Senhor

dos Exércitos, enviarei a maldi-
ção contra vós e amaldiçoarei as
vossas bênçãos. Sim, já as tenho
amaldiçoado, porque vós não pro-
pondes isso no coração.
3 Eu vos reprovarei a descendên-
cia e espalharei esterco sobre os
vossos rostos, o esterco dos vos-
sos sacrifícios, e juntamente com
este sereis levados para fora.
4 Então, sabereis que eu vos en-
viei este mandamento, para que
a minha aliança seja com Levi,
diz o Senhor dos Exércitos.
5 Minha aliança com ele foi de
vida e de paz, e eu lhe dei ambas
para que me temesse; ele me te-
meu e assombrou-se por causa
do meu nome.
6 A lei da verdade esteve na sua
boca, e a iniquidade não se achou
nos seus lábios. Andou comigo
em paz e em retidão e apartou a
muitos da iniquidade.
7 Pois os lábios do sacerdote devem
guardar o conhecimento, e da sua
boca devem os homens procurar
a instrução, porque ele é o men-
sageiro do Senhor dos Exércitos.
8 Vós, porém, vos desviastes do ca-
minho, a muitos fizestes tropeçar
na lei; corrompestes a aliança de
Levi, diz o Senhor dos Exércitos.
9 Por isso também eu vos fiz des-
prezíveis e indignos diante de todo
o povo, visto que não guardastes
os meus caminhos, mas fizestes
acepção de pessoas na lei.

A infidelidade de Judá

10 Não temos nós todos o mesmo
Pai? Não nos criou o mesmo Deus?
Por que seremos desleais uns
para com os outros, profanando
a aliança de nossos pais?
11 Judá tem sido desleal. Abomi-
nação se cometeu em Israel e em
Jerusalém: Judá profanou a san-
tidade do Senhor, a qual ele ama,
e se casou com a filha de deus es-
tranho.
12 O Senhor extirpará das tendas
de Jacó o homem que fizer isto,
o que vela, e o que responde, e o
que oferece dons ao Senhor dos
Exércitos.
13 Ainda fazeis isto: cobris o al-
tar do Senhor de lágrimas, de cho-
ros e de gemidos, de sorte que ele
já não olha para a oferta, nem a
aceita com prazer da vossa mão.
14 Perguntais: Por quê? Porque o
Senhor foi testemunha entre ti e a
mulher da tua mocidade, com
a qual tu foste desleal sendo ela a
tua companheira e a mulher da
tua aliança.
15 Não fez ele somente um? Em
carne e espírito são dele. E por que
somente um? Ele buscava uma
descendência piedosa. Portanto
cuidai de vós mesmos, e ninguém
seja desleal para com a mulher
da sua mocidade.
16 Eu detesto o divórcio, diz o
Senhor Deus de Israel, e aquele
que cobre de violência as suas ves-
tes, diz o Senhor dos Exércitos.
Portando cuidai de vós mesmos
e não sejais desleais.

O dia do juízo

17 Enfadais ao Senhor com as vos-
sas palavras e ainda perguntais:
Em que o enfadamos? Nisto que
dizeis: Qualquer que faz o mal pas-
sa por bom aos olhos do Senhor,
e é desses que ele se agrada; ou:
Onde está o Deus de justiça?
3 Vede, eu envio o meu mensa-
geiro que preparará o cami-
nho diante de mim. De repen-
te virá ao seu templo o Senhor,
a quem buscais, o mensageiro

da aliança, a quem desejais; ele vem, diz o Senhor dos Exércitos.

2 Quem, no entanto, suportará o dia da sua vinda? E quem subsistirá, quando ele aparecer? Porque ele é como o fogo do ourives e como o sabão dos lavandeiros.

3 Ele se assentará como fundidor e purificador de prata; purificará os filhos de Levi e os refinará como ouro e como prata. Então eles trarão ao Senhor ofertas em retidão.

4 Então as ofertas de Judá e de Jerusalém serão aceitáveis ao Senhor, como nos dias antigos e como nos primeiros anos.

5 Eu me chegarei a vós para juízo e serei uma testemunha veloz contra os feiticeiros e contra os adúlteros; contra os que juram falsamente e contra os que defraudam o trabalhador e pervertem o direito da viúva, do órfão e do estrangeiro, e não me temem, diz o Senhor dos Exércitos.

O roubo a Deus

6 **Eu**, o Senhor, não mudo. Por isso, vós, ó filhos de Jacó, não sois consumidos.

7 Desde os dias de vossos pais vos desviastes dos meus estatutos e não os guardastes. Tornai-vos para mim, e eu tornarei para vós, diz o Senhor dos Exércitos. Mas vós dizeis: Em que havemos de tornar?

8 Roubará o homem a Deus? Todavia vós me roubais e dizeis: Em que te roubamos? Nos dízimos e nas ofertas alçadas.

9 Com maldição sois amaldiçoados, porque me roubais, vós, a nação toda.

10 Trazei todos os dízimos à casa do tesouro, para que haja mantimento na minha casa, e depois fazei prova de mim, diz o Senhor dos Exércitos, se eu não vos abrir as janelas do céu e não derramar sobre vós uma bênção tal, que dela vos advenha a maior abastança.

11 Por vossa causa, repreenderei o devorador, para que não vos consuma o fruto da terra; a vossa vide no campo não será estéril, diz o Senhor dos Exércitos.

12 Então, todas as nações vos chamarão bem-aventurados, porque vós sereis uma terra deleitosa, diz o Senhor dos Exércitos.

13 **As** vossas palavras foram agressivas para mim, diz o Senhor. Mas vós dizeis: Que temos falado contra ti?

14 Vós dizeis: Inútil é servir a Deus. O que nos aproveitou termos cuidado em guardar os seus preceitos, e em andar de luto diante do Senhor dos Exércitos?

15 Agora, porém, nós consideramos bem-aventurados os soberbos. Os que cometem impiedade certamente prosperam, e até os que tentam ao Senhor escapam.

16 Então aqueles que temiam ao Senhor falaram uns aos outros, e o Senhor atentou e ouviu. Um memorial foi escrito diante dele, para os que temiam ao Senhor e para os que se lembravam do seu nome.

17 Eles serão meus, diz o Senhor dos Exércitos, minha possessão particular naquele dia que prepararei. Eu os pouparei, como um homem poupa a seu filho, que o serve.

18 Então vereis outra vez a diferença entre o justo e o ímpio, entre o que serve a Deus e o que não o serve.

O dia do Senhor

4 Certamente aquele dia vem; arderá como fornalha. Todos os

soberbos e todos os que cometem
impiedade serão como palha, e o
dia que está para vir os abrasa-
rá, diz o Senhor dos Exércitos, de
sorte que não lhes deixará nem
raiz nem ramo.
2 Para vós, porém, que temeis o
meu nome, nascerá o sol da justi-
ça, trazendo salvação debaixo das
suas asas. E saireis, e saltareis como
bezerros libertos da estrebaria.
3 Pisareis os ímpios, porque se fa-
rão cinza debaixo das plantas de
vossos pés naquele dia que prepa-
rarei, diz o Senhor dos Exércitos.
4 Lembrai-vos da lei de Moisés,
meu servo, a qual lhe mandei em
Horebe para todo o Israel, os es-
tatutos e os juízos.
5 Vede, eu vos enviarei o profeta
Elias, antes que venha o grande
e terrível dia do Senhor.
6 Ele converterá o coração dos
pais aos filhos e o coração dos fi-
lhos aos pais, para que eu não ve-
nha e fira a terra com maldição.

NOVO TESTAMENTO

MATEUS

A genealogia de Jesus Cristo

Lc 3:23-38

1 Livro da genealogia de Jesus
Cristo, filho de Davi, filho de
Abraão.
2 Abraão gerou Isaque, Isaque
gerou Jacó, Jacó gerou Judá e
seus irmãos,
3 Judá gerou Perez e Zerá, de
Tamar; Perez gerou Esrom, Esrom
gerou Arão,
4 Arão gerou Aminadabe,
Aminadabe gerou Naassom,
Naassom gerou Salmom,
5 Salmom gerou Boaz, de Raabe;
Boaz gerou, de Rute, Obede; Obede
gerou Jessé,
6 Jessé gerou, de Rute, o rei Davi,
o rei Davi gerou Salomão da que
foi mulher de Urias,
7 Salomão gerou Roboão, Roboão
gerou Abias, Abias gerou Asa,
8 Asa gerou Josafá, Josafá gerou
Jorão, Jorão gerou Uzias,
9 Uzias gerou Jotão, Jotão gerou
Acaz, Acaz gerou Ezequias,
10 Ezequias gerou Manassés,
Manassés gerou Amom, Amom
gerou Josias,
11 Josias gerou Jeconias e seus
irmãos no tempo do exílio na
Babilônia.
12 Depois do exílio na Babilônia,
Jeconias gerou Salatiel, Salatiel
gerou Zorobabel,
13 Zorobabel gerou Abiúde, Abiúde
gerou Eliaquim, Eliaquim ge-
rou Azor,
14 Azor gerou Sadoque, Sadoque
gerou Aquim, Aquim gerou
Eliúde,
15 Eliúde gerou Eleazar, Eleazar
gerou Matã, Matã gerou Jacó,
16 Jacó gerou José, marido de
Maria, da qual nasceu Jesus, que
se chama o Cristo.
17 Assim a soma das gerações
de Abraão até Davi foi catorze;
de Davi até o exílio na Babilônia,
catorze; do exílio na Babilônia até
Cristo, catorze.

O nascimento de Jesus Cristo

Lc 2:1-7

18 Ora, o nascimento de Jesus
Cristo foi assim: Estando Maria,
sua mãe, prometida em casamento
a José, antes de se unirem, achou-
-se grávida pelo Espírito Santo.
19 José, seu marido, sendo justo
e não querendo difamá-la, resol-
veu deixá-la secretamente.
20 Projetando ele isso, em sonho
lhe apareceu um anjo do Senhor,
dizendo: José, filho de Davi, não
temas receber Maria como tua
mulher, porque o que nela foi ge-
rado é do Espírito Santo.
21 Ela dará à luz um filho e tu
lhe porás o nome de Jesus, por-
que ele salvará o seu povo dos pe-
cados deles.
22 Tudo isso aconteceu para que
se cumprisse o que foi dito da par-
te do Senhor, pelo profeta:
23 A virgem engravidará e dará
à luz um filho, e o chamarão pelo
nome de Emanuel, que quer di-
zer: Deus conosco.
24 José, despertando do sonho,
fez como o anjo do Senhor lhe or-
denara e recebeu a sua mulher.
25 Ele, porém não teve relações
com ela até que ela deu à luz um
filho. E José lhe pôs o nome de
Jesus.

A visita dos magos

2 Tendo Jesus nascido em Belém
da Judeia, no tempo do rei
Herodes, vieram uns magos do
Oriente a Jerusalém
2 e perguntavam: Onde está o
recém-nascido rei dos judeus?
Vimos a sua estrela no Oriente e
viemos adorá-lo.
3 Quando o rei Herodes ouviu
isso, ficou perturbado, e com ele
toda a Jerusalém.
4 E, convocando todos os princi-
pais sacerdotes e os mestres da
lei, perguntou-lhes onde deveria
nascer o Cristo.
5 Eles lhe responderam: Em Belém
da Judeia, pois foi isso que o pro-
feta escreveu:
6 E tu, Belém, terra de Judá,
de modo nenhum és o menor
entre os governantes
de Judá;
pois de ti sairá um guia
que apascentará
o meu povo, Israel.
7 Então Herodes chamou secre-
tamente os magos e informou-se
acerca do tempo em que a estre-
la aparecera.
8 E, enviando-os a Belém, disse-
-lhes: Ide e perguntai diligente-
mente pelo menino. Quando o en-
contrardes, avisai-me, para que
eu também vá e o adore.
9 Tendo eles ouvido o rei, parti-
ram. E a estrela, que tinham vis-
to no Oriente, ia adiante deles até
que, chegando, parou sobre o lu-
gar onde estava o menino.
10 Vendo eles a estrela, ficaram
muito alegres.
11 Entrando na casa, viram o menino
com Maria, sua mãe, e, prostrando-
-se, o adoraram. Então, abrindo
os seus tesouros, lhe deram seus
presentes: ouro, incenso e mirra.
12 E, tendo sido por divina reve-
lação avisados em sonhos para
que não voltassem a Herodes,
regressaram por outro caminho
à sua terra.

A fuga para o Egito

13 Depois que os magos parti-
ram, o anjo do Senhor apareceu a
José em sonho e disse: Levanta-te,
toma o menino e sua mãe e foge
para o Egito. Fica lá até que eu
te avise, pois Herodes procurará
o menino para o matar.
14 José levantou-se de noite, to-
mou o menino e sua mãe e par-
tiu para o Egito.
15 Ali permaneceu até a morte de
Herodes, para que se cumprisse o
que o Senhor havia dito pelo pro-
feta: Do Egito chamei o meu Filho.
16 Então Herodes, percebendo que
havia sido enganado pelos magos,
ficou furioso e mandou matar to-
dos os meninos de dois anos para
baixo, habitantes de Belém e de
seus arredores, segundo o tempo
indicado pelos magos.

A matança dos inocentes

17 Então se cumpriu o que foi dito
pelo profeta Jeremias:
18 Ouviu-se uma voz em Ramá,
choro e grande lamentação.
Raquel chorando por seus
filhos,
recusando-se a ser
consolada,
porque já não existem.

A volta do Egito

Lc 2:39,40

19 Depois que Herodes morreu, o
anjo do Senhor apareceu em so-
nho a José, no Egito, e disse-lhe:
20 Levanta-te, toma o menino e sua
mãe e vai para a terra de Israel,

pois já morreram os que procu-
ravam tirar a vida do menino.
21 Então ele se levantou, tomou
o menino e sua mãe e foi para a
terra de Israel.
22 Quando, porém, ouviu que
Arquelau reinava na Judeia em
lugar de seu pai, Herodes, temeu
ir para lá. Avisado em sonhos, re-
tirou-se para as regiões da Galileia
23 e foi morar numa cidade cha-
mada Nazaré, para que se cum-
prisse o que fora dito pelos profe-
tas: Ele será chamado Nazareno.

João Batista

Mc 1:1-8; Lc 3:1-9; Jo 1:6-8,19-36

3 Naqueles dias, apareceu João
Batista pregando no deserto
da Judeia
2 e dizendo: Arrependei-vos, pois
está próximo o Reino dos céus.
3 Este é aquele de quem o
profeta Isaías falou, ao dizer:

Voz do que clama no deserto,
preparai o caminho do
Senhor,
endireitai as suas veredas.

4 As roupas de João eram feitas
de pelos de camelo, e ele trazia
um cinto de couro na cintura.
Seu alimento eram gafanhotos
e mel silvestre.
5 Então iam ter com ele os habi-
tantes de Jerusalém, de toda a
Judeia e de toda a região circun-
vizinha ao Jordão.
6 Confessavam os seus pecados
e eram batizados por ele no rio
Jordão.
7 Vendo ele, porém, que muitos
fariseus e saduceus vinham ao
batismo, disse-lhes: Raça de ví-
boras! Quem vos ensinou a fu-
gir da ira futura?
8 Produzi fruto que mostre arre-
pendimento.
9 E não penseis que basta dizer:
Temos por pai a Abraão. Eu vos
digo que destas pedras Deus pode
fazer surgir filhos a Abraão.
10 O machado já está posto à raiz
das árvores, e toda árvore que não
produz bom fruto será cortada e
lançada ao fogo.

O testemunho de João

Mc 1:7,8; Lc 3:15-17; Jo 1:19-28

11 Eu vos batizo com água, para
arrependimento. Mas depois de
mim vem aquele que é mais pode-
roso do que eu, cujas sandálias não
sou digno de levar. Ele vos batizará
com o Espírito Santo e com fogo.
12 Na mão ele tem a pá e limpa-
rá a sua eira, recolherá o trigo no
seu celeiro e queimará a palha
com fogo que nunca se apagará.

O batismo de Jesus

Mc 1:9,11; Lc 3:21,22; Jo 1:32-34

13 Então veio Jesus da Galileia ao
Jordão para ser batizado por João.
14 João, porém, tentava impedi-
-lo, dizendo: Eu preciso ser bati-
zado por ti, e vens tu a mim?
15 Jesus, porém, lhe respondeu:
Deixa por agora, pois assim nos
convém cumprir toda a justiça.
Então concordou João.
16 Assim que Jesus foi batiza-
do, saiu logo da água. Nesse ins-
tante, o céu se abriu, e João viu o
Espírito de Deus descendo como
pomba e pousando sobre Jesus.
17 E uma voz dos céus disse: Este
é meu Filho amado, em quem me
agrado.

A tentação de Jesus

Mc 1:12,13; Lc 4:1-13

4 Então Jesus foi levado pelo
Espírito ao deserto, para ser
tentado pelo Diabo.

2 Depois de jejuar quarenta dias
e quarenta noites, sentiu fome.
3 O Tentador chegou-se a ele e
disse: Se tu és o Filho de Deus,
manda que estas pedras se
transformem em pães.
4 Respondeu Jesus: Está escrito:
Não só de pão viverá o homem,
mas de toda a palavra que sai da
boca de Deus.
5 Então o Diabo o levou à cidade
santa e o colocou sobre a parte
mais alta do templo.
6 E lhe disse: Se tu és o Filho de
Deus, lança-te daqui para baixo.
Pois está escrito:

Aos seus anjos dará ordens a
teu respeito,
e eles te segurarão nas mãos,
para que não tropeces em
pedra alguma.

7 Respondeu-lhe Jesus: Também
está escrito: Não tentarás o Senhor,
o teu Deus.
8 Levou-o novamente o Diabo a
um monte muito alto e mostrou-lhe todos os reinos do mundo e
o seu esplendor.
9 E lhe disse: Tudo isto te darei
se, prostrado, me adorares.
10 Então Jesus lhe disse: Retira-te, Satanás! Pois está escrito: Ao
Senhor, o teu Deus, adorarás e só
a ele servirás.
11 Então o Diabo o deixou, e vieram os anjos e o serviram.

Jesus na Galileia

Mc 1:14,15; Lc 4:14,15

12 Quando Jesus soube que João
estava preso, voltou para a Galileia.
13 Deixando Nazaré, foi morar
em Cafarnaum, cidade que ficava *à beira do mar*, na região de
Zebulom e Naftali;
14 para que se cumprisse o que
foi dito pelo profeta Isaías:

15 Terra de Zebulom,
terra de Naftali,
caminho do mar,
além do Jordão,
Galileia dos gentios —
16 o povo que estava em trevas
viu grande luz,
e aos que estavam na região
da sombra da morte,
raiou-lhes a luz.

17 Desde então começou Jesus a
pregar: Arrependei-vos, pois está
próximo o Reino dos céus.

A vocação dos primeiros discípulos

18 Andando Jesus junto ao mar da
Galileia, viu dois irmãos, Simão,
chamado Pedro, e André; eles estavam lançando as redes ao mar,
pois eram pescadores.
19 Disse-lhes Jesus: Vinde após
mim, e eu vos farei pescadores
de homens.
20 Imediatamente eles deixaram
as redes e o seguiram.
21 Indo um pouco mais longe, viu
outros dois irmãos, Tiago, filho
de Zebedeu, e João, seu irmão.
Estavam num barco em companhia de Zebedeu, consertando as
redes, quando Jesus os chamou,
22 e eles, deixando imediatamente o barco e seu pai, o seguiram.

Jesus cura os enfermos

Lc 6:17-19

23 Percorria Jesus toda a Galileia,
ensinando nas suas sinagogas,
pregando o evangelho do Reino
e curando todos os tipos de doenças e enfermidades entre o povo.
24 Sua fama espalhou-se por toda
a Síria, e traziam-lhe todos os
enfermos, acometidos de várias
doenças e tormentos: endemoninhados, epiléticos, paralíticos, e
ele os curava.

25 Seguiam-no grandes multi-
dões da Galileia, de Decápolis, de
Jerusalém, da Judeia e do outro
lado do Jordão.

As bem-aventuranças

Lc 6:20-23

5 Vendo Jesus as multidões, su-
biu ao monte e assentou-se.
Aproximaram-se dele os seus
discípulos,
2 e ele começou a ensiná-los, di-
zendo:
3 Bem-aventurados os pobres
de espírito,
pois deles é o Reino dos
céus.
4 Bem-aventurados os que choram,
pois serão consolados.
5 Bem-aventurados os humildes,
pois herdarão a terra.
6 Bem-aventurados os que
têm fome
e sede de justiça,
pois serão fartos.
7 Bem-aventurados os
misericordiosos,
pois alcançarão
misericórdia.
8 Bem-aventurados os puros
de coração,
pois verão a Deus.
9 Bem-aventurados os
pacificadores,
pois serão chamados
filhos de Deus.
10 Bem-aventurados os que
sofrem perseguição por
causa da justiça,
pois deles é o Reino
dos céus.
11 Bem-aventurados sois vós,
quando vos injuriarem e persegui-
rem e, mentindo, disserem todo o
mal contra vós por minha causa.
12 Regozijai-vos e alegrai-vos, por-
que grande é a vossa recompensa
nos céus, pois assim persegui-
ram aos profetas que viveram
antes de vós.

Os discípulos são o sal da terra e a luz do mundo

13 Vós sois o sal da terra. Mas,
se o sal perder o sabor, com que
se há de salgar? Para nada mais
serve senão para ser lançado fora
e pisado pelos homens.
14 Vós sois a luz do mundo. Não
se pode esconder uma cidade cons-
truída sobre um monte.
15 Nem se acende uma lâmpada e
se coloca debaixo de uma vasilha,
mas no candelabro; assim ilumi-
na a todos os que estão na casa.
16 Assim brilhe a vossa luz dian-
te dos homens, para que vejam as
vossas boas obras e glorifiquem
a vosso Pai que está nos céus.

O cumprimento da lei

17 Não penseis que vim destruir
a Lei ou os Profetas; não vim para
destruí-los, mas para cumpri-los.
18 Em verdade vos digo que, até que
o céu e a terra passem, nem uma
letra ou um só traço se omitirá da
Lei, sem que tudo seja cumprido.
19 Qualquer que desobedecer a
um destes mandamentos, por me-
nor que seja, e assim ensinar aos
homens, será chamado o menor
no Reino dos céus; aquele, porém,
que os cumprir e ensinar será cha-
mado grande no Reino dos céus.
20 Pois vos digo que, se a vossa
justiça não for superior à dos mes-
tres da lei e fariseus, de modo ne-
nhum entrareis no Reino dos céus.

O homicídio

21 Ouvistes que foi dito aos an-
tigos: Não matarás, e quem ma-
tar estará sujeito a julgamento.

22 Eu, porém, vos digo que qualquer que, sem motivo, se irar contra seu irmão estará sujeito a julgamento, e qualquer que disser a seu irmão: Tolo, será levado ao tribunal. Mas quem disser: Louco! estará sujeito ao fogo do inferno.
23 Portanto, se trouxeres a tua oferta ao altar e aí te lembrares de que teu irmão tem alguma coisa contra ti,
24 deixa diante do altar a tua oferta, vai primeiro reconciliar-te com teu irmão; depois vem e apresenta a tua oferta.
25 Entra em acordo depressa com o teu adversário, enquanto estás com ele a caminho do tribunal, para que o adversário não te entregue ao juiz, e o juiz ao guarda, e te levem à prisão.
26 Em verdade te digo que de maneira nenhuma sairás dali enquanto não pagares o último centavo.

O adultério

27 Ouvistes que foi dito aos antigos: Não cometerás adultério.
28 Eu, porém, vos digo: Qualquer que olhar para uma mulher com intenção impura, no coração, já cometeu adultério com ela.
29 Se o teu olho direito te faz pecar, arranca-o e atira-o para longe de ti. É melhor perder um dos teus membros do que ter todo o teu corpo lançado no inferno.
30 E, se a tua mão direita te faz pecar, corta-a e atira-a para longe de ti. É melhor perder um dos teus membros do que ter todo o teu corpo lançado no inferno.

O divórcio

31 Também foi dito: Aquele que deixar sua mulher, dê-lhe carta de divórcio.
32 Eu, porém, vos digo que qualquer que se divorciar de sua mulher, a não ser por causa de imoralidade sexual, faz que ela cometa adultério, e aquele que casar com a divorciada comete adultério.

Os juramentos

33 Ouvistes também que foi dito aos antigos: Não jurarás em falso, mas cumprirás teus juramentos ao Senhor.
34 Eu, porém, vos digo: De maneira nenhuma jureis: nem pelo céu, por ser o trono de Deus;
35 nem pela terra, por ser o estrado de seus pés; nem por Jerusalém, por ser a cidade do grande Rei.
36 Não jures pela tua cabeça, pois não podes tornar um cabelo branco ou preto.
37 Seja, porém, o vosso sim, sim, e o vosso não, não; o que passar disso vem do Maligno.

Olho por olho

38 Ouvistes que foi dito: Olho por olho, e dente por dente.
39 Eu, porém, vos digo: Não resistais ao homem mau. Se alguém te bater na face direita, oferece-lhe também a outra.
40 E, se alguém quiser levar-te ao tribunal e tirar-te a túnica, deixa-lhe também a capa.
41 Se alguém te forçar a caminhar uma milha, vai com ele duas.
42 Dá a quem te pedir, e não te desvies daquele que quiser lhe pedir algo emprestado.

Amor aos inimigos

43 Ouvistes que foi dito: Amarás o teu próximo e odiarás o teu inimigo.
44 Eu, porém, vos digo: Amai vossos inimigos e orai pelos que vos perseguem,

45 para que sejais filhos do vosso
Pai que está nos céus. Ele faz que o
seu sol brilhe sobre maus e bons e
faz chover sobre justos e injustos.
46 Se amardes os que vos amam,
que recompensa tereis? Não fazem os cobradores de impostos
também o mesmo?
47 E, se cumprimentardes somente os vossos irmãos, que fazeis de mais? Não fazem os gentios também assim?
48 Sede vós, pois, perfeitos, como
perfeito é o vosso Pai que está
nos céus.

A prática da justiça

6 Guardai-vos de praticar vossas boas obras diante dos homens, para serdes vistos por eles.
Se o fizerdes, não tereis recompensa junto de vosso Pai que está
nos céus.
2 Portanto, quando deres esmola,
não faças tocar trombeta diante
de ti, como os hipócritas nas sinagogas e nas ruas, para serem
glorificados pelos homens. Em
verdade vos digo que já receberam sua recompensa.
3 Quando, porém, tu deres esmola, não saiba a tua mão esquerda
o que faz a tua mão direita,
4 para que a tua esmola seja dada
secretamente. Então teu Pai, que
vê em secreto, te recompensará.

A oração

5 E, quando orares, não sejas como
os hipócritas, pois gostam de orar
em pé nas sinagogas e nas esquinas
das ruas para serem vistos pelos
homens. Em verdade vos digo que
já receberam a sua recompensa.
6 Quando, porém, orares, entra
no teu quarto, e, fechando a tua
porta, ora a teu Pai que está em
secreto. E teu Pai, que vê secretamente, te recompensará.
7 E, orando, não useis de vãs repetições, como os gentios, que
pensam que por muito falar serão ouvidos.
8 Não faça como eles, pois vosso
Pai sabe do que necessitais, antes de o pedirdes.

A oração-modelo

9 Portanto, vós orareis assim:
Pai nosso que estás nos céus,
santificado seja o teu nome,
10 venha o teu Reino,
seja feita a tua vontade,
assim na terra como no céu.
11 O pão nosso de cada dia
nos dá hoje.
12 Perdoa-nos as nossas dívidas,
assim como nós perdoamos
aos nossos devedores.
13 Não nos deixes cair
em tentação,
mas livra-nos do mal.
Porque teu é o Reino, o poder
e a glória, para sempre.
Amém.
14 Pois se perdoardes aos homens
as suas ofensas, também vosso
Pai celestial vos perdoará a vós.
15 Se, porém, não perdoardes aos
homens as suas ofensas, também
vosso Pai celestial não perdoará
as vossas ofensas.

O jejum

16 Quando jejuardes, não vos mostreis entristecidos como os hipócritas, pois mudam o rosto para
parecer aos homens que jejuam.
Em verdade vos digo que já receberam a sua recompensa.
17 Quando, porém, jejuares, unge
a cabeça e lava o rosto,
18 para não pareceres aos homens que jejuas, mas a teu Pai,

que está em secreto; e teu Pai, que
vê em secreto, te recompensará.

Os tesouros no céu

19 Não ajunteis tesouros na ter-
ra, onde a traça e a ferrugem des-
troem e onde os ladrões arrom-
bam e roubam.
20 Ajuntai, porém, tesouros no
céu, onde nem a traça nem a fer-
rugem destroem e onde os ladrões
não arrombam nem roubam.
21 Pois onde estiver o vosso te-
souro, aí estará também o vos-
so coração.

A luz e as trevas

22 A lâmpada do corpo são os
olhos. Se os teus olhos forem bons,
todo o teu corpo terá luz.
23 Se, porém, os teus olhos forem
maus, todo o teu corpo estará
em trevas. Portanto, se a luz que em
ti há são trevas, quão grandes são
essas trevas!

Os dois senhores

24 Ninguém pode servir a dois
senhores. Ou há de odiar a um
e amar o outro, ou se dedicará a
um e desprezará o outro. Não po-
deis servir a Deus e às riquezas.

Não andeis ansiosos

25 Por isso, vos digo: Não andeis
ansiosos pela vossa vida, quanto
ao que haveis de comer ou beber;
nem pelo vosso corpo, quanto ao
que haveis de vestir. Não é a vida
mais do que o alimento, e o cor-
po mais do que as roupas?
26 Olhai para as aves do céu; não
plantam nem colhem, e não ajun-
tam em celeiros; contudo, o vos-
so Pai celestial as alimenta. Não
tendes vós muito mais valor do
que elas?
27 Qual de vós poderá, com as suas
preocupações, acrescentar uma
única hora ao curso da sua vida?
28 Quanto às roupas, por que an-
dais ansiosos? Olhai como cres-
cem os lírios do campo. Eles não
trabalham nem fiam.
29 Eu, porém, vos digo que nem
mesmo Salomão, em toda a sua
glória, vestiu-se como qualquer
deles.
30 Se Deus assim veste a erva do
campo, que hoje existe e ama-
nhã é lançada no fogo, não ves-
tirá muito mais a vós, homens de
pequena fé?
31 Portanto, não andeis ansio-
sos, dizendo: Que comeremos?
Que beberemos? ou: Com que nos
vestiremos?
32 Pois os gentios procuram to-
das essas coisas. De certo vosso
Pai celestial bem sabe que neces-
sitais de todas elas.
33 Buscai, pois, em primeiro lu-
gar o seu Reino e a sua justiça, e
todas essas coisas vos serão acres-
centadas.
34 Portanto, não andeis ansiosos
pelo dia de amanhã, pois o ama-
nhã se preocupará consigo mes-
mo. Basta a cada dia o seu pró-
prio mal.

O juízo pertence a Deus

7 Não julgueis, para que não se-
jais julgados.
2 Pois com o juízo com que jul-
gardes sereis julgados, e com a
medida com que tiverdes medi-
do vos medirão a vós.
3 Por que reparas no cisco que
está no olho do teu irmão, mas não
percebes a trave que está no teu?
4 Ou como dirás a teu irmão:
Deixa-me tirar o cisco do teu olho,
estando uma trave no teu?

5 Hipócrita, tira primeiro a trave
do teu olho e então verás claramente para tirar o cisco do olho
do teu irmão.

Não deis aos cães as coisas santas

6 Não deis aos cães as coisas santas, nem lanceis aos porcos as
vossas pérolas, para que não
as pisem com os pés e, voltando-se, vos estraçalhem.
7 Pedi e vos será dado; buscai e
encontrareis; batei e a porta vos
será aberta.
8 Pois aquele que pede recebe;
o que busca encontra; e ao que
bate se abre.
9 Qual dentre vós é o homem que,
se o filho lhe pedir pão, lhe dará
uma pedra?
10 Ou, pedindo-lhe peixe, lhe dará
uma cobra?
11 Ora, se vós, sendo maus, sabeis dar boas coisas aos vossos
filhos, quanto mais vosso Pai,
que está nos céus, dará boas coisas aos que lhe pedirem?
12 Portanto, tudo o que vós quereis que os homens vos façam, fazei-o vós também a eles, pois esta
é a Lei e os Profetas.

Os dois caminhos

13 Entrai pela porta estreita. Pois
larga é a porta e espaçoso o caminho que leva à perdição, e muitos
são os que entram por ela.
14 Como é estreita a porta, e apertado o caminho que leva para a
vida! Poucos são os que a encontram.

Os falsos profetas

15 Cuidado com os falsos profetas, que vêm até vós disfarçados
em ovelhas, mas por dentro são
lobos devoradores.
16 Pelos seus frutos os conhecereis. Colhem-se uvas dos espinheiros ou figos das ervas
daninhas?
17 Do mesmo modo, toda árvore
boa produz bons frutos, e toda
árvore má produz frutos maus.
18 Não pode a árvore boa produzir maus frutos, nem a árvore má
produzir frutos bons.
19 Toda árvore que não dá bom
fruto é cortada e lançada no fogo.
20 Portanto, pelos seus frutos os
conhecereis.
21 Nem todo o que me diz: Senhor,
Senhor! entrará no Reino dos céus,
mas aquele que faz a vontade de
meu Pai, que está nos céus.
22 Muitos me dirão naquele dia:
Senhor, Senhor, não profetizamos nós em teu nome? E em teu
nome não expulsamos demônios?
E em teu nome não fizemos muitos milagres?
23 Então lhes direi claramente:
Nunca vos conheci. Afastai-vos
de mim, vós que praticais o mal!

Os dois fundamentos

Lc 6:46-49

24 Portanto, todo aquele que ouve
estas minhas palavras e as pratica será semelhante ao homem
prudente, que construiu a sua
casa sobre a rocha.
25 Desceu a chuva, transbordaram os rios, sopraram os ventos e
bateram contra aquela casa; contudo, ela não caiu, porque estava
edificada sobre a rocha.
26 Aquele que ouve estas minhas
palavras, mas não as pratica será
comparado ao homem insensato, que construiu a sua casa sobre a areia.
27 Desceu a chuva, transbordaram os rios, sopraram os ventos

e bateram contra aquela casa, e
ela caiu, e foi grande a sua queda.
28 Terminando Jesus de profe-
rir essas palavras, as multidões
ficaram maravilhadas com seu
ensino,
29 porque ele as ensinava como
quem tem autoridade, não como
os mestres da lei.

O leproso

Mc 1:40-45; Lc 5:12-14

8 Quando ele desceu do monte,
seguiu-o uma grande multidão.
2 Veio um leproso e o adorou, di-
zendo: Senhor, se quiseres, podes
purificar-me.
3 Jesus estendeu a mão, tocou
nele e disse: Quero, seja purifi-
cado! E imediatamente ele ficou
limpo da lepra.
4 Disse-lhe então Jesus: Olha, não
conte isso a ninguém, mas vai,
mostra-te ao sacerdote e apresen-
ta a oferta que Moisés ordenou,
para lhes servir de testemunho.

O centurião de Cafarnaum

Lc 7:1-10

5 Assim que Jesus entrou em
Cafarnaum, aproximou-se dele
um centurião, implorando:
6 Senhor, o meu criado está em
casa paralítico e em terrível so-
frimento.
7 Disse-lhe Jesus: Eu irei curá-lo.
8 O centurião, porém, respondeu:
Senhor, não sou digno de receber-
-te sob o meu teto. Dize somen-
te uma palavra e o meu criado
será curado.
9 Pois eu também sou homem sob
autoridade, tenho soldados às mi-
nhas ordens. Digo a este: Vai, e
ele vai; e a outro: Vem, e ele vem.
Digo ao meu criado: Faze isto, e
ele o faz.
10 Ao ouvir isso, admirou-se Jesus
e disse aos que o seguiam: Em
verdade vos digo que nem mes-
mo em Israel encontrei tanta fé.
11 Eu, porém, vos digo que muitos
virão do Oriente e do Ocidente e
se assentarão à mesa com Abraão,
Isaque e Jacó, no Reino dos céus.
12 Os filhos do Reino, porém, se-
rão lançados fora, nas trevas, onde
haverá pranto e ranger de dentes.
13 Então disse Jesus ao centu-
rião: Vai! E seja feito conforme
a tua fé. Naquela mesma hora o
seu criado foi curado.

A cura da sogra de Pedro

Mc 1:29-31; Lc 4:38-41

14 Ao entrar na casa de Pedro,
Jesus viu a sogra dele, que esta-
va de cama e com febre.
15 E tocou-lhe na mão, a febre a
deixou, ela se levantou e o servia.
16 Ao cair da tarde, trouxeram-
-lhe muitos endemoninhados, e
ele com a sua palavra expulsou
deles os espíritos e curou todos
os enfermos.
17 Isso aconteceu para que se
cumprisse o que fora dito pelo
profeta Isaías: Ele tomou sobre
si as nossas enfermidades e le-
vou as nossas doenças.

Como devemos seguir a Jesus

Lc 9:57

18 Quando Jesus viu ao seu re-
dor uma grande multidão, orde-
nou que passassem para o outro
lado do lago.
19 Então um mestre da lei aproxi-
mou-se dele e disse: Mestre, aon-
de quer que fores, eu te seguirei.
20 Respondeu-lhe Jesus: As ra-
posas têm tocas, e as aves do céu
têm ninhos, mas o Filho do homem
não tem onde descansar a cabeça.

21 E outro de seus discípulos lhe
disse: Senhor, deixe-me ir primei-
ro sepultar meu pai.
22 Jesus, porém, lhe disse: Segue-
-me e deixa para os mortos o se-
pultar os seus próprios mortos.

Jesus acalma a tempestade

Mc 4:35-41; Lc 8:22-25

23 Ao entrar no barco, seus dis-
cípulos o seguiram.
24 De repente, levantou-se no
mar uma grande tempestade, de
forma que as ondas inundavam
o barco; Jesus, porém, dormia.
25 Os seus discípulos aproxima-
ram-se e o acordaram, dizendo:
Senhor, salva-nos! Vamos morrer.
26 Ele lhes disse: Por que temeis,
homens de pequena fé? Então, le-
vantou-se, repreendeu os ventos
e o mar, e fez-se grande calmaria.
27 Aqueles homens se admira-
ram, dizendo: Quem é este ho-
mem, a quem até os ventos e o
mar obedecem?

A cura de dois endemoninhados

Mc 5:1-20; Lc 8:26-39

28 Quando chegaram ao outro
lado, à terra dos gadarenos, saí-
ram-lhe ao encontro dois endemo-
ninhados, vindos dos sepulcros.
Eram tão violentos que ninguém
podia passar por aquele caminho.
29 De repente gritaram: Que te-
mos nós contigo, Jesus, Filho de
Deus? Vieste aqui atormentar-
-nos antes do tempo?
30 Ora, andava pastando, não dis-
tante deles, uma manada de porcos.
31 Os demônios rogavam, dizen-
do: Se nos expulsas, permite-nos
que entremos naquela manada
de porcos.
32 Ele lhes disse: Ide. E, saindo eles,
entraram nos porcos, os quais se
lançaram ao mar por um despe-
nhadeiro e morreram afogados.
33 Os que cuidavam dos porcos
fugiram e, chegando à cidade, di-
vulgaram tudo o que acontecera
aos endemoninhados.
34 Então toda a cidade saiu ao
encontro de Jesus e, vendo-o, ro-
garam que saísse da terra deles.

O paralítico de Cafarnaum

Mc 2:1-12; Lc 5:17-26

9 Entrando Jesus num barco,
passou para o outro lado e foi
para sua cidade.
2 Alguns homens lhe trouxeram
um paralítico deitado num leito.
Vendo Jesus tão grande fé, dis-
se ao paralítico: Filho, tem bom
ânimo; os teus pecados estão per-
doados.
3 Alguns mestres da lei, porém,
diziam entre si: Ele blasfema.
4 Jesus, porém, conhecendo os
pensamentos deles, disse: Por que
pensais mal em vosso coração?
5 O que é mais fácil dizer? Os
teus pecados estão perdoados,
ou: Levanta e anda?
6 Ora, para que saibais que o
Filho do homem tem na terra
autoridade para perdoar peca-
dos — disse então ao paralítico:
Levanta-te, toma o teu leito e vai
para tua casa.
7 Ele se levantou e foi para casa.
8 A multidão, vendo isso, temeu
e glorificou a Deus, que dera tal
autoridade aos homens.

A vocação de Mateus

Mc 2:14-17; Lc 5:27-32

9 Passando adiante, Jesus viu
assentado na coletoria um ho-
mem chamado Mateus e lhe dis-
se: Segue-me. Mateus levantou-
-se e o seguiu.

10 Enquanto Jesus estava jantan-
do na casa de Mateus, chegaram
muitos cobradores de impostos e
pecadores e sentaram-se à mesa
com Jesus e seus discípulos.
11 Os fariseus, vendo isso, per-
guntaram aos seus discípulos:
Por que come o vosso mestre com
os cobradores de impostos e pe-
cadores?
12 Jesus, porém, ouvindo isso,
disse: Os sãos não necessitam
de médico, mas sim os doentes.
13 Ide, porém, e aprendei o que
isso significa: Misericórdia quero,
não sacrifícios. Pois eu não vim
chamar os justos, mas os pecado-
res ao arrependimento.

O jejum

Mc 2:18-22; Lc 5:33-39

14 Então vieram os discípulos
de João, dizendo: Por que jejua-
mos nós e os fariseus muitas ve-
zes, mas os teus discípulos não
jejuam?
15 Respondeu-lhes Jesus: Podem
estar tristes os convidados para
o casamento, enquanto o noivo
está com eles? Dias, porém, virão
em que o noivo lhes será tirado,
e nesses dias jejuarão.
16 Ninguém põe remendo de pano
novo em roupa velha, pois o re-
mendo rompe a roupa, e faz-se
maior o rasgo.
17 Nem se põe vinho novo em
odres velhos. Do contrário, rom-
pem-se os odres, derrama-se o vi-
nho e os odres se estragam. Mas
põe-se vinho novo em odres no-
vos, e ambos se conservam.

A cura da mulher com hemorragia

Mc 5:22-43; Lc 8:42-48

18 Dizia ele estas coisas, quando
chegou um chefe da sinagoga e o
adorou, dizendo: Minha filha fa-
leceu agora mesmo. Vem, impõe
a tua mão sobre ela, e ela viverá.
19 Jesus levantou-se e o seguiu,
juntamente com os seus discípulos.
20 Certa mulher, que havia doze
anos sofria com uma hemorra-
gia, chegou por trás dele e tocou
a ponta do seu manto.
21 Ela dizia a si mesma: Se eu tão
somente tocar o seu manto, fica-
rei curada.
22 Jesus, virando-se, a viu e dis-
se: Tem bom ânimo, filha, a tua
fé te salvou. E desde aquele mo-
mento a mulher ficou curada.
23 Quando Jesus chegou à casa
daquele chefe e viu os tocadores
e o povo agitado,
24 disse: Retirai-vos. A meni-
na não está morta, mas dorme.
E riam-se dele.
25 Depois que o povo se afastou,
entrou Jesus e tomou a menina
pela mão, e ela se levantou.
26 E espalhou-se essa notícia por
toda aquela região.

A cura de dois cegos e um mudo

27 Partindo Jesus dali, seguiram-
-no dois cegos, clamando: Tem
compaixão de nós, Filho de Davi!
28 Quando ele entrou em casa, os
cegos se aproximaram, e Jesus
lhes perguntou: Credes vós que
eu possa fazer isso? Responderam-
-lhe eles: Sim, Senhor.
29 Então ele tocou os olhos de-
les e disse: Seja-vos feito confor-
me a vossa fé.
30 E os seus olhos se abriram.
Jesus, porém, os advertiu seve-
ramente, dizendo: Cuidado para
que ninguém saiba disso.
31 Quando, porém, ele saiu, es-
palharam a sua fama por toda
aquela região.

32 Enquanto eles saíam, trouxeram-lhe um homem mudo e endemoninhado.

33 E, expulso o demônio, o mudo começou a falar. As multidões se admiravam, dizendo: Nunca se viu coisa igual em Israel!

34 Os fariseus, porém, diziam: Ele expulsa os demônios pelo príncipe dos demônios.

A seara e os ceifeiros

35 E percorria Jesus todas as cidades e aldeias, ensinando nas sinagogas, pregando o evangelho do Reino e curando todas as enfermidades e doenças entre o povo.

36 Vendo ele as multidões, tinha grande compaixão delas, porque andavam cansadas e abatidas, como ovelhas sem pastor.

37 Então disse aos seus discípulos: A colheita é realmente grande, mas os trabalhadores são poucos.

38 Rogai, pois, ao Senhor da colheita que envie trabalhadores para a sua colheita.

Os Doze e a sua missão

10 Chamando seus doze discípulos, deu-lhes autoridade sobre os espíritos imundos, para os expulsarem e para curarem todo tipo de doenças e enfermidades.

2 Ora, são estes os nomes dos doze apóstolos: O primeiro, Simão, chamado Pedro, e André, seu irmão; Tiago, filho de Zebedeu, e João, seu irmão;

3 Filipe e Bartolomeu; Tomé e Mateus, o cobrador de impostos; Tiago, filho de Alfeu, e Tadeu;

4 Simão, o Zelote, e Judas Iscariotes, que o traiu.

5 Jesus enviou estes doze e lhes ordenou: Não ireis pelo caminho dos gentios, nem entreis em cidade de samaritanos.

6 Ide antes às ovelhas perdidas da casa de Israel.

7 E, indo, pregai, dizendo: O Reino dos céus está próximo.

8 Curai os enfermos, purificai os leprosos, ressuscitai os mortos, expulsai os demônios. De graça recebestes; de graça dai.

9 Não leveis ouro, nem prata, nem cobre, em vossos cintos;

10 não leveis bolsa de viagem, nem túnica extra, nem sandálias, nem bordão; pois digno é o trabalhador do seu alimento.

11 E em qualquer cidade ou aldeia em que entrardes, procurai saber quem nelas seja digno e hospedai-vos aí até que vos retireis.

12 Ao entrardes numa casa, saudai-a.

13 Se a casa for digna, desça sobre ela a vossa paz; se não for digna, volte para vós a vossa paz.

14 Se ninguém vos receber nem ouvir as vossas palavras, saindo daquela casa ou cidade, sacudi o pó dos vossos pés.

15 Em verdade vos digo que no dia do juízo haverá menos rigor para Sodoma e Gomorra do que para aquela cidade.

16 Eu vos envio como ovelhas entre os lobos. Portanto sede prudentes como as serpentes e simples como as pombas.

17 Cuidado com os homens; eles vos entregarão aos tribunais e vos açoitarão nas suas sinagogas.

18 Sereis até conduzidos à presença de governadores e reis por minha causa, para lhes servir de testemunho, a eles e aos gentios.

19 Quando, porém, vos entregarem, não fiqueis preocupados com o que haveis de falar.

Naquela mesma hora vos será
dado o que haveis de dizer,
20 pois não sois vós que falareis,
mas o Espírito de vosso Pai é quem
fala por meio de vós.
21 Um irmão entregará à morte
outro irmão, e o pai ao filho; e os
filhos se rebelarão contra os pais
e os matarão.
22 E odiados de todos sereis por
causa do meu nome, mas aquele
que perseverar até o fim será salvo.
23 Quando vos perseguirem nesta
cidade, fugi para outra. Em ver-
dade vos digo que não acabareis
de percorrer as cidades de Israel
até que venha o Filho do homem.
24 O discípulo não é superior ao
mestre, nem o servo superior
ao seu senhor.
25 Basta ao discípulo ser como
seu mestre, e ao servo como seu
senhor. Se chamaram Belzebu ao
pai de família, quanto mais aos
seus familiares?

Jesus anima os discípulos

26 Portanto, não os temais. Nada
há escondido que não venha a ser
revelado, nem oculto que não se
torne conhecido.
27 O que vos digo no escuro dizei-o
na luz; e o que escutais ao ouvido
pregai-o sobre os telhados.
28 Não temais os que matam o
corpo e não podem matar a alma.
Temei antes aquele que pode des-
truir no inferno tanto a alma
como o corpo.
29 Não se vendem dois passari-
nhos por uma pequena moeda? E
nenhum deles cairá em terra sem
a permissão de vosso Pai.
30 *E até mesmo os cabelos da* vos-
sa cabeça estão todos contados.
31 Não temais, pois; mais valeis
vós do que muitos pardais.
32 Todo aquele, porém, que me
confessar diante dos homens, eu
o confessarei diante de meu Pai,
que está nos céus.
33 Mas todo aquele que me negar
diante dos homens, eu o negarei
também diante do meu Pai que
está nos céus.

As dificuldades e as recompensas

34 Não penseis que vim trazer
paz à terra. Não vim trazer paz,
mas espada.
35 Pois eu vim trazer divisão
entre o homem e seu pai,
entre a filha e sua mãe,
entre a nora e sua sogra.
36 Os inimigos do homem serão
os seus próprios familiares.
37 Quem ama o pai ou a mãe mais
do que a mim não é digno de mim;
quem ama o filho ou a filha mais
do que a mim não é digno de mim.
38 E quem não toma a sua cruz e
não me segue não é digno de mim.
39 Quem achar a sua vida a per-
derá, e quem perder a sua vida
por minha causa a achará.
40 Quem vos recebe a mim me
recebe, e quem me recebe, rece-
be aquele que me enviou.
41 Quem recebe um profeta por-
que é profeta receberá recompen-
sa de profeta, e quem recebe um
justo porque é justo receberá re-
compensa de justo.
42 E quem der de beber ainda
que seja um copo com água fria
a um destes pequeninos, por ser
meu discípulo, em verdade vos
digo que de modo algum perde-
rá a sua recompensa.

Jesus e João Batista

Lc 7:18-35

11 Quando Jesus acabou de ins-
truir seus doze discípulos,

partiu dali para ensinar e pregar
nas cidades da Galileia.
2 João, ao ouvir na prisão falar
dos feitos de Cristo, enviou dois
dos seus discípulos
3 a perguntar-lhe: És tu aquele
que havia de vir ou devemos es-
perar outro?
4 Respondeu-lhes Jesus: Ide e
anunciai a João as coisas que ou-
vis e vedes:
5 Os cegos veem, os coxos andam,
os leprosos são limpos, os surdos
ouvem, os mortos são ressusci-
tados e aos pobres é anunciado
o evangelho.
6 E bem-aventurado é aquele
que não se escandalizar por mi-
nha causa.
7 Partindo eles, começou Jesus
a dizer à multidão, a respeito de
João: Que fostes ver no deserto?
Um caniço agitado pelo vento?
8 Sim, que fostes ver? Um homem
vestido de roupas finas? Os que
usam roupas finas estão nos pa-
lácios dos reis.
9 Mas então que fostes ver? Um
profeta? Sim, vos digo eu, e mui-
to mais do que profeta.
10 João é aquele de quem está
escrito:

À tua frente envio o meu anjo,
que preparará diante de ti o
teu caminho.

11 Em verdade vos digo que, en-
tre os que nasceram de mulher,
não apareceu alguém maior do
que João Batista; contudo, o me-
nor no Reino dos céus é maior do
que ele.
12 Desde os dias de João Batista
até agora, o Reino dos céus é to-
mado à força, e pela força apode-
ram-se dele.
13 Pois todos os Profetas e a Lei
profetizaram até João.
14 E, se quiserdes aceitar, ele é o
Elias que havia de vir.
15 Quem tem ouvidos para ou-
vir ouça!
16 A que posso comparar esta
geração? É semelhante a crian-
ças que se assentam nas praças
e gritam aos seus companheiros:
17 Tocamo-vos flauta,
e não dançastes;
cantamo-vos lamentações,
e não chorastes.
18 Pois veio João, não comendo
nem bebendo, e dizem: Tem de-
mônio.
19 Veio o Filho do homem, comen-
do e bebendo, e dizem: Eis um ho-
mem comilão e beberrão, ami-
go de cobradores de impostos
e pecadores. Mas a sabedoria é
comprovada pelas ações que a
acompanham.

As três cidades impenitentes

Lc 10:13-16

20 Então começou ele a denun-
ciar as cidades onde se realizou
a maior parte dos seus milagres
por não se terem arrependido.
21 Ai de ti, Corazim! Ai de ti, Betsaida!
Se em Tiro e em Sidom se tivessem
feito os milagres que em vós se fi-
zeram, há muito que se teriam
arrependido, vestindo pano de
saco e cinza.
22 Por isso eu vos digo que no dia
do juízo haverá menos rigor para
Tiro e Sidom do que para vós.
23 E tu, Cafarnaum, serás leva-
da até os céus? Serás derrubada
até o inferno. Se em Sodoma ti-
vessem sido feito os milagres que
em ti se operaram, ela teria per-
manecido até hoje.
24 Eu, porém, vos digo que no dia
do juízo haverá menos rigor para
Sodoma do que para ti.

O jugo de Jesus

Lc 10:21,22

25 Por esse tempo, disse Jesus:
Graças te dou, ó Pai, Senhor do
céu e da terra, que escondeste es-
tas coisas aos sábios e entendidos
e as revelaste aos pequeninos.
26 Sim, ó Pai, pois assim foi da
tua vontade.
27 Todas as coisas me foram entre-
gues por meu Pai. Ninguém conhe-
ce o Filho, senão o Pai, e ninguém
conhece o Pai, senão o Filho e aque-
le a quem o Filho o quiser revelar.
28 Vinde a mim todos os que es-
tais cansados e sobrecarregados,
e eu vos aliviarei.
29 Tomai sobre vós o meu jugo
e aprendei de mim, porque sou
manso e humilde de coração, e
encontrareis descanso para as
vossas almas.
30 Pois o meu jugo é suave e o
meu fardo é leve.

Jesus é senhor do sábado

Mc 2:23-28; Lc 6:1-5

12 Naquele tempo passou Jesus
pelos campos de cereal, em
dia de sábado. Seus discípulos es-
tavam com fome e começaram a
colher espigas e a comer.
2 Quando os fariseus viram isso,
disseram-lhe: Olha, os teus discí-
pulos fazem o que não é permiti-
do fazer no sábado.
3 Ele, porém, lhes disse: Não lestes
o que fez Davi quando teve fome,
ele e os que com ele estavam?
4 Como entrou na casa de Deus e
comeu os pães da proposição, que
não lhe era permitido comer, nem
aos que com ele estavam, mas só
aos sacerdotes?
5 Ou não lestes na lei que, no sá-
bado, os sacerdotes no templo
violam o dia e ficam sem culpa?
6 Eu vos digo que está aqui quem
é maior do que o templo.
7 Se, porém, vós soubésseis o que
significa: Misericórdia quero, não
sacrifícios, não condenaríeis os
inocentes.
8 Pois o Filho do homem é Senhor
do sábado.

A cura do homem da mão atrofiada

Mc 3:1-6; Lc 6:6-11

9 Ao partir dali, entrou na sina-
goga deles,
10 e estava ali um homem que ti-
nha uma das mãos atrofiadas. Eles,
para o acusarem, o interrogaram:
É permitido curar no sábado?
11 Ele lhes respondeu: Qual de
vós será o homem que, tendo
uma ovelha, e, no sábado, ela
cair numa cova, não vai pegá-la
e tirá-la de lá?
12 Quanto mais vale um homem
do que uma ovelha! Logo, é per-
mitido fazer bem nos sábados.
13 Então disse àquele homem:
Estende a tua mão. Ele a esten-
deu, e ficou sã como a outra.
14 Os fariseus saíram e conspira-
ram contra ele, para o matarem.
15 Jesus, sabendo disso, retirou-
-se dali. Acompanhou-o uma gran-
de multidão, e ele curou todos os
doentes,
16 recomendando-lhes rigorosa-
mente que não dissessem quem
ele era.
17 Para que se cumprisse o que
fora dito pelo profeta Isaías:
18 Aqui está o meu servo,
que escolhi,
o meu amado, em quem tenho
prazer.
Porei sobre ele o meu
Espírito,
e ele anunciará justiça
aos gentios.

19 Não discutirá, nem clamará,
nem se ouvirá pelas ruas a
sua voz.
20 Não esmagará o caniço
quebrado
e não apagará o pavio
que fumega,
até que faça triunfar
a justiça.
21 E no seu nome os gentios te-
rão esperança.

A blasfêmia dos fariseus

Lc 11:14-23

22 Trouxeram-lhe então um en-
demoninhado cego e mudo, e ele
o curou, de tal forma que o cego
e mudo podia falar e ver.
23 E toda a multidão se maravi-
lhava e dizia: Não é este o Filho
de Davi?
24 Os fariseus, porém, ouvindo
isto, diziam: Este não expulsa os
demônios senão pelo poder de
Belzebu, príncipe dos demônios.
25 Jesus, conhecendo os seus pen-
samentos, disse-lhes: Todo reino
dividido contra si mesmo será ar-
ruinado e toda cidade ou casa di-
vidida contra si mesma não per-
manecerá em pé.
26 Se Satanás expulsa a Satanás,
está dividido contra si mesmo.
Como, pois, permanecerá em pé
o seu reino?
27 Se, porém, eu expulso os demô-
nios pelo poder de Belzebu, por
quem os expulsam então os vos-
sos filhos? Portanto eles mesmos
serão os vossos juízes.
28 Mas, se eu expulso os demô-
nios pelo Espírito de Deus, cer-
tamente é chegado a vós o Reino
de Deus.
29 Ou, como pode alguém en-
trar na casa do homem forte e
roubar os seus bens, se primeiro
não o amarrar, saqueando então
a sua casa?
30 Quem não é por mim é contra
mim, e quem comigo não ajun-
ta espalha.
31 Portanto eu vos digo: Todo pe-
cado e blasfêmia se perdoará aos
homens, mas a blasfêmia contra
o Espírito não será perdoada.
32 Se alguém disser alguma pala-
vra contra o Filho do homem, isso
lhe será perdoado, mas se alguém
falar contra o Espírito Santo, isso
não lhe será perdoado, nem nes-
te mundo nem no futuro.

Cada árvore com seus frutos

Lc 6:43-45

33 Ou fazei a árvore boa e o seu
fruto bom, ou fazei a árvore má
e o seu fruto mau, pois pelo fru-
to se conhece a árvore.
34 Raça de víboras, como podeis
vós dizer boas coisas, sendo maus?
Pois do que está cheio o coração,
disso fala a boca.
35 O homem bom tira boas coi-
sas do seu bom tesouro, e o ho-
mem mau do mau tesouro tira
coisas más.
36 Eu, porém, vos digo que de toda
palavra inútil que os homens fala-
rem darão conta no dia do juízo.
37 Pois pelas tuas palavras serás
inocentado e pelas tuas palavras
serás condenado.

O sinal de Jonas

Lc 11:29-32

38 Então alguns mestres da lei
e fariseus lhe disseram: Mestre,
gostaríamos de ver da tua parte
algum sinal.
39 Mas ele lhes respondeu: Uma
geração má e adúltera pede um
sinal, mas não se lhe dará outro
sinal senão o do profeta Jonas.

40 Pois como Jonas esteve três dias
e três noites no ventre do gran-
de peixe, assim estará o Filho do
homem três dias e três noites no
seio da terra.
41 Os ninivitas ressurgirão no
juízo com esta geração e a con-
denarão, pois se arrependeram
com a pregação de Jonas. E aqui
está quem é maior do que Jonas.
42 A rainha do Sul se levantará
no dia do juízo com esta geração
e a condenará, pois veio dos con-
fins da terra para ouvir a sabedo-
ria de Salomão. E aqui está quem
é maior do que Salomão.
43 Quando o espírito imundo sai
do homem, anda por lugares esté-
reis buscando repouso, mas não
o encontra.
44 Então diz: Voltarei para mi-
nha casa de onde saí. E, voltan-
do, acha-a desocupada, varrida
e em ordem.
45 Então vai e leva consigo ou-
tros sete espíritos piores do que
ele e, entrando, habitam ali. E são
os últimos atos desse homem pio-
res do que os primeiros. Assim
acontecerá também a esta gera-
ção má.

A família de Jesus

Mc 3:31-35; Lc 8:19-21

46 Falava ele ainda à multidão,
quando sua mãe e seus irmãos es-
tavam do lado de fora, querendo
falar com ele.
47 Disse-lhe alguém: Tua mãe e
teus irmãos estão lá fora e que-
rem falar contigo.
48 Ele, porém, respondeu ao que
lhe dera o aviso: Quem é minha
mãe e quem são meus irmãos?
49 E, estendendo a mão para os
discípulos, disse: Aqui estão mi-
nha mãe e meus irmãos.
50 Pois todo aquele que fizer a
vontade de meu Pai que está nos
céus, esse é meu irmão, irmã e
mãe.

A parábola do semeador

Mc 4:1-20; Lc 8:4-15

13 Naquele mesmo dia Jesus
saiu de casa e assentou-se
à beira-mar.
2 Ajuntaram-se grandes multi-
dões ao seu redor; por isso, en-
trou num barco e se assentou,
enquanto toda a multidão esta-
va em pé na praia.
3 E falou-lhes de muitas coisas
por meio de parábolas, dizendo:
Certo semeador saiu a semear.
4 E, quando semeava, parte da
semente caiu à beira do caminho,
e vieram as aves e a comeram.
5 Outra parte caiu em terreno
pedregoso, onde não havia terra
bastante, e logo nasceu, porque
a terra não era funda.
6 Mas, saindo o sol, queimou-se e
secou-se, porque não tinha raiz.
7 Outra parte caiu entre espi-
nhos, e os espinhos cresceram e
a sufocaram.
8 Outra caiu em boa terra e deu
fruto: uma semente produzindo
a cem, outra a sessenta e ainda
outra a trinta por um.
9 Quem tem ouvidos para ou-
vir ouça!
10 Aproximando-se dele os dis-
cípulos, disseram-lhe: Por que
lhes falas por meio de parábolas?
11 Respondeu-lhes Jesus: Porque
a vós é dado conhecer os misté-
rios do Reino dos céus, mas a eles
não lhes é dado.
12 Ao que tem, se lhe dará, e
terá em abundância. Ao que
não tem, até aquilo que tem lhe
será tirado.

13 Por isso lhes falo por parábolas:
Porque eles, vendo, não veem;
ouvindo, não ouvem nem
compreendem.
14 Neles se cumpre a profecia
de Isaías:
Certamente ouvireis, mas
não compreendereis.
Certamente vereis, mas
não percebereis.
15 Pois o coração deste povo está
endurecido,
e ouviram de má vontade
com seus ouvidos,
e fecharam seus olhos,
para que não vejam com
os olhos,
nem ouçam com os ouvidos,
ou compreendam
com o coração,
e se convertam e eu os cure.
16 Bem-aventurados, porém,
os vossos olhos, porque veem, e os
vossos ouvidos, porque ouvem.
17 Pois em verdade vos digo que
muitos profetas e justos deseja-
ram ver o que vós vedes e não o
viram, e ouvir o que vós ouvis e
não o ouviram.
18 Escutai vós, pois, a parábola
do semeador.
19 Ouvindo alguém a palavra do
Reino e não entendendo, vem o
Maligno e arranca o que lhe foi se-
meado no coração. Este é o que foi
semeado à beira do caminho.
20 O que foi semeado em terre-
no pedregoso é o que ouve a pa-
lavra e a recebe imediatamente,
com alegria.
21 Mas não tem raiz em si mes-
mo, antes é de pouca duração.
Chegada a angústia e a persegui-
ção por causa da palavra, logo a
abandona.
22 O que foi semeado entre espi-
nhos é o que ouve a palavra, mas
as preocupações deste mundo e
a sedução das riquezas sufocam a
palavra, e ela fica infrutífera.
23 Entretanto, o que foi semeado
em boa terra é o que ouve a pala-
vra e a compreende. Ele dá fru-
to e produz a cem, a sessenta e a
trinta por um.

A parábola do trigo e do joio

24 Propôs-lhes outra parábola,
dizendo: O Reino dos céus é se-
melhante ao homem que semeia
boa semente no seu campo.
25 Enquanto, porém, os homens
dormiam, veio o seu inimigo, se-
meou o joio no meio do trigo e
se foi.
26 Quando o trigo cresceu e fru-
tificou, apareceu também o joio.
27 Então, indo ter com ele os ser-
vos do dono do campo, lhe disse-
ram: Senhor, não semeaste tu no
teu campo boa semente? Como
então está cheio de joio?
28 Respondeu-lhes ele: Um ini-
migo fez isso. Perguntaram-lhe
os servos: Queres que vamos ar-
rancá-lo?
29 Ele, porém, lhes disse: Não,
para que ao colher o joio não ar-
ranqueis também o trigo com ele.
30 Deixai crescer ambos juntos
até a colheita. Por ocasião da co-
lheita, direi aos ceifeiros: Colhei
primeiro o joio, amarrai-o em fei-
xes para o queimar; então colhei o
trigo e guardai-o no meu celeiro.

As parábolas do grão de mostarda e do fermento

Mc 4:30-34; Lc 13:18-21

31 Outra parábola lhes contou,
dizendo: O Reino dos céus é se-
melhante ao grão de mostarda
que um homem tomou e plantou
no seu campo.

32 Embora seja a menor de todas
as sementes, ela, quando cresce,
é maior do que as hortaliças e se
transforma em árvore, de modo
que vêm as aves do céu fazer seus
ninhos nos seus ramos.
33 Outra parábola lhes disse: O
Reino dos céus é semelhante ao
fermento que uma mulher toma
e mistura em três medidas de
farinha, até que tudo esteja fer-
mentado.
34 Tudo isto disse Jesus por pa-
rábolas à multidão e nada lhes
falava sem parábolas,
35 para que se cumprisse o que
fora dito pelo profeta:

Abrirei em parábolas a
minha boca;
anunciarei coisas ocultas
desde a criação
do mundo.

A explicação da parábola do joio

36 Então, tendo despedido a mul-
tidão, foi Jesus para casa. E chega-
ram ao pé dele os seus discípulos,
dizendo: Explica-nos a parábola
do joio do campo.
37 E ele respondeu: O que semeia
a boa semente é o Filho do homem.
38 O campo é o mundo, e a boa
semente são os filhos do Reino.
O joio são os filhos do Maligno,
39 e o inimigo que o semeou é o
Diabo. A colheita é o fim do mun-
do, e os ceifeiros são os anjos.
40 Assim como o joio é colhido e
queimado no fogo, assim será na
consumação deste mundo.
41 Mandará o Filho do homem
os seus anjos, e eles colherão do
seu Reino tudo o que causa peca-
do e todos os que praticam o mal.
42 E serão lançados na fornalha
de fogo, onde haverá pranto e ran-
ger de dentes.
43 Então os justos brilharão como
o sol, no Reino de seu Pai. Quem
tem ouvidos para ouvir, ouça.

As parábolas do tesouro escondido, da pérola e da rede

44 O Reino dos céus é semelhan-
te a um tesouro escondido num
campo. Achando-o um homem, es-
condeu-o de novo; então em sua
alegria foi, vendeu tudo o que ti-
nha e comprou aquele campo.
45 Assim também, o Reino dos
céus é semelhante a um comer-
ciante que procura boas pérolas.
46 E, tendo encontrado uma pé-
rola de grande valor, foi, vendeu
tudo o que tinha e a comprou.
47 Igualmente, o Reino dos céus
é semelhante a uma rede lança-
da ao mar, a qual apanha toda es-
pécie de peixes.
48 Estando ela cheia, puxam-na
para a praia e, assentando-se, es-
colhem os bons para os cestos; os
ruins, porém, jogam fora.
49 Assim será na consumação
do século. Virão os anjos e sepa-
rarão os maus dentre os justos
50 e os lançarão na fornalha de
fogo, onde haverá pranto e ran-
ger de dentes.
51 Perguntou-lhes Jesus: Entendestes
todas estas parábolas? Respon-
deram-lhe: Sim, Senhor.
52 Disse-lhes ele: Por isso, todo
mestre da lei instruído a respeito
do Reino dos céus é semelhante a
um pai de família que tira do seu
depósito coisas novas e velhas.
53 Quando Jesus acabou de dizer
essas parábolas, saiu dali.
54 E, chegando à sua terra, ensi-
nava na sinagoga deles, de modo
que se admiravam e diziam: De
onde veio a este a sabedoria e es-
tes poderes miraculosos?

55 Não é este o filho do carpin-
teiro? E não se chama sua mãe
Maria, e seus irmãos Tiago, José,
Simão e Judas?
56 Não estão entre nós todas as
suas irmãs? De onde, pois, lhe
veio tudo isto?
57 E escandalizavam-se nele. Jesus,
porém, lhes disse: Não há profeta
sem honra a não ser na sua ter-
ra e na sua casa.
58 E não fez ali muitos milagres,
por causa da incredulidade deles.

A morte de João Batista

Mc 6:14-29; Lc 9:7-9

14 Por aquele tempo ouviu
Herodes, o tetrarca, a fama
de Jesus
2 e disse a seus servos: Este é João
Batista; ressuscitou dos mortos
e por isso nele operam estes po-
deres miraculosos.
3 Herodes havia mandado pren-
der João. E o fizera acorrentar
e lançar na prisão por causa de
Herodias, mulher de seu irmão
Filipe,
4 pois João lhe dissera: Não te é
permitido possuí-la.
5 Queria matá-lo, mas temia o povo,
porque o tinham como profeta.
6 Festejando-se, porém, o dia na-
talício de Herodes, dançou a fi-
lha de Herodias diante de todos
e agradou tanto a Herodes
7 que este prometeu, com jura-
mentos, dar-lhe tudo o que pedisse.
8 Então ela, influenciada por sua
mãe, disse: Dá-me aqui num pra-
to a cabeça de João Batista.
9 O rei afligiu-se, mas, por causa
do juramento e dos que estavam
à mesa com ele, ordenou que a
dessem a ela.
10 E mandou degolar João na
prisão.
11 A cabeça foi trazida num pra-
to e dada à jovem, e ela a levou
para sua mãe.
12 Então chegaram os seus discí-
pulos, levaram o corpo e o sepulta-
ram. Depois foram contar a Jesus.

A primeira multiplicação dos pães

Mc 6:30-34; Lc 9:10-17; Jo 6:1-14

13 Jesus, ouvindo isto, saiu dali
num barco, para um lugar deser-
to, à parte. Sabendo disso, saiu
das cidades o povo e o seguia a pé.
14 Ao sair, Jesus viu uma gran-
de multidão e, cheio de grande
compaixão para com ela, curou
os seus enfermos.
15 Chegada a tarde, os seus dis-
cípulos aproximaram-se dele e
disseram: O lugar é deserto, e a
hora é já avançada. Manda embo-
ra a multidão, para que vá pelas
aldeias e compre comida para si.
16 Jesus, porém, lhes disse: Não
é preciso que se retirem. Dai-lhes
vós de comer.
17 Então eles lhe disseram: Só te-
mos aqui cinco pães e dois peixes.
18 Disse-lhes ele: Trazei-os.
19 Tendo ordenado que a mul-
tidão se assentasse sobre a gra-
ma, partiu os cinco pães e os dois
peixes e, erguendo os olhos ao
céu, os abençoou. Depois, partiu
os pães, deu-os aos discípulos, e os
discípulos à multidão.
20 Todos comeram e ficaram satis-
feitos; e recolheram dos pedaços
que sobraram doze cestos cheios.
21 E os que comeram foram cer-
ca de cinco mil homens, além de
mulheres e crianças.

Jesus anda sobre o mar

Mc 6:45-56; Jo 6:15-21

22 Logo em seguida ordenou Jesus
que os seus discípulos entrassem

no barco e fossem adiante para o
outro lado, enquanto ele despe-
dia a multidão.
23 Despedida a multidão, ele su-
biu ao monte para orar em par-
ticular. Ao cair da tarde, estava
ali sozinho.
24 Entretanto, o barco já estava
no meio do mar, atingido pelas on-
das, porque o vento era contrário.
25 Na quarta vigília da noite, di-
rigiu-se Jesus a eles, andando por
sobre o mar.
26 Os discípulos, vendo-o cami-
nhar sobre o mar, assustaram-se,
dizendo: É um fantasma. E grita-
ram de medo.
27 Jesus, porém, imediatamente
lhes disse: Coragem, sou eu, não
tenhais medo.
28 Respondeu-lhe Pedro: Senhor,
se és tu, manda-me ir ter contigo
sobre as águas.
29 E ele disse: Vem! E Pedro, des-
cendo do barco, andou sobre as
águas para ir ter com Jesus.
30 Mas, observando o vento forte,
teve medo e, começando a afun-
dar, clamou: Senhor, salva-me!
31 Imediatamente, Jesus esten-
deu a mão, tomou-o e lhe disse:
Homem de pequena fé, por que
duvidaste?
32 Quando entraram no barco, o
vento cessou.
33 Então os que estavam no bar-
co o adoraram, dizendo: És ver-
dadeiramente o Filho de Deus.
34 Ao passar para o outro lado,
chegaram a Genesaré.
35 Quando os homens daquele
lugar o reconheceram, espalha-
ram a notícia por toda a região e
lhe trouxeram todos os que esta-
vam doentes.
36 E lhe rogavam que ao menos
eles pudessem tocar a borda da
sua roupa. E todos os que a toca-
vam ficavam sãos.

A tradição dos anciãos

Mc 7:1-23

15 Então vieram de Jerusalém
a Jesus alguns fariseus e
mestres da lei e perguntaram:
2 Por que quebram os teus dis-
cípulos a tradição dos anciãos?
Eles não lavam as mãos quando
comem pão.
3 Ele, porém, lhes respondeu: Por
que quebrais vós também o man-
damento de Deus, por causa da
vossa tradição?
4 Pois Deus ordenou: Honra a teu
pai e a tua mãe, e quem amaldiçoar
seu pai ou sua mãe certamente
morrerá.
5 Vós, porém, dizeis: Quem disser
a seu pai ou a sua mãe: É oferta
ao Senhor o que poderias apro-
veitar de mim,
6 esse não precisa honrar nem
a seu pai nem a sua mãe. Assim
anulastes, pela vossa tradição, o
mandamento de Deus.
7 Hipócritas! Bem profetizou Isaías
a vosso respeito:
8 Este povo honra-me com os
seus lábios,
mas o seu coração está longe
de mim.
9 Em vão, porém, me adoram,
ensinando doutrinas que são
normas dos homens.
10 E, convocando a multidão, lhes
disse: Ouvi e entendei:
11 O que contamina o homem
não é o que entra pela boca; mas
o que sai da boca, isto sim é o que
o torna impuro.
12 Então, aproximando-se dele
os seus discípulos, lhe disseram:
Sabes que os fariseus, ouvindo es-
sas palavras, se ofenderam?

13 Ele, porém, respondeu: Toda
planta que meu Pai celestial não
plantou será arrancada.
14 Deixai-os: são guias cegos. Se
um cego guiar outro cego, ambos
cairão no buraco.
15 Então Pedro lhe disse: Explica-
-nos essa parábola.
16 Jesus, porém, disse: Nem mes-
mo vós entendestes?
17 Ainda não compreendeis que
tudo o que entra pela boca desce
para o ventre e é lançado fora?
18 O que sai da boca, porém, pro-
cede do coração, e é isso o que
contamina o homem.
19 Pois do coração procedem maus
pensamentos, homicídio, adulté-
rio, prostituição, roubo, falso tes-
temunho, blasfêmia.
20 São essas coisas que tornam o
homem impuro, mas comer sem
lavar as mãos não contamina o
homem.

A mulher cananeia

Mc 7:24-30

21 Partindo Jesus dali, foi para a
região de Tiro e de Sidom.
22 Certa mulher cananeia, da-
quela região, clamou: Senhor,
Filho de Davi, tem misericórdia
de mim! Minha filha está horri-
velmente endemoninhada.
23 Jesus não lhe respondeu pala-
vra. Então seus discípulos apro-
ximaram-se dele e lhe rogaram:
Mande-a embora, pois vem gri-
tando atrás de nós.
24 Respondeu ele: Eu não fui en-
viado senão às ovelhas perdidas
de Israel.
25 A mulher chegou, ajoelhou-se
e disse: Senhor, ajuda-me.
26 Ele respondeu: Não é bom pe-
gar o pão dos filhos e lançá-lo aos
cachorrinhos.
27 Disse ela: Sim, Senhor, mas
até os cachorrinhos comem das
migalhas que caem da mesa dos
seus donos.
28 Então respondeu Jesus: Ó mu-
lher, grande é a tua fé! Seja fei-
to para contigo como tu desejas.
E desde aquela hora a sua filha
foi curada.

A segunda multiplicação dos pães

Mc 8:1-10

29 Jesus partiu dali e foi para
junto do mar da Galileia. Então
subiu a um monte e assentou-se.
30 Vieram ter com ele grandes
multidões, trazendo coxos, ce-
gos, mudos, aleijados e muitos
outros, e os puseram aos pés de
Jesus; e ele os curou.
31 A multidão se maravilhou ao
ver os mudos falando, os aleija-
dos curados, os coxos andando e
os cegos vendo. E glorificavam
ao Deus de Israel.
32 Jesus chamou os discípulos e
lhes disse: Tenho compaixão da
multidão; já está comigo há três
dias e não tem o que comer. Não
quero mandá-la embora com fome,
para que não desfaleça no caminho.
33 Os seus discípulos lhe disse-
ram: Onde encontraríamos num
deserto tantos pães, para alimen-
tar tanta gente?
34 Perguntou-lhes Jesus: Quantos
pães tendes? Responderam: Sete,
e alguns peixinhos.
35 Então mandou que a multidão
se assentasse no chão,
36 tomou os sete pães e os pei-
xes e, dando graças, partiu-os e
deu-os aos discípulos, e estes à
multidão.
37 Todos comeram e se fartaram.
E levantaram do que sobrou sete
cestos cheios de pedaços.

38 Ora, os que comeram foram
quatro mil homens, além de mu-
lheres e crianças.
39 Tendo despedido a multidão,
entrou no barco e dirigiu-se ao
território de Magadã.

O fermento dos fariseus

Mc 8:14-21

16 Aproximando-se os fari-
seus e os saduceus para o
tentar, pediram-lhe que lhes mos-
trasse um sinal do céu.
2 Jesus, porém, lhes respondeu:
Chegada a tarde, dizeis: Haverá
bom tempo, pois o céu está aver-
melhado.
3 E de manhã: Hoje haverá tem-
pestade, pois o céu está de um ver-
melho escuro. Hipócritas, sabeis
interpretar os sinais do céu e não
conheceis os sinais dos tempos?
4 Uma geração má e adúltera
pede um sinal, e nenhum sinal
lhe será dado, senão o do profe-
ta Jonas. E, deixando-os, saiu.
5 Passando seus discípulos para
o outro lado, esqueceram-se de
levar pão.
6 Disse-lhes Jesus: Tomem cuida-
do com o fermento dos fariseus
e saduceus.
7 Eles discutiam entre si, dizen-
do: É porque não trouxemos pão.
8 Jesus, percebendo isso, disse:
Homens de pequena fé, por que
discutis entre vós sobre não ter-
des trazido pão?
9 Não compreendeis ainda, nem
vos lembrais dos cinco pães para
cinco mil homens e de quantos
cestos recolhestes?
10 Nem dos sete pães para qua-
tro mil e de quantos cestos reco-
lhestes?
11 Como não compreendestes
que não vos falei a respeito de
pão, mas que tomásseis cuida-
do com o fermento dos fariseus
e saduceus?
12 Então compreenderam que
não dissera que tomassem cui-
dado com o fermento do pão,
mas com os ensinamentos dos
fariseus.

A confissão de Pedro

Mc 8:27-33; Lc 9:18-22; Jo 6:66-69

13 Chegando Jesus à região de
Cesareia de Filipe, perguntou aos
seus discípulos: Quem dizem os
homens ser o Filho do homem?
14 Responderam-lhe: Uns dizem:
João Batista; outros: Elias; e ou-
tros: Jeremias, ou um dos profetas.
15 Perguntou-lhes ele: E vós, quem
dizeis que eu sou?
16 Simão Pedro respondeu: Tu
és o Cristo, o Filho do Deus vivo.
17 Respondeu-lhe Jesus: Bem-
-aventurado és tu, Simão filho de
Jonas, pois não foi carne e san-
gue quem te revelou, mas meu
Pai que está nos céus.
18 E também eu te digo que tu
és Pedro, e sobre esta pedra edi-
ficarei a minha igreja, e as por-
tas do inferno não prevalecerão
contra ela.
19 Eu te darei as chaves do Reino
dos céus; tudo o que ligares na ter-
ra será ligado nos céus e tudo o
que desligares na terra será des-
ligado nos céus.
20 Então ordenou aos seus discí-
pulos que a ninguém dissessem
que ele era o Cristo.
21 Desde então começou Jesus
a mostrar aos discípulos que era
necessário ir a Jerusalém, sofrer
muito nas mãos dos líderes reli-
giosos, dos principais sacerdotes
e dos mestres da lei, ser morto e
ressuscitar no terceiro dia.

22 Pedro chamou-o à parte e co-
meçou a repreendê-lo, dizendo:
Senhor, tem compaixão de ti. Isso
nunca te acontecerá.
23 Ele, porém, voltando-se, dis-
se a Pedro: Para trás de mim,
Satanás! Tu me serves de pedra
de tropeço; não compreendes as
coisas que são de Deus, e sim as
que são dos homens.

O discípulo de Jesus deve levar sua cruz

Mc 8:34—9:1; Lc 9:23-27

24 Então disse Jesus aos seus
discípulos: Se alguém quiser vir
após mim, negue-se a si mesmo,
tome a sua cruz e siga-me.
25 Pois aquele que quiser salvar
a sua vida a perderá, mas quem
perder a sua vida por amor de
mim a achará.
26 O que adiantará ao homem ga-
nhar o mundo inteiro, se perder a
sua alma? Ou que dará o homem
em troca da sua alma?
27 Pois o Filho do homem virá
na glória de seu Pai, com os
seus anjos, e então recompensa-
rá a cada um de acordo com
suas obras.
28 Em verdade vos digo, alguns
dos que aqui estão não passarão
pela morte até que vejam vir o
Filho do homem no seu Reino.

A transfiguração

Mc 9:1-13; Lc 9:28-36

17 Seis dias depois, tomou
Jesus consigo a Pedro, a
Tiago, a João, irmão deste, e os
levou, em particular, a um alto
monte.
2 Ali Jesus foi transfigurado dian-
te deles. O seu rosto brilhou como
o sol, e as suas roupas se torna-
ram brancas como a luz.
3 Então lhes apareceram Moisés
e Elias, falando com ele.
4 Pedro disse a Jesus: Senhor, bom
é estarmos aqui. Se queres, faça-
mos aqui três abrigos — um para
ti, um para Moisés e um para Elias.
5 Estando ele ainda a falar, uma
nuvem luminosa os cobriu, e da
nuvem saiu uma voz que dizia:
Este é meu Filho amado, em quem
me agrado. A ele ouvi!
6 Os discípulos, ouvindo isso, caí-
ram com o rosto no chão, toma-
dos de grande medo.
7 Aproximou-se Jesus, tocou ne-
les e disse: Levantai-vos e não te-
nhais medo.
8 Erguendo eles os olhos, a nin-
guém viram senão a Jesus.
9 Enquanto desciam do monte,
Jesus lhes ordenou: A ninguém
conteis a visão, até que o Filho
do homem seja ressuscitado dos
mortos.
10 Os discípulos o interrogaram:
Por que dizem, pois, os mestres
da lei que é necessário que Elias
venha primeiro?
11 Jesus lhes respondeu: Certamente
Elias virá primeiro e restaurará
todas as coisas.
12 Mas digo-vos que Elias já veio,
e não o conheceram, mas fizeram-
-lhe tudo o que quiseram. Assim
farão eles também sofrer o Filho
do homem.
13 Então entenderam os discípu-
los que lhes falara a respeito de
João Batista.

A cura de um menino epiléptico

Mc 9:14-32; Lc 9:37-45

14 Quando chegaram à multi-
dão, um homem aproximou-se
de Jesus e ajoelhou-se, dizendo:
15 Senhor, tem misericórdia
de meu filho, que é epiléptico

e sofre muito. Ele muitas vezes
cai no fogo e na água.
16 Eu o trouxe aos teus discípu-
los, mas não puderam curá-lo.
17 Respondeu-lhe Jesus: Ó ge-
ração incrédula e perversa! Até
quando estarei convosco? Até quan-
do vos suportarei? Trazei-me aqui
o menino.
18 Jesus repreendeu o demônio, e
este saiu do menino, e desde aque-
la hora o menino ficou curado.
19 Então os discípulos aproxima-
ram-se de Jesus em particular e
perguntaram: Por que não con-
seguimos nós expulsá-lo?
20 Jesus lhes respondeu: Por
causa da vossa pequena fé. Em
verdade vos digo que, se tiver-
des fé como um grão de mostar-
da, direis a este monte: Vá daqui
para lá, e ele irá. Nada vos será
impossível.
21 Este tipo de demônio, porém,
não se expulsa senão por meio de
oração e jejum.
22 Ora, achando-se eles na Galileia,
disse-lhes Jesus: O Filho do ho-
mem será entregue nas mãos dos
homens.
23 Eles o matarão, e no terceiro
dia ressuscitará. E eles se entris-
teceram muito.

Jesus paga o tributo

24 Quando eles chegaram a
Cafarnaum, aproximaram-se de
Pedro os que cobravam o impos-
to das duas dracmas e pergunta-
ram: Não paga o vosso mestre o
imposto do templo?
25 Respondeu ele: Sim. E, entran-
do em casa, Jesus antecipou-se,
dizendo: Que te parece, Simão?
De quem cobram os reis da terra
os impostos e o tributo? Dos seus
filhos, ou dos estranhos?
26 Respondeu-lhe Pedro: Dos es-
tranhos. Disse-lhe Jesus: Então
os filhos estão isentos.
27 Mas, para que não os escanda-
lizemos, vai ao mar, joga o anzol,
tira o primeiro peixe que subir e,
abrindo-lhe a boca, encontrarás
um estáter. Pegue-o e pague o im-
posto por mim e por ti.

O maior no Reino dos céus

Mc 9:33-37; Lc 9:46-48

18 Naquela mesma hora os
discípulos se aproximaram
de Jesus e perguntaram: Quem é
o maior no Reino dos céus?
2 Jesus chamou uma criança, co-
locou-a no meio deles
3 e disse: Em verdade vos digo
que, se não vos converterdes e
não vos tornardes como crian-
ças, de modo algum entrareis no
Reino dos céus.
4 Portanto, aquele que se tornar
humilde como esta criança, esse
é o maior no Reino dos céus.
5 E todo aquele que receber, em
meu nome, uma criança como
esta, recebe a mim.
6 Aquele, porém, que fizer tropeçar
um destes pequeninos que creem em
mim, melhor seria que pendurasse
ao pescoço uma grande pedra de
moinho e se lançasse na profun-
deza do mar.
7 Ai do mundo, por causa dos es-
cândalos! É necessário que ve-
nham escândalos, mas ai do ho-
mem por quem o escândalo vier!
8 Portanto, se a tua mão ou o teu
pé te fazem pecar, corta-o e lança-
-o para longe de ti. Melhor é que
entres na vida coxo, ou aleijado,
do que, tendo duas mãos ou dois
pés, seres lançado no fogo eterno.
9 E, se o teu olho te faz tropeçar, ar-
ranca-o e lança-o para longe de ti.

Melhor é que entres na vida com
um só olho do que, tendo dois olhos,
sejas lançado no fogo do inferno.
10 Vede, não desprezeis a qual-
quer destes pequeninos. Pois eu
vos digo que os seus anjos nos
céus sempre veem a face de meu
Pai que está nos céus.
11 O Filho do homem veio salvar
o que estava perdido.
12 Que vos parece? Se um homem
tiver cem ovelhas e uma delas se
perder, não deixará ele as noventa
e nove nos montes e irá em bus-
ca da que se perdeu?
13 E, se a acha, em verdade vos
digo que maior prazer tem por
aquela do que pelas noventa e
nove que não se perderam.
14 Assim também não é vontade
de vosso Pai que está nos céus que
um destes pequeninos se perca.

O perdão do pecado de um irmão

15 Se, porém, teu irmão pecar
contra ti, vai e repreende-o entre
ti e ele só. Se te ouvir, ganhaste
a teu irmão.
16 Se, porém, ele não te ouvir,
leva contigo um ou dois, para que
pela boca de duas ou três teste-
munhas toda palavra seja con-
firmada.
17 E, se não as ouvir, dize-o à igre-
ja; se também não ouvir a igreja,
trate-o como gentio ou cobrador
de impostos.
18 Em verdade vos digo que tudo
o que ligardes na terra será li-
gado no céu, e tudo o que des-
ligardes na terra será desliga-
do no céu.
19 Também vos digo que, se dois
de vós concordarem na terra a
respeito de qualquer coisa que
pedirem, essa lhe será dada por
meu Pai que está nos céus.
20 Pois onde estiverem dois ou
três reunidos em meu nome, ali
estou eu no meio deles.
21 Então Pedro, aproximando-se,
lhe perguntou: Senhor, até quan-
tas vezes pecará meu irmão contra
mim, e eu lhe perdoarei? Até sete?
22 Jesus lhe respondeu: Não te
digo que até sete vezes, mas até
setenta vezes sete.

A parábola do credor incompassivo

23 Por isso, o Reino dos céus
pode ser comparado a certo rei
que quis acertar contas com os
seus servos.
24 E, começando a fazê-lo, trou-
xeram-lhe um que lhe devia dez
mil talentos.
25 Não tendo ele com que pagar,
o seu senhor mandou que ele, sua
mulher e seus filhos fossem ven-
didos, com tudo o que tinha, para
que a dívida fosse paga.
26 Então aquele servo, prostrando-
-se, implorava, dizendo: Senhor, sê
generoso comigo e tudo te pagarei.
27 Então o senhor daquele ser-
vo, movido por íntima compai-
xão, mandou-o embora e perdoou-
-lhe a dívida.
28 Saindo, porém, aquele servo,
encontrou um dos seus conser-
vos que lhe devia cem denários.
Agarrando-o, sufocava-o, dizen-
do: Paga-me o que me deves.
29 Então o seu companheiro,
prostrando-se a seus pés, rogava-
-lhe: Sê generoso comigo e tudo
te pagarei.
30 Ele, porém, não quis. Antes,
foi lançá-lo na prisão, até que pa-
gasse a dívida.
31 Vendo os seus conservos o que
acontecia, entristeceram-se mui-
to e foram contar ao seu senhor
tudo o que acontecera.

32 Então o seu senhor chamou-
-o e lhe disse: Servo mal, perdoei-
-te toda aquela dívida, porque me
suplicaste.
33 Não devias tu igualmente com-
padecer-te do teu companheiro,
como também eu me compade-
ci de ti?
34 Irado, o seu senhor o entregou
aos carrascos, até que lhe pagas-
se tudo o que devia.
35 Assim vos fará também meu
Pai celeste, se de coração não per-
doardes, cada um, a seu irmão, as
suas ofensas.

Acerca do divórcio

Mc 10:1-12

19 Tendo concluído essas pala-
vras, Jesus saiu da Galileia
e foi para o território da Judeia,
além do Jordão.
2 Seguiram-no grandes multi-
dões, e ele as curou ali.
3 Então se aproximaram os fa-
riseus, para testá-lo, e pergun-
taram: É permitido ao homem
divorciar-se de sua mulher por
qualquer motivo?
4 Respondeu-lhes ele: Não leste
que no princípio o Criador os fez
homem e mulher,
5 e disse: Portanto deixará o ho-
mem pai e mãe, se unirá a sua
mulher e serão os dois uma só
carne?
6 Assim já não são mais dois, mas
uma só carne. Portanto, o que
Deus uniu não o separe o homem.
7 Perguntaram-lhe: Então por
que mandou Moisés dar-lhe carta
de divórcio e mandá-la embora?
8 Respondeu-lhes ele: Moisés, por
causa da dureza do vosso cora-
ção, vos permitiu mandar embo-
ra vossas mulheres. Mas no prin-
cípio não foi assim.
9 Eu vos digo, porém, que qual-
quer que se divorciar de sua mu-
lher, não sendo por causa de imo-
ralidade sexual e casar com outra,
comete adultério, e o que casar
com a divorciada também come-
te adultério.
10 Disseram-lhe os discípulos: Se
essa é a condição entre o homem
e a mulher, não convém casar.
11 Ele, porém, lhes disse: Nem to-
dos podem aceitar esta palavra,
mas só aqueles a quem é concedido.
12 Pois há eunucos que nasceram
assim; outros foram feitos eunu-
cos pelos homens. E há eunucos
que se fizeram eunucos por cau-
sa do Reino dos céus. Quem pu-
der aceitar isso, aceite-o.

Jesus abençoa os meninos

Mc 10:13-16; Lc 18:15-17

13 Trouxeram-lhe então algumas
crianças para que lhes impusesse
as mãos e orasse por elas. Mas os
discípulos os repreendiam.
14 Jesus, porém, disse: Deixai
as crianças e não as impeçais de
vir a mim, pois das tais é o Reino
dos céus.
15 E, tendo-lhes imposto as mãos,
partiu dali.

O jovem rico

Mc 10:17-31; Lc 18:18-30

16 Ora, aproximou-se dele um ho-
mem e lhe perguntou: Mestre, que
bem farei para ter a vida eterna?
17 Respondeu-lhe Jesus: Por que
me perguntas a respeito do que é
bom? Bom só há um. Se queres,
porém, entrar na vida, obedeça
aos mandamentos.
18 Perguntou-lhe ele: Quais? E
Jesus respondeu: Não matarás,
não adulterarás, não furtarás,
não dirás falso testemunho,

19 honra teu pai e tua mãe, e
amarás o teu próximo como a ti
mesmo.
20 Disse-lhe o jovem: A tudo isso
tenho obedecido. Que me falta
ainda?
21 Disse-lhe Jesus: Se queres ser
perfeito, vai, vende tudo o que
tens e dá-o aos pobres, e terás
um tesouro no céu. Então vem e
segue-me.
22 O jovem, ao ouvir essa pala-
vra, saiu triste, porque possuía
muitas propriedades.
23 Disse então Jesus aos seus dis-
cípulos: Em verdade vos digo que
é difícil entrar um rico no Reino
dos céus.
24 Outra vez vos digo que é mais
fácil passar um camelo pelo fun-
do de uma agulha do que entrar
um rico no Reino de Deus.
25 Os seus discípulos, ouvindo
isso, admiraram-se muito e dis-
seram: Quem poderá, então, sal-
var-se?
26 Jesus, olhando para eles, lhes
disse: Para os homens isso é im-
possível, mas para Deus tudo é
possível.
27 Então Pedro lhe perguntou:
Nós deixamos tudo e te seguimos!
O que então haverá para nós?
28 Respondeu-lhe Jesus: Em ver-
dade vos digo: vós, os que me se-
guistes, por ocasião da regenera-
ção, quando o Filho do homem se
assentar no trono da sua glória,
também vos assentareis sobre
doze tronos, para julgar as doze
tribos de Israel.
29 E todo aquele que tiver dei-
xado casas, ou irmãos, ou irmãs,
ou pai, ou mãe, ou mulher, ou fi-
lhos, ou terras, por causa do meu
nome, receberá cem vezes mais
e herdará a vida eterna.
30 Muitos dos primeiros serão
últimos, e muitos dos últimos se-
rão os primeiros.

A parábola dos trabalhadores na vinha

20 O Reino dos céus é seme-
lhante a um proprietário
que saiu de madrugada para con-
tratar trabalhadores para a sua
vinha.
2 E, tendo ajustado com os traba-
lhadores a um denário por dia,
mandou-os para a sua vinha.
3 Perto das nove horas da manhã
ele saiu e viu na praça outros que
estavam desocupados.
4 Disse-lhes: Ide vós também para
a vinha, e vos darei o que for jus-
to. E eles foram.
5 Saindo outra vez, perto do meio-
-dia e das três horas da tarde, fez
o mesmo.
6 Perto das cinco horas da tarde
ele saiu e encontrou outros que
estavam desocupados e pergun-
tou-lhes: Por que estivestes aqui
desocupados o dia todo?
7 Responderam-lhes: Porque nin-
guém nos contratou. Disse-lhes:
Ide vós também para a vinha, e
recebereis o que for justo.
8 Chegada a tarde, disse o dono
da vinha ao seu administrador:
Chama os trabalhadores e paga-
-lhes o salário, começando pelos
últimos contratados indo até os
primeiros.
9 Vindo os contratados por vol-
ta das cinco da tarde, receberam
um denário cada um.
10 Vieram, então, os primeiros e
pensaram que receberiam mais.
Mas também eles receberam um
denário cada um.
11 Ao receberem, queixaram-se
contra o proprietário.

12 Disseram: Estes últimos contra-
tados trabalharam só uma hora, e
tu os igualaste conosco, que supor-
tamos o cansaço e o calor do dia.
13 Ele, porém, disse a um deles:
Amigo, não te faço injustiça. Não
combinaste comigo um denário?
14 Toma o que é teu e retira-te
daqui. Eu quero dar a este últi-
mo tanto quanto a ti.
15 Não tenho o direito de fazer
o que quiser com o que é meu?
Ou é mau o teu olho porque eu
sou bom?
16 Assim, os últimos serão pri-
meiros, e os primeiros, últimos;
pois muitos são chamados, mas
poucos escolhidos.

O pedido da mãe de Tiago e João

Mc 10:35-45

17 Quando estavam para subir a
Jerusalém, ele chamou em par-
ticular os doze discípulos e, en-
quanto caminhavam, lhes disse:
18 Vamos para Jerusalém, e o
Filho do homem será entregue
aos principais sacerdotes e aos
mestres da lei. Eles o condena-
rão à morte.
19 E o entregarão aos gentios
para que zombem dele, o açoi-
tem e seja crucificado. No tercei-
ro dia, ele ressuscitará.
20 Então se aproximou dele a
mãe dos filhos de Zebedeu, com
seus filhos, e, prostrando-se, fez-
-lhe um pedido.
21 Perguntou ele: Que queres?
Disse ela: Concede que estes meus
dois filhos se assentem, um à tua
direita e outro à tua esquerda, no
teu Reino.
22 *Jesus, porém, respondeu:* Não
sabeis o que pedis. Podeis vós be-
ber o cálice que estou para beber,
[e ser batizados com o batismo
com que estou para ser batiza-
do]? Responderam-lhe: Podemos.
23 Disse-lhes Jesus: Na verda-
de bebereis o meu cálice, mas o
assentar-se à minha direita ou à
minha esquerda não me perten-
ce concedê-lo. Esses lugares per-
tencem àqueles a quem meu Pai
os preparou.
24 Quando os dez ouviram isto,
se indignaram contra os dois ir-
mãos.
25 Então Jesus chamou-os a si e
disse: Bem sabeis que os gover-
nadores dos gentios os dominam
e que os grandes exercem auto-
ridade sobre eles.
26 Não será assim entre vós. Pelo
contrário, todo aquele que entre
vós quiser tornar-se grande seja
vosso servo,
27 e quem quiser ser o primeiro
seja vosso escravo —
28 tal como o Filho do homem não
veio para ser servido, mas para
servir e dar a sua vida em resga-
te por muitos.

Os dois cegos de Jericó

Mc 10:46-52; Lc 18:35-43

29 Quando eles saíram de Jericó,
seguiu-o uma grande multidão.
30 Dois cegos estavam assentados
à beira do caminho e, quando ou-
viram que Jesus passava, clama-
ram: Senhor, Filho de Davi, tem
misericórdia de nós!
31 A multidão os repreendia para
que se calassem, mas eles clama-
vam cada vez mais alto: Senhor,
Filho de Davi, tem misericórdia
de nós!
32 Jesus parou, chamou-os e lhes
perguntou: Que quereis que vos
faça?
33 Responderam-lhe: Senhor, que
os nossos olhos se abram!

34 Movido de compaixão, Jesus to-
cou-lhes os olhos. Imediatamente
começaram a ver e o seguiram.

A entrada triunfal de Jesus em Jerusalém

Mc 11:1-10; Lc 19:29-38

21 Quando se aproximaram
de Jerusalém e chegaram a
Betfagé, ao monte das Oliveiras,
enviou Jesus dois discípulos, di-
zendo-lhes:
2 Ide à aldeia aí em frente, e logo
encontrareis uma jumenta pre-
sa, e com ela um jumentinho.
Desamarrai-a e trazei-os a mim.
3 Se alguém vos disser alguma
coisa, dizei-lhe que o Senhor ne-
cessita deles, e imediatamente os
enviará.
4 Ora, tudo isto aconteceu para
que se cumprisse o que foi dito
pelo profeta:
5 Dizei à filha de Sião:
Olha, eis que vem o teu Rei,
manso, e montado em
jumento,
num jumentinho,
filho de animal de carga.
6 Os discípulos foram e fizeram
como Jesus lhes ordenara.
7 Trouxeram a jumenta e o ju-
mentinho, e sobre eles puseram
os seus mantos e Jesus assentou-
-se sobre eles.
8 E grande multidão estendeu os
seus mantos pelo caminho, e ou-
tros cortavam ramos de árvores
e os espalhavam pelo caminho.
9 As multidões que iam adian-
te e as que seguiam clamavam:
Hosana ao Filho de Davi!
Bendito o que vem em nome
do Senhor!
Hosana nas alturas!
10 E, quando ele entrou em
Jerusalém, toda a cidade ficou
agitada, e perguntavam: Quem
é este?
11 E as multidões responderam:
Este é Jesus, o profeta de Nazaré
da Galileia.

A purificação do templo

Mc 11:15-18; Lc 19:45-48

12 Entrou Jesus no templo, ex-
pulsou a todos os que aí vendiam
e compravam e derrubou as me-
sas dos cambistas e as cadeiras
dos que vendiam pombas.
13 E disse-lhes: Está escrito: A
minha casa será chamada casa
de oração, mas vós a tendes con-
vertido em covil de ladrões.
14 Aproximaram-se dele no tem-
plo cegos e coxos, e ele os curou.
15 Quando, porém, os principais
sacerdotes e os mestres da lei vi-
ram as maravilhas que fazia e as
crianças clamando no templo:
Hosana ao Filho de Davi, ficaram
indignados.
16 E perguntaram-lhe: Ouves o
que estes dizem? Respondeu-lhes
Jesus: Sim. Nunca lestes:
Da boca de crianças e
pequeninos tiraste perfeito
louvor?
17 E, deixando-os, saiu da cidade
para Betânia, onde passou a noite.

A figueira seca

Mc 11:12-14,20-26

18 De manhã, ao voltar para a ci-
dade, teve fome.
19 Avistou uma figueira à bei-
ra do caminho, dirigiu-se a ela,
mas nada encontrou senão fo-
lhas. E disse-lhe: Nunca mais
nasça fruto de ti. E a figueira se-
cou imediatamente.
20 Quando os discípulos viram isso,
perguntaram, espantados: Como
secou imediatamente a figueira?

21 Jesus respondeu: Em verdade
vos digo que, se tiverdes fé e não
duvidardes, não só fareis o que
foi feito à figueira, mas até se a
este monte disserdes: Levanta-te e
lança-te no mar, assim será feito.
22 E tudo o que pedirdes em ora-
ção, crendo, o recebereis.

O batismo de João

Mc 11:27-33; Lc 20:1-8

23 Jesus entrou no templo e, en-
quanto ensinava, aproximaram-
-se dele os principais sacerdotes
e os líderes religiosos do povo e
perguntaram: Com que autori-
dade fazes estas coisas? E quem
te deu tal autoridade?
24 Respondeu-lhes Jesus: Eu tam-
bém vos farei uma pergunta.
Se me responderdes, eu vos di-
rei com que autoridade faço es-
tas coisas.
25 De onde era o batismo de João?
Do céu ou dos homens? E discu-
tiam entre si, dizendo: Se disser-
mos: Do céu, ele nos dirá: Então
por que não crestes nele?
26 Se, porém, dissermos: Dos ho-
mens, tememos o povo, pois todos
consideram João como profeta.
27 Então responderam a Jesus:
Não sabemos. Então ele lhes dis-
se: Nem eu vos digo com que au-
toridade faço estas coisas.

A parábola dos dois filhos

28 O que vos parece? Um homem
tinha dois filhos. Dirigindo-se ao
primeiro, disse: Filho, vai traba-
lhar hoje na vinha.
29 Respondeu ele: Não irei. Mais
tarde, porém, arrependeu-se e foi.
30 Então o pai se dirigiu ao se-
gundo filho e disse a mesma coi-
sa. Respondeu ele: Eu vou, se-
nhor, mas não foi.
31 Qual dos dois fez a vontade do
pai? Responderam-lhe: O primei-
ro. Disse-lhes Jesus: Em verda-
de vos digo que os cobradores de
impostos e as prostitutas entram
antes de vós no Reino de Deus.
32 Pois João veio a vós a fim de
vos mostrar o caminho da justi-
ça, e não crestes nele, mas os co-
bradores de impostos e as prosti-
tutas creram. Vós, porém, mesmo
vendo isto, não vos arrependes-
tes para crerdes nele.

A parábola dos lavradores maus

Mc 12:1-12; Lc 20:9-18

33 Ouvi outra parábola: Havia
um proprietário que plantou uma
vinha. Colocou ao seu redor um
muro, construiu nela um lagar e
uma torre, arrendou-a a uns la-
vradores e ausentou-se do país.
34 Chegado o tempo da colheita,
enviou os seus servos aos lavrado-
res, para receber os seus frutos.
35 Os lavradores, agarrando os
servos, feriram a um, mataram
a outro, e apedrejaram a outro.
36 Então enviou outros servos, em
maior número do que os primei-
ros, e eles lhes fizeram o mesmo.
37 Por último enviou-lhes seu fi-
lho, dizendo: Respeitarão a meu
filho.
38 Os lavradores, porém, vendo
o filho, disseram entre si: Este é
o herdeiro. Vinde, vamos matá-lo
e nos apoderar da sua herança.
39 Assim, agarraram-no, arras-
taram-no para fora da vinha e o
mataram.
40 Portanto, quando vier o dono
da vinha, que fará àqueles la-
vradores?
41 Responderam-lhe: Destruirá
de maneira horrível esses perver-
sos e arrendará a vinha a outros

lavradores, que no devido tempo
lhe entreguem os frutos.
42 Disse-lhes Jesus: Nunca les-
tes nas Escrituras:
A pedra que os construtores
rejeitaram,
essa se tornou a pedra
angular;
o Senhor fez isto, e é
maravilhoso aos
nossos olhos?
43 Portanto, eu vos digo que o
Reino de Deus vos será tirado e
será entregue a um povo que pro-
duza os seus frutos.
44 Aquele que cair sobre esta pe-
dra se despedaçará, mas aquele
sobre quem ela cair será redu-
zido a pó.
45 Os principais sacerdotes e os
fariseus, ouvindo estas parábo-
las, entenderam que ele falava a
seu respeito.
46 Procuraram prendê-lo, mas ti-
veram medo da multidão, porque
o povo o considerava como profeta.

A parábola dos convidados para as bodas

Lc 14:16-24

22 Jesus tornou a falar-lhes
em parábolas e disse:
2 O Reino dos céus é semelhante
a um rei que comemorou o casa-
mento de seu filho.
3 Enviou os seus servos para cha-
mar os convidados para o casa-
mento, mas estes não quiseram vir.
4 Depois enviou outros servos,
recomendando: Dizei aos convi-
dados que já preparei o meu jan-
tar: Meus bois e novilhos já fo-
ram mortos, e tudo está pronto.
Vinde ao banquete.
5 Eles, porém, não dando atenção,
foram, um para o seu campo, ou-
tro para o seu negócio.
6 O restante, agarrando os servos,
os maltrataram e os mataram.
7 O rei ficou com muita raiva.
Enviou o seu exército e destruiu
aqueles assassinos e incendiou
a sua cidade.
8 Então disse a seus servos: O
banquete, na verdade, está pre-
parado, mas os convidados não
eram dignos.
9 Ide às esquinas e convidai para
o banquete todos os que encon-
trardes.
10 E, saindo os servos pelos ca-
minhos, ajuntaram todos quantos
encontraram, tanto maus como
bons, e a sala do banquete se en-
cheu de convidados.
11 Quando, porém, o rei entrou
para ver os convidados, notou ali
um homem que não estava vesti-
do com roupas de núpcias.
12 Perguntou-lhe: Amigo, como
entraste aqui sem roupas nup-
ciais? Ele ficou calado.
13 Disse então o rei aos servos:
Amarrai-o, os pés e as mãos, e lan-
çai-o para fora, nas trevas, onde
haverá choro e ranger de dentes.
14 Pois muitos são chamados,
mas poucos escolhidos.

A questão do tributo

Mc 12:13-17; Lc 20:19-26

15 Então, retirando-se os fariseus,
conversaram entre si como o sur-
preenderiam em alguma palavra.
16 Enviaram-lhe os seus discí-
pulos, com os herodianos, dizen-
do: Mestre, bem sabemos que és
verdadeiro e que ensinas o cami-
nho de Deus, segundo a verdade.
E não dás preferência a ninguém,
porque não consideras a aparên-
cia dos homens.
17 Dize-nos, pois, que te parece? É
certo pagar tributo a César ou não?

18 Jesus, porém, conhecendo a
sua má intenção, disse: Por que
me põem à prova, hipócritas?
19 Mostrai-me a moeda do im-
posto. Eles lhe apresentaram um
denário.
20 E ele lhes perguntou: De quem
é esta imagem e inscrição?
21 Responderam-lhe: De César.
Então ele lhes disse: Dai a
César oque é de César e a Deus
o que é de Deus.
22 Ao ouvirem isso, eles se ma-
ravilharam. E, deixando-o, se re-
tiraram.

A ressurreição dos mortos

23 Naquele mesmo dia vieram a
ele os saduceus, que dizem não
haver ressurreição, e o interro-
garam:
24 Mestre, Moisés disse: Se um
homem morrer, sem deixar fi-
lhos, seu irmão casará com a mu-
lher dele e dará descendência a
seu irmão.
25 Ora, houve entre nós sete ir-
mãos. O primeiro casou e mor-
reu e, não tendo filhos, deixou
sua mulher a seu irmão.
26 A mesma coisa aconteceu com o
segundo e o terceiro, até o sétimo.
27 Por fim, morreu também a
mulher.
28 Portanto, na ressurreição, de
qual dos sete será ela mulher,
visto que todos foram casados
com ela?
29 Respondeu-lhes Jesus: Errais,
não conhecendo as Escrituras,
nem o poder de Deus.
30 Na ressurreição nem casam
nem são dados em casamento; se-
rão como os anjos de Deus no céu.
31 E quanto à ressurreição dos
mortos, não lestes o que Deus vos
declarou:
32 Eu sou o Deus de Abraão, o
Deus de Isaque e o Deus de Jacó?
Ora, Deus não é Deus de mortos,
mas de vivos.
33 Ouvindo isto, as multidões fi-
caram maravilhadas com o seu
ensino.

Os maiores mandamentos

Mc 12:28-34; Lc 10:25-27

34 Quando os fariseus ouviram
que ele fizera emudecer os sadu-
ceus, reuniram-se no mesmo lugar.
35 Um deles, doutor da lei, inter-
rogou-o para o testar:
36 Mestre, qual é o grande man-
damento na lei?
37 Respondeu-lhe Jesus: Amarás
o Senhor teu Deus de todo o teu
coração, de toda a tua alma e de
todo o teu entendimento.
38 Este é o primeiro e grande
mandamento.
39 O segundo, semelhante a este,
é: Amarás o teu próximo como a
ti mesmo.
40 Destes dois mandamentos de-
pendem toda a Lei e os Profetas.

Cristo, Filho de Davi

Mc 12:35-37; Lc 20:41-44

41 Reunidos os fariseus, interro-
gou-os Jesus:
42 Que pensais vós do Cristo?
De quem é filho? Responderam-
lhe: De Davi.
43 Disse-lhes Jesus: Como, en-
tão, Davi, pelo Espírito, lhe cha-
ma Senhor, dizendo:
44 Disse o Senhor ao meu Senhor:
Assenta-te à minha direita
até que eu ponha os teus
inimigos debaixo de teus pés.
45 Se Davi, pois, lhe chama Senhor,
como é ele seu filho?
46 E ninguém lhe podia respon-
der palavra. A partir daquele dia,

ninguém mais se atreveu a ques-
tioná-lo.

Jesus censura os mestres da lei e os fariseus

Mc 12:38-40; Lc 11:37-54; 20:45-47

23 Então falou Jesus às mul-
tidões e aos discípulos:
2 Os mestres da lei e fariseus estão
assentados na cadeira de Moisés.
3 Portanto obedecei a tudo o que
vos disserem. Mas não façais o
que eles fazem, pois não fazem
o que dizem.
4 Atam fardos pesados e difíceis
de suportar e os põem nos om-
bros dos homens; eles, porém,
nem com o dedo querem movê-los.
5 Tudo o que fazem é para serem
vistos pelos homens: Alargam os
seus filactérios e alongam as fran-
jas das suas vestes;
6 amam os lugares de honra nas
ceias, as primeiras cadeiras nas
sinagogas,
7 as saudações nas praças e o se-
rem chamados de rabi pelos ho-
mens.
8 Vós, porém, não sereis chama-
dos rabi, pois um só é o vosso
Mestre, e vós todos sois irmãos.
9 E a ninguém na terra chameis
vosso pai, pois um só é o vosso Pai,
aquele que está nos céus.
10 Nem sereis chamados mes-
tres, pois um só é o vosso Mestre,
o Cristo.
11 O maior entre vós será vos-
so servo.
12 Pois quem a si mesmo se exal-
tar será humilhado, e quem a si
mesmo se humilhar será exaltado.
13 Ai de vós, mestres da lei e fari-
seus, hipócritas! Fechais o Reino
dos céus aos homens. Vós mesmos
não entrais, nem deixais entrar
os que querem.
14 Ai de vós, mestres da lei e fa-
riseus, hipócritas! Devorais as ca-
sas das viúvas, sob desculpa de
prolongadas orações. Por isso so-
frereis mais rigorosamente.
15 Ai de vós, mestres da lei e fa-
riseus, hipócritas! Percorreis o
mar e a terra para converter al-
guém e, depois de o terdes feito,
o tornais filho do inferno duas
vezes mais do que vós.
16 Ai de vós, condutores cegos!
que dizeis: Aquele que jurar pelo
templo, isso nada é; mas o que
jurar pelo ouro do templo, esse
é devedor.
17 Insensatos e cegos! Qual é mais
importante: o ouro ou o templo
que santifica o ouro?
18 Também dizeis: Aquele que
jurar pelo altar, isso nada é; mas
aquele que jurar pela oferta que
está sobre o altar, esse é devedor.
19 Insensatos e cegos! Qual é mais
importante: a oferta ou o altar
que santifica a oferta?
20 Portanto, o que jurar pelo al-
tar jura por ele e por tudo o que
sobre ele está.
21 E o que jurar pelo templo, jura
por ele e por aquele que nele ha-
bita.
22 E o que jurar pelo céu, jura
pelo trono de Deus e por aque-
le que está assentado no trono.
23 Ai de vós, mestres da lei e fari-
seus, hipócritas! Dais o dízimo da
hortelã, do endro e do cominho,
mas negligenciais o mais impor-
tante da lei, a justiça, a misericór-
dia e a fé. Devíeis, porém, fazer
estas coisas, sem omitir aquelas.
24 Condutores cegos! Que coais
um mosquito e engolis um camelo.
25 Ai de vós, mestres da lei e fa-
riseus, hipócritas! Limpais o ex-
terior do copo e do prato, mas

o interior está cheio de roubo e
imoralidade.
26 Fariseu cego! Limpa primeiro
o interior do copo e do prato, para
que também o exterior fique limpo.
27 Ai de vós, mestres da lei e fa-
riseus, hipócritas! Sois seme-
lhantes aos sepulcros caiados,
que por fora realmente parecem
formosos, mas por dentro estão
cheios de ossos de mortos e de
toda imundícia.
28 Assim também vós exterior-
mente pareceis justos aos homens,
mas interiormente estais cheios
de hipocrisia e de iniquidade.
29 Ai de vós, mestres da lei e fari-
seus, hipócritas! Construís os se-
pulcros dos profetas, adornais os
monumentos dos justos
30 e dizeis: Se estivéssemos vivos
no tempo de nossos pais, não te-
ríamos sido cúmplices no derra-
mar sangue dos profetas.
31 Assim, vós mesmos confir-
mais que sois filhos dos que ma-
taram os profetas.
32 Enchei vós, pois, a medida de
vossos pais.
33 Serpentes, raça de víboras!
Como escapareis da condenação
do inferno?
34 Portanto, eu vos envio pro-
fetas, sábios e mestres da lei. A
uns matareis e crucificareis; a
outros açoitareis nas vossas si-
nagogas e os perseguireis de ci-
dade em cidade.
35 Assim recairá sobre vós todo
o sangue justo derramado sobre
a terra, desde o sangue do justo
Abel até o sangue de Zacarias,
filho de Baraquias, a quem ma-
tastes entre o santuário e o altar.
36 Em verdade vos digo que to-
das estas coisas hão de vir sobre
esta geração.
37 Jerusalém, Jerusalém, que
matas os profetas e apedrejas os
que te são enviados! Quantas ve-
zes quis eu ajuntar os teus filhos,
como a galinha ajunta os seus
pintinhos debaixo das asas, e tu
não quiseste!
38 Agora a vossa casa vos fica-
rá deserta.
39 Pois eu vos digo que desde ago-
ra não me vereis mais, até que di-
gais: Bendito aquele que vem em
nome do Senhor.

O sermão profético. O princípio de dores

Mc 13:1,2; Lc 21:5-36

24 Jesus ia se retirando do
templo quando se aproxi-
maram dele os seus discípulos
para lhe mostrarem a estrutura
do templo.
2 Ele, porém, lhes perguntou:
Não vedes tudo isto? Em verda-
de vos digo que não ficará aqui
pedra sobre pedra, que não seja
derrubada.
3 Estando ele assentado no mon-
te das Oliveiras, aproximaram-se
dele os discípulos, em particular,
e lhe pediram: Dize-nos quando
acontecerão estas coisas, e que si-
nal haverá da tua vinda e do fim
dos tempos.
4 Respondeu-lhes Jesus: Acautelai-
-vos, que ninguém vos engane.
5 Pois muitos virão em meu nome,
dizendo: Eu sou o Cristo, e enga-
narão a muitos.
6 Ouvireis de guerras e rumores
de guerras, mas cuidado para não
vos alarmardes. Tais coisas devem
acontecer, mas ainda não é o fim.
7 Levantar-se-á nação contra na-
ção, reino contra reino, e haverá
fomes, pestes e terremotos em vá-
rios lugares.

8 Todas essas coisas, porém, são
o princípio das dores.
9 Então vos hão de entregar para
serdes atormentados e vos matarão.
Sereis odiados de todas as
nações por causa do meu nome.
10 Nesse tempo, muitos se escandalizarão,
trair-se-ão mutuamente
e se odiarão uns aos outros.
11 Surgirão muitos falsos profetas,
e enganarão a muitos.
12 E, por se multiplicar a iniquidade,
o amor de quase todos esfriará.
13 Mas aquele que perseverar até
o fim será salvo.
14 E este evangelho do Reino será
pregado em todo o mundo, em
testemunho a todas as nações.
Então virá o fim.

A grande tribulação

15 Portanto quando virdes que
a abominação da desolação, de
que falou o profeta Daniel, está
no lugar santo (quem lê, entenda),
16 então, os que estiverem na
Judeia fujam para os montes.
17 Quem estiver sobre o telhado
não desça a tirar alguma coisa
de sua casa.
18 Quem estiver no campo não volte
atrás a buscar as suas roupas.
19 Mas ai das que estiverem grávidas
e das que amamentarem
naqueles dias!
20 Orai para que a vossa fuga
não aconteça no inverno nem
no sábado.
21 Pois haverá então grande aflição,
como nunca houve desde o
princípio do mundo até agora,
nem haverá jamais.
22 Se aqueles dias não fossem abreviados,
nenhuma carne se salvaria,
mas por causa dos escolhidos
serão abreviados aqueles dias.
23 Então, se alguém vos disser:
Olhai, o Cristo está aqui, ou ali,
não acrediteis.
24 Pois aparecerão falsos cristos
e falsos profetas, e farão tão
grandes sinais e prodígios que,
se possível fora, enganariam até
os escolhidos.
25 Prestai atenção, eu vos aviso
antecipadamente.
26 Portanto, se vos disserem:
Olhai, ele está no deserto! não
saiais; ou: Olhai, ele está no interior
da casa!, não acrediteis.
27 Pois assim como o relâmpago
sai do oriente e se mostra até
o ocidente, assim será também a
vinda do Filho do homem.
28 Onde estiver o cadáver, aí se
ajuntarão os abutres.

A vinda do Filho do homem

29 Logo depois da aflição daqueles
dias,

o sol escurecerá,
a lua não dará a sua luz,
as estrelas cairão do céu
e os corpos celestes serão
abalados.

30 Então aparecerá no céu o sinal
do Filho do homem, e todos
os povos da terra se lamentarão
e verão o Filho do homem vindo
sobre as nuvens do céu, com poder
e grande glória.
31 E ele enviará os seus anjos com
som muito forte de trombeta, os
quais ajuntarão os seus escolhidos
desde os quatro ventos, de uma à
outra extremidade dos céus.
32 Aprendei agora esta parábola
da figueira: Quando já os seus ramos
se renovam e brotam folhas,
sabeis que está próximo o verão.
33 Igualmente vós, quando virdes
todas estas coisas, sabei que
ele está próximo, às portas.

34 Em verdade vos digo que não
passará esta geração sem que to-
das estas coisas aconteçam.
35 O céu e a terra passarão, mas
as minhas palavras jamais pas-
sarão.

Exortação à vigilância

36 Quanto ao dia e hora ninguém
sabe, nem os anjos do céu, nem o
Filho, mas somente o Pai.
37 Como foi nos dias de Noé, as-
sim será também a vinda do Filho
do homem.
38 Pois assim como nos dias an-
teriores ao Dilúvio, comiam, be-
biam, casavam e davam-se em
casamento, até o dia em que Noé
entrou na arca,
39 e não o perceberam, até que
veio o Dilúvio e levou todos —
assim será também a vinda do
Filho do homem.
40 Estando dois no campo, será
levado um e deixado o outro.
41 Estando duas moendo no moi-
nho, será levada uma e deixada
a outra.
42 Portanto vigiai, porque não
sabeis a que hora há de vir o vos-
so Senhor.
43 Entendei, pois, isto: Se o pai de
família soubesse a que hora viria
o ladrão, vigiaria e não deixaria
que sua casa fosse arrombada.
44 Por isso, estai vós também
atentos, porque o Filho do homem
virá na hora em que não esperais.

A parábola dos dois servos

45 Quem é, pois, o servo fiel e pru-
dente a quem o senhor encarre-
gou da sua casa, para dar o sus-
tento a seu tempo?
46 Bem-aventurado aquele ser-
vo a quem o senhor, quando vier,
achar servindo assim.
47 Em verdade vos digo que lhe
confiará todos os seus bens.
48 Se, porém, aquele servo for
mau e disser consigo: O meu se-
nhor tarde virá,
49 e começar a espancar os seus
conservos, e a comer e a beber
com os beberrões,
50 virá o senhor daquele servo
num dia em que não espera e à
hora em que ele não sabe,
51 o castigará e lhe dará lugar com
os hipócritas. Ali haverá choro e
ranger de dentes.

A parábola das dez virgens

25 Então o Reino dos céus será
semelhante a dez virgens
que, pegando as suas lâmpadas,
saíram ao encontro do noivo.
2 Cinco eram insensatas; cinco,
prudentes.
3 As insensatas, ao pegarem as
suas lâmpadas, não levaram azei-
te consigo.
4 As prudentes, porém, levaram
azeite em suas vasilhas, com as
suas lâmpadas.
5 Demorou o noivo a chegar, to-
das elas ficaram com sono e dor-
miram.
6 À meia-noite, porém, ouviu-se
um grito: Aí vem o noivo; saí ao
seu encontro.
7 Então todas aquelas virgens
se levantaram e prepararam as
suas lâmpadas.
8 E as insensatas disseram às pru-
dentes: Dai-nos do vosso azeite;
as nossas lâmpadas se apagam.
9 As prudentes, porém, respon-
deram: Não seja o caso que nos
falte a nós e a vós. Ide antes aos
que o vendem e comprai-o.
10 E, tendo elas ido comprá-lo,
chegou o noivo. As virgens que
estavam preparadas entraram

com ele para o banquete de casa-
mento. E fechou-se a porta.
11 Mais tarde, chegaram tam-
bém as outras virgens, dizendo:
Senhor, senhor, abre-nos a porta!
12 Ele, porém, respondeu: Em
verdade vos digo que não vos co-
nheço.
13 Portanto vigiai, porque não sa-
beis o dia nem a hora em que o
Filho do homem há de vir.

A parábola dos talentos

Lc 19:11-27

14 **P**ois será como um homem
que, ausentando-se do país,
chamou os seus servos e entre-
gou-lhes os seus bens.
15 A um deu cinco talentos, a
outro dois e a outro um, a cada
um conforme a sua capacidade.
Então partiu.
16 O que recebera cinco talentos
negociou com eles e ganhou ou-
tros cinco talentos.
17 Do mesmo modo, o que rece-
bera dois ganhou também ou-
tros dois.
18 O que, porém, recebera um foi,
cavou na terra e escondeu o di-
nheiro do seu senhor.
19 Muito tempo depois, veio o se-
nhor daqueles servos e ajustou
contas com eles.
20 Então o que recebera cinco ta-
lentos, se aproximou e entregou-
-lhe outros cinco talentos, dizendo:
Senhor, confiaste-me cinco talen-
tos. Olha, aqui estão outros cin-
co talentos que ganhei com eles.
21 O seu senhor lhe disse: mui-
to bem, servo bom e fiel. Sobre o
pouco foste fiel, sobre o muito te
colocarei. Entra e participa da
alegria do teu senhor.
22 Chegando também o que ti-
nha recebido dois talentos, disse:
Senhor, entregaste-me dois ta-
lentos; olha, com eles ganhei ou-
tros dois.
23 Disse-lhe o seu senhor: Muito
bem, bom e fiel servo. Sobre o pou-
co foste fiel, sobre o muito te co-
locarei. Entra e participa da ale-
gria do teu senhor.
24 Chegando, porém, o que rece-
bera um talento, disse: Senhor,
eu sabia que és um homem duro,
que colhes onde não plantastes e
ajuntas onde não espalhaste
25 e, com medo, escondi na terra o
teu talento. Aqui tens o que é teu.
26 Respondeu-lhe, porém, o seu
senhor: Servo mau e negligente,
sabias que colho onde não plan-
tei e ajunto onde não espalhei?
27 Devias então ter confiado o
meu dinheiro aos banqueiros, e,
quando eu viesse, receberia com
os juros o que é meu.
28 Tirai-lhe o talento e dai-o ao
que tem dez.
29 Pois a qualquer que tiver será
dado, e terá em abundância. Ao
que não tiver, até o que tem lhe
será tirado.
30 Lançai para fora o servo inú-
til, nas trevas. Ali haverá choro
e ranger de dentes.

A vida eterna e o castigo eterno

31 **Q**uando o Filho do homem
vier em sua glória, e todos os an-
jos com ele, então se assentará no
trono da sua glória.
32 Todas as nações se reunirão
diante dele, e ele separará uns
dos outros, como o pastor sepa-
ra dos bodes as ovelhas.
33 Ele colocará as ovelhas à sua
direita e os bodes à sua esquerda.
34 Então dirá o Rei aos que estive-
rem à sua direita: Vinde, benditos

de meu Pai, possuí por herança
o Reino que vos está preparado
desde a criação do mundo.
35 Pois tive fome, e me destes de
comer; tive sede e me destes de
beber; era estrangeiro e me aco-
lhestes;
36 estava nu, e me vestistes; esti-
ve enfermo e cuidastes de mim;
preso e me visitastes.
37 Então perguntarão os justos:
Senhor, quando te vimos com
fome e te demos de comer? Ou
com sede e te demos de beber?
38 E quando te vimos estran-
geiro e te acolhemos? Ou nu e te
vestimos?
39 E quando te vimos enfermo,
ou preso e fomos visitar-te?
40 Responderá o Rei: Em verda-
de vos digo que, quando o fizes-
tes a um destes meus pequeninos
irmãos, a mim o fizestes.
41 Então dirá também aos que es-
tiverem à sua esquerda: Apartai-
vos de mim, malditos, para o fogo
eterno, preparado para o Diabo
e seus anjos.
42 Pois tive fome e não me des-
tes de comer; tive sede e não me
destes de beber;
43 fui estrangeiro e não me aco-
lhestes; estive nu e não me ves-
tistes; enfermo e preso e não me
visitastes.
44 Então eles também lhe res-
ponderão: Senhor, quando te vi-
mos com fome, ou com sede, ou
estrangeiro, ou nu, ou enfermo,
ou preso, e não te servimos?
45 Então lhes responderá: Em
verdade vos digo que, todas as
vezes que o deixastes de fazer a
um destes pequeninos, foi a mim
que o deixastes de fazer.
46 E irão estes para o castigo eterno,
mas os justos para a vida eterna.

A consulta dos sacerdotes e dos mestres da lei

Mc 14:1,2; Lc 22:1,2

26 Quando Jesus terminou
de dizer todas estas coi-
sas, disse aos discípulos:
2 Sabeis que daqui a dois dias é a
Páscoa; e o Filho do homem será
entregue para ser crucificado.
3 Então os principais sacerdotes,
os mestres da lei e os líderes re-
ligiosos do povo reuniram-se na
sala do sumo sacerdote, chama-
do Caifás,
4 e decidiram prender Jesus à
traição e matá-lo.
5 Diziam, porém: Não durante
a festa, para não haver tumulto
entre o povo.

O jantar em Betânia

Mc 14:3-9; Jo 11:1-8

6 Estando Jesus em Betânia, na
casa de Simão, o leproso,
7 aproximou-se dele uma mulher
com um vaso de alabastro cheio
de precioso perfume, que lhe der-
ramou sobre a cabeça, quando ele
estava assentado à mesa.
8 Ao verem isso, os discípulos se
indignaram, dizendo: Para que
esse desperdício?
9 Este perfume podia ser vendi-
do por muito dinheiro e dar-se
aos pobres.
10 Jesus, porém, conhecendo isto,
disse-lhes: Por que perturbais
esta mulher? Ela praticou uma
boa ação para comigo.
11 Sempre tereis convosco os po-
bres, mas a mim não tereis sempre.
12 Ora, derramando ela este per-
fume sobre o meu corpo, ela o fez
preparando-me para o meu se-
pultamento.
13 Em verdade vos digo que,
onde quer que este evangelho

for anunciado em todo o mun-
do, também será contado o que
ela fez, para memória sua.

O preço da traição

Mc 14:10, 11; Lc 22:3-6

14 Então um dos Doze, chama-
do Judas Iscariotes, foi ter com
os principais sacerdotes,
15 e disse: Que me dareis para
que eu o entregue a vós? E paga-
ram-lhe trinta moedas de prata.
16 Desde então Judas buscava
oportunidade para o entregar.

A última Páscoa. A Santa Ceia

Mc 14:12-24; Lc 22:7-23; 1Co 11:23-29

17 No primeiro dia da festa dos
pães sem fermento, os discípulos
se aproximaram de Jesus e lhe
perguntaram: Onde queres que
façamos os preparativos para co-
meres a Páscoa?
18 Respondeu-lhes ele: Ide à cida-
de ter com certo homem, e dizei-
-lhe: O Mestre diz: O meu tempo
está próximo. Em tua casa cele-
brarei a Páscoa com os meus dis-
cípulos.
19 Os discípulos fizeram como
Jesus lhes ordenara, e prepara-
ram a Páscoa.
20 Chegada a tarde, assentou-se
à mesa com os Doze.
21 Enquanto comiam, disse-lhes:
Em verdade vos digo que um de
vós me trairá.
22 E eles, entristecendo-se mui-
to, começaram um por um a per-
guntar-lhe: Por acaso sou eu,
Senhor?
23 Respondeu-lhes: O que come
comigo no mesmo prato, esse
me trairá.
24 Em verdade o Filho do homem
vai, como acerca dele está escrito.
Mas ai daquele por quem o Filho
do homem é traído! Melhor seria
se não tivesse nascido.
25 Então, perguntou-lhe Judas,
o que o traía: Por acaso sou eu,
Mestre? Respondeu Jesus: Tu o
disseste.
26 Enquanto comiam, Jesus to-
mou o pão e, abençoando-o, par-
tiu-o e o deu aos discípulos, di-
zendo: Tomai e comei; isto é o
meu corpo.
27 Então ele tomou o cálice e, ten-
do dado graças, deu-o aos discí-
pulos, dizendo: Bebei dele todos.
28 Isto é o meu sangue, o san-
gue da nova aliança, que é der-
ramado por muitos, para perdão
de pecados.
29 E digo-vos que, desta hora em
diante, não beberei deste fruto
da vide, até àquele dia em que
o beba de novo convosco no Reino
de meu Pai.
30 Cantaram um hino e saíram
para o monte das Oliveiras.

Pedro é avisado

Mc 14:27-31; Lc 22:31-34; Jo 13:36-38

31 Então Jesus lhes disse: Todos
vós esta noite me abandonareis,
pois está escrito:

> Ferirei o pastor,
> e as ovelhas do rebanho se
> dispersarão.

32 Depois de ressuscitar, porém,
irei adiante de vós para a Galileia.
33 Pedro lhe disse: Ainda que to-
dos te abandonem, eu nunca te
abandonarei.
34 Disse-lhe Jesus: Em verdade
te digo que, nesta mesma noite,
antes que o galo cante, três vezes
me negarás.
35 Disse-lhe Pedro: Ainda que me
seja necessário morrer contigo,
nunca te negarei. E todos os dis-
cípulos disseram o mesmo.

Jesus no Getsêmani

Mc 14:32-42; Lc 22:39-46; Jo 18:1

36 Então Jesus foi com eles a um
lugar chamado Getsêmani e disse a seus discípulos: Assentai-vos aqui, enquanto vou ali orar.
37 Levando consigo Pedro e os dois
filhos de Zebedeu, começou a entristecer-se e a angustiar-se muito.
38 Então lhes disse: A minha
alma está cheia de tristeza mortal. Ficai aqui para vigiar comigo.
39 Indo um pouco adiante, prostrou-se sobre o rosto, orando e dizendo:
Meu Pai, se possível, passe de mim
este cálice! Todavia, não seja como
eu quero, mas como tu queres.
40 Quando voltou, achou seus
discípulos dormindo. E perguntou a Pedro: Nem uma hora pudestes vigiar comigo?
41 Vigiai e orai, para que não entreis em tentação. Na verdade o
espírito está pronto, mas a carne é fraca.
42 Indo pela segunda vez, orou,
dizendo: Meu Pai, se este cálice
não pode passar de mim sem que
eu o beba, faça-se a tua vontade.
43 Quando voltou, achou-os outra vez dormindo, porque os seus
olhos estavam pesados.
44 Deixou-os novamente e foi orar
pela terceira vez, dizendo as mesmas palavras.
45 Então voltou para os discípulos e lhes disse: Ainda dormis e
descansais? Olhai, é chegada a
hora, e o Filho do homem será
entregue nas mãos de pecadores.
46 Levantai-vos, partamos! Vede,
o traidor se aproxima!

Jesus é preso

Mc 14:43-50; Lc 22:47-53; Jo 18:2-11

47 Enquanto ainda falava, chegou Judas, um dos Doze, e com
ele grande multidão com espadas e varas, enviada pelos principais sacerdotes e pelos líderes
religiosos do povo.
48 O seu traidor dera-lhes um
sinal, dizendo: O que eu beijar é
esse; prendei-o.
49 E logo, aproximando-se de
Jesus, lhe disse: Eu te saúdo,
Mestre! E o beijou.
50 Jesus, porém, lhe disse: Amigo,
para que vieste? Então, aproximando-se eles, agarraram Jesus
e o prenderam.
51 Um dos que estavam com
Jesus, estendendo a mão, puxou da espada e feriu o servo do
sumo sacerdote, cortando-lhe
uma orelha.
52 Então Jesus lhe disse: Guarda a
tua espada, pois todos os que usarem a espada à espada morrerão.
53 Ou pensas tu que eu não poderia agora orar a meu Pai, e ele
me mandaria imediatamente mais
de doze legiões de anjos?
54 Como, pois, se cumpririam as
Escrituras que dizem que assim
deve acontecer?
55 Então disse Jesus à multidão:
Saístes com espadas e varas para
prender-me, como a um assaltante? Todos os dias eu me assentava convosco, ensinando no templo, e não me prendestes.
56 Tudo isto, porém, aconteceu para
que se cumprissem as Escrituras
dos profetas. Então todos os discípulos o abandonaram e fugiram.

Jesus perante o Sinédrio

Mc 14:53-65; Lc 22:63-71; Jo 18:12-27

57 Os que prenderam Jesus conduziram-no à casa do sumo sacerdote Caifás, onde os mestres
da lei e os líderes religiosos estavam reunidos.

58 Pedro, porém, o seguiu de lon-
ge até o pátio do sumo sacerdote
e, entrando, assentou-se entre os
guardas, para ver o fim.
59 Ora, os principais sacerdotes
e todo o Sinédrio buscavam fal-
so testemunho contra Jesus, para
condená-lo à morte.
60 E não o acharam, apesar de se
terem apresentado muitas teste-
munhas falsas. Finalmente, che-
garam duas, afirmando:
61 Este disse: Eu posso derrubar
o templo de Deus e reconstruí-lo
em três dias.
62 Então levantou-se o sumo sa-
cerdote e perguntou a Jesus: Nada
respondes a essas acusações?
63 Jesus, porém, guardou silên-
cio. E o sumo sacerdote lhe dis-
se: Exijo pelo Deus vivo que nos
digas se tu és o Cristo, o Filho
de Deus.
64 Respondeu-lhe Jesus: Tu o dis-
seste. Eu, porém, vos digo que em
breve vereis o Filho do homem as-
sentado à direita do Todo-poderoso,
vindo sobre as nuvens do céu.
65 Então o sumo sacerdote rasgou
as suas vestes e disse: Blasfemou!
Para que precisamos ainda de
testemunhas? Vós bem ouvistes
a sua blasfêmia.
66 Que vos parece? E eles respon-
deram: É réu de morte.
67 Então uns cuspiram-lhe no
rosto e lhe davam murros, e ou-
tros o esbofeteavam,
68 dizendo: Profetiza-nos, ó Cristo,
quem foi que te bateu?

Pedro nega a Jesus

Mc 14:66-72; Lc 22:54-62; Jo 18:15-18

69 Pedro estava sentado fora, no
pátio, e aproximou-se dele uma
criada e lhe disse: Tu também es-
tavas com Jesus, o galileu.
70 Pedro, porém, negou dian-
te de todos, dizendo: Não sei o
que dizes.
71 E, saindo para o pórtico, ou-
tra criada o viu e disse aos que
ali estavam: Este também esta-
va com Jesus de Nazaré.
72 Ele negou outra vez, com jura-
mento: Não conheço este homem.
73 Logo depois, aproximando-
-se os que ali estavam, disseram
a Pedro: Verdadeiramente tam-
bém tu és um deles, pois o teu
modo de falar te denuncia.
74 Então começou ele a prague-
jar e a jurar, dizendo: Não conhe-
ço esse homem. E imediatamen-
te o galo cantou.
75 Então Pedro se lembrou das
palavras que Jesus lhe dissera:
Antes que o galo cante, três ve-
zes me negarás. E, saindo dali,
chorou amargamente.

O suicídio de Judas

At 1:16-19

27 De manhã, todos os prin-
cipais sacerdotes e os líde-
res religiosos do povo decidiram
matar Jesus.
2 Amarrando-o, levaram-no e
o entregaram ao governador
Pilatos.
3 Então Judas, o que o traiu, ven-
do que Jesus fora condenado, trou-
xe, arrependido, as trinta moedas
de prata aos principais sacerdo-
tes e líderes religiosos,
4 dizendo: Pequei, pois traí san-
gue inocente. Eles, porém, res-
ponderam: Que nos importa?
Isso é contigo.
5 Então ele jogou no templo as
moedas de prata, retirou-se e foi-
-se enforcar.
6 E os príncipes dos sacerdotes, pe-
gando as moedas de prata, disseram:

Não é permitido colocá-las no co-
fre das ofertas, pois é preço de
sangue.
7 Depois de se reunirem, compra-
ram com elas o campo do Oleiro,
para sepultura dos estrangeiros.
8 Por isso, aquele campo até o dia
de hoje tem sido chamado Campo
de Sangue.
9 Então se cumpriu o que fora dito
pelo profeta Jeremias: Tomaram
as trinta moedas de prata, preço
em que foi avaliado pelos filhos
de Israel,
10 e as deram pelo campo do
Oleiro, conforme me ordenou o
Senhor.

Jesus perante Pilatos

Mc 15:1-20; Lc 23:1-25; Jo 18:28; 19:16

11 Jesus foi posto perante o go-
vernador, e este o interrogou,
dizendo: És tu o Rei dos judeus?
Respondeu-lhe Jesus: Tu o dizes.
12 Acusado pelos principais sa-
cerdotes e pelos líderes religio-
sos, nada respondeu.
13 Perguntou-lhe então Pilatos:
Não ouves quantas acusações te
fazem?
14 Jesus nem uma palavra lhe res-
pondeu, de modo que o governa-
dor estava muito impressionado.
15 Ora, por ocasião da festa, cos-
tumava o governador soltar um
preso, escolhido pelo povo.
16 Tinham então um preso bem
conhecido, chamado Barrabás.
17 Portanto, estando eles reuni-
dos, perguntou-lhes Pilatos: Qual
quereis que vos solte? Barrabás
ou Jesus, chamado Cristo?
18 Pois sabia que por inveja o ha-
viam entregado.
19 Estando Pilatos no tribunal,
sua mulher mandou dizer-lhe: Não
entres na questão desse inocente,
pois num sonho muito sofri por
causa dele.
20 Os principais sacerdotes e os
líderes religiosos persuadiram a
multidão a que pedisse Barrabás
e fizesse morrer Jesus.
21 De novo perguntou-lhes o go-
vernador: Qual dos dois quereis
vós que eu solte? Responderam
eles: Barrabás.
22 Disse-lhes Pilatos: Que farei en-
tão com Jesus, chamado Cristo?
Disseram-lhe todos: Crucifica-o!
23 Pilatos, porém, lhes pergun-
tou: Que mal fez ele? E eles mais
clamavam: Crucifica-o!
24 Então Pilatos, quando viu que
nada conseguia, antes o tumulto
crescia, pegou água, lavou as mãos
diante da multidão e disse: Estou
inocente do sangue deste homem.
A responsabilidade é vossa.
25 Respondeu todo o povo: O seu
sangue caia sobre nós e sobre nos-
sos filhos.
26 Então lhe soltou Barrabás.
E tendo mandado açoitar Jesus,
o entregou para ser crucificado.
27 Em seguida, os soldados do go-
vernador, conduzindo Jesus para
a residência do governador, reu-
niram em torno dele toda a tropa.
28 E, despindo-o, cobriram-no
com um manto vermelho,
29 e, fazendo uma coroa de espi-
nhos, puseram-na em sua cabe-
ça. Na mão direita puseram uma
vara e, ajoelhando-se diante dele,
zombavam, dizendo: Salve, rei
dos judeus!
30 E, cuspindo nele, tiraram-lhe
a vara, e batiam-lhe com ela na
cabeça.
31 Depois de terem zombado dele,
tiraram-lhe o manto, vestiram-
-lhe as suas roupas e o levaram
para ser crucificado.

A crucificação

Mc 15:20-32; Lc 23:26-49; Jo 19:17-37

32 Quando saíam, encontraram
um homem cireneu, chamado
Simão, a quem forçaram a levar
a cruz de Jesus.
33 E, chegando ao lugar chama-
do Gólgota, que significa Lugar
da Caveira,
34 deram-lhe a beber vinho mis-
turado com fel; mas ele, provan-
do-o, não o quis beber.
35 Depois de o crucificarem, reparti-
ram entre si as roupas dele, lançan-
do sortes, para que se cumprisse o
que foi dito pelo profeta: Repartem
entre si as minhas roupas, e sobre a
minha túnica deitam sortes.
36 Assentados ali, o guardavam.
37 Por cima da sua cabeça colo-
caram por escrito a sua acusa-
ção: ESTE É JESUS, O REI DOS
JUDEUS.
38 E foram crucificados com ele
dois ladrões, um à direita e ou-
tro à esquerda.
39 Os que passavam blasfema-
vam dele, balançando a cabeça
40 e dizendo: Tu, que destróis o
templo, e em três dias o constróis,
salva-te a ti mesmo! Se és Filho
de Deus, desce da cruz.
41 Da mesma maneira também
os principais sacerdotes, com os
mestres da lei, líderes religiosos
e fariseus, zombando, diziam:
42 Salvou a outros, mas si mesmo
não pode salvar-se. É rei de Israel!
Desça agora da cruz, e creremos nele.
43 Confiou em Deus. Livre-o ago-
ra, se de fato o ama, pois disse:
Sou Filho de Deus.
44 E o mesmo fazia os ladrões que
com ele haviam sido crucificados.
45 Desde o meio-dia até as três
horas da tarde houve trevas so-
bre toda a terra.
46 Por volta das três horas da tar-
de exclamou Jesus em alta voz:
Eli, Eli, lemá sabactâni, que quer
dizer: Deus meu, Deus meu, por
que me desamparaste?
47 Alguns dos que ali estavam,
ouvindo isso, diziam: Ele chama
por Elias.
48 E logo um deles, correndo, to-
mou uma esponja, encharcou-a
em vinagre e, pondo-a na ponta
de uma vara, dava-lhe de beber.
49 Os outros, porém, diziam: Deixa,
vejamos se Elias vem livrá-lo.
50 E Jesus, clamando outra vez
com alta voz, entregou o espírito.
51 Nesse instante, o véu do tem-
plo se rasgou em duas partes, de
alto a baixo. Tremeu a terra, e
partiram-se as rochas.
52 Abriram-se os sepulcros, e
muitos corpos de santos, que dor-
miam, ressuscitaram.
53 E, saindo dos sepulcros, de-
pois da ressurreição de Jesus,
entraram na cidade santa e apa-
receram a muitos.
54 O centurião e os que com ele
guardavam a Jesus, vendo o ter-
remoto e as coisas que haviam
acontecido, ficaram atemoriza-
dos e disseram: Verdadeiramente
este era Filho de Deus.
55 Estavam ali, observando de lon-
ge, muitas mulheres que tinham
seguido Jesus desde a Galileia,
para o servir.
56 Entre elas estavam Maria
Madalena, Maria mãe de Tiago
e de José, e a mulher de Zebedeu.

A sepultura de Jesus

Mc 15:42-47; Lc 23:50-56; Jo 19:38-42

57 Chegada a tarde, veio um ho-
mem rico de Arimateia, chama-
do José, que também era discí-
pulo de Jesus.

58 Este foi falar com Pilatos e lhe
pediu o corpo de Jesus. Então
Pilatos mandou que lhe fosse entregue.
59 E José, pegando o corpo, envolveu-o num pano limpo de linho
60 e o colocou no seu sepulcro
novo, que havia aberto na rocha. Rolou uma grande pedra
para a entrada do sepulcro, e
foi embora.
61 Estavam ali, assentadas na frente do sepulcro, Maria Madalena
e a outra Maria.
62 No dia seguinte, que é o dia
depois da preparação, os principais sacerdotes e os fariseus foram falar com Pilatos,
63 dizendo: Senhor, lembramo-nos de que aquele enganador,
enquanto vivia, disse: Depois de
três dias ressuscitarei.
64 Portanto manda que o sepulcro seja guardado com segurança até o terceiro dia, para não se
dar o caso de que os seus discípulos vão de noite, o furtem e digam ao povo: Ressuscitou dentre
os mortos. Assim o último erro
será pior do que o primeiro.
65 Disse-lhes Pilatos: Tendes aí
uma escolta. Ide, guardai-o como
acharem melhor.
66 Indo eles, montaram guarda
ao sepulcro, lacrando a pedra, e
deixaram ali a escolta.

A ressurreição

Mc 16:1-8; Lc 24:1-12; Jo 20:1-18

28 Depois do sábado, ao nascer o primeiro dia da semana, Maria Madalena e a outra Maria foram ver o sepulcro.
2 Houve um grande terremoto,
pois um anjo do Senhor desceu
do céu, chegou, removeu a pedra
e assentou-se sobre ela.
3 A sua aparência era como um
relâmpago, e a sua roupa branca como a neve.
4 Os guardas tremeram de medo
dele e ficaram como mortos.
5 O anjo, porém, dirigindo-se
às mulheres, disse: Não tenhais
medo, pois eu sei que procurais
Jesus, que foi crucificado.
6 Ele não está aqui; já ressuscitou, como havia dito. Vinde ver
o lugar onde ele jazia.
7 Agora ide imediatamente e dizei aos discípulos que ele ressuscitou dentre os mortos e que vai
adiante de vós para a Galileia. Ali
o vereis. Ora, eu vos tenho dito.
8 Saindo elas apressadamente
do sepulcro, com temor e grande alegria, correram a anunciá-lo aos seus discípulos.
9 De repente Jesus lhes sai ao
encontro, dizendo: Salve! E elas,
aproximando-se, abraçaram os
seus pés e o adoraram.
10 Então Jesus lhes disse: Não
temais! Ide dizer a meus irmãos
que se dirijam para a Galileia, e
lá me verão.

A mentira dos judeus

11 Quando alguns da guarda
iam chegando à cidade, anunciaram aos principais sacerdotes todas as coisas que haviam
acontecido.
12 Reunindo-se eles com os líderes religiosos, decidiram dar
muito dinheiro aos soldados, recomendando:
13 Dizei que vieram de noite os
seus discípulos e, enquanto dormíeis, o furtaram.
14 Caso isto chegue aos ouvidos
do governador, nós o convenceremos, e vos colocaremos em segurança.

15 Eles, recebendo o dinheiro, fi-
zeram como estavam instruídos.
E espalhou-se esta história entre
os judeus, até o dia de hoje.

Jesus aparece aos discípulos na Galileia

16 Os onze discípulos partiram
para a Galileia, para o monte que
Jesus lhes tinha indicado.
17 Quando o viram, o adoraram;
mas alguns duvidaram.
18 Chegando-se Jesus, falou-lhes,
dizendo: É-me dado todo o poder
no céu e na terra.
19 Portanto, ide e fazei discípu-
los de todos os povos, batizando-
-os em nome do Pai e do Filho e
do Espírito Santo,
20 ensinando-os a obedecer a to-
das as coisas que eu vos tenho
mandado. E certamente estou
convosco todos os dias, até a con-
sumação do século.

MARCOS

1 Princípio do evangelho de Jesus Cristo, Filho de Deus.

João Batista

Mt 3:1-12; Lc 3:1-9

2 Como está escrito no profeta Isaías:

Eu envio o meu anjo diante
da tua face,
o qual preparará o teu
caminho.

3 Voz do que clama no deserto: Preparai o caminho do Senhor, endireitai as suas veredas.

4 Apareceu João, batizando no deserto e pregando o batismo de arrependimento, para remissão dos pecados.

5 Toda a região da Judeia e os de Jerusalém iam ter com ele e, confessando os seus pecados, eram batizados por ele no rio Jordão.

6 João andava vestido de pelos de camelo, trazia um cinto de couro e comia gafanhotos e mel silvestre.

7 E pregava, dizendo: Após mim vem aquele que é mais poderoso do que eu, do qual não sou digno de, abaixando-me, desamarrar a correia das suas sandálias.

8 Eu, em verdade, vos batizei com água, mas ele vos batizará com o Espírito Santo.

O batismo de Jesus

Mt 3:13-17; Lc 3:21,22; Jo 1:32-34

9 Naqueles dias, veio Jesus de Nazaré, na Galileia, e foi batizado por João no Jordão.

10 Logo que saiu da água viu os céus abertos e o Espírito que, como pomba, descia sobre ele.

11 Então ouviu-se esta voz dos céus: Tu és o meu Filho amado em quem me comprazo.

12 Imediatamente o Espírito o impeliu para o deserto,

13 onde esteve por quarenta dias, e foi tentado por Satanás. Vivia entre as feras, e os anjos o serviam.

A vocação dos primeiros apóstolos

Mt 4:12-25; Lc 5:1-11

14 Depois que João foi preso, veio Jesus para a Galileia, pregando o evangelho do Reino de Deus

15 e dizendo: O tempo está cumprido, e o Reino de Deus está próximo. Arrependei-vos e crede no evangelho.

16 Andando Jesus junto ao mar da Galileia, viu Simão, e André, seu irmão, que lançavam a rede ao mar, pois eram pescadores.

17 Jesus lhes disse: Vinde após mim, e eu vos farei pescadores de homens.

18 Então eles, deixando as redes, o seguiram.

19 Passando dali um pouco mais adiante, viu Tiago, filho de Zebedeu, e João, seu irmão, que estavam no barco consertando as redes,

20 e logo os chamou. Eles, deixando o seu pai, Zebedeu, no barco com os empregados, foram após Jesus.

A cura de um endemoninhado

Lc 4:33-37

21 Entraram em Cafarnaum, e, logo no sábado, indo ele à sinagoga, começou a ensinar.

22 Maravilharam-se da sua dou-
trina, porque os ensinava como
tendo autoridade, não como os
mestres da lei.
23 Estava na sinagoga um ho-
mem possesso de espírito imun-
do, o qual exclamou:
24 Ah! que temos contigo, Jesus
de Nazaré? Vieste destruir-nos?
Bem sei quem és: o Santo de Deus.
25 Repreendeu-o Jesus, dizendo:
Cala-te e sai dele.
26 Então o espírito imundo sacu-
diu-o violentamente e, clamando
em alta voz, saiu dele.
27 Todos se admiraram, a ponto
de perguntarem entre si: Que é
isto? Que nova doutrina é esta?
Ele dá ordem até aos espíritos
imundos, e eles lhe obedecem!
28 Logo correu a sua fama por
toda a província da Galileia.

A cura da sogra de Pedro

Mt 8:14-17; Lc 4:38,39

29 **S**aindo da sinagoga, foram à
casa de Simão e de André com
Tiago e João.
30 A sogra de Simão estava de
cama e com febre, e logo lhe fa-
laram dela.
31 Então, aproximando-se, tomou-
-a pela mão e a levantou. A febre
a deixou, e ela os servia.
32 **S**endo já tarde, tendo-se pos-
to o sol, trouxeram-lhe todos os
que se achavam enfermos e en-
demoninhados.
33 Toda a cidade se ajuntou à
porta,
34 e Jesus curou muitos doentes
de diversas enfermidades; tam-
bém expulsou muitos demônios,
porém não permitia que eles fa-
lassem, porque o conheciam.
35 Levantando-se de manhã muito
cedo, quando ainda estava escuro,
saiu de casa, foi para um lugar
deserto e ali orava.
36 Procuravam-no Simão e os que
com ele estavam.
37 Achando-o, lhe disseram: Todos
te buscam.
38 Jesus, porém, lhes disse: Vamos
às aldeias vizinhas, para que eu
ali também pregue. Foi para isso
que eu vim.
39 Pelo que foi por toda a Galileia,
pregando nas sinagogas deles e
expulsando os demônios.

A cura de um leproso

Mt 8:1-4; Lc 5:12-16

40 **A**proximou-se dele um lepro-
so que, rogando-lhe de joelhos, di-
zia: Se quiseres, bem podes puri-
ficar-me.
41 Jesus, com grande compaixão,
estendeu a mão, tocou nele e lhe
disse: Quero, sê limpo.
42 Tendo ele dito isso, a lepra de-
sapareceu, e o homem ficou limpo.
43 Advertindo-o severamente,
logo o despediu e lhe
44 disse: Olha, não digas nada a
ninguém, mas vai, mostra-te ao
sacerdote e oferece pela tua puri-
ficação o que Moisés determinou,
para lhes servir de testemunho.
45 Tendo, porém, ele saído, co-
meçou a apregoar muitas coisas
e a divulgar o que acontecera. De
sorte que Jesus já não podia en-
trar publicamente em qualquer
cidade, mas se conservava fora,
em lugares desertos. E de todas
as partes vinham pessoas a ele.

O paralítico de Cafarnaum

Mt 9:1-8; Lc 5:17-26

2 Alguns dias depois, Jesus en-
trou outra vez em Cafarnaum,
e o povo soube que ele estava em
casa.

2 Logo se ajuntou tanta gente que nem ainda nos lugares junto à porta cabiam, e ele lhes anunciava a palavra.
3 Vieram a ele conduzindo um paralítico, trazido por quatro homens, e,
4 não podendo aproximar-se dele, por causa da multidão, descobriram o telhado onde estava e, fazendo um buraco, baixaram o leito em que estava o doente.
5 Jesus, vendo a fé deles, disse ao paralítico: Filho, perdoados estão os teus pecados.
6 Estavam ali assentados alguns dos mestres da lei, que raciocinavam em seu íntimo:
7 Por que profere este blasfêmias? Quem pode perdoar pecados, senão Deus?
8 Jesus, conhecendo logo em seu espírito que assim pensavam entre si, lhes disse: Por que pensais sobre essas coisas em vossos corações?
9 Qual é mais fácil, dizer ao paralítico: Estão perdoados os teus pecados, ou dizer-lhe: Levanta-te, toma o teu leito e anda?
10 Ora, para que saibais que o Filho do homem tem na terra poder para perdoar pecados (disse ao paralítico):
11 A ti te digo: Levanta-te, toma o teu leito e vai para tua casa.
12 Ele se levantou e, tomando logo o leito, saiu na presença de todos, de sorte que todos se admiraram e glorificaram a Deus, dizendo: Nunca vimos tal coisa.

A vocação de Levi

Mt 9:9-13; Lc 5:27-32

13 Jesus tornou a sair para o mar, e toda a multidão ia ter com ele, e ele os ensinava.
14 E, passando, viu Levi, filho de Alfeu, assentado na coletoria, e disse-lhe: Segue-me. Ele, levantando-se, o seguiu.
15 Enquanto Jesus estava jantando na casa de Levi, muitos cobradores de impostos e pecadores estavam assentados à mesa com Jesus e seus discípulos, pois eram muitos os que o tinham seguido.
16 Quando os mestres da lei que eram fariseus viram-no comer com os cobradores de impostos e pecadores, disseram aos seus discípulos: Por que come [e bebe] ele com os cobradores de impostos e pecadores?
17 Tendo Jesus ouvido isso, disse-lhes: Os sãos não necessitam de médico, mas, sim, os doentes. Eu não vim chamar os justos, mas, sim, os pecadores.

O jejum

Mt 9:14-17; Lc 5:33-39

18 Ora, os discípulos de João e os fariseus estavam jejuando. Foram e lhe perguntaram: Por que jejuam os discípulos de João e os dos fariseus e não jejuam os teus discípulos?
19 Respondeu-lhes Jesus: Podem os convidados para o casamento jejuar enquanto está com eles o noivo? Enquanto têm consigo o noivo, não podem jejuar.
20 O tempo, porém, virá, em que lhes será tirado o noivo; e naquele dia jejuarão.
21 Ninguém costura remendo de pano novo em vestido velho. Se o fizer, o remendo novo rompe o velho, e o rasgo fica maior.
22 Ninguém põe vinho novo em odres velhos. Se o fizer, o vinho novo rompe os odres, e estragam-se tanto o vinho como os odres.

O vinho novo deve ser posto em
odres novos.

Senhor do sábado

Mt 12:1-8; Lc 6:1-5

23 Certo sábado, passando ele pe-
las searas, os seus discípulos, ca-
minhando, começaram a colher
espigas.
24 Os fariseus lhe disseram: Vês?
Por que fazem no sábado o que
não é lícito?
25 Ele, porém, lhes disse: Nunca
lestes o que fez Davi quando esta-
va em necessidade e teve fome, ele
e os que com ele estavam?
26 Como entrou na casa de Deus,
no tempo de Abiatar, sumo sacer-
dote, e comeu os pães da propo-
sição, dos quais não era lícito co-
mer senão aos sacerdotes, dando
também aos que com ele estavam?
27 Então lhes disse: O sábado foi
feito por causa do homem, e não
o homem por causa do sábado.
28 Portanto, o Filho do homem
até do sábado é senhor.

O homem da mão ressequida

Mt 12:9-21; Lc 6:6-11

3 Outra vez entrou na sinagoga,
e estava ali um homem que ti-
nha uma das mãos ressequida.
2 Estavam observando-o para
ver se curava no sábado, para o
acusarem.
3 Disse Jesus ao homem que ti-
nha a mão ressequida: Levanta-
-te e vem para o meio.
4 Então lhes perguntou: É lícito
no sábado fazer o bem ou fazer
o mal? Salvar a vida ou matar?
Mas eles se calaram.
5 Irado, olhou para os que esta-
vam ao seu redor e, profunda-
mente triste pela dureza do co-
ração deles, disse ao homem:
Estende a tua mão. Ele a esten-
deu, e a mão foi-lhe restaurada
completamente.
6 Tendo saído os fariseus, cons-
piravam com os herodianos con-
tra Jesus, procurando ver como
o matariam.
7 Retirou-se Jesus com os seus
discípulos para o mar, e seguia-o
uma grande multidão da Galileia,
da Judeia,
8 de Jerusalém, da Idumeia, da-
lém do Jordão, de perto de Tiro
e de Sidom. Uma grande mul-
tidão que, ouvindo quão gran-
des coisas Jesus fazia, vinha ter
com ele.
9 Então disse aos seus discípulos
que lhe tivessem sempre pron-
to um barquinho junto dele, por
causa da multidão, para que não
o comprimisse.
10 Pois tinha curado a muitos,
de tal maneira que todos quan-
tos sofriam de algum mal se ar-
rojavam a ele, para o tocar.
11 Os espíritos imundos, vendo-
-o, prostravam-se diante dele e
clamavam: Tu és o Filho de Deus.
12 Ele, porém, os advertia mui-
to, para que não manifestassem
quem ele era.

A eleição dos Doze

Mt 10:1-4; Lc 6:12-16

13 Jesus subiu a um monte e cha-
mou os que ele quis, os quais vie-
ram a ele.
14 Nomeou doze para que estives-
sem com ele, os enviasse a pregar
15 e tivessem o poder de expul-
sar demônios.
16 São estes os Doze que desig-
nou: Simão, a quem deu o nome
de Pedro;
17 Tiago, filho de Zebedeu, e João,
irmão de Tiago, aos quais deu o

nome de Boanerges, que significa filhos do trovão;
18 André, Filipe, Bartolomeu, Mateus, Tomé, Tiago, filho de Alfeu, Tadeu, Simão, o Zelote,
19 e Judas Iscariotes, que o traiu.

A blasfêmia dos mestres da lei

Mt 12:22-32; Lc 11:14-23

20 Então Jesus entrou numa casa. Reuniu outra vez a multidão, de modo que nem conseguiam comer.
21 Quando os seus ouviram isso, saíram para o prender, pois diziam: Está fora de si.
22 Os mestres da lei, que tinham descido de Jerusalém, diziam: Está possesso de Belzebu, e pelo príncipe dos demônios expulsa os demônios.
23 Assim Jesus, chamando-os a si, disse-lhes por parábolas: Como pode Satanás expulsar a Satanás?
24 Se um reino se dividir contra si mesmo, tal reino não pode subsistir.
25 Se uma casa se dividir contra si mesma, tal casa não pode subsistir.
26 Se Satanás se levantar contra si mesmo e for dividido, não pode subsistir; chegou o seu fim.
27 Ninguém pode roubar os bens do valente, entrando em sua casa, se primeiro não o amarrar. Só então saqueará a sua casa.
28 Na verdade vos digo que todos os pecados e toda sorte de blasfêmias serão perdoados aos filhos dos homens.
29 Mas qualquer que blasfemar contra o Espírito Santo nunca obterá perdão, mas é culpado de eterno pecado.
30 Jesus disse isso porque alguns afirmavam: Está possesso de espírito imundo.

A família de Jesus

Mt 12:46-50; Lc 8:19-21

31 Chegaram então seus irmãos e sua mãe e, estando de fora, mandaram-no chamar.
32 A multidão estava assentada ao redor dele, e lhe disseram: Tua mãe e teus irmãos te procuram e estão lá fora.
33 Ele lhes perguntou: Quem é minha mãe, e quem são meus irmãos?
34 Então, olhando em redor para os que estavam assentados junto dele, disse: Aqui estão minha mãe e meus irmãos.
35 Portanto, qualquer que fizer a vontade de Deus, esse é meu irmão, irmã e mãe.

A parábola do semeador

Mt 13:1-9; Lc 8:4-8

4 Outra vez Jesus começou a ensinar junto ao mar e ajuntou-se grande multidão, de sorte que entrou e assentou-se num barco, afastando-se da praia. E toda a multidão estava em terra à beira-mar, na praia.
2 Ensinava-lhes muitas coisas por parábolas e lhes dizia na sua doutrina:
3 Escutai! Saiu o semeador a semear.
4 Semeando ele, parte da semente caiu à beira do caminho, e vieram as aves do céu e a comeram.
5 Outra caiu sobre pedregais, onde não havia muita terra. Logo nasceu, porque não tinha terra profunda.
6 Saindo, porém, o sol, queimou-se e secou-se, porque não tinha raiz.
7 Outra parte caiu entre espinhos e, crescendo os espinhos, a sufocaram, e não deu fruto.
8 Outra caiu em boa terra e deu fruto, germinou, cresceu

produzindo a trinta, a sessenta
e a cem, por um.
9 Então Jesus lhes disse: Quem
tem ouvidos para ouvir, ouça.
10 **Q**uando Jesus se achou só,
os que estavam junto dele com os
Doze o interrogaram acerca da
parábola.
11 Ele lhes disse: A vós é dado
saber os mistérios do Reino de
Deus, mas aos que estão de fora
todas estas coisas se dizem por
parábolas,
12 para que vendo, vejam
e não percebam;
e ouvindo, ouçam e não
entendam;
para que não se convertam,
e lhes sejam perdoados os
pecados.
13 Então Jesus lhes disse: Não
percebeis esta parábola? Como,
pois, entendereis todas as pa-
rábolas?
14 O semeador semeia a palavra.
15 Os que estão junto ao caminho
são aqueles em quem a palavra
é semeada. Tendo-a eles ouvido,
vem logo Satanás e tira a palavra
que foi semeada no seu coração.
16 Da mesma forma, os que rece-
bem a semente em solo rochoso
são aqueles que, ouvindo a pala-
vra, logo com prazer a recebem.
17 Não tendo, porém, raiz em si
mesmos, são de pouca duração.
Sobrevindo a tribulação ou a per-
seguição por causa da palavra,
imediatamente se escandalizam.
18 Os outros são os que recebem a
semente entre espinhos, os quais
ouvem a palavra,
19 mas os cuidados deste mun-
do, os enganos das riquezas e as
demais ambições, entrando, su-
focam a palavra, ficando ela in-
frutífera.
20 Os que recebem a semente em
boa terra são os que ouvem a pa-
lavra, a recebem e dão fruto, um
a trinta, outro a sessenta, outro
a cem, por um.

A parábola da candeia

Lc 8:16-18

21 **E**le lhes disse: Vem a candeia
para ser posta debaixo do alqueire,
ou da cama? Não vem antes para
ser colocada no velador?
22 Pois nada há encoberto que
não haja de ser revelado, e nada
se faz para ficar oculto, mas para
ser descoberto.
23 Se alguém tem ouvidos para
ouvir, ouça.
24 Então lhes disse: Atendei ao
que ides ouvir. Com a medida com
que medirdes vos medirão a vós,
e vos será ainda acrescentada.
25 Ao que tem, mais lhe será
dado; ao que não tem, até o que
tem lhe será tirado.

A parábola da semente

26 **D**isse ainda: O Reino de Deus
é semelhante a um homem que
lançou a semente à terra,
27 dormiu e se levantou de noite
ou de dia, e a semente brotou e
cresceu, não sabendo ele como.
28 A terra por si mesma frutifica,
primeiro a erva, depois a espiga e,
por último, o grão cheio na espiga.
29 Quando o fruto está maduro,
logo se lhe passa a foice, porque
é chegada a ceifa.

A parábola do grão de mostarda

Mt 13:31,32; Lc 13:18,19

30 **D**e novo ele disse: A que asseme-
lharemos o Reino de Deus? Ou com
que parábola o representaremos?
31 É como um grão de mostar-
da que, quando se semeia, é a

menor de todas as sementes so-
bre a terra.
32 Tendo, porém, sido semeado,
cresce e faz-se a maior de todas as
hortaliças e deita grandes ramos,
de tal maneira que as aves do céu
podem aninhar-se à sua sombra.
33 Com muitas parábolas seme-
lhantes lhes dirigia a palavra, se-
gundo o que podiam compreender.
34 Sem parábolas não lhes fala-
va. Mas tudo explicava em parti-
cular aos discípulos.

Jesus acalma a tempestade

Mt 8:23-27; Lc 8:22-25

35 Naquele dia, sendo já tarde,
disse-lhes Jesus: Passemos para
a outra margem.
36 Deixando a multidão, eles o le-
varam consigo, assim como esta-
va, no barco. Havia também com
ele outros barquinhos.
37 Ora, levantou-se grande ven-
daval, e as ondas se arremessa-
vam contra o barco, de modo que
já estava a encher-se.
38 Jesus estava na popa, dormindo
sobre uma almofada. Os discípulos
o despertaram, dizendo: Mestre,
não te importa que pereçamos?
39 Ele, despertando, repreendeu
o vento e disse ao mar: Cala-te.
Aquieta-te. Então o vento se aquie-
tou e houve grande bonança.
40 Ele disse aos discípulos: Por
que sois tão tímidos? Ainda não
tendes fé?
41 Eles sentiram grande temor
e perguntavam uns aos outros:
Quem é este, que até o vento e o
mar lhe obedecem?

O endemoninhado *geraseno*

Mt 8:28-33; Lc 8:26-34

5 Chegaram ao outro lado do
mar, à província dos gerasenos.
2 Descendo ele do barco, saiu-lhe
ao encontro, dos sepulcros, um ho-
mem possesso de espírito imundo,
3 o qual morava nos sepulcros,
e mesmo com cadeias não o po-
diam prender.
4 Pois tendo sido muitas vezes
preso com grilhões e cadeias, as
cadeias foram por ele feitas em
pedaços, e os grilhões em miga-
lhas, e ninguém podia dominá-lo.
5 Andava sempre, de dia e de noi-
te, clamando pelos montes e pelos
sepulcros, ferindo-se com pedras.
6 Quando ele viu Jesus de longe,
correu e adorou-o,
7 clamando em alta voz: Que te-
nho eu contigo, Jesus, Filho do
Deus Altíssimo? Rogo-te por Deus
que não me atormentes.
8 Pois Jesus lhe dissera: Sai deste
homem, espírito imundo.
9 Então Jesus lhe perguntou:
Qual é o teu nome? Respondeu
ele: Legião é o meu nome, pois
somos muitos.
10 E rogou-lhe muito que não os
enviasse para fora daquela região.
11 Ora, andava ali pastando pelo
monte uma grande manada de
porcos.
12 Os espíritos imundos rogaram
a Jesus: Manda-nos para aqueles
porcos, para que entremos neles.
13 Jesus o permitiu. Saindo aque-
les espíritos imundos, entraram
nos porcos, e a manada (que era
cerca de dois mil) precipitou-se
por um despenhadeiro no mar,
onde se afogaram.
14 Os que apascentavam os por-
cos fugiram e anunciaram esses
acontecimentos na cidade e pelos
campos. Muitos saíram para ver
o que havia acontecido.
15 Indo ter com Jesus, viram o
endemoninhado, o que tivera a

legião, assentado, vestido, em perfeito juízo; e temeram.

16 Os que tinham visto aquilo contaram-lhes o que acontecera ao endemoninhado, e acerca dos porcos.

17 E começaram a suplicar a Jesus que saísse da terra deles.

18 Ao entrar Jesus no barco, rogava-lhe o que fora endemoninhado que o deixasse estar com ele.

19 Jesus, porém, não permitiu, mas lhe disse: Vai para tua casa, para os teus, e anuncia-lhes quão grandes coisas o Senhor te fez e como teve misericórdia de ti.

20 Então ele foi e começou a anunciar em Decápolis quão grandes coisas Jesus lhe fizera. E todos se maravilhavam.

A filha de Jairo. A cura de uma mulher enferma

Mt 9:18-26; Lc 8:40-46

21 **T**endo Jesus passado de barco para o outro lado, ajuntou-se a ele uma grande multidão, enquanto ele estava junto ao mar.

22 Então chegou um dos principais da sinagoga, por nome Jairo, o qual, vendo-o, prostrou-se aos seus pés

23 e rogava-lhe muito: Minha filha está à morte. Rogo-te que venhas e lhe imponhas as mãos para que sare e viva.

24 Pelo que Jesus foi com ele. Grande multidão o seguia, comprimindo-o.

25 Certa mulher, que havia doze anos tinha uma hemorragia,

26 e que havia padecido muito à mão de vários médicos, gastando tudo o que tinha, sem, contudo, melhorar, pelo contrário só piorava,

27 ouvindo falar de Jesus, veio por trás dele, entre a multidão, e tocou na sua veste.

28 Dizia ela: Se tão somente tocar nas suas vestes, sararei.

29 Imediatamente se lhe estancou a hemorragia, e sentiu no seu corpo estar curada.

30 Jesus, conhecendo que de si mesmo saíra poder, voltou-se para a multidão e perguntou: Quem tocou nas minhas vestes?

31 Responderam-lhe os discípulos: Vês que a multidão te aperta e dizes: Quem me tocou?

32 Ele, porém, olhava em redor, para ver quem tinha feito aquilo.

33 Então a mulher, que sabia o que lhe tinha acontecido, temendo e tremendo, aproximou-se, prostrou-se diante dele e declarou-lhe toda a verdade.

34 Ele lhe disse: Filha, a tua fé te salvou. Vai em paz e sê curada deste teu mal.

35 **E**stando ele ainda falando, chegaram alguns da casa do principal da sinagoga, a quem disseram: A tua filha está morta. Por que incomodas o Mestre?

36 Jesus, porém, tendo ouvido estas palavras, disse ao principal da sinagoga: Não temas; crê somente.

37 E não permitiu que ninguém o seguisse, a não ser Pedro, Tiago e João, irmão de Tiago.

38 Tendo chegado à casa do principal da sinagoga, viu o alvoroço e os que choravam muito e pranteavam.

39 Ao entrar, lhes disse: Por que vos alvoroçais e chorais? A menina não está morta, mas dorme.

40 Mas riam-se dele. Tendo ele, porém, feito sair a todos, tomou consigo o pai e a mãe da menina, os que vieram com ele e entrou onde ela estava.

41 Tomando-a pela mão, disse: Talita cumi, que quer dizer: Menina, eu te ordeno, levanta-te.

42 Imediatamente a menina, que
tinha doze anos, levantou-se e co-
meçou a andar. Então assombra-
ram-se todos com grande espanto.
43 Jesus, porém, mandou-lhes
expressamente que não contas-
sem nada a ninguém e ordenou
que dessem de comer à menina.

Jesus retira-se para Nazaré

Mt 13:53-58; Lc 4:16-30

6 Partindo dali, Jesus foi para
a sua terra, e os seus discípu-
los o seguiram.
2 Chegando o sábado, começou
a ensinar na sinagoga, e muitos,
ouvindo-o, admiravam-se, dizen-
do: De onde lhe vêm estas coisas?
Que sabedoria é esta que lhe foi
dada? Como se fazem tais mara-
vilhas por suas mãos?
3 Não é este o carpinteiro, filho
de Maria, irmão de Tiago, José,
Judas e Simão? Não estão aqui co-
nosco as suas irmãs? E escanda-
lizavam-se por causa dele.
4 Jesus, porém, lhes disse: Um
profeta não tem honra na sua
terra, entre os seus parentes e
na sua casa.
5 Ele não pôde fazer ali obras
maravilhosas, somente curou al-
guns poucos enfermos, impondo-
-lhes as mãos.
6 E ele se admirou da increduli-
dade deles. Então percorria Jesus
as aldeias circunvizinhas, ensi-
nando.

Jesus envia os Doze

Mt 10:5-15; Lc 9:1-6

7 Chamou a si os Doze, e pas-
sou a enviá-los de dois em dois,
dando-lhes poder sobre os espí-
ritos imundos.
8 Ordenou-lhes que nada levassem
para o caminho, exceto apenas um
bordão. Não deviam levar bolsa
nem pão nem dinheiro.
9 Deviam calçar sandálias, mas
não deviam levar túnica extra.
10 E disse-lhes: Na casa em que
entrardes, permanecei nela até
partirdes dessa cidade.
11 Se nalgum lugar não vos rece-
berem nem vos ouvirem, saindo
dali, sacudi o pó dos vossos pés,
em testemunho contra eles. Em
verdade vos digo que haverá
mais tolerância no dia de juí-
zo para Sodoma e Gomorra do
que para os daquela cidade.
12 Então, saindo eles, pregavam
ao povo que se arrependesse.
13 Expulsavam muitos demônios
e ungiam muitos enfermos com
óleo e os curavam.

A morte de João Batista

Mt 14:1-12; Lc 9:7-9

14 Ouviu isso o rei Herodes, pois
o nome de Jesus se tornara notó-
rio, e disse: João Batista ressur-
giu dos mortos; por isso estas ma-
ravilhas operam nele.
15 Outros diziam: É Elias. Diziam
outros: É um profeta, ou como um
dos profetas.
16 Herodes, porém, ouvindo isso,
disse: Este é João, a quem man-
dei degolar, que ressurgiu.
17 Pois o próprio Herodes manda-
ra prender João e encerrá-lo no
cárcere, por causa de Herodias,
com quem se havia casado, em-
bora ela fosse mulher do seu ir-
mão Filipe.
18 Pois João dizia a Herodes:
Não te é lícito possuir a mulher
de teu irmão.
19 De modo que Herodias o odiava
e queria matá-lo. Mas não podia,
20 porque Herodes temia João e o
protegia, sabendo que era homem

justo e santo; por isso, fazia mui-
tas coisas, atendendo-o, e de boa
vontade o ouvia.
21 Finalmente, chegando uma
ocasião favorável em que Herodes,
no seu aniversário dava um ban-
quete aos seus grandes, aos ofi-
ciais militares e aos principais
da Galileia,
22 entrou a filha de Herodias e,
dançando, agradou a Herodes e
aos seus convidados. Então dis-
se o rei à jovem: Pede-me o que
quiseres, e eu te darei.
23 E jurou-lhe: Tudo o que me
pedires te darei, até a metade do
meu reino.
24 Saindo ela, perguntou a sua
mãe: Que pedirei? Esta respon-
deu: A cabeça de João Batista.
25 Entrando apressadamente,
pediu ao rei: Quero que imedia-
tamente me dês num prato a ca-
beça de João Batista.
26 O rei se entristeceu muito,
mas, por causa do juramento e
dos que estavam com ele à mesa,
não lhe quis negar.
27 Enviando logo o executor, man-
dou que lhe trouxessem a cabe-
ça de João. Ele foi e o decapitou
na prisão e, trazendo
28 a cabeça num prato, entregou-
-a à jovem, e esta, por sua vez, à
sua mãe.
29 Os discípulos de João, tendo
ouvido isso, foram, tomaram o seu
corpo e o colocaram no sepulcro.

A primeira multiplicação dos pães

Mt 14:13-21; Lc 9:10-17; Jo 6:1-14

30 Os apóstolos ajuntaram-se a
Jesus e contaram-lhe tudo o que
tinham feito e ensinado.
31 Ele lhes disse: Vinde vós, aqui
à parte, a um lugar deserto, e re-
pousai um pouco. Porque havia
muitos que iam e vinham, e não
tinham tempo para comer.
32 Então foram sós num barco
para um lugar solitário.
33 A multidão viu-os partir, e
muitos o reconheceram e corre-
ram para lá, a pé, de todas as ci-
dades, e chegaram antes deles.
34 Jesus desceu do barco e viu uma
grande multidão, e teve compaixão
dela, porque eram como ovelhas
que não têm pastor. Então pas-
sou a ensinar-lhes muitas coisas.
35 Ao declinar a tarde, os seus
discípulos se aproximaram dele
e disseram: O lugar é deserto, e o
dia já está muito adiantado.
36 Despede-os para que vão aos
campos e aldeias circunvizinhas
e comprem para si o que comer.
37 Ele, porém, lhes respondeu:
Dai-lhes vós de comer. Disseram-
-lhe: Iremos nós e compraremos
duzentos denários de pão para
lhes dar de comer?
38 Ele lhes disse: Quantos pães
tendes? Ide ver. E, sabendo-o eles,
responderam: Cinco pães e dois
peixes.
39 Ordenou-lhes que fizessem as-
sentar a todos, em grupos, sobre
a relva verde.
40 Assentaram-se em grupos de
cem e de cinquenta.
41 Tomando ele os cinco pães e os
dois peixes, levantou os olhos ao
céu e os abençoou e, partindo os
pães, deu-os aos discípulos para
que os distribuíssem. Ele tam-
bém repartiu os dois peixes en-
tre todos.
42 Todos comeram e se fartaram,
43 e os discípulos recolheram
doze cestos cheios de pedaços de
pão e de peixe.
44 Os que comeram dos pães eram
quase cinco mil homens.

Jesus anda sobre o mar

Mt 14:22-33; Jo 6:16-21

45 Imediatamente obrigou os seus
discípulos a subir para o barco e
passar adiante, para o outro lado,
a Betsaida, enquanto ele despe-
dia a multidão.
46 Tendo-os despedido, subiu ao
monte para orar.
47 Vindo a tarde, estava o barco no
meio do mar, e ele sozinho em terra.
48 E, vendo-os fatigados a remar,
porque o vento lhes era contrá-
rio, por volta da quarta vigília da
noite aproximou-se deles, andan-
do por sobre o mar. E queria pas-
sar à frente deles,
49 mas, quando o viram andar
por sobre o mar, pensaram que
era um fantasma. Deram gran-
des gritos,
50 porque todos o viam e estavam
aterrorizados. Mas ele logo lhes
disse: Tende bom ânimo! Sou eu.
Não temais.
51 Então subiu para o barco para
estar com eles, e o vento se aquie-
tou. Eles ficaram atônitos,
52 pois não tinham compreendi-
do o milagre dos pães, antes o co-
ração deles estava endurecido.
53 Estando no outro lado, segui-
ram para a terra de Genesaré, e
ali aportaram.
54 Saindo eles do barco, logo o
povo reconheceu Jesus.
55 E, correndo toda a terra em re-
dor, começaram a trazer os enfer-
mos em leitos ao lugar onde ou-
viam que ele estava.
56 Onde quer que ele entrava,
em cidades, aldeias ou campos,
colocavam os enfermos nas pra-
ças. Rogavam-lhe que ao menos
os deixasse tocar na borda da sua
veste, e todos os que nela tocavam
eram curados.

A tradição dos anciãos

Mt 15:1-9

7 Ajuntaram-se a Jesus os fari-
seus e alguns mestres da lei
que tinham vindo de Jerusalém.
2 E, vendo que alguns dos seus dis-
cípulos comiam pão com as mãos
impuras, isto é, sem lavar, os re-
preendiam.
3 Os fariseus e todos os judeus,
conservando a tradição dos an-
tigos, não comem sem lavar as
mãos muitas vezes.
4 Quando voltam da praça, se não
se lavarem não comem. E muitas
outras tradições há que receberam
para observar, como lavar os co-
pos, os jarros, os vasos de metal
e as camas.
5 Depois perguntaram-lhe os fa-
riseus e os mestres da lei: Por que
não andam os teus discípulos con-
forme a tradição dos antigos, mas
comem com as mãos sem lavar?
6 Respondeu-lhes Jesus: Bem pro-
fetizou Isaías a respeito de vós, hi-
pócritas, como está escrito:

Este povo honra-me
com os lábios,
mas o seu coração está
longe de mim.

7 Em vão, porém, me adoram,
ensinando doutrinas que
são preceitos de homens.

8 Deixando o mandamento de
Deus, guardais a tradição dos ho-
mens, como o lavar dos jarros e
dos copos e muitas outras coisas
semelhantes a estas.
9 E disse-lhes: Jeitosamente re-
jeitais o mandamento de Deus
para guardardes a vossa própria
tradição.
10 Pois Moisés disse: Honra teu
pai e tua mãe, e quem amaldiçoar
seu pai ou sua mãe seja punido
de morte.

11 Vós, porém, dizeis: Se alguém
disser a seu pai ou a sua mãe:
Aquilo que poderias aproveitar
de mim é Corbã, isto é, oferta ao
Senhor,
12 está ele desobrigado, por vós,
de qualquer dever para com seu
pai ou sua mãe.
13 Invalidais, assim, a palavra
de Deus pela vossa própria tra-
dição, que vós mesmos transmi-
tistes. E fazeis muitas coisas se-
melhantes a essas.
14 Chamando outra vez a multi-
dão, disse-lhes: Ouvi-me vós to-
dos e compreendei.
15 Nada há fora do homem que,
entrando nele, o possa contami-
nar. Mas é o que sai dele que o
contamina.
16 Se alguém tem ouvidos para
ouvir, ouça.
17 Depois, quando deixou a mul-
tidão e entrou em casa, os seus
discípulos o interrogaram acer-
ca desta parábola.
18 Ele lhes disse: Também vós
não entendeis? Não compreen-
deis que tudo o que de fora en-
tra no homem não o pode con-
taminar,
19 pois não lhe entra no coração,
mas no ventre, e é lançado fora?
Ao dizer isso, Jesus considerou
puros todos os alimentos.
20 E dizia: O que sai do homem
é o que o contamina.
21 Pois do interior do coração
dos homens saem os maus pen-
samentos, os adultérios, as pros-
tituições, os homicídios,
22 os furtos, a avareza, as malda-
des, o engano, os desejos incon-
troláveis, a inveja, a blasfêmia, a
soberba e a loucura.
23 Todos esses males procedem de
dentro e contaminam o homem.

A mulher siro-fenícia

Mt 15:21-28

24 Levantando-se, partiu dali
para as terras de Tiro e de Sidom.
Tendo entrado numa casa, não
queria que ninguém o soubesse,
mas não pôde ocultar-se.
25 Certa mulher, cuja filha es-
tava possessa de espírito imun-
do, tendo ouvido falar a respeito
dele, foi e lançou-se aos seus pés.
26 Esta mulher era grega, de ori-
gem siro-fenícia, e rogava-lhe que
expulsasse de sua filha o demônio.
27 Disse-lhe Jesus: Deixa primeiro
saciar os filhos, pois não convém
tomar o pão dos filhos e lançá-lo
aos cachorrinhos.
28 Ela, porém, lhe respondeu: Sim,
Senhor, mas também os cachor-
rinhos comem, debaixo da mesa,
as migalhas dos filhos.
29 Então ele lhe disse: Por cau-
sa dessa palavra, vai; o demônio
já saiu da tua filha.
30 Voltando ela para casa, achou
a filha deitada na cama, e o demô-
nio a tinha deixado.

A cura de um surdo e gago

31 Então Jesus, tornando a sair
das terras de Tiro e de Sidom, foi
até o mar da Galileia, através do
território de Decápolis.
32 Trouxeram-lhe um surdo e
gago e rogaram-lhe que impu-
sesse a mão sobre ele.
33 Jesus, tirando-o da multidão,
à parte, pôs-lhe os dedos nos ou-
vidos e tocou-lhe na língua com
saliva.
34 Depois, levantando os olhos
ao céu, suspirou e disse: Efatá,
que quer dizer: Abre-te.
35 Abriram-se os ouvidos, e o im-
pedimento da língua logo se des-
fez, e falava perfeitamente.

36 Jesus lhes ordenou que a ninguém o dissessem. Contudo, quanto mais proibia, tanto mais o divulgavam.
37 Admiravam-se sobremaneira, dizendo: Tudo faz bem. Faz ouvir os surdos e falar os mudos.

A segunda multiplicação dos pães

Mt 15:29-39

8 Naqueles dias, reuniu-se outra grande multidão. E, não tendo eles o que comer, Jesus chamou os seus discípulos e lhes disse:
2 Tenho compaixão da multidão; estão comigo há três dias e não têm o que comer.
3 Se os despedir em jejum para suas casas, desfalecerão no caminho, porque alguns vieram de longe.
4 Os discípulos lhe responderam: De onde poderá alguém satisfazê-los de pão neste deserto?
5 Perguntou-lhes Jesus: Quantos pães tendes? Responderam eles: Sete.
6 Ordenou ao povo que se assentasse no chão. Tomando os sete pães e, tendo dado graças, partiu-os e deu-os aos seus discípulos, para que eles os distribuíssem, repartindo entre o povo.
7 Tinham também alguns peixinhos; tendo dado graças, ordenou que também estes fossem distribuídos.
8 Comeram e se saciaram. Dos pedaços restantes os discípulos recolheram sete cestos.
9 Eram cerca de quatro mil *homens. Então, tendo*-os despedido,
10 entrou logo no barco com os seus discípulos, e foram para a região de Dalmanuta.
11 Os fariseus saíram e começaram a discutir com ele, pedindo-lhe, para o tentarem, um sinal do céu.
12 Ele suspirou profundamente em seu espírito e disse: Por que pede esta geração um sinal? Em verdade vos digo que a esta geração não se dará sinal algum.
13 Então ele os deixou, tornou a entrar no barco e foi para o outro lado.

O fermento dos fariseus

Mt 16:5-12

14 Os discípulos se esqueceram de levar pão e, no barco, não tinham consigo senão um só.
15 Preveniu-os Jesus, dizendo: Olhai, guardai-vos do fermento dos fariseus e do fermento de Herodes.
16 Eles discutiam entre si, dizendo: É porque não temos pão.
17 Jesus, conhecendo o seu argumento, lhes perguntou: Por que discutis sobre o não terdes pão? Ainda não considerastes nem compreendestes? Tendes o coração endurecido?
18 Tendo olhos, não vedes, e ouvidos, não ouvis? Não vos lembrais?
19 Quando parti os cinco pães entre os cinco mil, quantos cestos cheios de pedaços recolhestes? Responderam-lhe: Doze.
20 E quando parti os sete pães para os quatro mil, quantos cestos cheios de pedaços recolhestes? Responderam: Sete.
21 Ele lhes disse: Não entendeis ainda?

A cura de um cego em Betsaida

22 Chegaram a Betsaida e lhe trouxeram um cego, rogando-lhe que tocasse nele.

23 Ele tomou o cego pela mão, levou-o para fora da aldeia e, cuspindo-lhe nos olhos e impondo-lhe as mãos, perguntou: Vês alguma coisa?

24 O cego, levantando os olhos, respondeu: Vejo as pessoas como árvores que andam.

25 Tornou Jesus a pôr-lhe as mãos nos olhos e ele, olhando firmemente, ficou restabelecido e já via ao longe e distintamente a todos.

26 Mandou-o Jesus para casa, dizendo: Não entres na aldeia.

A confissão de Pedro

Mt 16:13-20; Lc 9:18-21

27 Jesus e seus discípulos partiram para as aldeias de Cesareia de Filipe. No caminho perguntou-lhes: Quem dizem os homens que eu sou?

28 Responderam eles: João Batista; outros, Elias; e ainda outros, um dos profetas.

29 Então lhes perguntou: Mas vós quem dizeis que eu sou? Respondendo Pedro, lhe disse: Tu és o Cristo.

30 Advertiu-os Jesus de que a ninguém dissessem tal coisa a respeito dele.

Jesus prediz sua morte

Mt 16:21-23; Lc 9:22

31 Então começou a ensinar-lhes que importava que o Filho do homem sofresse muitas coisas, fosse rejeitado pelos líderes religiosos, pelos chefes dos sacerdotes e pelos mestres da lei, fosse morto e que depois de três dias ressurgisse.

32 Ele dizia abertamente estas palavras. E Pedro, chamando-o à parte, começou a repreendê-lo.

33 Jesus, porém, voltou-se e, olhando para os discípulos, repreendeu Pedro, dizendo: Para trás de mim, Satanás! Não pensas nas coisas de Deus, mas, sim, nas dos homens.

34 Então, chamando a si a multidão e juntamente os seus discípulos, lhes disse: Se alguém quiser vir após mim, negue-se a si mesmo, tome a sua cruz e siga-me.

35 Pois quem quiser salvar a sua vida, a perderá, mas quem perder a sua vida por minha causa e do evangelho, esse a salvará.

36 Que aproveitaria ao homem ganhar o mundo todo e perder a sua alma?

37 Ou que daria o homem em troca da sua alma?

38 Qualquer que, nesta geração adúltera e pecadora, se envergonhar de mim e das minhas palavras, também o Filho do homem se envergonhará dele, quando vier na glória de seu Pai com os santos anjos.

9 Dizia-lhes ainda: Em verdade vos digo que, dos que aqui estão, alguns há que não provarão a morte sem que vejam ter chegado o Reino de Deus com poder.

A transfiguração

Mt 17:1-8; Lc 9:28-36

2 Seis dias depois Jesus tomou consigo Pedro, Tiago e João e os levou sós, em particular, a um alto monte. Aí ele foi transfigurado diante deles.

3 As suas vestes tornaram-se resplandecentes, em extremo brancas como a neve, como nenhum lavandeiro na terra as poderia alvejar.

4 E apareceu-lhes Elias com Moisés, e falavam com Jesus.

5 Pedro disse a Jesus: Mestre, bom
é que estejamos aqui. Façamos
três cabanas, uma para ti, outra
para Moisés e outra para Elias.
6 Ele não sabia o que dizer, por
estarem assombrados.
7 Então desceu uma nuvem e os
envolveu, e dela saiu uma voz que
dizia: Este é o meu Filho amado.
A ele ouvi.
8 De súbito, olhando ao redor, a
ninguém mais viram com eles,
senão a Jesus.
9 Ao descerem eles do monte, ordenou-lhes Jesus que a ninguém
contassem o que tinham visto, até
que o Filho do homem ressurgisse dentre os mortos.
10 Eles guardaram o caso entre
si, perguntando uns aos outros
o que seria o ressurgir dentre os
mortos.
11 E interrogaram-no: Por que dizem os mestres da lei que é necessário que Elias venha primeiro?
12 Respondeu Jesus: Em verdade, Elias virá primeiro e restaurará todas as coisas. Por que,
pois, está escrito que o Filho do
homem deve sofrer muito e ser
rejeitado?
13 Digo-vos, porém, que Elias
já veio, e fizeram com ele tudo o
que quiseram, como a seu respeito está escrito.

A cura de um jovem possesso

Mt 17:14-21; Lc 9:37-45

14 Quando se aproximaram dos
outros discípulos, viram grande
multidão e alguns mestres da lei
que discutiam com eles.
15 Assim que a multidão viu Jesus,
ficou surpresa e correu para o
saudar.
16 Ele perguntou aos mestres da
lei: O que discutis com eles?
17 Um homem, dentre a multidão, respondeu: Mestre, trouxe-te o meu filho, possesso de um
espírito mudo.
18 Este, onde quer que o apanha,
lança-o por terra e ele espuma,
range os dentes e vai se secando. Roguei aos teus discípulos
que o expulsassem, mas eles não
puderam.
19 Jesus respondeu: Ó geração incrédula! Até quando estarei convosco? Até quando vos suportarei? Trazei-o a mim.
20 Eles o trouxeram. Quando o
espírito viu Jesus, logo agitou
o menino com violência. Caindo
ele por terra, rolava espumando
pela boca.
21 Perguntou Jesus ao pai do
menino: Quanto tempo há que
lhe sucede isso? Respondeu ele:
Desde a infância.
22 Muitas vezes o tem lançado
no fogo e na água, para o matar. Mas se tu podes fazer alguma coisa, tem compaixão de nós
e ajuda-nos.
23 Disse-lhe Jesus: Se tu podes!
Tudo é possível ao que crê.
24 Imediatamente o pai do menino exclamou: Eu creio; ajuda-me a vencer a minha falta de fé.
25 Vendo Jesus que a multidão
começava a se ajuntar, repreendeu o espírito imundo, dizendo-lhe: Espírito mudo e surdo, eu te
ordeno: Sai deste jovem e nunca
mais entres nele.
26 O espírito, clamando e agitando-o com violência, saiu, deixando-o
como morto, a ponto de muitos
dizerem: Morreu.
27 Jesus, porém, tomando-o pela
mão, o levantou, e ele ficou em pé.
28 Quando entrou em casa, os
seus discípulos lhe perguntaram

em particular: Por que não pudemos expulsá-lo?
29 Respondeu-lhes: Esta casta só pode sair por meio de oração [e jejum].
30 Partiram dali e passaram pela Galileia. Jesus não queria que alguém o soubesse,
31 porque ensinava os seus discípulos. Ele lhes dizia: O Filho do homem será entregue nas mãos dos homens. Eles o matarão, mas três dias depois ele ressurgirá.
32 Eles, porém, não compreendiam essa palavra e receavam interrogá-lo.

O maior no Reino dos céus

Mt 18:1-14; Lc 9:46-48

33 Chegaram a Cafarnaum. Estando ele em casa, perguntou-lhes: Que estáveis discutindo pelo caminho?
34 Eles, porém, se calaram porque pelo caminho tinham discutido entre si qual era o maior.
35 Ele, assentando-se, chamou os Doze e lhes disse: Se alguém quiser ser o primeiro, será o último e servo de todos.
36 Lançando mão de uma criança, colocou-a no meio deles. Tomando-a nos braços, disse-lhes:
37 Qualquer que, em meu nome, receber uma criança como esta recebe a mim; e qualquer que me receber não recebe a mim, mas ao que me enviou.

Quem não é contra nós é por nós

Lc 9:49,50

38 Disse-lhe João: Mestre, vimos um homem que em teu nome expulsava demônios, e nós lhe proibimos, porque não nos segue.
39 Jesus, porém, disse: Não lhe proibais. Ninguém há que faça milagre em meu nome e logo a seguir possa falar mal de mim,
40 pois quem não é contra nós é por nós.
41 Em verdade vos digo que aquele que vos der a beber um copo d'água em meu nome, por serdes discípulos de Cristo, de modo algum perderá o seu galardão.

Os escândalos

Mt 18:6-9; Lc 17:1,2

42 E quem escandalizar a um destes pequeninos que creem em mim melhor lhe fora que se lhe pendurasse ao pescoço uma grande pedra de moinho e fosse lançado ao mar.
43 Se a tua mão te escandalizar, corta-a. Melhor é entrares na vida aleijado do que, tendo as duas mãos, ires para o inferno, para o fogo que nunca se apaga
44 [onde o seu verme não morre, e o fogo nunca se apaga].
45 E se o teu pé te escandalizar, corta-o. Melhor é entrares na vida aleijado do que, tendo dois pés, seres lançado no inferno
46 [onde o seu verme não morre, e o fogo nunca se apaga].
47 E se o teu olho te escandalizar, lança-o fora. Melhor é entrares no Reino de Deus com um só olho do que, tendo dois olhos, seres lançado no fogo do inferno,
48 onde o seu verme não morre, e o fogo nunca se apaga.
49 Cada um será salgado com fogo.
50 Bom é o sal, mas, se tornar-se insípido, como lhe restaurar o sabor? Tende sal em vós mesmos e vivam em paz uns com os outros.

O divórcio

Mt 19:1-9; Lc 16:18

10 Levantando-se Jesus, foi
dali para o território da
Judeia, além do Jordão. De novo
as multidões se reuniram, e ele
tornou a ensiná-las, conforme
era o seu costume.
2 Aproximando-se alguns fari-
seus, perguntaram-lhe, tentando-o:
É lícito ao marido repudiar sua
mulher?
3 Ele respondeu: Que vos orde-
nou Moisés?
4 Eles disseram: Moisés permi-
tiu escrever carta de divórcio e
repudiar.
5 Jesus respondeu: Por causa da
dureza do vosso coração, ele vos
deixou escrito esse mandamento.
6 Desde o princípio da criação, po-
rém, Deus os fez macho e fêmea.
7 Por isso deixará o homem seu
pai e sua mãe [e se unirá a sua
mulher],
8 e serão os dois uma só carne.
9 Portanto, o que Deus ajuntou
não o separe o homem.
10 Em casa tornaram os discí-
pulos a interrogá-lo acerca des-
te assunto.
11 Ele respondeu: Quem repudiar
a sua mulher e casar com outra
adultera contra aquela.
12 E, se a mulher repudiar o seu
marido e casar com outro, adultera.

Jesus abençoa as crianças

Mt 19:13-15; Lc 18:15-17

13 Traziam-lhe crianças para que
tocassem nelas, mas os discípulos
os repreendiam.
14 Jesus, porém, vendo isso, in-
dignou-se e disse-lhes: Deixai
vir a mim as criancinhas e não
as impeçais, pois delas é o Reino
de Deus.
15 Em verdade vos digo que quem
não receber o Reino de Deus como
criança, de maneira nenhuma en-
trará nele.
16 E, tomando-as nos braços, im-
pôs-lhes as mãos e as abençoou.

O jovem rico

Mt 19:16-22; Lc 18:18-23

17 Jesus ia saindo, quando cor-
reu para ele um homem que, ajoe-
lhando-se, perguntou-lhe: Bom
Mestre, que farei para herdar a
vida eterna?
18 Respondeu-lhe Jesus: Por que
me chamas bom? Ninguém é bom
senão um, que é Deus.
19 Sabes os mandamentos: Não
adulterarás, não matarás, não
furtarás, não dirás falsos teste-
munhos, não enganarás a nin-
guém, honra a teu pai e a tua mãe.
20 Ele respondeu: Mestre, tudo
isso tenho guardado desde a mi-
nha juventude.
21 Jesus, olhando para ele, o amou
e disse: Falta-te uma coisa: Vai,
vende tudo o que tens, dá-o aos
pobres, e terás um tesouro no céu.
Então vem e segue-me.
22 Ele, porém, contrariado com
essa palavra, retirou-se triste,
porque possuía muitas proprie-
dades.
23 Então Jesus, olhando ao redor,
disse aos seus discípulos: Quão di-
ficilmente entrarão no Reino de
Deus os que têm riquezas!
24 Os discípulos se admiraram
dessas palavras. Mas Jesus, tor-
nando a falar, disse-lhes: Filhos,
quão difícil é para os que confiam
nas riquezas entrar no Reino
de Deus!
25 É mais fácil passar um camelo
pelo fundo de uma agulha do que
entrar um rico no Reino de Deus.

26 Eles se admiraram ainda mais,
dizendo entre si: Então quem poderá salvar-se?
27 Jesus, porém, olhando para
eles, disse: Para os homens é impossível, mas não para Deus; para Deus todas as coisas são possíveis.
28 Então Pedro começou a dizer-lhe:
Nós tudo deixamos e te seguimos.
29 Respondeu Jesus: Em verdade
vos digo que ninguém há, que tenha deixado casa, ou irmãos, ou irmãs, ou pai, ou mãe, ou mulher, ou filhos, ou campos, por amor de mim e do evangelho,
30 que não receba cem vezes tanto,
já no presente, em casas, irmãos, irmãs, mães, filhos e campos, com perseguições, e no mundo por vir a vida eterna.
31 Muitos primeiros, porém, serão derradeiros, e os derradeiros, os primeiros.

De novo Jesus anuncia a sua morte

Mt 20:17-19; Lc 18:31-34

32 Estavam a caminho, subindo
para Jerusalém, e Jesus ia adiante deles. E eles se maravilhavam, e seguiam-no atemorizados. Tornando a tomar consigo os Doze, começou a dizer-lhes as coisas que lhe deviam sobrevir, dizendo:
33 Estamos subindo a Jerusalém,
e o Filho do homem será entregue aos principais sacerdotes e aos mestres da lei. Eles o condenarão à morte e o entregarão aos gentios,
34 que escarnecerão dele, o açoitarão, cuspirão nele e o matarão. Ao terceiro dia ele ressurgirá.

O pedido de Tiago e João

Mt 20:20-28

35 Então se aproximaram dele
Tiago e João, filhos de Zebedeu, dizendo: Mestre, queremos que nos concedas o que te vamos pedir.
36 Ele lhes perguntou: Que quereis que vos faça?
37 Eles responderam: Concede-
-nos que na tua glória nos assentemos um à tua direita e o outro à tua esquerda.
38 Jesus lhes disse: Não sabeis o
que pedis. Podeis vós beber o cálice que eu bebo, ou ser batizados com o batismo com que eu sou batizado?
39 Responderam: Podemos. Jesus,
porém, disse-lhes: Em verdade vós bebereis o cálice que eu beber e sereis batizados com o batismo com que eu sou batizado,
40 mas o assentar-se à minha direita, ou à minha esquerda, não me compete concedê-lo. É para aqueles a quem está reservado.
41 Quando os dez ouviram isso,
começaram a indignar-se contra Tiago e João.
42 Mas Jesus, chamando-os a si,
disse-lhes: Sabeis que os que são considerados governadores dos gentios, deles se assenhoreiam, e os seus grandes exercem autoridade sobre eles.
43 Entre vós não será assim. Antes,
qualquer que entre vós quiser ser grande será o que vos sirva,
44 e quem entre vós quiser ser
o primeiro será servo de todos.
45 Pois o Filho do homem não
veio para ser servido, mas para servir e dar a sua vida em resgate por muitos.

O cego de Jericó

Mt 20:29-34; Lc 18:35-43

46 Depois foram para Jericó.
Saindo ele de Jericó com os seus discípulos e grande multidão, Bartimeu, o cego, filho de Timeu,

estava assentado à beira do cami-
nho, mendigando.
47 Ouvindo que era Jesus de
Nazaré, começou a clamar: Jesus,
Filho de Davi, tem misericórdia
de mim!
48 Muitos o repreendiam, para
que se calasse, mas ele cada vez
gritava mais: Filho de Davi, tem
misericórdia de mim!
49 Jesus parou e disse: Chamai-o.
Chamaram o cego, dizendo-lhe:
Tem bom ânimo! Levanta-te! Ele
te chama.
50 Lançando de si a capa, levan-
tou-se de um salto e foi falar com
Jesus.
51 Perguntou-lhe Jesus: Que que-
res que te faça? O cego lhe respon-
deu: Rabi, eu quero ver.
52 Disse-lhe Jesus: Vai, a tua fé
te salvou. Imediatamente ele tor-
nou a ver e seguia a Jesus pelo
caminho.

A entrada triunfal

Mt 21:1-11; Lc 19:28-40; Jo 12:12-19

11 Quando se aproximaram
de Jerusalém, de Betfagé
e Betânia, junto do monte das
Oliveiras, enviou Jesus dois dos
seus discípulos,
2 dizendo-lhes: Ide à aldeia que
está diante de vós e, logo ao en-
trar, encontrareis preso um ju-
mentinho, no qual ainda nin-
guém montou. Soltai-o e trazei-o.
3 Se alguém vos perguntar: Por
que fazeis isso? dizei-lhe: O Senhor
precisa dele e logo o devolverá.
4 Então foram e encontraram o
jumentinho preso, junto ao por-
tão, do lado de fora da rua, e o
soltaram.
5 Alguns dos que ali estavam lhes
perguntaram: Que fazeis, soltan-
do o jumentinho?
6 Eles lhes responderam como
Jesus lhes tinha mandado, e os
deixaram ir.
7 Levaram o jumentinho, lança-
ram sobre ele as suas vestes, e
nele Jesus montou.
8 Muitos estendiam as suas ves-
tes pelo caminho, e outros corta-
vam ramos das árvores e os es-
palhavam pelo caminho.
9 Aqueles que iam adiante e os
que seguiam atrás clamavam:
Hosana!
Bendito o que vem em
nome do Senhor!
10 Bendito o Reino que vem,
o Reino de nosso pai Davi!
Hosana nas maiores
alturas!
11 Jesus entrou em Jerusalém
e foi ao templo. Tendo visto tudo
ao redor, como já era tarde, saiu
para Betânia com os Doze.
12 No dia seguinte, quando saí-
ram de Betânia, Jesus teve fome.
13 Vendo de longe uma figueira que
tinha folhas, foi ver se nela acha-
ria alguma coisa. Aproximando-
-se dela, não achou senão folhas,
porque não era tempo de figos.
14 Então ele disse à figueira: Nunca
jamais coma alguém fruto de ti.
E os discípulos ouviram isso.

Jesus expulsa os mercadores

Mt 21:12-17; Lc 19:45,46

15 Ao chegarem a Jerusalém,
Jesus entrou no templo e come-
çou a expulsar os que ali vendiam
e compravam. Derrubou as me-
sas dos cambistas e as cadeiras
dos que vendiam pombas.
16 Não consentia que alguém
carregasse qualquer mercado-
ria pelo templo.
17 E os ensinava, dizendo: Não
está escrito:

A minha casa será chamada
casa de oração para todas
as nações?
Mas vós a transformastes em um
covil de ladrões.
18 Os mestres da lei e os prin-
cipais sacerdotes, tendo ouvido
isso, buscavam ocasião para ma-
tá-lo, pois o temiam, porque toda
a multidão estava admirada da
sua doutrina.
19 Caindo a tarde, saíram da ci-
dade.

A figueira seca. O poder da fé

20 Passando eles pela manhã, vi-
ram que a figueira tinha secado
desde as raízes.
21 Pedro lembrou-se e disse a
Jesus: Mestre, olha, a figueira
que amaldiçoaste secou.
22 Ao que Jesus respondeu: Tende
fé em Deus.
23 Em verdade vos digo que
se alguém disser a este mon-
te: Ergue-te e lança-te ao mar,
e não duvidar em seu coração,
mas crer que se fará o que diz,
lhe será feito.
24 Por isso vos digo que tudo o
que pedirdes em oração, cren-
do que o recebestes, será vosso.
25 E, quando estiverdes orando,
se tendes alguma coisa contra
alguém, perdoai, para que vosso
Pai, que está nos céus, vos per-
doe as vossas ofensas.
26 [Se, porém, vós não perdoar-
des, também vosso Pai, que está
nos céus, não vos perdoará as vos-
sas ofensas.]

A cerca do batismo de João

Mt 21:23-27; Lc 20:1-8

27 Outra vez chegaram a Jerusalém
e, andando ele pelo templo, os prin-
cipais sacerdotes, os mestres da
lei e os líderes religiosos se apro-
ximaram
28 e lhe perguntaram: Com que
autoridade fazes estas coisas? E
quem te deu tal autoridade para
fazer isto?
29 Jesus lhes respondeu: Também
vos perguntarei uma coisa.
Respondei-me, e então vos di-
rei com que autoridade faço es-
tas coisas.
30 O batismo de João era do céu
ou dos homens? Respondei-me.
31 Eles discutiam entre si, dizen-
do: Se dissermos: Do céu, ele per-
guntará: Então por que não cres-
tes nele?
32 Se, porém, dissermos: Dos ho-
mens, tememos o povo, pois todos
sustentavam que João verdadei-
ramente era profeta.
33 Então responderam a Jesus:
Não sabemos. Jesus lhes disse:
Eu tampouco vos direi com que
autoridade faço estas coisas.

A parábola dos lavradores

Mt 21:33-46; Lc 20:9-18

12 Então ele começou a falar-
-lhes por parábolas: Um
homem plantou uma vinha, cer-
cou-a com um muro, construiu
um lagar, edificou uma torre, ar-
rendou-a a uns lavradores e saiu
de viagem.
2 Chegado o tempo da colheita,
enviou um servo aos lavrado-
res para receber deles do fruto
da vinha.
3 Eles, porém, apoderando-se dele,
o espancaram e o mandaram em-
bora de mãos vazias.
4 Tornou a enviar-lhes outro ser-
vo; eles o feriram na cabeça e o
insultaram.
5 Ainda enviou-lhes outro, e a
este mataram. Ele enviou muitos

outros; alguns dos quais feriram
e a outros mataram.
6 Restava-lhe ainda um, o seu fi-
lho amado. Enviou também este
por último, dizendo: Terão res-
peito por meu filho.
7 Os lavradores, porém, disse-
ram entre si: Este é o herdeiro.
Vamos, matemo-lo, e a herança
será nossa.
8 E, agarrando-o, mataram-no e
o lançaram fora da vinha.
9 Que fará, pois, o senhor da vi-
nha? Virá, destruirá os lavrado-
res e dará a vinha para outros.
10 Ainda não lestes esta Escritura:
A pedra que os edificadores
rejeitaram
foi posta por pedra angular;
11 isso foi feito pelo Senhor,
e é coisa maravilhosa aos
nossos olhos?
12 Então procuravam prendê-lo
porque entendiam que contra eles
proferira esta parábola. Mas te-
miam a multidão; de modo que,
deixando-o, se foram.

O tributo a César

Mt 22:15-22; Lc 20:19-26

13 Mais tarde, enviaram-lhe al-
guns dos fariseus e dos herodia-
nos, para que o apanhassem nal-
guma palavra.
14 Chegando, disseram-lhe: Mestre,
sabemos que és homem íntegro
e que não te deixas influenciar
por ninguém, porque não olhas
a aparência dos homens, antes
com verdade ensinas o caminho
de Deus. É lícito pagar o tributo
a César ou não? Devemos pagar
ou não devemos pagar?
15 Jesus, porém, conhecendo a
hipocrisia deles, disse-lhes: Por
que me tentais? Trazei-me uma
moeda para que a veja.
16 Eles trouxeram a moeda.
Perguntou-lhes: De quem é esta
imagem e inscrição? Responderam:
De César.
17 Então Jesus lhes disse: Dai a
César o que é de César; a Deus, o
que é de Deus. E maravilharam-
-se por causa dele.

Acerca da ressurreição

Mt 22:23-33; Lc 20:27-40

18 Então os saduceus, que dizem
não haver ressurreição, aproxima-
ram-se dele e lhe perguntaram:
19 Mestre, Moisés nos escreveu
que, se morresse o irmão de al-
guém e deixasse mulher sem fi-
lhos, seu irmão tomasse a mulher
dele e suscitasse descendência a
seu irmão.
20 Ora, havia sete irmãos. O pri-
meiro casou e morreu sem deixar
descendência.
21 O segundo casou com a viúva
e morreu, também sem deixar fi-
lho. O terceiro da mesma forma.
22 Desposaram-na os sete, sem,
contudo, deixarem descendên-
cia. Finalmente, depois de todos,
morreu a mulher.
23 Na ressurreição, de qual deles
será a mulher, visto que os sete a
desposaram?
24 Respondeu-lhes Jesus: Errais
vós em razão de não conhecer-
des as Escrituras nem o poder
de Deus!
25 Quando ressurgirem dentre
os mortos, nem casarão nem se
darão em casamento; serão como
os anjos nos céus.
26 Ora, quanto à ressurreição
dos mortos, não lestes no livro de
Moisés, no trecho referente à sar-
ça, como Deus lhe falou: Eu sou o
Deus de Abraão, o Deus de Isaque
e o Deus de Jacó?

27 Ora, ele não é Deus de mor-
tos, e sim de vivos. Errais muito.

O maior dos mandamentos

Mt 22:34-40; Lc 10:25-27

28 Aproximou-se dele um dos
mestres da lei que os tinha ouvi-
do discutir e, sabendo que lhes
havia respondido bem, pergun-
tou-lhe: Qual é o principal de to-
dos os mandamentos?
29 Respondeu-lhe Jesus: O prin-
cipal de todos os mandamentos é:
Ouve, ó Israel, o Senhor, o nosso
Deus, é o único Senhor!
30 Amarás o Senhor, teu Deus,
de todo o teu coração, de toda a
tua alma, de todo o teu entendi-
mento e de todas as tuas forças.
31 O segundo é: Amarás o teu
próximo como a ti mesmo. Não
há outro mandamento maior do
que estes.
32 Respondeu o mestre da lei:
Muito bem, Mestre, e com verda-
de disseste que há um só Deus e
que não há outro além dele.
33 Amá-lo de todo o coração, de
todo o entendimento, de toda a
alma e de todas as forças, e amar
ao próximo como a si mesmo, ex-
cede a todos os holocaustos e sa-
crifícios.
34 Vendo Jesus que ele havia
respondido sabiamente, disse-
-lhe: Não estás longe do Reino de
Deus. E já ninguém mais ousava
perguntar-lhe nada.

O Cristo, Filho de Davi

Mt 22:41-46; Lc 20:41-44

35 Enquanto ensinava no templo,
Jesus perguntou: Como dizem os
mestres da lei que o Cristo é fi-
lho de Davi?
36 O próprio Davi, falando pelo
Espírito Santo, declarou:
Disse o Senhor ao
meu Senhor:
Assenta-te à minha direita
até que eu ponha os
teus inimigos
debaixo dos teus pés.
37 O próprio Davi chama-lhe
Senhor. Como, pois, pode ser seu
filho? A grande multidão o ouvia
com prazer.
38 Ao ensinar, Jesus dizia: Cuidado
com os mestres da lei, que gos-
tam de andar com vestidos com-
pridos, das saudações nas praças,
39 das primeiras cadeiras nas si-
nagogas e dos primeiros assentos
nos banquetes.
40 Devoram as casas das viúvas
e, para o justificar, fazem longas
orações. Estes receberão juízo
muito mais severo.

A oferta da viúva pobre

Lc 21:1-4

41 Estando Jesus assentado dian-
te do gazofilácio, observava a ma-
neira com que o povo lançava ali
o dinheiro. Muitos ricos deposi-
tavam grandes quantias.
42 Vindo, porém, uma viúva po-
bre, lançou duas pequenas moe-
das correspondentes a um qua-
drante.
43 Chamando os discípulos, Jesus
lhes disse: Em verdade vos digo
que esta viúva pobre depositou
no gazofilácio mais do que todos
os ofertantes.
44 Todos deram do que lhes so-
brava, mas esta, da sua pobreza,
deu tudo o que tinha, todo o seu
sustento.

Os sinais do fim

Mt 24:1-51; Lc 21:5-36

13 Saindo Jesus do templo, disse-
-lhe um dos seus discípulos:

Mestre, olha! Que pedras, que
edifícios!
2 Respondeu-lhe Jesus: Vês es-
tes grandes edifícios? Não ficará
pedra sobre pedra, que não seja
derrubada.
3 Assentando-se ele no monte
das Oliveiras, em frente do tem-
plo, Pedro, Tiago, João e André
lhe perguntaram em particular:
4 Dize-nos quando acontecerão
essas coisas e que sinal haverá
quando todas elas estiverem para
cumprir-se.
5 Disse-lhes Jesus: Cuidai para
que ninguém vos engane.
6 Muitos virão em meu nome,
dizendo: Sou eu, e enganarão a
muitos.
7 Quando ouvirdes de guerras e
de rumores de guerras, não vos
perturbeis. Tais coisas devem
acontecer, mas ainda não é o fim.
8 Nação se levantando contra na-
ção, e reino contra reino. Haverá
terremotos em diversos lugares
e fomes. Estas coisas são o prin-
cípio de dores.
9 Deveis estar de sobreaviso. Sereis
entregues aos tribunais e açoita-
dos nas sinagogas. Sereis levados
à presença de governadores e reis,
por minha causa, para lhes ser-
vir de testemunho.
10 Primeiro, porém, o evange-
lho deve ser pregado a todas as
nações.
11 Quando vos conduzirem para
vos entregarem, não vos preo-
cupeis com o que haveis de dizer.
O que vos for dado naquela hora,
isso falai, pois não sois vós os que
falais, mas o Espírito Santo.
12 *Um irmão entregará* à mor-
te a outro irmão, e o pai ao filho.
Filhos se levantarão contra os
pais e os matarão.
13 Sereis odiados de todos por cau-
sa do meu nome, mas aquele que
perseverar até o fim será salvo.
14 Quando virdes a abomina-
ção que causa a assolação, situa-
da no lugar onde não deve estar
(quem lê, entenda), então os que
estiverem na Judeia fujam para
os montes.
15 O que estiver no telhado não
desça para casa nem entre para
tirar coisa alguma da sua casa.
16 O que estiver no campo não vol-
te atrás para buscar a sua capa.
17 Ai das que estiverem grávidas
e das que estiverem amamentan-
do naqueles dias!
18 Orai para que isso não suce-
da no inverno,
19 porque naqueles dias haverá
uma aflição tal qual nunca houve
desde o princípio do mundo que
Deus criou, até agora, e nunca ja-
mais haverá.
20 Se o Senhor não abreviasse
aqueles dias, ninguém se salvaria.
Mas por causa dos eleitos que ele
escolheu, abreviou aqueles dias.
21 Então, se alguém vos disser:
Olhai, aqui está o Cristo! ou: Olhai,
ali está ele! não acrediteis,
22 pois se levantarão falsos cris-
tos e falsos profetas, que farão si-
nais e prodígios, para enganar,
se possível, os próprios eleitos.
23 Estai, pois, de sobreaviso; eu
vos disse tudo de antemão.

A volta de Cristo

Mt 24:29-31; Lc 21:25-28

24 Mas, naqueles dias, depois da-
quela aflição,
o sol escurecerá,
a lua não dará a sua luz,
25 as estrelas cairão do céu
e os corpos celestes
serão abalados.

26 Então verão o Filho do homem
vir nas nuvens, com grande po-
der e glória.
27 Ele enviará os seus anjos e
ajuntará os seus escolhidos dos
quatro ventos, da extremidade da
terra até a extremidade do céu.

A parábola da figueira

Mt 24:32-44; Lc 21:29-36

28 Agora aprendei a parábola da
figueira: Quando já os seus ramos
se renovam e brotam as folhas,
sabeis que está próximo o verão.
29 Assim também vós, quando
virdes suceder estas coisas, sa-
bei que ele está perto, às portas.
30 Na verdade vos digo que não
passará esta geração sem que to-
das estas coisas aconteçam.
31 Passará o céu e a terra, mas as
minhas palavras não passarão.
32 A respeito, porém, daquele dia
e hora ninguém sabe, nem os an-
jos que estão no céu, nem o Filho,
senão o Pai.
33 Estai de sobreaviso! Vigiai [e
orai]! Não sabeis quando será o
tempo.
34 É como se um homem que, par-
tindo para longe, deixasse a sua
casa, desse autoridade aos seus
servos, a cada um a sua ora, e
mandasse ao porteiro que vigiasse.
35 Portanto, vigiai porqu não
sabeis quando virá o senhr da
casa, se à tarde, se à meia-noe, se
ao cantar do galo, se pela mahã.
36 Se ele vier inesperadamnte,
não vos encontre dormindo
37 O que vos digo, digo a tdos:
Vigiai!

O plano para matar a Jesus

Mt 26:3-5; Lc 22:1,2

14 Dali a dois dias era
Páscoa e a festa dos ps
sem fermento, e os principais sa-
cerdotes e os mestres da lei pro-
curavam como o prenderiam, à
traição, e o matariam.
2 Mas diziam: Não durante a festa,
para que o povo não se amotine.
3 Estando ele em Betânia, reclina-
do à mesa, na casa de Simão, o le-
proso, veio uma mulher trazendo
um vaso de alabastro com perfu-
me de nardo puro, de muito pre-
ço. Quebrou o vaso e derramou o
bálsamo sobre a cabeça de Jesus.
4 Alguns dos presentes, indignados,
diziam uns aos outros: Para que se
fez este desperdício de bálsamo?
5 Este perfume podia ser vendido
por mais de trezentos denários,
e o dinheiro ser dado aos pobres.
E murmuravam contra ela.
6 Jesus, porém, disse: Deixai-a,
por que a aborreceis? Ela prati-
cou boa obra para comigo.
7 Sempre tendes os pobres con-
vosco e, quando quiserdes, podeis
fazer-lhes bem, mas a mim nem
sempre me tendes.
8 Ela fez o que pôde. Antecipou-
-se a ungir o meu corpo para a
sepultura.
9 Em verdade vos digo que em
todo o mundo onde este evangelho
for pregado, o que ela fez também
será contado para sua memória.
10 Então Judas Iscariotes, um
dos Doze, foi ter com os princi-
pais sacerdotes, para lhes entre-
gar Jesus.
11 Eles, ouvindo-o, alegraram-
-se e lhe prometeram dinheiro.
De modo que ele procurava uma
oportunidade para o entregar.

A última Páscoa

Mt 26:17-19; Lc 22:7-13

12 No primeiro dia da festa dos pães
sem fermento, quando sacrificavam

a Páscoa, perguntaram-lhe os dis-
cípulos: Aonde queres que vamos
fazer os preparativos para come-
res a Páscoa?
13 De modo que ele enviou dois
dos discípulos, dizendo-lhes: Ide
à cidade, e um homem carregan-
do um cântaro d'água vos sairá
ao encontro. Segui-o.
14 Onde quer que entrar, dizei
ao dono da casa:
O Mestre pergunta: Onde está o
aposento em que hei de comer a
Páscoa com os meus discípulos?
15 Ele vos mostrará um espaço-
so cenáculo, mobiliado e pronto.
Preparai-a ali.
16 Saindo os discípulos, foram à
cidade e acharam tudo como lhes
tinha dito, e prepararam a Páscoa.
17 Chegada a tarde, Jesus foi
com os Doze.
18 Quando estavam reclinados à
mesa, a comer, disse Jesus: Em
verdade vos digo que um de vós,
que come comigo, há de trair-me.
19 Eles começaram a entristecer-
-se e a dizer-lhe, um após outro:
Por acaso sou eu?
20 Respondeu-lhes: É um dos
Doze, o que põe comigo a mão
no prato.
21 Na verdade o Filho do homem
vai, como dele está escrito, mas ai
daquele por intermédio de quem o
Filho do homem é traído! Melhor
lhe fora não haver nascido.
22 Enquanto comiam, Jesus to-
mou um pão e, abençoando-o, par-
tiu-o e lhes deu, dizendo: Tomai,
comei, isto é o meu corpo.
23 Então tomou o cálice e, dan-
do graças, deu-o aos discípulos,
e todos beberam dele.
24 Disse-lhes: Isto é o meu san-
gue, o sangue da [nova] aliança,
que é derramado por muitos.
25 Em verdade vos digo que não
beberei mais do fruto da videi-
ra, até aquele dia em que beber
o vinho novo no Reino de Deus.
26 Tendo cantado um hino, saí-
ram para o monte das Oliveiras.

Pedro é avisado

Mt 26:31-35; Lc 22:31-34; Jo 13:36-38

27 Disse-lhes Jesus: Todos vós
esta noite me abandonareis, pois
está escrito:

Ferirei o pastor,
e as ovelhas se dispersarão.

28 Depois que eu tiver ressur-
gido, porém, irei adiante de vós
para a Galileia.
29 Declarou Pedro: Ainda que to-
dos te abandonem, eu nunca te
abandonarei!
30 Respondeu-lhe Jesus: Em ver-
dade te digo que hoje, esta noite,
antes que o galo cante duas ve-
zes, três vezes me negarás.
31 Pedro, porém, insistia com
mais veemência: Ainda que me
seja necessário morrer conti-
go, de modo nenhum te nega-
rei. Da mesma maneira disse-
ram todos.

Jesus no Getsêmani

Mt 26:36-46; Lc 22:39-46

32 Foram a um lugar chama-
do Getsêmani, e Jesus disse aos
discípulos: Assentai-vos aqui en-
quanto eu oro.
33 Ele levou consigo Pedro, Tiago
e João, e começou a ter pavor e a
angustiar-se.
34 E lhes disse: A minha alma
está profundamente triste até a
morte. Ficai aqui e vigiai.
35 Tendo ido um pouco mais adian-
te, prostrou-se em terra e orava
para que, se fosse possível, fosse
afastada dele aquela hora.

36 Dizia: Aba, Pai, todas as coisas
te são possíveis. Afasta de mim
este cálice. Não seja, porém, o que
eu quero, e sim o que tu queres.
37 Então voltou aos seus discí-
pulos e encontrou-os dormindo.
E disse a Pedro: Simão, tu dor-
mes? Não pudeste vigiar nem
uma hora?
38 Vigiai e orai, para que não en-
treis em tentação. O espírito, na
verdade, está pronto, mas a car-
ne é fraca.
39 Foi outra vez e orou, dizendo
as mesmas palavras.
40 Voltando, achou-os outra vez
dormindo, porque os seus olhos
estavam pesados. Não sabiam o
que lhe responder.
41 Voltando pela terceira vez,
disse-lhes: Dormis e descansais
ainda? Basta! É chegada a hora.
O Filho do homem vai ser entre-
gue nas mãos dos pecadores.
42 Levantai-vos, vamos! Aí vem
o meu traidor!

Jesus é preso

Mt 26:47-56; Lc 22:47-53; Jo 18:1-11

43 **F**alava ele ainda, quando veio
Judas, um dos Doze. Com ele esta-
va uma grande multidão com es-
padas e cassetetes, enviada pelos
principais sacerdotes, mestres da
lei e líderes religiosos.
44 Ora, o traidor tinha-lhes dado
uma senha, dizendo: Aquele a
quem eu beijar é esse; prendei-o
e levai-o em segurança.
45 Logo que chegou, aproximou-se
dele e disse-lhe: Rabi. E o beijou.
46 Os homens agarraram Jesus
e o prenderam.
47 Em seguida, um dos que esta-
vam por perto, puxando da espa-
da, feriu o servo do sumo sacer-
dote, cortando-lhe a orelha.
48 Disse-lhes Jesus: Saístes com
espadas e cassetetes para pren-
der-me, como a um salteador?
49 Todos os dias eu estava con-
vosco ensinando no templo, e não
me prendestes. Contudo, é para
que as Escrituras se cumpram.
50 Então, deixando-o, todos fugiram.
51 Certo jovem o seguia, envolto
unicamente num lençol. Tentaram
prendê-lo,
52 mas ele, largando o lençol, fu-
giu nu.

Jesus perante o Sinédrio

Mt 26:57-68; Lc 22:66-71

53 **L**evaram Jesus ao sumo sacer-
dote; então ajuntaram-se todos
os principais sacerdotes, os líde-
res religiosos e os mestres da lei.
54 Pedro seguiu-o de longe até
dentro do pátio do sumo sacerdote
e, assentando-se com os guardas,
aquecia-se perto do fogo.
55 Os principais sacerdotes e todo
o Sinédrio buscavam algum teste-
munho contra Jesus para o ma-
tar, mas não achavam.
56 Muitos testificavam falsamen-
te contra ele, mas os testemunhos
não eram coerentes.
57 Então levantaram-se alguns
e deram este falso testemunho
contra ele:
58 Nós o ouvimos dizer: Eu des-
truirei este templo, edificado por
mãos humanas, e em três dias edi-
ficarei outro não feito por mãos
humanas.
59 Nem assim o seu testemunho
era coerente.
60 Levantando-se o sumo sacer-
dote, perguntou a Jesus: Nada
respondes? Que testificam estes
contra ti?
61 Ele, porém, se calou; nada
respondeu. O sumo sacerdote

lhe tornou a perguntar: És tu o
Cristo, o Filho do Deus Bendito?
62 Disse-lhe Jesus: Eu sou. E ve-
reis o Filho do homem assentado
à direita do Todo-poderoso, vindo
sobre as nuvens do céu.
63 O sumo sacerdote rasgou as
suas vestes e disse: Por que ne-
cessitamos de mais testemunhas?
64 Vós ouvistes a blasfêmia. Que
vos parece? Todos o considera-
ram réu de morte.
65 Então alguns começaram a
cuspir nele, a cobrir-lhe o rosto,
a dar-lhe murros e a dizer-lhe:
Profetiza! E os guardas o leva-
ram, e davam-lhe bofetadas.

Pedro nega a Jesus

Mt 26:69-75; Lc 22:54-62; Jo 18:15-18,25-27

66 **E**stando Pedro embaixo, no
átrio, chegou uma das criadas
do sumo sacerdote
67 e, vendo a Pedro, que se aquen-
tava, olhou para ele e disse: Tu
também estavas com Jesus, o
Nazareno.
68 Ele, porém, o negou, dizendo:
Não o conheço, nem sei o que di-
zes. E saiu para o alpendre. [E o
galo cantou.]
69 A criada, vendo-o de novo, co-
meçou a dizer aos guardas: Este
é um dos tais.
70 Ele, porém, o negou outra
vez. Pouco depois os que ali esta-
vam disseram outra vez a Pedro:
Verdadeiramente tu és um deles,
pois és galileu.
71 Ele começou a praguejar e a
jurar: Não conheço esse homem
de quem falais!
72 Imediatamente o galo can-
tou pela segunda vez. Então
Pedro lembrou-se da palavra
que Jesus lhe tinha dito: Antes
que o galo cante duas vezes, três
vezes me negarás. E, caindo em
si, chorou.

Jesus perante Pilatos

Mt 27:11-26; Lc 23:1-7, 13-25; Jo 18:28—19:16

15 Bem cedo de manhã os prin-
cipais sacerdotes, com os
líderes religiosos, mestres da lei
e todo o Sinédrio entraram em
conselho. Amarraram Jesus, leva-
ram-no e o entregaram a Pilatos.
2 Pilatos lhe perguntou: És tu o
rei dos judeus? Respondeu Jesus:
Tu o dizes.
3 Os principais sacerdotes acusa-
vam-no de muitas coisas.
4 Então Pilatos o interrogou ou-
tra vez: Nada respondes? Vê quan-
tas acusações te fazem.
5 Jesus, porém, nada respon-
deu, de modo que Pilatos se ma-
ravilhava.
6 **O**ra, era costume no dia da fes-
ta soltar um preso qualquer que
o povo pedisse.
7 Havia um, chamado Barrabás,
preso com rebeldes, o qual tinha
cometido um homicídio na revolta.
8 A multidão veio e começou a
pedir que lhes fizesse como de
costume.
9 Perguntou-lhes Pilatos: Quereis
que vos solte o rei dos judeus?
10 Ele sabia que por inveja os
principais sacerdotes o haviam
entregado.
11 Os principais sacerdotes, porém,
incitaram a multidão no sentido
de que Pilatos soltasse Barrabás.
12 Pilatos perguntou-lhes: Que
farei, pois, com este a quem cha-
mais rei dos judeus?
13 Gritaram eles: Crucifica-o!
14 Pilatos, porém, lhes pergun-
tou: Por quê? Que crime come-
teu ele? Mas eles gritavam cada
vez mais: Crucifica-o!

15 Querendo satisfazer a multi-
dão, Pilatos soltou-lhes Barrabás.
Tendo mandado açoitar Jesus,
entregou-o para ser crucificado.

Jesus é entregue aos soldados

Mt 27:27-31

16 Os soldados o levaram para den-
tro do palácio, isto é, o pretório, e
reuniram todo o destacamento.
17 Vestiram-no de púrpura e, te-
cendo uma coroa de espinhos, pu-
seram-na na sua cabeça.
18 E começaram a saudá-lo, di-
zendo: Salve, rei dos judeus!
19 Feriram-lhe a cabeça com uma
vara, cuspiram nele e, pondo-se
de joelhos, o adoraram.
20 Depois de zombarem dele, des-
piram-lhe a púrpura e o vesti-
ram com as suas próprias vestes.
Então o levaram para fora, a fim
de o crucificarem.

A crucificação

Mt 27:32-44; Lc 23:33-43; Jo 19:17-27

21 Obrigaram a certo Simão
Cireneu, pai de Alexandre e de
Rufo, o qual por ali passava, vin-
do do campo, a que carregasse
a cruz.
22 Levaram Jesus ao lugar cha-
mado Gólgota, que quer dizer:
Lugar da Caveira.
23 Então lhe ofereceram vinho
misturado com mirra, mas ele
não o tomou.
24 E o crucificaram. Repartindo en-
tre si as vestes dele, lançaram sor-
te, para ver o que cada um levaria.
25 Era a hora terceira quando o
crucificaram.
26 Por cima dele estava escrita a
sua acusação: O REI DOS JUDEUS.
27 Crucificaram com ele dois la-
drões, um à sua direita e outro à
sua esquerda.
28 [E cumpriu-se a escritura que
diz: Com malfeitores foi contado.]
29 Os que passavam, blasfema-
vam dele, meneando a cabeça e
dizendo: Ah! Tu que destróis o
templo e, em três dias, o edificas,
30 desce da cruz e salva-te a ti
mesmo.
31 Da mesma maneira, os prin-
cipais sacerdotes com os mestres
da lei, zombando, diziam uns aos
outros: Salvou os outros, mas não
pode salvar-se a si mesmo!
32 Desça agora da cruz este Cristo,
o rei de Israel, para que vejamos
e acreditemos. Os que com ele fo-
ram crucificados também o in-
sultavam.

A morte de Jesus

Mt 27:45-56; Lc 23:44-49; Jo 19:28-30

33 Ao meio-dia, houve trevas sobre
toda a terra, até as 3 horas da tarde.
34 E às 3 horas da tarde excla-
mou Jesus com alta voz: Eloí,
Eloí, lamá sabactâni? Que quer
dizer: Deus meu, Deus meu, por
que me desamparaste?
35 Alguns dos que ali estavam,
ouvindo isso, diziam: Vede, cha-
ma por Elias.
36 Um deles correu a embeber
uma esponja em vinagre e, pon-
do-a na ponta de uma vara, deu-
-lhe de beber, dizendo: Deixai, ve-
jamos se Elias vem tirá-lo.
37 Dando um grande brado, Jesus
expirou.
38 O véu do templo rasgou-se em
duas partes, de alto a baixo.
39 E, quando o centurião, que es-
tava em frente dele, ouviu o seu
brado e viu como expirara, dis-
se: Verdadeiramente este homem
era o Filho de Deus!
40 Algumas mulheres estavam
olhando de longe. Entre elas estavam

Maria Madalena, Maria, mãe de Tiago, o menor, e de José, e Salomé.

41 Na Galileia, essas mulheres tinham-no seguido e servido. Estavam ali também muitas outras mulheres que tinham subido com ele para Jerusalém.

O sepultamento de Jesus

Mt 27:57-61; Lc 23:50-56; Jo 19:38-42

42 Era o dia da preparação, isto é, a véspera do sábado. Ao cair da tarde,

43 José de Arimateia, ilustre membro do Sinédrio, que também esperava o Reino de Deus, foi ousadamente a Pilatos e pediu o corpo de Jesus.

44 Pilatos se maravilhou de que já estivesse morto. Chamando o centurião, perguntou-lhe se havia muito que tinha morrido.

45 Tendo-se certificado pelo centurião que assim sucedera, deu o corpo a José.

46 Então José comprou um lençol fino, tirou o corpo da cruz, envolveu-o nele e o depositou em um sepulcro lavrado numa rocha. A seguir, rolou uma pedra para a entrada do sepulcro.

47 Maria Madalena e Maria, mãe de José, viram onde o puseram.

A ressurreição

Mt 28:1-10; Lc 24:1-12; Jo 20:1-10

16 Passado o sábado, Maria Madalena, Maria, mãe de Tiago, e Salomé compraram aromas para irem ungir o corpo de Jesus.

2 Muito cedo, no primeiro dia da semana, logo depois do nascer do sol, foram ao sepulcro.

3 *Diziam umas às outras:* Quem removerá a pedra da entrada do sepulcro?

4 Olhando, porém, viram que a pedra, que era muito grande, já estava removida.

5 Entrando no sepulcro, viram um jovem assentado à direita, vestido com um manto branco, e ficaram espantadas.

6 Ele lhes disse: Não vos assusteis. Buscais a Jesus, o Nazareno, que foi crucificado. Já ressurgiu! Não está aqui. Vede o lugar onde o puseram.

7 Ide, porém, dizei a seus discípulos e a Pedro: Ele vai adiante de vós para a Galileia. Lá o vereis, como ele vos disse.

8 Tremendo e assombradas, as mulheres saíram e fugiram do sepulcro. Nada disseram a ninguém, porque temiam.

Jesus aparece a Maria Madalena

Jo 20:11-18

9 Tendo Jesus ressurgido de manhã cedo no primeiro dia da semana, apareceu primeiro a Maria Madalena, da qual tinha expulsado sete demônios.

10 Partindo ela, anunciou-o àqueles que tinham estado com ele, os quais estavam tristes e choravam.

11 Quando ouviram que Jesus vivia e que tinha sido visto por ela, não acreditaram.

Jesus aparece aos discípulos

Lc 24:13-35

12 Depois, Jesus manifestou-se de outra forma a dois deles, enquanto iam para o campo.

13 Estes voltaram e o anunciaram aos outros; tampouco acreditaram neles.

Jesus comissiona os discípulos

Mt 28:18-20; Lc 24:44-49

14 Mais tarde Jesus apareceu
aos Onze, estando eles à mesa, e
lançou-lhes em rosto a incredu-
lidade e dureza de coração, por-
que não acreditaram nos que o ti-
nham visto já ressuscitado.
15 E disse-lhes: Ide por todo o
mundo e pregai o evangelho a
toda criatura.
16 Quem crer e for batizado será
salvo, mas quem não crer será con-
denado.
17 E estes sinais hão de seguir os que
crerem: Em meu nome expulsarão
demônios; falarão novas línguas;
18 pegarão em serpentes; quan-
do beberem alguma coisa mortí-
fera, ela não lhes fará mal algum;
imporão as mãos sobre enfermos
e os curarão.

A ascensão de Jesus

Lc 24:50-53

19 Depois de o Senhor lhes ter fa-
lado, foi recebido no céu e assen-
tou-se à direita de Deus.
20 Então os discípulos partiram
e pregaram por toda parte, co-
operando com eles o Senhor e
confirmando a sua palavra por
meio dos sinais que a acompa-
nhavam.

LUCAS

Prefácio

1 Tendo muitos elaborado uma
narração dos fatos que entre
nós se cumpriram,
2 conforme nos transmitiram
os que desde o início foram de-
les testemunhas oculares e mi-
nistros da palavra,
3 achei também conveniente
contá-los a ti, ó excelentíssimo
Teófilo, por sua ordem, tendo já
me informado detalhadamente
de tudo desde o começo,
4 para que tenhas plena certe-
za das coisas em que foste en-
sinado.

O anúncio do nascimento de João

5 Existiu no tempo de Herodes, rei
da Judeia, um sacerdote chamado
Zacarias, da ordem de Abias; sua
mulher era das filhas de Arão, e
o seu nome era Isabel.
6 Eram ambos justos perante
Deus, obedecendo de modo irre-
preensível a todos os mandamen-
tos e preceitos do Senhor.
7 Eles, porém, não tinham filhos,
porque Isabel era estéril, sendo
ambos avançados em idade.
8 Exercendo ele o sacerdócio dian-
te de Deus, na ordem do seu turno,
9 coube-lhe por sorteio, confor-
me o costume sacerdotal, entrar
no templo do Senhor para ofere-
cer o incenso.
10 Chegada a hora de oferecer o
incenso, toda a multidão do povo
estava fora, orando.
11 Então um anjo do Senhor lhe
apareceu, em pé, à direita do al-
tar do incenso.
12 Vendo-o, Zacarias perturbou-
-se, e o temor apoderou-se dele.
13 O anjo, porém, lhe disse: Zacarias,
não temas. A tua oração foi ouvi-
da. Isabel, tua mulher, dará à luz
um filho, e tu lhe porás o nome
de João.
14 Terás satisfação e alegria, e
muitos se alegrarão no seu nas-
cimento,
15 pois será grande diante do
Senhor. Não beberá vinho nem be-
bida forte e será cheio do Espírito
Santo, já desde antes de nascer.
16 E converterá muitos dos filhos
de Israel ao Senhor, o seu Deus.
17 Irá adiante dele no espírito e
poder de Elias, para fazer voltar
o coração dos pais aos filhos, e os
rebeldes à sabedoria dos justos,
para deixar ao Senhor um povo
preparado.
18 Perguntou Zacarias ao anjo:
Como saberei isto? Eu sou ve-
lho, e minha mulher é avança-
da em idade.
19 Respondeu-lhe o anjo: Eu sou
Gabriel, que fico diante de Deus,
e fui enviado para falar-te e dar-
-te estas alegres notícias.
20 E agora ficarás mudo e não
poderás falar até o dia em que
estas coisas aconteçam, porque
não creste nas minhas palavras
que a seu tempo se cumprirão.
21 O povo estava esperando
Zacarias, preocupado com sua
demora no templo.
22 Quando ele saiu, não lhes
podia falar. Então entenderam
que tivera uma visão no templo.
Falava-lhes por sinais, pois esta-
va mudo.

23 Terminados os dias de seu ser-
viço, voltou para sua casa.
24 Depois daqueles dias Isabel, sua
mulher, engravidou e por cinco
meses não saiu de casa, dizendo:
25 Assim me fez o Senhor, nos dias
em que decidiu retirar a minha
humilhação perante os homens.

O anúncio do nascimento de Jesus

26 No sexto mês, foi o anjo Gabriel
enviado por Deus a uma cidade da
Galileia, chamada Nazaré,
27 a uma virgem prometida em ca-
samento a um homem, cujo nome
era José, descendente de Davi.
O nome da virgem era Maria.
28 Aproximando-se dela o anjo,
disse: Salve, agraciada! O Senhor
é contigo. Bendita és tu entre as
mulheres.
29 Ela, porém, se perturbou mui-
to com essas palavras e pensava
que saudação seria essa.
30 Disse-lhe então o anjo: Maria,
não temas, achaste graça dian-
te de Deus.
31 Engravidarás e darás à luz um
filho, e lhe porás o nome de Jesus.
32 Ele será grande e será chamado
Filho do Altíssimo. O Senhor Deus
lhe dará o trono de Davi, seu pai.
33 Ele reinará eternamente so-
bre o povo de Jacó, e o seu reina-
do não terá fim.
34 Disse Maria ao anjo: Como se
fará isso, visto que não tenho re-
lação com homem algum?
35 Respondeu-lhe o anjo: Descerá
sobre ti o Espírito Santo, e o po-
der do Altíssimo te cobrirá com a
sua sombra. Por isso, aquele san-
to que de ti nascerá será chama-
do Filho de Deus.
36 Até Isabel, tua prima, engra-
vidou em sua velhice, sendo este
o sexto mês para aquela que era
considerada estéril.
37 Pois para Deus nada é impos-
sível.
38 Disse, então, Maria: Eu sou a
serva do Senhor. Cumpra-se em
mim conforme a tua palavra. E o
anjo a deixou.

Maria visita a Isabel

39 Naqueles dias, levantou-se
Maria, foi apressada às monta-
nhas, a uma cidade de Judá,
40 entrou na casa de Zacarias e
saudou Isabel.
41 Ao ouvir Isabel a saudação de
Maria, o bebê saltou no seu ven-
tre, e Isabel foi cheia do Espírito
Santo.
42 Exclamou ela em alta voz:
Bendita és tu entre as mulheres,
e bendito o fruto do teu ventre.
43 De onde recebo tanta graça
que me venha visitar a mãe do
meu Senhor?
44 Ao ouvir a voz da tua sauda-
ção, o bebê agitou-se de alegria
no meu ventre.
45 Bem-aventurada a que creu
que se cumprirão as coisas que
o Senhor lhe dissera.

O cântico de Maria

46 Disse Maria:
A minha alma engrandece
ao Senhor,
47 e o meu espírito se alegra
em Deus,
o meu Salvador,
48 pois olhou para a humildade
da sua serva.
Desde agora todas as
gerações me chamarão
bem-aventurada,
49 pois grandes coisas
me fez o Poderoso.
Santo é o seu nome.

50 A sua misericórdia
estende-se de
geração em geração sobre
os que o temem.
51 Com o seu braço agiu
poderosamente;
dispersou os que no coração
cultivavam pensamentos
soberbos.
52 Tirou dos tronos os poderosos,
e exaltou os humildes.
53 Encheu de bens os famintos,
e despediu vazios os ricos.
54 Ajudou Israel, seu servo,
lembrando-se da sua
misericórdia
55 para com Abraão e sua
descendência,
para sempre.
56 Maria ficou com ela quase três
meses e depois voltou para casa.

O nascimento de João Batista

57 Completou-se para Isabel o tem-
po de dar à luz, e ela teve um filho.
58 Os seus vizinhos e parentes
ouviram que Deus teve para com
ela grande misericórdia e alegra-
ram-se com ela.
59 Ao oitavo dia, foram circun-
cidar o menino e queriam dar-
-lhe o nome de seu pai, Zacarias.
60 Respondeu sua mãe: Não! Ele
será chamado João.
61 Disseram-lhe: Ninguém há na
tua parentela que tenha este nome.
62 Perguntaram, por sinais, ao
pai do menino que nome queria
que lhe dessem.
63 Pedindo ele uma tabuinha, es-
creveu: O seu nome é João. E to-
dos se admiraram.
64 Imediatamente sua boca se
abriu, sua língua se soltou e fa-
lava, louvando a Deus.
65 Caiu temor sobre todos os
seus vizinhos, e em toda a região
montanhosa da Judeia foram di-
vulgadas estas coisas.
66 Todos os que as ouviram per-
guntavam-se: Quem será, pois,
este menino? E a mão do Senhor
estava com ele.

O cântico de Zacarias

67 Zacarias, seu pai, cheio do
Espírito Santo, profetizou:
68 Bendito seja o Senhor, o
Deus de Israel,
porque visitou e libertou o
seu povo,
69 e nos levantou uma
poderosa salvação
na descendência de Davi,
seu servo.
70 Como falou pela boca dos
seus santos profetas,
desde o início do mundo,
71 para nos livrar dos
nossos inimigos
e da mão de todos os que
nos odeiam;
72 para manifestar misericórdia
a nossos pais,
e lembrar-se da sua
santa aliança
73 e do juramento que fez
a Abraão, nosso pai,
74 de permitir-nos que,
libertados da mão de
nossos inimigos,
o servíssemos sem temor,
75 em santidade e justiça
perante ele todos os dias da
nossa vida.
76 E tu, ó menino, serás
chamado profeta
do Altíssimo,
pois irás adiante da face
do Senhor
e prepararás os seus
caminhos,
77 para dar ao seu povo
conhecimento da salvação,

pelo perdão dos seus
pecados,
78 por causa da profunda
misericórdia do nosso Deus,
pela qual o sol nascente
das alturas nos visitará,
79 para iluminar os que vivem
nas trevas
e na sombra da morte
e guiar nossos pés pelo
caminho da paz.
80 E o menino crescia e se fortalecia em espírito; e viveu nos desertos até o dia em que havia de aparecer a Israel.

O nascimento de Jesus

2 Naqueles dias, saiu um decreto da parte de César Augusto, ordenando o recenseamento de todo o mundo habitado.
2 Este primeiro recenseamento foi feito quando Quirino era governador da Síria.
3 Todos iam alistar-se, cada um em sua própria cidade.
4 Assim, subiu José da Galileia, da cidade de Nazaré, para a Judeia, à cidade de Davi, chamada Belém, porque pertencia à descendência de Davi,
5 a fim de se alistar com Maria, sua mulher, que estava grávida.
6 Estando eles ali, cumpriram-se os dias em que ela havia de dar à luz,
7 e ela deu à luz seu filho primogênito, envolveu-o em panos e o deitou numa manjedoura, porque não havia lugar para eles na hospedaria.

Os pastores de Belém

8 Havia naquela mesma região pastores que viviam nos campos e guardavam o seu rebanho durante a noite.
9 Apareceu-lhes um anjo do Senhor, e a glória do Senhor os cercou de resplendor, e ficaram atemorizados.
10 O anjo lhes disse: Não temais. Eu vos trago notícias de grande alegria, que o será para todo o povo.
11 Na cidade de Davi vos nasceu hoje o Salvador, que é Cristo, o Senhor.
12 Isto vos servirá de sinal: Achareis o menino envolto em panos e deitado numa manjedoura.
13 No mesmo instante apareceu com o anjo uma multidão dos exércitos celestiais, louvando a Deus e dizendo:
14 Glória a Deus nas
maiores alturas,
paz na terra entre
os homens
a quem ele quer bem.
15 Ausentando-se deles os anjos para o céu, disseram os pastores uns aos outros: Vamos até Belém e vejamos isso que aconteceu e que o Senhor nos revelou.
16 Foram apressadamente e acharam Maria e José, e o menino deitado na manjedoura.
17 Depois de o verem, divulgaram a palavra que acerca do menino lhes fora dita.
18 Todos os que a ouviram maravilharam-se do que os pastores lhes diziam.
19 Maria, porém, guardava todas estas coisas, refletindo sobre elas no coração.
20 Voltaram os pastores, glorificando e louvando a Deus por tudo o que tinham ouvido e visto, como lhes fora anunciado.

Circuncisão e apresentação de Jesus

21 Cumpridos os oito dias para circuncidar o menino, foi-lhe dado o

nome de Jesus, que pelo anjo lhe
fora posto antes de nascer.
22 **Q**uando se completaram os dias
da purificação, segundo a Lei de
Moisés, levaram-no a Jerusalém
para o apresentar ao Senhor,
23 conforme o que está escrito
na Lei do Senhor: Todo primogê-
nito será consagrado ao Senhor,
24 e para dar a oferta segundo o
disposto na Lei do Senhor: Um par
de rolinhas ou dois pombinhos.

Simeão e Ana

25 **H**avia em Jerusalém um ho-
mem cujo nome era Simeão; esse
homem, justo e temente a Deus,
esperava a consolação de Israel, e
o Espírito Santo estava sobre ele.
26 Fora-lhe revelado pelo Espírito
Santo que ele não morreria antes
de ver o Cristo do Senhor.
27 Movido pelo Espírito foi ao
templo. Quando os pais trouxe-
ram o menino Jesus para com
ele fazerem conforme o que a Lei
ordenava,
28 Simeão então o tomou nos
braços e louvou a Deus, dizendo:
29 Agora, Senhor, despede em
paz o teu servo,
segundo a tua palavra,
30 pois os meus olhos já
viram a tua salvação,
31 a qual preparaste perante
a face de todos os povos,
32 luz para iluminar os gentios,
e para glória do teu povo,
Israel.
33 O pai e a mãe do menino ad-
miraram-se das coisas que dele
se diziam.
34 E Simeão os abençoou e dis-
se a Maria, mãe do menino: Esta
criança é posta para queda e ele-
vação de muitos em Israel, para
ser alvo de contradição e para
que se revelem os pensamentos
de muitos corações.
35 E uma espada atravessará tam-
bém a tua própria alma.
36 **E**stava ali a profetisa Ana, fi-
lha de Fanuel, da tribo de Aser.
Esta era avançada em idade e ti-
nha vivido com o marido sete
anos, desde que se casara.
37 Era viúva, de quase oitenta e
quatro anos, e não se afastava do
templo, servindo a Deus com je-
juns e orações, de noite e de dia.
38 Chegando na mesma hora, dava
graças a Deus e falava a respeito
do menino a todos os que espera-
vam a redenção de Jerusalém.

O menino Jesus no meio dos doutores

39 **A**ssim que cumpriram todas
as exigências da Lei do Senhor,
voltaram para a Galileia, para a
sua cidade de Nazaré.
40 O menino crescia e se fortale-
cia, enchendo-se de sabedoria; e
a graça de Deus estava sobre ele.
41 **O**ra, todos os anos iam seus
pais a Jerusalém, para a festa
da Páscoa.
42 Tendo ele doze anos, subiram
a Jerusalém, conforme o costu-
me do dia da festa.
43 Ao retornarem, terminados
aqueles dias, ficou o menino Jesus
em Jerusalém, sem que seus pais
percebessem.
44 Pensando, porém, que estives-
se em sua companhia, caminha-
ram durante um dia. Então co-
meçaram a procurá-lo entre os
parentes e conhecidos.
45 Como não o encontraram,
voltaram a Jerusalém para pro-
curá-lo.
46 Depois de três dias, acharam-
-no no templo, assentado no meio

dos mestres, ouvindo-os e fazendo-
-lhes perguntas.
47 Todos os que o ouviam admi-
ravam-se da sua inteligência e
respostas.
48 Quando o viram, maravilha-
ram-se, e sua mãe lhe disse: Filho,
por que fizeste isto conosco? Teu
pai e eu preocupados te procurá-
vamos.
49 Respondeu-lhes ele: Por que
é que me procuráveis? Não sa-
beis que eu devia estar na casa
de meu Pai?
50 Eles, porém, não compreen-
deram as palavras que lhes dizia.
51 Então desceu com eles para
Nazaré e era-lhes obediente. Sua
mãe, porém, guardava todas es-
sas coisas no coração.
52 E crescia Jesus em sabedoria,
em estatura e em graça diante de
Deus e dos homens.

A pregação de João Batista

Mt 3:1-12; Mc 1:1-8

3 No décimo quinto ano do rei-
nado de Tibério César, sen-
do Pôncio Pilatos governador
da Judeia, Herodes, tetrarca da
Galileia, seu irmão, Filipe, tetrarca
da região da Itureia e Traconites,
e Lisânias, tetrarca de Abilene,
2 quando Anás e Caifás eram su-
mos sacerdotes, veio no deserto
a palavra de Deus a João, filho
de Zacarias.
3 Percorreu ele toda a terra ao
redor do Jordão, pregando o ba-
tismo de arrependimento para
perdão de pecados,
4 conforme o que está escrito no
livro das palavras do profeta Isaías:
Voz do que clama no deserto:
Preparai o caminho
do Senhor,
endireitai as suas veredas.
5 Todo vale se encherá,
e se abaixará todo
monte e outeiro.
O que é tortuoso
se endireitará,
e os caminhos acidentados
se aplanarão.
6 E toda a humanidade verá a sal-
vação de Deus.
7 Dizia João à multidão que saía
para ser batizada por ele: Raça de
víboras, quem vos ensinou a fu-
gir da ira que está para vir?
8 Produzi frutos dignos de ar-
rependimento e não comeceis a
dizer entre vós mesmos: Temos
Abraão por pai. Pois eu vos digo
que até destas pedras Deus pode
fazer surgir filhos a Abraão.
9 O machado já está posto à raiz
das árvores, e toda árvore que
não dá bom fruto é cortada e lan-
çada no fogo.
10 Então a multidão perguntava:
Que faremos, pois?
11 Respondeu-lhes: Quem tiver
duas túnicas reparta com quem
não tem, e quem tiver alimento
faça da mesma maneira.
12 Chegaram também uns cobra-
dores de impostos para serem bati-
zados e lhe perguntaram: Mestre,
que devemos fazer?
13 Respondeu-lhes: Não cobreis
mais do que o que está estipulado.
14 Então uns soldados lhe per-
guntaram: E nós, que faremos?
Ele lhes disse: A ninguém tra-
teis mal, não deis denúncia fal-
sa e contentai-vos com o vosso
salário.
15 Estando o povo na expecta-
tiva, e pensando todos, em seus
corações, se porventura João se-
ria o Cristo,
16 respondeu João a todos: Eu na
verdade vos batizo com água. Vem,

porém, aquele que é mais pode-
roso do que eu, de quem não sou
digno de desamarrar a correia
das sandálias. Ele vos batizará
com o Espírito Santo e com fogo.
17 Ele tem a pá na sua mão para
limpar a sua eira e ajuntar o tri-
go no seu celeiro, mas queima-
rá a palha com fogo que nunca
se apaga.
18 E assim, exortando-os, muitas
outras coisas anunciava ao povo.
19 Sendo, porém, o tetrarca Herodes
repreendido por ele por causa de
Herodias, mulher de seu irmão
Filipe, e por todas as maldades
que Herodes tinha feito,
20 acrescentou a todas as ou-
tras ainda esta, a de lançar João
na prisão.

O batismo de Jesus

Mt 3:13-17; Mc 1:9-11; Jo 1:32,34

21 Quando todo o povo se batiza-
va, Jesus também foi batizado. E,
enquanto ele orava, o céu se abriu,
22 e o Espírito Santo desceu so-
bre ele em forma física, como
uma pomba. E ouviu-se uma voz
do céu: Tu és o meu Filho amado,
em ti me agrado.

A genealogia de Jesus

Mt 1:1-17

23 Jesus tinha quase trinta anos
quando começou seu ministério.
Era, como se pensava, filho de
José, filho de Eli,
24 filho de Matã, filho de Levi, fi-
lho de Melqui, filho de Janai, filho
de José,
25 filho de Matatias, filho de Amós,
filho de Naum, filho de Esli, filho
de Nagaí,
26 filho de Maate, filho de Matatias,
filho de Semei, filho de José, fi-
lho de Jodá,
27 filho de Joanã, filho de Resá, fi-
lho de Zorobabel, filho de Salatiel,
filho de Neri,
28 filho de Melqui, filho de Adi, filho
de Cosã, filho de Elmadã, filho de Er,
29 filho de Josué, filho de Eliézer,
filho de Jorim, filho de Matã, fi-
lho de Levi,
30 filho de Simeão, filho de Judá,
filho de José, filho de Jonã, filho
de Eliaquim,
31 filho de Meleá, filho de Mená,
filho de Matatá, filho de Natã, fi-
lho de Davi,
32 filho de Jessé, filho de Obede,
filho de Boaz, filho de Salmom, fi-
lho de Naassom,
33 filho de Aminadabe, filho de
Admim, filho de Arni, filho de Esrom,
filho de Farés, filho de Judá,
34 filho de Jacó, filho de Isaque,
filho de Abraão, filho de Terá, fi-
lho de Naor,
35 filho de Serugue, filho de Ragaú,
filho de Faleque, filho de Éber, filho
de Salá,
36 filho de Cainã, filho de Arfaxade,
filho de Sem, filho de Noé, filho
de Lameque,
37 filho de Matusalém, filho de
Enoque, filho de Jarede, filho
de Maleleel, filho de Cainã,
38 filho de Enos, filho de Sete, fi-
lho de Adão, filho de Deus.

A tentação de Jesus

Mt 4:1-11; Mc 1:12,13

4 Jesus, cheio do Espírito Santo,
voltou do Jordão e foi levado
pelo Espírito ao deserto, onde
2 por quarenta dias foi tentado
pelo Diabo. Naqueles dias, não
comeu coisa alguma e, ao fim de-
les, teve fome.
3 Disse-lhe o Diabo: Se tu és o
Filho de Deus, dize a esta pedra
que se transforme em pão.

4 Jesus lhe respondeu: Está es-
crito: Nem só de pão viverá o
homem, mas de toda a palavra
de Deus.
5 O Diabo levou-o a um alto mon-
te e mostrou-lhe num instante to-
dos os reinos do mundo.
6 Disse-lhe o Diabo: Eu te darei
toda a autoridade e a glória des-
tes reinos, pois a mim foram en-
tregues e posso dá-los a quem
eu quiser.
7 Se me adorares, tudo será teu.
8 Jesus lhe respondeu: Está es-
crito: Adorarás ao Senhor, o teu
Deus, e só a ele prestarás culto.
9 O Diabo levou-o a Jerusalém,
colocou-o na parte mais alta do
templo e lhe disse: Se tu és o Filho
de Deus, joga-te daqui abaixo.
10 Pois está escrito:
Darás ordem aos seus anjos
a teu respeito, para que te
guardem;
11 e que te segurem nas mãos,
para que não tropeces em
alguma pedra.
12 Respondeu-lhe Jesus: Dito está:
Não tentarás o Senhor, o teu Deus.
13 Tendo o Diabo acabado toda a
tentação, o deixou até o momen-
to oportuno.

Jesus é expulso de Nazaré

14 Então, pelo poder do Espírito,
voltou Jesus para a Galileia, e a
sua fama correu por toda aque-
la região.
15 Ele ensinava nas suas sina-
gogas, e por todos era elogiado.
16 Chegou a Nazaré, onde fora
criado, entrou, num dia de sába-
do, na sinagoga, como era seu
costume, e levantou-se para ler.
17 Foi-lhe dado o livro do profe-
ta Isaías. Ao abrir o livro, achou
o lugar onde estava escrito:
18 O Espírito do Senhor
está sobre mim,
porque ele me ungiu
para anunciar boas-novas
aos pobres.
Enviou-me para proclamar
liberdade aos cativos,
dar vista aos cegos,
para libertar os oprimidos,
19 e anunciar o ano aceitável
do Senhor.
20 Fechando o livro, devolveu-o ao
assistente e assentou-se. Os olhos
de todos na sinagoga estavam di-
recionados para ele.
21 Então começou a dizer-lhes:
Hoje se cumpriu esta Escritura
que acabastes de ouvir.
22 Todos falavam bem dele, se
maravilhavam das palavras de
graça que saíam da sua boca e di-
ziam: Não é este o filho de José?
23 Ele lhes disse: Sem dúvida me
direis este provérbio: Médico,
cura-te a ti mesmo! Faze também
aqui na tua terra tudo o que ouvi-
mos ter sido feito em Cafarnaum.
24 Continuou ele: Em verdade vos
digo que nenhum profeta é bem
recebido na sua própria terra.
25 Em verdade vos digo que mui-
tas viúvas existiam em Israel nos
dias de Elias, quando o céu se fe-
chou por três anos e seis meses,
de modo que em toda a terra hou-
ve grande fome.
26 A nenhuma delas, porém, foi
enviado Elias, senão a uma viú-
va de Sarepta de Sidom.
27 E muitos leprosos havia em
Israel no tempo do profeta Eliseu,
e nenhum deles foi purificado, se-
não Naamã, o sírio.
28 Todos na sinagoga, ao ouvirem
essas coisas, se encheram de ira.
29 E levantando-se, expulsaram-
-no da cidade e o levaram até o

cume do monte em que a cidade
deles estava construída, para de
lá o jogarem.
30 Ele, porém, passando pelo meio
deles, retirou-se.
31 E desceu a Cafarnaum, cida-
de da Galileia, e os ensinava no
sábado.
32 Admiravam-se de seu ensino,
porque falava com autoridade.

A cura de um endemoninhado

Mc 1:21-28

33 Estava na sinagoga um ho-
mem possesso de demônio, um
espírito imundo, o qual excla-
mou em alta voz:
34 Ah! Que temos nós contigo,
Jesus de Nazaré? Vieste para
destruir-nos? Eu sei quem és: o
Santo de Deus.
35 Jesus o repreendeu: Cala-te e
sai dele. E o demônio jogou-o no
chão, no meio do povo, e saiu dele
sem lhe fazer mal.
36 Veio espanto sobre todos, e
diziam entre si: Que palavra é
esta? Até aos espíritos imundos
manda com autoridade e poder,
e eles saem?

A cura da sogra de Pedro

Mt 8:14-15; Mc 1:29-31

37 E a sua fama se espalhava por
toda a redondeza.
38 Saindo Jesus da sinagoga, en-
trou na casa de Simão. A sogra de
Simão estava doente, com muita
febre; e pediram a Jesus que fi-
zesse alguma coisa em favor dela.
39 Inclinando-se para ela, repre-
endeu a febre, e esta a deixou.
Imediatamente ela se levantou
e os servia.
40 Ao pôr do sol, o povo trouxe a
Jesus todos os que tinham vários
tipos de enfermidades; e, impondo
as mãos sobre cada um deles, ele
os curava.
41 Também de muitos saíam de-
mônios, gritando: Tu és o Cristo, o
Filho de Deus. E ele, repreenden-
do-os, não os deixava falar, por-
que sabiam que ele era o Cristo.
42 Ao amanhecer, saiu e foi para
um lugar deserto. A multidão o
procurava e, vindo a ele, insistia
para que não a deixasse.
43 Ele, porém, lhes disse: Também
é necessário que eu anuncie a ou-
tras cidades o evangelho do Reino de
Deus, porque para isso fui enviado.
44 E pregava nas sinagogas da
Galileia.

A pesca maravilhosa. Os primeiros discípulos

Mt 4:18-22; Mc 1:16-20

5 Apertando-o a multidão para
ouvir a palavra de Deus, esta-
va ele junto ao lago de Genesaré.
2 E viu dois barcos à beira do lago;
mas os pescadores, havendo de-
sembarcado, lavavam as redes.
3 Entrou em um dos barcos, que
era o de Simão, e pediu-lhe que o
afastasse um pouco da praia e, as-
sentando-se, ensinava do barco a
multidão.
4 Quando acabou de falar, disse a
Simão: Vai para o alto-mar e lan-
çai as vossas redes.
5 Respondeu-lhe Simão: Mestre,
havendo trabalhado toda a noite,
nada apanhamos, mas sobre tua
palavra lançarei as redes.
6 Fazendo assim, colheram uma
quantidade de peixes tão gran-
de que suas redes se romperam.
7 Fizeram sinal aos companhei-
ros que estavam no outro barco,
para que fossem ajudá-los. Foram,
e encheram ambos os barcos, de
maneira tal que quase afundaram.

8 Vendo isso Simão Pedro, pros-
trou-se aos pés de Jesus, dizendo:
Senhor, afasta-te de mim; sou ho-
mem pecador.
9 Pois o espanto se apoderara dele
e de todos os que com ele esta-
vam, por causa da pesca que ha-
viam feito,
10 e de igual modo, também de
Tiago e João, filhos de Zebedeu,
que eram companheiros de Simão.
Disse Jesus a Simão: Não temas;
de agora em diante serás pesca-
dor de homens.
11 E, levando os barcos para a ter-
ra, deixaram tudo e o seguiram.

A cura de um leproso

Mt 8:1-4; Mc 1:40-45

12 Estando Jesus numa das cidades,
veio à sua presença um homem le-
proso. Vendo a Jesus, prostrou-se,
rosto em terra, e rogou-lhe: Senhor,
se quiseres, podes purificar-me.
13 Ele, estendendo a mão, tocou
nele e disse: Quero, sê limpo! E
imediatamente a lepra desapa-
receu dele.
14 Ordenou-lhe Jesus: Não con-
te isso a ninguém, mas vai e mos-
tra-te ao sacerdote e oferece pela
tua purificação o que Moisés de-
terminou, para que lhes sirva de
testemunho.
15 Todavia, a sua fama se espa-
lhava ainda mais, e ajuntava-se
muita gente para ouvi-lo e para
ser por ele curada de suas enfer-
midades.
16 Ele, porém, se retirava para
lugares desertos e orava.

A cura de um paralítico

Mt 9:1-8; Mc 2:1-12

17 Certo dia ele estava ensinando, e
achavam-se ali assentados fariseus
e mestres da Lei, vindos de todas
as aldeias da Galileia, da Judeia e
de Jerusalém. E o poder do Senhor
estava com ele para curar.
18 Alguns homens, transportan-
do num leito um paralítico, pro-
curavam fazê-lo entrar na casa e
colocá-lo diante de Jesus.
19 Não achando por onde fazê-lo,
por causa da multidão, subiram
no telhado e, por entre as telhas,
o baixaram no leito, até o meio,
diante de Jesus.
20 Vendo-lhes a fé, disse Jesus ao
paralítico: Homem, os teus peca-
dos estão perdoados.
21 Os mestres da lei e os fariseus
começaram a pensar: Quem é este
que diz blasfêmias? Quem pode
perdoar pecados, senão Deus?
22 Jesus, porém, conhecendo os
seus pensamentos, respondeu-
-lhes: Por que pensais essas coi-
sas em vossos corações?
23 Qual é mais fácil dizer: Os
teus pecados estão perdoados,
ou: Levanta-te e anda?
24 Ora, para que saibais que o
Filho do homem tem sobre a ter-
ra poder de perdoar pecados —
disse ao paralítico: Eu te digo,
levanta-te, toma o teu leito e vai
para a tua casa.
25 Levantando-se ele imediata-
mente na presença deles, tomou
o leito em que estava deitado e foi
para casa, glorificando a Deus.
26 Todos ficaram maravilhados
e glorificaram a Deus. Cheios de
temor, diziam: Hoje vimos coisas
extraordinárias.

A vocação de Levi

Mt 9:9; Mc 2:13,14

27 Depois disso, Jesus saiu e viu
um cobrador de impostos, chama-
do Levi, assentado na coletoria,
e disse-lhe: Segue-me.

28 Ele, deixando tudo, levantou-
-se e o seguiu.
29 Fez-lhe Levi um grande ban-
quete em sua casa; havia ali uma
multidão de cobradores de im-
postos e outros que estavam com
eles à mesa.
30 Os fariseus e seus mestres da
lei murmuravam contra os discí-
pulos de Jesus, dizendo: Por que
comeis e bebeis com cobradores
de impostos e pecadores?
31 Respondeu-lhes Jesus: Não ne-
cessitam de médico os sãos, mas,
sim, os enfermos.
32 Eu não vim chamar os justos,
mas, sim, os pecadores ao arre-
pendimento.

A respeito do jejum

Mt 9:14-17; Mc 2:18-22

33 Disseram-lhe eles: Os discípu-
los de João jejuam com frequência
e oram, como também os dos fari-
seus, mas os teus comem e bebem.
34 Respondeu Jesus: Podeis fa-
zer jejuar os convidados para o
casamento enquanto o noivo está
com eles?
35 Dias virão, porém, em que o
noivo se ausentará, e então, na-
queles dias, jejuarão.
36 Disse-lhes esta parábola:
Ninguém tira um pedaço de uma
roupa nova e o costura numa rou-
pa velha. Se fizer isso, romperá
a nova e o remendo não se ajus-
tará com a velha.
37 E ninguém põe vinho novo em
recipientes de couro velhos. Se fi-
zer isso, o vinho novo romperá os
recipientes, será derramado, e os
recipientes se estragarão.
38 O vinho novo, porém, deve ser
colocado em recipientes de cou-
ro novos, e ambos juntamente se
conservam.
39 E ninguém, tendo bebido o vi-
nho velho, prefere o novo, pois
diz: O velho é melhor.

Jesus é senhor do sábado

Mt 12:1-8; Mc 2:23-28

6 Num sábado, Jesus passou pe-
las searas, e os seus discípulos
iam arrancando espigas e, debu-
lhando-as com as mãos, as comiam.
2 Alguns dos fariseus lhes dis-
seram: Por que fazeis o que não
é permitido fazer nos sábados?
3 Respondeu-lhes Jesus: Nunca
lestes o que fez Davi quando teve
fome, ele e os que com ele estavam?
4 Como entrou na casa de Deus,
tomou e comeu os pães da pro-
posição, que somente aos sacer-
dotes era permitido comer, e os
deu também aos que estavam
com ele?
5 Então Jesus lhes disse: O Filho
do homem é senhor até do sábado.

A cura do homem que tinha uma das mãos atrofiada

Mt 12:9-14; Mc 3:1-6

6 Em outro sábado, entrou na si-
nagoga e estava ensinando. Havia
ali um homem cuja mão direita
estava atrofiada.
7 Os mestres da lei e os fariseus
observavam Jesus para ver se
curaria o homem no sábado, a
fim de acharem de que o acusar.
8 Ele, porém, lhes conhecia os pen-
samentos e disse ao homem que
tinha a mão atrofiada: Levanta-
-te e fica em pé aqui no meio. E,
levantando-se ele, ficou em pé.
9 Então Jesus lhes disse: Que vos
parece? É permitido no sábado fa-
zer o bem ou fazer o mal? Salvar
a vida ou destruí-la?
10 Olhando para todos em re-
dor, disse ao homem: Estende a

tua mão. Ele assim o fez, e a mão
lhe foi restaurada ficando perfeita como a outra.
11 Ficaram cheios de ódio, e uns
com os outros discutiam sobre o
que fariam a Jesus.

A eleição dos Doze

Mt 10:1-4; Mc 3:13-19

12 Naqueles dias, Jesus subiu ao
monte para orar e passou a noite em oração a Deus.
13 Ao amanhecer, chamou os
discípulos e escolheu doze dentre eles, a quem também deu o
nome de apóstolos:
14 Simão, a quem chamou Pedro;
André, seu irmão; Tiago e João;
Filipe e Bartolomeu;
15 Mateus e Tomé; Tiago, filho de
Alfeu, e Simão, chamado Zelote;
16 Judas, filho de Tiago, e Judas
Iscariotes, que foi o traidor.

O Sermão da Montanha

Mt 5:1—7:29

17 Descendo com eles, parou num
lugar plano, onde se encontrava grande número de discípulos
seus e grande multidão de toda
a Judeia, de Jerusalém e do litoral de Tiro e de Sidom,
18 os quais tinham vindo para o
ouvir e serem curados das suas
enfermidades. Os que eram atormentados por espíritos imundos
eram curados.
19 E toda a multidão procurava
tocar nele, porque saía dele poder, e curava a todos.
20 Olhando para os discípulos, disse:
Bem-aventurados vós,
os pobres,
pois vosso é o Reino de Deus.
21 Bem-aventurados vós,
que agora tendes fome,
pois sereis fartos.
Bem-aventurados vós,
que agora chorais,
pois haveis de rir.
22 Bem-aventurados sereis
quando os homens vos
odiarem,
quando vos expulsarem,
vos injuriarem
e rejeitarem o vosso nome
como sendo mau,
por causa do Filho
do homem.
23 Alegrai-vos nesse dia e exultai,
porque grande é a vossa recompensa no céu. Pois assim fizeram
os seus pais aos profetas.
24 Ai de vós, os ricos,
pois já tendes a vossa
consolação.
25 Ai de vós, os que estais fartos,
pois tereis fome.
Ai de vós, os que agora rides,
pois vos lamentareis e
chorareis.
26 Ai de vós, quando todos
os homens
de vós disserem bem,
pois assim faziam seus pais
aos falsos profetas.

A nova lei do amor

Mt 5:43-48

27 Eu, porém, digo a vós, que me
ouvis: Amai vossos inimigos, fazei bem aos que vos odeiam,
28 bendizei os que vos maldizem,
orai pelos que vos caluniam.
29 Ao que te ferir numa face, oferece-lhe também a outra. Ao que
tirar a tua capa, deixe que leve
também a túnica.
30 Dá a qualquer que te pedir, e
ao que pegar o que é teu não o peças de volta.
31 Como vós quereis que os homens vos façam, da mesma maneira fazei-lhes vós também.

32 Se amardes os que vos amam,
que recompensa tereis? Até os pe-
cadores amam os que os amam.
33 Se fizerdes o bem aos que vos fa-
zem o bem, que recompensa tereis?
Até os pecadores fazem o mesmo.
34 Se emprestardes àqueles de
quem esperais tornar a receber,
que recompensa tereis? Até os
pecadores emprestam aos peca-
dores, para tornarem a receber
outro tanto.
35 Ao contrário, amai os vossos
inimigos, fazei o bem, emprestai,
sem nada esperardes. Então será
grande a vossa recompensa, e se-
reis filhos do Altíssimo, porque
ele é benigno até para com os in-
gratos e maus.
36 Sede misericordiosos, assim
como o vosso Pai é misericordioso.
37 Não julgueis, e não sereis jul-
gados. Não condeneis, e não se-
reis condenados. Perdoai, e vos
perdoarão.
38 Dai, e vos será dado. Boa me-
dida, recalcada, sacudida e trans-
bordante generosamente vos da-
rão. Pois com a mesma medida
com que medirdes vos medirão
também.
39 Disse-lhes uma parábola: Pode
um cego guiar outro cego? Não
cairão ambos no buraco?
40 O discípulo não é superior a
seu mestre, mas todo aquele que
for bem instruído será como o
seu mestre.
41 Por que olhas para o cisco que
está no olho do teu irmão e não
reparas na trave que está no teu
próprio olho?
42 Ou como podes dizer a teu ir-
mão: *Irmão, deixa-me tirar* o cis-
co que está no teu olho, não ven-
do tu mesmo a trave que está no
teu olho? Hipócrita, primeiro tira
a trave do teu olho, e então verás
bem para tirar o cisco que está no
olho do teu irmão.
43 Não há boa árvore que dê mau
fruto, nem má árvore que dê fru-
to bom.
44 Cada árvore é conhecida pelo
seu próprio fruto. Não se colhem
figos dos espinheiros, nem uvas
das ervas daninhas.
45 O homem bom do bom tesou-
ro do seu coração tira o bem, e o
homem mau, do mau tesouro do
seu coração tira o mal. Pois do que
está cheio o coração, fala a boca.

Os dois fundamentos

Mt 7:24-27

46 Por que me chamais, Senhor,
Senhor, e não fazeis o que eu mando?
47 A qualquer que vem a mim,
ouve as minhas palavras e as
pratica, eu mostrarei a quem é
semelhante.
48 É semelhante ao homem que
construiu uma casa, cavou bem
fundo e lançou os alicerces sobre
a rocha. Vindo a enchente, bateu
com força contra aquela casa e
não a pôde abalar, porque estava
construída sobre a rocha.
49 O que, porém, ouve e não pra-
tica é semelhante ao homem que
construiu uma casa sobre a terra,
sem alicerces. Quando a corren-
te bateu com força contra aque-
la casa, ela logo caiu, e foi com-
pleta a sua destruição.

O centurião de Cafarnaum

Mt 8:5-13

7 Ao concluir todas essas pala-
vras perante o povo, Jesus en-
trou em Cafarnaum.
2 O servo de certo centurião, a
quem este muito estimava, esta-
va doente, à beira da morte.

3 Quando o centurião ouviu fa-
lar a respeito de Jesus, enviou-
-lhe uns líderes religiosos dos
judeus, pedindo-lhe que viesse
curar seu servo.
4 Chegando eles a Jesus, roga-
ram-lhe muito, dizendo: É justo
que lhe faças isso,
5 porque ama a nossa nação, e ele
mesmo construiu nossa sinagoga.
6 Então Jesus foi com eles. Ao
chegar perto da casa, enviou-lhe
o centurião uns amigos para lhe
dizer: Senhor, não te incomodes,
pois não sou digno de que entres
em minha casa.
7 Por isso, não me achei digno de ir
ter contigo. Dize, porém, uma pa-
lavra, e o meu servo será curado.
8 Pois também eu sou homem de
autoridade e tenho soldados sob
meu comando e digo a este: Vai, e
ele vai; e a outro: Vem, e ele vem. Ao
meu servo digo: Faze isto, e ele o faz.
9 Ouvindo isto, Jesus se maravi-
lhou dele e, voltando-se, disse à
multidão que o seguia: Digo-vos
que nem em Israel achei tanta fé.
10 Quando voltaram para casa
os que foram enviados, acharam
curado o servo.

O filho da viúva de Naim

11 Logo depois, Jesus foi a uma
cidade chamada Naim, e com ele
iam muitos dos seus discípulos e
uma grande multidão.
12 Quando chegou perto da por-
ta da cidade, eis que saía o enter-
ro do filho único de uma viúva.
E com ela ia uma grande multi-
dão da cidade.
13 Ao vê-la, o Senhor sentiu gran-
de compaixão por ela e lhe disse:
Não chores.
14 Chegando-se, colocou a mão
no caixão e, parando os que
levavam, disse: Jovem, a ti te digo:
Levanta-te.
15 O rapaz assentou-se e come-
çou a falar, e Jesus o entregou à
sua mãe.
16 Todos ficaram cheios de te-
mor e glorificavam a Deus, di-
zendo: Um grande profeta se le-
vantou entre nós, e Deus visitou
o seu povo.
17 Correu dele esta fama por
toda a Judeia e por toda a região
ao redor.

João envia dois discípulos a Jesus

Mt 11:1-19

18 Os discípulos de João conta-
ram-lhe todas estas coisas.
19 João, chamando dois discípu-
los, enviou-os a Jesus, dizendo: És
tu aquele que havia de vir, ou ha-
vemos de esperar outro?
20 Quando aqueles homens che-
garam a Jesus, disseram: João
Batista enviou-nos a perguntar-
-te: És tu aquele que havia de vir,
ou havemos de esperar outro?
21 Na mesma hora Jesus curou
a muitos de enfermidades, males
e espíritos malignos, e deu vista
a muitos cegos.
22 Então lhes respondeu: Ide, e
contai a João o que tendes visto
e ouvido: os cegos veem, os coxos
andam, os leprosos são purifica-
dos, os surdos ouvem, os mortos
são ressuscitados e aos pobres é
anunciado o evangelho.

Jesus testifica de João Batista

Mt 11:7-19

23 Bem-aventurado é aquele que
em mim não se escandalizar.
24 Tendo-se retirado os mensa-
geiros de João, Jesus começou a
dizer à multidão acerca de João:

Que saístes a ver no deserto? Um
caniço agitado pelo vento?
25 Que saístes a ver? Um homem
trajado de roupas finas? Não, os
que andam com preciosas roupas
e vivem no luxo estão nos palá-
cios reais.
26 Mas que saístes a ver? Um pro-
feta? Sim, vos digo, e muito mais
do que profeta.
27 Este é aquele de quem está
escrito:
Envio o meu anjo à tua frente,
o qual preparará diante de ti
o teu caminho.
28 Eu vos digo que, entre os nas-
cidos de mulher, não há maior
profeta do que João Batista; mas
o menor no Reino de Deus é maior
do que ele.
29 Todo o povo que o ouviu, e até
os cobradores de impostos, reco-
nheceram a justiça de Deus, ten-
do sido batizados com o batismo
de João.
30 Os fariseus e os mestres da
Lei, porém, rejeitaram o conse-
lho de Deus quanto a si mesmos,
não tendo sido batizados por ele.
31 A quem, pois, compararei os
homens desta geração, e a quem
são semelhantes?
32 São como crianças que, assen-
tadas nas praças, gritam umas
às outras:
Tocamo-vos flauta,
e não dançastes;
cantamos lamentações,
e não chorastes.
33 Pois veio João Batista, que não
comia pão nem bebia vinho, e di-
zeis: Tem demônio.
34 Veio o Filho do homem, que
come e bebe, e dizeis: Eis um co-
milão e bebedor de vinho, ami-
go dos cobradores de impostos e
dos pecadores.
35 A sabedoria, porém, é com-
provada por todos os seus filhos.

A pecadora que ungiu os pés de Jesus

36 Convidou-lhe um dos fariseus
que comesse com ele. Entrando
na casa do fariseu, Jesus tomou
lugar à mesa.
37 Certa mulher da cidade, uma
pecadora, sabendo que ele esta-
va à mesa na casa do fariseu, le-
vou um vaso de alabastro com
perfume,
38 e, estando atrás de Jesus, aos
seus pés, chorando, molhava-os
com suas lágrimas. Então os en-
xugava com os próprios cabe-
los, beijava-os e os ungia com o
perfume.
39 Quando o fariseu que o tinha
convidado viu isso, disse consi-
go mesmo: Se este fosse profeta,
saberia quem e qual é a mulher
que tocou nele, pois é pecadora.
40 Disse Jesus ao fariseu: Simão,
uma coisa tenho a dizer-te.
Respondeu ele: Dize-a, Mestre.
41 Certo credor tinha dois deve-
dores. Um lhe devia quinhentos
denários, e o outro cinquenta.
42 Não tendo eles com que pagar,
perdoou-lhes a ambos. Ora, qual
deles o amará mais?
43 Respondeu-lhe Simão: Tenho
para mim que é aquele a quem
mais perdoou. Disse-lhe Jesus:
Julgaste bem.
44 Então voltando-se para a mulher,
disse a Simão: Vês tu esta mulher?
Entrei em tua casa, e não me deste
água para os pés; esta, porém, mo-
lhou com lágrimas os meus pés e
os enxugou com os seus cabelos.
45 Não me deste um beijo, mas
ela, desde que entrou, não parou
de me beijar os pés.

46 Não me ungiste a cabeça com
óleo, mas esta me ungiu os pés
com perfume.
47 Por isso, te digo que os seus mui-
tos pecados lhe são perdoados, pois
muito amou. Mas aquele a quem
pouco é perdoado, pouco ama.
48 Então Jesus disse à mulher:
Os teus pecados te são perdoados.
49 Os que estavam à mesa co-
meçaram a dizer entre si: Quem
é este que até perdoa pecados?
50 Jesus disse à mulher: A tua fé
te salvou; vai-te em paz.

As mulheres que serviram a Jesus com os seus bens

8 Depois disto andava Jesus de
cidade em cidade e de aldeia
em aldeia, pregando e anuncian-
do o evangelho do Reino de Deus.
Os Doze iam com ele
2 e também algumas mulheres que
foram curadas de espíritos ma-
lignos e de enfermidades: Maria,
chamada Madalena, da qual saí-
ram sete demônios;
3 Joana, mulher de Cuza, procu-
rador de Herodes; Susana, e mui-
tas outras, as quais o serviam com
os seus bens.

A parábola do semeador

Mt 13:1-23; Mc 4:1-9

4 Ajuntando-se grande multidão,
e vindo ter com ele gente de todas
as cidades, falou por parábolas:
5 Um semeador saiu a semear a sua
semente. Quando semeava, uma
parte caiu à beira do caminho, foi
pisada e as aves do céu a comeram.
6 Outra caiu sobre a pedra e, nas-
cida, secou, porque não tinha
umidade.
7 Outra caiu entre espinhos e,
crescendo com ela os espinhos,
a sufocaram.
8 Outra caiu em boa terra e, nas-
cida, produziu fruto, a cem por
um. Tendo dito ele estas coisas,
clamou: Quem tem ouvidos para
ouvir, ouça.
9 Os seus discípulos pergunta-
ram o que ele queria dizer com
essa parábola.
10 Ele lhes disse: A vós é dado co-
nhecer os mistérios do Reino de
Deus, mas aos outros fala-se por
parábolas, para que,
  vendo, não vejam
    e, ouvindo, não entendam.
11 Esta é a parábola: A semente
é a palavra de Deus.
12 Os que estão à beira do cami-
nho são os que ouvem; depois
vem o Diabo e tira-lhes do cora-
ção a palavra, para que não se
salvem, ao crer.
13 Os que estão sobre pedra são
os que, ouvindo a palavra, a re-
cebem com alegria, mas, como
não têm raiz, apenas creem por
algum tempo e na hora da prova-
ção se desviam.
14 A que caiu entre espinhos são
os que ouviram e, com o passar
dos dias, são sufocados com preo-
cupações, riquezas e prazeres da
vida, e seus frutos não chegam a
amadurecer.
15 A que caiu em boa terra são
os que, ouvindo a palavra, a re-
têm num coração honesto e bom
e dão fruto com perseverança.

A parábola da candeia

Mc 4:21-25

16 Ninguém, acendendo uma can-
deia, a cobre com algum vaso ou
a põe debaixo da cama. Antes, co-
loca-a no lugar apropriado, para
que os que entram vejam a luz.
17 Pois não há coisa oculta que
não seja revelada, nem escondida

que não venha a ser conhecida e
trazida à luz.
18 Portanto, vede como ouvis. A
qualquer que tiver, lhe será dado;
e a qualquer que não tiver, até o
que parece ter lhe será tirado.

A família de Jesus

Mt 12:46-50; Mc 3:31-35

19 Foram ter com ele sua mãe e
seus irmãos e não podiam aproximar-se dele por causa da multidão.
20 Foi-lhe dito: Tua mãe e teus irmãos estão lá fora e querem ver-te.
21 Respondeu ele: Minha mãe e
meus irmãos são aqueles que ouvem a palavra de Deus e a praticam.

Jesus acalma a tempestade

Mt 8:23-27; Mc 4:35-41

22 Certo dia, entrou num barco
com seus discípulos e disse-lhes:
Passemos para o outro lado do
lago. E partiram.
23 Enquanto navegavam, Jesus
adormeceu. Sobreveio uma tempestade de vento no lago, e o barco se enchia de água e eles corriam perigo.
24 Chegando-se a ele, despertaram-no, dizendo: Mestre, Mestre,
vamos morrer! Ele se levantou, repreendeu o vento e a fúria da água;
tudo se acalmou, e fez-se bonança.
25 Então lhes perguntou: Onde
está a vossa fé? Eles, temendo,
maravilharam-se, dizendo uns
aos outros: Quem é este, que até
os ventos e a água lhe obedecem?

O endemoninhado geraseno

Mt 8:28-33; Mc 5:1-14

26 Navegaram para a região dos
gerasenos, que está de frente da
Galileia.
27 Quando Jesus pisou em terra, saiu-lhe ao encontro, vindo
da cidade, um homem que desde muito tempo estava possesso de demônios e não andava vestido, nem habitava em qualquer
casa, mas nos sepulcros.
28 Vendo Jesus, prostrou-se
diante dele, exclamando e dizendo em alta voz: Que tenho
eu contigo, Jesus, Filho do Deus
Altíssimo? Peço-te que não me
atormentes.
29 Pois Jesus tinha ordenado ao
espírito imundo que saísse do homem. Já havia muito tempo que
se apossava dele e, embora o mantivesse preso com correntes e cadeias, quebrava as prisões e era levado pelo demônio para o deserto.
30 Perguntou-lhe Jesus: Qual é o
teu nome? Respondeu ele: Legião,
porque tinham entrado nele muitos demônios.
31 Suplicavam-lhe que não os
mandasse para o abismo.
32 Andava ali pastando no monte
uma grande manada de porcos.
Suplicaram-lhe os demônios que
lhes deixasse entrar neles. Jesus
o permitiu.
33 Tendo saído do homem, os demônios entraram nos porcos, e a
manada atirou-se no precipício
em direção ao lago e se afogou.
34 Aqueles que guardavam os porcos, vendo o que havia acontecido, fugiram e foram contar essas
coisas na cidade e nos campos.
35 E saíram para ver o que tinha
acontecido e se aproximaram de
Jesus. Acharam então o homem,
de quem haviam saído os demônios, vestido, e em perfeito juízo, assentado aos pés de Jesus;
e temeram.
36 Os que tinham visto tudo isso
contaram-lhes como fora liberto
o endemoninhado.

37 Então toda a multidão dos ar-
redores dos gerasenos pediu-lhe
que se retirasse deles, porque es-
tavam possuídos de grande temor.
Entrando ele no barco, voltou.
38 O homem de quem haviam
saído os demônios suplicou-lhe
que o deixasse estar com ele, mas
Jesus o despediu, dizendo:
39 Volta para casa e conta quão
grandes coisas Deus fez por ti.
E ele foi anunciando por toda a
cidade quão grandes coisas Jesus
lhe tinha feito.

A filha de Jairo. A mulher hemorrágica

Mc 5:21-43; Mc 5:21-34

40 Quando Jesus voltou, a mul-
tidão o recebeu, pois todos o es-
tavam esperando.
41 Um homem chamado Jairo,
chefe da sinagoga, chegou e pros-
trou-se aos pés de Jesus, rogan-
do-lhe que entrasse em sua casa,
42 porque tinha uma filha única
de quase doze anos que estava à
beira da morte. E, indo ele, aper-
tava-o a multidão.
43 Certa mulher, que tinha uma
hemorragia havia doze anos e gas-
tara com os médicos tudo o que ti-
nha, mas ninguém pudera curá-la,
44 chegando por trás dele, tocou
na borda da sua roupa, e logo pa-
rou a hemorragia.
45 Disse Jesus: Quem tocou em
mim? E, negando todos, disse
Pedro e os que estavam com ele:
Mestre, a multidão te aperta e te
comprime, e dizes: Quem tocou
em mim?
46 Disse Jesus: Alguém tocou em
mim; senti que de mim saiu poder.
47 Então, vendo a mulher que
não podia esconder-se, aproxi-
mou-se tremendo e, prostrando-se
diante dele, declarou-lhe diante
de todo o povo por que havia toca-
do nele e como logo fora curada.
48 Então ele lhe disse: Tem bom
ânimo, filha, a tua fé te curou.
Vai-te em paz.

Jesus ressuscita a filha de Jairo

Mt 9:23-26; Mc 5:35-43

49 Quando ele ainda falava, che-
gou alguém da casa de um dos
dirigentes da sinagoga e disse:
A tua filha está morta, não inco-
modes o Mestre.
50 Jesus, porém, ouvindo isso,
respondeu-lhe: Não temas; crê
somente, e ela será curada.
51 Chegando à casa, a ninguém
deixou entrar, exceto Pedro, Tiago,
João, bem como o pai e a mãe da
menina.
52 Todos choravam e se lamenta-
vam. Ele disse: Não choreis. Ela
não está morta, mas dorme.
53 E riam-se dele, pois sabiam
que ela estava morta.
54 Ele, porém, pegando-a pela
mão, disse: Levanta-te, menina.
55 O seu espírito voltou, e ela logo
se levantou, e Jesus mandou que
lhe dessem de comer.
56 Seus pais ficaram maravilha-
dos, mas ele lhes mandou que a
ninguém dissessem o que havia
acontecido.

A missão dos Doze

Mt 10:1,5-15; Mc 6:7-13

9 Jesus convocou os Doze discí-
pulos e deu-lhes poder e auto-
ridade sobre todos os demônios
e para que curassem as doenças.
2 Então os enviou a pregar o Reino
de Deus e a curar os doentes.
3 Disse-lhes: Nada leveis convos-
co para o caminho, nem bordões,
nem sacolas de viagem, nem pão,

nem dinheiro, nem leveis duas
túnicas.
4 Na casa em que entrardes, ali
permanecei, até sairdes daque-
la cidade.
5 Quanto à cidade que não vos
receber, saindo dali, sacudi o pó
dos vossos pés como testemunho
contra eles.
6 Saindo eles, percorreram todas
as aldeias, anunciando o evange-
lho e fazendo curas por toda parte.

Herodes e João Batista

Mt 14:1-12; Mc 6:14-29

7 O tetrarca Herodes ouviu tudo
o que se passava. E estava perple-
xo, porque diziam alguns que João
ressuscitara dentre os mortos,
8 outros que Elias tinha apareci-
do, e ainda outros que um profeta
antigo havia ressuscitado.
9 Disse Herodes: A João mandei
decapitar. Quem é, pois, este de
quem ouço dizer tais coisas? E
queria vê-lo.

A primeira multiplicação dos pães

Mt 14:13-21; Mc 6:30-44; Jo 6:1-14

10 Ao retornarem, os apóstolos
contaram-lhe tudo o que tinham
feito. Tomando-os consigo, reti-
rou-se para um lugar deserto, a
uma cidade chamada Betsaida,
11 mas, sabendo-o as multidões,
seguiram-no. Ele os recebeu, e fa-
lava-lhes do Reino de Deus; tam-
bém curava os que necessitavam
de cura.
12 O dia começava a escurecer.
Aproximando-se dele os Doze,
disseram: Manda embora a mul-
tidão, para que, indo aos lugares
e aldeias em redor, se hospedem
e achem o que comer, porque es-
tamos em lugar deserto.
13 Ele lhes disse: Dai-lhes vós de
comer. Responderam eles: Temos
apenas cinco pães e dois peixes, ex-
ceto se nós próprios formos com-
prar comida para todo este povo.
14 Estavam ali cerca de cinco mil
homens. Disse então aos seus dis-
cípulos: Fazei-os assentar em gru-
pos de cinquenta.
15 Assim o fizeram, acomodan-
do a todos.
16 Tomando os cinco pães e os
dois peixes, olhando para o céu,
ele os abençoou, partiu e deu aos
discípulos para que os distribuís-
sem à multidão.
17 Todos comeram e se fartaram,
e recolheram, do que sobrou, doze
cestos de pedaços.

A confissão de Pedro

Mt 16:13-23; Mc 8:27-33

18 Estando ele orando, em parti-
cular, estavam com ele os discí-
pulos, a quem perguntou: Quem
diz a multidão que eu sou?
19 Responderam eles: João Batista;
outros, Elias; e outros, que um
dos antigos profetas ressuscitou.
20 Perguntou-lhes: E vós, quem
dizeis que eu sou? Respondeu
Pedro: O Cristo de Deus.
21 E, advertindo-os, mandou que
a ninguém contassem isso,
22 dizendo: É necessário que o
Filho do homem sofra muitas coi-
sas, e seja rejeitado pelos líderes
religiosos, pelos principais sacer-
dotes e mestres da lei, seja morto
e ressuscite no terceiro dia.

Cada um deve levar a sua cruz

Mt 16:24-28; Mc 8:34-9:1

23 Então disse a todos: Se alguém
quer vir após mim, negue-se a si
mesmo, tome diariamente a sua
cruz e siga-me.

24 Pois qualquer que quiser salvar
a sua vida a perderá, mas qual-
quer que, por minha causa, per-
der a sua vida a salvará.
25 Que adianta ao homem ga-
nhar o mundo todo, perdendo-se
ou prejudicando-se a si mesmo?
26 Qualquer que de mim e das
minhas palavras se envergonhar,
dele se envergonhará o Filho do
homem, quando vier na sua gló-
ria e na do Pai e dos santos anjos.
27 Em verdade vos digo que, dos
que aqui estão, alguns há que não
provarão a morte até que vejam
o Reino de Deus.

A transfiguração

Mt 17:1-8; Mc 9:2-8

28 Cerca de oito dias depois des-
sas palavras, tomou consigo Pedro,
João e Tiago e subiu ao monte
para orar.
29 Estando ele orando, transfor-
mou-se a aparência do seu rosto,
e suas roupas ficaram brancas e
resplandecentes.
30 Estavam falando com ele dois
homens, Moisés e Elias,
31 os quais apareceram em glória,
e falavam da sua morte, a qual ha-
via de cumprir-se em Jerusalém.
32 Pedro e os que se achavam com
ele estavam com muito sono, mas,
quando despertaram, viram a sua
glória e aqueles dois homens que
estavam com ele.
33 Quando estes se afastavam dele,
disse Pedro a Jesus: Mestre, bom é
que nós estejamos aqui. Façamos
três tendas: uma para ti, uma para
Moisés e uma para Elias. Ele não
sabia o que estava dizendo.
34 Enquanto ele dizia isto, veio
uma nuvem e os cobriu com a
sua sombra e, entrando eles na
nuvem, temeram.
35 Saiu da nuvem uma voz, que
dizia: Este é o meu amado Filho;
a ele ouvi.
36 Tendo ouvido aquela voz, Jesus
se achou só. Seus discípulos se
calaram, e por aqueles dias não
contaram a ninguém nada do que
tinham visto.

A cura de um jovem possesso

Mt 17:14-21; Mc 9:14-29

37 No dia seguinte, quando des-
ceram do monte, saiu-lhes ao en-
contro grande multidão.
38 Um homem dentre a multidão
clamou: Mestre, peço-te que ve-
jas meu filho, pois é o único que
eu tenho.
39 Um espírito o toma, e de re-
pente grita, e ele tem convulsões
até espumar. Só o larga depois de
o ter machucado.
40 Pedi a teus discípulos que o
expulsassem, mas não puderam.
41 Respondeu Jesus: Ó geração
incrédula e perversa! Até quan-
do estarei convosco e vos supor-
tarei? Traze-me o teu filho.
42 Quando o menino vinha che-
gando, o demônio o derrubou
e convulsionou. Jesus, porém,
repreendeu o espírito imundo,
curou o menino e o entregou a
seu pai.
43 E todos ficaram admirados
com a grandeza de Deus. E, ma-
ravilhando-se todos de todas as
coisas que Jesus fazia, disse aos
seus discípulos:
44 Abri bem os vossos ouvidos
a estas palavras: O Filho do ho-
mem será entregue nas mãos dos
homens.
45 Eles, porém, não entendiam
isso, que lhes era omitido para
que não o compreendessem, e te-
miam interrogá-lo a esse respeito.

O maior no Reino dos céus

Mt 18:1-5; Mc 9:33-37

46 Levantou-se entre eles uma
discussão sobre qual deles se-
ria o maior.
47 Jesus, porém, conhecendo o
pensamento de seus corações,
pegou uma criança, colocou-a
junto de si
48 e lhes disse: Qualquer que re-
ceber esta criança em meu nome,
recebe a mim; e qualquer que me
recebe, recebe o que me enviou.
Pois aquele que entre vós todos
for o menor, esse será o maior.

Quem não é contra nós é por nós

Mc 9:38-41

49 João disse: Mestre, vimos
um homem que em teu nome ex-
pulsava demônios, e nós o proi-
bimos de fazer isso porque não
anda conosco.
50 Jesus lhe disse: Não o proi-
bais, pois quem não é contra vós
é por vós.

Os samaritanos não recebem a Jesus

51 Completando-se os dias para
sua ascensão, Jesus manifes-
tou o firme propósito de ir para
Jerusalém.
52 Mandou mensageiros à sua
frente, os quais entraram numa
aldeia de samaritanos, para lhe
prepararem pousada;
53 mas não o receberam, porque
viram que ele ia para Jerusalém.
54 Os discípulos Tiago e João,
vendo isso, perguntaram: Senhor,
queres que mandemos que des-
ça fogo do céu e os destrua, as-
sim como fez Elias?
55 Mas Jesus voltou-se, repreen-
deu-os e disse: Vós não sabeis de
que espírito sois,
56 pois o Filho do homem não
veio para destruir as almas dos
homens, mas para salvá-las. E fo-
ram para outra aldeia.

Acerca dos que seguem a Jesus

Mt 8:19-22

57 Indo eles pelo caminho, al-
guém lhe disse: Senhor, te se-
guirei para onde quer que fores.
58 Respondeu-lhe Jesus: As ra-
posas têm tocas, e as aves do céu
ninhos, mas o Filho do homem
não tem onde descansar a cabeça.
59 Disse a outro: Segue-me. Mas
ele respondeu: Senhor, deixa que
primeiro eu vá enterrar meu pai.
60 Respondeu Jesus: Deixa para
os mortos o enterrar os seus mor-
tos; tu, porém, vai e anuncia o
Reino de Deus.
61 Disse também outro: Senhor,
eu te seguirei, mas deixa-me pri-
meiro despedir-me dos que estão
em minha casa.
62 Jesus lhe disse: Ninguém que
lança mão do arado e olha para
trás é apto para o Reino de Deus.

A missão dos setenta

10 Depois disso designou o
Senhor ainda outros seten-
ta e mandou-os à sua frente, de
dois em dois, a todas as cidades
e lugares aonde ele iria.
2 Disselhes: Grande é a colheita,
mas os breiros são poucos. Rogai,
pois, a Senhor da colheita que
envie oreiros para a sua seara.
3 Ide. u vos envio como cordei-
ros aoneio de lobos.
4 Não veis bolsa, nem sacola de
viager nem sandálias; e a nin-
guém udeis pelo caminho.
5 Quaro entrardes numa casa, di-
zei prieiro: Paz seja nesta casa.

6 Se ali houver algum filho da
paz, repousará sobre ele a vos-
sa paz; se não, voltará para vós.
7 Ficai na mesma casa, comendo e
bebendo do que eles tiverem, pois
digno é o trabalhador do seu salá-
rio. Não andeis de casa em casa.
8 Quando entrardes numa cida-
de, e vos receberem, comei do que
vos oferecerem.
9 Curai os enfermos que nela hou-
ver e dizei-lhes: É chegado a vós
o Reino de Deus.
10 Quando, porém, entrardes
numa cidade e não vos recebe-
rem, saindo por suas ruas, dizei:
11 Até o pó que da vossa cidade se
nos pegou sacudimos sobre vós.
Sabei, contudo, que já o Reino de
Deus é chegado a vós.
12 Digo-vos que mais tolerância
haverá naquele dia para Sodoma
do que para aquela cidade.
13 Ai de ti, Corazim! Ai de ti,
Betsaida! Pois se em Tiro e Sidom
se tivessem realizado as maravi-
lhas que em vós foram feitas, há
muito, vestidas em saco e cinza,
elas se teriam arrependido.
14 Portanto, para Tiro e Sidom
haverá menos rigor no juízo do
que para vós.
15 E tu, Cafarnaum, serás levan-
tada até ao céu? Até ao inferno
descerás!
16 Quem vos ouve, a mim me
ouve; quem vos rejeita, a mim
me rejeita; mas quem me rejei-
ta, rejeita aquele que me enviou.
17 Voltaram os setenta com ale-
gria, dizendo: Senhor, pelo teu
nome, até os demônios se sub-
metem a nós.
18 Disse-lhes Jesus: Eu vi Satanás
como raio cair do céu.
19 Eu vos dei autoridade para pi-
sar serpentes e escorpiões e toda
a força do inimigo, e nada vos fará
dano algum.
20 Mas não vos alegreis porque
os espíritos se vos submetem;
alegrai-vos antes por estarem os
vossos nomes escritos nos céus.
21 Naquela mesma hora alegrou-
-se Jesus no Espírito Santo e dis-
se: Graças te dou, ó Pai, Senhor
do céu e da terra, que escondes-
te estas coisas aos sábios e inte-
ligentes e as revelaste às crian-
cinhas. Assim é, ó Pai, porque
assim o quis.
22 Tudo me foi entregue por meu
Pai. Ninguém sabe quem é o Filho
senão o Pai, nem quem é o Pai
senão o Filho e aquele a quem o
Filho o quiser revelar.
23 Voltando-se para os discípu-
los, disse-lhes em particular: Bem-
-aventurados os olhos que veem
o que vós vedes.
24 Digo-vos, pois, que muitos pro-
fetas e reis desejaram ver o que
vedes, e não o viram, e ouvir o
que ouvis, e não o ouviram.

A parábola do bom samaritano

25 Levantou-se certo mestre da
Lei e, querendo provar Jesus, per-
guntou-lhe: Mestre, que farei para
herdar a vida eterna?
26 Jesus lhe respondeu: O que
está escrito na lei? Como lês?
27 Respondeu-lhe o homem: Amarás
ao Senhor, o teu Deus, de todo o
teu coração, de toda a tua alma,
de todas as tuas forças e de todo
o teu entendimento, e ao teu pró-
ximo como a ti mesmo.
28 Então Jesus lhe disse:
Respondeste bem. Faze isto e vi-
verás.
29 Ele, porém, querendo justificar-
-se a si mesmo, disse a Jesus:
E quem é o meu próximo?

30 Respondeu-lhe Jesus: Descia
um homem de Jerusalém para
Jericó e caiu nas mãos dos as-
saltantes, os quais o roubaram e,
espancando-o, se retiraram, dei-
xando-o meio morto.
31 Casualmente descia pelo mes-
mo caminho certo sacerdote que,
vendo-o, passou distante.
32 De igual modo, também um le-
vita chegou àquele lugar e, ven-
do-o, passou distante.
33 Um samaritano, porém, que
ia de viagem, chegou perto dele,
viu-o e moveu-se de compaixão.
34 Aproximando-se, enfaixou-lhe
as feridas, colocando-lhes azeite e
vinho. Então, colocando-o sobre
a sua cavalgadura, levou-o para
uma hospedaria e cuidou dele.
35 Partindo no outro dia, tirou
dois denários, deu-os ao hospe-
deiro, e disse-lhe: Cuida dele, e
tudo o que de mais gastares com
ele eu te pagarei quando voltar.
36 Qual destes três te parece que
foi o próximo daquele que caiu
nas mãos dos assaltantes?
37 Ele disse: O que usou de mise-
ricórdia para com ele. Disse Jesus:
Vai, e faze da mesma maneira.

Marta e Maria

38 Indo eles no caminho, entrou
numa aldeia. E certa mulher, por
nome Marta, o recebeu em sua casa.
39 Tinha esta uma irmã chamada
Maria, a qual, assentando-se aos
pés de Jesus, ouvia a sua palavra.
40 Marta, porém, andava ocupada
com muitos serviços e aproximan-
do-se disse: Senhor, não te impor-
tas de que minha irmã me deixe
servir só? Dize-lhe que me ajude.
41 Respondeu-lhe Jesus: Marta,
Marta, estás ansiosa e preocupa-
da com muitas coisas,
42 mas uma só é necessária. Maria
escolheu a boa parte, a qual não
lhe será tirada.

A oração dominical

Mt 6:9-15

11 Um dia Jesus estava oran-
do em certo lugar. Quando
acabou, disse-lhe um dos seus
discípulos: Senhor, ensina-nos
a orar, como também João ensi-
nou aos seus discípulos.
2 Ele lhes disse: Quando orardes,
dizei:
Pai,
santificado seja o teu nome,
venha o teu reino.
3 Dá-nos cada dia o nosso
pão cotidiano.
4 Perdoa-nos os nossos pecados,
pois também nós
perdoamos a qualquer
que nos deve.
E não nos deixes cair
em tentação,
mas livra-nos do mal.

A parábola do amigo importuno

5 Então ele lhes disse: Qual de vós
terá um amigo e se este for pro-
curá-lo à meia-noite e lhe disser:
Amigo empresta-me três pães,
6 porque um meu amigo chegou
de viagem à minha casa, e não
tenho o que lhe servir.
7 Se ele, respondendo de dentro,
disser: Não me incomodes, a por-
ta já está fechada, e os meus fi-
lhos estão comigo na cama. Não
posso levantar-me para lhe dar
os pães.
8 Digo-vos que, ainda que não se
levante a dar-lhe os pães, por ser
seu amigo, se levantará, todavia,
por causa da sua importunação, e
lhe dará tudo o de que ele precisar.

9 Por isso, vos digo: Pedi, e vos
será dado; buscai, e achareis; ba-
tei, e se abrirá a vós.
10 Pois qualquer que pede rece-
be; quem busca acha; e a quem
bate, a porta se abrirá.
11 Qual o pai dentre vós que, se o
filho lhe pedir pão, lhe dará uma
pedra? Ou se lhe pedir peixe, lhe
dará uma serpente?
12 Ou, se lhe pedir um ovo, lhe
dará um escorpião?
13 Se vós, pois, sendo maus, sa-
beis dar boas coisas aos vossos fi-
lhos, quanto mais dará o Pai ce-
lestial o Espírito Santo àqueles
que pedirem?

A blasfêmia dos fariseus

Mt 12:22-32; Mc 3:20-30

14 Jesus estava expulsando um
demônio que era mudo. Saindo o
demônio, o mudo falou, e mara-
vilhou-se a multidão.
15 Mas alguns dentre eles di-
ziam: Ele expulsa os demônios
pelo poder de Belzebu, o prínci-
pe dos demônios.
16 Outros, tentando-o, pediam-
-lhe um sinal do céu.
17 Mas, conhecendo ele os seus
pensamentos, disse-lhes: Todo
reino dividido contra si mesmo
ficará arruinado, e a casa dividi-
da contra si mesma cairá.
18 Se Satanás está dividido con-
tra si mesmo, como resistirá o seu
reino? Isto porque dizeis que eu
expulso os demônios por Belzebu.
19 Se eu expulso os demônios pelo
poder de Belzebu, por quem os ex-
pulsam vossos filhos? Eles, pois,
serão os vossos juízes.
20 Se eu, porém, expulso os de-
mônios pelo dedo de Deus, cer-
tamente a vós é chegado o Reino
de Deus.
21 Quando um homem forte, bem
armado, guarda a sua casa, em
segurança está tudo o que tem.
22 Se vier, porém, outro mais forte
do que ele, vence-o, tira-lhe toda
a sua armadura em que confiava
e reparte os seus bens.
23 Quem não é por mim é contra
mim, e quem comigo não ajun-
ta espalha.
24 Quando o espírito imundo sai
do homem, anda por lugares se-
cos, em busca de descanso, mas
não o acha. Então diz: Voltarei
para minha casa donde saí.
25 Quando chega, acha-a varri-
da e adornada.
26 Então vai e leva consigo ou-
tros sete espíritos piores do que
ele e, entrando, habitam ali. E o
último estado desse homem é pior
do que o primeiro.
27 Dizendo ele estas coisas, uma
mulher dentre a multidão levantou
a voz e lhe disse: Bem-aventurado
o ventre que te trouxe e os peitos
em que te amamentaste.
28 Mas ele disse: Antes bem-aven-
turados são os que ouvem a pala-
vra de Deus e a praticam.

O sinal de Jonas

Mt 12:38-42

29 Ajuntando-se as multidões,
começou Jesus a dizer: Esta ge-
ração é perversa. Ela pede um
sinal, mas não lhe será dado
outro sinal, senão o do profe-
ta Jonas.
30 Pois assim como Jonas foi si-
nal para os ninivitas, assim tam-
bém o Filho do homem o será para
esta geração.
31 A rainha do Sul se levanta-
rá no juízo com os homens des-
ta geração e os condenará; pois
dos confins da terra veio ouvir a

sabedoria de Salomão, e aqui está
quem é maior do que Salomão.
32 Os homens de Nínive se levantarão no juízo com esta geração,
e a condenarão; pois se converteram com a pregação de Jonas,
e aqui está quem é maior do que
Jonas.

A candeia do corpo

Mt 6:22,23

33 Ninguém, acendendo uma
candeia, a põe em lugar escondido, nem debaixo de uma vasilha, mas no lugar próprio, para
que os que entram vejam a luz.
34 A candeia do corpo é o olho.
Sendo o teu olho bom, todo o teu
corpo será iluminado. Se, porém,
for mau, também o teu corpo será
cheio de trevas.
35 Cuida para que a luz que em
ti há não sejam trevas.
36 Portanto, se todo o teu corpo
for iluminado, não tendo nenhuma parte em trevas, todo será iluminado, como quando a candeia
brilha com o seu resplendor.

Jesus censura os fariseus e os mestres da lei

37 Estando ele ainda falando, convidou-lhe um fariseu para jantar
com ele; e, entrando, tomou lugar à mesa.
38 O fariseu, porém, admirou-se, vendo que não se lavara antes do jantar.
39 O Senhor, porém, lhe disse:
Vós, os fariseus, limpais o exterior do copo e do prato, mas o vosso interior está cheio de ganância e maldade.
40 Loucos! O que fez o exterior
não fez também o interior?
41 Antes dai esmola do que tiverdes, e tudo vos será limpo.
42 Ai, porém, de vós, fariseus, que
dizimais a hortelã, a arruda e todas as hortaliças, e desprezais o
juízo e o amor de Deus. Devíeis
fazer estas coisas, sem deixar de
fazer as outras.
43 Ai de vós, fariseus, que amais
os primeiros assentos nas sinagogas e as saudações nas praças.
44 Ai de vós, mestres da lei e fariseus hipócritas, que sois como
as sepulturas invisíveis, e os homens que sobre elas andam não
o sabem.
45 Disse-lhe um dos mestres da
lei: Mestre, quando dizes isso também nos ofendes a nós.
46 Ele, porém, respondeu: Ai de vós
também, mestres da lei, que sobrecarregais os homens com cargas
difíceis de transportar, e vós mesmos nem movem um dos vossos
dedos para tocar nessas cargas.
47 Ai de vós! Porque construís os
sepulcros dos profetas que vossos
pais mataram.
48 Testificais que concordais nas
obras de vossos pais; eles os mataram, e vós construís os seus
sepulcros.
49 Por isso, diz a sabedoria de
Deus: Profetas e apóstolos lhes
mandarei, e eles matarão a uns
e perseguirão a outros.
50 Portanto desta geração será
requerido o sangue de todos os
profetas, que foi derramado desde a fundação do mundo,
51 desde o sangue de Abel até o
sangue de Zacarias, que foi morto entre o altar e o templo. Sim,
eu vos digo que será cobrado desta geração.
52 Ai de vós, mestres da lei, porque tomastes a chave do conhecimento. Vós mesmos não entrastes e impedistes os que entravam.

53 Dizendo-lhes ele isto, come-
çaram os mestres da lei e os fa-
riseus a pressioná-lo com insis-
tência e a fazê-lo falar acerca de
muitas coisas,
54 armando-lhe ciladas, a fim de
tirarem da sua boca alguma coi-
sa para o acusar.

12 Ajuntando-se, entretan-
to, uma multidão de mi-
lhares de pessoas, de modo que
se atropelavam uns aos outros,
Jesus começou a dizer aos seus
discípulos: Tende cuidado com
o fermento dos fariseus, que é a
hipocrisia.
2 Nada há escondido que não haja
de ser descoberto, nem oculto,
que não haja de ser conhecido.
3 Tudo o que em trevas disses-
tes à luz será ouvido, e o que
falastes ao ouvido no interior
da casa sobre os telhados será
anunciado.

Não devemos temer os homens

Mt 10:28-33

4 Digo-vos, amigos meus: Não te-
mais os que matam o corpo e de-
pois não têm mais que fazer.
5 Eu, porém, vos mostrarei a quem
deveis temer: Temei aquele que
depois de matar tem poder para
lançar no inferno. Sim, digo-vos,
a esse temei.
6 Não se vendem cinco pardais
por duas moedinhas? Contudo,
nenhum deles está esquecido
diante de Deus.
7 Até os cabelos da vossa cabe-
ça estão todos contados. Não te-
mais! Mais valeis vós do que mui-
tos pardais.
8 Digo-vos que todo aquele que
me confessar diante dos homens,
também o Filho do homem o con-
fessará diante dos anjos de Deus.
9 Quem, porém, me negar diante
dos homens será negado dian-
te dos anjos de Deus.
10 E a todo aquele que disser uma
palavra contra o Filho do homem,
isso lhe será perdoado, mas o que
blasfemar contra o Espírito Santo
não será perdoado.
11 Quando vos conduzirem às si-
nagogas, aos governadores e au-
toridades, não estejais preocu-
pados de como ou do que haveis
de responder, nem do que ha-
veis de dizer,
12 pois na mesma hora o Espírito
Santo vos ensinará o que deveis
dizer.

A parábola do rico insensato

13 Disse-lhe um homem da mul-
tidão: Mestre, dize a meu irmão
que divida comigo a herança.
14 Jesus, porém, lhe disse: Homem,
quem me pôs a mim por juiz ou
árbitro entre vós?
15 Então lhes disse: Cuidai-vos e
guardai-vos da ganância; a vida
de um homem não consiste na
quantidade de bens que ele possui.
16 E propôs-lhes esta parábola:
O campo de um homem rico pro-
duziu com abundância.
17 Então ele pensava consigo mes-
mo, dizendo: Que farei? Não te-
nho onde guardar os meus frutos.
18 E disse: Farei isto: Derrubarei
os meus celeiros, construirei ou-
tros maiores e aí guardarei todo o
meu produto e todos os meus bens.
19 Então direi à minha alma:
Alma, tens guardados muitos
bens para muitos anos. Descansa,
come, bebe e alegre-se.
20 Deus, porém, lhe disse: Louco,
esta noite te pedirão a tua alma.
Então o que tens preparado para
quem ficará?

21 Assim é aquele que para si
ajunta tesouros e não é rico para
com Deus.

A solicitude pela vida

Mt 6:25-34

22 Disse Jesus a seus discípulos:
Portanto vos digo: Não estejais
preocupados pela vossa vida, sobre o que comereis, nem pelo corpo, sobre o que vestireis.
23 Mais é a vida do que o sustento,
e o corpo mais do que as roupas.
24 Olhai os corvos, que não plantam nem colhem, não têm despensa nem celeiro; contudo, Deus os
alimenta. Quanto mais valeis vós
do que as aves!
25 Qual de vós, por ansioso que
esteja, pode acrescentar um instante ao curso da sua vida?
26 Visto que nada podeis fazer
quanto às coisas mínimas, por
que estais ansiosos pelas outras?
27 Olhai como crescem os lírios.
Não trabalham nem fiam. Contudo,
digo-vos que nem ainda Salomão,
em toda a sua glória, se vestiu
como um deles.
28 Se Deus assim veste a erva que
hoje está no campo e amanhã é
lançada no forno, quanto mais a
vós, homens de pequena fé.
29 Não pergunteis que haveis de
comer, ou que haveis de beber, e
não andeis inquietos.
30 Pois os gentios de todo o mundo
buscam todas essas coisas, e vosso Pai sabe que necessitais delas.
31 Buscai antes o Reino de Deus,
e todas estas coisas vos serão
acrescentadas.
32 Não temas, ó pequeno rebanho, pois a vosso Pai agradou
dar-vos o Reino.
33 Vendei o que tendes e dai esmolas. Fazei para vós bolsas que não se envelheçam, tesouro nos céus que nunca acabe, onde o ladrão não chega e a traça não destrói.
34 Pois onde estiver o vosso tesouro aí estará também o vosso coração.

A parábola do servo vigilante

Mt 24:45-51

35 Estejam prontos para servir e
acesas as vossas candeias.
36 Sede vós semelhantes aos homens que esperam o seu senhor,
ao voltar ele da festa de casamento, para que, quando vier, e bater,
logo possam abrir-lhe a porta.
37 Bem-aventurados aqueles servos, os quais, quando o senhor
vier, achar vigiando! Em verdade vos digo que se vestirá, os fará
assentar à mesa e, chegando-se,
os servirá.
38 E, se vier de noite, e se vier de
madrugada e os achar assim, bem-aventurados são os tais servos.
39 Entendei, porém, isto: Se o pai
de família soubesse a que hora
havia de vir o ladrão, vigiaria e
não deixaria invadir a sua casa.
40 Portanto, estai vós também preparados, porque virá o Filho do
homem à hora que não esperais.
41 Perguntou-lhe Pedro: Senhor,
dizes esta parábola a nós, ou a
todos?
42 Respondeu-lhe o Senhor: Qual
é, pois, o administrador fiel e prudente, a quem o senhor pôs sobre
os seus servos, para lhes dar no
devido tempo o alimento?
43 Bem-aventurado aquele servo a quem o senhor, quando vier,
achar fazendo assim.
44 Em verdade vos digo que sobre
todos os seus bens o porá.
45 Mas se aquele servo disser
em seu coração: O meu senhor

demora em vir, e começar a es-
pancar os criados e as criadas, a
comer, a beber e a embriagar-se,
46 virá o senhor daquele ser-
vo no dia em que não o espera,
numa hora em que ele não sabe,
o separará e lhe dará a sua par-
te com os infiéis.
47 O servo que soube a vontade
do seu senhor e não se preparou,
nem fez conforme a sua vontade,
será castigado com muitos açoites.
48 O que, porém, não a soube e
fez coisas dignas de açoites, com
poucos açoites será castigado. A
quem muito for dado muito lhe
será pedido, e ao que muito se
lhe confiou muito mais lhe será
pedido.

Jesus traz fogo e divisão à terra

49 Vim lançar fogo na terra, e
que mais quero se já está aceso?
50 Importa, porém, que eu seja
batizado com certo batismo, e
como me angustio até que venha
a cumprir-se!
51 Pensais vós que vim trazer
paz à terra? Não, vos digo; an-
tes, divisão.
52 Daqui em diante estarão cinco
divididos numa casa: três contra
dois, e dois contra três.
53 O pai estará dividido contra o
filho, e o filho contra o pai, a mãe
contra a filha, e a filha contra
a mãe, a sogra contra a nora, e a
nora contra a sogra.

Os sinais dos tempos

54 Disse também à multidão:
Quando vedes a nuvem que vem
do ocidente, logo dizeis: Lá vem
chuva, e assim acontece.
55 Quando vedes soprar o vento
sul, dizeis: Haverá calma, e as-
sim ocorre.
56 Hipócritas, sabeis interpretar
a face da terra e do céu. Como
não sabeis então compreender
este tempo?
57 Por que não julgais também
por vós mesmos o que é justo?
58 Quando fores com o teu adver-
sário ao tribunal, procura livrar-
-te dele no caminho, para que não
te conduza ao juiz, e o juiz te en-
tregue ao carcereiro e o carcerei-
ro te tranque na prisão.
59 Digo-te que não sairás dali
enquanto não pagares até o últi-
mo centavo.

A necessidade de arrependimento

13 Naquele mesmo tempo, es-
tavam presentes alguns que
lhe falavam dos galileus, cujo san-
gue Pilatos misturara com os sa-
crifícios que aqueles realizavam.
2 Respondeu-lhes Jesus: Pensais
vós que esses galileus foram mais
pecadores do que todos os gali-
leus, por terem sofrido tais coisas?
3 Não, vos digo! Antes, se não vos
arrependerdes, todos de igual
modo perecereis.
4 Ou aqueles dezoito, sobre os quais
caiu a torre de Siloé e os matou,
pensais que foram mais culpados
do que todos os outros habitantes
de Jerusalém?
5 Não, vos digo! Antes, se não vos
arrependerdes, todos de igual
modo perecereis.

A parábola da figueira estéril

6 Então Jesus proferiu esta pa-
rábola: Certo homem tinha uma
figueira plantada na sua vinha
e, indo procurar nela fruto, não
o achou.
7 Pelo que disse ao que cuidava da
vinha: Há três anos venho procurar
fruto nesta figueira e não o acho.

Corta-a! Por que ocupa ainda a
terra inutilmente?
8 Ele, porém, respondeu: Senhor,
deixa-a este ano, até que eu a escave e a adube.
9 Se der fruto, ficará! Se não, depois a mandarás cortar.

A cura de uma paralítica

10 E ensinava no sábado, numa
das sinagogas.
11 Estava ali uma mulher que tinha um espírito de enfermidade havia já dezoito anos. Ela andava curvada e não podia de modo algum endireitar-se.
12 Vendo-a Jesus, chamou-a a si
e lhe disse: Mulher, tu estás livre da tua enfermidade.
13 Então ele pôs as mãos sobre
ela, e logo ela se endireitou e glorificava a Deus.
14 Tomando a palavra o dirigente da sinagoga, indignado porque Jesus curava no sábado, disse à multidão: Seis dias há em que é permitido trabalhar. Nestes vinde para serdes curados, e não no sábado.
15 Respondeu-lhe, porém, o Senhor:
Hipócrita! No sábado não desamarra cada um de vós o seu boi, ou jumento, e não o leva a beber água?
16 E não convinha soltar desta
prisão, no dia de sábado, esta filha de Abraão, a qual há dezoito anos Satanás tinha presa?
17 Dizendo ele isso, todos os seus
oponentes ficaram envergonhados, e todo o povo se alegrava por todas as coisas gloriosas que Jesus fazia.

As parábolas do grão de mostarda e do fermento

Mt 13:31-33; Mc 4:30-32

18 Então Jesus perguntou: A que
é semelhante o Reino de Deus, e a que o compararei?
19 É semelhante ao grão de mostarda que um homem plantou na sua horta. Cresceu e fez-se árvore, e em seus ramos se aninharam as aves do céu.
20 Perguntou mais: A que compararei o Reino de Deus?
21 É semelhante ao fermento
que uma mulher misturou em três medidas de farinha, até que tudo fermentou.

A porta estreita

22 Percorria Jesus as cidades e as
aldeias, ensinando e caminhando para Jerusalém.
23 Perguntou-lhe um homem:
Senhor, são poucos os que se salvam? Ele lhes respondeu:
24 Esforçai-vos por entrar pela
porta estreita, porque eu vos digo que muitos procurarão entrar e não poderão.
25 Quando o pai de família se
levantar e fechar a porta, e do lado de fora começardes a bater, dizendo: Senhor, Senhor, abre-nos, ele vos responderá: Não sei de onde sois.
26 Então direis: Comemos e bebemos na tua presença, e tu ensinaste nas nossas ruas.
27 Ele, porém, vos responderá:
Digo-vos que não sei de onde sois. Afastai-vos de mim, vós todos os que praticais o mal.
28 Haverá choro e ranger de
dentes, quando virdes Abraão, Isaque, Jacó e todos os profetas, no Reino de Deus, e vós lançados fora.
29 Virão do Oriente e do Ocidente,
do Norte e do Sul, e tomarão lugares à mesa no Reino de Deus.
30 Há últimos que virão a ser
primeiros, e primeiros que serão últimos.

O lamento de Jesus sobre Jerusalém

31 Naquele mesmo dia chega-
ram uns fariseus, dizendo-lhe:
Sai e retira-te daqui. Herodes
quer matar-te.
32 Respondeu-lhes Jesus: Ide di-
zer àquela raposa: Eu expulso
demônios e curo doenças, hoje
e amanhã, e no terceiro dia ter-
minarei.
33 Importa, porém, caminhar
hoje, amanhã e no dia seguinte,
para que não aconteça que mor-
ra um profeta fora de Jerusalém.
34 Jerusalém, Jerusalém, que
matas os profetas e apedrejas os
que te são enviados! Quantas ve-
zes quis eu ajuntar os teus filhos,
como a galinha ajunta os seus
pintinhos debaixo das asas, e vós
não o quisestes!
35 Olhai, a vossa casa ficará de-
serta. Em verdade vos digo que
não me vereis mais até que ve-
nhais a dizer: Bendito aquele que
vem em nome do Senhor.

A cura de um hidrópico

14 Num sábado, quando Jesus
entrou na casa de um dos
principais dos fariseus para comer
pão, eles o estavam observando.
2 Estava ali diante dele certo ho-
mem hidrópico.
3 Jesus perguntou aos mestres
da lei e aos fariseus: É permiti-
do curar no sábado?
4 Eles, porém, se calaram. E to-
mando-o, o curou e o mandou
embora.
5 Então lhes perguntou: Qual de
vós, se o filho ou o boi cair num
poço, em dia de sábado, não o ti-
rará logo?
6 Nada lhe podiam responder so-
bre isto.

A parábola dos primeiros assentos e dos convidados

7 Reparando como escolhiam os
primeiros assentos, propôs-lhes
esta parábola:
8 Quando por alguém fores convi-
dado para um casamento, não te
assentes no primeiro lugar, pois
poderá haver um convidado mais
importante do que tu.
9 Então o que convidou a ti e a ele
poderá dizer: Dá o lugar a este.
Assim, com vergonha, terás de
tomar o último lugar.
10 Mas, quando fores convida-
do, vai e assenta-te no último lu-
gar, para que, quando vier o que
te convidou, te diga: Amigo, ve-
nha para um lugar mais impor-
tante. Então terás honra diante
dos que estiverem contigo à mesa.
11 Pois qualquer que a si mes-
mo se exaltar será humilhado, e
aquele que a si mesmo se humi-
lhar será exaltado.
12 Então Jesus disse ao que o ti-
nha convidado: Quando deres um
jantar, ou uma ceia, não convides
os teus amigos, nem os teus pa-
rentes, nem vizinhos ricos, para
que não aconteça que também
eles te tornem a convidar e se-
jas retribuído.
13 Quando, porém, deres um ban-
quete, convida os pobres, os alei-
jados, os mancos e os cegos
14 e serás bem-aventurado. Embora
eles não tenham com que te re-
tribuir, recompensado serás na
ressurreição dos justos.

A parábola da grande ceia

Mt 22:1-14

15 Ouvindo isto um dos que es-
tavam com ele à mesa, disse-lhe:
Bem-aventurado o que comer pão
no Reino de Deus.

16 Jesus respondeu: Certo ho-
mem deu uma grande ceia e con-
vidou muitas pessoas.
17 Na hora da ceia mandou o seu
servo dizer aos convidados: Vinde,
pois tudo já está pronto.
18 Todos, porém, à uma começa-
ram a dar desculpas. Disse-lhe o
primeiro: Comprei um campo e
preciso ir vê-lo. Peço-te que me
desculpes.
19 Outro disse: Comprei cinco
juntas de bois e vou experimen-
tá-los. Peço-te que me desculpes.
20 Outro disse: Casei-me e por
isso não posso ir.
21 Voltando aquele servo, contou
essas coisas ao seu senhor. Então
o dono da casa, indignado, disse
ao seu servo: Sai depressa pelas
ruas e bairros da cidade e traze
aqui os pobres, os aleijados, os
cegos e os mancos.
22 Disse o servo: Senhor, está
feito como mandaste, mas ain-
da há lugar.
23 Então disse o senhor ao ser-
vo: Sai pelos caminhos e valados
e força-os a entrar, para que a mi-
nha casa se encha.
24 Eu vos digo que nenhum da-
queles homens que foram convi-
dados provará o meu banquete.

A parábola acerca da providência

25 Certa vez ia com ele grande
multidão. Voltando-se, disse-lhes:
26 Se alguém vier a mim, e não
deixar pai, e mãe, e mulher, e fi-
lhos, e irmãos, e irmãs, e até mes-
mo a sua própria vida, não pode
ser meu discípulo.
27 Qualquer que não tomar a sua
cruz e não vier após mim não pode
ser meu discípulo.
28 Se algum de vós está queren-
do construir uma torre, não se
assenta primeiro a fazer as con-
tas dos gastos, para ver se tem
com que a acabar?
29 Para que não aconteça que,
depois de haver colocado os ali-
cerces, e não a podendo acabar,
todos os que a virem comecem a
zombar dele,
30 dizendo: Este homem come-
çou a construir e não pôde acabar.
31 Ou qual é o rei que, indo para
combater outro rei, não se assen-
ta primeiro para calcular se com
dez mil pode enfrentar ao que vem
contra ele com vinte mil?
32 Se não puder enfrentá-lo, es-
tando o outro ainda longe, man-
da embaixadores e propõe-lhe
acordo de paz.
33 Da mesma forma, qualquer
de vós que não renuncia a tudo
o que tem não pode ser meu dis-
cípulo.
34 Bom é o sal, mas, se tornar-
-se insípido, como recuperar-lhe
o sabor?
35 Nem presta para a terra, nem
para o adubo; é jogado fora. Quem
tem ouvidos para ouvir, ouça.

As parábolas da ovelha e da moeda perdidas

15 Chegavam-se a ele todos os
cobradores de impostos e
pecadores para o ouvir.
2 Os fariseus e os mestres da lei,
porém, murmuravam: Este re-
cebe pecadores e come com eles.
3 Então Jesus lhes propôs esta
parábola:
4 Que homem dentre vós, tendo
cem ovelhas e perdendo uma de-
las, não deixa no deserto as no-
venta e nove e não vai atrás da
perdida até achá-la?
5 E, quando a encontra, coloca-a
sobre os ombros, cheio de alegria,

6 e vai para casa. Então chama
os amigos e vizinhos e lhes diz:
Alegrai-vos comigo; achei a mi-
nha ovelha perdida.
7 Digo-vos que do mesmo jeito
haverá alegria no céu por um
pecador que se arrepende, mais
do que por noventa e nove jus-
tos que não precisam de arre-
pendimento.
8 Ou qual a mulher que, tendo dez
moedas, se perder uma, não acen-
de a candeia, varre a casa e a bus-
ca com persistência até achá-la?
9 E, quando a encontra, chama
as amigas e vizinhas, dizendo:
Alegrai-vos comigo; achei a mo-
eda perdida.
10 Assim vos digo que há alegria
diante dos anjos de Deus por um
pecador que se arrepende.

A parábola do filho pródigo

11 Jesus continuou: Certo ho-
mem tinha dois filhos.
12 O mais moço deles disse ao pai:
Pai, dá-me a parte da herança que
me pertence. E o pai repartiu os
bens entre os dois.
13 Poucos dias depois, o filho
mais novo, ajuntando tudo, par-
tiu para uma terra distante e ali
desperdiçou os seus bens, viven-
do irresponsavelmente.
14 Depois de ter gasto tudo, houve
naquela terra uma grande fome,
e começou a passar necessidades.
15 Então ele foi e se chegou a um
dos cidadãos daquela terra, o qual
o mandou para os seus campos a
cuidar de porcos.
16 Ele desejava encher o estôma-
go com as vagens de alfarrobei-
ras que os porcos comiam, mas
ninguém lhe dava nada.
17 Então, caindo em si, disse:
Quantos trabalhadores de meu
pai têm abundância de pão, e eu
aqui passando fome!
18 Eu me levantarei, irei ter com
meu pai e lhe direi: Pai, pequei
contra o céu e contra ti.
19 Já não sou digno de ser cha-
mado teu filho; trata-me como um
dos teus trabalhadores.
20 Então, levantando-se, foi para
seu pai. Quando ainda estava lon-
ge, viu-o seu pai e se moveu de
íntima compaixão e, correndo,
o abraçou e o beijou.
21 O filho lhe disse: Pai, pequei
contra o céu e perante ti, já não
sou digno de ser chamado teu filho.
22 O pai, porém, disse aos seus
servos: Trazei depressa a melhor
roupa, vesti-o com ela e ponde-
-lhe um anel na mão e sandálias
nos pés.
23 Trazei o bezerro gordo e ma-
tai-o. Comamos e alegremo-nos.
24 Pois este meu filho estava
morto e reviveu; tinha-se per-
dido e foi achado. E começaram
a festejar.
25 O filho mais velho estava no
campo. Quando voltou, e chegou
perto de casa, ouviu a música e
as danças.
26 Chamando um dos criados,
perguntou-lhe o que era aquilo.
27 Ele lhe disse: Veio teu irmão,
e teu pai matou o bezerro gor-
do, porque o recebeu são e salvo.
28 Mas ele se indignou e não que-
ria entrar. Então, saindo o pai, in-
sistiu com ele.
29 Ele, porém, respondeu a seu
pai: Olha, sirvo-te há tantos anos,
sem nunca desobedecer às tuas
ordens, e nunca me deste um
cabrito para alegrar-me com os
meus amigos.
30 Vindo, porém, este teu filho,
que desperdiçou os teus bens com

prostitutas, tu mandaste matar
para ele o bezerro gordo.
31 Respondeu-lhe o pai: Filho, tu
sempre estás comigo, e todas as
minhas coisas são tuas.
32 Era, porém, justo alegrarmo-
-nos e festejarmos, porque este
teu irmão estava morto e revi-
veu, estava perdido e foi achado.

A parábola do administrador infiel

16 Disse Jesus aos discípulos:
Havia um homem rico cujo
administrador foi acusado de des-
perdiçar os seus bens.
2 Então, chamando-o, lhe disse:
Que é isto que ouço de ti? Presta
contas da tua administração, por-
que já não poderás ser meu ad-
ministrador.
3 O administrador disse consi-
go: Agora, que farei? O meu se-
nhor me tira o emprego. Cavar,
não posso, e de mendigar, tenho
vergonha.
4 Eu sei o que hei de fazer, para
que, quando for demitido da ad-
ministração, me recebam em suas
casas.
5 Chamando a si cada um dos de-
vedores do seu senhor, disse ao
primeiro: Quanto deves ao meu
senhor?
6 Ele respondeu: Cem potes de
azeite. Disse-lhe: Toma a tua con-
ta e, assentando-te depressa, es-
creve cinquenta.
7 Disse depois a outro: E tu quan-
to deves? Ele respondeu: Cem co-
ros de trigo. Disse-lhe: Toma a tua
conta e escreve oitenta.
8 Louvou aquele senhor o injusto
administrador por haver procedi-
do astutamente. Pois os filhos des-
te mundo são mais astutos na sua
geração do que os filhos da luz.
9 Eu vos digo: Ganhai amigos
com as riquezas da injustiça,
para que, quando estas vos fal-
tarem, vos recebam eles nas mo-
radas eternas.
10 Quem é fiel no mínimo tam-
bém é fiel no muito, e quem é in-
justo no mínimo também é injus-
to no muito.
11 Se nas riquezas injustas não
fostes fiéis, quem vos confiará as
verdadeiras?
12 E se no que é dos outros não
fostes fiéis, quem vos dará o que
é vosso?
13 Ninguém pode servir a dois
senhores. Ou há de aborrecer a
um e amar ao outro, ou se há de
chegar a um e desprezar o ou-
tro. Não podeis servir a Deus e
às riquezas.

A autoridade da lei

14 Os fariseus, que amavam o di-
nheiro, ouviam todas estas coisas
e zombavam dele.
15 Jesus, porém, lhes disse: Vós
sois os que vos justificais a vós
mesmos diante dos homens, mas
Deus conhece os vossos corações.
O que entre os homens é eleva-
do, perante Deus é desprezível.
16 A Lei e os Profetas duraram
até João. Desde então é anuncia-
do o Reino de Deus, e todo homem
usa força para entrar nele.
17 É mais fácil passar o céu e a
terra do que cair um til sequer
da Lei.
18 Qualquer que deixa sua mu-
lher e casa com outra adultera,
e aquele que casa com a repudia-
da pelo marido adultera também.

O rico e Lázaro

19 Ora, havia certo homem rico
que se vestia de púrpura e de

linho finíssimo e vivia todos os
dias no luxo.
20 Havia também certo mendigo,
chamado Lázaro, que estava co-
berto de feridas à porta daquele,
21 e desejava alimentar-se com
as migalhas que caíam da mesa
do rico. Os próprios cães vinham
lamber-lhe as feridas.
22 Morreu o mendigo e foi le-
vado pelos anjos para junto de
Abraão. Morreu também o rico
e foi sepultado.
23 No inferno, estando em tor-
mentos, ergueu os olhos e viu
ao longe a Abraão e Lázaro jun-
to dele.
24 Então clamou: Pai Abraão,
tem misericórdia de mim e man-
da a Lázaro que molhe na água
a ponta do seu dedo e me refres-
que a língua, porque estou ator-
mentado nesta chama.
25 Abraão, porém, respondeu:
Filho, lembra-te de que recebes-
te os teus bens em tua vida, ao
passo que Lázaro somente ma-
les, mas agora ele é consolado e
tu atormentado.
26 Além disso, tem um grande
abismo entre nós e vós, de modo
que os que quisessem passar da-
qui para vós não poderiam, nem
os de lá passar para cá.
27 Respondeu ele: Peço-te, ó pai,
que o mandes à casa de meu pai,
28 pois tenho cinco irmãos. Que
ele lhes dê testemunho, a fim de
que não venham também para
este lugar de tormento.
29 Disse-lhe Abraão: Têm Moisés
e os profetas; ouçam-nos.
30 Disse o rico: Não, pai Abraão,
mas se algum dos mortos fosse
ter com eles, se arrependeriam.
31 Respondeu Abraão: Se não
ouvem a Moisés e aos profetas,
tampouco acreditarão, ainda que
algum dos mortos volte à vida.

Acerca dos escândalos, do perdão, do poder da fé e dos servos inúteis

17 Disse Jesus aos discípu-
los: É impossível que não
venham escândalos, mas ai da-
quele por quem vierem!
2 Melhor fora que lhe pusessem
ao pescoço uma pedra de moinho e
fosse lançado ao mar do que fazer
tropeçar um destes pequeninos.
3 Olhai por vós mesmos. Se teu ir-
mão pecar contra ti, repreende-o
e, se ele se arrepender, perdoa-lhe.
4 Se pecar contra ti sete vezes no dia,
e sete vezes no dia vier ter contigo, e
disser: Arrependo-me; perdoa-lhe.
5 Disseram então os apóstolos ao
Senhor: Aumenta-nos a fé.
6 Respondeu o Senhor: Se tivés-
seis fé como um grão de mostarda,
diríeis a esta amoreira: Arranca-
te daqui e planta-te no mar, e ela
vos obedeceria.
7 Qual de vós terá um servo a tra-
balhar na lavoura ou a apascen-
tar o gado, a quem, voltando ele
do campo, diga: Chega-te e assen-
ta-te à mesa?
8 E não lhe diga antes: Prepara-me
o jantar, apronte-se e serve-me, até
que tenha comido e bebido, e de-
pois comerás e beberás tu?
9 Dá graças ao tal servo, porque
fez o que lhe foi mandado? Creio
que não.
10 Assim também vós, quando
fizerdes tudo o que vos for man-
dado, dizei: Somos servos inú-
teis; fizemos somente o que de-
víamos fazer.

A cura de dez leprosos

11 Indo ele a Jerusalém, passou
pelo meio de Samaria e da Galileia.

12 Entrando em certa aldeia, saíram-lhe ao encontro dez leprosos, os quais pararam de longe
13 e clamaram: Jesus, Mestre, tem misericórdia de nós.
14 Jesus, vendo-os, disse-lhes: Ide e mostrai-vos aos sacerdotes. Indo eles, ficaram limpos.
15 Um deles, vendo que estava curado, voltou glorificando a Deus em alta voz
16 e caiu aos pés de Jesus, com o rosto em terra, dando-lhe graças; e este era samaritano.
17 Jesus perguntou: Não foram dez os que foram limpos? Onde estão os nove?
18 Não houve quem voltasse para dar glória a Deus, senão este estrangeiro?
19 Então lhe disse: Levanta-te e vai; a tua fé te salvou.

A vinda súbita do Reino de Deus

20 Interrogado pelos fariseus sobre quando havia de vir o Reino de Deus, respondeu-lhes: O Reino de Deus não vem de forma visível.
21 Nem dirão: Ei-lo aqui! ou: Ei-lo ali! Porque o Reino de Deus está dentro de vós.
22 Então disse aos discípulos: Dias virão em que desejareis ver um dos dias do Filho do homem, mas não o vereis.
23 E vos dirão: Ei-lo aqui! ou: Ei-lo ali! Não vades, nem os sigais.
24 Porque como o relâmpago ilumina desde uma até a outra ponta do céu, assim será também o Filho do homem no seu dia.
25 Primeiro, porém, é necessário que ele sofra muito e seja rejeitado por esta geração.
26 Como aconteceu nos dias de Noé, assim será também nos dias do Filho do homem.
27 Comiam, bebiam, casavam e davam-se em casamento, até o dia em que Noé entrou na arca, e veio o Dilúvio e os destruiu a todos.
28 A mesma coisa aconteceu nos dias de Ló. Comiam, bebiam, compravam, vendiam, plantavam e construíam.
29 No dia, porém, em que Ló saiu de Sodoma, choveu do céu fogo e enxofre, e os destruiu a todos.
30 Assim será no dia em que o Filho do homem se revelar.
31 Naquele dia, quem estiver no telhado, tendo os seus bens em casa, não desça para pegá-los. Da mesma forma, o que estiver no campo não volte para trás.
32 Lembrai-vos da mulher de Ló.
33 Qualquer que procurar salvar a sua vida, a perderá, e qualquer que a perder, a salvará.
34 Digo-vos que naquela noite estarão dois numa cama; um será levado, e o outro será deixado.
35 Duas estarão juntas, moendo; uma será levada, e a outra será deixada.
36 Dois estarão no campo; um será levado, e o outro será deixado.
37 Então lhe perguntaram: Onde, Senhor? Ele lhes respondeu: Onde estiver o cadáver, aí se ajuntarão os abutres.

A parábola do juiz iníquo

18 Jesus contou-lhes uma parábola sobre o dever de orar sempre, sem jamais desanimar.
2 Havia numa cidade certo juiz que não temia a Deus nem respeitava o homem.
3 Havia também naquela mesma cidade certa viúva, que ia ter com ele, dizendo: Faze-me justiça contra o meu adversário.

4 Por algum tempo não quis aten-
dê-la. Depois, porém, disse consi-
go: Ainda que eu não tema a Deus,
nem respeite os homens,
5 todavia, como esta viúva me
aborrece, hei de fazer-lhe justi-
ça, para que enfim não volte e
me perturbe muito.
6 Disse o Senhor: Ouvi o que diz
o injusto juiz.
7 Não fará Deus justiça aos seus
escolhidos, que clamam a ele de
dia e de noite, ainda que os faça
esperar?
8 Digo-vos que depressa lhes fará
justiça. Quando, porém, vier o Filho
do homem, achará fé na terra?

A parábola do fariseu e do cobrador de impostos

9 Jesus disse esta parábola a al-
guns que confiavam em si mes-
mos, crendo que eram justos, e
desprezavam os outros:
10 Dois homens subiram ao tem-
plo para orar; um era fariseu e o
outro, cobrador de impostos.
11 O fariseu, em pé, orava consigo
desta maneira: Ó Deus, graças te
dou porque não sou como os de-
mais homens, ladrões, injustos e
adúlteros, nem ainda como este
cobrador de impostos.
12 Jejuo duas vezes na semana e
dou os dízimos de tudo o que possuo.
13 O cobrador de impostos, po-
rém, estando em pé, de longe,
nem ainda queria levantar os
olhos ao céu, mas batia no peito,
dizendo: Ó Deus, tem misericór-
dia de mim, pecador!
14 Digo-vos que este foi justifi-
cado para sua casa, e não aque-
le. Pois qualquer que a si mes-
mo se exaltar será humilhado, e
qualquer que a si mesmo se hu-
milhar será exaltado.

Jesus abençoa as crianças

Mt 19:13-15

15 Traziam-lhe também as crian-
ças, para que ele tocasse nelas.
Os discípulos, vendo isto, repre-
endiam-nos.
16 Jesus, porém, chamando-as
para si, disse: Deixai vir a mim
os pequeninos, e não os impeçais,
pois dos tais é o Reino de Deus.
17 Em verdade vos digo que qual-
quer que não receber o Reino de
Deus como uma criança não en-
trará nele.

O jovem rico

Mt 19:16-22; Mc 10:17-22

18 Perguntou-lhe certo homem
de posição: Bom Mestre, que hei de
fazer para herdar a vida eterna?
19 Respondeu-lhe Jesus: Por que
me chamas bom? Ninguém há
bom, senão um, que é Deus.
20 Sabes os mandamentos: Não
adulterarás, não matarás, não fur-
tarás, não dirás falso testemunho,
honra a teu pai e a tua mãe.
21 Disse ele: A todas essas coi-
sas tenho obedecido desde a mi-
nha juventude.
22 Quando Jesus ouviu isso, dis-
se-lhe: Ainda te falta uma coisa.
Vende tudo o que tens, reparte-o
com os pobres e terás um tesouro
no céu. Depois vem e segue-me.
23 Ouvindo ele isto, encheu-se de
tristeza, porque era muito rico.
24 Vendo Jesus que ele ficara
muito triste, disse: Quão dificil-
mente entrarão no Reino de Deus
os que têm riquezas!
25 Com certeza, é mais fácil pas-
sar um camelo pelo fundo de uma
agulha do que entrar um rico no
Reino de Deus.
26 Os que ouviram isso disse-
ram: Logo, quem pode salvar-se?

27 Ele, porém, respondeu: As coi-
sas que são impossíveis aos ho-
mens são possíveis a Deus.
28 Disse Pedro: Nós deixamos
tudo e te seguimos.
29 Disse-lhes ele: Em verdade
vos digo que ninguém há que te-
nha deixado casa, ou pais, ou ir-
mãos, ou mulher, ou filhos, pelo
Reino de Deus,
30 e não receba muito mais nes-
te mundo e no mundo vindouro
a vida eterna.

Jesus anuncia sua morte e ressurreição

Mt 20:17-19; Mc 10:32-34

31 Tomando consigo os Doze, dis-
se-lhes: Subamos a Jerusalém,
e se cumprirá no Filho do ho-
mem tudo o que os profetas es-
creveram.
32 Ele há de ser entregue aos gen-
tios. Eles zombarão dele, o insul-
tarão e cuspirão nele,
33 baterão nele e depois o mata-
rão. Ao terceiro dia ressuscitará.
34 Eles nada disso entendiam, e
esta palavra lhes era omitida, não
percebendo o que se lhes dizia.

O cego de Jericó

Mt 20:29-34; Mc 10:46-52

35 Chegando ele perto de Jericó,
estava um cego assentado à beira
do caminho, mendigando.
36 Ouvindo passar a multidão,
perguntou que era aquilo.
37 Disseram-lhe que Jesus de
Nazaré passava.
38 Então ele clamou: Jesus, Filho
de Davi, tem misericórdia de mim.
39 Os que iam na frente repreen-
diam-no para que se calasse,
mas ele clamava ainda mais:
Filho de Davi, tem misericór-
dia de mim.
40 Jesus parou e mandou que lhe
trouxessem o cego. Chegando ele,
Jesus lhe perguntou:
41 Que queres que te faça?
Respondeu ele: Senhor, quero ver.
42 Disse-lhe Jesus: Vê. A tua fé
te salvou.
43 Imediatamente o homem vol-
tou a ver e seguia-o, glorificando
a Deus. E todo o povo, vendo isso,
dava louvores a Deus.

Zaqueu, o cobrador de impostos

19 Tendo Jesus entrado em
Jericó, ia atravessando a
cidade.
2 Havia ali um homem chama-
do Zaqueu, que era chefe dos co-
bradores de impostos e era rico.
3 Este procurava ver quem era
Jesus, mas não podia, por causa
da multidão, porque era de pe-
quena estatura.
4 Então, correndo adiante, subiu
em uma figueira para vê-lo, já que
havia de passar por ali.
5 Quando Jesus chegou àquele lu-
gar, olhou para cima e disse-lhe:
Zaqueu, desce depressa. Hoje me
convém ficar em tua casa.
6 Apressando-se, desceu e o re-
cebeu com alegria.
7 Todos os que viram isto mur-
muravam, dizendo que entrara
para ser hóspede de um homem
pecador.
8 Zaqueu, porém, levantou-se e dis-
se ao Senhor: Senhor, olha, eu dou
aos pobres metade dos meus bens;
e se em alguma coisa extorqui al-
guém, devolvo quatro vezes mais.
9 Disse-lhe Jesus: Hoje veio a sal-
vação a esta casa, porque também
este é filho de Abraão.
10 Pois o Filho do homem veio
buscar e salvar o que se havia
perdido.

As parábolas dos dez servos e das dez minas

Mt 25:14-30

11 Ouvindo eles estas coisas, Jesus
contou uma parábola, porque es-
tava perto de Jerusalém, e pensa-
vam que o Reino de Deus havia
de manifestar-se imediatamente.
12 Disse ele: Certo homem no-
bre partiu para uma terra dis-
tante para tomar para si um rei-
no e depois voltar.
13 Chamando dez servos seus,
deu-lhes dez minas e disse-lhes:
Negociai até que eu volte.
14 Os habitantes daquela terra,
porém, o odiavam e mandaram
após ele representantes, dizen-
do: Não queremos que este rei-
ne sobre nós.
15 Voltando ele, depois de ter to-
mado o reino, disse que chamas-
sem aqueles servos, a quem ti-
nha dado o dinheiro, para saber
o que cada um tinha ganhado,
negociando.
16 Veio o primeiro e disse: Senhor,
a tua mina rendeu dez minas.
17 Respondeu-lhe: Bem está, ser-
vo bom. Porque no mínimo foste
fiel, sobre dez cidades governarás.
18 Veio o segundo e disse: Senhor,
a tua mina rendeu cinco minas.
19 A este disse também: Governa
tu sobre cinco cidades.
20 Veio outro, dizendo: Senhor,
aqui está a tua mina, que guar-
dei num pano.
21 Tive medo de ti, que és ho-
mem rigoroso, que tiras o que
não depositaste e colhes o que não
plantaste.
22 Ele, porém, lhe respondeu:
Mau servo, pela tua boca te jul-
garei! Sabias que sou homem ri-
goroso, que tiro o que não depo-
sitei e colho o que não plantei.
23 Por que, pois, não puseste o meu
dinheiro no banco, para que eu,
vindo, o recebesse com os juros?
24 Então disse aos que o assis-
tiam: Tirai-lhe a mina e dai-a ao
que tem dez.
25 Eles responderam: Senhor, ele
já tem dez minas.
26 Eu vos digo que a qualquer
que tiver lhe será dado, mas ao
que não tiver, até o que tem lhe
será tirado.
27 Quanto àqueles meus inimi-
gos que não quiseram que eu rei-
nasse sobre eles, trazei-os aqui e
matai-os diante de mim.

A entrada triunfal de Jesus em Jerusalém

Mt 21:1-11; Mc 11:1-11; Jo 12:12-19

28 Tendo dito isto, ia caminhando
adiante, subindo para Jerusalém.
29 Chegando perto de Betfagé e
de Betânia, ao monte chamado
das Oliveiras, mandou dois dos
seus discípulos,
30 dizendo-lhes: Ide à aldeia que
está adiante e, ao entrardes, acha-
reis preso um jumentinho em que
nenhum homem ainda montou.
Soltai-o e trazei-o.
31 Se alguém vos perguntar: Por
que o soltais? assim lhe direis: O
Senhor precisa dele.
32 Indo os que haviam sido man-
dados, acharam como lhes dissera.
33 Quando soltaram o jumen-
tinho, seus donos lhes pergun-
taram: Por que soltais o jumen-
tinho?
34 Responderam eles: O Senhor
precisa dele.
35 Trouxeram-no a Jesus e, lan-
çando sobre o jumentinho as suas
roupas, ajudaram Jesus a montar.
36 Indo ele, estendiam no cami-
nho as suas roupas.

37 Quando já chegava perto da descida do monte das Oliveiras, toda a multidão dos discípulos, alegrando-se, começou a dar louvores a Deus em alta voz, por todas as maravilhas que tinham visto,

38 dizendo:

Bendito o Rei que vem
em nome do Senhor!
Paz no céu e glória
nas alturas!

39 Disseram-lhe alguns dos fariseus dentre a multidão: Mestre, repreende os teus discípulos.

40 Respondeu-lhes Jesus: Digo-vos que se estes se calarem, as próprias pedras clamarão.

41 Quando ia chegando, vendo a cidade, chorou sobre ela,

42 dizendo: Ah! Se tu conhecesses, ao menos neste teu dia, o que à tua paz pertence! Mas agora isso está oculto aos teus olhos.

43 Dias virão sobre ti em que os teus inimigos te cercarão de trincheiras, te cercarão e te apertarão de todos os lados.

44 Eles te derrubarão, a ti e a teus filhos que dentro de ti estiverem. Não deixarão em ti pedra sobre pedra, porque não reconheceste a oportunidade que Deus te deu.

A purificação do templo

Mt 21:12-17; Mc 11:15-18

45 Depois, entrando no templo, começou a expulsar a todos os que nele vendiam e compravam,

46 dizendo-lhes: Está escrito: A minha casa será casa de oração; mas vós a transformastes em esconderijo de ladrões.

47 *Todos os dias* ensinava no templo. Os principais sacerdotes, os mestres da lei e os líderes religiosos do povo, porém, procuravam matá-lo.

48 Contudo, não achavam meio de o fazer, porque todo o povo o ouvia com muita atenção.

O batismo de João

Mt 21:23-27; Mc 11:27-33

20 Num daqueles dias, estando ele ensinando o povo no templo e anunciando o evangelho, sobrevieram os principais sacerdotes e os mestres da lei com os líderes religiosos

2 e perguntaram: Dize-nos, com que autoridade fazes estas coisas? Quem é que te deu esta autoridade?

3 Respondeu-lhes Jesus: Também eu vos farei uma pergunta. Dizei-me:

4 O batismo de João era do céu ou dos homens?

5 Eles discutiam entre si, dizendo: Se dissermos: Do céu, ele nos dirá: Então por que não o crestes?

6 Se dissermos: Dos homens, todo o povo nos apedrejará, porque tem certeza que João era profeta.

7 Por fim responderam que não sabiam.

8 Replicou-lhes Jesus: Tampouco vos direi com que autoridade faço isto.

A parábola dos lavradores maus

Mt 21:33-46; Mc 12:1-12

9 Jesus passou a contar ao povo esta parábola: Certo homem plantou uma vinha, deixou-a sob cuidados de lavradores e ficou fora do país por muito tempo.

10 No tempo da colheita mandou um servo aos lavradores, para que lhe dessem dos frutos da vinha. Os lavradores, porém, espancando-o, mandaram-no embora de mãos vazias.

11 Tornou ainda a mandar outro servo, mas eles, espancando

também a este e afrontando-o,
mandaram-no embora de mãos
vazias.
12 Tornou ainda a mandar o terceiro,
mas eles feriram também
a este e o expulsaram.
13 Disse o senhor da vinha: Que
farei? Mandarei o meu filho amado;
talvez o respeitem.
14 Vendo-o, porém, os lavradores
discutiram entre si, dizendo: Este
é o herdeiro; vinde, matemo-lo,
para que a herança seja nossa.
15 Lançando-o fora da vinha, o
mataram. Que lhes fará, pois,
o senhor da vinha?
16 Irá, destruirá esses lavradores
e dará a outros a vinha. Ouvindo
eles isto, disseram: Não seja assim!
17 Mas ele, olhando para eles,
disse: Então o que é isto que está
escrito:

A pedra que os construtores
rejeitaram
foi feita cabeça da esquina?

18 Qualquer que cair sobre essa
pedra ficará em pedaços, e aquele
sobre quem ela cair será feito
em pó.

A questão do tributo

Mt 22:15-22; Mc 12:13-17

19 Os principais sacerdotes e os
mestres da lei procuravam prendê-lo
naquela mesma hora, porque
entenderam que contra eles
dissera esta parábola. Mas temeram
o povo.
20 E, aguardando oportunidade,
mandaram espias que se fingissem
de justos, para o apanharem
em alguma palavra e o entregarem
às autoridades e ao poder do
governador.
21 Perguntaram-lhe: Mestre, nós
sabemos que falas e ensinas bem e
retamente e que não consideras a
aparência da pessoa, mas ensinas
com verdade o caminho de Deus.
22 É-nos correto pagar tributo a
César ou não?
23 Entendendo ele a sua astúcia,
disse-lhes: Por que me tentais?
24 Mostrai-me uma moeda. De
quem é a imagem e a inscrição?
Responderam-lhe: De César.
25 Disse-lhes Jesus: Dai, pois, a
César o que é de César e a Deus
o que é de Deus.
26 Não puderam apanhá-lo em
palavra alguma diante do povo.
E, maravilhados da sua resposta,
calaram-se.

Os saduceus e a ressurreição

Mt 22:23-33; Mc 12:18-27

27 Chegando-se alguns dos saduceus,
que dizem não haver ressurreição,
perguntaram-lhe:
28 Mestre, Moisés nos deixou escrito
que se o irmão de alguém
falecer, tendo mulher, e não deixar
filhos, o irmão dele tome a
viúva e suscite posteridade a seu
irmão.
29 Ora, houve sete irmãos. O primeiro
casou-se com a mulher e
morreu sem filhos.
30 O segundo e o terceiro também
a desposaram,
31 e igualmente os sete. Todos
eles morreram e não deixaram
filhos.
32 Por último, depois de todos,
morreu também a mulher.
33 Portanto, na ressurreição, de
qual deles será a mulher, visto
que os sete a desposaram?
34 Respondeu-lhes Jesus: Os filhos
deste mundo casam-se e dão-se
em casamento.
35 Os que, porém, forem considerados
dignos de alcançar o mundo
vindouro e a ressurreição dentre

os mortos não se casarão, nem se-
rão dados em casamento
36 e não podem mais morrer; pois
são como os anjos e filhos de Deus,
sendo filhos da ressurreição.
37 E que os mortos hão de res-
suscitar, mostrou-o Moisés no
trecho referente à sarça, quan-
do chama ao Senhor o Deus de
Abraão, o Deus de Isaque e o
Deus de Jacó.
38 Ora, Deus não é Deus de mor-
tos, mas de vivos, pois para ele to-
dos vivem.
39 Respondendo alguns dos mes-
tres da lei, disseram: Mestre, dis-
seste bem.
40 E não ousavam perguntar-lhe
mais coisa alguma.

O Cristo, Filho de Davi

Mt 22:41-46; Mc 12:35-37

41 Então Jesus lhes perguntou:
Como dizem que o Cristo é filho
de Davi?
42 O próprio Davi declara no livro
dos Salmos:
Disse o Senhor ao
meu Senhor:
Assenta-te à minha direita,
43 até que eu ponha os
teus inimigos
por estrado de teus pés.
44 Se Davi lhe chama Senhor,
como pode ser ele seu filho?
45 Ouvindo-o todo o povo, disse
Jesus aos seus discípulos:
46 Cuidado com os mestres da
lei, que querem andar com rou-
pas compridas, amam as sauda-
ções nas praças e as principais
cadeiras nas sinagogas e os pri-
meiros lugares nos banquetes.
47 Devoram as casas das viúvas,
fazendo, por pretexto, longas ora-
ções. Estes receberão maior con-
denação.

A oferta da viúva pobre

Mt 12:41-44

21 Olhando ele, viu os ricos
lançarem as suas ofertas
no gazofilácio.
2 Viu também uma viúva pobre
lançar ali duas pequenas moedas
3 e disse: Em verdade vos digo
que esta viúva pobre deu mais
do que todos.
4 Todos estes deram como ofer-
ta daquilo que lhes sobrava; mas
esta, da sua pobreza, deu tudo o
que tinha.

O sermão profético. O princípio das dores

Mt 24:1-14; Mc 13:1-13

5 Falavam alguns a respeito do
templo, que estava ornado de for-
mosas pedras e dádivas,
6 então disse Jesus: Quanto a es-
tas coisas que vedes, dias virão
em que não se deixará pedra so-
bre pedra que não seja derrubada.
7 Perguntaram-lhe: Mestre, quan-
do serão estas coisas? E que sinal
haverá quando isto estiver para
acontecer?
8 Respondeu ele: Cuidado para
que não vos enganem. Virão mui-
tos em meu nome, dizendo: Sou
eu, e o tempo está próximo. Não
os sigais.
9 Quando ouvirdes falar de guerras
e revoluções, não vos assusteis. É
necessário que isto aconteça pri-
meiro, mas o fim não será logo.
10 Então lhes disse: Nação se le-
vantará contra nação, e reino
contra reino.
11 Haverá grandes terremotos,
fomes e epidemias em vários lu-
gares, coisas espantosas e gran-
des sinais do céu.
12 Antes de todas estas coisas,
porém, vos prenderão e vos

perseguirão, entregando-vos às
sinagogas e às prisões, e conduzindo-vos à presença de reis
e governadores, por causa do
meu nome.
13 Isso vos acontecerá para testemunho.
14 Decidi, porém, em vossos corações não vos preocupardes com
o que deveis responder,
15 porque eu vos darei palavras e
sabedoria a que não poderão resistir nem contradizer todos os
que se vos opuserem.
16 Até pelos pais, irmãos, parentes e amigos sereis entregues, e
matarão alguns de vós.
17 De todos sereis odiados por
causa do meu nome.
18 Contudo, não se perderá um
único cabelo da vossa cabeça.
19 Na vossa perseverança ganhareis as vossas almas.
20 Quando virdes Jerusalém cercada de exércitos, sabereis que é
chegada a sua desolação.
21 Então os que estiverem na
Judeia fujam para os montes, os
que estiverem no meio da cidade saiam, e os que estiverem nos
campos não entrem nela.
22 Pois dias de vingança são estes, para que se cumpram todas
as coisas que estão escritas.
23 Ai das grávidas e das que amamentarem naqueles dias Haverá
grande sofrimento na terra e ira
sobre este povo.
24 Cairão a fio de espada, e para
todas as nações serão levados cativos. Jerusalém será pisada pelos gentios, até que os tempos deles se completem.
25 Haverá sinais no sol, na lua e
nas estrelas. Na terra as nações
ficarão angustiadas e perplexas
pelo bramido do mar e das ondas.
26 Homens desmaiarão de terror, na expectativa das coisas que
acontecerão ao mundo, pois os
corpos celestes serão abalados.
27 Então verão vir o Filho do homem numa nuvem, com poder e
grande glória.
28 Quando estas coisas começarem
a acontecer, olhai para cima e levantai as vossas cabeças, porque
a vossa redenção está próxima.
29 Jesus lhes disse esta parábola: Olhai para a figueira e para
todas as árvores.
30 Quando vedes que as suas folhas começam a brotar, sabeis
por vós mesmos que o verão está
próximo.
31 Assim também, quando virdes
estas coisas acontecerem, sabei
que o Reino de Deus está perto.
32 Em verdade vos digo que não
passará esta geração sem que
tudo isto aconteça.
33 Passará o céu e a terra, mas as
minhas palavras não passarão.
34 Cuidai de vós mesmos, para
que não aconteça que os vossos
corações se sobrecarreguem de
glutonaria, de embriaguez e das
preocupações da vida, e aquele
dia vos pegue de surpresa, como
uma armadilha.
35 Pois cairá sobre todos os que
habitam na face de toda a terra.
36 Vigiai em todo o tempo e
orai para que sejais considerados dignos de escapar de todas
estas coisas que acontecerão e
de estar em pé diante do Filho
do homem.
37 De dia Jesus ensinava no templo, e à noite ele saía e ia passar
a noite no monte chamado das
Oliveiras.
38 E todo o povo ia cedo ao templo para ouvi-lo.

Judas concorda em trair a Jesus

Mt 26:1-5,14-16; Mc 14:1,2,10,11

22 Estava perto a festa dos
pães sem fermento, cha-
mada Páscoa,
2 e os principais sacerdotes e os
mestres da lei andavam procuran-
do um jeito para matar a Jesus se-
cretamente, pois temiam o povo.
3 Então Satanás entrou em
Judas, que tinha por sobrenome
Iscariotes, que era um dos Doze.
4 E Judas foi aos principais sa-
cerdotes e aos oficiais da guarda
do templo para combinar a ma-
neira como lhes entregaria Jesus.
5 Eles se alegraram e concorda-
ram em lhe dar dinheiro.
6 Judas aceitou e começou a bus-
car oportunidade para lhes entre-
gar Jesus, sem a multidão saber.

A última Páscoa. A ceia do Senhor

Mt 26:17-30; Mc 14:12-16

7 Chegou o dia dos pães sem fer-
mento em que era necessário sa-
crificar o cordeiro pascal.
8 Jesus enviou Pedro e João, di-
zendo: Ide, preparai-nos a refeição
da Páscoa, para que a comamos.
9 Eles lhe perguntaram: Onde
queres que a preparemos?
10 Ele lhes respondeu: Quando en-
trardes na cidade, encontrareis um
homem levando um pote de água.
Segui-o até a casa em que ele entrar.
11 Dizei ao dono da casa: O Mestre
manda perguntar-te: Onde está
o aposento em que comerei a
Páscoa com os meus discípulos?
12 Então ele vos mostrará uma
grande sala mobiliada. Fazei aí
os preparativos.
13 Eles foram e acharam tudo
como Jesus lhes havia dito. Então
prepararam a Páscoa.
14 Chegada a hora, pôs-se Jesus
à mesa, e com ele os apóstolos.
15 E disse-lhes: Desejei muito co-
mer convosco esta Páscoa, antes
do meu sofrimento.
16 Pois vos digo que não mais a
comerei até que ela se cumpra no
Reino de Deus.
17 Então Jesus pegou o cálice,
deu graças e disse: Tomai-o e re-
parti-o entre vós.
18 Pois vos digo que não mais be-
berei do fruto da vide, até que ve-
nha o Reino de Deus.
19 E pegou o pão, deu graças,
partiu-o e deu-lhes, dizendo:
Isto é o meu corpo, que por vós
é dado; fazei isto em memória
de mim.
20 Semelhantemente pegou o cá-
lice, depois da ceia, dizendo: Este
é o cálice da Nova Aliança no meu
sangue derramado por vós.
21 A mão do que me trai, porém,
está comigo à mesa.
22 Na verdade, o Filho do homem
vai segundo o que está determi-
nado, mas ai daquele por inter-
médio de quem é traído!
23 Então começaram a pergun-
tar entre si qual deles seria o que
havia de fazer isto.

O maior será como o menor

Mt 20:25-28

24 Houve também entre eles uma
forte discussão sobre qual deles
parecia ser o maior.
25 Disse-lhes Jesus: Os reis dos
gentios dominam sobre eles, e
os que exercem autoridade sobre
eles são chamados benfeitores.
26 Mas vós não sereis assim. Pelo
contrário, o maior entre vós seja
como o menor; e quem governa
seja como quem serve.

27 Pois qual é maior, quem está à
mesa ou quem serve? Não é quem
está à mesa? Eu, porém, entre vós
sou como aquele que serve.
28 Vós sois os que tendes per-
manecido comigo nas minhas
tentações.
29 Assim como meu Pai me con-
fiou um Reino, eu o confio a vós,
30 para que comais e bebais à mi-
nha mesa no meu Reino e vos as-
senteis sobre tronos para julgar
as doze tribos de Israel.

Pedro é avisado

Mt 26:33-35; Mc 14:27-31

31 **S**imão, Simão, Satanás vos pe-
diu para vos peneirar como trigo.
32 Mas eu roguei por ti, para que
a tua fé não desfaleça. E tu, quan-
do te converteres, fortalece teus
irmãos.
33 Respondeu-lhe Pedro: Senhor,
estou pronto a ir contigo para a
prisão e para a morte.
34 Tornou Jesus: Digo-te, Pedro,
que não cantará hoje o galo an-
tes que três vezes negues que me
conheces.
35 **E**ntão Jesus lhes perguntou:
Quando vos mandei sem bolsa, sa-
colas de viagem, ou sandálias, fal-
tou-vos alguma coisa? Responderam
eles: Nada.
36 Disse-lhes: Pois agora aque-
le que tiver bolsa, tome-a, como
também a sacola de viagem; e o
que não tem espada, venda a sua
capa e compre uma.
37 Digo-vos que é necessário que
se cumpra em mim o que está es-
crito: *Com os malfeitores foi con-
tado*. Sim, o que está escrito de
mim será cumprido.
38 Disseram-lhe eles: Senhor, aqui
estão duas espadas. Respondeu-
-lhes: Basta.

Jesus no Getsêmani

Mt 26:36-46; Mc 14:32-42

39 **J**esus saiu e, como de costume,
foi para o monte das Oliveiras, e
os seus discípulos o seguiram.
40 Quando chegou ao lugar, disse-
-lhes: Orai, para que não entreis
em tentação.
41 Afastou-se um pouco deles e,
colocando-se de joelhos, orava,
42 dizendo: Pai, se queres, passa
de mim este cálice, todavia não se
faça a minha vontade, mas a tua.
43 Então lhe apareceu um anjo
do céu, que o confortava.
44 Em agonia, orava mais inten-
samente. O seu suor tornou-se em
grandes gotas de sangue, que ca-
íam no chão.
45 Levantando-se da oração, foi ter
com os discípulos e os achou dor-
mindo, dominados pela tristeza,
46 e disse-lhes: Por que estais
dormindo? Levantai-vos e orai,
para que não entreis em tentação.

Jesus é preso

Mt 26:47-56; Mc 14:43-50; Jo 18:1-11

47 **E**stando ele ainda a falar, sur-
giu uma multidão, e um dos Doze,
chamado Judas, que vinha à fren-
te dela, chegou-se a Jesus para
o beijar.
48 Jesus, porém, lhe disse: Judas,
com um beijo trais o Filho do ho-
mem?
49 Vendo os que estavam com
ele o que ia acontecer, disseram-
-lhe: Senhor, lutaremos à espada?
50 Um deles feriu o servo do sumo
sacerdote e cortou-lhe a orelha
direita.
51 Mas Jesus disse: Deixai-os,
basta! E tocando-lhe na orelha,
o curou.
52 Disse Jesus aos principais sa-
cerdotes, oficiais da guarda do

templo e líderes religiosos que tinham ido contra ele: Saístes, como a um assaltante, com espadas e varas?

53 Eu estava todos os dias convosco no templo, e não estendestes as mãos contra mim. Esta, porém, é a vossa hora e do poder das trevas.

Pedro nega a Jesus

Mt 26:69-75; Mc 14:66-72; Jo 18:15-18, 25-27

54 Então, prendendo-o, o levaram à casa do sumo sacerdote. Pedro seguia-o de longe.

55 Quando acenderam fogo no meio do pátio e juntos se assentaram, Pedro assentou-se entre eles.

56 Uma criada, vendo-o assentado ao fogo, fixou os olhos nele e disse: Este homem estava com ele.

57 Ele, porém, negou, dizendo: Mulher, não o conheço.

58 Um pouco depois, vendo-o outro, disse: Tu és também deles. Pedro, porém, disse: Homem, não sou.

59 Passada quase uma hora, outro afirmava: Também este verdadeiramente estava com ele, pois é galileu.

60 Pedro respondeu: Homem, não sei o que dizes. E logo, estando ele ainda a falar, o galo cantou.

61 Virando-se o Senhor, olhou para Pedro, e Pedro lembrou-se da palavra que o Senhor lhe havia dito: Hoje, antes que o galo cante, três vezes me negarás.

62 Então Pedro saiu dali e chorou amargamente.

Jesus perante o Sinédrio

Mt 26:57-68; Mc 14:53-65

63 Os homens que detinham a Jesus zombavam dele e batiam nele.

64 Cobrindo-lhe os olhos, batiam-lhe no rosto e lhe perguntavam: Profetiza, quem é que te feriu?

65 Outras muitas coisas diziam contra ele, blasfemando.

66 Logo que amanheceu, ajuntaram-se os líderes religiosos do povo, os principais sacerdotes e os mestres da lei, e o levaram ao Sinédrio.

67 Perguntaram-lhe: És tu o Cristo? Dize-nos. Ele replicou: Se eu disser que sim, não o crereis.

68 E se vos perguntar, não me respondereis.

69 De agora em diante, porém, o Filho do homem se assentará à direita do Deus todo-poderoso.

70 Disseram todos: Logo és tu o Filho de Deus? Ele lhes respondeu: Vós dizeis que eu sou.

71 Então disseram: De que mais testemunho necessitamos? Nós mesmos o ouvimos da sua própria boca.

Jesus perante Pilatos e perante Herodes

Mt 27:1,2,11-26; Mc 15:1-15; Jo 18:28-19:16

23 Em seguida toda a assembleia se levantou, e levaram Jesus a Pilatos.

2 E começaram a acusá-lo, dizendo: Encontramos este homem pervertendo a nossa nação, proibindo pagar tributo a César e dizendo ser o Cristo, o Rei.

3 Então lhe perguntou Pilatos: És tu o Rei dos Judeus? Respondeu Jesus: Tu o dizes.

4 Disse Pilatos aos principais sacerdotes e à multidão: Não acho culpa alguma neste homem.

5 Mas eles insistiam cada vez mais, dizendo: Alvoroça o povo em toda a Judeia, com o seu ensino. Começou na Galileia e agora chegou aqui.

6 Ouvindo isso, Pilatos pergun-
tou se o homem era galileu.
7 Ao saber que era do território
de Herodes, enviou-o a Herodes,
que naqueles dias também esta-
va em Jerusalém.
8 Herodes, quando viu a Jesus,
alegrou-se muito, porque havia
muito desejava vê-lo, por ter ou-
vido dele muitas coisas. E espera-
va que o veria fazer algum sinal.
9 E interrogava-o com muitas pa-
lavras, mas ele nada lhe respondia.
10 Estavam presentes os principais
sacerdotes e os mestres da lei, acu-
sando-o com grande veemência.
11 Então Herodes, com os seus
soldados, tratou-o com despre-
zo e, zombando dele, vestiu-o de
uma roupa nobre e tornou a en-
viá-lo a Pilatos.
12 No mesmo dia, Pilatos e Herodes
entre si se fizeram amigos; antes
disso andavam em inimizade um
com o outro.
13 Convocando Pilatos os princi-
pais sacerdotes, os magistrados
e o povo, disse-lhes:
14 Vós me trouxestes este ho-
mem como perversor do povo.
Examinando-o na vossa presen-
ça, nenhuma culpa, das de que o
acusais, acho nele.
15 Nem mesmo Herodes, pois o
mandou de volta para nós; como
vedes, este homem nada fez que
mereça a pena de morte.
16 Portanto, eu o castigarei e o
soltarei.
17 [E era-lhe necessário soltar-lhes
um preso por ocasião da festa.]
18 Toda a multidão começou a gri-
tar: Fora daqui com este! Solta-nos
Barrabás!
19 Barrabás fora lançado na pri-
são por causa de uma rebelião fei-
ta na cidade e de um homicídio.
20 Querendo soltar a Jesus, Pilatos
falou outra vez com a multidão.
21 Mas eles clamavam mais ain-
da: Crucifica-o! Crucifica-o!
22 Pela terceira vez Pilatos lhes
disse: Mas que crime cometeu este
homem? Não acho nele nada que
mereça a pena de morte. Portanto,
eu o castigarei e o soltarei.
23 Eles, porém, insistiam com
grandes gritos, pedindo que fos-
se crucificado, e os seus gritos
prevaleceram.
24 Então Pilatos decidiu fazer o
que eles pediam.
25 Soltou-lhes aquele que fora lan-
çado na prisão por causa de re-
belião e homicídio, que era o que
pediam, e entregou Jesus à von-
tade deles.

A crucificação

26 Quando o iam levando, pe-
garam certo cireneu, chamado
Simão, que vinha do campo, e pu-
seram-lhe a cruz às costas, para
que a levasse após Jesus.
27 Seguia-o grande multidão e
também mulheres que choravam
e o lamentavam.
28 Jesus, porém, voltando-se para
elas, disse: Filhas de Jerusalém,
não choreis por mim; chorai an-
tes por vós mesmas e por vos-
sos filhos.
29 Pois virão dias em que dirão:
Bem-aventuradas as estéreis, os
ventres que não geraram e os pei-
tos que não amamentaram!
30 Então dirão aos montes:
Caí sobre nós
e às colinas: Cobri-nos.
31 Pois se ao madeiro verde fazem
isto, que se fará ao seco?
32 Levaram também outros dois
homens, que eram criminosos,
para serem mortos com ele.

33 Quando chegaram ao lugar chamado Caveira, ali crucificaram Jesus e com ele os dois criminosos, um à direita e outro à esquerda.
34 Jesus disse: Pai, perdoa-lhes, pois não sabem o que fazem. Repartindo as roupas dele, sortearam-nas.
35 O povo estava olhando, e as autoridades zombavam dele, dizendo: Aos outros salvou, salve-se a si mesmo, se é o Cristo, o Escolhido de Deus.
36 Igualmente os soldados o ridicularizavam e, chegando-se a ele, ofereciam-lhe vinagre,
37 dizendo: Se tu és o Rei dos Judeus, salva-te a ti mesmo.
38 Também por cima dele estava uma inscrição, em letras gregas, romanas e hebraicas: ESTE É O REI DOS JUDEUS.
39 Um dos criminosos crucificados o insultava, dizendo: Se tu és o Cristo, salva-te a ti mesmo e a nós.
40 Mas o outro o repreendeu, dizendo: Tu nem ainda temes a Deus, estando na mesma condenação?
41 Nós, na verdade, com justiça, pois recebemos o que os nossos atos mereciam. Mas este nenhum mal fez.
42 Então disse: Senhor, lembra-te de mim quando entrares no teu Reino.
43 Respondeu-lhe Jesus: Em verdade te digo que hoje estarás comigo no paraíso.
44 Já era quase meio-dia, e houve trevas em toda a terra até as três horas da tarde,
45 pois o sol se escureceu. E o véu do templo rasgou-se pelo meio.
46 Jesus clamou com grande voz: Pai, nas tuas mãos entrego o meu espírito. Havendo dito isto, expirou.
47 O centurião, vendo o que tinha acontecido, deu glória a Deus, e disse: Na verdade este homem era justo.
48 Todas as multidões reunidas para presenciar isso, vendo o que havia acontecido, voltaram lamentando-se.
49 Entretanto todos os seus conhecidos e as mulheres que o haviam seguido desde a Galileia estavam de longe observando essas coisas.

O sepultamento de Jesus

Mt 27:57-61; Mc 15:42-47; Jo 19:38-42

50 Ora, havia um homem chamado José, membro do Sinédrio, homem bom e justo,
51 que não tinha concordado com a decisão e os atos dos outros. Ele era da cidade de Arimateia, na Judeia, e esperava o Reino de Deus.
52 Chegando ele a Pilatos, pediu-lhe o corpo de Jesus.
53 Então tirou o corpo do madeiro, envolveu-o num lençol e colocou-o num sepulcro cavado numa rocha, onde ninguém ainda havia sido sepultado.
54 Era o Dia da Preparação, e ia começar o sábado.
55 As mulheres que tinham vindo com ele da Galileia seguiram a José e viram o sepulcro, e como o corpo fora colocado ali.
56 Então voltaram e prepararam especiarias e perfumes. E no sábado descansaram, conforme o mandamento.

A ressurreição

Mt 28:1-10; Mc 16:1-8; Jo 20:1-18

24 No primeiro dia da semana bem cedo, elas foram ao

sepulcro, levando as especiarias
que tinham preparado.
2 Acharam a pedra removida do
sepulcro,
3 mas, quando entraram, não en-
contraram o corpo do Senhor Jesus.
4 Estando elas perplexas a esse
respeito, de repente pararam jun-
to delas dois homens, com vestes
brilhantes.
5 Elas ficaram tão atemorizadas
que se curvaram com o rosto em
terra, mas os homens lhes dis-
seram: Por que buscais entre os
mortos quem está vivo?
6 Ele não está aqui, mas ressus-
citou. Lembrai-vos do que vos
disse, estando ainda na Galileia:
7 É necessário que o Filho do ho-
mem seja entregue nas mãos de
homens pecadores, seja crucifi-
cado e ao terceiro dia ressuscite.
8 Então se lembraram das suas
palavras.
9 Quando voltaram do sepulcro,
contaram todas estas coisas aos
Onze e aos outros.
10 Eram Maria Madalena, Joana,
Maria, mãe de Tiago, e as outras
que com elas estavam, as que con-
taram estas coisas aos apóstolos.
11 Tais palavras lhes pareciam
loucura, e não acreditaram.
12 Pedro, porém, levantando-se,
correu ao sepulcro. E, abaixando-
-se, viu só os lençóis de linho e re-
tirou-se para casa, maravilhado
do que havia acontecido.

No caminho de Emaús

Mt 16:12,13

13 Nesse mesmo dia iam dois deles
para uma aldeia chamada Emaús,
que era distante de Jerusalém
sessenta estádios.
14 Iam falando entre si de tudo
o que havia acontecido.
15 Indo eles falando entre si e fa-
zendo perguntas um ao outro, o
próprio Jesus se aproximou e ia
com eles.
16 Os olhos deles, porém, esta-
vam como que fechados, e eles
não o reconheceram.
17 Então Jesus perguntou: Que
palavras são essas que, caminhan-
do, trocais entre vós? Eles para-
ram entristecidos.
18 Um deles, cujo nome era Cleopas,
perguntou-lhe: És tu o único pe-
regrino em Jerusalém que não
sabe das coisas que aconteceram
lá nestes dias?
19 Perguntou ele: Quais? Res-
ponderam eles: As que dizem res-
peito a Jesus de Nazaré, que foi
profeta, poderoso em obras e pala-
vras diante de Deus e de todo o povo,
20 e como os principais sacerdo-
tes e as nossas autoridades o en-
tregaram para ser condenado à
morte e o crucificaram.
21 Ora, nós esperávamos que fos-
se ele quem redimisse a Israel.
Mas agora, além de tudo isso, é
já hoje o terceiro dia desde que
essas coisas aconteceram.
22 É verdade que algumas mulheres
do nosso meio nos surpreenderam.
Foram de madrugada ao sepulcro
23 mas não acharam o corpo dele.
Voltaram, dizendo que tinham
tido uma visão de anjos que di-
zem estar ele vivo.
24 Alguns dos que estavam conos-
co foram ao sepulcro e acharam
ser assim como as mulheres ha-
viam dito, mas a ele não viram.
25 Então Jesus lhes disse: Ó tolos
e tardios de coração para crer em
tudo o que os profetas disseram!
26 Não era necessário que o Cristo
padecesse estas coisas e entras-
se na sua glória?

27 E começando por Moisés, e
por todos os profetas, explicou-
-lhes o que dele se achava em to-
das as Escrituras.
28 Quando se aproximaram da al-
deia para onde iam, fez ele como
quem ia para mais longe.
29 Eles, porém, insistiram, dizen-
do: Fica conosco, pois é tarde, e
o dia já declina. Então Jesus en-
trou para ficar com eles.
30 Estando com eles à mesa, to-
mou o pão, abençoou-o, partiu-o
e lhes deu.
31 Os olhos deles se abriram e
o reconheceram, mas ele desa-
pareceu de diante deles.
32 Disseram um para o outro:
Não ardia em nós o nosso coração
quando, pelo caminho, nos falava
e quando nos abria as Escrituras?
33 Na mesma hora, levantando-
-se, voltaram para Jerusalém e
encontraram reunidos os Onze
e os que estavam com eles,
34 os quais diziam: Ressuscitou
verdadeiramente o Senhor e já
apareceu a Simão.
35 Então os dois contaram o que
lhes acontecera no caminho e como
tinham reconhecido o Senhor
quando ele partiu o pão.

Jesus aparece aos discípulos

Jo 20:19-29

36 Falavam ainda estas coisas quan-
do Jesus se apresentou no meio
deles e disse: Paz seja convosco.
37 Eles, espantados e atemori-
zados, pensavam que viam um
espírito.
38 Ele, porém, lhes disse: Por que
estais perturbados, e por que so-
bem tais pensamentos aos vossos
corações?
39 Vede as minhas mãos e os
meus pés. Sou eu mesmo! Tocai
em mim e vede; um espírito não
tem carne nem ossos, como ve-
des que eu tenho.
40 Dizendo isto, mostrou-lhes as
mãos e os pés.
41 E, não acreditando eles ainda por
causa da alegria e estando admira-
dos, perguntou-lhes Jesus: Tendes
aqui alguma coisa que comer?
42 Eles lhe serviram um pedaço
de peixe assado [e um favo de mel],
43 e ele comeu diante deles.
44 Jesus lhes disse: São estas as
palavras que vos falei estando
ainda convosco, que era necessá-
rio que se cumprisse tudo o que
de mim estava escrito na Lei de
Moisés, nos Profetas e nos Salmos.
45 Então lhes abriu o entendi-
mento para compreenderem as
Escrituras
46 e disse: Eis o que está escri-
to: O Cristo morrerá e, ao tercei-
ro dia, ressuscitará dos mortos
47 e em seu nome se pregará o
arrependimento e a remissão dos
pecados, em todas as nações, co-
meçando por Jerusalém.
48 Vós sois testemunhas destas
coisas.
49 Envio sobre vós a promessa
de meu Pai; mas ficai na cidade,
até que do alto sejais revestidos
de poder.

A ascensão

Mt 16:19 At 1:9-11

50 Então Jesus os levou para
Betânia e, levantando as mãos,
os abençoou.
51 Abençoando-os ele, deixou-os
e foi elevado ao céu.
52 Então eles o adoraram e vol-
taram com grande júbilo para
Jerusalém.
53 E estavam sempre no templo,
louvando e bendizendo a Deus.

JOÃO

O Verbo se fez carne

1 No princípio era o Verbo, e o
Verbo estava com Deus, e o Verbo
era Deus.
2 Ele estava no princípio com Deus.
3 Todas as coisas foram feitas por
meio dele; e sem ele nada do que
foi feito se fez.
4 Nele estava a vida, e a vida era
a luz dos homens.
5 A luz resplandece nas trevas,
e as trevas não prevaleceram so-
bre ela.
6 Houve um homem enviado de
Deus cujo nome era João.
7 Este veio como testemunha
para testificar a respeito da luz,
a fim de que todos cressem por
meio dele.
8 Ele não era a luz, mas veio para
testificar da luz.
9 A luz verdadeira que ilumina
a todos os homens estava vindo
ao mundo.
10 Estava no mundo, o mundo foi
feito por meio dele, mas o mun-
do não o conheceu.
11 Veio para o que era seu, mas
os seus não o receberam.
12 No entanto, a todos os que o
receberam, àqueles que creem no
seu nome, deu-lhes o poder de se-
rem feitos filhos de Deus;
13 filhos nascidos não do sangue,
nem da vontade da carne, nem da
vontade do homem, mas de Deus.
14 O Verbo se fez carne e habitou
entre nós. Vimos a sua glória, a
glória como do unigênito do Pai,
cheio de graça e de verdade.
15 João testifica a respeito dele
e afirma: Este é aquele de quem
eu disse: O que vem depois de
mim tem a primazia porque foi
primeiro do que eu.
16 Da sua plenitude todos nós re-
cebemos graça sobre graça.
17 Pois a Lei foi dada por inter-
médio de Moisés; a graça e a ver-
dade vieram por meio de Jesus
Cristo.
18 Ninguém nunca viu a Deus,
mas o Deus unigênito, que está
ao lado do Pai, é quem o revelou.
19 Este foi o testemunho de João,
quando os judeus mandaram de
Jerusalém sacerdotes e levitas
para lhe perguntarem: Quem
és tu?
20 Ele confessou e não negou;
confessou: Eu não sou o Cristo.
21 Perguntaram-lhe: Então quem
és? És tu Elias? Ele disse: Não sou.
És tu o profeta? Respondeu: Não.
22 Finalmente, lhe disseram:
Quem és? Dá-nos uma resposta
para que levemos àqueles que nos
enviaram. Que dizes de ti mesmo?
23 João respondeu com as pa-
lavras do profeta Isaías: Eu sou
a voz do que clama no deserto:
Endireitai o caminho do Senhor.
24 Ora, alguns dos fariseus que
tinham sido enviados
25 perguntaram-lhe: Então por
que batizas se não és o Cristo,
nem Elias, nem o profeta?
26 João respondeu: Eu batizo com
água, mas no meio de vós está al-
guém que não conheceis.
27 Este é aquele que vem após
mim, do qual eu não sou digno de
desatar as correias das sandálias.
28 Estas coisas aconteceram em
Betânia, do outro lado do Jordão,
onde João estava batizando.

Jesus, o Cordeiro de Deus

29 No dia seguinte, João viu Jesus
aproximando-se e disse: Eis o
Cordeiro de Deus que tira o pe-
cado do mundo!
30 Este é aquele do qual eu disse:
Após mim vem um homem que
é superior, porque era primeiro
do que eu.
31 Eu mesmo não o conhecia,
mas, para que ele fosse manifes-
tado a Israel, vim, por isso, bati-
zando com água.
32 Então João testificou, dizendo:
Eu vi o Espírito descer do céu como
pomba e permanecer sobre ele.
33 Eu não o conhecia, mas, o que
me mandou batizar com água me
disse: Aquele sobre quem vires
descer e permanecer o Espírito,
esse é o que batiza com o Espírito
Santo.
34 Eu vi e testifico que este é o
Filho de Deus.

André e Simão Pedro

35 No dia seguinte, João estava
outra vez ali, na companhia de
dois dos seus discípulos.
36 Quando ele viu Jesus passar,
disse: Eis o Cordeiro de Deus.
37 Os dois discípulos ouviram-
-no dizer isso e seguiram Jesus.
38 Jesus, voltando-se e vendo que
eles o seguiam, perguntou: Que bus-
cais? Eles disseram: Rabi (que quer
dizer Mestre), onde moras?
39 Respondeu-lhes: Vinde e vede.
Eles foram e viram onde morava
e ficaram com ele aquele dia. Era
quase a hora décima.
40 Era André, irmão de Simão
Pedro, um dos dois que tinham
ouvido o que João dissera e o ha-
via seguido.
41 A primeira coisa que André
fez foi achar seu irmão Simão
e dizer-lhe: Achamos o Messias
(que quer dizer Cristo).
42 E levou-o a Jesus. Olhando
Jesus para ele, disse: Tu és Simão,
filho de Jonas. Tu serás chama-
do Cefas (que quer dizer Pedro).

Filipe e Natanael

43 No dia seguinte, Jesus resolveu
ir para a Galileia. Encontrando
Filipe, disse-lhe: Segue-me.
44 Filipe era de Betsaida, cidade
de André e de Pedro.
45 Filipe encontrou Natanael
e disse-lhe: Achamos aquele de
quem Moisés escreveu na Lei, e
a quem se referiram os profetas:
Jesus de Nazaré, filho de José.
46 Perguntou Natanael: Pode
vir alguma coisa boa de Nazaré?
Respondeu Filipe: Vem e vê.
47 Quando Jesus viu Natanael se
aproximar, disse a seu respeito:
Aqui está um verdadeiro israe-
lita, em quem não há nada falso.
48 Perguntou-lhe Natanael: De
onde me conheces? Respondeu
Jesus: Antes que Filipe te cha-
masse, te vi quando estavas de-
baixo da figueira.
49 Então Natanael declarou: Rabi,
tu és o Filho de Deus, tu és o Rei
de Israel!
50 Disse Jesus: Porque te disse
que te vi debaixo da figueira, crês?
Coisas maiores do que esta verás.
51 Então acrescentou: Na verda-
de, na verdade vos digo que vereis
o céu aberto e os anjos de Deus
subindo e descendo sobre o Filho
do homem.

Jesus transforma água em vinho

2 No terceiro dia, houve um ca-
samento em Caná da Galileia.
A mãe de Jesus estava ali;

2 Jesus e seus discípulos também
haviam sido convidados para o
casamento.
3 Tendo acabado o vinho, a mãe
de Jesus lhe disse: Não têm mais
vinho.
4 Respondeu-lhe Jesus: Mulher,
que tenho eu contigo? Ainda não
chegou a minha hora.
5 A sua mãe disse aos serventes:
Fazei tudo o que ele vos disser.
6 Estavam ali seis talhas de pe-
dra que os judeus usavam para
as purificações, e cada uma leva-
va duas ou três metretas.
7 Disse-lhes Jesus: Enchei de
água essas talhas. E encheram-
-nas até a borda.
8 Então lhes disse: Tirai agora,
e levai ao mestre-sala. Eles as-
sim fizeram.
9 Logo que o mestre-sala provou a
água transformada em vinho, não
sabendo de onde viera, se bem que
sabiam os serventes que tinham
tirado a água, chamou o noivo
10 e disse: Todos põem primeiro o
vinho bom e, quando já beberam
fartamente, então o inferior; mas tu
guardaste até agora o bom vinho.
11 Este, o primeiro dos seus si-
nais miraculosos, Jesus realizou
em Caná da Galileia. Assim reve-
lou a sua glória, e seus discípu-
los creram nele.
12 **D**epois disso, desceu para
Cafarnaum, com sua mãe, seus
irmãos e seus discípulos. E fica-
ram ali não muitos dias.

Jesus purifica o templo

Mt 21:12,13; Mc 11:15-18; Lc 19:45,46

13 Estando próxima a Páscoa dos
judeus, Jesus subiu para Jerusalém.
14 Achou no templo os que ven-
diam bois, ovelhas e pombas, e os
cambistas assentados.
15 Tendo feito um chicote de cor-
das, lançou todos para fora do
templo, bem como os bois e as
ovelhas; espalhou o dinheiro dos
cambistas, derrubou as mesas
16 e disse aos que vendiam pom-
bas: Tirai daqui estas coisas! Como
ousais transformar a casa de meu
Pai em mercado!
17 Seus discípulos lembraram-
-se de que está escrito: O zelo da
tua casa me consumirá.
18 Então os judeus perguntaram:
Que sinal miraculoso nos mostras
para provar que tens autoridade
para fazer isso?
19 Respondeu-lhes Jesus: Destruirei
este templo e em três dias o levan-
tarei de novo.
20 Disseram os judeus: Em qua-
renta e seis anos foi edificado
este templo, e tu o levantarás em
três dias?
21 Ele, porém, falava do templo
do seu corpo.
22 Quando Jesus ressuscitou dos
mortos, os seus discípulos lembra-
ram-se do que ele dissera. Então
creram na Escritura e nas pala-
vras que Jesus tinha dito.
23 Estando ele em Jerusalém,
durante a festa da Páscoa, mui-
tos viram os sinais miraculosos
que fazia e creram no seu nome.
24 Jesus, porém, não confiava ne-
les, pois a todos conhecia.
25 Ele não necessitava de que al-
guém lhe testificasse a respeito
do homem, pois ele sabia o que
havia no homem.

Jesus instrui a Nicodemos

3 Havia entre os fariseus um ho-
mem chamado Nicodemos, um
dos principais dos judeus.
2 Este foi de noite se encontrar
com Jesus e disse: Mestre, sabemos

que ensinas da parte de Deus. Pois
ninguém poderia fazer estes si-
nais miraculosos que tu fazes se
Deus não fosse com ele.
3 Jesus respondeu: Em verda-
de, em verdade te digo que quem
não nascer de novo não pode ver
o Reino de Deus.
4 Perguntou-lhe Nicodemos: Como
pode um homem nascer, sendo ve-
lho? Poderá voltar ao ventre da
sua mãe e tornar a nascer?
5 Jesus respondeu: Em verda-
de, em verdade te digo que aque-
le que não nascer da água e do
Espírito não pode entrar no Reino
de Deus.
6 O que é nascido da carne é car-
ne, mas o que é nascido do Espírito
é espírito.
7 Não te maravilhes de eu te dizer:
Necessário vos é nascer de novo.
8 O vento sopra onde quer, e ou-
ves a sua voz, mas não sabes de
onde vem, nem para onde vai.
Assim é todo aquele que é nasci-
do do Espírito.
9 Nicodemos perguntou: Como
pode ser isso?
10 Jesus respondeu: Tu és mes-
tre em Israel e não compreendes
essas coisas?
11 Em verdade, em verdade te
digo que nós dizemos o que sa-
bemos e testificamos do que vi-
mos; contudo, não aceitais o nos-
so testemunho.
12 Se vos falei de coisas terres-
tres, e não crestes, como crereis,
se vos falar das celestiais?
13 Ninguém subiu ao céu, senão
o que desceu do céu — o Filho do
homem [que está no céu].
14 Assim como Moisés levantou
a serpente no deserto, da mesma
forma importa que o Filho do ho-
mem seja levantado,
15 para que todo aquele que nele
crê tenha a vida eterna.
16 Porque Deus amou o mundo de
tal maneira que deu o seu Filho
unigênito, para que todo aquele
que nele crê não pereça, mas te-
nha a vida eterna.
17 Porque Deus enviou o seu Filho
ao mundo não para que conde-
nasse o mundo, mas para que o
mundo fosse salvo por ele.
18 Quem nele crê não é condena-
do, mas quem não crê já está con-
denado, porque não crê no nome
do unigênito Filho de Deus.
19 A condenação é esta: A luz
veio ao mundo, e os homens ama-
ram mais as trevas do que a luz
porque as obras deles eram más.
20 Todo aquele que pratica o mal
odeia a luz e não vem para a luz,
para que as suas obras não sejam
reprovadas.
21 Quem, no entanto, vive de
acordo com a verdade vem para
a luz, a fim de que se veja clara-
mente que as suas obras são fei-
tas em Deus.

Outro testemunho de João Batista

22 Depois disso foi Jesus com
os seus discípulos para a terra
da Judeia, onde permaneceu al-
gum tempo com eles e batizava.
23 Ora, João também estava
batizando em Enom, perto de
Salim, porque havia ali muitas
águas, e para lá ia o povo, para
ser batizado.
24 João ainda não tinha sido lan-
çado na prisão.
25 Suscitou-se uma contenda en-
tre alguns discípulos de João e
um judeu, acerca da purificação.
26 Foram a João e disseram: Mestre,
aquele homem que estava conti-
go no outro lado do Jordão, do

qual deste testemunho, está ba-
tizando, e todos vão ter com ele.
27 João respondeu: O homem só
pode receber o que lhe for dado
do céu.
28 Vós mesmos sois testemunhas de
que vos disse: Eu não sou o Cristo,
mas sou enviado adiante dele.
29 A noiva pertence ao noivo. O
amigo do noivo, que lhe assiste,
espera e ouve e alegra-se muito
com a voz do noivo. Essa alegria
é minha e agora está completa.
30 É necessário que ele cresça e
que eu diminua.
31 Aquele que vem de cima é so-
bre todos; aquele que vem da ter-
ra pertence à terra e fala como al-
guém da terra. Aquele que vem
do céu é sobre todos.
32 Ele testifica do que viu e ou-
viu, mas ninguém aceita o seu
testemunho.
33 Aquele que aceitou o seu tes-
temunho confirmou que Deus é
verdadeiro.
34 Aquele que Deus enviou fala
as palavras de Deus, pois Deus lhe
dá o Espírito sem medida.
35 O Pai ama o Filho e todas as
coisas confiou às suas mãos.
36 Todo aquele que crê no Filho
tem a vida eterna, mas todo aque-
le que rejeita o Filho não verá a
vida, pois sobre ele permanece a
ira de Deus.

Jesus e a samaritana

4 Quando os fariseus ouviram
que Jesus fazia e batizava mais
discípulos do que João,
2 se bem que Jesus não batizava,
e sim os seus discípulos,
3 ele deixou a Judeia e voltou ou-
tra vez para a Galileia.
4 E era-lhe necessário passar por
Samaria.
5 Chegou a uma cidade samarita-
na chamada Sicar, perto das ter-
ras que Jacó dera a seu filho José.
6 Estava ali a fonte de Jacó, e Jesus,
cansado da viagem, assentou-se
junto à fonte. Era quase meio-dia.
7 Vindo uma mulher samarita-
na tirar água, Jesus lhe disse:
Dá-me de beber.
8 (Seus discípulos tinham ido à
cidade comprar comida.)
9 Disse-lhe a mulher samaritana:
Como, sendo tu judeu, me pedes
de beber a mim, que sou mulher
samaritana? (Pois os judeus não
se dão bem com os samaritanos.)
10 Respondeu-lhe Jesus: Se conhe-
ceras o dom de Deus e quem é o
que te pede: Dá-me de beber, tu lhe
pedirias, e ele te daria água viva.
11 Disse-lhe a mulher: Senhor, tu
não tens com que tirá-la, e o poço
é fundo. Onde tens a água viva?
12 És tu maior do que o nosso pai
Jacó, que nos deu o poço, do qual
ele próprio bebeu, bem como seus
filhos e o seu gado?
13 Respondeu Jesus: Todo aque-
le que beber desta água tornará
a ter sede,
14 mas aquele que beber da água
que eu lhe der nunca mais terá
sede. Deveras, a água que eu lhe
der se fará nele uma fonte de água
que jorre para a vida eterna.
15 Disse-lhe a mulher: Senhor,
dá-me dessa água para que eu
não mais tenha sede, nem preci-
se vir aqui tirá-la.
16 Disse-lhe Jesus: Vai, chama o
teu marido e volte aqui.
17 Respondeu ela: Não tenho ma-
rido. Disse-lhe Jesus: Tens razão
em dizer que não tens marido,
18 pois já tiveste cinco maridos,
e o que agora tens não é teu ma-
rido. Isso disseste com verdade.

19 **D**isse-lhe a mulher: Senhor,
vejo que és profeta.
20 Nossos pais adoraram nes-
te monte, mas vós, os judeus, di-
zeis que é em Jerusalém o lugar
onde se deve adorar.
21 Disse-lhe Jesus: Mulher, crê-
-me, a hora vem em que nem nes-
te monte nem em Jerusalém ado-
rareis o Pai.
22 Vós, os samaritanos, adorais
o que não conheceis; nós adora-
mos o que conhecemos, pois a sal-
vação vem dos judeus.
23 No entanto, vem a hora, e já
chegou, em que os verdadeiros
adoradores adorarão o Pai em es-
pírito e em verdade, pois o Pai pro-
cura a tais que assim o adorem.
24 Deus é Espírito, e importa que
os que o adoram o adorem em es-
pírito e em verdade.
25 Disse-lhe a mulher: Eu sei
que o Messias (chamado Cristo)
vem. Quando ele vier, nos expli-
cará tudo.
26 Disse-lhe Jesus: Eu o sou, eu
que falo contigo.
27 Naquele momento, chegaram
os seus discípulos e maravilha-
ram-se de encontrá-lo falando
com uma mulher. Mas nenhum
deles perguntou: Que queres? ou:
Por que falas com ela?
28 Então, deixando o seu cânta-
ro, a mulher foi à cidade e disse
ao povo:
29 Vinde, vede um homem que
me disse tudo o que tenho feito.
Poderia ser este o Cristo?
30 Saíram da cidade e foram ter
com ele.
31 **E**nquanto isso, os discípulos
lhe rogavam: Mestre, come.
32 Ele, porém, lhes disse: Uma
comida tenho para comer, que
vós não conheceis.
33 Então os discípulos diziam uns
aos outros: Será que alguém lhe
trouxe comida?
34 Jesus lhes disse: A minha comi-
da é fazer a vontade daquele que
me enviou e realizar a sua obra.
35 Não dizeis: Ainda há quatro
meses para a colheita? Eu vos
digo: Erguei os vossos olhos e
vede os campos! Já estão bran-
cos para a colheita.
36 O que colhe recebe desde já o
seu salário, desde já ceifa o fruto
para a vida eterna, e assim se re-
gozijam tanto o semeador como
o que colhe.
37 Pois é verdadeiro o ditado: Um
é o semeador, e outro é o que colhe.
38 Eu vos enviei a colher onde não
plantastes. Outros trabalharam,
e vós usufruístes do seu trabalho.
39 **M**uitos dos samaritanos da-
quela cidade creram nele, por
causa do testemunho da mulher:
Disse-me tudo o que tenho feito.
40 Aproximando-se dele os sama-
ritanos, rogaram-lhe que permane-
cesse com eles, e ficou ali dois dias.
41 E por causa das suas palavras,
muitos mais creram nele.
42 Diziam à mulher: Já não é pelo
teu dito que nós cremos; agora nós
mesmos o ouvimos falar e sabe-
mos que este é verdadeiramente
o Salvador do mundo.

A cura do filho de um oficial do rei

43 **D**ois dias depois, partiu dali
para a Galileia.
44 Ora, Jesus mesmo havia tes-
tificado que um profeta não tem
honra na sua própria terra.
45 Quando chegou à Galileia, os
galileus o receberam. Tinham vis-
to todas as coisas que ele fizera em
Jerusalém, por ocasião da festa, à
qual também tinham comparecido.

46 Uma vez mais Jesus foi a Caná da Galileia, onde transformara a água em vinho. E havia ali um oficial do rei, cujo filho estava doente em Cafarnaum.
47 Ouvindo este homem que Jesus tinha chegado à Galileia, foi procurá-lo. Ao encontrá-lo, rogou-lhe que descesse e curasse o seu filho, que estava à morte.
48 Jesus lhe disse: Se não virdes sinais miraculosos e prodígios, de modo nenhum crereis.
49 Disse o oficial: Senhor, desce, antes que meu filho morra.
50 Respondeu Jesus: Vai, o teu filho vive. O homem creu na palavra de Jesus e partiu.
51 Enquanto ele estava a caminho, saíram-lhe ao encontro os seus servos e anunciaram que seu filho vivia.
52 Perguntando ele a que hora seu filho se achara melhor, disseram: Ontem, à uma hora da tarde, a febre o deixou.
53 Então o pai entendeu ser essa exatamente a hora em que Jesus lhe disse: Teu filho vive. De modo que creu ele e toda a sua casa.
54 Foi esse o segundo sinal miraculoso que Jesus fez, depois de vir da Judeia para a Galileia.

O paralítico de Betesda

5 Algum tempo mais tarde, Jesus subiu a Jerusalém para assistir a uma festa dos judeus.
2 Ora, existe em Jerusalém, próximo à porta das ovelhas, um tanque chamado em hebraico Betesda, o qual tem cinco pavilhões.
3 Nestes, costumava ficar uma grande multidão de enfermos, cegos, coxos e paralíticos. Eles esperavam o movimento das águas.
4 De tempo em tempo, um anjo descia e agitava a água. O primeiro que entrasse no tanque, depois do movimento da água, sarava de qualquer doença que tivesse.
5 Estava ali um homem, inválido havia trinta e oito anos.
6 Jesus, vendo-o deitado e sabendo que estava nesse estado havia muito tempo, disse-lhe: Queres ser curado?
7 Respondeu-lhe o enfermo: Senhor, não tenho ninguém que me ponha no tanque quando a água é agitada. Enquanto estou tentando entrar, desce outro antes de mim.
8 Então lhe disse Jesus: Levanta-te! Pega a tua esteira e anda.
9 Imediatamente o homem foi curado, pegou a sua esteira e pôs-se a andar. Aquele dia era sábado.
10 Então os judeus disseram ao homem que tinha sido curado: É sábado, e a Lei não permite que carregues a tua esteira.
11 Ele respondeu: O homem que me curou me disse: Pega a tua esteira e anda.
12 Então lhe perguntaram: Quem é o homem que mandou que tomasses a tua esteira e andasses?
13 O homem que fora curado não sabia quem era, pois Jesus se tinha retirado por entre a multidão que havia naquele lugar.
14 Mais tarde, Jesus o encontrou no templo e disse: Olha, agora já estás curado. Não peques mais, para que não te suceda coisa pior.
15 O homem partiu e anunciou aos judeus que Jesus era quem o tinha curado.

A vida por intermédio do Filho

16 Assim, porque Jesus fazia essas coisas no sábado, os judeus o perseguiram.

17 Jesus lhes disse: Meu Pai tra-
balha até agora, e eu trabalho
também.
18 Por este motivo os judeus ain-
da mais procuravam matá-lo; não
só quebrava o sábado, mas tam-
bém dizia que Deus era seu pró-
prio Pai, fazendo-se igual a Deus.
19 Jesus respondeu-lhes: Em ver-
dade, em verdade vos digo que o
Filho por si mesmo não pode fa-
zer coisa alguma; ele só pode fazer
o que vê o Pai fazendo, porque
tudo o que o Pai faz, o Filho o faz
igualmente.
20 Porque o Pai ama o Filho e
lhe mostra tudo o que faz. E lhe
mostrará maiores obras do que
estas, para que vos maravilheis.
21 Pois, assim como o Pai ressus-
cita e vivifica os mortos, assim
também o Filho vivifica aqueles
a quem quer.
22 O Pai a ninguém julga, mas con-
fiou ao Filho todo o julgamento,
23 para que todos honrem o Filho,
como honram o Pai. Quem não
honra o Filho não honra o Pai
que o enviou.
24 Em verdade, em verdade vos
digo que quem ouve a minha pala-
vra e crê naquele que me enviou
tem a vida eterna e não entrará
em condenação, mas passou da
morte para a vida.
25 Em verdade, em verdade vos
digo que vem a hora, e já chegou,
em que os mortos ouvirão a voz
do Filho de Deus, e os que a ou-
virem viverão.
26 Assim como o Pai tem a vida em
si mesmo, assim também concedeu
ao Filho ter a vida em si mesmo.
27 E deu-lhe autoridade para jul-
gar, porque é o Filho do homem.
28 Não vos maravilheis disto,
pois vem a hora em que todos os
que estão nos sepulcros ouvirão
a sua voz e sairão:
29 Os que fizeram o bem sairão
para a ressurreição da vida, e os
que praticaram o mal, para a res-
surreição da condenação.
30 Eu não posso fazer nada de
mim mesmo; como ouço, assim
julgo, e o meu juízo é justo, pois
não busco a minha vontade, mas
a vontade do Pai que me enviou.
31 Se eu testifico a respeito de
mim mesmo, o meu testemunho
não é verdadeiro.
32 Há outro que testifica a meu
respeito, e eu sei que o testemunho
que ele dá de mim é verdadeiro.
33 Vós mandastes mensageiros
a João, e ele deu testemunho da
verdade.
34 Eu não recebo testemunho de
homem; mas digo isso para que
sejais salvos.
35 João era a lâmpada que ar-
dia e iluminava, e vós escolhes-
tes alegrar-vos por algum tempo
com a sua luz.
36 Eu tenho maior testemunho
do que o de João. Pois as próprias
obras que o Pai me deu para rea-
lizar, essas que eu faço, testificam
de que o Pai me enviou.
37 E o Pai que me enviou, ele mes-
mo testificou de mim. Vós nunca
ouvistes a sua voz, tampouco vis-
tes a sua forma,
38 e a sua palavra não permane-
ce em vós, pois não credes naque-
le que ele enviou.
39 Examinais as Escrituras, por-
que pensais ter nelas a vida eter-
na. E são essas Escrituras que
testificam de mim,
40 contudo não quereis vir a mim
para terdes vida.
41 Eu não aceito glória dos ho-
mens,

42 mas vos conheço. Sei que não
tendes o amor de Deus em vos-
so coração.
43 Eu vim em nome de meu Pai,
e não me aceitais; mas se outro
vier em seu próprio nome, a esse
aceitareis.
44 Como podeis crer, recebendo
glória uns dos outros, mas não
vos esforçando por obter a glória
que vem do único Deus?
45 Não penseis que eu vos acusa-
rei perante o Pai. Quem vos acu-
sa é Moisés, em quem esperais.
46 Se crêsseis em Moisés, creríeis
também em mim, pois ele escre-
veu a meu respeito.
47 Se, porém, não credes nos seus
escritos, como crereis nas minhas
palavras?

A multiplicação dos pães

Mt 14:15-21; Mc 6:30-44; Lc 9:10-17

6 Depois destas coisas, Jesus
atravessou o mar da Galileia,
que é o de Tiberíades, e
2 grande multidão o seguia, por-
que tinham visto os sinais mira-
culosos que ele operava na cura
dos enfermos.
3 Então Jesus subiu a um mon-
te e assentou-se ali com os seus
discípulos.
4 A Páscoa, festa dos judeus, es-
tava próxima.
5 Jesus, erguendo os olhos e ven-
do uma grande multidão que se
aproximava, disse a Filipe: Onde
compraremos pão para toda esta
gente comer?
6 Ele perguntava isso somente
para o testar, pois já sabia o que
ia fazer.
7 Respondeu-lhe Filipe: Duzentos
denários de pão não bastariam
para que cada um deles recebes-
se um pedaço.
8 Outro dos seus discípulos, André,
irmão de Simão Pedro, disse:
9 Está aqui um rapaz que tem
cinco pães de cevada pequenos e
dois peixinhos, mas o que é isso
para tantas pessoas?
10 Disse Jesus: Mandai o povo
assentar-se. Havia muita grama
naquele lugar, e assentaram-se
os homens, em número de qua-
se cinco mil.
11 Então Jesus tomou os pães,
deu graças e repartiu-os com os
que estavam assentados. E fez o
mesmo com os peixes.
12 Quando estavam saciados, ele
disse aos discípulos: Recolhei os
pedaços que sobraram, para que
nada se perca.
13 Recolheram-nos e encheram
doze cestos de pedaços dos cinco
pães de cevada, que sobraram aos
que haviam comido.
14 Vendo os homens o milagre
que Jesus fizera, disseram: Este
é verdadeiramente o profeta que
devia vir ao mundo.
15 Jesus, sabendo que viriam a
fim de proclamá-lo rei, tornou
a retirar-se, sozinho, para o monte.

Jesus anda sobre o mar

Mt 14:22-33; Mc 6:45-52

16 Chegada a tarde, os seus discí-
pulos desceram para o mar.
17 Entraram num barco e come-
çaram a atravessar o mar, rumo
a Cafarnaum. Já estava escuro,
e Jesus ainda não viera encon-
trá-los.
18 O mar agitava-se, por causa
de um forte vento que soprava.
19 Tendo remado cerca de vin-
te e cinco ou trinta estádios, vi-
ram Jesus aproximar-se do barco,
andando sobre o mar, e ficaram
aterrorizados.

20 Ele, porém, lhes disse: Sou eu;
não temais.
21 Então eles de bom grado o re-
ceberam, e imediatamente o bar-
co chegou à praia para onde iam.

Jesus, o pão da vida

22 No dia seguinte, a multidão
que ficara do outro lado do mar
percebeu que aí havia um único
barco e que Jesus não embarcara
nele com os discípulos, mas que
estes haviam partido sós.
23 Então outros barcos chega-
ram de Tiberíades, perto do lu-
gar em que comeram o pão, ten-
do o Senhor dado graças.
24 Percebendo a multidão que
Jesus não estava ali, nem os seus
discípulos, tomaram os barcos e
foram para Cafarnaum, à procu-
ra de Jesus.
25 Encontrando-o no outro lado
do mar, perguntaram-lhe: Mestre,
quando chegaste aqui?
26 Respondeu Jesus: Em verda-
de, em verdade vos digo que me
buscais não pelos sinais mira-
culosos que vistes, mas porque
comestes do pão e vos fartastes.
27 Trabalhai não pela comida que
perece, mas pela comida que per-
manece para a vida eterna, a qual
o Filho do homem vos dará, porque
Deus, o Pai, o marcou com o seu selo.
28 Perguntaram eles: Que faremos
para executar as obras de Deus?
29 Respondeu Jesus: A obra de
Deus é esta: crede naquele que
ele enviou.
30 Então lhe perguntaram: Que
sinal miraculoso, pois, fazes tu,
para que vejamos e creiamos em
ti? Que farás?
31 Nossos pais comeram o maná
no deserto, como está escrito: Deu-
-lhes a comer pão do céu.
32 Disse-lhes Jesus: Em verda-
de, em verdade vos digo: Não foi
Moisés quem vos deu o pão do
céu, mas é meu Pai quem dá o
verdadeiro pão do céu.
33 Pois o pão de Deus é aquele que
desce do céu e dá vida ao mundo.
34 Disseram-lhe: Senhor, dá-nos
sempre desse pão.
35 Então Jesus lhes declarou:
Eu sou o pão da vida. Aquele que
vem a mim não terá fome, e quem
crê em mim jamais terá sede.
36 Como, porém, eu vos disse, vós
me vistes e, contudo, não credes.
37 Todo aquele que o Pai me dá
virá a mim, e o que vem a mim
de maneira nenhuma o lança-
rei fora.
38 Pois eu desci do céu não para
fazer a minha vontade, mas a
vontade daquele que me enviou.
39 E esta é a vontade daquele que
me enviou, que eu não perca ne-
nhum de todos os que ele me deu,
mas o ressuscite no último dia.
40 Pois a vontade do meu Pai é
que todo aquele que vê o Filho
e nele crê tenha a vida eterna, e
eu o ressuscitarei no último dia.
41 Murmuravam dele os judeus,
porque dissera: Eu sou o pão que
desceu do céu.
42 Diziam: Não é este Jesus, o fi-
lho de José, cujo pai e mãe nós
conhecemos? Então como diz ele:
Desci do céu?
43 Respondeu Jesus: Não mur-
mureis entre vós.
44 Ninguém pode vir a mim, se
o Pai que me enviou não o trou-
xer, e eu o ressuscitarei no úl-
timo dia.
45 Está escrito nos profetas: Serão
todos ensinados por Deus. Todo
aquele que ouve o Pai e aprende
dele vem a mim.

46 Ninguém viu ao Pai, a não
ser aquele que é de Deus; só este
viu ao Pai.
47 Em verdade, em verdade
vos digo: Quem crê, tem a vida
eterna.
48 Eu sou o pão da vida.
49 Os vossos pais comeram o maná
no deserto e morreram.
50 Aqui, porém, está o pão que
desce do céu, do qual se o homem
comer não morre.
51 Eu sou o pão vivo que desceu
do céu. Se alguém comer deste
pão, viverá para sempre. Este
pão é a minha carne, que eu da-
rei pela vida do mundo.
52 Então os judeus começaram a
discutir entre si: Como nos pode
dar este homem a sua carne a
comer?
53 Jesus lhes disse: Em verda-
de, em verdade vos digo que, se
não comerdes a carne do Filho
do homem e não beberdes o seu
sangue, não tereis vida em vós
mesmos.
54 Quem come a minha carne
e bebe o meu sangue tem a vida
eterna, e eu o ressuscitarei no
último dia.
55 Pois a minha carne é verda-
deiramente comida e o meu san-
gue é verdadeiramente bebida.
56 Quem come a minha carne e
bebe o meu sangue permanece
em mim e eu nele.
57 Assim como o Pai, que vive,
me enviou, e eu vivo pelo Pai,
assim também quem de mim se
alimenta viverá por mim.
58 Este é o pão que desceu do céu.
Vossos pais comeram o maná e
morreram, mas quem comer este
pão viverá para sempre.
59 Ele disse essas coisas na sina-
goga, ensinando em Cafarnaum.

Muitos discípulos abandonam Jesus

60 Muitos de seus discípulos, ou-
vindo isso, disseram: Duro é esse
discurso, quem o pode ouvir?
61 Compreendendo que seus dis-
cípulos se queixavam a respeito
do que ouviram, Jesus lhes dis-
se: Isso vos escandaliza?
62 Que aconteceria então se vís-
seis o Filho do homem subir para
onde primeiro estava?
63 O Espírito é que vivifica, a
carne para nada serve. As pala-
vras que eu vos disse são espíri-
to e vida.
64 Alguns de vós, porém, não
creem. Pois Jesus sabia desde
o princípio quais eram os que não
criam e quem o trairia.
65 Prosseguiu: É por isso que eu
vos disse que ninguém pode vir a
mim, se pelo Pai não lhe for con-
cedido.
66 A partir de então, muitos dos
discípulos voltaram atrás e já não
andavam com ele.
67 Então perguntou Jesus aos
Doze: Não quereis vós também
retirar-vos?
68 Respondeu-lhe Simão Pedro:
Senhor, para quem iremos nós?
Tu tens as palavras da vida eterna.
69 Nós cremos e conhecemos que
tu és o Cristo, o Santo de Deus.
70 Respondeu Jesus: Não vos es-
colhi eu aos Doze? Contudo, um
de vós é um diabo.
71 Referia-se ele a Judas, filho de
Simão Iscariotes, o qual, embo-
ra fosse um dos Doze, mais tar-
de o trairia.

A incredulidade dos irmãos de Jesus

7 Depois disso, andava Jesus
pela Galileia e já não queria

percorrer a Judeia, porque os ju-
deus procuravam matá-lo.
2 Ao se aproximar, porém, a fes-
ta dos judeus, chamada de festa
dos tabernáculos,
3 os irmãos de Jesus lhe disseram:
Sai daqui e vai para a Judeia, para
que os teus discípulos vejam os
milagres que fazes.
4 Ninguém que procure ser co-
nhecido em público faz coisa al-
guma em oculto. Já que fazes es-
sas coisas, manifesta-te ao mundo.
5 Pois até os seus irmãos não
criam nele.
6 Disse-lhes Jesus: O meu tem-
po ainda não chegou; para vós,
porém, qualquer tempo é tempo.
7 O mundo não vos pode odiar,
mas me odeia, porque dele tes-
tifico que as suas obras são más.
8 Subi vós à festa. Por enquanto,
não subirei a esta festa, porque
o meu tempo ainda não chegou.
9 Tendo dito isso, Jesus ficou na
Galileia.
10 Depois que seus irmãos subi-
ram à festa, porém, ele foi também,
não publicamente, mas em oculto.
11 Ora, os judeus o procuravam
na festa e perguntavam: Onde
está ele?
12 Havia grande murmuração en-
tre as multidões a respeito dele.
Uns diziam: Ele é bom. Outros res-
pondiam: Não, ele engana o povo.
13 Ninguém, porém, falava dele
abertamente, por medo dos judeus.
14 Quando a festa estava na me-
tade, subiu Jesus ao templo e co-
meçou a ensinar.
15 Os judeus estavam admira-
dos e perguntavam: Como é que
ele sabe tanto, sem ter estudado?
16 Respondeu Jesus: O meu en-
sino não é meu. Ele vem daque-
le que me enviou.
17 Se alguém quiser fazer a von-
tade de Deus, descobrirá se o meu
ensino vem de Deus ou se falo de
mim mesmo.
18 Quem fala de si mesmo busca
a sua própria glória, mas o que
busca a glória daquele que o en-
viou, esse é verdadeiro, e não há
nele injustiça.
19 Não vos deu Moisés a Lei?
Contudo, nenhum de vós a prati-
ca. Por que procurais matar-me?
20 A multidão respondeu: Estás
possuído por demônio. Quem pro-
cura matar-te?
21 Disse Jesus: Fiz um milagre,
e todos vos admirais.
22 Porque Moisés vos deu a cir-
cuncisão (embora na realidade
ela não venha de Moisés, mas dos
patriarcas), no sábado circunci-
dais um homem.
23 Ora, se o homem pode rece-
ber a circuncisão no sábado, para
que não se viole a Lei de Moisés,
por que vos indignais contra mim
por eu ter curado o homem todo
no sábado?
24 Não julgueis segundo a apa-
rência, mas julgai segundo a reta
justiça.
25 Então alguns de Jerusalém
diziam: Não é este o que procu-
ram matar?
26 Aí está ele falando abertamen-
te, e nada lhe dizem. Reconhecem
verdadeiramente as autoridades
que ele é o Cristo?
27 Nós, porém, sabemos de onde
ele é, ao passo que, quando o Cristo
vier, ninguém saberá de onde ele é.
28 Então Jesus, ainda ensinando
no templo, exclamava: Sim, vós me
conheceis e sabeis de onde sou.
Eu não vim de mim mesmo, mas
aquele que me enviou é verdadei-
ro. Vós não o conheceis,

29 mas eu o conheço, porque dele
sou e ele me enviou.
30 Então procuravam prendê-lo,
mas ninguém pôs as mãos nele,
porque a sua hora ainda não ti-
nha chegado.
31 Contudo, muitos de entre a
multidão creram nele. Diziam:
Quando o Cristo vier, fará mais
sinais miraculosos do que este
homem tem feito?
32 Os fariseus ouviram a multi-
dão murmurar essas coisas a res-
peito dele. Então os principais sa-
cerdotes e os fariseus enviaram
guardas para prendê-lo.
33 Disse Jesus: Ainda por um pouco
de tempo estou convosco, e depois
vou para aquele que me enviou.
34 Vós me buscareis, mas não me
achareis; e onde eu estou, vós não
podeis vir.
35 Disseram os judeus uns aos ou-
tros: Para onde pretende este ho-
mem ir que não poderemos achá-
-lo? Irá para os dispersos entre os
gregos, a fim de ensiná-los?
36 Que significa esta palavra que
disse: Vós me buscareis, mas não
me achareis, e: Onde eu estou, vós
não podeis vir?
37 No último dia, o grande dia
da festa, Jesus pôs-se de pé e cla-
mou: Se alguém tem sede, venha
a mim e beba.
38 Quem crê em mim, como diz
a Escritura, do seu interior flui-
rão rios de água viva.
39 Isso ele dizia do Espírito que
haviam de receber os que nele
cressem. O Espírito Santo ain-
da não fora dado, porque Jesus
ainda não havia sido glorificado.
40 Ao ouvir as suas palavras, al-
guns de entre a multidão disse-
ram: Verdadeiramente este é o
Profeta.
41 Outros diziam: Ele é o Cristo.
Ainda outros diziam: Pode o Cristo
vir da Galileia?
42 Não diz a Escritura que o Cristo
virá da família de Davi e de Belém,
a cidade de onde era Davi?
43 Assim, o povo se dividiu por
causa de Jesus.
44 Alguns queriam prendê-lo,
mas ninguém pôs as mãos nele.

Jamais alguém falou como Jesus

45 Finalmente, os guardas volta-
ram à presença dos principais sa-
cerdotes e fariseus, os quais pergun-
taram: Por que não o trouxestes?
46 Responderam os guardas: Jamais
alguém falou como este homem.
47 Replicaram os fariseus: Também
fostes enganados?
48 Creu nele alguém das autori-
dades ou dos fariseus?
49 Esta plebe, porém, que nada
sabe a respeito da lei, é maldita.
50 Nicodemos, um deles, que an-
tes tinha falado com Jesus, per-
guntou-lhes:
51 Condena a nossa lei alguém
sem primeiro ouvi-lo para des-
cobrir o que faz?
52 Responderam eles: És tu tam-
bém da Galileia? Investiga e verás
que da Galileia não surge profeta.
53 Então cada um foi para sua
casa.

A mulher adúltera

8 Jesus, porém, foi para o mon-
te das Oliveiras.
2 De manhã cedo, apareceu de
novo no templo, e todo o povo se
reuniu em volta dele, e ele se as-
sentou para os ensinar.
3 Os mestres da lei e os fariseus
trouxeram a Jesus uma mulher
apanhada em adultério. Puseram-
-na de pé no meio do grupo

4 e disseram a Jesus: Mestre, esta
mulher foi apanhada em adultério.
5 Na Lei nos ordenou Moisés que
tais mulheres sejam apedrejadas.
Ora, o que dizes?
6 Eles usavam essa pergunta como
uma armadilha, para terem de
que acusá-lo. Mas Jesus se incli-
nou e começou a escrever na ter-
ra com o dedo.
7 Como insistissem na pergunta,
ele se endireitou e disse: Aquele que
dentre vós está sem pecado seja o
primeiro a lhe atirar uma pedra.
8 Inclinando-se novamente, es-
crevia na terra.
9 Quando ouviram isso, foram-
-se retirando um a um, a come-
çar pelos mais velhos, até que fi-
caram só Jesus e a mulher no
lugar onde estava.
10 Jesus endireitou-se e disse:
Mulher, onde estão eles? Ninguém
te condenou?
11 Respondeu ela: Ninguém, Senhor.
Disse Jesus: Nem eu também te
condeno. Agora vai e abandona
tua vida de pecado.

Jesus, a luz do mundo

12 Jesus continuou a dizer à mul-
tidão: Eu sou a luz do mundo.
Quem me segue não andará em
trevas, mas terá a luz da vida.
13 Desafiaram-no os fariseus: Tu
testificas de ti mesmo; o teu tes-
temunho não é válido.
14 Respondeu Jesus: Ainda que
eu testifique de mim mesmo, o
meu testemunho é válido, pois
sei de onde vim e para onde vou.
Mas vós não sabeis de onde ve-
nho nem para onde vou.
15 Julgais vós segundo os padrões
humanos; eu a ninguém julgo.
16 Se, porém, na verdade julgo,
as minhas decisões são certas,
porque não estou sozinho. Estou
com o Pai que me enviou.
17 Na vossa Lei está escrito que o
testemunho de dois homens é válido.
18 Eu sou um que testifica de
mim mesmo; a minha outra tes-
temunha é o Pai que me enviou.
19 Então lhe perguntaram: Onde
está teu Pai? Respondeu Jesus:
Não me conheceis nem a meu Pai.
Se vós me conhecêsseis, também
conheceríeis meu Pai.
20 Ele disse essas palavras ensi-
nando na área do templo no lu-
gar do gazofilácio. Contudo, nin-
guém o prendeu, porque a sua
hora ainda não tinha chegado.
21 Uma vez mais disse Jesus: Vou
retirar-me, e vós me buscareis e
morrereis no vosso pecado. Para
onde eu vou vós não podeis ir.
22 Disseram os judeus: Por aca-
so irá ele matar-se a si mesmo?
É por isso que diz: Para onde eu
vou, vós não podeis ir?
23 Ele, porém, continuou: Vós
sois de baixo; eu sou de cima.
Vós sois deste mundo; eu não sou
deste mundo.
24 Eu vos disse que morreríeis
nos vossos pecados; se não crer-
des que eu sou, morrereis nos
vossos pecados.
25 Perguntaram-lhe: Quem és tu?
Respondeu Jesus: O que já vos
disse desde o princípio.
26 Muito tenho que dizer e jul-
gar de vós. Mas aquele que me
enviou é verdadeiro, e o que dele
ouvi digo ao mundo.
27 Eles não entenderam que ele
lhes falava do Pai.
28 Por isso, Jesus disse: Quando
levantardes o Filho do homem, en-
tão sabereis que eu sou quem digo
ser e que nada faço de mim mesmo,
mas falo como o Pai me ensinou.

29 Aquele que me enviou está co-
migo; ele não me deixou só, pois
sempre faço o que lhe agrada.
30 Tendo ele dito essas coisas,
muitos creram nele.

Jesus, o libertador

31 **D**isse Jesus aos judeus que
criam nele: Se permanecerdes
no meu ensino, verdadeiramen-
te sereis meus discípulos.
32 Então conhecereis a verdade
e a verdade vos libertará.
33 Responderam eles: Somos des-
cendentes de Abraão e jamais fo-
mos escravos de ninguém. Como
é que dizes que seremos livres?
34 Disse Jesus: Em verdade, em
verdade vos digo que todo aque-
le que comete pecado é escravo
do pecado.
35 Ora, o escravo não permane-
ce sempre em casa, mas o Filho
aí permanece para sempre.
36 Se o Filho vos libertar, verda-
deiramente sereis livres.
37 Sei que sois descendentes de
Abraão. Contudo, procurais ma-
tar-me, porque a minha palavra
não penetra em vós.
38 Eu falo do que vi na presença
do Pai, e vós fazeis o que ouvis-
tes de vosso pai.
39 **R**esponderam eles: Nosso pai é
Abraão. Disse-lhes Jesus: Se fôs-
seis filhos de Abraão, praticaríeis
as obras de Abraão.
40 Todavia, procurais matar-me,
homem que vos disse a verdade
que de Deus ouviu. Abraão não
fez isso.
41 Vós fazeis as obras de vosso
pai. Protestaram eles: Nós não
somos filhos ilegítimos. Temos
um pai que é Deus.
42 Disse-lhes Jesus: Se Deus fos-
se o vosso pai, vós me amaríeis,
pois eu vim de Deus e aqui estou.
Não vim por mim mesmo, mas foi
ele que me enviou.
43 Por que não entendeis a mi-
nha linguagem? Porque não po-
deis ouvir a minha palavra.
44 Vós pertenceis ao vosso pai, o
Diabo, e quereis executar o dese-
jo dele. Ele foi homicida desde o
princípio e não se firmou na ver-
dade, pois não há verdade nele.
Quando ele profere mentira, fala
do que lhe é próprio, pois é men-
tiroso e pai da mentira.
45 Contudo, porque vos digo a ver-
dade, não credes em mim.
46 Pode algum de vós acusar-me
de pecado? Se vos digo a verdade,
por que não credes em mim?
47 Quem pertence a Deus ouve as
palavras de Deus. O motivo por
que não ouvis é que não perten-
ceis a Deus.
48 **R**esponderam os judeus: Não
temos razão em dizer que és sa-
maritano e que estás possesso de
demônio?
49 Disse Jesus: Eu não estou pos-
sesso de demônio, mas honro meu
Pai, e vós me desonrais.
50 Eu não busco a minha pró-
pria glória; há quem a busca, e
ele é o juiz.
51 Em verdade, em verdade vos
digo que, se alguém guardar a mi-
nha palavra, jamais verá a morte.
52 Disseram os judeus: Agora sa-
bemos que estás possesso de de-
mônio. Morreu Abraão e também
os profetas, e tu dizes que, se al-
guém guardar a tua palavra, ja-
mais provará a morte.
53 És tu maior do que o nosso pai
Abraão? Ele morreu e também os
profetas. Quem pensas que és?
54 Jesus respondeu: Se eu me
glorifico a mim mesmo, a minha

glória nada significa. Quem me
glorifica é meu Pai, o qual vós di-
zeis que é vosso Deus.
55 Certamente vós não o conhe-
ceis, mas eu o conheço. Se eu dis-
sesse que não o conheço, seria
mentiroso como vós, mas eu o
conheço e guardo a sua palavra.
56 Vosso pai Abraão exultou por
ver o meu dia; viu-o e alegrou-se.
57 Disseram-lhe os judeus: Ainda
não tens cinquenta anos e viste
Abraão?
58 Respondeu Jesus: Em verda-
de, em verdade vos digo que an-
tes de Abraão nascer, Eu Sou!
59 Então pegaram em pedras para
atirar nele, mas Jesus escondeu-
-se e retirou-se do templo.

A cura de um cego de nascença

9 Quando Jesus ia passando, viu
um homem cego de nascença.
2 Os discípulos de Jesus pergunta-
ram: Mestre, quem pecou, este ou
seus pais, para que nascesse cego?
3 Jesus respondeu: Nem ele nem
seus pais pecaram, mas isto acon-
teceu para que se manifestem nele
as obras de Deus.
4 Devemos fazer as obras daque-
le que me enviou enquanto é dia.
A noite vem, quando ninguém
pode trabalhar.
5 Enquanto estou no mundo, sou
a luz do mundo.
6 Tendo dito isso, cuspiu na ter-
ra, fez lodo com a saliva, aplicou-
-o aos olhos do cego
7 e disse: Vai, lava-te no tanque de
Siloé (que significa o Enviado). O
cego foi, lavou-se e voltou vendo.
8 Então os vizinhos e os que dan-
tes o tinham visto a mendigar per-
guntavam: Não é este o que esta-
va assentado pedindo esmolas?
9 Alguns diziam que era ele. Outros
diziam: Parece-se com ele. Mas ele
mesmo insistia: Sou eu.
10 Perguntaram-lhe: Como, pois,
se abriram os teus olhos?
11 Respondeu ele: O homem cha-
mado Jesus fez lodo, untou-me os
olhos e disse: Vai, lava-te no tan-
que de Siloé. Então eu fui, lavei-
-me e pude ver.
12 Perguntaram-lhe: Onde está
ele? Respondeu ele: Não sei.
13 Levaram aos fariseus o que
dantes era cego.
14 Ora, era sábado o dia em que
Jesus fez o lodo e abriu os olhos
do homem.
15 Portanto, os fariseus também
lhe perguntaram como vira. O ho-
mem respondeu: Ele aplicou lodo
aos meus olhos, lavei-me e vejo.
16 Alguns dos fariseus diziam:
Este homem não é de Deus, pois
não guarda o sábado. Mas outros
perguntavam: Como pode um ho-
mem pecador fazer tais sinais mi-
raculosos? De modo que havia
dissensão entre eles.
17 Finalmente, tornaram a per-
guntar ao cego: Que dizes tu a res-
peito de quem te abriu os olhos?
O homem respondeu: É profeta.
18 Os judeus não acreditaram
que ele tivesse sido cego e agora
via, enquanto não chamaram os
pais do homem.
19 Perguntaram-lhes: É este o
vosso filho? É este que vós dizeis
ter nascido cego? Como é que ele
agora vê?
20 Os pais responderam: Sabemos
que este é nosso filho e que nas-
ceu cego.
21 Não sabemos, porém, como ago-
ra ele pode ver ou quem lhe abriu
os olhos. Tem idade. Interrogai-o.
Ele falará por si mesmo.

22 Os seus pais disseram isso
porque temiam os judeus, pois já
os judeus tinham resolvido que
quem confessasse que Jesus era o
Cristo seria expulso da sinagoga.
23 Foi por isso que os pais disseram: Tem idade. Interrogai-o.
24 Chamaram pela segunda vez
o homem que tinha sido cego e
disseram-lhe: Dá glória a Deus.
Sabemos que esse homem é pecador.
25 Respondeu ele: Se é pecador,
não sei. Uma coisa sei: Eu era
cego e agora vejo.
26 Então lhe perguntaram: Que
te fez ele? Como te abriu os olhos?
27 Respondeu ele: Já vos disse,
e não ouvistes. Para que quereis
ouvir de novo? Quereis fazer-vos
também seus discípulos?
28 Então o insultaram e disseram: Discípulo dele sejas tu! Nós
somos discípulos de Moisés.
29 Sabemos que Deus falou a
Moisés, mas este nem mesmo sabemos de onde é.
30 O homem respondeu: Ora, isto
é espantoso! Vós não sabeis de
onde ele é, contudo ele me abriu
os olhos.
31 Nós sabemos que Deus não
ouve pecadores. Ele ouve o homem que é temente a Deus e faz
a sua vontade.
32 Jamais se ouviu dizer que alguém tenha aberto os olhos a um
cego de nascença.
33 Se este não fosse de Deus, nada
poderia fazer.
34 Disseram eles: Tu és nascido
todo em pecados; como ousa nos
ensinar? E o expulsaram.

Cegueira espiritual

35 Jesus ouviu que o tinham expulsado e, quando o encontrou,
perguntou: Crês tu no Filho do
homem?
36 Perguntou o homem: Quem
é ele, Senhor, para que eu nele
creia?
37 Jesus disse: Tu já o viste, e é
aquele que fala contigo.
38 Disse o homem: Creio, Senhor.
E o adorou.
39 Disse Jesus: Eu vim a este
mundo para juízo, a fim de que os
que não veem vejam, e os que
veem se tornem cegos.
40 Alguns fariseus que estavam
com ele, ouvindo isso, perguntaram: Acaso também nós somos cegos?
41 Disse Jesus: Se fôsseis cegos,
não teríeis pecado; mas, como
agora dizeis: Nós vemos, permanece o vosso pecado.

Jesus, o bom pastor

10 Em verdade, em verdade
vos digo que aquele que
não entra pela porta no aprisco
das ovelhas, mas sobe por outra
parte, é ladrão e assaltante.
2 Aquele, porém, que entra pela
porta é o pastor das ovelhas.
3 A este o porteiro abre a porta,
as ovelhas ouvem a sua voz; ele
chama pelo nome às suas ovelhas
e as leva para fora.
4 Quando tira para fora todas as
ovelhas que lhe pertencem, vai
adiante delas, e elas o seguem,
porque conhecem a sua voz.
5 Jamais seguirão o estranho,
antes fugirão dele, porque não
reconhecem a voz dos estranhos.
6 Jesus lhes propôs esta parábola, mas eles não entenderam o
que ele queria dizer.
7 Portanto, tornou Jesus a dizer:
Em verdade vos digo que eu sou
a porta das ovelhas.

8 Todos os que vieram antes de
mim são ladrões e assaltantes,
mas as ovelhas não os ouviram.
9 Eu sou a porta. Todo aquele
que entrar por mim, será salvo.
Entrará, sairá e achará pastagens.
10 O ladrão só vem para roubar,
matar e destruir; eu vim para
que tenham vida e a tenham em
abundância.
11 Eu sou o bom pastor. O bom
pastor dá a sua vida pelas ovelhas.
12 O mercenário, a quem não per-
tencem as ovelhas, não é o pas-
tor. De modo que quando vê vir
o lobo, deixa as ovelhas e foge.
Então o lobo ataca o rebanho e
dispersa as ovelhas.
13 O mercenário foge porque é
mercenário e não tem cuidado
com as ovelhas.
14 Eu sou o bom pastor; eu co-
nheço as minhas ovelhas, e as
minhas ovelhas me conhecem.
15 Assim como o Pai me conhe-
ce, também eu conheço o Pai e
dou a minha vida pelas ovelhas.
16 Ainda tenho outras ovelhas que
não são deste aprisco. A mim me
convém agregá-las também. Elas
também ouvirão a minha voz, e ha-
verá um só rebanho e só um pastor.
17 Por isso, o Pai me ama, por-
que dou a minha vida para tor-
nar a tomá-la.
18 Ninguém a tira de mim, mas
eu espontaneamente a dou. Eu te-
nho autoridade para dá-la e para
tornar a tomá-la. Este mandato
recebi de meu Pai.
19 Por causa dessas palavras, os
judeus se dividiram novamente.
20 Muitos diziam: Está possuído
por um demônio e está fora de si.
Por que o ouvis?
21 Outros, porém, diziam: Essas pa-
lavras não são de endemoninhado.
Pode um demônio abrir os olhos
dos cegos?

A incredulidade dos judeus

22 Houve então a festa da dedica-
ção em Jerusalém. Era inverno,
23 e Jesus andava passeando no
templo, no pórtico de Salomão.
24 Rodearam-no os judeus e per-
guntaram: Até quando nos man-
terás em suspenso? Se tu és o
Cristo, dize-o abertamente.
25 Jesus respondeu: Eu já vos dis-
se, mas não credes. Os milagres
que eu faço em nome de meu Pai
falam por mim,
26 mas vós não credes porque não
sois das minhas ovelhas.
27 As minhas ovelhas ouvem a
minha voz; eu as conheço, e elas
me seguem.
28 Eu lhes dou a vida eterna, e
elas jamais perecerão; ninguém
poderá arrancá-las da minha mão.
29 Meu Pai, que as deu a mim, é
maior do que todos; ninguém pode
arrancá-las da mão dele.
30 Eu e o Pai somos um.
31 De novo os judeus pegaram
em pedras para apedrejá-lo,
32 mas Jesus lhes disse: Tenho-
-vos mostrado muitos grandes
milagres procedentes de meu Pai.
Por qual deles me apedrejais?
33 Responderam os judeus: Não
te apedrejamos por nenhum mi-
lagre, mas pela blasfêmia, por-
que tu, mero homem, te fazes
Deus a ti mesmo.
34 Respondeu-lhes Jesus: Não
está escrito na vossa Lei: Eu dis-
se: Sois deuses?
35 Se ele chamou deuses àque-
les a quem a palavra de Deus foi
dirigida (e a Escritura não pode
ser anulada),

36 que dizer daquele a quem o
Pai santificou e enviou ao mun-
do? Então por que me acusais de
blasfêmia, porque eu disse: Sou
Filho de Deus?
37 Se não faço as obras de meu
Pai, não acrediteis em mim.
38 Se, porém, as faço, e não cre-
des em mim, crede nas obras, para
que possais saber e compreender
que o Pai está em mim, e eu nele.
39 De novo procuravam prendê-lo,
mas ele lhes escapou das mãos.
40 Então novamente Jesus reti-
rou-se para o outro lado do Jordão,
para o lugar onde João tinha an-
teriormente batizado, e ali ficou.
41 Muitos iam procurá-lo, dizen-
do: Embora João não tenha feito
nenhum sinal miraculoso, tudo o
que ele disse a respeito deste ho-
mem era verdade.
42 E muitos ali creram nele.

Lázaro adoece e morre

11 Estava enfermo certo Lázaro,
de Betânia, aldeia de Maria
e de sua irmã Marta.
2 Esta Maria, cujo irmão agora
estava doente, era a mesma que
ungiu o Senhor com bálsamo e lhe
enxugou os pés com os cabelos.
3 Mandaram as irmãs de Lázaro
dizer a Jesus: Senhor, aquele a
quem amas está enfermo.
4 Quando Jesus ouviu isso, dis-
se: Esta enfermidade não acaba-
rá em morte, mas é para a glória
de Deus, para que o Filho de Deus
seja por ela glorificado.
5 Jesus amava Marta, a irmã dela
e Lázaro.
6 Quando, porém, ouviu que Lázaro
adoecera, ficou ainda dois dias no
lugar onde estava.
7 Depois disse aos seus discípu-
los: Voltemos para a Judeia.
8 Disseram os discípulos: Mestre,
recentemente os judeus procura-
vam apedrejar-te, e voltas para lá?
9 Jesus respondeu: Não há doze
horas no dia? Se alguém andar
de dia, não tropeça, pois vê a luz
deste mundo.
10 É quando anda de noite que
tropeça, pois não tem luz.
11 Disse isso e continuou: Nosso
amigo Lázaro dorme, mas vou
despertá-lo.
12 Responderam os discípulos:
Senhor, se dorme, melhorará.
13 Jesus estava falando da sua
morte, mas os discípulos pensa-
vam que ele se referia ao repou-
so do sono.
14 Então Jesus disse claramen-
te: Lázaro está morto,
15 e me alegro, por vossa causa,
de que lá não estivesse, para que
possais crer. Mas vamos até ele.
16 Então Tomé, chamado Dídimo,
disse aos outros discípulos: Vamos
nós também para morrer com ele.

Jesus, a ressurreição e a vida

17 Quando Jesus chegou, já fa-
zia quatro dias que Lázaro havia
sido enterrado.
18 Betânia distava cerca de quin-
ze estádios de Jerusalém
19 e muitos judeus tinham vin-
do visitar Marta e Maria, para
consolá-las acerca de seu irmão.
20 Ouvindo Marta que Jesus vi-
nha, saiu-lhe ao encontro. Maria,
porém, ficou em casa.
21 Disse Marta a Jesus: Senhor,
se tu estivesses aqui, meu irmão
não teria morrido.
22 Ainda agora, porém, sei que
tudo o que pedires a Deus, ele te
concederá.
23 Disse Jesus: Teu irmão res-
suscitará.

24 Respondeu Marta: Eu sei que
ressuscitará na ressurreição, no
último dia.
25 Disse Jesus: Eu sou a ressur-
reição e a vida. Quem crê em mim,
ainda que esteja morto, viverá;
26 e todo aquele que vive e crê em
mim nunca morrerá. Crês nisso?
27 Disse ela: Sim, Senhor, creio
que tu és o Cristo, o Filho de Deus,
que havia de vir ao mundo.
28 Depois que ela disse isso, vol-
tou e chamou Maria, sua irmã,
em particular, dizendo: O Mestre
está aqui e te chama.
29 Quando Maria ouviu isso, le-
vantou-se depressa e foi encon-
trar-se com Jesus.
30 Ora, Jesus ainda não tinha
entrado na aldeia, mas estava no
lugar onde Marta o encontrara.
31 Quando os judeus que esta-
vam com Maria em casa e a con-
solavam perceberam quão rapi-
damente ela se levantara e saíra,
seguiram-na, supondo que ia ao
túmulo para chorar ali.
32 Quando Maria chegou ao lugar
onde Jesus estava e o viu, caiu-
-lhe aos pés, dizendo: Senhor, se
tu estivesses aqui, meu irmão não
teria morrido.
33 Jesus, vendo-a chorar, e tam-
bém chorando os judeus que com
ela vinham, comoveu-se profunda-
mente em espírito e perturbou-se.
34 Perguntou ele: Onde o pusestes?
Responderam: Senhor, vem e vê.
35 Jesus chorou.
36 Então disseram os judeus:
Vede como o amava!
37 Alguns, porém, disseram: Não
podia ele, que abriu os olhos ao
cego, fazer também que este não
morresse?
38 Jesus, comovendo-se profun-
damente outra vez, dirigiu-se ao
sepulcro. Era uma gruta, com
uma pedra posta sobre ela.
39 Disse Jesus: Tirai a pedra. Disse
Marta, irmã do morto: Senhor, já
cheira mal, pois é o quarto dia.
40 Então Jesus lhe disse: Não te
disse que se creres verás a gló-
ria de Deus?
41 Tiraram, então, a pedra. E Jesus,
levantando os olhos para o céu,
disse: Pai, graças te dou porque
me ouviste.
42 Eu sei que sempre me ouves,
mas eu disse isso por causa da
multidão que me rodeia, para
que creiam que tu me enviaste.
43 Tendo dito isso, Jesus clamou
em alta voz: Lázaro, vem para fora!
44 O morto saiu, tendo as mãos
e os pés enfaixados, e o rosto en-
volto num lenço. Disse Jesus:
Desatai-o e deixai-o ir.

A trama para matar Jesus

45 **M**uitos dos judeus que tinham
ido visitar Maria e tinham visto
o que Jesus fizera creram nele.
46 Alguns, porém, foram aos fa-
riseus e contaram o que Jesus ti-
nha feito.
47 **E**ntão os principais sacerdo-
tes e os fariseus convocaram uma
reunião do Sinédrio e disseram:
Que faremos? Este homem rea-
liza muitos sinais miraculosos.
48 Se o deixarmos prosseguir as-
sim, todos crerão nele, e virão os
romanos e tomarão o nosso lugar
e a própria nação.
49 Então um deles, chamado Caifás,
que era sumo sacerdote naquele
ano, disse: Vós nada sabeis!
50 Não percebeis que convém que
um só homem morra pelo povo e
que não pereça toda a nação.
51 Ele não disse isso de si mes-
mo, mas, como sumo sacerdote

naquele ano, profetizou que Jesus morreria.

52 E não somente pela nação, mas também para reunir em um só corpo os filhos de Deus que andavam dispersos.

53 Desde aquele dia, resolveram matá-lo.

54 Portanto, Jesus já não andava publicamente entre os judeus. Mas retirou-se para uma região perto do deserto, uma aldeia chamada Efraim, onde permaneceu com os discípulos.

55 **Q**uando se aproximava a Páscoa dos judeus, muitos daquela região subiram a Jerusalém para se purificar antes da Páscoa.

56 Continuavam procurando Jesus e, estando no templo, diziam uns aos outros: Que vos parece? Não virá ele à festa?

57 Ora, os principais sacerdotes e os fariseus tinham dado ordem para que, se alguém descobrisse onde ele estava, o denunciasse, para o prenderem.

Jesus é ungido em Betânia

Mt 26:6-13; Mc 14:3-9

12 Seis dias antes da Páscoa, Jesus chegou a Betânia, onde vivia Lázaro, a quem ele ressuscitara dentre os mortos.

2 Ofereceram-lhe ali um jantar. Marta servia, e Lázaro estava entre os que se reclinavam à mesa com ele.

3 Então Maria tomou uma libra de um nardo puro, um perfume muito caro, ungiu os pés de Jesus e os enxugou com os seus cabelos. E toda a casa se encheu com a fragrância do perfume.

4 Contudo, um dos discípulos, Judas Iscariotes, que mais tarde o trairia, objetou:

5 Por que não se vendeu este perfume por trezentos denários e não se deu aos pobres?

6 Ele disse isso não pelo cuidado que tivesse com os pobres, mas porque era ladrão; tendo a bolsa de dinheiro, tirava o que nela se lançava.

7 Respondeu Jesus: Deixai-a. Ela guardou este perfume para o dia do meu enterro.

8 Pois vós sempre tereis os pobres convosco, mas a mim nem sempre tereis.

9 **U**ma grande multidão, sabendo que ele estava ali, veio, não só por causa de Jesus, mas também para ver Lázaro, a quem ele ressuscitara dos mortos.

10 Os principais sacerdotes decidiram, então, matar também a Lázaro,

11 pois por causa dele muitos dos judeus iam ter com Jesus e criam nele.

A entrada triunfal

Mt 21:1-11; Mc 11:1-11; Lc 19:28-40

12 **N**o dia seguinte, a grande multidão que viera à festa ouviu que Jesus estava a caminho de Jerusalém.

13 Tomaram ramos de palmeiras e saíram ao seu encontro, gritando:

Hosana!
Bendito é aquele que vem
em nome do Senhor!
Bendito é o rei de Israel!

14 Jesus encontrou um jumentinho e montou nele, como está escrito:

15 Não temas, ó filha de Sião;
vê, o teu Rei vem,
montado num filho
de jumenta.

16 A princípio, seus discípulos não entenderam tudo isso. Só

depois que Jesus foi glorificado
é que se lembraram de que es-
sas coisas estavam escritas a res-
peito dele e que lhe foram feitas.
17 Ora, a multidão que estivera
com ele quando chamara a Lázaro
do túmulo e o levantara dos mor-
tos continuou a espalhar a notícia.
18 Por isso, a multidão lhe saiu
ao encontro, porque tinham ou-
vido que ele fizera este sinal mi-
raculoso.
19 Os fariseus então disseram en-
tre si: Vede, nada conseguimos.
Todo o mundo vai após ele.
20 **O**ra, havia alguns gregos en-
tre os que tinham subido para
adorar no dia da festa.
21 Dirigiram-se a Filipe, que era
de Betsaida da Galileia, e lhe ro-
garam: Senhor, gostaríamos de
ver Jesus.
22 Filipe foi dizê-lo a André, e
André e Filipe o disseram a Jesus.
23 Jesus respondeu: É chegada a
hora em que o Filho do homem
será glorificado.
24 Em verdade, em verdade vos
digo que, se o grão de trigo, caindo
na terra, não morrer, fica só. Mas,
se morrer, produz muito fruto.
25 Quem ama a sua vida, a per-
derá, mas quem odeia a sua vida
neste mundo a guardará para a
vida eterna.
26 Aquele que me serve deve se-
guir-me, e onde eu estiver, ali
estará também o meu servo. E,
se alguém me servir, meu Pai o
honrará.
27 Agora o meu coração está an-
gustiado, e que direi? Pai, salva-
-me desta hora? Mas foi precisa-
mente para esta hora que eu vim.
28 Pai, glorifica o teu nome! Então
veio uma voz do céu: Já o glori-
fiquei e outra vez o glorificarei.
29 A multidão que estava ali e ou-
viu a voz dizia que era um trovão.
Outros diziam: Um anjo lhe falou.
30 Disse Jesus: Não veio esta voz
por causa de mim, mas por cau-
sa de vós.
31 Agora é o tempo do juízo des-
te mundo; agora será expulso o
príncipe deste mundo.
32 Eu, porém, quando for levanta-
do da terra, atrairei todos a mim.
33 Ele dizia isso para mostrar o
tipo de morte pelo qual morreria.
34 A multidão respondeu: Nós te-
mos ouvido da Lei que o Cristo per-
manecerá para sempre. Como di-
zes tu que convém que o Filho do
homem seja levantado? Quem é
esse Filho do homem?
35 Então Jesus lhes disse: A luz
ainda está convosco por um pou-
co. Andai enquanto tendes luz,
para que as trevas não vos apa-
nhem. Quem anda nas trevas não
sabe para onde vai.
36 Enquanto tendes a luz, crede
na luz, para que sejais filhos da
luz. Terminando de dizer estas
coisas, Jesus se retirou e ocul-
tou-se deles.
37 **A**pesar de ter realizado to-
dos esses sinais miraculosos
na presença deles, ainda não
criam nele.
38 Para que se cumprisse a pala-
vra do profeta Isaías:
Senhor, quem creu na nossa pre-
gação?
E a quem foi revelado o braço do
Senhor?
39 Por isso, não podiam crer,
porque como Isaías diz em ou-
tra passagem:
40 Cegou-lhes os olhos
e endureceu-lhes o coração,
a fim de que não vejam com
os olhos

nem compreendam
com o coração
e se convertam e eu os cure.
41 Isaías disse isso porque viu a gló-
ria de Jesus e falou a seu respeito.
42 Contudo, muitos dentre as au-
toridades creram nele. Mas por
causa dos fariseus não confessa-
vam a sua fé, pois tinham medo
de ser expulsos da sinagoga;
43 pois amavam mais a glória dos
homens do que a glória de Deus.
44 Então Jesus clamou: Quem
crê em mim, crê não somente
em mim, mas também naquele
que me enviou.
45 Quem me vê, vê aquele que
me enviou.
46 Eu vim ao mundo como luz,
para que todo aquele que crê em
mim não permaneça nas trevas.
47 Se alguém ouvir as minhas pa-
lavras, mas não as guardar, eu não
o julgo. Pois eu vim não para jul-
gar o mundo, mas para salvá-lo.
48 Quem me rejeita e não recebe
as minhas palavras já tem quem
o julgue: a própria palavra que te-
nho proferido, essa há de julgá-
-lo no último dia.
49 Pois eu não falei de mim mesmo,
mas o Pai, que me enviou, me pres-
creveu o que dizer e de que falar.
50 Eu sei que o seu mandamento
é a vida eterna. Portanto, o que eu
digo, digo-o como o Pai me disse.

Jesus lava os pés dos discípulos

13 Antes da festa da Páscoa,
sabendo Jesus que a sua
hora de passar deste mundo para
o Pai já tinha chegado, como ha-
via amado os seus, que estavam
no mundo, amou-os até o fim.
2 Durante a ceia, tendo já o Diabo
posto no coração de Judas Iscariotes,
filho de Simão, que o traísse,
3 Jesus, sabendo que o Pai tinha
depositado nas suas mãos todas
as coisas e que havia saído de
Deus e ia para Deus,
4 levantou-se da ceia, tirou a vesti-
menta de cima, pegou uma toalha
e a colocou em volta da cintura.
5 Depois colocou água numa ba-
cia e começou a lavar os pés dos
discípulos, enxugando-os com a
toalha que estava em sua cintura.
6 Aproximou-se de Simão Pedro,
que lhe disse: Senhor, tu vais la-
var os meus pés?
7 Respondeu Jesus: O que eu faço
não o sabes agora, mas o com-
preenderás depois.
8 Disse Pedro: Nunca me lavarás
os pés. Respondeu Jesus: Se eu não
te lavar, não tens parte comigo.
9 Respondeu Simão Pedro: Senhor,
não apenas os pés, mas também
as mãos e a cabeça.
10 Disse Jesus: Aquele que já se
banhou não necessita lavar se-
não os pés; no mais está todo lim-
po. Ora, vós estais limpos, mas
não todos.
11 Pois ele sabia quem o havia de
trair. Foi por isso que disse: Nem
todos estais limpos.
12 Tendo terminado de lavar os
pés dos discípulos, Jesus reto-
mou as suas vestes, voltou para
a mesa e perguntou: Entendeis
o que eu fiz?
13 Vós me chamais de Mestre e
Senhor e dizeis bem, pois eu o sou.
14 Ora, se eu, Senhor e Mestre,
vos lavei os pés, vós deveis tam-
bém lavar os pés uns dos outros.
15 Eu vos dei o exemplo, para que
façais o que eu fiz.
16 Em verdade, em verdade vos digo
que o servo não é maior do que o
seu senhor, nem o enviado maior
do que aquele que o enviou.

17 Agora que sabeis estas coisas, bem-aventurados sois se as fizerdes.
18 Não falo de todos vós; eu conheço os que escolhi. Mas isto é para que se cumpra a Escritura: O que come o pão comigo levantou contra mim o seu calcanhar.
19 Digo-vos isso agora, antes que aconteça, para que quando acontecer acrediteis que eu sou.
20 Em verdade, em verdade vos digo: Todo aquele que receber o que eu enviar a mim me recebe; e aquele que me receber recebe aquele que me enviou.

O anúncio da traição

Mt 26:21; Mc 14:18; Lc 22:21,22

21 **T**endo Jesus dito isso, perturbou-se em espírito e afirmou: Em verdade, em verdade vos digo que um de vós me trairá.
22 Os discípulos olharam uns para os outros, sem saber de quem ele falava.
23 Um de seus discípulos, aquele a quem Jesus amava, estava reclinado próximo a Jesus.
24 Simão Pedro fez sinal a este, dizendo: Pergunta de quem o Mestre está falando.
25 Reclinando-se aquele discípulo sobre o peito de Jesus, perguntou: Senhor, quem é?
26 Jesus respondeu: É aquele a quem eu der o pedaço de pão molhado. Então, molhando o pedaço de pão, deu-o a Judas Iscariotes, filho de Simão.
27 Assim que Judas tomou o pão, entrou nele Satanás. Disse-lhe Jesus: O que estás prestes a fazer, faze-o depressa.
28 Todavia nenhum dos que estavam reclinados à mesa compreendeu com que propósito lhe dissera isso.
29 Como era Judas que guardava a bolsa, pensaram alguns que Jesus lhe tivesse dito: Compra o que nos é necessário para a festa, ou que desse alguma coisa aos pobres.
30 Assim que Judas tomou o pedaço de pão, saiu. E era noite.
31 **Q**uando ele saiu, Jesus disse: Agora é glorificado o Filho do homem, e Deus é glorificado nele.
32 Se Deus é glorificado nele, Deus glorificará o Filho em si mesmo e o glorificará imediatamente.
33 Filhinhos, ainda por um pouco estou convosco. Vós me buscareis, e o que eu disse aos judeus, eu o digo a vós também agora: Para onde eu vou vós não podeis ir.
34 Novo mandamento vos dou: Amai-vos uns aos outros. Como eu vos amei, assim também deveis amar uns aos outros.
35 Nisso conhecerão todos que sois meus discípulos, se vos amardes uns aos outros.

Jesus prediz que Pedro o negará

36 **P**erguntou-lhe Simão Pedro: Senhor, para onde vais? Respondeu Jesus: Para onde eu vou, não podes seguir-me agora; mais tarde, porém, me seguirás.
37 Pedro perguntou: Senhor, por que não posso seguir-te agora? Por ti darei a minha vida.
38 Jesus respondeu: Tu darás a tua vida por mim? Em verdade, em verdade te digo que de modo algum cantará o galo antes que me negues três vezes.

Jesus promete voltar

14 Não se turbe o vosso coração. Crede em Deus, crede também em mim.

2 Na casa de meu Pai há mui-
tas moradas. Se não fosse as-
sim, eu o teria dito. Vou preparar-
-vos lugar.
3 E, se eu for e vos preparar lu-
gar, virei outra vez e vos levarei
para mim mesmo, para que onde
eu estou estejais vós também.
4 Vós conheceis o caminho para
onde eu vou.
5 Disse-lhe Tomé: Senhor, nós não
sabemos para onde vais, como
podemos conhecer o caminho?
6 Respondeu-lhe Jesus: Eu sou o ca-
minho, a verdade e a vida. Ninguém
vem ao Pai, senão por mim.
7 Se vós me conhecêsseis, tam-
bém conheceríeis a meu Pai. De
agora em diante o conheceis e
o vistes.
8 Disse-lhe Filipe: Senhor, mos-
tra-nos o Pai, e isso nos basta.
9 Respondeu-lhe Jesus: Há tanto
tempo estou convosco e não me
conheces, Filipe? Quem me vê,
vê o Pai. Como dizes tu: Mostra-
nos o Pai?
10 Não crês tu que eu estou no
Pai e que o Pai está em mim? As
palavras que eu vos digo não as
digo por mim mesmo. Antes, é o
Pai que está em mim quem faz
as obras.
11 Crede-me quando digo que es-
tou no Pai e o Pai está em mim;
pelo menos crede por causa das
mesmas obras.
12 Em verdade, em verdade vos
digo que aquele que crê em mim
também fará as obras que eu faço.
E as fará maiores do que estas,
porque eu vou para o Pai.
13 E farei tudo o que pedirdes em
meu nome, para que o Pai seja
glorificado no Filho.
14 Se me pedirdes alguma coisa
em meu nome, eu o farei.

A promessa do Espírito Santo

15 Se me amais, guardareis os
meus mandamentos.
16 Eu rogarei ao Pai, e ele vos dará
outro Consolador, para que este-
ja convosco para sempre,
17 o Espírito da verdade, que o
mundo não pode receber, porque
não o vê nem o conhece. Mas vós
o conheceis, pois habita convos-
co e estará em vós.
18 Não vos deixarei órfãos; vi-
rei para vós.
19 Ainda um pouco e o mundo
não me verá mais, mas vós me
vereis. Porque eu vivo, vós tam-
bém vivereis.
20 Naquele dia, conhecereis que
estou em meu Pai, e vós em mim,
e eu em vós.
21 Aquele que tem os meus man-
damentos e os guarda, esse é o
que me ama. E quem me ama será
amado por meu Pai, e eu também
o amarei e me manifestarei a ele.
22 Disse-lhe Judas, não o
Iscariotes: Senhor, por que pre-
tendes manifestar-te a nós, e não
ao mundo?
23 Respondeu-lhe Jesus: Se al-
guém me amar, guardará a mi-
nha palavra. Meu Pai o amará,
e viremos para ele e nele fare-
mos morada.
24 Quem não me ama não guar-
da as minhas palavras. Esta pala-
vra que ouvis não é minha, mas
do Pai que me enviou.
25 Tenho-vos dito isso, estando
convosco.
26 O Consolador, o Espírito Santo,
que o Pai enviará em meu nome,
porém, vos ensinará todas as coi-
sas e vos fará lembrar de tudo o
que vos tenho dito.
27 Deixo-vos a paz, a minha paz
vos dou. Não vo-la dou como o

mundo a dá. Não se turbe o vosso
coração nem se atemorize.
28 Ouvistes que eu vos disse: Vou
e voltarei para vós. Se me amásseis, vos alegraríeis porque eu
vou para o Pai, pois o Pai é maior
do que eu.
29 Eu vos disse agora, antes que
aconteça, para que, quando acontecer, vós acrediteis.
30 Já não falarei muito convosco, pois se aproxima o príncipe deste mundo. Ele nada tem
em mim,
31 mas é para que o mundo saiba
que eu amo o Pai e que faço como
o Pai me ordenou. Levantai-vos,
vamo-nos daqui.

A videira e os ramos

15 Eu sou a videira verdadeira, e meu Pai é o agricultor.
2 Todo ramo em mim que não
dá fruto ele o corta, e todo ramo
que produz fruto ele o poda, para que
produza mais fruto ainda.
3 Quanto a vós, já estais limpos
por causa da palavra que vos tenho falado.
4 Permanecei em mim, e eu permanecerei em vós. O ramo de si
mesmo não pode produzir fruto, se
não estiver na videira. Tampouco
vós podeis produzir fruto, se não
permanecerdes em mim.
5 Eu sou a videira, vós sois os ramos. Se alguém permanece em
mim, e eu nele, esse dá muito fruto; sem mim nada podeis fazer.
6 Se alguém não permanecer em
mim, será lançado fora, como o
ramo, e secará; tais ramos são
apanhados, lançados no fogo e
se queimam.
7 Se permanecerdes em mim, e as
minhas palavras permanecerem
em vós, pedireis o que quiserdes
e vos será feito.
8 Nisto é glorificado meu Pai, em
que deis muito fruto, e assim vos
tornareis meus discípulos.
9 Como o Pai me amou, também eu vos amei. Permanecei
no meu amor.
10 Se guardardes os meus mandamentos, permanecereis no
meu amor, assim como eu tenho guardado os mandamentos de meu Pai e permaneço no
seu amor.
11 Tenho-vos dito isto para que
a minha alegria esteja em vós,
e a vossa alegria seja completa.
12 O meu mandamento é este:
Amai-vos uns aos outros como
eu vos amei.
13 Ninguém tem maior amor do
que este, de dar alguém a própria
vida pelos seus amigos.
14 E vós sois meus amigos, se fizerdes o que eu vos mando.
15 Já não vos chamo de servos,
porque o servo não sabe o que
faz o seu senhor. Antes, tenho-vos chamado amigos, pois tudo
o que ouvi de meu Pai vos tenho
dado a conhecer.
16 Não fostes vós que me escolhestes, mas fui eu que vos escolhi
e vos designei para que vades e
deis fruto e o vosso fruto permaneça; a fim de que tudo o que em
meu nome pedirdes ao Pai ele
vos conceda.
17 Isto vos ordeno: Amai-vos uns
aos outros.
18 Se o mundo vos odeia, sabei
que antes de vós me odiou a mim.
19 Se fôsseis do mundo, o mundo
amaria o que era seu. Mas como
não sois do mundo, antes dele vos
escolhi, é por isso que o mundo
vos odeia.

20 Lembrai-vos da palavra que
vos disse: Não é o servo maior do
que o seu senhor. Se eles me per-
seguiram, também vos persegui-
rão. Se guardaram a minha pala-
vra, também guardarão a vossa.
21 Tudo isso, porém, vos farão
por causa do meu nome, pois não
conhecem aquele que me enviou.
22 Se eu não tivesse vindo e lhes
falado, não teriam pecado. Agora,
porém, não têm desculpa do seu
pecado.
23 Aquele que me odeia, odeia
também o meu Pai.
24 Se eu não tivesse feito entre
eles o que nenhum outro fez, não
teriam pecado. Mas agora viram
e odiaram a mim e a meu Pai.
25 É, porém, para que se cumpra
a palavra que está escrita na sua
Lei: Odiaram-me sem motivo.
26 Quando vier o Consolador, que
eu da parte do Pai vos enviarei,
o Espírito da verdade, que proce-
de do Pai, ele testificará de mim.
27 E vós também testificareis, pois
estais comigo desde o princípio.

Últimas instruções aos discípulos

16 Tenho-vos dito essas coi-
sas para que não vos es-
candalizeis.
2 Eles vos expulsarão das sinago-
gas; de fato, vem a hora em que
qualquer que vos matar pensa-
rá estar oferecendo culto a Deus.
3 Isso vos farão porque não co-
nheceram o Pai nem a mim.
4 Tenho-vos dito isso a fim de que,
quando chegar a hora, vos lem-
breis de que já vos tinha preveni-
do. Eu não vos disse isso desde o
princípio porque estava convosco.
5 Agora vou para aquele que me
enviou, e nenhum de vós me per-
gunta: Para onde vais?
6 Antes, porque vos disse isto, o
vosso coração se encheu de tris-
teza.
7 Todavia, digo-vos a verdade:
Convém que eu vá, porque, se eu
não for, o Consolador não virá para
vós; mas, se eu for, eu o enviarei.
8 Quando ele vier, convencerá
o mundo do pecado, da justiça e
do juízo.
9 Do pecado, porque não creem
em mim;
10 da justiça, porque vou para o
Pai, e não me vereis mais;
11 do juízo, porque já o príncipe
deste mundo está julgado.
12 Ainda tenho muito que vos di-
zer, mas vós não o podeis supor-
tar agora.
13 Quando, porém, vier o Espírito
da verdade, ele vos guiará em toda
a verdade. Não falará de si mesmo,
mas dirá tudo o que tiver ouvido
e vos anunciará o que há de vir.
14 Ele me glorificará porque há
de receber do que é meu e há de
anunciar a vós.
15 Tudo o que o Pai tem é meu.
Por isso vos disse que há de re-
ceber do que é meu e há de anun-
ciar a vós.
16 Um pouco, e não me vereis mais;
e um pouco ainda e me vereis.
17 Alguns dos discípulos disse-
ram uns aos outros: Que vem a
ser isto que nos diz? Um pouco, e
não me vereis e um pouco ainda,
e me vereis? E: Vou para o Pai?
18 Diziam eles: Que quer dizer
esse "um pouco"? Não sabemos
o que diz.
19 Jesus percebeu que queriam
interrogá-lo e lhes perguntou:
Indagais entre vós acerca dis-
so que disse: Um pouco, e não
me vereis; e ainda um pouco,
e me vereis?

20 Em verdade, em verdade vos
digo que vós chorareis e vos la-
mentareis enquanto o mundo se
alegra. Vós ficareis tristes, mas
a vossa tristeza se converterá
em alegria.
21 A mulher quando está para
dar à luz sente tristeza, porque
é chegada a sua hora; mas, de-
pois de nascida a criança, já não
se lembra da aflição, pelo pra-
zer de ter vindo um homem ao
mundo.
22 Assim também vós agora, na
verdade, tendes tristeza, mas ou-
tra vez vos verei, e o vosso cora-
ção se alegrará, e a vossa alegria
ninguém poderá tirar.
23 Naquele dia, nada me per-
guntareis. Em verdade, em ver-
dade vos digo que tudo o que pe-
dirdes a meu Pai, em meu nome,
ele vos dará.
24 Até agora nada pedistes em
meu nome. Pedi e recebereis, para
que a vossa alegria seja completa.
25 Disse-vos estas coisas por figu-
ras; vem a hora em que não vos fa-
larei mais por figuras, mas aber-
tamente vos falarei acerca do Pai.
26 Naquele dia, pedireis em meu
nome. Não vos digo que eu roga-
rei por vós ao Pai.
27 Não, o próprio Pai vos ama,
visto que vós me amastes e cres-
tes que vim de Deus.
28 Vim do Pai e entrei no mun-
do; agora deixo o mundo e volto
para o Pai.
29 Disseram os seus discípulos:
Agora falas abertamente e não
usas nenhuma figura.
30 Agora percebemos que sabes
tudo, e não é preciso que alguém
te interrogue. Por isso, cremos
que vieste de Deus.
31 Respondeu Jesus: Credes agora?
32 Mas vem a hora, e já chegou,
em que sereis dispersos cada um
para sua casa. Vós me deixareis
só. Mas não estou só, pois o Pai
está comigo.
33 Disse-vos essas coisas para que
em mim tenhais paz. No mundo
tereis aflições. Mas tende bom
ânimo! Eu venci o mundo.

Jesus ora por si mesmo

17 Tendo dito estas coisas,
Jesus levantou os olhos ao
céu e disse: Pai, é chegada a hora.
Glorifica o teu Filho, para que
também o teu Filho te glorifique.
2 Pois lhe deste autoridade sobre
toda a carne, para que dê a vida
eterna a todos os que lhe deste.
3 Ora, a vida eterna é esta: que co-
nheçam a ti, o único Deus verdadei-
ro, e a Jesus Cristo, a quem enviaste.
4 Eu te glorifiquei na terra, con-
cluindo a obra que me deste para
fazer.
5 E agora, Pai, glorifica-me em
tua presença com a glória que
tinha contigo antes que o mun-
do existisse.

Jesus ora pelos discípulos

6 Manifestei o teu nome aos ho-
mens que me deste do mundo.
Eram teus e os deste a mim, e eles
guardaram a tua palavra.
7 Agora sabem que tudo o que
me deste provém de ti.
8 Pois lhes dei as palavras que
tu me deste, e eles as receberam.
Verdadeiramente conheceram que
saí de ti e creram que me enviaste.
9 Eu rogo por eles. Não rogo pelo
mundo, mas por aqueles que me
deste, pois são teus.
10 Tudo o que tenho é teu, e tudo
o que tens é meu. E neles sou glo-
rificado.

11 Já não permanecerei no mun-
do por muito tempo, mas eles es-
tão no mundo, e eu vou para junto
de ti. Pai santo, guarda-os em teu
nome, o nome que me deste, para
que sejam um, assim como nós.
12 Estando eu com eles no mundo,
guardei-os no nome que me des-
te. Nenhum deles se perdeu, se-
não o filho da perdição, para que
se cumprisse a Escritura.
13 Agora vou para junto de ti, e
isto digo enquanto estou no mun-
do, para que tenham em si a me-
dida completa da minha alegria.
14 Dei-lhes a tua palavra, e o
mundo os odiou, pois não são do
mundo, assim como eu não sou
do mundo.
15 Não peço que os tires do mun-
do, mas que os guardes do mal.
16 Eles não são do mundo, como
eu do mundo não sou.
17 Santifica-os na verdade; a tua
palavra é a verdade.
18 Assim como tu me enviaste
ao mundo, também eu os enviei
ao mundo.
19 Por eles me santifico a mim
mesmo, para que eles também
sejam santificados na verdade.
20 Eu não rogo somente por estes,
mas também por aqueles que pela
sua palavra hão de crer em mim.
21 Para que todos sejam um, como
tu, ó Pai, o és em mim, e eu em ti.
Que eles também sejam um em
nós, para que o mundo creia que
tu me enviaste.
22 Eu lhes dei a glória que tu me
deste, para que sejam um, como
nós somos um:
23 Eu neles, e tu em mim, para
que sejam perfeitos em unidade,
para que o mundo conheça que
tu me enviaste e que os amas-
te como também amaste a mim.
24 Pai, quero que onde eu estiver,
estejam também comigo aqueles
que me deste, para que vejam a
minha glória, a glória que me
deste, porque me amaste antes
da criação do mundo.
25 Pai justo, o mundo não te co-
nheceu, mas eu te conheci, e estes
conheceram que tu me enviaste.
26 Eu lhes dei a conhecer o teu
nome e continuarei a fazê-lo, para
que o amor com que me amas-
te esteja neles, e eu neles esteja.

Jesus é preso

Mt 26:47-56; Mc 14:43-50; Lc 22:47-53

18 Tendo Jesus terminado de
orar, partiu com os discí-
pulos, e atravessaram o vale do
Cedrom. Havia ali um jardim,
onde Jesus entrou com seus dis-
cípulos.
2 Ora, Judas, que o traiu, tam-
bém conhecia aquele lugar, por-
que Jesus muitas vezes se reuni-
ra ali com os discípulos.
3 Então Judas, tendo recebido
a escolta e alguns guardas dos
principais sacerdotes e dos fari-
seus, chegou ao jardim com lan-
ternas, tochas e armas.
4 Sabendo Jesus todas as coi-
sas que sobre ele haviam de vir,
adiantou-se e perguntou-lhes:
A quem buscais?
5 Responderam-lhe: A Jesus de
Nazaré. Disse-lhes Jesus: Sou
eu. E Judas, que o traía, estava
com eles.
6 Quando Jesus lhes disse: Sou
eu, recuaram e caíram por terra.
7 Tornou a perguntar-lhes: A quem
buscais? E disseram: A Jesus de
Nazaré.
8 Respondeu Jesus: Já vos disse
que sou eu. Se é a mim que bus-
cais, deixai ir estes.

9 Isso aconteceu para que se cumprisse a palavra que ele tinha dito: Não perdi nenhum dos que me deste.
10 Então Simão Pedro, que tinha uma espada, puxou-a e feriu o servo do sumo sacerdote, cortando-lhe a orelha direita. O nome do servo era Malco.
11 Jesus, porém, disse a Pedro: Coloca a tua espada na bainha! Não beberei o cálice que o Pai me deu?

Jesus é levado a Anás e Caifás

12 Então a escolta, o comandante e os guardas dos judeus prenderam a Jesus e o amarraram.
13 Levaram-no primeiro a Anás, por ser sogro de Caifás, o sumo sacerdote naquele ano.
14 Caifás era quem tinha aconselhado aos judeus que convinha que um homem morresse pelo povo.

Pedro nega Jesus

Mt 26:69-75; Mc 14:66-72; Lc 22:54-62

15 Simão Pedro e outro discípulo seguiam Jesus. Sendo este discípulo conhecido do sumo sacerdote, entrou com Jesus no pátio do sumo sacerdote.
16 Pedro, porém, ficou de fora, junto à porta. O outro discípulo, que era conhecido do sumo sacerdote, voltou, falou com a porteira e levou Pedro para dentro.
17 A porteira perguntou a Pedro: Não és tu um dos discípulos deste homem? Respondeu ele: Não sou.
18 Fazia frio, e os servos e os guardas estavam em pé ao redor de uma fogueira que tinham feito para se aquecer. Pedro também estava com eles, aquecendo-se.
19 Então o sumo sacerdote interrogou Jesus acerca dos seus discípulos e da sua doutrina.
20 Respondeu-lhe Jesus: Eu falei abertamente ao mundo. Eu sempre ensinei nas sinagogas e no templo, onde todos os judeus se reúnem. Nada disse em oculto.
21 Para que me interrogas? Pergunta aos que me ouviram. Certamente que eles sabem o que eu disse.
22 Quando Jesus disse isso, um dos guardas que ali estavam deu-lhe uma bofetada, dizendo: É assim que respondes ao sumo sacerdote?
23 Respondeu Jesus: Se falei mal, dá testemunho do mal. Mas se falei bem, por que me feres?
24 Então Anás mandou-o, ainda amarrado, ao sumo sacerdote Caifás.

De novo Pedro nega Jesus

25 Simão Pedro continuava de pé, aquecendo-se. Então lhe perguntaram: Não és um dos seus discípulos? Ele negou, dizendo: Não sou.
26 Um dos servos do sumo sacerdote, parente daquele a quem Pedro cortara a orelha, perguntou: Não te vi eu no jardim com ele?
27 De novo Pedro negou, e naquele momento um galo começou a cantar.

Jesus perante Pilatos

Mt 27:1-2, 11-26; Mc 15:1-15; Lc 23:1-7, 13-35

28 Então os judeus levaram Jesus da casa de Caifás para o pretório. Era bem cedo, e para não se contaminarem, mas poderem comer a Páscoa, não entraram na residência oficial do governador romano.

29 Então Pilatos saiu para falar
com eles e lhes perguntou: Que
acusação trazeis contra este ho-
mem?
30 Responderam-lhe: Se este não
fosse malfeitor, não o entregaría-
mos a ti.
31 Disse-lhes Pilatos: Levai-o vós
e julgai-o segundo a vossa lei.
Responderam os judeus: Não nos
é permitido executar a ninguém.
32 Isso aconteceu para que se
cumprisse a palavra que Jesus
tinha dito, significando de que
morte haveria de morrer.
33 Tornou Pilatos a entrar na re-
sidência oficial do governo roma-
no, chamou a Jesus e lhe pergun-
tou: És tu o rei dos judeus?
34 Respondeu Jesus: Dizes isso
de ti mesmo ou outros te disse-
ram isso de mim?
35 Replicou Pilatos: Sou eu ju-
deu? A tua nação e os principais
sacerdotes te entregaram a mim.
Que fizeste?
36 Respondeu Jesus: O meu Reino
não é deste mundo. Se fosse, os
meus súditos combateriam para
que eu não fosse entregue aos ju-
deus. Mas agora o meu Reino não
é daqui.
37 Perguntou Pilatos: Então, tu
és rei? Respondeu Jesus: Tu di-
zes que eu sou rei. Eu para isso
nasci e para isso vim ao mundo, a
fim de dar testemunho da verda-
de. Todo aquele que é da verdade
ouve a minha voz.
38 Perguntou Pilatos: Que é a
verdade? Tendo dito isso, voltou
a falar com os judeus e lhes dis-
se: Não acho nele crime algum.
39 É vosso costume, porém, que
eu vos solte alguém por ocasião
da Páscoa. Quereis que vos solte
o rei dos judeus?
40 Todos começaram a gritar:
Este não, mas Barrabás! Ora,
Barrabás era um assaltante.

Jesus é condenado à morte de cruz

19 Então Pilatos pegou a Jesus
e mandou açoitá-lo.
2 Os soldados teceram uma coroa
de espinhos, puseram-na em sua
cabeça, e vestiram-no com um
manto de púrpura.
3 Aproximando-se dele, diziam:
Salve, rei dos judeus! E davam-
-lhe bofetadas.
4 De novo, Pilatos saiu e lhes dis-
se: Vede! Eu o trago para vós para
que saibais que não acho nele cri-
me algum.
5 Quando Jesus saiu, trazendo a
coroa de espinhos e o manto de
púrpura, Pilatos lhes disse: Eis o
homem!
6 Vendo-o os principais sacer-
dotes e os seus guardas, grita-
ram: Crucifica-o! Crucifica-o!
Mas Pilatos respondeu: Tomai-o
vós e crucificai-o. Eu não acho
nele crime algum.
7 Responderam os judeus: Nós te-
mos uma lei, e segundo essa lei
ele deve morrer, porque se fez fi-
lho de Deus.
8 Tendo Pilatos ouvido esta de-
claração, mais atemorizado ficou.
9 Entrando de novo na residên-
cia oficial, disse a Jesus: De
onde vens? Mas Jesus não deu
resposta.
10 Disse Pilatos: Não me respon-
des? Não sabes que tenho autori-
dade para te soltar e para te cru-
cificar?
11 Respondeu Jesus: Nenhuma
autoridade terias contra mim, se
de cima não te fosse dada. Aquele,
porém, que me entregou a ti maior
pecado tem.

12 Desde então Pilatos procura-
va soltar Jesus, mas os judeus
continuavam a gritar: Se solta-
res a este, não és amigo de César.
Qualquer que se faz rei se opõe
a César.
13 Ouvindo Pilatos essas palavras,
levou Jesus para fora e sentou-se
no tribunal, no lugar chamado
Pavimento, em hebraico Gábata.
14 Era o dia da preparação da
Páscoa, e quase meio-dia. Disse
Pilatos aos judeus: Eis o vosso rei.
15 Eles, porém, gritaram: Fora!
Fora! Crucifica-o! Perguntou-lhes
Pilatos: Hei de crucificar o vos-
so rei? Responderam os princi-
pais sacerdotes: Não temos rei,
senão César.
16 Finalmente Pilatos o entregou
para ser crucificado.

A crucificação

Mt 27:33-44; Mc 15:22-32; Lc 23:33-43

17 Então os soldados levaram
Jesus. Ele próprio, levando a sua
cruz, saiu para o lugar chamado
Caveira, que em hebraico se cha-
ma Gólgota,
18 onde o crucificaram, e com
ele outros dois, um de cada lado,
e Jesus no meio.
19 Pilatos mandou escrever um
título e o fez pregar na cruz. Nele
estava escrito: JESUS DE NAZARÉ,
O REI DOS JUDEUS.
20 Muitos dos judeus leram este
título, pois o lugar onde Jesus fora
crucificado era próximo da cida-
de, e estava escrito em hebraico,
latim e grego.
21 Disseram os principais sacer-
dotes dos judeus a Pilatos: Não es-
crevas o rei dos judeus, mas que
ele disse: Sou o rei dos judeus.
22 Respondeu Pilatos: O que es-
crevi, escrevi.
23 Tendo os soldados crucificado
Jesus, tomaram as suas vestes e
dividiram-nas em quatro partes,
uma para cada soldado. Tomaram
também a túnica, que era sem cos-
tura, toda tecida, numa só peça,
de alto a baixo.
24 Disseram uns aos outros:
Não a rasguemos, mas lance-
mos sortes sobre ela para ver de
quem será. Isso aconteceu para
que se cumprisse a Escritura:
Dividiram entre si as minhas
vestes, e sobre a minha túnica
lançaram sortes. Foi o que fize-
ram os soldados.
25 Junto à cruz de Jesus estava a
sua mãe, a irmã dela, e Maria, mu-
lher de Clopas, e Maria Madalena.
26 Vendo Jesus ali a sua mãe, e
que o discípulo a quem ele amava
estava presente, disse à sua mãe:
Mulher, eis o teu filho.
27 Depois, disse ao discípulo:
Eis a tua mãe. Dessa hora em
diante o discípulo a recebeu em
sua casa.

A morte de Jesus

28 Mais tarde, sabendo Jesus que
tudo estava consumado e, para
que a Escritura se cumprisse,
disse: Tenho sede!
29 Estava ali um vaso cheio de
vinagre. Embeberam de vinagre
uma esponja, colocaram-na numa
vara de hissopo e chegaram-na à
sua boca.
30 Quando Jesus recebeu o vi-
nagre, disse: Está consumado!
E inclinando a cabeça, entregou
o espírito.
31 Como era o dia da prepara-
ção, os judeus, para que os cor-
pos não ficassem na cruz duran-
te o sábado, porque esse sábado
era um grande dia, rogaram a

Pilatos que se lhes quebrassem as
pernas e fossem tirados da cruz.
32 Foram os soldados e quebraram as pernas do primeiro e do outro que com ele fora crucificado.
33 Chegando-se, porém, a Jesus, e vendo-o já morto, não lhe quebraram as pernas.
34 Contudo, um dos soldados trespassou-lhe o lado com uma lança, e imediatamente saiu sangue e água.
35 Aquele que o viu testificou, e o seu testemunho é verdadeiro. Ele sabe que é verdade o que diz, para que também vós o creiais.
36 Estas coisas aconteceram para que se cumprisse a Escritura: Nenhum dos seus ossos será quebrado.
37 E como diz outra Escritura: Olharão para aquele a quem trespassaram.

O sepultamento de Jesus

Mt 27:57-61; Mc 15:42-47; Lc 23:50-56

38 Depois disso, José de Arimateia, que era discípulo de Jesus, mas em oculto, por temer os judeus, pediu a Pilatos que lhe permitisse tirar o corpo de Jesus. Com a permissão de Pilatos, ele foi, tirou o corpo da cruz e o levou.
39 Foi também Nicodemos, aquele que anteriormente se dirigira de noite a Jesus, levando quase cem libras de uma mistura de mirra e aloés.
40 Tomaram o corpo de Jesus e o envolveram em lençóis de linho com as especiarias, como os judeus costumam fazer, na preparação para o sepultamento.
41 No lugar em que Jesus foi crucificado, havia um jardim, e no jardim um sepulcro novo, no qual ainda ninguém havia sido posto.
42 Porque o sepulcro ficava perto, e por causa da preparação dos judeus, puseram ali o corpo de Jesus.

A ressurreição de Jesus

Mt 28:1-10; Mc 16:1-8; Lc 24:1-12

20 Na madrugada do primeiro dia da semana, sendo ainda escuro, Maria Madalena foi ao sepulcro e viu que a pedra fora removida da entrada.
2 Correu ela ao encontro de Simão Pedro e do outro discípulo, a quem Jesus amava, e lhes disse: Tiraram do sepulcro o Senhor, e não sabemos onde o colocaram.
3 Então Pedro saiu com o outro discípulo, e foram ao sepulcro.
4 Os dois correram juntos, mas o outro discípulo correu mais depressa do que Pedro e chegou primeiro ao sepulcro.
5 Abaixando-se, viu no chão os lençóis de linho, mas não entrou.
6 Chegou Simão Pedro, que o seguia, entrou no sepulcro e viu no chão os lençóis
7 e o lenço, que cobrira a cabeça de Jesus. O lenço não estava com os lençóis, mas enrolado num lugar à parte.
8 Finalmente entrou também o outro discípulo, que chegara primeiro ao sepulcro, e viu e creu.
9 Ainda não haviam compreendido que, conforme a Escritura, era necessário que ele ressuscitasse dos mortos.

Jesus aparece a Maria Madalena

10 Então os discípulos voltaram para casa.
11 Maria, porém, ficou chorando junto à entrada do sepulcro. Enquanto chorava, abaixou-se para olhar para dentro do sepulcro

12 e viu dois anjos vestidos de
branco, assentados onde estive-
ra o corpo de Jesus, um à cabe-
ceira e outro aos pés.
13 Os anjos lhe perguntaram:
Mulher, por que choras? Ela res-
pondeu: Levaram o meu Senhor,
e não sei onde o puseram.
14 Tendo dito isso, voltou-se e viu
a Jesus ali em pé, mas não perce-
beu que era Jesus.
15 Perguntou-lhe Jesus: Mulher,
por que choras? A quem procu-
ras? Pensando tratar-se do jardi-
neiro, ela respondeu: Senhor, se
tu o levaste, dize-me onde o pu-
seste, e eu o irei buscar.
16 Disse-lhe Jesus: Maria! Ela,
voltando-se, disse em hebraico:
Rabôni! (que quer dizer Mestre).
17 Disse-lhe Jesus: Não me de-
tenhas, pois ainda não voltei ao
Pai. Mas vai ter com meus ir-
mãos e dize-lhes: Eu volto para
meu Pai e vosso Pai, meu Deus e
vosso Deus.
18 Maria Madalena foi e anun-
ciou aos discípulos: Vi o Senhor!
E contou o que ele lhe dissera.

Jesus aparece aos discípulos

Lc 24:36-43

19 Chegada a tarde daquele dia,
o primeiro da semana, e estando
fechadas as portas do lugar onde
estavam os discípulos, com medo
dos judeus, chegou Jesus, pôs-se
no meio deles e lhes disse: Paz
seja convosco!
20 Tendo dito isso, mostrou-lhes
as mãos e o lado. Os discípulos se
alegraram ao verem o Senhor.
21 Disse-lhes Jesus de novo: Paz
seja convosco! Assim como o Pai
me enviou, eu vos envio.
22 Dizendo isso, soprou sobre eles
e disse: Recebei o Espírito Santo.
23 Se perdoardes os pecados de
alguém, estarão perdoados; se
não os perdoardes, não estarão
perdoados.

Jesus aparece a Tomé

24 Ora, Tomé, chamado Dídimo,
um dos Doze, não estava com eles
quando apareceu Jesus.
25 Disseram-lhe então os outros
discípulos: Vimos o Senhor. Mas
ele respondeu: Se eu não vir o si-
nal dos cravos em suas mãos, não
puser ali o dedo e não puser a mão
no seu lado, de maneira nenhu-
ma o crerei.
26 Oito dias mais tarde, estavam
de novo os discípulos dentro de
casa, e Tomé com eles. Embora
as portas estivessem trancadas,
Jesus chegou, apresentou-se no
meio deles e disse: Paz seja con-
vosco!
27 Então disse a Tomé: Põe aqui
o teu dedo; vê as minhas mãos.
Estenda a tua mão e coloque-a
no meu lado. Não sejas incrédu-
lo, mas crente.
28 Disse-lhe Tomé: Senhor meu
e Deus meu!
29 Então Jesus lhe disse: Porque
me viste, creste. Bem-aventurados
os que não viram e creram.
30 Jesus operou na presença de
seus discípulos muitos outros si-
nais miraculosos que não estão
escritos neste livro.
31 Estes, porém, foram escritos
para que creiais que Jesus é o
Cristo, o filho de Deus, e para que,
crendo, tenhais vida em seu nome.

Jesus aparece a alguns discípulos

21 Depois disso, Jesus se mani-
festou novamente aos discí-
pulos junto ao mar de Tiberíades.
Manifestou-se assim:

2 Estavam juntos Simão Pedro,
Tomé, chamado Dídimo, Natanael,
de Caná da Galileia, os filhos de
Zebedeu, e outros dois discípulos.
3 Disse-lhes Simão Pedro: Vou
pescar. Disseram-lhe eles: Nós
também vamos contigo. Saíram
e entraram no barco, mas naque-
la noite nada apanharam.
4 Logo pela manhã, Jesus se apre-
sentou na praia, mas os discípulos
não reconheceram que era Jesus.
5 Então Jesus lhes disse: Filhos,
tendes alguma coisa de comer?
Responderam-lhe: Não.
6 Disse-lhes ele: Lançai a rede
à direita do barco e achareis.
Lançaram-na, então, e já não po-
diam tirar a rede, por causa da
quantidade de peixes.
7 Aquele discípulo a quem Jesus
amava disse a Pedro: É o Senhor!
Assim que Simão Pedro ouviu
que era o Senhor, vestiu a capa,
pois se havia despido, e lançou-
-se ao mar.
8 Os outros discípulos seguiram
no barco, puxando a rede cheia
de peixes, pois não estavam dis-
tantes da terra, senão quase du-
zentos côvados.
9 Quando saltaram em terra, vi-
ram brasas acesas, tendo por cima
peixe e pão.
10 Disse-lhes Jesus: Trazei al-
guns dos peixes que apanhastes.
11 Simão Pedro entrou no barco
e puxou a rede para a terra, cheia
de cento e cinquenta e três gran-
des peixes, e mesmo sendo tantos
a rede não se rompeu.
12 Disse-lhes Jesus: Vinde, co-
mei. Nenhum dos discípulos ou-
sava perguntar-lhe: Quem és tu?
Sabiam que era o Senhor.
13 Veio Jesus, tomou o pão e lhes
deu, e semelhantemente o peixe.
14 Era a terceira vez que Jesus se
manifestava aos discípulos, depois
de ter ressuscitado dos mortos.

Jesus interroga Pedro

15 Depois de terem comido, Jesus
perguntou a Simão Pedro: Simão,
filho de João, amas-me mais do
que estes? Ele respondeu: Sim,
Senhor, tu sabes que te amo. Disse-
-lhe: Apascenta os meus cordeiros.
16 Tornou a perguntar-lhe: Simão,
filho de João, amas-me? Ele respon-
deu: Sim, Senhor, tu sabes que te
amo. Disse-lhe Jesus: Apascenta
as minhas ovelhas.
17 Perguntou-lhe pela terceira
vez: Simão, filho de João, amas-
-me? Simão entristeceu-se por
Jesus lhe ter perguntado pela ter-
ceira vez: Amas-me? E respon-
deu: Senhor, tu sabes tudo, tu sa-
bes que eu te amo. Disse Jesus:
Apascenta as minhas ovelhas.
18 Em verdade, em verdade te digo
que, quando eras mais moço, te
vestia a ti mesmo e andavas por
onde querias; mas, quando fores
velho, estenderás as mãos e outro
te vestirás e te levará para onde
não queres.
19 Jesus disse isso significando
com que tipo de morte havia ele
de glorificar a Deus. Então lhe
disse: Segue-me!
20 Pedro, voltando-se, viu que o
seguia o discípulo a quem Jesus
amava, que na ceia se reclinara so-
bre o seu peito e dissera: Senhor,
quem é que te há de trair?
21 Vendo-o Pedro, perguntou a
Jesus: Senhor, e deste que será?
22 Respondeu-lhe Jesus: Se eu que-
ro que ele permaneça até que eu ve-
nha, que te importa? Segue-me tu.
23 Então divulgou-se entre os ir-
mãos este dito, que aquele discípulo

não haveria de morrer. Jesus, porém, não disse que ele não morreria; mas: Se eu quero que ele permaneça até que eu venha, que te importa?
24 **E**ste é o discípulo que testifica destas coisas e as escreveu. Sabemos que o seu testemunho é verdadeiro.
25 **J**esus fez muitas outras coisas. Se cada uma delas fosse escrita, estou certo de que nem ainda o mundo todo poderia conter os livros que seriam escritos.

ATOS

Introdução. A ascensão

1 Fiz o primeiro relato, ó Teófilo,
acerca de tudo o que Jesus co-
meçou não só a fazer, mas tam-
bém a ensinar,
2 até o dia em que foi elevado ao
céu, depois de ter dado manda-
mentos, pelo Espírito Santo, aos
apóstolos que escolhera.
3 Aos quais também, depois de
ter morrido, se apresentou vivo,
com muitas e incontestáveis pro-
vas, sendo visto por eles pelo pe-
ríodo de quarenta dias, e falan-
do a respeito do Reino de Deus.
4 E, certa ocasião, estando co-
mendo com eles, ordenou-lhes:
Não vos ausenteis de Jerusalém,
mas esperai a promessa do Pai, a
qual de mim ouvistes.
5 Pois João batizou com água, mas
vós sereis batizados com o Espírito
Santo, dentro de poucos dias.
6 Aqueles que se haviam reuni-
do perguntaram-lhe: Senhor, res-
taurarás tu neste tempo o reino
a Israel?
7 Ele lhes disse: Não vos impor-
ta saber os tempos ou as épocas
que o Pai determinou pelo seu
próprio poder.
8 No entanto, recebereis poder,
ao descer sobre vós o Espírito
Santo, e sereis minhas testemu-
nhas, tanto em Jerusalém como
em toda a Judeia e Samaria, e até
os confins da terra.
9 Depois que lhes disse isto,
vendo-o eles, foi elevado às altu-
ras e uma nuvem o recebeu, en-
cobrindo-o a seus olhos.
10 E, estando eles com os olhos
fixos no céu enquanto ele subia,
de repente junto deles se puseram
dois homens vestidos de branco,
11 os quais lhes disseram: Varões
galileus, por que estais olhando
para o céu? Esse Jesus, que dentre
vós foi elevado ao céu, há de vir,
assim como para o céu o vistes ir.
12 Então voltaram para Jerusalém,
vindo do monte chamado das
Oliveiras, que fica perto de
Jerusalém, à distância da cami-
nhada de um sábado.
13 Tendo chegado, subiram ao
aposento onde estavam hospeda-
dos. Estavam presentes: Pedro e
Tiago, João e André, Filipe e Tomé,
Bartolomeu e Mateus; Tiago, fi-
lho de Alfeu, Simão, o Zelote, e
Judas, filho de Tiago.
14 Todos esses perseveravam jun-
tos em oração e súplicas, com as
mulheres, com Maria, mãe de
Jesus, e com seus irmãos.

Matias substitui Judas

15 Naqueles dias, levantando-se
Pedro no meio dos discípulos (ora,
a multidão reunida era de qua-
se cento e vinte pessoas), disse:
16 Irmãos, era necessário que
se cumprisse a Escritura que o
Espírito Santo disse pela boca de
Davi acerca de Judas, que foi o guia
daqueles que prenderam Jesus;
17 ele foi contado conosco e par-
ticipou deste ministério.
18 Ora, este adquiriu um campo
como recompensa do pecado; e,
jogando-se de cabeça, partiu-se
ao meio, e todas as suas entra-
nhas se derramaram.
19 E todos os que habitam em
Jerusalém ficaram sabendo do

acontecido, de maneira que na
sua própria língua esse campo se
chama Acéldama, isto é, Campo
de Sangue.
20 Pois no Livro dos Salmos está
escrito:

Fique deserta a sua habitação,
e não haja quem nela
habite, e:
tome outro a sua liderança.

21 Portanto, é necessário que dos
homens que conviveram conosco todo o tempo em que o Senhor
Jesus viveu entre nós,
22 começando desde o batismo
de João até o dia em que dentre
nós foi elevado ao céu, que um
deles esteja conosco e sirva de
testemunha da sua ressurreição.
23 Indicaram dois: José, chamado Barsabás, que tinha por sobrenome o Justo, e Matias.
24 Então oraram, dizendo: Tu,
Senhor, conhecedor dos corações de todos, mostra qual destes dois escolhestes,
25 para que tome parte neste ministério e apostolado, de que Judas
se desviou para ir ao seu próprio
lugar.
26 Lançando-lhes sortes, caiu a
sorte sobre Matias. E por unanimidade foi contado com os onze
apóstolos.

A descida do Espírito Santo

2 Aproximando-se o dia de
Pentecoste, estavam todos reunidos no mesmo lugar.
2 De repente veio do céu um som,
como de um vento muito forte, e
encheu toda a casa onde estavam
assentados.
3 E viram línguas repartidas,
como que de fogo, as quais pousaram sobre cada um deles.
4 Todos foram cheios do Espírito
Santo, e começaram a falar em outras línguas, conforme o Espírito
Santo lhes concedia que falassem.
5 Em Jerusalém estavam habitando judeus, homens religiosos,
de todas as nações que estão debaixo do céu.
6 Ouvindo aquela voz, ajuntou-se uma multidão, e estava confusa, porque cada um os ouvia falar na sua própria língua.
7 E todos pasmavam e se maravilhavam, perguntando uns aos
outros: Não são galileus todos
esses homens que estão falando?
8 Então, como é que os ouvimos,
cada um, na nossa própria língua nativa?
9 Partos, medos e elamitas e os
que habitam na Mesopotâmia,
Judeia e Capadócia, Ponto e Ásia,
10 Frígia e Panfília, Egito e regiões da Líbia perto de Cirene, forasteiros romanos, tanto judeus
como convertidos ao judaísmo,
11 cretenses e árabes — todos
os temos ouvido em nossas próprias línguas falar das grandezas de Deus.
12 Todos se maravilhavam e estavam perplexos, perguntando uns
aos outros: Que quer dizer isto?
13 Outros, porém, zombando, diziam: Estão embriagados.

O discurso de Pedro no dia de Pentecoste

14 Pedro, porém, pondo-se em
pé com os Onze, levantou a voz,
e disse-lhes: Homens judeus, e todos os que habitais em Jerusalém,
seja-vos isto compreendido; escutai as minhas palavras.
15 Estes homens não estão embriagados, como vós pensais, sendo a terceira hora do dia.

16 Isto, porém, é o que foi dito
pelo profeta Joel:
17 Nos últimos dias, diz Deus,
do meu Espírito derramarei
sobre toda a carne.
Os vossos filhos e as vossas
filhas profetizarão,
os vossos jovens terão visões,
e os vossos velhos sonharão.
18 E também do meu Espírito
derramarei
sobre os meus servos e as
minhas servas
naqueles dias, e profetizarão.
19 Farei maravilhas,
em cima no céu,
e sinais embaixo, na terra,
sangue, fogo e vapor
de fumaça.
20 O sol se transformará em trevas,
e a lua em sangue
antes de chegar o grande e
glorioso dia do Senhor.
21 E todo aquele que invocar
o nome do Senhor, será salvo.
22 Homens israelitas, escutai es-
tas palavras: Jesus de Nazaré foi
homem aprovado por Deus en-
tre vós com maravilhas, prodí-
gios e sinais, que Deus; por ele
fez entre vós, como vós mesmos
bem sabeis.
23 Este homem vos foi entre-
gue pelo determinado propósi-
to e conhecimento antecipado
de Deus; tomando-o vós, o cru-
cificastes e matastes pelas mãos
de ímpios.
24 Deus, porém, o ressuscitou,
soltos os laços da morte, porque
não era possível que fosse deti-
do por eles.
25 A respeito dele, disse Davi:
Sempre via diante de mim o
Senhor.
Porque está à minha direita,
não serei abalado.
26 Por isso se alegrou o meu
coração, e a minha
língua exultou;
ainda a minha carne há
de viver em esperança,
27 porque não deixarás a minha
alma na morte,
nem permitirás que o
teu Santo passe por
decomposição.
28 Fizeste-me conhecidos os
caminhos da vida;
com a tua face me encherás
de alegria.
29 Irmãos, deixe-me dizer clara-
mente que o patriarca Davi mor-
reu e foi sepultado, e entre nós
está até hoje a sua sepultura.
30 Ele, porém, era profeta e sa-
bia que Deus lhe havia prome-
tido com juramento que da sua
descendência levantaria o Cristo
para o assentar sobre o seu trono.
31 Prevendo isso, disse da res-
surreição de Cristo que a sua
alma não foi abandonada no tú-
mulo, nem a sua carne sofreu
decomposição.
32 Deus ressuscitou a este Jesus,
do que todos nós somos testemu-
nhas.
33 De modo que, exaltado pela
destra de Deus, e tendo recebi-
do do Pai a promessa do Espírito
Santo, derramou isto que vós ago-
ra vedes e ouvis.
34 Pois Davi não subiu aos céus,
mas ele próprio disse:
Disse o Senhor ao meu
Senhor:
Assenta-te à minha direita,
35 até que ponha os teus inimigos
por estrado de teus pés.
36 Portanto, saiba com certeza
todo o Israel que a este Jesus, a
quem vós crucificastes, Deus o
fez Senhor e Cristo.

As primeiras conversões

37 Ouvindo eles isto, afligiram-
-se em seu coração e pergunta-
ram a Pedro e aos demais após-
tolos: Que faremos, irmãos?
38 Disse-lhes Pedro: Arrependei-
-vos, e cada um de vós seja batiza-
do em nome de Jesus Cristo, para
perdão dos pecados. E recebereis
o dom do Espírito Santo.
39 A promessa diz respeito a vós,
a vossos filhos, a todos os que es-
tão longe e a tantos quantos Deus
nosso Senhor chamar.
40 Com muitas outras palavras
dava testemunho, e os advertia,
dizendo: Salvai-vos desta gera-
ção corrompida.
41 Os que de bom grado recebe-
ram a sua palavra foram batiza-
dos, e naquele dia acrescentaram-
-se quase três mil almas.
42 E perseveravam na doutrina
dos apóstolos, na comunhão, no
partir do pão e nas orações.
43 Em cada alma havia temor, e
muitas maravilhas e sinais eram
feitos pelos apóstolos.
44 Todos os que criam estavam
juntos e tinham tudo em comum.
45 Vendiam suas propriedades e
bens e repartiam com todos, con-
forme a necessidade de cada um.
46 Perseverando unânimes to-
dos os dias no templo e partin-
do o pão em casa, comiam jun-
tos com alegria e sinceridade de
coração,
47 louvando a Deus e caindo na
graça de todo o povo. E todos os
dias acrescentava o Senhor à igre-
ja aqueles que iam sendo salvos.

A cura de um coxo; discurso de Pedro no templo

3 Pedro e João subiam juntos ao
templo à hora da oração, a nona.
2 Ora, era trazido um homem
que desde o ventre da mãe era
coxo, o qual todos os dias coloca-
vam na porta do templo, chama-
da Formosa, para pedir esmola
aos que entravam.
3 Vendo Pedro e João, que iam
entrando no templo, pediu que
lhe dessem uma esmola.
4 Pedro, com João, pondo fixa-
mente os olhos nele, disse: Olha
para nós.
5 E olhou para eles, esperando
receber alguma coisa.
6 Disse Pedro: Não tenho pra-
ta nem ouro, mas o que tenho te
dou. Em nome de Jesus Cristo, o
nazareno, levanta-te e anda.
7 Tomando-o pela mão direita, o
levantou, e logo os seus pés e tor-
nozelos se firmaram.
8 Saltando ele, pôs-se em pé e co-
meçou a andar. Então entrou com
eles no templo, andando, saltan-
do, e louvando a Deus.
9 Quando todo o povo o viu an-
dar e louvar a Deus,
10 reconheceram-no como o mes-
mo homem que se assentava a pedir
esmola à porta Formosa do templo,
e ficaram perplexos e admirados
pelo que lhe acontecera.
11 E, apegando-se o coxo a Pedro
e João, todo o povo correu maravi-
lhado para junto deles, ao Pórtico
de Salomão.
12 Quando Pedro viu isso, disse
ao povo: Homens israelitas, por
que vos maravilhais disto? Ou
por que olhais tanto para nós,
como se por nosso próprio poder
ou santidade tivéssemos feito an-
dar este homem?
13 O Deus de Abraão, de Isaque
e de Jacó, o Deus de nossos pais,
glorificou a seu filho Jesus, a
quem vós entregastes, e perante

a face de Pilatos negastes, tendo
ele determinado que fosse solto.
14 No entanto, vós negastes o
Santo e o Justo, e pedistes que se
vos desse um assassino.
15 Matastes o Autor da vida, ao
qual Deus ressuscitou dos mortos,
do que nós somos testemunhas.
16 Pela fé no nome de Jesus, este
homem a quem vedes e conheceis
foi curado. Foi a fé que vem pelo
nome de Jesus que deu a este, na
presença de todos vós, esta per-
feita saúde.
17 Ora, irmãos, eu sei que o fizes-
tes por ignorância, como também
as vossas autoridades.
18 Deus, porém, cumpriu o que já
antes pela boca de todos os seus
profetas havia anunciado, que o
Cristo haveria de sofrer.
19 Arrependei-vos, pois, e convertei-
-vos, para que sejam apagados os
vossos pecados, e venham assim
os tempos de descanso pela pre-
sença do Senhor.
20 E envie ele a Jesus Cristo, que
já antes vos foi pregado.
21 Convém que no céu ele perma-
neça até os tempos da restaura-
ção de tudo, dos quais Deus falou
pela boca de todos os seus santos
profetas, desde o princípio.
22 Pois Moisés disse: O Senhor,
o vosso Deus, levantará dentre
vossos irmãos um profeta seme-
lhante a mim; a ele ouvireis em
tudo o que vos disser.
23 Todo aquele que não escutar
esse profeta será exterminado
dentre o povo.
24 Todos os profetas, desde Samuel,
e todos quantos depois falaram
também anunciaram estes dias.
25 Vós sois os filhos dos profetas e
da aliança que Deus fez com vos-
sos pais, dizendo a Abraão: Na tua
descendência serão abençoados
todos os povos da terra.
26 Ressuscitando Deus a seu Filho
Jesus, primeiro o enviou a vós,
para que nisso vos abençoasse,
ao desviar-se, cada um, das suas
maldades.

Pedro e João perante o Sinédrio

4 Estando eles falando ao povo,
sobrevieram os sacerdotes, o
capitão do templo e os saduceus.
2 Perturbaram-se muito de que
ensinassem o povo e anunciassem
em Jesus a ressurreição dentre
os mortos.
3 Agarraram-nos e os trancaram
na prisão até o dia seguinte, por-
que era já tarde.
4 Muitos, porém, dos que ouviram
a palavra, creram, e chegou o nú-
mero desses a quase cinco mil.
5 No dia seguinte reuniram-se em
Jerusalém suas autoridades, os lí-
deres religiosos, os mestres da lei,
6 Anás, o sumo sacerdote, Caifás,
João, Alexandre e todos os que
eram da linhagem do sumo sa-
cerdote.
7 Colocando Pedro e João no meio,
perguntaram: Com que poder ou
em nome de quem fizestes isto?
8 Então Pedro, cheio do Espírito
Santo, lhes disse: Autoridades
do povo, e vós, líderes religiosos
de Israel.
9 Visto que hoje somos interro-
gados acerca do benefício feito a
um homem enfermo, e do modo
pelo qual foi curado,
10 seja conhecido de vós todos, e
de todo o povo de Israel, que em
nome de Jesus Cristo, o nazare-
no, aquele a quem vós crucificas-
tes, mas a quem Deus ressuscitou
dentre os mortos, em nome desse é
que este está curado diante de vós.

11 Ele é a pedra
que foi rejeitada por vós,
os construtores,
a qual foi posta por cabeça
de esquina.
12 Em nenhum outro há salva-
ção, pois também debaixo do céu
nenhum outro nome há, dado en-
tre os homens, pelo qual devamos
ser salvos.
13 Então eles, vendo a ousadia de
Pedro e João, e informados de que
eram homens comuns e sem instru-
ção, se maravilharam e admitiam
que eles haviam estado com Jesus.
14 Vendo, porém, com eles o ho-
mem que fora curado, nada ti-
nham que dizer contra eles.
15 Todavia, mandando-os embora
do Sinédrio, discutiam entre si:
16 Que havemos de fazer a esses
homens? A todos os que habi-
tam em Jerusalém é sabido que
por eles foi feito um sinal claro,
e não o podemos negar.
17 Para que isto, porém, não se
espalhe mais entre o povo, con-
vençamo-los para que não falem
mais nesse nome a homem algum.
18 Chamando-os, ordenaram-lhes
que de modo algum falassem nem
ensinassem no nome de Jesus.
19 Responderam, porém, Pedro e
João: Julgai vós se é justo, dian-
te de Deus, obedecer antes a vós
do que a Deus?
20 Pois não podemos deixar de fa-
lar do que temos visto e ouvido.
21 Eles, porém, ainda os amea-
çaram mais e, não achando mo-
tivo para os castigar, deixaram-
-nos ir por causa do povo. Porque
todos glorificavam a Deus pelo
que acontecera,
22 pois o homem em quem se
operara aquele milagre de saú-
de tinha mais de quarenta anos.
23 **S**oltos, eles foram para os seus
e contaram tudo o que lhes disse-
ram os principais sacerdotes e os
líderes religiosos do povo.
24 Ouvindo eles isto, juntos le-
vantaram a voz a Deus em oração:
Senhor, tu és o que fizeste o céu, a
terra, o mar e tudo o que neles há.
25 Tu disseste pela boca de Davi,
teu servo:
Por que se enfurecem as
gentes,
e os povos pensam coisas
vãs?
26 Levantam-se os reis da terra,
e os príncipes se ajuntam de
uma só vez
contra o Senhor
e contra o seu Ungido.
27 Verdadeiramente contra o teu
santo Filho Jesus, que tu ungis-
te, se ajuntaram não só Herodes,
mas Pôncio Pilatos, com os gen-
tios e os povos de Israel,
28 para fazerem tudo o que a tua
mão e o teu propósito tinham an-
teriormente determinado que se
havia de fazer.
29 Agora, ó Senhor, olha para as
suas ameaças e permite aos teus
servos que falem com toda a co-
ragem a tua palavra,
30 enquanto estendes a tua mão
para curar, e para que se façam
sinais e maravilhas pelo nome do
teu santo filho Jesus.
31 Tendo eles orado, moveu-se o
lugar em que estavam reunidos.
E todos foram cheios do Espírito
Santo, e anunciavam corajosa-
mente a palavra de Deus.

A comunidade de bens entre os primeiros cristãos

32 **E**ra um o coração e a alma da
multidão dos que criam, e nin-
guém dizia que coisa alguma do

que possuía era sua própria, mas
todas as coisas eram comparti-
lhadas.
33 Os apóstolos davam, com gran-
de poder, testemunho da ressur-
reição do Senhor Jesus, e em to-
dos eles havia abundante graça.
34 Não havia entre eles necessita-
do algum. Pois todos os que pos-
suíam terras ou casas, vendendo-
-as, traziam o preço do que fora
vendido e o depositavam aos pés
dos apóstolos.
35 E distribuía-se a cada um con-
forme a sua necessidade.
36 Então José, chamado pelos
apóstolos de Barnabé (que sig-
nifica filho da Consolação), levi-
ta, natural de Chipre,
37 possuindo uma propriedade,
vendeu-a, trouxe o dinheiro e o
depositou aos pés dos apóstolos.

A mentira de Ananias e Safira

5 Ora, certo homem chamado
Ananias, com Safira, sua mu-
lher, vendeu uma propriedade.
2 E reteve parte do valor, sabendo-
-o sua mulher, mas levou o resto, e
o depositou aos pés dos apóstolos.
3 Disse então Pedro: Ananias,
por que encheu Satanás o teu
coração, para que mentisses ao
Espírito Santo, retendo parte do
valor da propriedade?
4 Guardando-a não ficava para ti?
E, vendida, não estava em teu po-
der? Por que planejaste isso em
teu coração? Não mentiste aos
homens, mas a Deus.
5 Ananias, ouvindo estas pala-
vras, caiu e morreu. E um gran-
de temor caiu sobre todos os que
isso ouviram.
6 Levantando-se os jovens, cobri-
ram o morto, e, levando-o para
fora, o sepultaram.
7 Passado um período de quase
três horas, entrou também sua
mulher, não sabendo o que ha-
via acontecido.
8 Perguntou-lhe Pedro: Dize-me,
vendestes por tanto aquela pro-
priedade? Respondeu ela: Sim,
por tanto.
9 Então Pedro lhe disse: Por que
é que entrastes em acordo para
tentar o Espírito do Senhor? Estão
aí à porta os pés dos que sepul-
taram o teu marido e também te
levarão.
10 Imediatamente ela caiu aos seus
pés e morreu. Entrando os jovens,
acharam-na morta e a sepultaram
junto de seu marido.
11 Houve grande temor em toda
a igreja e em todos os que ouvi-
ram essas coisas.
12 Muitos sinais e maravilhas eram
feitos entre o povo pelas mãos dos
apóstolos. E estavam todos reuni-
dos no Pórtico de Salomão.
13 Ninguém mais ousava juntar-
-se a eles, embora o povo os ad-
mirasse muito.
14 A multidão dos que criam no
Senhor, tanto de homens como de
mulheres, crescia cada vez mais.
15 De modo que levavam os en-
fermos para as ruas, e os coloca-
vam em leitos e em macas, para
que ao menos a sombra de Pedro,
quando este passasse, cobrisse al-
guns deles.
16 Também das cidades circun-
vizinhas concorria muita gente
a Jerusalém, levando enfermos e
atormentados de espíritos imun-
dos, e todos eram curados.

Um anjo livra os apóstolos da prisão

17 Levantando-se o sumo sacer-
dote e todos os que estavam com

ele, da seita dos saduceus, enche-
ram-se de inveja.
18 Mandaram prender os apóstolos
e os lançaram na prisão pública.
19 De noite, porém, um anjo do
Senhor abriu as portas da prisão,
levou-os para fora e disse:
20 Ide e apresentai-vos no tem-
plo, e contai ao povo a mensagem
completa desta nova Vida.
21 Ouvindo eles isso, entraram
de manhã cedo no templo e ensi-
navam. Chegando, porém, o sumo
sacerdote e os que estavam com
ele, convocaram o Sinédrio e to-
dos os líderes religiosos dos fi-
lhos de Israel, e enviaram guar-
das à prisão, para que de lá os
trouxessem.
22 Tendo, porém, ido à prisão, os
guardas não os acharam. Voltando,
anunciaram:
23 Achamos realmente a prisão
trancada, com toda a segurança,
e os guardas, que estavam fora,
diante das portas; mas, quan-
do abrimos, ninguém encontra-
mos dentro.
24 Então o capitão da guarda do
templo e os principais sacerdo-
tes, ouvindo essas palavras, fi-
caram perplexos acerca deles e
do que teria acontecido.
25 Então chegou alguém e disse:
Vede! Os homens que colocastes
na prisão estão no templo e en-
sinam o povo.
26 Ouvindo isto, foi o capitão com
os guardas, e os trouxe, não com
violência, porque temiam ser ape-
drejados pelo povo.
27 E, tendo-os trazido, apresen-
taram-nos ao Sinédrio. E o sumo
sacerdote os interrogou:
28 Não vos demos ordens ex-
pressas que não ensinásseis nes-
se nome? Contudo, enchestes
Jerusalém dessa vossa doutrina
e quereis nos culpar pelo sangue
desse homem.
29 Responderam Pedro e os após-
tolos: Mais importa obedecer a
Deus do que aos homens!
30 O Deus de nossos pais ressus-
citou Jesus, a quem vós matas-
tes, suspendendo-o no madeiro.
31 Deus, com a sua destra, o ele-
vou a Príncipe e Salvador, para
dar a Israel o arrependimento e
perdão dos pecados.
32 Nós somos testemunhas dessas
palavras, nós e também o Espírito
Santo, que Deus deu àqueles que
lhe obedecem.
33 Ouvindo eles isto, enfurece-
ram-se e queriam matá-los.

A intervenção de Gamaliel

34 Levantando-se, porém, no
Sinédrio certo fariseu, chama-
do Gamaliel, mestre da lei, res-
peitado por todo o povo, mandou
que por um momento levassem
para fora os apóstolos.
35 Então lhes disse: Israelitas,
tende cuidado a respeito do que
haveis de fazer a esses homens.
36 Algum tempo atrás levantou-
-se Teudas, dizendo ser alguém,
e a este se ajuntou cerca de qua-
trocentos homens. Ele foi morto,
e todos os que lhe deram ouvi-
dos foram dispersos e reduzi-
dos a nada.
37 Depois dele, levantou-se Judas,
o galileu, nos dias do recensea-
mento, e levou muitos atrás de
si. Mas também este morreu, e
todos os que lhe deram ouvidos
foram dispersos.
38 Por isso, vos digo: Deixai em
paz esses homens, libertai-os, pois,
se este propósito ou esta obra é
de homens, fracassará,

39 mas, se é de Deus, não podereis
contra ela, para que não aconteça
serdes também achados lutando
contra Deus.
40 E concordaram com ele. Tendo
chamado os apóstolos, açoitaram-
-nos e mandaram que não falas-
sem no nome de Jesus; então os
deixaram ir.
41 Os apóstolos retiraram-se da
presença do Sinédrio alegrando-
-se, porque tinham sido julgados
dignos de sofrer afronta pelo nome
de Jesus.
42 E todos os dias, no templo e
nas casas, não paravam de ensi-
nar e anunciar a Jesus, o Cristo.

A instituição dos diáconos

6 Naqueles dias, crescendo o
número dos discípulos, hou-
ve reclamação dos gregos contra
os hebreus, porque as suas viúvas
eram esquecidas na distribuição
diária de alimento.
2 Então os Doze, convocando os
discípulos, disseram: Não é cer-
to que nós deixemos a palavra de
Deus e sirvamos às mesas.
3 Escolhei, irmãos, dentre vós,
sete homens de boa reputação,
cheios do Espírito Santo e de sa-
bedoria, aos quais constituamos
sobre essa tarefa.
4 Nós, porém, continuaremos na
oração e no ministério da palavra.
5 Esse parecer agradou a toda a
multidão. Escolheram Estêvão,
homem cheio de fé e do Espírito
Santo; também Filipe, Prócoro,
Nicanor, Timão, Parmenas e
Nicolau, um convertido ao juda-
ísmo, vindo de Antioquia.
6 Apresentaram esses homens
aos apóstolos. Estes, orando, lhes
impuseram as mãos.
7 De modo que se espalhava a pa-
lavra de Deus, e em Jerusalém se
multiplicava rapidamente o nú-
mero dos discípulos, e grande par-
te dos sacerdotes obedecia à fé.

A prisão de Estêvão

8 Ora, Estêvão, cheio de fé e de
poder, fazia maravilhas e gran-
des sinais entre o povo.
9 Levantaram-se alguns que eram
da chamada sinagoga dos Libertos,
dos cireneus e dos alexandrinos, dos
que eram da Cilícia e da Ásia, e
discutiam com Estêvão.
10 Não podiam, porém, resistir à
sabedoria e ao espírito com que
ele falava.
11 Então subornaram uns ho-
mens para que dissessem: Nós o
ouvimos proferir blasfêmias con-
tra Moisés e contra Deus.
12 E agitaram o povo, os líderes
religiosos e os mestres da lei e, in-
vestindo contra ele, o prenderam
e o levaram ao Sinédrio.
13 Apresentaram falsas testemu-
nhas, que diziam: Este homem não
para de dizer blasfêmias contra
este santo lugar e a Lei.
14 Pois o ouvimos dizer que esse
Jesus de Nazaré há de destruir
este lugar e mudar os costumes
que Moisés nos deu.
15 Então todos os que estavam
assentados no Sinédrio, fixando
os olhos nele, viram o seu rosto
como o rosto de um anjo.

O discurso de Estêvão

7 Perguntou o sumo sacerdote:
É isto verdade?
2 Respondeu ele: Irmãos e pais,
ouvi! O Deus da glória apareceu
a nosso pai Abraão, estando na
Mesopotâmia, antes de habitar
em Harã,

3 e lhe disse: Sai da tua terra e da
tua parentela e vai para a terra
que eu te mostrarei.
4 Então saiu da terra dos caldeus
e habitou em Harã. E dali, depois
que seu pai faleceu, Deus o trou-
xe para esta terra em que habi-
tais agora.
5 Ele não lhe deu nela herança,
nem ainda de um palmo. Prometeu-
-lhe, porém, que lhe daria a posse
dela, e depois dele à sua descen-
dência, embora naquele tempo ele
não tivesse filho.
6 Deus lhe falou assim: A tua
descendência será peregrina em
terra alheia, e a sujeitarão à es-
cravidão e a maltratarão por qua-
trocentos anos.
7 Eu, porém, julgarei a nação que
os tiver escravizado, disse Deus.
Depois disto, sairão e me servi-
rão neste lugar.
8 E deu-lhe a aliança da circun-
cisão. E Abraão gerou Isaque, e o
circuncidou ao oitavo dia. Isaque
gerou Jacó, e Jacó, os doze pa-
triarcas.
9 Os patriarcas, movidos de inve-
ja, venderam José para o Egito.
Mas Deus era com ele,
10 e o livrou de todas as suas tri-
bulações, e lhe deu graça e sabe-
doria perante faraó, rei do Egito;
de modo que o constituiu gover-
nador do Egito e de todo o seu
palácio.
11 Sobreveio então a todo o país
do Egito e de Canaã fome e gran-
de sofrimento, e nossos pais não
achavam alimento.
12 Tendo, porém, ouvido Jacó que
no Egito havia trigo, enviou nos-
sos pais pela primeira vez.
13 Na segunda vez, José fez-se re-
conhecer por seus irmãos e ma-
nifestou a sua linhagem a faraó.
14 José mandou chamar seu pai,
Jacó, e toda a sua parentela, que
era de setenta e cinco pessoas.
15 Jacó desceu ao Egito, onde
morreram ele e nossos pais.
16 Seus corpos foram levados
para Siquém e colocados na se-
pultura que Abraão comprara
por certo dinheiro aos filhos de
Hamor, pai de Siquém.
17 Aproximando-se, porém, o tem-
po da promessa que Deus tinha
feito a Abraão, o povo cresceu e
se multiplicou no Egito.
18 Então se levantou outro rei
que não conhecia José.
19 Aquele, usando de maldade
contra o nosso povo, maltratou
os nossos antepassados, a ponto
de forçá-los a abandonar as suas
crianças, para que não se multi-
plicassem.
20 Nesse tempo, nasceu Moisés.
Ele era muito formoso, e foi cria-
do três meses na casa de seu pai.
21 Ao ser abandonado, tomou-o
a filha de faraó, e o criou como
seu filho.
22 Moisés foi educado em toda a
ciência dos egípcios e se tornou
poderoso em palavras e em obras.
23 Quando completou a idade
de quarenta anos, Moisés deci-
diu ir visitar seus irmãos, os fi-
lhos de Israel.
24 Vendo um deles sendo maltra-
tado, defendeu-o e vingou o ofen-
dido, matando o egípcio.
25 Ele pensava que seus irmãos
entenderiam que Deus lhes ha-
via de libertar pela sua mão, mas
eles não entenderam.
26 No dia seguinte, apareceu-lhes
quando brigavam dois filhos de
Israel e quis levá-los à paz, dizen-
do: Homens, sois irmãos; por que
vos feris um ao outro?

27 O que ofendia o seu próximo o
empurrou, dizendo: Quem te nomeou líder e juiz sobre nós?
28 Queres tu matar-me, como ontem mataste o egípcio?
29 A esta palavra fugiu Moisés, e
esteve como estrangeiro na terra de Midiã, onde teve dois filhos.
30 Completados quarenta anos,
apareceu-lhe o anjo do Senhor, no deserto do monte Sinai, numa chama de fogo de uma sarça ardente.
31 Então Moisés, quando viu isto,
se maravilhou da visão. E, aproximando-se para observar, ouviu a voz do Senhor,
32 dizendo: Eu sou o Deus de teus
pais, o Deus de Abraão, o Deus de Isaque e o Deus de Jacó. E Moisés, tremendo, não ousava olhar.
33 Disse-lhe o Senhor: Tira as
sandálias dos teus pés; o lugar em que estás é terra santa.
34 Tenho visto atentamente a
aflição do meu povo que está no Egito, e ouvi os seus gemidos, e desci para livrá-los. Agora, vem, e te enviarei ao Egito.
35 A esse Moisés, ao qual haviam
negado, dizendo: Quem te nomeou líder e juiz? A esse enviou Deus como líder e libertador, pela mão do anjo que lhe aparecera na sarça ardente.
36 Foi ele que os tirou de lá, fa-
zendo maravilhas e sinais na terra do Egito, no mar Vermelho e no deserto, por quarenta anos.
37 Esse é aquele Moisés que disse
aos filhos de Israel: O Senhor, o vosso Deus, vos levantará dentre vossos irmãos um profeta como eu; a ele ouvireis.
38 Ele é o que esteve entre a con-
gregação no deserto, com o anjo que lhe falava no monte Sinai, e com nossos pais; o qual recebeu as palavras de vida para nos dar.
39 Ao qual nossos pais não qui-
seram obedecer, antes o rejeitaram, e em seu coração voltaram ao Egito.
40 Disseram a Arão: Faze-nos
deuses que vão adiante de nós. Quanto a esse Moisés, que nos tirou da terra do Egito, não sabemos o que lhe aconteceu.
41 Naqueles dias fizeram o be-
zerro, e ofereceram sacrifícios ao ídolo, e se alegraram nas obras das suas mãos.
42 Deus, porém, se afastou e os
entregou ao culto dos corpos celestes, como está escrito no livro dos profetas:

Oferecestes-me vós
ofertas e sacrifícios
no deserto por quarenta anos,
ó nação de Israel?

43 Antes tomastes o santuário
de Moloque
e a estrela do vosso
deus Renfã,
imagens que vós fizestes
para as adorar.
Eu vos levarei, pois, para
além de Babilônia.

44 Estava entre nossos pais no
deserto o tabernáculo da aliança, como ordenara aquele que disse a Moisés que o fizesse segundo o modelo que tinha visto.
45 O qual nossos pais, recebendo-o,
também o levaram com Josué quando entraram na posse das nações que Deus expulsou da presença de nossos pais, até os dias de Davi,
46 que achou graça diante de Deus
e pediu que pudesse providenciar habitação para o Deus de Jacó.
47 Foi, porém, Salomão quem lhe
construiu casa.

48 O Altíssimo, porém, não habi-
ta em templos feitos por mãos hu-
manas, como diz o profeta:
49 O céu é o meu trono,
e a terra o estrado
dos meus pés.
Que casa me construireis?
diz o Senhor.
Ou qual é o lugar do
meu descanso?
50 Não fez a minha mão
todas essas coisas?
51 **H**omens obstinados, e incir-
cuncisos de coração e ouvido! Vós
sempre resistis ao Espírito Santo,
assim vós sois como vossos pais!
52 A qual dos profetas não perse-
guiram vossos pais? Até mataram
os que anteriormente anunciaram
a vinda do Justo, do qual vós ago-
ra fostes traidores e assassinos.
53 Vós, que recebestes a Lei por
ordenação de anjos, e não a obe-
decestes.

A morte de Estêvão

54 **O**uvindo eles isto, iravam-se
em seus corações e rangiam os
dentes contra ele.
55 Ele, porém, cheio do Espírito
Santo, fixando os olhos no céu,
viu a glória de Deus, e Jesus, que
estava à direita de Deus,
56 e disse: Olhai! Eu vejo os céus
abertos, e o Filho do homem, que
está em pé à direita de Deus.
57 Eles, porém, gritaram com
grande voz, taparam os ouvi-
dos e se levantaram todos jun-
tos contra ele.
58 E, expulsando-o da cidade, o
apedrejaram. As testemunhas
depuseram as suas roupas aos
pés de um jovem chamado Saulo.
59 E apedrejaram Estêvão, que
em oração dizia: Senhor Jesus,
recebe o meu espírito.
60 E, pondo-se de joelhos, clamou
com grande voz: Senhor, não lhes
culpe por este pecado. Tendo dito
isso, adormeceu.

O evangelho em Samaria

8 Também Saulo consentia na
morte dele.
Desencadeou-se naquele dia uma
grande perseguição contra a igre-
ja que estava em Jerusalém, e to-
dos foram espalhados pelas ter-
ras da Judeia e de Samaria, exceto
os apóstolos.
2 E uns homens piedosos foram
enterrar Estêvão, e fizeram so-
bre ele grande pranto.
3 Saulo perseguia a igreja, en-
trando pelas casas e, arrastan-
do homens e mulheres, os tran-
cava na prisão.
4 **O**s que, porém, andavam espa-
lhados iam por toda parte pre-
gando a palavra.
5 Descendo Filipe à cidade de
Samaria, pregava-lhes Cristo.
6 As multidões reunidas presta-
vam atenção ao que Filipe dizia,
porque ouviam e viam os sinais
que ele fazia.
7 Os espíritos imundos saíam de
muitos que os tinham, gritando,
e muitos paralíticos e coxos eram
curados.
8 Havia grande alegria naque-
la cidade.
9 **E**stava ali certo homem chama-
do Simão, que anteriormente pra-
ticara naquela cidade a feitiça-
ria, iludindo o povo de Samaria.
Dizia ser um homem importante,
10 e todos o atendiam, desde o
menor até o maior, dizendo: Este
é o grande poder de Deus.
11 Eles o atendiam porque já des-
de muito tempo os havia engana-
do com a sua mágica.

12 Quando, porém, Filipe lhes pre-
gava acerca do Reino de Deus e
do nome de Jesus Cristo, creram
nele e foram batizados tanto ho-
mens como mulheres.
13 Creu até o próprio Simão, e,
sendo batizado, seguiu Filipe.
E, vendo os sinais e as grandes
maravilhas que se faziam, esta-
va maravilhado.
14 Quando os apóstolos que esta-
vam em Jerusalém ouviram que
Samaria recebera a palavra de Deus,
enviaram para lá Pedro e João.
15 Quando chegaram, oraram para
que recebessem o Espírito Santo,
16 porque sobre nenhum deles
tinha ainda descido, mas somen-
te eram batizados em nome do
Senhor Jesus.
17 Então lhes impuseram as mãos,
e receberam o Espírito Santo.
18 Simão, vendo que pela impo-
sição das mãos dos apóstolos era
dado o Espírito Santo, ofereceu-
-lhes dinheiro,
19 dizendo: Dai-me também esse
poder, para que aquele sobre quem
eu puser as mãos receba o Espírito
Santo.
20 Pedro, porém, lhe disse: O teu
dinheiro seja contigo para perdi-
ção, porque pensaste que o dom
de Deus se compra com dinheiro.
21 É certo que tu não tens par-
te nem direito neste ministério,
porque o teu coração não é reto
diante de Deus.
22 Arrepende-te desse teu peca-
do, e ora a *Deus*. *Talvez* te seja
perdoado o pensamento do teu
coração.
23 Pois vejo que estás em fel de
amargura e preso pelo pecado.
24 Respondeu, porém, Simão: Orai
vós por mim ao Senhor, para que
nada do que dissestes me aconteça.
25 Tendo eles testemunhado e fa-
lado a palavra do Senhor, volta-
ram para Jerusalém, e, em muitas
aldeias dos samaritanos, anun-
ciaram o evangelho.

Filipe e o eunuco

26 O anjo do Senhor disse a Filipe:
Levanta-te e vai para o sul, pelo
caminho que desce de Jerusalém
para Gaza, que está deserta.
27 Ele se levantou e partiu. No
caminho, viu um etíope, eunu-
co e importante funcionário de
Candace, rainha dos etíopes; ele
era superintendente de todos
os seus tesouros, e tinha ido a
Jerusalém para adorar a Deus.
28 Enquanto voltava para sua
casa, assentado no seu carro, lia
o profeta Isaías.
29 Disse o Espírito a Filipe:
Aproxima-te e suba neste carro.
30 Correndo Filipe, ouviu que
lia o profeta Isaías e perguntou:
Entendes tu o que lês?
31 Ele respondeu: Como poderei
entender, se alguém não me ensi-
nar? E pediu a Filipe que subisse
no carro e com ele se assentasse.
32 O lugar da Escritura que lia
era este:

Foi levado como ovelha
para o matadouro e,
como está mudo o cordeiro
diante do tosquiador,
assim não abriu a sua boca.

33 Na sua humilhação negaram-lhe
justiça.

Quem contará a
sua geração?
Pois a sua vida é tirada
da terra.

34 Respondendo o eunuco a Filipe,
disse: Peço-te que me digas a quem
o profeta se refere? A si mesmo
ou a algum outro?

35 Então Filipe, abrindo a sua
boca e começando nesta escritura, anunciou-lhe Jesus.
36 Indo eles caminhando, chegaram a um lugar onde havia água, e o eunuco perguntou: Vê, aqui há água. O que impede que eu seja batizado?
37 Respondeu Filipe: Tu podes, se crês de todo o coração. Disse ele: Creio que Jesus Cristo é o Filho de Deus.
38 Mandou parar o carro, e desceram ambos à água, tanto Filipe como o eunuco, e o batizou.
39 Quando saíram da água, o Espírito do Senhor arrebatou Filipe, e não o viu mais o eunuco, mas, cheio de alegria, continuou o seu caminho.
40 Filipe apareceu em Azoto e, ao passar, anunciava o evangelho em todas as cidades, até que chegou a Cesareia.

A conversão de Saulo no caminho de Damasco

At 21:1-16; 26:9-18

9 Saulo, mantendo ainda ameaças de mortes contra os discípulos do Senhor, dirigiu-se ao sumo sacerdote
2 e pediu-lhe cartas para as sinagogas de Damasco, a fim de que, se encontrasse alguns daquela seita, quer homens quer mulheres, os levasse presos a Jerusalém.
3 Aproximando-se ele de Damasco, na sua viagem, de repente o cercou um resplendor de luz do céu.
4 E, caindo por terra, ouviu uma voz que lhe dizia: Saulo, Saulo, *por que me persegues?*
5 Ele disse: Quem és, Senhor? Respondeu o Senhor: Eu sou Jesus, a quem tu persegues.
6 Agora levanta-te, entra na cidade. Lá te será dito o que te convém fazer.
7 Os homens que iam com ele pararam espantados, ouvindo a voz, mas não vendo ninguém.
8 Saulo levantou-se da terra e, abrindo os olhos, não via coisa alguma. Guiando-o pela mão, conduziram-no para Damasco.
9 Esteve três dias sem ver, e não comeu nem bebeu.
10 **H**avia em Damasco um discípulo chamado Ananias. Disse-lhe o Senhor, em uma visão: Ananias! Ele respondeu: Aqui estou, Senhor.
11 Disse-lhe o Senhor: Levanta-te, e vai à rua chamada Direita, e pergunta em casa de Judas por um homem de Tarso chamado Saulo, pois ele está orando.
12 Numa visão ele viu que entrava um homem chamado Ananias, e impunha sobre ele a mão, para que tornasse a ver.
13 Respondeu Ananias: Senhor, tenho ouvido muita coisa a respeito desse homem, quantos males tem feito aos teus santos em Jerusalém.
14 E aqui tem autorização dos chefes dos sacerdotes para prender a todos os que invocam o teu nome.
15 Disse-lhe, porém, o Senhor: Vai! Este é para mim um vaso escolhido, para levar o meu nome perante os gentios, os reis e os filhos de Israel.
16 E eu lhe mostrarei quanto deve sofrer pelo meu nome.
17 Então Ananias foi, entrou na casa e, impondo-lhe as mãos, disse: Irmão Saulo, o Senhor Jesus, que te apareceu no caminho por onde vinhas, me enviou, para que voltes a ver e sejas cheio do Espírito Santo.

18 Imediatamente lhe caíram dos
olhos umas escamas, e voltou a
ver. Levantando-se, foi batizado.
19 Depois de ter comido, sentiu-
-se recuperado. Esteve Saulo al-
guns dias com os discípulos em
Damasco.
20 E logo, nas sinagogas, prega-
va que Jesus era o Filho de Deus.
21 E todos os que o ouviam esta-
vam espantados, e diziam: Não é
este o que em Jerusalém perse-
guia os que invocavam este nome,
e para isso veio aqui, para os levar
presos aos chefes dos sacerdotes?
22 Saulo, porém, se esforçava mui-
to mais, e confundia os judeus que
habitavam em Damasco, provan-
do que Jesus era o Cristo.

O perseguidor é perseguido

23 Tendo passado muitos dias, os
judeus decidiram entre si matá-lo.
24 Os seus planos, porém, chega-
ram ao conhecimento de Saulo, e
como eles guardavam as portas,
tanto de dia como de noite, para
poder tirar-lhe a vida,
25 os discípulos o levaram de noi-
te e o desceram dentro de um ces-
to pelo muro.
26 Quando Saulo chegou a
Jerusalém, procurava juntar-se
aos discípulos, mas todos o te-
miam, não acreditando que fos-
se discípulo.
27 Então Barnabé, tomando-o
consigo, o levou aos apóstolos e
contou-lhes como no caminho
ele vira o Senhor, e que este lhe
falara, e como em Damasco pre-
gara corajosamente em nome
de Jesus.
28 Andava com eles em Jerusalém,
entrando e saindo
29 e pregando corajosamente em
nome do Senhor. Falava e discutia
também com os gregos, mas eles
queriam matá-lo.
30 Sabendo-o, porém, os irmãos,
acompanharam-no até Cesareia,
e o enviaram a Tarso.
31 Assim as igrejas em toda a Judeia,
Galileia e Samaria tinham paz.
Eram fortalecidas e, edificadas
pelo Espírito Santo, se multiplica-
vam, andando no temor do Senhor.

A cura de Eneias

32 Passando Pedro por toda par-
te, veio também aos santos que
habitavam em Lida.
33 Encontrou ali certo homem
paralítico, chamado Eneias, que
havia oito anos estava numa cama.
34 Disse-lhe Pedro: Eneias, Jesus
Cristo te cura. Levanta-te e arru-
ma a tua cama. Imediatamente
ele se levantou.
35 Viram-no todos os que habita-
vam em Lida e Sarona, os quais
se converteram ao Senhor.

A ressurreição de Tabita

36 Havia em Jope uma discípu-
la chamada Tabita, que traduzi-
do quer dizer Dorcas. Ela prati-
cava boas obras e dava esmolas.
37 Naqueles dias, ela adoeceu e
morreu. Tendo-a lavado, depo-
sitaram-na num quarto na par-
te superior da casa.
38 Como Lida ficava perto de Jope,
ouvindo os discípulos que Pedro
estava ali, mandaram-lhe dois ho-
mens, pedindo-lhe que não se de-
morasse em vir até eles.
39 Levantando-se Pedro, foi com
eles. Quando chegou, levaram-
-no ao quarto onde estava o cor-
po. Todas as viúvas o rodearam,
chorando e mostrando as túni-
cas e vestidos que Dorcas fizera
quando estava com elas.

40 Pedro mandou que todas saís-
sem do quarto; então ajoelhou-se e
orou. Voltando-se para o corpo, dis-
se: Tabita, levanta-te. Ela abriu os
olhos e, vendo Pedro, assentou-se.
41 Dando-lhe a mão, Pedro a le-
vantou e, chamando os santos e
as viúvas, apresentou-a viva.
42 Foi isso conhecido por toda a
Jope, e muitos creram no Senhor.
43 Ficou Pedro muitos dias em
Jope, com certo Simão curtidor
de couro.

A visão de Cornélio em Cesareia

10 Havia em Cesareia um ho-
mem chamado Cornélio,
centurião da corte conhecida
como italiana.
2 Ele era piedoso e temente a Deus
com toda a sua família; dava mui-
tas esmolas ao povo e continua-
mente orava a Deus.
3 Esse homem, quase às 3 horas
da tarde, viu claramente, numa
visão, um anjo de Deus, que se
aproximava dele e dizia: Cornélio!
4 Cornélio, muito atemorizado
olhou para ele e perguntou: Que
é, Senhor? Respondeu-lhe o anjo:
As tuas orações e as tuas esmolas
têm subido para memória dian-
te de Deus.
5 Agora envia homens a Jope e
manda chamar Simão, que tem
por sobrenome Pedro.
6 Este está com um Simão curti-
dor de couro, que tem a sua casa
à beira-mar. Ele te dirá o que de-
ves fazer.
7 Logo que se retirou o anjo que
lhe falava, Cornélio chamou dois
dos seus criados e um piedoso sol-
dado dos que estavam sob suas
ordens.
8 Havendo-lhes contado tudo, en-
viou-os a Jope.

A visão de Pedro em Jope

9 No dia seguinte, enquanto esta-
vam a caminho, já perto da cida-
de, subiu Pedro ao terraço para
orar; era quase meio-dia.
10 Tendo fome, quis comer e, en-
quanto preparavam a comida, so-
breveio-lhe um arrebatamento
de sentidos.
11 Ele viu o céu aberto e um ob-
jeto que descia, como um gran-
de lençol preso pelas quatro pon-
tas, e vindo em direção à terra.
12 No lençol havia todos os tipos
de animais quadrúpedes e répteis
da terra, e aves do céu.
13 Disse-lhe uma voz: Levanta-
-te, Pedro, mata e come.
14 Pedro, porém, disse: De modo
nenhum, Senhor! Nunca comi
coisa alguma impura e imunda.
15 Pela segunda vez lhe disse a
voz: Não faças tu impuro ao que
Deus purificou.
16 Isto aconteceu três vezes. Então
o objeto foi recolhido ao céu.
17 Estando Pedro refletindo so-
bre o que seria aquela visão que
tivera, os homens enviados por
Cornélio pararam na porta, per-
guntando pela casa de Simão.
18 Chamando, perguntaram se
Simão, que tinha por sobreno-
me Pedro, estava hospedado ali.
19 Pensando Pedro naquela vi-
são, disse-lhe o Espírito: Simão,
três homens te procuram.
20 Levanta-te, desce, e vai com
eles, não duvidando, pois eu os
enviei.
21 Descendo Pedro para junto
dos homens, disse: Sou eu a quem
procurais. Qual é o motivo pelo
qual estais aqui?
22 Eles responderam: Cornélio, o
centurião, homem justo e temente
a Deus, que tem bom testemunho

de toda a nação dos judeus, foi
avisado por um santo anjo para
que te chamasse à sua casa e ou-
visse as tuas palavras.
23 Então chamou-os para den-
tro e os recebeu. No dia seguinte
Pedro foi com eles, e foram com
ele alguns irmãos de Jope.

O discurso de Pedro em Cesareia

24 No dia seguinte chegaram a
Cesareia. Cornélio os estava espe-
rando, tendo já convidado os seus
parentes e amigos mais íntimos.
25 Entrando Pedro, saiu Cornélio
para recebê-lo e, ajoelhando-se a
seus pés, o adorou.
26 Pedro, porém, o levantou, di-
zendo: Levanta-te, que eu tam-
bém sou homem.
27 Falando com ele, entrou e en-
controu muitos que ali se haviam
ajuntado.
28 Disse-lhes: Vós bem sabeis que
não é permitido a um judeu ajun-
tar-se ou aproximar-se de estran-
geiros. Deus, porém, mostrou-me
que a nenhum homem devo con-
siderar comum ou imundo.
29 Pelo que, sendo chamado, vim
sem contrariar. Pergunto: Por que
razão mandastes chamar-me?
30 Respondeu Cornélio: Há quatro
dias estava eu em jejum até esta
hora, orando em minha casa às
3 horas da tarde.
31 De repente diante de mim se
apresentou um homem com vestes
resplandecentes e disse: Cornélio,
a tua oração foi ouvida, e as tuas
esmolas estão em memória dian-
te de Deus.
32 Envia homens a Jope, e man-
da chamar Simão, que tem por so-
brenome Pedro. Ele está na casa
de Simão, o curtidor de couro, à
beira-mar.
33 Imediatamente, mandei cha-
mar-te, e bem fizeste em vir. Agora
estamos todos presentes diante de
Deus, para ouvir tudo o que te foi
ordenado pelo Senhor.
34 Abrindo Pedro a boca, disse:
Na verdade reconheço que Deus
não faz acepção de pessoas,
35 mas que lhe é agradável aque-
le que, em qualquer nação, o teme
e faz o que é justo.
36 Conheceis a palavra que ele
enviou aos filhos de Israel, anun-
ciando a paz por Jesus Cristo (este
é o Senhor de todos).
37 Essa palavra, vós bem sabeis,
foi pregada por toda a Judeia, co-
meçando pela Galileia, depois do
batismo que João pregou;
38 como Deus ungiu Jesus de Nazaré
com o Espírito Santo e com poder, o
qual andou fazendo o bem e curan-
do a todos os oprimidos do Diabo,
porque Deus era com ele.
39 Nós somos testemunhas de to-
das as coisas realizadas por ele,
tanto na terra da Judeia como em
Jerusalém. A esse mataram, pen-
durando-o num madeiro.
40 Deus o ressuscitou ao tercei-
ro dia, e fez que se manifestasse,
41 não a todo o povo, mas às tes-
temunhas que Deus antes ordena-
ra; a nós, que comemos e bebemos
com ele, depois que ressuscitou
dos mortos.
42 Ele nos mandou pregar ao
povo, e testificar que ele é o que
por Deus foi constituído juiz dos
vivos e dos mortos.
43 Dele dão testemunho todos os
profetas, de que todos os que nele
creem receberão o perdão dos pe-
cados pelo seu nome.
44 Dizendo Pedro ainda essas pa-
lavras, desceu o Espírito Santo so-
bre todos os que o ouviam.

45 Os judeus seguidores de Jesus, que tinham vindo com Pedro, maravilharam-se de que o dom do Espírito Santo se derramasse também sobre os gentios.

46 Pois os ouviam falar em línguas e engrandecer a Deus. Então perguntou Pedro:

47 Pode alguém recusar a água, para que não sejam batizados esses, que também receberam como nós o Espírito Santo?

48 E mandou que fossem batizados em nome do Senhor. Então lhe pediram que ficasse com eles por alguns dias.

A defesa de Pedro em Jerusalém

11 Ouviram os apóstolos e os irmãos que estavam na Judeia que também os gentios tinham recebido a palavra de Deus.

2 Subindo Pedro a Jerusalém, discutiam com ele os que eram judeus seguidores de Jesus,

3 dizendo: Entraste na casa de homens incircuncisos e comeste com eles.

4 Pedro, porém, começou a contar-lhes ordenadamente, dizendo:

5 Estava eu orando na cidade de Jope, quando tive, num arrebatamento dos sentidos, uma visão. Vi um objeto, como um grande lençol que descia do céu, que vinha até perto de mim.

6 Fixando nele os olhos, vi animais da terra, quadrúpedes, selvagens, répteis e aves do céu.

7 Ouvi também uma voz que me dizia: Levanta-te, Pedro. Mata e come.

8 *Eu, porém, respondi:* De maneira nenhuma, Senhor! Nunca em minha boca entrou coisa alguma impura ou imunda.

9 A voz, porém, respondeu-me do céu pela segunda vez: Não chames tu impuro ao que Deus purificou.

10 Aconteceu isso três vezes, e então tudo voltou a recolher-se no céu.

11 Na mesma hora pararam junto da casa em que estávamos três homens que me foram enviados de Cesareia.

12 Disse-me o Espírito que fosse com eles, e nada duvidasse. Também estes seis irmãos foram comigo, e entramos na casa daquele homem.

13 E ele nos contou como vira em pé um anjo em sua casa, o qual dissera: Envia homens a Jope, e manda chamar Simão, que tem por sobrenome Pedro,

14 que te dirá palavras pelas quais serás salvo, tu e toda a tua casa.

15 Quando comecei a falar, desceu sobre eles o Espírito Santo, como também sobre nós no princípio.

16 Lembrei-me então de que o Senhor dissera: João certamente batizou com água, mas vós sereis batizados com o Espírito Santo.

17 Portanto, se Deus lhes deu o mesmo dom que a nós, quando cremos no Senhor Jesus Cristo, quem era eu, para que pudesse resistir a Deus?

18 Ouvindo eles essas coisas, acalmaram-se e glorificaram a Deus, dizendo: Na verdade até aos gentios Deus concedeu o arrependimento para a vida.

A fundação da igreja de Antioquia

19 Ora, os que foram dispersos pela perseguição desencadeada pela morte de Estêvão caminharam até a Fenícia, Chipre e

Antioquia, não pregando a ninguém a palavra, senão somente aos judeus.
20 Havia, porém, entre eles alguns de Chipre e de Cirene, os quais, entrando em Antioquia, falaram aos gregos, anunciando o Senhor Jesus.
21 A mão do Senhor era com eles, e grande número de pessoas creu e se converteu ao Senhor.
22 E chegou a notícia dessas coisas aos ouvidos da igreja em Jerusalém, e enviaram Barnabé a Antioquia.
23 Quando ele chegou e viu a graça de Deus, se alegrou e exortou todos a que permanecessem no Senhor com todo o seu coração.
24 Era homem de bem, cheio do Espírito Santo e de fé. E muita gente se uniu ao Senhor.
25 Partiu então Barnabé para Tarso, à procura de Saulo,
26 e, tendo-o achado, levou-o para Antioquia. Por um ano inteiro se reuniram naquela igreja e ensinaram muita gente. Em Antioquia, os discípulos pela primeira vez foram chamados cristãos.

Ágabo prediz uma fome

27 Naqueles dias, desceram profetas de Jerusalém para Antioquia.
28 Levantando-se um deles, chamado Ágabo, anunciou, pelo Espírito, que haveria uma grande fome em todo o mundo, a qual aconteceu no reinado de Cláudio.
29 Os discípulos determinaram mandar, cada um conforme o que pudesse, socorro aos irmãos que moravam na Judeia.
30 Assim o fizeram, enviando-o aos presbíteros por mão de Barnabé e de Saulo.

Herodes persegue a igreja

12 Por aquele mesmo tempo o rei Herodes prendeu alguns da igreja, para os maltratar.
2 Mandou matar à espada Tiago, irmão de João.
3 Vendo que isso agradava aos judeus, continuou, mandando prender também a Pedro. Isso aconteceu nos dias dos pães sem fermento.
4 Havendo-o prendido, trancou-o na prisão, entregando-o a quatro grupos de quatro soldados, para que o guardassem, querendo apresentá-lo ao povo depois da Páscoa.
5 Pedro estava na prisão, mas a igreja fazia contínua oração por ele a Deus.

Pedro é liberto da prisão

6 Na noite anterior ao dia em que Herodes estava para apresentá-lo, estava Pedro dormindo entre dois soldados, preso por duas algemas, e as sentinelas na porta guardavam a prisão.
7 De repente apareceu um anjo do Senhor, e brilhou uma luz na prisão. Tocando em Pedro no lado, despertou-o, dizendo: Levanta-te depressa. E caíram-lhe das mãos as algemas.
8 Disse-lhe o anjo: Vista-se e calça as tuas sandálias. E ele o fez. Disse-lhe mais: Coloca nas costas a tua capa e segue-me.
9 Pedro, saindo, o seguia. E não sabia que era real o que o anjo estava fazendo, mas pensava estar tendo uma visão.
10 Quando passaram a primeira e a segunda guarda, chegaram na porta de ferro, que dá para a cidade, a qual se lhes abriu sozinha. Tendo saído, percorreram

uma rua, e logo o anjo se afas-
tou dele.
11 Pedro, voltando a si, disse:
Agora sei verdadeiramente que
o Senhor enviou o seu anjo e
me livrou da mão de Herodes
e de tudo o que esperava o povo
judeu.
12 Depois de perceber isso, foi
até a casa de Maria, mãe de João,
que tinha por sobrenome Marcos,
onde muitos se encontravam reu-
nidos e oravam.
13 Batendo Pedro na porta do pá-
tio, uma criada chamada Rode
saiu para atender.
14 Conhecendo a voz de Pedro, de
alegria não abriu a porta, mas,
correndo para dentro, anunciou
que Pedro estava à porta.
15 Disseram-lhe: Estás fora de ti.
Mas ela afirmava que era verda-
de. Então disseram: É o seu anjo.
16 Pedro, porém, continuava a ba-
ter e, quando abriram, viram-no
e se espantaram.
17 Sinalizando-lhes ele com a
mão para que se calassem, con-
tou-lhes como o Senhor o tirara
da prisão e disse: Contai isso a
Tiago e aos irmãos. Então par-
tiu para outro lugar.
18 De manhã, houve grande al-
voroço entre os soldados sobre
o que teria acontecido a Pedro.
19 Quando Herodes o procurou
e não o achou, interrogou os
guardas e mandou que fossem
executados. Partindo da Judeia
para Cesareia, ficou ali duran-
te um tempo.
20 Ele estava irritado com os de
Tiro e de Sidom; esses, vindo de co-
mum acordo até ele, e obtendo a
amizade de Blasto, camareiro do
rei, pediam paz, porque o seu país
dependia do país do rei.
21 No dia marcado, vestindo
Herodes as vestes reais, estava
assentado no trono e lhes falava.
22 E o povo exclamava: É voz de
Deus, e não de homem.
23 No mesmo instante o anjo do
Senhor feriu-o, porque não deu
glória a Deus, e, comido por ver-
mes, morreu.
24 A palavra de Deus, porém,
crescia e se espalhava.
25 Barnabé e Saulo, havendo ter-
minado aquela missão, voltaram de
Jerusalém, levando consigo João,
que tem por sobrenome Marcos.

A primeira viagem missionária de Barnabé e Saulo

13 Na igreja de Antioquia ha-
via alguns profetas e mes-
tres, a saber: Barnabé e Simeão,
chamado Níger, Lúcio de Cirene,
Manaém, que fora criado com
Herodes, o tetrarca, e Saulo.
2 Servindo eles ao Senhor e je-
juando, disse o Espírito Santo:
Separai-me Barnabé e Saulo para
a obra a que os tenho chamado.
3 Então, depois de jejuarem e
orarem, impuseram sobre eles
as mãos e os enviaram.
4 Assim esses, enviados pelo
Espírito Santo, desceram a Selêucia,
e dali navegaram para Chipre.
5 Chegando a Salamina, prega-
ram a palavra de Deus nas sina-
gogas dos judeus, e tinham tam-
bém João como auxiliar.
6 Havendo atravessado a ilha toda
até Pafos, encontraram certo ju-
deu mágico, falso profeta, cha-
mado Bar-Jesus,
7 o qual estava com o procônsul
Sérgio Paulo, homem pruden-
te. Esse, chamando Barnabé e
Saulo, queria muito ouvir a pa-
lavra de Deus.

8 Resistia-lhes, porém, Elimas, o
encantador (assim se interpreta
o seu nome) procurando desviar
da fé o procônsul.
9 Todavia Saulo, que também se
chama Paulo, cheio do Espírito
Santo, olhando para ele, disse:
10 Ó filho do Diabo, cheio de todo
o engano e de toda a malícia, inimigo de toda a justiça, não vais
parar de perturbar os retos caminhos do Senhor?
11 Agora a mão do Senhor está
contra ti, e ficarás cego, sem ver
a luz do sol por algum tempo. No
mesmo instante caiu sobre ele uma
névoa e escuridão, e, tateando,
buscava quem o guiasse pela mão.
12 Então o procônsul, vendo o
que havia acontecido, creu, maravilhado da doutrina do Senhor.

O discurso de Paulo em Antioquia da Pisídia

13 Partindo de Pafos, Paulo e os
que estavam com ele chegaram
a Perge, da Panfília. Mas João,
separando-se deles, voltou para
Jerusalém.
14 Eles, saindo de Perge, chegaram a Antioquia da Pisídia.
Entrando na sinagoga, num dia
de sábado, assentaram-se.
15 Depois da leitura da Lei e dos
Profetas, mandaram-lhes dizer os
principais da sinagoga: Irmãos,
se tendes alguma palavra de consolação para o povo, falai.
16 Paulo levantou-se e, pedindo
silêncio com a mão, disse: Homens
de Israel e os que temeis a Deus,
ouvi!
17 O Deus do povo de Israel escolheu nossos pais e fez o povo
prosperar, sendo eles estrangeiros na terra do Egito. Com braço poderoso os tirou dela
18 e suportou os seus costumes
no deserto por um período de quase quarenta anos.
19 E, destruindo sete nações na
terra de Canaã, deu-lhes por herança a terra deles.
20 Depois disso, por quase quatrocentos e cinquenta anos lhes
deu juízes, até o profeta Samuel.
21 Depois pediram um rei, e Deus
lhes deu Saul, filho de Cis, da tribo
de Benjamim, por quarenta anos.
22 Quando esse foi rejeitado, levantou-lhes como rei Davi, do qual
deu testemunho, dizendo: Achei
Davi, filho de Jessé, homem segundo o meu coração, que fará
toda a minha vontade.
23 Da descendência desse, conforme a promessa, levantou Deus
Jesus para Salvador de Israel.
24 Antes da vinda de Jesus, João
pregou a todo o povo de Israel o
batismo de arrependimento.
25 João, porém, quando completava a carreira, disse: Quem pensais vós que eu sou? Eu não sou o
Cristo, mas após mim vem aquele a quem não sou digno de desatar as sandálias dos pés.
26 Irmãos, filhos da geração de
Abraão e os que dentre vós temeis
a Deus, a vós é enviada a palavra
desta salvação.
27 Por não terem conhecido Jesus,
os que habitavam em Jerusalém
e suas autoridades condenaram-no, cumprindo assim as vozes
dos profetas que se leem todos
os sábados.
28 Embora não encontrando nenhuma causa de morte, pediram
a Pilatos que ele fosse morto.
29 Havendo eles cumprido todas
as coisas que dele estavam escritas, tirando-o do madeiro, puseram-no na sepultura.

30 Deus, porém, o ressuscitou
dentre os mortos.
31 E ele, por muitos dias, foi vis-
to pelos que subiram com ele da
Galileia para Jerusalém, os quais
agora são suas testemunhas dian-
te do povo.
32 E nós vos anunciamos que a
promessa feita aos nossos pais
Deus cumpriu a nós, seus filhos,
ressuscitando Jesus.
33 Como também está escrito no
salmo segundo:
Tu és meu filho,
hoje te gerei.
34 O fato de que Deus o ressusci-
taria dos mortos, para que nun-
ca entrasse em decomposição, é
desta forma declarado:
As santas e fiéis bênçãos de
Davi vos darei.
35 Pelo que também em outro
salmo diz:
Não permitirás que
o teu santo
sofra a decomposição.
36 Pois tendo Davi no seu tempo ser-
vido conforme a vontade de Deus,
dormiu e foi posto junto de seus
pais, e sofreu decomposição.
37 Aquele, porém, a quem Deus
ressuscitou nenhuma decompo-
sição sofreu.
38 Seja-vos sabido, irmãos, que
por este se vos anuncia o perdão
de pecados.
39 E de tudo o que, pela Lei de
Moisés, não pudestes ser justifi-
cados, por ele é justificado todo
aquele que crê.
40 Cuidado para que não venha
sobre vós o que os profetas dis-
seram:
41 Vede, ó zombadores,
admirai-vos e desaparecei,
pois opero uma obra em
vossos dias,
obra tal que não crereis,
se alguém a contar.
42 Quando Paulo e Barnabé iam
saindo da sinagoga, o povo pediu
para que no sábado seguinte lhes
dissessem as mesmas coisas.
43 E, ao saírem da sinagoga, mui-
tos dos judeus e dos convertidos
ao judaísmo seguiram Paulo e
Barnabé, os quais, falando-lhes,
os encorajava a que permaneces-
sem na graça de Deus.
44 No sábado seguinte reuniu-se
quase toda a cidade para ouvir a
palavra de Deus.
45 Então os judeus, vendo a mul-
tidão, encheram-se de inveja, e,
blasfemando, contradiziam o que
Paulo falava.
46 Paulo e Barnabé, porém, ou-
sadamente, disseram: Era neces-
sário que a vós se pregasse pri-
meiro a palavra de Deus. Visto,
porém, que a rejeitais, e não vos
julgais dignos da vida eterna, vol-
tamo-nos para os gentios.
47 Pois assim nos ordenou o Senhor:
Eu te fiz luz para os gentios,
a fim de que sejas
para salvação até
os confins da terra.
48 Os gentios, ouvindo isso, ale-
graram-se e glorificavam a pala-
vra do Senhor; e creram todos os
que haviam sido destinados para
a vida eterna.
49 E a palavra do Senhor se es-
palhava por toda aquela região.
50 Os judeus, porém, incitavam
algumas mulheres piedosas, de
alta posição, e os principais da
cidade e perseguiram Paulo e
Barnabé, e os expulsaram da
sua região.
51 Sacudindo, porém, contra eles
o pó dos seus pés, partiram para
Icônio.

52 Os discípulos estavam cheios
de alegria e do Espírito Santo.

Os apóstolos em Icônio, Listra e Derbe

14 Em Icônio entraram jun-
tos na sinagoga dos judeus,
e falaram de tal modo que creu
grande multidão, tanto de judeus
como de gregos.
2 Os judeus, porém, incrédulos
incitaram e irritaram os ânimos
dos gentios contra os irmãos.
3 Assim passaram muito tem-
po, falando corajosamente acer-
ca do Senhor, o qual confirmava
a palavra da sua graça, permi-
tindo que pelas mãos de Paulo
e Barnabé se fizessem sinais e
maravilhas.
4 Dividiu-se o povo da cidade.
Uns eram pelos judeus, e outros
pelos apóstolos.
5 Havendo um motim tanto dos
judeus como dos gentios, com os
seus principais, para os maltra-
tarem e apedrejarem,
6 sabendo-o eles, fugiram para
Listra e Derbe, cidades da Licaônia,
e arredores,
7 e ali pregavam o evangelho.
8 Encontrava-se assentado em
Listra certo homem aleijado dos
pés, coxo desde o nascimento, o
qual nunca tinha andado.
9 Esse ouvia falar Paulo, que,
olhando para ele e vendo que ti-
nha fé para ser curado,
10 disse em alta voz: Levanta-te
direito sobre teus pés. E ele sal-
tou e andava.
11 Vendo as multidões o que
Paulo fizera, levantaram a sua
voz, dizendo na língua licaôni-
ca: Fizeram-se os deuses seme-
lhantes aos homens, e desceram
até nós.
12 Chamavam Júpiter a Barnabé,
e Mercúrio a Paulo, porque este
era o que falava.
13 O sacerdote de Júpiter, cujo
templo estava em frente da cida-
de, trazendo à porta touros e gri-
naldas, queria com a multidão
oferecer-lhes sacrifício.
14 Ouvindo isso, os apóstolos
Barnabé e Paulo rasgaram as
suas roupas e correram para o
meio da multidão, clamando:
15 Senhores, por que fazeis essas
coisas? Nós também somos ho-
mens como vós, sujeitos às mes-
mas paixões, e vos anunciamos
que vos convertais dessas vaida-
des ao Deus vivo, que fez o céu, a
terra, o mar e tudo o que neles há,
16 o qual nos tempos passados
deixou andar todas as nações em
seus próprios caminhos.
17 Contudo, não deixou de dar
testemunho de si mesmo. Ele
mostrou misericórdia, dando-
-vos chuvas do céu e colheita em
sua própria estação, enchendo de
mantimento e de alegria os vos-
sos corações.
18 Dizendo isso, com dificuldade
impediram que as multidões lhes
oferecessem sacrifícios.
19 Chegaram, porém, uns ju-
deus de Antioquia e de Icônio, os
quais, tendo convencido a multi-
dão, apedrejaram Paulo e o arras-
taram para fora da cidade, pen-
sando que estava morto.
20 Os discípulos, porém, se ajun-
taram em volta de Paulo, e ele se
levantou e entrou na cidade. No
dia seguinte, partiu com Barnabé
para Derbe.
21 Tendo pregado o evangelho
naquela cidade, e feito muitos
discípulos, voltaram para Listra,
Icônio e Antioquia,

22 renovando os ânimos dos dis-
cípulos, incentivando-os a per-
manecerem firmes na fé, dizen-
do que por muitas tribulações
nos é necessário entrar no Reino
de Deus.
23 E, havendo-lhes por comum
consentimento eleito presbíte-
ros em cada igreja com oração
e jejuns, encomendaram-nos ao
Senhor, em quem haviam crido.
24 Passando depois pela Pisídia,
chegaram à Panfília.
25 Tendo pregado a palavra em
Perge, desceram a Atália.
26 E dali navegaram para Antioquia,
onde tinham sido confiados à gra-
ça de Deus para a obra que aca-
bavam de cumprir.
27 Quando chegaram e reuniram
a igreja, relataram quão grandes
coisas Deus fizera por eles e como
abrira a porta da fé aos gentios.
28 E permaneceram ali por mui-
to tempo com os discípulos.

A controvérsia acerca da circuncisão

15 Então alguns que tinham
descido da Judeia ensina-
vam os irmãos: Se não vos cir-
cuncidardes, conforme o costume
de Moisés, não podeis ser salvos.
2 Tendo tido Paulo e Barnabé gran-
de discussão e briga com eles, re-
solveu-se que Paulo, Barnabé e al-
guns deles subissem a Jerusalém,
aos apóstolos e aos presbíteros,
por causa dessa questão.
3 Eles, sendo enviados pela igre-
ja, passaram pela Fenícia e por
Samaria, contando a conversão
dos gentios. Essa notícia dava
grande alegria a todos os irmãos.
4 Quando chegaram a Jerusalém,
foram recebidos pela igreja, pe-
los apóstolos e pelos presbíteros,
e lhes contaram quão grandes
coisas Deus tinha feito com eles.
5 Alguns, porém, da seita dos fa-
riseus, que tinham crido, levanta-
ram-se, dizendo que era necessá-
rio circuncidá-los e ordenava-lhes
que guardassem a Lei de Moisés.

A Assembleia de Jerusalém

6 Reuniram-se os apóstolos e
os presbíteros para considerar
esse assunto.
7 E, havendo grande discussão,
levantou-se Pedro, e lhes disse:
Irmãos, bem sabeis que já há mui-
to tempo Deus me elegeu dentre
vós, para que os gentios ouvis-
sem da minha boca a palavra do
evangelho e cressem.
8 Deus, que conhece os corações,
aceitou-os, dando-lhes o Espírito
Santo, assim como também a nós.
9 E não fez diferença alguma en-
tre eles e nós, purificando os seus
corações pela fé.
10 Agora, pois, por que tentais a
Deus, pondo sobre o pescoço dos
discípulos um jugo que nem nossos
pais nem nós pudemos suportar?
11 Cremos, porém, que somos sal-
vos pela graça do Senhor Jesus
Cristo, como eles também.
12 Então toda a multidão se calou,
e escutava a Barnabé e a Paulo,
que contavam quão grandes si-
nais e maravilhas Deus havia fei-
to por meio deles entre os gentios.
13 Depois que eles se calaram,
tomou Tiago a palavra e disse:
Irmãos, ouvi-me.
14 Simão contou como primeira-
mente Deus visitou os gentios, para
tomar dentre eles um povo para o
seu nome.
15 E com isto concordam as pa-
lavras dos profetas, como está
escrito:

16 Depois disto voltarei,
reconstruirei o tabernáculo
de Davi,
que está caído.
Levantá-lo-ei das suas ruínas
e voltarei
a construí-lo,
17 para que o restante dos
homens busque ao Senhor,
sim, todos os gentios,
sobre os quais o meu nome
é invocado,
diz o Senhor, que faz todas
estas coisas,
18 que são conhecidas desde toda
a eternidade.
19 Pelo que julgo que não se deve
perturbar aqueles, dentre os gen-
tios, que se convertem a Deus,
20 mas escrever-lhes que rejei-
tem as contaminações dos ído-
los, a prostituição, os animais es-
trangulados e o sangue.
21 Pois Moisés, desde os tem-
pos antigos, tem em cada cidade
quem o pregue, e cada sábado é
lido nas sinagogas.
22 Então decidiram os apóstolos
e os presbíteros, com toda a igre-
ja, eleger homens dentre eles e
enviá-los com Paulo e Barnabé
a Antioquia. Os que escolheram
foram: Judas, chamado Barsabás,
e Silas, homens influentes entre
os irmãos.

A decisão da Assembleia

23 Por intermédio deles escreve-
ram o seguinte: Os apóstolos e os
presbíteros, irmãos, aos irmãos
entre os gentios que estão em
Antioquia, Síria e Cilícia, saúde.
24 Ouvindo que alguns que sa-
íram dentre nós, aos quais não
autorizamos, vos perturbaram
com palavras e confundiram as
vossas almas,
25 pareceu-nos bem, tendo che-
gado a um acordo, escolher al-
guns homens e enviá-los com os
nossos amados Barnabé e Paulo.
26 Homens que já arriscaram
as suas vidas pelo nome de nos-
so Senhor Jesus Cristo.
27 Enviamos, portanto, Judas
e Silas, os quais oralmente vos
anunciarão também o mesmo.
28 Pareceu bem ao Espírito Santo,
e a nós, não vos impor mais jugo
algum, senão estas coisas neces-
sárias:
29 Que rejeiteis as coisas sacrifi-
cadas aos ídolos, o sangue, a car-
ne de animais estrangulados e a
prostituição. Fazeis bem se vos
guardardes dessas coisas. Que
tudo lhes vá bem.
30 Tendo-se eles então despedi-
do, partiram para Antioquia, e,
reunindo a assembleia, entrega-
ram a carta.
31 E, quando a leram, alegraram-
-se pela consolação.
32 Depois Judas e Silas, que tam-
bém eram profetas, encorajaram e
fortaleceram os irmãos com mui-
tas palavras.
33 Depois de passar ali algum
tempo, os irmãos mandaram-nos
de volta em paz para os que os ti-
nham enviado,
34 mas pareceu bem a Silas ficar ali.
35 Paulo e Barnabé, porém, fica-
ram em Antioquia, ensinando e
pregando, com muitos outros, a
palavra do Senhor.

A segunda viagem missionária. Separação entre Paulo e Barnabé

36 Alguns dias depois disse Paulo
a Barnabé: Voltemos a visitar nos-
sos irmãos por todas as cidades
em que já pregamos a palavra
do Senhor, para ver como estão.

8 Crispo, principal da sinagoga,
creu no Senhor, com toda a sua
casa; e muitos dos coríntios, ou-
vindo-o, creram e foram batizados.
9 Disse o Senhor em visão a Paulo:
Não temas, mas fala, e não te cales.
10 Pois eu sou contigo, e ninguém
te ferirá ou te fará mal, porque
tenho muita gente nesta cidade.
11 Paulo permaneceu ali um ano
e seis meses, ensinando entre eles
a palavra de Deus.

Paulo perante Gálio

12 Sendo Gálio procônsul da Acaia,
levantaram-se os judeus de co-
mum acordo contra Paulo e o le-
varam ao tribunal,
13 dizendo: Este persuade os ho-
mens a servir a Deus contra a lei.
14 Quando Paulo estava para abrir
a boca, disse Gálio aos judeus: Se
houvesse, ó judeus, alguma trans-
gressão ou crime grave, com razão
vos ouviria.
15 Tendo em vista que a ques-
tão é de palavras, de nomes e da
vossa lei, disso cuidai vós mes-
mos. Eu não quero ser juiz des-
sas coisas.
16 E expulsou-os do tribunal.
17 Então todos se voltaram con-
tra Sóstenes, chefe da sinagoga,
e o espancaram diante do tribu-
nal. Mas Gálio não se importa-
va com nenhuma dessas coisas.

Priscila, Áquila e Apolo

18 Paulo, tendo permanecido ali
ainda muitos dias, despediu-se dos
irmãos e navegou para a Síria, e
com ele Priscila e Áquila, tendo
rapado a cabeça em Cencreia,
porque tinha feito voto.
19 Chegaram a Éfeso, onde Paulo
os deixou. Mas ele, entrando na
sinagoga, debatia com os judeus.
20 Pedindo-lhe eles que ficasse
por mais algum tempo, ele não
aceitou.
21 Antes se despediu deles, dizen-
do: Se Deus quiser, outra vez vol-
tarei a vós. E navegou de Éfeso.
22 Chegando a Cesareia, subiu a
Jerusalém, saudou a igreja e des-
ceu a Antioquia.
23 Tendo permanecido ali algum
tempo, partiu, passando por toda
a província da Galácia e da Frígia,
fortalecendo todos os discípulos.

Apolo em Éfeso e em Corinto

24 Chegou a Éfeso um judeu chama-
do Apolo, natural de Alexandria, ho-
mem culto e poderoso nas Escrituras.
25 Era instruído no caminho do
Senhor e, sendo fervoroso de es-
pírito, falava e ensinava com au-
toridade as coisas a respeito de
Jesus, conhecendo, porém, so-
mente o batismo de João.
26 Ele começou a falar ousada-
mente na sinagoga. Quando o
ouviram Priscila e Áquila, le-
varam-no consigo e lhe explica-
ram com mais precisão o cami-
nho de Deus.
27 Querendo ele ir para a Acaia,
incentivaram-no os irmãos e es-
creveram aos discípulos que o re-
cebessem. Tendo chegado, ajudou
muito os que pela graça criam.
28 Pois com grande intensidade
contestava publicamente os ju-
deus, provando pelas Escrituras
que Jesus era o Cristo.

A terceira viagem missionária. Paulo prega em Éfeso

19 Enquanto Apolo estava
em Corinto, Paulo, tendo
passado pela estrada do interior,
chegou a Éfeso. Ali encontrou al-
guns discípulos

2 e perguntou-lhes: Recebestes vós
o Espírito Santo quando crestes?
Responderam eles: Não, nem se-
quer ouvimos que exista Espírito
Santo.
3 Tornou-lhes ele: Em que fostes
batizados então? Responderam:
No batismo de João.
4 Paulo disse: Certamente João
batizou com o batismo de arre-
pendimento, dizendo ao povo que
cresse no que após ele haveria de
vir, isto é, em Jesus.
5 Quando ouviram isto, foram ba-
tizados em nome do Senhor Jesus.
6 Impondo-lhes Paulo as mãos,
veio sobre eles o Espírito Santo,
e falavam em línguas, e profeti-
zavam.
7 E eram ao todo uns doze homens.
8 **P**aulo entrou na sinagoga e fa-
lou ousadamente por três meses,
debatendo e convencendo a res-
peito do Reino de Deus.
9 Alguns deles, porém, resistiram
e se recusaram a crer, falando
mal do Caminho perante a mul-
tidão. Então Paulo afastou-se de-
les. Levou consigo os discípulos
e passou a ensinar todos os dias
na escola de Tirano.
10 Durou isso dois anos, de modo
que todos os que habitavam na
Ásia ouviram a palavra do Senhor
Jesus, tanto judeus como gregos.
11 E Deus, pelas mãos de Paulo,
fez milagres extraordinários.
12 De sorte que até lenços e aven-
tais eram levados do seu corpo
aos doentes, e as enfermidades
os deixavam e os espíritos ma-
lignos saíam.
13 Alguns dos exorcistas judeus,
ambulantes, tentavam invocar o
nome do Senhor Jesus sobre os
que estavam possessos de espíri-
tos malignos, dizendo: Em nome
de Jesus, a quem Paulo prega, eu
lhes ordeno que saiam.
14 Os que faziam isso eram sete fi-
lhos de Ceva, judeu, um dos prin-
cipais sacerdotes.
15 Respondeu, porém, o espírito
maligno: Conheço Jesus e bem sei
quem é Paulo, mas vós quem sois?
16 Saltando sobre eles o homem
que tinha o espírito maligno, do-
minou dois deles e prevaleceu, de
modo que fugiram nus e feridos
daquela casa.
17 Quando isso se tornou conhe-
cido de todos os que habitavam
em Éfeso, tanto judeus como gre-
gos, caiu temor sobre todos eles,
e o nome do Senhor Jesus era en-
grandecido.
18 E muitos dos que tinham cri-
do vinham, confessando e reve-
lando as suas práticas más.
19 Também muitos dos que ti-
nham praticado feitiçarias trou-
xeram os seus livros e os queima-
ram na presença de todos. Feita a
conta do seu preço, o valor chegou
a cinquenta mil moedas de prata.
20 Assim, a palavra do Senhor
crescia poderosamente e preva-
lecia.
21 **D**epois dessas coisas, Paulo de-
cidiu no espírito ir a Jerusalém,
passando pela Macedônia e pela
Acaia, dizendo: Depois de ter es-
tado ali, é necessário que tam-
bém eu visite Roma.
22 E, enviando à Macedônia dois
daqueles que o auxiliavam, Timóteo
e Erasto, ficou ele por algum tem-
po na Ásia.

O tumulto em Éfeso

23 **P**or esse tempo houve uma gran-
de confusão acerca do Caminho.
24 Certo ourives, por nome Demétrio,
que fazia de prata miniaturas do

templo de Diana, dava muito lu-
cro aos artífices.
25 Ele os ajuntou, bem como os
oficiais de obras semelhantes, e
disse: Senhores, vós bem sabeis
que desta indústria vem a nossa
prosperidade.
26 E bem vedes e ouvis que não só
em Éfeso, mas até quase em toda
a Ásia, este Paulo tem convenci-
do e afastado uma grande mul-
tidão, dizendo que não são deu-
ses os que se fazem com as mãos.
27 Não somente há perigo de que
a nossa profissão caia em descré-
dito, mas também de que o próprio
templo da grande deusa Diana seja
reduzido a nada, vindo a ser des-
truída a majestade daquela que
toda a Ásia e o mundo adoram.
28 Ouvindo isso, encheram-se de
ira e gritaram: Grande é a Diana
dos efésios!
29 Logo toda a cidade se encheu
de confusão. O povo arrastou Gaio
e Aristarco, macedônios, compa-
nheiros de Paulo e, às pressas,
correram para o teatro.
30 Paulo queria apresentar-se ao
povo, mas os discípulos não lhe
permitiram.
31 Também algumas das autori-
dades da Ásia, amigos de Paulo,
mandaram pedir-lhe que não se
apresentasse no teatro.
32 Uns clamavam de uma ma-
neira, outros de outra, porque
o ajuntamento era confuso. A
maioria não sabia por que se ti-
nha reunido.
33 Então tiraram Alexandre den-
tre a multidão, empurrando-o os
judeus para a frente. Alexandre,
sinalizando com a mão, queria
apresentar uma defesa ao povo.
34 Quando, porém, perceberam
que era judeu, todos a uma só voz
gritaram por quase duas horas:
Grande é a Diana dos efésios!
35 Então o escrivão da cidade,
tendo acalmado a multidão, dis-
se: Efésios, quem é que não sabe
que a cidade dos efésios é a guar-
dadora do templo da grande deu-
sa Diana e da imagem que caiu
de Júpiter?
36 Ora, não podendo isto ser ne-
gado, convém que vos aquieteis
e nada façais precipitadamente.
37 Estes homens que aqui trou-
xestes não roubam os objetos sa-
grados do templo de Diana nem
são blasfemadores da vossa deusa.
38 Se Demétrio, porém, e os artí-
fices que estão com ele têm algu-
ma coisa contra alguém, há tri-
bunais e há procônsules: que ali
se acusem uns aos outros.
39 Se alguma outra coisa apre-
sentais, se averiguará em legíti-
ma assembleia.
40 Na verdade até corremos peri-
go de que, por hoje, sejamos acu-
sados de desordem pública, não
havendo causa alguma com que
possamos justificar este ajunta-
mento.
41 Tendo dito isso, despediu a as-
sembleia.

Paulo visita outra vez a Macedônia e a Grécia

20 Depois que acabou o alvo-
roço, Paulo chamou a si os
discípulos e, tendo-os encoraja-
do, despediu-se e partiu para a
Macedônia.
2 Ele andou por aquelas regiões,
encorajando os discípulos com
muitas palavras, e finalmente
chegou à Grécia.
3 Depois de passar ali três meses,
tendo os judeus armado uma cila-
da contra ele quando ia navegar

para a Síria, decidiu voltar pela
Macedônia.
4 Acompanharam-no, até a Ásia,
Sópatro de Bereia, filho de Pirro;
e dos de Tessalônica, Aristarco e
Segundo; Gaio de Derbe e Timóteo;
e dos da Ásia, Tíquico e Trófimo.
5 Esses, indo na frente, espera-
ram-nos em Trôade.
6 E nós, depois dos dias dos pães
sem fermento, navegamos de Filipos,
e em cinco dias fomos encontrá-
-los em Trôade, onde permane-
cemos sete dias.
7 **N**o primeiro dia da semana, reu-
nindo-se os discípulos para par-
tir o pão, Paulo, que haveria de
sair no dia seguinte, falava com
eles e prolongou o seu discurso
até a meia-noite.
8 Havia muitas luzes no cenáculo
onde estávamos reunidos.
9 Estando certo jovem, por nome
Êutico, assentado numa janela,
caiu do terceiro andar, tomado
de um sono profundo que lhe so-
breveio durante o extenso dis-
curso de Paulo. Quando o le-
vantaram, perceberam que ele
estava morto.
10 Paulo, porém, descendo, incli-
nou-se sobre ele e, abraçando-o,
disse: Não vos perturbeis, que a
sua alma nele está.
11 Então subiu, partiu o pão e
comeu. Depois de lhes falar até
o amanhecer, partiu.
12 Levaram vivo o jovem e fica-
ram muito consolados.
13 **N**ós, porém, *tomamos a fren-
te* e, embarcando, navegamos até
Assôs, onde deveríamos receber
Paulo, porque assim o ordenara,
indo ele por terra.
14 Logo que nos alcançou em
Assôs, recebemo-lo a bordo e fo-
mos a Mitilene.
15 Navegando dali, chegamos
no dia seguinte em frente de
Quios, no outro aportamos a
Samos e, tendo-nos demorado
em Trogílio, chegamos no dia
seguinte a Mileto.
16 Paulo já tinha decidido passar
longe de Éfeso, para não gastar
tempo na Ásia. Apressava-se para
estar, se lhe fosse possível, em
Jerusalém no dia de Pentecoste.

O discurso de Paulo aos presbíteros da igreja de Éfeso

17 **D**e Mileto mandou chamar os
presbíteros da igreja de Éfeso.
18 Logo que chegaram, disse-lhes:
Vós bem sabeis, desde o primeiro
dia em que entrei na Ásia, como
em todo esse tempo me compor-
tei no meio de vós,
19 servindo ao Senhor com toda
a humildade, com muitas lágri-
mas e provações que pelas cila-
das dos judeus me sobrevieram.
20 Sabeis que nada proveitoso
deixei de vos anunciar e ensinar
publicamente e nas casas.
21 Tenho declarado tanto aos ju-
deus como aos gregos que devem
se converter a Deus, arrepen-
der-se e ter fé em nosso Senhor
Jesus Cristo.
22 E agora, levado pelo Espírito,
vou para Jerusalém, não saben-
do o que lá me há de acontecer.
23 Somente sei o que o Espírito
Santo de cidade em cidade me
revela, dizendo que me esperam
prisões e tribulações.
24 Em nada, porém, considero
a minha vida preciosa, contanto
que cumpra com alegria a minha
carreira e o ministério que rece-
bi do Senhor Jesus, para dar tes-
temunho do evangelho da graça
de Deus.

25 Agora, na verdade, sei que ne-
nhum de vós, entre os quais pas-
sei pregando o Reino de Deus, ja-
mais voltará a ver o meu rosto.
26 Portanto, hoje vos declaro que
estou inocente do sangue de todos.
27 Pois nunca deixei de vos anun-
ciar toda a vontade de Deus.
28 Cuidai por vós e por todo o
rebanho sobre o qual o Espírito
Santo vos constituiu bispos, para
apascentardes a igreja de Deus, a
qual ele comprou com o seu pró-
prio sangue.
29 Sei que depois da minha par-
tida entrarão no meio de vós lo-
bos cruéis que não pouparão o
rebanho.
30 E que dentre vós mesmos se
levantarão homens que torcerão
a verdade, para atrair os discípu-
los após si.
31 Portanto, vigiai, lembrando-
-vos de que durante três anos não
cessei noite e dia de advertir com
lágrimas cada um de vós.
32 Agora, irmãos, entrego-vos a
Deus e à palavra da sua graça,
àquele que é poderoso para vos
edificar e dar herança entre to-
dos os que são santificados.
33 De ninguém cobicei prata, nem
ouro, nem roupas.
34 Vós mesmos sabeis que estas
mãos proveram o que me era ne-
cessário, e aos que estão comigo.
35 Tenho-vos mostrado em tudo
que, trabalhando assim, é neces-
sário socorrer os enfermos, re-
cordando as palavras do próprio
Senhor Jesus: Mais bem-aventu-
rada coisa é dar do que receber.
36 Tendo dito isso, pôs-se de joe-
lhos e orou com todos eles.
37 Levantou-se um grande pranto
entre todos, e, abraçando Paulo,
o beijavam.
38 O que lhes entristecia muito
era a palavra que dissera, que não
veriam mais o seu rosto. Então o
acompanharam até o navio.

Paulo viaja para Jerusalém

21 Separando-nos deles, na-
vegamos e fomos direta-
mente a Cós, e no dia seguinte a
Rodes, e dali a Pátara.
2 Achamos um navio que ia para a
Fenícia, embarcamos e partimos.
3 Depois de avistarmos Chipre,
deixando-a à esquerda, navega-
mos para a Síria. Chegamos a
Tiro, onde o navio havia de ser
descarregado.
4 Encontrando os discípulos, fi-
camos ali sete dias. E eles pelo
Espírito diziam a Paulo que não
subisse a Jerusalém.
5 Havendo passado ali aqueles
dias, saímos e seguimos nosso ca-
minho. Acompanharam-nos todos
os discípulos, com suas mulheres
e filhos, até fora da cidade, e na
praia ajoelhamo-nos e oramos.
6 E, despedindo-nos uns dos ou-
tros, embarcamos, e eles volta-
ram para suas casas.
7 Continuamos nossa viagem de
Tiro e chegamos a Ptolemaida,
onde saudamos os irmãos e pas-
samos com eles um dia.
8 No dia seguinte, partindo dali,
chegamos a Cesareia. Entrando na
casa de Filipe, o evangelista, que
era um dos sete, ficamos com ele.
9 Tinha esse quatro filhas soltei-
ras que profetizavam.
10 Demorando-nos ali por muitos
dias, chegou da Judeia um profe-
ta, de nome Ágabo,
11 que, vindo ter conosco, to-
mou o cinto de Paulo e, amarran-
do os seus próprios pés e mãos,
disse: Isto diz o Espírito Santo:

Assim amarrarão os judeus em
Jerusalém o homem a quem pertence este cinto e o entregarão
nas mãos dos gentios.
12 Ouvindo nós isso, pedimos-lhe, tanto nós como os que eram
daquele lugar, que não subisse a
Jerusalém.
13 Paulo, porém, respondeu: Que
fazeis vós, chorando e magoando-me o coração? Eu estou pronto
não só a ser amarrado, mas ainda a morrer em Jerusalém pelo
nome do Senhor Jesus.
14 Como não podíamos convencê-lo, dissemos: Faça-se a vontade
do Senhor.
15 **D**epois daqueles dias, havendo feito os nossos preparativos,
subimos a Jerusalém.
16 Foram também conosco alguns discípulos de Cesareia, levando consigo certo Mnasom, cíprio, discípulo antigo, com quem
nos havíamos de hospedar.

Paulo chega a Jerusalém

17 **L**ogo que chegamos a Jerusalém,
os irmãos nos receberam com
alegria.
18 No dia seguinte, Paulo foi conosco à casa de Tiago, e todos os
presbíteros compareceram.
19 Paulo saudou-os e contou com
detalhes o que por seu ministério Deus fizera entre os gentios.
20 Ouvindo eles isso, glorificaram a
Deus e lhe disseram: Olhai, irmão,
quantos milhares de judeus há que
creem, e todos são zelosos da lei
21 A respeito de ti foram informados de que ensinas todos os judeus que estão entre os gentios a
se afastarem de Moisés, dizendo
que não devem circuncidar seus
filhos, nem andar segundo os costumes da lei.
22 Que faremos? Certamente ouvirão que és chegado.
23 Faze, pois, o que te diremos:
Temos quatro homens que fizeram voto.
24 Toma contigo esses e santifica-te com eles, e pague as despesas deles, para que rapem a cabeça. Assim, todos ficarão sabendo
que nada há daquilo de que foram informados a respeito de ti,
mas que também tu mesmo andas em obediência à lei.
25 Todavia, quanto aos gentios que
têm crido, já escrevemos, dando
o parecer que se afastem do que
é sacrificado aos ídolos, do sangue, dos animais estrangulados
e da prostituição.
26 No dia seguinte, Paulo, tomando consigo aqueles homens, purificou-se com eles. Então entrou
no templo, anunciando serem já
cumpridos os dias da purificação,
e ficou ali até se oferecer a favor
de cada um deles a oferta.

Paulo é preso

27 **Q**uando os sete dias estavam
quase a terminar, os judeus da
Ásia, vendo-o no templo, agitaram todo o povo e o agarraram,
28 gritando: Homens israelitas,
ajudai! Este é o homem que por
todas as partes ensina a todos a
ser contra o povo, contra a lei e
contra este lugar. Além disso,
ele fez entrar também no templo os gregos e profanou este
santo lugar.
29 Antes tinham visto com ele na
cidade o efésio Trófimo, o qual
pensavam que Paulo fizera entrar no templo.
30 Agitou-se toda a cidade, e houve grande ajuntamento do povo.
Agarrando Paulo, arrastaram-no

para fora do templo, e logo as por-
tas se fecharam.
31 Procurando eles matá-lo, che-
gou ao comandante da corte o avi-
so de que toda Jerusalém estava
em confusão.
32 Ele imediatamente tomou con-
sigo soldados e oficiais, e correu
para o meio do povo. Quando vi-
ram chegar o comandante e os
soldados, pararam de espancar
Paulo.
33 Então, aproximando-se o co-
mandante, prendeu-o, mandou
que fosse acorrentado com duas
cadeias e perguntou quem era e
o que tinha feito.
34 Na multidão, uns gritavam de
uma maneira, e outros de outra.
Como o comandante nada podia
saber ao certo, por causa da con-
fusão, ordenou que Paulo fosse
conduzido à fortaleza.
35 Chegando ele às escadas, os sol-
dados tiveram de carregá-lo por
causa da violência da multidão.
36 Pois a multidão o seguia, gri-
tando: Mata-o!
37 Quando ia ser conduzido para
dentro da fortaleza, Paulo per-
guntou ao comandante: Permite-
-me dizer-te algo? Respondeu ele:
Sabes o grego?
38 Não és tu o egípcio que há
poucos dias iniciou uma revol-
ta e levou ao deserto quatro mil
assassinos?
39 Paulo respondeu: Eu sou judeu,
natural de Tarso, cidade impor-
tante da Cilícia. Peço-te, porém,
que me permitas falar ao povo.
40 Tendo recebido a permis-
são do comandante, Paulo pôs-
-*se em pé nas escadas* e fez si-
nal com a mão ao povo. Tendo
feito grande silêncio, disse-lhes
em hebraico:

O discurso de Paulo em sua defesa

22 Irmãos e pais, ouvi agora
a minha defesa.
2 Quando ouviram que lhes fala-
va em hebraico, maior silêncio fi-
zeram. Então Paulo disse:
3 Eu sou judeu, nascido em Tarso
da Cilícia, e nesta cidade criado
aos pés de Gamaliel, instruído
conforme a verdade da lei de nos-
sos pais, zeloso de Deus, como to-
dos vós hoje sois.
4 Persegui este Caminho até a
morte, algemando e colocando
em prisões tanto homens como
mulheres,
5 como também o sumo sacer-
dote me é testemunha, e assim
todo o conselho dos presbíteros.
Recebendo desses cartas para
os irmãos, fui a Damasco, com o
propósito de trazer algemados a
Jerusalém aqueles que ali esti-
vessem, a fim de que fossem cas-
tigados.
6 Ora, aproximando-me de Damasco,
quase ao meio-dia, de repente me
cercou uma grande luz do céu.
7 Caí por terra e ouvi uma voz
que me dizia: Saulo, Saulo, por
que me persegues?
8 Eu perguntei: Quem és, Senhor?
Respondeu-me: Eu sou Jesus de
Nazaré, a quem tu persegues.
9 Os que estavam comigo viram,
em verdade, a luz e se atemori-
zaram muito, mas não ouviram
a voz daquele que falava comigo.
10 Então perguntei: Senhor, que
farei? E o Senhor respondeu:
Levanta-te e entra em Damasco,
e ali se te dirá tudo o que te é or-
denado fazer.
11 Como eu não via, por causa do
brilho daquela luz, fui guiado pe-
las mãos dos que estavam comi-
go e cheguei a Damasco.

12 Certo Ananias, homem piedo-
so conforme a lei, que tinha bom
testemunho de todos os judeus
que ali moravam,
13 veio ao meu encontro e apre-
sentou-se, dizendo: Saulo, irmão,
recupera a vista. Naquela mesma
hora o vi.
14 Disse ele: O Deus de nossos
pais de antemão te escolheu para
conheceres a sua vontade, e ver o
Justo, e ouvir a voz da sua boca.
15 Hás de ser sua testemunha
para com todos os homens do que
tens visto e ouvido.
16 E agora por que te deténs?
Levanta-te, batiza-te e lava os
teus pecados, invocando o seu
nome.
17 Voltando eu para Jerusalém,
quando orava no templo, achei-
-me em êxtase
18 e vi aquele que me dizia: Apressa-
-te e sai logo de Jerusalém, por-
que não receberão o teu testemu-
nho a meu respeito.
19 Eu respondi: Senhor, eles bem
sabem que eu lançava na prisão
e açoitava nas sinagogas os que
criam em ti.
20 E, quando o sangue de Estêvão,
tua testemunha, se derramava,
eu também estava presente, apro-
vando sua morte, e até guardei
as roupas dos que o matavam.
21 Então o Senhor me disse: Vai,
eu te enviarei para longe, aos
gentios.
22 Ouviram-no até esta palavra.
Então levantaram a voz, dizendo:
Tira da terra tal homem! Não me-
rece viver!
23 Gritando eles, tirando de si
as capas e lançando pó para o ar,
24 o comandante mandou que o
levassem para a fortaleza, dizendo
que o interrogassem e açoitassem,
para saber por que assim grita-
vam contra ele.
25 Quando o haviam amarrado, dis-
se Paulo ao oficial que ali estava:
É permitido a vós açoitar um cida-
dão romano, sem ser condenado?
26 Ouvindo isso, o oficial foi e
avisou o comandante, dizendo:
O que vais fazer? Este homem é
cidadão romano.
27 Vindo o comandante, per-
guntou-lhe: Dize-me, és tu cida-
dão romano? E ele respondeu:
Sim, sou.
28 Então disse o comandante:
Eu por grande soma de dinhei-
ro alcancei o direito de cidadão.
Paulo respondeu: Eu, porém, o
sou de nascimento.
29 Imediatamente se afastaram
dele os que o haviam de inter-
rogar. E até o comandante teve
temor, quando soube que havia
prendido um cidadão romano.

Paulo perante o Sinédrio

30 No dia seguinte, querendo o
comandante saber ao certo por
que ele era acusado pelos judeus,
soltou-o das prisões e mandou
que se reunissem os principais
sacerdotes e todo o Sinédrio.
Então trouxe Paulo e o apresen-
tou diante deles.

23 Paulo fixou os olhos no
Sinédrio e disse: Irmãos,
até o dia de hoje tenho andado
diante de Deus com toda a boa
consciência.
2 O sumo sacerdote, Ananias, po-
rém, mandou aos que estavam
junto dele que o ferissem na boca.
3 Então Paulo lhe disse: Deus te
ferirá, parede branqueada! Tu es-
tás aqui assentado para julgar-
-me conforme a lei, e contra a
lei me mandas ferir?

4 Os que estavam ali disseram: Ousas insultar o sumo sacerdote de Deus?

5 Respondeu Paulo: Não sabia, irmãos, que ele era o sumo sacerdote; pois está escrito: Não dirás mal do príncipe do teu povo.

6 Então Paulo, sabendo que uma parte era de saduceus e outra de fariseus, gritou no Sinédrio: Irmãos, eu sou fariseu, filho de fariseu. Por causa da esperança da ressurreição dos mortos estou sendo julgado.

7 Havendo ele dito isso, houve confusão entre os fariseus e os saduceus, e a multidão se dividiu.

8 Os saduceus dizem que não há ressurreição, nem anjo, nem espírito, mas os fariseus reconhecem uma e outra coisa.

9 Começou um grande clamor e, levantando-se alguns mestres da lei da parte dos fariseus, discutiam, dizendo: Nenhum mal achamos neste homem. E, se algum espírito ou anjo lhe falou, não resistamos a Deus.

10 A discussão ficou tão violenta que o comandante, temendo que Paulo fosse despedaçado, mandou que os soldados descessem e o tirassem do meio deles, e o levassem para a fortaleza.

11 **N**a noite seguinte, o Senhor apresentou-se a ele e disse: Paulo, tem bom ânimo! Como de mim testificaste em Jerusalém, assim importa que testifiques também em Roma.

A conspiração dos *judeus contra Paulo*

12 **Q**uando já era dia, os judeus fizeram uma conspiração e juraram que não comeriam nem beberiam enquanto não matassem Paulo.

13 Eram mais de quarenta os que armaram essa conspiração.

14 Esses foram falar com os principais sacerdotes e presbíteros, e disseram: Juramos sob pena de maldição a não provarmos nada até que matemos Paulo.

15 Agora, pois, vós e o Sinédrio, pedi ao comandante que o traga amanhã, como que querendo saber mais alguma coisa de sua causa. Antes que chegue, estaremos prontos para matá-lo.

16 **O** sobrinho de Paulo, porém, tendo sabido da cilada, foi, entrou na fortaleza e avisou Paulo.

17 Paulo chamou a si um dos oficiais e disse: Leva este jovem ao comandante; ele tem alguma coisa que lhe comunicar.

18 Tomando-o ele, levou-o ao comandante e disse: O preso Paulo, chamando-me a si, pediu-me que te trouxesse este jovem, que tem alguma coisa para dizer-te.

19 O comandante tomou-o pela mão e, em particular, perguntou-lhe: Que tens que me contar?

20 Disse ele: Os judeus combinaram pedir-te que amanhã leves Paulo ao Sinédrio, como que tendo de tirar dele mais detalhes sobre o caso.

21 Mas tu não te deixes levar, porque mais de quarenta homens entre eles lhe armaram ciladas, os quais juraram, sob pena de maldição, não comerem nem beberem até que o tenham morto. Agora estão prontos, esperando a tua promessa.

22 Então o comandante despediu o jovem, ordenando-lhe que a ninguém dissesse que lhe havia contado aquilo.

Paulo é enviado a Cesareia

23 Chamando dois oficiais, dis-
se-lhes: Aprontai para esta noite,
às três horas, duzentos soldados
de infantaria, setenta cavaleiros
e duzentos lanceiros para irem
até Cesareia.
24 E mandou que providencias-
sem montaria para que Paulo
montasse, para o levarem com
segurança ao governador Félix.
25 E escreveu-lhe uma carta,
que dizia:
26 Cláudio Lísias, a Félix, exce-
lentíssimo governador, saúde.
27 Este homem foi preso pelos ju-
deus e, estando já a ponto de ser
morto por eles, cheguei eu com
a tropa e o livrei, ao saber que
era romano.
28 Querendo saber por que o acu-
savam, levei-o ao Sinédrio deles.
29 Achei que o acusavam de algu-
mas questões da sua lei, mas que
nenhum crime havia nele digno
de morte ou de prisão.
30 Sendo-me informado que os
judeus haviam de armar ciladas
a esse homem, logo o enviei a ti,
ordenando também aos acusado-
res que perante ti digam o que ti-
verem contra ele. Passa bem.
31 Tomando os soldados a Paulo,
como lhes fora mandado, leva-
ram-no de noite a Antipátride.
32 No dia seguinte, deixando os
de cavalaria irem com ele, volta-
ram à fortaleza.
33 Quando a cavalaria chegou a
Cesareia, entregou a carta ao go-
vernador e lhe apresentou Paulo.
34 O governador, tendo lido a
carta, perguntou de que provín-
cia ele era. Sabendo que era da
Cilícia, disse:
35 Eu te ouvirei quando aqui vie-
rem os teus acusadores. E mandou
que o prendessem no palácio de
Herodes.

Paulo perante Félix

24 Cinco dias depois, o sumo
sacerdote Ananias desceu
com os presbíteros e certo Tértulo,
advogado, os quais compareceram
perante o governador contra Paulo.
2 Sendo Paulo chamado, Tértulo
começou a acusá-lo, dizendo:
3 Visto que em seu governo temos
tanta paz, e por tua prudência se
fazem a este povo muitas e louvá-
veis obras, sempre e em todo lu-
gar, ó excelentíssimo Félix, com
todo o agradecimento o quere-
mos reconhecer.
4 Todavia, para que não te tome
muito tempo, peço-te que nos ou-
ças por pouco tempo.
5 Temos achado que este homem
é uma peste, que promove confu-
sões entre todos os judeus, por
todo o mundo. Ele é o principal
defensor da seita dos nazarenos,
6 e até tentou profanar o templo;
por isso, o prendemos e, confor-
me a nossa lei, o quisemos julgar.
7 Intervindo, porém, o comandan-
te Lísias tirou-o de nossas mãos
com grande violência,
8 mandando seus acusadores que
viessem a ti; e, dele tu mesmo, in-
terrogando-o, poderás entender
tudo aquilo de que o acusamos.
9 Os judeus também o acusavam,
dizendo serem estas coisas assim.
10 Paulo, porém, fazendo-lhe o
governador sinal que falasse, res-
pondeu: Sei que já vai para mui-
tos anos que desta nação és juiz;
de modo que com melhor ânimo
respondo por mim.
11 Podes facilmente verificar que
não há mais de doze dias que subi
a Jerusalém para adorar,

12 e não me acharam no templo
discutindo com alguém nem agi-
tando o povo, quer nas sinagogas,
quer na cidade.
13 Tampouco podem provar as
coisas de que agora me acusam.
14 Confesso-te, porém, isto: que,
conforme o Caminho a que cha-
mam seita, assim sirvo ao Deus
de nossos pais, crendo tudo o que
está escrito na lei e nos profetas.
15 Tendo esperança em Deus,
como estes mesmos também es-
peram, de que há de haver res-
surreição tanto dos justos como
dos injustos.
16 Por isso, sempre procuro ter
uma consciência limpa, tanto
para com Deus como para com
os homens.
17 Ora, muitos anos depois, vim
trazer à minha nação esmolas e
ofertas.
18 Estando eu ocupado nessas
coisas, me acharam já purifica-
do no templo, não em ajuntamen-
tos, nem com alvoroço, certos ju-
deus da Ásia,
19 que convinha que compare-
cessem perante ti e me acusas-
sem, se alguma coisa contra mim
tivessem.
20 Ou digam estes mesmos, se acha-
ram em mim algum crime, quan-
do compareci perante o Sinédrio,
21 a não ser estas palavras, que,
estando entre eles, falei em alta
voz: Hoje sou julgado por vós acer-
ca da ressurreição dos mortos.
22 Então Félix, que era bem infor-
mado acerca do Caminho, adiou
a questão, dizendo: Quando o co-
mandante Lísias tiver descido, to-
*marei inteiro conhe*cimento da
vossa causa.
23 E ordenou ao oficial que o man-
tivesse na prisão, tratando-o com
brandura, e que a ninguém dos
seus proibisse servi-lo ou vir ter
com ele.
24 Alguns dias depois, vindo Félix
com Drusila, sua mulher, que era
judia, mandou chamar Paulo e
ouviu-o acerca da fé em Cristo.
25 E, discorrendo ele sobre a jus-
tiça, o domínio próprio e o juízo
vindouro, Félix, apavorado, disse:
Por enquanto basta; saia. Quando
eu achar conveniente, de novo te
chamarei.
26 Esperava ao mesmo tempo que
Paulo lhe desse dinheiro, para
que o soltasse, pelo que também
muitas vezes o mandava chamar
e falava com ele.
27 Passados dois anos, Félix teve
por sucessor a Pórcio Festo, mas,
querendo Félix agradar os judeus,
deixou Paulo preso.

Paulo apela para César

25 Três dias depois de entrar
na província, Festo subiu
de Cesareia a Jerusalém,
2 onde os principais sacerdotes e
os dirigentes dos judeus compa-
receram perante ele, com acusa-
ções contra Paulo. Rogaram-lhe,
3 pedindo como favor contra Paulo
que o fizesse vir a Jerusalém, ar-
mando ciladas para o matarem
no caminho.
4 Festo, porém, respondeu que
Paulo estava detido em Cesareia e
que ele brevemente partiria para lá.
5 Portanto, disse, desçam comi-
go alguns dos vossos dirigentes
e, se neste homem houver algum
crime, acusem-no.
6 Não se demorando entre eles
mais de dez dias, desceu a Cesareia
e, no dia seguinte, assentou-se no
tribunal e mandou que trouxes-
sem Paulo.

7 Chegando ele, cercaram-no os
judeus que haviam descido de
Jerusalém, trazendo contra Paulo
muitas e graves acusações, que
não podiam provar.
8 Paulo, porém, em sua defesa,
disse: Eu não pequei em coisa
alguma contra a lei dos judeus,
nem contra o templo, nem con-
tra César.
9 Todavia Festo, querendo agra-
dar os judeus, respondeu a Paulo:
Queres tu subir a Jerusalém e
ser lá perante mim julgado por
estas coisas?
10 Paulo respondeu: Estou pe-
rante o tribunal de César, onde
devo ser julgado. Não fiz mal al-
gum aos judeus, como tu muito
bem sabes.
11 Se fiz algum mal ou cometi al-
guma coisa digna de morte, não
recuso morrer. Se nada, porém,
há das coisas de que me acusam,
ninguém pode entregar-me a eles.
Apelo para César.
12 Então Festo, tendo falado com
o conselho, respondeu: Apelaste
para César. Para César irás.

Paulo perante o rei Agripa

13 Passados alguns dias, o rei Agripa
e Berenice vieram a Cesareia, a
saudar Festo.
14 Como ali ficaram muitos dias,
Festo contou ao rei o caso de Paulo,
dizendo: Certo homem foi deixa-
do por Félix aqui preso,
15 a respeito do qual os princi-
pais sacerdotes e os líderes re-
ligiosos dos judeus, estando eu
em Jerusalém, compareceram
perante mim, pedindo sentença
contra ele.
16 Respondi-lhes não ser costume
dos romanos entregar um homem
à morte sem que o acusado tenha
presentes os seus acusadores e
possa defender-se da acusação.
17 De modo que, chegando eles
aqui juntos, no dia seguinte, sem
me demorar, assentei-me no tri-
bunal e mandei que trouxessem
o homem.
18 Levantando-se seus acusado-
res, não apresentaram nenhuma
acusação das coisas perversas de
que eu suspeitava.
19 Tinham, porém, contra ele al-
gumas questões acerca de sua su-
perstição e de um tal Jesus, de-
funto, que Paulo afirmava viver.
20 Estando eu perplexo quanto
ao modo de investigar esta causa,
perguntei se queria ir a Jerusalém
e lá ser julgado por essas coisas.
21 Apelando, porém, Paulo para
que fosse reservado ao julgamen-
to do imperador, mandei que o
prendessem até que o enviasse
a César.
22 Então Agripa disse a Festo: Bem
quisera ouvir também esse ho-
mem. Respondeu-lhe ele: Amanhã
o ouvirás.
23 No dia seguinte, vindo Agripa
e Berenice, com muito aparato,
entraram no auditório com os
chefes militares e os principais
da cidade. Então, por ordem de
Festo, foi trazido Paulo.
24 Disse Festo: Rei Agripa e to-
dos os que estais presentes conos-
co, aqui vedes um homem de que
toda a multidão dos judeus me
tem falado, tanto em Jerusalém
como aqui, dizendo que não con-
vém que viva mais.
25 Achando, porém eu que nenhu-
ma coisa digna de morte fizera,
e apelando ele mesmo para o im-
perador, resolvi enviá-lo.
26 Não tenho, porém, coisa algu-
ma definitiva que escreva a meu

senhor; por isso, perante vós o
trouxe, principalmente peran-
te ti, ó rei Agripa, para que, de-
pois de interrogado, tenha algu-
ma coisa que escrever.
27 Pois não me parece razoável
enviar um preso sem especificar
contra ele as acusações.

Paulo testifica perante o rei Agripa

26 Então Agripa disse a Paulo:
Tens permissão para te
defenderes. Paulo, estendendo a
mão em sua defesa, respondeu:
2 Tenho-me por contente, ó rei
Agripa, de que perante ti me haja
hoje de defender de todas as coisas
de que sou acusado pelos judeus,
3 principalmente sabendo que
tens conhecimento de todos os
costumes e questões que há entre
os judeus. Portanto, peço-te que
me ouças com paciência.
4 A minha vida, desde a mocida-
de, o que tem sido sempre entre
o meu povo e em Jerusalém, to-
dos os judeus a sabem.
5 Eles me conhecem desde o prin-
cípio e, se o quiserem, podem tes-
tificar que, conforme a mais se-
vera seita da nossa religião, vivi
fariseu.
6 E agora, pela esperança da pro-
messa que por Deus foi feita a nos-
sos pais, estou aqui e sou julgado.
7 Essa é a promessa que nossas
doze tribos esperam, servindo
a Deus continuamente, noite e
dia. Por causa dessa esperança,
ó rei Agripa, eu sou acusado pe-
los judeus.
8 Por que é que se julga coisa in-
crível entre vós que Deus ressus-
cite os mortos?
9 Eu também estava convencido
de que contra o nome de Jesus de
Nazaré devia fazer todo o possível.
10 E foi isso o que fiz em Jerusalém.
Tendo recebido autoridade dos
principais sacerdotes, lancei mui-
tos dos santos nas prisões, e, quan-
do os matavam, eu dava o meu
voto contra eles.
11 Castigando-os muitas vezes por
todas as sinagogas, obriguei-os a
blasfemar. E, enfurecido dema-
siadamente contra eles, até nas
cidades estranhas os persegui.
12 Numa dessas viagens, indo eu
a Damasco, com autoridade e co-
missão dos principais sacerdotes,
13 ao meio-dia, ó rei, vi no cami-
nho uma luz do céu, a qual ex-
cedia o brilho do sol, cuja clari-
dade envolveu a mim e aos que
iam comigo.
14 Caindo nós todos por terra,
ouvi uma voz que me falava, em
língua hebraica: Saulo, Saulo, por
que me persegues? Dura coisa é
resistires aos aguilhões.
15 Disse eu: Quem és, Senhor?
Respondeu ele: Eu sou Jesus, a
quem tu persegues.
16 Agora levanta-te e põe-te em
pé. Eu te apareci por isto, para te
fazer ministro e testemunha tan-
to das coisas que tens visto como
daquelas pelas quais te aparece-
rei ainda.
17 Eu te livrarei deste povo, e dos
gentios, a quem agora te envio,
18 para lhes abrir os olhos, e das
trevas os converter à luz, e do po-
der de Satanás a Deus, para que
recebam perdão dos pecados e he-
rança entre aqueles que são san-
tificados pela fé em mim.
19 Pelo que, ó rei Agripa, não fui
desobediente à visão celestial.
20 Antes anunciei, primeiramen-
te aos que estão em Damasco e
em Jerusalém, e por toda a ter-
ra da Judeia, e aos gentios, que

se arrependessem e se convertessem a Deus, fazendo obras dignas de arrependimento.

21 Por causa disto, os judeus me agarraram no templo e procuraram matar-me.

22 Alcançando, porém, socorro de Deus, até o dia de hoje permaneço, dando testemunho tanto a pequenos como a grandes, não dizendo nada mais do que o que os profetas e Moisés disseram que deveria acontecer;

23 isto é, que o Cristo devia sofrer e, sendo o primeiro da ressurreição dos mortos, devia anunciar a luz a este povo e aos gentios.

24 A esta altura, Festo interrompeu a defesa de Paulo, gritando: Estás louco, Paulo! As muitas letras te fazem delirar.

25 Paulo, porém, respondeu: Não deliro, ó excelentíssimo Festo, antes digo palavras de verdade e de perfeito juízo.

26 O rei, diante de quem falo com ousadia, sabe essas coisas. Creio que nada disso lhe é estranho, porque isso não passou em um lugar qualquer.

27 Crês tu nos profetas, ó rei Agripa? Bem sei que crês.

28 Disse Agripa a Paulo: Pensas que em tão pouco tempo podes convencer-me a fazer-me cristão?

29 Respondeu Paulo: Peço a Deus que, por pouco ou por muito, não somente tu, mas também todos os que hoje me estão ouvindo se tornassem tais qual eu sou, exceto estas algemas.

30 Dizendo ele isso, levantou-se o rei, o governador e Berenice, e os que com eles estavam assentados.

31 Retiraram-se dali e falavam uns com os outros, dizendo: Este homem nada fez digno de morte ou de prisão.

32 Então Agripa disse a Festo: Este homem bem podia ser solto, se não tivesse apelado para César.

Paulo é enviado a Roma

27 Quando se determinou que navegássemos para a Itália, entregaram Paulo e alguns outros presos a um oficial por nome Júlio, da coorte augusta.

2 E, embarcando em um navio de Adramítio, que estava prestes a navegar em demanda dos portos da costa da Ásia, fizemo-nos ao mar, estando conosco Aristarco, macedônio, de Tessalônica.

3 No dia seguinte, chegamos a Sidom, e Júlio, tratando Paulo humanamente, permitiu-lhe ir ver os amigos, para que cuidassem dele.

4 Partindo dali, fomos navegando abaixo de Chipre, porque os ventos eram contrários.

5 Tendo atravessado o mar, ao longo da Cilícia e Panfília, chegamos a Mirra, na Lícia.

6 Achando ali o oficial um navio de Alexandria, que navegava para a Itália, fez-nos embarcar nele.

7 Como por muitos dias navegamos vagarosamente, havendo chegado apenas em Cnido, não nos permitindo o vento ir mais adiante, navegamos abaixo de Creta, à altura de Salmone.

8 E, costeando-a com dificuldade, chegamos a um lugar chamado Bons Portos, perto do qual estava a cidade de Laseia.

9 Tendo decorrido muito tempo e sendo já perigosa a navegação, porque o jejum já havia passado, Paulo advertia-os,

10 dizendo: Senhores, vejo que a viagem será desastrosa e causará

muito dano, não só para o navio
e a carga, mas também para as
nossas vidas.
11 O oficial, porém, cria mais no
piloto e no dono do navio do que
no que Paulo dizia.
12 Como aquele porto não era pró-
prio para invernar, os mais deles
foram de parecer que se partisse
dali para ver se podiam chegar a
Fênice, um porto de Creta que dá
para o nordeste e para o sudoes-
te, e ali invernar.

A tempestade e o naufrágio

13 Soprando o vento sul branda-
mente e pensando terem já o que
desejavam, levantaram âncora e
foram mais de perto costeando a
ilha de Creta.
14 Não muito depois, porém, de-
sencadeou-se do lado da ilha um pé
de vento, chamado vento Nordeste.
15 Sendo o navio arrastado e não
podendo navegar contra o vento,
cedemos à sua força e ficamos à
deriva.
16 Passando abaixo de uma pe-
quena ilha chamada Clauda, com
muito esforço pudemos segurar
o bote salva-vidas.
17 Recolheram-no e usaram dos
recursos disponíveis para refor-
çar o navio com cordas; temen-
do que fossem lançados nos ban-
cos de areia de Sirte, baixaram
as velas e deixaram a embarca-
ção à deriva.
18 Como fomos violentamen-
te agitados pela tempestade, no
dia seguinte começaram a esva-
ziar o navio.
19 Ao terceiro dia, com as pró-
prias mãos, lançaram ao mar a
armação do navio.
20 Não aparecendo, havia já mui-
tos dias, nem sol nem estrelas e
caindo sobre nós uma grande
tempestade, perdemos toda a es-
perança de nos salvarmos.
21 Havendo eles estado muito tem-
po sem comer, Paulo, pondo-se em
pé no meio deles, disse: Senhores,
devíeis, na verdade, ter-me ouvi-
do e não ter partido de Creta, para
evitar este dano e esta perda.
22 Agora, pois, recomendo-lhes
que tenhais bom ânimo, porque
não se perderá a vida de nenhum
de vós, mas somente o navio.
23 Esta mesma noite o anjo de
Deus, de quem eu sou e a quem
sirvo, esteve comigo,
24 dizendo: Paulo, não temas.
Importa que sejas apresentado
a César, e Deus te deu todos os
que navegam contigo.
25 Portanto, senhores, tende bom
ânimo, pois creio em Deus que há de
acontecer assim como me foi dito.
26 Contudo é necessário que caia-
mos numa ilha.
27 Chegada a décima quarta noi-
te, sendo nós ainda jogados de um
lado a outro lado no mar Adriático,
por volta da meia-noite suspeita-
ram os marinheiros que estavam
próximos de terra.
28 Lançando a sonda, mediram
vinte braças. Passando um pouco
mais adiante, tornando a lançar
a sonda, mediram quinze braças.
29 Ora, temendo bater em roche-
dos, lançaram da popa quatro ân-
coras e esperavam ansiosos que
amanhecesse.
30 Procurando, porém, os ma-
rinheiros fugir do navio e tendo
já jogado o barco salva-vidas ao
mar, sob o pretexto de irem lan-
çar âncoras pela proa,
31 disse Paulo ao oficial e aos sol-
dados: Se estes não ficarem no na-
vio, não podereis salvar-vos.

32 Então os soldados cortaram
os cabos do barco salva-vidas e
o deixaram cair.
33 Enquanto amanhecia, Paulo
recomendava a todos a que co-
messem alguma coisa, dizendo:
É já hoje o décimo quarto dia que
esperais, e permaneceis sem co-
mer, não havendo provado nada.
34 Portanto, recomendo-vos que co-
mais alguma coisa. Disso depende
a vossa segurança. Nem um cabelo
cairá da cabeça de qualquer de vós.
35 E, havendo dito isso, tomou
o pão, deu graças a Deus na pre-
sença de todos e, partindo-o, co-
meçou a comer.
36 Então todos reanimaram-se
e se puseram também a comer.
37 Éramos ao todo no navio du-
zentas e setenta e seis pessoas.
38 Saciados com a comida, come-
çaram a aliviar o navio, lançan-
do o trigo ao mar.
39 Sendo já dia, não conheceram
a terra, mas enxergaram uma en-
seada com uma praia e consulta-
ram se poderiam encalhar nela
o navio.
40 Levantando as âncoras, deixa-
ram-nas no mar, largando tam-
bém as amarras do leme. Então,
içando a vela da proa, foram para
a praia.
41 Dando, porém, num banco de
areia, encalharam ali o navio.
Fixa a proa, o navio ficou imó-
vel, mas a popa abria-se com a
força das ondas.
42 Então a ideia dos soldados foi
que matassem os presos para que
nenhum fugisse, escapando a nado.
43 O oficial, porém, querendo sal-
var Paulo, impediu-lhes dessa ten-
tativa. Mandou que os que pudes-
sem nadar fossem os primeiros a
se lançar ao mar e alcançar terra.
44 Os demais deviam salvar-se,
uns em tábuas e outros em des-
troços do navio. Assim todos che-
garam a terra salvos.

Paulo em Malta

28 Estando salvos na praia,
souberam então que a ilha
se chamava Malta.
2 Os nativos usaram conosco de
muita bondade. Acenderam uma
fogueira e nos recolheram a to-
dos por causa da chuva que caía
e por causa do frio.
3 Havendo Paulo ajuntado um
feixe de gravetos, colocou-os no
fogo. Neste momento, uma víbo-
ra, fugindo do calor, prendeu-se
à sua mão.
4 Quando os nativos viram a ser-
pente pendurada na mão dele, di-
ziam uns aos outros: Certamente
este homem é assassino; pois, em-
bora salvo do mar, a Justiça não
o deixa viver.
5 Sacudindo, porém, ele a cobra
no fogo, não sofreu mal nenhum.
6 Eles esperavam que Paulo vies-
se a inchar ou a cair morto de re-
pente, mas, tendo esperado muito
tempo e vendo que nenhum incô-
modo lhe aconteceu, mudaram de
opinião e diziam que era um deus.
7 Próximo daquele lugar havia
umas terras que pertenciam a
Públio, o principal da ilha, o qual
nos recebeu e hospedou bondosa-
mente por três dias.
8 O pai dele estava de cama, doen-
te, com febre e disenteria. Paulo
foi vê-lo e, tendo orado, impôs-
-lhe as mãos e o curou.
9 Feito isso, vieram também ter
com ele os demais enfermos da
ilha, e foram curados.
10 Esses nos prestaram muitas
honras e, quando embarcamos,

providenciaram-nos todas as coi-
sas de que necessitávamos.

Paulo chega a Roma

11 Três meses depois, partimos
num navio de Alexandria que in-
vernara na ilha, o qual tinha por
emblema Castor e Pólux.
12 Chegando a Siracusa, ficamos
ali três dias.
13 Dali, indo costeando, viemos
a Régio. Soprando, no dia seguin-
te, vento sul, chegamos em dois
dias a Putéoli,
14 onde achamos alguns irmãos
que nos pediram para ficar com
eles por sete dias. E assim nos di-
rigimos a Roma.
15 Os irmãos de lá, tendo rece-
bido notícias nossas, saíram ao
nosso encontro até a Praça de
Ápio e às Três Vendas. Quando
Paulo os viu, deu graças a Deus
e encorajou-se.
16 Logo que chegamos a Roma,
o oficial entregou os presos ao
general do exército, mas a Paulo
foi permitido morar à parte, com
o soldado que o guardava.
17 Três dias depois, Paulo con-
vocou os principais dos judeus.
Quando eles se reuniram, Paulo
lhes disse: Irmãos, não havendo
eu feito nada contra o povo, ou
contra os ritos paternos, vim,
contudo, preso desde Jerusalém,
entregue nas mãos dos romanos.
18 Eles me examinaram e que-
riam soltar-me, por não haver
em mim crime algum de morte.
19 Opondo-se, porém, os judeus,
foi-me forçoso apelar para César,
não tendo, contudo, de que acu-
sar a minha nação.
20 Por essa causa vos chamei,
para vos ver e falar. É por causa
da esperança de Israel que estou
preso com estas algemas.
21 Então eles lhe disseram: Nós
não recebemos da Judeia cartas
a teu respeito, nem veio aqui ir-
mão algum que nos contasse ou
falasse mal de ti.
22 No entanto, bem quiséra-
mos ouvir de ti o que pensas,
pois, quanto a esta seita, sabe-
mos que em toda parte se fala
contra ela.
23 Havendo-lhe eles marcado
um dia, muitos foram ter com
ele onde estava morando, aos
quais explicava com bom teste-
munho o Reino de Deus e procu-
rava convencê-los a respeito de
Jesus, tanto pela Lei de Moisés
como pelos Profetas, desde a ma-
nhã até a noite.
24 Alguns eram convencidos pelo
que ele dizia, mas outros não criam.
25 Discordaram entre si e come-
çaram a sair, havendo Paulo dito
esta palavra: Bem falou o Espírito
Santo a nossos pais pelo profe-
ta Isaías:
26 Vai a este povo e dize:
Ouvindo, ouvireis,
e de maneira nenhuma
entendereis;
vendo, vereis,
e de maneira nenhuma
percebereis.
27 Pois o coração deste povo
está endurecido;
com os ouvidos ouviram
de má vontade,
e fecharam os olhos,
para que jamais vejam
com os olhos,
nem ouçam com os ouvidos,

nem entendam com o coração,
e se convertam e eu os cure.
28 Portanto, quero que saibais
que esta salvação de Deus é enviada aos gentios, e eles ouvirão.
29 Havendo ele dito isso, partiram
os judeus, tendo entre si grande discussão.
30 Paulo ficou dois anos inteiros na sua casa alugada e recebia todos os que o visitavam.
31 Pregava o Reino de Deus e ensinava com toda a liberdade as coisas pertencentes ao Senhor Jesus Cristo, sem impedimento algum.

ROMANOS

Prefácio e saudação

1 Paulo, servo de Cristo Jesus,
chamado para ser apóstolo, se-
parado para o evangelho de Deus,
2 o qual antes havia prometido
pelos seus profetas nas Santas
Escrituras,
3 acerca de seu Filho, que nas-
ceu da descendência de Davi se-
gundo a carne,
4 e foi declarado Filho de Deus
com poder, segundo o Espírito
de santidade, pela ressurreição
dos mortos: Jesus Cristo, o nos-
so Senhor.
5 Pelo qual recebemos a graça
e o apostolado, por amor do seu
nome, para a obediência da fé en-
tre todos os gentios,
6 entre os quais sois também vós
chamados para ser de Jesus Cristo.
7 A todos os que estais em Roma,
amados de Deus, chamados para
ser santos: Graça e paz da parte
de Deus nosso pai e do Senhor
Jesus Cristo.

Paulo deseja ver os cristãos de Roma

8 Primeiramente dou graças ao
meu Deus, por meio de Jesus
Cristo, no tocante a todos vós,
porque em todo o mundo é anun-
ciada a vossa fé.
9 Deus, a quem sirvo em meu
espírito, no evangelho de seu
Filho, é minha testemunha de
como incessantemente faço men-
ção de vós,
10 *pedindo sempre* em minhas
orações que nalgum tempo, pela
vontade de Deus, se me ofereça
boa ocasião de ir ter convosco.
11 Desejo ver-vos, para vos com-
partilhar algum dom espiritual,
a fim de que sejais fortalecidos;
12 isto é, para que convosco eu
seja consolado pela fé mútua, as-
sim vossa como minha.
13 Não quero, porém, irmãos, que
ignoreis que muitas vezes me pro-
pus ir ter convosco (mas até ago-
ra tenho sido impedido), para co-
lher entre vós algum fruto, como
também entre os demais gentios.
14 Eu sou devedor tanto a gregos
como a bárbaros, tanto a sábios
como a ignorantes.
15 De sorte que, quanto está em
mim, estou pronto para vos anun-
ciar o evangelho, também a vós
que estais em Roma.

A justiça pela fé

16 Não me envergonho do evan-
gelho, pois é o poder de Deus
para a salvação de todo aquele
que crê; primeiro do judeu, de-
pois do grego.
17 Pois nele se descobre a justiça
de Deus de fé em fé, como está es-
crito: O justo viverá pela fé.

A idolatria e a depravação da humanidade

18 Do céu se manifesta a ira de
Deus sobre toda a impiedade e
injustiça dos homens que detêm
a verdade pela injustiça,
19 visto que o que de Deus se pode
conhecer neles se manifesta, por-
que Deus lhes manifestou.
20 Pois, desde a criação do mun-
do, os atributos invisíveis de Deus,
o seu eterno poder e sua divinda-
de se entendem e claramente se

veem pelas coisas que foram criadas, de modo que esses homens são indesculpáveis.

21 Pois, tendo conhecido a Deus, não o glorificaram como Deus nem lhe deram graças; antes, seus raciocínios se tornaram fúteis e seu coração insensato se obscureceu.

22 Dizendo-se sábios, tornaram-se loucos

23 e mudaram a glória do Deus incorruptível em semelhança da imagem de homem corruptível, bem como de aves, quadrúpedes e répteis.

24 **P**elo que Deus os entregou às concupiscências de seu coração, à imundícia, para desonrarem seus corpos entre si.

25 Mudaram a verdade de Deus em mentira, honraram e serviram a criatura em lugar do Criador, que é bendito eternamente. Amém.

26 **P**elo que Deus os abandonou às paixões vergonhosas. Até as suas mulheres mudaram suas relações sexuais por outras, contrárias à natureza.

27 Semelhantemente, também os homens deixaram as relações sexuais naturais com as mulheres, inflamaram-se em sua sensualidade uns para com os outros, homem com homem, cometendo atos indecentes e recebendo em si mesmos a penalidade merecida pelo seu erro.

28 **E**, como eles não se importaram de ter conhecimento de Deus, ele os entregou a um sentimento pervertido, para fazerem coisas que não deviam.

29 Estão cheios de toda iniquidade, prostituição, malícia, avareza, maldade, inveja, homicídio, contenda, engano e malignidade.

30 São murmuradores, caluniadores, aborrecedores de Deus, injuriadores, soberbos, presunçosos, inventores de males, desobedientes aos pais e às mães;

31 são néscios, infiéis nos contratos, sem afeição natural, irreconciliáveis e sem misericórdia.

32 Embora tenham conhecimento da justiça de Deus (que são dignos de morte os que tais coisas praticam), não somente as fazem, mas também aprovam os que as praticam.

A impenitência dos judeus e a justiça de Deus

2 Portanto, és indesculpável quando julgas, quem quer que sejas, pois te condenas a ti mesmo naquilo em que julgas, porque tu, que julgas, fazes o mesmo.

2 Bem sabemos que o juízo de Deus é segundo a verdade sobre os que tais coisas fazem.

3 Tu, ó homem, que julgas os que fazem tais coisas, pensas que, fazendo-as tu, escaparás do juízo de Deus?

4 Ou desprezas tu as riquezas da sua bondade, tolerância e paciência, ignorando que a bondade de Deus te leva ao arrependimento?

5 Segundo a tua teimosia e coração impenitente, acumulas ira para ti no dia da ira e da manifestação do juízo de Deus.

6 Deus recompensará a cada um segundo as suas obras:

7 Dará a vida eterna aos que, com perseverança em fazer o bem, procuram glória, honra e incorrupção.

8 Mas indignação e ira aos que são contenciosos, desobedientes à verdade e obedientes à iniquidade.

9 Tribulação e angústia sobre
toda a alma do homem que obra
o mal, em primeiro lugar do ju-
deu, depois do grego;
10 mas glória, honra e paz a qual-
quer que pratica o bem: em pri-
meiro lugar do judeu, depois do
grego.
11 Pois para com Deus não há
acepção de pessoas.
12 Todos os que sem Lei peca-
ram, sem Lei também perecerão;
e todos os que sob a Lei pecaram,
pela Lei serão julgados.
13 Pois os que ouvem a Lei não
são justos diante de Deus, mas
os que praticam a Lei hão de ser
justificados.
14 Quando os gentios, que não
têm Lei, fazem naturalmente as
coisas que são da Lei, não tendo
eles Lei, para si mesmos são Lei.
15 Eles mostram que as exigên-
cias da Lei estão gravadas em seu
coração, testificando juntamente
a sua consciência e os seus pensa-
mentos, quer acusando-os, quer
defendendo-os.
16 Isso sucederá no dia em que
Deus há de julgar os segredos
dos homens, por meio de Jesus
Cristo, segundo o meu evangelho.

Os judeus e a Lei

17 Ora, tu que tens por sobreno-
me judeu, e te apoias na Lei, e te
glorias em Deus;
18 e conheces a sua vontade e
aprovas as coisas excelentes, sen-
do instruído na Lei;
19 e confias que és guia dos ce-
gos, luz dos que estão em trevas,
20 instrutor dos insensatos, mes-
tre de crianças, que tens a forma
da ciência e da verdade na Lei;
21 tu, pois, que ensinas a ou-
tro, não te ensinas a ti mesmo?
Tu, que pregas que não se deve
furtar, furtas?
22 Tu, que dizes que não se deve
adulterar, adulteras? Tu, que abo-
minas os ídolos, roubas os templos?
23 Tu, que te glorias na Lei, de-
sonras a Deus pela transgres-
são da Lei?
24 Como está escrito, o nome de
Deus é blasfemado entre os gen-
tios por causa de vós.
25 A circuncisão é, na verdade,
proveitosa, se tu guardares a Lei,
mas, se tu és transgressor da Lei, a
tua circuncisão se torna em incir-
cuncisão.
26 Se, pois, os incircuncisos obe-
decerem aos preceitos da Lei, não
será a incircuncisão considerada
como circuncisão?
27 E, se os não circuncidados fisi-
camente obedecem à Lei, não jul-
gará a ti, que, tendo a lei escrita e a
circuncisão, és transgressor da Lei?
28 Não é judeu o que o é exterior-
mente, nem é circuncisão a que o
é exteriormente na carne.
29 Antes, o judeu é o que o é no
interior, e circuncisão a que é do
coração, no espírito, não na letra;
e cujo louvor não provém dos ho-
mens, mas de Deus.

O privilégio dos judeus e a fidelidade de Deus

3 Qual é, pois, a vantagem do
judeu? Ou qual a utilidade da
circuncisão?
2 Muita, em todo sentido! Primei-
ramente, as palavras de Deus lhe
foram confiadas.
3 Pois quê? Se alguns foram in-
crédulos, a sua incredulidade
aniquilará a fidelidade de Deus?
4 De maneira nenhuma. Sempre
seja Deus verdadeiro; e todo ho-
mem, mentiroso, como está escrito:

Para que sejas justificado
quando falares e venças
quando julgares.
5 Se, porém, a nossa injustiça faz
surgir a justiça de Deus, que di-
remos? Será Deus injusto, tra-
zendo ira sobre nós? (Falo como
homem.)
6 De maneira nenhuma! Doutro
modo, como julgará Deus o mundo?
7 Se, contudo, por causa da minha
mentira sobressai a verdade de
Deus para sua glória, por que sou
eu ainda julgado como pecador?
8 E por que não dizemos (como
alguns, blasfemando, afirmam
que dizemos): Façamos males,
para que venham bens? A con-
denação desses é justa.

Todos estão debaixo do pecado

9 Pois quê? Somos nós melhores
do que eles? De maneira nenhu-
ma, pois já demonstramos que,
tanto judeus como gregos, todos
estão debaixo do pecado.
10 Como está escrito:
Não há um justo, nem um
sequer;
11 não há ninguém que entenda,
não há ninguém que
busque a Deus.
12 Todos se extraviaram,
e juntamente se fizeram
inúteis.
Não há quem faça o bem, não
há um sequer.
13 A sua garganta é um sepulcro
aberto;
com a sua língua tratam
enganosamente.
Veneno de víbora está
debaixo de seus lábios.
14 A sua boca está cheia de maldi-
ção e amargura.
15 Os seus pés são ligeiros para
derramar sangue;
16 nos seus caminhos há destrui-
ção e miséria,
17 e não conhecem o caminho
da paz.
18 Não há temor de Deus diante
de seus olhos.
19 Ora, nós sabemos que tudo o
que a Lei diz, aos que estão debai-
xo dela o diz, para que toda boca
esteja fechada e todo o mundo
seja condenável diante de Deus.
20 Por isso ninguém será justifi-
cado diante dele pelas obras da
Lei; antes, pela Lei vem o conhe-
cimento do pecado.

A justificação pela fé

21 Agora, porém, se manifestou,
sem a Lei, a justiça de Deus, tendo
o testemunho da Lei e dos Profetas.
22 Isto é, a justiça de Deus pela fé
em Jesus Cristo para todos [e so-
bre todos] os que creem. Não há
distinção,
23 pois todos pecaram e destituí-
dos estão da glória de Deus,
24 sendo justificados gratuita-
mente pela sua graça, pela re-
denção que há em Cristo Jesus.
25 Deus o propôs para propicia-
ção pela fé no seu sangue, para
demonstrar a sua justiça pela re-
missão dos pecados dantes come-
tidos sob a tolerância de Deus;
26 para demonstração da sua jus-
tiça neste tempo presente, para
que ele seja justo e justificador
daquele que tem fé em Jesus.
27 Onde, pois, está a vanglória?
É excluída. Por qual princípio?
No da obediência à Lei? Não, mas
pelo princípio da fé.
28 Concluímos, pois, que o ho-
mem é justificado pela fé, sem as
obras da Lei.
29 Deus é Deus somente dos ju-
deus? Não o é também dos gentios?

Sim, também dos gentios, certa-
mente.
30 Se Deus é um só, que justifica
pela fé a circuncisão, e por meio
da fé a incircuncisão,
31 anulamos, pois, a Lei pela fé?
De maneira nenhuma! Antes, con-
firmamos a Lei.

Abraão foi justificado pela fé

4 Que diremos, pois, ter alcan-
çado Abraão, nosso pai segun-
do a carne?
2 Se, de fato, Abraão foi justifi-
cado pelas obras, tem de que se
gloriar, mas não diante de Deus.
3 O que diz a Escritura? Abraão
creu em Deus, e isso lhe foi cre-
ditado como justiça.
4 Ora, a quem faz qualquer obra,
seu salário não é considerado um
favor, mas uma dívida.
5 No entanto, aquele que não
trabalha, mas crê em Deus que
justifica o ímpio, a sua fé lhe é
creditada como justiça.
6 Assim também Davi declara
bem-aventurado o homem a quem
Deus credita a justiça sem as
obras, dizendo:
7 Bem-aventurados aqueles
cujas maldades são
perdoadas
e cujos pecados são cobertos.
8 Bem-aventurado o homem
a quem o Senhor não credita
o pecado.
9 Vem essa bem-aventurança
sobre a circuncisão somente ou
também sobre a incircuncisão?
Dizemos que a fé foi creditada a
Abraão para justiça.
***10** Como lhe foi imputada?* Estando
na circuncisão ou na incircunci-
são? Não na circuncisão, mas na
incircuncisão.
11 E ele recebeu o sinal da circun-
cisão, selo da justiça da fé quan-
do estava na incircuncisão, para
que fosse pai de todos os que cre-
em, estando eles também na in-
circuncisão, a fim de que a justi-
ça lhes seja imputada.
12 E ele é também o pai da circun-
cisão, daqueles que não somente
são da circuncisão, mas que tam-
bém andam nas pisadas daquela
fé que teve nosso pai Abraão, an-
tes de ser circuncidado.
13 A promessa de que havia de ser
herdeiro do mundo não foi feita
pela Lei a Abraão, ou à sua pos-
teridade, mas pela justiça da fé.
14 Pois, se os que são da Lei são
herdeiros, logo a fé é vã e a pro-
messa é aniquilada,
15 porque a Lei opera a ira. E onde
não há Lei não há transgressão.
16 Portanto é pela fé, para que
seja segundo a graça, a fim de
que a promessa seja firme a toda
a descendência, não somente à
que é da Lei, mas também à que
é da fé que teve Abraão (o qual é
pai de todos nós,
17 como está escrito: Por pai de
muitas nações te constituí), pe-
rante aquele no qual creu, a sa-
ber, Deus, que vivifica os mortos e
chama à existência as coisas que
não são como se já fossem.
18 O qual, em esperança, creu
contra a esperança que seria feito
pai de muitas nações, conforme
o que lhe fora dito: Assim será a
tua descendência.
19 Sem enfraquecer na fé, não
atentou para o seu próprio cor-
po sem vitalidade, pois era já de
quase cem anos, tampouco para
a falta de vigor do ventre de Sara.
20 Ele não duvidou da promessa
de Deus, deixando-se levar pela

incredulidade, mas foi fortificado
na fé, dando glória a Deus,
21 estando certíssimo de que o
que ele tinha prometido também
era poderoso para cumprir.
22 Pelo que isso lhe foi creditado
para justiça.
23 Ora, não só por causa dele está
isso escrito que lhe fosse levado
em conta,
24 mas também por nossa causa,
a quem há de ser imputado, a nós
os que cremos naquele que den-
tre os mortos ressuscitou a Jesus
nosso Senhor.
25 Ele foi entregue por nossos
pecados e ressurgiu para a nos-
sa justificação.

Paz e alegria

5 Sendo, pois, justificados pela fé,
temos paz com Deus, por meio
de nosso Senhor Jesus Cristo,
2 mediante quem obtivemos aces-
so pela fé a esta graça, na qual
estamos firmes, e nos gloriamos
na esperança da glória de Deus.
3 Não somente isso, mas tam-
bém nos gloriamos nas tribula-
ções, sabendo que a tribulação
produz perseverança;
4 e a perseverança, experiência;
e a experiência, esperança.
5 Ora, a esperança não traz con-
fusão, porque o amor de Deus está
derramado em nosso coração pelo
Espírito Santo que nos foi dado.
6 Porque Cristo, estando nós ain-
da fracos, morreu a seu tempo pe-
los ímpios.
7 Dificilmente morrerá alguém
por um justo, embora alguém pos-
sa se animar a morrer pelo bom.
8 Mas Deus prova o seu amor para
conosco pelo fato de que Cristo
morreu por nós, sendo nós ain-
da pecadores.
9 Muito mais agora, que fomos
justificados pelo seu sangue, se-
remos por ele salvos da ira.
10 Pois, se nós, quando éramos
inimigos, fomos reconciliados
com Deus pela morte de seu Filho,
muito mais, estando já reconcilia-
dos, seremos salvos pela sua vida.
11 Não somente isso, mas também
nos gloriamos em Deus por nosso
Senhor Jesus Cristo, por intermé-
dio de quem agora alcançamos a
reconciliação.

Adão e Cristo

12 Pelo que, como por um homem
entrou o pecado no mundo, e pelo
pecado a morte, assim também a
morte passou a todos os homens,
porque todos pecaram.
13 Pois antes da Lei estava o pe-
cado no mundo. Mas, não haven-
do lei, o pecado não é creditado.
14 No entanto, a morte reinou
desde Adão até Moisés, mesmo
sobre aqueles que não pecaram
à semelhança da transgressão de
Adão, que é a figura daquele que
havia de vir.
15 Não é, porém, o dom gratuito
como a ofensa. Pois, se pela ofensa
de um só morreram muitos, mui-
to mais a graça de Deus, isto é, o
dom pela graça de um só homem,
Jesus Cristo, abundou para muitos.
16 O dom não é como a ofen-
sa deum só que pecou: O juízo
veio de uma só ofensa, na verdade,
para condenação, mas o dom gra-
tuito veio de muitas ofensas, para
a justificação.
17 Pois, se pela ofensa de um só,
a morte reinou por esse, mui-
to mais os que recebem a abun-
dância da graça e o dom da jus-
tiça reinarão em vida por um só,
Jesus Cristo.

18 Pois, assim como por uma só
ofensa veio o juízo sobre todos os
homens, para condenação, assim
também por um só ato de justi-
ça veio a graça sobre todos os ho-
mens, para justificação e vida.
19 Pois, como pela desobediên-
cia de um só homem muitos fo-
ram feitos pecadores, assim pela
obediência de um muitos serão
feitos justos.
20 Veio, porém, a Lei para que
a ofensa abundasse. Mas onde
o pecado abundou, superabun-
dou a graça,
21 para que, assim como o peca-
do reinou pela morte, também a
graça reinasse pela justiça para
a vida eterna, mediante Jesus
Cristo, o nosso Senhor.

Mortos para o pecado, vivos em Cristo

6 Que diremos, pois? Perma-
neceremos no pecado, para
que a graça aumente?
2 De modo nenhum. Nós, que esta-
mos mortos para o pecado, como
viveremos ainda nele?
3 Ou não sabeis que todos quantos
fomos batizados em Cristo Jesus fo-
mos batizados na sua morte?
4 De sorte que fomos sepultados
com ele pelo batismo na morte,
para que, como Cristo ressurgiu
dentre os mortos, pela glória do
Pai, assim andemos nós também
em novidade de vida.
5 Se fomos plantados com ele na
semelhança da sua morte, tam-
bém o seremos na da sua ressur-
reição.
6 Pois sabemos isto, que o nosso
velho homem foi com ele cruci-
ficado, para que o corpo do peca-
do seja desfeito, a fim de não ser-
virmos mais ao pecado;
7 porque aquele que está morto
está justificado do pecado.
8 Ora, se já morremos com Cristo,
cremos que também com ele vi-
veremos.
9 Pois sabemos que, havendo Cristo
ressurgido dentre os mortos, já
não morre; a morte não mais tem
domínio sobre ele.
10 Pois quanto a ter morrido,
de uma vez morreu para o pe-
cado; mas, quanto a viver, vive
para Deus.
11 Assim também vós vos consi-
derai como mortos para o pecado,
mas vivos para Deus em Cristo
Jesus, o nosso Senhor.
12 Não reine, portanto, o peca-
do em vosso corpo mortal, para
lhe obedecerdes aos seus desejos.
13 Tampouco apresenteis os vos-
sos membros ao pecado por ins-
trumentos de iniquidade, mas
apresentai-vos a Deus como vi-
vos dentre os mortos e os vossos
membros a Deus como instru-
mentos de justiça.
14 Pois o pecado não terá domí-
nio sobre vós, porque não estais
debaixo da Lei, mas debaixo da
graça.

Escravos da justiça

15 Que diremos, pois? Havemos
de pecar por não estarmos debai-
xo da Lei, mas debaixo da graça?
De modo nenhum.
16 Não sabeis vós que sois servos
daquele a quem vos oferecerdes
para lhe obedecer: ou do peca-
do para a morte, ou da obediên-
cia para a justiça?
17 Graças, porém, a Deus que,
tendo vós sido escravos do peca-
do, obedecestes de coração à for-
ma de doutrina a que fostes en-
tregues.

18 Fostes libertos do pecado e
vos tornastes escravos da justiça.
19 Falo como homem, por cau-
sa da fraqueza da vossa carne.
Pois, assim como oferecestes os
vossos membros à escravidão da
impureza e da iniquidade, para
a iniquidade, assim apresentai
agora os vossos membros para
servirem à justiça, para a san-
tificação.
20 Quando éreis servos do peca-
do, estáveis livres da justiça.
21 E que fruto tínheis então das
coisas de que agora vos envergo-
nhais? Pois o fim delas é a morte.
22 Agora, porém, libertos do pe-
cado e feitos servos de Deus, ten-
des o vosso fruto para a santifica-
ção, e por fim a vida eterna.
23 Pois o salário do pecado é a
morte, mas o dom gratuito de
Deus é a vida eterna, em Cristo
Jesus, nosso Senhor.

A Lei e a graça

7 Não sabeis vós, irmãos (pois que
falo aos que conhecem a Lei),
que a Lei tem domínio sobre o ho-
mem por todo o tempo que vive?
2 Por exemplo, a mulher que está
sujeita ao marido, enquanto ele
viver, está ligada a ele pela Lei,
mas, morto o marido, está livre
da lei do casamento.
3 De sorte que, vivendo o marido,
será chamada adúltera se unir-se
a outro homem. Mas, se o mari-
do morrer, está livre da lei, e as-
sim não será adúltera, se vier a
casar com outro marido.
4 Assim, meus irmãos, também
vós estais mortos para a Lei pelo
corpo de Cristo, para que sejais
de outro, daquele que ressurgiu
dentre os mortos, a fim de dar-
mos fruto para Deus.
5 Quando estávamos na carne,
as paixões dos pecados, realça-
das pela Lei, operavam em nos-
sos membros a fim de darem fru-
to para a morte.
6 Agora, porém, estamos livres da
Lei, pois morremos para aquilo
que antes nos prendia, a fim de
servirmos em novidade de espí-
rito, não na velhice da letra.
7 **Q**ue diremos, pois? É a Lei pe-
cado? De modo nenhum! Mas eu
não conheci o pecado senão por
intermédio da Lei. Pois eu não
conheceria a cobiça se a Lei não
dissesse: Não cobiçarás.
8 O pecado, porém, tomando oca-
sião pelo mandamento, operou
em mim todo tipo de desejo cobi-
çoso. Pois sem a Lei estava mor-
to o pecado.
9 Outrora eu vivia sem Lei, mas,
vindo o mandamento, reviveu o
pecado, e eu morri.
10 E o mandamento que era para
vida, achei eu que me era para morte.
11 Pois o pecado, tomando oca-
sião pelo mandamento, me enga-
nou e por meio do mandamento
me matou.
12 Portanto, a Lei é santa, e o
mandamento santo, justo e bom.
13 Logo tornou-se o bom em mor-
te para mim? De modo nenhum!
Mas o pecado, para que se mos-
trasse pecado, operou em mim a
morte pelo bem, a fim de que pelo
mandamento o pecado se fizesse
excessivamente maligno.
14 Bem sabemos que a Lei é espi-
ritual; mas eu sou carnal, vendi-
do como escravo ao pecado.
15 O que faço não o entendo. Pois
o que quero isso não faço, mas o
que não quero, isso faço.
16 E, se faço o que não quero, con-
sinto com a Lei, que é boa.

17 De maneira que agora já não
sou eu que faço isso, mas o peca-
do que habita em mim.
18 Eu sei que em mim, isto é, na
minha carne, não habita bem al-
gum. Com efeito o querer está
em mim, mas não consigo reali-
zar o bem.
19 Pois não faço o bem que que-
ro, mas o mal que não quero,
esse faço.
20 Ora, se eu faço o que não que-
ro, já não o faço eu, mas o peca-
do que habita em mim.
21 Acho então esta lei em mim,
que, quando quero fazer o bem,
o mal está comigo.
22 Pois segundo o homem inte-
rior, tenho prazer na Lei de Deus,
23 mas vejo nos meus membros
outra lei que batalha contra a lei
do meu entendimento e me pren-
de debaixo da lei do pecado que
está nos meus membros.
24 Miserável homem que eu sou!
Quem me livrará do corpo des-
ta morte?
25 Dou graças a Deus por Jesus
Cristo, o nosso Senhor. De sorte
que, com o entendimento, sirvo
à Lei de Deus, mas, com a carne, à
lei do pecado.

A vida através do Espírito

8 Portanto, agora nenhuma con-
denação há para os que estão
em Cristo Jesus, que não andam
segundo a carne, mas segundo o
Espírito,
2 porque a lei do espírito de vida,
em Cristo Jesus, livrou-me da lei
do pecado e da morte.
3 Pois o que era impossível à Lei,
visto que estava enferma pela
carne, Deus o fez, enviando o seu
Filho em semelhança do homem
pecador, como oferta pelo pecado.
Dessa forma, condenou o pecado
na carne,
4 para que as justas exigências da
Lei se cumprissem em nós, que
não andamos segundo a carne,
mas segundo o Espírito.
5 Os que vivem segundo a carne
inclinam-se para as coisas da car-
ne; mas os que vivem segundo o
Espírito, para as coisas do Espírito.
6 A inclinação da carne é mor-
te, mas a inclinação do Espírito
é vida e paz.
7 A inclinação da carne é inimi-
zade contra Deus, pois não é su-
jeita à Lei de Deus, nem em ver-
dade o pode ser.
8 Portanto, os que estão na car-
ne não podem agradar a Deus.
9 Vós, porém, não estais na car-
ne, mas no Espírito, se é que o
Espírito de Deus habita em vós.
Mas, se alguém não tem o Espírito
de Cristo, esse tal não é dele.
10 Se Cristo, porém, está em vós,
o corpo, na verdade, está morto
por causa do pecado, mas o es-
pírito vive por causa da justiça.
11 Se o Espírito daquele que den-
tre os mortos ressuscitou Jesus
habita em vós, aquele que den-
tre os mortos ressuscitou Cristo
Jesus vivificará também os vossos
corpos mortais, pelo seu Espírito
que em vós habita.
12 De maneira que, irmãos, so-
mos devedores, não à carne para
viver segundo a carne.
13 Pois, se viverdes segundo a
carne, morrereis; mas, se pelo
Espírito mortificardes as obras
do corpo, vivereis,
14 porque todos os que são guia-
dos pelo Espírito de Deus são fi-
lhos de Deus.
15 Pois não recebestes o espíri-
to de escravidão para outra vez

estardes em temor, mas recebes-
tes o espírito de adoção, pelo qual
clamamos: Aba, Pai!
16 O mesmo Espírito testifica
com o nosso espírito que somos
filhos de Deus.
17 Se nós somos filhos, logo so-
mos também herdeiros, herdei-
ros de Deus e co-herdeiros de
Cristo, se é certo que com ele pa-
decemos, para que também com
ele sejamos glorificados.

A glória futura

18 Estou certo de que as aflições
deste tempo presente não se po-
dem comparar com a glória que
em nós há de ser revelada.
19 A ardente expectativa da cria-
ção aguarda a revelação dos fi-
lhos de Deus.
20 Pois a criação ficou sujeita à
vaidade, não por sua vontade, mas
por causa daquele que a sujeitou,
21 na esperança de que também a
própria criação será liberta do ca-
tiveiro da corrupção, para a liber-
dade da glória dos filhos de Deus.
22 Sabemos que toda a criação
geme como se estivesse com do-
res de parto até agora.
23 Não só ela, mas nós mesmos,
que temos os primeiros frutos do
Espírito, também gememos in-
teriormente, aguardando a ado-
ção, a saber, a redenção do nos-
so corpo.
24 Pois nessa esperança somos
salvos. Mas a esperança que se
vê não é esperança. Quem espe-
ra por algo que já tem?
25 Se, porém, esperamos o que
não vemos, com perseverança o
aguardamos.
26 Da mesma maneira, o Espírito
nos ajuda em nossas fraquezas.
Não sabemos o que havemos de
pedir como convém, mas o mes-
mo Espírito intercede por nós com
gemidos inexprimíveis.
27 E aquele que examina os co-
rações sabe qual é a intenção do
Espírito, porque segundo a von-
tade de Deus é que intercede pe-
los santos.

Mais do que vencedores

28 Sabemos que todas as coisas co-
operam para o bem daqueles que
amam a Deus, daqueles que são
chamados segundo o seu propósito.
29 Pois os que dantes conheceu
também os predestinou para se-
rem conformes à imagem de seu
Filho, a fim de que ele seja o pri-
mogênito entre muitos irmãos.
30 E aos que predestinou, a estes
também chamou; aos que cha-
mou, a estes também justificou;
aos que justificou, a estes tam-
bém glorificou.

Cântico de vitória

31 Que diremos, pois, acerca des-
sas coisas? Se Deus é por nós,
quem será contra nós?
32 Aquele que nem mesmo a seu
próprio Filho poupou, antes o en-
tregou por todos nós, como não
nos dará também com ele todas
as coisas?
33 Quem fará qualquer acusação
contra os escolhidos de Deus? É
Deus quem os justifica.
34 Quem os condenará? Pois é
Cristo quem morreu, ou, antes,
quem ressurgiu dentre os mor-
tos, o qual está à direita de Deus
e também intercede por nós.
35 Quem nos separará do amor
de Cristo? A tribulação, ou a an-
gústia, ou a perseguição, ou a
fome, ou a nudez, ou o perigo,
ou a espada?

36 Como está escrito:
Por amor de ti somos
entregues à morte o dia todo;
fomos considerados como
ovelhas para o matadouro.
37 Em todas essas coisas, porém,
somos mais do que vencedores
por aquele que nos amou.
38 Pois estou certo de que, nem a
morte, nem a vida, nem os anjos,
nem os principados, nem as potes-
tades, nem o presente, nem o porvir,
39 nem a altura, nem a profundi-
dade, nem alguma outra criatura
nos poderá separar do amor de
Deus, que está em Cristo Jesus,
nosso Senhor.

A escolha soberana de Deus

9 Em Cristo digo a verdade, não min-
to (dando-me testemunho a mi-
nha consciência no Espírito Santo):
2 que tenho grande tristeza e con-
tínua dor no meu coração.
3 Pois eu mesmo desejaria ser
separado de Cristo, por amor de
meus irmãos, que são meus com-
patriotas, segundo a carne.
4 São israelitas. Pertencem-lhes a
adoção de filhos, a glória, as alian-
ças, a Lei, o culto e as promessas.
5 Deles são os patriarcas e deles
descende Cristo segundo a carne,
o qual é sobre todos, Deus bendi-
to eternamente. Amém.
6 Não que a palavra de Deus te-
nha falhado. Pois nem todos os
que são de Israel são israelitas.
7 Não é por serem descendên-
cia de Abraão que são todos
seus filhos. Pelo contrário: Em
Isaque será chamada a tua des-
cendência.
8 Isto é, não são os filhos da car-
ne que são filhos de Deus, mas os
filhos da promessa são contados
como descendência de Abraão.
9 Pois a palavra da promessa é
esta: Por este tempo virei, e Sara
terá um filho.
10 Não somente esta, mas tam-
bém Rebeca, quando concebeu
de um só, Isaque, nosso pai.
11 Contudo, não tendo eles ainda
nascido, nem tendo feito bem ou
mal (para que o propósito de Deus,
segundo a eleição, ficasse firme,
não por causa das obras, mas por
aquele que chama),
12 foi dito a ela: O maior servi-
rá o menor.
13 Como está escrito: Amei Jacó
e rejeitei Esaú.
14 Que diremos, pois? Há injus-
tiça da parte de Deus? De manei-
ra nenhuma!
15 Pois ele diz a Moisés:
Terei compaixão de
quem eu quiser
e terei misericórdia
de quem eu tiver
misericórdia.
16 Assim, pois, não depende do
desejo ou do esforço humano,
mas de Deus, que se compadece.
17 Porque diz a Escritura a fa-
raó: Para isto mesmo te levan-
tei, para em ti mostrar o meu po-
der e para que o meu nome seja
anunciado em toda a terra.
18 Logo, ele tem misericórdia de
quem ele quer e endurece a quem
ele quer.
19 Alguém dirá então: Por que
se queixa ele ainda? Pois quem
resiste à sua vontade?
20 Mas, ó homem, quem és tu,
que a Deus questionas? Dirá a
coisa formada ao que a formou:
Por que me fizeste assim?
21 Ou não tem o Oleiro poder so-
bre o barro, para da mesma mas-
sa fazer um vaso para honra e ou-
tro para desonra?

22 E que direis se Deus, queren-
do mostrar a sua ira e dar a co-
nhecer o seu poder, suportou com
muita paciência os vasos da ira,
preparados para a perdição,
23 a fim de que também desse a
conhecer as riquezas da sua gló-
ria nos vasos de misericórdia, que
para a glória já dantes preparou,
24 os quais somos nós, a quem
chamou, não só dentre os judeus,
mas também dentre os gentios?
25 Como diz em Oseias:
Chamarei meu povo ao
que não era meu povo;
e amada à que não
era amada.
26 No lugar em que lhes foi dito:
Vós não sois meu povo,
aí serão chamados filhos
do Deus vivo.
27 Isaías clamava acerca de Israel:
Ainda que o número dos
filhos de Israel seja como
a areia do mar,
o remanescente é que
será salvo.
28 Pois o Senhor executará
a sua palavra sobre a terra,
completando-a e abreviando-a.
29 Como antes disse Isaías:
Se o Senhor dos Exércitos
não nos deixara
descendência,
teríamos sido feitos como
Sodoma e seríamos
semelhantes a Gomorra.
30 **Q**ue diremos, pois? Que os gen-
tios, que não buscavam a justiça,
a alcançaram? Sim, mas a justi-
ça que vem da fé.
31 Israel, porém, que buscava a
lei da justiça, não chegou a al-
cançá-la.
32 Por quê? Não a buscavam pela
fé, mas como que pelas obras.
Tropeçaram na pedra de tropeço,
33 como está escrito:
Vede, eu ponho em Sião uma
pedra de tropeço
e uma rocha de escândalo,
todo aquele que nela crer não
será confundido.

10 Irmãos, o desejo do meu
coração e a oração a Deus
por Israel é para que se salvem.
2 Pois lhes dou testemunho de
que têm zelo de Deus, mas não
com entendimento.
3 Visto que não conheceram a jus-
tiça de Deus e procuraram esta-
belecer a sua própria justiça, não
se sujeitaram à que vem de Deus.
4 O fim da Lei é Cristo para justi-
ça de todo aquele que crê.
5 **M**oisés descreve a justiça que
é pela Lei, dizendo: O homem
que fizer estas coisas viverá
por elas.
6 A justiça, porém, que vem da fé
diz assim: Não perguntes em teu
coração: Quem subirá ao céu? (isto
é, para trazer do alto a Cristo).
7 Ou: Quem descerá ao abismo?
(isto é, para levantar Cristo den-
tre os mortos).
8 Mas o que ela diz? A palavra
está junto de ti; está na tua boca
e no teu coração, isto é, a palavra
da fé que pregamos.
9 Se com a tua boca confessares
que Jesus é o Senhor e em teu co-
ração creres que Deus o ressusci-
tou dentre os mortos, serás salvo.
10 Pois com o coração se crê para
a justiça e com a boca se faz con-
fissão para a salvação.
11 Como diz a Escritura: Todo
aquele que nele crer não será en-
vergonhado.
12 Pois não há diferença entre
judeu e grego; um mesmo é o
Senhor de todos, rico para com
todos os que o invocam,

13 porque todo aquele que invo-
car o nome do Senhor será salvo.
14 Como, pois, invocarão aque-
le em quem não creram? E como
crerão naquele de quem não ou-
viram? E como ouvirão, se não
há quem pregue?
15 E como pregarão, se não fo-
rem enviados? Como está escrito:
Quão formosos são os pés dos que
anunciam a paz, dos que anun-
ciam coisas boas!
16 Nem todos, porém, obedece-
ram ao evangelho, pois Isaías
diz: Senhor, quem creu na nos-
sa pregação?
17 De sorte que a fé vem pelo ou-
vir e o ouvir pela palavra de Deus.
18 Digo, porém: Não ouviram?
Sim, por certo,

pois por toda a terra saiu
a voz deles,
e as suas palavras até aos
confins do mundo.

19 Digo, porém: Israel não o sou-
be? Primeiro diz Moisés:

Eu vos porei em ciúmes com
aqueles que não são povo,
com gente insensata vos
provocarei à ira.

20 E Isaías ousadamente diz:

Fui achado pelos que não me
buscavam,
revelei-me aos que
não perguntavam por mim.

21 Contra Israel, porém, diz:

Todo o dia estendi
as minhas mãos
a um povo rebelde
e contradizente.

O remanescente de Israel

11 Digo, pois: Rejeitou Deus
o seu povo? De modo ne-
nhum! Também eu sou israeli-
ta, da descendência de Abraão,
da tribo de Benjamim.
2 Deus não rejeitou o seu povo
que antes conheceu. Ou não sa-
beis o que a Escritura diz de Elias,
como clamou a Deus contra Israel:
3 Senhor, mataram os teus pro-
fetas, derrubaram os teus alta-
res; só eu sobrei, e buscam tirar-
-me a vida?
4 Qual foi, porém, a resposta di-
vina? Reservei para mim sete mil
homens que não dobraram os jo-
elhos diante de Baal.
5 Assim, pois, também agora neste
tempo ficou um remanescente, se-
gundo a eleição da graça.
6 Se, porém, é pela graça, já não
é pelas obras; de outra maneira,
a graça já não é graça.
7 Que diremos, pois? O que Israel
buscava não o alcançou, mas os
eleitos o alcançaram, e os outros
foram endurecidos.
8 Como está escrito:

Deus lhes deu espírito de
entorpecimento,
olhos para não ver e ouvidos
para não ouvir,
até o dia de hoje.

9 E diz Davi:

Torne-se a mesa deles em
laço e armadilha,
em tropeço e retribuição.

10 Escureçam-se os olhos
deles para que não
possam ver,
e encurvem-se
continuamente as
suas costas.

11 Digo, pois: Tropeçaram, para
que caíssem? De modo nenhum,
mas pela sua queda veio a salva-
ção aos gentios, para provocar
ciúme neles.
12 Ora, se a sua queda é a rique-
za do mundo e a sua diminuição a
riqueza dos gentios, quanto mais
a sua plenitude!

13 Convosco falo, gentios. E, en-
quanto for apóstolo dos gentios,
glorificarei o meu ministério,
14 para ver se de alguma manei-
ra posso provocar ao ciúme os do
meu povo e salvar alguns deles.
15 Pois, se a sua rejeição é a re-
conciliação do mundo, qual será
a sua admissão, senão a vida den-
tre os mortos?
16 E, se os primeiros frutos são san-
tos, também a massa o é; se a raiz
é santa, também os ramos o são.
17 Se alguns dos ramos foram
quebrados, e tu, sendo oliveira
brava, foste enxertado no lugar
deles, e feito participante da raiz
e da seiva da oliveira,
18 não te glories contra os ramos.
Se contra eles te gloriares, consi-
dera isto: Não és tu que susten-
tas a raiz, mas a raiz a ti.
19 Dirás, pois: Os ramos foram
quebrados para que eu fosse en-
xertado.
20 Está bem. Pela sua incredu-
lidade foram quebrados, e tu es-
tás em pé pela fé. Não te orgu-
lhes, mas teme.
21 Pois, se Deus não poupou os
ramos naturais, teme que não te
poupe a ti também.
22 Considera, pois, a bondade e
a severidade de Deus: para com
os que caíram, severidade; mas,
para contigo, a bondade de Deus,
se permaneceres na sua bonda-
de. De outro modo, também tu se-
rás cortado.
23 Também eles, se não perma-
necerem na incredulidade, serão
enxertados, pois poderoso é Deus
para os tornar a enxertar.
24 Se tu foste cortado de uma oli-
veira brava por natureza e, con-
tra a natureza, enxertado numa
oliveira cultivada, quanto mais
esses, que são naturais, serão en-
xertados na sua própria oliveira!
25 Não quero, irmãos, que igno-
reis este segredo (para que não
se tornem presunçosos), que o
endurecimento veio em parte a
Israel, até que a plenitude dos
gentios tenha chegado.
26 E assim todo o Israel será salvo,
como está escrito:

De Sião virá o Libertador,
e desviará de Jacó as
impiedades.
27 Esta será a minha aliança
com eles,
quando eu tirar os
seus pecados.

28 Assim que, quanto ao evan-
gelho, são inimigos por causa de
vós; mas quanto à eleição, ama-
dos por causa dos patriarcas,
29 pois os dons e a vocação de
Deus são irrevogáveis.
30 Assim como vós também ou-
trora fostes desobedientes a Deus,
mas agora alcançastes miseri-
córdia pela desobediência deles,
31 assim também estes agora fo-
ram desobedientes, para igual-
mente alcançarem misericórdia
pela misericórdia a vós demons-
trada.
32 Pois Deus colocou a todos de-
baixo da desobediência, a fim de
para com todos usar de miseri-
córdia.

Hino de adoração

33 Ó profundidade das riquezas,
tanto da sabedoria como
da ciência de Deus!
Quão insondáveis são os
seus juízos,
quão inescrutáveis os
seus caminhos!
34 Quem compreendeu a mente
do Senhor?

Ou quem foi o seu
conselheiro?
35 Ou quem lhe deu primeiro a ele,
para que lhe seja
recompensado?
36 Porque dele, por ele e para
ele são todas as coisas.
Glória, pois, a ele
eternamente. Amém.

O sacrifício vivo

12 Portanto, rogo-vos, irmãos,
pela compaixão de Deus,
que apresenteis os vossos corpos como sacrifício vivo, santo e agradável a Deus, que é o vosso culto racional.
2 E não vos conformeis com este
mundo, mas transformai-vos pela renovação do vosso entendimento, para que experimenteis qual seja a boa, agradável e perfeita vontade de Deus.
3 Pois, pela graça que me é dada,
digo a cada um dentre vós que não saiba mais do que convém saber, mas que saiba com moderação, conforme a medida da fé que Deus repartiu a cada um.
4 Assim como em um só corpo te-
mos muitos membros, mas nem todos os membros têm a mesma função,
5 assim nós, que somos muitos, so-
mos um só corpo em Cristo, mas individualmente somos membros uns dos outros.
6 Temos diferentes dons, segun-
do a graça que nos é dada. Se é profecia, seja ela segundo a medida da fé.
7 Se é ministério, seja em minis-
trar; se é ensinar haja dedicação *ao ensino;*
8 ou o que exorta, use esse dom
em exortar; o que reparte, faça-o com liberalidade; o que exerce liderança, com cuidado; o que exerce misericórdia, com alegria.

O amor

9 O amor seja não fingido. Aborrecei
o mal e apegai-vos ao bem.
10 Amai-vos cordialmente uns
aos outros com amor fraternal, preferindo-vos em honra uns aos outros.
11 Não sejais vagarosos no cui-
dado, mas sede fervorosos no espírito, servindo ao Senhor.
12 Alegrai-vos na esperança, sede
pacientes na tribulação, perseverai na oração.
13 Partilhai com os santos nas
suas necessidades, segui a hospitalidade.
14 Abençoai aos que vos perse-
guem; abençoai, e não amaldiçoeis.
15 Alegrai-vos com os que se ale-
gram; chorai com os que choram.
16 Sede unânimes entre vós. Não
ambicioneis as coisas altivas, mas acomodai-vos às humildes. Não sejais sábios em vós mesmos.
17 A ninguém torneis mal por
mal. Procurai as coisas honestas perante todos os homens.
18 Se for possível, quanto depen-
der de vós, tende paz com todos os homens.
19 Não vos vingueis a vós mes-
mos, amados, mas dai lugar à ira, pois está escrito: Minha é a vingança; eu retribuirei, diz o Senhor.
20 Portanto,
se o teu inimigo tiver fome,
dá-lhe de comer;
se tiver sede, dá-lhe
de beber.
Fazendo isso, amontoarás
brasas de fogo sobre
a sua cabeça.
21 Não te deixes vencer pelo mal,
mas vence o mal com o bem.

A submissão às autoridades

13 Toda pessoa esteja sujeita
às autoridades superiores,
pois não há autoridade que não
venha de Deus. As autoridades
que há foram ordenadas por Deus.
2 Por isso, quem resiste à autori-
dade resiste à ordenação de Deus,
e os que resistem trarão sobre si
mesmos a condenação.
3 Pois os governantes não devem
ser temidos pelos que praticam
coisas boas, mas pelos que pra-
ticam coisas más. Queres não te-
mer a autoridade? Faze o bem e
terás louvor dela.
4 Pois ela é ministro de Deus para
teu bem. Mas, se fizeres o mal,
teme, pois não traz a espada sem
motivo. Ela é ministro de Deus,
agente da ira para castigar o que
pratica o mal.
5 Portanto, é necessário que lhe
estejais sujeitos, não somente
por causa do castigo, mas tam-
bém por causa da consciência.
6 Por essa razão também pagais
tributos, pois as autoridades são
ministros de Deus, sempre dedi-
cadas a esse serviço.
7 Portanto, dai a cada um o que
deveis: a quem tributo, tributo; a
quem imposto, imposto; a quem te-
mor, temor; a quem honra, honra.

O amor ao próximo

8 **A** ninguém devais coisa algu-
ma, a não ser o amor com que vos
ameis uns aos outros, pois quem
ama ao próximo cumpriu a Lei.
9 Com efeito: Não adulterarás,
não matarás, não furtarás, não
darás falso testemunho, não cobi-
çarás, e, se há algum outro man-
damento, tudo nesta palavra se
resume: Amarás o teu próximo
como a ti mesmo.
10 O amor não faz mal ao próxi-
mo. De sorte que o cumprimen-
to da Lei é o amor.
11 **E** fazei isto, conhecendo o tem-
po. Já é hora de despertarmos do
sono, porque a nossa salvação está
agora mais perto de nós do que
quando aceitamos a fé.
12 A noite é passada, e o dia é che-
gado. Rejeitemos, pois, as obras
das trevas e vistamo-nos das ar-
mas da luz.
13 Andemos honestamente, como
de dia; não em glutonarias e be-
bedeiras, não em orgias e dissolu-
ções, não em contendas e inveja.
14 Antes, revesti-vos do Senhor
Jesus Cristo e não tenhais preo-
cupação em como satisfazer os
desejos da carne.

A tolerância para com os fracos na fé

14 Ora, quanto ao que é fra-
co na fé, recebei-o, mas não
para condená-lo em questões dis-
cutíveis.
2 Um crê que de tudo se pode co-
mer, e outro, que é fraco, come le-
gumes.
3 O que come não despreze o que
não come, e o que não come não
julgue o que come, pois Deus o
recebeu por seu.
4 Quem és tu, que julgas o servo
alheio? Para seu próprio Senhor ele
está em pé ou cai. E estará firme,
pois poderoso é Deus para o firmar.
5 Um faz diferença entre dia e dia,
mas outro julga iguais todos os
dias. Cada um esteja inteiramen-
te seguro em sua própria mente.
6 Aquele que faz caso do dia, para o
Senhor o faz. E quem come, para o
Senhor come, pois dá graças a Deus;
e o que não come, para o Senhor
não come, e dá graças a Deus.

7 Pois nenhum de nós vive para
si, e nenhum morre para si.
8 Se vivemos, para o Senhor vive-
mos; se morremos, para o Senhor
morremos. De sorte que, quer vi-
vamos quer morramos, somos
do Senhor.
9 Pois para isto Cristo morreu e
tornou a viver, para ser Senhor
tanto dos mortos como dos vivos.
10 Mas tu, por que julgas teu
irmão? Pois todos havemos de
comparecer perante o tribunal
de Cristo.
11 Está escrito:
Pela minha vida, diz o Senhor,
todo joelho se dobrará
Diante de mim,
toda língua confessará
a Deus.
12 De modo que cada um de nós
dará conta de si mesmo a Deus.

A liberdade e o amor

13 Portanto, não nos julgue-
mos mais uns aos outros. Antes
seja o vosso propósito não pôr
tropeço ou causar escândalo
ao irmão.
14 Eu sei, e estou certo no Senhor
Jesus, que nenhuma coisa é de si
mesma imunda. Mas, se alguém a
tem por imunda, então para esse
é imunda.
15 Se por causa da comida se en-
tristece teu irmão, já não andas
conforme o amor. Não faças pe-
recer por causa da tua comida
aquele por quem Cristo morreu.
16 Não seja blasfemado o vos-
so bem.
17 Pois o Reino de Deus não é co-
mida nem bebida, mas justiça,
paz e alegria no Espírito Santo,
18 porque quem nisto serve a
Cristo, agradável é a Deus e apro-
vado pelos homens.
19 Sigamos, pois, as coisas que
servem para a paz e para a edifi-
cação de uns para com os outros.
20 Não destruas por causa da co-
mida a obra de Deus. É verdade
que tudo é limpo, mas é errado o
homem comer qualquer alimento
que leve seu irmão a cair.
21 Bom é não comer carne, nem
beber vinho, ou fazer outras
coisas em que teu irmão trope-
ce, ou se escandalize, ou se en-
fraqueça.
22 Tens tu fé? Tem-na em ti mesmo
diante de Deus. Bem-aventurado
aquele que não se condena naqui-
lo que aprova.
23 Aquele, porém, que tem dú-
vidas, se come está condenado,
porque não come por fé; e tudo
o que não provém da fé é pecado.

Cristo dá-nos o exemplo da abnegação

15 Mas nós, que somos for-
tes, devemos suportar as
fraquezas dos fracos, e não agra-
dar a nós mesmos.
2 Portanto, cada um de nós agra-
de ao seu próximo no que é bom
para edificação.
3 Pois também Cristo não agra-
dou a si mesmo, mas, como está
escrito: Sobre mim caíram os in-
sultos dos que te insultavam.
4 Pois tudo o que outrora foi escri-
to, para o nosso ensino foi escrito,
para que pela paciência e conso-
lação das Escrituras tenhamos
esperança.
5 Ora, o Deus de paciência e con-
solação vos conceda o mesmo sen-
timento uns para com os outros,
segundo Cristo Jesus,
6 para que concordes e a uma voz
glorifiqueis ao Deus e Pai de nos-
so Senhor Jesus Cristo.

7 Portanto, recebei-vos uns aos
outros, como também Cristo nos
recebeu para a glória de Deus.
8 Digo, pois, que Cristo foi feito ministro da circuncisão, por causa da
verdade de Deus, a fim de confirmar as promessas feitas aos pais,
9 e para que os gentios glorifiquem a Deus pela sua misericórdia, como está escrito:

Portanto, eu te louvarei
entre os gentios;
cantarei louvores ao teu nome.

10 E outra vez diz:

Alegrai-vos, gentios,
com o seu povo.

11 E ainda:

Louvai ao Senhor,
todos os gentios;
celebrai-o, todos os povos.

12 E outra vez diz Isaías:

Uma raiz em Jessé haverá,
e naquele que se levantar
para reger os gentios,
eles colocarão nele
a sua esperança.

13 Ora, o Deus de esperança vos
encha de toda a alegria e paz na
vossa crença, para que abundeis na esperança pelo poder do
Espírito Santo.

O apostolado e os propósitos de Paulo

14 Eu próprio, meus irmãos, certo estou, a respeito de vós, que vós
mesmos estais cheios de bondade, cheios de todo o conhecimento, podendo admoestar-vos uns
aos outros.
15 Mas, irmãos, em parte vos escrevi mais ousadamente, como
para vos trazer outra vez isto à
memória, pela graça que por Deus
me foi dada,
16 a fim de ser ministro de Cristo
Jesus entre os gentios, no sagrado
dever de anunciar o evangelho
de Deus, para que seja agradável a oferta dos gentios, santificada pelo Espírito Santo.
17 De sorte que tenho motivo de
gloriar-me em Cristo Jesus, nas
coisas que pertencem a Deus.
18 Não ousaria dizer coisa alguma que Cristo por mim não tenha feito, para obediência dos
gentios, por palavra e por obras,
19 pelo poder dos sinais e prodígios, no poder do Espírito Santo.
De modo que desde Jerusalém
e arredores, até o Ilírico, tenho
pregado o evangelho de Cristo.
20 Desta maneira esforcei-me por
anunciar o evangelho, não onde
Cristo já fora nomeado, para não
edificar sobre fundamento alheio.
21 Antes, como está escrito:

Aqueles a quem não foi
anunciado, o verão,
e os que não ouviram o
entenderão.

22 Pelo que também muitas vezes tenho sido impedido de ir ter
convosco.
23 Agora, porém, que não tenho
mais demora nestas regiões e tendo já há muitos anos grande desejo de ir visitar-vos,
24 quando partir para a Espanha
irei ter convosco, pois espero que
de passagem vos verei e que para
lá seja encaminhado por vós, depois de ter desfrutado um pouco
a vossa companhia.
25 Agora, porém, vou a Jerusalém
a serviço dos santos.
26 Pois pareceu bem à Macedônia
e à Acaia fazer uma coleta para
os pobres dentre os santos que
estão em Jerusalém.
27 Isso lhes pareceu bem, como devedores que são para com eles. Pois
se os gentios foram participantes

dos seus bens espirituais, devem
também ministrar-lhes os tem-
porais.
28 Assim que, concluída essa ta-
refa e havendo-lhes consignado
este fruto, de lá, passando por
vós, irei à Espanha.
29 E bem sei que, indo ter con-
vosco, chegarei com a plenitude
da bênção de Cristo.
30 **R**ogo-vos irmãos, por nosso
Senhor Jesus Cristo e pelo amor
do Espírito, que combatais comi-
go nas vossas orações por mim
a Deus.
31 Orem para que seja livre dos
rebeldes que estão na Judeia e que
este meu ministério em Jerusalém
seja bem aceito pelos santos,
32 a fim de que, pela vontade de
Deus, chegue a vós com alegria e
possa alegrar-me convosco.
33 E o Deus da paz seja com to-
dos vós. Amém.

Recomendações, saudações e votos

16 Recomendo-vos a nossa
irmã Febe, que serve à igre-
ja que está em Cencreia,
2 para que a recebais no Senhor,
como convém aos santos, e a aju-
deis em qualquer coisa que de
vós necessitar, pois ela tem hos-
pedado a muitos, como também
a mim mesmo.
3 **S**audai Priscila e Áquila, meus
cooperadores em Cristo Jesus.
4 Eles pela minha vida expuse-
ram sua cabeça. E isso não lhes
agradeço eu só, mas também to-
das as igrejas dos gentios.
5 Saudai também a igreja que está
em sua casa. Saudai a Epêneto,
meu amado, que é o primeiro con-
vertido da Ásia em Cristo.
6 Saudai Maria, que trabalhou
muito por nós.
7 Saudai Andrônico e Júnia, meus
parentes e companheiros de pri-
são, os quais são bem conceitua-
dos entre os apóstolos e estavam
em Cristo antes de mim.
8 Saudai Amplíato, meu amado
no Senhor.
9 Saudai Urbano, nosso coopera-
dor em Cristo, e Estáquis, meu
amado.
10 Saudai Apeles, aprovado em
Cristo. Saudai os da família de
Aristóbulo.
11 Saudai Herodião, meu parente.
Saudai os da família de Narciso,
que estão no Senhor.
12 Saudai Trifena e Trifosa, as
quais trabalham no Senhor. Saudai
a amada Pérside, que muito tra-
balhou no Senhor.
13 Saudai Rufo, eleito no Senhor,
e sua mãe e minha.
14 Saudai Asíncrito, Flegonte,
Hermes, Pátrobas, Hermas e os
irmãos que estão com eles.
15 Saudai Filólogo e Júlia, Nereu
e sua irmã, e Olimpas, e todos os
santos que com eles estão.
16 Saudai-vos uns aos outros com
ósculo santo. As igrejas de Cristo
vos saúdam.
17 **R**ogo-vos, irmãos, que noteis
os que promovem dissensões e es-
cândalos contra a doutrina que
aprendestes. Afastai-vos deles.
18 Pois os tais não servem a Cristo,
o nosso Senhor, mas ao seu ventre.
Com suaves palavras e bajulações
enganam o coração dos ingênuos.
19 A vossa obediência é conheci-
da de todos, por isso alegro-me em
vós; mas quero que sejais sábios
para o bem, e simples para o mal.
20 E o Deus da paz em breve es-
magará Satanás debaixo dos vos-
sos pés. A graça de nosso Senhor
Jesus seja convosco. Amém.

21 Saúda-vos Timóteo, meu coope-
rador, e Lúcio, Jasom e Sosípatro,
meus parentes.
22 Eu, Tércio, que escrevi esta
carta, saúdo-vos no Senhor.
23 Saúda-vos Gaio, meu hospe-
deiro, e toda a igreja. Saúda-vos
Erasto, tesoureiro da cidade, e o
irmão Quarto.
24 A graça de nosso Senhor Jesus
Cristo seja com todos vós. Amém.
25 Ora, àquele que é poderoso
para vos confirmar segundo o
meu evangelho e a pregação de
Jesus Cristo, conforme a revela-
ção do mistério que desde tem-
pos eternos esteve oculto,
26 mas que se manifestou ago-
ra, e foi dado a conhecer pelas
Escrituras dos profetas, segun-
do o mandamento do Deus eter-
no, a todas as nações para obe-
diência da fé,
27 ao único Deus sábio, seja dada
glória por Jesus Cristo para todo
o sempre. Amém.

1CORÍNTIOS

Prefácio, saudação e ação de graças

1 Paulo, chamado apóstolo de
Jesus Cristo pela vontade de
Deus, e o irmão Sóstenes,
2 à igreja de Deus que está em
Corinto, aos santificados em Cristo
Jesus, chamados para ser santos,
com todos os que em todo lugar
invocam o nome de nosso Senhor
Jesus Cristo, Senhor deles e nosso:
3 Graça e paz seja convosco da
parte de Deus, nosso Pai, e do
Senhor Jesus Cristo.
4 **S**empre dou graças ao meu
Deus por vós pela graça de Deus
que vos foi dada em Jesus Cristo.
5 Pois em tudo fostes enriqueci-
dos nele, em toda a palavra e em
todo o conhecimento,
6 assim como o testemunho de
Cristo foi confirmado entre vós;
7 de modo que nenhum dom vos
falta, aguardando a revelação de
nosso Senhor Jesus Cristo,
8 o qual vos confirmará também
até o fim, para serdes irrepreensí-
veis no dia de nosso Senhor Jesus
Cristo.
9 Fiel é Deus, pelo qual fostes cha-
mados para a comunhão de seu
Filho Jesus Cristo, o nosso Senhor.

Divisões na igreja

10 **R**ogo-vos, porém, irmãos, pelo
nome de nosso Senhor Jesus Cristo,
que digais todos a mesma coisa
e que não haja entre vós divisões,
para que sejais unidos no mesmo
sentido e no mesmo parecer.
11 A respeito de vós, irmãos meus,
me foi comunicado pelos da fa-
mília de Cloé que há contendas
entre vós.
12 Quero dizer com isso que cada
um de vós diz: Eu sou de Paulo, e
eu de Apolo, e eu de Cefas, e eu
de Cristo.
13 Está Cristo dividido? Foi Paulo
crucificado por vós? Fostes vós ba-
tizados em nome de Paulo?
14 Dou graças a Deus porque a
nenhum de vós batizei, senão a
Crispo e a Gaio,
15 para que ninguém diga que
fostes batizados em meu nome.
16 Batizei também a família de
Estéfanas; além destes, não sei
se batizei algum outro.
17 Pois Cristo enviou-me não para
batizar, mas para evangelizar; não
com sabedoria de palavras, para
que a cruz de Cristo não se faça vã.
18 **P**ois a palavra da cruz é lou-
cura para os que perecem, mas
para nós, que somos salvos, é o
poder de Deus.
19 Pois está escrito:
Destruirei a sabedoria dos
sábios;
aniquilarei a inteligência dos in-
teligentes.
20 Onde está o sábio? Onde está o
mestre da lei? Onde está o ques-
tionador deste século? Não tor-
nou Deus louca a sabedoria des-
te mundo?
21 Visto que, na sabedoria de
Deus, o mundo não conheceu a
Deus por sua própria sabedoria,
aprouve a Deus salvar os crentes
pela loucura da pregação.
22 Os judeus pedem sinal, e os
gregos buscam sabedoria,
23 mas nós pregamos a Cristo
crucificado, escândalo para os
judeus e loucura para os gregos.

24 Para os que são chamados, po-
rém, tanto judeus como gregos,
pregamos a Cristo, poder de Deus
e sabedoria de Deus.
25 Pois a loucura de Deus é mais
sábia do que os homens, e a fra-
queza de Deus é mais forte do que
os homens.
26 Ora, irmãos, considerai o que
éreis quando fostes chamados.
Poucos eram sábios segundo os
padrões humanos; poucos eram
poderosos; poucos eram os no-
bres de nascimento.
27 Deus, porém, escolheu as coi-
sas loucas deste mundo para con-
fundir as sábias; Deus escolheu as
coisas fracas deste mundo para
confundir as fortes.
28 Deus escolheu as coisas vis
deste mundo, as desprezíveis e
as que não são, para aniquilar as
que são;
29 para que ninguém se glorie
perante ele.
30 Quanto a vós, porém, sois dele,
em Jesus Cristo, o qual para nós
foi feito por Deus sabedoria, e jus-
tiça, e santificação, e redenção,
31 para que, como está escrito:
Aquele que se gloria, glorie-se
no Senhor.

O caráter da pregação de Paulo

2 Eu, irmãos, quando fui ter con-
vosco, anunciando-vos o tes-
temunho de Deus, não fui com
sublimidade de palavras ou de
sabedoria.
2 Pois nada me propus saber en-
tre vós, senão a Jesus Cristo, e
este crucificado.
3 E eu estive convosco em fraque-
za, em temor e em grande tremor.
4 A minha palavra e a minha pre-
gação não consistiram em pala-
vras persuasivas de sabedoria
humana, mas em demonstração
do Espírito e de poder,
5 para que a vossa fé não se apoias-
se na sabedoria dos homens, mas
no poder de Deus.

Sabedoria do Espírito

6 Todavia, falamos sabedoria en-
tre os perfeitos, mas não a sabedo-
ria deste mundo ou dos poderosos
deste mundo, que se aniquilam.
7 Não, falamos a sabedoria de Deus
oculta em mistério, a qual Deus or-
denou antes dos séculos para nos-
sa glória.
8 Nenhum dos poderosos deste
mundo a conheceu, pois, se a ti-
vessem conhecido, jamais teriam
crucificado o Senhor da glória.
9 Como, porém, está escrito:
As coisas que o olho não viu,
o ouvido não ouviu
e não subiram à mente
humana
são as que Deus preparou
para os que o amam.
10 Deus, porém, as revelou a nós
pelo seu Espírito. O Espírito pe-
netra todas as coisas, até mesmo
as profundezas de Deus.
11 Pois qual dos homens sabe as
coisas do homem, senão o espírito
do homem, que nele está? Assim
também ninguém sabe as coisas
de Deus, senão o Espírito de Deus.
12 Nós, contudo, não recebemos o
espírito do mundo, mas o Espírito
que provém de Deus, para que
pudéssemos conhecer o que nos
é dado gratuitamente por Deus.
13 Disto também falamos, não
com palavras de sabedoria hu-
mana, mas com as que o Espírito
Santo ensina, comparando as coi-
sas espirituais com as espirituais.
14 Ora, o homem natural não com-
preende as coisas do Espírito de

Deus, pois lhe parecem loucura, e
não pode entendê-las, porque elas
se discernem espiritualmente.
15 O que é espiritual, porém, dis-
cerne bem todas as coisas, e ele
por ninguém é discernido.
16 Pois quem conheceu a mente
do Senhor,
para que o possa instruir?
Mas nós temos a mente de
Cristo.

O espírito mundano causa dissensões nas igrejas

3 Eu, irmãos, não vos pude falar
como a espirituais, mas como a
carnais, como a meninos em Cristo.
2 Com leite vos criei, não com ali-
mento sólido, pois ainda não está-
veis prontos para isso. Com efeito,
ainda agora não estais prontos.
3 Ainda sois carnais. Pois haven-
do entre vós inveja e contendas,
não estais sendo carnais e agis
conforme os mundanos?
4 Pois dizendo um: Eu sou de
Paulo, e outro: Eu de Apolo, não
sois carnais?
5 Afinal de contas, quem é Paulo
e quem é Apolo, senão ministros
pelos quais crestes, e isto confor-
me o que o Senhor deu a cada um?
6 Eu plantei, Apolo regou, mas
Deus deu o crescimento.
7 Pelo que, nem o que planta nem
o que rega são coisa alguma, mas
Deus, que dá o crescimento.
8 Ora, o que planta e o que rega
são um, e cada um receberá o seu
galardão segundo o seu trabalho.
9 Pois nós somos cooperadores de
Deus; vós sois lavoura de Deus e
edifício de Deus.

A responsabilidade dos pregadores

10 Segundo a graça de Deus que
me foi dada, pus eu, como sábio
construtor, o fundamento, e ou-
tro edifica sobre ele. Mas veja
cada um como edifica sobre ele.
11 Pois ninguém pode pôr outro
fundamento, além do que já está
posto, o qual é Jesus Cristo.
12 E, se alguém sobre este fun-
damento levantar um edifício de
ouro, prata, pedras preciosas, ma-
deira, feno, palha,
13 a obra de cada um se manifes-
tará, porque o dia a demonstrará.
Pelo fogo será revelada, e o fogo pro-
vará qual seja a obra de cada um.
14 Se a obra que alguém edificou
sobre ele permanecer, esse rece-
berá galardão.
15 Se a obra de alguém se quei-
mar, sofrerá perda; o tal será sal-
vo, todavia como pelo fogo.
16 Não sabeis vós que sois san-
tuário de Deus e que o Espírito
de Deus habita em vós?
17 Se alguém destruir o santuário
de Deus, Deus o destruirá; pois o
santuário de Deus, que sois vós,
é sagrado.

Vós sois de Cristo

18 Ninguém se engane a si mes-
mo. Se alguém dentre vós se tem
por sábio neste mundo, faça-se
louco para se tornar sábio.
19 Pois a sabedoria deste mundo
é loucura diante de Deus. Como
está escrito: Ele apanha os sábios
na sua própria astúcia.
20 E outra vez: O Senhor conhe-
ce os pensamentos dos sábios, os
quais são vãos.
21 Portanto, ninguém se glorie
nos homens! Tudo é vosso,
22 seja Paulo, seja Apolo, seja
Cefas, seja o mundo, seja a vida,
seja a morte, seja o presente, seja
o futuro, tudo é vosso,
23 e vós de Cristo, e Cristo de Deus.

Apóstolos de Cristo

4 Assim, pois, que os homens
nos considerem como minis-
tros de Cristo e despenseiros dos
mistérios de Deus.
2 Ora, além disso, requer-se dos
despenseiros que cada um se ache
fiel.
3 Todavia, a mim pouco se me dá
de ser julgado por vós, ou por al-
gum tribunal humano; nem eu
tampouco a mim mesmo me julgo.
4 Em nada me sinto culpado, mas
nem por isso me considero justifi-
cado. Quem me julga é o Senhor.
5 Portanto, nada julgueis antes
do tempo, até que o Senhor ve-
nha, o qual também trará à luz
as coisas ocultas das trevas e ma-
nifestará os desígnios dos cora-
ções. Então cada um receberá de
Deus o louvor.

Os coríntios e os apóstolos

6 Ora, irmãos, apliquei essas
coisas figuradamente a mim e a
Apolo, por amor de vós, para que
em nós aprendais a não ir além
do que está escrito, não vos en-
soberbecendo a favor de um con-
tra outro.
7 Pois quem te faz diferente? E
que tens tu que não tenhas rece-
bido? E, se o recebeste, por que
te glorias, como se não o houve-
ras recebido?
8 Já estais fartos! Já estais ricos!
Sem nós reinais! Quem dera reinás-
seis para que também nós reine-
mos convosco!
9 Pois tenho para mim que Deus
a nós, apóstolos, nos pôs por últi-
mos, como condenados à morte.
Somos feitos espetáculo ao mun-
do, aos anjos e aos homens.
10 Nós somos loucos por amor
de Cristo, e vós sábios em Cristo!
Nós fracos, mas vós sois fortes! Vós
sois ilustres, e nós desprezíveis.
11 Até esta presente hora sofre-
mos fome, sede e nudez; recebe-
mos bofetadas e não temos resi-
dência certa.
12 Afadigamo-nos, trabalhan-
do com nossas próprias mãos.
Quando somos injuriados, ben-
dizemos; quando somos perse-
guidos, sofremos;
13 quando somos difamados, con-
solamos. Até o presente temos
chegado a ser como o lixo deste
mundo e como a escória de todos.
14 Não escrevo estas coisas para
vos envergonhar, mas admoesto-
-vos como a meus filhos amados.
15 Ainda que tivésseis dez mil tu-
tores em Cristo, não teríeis, contu-
do, muitos pais, pois eu pelo evan-
gelho vos gerei em Jesus Cristo.
16 Admoesto-vos, portanto, a que
sejais meus imitadores.
17 Por causa disso vos enviei
Timóteo, que é meu filho ama-
do e fiel no Senhor, o qual vos
lembrará os meus caminhos em
Cristo, como por toda parte en-
sino em cada igreja.
18 Alguns, porém, andam arro-
gantemente, como se eu não hou-
vesse de ir ter convosco.
19 Em breve, porém, irei visitar-
-vos, se o Senhor quiser, e então
conhecerei não as palavras dos
que andam inchados, mas o poder.
20 Pois o Reino de Deus não con-
siste em palavras, mas em poder.
21 Que quereis? Irei ter convos-
co com vara ou com amor e espí-
rito de mansidão?

Expulsai o irmão imoral!

5 Geralmente se ouve que há en-
tre vós imoralidade, e imorali-
dade tal como nem mesmo entre

os gentios se vê; isto é, há quem
abuse da mulher de seu pai.
2 Estais orgulhosos, quando de-
veríeis estar ao menos entristeci-
dos, para que fosse tirado do vos-
so meio quem cometeu tal ação.
3 Eu na verdade, ainda que au-
sente no corpo, mas presente no
espírito, já determinei, como se
estivesse presente, que o que tal
ato praticou,
4 em nome de nosso Senhor Jesus
Cristo, juntos vós e o meu espí-
rito, pelo poder de nosso Senhor
Jesus Cristo,
5 seja entregue a Satanás para
destruição da carne, para que
o espírito seja salvo no dia do
Senhor Jesus.
6 Não é bom o vosso orgulho. Não
sabeis que um pouco de fermen-
to leveda toda a massa?
7 Lançai fora o fermento velho,
para que sejais uma nova mas-
sa, assim como sois sem fermen-
to. Pois Cristo, nossa Páscoa, foi
sacrificado por nós.
8 Pelo que celebremos a festa, não
com o fermento velho, nem com
o fermento da maldade e da malí-
cia, mas com os pães sem fermen-
to da sinceridade e da verdade.
9 Já por carta vos escrevi que não
vos associásseis com os que se
prostituem.
10 Com isso não quero dizer pro-
priamente com os impuros des-
te mundo, ou com os avarentos,
ou com os roubadores, ou com os
idólatras. Nesse caso vos seria ne-
cessário sair do mundo.
11 Agora, porém, vos escrevo que
não vos associeis com aquele que, diz-
endo-se irmão, for devasso, ou ava-
rento, ou idólatra, ou maldizente,
ou beberrão, ou roubador. Com o
tal nem ainda comais.
12 Que me importa de julgar os
que estão de fora? Não julgais vós
os que estão dentro?
13 Deus, porém, julga os que es-
tão de fora. Tirai do meio de vós
esse iníquo.

Litígios entre os irmãos

6 Ousa algum de vós, tendo al-
gum negócio contra outro, ir
a juízo perante os injustos, e não
perante os santos?
2 Não sabeis vós que os santos
hão de julgar o mundo? Ora, se o
mundo deve ser julgado por vós,
sois indignos de julgar as coisas
mínimas?
3 Não sabeis vós que havemos de
julgar os anjos? Quanto mais as
coisas pertencentes a esta vida!
4 Então, se tiverdes negócios em
juízo pertencentes a esta vida,
constituís como juízes deles os que
são de menos estima na igreja?
5 Para vos envergonhar o digo:
Não há entre vós alguém que
seja suficientemente sábio, nem
mesmo um, que possa julgar en-
tre seus irmãos?
6 O irmão, porém, vai a juízo con-
tra outro irmão, e isso peran-
te infiéis.
7 Na verdade já é realmente uma
falta entre vós terdes demandas
uns contra os outros. Por que não
sofreis antes a injustiça? Por que
não sofreis antes o dano?
8 Vós mesmos, porém, causais a
injustiça e o dano, e isso aos pró-
prios irmãos.
9 Não sabeis que os injustos não
hão de herdar o Reino de Deus?
Não vos enganeis: nem impuros,
nem idólatras, nem adúlteros,
nem efeminados, nem sodomitas,
10 nem ladrões, nem avarentos,
nem bêbados, nem maldizentes,

nem roubadores herdarão o Reino
de Deus.
11 E tais fostes alguns de vós. Mas
fostes lavados, mas fostes santi-
ficados, mas fostes justificados
em nome do Senhor Jesus e pelo
Espírito do nosso Deus.

A imoralidade sexual

12 Todas as coisas me são lícitas,
mas nem todas convêm. Todas as
coisas me são lícitas, mas eu não
me deixarei dominar por nenhu-
ma delas.
13 Os alimentos são para o estô-
mago; e o estômago para os ali-
mentos. Deus, porém, destruirá
ambos. Mas o corpo não é para a
prostituição, senão para o Senhor,
e o Senhor para o corpo.
14 Ora, Deus, que ressuscitou o
Senhor, também nos ressuscita-
rá pelo seu poder.
15 Não sabeis vós que os vossos
corpos são membros de Cristo?
Tomarei, pois, os membros de
Cristo e os farei membros de me-
retriz? Não, por certo.
16 Ou não sabeis que o que se une
à meretriz faz-se um corpo com
ela? Pois serão, como se diz, dois
numa só carne.
17 O que, porém, se une ao Senhor
é um espírito com ele.
18 Fugi da prostituição. Todo pe-
cado que o homem comete é fora
do corpo, mas o que se prostitui
peca contra o seu próprio corpo.
19 Ou não sabeis que o vosso
corpo é santuário do Espírito
Santo, que habita em vós pro-
veniente de Deus? Não sois de
vós mesmos;
20 fostes comprados por bom pre-
ço. Glorificai, pois, a Deus no vos-
so corpo [e no vosso espírito, os
quais pertencem a Deus].

O casamento

7 Ora, quanto às coisas que me
escrevestes, bom seria que o
homem não tocasse em mulher.
2 Por causa da prostituição, po-
rém, cada um tenha a sua pró-
pria mulher, e cada uma tenha
o seu próprio marido.
3 O marido pague à mulher o que
lhe é devido, e da mesma forma
a mulher ao marido.
4 A mulher não tem poder sobre
o seu próprio corpo, mas tem-no o
marido. Do mesmo modo o mari-
do não tem poder sobre o seu pró-
prio corpo, mas tem-no a mulher.
5 Não vos priveis um ao outro,
senão por consentimento mútuo
por algum tempo, para vos apli-
cardes à oração. Depois ajuntai-
-vos outra vez, para que Satanás
não vos tente por causa da incon-
tinência.
6 Digo isso, porém, como que por
permissão, e não por mandamento.
7 Contudo, gostaria que todos os
homens fossem como eu mesmo.
Mas cada um tem de Deus o seu
próprio dom; um de uma manei-
ra, e outro de outra.
8 Digo, porém, aos solteiros e às
viúvas que lhes é bom se perma-
necerem como eu.
9 Se, porém, não podem conter-
-se, casem-se, pois é melhor casar
do que ficar ardendo de desejo.
10 Todavia, aos casados, mando
não eu, mas o Senhor, que a mu-
lher não se aparte do marido.
11 Se, porém, se apartar, que fi-
que sem casar, ou que se recon-
cilie com o marido. E que o ma-
rido não deixe a mulher.
12 Aos outros, contudo, digo eu,
não o Senhor: Se algum irmão tem
mulher incrédula, e ela consente
em habitar com ele, não a deixe.

13 E se alguma mulher tem marido incrédulo, e ele consente em habitar com ela, não o deixe.
14 Pois o marido incrédulo é santificado pela mulher, e a mulher incrédula é santificada pelo marido crente. Doutra sorte os vossos filhos seriam impuros, mas agora são santos.
15 Se, contudo, o descrente se apartar, aparte-se. Nesse caso o irmão ou a irmã não estão sujeitos à servidão; Deus os chamou para a paz.
16 Como sabes, ó mulher, se salvarás teu marido? Ou, como sabes, ó marido, se salvarás tua mulher?
17 **A**ssim cada um ande como Deus lhe designou, cada um de acordo com o chamado de Deus. É o que ordeno em todas as igrejas.
18 Foi alguém chamado, estando circuncidado? Fique circuncidado. Foi alguém chamado, estando incircuncidado? Não se circuncide.
19 A circuncisão nada é, e a incircuncisão nada é, mas sim a observância dos mandamentos de Deus.
20 Cada um permaneça na situação em que estava quando foi chamado.
21 Foste chamado sendo escravo? Não te preocupes com isso; se ainda podes ser livre, aproveita a ocasião.
22 Pois o que é chamado pelo Senhor, sendo escravo, é liberto do Senhor; da mesma maneira, também o que é chamado, sendo livre, escravo é de Cristo.
23 Fostes comprados por bom preço. Não vos façais escravos dos homens.
24 Irmãos, cada um permaneça diante de Deus no estado em que foi chamado.
25 **O**ra, quanto às virgens, não tenho mandamento do Senhor; dou, porém, o meu parecer, como quem tem alcançado misericórdia do Senhor para ser fiel.
26 Acho que é bom, por causa da presente crise, o homem permanecer assim como está.
27 Estás ligado à mulher? Não busques separar-te. Estás livre de mulher? Não busques casamento.
28 Se, porém, te casares, não pecas; e se a virgem se casar, não peca. Todavia, os tais padecerão tribulação na carne, e eu quisera poupar-vos.
29 Isto, porém, vos digo, irmãos, que o tempo se abrevia. O que resta é que os que são casados sejam como se não o fossem;
30 os que choram, como se não chorassem; os que se alegram, como se não se alegrassem; os que compram, como se nada possuíssem;
31 os que usam deste mundo, como se dele não abusassem. Pois a aparência deste mundo passa.
32 **E** bem quisera eu que estivésseis livres de cuidado. O solteiro cuida das coisas do Senhor, em como há de agradar ao Senhor,
33 mas o casado cuida das coisas do mundo, em como há de agradar à sua mulher,
34 e está dividido. A solteira cuida das coisas do Senhor para ser santa, tanto no corpo como no espírito. Mas a casada cuida das coisas do mundo, em como há de agradar ao marido.
35 Digo isso para proveito vosso, não para vos restringir, mas para o que é decente e para vos dedicardes ao Senhor sem distração alguma.
36 Se, no entanto, alguém pensa que trata indignamente a

sua filha, e se tiver passado a
flor da idade, e se for necessá-
rio, que faça o que quiser. Não
peca. Casem-se.
37 Todavia, o que está firme em
seu coração, não tendo necessi-
dade, mas tendo domínio sobre a
sua própria vontade, se resolveu
no seu coração guardar virgem
sua filha, faz bem.
38 De sorte que o que a dá em ca-
samento faz bem, mas o que não
a dá em casamento faz melhor.
39 A mulher casada está ligada
pela Lei enquanto o seu marido
vive. Mas se falecer o marido, fica
livre para casar com quem qui-
ser, contanto que seja no Senhor.
40 Será, porém, mais bem-aven-
turada se ficar assim, segundo o
meu parecer, e também eu pen-
so que tenho o Espírito de Deus.

Coisas sacrificadas aos ídolos

8 Ora, no tocante às coisas sa-
crificadas aos ídolos, sabemos
que todos temos conhecimento.
O conhecimento incha, mas o
amor edifica.
2 Se alguém pensa saber alguma
coisa, ainda não sabe como con-
vém saber.
3 Se, porém, alguém ama a Deus,
esse é conhecido dele.
4 Quanto ao comer das coisas sa-
crificadas aos ídolos, sabemos que
o ídolo nada é no mundo e que não
há outro Deus, senão um só.
5 Pois ainda que haja alguns que
se chamem deuses, quer no céu,
quer na terra, como há muitos
deuses e muitos senhores,
6 todavia, para nós há um só Deus,
o Pai, de quem é tudo e para quem
nós vivemos; e um só Senhor,
Jesus Cristo, pelo qual são todas
as coisas, e nós também por ele.
7 Nem em todos, porém, há esse
conhecimento. Alguns há que,
acostumados até agora com o ído-
lo, comem coisas sacrificadas ao
ídolo, e a sua consciência, sendo
fraca, fica contaminada.
8 Ora, a comida não nos faz agra-
dáveis a Deus; se comemos, nada
temos de mais, e se não comemos,
nada nos falta.
9 Vede, contudo, que essa liber-
dade não seja de alguma maneira
motivo de tropeço para os fracos.
10 Pois se alguém te vir, a ti que
tens conhecimento, à mesa em
templo de ídolos, não será a cons-
ciência do que é fraco induzida
a comer das coisas sacrificadas
aos ídolos?
11 E assim, pelo teu conhecimen-
to perecerá o irmão fraco, por
quem Cristo morreu.
12 Ora, pecando assim contra
os irmãos e ferindo a sua fraca
consciência, pecais contra Cristo.
13 Pelo que, se a comida escan-
dalizar a meu irmão, nunca mais
comerei carne, para que meu ir-
mão não se escandalize.

Os direitos dos apóstolos

9 Não sou eu apóstolo? Não sou
livre? Não vi eu a Jesus Cristo
Senhor nosso? Não sois vós a mi-
nha obra no Senhor?
2 Se eu não sou apóstolo para os
outros, ao menos o sou para vós!
Pois vós sois o selo do meu apos-
tolado no Senhor.
3 Esta é a minha defesa para com
os que me condenam:
4 Não temos nós o direito de co-
mer e beber?
5 Não temos nós o direito de le-
var conosco uma esposa crente,
como também os demais apósto-
los, os irmãos do Senhor e Cefas?

6 Ou só eu e Barnabé não temos
o direito de deixar de trabalhar?
7 Quem jamais vai à guerra à
sua própria custa? Quem planta
a vinha e não come do seu fruto?
Ou quem apascenta o gado e não
toma do leite do rebanho?
8 Digo eu isso como homem? Ou
não diz a Lei também o mesmo?
9 Pois na Lei de Moisés está escrito: Não amordaçarás a boca
do boi que debulha. É de bois que
Deus tem cuidado?
10 Ou não o diz certamente por
nós? Certo que é por nós que está
escrito, porque o que lavra deve
lavrar com esperança, e o que
debulha deve debulhar com esperança de participar do fruto.
11 Se nós vos semeamos as coisas espirituais, será muito que
de vós recolhamos as materiais?
12 Se outros participam desse
direito sobre vós, por que não,
mais justamente, nós? Mas nós
não usamos desse direito. Pelo
contrário, suportamos tudo, para
não pormos impedimento algum
ao evangelho de Cristo.
13 Não sabeis vós que os que administram o que é sagrado comem do que é do templo? E que
os que de contínuo servem ao altar participam do altar?
14 Assim ordenou também o Senhor
aos que anunciam o evangelho
que vivam do evangelho.
15 Eu, porém, de nenhum desses
direitos usei. E não escrevi isto
para que assim se faça comigo.
Melhor me fora morrer do que alguém fazer vã esta minha glória.
16 Contudo, quando anuncio o
evangelho, não tenho de que me
gloriar, pois me é imposta essa
obrigação. Ai de mim se não anunciar o evangelho!
17 Se o faço de boa vontade, terei
recompensa; mas se de má vontade, apenas desempenho um cargo que me foi confiado.
18 Logo, que recompensa tenho?
É que, evangelizando, proponha
de graça o evangelho, para não
usar do direito que ele me confere.
19 Embora eu seja livre para com
todos, fiz-me servo de todos, para
ganhar ainda mais.
20 Fiz-me como judeu para os judeus, para ganhar os judeus. Para
os que estão debaixo da Lei, como
se estivesse debaixo da Lei, para
ganhar os que estão debaixo da Lei.
21 Para os que estão sem lei, como
se estivesse sem lei (não estando
sem lei para com Deus, mas debaixo da lei de Cristo), para ganhar os que estão sem Lei.
22 Fiz-me fraco para com os fracos, para ganhar os fracos. Fiz-me tudo para com todos, para
por todos os meios chegar a salvar alguns.
23 Faço tudo isso por causa do
evangelho, para ser também participante dele.
24 Não sabeis vós que os que correm no estádio, todos na verdade correm, mas um só leva o prêmio? Correi de tal maneira que
o alcanceis.
25 Todo aquele que luta, em tudo
se domina. Eles para alcançar
uma coroa que perece, nós, porém, para ganhar uma coroa que
durará para sempre.
26 Portanto corro, não como indeciso; combato, não como batendo no ar.
27 Antes subjugo o meu corpo
e o reduzo à servidão, para que,
pregando aos outros, eu mesmo
não venha de alguma maneira ficar reprovado.

Avisos da história de Israel

10 Irmãos, não quero que ignoreis que nossos pais estiveram todos debaixo da nuvem, e todos passaram pelo mar.
2 Todos foram batizados em Moisés, na nuvem e no mar.
3 Todos eles comeram da mesma comida espiritual
4 e beberam da mesma bebida espiritual; pois bebiam da pedra espiritual que os seguia, e a pedra era Cristo.
5 Deus, porém, não se agradou da maior parte deles, razão por que seus corpos foram espalhados pelo deserto.
6 Ora, essas coisas aconteceram como exemplos, para que não cobicemos as coisas más, como eles cobiçaram.
7 Não vos façais idólatras, como alguns deles; como está escrito: O povo assentou-se a comer e a beber e levantou-se para farrear.
8 Não nos prostituamos, como alguns deles fizeram e caíram num só dia vinte e três mil.
9 Não tentemos o Senhor, como alguns deles também tentaram e foram mortos pelas serpentes.
10 E não murmureis, como também alguns deles murmuraram e pereceram pelo anjo destruidor.
11 Todas essas coisas lhes aconteceram como exemplos e foram escritas para aviso nosso, para quem já são chegados os fins dos séculos.
12 Aquele, pois, que pensa estar em pé cuida para que não caia.
13 Não veio sobre vós tentação, senão humana. E fiel é Deus, que não vos deixará tentar acima do que podeis resistir, antes com a tentação dará também o escape, para que a possais suportar.

A idolatria e o culto de demônios

14 Portanto, meus amados, fugi da idolatria.
15 Falo como a entendidos; julgai vós mesmos o que digo.
16 Não é o cálice de bênção, que abençoamos, a comunhão do sangue de Cristo? E não é o pão que partimos a comunhão do corpo de Cristo?
17 Porque nós, sendo muitos, somos um só pão e um só corpo, pois todos participamos do mesmo pão.
18 Vede Israel segundo a carne: os que comem os sacrifícios não são participantes do altar?
19 Que digo, porém? Que o ídolo é alguma coisa? Ou que o sacrificado ao ídolo é alguma coisa?
20 Antes digo que as coisas que os gentios sacrificam é aos demônios que sacrificam, não a Deus; e não quero que sejais participantes com os demônios.
21 Não podeis beber o cálice do Senhor e o cálice dos demônios; não podeis ser participantes da mesa do Senhor e da mesa dos demônios.

A liberdade cristã

22 Ou provocaremos o ciúme do Senhor? Somos nós mais fortes do que ele?
23 Todas as coisas são lícitas, mas nem todas convêm; todas as coisas são lícitas, mas nem todas edificam.
24 Ninguém busque o proveito próprio, antes cada um o que é de outrem.
25 Comei de tudo o que se vende no mercado sem perguntar nada, por causa da consciência,
26 pois a terra é do Senhor, e toda a sua plenitude.

27 Se algum dos incrédulos vos convidar, e quiserdes ir, comei de tudo o que se puser diante de vós, sem nada perguntar, por causa da consciência.
28 Se, contudo, alguém vos disser: Isto foi sacrificado aos ídolos, não comais, por causa daquele que vos advertiu e por causa da consciência, pois a terra é do Senhor, e toda a sua plenitude.
29 Consciência, digo, não a tua, mas a do outro. Pois por que há de a minha liberdade ser julgada pela consciência de outrem?
30 Se eu com gratidão participo, por que sou censurado por causa daquilo por que dou graças?
31 Portanto, quer comais, quer bebais, ou façais outra coisa qualquer, fazei tudo para a glória de Deus.
32 Não vos torneis causa de tropeço nem para judeus, nem para gentios, nem para a igreja de Deus.
33 Como também eu em tudo agrado a todos, não buscando o meu próprio proveito, mas o de muitos, para que assim se possam salvar.

11 Sede meus imitadores, como também eu sou de Cristo.

O uso de véu na igreja de Corinto

2 Eu vos louvo, irmãos, pois em tudo vos lembrais de mim e retendes os preceitos como os entreguei.
3 Quero, porém, que saibais que Cristo é o cabeça de todo homem, e o homem o cabeça da mulher, e Deus o cabeça de Cristo.
4 Todo homem que ora ou profetiza, tendo a cabeça coberta, desonra a sua própria cabeça.
5 Toda mulher, porém, que ora ou profetiza com a cabeça descoberta, desonra a sua própria cabeça, é como se a tivesse rapada.
6 Se a mulher não se cobre com véu, tosquie-se também; e se para a mulher é vergonhoso tosquiar-se, ou rapar-se, que ponha o véu.
7 O homem não deve cobrir a cabeça, pois é a imagem e glória de Deus, mas a mulher é a glória do homem.
8 Pois o homem não proveio da mulher, mas a mulher do homem.
9 O homem não foi criado por causa da mulher, mas a mulher por causa do homem.
10 Portanto, a mulher deve ter sobre a cabeça um sinal de autoridade, por causa dos anjos.
11 Todavia, nem o homem é independente da mulher, nem a mulher independente do homem, no Senhor.
12 Pois como a mulher proveio do homem, assim também o homem nasce da mulher, mas tudo vem de Deus.
13 Julgai entre vós mesmos: é próprio que a mulher ore a Deus com a cabeça descoberta?
14 Ou não vos ensina a mesma natureza que é desonroso para o homem ter cabelo comprido?
15 Mas ter a mulher cabelo comprido lhe é honroso, pois o cabelo lhe foi dado em lugar de véu.
16 Se, contudo, alguém quiser ser polêmico, nós não temos tal costume, nem as igrejas de Deus.

A ceia do Senhor

17 Nisto que vou dizer-vos não vos louvo, pois vos reunis não para melhor, senão para pior.
18 Antes de tudo ouço que, quando vos reunis na igreja, há entre vós divisões, e em parte o creio.

19 E até importa que haja entre
vós diferenças, para que os que
têm a aprovação de Deus se ma-
nifestem no vosso meio.
20 Quando vos reunis no mesmo
lugar, não é para comer a ceia do
Senhor,
21 pois, quando comeis, cada um
se apressa a tomar a sua própria
ceia. Assim um tem fome e outro
se embriaga.
22 Não tendes casas onde comer
e beber? Ou menosprezais a igre-
ja de Deus e envergonhais os que
nada têm? Que vos direi? Eu vos
louvarei? É claro que não.
23 **P**ois eu recebi do Senhor o que
também vos ensinei: que o Senhor
Jesus, na noite em que foi traído,
tomou o pão
24 e, tendo dado graças, o partiu
e disse: Isto é o meu corpo que é
entregue por vós; fazei isto em
memória de mim.
25 Semelhantemente, depois de
cear, tomou o cálice, dizendo: Este
cálice é a Nova Aliança no meu san-
gue; fazei isto, todas as vezes que
o beberdes, em memória de mim.
26 Pois todas as vezes que comer-
des este pão e beberdes este cáli-
ce, anunciais a morte do Senhor,
até que ele venha.
27 Portanto, qualquer que comer
o pão ou beber o cálice do Senhor
indignamente será culpado do cor-
po e do sangue do Senhor.
28 Examine-se o homem a si mes-
mo antes de comer deste pão e be-
ber deste cálice.
29 Pois o que come e bebe indig-
namente, come e bebe para sua
própria condenação, não discer-
nindo o corpo do Senhor.
30 Por causa disso, há entre vós
muitos fracos e doentes e muitos
que dormem.
31 Se, porém, nós julgássemos a nós
mesmos, não seríamos julgados.
32 Quando, porém, somos jul-
gados, somos disciplinados pelo
Senhor, para não sermos conde-
nados com o mundo.
33 **P**ortanto, meus irmãos, quan-
do vos reunis para comer, espe-
rai uns pelos outros.
34 Se, contudo, algum tiver fome,
coma em casa, para que não vos
ajunteis para condenação. Quanto
às demais coisas, eu vos instrui-
rei quando estiver convosco.

Dons espirituais

12 Ora, a respeito dos dons
espirituais, não quero, ir-
mãos, que sejais ignorantes.
2 Vós bem sabeis que quando
éreis gentios, deixáveis levar-vos
aos ídolos mudos, conforme éreis
guiados.
3 Portanto vos quero fazer com-
preender que ninguém que fala
pelo Espírito de Deus diz: Jesus
é anátema! E ninguém pode di-
zer: Jesus é o Senhor! senão pelo
Espírito Santo.
4 **H**á diversidade de dons, mas o
Espírito é o mesmo.
5 E há diversidade de ministérios,
mas o Senhor é o mesmo.
6 E há diversidade de operações,
mas é o mesmo Deus que opera
tudo em todos.
7 A manifestação do Espírito é
dada a cada um para o que for útil.
8 A um pelo Espírito é dada a pala-
vra da sabedoria; a outro, pelo mes-
mo Espírito, a palavra da ciência;
9 a outro, pelo mesmo Espírito, fé;
a outro, pelo mesmo Espírito, dons
de curar;
10 a outro, a operação de mila-
gres; a outro, profecia; a outro, dis-
cernimento de espíritos; a outro,

variedade de línguas, e a outro,
interpretação de línguas.
11 No entanto, um só e o mesmo
Espírito realiza todas estas coisas, distribuindo particularmente a cada um como quer.

Um só corpo, muitos membros

12 Assim como o corpo é uma
unidade, mas tem muitos membros, e todos os membros, sendo muitos, formam um só corpo, assim é Cristo também.
13 Pois todos nós fomos batizados
em um só Espírito, formando um só corpo, quer judeus, quer gregos, quer servos, quer livres; e a todos nós foi dado beber de um só Espírito.
14 Ora, o corpo não é um só membro, mas muitos.
15 Se o pé disser: Porque não sou
mão, não sou do corpo, não será por isso do corpo?
16 E se a orelha disser: Porque
não sou olho não sou do corpo, não será por isso do corpo?
17 Se todo o corpo fosse olho,
onde estaria o ouvido? Se fosse todo ouvido, onde estaria o olfato?
18 Deus, porém, colocou os membros no corpo, cada um deles como quis.
19 E, se todos fossem um só membro, onde estaria o corpo?
20 Pois há muitos membros, mas
um só corpo.
21 O olho não pode dizer à mão:
Não tenho necessidade de ti! Nem ainda a cabeça aos pés: Não tenho necessidade de vós!
22 Antes, os membros do corpo
que parecem ser mais fracos são necessários,
23 e os que nos parecem menos
honrosos no corpo, a esses honramos muito mais. E aos que em nós são menos decorosos damos muito mais honra,
24 porque os que em nós são mais
nobres não têm necessidade disso. Mas Deus assim formou o corpo, dando muito mais honra ao que tinha falta dela,
25 para que não haja divisão no
corpo, antes tenham os membros igual cuidado uns dos outros.
26 De maneira que, se um membro padece, todos os membros padecem com ele; se um membro é honrado, todos os membros se regozijam com ele.
27 Ora, vós sois o corpo de Cristo
e, individualmente, membros desse corpo.
28 A uns pôs Deus na igreja, primeiro apóstolos, em segundo lugar profetas, em terceiro lugar mestres, depois operadores de milagres, depois dons de curar, socorros, governos, variedades de línguas.
29 São todos apóstolos? São todos
profetas? São todos mestres? São todos operadores de milagres?
30 Têm todos dons de curar?
Falam todos em outras línguas? Interpretam-nas todos?
31 Portanto, procurai com zelo
os melhores dons. E agora eu vos mostrarei o caminho mais excelente.

Amor

13 Ainda que eu falasse as
línguas dos homens e dos anjos, se não tivesse amor, seria como o metal que soa, ou como o sino que tine.
2 Ainda que eu tivesse o dom de
profecia e conhecesse todos os mistérios e todo o conhecimento, e ainda que eu tivesse toda a fé, de maneira tal que transportasse

os montes, se não tivesse amor,
nada seria.
3 E ainda que distribuísse toda
a minha fortuna para o susten-
to dos pobres e que entregasse o
meu corpo para ser queimado, se
não tivesse amor, nada disso me
aproveitaria.
4 O amor é paciente, é benigno. O
amor não inveja, não se vanglo-
ria, não se ensoberbece.
5 Não se porta inconvenientemen-
te, não busca os seus próprios in-
teresses, não se irrita, não sus-
peita mal.
6 O amor não se alegra com a in-
justiça, mas se regozija com a
verdade.
7 Tudo sofre, tudo crê, tudo es-
pera, tudo suporta.
8 O amor nunca falha. Mas as pro-
fecias cessarão, as línguas desapa-
recerão, o conhecimento passará.
9 Pois em parte conhecemos e em
parte profetizamos,
10 mas, quando vier o que é per-
feito, então o que é em parte será
aniquilado.
11 Quando eu era menino, falava
como menino, pensava como me-
nino, raciocinava como menino.
Mas logo que cheguei a ser homem,
acabei com as coisas de menino.
12 Agora vemos em espelho, de
maneira obscura; então vere-
mos face a face. Agora conheço
em parte; então conhecerei como
também sou conhecido.
13 Agora permanecem estes três:
a fé, a esperança e o amor, mas o
maior deles é o amor.

Os dons de profecia e de línguas

14 Segui o amor e procurai
com zelo os dons espiri-
tuais, mas principalmente o de
profetizar.
2 Pois o que fala em língua não
fala aos homens, senão a Deus.
Com efeito, ninguém o entende,
e em espírito fala mistérios.
3 O que profetiza, porém, fala aos
homens para edificação, exorta-
ção e consolação.
4 O que fala em língua edifica-se
a si mesmo, mas o que profetiza
edifica a igreja.
5 Eu gostaria que todos vós falás-
seis em línguas, mas muito mais
que profetizásseis. O que profeti-
za é maior do que o que fala em
línguas, a não ser que também
interprete para que a igreja re-
ceba edificação.
6 Agora, irmãos, se eu for ter con-
vosco falando em línguas, que
vos aproveitaria, se não vos fa-
lasse ou por meio da revelação,
ou do conhecimento, ou da pro-
fecia, ou da doutrina?
7 Da mesma forma, se as coisas
inanimadas, que fazem som, seja
flauta, seja cítara, não formarem
sons distintos, como se conhecerá o
que se toca na flauta ou na cítara?
8 Se a trombeta der sonido in-
certo, quem se preparará para
a batalha?
9 Assim também vós. Se com a
língua não pronunciardes pala-
vras bem compreensíveis, como
se entenderá o que se diz? Estareis
como que falando ao ar.
10 Há, por exemplo, tantas espé-
cies de vozes no mundo, mas ne-
nhuma delas sem significação.
11 Se eu, porém, ignorar o senti-
do da voz, serei estrangeiro para
aquele a quem falo, e o que fala
será estrangeiro para mim.
12 Assim também vós, como de-
sejais dons espirituais, procurai
abundar neles para a edificação
da igreja.

13 Pelo que, o que fala em língua, ore para que a possa interpretar.

14 Pois se eu orar em língua, o meu espírito ora, de verdade, mas o meu entendimento fica sem fruto.

15 Que farei, pois? Orarei com o espírito, mas também orarei com o entendimento; cantarei com o espírito, mas também cantarei com o entendimento.

16 De outra maneira, se tu bendisseres com o espírito, como dirá o não instruído Amém sobre a tua ação de graças, visto que não sabe o que dizes?

17 Em verdade tu dás bem as graças, mas o outro não é edificado.

18 Dou graças ao meu Deus, porque falo em outras línguas mais do que todos vós.

19 Todavia, eu antes quero falar na igreja cinco palavras com o meu entendimento, para que possa também instruir os outros, do que dez mil palavras em língua.

20 Irmãos, não sejais meninos no entendimento, mas sede meninos na malícia e adultos no entendimento.

21 Está escrito na Lei:

Por gente doutras línguas,
e por outros lábios,
falarei a este povo,
mas ainda assim não me
ouvirão,
diz o Senhor.

22 De sorte que as línguas são um sinal não para os crentes, mas para os incrédulos; a profecia, porém, não é sinal para os incrédulos, mas para os crentes.

23 Portanto, se toda a igreja se congregar em um lugar e todos falarem em línguas, e entrarem os que não têm instrução ou incrédulos, não dirão que estais loucos?

24 Se, porém, todos profetizarem, e alguém sem instrução ou incrédulo entrar, por todos é convencido, por todos é julgado.

25 Os segredos do seu coração ficarão manifestos, e assim, lançando-se sobre o seu rosto, adorará a Deus, declarando que Deus está verdadeiramente entre vós.

A necessidade de ordem no culto

26 Que diremos, pois, irmãos? Quando vos reunis, cada um de vós tem salmo, tem doutrina, tem revelação, tem língua, tem interpretação. Faça-se tudo para edificação.

27 Se alguém falar em língua, faça-se isso por dois, ou quando muito três, e por sua vez haja intérprete.

28 Se, contudo, não houver intérprete, esteja calado na igreja e fale consigo mesmo e com Deus.

29 E falem dois ou três profetas, e os outros julguem.

30 Se, porém, a outro, que estiver assentado, for revelada alguma coisa, cale-se o primeiro.

31 Pois todos podereis profetizar, uns depois dos outros, para que todos aprendam e sejam consolados.

32 Os espíritos dos profetas estão sujeitos aos próprios profetas.

33 Pois Deus não é Deus de confusão, senão de paz. Como em todas as igrejas dos santos,

34 as mulheres estejam caladas nas igrejas. Não lhes é permitido falar; mas estejam submissas, como também ordena a Lei.

35 Se, porém, querem aprender alguma coisa, interroguem em casa a seu próprio marido; pois é vergonhoso que as mulheres falem na igreja.

36 Saiu dentre vós a palavra de
Deus? Ou veio ela somente para
vós?
37 Se alguém cuida ser profeta,
ou espiritual, reconheça que as
coisas que vos escrevo são mandamentos do Senhor.
38 Se, porém, alguém ignora isso,
ele mesmo será ignorado.
39 Portanto, irmãos, procurai,
com zelo, profetizar e não proibais o falar em línguas.
40 Faça-se, porém, tudo com decência e ordem.

A ressurreição

15 Ora, irmãos, desejo lembrar-vos o evangelho que
já vos tenho anunciado, o qual recebestes e no qual permaneceis,
2 pelo qual também sois salvos
se o retendes tal como o anunciei. Se não é que crestes em vão.
3 Antes de tudo, vos entreguei o
que também recebi: que Cristo
morreu por nossos pecados, segundo as Escrituras,
4 foi sepultado e ressurgiu ao terceiro dia, segundo as Escrituras.
5 Em seguida foi visto por Cefas
e depois pelos Doze.
6 Depois foi visto, uma vez, por
mais de quinhentos irmãos, dos
quais vive ainda a maior parte,
mas alguns já morreram.
7 Depois foi visto por Tiago, depois por todos os apóstolos;
8 e por último de todos apareceu
também a mim, como a um que
nasceu fora do tempo.
9 Pois eu sou o menor dos apóstolos, que mesmo não sou digno
de ser chamado apóstolo, porque
persegui a igreja de Deus.
10 Pela graça de Deus, porém, sou
o que sou, e a sua graça para comigo não foi vã. Antes trabalhei
muito mais do que todos eles; todavia não eu, mas a graça de Deus,
que está comigo.
11 Então, seja eu, sejam eles, assim pregamos e assim crestes.
12 Ora, se pregamos que Cristo
foi ressuscitado dentre os mortos, como dizem alguns de vós que
não há ressurreição de mortos?
13 E, se não há ressurreição de
mortos, também Cristo não ressurgiu.
14 E, se Cristo não ressurgiu, logo
é vã a nossa pregação, e também
é vã a vossa fé.
15 Somos considerados como falsas testemunhas de Deus, pois testificamos contra Deus, que ressuscitou a Cristo, ao qual, porém,
não ressuscitou, se, na verdade,
os mortos não são ressuscitados.
16 Pois se os mortos não são ressuscitados, também Cristo não foi
ressuscitado.
17 E, se Cristo não foi ressuscitado, é vã a vossa fé, e ainda permaneceis nos vossos pecados.
18 E também os que dormiram
em Cristo estão perdidos.
19 Se esperamos em Cristo só
nesta vida, somos os mais infelizes de todos os homens.
20 Se de fato, porém, Cristo ressurgiu dentre os mortos e foi feito as primícias dos que dormem.
21 Pois assim como a morte veio
por um homem, também a ressurreição dos mortos veio por
um homem.
22 Pois assim como todos morrem em Adão, assim também todos serão vivificados em Cristo.
23 Cada um, porém, por sua ordem: Cristo, o primeiro, depois os
que são de Cristo, na sua vinda.
24 Então virá o fim, quando tiver entregado o Reino a Deus, o

Pai, e quando houver destruído
todo domínio, toda autoridade e
todo poder.
25 Pois convém que ele reine até
que haja posto a todos os inimi-
gos debaixo dos seus pés.
26 Ora, o último inimigo que há
de ser destruído é a morte.
27 Pois todas as coisas sujeitou
debaixo de seus pés. Mas, quando
diz que todas as coisas lhe estão
sujeitas, claro está que se exce-
tua aquele que lhe sujeitou to-
das as coisas.
28 E, quando todas as coisas lhe
estiverem sujeitas, então também
o mesmo Filho se sujeitará àquele
que todas as coisas lhe sujeitou,
para que Deus seja tudo em todos.
29 **D**e outra maneira, que farão
os que se batizam pelos mortos?
Se absolutamente os mortos não
ressurgem? Por que se batizam
eles então pelos mortos?
30 Por que estamos nós também
a toda hora em perigo?
31 Eu vos declaro que cada dia mor-
ro gloriando-me em vós, irmãos,
por Cristo Jesus, nosso Senhor.
32 Se, como homem, lutei em
Éfeso com feras, que me apro-
veita isso, se os mortos não são
ressuscitados? Comamos e beba-
mos, pois amanhã morreremos.
33 Não vos enganeis. As más
companhias corrompem os bons
costumes.
34 Voltai à sobriedade e não pe-
queis; pois alguns ainda não têm
conhecimento de Deus — digo-o
para vergonha vossa.
35 **A**lguém, contudo, dirá: Como
ressurgirão os mortos? E com que
corpo virão?
36 Insensato! O que tu semeias
não é vivificado, se primeiro não
morrer.
37 E, quando semeias, não se-
meias o corpo que há de nascer,
mas o simples grão, como de tri-
go, ou de qualquer outra semente.
38 Deus, porém, dá-lhe o corpo
como quer, e a cada semente o
seu próprio corpo.
39 Nem toda carne é a mesma:
uma é a carne dos homens, e ou-
tra a dos animais, outra a das aves
e outra a dos peixes.
40 E há corpos celestes e corpos
terrestres, mas uma é a glória dos
celestes e outra a dos terrestres.
41 Uma é a glória do sol, e outra
a glória da lua, e outra a glória
das estrelas; uma estrela difere
em glória de outra estrela.
42 Assim também é a ressurrei-
ção dos mortos. Semeia-se o cor-
po em corrupção, é ressuscitado
em incorrupção.
43 Semeia-se em desonra, é res-
suscitado em glória. Semeia-se em
fraqueza, é ressuscitado em poder.
44 Semeia-se corpo animal, é res-
suscitado corpo espiritual. Se há
corpo animal, há também corpo
espiritual.
45 Assim também está escrito: O
primeiro homem, Adão, foi feito
alma vivente; o último Adão, es-
pírito vivificante.
46 Não veio primeiro o espiri-
tual, mas o natural; e depois o
espiritual.
47 O primeiro homem, sendo da
terra, é terreno; o segundo ho-
mem é do céu.
48 Qual o terreno, tais são tam-
bém os terrenos; e qual o celes-
tial, tais também os celestiais.
49 E, assim como trouxemos a ima-
gem do terreno, assim traremos
também a imagem do celestial.
50 **E** agora digo isto, irmãos, que
a carne e o sangue não podem

herdar o Reino de Deus, nem a
corrupção herda a incorrupção.
51 Eis que vos digo um mistério:
Na verdade, nem todos dormiremos, mas todos seremos transformados,
52 num momento, num abrir e
fechar de olhos, ao soar a última trombeta. Pois a trombeta soará, e os mortos ressurgirão incorruptíveis, e nós seremos transformados.
53 Pois convém que aquilo que é
corruptível se revista da incorruptibilidade, e aquilo que é mortal se revista da imortalidade.
54 E, quando o que é corruptí-
vel se revestir da incorruptibilidade, e o que é mortal se revestir da imortalidade, então se cumprirá a palavra que está escrita: Tragada foi a morte na vitória.
55 Onde está, ó morte, o teu agui-
lhão?

Onde está, ó morte, a tua vitória?

56 Ora, o aguilhão da morte é o
pecado, e a força do pecado é a Lei.
57 Graças, porém, a Deus que
nos dá a vitória por nosso Senhor Jesus Cristo.
58 Portanto, meus amados irmãos,
sede firmes e constantes, sempre abundantes na obra do Senhor, sabendo que, no Senhor, o vosso trabalho não é vão.

As coletas para os crentes de Jerusalém

16 Ora, quanto à coleta para
os santos, fazei vós também o mesmo que ordenei às igrejas da Galácia.
2 No primeiro dia da semana,
cada um de vós ponha à parte o que puder ajuntar, conforme a sua prosperidade, para que não se façam as coletas quando eu chegar.
3 E, quando tiver chegado, enviarei
os que por cartas aprovardes, para levar a vossa dádiva a Jerusalém.
4 Se valer a pena que eu também
vá, irão comigo.

Pedidos pessoais

5 Irei, porém, ter convosco depois de
ter passado pela Macedônia (pois tenho de passar pela Macedônia).
6 Bem pode ser que fique convos-
co e passe também o inverno, para que me encaminheis para onde quer que eu for.
7 Não vos quero agora ver de
passagem, mas espero ficar convosco algum tempo, se o Senhor o permitir.
8 Ficarei, porém, em Éfeso até o
Pentecoste,
9 porque uma porta grande e pro-
missora se me abriu, e há muitos adversários.
10 E, se Timóteo for, vede que es-
teja sem temor convosco, pois trabalha na obra do Senhor, como eu também.
11 Portanto ninguém o despre-
ze. Enviai-o em paz, para que venha ter comigo. Eu o espero com os irmãos.
12 Acerca do irmão Apolo, ro-
guei-lhe muito que fosse com os irmãos ter convosco. Na verdade, não teve vontade de ir agora, mas irá quando se lhe ofereça boa oportunidade.
13 Vigiai; estai firmes na fé; por-
tai-vos varonilmente; fortalecei-vos.
14 Fazei todas as vossas obras
com amor.
15 Agora vós irmãos bem sabeis
que a família de Estéfanas é o primeiro fruto da Acaia e que se tem dedicado ao ministério dos santos. Rogo-vos

16 que também vos sujeiteis a es-
tes e a todo aquele que auxilia e
trabalha na obra.
17 Alegro-me, porém, com a vin-
da de Estéfanas, de Fortunato e
de Acaico, porque eles supriram
o que da vossa parte me faltava.
18 Pois alegraram o meu espírito
assim como o vosso. Reconhecei
aos tais.

Saudações finais

19 As igrejas da Ásia vos saúdam.
Saúdam-vos afetuosamente no
Senhor Áquila e Priscila, com a
igreja que está em sua casa.
20 Todos os irmãos vos saúdam.
Saudai-vos uns aos outros com
ósculo santo.
21 Esta saudação é do meu pró-
prio punho, Paulo.
22 Se alguém não ama ao Senhor
Jesus Cristo, seja amaldiçoado!
Vem, Senhor!
23 A graça do Senhor Jesus Cristo
seja convosco.
24 O meu amor seja com todos
vós em Cristo Jesus. Amém.

2CORÍNTIOS

Prefácio e saudação

1 Paulo, apóstolo de Jesus Cristo,
pela vontade de Deus, e o irmão Timóteo, à igreja de Deus, que está em Corinto, com todos os santos que estão em toda a Acaia:
2 Graça a vós e paz da parte de Deus nosso Pai e do Senhor Jesus Cristo.

O Deus de toda a consolação

3 Bendito seja o Deus e Pai de nosso Senhor Jesus Cristo, o Pai das misericórdias e o Deus de toda a consolação,
4 que nos consola em toda a nossa tribulação, para que também possamos consolar os que estiverem em alguma tribulação, com a consolação com que nós mesmos somos consolados por Deus.
5 Pois como as aflições de Cristo transbordam para conosco, assim também a nossa consolação transborda por meio de Cristo.
6 Se somos atribulados, é para vossa consolação e salvação; se somos consolados, para vossa consolação é, a qual se opera suportando com paciência as mesmas aflições que nós também padecemos.
7 A nossa esperança acerca de vós é firme, sabendo que, como sois participantes das aflições, assim o sereis também da consolação.
8 Não queremos, irmãos, que ignoreis a tribulação que nos sobreveio na Ásia. Fomos sobremaneira agravados mais do que podíamos suportar, de tal modo que até da vida desesperamos.
9 De fato, já em nós mesmos tínhamos a sentença de morte, para que não confiássemos em nós, mas em Deus, que ressuscita os mortos,
10 o qual nos livrou e em quem esperamos que ainda nos livrará de tão grande morte,
11 ajudando-nos também vós com orações por nós, para que por muitas pessoas sejam dadas graças a nosso respeito, pelo dom que nos foi concedido por meio de muitos.

A mudança de planos de Paulo

12 Ora, a nossa glória é esta: O testemunho da nossa consciência, de que com simplicidade e sinceridade de Deus, não com sabedoria humana, mas na graça de Deus, temos vivido no mundo e especialmente para convosco.
13 Pois nenhuma outra coisa vos escrevemos, senão as que já sabeis ou reconheceis. E espero que até o fim as reconhecereis.
14 Como também já em parte reconhecestes em nós, que somos a vossa glória, como igualmente vós sereis a nossa no dia do Senhor Jesus.
15 Com essa confiança quis primeiro ir ter convosco, para que tivésseis duplo benefício.
16 Pensava ir visitar-vos em minha viagem à Macedônia e, ao retornar de lá, ir outra vez ter convosco e ser guiado por vós à Judeia.
17 Ora, planejando isso, usei de leviandade? Ou será que o que planejo, o faço de forma mundana, e há em mim o sim e o não?
18 Antes, como Deus é fiel, a nossa palavra para convosco não é sim e não.

19 Pois o Filho de Deus, Jesus
Cristo, que entre vós foi pregado
por nós, isto é, por mim, Silvano
e Timóteo, não foi sim e não, mas
nele houve sim.
20 Pois quantas promessas há de
Deus, tantas têm em Cristo o sim,
e por ele o amém, para a glória
de Deus por nosso intermédio.
21 Aquele, porém, que nos ungiu
e confirma convosco em Cristo
é Deus,
22 o qual também nos selou e
deu o penhor do Espírito em nos-
so coração.
23 **I**nvoco, porém, a Deus por tes-
temunha sobre a minha alma de
que é para vos poupar que não
fui até agora a Corinto.
24 Não que tenhamos domínio
sobre a vossa fé, mas somos coo-
peradores da vossa alegria, por-
que é pela fé que estais firmados.
2 Resolvi, por isso, não lhes fa-
zer outra visita que vos cau-
sasse tristeza.
2 Pois se eu vos entristeço, quem
é que me alegrará, senão aque-
le que por mim foi entristecido?
3 E escrevi-vos isto mesmo, para
que, quando lá for, não tenha tris-
teza da parte dos que deveriam
alegrar-me. Tenho confiança em
vós todos, que a minha alegria é
a de todos vós.
4 Pois em muita tribulação e an-
gústia de coração vos escrevi, com
muitas lágrimas, não para que vos
entristecêsseis, mas para que co-
nhecêsseis o amor que abundan-
temente vos tenho.

O perdão para o pecador

5 *Se alguém me entriste*ceu, não
entristeceu só a mim, mas (para
que não seja por demais severo)
a todos vós.
6 Basta-lhe ao tal esta repreen-
são feita pela maioria.
7 De maneira que, pelo contrário,
deveis antes perdoar-lhe e conso-
lá-lo, para que o tal não seja de
modo algum consumido por de-
masiada tristeza.
8 Pelo que vos rogo que confir-
meis para com ele o vosso amor.
9 E para isso vos escrevi também,
para por esta prova saber se sois
obedientes em tudo.
10 E a quem perdoardes alguma
coisa também eu perdoo. E o que
eu perdoei, se é que tenho perdoa-
do, por amor de vós o fiz na pre-
sença de Cristo, para que não se-
jamos vencidos por Satanás.
11 Pois não ignoramos os seus
ardis.

Ministros da nova aliança

12 **O**ra, quando cheguei a Trôade
para pregar o evangelho de Cristo,
e uma porta se me abriu no Senhor,
13 não tive descanso no meu es-
pírito, porque não achei ali meu
irmão Tito. De sorte que, des-
pedindo-me deles, parti para a
Macedônia.
14 **G**raças, porém, a Deus, que
sempre nos faz triunfar em Cristo
e por meio de nós manifesta em
todo lugar o cheiro do seu conhe-
cimento.
15 Pois para Deus somos o bom
perfume de Cristo, tanto nos que se
salvam como nos que se perdem.
16 Para estes certamente cheiro de
morte para morte, mas para aque-
les cheiro de vida para vida. Mas
para estas coisas quem é idôneo?
17 Nós não somos, como muitos,
falsificadores da palavra de Deus,
antes falamos de Cristo com sin-
ceridade, como de Deus na pre-
sença de Deus.

3 Começamos outra vez a louvar-nos a nós mesmos? Ou necessitamos, como alguns, de cartas de recomendação para vós, ou de recomendação de vós?
2 Vós sois a nossa carta, escrita em nosso coração, conhecida e lida por todos os homens.
3 Já é manifesto que vós sois a carta de Cristo, ministrada por nós e escrita não com tinta, mas com o Espírito do Deus vivo, não em tábuas de pedra, mas nas tábuas de carne do coração.
4 E é por intermédio de Cristo que temos tal confiança em Deus.
5 Não que sejamos capazes, por nós mesmos, de pensar alguma coisa, como se partisse de nós mesmos, mas a nossa capacidade vem de Deus.
6 Ele nos fez também capazes de ser ministros de uma nova aliança, não da letra, mas do Espírito; pois a letra mata, mas o Espírito vivifica.
7 E, se o ministério da morte, gravado com letras em pedras, veio em glória, de maneira que os filhos de Israel não podiam fitar os olhos na face de Moisés, por causa da glória do seu rosto, ainda que desvanecente,
8 como não será de maior glória o ministério do Espírito?
9 Se o ministério da condenação foi glorioso, muito mais excederá em glória o ministério da justiça.
10 Pois o que foi glorioso não o é em comparação com a glória insuperável.
11 E se o que desvanecia teve sua glória, muito mais glória tem o que permanece.
12 Portanto, tendo tal esperança, usamos de muita ousadia no falar.
13 E não somos como Moisés, que punha um véu sobre a sua face para que os filhos de Israel não contemplassem o fim daquilo que desvanecia.
14 De fato, seus sentidos foram endurecidos, pois até hoje, à leitura da antiga aliança, permanece o mesmo véu. Não foi removido, porque somente em Cristo é ele abolido.
15 E até hoje, quando é lido Moisés, o véu está posto sobre o coração deles.
16 Quando, porém, um deles se converte ao Senhor, então o véu é-lhe retirado.
17 Ora, o Senhor é o Espírito, e onde está o Espírito do Senhor aí há liberdade.
18 E todos nós, com o rosto descoberto, refletindo a glória do Senhor, somos transformados de glória em glória na mesma imagem, como pelo Espírito do Senhor.

Tesouros em vasos de barro

4 Pelo que, tendo este ministério, segundo a misericórdia que nos foi feita, não desfalecemos.
2 Pelo contrário, rejeitamos as coisas secretas por vergonha; não agimos com engano, não falsificamos a palavra de Deus. Antes, recomendamo-nos à consciência de todos os homens, na presença de Deus, pela manifestação da verdade.
3 Se, porém, o nosso evangelho ainda está encoberto, para os que se perdem está encoberto,
4 nos quais o deus deste século cegou o entendimento dos incrédulos, para que não lhes resplandeça a luz do evangelho da glória de Cristo, que é a imagem de Deus.
5 Pois não nos pregamos a nós mesmos, mas a Cristo Jesus, o Senhor, e nós mesmos somos vossos servos por amor de Jesus.

6 Pois Deus, que disse: Das trevas resplandecerá a luz, é quem brilhou em nossos corações, para iluminação do conhecimento da glória de Deus, na face de Jesus Cristo.

7 Temos, porém, este tesouro em vasos de barro, para que a excelência do poder seja de Deus, e não de nós.

8 Em tudo somos atribulados, mas não angustiados; perplexos, mas não desanimados;

9 perseguidos, mas não desamparados; abatidos, mas não destruídos;

10 levando sempre por toda parte o morrer do Senhor Jesus no nosso corpo, para que a vida de Jesus se manifeste também em nossos corpos;

11 e assim nós, que vivemos, estamos sempre entregues à morte por amor de Jesus, para que a vida de Jesus se manifeste também em nosso corpo mortal.

12 De maneira que em nós opera a morte, mas em vós, a vida.

13 E temos, portanto, o mesmo espírito de fé, como está escrito: Cri, por isso falei. Também nós cremos, por isso também falamos.

14 Sabendo que aquele que ressuscitou ao Senhor Jesus nos ressuscitará também por Jesus e nos apresentará convosco.

15 Tudo isso é por amor de vós, para que a graça, multiplicada por meio de muitos, torne abundantes as ações de graças para a glória de Deus.

O desígnio e efeito das aflições

16 *Por isso, não desfale*cemos. Ainda que o nosso homem exterior se corrompa, o interior, contudo, se renova de dia em dia.

17 Pois a nossa leve e momentânea tribulação produz para nós eterno peso de glória, acima de toda comparação.

18 Portanto, nós não fixamos o olhar nas coisas que se veem, mas nas que não se veem. Pois as que se veem são temporais, e as que não se veem são eternas.

A esperança do crente

5 Sabemos que, se a nossa casa terrestre deste tabernáculo se desfizer, temos da parte de Deus um edifício, uma casa não feita por mãos humanas, mas eterna, nos céus.

2 E, por isso, também gememos, desejando ser revestidos da nossa habitação, que é do céu,

3 porque, estando vestidos, não seremos achados nus.

4 Pois também nós, os que estamos neste tabernáculo, gememos angustiados, não porque queremos ser despidos, mas revestidos, para que o mortal seja absorvido pela vida.

5 Ora, quem para isso mesmo nos preparou foi Deus, o qual nos deu o penhor do Espírito.

6 Pelo que estamos sempre de bom ânimo, sabendo que, enquanto estamos presentes no corpo, estamos ausentes do Senhor.

7 (Andamos por fé, e não por vista.)

8 Temos, porém, confiança, preferindo deixar este corpo e habitar com o Senhor.

9 Pelo que muito desejamos ser-lhe agradáveis, quer presentes, quer ausentes.

10 Pois todos devemos comparecer perante o tribunal de Cristo, para que cada um receba segundo o que tiver feito por meio do corpo, ou bem ou mal.

O ministério da reconciliação

11 Assim que, conhecendo o temor do Senhor, tentamos persuadir os homens. O que somos é manifesto a Deus, e espero que nas vossas consciências seja também manifesto.
12 Não nos recomendamos outra vez a vós, mas damo-vos oportunidade de vos gloriardes por nossa causa, para que tenhais que responder aos que se gloriam na aparência, e não no coração.
13 Se enlouquecemos, é para Deus; se conservamos o juízo, é para vós.
14 Pois o amor de Cristo nos constrange, julgando nós isto: um morreu por todos, logo todos morreram.
15 E ele morreu por todos, para que os que vivem não vivam mais para si, mas para aquele que por eles morreu e ressurgiu.
16 Assim que daqui por diante a ninguém conhecemos segundo a carne. Ainda que tenhamos conhecido a Cristo segundo a carne, contudo agora já não o conhecemos deste modo.
17 Portanto, se alguém está em Cristo, nova criatura é; as coisas velhas já passaram, tudo se fez novo.
18 E tudo isso provém de Deus que nos reconciliou consigo mesmo por Jesus Cristo e nos deu o ministério da reconciliação,
19 isto é, Deus estava em Cristo reconciliando consigo o mundo, não imputando aos homens os seus pecados, e nos confiou a mensagem da reconciliação.
20 De sorte que somos embaixadores da parte de Cristo, como se Deus por nós rogasse. Rogamos-vos, da parte de Cristo, que vos reconcilieis com Deus.
21 Aquele que não conheceu pecado, ele o fez pecado por nós, para que nele fôssemos feitos justiça de Deus.

6 E nós, cooperando com ele, também vos exortamos a que não recebais a graça de Deus em vão.
2 (Pois ele diz:
Ouvi-te em tempo aceitável e
socorri-te no dia da salvação.
Digo-te, agora é o tempo
aceitável, agora é o dia
da salvação.)
3 Não damos nenhum motivo de escândalo em coisa alguma, para que o nosso ministério não seja censurado.

As dificuldades de Paulo

4 Antes, como ministros de Deus, recomendamo-nos em tudo: na muita paciência, nas aflições, nas necessidades, nas angústias,
5 nos açoites, nas prisões, nos tumultos, nos trabalhos, nas vigílias, nos jejuns,
6 na pureza, no saber, na longanimidade, na benignidade, no Espírito Santo, no amor não fingido,
7 na palavra da verdade, no poder de Deus; pelas armas da justiça à direita e à esquerda,
8 por honra e por desonra, por má fama e por boa fama; como enganadores, porém verdadeiros;
9 como desconhecidos, porém bem conhecidos; como morrendo, porém vivemos; como castigados, porém não mortos;
10 como entristecidos, porém sempre alegres; pobres, mas enriquecendo a muitos; nada tendo, mas possuindo tudo.

Exortação à santidade

11 Ó coríntios, a nossa boca está aberta para vós, o nosso coração está aberto.

12 Não estamos retirando o nosso afeto de vós, mas vós estais retirando o vosso afeto de nós.
13 Ora, em recompensa disto (falo como a filhos), abri também o vosso coração.
14 Não vos prendais a um jugo desigual com os infiéis. Pois que sociedade tem a justiça com a injustiça? E que comunhão tem a luz com as trevas?
15 E que harmonia há entre Cristo e Belial? Ou que parte tem o fiel com o infiel?
16 E que acordo tem o templo de Deus com os ídolos? Pois vós sois santuário do Deus vivente, como Deus disse: Neles habitarei e entre eles andarei; e eu serei o seu Deus, e eles serão o meu povo.
17 Pelo que saí do meio deles,
apartai-vos,
diz o Senhor.
Não toqueis nada imundo,
e eu vos receberei.
18 Eu serei para vós Pai,
e vós sereis para mim filhos e filhas,
diz o Senhor Todo-poderoso.

7 Ora, amados, visto que temos tais promessas, purifiquemo-nos de toda a impureza tanto da carne como do espírito, aperfeiçoando a nossa santificação no temor de Deus.

A alegria de Paulo

2 Recebei-nos em vosso coração. A ninguém prejudicamos, a ninguém corrompemos, a ninguém exploramos.
3 Não digo isso para vossa condenação; já antes tinha dito que estais em nosso coração para juntos morrermos e vivermos.
4 Grande é a ousadia da minha fala para convosco, e grande o meu orgulho a respeito de vós; estou cheio de consolação, transbordo de alegria em todas as nossas tribulações.
5 Pois mesmo quando chegamos à Macedônia, o nosso corpo não teve descanso algum, mas em tudo fomos atribulados: por fora combates; por dentro, temores.
6 Deus, porém, que consola os abatidos, consolou-nos com a vinda de Tito,
7 e não somente com a vinda dele, mas também pela consolação com que foi consolado de vós, contando-nos as vossas saudades, o vosso choro, o vosso zelo por mim, de maneira que muito me regozijei.
8 Ainda que vos tenha entristecido com a minha carta, não me arrependo, embora já me tivesse arrependido por ver que aquela carta vos entristeceu, ainda que por pouco tempo.
9 Agora, porém, me alegro, não porque fostes entristecidos, mas porque fostes entristecidos para o arrependimento. Pois fostes entristecidos segundo Deus, de maneira que por nós não fostes prejudicados em coisa alguma.
10 A tristeza segundo Deus opera arrependimento para a salvação, o qual não traz pesar, mas a tristeza do mundo opera a morte.
11 Quanto cuidado não produziu isto mesmo em vós, que segundo Deus fostes entristecidos! Que defesa, que indignação, que temor, que saudades, que zelo, que vingança! Em tudo provastes estar inocentes nesse assunto.
12 Portanto, ainda que vos tenha escrito, não foi por causa do que cometeu o erro, nem por causa do que sofreu o agravo, mas

para que o vosso grande cuida-
do por nós fosse manifesto dian-
te de Deus.
13 Por isso, fomos consolados
pela vossa consolação, e muito
mais nos alegramos pela alegria
de Tito, porque o seu espírito re-
cebeu alívio por todos vós.
14 Se nalguma coisa me gloriei de
vós para com ele, não fiquei en-
vergonhado. Pelo contrário, como
em tudo vos falamos com verda-
de, também a nossa glória para
com Tito se achou verdadeira.
15 E o seu afeto para convosco
é mais abundante, lembrando-
-se da obediência de todos vós, e
de como o recebestes com temor
e tremor.
16 Regozijo-me de em tudo poder
confiar em vós.

A coleta para os cristãos pobres da Judeia

8 E agora, irmãos, vos fazemos
conhecer a graça de Deus dada
às igrejas da Macedônia.
2 Em muita prova de tribulação
houve abundância do seu gozo,
e a sua profunda pobreza trans-
bordou em riquezas da sua ge-
nerosidade.
3 Pois segundo as suas posses (o
que eu mesmo testifico), e ain-
da acima delas, deram volunta-
riamente.
4 Pedindo-nos com muitos rogos
o privilégio de participarem des-
te serviço, que se fazia para com
os santos.
5 E não somente fizeram como nós
esperávamos, mas a si mesmos se
deram primeiro ao Senhor e de-
pois a nós, pela vontade de Deus.
6 De maneira que exortamos Tito
que, como começou, assim tam-
bém acabe esta graça entre vós.
7 Portanto, assim como em tudo
tendes abundância: em fé, em pa-
lavra, em conhecimento, em todo
o zelo e no vosso amor para co-
nosco, assim também sobressaí
nesta graça.
8 Não digo isto como quem man-
da, mas para provar, pelo zelo
dos outros, a sinceridade do vos-
so amor.
9 Pois já conheceis a graça de
nosso Senhor Jesus Cristo, que,
sendo rico, por amor de vós se fez
pobre, para que pela sua pobre-
za vos tornásseis ricos.
10 E aqui dou o meu parecer so-
bre o que vos convém: No ano pas-
sado, fostes os primeiros não só
a dar, mas também a querer dar.
11 Agora, porém, completai a
obra, para que, assim como hou-
ve a prontidão de vontade, haja
também o cumprimento, segun-
do o que tendes.
12 Pois se há prontidão de vontade,
será aceita segundo o que qualquer
tem, e não segundo o que não tem.
13 Não digo isso para que os ou-
tros tenham alívio, e vós aperto,
14 mas para igualdade. Neste tem-
po presente, a vossa abundância
supra a falta dos outros, para que
também a sua abundância supra
a vossa falta, e haja igualdade,
15 como está escrito: O que mui-
to colheu não teve demais, e nada
faltou ao que pouco colheu.
16 Dou graças a Deus, que pôs a
mesma solicitude por vós no co-
ração de Tito.
17 Pois ele aceitou a nossa exor-
tação. E mais ainda, sendo mui-
to zeloso, partiu voluntariamen-
te para vós.
18 E com ele enviamos o irmão
cujo louvor no evangelho está
espalhado por todas as igrejas.

19 E não só isso, mas foi também
escolhido pelas igrejas para ser
nosso companheiro de viagem,
no desempenho desta graça que
por nós é ministrada para glória
do Senhor e para provar a nossa
boa vontade.
20 Queremos evitar que alguém
nos censure por esta abundância,
que por nós é ministrada.
21 Pois zelamos pelo que é honesto, não só diante do Senhor,
mas também diante dos homens.
22 Com eles enviamos outro nosso irmão, o qual muitas vezes, e
em muitas coisas, já experimentamos ser zeloso, e agora muito
mais zeloso ainda pela muita confiança que em vós tem.
23 Quanto a Tito, é meu companheiro e cooperador para convosco; quanto a nossos irmãos, são
embaixadores das igrejas e glória de Cristo.
24 Portanto, mostrai para com
eles, perante as igrejas, a prova
do vosso amor e da nossa glória
a vosso respeito.

Incentivos para a coleta

9 Ora, quanto à assistência que
se faz a favor dos santos, não
necessito escrever-vos.
2 Pois bem sei a vossa prontidão, pela qual me orgulho de vós
para com os macedônios, dizendo-lhes que a Acaia está pronta
desde o ano passado, e o vosso
zelo tem estimulado a muitos.
3 Contudo, enviei estes irmãos
para que a nossa glória a vosso
respeito não seja vã nesta parte,
mas para que (como já disse) possais estar prontos.
4 Pois se acaso os macedônios vierem comigo e vos acharem despreparados, nós nos envergonharemos
(para não dizermos vós) deste firme fundamento de glória.
5 Portanto, julguei necessário
exortar a estes irmãos, para que
primeiro fossem ter convosco e
preparassem antecipadamente
a vossa contribuição, já antes
anunciada, para que esteja pronta como expressão de generosidade, e não de avareza.
6 E digo isto: Que o que semeia
pouco, pouco também ceifará, e
o que semeia com fartura, com
fartura também ceifará.
7 Cada um contribua segundo propôs no seu coração, não
com tristeza ou por necessidade, pois Deus ama ao que dá com
alegria.
8 E Deus é poderoso para fazer
abundar em vós toda a graça,
a fim de que tendo sempre, em
tudo, toda a suficiência, abundeis em toda boa obra.
9 Conforme está escrito:
Espalhou, deu aos pobres;
a sua justiça permanece
para sempre.
10 Ora, aquele que dá a semente ao que semeia e pão para o alimento, também multiplicará a
vossa sementeira e aumentará
os frutos da vossa justiça.
11 Em tudo sereis enriquecidos
para toda a generosidade, a qual
faz que por nós se deem graças
a Deus.
12 A ministração deste serviço não só supre as necessidades
dos santos, mas também transborda em muitas graças, que se
dão a Deus.
13 Visto que esta ministração prova que sois obedientes e seguis
o evangelho de Cristo, eles louvarão a Deus. E também louvarão a Deus pela liberalidade das

vossas contribuições para com
eles e para com todos.
14 E orarão com grande afeto por
vós, por causa da excelente gra-
ça que Deus vos deu.
15 Graças a Deus pelo seu dom
indescritível!

Paulo defende a sua autoridade apostólica

10 Ora, eu mesmo, Paulo, ro-
go-vos pela mansidão e be-
nignidade de Cristo, eu que, na
verdade, quando presente entre
vós, sou humilde, mas quando
ausente, ousado!
2 Rogo-vos que, quando estiver
presente, não me veja obrigado
a usar com confiança da ousadia
que espero ter com alguns que nos
julgam, como se andássemos se-
gundo a carne.
3 Pois embora andando na carne,
não militamos segundo a carne.
4 As armas da nossa milícia não
são carnais, mas sim poderosas em
Deus, para destruição das fortalezas.
5 Derrubamos raciocínios e toda
altivez que se levante contra o co-
nhecimento de Deus, e levamos
cativo todo pensamento à obediên-
cia de Cristo.
6 E estaremos prontos para pu-
nir toda desobediência, quando
for cumprida a vossa obediência.
7 Olhais para as coisas segundo
a aparência. Se alguém confia de
si mesmo que é de Cristo, pense
outra vez isto consigo, que, assim
como ele é de Cristo, também nós
de Cristo somos.
8 Pois ainda que eu me glorie um
pouco mais a respeito da nossa
autoridade, a qual o Senhor nos
deu para edificação, e não para
a vossa destruição, não me en-
vergonharei,
9 para que não pareça como se
quisera intimidar-vos por cartas.
10 Pois as suas cartas, dizem, são
graves e fortes, mas a presença pes-
soal é fraca, e a palavra desprezível.
11 Saiba o tal que, quais somos
no falar por cartas, estando au-
sentes, tais seremos no fazer, es-
tando presentes.
12 Não ousamos classificar-nos
ou comparar-nos com alguns, que
se louvam a si mesmos. Mas es-
tes que se medem a si mesmos e
se comparam consigo mesmos
estão sem entendimento.
13 Nós, porém, não nos gloriare-
mos além da medida, mas confor-
me a reta medida que Deus nos
deu, para chegarmos até vós.
14 Não nos estendemos além do
que convém, como se não hou-
véssemos de chegar até vós, pois
já chegamos também até vós no
evangelho de Cristo.
15 Nem nos gloriando além da
medida nos trabalhos alheios.
Temos esperança de que, cres-
cendo a vossa fé, seremos abun-
dantemente engrandecidos entre
vós, conforme a nossa medida,
16 para anunciar o evangelho nos
lugares que estão além de vós, e
não em campo de outrem, a fim
de não nos gloriarmos no que já
estava preparado.
17 Aquele, porém, que se gloria,
glorie-se no Senhor.
18 Pois não é aprovado quem a si
mesmo se louva, mas sim aquele
a quem o Senhor louva.

Paulo e os falsos apóstolos

11 Quem dera me suportásseis
um pouco na minha insen-
satez! Sim, suportai-me ainda.
2 Estou zeloso de vós com zelo de
Deus. Tenho-vos preparado para

vos apresentar como uma virgem
pura a um marido, a saber, a Cristo.
3 Temo, porém, que assim como a
serpente enganou Eva com a sua
astúcia, assim também sejam de
alguma sorte corrompida a vossa
mente, e se apartem da simplici-
dade que há em Cristo.
4 Pois se alguém for pregar-vos
outro Jesus que nós não temos
pregado, ou se recebeis outro
espírito que não recebestes, ou
outro evangelho que não abra-
çastes, de boa mente o suportais.
5 Penso, porém, que em nada fui
inferior aos mais excelentes após-
tolos.
6 E, se sou rude na palavra, não
o sou, contudo, no conhecimen-
to. Já em tudo temos provado isso
totalmente entre vós.
7 **P**equei, humilhando-me, para
que vós fôsseis exaltados, visto
que de graça vos anunciei o evan-
gelho de Deus?
8 Despojei outras igrejas para
vos servir, recebendo delas sa-
lário. E, quando estava presente
convosco, se tinha necessidade,
a ninguém fui pesado.
9 Pois os irmãos que vieram da
Macedônia supriram a minha ne-
cessidade. Em tudo me guardei de
vos ser pesado e ainda me guardarei.
10 Como a verdade de Cristo está
em mim, esta glória não me será
tirada nas regiões da Acaia.
11 Por quê? Por que não vos amo?
Deus o sabe.
12 O que faço, porém, isso farei,
para não dar oportunidade aos
que a buscam a fim de que, na-
quilo em que se gloriam, sejam
achados assim como nós.
13 Pois os tais são falsos apósto-
los, obreiros enganosos, fingindo-
-se apóstolos de Cristo.
14 E não é de admirar, pois o pró-
prio Satanás se transforma em
anjo de luz.
15 Não é muito, pois, que os seus
ministros se transformem em mi-
nistros da justiça. O fim deles será
conforme as suas obras.

Os sofrimentos de Paulo por amor ao evangelho

16 **O**utra vez digo, ninguém me jul-
gue insensato, ou então recebei-me
como insensato, para que também
me glorie um pouco.
17 O que digo, não o digo segun-
do o Senhor, mas como por loucu-
ra, nesta confiança de gloriar-me.
18 Posto que muitos se gloriam
segundo a carne, eu também me
gloriarei.
19 Sendo vós sensatos, de boa
mente tolerais os insensatos.
20 Com efeito, suportais até aque-
le que vos escraviza ou vos devo-
ra ou vos engana ou vos trata com
desprezo ou vos fere no rosto.
21 Envergonhado o digo, como
se nós fôssemos fracos, mas no
que qualquer tem ousadia (com
insensatez falo) também eu te-
nho ousadia.
22 São hebreus? Também eu. São
israelitas? Também eu. São des-
cendência de Abraão? Também eu.
23 São ministros de Cristo? Eu
ainda mais (falo como fora de
mim). Em trabalhos, muito mais;
em açoites, mais do que eles; em
prisões, muito mais; em perigo
de morte muitas vezes.
24 Cinco vezes recebi dos judeus
uma quarentena de açoites me-
nos um.
25 Três vezes fui açoitado com
varas, uma vez fui apedrejado,
três vezes sofri naufrágio, uma
noite e um dia passei no abismo;

26 em viagens muitas vezes, em
perigos de rios, em perigos de assal-
tantes, em perigos entre patrícios,
em perigos dos gentios, em perigos
na cidade, em perigos no deserto,
em perigos no mar, em perigos en-
tre os falsos irmãos;
27 em trabalhos e fadiga, em vigílias
muitas vezes, em fome e sede, em je-
jum muitas vezes, em frio e nudez.
28 Além das coisas exteriores,
há o que diariamente pesa sobre
mim, o cuidado de todas as igrejas.
29 Quem enfraquece, que tam-
bém eu não enfraqueça? Quem
se escandaliza, que eu não me
queime por dentro?
30 Se é preciso gloriar-me, que
seja no que diz respeito à minha
fraqueza.
31 O Deus e Pai de nosso Senhor
Jesus Cristo, que é eternamen-
te bendito, sabe que não minto.
32 Em Damasco, o que governa-
va sob o rei Aretas pôs guardas
às portas da cidade dos damasce-
nos, para me prenderem.
33 Mas por uma janela da mura-
lha desceram-me num grande ces-
to, e assim escapei das suas mãos.

A visão e o espinho na carne

12 É necessário gloriar-me.
Embora isso não adiante
nada, passarei às visões e reve-
lações do Senhor.
2 Conheço um homem em Cristo
que há catorze anos foi arrebata-
do até o terceiro céu. Se no corpo
não sei, se fora do corpo não sei,
Deus o sabe.
3 E sei que o tal homem — se no
corpo, se fora do corpo, não sei,
Deus o sabe —,
4 foi arrebatado ao paraíso e ou-
viu palavras indizíveis, as quais
não é lícito ao homem falar.
5 De um assim me gloriarei, mas
de mim mesmo não me gloriarei,
senão nas minhas fraquezas.
6 Ainda que me gloriasse, não se-
ria insensato, porque estaria di-
zendo a verdade. Mas abstenho-
-me, para que ninguém pense de
mim mais do que em mim vê ou
de mim ouve.
7 E, para que não me exaltasse
pelas excelências das revelações,
foi-me dado um espinho na car-
ne, a saber, um mensageiro de
Satanás para me esbofetear, a
fim de não me exaltar.
8 Três vezes orei ao Senhor para
que o afastasse de mim.
9 Ele, porém, me disse: A minha
graça te basta, pois o meu poder se
aperfeiçoa na fraqueza. Portanto,
de boa vontade me gloriarei nas
minhas fraquezas, para que em
mim habite o poder de Cristo.
10 Pelo que sinto prazer nas fra-
quezas, nas injúrias, nas neces-
sidades, nas perseguições, nas
angústias, por amor de Cristo.
Pois quando estou fraco, então
é que sou forte.

O interesse de Paulo pelos coríntios

11 Fui insensato em gloriar-me,
mas vós me constrangestes. Eu de-
via ser louvado por vós, visto que
em nada fui inferior a esses tais
apóstolos, ainda que nada sou.
12 Os sinais do meu apostolado fo-
ram manifestados entre vós com
toda a paciência, por sinais, pro-
dígios e milagres.
13 Em que tendes vós sido infe-
riores às outras igrejas, a não ser
que eu mesmo não vos fui pesa-
do? Perdoai-me esta injustiça.
14 Agora estou pronto para ir
visitar-vos pela terceira vez, e
não vos serei pesado, porque não

busco o que é vosso, mas sim a
vós. Afinal de contas, não devem
os filhos entesourar para os pais,
mas os pais para os filhos.
15 Eu de muito boa vontade gasta-
rei e me deixarei gastar pela vos-
sa alma, ainda que, amando-vos
cada vez mais, seja menos amado.
16 Seja, porém, como for, eu não
vos fui pesado. Contudo, sendo
astuto, vos prendi com fraude!
17 Aproveitei-me de vós por in-
termédio de algum daqueles que
vos enviei?
18 Roguei a Tito e enviei com ele
um irmão. Aproveitou-se Tito de
vós? Acaso não andamos no mes-
mo espírito? Não seguimos as
mesmas pisadas?
19 Pensais que nos estamos des-
culpando convosco? Falamos em
Cristo perante Deus, e tudo isso, ó
amados, para a vossa edificação.
20 Pois receio que, quando che-
gar, não vos ache como eu vos
quero, e eu seja achado de vós
como não me quereis: que de al-
guma maneira haja contendas,
invejas, iras, porfias, detrações,
mexericos, orgulhos, tumultos.
21 Receio que, quando for outra
vez, o meu Deus me humilhe no
meio de vós, e eu chore por mui-
tos daqueles que antes pecaram
e não se arrependeram da impu-
reza, da prostituição e da liber-
tinagem que praticaram.

Advertências e saudações finais

13 É esta a terceira visita que
vos faço. Por boca de duas
ou três testemunhas será confir-
mada toda palavra.
2 Já anteriormente o disse, e se-
gunda vez o digo, como quando
estava presente. Agora, estan-
do ausente, o digo aos que antes
pecaram e a todos os mais que,
se outra vez for, não os pouparei,
3 visto que buscais uma prova de
que Cristo fala em mim, o qual
não é fraco para convosco, antes
poderoso entre vós.
4 Ainda que tenha sido crucifi-
cado por fraqueza, contudo vive
pelo poder de Deus. Nós também
somos fracos nele, mas viveremos
com ele pelo poder de Deus em vós.
5 Examinai-vos a vós mesmos se
permaneceis na fé; provai-vos a
vós mesmos. Ou não sabeis quan-
to a vós mesmos que Jesus Cristo
está em vós? Se não é que já es-
tais reprovados.
6 Espero, porém, que entendereis
que nós não somos reprovados.
7 Ora, rogamos a Deus que não
façais mal algum, não para que
sejamos achados aprovados, mas
para que vós façais o bem, embo-
ra nós sejamos como reprovados.
8 Pois nada podemos contra a ver-
dade, senão em favor da verdade.
9 Regozijamo-nos de estar fracos,
quando vós estais fortes; e nos-
sa oração é para o vosso aperfei-
çoamento.
10 Portanto, escrevo estas coisas
estando ausente, para que, estando
presente, não use de rigor, segundo
o poder que o Senhor me deu para
edificação, e não para destruição.
11 Quanto ao mais, irmãos, adeus.
Regozijai-vos, sede perfeitos, sede
consolados, sede de um mesmo
parecer, vivei em paz. E o Deus
de amor e de paz será convosco.
12 Saudai-vos uns aos outros
com ósculo santo. Todos os san-
tos vos saúdam.
13 A graça do Senhor Jesus Cristo,
o amor de Deus e a comunhão
do Espírito Santo sejam com to-
dos vós.

GÁLATAS

Prefácio e saudação

1 Paulo, apóstolo (não da parte
de homens nem por homem al-
gum, mas por Jesus Cristo e por
Deus Pai, que o ressuscitou den-
tre os mortos),
2 e todos os irmãos que estão co-
migo, às igrejas da Galácia:
3 Graça e paz a vós outros, da par-
te de Deus, nosso Pai, e do nosso
Senhor Jesus Cristo,
4 o qual se deu a si mesmo por
nossos pecados, para nos livrar
do presente século mau, segundo
a vontade de Deus, nosso Pai,
5 a quem seja glória para todo o
sempre. Amém.

A inconstância dos gálatas

6 **A**dmira-me que tão depressa
estejais passando, daquele que
vos chamou na graça de Cristo,
para outro evangelho,
7 o qual não é outro evangelho.
Mas há alguns que vos inquie-
tam, querendo perverter o evan-
gelho de Cristo.
8 Mas, ainda que nós mesmos ou
um anjo do céu vos anuncie ou-
tro evangelho além do que já vos
anunciamos, seja amaldiçoado.
9 Assim como já o dissemos, ago-
ra de novo também o digo: Se al-
guém vos anunciar outro evan-
gelho além do que já recebestes,
seja amaldiçoado.
10 **P**ersuado eu agora a homens
ou a Deus? Ou procuro agradar a
homens? Se estivesse ainda agra-
dando aos homens, não seria ser-
vo de Cristo.
11 Faço-vos, porém, saber, ir-
mãos, que o evangelho que por
mim foi anunciado não é segun-
do os homens.
12 Não o recebi de homem algum
nem o aprendi, mas eu o recebi
pela revelação de Jesus Cristo.
13 Pois já ouvistes qual foi an-
tigamente a minha conduta no
judaísmo, como sobremaneira
perseguia a igreja de Deus e a
assolava.
14 E na minha nação excedia em
judaísmo a muitos da minha ida-
de, sendo extremamente zeloso
das tradições de meus pais.
15 Quando, porém, aprouve a
Deus, que desde o ventre de mi-
nha mãe me separou e me cha-
mou pela sua graça,
16 revelar seu Filho em mim, para
que o pregasse entre os gentios,
não consultei pessoa alguma,
17 tampouco subi a Jerusalém
para estar com os que já antes de
mim eram apóstolos, mas parti
para a Arábia e voltei outra vez
a Damasco.
18 **D**epois, passados três anos,
subi a Jerusalém para ver Pedro
e fiquei com ele quinze dias.
19 E não vi nenhum outro dos
apóstolos, senão Tiago, irmão
do Senhor.
20 Ora, acerca do que vos escre-
vo, diante de Deus testifico que
não minto.
21 Depois, fui para as regiões da
Síria e da Cilícia.
22 Eu não era conhecido de vista
das igrejas de Cristo na Judeia.
23 Somente tinham ouvido di-
zer: Aquele que antes nos perse-
guia, agora anuncia a fé que ou-
trora procurava destruir.

21 Logo, a Lei é contra as promes-
sas de Deus? De modo nenhum.
Pois, se fosse dada uma lei que pu-
desse vivificar, a justiça, na ver-
dade, teria sido pela lei.
22 A Escritura, porém, encer-
rou tudo debaixo do pecado, para
que a promessa pela fé em Jesus
Cristo fosse dada aos que creem.
23 Antes, porém, que a fé viesse,
estávamos sob custódia da Lei,
encerrados para aquela fé que
se havia de manifestar.
24 De maneira que a Lei nos ser-
viu de tutor, para nos conduzir a
Cristo, a fim de que pela fé fôsse-
mos justificados.
25 Depois, porém, que a fé veio,
já não estamos sob o controle
do tutor.

Filhos de Deus

26 Todos vós sois filhos de Deus
pela fé em Cristo Jesus,
27 pois todos vós que fostes ba-
tizados em Cristo, vos revestis-
tes de Cristo.
28 Dessa forma não há judeu nem
grego, não há servo nem livre, não
há macho nem fêmea, pois todos
vós sois um em Cristo Jesus.
29 E, se sois de Cristo, então sois
descendentes de Abraão e herdei-
ros conforme a promessa.

O evangelho isenta-nos da Lei

4 Digo que todo o tempo que o
herdeiro é menino em nada
difere do escravo, ainda que seja
senhor de tudo.
2 Ele está debaixo de tutores e ad-
ministradores até o tempo deter-
minado pelo pai.
3 Assim também nós, quando éra-
mos meninos, estávamos reduzi-
dos à servidão, debaixo dos rudi-
mentos do mundo.
4 Vindo, porém, a plenitude dos
tempos, Deus enviou seu Filho,
nascido de mulher, nascido sob
a Lei,
5 para resgatar os que estavam
debaixo da Lei, a fim de receber-
mos a adoção de filhos.
6 Porque sois filhos, Deus enviou
ao nosso coração o Espírito de
seu Filho, que clama: Aba, Pai.
7 Assim que já não és mais es-
cravo, mas filho; e, se és filho, és
também feito herdeiro por Deus.
8 Antes, porém, quando não co-
nhecíeis a Deus, servíeis aos que
por natureza não são deuses.
9 Agora, no entanto, conhecendo
a Deus, ou antes, sendo conheci-
dos por Deus, como tornais ou-
tra vez a esses rudimentos fra-
cos e pobres, aos quais de novo
quereis servir?
10 Guardais dias, e meses, e tem-
pos, e anos.
11 Receio por vós, que de algum
modo eu tenha trabalhado em
vão para convosco.
12 Irmãos, rogo-vos que sejais
como eu, pois também eu sou
como vós. Em nada me ofendestes.
13 E vós sabeis que primeiro vos
anunciei o evangelho estando em
fraqueza da carne.
14 Embora minha enfermidade
na carne vos fosse uma tentação,
não me rejeitastes nem me des-
prezastes; antes me recebestes
como a um anjo de Deus, como
ao próprio Cristo Jesus.
15 Qual é, logo, a vossa alegria?
Dou-vos testemunho de que, se pos-
sível fora, teríeis arrancado os vos-
sos olhos e os teríeis dado a mim.
16 Fiz-me, acaso, vosso inimigo,
dizendo a verdade?
17 Os que tanto se esforçam para
vos agradar não o fazem com

sinceridade, mas querem afas-
tar-vos de mim, para que vós te-
nhais zelo por eles.
18 É bom ser zeloso, mas sempre
do bem, e não somente quando
estou presente convosco.
19 Meus filhinhos, por quem de
novo sinto as dores de parto, até
que Cristo seja formado em vós,
20 eu bem quisera agora estar
presente convosco e mudar o tom
da minha voz, porque estou per-
plexo a vosso respeito.

Sara e Hagar

21 Dizei-me, os que quereis es-
tar debaixo da Lei, não ouvis
vós a Lei?
22 Pois está escrito que Abraão
teve dois filhos, um da escrava e
outro da livre.
23 Todavia, o que era da escrava
nasceu segundo a carne, mas, o
que era da livre, por promessa.
24 O que deve ser entendido como
ilustração, pois estas mulheres
são as duas alianças. Uma aliança
é do monte Sinai, gerando filhos
para a escravidão, que é Hagar.
25 Ora, esta Hagar é Sinai, um
monte da Arábia, que correspon-
de à Jerusalém atual, porque é
escrava com seus filhos.
26 A Jerusalém que é de cima,
porém, é livre, a qual é mãe de to-
dos nós.
27 Pois está escrito:
Alegra-te, estéril,
que não dás à luz;
esforça-te e clama,
tu que não estás de parto;
porque os filhos da
abandonada
são mais do que os da que
tem marido.
28 Ora, vós, irmãos, sois filhos da
promessa, como Isaque.
29 Mas, como então o que nasceu
segundo a carne perseguia ao que
nasceu segundo o Espírito, assim
é também agora.
30 Que diz a Escritura? Lança fora
a escrava e seu filho, pois de modo
algum o filho da escrava herdará
com o filho da livre.
31 De maneira que, irmãos, so-
mos filhos não da escrava, mas
da livre.

A liberdade em Cristo

5 Cristo nos libertou para que
sejamos de fato livres. Estai,
pois, firmes e não torneis a co-
locar-vos debaixo do jugo da es-
cravidão.
2 Escutai! Eu, Paulo, vos digo
que, se vos deixardes circuncidar,
Cristo de nada vos aproveitará.
3 De novo testifico a todo homem
que se deixa circuncidar, que está
obrigado a guardar toda a Lei.
4 Separados estais de Cristo, vós
os que vos justificais pela Lei; da
graça tendes caído.
5 Nós, porém, pela fé, aguarda-
mos mediante o Espírito a justi-
ça pela qual esperamos.
6 Pois em Cristo Jesus nem a cir-
cuncisão nem a incircuncisão tem
valor algum. O que importa é a
fé que opera pelo amor.
7 Corríeis bem. Quem vos impe-
diu de obedecer à verdade?
8 Esta persuasão não vem daque-
le que vos chamou.
9 Um pouco de fermento leveda
toda a massa.
10 Confio de vós, no Senhor, que
não haveis de pensar de nenhum
outro modo. Mas aquele que vos
inquieta, seja ele quem for, sofre-
rá a condenação.
11 Eu, porém, irmãos, se ainda
prego a circuncisão, por que é que

sou perseguido? Logo o escânda-
lo da cruz está desfeito.
12 Quanto aos que vos andam
inquietando, quem dera se mu-
tilassem.
13 **V**ós, irmãos, fostes chamados
à liberdade. Não useis, porém, a
liberdade para dar ocasião à car-
ne; mas servi-vos uns aos outros
pelo amor.
14 Toda a Lei se cumpre numa
só palavra, a saber: Amarás o teu
próximo como a ti mesmo.
15 Se vós, porém, vos mordeis e
devorais uns aos outros, vede que
não vos consumais também uns
aos outros.

A vida pelo Espírito

16 **D**igo, porém: Andai no Espírito
e não satisfareis os desejos da
carne.
17 Pois a carne deseja o que é
contrário ao Espírito, e o Espírito
o que é contrário à carne. Estes
opõem-se um ao outro, para que
não façais o que quereis.
18 Se, porém, sois guiados pelo
Espírito, não estais debaixo da Lei.
19 As obras da carne são conhe-
cidas, as quais são: prostituição,
impureza, libertinagem,
20 idolatria, feitiçarias, inimiza-
des, porfias, ciúmes, iras, pelejas,
dissensões, facções,
21 invejas, bebedices, orgias e
coisas semelhantes a essas, acer-
ca das quais vos declaro, como já
antes vos preveni, que os que co-
metem tais coisas não herdarão
o Reino de Deus.
22 O fruto do Espírito, porém, é:
amor, alegria, paz, longanimi-
dade, benignidade, bondade, fi-
delidade,
23 mansidão, domínio próprio.
Contra essas coisas não há lei.
24 E os que são de Cristo Jesus
crucificaram a carne com as suas
paixões e desejos.
25 Se vivemos no Espírito, ande-
mos também no Espírito.
26 Não nos tornemos convenci-
dos, irritando-nos uns aos outros,
invejando-nos uns aos outros.

Fazer o bem a todos

6 Irmãos, se alguém for surpreen-
dido nalguma ofensa, vós, que
sois espirituais, corrigi o tal com
espírito de mansidão. Mas olha
por ti mesmo, para que não se-
jas também tentado.
2 Levai as cargas uns dos outros
e assim cumprireis a lei de Cristo.
3 Se alguém pensa ser alguma
coisa, não sendo nada, engana-
-se a si mesmo.
4 Examine cada um a sua própria
obra. Então terá motivo de glória
só em si mesmo, não em outrem,
5 pois cada qual levará o seu pró-
prio fardo.
6 **E** o que é instruído na palavra,
reparta todas as coisas boas com
aquele que o instrui.
7 Não vos enganeis: Deus não
se deixa escarnecer. Tudo o que
o homem semear, isso também
colherá.
8 O que semeia na sua carne, da
carne colherá a corrupção; o que
semeia no Espírito, do Espírito
colherá a vida eterna.
9 E não nos cansemos de fazer o
bem, pois a seu tempo colheremos,
se não houvermos desfalecido.
10 Então, enquanto temos opor-
tunidade, façamos o bem a to-
dos, mas principalmente aos da
família da fé.
11 **V**ede com que grandes letras
vos escrevi de meu próprio punho.

12 Todos os que querem causar
boa impressão, esses vos obrigam
a circuncidar-vos, somente para
não serem perseguidos por cau-
sa da cruz de Cristo.
13 Nem mesmo aqueles que se
circuncidam guardam a Lei, mas
querem que vos circuncideis, para
se gloriarem na vossa carne.
14 Longe, porém, esteja de mim
gloriar-me, a não ser na cruz de
nosso Senhor Jesus Cristo, pela
qual o mundo está crucificado
para mim, e eu para o mundo.
15 Em Cristo Jesus nem a circun-
cisão nem a incircuncisão têm
valor algum, mas sim o ser uma
nova criatura.
16 E a todos os que andarem con-
forme esta regra, paz e miseri-
córdia sejam sobre eles e sobre
o Israel de Deus.
17 Finalmente, ninguém me per-
turbe, pois trago no meu corpo as
marcas de Jesus.
18 A graça de nosso Senhor Jesus
Cristo seja, irmãos, com o vosso
espírito. Amém.

EFÉSIOS

Prefácio e saudação

1 Paulo, apóstolo de Cristo Jesus
pela vontade de Deus, aos san-
tos que estão em Éfeso e fiéis em
Cristo Jesus:
2 Graça e paz a vós outros, da par-
te de Deus nosso Pai e do Senhor
Jesus Cristo.

As bênçãos espirituais em Cristo

3 Bendito seja o Deus e Pai de
nosso Senhor Jesus Cristo, o qual
nos abençoou com todas as bên-
çãos espirituais nas regiões ce-
lestiais em Cristo.
4 Pois nos elegeu nele antes da
fundação do mundo, para sermos
santos e irrepreensíveis diante
dele. E em amor
5 nos predestinou para sermos fi-
lhos de adoção por Jesus Cristo,
para si mesmo, segundo o bom
propósito da sua vontade,
6 para louvor e glória da sua gra-
ça, a qual nos deu gratuitamen-
te no Amado.
7 Nele temos a redenção pelo seu
sangue, a remissão dos pecados,
segundo as riquezas da sua graça,
8 que ele derramou profunda-
mente sobre nós em toda a sabe-
doria e entendimento.
9 E desvendou-nos o mistério da
sua vontade, segundo o bom pro-
pósito que propusera em Cristo,
10 de fazer convergir em Cristo to-
das as coisas, na dispensação da
plenitude dos tempos, tanto as que
estão nos céus como as que estão
na terra.
11 Nele, digo, em quem também
fomos feitos herança, havendo
sido predestinados, conforme o
propósito daquele que faz todas
as coisas, segundo o conselho da
sua vontade,
12 a fim de sermos para louvor
da sua glória, nós, os que primei-
ro esperamos em Cristo.
13 É também nele que vós estais,
depois que ouvistes a palavra da
verdade, o evangelho da vossa
salvação. Tendo nele crido, fos-
tes selados com o Espírito Santo
da promessa,
14 que é o penhor da nossa heran-
ça, para redenção da propriedade
de Deus, em louvor da sua glória.

Ações de graças e oração

15 Pelo que, ouvindo eu também
falar da fé que entre vós há no
Senhor Jesus e do vosso amor
para com todos os santos,
16 não cesso de dar graças a Deus
por vós, lembrando-me de vós nas
minhas orações.
17 Peço que o Deus de nosso Senhor
Jesus Cristo, o Pai da glória, vos
dê em seu conhecimento o espí-
rito de sabedoria e de revelação.
18 Oro também para que sejam
iluminados os olhos do vosso
entendimento, para que saibais
qual seja a esperança para a qual
ele vos chamou, e quais as ri-
quezas da glória da sua heran-
ça nos santos,
19 e qual a suprema grandeza do
seu poder para conosco, os que
cremos, segundo a operação da
força do seu poder,
20 que manifestou em Cristo, res-
suscitando-o dentre os mortos e
fazendo-o sentar-se à sua direi-
ta nos céus,

21 acima de todo principado,
autoridade, poder, domínio e de
todo nome que se nomeia, não
só neste século, mas também no
vindouro.
22 Deus sujeitou todas as coisas
debaixo dos seus pés e sobre to-
das as coisas o constituiu cabe-
ça da igreja,
23 que é o seu corpo, a plenitude
daquele que enche tudo em todos.

A salvação pela graça

2 Ele vos vivificou, estando vós
mortos nos vossos delitos e
pecados,
2 nos quais andastes outrora,
segundo o curso deste mundo, se-
gundo o príncipe do poder do ar,
do espírito que agora opera nos
filhos da desobediência.
3 Entre eles todos nós também
antes andávamos nos desejos da
nossa carne, fazendo a vontade
da carne e dos pensamentos. E éra-
mos por natureza filhos da ira,
como também os demais.
4 Deus, porém, que é riquíssimo
em misericórdia, pelo seu muito
amor com que nos amou,
5 estando nós ainda mortos em
nossos delitos, nos vivificou com
Cristo (pela graça sois salvos)
6 e nos ressuscitou com ele, fa-
zendo-nos assentar nas regiões
celestiais, em Cristo Jesus,
7 para mostrar nos séculos vin-
douros as abundantes riquezas
da sua graça, pela sua benignida-
de para conosco em Cristo Jesus.
8 Pois é pela graça que sois sal-
vos, por meio da fé; e isso não vem
de vós, é dom de Deus;
9 não das obras, para que nin-
guém se glorie.
10 Pois somos feitura sua, cria-
dos em Cristo Jesus para as boas
obras, as quais Deus preparou
para que andássemos nelas.

Um em Cristo

11 Portanto, lembrai-vos de que
vós outrora éreis gentios por nas-
cimento e chamados incircunci-
são pelos que no corpo se cha-
mam circuncisão, feita pela mão
dos homens;
12 que naquele tempo estáveis
sem Cristo, separados da comu-
nidade de Israel e estranhos às
alianças da promessa, sem es-
perança e sem Deus no mundo.
13 Agora, porém, em Cristo Jesus,
vós, que antes estáveis longe, já
pelo sangue de Cristo chegas-
tes perto.
14 Pois ele é a nossa paz, o qual
de ambos os povos fez um e des-
truiu a parede de separação, a
barreira de inimizade que estava
no meio, desfazendo na sua carne
15 a Lei dos mandamentos, que
consistia em ordenanças, para
criar em si mesmo dos dois um
novo homem, fazendo a paz,
16 e pela cruz reconciliar ambos
com Deus em um só corpo, ma-
tando com ela a inimizade.
17 E, vindo, ele evangelizou a paz
a vós que estáveis longe e aos que
estavam perto.
18 Pois por ele ambos temos aces-
so ao Pai em um mesmo Espírito.
19 Assim já não sois estrangei-
ros nem forasteiros, mas conci-
dadãos dos santos e membros da
família de Deus,
20 edificados sobre o fundamento
dos apóstolos e dos profetas, sen-
do o próprio Cristo Jesus a prin-
cipal pedra angular.
21 Nele todo o edifício bem ajus-
tado cresce para templo santo no
Senhor.

22 E nele também vós juntamen-
te sois edificados para morada de
Deus no Espírito.

Paulo, pregador aos gentios

3 Por esta causa eu, Paulo, sou
o prisioneiro de Cristo Jesus
por vós, os gentios,
2 se é que tendes ouvido a dispen-
sação da graça de Deus, que para
convosco me foi dada,
3 isto é, o mistério que me foi ma-
nifestado pela revelação, como aci-
ma em poucas palavras vos escrevi.
4 Quando lerdes o que escrevi,
podereis perceber a minha com-
preensão do mistério de Cristo,
5 o qual em outras gerações não
foi manifestado aos filhos dos
homens, como agora foi revela-
do pelo Espírito aos seus santos
apóstolos e profetas.
6 O mistério é que os gentios são
co-herdeiros e membros do mes-
mo corpo e coparticipantes da
promessa em Cristo Jesus pelo
evangelho.
7 Fui feito ministro deste evange-
lho, segundo o dom da graça de
Deus, que me foi dado segundo a
operação do seu poder.
8 A mim, o menor de todos os
santos, me foi dada esta graça
de anunciar entre os gentios, por
meio do evangelho, as riquezas
insondáveis de Cristo
9 e demonstrar a todos qual seja
a dispensação do mistério, que
desde os séculos esteve oculto em
Deus, que a tudo criou.
10 E foi assim para que agora,
pela igreja, a multiforme sabe-
doria de Deus seja conhecida dos
principados e potestades nas re-
giões celestiais,
11 segundo o eterno propósito que
fez em Cristo Jesus, nosso Senhor,
12 no qual temos ousadia e acesso
em confiança, pela nossa fé nele.
13 Portanto, peço-vos que não des-
faleçais nas minhas tribulações
por vós, que são a vossa glória.

A oração de Paulo pelos efésios

14 Por causa disso me ponho de
joelhos perante o Pai de nosso
Senhor Jesus Cristo,
15 do qual toda a família nos céus
e na terra toma o nome.
16 Oro para que, segundo as rique-
zas da sua glória, vos conceda que
sejais fortalecidos com poder pelo
seu Espírito no homem interior,
17 para que Cristo habite pela
fé no vosso coração. E oro para
que, estando arraigados e funda-
dos em amor,
18 possais perfeitamente com-
preender, com todos os santos, qual
seja a largura, e o comprimento, e
a altura, e a profundidade,
19 e conhecer o amor de Cristo,
que excede todo o entendimento,
para que sejais cheios de toda a
plenitude de Deus.
20 Ora, àquele que é poderoso
para fazer tudo muito mais abun-
dantemente além daquilo que pe-
dimos ou pensamos, segundo o
poder que em nós opera,
21 a ele seja glória, na igreja e em
Cristo Jesus, por todas as gera-
ções, para todo o sempre. Amém.

A unidade no corpo de Cristo

4 Portanto, como prisioneiro do
Senhor, rogo-vos que andeis
como é digno da vocação que re-
cebestes,
2 com toda a humildade e mansi-
dão, com longanimidade, supor-
tando-vos uns aos outros em amor,
3 procurando guardar a unida-
de do Espírito no vínculo da paz.

4 Há um só corpo e um só Espírito,
como também fostes chamados
em uma só esperança da vossa
vocação;
5 um só Senhor, uma só fé, um
só batismo;
6 um só Deus e Pai de todos, o
qual é sobre todos, e por todos e
em todos.
7 A graça, porém, foi dada a cada
um de nós segundo a medida do
dom de Cristo.
8 Por isso diz:
Subindo ao alto,
levou cativo o cativeiro,
e deu dons aos homens.
9 Ora, que significa "ele subiu",
senão que também antes desceu
às partes mais baixas da terra?
10 Aquele que desceu é o mesmo
que subiu acima de todos os céus,
para cumprir todas as coisas.
11 E ele mesmo deu uns para
apóstolos, e outros para profetas, e outros para evangelistas, e
outros para pastores e doutores,
12 tendo em vista o aperfeiçoamento dos santos para o desempenho do ministério, para a edificação do corpo de Cristo,
13 até que todos cheguemos à
unidade da fé e do pleno conhecimento do Filho de Deus, à perfeita varonilidade, à medida da
estatura da plenitude de Cristo,
14 para que não sejamos mais
meninos, inconstantes, levados
ao redor por todo vento de doutrina, pelo engano dos homens
que com astúcia induzem ao erro.
15 Antes, seguindo a verdade em
amor, cresçamos em tudo naquele que é o cabeça, Cristo,
16 do qual todo o corpo bem ajustado e ligado pelo auxílio de todas as juntas, segundo a justa
operação de cada parte, faz o seu
próprio aumento para a edificação de si mesmo em amor.

Vivendo como filhos da luz

17 Portanto, digo isto e testifico no
Senhor, para que não andeis mais
como andam os outros gentios, na
vaidade do seu pensamento,
18 obscurecidos no entendimento, separados da vida de Deus pela
ignorância que há neles, pela dureza do seu coração.
19 Tendo-se tornado insensíveis,
entregaram-se à depravação, para,
com avidez, cometerem toda sorte de impureza.
20 Vós, porém, não aprendestes
assim a Cristo,
21 se é que o ouvistes e nele fostes ensinados, conforme é a verdade em Jesus,
22 que, quanto ao trato passado,
vos despojeis do velho homem,
que se corrompe pelas concupiscências do engano;
23 e vos renoveis no espírito do
vosso entendimento;
24 e vos revistais do novo homem,
que segundo Deus é criado em
verdadeira justiça e santidade.
25 Pelo que deixai a mentira e falai a verdade cada um com o seu
próximo, pois somos membros
uns dos outros.
26 Irai-vos, mas não pequeis: Não
se ponha o sol sobre a vossa ira,
27 não deis lugar ao Diabo.
28 Aquele que furtava, não furte mais; antes, trabalhe, fazendo
com as mãos o que é bom, para
que tenha o que repartir com o
necessitado.
29 Não saia da vossa boca nenhuma palavra torpe, mas só a que
for boa para promover a edificação, conforme a necessidade, para
que beneficie aos que a ouvem.

30 E não entristeçais o Espírito
Santo de Deus, no qual fostes selados para o dia da redenção.
31 Livrem-se de toda a amargura, ira, cólera, gritaria, blasfêmias e malícia.
32 Antes, sede uns para com os outros benignos, compassivos, perdoando-vos uns aos outros, como também Deus vos perdoou em Cristo.
5 Sede, pois, imitadores de Deus, como filhos amados,
2 e andai em amor como também Cristo vos amou e se entregou a si mesmo por nós, em oferta e sacrifício a Deus, em cheiro suave.
3 Mas a prostituição, e toda sorte de impureza ou cobiça, nem ainda se nomeie entre vós, como convém a santos;
4 nem torpeza nem conversa tola, nem chocarrices, que não convêm; antes, ações de graças.
5 Pois bem sabeis isto: Nenhum devasso, impuro, avarento, o qual é idólatra, tem herança no Reino de Cristo e de Deus.
6 Ninguém vos engane com palavras vãs, pois por essas coisas vem a ira de Deus sobre os filhos da desobediência.
7 Portanto, não sejais participantes com eles.
8 Pois outrora éreis trevas, mas agora sois luz no Senhor. Andai como filhos da luz
9 (pois o fruto da luz consiste em toda a bondade, justiça e verdade),
10 descobrindo o que é agradável ao Senhor.
11 E não vos associeis com as obras infrutuosas das trevas; antes condenai-as.
12 Pois o que eles fazem em oculto, até dizê-lo é vergonhoso.
13 Todas as coisas manifestas pela luz, porém, tornam-se visíveis, pois é a luz que a tudo manifesta.
14 Pelo que diz:

Desperta, ó tu que dormes,
levanta-te dentre os mortos
e Cristo te iluminará.

15 Portanto, vede prudentemente como andais, não como insensatos, mas como sábios,
16 aproveitando bem cada oportunidade, porque os dias são maus.
17 Pelo que não sejais insensatos, mas entendei qual seja a vontade do Senhor.
18 E não vos embriagueis com vinho, que leva à libertinagem, mas enchei-vos do Espírito,
19 falando entre vós com salmos, e hinos, e cânticos espirituais, cantando e salmodiando ao Senhor no vosso coração,
20 dando sempre graças por tudo a nosso Deus e Pai, em nome de nosso Senhor Jesus Cristo,
21 sujeitando-vos uns aos outros no temor de Cristo.

Os deveres domésticos

22 As mulheres sejam, cada uma, submissas ao seu próprio marido, como ao Senhor,
23 pois o marido é o cabeça da mulher, como também Cristo é o cabeça da igreja, sendo ele próprio o salvador do corpo.
24 De sorte que, assim como a igreja está sujeita a Cristo, assim também as mulheres estejam em tudo sujeitas a seus maridos.
25 Maridos, amai vossa mulher, como também Cristo amou a igreja, e a si mesmo se entregou por ela,
26 para a santificar, purificando-a com a lavagem da água, pela palavra,

27 a fim de apresentá-la a si mes-
mo igreja gloriosa, sem mácula,
nem ruga, nem coisa semelhan-
te, mas santa e irrepreensível.
28 Assim devem os maridos amar,
cada um, a sua mulher, como a seu
próprio corpo. Quem ama sua mu-
lher, ama-se a si mesmo.
29 Afinal de contas, nunca nin-
guém odiou a sua própria car-
ne; antes, a alimenta e sustenta,
como também o Senhor à igreja;
30 pois somos membros do seu corpo.
31 Por isso, deixará o homem seu
pai e sua mãe, e se unirá a sua mu-
lher, e serão os dois uma só carne.
32 Grande é este mistério, mas
eu me refiro a Cristo e à igreja.
33 Assim também vós, cada um
em particular, ame a sua mulher
como a si mesmo, e a mulher res-
peite seu marido.
6 Vós, filhos, sede obedientes
a vossos pais no Senhor, pois
isso é justo.
2 Honra a teu pai e a tua mãe —
que é o primeiro mandamento
com promessa —,
3 para que tudo te vá bem e vivas
muito tempo sobre a terra.
4 E vós, pais, não provoqueis à
ira vossos filhos, mas criai-os na
disciplina e instrução do Senhor.
5 Vós, servos, obedecei a vossos
senhores segundo a carne, com
temor e tremor, na sinceridade
de vosso coração, como a Cristo.
6 Não obedeçais a vossos senho-
res apenas quando estão olhando,
só para agradar a homens, mas
como servos de Cristo, fazendo
de coração a vontade de Deus.
7 Servi de boa vontade como ao
Senhor, não como a homens.
8 Sabendo que cada um receberá
do Senhor todo o bem que fizer,
seja escravo, seja livre.
9 E vós, senhores, fazei o mes-
mo para com eles, deixando as
ameaças, sabendo também que o
Senhor deles e vosso está no céu,
e que ele não faz diferença entre
as pessoas.

A armadura de Deus

10 No demais, irmãos meus, for-
talecei-vos no Senhor e na força
do seu poder.
11 Revesti-vos de toda a armadu-
ra de Deus, para que possais es-
tar firmes contra as astutas cila-
das do Diabo.
12 Pois não temos de lutar contra
a carne e o sangue, e sim con-
tra os principados, contra as po-
testades, contra os poderes deste
mundo tenebroso, contra as for-
ças espirituais da maldade nas
regiões celestes.
13 Portanto, tomai toda a arma-
dura de Deus, para que possais
resistir no dia mau e, havendo
feito tudo, ficar firmes.
14 Estai, pois, firmes, tendo cingi-
dos os vossos lombos com a verda-
de, e vestida a couraça da justiça,
15 e calçados os pés na prepara-
ção do evangelho da paz,
16 tomando, sobretudo, o escudo
da fé, com o qual podereis apa-
gar todos os dardos inflamados
do maligno.
17 Tomai também o capacete da
salvação e a espada do Espírito,
que é a palavra de Deus.
18 E orai em todo tempo com toda
oração e súplica no Espírito. Vigiai
nisso com toda a perseverança e
súplica por todos os santos.
19 Orai também por mim, para
que me seja dada, no abrir da mi-
nha boca, a palavra com confian-
ça, para com intrepidez fazer co-
nhecido o mistério do evangelho,

20 pelo qual sou embaixador em
cadeias, para que possa falar dele
livremente, como devo falar.

Saudações finais

21 Ora, para que vós também
possais saber como estou e o que
faço, Tíquico, irmão amado e fiel
ministro do Senhor, vos informa-
rá de tudo.
22 Eu o envio para este mesmo
fim, para que saibais do nosso
estado, e ele console o vosso co-
ração.
23 Paz seja com os irmãos, e amor
com fé, da parte de Deus Pai e do
Senhor Jesus Cristo.
24 A graça seja com todos os que
amam nosso Senhor Jesus Cristo
com amor incorruptível.

FILIPENSES

Prefácio e saudação

1 Paulo e Timóteo, servos de
Cristo Jesus, a todos os san-
tos em Cristo Jesus, que estão em
Filipos, com os bispos e diáconos:
2 Graça e paz a vós outros, da par-
te de Deus nosso Pai e do Senhor
Jesus Cristo.

Ação de graças e oração

3 Dou graças ao meu Deus todas
as vezes que me lembro de vós,
4 fazendo sempre, em todas as mi-
nhas orações, súplicas por todos
vós, com alegria,
5 pela vossa cooperação no evan-
gelho desde o primeiro dia até
agora.
6 Tendo por certo que aquele que
em vós começou a boa obra a aper-
feiçoará até o dia de Cristo Jesus.
7 Tenho por justo pensar isso de
todos vós, porque vos tenho em
meu coração, pois todos vós fos-
tes participantes da minha graça,
tanto nas minhas prisões como
na minha defesa e confirmação
do evangelho.
8 Deus me é testemunha das sau-
dades que tenho de todos vós,
na terna misericórdia de Cristo
Jesus.
9 E esta é a minha oração: que o
vosso amor aumente mais e mais
em pleno conhecimento e toda
percepção,
10 para que possais discernir as
coisas excelentes, para que se-
jais sinceros e inculpáveis até o
dia de Cristo,
11 cheios do fruto de justiça, que
vem por meio de Jesus Cristo, para
glória e louvor de Deus.

As cadeias de Paulo contribuem para o avanço do Evangelho

12 E quero, irmãos, que saibais
que as coisas que me acontece-
ram contribuíram para maior
avanço do evangelho.
13 De maneira que as minhas ca-
deias, em Cristo, se tornaram co-
nhecidas de toda a guarda preto-
riana e dos demais.
14 Muitos dos irmãos no Senhor,
motivados pelas minhas cadeias,
ousam falar a palavra mais con-
fiadamente, sem temor.
15 Verdade é que também al-
guns pregam Cristo por inveja
e rivalidade, mas outros, de boa
vontade.
16 Estes, por amor, sabendo que
aqui estou para defesa do evan-
gelho.
17 Aqueles, contudo, pregam
Cristo por contenda, não since-
ramente, pensando que pode-
rão causar aflição enquanto es-
tou preso.
18 Que, porém, importa? Contanto
que Cristo, de qualquer modo,
seja anunciado, ou por pretexto
ou de verdade, nisso me regozi-
jo, sim, e me regozijarei,
19 pois sei que isso me resulta-
rá em salvação, pela vossa súpli-
ca e pelo socorro do Espírito de
Jesus Cristo.
20 A minha ardente expectativa e
esperança é de em nada ser con-
fundido, mas ter muita coragem
para que, agora e sempre, Cristo
seja engrandecido no meu corpo,
quer pela vida, quer pela morte.
21 Pois para mim o viver é Cristo,
e o morrer é lucro.

22 Se, contudo, o viver no corpo
trouxer fruto para a minha obra,
não sei então o que devo escolher.
23 De ambos os lados, porém, es-
tou em aperto, tendo desejo de
partir e estar com Cristo, o que
é muito melhor;
24 mas julgo mais necessário,
por amor de vós, permanecer
no corpo.
25 E, tendo esta confiança, sei
que ficarei e permanecerei com
todos vós, para o vosso progres-
so e alegria na fé,
26 para que o motivo de vos glo-
riardes cresça por mim em Cristo
Jesus, pela minha presença de
novo convosco.

A luta pela fé

27 **O** mais importante é que deveis
portar-vos dignamente, conforme
o evangelho de Cristo. Então quer
vá e vos veja, quer esteja ausen-
te, ouça acerca de vós que estais
firmes em um mesmo espírito,
combatendo com o mesmo âni-
mo pela fé do evangelho,
28 sem serdes intimidados pelos
adversários. Isso para eles, na ver-
dade, é sinal de destruição, mas
para vós, de salvação, e isso da
parte de Deus.
29 Pois vos foi concedido, por amor
de Cristo não somente o crer nele,
como também o padecer por ele,
30 tendo o mesmo combate que
já em mim vistes e agora ouvis
que é meu.

O amor fraternal e a humildade

2 Portanto, se há algum confor-
to em Cristo, se alguma con-
solação de amor, se alguma co-
munhão no Espírito, se alguma
profunda afeição e compaixão,
2 completai a minha alegria, para
que tenhais o mesmo modo de
pensar, tendo o mesmo amor, o
mesmo ânimo, pensando a mes-
ma coisa.
3 Nada façais por contenda ou
por vanglória, mas por humilda-
de; cada um considere os outros
superiores a si mesmo.
4 Não atente cada um somente
para o que é seu, mas cada qual
também para o que é dos outros.
5 **D**e sorte que haja em vós o mes-
mo sentimento que houve em
Cristo Jesus,
6 que, sendo em forma de Deus,
não considerou que o ser
igual a Deus era algo ao
qual devia se apegar;
7 mas a si mesmo se esvaziou,
tomando a forma de servo,
fazendo-se semelhante aos
homens.
8 E, achado na forma de homem,
humilhou-se a si mesmo,
sendo obediente até a
morte, e morte de cruz.
9 Pelo que Deus o exaltou sobe-
ranamente
e lhe deu um nome que é
sobre todo o nome,
10 para que ao nome de Jesus se
dobre todo joelho
dos que estão nos céus,
na terra e debaixo da terra,
11 e toda língua confesse que
Cristo Jesus é o Senhor,
para glória de Deus Pai.
12 **D**e sorte que, meus amados,
assim como sempre obedecestes,
não só na minha presença, mas
muito mais agora na minha ausên-
cia, assim também efetuai a vos-
sa salvação com temor e tremor,
13 pois Deus é o que opera em vós
tanto o querer como o efetuar,
segundo a sua boa vontade.

14 Fazei todas as coisas sem murmurações nem contendas,

15 para que sejais irrepreensíveis e sinceros, filhos de Deus inculpáveis no meio de uma geração corrompida e perversa, entre a qual resplandeceis como astros no mundo,

16 retendo a palavra da vida, para que no dia de Cristo possa gloriar-me de não ter corrido nem trabalhado em vão.

17 E, ainda que seja oferecido por libação sobre o sacrifício e serviço da vossa fé, estou alegre e me regozijo com todos vós.

18 E vós também regozijai-vos e alegrai-vos comigo por isso mesmo.

Timóteo e Epafrodito

19 **E**spero no Senhor Jesus que em breve vos mandarei Timóteo, para que também eu esteja de bom ânimo, sabendo as vossas notícias.

20 Não tenho ninguém que, sinceramente, cuide do vosso bem-estar.

21 Pois todos buscam o que é seu, não o que é de Cristo Jesus.

22 Bem sabeis, porém, qual a sua experiência, e que serviu comigo no evangelho, como filho ao pai.

23 De sorte que espero enviá-lo a vós, logo que tenha visto a minha situação.

24 Confio, porém, no Senhor, que também eu mesmo em breve irei ter convosco.

25 Julguei, contudo, necessário mandar-vos Epafrodito, meu irmão, cooperador e companheiro nos combates, e vosso enviado para prover às minhas necessidades.

26 Pois tinha muitas saudades de todos vós e estava muito angustiado de que tivésseis ouvido que ele estivera doente.

27 De fato esteve doente e quase à morte, mas Deus se compadeceu dele, e não somente dele, mas também de mim, para que eu não tivesse tristeza sobre tristeza.

28 Por isso o enviei mais depressa, para que, vendo-o outra vez, vos regozijeis, e eu tenha menos tristeza.

29 Recebei-o no Senhor com toda a alegria e tende em honra homens como ele,

30 porque pela obra de Cristo chegou até bem próximo da morte, não fazendo caso da vida para suprir a ajuda que vós próprios não podíeis dar.

A alegria cristã

3 Quanto ao mais, irmãos meus, regozijai-vos no Senhor. Não me aborreço de escrever-vos as mesmas coisas, e é segurança para vós.

2 **A**cautelai-vos dos cães, acautelai-vos dos maus obreiros, acautelai-vos da falsa circuncisão.

3 Pois a circuncisão somos nós, que servimos a Deus em Espírito, nos gloriamos em Cristo Jesus e não confiamos na carne.

4 Ainda que eu também pudesse confiar na carne. Se algum outro pensa que pode confiar na carne, eu ainda mais:

5 Circuncidado ao oitavo dia, da linhagem de Israel, da tribo de Benjamim, hebreu de hebreus; segundo a Lei, fariseu;

6 segundo o zelo, perseguidor da igreja; segundo a justiça que há na Lei, irrepreensível.

7 O que, porém, para mim era lucro, considerei-o perda por causa de Cristo.

8 E, na verdade, considero também por perda todas as coisas,

pela excelência do conhecimen-
to de Cristo Jesus, meu Senhor,
por quem sofri a perda de to-
das essas coisas. Eu as conside-
ro como refugo, para que possa
ganhar a Cristo
9 e ser achado nele, não tendo
justiça própria, que vem da Lei,
mas a que vem pela fé em Cristo,
a saber, a justiça que vem de Deus
pela fé.
10 Desejo conhecer Cristo, o po-
der da sua ressurreição e a comu-
nhão dos seus sofrimentos, confor-
mando-me com ele na sua morte,
11 para ver se de alguma manei-
ra posso chegar à ressurreição
dentre os mortos.

Prosseguindo para o alvo

12 Não que já a tenha alcançado
ou que seja perfeito, mas prossigo
para alcançar aquilo para o que
fui alcançado por Cristo Jesus.
13 Irmãos, não julgo que o te-
nha alcançado. Mas uma coisa
faço: esquecendo-me das coisas
que para trás ficam e avançando
para as que estão diante de mim,
14 prossigo para o alvo, pelo prê-
mio da soberana vocação de Deus
em Cristo Jesus.
15 Todos quantos somos perfei-
tos tenhamos este sentimento.
E, se pensais de outra maneira,
também Deus o revelará.
16 Andemos, contudo, segundo
o que já alcançamos.
17 Irmãos, sede meus imita-
dores e observai os que andam
segundo o exemplo que tendes
em nós.
18 Pois muitos há, dos quais mui-
tas vezes vos disse, e agora nova-
mente digo, chorando, que são ini-
migos da cruz de Cristo.
19 O seu fim é a perdição, o seu
Deus é o ventre, e a sua glória é
a vergonha. Só pensam nas coi-
sas terrenas.
20 A nossa pátria, porém, está
nos céus, de onde esperamos o
Salvador, o Senhor Jesus Cristo,
21 que transformará o nosso cor-
po de humilhação, para ser con-
forme o seu corpo glorioso, segun-
do o seu eficaz poder de sujeitar
também a si todas as coisas.

As últimas exortações

4 Portanto, meus amados e mui
saudosos irmãos, minha ale-
gria e coroa, estai assim firmes
no Senhor, amados.
2 Rogo a Evódia e a Síntique que
sintam o mesmo no Senhor.
3 E peço-te também a ti, meu leal
companheiro de jugo, que aju-
des essas mulheres que trabalha-
ram comigo no evangelho, e com
Clemente, e com os outros coope-
radores, cujos nomes estão no li-
vro da vida.
4 Regozijai-vos sempre no Senhor.
Outra vez digo: regozijai-vos.
5 Seja a vossa amabilidade conhe-
cida de todos os homens. Perto
está o Senhor.
6 Não andeis ansiosos por coisa
alguma; mas em tudo, pela ora-
ção e pela súplica, com ações de
graças, sejam as vossas petições
conhecidas diante de Deus.
7 E a paz de Deus, que excede
todo o entendimento, guardará
o vosso coração e a vossa mente
em Cristo Jesus.
8 Quanto ao mais, irmãos, tudo
o que é verdadeiro, tudo o que é
honesto, tudo o que é justo, tudo
o que é puro, tudo o que é amá-
vel, tudo o que é de boa fama, se
há alguma virtude e se há algum
louvor, nisso pensai.

9 O que aprendestes, e recebes-
tes, e ouvistes de mim, e em mim
vistes, isso fazei. E o Deus de paz
será convosco.

Paulo agradece os donativos recebidos

10 Muito me regozijo no Senhor,
pois finalmente renovastes o vos-
so cuidado a meu favor. Já tínheis
cuidado antes, mas vos faltava
oportunidade para mostrá-lo.
11 Não digo isso por causa de ne-
cessidade, pois já aprendi a con-
tentar-me em toda e qualquer si-
tuação.
12 Sei passar necessidade e tam-
bém ter abundância. Em toda
maneira, e em todas as coisas,
aprendi tanto a ter fartura como
a ter fome, tanto a ter abundân-
cia como a padecer necessidade.
13 Posso todas as coisas naque-
le que me fortalece.
14 Todavia, fizestes bem em to-
mar parte na minha aflição.
15 E bem sabeis, ó filipenses,
que no princípio do evangelho,
quando parti da Macedônia, ne-
nhuma igreja partilhou comigo
no sentido de dar e de receber,
senão vós;
16 porque até para Tessalônica
mandastes não apenas uma vez,
mas duas, o necessário para as
minhas necessidades.
17 Não que eu procure as ofer-
tas, mas procuro o fruto que au-
mente o vosso crédito.
18 Bastante tenho recebido, e te-
nho abundância. Estou bem supri-
do depois que recebi de Epafrodito
o que da vossa parte me foi envia-
do, como cheiro suave, como sacri-
fício agradável e aceitável a Deus.
19 E o meu Deus suprirá todas
as vossas necessidades, segun-
do a sua gloriosa riqueza em
Cristo Jesus.
20 A nosso Deus e Pai seja dada
glória para todo o sempre. Amém.

Saudações finais

21 Saudai a todos os santos em
Cristo Jesus. Os irmãos que es-
tão comigo vos saúdam.
22 Todos os santos vos saúdam,
especialmente os da casa de César.
23 A graça de nosso Senhor Jesus
Cristo seja com o vosso espírito.

COLOSSENSES

Prefácio e saudação

1 Paulo, apóstolo de Cristo Jesus,
pela vontade de Deus, e o ir-
mão Timóteo,
2 aos santos e irmãos fiéis em
Cristo que estão em Colossos:
Graça e paz a vós outros, da par-
te de Deus, nosso Pai, e do Senhor
Jesus Cristo.

Ação de graças e oração

3 Graças damos a Deus, Pai de
nosso Senhor Jesus Cristo, oran-
do sempre por vós,
4 desde que ouvimos falar da vossa
fé em Cristo Jesus e do amor que
tendes para com todos os santos;
5 por causa da esperança que vos
está reservada nos céus, da qual
antes ouvistes pela palavra da
verdade do evangelho,
6 que já chegou a vós. Em todo o
mundo este evangelho vai frutifi-
cando, como também entre vós, des-
de o dia em que ouvistes e conhe-
cestes a graça de Deus em verdade.
7 Aprendestes isso com Epafras,
nosso amado conservo, que por
vós é fiel ministro de Cristo,
8 e que também nos declarou o
vosso amor no Espírito.

Paulo ora pelos colossenses

9 Por essa razão, nós também,
desde o dia em que o ouvimos,
não cessamos de orar por vós e
de pedir que sejais cheios do ple-
no conhecimento da sua vonta-
de, em toda a sabedoria e enten-
dimento espiritual.
10 E oramos para que possais an-
dar dignamente diante do Senhor,
agradando-lhe em tudo, frutificando
em toda a boa obra e crescendo
no conhecimento de Deus;
11 corroborados com toda a forta-
leza, segundo a força da sua gló-
ria, em toda a paciência e longa-
nimidade com alegria,
12 dando graças ao Pai que nos
fez idôneos para participar da he-
rança dos santos na luz.
13 Ele nos tirou do poder das tre-
vas e nos transportou para o Reino
do Filho do seu amor,
14 em quem temos a redenção
pelo seu sangue, a saber, a remis-
são dos pecados.

A supremacia de Cristo

15 Ele é a imagem do Deus invisí-
vel, o primogênito de toda a criação.
16 Pois nele foram criadas todas as
coisas que há nos céus e na terra,
visíveis e invisíveis, sejam tronos,
sejam soberanias, sejam princi-
pados, sejam potestades; tudo foi
criado por ele e para ele.
17 Ele é antes de todas as coisas, e
todas as coisas subsistem por ele.
18 E ele é a cabeça do corpo, a
igreja; é o princípio, o primogê-
nito dentre os mortos, para que
em tudo tenha a preeminência.
19 Pois foi do agrado do Pai que
toda a plenitude nele habitasse,
20 e que, havendo por ele feito a
paz pelo sangue da sua cruz, por
meio dele reconciliasse consigo
mesmo todas as coisas, tanto as
que estão na terra como as que
estão nos céus.
21 A vós também que, noutro
tempo, éreis estranhos e inimi-
gos na sua mente, pelas vossas
obras más,

22 agora, contudo, vos reconci-
liou no corpo da sua carne, pela
morte, para perante ele vos apre-
sentar santos, irrepreensíveis e
inculpáveis,
23 se é que permaneceis fundados
e firmes na fé, não vos deixando
afastar da esperança do evange-
lho que ouvistes, o qual foi pre-
gado a toda criatura que há de-
baixo do céu, e do qual eu, Paulo,
fui feito ministro.

O trabalho e os combates de Paulo

24 Agora me regozijo no que pade-
ço por vós, e na minha carne cum-
pro o resto das aflições de Cristo,
pelo seu corpo, que é a igreja.
25 Eu fui feito seu ministro se-
gundo a responsabilidade que
me foi concedida para convosco,
para cumprir a palavra de Deus:
26 O mistério que esteve ocul-
to durante séculos e gerações e
que agora foi manifesto aos seus
santos.
27 A eles Deus quis fazer conhe-
cer quais são as riquezas da gló-
ria deste mistério entre os gentios,
que é Cristo em vós, esperança
da glória.
28 A ele anunciamos, admoestan-
do e ensinando a todo homem em
toda a sabedoria, para que apre-
sentemos todo homem perfeito
em Cristo.
29 Para isso também trabalho,
combatendo segundo a sua efi-
cácia, que opera em mim pode-
rosamente.

Ansiedade de Paulo pelos colossenses

2 Quero que saibais quão grande
combate tenho por vós, pelos
que estão em Laodiceia e por quan-
tos não me viram pessoalmente.
2 Combato para que o coração de-
les seja consolado e estejam uni-
dos em amor e enriquecidos da
plenitude da inteligência, para co-
nhecimento do mistério de Deus,
a saber, Cristo,
3 em quem estão ocultos todos os
tesouros da sabedoria e da ciência.

Advertência acerca das falsas doutrinas

4 Digo isso para que ninguém
vos engane com palavras con-
vincentes.
5 Pois ainda que esteja ausente
quanto ao corpo, contudo em es-
pírito estou convosco, regozijan-
do-me e vendo a vossa ordem e
a firmeza da vossa fé em Cristo.
6 Portanto, assim como recebes-
tes Cristo Jesus, o Senhor, assim
também andai nele,
7 arraigados e edificados nele, e
confirmados na fé, assim como
fostes ensinados, crescendo em
ação de graças.
8 Tende cuidado para que ninguém
vos faça presa sua, por meio de fi-
losofias e vãs sutilezas, segundo a
tradição dos homens, segundo os
rudimentos do mundo, e não se-
gundo Cristo.
9 Pois nele habita corporalmen-
te toda a plenitude da divindade.
10 E recebestes a plenitude em
Cristo, que é o Cabeça de todo
principado e potestade.
11 Nele também fostes circunci-
dados com a circuncisão não fei-
ta por mãos humanas, mas com
a circuncisão de Cristo;
12 tendo sido sepultados com ele
no batismo, nele também ressur-
gistes pela fé no poder de Deus, que
o ressuscitou dentre os mortos.
13 E a vós outros que estáveis
mortos nos vossos pecados e na

incircuncisão da vossa carne, vos
vivificou com ele, perdoando-nos
todos os nossos delitos;
14 havendo riscado o escrito de
dívida que havia contra nós nas
suas ordenanças, o qual nos era
contrário, tirou-o do meio de nós,
cravando-o na cruz.
15 E, tendo despojado os principa-
dos e as potestades, os expôs pu-
blicamente ao desprezo e triun-
fou sobre eles na cruz.
16 Portanto, ninguém vos julgue
pelo comer, ou pelo beber, ou por
causa dos dias de festa, ou de lua
nova, ou de sábados.
17 Essas são sombras das coisas
futuras; a realidade, porém, en-
contra-se em Cristo.
18 Ninguém vos prive do prêmio,
alegando humildade ou culto aos
anjos, baseando-se em visões,
enfatuado sem motivo algum na
sua mente carnal,
19 e não se mantendo unido à ca-
beça, da qual todo o corpo, pro-
vido e organizado pelas juntas
e ligaduras, vai crescendo com
o aumento concedido por Deus.
20 Se estais mortos com Cristo
quanto aos rudimentos do mun-
do, por que vos sujeitais ainda a
ordenanças, como se vivêsseis
no mundo,
21 como: não toques, não proves,
não manuseies?
22 Todas essas coisas estão des-
tinadas ao desaparecimento pelo
uso, porque são baseadas em
preceitos e ensinamentos dos
homens.
23 Têm, na verdade, aparência
de sabedoria, em culto voluntá-
rio, humildade fingida e severi-
dade para com o corpo, mas não
têm valor algum contra a satis-
fação da carne.

Regras para o viver santo

3 Portanto, se fostes ressuscita-
dos com Cristo, buscai as coi-
sas que são de cima, onde Cristo
está assentado à destra de Deus.
2 Pensai nas coisas que são de
cima, não nas que são da terra.
3 Pois morrestes, e a vossa vida
está oculta com Cristo em Deus.
4 Quando Cristo, que é a nossa
vida, se manifestar, então tam-
bém vós vos manifestareis com
ele em glória.
5 Fazei, pois, morrer a vossa na-
tureza terrena: a prostituição, a
impureza, a paixão, o vil desejo,
e a avareza, que é idolatria.
6 Por essas coisas vem a ira de Deus
sobre os filhos da desobediência.
7 Nelas também em outro tempo
andastes, quando a vossa vida era
dominada por elas.
8 Agora, porém, abandonai tam-
bém todas estas coisas: a ira, a
cólera, a malícia, a maledicência,
as palavras torpes da vossa boca.
9 Não mintais uns aos outros, pois
já vos despistes do velho homem
com os seus feitos
10 e vos vestistes do novo, que
se renova para o conhecimento,
segundo a imagem daquele que
o criou.
11 Aqui não há grego nem judeu,
circuncisão nem incircuncisão,
bárbaro, cita, servo ou livre, mas
Cristo é tudo em todos.
12 Portanto, como eleitos de Deus,
santos e amados, revesti-vos de
compaixão, de benignidade, de hu-
mildade, de mansidão, de longa-
nimidade.
13 Suportai-vos uns aos outros,
perdoai-vos uns aos outros, se al-
guém tiver queixa contra outrem.
Assim como o Senhor vos per-
doou, assim também perdoai vós.

14 E, acima de tudo isso, porém, revesti-vos de amor, que é o vínculo da perfeição.

15 E a paz de Deus, para a qual fostes chamados em um só corpo, domine em vosso coração. E sede agradecidos.

16 A palavra de Cristo habite em vós abundantemente, em toda a sabedoria, ensinando-vos e aconselhando-vos uns aos outros, com salmos, hinos e cânticos espirituais, cantando ao Senhor com gratidão em vosso coração.

17 E tudo o que fizerdes por palavras ou por obras, fazei-o em nome do Senhor Jesus, dando por ele graças a Deus Pai.

Os deveres domésticos

18 Mulheres, sede submissas a vosso próprio marido, como convém no Senhor.

19 Maridos, amai, cada um, a vossa mulher e não a trateis asperamente.

20 Filhos, obedecei em tudo a vossos pais, pois isso é agradável ao Senhor.

21 Pais, não irriteis os vossos filhos, para que não desanimem.

22 Servos, obedecei em tudo a vossos senhores segundo a carne, não servindo só na aparência, como para agradar aos homens, mas em simplicidade de coração, temendo a Deus.

23 E tudo o que fizerdes fazei-o de todo o coração, como ao Senhor, não aos homens,

24 sabendo que recebereis do Senhor a recompensa da herança. É a Cristo, o Senhor, que servis.

25 Quem faz injustiça receberá em troco a injustiça feita; nisso não há exceção para ninguém.

4 Senhores, dai a vossos servos o que é justo e direito, sabendo que também vós tendes um Senhor nos céus.

Exortação à oração e à sabedoria

2 Perseverai na oração, vigiando nela com ações de graças.

3 Orai também juntamente por nós, para que Deus nos abra a porta da palavra, a fim de falarmos do mistério de Cristo, pelo qual estou preso.

4 Orai para que o manifeste como devo fazer.

5 Andai em sabedoria para com os que estão de fora, aproveitando bem cada oportunidade.

6 A vossa palavra seja sempre agradável, temperada com sal, para que saibais como deveis responder a cada um.

Saudações finais

7 Tíquico, irmão amado, fiel ministro e conservo no Senhor, de tudo vos informará.

8 Eu o envio a vós para o mesmo fim, para que saibais o nosso estado, e ele console o vosso coração,

9 Ele irá com Onésimo, amado e fiel irmão, que é um de vós. Eles vos contarão tudo o que aqui se passa.

10 Aristarco, que está preso comigo, vos saúda, como também Marcos, o sobrinho de Barnabé. Acerca dele já recebestes instruções; se ele for visitar-vos, recebei-o.

11 Jesus, conhecido por Justo, também vos saúda. Esses são os únicos da circuncisão que cooperam comigo pelo Reino de Deus e têm sido para mim uma consolação.

12 Saúda-vos Epafras, que é um de vós, servo de Cristo Jesus, combatendo sempre por vós nas suas orações, para que vos

conserveis firmes, perfeitos e
plenamente seguros em toda a
vontade de Deus.
13 Dou-lhe testemunho de que tem
grande zelo por vós, como também pelos que estão em Laodiceia
e pelos que estão em Hierápolis.
14 Saúda-vos Lucas, o médico
amado, e Demas.
15 Saudai os irmãos de Laodiceia,
Ninfa e a igreja que está em sua
casa.
16 Depois que esta epístola tiver
sido lida entre vós, fazei que também o seja na igreja dos laodicenses, e a que veio de Laodiceia
lede-a vós também.
17 Dizei a Arquipo: Atenta para
o ministério que recebeste no
Senhor, para o cumprires.
18 Eu, Paulo, escrevo esta saudação com meu próprio punho.
Lembrai-vos das minhas cadeias.
A graça seja convosco.

1TESSALONICENSES

Prefácio e saudação

1 Paulo, Silvano e Timóteo, à
igreja dos tessalonicenses, em
Deus Pai e no Senhor Jesus Cristo:
Graça e paz vos sejam dadas.

Ação de graças pelos tessalonicenses

2 Sempre damos graças a Deus
por todos vós, fazendo menção de
vós em nossas orações,
3 lembrando-nos sem cessar da
obra da vossa fé, do vosso trabalho de amor e da vossa firmeza de
esperança em nosso Senhor Jesus
Cristo, diante de nosso Deus e Pai,
4 reconhecendo, irmãos, amados
de Deus, a vossa eleição,
5 porque o nosso evangelho não foi
a vós somente em palavras, mas
também em poder, no Espírito
Santo e em plena convicção, como
bem sabeis quais fomos entre vós,
por amor de vós.
6 E vós vos tornastes nossos imitadores e do Senhor, recebendo a
palavra em muita tribulação, com
alegria do Espírito Santo.
7 De maneira que fostes exemplo
para todos os fiéis na Macedônia
e na Acaia.
8 De vós fez-se ouvir a palavra do
Senhor, não somente na Macedônia
e Acaia, mas também em todos
os lugares. A vossa fé para com
Deus se espalhou, de tal maneira que não temos necessidade de
falar coisa alguma;
9 pois eles mesmos anunciam de
que forma fomos recebidos entre
vós. Dizem-nos como vos convertestes dos ídolos a Deus, para servirdes o Deus vivo e verdadeiro,
10 e aguardardes dos céus a seu
Filho, a quem ele ressuscitou dentre os mortos, a saber, Jesus, que
nos livra da ira vindoura.

O ministério de Paulo em Tessalônica

2 Vós mesmos sabeis, irmãos,
que a nossa estada entre vós
não foi vã.
2 Havendo primeiro padecido e
sido ultrajados em Filipos, como
sabeis, tornamo-nos ousados em
nosso Deus, para vos falar o evangelho de Deus, em meio a grande luta.
3 Pois a nossa exortação não procede de engano, nem de impureza, nem é feita com intenção de
enganá-los.
4 Pelo contrário, como fomos
aprovados por Deus para que o
evangelho nos fosse confiado, assim falamos, não como para agradar aos homens, mas a Deus, que
prova o nosso coração.
5 Como bem sabeis, nunca usamos de palavras bajuladoras nem
de intuitos gananciosos; Deus é
testemunha.
6 Não buscamos glória dos homens
nem de vós, nem de outros, ainda que pudéssemos, como apóstolos de Cristo, ser-vos pesados.
7 Antes fomos brandos entre vós,
como a mãe que acaricia seus próprios filhos.
8 Assim nós, sendo-vos tão afeiçoados, de boa vontade quiséramos dar-vos não somente o evangelho de Deus, mas também a
nossa própria vida, porque nos
éreis muito queridos.

9 Certamente vos lembrais, ir-
mãos, do nosso trabalho e fadi-
ga; trabalhamos noite e dia para
não sermos pesados a nenhum
de vós, enquanto vos pregamos
o evangelho de Deus.
10 Bem sabeis vós e Deus, e sois
testemunhas, de quão santa, jus-
ta e irrepreensivelmente procede-
mos para convosco, os que credes.
11 Assim como bem sabeis de que
modo vos exortávamos e consolá-
vamos, a cada um de vós, como o
pai a seus filhos,
12 para que andásseis de um modo
digno de Deus, que vos chama
para o seu Reino e glória.
13 Pelo que também damos, sem
cessar, graças a Deus, porque, ha-
vendo recebido de nós a palavra
da pregação de Deus, a recebes-
tes não como palavra de homens,
mas (segundo é, na verdade) como
palavra de Deus, a qual também
opera em vós, os que credes.
14 Pois vós, irmãos, vos tornastes
imitadores das igrejas de Deus em
Cristo Jesus que estão na Judeia:
Sofrestes de vossos próprios con-
terrâneos o mesmo que eles so-
freram dos judeus,
15 os quais também mataram o
Senhor Jesus e os seus profetas e
a nós nos perseguiram. Eles não
agradam a Deus, são contrários
a todos os homens
16 e nos impedem de falar aos
gentios para que estes sejam sal-
vos. Desta forma sempre enchem
a medida de seus pecados. A ira
de Deus caiu sobre eles afinal.

O desejo de Paulo de ver *os tessalonicenses*

17 Nós, porém, irmãos, sendo pri-
vados da vossa presença, pessoal-
mente, por algum tempo, mas
não de coração, tanto mais pro-
curamos com grande desejo ver
o vosso rosto.
18 Por isso, quisemos ir ter con-
vosco, pelo menos eu, Paulo, não
somente uma vez, mas duas, mas
Satanás nos impediu.
19 Pois qual é a nossa esperança,
ou alegria, ou coroa de glória na
presença de nosso Senhor Jesus
na sua vinda? Não sois vós?
20 Na verdade, vós sois a nossa
glória e a nossa alegria.

A missão de Timóteo

3 Pelo que, não podendo supor-
tar mais o cuidado por vós,
achamos por bem ficar sozinhos
em Atenas
2 e enviamos Timóteo, nosso ir-
mão, ministro de Deus e nosso co-
operador no evangelho de Cristo,
para vos confortar e vos exortar
acerca da vossa fé,
3 para que ninguém seja abala-
do por estas tribulações. Vós mes-
mos sabeis que para isso fomos
destinados.
4 Com efeito, estando ainda con-
vosco, predissemos que íamos
ser afligidos, como sucedeu, e
vós o sabeis.
5 Portanto, não podendo eu tam-
bém esperar mais, mandei-o sa-
ber da vossa fé, temendo que o
tentador vos tentasse, e o nosso
trabalho viesse a ser inútil.
6 Vindo, porém, agora Timóteo de
vós para nós, trouxe-nos boas no-
tícias da vossa fé e amor. Contou-
-nos como sempre tendes boa lem-
brança de nós, desejando muito
ver-nos, como nós também a vós.
7 Por essa razão, irmãos, fica-
mos consolados acerca de vós,
em toda a nossa aflição e neces-
sidade, pela vossa fé.

8 Pois agora vivemos, se estais
firmes no Senhor.
9 Que ação de graças poderemos
dar a Deus por vós, por toda a ale-
gria com que nos regozijamos por
vossa causa diante do nosso Deus,
10 orando incessantemente noi-
te e dia, para que possamos ver
o vosso rosto e supramos o que
falta à vossa fé?
11 **O**ra, o mesmo nosso Deus e Pai
e nosso Senhor Jesus nos abram
o caminho até vós.
12 O Senhor vos aumente e vos
faça crescer em amor uns para
com os outros e para com todos,
como também nós para convosco.
13 Possa ele vos confirmar o co-
ração, para que sejais irrepreen-
síveis em santidade diante de nos-
so Deus e Pai, na vinda de nosso
Senhor Jesus com todos os seus
santos.

Vivendo para agradar a Deus

4 Finalmente, irmãos, nós vos ro-
gamos e exortamos no Senhor
Jesus que, como recebestes de
nós, quanto à maneira por que
deveis viver e agradar a Deus,
assim andai, para que abundeis
cada vez mais.
2 Pois vós bem sabeis que man-
damentos vos temos dado pelo
Senhor Jesus.
3 Esta é a vontade de Deus para
a vossa santificação: que vos abs-
tenhais da prostituição;
4 que cada um de vós saiba con-
trolar o próprio corpo de forma
santa e honrosa,
5 não dominados pelo desejo de-
senfreado, como os gentios, que
não conhecem a Deus;
6 e que, nesta matéria, ninguém
oprima ou engane a seu irmão.
O Senhor é vingador de todas
essas coisas, como também an-
tes vos dissemos e testificamos.
7 Pois Deus não nos chamou para
a impureza, mas para a santifi-
cação.
8 Portanto, quem rejeita estas
coisas não rejeita ao homem,
mas sim a Deus, que vos dá o seu
Espírito Santo.
9 **Q**uanto, porém, ao amor fra-
ternal, não necessitais de que
vos escreva, visto que vós mes-
mos estais instruídos por Deus
que vos ameis uns aos outros.
10 E, com efeito, já assim o fa-
zeis para com todos os irmãos
que estão em toda a Macedônia.
Exortamo-vos, porém, a que ain-
da nisso aumenteis cada vez mais.
11 Procurai viver quietos, tra-
tar dos vossos próprios negócios
e trabalhar com as vossas pró-
prias mãos, como já vos temos
mandado,
12 para que andeis honestamen-
te para com os que estão de fora e
não necessiteis de coisa alguma.

A vinda do Senhor

13 **N**ão quero, porém, irmãos, que
sejais ignorantes acerca dos que já
dormem, para que não vos entris-
teçais, como os demais, que não
têm esperança.
14 Cremos que Jesus morreu e
ressurgiu, assim também cremos
que Deus tornará a trazer com ele
todos os que dormem em Jesus.
15 Dizemos isso pela palavra do
Senhor: que nós, os que ficarmos
vivos para a vinda do Senhor, não
precederemos os que dormem.
16 Pois o mesmo Senhor desce-
rá do céu com grande brado, à
voz do arcanjo, ao som da trom-
beta de Deus, e os que morreram
em Cristo ressurgirão primeiro.

17 Depois nós, os que ficarmos
vivos, seremos arrebatados com
eles nas nuvens, para o encontro
do Senhor nos ares e, assim, esta-
remos para sempre com o Senhor.
18 Portanto, consolai-vos uns aos
outros com essas palavras.

A necessidade de vigilância

5 Irmãos, acerca dos tempos e
das épocas, porém, não ne-
cessitais de que se vos escreva,
2 pois vós mesmos sabeis mui-
to bem que o dia do Senhor virá
como o ladrão de noite.
3 Quando andarem dizendo: Há paz
e segurança, então lhes sobrevirá
repentina destruição, como as do-
res de parto àquela que está grávi-
da, e de modo nenhum escaparão.
4 Vós, porém, irmãos, já não estais
em trevas, para que esse dia vos
surpreenda como faz um ladrão.
5 Todos vós sois filhos da luz e
filhos do dia. Nós não somos da
noite nem das trevas.
6 Não durmamos, pois, como os
demais, mas vigiemos e sejamos
sóbrios.
7 Pois os que dormem, dormem
de noite, e os que se embriagam,
embriagam-se de noite.
8 Nós, porém, que somos do dia,
sejamos sóbrios, revestindo-nos
da couraça da fé e do amor e ten-
do por capacete a esperança da
salvação.
9 Pois Deus não nos destinou para
a ira, mas para alcançar a salva-
ção por nosso Senhor Jesus Cristo,
10 que morreu por nós, para que,
quer vigiemos, quer durmamos,
vivamos com ele.
11 *Pelo que vos exortai* uns aos
outros e vos edificai uns aos ou-
tros, como também estais fazendo.

Instruções finais

12 Agora vos rogamos, irmãos,
que tenhais consideração pe-
los que trabalham entre vós e
os que presidem sobre vós no
Senhor e vos admoestam.
13 Tratai-os com grande estima
e amor, por causa da sua obra.
Tende paz entre vós.
14 Exortamo-vos também, irmãos,
que admoesteis os insubmissos,
consoleis os desanimados, sus-
tenteis os fracos e sejais pacien-
tes para com todos.
15 Vede que ninguém retribua a
outrem mal por mal, mas segui
sempre o bem, uns para com os
outros e para com todos.
16 Regozijai-vos sempre.
17 Orai sem cessar.
18 Em tudo dai graças, pois esta
é a vontade de Deus em Cristo
Jesus para convosco.
19 Não apagueis o Espírito.
20 Não desprezeis as profecias.
21 Examinai tudo. Retende o bem.
22 Abstende-vos de toda espé-
cie de mal.
23 **O** mesmo Deus de paz vos san-
tifique completamente. E todo o
vosso espírito, alma e corpo se-
jam plenamente conservados ir-
repreensíveis para a vinda de nos-
so Senhor Jesus Cristo.
24 Fiel é o que vos chama, o qual
também o fará.

Saudação final

25 Irmãos, orai por nós.
26 Saudai a todos os irmãos com
ósculo santo.
27 Pelo Senhor vos encarrego de
ler esta epístola a todos os san-
tos irmãos.
28 **A** graça de nosso Senhor Jesus
Cristo seja convosco.

2TESSALONICENSES

Prefácio e saudação

1 Paulo, Silvano e Timóteo à
igreja dos tessalonicenses,
em Deus, nosso Pai, e no Senhor
Jesus Cristo:
2 Graça e paz a vós outros, da par-
te de Deus, nosso Pai, e do Senhor
Jesus Cristo.

Ação de graças e oração

3 Sempre devemos, irmãos, dar
graças a Deus por vós, como é jus-
to, porque a vossa fé cresce mui-
tíssimo, e o amor de cada um de
vós aumenta de uns para com
os outros.
4 De maneira que nós mesmos
nos gloriamos de vós nas igrejas
de Deus por causa da vossa pa-
ciência e fé, e em todas as perse-
guições e aflições que suportais.
5 Tudo isso é prova clara do justo
juízo de Deus, e como resultado se-
reis tidos por dignos do Reino de
Deus, pelo qual também padeceis.
6 Deus é justo: Ele dará em paga
tribulação aos que vos atribulam
7 e a vós, que sois atribulados,
alívio conosco, quando do céu se
manifestar o Senhor Jesus com
os anjos do seu poder,
8 em chama de fogo. Ele tomará
vingança dos que não conhecem a
Deus e dos que não obedecem ao
evangelho de nosso Senhor Jesus.
9 Eles por castigo padecerão eter-
na perdição, banidos da face do
Senhor e da glória do seu poder,
10 quando vier para ser glorifi-
cado nos seus santos e admirado
em todos os que creram, naquele
dia (porque o nosso testemunho
foi crido entre vós).
11 Pelo que também rogamos
sempre por vós, para que o nos-
so Deus vos faça dignos da sua
vocação e, com poder, cumpra
todo o bom propósito e a toda a
obra da fé.
12 Rogamos para que o nome de
nosso Senhor Jesus seja em vós
glorificado, e vós nele, segundo a
graça de nosso Deus e do Senhor
Jesus Cristo.

O anticristo

2 Ora, irmãos, quanto à vinda de
nosso Senhor Jesus Cristo e à
nossa reunião com ele, rogamo-vos
2 que não desistais facilmente do
vosso modo de pensar nem vos per-
turbeis, quer por espírito, quer por
palavra, quer por epístola, como
se procedesse de nós, como se o
dia de Cristo já tivesse chegado.
3 Ninguém de maneira alguma
vos engane, pois isso não aconte-
cerá sem que antes venha a apos-
tasia e se manifeste o homem do
pecado, o filho da perdição.
4 Ele se opõe e se levanta contra
tudo o que se chama Deus ou é
objeto de culto, de sorte que se
assentará, como Deus, no templo
de Deus, querendo parecer Deus.
5 Não vos lembrais de que essas
coisas vos dizia quando ainda es-
tava convosco?
6 E agora vós sabeis o que o de-
tém, para que a seu próprio tem-
po seja manifestado.
7 Pois já o mistério da injustiça
opera; somente há um que ago-
ra o detém até que seja afastado.
8 E então será revelado o iníquo, a
quem o Senhor desfará pelo sopro

da sua boca e destruirá pelo esplendor da sua vinda.
9 A vinda desse iníquo é segundo a eficácia de Satanás, com todo poder, sinais e prodígios da mentira
10 e com todo engano da injustiça para os que perecem. Perecem porque não receberam o amor à verdade para serem salvos.
11 Por isso, Deus lhes envia a operação do erro, para que creiam na mentira
12 e para que sejam julgados todos os que não creram na verdade, antes tiveram prazer na iniquidade.

Permanecei firmes

13 **D**evemos, porém, sempre dar graças a Deus por vós, irmãos amados pelo Senhor, porque Deus vos escolheu desde o princípio para a salvação, pela santificação do Espírito e fé na verdade,
14 para o que também vos chamou pelo nosso evangelho, a fim de alcançardes a glória de nosso Senhor Jesus Cristo.
15 Assim, pois, irmãos, permanecei firmes e conservai as tradições que vos foram ensinadas, seja por palavra, seja por epístola nossa.
16 **E** o próprio nosso Senhor Jesus Cristo e nosso Deus e Pai, que nos amou e em graça nos deu uma eterna consolação e boa esperança,
17 consolе o vosso coração e os confirme em toda boa obra e palavra.

Pedido de oração

3 Finalmente, irmãos, orai por nós, para que a palavra do Senhor se propague e seja glorificada, como também o é entre vós.
2 E orai para que sejamos livres de homens perversos e maus, pois a fé não é de todos.
3 Fiel, porém, é o Senhor, que vos confirmará e guardará do Maligno.
4 Confiamos no Senhor que fazeis e continuareis a fazer o que vos mandamos.
5 Ora, o Senhor encaminhe o vosso coração ao amor de Deus e à constância de Cristo.

Preceitos diversos

6 **M**andamo-vos, porém, irmãos, em nome do Senhor Jesus Cristo, que vos aparteis de todo irmão que ande desordenadamente, e não segundo a tradição que de nós recebeu.
7 Porque vós mesmos sabeis como deveis imitar-nos. Não nos portamos desordenadamente entre vós
8 nem de graça comemos o pão de homem algum, mas com labor e fadiga, trabalhando noite e dia, para não sermos pesados a nenhum de vós.
9 Não porque não tivéssemos esse direito, mas para vos dar em nós mesmos exemplo, para nos imitardes.
10 Pois quando ainda estávamos convosco, vos ordenamos isto: Se alguém não quer trabalhar, também não coma.
11 Ouvimos que alguns entre vós andam desordenadamente, não trabalhando, antes intrometendo-se na vida alheia.
12 A esses tais, porém, ordenamos e exortamos por nosso Senhor Jesus Cristo que, trabalhando com sossego, comam o seu próprio pão.
13 E vós, irmãos, não vos canseis de fazer o bem.
14 **S**e, porém, alguém não obedecer à nossa palavra por esta carta,

notai o tal e não vos associeis
com ele, para que se envergonhe.
15 Todavia, não o tenhais como ini-
migo, mas admoestai-o como irmão.

Saudação final

16 Ora, o próprio Senhor da
paz vos dê paz sempre e de toda
maneira. O Senhor seja com to-
dos vós.
17 Eu, Paulo, escrevo esta sau-
dação com meu próprio punho.
Este é o sinal em cada epístola.
É assim que escrevo.
18 A graça de nosso Senhor Jesus
Cristo seja com todos vós.

1TIMÓTEO

Prefácio e saudação

1 Paulo, apóstolo de Cristo Jesus,
segundo o mandado de Deus,
nosso Salvador, e de Cristo Jesus,
esperança nossa,
2 a Timóteo, meu verdadeiro fi-
lho na fé: Graça, misericórdia e
paz da parte de Deus nosso Pai
e de Cristo Jesus, nosso Senhor.

As falsas doutrinas e o evangelho da graça

3 Como te roguei, quando par-
tia para a Macedônia, que ficas-
ses em Éfeso, para advertires a
alguns que não ensinassem ou-
tra doutrina,
4 nem se ocupassem com fábu-
las ou com genealogias intermi-
náveis, que antes produzem con-
trovérsias do que o serviço de
Deus, na fé.
5 Ora, o intuito deste mandamen-
to é o amor que procede de um co-
ração puro, de uma boa consciên-
cia, de uma fé não fingida.
6 Alguns se desviaram dessas
coisas e se entregaram a discur-
sos vãos.
7 Querem ser mestres da lei, mas
não entendem nem o que dizem
nem o que com tanta confiança
afirmam.
8 Sabemos, porém, que a Lei é boa,
se alguém dela usa legitimamente,
9 tendo em vista que a lei não é
feita para o justo, mas para os
transgressores e rebeldes, os irre-
verentes e pecadores, os ímpios e
profanos, para os parricidas, ma-
tricidas e homicidas,
10 para os devassos, os sodomi-
tas, os roubadores de homens, os
mentirosos, os que juram falsa-
mente e para o que for contrário
à sã doutrina,
11 conforme o evangelho da gló-
ria do Deus bendito, o qual me
foi confiado.
12 Dou graças àquele que me
fortaleceu, a Cristo Jesus, nosso
Senhor, porque me considerou
fiel, pondo-me no seu ministério,
13 a mim que outrora fui blasfe-
mo e perseguidor e injuriador;
mas alcancei misericórdia, por-
que o fiz ignorantemente, na in-
credulidade;
14 e a graça de nosso Senhor su-
perabundou com a fé e o amor
que há em Cristo Jesus.
15 Fiel é esta palavra e digna de
toda a aceitação: que Cristo Jesus
veio ao mundo para salvar os peca-
dores, dos quais eu sou o principal.
16 Por isso, contudo, alcancei mi-
sericórdia, para que em mim, o
pior dos pecadores, Cristo Jesus
mostrasse toda a sua longani-
midade, para exemplo dos que
haviam de crer nele e receber a
vida eterna.
17 Ora, ao Rei eterno, imortal, in-
visível, ao único Deus, seja honra e
glória para todo o sempre. Amém.
18 Esta instrução te dou, meu fi-
lho Timóteo, que, segundo as pro-
fecias que houve acerca de ti, por
elas combatas o bom combate,
19 conservando a fé e a boa cons-
ciência, a qual alguns, havendo re-
jeitado, vieram a naufragar na fé.
20 Entre esses encontram-se
Himeneu e Alexandre, os quais
entreguei a Satanás para que
aprendam a não blasfemar.

Instruções sobre a adoração

2 Exorto, pois, antes de tudo, que
se façam súplicas, orações, in-
tercessões e ações de graças por
todos os homens,
2 pelos reis e por todos os que
exercem autoridade, para que te-
nhamos uma vida tranquila e
sossegada, em toda piedade e ho-
nestidade.
3 Pois isso é bom e agradável dian-
te de Deus nosso Salvador,
4 o qual deseja que todos os ho-
mens se salvem e venham ao co-
nhecimento da verdade.
5 Porque há um só Deus e um só
Mediador entre Deus e os homens:
Cristo Jesus, homem,
6 que se deu a si mesmo em res-
gate por todos, para servir de tes-
temunho a seu tempo.
7 Para isso fui designado prega-
dor e apóstolo (digo a verdade,
não minto), mestre dos gentios
na fé e na verdade.
8 Quero, pois, que os homens orem
em todo lugar, levantando mãos
santas, sem ira nem contenda.

Os deveres das mulheres cristãs

9 Quero que, do mesmo modo,
as mulheres se vistam com rou-
pas decorosas, com modéstia e
sobriedade, não com tranças, ou
com ouro, ou pérolas, ou vestidos
dispendiosos,
10 mas (como convém a mulhe-
res que fazem profissão de servir
a Deus) com boas obras.
11 A mulher aprenda em silên-
cio, com toda a submissão.
12 Não permito que a mulher en-
sine nem que exerça autoridade
sobre o marido, mas que esteja
em silêncio.
13 Porque primeiro foi formado
Adão, depois Eva.
14 E Adão não foi enganado, mas
a mulher, sendo enganada, caiu
em pecado.
15 Todavia, será salva, dando à
luz filhos, se permanecer com so-
briedade na fé, no amor e na san-
tificação.

Os deveres dos bispos e dos diáconos

3 Fiel é esta palavra: Se alguém
deseja ser bispo, excelente
obra deseja.
2 É necessário, pois, que o bis-
po seja irrepreensível, marido
de uma só mulher, vigilante, só-
brio, honesto, hospitaleiro, apto
para ensinar;
3 não dado ao vinho, não espanca-
dor, mas amável, inimigo de con-
tendas, não ganancioso;
4 que governe bem a sua própria
casa, tendo seus filhos sob disci-
plina, com todo o respeito
5 (pois se alguém não sabe gover-
nar a sua própria casa, como cui-
dará da igreja de Deus?);
6 não pode ser recém-converti-
do, para que não se ensoberbe-
ça e caia na mesma condenação
do Diabo.
7 Também é necessário que te-
nha boa reputação perante os de
fora, para que não caia em des-
crédito e na armadilha do Diabo.
8 Da mesma forma os diáconos
sejam respeitáveis, sinceros, não
dados a muito vinho, não cobiço-
sos de sórdida ganância,
9 conservando o mistério da fé
com a consciência pura.
10 Também estes sejam primei-
ro provados, depois sirvam, se fo-
rem irrepreensíveis.
11 Da mesma forma as mulhe-
res sejam respeitáveis, não calu-
niadoras, sóbrias e fiéis em tudo.

12 Os diáconos sejam maridos de
uma só mulher e governem bem
seus filhos e sua própria casa.
13 Porque os que servirem bem
como diáconos adquirirão para si
uma boa posição e muita confian-
ça na fé que há em Cristo Jesus.
14 Escrevo-te estas coisas, espe-
rando ir ver-te em breve;
15 para que, se eu tardar, saibas
como convém andar na casa de
Deus, que é a igreja do Deus vivo,
a coluna e o esteio da verdade.
16 Sem dúvida alguma, grande
é o mistério da piedade:

Aquele que se manifestou em
carne
foi justificado em espírito,
visto dos anjos,
pregado aos gentios,
crido no mundo,
recebido acima na glória.

A apostasia nos últimos tempos

4 O Espírito, porém, expres-
samente diz que nos últimos
tempos alguns apostatarão da fé,
dando ouvidos a espíritos engana-
dores e a doutrinas de demônios,
2 pela hipocrisia de homens que
falam mentiras e têm cauteriza-
da a própria consciência,
3 que proíbem o casamento e or-
denam a abstinência de alimentos
que Deus criou para os fiéis e para
os que conhecem a verdade, a fim de
usarem deles com ações de graças;
4 porque tudo o que Deus criou é
bom, e não há nada que rejeitar,
sendo recebido com ações de graças;
5 porque é santificada pela pala-
vra de Deus e pela oração.

Fidelidade e diligência no ministério

6 Transmitindo essas coisas aos
irmãos, serás bom ministro de
Cristo Jesus, alimentado com as
palavras da fé e da boa doutrina
que tens seguido.
7 Rejeita, contudo, as fábulas pro-
fanas e de velhas. Exercita-te a ti
mesmo na piedade.
8 Pois o exercício físico para pouco
aproveita, mas a piedade para tudo
é proveitosa, tendo a promessa da
vida presente e da que há de vir.
9 Fiel é esta palavra e digna de
toda a aceitação.
10 Pois para isto é que trabalha-
mos e lutamos, porque esperamos
no Deus vivo, que é o salvador de
todos os homens, principalmen-
te dos fiéis.
11 Manda estas coisas e ensina-as.
12 Ninguém despreze a tua juven-
tude, mas sê exemplo dos fiéis, na
palavra, no trato, no amor, no es-
pírito, na fé, na pureza.
13 Persiste em ler, exortar e en-
sinar, até que eu vá.
14 Não desprezes o dom que há
em ti, o qual te foi dado por pro-
fecia, com a imposição das mãos
dos presbíteros.
15 Medita nessas coisas, ocupa-
-te nelas, para que o teu progres-
so seja manifesto a todos.
16 Tem cuidado de ti mesmo e da
doutrina. Persevera nessas coi-
sas; porque, fazendo isso, te sal-
varás, tanto a ti mesmo como aos
que te ouvem.

Acerca dos velhos e das viúvas

5 Não repreendas asperamen-
te um idoso, mas admoesta-
-o como se ele fosse seu pai; aos
moços, como a irmãos;
2 às mulheres idosas, como a
mães; às moças, como a irmãs,
com toda a pureza.
3 Honra as viúvas que verdadei-
ramente são viúvas.

4 Se, porém, alguma viúva tiver
filhos ou netos, aprendam eles
primeiro a exercer piedade para
com a sua própria família e a re-
compensar seus pais; porque isso
é bom e agradável diante de Deus.
5 Ora, a que é verdadeiramente
viúva e desamparada espera em
Deus e persevera de noite e de dia
em súplicas e orações;
6 mas a que vive em prazeres,
mesmo viva, está morta.
7 Manda, pois, estas coisas, para
que elas sejam irrepreensíveis.
8 Se, porém, alguém não cuida
dos seus parentes, principalmen-
te dos da sua casa, negou a fé e é
pior que o incrédulo.
9 Não seja inscrita viúva com
menos de sessenta anos, apenas
a que tenha sido mulher de um
só marido,
10 recomendada pelo testemunho
de boas obras, se criou filhos, se
exercitou hospitalidade, se lavou
os pés dos santos, se socorreu os
atribulados, se praticou toda sor-
te de boa obra.
11 Rejeita, porém, as viúvas mais
novas, porque, quando se tornam
levianas contra Cristo, querem
casar-se;
12 tendo já a sua condenação por
haverem quebrado o seu primei-
ro compromisso.
13 Além do mais, aprendem tam-
bém a ser ociosas, andando de casa
em casa; e não somente ociosas,
mas também faladeiras e intri-
gantes, falando o que não devem.
14 Quero, pois, que as mais no-
vas se casem, tenham filhos, se-
jam boas donas de casa e não
deem motivo ao adversário para
falar mal delas.
15 Porque já algumas se desvia-
ram, indo após Satanás.
16 Se alguma mulher crente tem
viúvas, socorra-as, e não se sobre-
carregue a igreja, para que esta
possa socorrer as que verdadei-
ramente são viúvas.

Vários conselhos aos presbíteros

17 Os presbíteros que governam
bem sejam estimados por dignos
de duplicada honra, principal-
mente os que trabalham na pa-
lavra e no ensino.
18 Porque diz a Escritura: Não
amordaçarás a boca do boi quan-
do debulha. E: Digno é o obreiro do
seu salário.
19 Não aceites acusação contra
um presbítero, senão com duas
ou três testemunhas.
20 Aos que pecarem, repreende-
-os na presença de todos, para que
também os outros tenham temor.
21 Eu te exorto diante de Deus,
de Cristo Jesus e dos anjos elei-
tos, que guardes essas instruções,
nada fazendo com parcialidade.
22 A ninguém imponhas precipi-
tadamente as mãos nem partici-
pes dos pecados alheios; conserva-
-te a ti mesmo puro.
23 Não bebas mais água só, mas
toma também um pouco de vinho,
por causa do teu estômago e das
tuas frequentes enfermidades.
24 Os pecados de alguns homens
são manifestos antes de entrarem
em juízo, ao passo que os de ou-
tros manifestam-se depois.
25 Da mesma forma também as
boas obras são manifestas ante-
cipadamente; e as que não o são
não podem ocultar-se.

Os deveres dos servos

6 Todos os servos que estão de-
baixo do jugo considerem seus
senhores dignos de toda a honra,

para que o nome de Deus e a dou-
trina não sejam blasfemados.
2 E os que têm senhores cren-
tes não os desprezem, porque
são irmãos; antes os sirvam me-
lhor, porque eles, que partici-
pam do benefício, são crentes
e amados. Ensina e recomenda
essas coisas.

O amor do dinheiro

3 **S**e alguém ensina outra dou-
trina e não concorda com as sãs
palavras de nosso Senhor Jesus
Cristo e com a doutrina que é se-
gundo a piedade,
4 é soberbo e nada sabe, mas de-
lira acerca de questões e conten-
das de palavras, das quais nascem
invejas, porfias, blasfêmias, sus-
peitas malignas,
5 contendas de homens corrup-
tos de entendimento e privados
da verdade, cuidando que a pie-
dade é fonte de lucro.
6 De fato, grande fonte de lucro é
a piedade com o contentamento.
7 Porque nada trouxemos para este
mundo e nada podemos levar dele;
8 tendo, porém, sustento e com que
nos vestir, estejamos contentes.
9 Os que, porém, querem ficar ri-
cos caem em tentação e em laço,
e em muitos desejos descontrola-
dos e nocivos, os quais submergem
os homens na ruína e perdição.
10 Porque o amor ao dinheiro é
a raiz de todos os males; e nessa
cobiça alguns se desviaram da
fé e se atormentaram com mui-
tas dores.

A exortação a uma *vida exemplar*

11 **T**u, porém, ó homem de Deus,
foge dessas coisas e segue a justiça,
a piedade, a fé, o amor, a paciên-
cia, a mansidão.
12 Combate o bom combate da
fé, toma posse da vida eterna,
para a qual também foste chama-
do, tendo já feito boa confissão
diante de muitas testemunhas.
13 Exorto-te perante Deus, que to-
das as coisas vivifica, e de Cristo
Jesus, que diante de Pôncio Pilatos
deu o testemunho da boa confissão,
14 que guardes este mandamento
imaculado e irrepreensível até a
vinda de nosso Senhor Jesus Cristo;
15 que, no tempo próprio, há de
ser revelada pelo bendito e único
Soberano, Rei dos reis e Senhor
dos senhores;
16 aquele que tem, ele só, a imor-
talidade e habita na luz inacessí-
vel, a quem nenhum dos homens
viu nem pode ver, a ele seja hon-
ra e poder sempiterno. Amém.
17 **M**anda aos ricos deste mun-
do que não sejam altivos nem po-
nham a esperança na incerteza
das riquezas, mas em Deus, que
abundantemente nos dá todas as
coisas para delas usufruirmos;
18 que façam o bem, sejam ricos
de boas obras, generosos em dar
e prontos a repartir,
19 que acumulem para si mesmos
um bom fundamento para o fu-
turo, para que possam alcançar
a vida eterna.

Conclusão e bênção

20 **Ó** Timóteo, guarda o depósi-
to que te foi confiado, evitando
as conversas vãs e profanas e as
oposições da falsamente chama-
da ciência;
21 a qual professando-a alguns,
se desviaram da fé. A graça seja
convosco.

2TIMÓTEO

Saudação e ação de graças

1 Paulo, apóstolo de Cristo Jesus,
pela vontade de Deus, segun-
do a promessa da vida que está
em Cristo Jesus,
2 a Timóteo, meu amado filho:
Graça, misericórdia e paz da par-
te de Deus Pai e de Cristo Jesus
nosso Senhor.
3 Dou graças a Deus, a quem, des-
de os meus antepassados, sirvo
com uma consciência pura, de que
sem cessar faço menção de ti nas
minhas orações noite e dia.
4 Lembrando-me das tuas lágri-
mas, desejo muito ver-te, para me
encher de alegria;
5 trazendo à memória a fé não fin-
gida que há em ti, a qual habitou
primeiro em tua avó Loide e em
tua mãe Eunice, e estou certo de
que também habita em ti.

O exemplo de Paulo

6 Por este motivo eu te exorto
que despertes o dom de Deus que
há em ti, pela imposição das mi-
nhas mãos.
7 Porque Deus não nos deu o es-
pírito de timidez, mas de poder,
de amor e de moderação.
8 Portanto, não te envergonhes
do testemunho de nosso Senhor
nem de mim, que sou prisioneiro
seu; antes, participa comigo das
aflições do evangelho segundo o
poder de Deus,
9 que nos salvou e chamou com
uma santa vocação; não segundo
as nossas obras, mas segundo o
seu próprio propósito e a graça
que nos foi dada em Cristo Jesus
antes dos tempos eternos
10 e que agora se manifestou pelo
aparecimento de nosso Salvador
Cristo Jesus, o qual destruiu a mor-
te e trouxe à luz a vida e a imor-
talidade pelo evangelho,
11 do qual fui constituído prega-
dor, apóstolo e mestre.
12 Por esse motivo sofro também
estas coisas, mas não me enver-
gonho; porque eu sei em quem te-
nho crido e estou certo de que ele
é poderoso para guardar o meu
depósito até aquele dia.
13 Conserva o modelo das sãs
palavras que de mim tens ouvi-
do, na fé e no amor que há em
Cristo Jesus.
14 Guarda o bom depósito, me-
diante o Espírito Santo que ha-
bita em nós.
15 Bem sabes isto, que todos os que
estão na Ásia me abandonaram,
entre eles Figelo e Hermógenes.
16 O Senhor conceda misericór-
dia à casa de Onesíforo, porque
muitas vezes ele me reanimou e
não se envergonhou das minhas
algemas.
17 Antes, vindo ele a Roma, di-
ligentemente me procurou e me
achou.
18 O Senhor lhe conceda que na-
quele dia ache misericórdia dian-
te do Senhor. E, quantos serviços
me prestou ele em Éfeso, melhor
o sabes tu.

O bom soldado de Cristo

2 Tu, pois, meu filho, fortifica-
-te na graça que há em Cristo
Jesus.
2 E o que de mim, através de mui-
tas testemunhas ouviste, confia-o

a homens fiéis, que sejam idôneos
para também ensinarem os outros.
3 Sofre, pois, comigo as aflições
como bom soldado de Cristo Jesus.
4 Nenhum soldado em serviço
se embaraça com negócio desta
vida, a fim de agradar àquele que
o alistou para a guerra.
5 Igualmente, o atleta não é coroa-
do, se não lutar legitimamente.
6 O lavrador que trabalha deve ser
o primeiro a participar dos frutos.
7 Considera o que digo, porque
o Senhor te dará entendimento
em tudo.
8 **L**embra-te de que Jesus Cristo,
que é da descendência de Davi,
ressurgiu dentre os mortos, se-
gundo o meu evangelho,
9 pelo qual sofro a ponto de ser
preso como malfeitor; mas a pa-
lavra de Deus não está presa.
10 Por esse motivo, tudo supor-
to por amor dos eleitos, para que
também eles alcancem a salvação
que está em Cristo Jesus com gló-
ria eterna.
11 Fiel é esta palavra:
se já morremos com ele,
também com ele viveremos;
12 se perseverarmos,
com ele também reinaremos;
se o negarmos,
também ele nos negará;
13 se somos infiéis,
ele permanece fiel;
porque não pode negar-se a
si mesmo.

O obreiro aprovado

14 **L**embra-lhes essas coisas, or-
denando-lhes diante do Senhor
que não tenham contendas de pa-
lavras, que para nada aproveitam,
exceto para perverter os ouvintes.
15 Procura apresentar-te a Deus
aprovado, como obreiro que não
tem de que se envergonhar e que
maneja bem a palavra da verdade.
16 Evita os falatórios inúteis, por-
que produzirão maior impiedade.
17 E a palavra desses corrói
como câncer; entre os quais es-
tão Himeneu e Fileto.
18 Esses se desviaram da verda-
de, dizendo que a ressurreição é
já passada e perverteram a fé que
tinham alguns.
19 Todavia, o firme fundamento
de Deus permanece, tendo este
selo: O Senhor conhece os que
são seus, e: Qualquer que profe-
re o nome do Senhor aparte-se
da injustiça.
20 **O**ra, numa grande casa não há
somente vasos de ouro e de pra-
ta, mas também de pau e de bar-
ro; uns para honra, outros, po-
rém, para desonra.
21 De sorte que, se alguém se puri-
ficar dessas coisas, será vaso para
honra, santificado, idôneo para uso
do Senhor e preparado para toda
boa obra.
22 Foge também dos desejos da
juventude; segue a justiça, a fé, o
amor e a paz com os que, com um
coração puro, invocam o Senhor.
23 E rejeita as questões insensa-
tas e absurdas, sabendo que pro-
duzem contendas.
24 E ao servo do Senhor não con-
vém contender, mas sim ser bran-
do para com todos, apto para en-
sinar, paciente;
25 corrigindo com mansidão os
que resistem, na expectativa de
que Deus lhes conceda o arrepen-
dimento para conhecerem plena-
mente a verdade,
26 e que se desprendam dos la-
ços do Diabo, por quem haviam
sido presos, para cumprirem a
vontade de Deus.

A impiedade dos últimos tempos

3 Sabe, porém, isto: Nos últi-
mos dias sobrevirão tempos
difíceis;
2 pois os homens serão amantes
de si mesmos, gananciosos, pre-
sunçosos, soberbos, blasfemos,
desobedientes a pais e mães, in-
gratos, profanos,
3 sem afeição natural, irreconci-
liáveis, caluniadores, sem domí-
nio de si, cruéis, sem amor para
com os bons,
4 traidores, atrevidos, orgulho-
sos, mais amigos dos prazeres do
que amigos de Deus,
5 tendo aparência de piedade, mas
negando-lhe o poder. Afasta-te
também destes.
6 Porque entre estes estão os que
se introduzem pelas casas e levam
cativas mulheres néscias sobre-
carregadas de pecados, levadas
por todo tipo de desejos;
7 que aprendem sempre, mas
nunca podem chegar ao conhe-
cimento da verdade.
8 E, como Janes e Jambres resis-
tiram a Moisés, assim também es-
tes resistem à verdade, sendo ho-
mens corruptos de entendimento
e reprovados na fé.
9 Não irão longe; porque a todos
será manifesta a sua insensatez,
como também aconteceu com a
daqueles.

A perseverança na sã doutrina

10 Mas tu tens seguido de perto
o meu ensino, procedimento, in-
tenção, fé, longanimidade, amor,
perseverança,
11 perseguições e aflições, as quais
me aconteceram em Antioquia,
Icônio e Listra; quantas perse-
guições sofri, e o Senhor de to-
das me livrou.
12 E na verdade todos os que dese-
jam viver piedosamente em Cristo
Jesus padecerão perseguições.
13 Os homens maus e engana-
dores, porém, irão de mal a pior,
enganando e sendo enganados.
14 Quanto a ti, porém, permanece
naquilo que aprendeste e de que
estás convicto, sabendo de quem
o tens aprendido.
15 Pois desde a infância conhe-
ces as sagradas letras, que podem
fazer-te sábio para a salvação,
pela fé que há em Cristo Jesus.
16 Toda a Escritura é divinamente
inspirada e proveitosa para ensi-
nar, para repreender, para corrigir,
para instruir em justiça;
17 a fim de que o homem de Deus
seja perfeito e perfeitamente pre-
parado para toda boa obra.

Prega a palavra

4 Exorto-te, pois, diante de Deus
e de Cristo Jesus, que há de
julgar os vivos e os mortos, na
sua vinda e no seu Reino;
2 prega a palavra, insista a tem-
po e fora de tempo, admoesta, re-
preende, exorta, com toda a lon-
ganimidade e ensino.
3 Porque virá tempo em que não
suportarão a sã doutrina; mas, ten-
do coceira nos ouvidos, se cerca-
rão de mestres, segundo as suas
próprias cobiças,
4 e se recusarão a dar ouvidos
à verdade, voltando às fábulas.
5 Tu, porém, sê sóbrio em tudo,
sofre as aflições, faze a obra de
um evangelista, cumpre bem o
teu ministério.

Paulo prevê a sua morte

6 Quanto a mim, já estou sendo
derramado como libação, e o tem-
po da minha partida está próximo.

7 Combati o bom combate, acabei
a carreira, guardei a fé.
8 Desde agora, a coroa da justiça
me está guardada, a qual o Senhor,
justo juiz, me dará naquele dia; e
não somente a mim, mas também a
todos os que amarem a sua vinda.
9 Procura vir ter comigo depressa.
10 Porque Demas me abandonou,
amando o presente século, e foi para
Tessalônica; Crescente foi para a
Galácia e Tito para a Dalmácia.
11 Só Lucas está comigo. Toma a
Marcos e traze-o contigo, porque
me é muito útil para o ministério.
12 Quanto a Tíquico, enviei-o a
Éfeso.
13 Quando vieres, traze a capa
que deixei em Trôade, na casa de
Carpo, e os livros, principalmen-
te os pergaminhos.
14 Alexandre, o latoeiro, causou-
-me muitos males; o Senhor lhe
pague segundo as suas obras.
15 Tu também te guardas dele;
porque resistiu muito às nossas
palavras.
16 Ninguém me deu assistência
na minha primeira defesa, antes
todos me desampararam. Que isso
não lhes seja cobrado.
17 O Senhor, porém, esteve ao
meu lado, me apoiando, e me for-
taleceu, para que por mim fosse
cumprida a pregação, e a ouvis-
sem todos os gentios; e fiquei li-
vre da boca do leão.
18 E o Senhor me livrará de toda
má obra e me levará salvo para o
seu Reino celestial; a quem seja
glória para todo o sempre. Amém.

Saudações finais e bênção

19 Saúda a Priscila e a Áquila e
à casa de Onesíforo.
20 Erasto ficou em Corinto. Quanto
a Trófimo, deixei-o doente em
Mileto.
21 Apressa-te a vir antes do inver-
no. Saúdam-te Êubulo, Pudente,
Lino, Cláudia e todos os irmãos.
22 O Senhor seja com o teu espí-
rito. A graça seja convosco.

TITO

Prefácio e saudação

1 Paulo, servo de Deus e apóstolo de Jesus Cristo, segundo a fé dos eleitos de Deus e o pleno conhecimento da verdade que é segundo a piedade,
2 na esperança da vida eterna, a qual Deus, que não pode mentir, prometeu antes dos tempos eternos,
3 e, em tempos próprios, manifestou a sua palavra, pela pregação que me foi confiada segundo o mandamento de Deus, nosso Salvador,
4 a Tito, meu verdadeiro filho segundo a fé que nos é comum: Graça e paz da parte de Deus Pai e de Cristo Jesus nosso Salvador.

O encargo de Tito em Creta

5 Por esta causa te deixei em Creta, para que pusesses em boa ordem o que ainda resta e, de cidade em cidade, estabelecesses presbíteros, como já te mandei:
6 aquele que for irrepreensível, marido de uma só mulher, que tenha filhos fiéis, que não possam ser acusados de dissolução, nem são desobedientes.
7 É necessário que o bispo seja irrepreensível, como despenseiro de Deus, não soberbo nem irascível, nem dado ao vinho, nem espancador, nem cobiçoso de torpe ganância.
8 Deve ser hospitaleiro, amigo do bem, sóbrio, justo, piedoso, temperante.
9 Deve reter firme a fiel palavra, que é conforme a doutrina, para que seja poderoso, tanto para admoestar na sã doutrina como para convencer os contradizentes.
10 Pois há muitos insubordinados, faladores vãos e enganadores, especialmente os da circuncisão.
11 É preciso tapar-lhes a boca, porque arruínam casas inteiras ensinando o que não convém, por pura ganância.
12 Um dentre eles, seu próprio profeta, disse: Os cretenses são sempre mentirosos, bestas ruins, ventres preguiçosos.
13 Este testemunho é exato. Portanto, repreende-os severamente, para que sejam sãos na fé,
14 não dando ouvidos a fábulas judaicas nem a mandamentos de homens que se desviam da verdade.
15 Todas as coisas são puras para os puros, mas nada é puro para os corrompidos e descrentes. Antes, a sua mente e sua consciência estão contaminadas.
16 Professam conhecer a Deus, mas negam-no pelas suas obras, sendo abomináveis, desobedientes e reprovados para toda boa obra.

Exortações a diversos grupos

2 Tu, porém, fala o que convém à sã doutrina.
2 Exorta os velhos a que sejam temperantes, respeitáveis, sensatos, sadios na fé, no amor e na constância.
3 As mulheres idosas, semelhantemente, sejam sérias no seu viver, como convém a santas, não caluniadoras, não dadas a muito vinho, mestras no bem.

4 Então poderão ensinar as mu-
lheres mais novas a amar seus
maridos e filhos,
5 a serem sensatas, honestas,
boas donas de casa, bondosas,
submissas a seus maridos, para
que a palavra de Deus não seja
difamada.
6 Exorta semelhantemente os
jovens a que sejam moderados.
7 Em tudo te dá por exemplo de
boas obras. Na doutrina, mostra
integridade, reverência,
8 linguagem sã e irrepreensível,
para que o adversário se envergo-
nhe, não tendo nenhum mal que
dizer de nós.
9 Exorta os servos a que sejam
obedientes a seus senhores, sendo-
-lhes agradáveis em tudo, não os
contradizendo,
10 não furtando, antes mostran-
do perfeita lealdade, para que as-
sim tornem atraente em tudo o
ensino de Deus, nosso Salvador.

A graça da salvação manifestou-se a todos

11 Pois a graça de Deus se ma-
nifestou, trazendo salvação a to-
dos os homens.
12 Ela nos ensina a abandonar a
impiedade e as paixões munda-
nas, para que vivamos neste pre-
sente século sóbria, justa e pie-
dosamente,
13 aguardando a bendita espe-
rança e o aparecimento da glória
do nosso grande Deus e Salvador
Cristo Jesus,
14 o qual a si mesmo se deu por
nós, a fim de remir-nos de toda
iniquidade e purificar para si um
povo todo seu, zeloso de boas obras.
15 Fala essas coisas, exorta e re-
preende com toda a autoridade.
Ninguém te despreze.

Os deveres dos fiéis

3 Lembra-lhes que se sujeitem
aos governadores e autorida-
des, sejam obedientes, estejam
preparados para toda boa obra,
2 que a ninguém difamem, e não
sejam briguentos, mas pacíficos,
mostrando toda a mansidão para
com todos os homens.
3 Outrora nós também éramos
insensatos, desobedientes, extra-
viados, servindo a várias paixões
e prazeres, vivendo em malícia e
inveja, odiosos e odiando-nos uns
aos outros.
4 Quando, porém, se manifestou a
bondade de Deus, nosso Salvador,
e o seu amor para com os homens,
5 não por obras de justiça que
houvéssemos feito, mas segun-
do a sua misericórdia, ele nos
salvou mediante a lavagem da
regeneração e da renovação pelo
Espírito Santo,
6 que ele derramou ricamente so-
bre nós, por meio de Jesus Cristo
nosso Salvador,
7 a fim de que, justificados por
sua graça, sejamos feitos seus
herdeiros segundo a esperança
da vida eterna.
8 Fiel é a palavra. E quero que
a proclames com firmeza, para
que os que creem em Deus pro-
curem aplicar-se às boas obras.
Estas coisas são boas e proveito-
sas aos homens.
9 Evita, porém, questões tolas,
genealogias, contendas e debates
acerca da Lei, porque são coisas
inúteis e vãs.
10 Ao homem que causa divisão,
depois da primeira e segunda ad-
moestações, evita-o,
11 sabendo que esse tal está per-
vertido e vive pecando e já por si
mesmo está condenado.

Recomendações particulares e saudações finais

12 Quando te enviar Ártemas, ou
Tíquico, procura vir ter comigo
a Nicópolis, porque resolvi passar o inverno ali.
13 Faze tudo o que puderes para
ajudar a Zenas, doutor da lei, e a
Apolo, para que nada lhes falte.
14 Que os nossos também aprendam a aplicar-se às boas obras,
para suprir as coisas necessárias, a fim de que não sejam infrutíferos.
15 Saúdam-te todos os que estão comigo. Saúda a quantos nos
amam na fé. A graça seja com todos vós.

FILEMOM

Prefácio e saudação

1 **P**aulo, prisioneiro de Cristo
Jesus, e o irmão Timóteo, ao amado Filemom, nosso cooperador,
2 à irmã Áfia, a Arquipo, nosso
companheiro de lutas, e à igreja
que está em tua casa:
3 Graça e paz a vós outros, da parte de Deus, nosso Pai, e do Senhor
Jesus Cristo.
4 **D**ou graças ao meu Deus, lembrando-me sempre de ti nas minhas orações,
5 porque ouvi falar do amor e da
fé que tens para com o Senhor
Jesus e para com todos os santos.
6 Oro para que a comunicação
da tua fé seja eficaz no conhecimento de todo o bem que em nós
há para com Cristo.
7 Tive grande alegria e consolação no teu amor, porque por ti, ó
irmão, o coração dos santos tem
sido reanimado.

A intercessão de Paulo por Onésimo

8 **P**elo que, ainda que tenha em
Cristo grande confiança para te
mandar o que te convém,
9 prefiro, todavia, solicitar em
nome do amor, sendo o que sou,
Paulo, o velho e, também agora,
prisioneiro de Cristo Jesus.
10 Peço-te por meu filho Onésimo,
que gerei nas minhas prisões.
11 Outrora ele te foi inútil, mas
agora a ti e a mim muito útil.
12 Mando-o de volta a ti, a ele que
é o meu coração.
13 Eu bem quisera conservá-lo
comigo, para que por ti me servisse nas prisões do evangelho.
14 Nada, porém, quis fazer sem
o teu consentimento, para que o
teu benefício não fosse forçado,
mas voluntário.
15 Bem pode ser que ele se tenha
separado de ti por algum tempo, para que o retivesses para
sempre,
16 não já como escravo, antes,
mais do que escravo, como irmão amado, particularmente
para mim, e quanto mais para ti,
assim na carne como no Senhor.
17 Portanto, se me tens por companheiro, recebe-o como a mim
mesmo.
18 E, se te causou algum prejuízo, ou te deve alguma coisa, lança-o na minha conta.
19 Eu, Paulo, escrevo de meu próprio punho, eu o pagarei, para
não dizeres que ainda me deves
a própria vida.
20 Sim, irmão, eu gostaria de receber de ti, no Senhor, este benefício. Reanima-me o coração
em Cristo.
21 **E**screvo-te confiado na tua obediência, sabendo que farás ainda
mais do que peço.

Comunicações pessoais e saudações finais

22 Ao mesmo tempo, prepara-me
também pousada, porque espero que pelas vossas orações vos
hei de ser restituído.
23 Saúdam-te Epafras, meu companheiro de prisão em Cristo Jesus,
24 Marcos, Aristarco, Demas e
Lucas, meus cooperadores.
25 **A** graça do Senhor Jesus Cristo
seja com o vosso espírito.

HEBREUS

O Filho é superior aos anjos

1 Havendo Deus outrora falado,
muitas vezes e de muitas ma-
neiras, aos pais, pelos profetas,
2 a nós falou-nos, nestes últimos
dias, pelo Filho, a quem consti-
tuiu herdeiro de tudo, por quem
fez o mundo.
3 O Filho é o resplendor da sua
glória e a expressa imagem da
sua pessoa, sustentando todas as
coisas pela palavra do seu poder.
Havendo feito por si mesmo a pu-
rificação dos nossos pecados, as-
sentou-se à direita da Majestade
nas alturas.
4 Assim ele se tornou tão supe-
rior aos anjos quanto o nome
que herdou é mais excelente do
que o deles.
5 Pois a qual dos anjos
disse jamais:
Tu és meu Filho,
eu hoje te gerei?
E outra vez:
Eu lhe serei por Pai,
e ele me será por Filho?
6 E, novamente, ao inserir o
primogênito no mundo, diz:
E todos os anjos de Deus o
adorem.
7 E, quanto aos anjos, diz:
Quem de seus anjos faz ventos;
e de seus ministros,
labaredas de fogo.
8 Do Filho, porém, diz:
Ó Deus, o teu trono subsiste
pelos séculos dos séculos;
cetro de equidade é o
cetro do teu Reino.
9 Amaste a justiça e odiaste
a iniquidade;
por isso Deus, o teu Deus,
te ungiu com óleo de alegria
mais do que a teus
companheiros.
10 Ainda:
Tu, Senhor, no princípio
fundaste a terra,
e os céus são obra de
tuas mãos.
11 Eles perecerão, mas tu
permanecerás;
todos eles, como roupa,
envelhecerão.
12 Qual um manto os
enrolarás;
como roupa se mudarão.
Mas tu és o mesmo,
e os teus anos não acabarão.
13 Ora, a qual dos anjos disse
jamais:
Assenta-te à minha direita
até que ponha os teus
inimigos
por estrado dos teus pés?
14 Não são todos eles espíritos
ministradores, enviados para ser-
vir a favor dos que hão de herdar
a salvação?

O perigo da falta de atenção

2 Portanto, devemos dar mais
atenção para as coisas que já
temos ouvido, para que em tem-
po algum nos desviemos delas.
2 Pois, se a palavra falada pelos
anjos permaneceu firme e toda
violação e desobediência rece-
beu justa retribuição,
3 como escaparemos nós, se ne-
gligenciarmos tão grande salva-
ção? Salvação esta que, começan-
do a ser anunciada pelo Senhor,
foi-nos depois confirmada pelos
que a ouviram.

4 Também Deus testificou com
eles, por meio de sinais, prodí-
gios e vários milagres e dons do
Espírito Santo, distribuídos se-
gundo a sua vontade.
5 Não foi aos anjos que Deus su-
jeitou o mundo vindouro, de que
falamos.
6 Antes, em certo lugar,
testificou alguém, dizendo:
Que é o homem, para que
dele te lembres?
E o filho do homem, para
que o visites?
7 Fizeste-o um pouco menor do
que os anjos,
de glória e de honra o
coroaste
e o constituíste sobre as
obras de tuas mãos.
8 Todas as coisas lhe
sujeitaste debaixo dos pés.
Ora, visto que lhe sujeitou todas as
coisas, nada deixou que não lhe es-
teja sujeito. Mas agora ainda não
vemos todas as coisas sujeitas a ele.
9 Vemos, porém, aquele que, por
um pouco, foi feito um pouco me-
nor do que os anjos, Jesus, co-
roado de glória e de honra, por
causa da paixão da morte, para
que, pela graça de Deus, provas-
se a morte por todos.
10 Convinha que aquele para
quem são todas as coisas e me-
diante quem tudo existe, trazen-
do muitos filhos à glória, consa-
grasse pelas aflições o autor da
salvação deles.
11 Tanto o que santifica como
os que são santificados provêm
todos de um só. Por causa disso
Jesus não se envergonha de lhes
chamar irmãos,
12 dizendo:
Anunciarei o teu nome a
meus irmãos,
cantarei louvores a ti no
meio da congregação.
13 E outra vez:
Porei nele a minha
confiança.
E ainda:
Aqui estou e aos filhos que
Deus me deu.
14 Portanto, visto que os filhos
participam da carne e do sangue,
também ele participou das mes-
mas coisas, para que pela morte
derrotasse o que tinha o poder
da morte, isto é, o Diabo;
15 e livrasse a todos os que, com
medo da morte, estavam por toda
a vida sujeitos à escravidão.
16 Pois na verdade ele não socor-
re a anjos, mas sim à descendên-
cia de Abraão.
17 Pelo que convinha que em
tudo fosse semelhante a seus ir-
mãos, para ser misericordioso e
fiel sumo sacerdote naquilo que
é de Deus, a fim de fazer propicia-
ção pelos pecados do povo.
18 Porque naquilo que ele mes-
mo, sendo tentado, padeceu, pode
socorrer aos que são tentados.

Cristo é superior a Moisés

3 Pelo que, santos irmãos, par-
ticipantes da vocação celes-
tial, fixai sua mente em Jesus,
o Apóstolo e Sumo Sacerdote da
nossa confissão.
2 Ele foi fiel ao que o constituiu,
como também o foi Moisés em
toda a casa de Deus.
3 Jesus é tido por digno de maior
glória do que Moisés, assim como
um construtor de uma casa tem
honra maior do que a casa que
edificou.
4 Pois toda casa é edificada por
alguém, mas o que edificou todas
as coisas é Deus.

5 Moisés, na verdade, foi fiel em
toda a casa de Deus, como servo,
para testemunho das coisas que
se haviam de anunciar;
6 Cristo, porém, como Filho, é fiel
sobre a sua própria casa. Essa
casa somos nós, se tão somente
conservarmos firmes a confiança
e a glória da esperança até o fim.
7 Assim, como diz o Espírito Santo:
Hoje se ouvirdes a sua voz,
8 não endureçais o vosso
coração,
como no dia da tentação
no deserto,
9 onde vossos pais me tentaram,
me provaram e viram,
por quarenta anos, as
minhas obras.
10 Por isso, me indignei
contra esta geração e disse:
Estes sempre erram em seu
coração e não conheceram os
meus caminhos.
11 Assim jurei na minha ira:
Não entrarão no meu
descanso.
12 Vede, irmãos, que nunca haja
em qualquer de vós um coração
perverso e incrédulo que vos afas-
te do Deus vivo.
13 Antes, exortai-vos uns aos ou-
tros todos os dias, durante o tem-
po que se chama Hoje, para que
nenhum de vós se endureça pelo
engano do pecado.
14 Temo-nos tornado participan-
tes de Cristo, se é que guardamos
firme até o fim a confiança que
desde o princípio tivemos.
15 Enquanto se diz:
Hoje, se ouvirdes a sua voz,
não endureçais o vosso
coração,
como na provocação.
16 Ora, quais os que, tendo-a ou-
vido, o provocaram? Não foram
todos os que saíram do Egito por
meio de Moisés?
17 E contra quem se indignou
por quarenta anos? Não foi con-
tra os que pecaram, cujos corpos
caíram no deserto?
18 E a quem jurou que não entra-
riam no seu descanso, senão aos
que foram desobedientes?
19 E vemos que não puderam en-
trar por causa da incredulidade.

Resta um descanso para o povo de Deus

4 Temamos, portanto, que, ten-
do-nos sido deixada a promes-
sa de entrar no seu descanso, su-
ceda parecer que algum de vós
tenha falhado.
2 Pois também a nós foram anun-
ciadas as boas-novas, como a eles,
mas a palavra que ouviram nada
lhes aproveitou, visto não ser
acompanhada pela fé, naqueles
que a ouviram.
3 Ora, nós, os que temos crido, en-
tramos no descanso, tal como disse:
Assim jurei na minha ira
que não entrarão no meu
descanso.
Contudo as suas obras foram aca-
badas desde a fundação do mundo.
4 Pois em certo lugar disse ele as-
sim do sétimo dia: E descansou
Deus, no sétimo dia, de todas as
suas obras.
5 E outra vez, no mesmo lugar:
Não entrarão no meu descanso.
6 Visto que restam entrar alguns
ainda e que, por causa da desobe-
diência, não entraram aqueles a
quem primeiro foram pregadas
as boas-novas,
7 determina outra vez certo dia,
chamando-o Hoje, dizendo, por
meio de Davi, muito tempo de-
pois, segundo antes fora dito:

Hoje, se ouvirdes a sua voz,
não endureçais o vosso
coração.
8 Ora, se Josué lhes houvesse
dado descanso, não teria falado
depois disso de outro dia.
9 Resta ainda, portanto, um re-
pouso para o povo de Deus;
10 pois aquele que entrou no des-
canso de Deus, ele próprio descan-
sou de suas obras, como Deus
das suas.
11 Procuremos, portanto, entrar
naquele descanso, para que nin-
guém caia no mesmo exemplo de
desobediência.
12 Pois a palavra de Deus é viva
e eficaz e mais cortante do que
qualquer espada de dois gumes;
ela penetra até o ponto de dividir
alma e espírito, juntas e medulas,
e é apta para discernir os pensa-
mentos e intenções do coração.
13 E não há criatura alguma en-
coberta diante dele. Todas as coi-
sas estão nuas e patentes aos olhos
daquele a quem havemos de pres-
tar contas.
14 Visto que temos um grande sumo
sacerdote, Jesus, o Filho de Deus,
que penetrou nos céus, retenha-
mos firmemente a nossa confissão.
15 Pois não temos um sumo sa-
cerdote que não possa compa-
decer-se das nossas fraquezas,
mas um que, como nós, em tudo
foi tentado, porém sem pecado.
16 Cheguemo-nos, pois, com con-
fiança ao trono da graça, para que
recebamos misericórdia e ache-
mos graça, a fim de sermos so-
corridos no momento oportuno.

Jesus Cristo, o grande Sumo Sacerdote

5 Todo sumo sacerdote tomado
dentre os homens é constituído
a favor dos homens nas coisas con-
cernentes a Deus, para oferecer
tanto dons como sacrifícios pe-
los pecados.
2 Ele pode compadecer-se devi-
damente dos que não têm conheci-
mento e andam errantes, pois ele
mesmo está rodeado de fraquezas.
3 E, por esse motivo, deve ele, tan-
to pelo povo como por si mesmo,
fazer oferta pelos pecados.
4 Ora, ninguém toma para si esta
honra, senão o que é chamado por
Deus, como o foi Arão.
5 Assim também Cristo não se
glorificou a si mesmo, para se fa-
zer sumo sacerdote, mas o glori-
ficou aquele que lhe disse:
Tu és meu Filho,
eu hoje te gerei.
6 Como diz em outro lugar:
Tu és Sacerdote, eternamente,
segundo a ordem de
Melquisedeque.
7 O qual, nos dias de sua vida ter-
rena, tendo oferecido, com gran-
de clamor e lágrimas, orações e
súplicas ao que o podia livrar da
morte; e, sendo ouvido por cau-
sa da sua piedade,
8 embora sendo Filho, aprendeu
a obediência por meio daquilo
que sofreu
9 e, tendo ele sido aperfeiçoado,
veio a ser o autor da eterna sal-
vação para todos os que lhe obe-
decem,
10 tendo sido por Deus chamado
sumo sacerdote, segundo a ordem
de Melquisedeque.
11 A esse respeito temos muito
que dizer, mas de difícil interpre-
tação, porque vos tornastes len-
tos para aprender.
12 Com efeito, devendo já ser mes-
tres, por causa do tempo decorrido,
ainda necessitais de que se vos torne

a ensinar os princípios elementares dos ensinamentos de Deus; e vos tornastes como necessitados de leite, não de alimento sólido.
13 Ora, todo aquele que ainda se alimenta de leite não está apto a ensinar a palavra da justiça, porque é criança.
14 O alimento sólido, porém, é para os adultos, para aqueles que, pela prática, têm as faculdades exercitadas para discernir tanto o bem como o mal.

Os perigos espirituais

6 Pelo que, deixando os ensinos elementares da doutrina de Cristo, prossigamos para a perfeição, não lançando de novo o fundamento do arrependimento de obras mortas e da fé em Deus,
2 o ensino sobre batismos e imposição de mãos e sobre a ressurreição dos mortos e o juízo eterno.
3 E assim faremos, se Deus o permitir.
4 É impossível que os que já uma vez foram iluminados, provaram o dom celestial, se fizeram participantes do Espírito Santo
5 e experimentaram a boa palavra de Deus e os poderes do mundo vindouro
6 e depois caíram sejam outra vez renovados para arrependimento, porque de novo estão crucificando para si mesmos o Filho de Deus e expondo-o à desonra.
7 A terra, que absorve a chuva que muitas vezes cai sobre ela e produz erva proveitosa para aqueles por quem é lavrada, recebe a bênção da parte de Deus.
8 Se, porém, produz espinhos e ervas daninhas, é rejeitada e perto está da maldição. O seu fim é ser queimada.
9 De vós, contudo, ó amados, esperamos coisas melhores e pertencentes à salvação, ainda que assim falemos.
10 Deus não é injusto; ele não se esquecerá da vossa obra e do amor que para com o seu nome mostrastes, pois servistes e ainda servis aos santos.
11 Desejamos que cada um de vós mostre o mesmo zelo até o fim, para completa certeza da esperança.
12 Não desejamos que vos torneis negligentes, mas sejais imitadores dos que pela fé e paciência herdam as promessas.

Esperança, a âncora da alma

13 Quando Deus fez a promessa a Abraão, como não tinha outro maior por quem jurasse, jurou por si mesmo,
14 dizendo: Certamente te abençoarei e multiplicarei.
15 E assim, tendo Abraão esperado com paciência, alcançou a promessa.
16 Os homens juram por quem lhes é superior, e o juramento para confirmação é, para eles, o fim de toda contenda.
17 Assim que, querendo Deus mostrar mais abundantemente aos herdeiros da promessa a imutabilidade do seu conselho, se interpôs com juramento.
18 Deus fez isso para que por duas coisas imutáveis, nas quais é impossível que Deus minta, tenhamos forte consolação, nós, os que nos refugiamos em lançar mão da esperança proposta.
19 Temos essa consolação como âncora da alma, segura e firme, e que penetra até o interior do véu,

20 onde Jesus, como precursor,
entrou por nós, feito sumo sacer-
dote para sempre, segundo a or-
dem de Melquisedeque.

Melquisedeque, figura do sacerdócio eterno de Cristo

7 Este Melquisedeque, rei de
Salém, sacerdote do Deus
Altíssimo que saiu ao encon-
tro de Abraão quando este re-
gressava da matança dos reis e
o abençoou,
2 para quem Abraão separou o
dízimo de tudo (primeiramente
se interpreta rei de justiça, de-
pois também é rei de Salém, ou
seja, rei de paz.
3 Sem pai, sem mãe, sem genea-
logia, não tendo princípio de dias
nem fim de vida, mas sendo feito
semelhante ao Filho de Deus), per-
manece sacerdote para sempre.
4 Considerai quão grande era este,
a quem até o patriarca Abraão
deu o dízimo tirado dos despojos.
5 E os que dentre os filhos de
Levi recebem o sacerdócio têm
ordem, segundo a Lei, de tomar o
dízimo do povo, isto é, de seus ir-
mãos, ainda que estes sejam des-
cendentes de Abraão.
6 Aquele, porém, cuja genealogia
não é contada entre eles tomou
dízimos de Abraão e abençoou o
que tinha as promessas.
7 Ora, sem contradição alguma,
o menor é abençoado pelo maior.
8 Aqui certamente recebem dí-
zimos homens que morrem; ali,
porém, os recebe aquele de quem
se testifica que vive.
9 E, por assim dizer, por meio de
Abraão, até Levi, que recebe dí-
zimos, pagou dízimos,
10 porque ele estava ainda
nos lombos de seu pai quando
Melquisedeque saiu ao encon-
tro deste.

Uma melhor esperança

11 De sorte que, se a perfeição fos-
se pelo sacerdócio levítico (pois sob
ele o povo recebeu a lei), que neces-
sidade haveria ainda de que outro
sacerdote se levantasse, segundo
a ordem de Melquisedeque, e que
não fosse contado segundo a or-
dem de Arão?
12 Pois mudando-se o sacerdócio,
necessariamente se faz também
mudança de lei.
13 Aquele de quem estas coisas
se dizem pertence a outra tribo,
da qual ninguém serviu ao altar,
14 visto ser evidente que nosso
Senhor procedeu de Judá, tribo
da qual Moisés nada falou acer-
ca de sacerdócio.
15 E ainda muito mais evidente é isto,
se à semelhança de Melquisedeque
se levanta outro sacerdote,
16 que não foi feito segundo re-
gras de uma linhagem, mas segun-
do o poder da vida indestrutível.
17 Pois dele assim se testifica:

Tu és sacerdote para sempre,
segundo a ordem de
Melquisedeque.

18 O mandamento anterior é re-
vogado por causa da sua fraque-
za e inutilidade
19 (pois a Lei nunca aperfeiçoou
coisa alguma), e desta sorte é in-
troduzida uma melhor esperan-
ça, pela qual chegamos a Deus.
20 E isso não ocorreu sem pres-
tar juramento (pois certamente
aqueles, sem juramento, foram
feitos sacerdotes,
21 mas este, com juramento, por
aquele que lhe disse:

Jurou o Senhor
e não se arrependerá:

Tu és sacerdote para sempre,
segundo a ordem de
Melquisedeque).
22 Jesus tornou-se assim a ga-
rantia de uma aliança superior.
23 Na verdade, aqueles foram fei-
tos sacerdotes em grande núme-
ro, porque pela morte foram im-
pedidos de permanecer,
24 mas este, porque permanece
eternamente, tem o seu sacerdócio
perpétuo.
25 Portanto, pode também salvar
perfeitamente os que por ele se
chegam a Deus, vivendo sempre
para interceder por eles.
26 Convinha-nos tal sumo sacer-
dote, santo, inocente, imacula-
do, separado dos pecadores e fei-
to mais sublime do que os céus,
27 que não necessitasse, como os
sumos sacerdotes, de oferecer cada
dia sacrifícios, primeiro por seus
próprios pecados e, depois, pelos
do povo. Isso fez ele, uma vez por
todas, quando a si mesmo se ofe-
receu.
28 Pois a Lei constitui sumos
sacerdotes a homens sujeitos à
fraqueza, mas a palavra do ju-
ramento, que veio depois da Lei,
constitui ao Filho, perfeito para
sempre.

Cristo, o mediador de uma nova aliança

8 O ponto principal do que es-
tamos dizendo é que temos
um sumo sacerdote tal que se
assentou à direita do trono da
Majestade nos céus
2 como ministro do santuário e
do verdadeiro tabernáculo que
o Senhor fundou, não o homem.
3 Todo sumo sacerdote é consti-
tuído para oferecer dons e sacrifí-
cios, pelo que era necessário que
este também tivesse alguma coi-
sa que oferecer.
4 Ora, se ele estivesse na terra,
nem seria sacerdote, havendo já
sacerdotes que oferecem dons se-
gundo a Lei.
5 Eles servem num santuário
que é figura e sombra das coisas
celestiais. É por isso que Moisés
divinamente foi avisado quando
estava para construir o taberná-
culo: Vê que faças tudo confor-
me o modelo que te foi mostra-
do no monte.
6 Agora, porém, Jesus alcan-
çou ministério superior ao de-
les, como também a aliança da
qual ele é mediador é superior à
aliança antiga, que está firmada
em promessas superiores.
7 Pois, se aquela primeira alian-
ça tivesse sido sem defeito, nun-
ca se teria buscado lugar para a
segunda.
8 Deus, porém, repreendendo-os, diz:
Virão dias, diz o Senhor,
em que com a casa de Israel
e com a casa de Judá
estabelecerei uma nova
aliança.
9 Ela não será segundo a
aliança
que fiz com seus pais
no dia em que os tomei
pela mão,
para os tirar da terra
do Egito,
porque não permaneceram
naquela minha aliança,
e eu para eles não atentei,
diz o Senhor.
10 Esta é a aliança que depois
daqueles dias farei
com a casa de Israel, diz o
Senhor.
Porei as minhas leis
na sua mente,

e em seu coração as
escreverei.
Eu serei o seu Deus,
e eles serão o meu povo.
11 E não ensinará jamais
cada um ao seu próximo,
nem cada um ao seu irmão,
dizendo: Conhece ao Senhor,
porque todos me conhecerão,
desde o menor deles até o
maior.

12 Pois lhes perdoarei a maldade de seus pecados e de suas iniquidades não me lembrarei mais.

13 Dizendo nova aliança, ele tornou antiquada a primeira. Ora, aquilo que se torna antiquado e envelhecido perto está de desaparecer.

O culto no tabernáculo terrestre

9 Ora, a primeira aliança tinha ordenanças de culto sagrado e também um santuário terrestre.

2 Foi preparado um tabernáculo. Na parte da frente estavam o candelabro, a mesa e os pães da proposição; a esse se chama o Santo Lugar.

3 Depois do segundo véu estava o tabernáculo que se chama o Santo dos Santos,

4 que tinha o altar de ouro do incenso e a arca da aliança, toda coberta de ouro, na qual estava um vaso de ouro, que continha o maná, a vara de Arão, que tinha brotado, e as tábuas da aliança.

5 Sobre a arca estavam os querubins da glória que, com a sua sombra, cobriam o propiciatório. Dessas coisas não falaremos agora pormenorizadamente.

6 Ora, estando essas coisas as*sim preparadas, contin*uamente entram no primeiro tabernáculo os sacerdotes, para realizar os serviços.

7 No segundo, porém, só o sumo sacerdote, uma vez no ano, não sem sangue, que oferece por si mesmo e pelos pecados de ignorância do povo.

8 O Espírito Santo estava dando a entender com isso que o caminho do Santo dos Santos ainda não está descoberto, enquanto continua em pé o primeiro tabernáculo.

9 Esta é uma parábola para o tempo presente, em que se oferecem tanto dons como sacrifícios que, quanto à consciência, não podem aperfeiçoar aquele que presta o culto.

10 Não passam de ordenanças de comida, bebidas e várias cerimônias de purificação, impostas até a época da reforma.

O sangue de Cristo

11 Cristo, porém, tendo vindo como sumo sacerdote dos bens já realizados, por meio de um maior e mais perfeito tabernáculo, não feito por mãos, isto é, não desta criação,

12 e não por meio de sangue de bodes e bezerros, mas pelo seu próprio sangue, entrou no Santo dos Santos, uma vez por todas, havendo obtido uma eterna redenção.

13 Se a aspersão do sangue de bodes e de touros e das cinzas de uma novilha santifica os contaminados, quanto à purificação da carne,

14 quanto mais o sangue de Cristo, que pelo Espírito eterno se ofereceu a si mesmo imaculado a Deus, purificará a nossa consciência das obras mortas, para servirmos ao Deus vivo?

15 Por isso, ele é o mediador de uma nova aliança, para que, intervindo a morte para remissão dos

pecados que havia sob a primei-
ra aliança, os chamados recebam
a promessa da herança eterna.
16 Onde há testamento, neces-
sário é que intervenha a morte
do testador,
17 porque um testamento só é
confirmado onde houve morte;
ou terá ele algum valor enquan-
to o testador vive?
18 É por isso que nem a primei-
ra aliança foi consagrada sem
sangue.
19 Havendo Moisés anunciado a
todo o povo todos os mandamen-
tos segundo a Lei, tomou o san-
gue dos bezerros e dos bodes, com
água, lã vermelha e hissopo, e as-
pergiu tanto o próprio livro como
todo o povo,
20 dizendo: Este é o sangue da
aliança que Deus ordenou para vós.
21 Semelhantemente aspergiu
com sangue o tabernáculo e todos
os vasos do ministério sagrado.
22 Quase todas as coisas, segundo
a Lei, se purificam com sangue;
e sem derramamento de sangue
não há remissão.
23 Era necessário, portanto, que
as figuras das coisas que estão no
céu se purificassem com tais sa-
crifícios, mas as próprias coisas
celestiais com sacrifícios supe-
riores a estes.
24 Pois Cristo não entrou em san-
tuário feito por mãos, figura do
verdadeiro, mas no mesmo céu,
para comparecer, agora, por nós,
perante a face de Deus.
25 Nem também entrou para se
oferecer a si mesmo muitas ve-
zes, como o sumo sacerdote entra
anualmente no Santo dos Santos,
com sangue alheio.
26 Doutra forma, necessário lhe
fora padecer muitas vezes desde
a fundação do mundo. Mas ago-
ra, na consumação dos séculos,
uma vez por todas se manifestou,
para aniquilar o pecado pelo sa-
crifício de si mesmo.
27 E, como aos homens está or-
denado morrer uma só vez, vin-
do depois disso o juízo,
28 assim também Cristo, ofere-
cendo-se uma só vez, para levar
os pecados de muitos, aparecerá
pela segunda vez, sem pecado, aos
que o esperam para a salvação.

A eficácia do sacrifício de Cristo

10 A Lei, tendo a sombra dos
bens futuros, e não a ima-
gem exata das coisas, não pode
nunca, pelos mesmos sacrifícios
que continuamente se oferecem
de ano em ano, aperfeiçoar os que
se chegam ao culto.
2 Doutra sorte, não teriam deixa-
do de ser oferecidos? Pois tendo
sido uma vez purificados os que
prestam culto, nunca mais teriam
consciência de pecado.
3 Nesses sacrifícios, porém, cada
ano se faz recordação de pecados,
4 porque é impossível que san-
gue de touros e de bodes tire os
pecados.
5 Pelo que, ao entrar no mun-
do, diz:

Sacrifício e oferta não
quiseste,
mas corpo me preparaste;
6 não te deleitaste em holocaustos
e ofertas pelo pecado.
7 Então eu disse: Aqui estou
(no rolo do livro está escrito
de mim),
para fazer, ó Deus, a tua
vontade.

8 Depois de dizer como acima:
Sacrifícios, ofertas, holocaus-
tos e ofertas pelo pecado não

quiseste, nem deles te agradas-
te (os quais se oferecem segun-
do a Lei),
9 então acrescentou: Aqui estou,
para fazer, ó Deus, a tua vontade.
Tira o primeiro para estabelecer
o segundo.
10 Nessa vontade é que temos
sido santificados pela oferta do
corpo de Jesus Cristo, feita uma
vez por todas.
11 Todo sacerdote se apresenta
dia após dia, ministrando e ofe-
recendo muitas vezes os mesmos
sacrifícios, que nunca podem ti-
rar pecados.
12 Este, porém, havendo ofereci-
do, para sempre, um único sacri-
fício pelos pecados, assentou-se
à direita de Deus.
13 Daí por diante espera que os
seus inimigos sejam postos por
estrado dos seus pés,
14 porque com uma só oferta
aperfeiçoou para sempre os que
estão sendo santificados.
15 O Espírito Santo também o
testifica. Primeiro diz:
16 Esta é a aliança que farei com
eles
depois daqueles dias,
diz o Senhor:
Porei as minhas leis no
coração deles,
e as escreverei na sua
mente. Então acrescenta:
17 E jamais me lembrarei dos
seus pecados
e das suas iniquidades.
18 Ora, onde há perdão de peca-
dos, não há necessidade de sacri-
fício pelo pecado.

Exortação à perseverança

19 **P**ortanto, irmãos, tendo ou-
sadia para entrar no Santo dos
Santos, pelo sangue de Jesus,
20 pelo novo e vivo caminho que
ele nos consagrou pelo véu, isto
é, pelo seu corpo,
21 e tendo grande sacerdote so-
bre a casa de Deus,
22 cheguemo-nos com verdadeiro
coração, em plena certeza de fé,
tendo o coração purificado de má
consciência e o corpo lavado com
água limpa.
23 Guardemos firme a confissão
da nossa esperança, pois fiel é
aquele que fez a promessa.
24 Consideremo-nos uns aos ou-
tros, para nos estimularmos ao
amor e às boas obras.
25 Não deixando de congregar-
-nos, como é costume de alguns,
mas admoestemo-nos uns aos
outros, e tanto mais quanto ve-
des que se aproxima aquele dia.
26 **S**e voluntariamente continuar-
mos no pecado, depois de termos
recebido o pleno conhecimento da
verdade, já não resta mais sacri-
fício pelos pecados,
27 mas certa expectação horrível
de juízo e ardor de fogo que há de
devorar os adversários.
28 Todo aquele que quebrava a
Lei de Moisés morria sem miseri-
córdia, pelo testemunho de duas
ou três pessoas.
29 De quanto maior castigo cui-
dais vós será julgado merecedor
aquele que pisar o Filho de Deus,
tiver por profano o sangue da
aliança com o qual foi santifica-
do e ultrajar o Espírito da graça?
30 Pois conhecemos aquele que
disse: Minha é a vingança; eu re-
tribuirei. E outra vez: O Senhor
julgará o seu povo.
31 Horrenda coisa é cair nas mãos
do Deus vivo.
32 **L**embrai-vos, porém, dos dias
passados, em que, depois de serdes

iluminados, suportastes grande
combate de aflições.
33 Às vezes fostes expostos como
em espetáculo, tanto de vergonha quanto de tribulações; às
vezes vos tornastes coparticipantes com os que desse modo
foram tratados.
34 Não somente vos compadecestes dos que estavam nas prisões,
mas também com alegria aceitastes o espólio dos vossos bens, sabendo que tendes possessão superior e permanente.
35 Portanto, não lanceis fora a
vossa confiança, que tem uma
grande recompensa.
36 Necessitais de perseverança,
para que, depois de haverdes feito a vontade de Deus, alcanceis a
promessa.
37 Pois, ainda em pouco tempo,
aquele que há de vir virá;
não tardará.
38 O meu justo, porém, viverá da fé.
E, se ele recuar,
a minha alma não tem
prazer nele.
39 Nós, porém, não somos daqueles que retrocedem para a
perdição, mas daqueles que creem para a conservação da alma.

Pela fé

11 Ora, a fé é a certeza das coisas que se esperam e a
prova das coisas que não se veem.
2 Foi por ela que os antigos alcançaram bom testemunho.
3 Pela fé, entendemos que os mundos foram criados pela palavra de
Deus, de maneira que o visível
não foi feito do que se vê.
4 Pela fé, Abel ofereceu a Deus
mais excelente sacrifício do que
Caim, pelo qual alcançou testemunho de que era justo, dando
Deus testemunho das suas ofertas, e por meio delas, depois de
morto, ainda fala.
5 Pela fé, Enoque foi trasladado, para não ver a morte; não foi
achado, porque Deus o trasladara.
Pois antes da sua trasladação, alcançou testemunho de que agradara a Deus.
6 Ora, sem fé é impossível agradar a Deus, porque é necessário
que aquele que se aproxima de
Deus creia que ele existe e que é
galardoador dos que o buscam.
7 Pela fé, Noé, divinamente avisado das coisas que ainda não
se viam e sendo temente a Deus,
preparou uma arca para a salvação da sua casa, pela qual condenou o mundo e tornou-se herdeiro da justiça que é segundo a fé.
8 Pela fé, Abraão, sendo chamado para um lugar que havia de
receber por herança, obedeceu
e saiu, sem saber para onde ia.
9 Pela fé, peregrinou na terra da
promessa, como em terra alheia,
habitando em tendas com Isaque
e Jacó, herdeiros com ele da mesma promessa.
10 Pois esperava a cidade que
tem fundamentos, da qual Deus
é o arquiteto e construtor.
11 Pela fé, também, a própria Sara
recebeu poder de conceber um filho, mesmo fora da idade, porque
teve por fiel aquele que lhe havia
feito a promessa.
12 Pelo que também de um, e
esse já sem vitalidade, descenderam tantos, em multidão, como
as estrelas do céu e como a areia
inumerável que está na praia
do mar.
13 Todos estes morreram na fé.
Não alcançaram as promessas.
Viram-nas de longe e as saudaram.

E confessaram que eram estran-
geiros e peregrinos na terra.
14 Ora, os que dizem tais coisas,
claramente mostram que estão
buscando uma pátria.
15 E se, na verdade, se lembras-
sem daquela de onde haviam saí-
do, teriam oportunidade de voltar.
16 Agora, porém, desejam uma
pátria melhor, isto é, a celestial.
Pelo que também Deus não se en-
vergonha deles, de ser chamado
o seu Deus, pois já lhes preparou
uma cidade.
17 Pela fé, Abraão, ao ser prova-
do, ofereceu Isaque. Aquele que
havia recebido as promessas ofe-
receu o seu unigênito,
18 embora Deus lhe tivesse dito:
Em Isaque será chamada a tua
descendência.
19 Abraão julgou que Deus era
poderoso para até dentre os mor-
tos o ressuscitar, e daí também
em figura o recobrou.
20 Pela fé, Isaque abençoou Jacó e
Esaú, no tocante às coisas futuras.
21 Pela fé, Jacó, próximo da mor-
te, abençoou cada um dos filhos de
José e adorou a Deus, apoiado so-
bre a extremidade do seu bordão.
22 Pela fé, José, próximo da mor-
te, fez menção da saída dos filhos
de Israel do Egito e deu instru-
ções acerca de seus ossos.
23 Pela fé, Moisés, logo ao nas-
cer, foi escondido por seus pais
durante três meses, porque vi-
ram que o menino era formoso
e não temeram o decreto do rei.
24 Pela fé, Moisés, sendo já ho-
mem, recusou ser chamado filho
da filha de faraó.
25 *Escolhendo* antes ser maltra-
tado com o povo de Deus do que,
por algum tempo, ter a alegria
do pecado.
26 Teve por maiores riquezas o
desprezo de Cristo do que os te-
souros do Egito, porque tinha em
vista a recompensa.
27 Pela fé, deixou o Egito, não
temendo a ira do rei; ficou firme
porque viu aquele que é invisível.
28 Pela fé, celebrou a Páscoa e a
aspersão do sangue, para que o
destruidor dos primogênitos não
os tocasse.
29 Pela fé, os israelitas atraves-
saram o mar Vermelho, como
por terra seca; quando, porém,
os egípcios, tentaram fazê-lo, se
afogaram.
30 Pela fé, caíram os muros de
Jericó, depois de rodeados por
sete dias.
31 Pela fé, Raabe, a meretriz, ten-
do acolhido em paz os espias, não
pereceu com os incrédulos.
32 E que mais direi? Certamente
me faltará o tempo para falar de
Gideão, de Baraque, de Sansão,
de Jefté, de Davi, de Samuel e
dos profetas,
33 os quais, pela fé, venceram
reinos, praticaram a justiça, al-
cançaram promessas, fecharam
a boca de leões,
34 apagaram a força do fogo, es-
caparam do fio da espada, da fra-
queza tiraram forças, tornaram-
-se poderosos na batalha, puseram
em fuga exércitos de estrangeiros.
35 Mulheres receberam pela res-
surreição os seus mortos. Uns fo-
ram torturados, não aceitando o
seu livramento, para alcançar su-
perior ressurreição.
36 Outros experimentaram zom-
baria e açoites, e até algemas e
prisões.
37 Foram apedrejados, tentados,
serrados pelo meio, mortos a fio
de espada. Andaram vestidos de

peles de ovelhas e de cabras, ne-
cessitados, aflitos e maltratados
38 (O mundo não era digno de-
les.) pelos desertos e montes, e
pelas covas e cavernas da terra.
39 E todos estes, embora tendo
recebido bom testemunho pela
fé, não alcançaram a promessa.
40 Deus havia planejado coisa su-
perior a nosso respeito, para que
eles, sem nós, não fossem aper-
feiçoados.

Deus corrige seus filhos

12 Portanto, visto que nós
também estamos rodea-
dos de tão grande nuvem de tes-
temunhas, deixemos todo emba-
raço e o pecado que tão de perto
nos rodeia e corramos com per-
severança a carreira que nos está
proposta,
2 olhando firmemente para Jesus,
autor e consumador da nossa fé,
o qual pela alegria que lhe esta-
va proposta suportou a cruz, des-
prezando a afronta, e está assen-
tado à direita do trono de Deus.
3 Considerai aquele que suportou
tal oposição dos pecadores con-
tra si mesmo, para que não vos
canseis nem desanimeis.
4 Ainda não resististes até o pon-
to de derramar o próprio sangue,
combatendo contra o pecado,
5 e já vos esquecestes da exorta-
ção que vos admoesta como filhos:
Filho meu, não desprezes a
correção do Senhor
e não desanimes quando por
ele fores repreendido,
6 porque o Senhor corrige
a quem ama
e açoita a todo o que
recebe por filho.
7 É para disciplina que suportais
a correção; Deus vos trata como
filhos. Pois que filho há a quem
o pai não corrige?
8 Se, porém, estais sem discipli-
na, da qual todos são feitos par-
ticipantes, sois então bastardos,
não filhos.
9 Além disso, tivemos nossos pais
humanos, os quais nos corrigiam,
e os respeitávamos. Não nos su-
jeitaremos muito mais ao Pai dos
espíritos, para vivermos?
10 Aqueles, na verdade, por um
pouco de tempo, nos corrigiam
como bem lhes parecia; mas este,
para nosso proveito, para sermos
participantes da sua santidade.
11 Na verdade, nenhuma corre-
ção parece no momento ser mo-
tivo de alegria, mas de tristeza.
Contudo, depois produz um fru-
to pacífico de justiça nos que por
ela têm sido exercitados.
12 Portanto, fortalecei as mãos
cansadas e os joelhos vacilantes;
13 fazei veredas direitas para os
vossos pés, para que o que é man-
co não se desvie inteiramente, an-
tes seja curado.

As duas alianças

14 Segui a paz com todos e a san-
tificação; sem a santificação nin-
guém verá o Senhor.
15 Tende cuidado de que nin-
guém se prive da graça de Deus
e de que nenhuma raiz de amar-
gura, brotando, vos perturbe, e
por ela muitos se contaminem.
16 Ninguém seja imoral, ou pro-
fano, como foi Esaú, que por uma
refeição vendeu o seu direito de
primogenitura.
17 Depois, como bem sabeis, que-
rendo ele ainda herdar a bênção,
foi rejeitado. Não achou lugar de
arrependimento, embora com lá-
grimas o tivesse buscado.

18 Não tendes chegado ao monte
palpável e ardente, à escuridão,
às trevas e à tempestade,
19 ao sonido da trombeta e ao
som de palavras tais, que, quan-
tos o ouviram, rogaram que não
se lhes falasse mais,
20 porque não podiam suportar
o que se lhes mandava: Se até um
animal tocar no monte, será ape-
drejado.
21 E tão terrível era a visão que
Moisés disse: Estou todo aterra-
do e trêmulo.
22 Tendes, porém, chegado ao
monte Sião e à cidade do Deus
vivo, à Jerusalém celestial e aos
muitos milhares de anjos,
23 à universal assembleia e igre-
ja dos primogênitos inscritos nos
céus. Tendes chegado a Deus, o
juiz de todos, e aos espíritos dos
justos aperfeiçoados,
24 a Jesus, o Mediador de uma nova
aliança, e ao sangue da aspersão,
que fala melhor do que o de Abel.
25 Vede que não rejeiteis ao que
fala. Se não escaparam aqueles
que rejeitaram o que sobre a terra
os advertia, quanto menos escapa-
remos nós, se nos desviarmos da-
quele que nos adverte lá dos céus?
26 Então a sua voz abalou a ter-
ra, mas agora ele prometeu, di-
zendo: Ainda uma vez abalarei
não só a terra, mas também o céu.
27 Ora, a declaração "Ainda uma
vez" mostra a remoção das coisas
abaláveis, como coisas criadas, para
que as inabaláveis permaneçam.
28 Pelo que, tendo recebido um
Reino que não pode ser abalado,
retenhamos a graça, pela qual
*sirvamos a Deus agradavel*men-
te com reverência e santo temor,
29 pois o nosso Deus é fogo con-
sumidor.

Exortações à vida cristã

13 Permaneça o amor fra-
ternal.
2 Não vos esqueçais da hospita-
lidade, pois por ela alguns, sem o
saber, hospedaram anjos.
3 Lembrai-vos dos presos, como
se estivésseis presos com eles, e
dos maltratados, como sendo-o
vós mesmos também no corpo.
4 Digno de honra entre todos seja
o matrimônio, bem como o leito
sem mácula, pois aos imorais e
adúlteros Deus os julgará.
5 Seja a vossa vida livre do amor
ao dinheiro, contentando-vos com
o que tendes, pois ele mesmo disse:
Não te deixarei,
nunca te desampararei.
6 Assim, com confiança, ouse-
mos dizer:
O Senhor é o meu auxílio;
não temerei.
O que me poderá fazer o
homem?
7 Lembrai-vos dos vossos guias,
que vos falaram a palavra de Deus,
e, atentando para o êxito da sua
carreira, imitai-lhes a fé.
8 Jesus Cristo é o mesmo ontem,
hoje e eternamente.
9 Não vos deixeis envolver por
doutrinas várias e estranhas.
Bom é que o coração se fortifi-
que com a graça, não com ali-
mentos que não trouxeram pro-
veito nenhum aos que com eles
se preocuparam.
10 Possuímos um altar do qual
não têm direito de comer os que
servem ao tabernáculo.
11 Os corpos dos animais, cujo
sangue é trazido para dentro do
santo lugar pelo sumo sacer-
dote como oferta pelo pecado,
são queimados fora do acam-
pamento.

12 E por isso também Jesus, para
santificar o povo pelo seu próprio
sangue, padeceu fora da porta.
13 Saiamos, pois, a ele, fora do
acampamento, suportando a ver-
gonha que ele suportou.
14 Pois não temos aqui cidade
permanente, mas buscamos a
que está por vir.
15 Portanto, ofereçamos sempre
por meio dele a Deus sacrifício de
louvor, que é o fruto de lábios que
confessam o seu nome.
16 Não vos esqueçais de fazer o
bem e de repartir com outros, pois
com tais sacrifícios Deus se agrada.
17 Obedecei aos seus guias e sub-
metei-vos a eles. Eles cuidam de
vós, como quem há de prestar
contas. Obedecei-lhes para que o
façam com alegria, e não gemen-
do, pois isso não vos seria útil.
18 Orai por nós. Estamos certos
de que temos boa consciência, de-
sejando em todas as coisas por-
tar-nos corretamente.
19 Rogo-vos, com firmeza, que as-
sim façais para que eu mais de-
pressa vos seja restituído.

Votos e saudações finais

20 Ora, o Deus da paz, que pelo san-
gue da aliança eterna tornou a tra-
zer dentre os mortos o nosso Senhor
Jesus, o grande Pastor das ovelhas,
21 vos aperfeiçoe em toda boa
obra, para fazerdes a sua von-
tade, operando em vós o que pe-
rante ele é agradável por meio
de Jesus Cristo, ao qual seja gló-
ria para todo o sempre. Amém.
22 Rogo-vos, porém, irmãos, que
suporteis esta palavra de exor-
tação, pois vos escrevi resumi-
damente.
23 Sabei que o irmão Timóteo já
está solto, com o qual, se ele vier
depressa, vos verei.
24 Saudai a todos os vossos lí-
deres e a todos os santos. Os da
Itália vos saúdam.
25 A graça seja com todos vós.

TIAGO

Prefácio e saudação

1 Tiago, servo de Deus e do Senhor
Jesus Cristo, às doze tribos da
Dispersão, saudações.

Provas e tentação

2 **M**eus irmãos, tende por moti-
vo de grande alegria o passardes
por provações,
3 sabendo que a prova da vos-
sa fé desenvolve a perseverança.
4 Ora, a perseverança deve ter-
minar a sua obra, para que sejais
maduros e completos, não tendo
falta de coisa alguma.
5 **O**ra, se algum de vós tem falta
de sabedoria, peça-a a Deus, que a
todos dá liberalmente e não cen-
sura, e lhe será dada.
6 Peça-a, porém, com fé, não duvi-
dando, porque aquele que duvida
é semelhante à onda do mar, im-
pelida e agitada pelo vento.
7 Não pense tal homem que re-
ceberá do Senhor alguma coisa;
8 homem vacilante que é, incons-
tante em todos os seus caminhos.
9 **G**lorie-se o irmão de condição
humilde quando estiver em alta
posição.
10 O rico, porém, glorie-se na sua
insignificância, porque ele passa-
rá como a flor da erva.
11 Pois o sol sai com seu arden-
te calor e faz secar a erva; a sua
flor cai, e a sua formosura pere-
ce. Assim murchará também o
rico em seus caminhos.
12 **B**em-aventurado o homem
que suporta a provação, porque,
depois de ter passado na prova,
receberá a coroa da vida, que o
Senhor prometeu aos que o amam.
13 Ninguém, ao ser tentado, diga:
Sou tentado por Deus. Pois Deus
não pode ser tentado pelo mal, e
ele a ninguém tenta.
14 Cada um, porém, é tentado por
sua própria cobiça, quando esta
o atrai e seduz.
15 Depois, havendo esse desejo con-
cebido, dá à luz o pecado; e o peca-
do, sendo consumado, gera a morte.
16 **N**ão vos enganeis, meus ama-
dos irmãos.
17 Toda boa dádiva e todo dom per-
feito é lá do alto, descendo do Pai
das luzes, em quem não há mu-
dança nem sombra de variação.
18 Segundo a sua vontade, ele nos
gerou pela palavra da verdade,
para que fôssemos como os pri-
meiros frutos do que ele criou.

A prática da Palavra de Deus

19 **S**abei isto, meus amados ir-
mãos: Todo homem seja pron-
to para ouvir, tardio para falar e
tardio para se irar,
20 pois a ira do homem não ope-
ra a justiça de Deus.
21 Pelo que, despojando-vos de
toda impureza e de todo vestígio
do mal, recebei com mansidão
a palavra em vós implantada, a
qual é poderosa para vos salvar.
22 E sede praticantes da palavra, e
não somente ouvintes, enganando-
-vos a vós mesmos.
23 Se alguém é ouvinte da palavra
e não praticante, é semelhante ao
homem que contempla no espe-
lho o seu rosto natural e,
24 depois de se contemplar a si
mesmo, vai-se e logo se esquece
de como era.

25 Aquele, porém, que atenta bem para a lei perfeita, a da liberdade, e nela persevera, não sendo ouvinte esquecido, mas executor da obra, este será bem-aventurado no que realizar.

26 Se alguém cuida ser religioso, mas não refreia a sua língua, antes engana o seu coração, a sua religião é vã.

27 A religião pura e imaculada para com nosso Deus e Pai é esta: Visitar os órfãos e as viúvas nas suas aflições e guardar-se incontaminado do mundo.

Proíbe-se o favoritismo

2 Meus irmãos, como crentes em nosso Senhor Jesus Cristo, Senhor da glória, não façais acepção de pessoas.

2 Por exemplo: Se na vossa reunião entrar algum homem com anel de ouro no dedo e com trajes de luxo e entrar também algum pobre andrajoso,

3 e atentardes para o que tem os trajes de luxo e lhe disserdes: Assenta-te aqui em lugar de honra; e disserdes ao pobre: Fica aí em pé, ou assenta-te abaixo do estrado dos meus pés,

4 não fazeis distinção entre vós mesmos e não vos tornais juízes movidos de maus pensamentos?

5 Ouvi, meus amados irmãos: Não escolheu Deus aos que são pobres aos olhos do mundo para serem ricos na fé e herdeiros do Reino que prometeu aos que o amam?

6 Vós, porém, desonrastes o pobre. Não são os ricos os que vos oprimem e vos arrastam aos tribunais?

7 Não são eles os que blasfemam o bom nome daquele a quem pertenceis?

8 Todavia, se cumprirdes a lei do Reino, encontrada na Escritura: Amarás o teu próximo como a ti mesmo, fazeis bem.

9 Se, porém, fazeis acepção de pessoas, cometeis pecado, sendo condenados pela Lei como transgressores.

10 Pois qualquer que guardar toda a Lei, mas tropeçar em um só ponto, torna-se culpado de todos.

11 Pois aquele que disse: Não adulterarás, também disse: Não matarás. Ora, se não adulteras, mas matas, tornas-te transgressor da Lei.

12 Falai de tal maneira e de tal maneira procedei, como aqueles que hão de ser julgados pela lei da liberdade,

13 porque o juízo será sem misericórdia para aquele que não usou de misericórdia. A misericórdia triunfa sobre o juízo!

Fé e obras

14 Meus irmãos, que proveito há se alguém disser que tem fé, mas não tiver obras? Pode essa fé salvá-lo?

15 Se o irmão ou a irmã estiverem nus e tiverem falta de mantimento cotidiano,

16 e algum de vós lhes disser: Ide em paz, aquentai-vos e fartai-vos, mas não lhes derdes as coisas necessárias para o corpo, que proveito há nisso?

17 Assim também a fé, se não tiver obras, é morta em si mesma.

18 Alguém, porém, dirá: Tu tens fé, e eu tenho obras. Mostra-me a tua fé sem as tuas obras, e eu te mostrarei a minha fé pelas minhas obras.

19 Crês tu que Deus é um só? Fazes bem! Os demônios também o creem e estremecem.

20 Queres comprovar, porém, ó homem insensato, que a fé sem as obras é inútil?

21 Não foi pelas obras que o nosso pai Abraão foi justificado quando ofereceu sobre o altar o seu filho Isaque?

22 Vês que a fé cooperou com as suas obras, e pelas obras a fé foi aperfeiçoada.

23 E se cumpriu a Escritura, que diz: Abraão creu em Deus, e isso lhe foi creditado para justiça, e ele foi chamado amigo de Deus.

24 Vedes então que o homem é justificado pelas obras, e não somente pela fé.

25 De igual modo não foi a meretriz Raabe também justificada pelas obras, quando acolheu os espias e os fez partir por outro caminho?

26 Assim como o corpo sem o espírito está morto, assim também a fé sem as obras é morta.

A guarda da língua

3 Meus irmãos, não sejais muitos de vós mestres, sabendo que receberemos um juízo mais severo.

2 Todos tropeçamos em muitas coisas. Se alguém não tropeça em palavra, esse homem é perfeito e capaz de refrear todo o corpo.

3 Ora, quando pomos freios na boca dos cavalos, para que nos obedeçam, conseguimos dirigir todo o seu corpo.

4 Vede também os navios que, sendo tão grandes e levados por impetuosos ventos, com um pequenino leme se voltam para onde *queira o impulso do timoneiro*.

5 Assim também a língua é um pequeno membro, mas se gaba de grandes coisas. Vede quão grande bosque um tão pequeno fogo incendeia.

6 A língua também é fogo, mundo de iniquidade situada entre os nossos membros. Ela contamina todo o corpo, inflama o curso da natureza e é por sua vez inflamada pelo inferno.

7 Toda espécie de feras, de aves, de répteis e de animais do mar se doma e tem sido domada pelo gênero humano,

8 mas a língua, nenhum homem a pode domar. É mal incontido, está cheia de veneno mortal.

9 Com ela bendizemos ao Senhor e Pai, e também com ela amaldiçoamos os homens, feitos à semelhança de Deus.

10 Da mesma boca procedem bênção e maldição. Meus irmãos, não convém que isso seja assim.

11 Pode a fonte jorrar do mesmo manancial água doce e água amarga?

12 Meus irmãos, acaso pode uma figueira produzir azeitonas, ou uma videira figos? Tampouco pode uma fonte de água salgada dar água doce.

Dois tipos de sabedoria

13 **Q**uem entre vós é sábio e entendido? Mostre pelo seu bom procedimento as suas obras em mansidão de sabedoria.

14 Se, porém, tendes em vosso coração amarga inveja e sentimento faccioso, não vos glorieis, nem mintais contra a verdade.

15 Essa não é a sabedoria que vem do alto, mas é terrena, animal e diabólica.

16 Pois onde há inveja e sentimento faccioso, aí há confusão e toda obra má.

17 A sabedoria que vem do alto, porém, é antes de tudo pura, depois

pacífica, moderada, tratável, cheia
de misericórdia e de bons frutos,
sem parcialidade e sem hipocrisia.
18 Ora, o fruto da justiça semeia-
-se em paz para os que promo-
vem a paz.

Submetei-vos a Deus

4 De onde vêm as guerras e con-
tendas entre vós? Não vêm dis-
to, dos prazeres que nos vossos
membros guerreiam?
2 Cobiçais, mas nada tendes. Matais
e invejais, mas não podeis obter o
que desejais. Combateis e guerreais.
Nada tendes porque não pedis.
3 Pedis e não recebeis porque pe-
dis mal, para o gastardes em vos-
sos prazeres.
4 Adúlteros e adúlteras, não sa-
beis que a amizade do mundo é
inimizade com Deus? Portanto
qualquer que quiser ser amigo
do mundo constitui-se inimigo de
Deus.
5 Ou pensais que em vão diz a
Escritura: O Espírito que ele fez
habitar em nós tem intenso ciúme?
6 Antes, ele nos dá uma graça
maior. Portanto, diz a Escritura:
Deus resiste aos soberbos,
mas dá graça aos humildes.
7 Sujeitai-vos, pois, a Deus. Resisti
ao Diabo, e ele fugirá de vós.
8 Chegai-vos a Deus, e ele se che-
gará a vós. Lavai as mãos, peca-
dores, e vós de mente dividida,
purificai o coração.
9 Senti as vossas misérias, lamen-
tai e chorai. Converta-se o vosso
riso em pranto, e a vossa alegria
em tristeza.
10 Humilhai-vos perante o Senhor,
e ele vos exaltará.
11 **I**rmãos, não faleis mal uns dos
outros. Quem fala mal de um ir-
mão ou julga a seu irmão, fala
mal da Lei e julga a Lei. Ora, se
julgas a Lei, não és observador
da Lei, mas juiz.
12 Há só um legislador e juiz,
aquele que pode salvar e destruir.
Tu, porém, quem és, que julgas
ao próximo?

A falibilidade dos projetos humanos

13 **E** agora, vós que dizeis: Hoje
ou amanhã iremos a tal cidade,
lá passaremos um ano, negocia-
remos e ganharemos.
14 Ora, não sabeis o que acontece-
rá amanhã. O que é a vossa vida?
É um vapor que aparece por um
pouco e logo se desvanece.
15 Em lugar disso, devíeis dizer:
Se o Senhor quiser, viveremos e
faremos isto ou aquilo.
16 Agora, porém, vós vos orgu-
lhais das vossas pretensões. Ora,
toda vanglória tal como essa é
maligna.
17 Aquele, pois, que sabe o bem
que deve fazer e não o faz come-
te pecado.

A condenação dos ricos opressores

5 Agora, vós, ricos, chorai e pran-
teai, por causa das misérias
que sobre vós hão de vir.
2 As vossas riquezas estão apo-
drecidas, e as vossas vestes estão
comidas de traça.
3 O vosso ouro e a vossa prata se
enferrujaram. A sua ferrugem
dará testemunho contra vós e de-
vorará a vossa carne como fogo.
Entesourastes nos últimos dias.
4 Vede! O salário dos trabalhado-
res que ceifaram os vossos cam-
pos e que por vós foi retido com
fraude está clamando. Os clamo-
res dos ceifeiros chegaram aos ou-
vidos do Senhor Todo-poderoso.

5 Deliciosamente vivestes so-
bre a terra e vos deleitastes.
Cevastes o vosso coração no dia
de matança.
6 Condenastes e matastes o jus-
to, que não resistiu a vós.

A paciência no sofrimento

7 Sede, pois, irmãos, pacientes até
a vinda do Senhor. Vede que o la-
vrador espera o precioso fruto da
terra, aguardando-o com paciên-
cia, até receber as primeiras e as
últimas chuvas.
8 Sede vós também pacientes e
fortalecei o vosso coração, porque
a vinda do Senhor está próxima.
9 Irmãos, não vos queixeis uns
dos outros, para não serdes jul-
gados. O juiz está à porta.
10 Irmãos, tomai como exem-
plo de sofrimento e paciência os
profetas que falaram em nome
do Senhor.
11 Como sabeis, temos por bem-
-aventurados os que persevera-
ram. Ouvistes da paciência de
Jó e vistes o fim que o Senhor
lhe deu. O Senhor é cheio de mi-
sericórdia e compaixão.
12 Sobretudo, porém, meus ir-
mãos, não jureis, nem pelo céu,
nem pela terra, nem por qualquer
outra coisa. Seja, porém, o vosso
sim, sim, e o vosso não, não, para
não serdes condenados.

A oração da fé

13 Está alguém entre vós afli-
to? Ore. Está alguém contente?
Cante louvores.
14 Está alguém entre vós doente?
Chame os presbíteros da igreja,
e orem sobre ele, ungindo-o com
óleo em nome do Senhor.
15 E a oração da fé salvará o doen-
te; o Senhor o levantará. Se hou-
ver cometido pecados, lhe serão
perdoados.
16 Portanto, confessai os vossos pe-
cados uns aos outros e orai uns pelos
outros, para serdes curados. A ora-
ção de um justo é poderosa e eficaz.
17 Elias era homem humano e
estava sujeito às mesmas pai-
xões que nós, mas orou com fer-
vor para que não chovesse, e du-
rante três anos e seis meses não
choveu sobre a terra.
18 E orou outra vez, e o céu deu chu-
va, e a terra produziu o seu fruto.
19 Meus irmãos, se algum den-
tre vós se desviar da verdade e
alguém o converter,
20 sabei que aquele que fizer con-
verter um pecador do erro do seu ca-
minho salvará da morte uma alma
e cobrirá uma multidão de pecados.

1PEDRO

Prefácio e saudação

1 Pedro, apóstolo de Jesus Cristo,
aos estrangeiros da Dispersão,
no Ponto, na Galácia, na Capadócia,
na Ásia e na Bitínia,
2 eleitos segundo a presciência de
Deus Pai, na santificação do Espírito,
para a obediência e aspersão do
sangue de Jesus Cristo: Graça e
paz vos sejam multiplicadas.

Louvor a Deus por uma viva esperança

3 **B**endito seja o Deus e Pai de
nosso Senhor Jesus Cristo, que,
segundo a sua grande misericór-
dia, nos gerou de novo para uma
viva esperança, pela ressurreição
de Jesus Cristo dentre os mortos,
4 para uma herança incontami-
nável, que jamais perecerá ou
perderá seu valor, guardada nos
céus para vós,
5 que pelo poder de Deus sois
guardados, mediante a fé, para a
salvação preparada para se reve-
lar no último tempo.
6 Nisso vos exultais, ainda que
no presente, por breve tempo, se
necessário, sejais entristecidos
por várias provações.
7 Essas provações são para que
a prova da vossa fé, muito mais
preciosa do que o ouro que pere-
ce, embora provado pelo fogo, re-
dunde para louvor, glória e hon-
ra na revelação de Jesus Cristo.
8 Embora não o tendes visto, o
amais; e embora não o vedes ago-
ra, credes nele e exultais com ale-
gria inefável e cheio de glória,
9 recebendo o objetivo final da
vossa fé: a salvação da vossa alma.
10 **D**esta salvação investigaram e
minaram diligentemente os pro-
fetas que profetizaram da graça
que vos era destinada,
11 para saber qual o tempo ou qual
a circunstância que o Espírito de
Cristo, que estava neles, indica-
va, quando predisse os sofrimen-
tos de Cristo e as glórias que os
seguiriam.
12 Aos quais foi revelado que não
para si mesmos, mas para vós,
eles ministravam estas coisas que
agora vos foram anunciadas por
aqueles que, pelo Espírito Santo
enviado do céu, vos pregaram o
evangelho. Coisas para as quais
até os anjos desejam atentar.

Sede santos

13 **P**ortanto, estando com a men-
te preparada, sede sóbrios e es-
perai inteiramente na graça que
se vos oferece na revelação de
Jesus Cristo.
14 Como filhos obedientes, não
vos conformeis com as concupis-
cências que antes tínheis na vos-
sa ignorância.
15 Antes, porém, como é santo
aquele que vos chamou, sede vós
também santos em todo o vosso
procedimento;
16 pois está escrito: Sede santos,
porque eu sou santo.
17 Ora, se invocais por Pai aque-
le que, sem acepção de pessoas,
julga segundo a obra de cada um,
andai em temor, durante o tem-
po da vossa peregrinação,
18 sabendo que não foi com coisas
perecíveis, como prata ou ouro,
que fostes resgatados da vossa vã

maneira de viver, a qual por tra-
dição recebestes dos vossos pais,
19 mas com o precioso sangue de
Cristo, como de um cordeiro sem
defeito e sem mancha,
20 o qual, na verdade, foi conhe-
cido ainda antes da fundação do
mundo, mas manifesto nestes úl-
timos tempos por amor de vós,
21 que por ele credes em Deus, que
o ressuscitou dentre os mortos e
lhe deu glória, para que a vossa fé
e esperança estivessem em Deus.
22 Tendo purificado a vossa vida
na obediência à verdade, que leva
ao amor fraternal não fingido,
amai-vos ardentemente uns aos
outros de coração,
23 tendo sido regenerados, não de
semente corruptível, mas de in-
corruptível, pela palavra de Deus,
a qual vive e é permanente.
24 Pois:
Toda a carne é como a erva,
e toda a glória do homem
como a flor da erva.
Seca-se a erva e cai a sua
flor,
25 mas a palavra do Senhor
permanece para sempre.
E esta é a palavra que vos
foi pregada.

Jesus, a pedra viva

2 Deixando, pois, toda a malícia
e engano, fingimentos e inve-
jas, e toda sorte de maledicências,
2 desejai ardentemente, como
meninos recém-nascidos, o puro
leite espiritual, para por ele cres-
cerdes para a salvação,
3 agora que já provastes que o
Senhor é bom.
4 Chegando-vos para ele, pedra
viva, rejeitada, na verdade, pe-
los homens, mas para com Deus
eleita e preciosa,
5 vós também, como pedras vivas,
sois edificados como casa espiri-
tual para serdes sacerdócio san-
to, a fim de oferecerdes sacrifícios
espirituais aceitáveis a Deus por
Jesus Cristo.
6 Pois na Escritura se diz:
Vede, ponho em Sião uma
pedra angular,
eleita e preciosa;
e quem nela crer
não será envergonhado.
7 Ora, para vós, os que credes,
essa pedra é preciosa. Mas para
os descrentes, a
pedra que os edificadores
rejeitaram,
essa foi posta como a
principal de esquina,
8 e:
Uma pedra de tropeço
e rocha de escândalo.
Tropeçam porque são desobedien-
tes à palavra; para o que também
foram destinados.
9 Vós, porém, sois a geração elei-
ta, o sacerdócio real, a nação san-
ta, o povo adquirido, para que
anuncieis as grandezas daquele
que vos chamou das trevas para
a sua maravilhosa luz.
10 Antes não éreis povo, mas ago-
ra sois povo de Deus; antes não tí-
nheis alcançado misericórdia, mas
agora alcançastes misericórdia.

O bom procedimento cristão

11 Amados, peço-vos, como a pe-
regrinos e estrangeiros, que vos
abstenhais dos desejos carnais, os
quais combatem contra a alma.
12 O vosso procedimento entre
aos gentios seja correto, para que,
naquilo em que falam mal de vós,
como de malfeitores, observando
as vossas boas obras, glorifiquem
a Deus no dia da visitação.

13 Sujeitai-vos a toda autorida-
de humana, por causa do Senhor,
quer ao rei, como soberano,
14 quer aos governadores, como
por ele enviados para castigo dos
malfeitores e para louvor dos que
fazem o bem.
15 Pois é a vontade de Deus que,
pela prática do bem, façais emu-
decer a ignorância dos insensatos,
16 como livres, e não tendo a liber-
dade como desculpa para malícia,
mas vivendo como servos de Deus.
17 Honrai a todos. Amai os ir-
mãos. Temei a Deus. Honrai o rei.

Os deveres dos que prestam serviços a outrem

18 Vós, servos, sujeitai-vos com
todo o temor aos vossos senhores,
não somente aos bons e amáveis,
mas também aos maus.
19 Pois é louvável que alguém,
por causa da consciência para
com Deus, suporte tristezas, pa-
decendo injustamente.
20 Que glória, porém, é essa, se,
pecando e sendo esbofeteados por
isso, o suportais com paciência?
Se, porém, fazendo o bem, sois
afligidos e o suportais com pa-
ciência, isso é agradável a Deus.
21 Para isso fostes chamados,
porque também Cristo padeceu
por vós, deixando-vos o exemplo,
para que sigais as suas pisadas.
22 Ele não cometeu pecado,
e na sua boca não se achou
engano.
23 Quando foi injuriado, não in-
juriava e, quando padecia, não
ameaçava. Antes, entregava-se
àquele que julga justamente.
24 Ele mesmo levou em seu cor-
po os nossos pecados sobre o ma-
deiro, para que, mortos para os
pecados, pudéssemos viver para
a justiça; pelas suas feridas fos-
tes sarados.
25 Pois estáveis desgarrados como
ovelhas, mas agora voltastes ao
Pastor e Bispo da vossa alma.

Os deveres dos casados

3 Semelhantemente, vós, mulhe-
res, sede submissas a vosso ma-
rido, para que também, se alguns
deles não obedecem à palavra, pelo
procedimento de suas mulheres,
sejam ganhos sem palavra,
2 observando a vossa conduta ho-
nesta e respeitosa.
3 A beleza das esposas não seja
o enfeite exterior, como o frisado
de cabelos, o uso de joias de ouro
ou o luxo dos vestidos,
4 mas a beleza interior, no in-
corruptível traje de um espírito
manso e tranquilo, que é precio-
so diante de Deus.
5 Pois assim se adornavam anti-
gamente também as santas mu-
lheres que esperavam em Deus.
Estavam submissas a seus ma-
ridos,
6 como Sara obedecia a Abraão,
chamando-lhe senhor. Sois filhas
dela, se fazeis o bem, e não temeis
nenhum espanto.
7 Igualmente, vós, maridos, vi-
vei com elas com entendimen-
to, dando honra à mulher, como
vaso mais frágil e como sendo elas
herdeiras convosco da graça da
vida, para que não sejam impe-
didas as vossas orações.

O sofrimento na prática do bem

8 Finalmente, sede todos de um
mesmo sentimento, compassivos,
cheios de amor fraternal, miseri-
cordiosos, humildes.
9 Não pagueis mal por mal, nem
injúria por injúria. Pelo contrário,

bendizei, porque para isso fostes chamados, a fim de receberdes bênção por herança.

10 Pois quem quiser
desfrutar a vida
e ter dias felizes
refreie a sua língua do mal
e os seus lábios não
falem engano.

11 Aparte-se do mal e faça o bem;
busque a paz e siga-a.

12 Pois os olhos do Senhor estão
sobre os justos,
e os seus ouvidos atentos
à sua súplica,
mas o rosto do Senhor
é contra
os que fazem o mal.

13 Ora, quem é que vos fará mal,
se fordes zelosos do bem?
14 Mas, ainda que venhais pa-
decer por causa da justiça, bem-
-aventurados sois. Não temais as
suas ameaças; não vos perturbeis.
15 Antes santificai Cristo, como
Senhor, em vosso coração. Estai
sempre preparados para respon-
der com mansidão e temor a todo
aquele que vos pedir a razão da
esperança que há em vós.
16 Tende uma boa consciência,
para que, naquilo em que falam
mal de vós, como de malfeitores,
fiquem confundidos os que blasfe-
mam do vosso bom procedimen-
to em Cristo.
17 Melhor é que padeçais fa-
zendo o bem (se a vontade de
Deus assim o quer) do que fa-
zendo o mal.
18 Pois Cristo padeceu uma úni-
ca vez pelos pecados, o justo pelos
injustos, para levar-nos a Deus.
Ele, na verdade, foi morto na car-
ne, mas vivificado pelo Espírito,
19 no qual também foi e pregou
aos espíritos em prisão,
20 os quais noutro tempo foram
rebeldes, quando a longanimi-
dade de Deus esperava, nos dias
de Noé, enquanto se preparava a
arca. Nela poucas (isto é, oito) al-
mas se salvaram através da água,
21 que também agora, por uma
verdadeira figura — o batismo —
vos salva, o qual não é o despo-
jamento da imundícia da carne,
mas o compromisso de uma boa
consciência para com Deus, por
meio da ressurreição de Jesus
Cristo,
22 que está à direita de Deus, ten-
do subido ao céu; a ele estão su-
jeitos os anjos, as autoridades e
as potestades.

A vida segundo a vontade de Deus

4 Portanto, visto que Cristo pa-
deceu por nós no seu corpo, ar-
mai-vos também vós deste mes-
mo pensamento, porque aquele
que padeceu no corpo já rompeu
com o pecado.
2 Então, no tempo que vos resta
no corpo não vivais mais segun-
do os desejos dos homens, mas se-
gundo a vontade de Deus.
3 Pois é bastante que no tempo
passado tenhais cumprido a von-
tade dos gentios, andando em dis-
soluções, concupiscências, gluto-
narias, bebedices e abomináveis
idolatrias.
4 E acham estranho não correr-
des com eles no mesmo desen-
freamento de dissolução e vos
insultam.
5 Hão, porém, de dar conta àque-
le que está preparado para julgar
os vivos e os mortos.
6 Pois é por isso que foi pregado
o evangelho até aos mortos, para
que, na verdade, fossem julgados
segundo os homens no corpo,

mas vivessem segundo Deus em
espírito.
7 Ora, já está próximo o fim de to-
das as coisas. Portanto, sede só-
brios e vigiai em oração.
8 Tende, antes de tudo, arden-
te amor uns para com os outros,
porque o amor cobre uma mul-
tidão de pecados.
9 Sede hospitaleiros uns para os
outros, sem murmuração.
10 Servi uns aos outros confor-
me o dom que cada um recebeu,
como bons administradores da
multiforme graça de Deus.
11 Se alguém fala, fale segundo as
palavras de Deus. Se alguém minis-
tra, ministre segundo a força que
Deus dá, para que em tudo Deus
seja glorificado por Jesus Cristo.
A ele pertence a glória e o domí-
nio para todo o sempre. Amém.
12 Amados, não estranheis a ar-
dente prova que vem sobre vós
para vos provar, como se coisa
estranha vos acontecesse.
13 Pelo contrário, alegrai-vos no
fato de serdes participantes das
aflições de Cristo, para que tam-
bém na revelação da sua glória
vos regozijeis e alegreis.
14 Se pelo nome de Cristo sois vi-
tuperados, bem-aventurados sois,
pois sobre vós repousa o Espírito
da glória e de Deus.
15 Que nenhum de vós padeça
como homicida, ou ladrão, ou mal-
feitor, ou como quem se introme-
te em negócios alheios.
16 Entretanto, se padece como
cristão, não se envergonhe, antes
glorifique a Deus por este nome.
17 Pois já é tempo que comece o
julgamento pela casa de Deus; e
se primeiro começa por nós, qual
será o fim daqueles que são deso-
bedientes ao evangelho de Deus?
18 E se é com dificuldade
que o justo se salva,
o que será do ímpio e do
pecador?
19 Portanto, também os que pade-
cem segundo a vontade de Deus
encomendem as suas almas ao
fiel Criador, fazendo o bem.

Os anciãos e os jovens

5 Aos presbíteros, que estão en-
tre vós, admoesto eu, que sou
também presbítero com eles e tes-
temunha das aflições de Cristo,
como alguém que participará da
glória que se há de revelar:
2 Apascentai o rebanho de Deus,
que está entre vós, tendo cuidado
dele, não por força, mas volunta-
riamente, não por torpe ganân-
cia, mas de boa vontade;
3 não como dominadores dos que
vos foram confiados, mas servin-
do de exemplo ao rebanho.
4 E, quando se manifestar o sumo
Pastor, recebereis a imperecível
coroa de glória.
5 Semelhantemente, vós, jovens,
sede submissos aos mais velhos.
E cingi-vos todos de humildade
uns para com os outros,
porque Deus resiste aos
soberbos,
mas dá graça aos humildes.
6 Humilhai-vos, portanto, debai-
xo da potente mão de Deus, para
que a seu tempo vos exalte.
7 Lançai sobre ele toda a vossa
ansiedade, porque ele tem cui-
dado de vós.
8 Sede sóbrios e vigiai. O vosso
adversário, o Diabo, anda em der-
redor, rugindo como leão, buscan-
do a quem possa tragar.
9 Resisti-lhe, firmes na fé, saben-
do que os mesmos sofrimentos

estão se cumprindo entre os vos-
sos irmãos no mundo.

Votos e saudações finais

10 E o Deus de toda a graça, que
em Cristo Jesus vos chamou à
sua eterna glória, depois de ha-
verdes padecido um pouco, ele
mesmo vos aperfeiçoará, confir-
mará, fortificará e fortalecerá.
11 A ele seja o poder para todo o
sempre. Amém.
12 Por meio de Silvano, vosso
fiel irmão, como o considero,
escrevi resumidamente, exor-
tando e testificando que esta é a
verdadeira graça de Deus. Nela
estai firmes.
13 A vossa coeleita em Babilônia
vos saúda, como também meu fi-
lho Marcos.
14 Saudai-vos uns aos outros com
ósculo de amor. Paz seja com to-
dos vós que estais em Cristo.

2PEDRO

Prefácio e saudação

1 Simão Pedro, servo e apóstolo
de Jesus Cristo, aos que conosco alcançaram fé igualmente preciosa pela justiça do nosso Deus e Salvador Jesus Cristo:
2 Graça e paz vos sejam multiplicadas, pelo conhecimento de Deus e de Jesus, nosso Senhor.
3 O seu divino poder nos deu tudo o que diz respeito à vida e à piedade, pelo conhecimento daquele que nos chamou por sua glória e virtude.
4 Desse modo ele nos tem dado grandíssimas e preciosas promessas, para que por elas vos torneis participantes da natureza divina, havendo fugido da corrupção que há no mundo por causa da cobiça.
5 Por isso mesmo, vós, empregando toda a diligência, acrescentai à vossa fé a bondade; à bondade, o conhecimento;
6 ao conhecimento, o domínio próprio; ao domínio próprio, a perseverança; à perseverança, a piedade;
7 à piedade, a fraternidade; e à fraternidade, o amor.
8 Pois, se em vós houver essas coisas em abundância, não vos deixarão ociosos nem infrutíferos no pleno conhecimento de nosso Senhor Jesus Cristo.
9 Aquele, porém, em quem não há essas coisas é cego, vendo somente o que está perto, havendo-se esquecido da purificação dos seus antigos pecados.
10 Portanto, irmãos, procurai fazer cada vez mais firme a vossa vocação e eleição. Pois, fazendo isso, nunca jamais tropeçareis,
11 e vos será amplamente concedida a entrada no Reino eterno de nosso Senhor e Salvador Jesus Cristo.
12 Pelo que não deixarei de exortar-vos sempre acerca destas coisas, ainda que as saibais e estejais confirmados na verdade já presente convosco.
13 E tenho por justo, enquanto estiver neste tabernáculo, despertar-vos com admoestações,
14 sabendo que brevemente hei de deixar este meu tabernáculo, como nosso Senhor Jesus Cristo já me revelou.
15 Procurarei, contudo, diligentemente que em toda ocasião depois da minha morte tenhais lembrança destas coisas.
16 Não vos fizemos saber o poder e a vinda de nosso Senhor Jesus Cristo, seguindo fábulas artificialmente compostas, mas nós mesmos vimos a sua majestade.
17 Pois ele recebeu de Deus Pai honra e glória, quando da magnífica glória lhe foi dirigida a seguinte voz: Este é o meu Filho amado, em quem me agrado.
18 Nós mesmos ouvimos esta voz vinda do céu, estando nós com ele no monte santo.
19 E temos ainda mais firme a palavra dos profetas, à qual bem fazeis se a ela prestarem atenção como a uma luz que ilumina em lugar escuro, até que o dia clareie e a estrela da alva surja em vosso coração.
20 Acima de tudo, lembrai-vos de que nenhuma profecia da Escritura é de particular interpretação.

21 Pois a profecia nunca foi pro-
duzida por vontade dos homens,
mas os homens santos da parte
de Deus falaram movidos pelo
Espírito Santo.

Os falsos mestres

2 Houve também entre o povo
falsos profetas, como entre
vós haverá também falsos mes-
tres, os quais introduzirão enco-
bertamente heresias destruido-
ras, negando até o Senhor que os
resgatou, trazendo sobre si mes-
mos repentina destruição.
2 E muitos seguirão as suas dis-
soluções, e, por causa deles, será
blasfemado o caminho da verdade.
3 Por ganância vos explorarão com
palavras fingidas. Para eles o juízo
lavrado há longo tempo não tar-
da, e a sua destruição não dorme.
4 **P**ois, se Deus não poupou os
anjos que pecaram, mas, haven-
do-os lançado no inferno, os en-
tregou às cadeias da escuridão,
ficando reservados para o juízo;
5 se não poupou o mundo antigo,
embora preservasse Noé, pregoei-
ro da justiça, com mais sete pes-
soas, ao trazer o Dilúvio sobre o
mundo dos ímpios;
6 se condenou à destruição as
cidades de Sodoma e Gomorra,
reduzindo-as a cinza e pondo-as
para exemplo aos que vivessem
impiamente;
7 e se livrou ao justo Ló, atribu-
lado pela vida dissoluta daque-
les perversos
8 (pois este justo, habitando entre
eles, afligia todos os dias a sua alma
justa com as injustas obras deles);
9 assim, sabe o Senhor livrar da
tentação os piedosos e reservar
os injustos para o dia do juízo,
para serem castigados.
10 Deus castigará especialmente
aqueles que segundo a carne an-
dam em imundos desejos e des-
prezam as autoridades. Atrevidos,
arrogantes, não receiam blasfe-
mar das dignidades,
11 ao passo que os anjos, embo-
ra maiores em força e poder, não
pronunciem contra eles juízo blas-
femo diante do Senhor.
12 Estes, porém, como animais
irracionais, que seguem a natu-
reza, feitos para serem presos e
mortos, blasfemando do que não
entendem, perecerão na sua cor-
rupção.
13 Receberão a paga da injustiça.
Tais homens têm prazer na luxúria
à luz do dia. São nódoas e mácu-
las, deleitando-se em suas festas,
quando se banqueteiam convosco.
14 Têm os olhos cheios de adul-
tério e são insaciáveis no pecado;
iludem as almas inconstantes;
têm um coração exercitado na
ganância, são filhos da maldição!
15 Eles, deixando o caminho di-
reito, desviaram-se, tendo segui-
do o caminho de Balaão, filho de
Beor, que amou o prêmio da in-
justiça,
16 mas que foi repreendido pela
sua transgressão: um mudo ju-
mento, falando com voz huma-
na, impediu a loucura do profeta.
17 **E**stes são fontes sem água,
névoas impelidas pela tempes-
tade, para os quais está reserva-
da a escuridão das trevas eter-
namente.
18 Pois proferem palavras arro-
gantes de vaidade e nos desejos
da carne iludem com dissoluções
aqueles que estavam prestes a fu-
gir dos que andam no erro.
19 Prometem-lhes liberdade,
sendo eles mesmos escravos da

corrupção; porque de quem um
homem é vencido, do mesmo é
feito escravo.
20 Se, depois de terem escapado
das corrupções do mundo, mediante o conhecimento do Senhor
e Salvador Jesus Cristo, forem outra vez envolvidos nelas e vencidos, tornou-se o seu último estado pior do que o primeiro.
21 Melhor lhes fora não terem conhecido o caminho da justiça do que,
conhecendo-o, desviarem-se do santo mandamento que lhes fora dado.
22 Deste modo sobreveio-lhes o
que diz este provérbio verdadeiro: O cão voltou ao seu próprio
vômito; e a porca lavada voltou
a rolar na lama.

O Dia do Senhor

3 Amados, esta é a segunda carta que vos escrevo. Nas duas
cartas procuro despertar pensamentos puros na vossa mente.
2 Quero que vos lembreis das palavras que já vos foram ditas pelos santos profetas e do mandamento do Senhor e Salvador, dado
mediante os vossos apóstolos.
3 Sabei primeiro que nos últimos dias virão escarnecedores,
andando segundo os seus próprios desejos
4 e dizendo: Onde está a promessa
da sua vinda? Desde que os pais
dormiram, todas as coisas permanecem como desde o princípio da criação.
5 Eles, de propósito, ignoram isto,
que pela palavra de Deus já desde
a antiguidade existiram os céus
e a terra, que foi tirada da água e
no meio da água subsiste.
6 Por essas coisas também pereceu o mundo de então, coberto
pelas águas do Dilúvio.
7 Os céus e a terra que existem
agora, porém, pela mesma palavra, têm sido guardados para
o fogo, sendo reservados para o
dia do juízo e da perdição dos homens ímpios.
8 Amados, não ignoreis uma coisa: que um dia para o Senhor é
como mil anos, e mil anos como
um dia.
9 O Senhor não retarda a sua promessa, ainda que alguns a tenham
por tardia. Ele é longânimo para
convosco, não querendo que ninguém se perca, senão que todos
venham a arrepender-se.
10 O dia do Senhor, porém, virá
como um ladrão. Os céus passarão com grande estrondo, e os elementos, ardendo, se desfarão, e a
terra e as obras que nela há serão descobertas.
11 Havendo, pois, de perecer todas
essas coisas, que pessoas não deveis ser em santidade e piedade,
12 aguardando e desejando ardentemente a vinda do dia de Deus,
em que os céus, em fogo, se dissolverão, e os elementos, ardendo, se fundirão?
13 Nós, porém, segundo a sua
promessa, aguardamos novos
céus e nova terra, nos quais habita a justiça.
14 Pelo que, amados, aguardando estas coisas, procurai que dele
sejais achados imaculados e irrepreensíveis em paz.
15 Tende por salvação a longanimidade de nosso Senhor, como
também o nosso amado irmão
Paulo vos escreveu segundo a sabedoria que lhe foi dada.
16 Em todas as suas cartas ele escreve da mesma forma, falando
acerca destas coisas. Suas cartas
contêm pontos difíceis de entender,

os quais os indoutos e inconstantes torcem, como o fazem também com as outras Escrituras, para sua própria perdição.
17 Vós, portanto, amados, sabendo isto de antemão, guardai-vos de que pelo engano dos homens perversos sejais juntamente arrebatados e deixais a vossa firmeza.
18 Antes, crescei na graça e no conhecimento de nosso Senhor e Salvador Jesus Cristo. A ele seja dada a glória, assim agora como até o dia da eternidade. Amém.

1JOÃO

A palavra da vida

1 O que era desde o princípio,
o que ouvimos, o que vimos
com os nossos olhos, o que con-
templamos e as nossas mãos to-
caram, isso proclamamos com
respeito ao Verbo da vida
2 (pois a vida foi manifestada, e
nós a vimos, testificamos dela
e vos anunciamos a vida eterna,
que estava com o Pai, e nos foi
manifestada).
3 O que vimos e ouvimos, isso
vos anunciamos, para que tam-
bém tenhais comunhão conos-
co. E a nossa comunhão é com o
Pai e com seu Filho Jesus Cristo.
4 Essas coisas vos escrevemos,
para que a nossa alegria seja
completa.

Andando na luz

5 Esta é a mensagem que dele
ouvimos e vos anunciamos: que
Deus é luz, e nele não há treva
nenhuma.
6 Se dissermos que temos comu-
nhão com ele, mas andarmos nas
trevas, mentimos e não pratica-
mos a verdade.
7 Se, porém, andarmos na luz,
como ele na luz está, temos co-
munhão uns com os outros, e o
sangue de Jesus Cristo, seu Filho,
nos purifica de todo pecado.
8 Se dissermos que não temos
pecado nenhum, enganamo-nos
a nós mesmos, e não há verda-
de em nós.
9 Se confessarmos os nossos pe-
cados, ele é fiel e justo para nos
perdoar os pecados e nos purifi-
car de toda injustiça.
10 Se dissermos que não pecamos,
fazemo-lo mentiroso, e a sua pa-
lavra não está em nós.

O mandamento do amor

2 Filhinhos meus, estas coisas
vos escrevo para que não pe-
queis. Se, porém, alguém pecar,
temos um Advogado para com o
Pai, Jesus Cristo, o justo.
2 Ele é a propiciação pelos nos-
sos pecados, e não somente pe-
los nossos, mas também pelos de
todo o mundo.
3 E nisto sabemos que o conhece-
mos: se guardamos os seus man-
damentos.
4 Aquele que diz: Eu o conheço,
mas não guarda os seus manda-
mentos é mentiroso, e nele não
está a verdade.
5 Mas qualquer que guarda a sua
palavra, o amor de Deus nele tem-
-se verdadeiramente aperfeiçoa-
do. E nisso conhecemos que es-
tamos nele.
6 Aquele que diz que está nele, tam-
bém deve andar como ele andou.
7 Amados, não vos escrevo man-
damento novo, mas um manda-
mento antigo, que desde o prin-
cípio tivestes. Este mandamento
antigo é a palavra que ouvistes.
8 Contudo, vos escrevo novo man-
damento, que é verdadeiro nele e
em vós, porque as trevas vão pas-
sando, e já brilha a verdadeira luz.
9 Aquele, porém, que diz que está
na luz, mas odeia seu irmão, até
agora está nas trevas.
10 Aquele que ama seu irmão
permanece na luz, e nele não há
nenhum tropeço.

11 Aquele, porém, que odeia seu
irmão está nas trevas e anda nas
trevas; não sabe para onde vai,
porque as trevas lhe cegaram
os olhos.
12 Filhinhos, eu vos escrevo,
porque os vossos pecados
são perdoados,
por causa do seu nome.
13 Pais, eu vos escrevo,
porque conhecestes aquele
que é desde o princípio.
Jovens, eu vos escrevo,
porque vencestes o
Maligno.
14 Eu vos escrevi, meninos,
porque conhecestes o Pai.
Eu vos escrevi, pais,
porque já conhecestes
aquele que é desde o
princípio.
Eu vos escrevi, jovens,
porque sois fortes
e a palavra de Deus está
em vós
e já vencestes o Maligno.
15 Não ameis o mundo nem o que
há no mundo. Se alguém ama o
mundo, o amor do Pai não está nele.
16 Pois tudo o que há no mundo,
a cobiça da carne, a cobiça dos
olhos e a soberba da vida, não é
do Pai, mas do mundo.
17 Ora, o mundo e a sua cobi-
ça passam, mas aquele que faz
a vontade de Deus permanece
para sempre.

Os anticristos

18 Filhinhos, esta é a última hora;
e como ouvistes que vem o anti-
cristo, já muitos anticristos têm
surgido, pelo que conhecemos
que é a última hora.
19 Saíram de nosso meio, mas
não eram dos nossos. Pois se ti-
vessem sido dos nossos, teriam
ficado conosco; mas isso é para
que se manifestasse que nenhum
deles é dos nossos.
20 Mas vós tendes a unção que
vem do Santo e sabeis tudo.
21 Não vos escrevi porque não
soubésseis a verdade, mas por-
que a sabeis e porque nenhuma
mentira vem da verdade.
22 Quem é o mentiroso senão
aquele que nega que Jesus é o
Cristo? Esse mesmo é o anticris-
to, esse que nega o Pai e o Filho.
23 Qualquer que nega o Filho tam-
bém não tem o Pai; aquele que
confessa o Filho tem também
o Pai.
24 Portanto, o que desde o prin-
cípio ouvistes permaneça em vós.
Se em vós permanecer o que des-
de o princípio ouvistes, também
permanecereis no Filho e no Pai.
25 E esta é a promessa que ele
nos fez: a vida eterna.
26 Estas coisas vos escrevo acer-
ca dos que vos querem enganar.
27 E a unção, que vós recebestes
dele, fica em vós, e não tendes ne-
cessidade de que alguém vos en-
sine. Mas como a sua unção vos
ensina todas as coisas e é verda-
deira, não é mentira, como ela vos
ensinou, assim nele permanecei.
28 E agora, filhinhos, permane-
cei nele, para que, quando ele se
manifestar, tenhamos confiança
e não sejamos envergonhados por
ele na sua vinda.
29 Se sabeis que ele é justo, sa-
beis que todo aquele que pratica
a justiça é nascido dele.

Os filhos de Deus

3 Vede quão grande amor nos
concedeu o Pai, que fôssemos
chamados filhos de Deus. E so-
mos mesmo seus filhos! O mundo

não nos conhece porque não o co-
nheceu.
2 Amados, agora somos filhos de
Deus, e ainda não se manifestou
o que havemos de ser. Mas sabe-
mos que, quando ele se manifes-
tar, seremos semelhantes a ele,
porque assim como é, o veremos.
3 E todo o que nele tem esta es-
perança purifica-se a si mesmo,
como também ele é puro.
4 Todo aquele que comete pecado
transgride a Lei, pois o pecado é
a transgressão da Lei.
5 E bem sabeis que ele se mani-
festou para tirar os nossos peca-
dos. E nele não há pecado.
6 Todo aquele que permanece nele
não vive pecando. Todo o que vive
pecando não o viu nem o conhece.
7 Filhinhos, ninguém vos enga-
ne. Quem pratica a justiça é jus-
to, assim como ele é justo.
8 Quem comete pecado é do Diabo,
porque o Diabo peca desde o prin-
cípio. Para isto o Filho de Deus
se manifestou: para destruir as
obras do Diabo.
9 Aquele que é nascido de Deus
não vive na prática do pecado,
porque a semente de Deus perma-
nece nele; não pode continuar pe-
cando, porque é nascido de Deus.
10 Nisto são manifestos os filhos
de Deus e os filhos do Diabo: quem
não pratica a justiça não é de Deus,
nem aquele que não ama seu irmão.
11 Esta é a mensagem que ou-
vistes desde o princípio, que nos
amemos uns aos outros,
12 não sendo como Caim, que
era do Maligno e matou seu ir-
mão. E por que o matou? Porque
as suas obras eram más e as de
seu irmão, justas.
13 Meus irmãos, não vos admi-
reis se o mundo vos odeia.
14 Nós sabemos que já passamos
da morte para a vida, porque ama-
mos os irmãos. Quem não ama
permanece na morte.
15 Todo o que odeia a seu irmão
é homicida. E vós sabeis que ne-
nhum homicida tem a vida eter-
na permanente em si.
16 Nisto conhecemos o amor: que
Cristo deu a sua vida por nós.
E devemos dar a nossa vida pe-
los irmãos.
17 Quem tiver bens do mundo e,
vendo o seu irmão necessitado,
fechar-lhe o seu coração, como
estará nele o amor de Deus?
18 Meus filhinhos, não amemos
de palavra nem de língua, mas
por obra e em verdade.
19 Nisso conheceremos que somos
da verdade, e diante dele tranqui-
lizaremos o nosso coração,
20 sabendo que, se o nosso cora-
ção nos condena, maior é Deus
do que o nosso coração, e conhe-
ce todas as coisas.
21 Amados, se o coração não nos
condena, temos confiança para
com Deus,
22 e qualquer coisa que lhe pedir-
mos, dele a receberemos, porque
guardamos os seus mandamentos
e fazemos o que lhe é agradável.
23 Ora, o seu mandamento é este:
Que creiamos no nome de seu
Filho Jesus Cristo e nos amemos
uns aos outros, segundo o man-
damento que nos ordenou.
24 E aquele que guarda os seus
mandamentos permanece em
Deus, e Deus nele. E nisto conhe-
cemos que ele permanece em nós:
pelo Espírito que nos deu.

Provai os espíritos

4 Amados, não creiais em todo es-
pírito, mas provai se os espíritos

vêm de Deus, porque já muitos fal-
sos profetas têm surgido no mundo.
2 Nisto conheceis o Espírito de
Deus: Todo espírito que confes-
sa que Jesus Cristo veio em car-
ne é de Deus,
3 mas todo espírito que não con-
fessa a Jesus não é de Deus. Este
é o espírito do anticristo, do qual
já ouvistes que há de vir e agora
já está no mundo.
4 Filhinhos, vós sois de Deus e já
os vencestes, porque maior é o
que está em vós do que o que está
no mundo.
5 Eles são do mundo, por isso fa-
lam do mundo, e o mundo os ouve.
6 Nós somos de Deus, e quem co-
nhece a Deus nos ouve; mas aque-
le que não é de Deus não nos ouve.
Nisso reconhecemos o espírito da
verdade e o espírito do erro.

Deus é amor

7 Amados, amemo-nos uns aos
outros, pois o amor é de Deus.
Quem ama é nascido de Deus e
conhece a Deus.
8 Aquele que não ama não conhe-
ce a Deus, porque Deus é amor.
9 Nisto se manifestou o amor de
Deus para conosco: em que Deus
enviou o seu Filho unigênito ao
mundo, para que por meio dele
vivamos.
10 Nisto está o amor: não em que
nós tenhamos amado a Deus, mas
em que ele nos amou e enviou o
seu Filho como propiciação pe-
los nossos pecados.
11 Amados, se Deus assim nos
amou, nós também devemos amar
uns aos outros.
12 Ninguém jamais viu a Deus;
mas se amarmos uns aos outros,
Deus está em nós, e em nós é aper-
feiçoado o seu amor.
13 Nisto conhecemos que estamos
nele e ele em nós: por ele nos ter
dado do seu Espírito.
14 Vimos e testificamos que o Pai
enviou o seu Filho como Salvador
do mundo.
15 Todo aquele que confessar que
Jesus é o Filho de Deus, Deus está
nele, e ele em Deus.
16 E nós conhecemos e cremos
no amor que Deus tem por nós.
Deus é amor. Quem está em amor
está em Deus, e Deus nele.
17 Nisto é aperfeiçoado em nós
o amor, para que no dia do juí-
zo tenhamos confiança; porque,
qual ele é, somos nós também
neste mundo.
18 No amor não há medo. Antes o
perfeito amor lança fora o medo,
porque o medo produz tormento.
Aquele que teme não é aperfeiçoa-
do em amor.
19 Nós o amamos porque ele nos
amou primeiro.
20 Se alguém disser: Eu amo a
Deus, e odiar seu irmão, é men-
tiroso. Pois aquele que não ama
seu irmão, a quem viu, como pode
amar a Deus, a quem não viu?
21 E dele temos este mandamen-
to, que quem ama a Deus, ame
também seu irmão.

A fé no Filho de Deus

5 Todo aquele que crê que Jesus
é o Cristo é nascido de Deus, e
todo aquele que ama o que o gerou
também ama o que dele é nascido.
2 Nisto conhecemos que amamos
os filhos de Deus, se amamos a
Deus e guardamos os seus man-
damentos.
3 Este é o amor de Deus, que
guardemos os seus mandamen-
tos. E os seus mandamentos não
são penosos,

4 pois todo o que é nascido de Deus
vence o mundo. Esta é a vitória
que vence o mundo: a nossa fé.
5 Quem é o que vence o mundo
senão aquele que crê que Jesus
é o Filho de Deus?
6 **E**ste é aquele que veio por água
e sangue, isto é, Jesus Cristo. Ele
não veio só pela água, mas pela
água e pelo sangue. E o Espírito
é o que dá testemunho, porque o
Espírito é a verdade.
7 Pois três são os que dão teste-
munho no céu: o Pai, a Palavra
e o Espírito Santo; e estes três
são um.
8 E três são os que dão testemu-
nho na terra: o Espírito, a água e
o sangue; e estes três concordam.
9 Se recebemos o testemunho dos
homens, o testemunho de Deus
é maior, porque o testemunho
de Deus é este, que de seu Filho
testificou.
10 Quem crê no Filho de Deus,
em si mesmo tem o testemunho.
Quem não crê em Deus, menti-
roso o faz, porque não crê no tes-
temunho que Deus dá acerca do
seu Filho.
11 E o testemunho é este: Deus
nos deu a vida eterna, e esta vida
está em seu Filho.
12 Quem tem o Filho tem a vida;
quem não tem o Filho de Deus
não tem a vida.
13 **E**stas coisas vos escrevi para
que saibais que tendes a vida eter-
na, a vós que credes no nome do
Filho de Deus.

Observações finais

14 Esta é a confiança que temos
nele, que, se pedirmos alguma
coisa segundo a sua vontade, ele
nos ouve.
15 E se sabemos que nos ouve em
tudo o que lhe pedimos, sabemos
que já alcançamos os pedidos que
lhe fizemos.
16 Se alguém vir a seu irmão co-
meter pecado que não é para mor-
te, pedirá, e Deus lhe dará vida,
aos que não pecam para morte.
Há pecado para morte, e por esse
não digo que ore.
17 Toda injustiça é pecado, e há
pecado que não é para morte.
18 **S**abemos que todo aquele que
é nascido de Deus não vive pe-
cando; antes, o guarda Aquele
que nasceu de Deus, e o Maligno
não lhe toca.
19 Sabemos que somos de Deus e
que o mundo inteiro jaz no Maligno.
20 **T**ambém sabemos que o Filho
já veio e nos deu entendimento
para conhecermos aquele que é
verdadeiro. E estamos naquele
que é verdadeiro, isto é, em seu
Filho Jesus Cristo. Este é o ver-
dadeiro Deus e a vida eterna.
21 Filhinhos, guardai-vos dos
ídolos.

2JOÃO

Prefácio e saudação

1 **O** presbítero à senhora eleita e
a seus filhos, a quem eu amo na
verdade — e não somente eu, mas
também todos os que conhecem
a verdade —,
2 por causa da verdade que está
em nós e para sempre estará co-
nosco:
3 Graça, misericórdia e paz da par-
te de Deus Pai e de Jesus Cristo,
o Filho do Pai, serão conosco em
verdade e amor.

Amor fraternal

4 **M**uito me alegrei em ter acha-
do alguns de teus filhos andando
na verdade, assim como recebe-
mos o mandamento do Pai.
5 E agora, senhora, rogo-te, não
como se escrevesse novo manda-
mento, senão o que tivemos des-
de o princípio: que nos amemos
uns aos outros.
6 E o amor é este: que andemos
segundo os seus mandamentos.
Este é o mandamento, como já
desde o princípio ouvistes, para
que nele andeis.
7 **M**uitos enganadores têm saí-
do pelo mundo, os quais não con-
fessam que Jesus Cristo veio em
carne. Tal é o enganador e o an-
ticristo.
8 Olhai por vós mesmos, para que
não percais o que ganhastes, an-
tes recebais plena recompensa.
9 Todo aquele que vai além da
doutrina de Cristo e não perma-
nece nela não tem Deus; quem
persevera na doutrina de Cristo,
esse tem tanto o Pai como o Filho.
10 Se alguém vem ter convosco e
não traz esta doutrina, não o re-
cebais em casa nem o saudeis.
11 Quem o saúda participa das
suas obras más.
12 **T**enho muito que vos escrever,
mas não quero fazê-lo com papel
e tinta. Antes, espero ir ter con-
vosco e falar pessoalmente, para
que a nossa alegria seja completa.
13 Saúdam-te os filhos de tua
irmã, a eleita.

3JOÃO

Prefácio e saudação

1 O presbítero ao amado Gaio, a
quem amo na verdade.
2 Amado, desejo que te vá bem
em todas as coisas e que tenhas
saúde, assim como bem vai a
tua alma.
3 Muito me alegrei quando os ir-
mãos vieram e deram testemu-
nho da tua verdade, como tu an-
das na verdade.
4 Não tenho maior alegria do que
esta: a de ouvir que os meus fi-
lhos andam na verdade.
5 Amado, procedes fielmente em
tudo o que fazes para com os ir-
mãos e para com os estranhos.
6 Eles, perante a igreja, deram
testemunho do teu amor. Se os
encaminhares em sua jornada
por modo digno de Deus, bem
farás.
7 Foi por causa do Nome que saí-
ram, nada aceitando dos gentios.
8 Portanto aos tais devemos aco-
lher, para que sejamos coopera-
dores da verdade.
9 Escrevi algumas palavras à
igreja, mas Diótrefes, que gosta
de ser o principal entre eles, não
nos recebe.
10 Pelo que, se eu for, trarei à me-
mória as obras que ele faz, pro-
ferindo contra nós palavras ma-
liciosas. Não contente com isso,
não acolhe os irmãos, impede os
que querem recebê-los e os ex-
pulsa da igreja.
11 Amado, não imites o mal, mas o
bem. Quem faz o bem é de Deus. Mas
quem faz o mal jamais viu a Deus.
12 Todos dão testemunho de
Demétrio, até a própria verda-
de. Nós também damos teste-
munho, e sabes que o nosso tes-
temunho é verdadeiro.
13 Tenho muitas coisas que te
escrever, mas não quero fazê-lo
com tinta e pena.
14 Espero, porém, ver-te breve-
mente, e falaremos pessoalmente.
15 A paz seja contigo. Os ami-
gos te saúdam. Saúda os amigos
nome por nome.

JUDAS

Prefácio e saudação

1 Judas, servo de Jesus Cristo e
irmão de Tiago, aos chamados,
queridos em Deus Pai, e guarda-
dos em Jesus Cristo:
2 Misericórdia, paz e amor vos
sejam multiplicados.

Contra os ímpios e falsos mestres

3 Amados, enquanto eu empre-
gava toda diligência para vos es-
crever acerca da salvação que
nos é comum, senti a necessida-
de de vos escrever, exortando-vos
a batalhar pela fé que de uma vez
por todas foi entregue aos santos.
4 Pois certos homens se infiltra-
ram descaradamente, os quais des-
de há muito estavam destinados
para este juízo, homens ímpios,
que convertem em dissolução a
graça de nosso Deus e negam o
nosso único Soberano e Senhor,
Jesus Cristo.
5 Quero lembrar-vos, se bem que
já estais cientes de tudo isso, que o
Senhor, tendo salvo um povo, ti-
rando-o da terra do Egito, des-
truiu depois os que não creram.
6 E aos anjos que não guarda-
ram o seu principado, mas dei-
xaram a sua própria habitação,
ele os tem reservado em prisões
eternas, na escuridão, para o ju-
ízo do grande dia.
7 Assim também Sodoma e Gomorra
e as cidades circunvizinhas entre-
garam-se à prostituição e a práti-
cas sexuais antinaturais. E foram
postas como exemplo, sofrendo a
pena do fogo eterno.
8 Contudo, semelhantemente tam-
bém estes falsos mestres, sonhando,
contaminam a sua carne, rejei-
tam toda a autoridade e blasfe-
mam das dignidades.
9 O arcanjo Miguel, porém, quando
contendia com o Diabo e disputa-
va a respeito do corpo de Moisés,
não ousou pronunciar contra ele
juízo de maldição, mas disse: O
Senhor te repreenda.
10 Estes, porém, difamam tudo o
que não entendem; e naquilo que
compreendem de modo natural,
como os animais irracionais, até
nisso se corrompem.
11 Ai deles! Entraram pelo cami-
nho de Caim; movidos pela ga-
nância, foram levados pelo erro
de Balaão; pereceram na revol-
ta de Coré.
12 Estes são manchas em vossas
festas de amor, banqueteando-se
convosco sem nenhum recato;
pastores que se apascentam a si
mesmos. São nuvens sem água,
levadas pelos ventos; árvores sem
frutos em pleno outono e desar-
raigadas, duplamente mortas.
13 São ondas furiosas do mar, es-
pumando as suas próprias suji-
dades; estrelas errantes, para as
quais tem sido eternamente re-
servada a escuridão das trevas.
14 Concernente a estes profeti-
zou Enoque, o sétimo depois de
Adão: Vede, o Senhor vem com
milhares de seus santos,
15 para fazer juízo contra todos
e para fazer convictos todos os
ímpios, acerca de todas as obras
ímpias que impiamente pratica-
ram e de todas as duras palavras
que ímpios pecadores contra ele
proferiram.

16 Estes são murmuradores, quei-
xosos, andando segundo os seus
desejos puros, cuja boca diz coisas
muito arrogantes, bajulando as
pessoas por motivos interesseiros.

Exortação aos fiéis

17 **Q**uanto a vós, amados, lem-
brai-vos das palavras que foram
preditas pelos apóstolos de nos-
so Senhor Jesus Cristo,
18 os quais vos diziam: No últi-
mo tempo haverá escarnecedo-
res, andando segundo seus de-
sejos ímpios.
19 São estes os que causam di-
visões; são sensuais e não têm
o Espírito.
20 Edificando-vos, porém, ama-
dos na vossa santíssima fé, oran-
do no Espírito Santo,
21 conservai-vos no amor de Deus,
esperando a misericórdia de nos-
so Senhor Jesus Cristo para a
vida eterna.
22 E apiedai-vos de alguns que
estão na dúvida,
23 salvai-os, arrebatando-os do
fogo; quanto a outros, tende mi-
sericórdia em temor, detestando
até a roupa manchada pela carne.

Doxologia

24 **O**ra, àquele que é poderoso
para vos guardar de tropeçar e
apresentar-vos jubilosos e ima-
culados diante da sua glória,
25 ao único Deus, nosso Salvador,
por Jesus Cristo, o nosso Senhor,
glória, majestade, domínio e po-
der, antes de todos os séculos, ago-
ra e para todo o sempre. Amém.

APOCALIPSE

Prólogo

1 Revelação de Jesus Cristo,
que Deus lhe deu, para mos-
trar aos seus servos as coisas que
brevemente devem acontecer. Ele
as enviou pelo seu anjo e as noti-
ficou ao seu servo João,
2 que testificou da palavra de
Deus, do testemunho de Jesus
Cristo, de tudo o que viu.
3 Bem-aventurado aquele que
lê e bem-aventurados os que ou-
vem as palavras desta profecia e
guardam as coisas que nela es-
tão escritas, porque o tempo está
próximo.

Saudações e doxologia

4 João, às sete igrejas que estão
na Ásia: Graça e paz a vós ou-
tros, da parte daquele que é, que
era e que há de vir, e da parte dos
sete espíritos que estão diante do
seu trono,
5 e da parte de Jesus Cristo, que é
a fiel testemunha, o primogênito
dos mortos e o soberano dos reis
da terra. Àquele que nos ama, em
seu sangue nos lavou dos nossos
pecados
6 e nos fez reino e sacerdotes
para o seu Deus e Pai, a ele seja
glória e poder para todo o sem-
pre. Amém.
7 Vede, ele vem com as nuvens,
e todo o olho o verá,
até mesmo os que o
trespassaram;
e todas as tribos da terra se
lamentarão sobre ele.
Sim. Amém.
8 Eu sou o Alfa e o Ômega, o prin-
cípio e o fim, diz o Senhor, aquele
que é, que era e que há de vir, o
Todo-poderoso.

Alguém semelhante ao Filho do homem

9 Eu, João, irmão vosso e com-
panheiro convosco na aflição,
no Reino e na perseverança em
Jesus, estava na ilha chamada
Patmos por causa da palavra de
Deus e do testemunho de Jesus.
10 Eu fui arrebatado em espíri-
to no dia do Senhor e ouvi detrás
de mim uma grande voz, como de
trombeta,
11 que dizia: O que vês, escreve-o
num livro e envia-o às sete igre-
jas que estão na Ásia: a Éfeso, a
Esmirna, a Pérgamo, a Tiatira, a
Sardes, a Filadélfia e a Laodiceia.
12 E voltei-me para ver quem fa-
lava comigo. E, ao voltar-me, vi
sete candeeiros de ouro
13 e no meio dos sete candeeiros
alguém semelhante a um filho de
homem, vestido com vestes tala-
res e cingido à altura do peito com
um cinto de ouro.
14 A sua cabeça e seus cabelos
eram brancos como lã, brancos
como a neve, e os seus olhos como
chama de fogo.
15 Os seus pés eram semelhan-
tes a latão reluzente, como que
refinado numa fornalha, e a sua
voz como a voz de muitas águas.
16 Tinha ele na mão direita sete
estrelas, e da sua boca saía uma
afiada espada de dois gumes. O
seu rosto era como o sol, quando
resplandece na sua força.
17 Quando o vi, caí a seus pés
como morto. Mas ele pôs sobre

mim a sua mão direita, dizendo:
Não temas. Eu sou o primeiro e
o último.
18 Eu sou o que vivo; fui morto,
mas estou vivo para todo o sem-
pre! E tenho as chaves da morte
e do inferno.
19 Escreve, pois, as coisas que
tens visto, as que são e as que
depois destas hão de acontecer.
20 O mistério das sete estrelas
que viste na minha mão direita
e dos sete candeeiros de ouro é
este: As sete estrelas são os an-
jos das sete igrejas, e os sete can-
deeiros são as sete igrejas.

Carta à igreja de Éfeso

2 Ao anjo da igreja de Éfeso es-
creve: Isto diz aquele que tem
na mão direita as sete estrelas,
que anda no meio dos sete can-
deeiros de ouro:
2 Conheço as tuas obras, o teu
trabalho e a tua perseverança.
Sei que não suportas os maus;
que puseste à prova os que se di-
zem apóstolos e não o são e des-
cobriste que eram mentirosos.
3 Tens perseverança e, por causa
do meu nome, sofreste, mas não
desfaleceste.
4 Tenho, porém, contra ti que dei-
xaste o teu primeiro amor.
5 Lembra-te de onde caíste!
Arrepende-te e pratica as primei-
ras obras. Se não te arrependeres,
brevemente virei a ti e remove-
rei do seu lugar o teu candeeiro,
se não te arrependeres.
6 Tens, porém, a teu favor, que
odeias as obras dos nicolaítas, as
quais eu também odeio.
7 Quem tem ouvidos ouça, o que o
Espírito diz às igrejas. Ao que vencer,
darei o direito de comer da árvore
da vida, que está no paraíso de Deus.

Carta à igreja de Esmirna

8 Ao anjo da igreja de Esmirna
escreve: Isto diz o primeiro e o úl-
timo, o que foi morto e reviveu:
9 Conheço a tua tribulação e a
tua pobreza (mas tu és rico) e
a blasfêmia dos que se dizem ju-
deus, e não o são, mas são sina-
goga de Satanás.
10 Não temas as coisas que es-
tás para sofrer. Escutai: o Diabo
lançará alguns de vós na prisão,
para que sejais provados, e te-
reis uma tribulação de dez dias.
Sê fiel até a morte, e eu te darei
a coroa da vida.
11 Quem tem ouvidos, ouça o
que o Espírito diz às igrejas. O que
vencer de modo algum sofrerá o
dano da segunda morte.

Carta à igreja de Pérgamo

12 Ao anjo da igreja de Pérgamo
escreve: Isto diz aquele que tem
a espada afiada de dois gumes:
13 Sei onde habitas, que é onde
está o trono de Satanás. Contudo,
reténs o meu nome e não negas-
te a sua fé em mim mesmo nos
dias de Antipas, minha fiel teste-
munha, que foi morto entre vós,
onde Satanás habita.
14 Todavia, tenho algumas coi-
sas contra ti: Tens aí os que se-
guem a doutrina de Balaão, que
ensinava Balaque a lançar trope-
ços diante dos filhos de Israel, le-
vando-os a comer das coisas sa-
crificadas aos ídolos e praticar a
prostituição.
15 Assim tens também alguns que
seguem a doutrina dos nicolaítas.
16 Arrepende-te, pois! Se não em
breve virei a ti e contra eles bata-
lharei com a espada da minha boca.
17 Quem tem ouvidos, ouça o que o
Espírito diz às igrejas. Ao que

vencer, darei do maná escondi-
do; também lhe darei uma pedra
branca, e na pedra um novo nome
escrito, o qual ninguém conhece
senão aquele que o recebe.

Carta à igreja de Tiatira

18 Ao anjo da igreja de Tiatira
escreve: Isto diz o Filho de Deus,
que tem os olhos como chama de
fogo e os pés semelhantes a latão
reluzente:
19 Conheço as tuas obras, o teu
amor, o teu serviço, a tua fé e a
tua perseverança; sei que as tuas
últimas obras são mais numero-
sas do que as primeiras.
20 Tenho, porém, contra ti que to-
leras Jezabel, mulher que se diz
profetisa. Com o seu ensino ela en-
gana os meus servos, seduzindo-
-os a se prostituírem e a comerem
das coisas sacrificadas aos ídolos.
21 Dei-lhe tempo para que se ar-
rependesse da sua imoralidade,
mas ela não quer se arrepender.
22 Portanto, a lançarei num lei-
to de dores, bem como em grande
tribulação os que com ela adul-
teram, caso não se arrependam
das obras que ela incita.
23 Ferirei de morte os seus filhos.
Então todas as igrejas saberão que
eu sou aquele que esquadrinha a
mente e o coração, e darei a cada
um de vós segundo as vossas obras.
24 Digo, porém, a vós, os demais
que estão em Tiatira, a todos quan-
tos não têm esta doutrina e não
conheceram, como dizem, as pro-
fundezas de Satanás, que outra
carga não porei sobre vós.
25 O que tendes, retende-o até
que eu venha.
26 Ao vencedor, que guardar até
o fim as minhas obras, darei au-
toridade sobre as nações;
27 com vara de ferro as regerá,
quebrando-as como são
quebrados os vasos de
oleiro;
assim como também recebi au-
toridade de meu Pai.
28 Também lhe darei a estrela
da manhã.
29 Quem tem ouvidos, ouça o que
o Espírito diz às igrejas.

Carta à igreja de Sardes

3 Ao anjo da igreja de Sardes
escreve: Isto diz o que tem os
sete espíritos de Deus e as sete
estrelas. Conheço as tuas obras;
tens nome de que vives, mas es-
tás morto.
2 Sê vigilante e confirma o restan-
te, que estava para morrer, pois
não tenho achado as tuas obras
perfeitas diante do meu Deus.
3 Lembra-te, pois, do que recebes-
te e ouviste; obedeça-lhe e arre-
pende-te. Mas se não vigiares, vi-
rei sobre ti como um ladrão, e não
saberás a que hora sobre ti virei.
4 No entanto, também tens em
Sardes algumas pessoas que não
contaminaram as suas vestes.
Elas comigo andarão vestidas de
branco, pois são dignas.
5 O que vencer será vestido de
vestes brancas. De maneira ne-
nhuma riscarei o seu nome do li-
vro da vida, mas confessarei o seu
nome diante de meu Pai e diante
dos seus anjos.
6 Quem tem ouvidos, ouça o que
o Espírito diz às igrejas.

Carta à igreja de Filadélfia

7 Ao anjo da igreja de Filadélfia
escreve: Isto diz o que é santo, o
que é verdadeiro, o que tem a cha-
ve de Davi. O que abre e ninguém
fecha, e fecha e ninguém abre:

8 Conheço as tuas obras. Diante
de ti pus uma porta aberta, que
ninguém pode fechar. Sei que tens
pouca força, entretanto guardaste
a minha palavra e não negaste o
meu nome.
9 Aos da sinagoga de Satanás, aos
que se dizem judeus e não o são,
mas mentem, farei que venham
e adorem prostrados a teus pés e
saibam que eu te amo.
10 Visto que guardaste a palavra
da minha perseverança, também
eu te guardarei da hora da tribu-
lação que há de vir sobre todo o
mundo, para provar os que habi-
tam sobre a terra.
11 Venho sem demora. Guarda o
que tens, para que ninguém tome
a tua coroa.
12 A quem vencer, eu o farei co-
luna no templo do meu Deus, de
onde jamais sairá. Escreverei
sobre ele o nome do meu Deus e
o nome da cidade do meu Deus,
a nova Jerusalém, que desce do
céu, da parte do meu Deus, e tam-
bém o meu novo nome.
13 Quem tem ouvidos, ouça o que
o Espírito diz às igrejas.

Carta à igreja de Laodiceia

14 Ao anjo da igreja de Laodiceia
escreve: Isto diz o Amém, a teste-
munha fiel e verdadeira, o prin-
cípio da criação de Deus:
15 Conheço as tuas obras, que
não és frio nem quente. Quem
dera fosses frio ou quente!
16 Assim, porque és morno, e não
és frio nem quente, eu te vomita-
rei da minha boca.
17 Dizes: Rico sou, estou enri-
quecido e de nada tenho falta.
Mas não sabes que és um coita-
do, miserável, pobre, cego e nu.
18 Aconselho-te que de mim com-
pres ouro refinado no fogo, para
que te enriqueças, e vestes bran-
cas, para que te vistas e não seja
manifesta a vergonha da tua nu-
dez, e colírio, para ungires os teus
olhos, a fim de que vejas.
19 Eu repreendo e castigo todos
quantos amo. Portanto, sê zelo-
so e arrepende-te.
20 Eis que estou à porta e bato. Se
alguém ouvir a minha voz e abrir
a porta, entrarei em sua casa e
com ele cearei, e ele comigo.
21 Ao que vencer, darei o direito
de assentar-se comigo no meu tro-
no, assim como eu venci e me as-
sentei com meu Pai no seu trono.
22 Quem tem ouvidos, ouça o que
o Espírito diz às igrejas.

O trono no céu

4 Depois destas coisas, olhei e
vi que estava uma porta aber-
ta no céu, e a primeira voz que
ouvi, como de som de trombeta
falando comigo, disse: Sobe para
aqui, e te mostrarei as coisas que
depois destas devem acontecer.
2 Imediatamente fui arrebata-
do em espírito, e um trono esta-
va posto no céu, e alguém assen-
tado sobre o trono.
3 E o que estava assentado tinha
a aparência semelhante a uma
pedra de jaspe e de sardônio, e
ao redor do trono havia um ar-
co-íris de aspecto semelhante à
esmeralda.
4 Ao redor do trono também ha-
via vinte e quatro tronos, e vi as-
sentados sobre os tronos vinte e
quatro anciãos, vestidos de bran-
co, que tinham nas suas cabeças
coroas de ouro.
5 Do trono saíam relâmpagos,
vozes e trovões. Diante do trono

ardiam sete lâmpadas de fogo, as
quais são os sete espíritos de Deus.
6 Também havia diante do trono
como que um mar de vidro, se-
melhante ao cristal, e ao redor
do trono, um ao centro de cada
lado, quatro seres viventes cheios
de olhos por diante e por detrás.
7 O primeiro ser era semelhante
a um leão, o segundo semelhante
a um touro, o terceiro tinha o ros-
to como de homem, e o quarto era
semelhante a uma águia voando.
8 Os quatro seres viventes ti-
nham, cada um, seis asas, e ao re-
dor e por dentro estavam cheios
de olhos. Não descansam nem de
dia nem de noite, dizendo:

Santo, Santo, Santo é o
Senhor Deus,
o Todo-poderoso,
aquele que era, que é
e que há de vir.

9 Quando os seres viventes da-
vam glória, honra e ações de gra-
ças ao que estava assentado so-
bre o trono, ao que vive para todo
o sempre,
10 os vinte e quatro anciãos pros-
travam-se diante do que estava
assentado sobre o trono e adora-
vam ao que vive para todo o sem-
pre; eles lançavam as suas coroas
diante do trono, dizendo:
11 Digno és, Senhor nosso e Deus
nosso,
de receber a glória, a honra
e o poder,
pois tu criaste todas as coisas,
e por tua vontade existem e
foram criadas.

O livro selado e o Cordeiro

5 Vi *na mão direita do que* es-
tava assentado sobre o trono
um livro escrito por dentro e por
fora, selado com sete selos.
2 Vi também um anjo forte, bra-
dando com grande voz: Quem
é digno de abrir o livro e de lhe
romper os selos?
3 E ninguém no céu, nem na ter-
ra, nem debaixo da terra, podia
abrir o livro nem olhar para ele.
4 E eu chorava muito, porque
ninguém fora achado digno de
abrir o livro, nem de o ler, nem
de olhar para ele.
5 Todavia um dos anciãos me dis-
se: Não chores! Olha, o Leão da
tribo de Judá, a raiz de Davi, ven-
ceu para abrir o livro e os seus
sete selos.
6 Então vi, no meio do trono e
dos quatro seres viventes, e entre
os anciãos, em pé, um Cordeiro,
como havendo sido morto, e ti-
nha sete chifres e sete olhos, que
são os sete espíritos de Deus en-
viados por toda a terra.
7 E veio e tomou o livro da mão
direita do que estava assentado
no trono.
8 Logo que tomou o livro, os qua-
tro seres viventes e os vinte e
quatro anciãos prostraram-se
diante do Cordeiro, tendo todos
eles uma harpa e taças de ouro
cheias de incenso, que são as ora-
ções dos santos.
9 E cantavam um novo cântico,
dizendo:

Digno és de tomar o livro
e de abrir os seus selos,
porque foste morto,
e com o teu sangue
compraste para Deus
homens de toda tribo,
língua, povo e nação.

10 Para o nosso Deus os fizeste
reino e sacerdotes,
e eles reinarão sobre a terra.
11 Então olhei e ouvi a voz de
muitos anjos ao redor do trono,

dos seres viventes e dos anciãos;
e o número deles era milhões de
milhões e milhares de milhares,
12 proclamando com grande voz:

Digno é o Cordeiro,
que foi morto,
de receber poder, riqueza,
sabedoria, força,
honra, glória e louvor.

13 Então ouvi toda criatura que
está no céu, na terra, debaixo da
terra, no mar, e todas as coisas
que neles há, dizerem:

Ao que está assentado sobre o
trono e ao Cordeiro
seja o louvor, a honra, a
glória e o poder para todo o
sempre.

14 E os quatro seres viventes di-
ziam: Amém. E os anciãos pros-
traram-se e adoraram.

Os selos

6 Vi quando o Cordeiro abriu
um dos sete selos. E ouvi um
dos quatro seres viventes dizer,
como se fosse voz de trovão: Vem!
2 Olhei e vi um cavalo branco.
O seu cavaleiro tinha um arco, e
foi-lhe dada uma coroa, e ele saiu
vencendo e para vencer.
3 Quando o Cordeiro abriu o se-
gundo selo, ouvi o segundo ser
vivente dizer: Vem!
4 Então saiu outro cavalo, verme-
lho. Ao seu cavaleiro foi dado po-
der para tirar a paz da terra para
que os homens se matassem uns
aos outros. Também lhe foi dada
uma grande espada.
5 Quando o Cordeiro abriu o ter-
ceiro selo, ouvi o terceiro ser vi-
vente dizer: Vem! Olhei e vi um
cavalo preto. O seu cavaleiro ti-
nha uma balança na mão.
6 E ouvi uma como que voz no
meio dos quatro seres viventes,
que dizia: Uma medida de trigo
por um denário; três medidas de
cevada por um denário; e não da-
nifiques o azeite e o vinho.
7 Quando o Cordeiro abriu o quar-
to selo, ouvi a voz do quarto ser
vivente, que dizia: Vem!
8 Olhei e vi um cavalo amare-
lo. O seu cavaleiro chamava-se
Morte, e o Inferno o seguia. Foi-
lhes dado poder sobre a quarta
parte da terra para matar com a
espada, com a fome, com a peste
e com as feras da terra.
9 Quando ele abriu o quinto selo,
vi debaixo do altar as almas dos
que foram mortos por causa da
palavra de Deus e por causa do
testemunho que deram.
10 E clamavam com grande voz,
dizendo: Até quando, ó verdadei-
ro e santo Soberano, não julgas
e vingas o nosso sangue dos que
habitam sobre a terra?
11 E foram dadas a cada um de-
les compridas vestes brancas, e
foi-lhes dito que repousassem
ainda por pouco tempo, até que
se completasse o número de seus
conservos e seus irmãos, que ha-
viam de ser mortos, como tam-
bém eles foram.
12 Olhei enquanto ele abria o sex-
to selo. Houve um grande terre-
moto. O sol tornou-se negro como
saco de cilício, e a lua tornou-se
como sangue.
13 As estrelas do céu caíram so-
bre a terra, como quando a figuei-
ra, sacudida por um vento forte,
deixa cair os seus figos verdes.
14 O céu recolheu-se como um
pergaminho quando se enrola, e
todos os montes e ilhas foram re-
movidos dos seus lugares.
15 Os reis da terra, os grandes,
os chefes militares, os ricos, os

poderosos e todo escravo e todo
livre se esconderam nas caver-
nas e nos penhascos dos montes
16 e diziam aos montes e aos roche-
dos: Caí sobre nós e escondei-nos do
rosto daquele que está assentado
sobre o trono e da ira do Cordeiro!
17 Pois é vindo o grande dia da ira
deles, e quem poderá subsistir?

Os 144.000 selados

7 Depois destas coisas vi qua-
tro anjos que estavam sobre
os quatro cantos da terra, reten-
do os quatro ventos da terra, para
que nenhum vento soprasse so-
bre a terra, sobre o mar ou con-
tra árvore qualquer.
2 Vi outro anjo subir do lado do sol
nascente, tendo o selo do Deus vivo.
Ele clamou com grande voz aos
quatro anjos, a quem fora dado o
poder de danificar a terra e o mar,
3 dizendo: Não danifiqueis a ter-
ra, o mar ou as árvores até que
tenhamos selado nas suas testas
os servos do nosso Deus.
4 E ouvi o número dos que foram
selados, e eram cento e quaren-
ta e quatro mil, de todas as tribos
dos filhos de Israel.
5 Da tribo de Judá doze mil foram
selados; da tribo de Rúben, doze
mil; da tribo de Gade, doze mil;
6 da tribo de Aser, doze mil; da
tribo de Naftali, doze mil; da tri-
bo de Manassés, doze mil;
7 da tribo de Simeão, doze mil; da
tribo de Levi, doze mil; da tribo
de Issacar, doze mil;
8 da tribo de Zebulom, doze mil;
da tribo de José, doze mil; da tri-
bo de Benjamim, doze mil.

A visão dos mártires na glória

9 **D**epois destas coisas olhei e
vi uma grande multidão, que
ninguém podia contar, de todas
as nações, tribos, povos e línguas,
que estavam em pé diante do tro-
no e perante o Cordeiro, trajando
compridas vestes brancas e com
palmas nas mãos.
10 Clamavam com grande voz:
Salvação ao nosso Deus, que está
assentado no trono, e ao Cordeiro.
11 Todos os anjos estavam em
pé ao redor do trono e dos an-
ciãos e dos quatro seres viven-
tes. Eles se prostraram diante
do trono sobre seus rostos e ado-
raram a Deus,
12 dizendo:
Amém.
Louvor, glória,
sabedoria, ação de
graças, honra,
poder e força
ao nosso Deus, para
todo o sempre.
Amém.
13 Então um dos anciãos me per-
guntou: Estes que estão vestidos
de branco, quem são eles e de
onde vieram?
14 Respondi-lhe: Senhor, tu o sa-
bes. Disse-me ele: Estes são os que
vieram da grande tribulação e la-
varam as suas vestes e as bran-
quearam no sangue do Cordeiro.
15 Por isso,
estão diante do trono de Deus
e o servem de dia e de noite
no seu templo;
e aquele que está assentado
sobre o trono
estenderá o seu tabernáculo
sobre eles.
16 Nunca mais terão fome;
nunca mais terão sede.
Nem sol, nem calor algum,
cairá sobre eles.
17 Pois o Cordeiro que está no
meio do trono

os apascentará e os conduzirá
às fontes
das águas da vida.
E Deus lhes enxugará dos
olhos toda lágrima.

O sétimo selo e o incensário de ouro

8 Quando ele abriu o sétimo selo,
fez-se silêncio no céu por cerca de meia hora.
2 E vi os sete anjos que estavam
em pé diante de Deus, aos quais
foram dadas sete trombetas.
3 Veio outro anjo e ficou em pé
junto ao altar, tendo um incensário de ouro. Foi-lhe dado muito incenso, para oferecê-lo com
as orações de todos os santos sobre o altar de ouro, que está diante do trono.
4 E da mão do anjo subiu diante de Deus a fumaça do incenso
com as orações dos santos.
5 Então o anjo tomou o incensário, encheu-o do fogo do altar
e o lançou sobre a terra; e houve trovões, vozes, relâmpagos e
terremotos.
6 Então os sete anjos que tinham
as sete trombetas prepararam-se
para tocar.
7 O primeiro anjo tocou a sua
trombeta, e houve saraiva e fogo
misturado com sangue, que foram
lançados na terra. Foi queimada a
terça parte da terra, a terça parte
das árvores e toda a erva verde.
8 O segundo anjo tocou a trombeta, e foi lançado no mar como
que um grande monte ardendo
em fogo, e tornou-se em sangue
a terça parte do mar.
9 E morreu a terça parte das
criaturas viventes que havia no
mar, e foi destruída a terça parte dos navios.
10 O terceiro anjo tocou a sua
trombeta, e caiu do céu uma grande estrela, ardendo como uma tocha, e caiu sobre a terça parte dos
rios e sobre as fontes das águas;
11 o nome da estrela era Absinto.
A terça parte das águas tornou-se
amarga, e muitos homens morreram por causa das águas, que
se tornaram amargas.
12 O quarto anjo tocou a sua trombeta, e foi ferida a terça parte do
sol, a terça parte da lua e a terça
parte das estrelas, de modo que
a terça parte deles se escureceu.
A terça parte do dia não brilhou,
e semelhantemente a da noite.
13 Enquanto eu olhava, ouvi uma
águia que, voando pelo meio do
céu, dizia com grande voz: Ai, ai,
ai dos que habitam sobre a terra!
por causa das outras vozes das
trombetas dos três anjos que ainda vão tocar.

A quinta trombeta

9 O quinto anjo tocou a sua trombeta, e vi uma estrela que do
céu caiu na terra. Foi-lhe dada a
chave do poço do abismo.
2 E abriu o poço do abismo, e subiu fumaça do poço, como a fumaça de uma grande fornalha,
e com a fumaça do poço escureceram-se o sol e o ar.
3 E da fumaça saíram gafanhotos sobre a terra, e foi-lhes dado
poder, como o que têm os escorpiões da terra.
4 Foi-lhes dito que não causassem
dano à erva da terra, a verdura
alguma ou a árvore alguma, mas
somente aos homens que não têm
nas suas testas o selo de Deus.
5 Foi-lhes permitido não que os
matassem, mas que por cinco meses os atormentassem. E o seu

tormento era semelhante ao tor-
mento do escorpião, quando fere
o homem.
6 Naqueles dias, os homens bus-
carão a morte e não a acharão;
desejarão morrer, mas a morte
fugirá deles.
7 A aparência dos gafanhotos era
semelhante à de cavalos prepara-
dos para a guerra. Sobre as suas
cabeças havia como que umas
coroas semelhantes ao ouro, e
os seus rostos eram como rostos
de homens.
8 Tinham cabelos como cabelos
de mulheres, e os seus dentes
eram como os de leões.
9 Tinham couraças como coura-
ças de ferro, e o ruído das suas
asas era como o ruído de carros
de muitos cavalos que correm ao
combate.
10 Tinham caudas e ferrões se-
melhantes às dos escorpiões, e
nas suas caudas tinham poder
para danificar os homens por
cinco meses.
11 Tinham sobre si como rei o
anjo do abismo, cujo nome em
hebraico é Abadom, e em grego,
Apoliom.
12 Passado é já um ai; depois dis-
so vêm ainda dois ais.

A sexta trombeta

13 O sexto anjo tocou a sua trom-
beta, e ouvi uma voz que vinha
das quatro pontas do altar de
ouro, que estava diante de Deus,
14 a qual dizia ao sexto anjo, que
tinha a trombeta: Solta os quatro
anjos que estão presos junto ao
grande rio Eufrates.
15 E foram soltos os quatro anjos
que estavam preparados para aquela
hora, dia, mês e ano, a fim de ma-
tarem a terça parte dos homens.
16 O número dos exércitos dos
cavaleiros era de duzentos mi-
lhões. Eu ouvi o número deles.
17 E assim vi os cavalos nesta
visão: os seus cavaleiros tinham
couraças de fogo, de jacinto e de
enxofre. As cabeças dos cavalos
eram como cabeças de leões, e
de suas bocas saíam fogo, fuma-
ça e enxofre.
18 Por estas três pragas foi mor-
ta a terça parte dos homens, isto
é, pelo fogo, pela fumaça e pelo
enxofre, que saíam das bocas
dos cavalos.
19 O poder dos cavalos está na
sua boca e nas suas caudas; pois
as suas caudas eram semelhan-
tes a serpentes, e tinham cabe-
ças, e com elas causavam dano.
20 Os outros homens, que não
foram mortos por essas pragas,
não se arrependeram das obras
das suas mãos, para deixarem de
adorar aos demônios e aos ídolos
de ouro, de prata, de bronze, de
pedra e de madeira que não po-
dem ver, nem ouvir, nem andar.
21 Nem se arrependeram dos
seus homicídios, nem das suas
feitiçarias, nem da sua prostitui-
ção, nem dos seus furtos.

O anjo e o livrinho

10 Vi outro anjo forte descen-
do do céu, vestido de uma
nuvem. Por cima da sua cabeça
estava o arco-íris; o seu rosto era
como o sol e as suas pernas como
colunas de fogo,
2 e tinha na mão um livrinho
aberto. Pôs o seu pé direito sobre
o mar e o esquerdo sobre a terra
3 e clamou em alta voz, como quan-
do ruge o leão. Tendo clamado,
os sete trovões fizeram soar as
suas vozes.

4 E, quando os sete trovões fize-
ram soar as suas vozes, eu ia es-
crevê-las; mas ouvi uma voz do
céu, que dizia: Sela o que os sete
trovões falaram e não o escrevas.
5 Então o anjo que vi em pé sobre
o mar e sobre a terra levantou a
sua mão direita ao céu
6 e jurou por Aquele que vive
para todo o sempre, o qual criou
o céu e o que nele há, a terra e o
que nela há, e o mar e o que nele
há, que não haveria mais demora,
7 mas nos dias da voz do sétimo
anjo, quando ele estiver prestes a
tocar a sua trombeta, se cumpri-
rá o mistério de Deus, como anun-
ciou aos profetas, seus servos.
8 Então a voz que eu do céu ti-
nha ouvido tornou a falar comi-
go e disse: Vai e toma o livrinho
aberto da mão do anjo que está
em pé sobre o mar e sobre a terra.
9 Fui, pois, ao anjo e lhe pedi que
me desse o livrinho. Disse-me ele:
Toma-o e come-o. Ele fará amar-
go o teu ventre, mas na tua boca
será doce como mel.
10 Tomei o livrinho da mão do
anjo e o comi. Na minha boca era
doce como mel, mas, tendo-o co-
mido, o meu ventre ficou amargo.
11 Então foi-me dito: Importa que
profetizes outra vez acerca de mui-
tos povos, nações, línguas e reis.

As duas testemunhas

11 Foi-me dado um caniço
semelhante a uma vara e
foi-me dito: Levanta-te e mede o
templo de Deus, o altar e os que
nele adoram.
2 Deixa, porém, o átrio que está
fora do templo; não o meças, por-
que foi dado aos gentios. Estes pi-
sarão a cidade santa por quaren-
ta e dois meses.
3 E darei poder às minhas duas
testemunhas, e elas profetizarão
por mil duzentos e sessenta dias,
vestidas de saco.
4 Estas são as duas oliveiras e os
dois candeeiros que estão diante
do Senhor da terra.
5 Se alguém lhes quiser causar
mal, das suas bocas sairá fogo e
devorará os seus inimigos. Se al-
guém lhes quiser causar mal, im-
porta que assim seja morto.
6 Estes homens têm poder para
fechar o céu, para que não chova
durante os dias em que estiverem
profetizando; e têm poder sobre
as águas para convertê-las em
sangue e para ferir a terra com
toda sorte de pragas, quantas ve-
zes quiserem.
7 Quando acabarem o seu teste-
munho, a besta que sobe do abis-
mo lhes fará guerra e os vence-
rá e matará.
8 E os seus corpos ficarão ex-
postos na praça da grande cida-
de, que espiritualmente se cha-
ma Sodoma e Egito, onde o seu
Senhor também foi crucificado.
9 Homens de vários povos, tri-
bos, línguas e nações verão os
seus corpos mortos por três dias
e meio e não permitirão que se-
jam sepultados.
10 Os que habitam na terra se re-
gozijarão sobre eles e se alegra-
rão, mandando presentes uns aos
outros, porque estes dois profe-
tas tinham atormentado os que
habitam sobre a terra.
11 Depois daqueles três dias e
meio, o espírito de vida, vindo de
Deus, entrou neles, e eles se pu-
seram de pé, e caiu grande temor
sobre os que os viram.
12 Então ouviram uma gran-
de voz do céu, que lhes dizia:

Subi para aqui. E subiram ao céu
em uma nuvem, e os seus inimi-
gos os viram.
13 Naquela mesma hora, houve
um grande terremoto, e caiu a dé-
cima parte da cidade. No terremo-
to foram mortos sete mil homens,
e os demais ficaram atemoriza-
dos e deram glória ao Deus do céu.
14 É passado o segundo ai; o ter-
ceiro ai cedo virá.

A sétima trombeta

15 O sétimo anjo tocou a sua trom-
beta, e houve no céu grandes vo-
zes, que diziam:
Os reinos do mundo vieram a
ser de nosso Senhor e do
seu Cristo,
e ele reinará para todo o
sempre.
16 E os vinte e quatro anciãos,
que estão assentados em seus
tronos diante de Deus, prostra-
ram-se sobre seus rostos e ado-
raram a Deus,
17 dizendo:
Graças te damos, Senhor
Deus, todo-poderoso,
que és e que eras,
porque tomaste o teu
grande poder e reinaste.
18 Iraram-se as nações;
então veio a tua ira,
o tempo de serem julgados os
mortos
e o tempo de dares
recompensa aos profetas,
teus servos, e aos santos e aos
que temem
o teu nome,
a pequenos e a grandes,
e o tempo de destruíres os
que destroem a terra.
19 Abriu-se no céu o templo de
Deus, e a arca da sua aliança foi
vista no seu santuário. E houve
relâmpagos, vozes e trovões, ter-
remoto e grande chuva de pedras.

A mulher e o dragão

12 Viu-se um grande sinal
no céu: uma mulher ves-
tida do sol, tendo a lua debaixo
dos pés, e uma coroa de doze es-
trelas sobre a cabeça.
2 Ela estava grávida e gritava com
as dores de parto, sofrendo tor-
mentos para dar à luz.
3 Viu-se também outro sinal no
céu: um grande dragão verme-
lho, que tinha sete cabeças e dez
chifres, e sobre as suas cabeças
sete diademas.
4 A sua cauda levou após si a ter-
ça parte das estrelas do céu e lan-
çou-as sobre a terra. O dragão pa-
rou diante da mulher que estava
prestes a dar à luz, para que, dan-
do ela à luz, lhe devorasse o filho.
5 Ela deu à luz um filho, um va-
rão que há de reger todas as na-
ções com vara de ferro. E o seu
filho foi arrebatado para Deus e
para o seu trono.
6 A mulher fugiu para o deser-
to, onde já tinha lugar prepara-
do por Deus para que ali fosse ali-
mentada durante mil duzentos e
sessenta dias.
7 E houve guerra no céu: Miguel
e os seus anjos batalhavam con-
tra o dragão. E o dragão e os seus
anjos batalhavam,
8 mas não prevaleceram, nem mais
o seu lugar se achou nos céus.
9 E foi precipitado o grande dra-
gão, a antiga serpente, que se cha-
ma Diabo e Satanás, que engana
o mundo todo. Ele foi precipita-
do na terra, e os seus anjos foram
lançados com ele.
10 Então ouvi uma grande voz
no céu, que dizia:

Agora é chegada a salvação,
a força, o reino do
nosso Deus
e o poder do seu Cristo.
Pois já o acusador de
nossos irmãos foi
lançado fora,
o qual diante do nosso Deus
os acusava de dia e de noite.
11 Eles o venceram pelo sangue
do Cordeiro
e pela palavra do seu
testemunho;
não amaram as suas vidas
até a morte.
12 Pelo que vos alegrai,
ó céus e vós que neles
habitais.
Ai dos que habitam na terra
e no mar,
porque o Diabo desceu
a vós
e tem grande ira, sabendo
que pouco tempo
lhe resta.
13 Quando o dragão se viu lan-
çado na terra, perseguiu a mu-
lher que dera à luz o filho varão.
14 E foram dadas à mulher as duas
asas da grande águia, para que voas-
se até o deserto, ao seu lugar, onde
é sustentada por um tempo, tem-
pos e metade de um tempo, fora da
vista da serpente.
15 Então a serpente lançou da
sua boca, atrás da mulher, água
como um rio, a fim de fazer que
ela fosse arrebatada pela corrente.
16 A terra, porém, ajudou a mulher,
abrindo a sua boca e engolindo o rio
que o dragão lançara da sua boca.
17 Então o dragão irou-se contra
a mulher e foi fazer guerra aos
demais filhos dela, os que guar-
dam os mandamentos de Deus e
mantêm o testemunho de Jesus.
18 E o dragão parou sobre a areia
do mar.

A besta que subiu do mar

13 E eu vi subir do mar uma
besta que tinha dez chifres
e sete cabeças; sobre os seus chi-
fres tinham dez diademas e, so-
bre as suas cabeças, um nome de
blasfêmia.
2 A besta que vi era semelhan-
te ao leopardo, com pés como os
de urso e a boca como a de leão.
O dragão deu-lhe o seu poder, o
seu trono e grande autoridade.
3 Então vi uma de suas cabeças
como golpeada de morte, mas
a sua chaga mortal foi curada.
Toda a terra se maravilhou, se-
guindo a besta,
4 e adoraram o dragão que deu
à besta a sua autoridade, e ado-
raram a besta, dizendo: Quem é
semelhante à besta? Quem pode-
rá batalhar contra ela?
5 Foi-lhe dada uma boca para pro-
ferir arrogâncias e blasfêmias e
foi-lhe dada também autoridade
para continuar por quarenta e
dois meses.
6 E abriu a sua boca em blasfê-
mias contra Deus, para blasfemar
do seu nome, do seu tabernáculo
e dos que habitam no céu.
7 Também lhe foi permitido fa-
zer guerra aos santos e vencê-
-los. E foi-lhe dado poder sobre
toda tribo, língua e nação.
8 E todos os que habitam sobre a
terra a adorarão, esses cujos no-
mes não estão escritos no livro
da vida do Cordeiro que foi mor-
to desde a fundação do mundo.
9 Se alguém tem ouvidos, ouça.
10 Se alguém deve ir para o cativeiro,
para o cativeiro irá.

Se alguém deve ser morto à
espada,
necessário é que à espada
seja morto.
Nisso repousa a perseverança e
a fidelidade dos santos.

A besta que subiu da terra

11 Então vi subir da terra outra besta, que tinha dois chifres semelhantes aos de um cordeiro, mas falava como dragão.

12 Exercia toda a autoridade da primeira besta na sua presença e fazia que a terra e os que nela habitavam adorassem a primeira besta, cuja chaga mortal fora curada.

13 E fez grandes sinais, de maneira que até fogo fazia descer do céu à terra, à vista dos homens.

14 Por causa dos sinais que lhe foi permitido fazer na presença da besta, enganava os que habitavam na terra e dizia-lhes que fizessem uma imagem à besta que recebera a ferida da espada e vivia.

15 Foi-lhe concedido também que desse fôlego à imagem da besta, para que ela falasse e fizesse que fossem mortos todos os que não adorassem a imagem da besta.

16 E fez que a todos, pequenos e grandes, ricos e pobres, livres e escravos, lhes fosse posto um sinal na mão direita, ou na testa,

17 para que ninguém pudesse comprar ou vender, senão aquele que tivesse o sinal, ou o nome da besta, ou o número do seu nome.

18 Aqui há sabedoria. Aquele que *tem entendimento, calcule* o número da besta, pois é o número de um homem. O seu número é seiscentos e sessenta e seis.

O Cordeiro e os seus remidos no monte Sião

14 Então olhei e vi o Cordeiro em pé sobre o monte Sião, e com ele cento e quarenta e quatro mil, que traziam escrito na testa o seu nome e o nome de seu Pai.

2 E ouvi uma voz do céu, como a voz de muitas águas e como a voz de um grande trovão. A voz que ouvi era como de harpistas, que tocavam com as suas harpas.

3 E cantavam um cântico novo diante do trono e diante dos quatro seres viventes e dos anciãos. Ninguém podia aprender aquele cântico, senão os cento e quarenta e quatro mil que tinham sido comprados da terra.

4 Estes são os que não se contaminaram com mulheres, pois são virgens. Estes são os que seguem o Cordeiro para onde quer que vai. Estes são os que dentre os homens foram comprados para ser as primícias para Deus e para o Cordeiro.

5 Na sua boca não se achou engano; são irrepreensíveis.

O três anjos

6 Vi outro anjo voando pelo meio do céu, tendo um evangelho eterno para proclamar aos que habitam sobre a terra e a toda nação, tribo, língua e povo,

7 dizendo com grande voz: Temei a Deus e dai-lhe glória, porque é chegada a hora do seu juízo. E adorai aquele que fez o céu, a terra, o mar e as fontes das águas.

8 Um segundo anjo o seguiu, dizendo: Caiu, caiu a grande Babilônia, que a todas as nações deu a beber do vinho da ira da sua prostituição.

9 Seguiu-os ainda um terceiro anjo, dizendo com grande voz:

Se alguém adorar a besta e a sua
imagem, e receber o sinal na sua
testa, ou na sua mão,
10 também o tal beberá do vi-
nho da ira de Deus, preparado,
sem mistura, no cálice da sua ira.
E será atormentado com fogo e
enxofre diante dos santos anjos
e diante do Cordeiro.
11 A fumaça do seu tormento sobe
para todo o sempre. Não têm re-
pouso nem de dia nem de noite os
que adoram a besta e a sua ima-
gem e aquele que receber o sinal
do seu nome.
12 Aqui está a perseverança dos
santos, daqueles que guardam
os mandamentos de Deus e a fé
em Jesus.
13 Então ouvi uma voz do céu, que
dizia: Escreve: Bem-aventurados os
mortos que desde agora morrem
no Senhor. Sim, diz o Espírito, des-
cansarão dos seus trabalhos, pois
as suas obras os acompanharão.

A colheita da terra

14 Olhei e vi uma nuvem branca
e, assentado sobre a nuvem, um
semelhante a filho de homem,
tendo na cabeça uma coroa de
ouro e, na mão, uma foice afiada.
15 Então outro anjo saiu do tem-
plo, clamando com grande voz
ao que estava assentado sobre
a nuvem: Lança a tua foice e co-
lhe, porque é chegada a hora de
colher, pois já a seara da terra
está madura.
16 E aquele que estava assentado
sobre a nuvem passou a sua foice
pela terra, e a terra foi colhida.
17 Outro anjo saiu do templo, que
está no céu, o qual também tinha
uma foice afiada.
18 Ainda outro anjo saiu do al-
tar, o qual tinha poder sobre o
fogo, e clamou com grande voz
ao que tinha a foice afiada, di-
zendo: Lança a tua foice afiada
e ajunta os cachos da vinha da
terra, porque já as suas uvas es-
tão maduras.
19 E o anjo passou a sua foice
pela terra, colheu as uvas da
vinha da terra e lançou-as no
grande tanque da ira de Deus.
20 E as uvas foram pisadas no
tanque que ficava fora da cida-
de, e saiu sangue do tanque até
aos freios dos cavalos, pelo espa-
ço de mil e seiscentos estádios.

O cântico de vitória

15 Vi no céu outro sinal, gran-
de e admirável: sete anjos,
que tinham as sete últimas pra-
gas; porque nelas é consumada
a ira de Deus.
2 E vi como que um mar de vi-
dro misturado com fogo, e os
que tinham vencido a besta e a
sua imagem e o número do seu
nome estavam em pé junto ao
mar de vidro. Tinham as har-
pas de Deus
3 e cantavam o cântico de Moisés,
servo de Deus, e o cântico do
Cordeiro, dizendo:

Grandes e maravilhosas são
as tuas obras,
ó Senhor Deus, todo-
-poderoso.
Justos e verdadeiros são os
teus caminhos,
ó Rei dos séculos.
4 Quem não te temerá, ó Senhor,
e não glorificará
o teu nome?
Pois só tu és santo.
Todas as nações virão e se
prostrarão diante de ti,
pois os teus juízos são
manifestos.

5 Depois disso olhei, e abriu-se no
céu o santuário do tabernáculo
do testemunho,
6 e os sete anjos que tinham as
sete pragas saíram do templo, vestidos de linho puro e resplandecente e cingidos à altura do peito com cintos de ouro.
7 Um dos quatro seres viventes
deu aos sete anjos sete taças de ouro, cheias da ira do Deus que vive para todo o sempre.
8 E o templo se encheu de fumaça, procedente da glória de Deus e do seu poder, e ninguém podia entrar no templo, enquanto não se consumassem as sete pragas dos sete anjos.

As sete últimas pragas

16 Então ouvi, vinda do templo, uma grande voz que dizia aos sete anjos: Ide e derramai sobre a terra as sete taças da ira de Deus.
2 O primeiro saiu e derramou
a sua taça sobre a terra, e apareceu uma chaga feia e dolorosa nos homens que tinham o sinal da besta e que adoravam a sua imagem.
3 O segundo anjo derramou a
sua taça no mar, que se tornou em sangue como de um morto, e morreram todos os seres viventes que estavam no mar.
4 O terceiro anjo derramou a
sua taça nos rios e nas fontes das águas, e se tornaram em sangue.
5 Então ouvi o anjo das águas
dizer:

Justo és tu, ó Senhor,
que és e que eras, o Santo,
porque julgaste estas coisas;
6 porquanto derramaram o sangue
de santos
e de profetas,
também tu lhes deste sangue
a beber;
são merecedores disso.
7 E ouvi uma voz do altar responder:
Na verdade, ó Senhor Deus,
todo-poderoso,
verdadeiros e justos são os
teus juízos.
8 O quarto anjo derramou a sua
taça sobre o sol, e foi-lhe permitido que abrasasse os homens com fogo.
9 Os homens foram abrasados
com grande calor e blasfemaram contra o nome de Deus, que tem poder sobre estas pragas, mas não se arrependeram para lhe darem glória.
10 O quinto anjo derramou a sua
taça sobre o trono da besta, e o seu reino se fez tenebroso. Os homens mordiam as suas línguas de dor
11 e, por causa das suas dores e
das suas chagas, blasfemaram contra o Deus do céu e não se arrependeram das suas obras.
12 O sexto anjo derramou a sua
taça sobre o grande rio Eufrates, e a sua água secou-se, para que se preparasse o caminho dos reis do Oriente.
13 Então vi três espíritos imun-
dos, semelhantes a rãs, saírem da boca do dragão, da boca da besta e da boca do falso profeta.
14 São espíritos de demônios, que
operam sinais e vão ao encontro dos reis de todo o mundo, a fim de congregá-los para a batalha, naquele grande dia do Deus todo-poderoso.
15 Eis que venho como ladrão!
Bem-aventurado aquele que vigia e guarda as suas vestes, para não andar nu e não se veja a sua vergonha.

16 Então congregaram os reis no
lugar que em hebraico se chama
Armagedom.
17 O sétimo anjo derramou a sua
taça no ar, e saiu grande voz do
templo do céu, do trono, dizen-
do: Está feito.
18 E houve relâmpagos, vozes,
trovões e um grande terremoto,
como nunca tinha havido desde
que há homens sobre a terra, tal
foi o terremoto, forte e grande.
19 A grande cidade fendeu-se em
três partes, e as cidades das nações
caíram. Deus se lembrou da gran-
de Babilônia, para lhe dar o cálice
do vinho da indignação da sua ira.
20 Todas as ilhas fugiram, e os
montes desapareceram.
21 E sobre os homens caiu do
céu uma grande saraivada, pe-
dras que pesavam cerca de um ta-
lento. E os homens blasfemaram
contra Deus por causa da praga
da chuva de pedra, porque a sua
praga era muito grande.

A mulher montada numa besta

17 Veio um dos sete anjos
que tinham as sete taças e
me disse: Vem, eu te mostrarei a
condenação da grande prostitu-
ta que está assentada sobre mui-
tas águas.
2 Com ela se prostituíram os reis
da terra, e os que habitam na ter-
ra se embebedaram com o vinho
da sua prostituição.
3 Então o anjo me levou em espí-
rito a um deserto. Ali vi uma mu-
lher montada numa besta verme-
lha, que estava cheia de nomes de
blasfêmia e que tinha sete cabe-
ças e dez chifres.
4 A mulher estava vestida de púr-
pura e vermelho e adornada com
ouro, pedras preciosas e pérolas.
Tinha na mão um cálice de ouro
cheio das abominações e da imun-
dícia da sua prostituição.
5 E na sua testa estava escrito:
Mistério, a grande Babilônia, a
mãe das prostituições e das abo-
minações da terra.
6 Vi que a mulher estava embria-
gada com o sangue dos santos e
com o sangue das testemunhas
de Jesus. Quando a vi, admirei-
-me com grande espanto.
7 Então o anjo me disse: Por que
te admiras? Eu te direi o misté-
rio da mulher e da besta que a
leva, a qual tem sete cabeças e
dez chifres.
8 A besta que viste era e já não
é, e subirá do abismo, e irá à sua
destruição. Os que habitam na ter-
ra (cujos nomes não estão escri-
tos no livro da vida desde a fun-
dação do mundo) se admirarão,
vendo a besta que era e já não é,
mas que virá.
9 Aqui é necessário a mente que
tem sabedoria. As sete cabeças
são sete montes, sobre os quais
a mulher está assentada.
10 São também sete reis. Cinco já
caíram, um existe, o outro ainda
não é chegado. Quando vier, con-
vém que dure um pouco de tempo.
11 A besta que era e já não é, é o
oitavo rei. Pertence aos sete e vai
à sua destruição.
12 Os dez chifres que viste são
dez reis que ainda não receberam
o reino, mas receberão a autori-
dade, como reis, por uma hora,
com a besta.
13 Estes têm um mesmo propósi-
to e entregarão o seu poder e au-
toridade à besta.
14 Guerrearão contra o Cordeiro,
e o Cordeiro os vencerá, porque é
o Senhor dos senhores e o Rei dos

reis; vencerão também os que estão
com ele, chamados eleitos e fiéis.
15 Então o anjo me disse: As águas
que viste, onde se assenta a prostituta, são povos, multidões, nações e línguas.
16 A besta e os dez chifres que
viste são os que odiarão a prostituta e a tornarão desolada e nua,
comerão as suas carnes e a queimarão no fogo.
17 Pois Deus lhes pôs no coração o realizarem o propósito dele,
concordando dar à besta o poder
de reinar, até que se cumpram as
palavras de Deus.
18 A mulher que viste é a grande cidade que reina sobre os reis
da terra.

A queda da Babilônia

18 Depois destas coisas vi
descer do céu outro anjo
que tinha grande autoridade, e
a terra foi iluminada com o seu
esplendor.
2 Ele clamou com poderosa voz:
Caiu, caiu a grande
Babilônia,
se tornou morada de
demônios,
guarida de todo espírito
imundo
e esconderijo de toda ave
imunda e detestável.
3 Pois todas as nações beberam
do vinho da ira da sua
prostituição.
Os reis da terra se
prostituíram com ela,
e os mercadores da terra se
enriqueceram com a
abundância da sua luxúria.
4 Ouvi outra voz do céu dizer:
Sai dela, povo meu,
para que não sejas
participante dos seus pecados,
para que não incorras nas
suas pragas;
5 pois os seus pecados se
acumularam até o céu,
e Deus se lembrou das
iniquidades dela.
6 Tornai a dar-lhe como ela vos
tem dado;
retribuí-lhe em dobro
conforme as suas obras.
No cálice em que vos deu
de beber, dai-lhe a ela em
dobro.
7 Quanto ela se glorificou e em
luxúria esteve,
foi-lhe outro tanto de
tormento e pranto.
Diz em seu coração:
Estou assentada como
rainha;
e não sou viúva, jamais verei
o pranto.
8 Portanto, num mesmo dia
virão as suas pragas,
a morte, o pranto e a fome.
Será queimada no fogo,
pois forte é o Senhor Deus
que a julga.
9 Os reis da terra, que com ela se
prostituíram e viveram em luxúria,
sobre ela chorarão e prantearão,
quando virem a fumaça do seu
incêndio.
10 E estando de longe pelo temor
do tormento dela, dirão:
Ai! ai da grande cidade,
Babilônia, a cidade forte!
Numa só hora veio o teu juízo.
11 E, sobre ela, choram e lamentam os mercadores da terra, porque ninguém mais compra a sua
mercadoria,
12 mercadoria de ouro, de prata, de
pedras preciosas, de pérolas, de linho fino, de púrpura, de seda e de
escarlate; todo tipo de madeira
de cedro e todo objeto de marfim,

de madeira preciosíssima, de bronze, de ferro e de mármore;
13 e canela, especiarias, perfume, mirra e incenso; e vinho, azeite, flor de farinha e trigo; e gado, ovelhas, cavalos e carros; e escravos e até almas de homens.
14 O fruto que a tua alma cobiçava foi-se de ti. Todas as coisas delicadas e suntuosas foram-se de ti, e não mais as acharás.
15 Os mercadores dessas coisas, que com elas se enriqueceram, ficarão de longe, pelo temor do tormento dela, chorando e lamentando:
16 Ai, ai da grande cidade,
da que estava vestida
de linho fino, de púrpura, de
vermelho,
e adornada com ouro,
pedras preciosas e pérolas!
Numa só hora foram
assoladas tantas riquezas!
17 Todo piloto e todo aquele que navega, os marinheiros e todos quantos negociam no mar se puseram de longe.
18 E, contemplando a fumaça do seu incêndio, clamavam: Que cidade é semelhante a esta grande cidade?
19 E lançavam pó sobre as suas cabeças e clamavam, chorando e lamentando:
Ai, ai da grande cidade!
na qual todos os que
tinham navios no mar
se enriqueceram à custa da
sua opulência!
Numa só hora foi assolada!
20 Exulta sobre ela, ó céu!
E vós, santos e apóstolos e
profetas!
Deus contra ela vindicou a
vossa causa.
21 Então um forte anjo levantou uma pedra qual uma grande mó e lançou-a no mar, dizendo:
Com igual ímpeto
será lançada Babilônia,
a grande cidade,
e nunca mais será achada.
22 E em ti não se ouvirá mais
a voz de harpistas, de
músicos,
de tocadores de flautas
e de clarins,
nem artífice de arte alguma
se achará mais em ti.
Em ti não mais se ouvirá
ruído das pedras de moinhos.
23 A luz de candeia
não mais brilhará em ti.
A voz de noivo e de noiva
não mais em ti se ouvirá.
Os teus mercadores eram
os grandes da terra.
Todas as nações foram
enganadas pelas tuas
feitiçarias.
24 E nela se achou o sangue
dos profetas, dos santos
e de todos os que foram
mortos na terra.

Aleluia!

19 Depois destas coisas, ouvi no céu como que uma grande voz de numerosa multidão, que dizia:
Aleluia!
A salvação, a glória,
a honra e o poder pertencem
ao nosso Deus,
2 pois verdadeiros e justos são os seus juízos. Julgou a grande prostituta, que havia corrompido a terra com a sua prostituição, e das mãos dela vingou o sangue dos seus servos.
3 E outra vez clamaram: Aleluia! E a fumaça dela sobe para todo o sempre.
4 Os vinte e quatro anciãos e os quatro seres viventes prostraram-se

e adoraram a Deus, que está assentado no trono, dizendo: Amém. Aleluia!
5 Então saiu do trono uma voz, que dizia:

Louvai o nosso Deus,
vós, todos os seus servos,
e vós que o temeis,
tanto pequenos como grandes.

6 Também ouvi uma voz como a de uma grande multidão, como a voz de muitas águas e de fortes trovões, que dizia:

Aleluia!
Pois já reina o Senhor nosso Deus,
o todo-poderoso.
7 Regozijemo-nos e exultemos
e demos-lhe a glória!
Pois são chegadas as bodas do Cordeiro,
e já a sua noiva se aprontou.

8 Foi-lhe dado que se vestisse de linho fino,
resplandecente e puro.
O linho fino são os atos de justiça dos santos.
9 **E** disse-me: Escreve: Bem-aventurados aqueles que são chamados à ceia das bodas do Cordeiro. E disse-me ainda: Estas são as verdadeiras palavras de Deus.
10 Então me lancei a seus pés para adorá-lo, mas ele me disse: Olha, não faças isso! Sou conservo teu e de teus irmãos, que têm o testemunho de Jesus. Adora a Deus! Pois o testemunho de Jesus é o espírito da profecia.

O cavaleiro do cavalo branco

11 Vi o céu aberto, e apareceu um cavalo branco. O seu cavaleiro chama-se Fiel e Verdadeiro; ele julga e peleja com justiça.
12 Os seus olhos eram como chama de fogo, e sobre a sua cabeça havia muitos diademas. Ele tinha um nome escrito, que ninguém sabia senão ele mesmo.
13 Estava vestido com um manto salpicado de sangue, e o nome pelo qual se chama é o Verbo de Deus.
14 Seguiam-no os exércitos que estão no céu, em cavalos brancos e vestidos de linho fino, branco e puro.
15 Da sua boca saía uma espada afiada, para ferir com ela as nações. Ele as regerá com vara de ferro. Ele mesmo é o que pisa o lagar do vinho do furor e da ira do Deus todo-poderoso.
16 No manto, sobre a sua coxa tem escrito o nome: Rei dos reis e Senhor dos senhores.
17 **E**ntão vi um anjo em pé no sol, o qual clamou com grande voz a todas as aves que voavam pelo meio do céu: Vinde, ajuntai-vos para a ceia do grande Deus,
18 para comerdes carnes de reis, carnes de poderosos, carnes de cavalos e seus cavaleiros, carnes de todos os homens, livres e escravos, pequenos e grandes.
19 **E** vi a besta e os reis da terra, com os seus exércitos reunidos, para guerrearem contra aquele que estava montado no cavalo e o seu exército.
20 E a besta foi presa, e com ela o falso profeta que diante dela fizera os sinais com que enganou os que receberam o sinal da besta e os que adoraram a sua imagem. Estes dois foram lançados vivos no lago de fogo que arde com enxofre.
21 Os demais foram mortos pela espada que saía da boca do cavaleiro, e todas as aves se fartaram das suas carnes.

Os mil anos

20 Então vi descer do céu um
anjo que tinha a chave do abis-
mo e uma grande cadeia na mão.
2 Ele prendeu o dragão, a antiga
serpente, que é o Diabo e Satanás,
e o amarrou por mil anos.
3 Lançou-o no abismo, ali o en-
cerrou e selou sobre ele, para que
não enganasse mais as nações, até
que os mil anos se completassem.
Depois disso é necessário que seja
solto, por um pouco de tempo.
4 Vi também tronos, e aos que
se assentaram sobre eles foi-lhes
dado o poder de julgar. E vi as al-
mas daqueles que foram degola-
dos por causa do testemunho de
Jesus e pela palavra de Deus, que
não adoraram a besta nem a sua
imagem e não receberam o sinal
na testa nem nas mãos. Eles re-
viveram e reinaram com Cristo
durante mil anos.
5 Os outros mortos, porém, não
reviveram, até que os mil anos se
completassem. Esta é a primeira
ressurreição.
6 Bem-aventurado e santo aque-
le que tem parte na primeira res-
surreição. Sobre eles não tem po-
der a segunda morte, mas serão
sacerdotes de Deus e de Cristo,
e reinarão com ele durante os
mil anos.

A derrota de Satanás

7 Quando se completarem os mil
anos, Satanás será solto da sua
prisão
8 e sairá para enganar as nações
que estão nos quatro cantos da
terra, Gogue e Magogue, cujo
número é como a areia do mar, a
fim de ajuntá-las para a batalha.
9 Subiram sobre a largura da ter-
ra e cercaram o arraial dos santos
e a cidade querida. Mas desceu
fogo do céu e os consumiu.
10 E o Diabo, que os enganava,
foi lançado no lago de fogo e en-
xofre, onde estão a besta e o fal-
so profeta. De dia e de noite serão
atormentados para todo o sempre.

O juízo final

11 Então vi um grande trono bran-
co e o que estava assentado sobre
ele. Da presença dele fugiram a
terra e o céu, e não se achou lu-
gar para eles.
12 E vi os mortos, grandes e pe-
quenos, que estavam diante do
trono, e abriram-se livros. Abriu-
-se outro livro, que é o da vida.
Os mortos foram julgados pelas
coisas que estavam escritas nos
livros, segundo as suas obras.
13 O mar entregou os mortos que
nele havia, e a morte e o além de-
ram os mortos que neles havia, e
foram julgados cada um segun-
do as suas obras.
14 Então a morte e o inferno fo-
ram lançados no lago de fogo.
Esta é a segunda morte.
15 E todo aquele que não foi acha-
do inscrito no livro da vida foi
lançado no lago de fogo.

O novo céu e a nova terra

21 Então vi um novo céu e
uma nova terra, pois já o
primeiro céu e a primeira terra
passaram e o mar já não existe.
2 Vi também a cidade santa, a
nova Jerusalém, que de Deus des-
cia do céu, ataviada como uma
noiva para o seu noivo.
3 E ouvi uma grande voz, vinda
do trono, que dizia: Agora o ta-
bernáculo de Deus está com os
homens. Deus habitará com eles,
e eles serão o seu povo, e o próprio

Deus estará com eles e será o
seu Deus.
4 Deus enxugará de seus olhos
toda lágrima. Não haverá mais
morte, nem pranto, nem clamor,
nem dor, pois já as primeiras coi-
sas são passadas.
5 E o que estava assentado no tro-
no disse: Faço novas todas as coi-
sas. E disse-me: Escreve, pois essas
palavras são verdadeiras e fiéis.
6 Disse-me mais: Está cumprido.
Eu sou o Alfa e o Ômega, o princí-
pio e o fim. A quem tiver sede, de
graça lhe darei da fonte da água
da vida.
7 Quem vencer herdará todas as
coisas, e eu serei seu Deus, e ele
será meu filho.
8 Quanto, porém, aos medrosos,
aos incrédulos, aos abomináveis, aos
homicidas, aos adúlteros, aos fei-
ticeiros, aos idólatras e a todos os
mentirosos, a sua parte será no
lago que arde com fogo e enxofre,
que é a segunda morte.

A nova Jerusalém

9 Então veio um dos sete anjos,
que tinham as sete taças cheias
das últimas sete pragas, e me dis-
se: Vem, eu te mostrarei a noiva,
a esposa do Cordeiro.
10 E levou-me em espírito a um
grande e alto monte e mostrou-
-me a grande cidade, a santa
Jerusalém, que descia do céu,
da parte de Deus.
11 Ela brilhava com a glória de
Deus, e o seu brilho era seme-
lhante a uma pedra preciosíssi-
ma, como o jaspe cristalino.
12 Tinha grande e alto muro com
doze portas, e nas portas doze an-
jos, e nomes escritos sobre elas,
que são os nomes das doze tribos
dos filhos de Israel.
13 Do lado do oriente tinha três
portas; do lado do norte, três por-
tas; do lado do sul, três portas; do
lado do poente, três portas.
14 O muro da cidade tinha doze fun-
damentos, e neles estavam os no-
mes dos doze apóstolos do Cordeiro.
15 Aquele que falava comigo ti-
nha como medida uma vara de
ouro para medir a cidade, as suas
portas e o seu muro.
16 A cidade era quadrangular, o
seu comprimento era igual à sua
largura. Mediu a cidade com o ca-
niço e tinha ela doze mil estádios
de comprimento, e a largura e a
altura eram iguais.
17 Ele mediu o seu muro, e era
de cento e quarenta e quatro cô-
vados, segundo a medida de ho-
mem, que o anjo estava usando.
18 O muro era construído de jas-
pe, e a cidade era de ouro puro,
semelhante a vidro límpido.
19 Os fundamentos do muro da ci-
dade estavam adornados de toda
espécie de pedras preciosas. O pri-
meiro fundamento era de jaspe; o
segundo, de safira; o terceiro, de
calcedônia; o quarto, de esmeralda;
20 o quinto, de sardônica; o sexto,
de sárdio; o sétimo, de crisólito;
o oitavo, de berilo; o nono, de to-
pázio; o décimo, de crisópraso; o
décimo primeiro, de jacinto; o dé-
cimo segundo, de ametista.
21 As doze portas eram doze pé-
rolas: cada uma das portas era
uma só pérola. A praça da cida-
de era de ouro puro, como vidro
transparente.
22 Nela não vi templo, porque o
seu templo é o Senhor Deus, to-
do-poderoso, e o Cordeiro.
23 A cidade não necessita nem
do sol, nem da lua, para que nela
resplandeçam, pois a glória de

Deus a ilumina, e o Cordeiro é a
sua lâmpada.
24 As nações andarão à sua luz,
e os reis da terra trarão para ela
a sua glória e honra.
25 As suas portas não se fecharão de dia, e noite ali não haverá.
26 E a ela trarão a glória e a honra das nações.
27 E não entrará nela coisa alguma impura, nem o que pratica abominação ou mentira, mas somente os que estão inscritos no livro da vida do Cordeiro.

O rio e a árvore da vida

22 Então me mostrou o rio da
água da vida, claro como cristal, que procedia do trono de Deus e do Cordeiro.
2 No meio da sua praça, em ambas as margens do rio, estava a árvore da vida, que produz doze frutos, dando seu fruto de mês em mês. E as folhas da árvore são para a cura das nações.
3 Ali nunca mais haverá maldição.
Nela estará o trono de Deus e do Cordeiro, e os seus servos o servirão
4 e verão a sua face, e na sua testa estará o seu nome.
5 Ali não haverá mais noite. Não necessitarão da luz de lâmpada, nem da luz do sol, pois o Senhor Deus os iluminará. E reinarão para todo o sempre.
6 Disse-me o anjo: Estas palavras são fiéis e verdadeiras. O Senhor, o Deus dos espíritos dos profetas, enviou o seu anjo para mostrar aos seus servos as coisas que em breve hão de acontecer.

Jesus vem

7 Eis que cedo venho! Bem-aventurado aquele que guarda as palavras da profecia deste livro.
8 Eu, João, sou quem ouviu e viu estas coisas. E, havendo-as ouvido e visto, prostrei-me aos pés do anjo que me mostrava essas coisas, para adorá-lo.
9 Então ele me disse: Olha, não faças isso! Sou conservo teu e de teus irmãos, os profetas, e dos que guardam as palavras deste livro. Adora a Deus.
10 Disse-me ainda: Não seles as palavras da profecia deste livro, porque próximo está o tempo.
11 Quem é injusto, faça injustiça ainda; quem está sujo, suje-se ainda; quem é justo, faça justiça ainda; e quem é santo, santifique-se ainda.
12 Eis que cedo venho! A minha recompensa está comigo, para dar a cada um segundo a sua obra.
13 Eu sou o Alfa e o Ômega, o primeiro e o último, o princípio e o fim.
14 Bem-aventurados aqueles que lavam as suas vestes [no sangue do Cordeiro] para que tenham direito à árvore da vida e possam entrar na cidade pelas portas.
15 Ficarão de fora os cães, os feiticeiros, os adúlteros, os homicidas, os idólatras e todo aquele que ama e pratica a mentira.
16 Eu, Jesus, enviei o meu anjo para vos testificar estas coisas às igrejas. Eu sou a raiz e a geração de Davi, a resplandecente estrela da manhã.
17 O Espírito e a noiva dizem: Vem. Quem ouve, diga: Vem. Quem tem sede, venha; e quem quiser, tome de graça da água da vida.
18 Eu advirto a todo aquele que ouvir as palavras da profecia deste livro: Se alguém lhes acrescentar alguma coisa, Deus lhe acrescentará as pragas que estão escritas neste livro.

19 E se alguém tirar quaisquer
palavras do livro desta profecia,
Deus lhe tirará a sua parte da ár-
vore da vida e da cidade santa, que
estão escritas neste livro.
20 Aquele que dá testemunho des-
tas coisas diz: Certamente cedo ve-
nho. Amém. Vem, Senhor Jesus.
21 A graça do Senhor Jesus seja
com todos. Amém.

Printed by PRINTCORP, Belarus. Order 21038 (7137-7141). Q-ty 20000